国家 "十二五"规划重点图书
国家出版基金资助项目

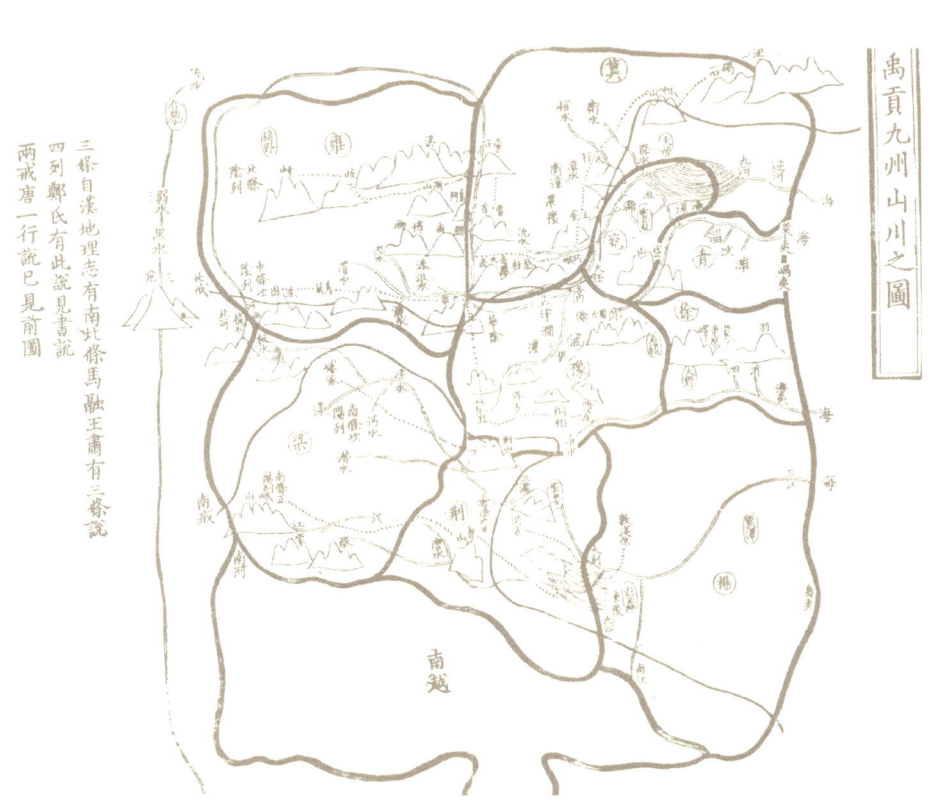

国家自然科学基金项目　上海市社会科学重大项目
教育部全国高校古籍整理工作委员会资助项目（唐代地理志研究与新编，编号04069）
国家社会科学基金一般项目（羌族历史地理研究，编号11BZS079）

周振鹤◎主编

郭声波　著

唐代卷（上）

中國行政區劃通史

復旦大學出版社

中国行政区划通史

周振鹤　主编

总论 先秦卷　　　　周振鹤 李晓杰 著
秦汉卷　　　　　　周振鹤 李晓杰 张　莉 著
三国两晋南朝卷　　胡阿祥 孔祥军 徐　成 著
十六国北朝卷　　　牟发松 毋有江 魏俊杰 著
隋代卷　　　　　　施和金 著
唐代卷　　　　　　郭声波 著
五代十国卷　　　　李晓杰 著
宋西夏卷　　　　　李昌宪 著
辽金卷　　　　　　余　蔚 著
元代卷　　　　　　李治安 薛　磊 著
明代卷　　　　　　郭　红 靳润成 著
清代卷　　　　　　傅林祥 林　涓 任玉雪 王卫东 著
中华民国卷　　　　傅林祥 郑宝恒 著

全书简介

本书研究自先秦至民国时期的中国行政区划变迁史。这一研究不仅是传统的关于历时政区沿革的考证（纵向），而且对同一年代各政区并存的面貌作出复原（横向），在条件许可的情况下相关的复原以详细至逐年为尺度。全书在总论外，分为十三卷，依次是先秦卷、秦汉卷、三国两晋南朝卷、十六国北朝卷、隋代卷、唐代卷、五代十国卷、宋西夏卷、辽金卷、元代卷、明代卷、清代卷及中华民国卷。

在掌握传世与出土历史文献的基础上，本书充分吸收前人的研究成果，力求最大可能地反映历史真实。全书以重建政区变迁序列、复原政区变迁面貌为主要内容，而由于历史时期中国行政区划的变化很大，在正式政区以外又有准政区的形式存在，加之政区层级、幅员及边界在不同时期的变迁程度不一，因此各卷又独立成书，其考证过程和编写结构有各自的侧重点。

本书是中华人民共和国成立以来第一部学术意义上的行政区划变迁通史。各卷作者在相关领域有长期的学术积累，全书的写作也倾注了十余年之功，希望能成为中国行政区划变迁史研究的重要参考著作。

作者简介

郭声波，1959年生，四川泸州人，1989年毕业于陕西师范大学历史地理研究所，获历史学博士学位。曾任四川大学教授、博士生导师。2003年调入暨南大学，任历史系特聘教授、二级教授、博士生导师。2005年至2015年间任暨南大学历史地理研究中心主任。历任中国地理学会历史地理专业委员会委员、副主任，中国史学会历史地理研究会副会长，《历史地理研究》副主编，广东历史地理研究会会长。主要从事历史政治地理、历史民族地理、历史农业地理、历史地理文献的研究，提出历史农业地理三维结构模式和历史政治地理圈层结构理论，主张以多学科综合研究方法研究边疆民族历史地理。

先后主持"四川历史农业地理"、"唐宋羁縻府州研究"、"《大元混一方舆胜览》整理"、"青藏高原历史地理研究"、"彝族历史地理研究"、"唐代地理志研究与新编"、"吐蕃王国行政圈层结构研究"、"羌族历史地理研究"、"《大明一统志》点校"、"唐宋羁縻府州制度资料辑证注释"等国家及省部级课题，近期主持国家社科基金重大项目"环南海历史地理研究"，开拓域外历史地理研究方向。出版《四川历史农业地理》、《大元混一方舆胜览》（整理）、《彝族地区历史地理研究——以唐代乌蛮等族羁縻州为中心》、《四川历史地理与宋代蜀人地图研究》、《圈层结构视阈下的中国古代羁縻政区与部族》等学术专著和古籍整理著作，获教育部全国高校人文社科优秀成果二、三等奖和广东省哲学社会科学优秀成果二等奖。主编《中国历史地理研究》、《青藏高原历史地理研究》等丛书，在《民族研究》、《中国史研究》、《文史》、《历史地理》、《中国历史地理论丛》等刊物发表学术论文二百一十多篇。

唐代卷 提要

本卷依据《通典》、《元和郡县图志》、《旧唐书》、《唐会要》、《太平寰宇记》、《新唐书》、《资治通鉴》等二百余种古代文献、地方志，并充分吸取古代沿革地理和近现代政区地理的研究成果及文物考古资料，通过大量实地考察与精心考证，展示了唐代各级行政（含监理）与统治区划变迁的全过程以及变迁的细节。

本卷分为三个部分。

上编《经制地区（本部）》以唐代正州郡县的行政区划建置为主要内容。绪言论述了唐代疆域与政区的发展变迁概貌和层级划分，阐述了作者对道、都督府性质等有争议问题的观点。正文十六章分道详述跨高层及准跨高层政区（行台、大总管府、大都督府、道）、准高层政区（总管府、都督府、都护府、方镇）、统县政区（府、州、郡、军、镇守军）、县级政区（县、城、监）等各级政区（含侨置政区）的领属关系、名称由来、数量、沿革、治所变迁等，并概述了割据政权的疆域演变及政区沿革。

下编《羁縻地区（藩部）》以唐代边疆民族地区的羁縻府州建置为主要内容。绪言阐述了唐代羁縻地区可分为羁縻属国（藩属国）、羁縻政区、羁縻部落三种类型，羁縻政区可分为羁縻都护府、羁縻都督府、羁縻州、羁縻县四个层级，它们与大小不等的藩属国、羁縻部落都属于唐帝国疆域组成部分的观点，并论述了各级羁縻政区的设置与管理机制。正文十章分道详述羁縻州及其以上各级羁縻政区的建置沿革、领属关系、数量及治所，对藩属国的历史沿革情况亦予以概述。

附录有贞观、长安、天宝、元和、咸通五个时间断面的唐代全国行政与统治区划（含羁縻地区）总图、总表，以及各道州级以上政区沿革表，从横、纵两方面将政区沿革变迁作了直观展示，还附有五百多种参考文献目录，便于读者查阅核对。

本卷以正文形式叙述各级政区的建置沿革情况，以近乎一半字数的注文注明资料出处、进行互勘，扼要阐明建置沿革与治所位置考证过程，并尽可能介绍与评价各家观点，极为翔实。

本卷以盛唐时期的天宝十三载行政与统治区划建置为基本时代断面，对其前后曾置政区、政权，均列为附目加以考述，并在各级政区概述中列有贞观、长安、元和、咸通四个时期的政区（含羁縻政区、藩属国）统计，以反映唐代各阶段的行政与统治区划面貌。

本卷将唐代新置（含名称变更）政区的治所及其迁移后的新址，尽量精确到今乡镇一级，可与《中国历史地图集》唐代部分互为表里，并可供编制中国历史地理信息系统（CHGIS）参考使用。

目 录

撰著体例 ………………………………………………………… 1

上编 经制地区(本部)

绪 言 …………………………………………………………… 3
 一、唐朝疆域演变概况 ………………………………………… 9
 二、跨高层政区及准跨高层政区的演变 …………………… 17
 三、准高层政区的演变 ………………………………………… 28
 四、统县政区的演变 …………………………………………… 36
 五、县级政区的演变 …………………………………………… 39

第一章 京畿 …………………………………………………… 41
 京畿直属地区 …………………………………………………… 44

第二章 关内道 ………………………………………………… 77
 第一节 关内道直属地区 ……………………………………… 81
 第二节 延安郡(延州)都督府 ………………………………… 85
 第三节 安化郡(庆州)都督府 ………………………………… 101
 第四节 平凉郡(原州)都督府 ………………………………… 108
 第五节 灵武郡(灵州)都督府 ………………………………… 118
 第六节 朔方郡(夏州)都督府 ………………………………… 124
 第七节 榆林郡(胜州)都督府 ………………………………… 131
 第八节 安北都护府 …………………………………………… 134

| | 第九节 单于都护府 | 140 |

第三章 河东道 … 146
第一节 河东道直属地区 … 149
第二节 上党郡(潞州)都督府 … 185
第三节 雁门郡(代州)都督府 … 192

第四章 河北道 … 203
第一节 范阳郡(幽州)都督府 … 209
第二节 河北道直属地区 … 228
第三节 柳城郡(营州)都督府 … 290
第四节 安东都护府 … 297

第五章 都畿 … 306
都畿直属地区 … 309

第六章 河南道 … 342
第一节 河南道直属地区 … 345
第二节 鲁郡(兖州)都督府 … 422

第七章 淮南道 … 431
第一节 广陵郡(扬州)都督府 … 432
第二节 淮南道直属地区 … 439
第三节 安陆郡(安州)都督府 … 463

第八章 江南东道 … 473
第一节 江南东道直属地区 … 476
第二节 会稽郡(越州)都督府 … 502
第三节 长乐郡(福州)都督府 … 521

第九章 江南西道 … 534
第一节 豫章郡(洪州)都督府 … 537

第二节　长沙郡(潭州)都督府 ·················· 552
第三节　江南西道直属地区 ···················· 567

第十章　岭南道　587

第一节　南海郡(广州)都督府 ·················· 592
第二节　普宁郡(容州)都督府 ·················· 635
第三节　安南都护府 ························ 666
第四节　朗宁郡(邕州)都督府 ·················· 704
第五节　始安郡(桂州)都督府 ·················· 729

第十一章　黔中道　765

第一节　黔中郡(黔州)都督府 ·················· 765
第二节　黔中道直属地区 ······················ 801

第十二章　山南东道　810

第一节　山南东道直属地区 ···················· 813
第二节　江陵郡都督府 ························ 839

第十三章　山南西道　854

第一节　汉中郡(梁州)都督府 ·················· 856
第二节　山南西道直属地区 ···················· 866

第十四章　剑南道　893

第一节　蜀郡(益州)都督府 ···················· 898
第二节　剑南道直属地区 ······················ 919
第三节　泸川郡(泸州)都督府 ·················· 938
第四节　南溪郡(戎州)都督府 ·················· 948
第五节　越嶲郡(嶲州)都督府 ·················· 969
第六节　汉源郡(黎州)都督府 ·················· 973
第七节　卢山郡(雅州)都督府 ·················· 976
第八节　通化郡(茂州)都督府 ·················· 979
第九节　交川郡(松州)都督府 ·················· 992

第十节　保宁都护府 …… 1008

第十五章　陇右道 …… 1010

第一节　西平郡(鄯州)都督府 …… 1012
第二节　天水郡(秦州)都督府 …… 1022
第三节　临洮郡(洮州)都督府 …… 1029

第十六章　河西道 …… 1040

第一节　武威郡(凉州)都督府 …… 1040
第二节　晋昌郡(瓜州)都督府 …… 1051
第三节　交河郡(西州)都督府 …… 1056
第四节　安西都护府 …… 1060
第五节　北庭都护府 …… 1065

下编　羁縻地区(藩部)

绪　言 …… 1073

一、唐朝羁縻地区的类型与层级 …… 1075
二、唐朝羁縻政区的设置与管理 …… 1081

第一章　关内道羁縻地区 …… 1093

第一节　延安郡(延州)都督府所领 …… 1094
第二节　安化郡(庆州)都督府所领 …… 1096
第三节　平凉郡(原州)都督府所领 …… 1101
第四节　灵武郡(灵州)都督府所领 …… 1103
第五节　朔方郡(夏州)都督府所领 …… 1118
附一　丰州都督府曾领 …… 1135
附二　胜州都督府曾领 …… 1136
附三　怀德郡都督府曾领 …… 1137
附四　安北都护府曾领 …… 1138
附五　单于都护府曾领 …… 1151

第二章　河东道羁縻地区 …… 1158

附一　代州都督府曾领 …… 1158

附二　河东节度使曾领 …… 1164

第三章　河北道羁縻地区 …… 1165

第一节　范阳郡(幽州)都督府所领 …… 1166

附　后营州都督府曾领 …… 1171

第二节　柳城郡(营州)都督府所领 …… 1172

第三节　安东都护府所领 …… 1178

附一　扶余都护府曾领 …… 1191

附二　藩属新罗国 …… 1200

第四节　押奚契丹两蕃渤海黑水等四府经略处置使所领 …… 1200

第四章　河南道羁縻地区 …… 1219

附一　兖州都督府曾领 …… 1219

附二　押新罗渤海两蕃等使曾领 …… 1221

附三　羁縻安东都护府曾领 …… 1221

第五章　岭南道羁縻地区 …… 1223

第一节　始安郡(桂州)都督府所领 …… 1224

第二节　朗宁郡(邕州)都督府所领 …… 1231

第三节　安南都护府所领 …… 1241

附一　驩州都督府曾领 …… 1258

附二　峰州都督府曾领 …… 1259

附三　容州管内观察经略等使曾领 …… 1260

附四　琼州都督府曾领 …… 1261

第六章　黔中道羁縻地区 …… 1262

黔中郡(黔州)都督府所领 …… 1262

附　兖州都督府曾领 …… 1276

第七章　剑南道羁縻地区 ······ 1278

第一节　泸川郡(泸州)都督府所领 ······ 1279
第二节　南溪郡(戎州)都督府所领 ······ 1283
　　附　云南郡(姚州)都督府曾领 ······ 1297
第三节　越巂郡(巂州)都督府所领 ······ 1307
第四节　汉源郡(黎州)都督府所领 ······ 1311
第五节　卢山郡(雅州)都督府所领 ······ 1318
第六节　通化郡(茂州)都督府所领 ······ 1330
第七节　交川郡(松州)都督府所领 ······ 1335
第八节　保宁都护府所领 ······ 1340

第八章　山南西道羁縻地区 ······ 1355

　　附　山南西道节度使曾领 ······ 1355

第九章　陇右道羁縻地区 ······ 1358

天水郡(秦州)都督府所领 ······ 1359
附一　鄯州都督府曾领 ······ 1360
附二　洮州都督府曾领 ······ 1363
附三　临州都督府曾领 ······ 1367
附四　藩属吐谷浑国 ······ 1368

第十章　河西道羁縻地区 ······ 1369

第一节　武威郡(凉州)都督府所领 ······ 1369
　　附　瓜州都督府曾领 ······ 1374
第二节　北庭都护府所领 ······ 1376
第三节　安西都护府所领 ······ 1381
第四节　藩属突骑施国 ······ 1436
　　附　羁縻昆陵都护府曾领 ······ 1445
第五节　藩属葛逻禄国 ······ 1452

附　录 1457

一、唐代行政区划图 1459
   1. 贞观十三年(639)唐朝行政与统治区划图 1459
   2. 长安四年(704)武周行政与统治区划图 1460
   3. 天宝十三载(754)唐朝行政与统治区划图 1461
   4. 元和十五年(820)唐朝行政与统治区划图 1462
   5. 咸通十四年(873)唐朝行政与统治区划图 1463

二、唐代政区沿革表 1464
   1. 唐贞观十三年(639)行政与统治区划总表 1464
   2. 武周长安四年(704)行政与统治区划总表 1473
   3. 唐天宝十三载(754)行政与统治区划总表 1484
   4. 唐元和十五年(820)行政与统治区划总表 1496
   5. 唐咸通十四年(873)行政与统治区划总表 1505
   6. 关内道、京畿府州沿革表 1514
   7. 河东道府州沿革表 1523
   8. 河北道府州沿革表 1526
   9. 河南道、都畿府州沿革表 1532
   10. 淮南道府州沿革表 1541
   11. 江南道—江南东(江东)道府州沿革表 1543
   12. 江南道—江南西(江西)道府州沿革表 1546
   13. 岭南道东部府州沿革表 1549
   14. 岭南道西部府州沿革表 1554
   15. 江南道—黔中道府州沿革表 1560
   16. 山南道—山南东(山东)道府州沿革表 1562
   17. 山南道—山南西(山西)道府州沿革表 1567
   18. 剑南道府州沿革表 1570
   19. 陇右道—河西道府州沿革表 1577

三、唐朝年号与公元纪年对照表 1584

引用书目 1586

后　记 1612

撰著体例

一、本卷结合历代研究成果,尽可能全面、详细地反映唐代正州县地区的各种等级、各种类型的行政区划发展沿革历史,内容包括各种行政区划的行政等级及上下领属关系(即道级、府镇级、州郡级、县级等领属性层级关系,不含以户口、形势、政务等因素划定的同类政区的上中下等级)、沿革(含始置、复置、改名、移治、省罢、分置、合并等变化)、各级行政区的名称(含名称来源)、数量、治所(含治所的现今位置)等。对羁縻地区的行政区划,则反映大致的发展沿革情况。

二、为避免混乱及表述方便,凡涉及各割据政权政区沿革,一律使用唐纪年,读者可据下表所载各割据政权年号及起讫年比算。凡遇年中所改纪元,必要时用括号注明。各级政区标题均以括号附注政区沿革年代,以公元纪年表示。若变动时间在当年十一月至十二月,公元纪年在次年1—2月,依惯例仍使用当年的公元纪年。

唐代割据政权一览表

割据政权名	简称	都城	年号及起讫年	割据政权名	简称	都城	年号及起讫年
林士弘大楚国	林楚	虔州	太平(616—622)	魏刀儿大魏国	魏魏	定州	618
李密魏国	李魏	洛口金墉	永平(617—618)	朱粲楚国	朱楚	南阳	昌达(618—619)
				宇文化及大许国	宁许	武阳	天寿(618—619)
薛氏大秦国	薛秦	秦州	秦兴(617—618)	窦建德大夏国	窦夏	乐寿	五凤(618—621)
李轨大凉国	李凉	凉州	安乐(617—619)	杨侗大隋国	杨隋	洛阳	皇泰(618—619)
刘武周定杨国	刘杨	朔州	天兴(617—620)	杨政道隋国	后隋	云州	620—630
汪华吴国	汪吴	歙州	□□(617—621)	高昙晟大乘国	高乘	燕州	法轮(618—620)
萧铣大梁国	萧梁	巴陵荆州	鸣凤(617—621)	沈法兴梁国	沈梁	常州	延康(619—620)
梁师都梁国	梁梁	夏州	永隆(617—628)	李子通大吴国	李吴	扬州杭州	明政(619—621)

续 表

割据政权名	简称	都城	年号及起迄年	割据政权名	简称	都城	年号及起迄年
王世充大郑国	王郑	洛阳	开明(619—621)	史氏大燕国	史燕	燕京	应天(759) 顺天(759—761) 显圣(761—763)
高开道燕国	高燕	燕州	始兴(620) 天成(622—624)				
刘黑闼汉东国	刘汉	洺州	天造(622—623)	朱泚大秦国 大汉国	朱泚	京兆	应天(783) 天皇(784)
辅公祏大宋国	辅宋	丹阳	天明(623—624)				
安氏大燕国	安燕	东京 成安	圣武(756) 载初(757) 天成(757—759)	李希烈大楚国	李楚	大梁 蔡州	武成(784—786)
				黄巢大齐国	黄齐	京兆	金统(880—883)

三、沿革时间以年为单位,截止时间默认为年末。年内有变动者,也尽可能予以反映。但沿革时间不满一月者,因其多未实施,或变动太快,一般不予反映。如武德元年(618)、天授二年(691)之郡制,景云二年(711)之府制。又如凤翔郡陈仓县,《旧唐书·地理志》载:"至德二载二月十五日,改为凤翔县,其月十八日,改为宝鸡。"则改凤翔仅三日。至于太宗贞观四年分突厥为定襄、云中二都督,虽为时逾月,然实未除授,亦不录。

四、至德二载(757)改郡为州,下诏在十二月十五日,当时仅距长安近处少数府郡可能实施,但全国绝大部分府郡均实施于乾元元年(758)二月以后。本卷以实际实施时间为准,并为统一起见,将至德二载十二月下旬改州之处,均按乾元元年改州处理。

五、为便于读者了解唐代前后期全国行政区划的变化概貌,本卷还以贞观十三年(639)、长安四年(704)、元和十五年(820)、咸通十四年(873)作为四个辅助基准年代,在统县政区以上(含统县政区)沿革正文中均统计该年所领下级政区数目。

六、治所凡直接沿自隋代者,概不录。但凡新建、移徙、重置者,全录。其中,移徙范围在一二里内者,一般不录。

七、本卷论述各级政区沿革,原则上以该级政区治所所在的境域为固定范围,不论该级政区名称如何变化,只要在此境域内先后出现过,均置于同一条目中。这种情况实际上即所谓"同地异名"。若政区有分置,时间有重复,则以治所与天宝十三载(754)政区治所相同或最近者为主目,其余作附目。如京兆府,先后用过雍州、京兆郡等名,武周时期还分置过鸿、稷、鼎、宜等州,本卷以"**雍州(618—690)—京兆郡(690)—雍州(690—713)—京兆府(713—907)**"为主目,鸿、稷、鼎、宜州为附目。括号内是沿革生存期,粗体字表示天宝十三载使用的正式名称。

若治所移出本辖区(以天宝十三载为准),带走原政区名,原辖区设置新政区,则在标题中用新政区名承接移治前的原政区名,沿革生存期也依此原则制定。如河中府的河西县,原本是朝邑县,后上元元年(760)改名河西,大历五年(770)从朝邑城移治府郭,后又移治故安远城,而朝邑城复置朝邑县。府郭和故安远城均在天宝十三载的朝邑县境外,故大历五年的河西县与朝邑县合为一目,用"**朝邑县**(618—760)—**河西县**(760—770)—**朝邑县**(770—907)"表示,大历五年以后的河西县另设一目"后河西县"。

若治所移动范围未出本辖区,这样的政区沿革不另分目,虽名称不同,也仅视作前后改名。如上例大历五年后的河西县先后治府郭和故安远城,两城均在天宝十三载河东县境内,故只作"后河西县"一目处理。又如唐初管州以荥阳等县分置荥州,荥州后移治汜水县,改名郑州,贞观元年(627),管州废入郑州,七年,郑州又移州治于管城县,天宝时改名荥阳郡。荥阳、汜水、管城均在天宝十三载荥阳郡范围内,故仍用主目"**荥州**(619—621)—**郑州**(621—742)—**荥阳郡**(742—758)—**郑州**(758—907)"表示一脉相承,而以管州为附目。

八、由于上述原因,在相邻政区中,往往会出现先后同名而异地的政区。如交州都督府在武德五年割爱州移风、九皋、建正、真宁四县置真州,治移风县,贞观元年州废,以废南陵州日南、废真州移风、废胥州胥浦、废都州军安四县另置真州,治日南县。两个真州的治所不是在同一州内移动,无法置于同一目中,《新唐书·地理志》分别使用"前真州"、"后真州"来称呼。本书将此种方法推而广之,凡相邻地区(一般是在同一政区内)出现同级同名异地政区,则分别冠以"前"、"后"二字以示区别,如上举"后河西县"之类。

九、同级政区的排列顺序,一般以上一级政区治所所在地为中心大致依顺时针方向螺旋排列。但排列附目时,则首先依设置时间排列。

十、各割据政权的政区沿革,一般仅在统县政区以上(含统县政区)政区正文中反映,县级正文不予反映,以减少繁琐。鉴于各割据政权多有取同名国号者,故加帝王姓氏以示区别,而在正文中,一般用简称,见上文所附"唐代割据政权一览表"。

十一、准高层行政区划沿革根据上编《绪言》所论,天宝十五载以前以总管府、都督府列目,天宝十五载以后以方镇(节度使等)列目,以避免都督府与节度使等双重统治纠缠不清的情况。

十二、统县政区在以郡名列目的同时,以括号附见旧州名,这样做还有一点理由:在实行郡制的时代,一般仍有继续使用旧州名的习惯。

十三、凡天宝十三载前后曾置政区,而天宝十三载时不存在者,均作附目处理,曾置政区作"附旧府"、"附旧区"、"附旧州"、"附旧县"之类;新置政区作"附新府"、"附新镇"、"附新州"、"附新县"之类。

十四、唐朝遥领的州郡,若由割据政权控制,在州郡正文中依割据政权所用名称叙述其沿革变化,在割据政权附文中叙述其归属变化,以免重复。若由未建立政权的割据势力控制(如藩镇),名义上仍属于唐朝,则仍用唐朝使用的名称及建置。

十五、贞观四年以前,尚无正州与羁縻州之别,故凡始置于贞观四年以前诸州,皆作正州列目。若遇羁縻州升为正州郡,或正州郡降为羁縻州,当天宝十三载时为正郡者,列为主目,否则以附目处理,标题沿革生存期及正文只反映作为正州郡时的沿革,作为羁縻州时的沿革,另见下编羁縻州部分。

十六、县治名称不详者,以其县名加通名"城"字作"某某城",作为权宜称呼;移治后,称为"新某某城"。幽州固安县治《太平寰宇记》作"章信堡",而《旧唐书·地理志》则作"章信城",可见此种权宜称呼有一定根据。县治为府、州、郡治者,可称"府城"、"郡城"、"州城"。县治的今地,凡沿自隋朝者,一般不予反映;若系新置或移徙县治,则一律于括号内标注今地;今中国市、县、乡镇街道等政区名称,以民政部编《中华人民共和国乡镇行政区划简册·2015》(资料截止于2014年底)为准。

十七、凡系推测或不确定之年代、地名,或以文字说明,或用"?"表示。凡确定有该州、县建置而名称失载者,用"□□州"、"□□县"表示。

十八、本书资料来源以唐宋地理文献《通典·州郡典》、《元和郡县图志》、《旧唐书·地理志》、《太平寰宇记》、《新唐书·地理志》为主,方镇部分主要参考《新唐书·方镇表》、赖青寿《唐后期方镇建置沿革研究》。凡以上各书所记无歧异者,径录,不注;有歧异者,加注进行考证,或说明取舍根据;有错漏衍倒者,加注进行改正;有沿革脱节或史事阙载者,亦酌加考补。

十九、本卷对每一层级的政区建置沿革,除在该主目部分对其建置沿革、治所位置、得名原因、隶属关系、辖领关系等有完全的、详细的叙述而外,同时分别在其上级政区的辖领关系和下级政区的隶属关系中,复述了与该政区的关系变化,虽然使建置沿革更加清楚,漏洞环节和分歧大为减少,各个层级之间的衔接关系得到清楚表述,但又使得文字显得冗长、繁复。这种表述方法是否合适,或者能否有更好的方法兼顾条理清楚与文字简洁,尚待读者提出批评和建议。

上编　经制地区(本部)

绪　　言

唐朝历时近三百年,是中国历史上最为重要的朝代之一,盛唐文化历来被公认为是中华文化辉煌时期的代表。对于唐代历史文化的研究一直是中国史学界的重点所在。

尽管隋朝结束了汉末以来长达四百多年的战乱与分裂,重新走向大一统,但自身却非常短暂。唐朝踵继其后,建立了一个长期统一而稳定的强盛帝国,是秦汉创立的封建州(郡)县地方行政制度进一步完善的时期,也是以山川道路划分跨高层监理区的发端时期,以及准高层行政区实际运用的特殊时期,研究有唐一代的行政区划变迁史,其重要性不言而喻。

李兆洛《历代地理志韵编今释》、杨守敬等《历代舆地沿革图·唐地理志图》对部分唐代州县地名的比定,是清代学者对唐代行政地理的重要研究成果。近现代关于唐代政区的学术著作、图籍,仅有检索州县名称的《唐代的行政地理》(平冈武夫,1955年),反映开元末年行政区划面貌的《中国历史地图集》第五册(谭其骧,1982年),反映唐代高层政治区地理格局和都督府演变的《隋唐政治地理格局研究》(罗凯,2012年)、《唐代都督府研究》(艾冲,2005年),关于唐后期方镇建置沿革的《唐方镇年表》(吴廷燮,1980年)、《唐后期方镇建置沿革研究》(以下简称《方镇研究》,赖青寿,1999)、《唐代后期方镇辖区变动研究》(付先召,2023)、《唐代藩镇历史地理研究》(向传君,2024),关于唐代政区与户口关系的《唐初政区与人口》、《唐朝鼎盛时期政区与人口》、《唐后期政区与人口》(翁俊雄,1990—1999年),以及概论性的《唐代地方行政史》(黄绶,1927)、《唐代的州和道》(程志等,1987年)、《唐代州郡制度研究》(陈志坚,2005年)等,它们或向读者提供了唐朝的某个时代断面,或阐述了某种政区类型的基本制度、格局。特别是《中国历史地图集》,集中了当时全国历史政区地理精英学者的研究成果,堪称历史地理学界权威之作,贡献至巨,但限于篇幅或体例,其第五册部分仍不能向读者提供唐代行政区划全面详细的、连续不断的变迁情况。学术界对于唐代各地区的行政区划也有许多研究成果，但比较分散，互相之间矛盾之处也比比皆是。本卷的撰著，正是试图弥补这一不足，以统合诸说，展示唐代政区的变迁全过程以及变迁的细节为己任。

笔者在研究过程中发现，《通典·州郡典》（以下简称《州郡典》）以天宝初年的行政区划为基准，《旧唐书·地理志》（以下简称《旧唐志》）以乾元初年的行政区划为基准①，《新唐书·地理志》（以下简称《新唐志》）以唐朝末年的行政区划为基准，均只列出了州、县二级，不仅缺失了州上面的准高层军政区（如都督府、方镇），并且将一部分前后废置的政区与基准年代的政区并行列目，作为沿革地理著作在体例上不够严格，在内容上脱漏较多，在文字叙述上也缺乏精细的考订，衍夺讹倒之处在所有之，这就给本卷留下了相当的研讨、补充和修订空间。

本卷采用的年代基准是唐朝社会繁荣、疆域稳定的最后截止期——天宝十三载（754）。其理由是：

第一，帝制时代王朝版图的标志性年代，只有初始、鼎盛、终末年代具有较大意义。在中国正史地理志中，多采用鼎盛年代的版图作为行政区划基准。本卷准备依此惯例，既便于前后各代的比较，也有利于避免因始、末年代版图较小造成的政区正目少、附目多的不正常情况。

第二，社会繁荣状况是帝制时代王朝鼎盛期的重要指标。唐朝社会繁荣的最后截止期是天宝十三载。天宝十四载，发生安史之乱，唐朝社会从此结束繁荣和鼎盛，走向衰落，这是史学界一致公认的事实。

第三，户口总数是帝制时代王朝鼎盛期的又一重要指标。研究表明，唐盛时著籍户口的峰值不在开、天之际，也不在唐末，而在天宝十三载②，《资治通鉴》天宝十三载胡三省注也认为："有唐户口之盛，极于此。"

第四，版图面积也是帝制时代王朝鼎盛期的重要指标。唐朝版图面积最大的年代在高宗乾封、咸亨年间，但当时是包括羁縻政区和藩属国（如吐谷浑等）在内。天宝十三载，因有开元、天宝年间新增的保宁都护府，羁縻安静、黑水、室韦、妠塞州都督府及东北、西域的藩属国，基本上可以抵消武则天时漠北、中宗时西域羁縻州丧失造成的版图损失，即使以狭义的"版图"——户部

---

① 刘昫《旧唐志》序云："今举天宝十一载地理。"然志中所言州县沿革，涉及安史之乱时期者甚多，平冈武夫《唐代的行政地理》认为是"自违其例"，笔者则认为所谓"天宝十一载地理"，仅限于序中所言唐土的四至，至于正文中的资料，基本上是以乾元元年为准，但也随意补充了一些乾元以后的零星资料。

② 冻国栋：《中国人口史》第二卷《隋唐五代时期》，复旦大学出版社，2002年，第178页。

职方司掌管的唐朝本部正州县论，仍以天宝十三载面积最大，因为在这一年，虽罢弃云南一郡，而新辟浇河、洮阳、鄯城三郡。

第五，《资治通鉴》载有天宝年间两组户部统计数字，一是天宝元年(742)的天下县、乡数和户口数，一是天宝十三载的天下郡、县、乡数和户口数，显然以后者资料最全，这组数据，可作为复原天宝十三载唐朝本部正州县政区面貌的基本参考。

固然，以天宝十三载为年代基准也有不足之处，最主要的就是天宝改州为郡，而郡制只实行了十六年，在唐代只是一个很短暂的时期。为了弥补这个不足，本卷准备在排列郡目时进行一些技术处理(见《撰著体例》)。

本卷研究的是唐代(唐时期)的行政区划变迁全过程。"唐代"的概念与"唐朝"不同。"唐代的行政区划"指自武德元年(618)至天祐四年(907)间唐王朝以及与唐王朝并立的割据政权或短时取代唐王朝的武氏周朝所辖的行政区划，以及唐王朝的羁縻、藩属地区。有些标明为"唐代"的史书，往往只写唐王朝和周边民族政权的历史，不写本部割据政权的历史，这是很奇怪的，就像一幅完整的图画上面留有几个窟窿那样令人不舒服。就连封建正统观思想指导下编纂的"正史"，也辟有《世家》、《载记》、《僭伪列传》等特殊卷目专记本部割据政权，可见缺载割据政权的断代史是不完整的。同样，在行政区划沿革史中，也存在这样的问题。在唐初的数年之中，大半个中国并不在唐国统治之下，武德四年以前，北方的刘武周之定杨国、窦建德之夏国、王世充之郑国，南方的萧铣之梁国、林士弘之楚国、李子通之吴国等割据政权，都长期占据着很多州郡，与唐国一样，都有自己完整的一套行政建置，与唐国并肩而立，而几部唐代地理志叙述割据政权有关各州的沿革，却都从统一后的武德四年开始，假如我们不把统一以前这部分沿革补上，那么大半个中国本部地区的行政区划沿革就有四年的空白，个别地方甚至更长(如高开道之燕国、梁师都之梁国)。此外，安禄山、史思明之燕国以及黄巢之齐国的情况，也大率如此。因此，本卷作为一部"唐代"行政区划沿革史，理应弥补传统地理志在这方面的缺憾，对唐朝本部先后出现过的割据政权，择其自为正朔且维持一年以上、据地一郡(州)以上者，分别于其都城所在各道，就其疆域演变及政区沿革情况作一概述，以与正文州郡沿革衔接。这样做，因为从未有过先例，加以史料本身于割据政权缺漏尤多，需要花费大量时间和精力进行考证和推测，得来的结果还可能招致更多的批评，所以完全是一项费力不讨好的工作，但历史地理工作者的责任迫使笔者不得不进行这样的尝试。

另外，笔者在研究中还感到，某一政区的沿革，常常与相邻政区沿革密切相关，而史料缺佚和矛盾之处比比皆是，本卷是系统性研究工作，不能顾此失彼，需要互相兼顾，因此，除了进行必要的考证和文字校勘外，往往还需要对一些模糊的年代数据、模糊的空间位置尽可能给出一个阈值，即在较为合理的范围内拟定其具体沿革年代（如一些阙载州县的置废）、具体位置（如一些边远州县的定点），便于建立参照系统，进行相关问题的比定（特别是空间和时间关系的一致性问题）。这种方法固然不具充分的科学性，但笔者认为只要具有一定合理性，只要进行了情况说明，也不失为一种辅助研究方法。

本卷分上、下两编。上编论述"经制地区"的行政区划建置沿革。经制地区即国家直接经理制度的地区，或称"本部"，亦即"正州县地区"，一般由中央政府户部管理，性质为直接行政区。另外，唐朝在沿边少数民族地区实行羁縻、藩属管理统治制度，建立了不少羁縻都督府、羁縻州等民族自治政区，以及臣属于唐的藩属国，这部分内容将在下编"羁縻地区"（或称"藩部"，一般由边州都督、都护府管理统治，性质为间接行政区）中述及①。至于在周边地区建立的独立的民族政权的行政区划，如吐蕃、后突厥、回纥（回鹘）、南诏等，限于篇幅及本套书的统一体例，加之笔者学识、精力所限，暂不予以反映，但这并不意味着笔者认为它们不应该纳入中国行政区划通史的研究范围。

武周王朝虽是大一统王朝，但它的行政区划沿袭唐朝，没有大的变化，所以本卷作为唐代行政区划演变的一个阶段处理，即在有关县以上各层级区划演变文字中，以武周末年（长安四年，704）为断面作一概述。

唐朝行政区划的范围与层级，是本卷不能回避的最为重要的问题，学术界也一直存在较大争议。笔者准备综合诸家成说，结合自己的观点，对上述问题及各级政区的渊源、性质及演变情况作一阐述。为了阐述的方便划一以及与本丛书其他朝代的体例相一致，笔者根据周振鹤先生的意见，将各类政区按其与县级政区的层级关系依次分为四层，即县级政区、统县政区、高层政区（或准高层政区）以及跨高层政区（或准跨高层政区、监理区），如上图（点划线表示准政区，虚线表示地理区）所示。

---

① 关于经制地区（本部、直接行政区）与羁縻地区（藩部、间接行政区）的区别，参详郭声波：《中国历史政区的圈层结构问题》，《江汉论坛》2014年第1期；《历史政治地理常用概念标准化举要》，《中国历史地理论丛》2017年第1期。

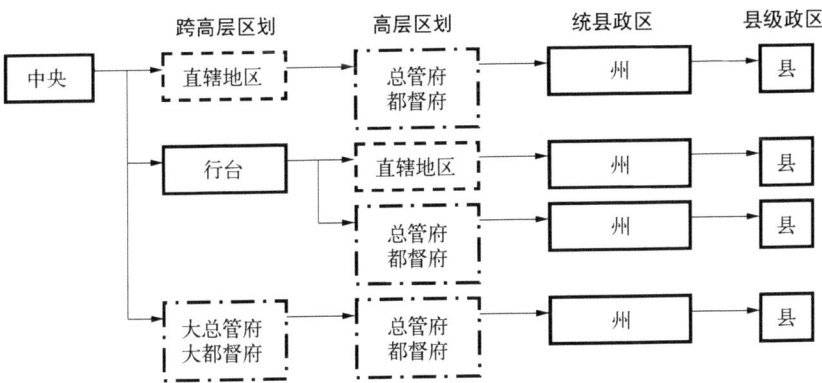

唐朝初年的行政区划层级示意图

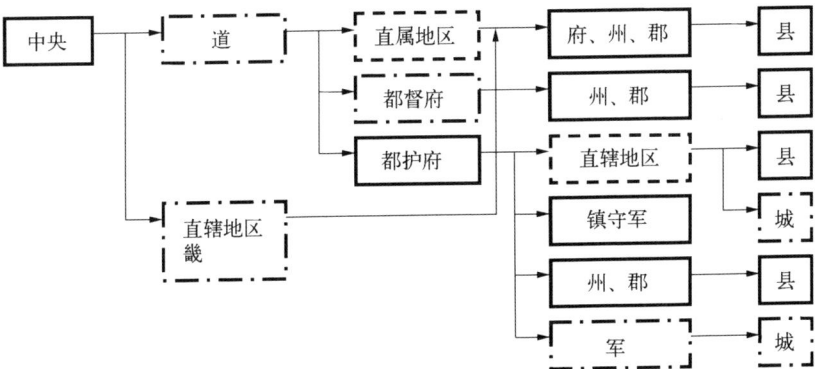

盛唐时期的行政区划层级示意图

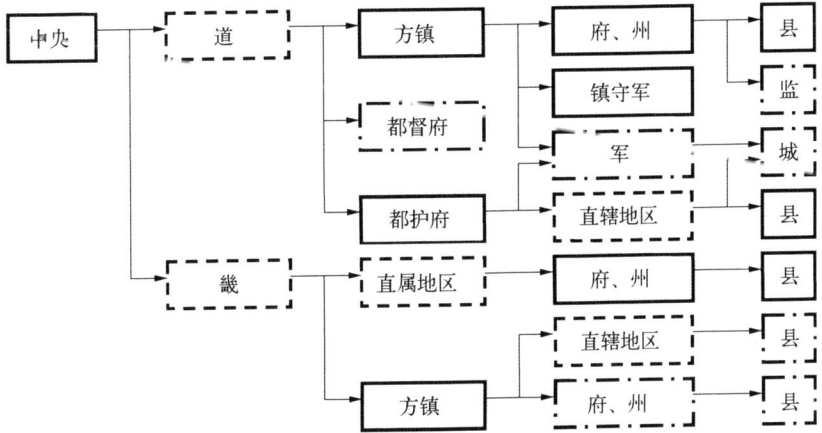

唐朝后期的行政区划层级示意图

为了更加直观、清晰地反映层级结构,笔者引入"直辖地区"(或"直属地区")概念,即将各级行政区实际存在而未有专门名称的"直辖地区"(如无实质行政管辖权,仅在某一方面有统属关系,或仅是形式上的分区,则以"直属地区"为名)作为虚拟的一个层级。原因有二:

其一,"直辖(直属)"单位可以是多种层级,如唐代盐州,在贞元年间曾是关内道直辖州,级差至少是二。宋代也有类似情况,如利州路的三泉县、江南东路的铅山县都曾直属京师。今天也有类似情况,如湖北仙桃、天门、潜江市,河南济源县,就是省的直辖县级市(三级政区);一些乡镇(四级政区)也有州直辖的,如青海海西州的德令哈等镇。因此,如无直辖(直属)地区的层级图示,则直辖(直属)单位的级别就显示不出来。

其二,现在许多关于行政区划的统计,都有类似"直辖地区"(直属地区)的表述,如1988年海南建省之前的广东省海南行政区,下面就有"行政区直辖单位"一栏,与海南黎族苗族自治州并列;新疆伊犁哈萨克自治州,下面也有"自治州直辖行政区单位"一栏,与伊犁、塔城、阿勒泰地区并列。新疆还有"自治区直辖行政单位"栏目,后改为"自治区直辖县级行政单位"。而这些"直辖行政单位",都不是正式的行政区划名称,只是地理区划。因此,本卷对唐代各级行政区划中"直辖地区"(直属地区)的表述,在标题上也仿此采用与相应级别政区或准政区名称(如道、都督府、州、县)并列的形式。

艾冲先生《唐代都督府研究》一书对唐代都督府的沿革进行了全面清理,但最大的问题就是忽视了唐前期各道存在直属地区的情况,而将各道属州全部划归各都督府,造成明显的错误。

《通鉴》天宝十三载云:"是岁,户部奏天下郡三百二十一,县一千五百三十八。"对此,以前从未有人怀疑。然而经笔者撰成本卷后统计,天宝十三载实有三百二十七个府、郡(不包括都护府、镇守军、军)、一千六百一十四个县(不包括县级军城),如表1。郡县数与《通鉴》均有较大出入,此为何故?经分析,笔者认为,户部统计的郡数实未计入三个京府及天宝十三载新置浇河、洮阳、鄯城三郡,县数未计入京府直辖六十二县、都护府所领十二县及新置东阳郡浦阳县、鄯城郡临蕃县。若予以计入,数目方符合实际。这就是《通典·职官典》所谓:"天宝中,通计天下凡上州一百二十九,中州二十九,下州一百八十九,总三百二十七州也。"陈志坚先生认为"杜佑所统计的并没有缺漏,三百二十七州就是全国州郡的总数"[①],但实际上仍有七个直接统县(或城)的都护

---

① 陈志坚:《唐代州郡制度研究》,上海古籍出版社,2005年,第5页。

府未统计在内。此为治唐史者所不可不知,然而何以京府、都护府领县不上户部,亦为治唐史者所当探究者。

表 1　唐天宝十三载本部各级行政区划数目统计

跨高层区划	高层区划		统县政区			县级政区	
监理道	都督府	都护府	府	郡	镇守军、军	县	城
京　畿	0	0	1	6	0	58	0
关内道	6	2	0	19	2	89	3
河东道	2	0	1	18	0	108	0
河北道	2	1	0	27	2	170	2
都　畿	0	0	1	4	0	50	0
河南道	1	0	0	22	0	145	0
淮南道	2	0	0	16	0	66	0
江南东道	2	0	0	18	0	102	0
江南西道	2	0	0	17	0	85	0
岭南道	4	1	0	73	0	309	0
黔中道	1	0	0	15	0	52	0
山南东道	1	0	0	14	0	63	0
山南西道	1	0	0	14	0	73	0
剑南道	8	1	0	38	0	183	5
陇右道	3	0	0	16	0	38	0
河西道	3	2	0	7	7	23	0
合　计	38	7	3	324	11	1 614	10

国家版图是政区划分的条件,下面先述唐朝疆域演变,再分若干专题讨论各级政区的特点。

一、唐朝疆域演变概况

1. 统一期(618—624 年)

高祖武德元年五月,废隋义宁帝建唐国,得其国土之西部半壁河山,即今陕西中部与南部、甘肃南部、山西中部与南部、河北北部、京津、辽宁西部、四川中部与东部、重庆、湖北西北部、云南中东部与东北部及贵州一带,寻灭薛氏秦国,得甘肃东部及宁夏地区,又取梁师都梁国南境(今陕西延安地区),由此开创了唐国基业。是年,魏国王李密归唐,又得河南中东部、山西东南端、湖北东部、安徽北部、江苏北部。

武德二年,灭朱粲楚国,得今河南南部、湖北北部与东部;灭李轨凉国,得甘肃中部与西部、青海东部。宇文化及许国亡,唐得其东境(今山东中部、东部)。是年,王世充废隋皇泰帝建郑国,取唐东境(今河南中东部与南部、安徽北部、江苏北部),而许绍、卢祖尚、杜伏威、陈稜等则以隋土来降,得湖北西南部、湖南西北部、河南东南端、安徽中部。刘武周定杨国取唐北境(山西中部),窦建德夏国取唐东境(河北南部、河南北部、山东中西部)。

武德三年,败定杨国,收复山西中部。高开道燕国归唐,得河北西北部。王世充部将以安徽北部来降。又取李子通吴国北境(今江苏中部)。王世充郑国则取唐东土(山东北部与东部、湖北北部与东部),萧铣梁国取唐近东(湖北西南部、湖南西北部)。

武德四年,唐军大胜,灭窦建德夏国,得河北中南部、河南北部、山东中西部;灭王世充郑国,得河南中东部、湖北北部与东部、江苏北部;灭汪华吴国,得安徽南部、江西东北端;灭李子通吴国,得江苏南部及上海、浙江、福建;灭萧铣梁国,得湖北西部与南部、湖南、广西、广东中部与西部、海南、越南中北部。又取梁师都梁国南境(今陕西榆林地区)。招慰南中诸蛮,得云南北部。

武德五年,灭林士弘楚国,得江西及广东东部。至此,唐朝基本据有隋朝故土。然而是年窦建德余党刘黑闼复叛,建汉东国于河北中部,高开道亦复建燕国于河北西北部。

武德六年,灭汉东国,收复河北中部;灭梁师都梁国,得内蒙古河套地区。取杨政道隋国南境(山西北部)。是年,辅公祏以东南道行台建宋国,割据今江苏中部、南部及上海、浙江、福建、江西地区。

武德七年春,灭高开道燕国,收复河北西北部;灭辅公祏宋国,收复今江苏中部、南部及上海、浙江、福建、江西地区。

至此,唐朝平定新叛,混一六合,完成了统一大业。

2. 扩张期(624—661年)

高祖武德七年春,几乎与平定高燕、辅宋同时,高句丽、百济、新罗三国遣使内附,唐朝分别封其国王为辽东郡王、带方郡王、乐浪郡王,以之为藩属国,疆域增辽宁东部、吉林中部与东部及朝鲜半岛。又招慰南中诸蛮,得云南中部。由此拉开了国土扩张的序幕。

太宗贞观三年,薛延陀国内附,增蒙古及俄罗斯南部。

贞观四年,灭东突厥国及杨政道隋国,增内蒙古中部、西部。

贞观九年,吐谷浑国内附,增青海中北部。

贞观三年至十年间,党项、千碉、白狗诸羌部落内附,增四川北部、甘肃西南端、青海东部。

贞观十二年,招慰岭南蛮獠,增广西北部、西南部。

贞观十四年,灭高昌国,增新疆东部。西突厥阿史那步真部内附,增新疆北部。

贞观十八年,西突厥焉耆国内附,增新疆中部。

贞观二十二年,西突厥龟兹、疏勒、于阗三国内附,增新疆中西部、南部。招慰阿逋、么些诸蛮,增四川西南部。

贞观二十三年,西突厥阿史那贺鲁部内附,增新疆西北部、哈萨克东南部。招慰洱河蛮诸部,增云南西北部。獠子部内附,增云南东南端。

高宗永徽二年(651),特浪、辟惠诸羌部落内附,增四川中西部(茂属)。西突厥侵唐,损新疆中南部、西部。

永徽四年,阿史那贺鲁归西突厥,损新疆西北部、哈萨克东南部。

永徽六年,平剑山羌,增四川中西部(巂属)。

显庆元年(656),和蛮内附,增云南中南部。

显庆二年,西突厥葛逻禄、咽面等部内附,增新疆北端、哈萨克东部。

显庆三年,灭西突厥国,收复新疆西北部、中南部、西部及哈萨克东南部;粟特(昭武九姓)诸国内附,增哈萨克南端、吉尔吉斯西部、乌兹别克北部、塔吉克北部。

显庆四年,西突厥余部降唐,增哈萨克南部、吉尔吉斯东部。

龙朔元年(661),吐火罗诸国内附,增乌兹别克南部、塔吉克南部、阿富汗、巴基斯坦西北部、伊朗东端、土库曼东部。

短短三十八年间,唐朝疆土东抵日本海,西极咸海,北全贝加尔湖,南尽北部湾,衣冠部落,州县蛮荒,提封万里,远迈隋汉。

3. 动荡期(661—763 年)

就在唐朝疆土极盛的龙朔元年,燕然都护府辖下的漠北铁勒回纥、同罗、仆固等部开始兴兵犯边,庞大帝国周边裂纹始现,所谓盛极而衰,反复无常,唐朝边疆藩属、羁縻地区进入叛而复归、归而复叛的动荡时期。

龙朔二年,藩属龟兹、疏勒二国及昆陵都护叛附吐蕃,损新疆中西部。

龙朔三年,龟兹国自吐蕃来归,复新疆中部。

乾封二年(667),吐蕃侵唐西境,损青海中部。濛池都护叛附吐蕃,损新疆北部、哈萨克南部。

乾封三年,藩属吐谷浑国为吐蕃所占,损青海中北部。

总章前,招慰蛮獠内附,增云南东南部、越南北部。

总章元年(668),靺鞨拂涅等部内附,增黑龙江东南部、俄罗斯滨海区南部。

咸亨元年(670),昆陵都护自吐蕃来归,复新疆西北部。而吐蕃侵唐西境,损新疆中南部。

前上元二年(675),唐军西击吐蕃,收复新疆中南部、西部。

仪凤二年(677),吐蕃侵唐西境,损四川西北部、青海东南部。昆陵都护复附吐蕃,损新疆西北部。

仪凤三年,吐蕃侵唐西北境,损新疆中南部、西部。

调露元年(679),唐军西击吐蕃,收复新疆中南部、西部;昆陵、濛池都护自吐蕃来归,复有新疆西北部与北部、哈萨克南部。

调露二年,洱河诸蛮叛附吐蕃,损云南西北部。

永淳元年(682),阿史那骨咄禄以内蒙中部建后突厥国。

永隆元年(680)至永淳二年,东女国及特浪羌等部没于吐蕃,损四川西北部、中西部。

武后垂拱三年(687),吐蕃侵唐西北境,损新疆中南部、西部。

垂拱四年,后突厥取唐北境,失蒙古中部、东部。

垂拱四年至如意元年(692),收复雅州边外吐蕃侵地(四川中西部)。

永昌元年(689),洱河诸蛮自吐蕃来归,复云南西北部。

武周长寿二年(693),西击吐蕃,复新疆中南部、西部。而后突厥则取唐北境,失蒙古西部、俄罗斯布里亚特、赤塔、伊尔库茨克等地。

万岁通天元年(696),李尽忠以辽宁西部、内蒙东南部、河北北部、中东部建契丹国;吐蕃侵唐西境,损青海北端。

万岁通天二年,破契丹国,收复河北中东部。

圣历年间,吐蕃侵唐西南境,失云南西北端。

中宗神龙二年(706),大食侵唐西北境,失土库曼东部。唐朝与吐蕃首次会盟定界①。

---

① 《册府元龟》卷981:"玄宗开元二年五月……敕(解)琬赍神龙二年吐蕃誓文,与达延定界。""孝和帝(即中宗)在日,其国界并是逐便断当讫,彼此亦已盟誓。"

景龙元年(707),大食侵唐西北境,失伊朗东端。

景龙三年,大食侵唐西北境,损乌兹别克西部。后突厥侵唐西北境,损新疆北端、哈萨克东部。

睿宗景云元年(710),藩属吐火罗诸国归大食,失乌兹别克南部、塔吉克中西部、阿富汗、巴基斯坦西北部。

景云二年,藩属昭武九姓诸国归大食,损吉尔吉斯西部、哈萨克南端、乌兹别克中东部、塔吉克北部。

玄宗先天二年(713),承认吐蕃对青海东南部的占领。开元二年,藩属识匿国归吐蕃,损塔吉克东部。

开元二年至三年,后突厥葛逻禄、咽面等部落内附,复得蒙古西端、新疆北端、哈萨克东部。

开元三年,拔汗那国自大食来归,复乌兹别克东部、吉尔吉斯南部。

开元四年,康、东曹、米、石、石汗那、罽宾六国自大食来归,复哈萨克南端、乌兹别克中部、塔吉克北部、阿富汗东南部;俱密、识匿、护密、小勃律四国自吐蕃来归,复吉尔吉斯南端、塔吉克东部、阿富汗东部,增巴基斯坦东北部。后突厥契丹、奚部内附,复辽宁西部、内蒙东南部、河北北部。

开元五年,安、西曹二国自大食来归,复乌兹别克西部。

开元六年,靺鞨安居骨等部内附,增黑龙江中南部。藩属石、康、东曹、米、西曹、安六国及拔汗那国南境归大食,失哈萨克南端、乌兹别克中西部、塔吉克北部。

开元七年,石、康、东曹、米、西曹、安六国及吐火罗、挹怛、骨咄、谢䫻、帆延五国并自大食来归,复哈萨克南端、乌兹别克中西部、塔吉克北部及阿富汗中部与南部、塔吉克中东部。

开元十一年,新疆且末吐谷浑内附。

开元十四年,靺鞨黑水等部内附,增黑龙江东北部、俄罗斯滨海区北部、哈巴罗夫斯克区南部、萨哈林州、犹太州。

开元十五年,史国自大食来归,复乌兹别克南部。

开元二十年,室韦诸部内附,增黑龙江西部与北部、吉林西部、内蒙古东部、俄罗斯阿穆尔州。

开元二十二年,唐朝与吐蕃第二次定界,双方遣使于赤岭分界立碑①。

---

① 世有开元十八年、二十一年、二十二年诸说,今依薛宗正《吐蕃王国的兴衰》(民族出版社,1997年)第90—92页考证。

开元二十六年，吐蕃侵唐西南境，失云南西北部、新疆且末地区。

开元二十八年，拔汗那国南境归唐，复吉尔吉斯南部。

开元二十九年，藩属吐火罗、挹怛、骨咄、俱密、识匿、护密、石汗那、罽宾、谢䫻、帆延、小勃律十一国归附吐蕃，损阿富汗中东部与南部、塔吉克中东部、吉尔吉斯南端、巴基斯坦东北部。

天宝元年，俱密、护密二国自吐蕃来归，复吉尔吉斯南端、阿富汗东部。吐蕃侵唐西境，损四川中西部（黎属）。

天宝三载，吐火罗、挹怛、骨咄、石汗那、罽宾、谢䫻、帆延七国自大食来归，复阿富汗中部与南部、塔吉克中部。

天宝六载，灭吐蕃小勃律国，识匿国自吐蕃来归，复巴基斯坦东北部、塔吉克东部。是岁，安北都护府所属黠戛斯部归附回纥，失俄罗斯图瓦、哈卡斯、阿尔泰共和国、克拉斯诺亚尔斯克州南部。

天宝八载，哥邻、逋租、悉董、南水、清远、咄霸、白狗七国自吐蕃归唐，复四川西北部。

天宝九载，南诏阁逻凤叛唐，以云南西部建云南国。

天宝十二载，唐军击败吐蕃，收复青海东部、北端；藩属南水、白狗二国归吐蕃，损四川西北部。

天宝十三载，东女、弱水、南水、白狗四国自吐蕃归唐，复四川西北部。南诏（云南）侵唐西南境，失云南中北部。

天宝十五载（至德元载），安禄山据河南中北部、陕西中部、山东中西部、河北、山西北部建燕国。吐蕃侵唐西境，失四川西北部；云南国侵唐西南境，失云南中南部与东部、贵州西部。

肃宗至德二载（757）至乾元元年（758），唐军击败安氏，收复河南中北部、陕西中部、山东中北部、河北中北部、山西北部。南诏侵唐西南境，损四川西南部。

乾元二年，灭安氏燕国，收复河北南部。史思明以河北中北部重建燕国，并取唐河北南部、河南中北部。是岁，藩属吐火罗、挹怛、骨咄、俱密、识匿、护密、石汗那、罽宾、谢䫻、帆延、归仁十一国归大食，失阿富汗中东部与南部、塔吉克中东部、巴基斯坦东北部。

后上元元年（760）至二年，吐蕃侵唐西北境，损青海东部与北端、甘肃中部。

后上元二年（宝应元年），史氏燕国取唐东北境（辽宁西部），而唐取史氏燕国南境（河北中南部、河南中北部）。

代宗宝应二年(763 广德元年),灭史氏燕国,收复河北北部、辽宁西部。

观其疆场板荡之由,盖由吐蕃东侵首发,继之以北方之后突厥、西北之大食、西南之南诏,强邻环攻,百年跌宕,竟以捍卫北疆的悍将安禄山、史思明倡乱及其平定而收官,不无讽刺意味。

4. 萎缩期(763—883 年)

安史之乱虽然平定,却留下了藩镇割据的后遗症,唐朝国力日渐衰落,面对吐蕃、南诏的蚕食鲸吞,应接不暇,帝国版图逐渐萎缩。

代宗广德元年(763),吐蕃侵唐西境,损四川北部、甘肃东部。

广德二年,吐蕃侵唐西北境,损甘肃中北部、中东部。

永泰元年(765),云南国侵唐西南境,损云南东北部。

永泰二年,吐蕃侵唐西北境,失甘肃北部、内蒙古西部。

大历二年(767),吐蕃侵唐西北境,失甘肃中南部。宁夏西端、内蒙古阿拉善南部。

大历七年后,藩属康、东曹、米、来威、西曹、安、石国归大食,失哈萨克南端、乌兹别克中西部、塔吉克北部。

大历十一年,吐蕃侵唐西北境,损甘肃西北部。

大历十四年,吐蕃侵唐西境,损四川中西部(黎属)。

德宗建中元年(780)至兴元元年(784),唐击吐蕃,收复四川中西部。

建中四年,唐朝与吐蕃第三次会盟定界:"今国家所守界:泾州西至弹筝峡西口,陇州西至清水县,凤州西至同谷县,暨剑南西川大渡水东,为汉界。蕃国守镇在兰、渭、原、会,西至临洮,东至成州,抵剑南西界磨些诸蛮,大渡水西南,为蕃界。其兵马镇守之处,州县见有居人,彼此两边见属汉诸蛮,以今所分见住处,依前为定。其黄河以北,从故新泉军直北至大碛,直南至贺兰山骆驼岭为界,中间悉为闲田。盟文有所不载者,蕃有兵马处蕃守,汉有兵马处汉守,并依见守,不得侵越。"①是岁,朱泚叛唐,以陕西中部、河北北部、辽宁西部建秦国。

兴元元年(784),朱泚改国号汉,寻灭,收复陕西中部、河北北部、辽宁西部。是年,李希烈叛唐,以河南东部与南部、湖北北部建楚国。

兴元二年,灭李氏楚国,收复河南南部、湖北北部。

贞元三年(787),吐蕃侵唐西北境,损甘肃西端、宁夏东部。

贞元五年,收复吐蕃侵地(甘肃东南端)。

---

① 《旧唐书》卷 196《吐蕃传》。

贞元八年，吐蕃取唐西北境，失新疆中东部（西州）。

贞元九年，收复吐蕃侵地（宁夏东部）。

贞元十年，云南国内附，改为藩属南诏国，复云南、四川西南部、贵州东部，增缅甸北部。

贞元中，生獠、赤珠落二国内附，增越南西北部、老挝北部。

贞元十七年，吐蕃取唐西北境，失新疆中西部、南部、东端；藩属葛逻禄国归附吐蕃，失新疆北部、哈萨克东部与南部。收复吐蕃侵地（四川中西部）。

贞元二十年，环王国侵唐南境，损越南中部。

宪宗元和二年（807），收复环王国侵地（越南中部）。

元和十五年后，靺鞨黑水等部脱离唐朝，失俄罗斯滨海区北部、哈巴罗夫斯克区南部、萨哈林州、犹太州。

穆宗长庆二年（822），唐朝与吐蕃第四次会盟定界："今蕃、汉二国所守见管本界，以东悉为大唐国疆，已西尽是大蕃境土。"①

文宗大和六年（832），藩属南诏国取骠国地，增缅甸东部。

大和九年，藩属南诏国取弥诺国地，增缅甸西北部。

武宗会昌三年（843）后，室韦诸部脱离唐朝，失黑龙江西与北部、吉林西部、内蒙东部、俄罗斯阿穆尔州。

宣宗大中五年（851），张议潮取吐蕃东北境归唐，复得甘肃西北部与中部、新疆东端、青海东部。

大中十一年，吐蕃部落来降，复得甘肃中东部。

懿宗咸通元年（860），藩属南诏国叛唐，自立为大礼国，并侵唐南境，失云南、四川西南部、贵州东部、缅甸北部与东部、越南西北部、老挝北部。

咸通二年，河西张议潮取吐蕃北境（甘肃中北部）来属。

咸通五年，收复吐蕃侵地（甘肃南端）。南诏（大礼）侵安南，失越南北部。

咸通七年，收复南诏侵地，复越南北部。

僖宗乾符三年（876），回鹘侵唐西北境，失新疆东端。

广明元年（880），黄巢以陕西中部、河南中西部建齐国。

中和元年（881），取黄齐东境，复河南中西部。

中和三年，灭黄巢齐国，复陕西中部。

藩镇，一百多年的梦魇挥之不去，国势式微，江河日下，不仅藩属羁縻纷纷离去，内地通都大邑亦数陷于夷狄，州县百姓沦为左衽，裂隙已深入帝国本

---

① 王尧：《唐蕃会盟碑疏释》，《历史研究》1980年第4期。

土。虽然有贞元南诏的内附,而云南安抚使徒具虚名;即便有大中张议潮的归国,也不能挽狂澜于既倒。

5. 稳定期(883—907年)

黄巢灭后,藩镇大战重开,暂时掩盖了边疆的伤痛,大规模的国土盈缩不见于史书记载,但那段二十多年的"稳定期"不过是帝国寿终前的平静、山雨欲来前的微风,正应了黄巢的一句谶诗:"飒飒西风满院栽,蕊寒香冷蝶难来。"昭、哀二帝成了无人问津、奄奄待毙的落寞君王。

上面以大事记兼述评方式,粗略展现了唐朝疆域近三百年间一定规模的演变概况,至于唐与各割据政权、少数民族政权之间的小范围拉锯反复,就不一一条分缕陈了。此外,正州与羁縻州之间的改转升降,中央政府与藩属国之间的战争与和平导致的以藩属国列置羁縻州县,或以羁縻州县建政立国,或藩属国与藩属国之间的蚕食吞并等,均属主权国家内部的直接政区与间接政区,或间接政区与间接政区之间的整合变化,不属于疆域演变范围,此不赘述,详见正文。

二、跨高层政区及准跨高层政区的演变

1. 行台尚书省

唐朝地方行政区的级别不高,在较大区域(相当于跨高层区划)范围内,通常不设功能完备的行政区,充其量只设监理区;在次一级区域(相当于高层区划),充其量也只有军政合一机构如都督府、都护府、节度等使(方镇)之类的军政区,没有职能单一的行政区;在更小的区域,才有真正意义上的行政区——州(郡、府)和县。

只有唐初的情况有些例外。唐国和各割据政权往往在互相毗邻的用兵地区,因军事需要,设置了一些管理较大区域的中央派出机构——行台尚书省,简称行台。唐国从武德初开始,先后设有七个行台尚书省,即陕东(陕州)、显州、山东(河北)、河东(并州)、东南(淮南)、西南(益州)、山南(襄州)七道。各行台置尚书令一人,掌管内军民,总判省事;仆射一人,掌贰令事;左、右丞各一人,掌分司纠正省内;兵、民两部尚书,掌事如在京六部。总之,行台总揽辖区一切军政大权,我们可以把它视作当时跨高层区域的军政合一政区。但这种区划为时太短,"诸道有事则置行台尚书省,无事则罢之",伴随各地战事的结束而陆续取消。其显州道行台,数月即叛;河东道行台,武德四年(621)罢;山东道行台,五年罢;山南道行台,七年罢;东南道行台,八年罢;陕西、西南道行台,九年罢。基本与贞观初年划分天下为十监理道的年代相衔接。有人认为唐贞观元年(627)以后的道为行台省以另一种形式的恢复①,这是很有道理的。

2. 唐初的大总管府、大都督府

武德四年,天下初定,鉴于总管府数量较多,故一度允许上(大)总管府如并州、中总管府如江州、下总管府如桂州分领若干总管府,形成较为混乱的层级,但随着州县的省并,总管府数量的减少,很快就废止了这种混乱的制度,只保留了大总管府管领若干总管府的制度。这样,在十道建立之前,大总管府与行台平行(大总管府、大都督府与行台不重叠设置),成为准跨高层行政区,只是职权有轻重的不同。为避免混乱,本卷不反映中、下总管府统管总管府的短暂情况。

从武德七年开始,大总管府改为大都督府,并在一些较大的、地理位置较重要的州郡新建了大都督府,有的延续到唐末。一般说来,大都督府地位高于都督府,这是不言而喻的,但通常只是统州较多、级别较高而已,唯有武德年间的情况有所不同。武德四年至九年间,因平定刘武周、刘黑闼、辅公祐之乱,及秦王升储,陆续罢废河东、山东、山南、东南、陕东、西南诸道行台,改以并、定(寻移幽)、荆、安、广、扬、益诸州大总管府—大都督府统领边远各地都督府,这在《旧唐志》有明确记载。贞观十年以前,各大都督府陆续取消"大"字,降为普通都督府,不再统都督府,寻分都督府为上、中、下三等②。显然,此前的大总管府—大都督府,充当了从行台罢废到贞观监理道建立这一短暂时期内跨高层区划内的管理机构,其性质应相当于准跨高层军政区,其行政权力小于行台而大于监理道。不过,武德所置大都督府降为普通都督府的时间,各地有所不同:幽州大都督府降于武德九年,并、荆、安、广、益五州大都督府降于贞观二年,灵州大都督府降于贞观四年,扬州大都督府降于贞观十年。贞观中期以后,由于道制的建立,大都督府已不再统领其他都督府(如贞观六年后新增之鄜、潞、相三州大都督府),与普通都督府一样都是准高层军政区,互相之间没有统属关系,只不过大都督的官品、俸禄等待遇高于普通都督而已。

3. 道(监理道)

唐代道的性质,向有歧说。但凡言唐代地方官制、政区地理者,都不能不涉及这一问题。其中,有言行政区域者,有言监察区域者,有言地理区域者,

---

① 杜文玉:《论隋唐时期的行台省》,《渭南师专学报》1993年第2期。
② 《大唐六典》卷30《都督官吏》、《旧唐书》卷44《职官志》。

近年则以分期论为主。但就笔者所见,真正对此问题有专门研究者,仅严耕望、田尚、程志、史念海等数家。

严耕望、田尚、程志等皆持分期论。严耕望先生认为唐初是地理区,中宗神龙二年(706)以后,始见有监察区之性质①;田尚先生认为,唐前期是地理区,天宝时期乃是监察区,与唐后期军政合一的节度使道不同②;程志先生等则认为,唐前期是监察区,开元天宝时期向实际的行政区过渡,唐后期,军事上的道与监察区的道合而为一,成为完整意义上的地方行政机构③。史念海先生没有对贞观十道和开元十五道作明确的性质界定,但从该文全面论述这些道与山川形便、军事、人口、经济的关系来看,他可能认为是一种综合性的地理区划④。

笔者赞同贞观十道与开元十五道的功能在各个时期有所不同,但这样的不同并非性质有改变。在本质上,唐前期、唐盛期与唐后期的十道或十五道(开元时曾达到十六道)都是监理区划,只是其功能有一个从不完善到完善,再到不断弱化,最后名存实亡的过程。

顺便说明,唐代道的监察巡按使者不同程度地具有处理某些行政事务的职能,仅用"监察"来指称是不够准确的,因此本卷改常用的"监察"为"监理",即在监察功能之外,还带有某些行政治理的功能。如太宗派遣诸道使者的目的除"申谕朕心,延问疾苦,观风俗之得失,察政刑之苛弊"之外,还在于宣扬朝典,存抚百姓,赈贷乏绝,处决囚徒,黜陟官吏,慰问鳏寡老疾,搜访鸿才奇士⑤。又如高宗仪凤二年(677)十二月以来常为河南道大使,薛元超为河北道大使,崔知悌、郑祖玄为江南道大使,"分道巡抚,申理冤屈,赈贷乏绝"⑥,无疑具有部分民政性质,而非局限于监察职能。

今分三阶段考察如下。

第一阶段从贞观元年至开元二十二年(627—734)。这一阶段,道的监理职能不够完善,但它有一个逐步加强和完善的过程。

《唐会要》卷70载:"贞观元年三月十日,并省州县,始因关河近便,分为十道。"显然,道的划分原则主要是根据山川道里与交通便利情况,以方便使者巡按。开元初,将河南道的虢州(治今河南灵宝县)划归河东道,也是因为"巡

---

① 严耕望:《景云十三道与开元十六道》,《严耕望史学论文集》,上海古籍出版社,2009年。
② 田尚:《唐代十道和十五道的产生及其性质》,《中国古代史论丛》第六辑,福建人民出版社,1982年。
③ 程志等:《唐代的州和道》,三秦出版社,1987年,第86、92页。
④ 史念海:《论唐代贞观十道和开元十五道》,《唐代历史地理研究》,中国社会科学出版社,1998年。
⑤ 贞观八年正月遣使诏,《册府元龟》卷161。
⑥ 仪凤二年十二月遣使诏,《册府元龟》卷161。

按所便"——虢州离河东道治所蒲州（治今山西永济县）很近的缘故。《通典》、两《唐书·地理志》（以下简称两《唐志》）"关河近便"并作"山河形便"、"山川形便"，使人往往误解为纯粹依自然地理形势划分，"近"与"形"一字之易，意旨何其迥异！

此外，十道的划分，也并非在贞观元年三月十日"一刀切"式的全部划定，《唐会要》等所载，可以理解为从三月十日起，开始进行省并州县、划分十道的工作，因此，有些州县的省并和道的划分，可能是在贞观元年以后数年之内完成。至贞观十三年底，全国十道共有三百一十八个正州（如表2）。

表2　贞观十三年(639)十道区划分州表

道	都督府	领 正 州 名	道	都督府	领 正 州 名
关内道22州	直属区	雍、华、同、宜、岐、陇、幽	江南道40州	直属区	苏、湖、杭、睦
	灵州	灵、盐		越州	越、台、建、泉、括、婺
	原州	原、庆、泾、宁、会		洪州	洪、鄂、江、饶、抚、虔、吉、袁
	鄜州	鄜、坊、延、丹		潭州	潭、衡、郴、连、道、永、邵
	夏州	夏、绥、银		黔州	黔、施、辰、巫、思、费、充、应、琰、庄、矩、牂、播、牢、夷
	胜州	胜			
河东道22州	直属区	蒲、泰、虞、绛、晋、慈、隰、吕、石	岭南道54州	广州	广、韶、循、潮、冈、端、新、泷、窦、义、药、康、封、雷
	并州	并、汾、箕、岚		高州	高、罗、辩、春
	潞州	潞、沁、泽、韩		崖州	崖、琼、振、儋
	代州	代、忻、朔、云、蔚		驩州	驩、智、演、林、景
河北道25州	直属区	定、瀛、沧、德、博、观、冀、深、赵、恒、井		交州	交、爱、峰
	相州	相、卫、黎、魏、洺、邢、贝		龚州	龚、贵、宾、澄、蒙、燕
	幽州	幽、易、妫、行、燕、檀、平		桂州	桂、昭、贺、富、梧、藤、容、潘、白、廉、钦、邕、横、绣、象、柳、粤、融
	营州	营			
河南道32州	直属区	汴、滑、曹、戴、濮、郓、兖、济、沂、海、宋、亳、虢、陕、谷	山南道31州	直属区	襄、房、开、通、渠、蓬、巴、静、利、兴、凤、金、商、均、邓
	洛州	洛、郑、汝、怀		荆州	荆、峡、澧、朗、岳
	许州	许、陈、颍、豫、唐		夔州	夔、归、忠、万、涪、渝、南
	徐州	徐、谯、泗		梁州	梁、洋、壁、集
	齐州	齐、青、淄、莱、密			
淮南道21州	直属区	寿、濠、楚、庐、舒、蕲、黄、申、光	剑南道47州	直属区	梓、始、隆
	扬州	扬、常、润、歙、宣、和、滁		益州	益、简、陵、嘉、眉、雅、邛、绵
	安州	安、沔、复、温、随		遂州	遂、普、果、合

续表

道	都督府	领 正 州 名	道	都督府	领 正 州 名
剑南道 47州	泸州	泸、荣、资	陇右道 25州	秦州	秦、渭、成
	戎州	戎、曲、协、靖、盘、郎、梨、钩、昆、曾、宗、匡、辈、微、褒、姚、尹、摩		松州	松、扶、武、文、龙
				叠州	叠、芳、洮、岷、宕
	嶲州	嶲		兰州	兰、河、儒、淳、廓、鄯
	茂州	茂、翼、向、涂、维、笮、穹、炎、彻、冉		凉州	凉、甘、肃、瓜、沙、伊
			合计	42正都督府	319正州①

起初十道无固定职官、固定治所，只是不定期派遣监理官员巡按的分区。《新唐书》卷49《百官志》云："贞观初，遣大使十三人巡省天下诸州，水旱则遣使，有巡察、安抚、存抚之名。"本来只有十道，却派遣了十三人。这种情况，以后还不时出现，如贞观八年，竟派遣了"十六道"黜陟大使②，十八年，派出"十七道"巡按使③。罗凯先生发现，高宗初年孙思邈的《千金翼方》也载有十三道④。又景云年间，山南、陇右已各分为两道⑤，开元初，江南道亦派有两名按察使，因此严耕望先生认为景云二年（711）置按察使实已分为十三道："盖按察使之始置，本模拟汉代刺史之制，遂即因道域广大乃分析为十三，以拟汉之十三部欤？"⑥然则贞观十三使、十六使、十七使，又作何解释？故笔者以为，贞观十道，不过是十大监理区之总名，实际上，使者数目在唐初尚未固定，一般情况每道只遣使者一人，但因有的道区域太大，也可以遣二人，有事多遣（多遣者则分一道为二道），无事少遣或不遣，视当时当地具体事件而定。盖民间有以使目为道目之习惯，道的数目往往溢出十道，便不足为怪了。

中宗神龙二年（706），唐朝以五品以上二十人为十道巡察使，二周年一替，以廉察州部⑦。这是从不定期巡察改为定期轮换巡察的开始，即两年一次

---

① 宋本《初学记》所载《括地志·序略》言：贞观十三年《大簿》凡三百五十八州，乃脱载本表行燕、知、冈、琼、粤5正州而为314州，并列入贞观十二年前所置44羁縻州（即关内道缘州、河北道辽、师、昌、崇、慎、威、顺7州及陇右道轨、奉等36州）之故。
② 《唐会要》卷78。据《旧唐书》卷3《太宗纪》，此事是在年正月，实遣李靖等十三人巡行四方，观省风俗，因疑《唐会要》"十六道"为"十三道"之误。
③ 《唐会要》卷77。
④ 罗凯：《唐十道演化新论》，《中国历史地理论丛》2012年第1期。
⑤ 《旧唐志》云："景云二年，以江山阔远，奉使者艰难，乃分山南为东西道，自黄河以西，分为河西道。"
⑥ 严耕望：《景云十三道与开元十六道》，载《严耕望史学论文集》。
⑦ 《册府元龟》卷162，《新唐书》卷49《百官志》。

(每道以两人轮换)。开元八年(720),因有的道委托本道大州刺史兼任巡按使,遂命该道可以秋冬巡视州县①,即进一步规定巡察为每年常制。这样,距离设置常驻监理官员,就只有一步之遥了。

使者名称和职能,在这个阶段也在不断调整,总的趋势是对监理功能进行充实、提高。比如除巡察、按抚而外,贞观、神龙年间,还派遣过黜陟使②。开元二年,各道使者一度更名为按察采访处置使,至四年复旧③。总之,在开元二十二年定名为采访处置使以前,各道监理使者已先后用过巡察、按察、安抚、存抚、宣抚、宣慰、黜陟、采访、处置等名目。

开元四年以后,京畿、都畿地区的州县开始直属中央,单独设置按察使。开元十三年,玄宗在东都,遣使往各道疏决囚徒、宣慰百姓,都城(都畿)、京城(京畿)、碛西成为与各道并列的单位④,与景云十三道不同的是,都城、京城分别委中书门下、留守处置,碛西委本管节度使处置。遣使或不遣使,只是一个形式,重要的是,我们已经看到了十六道的雏形。

如前所述,还出现了各道按察使由本道大州都督、刺史兼任的情况,相当于有了不固定任所(治所)。在开元四年、八年,河南道以汴州刺史、河东道以蒲州刺史、河北道以魏州刺史、山南东道以荆州刺史、山南西道以梁州刺史、陇右道以秦州刺史、淮南道以扬州长史、江南东道以润州刺史、江南西道以洪州或宣州刺史、剑南道以益州长史、岭南道以广州都督兼充⑤。严耕望先生认为,"兼领之州即为治所",不能说没有道理。因为我们讲开元二十二年后的十六道有相对固定的治所,也不过是各道采访使由御史台官或本道大州刺史兼任的缘故,与此前大州刺史兼任按察使,并无本质区别。

尽管有上述变化,但总的看来,这一阶段的监理功能还是不够完善的。因此,有的专家认为,唐初的道还不能算正式的监察区,只具有分区巡按的性质(如周振鹤)。有的专家则认为,唐初十道仅为地理名称,神龙二年以后,"道自此始见有监察区之性质"(严耕望)。这些都是属于对监理区性质判断标准的宽严问题。不过,从上述情况看,要说贞观十道"仅为地理名称",恐怕还是有失偏颇的。

监理道与都督府的关系,也应是上下级关系。然而有些贞观十三年时属于某道某都督府的州,在《括地志·序略》记载中,却排列于其他道,如表3所示。

---

① ③ 《新唐书》卷49《百官志》。
② 《新唐书》卷130《李尚隐传》载:"神龙中,左台中丞侯令德为关内黜陟使,李尚隐佐之。"
④ 《册府元龟》卷162。
⑤ 苏颋:《遣王志愔等各巡察本管内制》,《全唐文》卷253。又见《册府元龟》卷262。

表3 《括地志·序略》州序与道序不合之处

都督府管州	《序略》位置	都督府管州	《序略》位置
关内道原州都督府会州	陇右道	淮南道扬州都督府润、常、宣、歙州	江南道
山南道荆州都督府朗、岳州	江南道	江南道越州都督府建、泉州	岭南道
山南道夔州都督府涪、南州	江南道	剑南道遂州都督府合州	山南道

这是否表明都督府的管辖范围与监理道不相吻合呢？

我们知道，《括地志·序略》原文并未注明各州系按道排列，清人孙星衍辑录《括地志》时始创"按道排列"之说①，其后岑仲勉、严耕望、贺次君诸氏虽对都督府管州之名有所厘正，而对各州"按道排列"之说皆从而不疑②。笔者以为，既然《括地志·序略》中都督府管州之名并未按序排列，那么各道管州之名也未必按序排列，"按道排列"之说未必坚不可破。何况笔者发现上述各州确曾隶属过《括地志·序略》指示的道，但时间并不在贞观十三年，因此笔者颇为怀疑后人据《初学记》辑出的《括地志·序略》恐已经过窜改，非复《序略》原文。也就是说，我们不能据此否认监理道统属都督府的关系。

第二阶段从开元二十二年至乾元元年(734—757)。这一阶段，是道正式作为功能完善的监理区的定型时期。

《通典》、两《唐志》、《通鉴》等皆谓开元二十一年始置十五道采访使。唐人亦云："开元癸酉岁(二十一年)，诏分十道置廉察以督之。"③严耕望先生认为可能是二十一年冬定议分置十五道，置采访使在二十二年二月④。罗凯先生以为各道置采访使是张九龄在开元二十二年正月提出建议，二月十九日唐廷始正式下诏各道置采访处置使⑤。其说可从。然则开元二十一年之说见诸唐宋人史籍，言之凿凿，信非尽误，疑是唐宋人将开元二十一年形成十五道(即增置京畿、都畿二道)与翌年置十五道采访处置使连并叙之。又，开元二十六年之《大唐六典》、天宝元年之《本钱簿》⑥均不载京畿，必二能先生认为《大唐六典》的作者是

---

① 孙星衍辑：《括地志》，《岱南阁丛书》本。
② 岑仲勉：《括地志序略新诠》，《史学专刊》第1期，1935年；严耕望：《括地志序略都督府管州考略》，载《严耕望史学论文集》；贺次君：《括地志辑校》前言，中华书局，1980年。
③ 陈简甫：《宣州开元以来良吏记》，《文苑英华》卷830。
④ 严耕望：《景云十三道与开元十六道》，《严耕望史学论文集》。
⑤ 罗凯：《十五采访使始置于开元二十二年论》，《中国历史地理论丛》2011年第1期。
⑥ 《本钱簿》：本敦煌博物馆藏敦煌文书第五十八号，王仲荦《敦煌石室地志残卷考释》作"唐天宝初年地志残卷"，吴震则定名为《敦煌石室写本唐天宝初年郡县公廨本钱簿》(《敦煌石室所出唐天宝初年〈郡县公廨〉本钱簿》，《中国文物》1979年第1期)。今依后者简称《本钱簿》。

知道十五道的,虽未标明京畿、都畿二道,但二道的属州实际上已包含在关内、河南二道之中①。按《大唐六典》《本钱簿》关内道京兆府以下,紧接华、同、岐、邠四州,推知四州在开元二十一年全国分置十五道时即已割属京畿。既然京畿、都畿中央直属区增领州县,故有理由认为它们正式成为道级监理区,加上景云十三道(即关内、河南、河北、河东、陇右、河西、山南东、山南西、淮南、江南东、江南西、剑南、岭南),形成十五道格局。翌年二月,颁诏各道设置采访处置使,除京畿、都畿采访处置使由两京御史中丞兼任外,其余各道固定由某一都督府要员或大州刺史兼任②。这样,就完成了监理使者从定期到常任,从无固定治所到有相对固定治所的转变。监理功能,也由于增加了"处置"一项,得到进一步加强。俞鹿年先生认为在开元二十一年后,采访使"实际上已成为道的行政长官"③,也就是说,道已具有行政区性质,这也不算太过分,但他图示的唐代前期的政区层级却不包括道,似乎他的观点还有些犹豫。

京畿、都畿虽是道级监理区,可以算在诸道之内,然而据罗凯先生考证,正式名称的通名是"畿",并非"道","京畿道"、"都畿道"的叫法,乃是明以后人的误会④。

开元二十六年,析江南西道置黔中道,是则开元后期至天宝年间,全国实际上划分为十六个监理道。严耕望《景云十三道与开元十六道》云:"按'碛西四镇'与'岭南五府'并称,又同书(即《册府元龟》)一六二载《天宝五年正月遣使巡按天下诏》云:'(李)麟巡河西、陇西、碛西等道。……其岭南、黔中、碛西途路遥远,使臣各精择判官准旧例分往。'则十六道外,碛西亦正式成为一道,并前为十七道矣。《通(鉴)〔典〕》、两《(唐)志》及《资治通鉴》数十五道,而摒河西、碛西不数者,盖中叶以后,此两道已弃,故退之以符十五道之数耳,非所当也。"笔者曾从其说,认为开元十二年析河西道置碛西道⑤。后承罗凯先生指出,历史文献中不曾检出"碛西道"一词,天宝五年诏之"碛西"乃指地方而言,碛西是否正式成为与十五道并列的一道,实属可疑。今采其说,暂不列为一道。至于有的文献所谓开元中"初置十道采访使"、"分置十道廉察使",语

---

① 宓三能:《唐代都畿道的属郡》,《中国历史地理论丛》1991年第4期。
② 唐宋史籍又有开元二十年、二十三年之说,严耕望《景云十三道与开元十六道》、罗凯《十五采访使始置于开元二十二年论》已证其非,不赘述。四库本《唐会要》卷86云:"开元二十年,都畿采访使、御史中丞张倚请整齐都城侵街墙宇。"则似都畿采访使之置,早于全国两年。
③ 俞鹿年:《中国政治制度通史》第五卷《隋唐五代卷》,人民出版社,1996年,第227页。
④ 罗凯:《盛唐京畿都畿考论》,《历史地理》第二十三辑,上海人民出版社,2008年。
⑤ 郭声波:《唐代监察道功能演变过程的考察》,《历史环境与文明演进——2004年历史地理国际学术研讨会论文集》,商务印书馆,2005年。

义是"设置了十个道的采访使(廉察使)",可以理解为在十个道中分置了若干采访使,不只是十个,因为前面已经论证,每个道可置一至二名按察使者。这也表明,开、天之际虽已行十五道、十六道之实,但在人们心目中,"十道"仍然是可以继续沿用的一种一级区域概念,或者说已成为一种约定俗成的大区概念,新增的五道或六道,不过是其次区罢了。

这一阶段的监理区制度虽称完善、定型,也只是相对于前一阶段而言,并不是绝对固定不变了。比如长官(使者)名称,天宝末年又增入"黜陟"二字,也就是在职能上赋予了监理使者的人事任免权。在治所方面,河南道虽例治汴州,天宝中亦或治河南郡;河东道初置采访使时治太原,但以后例治蒲州;河北道例治魏州,亦可治相州或幽州;山南东道开元中治荆州,天宝中治襄阳郡(襄州);陇右道例治秦州,而两《唐志》治鄯州;江南东道,开元中例治润州,天宝中或治吴郡(苏州),或治晋陵(常州);岭南道例治广州,偶治桂州;关内道或以京官御史大夫、御史中丞充使,或以灵州都督或以华州刺史或以岐州刺史充使,最无定制①。故《资治通鉴》开元二十一年自注云:"诸道采访使治所,亦难概拘以定所也。"

第三阶段从乾元元年至天祐四年(757—907),是道的监理功能不断弱化,最终名存实亡的时期。

至德、乾元之际,不仅沿边,就是内地当安史之乱的地区,也已建立了许多节度使、经略使辖区,我们统称为方镇。节度(经略)使具有处理方镇内军民事务的全权,如果上面再有监理机构,难免有所掣肘,因此,乾元元年四月十一日壬午下诏:"近缘狂寇乱常,诸道分置节度,其管内缘征发及文牒兼使命往来,州县非不艰辛,仍加采访,转益烦扰。其诸道采访使置来日久,并诸道黜陟使便宜且停,待后当有处分。"②一般认为,这是终止十六道监理权力的标志。

但是笔者对唐后期作为一级区域的道的监理制度使用了"不断弱化"一词,而没有采用"取消"或"废除"的说法,这是考虑到,一方面,在名义上道级监理区仍然存在,另一方面,由于监理权力的终止,道级监理制度不断削弱,宪宗以后基本上是名存实亡,甚至不能与唐初的情况相比。

为什么说唐后期道级监理区在名义上仍然存在?

---

① 严耕望:《景云十三道与开元十六道》,载《严耕望史学论文集》。
② 此据《唐会要》卷78《采访处置使》。《旧唐书》卷10《肃宗纪》、《资治通鉴》卷220载此事于五月十一日壬午。

其一，我们注意到，停罢采访使、黜陟使的日子，距离四月二日癸卯任命嗣虢王巨为京畿采访处置使不到十天（依《旧唐书》卷10《肃宗纪》也不到四十天），变化何其倏突！显然罢使诏书不是肃宗深思熟虑的成算，而是受到某种压力（应该来自某些重要节度）仓促作出的决定，是被迫的、不情愿的，所以他用了"且停"二字①，并留了一个"待后当有处分"的尾巴。一般说来，在中国古代社会，皇帝对"祖宗之法"没有重大理由不会轻易更改。十道、十五道或十六道监理制度是"神圣的"太宗、玄宗建立的，如果出于外力毁在肃宗手里，对于"中兴之主"来说肯定不太光彩，因此，在主观上肃宗必定会尽力维持监理区形式，以顾全脸面。所以就在这年五月，又诏在各道设置观察处置使②，也就是企图变相恢复采访、黜陟使，大概这就是最终的"处分"结果吧。

其二，代宗大历十二年(777)五月，中书门下奏："开元末，置诸道采访使，许其专停刺史务，废置由己。请自今已后，刺史有犯赃等色，本道（观察处置使）但具状闻奏，不得辄追赴使，及专擅停务，差人权摄。"③这表明，在乾元元年以来，仍然存在各道观察处置使径自处置犯法刺史的情况，从大历十二年以后，中央才明文加以约束。可想而知，这仍然是出于各道方镇的压力。

其三，乾元元年设置的各道观察处置使，不久也演变为二级区域的方镇④，为了维持一级监理区形式，作为补救措施，从德宗开始重新不定期向各道派遣黜陟使。如德宗建中元年(780)，诏遣诸道黜陟使十一人分巡天下，会同各道观察使、刺史，"约百姓丁产，定等级，改两税法"⑤。此时估计仍用开元十六道区划，而未派京畿、陇右（时为吐蕃所占）、河西、岭南、黔中等边远诸道使者。河北道黜陟使洪经纶令魏博节镇四万兵还农，节度使田悦虽然极其不满，但表面上也只得"如符罢之"。在关内道，同州刺史崔论因事为黜陟使庾何所按，废免⑥。可见当时的黜陟使仍有一定职权，并非徒具虚名。

德宗贞元年间，编撰《贞元十道录》，表明贞元年间恢复了贞观十道区划。

---

① 《唐会要》卷78引《建中元年正月制》："乾元元年，(诸道黜陟使)与采访使并权罢。"可见"且停"即"权且停罢"之意。
② 《唐会要》卷78《采访处置使》、《资治通鉴》卷220。
③ 《唐会要》卷78《采访处置使》。
④ 周振鹤《中华文化通志·地方行政制度志》(上海人民出版社,1998年)第106—109页云："乾元元年罢去十五采访使道，改在各镇置观察处置使。此后或以节度兼观察，或以观察兼防御、经略，这样就把唐前期的道与都督府辖区合而为一，亦称道亦称镇，不过却既不是单纯的监察区，也不仅仅是军政区，而成为一级新型的高层政区，这级政区的合法性始终不为中央政府所承认，但是实际上一直在起作用。"
⑤ 《唐会要》卷78《采访处置使》、《旧唐书》卷12《德宗纪》、《资治通鉴》卷226。
⑥ 《旧唐书》卷74《崔论传》。

又如文宗开成元年(836)正月辛丑改元大赦,宰臣李石曰:"赦书须内留一本,陛下时看之。又十道黜陟使发日,更付与公事根本,令向外与长吏详择施行,方尽利害之要。"①

其四,道的划分原则,虽说是根据山川道里与交通便利情况制定,但具体边界仍是以各府州边界划分的,因此,犬牙交错和区域调整的情况时有发生。如江南道西界在开元末年以前就没有以湘西山脉为限,而是一直深入到贵州高原西部;开元以后,河东道也拖了一个尾巴在豫西(虢州);至德年间,京畿道范围扩大,最远达到鄂西山区。道的范围实在太大,除淮南道而外,每一个道基本上都包括了若干个地形地貌、风土人情不尽相同的地理单元,作为单一的地理区划概念,用处不是很大。终唐之世,从未宣布罢废十五道或十道,唐后期派遣诸道黜陟使,时而采用十五道制,时而采用十道制,永泰二年(766)设转运使时还采用过十七道制(即刘晏所领之东都畿、河南、淮南、江南东、江南西、湖南、荆南、山南东八道,第五琦所领之京畿、关内、河东、剑南、山南西五道,河北、陇右、黔中、岭南四道未设使),其用意也只在于维持监理区划的形式。唐后期失去了河西道,河北、陇右、剑南等道也残缺不全,但时而又分出荆南、湖南、岭南西等道,甚至有些方镇也袭用道的称呼,道的数目不断变化,因此官修的地理著作,如德宗时的《贞元十道录》、宪宗时的《元和郡县图志》(以下简称《元和志》)、宣宗时的《诸道山河地名要略》、懿宗时的《十道四蕃志》等,一级区划纲目仍用贞观十道②,将已失、新增诸道未加区分地包含在内,应是出于维护祖宗监理旧制的心理,不能看成是唐后期已经恢复了贞观十道监理制度,当然也不能看成是单纯作为一种地理区划来表述。

成一农先生指出:为什么在唐代的志书、图籍中都以十道为全国地域的划分标准呢?除《括地志》、《元和志》、两《唐志》外,还有见于记载的《长安四年十道图》、《开元三年十道图》及李吉甫的《十道图》,由此看来,"在唐代十道不仅是划分全国地域的标准,而且有天下的概念"③。结合唐后期和宋代文献仍有使用"十道"区划的情况来看,这种解释也是有一定道理的。

凡此四条,表明乾元元年(757)停罢采访使以后,唐朝中央一直在尽最大努力维持着分道监理制度。当然,在另一方面,各地方镇也一直在以各种形式对抗和瓦解着这种努力,最终当然是方镇占了上风,使得各地常设的观察

---

① 《旧唐书》卷17《文宗纪》。
② 详参郭声波:《唐宋地理总志从地记到胜览的演变》,《四川大学学报》2000年第6期。
③ 成一农:《唐代的地缘政治结构》,《唐代地域结构与运作空间》,上海辞书出版社,2003年。

处置使逐渐演变为方镇,或者中央被迫将一些地方的监理职能下放给当地强有力的方镇——正因为如此,唐后期有些强镇也被称为"道",如河北三镇之流。既然中央黜陟使派遣次数越来越少,那么地方监理制度就越来越流于形式,越来越不起作用。这方面的情况各家多有论述,就不用再举例了。

总之,作为监理区域的道,在唐前期有一个逐步加强和完善行政监理功能的过程。贞观十道,起初是为适应取消行台以后监理数量较多的都督府和州郡而设置的一种地方区划,但唐朝赋予这种区划的监理职能很有限。道的监理职能在开元、天宝时代基本完善和定型,拥有行政监理、特殊民政(决狱、赈灾)及对地方官员的黜陟权,在唐后期则有一个不断削弱以至于消失的过程。但自始至终,在法律意义上都基本保持了监理区划形式,到五代十国分裂时期,才沦为纯粹的地理区划。本卷论述的主要是唐代行政区的演变,之所以要包括监理道,是因为唐代一直没有正式的跨高层行政区划,而各地存在较多的准高层军政区如都督府、都护府、方镇之类,监理道作为貌似跨高层政区的区划,可以起到分统准高层军政区的作用,便于本卷的分章叙述。

三、准高层政区的演变

1. 总管府、都督府

唐初总管府上承北周、隋之制,本为统领若干州的军事而设[①],但由于职权范围包括粮食、兵役、治安、管理等,涉及一些民政,设有仓曹、户曹、法曹参军等官[②],并且总管一般兼任驻在州的刺史,实际上也拥有驻在州的行政权力。因此,可以将总管府视为非正式的军政合一机构,有统制州县的一定权力。有的人认为总管府只是纯粹的地方军区,可能只是就其制度而言,未考虑实际权力。

总管府在北周、隋本是高层军政区,随着唐初统一战争范围的扩大,设置数目愈益增多,于是一些地方建立了行台尚书省进行统辖,成为跨高层的军政区,而使总管府地位有所下降。笔者以为,这就是唐朝在武德七年(624)改总管府为都督府的主要原因,当然,也可能还有唐朝欲显示与隋朝有所区别的意味。另外,"总管"容易与"行军总管"名称混淆,也可能是改名原因之一。

一般认为,唐改总管府为都督府是在武德七年。牟发松从《大唐六典》中发现,早在武德四年就已下诏改总管府为都督府,但在该年七月,河北刘黑闼

---

① 《资治通鉴》卷185载:武德元年六月,"时天下未定,凡边要之州皆置总管府,以统数州之兵"。
② 详王仲荦:《北周六典》卷10《总管府》,中华书局,1979年。

重举义旗,其势发展迅猛,加之突厥乘机南侵,"当初因政局渐平改置都督府之事,便在很多地方尚未实行的情况下突因局势逆转而告中辍","甚至有的虽经改置,旋即复旧"①。笔者赞同这一点。

牟氏还指出:"由总管改为都督,非徒名号改易,还意味着职官性质的转变。"他认为,唐初总管府是军事性较强的机构,都督府则是一级正式的地方行政机构。章群、桂齐逊先生亦认为,唐初之总管府,其功能性较侧重于军事意义,都督所掌多属一般行政事务,至言"都督所职,悉属民政"②。艾冲先生态度更鲜明:"都督府自出现时起,就是军民兼治的管州政区。"③夏炎先生也明确指出:"都督府与属州具有上下级行政关系","都督对属州具有行政职能"④。罗凯先生不同意这样过于精确的结论,认为府—州的统属关系,并非严格意义上的"行政"关系所能概括,但赞同都督府对于属州确实具有一定的管理职权,只不过这种管理职权,在边州和内地州可能存在差异⑤。

唐代都督府究竟是非正式的军政合一机构还是正式的地方行政机构,笔者的观点如下:

唐代的都督府,基本职责是负责以都督所治州为中心的若干州的军事设施(包括兵员)建设及管理、保养及巡防工作,用《通典·职官典》、《新唐书·百官志》的话说,就是"掌都督诸州城隍、兵马、甲仗、食粮、镇戍等",即在原则上只拥有养兵权。至于用兵权,则须加号"使持节"⑥,以至于有人认为唐代都督"分明是军事长官"⑦。不过,此种用兵权仍只限于境内的维持治安、镇压叛乱以及抵抗外来入侵。唐朝对都督平时的军事管辖地域范围是严格限制的,职衔上标明是都督哪几州,就只能在这几州内活动,不得随意出境;若带兵出境作战,须由朝廷授予"某某道(即指定作战区域)行军总管"等临时统兵官名衔。

---

① 牟发松:《唐代都督府的置废》,《魏晋南北朝隋唐史资料》第八期,武汉大学历史系,1990年。
② 章群:《唐史》,香港:龙门书店有限公司,1978年,第475—481页。桂齐逊:《唐代都督、都护及军镇制度与节度体制创建之关系》,(台)《大陆杂志》第89卷第4期,1994年。
③ 艾冲:《唐前期都督府建制并不存在军政时期》,《社会科学评论》2008年第1期。
④ 夏炎:《唐代州级官府与地域社会》,天津古籍出版社,2010年,第247页。
⑤ 罗凯:《隋唐政治地理格局研究——以高层政治区为中心》,复旦大学博士论文,2012年,第89页。
⑥ 《新唐书》卷49《百官志》又曰:"其后,都督加'使持节'则为将,诸将亦通称'都督'。"即都督全称仍为"使持节都督某某州诸军事"。原文将"其后"句置于贞观二年事后,使人误以为都督加"使持节"为贞观二年以后的制度,据《唐刺史考》,武德九年至贞观元年有使持节都督豫息等州诸军事武士彠、使持节大都督扬润等州诸军事李神符,武德九年至贞观二年有使持节都督洛郑等州诸军事屈突通,贞观元年有使持节大都督益绵等州诸军事窦轨、使持节都督遂梓等州诸军事唐俭等,是知"其后"句当接于武德七年改总管为都督府后。
⑦ 王颖楼:《隋唐官制》,四川大学出版社,1995年,第353页。

除有这些军事权力外,都督府究竟还有没有行政权力,或者拥有多少行政权力,这是一个有争议的问题。其主要原因是经典史书的记载本身就颇有让人费解之处。前引《通典》、《新唐书》对都督府职能的记载,不管是养兵权还是用兵权,基本上都只与军事有关,可是各书所列上、中、下三种等级的都督府属官中,都设有功、仓、户、兵、法、士六曹参军。"功"通"工","功曹当是负责城隍、甲仗缮治;仓曹负责军粮等军需品的征集、管理、发放;户曹负责兵役(涉及户口问题);兵曹负责兵马管理、训练、镇戍、巡防;法曹负责处理缉盗治安(涉及刑罚);士曹负责人事(升降赏罚)。至少其中的功、仓、户、法四曹的职事,多少要涉及一些民政。由此判断,都督府本身要兼理一些民政。再加上都督兼任驻在州刺史,全权掌管其民政事务,所以都督府确实具有一定的行政权力,说它是军政区不为过分。

持反对意见的以柳元迪先生为代表,他根据西州、沙州的古文书认为:唐初都督府名义上虽然可以都督几个州的军事,但其麾下并无兵士,也没有专门的官吏,"设有都督府的州没有另设刺史的官署,而只是在都督官衙处理州事,所以都督与刺史同样是一州的长官,都督既不与刺史并存,也不能兼任刺史,更不是刺史的上级官员"。都督府与州的关系并不体现在监理权与军事权上,而只在文书行政方面有所表现,都督府与州一样只是单纯的地方行政单位①。柳先生也承认都督府是地方行政单位,在文书行政方面体现了与州的关系,但他否认都督府是州的上级机构,理由是都督本身就是驻在州的长官,不能兼任刺史,也没有刺史署。这一点是完全站不住脚的,但也得到一些人的附和②。只要翻查一下郁贤皓先生的《唐刺史考全编》,就知道以某州都督(即"使持节都督某某州诸军事")兼任驻在州刺史的例子比比皆是。如1981年出土"夏州都督府之印",背面则是"夏州之印"③,可见州刺史与都督府合一之制。又如窦轨在贞观初即拜"大都督益绵嘉邛陵雅眉八州巂南会宁三郡诸军事、益州刺史";刘瞻除"使持节都督荆硖岳澧朗东松六州诸军事、荆州刺史";永徽年间,除张允恭为"使持节都督鄯兰河儒廓(凉)〔淳〕等州诸军事、鄯州刺史";显庆年间,废太子忠为"持节都督梁洋集壁四州诸军事、梁州刺史",以守凉州都督乔师望为"使持节八州诸军事、凉州刺史";圣历年间,除许抠为"使持节都督巂州诸军事、巂州刺史",乙速孤行俨为"使持节都督广韶端

---

① 柳元迪:《唐前半期都督府与州的统属关系》,《东洋史学研究》第22卷,1985年。
② 如李青淼:《唐前期都督府探讨》,《中国历史地理论丛》2006年第4期。
③ 《陕西省志·文物志》,三秦出版社,1995年,第475页。

康封冈等十二州诸军事、守广州刺史",举不胜举。显然,都督董理驻在州的行政,是以兼任该州刺史名义进行的,都督本身不是该州的长官,其地位在刺史之上,是刺史的上级领导,都督治州事之所以不另置刺史署,道理很简单,完全是为了节省开支及提高效率①。

对唐代都督府职能最清楚的莫过唐宋时人,两《唐书》都将都督府辖区建置沿革放在《地理志》中,而不是放在《兵志》中,也能说明问题。何况《旧唐志》叙唐初沿革基本上取自《括地志》,其述"某某州隶某某都督府",关系既明确又详细,要说都督府没有统领州行政的职能,是说不过去的。因此,本卷一改《旧唐志》将都督府附目于州并在州序中夹叙都督府沿革的做法,正式将唐前期的都督府作为统领诸州的准高层政区单独列目。

唐前期,都督府领州一般不少于两个,但也有少数沿边都督府只督一个正州,如关内道河套地区的丰、胜二州都督府,河北道的营州都督府,剑南道的巂州都督府等,之所以如此,大约与同时领有若干军城或羁縻府州等有关。都督府的设置在地区分布上也有一定规律,那就是京畿、都畿不置都督府;在中原各道(如河南、河北、河东)中,只在边远地区设都督府,都督府督州数少于道直属州数;在边远各道中,都督府督州数多于道直属州数;南方许多道甚至全置都督府。总之是重外轻内。景云年间,曾一度想增加腹心地区的都督府,减少直属州,使都督府布局更加整齐,于是分天下置汴、齐、兖、魏、冀、并、蒲、鄜、泾、秦、益、绵、遂、荆、岐、通、梁、襄、扬、安、闽、越、洪、潭二十四都督,唯洛京及近畿州不隶都督府。但为言者所沮,旋复旧制②。

唐后期,随着节度使、防御使、观察使、经略使管辖范围从沿边到内地的逐渐扩大,都督府名虽存而实已亡。与以前不同的是,这时都督府长官所"都督"的地区已经大大缩小,在名衔中一般只指定为某一州。这是安史之乱后都督府制的重要变化,而人们却未曾予以高度重视。

终唐之世,并未宣布废除都督府制,唐后期仍有继续除授都督、升州为都督府的记载③,究其原因,当与监理道的情况类似,即唐后期虽然方镇取代都

---

① 详细论证,参见郭声波:《唐代前期都督府为州一级行政机构吗?——对〈唐代前期都督府探讨〉的商榷》,《中国历史地理论丛》2006年第4期。
② 《资治通鉴》卷210云:"其后竟罢都督,但置十道按察使而已。"按唐末尝罢都督,此所谓"罢都督",乃指不再任命景云二年(711)所拟有监察权之二十四都督,非谓罢原有都督一职也,《资治通鉴》行文不确。
③ 其例如《诸葛武侯祠堂碑碑阴记》(载《八琼室金石补正》卷68)云,元和四年(809)犹有"使持节都督茂州诸军事、行刺史李广诚"。又据《唐会要》卷70,代宗升盐州、遂州、辰州、登州、利州,德宗升峰州、驩州,穆宗升龙州为都督府。

督府成为实际上的高层军政合一区,但后者是祖宗传下来的制度,形式上仍得维持。另一方面,在已经建立方镇的地区,不再任命管辖数州的都督,以免与方镇冲突,这是两相兼顾的方法。当然,多州都督府演变为单州都督府,其层级也就不再是准高层政区,而是降为与统县政区平级,同时,其军事管理权力亦被方镇夺去(在沿边地区,管辖羁縻地区的权力则多被押蕃使夺去),"都督"一职逐渐成为虚衔。因此,本卷对安史之乱以后名存实亡的都督府,进行淡化处理,在本部政区沿革中一般不再作为准高层政区列目。但是在安史之乱后,在尚未设置押蕃使的羁縻地区,边州都督府仍然保留着管理羁縻府州的职能,尽管这些边州本身已由方镇统辖,故对于这部分都督府的下限,将在下编羁縻地区的相关部分展现。

2. 都护府

都护府是唐朝在沿边各道设置的专门管辖民族自治地方的军政合一机构,"其性质或为经略边防,或为羁縻异族而设"①,名义上也属于各道监理范围,但由于流官较少,监理事务不多,通常是委托都护府官员代为处置。事实上,唐代都护府在唐前期长期作为准高层军政合一区而存在,它的职权在早期比都督府还大,主要表现在:军事上,拥有规模较大的常驻正规军,可随时为保护民族自治地方或开疆拓土出境用兵,不必加授"行军总管"称号;行政上,拥有直属州县、城镇的全部民政权,以及本管民族自治地方的监辖权。正如《通典》卷32所云:"大唐永徽中,府置都护一人,掌所统诸蕃,慰抚征讨,斥堠安辑蕃人,及诸赏罚,叙录勋功。"其下也设录事、功、仓、户、兵、法六曹参军,职能与都督府六曹类似。

贞观十年(636)平高昌,置西州都护府②,后改为安西都护府。至永徽年间,形成沿边东夷、安西、安南、安北四大都护府格局,后又加单于、北庭都护府③,以安东都护府取代东夷都护府,为六大都护府④。天宝七载(748),又于剑南道置保宁都护府,以为经营吐蕃、云南地区的跳板,但为时太短,安史之乱后即废⑤。

武周以后,都护府的地位有些微妙,一方面,作为都护府长官的大都护、

---

① 章群:《唐史》,第470页。
② 《括地志·序略》,《初学记》卷8引。
③ 《大唐六典》卷3云:以单于、安西、安北为大都护府,安南、安东、北庭为上都护府。
④ 据熊义民《论高丽对百济和高句丽故地的统治体制》(载《中外关系史百年学术回顾与展望国际学术研讨会论文集》,暨南大学历史系编,2004年)研究,唐高宗还在朝鲜半岛设置过扶余都护府。
⑤ 详参郭声波:《唐弱水西山及保宁都护府考》,《中国史研究》1999年第4期。

都护,仍然保持了较高的级别,官品自从二品至正三品,高于州府长官,与都督相当,非亲王、节度使副不除;另一方面,有关文献对于都护府地位的记载则有些不同,既有与都督府并列的,也有与州郡并列的。如《大唐六典》卷3既把六大都护府与都督府并列,又将其计入各道统属的边州之列;天宝《本钱簿》残卷都护府名则比诸州名高一格列目。《通典》、两《唐志》等将都护府作为州郡级统县政区列目,《元和志》、《新唐书·方镇表》(以下简称《新唐表》)也以都护府隶于有关节度使,如安北府之于朔方,单于府之于振武,北庭府之于伊西北庭,安西府之于安西四镇,安东府之于卢龙,安南府之于安南经略使等。究其原因,笔者以为与都护府均有一直辖地区有关,其直辖地区均置有正县或军城,因此,在唐人心目中,都护府实际上有两种概念:一种是指高层军政区,即管理正州郡、羁縻都督府、羁縻州的军政合一机构,此可目为标准概念;另一种仅指都护府的直辖地区,相当于州郡一级的统县政区,此可目为狭义概念。为便于区别,本卷将第一种概念的都护府径用全名"某某都护府"、"都护府"指称,将第二种概念用"某某都护府直辖地区"或"某某府"(如安东府、安南府、安西府、安北府、单于府之类)之名指称。

关于唐代都护府的制度,李大龙先生的《都护制度研究》有详细论证,此不赘述。

3. 方镇

方镇亦称"藩镇"、"节镇",渊源于景云二年(711)所置的河西节度使,也有人认为应追溯到永徽年间所置的岭南五府经略使。但这时节度使、经略使的作用主要在"防遏四夷",职能基本上限于沿边军事,并不具备像都督府那样的行政权力。《大唐六典》、《本钱簿》、《通典》等政区资料以开元末、天宝初为断,皆不提节度使,且《本钱簿》、《旧唐志》列目大体仍以都督府统州。如新平郡,《唐方镇表》载天宝元年(742)已割隶朔方节度使,然《本钱簿》、《通典》、两《唐志》仍以新平郡隶京畿道,说明新平郡的行政归属仍未改变。天宝中,沿边节度使、经略使虽掌管了一定的财政权,也只是因为应付军事的需要得以征调部分州县的赋税、物资,这样的权力仍然有限。如开元十一年(723)所置河东节度使,原治太原府,天宝十载移治云州,至德中方还治太原,云州乃蕞尔小州,所以为使治,显与边防军务有关,可见当时节度使辖区与其说是军政区,不如说是军事区。因此,本卷对唐前期的节度使、经略使,不作为军政区考虑。当然,天宝十五载(至德元载,756)以后的情况另当别论。

《资治通鉴》载,天宝十五载(即至德元载)七月丁卯,玄宗在幸蜀途中诏令诸路本管节度使可以任自简择、署置官属及本路郡县官,署讫闻奏。这应该成为节度使兼掌州县人事的标志。杜佑云:"自至德以来,天下多难,诸道皆聚兵,增节度使为二十余道。其非节度使者谓之防御使,以采访使并领之。采访使理州县,防御使理军事。"①采访使不久改为观察使,成为唐后期方镇的基本使职,节度使、都防御使、都团练使、经略使等,都是观察使的兼职②,也就是说,方镇之所以掌管人事,是至德以后其首长担任了各镇观察使的缘故,而在此以前,只有边远地区的河西、剑南、范阳节度使副及岭南经略使曾暂兼充采访使,其他各镇均无此殊职。综此,笔者认为从天宝十五载(至德元载)起,节度使(经略使)辖区才真正具备了军政区的性质,故本卷叙述方镇沿革,以方镇普遍获得人事权为标志(至于财政权,除形成割据势力的藩镇外,多数方镇仍未完全掌握),即统一从天宝十五载(至德元载)起算。

唐后期的方镇与唐前期的都督府有一定的传承关系,但在区域层级上,方镇更富于变化。赖青寿先生对唐后期方镇的层级有比较深入的研究,他说:

> 据张国刚的研究,唐代方镇内部的统兵体制大体分为三个层次:方镇治所州的牙兵(衙兵)、方镇属下各个支州(支郡)的驻兵和州下各县的军镇。一些领州较多的藩镇,又按军事需要或地理形势的便利划分若干小的军区。方镇内部统兵体制所存在的这三个层次,使得唐后期的方镇具有明显的层级:
>
> A. 道级方镇,指上述节度、都团练、都防御、观察、经略等使这一级;
>
> B. 次道级方镇,指介于道级和州级方镇之间,领有数州而又隶于道级方镇之下的使职;
>
> C. 州级方镇,指以单独的一州所置的使职,有的隶属于道级方镇,有的则隶于次道级方镇。
>
> 次道级方镇和州级方镇是伴随着安史之乱后,唐朝中央把边境实行的方镇节度使制度扩大到内地而产生的。次道级和州级的使职为数不少,甚至还有州级以下的县级使职(故又可以视作县级方镇),以及州级之下、县级以上的制置使。但其中最重要的次道级方镇使职是都团练守捉使、防御守捉使、观察使,州级方镇使职为防御使和团练使。它们与行政地理上所说的政区层级关系密切。③

---

① 《通典》卷32《职官典》。
② 赖青寿:《唐代后期方镇(道)建置沿革研究》,《历史地理》第17辑,上海人民出版社,2001年。
③ 赖青寿:《唐代后期方镇(道)建置沿革研究》,《历史地理》第17辑,上海人民出版社,2001年。

道级方镇,亦称"某某道"(如镇冀道、淄青道、卢龙道),出现于唐后期,但区域范围较之天宝之乱以前一级区域的监理道小很多,本卷仍划为二级区域的军政区,在名称上只用"节度使"、"都团练使"、"都防御使"、"观察使"、"经略使"等使名或"方镇"、"镇",不再使用"道"字。次道级方镇,唐人未有称为"道"者,故本卷一律划为二级区域的军政区,与都督府、都护府同级。州级方镇(如潼关防御使)和县级方镇,因已有作为标准行政区的州、县存在,这两级方镇基本上不兼带行政职能,不在本卷论述范围之内。本卷所称方镇,即指道级和次道级方镇。如次道级方镇中的琼州管内招讨游奕使和兴凤都团练守捉使,分别隶属于岭南节度使和山南西道节度使,赖青寿博士论文《唐后期方镇建置沿革研究》未列入统计,但笔者考虑到它们皆领有数州,此次仍予列入。

唐代的都督府,基本未掌握驻在州以外各州的财政权和人事权,而唐后期方镇则"既有其土地,又有其人民,又有其甲兵,又有其财富"[①],军事上可专征一方,不必加带"行军总管",行政上可有管内各州官吏辟举、任免权,乃至司法权,财政上可以制定本管赋役政策,直接征收租税,有些形成割据势力的方镇还截留供给中央的贡赋,这都是权力大大超过都督府的地方。《元和志》在十道之下以方镇为纲,分叙诸州,不再提到都督府,是符合当时实际行政情况的。《州郡典》、两《唐志》不列方镇,是因为作者认为"方镇之事,非职方所掌故也"[②]。不过,欧阳修编撰《新五代史·职方考》时,感到不叙方镇仍有不妥,作为折中办法,在诸州存废表中附注了方镇名称。

为了真实反映唐后期行政区划情况,本卷即依照《元和志》的做法,以方镇作为天宝十五载以后统领诸州的军政区正式列目。

唐后期道级方镇的数量变化较大,赖青寿先生分为三期:

(1) 初置期:天宝十四载(755)至至德二载(757),本期的特点是方镇数量激增,从十八镇增至三十六镇,此与唐中央在平定安史之乱之初,缺乏严密布置,临时设置有关。

(2) 相对稳定期:乾元元年(758)至咸通十四年(873),本期一方面受前期广置方镇的影响,方镇数有所增加,但由于几次略有成效的削藩,基本上能够控制在四十至五十镇之间。

(3) 滥置期:乾符元年(874)至天祐四年(907),本期由于内地方镇进一

---

① 《新唐书》卷50《兵志》。
② 《新五代史》卷59《职方考》。

步增置,到唐末增加到六十四个,此与当时军阀割据密切相关,割据势力任意建置方镇,以赏赐部将、亲信,终成滥置①。

唐前期的都督府和唐后期的方镇凌驾于州县之上,成为准高层军政区,但中央政府并未正式宣布或承认,这是我们要注意的另一方面。

四、统县政区的演变

1. 府、州、郡

唐代的府、州、郡,都是标准的统县行政区。

《新唐志》同州载:"武德元年,更诸郡为州,其没于贼者,事平乃更。天宝三载,以州为郡,乾元元年,复以郡为州。凡州郡县无所更置者,皆承隋旧。"《唐会要》卷68云:"武德元年六月十九日,改郡为州,置刺史、别驾、治中各一人。天宝元年正月二十日,改州为郡,改刺史为太守。至德元载十二月十五日,又改郡为州,太守为刺史。"这表明,州和郡只是名称上的改更,在性质和层级上没有变化。但在更名的时间上,有几点需要说明。

一是唐高祖即位于武德元年(618)五月二十一日甲子,这是唐朝建立的标志,在六月十九日正式宣布改郡为州之前,地方行政仍用隋义宁二年(618)的郡县建制,但为时不到一个月,故本卷州县沿革不再提及。

二是天授元年(690)九月武则天改国号称帝,敕改州为郡,言者以州、周同音,谓曰:"陛下始革命而废州,不祥。"遽追止之②。但《旧唐志》已载天授元年改雍州为京兆郡,改怀州为河内郡,其年京兆依旧为雍州。可见当时确有少数近便府州实施了改郡诏命,但改郡时间不长,估计不超过一个月,本卷州县沿革也不再提及。

三是《旧唐书》卷9《玄宗纪》与卷44《职官志》、《通鉴》载天宝元年二月二十日丙申因郊祀大赦,改州为郡,寻除韦坚为陕郡太守,故知上引《新唐志》年份及《唐会要》月份皆误。

四是两《唐志》皆云乾元元年(758)复郡为州,而《唐会要》、《资治通鉴》却载至德二载(757)十二月十五日戊午下诏"近日所改百司额及郡名、官名,一切依故事"。《通鉴考异》云:"此即复以郡为州之文也。比颁下四方,已涉明年矣,故皆云乾元元年也。"按至德三载二月五日丁未改元乾元,距下达复郡为州之诏仅五十日,并且按照习惯,该年正月一日以后也可称乾元元年,所以

---

① 赖青寿:《唐代后期方镇(道)建置沿革研究》,《历史地理》第17辑,上海人民出版社,2001年。
② 《资治通鉴》卷204。

《考异》的解释应该是很合情理的。为便于时段划分,本卷州县沿革即采两《唐志》说,通用乾元元年。

五是天宝十五载(756)正月,安氏燕国在它占领的地区改郡为州①,而到至德二载,唐朝收复了绝大多数州县,复州为郡。到乾元元年初,又复郡为州。对这一地区这一时段频繁的州郡名称变更,为节省文字,本卷采用折中方法,只在州郡序中反映,在县序中一般不再提及。

唐朝州郡命名主要有四种类型,最多的是取隋朝或南北朝旧州郡为名,其次是取境内山川为名,第三是取吉祥福祉、怀柔安边嘉美字词为名,第四是取本州辖县为名。唐初割据政权林立,州郡散乱分离,重名者众,故多加"东、南、西、北"方位词以区别之。然据《旧唐志》,从贞观七年(633)至十一年,州名陆续改更,避免重复,同时取消所有方位词,表明当时全国有普遍的州名规范化整顿计划。自此以后,正州的州名统一为单字,即"某州"。龙朔以后,始偶有二字州,如岭南的万安州、郁林州、平琴州、武安州,河北的归顺州等。天宝年间,郡名是单字或二字,即"某郡"、"某某郡"。

唐朝的府是一种地位比较特殊的州,其建置一般与皇帝驻地、发祥地有关,比如首都、陪都、行宫所在地,照例要升州为府,以双字古地名、年号或吉瑞之词为府名,如京兆府、太原府、兴元府、凤翔府之类,长官改为尹,并属官皆予优秩,以示宠异,仅此而已,其行政性质、区划层级都与州无别。

行州郡,也叫侨州郡,是另外一种特殊的州。由于战争的原因,州县百姓往往集体迁移他乡,官府为之另立侨州郡,实行临时管理。如武德初年,唐朝于王世充怀州之外另置行怀州,则是出于军事的需要,以便围攻洛阳,事平即撤。武德四年,云州总管李子和为突厥所攻,拔户口南徙于延州,侨置云州,后来随着讨伐梁师都战争的进程,侨云州逐步北移,至贞观三年,乃复还旧地②。河北道北部一带,因契丹、奚的叛乱,也有不少沿边州迁移到内地。元和十一年(816),岩州为黄洞蛮攻陷,亦置行岩州于廉州③。其余如秦、成、渭、武、松、维、翼等州,迫于吐蕃,也有类似的经历。

---

① 史志不载安氏燕国改郡为州事。按唐宋史籍所载安氏燕国州郡长官,或曰刺史,或曰太守,如《旧唐书》卷200《安禄山传》:"乾元元年,伪德州刺史王暕、贝州刺史宇文宽等皆归顺。"《资治通鉴》乾元元年三月癸巳:"安庆绪之北走也,其平原太守王暕、清河太守宇文宽皆杀其使者来降。"是德州亦曰平原郡,贝州亦曰清河郡,然《资治通鉴》天宝十五载十二月又载:"(燕军)令狐潮、李庭望攻雍丘(张巡)数月不下,乃置杞州,筑城于雍丘之北。"杞州新置,无郡名,乃知"州刺史"为安氏燕国政区、长官正式名称,"郡太守"为沿自唐朝之习称。
② 《旧唐书》卷56《李子和传》、卷38《地理志》。
③ 郭声波:《唐五代岭南道岩州、常乐州钩沉》,《中南民族学院学报》2001年第3期。

边疆地区的正州（甚至正都督府）还有两种比较特殊的情况。一种是州刺史等官员不在全国范围内进行迁转、流动，而只在本区域内进行选拔、升迁、调动，岭南道比较常见，故这种制度被称为"南选"。一种是在一些少数民族地区设置的州，虽行羁縻之实，而仍冠正州之名，即以当地酋首任世袭正州刺史等官员，在剑南、黔中、岭南道比较常见①，苏航称其为"州县化羁縻州"，廖幼华称其为"羁縻式正州"②。罗凯将以上两种特殊制度的性质概括为"区域流官制和世官制"③。笔者认为"羁縻式正州"这一提法比较贴切。

唐初在沿边少数民族地区设置的州，虽行羁縻之实，而仍冠正州之名④。贞观四年正式确立羁縻州制度以后，有的羁縻式正州始陆续降为羁縻州。其后，根据需要，也有正州（郡）与羁縻州互相改转之例。依本卷体例，这种羁縻州在天宝十三载若是正郡（如江油、顺义、归化诸郡），仍按正郡列目，若在此前后作过正州郡，也作为附目列出。

2. 军、镇守军

唐朝在沿边地区曾设有许多军、城、镇，长官分别为镇守使（或军使）、守捉使（或城使）、镇将⑤，隶属于节度使、都督府、都护府、州等各级机构，一般都是军事机构，不领民事，故《州郡典》、《旧唐志》不为列目。但《元和志》以天德军及中、西二受降城为州级列目，《太平寰宇记》以振武、天德二军及三受降城为州级列目（其体例如州府，皆有四至八到），《新唐志》以东、中、西三受降城为县级列目。这种情况似应理解为：在置有州县的内地，军、城不领民事，而在未置州县的沿边都护府地区，军、城可以兼领某些民事，所以被《新唐志》、《元和志》等地志作为军政区列目记载，也就是说，在至德元载以前，振武、天德二军及三受降城应分属单于、安北二都护府。唐制，兵之戍边者，大者曰军，小者曰守捉、曰城、曰镇⑥。如以军为州级，则守捉城、城只相当于县级，三受降城长官为城使⑦，且《册府元龟》卷993有"天宝八年七月，以中受降城及所

---

① 刘统：《唐代羁縻府州研究》，第8—17页。
② 苏航：《唐代北方内附蕃部研究》，北京大学博士论文，2006年，第59页；廖幼华：《唐宋两朝岭南西部的羁縻式正州——对南疆统治深化程度的观察》，载《张广达先生八十华诞祝寿论文集》，台北新文丰出版社，2010年。
③ 罗凯：《略论唐代岭南地区的世官制与区域流官制》，《史林》2018年第4期。
④ 刘统：《唐代羁縻府州研究》，第8—17页。
⑤ 苏颋《命吕休璟等北伐制》（载《文苑英华》卷459）："右领军卫将军兼检校北庭都护、碎叶镇守使、安抚十姓吕休璟……可为金山道行军大总管。"
⑥ 《新唐书》卷50《兵志》。
⑦ 《命薛讷等与九姓共伐默啜制》，《唐大诏令集》卷130；《旧唐书》卷152《李景略传》；颜真卿：《右武卫将军赠工部尚书上柱国上蔡县开国侯臧公神道碑铭》，《颜鲁公集》卷5。

管骑士一千一百四十八人领于天德军"的记载,《元和志》、《太平寰宇记》以受降城为州级,恐有未妥,今依《新唐志》,以军为州郡级军政机构,城为县级军政机构。依此类推,置于北庭都护府境之瀚海、清海等军,置于安东都护府境之保定、怀远等军,也作州郡级的军政机构处理。其余置于州城、县城中的军,如伊西北庭节度使所领瀚海、天山诸军,朔方节度使所领定远、丰安诸军,则仅视为军事机构,不录。

安西四镇虽未见于地志,但《唐会要》于安西都护府下列有龟兹、于阗、焉耆、疏勒四镇。研究表明,安西四镇的全称是"安西四镇守军",实质上也是一种级别较高的军级建置,非同于置镇将的低级镇,四镇长官都是镇守使,经常由都护兼任①,除统领军兵而外,也兼征商税,团结城傍部落②,故本文作为州郡级军政区列目处理。

五、县级政区的演变

1. 县

唐朝的县和府州郡一样,也是标准的行政区。唐朝的县分别隶属于某某府州郡,其数目比较稳定,从统一战争结束到唐末,一直保持在一千多个。长官曰县令。

唐朝县的命名也主要有四种类型,最多的是取隋朝或南北朝旧县为名,其次是取境内山川为名,第三是取吉祥怀柔字词为名,第四是取本县乡村为名。《旧唐书》卷9《玄宗纪》载:"天宝元年九月丙寅,改天下县名不稳及重名一百一十处。"表明当时全国有一次普遍的县名规范化整顿③。有唐一代,所有正县名均不出二字,即"某县"、"某某县"。

唐代州县名的改更,除天宝元年改避重名县外,主要是为帝王避讳的缘故。但有些帝王之讳改避不是很彻底,或失之过泛。如高祖时避太子建成讳,应将"建"、"成"改以他名,而见于史载改动较多的实际上却是他的同音嫌名"城"字;太宗一朝,唯"世民"连用乃讳,单用不讳;唐末甚至有避权臣家讳者,如《旧五代史》卷2《梁太祖纪》载:天祐二年十一月甲申,"中书门下奏:'天下州县名与相国魏王家讳同者,请易之。'"

---

① 薛宗正:《安西与北庭——唐代西陲边政研究》,黑龙江教育出版社,1998年,第88、351页;苏北海:《西域历史地理》,新疆大学出版社,1988年,第169页;薛宗正:《中亚内陆——大唐帝国》,新疆人民出版社,2005年,第388页。
② 李锦绣:《城傍与大唐帝国》,《唐代的历史与社会》,武汉大学出版社,1997年。
③ 华林甫:《中国地名学源流》,湖南人民出版社,1999年,第152页。

2. 城

唐朝沿边地区有许多军城，置城使。都护府辖地的军城相当于县一级军政合一机构，上文"军、镇守军"一节已以三受降城为例作了说明，今不赘述。除未设军、镇的都护府直辖之军城及三受降城以外，诸城的行政机制因尚未作彻底研究，本卷一般不予列入，以俟将来。

3. 监

监，本是直属于工部的矿区管理机构，设治于某州或某县，无实土及居民。如元和以前，桂阳监设治于郴州城内，管州境平阳县银、铜等矿[①]。元和初，应盐铁使李巽之请，遂移监治于平阳县，就近管理。天祐元年（904），马氏废平阳县，以地属监。有理由认为，这是矿监成为实土政区之始。《新唐志》政区列目以唐末制度为准，仅将桂阳监附见于郴州条，说明该监在级别上尚未成为州郡一级，今姑列为县级。

总之，唐代作为准跨高层区划名称的"道"的形成，开始是与军事（如行台道等）有关，后来演变为监理区划。都督府在唐前期实际是军政合一的准高层军政区，唐后期则名存实亡，实际功能被也是军政合一的准高层军政区方镇取代。因此，唐代行政区划以区域层级而言，大致可分为四级，其中，只有三级、四级区域一直设有标准的行政区——统县政区（州郡）和县级政区（县），二级区域的都护府和方镇可看作实际存在的军政区，都督府则是准高层军政区，一级区域基本上未设置标准行政区，只有在某些时段、某些区域设置过跨高层军政区（行台）、准跨高层监理区（道）。

另外，唐代各级行政区、军政区，如行台、总管府、都督府、都护府、州、县等，本身也有地理形势、政务、户口、交通、官秩等方面的等级划分，但本卷限于行政区划体例，将不反映这一类等级区别。

[①] 《元和志》卷29郴州。

第一章 京　畿

中央直属地区(618—627)—京畿中央直属地区(716—733)—京畿(733—907)

　　武德元年(618),唐革隋命,平薛秦,以关陇、岷蜀、河东为中央直属地区,置梁、信、益、秦、泾、弘、灵、丰、云、延、并、赵、邢、绛、陕十五州总管府及雍、商、均、淅、南丰、上、洵、金、直、南并、通、开、潾、渠、蓬、静、隆、梓、始、西龙、利、凤、郇、岐、含、陇、麟、豳、宜、鄜、丹、同、华三十三直属州。是年,割陕、绛、并、邢、赵五州总管府隶陕东道行台,浙州归朱楚。二年,改信州总管府为夔州总管府;置遂州总管府,割梓州隶之;割利、静、蓬、隆、始、西龙六州置利州总管府,割丹州置丹州总管府;置坊、前万、南潾三州。是年,平李凉,置凉州总管府;云州总管府陷于梁师都。三年,置林、行绥二州总管府及稷、北泉二州,废郇州;割金、直、洵、上、商、南丰、均七州置金州总管府;通、开二州隶萧梁通州总管府。是年,取萧梁通州总管府来属,割渠、前万、南并、潾、南潾五州隶之;割益、遂、利三州总管府隶西南道行台。四年,置岷州总管府,罢丹州总管府;割金、夔、通三州总管府隶山南道行台,废含州。五年,置瓜州总管府。六年,改弘州总管府为庆州总管府,罢丰、泾二州总管府。七年,改总管府为都督府,罢林州总管府,以废山南道行台之夔、通、利三州都督府及金、上、南丰、迁、前房、商、直七州来属。八年,改瓜州都督府为肃州都督府,置兰州都督府,废南丰州。九年,以废陕东道行台之直辖蒲、泰、虞、邵四州及洛、陕、怀、汴、豫、亳、徐、海、青、齐、郓十一州都督府,废幽州大都督府之相、黎、卫、洺、磁、邢六州及幽、前魏、前冀、定、行燕、德六州都督府来属;升灵州都督府为灵州大都督府,并割行绥、延、庆三州都督府隶之。贞观元年(627),废麟、稷、北泉、邵、磁、直六州,割雍、凤、宜、华、同、豳、岐、陇、鄜、坊、蒲、泰、虞、金、上、迁、前房、商十八州及夔、通、利、梁四州都督府属关内道,卫、黎、相、洺、邢五州及前魏、前冀、德、定、幽、行燕六州都督府属河北道,洛、汴、豫、陕、怀、亳、徐、郓、齐、青、海十一州都督府属河南道,秦、岷、兰、凉、肃五州都督府属陇右道。

开元四年(716),京畿州县成为中央直接监理地区①。二十一年,以京畿中央直属地区置京畿(监理区)②。二十二年,置京畿采访处置使,以御史中丞为之③。

天宝十三载(754),京畿仅有一直属地区,治西京(见图1)。十五载(至德元载),以京畿直属地区置京畿节度使。寻以京畿陷于安禄山,罢京畿节度使,置凤翔防御使、兴平节度使。至德二载,收复京畿,复置京畿节度使。

乾元二年(759),改凤翔节度使为凤翔秦陇防御使。后上元元年(760),罢兴平节度使入山南东道,升凤翔秦陇防御使为凤翔节度使。二年,置镇国军节度使。宝应元年(762),罢京畿节度使。广德元年(763),罢镇国军节度使。永泰元年(765),复置镇国军节度使。二年,置京畿观察使。大历二年(767),复罢镇国军节度使。建中四年(783),京畿观察使、凤翔节度使归朱泚,别置京畿渭北节度使。凤翔节度使寻复归唐,改为保义军节度使,复置镇国军节度使。是年,改京畿渭北节度使为京畿渭南节度使,又改为京畿商州节度使,改保义军节度使为凤翔节度使。兴元元年(784),置奉诚军节度使。是年,平朱泚,罢京畿商州节度使、奉诚军节度使。贞元三年(787),降凤翔节度使为凤翔陇右都团练观察防御使。九年,罢镇国军节度使④。十年,置陇右经略使。十四年,升凤翔陇右都团练观察防御使为凤翔陇右节度使。元和元年(806),升陇右经略使为保义军节度使。二年,降保义军节度使为陇右经略

---

① 苏颋《遣王志愔等各巡察本管内制》(载《文苑英华》卷461):"其京官及畿内州县,委御史大夫及吏部长官,准此详察录奏。"严耕望《景云十三道与开元十六道》(载《严耕望史学论文集》,上海古籍出版社,2009年)考证此制作于开元四年。《旧唐书》卷92《韦抗传》:"开元八年,河曲叛胡康待宾拥徒作乱,诏抗持节慰抚。……俄以本官检校鸿胪卿,代王晙为御史大夫,兼按察京畿。"十三年,玄宗在东都,遣使往各道疏决囚徒、宣慰百姓(《册府元龟》卷162《命使》)。由此可见,京畿从开元四年起,已成为中央直属地区,即中央直接监理京兆府。又按《韦抗传》:"抗为京畿按察使时,举奉天尉梁升卿、新丰尉王倕、金城尉王冰、华原尉王焘为判官及支使。"奉天、新丰、金城、华原诸县皆隶京兆府,可见京畿中央直辖地区最初范围大抵不出京兆府一带。开元十三年时,京畿地区犹呼为京城,其辖境当无扩大。

② 唐人陈简甫《宣州开元以来良吏记》(载《文苑英华》卷830)云:"开元癸酉岁(二十一年),诏分十道置廉察之督。"严耕望认为二十一年冬定议分置十五道,置采访使在二十二年二月。其说可从。京畿之置,详见本编《绪言》"跨高层政区及准跨高层政区的演变"之"道(监理道)"部分。按《大唐六典》《本钱簿》关内道京兆府以下,紧接华、同、岐、邠四州,推知四州在开元二十一年全国分置十五道时即已割属京畿。

③ 《通典》卷32《职官典》、《唐会要》卷78。《册府元龟》卷162系于二十三年,据严耕望《景云十三道与开元十六道》考改。

④ 《新唐表》云贞元九年(793)罢潼关节度。《方镇研究》考此"潼关节度"为"镇国军节度使"之误,当是。

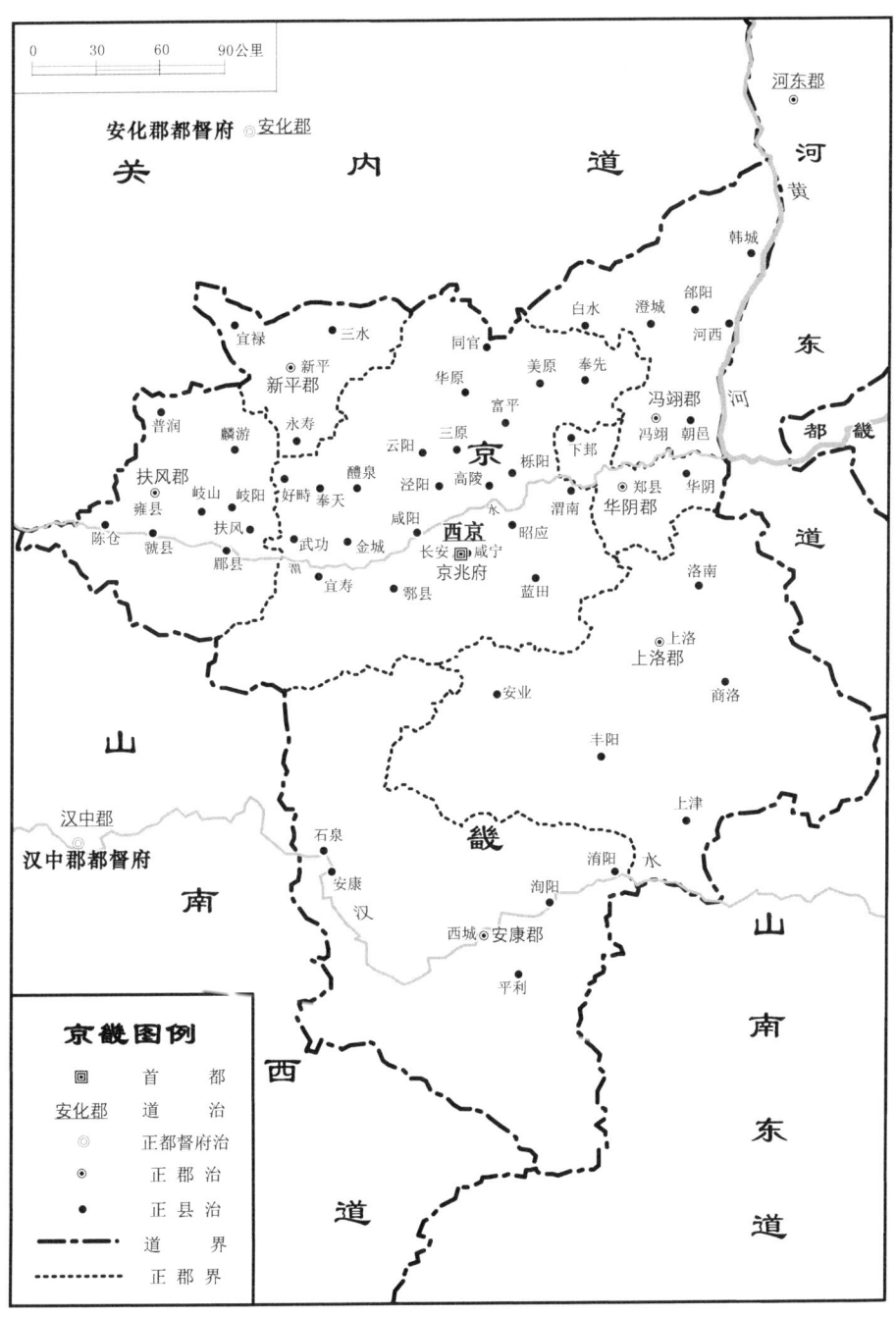

图 1 天宝十三载(754)唐朝京畿行政区划

使。十五年,京畿有一直属地区及凤翔陇右节度使、陇右经略使二镇①。

大中三年(849),罢陇右经略使。咸通十四年(873),京畿有一直属地区及凤翔陇右节度使一镇。

广明元年(880),京畿直属地区归黄巢齐国。中和二年(882),复归唐。大顺元年(890),复置镇国军节度使。乾宁元年(894),置匡国军节度使。二年,罢匡国军节度使。四年,复置匡国军节度使,置威胜军节度使。是年,罢威胜军节度使。天复元年(901),罢镇国军节度使。三年,置感化军节度使。是年,改感化军节度使为镇国军节度使。天祐元年(904),以京畿直属地区置佑国军节度使。三年,置义胜军节度使,罢镇国军节度使。四年,唐亡,佑国军节度使、匡国军节度使二镇归后梁,凤翔陇右节度使、义胜军节度使二镇归唐岐王李茂贞②。

京畿直属地区

京畿直属地区(733—756)—京畿节度使(756,757—762)京畿直属地区(762—764)—京畿观察使(764—783)—京畿渭北节度使(783)—京畿渭南节度使(783)—京畿商州节度使(783—784)—京畿直属地区(784—904)—佑国军节度使(904—907)

开元二十一年,以京畿中央直属地区京兆府为京畿直属地区,割关内道岐、邠二州来属。

天宝元年,改岐州为扶风郡,邠州为新平郡,割关内道冯翊、华阴二郡及山南东道上洛、安康二郡来属③。十三载,京畿直属地区有京兆府及冯翊、华阴、上洛、安康、扶风、新平六郡。十五载(至德元载),以京兆府及冯翊、华阴、上洛、安康、扶风五郡置京畿节度使,治京兆府,割新平郡隶关内道关内节度使④。是年,京兆府及华阴、上洛二郡直属安氏燕国,罢镇,冯翊郡隶河东道河中防御使,安康郡遥隶兴平节度使,凤翔郡隶凤翔防御使。二载,收复京畿,

---

① 以上方镇沿革参据《新唐表》、吴廷燮《唐方镇年表》(中华书局,1980年)及《方镇研究》。
② 《新五代史》卷60《职方考》。
③ 《大唐六典》、《本钱簿》、《旧唐志》商、金二州仍隶山南东道,而《州郡典》序目上洛(商)、安康(金)二郡已归京畿道。《州郡典》州县列目底本一般认为取自天宝元年(其中仅添入数例天宝至永泰间新增州县),今即依此补入。罗凯《隋唐政治地理格局研究》第202页以为《州郡典》各卷篇首自注之郡当属天宝末年,并无论证,又据户口数推算认为正文所列郡当在天宝五载前后,但未见"推算"过程。
④ 《新唐表》:"天宝元年,(关内道)朔方节度增领邠州。"然反映天宝元年政区的《州郡典》序目及《新唐志》京畿道仍有新平郡,疑《新唐表》有误。新平郡还属关内道当在至德元载,详参下文新平郡邠州注。

复置京畿节度使,领京兆府及华阴郡,割上洛郡隶兴平节度使。

乾元元年,华阴郡复为华州。二年,割华州隶都畿陕虢华节度使。宝应元年,割山南东道节度使商、金二州来属。是年,罢京畿节度使,京兆府直属京畿,商、金二州复还山南东道节度使。广德元年,以废镇国军节度使之华、同二州直属京畿。二年,以京兆府及华、同二州置京畿观察使①。永泰元年,割华、同二州隶镇国军节度使。大历二年,以废镇国军节度使之华、同二州来属。建中四年,京畿观察使归朱泚,而以废关内道渭北鄜坊丹延都团练观察使之鄜、丹、坊、延四州及割振武麟胜等军州节度观察处置使绥州来属,置京畿渭北节度使。是年,复割山南东道节度使商、金二州来属,割鄜、丹、坊、延四州隶渭北鄜坊节度使,绥州隶振武麟胜等军州节度观察处置使,改京畿渭北节度使为京畿渭南节度使。寻又割金州还属山南东道节度使,割华州置镇国军节度使,改京畿渭南节度使为京畿商州节度使。兴元元年,平朱泚,罢京畿商州节度使,京兆府直属京畿,同州隶奉诚军节度使,商州隶金商都防御使。贞元九年,以废镇国军节度使之华州来属。十四年,割河东道河中节度使同州来属。元和十五年,京畿直属地区有京兆府及同、华二州。

咸通十四年,京畿直属地区有京兆府及同、华二州。

广明元年,京兆府及华州直属黄齐。中和二年,同州直属黄齐,是年,复归唐,仍为京畿直属地区。三年,收复京兆府及华州来属。大顺元年,割华州隶镇国军节度使。乾宁元年,割同州隶匡国军节度使。二年,以废匡国军节度使之同州来属。四年,复割同州置匡国军节度使。天复元年,以废镇国军节度使之华州来属。三年,割华州置感化军节度使。天祐元年,以京兆府置佑国军节度使。三年,置耀、后鼎二州,割隶义胜军节度使,以废镇国军节度使之商、金二州来属。

(一) 西京京兆府(雍州)

雍州(618—690)—京兆郡(690)—雍州(690—713)—**京兆府**(713—907)

京兆府,本隋京兆郡,领大兴、长安、新丰、渭南、蓝田、鄠、盩厔、始平、武功、醴泉、泾阳、云阳、三原、高陵、万年、富平十六县②。武德元年(618),改为

---

① 《方镇研究》第34页云广德二年京畿观察使仅辖京兆一府。按是时华、同二州无所属,依地理形势及传统隶属关系,二州亦应割隶京畿观察使,《新唐表》语焉未详,今补。
② 《隋书·地理志》(以下简称《隋志》)京兆郡有郑、华阴、上宜、华原、同官、宜君六县,共二十二县。按《旧唐志》华州:"义宁元年,割京兆之郑县、华阴二县置华山郡。"凤翔府:"义宁元年,于仁寿宫置凤栖宫麟游县,其郡领麟游、上宜、普润三县。"《新唐志》京兆府华原县云:"义宁二年,以华原、宜君、同官置宜君郡。"据删。

雍州，复隋旧名，治长安县，直属中央，为京师。是年，改大兴县为万年县，万年县为栎阳县，置温秀、石门、平陵三县，割渭南县隶华州。二年，改平陵县为粟邑县，置芷阳、白鹿、终南、好畤、咸阳、鹿苑六县。三年，改白鹿县为宁民县，置玉山、前扶风二县，省醴泉县①，割盩厔、武功、好畤、前扶风四县隶稷州，割温秀、石门二县隶北泉州。四年，置前池阳县，省三原县。五年，割华州渭南县来属。六年，改前池阳县为华池县，割隶北泉州。七年，省芷阳县。贞观元年，雍州直属关内道，置后池阳县，以废稷州之武功、好畤、盩厔三县，废西麟州之上宜县，废北泉州三原县来属，省玉山、宁民、鹿苑三县②。八年，省终南、上宜、后池阳、粟邑四县。十年，复置醴泉县。十三年，雍州领长安、万年、新丰、渭南、蓝田、鄠、盩厔、始平、武功、好畤、醴泉、咸阳、泾阳、云阳、三原、高陵、栎阳、富平十八县。十七年，以废宜州之华原、同官二县来属。二十年，置宜君县。

永徽二年（651），省宜君县。乾封三年（总章元年，668），置乾封、明堂二县③。咸亨二年（671），置美原县④。文明元年（684），置奉天县。垂拱二年（686），改新丰县为庆山县，华原县为永安县。

武周天授元年（690），复为京兆郡，其年，依旧为雍州。二年，置鸿门县，割鸿门、庆山、渭南、高陵、栎阳五县隶鸿州，割盩厔、始平、武功、奉天、好畤五县隶稷州，割醴泉、泾阳、云阳、三原四县隶前鼎州，割富平、永安、同官、美原四县隶宜州。大足元年（701），以废鸿州之庆山、渭南、高陵、栎阳四县，废前鼎州之云阳、醴泉、泾阳、三泉四县，废稷州之武功、盩厔、始平、奉天、好畤五县，废宜州之永安、富平、同官、美原四县来属。长安三年（703），省乾封、明堂二县。四年，雍州领长安、万年、庆山、渭南、蓝田、鄠、盩厔、始平、武功、好畤、奉天、醴泉、咸阳、泾阳、云阳、三原、高陵、栎阳、富平、永安、同官、美原二十二县，治长安县。

唐神龙元年（705），复庆山县为新丰县，永安县为华原县。景龙三年（709），割商州安业县、邠州永寿县来属。四年，改始平县为金城县。景云元年（710），安业县还隶商州，永寿县还隶邠州。开元元年（713），升为京兆府，

---

① 此事两《唐志》不载，考详下文醴泉县条。
② 宋敏求《长安志》、《新唐志》云玉山、宁民二县省于贞观三年。今依《旧唐志》、《太平寰宇记》。
③ 《旧唐志》、《元和志》系于乾封元年，《旧唐书》卷5《高宗纪》系于乾封三年二月，《唐会要》系于乾封三年十一月，《新唐志》、《太平寰宇记》系于总章元年，《唐大诏令集》卷99载《置乾封、明堂县制》颁于总章元年十一月。按乾封三年三月改元总章，《旧唐志》、《元和志》当误书"乾封三年"为"乾封元年"。
④ 《旧唐志》、《太平寰宇记》雍州条系于咸亨元年，今依《旧唐志》、《新唐志》、《元和志》、《太平寰宇记》美原县条。

复隋旧名,以京师为西京①。四年,京兆府割属京畿中央直属地区,割同州蒲城县来属,改为奉先县。八年,为关内道治。二十一年,京兆府直属京畿。二十二年,移关内道治于华州。

天宝元年(742),复为关内道治,改鄠屋县为宜寿县。三载,置会昌县。八载,改万年县为咸宁县,会昌县为昭应县,割山南西道洋川郡真符县来属②,省新丰县。十一载,真符县还隶洋川郡。十三载,京兆府领长安、咸宁、昭应、渭南、蓝田、鄠、宜寿、金城、武功、好畤、奉天、醴泉、咸阳、泾阳、云阳、三原、高陵、栎阳、富平、华原、同官、美原、奉先二十三县,治长安县。十五载,以京兆府置京畿节度使,寻为安禄山所占,为直属府。至德二载(757),收复,复置京畿节度使并置中京,改宜寿县为鄠屋县,金城县为兴平县。

乾元元年(758),割商州乾元县来属,复改咸宁县为万年县。是年,乾元县还隶商州。后上元二年(761),改中京为西京。三年(宝应元年),罢京畿节度使,京兆府直属京畿,改西京为上都③。广德二年(764),以京兆府置京畿观察使。大历五年(770),权割凤翔府郿县来属,未几,郿县还隶凤翔府。建中四年(783),京兆府隶京畿渭北节度使。是年,隶京畿渭南节度使,寻隶京畿商州节度使,然是时京兆府实为朱泚所据,以为都城。兴元元年(784),京兆府复归唐,罢京畿商州节度使,京兆府仍直属京畿。元和十五年(820),京兆府领长安、万年、昭应、渭南、蓝田、鄠、鄠屋、兴平、武功、好畤、奉天、醴泉、咸阳、泾阳、云阳、三原、高陵、栎阳、富平、华原、同官、美原、奉先二十三县,仍治长安县。

咸通十四年(873),京兆府领县不变。

广明元年(880),黄巢据以为齐国都城。中和三年(883),收复。乾宁二年(895),割奉天县隶乾州,四年,割好畤、武功、鄠屋、醴泉四县隶乾州。是年,以废乾州之奉天、好畤、武功、鄠屋、醴泉五县来属④。天复元年(901),割鄠屋县隶凤

---

① 两《唐志》云天宝元年以京师为西京,今依《州郡典》、《唐会要》卷70。考详吴松弟《〈旧唐书·地理志〉京师、京兆府和华州部分纠谬》(载《中国历史地理论丛》1994年第2期)、赵庶洋《〈新唐书·地理志〉研究》(凤凰出版社,2015年)第202—208页。
② 《旧唐志》京兆府序云:"七载,置贞符县。"洋州真符县云:"天宝七年,改属京兆。"今依《元和志》、《唐会要》、《新唐志》、《太平寰宇记》,系于八载。参见本编第十三章《山南西道》第一节"汉中郡都督府"洋川郡洋州真符县。
③ 《唐会要》卷70、《新唐志》云肃宗元年置上都。按肃宗元年即至德元载,京兆已为安氏所占,唐不得以为上都,今依《资治通鉴》宝应元年建卯月。"肃宗元年"中当脱"宝应"二字。
④ 此条见于宋敏求《长安志》卷19奉天县条:"乾宁二年,以县置(乾)州,及覃王出镇,又以畿内之好畤、武功、鄠屋、醴泉隶之。寻并复旧。"又按《资治通鉴》,覃王嗣周乾宁四年六月出镇凤翔,李茂贞不受代,遂留驻奉天,八月被杀。

翔府。天祐元年(904),以京兆府置佑国军节度使。三年,割奉天县隶乾州①,华原县隶耀州,美原县隶鼎州,栎阳县隶华州,奉先县隶同州②。

1. **长安县**(618—907)

本隋京兆郡旧县,武德元年,隶雍州,治京师长寿坊(今陕西西安市雁塔区丈八街道蒋家寨)。乾封三年(总章元年),析置乾封县。长安三年,省乾封县来属。开元元年,隶京兆府。

附旧县:乾封县(666—703)

乾封三年(总章元年),析长安县置乾封县,取年号为名,治京师怀德坊(今雁塔区鱼化寨街道吉祥村西)③,隶雍州。长安三年④,省入长安县。

2. **万年县**(618—748)—**咸宁县**(748—758)—**万年县**(758—907)

咸宁县,本隋京兆郡大兴县,武德元年,改为万年县,以北朝旧县为名,治京师宣阳坊(今西安市碑林区太乙路街道友谊东路中段),隶雍州。二年,析置芷阳县。七年,省芷阳县来属。总章元年,析置明堂县。长安三年,省明堂县来属。开元元年,隶京兆府。天宝七载,改为咸宁县。乾元元年,复为万年县。

附旧县1:芷阳县(619—624)

武德二年,析万年县置芷阳县,治故芷阳城(今西安市灞桥区新筑街道枣园村)⑤,故以为名,隶雍州。七年,省入万年县。

附旧县2:明堂县(666—703)

乾封三年(总章元年),析万年县置明堂县,是年明堂制度成,以为县名,治京师永乐坊(今西安市碑林区长安路街道草场坡东),隶雍州。长安三年⑥,省入万年县。

---

① 宋敏求:《长安志》卷19。
② 栎阳、奉先二县改隶并见《唐会要》卷70。奉先割隶同州时间原作四年闰十二月,按天祐四年三月已入后梁,且闰十二月在天祐三年,《唐会要》系年当误,今改。
③ 怀德坊,《太平寰宇记》原作"怀直坊",按宋敏求《长安志》,唐长安无怀直坊,有怀德坊,"直"当是"德"之误,据改。今地依《陕西省志》第二卷《行政建置志》(三秦出版社,1992年),第584页。
④ 《旧唐志》京兆府序及《新唐志》、《太平寰宇记》长安县系于长安二年,今据《元和志》、《旧唐志》、《唐会要》、《长安志》长安县及赵庶洋《〈新唐书·地理志〉研究》第159页考改。
⑤ 故芷阳城即故霸陵城、霸城,《史记正义·秦本纪》引《括地志》:"《三秦记》云:'白鹿原东有霸川,川之西阪,故芷阳也。'"程大昌《雍录》卷7:"霸城也者,秦穆公之所尝城,又名芷阳也。"《大明一统志》:"霸陵城,在府东二十五里。"今地依《陕西省志》第二卷《行政建置志》第585页及《西安历史地图集》(西安地图出版社,1996年)两汉至北朝诸图。
⑥ 《旧唐志》京兆府序及《唐会要》、《新唐志》、《太平寰宇记》万年县系于长安二年,今依乾封县例据《元和志》、《旧唐志》、《长安志》万年县改。

3. 会昌县(744—748)—昭应县(748—907)

天宝三载①,以新丰县城去温泉宫远,不便,遂析新丰、万年二县置会昌县,因会昌山为名,治温泉宫北(今西安市临潼区骊山街道)②,仍隶京兆郡。七载,改会昌山为昭应山,乃改会昌县为昭应县,省新丰县来属。

附旧县1:新丰县(618—691)—庆山县(691—705)—新丰县(705—748)

新丰县,本隋京兆郡旧县,武德二年,隶雍州。垂拱二年,以县东南三十里有山涌出,为瑞庆之兆,遂更名庆山县。天授二年,改隶鸿州,并析置鸿门县。大足元年,州废,省鸿门县来属,庆山县还隶雍州。神龙元年,复改为新丰县。开元元年,隶京兆府。天宝三载,析置会昌。七载,新丰县省入昭应县。

附旧县2:鸿门县(691—701)

天授二年,析庆山、渭南二县置鸿门县,以故鸿门在县境得名,治零口(今西安市临潼区零口街道)③,隶鸿州,为州治。大足元年④,州废,省入新丰、渭南二县。

4. 渭南县(618—907)

本隋京兆郡旧县,武德元年,隶华州。五年,割隶雍州。天授二年,割隶鸿州。大足元年,州废,还隶雍州。开元元年,隶京兆府。

5. 蓝田县(618—907)

本隋京兆郡旧县,武德元年隶雍州,治峣柳城,俗亦谓之青泥城(今陕西蓝田县蓝关镇)。二年,析县置白鹿县。三年,析置玉山县。贞观元年,省宁民、玉山二县来属。开元元年,隶京兆府。

附旧县1:白鹿县(619—620)—宁民县(620—627)

武德二年,析蓝田县置白鹿县,县境有白鹿原,故名,治宁民城(今蓝田县焦岱镇)⑤,隶雍州。三年,改为宁民⑥县,取乡宁民安之意。贞观元年,省入蓝田县。

附旧县2:玉山县(620—627)

武德三年,析蓝田县置玉山县,县境蓝田山一名玉山,相传产美玉,故以

---

① 《旧唐志》作"二年",今依《唐会要》卷70、《新唐志》、《资治通鉴》。
② 《太平寰宇记》雍州昭应县:"(州)东五十八里。"
③ 《太平寰宇记》雍州昭应县:"天授二年,于县界零口置鸿州。"
④ 两《唐志》皆系在天授二年。按鸿门县为鸿州附郭县,州、县系同时置罢,鸿门县不当旋置旋废,今依本节下文附鸿州注考改。
⑤ 宋敏求《长安志》蓝田县:"宁民故城在县西南三十二里。"
⑥ 《旧唐志》作"宁人"。按"宁人"乃高宗后唐人避太宗讳改,太宗一朝,亦唯"世民"连用乃讳,单用不讳,何况武德。今依《新唐志》。

名县,治玉山城(今蓝田县玉山镇),隶雍州。贞观元年,省入蓝田县。

6. **鄠县**(618—907)

本隋京兆郡旧县,武德元年,隶雍州,仍治新鄠城(今陕西户县城甘亭镇)。开元元年,隶京兆府。

7. **盩厔县**(618—742)—**宜寿县**(742—757)—**盩厔县**(757—907)

宜寿县,本隋京兆郡盩厔县,武德元年,隶雍州。三年,割隶稷州。贞观元年,州废,还隶雍州。天授二年,复割隶稷州。大足元年,州废,仍隶雍州。开元元年,隶京兆府。天宝元年,改为宜寿县,取县境隋故宜寿宫为名。至德二载,复为盩厔县。乾宁四年,割隶乾州。是年,复隶京兆府。天复元年,割隶凤翔府。

附旧县:终南县(619—634)

武德二年,析盩厔县置终南县,以县境有终南山,故名,治汉盩厔城(今陕西周至县终南镇),隶雍州。贞观八年,省入盩厔县。

8. **始平县**(618—709)—**金城县**(709—757)—**兴平县**(757—907)

金城县,本隋京兆郡始平县,武德元年,隶雍州。三年,析置前扶风县。贞观元年,以废稷州前扶风县省入。天授二年,改隶稷州。大足元年,复还雍州。景龙四年,金城公主入吐蕃,中宗送别于马嵬城(今兴平市马嵬街道),遂移县治于此,因更名金城县①。开元元年,隶京兆府。至德二载,还治故始平城(今陕西兴平市东城街道),兴平节度使亦来寄治,因改为兴平县。

附旧县:前扶风县(620—627)

武德三年,析始平县置前扶风县,治扶风城(今陕西武功县长宁镇)②,以北朝扶风郡为名,隶稷州。贞观元年,州废,省入始平县。

9. **武功县**(618—907)

本隋京兆郡旧县,武德元年,隶雍州。三年,割隶稷州,为州治。贞观元年,州废,还隶雍州。天授二年,复隶稷州,仍为州治。大足元年,州废,复隶雍州。开元元年,隶京兆府。乾宁四年,割隶乾州。是年,复隶京兆府。

10. **好畤县**(619—907)

武德二年,析醴泉县置好畤县,以汉旧县为名,治庄陵城(今陕西乾县阳洪镇好畤东村古城)③,隶雍州。三年,割隶稷州。贞观元年,还隶雍州。二十

---

① 更名时间,《州郡典》作开元中,《元和志》、《唐会要》作景龙二年,今依两《唐志》、《旧唐书》卷7《中宗纪》、《太平寰宇记》。
② 《陕西省志》第二卷《行政建置志》,第592页。
③ 《中国文物地图集·陕西分册》下册,西安地图出版社,1998年,第466页。

一年,移治上宜城(今陕西永寿县店头镇好畤河)①。文明元年,析置奉天县。天授二年,复割好畤县隶稷州。大足元年,州废,还隶雍州。开元元年,隶京兆府。乾宁四年,割隶乾州。是年,复隶京兆府。

附旧县:上宜县(618—634)

本隋麟游郡旧县,武德元年,隶西麟州。贞观元年,州废,隶雍州。八年,省入岐阳县。

11. **奉天县**(684—907)

文明②元年,析好畤、醴泉、始平、武功四县及邠州永寿县地置奉天县,以奉高宗乾陵,故名,治乾陵东南五里(今乾县城城关镇)③,仍隶雍州。天授二年,割隶稷州。大足元年,州废,还隶雍州。开元元年,隶京兆府。乾宁二年,割奉天县置乾州,为州治。四年,州废,复隶京兆府。天祐三年,又割隶乾州,仍为州治。

12. **醴泉县**(618—620,636—907)

本隋京兆郡旧县④,武德元年,隶雍州,并析置温秀县。二年,析置好畤县。三年,醴泉县省入云阳、咸阳二县⑤。贞观十年,因置昭陵于九嵕山,复析云阳、咸阳二县置醴泉县以奉之,仍治故仲桥城(今陕西礼泉县赵镇泔北村)⑥,隶雍州。天授二年⑦,割隶前鼎州,大足元年,州废,还隶雍州。开元元年,隶京兆府。乾宁四年,割隶乾州。是年,复隶京兆府。

13. **咸阳县**(619—907)

武德二年,析泾阳、始平二县置咸阳县⑧,权寄治鲍桥(今陕西咸阳市渭城区中山街道)。三年⑨,移治白起堡,即故杜邮城(今咸阳市秦都区古渡街道)。

---

① 《元和志》京兆府好畤县:"西南至府一百八十里。"《太平寰宇记》乾州好畤县:"(州)西北三十五里。"则《元和志》"西南"当为"东南"之误。
② 《元和志》、《太平寰宇记》作"光宅",今依两《唐志》。
③ 《元和志》京兆府奉天县:"东南至府一百六十里。"
④ 《旧唐志》作"隋宁夷县"。按《隋志》云:"后魏曰宁夷,开皇十八年改为醴泉。"又《旧唐志》京兆府序列隋京兆郡亦有醴泉县,故知"隋宁夷县"乃是隋前期情况。
⑤ 此条《旧唐志》仅在"隋宁夷县"下记"后废"二字,《新唐志》亦仅云武德元年"后省醴泉"。按《旧唐志》武德三年"分始平置醴泉县"句中有脱文,当是"分始平置扶风,废醴泉县"。又《旧唐志》云贞观十年之醴泉县乃析云阳、咸阳二县置,考之地理,可知醴泉县初废入该二县,至是,复析出。
⑥ 《元和志》京兆府醴泉县:"东南至府一百二十里。"今依《陕西省志》第二卷《行政建置志》第594页定于礼泉县赵镇泔北村。
⑦ 《旧唐志》作"元年"。按《旧唐书》卷6《则天皇后纪》,鼎州置于天授二年七月,此"元年"当为"二年"之误,据改。
⑧ 《新唐志》系于武德元年,今依《旧唐志》。按《元和志》咸阳县条云:"城本杜邮也,武德元年置白起堡,二年置县,又加营筑焉。"可证。
⑨ 《旧唐志》系于二年,今依《太平寰宇记》。

六年,又移治于便桥西北百步官路北望贤驿(今渭城区渭城街道)①。开元元年,隶京兆府。

14. 泾阳县(618—907)

本隋京兆郡旧县,武德元年,隶雍州。二年,析置咸阳县。天授二年,割隶前鼎州。大足元年,州废,还隶雍州。开元元年,隶京兆府。广德元年,泾州寄治于此。大历三年,泾州还治保定县。

15. 云阳县(618—907)

本隋京兆郡旧县,武德元年,隶雍州,并析置石门县。三年,省醴泉县来属,移治水衡②城(今陕西泾阳县云阳镇)。贞观元年,以废北泉州石门、温秀二县省入,移治石门城(今泾阳县口镇长街村)③,并析置后池阳县。八年,省后池阳县来属,还治水衡城。十年,复析置醴泉县。天授二年,割隶前鼎州,为州治。大足元年,州废,还隶雍州。开元元年,隶京兆府。

附旧县1:温秀县(618—627)

武德元年,析醴泉县置温秀县,以县北温秀岭为名④,治温秀城(今陕西礼泉县昭陵镇东店头)⑤,隶雍州。三年,改隶北泉州。贞观元年,州废,省入云阳县。

附旧县2:石门县(618—627)

武德元年,析云阳县置石门县,治石门城⑥,以为县名,隶雍州。三年,割隶北泉州,为州治。贞观元年,州废,省入云阳县。

---

① 《元和志》京兆府咸阳县:"正东微南至府四十里。城本杜邮也,武德元年置白起堡,二年置县。"《太平寰宇记》雍州咸阳县:"(州)北四十里。武德三年,移就白起堡。六年,又移于便桥西北百步官路北,即今县。"宋敏求《长安志》卷13:"武德六年,又徙便桥西北,即今县也。陶化驿在县郭下,东去府四十里,西去兴平县四十五里。"便桥即西渭桥,在今咸阳市渭城区东南,宋陶化驿即唐望贤驿,故可定望贤驿在今渭城街道。《中国历史地图集》(以下省称《地图集》)、《西安历史地图集》等定唐咸阳县于今咸阳市东北,恐非。

② 《太平寰宇记》作"水冲",今依《唐会要》。

③ 《元和志》云,贞观元年改石门县为云阳县,即云阳县移治故石门县城,《陕西省志》第二卷《行政建置志》第595页云贞观元年云阳县治今泾阳县口镇长街村,又言石门城在今淳化县卜家乡城前头村,与《元和志》不合。按城前头村位置偏北,似不合为北泉州治石门县治,今取长街村为石门县城。

④ 宋敏求:《长安志》卷16云阳县。

⑤ 《大清一统志》卷179西安府:"温秀废县:在醴泉县东北。"按温秀岭在醴泉县北,温秀县又比醴泉县后并入云阳县,则当在今礼泉县正北之昭陵镇东店头(旧建陵镇)一带。《陕西省志》第二卷《行政建置志》第593页以为在永寿县窦家乡(今窦家镇)店子头,按其地已在温秀岭北,且距云阳县太远,不取。

⑥ 吴松弟《两唐书地理志汇释·旧唐书地理志》(安徽教育出版社,2002年)第36页:"石门治今陕西泾阳县西北长街村。"又参见前注。

附旧县 3：后池阳县(627—634)

贞观元年，析云阳县置后池阳县，治水衡城，隶雍州。八年，省入云阳县。

16. 三原县(618—621,623—907)

本隋京兆郡旧县，武德元年，隶雍州。四年，省入前池阳县。六年，析华池县复置三原县，治清谷南故任城(今陕西三原县西阳镇)①，隶北泉州。贞观元年，州废，省华池县来属，还治故三原城(今三原县鲁桥镇)②，仍隶雍州。天授元年，割隶前鼎州。大足元年，州废，还隶雍州。开元元年，隶京兆府。

附旧县：前池阳县(621—623)—华池县(623—627)

武德四年，析三原县置前池阳县，以北朝旧县为名，治清谷南故任城，省三原县来属。六年，移治故三原城，改为华池县，以华池原为名③，隶北泉州，并析置三原县。贞观元年，州废，省入三原县。

17. 高陵县(618—907)

本隋京兆郡旧县，武德元年，隶雍州，仍治高陵城(今西安市高陵区鹿苑街道)④。天授二年，割隶鸿州。大足元年，州废，还隶雍州。开元元年，隶京兆府。

附旧县：鹿苑县(619—627)

武德二年，析高陵、泾阳、咸阳三县置鹿苑县，县境有汉惠帝安陵鹿苑⑤，故名，治鹿苑城(今高陵县泾渭街道西营村)⑥，隶雍州。贞观元年，省入高陵、泾阳、咸阳三县。

18. 栎阳县(618—907)

本隋京兆郡万年县，武德元年，隶雍州，更名栎阳县，取秦汉旧县为名，仍治万年城(今陕西临潼县栎阳镇)，并析置平陵县。贞观八年，省粟邑县来属。

---

① 故任城，宋敏求《长安志》三原县作"故汪城"。《地图集》定于今富平县淡村镇，在清谷水之东北，恐非。今定于三原县西阳镇，唐初清谷水当自今鲁桥镇沿清惠干渠东流，适经西阳镇北。
② 故三原城，《太平寰宇记》三原县云即北魏永安故城，亦名洪宾栅，在县北五十五里，即今陕西淳化县固贤乡。《陕西省志》第二卷第595页则以为固贤为始光故城，永安故城在今三原县城西北15.5公里之清水谷，即今鲁桥镇，今从之。
③ 《旧唐志》："武德五年十二月，上校猎于华池。"《新唐志》："武德五年十一月辛卯，如宜州。癸丑，猎于华池北原。十二月辛酉，至自华池。"
④ 《史记·孝文本纪》正义引《括地志》云："高陵故城，在雍州高陵县西南一里。"则新旧高陵城基本上同在一地。
⑤ 《太平寰宇记》高陵县："鹿苑原，《三辅黄图》云安陵有果园鹿苑，谓此也。"《大明一统志》云："鹿苑原，在高陵县西南三十里。"按安陵在今咸阳市与高陵县交界处，鹿苑当在今高陵县西南泾渭街道。
⑥ 《大清一统志》卷179西安府："鹿苑废县：在高陵县西南。《县志》：唐析泾河以南置鹿苑县，今县西二十五里鹿苑原上有鹿台城，元至正末李思齐筑，寻废。或谓此即唐鹿苑县旧城。"《陕西省志》第二卷《行政建置志》第586页、《中国文物地图集·陕西分册》下册第134页以为在马家湾乡(今泾渭街道)西营村遗址，今从之。

天授二年,改隶鸿州。大足元年,州废,还隶雍州。开元元年,隶京兆府。天祐三年,割隶华州。

附旧县:平陵县(618—619)—粟邑县(619—634)

武德元年,析栎阳县置平陵县,借西汉昭帝平陵为名,治平陵城(今西安市阎良区关山镇粟邑庙)①,隶雍州。二年,改为粟邑县,借汉冯翊郡旧县为名。贞观八年,省入栎阳县。

19. 富平县(618—907)

本隋京兆郡旧县,武德元年,隶雍州。贞观十七年,以废宜州土门县省入。咸亨二年,析置美原县。天授二年,富平县割隶宜州。大足元年,复还雍州。开元元年,隶京兆府。其后,移治义亭城(今陕西富平县王寮镇旧县村)②。天祐三年,割隶后鼎州。

20. 华原县(618—686)—永安县(686—705)—华原县(705—907)

华原县,本隋宜君郡旧县,武德元年,割隶宜州,为州治。贞观十七年,州废,改隶雍州。垂拱二年,避武后祖讳,改为永安县,取吉意为名。天授二年,复割隶宜州,仍为州治。大足元年,州废,复还隶雍州。神龙元年,复名华原县。开元元年,隶京兆府。天祐三年,割隶耀州,为州治。

21. 同官县(618—907)

本隋宜君郡旧县,武德元年,隶宜州。贞观十七年,州废,改隶雍州。天授二年,复割隶宜州。大足元年,州废,复隶雍州。天祐三年,割隶耀州。

22. 土门县(618—643)—美原县(671—907)

美原县,本隋宜君郡土门县,武德元年,隶宜州。贞观十七年,州废,省入富平、华原、蒲城三县。咸亨二年,复割富平、华原、蒲城三县置美原县,盖取美田为名③,仍治故土门城(今富平县美原镇),隶雍州。天授二年,改隶宜州。大足元年,州废,还隶雍州。开元元年,隶京兆府。天祐三年,割隶后鼎州,为州治。

23. 蒲城县(618—716)—奉先县(716—907)

奉先县,本隋京兆郡蒲城县,武德元年,隶同州。开元四年,以奉先帝睿宗桥陵,改为奉先县,割隶京兆府。天祐三年,割隶同州。

---

① 宋敏求《长安志》卷17栎阳县:"粟邑镇在县东北三十四里。"
② 贾汉复等《陕西通志》卷5云:"开元间,徙富平县于义亭城,即旧县地,在今富平东北十里。"其地在今王寮镇(旧属华朱乡)。《陕西省志》第二卷《行政建置志》第616页以为在今富平县城窦村镇南,并说"后复旧城"(即开元以前旧城),未详所据,不取。
③ 宋敏求:《长安志》卷20美原县。

附旧州一：稷州(620—627,691—701)

武德三年,割雍州武功、盩厔、好畤、前扶风四县置稷州①,治武功县,相传其地为后稷所居,故以名州,直属中央。是年,以废郇州之郿、凤泉二县来属。四年,割岐州围川县来属。七年,割郿县隶岐州。贞观元年,州废,武功、盩厔、好畤三县隶雍州,围川、凤泉二县隶岐州,省前扶风县。

武周天授二年,复割雍州武功、盩厔、始平、好畤、奉天五县置稷州,仍治武功县,直属关内道。大足元年,州废,武功、盩厔、始平、好畤、奉天五县还隶雍州。

附旧州二：北泉州(620—627)**—前鼎州**(691—701)

武德三年,割雍州石门、温秀二县置北泉州,取州境甘泉山为名,治石门县,直属中央。六年,置三原县,割雍州华池县来属。贞观元年,州废,省温秀、石门、华池三县,三原县隶雍州。

武周天授二年,割雍州云阳、醴泉、泾阳、三原四县置前鼎州,相传汉武帝获宝鼎于汾阴,迎至甘泉宫,宫在云阳县境,故以此名州,治云阳县,直属关内道。大足元年②,州废,云阳、醴泉、泾阳、三原四县还隶雍州。

附旧州三：鸿州(691—701)

武周天授二年,割雍州庆山、渭南、高陵、栎阳四县置鸿州,并置鸿门县,以为州治,故名,直属关内道。大足元年③,州废,省鸿门县④,庆山、渭南、高陵、栎阳四县还隶雍州。

附旧新州：宜州(618—643,691—701)**—耀州**(906—907)

宜州,本隋宜君郡,领华原、宜君、同官、土门四县⑤,武德元年,改为宜州,以隋旧州为名,治华原县,直属中央。贞观元年,直属关内道。十三年,宜州领华原、宜君、同官、土门四县,治华原县。十七年,州废,省宜君、土门二县,以华原、同官二县隶雍州。

---

① 《元和志》武功县：“武德三年,分雍州之武功、好畤、盩厔,扶风之郿四县,于今县理置稷州,因后稷所封为名。”今依《旧唐志》京兆府序、武功县及《新唐志》武功县。
②③ 《唐会要》卷70作"久视元年八月二十四日",今依两《唐志》。盖久视元年下诏,而次年实废。
④ 两《唐志》皆谓鸿门县"寻废",即废于天授二年。而《太平寰宇记》昭应县条则云天授二年于零口鸿州郭下置鸿门县,"久视元年废州并废鸿门县"。即鸿州与鸿门县系同时置罢,两《唐志》皆误。
⑤ 《隋志》不载宜君郡及其领县。按《新唐志》京兆府华原县云："义宁二年,以华原、宜君、同官三县置宜君郡,并置土门县以隶之。"据补。

武周天授二年,复割雍州永安、富平、同官、美原四县置宜州,治永安县,仍直属关内道。大足元年,州废,永安、富平、同官、美原四县还隶雍州。

唐天祐三年,李茂贞墨制割京兆府华原、同官二县置耀州,相传州东十五里有鉴山,年丰则山中有光耀如鉴,州以是名①,治华原县,隶义胜军节度使。

附新州一: 乾州(895—897,906—907)

乾宁二年,李茂贞奏割京兆府奉天县置乾州,以乾陵为名,属凤翔陇右节度使。四年,割京兆府盩厔、武功、好畤、醴泉四县隶之,置威胜军节度使。是年,罢镇废州,奉天、盩厔、武功、好畤、醴泉五县复隶京兆府。

天祐三年,李茂贞墨制复以奉天县置乾州,仍属凤翔陇右节度使。

附新州二: 后鼎州(906—907)

天祐三年,李茂贞墨制割京兆府美原、富平二县置后鼎州,治美原县,隶义胜军节度使。

(二)冯翊郡(同州)

同州(618—742)—冯翊郡(742—756)—同州(756—757)—冯翊郡(757—758)—同州(758—907)

冯翊郡,本隋旧郡,领冯翊、朝邑、下邽、蒲城、白水、澄城、郃阳、韩城八县,唐武德元年,改为同州,以隋旧州为名,治冯翊县,直属中央。三年,置河滨、长宁、前河西三县,割前河西、郃阳、韩城三县隶西韩州。七年,割韩城县隶西韩州。九年,置临沮县。贞观元年,同州直属关内道,省临沮、河滨二县。八年,以废西韩州之韩城、前河西、郃阳三县来属,省长宁县。十三年,同州领冯翊、朝邑、下邽、蒲城、白水、澄城、郃阳、前河西、韩城九县,治冯翊县。

垂拱元年,割下邽县隶华州。

武周长安四年,同州领冯翊、朝邑、蒲城、白水、澄城、郃阳、前河西、韩城八县,仍治冯翊县。

唐开元四年,割蒲城县隶京兆府。开元末,自华州移道治于此。二十九年,移道治于灵州。

天宝元年,复为冯翊郡,直属京畿。十三载,冯翊郡领冯翊、朝邑、白水、

---

① 郭子章:《郡县释名》(四库存目丛书本)陕西郡县。

澄城、郃阳、前河西、韩城七县,治冯翊县。十五载,割隶河东道河中防御使,寻直属安氏燕国,改为同州。至德二载,归唐,隶河中节度使。

乾元元年,复为同州。后上元元年,割朝邑、前河西二县隶河中府。二年,同州改隶京畿镇国军节度使。广德元年,直属京畿。二年,隶京畿观察使。永泰元年,复隶镇国军节度使。大历二年,仍隶京畿观察使。五年,割河中府朝邑、夏阳二县来属。建中四年,归朱泚,寻复来属,隶京畿渭北节度使。是年,隶京畿渭南节度使,寻又隶京畿商州节度使。兴元元年,置奉诚军节度使。是年,罢镇,同州隶河东道河中节度使。贞元十四年(798),直属京畿。元和十五年,同州领冯翊、朝邑、白水、澄城、郃阳、夏阳、韩城七县,仍治冯翊县。

咸通十四年,同州领县不变。

中和二年,直属黄巢大齐国。是年,复归唐。乾宁元年,置匡国军节度使。二年,直属京畿。四年,复隶匡国军节度使。天祐二年,改韩城县为韩原县。三年,割京兆府奉先县来属。

1. **冯翊县**(618—907)

本隋冯翊郡旧县,武德元年,隶同州,为州治。九年,析置临沮县。贞观元年,省临沮县来属。天宝元年,隶冯翊郡,为郡治。乾元元年,复隶同州。

附旧县:临沮县(626—627)

武德九年,析冯翊、蒲城、下邽三县置临沮县,治乾坑(今陕西蒲城县龙池镇钤铒村)①,当郑渠入洛处,时人以沮水经郑渠截流入洛,故以为县名,隶同州。贞观元年,省入冯翊、蒲城、下邽三县。

2. **朝邑县**(618—760)—后河西县(760—770)—朝邑县(770—907)

朝邑县,本隋冯翊郡旧县,武德元年,隶同州。二年,陕东道行台寄治于此。三年,析置河滨县。四年,移陕东道行台于洛州。贞观元年,省河滨县来属。天宝元年,隶冯翊郡。乾元元年,复隶同州。三年(后上元元年),割隶河东道河中府,移治盐坊(今陕西大荔县平民镇里仁村),改为河西县。大历五年②,复为朝邑县,仍治朝邑城(今大荔县朝邑镇南寨子),还隶同州。

附旧县:河滨县(620—627)

武德三年,析朝邑县置河滨县,县在河水之滨,故以为名,治蒲津关(今大

---

① 《大清一统志》卷190同州府:"临沮废县:在府西南。"
② 《太平寰宇记》蒲州河西县作"三年",今依《新唐志》。

荔县平民镇里仁村东)①,隶同州。贞观元年,省入朝邑县。

3. **白水县**(618—907)

本隋冯翊郡旧县,武德元年,隶同州。天宝元年,隶冯翊郡。乾元元年,复隶同州。

4. **澄城县**(618—907)

本隋冯翊郡旧县,武德元年,隶同州。三年,析置长宁县。贞观八年,省长宁县来属。天宝元年,隶冯翊郡。乾元元年,复隶同州。

附旧县:长宁县(620—634)

武德三年,析澄城县置长宁县,以长久安宁为名,治长宁城(今陕西澄城县王庄镇洛城村古城)②,隶同州。贞观八年,省入澄城县。

5. **郃阳县**(618—907)

本隋冯翊郡旧县,武德元年,隶同州。三年,割隶西韩州,并析置前河西县。贞观八年,州废,还隶同州。天宝元年,隶冯翊郡。乾元元年,复隶同州。

6. **前河西县**(620—760)—**夏阳县**(760—907)

武德三年,析郃阳县置前河西县,县在河水之西,故名,治故夏阳城(今陕西合阳县洽川镇夏阳村)③,隶西韩州,为州治。八年,移州治于韩城县。贞观八年,州废,改隶同州。天宝元年,隶冯翊郡。乾元元年,复隶同州。三年(后上元元年),割隶河中府,改为夏阳县,以北朝旧县为名。大历五年,还隶同州。

7. **韩城县**(618—905)—**韩原县**(905—907)

韩城县,本隋冯翊郡旧县,武德元年,隶同州。三年④,割隶西韩州。八年,自前河西县移西韩州治于此。贞观八年,州废,还隶同州。天宝元年,隶冯翊郡。乾元元年,复隶同州。天祐二年,避朱全忠父嫌名,改为韩原⑤县。

附旧州:西韩州(620—634)

武德三年,割同州前河西、郃阳、韩城三县置西韩州,治前河西县。八年,移治韩城县。贞观八年,州废,韩城、前河西、郃阳三县还隶同州。

---

① 《大清一统志》卷190同州府:"河滨废县:在朝邑县东。《旧志》:盖在大河之滨。"
② 《大清一统志》卷190同州府:"长宁废县:在澄城县西北。《县志》:长宁城在县西北四十里长宁河南,今遗址犹存。"详《中国文物地图集·陕西分册》下册,第547页。
③ 《大清一统志》卷190同州府:"唐夏阳废县:在合阳县东。《县志》:唐夏阳镇县在县东南四十里,又名河西城。"
④ 《旧唐志》同州韩城县误作"七年",今依《元和志》、《新唐志》同州夏阳县、《旧唐志》同州序。
⑤ 《旧唐书》卷20《昭宗纪》作"韩元",今依《唐会要》、《新唐志》。

(三) 华阴郡(华州)

华州(618—686)—太州(686—742)—华阴郡(742—756)—华州(756—757)—华阴郡(757—758)—华州(758—761)—太州(761—762)—华州(762—898)—兴德府(898—900)—华州(900—903)—兴德府(903—906)—华州(906—907)

华阴郡,本隋华山郡,领郑、华阴二县①,唐武德元年,改为华州,以隋旧州为名,治郑县,直属中央,割雍州渭南县来属。五年,渭南县还隶雍州。贞观元年,华州直属关内道。十三年,华州领郑、华阴二县,治郑县。

垂拱元年,割同州下邽县来属。二年,避武太后祖讳,改为太州②,取州境太华山为名,改华阴县为仙掌县。

武周天授二年,置潼津县,寻割隶虢州③。圣历二年(699),割虢州潼津县来属。长安二年,废潼津县。四年,太州领郑、仙掌、下邽三县,治郑县。

唐神龙元年,太州复名华州,仙掌县复名华阴县④。是年,华州又更名太州。三年,废潼津县。唐隆元年(710),太州复为华州。开元二十二年,自西京移道治于此。其后,移道治于同州。

天宝元年,改为华阴郡,以华阴县为名,直属京畿。十三载,华阴郡领郑、华阴、下邽三县,仍治郑县。十五载,隶京畿节度使,寻直属安氏燕国,改为华州。至德二载,收复,仍为华阴郡,隶京畿节度使。

乾元元年,复为华州。二年,割隶都畿陕虢华节度使。三年(后上元元年),隶陕西节度使。二年,肃宗不豫,术士请复华州为太州以禳之⑤,改华阴县为太阴县,割太州置镇国军节度使,还隶京畿。宝应元年,太州复为华州,太阴县复为华阴县。广德元年,罢镇,华州直属京畿。二年,隶京畿观察使。永泰元年,复隶镇国军节度使,为使治。大历二年,复罢镇,华州改隶京畿观察使。建中四年,归朱泚,寻复来属,隶京畿渭北节度使。是年,隶京畿渭南节度使,寻复割置镇国军节度使。贞元九年,又罢镇,华州仍直属京畿。元和

---

① 《隋志》无华山郡及其领县,按《旧唐志》云:"义宁元年,割京兆之郑县、华阴二县置华山郡。"据补。
② 此据《元和志》。华林甫《中国地名学源流》第 155 页(湖南人民出版社,2002 年)言避武太后小名华姑而改,恐非。
③ 《新唐志》原作"后隶虢州"。按潼津县改隶虢州,当与武后定都洛阳有关。据《资治通鉴》天授二年七月载,徙关内户数十万以实洛阳。则推测潼津改隶虢州亦在是年。
④ 《唐会要》卷 70 云:"神龙三年四月十六日,废仙掌县。""仙掌",当是"潼津"之误。
⑤ 《旧唐志》记此事于后上元元年,今依《新唐志》。考详吴松弟《〈旧唐书·地理志〉京师、京兆府和华州部分纠谬》。

十五年,华州仍领郑、华阴、下邽三县,治郑县。

咸通十四年,华州领县不变。

广明元年,直属黄齐。中和二年,复归唐,直属京畿。大顺元年,复隶镇国军节度使。光化元年①(898),以昭宗驻跸,升华州为兴德府,仿德宗兴元府中兴故事为名②。天复元年③,降为华州,直属京畿,罢镇。三年,复升为兴德府,仍置镇国军节度使④。天祐三年,割京兆府栎阳县来属。是年,复降为华州,改隶匡国军节度使。

1. 郑县(618—907)

本隋京兆郡旧县,武德元年,隶华州,为州治。垂拱二年,隶太州。神龙元年,隶华州。天宝元年,隶华阴郡,为郡治。乾元元年,复隶华州。后上元元年,隶太州。宝应元年,仍隶华州。兴元元年,移治州西三里官路南(今陕西华县城城关镇)。光化元年,隶兴德府。天复元年,仍隶华州。三年,再隶兴德府。天祐三年,复隶华州。

2. 华阴县(618—686)—仙掌县(686—705)—华阴县(705—761)—太阴县(761—762)—华阴县(762—907)

华阴县,本隋京兆郡旧县,武德元年,隶华州,仍治华阴城(今华阴市太华路街道)。垂拱二年,避武太后祖讳,改为仙掌县,取华山仙掌峰为名,隶太州。天授二年,析置潼津县。长安二年,省潼津县来属⑤。神龙元年,复名华阴县,隶华州。天宝元年,隶华阴郡。乾元元年,复隶华州。后上元二年⑥,以肃宗不豫,改为太阴县以禳之,隶太州。宝应元年,仍改为华阴县,复隶华州。光化元年,隶兴德府。天复元年,仍隶华州。三年,再隶兴德府。天祐三年,复隶华州。

附旧县:潼津县(691—705)

天授二年,析仙掌县置潼津⑦县,治潼关城(今陕西潼关县城城关镇苏家村潼关城址),以县境潼川为名,隶太州。是年,割隶虢州。圣历二年,复隶太

---

① 《新唐志》作乾宁四年,今依《唐会要》卷68、《资治通鉴》卷261。
② 《升华州为兴德府敕》,载《唐大诏令集》卷99。
③ 《新唐志》作"光化三年",今依《方镇研究》第37页考证。
④ 史志不载此事,今依《方镇研究》第38页考补。
⑤ 两《唐志》系于"长安中"。按长安二年武后入长安,京畿道同时罢废乾封、明堂等县,推测潼津县亦罢于此时。
⑥ 《旧唐志》、《唐会要》卷68作"元年",今依《旧唐书》卷24《礼仪志》、《新唐志》。考详吴松弟《〈旧唐书·地理志〉京师、京兆府和华州部分纠谬》,《中国历史地理论丛》1994年第2期。
⑦ 《旧唐志》华州华阴县条作"同津",今依《新唐志》、《唐会要》卷70、《太平寰宇记》。

州。长安二年,省入仙掌县。

3. 下邽县(618—907)

本隋冯翊郡旧县,武德元年,隶同州。垂拱元年,割隶华州。二年,隶太州。神龙元年,隶华州。天宝元年,隶华阴郡。乾元元年,复隶华州。后上元元年,隶太州。宝应元年,仍隶华州。光化元年,隶兴德府。天复元年,仍隶华州。三年,再隶兴德府。天祐三年,复隶华州。

(四)上洛郡(商州)

商州(618—742)—上洛郡(742—756)—商州(756—757)—上洛郡(757—758)—商州(758—907)

上洛郡,本隋旧郡,领上洛、洛南、商洛、丰阳四县①,唐武德元年,改为商州,以隋旧州为名,治上洛县,直属中央。三年,割隶金州总管府②。七年,直属中央。贞观元年,直属关内道。二年,直属山南道。八年,以废上州之上津县来属。十三年,商州领上洛、洛南、商洛、上津、丰阳五县,治上洛县。

龙朔元年,割河南道虢州朱阳县来属。

武周万岁通天元年(696),置安业县。二年,朱阳县还隶虢州。长安四年,商州领上洛、洛南、商洛、上津、丰阳、安业六县。

唐景龙三年,割安业县隶雍州。景云元年,割雍州安业县来属。二年,直属山南东道。

天宝元年,复为上洛郡,直属京畿③。十三载,上洛郡领上洛、洛南、商洛、上津、丰阳、安业六县,治上洛县。十五载,隶京畿节度使,寻直属安氏燕国,改为商州。至德元载,遥隶唐兴平节度使。二载,收复,仍为上洛郡,移兴平节度使治于此。

乾元元年,复为商州,改安业县为乾元县,割属京兆府。是年,复割京兆府乾元县来属。

后上元元年,罢镇,商州隶山南东道节度使。二年,隶武关内外四州防御

---

① 《隋志》上洛郡有上津县,共五县。按《旧唐志》上津县:"义宁二年,置上津郡。"因删。
② 两《唐志》不载此事。按《旧唐志》金州条,武德三年置金州总管府时,领十二州,其中有顺州,查诸志皆无此州,而按之地理,该十二州中当有商州,故疑"顺州"系"商州"之误,今姑且据此补入。
③ 上洛郡改属京畿年代,未见史籍明载。按《大唐六典》、《本钱簿》、《旧唐志》商、金二州仍隶山南东道,而《州郡典》序目上洛(商)、安康(金)二郡已归京畿。《州郡典》州县列目底本取自天宝元年,今即依此补入。

观察使。宝应元年,复隶山南东道节度使。建中四年,割隶京畿渭北节度使,寻隶京畿渭南节度使。是年,改隶京畿商州节度使。兴元元年,隶山南东道金商都防御使。贞元二年,自金州移镇于此。元和十五年,商州领上洛、洛南、商洛、上津、丰阳、乾元六县,仍治上洛县。

咸通十四年,商州领县不变。

广明元年,直属黄齐,金商都防御使移镇金州。中和元年,复归唐。光启二年(886),隶金商节度使,徙镇于金州。大顺二年(891),隶昭信军防御使。光化元年,隶昭信军节度使。天祐二年,隶山南东道戎昭军节度使。三年,改隶京畿镇国军节度使,寻隶佑国军节度使①。

1. **上洛县**(618—907)

本隋上洛郡旧县,武德元年,隶商州,为州治。天宝元年,隶上洛郡,为郡治。乾元元年,复隶商州。

2. **洛南县**(618—907)

本隋上洛郡旧县,武德元年,隶商州。显庆三年(658),移治清池川(今陕西洛南县城城关镇)②。天宝元年,隶上洛郡。乾元元年,复隶商州。

3. **商洛县**(618—907)

本隋上洛郡旧县,武德元年,隶商州。二年,移治秦阳村(今陕西丹凤县商镇)③。天宝元年,隶上洛郡。乾元元年,复隶商州。

4. **上津县**(618—907)

本隋上津郡旧县,武德元年,隶上州,为州治,仍治上津城(今陕西郧西县上津镇)。贞观元年,省长利县来属。八年,州废,改隶商州。天宝元年,隶上洛郡。乾元元年,复隶商州。

附旧县:长利县(618—627)

本隋上津郡旧县,武德元年,隶上州。贞观元年,省入上津县。

5. **丰阳县**(618—907)

本隋上洛郡旧县,武德元年,隶商州,移治吉川城(今陕西山阳县户家

---

① 《方镇研究》第129、35页。《唐会要》卷71云:"天祐元年九月二十日,以金州为昭戎军。"年代、军名皆误。又,《新唐表》误以为商州天祐元年隶佑国军节度使。

② 清池川,《旧唐志》原作"清州"。中华书局本《旧唐书》卷39《地理志》校勘记云:"此志'清'下脱'池'字,'州'当作'川'。"当是。然则《太平寰宇记》云:"隋开皇五年,改拒阳为洛南县。大业十一年移治今理,俗谓之清池川。"移治时间与《旧唐志》不同。

③ 《太平寰宇记》商州商洛县:"(州)东九十里。"今依《中华人民共和国地名大辞典》(以下省称《地名大辞典》)第5383页定于丹凤县商镇。

塬镇)①。麟德元年,还治丰阳川(今陕西山阳县城关镇)。万岁通天元年,析置安业县。天宝元年,隶上洛郡。乾元元年,复隶商州。

6. **安业县**(696—758)—**乾元县**(758—907)

万岁通天元年,分丰阳县境,招谕左绵等谷逃户置安业县②,取安居乐业为名,治安业城(今陕西柞水县城乾佑镇),隶商州。景龙三年,割隶雍州。景云元年,还隶商州。天宝元年,隶上洛郡。乾元元年,改为乾元县,以年号为名③,割隶京兆府。是年,还隶商州。

附旧州: 上州(618—634)

本隋上津郡,领上津、丰利、黄土、长利四县④,唐武德元年,改为上州,直属中央,治上津县。三年,隶金州总管府。七年,直属中央。贞观元年,直属关内道,省长利县。二年,直属山南道。八年⑤,州废,上津县隶商州,黄土县隶金州,丰利县隶均州。

(五)安康郡(金州)

金州(618—742)—**安康郡**(742—757)—**汉阴郡**(757—758)—金州(758—907)

安康郡,本隋西城郡,领西城、洵阳、石泉、安康四县⑥,唐武德元年,改为金州,取隋旧州为名,直属中央,治西城县,置平利县。是年,割洵阳县置洵州,安康县置西安州。三年,置金州总管府。七年,罢总管府,金州直属中央,以废洵州之洵阳、洵城、驴川三县来属。贞观元年,直属关内道,以废直州之安康县来属。二年,直属山南道,省驴川县⑦。八年,以废上州之黄土县来属,

---

① 即《太平寰宇记》所云:"武德元年,县自故相阳川移于今州西南一百六十里甲水西五十步为理。"吴松弟《两唐书地理志汇释·旧唐书地理志》第225页:"吉川城在今陕西山阳县西南金钱河西岸。"
② 据《唐会要》卷70商州、《太平寰宇记》(中华书局本)雍州乾祐县。
③ 乾元元年,《太平寰宇记》卷27《雍州三》作乾元三年。
④ 《隋志》不载上津郡及其领县。按《新唐志》云:"义宁二年,以上津、丰利、黄土置上津郡,并置长利县。"据补。
⑤ 《旧唐志》商州序作"十五年",上津县作"十年";《太平寰宇记》商州序作"十年",上津县作"元年"。今依《旧唐志》金州序、均州序,《唐会要》卷71商州,《太平寰宇记》金州序、均州序、郧乡县,《新唐志》商州上津县。
⑥ 《隋志》西城郡有金川、黄土、丰利三县,无西城县,共六县。按《新唐志》金州:"西城,本金川,义宁二年更名。"商州:"义宁二年,以上津、丰利、黄土置上津郡。"据改、删。
⑦ 《旧唐志》、《太平寰宇记》金州条系于贞观元年,今据《旧唐志》、《新唐志》洵阳县条。

省洵城县。十三年,金州领西城、洵阳、黄土、石泉、安康、平利六县,治西城县。

武周圣历元年,石泉县更名武安县。长安四年,金州领西城、洵阳、黄土、武安、安康、平利六县,治西城县。

唐神龙元年,武安县复名石泉县。景云二年,直属山南东道。

天宝元年,直属京畿①,改为安康郡,以安康县为名。是年,改黄土县为洧阳县。十三载,安康郡领西城、洵阳、洧阳、石泉、安康、平利六县,治西城县。至德元载,隶京畿节度使。是年,隶兴平节度使。二载,避安氏名姓,改为汉阴②郡,改安康县为汉阴县。

乾元元年,汉阴郡复为金州。后上元元年,改隶山南东道节度使。二年,割隶京畿武关内外四州都防御使。宝应元年,还属山南东道节度使③。大历六年,省石泉、平利、洧阳三县。建中四年,割隶京畿渭南节度使,寻复还山南东道节度使。兴元元年,割置金商都防御使④。贞元元年,复置石泉县。二年,移使治于商州。元和十五年,金州领西城、洵阳、石泉、汉阴四县,仍治西城县。

长庆元年(821),复置平利、洧阳二县。咸通十四年,金州领西城、洵阳、洧阳、石泉、汉阴、平利六县,治西城县。

光启二年,隶金商节度使,为使治。大顺二年,隶昭信军防御使。光化元年,隶昭信军节度使。天祐二年,以井邑残破,罢镇,金州寄治均州⑤,改属山南东道戎昭军节度使。三年,改属京畿镇国军节度使。是年,改属佑国军节度使⑥。

1. 西城县(618—907)

本隋西城郡旧县,武德元年,隶金州,为州治。是年,析置平利县。天宝元年,隶安康郡,为郡治。至德二载,隶汉阴郡。乾元元年,复隶金州,为州治。大历六年,省平利县来属,长庆元年,复析置平利县。天祐二年,移州治于均州。

---

① 安康郡州改属京畿道年代,未见史籍明载。按《大唐六典》、《本钱簿》、《旧唐志》商、金二州仍隶山南东道,而《州郡典》序目上洛(商)、安康(金)二郡已归京畿道。《州郡典》州县列目底本取自天宝元年,今即依此补入。
② 《旧唐志》、《太平寰宇记》作"汉南",当是别名。
③ 《方镇研究》,第128页。
④ 《方镇研究》,第125、128页。《唐会要》卷71则云:"金州,贞元元年五月,隶山南东道。"与此有异,俟考。
⑤ 《旧唐书》卷20《哀帝纪》。
⑥ 《方镇研究》,第129、35页。《唐会要》卷71云:"天祐元年九月二十日,以金州为昭戎军。"年代、军名皆误。又,《新唐表》误以为金州天祐元年隶佑国军节度使。

2. 洵阳县(618—907)

本隋西城郡旧县,武德元年,隶金州。是年,割置洵州,并析置洵城、驴川二县。七年,州废,洵阳县还隶金州。贞观二年,省驴川县来属。八年,省洵城县来属。天宝元年,隶安康郡。至德二载,隶汉阴郡。乾元元年,复隶金州。大历六年,省淯阳县来属。长庆元年,复析置淯阳县。

附旧县1:洵城县(618—634)

武德元年,析洵阳县置洵城县,治洵城(今陕西旬阳县赵湾镇田家湾)①,故名,隶洵州。贞观八年,州废,省入洵阳县。

附旧县2:驴川县(618—628)

武德元年,析洵阳县置驴川县,治驴川(今旬阳县吕河镇)②,故名,隶洵州。贞观二年,州废,省入洵阳县。

3. 黄土县(618—742)—淯阳县(742—771,821—907)

淯阳县,本隋上津郡黄土县,武德二年,隶上州。贞观八年,州废,改隶金州。天宝元年,隶安康郡,更名淯阳县,以县治旧为西魏、北周淯阳郡城,故名。至德二载,隶汉阴郡。乾元元年,复隶金州。大历六年,省入洵阳县。长庆元年,析洵阳县复置淯阳县,仍隶金州。

4. 石泉县(618—698)—武安县(698—705)—石泉县(705—771,785—907)

石泉县,本隋西城郡旧县,武德元年,隶金州。圣历元年,以武氏兴,改为武安县。神龙元年,复为石泉县。天宝元年,隶安康郡。至德二载,隶汉阴郡。乾元元年,复隶金州。大历六年,以户口散落,并入汉阴县,贞元元年,析汉阴县复置石泉县③,仍治故长乐城(今陕西石泉县城关镇),隶金州。

5. 安康县(618—757)—汉阴县(757—907)

安康县,本隋西城郡旧县,武德元年,隶金州。是年,割隶西安州,为州治,并析置宁都、广德二县。二年,隶直州。贞观元年,州废,省宁都、广德二县来属,安康县还隶金州。天宝元年,隶安康郡。至德二载,避安氏名姓,改为汉阴县,以县在汉水之南,故名,隶汉阴郡。乾元元年,复隶金州。大历六年,省石泉县来属,贞元元年,复析置石泉县,仍隶金州。

---

① 《陕西省志》第二卷《行政建置志》第 666 页云:唐洵城县"故址在今旬阳县西北 50 公里红岩乡田家湾,古城遗址东濒洵河,西依山坡"。红岩乡今为赵湾镇。
② 《陕西省志》第二卷《行政建置志》第 667 页云:唐驴川县"故址在旬阳县南 13 公里吕河口西侧的段家坝,古城遗址犹存"。
③ 《新唐志》、《太平寰宇记》载复置于永贞元年(805),因金州刺史姜公辅建议云。考《新唐书》卷 152《姜公辅传》:"顺宗立,拜(公辅)吉州刺史,未就官,卒。"则公辅永贞元年不得为金州刺史,今从《唐会要》卷 70。

附旧县 1：宁都县(618—627)

武德元年，析安康县境置宁都县①，以北朝旧县为名，治故宁都②城（今陕西紫阳县焕古镇营盘梁村天池遗址），隶西安州。二年，隶直州。贞观元年，州废，省入安康县。

附旧县 2：广德县(618—627)

武德元年，析安康县境置，治故广城（今紫阳县广城镇），避太子建成嫌名，故名广德，隶西安州。二年，隶直州。贞观元年，省入安康县。

6. **平利县**(618—771，821—907)

武德元年，析西城县置平利县③，治上廉城（今陕西平利县城城关镇）④，隶金州。八年，移治古声口戍南、声水之东、黄羊水北（今平利县老县镇吊楼子）。天宝元年，隶安康郡。至德二载，隶汉阴郡。乾元元年，复隶金州。大历六年，省入西城县，长庆元年，析西城县复置平利县，仍隶金州。

附旧州一：洵州(618—624)

武德元年，割金州洵阳县置洵州，取州境洵水为名，直属中央，并置驴川、洵城二县。三年，割隶金州总管府。七年，州废，洵阳、驴川、洵城三县隶金州。

附旧州二：西安州(618—619)—**直州**(619—627)

武德元年，割金州安康县置西安州，取安康县首字为名，直属中央，并置

---

① 《新唐志》作"宁郁"，今依《旧唐志》、《太平寰宇记》。
② 吴松弟《两唐书地理志汇释·旧唐书地理志》第 227 页云："宁都治今紫（河）〔阳〕县西北安家河入汉江处。"即今紫阳县汉王镇金川（旧金川乡），《地图集》《地名大辞典》第 5358 页与《陕西省志》第二卷《行政建置志》第 667 页皆定其地为北朝宁都郡、宁都县治，按其地实为汉代遗址，而据《中国文物地图集·陕西分册》下册 1135 页，焕古镇营盘梁村有面积约 1.5 万方米之南北朝遗址，当用至唐初，为宁都县治。《中国历史地名大辞典》（中国社会科学院出版社，2005 年，以下省称《历史地名》）第 845 页以为在松溪乡（今汉王镇松溪村），不详何据。
③ 《新唐志》云："平利，武德元年以故吉安置。"按吉安本西魏旧县，北周移治西城废县，而于吉安旧址平利川上廉城另置吉阳县。隋开皇十八年（598），吉阳县复并入吉安县。大业三年（607），改吉安为金川县，义宁二年（618），金川复省西城县。《隋志》、《旧唐志》、《太平寰宇记》叙此沿革颇有含混之处，如叙开皇十八年吉阳并入吉安，皆作"改为吉安"，即是误指当时吉安为二县。《新唐志》所谓"故吉安"，是指故西魏吉安县，或是指隋故吉阳县，即平利川上廉城故县，非北周移治西城之吉安县。《两唐书地理志汇释·旧唐书地理志》第 227 页引潘新藻《湖北省建制沿革》（湖北人民出版社，1987 年）云：平利，《新志》谓以故吉安置，吉安是也。然吉安是开皇末之县，大业三年已改金川矣。应曰以隋金川县置平利县"，大误。
④ 《太平寰宇记》平利县："晋于今县平利川置上廉县，取上廉水为名。"《大清一统志》卷 188 兴安府："上廉故址：在平利县东。《平利县志》：上廉城在县东。"则上廉城在平利川（今坝河）中无疑，今定于平利县城城关镇。

宁都、广德二县。二年①,改为直州,取州境直水为名。三年,割隶金州总管府。七年,直属中央。贞观元年,州废,省宁都、广德二县,以安康县隶金州。

（六）扶风郡（岐州）

岐州(618—742)—扶风郡(742—756)—凤翔郡(756—757)—凤翔府(757—907)

扶风郡,本隋旧郡,领雍、岐山、虢、陈仓四县②,唐武德元年,改为岐州,以隋旧州为名,治雍县③,直属中央。三年,置围川县。四年,割围川县隶稷州。七年,割稷州郿县来属。贞观元年,直属关内道,以废稷州之围川、凤泉二县④,废西麟州之麟游、普润二县来属。七年,置岐阳县。八年,改围川县为后扶风县,省虢、凤泉二县。十三年,岐州领雍、岐山、岐阳、后扶风、郿、陈仓、普润、麟游八县,治雍县。二十一年,废岐阳县。

永徽五年,复置岐阳县。

武周天授二年,复置虢县。长安四年,岐州领雍、岐山、岐阳、后扶风、郿、虢、陈仓、普润、麟游九县,仍治雍县。

唐开元初,为关内道治。八年,移道治于西京。二十一年,直属京畿。

天宝元年,复为扶风郡。十三载,扶风郡领雍、岐山、岐阳、后扶风、郿、虢、陈仓、普润、麟游九县,治雍县。十五载（至德元载）,隶京畿节度使。是年,改为凤翔郡,相传郡境岐山古时有凤凰翔集,故名,置凤翔防御使。二载,升为凤翔府,号西京⑤,改雍县为凤翔县,陈仓县为宝鸡县,置天兴县。

乾元二年,隶凤翔秦陇防御使。后上元元年,隶凤翔节度使,改西京曰西都⑥。

---

① 《旧唐志》系于武德元年,今依《新唐志》。
② 《隋志》扶风郡有郿、汧源、汧阳、南由、普润五县,共九县,按郿县隋末已割隶郿城郡（详参下文附郇州条）,汧源、汧阳、南由三县隋末割隶陇东郡,普润县割隶凤栖郡,今并删。
③ 《旧唐志》、《太平寰宇记》云武德元年岐州领县尚有郿、凤泉二县。按此二县隋末属郿城郡,唐武德元年属郇州,三年,郇州废,乃属稷州（详参下文附郇州条）,是此二县武德元年不属岐州,今不录。
④ 两《唐志》不载是年以凤泉县来属事。按武德三年郇州废,郿、凤泉二县并属稷州,至是,稷州废,而凤泉县未废,亦未改属他州,则必与郿县一同改属岐州无疑。《旧唐志》"武功县"条有"（武德）四年,又割岐州之围川、凤泉属岐州"一病句,中华书局本《旧唐志》校勘记疑"围川"下有脱误,极是。当脱"来属。七年,割郿县属岐州。贞观元年稷州废,以围川"二十字,正是《旧唐志》脱简一行之数。
⑤ 《元和志》记此事于乾元元年,当是正式实施时间。
⑥ 《新唐志》系于上元二年,今据《通典》卷33、《唐会要》卷68凤翔府尹系于后上元元年。

二年，罢西都①。三年(宝应元年)，复置西都②。是年，又罢西都，省凤翔县③。大历五年，鄠县权割隶京兆府，未几，复来属。建中四年，凤翔府归朱泚，寻复来属，隶保义军节度使。是年，复隶凤翔节度使。贞元三年，隶凤翔陇右都团练观察防御使。十年，分置行秦州。十一年，普润县割隶行秦州④。十四年，凤翔府隶凤翔陇右节度使。元和十五年，凤翔府领天兴、岐山、岐阳、后扶风、郿、虢、宝鸡、麟游八县⑤，治天兴县。

大中三年，以废行秦州之普润县来属⑥。咸通十四年，凤翔府领天兴、岐山、岐阳、后扶风、郿、虢、宝鸡、普润、麟游九县，治天兴县。

天复元年，割京兆府盩厔县来属。

1. **雍县**(618—757)—**凤翔县**(757—762)

雍县，本隋扶风郡旧县，武德元年，隶岐州，为州治。天宝元年，隶扶风郡，为郡治。至德元载，隶凤翔郡。二载，更名凤翔县，取意与郡名同。是年，隶凤翔府，析置天兴县。宝应元年，凤翔县省入天兴县。

附新县：天兴县(757—907)

至德二载，析凤翔县置天兴县，与凤翔县并治州城，时肃宗欲反攻长安，复兴唐室，故名。宝应元年，省凤翔县来属。

2. **岐山县**(618—647，654—907)

本隋扶风郡旧县，武德元年，隶岐州，移治张堡垒(今陕西岐山县益店镇西堡子)⑦。三年，析置围川县。七年，移治龙尾城(今岐山县故郡镇龙尾沟)⑧。贞观八年，移治猪驿南(今岐山县凤鸣镇)，省虢县来属。二十一年，省岐阳县

---

① 《旧唐志》云宝应元年后罢京名，《新唐志》云后上元元年罢都名，今依《唐会要》卷68凤翔府尹："上元二年九月，停西都之号。"
② 《资治通鉴》宝应元年建卯月。
③ 《元和志》谓："凤翔县永泰元年废，仍改雍县为天兴县。"按雍县至德二载已改为凤翔县，此处记载当有误。
④ 《新唐志》但云："普润县，有陇右军，贞元十年置。贞元十一年以县隶陇右经略使。"按《资治通鉴》，贞元十年，以刘澭为秦州刺史、陇右军经略使，理普润县。则所谓"隶陇右经略使"者，即指普润县于次年正式割隶秦州。《唐会要》卷70云："普润县，贞元十年置。"当是误以贞元十年即县置陇右军为置县。
⑤ 《元和志》有普润县，为九县，当是用贞元十一年以前建置。
⑥ 此事两《唐志》失载，今以理推之。
⑦ 《太平寰宇记》凤翔府岐山县云，张堡垒其地后属岐阳县，则当在今岐山县城之东，《中国文物地图集·陕西分册》下册第286页云，今益店镇西堡子有约15万平方米的唐宋遗址，盖即其地。
⑧ 《中国文物地图集·陕西分册》下册第287页云，故郡乡(今为镇)北有黄老庄、郑家桥等唐宋遗址，当即其地。

来属。永徽五年,复析置岐阳县。天宝元年,隶扶风郡。至德元载,隶凤翔郡。二载,隶凤翔府。

3. **岐阳县**(633—647,654—907)

贞观七年,析围川、岐山二县及雍州上宜县置岐阳县①,治故岐山城(今岐山县祝家庄镇小强村祝东遗址)②,仍隶岐州,县在岐山之阳,故名。八年,省上宜县来属。二十一年,省入岐山、扶风及雍州好畤三县。永徽五年,析岐山、扶风二县复置岐阳县,仍治故岐山城。天宝元年,隶扶风郡。至德元载,隶凤翔郡。二载,隶凤翔府。

4. **围川县**(620—634)—**后扶风县**(634—907)

武德三年,析岐山、雍二县及西麟州上宜县置围川县③,治围川城(今陕西扶风县城城关镇),仍隶岐州,县境有漳川,俗讹为"围川",县以此名。四年,改隶稷州。贞观元年,还隶岐州。七年,析围川县置岐阳县。八年,围川县改为后扶风县,以县境为故扶风郡地,故名。天宝元年,隶扶风郡。至德元载,隶凤翔郡。二载,隶凤翔府。

5. **郿县**(618—907)

本隋郿城郡旧县,武德元年,隶郇州,为州治。三年,州废,移治斜谷城(今陕西眉县城首善镇),隶稷州。七年,隶岐州。贞观八年,省凤泉县来属。天宝元年,隶扶风郡。至德元载,隶凤翔郡。二载,隶凤翔府。大历五年,权割隶京兆府。未几,复还凤翔府。

附旧县:**凤泉县**(618—634)

本隋郿城郡旧县,武德元年,隶郇州。三年,州废,隶稷州。贞观元年,州废,隶岐州。八年,省入郿县。

6. **虢县**(618—634,691—907)

本隋扶风郡旧县,武德元年,隶岐州。贞观八年,省入岐山县。天授二年,析岐山县复置虢县,仍隶岐州。天宝元年,隶扶风郡。至德元载,隶凤翔郡。二载,隶凤翔府。

7. **陈仓县**(618—757)—**宝鸡县**(757—907)

陈仓县,本隋扶风郡旧县,武德元年,隶岐州。天宝元年,隶扶风郡。至

---

① 《元和志》、《旧唐志》无上宜县,此据《唐会要》、《新唐志》补。
② 《元和志》凤翔府岐阳县:"西南至府一百里。"《中国文物地图集·陕西分册》下册第286页载,今祝家庄镇小强村祝东有约2万平方米的唐宋遗址,当即其地。
③ 《旧唐志》、《太平寰宇记》凤翔府序:"武德元年,又割雍等三县置围川县。"按《旧唐志》、《新唐志》、《元和志》、《太平寰宇记》扶风县条皆云武德三年析岐山县置围川县,《元和志》所记尤详,当是。然则"割雍等三县置"亦当有所本,按之地理,另二县当即岐山、上宜。

德元载,隶凤翔郡。二载,改为凤翔县,取名与郡同,仅三日,又改为宝鸡县,相传县境陈仓山古有石鸡,人谓为玉鸡,故名。是年,隶凤翔府。

8. 普润县(618—907)

本隋麟游郡旧县,武德元年,隶西麟州。贞观元年,隶岐州。天宝元年,隶扶风郡。至德元载,隶凤翔郡。二载,隶凤翔府。贞元十年,置行秦州于此。十一年,割隶行秦州,为州治。大中三年,州废,还隶凤翔府。

附新县:行上邽县(794—849)

贞元十年,析普润县置行上邽县于凤翔府普润县,隶行秦州,为州治。大中三年,州废,省入普润县。

9. 麟游县(618—907)

本隋麟游郡旧县,武德元年,隶西麟州,为州治。贞观元年,州废,省前灵台县来属,隶岐州。六年,移治兴国镇(今陕西麟游县九成宫镇城关村老城)①。天宝元年,隶扶风郡。至德元载,隶凤翔郡。二载,隶凤翔府。

附旧州一:郇州(618—620)

本隋郿城郡②,领郿、凤泉二县,唐武德元年,改为郇州③,直属中央,治郿县。三年,州废,二县隶稷州。

附旧州二:西麟州④(618—627)

本隋麟游郡,领麟游、上宜、普润、前灵台、鹑觚五县。唐武德元年,改为西麟州,以麟游县首字为名,直属中央,治麟游县。贞观元年,州废,省前灵台县,麟游、普润二县隶岐州,上宜县隶雍州,鹑觚县隶泾州。

附新州:行秦州(794—849)

贞元十年,置行秦州及行上邽县于凤翔府普润县,隶陇右经略使,为使治。十一年,割普润县来属。元和元年,隶保义军节度使。二年,复隶陇右经略使。十五年,行秦州领普润一县。

大中三年,罢镇,废行秦州,普润县还隶凤翔府,省行上邽县。

---

① 《太平寰宇记》凤翔府麟游县;《陕西省志》第二卷《行政建置志》,第 593 页;《地名大辞典》,第 5255 页;《中国文物地图集·陕西分册》下册,第 270 页。
② 《隋志》不载此郡及领县,按《新唐志》云:"义宁二年,置郿城郡,又析置凤泉县。"据补。
③ 按"郇"、"郿"二字形似,依唐初州名命名规律,当取郿县首字为州名,疑诸志误书"郿州"为"郇州"。
④ 各志皆无"西"字。罗凯据《旧唐书》卷 57《李高迁传》、卷 75《韦云起传》及《新唐书》卷 50《兵志》考证,当补"西"字,从之。

(七) 新平郡(邠州)

豳州(618—725)—邠州(725—742)—新平郡(742—758)—邠州(758—907)

新平郡,本隋旧郡,领新平、三水二县①,唐武德元年,改为豳州,以隋旧州为名,治新平县,直属中央。二年,置永寿县。贞观元年,直属关内道。二年,置宜禄县。十三年,豳州领新平、三水、永寿、宜禄四县,治新平县。

武周长安四年,豳州领县不变。

唐神龙元年,割永寿县隶雍州。唐隆元年,复割雍州永寿县来属。开元十三年,以州名类"幽",改为邠州,取《史记·货殖列传》"公刘适邠"为名。二十一年,直属京畿②。

天宝元年,复为新平郡。十三载,新平郡领新平、三水、永寿、宜禄四县,仍治新平县。至德元载,割隶关内道关内节度使③。

乾元元年,复为邠州,二年,隶邠宁节度使,为使治。大历三年,罢镇,邠州隶朔方节度使。十四年,复割隶邠宁节度使,仍为使治。贞元十七年,割宁州定平县来属④。元和三年,复割定平县还隶宁州。十五年,邠州领县一如天宝十三载。

大中三年(849),移使治于宁州。九年,自宁州还使治于此。咸通十四年,邠州领县不变。

中和元年,归黄齐,隶邠宁节度使。是年,复归唐。四年,隶静难军节度使,仍为使治。

1. 新平县(618—907)

本隋新平郡旧县,武德元年,隶豳州,为州治。二年,析置永寿县。贞观二年,析置宜禄县。开元十三年,隶邠州。天宝元年,隶新平郡。乾元元年,复隶邠州,为州治。

2. 三水县(618—907)

本隋新平郡旧县,武德元年,隶豳州。开元十三年,隶邠州。天宝元年,隶

---

① 《隋志》不载新平郡及其领县。按两《唐志》云:"义宁二年,析北地郡新平、三水县置新平郡。"据补。
② 按《大唐六典》卷3、《本钱簿》关内道京兆府以下,紧接华、同、岐、邠四州,推知四州在开元二十一年始置全国十五道采访使时即已割属京畿。
③ 据《方镇研究》,天宝十五载(至德元载)关内、京畿节度使及凤翔防御使均不包括新平郡,亦不得隶朔方节度使(否则为飞地),疑《新唐表》关内节度使脱邠州,今补。
④ 《新唐志》宁州定平县:"后隶邠州,元和三年,来属。"不载割隶邠州年代,今依本编第二章《关内道》第三节"安化郡都督府"彭原郡宁州注文考证补。

新平郡。乾元元年,复隶邠州。广德元年,移治县东北三十里(今陕西旬邑县职田镇)①。大历中,以吐蕃焚掠,移治陇堡上(今旬邑县太村镇畔子村)②。元和十二年③,邠宁节度使郭钊奏复移治陇堡下旧城(今旬邑县城城关镇下塬子)。

3. 永寿县(619—907)

武德二年④,析新平县置永寿县,以北朝旧县为名,治永寿原西故永寿城(今陕西永寿县渠子镇永寿坊)⑤,隶豳州。四年,移治义丰埠(今永寿县城监军镇霍村)⑥。贞观二年,移治州东南八十里(今监军镇固县村)。神龙元年⑦,割隶雍州。唐隆⑧元年,还隶豳州。开元十三年,隶邠州。天宝元年,隶新平郡。乾元元年,复隶邠州。兴元元年,移治顺义店(今永寿县监军镇永寿村)⑨。

4. 宜禄县(628—907)

贞观二年,析新平县及泾州安定、鹑觚二县置宜禄县,以北朝旧县为名,治故宜禄城(今陕西长武县昭仁镇)⑩,隶豳州。开元十三年,隶邠州。天宝元年,隶新平郡。乾元元年,复隶邠州。

附旧府新镇 金州总管府(620—624)—兴平节度使(756—760)—武关内外四州防御观察使(761—762)—金商都防御使(784—886)—金商节度使(886—891)—昭信军防御使(891—898)—昭信军节度使(898—905)

武德三年,割中央直属金、直、洵、上⑪、商⑫、南丰、均七州置金州总管府,仍直属中央,割邓州总管府淅州、梁州总管府洋州来属,并置迁、前房、重三州。

---

① 《大清一统志》卷194 邠州:"《县志》:唐广德元年,移县东北三十里职田镇。"
② 《元和志》邠州三水县:"西南至州六十里。"《大清一统志》邠州:"《县志》:又有旧县址,城在鸡阜山前。"张多勇《历史时期三水县城的变迁》(载《西夏研究》2015年第1期)谓"唐代大历(或广德)年间因吐蕃犯境,三水县迁至旬邑县北职田镇",两迁并作一迁,疑误。
③ 《唐会要》卷70作"十五年",《大清一统志》邠州引《县志》作"四年",按郁贤皓《唐刺史考全编》(安徽大学出版社,2000年),郭钊元和九年至十三年为邠宁节度使,则《唐会要》及《县志》皆误,今依《太平寰宇记》。
④ 《州郡典》作"三年",今依《元和志》、两《唐志》。
⑤ 《陕西省志》第二卷《行政建置志》,第593页。遗址尚存,旧属蒿店乡,详《中国文物地图集·陕西分册》下册,第386页。
⑥ 《太平寰宇记》永寿县:"武德四年,又南移于义丰埠。"《陕西省志》第二卷《行政建置志》第593页:"义丰堆故址在今永寿县故县村北5公里。"
⑦ 《旧唐志》、《太平寰宇记》作"三年",今依《唐会要》、《新唐志》。
⑧ 《旧唐志》作"景龙",今依《唐会要》、《新唐志》。
⑨ 《陕西省志》第二卷第593页:"顺义店故址在今永寿县监军镇西北2.5公里永寿村。"
⑩ 《元和志》邠州宜禄县:"东至州八十一里。"
⑪ 《旧唐志》金州序原作"井",按唐初金州一带无井州,今改。详参本章上洛郡商州注。
⑫ 《旧唐志》金州序原作"顺",按唐初金州一带无顺州,今改。详参本章上洛郡商州注。

四年,总管府隶山南道行台,又割浙、均、重三州直属山南道行台。七年,罢总管府①,废洵州,金、上、南丰、迁、前房、商、直七州直属中央,洋州隶梁州都督府。

至德元载,割京畿节度使安康、上洛二郡及山南东道节度使武当、房陵二郡置兴平节度使,寄治凤翔郡鄜县兴平军,故名,仍属京畿。是年,上洛郡陷于安燕。二载,兴平节度使寄治京兆府金城县②。是年,收复上洛郡,移节度使治之,改安康郡为汉阴郡。

乾元元年,复上洛郡为商州,汉阴郡为金州,武当郡为均州,房陵郡为房州。后上元元年,废兴平节度使,商、金、均、房四州隶山南东道节度使。二年,复割山南东道节度使商、金、均、房四州置武关内外四州防御观察使,治商州,属山南东道。宝应元年,罢武关内外四州防御观察使,商、金、均、房四州复隶山南东道节度使。兴元元年,以废京畿商州节度使之商州及割山南东道节度使金州置金商都防御使,治金州,仍属山南东道。贞元二年,徙治商州。元和十五年,金商都防御使领商、金二州,治商州。

咸通十四年,金商都防御使领州不变。

广明元年,商州归黄巢齐国,遂移使治于金州。中和二年,收复商州,还使治于此。光启二年,升金商都防御使为金商节度使,徙治金州。大顺二年,降金商节度使为昭信军防御使。光化元年,升昭信军防御使为昭信军节度使。天祐二年,罢昭信军节度使,金、商二州隶山南东道戎昭军节度使。

附新镇一 凤翔防御使(756—759)—凤翔秦陇防御使(759—760)—凤翔节度使(760—783)—保义军节度使(783)—凤翔节度使(783—787)—凤翔陇右都团练观察防御使(787—798)—凤翔陇右节度使(798—907)

至德元载,割京畿节度使凤翔郡置凤翔防御使。是年,收复汧阳郡来属③。

乾元元年,复汧阳郡为陇州。二年,割陇右节度使秦州来属,改凤翔节度使为凤翔秦陇防御使。后上元元年,割山南西道节度使兴、凤二州来属,升凤

---

① 史志不载此事。按《旧唐志》不言金州总管府改都督府,则金州总管府废于武德七年以前。考武德七年废洵州,割洋州隶梁州都督府,因推知金州总管府罢于是年。艾冲《唐代山南地域都督府建制的演替——兼论唐后期山地地域的节度司建制》(载《荆楚历史地理与长江中游开发》)云据《旧唐志》贞观末年金府仍管金、商、房三州,然查《旧唐志》并无此语。
② 史志不载此事。按金城县至德二载改为兴平县,疑与该年兴平节度使参与收复京畿时曾暂住此地有关,因补。
③ 史志不载此事。按汧阳郡本属原州都督府,至德元载归燕国,寻收复,无所属。《方镇研究》第40页云:"凤翔防御使与晚唐其他地区所见单州防御使不同,乃一级方镇。"则似不止领一府,以地理形势分析,汧阳郡当改属凤翔防御使。

翔秦陇防御使为凤翔节度使。是年,割陇右节度使成州来属。宝应二年(广德元年),秦、成二州陷于吐蕃。大历四年,兴、凤二州还隶山南西道节度使。建中四年,归朱泚,寻复来属,改为保义军节度使①。是年,复改保义军节度使为凤翔节度使,割陇州隶奉义军节度使。兴元元年,以废奉义军节度使之陇州来属。贞元三年,降凤翔节度使为凤翔陇右都团练观察防御使。十年,置行秦州,割隶陇右经略使。十四年,复升凤翔陇右都团练观察防御使为凤翔陇右节度使。元和十五年,凤翔陇右节度使领凤翔府及陇州。

咸通十四年,凤翔陇右节度使领府、州不变。

乾宁元年,置乾州。四年,割乾州置威胜军节度使。天复元年,割陇州隶保胜军节度使。

附新镇二 邠宁节度使(759—768,779—891)—静难军节度使(891—907)

乾元二年,割关内道朔方节度使邠、宁、泾、原、庆、延、鄜、坊、丹九州置邠宁节度使,治邠州。后上元元年,割坊、鄜、延、丹四州隶渭北鄜坊节度使。广德元年,原州陷于吐蕃,寻复。大历元年,原州再陷,置行原州。大历三年,罢镇,邠、宁、庆三州还隶朔方节度使,泾、行原二州隶泾原节度使。十四年,割朔方节度使邠、宁、庆三州复置邠宁节度使,仍治邠州。元和十五年,邠宁节度使领邠、宁、庆三州,治邠州。

大中三年,移使治于宁州,置武州。九年,自宁州还使治于邠州,割武州隶泾原节度使。咸通十四年,邠宁节度使领邠、宁、庆三州,治邠州。

中和元年,邠州陷于黄齐。是年,收复。四年,改为静难军节度使。大顺二年,置衍州。

附新镇三 镇国军节度使(761—763,765—767,783—793,890—901)—感化军节度使(903)—镇国军节度使(903—906)

后上元二年,割都畿陕西节度使太州、河东道河中节度使同州置镇国军节度使,治太州,仍隶京畿。宝应元年,改太州为华州。广德元年,罢镇国军节度使,华、同二州直属京畿。永泰元年,复以华、同二州置镇国军节度使。大历二年,罢镇国军节度使,华、同二州隶京畿观察使。建中四年,复割京畿观察使华州置镇国军节度使。贞元九年,罢镇国军节度使,华州直属京畿。

大顺元年,以华州复置镇国军节度使。光化元年,升华州为兴德府。天

---

① 《新唐表》、《方镇研究》原脱"军"字,据《旧唐书》卷12《德宗纪》补。

复元年,罢镇国军节度使,降兴德府为华州,直属京畿。三年,又升华州为兴德府,置感化军节度使。是年,改感化军节度使为镇国军节度使。天祐三年,以废戎昭军节度使之金、商二州来属。是年,罢镇国军节度使,降兴德府为华州,隶匡国军节度使,金、商二州隶佑国军节度使。

附新镇四 奉诚军节度使(784)—匡国军节度使(894—895,897—907)

兴元元年,割河东道河中节度使同州置奉诚军节度使,为京畿中央直属地区方镇。是年,罢奉诚军节度使,同州还隶河中节度使。

乾宁元年,以京畿同州置匡国军节度使。二年,罢匡国军节度使,同州复为京畿直属州。四年,复以同州置匡国军节度使。天祐三年,以废镇国军节度使之华州来属。

附新镇五 陇右经略使(794—806)—保义军节度使(806—807)—陇右经略使(807—849)

贞元十年,以废陇右节度使之行武州及割凤翔陇右都团练观察防御使行秦州置陇右经略使,治行秦州,仍隶京畿。元和元年,升为保义军节度使。二年,复为陇右经略使。十五年,陇右经略使领行秦、行武二州。

大中三年,罢镇,废行秦州,行武州改隶山南西道节度使。

附新镇六 威胜军节度使(897)

乾宁四年,割凤翔节度使乾州置威胜军节度使,仍属京畿。是年,罢镇,废乾州。

附新镇七 义胜军节度使(906—907)

天祐三年,割佑国军节度使耀、后鼎二州置义胜军节度使,治耀州。

附新国一　朱泚大秦—大汉国(783—784)

建中四年,朱泚据京兆府称帝,国号大秦,建元应天,凤翔、幽州节度使归之,并置同华节度使。是年,陇、华、同州归唐。兴元元年,改国号大汉,改元天皇,凤翔节度使归唐,而唐泾原节度使来归。是年,朱泚兵败被杀,国亡[①],

---

① 《旧唐书》卷200《朱泚传》、《资治通鉴》建中四年至兴元元年。

京兆、泾原、幽州复归唐。

附新国二　黄巢大齐国(880—883)

广明元年,黄巢取唐河南、京兆、河中三府及陕、虢、华、商等州①,建大齐国,建元金统,都京兆府,置东都留守辖区及河中、河阳、忠武、凤翔节度使与陕虢都防御观察使②。是年,河中、凤翔节度使复归唐。中和元年,取唐邠、邓二州,置邠宁节度使,旋失二州,废邠宁、河阳节度使,忠武节度使、河南府及陕虢都防御观察使归唐③。是年,商州归唐④。二年,得同州。是年,同、华二州归唐⑤。三年,巢败,齐国亡,京兆府归唐。

---

① 《旧唐书》卷200《黄巢传》、《资治通鉴》广明元年。
② 《资治通鉴》广明元年十二月:"巢以诸葛爽为河阳节度使。"《旧唐书》卷182《王重荣传》曰:初,重荣为河中马步都虞候,巢贼据长安,伪授重荣节度副使。据胡耀飞《王黄之乱与藩镇格局的转变(875—844)》(复旦大学博士论文,2015年)第100页考证,广明元年至二年,黄齐曾置东都留守辖区及忠武、凤翔等节度使。
③ 《资治通鉴》中和元年。
④ 《资治通鉴》中和二年四月:"黄巢势已蹙,号令不出同、华。"
⑤ 《旧唐书》卷19《僖宗纪》;《资治通鉴》中和二年八月、十一月。

第二章 关 内 道

关内道(627—907)

贞观元年(627),以中央直辖雍、凤、宜、华、同、幽、岐、陇、鄜、坊、蒲、泰、虞、金、上、迁、前房、商十八州及夔、通、利、梁四州都督府为关内道(监理区),无治所。二年,割蒲、泰、虞三州属河东道,夔、通、利、梁四州都督府及金、上、迁、前房、商五州属山南道。四年,以废灵州大都督府之灵、宁、鄜、夏、胜五州都督府来属,改宁州都督府为庆州都督府。五年,改庆州都督府为原州都督府。六年,割凤州直属山南道,升鄜州都督府为大都督府,割夏、胜二州隶之。八年,复降鄜州大都督府为都督府,夏、胜二州都督府还隶关内道①。十三年,关内道有一直属地区及鄜、原、灵、夏、胜五州都督府②。十七年,罢鄜州都督府。二十一年,取藩属薛延陀国地置燕然都护府。二十三年,置丰州都督府。

永徽元年(650),析燕然都护府置前瀚海都护府③,仍属关内道。龙朔三年(663),改燕然都护府为后瀚海都护府,前瀚海都护府为云中都护府。麟德元年(664),改云中都护府为单于都护府。总章二年(669),改后瀚海都护府为安北都护府。垂拱二年,罢单于都护府。

武周长寿二年(693),安北都护府属陇右道。长安四年(704),关内道有一直属地区,灵、原、夏、胜、丰五州都督府及单于都护府。

唐景龙二年(708),割陇右道安北都护府来属。开元元年(713),以岐州刺史兼关内道按察使④。二年,复置延州都督府及单于都护府。四年,复置庆州都督府。

---

① 张莉:《唐贞观时置突厥府州新考》,《中国历史地理论丛》2018 年第 3 期。
② 《括地志·序略》有(家)〔缘〕州,按《大唐六典》卷 3,原州曾领羁縻州,《旧唐志》云:"贞观六年,置缘州,领突厥降户,寄治于平高县他楼城。"则缘州当是原州都督府所领羁縻州,今不录。
③ 《唐会要》卷七三:"永徽元年九月八日,右骁卫中郎将高侃执(东突厥)车鼻可汗献于武德殿,处其余众于郁督军山,分其地置单于、瀚海二都护府。"此乃以麟德间二府名称追述前事,永徽所分,实为前瀚海、燕然。郭桂坤《唐瀚海、单于二都护府初置年代再考》(载《中国历史地理论丛》2022 年第 3 期)指出:《唐会要》抄撮《通典》《旧唐书·突厥传》时省略不当,误系龙朔三年分府事于永徽。亦可备一说。
④ 《旧唐书》卷 102《元行冲传》。

七年,复罢单于都护府。八年,以御史大夫充关内道按察使,复置单于都护府。十年,罢丰州都督府。二十二年①,以华州刺史兼关内道采访处置使。其后,以同州刺史兼关内道采访处置使②。二十九年,移使治于灵州,以朔方节度使兼③。

天宝元年(742),改延州都督府为延安郡都督府,庆州都督府为安化郡都督府,原州都督府为平凉郡都督府,灵州都督府为灵武郡都督府,夏州都督府为朔方郡都督府,胜州都督府为榆林郡都督府。十载,以御史中丞兼关内道采访处置使④。十三载,关内道有一直属地区及延安、安化、平凉、灵武、朔方、榆林六郡都督府与安北、单于二都护府,寄治京畿西京(见图2、图3)。十五载(至德元载),关内道移治顺化郡,以顺化郡、平凉郡、延安郡三都督府及关内道直属地区置关内节度使⑤,灵武郡、朔方郡、榆林郡三都督府置朔方节度使⑥,改安北都护府为镇北都护府。

乾元元年(758),置振武麟胜等军州节度观察处置使。二年,置邠宁节度使(邠宁节度使沿革详见本编第一章《京畿》附新镇二),罢关内节度使。后上元元年(760),置渭北鄜坊节度使。宝应元年(762),复割河东道单于都护府来属。广德二年(764),罢振武麟胜等军州节度观察处置使。永泰元年(765),置丹延都团练使,降渭北鄜坊节度使为鄜坊都防御使。是年,复升鄜坊都防御使为渭北鄜坊节度使,升丹延都团练使为丹延都团练观察使。大历三年(768),置泾原节度使,罢邠宁节度使。六年,罢丹延都团练观察使。十四年,复置邠宁节度使、振武麟胜等军州节度观察处置使,降渭北鄜坊节度使为渭北鄜坊丹延都团练观察使。建中四年(783),置奉义军节度使,罢渭北鄜坊丹延都团练观察使入京畿。是年,复割京畿渭北鄜坊节度使来属。兴元元年(784),罢奉义军节度使、镇北都护府。贞元二年(786),复降渭北鄜坊节度使为鄜坊丹延防御观察使。三年,复升鄜坊丹延都防御观察使为渭北鄜坊丹延

---

① 《册府元龟》卷162原作"二十三年",据严耕望《景云十三道与开元十六道》考改。《大唐六典》关内道以京兆府为首,当是依开元二十一年以前之制。
② 《新唐书》卷72《宰相世系表》大房崔氏:"崔璘,冯翊郡太守兼采访使。"郁贤皓《唐刺史考全编》以为崔璘任职冯翊在天宝中,然据《州郡典》,天宝元年冯翊郡已割隶京畿,故知崔以同州刺史兼关内道采访处置使当在开元末,至天宝元年改同州为冯翊郡后始离任。
③ 罗凯:《隋唐政治地理格局研究》,第131页。
④ 《州郡典》、两《唐志》云关内采访使多以京官遥领,严耕望《景云十三道与开元十六道》考此京官即御史中丞,并以为此乃天宝之制,今拟于天宝十载。《州郡典》序又云关内道有安定、彭原、汧阳、中部、洛交、朔方、安化、灵武、榆林、延安、上郡、咸宁、银川、九原、会宁、五原、新秦、宁朔十八郡及单于、安北二都护府,当为天宝元年之数,而脱平凉郡。
⑤ 《旧唐书》卷10《肃宗纪》:"至德元载七月,前蒲州刺史吕崇贲为关内节度使兼顺化郡太守。"
⑥ 朔方节度使始置于开元九年,今依本卷体例,方镇作为二级军政区一律以至德元载起算。

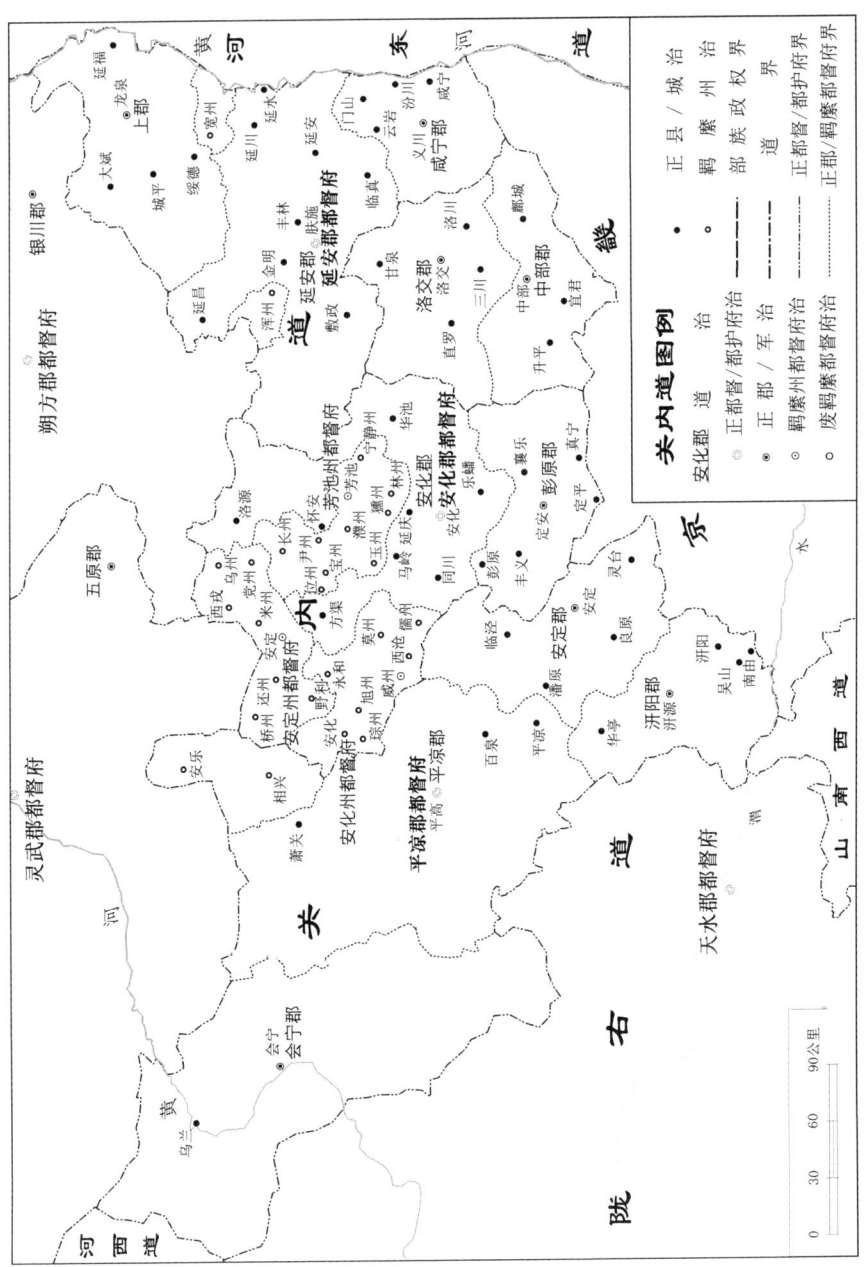

图 2 天宝十三载(754)唐朝关内道南部行政区划

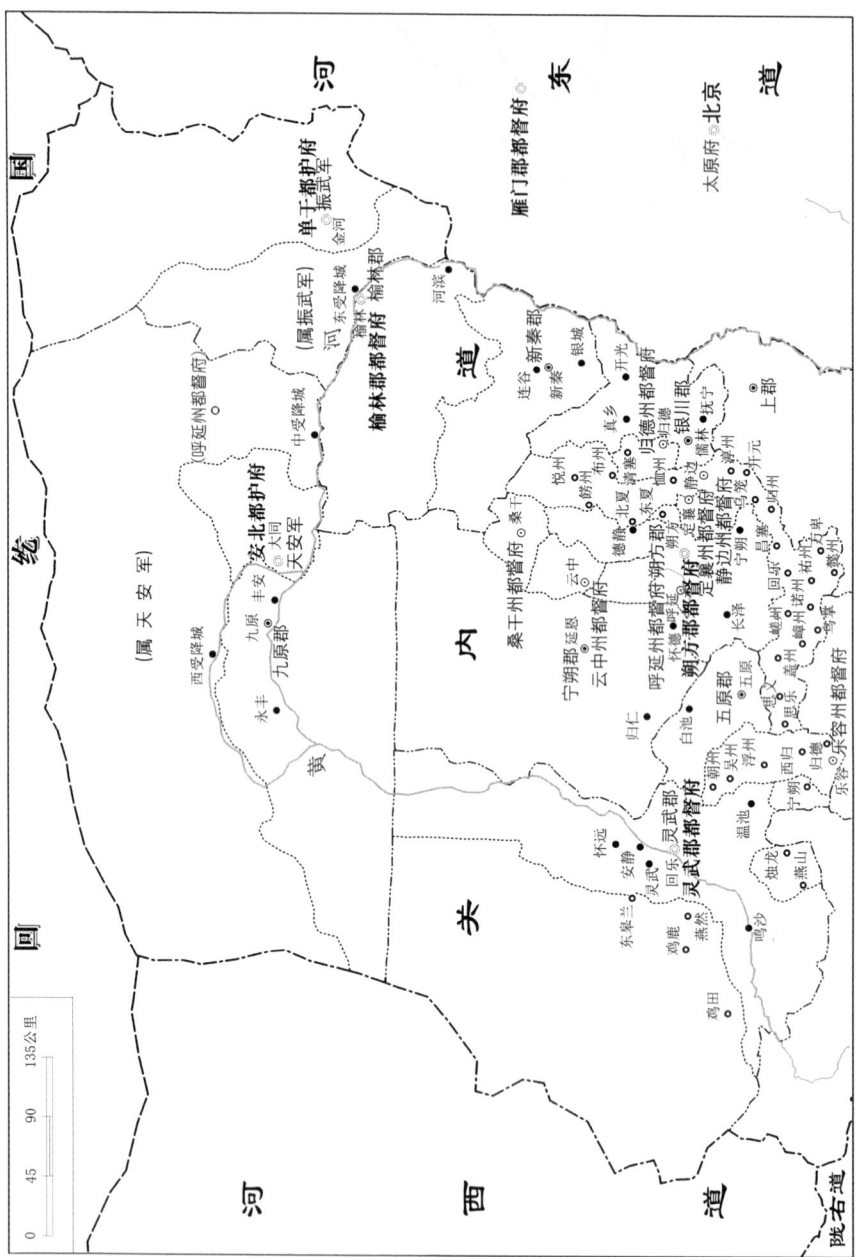

图 3 天宝十三载(754)唐朝关内道北部行政区划

节度使,置夏绥银节度使。十二年,置天德军都防御使。元和二年(807),盐州复隶朔方节度使。三年,降渭北鄜坊丹延节度使为渭北鄜坊丹延观察使。十二年,复升渭北鄜坊丹延观察使为渭北鄜坊丹延节度使。十五年,关内道有渭北鄜坊丹延节度使、邠宁节度使、泾原节度使、朔方节度使、夏绥银节度使、天德军都防御使、振武麟胜等军州节度观察处置使七镇及单于都护府。

会昌五年(845),改单于都护府为后安北都护府。咸通十四年(873),关内道有渭北鄜坊丹延节度使、邠宁节度使、泾原节度使、朔方节度使、夏绥银节度使、天德军都防御使、振武麟胜等军州节度观察处置使七镇及后安北都护府。

中和元年(881),改夏绥银节度使为定难军节度使。二年,改渭北鄜坊丹延节度使为保大军节度使。三年,置保塞军节度使。四年,改邠宁节度使为静难军节度使。大顺二年(891),改泾原节度使为彰义军节度使。乾宁四年(897),改保塞军节度使为宁塞军节度使。是年,改宁塞军节度使为卫国军节度使。天复元年(901),置保胜军节度使。天祐三年(906),置义胜军节度使。四年,保大军节度使、静难军节度使、保胜军节度使、彰义军节度使、卫国军节度使五镇归唐岐王李茂贞①,朔方节度使、定难军节度使二镇归后梁②,振武麟胜等军州节度观察处置使、天德军都防御使二镇及后安北都护府归唐晋王李克用。

第一节 关内道直属地区

关内道直属地区(627—756,803—807)

贞观元年(627),以中央直属雍、凤、同、华、宜、岐、陇、幽、坊、鄜、蒲、泰、虞、金、商、上、前房、迁十八州为关内道直属地区。二年,割鄜、坊二州隶鄜州都督府,蒲、泰、虞三州直属河东道,金、商、上、前房、迁五州直属山南道。六年,割凤州直属山南道。十三年,关内道直属地区有雍、同、华、宜、岐、陇、幽七州。十六年,复以废鄜州都督府之鄜、坊、延、丹四州来属。十七年,废宜州。

垂拱二年(686),改华州为太州。

武周天授元年(690),改雍州为京兆郡,其年,京兆郡依旧为雍州。二年,

---

① 据《旧五代史》卷132《高万兴传》,唐末至梁初,李茂贞部将胡敬璋为延州刺史、(卫国军)节度使。保大、静难二镇归属据《新五代史》卷40《韩逊传》,保胜、彰义二镇归见《新五代史·职方考》。
② 朔方、定难二镇归属见《旧五代史》卷132《韩逊传》、《新五代史》卷40《韩逊传》、《资治通鉴》开平三年三月。

置鼎、鸿、宜、稷四州。大足元年(701),废鼎、鸿、宜、稷四州。长安四年(704),关内道直属地区有雍、同、太、岐、陇、豳、坊、鄜、延、丹十州。

唐神龙元年(705),复太州为华州。是年,复改华州为太州。唐隆元年(710),又改太州为华州。开元元年(713),升雍州为京兆府。二年,割延、丹二州隶延州都督府。八年,割京兆府为京畿中央直属地区。十三年,改豳州为邠州。二十一年,割岐、邠二州直属京畿,陇州隶原州都督府。

天宝元年(742),改坊州为中部郡、鄜州为洛交郡、同州为冯翊郡、华州为华阴郡,割冯翊、华阴二郡直属京畿。十三载,关内道直属地区有中部、洛交二郡。至德元载(756),中部、洛交二郡隶关内节度使。

贞元十九年(803),以朔方节度使盐州直属关内道。元和二年(807),复割盐州隶朔方节度使。

(一) 中部郡(坊州)

坊州(619—742)—**中部郡**(742—758)—坊州(758—907)

武德二年(619),割鄜州内部、鄜城二县置坊州,直属中央,其地有世祖(高祖之父)为北周敷州刺史时所置马坊,故以为名,治内部县。是年,改内部县为中部县。贞观元年,直属关内道。二年,隶鄜州都督府。十三年,坊州领中部、鄜城二县。十七年,复直属关内道。

龙朔三年(663),置宜君县。

武周长安四年,坊州领中部、鄜城、宜君三县,仍治中部县。

唐天宝元年,改为中部郡,以中部县为名。十二载,置升平县。十三载,中部郡领中部、鄜城、宜君、升平四县,治中部县。至德元载,割隶关内节度使。

乾元元年(758),复为坊州。二年,隶朔方节度使。是年,隶邠宁节度使。后上元元年(760),割隶渭北鄜坊节度使,为使治。宝应元年(762),省升平县。永泰元年(765),隶鄜坊都防御使。是年,复隶渭北鄜坊节度使,仍为使治,复置升平县。大历十四年(779),隶渭北鄜坊丹延都团练观察使,为使治。建中四年(783),罢镇,坊州隶京畿渭北节度使。是年,割隶渭北鄜坊节度使。贞元二年,隶鄜坊丹延都防御观察使。三年,复隶渭北鄜坊丹延节度使。元和三年,隶渭北鄜坊丹延观察使。十二年,复隶渭北鄜坊丹延节度使。十五年,坊州领县一如天宝十三载。

咸通十四年(873),坊州领县不变。

中和二年(882),隶保大军节度使。天祐三年(906),割鄜城县置翟州。

1. 内部县(618—619)—中部县(619—907)

中部县,本隋上郡内部县,武德元年,隶鄜州。二年,割隶坊州,为州治,改为中部县,以北朝旧县为名。天宝元年,隶中部郡,为郡治。乾元元年,复隶坊州,为州治。

2. 鄜城县(618—907)

本隋上郡旧县,武德元年,隶鄜州。二年,割隶坊州。天宝元年,隶中部郡。乾元元年,复隶坊州。天祐三年,李茂贞墨制割置翟州。

3. 宜君县(618—643,646—651,663—907)

本隋宜君郡旧县,武德元年,隶宜州。贞观十七年,州废,省入同官县。二十年,析同官县复置宜君县,治玉华宫南四里(今陕西铜川市印台区金锁关镇玉华宫遗址南)①,隶雍州。永徽二年(651),复省入同官县。龙朔三年,坊州刺史窦师伦奏析中部、同官二县复置宜君县,治新宜君城(今陕西宜君县城关镇)②,隶坊州。天宝元年,隶中部郡。十二载,析置升平县。乾元元年,复隶坊州。宝应元年,省升平县来属。永泰元年,复析置升平县。

4. 升平县(753—762,765—907)

天宝十二载,析宜君县置升平县,盖取国运升平吉意,治升平城(今陕西黄陵县店头镇建庄村)③,隶中部郡。乾元元年,复隶坊州。宝应元年,为吐蕃所破,省入宜君县。永泰元年④,析宜君县复置升平县,治横棒川(今宜君县太安镇)⑤,仍隶坊州。

附新州:翟州(906—907)

天祐三年⑥,李茂贞墨制割坊州鄜城县置翟州,以汉翟道县为名,领鄜城一县,隶保大军节度使。

---

① 《元和志》坊州宜君县:"东北至州一百里。玉华宫,在县北四里。"
② 《太平寰宇记》坊州宜君县云:龙朔三年复置之宜君县"即今理也",据《元丰九域志》,北宋宜君县在坊州西南五十五里,即今宜君县城。《元和志》未言龙朔三年移治事,当脱。《太平寰宇记》仍云宜君县在坊州西南一百里,乃是沿袭《元和志》文未改。
③ 《元和志》坊州升平县:"东至州九十里。去宜君县三十五里。"因《元和志》脱载龙朔三年宜君县移治事,故此宜君县即永徽初玉华宫南之宜君县,以此度之,升平县在今黄陵县建庄,旧属腰坪乡。《陕西省志》第二卷《行政建置志》第628页亦如是说。
④ 史志不载复置升平县时间。按《元和志》坊州有升平县,可知复置于元和以前。考永泰元年坊州复为渭北鄜坊节度使治,疑升平县复置于是年,因补。
⑤ 此据《太平寰宇记》升平县。横棒川,或本作"横林川",依地理形势分析,疑在今宜君县太安镇(旧马坊镇)一带。
⑥ 《太平寰宇记》云:"唐末,李茂贞建为翟州。"不载置州年代,今依耀州、鼎州例补,参见"京兆府"注文考证。

(二) 洛交郡(鄜州)

鄜州(618—742)—洛交郡(742—758)—鄜州(758—907)

洛交郡,本隋上郡,领洛交、内部、三川、鄜城、洛川五县,唐武德元年,改为鄜州,取鄜城县首字为名,直属中央,并置伏陆县。二年,割内部、鄜城二县隶坊州。三年,置直罗县。贞观元年,直属关内道。二年,置鄜州都督府。十三年,鄜州领洛交、洛川、三川、直罗、伏陆五县,治洛交县。十七年,罢都督府,鄜州直属关内道。

武周长安四年,鄜州领县不变。

唐天宝元年,改为洛交郡,以洛交县为名,改伏陆县为甘泉县。十三载,洛交郡领洛交、洛川、三川、直罗、甘泉五县,治洛交县。至德元载,割隶关内节度使。

乾元元年,复为鄜州。二年,隶朔方节度使。是年,隶邠宁节度使。后上元元年,割隶渭北鄜坊节度使。永泰元年,隶鄜坊都防御使,为使治。是年,复隶渭北鄜坊节度使。大历十四年,隶渭北鄜坊丹延都团练观察使。建中四年,隶京畿渭北节度使。是年,复割隶渭北鄜坊节度使,为使治。贞元二年,隶鄜坊丹延都防御观察使。三年,复隶渭北鄜坊丹延节度使。元和三年,隶渭北鄜坊丹延观察使。十二年,复隶渭北鄜坊丹延节度使,均为使治。十五年,鄜州领县一如天宝十三载。

咸通十四年,鄜州领县不变。

中和二年,隶保大军节度使,仍为使治。

1. **洛交县**(618—907)

本隋上郡旧县,武德元年,隶鄜州,为州治,并析置伏陆县。天宝元年,隶洛交郡,为郡治。乾元元年,复隶鄜州,为州治。

2. **洛川县**(618—907)

本隋上郡旧县,武德元年,隶鄜州。天宝元年,隶洛交郡。乾元元年,复隶鄜州。

3. **三川县**(618—907)

本隋上郡旧县,武德元年,隶鄜州。三年,析置直罗县。天宝元年,隶洛交郡。乾元元年,复隶鄜州。

4. **直罗县**(620—907)

武德三年,析三川、洛交二县置直罗县,治直罗城(今陕西富县直罗镇),故名,隶鄜州。天宝元年,隶洛交郡。乾元元年,复隶鄜州。

5. 伏陆县(618—742)—**甘泉县**(742—907)

武德元年,析洛交县置伏陆县,治伏陆城(今陕西甘泉县城关镇)①,故名,隶鄜州。天宝元年,以与河西道酒泉郡福禄县音同,改为甘泉县,因县有甘泉为名②。隶洛交郡。乾元元年,复隶鄜州。

第二节 延安郡(延州)都督府

延州总管府(618—624)—**延州都督府**(624—628,714—756)—丹延都团练观察使(765—771)—保塞军节度使(883—897)—宁塞军节度使(897)—卫国军节度使(897—907)

武德元年(618),取梁师都延州置延州总管府,直属中央,并置东夏州。二年,取梁师都魏州来属,置基、西和、北仁、南平、北武、永六州。三年,割基、西和、北仁、南平、魏五州隶行绥州总管府。四年,以废丹州总管府之丹、北广、北连③三州来属;改永州为北永州,割隶林州总管府。是年,北广、北连二州归梁国。六年,北广、北连二州自梁国来属。七年,改为延州都督府,以废林州总管府之北永州来属。九年,隶灵州大都督府。贞观二年④(628),罢都督府,废北武、东夏、北广、北连四州,北永、延、丹三州隶鄜州都督府。

开元二年(714),割关内道直属延、丹二州及夏州都督府绥州复置延州都督府,仍属关内道。

天宝元年(742),改延州为延安郡,绥州为上郡,丹州为咸宁郡,改延州都督府为延安郡都督府。十三载,延安郡都督府督延安、上、咸宁三郡及羁縻州若干⑤。至德元载(756),以延安、咸宁二郡隶关内节度使,上郡隶朔方节度使,都督府只领羁縻州。

永泰元年(765),割渭北鄜坊节度使延、丹二州置丹延都团练观察使,治延州。大历六年(771),罢丹延都团练观察使,延、丹二州复隶渭北鄜坊节

---

① 《元和志》鄜州甘泉县:"南至州七十五里。"
② 贾汉复等:《陕西通志》卷10引《县志》。
③ 《旧唐志》作"北达",以形似而误。
④ 《旧唐志》原作"元年"。按唐初延州境内新置各州大都废于贞观二年,且贞观二年置鄜州都督府,延州归之,故推知延州都督府实罢于贞观二年。今改。
⑤ 《元和志》延州:"开元二年为都督府,寻罢府为州。"按郁贤皓《唐刺史考全编》,自开元中至贞元间,有延州都督蒋挺、刘绘、韦胐、辛德谦、张延诚等多人,可见"罢府为州"当不早于贞元年间,《元和志》误。

度使。

中和三年（883），割保大军节度使延州置保塞军节度使。乾宁四年（897），改为宁塞军节度使。是年，改为卫国军节度使，割保大军节度使丹州来属。

（一）延安郡（延州）

延州（618—742）—延安郡（742—758）—延州（758—907）

延安郡，本隋旧郡，领肤施、丰林、延川、临真、因城、魏平六县①，隋末，梁师都改为延州②，以隋旧州为名，治肤施县。武德元年，归唐，置延州总管府。是年，割临真县置东夏州，梁师都取魏平县隶魏州。二年，唐延州行军总管段德操取梁国魏州③，割延川县置基州；又置延安县，隶北广州；置义门县，隶南平州；改因城县为金城县，割隶永州；置开远、金义、崇德、永定、定义五县，割置北武州；置罢交县，隶北仁州。三年，行绥州寄治州境。四年，置行云中、行榆林、龙泉三县，割隶行云州。六年，置金明县，割隶北武州。七年，改总管府为都督府。贞观二年，罢都督府，延州改隶鄜州都督府，以废东夏州之临真县、废北连州之延安县、废北武州之金明县来属。八年，以废北基州之延川、安民二县，废北永州之金城县来属。十年，复置罢交县。十三年，延州领肤施、金城、金明、罢交、丰林、延川、延安、安民、临真九县，治肤施县。十七年，直属关内道。二十三年，改安民县为弘风县。

武周长安四年（704），延州领肤施、金城、金明、罢交、丰林、延川、延安、弘风、临真九县，仍治肤施县。

唐神龙元年（705），改弘风县为延水县。开元二年，复置延州都督府。

天宝元年，复为延安郡，置延安郡都督府，改金城县为敷政县，罢交县为延昌县。十三载，延安郡领肤施、敷政、金明、延昌、丰林、延川、延安、延水、临真九县，治肤施县。至德元载，隶关内节度使。

乾元元年（758），复为延州。二年，隶朔方节度使。是年，隶邠宁节度使。

---

① 《隋志》延安郡有延安、义川、汾川、咸宁、金明、魏平六县，共十一县。按《元和志》延长县："延安县，大业末废。"金明县："大业十三年，省入肤施县。"又，义川、汾川、咸宁三县，义宁元年（617）已割置丹阳郡（参见"咸宁郡"条），今并删。
② 《资治通鉴》："义宁元年三月，梁师都略定雕阴、弘化、延安等郡，遂即皇帝位，国号梁，改元永隆。"
③ 《资治通鉴》："武德二年九月，（延州行军总管段）德操以轻骑多张旗帜，掩击其后，师都军溃，逐北二百里，破其魏州，虏男女二千余口。"据补。

后上元元年(760),隶渭北鄜坊节度使。广德二年(764),割丹州门山县来属,改延安县为延长县。永泰元年,隶鄜坊都防御使。是年,隶丹延都团练使,为使治。大历六年,复隶渭北鄜坊节度使。十四年,隶渭北鄜坊丹延都团练观察使。建中四年(783),隶京畿渭北节度使。是年,复隶渭北鄜坊节度使。贞元二年(786),复隶鄜坊丹延都防御观察使。三年,又隶渭北鄜坊丹延节度使。元和三年,再隶渭北鄜坊丹延观察使。十二年,复隶渭北鄜坊丹延节度使。十五年,延州领肤施、敷政、金明、延昌、丰林、延川、延长、延水、门山、临真十县,仍治肤施县。

咸通十四年(873),延州领州不变。

中和二年,隶保大军节度使。三年,割置保塞军节度使。乾宁四年,隶宁塞军节度使。是年,罢镇,延州隶卫国军节度使。

1. **肤施县**(618—907)

本隋延安郡旧县,武德元年,隶延州,为州治。二年,析置开远、金义、崇德、永定、安义、罢交六县。六年,析置金明县。天宝元年,隶延安郡,为郡治。乾元元年,复隶延州,为州治。

2. **因城县**(618—619)—**金城县**(619—742)—**敷政县**(742—907)

敷政县,本隋延安郡因城县,武德元年,隶延州。二年,移治金城镇(今甘泉县下寺湾镇阎家沟村古城)①,因改为金城县,割置永州,并析置土塠、洛盘、新昌三县。五年,隶北永州。贞观五年,移州治于洛源县。八年,州废,省土塠、洛盘、新昌三县来属,还隶延州。天宝元年,以与京畿京兆府县名重,改为敷政县,取敷惠政教为名,隶延安郡。乾元元年,复隶延州。

附旧县1:土塠县(619—634)

武德二年,析金城县置土塠县,县东有三塠山,土石相杂,故以为名,治土塠城(今陕西志丹县永宁镇)②,隶永州。五年,隶北永州。贞观八年,州废,省入金城县。

附旧县2:洛盘县(619—634)

武德二年,析金城县置洛盘县,以洛水盘曲为名,治洛盘城(今志丹县旦

---

① 《中国文物地图集·陕西分册》下册,第922页。《陕西省志》第二卷《行政建置志》,第627页作"下寺湾乡西县城子"。
② 《太平寰宇记》敷政县:"三塠山,在县北一里。"即今甘泉县与志丹县交界之柴关山,其西为今志丹县永宁镇,疑土塠县在此。

八镇)①,隶永州。五年,隶北永州。贞观八年,州废,省入金城县。

附旧县 3：新昌县(619—634)

武德二年,析金城县置新昌县,治新昌城(今志丹县城保安镇)②,隶永州。五年,隶北永州。贞观八年,州废,省入金城县。

3. **金明县**(623—907)

武德六年③,析肤施县置金明县,以隋旧县为名,治故金明城(今安塞县沿河湾镇碟子沟村)④,割置北武州,自开远县移州治于此。贞观二年,州废,省开远、金义、崇德、永安、安义五县来属,金明县改隶延州。三年,以废北仁州罢交县省入。十年,复析置罢交县。天宝元年,隶延安郡。乾元元年,复隶延州。

附旧县 1：开远县(619—628)

武德二年,析肤施县置开远县,治开远城(今安塞县招安镇)⑤,隶北武州,为州治。六年,移州治于金明县。贞观二年,州废,省入金明县。

附旧县 2：金义县(619—628)

武德二年,析肤施县置金义县⑥,治金义城(今安塞县招安镇王窑村),隶北武州。贞观二年,州废,省入金明县。

附旧县 3：崇德县(619—628)

武德二年,析肤施县置崇德县,治崇德城(今志丹县杏河镇),隶北武州。贞观二年,州废,省入金明县。

附旧县 4：永定县(619—628)

武德二年,析肤施县置永定县⑦,治永安城(今安塞县砖窑湾镇?),隶北武州。贞观二年,州废,省入金明县。

附旧县 5：安义县(619—628)

武德二年,析肤施县置安义县⑧,治定义城(今安塞县高桥镇?),隶北武州。贞观二年,州废,省入金明县。

---

①② 依地理形势推定。
③ 《新唐志》作"二年",今依《元和志》。
④ 《陕西省志》第二卷《行政建置志》第 624 页："金明县,故址在安塞县真武洞南 13 公里碟子沟。"今属沿河湾镇。
⑤ 《旧唐志》金明县条谓,武德二年置北武州时,"领开远、金义、崇德、永定、安义五县,复分肤施置金明县",似初以开远县为州治,依地理形势分析,开远县当在今安塞县中部,今招安镇有面积约 6 000 平方米的汉代遗址,宋代筑招安寨城,疑即其地。余县位置可自北而南推测。
⑥ 《新唐志》作"全义",今依《旧唐志》。
⑦ 《新唐志》作"永安",今依《旧唐志》。
⑧ 《新唐志》作"定义",今依《旧唐志》。

4. 罢交县(619—629,636—742)—延昌县(742—907)

武德二年,割延州肤施县置罢交县①,治罢交镇(今陕西安塞县镰刀湾乡罗居村)②,因以为名,割置北仁州。贞观三年,州废,省入金明县。十年,析金明、金城二县复置罢交县。天宝元年,改为延昌县,取延州吉名,隶延安郡。乾元元年,复隶延州。

5. 丰林县(618—907)

本隋延安郡旧县,武德元年,隶延州③。二年,析置延安县。三年,行绥州行上县寄治于此。四年,析置行云中、行榆林、龙泉三县。六年,以行云州行云中、行榆林二县省入,移行绥州及行上县于北基州延川县境。天宝元年,隶延安郡。乾元元年,复隶延州。

附旧县1：行上县(620—623)

武德三年,以内附梁国绥州上县民置行上县于延州丰林县(今陕西延安市宝塔区李渠镇)④,隶行绥州,为州治。六年,并州治移于北基州延川县(以后沿革见下文延川县附行上县)。

附旧县2：行云中县(621—623)

武德四年,析丰林县置行云中县(今延安市宝塔区川口乡)⑤,隶行云州,为州治。六年,移州治于信义县,行云中县省入丰林县。

附旧县3：行榆林县(621—623)

武德四年,析丰林县置行榆林县,治故广武城(今延安市宝塔区南泥湾镇前马家坪)⑥,隶行云州。六年,省入丰林县。

6. 延川县(618—907)

本隋延安郡旧县,武德元年,隶延州。二年,割置基州,并析置义门、安民二县。四年,以废南平州义门县省入。六年,隶北基州,自延州丰林县移行绥州及行上县于此。贞观二年,废行绥州及行上县。八年,北基州废,延川县还隶延州。天宝元年,隶延安郡。乾元元年,复隶延州。

附旧县1：义门县(619—621)

武德二年,析基州延川县置义门县,治义门城(今陕西延川县永坪镇)⑦,

---

① 史志但言武德二年置北仁州事,不言置罢交县事。按唐初正州必领县,因推测是年已置罢交县,后与州同废,贞观十年乃复置。
② 《陕西省志》第二卷《行政建置志》,第624页。
③ 《元和志》云丰林县隋初废,武德二年复置,与《隋志》、两《唐志》皆不合,不取。
④⑤ 依地理形势推定。
⑥ 依地理形势推定。旧属松树林乡。
⑦ 以南平州领魏平县(今陕西子长县境)度之,义门县当在今延川县西北部,今定于永坪镇。

割置南平州。四年,州废,省入基州延川县。

附旧县 2：行上县(623—628)

武德六年,自丰林县移行上县于延川县(今延川县城延川镇)①,仍隶行绥州,为州治。七年,移州治于行大斌县。贞观二年,州废,省入延川县。

7. 延安县(619—764)—延长县(764—907)

武德二年,析丰林县置延安县,以隋旧县为名,治谭信原(今延长县交口镇谭石原)②,隶北广州,为州治,并析置义乡、齐明二县。五年,移治濯筋川西南(今延长县城七里村镇西南)③。贞观二年,州废,延安县隶延州,以废北连州义乡、齐明二县省入。六年,移治去斤川北(今七里村镇)④。天宝元年,隶延安郡。乾元元年,复隶延州。广德二年,改为延长县。

附旧县 1：义乡县(619—628)

武德二年,析延安县置义乡县,以隋旧县为名,治故义乡城(今延长县郑庄镇)⑤,隶北连州,为州治。贞观二年,州废,省入延安县。

附旧县 2：齐明县(619—628)

武德二年,析延安县置齐明县,取天下齐明之意为名,治齐明城(今延长县黑家堡镇)⑥,隶北连州。贞观二年,州废,省入延安县。

8. 安民县(619—649)—弘风县(649—705)—延水县(705—907)

武德二年,析延川县置安民县⑦,以北朝旧县为名,治故安民城(今延川县延水关镇王家渠村古城)⑧,割置西和州,并析置桑原、修文二县。贞观二年,州废,省桑原、修文二县来属,安民县改隶北基州。八年,州废,改隶延州。二十三年,以避太宗讳,改为弘风县,以弘化风教为名。神龙元年,避义宗讳,改为延水县,以吐延水为名。天宝元年,隶延安郡。乾元元年,复隶延州。

---

① 依地理形势推定。
② 《陕西省志》第二卷《行政建置志》,第 626 页。
③ 《太平寰宇记》延长县:"武德五年,移就濯筋川西南。"按"濯筋川"一作"去斤川",即今延河,《陕西省志》第二卷《行政建置志》第 626 页以为在今延长县城,实应在延河南岸。
④ 《元和志》延州延长县:"东至州一百三十里。""东"为"西"之误,《太平寰宇记》延州延长县:"(州)东一百二十里。"可证。
⑤ 《大清一统志》卷 182 延安府:"义乡废县,在延长县西南。"
⑥ 《陕西省志》第二卷《行政建置志》第 626 页:"齐明县,故址在延长县西部。"今定于黑家堡镇。
⑦ 安民,《旧唐志》作"安人"。按唐初不避太宗单讳,当依《新唐志》作"安民"是。
⑧ 《元和志》延州延水县:"西至州二百一十五里。"减去延川县至延州一百八十里,延水县在延川县东三十五里。《陕西省志》第二卷《行政建置志》第 626 页云:"安民县故址在延川县东南 37.5 公里冯家崖附近。"县名或里程恐有误,详《中国文物地图集·陕西分册》下册,第 821 页。

附旧县1：桑原县(619—628)

武德二年，析安民县置桑原县，治桑原(今延川县土岗乡马家塬)①，故名，隶西和州。贞观二年，州废，省入安民县。

附旧县2：修文县(619—628)

武德二年，析安民县置修文县，取修文偃武之意为名，治修文城(今延川县城延川镇眼岔寺)②，隶西和州。贞观二年，州废，省入安民县。

9. 临真县(618—907)

本隋延安郡旧县，武德元年，置东夏州。三年，移治流川旧城(今延安市宝塔区临镇固县村)③。六年，以废行云州龙泉县省入。贞观二年，州废，改隶延州。天宝元年，隶延安郡。乾元元年，复隶延州。

附旧县：龙泉县(621—623)

武德四年，析丰林县置龙泉县，以九龙泉为名，治龙泉城(今延安市宝塔区南泥湾镇)④，割隶行云州。六年，省入临真县。

附旧州一：东夏州(618—628)

武德元年，割延州临真县置东夏州，以北朝旧州为名，隶延州总管府。七年，隶延州都督府。贞观二年，州废，临真县改隶延州。

附旧州二：南平州(619—621)

武德二年，割延州义门县置南平州，以在魏平县之南为名，隶延州总管府，割魏州魏平县来属。三年，隶行绥州总管府。四年⑤，归梁师都，州废，省义门县入基州延川县，魏平县改隶绥州。

附旧州三：基州(619—623)—北基州(623—634)

武德二年，招慰稽胡，割延州延川县置基州，以歌基川为名。是年，置义门县，割隶南平州。三年，基州割隶行绥州总管府。四年，归梁师都。六年⑥，复归

---

① 《陕西省志》第二卷《行政建置志》第626页云："安民县故址在延川县东南37.5公里冯家崖附近。"按安民县故址距今延川县仅三十五里，此"冯家崖故址"当非安民县，疑是本州桑原县故址。
② 依地理形势推定。旧属眼岔寺乡。
③④ 《陕西省志》第二卷《行政建置志》，第624页。
⑤ 《旧唐志》绥州城平县条作贞观二年，今依两《唐志》延州延川县条。考详吴松弟《〈旧唐书·地理志〉延、绥、银、灵、会、麟诸州部分纠谬》(载《中国历史地理论丛》1994年第3期)。
⑥ 《新唐志》延州延川县作"五年"。按是年基州犹属梁国，似无加以方位词之必要，疑是唐朝遥改，至六年归唐后始得坐实。《唐会要》卷70作贞观五年，误。

唐,仍隶行绥州总管府,改为北基州。七年,隶行绥州都督府。贞观二年,隶夏州都督府,以废西和州之安民县来属。八年,州废,延川、安民二县还隶延州。

附旧州四:西和州(619—628)

武德二年,割延州安民县置西和州,以在东和州之西为名,并置修文、桑原二县,西和州隶延州总管府。三年,割隶行绥州总管府。四年,归梁师都。六年,复归唐,仍隶行绥州总管府。七年,隶行绥州都督府。贞观二年,州废,省修文、桑原二县,安民县隶北基州。

附旧州五:北广州(619—628)

武德二年,割延州延安县置北广州①,取隋广安县首字为名,隶丹州总管府。是年,置义乡、齐明二县,割隶北连州。四年,北广州改隶延州总管府。是年,归梁师都。六年,复归唐,仍隶延州总管府。七年,隶延州都督府。贞观二年,州废,延安县还隶延州。

附旧州六:北连州(619—628)

武德二年,割北广州义乡、齐明二县置北连州,治义乡县,北连州隶丹州总管府。四年,改隶延州总管府。是年,归梁师都。六年,复归唐,仍隶延州总管府。七年,隶延州都督府。贞观二年,州废,义乡、齐明二县省入延州延安县。

附旧州七:北武州(619—628)

武德二年,割延州开远县置北武州,并置金义、崇德、永定、安义四县,北武州隶延州总管府。六年,割延州金明县来属,移州治于金明县。七年,隶延州都督府。贞观二年,州废,省开远、金义、崇德、永定、安义五县,金明县改隶延州。

附旧州八:北仁州(619—629)

武德二年,割延州罢交县置北仁②州,隶延州总管府。三年,割隶行绥州

---

① 据《旧唐志》,武德二年,丹州总管府有北连("连",《旧唐志》延州条误作"达")、北广二州,武德四年,改隶延州总管府,然史志不载北广州建置沿革。按唐初新置州多取旧县名为名,据《元和志》、《太平寰宇记》,延安县本广安县,隋以广字犯皇太子名,乃改为延安县。因知北广州系以延安县置,而两《唐志》失载。今补。其沿革时间,依北连州推定。
② 《旧唐志》作"北平",《新唐志》作"北仁"。按北仁州乃相对仁州而言,北平州乃相对平州而言,仁州在今安徽蚌埠,平州在今河北卢龙,则当以北仁州为是。

总管府。四年,归梁师都。六年,复归唐,仍隶行绥州总管府。七年,隶行绥州都督府。贞观二年,隶夏州都督府。三年,州废,罢交县省入延州金明县。

附旧州九: 行绥州(620—628)

武德三年,以梁国绥州归附民置行绥州及行上县于延州丰林县,置行绥州总管府。六年,移州治及行上县于北基州延川县,取梁国绥州魏平、绥德、延福三县来属①;置信义、淳义二县,割隶行云州;置风乡、义良二县,割隶龙州;置归义、洛阳二县,割隶北吉州;置石罗、开善、万福三县,割隶罗州;置安定、源泉二县,割隶匡州。七年,隶行绥州都督府,置行大斌县,以为州治。贞观二年,平梁师都,行绥州都督府及行绥州并废,省行上、行大斌、魏平三县,绥德、延福二县还隶绥州。

附旧州十: 行云州(621—623)

武德四年,析延州地置行云中、行榆林、龙泉三县,隶行云州,安置前云州移民,治行云中县,隶行绥州总管府。六年②,割行绥州信义、淳义二县来属,移州治于信义县(以后沿革见本节上郡绥州附行云州),省行云中、行榆林二县入延州,省龙泉县入东夏州。

(二) 上郡(绥州)

绥州(618—742)—上郡(742—758)—绥州(758—907)

上郡,本隋雕阴郡,领上、延福、城平、大斌、抚宁、儒林、真乡、开光、银城九县③,隋末,梁师都改为绥州④,以隋旧州为名,治上县。武德二年,置绥德县。六年,唐取绥德、延福二县隶行绥州。贞观二年,平梁师都,以废行绥州之绥德、延福二县来属,割银城县隶胜州,割儒林、真乡二县隶银州,绥州隶夏州都督府。八年,割抚宁县隶银州,省开光县。十三年,绥州领上、延福、绥德、城平、大斌五县,治上县。

---

① 《旧唐志》以为此前唐绥州已领上、大斌、城平、绥德、延福五县,误。
② 两《唐志》延州丰林县条原作"八年",按两《唐志》绥州绥德县又载,武德六年于绥德县境又析置云州,当是移丰林县境之云州民置,故推知此处"八年"当系"六年"之蚀误,今改。
③ 《隋志》雕阴郡有绥德、开疆二县,共十一县。按《旧唐志》以绥德县为隋废县,开疆县则不见于唐初记载,二县隋末当已废,今删。
④ 《资治通鉴》义宁元年三月:"梁师都略定雕阴、弘化、延安等郡,遂即皇帝位,国号梁,改元永隆。"

武周长安四年,绥州领县不变。

唐开元二年,割隶延州都督府。

天宝元年,改为上郡,借隋旧郡为名,隶延安郡都督府,改上县为龙泉县。十三载,上郡领龙泉、延福、绥德、城平、大斌五县,治龙泉县。至德元载,隶朔方节度使。

乾元元年,复为绥州。永泰元年,割隶渭北鄜坊节度使。大历十四年,还隶朔方节度使。是年,割隶振武麟胜等军州节度观察处置使。建中四年,割隶京畿渭北节度使。是年,又隶振武麟胜等军州节度观察处置使。贞元三年,割隶夏绥银节度使。元和十五年,绥州领县一如天宝十三载。

咸通十四年,绥州领州不变。

中和元年,隶定难军节度使。

1. 上县(618—742)—龙泉县(742—907)

龙泉县,本隋雕阴郡上县,隋末,隶绥州,为州治。武德二年,析置绥德县。六年,析置开善县。贞观二年,以废罗州开善县省入。天宝元年,改为龙泉县,以龙泉川为名,隶上郡,为郡治。乾元元年,复隶绥州,为州治。

附旧县:开善县(623—628)

武德六年,取绥州上县地置开善县,治开善城(今绥德县崔家湾镇)①,割隶罗州。贞观二年,州废,省入绥州上县。

2. 延福县(618—907)

本隋雕阴郡旧县,隋末,隶绥州。武德六年,唐取隶行绥州,并析置归义、洛阳二县,割隶北吉州,析置石罗、万福二县,割隶罗州;析置安定、源泉二县,割隶匡州。贞观二年,行绥州废,延福县还隶绥州,以废北吉州归义、洛阳二县,废罗州石罗、万福二县,废匡州安定、源泉二县省入。天宝元年,隶上郡。乾元元年,复隶绥州。

附旧县1:石罗县(623—628)

武德六年,析延福县置石罗县,治石罗城(今陕西绥德县定仙墕镇)②,隶罗州,为州治。贞观二年,州废,省入绥州延福县。

附旧县2:万福县(623—628)

武德六年,析延福县置万福县,治万福城(今绥德县枣林坪镇)③,隶罗州。

---

① 依地理形势推定。开善,《新唐志》作"关善",今依《旧唐志》。
② 依地理形势推定。
③ 依地理形势推定。旧属河底乡。

贞观二年,州废,省入绥州延福县。

附旧县3:归义县(623—628)

武德六年,析延福县置归义县,治归义城(今陕西清涧县解家沟镇)①,隶北吉州,为州治。贞观二年,州废,省入绥州延福县。

附旧县4:洛阳县(623—628)

武德六年,析延福县置洛阳县,治洛阳城(今清涧县高杰村镇)②,隶北吉州。贞观二年,州废,省入绥州延福县。

附旧县5:安定县(623—628)

武德六年,析延福县置安定县,治安定城(今陕西吴堡县张家山镇)③,隶匡州,为州治。贞观二年,州废,省入绥州延福县。

附旧县6:源泉县(623—628)

武德六年,析延福县置源泉县,治源泉城(今佳县坑镇镇)④,隶匡州。贞观二年,州废,省入绥州延福县。

3. 绥德县(619—907)

武德二年,析绥州上县置绥德县⑤,以隋旧县为名,治吐延水北(今清涧县折家坪镇)⑥,隶绥州。六年,唐取隶行绥州,析置风乡、义良二县,割隶龙州;析置信义、淳义二县,割隶行云州。贞观二年,行绥州废,绥德县隶绥州,以废龙州风乡、义良二县,废行云州信义、淳义二县省入。天宝元年,隶上郡。乾元元年,复隶绥州。

附旧县1:风乡县(623—628)

武德六年,析绥德县置风乡县,治风乡(今清涧县李家塔镇)⑦,隶龙州,为州治。贞观二年,州废,省入绥州绥德县。

附旧县2:义良县(623—628)

武德六年,析绥德县置义良县,治义良城(今清涧县店则沟镇)⑧,隶龙州。贞观二年,州废,省入绥州绥德县。

---

① ② ④ ⑦　依地理形势推定。
③　《太平寰宇记》:"故匡州城,在延福县西北五十里。"
⑤　《元和志》绥州绥德县:"后魏文帝分上郡南界丘尼谷置绥德县,隋不改,皇朝因之。武德二年,移于吐延水北,即今理是也。"按武德元年绥德县尚为梁师都所据,不得云"皇朝因之",今依两《唐志》,以其县隋末废,武德二年复置,并移治。
⑥　《元和志》绥州绥德县:"北至州一百里。"
⑧　《陕西省志》第二卷《行政建置志》第639页:"义良县,故址在绥德县东部。"按唐绥德县在今清涧县境,其说误。

附旧县 3：信义县(623—628)

武德六年，析绥德县置信义县，治信义城(今清涧县玉家河镇)①，割隶行云州，为州治。贞观二年，州废，省入绥州绥德县。

附旧县 4：淳义县(623—628)

武德六年，析绥德县置淳义县，治淳义城(今清涧县老舍窠乡)②，割隶行云州。贞观二年，州废，省入绥州绥德县。

4. **城平县**(618—907)

本隋雕阴郡旧县(今陕西子洲县老君殿镇)③，隋末，隶绥州。贞观二年，以废魏州安故、安泉二县，废行绥州行大斌、魏平二县省入。

附旧县 1：魏平县(618—628)

魏平县，本隋延安郡旧县，武德元年，隶魏州④，为州治，并析置安故、安泉二县。三年，割隶南平州。四年，州废，还隶绥州。六年，唐取隶行绥州。贞观二年，州废，省入绥州城平县。

附旧县 2：安故县(618—628)

武德元年，析魏州魏平县置安故县，治安故城(今子长县城瓦窑堡镇栾家坪)⑤，隶魏州，为州治。贞观二年，州废，省入绥州城平县。

附旧县 3：安泉县(618—628)

武德元年，析魏州魏平县置安泉县，治安泉城(今子长县李家岔镇)⑥，隶魏州。贞观二年，州废，省入绥州城平县。

附旧县 4：行大斌县(624—628)

武德七年，置行大斌县于行绥州魏平县(今子长县杨家园则镇)⑦，自北基州行上县移行绥州治于此。贞观二年，行绥州废，行大斌县省入绥州城平县。

---

① ② ⑥ 依地理形势推定。
③ 《元和志》绥州城平县："东北至州一百里。"绥州绥德县："北至州一百里。"则城平县在唐绥德县西北，《地图集》置城平县于唐绥德县东，未知所据，不取。《陕西省志》第二卷《行政建置志》第 625 页置城平县于子长县南沟岔镇，《地名大辞典》第 1752 页以为在今子长县东秀延河流域，两地皆稍远于一百唐里，不如定在今子洲县老君殿镇为宜。老君殿金代为绥平县治，当即以故城平城置。
④ 两《唐志》以魏平、安故、安泉三县及魏州置于武德三年，且魏平县于武德三年隶南平州。按魏州实置于武德元年(详参下文附魏州注)，且以州名观之，曾领魏平县，故推测三县皆置于武德元年，初隶魏州。
⑤ 依地理形势推定。旧属栾家坪乡。
⑦ 《大清一统志》卷 196 绥州："《旧志》魏平城在绥州西南一百五十里。"《陕西省志》第二卷《行政建置志》第 625 页以为在今子长县东部，今定于杨家园则镇。一说在杨家园则镇姜家坪(旧属热寺湾乡)，按后者距清绥德州(今绥德县)一百八十里，距唐义门县仅二十里，且地势较为偏僻，不合为魏平县治，今不取。

5. 大斌县(618—907)

本隋雕阴郡旧县,隋末,隶绥州。天宝元年,隶上郡。乾元元年,复隶绥州。

附旧州一：魏州(618—628)

武德元年①,梁师都析延州魏平县置安故、安泉二县,置魏州,取魏平县首字为名,治安故县。二年,唐取隶延州总管府。三年,割隶行绥州总管府,割魏平县隶南平州。四年,归梁师都。六年,复归唐,仍隶行绥州总管府。七年,隶行绥州都督府。贞观二年,州废,安故、安泉二县省入绥州城平县。

附旧州二：匡州(623—628)

武德六年,取梁国延福县地置安定、源泉二县并置匡州,治安定县,隶行绥州总管府。七年,隶行绥州都督府。贞观二年,州废,安定、源泉二县省入绥州延福县。

附旧州三：罗州(623—628)

武德六年,取梁国绥州延福、上县地置石罗、万福、开善三县并置罗州,以石罗县末字为名,治石罗县,隶行绥州总管府。七年,隶行绥州都督府。贞观二年,州废,石罗、开善、万福三县省入绥州延福县。

附旧州四：北吉州(623—628)

武德六年,取梁国绥州延福县地置归义、洛阳二县并置北吉州,在吉州之北,故名,治归义县,隶行绥州总管府。七年,隶行绥州都督府。贞观二年,州废,归义、洛阳二县省入绥州延福县。

附旧州五：龙州(623—628)

武德六年,取梁国绥州延福县地置风乡、义良二县并置龙州,治风乡县,隶行绥州总管府。七年,隶行绥州都督府。贞观二年,州废,风乡、义良二县省入绥州绥德县。

---

① 《旧唐志》系于武德三年。按《资治通鉴》武德二年九月云:"(延州行军总管段)德操以轻骑多张旗帜,掩击其后,师都军溃,逐北二百里,破其魏州,虏男女二千余口。"是知魏州本梁师都所置,今补。

附旧州六：行云州(623—628)

武德六年,取梁国绥州延福县地置信义、淳义二县,自延州境移行云州于此,治信义县,仍隶行绥州总管府。七年,隶行绥州都督府。贞观二年,州废,信义、淳义二县省入绥州绥德县,以其民人移于后云州(见本章第七节"榆林郡都督府"榆林郡胜州附后云州)。

(三) 咸宁郡(丹州)

丹州(618—742)—咸宁郡(742—758)—丹州(758—907)

咸宁郡,本隋丹阳郡,领义川、汾川、咸宁三县①,唐武德元年,改为丹州,以北朝旧州为名,直属中央,治义川县。是年,置云岩县。二年,置丹州总管府。三年,置门山县。四年,罢总管府,丹州隶延州总管府。七年,隶延州都督府。贞观二年,隶鄜州都督府。十三年,丹州领义川、云岩、门山、汾川、咸宁五县,治义川县。十七年,直属关内道。

武周长安四年,丹州领县不变。

唐开元二年,复隶延州都督府。

天宝元年,改为咸宁郡,以咸宁县为名,隶延安郡都督府。十三载,咸宁郡领义川、云岩、门山、汾川、咸宁五县,治义川县。至德元载,隶关内节度使。

乾元元年,复为丹州。二年,隶朔方节度使。是年,隶邠宁节度使。后上元元年,隶渭北鄜坊节度使。广德二年,割门山县隶延州。永泰元年,隶鄜坊都防御使。是年,隶丹延都团练使。大历六年,复隶渭北鄜坊节度使。十四年,隶渭北鄜坊丹延都团练观察使。建中四年,隶京畿渭北节度使。是年,复隶渭北鄜坊节度使。贞元二年,复隶鄜坊丹延都防御观察使。三年,又隶渭北鄜坊丹延节度使。元和三年,再隶渭北鄜坊丹延观察使。十二年,复隶渭北鄜坊丹延节度使。十五年,丹州领义川、云岩、汾川、咸宁四县,仍治义川县。

咸通十四年,丹州领州不变。

中和二年,隶保大军节度使。乾宁四年,割隶卫国军节度使。

1. 义川县(618—907)

本隋丹阳郡旧县,武德元年,隶丹州,为州治,并析置云岩县。永徽二年,

---

① 《隋志》不载此郡及领县名。按《新唐志》丹州:"本丹阳郡,义宁元年,析延安郡之义川、汾川、咸宁县置。"据补。

移治赤石川(今陕西宜川县丹州镇)。天宝元年,隶咸宁郡,为郡治。乾元元年,复隶丹州,为州治。

2. 云岩县(618—907)

武德元年,析义川县置云岩县,以隋旧县为名,治回城堡①(今宜川县云岩镇西回村),隶丹州。咸亨四年(673),移治库利川(今宜川县云岩镇)。天宝元年,隶咸宁郡。乾元元年,复隶丹州。

3. 门山县(620—907)

武德三年,析汾川县置门山县,以隋旧县为名,治故门山城(今延长县雷赤镇门山村南六里)②,隶丹州。八年③,移治宋斯堡(今雷赤镇门山村北五里)④。总章二年(669),移治原上⑤(今雷赤镇门山村)。天宝元年,隶咸宁郡。乾元元年,复隶丹州。广德二年,割隶延州。

4. 汾川县(618—907)

本隋丹阳郡旧县,武德元年,隶丹州。三年,析置门山县。开元二十二年,移治甘泉坊(今宜川县壶口镇郭下村)⑥。天宝元年,隶咸宁郡。乾元元年,复隶丹州。

5. 咸宁县(618—907)

本隋丹阳郡旧县,武德元年,隶丹州。景龙二年,移治长松川(今宜川县壶口镇官庄村)⑦。天宝元年,隶咸宁郡。乾元元年,复隶丹州。

附旧府　行绥州总管府(620—624)—行绥州都督府(624—628)

武德三年,以行绥州置行绥州总管府,直属中央,割延州总管府北仁、魏、南平、基、西和五州来属⑧。四年,置行云州,北仁、魏、南平、基、西和五州归梁国。六年,梁国北仁、魏、基、西和四州来属,改基州为北基州,置北吉、罗、匡、龙、南夏五州⑨。

---

① 《元和志》作"库利川",今依《太平寰宇记》。
② 《太平寰宇记》门山县:"周宣帝大象元年,于本县南六里置门山县。"
③ 《旧唐志》系于三年,今依《元和志》、《太平寰宇记》。
④ 《陕西省志》第二卷《行政建置志》第 626 页:"宋斯堡,故址在延长县门山村北 2.5 公里。"
⑤ 《旧唐志》作"库利川",按《元和志》、《太平寰宇记》,库利川是咸亨四年以后云岩县所治,《旧唐志》当误,今依《太平寰宇记》。遗址详《中国文物地图集·陕西分册》下册,第 836 页。
⑥ 《陕西省志》第二卷《行政建置志》,第 627 页。旧属高柏乡。
⑦ 《太平寰宇记》丹州宜川县:"废咸宁县,在州东四十五里。"今定于官庄村(旧属鹿川乡)。
⑧ 北仁,《旧唐志》原作"上",按唐初关内道北部无上州,有北仁州,"上"字当是"仁"字之误,今改。魏,《旧唐志》原作"珍",按唐初关内道北部无珍州,有魏州,"珍"字当是"魏"字之误,今改。
⑨ 罗,《旧唐志》原作"银",按银州乃贞观二年平梁师都后所置,不得隶行绥州都督府,而武德末行绥州都督府境有罗州,"银"字当是"罗"字之误,今改。南夏,《旧唐志》原作"贞"。《资治通鉴》武德六年八月:"突厥寇真州。"胡注以为真州武德间以真乡县置,隶(行)绥州总管府。按其时真乡县仍为梁国所据,唐不得置州。"贞"、"真"皆当为"夏"(即南夏州)之误。

七年,改为行绥州都督府。九年,隶灵州大都督府。贞观二年,平梁师都,罢都督府,废行绥、行云、南夏、魏、西和、龙、北吉、罗、匡九州,北基、北仁二州隶夏州都督府。

附旧府新镇 丹州总管府(619—621)—鄜州都督府(628—642)—渭北鄜坊节度使(760—765)—鄜坊都防御使(765)—渭北鄜坊节度使(765—779)—渭北鄜坊丹延都团练观察使(779—783)—渭北鄜坊节度使(783—786)—鄜坊丹延都防御观察使(786—787)—渭北鄜坊丹延节度使(787—808)—渭北鄜坊丹延观察使(808—817)—渭北鄜坊丹延节度使(817—882)—保大军节度使(882—907)

武德二年①,割中央直属丹州置丹州总管府,仍直属中央,并置北广、北连二州。四年②,罢总管府,丹、北广、北连三州改隶延州总管府。贞观二年,以关内道直属鄜、坊二州及废延州都督府之北永、丹、延三州置鄜州都督府③,隶灵大都督府。四年,属关内道,割北永州隶庆州都督府。五年,以废庆州都督府之北永州来属。六年,升为大都督府。八年,复为都督府,废北永州。十三年,鄜州都督府督鄜、坊、延、丹四州。十七年④,罢鄜州都督府,鄜、坊、丹、延四州直属关内道。

后上元元年,割邠宁节度使鄜、延、丹、坊四州置渭北鄜坊节度使,治坊州。永泰元年,降为鄜坊都防御使,移治鄜州。是年,复升为渭北鄜坊节度使,仍治坊州,割朔方节度使绥州来属,割丹、延二州隶丹延都团练使。大历六年,以废丹延都团练使之丹、延二州来属。十四年,降为渭北鄜坊丹延都团练观察使,割绥州隶朔方节度使。建中四年,罢镇,鄜、坊、丹、延四州隶京畿渭北节度使。是年,复割京畿渭北节度使鄜、坊、丹、延四州及振武麟胜等军州节度观察处置使绥州置渭北鄜坊节度使,治鄜州。未几,又割绥州隶振武麟胜等军州节度观察处置使。贞元二年,复降为鄜坊丹延都防御观察使。三

---

① 《元和志》云:"武德九年,置都督府。贞观元年,罢府为州。"今依《旧唐志》。
② 《旧唐志》丹州:"贞观元年,罢都督府。"按《旧唐志》载,延州总管府武德四年又管丹、广、(达)〔连〕三州。可知丹州总管府实废于武德四年,今改。
③ 《旧唐志》不载鄜州都督府领丹、延二州事。按丹、延二州向与鄜、坊二州关系密切。如隋延州总管府即领延、绥、丹州,唐后期鄜坊观察使亦领鄜、坊、丹、延四州。贞观二年置鄜州都督府后,延、丹二州被隔在京兆府外,很难直属关内道,故此推测延、丹二州亦归属鄜州都督府。
④ 《元和志》作"十六年",按《资治通鉴》贞观十七年二月:"鄜州都督尉迟敬德表乞骸骨。"据改。

年,又升为渭北鄜坊丹延节度使①。元和三年,再降为渭北鄜坊丹延观察使。十二年,复升为渭北鄜坊丹延节度使。十五年,渭北鄜坊丹延节度使领鄜、延、丹、坊四州,治鄜州。

咸通十四年,渭北鄜坊丹延度使领州不变。

中和二年,改为保大军节度使,置翟州。三年,割延州隶保塞军节度使。乾宁四年,割丹州隶卫国军节度使。

第三节　安化郡(庆州)都督府

弘州总管府(618—623)—庆州总管府(623—624)—庆州都督府(624—627)—宁州都督府(627—630)—庆州都督府(630—631,716—742)—**安化郡都督府**(742—756)—关内节度使(756—759)

武德元年(618),唐革隋命,以弘、庆、宁、彭四州置弘州总管府②,直属中央。三年,置林州,割隶林州总管府。六年,总管府移治庆州,改为庆州总管府,以废泾州总管府之泾、原二州来属,废弘州。七年,改为庆州都督府,以废林州总管府之林州来属。九年,割属灵州大都督府。贞观元年(627),都督府移治宁州,改为宁州都督府。二年,废彭、林二州。四年,复治庆州,仍为庆州都督府,属关内道,割鄜州都督府北永州来属。五年,罢都督府,原、庆、宁、泾四州隶原州都督府,北永州还隶鄜州都督府。

开元四年(716),割原州都督府庆、宁二州及羁縻州复置庆州都督府。

天宝元年(742),复庆州为安化郡,宁州为彭原郡,改庆州都督府为安化郡都督府。十三载,安化郡都督府督安化、彭原二郡及羁縻州若干。至德元载(756),改安化郡为顺化郡,以置关内节度使,以关内道直属中部、洛交二郡,延安郡都督府延安、咸宁二郡,平凉郡都督府平凉、安定二郡,京畿直属新平郡来属③,顺化郡都督府只领羁縻州。二载,改安定郡为保定郡。

乾元元年(758),复顺化郡为庆州,延安郡为延州,咸宁郡为丹州,洛交郡

---

① 渭北鄜坊丹延,《新唐表》贞元三年至中和二年皆作"渭北",《方镇研究》贞元后沿革皆作"渭北鄜坊",《旧唐书》本纪贞元后皆作"鄜坊丹延",综此可知其全称是"渭北鄜坊丹延"。
② 《资治通鉴》武德五年九月癸巳:"交州刺史权士通、弘州总管宇文歆、灵州总管杨师道,击突厥于三观山,破之。"胡三省注:西魏置北秦州于上郡,废帝三年改曰交州。庆州弘化县,开皇十八年置弘州,大业初州废,盖唐复置也。
③ 《方镇研究》第50页关内节度使无洛交、新平二郡,仅七郡,今据地理形势补。

为鄜州,中部郡为坊州,新平郡为邠州,彭原郡为宁州,保定郡为泾州,平凉郡为原州。二年,罢镇,庆、延、丹、鄜、坊、邠、宁、泾、原九州隶朔方节度使。

(一) 安化郡(庆州)

庆州（618—742）—安化郡（742—756）—顺化郡（756—758）—庆州（758—764）—行庆州(764—765)—庆州(765—907)

安化郡,本隋弘化郡,领前合水、弘化、乐蟠、三泉、马岭五县①,唐武德元年,改为庆州,以隋旧州为名,治前合水县,割弘化、三泉、马岭三县隶弘州,庆州隶弘州总管府。三年,改三泉县为同川县。六年,以废弘州之弘化、三泉、马岭三县来属,改前合水县为合川县,置白马、蟠交二县②,并置庆州总管府。七年,改总管府为都督府。贞观元年,罢都督府,庆州隶宁州都督府,省合川县,庆州仍治弘化县。二年,取梁国洛源县来属。四年,复置庆州都督府,割洛源县隶北永州。五年,庆州隶原州都督府。八年,以鄜州都督府废北永州之洛源县来属。十三年,庆州领弘化、白马、华池、蟠交、乐蟠、同川、马岭、洛源八县,治弘化县。

武周长安四年(704),庆州领县不变。

唐景龙元年(707),置方渠县。开元四年,复置庆州都督府。十年,置怀安县。

天宝元年,改庆州为安化郡,以安化县为名,隶安化郡都督府,改弘化县为安化县,蟠交县为后合水县,白马县为延庆县。十三载,安化郡领安化、延庆、华池、后合水、乐蟠、同川、马岭、方渠、怀安、洛源十县,治安化县。至德元载,避安氏名姓,改为顺化郡,隶关内节度使,为使治,改安化县为顺化县。

乾元元年,复为庆州。二年,罢镇,庆州隶朔方节度使。是年,割隶邠宁节度使。宝应二年(763),本州党项羌取延庆、同川、马岭、方渠、怀安五县叛附吐蕃③。

---

① 《隋志》弘化郡有合水、马岭、华池、洛源、归德、弘化、弘德七县,无乐蟠、三泉二县。然依《元和志》,归德县大业元年改洛源县,又按《旧唐志》华池县、洛源县:"大业十三年,为胡贼所破,县废。"归德、弘德二县亦不见于唐初记载,当废于隋末,今并删。又按《资治通鉴》:"义宁元年三月,梁师都略定雕阴、弘化、延安等郡,遂即皇帝位,国号梁,改元永隆。"然据《元和志》庆州:"义宁元年为弘化郡。"《旧唐志》乐蟠县亦云:"义宁元年,分合水县置。"《新唐志》同川县:"本三泉,义宁二年析彭原(当作北地)郡之彭原置。"可知义宁元年(617)弘化郡南部仍属隋,并于翌年置三泉县。
② 《新唐志》云武德元年置蟠交县,今依《元和志》、《旧唐志》、《太平寰宇记》。
③ 《太平寰宇记》庆州乐蟠县废马岭县条:"韦述《十道录》:'与同川、怀安、方渠等四县并废。'"《纪要》庆阳府安化县云,延庆县"宝应后废",同川县"宝历初废"。按宝应二年(广德元年)吐蕃进陷陇右,及于泾原,"邠州以北,皆为左衽矣"《资治通鉴》,则延庆、同川、马岭、方渠、怀安五县之废,当与庆州北部党项羌叛附吐蕃有关。又韦述乃开元、天宝间人,不得叙宝应后事,所谓《十道录》当是贾耽《贞元十道录》,于此可知,同川县亦非废于"宝历初",而是废于"宝应后"。

广德二年(764),庆州陷于吐蕃,于宁州置行庆州①。永泰元年(765),收复庆州,罢行庆州。大历三年(768),庆州还隶朔方节度使。十四年,复隶邠宁节度使。元和十五年(820),庆州领顺化、延庆、华池、后合水、乐蟠、同川、马岭、方渠、怀安、洛源十县,治顺化县。

咸通十四年(873),庆州领州不变。

中和四年(884),隶静难军节度使。

1. 弘化县(618—742)—**安化县**(742—756)—顺化县(756—907)

安化县,本隋弘化郡弘化县,武德元年,隶弘州,为州治②。六年,州废,改隶庆州,移治庆州郭(今陕西庆阳县城庆城镇),与合川县分治。贞观元年,省合川县来属。天宝元年,改为安化县③,隶安化郡,为郡治。至德元载,避安氏名姓,改为顺化县,隶顺化郡。乾元元年,复隶庆州,为州治。

附旧县:前合水县(618—623)—合川县(623—627)

前合水县,本隋弘化郡旧县,武德元年,隶庆州,为州治。六年,改为合川县④,取隋合川镇为名,与弘化县分治州郭,析置蟠交县。贞观元年,省入弘化县。

2. 白马县(623—742)—**延庆县**(742—764,765—907)

武德六年,析合川县置白马县,安置废丰州移民,以西临白马川水为名,治柳谷城(今庆城县玄马镇玄马湾)⑤,隶庆州。开元十年,析置怀安县。天宝元年,隶安化郡,以与河南道灵昌郡县名重,改为延庆县,取庆祚延绵之意。至德元载,隶顺化郡。乾元元年,复隶庆州。广德二年,陷于吐蕃。永泰元年,收复。

3. **华池县**(620—907)

武德三年⑥,梁师都部将以华池县来降,仍治故华池城(今陕西华池县林镇乡东华池)⑦,割隶林州,为州治。贞观元年,州废,改隶庆州。天宝元年,隶安化郡。至德元载,隶顺化郡。乾元元年,复隶庆州。

---

① 《新唐书》卷221《党项传》:"(郭)子仪表将作少监梁进用为押党项部落使,置行庆州。"
② 《旧唐志》:"安化,隋弘化县,治弘州故城。"
③ 《旧唐志》系此事于神龙元年,今依《元和志》、《新唐志》。《本钱簿》仍作安化县,可证。
④ 《新唐志》系此事于武德元年,《元和志》系此事于武德二年,今依《旧唐志》。
⑤ 《元和志》庆州延庆县:"南至州四十里。"《太平寰宇记》庆州安化县:"废延庆县,本汉郁郅县地柳谷城,唐武德六年移丰州住户于此,分合水县置白马县,以县西临白马为名。"
⑥ 两《唐志》作"武德四年"。按《资治通鉴》武德三年九月庚午:"梁师都将刘旻以华池来降,以为林州总管。"据改。
⑦ 《元和志》庆州华池县:"西南至州一百五十里。"

4. 蟠交县(623—742)—后合水县(742—907)

武德六年,析合川县置蟠交县,以县城临大、小乐蟠二水交口(今陕西合水县老城镇)①,故名,隶庆州。天宝元年,改为后合水县,隶安化郡。至德元载,隶顺化郡。乾元元年,复隶庆州。

5. 乐蟠县(618—907)

本隋弘化郡旧县,武德元年,隶庆州。天宝元年,隶安化郡。至德元载,隶顺化郡。乾元元年,复隶庆州。

6. 三泉县(618—620)—同川县(620—764,765—907)

同川县,本隋弘化郡三泉县,武德元年,隶弘州。三年,移治同川城(今庆城县桐川乡),因改为同川县②。六年,州废,改隶庆州。天宝元年,隶安化郡。至德元载,隶顺化郡。乾元元年,复隶庆州。广德二年,陷于吐蕃。永泰元年,收复。

7. 马岭县③(618—764,765—907)

本隋弘化郡旧县,治百家堡(今甘肃环县曲子镇),武德元年,隶弘州。六年,州废,改隶庆州。贞观八年,还治马岭城(今庆城县马岭镇)④。景龙元年,析置方渠县。天宝元年,隶安化郡。至德元载,隶顺化郡。乾元元年,复隶庆州。广德二年,陷于吐蕃。永泰元年,收复。

8. 方渠县(707—764,765—907)

景龙元年⑤,析马岭县置方渠县,以汉旧县为名,治方渠堡(今甘肃环县城环城镇)⑥,隶庆州。天宝元年,隶安化郡。至德元载,隶顺化郡。乾元元年,复隶庆州。广德二年,陷于吐蕃。永泰元年,收复。

9. 怀安县(722—764,765—907)

开元十年⑦,检括逃户及党项蕃落,析白马、洛源二县置怀安县,取怀柔之

---

① 《元和志》庆州合水县:"西南至州五十里。"
② 《元和志》庆州同川县:"东至州八十里。"改名时间《元和志》作武德元年,今依两《唐志》。
③ 《元和志》列目作"马领县",今依《通典》、《唐会要》、两《唐志》、《本钱簿》、《太平寰宇记》。
④ 据《中国文物地图集·甘肃分册》下册第373页,故城犹存。
⑤ 《唐会要》、《新唐志》作"神龙三年",今依《旧唐志》、《元和志》、《太平寰宇记》。
⑥ 《元和志》庆州方渠县:"东南至州一百八十里。"高阳秀山《环县及周边地区唐代行政区划述略》(http://blog.163.com/hzy_578/blog/static/):"其实汉方渠堡在曲子张旗一带。据《元和志》:庆州方渠县东南至州180里,应指的是贞元十三年(797)杨朝晟所筑的方渠城,即今县理,道里上才可相符。"
⑦ 《新唐志》作开元十一年,今依《元和志》、《唐会要》、《旧唐志》、《太平寰宇记》。又,《州郡典》安化郡怀安县:"隋柳谷城,武德六年置县。"《太平寰宇记》亦云废怀安县在隋柳谷城,按武德六年置于柳谷城者乃白马县,此误,详参上文白马县注。

意,治怀安城(今华池县怀安乡),隶庆州。天宝元年,隶安化郡。至德元载,隶顺化郡①。乾元元年,复隶庆州。广德二年,陷于吐蕃。永泰元年,收复。

10. 洛源②县(628—907)

贞观二年③,平梁师都,取洛源县来属,仍治故洛源城(今陕西吴起县铁边城镇)④,隶庆州。四年,割隶北永州。五年,自金城县移州治于此。八年,州废,还隶庆州。天宝元年,隶安化郡。至德元载,隶顺化郡。乾元元年,复隶庆州。

附旧州一:弘州(618—623)

武德元年,以隋弘化郡弘化、三泉、马岭三县置弘州,以隋旧州为名,治弘化县,并置弘州总管府⑤。六年,州废,弘化、三泉、马岭三县改隶庆州。

附旧州二:永州(619—622)—北永州(622—634)

武德二年,割延州金城县置永州,以隋旧州为名,并析置洛盘、新昌、土墌三县,隶延州总管府。四年,割隶林州总管府。五年,改为北永州。七年,隶延州都督府。贞观二年,隶鄜州都督府。四年,隶庆州都督府,割庆州洛源县来属。五年,还隶鄜州都督府,移州治于洛源县⑥。八年,州废,省洛盘、新昌、土墌三县,洛源县还隶庆州,金城县还隶延州。

附旧州三:林州(621—627)

武德三年⑦,割庆州华池县置林州,领华池一县,并置林州总管府。七年,罢总管府,林州隶庆州都督府。贞观元年,州废,华池县还隶庆州。

---

① 据《中国文物地图集·甘肃分册》下册第 393 页,怀安乡有"怀远故城",唐代名曰"怀远县",因疑至德至广德午间,怀安县一度避安氏名姓改为怀远县,史失其载耳。
② 《本钱簿》作"浴源",《元和志》列目作"洛原",今依两《唐志》、《太平寰宇记》。
③ 《新唐志》作"三年",今依《旧唐志》。
④ 《元和志》庆州洛(原)〔源〕县:"东南至州二百七十五里。洛水源出白于山,在县北三十里。"《地名大辞典》第 5408 页以为在今吴起县铁边城镇,从之。《地图集》定于今铁边城镇后台村(旧属王洼子乡),按其地有汉代遗址,唐代遗物仅见有瓷片,尚不足以证明为唐代县城。
⑤ 史志不载此事,按《资治通鉴》武德五年九月癸巳:"交州刺史权士通、弘州总管宇文歆、灵州总管杨师道,击突厥于三观山,破之。"胡三省注:"庆州弘化县,开皇十八年置弘州。大业初州废,盖唐复置也。"又,《太平寰宇记》庆州:"弘化城,隋开皇十六年废(长川)镇立弘州,唐初州废。"州废时间当在武德六年改弘州总管府为庆州总管府之时,据补。
⑥ 两《唐志》延州敷政县作四年移治,今依《新唐志》庆州洛源县。
⑦ 《旧唐志》作"四年",按《资治通鉴》武德三年九月庚午:"梁师都将刘旻以华池来降,以为林州总管。"据改。

(二) 彭原郡(宁州)

宁州(618—742)—彭原郡(742—758)—宁州(758—907)

彭原郡,本隋北地郡,领定安、襄乐、罗川、归义、彭原五县①,武德元年,薛举取以为宁州,以隋旧州为名,治定安县。是年,唐复取之,以隶弘州总管府,割彭原县隶彭州。二年,置定平县。六年,隶庆州总管府。七年,隶庆州都督府。贞观元年,置宁州都督府,以废彭州之彭原、丰义二县来属。四年,罢都督府,宁州隶庆州都督府。五年,隶原州都督府。十三年,宁州领定安、襄乐、罗川、定平、归义、丰义、彭原七县,治定安县。十七年,省归义县。

武周长安四年,宁州领定安、襄乐、罗川、定平、丰义、彭原六县,仍治定安县。

唐开元四年,复隶庆州都督府。八年,割丰义县隶泾州。是年,丰义县还隶宁州。

天宝元年,改为彭原郡,以彭原县为名,隶安化郡都督府,改罗川县为真宁县。十三载,彭原郡领定安、襄乐、真宁、定平、丰义、彭原六县,治定安县。至德元载,隶关内节度使。

乾元元年,复为宁州。二年,隶朔方节度使。大历三年,还隶朔方节度使。十四年,复隶邠宁节度使。贞元十七年,割定平县隶邠州。元和三年,复割邠州定平县来属。十五年,宁州领县一如天宝十三载。

大中三年,自邠州移使治于宁州。九年,邠宁节度使还治邠州。咸通十四年,宁州领州不变。

中和四年,隶静难军节度使。大顺二年(891),割定平县隶衍州。唐末,省丰义县。

1. 定安县(618—907)

本隋北地郡旧县,武德元年,隶宁州,为州治。二年,析置定平县。天宝元年,隶彭原郡,为郡治。乾元元年,复隶宁州,为州治。

2. 襄乐县(618—907)

本隋北地郡旧县,武德元年,隶宁州。天宝元年,隶彭原郡。乾元元年,复隶宁州。

3. 罗川县(618—742)—真宁县(742—907)

真宁县,本隋北地郡罗川县,武德元年,隶宁州。天宝元年,以获玉真人

---

① 《隋志》北地郡有新平、三水二县,无归义县,共六县。按《旧唐志》,义宁二年分定安置归义县,以新平、三水属新平郡。因改。

像二十七,改为真宁县,隶彭原郡。乾元元年,复隶宁州。

4. 定平县(619—907)

武德二年①,析定安县置定平县,以定平镇为名,治枣社驿(今甘肃宁县中村镇政平村)②,隶宁州。贞观十七年,省归义县来属。天宝元年,隶彭原郡。乾元元年,复隶宁州。贞元十七年,割隶邠州③。元和三年,还隶宁州。大顺二年,割置衍州。

附旧县:归义县(618—643)

本隋北地郡旧县,武德元年,隶宁州。贞观十七年,省入定平县。

5. 丰义县(619—唐末)

武德二年④,析彭州彭原县置丰义县,治丰义塘(今甘肃庆阳市西峰区董志镇旧城遗址)⑤,故以为名,隶彭州。贞观元年,州废,改隶宁州。开元八年,割隶泾州。是年,还隶宁州。天宝元年,隶彭原郡。乾元元年,复隶宁州。唐末,省入彭原县。

6. 彭原县(618—907)

本隋北地郡旧县,唐武德元年,割置彭州。二年,析置丰义县。贞观元年,州废,改隶宁州。天宝元年,隶彭原郡。乾元元年,复隶宁州。唐末,省丰义县来属。

附旧州:彭州(618—627)

武德元年,平薛秦,割宁州彭原县置彭州,取彭原县首字为名,隶弘州总管府。二年,置丰义县。贞观元年,州废,彭原、丰义二县隶宁州。

附新州:衍州(891—907)

大顺二年,李茂贞奏割宁州定平县置衍州⑥,以山川衍沃为名,隶静难军

---

① 《旧唐志》作"三年",今依《元和志》、《太平寰宇记》、《新唐志》。
② 《元和志》宁州定平县:"北至州七十里。"《太平寰宇记》邠州定平县:"(州)北六十里。"《地图集》置于宁县周家乡宫家川,正当宁、邠二州中点,里程稍有不合。今依严耕望《唐代交通图考》第一卷第184页定于政平村,其地有唐代砖塔,似可为证。
③ 《新唐志》定平县:"武德二年置,后隶邠州。元和三年,复来属。"不载割隶邠州年代。按《旧唐书》卷13《德宗纪》:"贞元十七年六月戊戌,以定平镇兵马使李朝寀检校工部尚书,兼邠州刺史、朔方邠宁庆节度使。"定平镇在定平县,可知改隶邠州在贞元十七年,据补。
④ 《唐会要》作"四年",今依《元和志》、《州郡典》、两《唐志》。
⑤ 《元和志》宁州丰义县:"东南至州八十里。"今据张多勇:《历史时期彭阳县城址的变迁》,《历史地理》第二十七辑,上海人民出版社,2013年。
⑥ 《新唐志》定平县:"唐末以县置衍州。"胡三省《资治通鉴注》后梁均王贞明二年:"衍州,岐李茂贞置,在宁、庆之间。"《新五代史》卷40《李茂贞传》:"初,茂贞破杨守亮,取兴元,而邠宁、鄜坊皆附之,有地二十州。"自注:"二十州者,岐、陇、泾、原、渭、武、秦、成、阶、凤、邠、宁、庆、衍、鄜、坊、丹、延、梁、洋也。"按,李茂贞破杨守亮在大顺二年,则衍州当置于是年。

节度使。

附旧府　林州总管府(620—624)

武德三年①,割弘州总管府林州置林州总管府,直属中央。四年,割延州总管府永州来属。五年,改永州为北永州。七年,罢总管府,林州隶庆州都督府、北永州隶延州都督府。

第四节　平凉郡(原州)都督府

泾州总管府(618—623)—原州都督府(631—742)—平凉郡都督府(742—756)—泾原节度使(768—891)—彰义军节度使(891—907)

武德元年(618),唐革隋命,以泾、原二州置泾州总管府②,直属中央。六年,罢总管府,泾、原二州隶庆州总管府。贞观五年(631),以废庆州都督府之原、庆、宁、泾四州置原州都督府,割陇右道凉州都督府西会州来属,置亭州③。八年,改西会州为粟州。十年,改粟州为会州④,废亭州。十三年,原州都督府督原、庆、宁、泾、会五州⑤。

武周长安四年(704),原州都督府督州不变。

唐开元四年(716),割庆、宁二州隶庆州都督府⑥。二十一年,以关内道直属陇州来属。

天宝元年(742),改原州为平凉郡,泾州为安定郡,陇州为汧阳郡,会州为

---

① 《旧唐志》作"四年",按《资治通鉴》武德三年九月庚午:"梁师都将刘旻以华池来降,以为林州总管。"据改。
② 《元和姓纂》卷5有"唐泾州总管刘感",按《旧唐书》卷187《刘感传》:"武德初,以骠骑将军镇泾州,薛仁杲率众围之,感婴城拒守。……长平王叔良援兵至,仁杲解围而去。感与叔良出战,为贼所擒。"据补。
③ 《旧唐志》原州序贞观五年原州都督府督原、庆、会、银、亭、达、要七州。艾冲《唐代都督府研究》(西安地图出版社,2005年)第56页以"银、亭、达"为"缘、宁、泾"之误,按《旧唐志》亭州贞观十年省,则亭州非宁州笔误可知。然宁州确在原府七州之内,"银"字当如《太平寰宇记》作"宁"。至于达州,当为缘州之误,乃贞观六年原府所置羁縻州。要州不见于诸志,疑为粟州之误,然粟州为贞观八年会州更名。
④ 《元和志》、《新唐志》皆以粟州贞观八年复名会州,然《旧唐志》云,贞观五年后,原州都督府有"要州",十年,省"要州"。考是时关内道无要州,"要州"当系"粟州"之误,今改。
⑤ 《旧唐志》云原州都督府贞观十年后督四州,州数当误。
⑥ 刘冬《关于唐代原州的三个问题》(载《宁夏师范学院学报》2012年第4期)以为开元四年原州都督府被废,原州划归庆州都督府。然据《唐刺史考全编》,开元四年至九年间,杨执一先后任胜、原二州都督,是则原府未废,庆府乃割置,与原府并非前后承替关系。

会宁郡,改原州都督府为平凉郡都督府。十三载,平凉郡都督府督平凉、安定、汧阳、会宁四郡。至德元载(756),以平凉、安定二郡隶关内节度使,会宁郡隶朔方节度使,汧阳郡隶京畿凤翔防御使,罢都督府。

大历三年(768),以废邠宁节度使之泾、行原二州置泾原节度使,治泾州。五年,割河东道泽潞节度使郑、颍二州来属。十四年,割颍州隶河南道永平军节度使。建中二年(781),割郑州隶永平军节度使。兴元元年(784),归朱泚,寻复来属。贞元十九年(803),复置原州,废行原州。元和三年(808),原州复陷吐蕃,置行原、行渭二州。十五年,泾原节度使领泾、行原、行渭三州。

大中三年(849),收复原州来属,废行原州。九年,割邠宁节度使武州来属。咸通十四年(873),泾原节度使领泾、原、武、行渭四州。

广明元年(880),废原、武、行渭三州,复置行原州。中和四年(884),置行渭、行武二州。大顺二年(891),改为彰义军节度使,仍治泾州。

(一) 平凉郡(原州)

原州(618—742)—平凉郡(742—758)—原州(758—763,760—763,803—808,849—880)

平凉郡,本隋旧郡,领平高、百泉、平凉三县①,唐武德元年,改为原州,以隋旧州为名,治平高县,隶泾州总管府。六年,隶庆州总管府。七年,隶庆州都督府。贞观元年,隶宁州都督府。四年,复隶庆州都督府。五年,置原州都督府,置默亭县,割隶亭州。十三年,原州领平高、百泉、平凉三县,治平高县。二十三年,置他楼县。

武周长安四年,原州领平高、百泉、平凉、他楼四县,治平高县。

唐神龙元年(705),改他楼县为萧关县。

天宝元年,复为平凉郡,隶平凉郡都督府。十三载,平凉郡领平高、百泉、平凉、萧关四县,治平高县②。至德元载,隶关内节度使。

乾元元年(758),复为原州。二年,隶朔方节度使。是年,隶邠宁节度使。广德元年(763),没于吐蕃,寻复。大历元年再陷,别置行原州。贞元十九年,收复平高、萧关二县,复置原州,以废行原州之平凉、百泉二县来属,治平凉县,隶泾原节度使。元和三年,平高、萧关二县复陷于吐蕃,废原州,百泉县隶

---

① 《隋志》平凉郡有会宁、默亭二县,共五县。按默亭县不见唐初记载,当废于隋末。会宁县,大业二年(606)改为凉川县,八年,割隶会宁郡(参见下文会宁郡会州注考证)。今并删。
② 《州郡典》会宁郡有他楼县,共五县。按他楼县乃萧关县前身,不得与萧关县并立,今依两《唐志》删。

行原州,平凉县割隶行渭州。

大中三年,收复关陇,复置原州及平高、萧关二县,以废行原州之百泉县来属,治平高县,仍隶泾原节度使。五年,割萧关县置武州。咸通十四年,原州领平高、百泉二县。

广明元年,原州及平高、百泉二县复没于吐蕃。

1. 平高县(618—763,803—808,849—880)

本隋平凉郡旧县,武德元年,隶原州,为州治。贞观五年,析置默亭县。十年,以废亭州默亭县省入。天宝元年,隶平凉郡,为郡治。乾元元年,复隶原州,为州治。广德元年,陷于吐蕃。贞元十九年,收复,仍隶原州。元和三年,复陷于吐蕃。大中三年,收复,仍隶原州,为州治。广明元年,复为吐蕃所破,遂废①。

附旧县:默亭县(631—636)

贞观五年,析原州平高县置默亭县②,以隋平凉郡旧县为名,治故默亭城(今宁夏西吉县兴隆镇)③,隶亭州,为州治。十年,州废,省入平高县。

2. 百泉县(618—763,788—880)

本隋平凉郡旧县,武德元年,隶原州。八年,移治百泉城(今宁夏彭阳县新集乡宽坪)④。天宝元年,隶平凉郡。乾元元年,复隶原州。广德元年,没于吐蕃。贞元四年,收复,隶行原州。十九年,行原州废,复隶原州。元和三年,原州再废,再隶行原州。大中三年,行原州废,仍隶原州。广明元年,没于吐蕃⑤。

3. 平凉县(618—763,788—880)

本隋平凉郡旧县,武德元年,隶原州。开元五年,移治泾水南古塞城(今甘肃平凉市崆峒区中街街道)。天宝元年,隶平凉郡。乾元元年,复隶原州。广德元年,没于吐蕃。贞元四年,收复,隶行原州。七年,移治旧县南坂上(今

---

① 《太平寰宇记》:"三县落蕃:平高、百泉、平凉。"《新唐志》原州:"广明后,复没吐蕃,又侨治临泾。"则除平凉县已割隶行渭州外,广明后平高、百泉二县皆已陷蕃,《新唐志》原州但存二县之目而已。
② 史志不载此事。据《旧唐志》原州序,贞观五年至十年间,原州都督府领亭州。依唐初新置州命名惯例,"亭"字当与领县名有关。考隋平凉郡有默亭县,隋末废,贞观间当以故县重置,并置亭州,因补。
③ 王仲荦《北周地理志》(中华书局,1980年)第90页:"默亭,今宁夏固原县南瓦亭。"按固原瓦亭为东瓦亭,唐初始置关,宋代始建寨,默亭境内之瓦亭当是汉唐时代之西瓦亭,在今西吉县东南。
④ 《元和志》原州百泉县:"西至州九十里。"鲁人勇等《宁夏历史地理考》(宁夏人民出版社,1993年)第77页:"百泉县,治在今彭阳县南红河川上。"即今宽坪,旧属沟口乡。
⑤ 史志不载此事。按《新唐志》云,原州、渭州广明元年没于吐蕃,其后置为行州,可知其属县除附郭县随州移徙外,无有存者。《太平寰宇记》、《新唐志》原州有百泉县,然五代、宋代地志皆不载百泉县,疑《太平寰宇记》、《新唐志》所用乃唐末以前资料,未及记载广明之事。

崆峒区香莲乡）①。十九年，复隶原州，为州治。元和三年，州废，平凉县隶行渭州，为州治②。广明元年，没于吐蕃。

4. 他楼县（649—705）—萧关县（705—763，803—808，849—880）

贞观二十三年③，以羁縻缘州改置他楼县，以隋旧县为名④，治他楼城（今宁夏海原县高崖乡红古村古城）⑤，故以为名，隶原州。神龙三年⑥，移治故白草军城（今宁夏海原县李旺镇北堡子）⑦，改为萧关县。天宝元年，隶平凉郡。乾元元年，复隶原州。广德元年，陷于吐蕃。贞元十九年，收复，仍隶原州。元和三年，复陷于吐蕃。大中三年，收复，仍隶原州。五年⑧，割置武州。广明元年，又陷于吐蕃。

附旧州：亭州（631—636）

贞观五年，割原州默亭县置亭州，以县为名，隶原州都督府。十年，州废，省默亭县。

附新州一：武州（851—880）—行武州（884—907）

大中五年，割原州萧关县置武州，隶邠宁节度使。九年，割隶泾原节度使。咸通十四年，领萧关一县。

广明元年，为吐蕃所破，遂废。中和四年，置行武州及行萧关县于泾州潘原县⑨，领行萧关一县，隶泾原节度使。大顺二年，隶彰义军节度使。

附新州二：行渭州（808—880，884—907）

元和三年⑩，泾原节度使朱忠亮奏以废原州之平凉县置行渭州（今平凉市

---

① 《元和志》原州平凉县："西北至州一百六十里。"又云，汉泾阳故城在县西四十里。
② 《新唐志》平凉县："及为行渭州，其民皆州自领之。"《旧五代史》卷150《郡县志》："自吐蕃陷渭州，权于平凉县为渭州理所，遂罢平凉县。"
③ 两《唐志》原作"高宗时"，按唐初来降突厥部落多于高宗即位之初（即贞观二十二年）设置若干羁縻州县，他楼县为安置突厥部落而设，当置于是年。《州郡典》云贞观六年置，实指羁縻缘州始置之年。
④ 《元和志》萧关县："本隋他楼县，大业元年置。"
⑤ 鲁人勇等《宁夏历史地理考》第120页云："他楼县似更在萧关县之北，应在今同心县南的位置上。"按《中国文物地图集·宁夏回族自治区分册》第366页云海原县高崖乡红古村有唐代城址，当即其地。《宁夏通志·行政建置志》第35、36页以为在海原县李旺镇附近，当是后来所迁。
⑥ 两《唐志》作"元年"，今依《元和志》、《唐会要》。
⑦ 《元和志》原州萧关县："南至州一百八十里。"鲁人勇等《宁夏历史地理考》第117页："萧关县，大约在今海原县李旺堡北，清水河西岸。"
⑧ 《唐会要》作"三年"，今依《太平寰宇记》、两《唐志》。
⑨ 《新唐志》："武州，中和四年侨治潘原。"
⑩ 《新唐志》作"四年"，今依《太平寰宇记》。

崆峒区),隶泾原节度使。十五年,行渭州领平凉一县。

咸通四年,割隶陇右道天雄军节度使。十四年,行渭州领县不变。

广明元年,州废,省平凉县。中和四年,泾原节度使张钧上表复置行渭州于故平凉城,不领县①,仍隶泾原节度使。大顺二年,隶彰义军节度使。

(二) 安定郡(泾州)

泾州(618—742)—安定郡(742—757)—保定郡(757—758)—泾州(758—907)

安定郡,本隋旧郡,领安定、良原、阴盘、临泾四县②,唐武德元年,改为泾州,以隋旧州为名,治安定县,置泾州总管府。六年,罢总管府,泾州隶庆州总管府。七年,隶庆州都督府。贞观元年,隶宁州都督府,以废西麟州之鹑觚县来属。四年,复隶庆州都督府。五年,隶原州都督府。十三年,泾州领安定、鹑觚、良原、阴盘、临泾五县。

武周长安四年,泾州领县不变。

唐开元八年,割宁州丰义县来属。是年,复割丰义县还隶宁州。

天宝元年,复为安定郡,隶平凉郡都督府,改鹑觚县为后灵台县,阴盘县为潘原县。十三载,安定郡领安定、后灵台、良原、潘原、临泾五县,仍治安定县。至德元载,隶关内节度使。二载③,改为保定郡,改安定县为保定县。

乾元元年,复为泾州。二年,隶朔方节度使。是年,隶邠宁节度使。广德元年,保定、潘原、临泾三县陷于吐蕃④。二年,泾州寄治于京兆府泾阳县⑤。大历三年,收复保定县,仍为州治,置泾原节度使。兴元元年(783),归朱泚,寻复来属。二年,罢良原县。贞元四年,复置良原县。十一年,复置临泾、潘原二县。

---

① 《新唐志》虽云唐季渭州领平凉一县,然又自注云"及为行渭州,其民皆州自领之",可知领平凉一县乃元和行渭州,中和行渭州不领县。《五代会要》卷20载:"后唐清泰三年正月泾州奏:'平凉县,自吐番陷渭州,权于平凉县为渭州理所,遂罢平凉县。又有安国、耀武两镇,兼属平凉,其赋租即日并无县管,今却置平凉县,管安国、耀武两镇别户。'从之。"可证。《太平寰宇记》泾州序又云:"潘原,唐末割置行渭州。"然据《舆地广记》渭州:"潘原,唐属泾州,天宝元年改为潘原县,周显德六年来属。"可证其非。
② 《隋志》安定郡有朝那、鹑觚、华亭三县,共七县。按鹑觚县隋末已割隶麟游郡,华亭县已割隶陇东郡,朝那县则不见于唐初记载,当废于隋末,今并删。
③ 《新唐志》作"元载",今依《元和志》、《太平寰宇记》。
④ 《资治通鉴》:"广德元年十月:吐蕃寇泾州,刺史高晖以城降之。"
⑤ 《新唐书》卷137《郭子仪传》:"广德二年,进太尉,兼领邠宁泾原河西通和吐蕃及朔方招抚观察使。"是时子仪驻京兆府泾阳县。

元和十五年,泾州领保定、后灵台、良原、潘原、临泾五县,仍治保定县。

咸通十四年,泾州领县不变。

大顺二年,隶彰义军节度使,为使治。

1. **安定县**(618—757)—**保定县**(757—763,768—907)

安定县,本隋安定郡旧县,武德元年,隶泾州,为州治。天宝元年,隶安定郡,为郡治。至德二载,避安氏名姓,改为保定县,隶保定郡。乾元元年,复隶泾州,为州治。广德元年,为吐蕃所破,遂废。大历三年收复,仍为州治。

2. **鹑觚县**(618—742)—**后灵台县**(742—907)

后灵台县,本隋麟游郡鹑觚县,武德元年,隶西麟州。贞观元年,州废,省前灵台县来属,鹑觚县改隶泾州。天宝元年,改为后灵台县,以隋旧县为名,隶安定郡。至德二载,隶保定郡。乾元元年,复隶泾州。大历元年,置行原州及行平高县于县境百里城(今甘肃灵台县百里乡)。贞元十九年,以废行原州行平高县省入。

附旧县: **前灵台县**(618—627)

本隋麟游郡旧县,武德元年,隶西麟州。贞观元年,州废,省入鹑觚县。

附新县: **行平高县**(766—803)

大历元年,以废原州移流民置行平高县于泾州后灵台县,隶行原州,为州治。贞元十九年,州废,省入后灵台县。

3. **良原县**(618—785,788—907)

本隋安定郡旧县,武德元年,隶泾州。兴元二年(贞元元年),没于吐蕃。贞元四年收复,仍隶泾州。

4. **阴盘县**(618—742)—**潘原县**(742—763,795—907)

潘原县,本隋安定郡阴盘县,武德元年,隶泾州。天宝元年,改为潘原县,以县有东潘谷口为名,隶安定郡。至德二载,隶保定郡。乾元元年,复隶泾州。广德元年,为吐蕃所破,遂废①。贞元十一年②复置,移治彰信堡(今甘肃平凉市崆峒区四十里铺镇)③。中和四年,置行武州及行萧关县于此。

---

① 《太平寰宇记》渭州潘原县。
② 《太平寰宇记》作"十年",今依《唐会要》、《新唐志》。上海古籍出版社点校本《唐会要》第1475页标点断句误与宁州丰义县相接。
③ 《太平寰宇记》渭州潘原县:"(州)东三十六里。贞元十年,置行县于彰信堡。"其时渭州治平凉县(今甘肃平凉市城区),然《册府元龟》卷410、《玉海》卷174皆云彰信堡在平凉西三十五里,恐误,不取。又,《唐会要》卷70云:"贞元十一年,以彰信堡置宁州。""宁州"当为"潘原"之误。

附新县：行萧关县(884—907)

中和四年,析潘原县置行萧关县,隶行武州,为州治①。

5. 临泾县(618—907)

本隋安定郡旧县,武德元年,隶泾州。天宝元年,隶安定郡。至德二载,隶保定郡。乾元元年,复隶泾州。广德元年,移治定城堡(今甘肃镇原县临泾镇)。贞元十一年,还治临泾城(今镇原县城城关镇)②。元和三年,置行原州于此③。大中三年,废行原州。广明元年,复置行原州于此④。

附新州一：行原州(766—803,808—849,880—907)

大历元年,邠宁节度使马璘表置行原州及行平高县于泾州后灵台县⑤,隶邠宁节度使。三年,隶泾原节度使。贞元四年,收复故原州平凉、百泉二县来属。十九年,州废,省行平高县,平凉、百泉二县还隶原州。元和三年,复置行原州于泾州临泾县,以废原州之百泉县来属,仍隶泾原节度使。十五年,行原州领百泉一县,仍寄治泾州临泾县。

咸通十四年,行原州领县不变。

大中三年,行原州废,百泉县还隶原州。广明元年,复置行原州于泾州临泾县,不领县,仍隶泾原节度使。大顺二年,隶彰义军节度使。

(三) 汧阳郡(陇州)

陇州(618—742)—**汧阳郡**(742—758)—陇州(758—907)

汧阳郡,本隋陇东郡⑥,领汧源、汧阳、长蛇、南由、华亭五县,武德元年,薛

---

① 《太平寰宇记》渭州潘原县:"废武州:……萧关一县,周显德五年六月废入潘原县。"故知唐末曾置行萧关县于潘原县。
② 《唐会要》卷70云:"临泾县,贞元十一年正月,节度使刘昌请于临泾保定城置。"《太平寰宇记》则云:"唐贞元十一年,泾原帅刘昌奏自临泾县定城堡移于今所。"今依《太平寰宇记》。
③ 《太平寰宇记》临泾县:"元和三年,改为行原县,今复旧名。"按唐代史志未见行原县之名,此当有脱误,不取。
④ 《太平寰宇记》泾州:"泾,唐末割置行原州。"原州:"唐末黄巢作乱,复陷城壁,再移原州投临泾县置。元领县四,今一:临泾,唐末自泾州(割)至原州。"然据《新唐志》,唐末行原州仍领平高、百泉二县,则临泾县仍为行原州行平高县侨治之地,未曾改隶行原州。《旧五代史》卷150《郡县志》云:"后唐清泰三年,原州刺史翟建奏:'临泾元属泾州,伏乞割属当州。'从之。"可证。
⑤ 《新唐志》原州:"广德元年没吐蕃,节度使马璘表置行原州于灵台之百里城。"据向传君《唐代藩镇历史地理研究》(花木兰文化事业出版公司,2024年)第71—72页考证,马璘于大历元年二月出任邠宁节度使,因而行原州必置于之后;另据《新唐书·代宗本纪》,大历元年九月辛巳,"吐蕃陷原州",由此可知,原州在广德元年被吐蕃侵占之后又被朝廷收复,至是复陷于吐蕃。此时任邠宁节度使的马璘才在百里城建置行原州。从之。
⑥ 《隋志》不载此郡。按《旧唐志》云:"义宁二年,置陇东郡,领县五。"《新唐志》云:"陇东郡,义宁二年,析扶风郡之汧源、汧阳、南由,安定郡之华亭置。"

秦取之，改为陇州，以隋旧州为名，治汧源县。是年，唐复取之，直属中央，割南由县隶含州。四年，以废含州之南由县来属。贞观元年，直属关内道，改长蛇县为吴山县。十三年，陇州领汧源、汧阳、吴山、南由、华亭五县，治汧源县。

垂拱二年（686），改华亭县为亭川县。

武周长安四年，陇州领汧源、汧阳、吴山、南由、亭川五县，仍治汧源县。

唐神龙元年，复改亭川县为华亭县。开元二十一年，割隶原州都督府①。

天宝元年，改为汧阳郡，以北朝旧郡为名，隶平凉郡都督府。十三载，汧阳郡领汧源、汧阳、吴山、南由、华亭五县，治汧源县。十五载（至德元年），隶京畿凤翔防御使。

乾元元年，复为陇州。二年，隶凤翔秦陇防御使。后上元元年（760），隶凤翔节度使。二年，改吴山县为华山县。宝应元年（762），华山县复为吴山县。建中四年，归朱泚，寻复来属，隶保义军节度使。是年，割隶奉义军节度使，为使治。兴元元年，罢镇，陇州还隶凤翔节度使。贞元三年，隶凤翔陇右都团练观察防御使。十四年，复隶凤翔陇右节度使。元和三年，省华亭、南由二县。十五年，陇州领汧源、汧阳、吴山三县，仍治汧源县。

咸通十四年，陇州领县不变。

天复元年（901），割隶保胜军节度使，为使治。

1. 汧源县（618—907）

本隋陇东郡旧县，武德元年，隶陇州，为州治。天宝元年，隶汧阳郡，为郡治。乾元元年，复隶陇州，为州治。元和三年，省华亭县来属。

2. 汧阳县（618—907）

本隋陇东郡旧县，武德元年，隶陇州。天宝元年，隶汧阳郡。乾元元年，复隶陇州。

3. 长蛇县（618—627）- 吴山县（627—761）—华山县（761—762）—吴山县（762—907）

吴山县，本隋陇东郡长蛇县，武德元年，隶陇州。贞观元年，移治槐衙堡（今陕西宝鸡市陈仓区县功镇凉水泉）②，改为吴山县，以隋旧县为名。天宝元

---

① 史志不载此事。按开元二十一年割岐州隶京畿道后，陇州无所属，且与坊、鄜、延、丹四州隔绝，依地理形势分析，当属原州都督府，今补。
② 据《陕西省志》第二卷《行政建置志》第602页，唐初长蛇县已迁至金陵河流域，当在今宝鸡市凉水泉，旧属上王乡。

年,隶汧阳郡。乾元元年,复隶陇州。后上元元年,移治龙盘城(今县功镇安台村)①。二年,改为华山县,盖欲移华山之名于吴山②。宝应元年,复为吴山县。元和三年,省南由县来属。

4. **南由县**(618—808)

本隋陇东郡旧县,武德元年,隶陇州。是年,割置含州。四年,州废,还隶陇州。天宝元年,隶汧阳郡。乾元元年,复隶陇州。元和三年,省入吴山县。

5. **华亭县**(618—686)—**亭川县**(686—705)—**华亭县**(705—808)

华亭县,本隋陇东郡旧县,武德元年,隶陇州。垂拱二年,避武太后祖讳,改为亭川县,以华亭川为名。神龙元年,复为华亭县。天宝元年,隶汧阳郡。乾元元年,复隶陇州。元和三年,省入汧源县。

附旧州:含州(618—621)

武德元年,割陇州南由县置含州,领南由一县,直属中央。四年,州废,南由县还隶陇州。

(四) 会宁郡(会州)

会州(618—619)—西会州(619—634)—粟州(634)—会州(634—742)—会宁郡(742—758)—会州(758—763,793—907)

会宁郡,本隋旧郡③,领前凉川、鸣沙、前会宁三县④,隋末,李凉改为会州。武德二年归唐,改为西会州,隶凉州总管府,省前会宁县,改前凉川县为后会宁县。九年,置乌兰县。贞观五年,西会州割隶原州都督府。六年,割鸣沙县隶环州。八年,以粟仓殷实,更名粟州。十年,改为会州。十三年,会州领后会宁、乌兰二县,治后会宁县。

武周长安四年,会州领县不变。

---

① 《元和志》陇州吴山县:"西北至州一百十里。"《陕西省志》第二卷《行政建置志》第602页:"上元元年(760)迁治龙盘城,即今宝鸡县县功镇。"据《中国文物地图集·陕西分册》下册第220页,本镇安台村有汉唐遗址,当即其地。
② 《旧唐书》卷24《礼仪志》。
③ 《隋志》不载会宁郡。按《隋书》卷84《西突厥传》云:"(大业八年)令其(引者按:即处罗)弟达度阙牧畜会宁郡。"可知是年置会宁郡以处其部落。
④ 《隋志》不载会宁郡。按《隋书》卷84《西突厥传》:"(大业八年)令其(按即处罗)弟达度阙牧畜会宁郡。"可知是年已有会宁郡。按今靖远县双龙乡出土过一方墓志,有"大业六年"及"会宁郡鸣沙县乌兰城"字样,则隋会宁郡领鸣沙县;又据《元和志》兰州广武县条,大业六年,改武威郡允吾县为会宁县,依郡从县名之例,知隋会宁郡置于大业六年,且领会宁县。

唐开元四年,置后凉川县。九年,省后凉川县。

天宝元年,复为会宁郡,隶平凉郡都督府。十三载,会宁郡领后会宁、乌兰二县,仍治后会宁县。至德元载,隶朔方节度使。

乾元元年,复为会州。广德元年,没于吐蕃①。贞元九年,收复,仍隶朔方节度使②。元和十五年,会州领会宁、乌兰二县。

咸通十四年,会州领县不变。

1. 前凉川县(618—619)—后会宁县(619—763)—会宁县(793—907)

本隋会宁郡前凉川县,隋末,隶会州,为州治。武德二年,改为后会宁县,隶西会州,为州治。九年,析置乌兰县。贞观八年,隶粟州。十年,复隶会州。开元四年,析置后凉川县。九年,省后凉川县来属。天宝元年,隶会宁郡,为郡治。乾元元年,复隶会州,为州治。广德元年,没于吐蕃。贞元九年,收复,仍隶会州。

附旧县:后凉川县(716—721)

开元四年,析后会宁县置后凉川县,治新凉川城(今甘肃会宁县郭城驿镇)③,隶会州。九年,省入后会宁县。

2. 乌兰县(626—763,793—907)

武德九年,析鸣沙县置乌兰县,以北朝旧县为名,仍治会宁关东南四里乌兰城(今甘肃景泰县五佛乡下车木峡)④,隶西会州。贞观八年,隶粟州。十年,复隶会州。天授二年,以旧城沙石不堪久居,移治会宁关东北七里平川(今甘肃靖远县双龙乡仁和村)⑤。天宝元年,隶会宁郡。乾元元年,隶会州。广德元年,没于吐蕃。贞元九年,收复,仍隶会州。

---

① 《旧唐书》卷196《吐蕃传》:"(广德元年)吐蕃退至凤翔……又复居原、会、成、渭之地。"又据《册府元龟》卷981《外臣部》,建中四年,唐蕃会盟,以会州入番界。
② 《元和志》朔方度使有会州,则贞元间已收复。据《方镇研究》第52页所考,《旧唐书》卷13《德宗纪》所谓:贞元十一年五月"以朔方留后李栾为朔方灵盐丰夏四州受降城定远城天德军节度副大使","夏"为"会"之误,可知会州当与盐州同于贞元九年收复。
③ 依地理形势推定。
④ 会宁关,《新唐志》会州乌兰县作"乌兰关"。鲜肖威《唐乌兰县何在?——兼论敦煌以东丝绸之路》(载《兰州学刊》1982年第4期)以为今靖远县双龙乡仁和村北城滩古城即乌兰关,因省设县即为乌兰县。按北城滩古城规制甚小,不合为县城。孙长龙《唐会州及其属县、关口考》(载《丝绸之路》2009年第12期)等考证北城滩古城为会宁关,则唐初乌兰县当在今景泰县五佛乡下车木峡。《地图集》唐代幅以会宁关、乌兰县在会州西南,《中国文物地图集·甘肃分册》下册第94页以县在会宁县头寨子镇马家堡村,恐误。
⑤ 《元和志》会州乌兰县:"天授二年,移于东北七里平川置。"《旧唐志》:"天授二年,移于关东北七里。"

附新镇　奉义军节度使(783—784)—保胜军节度使(901—907)

建中四年,割京畿凤翔节度使陇州置奉义军节度使,属关内道。兴元元年,罢奉义军节度使,陇州还隶凤翔节度使。

天复元年,割凤翔节度使陇州置保胜军节度使,属关内道。

第五节　灵武郡(灵州)都督府

灵州总管府(618—624)—灵州都督府(624—742)—灵武郡都督府(742—756)—朔方节度使(756—907)

武德元年(618),唐革隋命,以灵、行盐二州置灵州总管府,直属中央。七年,改为灵州都督府。贞观元年,隶关内道,废行盐州。二年,割夏州都督府盐州来属。四年,置回州。六年,置环州,改回州为静州。八年,复改静州为回州。九年,废环州。十三年,废回州,灵州都督府督灵、盐二州①。

武周长安四年(704),置长、匡二州,灵州都督府督灵、长、匡、盐四州。

唐神龙三年(707),降匡州为羁縻契州,长州为羁縻兰池州。开元十八年(730),复置匡、长二州。二十二年,割匡、长二州隶夏州都督府。二十九年,自同州移关内道治于此。

天宝元年(742),改灵州为灵武郡,盐州为五原郡,改灵州都督府为灵武郡都督府。十载,移道治于西京。十三载,灵武郡都督府领灵武、五原二郡及羁縻州若干。至德元载(756),以灵武、五原二郡,榆林郡都督府榆林、新秦二郡,朔方郡都督府朔方、银川、宁朔三郡,延安郡都督府上郡,平凉郡都督府会宁郡,镇北都护府九原郡、天德军及单于二都护府振武军置朔方节度使②,治灵武郡,灵武郡都督府只领羁縻州。

乾元元年(758),复灵武郡为灵州,五原郡为盐州,朔方郡为夏州,上郡为绥州,银川郡为银州,榆林郡为胜州,会宁郡为会州,宁朔郡为宥州,九原郡为丰州,改新秦郡为麟州,割单于都护府、振武军及胜、麟二州隶振武麟胜等军州节度观察处置使。二年,以废关内节度使之延、丹、鄜、坊、邠、宁、泾、原、庆九州来属。是年,割邠、宁、泾、原、庆、延、丹、鄜、坊九州隶邠宁节度使。宝应

---

① 此语《旧唐志》、《太平寰宇记》原作"十三年,废回、环二州,灵州都督入灵、填二州"。按环州本隶原州都督府,且废于贞观九年,灵州都督府亦未废入填州,"入"、"填"当系"领"、"盐"之字误,今改。

② 朔方节度使始置于开元九年,今依本卷体例,方镇作为行政区一律以至德元载起算。

元年(762),废宥州。广德二年(764),以废振武麟胜等军州节度观察处置使之单于都护府、振武军及麟、胜二州来属,会州陷于吐蕃。永泰元年(765),割绥州隶渭北鄜坊节度使。大历三年(768),以废邠宁节度使之邠、宁、庆三州来属。十四年,以废渭北鄜坊节度使之绥州来属。是年,割单于都护府、振武军及麟、胜、绥、银四州隶振武麟胜等军州节度观察处置使,割邠、庆、宁三州隶邠宁节度使。兴元元年(784),罢镇北都护府①。贞元二年(786),盐州陷于吐蕃。三年,割夏州隶夏绥银节度使。九年,收复盐、会二州来属。十二年,割丰州、天德军隶天德军都防御使。十九年,盐州直属中央。元和二年(807),复以中央直属盐州来属。九年,复置宥州,割隶夏绥银节度使②。十五年,朔方节度使领灵、盐、会三州。

大中三年(849),置威、雄二州。咸通十四年(873),朔方节度使领灵、盐、威、雄、会五州。

光启三年(887),废威州。景福元年(892),置警州。

(一) 灵武郡(灵州)
灵州(618—742)—灵武郡(742—758)—灵州(758—907)

灵武郡,本隋旧郡,领回乐、灵武、怀远、弘静四县③,唐武德元年,改为灵州,以隋旧州为名,治回乐县,置灵州总管府。四年,置丰安县。七年,改总管府为都督府。贞观四年(630),割丰安县置回州。十三年,以废回州之鸣沙县来属,灵州领回乐、鸣沙、灵武、怀远、弘静五县,治回乐县。

永徽元年,置永丰县,割置丰州。神龙元年,置温池县,改弘静县为安静县。

武周长安四年,灵州领回乐、温池、鸣沙、灵武、怀远、安静六县,仍治回乐县。

唐天宝元年,复为灵武郡,隶灵武郡都督府。十三载,灵武郡领回乐、温池、鸣沙、灵武、怀远、安静六县,治回乐县。至德元载,隶朔方节度使,为使

---

① 谭其骧:《唐北陲二都护府建置沿革与治所迁移》,载《长水集》,人民出版社,1987年。
② 《旧唐书》卷15《宪宗纪》:元和八年十一月十七日丙寅,"以盐州隶夏州",盖欲以盐州党项隶夏绥镇。然十二月二十七日丙午以田进为夏绥银节度使,结衔仍无盐州,可知当年未及施行,寻改用李吉甫奏议,于次年五月析盐州北境党项居地置宥州,割隶夏绥镇,恢复夏州至天德军驿路,"兼护党项部落"。
③ 《隋志》灵武郡有鸣沙、丰安二县,然据前文会宁郡(会州)注所考,大业六年已割鸣沙县隶之,又两《唐志》皆云武德四年重置丰安县,知该县隋末已废,今并删。

治,改安静县为保静县,置定远县。

乾元元年,复为灵州。元和十五年,灵州领回乐、温池、鸣沙、灵武、怀远、保静六县,仍治回乐县。其后,置定远县。

大中三年,割鸣沙县置威州。六年,割温池县隶威州。咸通十四年,灵州领回乐、灵武、怀远、定远、保静五县,治回乐县。

景福元年,割定远县隶警州。

1. 回乐县(618—907)

本隋灵武郡旧县,武德元年,隶灵州,为州治,并析置行五原、行兴宁二县,隶行盐州。四年,析置丰安县,以废行盐州行兴宁县省入。贞观元年,以废行盐州行五原县省入。十三年,以废回州丰安县省入。神龙元年,析置温池县。天宝元年,隶灵武郡,为郡治。乾元元年,复隶灵州,为州治。光启三年,以废威州温池县省入。

附旧县1:行五原县(618—627)

武德元年,置行五原县于灵州回乐县,隶行盐州,为州治。贞观元年,州废,省入灵州回乐县。

附旧县2:行兴宁县(618—621)

武德元年,置行兴宁县于灵州回乐县,隶行盐州。四年,省入灵州回乐县。

附旧县3:丰安县(621—639)

武德四年,析回乐县置丰安县,以隋旧县为名,治故丰安城(今宁夏中宁县石空镇)①。贞观四年,割置回州。六年,隶静州,仍为州治。八年,复隶回州,为州治。十三年,州废,省入灵州回乐县。

2. 温池县(705—887)

神龙元年②,析回乐县置温池县(治温池城,今盐池县惠安堡镇老盐池古城)③,隶灵州。天宝元年,隶灵武郡。乾元元年,复隶灵州。大中六年④,割隶威州。光启三年,州废,省入灵州回乐县。

---

① 黄恩锡《中卫县志》卷8《古迹考》谓唐故丰安城"即今县治",鲁人勇等《宁夏历史地理考》第85页:"丰安县:治所可能在黄河北岸中宁石空堡附近。"今从后者。
② 《元和志》作"五年",今依《旧唐志》、《太平寰宇记》。
③ 鲁人勇等:《宁夏历史地理考》,第92页。
④ 《新唐志》作"四年",《旧唐书》卷48《食货志》:"温池,大中四年三月因收复河陇,敕令度支收管;温池盐仍差灵州分巡院官勾当。至六年三月,敕令割隶威州,置榷税使。"吴松弟疑温池县于六年改隶威州,当是。

3. 鸣沙县(618—887)

本隋会宁郡旧县,隋末,隶会州。唐武德二年,隶凉州总管府西会州。九年,析置乌兰县。贞观六年,割隶环州,为州治。九年,州废,隶回州。十三年,州废,隶灵州。神龙二年,割回乐县故丰安县地来属,移治故丰安城。天宝元年,隶灵武郡。乾元元年,复隶灵州。大中三年,移还鸣沙城(今中宁县鸣沙镇),割隶威州,并析置昌化县。光启三年,州废,省入雄州昌化县。

附新县:昌化县(849—907)

大中三年,析鸣沙县置昌化县,治故安乐城(今宁夏同心县下马关镇红城水古城)①,割隶雄州,为州治。中和元年,随州寄治承天堡(今宁夏中卫市沙坡头滨河镇)②。光启三年,以废威州之鸣沙县省入。

4. 灵武县(618—907)

本隋灵武郡旧县③,武德元年,隶灵州。天宝元年,隶灵武郡。乾元元年,复隶灵州。

5. 怀远县(618—907)

本隋灵武郡旧县,武德元年,隶灵州。六年,以废丰州九原、永丰二县省入。永徽元年,复析置永丰县,割隶丰州。仪凤三年(678),移治新怀远城(今宁夏银川市兴庆区新华街街道)④。元和后,析置定远县。

附新县:定远县(元和后—907)

元和后⑤,析怀远县置定远县,治定远城(今宁夏平罗县姚伏镇)⑥,隶灵州。景福元年,割隶警州,为州治。

6. 弘静县(618—705)—安静县(705—756)—保静县(756—907)

安静县,本隋灵武郡弘静县,武德元年,隶灵州。神龙元年,避义宗讳,改为安静县。天宝元年,隶灵武郡。至德元载,避安氏名姓,改为保静县。乾元元年,复隶灵州。

---

① 鲁人勇等:《宁夏历史地理考》,第94~99页。《宁夏通志·行政建置志》第30页以为在今宁夏中宁县石空镇。
② 同上书,第103页。
③ 《州郡典》云灵武县武德五年置,今依《元和志》、两《唐志》。
④ 鲁人勇等:《宁夏历史地理考》,第86页。
⑤ 《新唐志》警州云:"本定远城,先天二年,朔方大总管郭元振置。其后为上县。"由《本钱簿》、《州郡典》、《元和志》灵州不载定远县观之,定远城升为县当在元和后。
⑥ 鲁人勇等:《宁夏历史地理考》,第99页。遗址尚存,详《中国文物地图集·宁夏回族自治区分册》,第283页。

附旧州一：行盐州(618—627)

武德元年,置行盐州及行兴宁、行五原二县,寄治灵州①,隶灵州总管府。四年,省行兴宁县入灵州。贞观元年,废行盐州,省行五原县入灵州。

附旧州二：回州(630—632)—静州(632—634)—回州(634—639)

贞观四年,割灵州丰安县置回州,借灵州回乐县首字为名,隶灵州都督府。六年,改为静州,借灵州弘静县末字为名②,仍隶灵州都督府。八年,以与剑南道州名重,复改为回州。九年,以废环州之鸣沙县来属。十三年,州废,省丰安县,鸣沙县隶灵州。

附旧新州：环州(632—635)—威州(849—887)

贞观六年,割原州都督府西会州鸣沙县置环州③,以隋旧州为名,割隶灵州都督府。九年④,州废,鸣沙县改隶回州。

大中三年,割灵州鸣沙县置威州,安置吐谷浑部落,以威制诸蕃为名⑤,隶朔方节度使,并析置昌化县,割隶雄州。六年,割灵州温池县来属。咸通十四年,威州领鸣沙、温池二县,治鸣沙县。

光启三年,徙治凉州镇,为行州,省鸣沙、温池二县⑥。

附新州一：雄州(849—907)

大中三年,割威州昌化县置雄州,以雄制诸蕃为名⑦,隶朔方节度使。咸

---

① 《旧唐志》盐州:"隋盐川郡,武德元年,改为盐州,领五原、兴宁二年。是年,移州及县寄治灵州。"
② 史志不载此事。按《尉迟敬德墓志》(载《唐代墓志汇编》,上海古籍出版社,1992年)云,贞观初,敬德除灵州都督、灵盐环静等四州诸军事、灵州刺史。按环州置于贞观六年,则敬德之督环、静二州,在贞观六年至八年之间(参《唐刺史考全编》),然据《旧唐志》,贞观间灵州都督府有回州,无静州,因疑贞观六年至八年之间,回州一度改名静州。
③ 《旧唐志》灵州、《太平寰宇记》灵州并言贞观四年于回乐县置环州,隶灵州都督府。今依《元和志》、《新唐志》。
④ 《旧唐志》、《太平寰宇记》并作"十三年",今依《元和志》、《新唐志》。
⑤ 《太平寰宇记》灵州鸣沙县云:"其旧县基,咸亨三年归复,因以其地置安乐州,仍移吐谷浑部落自凉州徙于鄯州,既而不安其居,又徙于灵州之境,置安乐州以处之。是后,复陷蕃中。吐蕃尝置兵以守之,大中三年七月,灵武节度使朱叔明奏收复安乐州。八月,敕安乐州为威州,仍领鸣沙县。后州与县俱废。"
⑥ 《太平寰宇记》灵州废鸣沙县:"大中三年,敕安乐州为威州,仍领鸣沙县。今州与县俱废。"又见废温池县条。
⑦ 史志不载此事。按《新唐书》卷9《僖宗纪》、卷35《五行志》载,乾符三年(876),雄州地震。则此前已置雄州。《册府元龟》卷485云:"袁正辞,及高祖即位,后献钱五万贯,出典雄州,辞以州在灵武西鄙,处吐蕃部族之中,不愿适任。"可知其地曾为吐蕃所占。《宁夏历史地理考》第102页云:"唐丰安军也在灵州西一百八十里,雄州似即丰安军改置。"可从。其地与灵州鸣沙县故地安史之乱后俱为吐蕃所占,大中三年收复,以鸣沙县故地置威州,则丰安军故地亦当置州,以"雄州"、"威州"含义近似推之,两州应同置于是年。又,《旧五代史》卷80《后晋高祖纪》载,天福七年(942)废雄州为昌化军,因疑昌化本为雄州附郭县名,故补。

通十四年,雄州领昌化一县。

附新州二:警州(892—907)
景福元年,节度使韩逊奏割灵州定远县置警州,以县东南警山为名,仍隶朔方节度使。

(二) 五原郡(盐州)
盐州(618—742)—**五原郡(742—758)**—盐州(758—786,793—907)

五原郡,本隋盐川郡,领五原一县,隋末,为梁师都所据,改为盐州,以隋旧州为名,置兴宁县。贞观二年,平梁师都,隶夏州都督府。是年,隶灵州都督府。十三年,盐州领五原、兴宁二县,治五原县。

武周长安四年,盐州领县不变。

唐景龙三年(709),改兴宁县为白池县。

天宝元年,改盐州为五原郡,以五原县为名,隶灵武郡都督府。十三载,五原郡领五原、白池二县,治五原县。至德元载,隶朔方节度使。

乾元元年,复为盐州。贞元二年①,没于吐蕃。九年,收复,隶朔方节度使。十九年,直属关内道②。元和二年,复隶朔方节度使。九年,置延恩县,割隶宥州。十五年,盐州领县一如天宝十三载。

长庆四年(824),置归仁县,割隶宥州。咸通十四年,盐州领县不变。

1. **五原县**(618—786,793—907)
本隋盐川郡旧县,隋末,隶盐州,为州治。天宝元年,隶五原郡,为郡治。乾元元年,复隶盐州,为州治。贞元二年,没于吐蕃。九年,收复。

2. **兴宁县**(618—709)—**白池县**(709—786,793—907)
隋末,梁师都析五原县置兴宁县③,以北朝有大兴郡,取大兴安宁之意为

---

① 《新唐志》作"三年",今依《旧唐书》卷12《德宗纪》、《册府元龟》卷453。
② 《旧唐书》卷13《德宗纪》:"贞元十九年十一月戊寅朔,以盐州兵马使李兴干为盐州刺史,许专达于上,不隶夏州。"
③ 《旧唐志》兴宁县:"龙朔三年置。"按《旧唐志》盐州序:"武德元年,改为盐州,领五原、兴宁二县。"则兴宁县本梁师都置,是时,唐亦以部分流民于灵州置行兴宁县。《旧唐志》谓"龙朔三年置",当是指景龙三年更置白池县一事,而句有讹夺。又,《新唐志》白池县:"本兴宁,贞观元年与州同省,二年复置。"按贞观元年所省州县为行盐州及行五原县,贞观二年平梁师都,得其兴宁县,亦非新置,《新唐志》语句不清。

名,治白池城(今鄂托克前旗敖勒召其镇大池寨子)①,隶盐州。景龙②三年,改为白池县,以地近白池为名。开元十八年,析置长泉县,割隶长州,析置延恩县,割隶匡州。天宝元年,隶五原郡。乾元元年,复隶盐州。宝应元年,以废宥州归仁县省入。贞元二年,没于吐蕃。九年,收复,并羁縻云中、定襄、桑干、呼延四州都督府旧地来属。元和九年,以羁縻府州旧地置延恩县,割隶宥州。唐末,省宥州归仁县来属。

第六节 朔方郡(夏州)都督府

夏州都督府(628—742)—朔方郡都督府(742—758)—夏州都督府(758—765)—夏绥银节度使(787—881)—定难军节度使(881—907)

贞观二年(628),平梁师都,以夏、绥、盐三州置夏州都督府③。隶灵州大都督府,以废行绥州总管府之北基、北仁二州来属。是年,割盐州隶灵州都督府。三年,废北仁州。四年,属关内道。八年,废北基州。十三年,割胜州都督府银州来属,夏州都督府督夏、绥、银三州。

武周长安四年(704),夏州都督府督州依旧。

唐开元二年(714),割绥州隶延州都督府。二十二年,割灵州都督府匡、长二州来属④。二十六年,改匡州为宥州,废长州。

天宝元年(742),改夏州为朔方郡,银州为银川郡,宥州为宁朔郡,改夏州都督府为朔方郡都督府。十三载,朔方郡都督府督朔方、银川、宁朔三郡及羁縻州若干。至德元载(756),以朔方、银川、宁朔三郡隶朔方节度使,都督府只领羁縻州。

贞元三年(787),割朔方节度使夏州及振武麟胜等军州节度观察处置使绥、银⑤二州置夏绥银节度使,治夏州。元和九年(814),割朔方节度使宥州来

---

① 张郁:《鄂托克旗大池唐代遗存》,载《鄂尔多斯文物考古文集》,1981年。大池寨子旧属二道川乡。《中国文物地图集·宁夏回族自治区分册》第308页据嘉靖《灵州志迹》疑在今盐池县杨柳堡乡(今属花马池镇)王圈村古城,如此则与《元和志》里距差距较大,因疑其为贞元所置保塞军遗址。
② 《旧唐志》作"龙朔",今依《元和志》、《新唐志》、《唐会要》。
③ 盐,《旧唐志》夏州序作"银",今据《旧唐志》盐州条改。
④ 《新唐表》:"(开元二十二年)以匡、长二州隶庆州。"按匡、长二州与庆州都督府中隔灵州都督府,似不得相属,疑"庆(慶)"为"夏"之形误,因改。
⑤ 《新唐表》作"盐州",据《方镇研究》第54页考改。

属。十五年,夏绥银节度使领夏、绥、银、宥四州,仍治夏州。

咸通十四年(873),夏绥银节度使领州不变。

中和元年(881),改夏绥银节度使为定难军节度使。

(一) 朔方郡(夏州)

夏州(618—742)—朔方郡(742—758)—夏州(758—907)

朔方郡,本隋旧郡,领岩绿、宁朔、长泽、德静四县①,隋末,梁师都改为夏州,以为都城。武德六年(623),唐取宁朔县隶南夏州。贞观二年,平梁师都,置夏州都督府,改岩绿县为朔方县②,废南夏州来属。八年,置宁塞县,省德静、长泽二县。十三年,复置德静、长泽二县,夏州领朔方、德静、宁塞、长泽四县,治朔方县。

永徽五年(654),置宁朔县。

武周长安二年,省宁塞县。四年,夏州领朔方、德静、宁朔、长泽四县,治朔方县。

唐开元四年,复置宁塞县。九年,省宁朔县。其后,复置宁朔县。二十六年,置延恩、怀德、归仁三县,割隶宥州。

天宝元年,复为朔方郡,隶朔方郡都督府,省宁塞县。十三载,朔方郡领朔方、德静、宁朔、长泽四县,治朔方县。至德元载,夏州隶朔方节度使。

乾元元年,复为夏州。宝应元年(825),以废宥州省入。贞元三年,置夏绥银节度使,为使治。元和十五年,割长泽县隶宥州,夏州领朔方、德静、宁朔三县,仍治朔方县。

长庆四年(824),长泽县还隶夏州。咸通十四年,夏州领朔方、德静、宁朔、长泽四县,治朔方县。

中和元年,夏州隶定难军节度使,仍为使治。唐末,复割长泽县隶宥州。

1. 岩绿县(618—628)—朔方县(628—907)

朔方县,本隋朔方郡岩绿县,梁师都以属夏州,为州治。贞观二年,改为朔方县,以北朝朔方郡为名,省宁朔县来属。八年,析置宁塞县。开元九年,

---

① 《隋志》无德静县,按《元和志》夏州德静县:"隋改为德静镇,寻废镇为县。"《太平寰宇记》夏州德静县:"隋开皇三年改弥浑县为德静镇,至大业九年,废镇立县。"因补。

② 《新唐志》:"朔方,本岩绿,贞观三年更名。"今依《旧唐志》、《元和志》、《唐会要》、《太平寰宇记》。

又省宁朔县来属。其后,复析置宁朔县。天宝元年,隶朔方郡,为郡治。乾元元年,复隶夏州,为州治。唐末,省宥州延恩县来属。

2. 德静县(618—634,639—907)

本隋朔方郡旧县,隋末,隶夏州。贞观八年,省入羁縻化州都督府。十三年,以废羁縻化州都督府地复置德静县(今榆林市榆阳区巴拉素镇白城台),仍隶夏州。天宝元年,隶朔方郡。乾元元年,复隶夏州。

3. 宁朔县(618—628,654—721,开元中—907)

本隋朔方郡旧县,梁师都以属夏州。唐武德六年,取置南夏州。贞观二年,州废,省入夏州朔方县。永徽五年,析宁塞县复置宁朔县,仍治故宁朔城(今陕西靖边县杨桥畔镇)。长安二年,省宁塞县来属。开元四年,复析置宁塞县。九年,省入宁塞县。其后①,析宁塞县复置宁朔县,仍隶夏州。天宝元年,隶朔方郡,又省宁塞县来属。乾元元年,复隶夏州。

附旧县:宁塞县(634—702,716—742)

贞观八年,析朔方县置宁塞县,治塞门镇(今靖边县镇靖乡)②,隶夏州。永徽五年,析置宁朔县。隶夏州。长安二年,省入宁朔县。开元四年,析宁朔县复置宁塞县③,仍隶夏州。九年,省宁朔县来属。其后,复析置宁朔县。天宝元年,复省入宁朔县④。

4. 长泽县(618—634,639—907)

本隋朔方郡旧县,隋末,隶夏州。贞观八年,省入羁縻长州都督府。十三年,以废羁縻长州都督府地复置长泽县(今鄂托克前旗城川镇古城),仍隶夏州。天宝元年,隶朔方郡。乾元元年,复隶夏州。宝应元年,以废宥州怀德县省入。元和十五年,宥州及延恩县寄治于此,割长泽县隶宥州。长庆四年,宥州及延恩县移还旧地,长泽县还隶夏州。唐末,复割隶宥州,为州治,省怀德县来属。

---

① 《本钱簿》夏州有宁朔县,复置时间当在开元中期。
② 据《新唐书》卷143《元结传》,贞观间太宗伐高丽时有宁塞令元仁基,是知贞观八年迁移突厥部落后夏州置有宁塞县。治地当在旧塞门镇,今靖边县镇靖乡。
③ 《新唐志》夏州宁朔县:"长安二年省,开元四年又置。"然据《元和志》延州延昌县:"塞门镇,在县西北二十里,镇本在夏州宁朔县界,开元二年移就芦子关南金镇所安置。"则开元二年犹有宁朔县,长安二年并未省废。吴震《本钱簿校注》(载《文史》第十三辑,中华书局,1982年)云:"此县疑即《本钱簿》之宁朔,因其屡置屡省,且'宁朔'、'宁塞'俱从'宁'字,易为鲁鱼之混,以致诸志传写失真,附会为'宁朔'。"今从之。
④ 《本钱簿》夏州有宁塞县,共五县,《州郡典》、《旧唐志》夏州无宁塞县,共四县,是知宁塞县省于天宝元年。

附旧州：南夏州(623—628)

武德六年，取梁师都夏州宁朔县置南夏州，隶行绥州总管府。贞观二年，平梁师都，州废，宁朔县还隶夏州。

(二) 银川郡(银州)

银州(628—742)—银川郡(742—758)—银州(758—907)

贞观二年，割绥州儒林、真乡二县置银州，以隋旧州为名，治儒林县，隶胜州都督府。四年，割胜州银城县来属。八年，割绥州抚宁县来属，银城县还隶胜州。十三年，隶夏州都督府，置开光县，银州领儒林、真乡、开光、抚宁四县，治儒林县。

武周长安四年，银州领县不变。

唐天宝元年，改为银川郡，以乞银谷为名，隶朔方郡都督府。十三载，银川郡领儒林①、真乡、开光、抚宁四县，仍治儒林县。至德元载，隶朔方节度使。

乾元元年，复为银州。大历十四年，隶振武麟胜等军州节度观察处置使。贞元三年，割隶夏绥银节度使。元和十五年，银州领县一如天宝十三载。

咸通十四年，银州领县不变。

中和元年，隶定难军节度使。

1. **儒林县**(618—907)

本隋雕阴郡旧县，隋末，隶绥州。贞观二年，割隶银州，为州治。天宝元年，隶银川郡，为郡治。乾元元年，复隶银州，为州治。

2. **真乡县**(618—907)

本隋雕阴郡旧县，隋末，隶绥州。贞观二年，割隶银州。天宝元年，隶银川郡。乾元元年，复隶银州。

3. **开光县**(618—634，639—907)

本隋雕阴郡旧县，隋末，隶绥州。贞观八年，省入羁縻祐州都督府②。十三年，以废羁縻祐州都督府地复置开光县(今榆林市榆阳区大河塔镇芦家

---

① 儒林，《州郡典》作"榆林"，误，今依两《唐志》改正。
② 两《唐志》作"柘州"，按柘州不见于其他记载，而据《旧唐书》卷194《突厥传》，贞观四年平突厥后，唐以其部落自幽州至灵州沿边置顺、祐、化、长四州都督府。由化(北开)州置于夏州德静县，长州置于夏州长泽县，则知置于银州开光县之"柘州"为"祐州"之形误，今改。

铺),改隶银州。天宝元年,隶银川郡。乾元元年,复隶银州。

4. **抚宁县**(618—907)

本隋雕阴郡旧县,隋末,隶绥州。贞观八年,割隶银州①。开元二年,移治新抚宁城(今陕西米脂县龙镇)②。天宝元年,隶银川郡。乾元元年,复隶银州。

(三)宁朔郡(宥州)

匦州(704—707,730—738)—宥州(738—742)—宁朔郡(742—757)—怀德郡(757—758)—宥州(758—762,814—907)

武周长安四年,升羁縻依州为匦州③,治延恩县,隶灵州都督府,以废塞州之塞门县来属,升为正县。

唐神龙三年,复降为羁縻依州,延恩、塞门二县降为羁縻县,分属羁縻依、塞二州。开元十八年,析盐州地复置匦州及延恩县,仍隶灵州都督府。二十二年,割隶夏州都督府。二十六年,改为宥州④,以处康待宾余部,以宽宥为名,以废长州之长泉县来属,改为归仁县,置怀德县。

天宝元年,改为宁朔郡,借朔方郡宁朔县为名,隶朔方郡都督府。十三载,宁朔郡领延恩、怀德、归仁三县,治延恩县。至德元载,隶朔方节度使。二载,改为怀德郡,置怀德郡都督府,只领羁縻州。

乾元元年,复为宥州。宝应元年,州废⑤,延恩、怀德、归仁三县省入夏、盐

---

① 《元和志》《太平寰宇记》均云:"隋末陷于寇贼,贞观二年平梁师都,于此重置银州。"似言银州治抚宁县,然两书又言银州治儒林县,并未移治,固属自相矛盾,且与两《唐志》所载不合,不取。
② 《元和志》银州抚宁县:"北至州八十里。隋开皇三年移于今理。无定河在县北二十里。"《旧唐志》银州抚宁县:"治龙泉川,开元二年,移于今所。"则《元和志》之"今所"乃移录《括地志》语,即龙泉川。元和所治,当在今米脂县龙镇,贞观所治,当在今米脂县杜家石沟镇。
③ 黄银洲等《再论唐六胡州城址的定位问题——兼谈历史地理学研究方法》(载《中国历史地理论丛》2011年第1期)认为匦州系以丽州或契州改置。
④ 羁縻匦州,与羁縻长州皆由原羁縻鲁、丽、含、塞、依、契六羁縻州(六胡州)合并而来,刘统《唐代羁縻府州研究》第65页认为调露元年(679)六胡州以唐人为刺史,表明当时六胡州已由羁縻州转为正州。然迄止神龙三年,六州皆不领县,与正州之制不合,刘说未为允当,今不取。
⑤ 《元和志》、两《唐志》皆云宥州"宝应已后废"。《新唐书》卷146《李栖筠传》云:"至德、宝应间废宥州。"然艾冲《论毛乌素沙漠形成与唐代六胡州土地利用的关系》(载《陕西师范大学学报》2004年第3期)据《资治通鉴》卷232、卷202所言"(贞元二年十二月,宥州管内)昭武九姓胡东走石州,降于河东节度马燧",认为是年旧宥州始被撤销。今查《资治通鉴》卷232原文为:"(贞元二年十二月)燧至石州,河曲六胡州皆降,迁于云、朔之间。"其卷202则未查到相关记载。很明显,贞元二年是马燧将寄住在石州的六胡州首领迁到云、朔地区,而非原住宥州的六胡州首领迁到石州,也就是说,早在贞元二年以前,六胡州首领已迁离宥州,宥州废于宝应年间的记载是正确的,并非废于贞元二年。

二州。元和九年，析盐州北境复置延恩县及宥州，割隶夏绥银节度使。十五年，为吐蕃所破，移州治及延恩县于夏州长泽县，割长泽县来属。

长庆四年，节度使李祐奏移还宥州及延恩县于故地，复置怀德、归仁二县，长泽县还隶夏州。咸通十四年，宥州领延恩、怀德、归仁三县，治延恩县。

唐末，延恩、怀德、归仁三县复废，仍移州治于治夏州长泽县，割长泽县来属①。

1. 延恩县 (704—707，730—762，814—907)

武周长安四年，升羁縻依州之延恩县为正县，仍治延恩城（今内蒙古鄂托克前旗昂素镇苏力迪古城）②，隶匡州，为州治。神龙三年(707)，复降为羁縻县，隶羁縻依州。开元十八年，析盐州白池县及夏州地复置延恩县，仍隶匡州。二十六年，移治宥州城（今鄂托克旗乌兰镇呼和陶勒盖）③，隶宥州，均为州治。天宝元年，隶宁朔郡，为郡治。十五载④，移治经略军榆多勒城（今鄂托克旗木凯淖尔镇后哈达图村水泉古城）⑤。至德二载，隶怀德郡。乾元元年，复隶宥州，为州治。宝应元年，州废，省入夏州朔方县。元和九年，析盐州北境复置延恩县于榆多勒城，仍隶宥州，为州治。十五年，为吐蕃所破，寄

---

① 《纪要》卷61榆林镇："宥州城……宋没于西夏。又，怀德城……开元二十六年改置怀德县，属宥州，宋皆没于西夏，县废。"是知宥州及其属县唐末仍存。
② 详上编第一章《关内道羁縻地区》第四节"灵武郡都督府所领"附羁縻兰池州都督府依州注，古城旧属玛拉迪苏木。艾冲《公元7～9世纪鄂尔多斯高原人类经济活动与自然环境演变研究》第108页以为在敖勒召其镇查干巴拉嘎苏古城。
③ 《元和志》："废宥州，在盐州东北三百里，在夏州西北三百里。""夏州，西至盐州三百里。"则旧宥州与盐、夏二州呈等边三角形分布，今依此推定旧宥州应在今鄂托克旗乌兰镇呼和陶勒盖（旧名赛日陶勒盖，属包乐浩晓苏木）。又，《通典》云宁朔郡（宥州）南至五原郡（盐州）一百四十里，与《元和志》差异太大。按《元和志》："神龙三年复置兰池州都督府，在盐州白池县北八十里。"白池县在盐州北九十里，即兰池州在盐州北一百七十里，与一百四十里相近，则《通典》里数当有误，或是误以匡州城为旧宥州城。艾冲《唐代河曲粟特人"六胡州"治城的探索》（载《民族研究》2005年6期）承《通典》之误，更以为旧宥州治今鄂托克前旗吉拉苏木查干巴拉嘎苏古城（即阿杜滩）。
④ 《元和志》："天宝中，宥州寄理经略军。……元和八年冬，李吉甫上言曰：'天宝末年，宥州寄于经略军。'"《唐会要》："元和九年二月敕：'天宝末年，宥州寄于经略军。'"
⑤ 王北辰《唐代河曲的"六胡州"》（载《王北辰西北历史地理论文集》，学苑出版社，2000年）以为新宥州在今鄂托克旗包绕浩晓苏木保尔浩绍古城，王乃昂等《六胡州古城址的发现及其环境意义》（载《中国历史地理丛》2006年第3期）以为在今鄂托克前旗城川古城。然据《元和志》，新宥州在夏州西北三百二十里、旧宥州东北三百里、麟州西六百里、灵州东北六百五十里、中受降城西南五百六十里、天德军南六百里、盐州北六百里（或四百里），以此推定新宥州（经略军榆多勒城）位置应如艾冲《唐代河曲粟特人"六胡州"治城的探索》所考，在今鄂托克旗木凯淖尔镇（旧巴音淖尔乡）后哈达图村西南的水泉古城。

治夏州长泽县。长庆四年,还治榆多勒城,析置怀德、归仁二县。唐末,省入夏州朔方县。

2. **怀德县**(738—762,824—907)

开元二十六年,析延恩县置怀德县,治故塞门城(今鄂托克前旗昂素镇巴彦呼日呼古城)①,隶宥州。天宝元年,隶宁朔郡。至德二载,隶怀德郡。乾元元年,复隶宥州。宝应元年,省入夏州长泽县。长庆四年,析延恩复置怀德县,仍治故怀德城,隶宥州。唐末,省入夏州长泽县。

3. **长泉县**(704—707,730—738)—**归仁县**(738—762,824—907)

长安四年,升羁縻维州长泉县为正县,仍治长泉城(今鄂托克前旗敖勒召其镇敖勒召其古城),隶长州,为州治。神龙三年,复降为羁縻县,隶羁縻兰池州②。开元十八年,析盐州白池县复置长泉县,仍隶长州。二十六年,州废,改为归仁县,隶宥州。天宝元年,隶宁朔郡。至德二载,隶怀德郡。乾元元年,复隶宥州。宝应元年,省入盐州白池县。长庆四年,析延恩县复置归仁县,仍治故归仁城,隶宥州。唐末,省入盐州白池县。

附旧州:长州(704—707,730—738)

武周长安四年,升羁縻维州为长州③,治长泉县,取其首字为州名,隶灵州都督府,以废羁縻鲁州之如鲁县、废羁縻丽州之□□县、废羁縻依州之□□县、废羁縻含州之河曲县来属,皆升为正县。

唐神龙三年,降为羁縻兰池州,长泉、如鲁、□□、□□、河曲五县复降为羁縻县,分隶兰池、鲁、丽、依、含五羁縻州。开元十八年,析盐州地复置长州及长泉县,仍隶灵州都督府。二十二年,割隶夏州都督府。二十六年,州废,长泉县改为归仁县,隶宥州。

---

① 《新唐表》云,开元十年复置鲁、丽、契、塞四州,鲁、丽、契三州隶朔方节度使,靠西,则塞州当隶夏州都督府,靠东,因拟故州塞门城在今鄂托克前旗昂素镇(旧查干陶勒盖苏木)境。
② 长泉县本羁縻兰池州旧县,《元和志》云:"神龙三年,复置兰池都督府,在盐州白池县北八十里。"显见兰池州非匡州改置,然兰池亦入"六胡州"之列,只能是改旧州而置,非新置,其初置时除匡州外唯有长州,可知兰池州系以长州改置。王北辰《唐代河曲的"六胡州"》以为,今鄂托克前旗敖勒召其镇北之敖勒召其古城是唐兰池都督府城,今从之。艾冲《公元7~9世纪鄂尔多斯高原人类经济活动与自然环境演变研究》第109页以为在鄂托克旗查布苏木的水利古城(保尔浩绍古城)。
③ 艾冲《唐代河曲粟特人"六胡州"治城的探索》以为长州乃羁縻含州升置。按羁縻含州有河曲县,当近黄河,而长州后改兰池州(两州均有长泉县),地在今鄂前旗敖勒召其镇,与含州相距较远,似不可能有相承关系。

第七节 榆林郡(胜州)都督府

云州总管府(618—621)—胜州都督府(628—742)—榆林郡都督府(742—756)

武德元年(618),唐革隋命,以前云州置前云州总管府①,直属中央。四年,为梁师都所占,罢总管府。贞观二年(628),收复,置胜、银二州及胜州都督府②,隶灵州大都督府。三年,置后云州。四年,属关内道,改后云州为威州。八年,废威州。十三年,割银州隶夏州都督府,胜州都督府督胜州一州。

垂拱二年(686),废单于都护府为单于镇守军来属。

武周长安四年(704),胜州都督府督胜州及单于镇守军。

唐景龙二年(708),置振武军。开元二年(714),割单于镇守军隶单于都护府。四年,废振武军,以其所领东受降城为直辖城。八年,以东受降城复置振武军,割隶单于都护府。十二年,置麟州。十四年,废麟州。

天宝元年(742),复置麟州。是年,改胜州为榆林郡,麟州为新秦郡,改胜州都督府为榆林郡都督府。十三载,胜州都督府督榆林、新秦二郡。至德元载,以榆林、新秦二郡隶朔方节度使,都督成虚职。

(一)榆林郡(胜州)

前云州(618—628)—胜州(628—742)—榆林郡(742—758)—胜州(758—907)

榆林郡,本隋旧郡,领榆林、富昌、金河三县,隋末,郭子和以郡入突厥。武德元年,郭子和以城归唐,改为前云州,以隋旧州为名,置前云州总管府。四年,为梁师都所据,省富昌、金河二县③。贞观二年,平梁师都,改为胜州,以隋旧州为名,仍治榆林县,割绥州银城县来属,置胜州都督府。三年,置河滨

---

① 《旧唐书》卷56《李子和传》:"武德元年,遣使归款,授榆林郡守,寻就拜云州总管。"
② 《旧唐志》言是年夏府领银州,然据盐州条,此"银"乃"盐"之误,则银州无所属,而胜府当不至仅领本州,故推知领有银州。又依《括地志序》,不晚于贞观十三年乃割隶夏州。
③ 《旧唐书》卷56《李子和传》载:武德四年,云州总管李子和惧梁师都,拔户口南徙延州。云州故地户口大减,富昌、金河二县当省于此时。

县,割隶后云州。八年,以废威州之河滨县来属,置连谷县。十三年,胜州领榆林、河滨、连谷、银城四县,治榆林县。

武周长安四年,胜州领县不变。

唐开元二年,置新秦县。七年,置铁麟县。十二年,割新秦、铁麟、连谷、银城四县置麟州。十四年,以废麟州之连谷、银城二县来属。

天宝元年,复为榆林郡,隶榆林郡都督府,割连谷、银城二县隶新秦郡。十三载,榆林郡领榆林、河滨二县,治榆林县。至德元载,隶朔方节度使。

乾元元年(758),复为胜州,隶振武麟胜等军州节度观察处置使。广德二年(764),复隶朔方节度使。大历十四年(779),还隶振武麟胜等军州节度观察处置使。元和十五年(820),胜州领县一如天宝十三载。

咸通十四年(873),胜州领县不变。

1. 榆林县(618—907)

本隋榆林郡旧县,隋末,隶前云州,为州治。武德四年,隶胜州,仍为州治,省富昌、金河二县来属。贞观三年,析置河滨县。天宝元年,隶榆林郡,为郡治。乾元元年,复隶胜州,为州治。

附旧县:富昌县(618—621)

本隋榆林郡旧县,武德元年,隶前云州。四年,郭子和以其民南徙延州,梁师都省入榆林县。

2. 河滨县(629—907)

贞观三年,析榆林县置河滨县,以处黄河之滨为名,治河滨城(今内蒙古准格尔旗龙口镇古城圪梁)①,隶后云州,为州治。四年,隶威州,仍为州治。八年,州废,改隶胜州。天宝元年,隶榆林郡。乾元元年,复隶胜州。

附旧州: 后云州(629—630)—威州(630—634)

贞观三年,割胜州河滨县置后云州,自绥州境移行云州民于此,隶胜州都

---

① 《太平寰宇记》胜州河滨县:"(州)南二百九十里。"《大清重修一统志》第2417册鄂尔多斯引作"一百九十里",据《中国文物地图集·内蒙古自治区分册》下册第609页,今龙口镇古城圪梁(旧属魏家峁乡)有唐代古城,东距黄河十五里,盖即其地。然《元和志》云:"黄河,在县东一十五步,阔一里,不通舟楫,即河滨关,渡河处名君子津。""步"当为"里"之误,其地既不通舟楫,则不合置关津,因疑"即河滨关"以下文字当系于"河滨关"条下。《地图集》置于大路镇前房子村(旧属东孔兑镇),《中国文物地图集·内蒙古自治区分册》以为在十二连城乡天顺圪梁古城,里距皆太近,恐分别是河滨关、义勇军之所在,非县治。

督府。四年，改为威州，取威胜嘉名。八年，州废，河滨县改隶胜州。

(二) 新秦郡(麟州)
麟州(724—726,742)—新秦郡(742—758)—麟州(758—907)

开元十二年，割胜州新秦、铁麟、连谷、银城四县置麟州，以铁麟县末字为名，治新秦县，隶胜州都督府。十四年，州废，连谷、银城二县还隶胜州，省新秦、铁麟二县。

天宝元年，割胜州连谷、银城二县复置麟州及新秦县，治新秦县，隶胜州都督府。是年，改为新秦郡，郡以县名，隶榆林郡都督府。十三载，新秦郡领新秦、连谷、银城三县，治新秦县。至德元载，隶朔方节度使。

乾元元年，改为麟州，隶振武麟胜等军州节度观察处置使。广德二年，复隶朔方节度使。大历十四年，还隶振武麟胜等军州节度观察处置使。元和十五年，麟州领县一如天宝十三载。

咸通十四年，麟州领县不变。

中和四年(884)，割隶河东道河东节度使。

1. 新秦县(714—726,742—907)
开元二年，析连谷、银城二县地置新秦县，以汉"新秦中"旧地为名，治新秦城(今陕西神木县店塔镇杨城村古城)[1]，隶胜州。七年，析置铁麟县。十二年，割隶麟州，为州治。十四年，州废，省入连谷、银城二县。天宝元年，复析胜州连谷、银城二县置新秦县，隶新秦郡，为郡治。乾元元年，复隶麟州，为州治。

2. 连谷县(634—907)
贞观八年，析胜州银城县置连谷县，治故连谷戍(今神木县店塔镇黄羊城)[2]，因以为名，隶胜州。开元十二年，割隶麟州。十四年，州废，省新秦县来属，连谷县还隶胜州。天宝元年，割隶新秦郡，并析置新秦县。乾元元年，复隶麟州。

3. 银城县(618—907)
本隋雕阴郡旧县，隋末，隶绥州。贞观二年，割隶胜州。四年，割隶银州。

---

[1] 《元和志》麟州："东至岚州一百八十里，东至岚州界黄河一百二十里，东北至胜州四百里，西南至银州三百里。"遗址尚存，详《中国文物地图集·陕西分册》下册，第639页。
[2] 《陕西省志》第二卷《行政建置志》，第638页；《中国文物地图集·陕西分册》下册，第638页。

八年,还隶胜州。开元十二年,割隶麟州。十四年,州废,省铁麟县来属,银城县还隶胜州。天宝元年,割隶新秦郡。乾元元年,复隶麟州。

附旧县:铁麟县(719—726)

开元七年,析新秦县置铁麟县,治铁麟城(今陕西府谷县城府谷镇)①,隶胜州。十二年,割隶麟州。十四年,州废,省入银城县。

第八节 安北都护府

燕然都护府(647—663)—后瀚海都护府(663—669)—前安北都护府(669—688)—安北都护府(708—756)—镇北都护府(756—784)—天德军都防御使(796—907)

贞观二十一年(647),平藩属薛延陀国,以其地置燕然都护府,以燕然山为名,寄治灵州都督府单于台(今内蒙古乌拉特中旗温更镇阿拉腾呼舒)②,领羁縻瀚海等州都督府。

龙朔三年(663),平羁縻瀚海州都督回纥比粟毒之乱,燕然都护府移治婆陵水上之瀚海州都督府城,改为后瀚海都护府,领羁縻瀚海州都督府等漠北羁縻府州,置天山县为直辖县。总章二年(669),改后瀚海都护府为前安北都护府。垂拱四年(688),因同罗、仆骨诸部之乱,遂罢天山县及漠北羁縻府州,安北都护府寄治于陇右道甘州同城镇③,为行都护府(见本编第十六章《河西道》第一节附"行安北都护府")。

唐景龙二年(708),陇右道安北都护府还属关内道,寄治丰州都督府西受降城。开元二年(714),寄治中受降城。十年,以废丰州都督府之丰州及中、

---

① 依地理形势推定。
② 《元和志》载:"贞观二十一年,于今西受降城东北四十里置燕然都护。"据《地图集》,当即东汉南匈奴单于庭遗址。谭其骧《唐北陲二都护府建置沿革与治所迁移》(载《长水集》)云:"《旧唐书》195《回纥传》、《新唐书》217上《回鹘传》作置燕然都护府于单于台。按《元和志》云州云中县下有单于台,在县西北四十余里,此系另一单于台,不得为燕然都护之治所。当时回纥等部南过贺兰山,临黄河,遣使入贡,太宗幸灵武受其降款;既置府州,诸部请于回纥以南突厥以北开一道,谓之参天可汗道,置六十八驿以通贡使。以地势度之,参天可汗道当自关中北向偏西逾河套趋回纥等部,西受降城附近居河套西北狼山之麓,正扼此道冲要,都护府自应在此,必不得远离此道置府于迤东千里之外之云州附近。"
③ 《地图集》第五册陇右道幅标明安北都护府移治同城年代为"686",即垂拱二年,谭其骧据《陈伯玉集》卷8《上西蕃边州安危事》疑在三年或四年。今依艾冲《唐代安北都护府迁徙考论》(载《陕西师范大学学报》2001年4期)定于垂拱四年。欧阳詹《同州韩城县西尉厅壁记》(载《全唐文》卷597)云:"其安北都护本在天德(指单于台),自贞观二十一年以来,移在甘州,迁徙不定。"年代当误。

西二受降城来属。

天宝元年（742），改丰州为九原郡。四载，置阴山县为直辖县，以为都护府治。八载，以直辖中、西二受降城置横塞军，并置通济县，移都护府治于此，省阴山县。十三载，改横塞军为天安军，安北都护府领丰州、天安军及一直辖地区。至德元载（756），避安氏名姓，改为镇北都护府，改天安军为天德军，割丰州及天德军隶朔方节度使，都护以朔方节度使兼，都护府只领直辖县。

乾元元年（758），都护府移治长宁县。兴元元年（784），罢都护府及其直辖地区。贞元十二年（796），割朔方节度使丰州、天德军置天德军都防御使，亦曰丰州都防御使，治天德军。元和十五年（820），天德军都防御使领天德军、丰州，仍治天德军。

咸通十四年（873），天德军都防御使领州、军不变。

（一）安北都护府直辖地区

后瀚海都护府直辖地区（663—669）—前安北都护府直辖地区（669—688）—安北都护府直辖地区（722—756）—镇北都护府直辖地区（756—784）

龙朔三年，割羁縻瀚海州都督府地为后瀚海都护府直辖地区，置天山县。总章二年，改为前安北都护府直辖地区。垂拱四年，府、县俱罢。

开元十年，以废丰州都督府之中受降、西受降二城为安北都护府直辖地区。天宝四载，置阴山县。八载，置通济县，割中受降、西受降二城隶横塞军，省阴山县。十三载，改通济县为大同县，安北都护府直辖地区有大同一县。至德元载，改为镇北都护府直辖地区，亦称镇北府。

乾元元年，置长宁县，移都护府治于此，省大同县。兴元元年，罢都护府，省长宁县。

通济县（749—754）—大同县（754—758）

天宝八载，析横塞军置通济县，治横塞军城，直属安北都护府，自阴山县移都护府治于此①。十三载，通济县移治天安军城，改为大同县，以故大同城为名，仍直属安北都护府，为都护府治。至德元载，隶镇北都护府，为都护府

---

① 贾汉复等《陕西通志》卷5："按通济在榆林府北河北岸。"谭其骧《唐北陲二都护府建置沿革与治所迁移》（《长水集》载）云："通济不见他书，当系稍后析阴山所置，疑同治府郭。"

治。乾元元年,移都护府治于长宁县(见下文西受降城),大同县省入天德军。

附旧县:天山县(663—688)

龙朔三年,析羁縻瀚海州都督府地置天山县,治瀚海府城(今蒙古国后杭爱省赫呼特县东北),直属后瀚海都护府①。总章二年,直属前安北都护府。垂拱四年,县废。

(二) 九原郡(丰州)

丰州(618—623,649—742)—九原郡(742—758)—丰州(758—907)

九原郡,本隋五原郡,领九原一县②,武德元年,改为丰州,以隋旧州为名,仍治九原县,置丰州总管府。六年,为突厥所破,总管府、州、县俱废,地入灵州,移其民于庆州白马县③。

贞观二十三年,析灵州北境再置丰州及永丰县④,治永丰县,并置丰州都督府⑤。永徽四年(753),复置九原县,自永丰县移州治于此。麟德元年(664),置丰安县。

武周长安四年(704),丰州领九原、丰安、永丰三县,治九原县。

唐景龙二年,置中受降、西受降二城,割属丰州都督府直辖。开元十年,罢都督府,丰州改隶安北都护府。

天宝元年,改为九原郡,以汉旧郡为名。十三载,九原郡领九原、永丰、丰

---

① 《旧唐书》卷195《回纥传》:"龙朔中,高宗命郑仁泰讨平仆固等,(瀚海都督)比粟毒败走,因以铁勒本部(按即瀚海都督府地)为天山县。"瀚海府城今地依《地图集》所标。
② 《隋志》五原郡有永丰、安化二县,共三县。按《旧唐志》灵州怀远县云武德元年丰州唯领九原一县,则永丰、安化二县隋末已废,今删。
③ 《太平寰宇记》丰州。又《元和志》、两《唐志》载:贞观四年,以突厥降附,复析灵州地置丰州,并置丰州都督府,不领县,惟领蕃户,以史大奈为都督。十一年,大奈死,复废府,以地入灵州。按史大奈亦为突厥人,此丰州都督府又不置县,乃是羁縻都督府,见下编。刘统以为史大奈非蕃部酋长,所以虽领蕃部,也是正州(《唐代羁縻府州研究》,第36~37页)。按羁縻州刺史尚可以汉人为之,况史大奈乎?刘说未必成立,今不取。
④ 《元和志》以丰州复置于贞观二十二年,《唐会要》以为复置于贞观二年十二月二十三日,今依《新唐志》、《太平寰宇记》、《唐会要》之"二年",当是"二十三年"之脱误。吴松弟据《旧唐书·刘兰传》贞观二年平梁师都后刘兰"以功迁丰州刺史"一语,认为"在(贞观四年)突厥降附的两年前,已恢复了丰州建置"。按《刘兰传》下文又有贞观十一年"超拜"刘兰为丰州刺史,再转夏州都督之记载,则贞观二年刘兰"迁丰州刺史"乃是虚授,与武德三年虚授吕崇茂为夏州刺史一事类同(详参郁贤皓:《唐刺史考全编》),不能证明贞观二年丰州已经复置。贞观十一年,刘兰实授夏州都督,"超拜丰州刺史"乃追述贞观二年事。《括地志·序略》贞观十三年无丰州,可证。
⑤ 《资治通鉴》载,贞观二十三年三月丙辰,置丰州都督府。按《元和志》、《旧唐志》云,贞观四年,突厥降附,置丰州都督府,以突厥人史大奈为都督,不领县,唯领蕃户,十一年,大奈死,复废府。此为羁縻都督府,不录。

安三县,治九原县。至德元载,隶朔方节度使,省丰安县。

乾元元年,复为丰州。贞元十二年,割隶天德军都防御使。元和十五年,丰州领九原、永丰二县,仍治九原县。

咸通十四年,丰州领县不变。

1. **九原县**(618—623,653—907)

本隋五原郡旧县,武德元年,隶丰州,为州治。六年,州废,省入灵州怀远县。永徽四年,析丰州永丰县复置九原县,治故九原城(今内蒙古乌拉特前旗西小召乡古城村)①,仍隶丰州,自永丰县移州治于此。天宝元年,隶九原郡,为郡治。乾元元年,复隶丰州,为州治。

2. **永丰县**(649—907)

贞观二十三年②,析灵州怀远县置永丰县,以隋旧县为名,治故永丰城(今内蒙古巴彦淖尔市临河区八一乡联丰古城)③,割隶丰州,为州治。永徽四年,析置九原县,移州治于九原县。天宝元年,隶九原郡。十五载,省永丰县来属。乾元元年,复隶丰州。

3. **丰安县**(664—756)

麟德元年,析永丰县置丰安县,借灵州旧县为名,治丰安镇(今内蒙古乌拉特前旗西小召镇屈家圪旦古城)④,隶丰州。天宝元年,隶九原郡。天宝十五载(至德元载),省入永丰县。

(三) 天安军

横塞军(749—754)—天安军(754—756)—天德军(756—907)

天宝八载,灵州都督张齐丘奏置横塞军于可敦城(今乌拉中旗新忽热苏

---

① 《元和志》丰州:"东至胜州五百三十里。西北至河西城八十里。"今依《地图集》。
② 两《唐志》、《太平寰宇记》作"永徽元年",《唐会要》作"永徽元年正月"。今按唐代附郭县与州同置之习惯,知丰州与永丰县皆奏置于贞观二十三年末,实际设置则在永徽元年初,今皆以贞观二十三年为准。
③ 《元和志》丰州永丰县:"州西一百一十六里。"《地图集》定于临河市新华镇。《历史地名》第851页定于临河市东北,今依艾冲《唐代夏州城通往丰州区域的道路考述》定于巴彦淖尔市临河区八一乡(原属临河市)联丰三社古城址。吴松弟《两唐书地理志汇释·旧唐书地理志》第71页以为治今内蒙古杭锦后旗东北,不详其说。
④ 《元和志》丰州废丰安县:"在州东南四十里。"艾冲《唐代夏州城通往丰州区域的道路考述》(载《中国边疆史地研究》2014年第3期)以为在今乌拉特前旗西小召镇屈家圪旦村古城(旧属北圪堵乡),从之。

木古城)①,隶安北都护府,割中受降、西受降二直辖城来属,并析置通济县②。十三载③,安思顺奏移军治于大同川西永清栅北三里(今乌拉特前旗额尔登布拉格苏木三里城)④,改横塞军为天安⑤军,天安军领中受降、西受降二城,治天安城。至德元载⑥,以避安氏名姓,改为天德军,隶朔方节度使。

乾元元年,天德军为宋星星所破,遂移治永清栅(今乌拉特前旗额尔登布拉格苏木浩雅日呼都格)⑦,省镇北都护府大同县来属。大历十四年(779),割

---

① 《元和志》:天德军"西北至横塞军城二百里"。《唐会要》卷 73 及《旧唐书》卷 120《郭子仪传》:"天宝八载,于木剌山置横塞军城。"《新唐书》卷 37《地理志》:"又有横塞军,本可敦城,天宝八载置。"木剌山又作牟那山、胡那山,即今乌拉特中旗至包头市间之阴山—大青山,则横塞军(可敦城)当在今乌拉特中旗东境,其地有长城东西横亘,故曰横塞。今从张文平《新忽热古城为唐代横塞军军城考论》(载《内蒙古师范大学学报》2020 年第 2 期)。吴松弟《两唐书地理志汇释·新唐书地理志》第 46 页以为在今五原县西北,王北辰《内蒙古后套平原的几个历史地理问题——兼考唐西受降城》(载《王北辰西北历史地理论文集》)以为在今临河市古城乡古城,《中国历史大辞典·历史地理》第 174 页则云可敦城"在今内蒙古乌拉中旗西阴山北麓",恐非。

② 《新唐志》不载通济县始置时间。谭其骧《唐北陲二都护府建置沿革与治所迁移》(载《长水集》)以为阴山、通济二县为天宝八载以安北都护府治中受降城时附郭县,大同、长宁乃镇北都护府治天德军时附郭县。按此说有理,而犹未尽是:安北都护府徙治天德军前尚治横塞军,亦当置附郭县,疑即通济县;又,乾元后,镇北都护府徙治西受降城时,恐亦有附郭县,疑即长宁县,即四县分别以四城析置。

③ 《新唐志》云:横塞军,天宝十二载废。《旧唐书》卷 120《郭子仪传》云:"十三载,移横塞军及安北都护府于永清栅北筑城。"按《元和志》云:"天宝十二年,安思顺奏废横塞军,请于大同川西筑城置军,玄宗赐名曰大安军。"则天宝十二载实为上奏之年,实废于十三载。

④ 此据张郁《唐王逆修墓志铭考释》,载《内蒙古文物考古》1981 年创刊号。据称天德军故城 1933 年大水后被淹没在乌梁素海水下,其地仍名为"土城子"。亦邻真等《内蒙古历史地理》第 68 页(内蒙古大学出版社,1994 年)作"阿拉奔古城"。《中国文物地图集·内蒙古自治区分册》下册第 623 页称为"陈二壕城址"。

⑤ 《元和志》作"大安",今依《旧唐书》卷 134《浑瑊传》、《新唐志》、《新唐书》卷 50《兵志》、《太平寰宇记》。

⑥ 《旧唐书》卷 9《玄宗纪》系于天宝十二载,《新唐志》系于开元十二年,《元和志》、《太平寰宇记》则云"乾元后改为天德军"。"开元十二年"显是误记,不论。岑仲勉《突厥集史》第 491 页云:"天宝时只有天安,无天德。……盖乾元之际,朝廷忌'安'字,故改'天安'为'天德',后之记都或略天安之名,迳以天德为十二载所改,疏矣。"然《资治通鉴》至德元载九月载:"阿史那从礼将寇朔方,上命郭子仪诣天德军发兵讨之。"亦可否定"乾元后改为天德"之说。而天宝十二载至十四载之间,是大安军筑城时间,未曾更名天德。《中国历史大辞典·历史地理》第 119 页以为"十四载改为天德军",未详所据。按唐避安氏名姓改动地名者,多在至德年间,今依《资治通鉴》定在至德元年,与安北都护府改镇北都护府同时。

⑦ 《元和志》天德军、西受降城题注云,乾元后天德军移治西受降城。按《元和志》引李吉甫奏云:"寻属安禄山有事,子仪留老弱于此城(即天德旧城),为宋星星所破,遂移天德军(于)永清栅,别置(都护府)理所于西(受降)城。""今之永清栅,仍存天德军额。"《太平寰宇记》丰州天德军亦云:"乾元后,改为天德军,缘居人较少,遂西南移四里,权居永清栅。"《新唐志》云:"天德军,乾元后徙屯永清(济)栅。"可知乾元后天德军实移治永清栅,即《中国文物地图集·内蒙古自治区分册》下册第 623 页之"坝头遗址"。《元和志》天德军、西受降城题注盖误以乾元安北都护府移治西受降城一事为天德军移治西受降城,今不取。

中受降城隶振武麟胜等军州节度观察处置使。贞元十二年，割隶天德军都防御使，为使治。元和九年①，宰相李吉甫奏请天德军还治故天安城，割振武军节度使直辖中受降城来属。十五年，天德军领中受降、西受降二城，仍治故天安城。

咸通十四年，天德军领城不变。

1. **中受降城**(708—907)

景龙二年②，朔方道大总管张仁愿筑中受降城于丰州拂云堆（今内蒙古包头市九原区共青农场敖陶窑古城）③，以汉受降城为名，直属丰州都督府。开元二年，自西受降城移安北都护府治于此。十年，直属安北都护府。天宝四载，析置阴山县。八载，中受降城割隶横塞军④，省阴山县来属。至德元载，隶天德军。大历十四年，割隶振武麟胜等军州节度观察处置使。元和九年，还隶天德军。

附旧县：阴山县(745—749)

天宝四载⑤，析中受降城置阴山县，以阴山为名，仍治中受降城，为安北都护府附郭县。八载，都护府移治通济县，阴山县省入中受降城。

2. **西受降城**(708—907)

景龙二年，朔方道大总管张仁愿筑西受降城于丰州北境（今乌拉特中旗乌加河镇奋斗村古城）⑥，以汉受降城为名，直属丰州都督府，安北都护府寄治

---

① 《元和志》、《资治通鉴》系于八年，《唐会要》系于十二年，今依《新唐志》，考详黄利平：《唐天德镇三受降城说质疑》（载《中国历史地理论丛》1989年第1期）。
② 《元和志》、《新唐志》作"景云三年"，《州郡典》、《唐会要》作"景云二年"，《太平寰宇记》作"神龙三年"，今依《资治通鉴》。参尤炜祥：《两唐书疑义考释·新唐书卷》，第49页。按《元和志》云，景龙二年移安北都护府于西受降城，则作"景云"非是。按《资治通鉴》，三受降城成于景龙二年三月一日，又按《元和志》，修筑三受降城耗时六旬有余，则神龙三年（即景龙元年）当是张仁愿开工筑城之年。
③ 《元和志》："中受降城，东至东受降城三百里，西北至天德军二百里。"《地图集》标绘于今包头市九原区哈林格尔镇西圐圙（旧属全巴图乡），《内蒙古自治区志·行政建置志》第235页以为在哈林格尔乡（今为镇）。然而考古工作者在市南农场之敖陶窑发现有唐代古城，周长1500米，姚桂轩《受降城》考证其为唐代中受降城（载《包头文物资料》第1辑，1984年），亦邻真等《内蒙古历史地理》第68页及《中国文物地图集·内蒙古自治区分册》、《历史地名》皆从其说，当是。
④ 《册府元龟》卷993："天宝八年七月，以中受降城及所管骑士一千一百四十八人领于天德军。"天德军，是时亦称横塞军。
⑤ 两《唐志》作"元年"，今依《旧唐书》卷9《玄宗纪》、《唐会要》。
⑥ 《元和志》："西受降城，在丰州西北八十里，开元初为河水所坏。"今乌拉特中旗乌加河镇奋斗村（一作库伦补隆、呼热布郎）有唐代古城，东西约450米，南北约400米，有角台，《地图集》以为西受降城，可从，唐时河水经此。亦邻真等《内蒙古历史地理》第68页误以其城在乌拉特前旗。王北辰《内蒙古后套平原的几个历史地理问题——兼考唐西受降城》（载《王北辰西北历史地理论文集》）以为在临河市八一乡丰收村古城（即上文九原郡丰州永丰县之联丰古城），盖误以唐黄河干流流经临河之故。

于此①。开元二年,移都护府治于中受降城。十年,直属安北都护府。天宝四载,析置长宁县。八载,割隶天安军。至德元载,隶天德军。乾元元年,析置长宁县。兴元元年,省长宁县来属。

附新县:长宁县(758—784)

乾元元年,析西受降城置长宁县,仍治西受降城,直属镇北都护府,自大同县移都护府治于此。兴元元年,都护府罢,长宁县省入西受降城。

附旧府 丰州总管府(618—623)—丰州都督府(649—722)

武德元年,张长逊以丰州归唐,置丰州总管府。六年,罢总管府及丰州。贞观二十三年,复置丰州都督府②,督丰州一州及羁縻州。

武周长安四年,丰州都督府督州不变。

唐景龙二年,置西受降、中受降二直辖城,安北都护府寄治西受降城。开元二年,安北都护府寄治中受降城。十年③,罢丰州都督府,丰州及中受降、西受降二直辖城改隶安北都护府。

第九节　单于都护府

前瀚海都护府(650—663)—云中都护府(663—664)—单于都护府(664—686,720—758)—振武麟胜等军州节度观察处置使暨单于都护府(758—764)—单于都护府(764—779)—振武麟胜等军州节度观察处置使暨单于都护府(779—845)—振武麟胜等军州节度观察处置使暨后安北都护府(845—907)

永徽元年(650),割胜、丰二州都督府及河东道代州都督府羁縻地区置前

---

① 谭其骧:《唐北陲二都护府建置沿革与治所迁移》(载《长水集》)。
② 《旧唐书》卷3《太宗纪》载,贞观二十三年三月丙辰,置丰州都督府。按《元和志》云,贞观四年,突厥降附,置丰州都督府,以突厥人史大奈为都督,十一年,大奈死,复废府。此为羁縻都督府,不录。
③ 谭其骧《唐北陲二都护府建置沿革与治所迁移》云:"按《通典》一七三安北都护府下云:'大唐分丰、胜二州界置。'《旧唐志》安北都护府下云:'开元十年分丰、胜二州界置。'可知安北府于开元二年初移中受降城,乃寄治丰州境内,至十年,乃分丰、胜二州之地为府之辖境耳。"是谓安北都护府自开元十年乃由寄治丰州境改为实土政区,亦即以原丰州都督府地为安北都护府地也。郁贤皓《唐刺史考全编》所列丰州刺史带都督者,最晚于开元四年之吕休琳,开元十八年之丰州刺史袁振已不带都督,可证。《大唐六典》卷3有丰州下都督府,《本钱簿》犹以"丰府"列目,当是习用旧称。

瀚海都护府，以戈壁沙漠之雅称瀚海为名，治云中府城（故定襄城）①。龙朔三年（663），改为云中都护府，置都护府直辖地区，移治云中城。麟德元年（664）②，改为单于都护府。垂拱二年（686），罢单于都护府，以直辖地区为单于镇守军③，隶胜州都督府。

开元二年（714），复割胜州都督府单于镇守军置单于都护府④。七年，罢单于都护府及单于镇守军。八年，割胜州都督府振武军复置单于都护府及其直辖地区。

天宝十三载（754），单于都护府有一直辖地区及振武军。至德元载（756），割振武军隶朔方节度使，都护以朔方节度使兼，都护府只领直辖县。

乾元元年（758），割朔方节度使振武军及胜、麟二州置振武麟胜等军州节度观察处置使，省称振武麟胜等军州节度观察处置使，治单于府，兼单于都护。广德二年（764），罢镇，振武军及胜、麟二州还隶朔方节度使，单于都护以朔方节度使兼。大历十四年（779），割朔方节度使振武军及胜、麟、银、绥四州，镇北都护府之中受降城复置振武麟胜等军州节度观察处置使，仍治单于府，兼单于都护⑤。建中四年（783），割绥州隶京畿渭北节度使。是年，复割京畿渭北节度使绥州来属。贞元三年（787），割绥、银二州隶夏绥银节度使。元和九年（814），割中受降城隶天德军都防御使天德军。十五年，振武麟胜等军州节度观察处置使领振武军及胜、麟二州，治单于府，兼单于都护。

会昌五年（845）⑥，改单于都护府为后安北都护府，仍以振武麟胜等军州节度观察处置使兼都护⑦。咸通十四年（873），振武麟胜等军州节度观察处置使领州不变，仍兼后安北都护。

---

① 谭其骧《唐北陲二都护府建置沿革与治所迁移》云："史籍之所以不载前瀚海都护府治所，盖仍在漠南云中都督府城也。"从之。
② 欧阳詹《同州韩城县西尉厅壁记》（载《全唐文》卷597）作"三年"，误。
③ 《元和志》、《唐会要》单于都护府云："垂拱二年，改为镇守使。"谭其骧上文云："盖单于都护府所领府州既已不复存在，都护府徒具空名，故至是改为镇守使。"按镇守使乃是镇守军使，即以单于都护府直辖地置单于镇守军，如安西四镇守军然，都护府仍存其名。
④ 《唐会要》卷73："开元二年闰五月，却置单于都护府，移安北都护府于中受降城。"然据《唐刺史考全编》，中、睿时仍有单于都护之名，盖为遥领，至开元二年乃开府于单于镇守军。
⑤ 《资治通鉴》大历十四年十一月云："代州刺史张光晟知单于、振武等城，绥银麟胜留后。"意指以代州刺史张光晟调任振武节度使，兼单于都护、振武军使。
⑥ 欧阳詹《同州韩城县西尉厅壁记》（载《全唐文》卷597）作"圣历元年"，误。
⑦ 《辽史》卷41《地理志》西京道载：唐会昌中，以西德店置德州及德昌县。按其地在今凉城县东北胡麦图乡，唐会昌中属振武军，然唐宋史志皆不载此州县，疑其为契丹会同中事，而误植于唐会昌中，今不录。

中和四年(884),割麟州隶河东道河东节度使。

(一) 单于都护府直辖地区

云州(618—640)—云中都护府直辖地区(663—664)—单于都护府直辖地区(664—686)—单于镇守军(686—719)—单于都护府直辖地区(720—845)—后安北都护府直辖地区(845—907)

云州,本隋定襄郡,领大利一县,隋末,为刘武周所据①。武德元年(618),改为云州,改大利县为定襄县。三年,武周败,突厥以其地安置隋王杨政道,为都城②。贞观四年(630),平杨政道,隶河东道代州都督府③。十三年,云州领定襄一县。十四年,移云州及定襄县于故羁縻顺州地(以后云州沿革参见本编第三章《河东道》第三节"雁门郡都督府"云中郡云州),云州旧地入于藩属突厥国。

龙朔三年,置云中城,以为云中都护府直辖地区。麟德元年,改为单于都护府直辖地区,改云中城为单于城。垂拱二年,罢都护府,以都护府直辖地区置单于镇守军,仍领单于城,隶胜州都督府。

武周长安四年(704),单于镇守军领单于一城。

唐开元二年,以单于镇守军复置单于都护府④。七年,都护府、镇守军俱罢,废单于城。八年,复置单于城,直属单于都护府,为府治。天宝四载,改单于城为后金河县,仍为府治。十三载,单于都护府直辖地区有后金河县。至德元载后,亦称单于府。

元和十五年,单于都护府直辖后金河一县。

会昌五年⑤,改为后安北都护府直辖地区,亦称后安北府。咸通十四年,

---

① 《旧唐书》卷55《刘武周传》、《资治通鉴》卷183。
② 《资治通鉴》卷188云:"武德三年二月,突厥处罗可汗迎杨政道,立为隋王,中国士民在北者,处罗悉以配之,有众万人,置百官,皆依隋制,居于定襄。"
③ 《旧唐志》代州都督府序云:"贞观四年,又督灵州。"此"灵州"当是"云州"之误。《元和志》、两《唐志》、《太平寰宇记》皆言:贞观十四年,自定襄城移云州及定襄县于故恒安镇。则此前已置云州及定襄县。以州名观之,其始置年代当与贞观四年平突厥及关内道后云州之废相符。盖其地本隋末定襄郡大利县,突厥以置隋王杨政道,贞观四年破突厥,乃改为云州定襄县,并改关内道之后云州为威州。《通典》卷197《突厥》:"(贞观)四年正月,李靖进屯恶阳岭,夜袭定襄,颉利惊扰,因徙牙于碛口,其将康苏密等遂以隋萧后及杨政道来降。"可证。
④ 谭其骧《唐北陲二都护府建置沿革与治所迁移》云:"《文苑英华》459 开元二年《命姚崇等北伐制》中见'检校单于大都护镇守军使张知运'……都护虽复置而垂拱以来之镇守使之名仍不废,用以为都护之兼衔。"
⑤ 《新唐表》作三年,今依《唐会要》卷73、《册府元龟》卷994。

后安北府领县不变。

大利县(618—630)—**定襄县**(630—640)—**云中城**(663—664)—**单于城**(664—719,720—745)—**后金河县**(745—907)

后金河县,本隋定襄郡大利县。贞观四年,改为定襄县,以隋定襄郡为名,隶云州,为州治。十四年,随州移治故羁縻顺州恒安镇(以后沿革参见本编第三章《河东道》第三节"雁门郡都督府"云中郡云州)。龙朔三年,以云州旧地置云中城(今内蒙古托克托县古城镇)①,直属云中都护府,为府治。麟德元年,改为单于城,直属单于都护府,为府治。垂拱二年,隶单于镇守军,为军治。开元七年,镇守军废,单于城废入胜州都督府振武军东受降城。八年,析东受降城复置单于城,仍治故云中城,直属单于都护府,为府治。天宝四载,移治故定襄城(今和林格尔县盛乐镇土城子)②,改为后金河县,仍直属单于都护府,为府治。会昌五年,直属后安北都护府,为府治。

(二) 振武军
振武军(708—716,720—907)

景龙二年(708),张仁愿析胜州置振武军及东受降城,隶胜州都督府。开元四年,废军,东受降城直属胜州都督府③。八年,复置,仍领东受降城,割隶单于都护府。天宝四载,移治单于府城。十三载,振武军领东受降城一城。至德元载,隶朔方节度使。

乾元元年,割隶振武麟胜等军州节度观察处置使。广德二年,还隶朔方

---

① 今址据樊文礼《唐代单于都护府考论》(载《民族研究》1993 年第 3 期)考证。《内蒙古自治区志·行政区域建置志》第 208、529、539 页以为在和林格尔县土城子乡。艾冲《关于唐代单于都护府的两个问题》(载《民族研究》2002 年第 3 期)引《通典》云龙朔三年置云中都护府于定襄城,然查《通典》原文并未提及定襄城,艾说误。
② 《内蒙古文物考古工作三十年》(载《文物考古工作三十年》)云:"和林格尔县土城子古城传为唐单于都护府故址,1956 年春在该城西墙外发现了李玉祥墓志,给我们提供了佐证。"又见《中国文物地图集·内蒙古自治区分册》下册,第 31 页。移治时间据樊文礼《唐代单于都护府考论》(载《民族研究》1993 年第 3 期)考证。《和林格尔县志》第 522 页云:"贞观十四年,迁定襄于恒安镇,此城遂废。"不确。
③ 史志不载其事。按《文苑英华》卷 459 载开元四年正月二日《命薛讷与九姓共伐默啜制》有"胜州都督、东受降城使邵宏"。东受降城既直属胜州都督府,可见振武军已废。

节度使。大历十四年,复割隶振武麟胜等军州节度观察处置使①。元和十五年,振武军仍领东受降一城。

咸通十四年,振武军领城不变。

前金河县(618—621)—东受降城(708—907)

东受降城,本隋榆林郡前金河县,武德元年,隶前云州。四年,郭子和以其民南徙延州,梁师都省入榆林县。景龙二年,析胜州榆林县置东受降城(今托克托县城双河镇大皇城)②,以汉受降城为名,隶振武军,为军治。开元四年,直属胜州都督府。八年,复隶振武军,为军治。宝历元年(825),徙于绥远烽南(今双河镇蒲滩拐)③。

附旧国 梁师都梁国(617—628)

隋大业十三年(义宁元年,617年),梁师都以隋朔方、雕阴、延安、弘化、盐川五郡建梁国,建元永隆④,改朔方郡为夏州,雕阴郡为绥州,延安郡为延州,弘化郡为庆州,盐川郡为盐州,以朔方郡为都城。是年,庆州复归隋,仍为弘化郡。武德元年,置魏州,延州陷于唐。二年,魏州陷于唐。四年,取唐前云、北仁、魏、南平、基、西和、北广、北连八州来属,废南平州。六年,贺遂等以北仁、魏、基、西和、北广、北连六州归唐⑤。贞观二年,梁国亡,夏、盐、前云、绥四州归唐。

---

① 《文苑英华》卷409《授辛德谦丹延团练使制》云,以单于副都护充振武军使上柱国辛德谦为持节都督延州诸军事兼延州刺史充丹延两州都团练使守捉使,郁贤皓《唐刺史考全编》云其事在永泰元年。又载,大历、建中之际,有振武军使浑瑊、张光晟、彭令芳、王翃等,迄至唐末,振武节度使全称为"振武麟胜等军州节度使",《新唐书》卷53《食货志》云:"元和中,振武军饥。"可知振武军之建置自广德至唐末存而未废。
② 李逸友:《内蒙古托克托城的考古发现》,《文物资料丛刊》1959年第4期,又见《中国文物地图集·内蒙古自治区分册》下册,第27页。《内蒙古自治区志·行政区域建置志》第202页以为在中滩乡哈拉板申村。
③ 石俊贵等:《准格尔十二连城出土的唐代墓志与东受降城的地望》,载《内蒙古文物考古文集》第三辑,科学出版社,2004年。蒲滩拐旧属中滩乡。《内蒙古自治区志·行政区域建置志》第202页以为在城关镇(今双河镇)大皇城。
④ 《资治通鉴》义宁元年三月:"梁师都略定雕阴、弘化、延安等郡,遂即皇帝位,国号梁,改元永隆。"
⑤ 《资治通鉴》武德六年三月庚子:"梁师都将贺遂、索同以所部十二州来降。"十二州,盖即北仁、魏、基、西和、北广、北连六州及是年以绥州绥德、延福二县及夏州宁朔县部分地区所置之行云、北吉、龙、罗、匡、南夏六州。

附旧大都督府　灵州大都督府(626—630)

武德九年,升中央直辖灵州都督府为灵州大都督府,并割行绥、延、庆三州都督府隶之①。贞观元年,改庆州都督府为宁州都督府。二年,平梁师都,置鄜、夏、胜三州都督府,罢延、行绥二州都督府。四年,平突厥,降灵州大都督府为都督府②,并宁、鄜、夏、胜四州都督府属关内道。

---

① 《资治通鉴》武德九年六月有灵州大都督李靖。
② 两《唐书·突厥传》贞观三年有灵州大都督李道宗,《资治通鉴》贞观三年十一月有灵州大都督薛万彻,皆从李靖征突厥,故知灵州大都督府为备突厥、梁师都而设,至翌年突厥平,乃罢。

第三章 河东道

河东道行台(620—621)—并州上总管府(621—622)—并州大总管府(622—624)—并州大都督府(624—628)—河东道(628—907)

武德三年(620),破刘武周,得并、石二州总管府,置河东道行台,治并州,故又曰并州道行台①,割陕东道行台蒲、隰、绛、潞、幽、营、燕、辽八州总管府来属;高开道来归,置蔚州总管府。是年,改石州总管府为岚州总管府,置晋州总管府,罢并州总管府为河东道行台直辖地区,蔚州总管府没于刘武周。四年,罢行台及绛州总管府,以行台直辖地区置并州上总管府,统岚、隰、晋、潞四州总管府,得刘武周地置代州总管府,又罢蒲州总管府为陕东道行台直辖地区,割幽、营、燕、辽四州总管府隶山东道行台。五年,改为并州大总管府,改岚州总管府为石州总管府。七年,改总管府为都督府,并州大都督府统晋、代、隰、潞、石五州都督府。贞观元年(627),置北安州都督府。是年,罢潞、北安二州都督府。二年,罢石州都督府,降并州大都督府为都督府,并晋、代、隰三州都督府为河东道(监理区),无治所,以关内道直属蒲、泰、虞三州来属。三年,复置石州都督府,罢隰州都督府。六年,罢晋、石二州都督府。八年,复

---

① 史志不载此事。按《旧唐书》卷42《职官志》载武德初诸道行台尚书省名,有河东道,然未言河东道行台始置于何年。考高祖于隋末曾任山西河东道抚慰大使、太原郡留守,唐初河东地区又是开国之基,以并州总管齐王元吉镇守,理当置行台。然武德元年底始置陕东道行台时,领有蒲州(即河东)、河北等地,而武德二年河东地区即陷于刘武周,至三年收复,是知河东道行台从陕东道行台分出,不早于武德三年。据两《唐书·巢王元吉传》,武德三年,加授元吉侍中、襄州道行台尚书令、稷州刺史。是时襄州一带犹为王世充所有,而依唐初置诸道行台事例观之,必有其地之后乃得置行台;又据《唐大诏令集》卷35《秦王等兼中书令制》,元吉任稷州刺史时,仍兼并州大将军、大都督,故知武德三年所授元吉之"襄州道行台",当为"并州道行台"之误。并州道行台,即河东道行台,以治并州,故亦有是名,与陕东道行台别称陕州道行台、山南道行台别称襄州道行台、西南道行台别称益州道行台事体相同。《资治通鉴》武德四年十月:"诏陕东道大行台尚书省,自令、仆,至郎中、主事,品秩皆与京师同,而员数差少。山东行台及总管府、诸州并隶焉。其益州、襄州、山东、淮南、河北等道,令、仆以下,各降京师一等,员数又减焉。"按山东道即河北道,不当重出,疑其中必有一道系"河东"之误。

置潞州都督府。十三年,河东道有一直属地区及潞、并、代三州都督府。十七年,罢潞州都督府。

武周天授元年(690),罢并州都督府。长安四年(704),河东道有一直属地区及潞、代二州都督府。

唐神龙元年(705),复置并州都督府。开元四年(716)后,河东道按察使常以蒲州刺史兼充①。十一年,复罢并州都督府。二十二年②,以太原尹兼河东道采访处置使。

天宝元年(742),改潞州都督府为上党郡都督府,代州都督府为雁门郡都督府,河东道移治河东郡③。十三载,河东道有一直属地区及上党、雁门二郡都督府,治河东郡(见图4)。至德元载(756),以河东道直属地区置河中防御使,雁门郡都督府置河东节度使,上党郡都督府置泽潞沁节度使。二载,升河中防御使为河中节度使。

乾元元年(758),河东道仍治蒲州。二年,割关内道单于都护府来属。后上元元年(760),河东道治河中。二年,改泽潞沁节度使为泽潞节度使。宝应元年(762),复割单于都护府隶关内道④。广德二年(764),降河中节度使为河中五州都团练使。大历十四年(779),复升河中五州都团练使为河中节度使。是年,又降河中五州都团练使为河中五州都防御观察使。建中元年(780),改泽潞节度使为昭义军节度使。兴元元年(784),升河中五州都防御观察使为河中节度使,改河东节度使为保宁军节度使。是年,置晋慈隰节度使。贞元元年(785),废晋慈隰节度使。三年,复改保宁军节度使为河东节度使。四年,复置晋慈隰都防御观察使。十五年,降河中节度使为河中都防御观察使。十六年,复升河中都防御观察使为河中节度使。元和二年(807),复废晋慈隰观察使。十四年,复降河中节度使为河中都防御观察使。十五年,

---

① 详参严耕望:《景云十三道与开元十六道》,载《严耕望史学论文集》。
② 《册府元龟》卷162原作"二十三年",据严耕望《景云十三道与开元十六道》考改。
③ 《州郡典》河东道以河东为首,严耕望以为乃天宝之制,按天宝初《本钱簿》,河东道以蒲州为首,天宝间,苗晋卿、李憕、韦陟、李麟等亦以河东太守兼充采访使,严说当是,今拟移治时间在天宝元年。《州郡典》序目河东道有太原府及上党、河东、绛、平阳、西河、弘农、高平、太宁、昌化、文城、阳城、定襄、乐平、雁门、楼烦、安边、云中、马邑十八郡,当为天宝元年之数,《旧唐志》脱弘农郡。
④ 史志不载乾元二年至宝应元年单于都护府属何道。赖青寿《方镇研究》第50页云:"乾元元年,朔方节度使罢领单于都护府,单于都护府当直属中央。宝应元年,复领单于都护府。"按唐代诸志皆以单于都护府隶关内道,独《旧唐志》将单于都护府列于河东道,可知该府一度改隶河东道,唯年代不详。因推测赖氏所谓乾元二年至宝应元年"直属中央"者,实是改隶河东道。因为此前及此后,单于都护府不是隶属关内道朔方节度使,就是隶属关内道振武节度使,只有在此期间,方有可能改隶河东道。

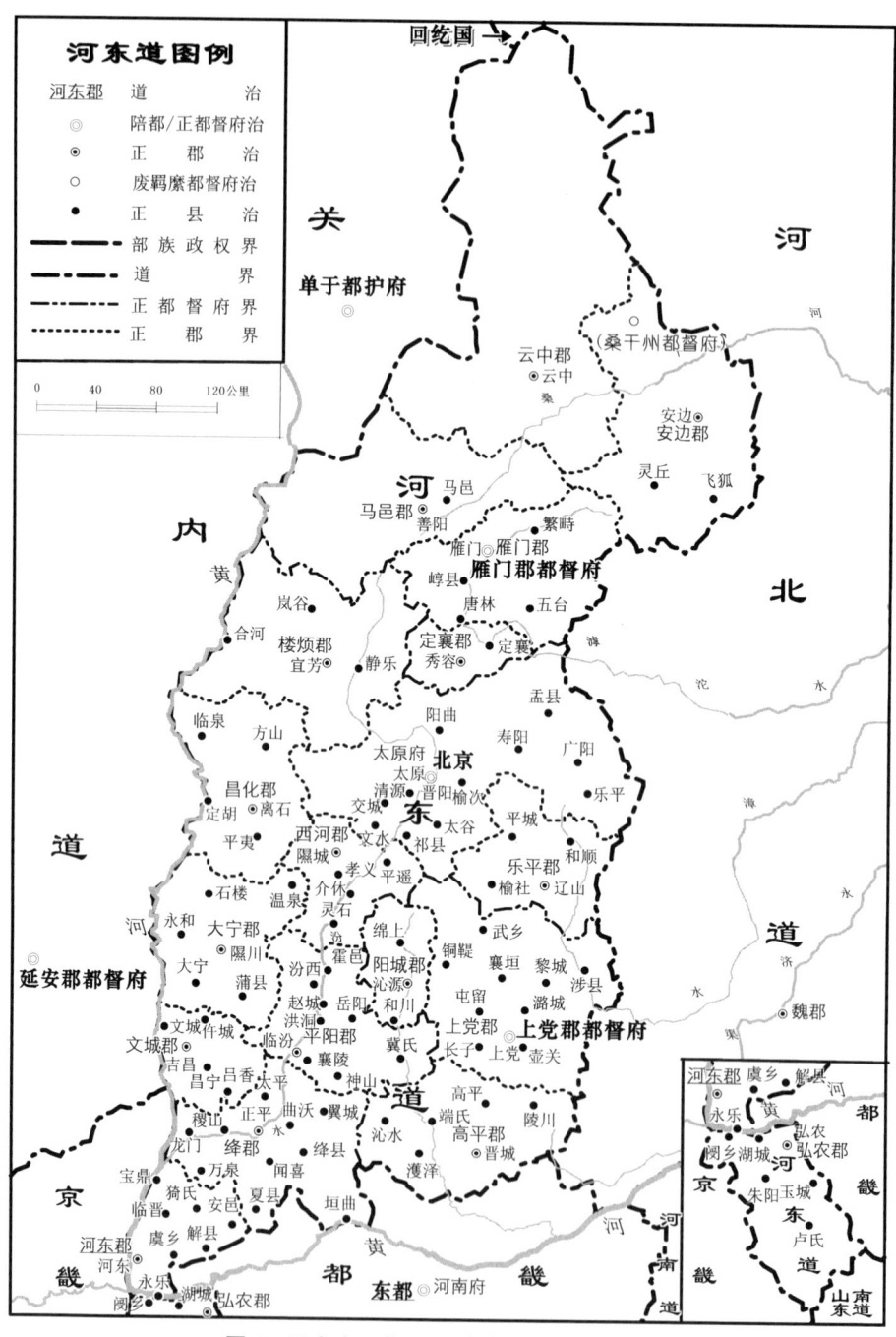

图 4　天宝十三载(754)唐朝河东道行政区划

又升河中都防御观察使为河中节度使。是年,河东道有河中节度使、河东节度使、昭义军节度使三镇。

长庆二年(822),置晋慈都团练观察使。三年,升晋慈都团练观察使为保义军节度使。大和元年(827),废保义军节度使。会昌三年(843),置大同军都团练使。四年,改大同军都团练使为大同军都防御使。咸通十四年(873),河东道有河中节度使、昭义军节度使、河东节度使、大同军都防御使四镇。

乾符五年(878),升大同军都防御使为大同军节度使。是年,仍降大同军节度使为大同军都防御使。广明元年(880),置蔚朔节度使,河中节度使归黄齐。是年,河中节度使复归唐,罢蔚朔节度使。中和二年(882),置雁门节度使。三年,改雁门节度使为代北节度使。是年,改大同军都防御使为云蔚防御使。四年,罢云蔚防御使。光启元年(885),改河中节度使为护国军节度使。天祐四年(907),护国军节度使、昭义军节度使二镇归后梁,河东节度使、代北节度使二镇归唐晋王李克用。

第一节　河东道直属地区

蒲州总管府(619—621)—陕东道行台直辖地区(621—626)—蒲州都督府(626)—**河东道直属地区**(628—756)—河中防御使(756—757)—河中节度使(757—764)—河中五州都团练使(764—779)—河中节度使(779)—河中五州都防御观察使(779—784)—河中节度使(784—799)—河中都防御观察使(799—800)—河中节度使(800—819)—河中都防御观察使(819—820)—河中节度使(820—885)—护国军节度使(885—907)

武德二年(619),割陕东道行台绛州总管府蒲、泰、虞、邵四州置蒲州总管府,仍隶陕东道行台,并置芮州①。四年,罢总管府,以邵、芮、虞、蒲、泰五州为陕东道行台直属地区。七年,以陕东道行台直属蒲、泰、虞、芮、邵五州置蒲州都督府,隶陕东道行台②。九年,罢都督府,蒲、泰、虞、邵四州直属中央,芮州

---

① 《旧唐志》载是年蒲州总管府有绛、浍二州,无芮州。按是年绛、浍二州犹属绛州总管府,此领州数有误。
② 《旧唐志》、《太平寰宇记》作"九年",《元和志》则以九年废总管与置都督同时。按《唐会要》卷68河中府:"七年二月十八日,改为都督府,以杨福为之。"知以七年为是。唐高祖《立秦王为太子诏》(载《文苑英华》卷443):"天策上将、尚书令、陕东道大行台尚书令、益州道行台尚书令、雍州牧、蒲州都督、领十二卫大将军、中书令、上柱国、秦王世民……可立为皇太子。"疑九年为秦王世民以陕东道行台兼蒲州都督之年,非始置都督之年。

隶陕州都督府。贞观二年(628),以关内道直属蒲、泰、虞三州为河东道直属地区。三年,以废隰州都督府之隰、南汾二州来属。六年,以废晋州都督府之晋、绛、吕、沁四州,废石州都督府之石州来属。八年,改南汾州为慈州,割沁州隶潞州都督府。十三年,河东道直属地区有蒲、泰、虞、绛、晋、慈、隰、吕、石九州。十七年,以废潞州都督府之潞、泽、沁三州来属,废泰、虞、吕三州。

武周天授元年(690),以废并州都督府之并、箕、汾、岚四州来属。长安四年(704),河东道直属地区有蒲、绛、晋、慈、隰、汾、石、岚、并、箕、潞、泽、沁十三州。

唐神龙元年(705),复割并、汾、箕、岚四州隶并州都督府。开元元年(713),割河南道直属地区虢州来属。九年,升蒲州为河中府。是年,复降河中府为蒲州。十一年,以废并州都督府之并、仪、汾、岚四州来属,升并州为太原府。十七年,割仪、石二州隶潞州都督府。十八年,割潞州都督府仪、石二州来属。

天宝元年(742),改蒲州为河东郡,绛州为绛郡,晋州为平阳郡,虢州为弘农郡,隰州为大宁郡,慈州为文城郡,汾州为西河郡,石州为昌化郡,岚州为楼烦郡,仪州为乐平郡。十三载,河东道直属地区有太原府及河东、弘农、绛、平阳、文城、大宁、西河、昌化、楼烦、乐平十郡。至德元载(756),以河东、弘农、绛、平阳、文城、大宁六郡及京畿冯翊郡置河中防御使,治河东郡,以太原府及西河、昌化、楼烦、乐平四郡隶河东节度使。二载,升河中防御使为河中节度使。

乾元元年(758),复河东郡为蒲州,弘农郡为虢州,冯翊郡为同州,绛郡为绛州,平阳郡为晋州,文城郡为慈州,大宁郡为隰州。二年,割虢州隶都畿陕虢华节度使。后上元元年(760),复升蒲州为河中府。二年,割泽潞沁节度使沁州来属,割同州隶京畿镇国军节度使。是年,沁州还隶泽潞节度使。广德二年(764),降河中节度使为河中五州都团练使。大历十四年(779),复升河中五州都团练使为河中节度使。是年,又降为河中五州都防御观察使。兴元元年(784),升河中五州都防御观察使为河中节度使,以京畿废奉诚军节度使之同州来属。是年,割晋、慈、隰三州隶晋慈隰节度使。贞元元年(785),以废晋慈隰节度使之晋、慈、隰三州来属。四年,复割晋、慈、隰三州隶晋慈隰都防御观察使。十四年,割同州直属京畿。十五年,降河中节度使为河中都防御观察使。十六年,复升河中都防御观察使为河中节度使。元和二年(807),以废晋慈隰观察使之晋、慈、隰三州来属。十四年,复降河中节度使为河中都防御观察使。十五年,又升河中都防御观察使为河中节度使,仍领河中府及绛、晋、慈、隰四州,治河中府。

长庆二年(822),割晋、慈二州隶晋慈都团练观察使。大和元年(827),以废保义军节度使之晋、慈二州来属。咸通十四年(873),河中节度使领府州一如元和十五年。

广明元年(880),河中府归黄齐。是年,复归唐。光启元年(885),改河中节度使为护国军节度使。天复元年(901),慈、隰二州归河东节度使。

(一) 北京太原府(并州)
并州(618—723)—太原府(723—907)

太原府,本隋太原郡,领晋阳、太原、榆次、寿阳、抚城、孟、石艾、乐平、和顺、辽山、平城、榆社、太谷、祁、文水、交城、阳直十七县①,唐武德元年,改为并州,以隋旧州为名,治太原县,置并州总管府,又置清源县,割榆社县隶韩州。是年,陷于刘武周。三年,收复,罢总管府,并州直属河东道行台,改抚城县为乌河县,置汾阳县,改寿阳县为受阳县,割孟、受阳二县置受州,割乐平、石艾、和顺②、辽山四县置辽州,割平城县隶榆州,割文水县隶汾州,割太谷、祁二县置太州。四年,置并州上总管府。五年,改上总管府为大总管府。六年,割汾州文水县来属,以废太州之太谷、祁二县来属。七年,改大总管府为大都督府,改阳直县为阳曲县,汾阳县为罗阴县,割文水县隶汾州。贞观元年,复割汾州文水县来属,省乌河、罗阴二县。二年,降大都督府为都督府。八年,以废受州之受阳、孟、石艾、乐平四县来属③。十一年,复改受阳县为寿阳县。十二年,以废羁縻顺州之燕然县来属,升为正县。十三年,并州领太原、晋阳、榆次、寿阳、孟、石艾、乐平、太谷、祁、文水、交城、清源、燕然、阳曲十四县,治太原县。十四年,省燕然县。

武周天授元年,改文水县为武兴县。长寿④元年(692),以并州为北都。长安四年,并州领太原、晋阳、榆次、寿阳、孟、石艾、乐平、太谷、祁、武兴、交城、清源、阳曲十三县,仍治太原县。

---

① 《隋志》太原郡有汾阳县,无阳直、榆社、抚城两县,共十五县。按《元和志》、两《唐志》、《太平寰宇记》阳曲县,隋末汾阳县已改为阳直县,移治木井城,今改。又,《元和志》、两《唐志》云,榆社县系义宁二年(618)重置,属太原郡。《纪要》孟县云:"乌河城,县西百二十里,隋义宁初置县,唐初属并州。或云隋末置抚城县,唐武德初改曰乌河。"据补。
② 《旧唐志》作"平城",按《旧唐志》辽州和顺、平城县条,武德三年割隶辽州者为和顺县,非平城县,据改。
③ 《旧唐志》:"贞观八年,又割顺州之燕然县来属。"按《新唐志》:"贞观六年,以苏农部落置燕然县,隶顺州。八年,侨治阳曲。"可知燕然县本羁縻县,贞观八年侨治阳曲,非割隶并州,今附见阳曲县。
④ 《元和志》、两《唐志》、《太平寰宇记》作"天授",《通典》卷33、《唐会要》卷68、两《唐书·则天皇后纪》及《资治通鉴》皆作"长寿元年九月癸卯",今从之。

唐神龙元年，罢北都，复改武兴县为文水县。先天二年，置灵川县。开元二年，省灵川县。十一年，罢都督府，并州直属河东道，升为太原府，以隋太原郡为名，复置北都。二十二年，为河东道治。

天宝元年，移道治于河东郡，改北都为北京，改石艾县为广阳县。十三载，太原府领太原、晋阳、榆次、寿阳、盂、广阳、乐平、太谷、祁、文水、交城、清源、阳曲十三县，仍治太原县。至德元载，隶河东节度使。二载，为使治。

乾元元年，复为太原府。后上元二年，罢北京。三年（宝应元年），复为北都。兴元元年，隶保宁军节度使，为使治。贞元三年，复隶河东节度使，仍为使治。元和十五年，太原府领县一如天宝十三载。

咸通十四年，太原府领县不变。

1. **太原县**（618—907）

本隋太原郡旧县，武德元年，隶并州，为州治。开元十一年，隶太原府，为府治。

2. **晋阳县**（618—907）

本隋太原郡旧县，武德元年，隶并州，并析置清源县。开元十一年，隶太原府。

3. **榆次县**（618—907）

本隋太原郡旧县，武德元年，隶并州。开元十一年，隶太原府。

4. **寿阳县**（618—620）—**受阳县**（620—637）—**寿阳县**（637—907）

寿阳县，本隋太原郡旧县，武德元年，隶并州。三年，改为受阳县，借北朝旧县为名，割隶受州。六年，自盂县移州治于此。八年，移治塞鱼城（今山西阳泉市矿区赛鱼街道）①。贞观八年，州废，还治故受阳城（今山西寿阳县城朝阳镇），仍隶并州。十一年，复为寿阳县。开元十一年，隶太原府。

5. **盂县**（618—907）

本隋太原郡旧县，武德元年，隶并州。三年，割隶受州，为州治。六年，移州治于寿阳县。贞观元年，省并州乌河县来属。八年，州废，还隶并州。开元十一年，隶太原府。

附旧县：抚城县（618—620）—乌河县（620—627）

抚城县，本隋太原郡旧县（今山西阳曲县凌井店乡），武德元年，隶并州。

---

① 《元和志》广阳县："废受州城，在县西北三十里，旧名塞鱼城，武德八年因故迹筑，移受州理此。贞观八年废。"

三年,改为乌河县①,以乌河为名。贞观元年,省入受州盂县。

6. 石艾县(618—742)—广阳县(742—907)

广阳县,本隋太原郡石艾县,武德元年,隶并州。三年,割隶辽州。六年,割隶受州。贞观八年,州废,还隶并州。开元十一年,隶太原府。天宝元年,改为广阳县,以县西南广阳故城为名②。

7. 乐平县(618—907)

本隋太原郡旧县,武德元年,隶并州。三年,割隶辽州,为州治。六年,移州治于辽山县,乐平县割隶受州。贞观八年,州废,还隶并州。开元十一年,隶太原府。

8. 太谷县(618—907)

本隋太原郡旧县,武德元年,隶并州。三年③,割隶太州,为州治。六年,州废,还隶并州。开元十一年,隶太原府。

9. 祁县(618—907)

本隋太原郡旧县,武德元年,隶并州。三年④,割隶太州。六年,州废,还隶并州。开元十一年,隶太原府。

10. 文水县(618—690)—武兴县(690—705)—文水县(705—907)

文水县,本隋太原郡旧县,武德元年,隶并州。三年,割隶汾州。六年,还隶并州。七年,又属汾州。贞观元年,复还并州。天授元年,改为武兴县,以武后乡里,故名。神龙元年,复为文水县。开元十一年,隶太原府。

11. 交城县(618—907)

本隋太原郡旧县,武德元年,隶并州。天授元年,自山北古交城(今山西古交市东曲街道)移治山南却波村(今交城县城天宁镇)。先天二年(713),析置灵川县。开元二年,省灵川县来属。十一年,隶太原府。

附旧县:灵川县(713—714)

先天二年,析交城县置灵川⑤县,治古交城⑥,隶并州。开元二年,以县非冲要,省入交城县。

---

① 《纪要》太原府盂县:"乌河城,县西百二十里。"觉罗石麟等《山西通志》太原府盂县:"抚城故县,西百里乌河上川凌井村,后魏置抚城县,唐武德三年改名乌河。"
② 《太平寰宇记》平定军平定县。
③ 《唐会要》卷70太原府作"四年",今依《元和志》太原府太谷县、《太平寰宇记》太谷县及两《唐志》。
④ 《元和志》、《太平寰宇记》祁县作"二年",今依《元和志》、《太平寰宇记》太谷县及两《唐志》。
⑤ 《太平寰宇记》作"卢川",今依两《唐志》。
⑥ 《旧唐志》太原府交城县:"先天二年,于故县分置灵川县。"《太平寰宇记》交城县:"废〔灵〕(卢)川县,在县(东)〔西〕北九十五里。"即故交城也。

12. 清源县(618—907)

武德元年,析晋阳县置清源县,以隋旧县为名,治故清源城(今山西清徐县城清源镇)①,隶并州。开元十一年,隶太原府。

13. 阳直县(618—624)—阳曲县(624—907)

阳曲县,本隋太原郡阳直县(治木井城,即今山西太原市尖草坪区阳曲镇)②,武德元年,隶并州。三年,析置汾阳县。六年,行蔚州及行灵丘县寄治于此。七年,改为阳曲县,以北朝旧县为名;行蔚州及行灵丘县移治代州繁畤县。贞观元年,省罗阴县来属。八年,羁縻顺州燕然县寄治于县境。十二年,升燕然县为正县,隶并州。十四年,省燕然县来属。开元十一年,隶太原府。

附旧县1:汾阳县(620—624)—罗阴县(624—627)

武德三年,析阳直县置汾阳县,以隋旧县为名,治故汾阳城(今阳曲县东黄水镇故县村)③,隶并州。七年,移治罗阴城(今东黄水镇洛阴村)④,改为罗阴县。贞观元年,省入阳曲县。

附旧县2:行灵丘县(623—624)

武德六年,以蔚州灵丘县移流民置行灵丘县,隶行蔚州,为州治,寄治并州阳直县。七年,寄治代州繁畤县。

附旧县3:燕然县(638—640)

贞观八年,自代北移羁縻顺州燕然县寄治于并州阳曲县境(今太原市尖草坪区西墕乡)⑤。十二年⑥,升为正县,隶并州。十四年⑦,省入阳曲县。

---

① 《元和志》太原府清源县:"东北至府三十九里。"
② 《元和志》太原府阳曲县:"南至府七十里。……炀帝又改为阳直县,移理木井城,即今县理是也。……县城,故木井城也。"唐太原府城在今太原市晋源镇,其北七十唐里适至今阳曲镇,故《地图集》、《历史地名》皆以阳曲镇为阳曲县治,亦即隋末阳直县治。然《元和志》又云:"武德三年,又于今县西十五里分置汾阳县。"而此汾阳县在今阳曲县东黄水镇故县村,故《元和志》之"县西十五里"当为"县东四十五里"之误。后人不解此,以为唐阳曲县(亦即隋末阳直县)在今东黄水镇故县村,按洛阴村只在故县村南五里,亦非"西十五里",更重要的是,故县村在晋源镇北一百三十唐里,与《元和志》里距出入太大,故不取。
③ 参详上注。
④ 《大清一统志》卷96太原府:"罗阴故城,在阳曲县东北七十里,古洛阴城,后为罗阴。唐初置县,寻省。《水经注》:'洛阴水径洛阴城北。'《魏书·地形志》:'阳曲有罗阴城。'"
⑤ 是时阳曲县境约当今太原市北部及阳曲县西部,依地理形势分析,燕然县治当在阳曲县治西北,疑在今西墕乡,附近又有东墕、中墕,"墕"又作"媾",语意不详,或是古"燕"之孑遗。
⑥ 《旧唐志》并州序作"八年"。然据《新唐志》,贞观八年燕然县只是"侨治阳曲",仍隶羁縻顺州。又据《旧唐志》代州序,羁縻顺州贞观十二年废,则燕然县之改隶并州,当在是年。《旧唐志》并州序云"旧领县十四",则贞观十三年已领燕然县,可证。
⑦ 两《唐志》阳曲县作"十七年",按燕然县民本内附突厥部落,贞观十三年唐朝鼓励突厥北返,则《旧唐志》并州序言燕然县废于贞观十四年为是。

附旧州一：受州(620—634)

武德三年,割并州盂、受阳二县置受州,取受阳县首字为名,治盂县,隶并州总管府。四年,直属并州上总管府。五年,直属并州大总管府。六年,移治受阳县,割辽州乐平、石艾二县来属。七年,直属并州大都督府。贞观二年,隶并州都督府。八年,州废,受阳、盂、石艾、乐平四县还隶并州。

附旧州二：太州(620—623)

武德三年,割并州太谷、祁二县置太州,取太谷县首字为名,治太谷县,直属河东道行台。四年,直属并州上总管府。五年,直属并州大总管府。六年,州废,太谷、祁二县还隶并州。

附旧州三：行蔚州(623—624)

武德六年,以蔚州灵丘县移流民置行蔚州及行灵丘县于并州阳直县境,领行灵丘、行飞狐二县,治行灵丘县,直属并州大总管府。七年,移州治于代州繁畤县境,隶代州都督府。

(二) 河东郡(蒲州)

蒲州(618—721)—河中府(721)—蒲州(721—742)—河东郡(742—758)—蒲州(758—760)—河中府(760—907)

河东郡,本隋旧郡,领河东、桑泉、猗氏、芮城四县①,唐武德元年,改为蒲州,以隋旧州为名,隶绛州总管府,移治桑泉县,置虞乡县。二年,置蒲州总管府,割芮城县隶芮州。三年,还治河东县,置温泉县。四年,罢总管府,蒲州直属陕东道行台。七年,置蒲州都督府。九年,省温泉县,罢都督府,蒲州直属中央。贞观元年,直属关内道。二年,直属河东道。八年,以废鼎州之永乐县来属。十三年,蒲州领河东、桑泉、猗氏、虞乡、永乐五县,治河东县。其后,割永乐县隶虢州。十七年,以废虞州之安邑县、废泰州之汾阴县来属。二十二年,复置解县。

武周长安四年,蒲州领河东、桑泉、汾阴、猗氏、安邑、解、虞乡七县,仍治河东县。

---

① 《隋志》河东郡有安邑、夏、河北、虞乡、龙门、汾阴六县,共十县。按《旧唐志》平陆县云:"隋河北县,义宁元年,置安邑郡,县属焉。"《新唐志》陕州安邑县云:"义宁元年,以安邑、虞乡、夏置安邑郡。"河中府宝鼎县云:"义宁元年,以汾阴、龙门置汾阴郡。"知隋末河东郡已不领此六县,故删。

唐神龙元年,割虢州永乐县来属。开元九年①,升为河中府,因处黄河中游为名,以为中都,置后河西县。是年,复为蒲州,罢中都,省后河西县。十一年,改汾阴县为宝鼎县。

天宝元年,复为河东郡,自北都太原府移道治于此。十三载,改桑泉县为临晋县,河东郡领河东、临晋、宝鼎、猗氏、安邑、解、虞乡、永乐八县,仍治河东县。至德元载,隶河中防御使。二载,隶河中节度使,均为使治,改安邑县为虞邑县。

乾元元年,复为蒲州。三年(后上元元年),复升为河中府,割同州朝邑、前河西二县来属,改朝邑县为后河西县,前河西县为夏阳,割虞邑县隶陕州。后上元三年(宝应元年),复建中都②。广德二年,隶河中五州都团练使。大历五年,复改后河西县为朝邑县,并夏阳县还隶同州,别置后河西县。十四年,仍隶河中节度使。是年,隶河中五州都防御观察使。兴元元年,隶河中节度使。贞元十五年,隶河中都防御观察使。十六年,复隶河中节度使。元和三年,复罢中都③,割陕州安邑县来属。十四年,仍隶河中都防御观察使。十五年,又隶河中节度使,均为使治。是年,河中府领河东、临晋、宝鼎、猗氏、安邑、解、虞乡、永乐、河西九县,治河东县。

大和元年(827),割绛州闻喜县来属④。咸通十四年,河中府领河东、临晋、宝鼎、猗氏、闻喜、安邑、解、虞乡、永乐、河西十县,治河东县。

广明元年(880),归黄齐,隶河中节度使。是年,复归唐。光启元年(885),隶护国军节度使,仍为使治。大顺二年(891),割绛州龙门、万泉二县来属。光化元年(898),割绛州稷山县来属。

1. 河东县(618—907)

本隋河东郡旧县,武德元年,隶蒲州。三年,自桑泉县移州治于此。开元

---

① 《通典》卷33、《元和志》作"元年",两《唐志》作"八年",今依《旧唐书》卷8《玄宗纪》、《通典》卷179、《唐会要》卷68、《太平寰宇记》河中府、《资治通鉴》卷212。参华林甫:《唐河中府始置年代辨正》,《中国史研究》1998年第4期。
② 《旧唐志》:"元年建卯月,又为中都。"按上元二年十一月(建子月)只称元年,建卯月相当于后上元三年二月。《旧唐书》卷11《代宗纪》又载,大历五年,元载请置中都于河中府,疏入,不报。按其时河中已有中都之号,元载所奏,乃实际建都措施,即割十州隶之,以利其税,及选兵五万屯之,并修筑宫殿,请代宗秋冬行幸,以避吐蕃威胁,非唯建号而已。
③ 《旧唐志》、《唐会要》卷68:"元和三年,复为河中府。"意即罢中都,但为河中府。《纪要》平阳府蒲州云:"大历初又为中都,寻复改河中府复为蒲州,元和三年复曰河中府。"查郁贤皓《唐刺史考全编》,大历、贞元年间河中长官仍称河中尹、少尹,不言蒲州刺史,则《纪要》所言当系对《旧唐书》原文理解错误,不取。
④ 《旧唐志》河中府有闻喜县,然不载割入时间。《新唐志》河中府襄陵县云:"大和元年来属。"按襄陵县与河中府中隔绛州正平、太平二县,似不得割隶河中府,因疑"大和元年来属"一语本属闻喜县,《新唐志》误植于襄陵县下,据改。

九年,隶河中府,析置后河西县。是年,复隶蒲州,省后河西县来属。天宝元年,隶河东郡,为郡治。乾元元年,复隶蒲州,为州治。三年(后上元元年),隶河中府,为府治,复析置河西县。

附旧县:后河西县(721,770—907)

开元九年,析河东县置后河西县,以北朝旧县为名,治州郭(今山西永济市蒲州镇),隶河中府。是年,省入河东县。大历五年,析河东、朝邑二县复置后河西县,仍治府郭,隶河中府。贞元七年,移治故安远城(今蒲州镇西2公里农场)①。

2. **桑泉县**(618—754)—**临晋县**(754—907)

临晋县,本隋河东郡桑泉县,武德元年,隶蒲州。三年,析置温泉县。九年,隶河中府,省温泉县来属。是年,复隶蒲州。天宝元年,隶河东郡。十三载②,改为临晋县,借汉晋旧县为名。乾元元年,复隶蒲州。三年,隶河中府。

附旧县:温泉县(620—626)

武德三年,析桑泉县置温泉县,治温泉城(疑即故北解城,今山西临猗县庙上乡城西村)③,隶蒲州。九年,省入桑泉县。

3. **汾阴县**(618—723)—**宝鼎县**(723—907)

宝鼎县,本隋汾阴郡汾阴县,武德元年,隶泰州,为州治。二年,移州治于龙门县。贞观十七年,州废,改隶蒲州。开元九年,隶河中府。是年,复隶蒲州。十一年④,玄宗祀后土,获宝鼎,因改为宝鼎县。天宝元年,隶河东郡。乾元元年,复隶蒲州。三年,隶河中府。

4. **猗氏县**(618—907)

本隋河东郡旧县,武德元年,隶蒲州。开元九年,隶河中府。是年,复隶蒲州。天宝元年,隶河东郡。乾元元年,复隶蒲州。乾元三年,隶河中府。

5. **安邑县**(618—757)—**虞邑县**(757—769)—**安邑县**(769—907)

安邑县,本隋安邑郡旧县,武德元年,隶虞州,为州治,并析置桐乡县。三年,析置兴乐县。贞观元年,省兴乐县来属。十七年,州废,改隶蒲州。开元九年,隶河中府。是年,复隶蒲州。天宝元年,隶河东郡。至德二载⑤,避安氏名姓,改为虞邑县,以古虞国为名。乾元元年,复隶蒲州。三年⑥,割隶陕州。

---

① 《太平寰宇记》蒲州河西县:"(州)西四里。贞元七年,河中尹浑瑊奏于古安远府城内置县理。"
② 《元和志》、《唐会要》作"十二载",今依两《唐志》、《太平寰宇记》。
③ 《太平寰宇记》蒲州临晋县:"北解城,废城在今县东十六里。"
④ 《新唐志》作"十年",今依《元和志》、《唐会要》、《旧唐志》、《太平寰宇记》。
⑤ 《旧唐志》作"乾元元年",今依《唐会要》、《新唐志》。
⑥ 两《唐志》、《太平寰宇记》作"元年",今依《元和志》、《唐会要》。

大历四年,复为安邑县。元和三年,还隶河中府。

附旧县:兴乐县(620—627)

武德三年,析安邑县置兴乐县,治兴乐城(今山西运城市盐湖区北相镇)①,隶虞州。贞观元年,省入安邑县。

6. **解县**(618—643,648—907)

本隋安邑郡虞乡县,武德元年,隶虞州,改为解县,以北朝旧县为名。贞观十七年,州废,省入蒲州虞乡县。二十二年②,析虞乡县复置解县,仍治解城(今运城市盐湖区解州镇),隶蒲州,省虞乡县来属。天授二年,析置虞乡县。开元九年,隶河中府。是年,复隶蒲州。天宝元年,隶河东郡。乾元元年,复隶蒲州。三年,隶河中府。

7. **虞乡县**(618—648,691—907)

武德元年,析河东县置虞乡县,以隋旧县为名,治新虞乡城(今山西永济市虞乡镇)③,隶蒲州。贞观十七年,以废虞州解县省入。二十二年,复析置解县,虞乡县省入解县。天授二年,复析解县置虞乡县,仍隶蒲州。开元九年,隶河中府。是年,复隶蒲州。天宝元年,隶河东郡。乾元元年,复隶蒲州。三年,隶河中府。

8. **永乐县**(618—907)

武德元年④,析芮城县置永乐县,以北朝旧县为名,治永固堡(今山西芮城县永乐镇永乐村),隶芮州。七年,移治新永乐城(今芮城县永乐镇)⑤。贞观元年,州废,改隶鼎州。贞观八年,州废,改隶蒲州。十三年后,割隶虢州。神龙元年,复割隶蒲州。天宝元年,隶河东郡。乾元元年,复隶蒲州。三年,隶河中府。

附旧州:虞州(618—643)

本隋安邑郡,领安邑、夏、河北、虞乡四县⑥。唐武德元年,改为虞州,治夏县,隶绛州总管府,改虞乡县为解县,置桐乡县。二年,割河北县隶芮州。三年,隶蒲州总管府,置兴乐县。四年,直属陕东道行台。七年,隶蒲州都督府。九年,直属中央。贞观元年,直属关内道,省兴乐县。二年,直属河东道。十

---

① 《大清一统志》卷117解州:"兴乐废县,在安邑县西北。"
② 《旧唐志》虞乡县作"二十年",今依《旧唐志》解县、《新唐志》。
③ 《中国文物地图集·山西分册》下册第1041页载,虞乡镇西北5公里西朝阳村有唐代遗址,面积约4万平方米,是否为虞乡县治,俟考。
④ 《元和志》、《州郡典》作"二年",今依两《唐志》、《太平寰宇记》。
⑤ 《太平寰宇记》解州永乐县:"(州)南九十里。"
⑥ 《隋志》不载安邑郡及领县。按《旧唐志》平陆县云:"隋河北县,义宁元年,置安邑郡,县属焉。"《新唐志》陕州安邑县云:"义宁元年,以安邑、虞乡、夏置安邑郡。"据补。

三年,虞州领安邑、夏、解、桐乡四县,治安邑县。十七年①,州废,省解、桐乡二县,安邑县隶蒲州,夏县隶绛州。

(三) 弘农郡(虢州)
虢州(618—742)—弘农郡(742—758)—虢州(758—907)

弘农郡,本隋虢郡,领卢氏、朱阳、玉城三县②,唐武德元年,改为虢州,以隋旧州为名,治卢氏县,直属中央,割隋弘农郡长水县来属。三年,隶陕州总管府。七年,隶陕州都督府。贞观元年,直属河南道。八年,以废鼎州之弘农、阌乡、湖城三县来属,移州治于弘农县,割长水县隶谷州。十三年,虢州领弘农、玉城、卢氏、朱阳、阌乡、湖城六县,治弘农县。其后,割蒲州永乐县来属。

龙朔元年(661),割朱阳县隶关内道商州。

武周万岁通天二年(697),复割商州朱阳县来属。长安四年,虢州领弘农、玉城、卢氏、朱阳、阌乡、湖城、永乐七县,仍治弘农县。

唐神龙元年,改弘农县为恒农县,割永乐县隶蒲州。开元元年,割隶河东道直属地区。十六年,复改恒农县为弘农县。

天宝元年,改为弘农郡,以隋旧郡为名。十三载,弘农郡领弘农、玉城、卢氏、朱阳、阌乡、湖城六县,仍治弘农县。

乾元元年,复为虢州。二年,割隶都畿陕虢华节度使。后上元元年(乾元三年),隶陕西节度使,改湖城县为天平县。大历四年,复改天平县为湖城县。五年,隶陕虢都防御观察使。十四年,罢镇,虢州隶东畿观察使。建中二年(781),复隶陕虢都防御观察使。四年,隶陕虢节度使。贞元元年,复隶陕虢都防御观察使。元和十五年,虢州领弘农、玉城、卢氏、朱阳、阌乡、湖城六县,治弘农县。

大和五年,罢镇,虢州直属都畿。开成元年,复隶陕虢都防御观察使。咸通十四年,虢州领县不变。

广明元年,直属黄齐。中和元年(881),复归唐,隶陕虢都防御观察使。三年,隶陕虢节度使。龙纪元年(889),隶保义军节度使。

---

① 《元和志》解县作"十四年",今依《元和志》安邑县、夏县,两《唐志》,《太平寰宇记》。
② 《隋志》不载虢郡及其领县。按《旧唐志》云:"义宁元年,于卢氏县置虢郡。"《新唐志》云:"义宁元年,析隋弘农郡三县置。"又,大业初隋弘农郡所领县,义宁中除长水县仍隶弘农郡,弘农县割隶凤林郡外,朱阳县及义宁元年新置之玉城县两《唐志》不载所隶,依地理形势推之,当隶虢郡,据补。

1. **弘农县**(618—907)—恒农县(705—728)—弘农县(728—907)

弘农县,本隋凤林郡旧县,武德元年,隶鼎州,为州治。贞观元年,移州治于阌乡县。八年,州废,改隶虢州,自卢氏县移州治于此。神龙元年①,避孝敬皇帝讳,改为恒农县,以北朝旧县为名。开元十六年,复为弘农县。天宝元年,隶弘农郡,为州治。乾元元年,复隶虢州,为州治。

2. **玉城县**(618—907)

本隋虢郡旧县,武德元年,隶虢州。天宝元年,隶弘农郡。乾元元年,复隶虢州。

3. **卢氏县**(618—907)

本隋虢郡旧县,武德元年,隶虢州,为州治。贞观八年,移州治于弘农县。天宝元年,隶弘农郡。乾元元年,复隶虢州。

4. **朱阳县**(618—907)

本隋虢郡旧县,武德元年,隶虢州。龙朔元年,割隶商州。万岁通天二年,还隶虢州②。天宝元年,隶弘农郡。乾元元年,复隶虢州。

5. **阌乡县**(618—907)

本隋凤林郡旧县,武德元年,隶鼎州。贞观元年,自弘农县移州治于此。八年,州废,改隶虢州。天宝元年,隶弘农郡。乾元元年,复隶虢州。

6. **湖城县**(618—760)—天平县(760—769)—湖城县(769—907)

本隋凤林郡旧县,武德元年,隶鼎州。贞观八年,州废,改隶虢州。天宝元年,隶弘农郡。乾元元年,复隶虢州。三年③(后上元元年),改为天平县。大历四年,复为湖城县。

附旧州: 鼎州(618—634)

本隋凤林郡,领弘农、阌乡、湖城三县④,唐武德元年,改为鼎州,以鼎湖为名,治弘农县,隶陕州总管府。七年,隶陕州都督府。贞观元年,移治阌乡县,直属河南道,以废芮州之永乐县来属。八年,州废,弘农、阌乡、湖城三县改隶虢州,永乐县隶蒲州。

---

① 《唐会要》、《太平寰宇记》作"显庆二年",今依两《唐志》。
② 《新唐志》虢州朱阳县:"万岁通天二年,隶洛州,后来属。"按朱阳县与洛州中隔弘农、卢氏二县,不得隶洛州,疑是年即还隶虢州,《新唐志》所载有误,今改。
③ 《旧唐志》作"元年",今依《唐会要》、《太平寰宇记》、《新唐志》。
④ 《隋志》不载凤林郡及其领县。按《新唐志》弘农县:"本隋弘农郡,义宁元年曰凤林,领弘农、阌乡、湖城。"据补。

(四) 绛郡(绛州)

绛州(618—742)—**绛郡**(742—758)—绛州(758—907)

绛郡，本隋旧郡，领正平、曲沃、闻喜、稷山、太平五县①，唐武德元年，改为绛州，以隋旧州为名，治正平县，置绛州总管府。三年，隶晋州总管府。四年，以废浍州之翼城、绛、小乡三县来属。七年，隶晋州都督府。九年，省小乡县。贞观元年，以废邵州之垣县来属。六年，直属河东道。十三年，绛州领正平、曲沃、翼城、绛、垣、闻喜、稷山、太平八县，治正平县。十七年，以废虞州之夏县，废泰州之龙门、万泉二县来属。

龙朔二年，割垣县隶洛州。乾封元年(666)，割洛州垣县来属。

武周天授三年，割垣县隶洛州。大足元年(701)，割夏县隶陕州。是年，复割陕州夏县来属。长安二年，又割洛州垣县来属。四年，绛州领正平、曲沃、翼城、绛、垣、夏、闻喜、万泉、龙门、稷山、太平十一县，仍治正平县。

唐天宝元年，复为绛郡。十三载，绛郡领正平、曲沃、翼城、绛、垣、夏、闻喜、万泉、龙门、稷山、太平十一县，仍治正平县。至德元载，隶河中防御使。二载，隶河中节度使。

乾元元年，复为绛州。三年，割夏县隶陕州。广德二年，隶河中五州都团练使。大历十四年，仍隶河中节度使。是年，隶河中五州都防御观察使。兴元元年，隶河中节度使。贞元三年，割垣县隶陕州。十五年，隶河中都防御观察使。十六年，复隶河中节度使。元和三年，割陕州垣县来属。十四年，仍隶河中都防御观察使，割晋州襄陵县来属。十五年，绛州又隶河中节度使。是年，绛州领正平、曲沃、翼城、绛、垣、闻喜、万泉、龙门、稷山、太平、襄陵十一县，治正平县。

太和元年，割闻喜县隶河中府。咸通十四年，绛州领正平、曲沃、翼城、绛、垣、万泉、龙门、稷山、太平、襄陵十县，治正平县。

光启元年，隶护国军节度使。大顺二年，割龙门、万泉二县隶河中府。光化元年，割稷山县隶河中府。天祐二年(905)，改翼城县为浍川县。

1. 正平县(618—907)

本隋绛郡旧县，武德元年，隶绛州，为州治。天宝元年，隶绛郡，为郡治。

---

① 《隋志》绛郡有绛、翼城、垣三县，共八县。按《新唐志》绛州翼城县："义宁元年，以翼城、绛置翼城郡。"垣县："义宁元年，以垣、王屋置邵原郡。"知此三县隋末已不隶绛郡，故删。

乾元元年,复隶绛州,为州治。

2. 曲沃县(618—907)

本隋绛郡旧县,武德元年,隶绛州。天宝元年,隶绛郡。乾元元年,复隶绛州。

3. 翼城县(618—905)—浍川县(905—907)

翼城县,本隋翼城郡旧县,武德元年,隶浍州,为州治。二年,隶北浍州。四年,州废,改隶绛州。九年,省小乡县来属。天宝元年,隶绛郡。乾元元年,复隶绛州。天祐二年,避朱全忠父嫌名,改为浍川县,以浍水为名。

附旧县:小乡县(618—626)

本隋翼城郡旧县,武德元年,隶浍州。二年,隶北浍州。四年,州废,改隶绛州。九年,省入翼城县。

4. 绛县(618—907)

本隋翼城郡旧县,武德元年,移治新绛城(今山西绛县城古绛镇),隶浍州。二年,隶北浍州。四年,州废,改隶绛州。天宝元年,隶绛郡。乾元元年,复隶绛州。

5. 垣县(618—907)

本隋邵原郡旧县,武德元年,隶邵州,为州治,并析置清廉、亳城二县。五年,省亳城县来属。贞观元年,州废,省清廉县来属,垣县改隶绛州。龙朔二年,割隶河南道洛州。乾封元年,复自洛州来属。天授三年,又隶洛州①。长安二年,仍隶绛州。天宝元年,隶绛郡。乾元元年,复隶绛州。贞元三年,割隶河南道陕州②。元和三年,还隶绛州③。

附旧县1:亳城县(618—622)

武德元年,析垣县置亳城县,治古亳城(今山西垣曲县王茅镇下亳村)④,故以为名,隶邵州。五年,省入垣县。

附旧县2:清廉县(618—627)

武德元年,析垣县置清廉县,以北朝旧县为名,治故清廉城(今垣曲县城古城镇柏沟村)⑤,故以为名,隶邵州。贞观元年⑥,州废,省入垣县。

---

① 《太平寰宇记》绛州垣县。
② 《唐会要》卷70。
③ 《山西省历史地图集》第58—59页唐元和十三年政区图垣县仍隶陕州,误。
④ 《太平寰宇记》绛州垣县:"废古亳城:在县西北十五里。"
⑤ 《太平寰宇记》绛州垣县:"古清廉县:在县西北二十二里。"即柏沟村,旧潭家乡。
⑥ 《旧唐志》、《太平寰宇记》垣县系于武德九年,今依《新唐志》。

6. **夏县**（618—907）

本隋安邑郡旧县，武德元年，隶虞州。贞观十七年，州废，改隶绛州。大足元年，割隶陕州。是年，还隶绛州。天宝元年，隶绛郡。乾元元年，复隶绛州。三年①，复割隶陕州。

7. **闻喜县**（618—907）

本隋绛郡旧县，武德元年，隶绛州。贞观十七年，以废虞州桐乡县省入。天宝元年，隶绛郡。乾元元年，复隶绛州。元和三年，移治故桐乡城（今山西闻喜县城桐城镇）。大和元年，割隶河中府②。

附旧县：**桐乡县**（618—643）

武德元年，析虞州安邑县置桐乡县，治故桐乡城，故以为名，隶虞州。十七年，州废，省入绛州闻喜县。

8. **万泉县**（618—907）

武德三年，析绛州稷山、安邑、猗氏三县及泰州汾阴、龙门二县地置万泉县，以县东谷中有井泉百余区为名③，治薛通城（今山西万荣县万泉乡古城），割隶泰州。贞观十七年，州废，改隶绛州。天宝元年，隶绛郡。乾元元年，复隶绛州。大顺二年④，割隶河中府。

9. **龙门县**（618—907）

本隋汾阴郡旧县，武德元年，隶泰州。二年，自汾阴县移州治于此。五年，析置万春县。贞观十七年，州废，省万春县来属，龙门县改隶绛州。天宝元年，隶绛郡。乾元元年，复隶绛州。大顺二年⑤，割隶河中府。

附旧县：**万春县**（622—643）

武德五年，析龙门、稷山二县置万春县，治万春城（今山西河津市僧楼镇张吴村）⑥，隶泰州。贞观十七年，州废，省入龙门、稷山二县。

10. **稷山县**（618—907）

本隋绛郡旧县，武德元年，隶绛州。二年，析置万泉县。天宝元年，隶绛

---

① 《旧唐志》作"元年"，今依《元和志》、《唐会要》、《新唐志》、《太平寰宇记》。
② 《旧唐志》河中府有闻喜县，《舆地广记》解州闻喜县亦云："唐属绛州，后属河中府，汉乾祐元年来属。"然不载割入河中府时间。《新唐志》河中府襄陵县："大和元年来属。"按襄陵县与河中府中隔绛州正平、太平二县，似不得割隶河中府，因疑"大和元年来属"一语本属闻喜县，《新唐志》误植于襄陵县下，据改。
③ 《太平寰宇记》蒲州万泉县。
④ 《太平寰宇记》蒲州龙门县："大顺二年，与万泉割属蒲州。"
⑤ 《新唐志》作"元和初"，《太平寰宇记》龙门县云："大顺二年，与万泉割属蒲州。"今依之。按《元和志》龙门县仍隶绛州，可证《新唐志》之非。
⑥ 《大清一统志》卷118绛州："万春故城，在河津县东北四十里。"即张吴村，旧为乡。

郡。乾元元年,复隶绛州。光化元年①,割隶河中府。

11. **太平县**(618—907)

本隋绛郡旧县,武德元年,移治太平关城(今山西襄汾县古城镇)②,隶绛州。贞观七年,移治新太平城(今襄汾县汾城镇)③。天宝元年,隶绛郡。乾元元年,复隶绛州。

附旧州一:浍州(618—619)—**北浍州**(619)—**浍州**(619—620)—**北浍州**(620—621)

浍州,本隋翼城郡,领翼城、绛、小乡三县④。武德元年,改为浍州,以北朝旧州为名⑤,治翼城县,隶绛州总管府。二年,改为北浍州。是年,陷于刘武周,复为浍州。三年,收复,仍名北浍州,隶蒲州总管府。四年⑥,州废,翼城、绛、小乡三县改隶绛州。

附旧州二:邵州(618—627)

本隋邵原郡,领垣、王屋、清廉、亳城四县⑦。武德元年,改为邵州,以隋旧州为名,治垣县,隶绛州总管府,改王屋县为邵伯县。二年,置长泉县。是年,割长泉县隶陕东道行台行怀州总管府行怀州。三年,邵州隶蒲州总管府。四年,直属陕东道行台。五年,省亳城县。七年,隶蒲州都督府。九年,直属中央。贞观元年⑧,州废,省清廉县,垣县隶绛州,邵伯县隶河南道怀州。

附旧州三:泰州(618—643)

本隋汾阴郡,领汾阴、龙门二县⑨,唐武德元年,改为泰州⑩,借北朝旧州

---

① 《新唐志》河中府稷山县:"本隶绛州,唐末来属。"《纪要》平阳府稷山县:"光化初,改属河中府。"据补。
②③ 《太平寰宇记》绛州太平县。
④ 《隋志》不载翼城郡及属县。按《新唐志》翼城县:"义宁元年,以翼城、绛置翼城郡,并置小乡县。"据补。
⑤ 《隋书》卷56《宇文弼传》云,北周宣帝时,除浍州刺史。
⑥ 《唐会要》作"六年",今依《元和志》、两《唐志》。
⑦ 《隋志》不载邵原郡及领县。按《新唐志》垣县:"义宁元年,以垣、王屋置邵原郡,又置清廉、亳城二县。"据补。
⑧ 《元和志》陕州垣县、《旧唐志》绛州垣县系于武德九年,今依《唐会要》河南府王屋县、《新唐志》、《太平寰宇记》绛州垣县。
⑨ 《隋志》不载汾阴郡及领县。按《新唐志》宝鼎县:"义宁元年,以汾阴、龙门置汾阴郡。"据补。
⑩ 《唐会要》卷70绛州条作"太州",今依《元和志》、两《唐志》、《太平寰宇记》。

为名,治汾阴县,隶绛州总管府。二年,移治龙门县。三年,置万泉县。四年,直属陕东道行台。五年,置万春县。七年,隶蒲州都督府。九年,直属中央。贞观元年,直属关内道。二年,直属河东道。十三年,泰州领龙门、万春、万泉、汾阴四县,治龙门县。十七年,州废,省万春县,龙门、万泉二县隶绛州,汾阴县隶蒲州。

(五) 平阳郡(晋州)
晋州(618—742)—平阳郡(742—758)—晋州(758—907)

平阳郡,本隋旧郡,领临汾、洪洞、岳阳、冀氏、襄陵五县[1],唐武德元年,改为晋州,以隋旧州为名,治临汾县,并置浮山、西河二县,晋州隶绛州总管府。二年,陷于刘武周。三年,收复,置晋州总管府,改浮山县为神山县。七年,改总管府为都督府。贞观六年,罢都督府,晋州直属河东道。十三年,晋州领临汾、西河、洪洞、岳阳、冀氏、神山、襄陵七县,治临汾县。十七年,省西河县,以废吕州之霍邑、赵城、汾西三县来属。

武周长安四年,晋州领临汾、洪洞、赵城、汾西、霍邑、岳阳、冀氏、神山、襄陵九县,仍治临汾县。

唐天宝元年,复为平阳郡。十三载,平阳郡领临汾、洪洞、赵城、汾西、霍邑、岳阳、冀氏、神山、襄陵九县,治临汾县。至德元载,隶河中防御使。二载,隶河中节度使。

乾元元年,复为晋州。广德二年,隶河中五州都团练使。大历十四年,复隶河中节度使。是年,又隶河中五州都防御观察使。兴元元年,置晋慈隰节度使,为使治。贞元元年,罢镇,晋州还隶河中节度使。四年,复置晋慈隰都防御观察使,仍为使治。元和二年,罢镇,复隶河中节度使。十四年,割襄陵县隶绛州。十五年,晋州领临汾、洪洞、赵城、汾西、霍邑、岳阳、冀氏、神山八县,治临汾县。

长庆二年,置晋慈都团练观察使,为使治。三年,隶保义军节度使,仍为使治。大和元年,罢镇,晋州还隶河中节度使。咸通十四年,晋州领县不变。

光启元年,隶护国军节度使。

---

[1] 《隋志》不载平阳郡及领县,今据《旧唐志》晋州序补。

1. 临汾县(618—907)

本隋平阳郡旧县,武德元年,隶晋州,为州治。三年①,移治白马城(今山西临汾市尧都区吴村镇)②。贞观十二年,还治平阳古城(今尧都区鼓楼西街道)。十七年,省西河县来属。天宝元年,隶平阳郡,为郡治。乾元元年,复隶晋州,为州治。

附旧县:西河县(618—643)

武德元年,析洪洞、临汾二县置西河县,以隋旧县为名,治白坑城(今临汾市尧都区魏村镇)③,隶晋州。十七年,省入临汾县。

2. 洪洞县(618—907)

本隋平阳郡旧县,武德元年,隶晋州,析置西河县。天宝元年,隶平阳郡。乾元元年,复隶晋州。

3. 赵城县(618—907)

本隋霍山郡旧县,武德元年,隶吕州。贞观十七年,州废,改隶晋州。麟德元年(664),移治新赵城(今山西洪洞县赵城镇)。天宝元年,隶平阳郡。乾元元年,复隶晋州。

4. 汾西县(618—907)

本隋霍山郡旧县,武德元年,隶吕州,移治申村堡(今山西汾西县和平镇申村),并析置温泉县。贞观六年,还治汾西城(今汾西县城永安镇)。十七年,州废,改隶晋州。开元六年,城为地震所毁,移治厚义村(今汾西县团柏乡后义村)④。天宝元年,隶平阳郡。乾元元年,复隶晋州。

5. 霍邑县(618—907)

本隋霍山郡旧县,武德元年,隶吕州,为州治。贞观十七年,州废,改隶晋州。天宝元年,隶平阳郡。乾元元年,复隶晋州。

6. 岳阳县(618—907)

本隋平阳郡旧县,武德元年,隶晋州。二年,移治东池堡(今山西古县旧县镇)⑤。贞观六年,移治新岳阳城(今古县城岳阳镇)。天宝元年,隶平阳郡。乾元元年,复隶晋州。

---

① 《太平寰宇记》作"四年",今依《旧唐志》。
② 《纪要》平阳府:"白马城,在府东北二十里。"
③ 《大清一统志》卷99平阳府:"西河废县,在洪洞县西南三十里。"
④ 《纪要》平阳府汾西县:"《郡志》云,唐开元县尝徙治厚义村,宋复归旧治。村亦在今县南。"《地名大辞典》第611页城关镇:"唐开元六年,地震城毁。"汾西县:"开元中叶,治徙今城关东南厚义。"
⑤ 《太平寰宇记》岳阳县:"(武德)二年,移于今理南三十三里东池堡。"

7. **冀氏县**(618—907)

本隋平阳郡旧县,武德元年,隶晋州。天宝元年,隶平阳郡。乾元元年,复隶晋州。

8. **浮山县**(619—620)—**神山县**(620—907)

武德二年,析襄陵县置浮山县,以浮山为名,治故郭城(今山西浮山县张庄乡古县村)①,隶晋州。三年②,改为神山县,据传吉善行于县东南羊角山见老君,故以为名。天宝元年,隶平阳郡。乾元元年,复隶晋州。

9. **襄陵县**(618—907)

本隋平阳郡旧县,武德元年,隶晋州。天宝元年,隶平阳郡。乾元元年,复隶晋州。元和十四年,割隶绛州③。

附旧州:吕州(618—643)

本隋霍山郡,领霍邑、赵城、汾西、灵石四县④。唐武德元年,改为吕州,以隋旧州为名,治霍邑县,隶绛州总管府,置温泉县,割隶隰州。三年,隶晋州总管府。七年,隶晋州都督府。贞观六年,直属河东道。十三年,吕州领霍邑、赵城、汾西、灵石四县,治霍邑县。十七年,州废,霍邑、赵城、汾西三县隶晋州,灵石县隶后汾州。

(六) **文城郡**(慈州)

前汾州(618—620)—南汾州(620—634)—**慈州**(634—742)—**文城郡**(742—758)—**慈州**(758—907)

文城郡,本隋旧郡,领吉昌、文城、仵城、昌宁、平昌五县⑤,唐武德元年,改为前汾州,以隋旧州为名,治吉昌县,隶并州总管府。二年,隶隰州总管府,割仵城县隶昌州。三年⑥,改为南汾州。七年,隶隰州都督府。贞观元年,改平昌

---

① 《大清一统志》卷99平阳府:"浮山故城,在今浮山县西南十里,即古郭城。"《地图集》置于浮山县城东南十里,不取。
② 两《唐志》作"四年",今依《元和志》、《唐会要》。
③ 《新唐志》襄陵县列于河中府属下,并注:"大和元年来属。"按襄陵县与河中府中隔绛州正平、太平二县,不得割隶河中府。《新唐志》此襄陵当是"闻喜"之误,考详上文绛郡绛州闻喜县条。
④ 《隋志》不载霍山郡及领县,按《新唐志》:"义宁元年,以霍邑、赵城、汾西、灵石置霍山郡。"据补。
⑤ 《隋志》文城郡无平昌县,共四县。按《旧唐志》吕香县:"本平昌,义宁元年析仵城置。"据补。又,仵城,《隋志》作"伍城",今依《元和志》、两《唐志》慈州吕香县条。
⑥ 《唐会要》、两《唐志》、《太平寰宇记》作"五年",按武德三年已改浩州为汾州,则自武德三年至五年间,河东有两汾州,且相距不远,殊非事理。今疑此"五年"为"三年"之形误,即浩州改汾州之时,即改汾州为南汾州。

县为吕香县，以废昌州之仵城县来属。三年，直属河东道。八年①，改为慈州，以慈乌戍为名。十三年，慈州领吉昌、文城、仵城、昌宁、吕香五县，治吉昌县。

武周长安四年，慈州领县不变。

唐天宝元年，复为文城郡。十三载，文城郡领吉昌、文城、仵城、昌宁、吕香五县，治吉昌县。至德元载，隶河中防御使。二载，隶河中节度使。

乾元元年，复为慈州。广德二年，隶河中五州都团练使。大历十四年，仍隶河中节度使。是年，隶河中五州都防御观察使。兴元元年，割隶晋慈隰节度使。贞元元年，罢镇，还隶河中节度使。四年，割隶晋慈隰都防御观察使。元和二年，罢镇，还隶河中节度使。十五年，慈州领县一如天宝十三载。

长庆二年，割隶晋慈都团练观察使。三年，隶保义军节度使。大和元年，罢镇，还隶河中节度使。咸通十四年，慈州领县不变。

光启元年，隶护国军节度使。天复元年，归河东节度使。天祐二年，改文城县为屈邑县。

1. **吉昌县**（618—907）

本隋文城郡旧县，武德元年，隶前汾州，为州治。三年，隶南汾州。贞观八年，隶慈州，仍为州治。天宝元年，隶文城郡，为郡治。乾元元年，复隶慈州，为州治。

2. **文城县**（618—905）—**屈邑县**（905—907）

文城县，本隋文城郡旧县，武德元年，隶前汾州。三年，隶南汾州。贞观八年，隶慈州。显庆三年（658），移治文城村（今山西吉县文城乡）②。天宝元年，隶文城郡。乾元元年，复隶慈州。天祐二年，避朱全忠父嫌名，改为屈邑县，以古屈邑为名③。

3. **仵城县**（618—907）

本隋文城郡旧县，武德元年，隶前汾州。二年，割隶昌州。贞观元年，州废，还隶南汾州④。八年，隶慈州。天宝元年，隶文城郡。乾元元年，复隶慈州。

4. **昌宁县**（618—907）

本隋文城郡旧县，武德元年，隶前汾州。三年，隶南汾州。贞观八年，隶

---

① 《唐会要》、《旧唐志》系于武德八年，今依《元和志》、《新唐志》、《太平寰宇记》。
② 《元和志》隰州文城县："东南至州六十五里。"
③ 《唐会要》卷70、《旧唐书》卷20《哀帝纪》。
④ 《新唐志》隰州云：贞观元年，昌州废，省仵城县。按《州郡典》、《元和志》、《旧唐志》，仵城县属慈州，未曾省罢，《新唐志》所记当有误，今改。

慈州。天宝元年,隶文城郡。乾元元年,复隶慈州。

5. **平昌县**(618—627)—**吕香县**(627—907)

吕香县,本隋文城郡平昌县,武德元年,隶前汾州。三年,隶南汾州。贞观元年,改为吕香县,以旧吕香镇为名。八年,隶慈州。前上元三年(676),移治新吕香城(今山西乡宁县关王庙乡安汾村)①。天宝元年,隶文城郡。乾元元年,复隶慈州。

(七) 大宁郡(隰州)

隰州(618—742)—大宁郡(742—758)—隰州(758—907)

大宁郡,本隋龙泉郡,领隰川、蒲、永和、石楼四县②,唐武德元年,改为隰州,以隋旧州为名,治隰川县,隶并州总管府,割吕州温泉县来属。二年,置隰州总管府,割蒲县置昌州,割永和县置东和州,割石楼县置西德州。三年,割温泉县置北温州。贞观元年,以废昌州之蒲县、废中州之大宁县、废北温州温泉县来属。三年,以废东和州之永和、石楼二县来属。是年,都督府罢,隰州直属河东道。十三年,隰州领隰川、蒲、大宁、永和、石楼、温泉六县,治隰川县。

武周长安四年,隰州领县不变。

唐天宝元年,改为大宁郡,以大宁县为名。十三载,大宁郡领隰川、蒲、大宁、永和、石楼、温泉六县,仍治隰川县。至德元载,隶河中防御使。二载,隶河中节度使。

乾元元年,复为隰州。广德二年,隶河中五州都团练使。大历十四年,仍隶河中节度使。是年,隶河中五州都防御观察使。兴元元年,割隶晋慈隰节度使。贞元元年,罢镇,还隶河中节度使。四年,割隶晋慈隰都防御观察使。元和二年,罢镇,还隶河中节度使。十五年,隰州领县一如天宝十三载。

---

① 《元和志》慈州吕香县:"北至州一百二十里。"《旧唐志》云前上元三年移治故平昌府南,《地图集》及《历史地名》第992页定于今乡宁县西坡镇。按《大明一统志》云吕香废县在吉州东南百五十里,《纪要》亦云吕香本治吉州东北百里,上元三年移于州东南百余里,且吕香县本自仵城县析出,故当依王仲荦《北周地理志》第842~843页所考,定唐初吕香县在乡宁县东北(今台头镇),前上元移治乡宁县东南(今安汾乡)。《元和志》载吕香县南六十里有马头山,县西北六十里有横岭山,皆非今西坡镇可致,揆之以《大清一统志》卷99平阳府山川,当是以唐初吕香县治而言,如此,则前上元吕香县治必不在乡宁县西南,而应在东南之安汾村(旧为乡)一带,即故平昌县(今台头镇)南,由是观之,《元和志》之"北至州"实为"西北至州"。

② 《隋志》龙泉郡有楼山县,共五县。按《旧唐志》永和县云:"武德二年,分置楼山县。"可知楼山县隋末已废,今删。

咸通十四年，隰州领县不变。

光启元年，隶护国军节度使。天复元年，归河东节度使。

1. 隰川县(618—907)

本隋龙泉郡旧县，武德元年，隶隰州，为州治。贞观元年，省长寿县来属。天宝元年，隶大宁郡，为郡治。乾元元年，复隶隰州，为州治。

附旧县：长寿县(619—627)

武德二年，析石楼县置长寿县，以北朝旧县为名，治长寿城(今山西隰县下李乡长寿村)①，隶西德州。贞观元年，州废，省入隰川县。

2. 蒲县(618—907)

本隋龙泉郡旧县，武德元年，自故蒲城移治新蒲城(今山西蒲县城蒲城镇)，隶隰州。二年，割隶昌州，为州治，并析置仵城、常武、昌原、大宁、大义、白龙六县，割大宁、大义、白龙三县隶中州。贞观元年，昌州废，省常武、昌原二县来属，蒲县还隶隰州。天宝元年，隶大宁郡。乾元元年，复隶隰州。

附旧县1：常安县(619—627)

武德二年，析蒲县置常安县②，以常安原为名，治常安城(今蒲县山中乡山中村)③，隶昌州。贞观元年，州废，省入蒲县。

附旧县2：昌原县(619—627)

武德二年，析蒲县置昌原县，以昌原为名，治昌原城(今蒲县古县乡)④，隶昌州。贞观元年，州废，省入蒲县。

3. 大宁县(619—907)

武德二年，析蒲县置大宁县，以隋旧县为名，治浮图镇(今山西大宁县城昕水镇)⑤，隶昌州。是年，割隶中州，为州治，并析置大义、白龙二县。贞观元年，州废，省大义、白龙二县来属，大宁县改隶隰州。天宝元年，隶大宁郡。乾元元年，复隶隰州。

---

① 《太平寰宇记》隰州隰川县："长寿故城，在县北四十里。"
② 《旧唐志》作"常武"，今依《新唐志》。按《元和志》云，蒲县西南有常安原，则当作常安是。
③ 《元和志》隰州蒲县："常安原，在县西南四十里，东西广四十里，南北长二十里。"推知常安县在常安原一带，今姑定于蒲县山中乡山中村。
④ 依地理形势分析，蒲县境唯古县乡及乔家湾乡可以置县。按乔家湾乡地处河川，不合"昌原"之名；古县乡则位处原上，疑其为唐昌原及昌原县之所在，"古县"盖以此得名。
⑤ 《旧唐志》隰州大宁县："武德二年，置中州于隋大宁故城，因改名大宁。"按唐初仵城县治今山西吉县屯里镇县底村(旧属窑渠乡)，大宁县乃析仵城县境而置，非改名，"改"字当衍。《新唐志》大宁县云："本仵城，武德二年更名。"乃承《旧唐志》之误，不论。

附旧县1：大义县(619—627)

武德二年,析蒲县置大义县,治义亭川(今山西大宁县三多乡),故名①,割隶中州。贞观元年,州废,省入大宁县。

附旧县2：白龙县(619—627)

武德二年,析蒲县置白龙县,治白龙城(今隰县午城镇)②,割隶中州。贞观元年,州废,省入大宁县。

4. 永和县(618—907)

本隋龙泉郡旧县,武德元年,隶隰州。二年,移治仙芝谷西(今山西永和县城芝河镇),割置东和州,并析置楼山县。贞观二年,州废,省楼山县来属,永和县隶隰州。天宝元年,隶大宁郡。乾元元年,复隶隰州。

附旧县：楼山县(619—628)

武德二年③,析永和县置楼山县,以隋旧县为名,治故楼山城(今山西石楼县城灵泉镇谭庄村)④,隶东和州。贞观二年,州废,省入永和县。

5. 石楼县(618—907)

本隋龙泉郡旧县,武德元年,隶隰州。二年,割隶西德州,为州治,并析置长寿、临河二县。贞观元年,州废,省临河县来属,石楼县隶东和州。二年,州废,改隶隰州。天宝元年,隶大宁郡。乾元元年,复隶隰州。

附旧县：临河县(619—627)

武德二年,析石楼县置临河县,以隋旧县为名,治故临河城(今石楼县前山乡西山村)⑤,隶西德州。贞观元年,州废,省入石楼县。

6. 温泉县(618—907)

武德元年,析吕州汾西县置温泉县,以温泉为名,治温泉城(今山西交口县温泉乡),割隶隰州。三年⑥,割隶北温州,为州治,并析置新城、高唐二县。贞观元年,州废,省新城、高唐二县来属,温泉县还隶隰州。天宝元年,隶大宁郡。乾元元年,复隶隰州。

---

① 《大清一统志》卷123隰州："大义废县,在大宁县南。《县志》:大义故县,以县南义亭川为名。"
② 《大清一统志》卷123隰州："白龙废县,在州西南,今为白龙里。"
③ 《新唐志》作"六年",今依《旧唐志》、《太平寰宇记》。
④ 《太平寰宇记》隰州永和县："楼山故县,在县南十五里。"
⑤ 《大清一统志》卷105汾州府："临河废县,在石楼县东。《旧志》:在县东六十里。"按石楼县东六十里已逾吕梁山入宁乡县(今山西中阳县)界,不属石楼,且以县名"临河"观之,当在石楼县西境,《旧志》"县东"当是"县西"之误,今定在石楼县西山村,旧为乡。
⑥ 《旧唐志》隰州温泉县作"二年",今依《旧唐志》隰州序、《新唐志》、《太平寰宇记》。

附旧县1：新城县(620—627)

武德三年,析温泉县置新城县,以隋旧县为名,治故新城(今山西中阳县车鸣峪乡关上村)①,隶北温州。贞观元年,州废,省入温泉县。

附旧县2：高唐县(620—627)

武德三年,析温泉县置高唐②县,因高唐山为名,治高唐城(今山西孝义市西辛庄镇)③,隶北温州。贞观元年,州废,省入温泉县。

附旧州一：昌州(619—627)

武德二年,割隰州蒲县、前汾州仵城县置昌州,并置常武、昌原、大宁三县,取昌原县首字为州名,隶隰州总管府。是年,割大宁县隶中州。七年,隶隰州都督府。贞观元年,州废,省昌原、常武二县,蒲县还隶隰州,仵城县隶南汾州。

附旧州二：中州(619—627)

武德二年,割昌州大宁县置中州,并置大义、白龙二县,中州隶隰州总管府。七年,隶隰州都督府。贞观元年,州废,省大义、白龙二县,大宁县隶隰州。

附旧州三：东和州(619—628)

武德二年,割隰州永和县置东和州,以永和县末字为名,隶隰州总管府,并置楼山县。七年,隶隰州都督府。贞观元年,以废西德州之石楼县来属。二年④,州废,省楼山县,永和、石楼二县隶隰州。

附旧州四：西德州(619—627)

武德二年,割隰州石楼县置西德州,并置长寿、临河二县,西德州隶隰州总管

---

① 《太平寰宇记》隰州温泉县："武德三年,于(故新城)县东南四十里置北温州及温泉县。"推知故新城县在今中阳县关上村,旧刘家坪乡。《历史地名》第2737页云在今交口县东北,按其地距温泉县太近,恐非。

② 《旧唐志》作"高堂",今依《新唐志》。《太平寰宇记》隰州温泉县云："高唐故县城,在县东南十五里。"可证。

③ 《太平寰宇记》隰州温泉县："高唐故县城,在县东南十五里。"《大明一统志》卷21汾州府："高唐山,在孝义县西九十里。"今定于孝义市西辛庄镇。《地名大辞典》、《历史地名》等皆定于今交口县桃红坡镇,与《太平寰宇记》道里不合,不取。

④ 《旧唐志》、《太平寰宇记》隰州序作"三年",《旧唐志》永和县作"元年",今依《旧唐志》石楼县、《新唐志》、《太平寰宇记》永和县、石楼县。

府。七年,隶隰州都督府。贞观元年,州废,省长寿、临河二县,石楼县隶东和州。

附旧州五：北温州(620—627)
武德三年①,割隰州温泉、新城、高唐三县置北温州,取温泉县首字为名,治温泉县,隶隰州总管府。七年,隶隰州都督府。贞观元年,州废,省新城、高唐二县,温泉县改隶隰州。

(八) 西河郡(汾州)
浩州(618—620)—后汾州(620—742)—西河郡(742—758)—汾州(758—907)

西河郡,本隋旧郡,领隰城、永安二县②,唐武德元年,改为浩州,治隰城县,隶并州总管府。三年,直属河东道行台,改为后汾州,以隋旧州为名,割并州文水县来属。四年,直属并州上总管府。五年,直属并州大总管府。六年,割文水县还隶并州。七年,直属并州大都督府,又割并州文水县来属。贞观元年,改永安县为孝义县,以废介州之介休、平遥二县来属,复割文水县还隶并州。二年,隶并州都督府。十三年,后汾州领隰城、平遥、介休、孝义四县,治隰城县。十七年,以废吕州灵石县来属。

武周天授元年,直属河东道。长安四年,后汾州领隰城、平遥、介休、灵石、孝义五县,仍治隰城县。

唐神龙元年,复隶并州都督府。开元十一年,直属河东道。

天宝元年,复为西河郡。十三载,西河郡领隰城、平遥、介休、灵石、孝义五县,治隰城县。至德元载,隶河东节度使。

乾元元年,复为汾州。后上元元年,改隰城县为西河县。兴元元年,隶保宁军节度使。贞元三年,仍隶河东节度使。元和十五年,汾州领西河、平遥、介休、灵石、孝义五县,治西河县。

咸通十四年,汾州领县不变。

1. **隰城县**(618—760)—西河县(760—907)
隰城县,本隋西河郡旧县,武德元年,隶浩州,为州治。三年,隶后汾州,

---

① 《旧唐志》隰州温泉县作"二年",今依《元和志》、《旧唐志》隰州序、《新唐志》。
② 《隋志》西河郡有介休、平遥、灵石、绵上四县,共六县。按两《唐志》,义宁元年,割介休、平遥二县置介休郡,割绵上县隶义宁郡,割灵石县隶霍山郡,故删此四县。

仍为州治。天宝元年,隶西河郡,为郡治。乾元元年,隶汾州,为州治。后上元元年,改为西河县,以隋旧郡为名。

2. 平遥县(618—907)

本隋介休郡旧县,武德元年,隶介州。贞观元年,州废,改隶后汾州。天宝元年,隶西河郡。乾元元年,隶汾州。

3. 介休县(618—907)

本隋介休郡旧县,武德元年,隶介州,为州治。贞观元年,州废,改隶后汾州。天宝元年,隶西河郡。乾元元年,隶汾州。

4. 灵石县(618—907)

本隋霍山郡旧县,武德元年,隶吕州。贞观十七年,州废,改隶后汾州。天宝元年,隶西河郡。乾元元年,隶汾州。

5. 永安县(618—627)—孝义县(627—907)

孝义县,本隋西河郡永安县(今山西孝义市城关乡)①,武德元年,隶浩州。三年,隶后汾州。贞观元年,以县名与涪州永安县名同,遂改为孝义县,因县人郑兴有孝义,故名②。天宝元年,隶西河郡。乾元元年,隶汾州。

附旧州:介州(618—627)

本隋介休郡,领介休、平遥二县③。武德元年,改为介州,取介休县首字为名,治介休县,隶并州总管府。二年,陷于刘武周。三年,收复,直属河东道行台。四年,直属并州上总管府。五年,直属并州大总管府。七年,直属并州大都督府。贞观元年,州废,介休、平遥二县隶后汾州。

(九) 昌化郡(石州)

石州(618—742)—昌化郡(742—758)—石州(758—907)

昌化郡,本隋离石郡,领离石、平夷、定胡、太和、方山五县④,唐武德元年,

---

① 《元和志》汾州孝义县:"后魏又分隰城,于今灵石县东三十里置永安县。"按灵石县东三十里已入介山,非置县之地,亦非隰城之地,疑"今灵石县东三十里"为"今(隰城)县东南三十五里"之误,即北魏、隋、唐之永安县皆在今孝义市城区未改。《地图集》标隋永安县于今灵石县东,恐误。
② 《太平寰宇记》汾州孝义县。
③ 《隋志》无介休县及其领县。按两《唐志》:"义宁元年,割介休、平遥二县属介休郡。"据补。
④ 《隋志》离石郡有修化县,无方山县,共五县。按修化县不见于唐初记载,当废于隋末,今删。又,《元和志》石州方山县:"高齐文宣帝于此县北六十八里置良泉县,属离石郡。隋大业三年,移就今县南三十五里方山置,故名方山。"据补。

改为石州,以隋旧州为名,治离石县,隶并州总管府。二年,割方山县隶方州。是年,陷于刘武周①。三年,收复,置石州总管府。是年,罢总管府,石州隶岚州总管府,以废方州之方山县来属,置后临泉县,并太和县割隶北和州,割定胡县隶西定州。五年,复置石州总管府。七年,改总管府为都督府。贞观二年,以废西定州之定胡县来属,置孟门县,罢都督府,石州隶并州都督府。三年,以废北和州之后临泉县来属,复置石州都督府。六年,复罢都督府,石州直属河东道。七年,省孟门县。十三年,石州领离石、平夷、定胡、后临泉、方山五县,治离石县。

武周长安四年,石州领县不变。

唐开元十七年,割隶潞州都督府。十八年,仍直属河东道。

天宝元年,改为昌化郡,以北朝昌化县为名。十三载,昌化郡领离石、平夷、定胡、后临泉、方山五县,仍治离石县。至德元载,隶河东节度使。

乾元元年,复为石州。兴元元年,隶保宁军节度使。贞元三年,仍隶河东节度使。元和十五年,石州领县一如天宝十三载。

咸通十四年,石州领县不变。

1. 离石县(618—907)

本隋离石郡旧县,武德元年,隶石州,为州治。天宝元年,隶昌化郡,为郡治。乾元元年,复隶石州,为州治。

2. 平夷县(618—907)

本隋离石郡旧县,武德元年,隶石州。天宝元年,隶昌化郡。乾元元年,复隶石州。

3. 定胡县(618—628)—**孟门县**(628—633)—**定胡县**(634—907)

定胡县,本隋离石郡旧县,武德元年,隶石州。三年,割隶西定州,为州治。贞观二年,州废,还隶石州,改为孟门县,以孟门关为名。七年,省入离石县。八年,析离石县复置定胡县,仍治孟门镇(今柳林县孟门镇),隶石州。

4. 后临泉县(620—907)

武德三年,析太和县置后临泉县,以临泉水为名,治故太和城(今山西临县石白头乡)②,割隶北和州,为州治。贞观三年③,州废,改隶石州。天宝元

---

① 《资治通鉴》卷187:"武德二年,季真与弟六儿复举兵为乱,引刘武周之众攻陷石州,杀刺史王俭。"
② 《元和志》石州临泉县:"武德三年,改太和县为临泉县。临泉水在县北一百步,县因此水为名。黄河在县(北)〔西〕二十里。"《大清一统志》卷105汾州府:"临泉故城,《旧志》临泉故城在(临)县西四十里。"
③ 《唐会要》卷70作"二年",今依两《唐志》。

年,隶昌化郡。乾元元年,复隶石州。

5. 方山县(618—907)

本隋离石郡旧县,武德元年,隶石州。二年,割置方州。三年,州废,还隶石州。贞观十一年,移治新方山城(今山西方山县城圪洞镇)①。天宝元年,隶昌化郡。乾元元年,复隶石州。

附旧州一:方州(619—620)

武德二年,割石州方山县置方州,取方山县首字为名,隶并州总管府。三年,州废,方山县还隶石州。

附旧州二:西定州(620—628)

武德三年,割石州定胡县置西定州,取定胡县首字为名,隶岚州总管府。五年,隶石州总管府。七年,隶石州都督府。贞观二年,州废,定胡县还隶石州。

附旧州三:北和州(620—629)

武德三年,割石州后临泉、太和二县置北和州,取太和县末字为名,治后临泉县,隶并州总管府。四年,割太和县隶东会州。五年,隶石州总管府。七年,隶石州都督府。贞观二年,隶并州都督府。三年②,州废,后临泉县还隶石州。

(一〇)楼烦郡(岚州)

岚州(618—742)—楼烦郡(742—758)—岚州(758—907)

武德元年,刘武周割隋楼烦郡岢岚、岚城、前临泉三县置岚州,以隋旧州为名③,治岢岚县。二年,归唐,置总管府④,是年,复归刘武周。三年,复归唐,隶石州总管府,改前临泉县为临津县。是年,仍置岚州总管府。四年,割岚城、临津二县隶东会州。五年,罢总管府,岚州复隶石州总管府。六年,以废东会州之宜芳、临津、合会、太和四县及废北管州之静乐县来属,移治宜芳县。七年,隶石州都督府。九年,省合会、岢岚、太和三县。贞观元年,改临津县为合河县。二年,隶并州都督府。三年,复隶石州都督府,置太和县。六年,仍隶并州都督

---

① 《元和志》石州方山县:"南至州九十里。"
② 《唐会要》作"二年",今依两《唐志》。
③ 《隋书》卷71《陶模传》:"仁寿初,为岚州司马。"
④ 《资治通鉴》武德二年五月:"六儿遣使请降,诏以为岚州总管。"

府。八年,又省太和县。十三年,岚州领宜芳、静乐、合河三县,治宜芳县。

武周天授元年,直属河东道。长安三年,置岚谷县。四年,岚州领宜芳、静乐、合河、岚谷四县,仍治宜芳县。

唐神龙二年,复隶并州都督府,省岚谷县。开元十一年,直属河东道。十二年,复置岚谷县。

天宝元年,改为楼烦郡,以隋旧郡为名。十三载,楼烦郡领宜芳、静乐、合河、岚谷四县,治宜芳县。至德元载,隶河东节度使。

乾元元年,复为岚州。兴元元年,隶保宁军节度使。贞元三年,复隶河东节度使。元和十五年,岚州领县一如天宝十三载。

咸通十四年,岚州领县不变。

龙纪元年,置楼烦、玄池、天池三县,割隶宪州。

1. 岚城县(618—621)—宜芳县(621—907)

宜芳县,本隋楼烦郡岚城县①,武德元年,隶岚州。四年②,割隶东会州,改为宜芳县,为州治,并析置丰润、合会二县。五年,省丰润县来属。六年,州废,还隶岚州,自苛岚县移州治于此。九年,省岢岚、合会二县来属。长安三年,析置岚谷县。神龙二年,省岚谷县来属。开元十二年,复析置岚谷县。天宝元年,隶楼烦郡,为郡治。乾元元年,复隶岚州,为州治。

附旧县1:丰润县(621—622)

武德四年,析宜芳县置丰润③县,治丰润城(今山西岚县城东村镇古城村)④,隶东会州。五年,省入宜芳县。

附旧县2:合会县(621—626)

武德四年,析宜芳县置合会县,治合会城(今岚县上明乡前合会村)⑤,隶东会州。六年,州废,改隶岚州。九年,省入宜芳县。

2. 静乐县(621—907)

本隋楼烦郡旧县,武德元年,隶管州,为州治。四年,析置汾阳、六度二

---

① 《隋志》楼烦郡无岚城县,按《元和志》宜芳县:"(大业)八年,分静乐置岚城县,属楼烦郡。"据补。
② 《唐会要》作"贞观元年",今依两《唐志》。
③ 《新唐志》作"丰闰",今依《旧唐志》。
④ 依地理形势分析,丰润县当在宜芳县南,今岚县古城村(旧为乡)适当其地,且"古城"一名,尚无其他解释,疑其地本有丰润古城。今静乐县南虽有丰润镇,然其地夹在唐静乐县与所析置之六度县之间,当非唐丰润县之地。
⑤ 《纪要》卷40岢岚州岚县:"合会城,在县西南。"《大清一统志》卷96太原府:"合会废县,在岚县西南三十里,今名合会镇。"即今前合会村,旧合会乡。

县。五年,隶北管州。六年,州废,省汾阳、六度二县来属,静乐县改隶岚州。天宝元年,隶楼烦郡。乾元元年,复隶岚州。龙纪元年,析置楼烦、玄池、天池三县,割隶宪州。

附旧县1:汾阳县(621—623)

武德四年,析静乐县置汾阳县,以隋汾阳宫为名,治故汾阳城(今山西静乐县段家寨乡)①,隶管州。五年,隶北管州。六年,州废,省入静乐县。

附旧县2:六度县(621—623)

武德四年,析静乐县置六度县,治六度城(今山西娄烦县静游镇东六度村)②,隶管州。五年,隶北管州。六年,州废,省入静乐县。

附新县1:楼烦县(889—907)

本楼烦监牧使地,龙纪元年,置楼烦县,以旧监为名,治楼烦关(今娄烦县城娄烦镇旧娄烦村),隶宪州,为州治。

附新县2:玄池县(889—907)

本楼烦监牧使地,龙纪元年,置玄池县,以旧监为名,治雁门关(今古交市镇城底镇)③,隶宪州。

附新县3:天池县(889—907)

本楼烦监牧使地,龙纪元年,置天池县,以旧监为名,治道人堡(今娄烦县天池店乡)④,隶宪州。

3. 前临泉县(618—620)—临津县(620—627)—**合河县**(627—907)

合河县,本隋楼烦郡前临泉县,武德元年,隶岚州。三年⑤,平刘武周,以北和州有临泉县,乃改为临津县,以临黄河之津为名。四年,割隶东会州。六年,州废,还隶岚州。九年,省太和县来属。贞观元年,改为合河县,以蔚汾水与黄河合于县城下为名⑥。天宝元年,隶楼烦郡。乾元元年,复隶岚州。

---

① 《元和志》岚州静乐县:"隋汾阳故宫,在县北一百二十里。"《太平寰宇记》静乐县:"汾阳宫,大业四年置,末年废,在县北三十里。"《纪要》卷40静乐县天池城:"汾阳废县,在县东北。""汾阳宫,在管涔山北原上,环天池之上。"综此可知,静乐县东北三十里(今乐县段家寨乡)者,乃汾阳县治,而汾阳故宫,实在县北一百二十里之天池,即今宁武县榆庄乡马营海,旧属东庄乡。
② 《大清一统志》卷113忻州:"六度废县,在静乐县南。《县志》:今县南廉耻乡有六度村。"
③ 《旧唐志》宪州:"玄池,州东六十里置。"《太平寰宇记》云:"北临大川。"《地图集》置在古交市阁上乡之界口,其地无大川,不取。
④ 《旧唐志》宪州:"天池,州西南五十里置。……乾元后移于安明谷口道人堡下。"
⑤ 《元和志》、《唐会要》作"七年",《旧唐志》、《太平寰宇记》作"四年"。按武德三年已析石州太和县别置临泉县,则岚州临泉县之更名,当是避免重名之故,今依《新唐志》定于武德三年。
⑥ 韦澳《诸道山河地名要略》残卷(载《敦煌石室地志残卷考释》、《敦煌地理文书汇辑校注》)云:"蔚(分)〔汾〕水与黄河会,故曰合河,合县界城下。"《中国文物地图集·山西分册》下册第1222页云,贞观元年改前临泉县为蔚汾县,不详何据。

附旧县：太和县(618—626)

本隋离石郡旧县，武德元年，隶石州。三年，移治新太和城（今临县白文镇故县村古城）①，割隶北和州，并析置后临泉县。四年，割隶东会州。六年，州废，改隶岚州。九年，省入临津县。

4. 岢岚县(618—626)—岚谷县(703—706，724—907)

岚谷县，本隋楼烦郡岢岚县②，武德元年，刘武周以隶岚州，为州治。六年，移州治于宜芳县。九年，省入宜芳县。长安三年，析宜芳县置岚谷县，因岚谷为名，治故岢岚城（今山西岢岚县城岚漪镇），隶岚州。神龙③二年，省入宜芳县。开元十二年，析宜芳县复置岚谷县，仍隶岚州。天宝元年，隶楼烦郡。乾元元年，复隶岚州。

附旧州一：管州(618—622)—北管州(622—623)

管州，本隋楼烦郡，领静乐、前临泉、岢岚、岚城四县④，隋末，为刘武周所据。武德元年，改为管州，以管涔山为名，治静乐县，并置汾阳、六度二县，割岢岚、岚城、前临泉三县隶岚州。二年，归唐，隶岚州总管府。三年，隶石州总管府。是年，复隶岚州总管府。五年，隶石州总管府，改为北管州。六年，州废，省汾阳、六度二县，静乐县改隶岚州。

附旧州二：东会州(621—623)

武德四年，割岚州岚城、前临泉二县置东会州，并析置丰润、合会二县，改岚城县为宜芳县，割北和州太和县来属，州取合会县末字为名，治宜芳县，隶岚州总管府。五年，隶石州总管府，省丰润县。六年，州废，宜芳、前临泉、合会、太和四县改隶岚州。

附新州：宪州(889—907)

龙纪元年，河东节度使李克用奏割岚州楼烦、玄池、天池三县置宪州，治

---

① 《纪要》卷40兴县、《大清一统志》卷96太原府皆云：太和废县在兴县北。按兴县在唐为合河县，唐太和县既析置后临泉县（今临县西），且与之合置北和州，则不可能隔在合河县之北，而应在今临县北境白文镇故县村，遗址尚存，《中国文物地图集·山西分册》下册第1229页以为后临泉县治，恐非。
② 《隋志》楼烦郡无岢岚县，按《元和志》岚谷县云："隋大业三年，置岢岚（县），镇压草城川贼路。"据补。
③ 《元和志》、《唐会要》作"景龙"，今依两《唐志》。
④ 《隋志》楼烦郡有秀容县，无岢岚、岚城二县，共三县。按两《唐志》云，义宁元年，以楼烦郡秀容县置新兴郡。故删秀容县。又，《元和志》岚谷县："隋大业三年，置岢岚，镇压草城川贼路。"宜芳县："（大业）八年，分静乐置岚城县，属楼烦郡。"据补。

楼烦县,隶河东节度使。

(一一) 乐平郡(仪州)

辽州(620—625)—箕州(625—712)—仪州(712—742)—乐平郡(742—758)—仪州(758—883)—辽州(883—901)—仪州(901—907)

武德三年,割并州乐平、石艾、和顺、辽山四县置辽州①,以隋旧州为名,直属河东道行台,治乐平县,并置义兴县。四年,直属并州上总管府。五年,直属并州大总管府。六年,割隶潞州总管府,移州治于辽山县,以废榆州之榆社、平城二县来属,割石艾、乐平二县隶受州,省义兴县。七年,隶潞州都督府。八年,改为箕州。贞观元年,直属并州大都督府。二年,隶并州都督府。十三年,箕州领辽山、榆社、平城、和顺四县,治辽山县。

武周长安四年,箕州领县不变。

唐先天元年,避玄宗嫌名,改为仪州,以夷仪岭为名。开元十七年,隶潞州都督府。十八年,仍直属河东道。

天宝元年,改为乐平郡,以北朝旧郡为名。十三载,乐平郡领辽山、榆社、平城、和顺四县,治乐平县。至德元载,隶河东节度使。

乾元元年,复为仪州。兴元元年,隶保宁军节度使。贞元三年,复隶河东节度使。元和十五年,仪州领县一如天宝十三载。

咸通十四年,仪州领县不变。

中和三年,复为辽州。天复元年,朱全忠复改为仪州②。

1. 辽山县(618—907)

本隋太原郡旧县,武德元年,隶并州。三年,移治新辽山城(今山西左权县城辽阳镇西关村)③,割隶辽州。六年,自乐平县移州治于此。八年,隶箕州,

---

① 辽山,《旧唐志》辽州序作"平城";和顺,《新唐志》作"平城"。按两《唐志》,武德三年并州割辽山、和顺二县隶辽州,割并州平城县隶榆州,据改。
② 《旧五代史》卷26《武皇纪》天复元年四月:"(汴将)攻寿阳,辽州刺史张鄂以城降于汴,都人大恐。"《新唐书》卷10《昭宗纪》辽州作"仪州",则仪州当为汴帅朱全忠所改,晋王李克用寻收复之,可能仍用辽州旧名,故史载有所不同,今依本卷体例从《新唐书》。
③ 《纪要》辽州:"《城邑考》:州北三里有故辽阳城,城周五里,相传县旧治此,唐武德三年圮于水,徙今治。"《太平寰宇记》辽州辽山县云:"辽阳水(今清漳西源)东南流经古辽阳城南。"可见古辽阳城有二,一临水,一在其北三里。其地既南临水,逾往北地形逾高,辽山县城因圮于水而迁,则当自南迁北,因疑州北三里之辽阳城(今西关村)是武德三年新迁县城,此前圮于水之辽阳城在今左权县城,元末筑土城时乃重为县治。《城邑考》文字有误。上引《太平寰宇记》文,亦表明宋初辽山县城不临河,临河者当为武德三年所废辽阳城。

为州治。先天元年(712),隶仪州,为州治。天宝元年,隶乐平郡,为郡治。乾元元年,复隶仪州,为州治。中和三年,隶辽州。天复元年,隶仪州,仍为州治。

2. 榆社县(618—907)

本隋太原郡旧县,武德元年,割隶韩州。三年,割隶榆州,为州治,并析置偃武县。六年,州废,省偃武县,榆社县隶辽州。八年,隶箕州。先天元年,隶仪州。天宝元年,隶乐平郡。乾元元年,复隶仪州。中和三年,隶辽州。天复元年,隶仪州。

附旧县:偃武县(620—623)

武德三年,析榆社县置偃武县,以平刘武周为名,治古魏城(今山西榆社县郝北镇魏城村古城)①,隶榆州。六年,州废,省入榆社县。

3. 平城县(618—907)

本隋太原郡旧县,武德元年,隶并州。三年,割隶榆州。六年,州废,改隶辽州。八年,隶箕州。先天元年,隶仪州。天宝元年,隶乐平郡。乾元元年,复隶仪州。中和三年,隶辽州。天复元年,隶仪州。

4. 和顺县(618—907)

本隋太原郡旧县,武德元年,隶并州。三年,割隶辽州,并析置义兴县。六年,省义兴县来属。八年,隶箕州。先天元年,隶仪州。天宝元年,隶乐平郡。乾元元年,复隶仪州。中和三年,隶辽州。天复元年,隶仪州。

附旧县:义兴县(620—623)

武德三年,析和顺县置义兴县,治义兴城(今山西和顺县城义兴镇联坪村)②,隶辽州。六年,省入和顺县。

附旧州:榆州(620—623)

武德三年,割韩州榆社县、并州平城县置榆州,以榆社县首字为名,直属河东道行台,治榆社县,并置偃武县。四年,直属并州上总管府。五年,直属并州大总管府。六年,州废,省偃武县,榆社、平城二县隶辽州。

附旧府一 绛州总管府(618—621)

武德元年,唐革隋命,以绛、浍、邵、虞、蒲、泰、晋、吕、沁、盖、潞十一州置

---

① 《大清一统志》卷121辽州:"偃武废县,在榆社县南,即古魏城。《旧志》:今为魏城镇,在县南三十里。"遗址尚存,详《中国文物地图集·山西分册》下册,第716页。

② 《大清一统志》卷121辽州:"义兴废县,在和顺县西。《县志》:在县西十五里,今名仪村。"即今联坪村,旧为乡。

绛州总管府,直属中央,并置韩、泽、建三州。是年,割隶陕东道行台。二年,改浍州为北浍州,割蒲、泰、虞、邵四州隶蒲州总管府,沁、韩、潞、盖、建、泽六州隶潞州总管府。三年,隶河东道行台,割晋、吕二州隶晋州总管府。四年①,罢总管府及北浍州,绛州隶晋州总管府。

附旧府二　隰州总管府(619—629)

武德二年,割并州总管府隰、前汾二州置隰州总管府,并置中、昌、东和、西德四州,隶陕东道行台。三年,隶河东道行台,改前汾州为南汾州,置北温州。四年,隶并州上总管府。五年,隶并州大总管府。七年,改为隰州都督府,隶并州大都督府。贞观元年,废中、昌、西德、北温四州。二年,属河东道,废东和州。三年,罢都督府,隰、南汾二州直属河东道。

附旧府三　岚州总管府(619—620)—石州总管府(620)—岚州总管府(620—622)—石州总管府(622—624)—石州都督府(624—628,629—632)

武德二年,刘武周部将刘六儿以岚、石、管三州归唐,置岚州总管府②,并置方州,岚州总管府隶陕东道行台。是年,复降刘武周。三年,刘季真又以石、岚、管、方四州来降,置石州总管府③,隶河东道行台。是年,罢石州总管府及方州④,以岚、石、管三州复置岚州总管府,置西定、北和二州。四年,隶并州上总管府,置东会州。五年,复移总管府治于石州,改为石州总管府,改管州为北管州。六年,废东会、北管二州。七年,改为石州都督府,隶并州大都督府。贞观二年,罢都督府及西定州,石、岚、北和三州隶并州都督府。三年,割并州都督府石、岚二州复置石州都督府。六年,又罢都督府,石州直属河东道,岚州仍隶并州都督府。

附旧府新镇一　晋州总管府(620—624)—晋州都督府(624—632)—晋慈隰节度使(784—785)—晋慈隰都防御观察使(788—807)—晋慈都团

---

① 《元和志》、《旧唐志》、《太平寰宇记》作"三年",按两《唐书·罗士信传》:武德四年"世充平,擢授绛州总管",因改。
② 《资治通鉴》武德二年四月:"隋末,离石胡刘龙儿拥兵数万自号刘王,以其子季真为太子,虎贲郎将梁德击斩龙儿,至是,季真与弟六儿复举兵为乱,引刘武周之众攻陷石州,杀刺史王俭。季真自称突利可汗,以六儿为拓定王。六儿遣使请降,诏以为岚州总管。"
③ 《资治通鉴》武德三年二月:"以季真为石州总管,赐姓李氏,封彭山郡王。"
④ 《资治通鉴》武德三年四月:"季真弃石州,奔刘武周将马邑高满政,满政杀之。"

练观察使(822—823)—保义军节度使(823—827)

武德三年,割绛州总管府晋、吕二州置晋州总管府,隶河东道行台,割潞州总管府沁州来属。四年,隶并州上总管府,以废绛州总管府之绛州来属。五年,隶并州大总管府。七年,改为晋州都督府,隶并州大都督府。贞观二年,属河东道。六年,罢都督府,晋、绛、吕、沁四州直属河东道。

兴元元年,割河中节度使晋、慈、隰三州置晋慈隰节度使,治晋州。贞元元年,罢镇,三州还隶河中节度使。四年,复割河中节度使晋、慈、隰三州置晋慈隰都防御观察使,仍治晋州。元和二年,罢镇,三州还隶河中节度使。

长庆二年,割河中节度使晋、慈二州置晋慈都团练观察使,治晋州。三年,升为保义军节度使。大和元年,罢镇,晋、慈二州还隶河中节度使。

附旧府新镇二 并州总管府(618—620)—河东道行台直辖地区(620—621)—并州上总管府直辖地区(621—622)—并州大总管府直辖地区(622—624)—并州大都督府直辖地区(624—628)—并州都督府(628—690,705—723)—河东节度使(756—784)—保宁军节度使(784—787)—河东节度使(787—907)

武德元年,唐革隋命,以并、浩、介、石、隰、前汾六州置并州总管府,隶陕东道行台。是年,取刘武周代州总管府忻州来属。二年,割隰、前汾二州隶隰州总管府,并、忻、介、石四州归刘武周,总管寄治浩州。三年,收复并、介、忻三州,罢并州总管府,以并、浩、介、忻四州为河东道行台直辖地区,改浩州为后汾州,并置受、太、辽、榆四州。是年,取刘武周忻州及窦建德恒州行台恒、观、廉、前冀、赵、井、岳、燕八州来属。四年,罢河东道行台,以行台直辖并、介、受、辽、太、榆、后汾七州直属并州上总管府,忻州隶代州总管府,恒、观、廉、前冀、赵、井六州隶山东道行台,废岳、燕二州。五年,改并州上总管府为并州大总管府,以废代州总管府之忻州来属。六年,置行蔚州,复割忻州隶代州总管府,辽州隶潞州总管府,废太、榆二州。七年,改并州大总管府为并州大都督府①,割行蔚州隶代州都督府。贞观元年,以废潞州都督府之潞、泽、韩、箕四州来属,废介州。二年,降并州大都督府为并州都督府②,属河东道,以废石州都督府之石、岚、北和三州来属。三年,复割石、岚二州隶石州都督府,废北和州。六年,以废石州都督府之岚州来属。八

---

①② 《唐会要》卷68。

年,割潞、泽、韩三州隶潞州都督府,废受州。十三年,并州都督府督并、岚、后汾、箕四州。

武周天授元年,置北都,罢都督府①,并、岚、后汾、箕四州直属河东道②。

唐神龙元年,罢北都,以河东道直属并、后汾、箕、岚四州复置并州都督府。先天元年,改箕州为仪州。开元十一年,又置北都,罢都督府,并、后汾、仪、岚四州直属河东道③。

天宝元年,改北都为北京。至德元载,以河东道直属太原府及西河、乐平、楼烦、昌化四郡,雁门郡都督府雁门、定襄、马邑、安边、云中五郡为河东节度使辖区,治云中郡,是时马邑、安边、云中三郡属安燕,节度使暂驻太原府。是年,收复马邑郡。二载,收复云中、安边二郡,改安边郡为兴唐郡,正式移治太原府。

乾元元年,复西河郡为汾州,乐平郡为仪州,楼烦郡为岚州,雁门郡为代州,定襄郡为忻州,马邑郡为朔州,兴唐郡为蔚州,云中郡为云州,昌化郡为石州。兴元元年,改河东节度使为保宁军节度使。贞元三年,复改保宁军节度使为河东节度使。十年,割昭义军节度使沁州来属。元和十五年,河东节度使领太原府及仪、沁、汾、石、岚、朔、云、蔚、代、忻十州,治太原府。

会昌三年(843),割云、朔、蔚三州隶大同都团练使。咸通十四年,河东节度使领太原府及仪、沁、汾、石、岚、代、忻七州,治太原府。

中和二年,割忻、代二州隶雁门节度使。三年,改仪州为辽州。四年,以废云蔚防御使之云、蔚二州及割关内道振武麟胜等军州节度观察处置使麟州来属。光启三年,以废代北节度使之代、忻、朔三州来属。乾宁元年(894),取河北道幽州卢龙节度使新、武二州来属。二年,新、武二州还隶幽州卢龙节度使。龙纪元年(889),置宪州。天复元年,取护国军节度使慈、隰二州来属④,改辽州为仪州。天祐四年,置应州。

---

① 《旧唐志》太原府序作"兼都督府",今依《元和志》。
② 罗凯《唐十道演化新论》(载《中国历史地理论丛》2012年第1期)据高宗初年孙思邈所撰《千金翼方》卷1《药出州土》以为箕州曾属河北道。然史志不载其事,俟考。
③ 《新唐表》云:开元十一年,更天兵军节度使为太原府以北诸州军节度使(即河东节度使),领太原及辽、石、岚、汾、代、忻、朔、蔚、云九州,治太原。按本卷体例,节度使制一律以至德元载起算,故开元十一年初置之河东节度使不作为政区著录,然此时并州都督府亦撤销,各府州视作河东道直辖。
④ 《旧五代史》卷26《武皇纪》载:天复元年六月,河东节度使李克用"遣李嗣昭、周德威将兵出阴地,攻慈、隰二郡,隰州刺史唐礼、慈州刺史张瓌并以城来降"。然据《旧唐书》卷20《昭宗纪》,天复三年二月,朱全忠职衔仍带慈、隰二州,则慈、隰二州名义上仍属河中府。

第二节　上党郡(潞州)都督府

潞州总管府(619—624)—潞州都督府(624—627,634—742)—上党郡都督府(742—756)—泽潞沁节度使(756—761)—泽潞节度使(761—780)—昭义军节度使(780—907)

武德二年(619),割绛州总管府潞、盖、建、泽、沁、韩六州置潞州总管府,隶陕东道行台。三年,隶河东道行台,割沁州隶晋州总管府。四年,隶并州上总管府。五年,隶并州大总管府。六年,割并州大总管府直属辽州来属①,废建州。七年,改为潞州都督府,隶并州大都督府。八年,改辽州为箕州。贞观元年(627),罢都督府及盖州,潞、泽、韩、箕四州直属并州大都督府。八年,割并州都督府潞、泽、韩三州及河东道直属沁州复置潞州都督府。十三年,潞州都督府督潞、泽、沁、韩四州。十七年,罢都督府及韩州②,潞、沁、泽三州直属河东道。

开元十七年(729),割河东道直属潞、仪、沁、石、泽五州复置潞州都督府③。十八年,仪、石二州仍直属河东道④。

天宝元年(742),复潞州为上党郡,沁州为阳城郡,泽州为高平郡,改潞州都督府为上党郡都督府。十三载,上党郡都督府督上党、阳城、高平三郡。至德元载(756),以上党、阳城、高平三郡置泽潞沁节度使,治上党郡,都督成虚职。

乾元元年(758),复上党郡为潞州,阳城郡为沁州,高平郡为泽州。后上元二年(761),割沁州隶河中节度使,改为泽潞节度使,仍治潞州。是年,复割河中节度使沁州来属。宝应元年(762),以淮南道淮西节度使郑、陈二州,史氏燕国废邺郡节度使之邢、洺二州来属。广德元年(763),割河北道相卫节度使怀、卫二州来属,割邢、洺二州隶河北道洺相节度使。是年,怀、卫二州还隶

---

① 史志不载其事。罗凯《隋唐政治地理格局研究》(复旦大学博士论文,2012年)第297页考证,至迟武德八年时,潞州都督府已督辽州。按辽州州治武德六年从乐平县南移辽山县,推知改隶潞府当在是年。
② 罗凯:《隋唐政治地理格局研究》,第81—82页。
③ 《旧唐志》潞州序云:"开元十七年,以玄宗历职此州,置大都督府,管慈、仪、石、沁四州。"《新唐表》则云:"开元十七年,以仪、石二州隶潞州都督。"无慈州,疑《旧唐志》"慈"字系"泽"字之误。又以地理方位观之,疑"石"为"晋"之误。
④ 《新唐表》云:"开元十八年,河东节度复领仪、石二州。"据此推知。

相卫节度使。大历四年(769),割河北道相卫节度使怀州、河南道河南节度使颍州来属,割陈州隶河南道滑亳节度使。五年,割郑、颍二州隶关内道泾原节度使。十一年,以河北道废昭义军节度使之磁、邢二州来属。建中元年(780),改为昭义军节度使。二年,割怀州隶都畿河阳三城节度使。三年,割河北道魏博节度使洺州来属。贞元十年(794),割沁州隶河东节度使。元和十五年(820),昭义军节度使领潞、邢、洺、磁、泽五州,仍治潞州。

会昌五年(845),割泽州隶都畿河阳节度使。咸通十四年(873),昭义军节度使领潞、邢、洺、磁四州,治潞州。

中和三年(883),割邢、洺、磁三州隶河北道东昭义军节度使。天复元年(901),以河北道废邢洺磁都团练使之邢、洺、磁三州及割都畿河阳节度使泽州来属。天祐三年(906),改磁州为惠州。

(一)上党郡(潞州)

潞州(618—742)—**上党郡**(742—758)—潞州(758—907)

上党郡,本隋旧郡,领上党、长子、屯留、襄垣、乡、黎城、涉、潞城八县①,武德元年,改为潞州,以隋旧州为名,治上党县,隶绛州总管府,割襄垣、乡、黎城、涉四县隶韩州。二年,置潞州总管府。四年,置壶关县。七年,改总管府为都督府。贞观元年,罢都督府,潞州直属并州大都督府。二年,隶并州都督府。八年,复置潞州都督府。十三年,潞州领上党、壶关、长子、屯留、潞城五县,治上党县。十七年,置都督府,潞州直属河东道,以废韩州之襄垣、黎城、涉、铜鞮、乡五县来属。

永徽六年(655),割铜鞮县隶沁州。显庆四年(659),复割沁州铜鞮县来属。

武周天授元年(690),改乡县为武乡县。长安四年,潞州领上党、壶关、长子、屯留、铜鞮、武乡、襄垣、潞城、黎城、涉十县,治上党县。

唐神龙元年(705),复武乡县为乡县。是年,又改乡县为武乡县。开元十七年,复割置潞州都督府。

天宝元年,复为上党郡,隶上党郡都督府。十三载,上党郡领上党、壶关、长子、屯留、铜鞮、武乡、襄垣、潞城、黎城、涉十县,治上党县。至德元载,隶泽

---

① 《隋志》上党郡有沁源、铜鞮二县,共十县。按《旧唐志》云:"义宁元年,置义宁郡,领沁源、铜鞮、绵上,仍分沁源置和川,凡四县。"知隋末沁源、铜鞮二县不隶上党郡,今删。

潞沁节度使,为使治。

乾元元年,复为潞州。后上元二年,隶泽潞节度使,为使治。建中元年,隶昭义军节度使,仍为使治。元和十五年,潞州领县一如天宝十三载。

咸通十四年,潞州领县不变。

天祐二年,改潞城县为潞子县,黎城县为黎亭县。

1. **上党县**(618—907)

本隋上党郡旧县,武德元年,隶潞州,为州治。四年,析置壶关县。天宝元年,隶上党郡,为郡治。乾元元年,复隶潞州,为州治。

2. **壶关县**(621—907)

武德四年,析上党县置壶关县,以隋旧县为名,治高望堡(今山西长治县西池乡西故县村)①,隶潞州。贞观十七年,移治进流川②(今山西壶关县城龙泉镇)。天宝元年,隶上党郡。乾元元年,复隶潞州。

3. **长子县**(618—907)

本隋上党郡旧县,武德元年,隶潞州。天宝元年,隶上党郡。乾元元年,复隶潞州。

4. **屯留县**(618—907)

本隋上党郡旧县,武德元年,隶潞州。五年③,移治新屯留城(今山西屯留县城麟绛镇)。天宝元年,隶上党郡。乾元元年,复隶潞州。

5. **铜鞮县**(618—907)

本隋义宁郡旧县,武德元年,隶沁州。三年,析置甲水县。五年,移治骸水堡(即晋铜鞮宫,今山西沁县新店镇古城村)④。六年,割隶韩州,移治新铜鞮城(今沁县故县镇)⑤。九年,省甲水县来属。贞观十七年,州废,改隶潞州。

---

① 《纪要》卷42壶关县:"唐初置县于高望堡,在今县西七里。贞观中移治进流川,即今治云。"按今壶关县城西七里即是山岭,似非置县之地,而县城西南十七里长治县地有地名曰"故县"(分东故县、西故县),旧置西故县乡,地志未载曾置何县,疑即唐初壶关县,顾氏"县西七里"当为"县西十七里"之脱误。
② 觉罗石麟等《山西通志》卷3云:"进流川,《大明一统志》、《旧通志》胥作清流川。"
③ 《太平寰宇记》作"六年",今依《旧唐志》。
④ 《史记正义·绛侯周勃世家》引《括地志》云:"铜鞮故城,在潞州铜鞮县东十五里、州西六十五里。"按《括地志》表上于贞观十六年,是时铜鞮虽已移治新铜鞮城,然仍属韩州,故城在"州西六十五里",乃指韩州(襄垣)西六十五里,即今沁县古城村,旧属本池乡。张守节改韩为潞,易致误会。
⑤ 《纪要》卷43沁州:"铜鞮废县,今县南四十里又有铜鞮故城,或以为隋唐时县治此。"《大清一统志》卷120沁州:"《县志》:唐铜鞮故城,在州西南四十里,今为故县镇,有故县寨。"

永徽六年,割隶沁州。显庆四年,复割隶潞州。天宝元年,隶上党郡。乾元元年,复隶潞州。

附旧县:甲水县(620—626)

武德三年,析铜鞮、乡二县置甲水县,以护甲水为名,治甲水城(今沁县松村乡)①,割隶韩州。九年,省入铜鞮、乡二县。

6. 乡县(618—690)—武乡县(690—705)—乡县(705)—**武乡县**(705—907)

武乡县,本隋上党郡乡县,武德元年,隶潞州。是年,割隶韩州。三年,移治新乡城(今山西武乡县故县乡)②。贞观十七年③,州废,改隶潞州。天授元年④,改为武乡县,以晋旧县为名。神龙元年,复为乡县。是年,又改为武乡县。天宝元年,隶上党郡。乾元元年,复隶潞州。

7. **襄垣县**(618—907)

本隋上党郡旧县,武德元年,隶潞州。是年,割隶韩州,为州治,移治甘罗水南(今山西襄垣县城古韩镇)。贞观十七年,州废,改隶潞州。天宝元年,隶上党郡。乾元元年,复隶潞州。

8. **潞城县**(618—905)—潞子县(905—907)

潞城县,本隋上党郡旧县,武德元年,隶潞州。天宝元年,隶上党郡。乾元元年,复隶潞州。天祐二年,避朱全忠父嫌名,改为潞子县。

9. **黎城县**(618—905)—黎亭县(905—907)

黎城县,本隋上党郡旧县,武德元年,隶潞州。是年,割隶韩州。贞观十七年,州废,隶潞州。天宝元年,隶上党郡。乾元元年,复隶潞州。天祐二年,避朱全忠父嫌名,改为黎亭县。

10. **涉县**(618—907)

本隋上党郡旧县,武德元年,隶潞州。是年,割隶韩州。贞观十三年,移治新涉城(今河北涉县城平安街道)⑤。十七年,州废,隶潞州。天宝元年,隶上党郡。乾元元年,复隶潞州。

---

① 《太平寰宇记》威胜军铜鞮县:"甲水县故城,在今县北七十里。"《地图集》隋河东诸郡图置于今武乡县城关镇城南村,其地唐初恐已入乡县界,不合为铜鞮县地,今不取。
② 《纪要》沁州武乡县引《太平寰宇记》逸文:"武乡旧城在今辽州榆社县西北二十里,唐武德三年移于今治。"
③ 《唐会要》作"元年",今依《太平寰宇记》。
④ 两《唐志》但云"则天"、"武后",按武周取武氏吉意改天下县名多在天授元年,如并州文水县改武兴县即在是年,今亦定在天授元年。
⑤ 《大清一统志》卷156彰德府:"涉县故城,在今涉县西北。《旧志》:唐贞观十三年迁今治,故城在西北二里。"

附旧州：韩州（618—643）

武德元年，割潞州襄垣、乡、黎城、涉四县，并州榆社县置韩州①，治襄垣县，隶绛州总管府。二年，隶潞州总管府。三年，置甲水县，割榆社县隶榆州。六年，割沁州铜鞮县来属。七年，隶潞州都督府。九年，省甲水县。贞观元年，直属并州大都督府。二年，隶并州都督府。八年，复隶潞州都督府。十三年，韩州领襄垣、铜鞮、乡、黎城、涉五县，治襄垣县。十七年，州废，五县还隶潞州。

（二）高平郡（泽州）

泽州（618—742）—高平郡（742—758）—泽州（758—907）

武德元年，割盖州濩泽、沁水、端氏三县置泽州，以隋旧州为名，治濩泽县，隶绛州总管府。二年，隶潞州总管府。七年，隶潞州都督府。八年，移州治于端氏县。贞观元年，直属并州大都督府，以废盖州之晋城、高平、陵川三县来属，移州治于晋城县。二年，隶并州都督府。八年，复隶潞州都督府。十三年，泽州领晋城、濩泽、沁水、端氏、高平、陵川六县，治晋城县。十七年，直属河东道。

武周长安四年，泽州领县不变。

唐开元十七年，复隶潞州都督府。

天宝元年，改为高平②郡，以北朝旧郡为名，隶上党郡都督府，改濩泽县为阳城县。十三载，高平郡领晋城、阳城、沁水、端氏、高平、陵川六县，治晋城县。至德元载，隶泽潞沁节度使。

乾元元年，复为泽州。后上元二年，隶泽潞节度使。建中元年，隶昭义军节度使。元和十五年，泽州领县一如天宝十三载。

会昌五年，割隶都畿河阳节度使。咸通十四年，泽州领县不变。

天复元年，还隶昭义军节度使。天祐二年，改晋城县为高都县，阳城县为濩泽县。

---

① 《旧唐志》潞州襄垣县："武德元年，于县置韩州，领襄垣、黎城、涉、铜鞮、武乡五县。"按《旧唐志》襄垣县下文及铜鞮县俱云，武德六年铜鞮县始隶韩州，是知武德元年韩州不领铜鞮县，今删。

② 《本钱簿》作"高阳"。

1. **晋城县**(620—905)—**高都县**(905—907)

武德三年①,析丹川县置晋城县,以三家分晋封晋君于此,故名②,治汉晋高都城(今山西晋城市城区北街街道)③,隶建州。六年,州废,隶盖州,自高平县移州治于此。九年,省丹川、盖城二县来属。贞观元年,州废,隶泽州,自端氏县移州治于此。天宝元年,隶上党郡。乾元元年,隶潞州。天祐二年,避朱全忠父嫌名,改为高都④县,以北朝旧县为名。

附旧县1：丹川县(618—626)

本隋长平郡旧县,武德元年,隶盖州,并析置盖城县。是年,移治源泽水北(今山西泽州县高都镇)⑤,割置建州。三年,析置晋城县。六年,州废,改隶盖州。九年,省入晋城县。

附旧县2：盖城县(618—626)

武德元年,析丹川县置盖城县,治盖城(今泽州县下村镇中村遗址)⑥,隶盖州。九年,省入晋城县。

2. **濩泽县**(618—742)—**阳城县**(742—905)—**濩泽县**(905—907)

阳城县,本隋长平郡濩泽县,武德元年,隶盖州。是年,割隶泽州,为州治。八年,移州治于端氏县。天宝元年,改为阳城县,借北朝旧县为名,隶上党郡。乾元元年,隶潞州。天祐二年,避朱全忠父嫌名,复改为濩泽县。

3. **沁水县**(618—907)

本隋长平郡旧县,武德元年,隶盖州。是年,割隶泽州。天宝元年,隶上党郡。乾元元年,隶潞州。

4. **端氏县**(618—907)

本隋长平郡旧县,武德元年,隶盖州。是年,割隶泽州。八年,自濩泽县移州治于此。贞观元年,又移州治于晋城县。天宝元年,隶上党郡。乾元元

---

① 《旧唐志》晋城县作"二年",《元和志》、《太平寰宇记》晋城县作"贞观三年",今依《旧唐志》泽州序、《新唐志》、《太平寰宇记》泽州序。
② 《太平寰宇记》泽州晋城县。
③ 《纪要》卷43泽州云："高都城,在州东三十里。……北齐为高都郡治。"此为北朝高都城,即丹川县旧治。
④ 《太平寰宇记》作"丹川高都",《新唐志》作"丹川",今依《旧唐书》卷20《哀帝纪》。
⑤ 觉罗石麟等《山西通志》卷23泽州府凤台县："源漳水,在县东北三十里,源出可寒山,东入丹水。……源漳水即源泽水。"清凤台县即今晋城市,源漳水即今巴公河,则可定唐初丹川县治今泽州县高都镇。
⑥ 《纪要》卷43泽州："盖城废县,在州东北。"按泽州治今晋城市,其东北唐已有丹川县,不得又置盖城县。而据《中国文物地图集·山西分册》中册第463页,晋城西北之下村镇中村有1万平方米的唐代遗址,疑即盖城县治。

年,隶潞州。

5. 高平县(618—907)

本隋长平郡旧县,武德元年,隶盖州,为州治。六年,移州治于晋城县。贞观元年,州废,改隶泽州。天宝元年,隶上党郡。乾元元年,隶潞州。

6. 陵川县(618—907)

本隋长平郡旧县,武德元年,隶盖州。贞观元年,州废,改隶泽州。天宝元年,隶上党郡。乾元元年,隶潞州。

附旧州一:盖州(618—627)

本隋长平郡,领丹川、濩泽、沁水、端氏、高平、陵川六县,武德元年,改为盖州,治高平县,置盖城县,取首字为州名,隶绛州总管府,割濩泽、沁水、端氏三县隶泽州,割丹川县隶建州。二年,盖州隶潞州总管府。六年,以废建州之丹川、晋城二县来属,移州治于晋城县。七年,隶潞州都督府。九年,省丹川、盖城二县。贞观元年,州废,晋城、高平、陵川三县隶泽州。

附旧州二:建州(618—623)

武德元年,割盖州丹川县置建州,以北朝旧州为名,隶绛州总管府。二年,隶潞州总管府。三年,析置晋城县。六年,州废,丹川、晋城二县改隶盖州。

(三) 阳城郡(沁州)

沁州(618—742)—阳城郡(742—758)—沁州(758—907)

阳城郡,本隋义宁郡,领沁源、铜鞮、和川、绵上四县[①],唐武德元年,改为沁州,以隋旧州为名,治沁源县,隶绛州总管府。二年,隶潞州总管府,置招远县。三年,隶晋州总管府,省招远县。六年,割铜鞮县隶韩州。七年,隶晋州都督府。贞观六年,直属河东道。八年,隶潞州都督府。十三年,沁州领沁源、和川、绵上三县,治沁源县。十七年,直属河东道。

永徽六年,割潞州铜鞮县来属。显庆四年,复割铜鞮县隶潞州。

武周长安四年,沁州领县一如贞观十三年。

唐开元十七年,复隶潞州都督府。

---

① 《隋志》无义宁郡及其领县。按《旧唐志》云:"义宁元年,置义宁郡,领沁源、铜鞮、绵上,仍分沁源置和川,凡四县。"据补。

天宝元年,改为阳城郡,借北朝阳城县为名,隶上党郡都督府。十三载,阳城郡领沁源、和川、绵上三县,治沁源县。至德元载,隶泽潞沁节度使。

乾元元年,复为沁州。后上元二年,割隶河中节度使。是年,隶泽潞节度使。贞元十年,割隶河东节度使。元和十五年,沁州领县一如天宝十三载。

咸通十四年,沁州领县不变。

1. 沁源县(618—907)

本隋义宁郡旧县,武德元年,隶沁州,为州治。二年,析置招远县。三年,省招远县。天宝元年,隶阳城郡,为郡治。乾元元年,复隶沁州,为州治。

附旧县:招远县(619—620)

武德二年,析沁源县置招远县,治招远城(今山西沁源县郭道镇定阳村)①,隶沁州。三年,省入沁源县。

2. 和川县(618—907)

本隋义宁郡旧县,武德元年,隶沁州。天宝元年,隶阳城郡。乾元元年,复隶沁州。

3. 绵上县(618—907)

本隋义宁郡旧县,武德元年,隶沁州。天宝元年,隶阳城郡。乾元元年,复隶沁州。

第三节 雁门郡(代州)都督府

代州总管府(618—622,623—624)—代州都督府(624—742)—雁门郡都督府(742—756)—雁门节度使(882—883)—代北节度使(883—887)

武德元年(618),刘武周取隋地置代州总管府,管代、忻二州②。二年,置蔚州。三年,归隋王杨政道部将苑君璋③,隶西南道行台,忻州为唐所取。四

---

① 依地理形势推定。定阳村,旧为乡。
② 《旧唐志》代州:"武德元年,置代州总管,管代、忻、蔚三州。"似言代州总管府为唐所置,然按《元和志》、《诸道山河地名要略》残卷:"隋氏丧乱,陷于寇境。武德四年,平代,置代州都督府。"可知武德元年之代州总管府乃刘武周所置。
③ 《资治通鉴》卷190、《册府元龟》卷126《帝王部》。据吴玉贵《突厥汗国与隋唐关系史研究》(中国社会科学出版社,1998年)第167页考证,武德三年刘武周败亡后,其余部苑君璋等转归突厥扶立之隋王杨政道,今从其说。

年,归唐,隶并州上总管府,以废河东道行台之忻州来属。五年,复没于隋王,罢总管府①,废蔚州,忻州直属唐并州大总管府。六年,唐取隋王代、朔、应三州并割并州大总管府直属忻州复置代州总管府,仍隶并州大总管府。是年,割朔、应二州隶朔州总管府。七年,改为代州都督府,隶并州大都督府,以废朔州总管府之朔州并割并州大都督府直辖行蔚州来属。贞观二年(628),属河东道。四年,置云州②。五年,复置蔚州,废行蔚州。十三年,代州都督府督代、忻、朔、云、蔚五州③。

永淳元年(682),废云州。

武周长安四年(704),代州都督府督代、忻、朔、蔚四州。

唐开元十八年(730),复置云州。

天宝元年(742),改代州为雁门郡,忻州为定襄郡,蔚州为安边郡,朔州为马邑郡,云州为云中郡,改代州都督府为雁门郡都督府。十三载,雁门郡都督府督雁门、定襄、马邑、云中、安边五郡。十五载(至德元载),罢都督府,雁门、定襄二郡隶河东节度使,马邑、云中、安边三郡归安氏燕国河东节度使。

中和二年(882),割河东节度使忻、代二州及取大同军都防御使蔚、朔二州置雁门节度使④,治代州。三年,改为代北节度使。是年,割蔚州隶云蔚防御使。光启三年(887),罢镇,代、忻、朔三州还隶河东节度使。

(一)雁门郡(代州)

代州(618—742)—雁门郡(742—758)—代州(758—907)

雁门郡,本隋旧郡,领雁门、繁畤、五台、崞四县⑤。武德元年,刘武周改为代州,以隋旧州为名,治雁门县,置代州总管府。二年,置灵丘县,割隶蔚州。四年,归唐,总管府如故。五年,没于隋王⑥。六年,复归唐,仍置代州总管府。

---

① 《旧唐志》太原府序云:"五年,又改代、石二总管。"语义含混,今依《旧唐志》代州序。
② 《旧唐志》原作"灵州"。按灵州属关内道灵州都督府,不属代州都督府,"灵(靈)"当为"云(雲)"之形误,今改。
③ 《旧唐志》代州序引《括地志》云:"今督代、忻、蔚、朔、灵五州。""灵"当为"云"之误,考详上注及严耕望《括地志序略都督府管州考略》(载《严耕望史学论文集》)。《旧唐志》、《太平寰宇记》又云,贞观六年至十二年间,代州都督府督顺州,按此顺州乃羁縻州,今不录。
④ 《旧唐书》卷19《僖宗纪》云,中和三年五月,李克用职为"雁门已北行营节度、忻代蔚朔等州观察处置使",则中和二年初置雁门节度使时,当已有忻、代、蔚、朔四州,并省略新置应州之名。
⑤ 《隋志》雁门郡有灵丘县,共五县。按《元和志》灵丘县:"隋末陷贼,武德二年,又置灵丘县,属蔚州。"则隋末灵丘县已废,今删。
⑥ 《资治通鉴》武德五年四月:"代州总管定襄王李大恩为突厥所杀。"

七年,改总管府为都督府。贞观十二年,割忻州怀化县来属。十三年,代州领雁门、繁畤、五台、怀化、崞五县,治雁门县。十四年,省怀化县。

武周证圣元年(695),置武延县。长安四年,代州领雁门、繁畤、五台、武延、崞五县,仍治雁门县。

唐唐隆元年(710),改武延县为唐林县。

天宝元年,复为雁门郡,隶雁门郡都督府。十三载,雁门郡领雁门、繁畤、五台、唐林、崞五县,仍治雁门县。至德元载(756),隶河东节度使。

乾元元年(758),复为代州。兴元元年(784),隶保宁军节度使。贞元三年(787),隶河东节度使。元和十五年(820),代州领县一如天宝十三载。

咸通十四年,代州领县不变。

中和二年,置雁门节度使,为使治。三年,隶代北节度使,为使治。光启三年,罢镇,还隶河东节度使。

1. **雁门县**(618—907)

本隋雁门郡旧县,武德元年,隶代州,为州治。天宝元年,隶雁门郡,为郡治。乾元元年,复隶代州,为州治。

2. **繁畤县**(618—907)

本隋雁门郡旧县,武德元年,隶代州。七年,自并州阳曲县移行蔚州及行灵丘县于此。八年,行蔚州移治忻州秀容县。圣历二年(699),移县治于新繁畤城(今山西繁畤县杏园乡南关村古城)①。天宝元年,隶雁门郡。乾元元年,复隶代州。

附旧县:**行灵丘县**(624—628)

武德七年,自并州阳曲县移行蔚州行灵丘县于代州繁畤县,仍为行蔚州治。八年,移治忻州秀容县。

3. **五台县**(618—907)

本隋雁门郡旧县,武德元年,隶代州。贞观十四年,省五台县来属。证圣元年,析置武延县。天宝元年,隶雁门郡。乾元元年,复隶代州。

4. **怀化县**(638—640)—**武延县**(695—710)—**唐林县**(710—907)

贞观五年,自代北移羁縻顺州怀化县寄治于忻州秀容县北境。十二年,

---

① 《元和志》代州繁畤县:"西至州六十里。……其城三面枕涧,东接峻坂,极为险固。"遗址尚存,详《中国文物地图集·山西分册》中册,第615页。

升怀化县为正县,治怀化城(今山西原平市新原乡唐林岗)①,割隶代州。十四年②,省入五台、崞二县。证圣元年,析五台、崞二县置武延县,取武氏吉意,治故怀化城,隶代州。唐隆元年,改为唐林县,取唐朝吉意。天宝元年,隶雁门郡。乾元元年,复隶代州。

5. 崞县(618—907)

本隋雁门郡旧县,武德元年,隶代州。证圣元年,析置武延县。天宝元年,隶雁门郡。乾元元年,复隶代州。

附旧州: 行蔚州(624—625)

武德七年,自并州阳曲县移行蔚州及行灵丘县于代州繁畤县境,隶代州都督府,仍领行灵丘、行飞狐二县,治行灵丘县。八年,移州治于忻州秀容县。

(二) 定襄郡(忻州)

忻州(618—742)—定襄郡(742—758)—忻州(758—907)

定襄郡,本隋新兴郡,领秀容县③。武德元年,刘武周改为忻州,以隋旧州为名,隶代州总管府④。是年,归唐,隶并州总管府。二年,复为刘武周所占,仍隶代州总管府。三年,归唐,直属河东道行台。四年,隶代州总管府,置定襄县。五年,直属并州大总管府。六年,复隶代州总管府。七年,隶代州都督府。贞观十三年,忻州领秀容、定襄二县。

武周长安四年,忻州领县不变。

唐天宝元年,改为定襄郡,以定襄县为名,隶雁门郡都督府。十三载,定襄郡领秀容、定襄二县,仍治秀容县。至德元载,隶河东节度使。

乾元元年,复为忻州。兴元元年,隶保宁军节度使。贞元三年,隶河东节度使。元和十五年,忻州领县一如天宝十三载。

咸通十四年,忻州领县不变。

---

① 《元和志》代州唐林县:"东北至州一百一十里。"其地适在秀容县北境,推知其地即故怀化城。
② 史志不载怀化县省罢时间。《册府元龟》卷985云:"贞观十五年,突厥诸部有思结者,先处代州五台县,其意尝欲归延陀,因是而叛。"此言思结部居五台县,不言怀化县,可知此前怀化县已省入五台等县。按《旧唐志》代州"旧领县五",则贞观十三年仍有怀化县,今定于贞观十四年省县。
③ 《隋志》不载新兴郡及其领县。按两《唐志》云:义宁元年,以楼烦郡秀容县置新兴郡。据补。
④ 《旧唐志》代州:"武德元年,置代州总管,管代、忻、蔚三州。"似言代州总管府初为唐所置,然据韦澳《诸道山河地名要略》残卷:"隋氏丧乱,陷于寇境。武德四年平,置代州都督府。"可知武德元年之代州总管府为刘武周所置,武德四年乃唐所重置,则忻州武德元年已陷于刘氏。

中和二年,割隶雁门节度使。三年,隶代北节度使。光启三年,还隶河东节度使。

1. **秀容县**(618—907)

本隋新兴郡旧县,武德元年,隶忻州,为州治。贞观五年,移羁縻顺州怀化县寄治于县境①。十二年,升怀化县为正县,割隶代州。天宝元年,定襄县隶定襄郡,为郡治。乾元元年,复隶忻州,为州治。

附旧县:行灵丘县(628—631)

武德八年,自代州繁畤县移行蔚州及行灵丘县于忻州秀容县北恒州城(即故秀容郡城,今山西忻州市忻府区奇村镇唐林村)②。贞观五年,移其民还于蔚州灵丘县,省行灵丘县。

2. **定襄县**(621—907)

武德四年,析秀容县置定襄县,以北朝旧县为名,治汉阳曲城(今山西定襄县城晋昌镇),隶忻州。天宝元年,隶定襄郡。乾元元年,复隶忻州。

附旧州: 行蔚州(628—631)

武德八年,自代州繁畤县移行蔚州及行灵丘县于忻州秀容县,仍隶代州都督府,领行灵丘、行飞狐二县,治行灵丘县。贞观五年,废行蔚州及行灵丘、行飞狐二县,以其民还于蔚州故地。

(三)马邑郡(朔州)

朔州(618—742)—马邑郡(742—758)—朔州(758—907)

马邑郡,本隋旧郡,领善阳、云内、神武、开阳四县,隋末,刘武周以为都城。武德元年,刘武周改为朔州,改开阳县为常宁县,割神武县隶应州。三年,归隋王,置西南道行台③。四年,省常宁县。六年,隋王部将高满政以州归唐,罢行台,朔州隶代州总管府。是年,置朔州总管府,割云内县隶北恒州。七年,罢总管府,朔州隶代州都督府。贞观十三年,朔州领善阳一县。

武周长安四年,朔州领县不变。

---

① 怀化县以突厥思结部置,吴玉贵《突厥汗国与隋唐关系史研究》第 254 页云:"张俭在朔州招慰安集思结部,则朔州可能是最初安置思结部之地。"
② 据《元和志》秀容县,秀容故城在县西北五十里。
③ 《旧唐书》卷 55《刘武周附苑君璋传》。

唐开元五年,置马邑县。

天宝元年,复为马邑郡,隶雁门郡都督府。十三载,马邑郡领善阳、马邑二县,治善阳县。至德元载,陷于安氏燕国,隶河东节度使。是年,归唐,仍隶河东节度使。

乾元元年,复为朔州。建中年间,河中节度使马燧权移州治于马邑县。兴元元年,隶保宁军节度使。贞元三年,隶河东节度使,还治善阳县①。元和十五年,朔州领县一如天宝十三载。

会昌三年(843),割隶大同都团练使。四年,隶大同军都防御使。咸通十四年,朔州领县不变。

乾符五年(878),隶大同军节度使。是年,朔州仍隶大同军都防御使。广明元年(880),割隶蔚朔节度使。是年,复隶大同军都防御使。中和二年,隶雁门节度使。三年,隶代北节度使。光启三年,还隶河东节度使。天祐四年(907),置金城县,割隶应州。

1. **善阳县**②(618—907)

本隋马邑郡旧县,武德元年,隶朔州,为州治。四年,省常宁县来属。七年,以废应州之神武、金城二县省入。开元五年,析置马邑县。天宝元年,隶马邑郡,为郡治。乾元元年,复隶朔州,为州治。建中年间,移州治于马邑县。贞元三年,自马邑县还州治于此。

附旧县:常宁县(618—621)

本隋马邑郡开阳县,武德元年,改为常宁县,以隋旧长宁县为名,隶朔州。四年,省入善阳县。

2. **神武县**(618—624)—**马邑县**(717—907)

马邑县,本隋马邑郡神武县,武德元年,隶朔州③。是年,割隶应州,并析置金城县。七年,州废,省入善阳县。开元五年,析善阳县置马邑县,以汉旧县为名,治大同军城(今山西朔州市朔城区神头镇马邑村)④,隶朔州。天宝元年,隶马邑郡。乾元元年,复隶朔州。建中年间,自善阳县移州治于此。贞元三年,还州治于善阳县。天祐四年,析置金城县。

---

① 史志不载朔州还治善阳县时间。按朔州移治马邑县乃马燧任河东节度使时所为,马燧离任于贞元三年,疑于是年还治善阳县。
② 《元和志》、《太平寰宇记》作"鄯阳县",今依《隋志》、《本钱簿》、《州郡典》、两《唐志》。
③ 《大清一统志》卷108宁武府云,神武县唐初省入善阳。今定于唐武德七年与朔州总管府同省。
④ 《中国文物地图集·山西分册》中册,第145页。

附旧新县：金城县(618—624,907)

武德元年,析朔州神武县置金城县,治金城(今山西应县镇子梁乡城下庄古城遗址)①,以为县名,隶应州,为州治。七年,省入善阳县②。天祐四年,析马邑县复置金城县,治金凤城(今应县城金城镇)③,隶应州,为州治。

附旧新州：应州(618—624,907)

武德元年,刘武周割朔州金城、神武二县置应州直属州④,治金城县。三年,归隋王,直属西南道行台。六年,归唐,隶代州总管府。是年,隶朔州总管府。七年,州废,省金城、神武二县。

天祐四年,割朔州金城县、云州浑源县复置应州,治金城县,隶河东节度使⑤。

(四)云中郡(云州)

恒州(621—623)—北恒州(623—624)—恒州(624—627)—北安州(627)—恒州(627—630)—云州(640—682,730—742)—云中郡(742—758)—云州(758—907)

武德四年⑥,隋王割朔州云内县置恒州,以北朝旧州为名,直属西南道行台。六年,归唐,改为北恒州,隶朔州总管府。七年,隋王部将苑君璋复取之,仍为恒州⑦。贞观元年,苑君璋来降,改为北安州,以恒安镇为名,隶北安州都

---

① 《辽史·地理志》："唐武德中,置金城县,后改应州。"《大清一统志》卷109大同府："唐武德中,置金城县,兼置应州。……应州故城,在今应州东。《旧志》：'金城故城在今州城东八里,即故州治,唐天宝初王忠嗣所筑。'"城址犹存,或以为汉繁峙县故城。
② 史志不载此事。按武德七年前,朔州先后作过都城、行台、总管府,辖县当不会太少,故定金城县于武德七年始与总管府同罢。
③ 《大清一统志》卷109大同府："今(应州)治旧为天王村,乾符间,李国昌以故城颓圮,移筑于此,亦名金凤城。"
④ 《辽史·地理志》："唐武德中,置金城县,后改应州。"《大清一统志》卷109大同府："唐武德中,置金城县,兼置应州。……应州故城,在今应州东。《旧志》：'金城故城在今州城东八里,即故州治,唐天宝初王忠嗣所筑。'"按天宝初未置应州,王忠嗣当因武德初应州故治重筑城。武德初刘武周以朔州为都城,宜增重朔州周围建置,则应州之始置,当在武德元年。
⑤ 《舆地广记》云："应州,唐末置。"《资治通鉴》天成元年七月己卯注："新、旧《唐书·地理志》未有应州。欧史《职方考》始有'应州,故属大同节度',而不载其建置之始,意晋王克用分云州置应州也。"按《旧五代史》庄宗纪及《资治通鉴》,天祐五年正月割应州隶大同军节度使,而两《唐志》载唐州县沿革迄止天祐三年,因推知应州复置于天祐四年,乃唐河东节度使李克用为纪念其诞生地而自置,不上唐廷档册,故两《唐志》不载,今补。
⑥ 《新唐志》作"元年",《元和志》作"四年",《旧唐志》、《太平寰宇记》作"六年"。盖四年置州,六年归唐,改州名,"元年"误。
⑦ 《旧唐书》卷55《刘武周附苑君璋传》。

督府。寻复归隋王为恒州。四年,平隋王,州县俱废,为羁縻顺州,地入云州。十三年,废羁縻顺州。十四年,移云州及定襄县于此。

永淳元年(682),为后突厥所破,州县俱废①。

开元十八年②,平后突厥,复置云州及云中县,仍隶代州都督府。

天宝元年,改为云中郡,以汉旧郡为名,隶雁门郡都督府。十三载,云中郡领云中一县。十四载,归安氏燕国,隶河东节度使,为使治。至德二载,河东节度使高秀岩表降于唐,仍隶河东节度使,移使治于太原府。

乾元元年,复为云州。兴元元年,隶保宁军节度使。贞元三年,隶河东节度使。元和十五年,云州领县一如天宝十三载。

会昌三年,割隶大同军都团练使,为使治。四年,隶大同军都防御使。咸通十四年,云州领县不变。

乾符五年,隶大同军节度使。是年,仍隶大同军都防御使。中和二年,罢镇,隶雁门节度使。三年,隶代北节度使。是年,割隶云蔚防御使。四年,还隶河东节度使。天祐四年,置浑源县,割隶应州。

云内县(618—621)—云中县(621—624)—定襄县(640—682)—**云中县**(730—907)

云中县,本隋马邑郡云内县,武德元年,隶朔州。四年,割置恒州。六年,改为云中县,隶北恒州。七年,仍隶恒州。贞观元年,隶北安州,为州治。寻仍隶恒州。四年,县废③。十四年,自定襄城移云州及定襄县于此,治恒安镇(今大同市南郊区水泊寺乡古城村)。永淳元年,县废。开元十八年,以故定襄县地复置云中县,治故平城(今大同市城区北关街道),仍隶云州,为州治。天宝元年,隶云中郡,为郡治。乾元元年,复隶云州,为州治。天祐四年,析置浑源县。

附新县:浑源县(907)

天祐四年,析云中县置浑源县,以浑源川为名,治浑源城(今山西浑源县城永安镇)④,隶应州。

---

① 艾冲《唐代都督府研究》第69页唐前期河东道有"云州都督府"一目,谓贞观二十年置,永淳元年废。按此所指实为羁縻云中州都督府,而且置于贞观二十三年。第136页又有"云州都督府"一目,云据《新唐书·高宗纪》,永隆元年有云州都督窦怀哲。按《新唐纪》原文为:"突厥寇云州,都督窦怀哲败之。"《册府元龟》卷358、《资治通鉴》均记此时怀哲为"代(岱)州都督",云州属代府,则艾氏显系误解《新唐纪》,唐前期并无云州都督府。
② 《旧唐志》作"二十年",今依《元和志》、《诸道山河地名要略》残卷、《太平寰宇记》、《新唐志》。
③ 《山西省历史地图集》第54—55页"唐(一)"图,以贞观十三年为断,在今大同市云岗镇标绘有朔州"云内"县,不详所据,不取。
④ 《辽志》云:"浑源县:唐置,有浑源川。"今定为与应州同时置。

（五）安边郡（蔚州）

蔚州(619—630,631—742)—**安边郡**(742—757)—兴唐郡(758—758)—蔚州(758—907)

武德二年，刘武周割代州灵丘县并取窦夏易州飞狐县置蔚州，以隋旧州为名，治灵丘县，隶代州总管府①。三年，归唐，置蔚州总管府。是年，为隋王所夺②。四年，唐取隶代州总管府。五年，复归隋王。贞观四年，平隋王，以其地改置羁縻顺州怀化县③。五年，移羁縻怀化县于忻州，以行蔚州移流民复还旧地，仍置蔚州及灵丘、飞狐二县，治灵丘县，隶代州都督府。十三年，蔚州领灵丘、飞狐二县。

武周长安四年，蔚州领县不变。

唐开元十二年，置安边县。

天宝元年，改为安边郡，以安边县为名，移治安边县，隶雁门郡都督府。十三载，安边郡领安边、飞狐、灵丘三县，仍治安边县。至德元载，陷于安氏燕国，隶河东节度使。二载，归唐，仍隶河东节度使，避安氏名姓，改为兴唐郡，取唐朝吉意，还治灵丘县，又改安边县为兴唐县。

乾元元年，复为蔚州。兴元元年，隶保宁军节度使。贞元三年，隶河东节度使。元和十五年，蔚州领灵丘、兴唐、飞狐三县，治灵丘县。

会昌三年，割隶大同都团练使。四年，隶大同都防御使。咸通十四年，蔚州领县不变。

乾符五年，隶大同节度使。是年，仍隶大同都防御使。广明元年，割隶蔚朔节度使，为使治。是年，罢镇，复隶大同都防御使。中和二年，隶雁门节度使。三年，隶代北节度使。是年，割隶云蔚防御使。四年，隶河东节度使。

1. 安边县(724—757)—兴唐县(757—907)

开元十二年④，析灵丘、飞狐二县置安边县，治横野军(今河北蔚县城蔚州

---

① 《旧唐志》代州："武德元年，置代州总管，管代、忻、蔚三州。"然按《元和志》灵丘县："隋末陷贼，武德二年，又置灵丘县，属蔚州。"可知蔚州乃武德二年刘武周所置，据改。
② 史志不载此事。按《元和志》、《旧唐志》蔚州云："武德四年，平刘武周，置蔚州。"韦澳《诸道山河地名要略》残卷云："武德四年，平刘武周，重置蔚州。"可知此前复归刘武周余部。郁贤皓《唐刺史考全编》蔚州时德叡条引《册府元龟》卷126：武德三年九月"王世充蔚州刺史时德叡以其地来降"，以为蔚州曾属王郑。按《资治通鉴》武德三年九月，时德叡为王郑蔚州刺史，此蔚州乃以河南蔚氏县所置，与河东蔚州无涉，郁氏误。
③ 怀化县以突厥思结部置，按《旧唐书》卷83《张俭传》，贞观四年，俭自朔州移突厥思结部于代州，劝其营田，则怀化县初置于代州境，疑即故蔚州地。
④ 《太平寰宇记》朔州鄯阳县作"十七年"，今依《元和志》、《唐会要》、《新唐志》。

镇),隶蔚州①。天宝元年,隶安边郡,自灵丘县移郡治于此②。至德二载,避安氏名姓,改为兴唐县,取唐朝吉意,隶兴唐郡,还郡治于灵丘县。乾元元年,复隶蔚州。

2. 飞狐县(618—622,631—907)

本隋上谷郡旧县,武德元年,隶易州。二年,改隶蔚州。五年,废于突厥。贞观五年,自易州遂城县移废行蔚州行飞狐县民来归,重置县于故飞狐城(今河北涞源县城涞源镇)③,隶蔚州。天宝元年,隶安边郡。至德二载,隶兴唐郡。乾元元年,复隶蔚州。

3. 灵丘县(619—622,631—907)

武德二年,析代州繁畤县置灵丘县,以隋旧县为名,治故灵丘城(今山西灵丘县城武灵镇),割隶蔚州④,为州治。五年,没于突厥。贞观五年,自忻州秀容县移废行蔚州行灵丘县民来归,重置县,仍为蔚州治。开元十二年,析置安边县。天宝元年,隶安边郡,移郡治于安边县。至德二载,隶兴唐郡,自安边县复还郡治于此。乾元元年,复隶蔚州,为州治。

附旧府新镇 蔚州总管府(620)—朔州总管府(623—624)—北安州都督府(627)—蔚朔节度使(880)

武德三年,高燕以北燕州并取刘武周蔚州归唐,置蔚州总管府⑤,隶河东道行台。是年,蔚州为刘武周所夺,遂罢总管府,北燕州归幽州总管府。六年,割代州总管府朔、应二州置朔州总管府⑥,隶并州大总管府,并取隋恒州为北恒州。七年,北恒州没于突厥,遂罢总管府及应州,朔州隶代州都督府⑦。贞观元年,隋将苑君璋以恒州来降,改为北安州,置北安州都督府⑧,隶并州大都督府。是年,复为突厥所废。

广明元年,割大同军都防御使蔚、朔二州置蔚朔节度使,治蔚州。是年,

---

① 《太平寰宇记》朔州鄯阳县:"安边县城,唐开元十七年置,县在横野军城内。其后,移理不定。"
② 《新唐志》蔚州:"开元初,徙治安边。"按《本钱簿》,开元中蔚州仍治灵丘县,且安边县始置于开元十二年,《新唐志》当误,今依《元和志》兴唐县。
③ 《元和志》蔚州飞狐县:"西至州一百五十里。"
④ 两《唐志》并云武德六年置蔚州,《元和志》云武德四年置蔚州,灵丘县则云:"隋末陷贼,武德二年,又置灵丘县,属蔚州。"按《资治通鉴》载:"武德三年十月戊申,以高开道为蔚州总管。"可证《元和志》灵丘县所载为是。
⑤ 《旧唐书》卷1《高祖纪》:"武德三年十月庚子,怀戎贼帅高开道遣使降,授蔚州总管。"
⑥ 《资治通鉴》卷190,《册府元龟》卷126《帝王部》。
⑦ 史志不言此事。按《唐刺史全编》,武德六、七年间有朔州总管,其后朔州只有刺史,结合武德七年北恒州没于突厥考虑,是年朔州总管府当亦随之而罢。
⑧ 据《旧唐书》卷55《苑君璋传》及《资治通鉴》,贞观元年君璋以恒安镇来降,拜安州都督,寻徙隰州都督。然是时南方有安州大都督府,此安州当加"北"字以别之。

罢蔚朔节度使,蔚、朔二州还隶大同都防御使。

附新镇　河东节度使(756—757)—大同军都团练使(843—844)—大同军都防御使(844—878)—大同军节度使(878)—大同军都防御使(878—883)—云蔚防御使(883—884)

天宝十五载(至德元载),马邑、云中、安边三郡归于安氏燕国,改为朔、云、蔚三州,置河东节度使,以云州为使治。是年,唐取朔州。至德二载,燕国河东节度使高秀岩归唐,罢镇,云、蔚二州隶河东节度使。

会昌三年,割河东节度使云、蔚、朔三州置大同军都团练使,治云州。四年,改大同军都团练使为大同军都防御使。咸通十四年,大同军都防御使领云、蔚、朔三州,治云州。

乾符五年,升大同军都防御使为大同军节度使。是年,仍为大同军都防御使。广明元年,割蔚、朔二州隶蔚朔节度使。是年,以废蔚朔节度使之蔚、朔二州来属。中和二年,雁门节度使李克用取蔚、朔二州。三年,代北节度使李克用取云州,益以蔚州,改置云蔚防御使①,仍治云州。四年,罢镇,云、蔚二州隶河东节度使。

附旧国　刘武周定杨国(617—620)—杨政道隋国(620—630)

隋大业十三年(617),刘武周据隋马邑、雁门、楼烦、定襄四郡,突厥立武周为定杨可汗,遗以狼头纛,因称皇帝,建元天兴,以马邑郡为都城。武德元年,改马邑郡为朔州,雁门郡为代州,楼烦郡为管州,定襄郡为云州,置蔚、应、岚三州。二年,攻唐,得忻、并、石、介、晋、北浍六州②,改北浍州为浍州,置西南道行台,治并州。三年,武周败,蔚、忻、并、管、岚、石、介、晋、浍九州归唐,突厥以云、应、代、朔四州立杨政道为隋国王以代武周,以云州为都城,行台移治朔州。是年,复取唐蔚州。四年,置恒州,代、蔚二州归唐。五年,复取唐代、蔚二州。六年,代、应、朔、恒四州又为唐所取,罢行台。七年,取唐北恒州,仍为恒州。贞观四年,云、恒、蔚三州复为唐所取,隋国亡。

---

① 《资治通鉴》中和四年八月:"李克用奏罢云蔚防御使,依旧隶河东。"而据《旧唐书》卷19《僖宗纪》,蔚州中和三年八月犹属雁门节度使,则云蔚防御使之置,当在中和三年八月后。
② 《旧唐书》卷55《刘武周传》、《资治通鉴》卷183。

第四章 河北道

恒州道行台(618—621)→山东道行台(621—622)→洺州大总管府(622—623)→定州大总管府(623—624)→幽州大都督府(624—626)→河北道(627—907)

武德元年(618),窦建德取唐赵州总管府之地,置恒州道行台,治恒州。四年,行台胡大恩以其地归唐①,罢行台。是年,唐平窦建德,得其直辖洺、魏等州,置山东道行台,治洺州②,领一直辖地区及前魏、黎、前冀、定、沧、德六州总管府,割河东道行台幽、营、燕、前辽四州总管府来属。是年,罢黎州总管府。五年,山东道行台直辖地区及前魏、前冀、定、沧、德五州总管府归刘黑闼,遂罢行台,置洺州大总管府,仍统幽、营、燕、辽四州总管府;刘汉置恒州道行台,治恒州③。是年,唐取刘汉恒州道行台等地置定、前景二州总管府,隶洺州大总管府。六年,平刘黑闼,以其地置前冀、德、前魏三州总管府,降洺州大总管府为磁州总管府,罢燕、辽二州总管府,置行燕、行辽二州总管府,升定州总管府为定州大总管府,以磁、前魏、前冀、德、前景、幽、行燕、营、行辽九州总管府隶之④。是年,改磁州总管府为相州总管府。七年,置邢州都督府,罢行辽州总管府,改总管府为都督府,降定州大总管府为定州都督府,升幽州都督府为幽州大都督府,以行燕、营、前景、定、邢、相、前

---

① 《资治通鉴》武德三年十二月:"窦建德行台尚书令恒山胡大恩请降。"而《旧唐书》卷1《高祖纪》云:武德四年春正月丁卯,窦建德行台尚书令胡大恩以大安镇来降,封定襄郡王,赐姓李氏。则窦夏恒州道行台之归唐,当在武德三年底接洽,四年初正式实施。
② 《资治通鉴》武德四年七月:朝廷闻黑闼作乱,乃置山东道行台于洺州,魏、冀、定、沧并置总管府。
③ 《资治通鉴》武德五年正月:"黑闼遽还,遣其弟十善与行台张君立将兵一万,击(李)艺于鼓城。"此行台当是仿窦夏恒州道行台制度而置。
④ 《旧唐志》云是时定州大总管府管三十二州,实列三十州,经统计,实管四十州,即直辖定、廉、恒、井、蒲、蠡、栾、赵八州及磁(磁、洺、相、黎、卫、邢六州)、前魏(前魏、澶、毛、莘四州)、前冀(前冀、深、贝、宗四州)、德(德、博、观三州)、前景(前景、瀛、东盐、沧四州)、幽(幽、檀、平、易、玄、北义六州)、行燕(行燕一州)、营(营、崇、鲜三州)、行辽(行辽一州)九州总管府三十二州。

冀、德、前魏九州都督府隶之①。九年,降幽州大都督府为幽州都督府,罢营、前景、邢、相四州都督府,以前魏、前冀、定、幽、行燕、德六州都督府及相、黎、卫、洺、磁、邢六州直属中央。贞观元年(627),以中央直辖前魏、前冀、德、定、幽、行燕六州都督府及卫、黎、相、洺、邢五州置河北道(监理区),无治所,置营州都督府。是年,罢前魏、前冀、德、行燕四州都督府。五年,罢定州都督府。十年,复置相州都督府。十三年,河北道有一直属地区及幽、营、相三州都督府。十七年,罢相州都督府。二十三年,置东夷都护府。

显庆五年(660),置扶余都护府。龙朔二年(662),置后冀州都督府。总章元年(668),置安东都护府。咸亨三年(672),罢后冀州都督府。五年,罢扶余都护府。

武周万岁通天元年(696),罢营州都督府、东夷都护府。长安四年(704),置行营州都督府。是年,河北道有一直属地区及幽、行营二州都督府以及安东都护府。

唐神龙元年(705),改行营州都督府为后营州都督府。开元五年(717),罢后营州都督府,复置营州都督府。八年,罢营州都督府,复置后营州都督府。十一年,又罢后营州都督府,复置营州都督府。二十二年,置河北道采访处置使于魏州②。二十六年,以幽州长史兼河北道采访处置使③。

天宝元年(742),河北道采访处置使治范阳郡④。三载,还治魏郡⑤。九

---

① 《旧唐志》云武德六年幽州大总管府管三十九州。按是时幽州总管府犹隶定州大总管府,其升大都督府当在武德七年,以代定州大总管府,《旧唐志》系年有误。又经统计,武德七年幽州大都督府实管四十一州,即直辖幽、檀、平、易、玄、北义、北燕七州及行燕(行燕一州)、营(营、崇、鲜、行辽四州)、前景(前景、瀛、东盐、沧四州)、定(定、廉、恒、井、蒲、蠡、栾、赵八州)、邢(邢、洺、宗三州)、相(相、黎、卫、磁四州)、前冀(前冀、深、贝三州)、德(德、博、观三州)、前魏(前魏、澶、毛、莘四州)九州都督府三十四州。
② 二十二年,《册府元龟》卷162原作"二十三年",据严耕望《景云十三道与开元十六道》考改;《大唐六典》河北道以怀州为首,当是依开元二十一年以前之制。
③ 《旧唐书》卷103《张守珪传》:"开元二十一年,转幽州长史兼御史中丞、营州都督、河北节度副大使,俄又加河北采访处置使。"按《唐刺史考全编》,开元二十二年至二十六年间,河北道采访处置使以魏州刺史宋遥、韦铣、卢见义为兼职,则张守珪之加使,当不早于开元二十六年。张守珪于开元二十七年离任,继任者为幽州长史李适之。又据《唐故淮南道采访支使河东郡河东县尉荥阳郑府君墓志铭》(载《千唐志斋藏志》):"本部采访使李适之差摄常山郡录事参军。"则可知至天宝元年李适之离任止,河北采访使仍治幽州。
④ 此据《州郡典》。又,《旧唐书》卷100《裴宽传》云:"天宝初,除陈留太守兼采访使,寻而范阳节度使李适之入为御史大夫,除宽范阳节度兼河北采访使替之。"可证。《州郡典》序目河北道有范阳、魏、汲、邺、广平、清河、信都、平原、饶阳、河间、景城、常山、博陵、赵、巨鹿、博平、文安、上谷、乐安、北平、密云、妫川、渔阳、柳城、归德、顺义、归化二十七郡及安东府,当为天宝元年之数。
⑤ 《旧唐书》卷113《苗晋卿传》云:"天宝三载闰二月,转魏郡太守,充河北采访处置使。居职三年。"《旧唐书》卷200《安禄山传》亦云:"天宝三载,代裴宽为范阳节度,河北采访、平卢军等使如故。"以苗晋卿"居职三年"观之,安禄山之接任河北道采访使,当在天宝五载以后。罗凯以为安禄山任河北采访使当从《通鉴》,为天宝九载(《隋唐政治地理格局研究》,第133页),从之。

载,复以范阳郡太守兼河北道采访处置使。十三载,河北道有范阳、柳城二郡都督府、安东都护府及一直属地区,治范阳郡(见图5、图6、图7)。十五载(至德元载),仍以魏郡太守兼河北道采访处置使①,范阳郡都督府归安氏燕国,改为范阳节度使。是年,唐改以平原郡太守兼河北道采访处置使②,置平卢军节度使;安氏燕国取唐河北道直属地区,仍置中央直属地区及恒阳节度使。至德二载(757),安氏燕国恒阳、范阳节度使并归于唐,罢恒阳节度使。

乾元二年(759),范阳节度使史思明以河北道所部建燕国,置范阳、恒阳、平原、邺郡四节度使。后上元元年(760),史氏燕国平原节度使归唐,罢镇。宝应元年(762),唐平卢军节度使并入河南道淄青平卢节度使,安东都护府降为羁縻都护府,属河南道;史氏燕国改范阳节度使为范阳卢龙节度使。是年,史氏燕国邺郡、恒阳二节度使归唐,罢邺郡节度使,改恒阳节度使为成德军节度使。二年(广德元年),史氏燕国范阳卢龙节度使归唐,改为幽州卢龙节度使。置相卫节度使、魏博等州都防御使,是年,改相卫节度使为洺相节度使,寻改相卫六州节度使,升魏博等州都防御使为魏博节度使。二年,改魏博节度使为天雄军节度使。是年,复为魏博节度使。大历元年(766),改相卫六州节度使为昭义军节度使。十一年,罢昭义军节度使。建中三年(782),置深赵都团练观察使、易定沧三州节度使,降为成德军节度使为恒冀都团练观察使。是年,改易定沧三州节度使为义武军节度使,兴元元年(784),置横海军节度使,升恒冀都团练观察使为成德军节度使,罢深赵都团练观察使。元和四年(809),置保信军节度使。五年,罢保信军节度使。十五年,河北道有魏博节度使、成德军节度使、义武军节度使、幽州卢龙节度使、横海军节度使五镇。

长庆元年(821),置深冀节度使、瀛莫都团练观察使。是年,罢深冀、瀛莫二镇。二年,置德棣节度使。是年,罢德棣节度使。大和三年(829),置相卫澶节度使,改横海军节度使为齐德节度使,未几,仍为横海军节度使。是年,又改横海军节度使为齐沧德节度使,罢相卫澶节度使。五年,改齐沧德节度使为义昌军节度使。咸通十四年(873),河北道有魏博节度使、成德军节度使、义武军节度使、幽州卢龙节度使、义昌军节度使五镇。

中和三年(883),置东昭义军节度使。大顺元年(890),改东昭义军节度使为邢洺磁都团练使。是年,升为邢洺磁节度使。天复元年(901),罢邢洺磁节度使。天祐元年(904),改魏博节度使为天雄军节度使。二年,改成德军节

---

① 《旧唐书》卷110《李光弼传》、《资治通鉴》天宝十五载二月:"转魏郡太守、河北道采访使。"
② 《旧唐书》卷9《玄宗纪》:"十五载三月乙酉,以平原太守颜真卿为河北采访使。"

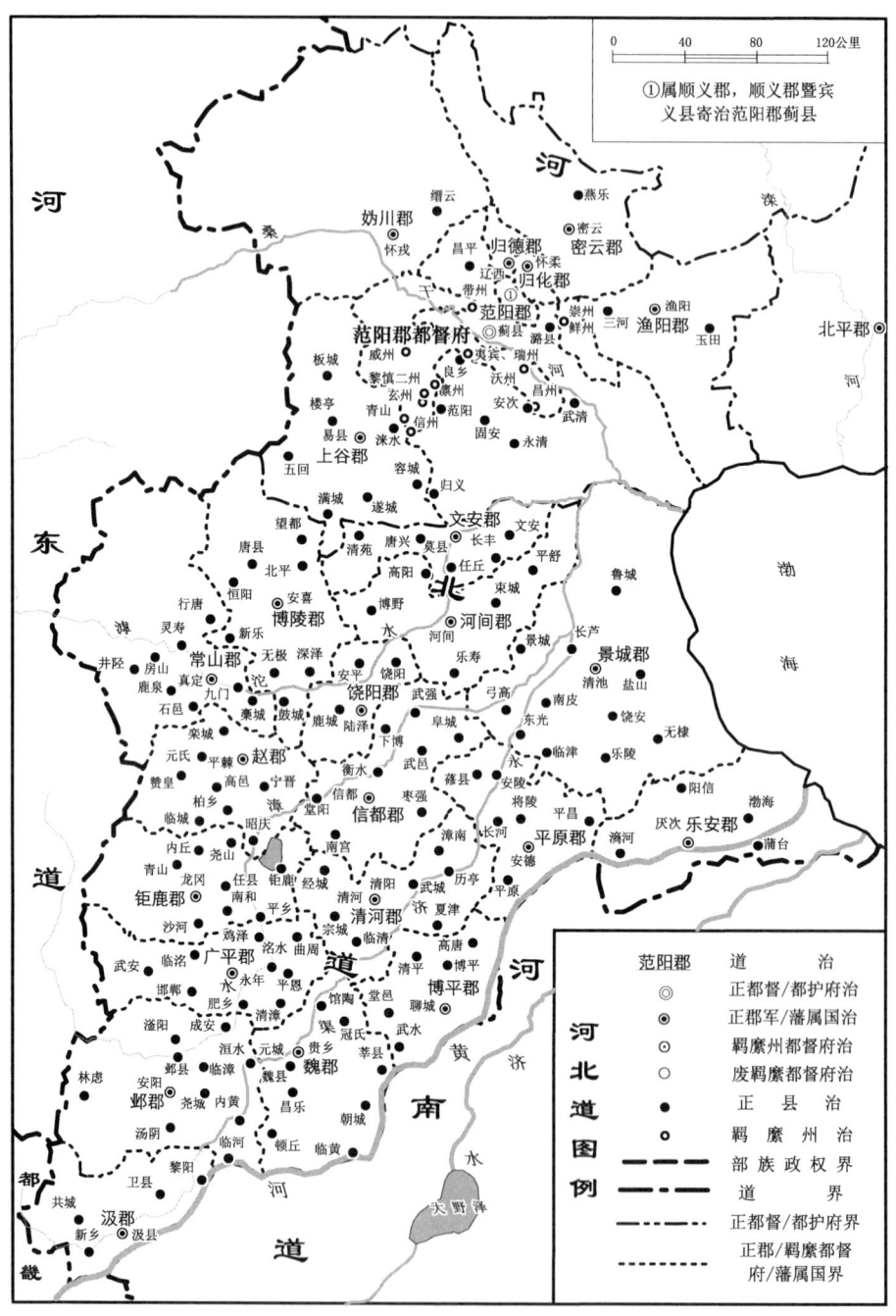

图5 天宝十三载(754)唐朝河北道南部行政区划

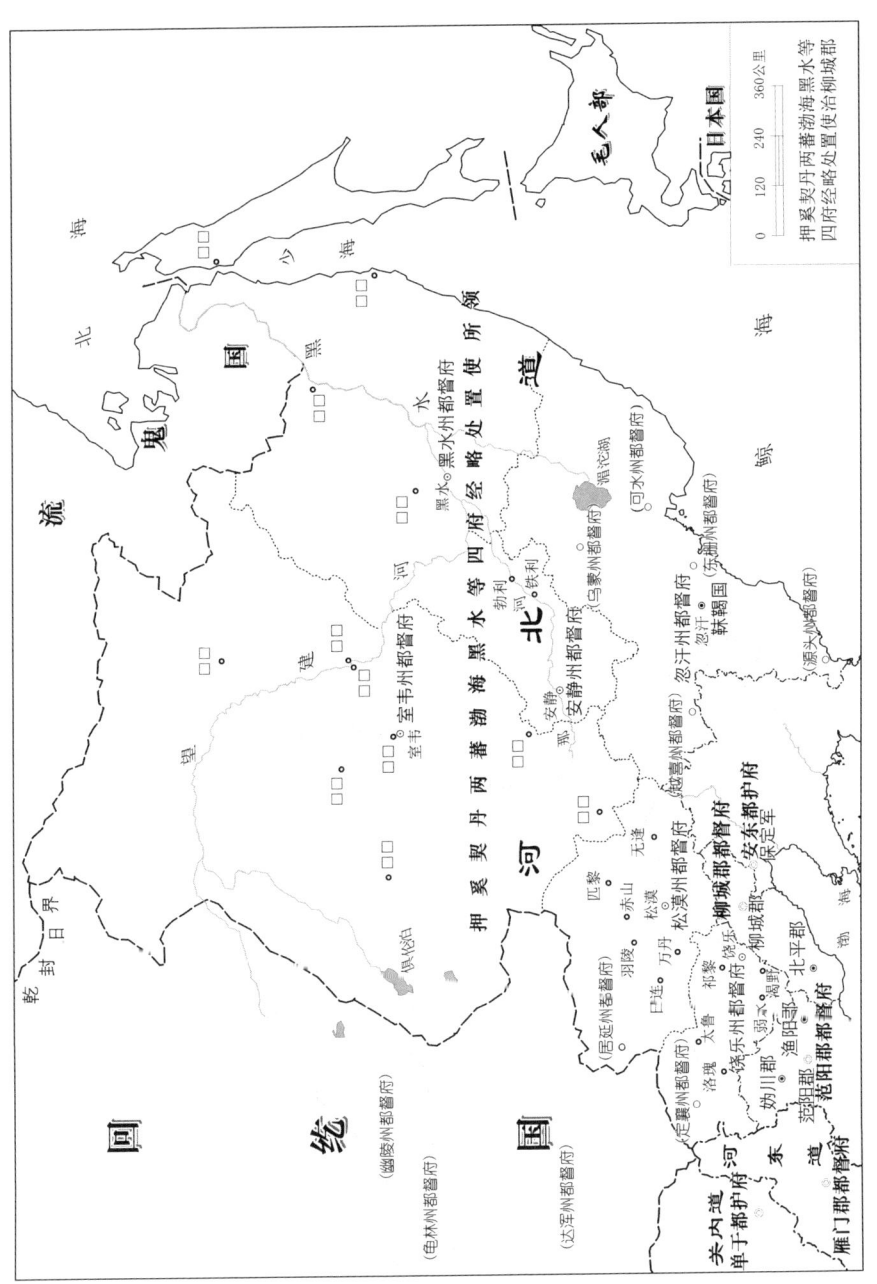

图 6 天宝十三载(754)唐朝河北道北部行政与统治区划

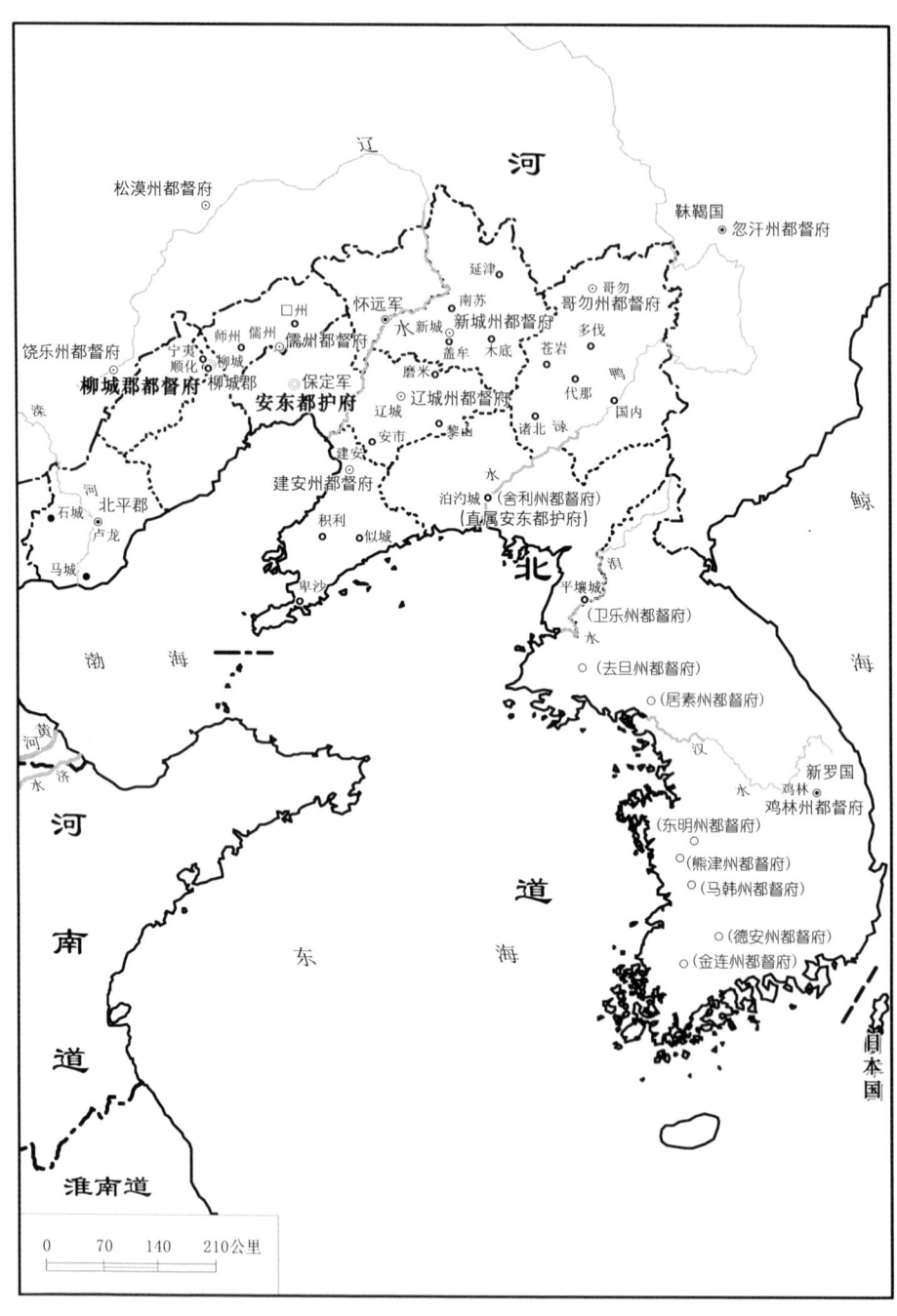

图 7　天宝十三载(754)唐朝河北道东部行政与统治区划

度使为武顺军节度使。四年,唐亡,河北道天雄军节度使、武顺军节度使、义武军节度使、幽州卢龙节度使①、义昌军节度使五镇尽归后梁。

第一节 范阳郡(幽州)都督府

幽州总管府(618—624)—幽州大都督府直辖地区(624—626)—幽州都督府(626—742)—范阳郡都督府(742—756)—范阳节度使(756—762)—范阳卢龙节度使(762—763)—幽州卢龙节度使(763—907)

武德元年(618),隋将罗艺归唐②,以所部幽、檀、平、前营、前燕、前辽、易七州置幽州总管府,隶陕东道行台③。是年,割前营、平二州置营州总管府④,前燕、前辽二州置燕州总管府,易州为魏刀儿所据。二年,置玄州,取高开道平州来属。三年,隶河东道行台,高开道以后燕州归唐,改为北燕州来属。四年,平窦建德,以其恒州道行台易州来属,隶山东道行台。五年,隶洺州大总管府⑤,置北义州,高开道以北燕州叛。六年,隶定州大总管府。七年,改为幽州大都督府直辖地区;平高开道,复得北燕州。九年,复为幽州都督府,直属中央,以废前景州都督府之前景、东盐、沧、瀛四州,废营州都督府之营、行辽、崇、鲜四州⑥,并割定州都督府蒲、蠡二州来属。贞观元年(627),割隶河北道,以废燕州都督府之燕州来属,割瀛、沧二州直属河北道,营、行辽、崇、鲜

---

① 《资治通鉴》后梁开平元年:"刘守光既囚其父,自称卢龙留后,遣使请命。秋七月甲午,以守光为卢龙节度使、同平章事。"
② 《旧唐书》卷56《罗艺传》:"武德三年,奉表归国,诏封燕王,赐姓李氏。"然据《资治通鉴》武德元年二月:"会张道源慰抚山东,艺遂奉表与渔阳、上谷等诸郡皆来降。癸未,诏以艺为幽州总管。"《资治通鉴考异》曰:"《创业注》:艺以武德元年二月降。《旧》云三年。《新书》云二年,皆误也,今从《实录》。"盖罗艺武德元年归唐,三年封燕王,赐姓,《旧唐书》误合为一事。
③ 《旧唐志》幽州序武德元年有北燕州,共八州。按《旧唐书》卷55《高开道传》载,武德初,幽州怀戎县"因县令设斋,士大集,(高)昙晟与其僧徒五十人拥斋众叩反,杀县令及镇将,自称大乘皇帝",则当时怀戎县尚未置北燕州,疑《旧唐志》北燕州当衍。
④ 《旧唐志》作"辽、燕二州"。按《旧唐志》燕州条,武德元年,燕州置燕州总管府。则当年燕州及更在燕州以东之前辽州并不在营府管内,疑"辽、燕二州"前脱"别置燕州总管府"一句。又据《资治通鉴》载,大业十二年,罗艺黜柳城太守杨林甫,郡为营州,以襄平太守邓暠为总管;武德元年,隋襄平太守邓暠以柳城、北平二郡来降,以暠为营州总管。可证。
⑤ 《通典》卷32《职官典》、《旧唐书》卷1《太祖纪》:"(武德)五年,以洺、荆、并、幽、交五州为大总管。"据本章《河北道》序注考证,是年幽州未置大总管府,至武德七年乃升大都督府,疑武德五年仅有动议而未及实施。
⑥ 史志不载此事。按《旧唐志》幽州序,武德九年,幽州都督府属下十七州(内脱一州名),有燕州,无鲜、崇二州。考燕州是时犹属燕州都督府,不得隶幽州都督府,而营州都督府旧有鲜、崇二州,因疑《旧唐志》"燕"字系"鲜、崇"二字之误,今为改补。

四州隶营州都督府,废玄、北义、蒲、蠡、前景、东盐六州。八年,改北燕州为妫州。十三年,幽州都督府督幽、易、妫①、行燕、檀、平六州。

武周万岁通天元年(696),平州陷于契丹国。二年,收复。圣历二年(699),置行营州。长安四年(704),割行营州隶行营州都督府,幽州都督府督幽、易、妫、行燕、檀、平六州。

唐神龙元年(705),割平州隶后营州都督府。开元五年(717),以废后营州都督府后营州省入。八年,复置后营州,割隶后营州都督府。十一年,再以废后营州都督府后营州省入。十八年,置蓟州,并升羁縻思顺州为顺州、羁縻归顺州为归顺州来属。二十五年,废行燕州,置燕州。二十六年,自魏州移河北道治于此。

天宝元年(742),改幽州为范阳郡,易州为上谷郡,妫州为妫川郡,燕州为归德郡,顺州为顺义郡,归顺州为归化郡,檀州为密云郡,蓟州为渔阳郡,改幽州都督府为范阳郡都督府。十三载,范阳郡都督府督范阳、上谷、妫川、归德、顺义、归化、密云、渔阳八郡。十五载,河北道采访处置使安禄山叛唐,建燕国,升范阳郡为范阳府,改顺义郡为顺州,上谷郡为易州,妫川郡为妫州,归德郡为燕州,密云郡为檀州,归化郡为归顺州,渔阳郡为蓟州,置范阳节度使以统之。是年,又取唐北平郡来属,改为平州,割易州隶恒阳节度使。至德二载(757),以废恒阳节度使之恒、定、易、莫、赵五州来属。是年,范阳节度使史思明降唐,仍为节度使如故,又招降安氏燕国直辖深、瀛、沧、棣、德、冀、贝七州来属②,复改各州为郡。

乾元元年(758),复范阳郡为幽州,北平郡为平州,妫川郡为妫州,密云郡为檀州,渔阳郡为蓟州,顺义郡为顺州,归德郡为燕州,归化郡为归顺州,文安郡为莫州,上谷郡为易州,博陵郡为定州,常山郡为恒州,赵郡为赵州,信都郡为冀州,景城郡为沧州,河间郡为瀛州,饶阳郡为深州,平原郡为德州,乐安郡为棣州。二年,范阳节度使史思明叛唐,重建燕国,升幽州为燕京范阳府,改平、妫、檀、蓟、顺、燕、归顺、莫、易、定、恒、赵、冀、沧、瀛、深、德、棣十八州为北平、妫川、密云、渔阳、顺义、归德、归化、文安、上谷、博陵、常山、赵、信都、景城、河间、饶阳、平原、乐安十八郡,割常山、博陵、上谷、饶阳、赵五郡隶恒阳节度使,平原、景城、乐安三郡隶平原节度使。宝应元年(762),取唐营州及保定、怀远二军来属,改营州为柳城郡,废保定、怀远二军,改范阳节度使为范阳卢龙节度使。二年(广德元年),范阳卢龙节度使李怀仙降唐,各府郡仍复为州,范阳卢龙

---

① 《旧唐志》原作"北燕州",按北燕州贞观八年已改为妫州,今改。
② 《资治通鉴》至德二载十二月:"乌承恩所至,宣布诏旨,沧、瀛、〔冀〕(安)、深、德、棣等州皆降。"

节度使改为幽州卢龙节度使,降顺、归顺二州为羁縻州,隶幽州都督府,割瀛州隶淄青平卢节度使,冀州隶成德军节度使。大历四年(769),置涿州。十年,割魏博节度使瀛州来属。建中二年(781),废燕州。三年,割淄青平卢节度使德、棣二州来属。贞元元年(785),割德、棣二州隶成德军节度使。元和十五年(820),幽州卢龙节度使领幽、瀛、莫、涿、妫、檀、蓟、平、营九州,治幽州。

长庆元年(821),割瀛、莫二州隶瀛莫都团练观察使。是年,以废瀛莫都团练观察使之瀛、莫二州来属。咸通十四年(873),幽州卢龙节度使领州一如元和十五年。

光启二年(886),置新、武、儒三州。乾宁元年(894),李克用取新、武二州隶河东节度使①。二年,复割河东节度使新、武二州来属②。唐末,复置顺州。

(一) 范阳郡(幽州)

幽州(618—742)—范阳郡(742—756)—范阳府(756—757)—范阳郡(757—758)—幽州(758—759)—范阳府(759—763)—幽州(763—907)

范阳郡,本隋涿郡,领蓟、潞、雍奴、安次、固安、涿、良乡、昌平、怀戎九县,唐武德元年,改为幽州,以隋旧州为名,治蓟县,置幽州总管府,以废渔阳郡之渔阳县来属③,怀戎县归高昙晟④。二年,高开道取渔阳县复置渔阳郡。是年,割潞县隶玄州。五年,割固安县置北义州。七年,直属幽州大都督府,改涿县为范阳县。九年,隶幽州都督府。贞观元年,以废玄州之渔阳、潞二县,废北义州之固安县来属。八年,割瀛州归义县来属。十三年,幽州领蓟、潞、渔阳、雍奴、安次、固安、归义、范阳、良乡、昌平十县,治蓟县。

乾封二年(667),置无终县。

武周如意元年(692),置武隆县。万岁通天元年,渔阳、雍奴、无终三县陷于契丹国⑤。二年,收复,改无终县为玉田县。圣历元年,改良乡县为固节县。长安四年,幽州领蓟、潞、渔阳、玉田、雍奴、安次、武隆、固安、归义、范阳、固

---

① 《旧五代史》卷26《唐武皇纪》乾宁元年:"十一月,进攻妫州。甲寅,攻新州。十二月,新州降。"《资治通鉴》乾宁元年十一月:"(李克用)大举兵攻匡筹,拔武州,进围新州。"《新唐志》河东道有新、武二州,盖是之故。
② 《资治通鉴》乾宁二年正月辛酉:"克用命李存审、刘仁恭将兵略定巡属。"胡三省注:"新、武等州,皆卢龙巡属也。"则是年新、武二州又还隶幽州卢龙节度使。
③ 《旧唐志》渔阳县:"隋为渔阳县,武德元年,属幽州。"
④ 《旧唐书》卷55《高开道传》。
⑤ 《旧唐书》卷199《契丹传》:万岁通天元年,"万斩乘胜率其众入幽州,杀略人吏"。

节、昌平十二县,治蓟县。

唐神龙元年,复固节县为良乡县。景龙三年(708),置三河县。景云元年(710),改武隆县为会昌县,割归义县隶鄚州。是年,复割鄚州归义县来属。开元十八年,割渔阳、玉田、三河三县隶蓟州。二十五年,置辽西县,割隶燕州。二十六年,自魏州移道治于此。

天宝元年,改为范阳郡,以范阳县为名,隶范阳郡都督府,置广宁县,改雍奴县为武清县,会昌县为永清县。三载,省广宁县。十三载,范阳郡领蓟、潞、武清、安次、永清、固安、归义、范阳、良乡、昌平十县①,治蓟县。十五载,归安氏燕国,升为范阳府②,隶范阳节度使,为使治。至德二载,归唐,复为范阳郡,隶范阳节度使。

乾元元年,复为幽州。二年,归史氏燕国,升为燕京范阳府,为都城,置广平县,仍置范阳节度使。宝应元年,隶范阳卢龙节度使。二年,归唐,仍为幽州,隶幽州卢龙节度使,为使治。大历四年,割范阳、归义、固安三县隶涿州。建中二年,置幽都县。元和十五年,幽州领蓟、幽都、潞、武清、安次、永清、良乡、广平、昌平九县,治蓟县。

咸通十四年,幽州领县不变。

唐末,省广平县③。

1. 蓟县(618—907)

本隋涿郡旧县,武德元年,隶幽州,为州治。贞观元年,行燕州行辽西县寄治于此。开元二十五年,以废行燕州行辽西县省入。天宝元年,隶范阳郡,

---

① 《州郡典》范阳郡有广宁县,共十一县。《新唐志》蓟县亦云:"天宝元年析置广宁县,三载省。"按两《唐志》载天宝初范阳郡又有广平县之目,两县沿革相同,则判断"广宁"为"广平"之初名,乾元后重置县,乃改为广平。

② 姚汝能《安禄山事迹》卷下云,禄山即位之初,曾以范阳为东都。《旧唐书》卷200《史思明传》亦载:"自禄山陷两京,常以骆驼运两京御府珍宝于范阳,不知纪极。"故《资治通鉴》至德元载五月胡注:"贼之根本,实在范阳也。"似安氏建国后虽改郡为州,却仍称范阳郡城为"范阳"。安氏以范阳为其发祥地,犹并州之于唐。而唐开元时已改并州为太原府,禄山行政多仿开元之制,当改范阳郡为范阳府,未改为州。又,史籍载安氏燕国事迹,极少提到"幽州"一名,无论节度还是城守,皆称"范阳",如《资治通鉴》乾元二年四月:史思明"改范阳为燕京,诸州为郡"。此不言改"幽州"为燕京,但言改"诸州"为郡,故知范阳与"诸州"地位、名称(政区通名)皆有不同。该月胡注又引《蓟门纪乱》曰:"思明僭位于范阳。"其时思明名虽降唐,犹未归朝,而唐已于乾元元年改郡为州,此"范阳"既非郡名,又非州名,故推测安氏所改之"范阳府"仍为史氏实际沿用。

③ 唐宋史志不载此事。按五代时不见幽州广平县记载,故尹钧科《北京历代建置沿革》(北京出版社,1994年)第118页云:"广平县于唐末已废,刘仁恭析蓟县置玉河县,以供经营大安山之需这一事实,隐约透露着广平县不复存在的信息。"今即依之。

为郡治,析置广宁县。三载,省广宁县来属。十五载,隶范阳府,为府治。乾元元年,复隶幽州,为州治。二年,隶范阳府,为府治,并析置广平县。宝应二年,仍隶幽州。建中二年,析置幽都县。唐末,省广平县来属。

附旧新县:广宁县(742—744)—广平县(759—唐末)

天宝元年,析蓟县置广宁县,借北朝燕州广宁郡广宁县为名,治广宁城(今北京市石景山区古城街道)①,隶范阳郡。三载,省入蓟县。乾元二年②,析蓟县置广平县,治故广宁城。唐末,省入蓟县③。

附旧县:行辽西县(627—737)

贞观元年,自昌平县移行辽西县于幽州城内,仍隶行燕州。开元二十五年,省入蓟县。

附新县:幽都县(781—907)

建中二年,析蓟县置幽都县,以《山海经》云北荒有幽都之山为名,治幽州城内故燕州廨署(今北京市西城区广安门外街道)④,隶幽州,管州郭西界。

2. 潞县(618—907)

本隋涿郡旧县,武德元年,隶幽州。二年,割隶玄州,为州治,并析置临洵县。贞观元年,州废,省临洵县来属,潞县还隶幽州。开元四年,析置三河县。天宝元年,隶范阳郡。乾元元年,复隶幽州。二年,隶范阳府。宝应二年,仍隶幽州。

附旧县:临洵县(619—627)

武德二年,析潞县置临洵县,治故临洵城(今河北三河市新集镇)⑤,故以为名,隶幽州。贞观元年,州废,省入潞县。

3. 雍奴县(618—742)—武清县(742—907)

武清县,本隋涿郡雍奴县,武德元年,隶幽州。天宝元年,隶范阳郡,改为武清县,盖取威武清边之意。乾元元年,复隶幽州。二年,隶范阳府。宝应二

---

① 《大清一统志》卷6顺天府:"广平废县,在宛平县西。"石景山区古城村,明初移民建村时因一古城址得名,而史志不载该城为何时所建,尹钧科《北京历代建置沿革》第117页云:"至于唐代广平,广宁二县,亦皆析蓟县置,其点位至今不明确,莫非石景山区之古城和门头沟之城子,与此二县有关?"《地图集》定于石景山之古城,今依之。
② 两《唐志》广平县:"至德后,复分置。"按乾元二年,史思明重建燕国,改幽州为燕京范阳府,则复置广平县当在是年,以增重京城,据补。
③ 《纪要》顺天府宛平县:"《唐书》:幽州管内有广平县,天宝初分蓟县置,三载废。至德以后复分置。后又省入蓟县。"
④ 《太平寰宇记》幽州幽都县:"武德二年,改辽西郡为燕州,仍置总管。六年,自营州徙居幽州城内,累代袭燕州刺史。建中初,为朱滔所破灭,寻州废,立此县于故城。"
⑤ 《水经注》卷14鲍丘水:"泃河又东南,径临洵县北。"《纪要》通州三河县:"临洵城,在县南。……唐武德二年置临洵县。"《中国文物地图集·河北分册》下册第477页疑在今三河市城关(今沟阳)镇东关村,误。

年,仍隶幽州。

4. 安次县(618—907)

本隋涿郡旧县,武德元年,隶幽州。四年,移治石梁城(今河北廊坊市安次区仇庄乡得胜村)①。贞观八年,移治魏常道城(今廊坊市广阳区九州镇南常道村)②。如意元年,析置武隆县。开元二十三年,移治耿桥行市南(今广阳区九州镇)③。天宝元年,隶范阳郡。乾元元年,复隶幽州。二年,隶范阳府。宝应二年,仍隶幽州。

5. 武隆县(692—710)—会昌县(710—742)—永清县(742—907)

如意元年,析安次县置武隆④县,取武氏吉意,治武隆城(今河北永清县城永清镇),隶幽州。景云元年,避太子讳,改为会昌县,《河图括地象》曰:"帝以会昌,神以建福。"盖以为名。天宝元年,隶范阳郡,改为永清县,盖取永远清宁之意。乾元元年,复隶幽州。二年,隶范阳府。宝应二年,仍隶幽州。

6. 固安县(618—907)

本隋涿郡旧县,武德元年,隶幽州。五年⑤,移治章信城,割隶北义州。贞观元年,州废,还隶幽州,移治故固安城(今河北固安县城固安镇)⑥。天宝元年,隶范阳郡。乾元元年,复隶幽州。二年,隶范阳府。宝应二年,仍隶幽州。大历四年,割隶涿州,并析置新昌县。

附旧县1:新昌县(769—907)

大历四年,析固安县置新昌县,借汉辽东郡旧县为名,治故章信城(今河北高碑店市辛立庄镇)⑦,隶涿州。大和六年,析置新城县。

附旧县2:新城县(832—907)

大和六年⑧,析新昌县置新城县⑨,治故督亢之地(今高碑店市新城镇),隶涿州。

---

① 《太平寰宇记》幽州安次县:"唐武德四年,移于城东南五十里石梁城置。"当在今得胜村,《河北政区沿革志》第262页以为在灰城。
② 《太平寰宇记》幽州安次县:"贞观八年,又自石梁城移理于今县西五里魏常道城置。"
③ 《太平寰宇记》幽州安次县:"开元二十三年,又自常道城东移就耿桥行市南置,即今县理也。"
④ 《唐会要》作"武崇",今依两《唐志》、《太平寰宇记》。
⑤ 《旧唐志》、《太平寰宇记》系于武德四年。按北义州置于武德五年,疑《旧唐志》等乃误接于武德四年平窦建德一事后,脱"五年"二字,今改。
⑥ 《太平寰宇记》涿州固安县:"(州)东六十里。"
⑦ 《太平寰宇记》涿州固安县:"新昌城,在今县南三十里。"
⑧ 《旧唐志》作"大历四年",《太平寰宇记》作"后唐天成四年",今依《新唐志》。《唐会要》云:"新城县,大和六年十一月,置于古督亢之地。"可证。
⑨ 《永乐大典》卷4655引《元和志》佚文云:"督亢亭:徐野曰:'方城县有督亢亭。'"疑"方城"为"新城"之误。又,《纪要》云分新昌地置新城县。

7. 归义县(622—627,634—907)

武德五年,析瀛州鄚县置归义县,以北朝旧县为名,治故归义城(今河北容城县晾马台镇)①,隶北义州,为州治。贞观元年,州废,省入瀛州鄚县。八年,析瀛州鄚县复置归义县,割隶幽州。景云二年,割隶鄚州。是年,还隶幽州。天宝元年,隶范阳郡。乾元元年,复隶幽州。二年,隶范阳府。宝应二年,仍隶幽州。大历四年,割隶涿州。

8. 涿县(618—624)—范阳县(624—907)

范阳县,本隋涿郡涿县,武德元年,隶幽州。七年,改为范阳县,以北朝范阳郡为名。天宝元年,隶范阳郡。乾元元年,复隶幽州。二年,隶范阳府。宝应二年,仍隶幽州。大历四年,割隶涿州,为州治。

9. 良乡县(618—698)—固节县(698—705)—良乡县(705—907)

良乡县,本隋涿郡旧县,武德元年,隶幽州。圣历元年,以县民拒契丹,改为固节县②。神龙元年,复为良乡县。天宝元年,隶范阳郡。乾元元年,复隶幽州。二年,隶范阳府。宝应二年,仍隶幽州。

10. 昌平县(618—907)

本隋涿郡旧县,武德元年,隶幽州。六年,行燕州行辽西、行怀远二县寄治于此。贞观元年,行燕州行辽西县移治蓟县,省行怀远县来属。开元二十五年,析置辽西县,割隶燕州。天宝元年,隶范阳郡。乾元元年,复隶幽州。二年,隶范阳府。宝应二年,仍隶幽州。

附旧县1:行辽西县(623—627)

武德六年,置行辽西县于幽州昌平县昌平城(今北京市昌平区马池口镇)③,隶行燕州,为州治。贞观元年,移治幽州蓟县(其后沿革见上文蓟县附行辽西县)。

附旧县2:行怀远县(623—627)

武德六年,置行怀远县于幽州昌平县(今北京市昌平区境),隶行燕州。贞观元年,省入昌平县。

附旧州一:玄州(619—627)

武德二年,割幽州潞县及废渔阳郡之渔阳县置玄州,以隋旧州为名,并置

---

① 《太平寰宇记》涿州归义县:"(州)南一百二十里。"
② 史志不载改名缘由,今参易州全忠县补之。
③ 《旧唐志》燕州:"武德六年,自营州南迁,寄治于幽州城内。"按《旧唐书》卷199《靺鞨传》:"刘黑闼之叛也,突地稽率所部赴定州,遣使诣太宗请受节度,以战功封耆国公,又従其部落于幽州之昌平城。会高开道引突厥来攻幽州,突地稽率兵邀击,大破之。"则武德六年燕州内徙之初,实治幽州昌平城,其移治幽州城内之年,当在罢行都督府及怀远县之贞观元年。

临沟、无终二县,治潞县,隶幽州总管府。七年,直属幽州大都督府。九年,隶幽州都督府。贞观元年,州废,省临沟、无终二县,潞、渔阳二县还隶幽州。

附旧州二:行燕州(623—737)

武德六年,置行燕州及行辽西、行怀远二县于幽州境,治行辽西县,隶行燕州总管府。七年,隶行燕州都督府。九年,隶幽州都督府,省行怀远县。贞观十三年,行燕州领行辽西一县。

武周长安四年,行燕州领县不变。

唐开元二十五年,废行燕州及行辽西县。

附新州:涿州(769—907)

大历四年,割幽州范阳、固安、归义三县置涿州,以隋涿郡为名,治范阳县,隶幽州卢龙节度使,并置新昌县。元和十五年,涿州领范阳、固安、新昌、归义四县,治范阳县。

大和六年,置新城县。咸通十四年,涿州领范阳、固安、新昌、归义、新城五县,治范阳县。

(二)上谷郡(易州)

易州(618—742)—上谷郡(742—756)—易州(756—757)—上谷郡(757—758)—易州(758—759)—上谷郡(759—763)—易州(763—907)

上谷郡,本隋旧郡,领易、涞水、遒、遂城、永乐、飞狐六县,唐武德元年,改为易州,以隋旧州为名,治易县,隶幽州总管府①。是年,归魏刀儿。未几,直属窦夏②。二年,隶恒州道行台,刘武周取飞狐县隶蔚州。四年,平窦建德,易州仍隶幽州总管府。五年,割遒县隶北义州。七年,直属幽州大都督府。九年,隶幽州都督府。贞观元年,以废北义州之遒县来属。十三年,易州领易、涞水、遒、遂城、永乐五县,治易县。

武周圣历二年,改遒县为全忠县。长安四年,割瀛州清苑、武昌二县来属。是年,割清苑、武昌二县还隶瀛州,易州领易、涞水、全忠、遂城、永乐五

---

① 《资治通鉴》武德元年二月:"会张道源慰抚山东,艺遂奉表与渔阳、上谷等诸郡皆来降。癸未,诏以艺为幽州总管。"《资治通鉴考异》曰:"《创业注》:'艺以武德元年二月降。'旧云三年,《新书》云二年,皆误也,今从《实录》。"
② 《资治通鉴》武德元年十一月:"初,王须拔掠幽州,中流矢死,其将魏刀儿代领其众,据深泽、掠冀、定之间,众至十万,自称魏帝。……建德斩之,尽并其众,易、定等州皆降。"

县,治易县。

唐开元二十三年,置五回、楼亭、板城三县。

天宝元年,复为上谷郡,隶范阳郡都督府,改全忠县为容城县,永乐县为满城县。十三载,上谷郡领易、涞水、容城、遂城、满城、五回、楼亭、板城①八县,治易县。十五载,归安氏燕国,改为易州,隶范阳节度使。至德二载,归唐,复为上谷郡,隶范阳节度使。

乾元元年,复为易州,省楼亭、板城二县。二年,归史氏燕国,改为上谷郡,隶恒阳节度使。宝应二年,归唐,仍为易州,隶成德军节度使。元和十五年,易州领易、涞水、容城、遂城、满城、五回六县,治易县。

咸通十四年,易州领县不变。

唐末,省五回县。

1. **易县**(618—907)

本隋上谷郡旧县,武德元年,隶易州,为州治。开元二十三年,析置五回、楼亭、板城三县。唐末,省五回县来属。天宝元年,隶上谷郡,为郡治。乾元元年,复隶易州,为州治,省楼亭、板城二县来属。二年,隶上谷郡。宝应二年,隶易州,仍为州治。

2. **涞水县**(618—907)

本隋上谷郡旧县,武德元年,罗艺以隶易州。天宝元年,隶上谷郡。乾元元年,复隶易州。二年,隶上谷郡。宝应二年,隶易州。

3. **遒县**(618—699)—**全忠县**(699—742)—**容城县**(742—907)

容城县,本隋上谷郡遒县,武德元年,隶易州。五年,割隶北义州,为州治。贞观元年,州废,还隶易州。圣历二年,契丹入寇,县人固守得全,因改名全忠县。天宝元年,隶上谷郡,改为容城县,复汉旧名也②。乾元元年,复隶易州。二年,隶上谷郡。宝应二年,隶易州。

4. **遂城县**(618—907)

本隋上谷郡旧县,武德元年,隶易州。天宝元年,隶上谷郡。乾元元年,复隶易州。二年,隶上谷郡。宝应二年,隶易州。

附旧县:**行飞狐县**(623—631)

武德六年,以蔚州飞狐县移流民置行飞狐县,寄治易州遂城县,隶行蔚

---

① 《州郡典》作"坂城",今依两《唐志》、《太平寰宇记》。
② 《太平寰宇记》雄州容城县。

州。贞观五年,省行飞狐县,移其民还于蔚州飞狐县。

5. 永乐县(618—742)—**满城县**(742—907)

满城县,本隋上谷郡永乐县,武德元年,隶易州。天宝元年,隶上谷郡,以与河东道河东郡县名重,改为满城①县,因县北故满城为名。乾元元年,复隶易州。二年,隶上谷郡。宝应二年,隶易州。

6. 五回县(735—唐末)

开元二十三年,易州刺史卢晖奏析易县置五回县,以五回岭为名,治五回城(今河北易县良岗镇龙村)②,隶易州。二十四年,以旧县所居险隘,移治古五公城(今易县安格庄乡西古县)③。天宝元年,隶上谷郡。乾元元年,复隶易州。二年,隶上谷郡。宝应二年,隶易州。唐末,省入易县④。

7. 楼亭县(735—758)

开元二十三年,易州刺史卢晖奏析易县置楼亭县,治楼亭城(今易县梁格庄镇娄亭村)⑤,故名,隶易州。天宝元年,隶上谷郡。乾元元年⑥,省入易县。

8. 板城县(735—758)

开元二十三年,易州刺史卢晖奏析易县置板城县,治板城(今河北涞水县赵各庄镇)⑦,因以为名,隶易州。乾元元年⑧,省入易县。

---

① 《元和志》、《旧唐志》各本多作"蒲城",今依《元和志》四库本及《州郡典》、《新唐志》、《唐会要》、《太平寰宇记》。张驹贤《元和郡县图志考证》云:"本作'蒲',传抄者误改'满'。"赵一清曰:'蒲城之称,惟《元和志》及《旧书》同于郦《注》,其他莫不从满城之讹。《后汉书》蒲阳山,蒲水所出,在今定州北平县西,叙内甚同。"按唐以前上谷郡未曾置蒲城县,而《旧唐书》卷13《德宗纪》载:"贞元十五年三月壬申,于易州满城县置永清军。"《旧唐书》卷16《穆宗纪》云:"长庆元年九月壬子,幽州贼掠易州涞水、遂城、满城。"《资治通鉴》建中四年五月乙未:"李晟谋取涿、莫二州,以绝幽、魏往来之路,与张孝忠之子升云俱围朱滔所署易州刺史郑景济于清苑。……李晟军大败,退保易州,滔还军瀛州,张升云奔满城。"可见唐人普遍称"满城",其取名未必依蒲阳山、蒲水,疑"满城"并非传抄之误,而作"蒲城"者,或系传抄之误,今改。

② 《太平寰宇记》易州易县:"五公城,在废县东三十里,去州西〔七〕(三)十里。"按五公城在易州西七十里(详下注),则废五回县在易州西一百里,今易县良岗镇一带。《纪要》易州:"五回城,州西南百里。"当是。

③ 《元和志》易州五回县:"东至州七十里。开元二十四年,刺史田琬以其险隘,东迁于五公城,在今易县西〔七〕(五)十里。"《太平寰宇记》易州满城县:"废五回县,在州西七十里……在五回山东麓。"

④ 《大清一统志》卷30易州。

⑤ 《纪要》易州五回城:"《志》云:娄亭城在州西北四十里。"《大清一统志》易州:"《旧志》:楼亭废县在州西北四十里奇峰口,今为楼亭社。"今即依之。《地图集》置于易县紫荆关镇孔各庄,不详所据,且里距太远,不取。

⑥⑧ 两《唐志》、《太平寰宇记》原作"天宝后",按易州天宝末年即为安史之乱所扰,楼亭县、板桥县之废,当与户口耗减有关,今姑定于乾元元年。

⑦ 《纪要》易州涞水县:"板城废县,《志》云:在县北。"今依《地图集》。

附旧州：北义州(622—627)

武德五年，割易州遒县、瀛州归义县、幽州固安县置北义州，取归义县末字为名，治遒县，隶幽州总管府。七年，直属幽州大都督府。九年，隶幽州都督府。贞观元年，州废，省归义县，遒县还隶易州，固安县还隶幽州。

（三）妫川郡（妫州）

后燕州(618—620)—北燕州(620—622)—燕州(622—624)—北燕州(624—634)—妫州(634—742)—妫川郡(742—756)—妫州(756—757)—妫川郡(757—758)—妫州(758—759)—妫川郡(759—763)—妫州(763—907)

武德元年，高昙晟取隋涿郡怀戎县置后燕州，以北朝旧州为名，建大乘国，以为都城。三年，归高开道燕国。是年，高开道以州归唐，改为北燕州，隶蔚州总管府。五年，高开道复叛，仍为燕州。七年[①]，平高开道，复改北燕州，直属幽州大都督府。九年，隶幽州都督府。贞观八年，改为妫州，以妫水为名。十三年，妫州领怀戎一县。

武周长安四年，妫州领县不变。

唐天宝元年，改为妫川郡，仍以妫水为名，隶范阳郡都督府。四载，置妫川县。其后，改妫川县为缙山县。十三载，妫川郡领怀戎、缙山二县，治怀戎县。十五载，归安氏燕国，改为妫州，隶范阳节度使。至德二载，归唐，复为妫川郡，隶范阳节度使。

乾元元年，复为妫州。二年，归史氏燕国，又改妫川郡，隶范阳节度使。宝应元年，隶范阳卢龙节度使。二年，归唐，仍为妫州，隶幽州卢龙节度使。元和十五年，妫州领县一如天宝十三载。

咸通十四年，妫州领县不变。

光启二年，割缙山县隶儒州，置永兴、矾山、龙门、怀安四县，割隶新州，又置文德县，割隶武州。

1. **怀戎县**(618—907)

本隋涿郡旧县，武德元年，高昙晟置燕州，以为都城。七年，平高开道，

---

① 《唐会要》作"八年"，今依两《唐志》、《太平寰宇记》。详参陈倩《〈旧唐书·地理志〉幽州建置沿革四考》(载《中国历史地理论丛》2008年第1期)。又，《旧唐志》幽州序云：武德元年，幽州总管府领北燕州。按是时未有北燕州，《旧唐志》盖误以慎州为北燕州也。

隶北燕州,仍为州治。长安二年,移治故清夷军城(今河北怀来县狼山乡三营村)①。天宝元年,隶妫川郡,为郡治。四载,析置妫川县。乾元元年,复隶妫州,为州治。二年,隶妫川郡。宝应二年,隶妫州。光启二年,析置永兴、矾山、龙门、怀安、文德五县。

附新县1:永兴县(886—907)

光启二年,析怀戎县置永兴县,治永兴城(今河北涿鹿县城涿鹿镇)②,割隶新州,为州治。

附新县2:矾山县(886—907)

光启二年,析怀戎县置矾山县,以矾山为名,治矾山城(今涿鹿县矾山镇矾三堡)③,割隶新州。

附新县3:龙门县(886—907)

光启二年,析怀戎县置龙门县,治龙门城(今河北赤城县龙关镇)④,割隶新州。

附新县4:怀安县(886—907)

光启二年,析怀戎县置怀安县,取怀柔之意,治怀安城(今河北怀安县怀安城镇)⑤,割隶新州。

附新县5:文德县(886—907)

光启二年,析怀戎县置文德县,以北朝旧县为名⑥,治雄武军城(今河北张家口市宣化区皇城街道)⑦,割隶武州,为州治。

2. 妫川县(745—天宝中)—缙山县(天宝中—907)

天宝四载⑧,析怀戎县置妫川县,以妫水为名,治妫川城(今北京市延庆县城延庆镇)⑨,隶妫川郡。其后,移治缙山城(今延庆县旧县镇),因改为

---

① 《太平寰宇记》妫州。故址即旧怀来县城,今湮于官厅水库。
② 《纪要》卷17保安州:"永兴废县,州西南四十里。"明保安州治今怀来县新保安镇。
③ 《纪要》卷17保安州:"矾山城,州南九十里,唐置矾山县于此,今为矾山堡。……矾山,州西南百二十里。"
④ 《大明一统志》卷5万全都指挥使司:"龙门卫,在宣府城东一百二十里,本唐龙门县,属武州。"
⑤ 《大明一统志》卷5万全都指挥使司:"怀安卫,在宣府城西一百二十里,唐置怀安县,属新州。"
⑥ 《大明一统志》卷5万全都指挥使司:"宣德废县,在宣府城内,后魏置文德县。"
⑦ 《辽史》卷41《地理志》归化州:"本汉下洛县,元魏改文德县,唐升武州,僖宗改毅州,后唐太祖复武州。"《纪要》卷18万全都指挥使司:"文德县,在司治东南,唐末析怀戎县置,为武州治。"张建设《唐代雄武军考》(载《历史地理》第十二辑)以为即雄武军城,从之。
⑧ 《旧唐志》、《太平寰宇记》云:"唐天宝后,析怀戎县置。"《新唐志》、《舆地广记》怀戎县则云:"天宝中,析置妫川县。"按县地近奚部,当以所掠奚部落置,考《资治通鉴》天宝四载,安禄山欲以边功市宠,数侵掠奚、契丹,奚、契丹各杀公主以叛,禄山讨破之。因定妫川县置于天宝四载。
⑨ 按县以妫川为名,当治妫河平川中,《地图集》置于今延庆县城延庆镇,当是,今依之。

缙山县①。乾元元年,隶妫州。二年,隶妫川郡。宝应二年,隶妫州。光启二年,割隶儒州,为州治。

附新州一:新州(886—907)

光启二年②,幽州卢龙节度使李匡威割妫州永兴、矾山、龙门、怀安四县置新州③,盖以开新边所置州为名,治永兴县,隶本镇。乾宁元年,隶河东道河东节度使。二年,还隶幽州卢龙节度使。

附新州二:武州(886—907)

光启二年④,幽州卢龙节度使李匡威割妫州文德县置武州,时又置儒州,盖取文武之道以怀边人之意为名,领一县,隶本镇。乾宁元年,隶河东道河东节度使。二年,还隶幽州卢龙节度使。

附新州三:儒州(886—907)

光启二年⑤,幽州卢龙节度使李匡威割妫州缙山县置儒州,时又置武州,

---

① 唐宋史志不载此事。按《新唐志》,妫川县于天宝中析怀戎县置,寻废。而《辽史》卷41《地理志》儒州:"缙山县,本汉广宁县地,唐天宝中,割妫川县置。"唐执玉等《畿辅通志》卷14延庆州:"唐天宝中,析置妫川县,属妫州,唐末,改置缙山县,兼置儒州。"尹钧科《北京历代建置沿革》第108页云:"至于缙山县,谓唐天宝间废妫川县置,亦有道理。虽然妫川县于天宝间置而又废,或许废妫川县正是别置缙山县的原因。缙山县治所在今延庆东北旧县村,今为大柏老乡驻地,村名旧县,盖因缙山县曾治此。"《地名大辞典》第115页旧县乡云:"唐末始为缙山县治所,元延祐三年升县为龙庆州,治所迁至今延庆镇。"又见《中国文物地图集·北京分册》下册,第407页。综此四说,缙山县既系割妫川县置,则两县治所初不在一地,天宝间废妫川,当与移治缙山城并别置缙山县有关。今依本卷体例推定为更改县名。

② 唐宋史志不载置州时间。按《纪要》卷17保安州:"光启中,置新州于此。"光启二年八月幽州卢龙节度使李全忠卒,三军立其子匡威为留后。此前并无新、武诸州,此后,匡威以其子仁宗为武州刺史(《资治通鉴》大顺元年),则新、武诸州皆为匡威所置,今系于光启二年。章烇等《龙门县志》卷1云:"穆宗长庆二年,改涿鹿为新州,领县四。"恐误。

③ 《文献通考》卷316《舆地考》载,唐时新州领二县,与《新唐志》异。

④ 唐宋史志不载置州时间。按《资治通鉴》乾宁元年十一月,李克用攻幽州帅李匡筹,"拔武州,进围新州"。则此前已置武州。《中国历史大辞典·历史地理》云武州光启中置,当是,今推定与新州同置。《大明清类分野天文之书》卷23宣德府序云:"唐升为武州,仍置县,僖宗改为毅州。"按乾宁元年已属昭宗,犹称武州,且据《舆地广记》,毅州之名乃五代后周所改,则《天文之书》所记有误,今不取。

⑤ 唐宋史志不载置州时间。按《新五代史》卷60《职方考》以儒州为唐置州。《辽史·地理志》亦云:"儒州,唐置,后唐同光二年隶新州〔节度〕。"《宋史·地理志》:"儒州:唐置,石晋以赂契丹。"《大明清类分野天文之书》卷23奉圣州缙山县:"唐末,于此置儒州。"《纪要》卷17延庆州:"缙山废县,唐末析置缙山县,为儒州治。"李钟侨等《延庆州志·名宦》韩梦殷条云:"乾宁元年,李克用既陷武、新,又使李嗣源、李嗣昭并出飞狐,定山后,取妫、儒州,遂以梦殷为妫、儒州刺史。"则儒州亦置于乾宁元年以前,以州名与武州相对观之,当与武州同时置,盖取文武之道以安边之意。胡三省《资治通鉴注》后晋天福元年十一月:"儒州,盖晋王镇河东所表置。"晋王李克用曾取儒州,置刺史,然非其始置也,胡注误。

盖取文武之道以怀边人之意为名,领一县,隶本镇。

(四) 归德郡(燕州)

燕州(737—742)—归德郡(742—757)—燕州(756—757)—归德郡(757—758)—燕州(758—759)—归德郡(759—763)—燕州(763—781)

开元二十五年,割幽州辽西县置燕州,隶幽州都督府。

天宝元年,改为归德郡①,取北朝燕郡归德县为名,隶范阳郡都督府。十三载,归德郡领辽西一县。十五载,归安氏燕国,改为燕州,隶范阳节度使。至德二载,归唐,复为归德郡,仍隶范阳节度使。

乾元元年,复为燕州。二年,归史氏燕国,又改归德郡②,隶范阳节度使。宝应元年,隶范阳卢龙节度使。二年,归唐,仍为燕州,隶幽州卢龙节度使。建中二年,州废,省辽西县③。

辽西县(737—781)

开元二十五年,析幽州昌平县置辽西县,治桃谷山(今北京市昌平区兴寿镇西新城村古城)④,隶燕州,为州治。天宝元年,隶归德郡,为郡治。乾元元年,复隶燕州。二年,隶归德郡。宝应二年,仍隶燕州。建中二年,州废,省入幽州昌平县。

(五) 顺义郡(顺州)

顺州(730—742)—顺义郡(742—756)—顺州(756—757)—顺义郡(757—758)—顺州(758—759)—顺义郡(759—763)—顺州(乾符中—907)

---

① 《新唐志》脱燕州,而其河北道羁縻州有归义州归德郡,按《州郡典》、《旧唐志》、《太平寰宇记》,归德郡为燕州所改郡名,《新唐志》所载当误,不取。
② 《房山石经题记汇编》(书目文献出版社,1987年)第204页载有史朝义应天元年归德郡顺天寺僧题记。
③ 《太平寰宇记》幽州幽都县:"武德二年,改辽郡为燕州,仍置总管。六年,自营州徙居幽州城内,累代袭燕州刺史。建中初,为朱滔所破灭,寻州废,立此县于故城。"按幽州幽都县置于建中二年,据补。
④ 《太平寰宇记》燕州:"东至檀州八十里,西〔南〕至幽州九十里,西至幽州昌平县(治今昌平县马池口镇)五十里,西南至沂河(今昌平县兴寿镇温榆河支流)五里。"尹钧科《北京历代建置沿革》第108页云:"燕州归德郡:开元二十五年迁州治于幽州北桃谷山,即今昌平县东、西新城二村处,城址尚见。"又详《中国文物地图集·北京分册》下册,第338页。其地当桃峪口,即古桃谷山也。《纪要》顺义县:"桃山,县西北三十五里,《旧唐书》谓之桃谷山。"即指昌平县东部桃谷山之余脉。《纪要》顺义县又云:"唐开元中始移燕州于此,仍置辽西县为州治。"《地图集》置燕州辽西县于今北京市顺义县赵全营镇忻州营村,则里距皆与《太平寰宇记》不合,不取。

开元十八年，升羁縻思顺州为顺州①，隶幽州都督府，并升羁縻宾义县为正县，为州治。

天宝元年，改为顺义②郡，取顺州宾义首尾二字为名，隶范阳郡都督府。十三载，顺义郡领宾义一县。十五载，归安氏燕国，改为顺州，隶范阳节度使。至德二载，归唐，复为顺义郡，隶范阳节度使。

乾元元年，再改顺州。二年，归史氏燕国，改为顺义郡③，隶范阳节度使。宝应元年，隶范阳卢龙节度使。二年（广德元年），归唐，降为羁縻顺州④，宾义县降为羁縻县。

乾符中，析羁縻归顺州复置顺州及宾义县⑤，仍隶幽州卢龙节度使。

宾义县（742—758，乾符中—907）

开元十八年，升羁縻思顺州宾义县为正县，仍寄治幽州城内（今北京市西城区广安门外街道），隶顺州，为州治。天宝元年，隶顺义郡，为郡治。乾元元年，隶顺州，为州治。二年，隶顺义郡，为郡治。广德元年，仍降为羁縻县，隶羁縻顺州。乾符中，析羁縻归顺州怀柔县复置宾义县，治宾义城（今北京市顺义区仁和镇）⑥，隶顺州，为州治。

---

① 《州郡典》顺义郡顺州："理宾义县，在范阳郡城，大唐天宝初置。"《太平寰宇记》营州则谓："思顺州：顺义郡，今理宾义县，天宝元年改为顺义郡。"可知顺义郡乃改思顺州或顺州置。《唐会要》卷24云："开元十八年十一月敕：……燕、顺、忻、平、灵、临、蓟等五十九州为边州。"知此顺州乃羁縻思顺州升置，事在开元十八年。然两《唐志》、《太平寰宇记》又将此思顺州（顺州）与唐初以突厥降众所置之顺州相混，亦须辨明。
② 缪荃孙辑《元和郡县图志阙卷逸文》，据《永乐大典》卷4656辑《元和志》逸文作"顺兴"，按《三朝北盟会编》，顺兴为北宋收复燕云后所赐顺州郡名，非唐名，缪氏所辑非是，今依《州郡典》、两《唐志》、《太平寰宇记》。
③ 《永乐大典》卷4656引《元和志》河北道逸文有"顺州顺兴郡"，可知顺义郡曾称顺兴郡，然安史之乱后复州为郡，故疑顺兴郡之名唐廷于后上元二年避史朝义名姓追改，与安南都护府之忠义郡追改演水郡情形相似。
④ 《新唐表》云，广德元年，幽州节度使罢领顺州。是知降为羁縻州。
⑤ 唐宋史志不载此事。按《辽史·地理志》顺州："会昌中，改归顺州。唐末，仍为顺州。"会昌中顺州"改归顺州"，当指寄治于幽州城中的羁縻顺州移治于羁縻归顺州境，与归顺州合并。《房山石经题记汇编》载乾符、广明间《巡礼题名碑》有顺州参军陈钊，表明其时已复析置顺州。即唐末归顺州与顺州并存，一为羁縻州，一为正州。《纪要》昌平州怀柔县："辽废归顺州，以县属顺州。"可证。尹钧科《北京历代建置沿革》第112页谓"唐末顺州与原寄治幽州城中的顺州毫无关系"，则是误以寄治幽州城中的顺州（原羁縻思顺州）为唐初河东道突厥顺州之故。
⑥ 据前所考，会昌中寄治于幽州城中的羁縻顺州移治于羁縻归顺州境。《纪要》昌平州顺义县："辽曰顺州，金亦曰顺州，元因之，明初改置顺义县。"是知今顺义县城即唐末复置之顺州宾义县城。

(六) 归化郡(归顺州)

归顺州(730—742)—归化郡(742—756)—归顺州(756—757)—归化郡(757—758)—归顺州(758—759)—归化郡(759—763)

开元十八年,升羁縻归顺州为归顺州①,隶幽州都督府,并升羁縻怀柔县为正县,为州治。

天宝元年,改为归化郡,取怀柔之意为名,隶范阳郡都督府。十三载,归化郡领怀柔一县。十五载,归安氏燕国,复为归顺州,隶范阳节度使。至德二载,归唐,复为归化郡。

乾元元年,仍为归顺州。二年,归史氏燕国,改为归化郡,隶范阳节度使。宝应元年,隶范阳卢龙节度使。二年(广德元年),归唐,降为羁縻归顺州②。

怀柔县(742—763)

开元十八年,升羁縻归顺州怀柔县为正县,仍治怀柔城(今北京市顺义区赵全营镇北郎中村)③,隶归顺州,为州治。天宝元年,隶归化郡,为郡治。乾元元年,隶归顺州,为州治。二年,隶归化郡。宝应二年,仍降为羁縻县,隶羁縻归顺州。

(七) 密云郡(檀州)

檀州(618—742)—密云郡(742—756)—檀州(756—757)—密云郡(757—758)—檀州(758—759)—密云郡(759—763)—檀州(763—907)

密云郡,本隋安乐郡,领燕乐、密云二县,唐武德元年,改为檀州,以隋旧州为名,治燕乐县,隶幽州总管府。六年,隶定州总管府。七年,隶幽州都督府。贞观十三年,檀州领燕乐、密云二县,治燕乐县。

---

① 《州郡典》顺义郡顺州条谓天宝元年改置顺义、归化二郡。按《大唐六典》卷3注文,开元年间河北道已有归顺州,因推知归顺州亦于开元十八年与思顺州一道由羁縻州升为正州,天宝元年改州为郡,非析自顺州。
② 《新唐表》云,广德元年,幽州节度使罢领归顺州。是知降为羁縻州。
③ 《太平寰宇记》归顺州:"东至蓟州二百一十五里,南至幽州八十五里,西至妫州二百里,北至檀州七十五里,东南至蓟州同上,西南至幽州同上。"即今北京市顺义区赵全营镇北郎中村。《纪要》怀柔县:"(昌平)州东九十里,西南至(顺天)府城百里,东至密云县三十里。天宝初改归化郡,乾元初改为归顺州,治怀柔县。"即今怀柔县城怀柔镇,当是唐以后怀柔县有移徙。《地图集》置怀柔县于今北京市顺义区治仁和镇,不详何据。

武周长寿二年(693),移州治于密云县①。长安四年,檀州领密云、燕乐二县,治密云县。

唐天宝元年,改为密云郡,以密云县为名,隶范阳郡都督府。十三载,密云郡领密云、燕乐二县,治密云县。十五载,归安氏燕国,改为檀州,隶范阳节度使。至德二载,归唐,复为密云郡,隶范阳节度使。

乾元元年,复为檀州。二年,归史氏燕国,改为密云郡,隶范阳节度使。宝应元年,隶范阳卢龙节度使。二年,归唐,仍为檀州,隶幽州卢龙节度使。元和十五年,檀州领县一如天宝十三载。

咸通十四年,檀州领县不变。

1. **密云县**(618—907)

本隋安乐郡旧县,罗艺以隶檀州。长寿二年,自燕乐县移州治于此。天宝元年,隶密云郡,为郡治。乾元元年,复隶檀州,为州治。二年,隶密云郡。宝应二年,隶檀州。

2. **燕乐县**(618—907)

本隋安乐郡旧县,罗艺以隶檀州,为州治。长寿二年,移治新燕乐城(今北京市密云县不老屯镇燕落村)②,移州治于密云县。天宝元年,隶密云郡。乾元元年,复隶檀州。二年,隶密云郡。宝应二年,隶檀州。

(八) 渔阳郡(蓟州)

渔阳郡(619)—行营州(696—705)—后营州(705—717,720—723)—蓟州(730—742)—渔阳郡(742—756)—蓟州(756—757)—渔阳郡(757—758)—蓟州(758—759)—渔阳郡(759—763)—蓟州(763—907)

渔阳郡,本隋旧郡,领渔阳一县③,唐武德元年,郡废,渔阳县隶幽州④。

---

① 《通典》、两《唐志》皆云檀州密云郡治密云县,不言何时移治。按长寿二年燕乐县移治新城,疑是年同时有移州治之事,因补。
② 《太平寰宇记》檀州燕乐县:"(州)东北七十五里。"《纪要》密云县:"燕乐废县:在县东北八十里。宋白曰:'燕乐,五代时废为燕乐庄,其地平旷可屯。'"尹钧科《北京历代建置沿革》第107云:"燕乐县则治今密云东北之燕乐村。"
③ 《隋志》渔阳郡有无终县,无渔阳县。按《旧唐志》:"隋为渔阳县,武德元年,属幽州。"则无终县隋末已改为渔阳县,今改。
④ 《资治通鉴》武德元年二月:"会张道源慰抚山东,艺遂奉表与渔阳、上谷等诸郡皆来降。癸未,诏以艺为幽州总管。"《考异》曰:"《创业注》:艺以武德元年二月降。旧云三年。《新书》云二年,皆误也,今从《实录》。"又,《旧唐志》渔阳县:"隋为渔阳县,武德元年,属幽州。"

二年,高开道取幽州渔阳县,复置渔阳郡①。是年,罗艺取以归唐,郡复废,渔阳县隶玄州。

武周万岁通天元年(696),置行营州、行柳城县于幽州,安置前营州移流民,隶行营州都督府。二年,隶幽州都督府。长安四年,复隶行营州都督府,领行柳城一县。

唐神龙元年,改为后营州,割幽州渔阳、玉田二县来属,治渔阳县,省行柳城县,置后营州都督府。开元五年②,废后营州及都督府,渔阳、玉田二县还隶幽州。八年,复割幽州渔阳、玉田二县置后营州,隶后营州都督府。十一年,复废后营州及都督府,二县还隶幽州。十八年,割幽州渔阳、玉田、三河三县置蓟州,取古蓟门关为名,治渔阳县,隶幽州都督府。

天宝元年,复为渔阳郡,隶范阳郡都督府。十三载,渔阳郡领渔阳、玉田、三河三县,仍治渔阳县。十五载,归安氏燕国,改为蓟州,隶范阳节度使。至德二载,归唐,复为渔阳郡,隶范阳节度使。

乾元元年,复为蓟州。二年,归史氏燕国,改为渔阳郡,隶范阳节度使。宝应元年,隶范阳卢龙节度使。二年,归唐,仍为蓟州,隶幽州卢龙节度使。元和十五年,蓟州领县一如天宝十三载。

咸通十四年,蓟州领县不变。

1. **渔阳县**(618—907)

本隋渔阳郡旧县,武德元年,隶幽州。二年,高开道取之,复置渔阳郡,以为都城。是年,罗艺取之,郡废,渔阳县隶玄州,并析置无终县。贞观元年,州废,省无终县来属,渔阳县还隶幽州。圣历二年,行营州行柳城县寄治于此。神龙元年,省行柳城县来属,渔阳县割隶后营州,为州治。开元五年,州废,还隶幽州。八年,复割隶后营州,为州治。十一年,州废,仍还幽州③。十八年,割隶蓟州,为州治。天宝元年,隶渔阳郡,为郡治。乾元元年,复隶蓟州,为州治。二年,隶渔阳郡。宝应二年,仍隶蓟州。

---

① 《旧唐书》卷55《高开道传》:"武德元年,隋将李景守北平郡,开道引兵围之,连年不能克,景自度不能支,拔城而去。开道又取其地,进陷渔阳郡,有马数千匹,众且万人,自立为燕王,都于渔阳。"既围攻连年,则高氏陷渔阳必不早于武德二年,陈倩《〈旧唐书·地理志〉幽州建置沿革四考》(载《中国历史地理论丛》2008年第1期)以为武德元年高开道已取渔阳为都,恐误。
② 或作"四年",今依本章第三节"柳城郡都督府"柳城郡营州注。
③ 两《唐志》渔阳县不载此事,今依《旧唐志》营州序补。

附旧县：行柳城县(696—705)

万岁通天元年，置行柳城县于幽州城，隶行营州，为州治。圣历二年，移治幽州渔阳县(今天津蓟县城城关镇)①。神龙元年，省入渔阳县。

2. 无终县(619—627，666—697)—玉田县(697—907)

武德二年，析渔阳县置无终县，以隋旧县为名，治新无终城(今河北玉田县玉田镇薛官屯)②，隶玄州。贞观元年，州废，省入渔阳县。乾封二年③，析渔阳县复置无终县，仍隶幽州。万岁通天二年④，移治玉田驿(今玉田县城无终街道)⑤，因改为玉田县。神龙元年，割隶后营州。开元四年，还隶幽州。八年，复割隶后营州。十一年，又隶幽州⑥。十八年，割隶蓟州。天宝元年，隶渔阳郡。乾元元年，复隶蓟州。二年，隶渔阳郡。宝应二年，仍隶蓟州。

3. 三河县(716—907)

开元四年，析幽州潞县置三河县⑦，以地近七渡、鲍丘、临沟三水为名⑧，治三河城(今河北三河市泃阳镇三里庄)⑨，隶幽州。十八年，割隶蓟州。天宝元年，隶渔阳郡。乾元元年，复隶蓟州。二年，隶渔阳郡。宝应二年，仍隶蓟州。

附旧府一 行燕州总管府(623—624)—行燕州都督府(624—627)

武德六年，置行燕州总管府及行燕州于幽州城内，管行燕州一州，隶定州大总管府。七年，改为行燕州都督府，隶幽州大都督府。九年，直属中央。贞

---

① 史志不载此事，按《册府元龟》卷692《牧守部》："初，营州都督府置在柳城，控带奚、契丹，则天时都督赵文翙政理乖方，两蕃反叛，攻陷州城，其后移于幽州东二百里渔阳城安置。"《新唐志》营州云："圣历二年，侨治渔阳。"依唐前期惯例，以正州名义所置行州，一般附置行县为首县，可补。渔阳城即开元蓟州治，据《中国文物地图集·天津分册》第127页，唐蓟州治在今蓟县城关。

② 《纪要》蓟州玉田县："无终城，在县治西。"《大清一统志》卷6顺天府："《旧志》皆以今玉田县为古无终，今考玉田乃唐初析置之无终，非汉县也。"卷29遵化州："无终故城，今玉田县治，为汉无终县之东境，隋为渔阳地，唐分置无终县于此。"按万岁通天中既移治蓟州东南八十里之玉田驿，则新无终城当在玉田驿(今玉田县城)西。又考《史记正义·韩长孺列传》引《括地志》："幽州渔阳县东南七十七里北平城，即汉右北平也。"疑新无终城即以此"北平城"为依托而建，今依《地图集》定于玉田镇西薛官屯。

③ 《旧唐志》幽州序作"三年"，今依两《唐志》蓟州玉田县及《太平寰宇记》。

④ 《唐会要》、《新唐志》作"元年"，今依《旧唐志》、《太平寰宇记》。

⑤ 《唐会要》卷71。《太平寰宇记》蓟州玉田县："(州)东南八十里。"据《中国文物地图集·河北分册》中册第412页，玉田镇城三村(今无终街道)有汉唐遗址，面积为4万平方米。

⑥ 《旧唐志》玉田县："(开元)十一年，又属蓟州。"按蓟州始置于开元十八年，《旧唐志》当有脱文。今依《太平寰宇记》、《新唐志》。

⑦ 开元四年，《旧唐志》幽州序作"景龙三年"，今依两《唐志》、《太平寰宇记》。又《唐会要》云三河县系开元四年改潞县置，按潞县唐代存而未废，此说误，不取。

⑧ 《纪要》通州三河县。

⑨ 《太平寰宇记》蓟州三河县："(州)西六十里。"《纪要》通州三河县："三河城，旧城在今县东三里。"

观元年,罢都督府,改行燕州为燕州,隶幽州都督府。

附旧府二 行营州都督府(696—697,704—705)—后营州都督府(705—717,720—723)

武周万岁通天元年,置行营州都督府及行营州于幽州。二年,罢都督府及行营州。长安四年,复置行营州都督府,寄治幽州①,督行营州一州。

唐神龙元年,罢行营州都督府,改行营州为后营州,置后营州都督府,并割幽州都督府平州来属。开元二年,割平州隶安东都护府。五年,罢后营州,移都督府于营州。八年,复割幽州置后营州都督府及后营州。十一年,又罢后营州,移都督府于营州。

第二节 河北道直属地区

前魏州总管府(618,621—622,623—624)—前魏州都督府(624—627)—河北道直属地区(627—662)—后冀州都督府(662—671)—河北道直属地区(671—763)—魏博等州都防御使(763)—魏博节度使(763—764)—天雄军节度使(764)—魏博节度使(764—904)—天雄军节度使(904—907)

隋末,李魏以前魏、贝、德三州置前魏州总管府②。武德元年(618),宇文许罢总管府,复改前魏州为武阳郡,贝州为清河郡,德州归窦夏。四年③,平窦夏,以前魏、黎二州复置前魏州总管府,隶山东道行台,置澶、毛、莘三州。五年,归刘汉,罢总管府。六年,平刘汉,以前魏、澶、毛、莘四州复置前魏州总管府,隶定州大总管府。七年,改为前魏州都督府,隶幽州大都督府。九年,直属中央。贞观元年,割隶河北道。是年④,罢都督府及毛、莘、澶三州,以前魏州及中央直辖相、黎、卫、洺、邢五州,废前冀州都督府之前冀、贝、深三州,废德州都督府之德、博、观三州为河北道直属地区,又割幽州都督府瀛、沧二州来属⑤。五

---

① 据郁贤皓《唐刺史考全编》,长安四年,以唐休璟为幽、营二州都督兼安东都护。是时当以幽州为治所。
② 《资治通鉴》义宁元年九月:"武阳郡丞元宝藏以郡降李密。甲寅,密以宝藏为上柱国、武阳公,宝藏使其客巨鹿魏征为启谢密,且请改武阳为魏州,又请帅所部西取魏郡,南会诸将取黎阳仓,密喜,即以宝藏为魏州总管。"
③ 《元和志》作"五年",今依《旧唐志》、《太平寰宇记》。
④ 《元和志》魏州:"贞观六年,罢都督府。"今依《旧唐志》、《太平寰宇记》魏州序。
⑤ 艾冲《唐代都督府研究》第74页云,贞观十六年复置(前)魏州都督府,不详其所据,且查郁贤皓《唐刺史考全编》,自贞观初至龙朔初,前魏州刺史不兼都督,故不取其说。

年,以废定州都督府之定、恒、赵、井四州来属。六年,以洺、邢、相、卫、黎、前魏、贝七州隶洺州都督府。十三年,河北道直属地区有定、瀛、沧、德、博、观、前冀、深、赵、恒、井十一州。十七年,复以废相州都督府之相、卫、前魏、洺、邢、贝六州及河南道废洛州都督府之怀州来属,置棣州,废黎、井、观、深四州。

龙朔二年(662),改前魏州为后冀州,前冀州为后魏州,并相、贝、博①、德、沧、棣六州割隶后冀州都督府。咸亨三年(672),以废后冀州都督府之后冀、相、贝、博、后魏、德、沧、棣八州来属,改后冀州为魏州,后魏州为冀州。

武周万岁通天元年(696),瀛、冀二州陷于契丹国。二年,赵州陷于契丹国。是年,平契丹,收复三州来属。长安四年(704),河北道直属地区有怀、卫、相、洺、邢、赵、恒、定、瀛、冀、沧、棣、德、贝、博、魏十六州。

唐景云二年(711),置郑州。先天二年(713),复置深州。开元十三年(725),改郑州为莫州。

天宝元年(742),改魏州为魏郡,卫州为汲郡,怀州为河内郡,相州为邺郡,洺州为广平郡,邢州为巨鹿郡,赵州为赵郡,恒州为常山郡,定州为博陵郡,莫州为文安郡,瀛州为河间郡,深州为饶阳郡,冀州为信都郡,沧州为景城郡,棣州为乐安郡,德州为平原郡,贝州为清河郡,博州为博平郡,割河内郡隶属都畿。十三载,河北道直属地区有魏、汲、邺、广平、巨鹿、赵、常山、博陵、文安、河间、饶阳、信都、景城、乐安、平原、清河、博平十七郡。十五载,河北道采访处置使安禄山建燕国,改魏郡为魏州,汲郡为卫州,邺郡为相州,广平郡为洺州,巨鹿郡为邢州,信都郡为冀州,饶阳郡为深州,河间郡为瀛州,景城郡为沧州,乐安郡为棣州,平原郡为德州,清河郡为贝州,博平郡为博州,由燕国中央直辖;改常山郡为恒州,博陵郡为定州,赵郡为赵州,改文安郡为莫州,割隶恒阳节度使。至德二载(757),安庆绪改相州为成安府,自河南府移都于此,而深、瀛、沧、棣、德、贝、冀七州归唐,隶范阳节度使。

乾元元年(758),魏、卫二州归唐,由河北道直属,德、贝二州归安氏燕国直辖。二年,安氏燕国亡,成安府及洺、邢、贝、博四州及唐魏、卫二州归史氏燕国,隶邺郡节度使。广德元年(763),割河南道滑卫节度使魏、博、贝、德四州及淄青平卢节度使沧州置魏博等州都防御使,治魏州,仍隶河北道。沧州寻还属淄青平卢节度使,贝州隶洺相节度使。是年,升为魏博节度使,割淄青平卢节度使瀛、沧二州来属。二年,改魏博节度使为天雄军节度使。是年,复

---

① 《旧唐志》、《太平寰宇记》无博州。罗凯《隋唐政治地理格局研究》第 301 页据《徐王元礼碑》认为《旧唐志》脱博州,当是,今补。

为魏博节度使。大历七年(772),置澶州。十年,割德州隶淄青平卢节度使,沧州隶成德军节度使,瀛州隶幽州卢龙节度使。十一年,以废昭义军节度使之相、卫、洺、贝四州来属。建中二年(781),割卫州隶都畿河阳三城节度使。三年,割洺州隶河东道昭义军节度使。贞元元年(785),割河阳节度使卫州来属。元和十五年(820),魏博节度使领魏、澶、卫、相、贝、博六州,仍治魏州。

大和三年(829),割相、卫、澶三州隶相卫澶节度使。是年,以废相卫澶节度使之相、卫、澶三州来属。咸通十四年(873),魏博节度使领魏、澶、卫、相、贝、博六州,治魏州。

天祐元年(904),改为天雄军节度使。

(一) 魏郡(魏州)

前魏州(618)—武阳郡(618—619)—前魏州(619—662)—后冀州(662—672)—魏州(672—742)—**魏郡**(742—756)—魏州(756—759)—魏郡(759—762)—魏州(762—907)

魏郡,本隋武阳郡,领贵乡、元城、繁水、莘、临黄、观城、顿丘、魏、武阳、馆陶、冠氏、堂邑、武水、聊城十四县。隋末,李魏改为前魏州,以隋旧州为名,治贵乡县,置前魏州总管府。武德元年,归宇文许,罢总管府,复为武阳郡。二年,直属窦夏,仍为前魏州,唐取观城、顿丘二县隶黎州。四年,归唐,复置前魏州总管府,并置漳阴县,割黎州观城、顿丘二县来属。是年,割顿丘、观城二县隶澶州,莘、临黄、武阳三县隶莘州,馆陶、冠氏二县隶毛州,聊城、武水、堂邑三县隶博州。五年,直属刘汉,又罢总管府。是年,归唐,仍置总管府,置昌乐县。七年,改总管府为都督府。贞观元年,罢都督府,前魏州直属河北道,以废莘州之莘、临黄、武阳三县,废毛州之冠氏、馆陶二县,废澶州之顿丘、观城二县来属,省漳阴县。六年,隶洺州都督府。十年,隶相州都督府。十三年,前魏州领贵乡、元城、繁水、莘县、临黄、观城、顿丘、昌乐、魏、馆陶、冠氏、武阳十二县,治贵乡县。十七年,仍直属河北道,省元城、观城、武阳三县。十八年,省繁水县。

龙朔二年,改为后冀州,置都督府。咸亨三年,罢都督府,复为魏州,仍直属河北道。

武周永昌元年(689),置武圣县。圣历二年(699),复置元城县。长安四年,魏州领贵乡、元城、莘、武圣、临黄、顿丘、昌乐、魏、馆陶、冠氏十县,治贵乡县。

唐开元七年,改武圣县为朝城县。二十二年,为河北道治。二十六年,移道治于幽州。

天宝元年,改为魏郡,以魏县为名。十三载,魏郡领贵乡、元城、莘、朝城、临黄、顿丘、昌乐、魏、馆陶、冠氏十县,仍治贵乡县。十五载,河北道采访处置使自范阳郡移治于此。是年,直属安氏燕国,改为魏州,唐河北道采访处置使移治平原郡。

乾元元年,归唐,直属河北道。二年,归史氏燕国,改为魏郡,隶邺郡节度使。宝应元年(762),归唐,复为魏州,隶河南道滑卫节度使。广德元年,割隶河北道魏博等州防御使,为使治。是年,隶魏博节度使。二年,隶天雄军节度使。是年,复隶魏博节度使,仍为使治。大历七年,置观城、清丰二县,并顿丘、临黄二县割隶澶州。元和十五年,魏州领贵乡、元城、莘、朝城、昌乐、魏、馆陶、冠氏八县,仍治贵乡县。

咸通十四年,魏州领县不变。

天祐元年,隶天雄军节度使,为使治。三年,割贝州宗城、永济二县①,相州洹水、内黄、临河、斥丘四县来属。

1. **贵乡县**(618—907)

本隋武阳郡旧县,隋末,隶前魏州,为州治。武德元年,隶武阳郡,为郡治。二年,复隶前魏州,为州治。贞观十七年,省元城县来属。龙朔二年,隶后冀州,仍为州治。咸亨三年,复隶魏州,为州治。圣历二年,复析置元城县。天宝元年,隶魏郡,为郡治。十五载,复隶魏州,仍为州治。乾元二年,隶魏郡。宝应元年,仍隶魏州。

2. **元城县**(618—643,699—907)

本隋武阳郡旧县,隋末,隶前魏州。武德元年,隶武阳郡。二年,复隶前魏州。贞观十七年②,省入贵乡县。龙朔二年,隶后冀州。咸亨三年,复隶魏州。圣历二年③,析贵乡、莘县复置元城县,治王莽城(今河北大名县红庙乡)④,仍隶魏州。开元十三年,移治州郭下(今大名县大街乡)⑤。天宝元年,隶魏郡。十五载,复隶魏州。乾元二年,隶魏郡。宝应元年,仍隶魏州。

3. **莘县**(618—907)

本隋武阳郡旧县,隋末,隶前魏州。武德元年,隶武阳郡。二年,复隶前魏

---

① 《唐会要》卷71。
② 《元和志》、《太平寰宇记》元城县作"十三年",今依《唐会要》、两《唐志》、《太平寰宇记》魏州序。
③ 《元和志》作"元年",今依《唐会要》、两《唐志》、《太平寰宇记》。
④ 《纪要》大名府元城县:"王莽城,在今城东北二十余里王莽河北岸,亦谓之故元城。"
⑤ 《纪要》大名府元城县:"元城故城,在府东。"

州。四年,割隶莘州,为州治,并析置莘亭县,割隶博州。五年,省博州莘亭县来属。贞观元年,州废,还隶前魏州。龙朔二年,隶后冀州。咸亨三年,隶魏州。天宝元年,隶魏郡。十五载,复隶魏州。乾元二年,隶魏郡。宝应元年,仍隶魏州。

附旧县:莘亭县(621—622)

武德四年,析莘州莘县置莘亭县,以隋旧县为名,治故莘亭(今山东莘县莘亭街道)①,割隶博州。五年,省入莘县。

4. **武阳县**(618—643)—**武圣县**(689—719)—**朝城县**(719—907)

朝城县,本隋武阳郡武阳县,隋末,隶前魏州。武德元年,隶武阳郡。二年,复隶前魏州。四年,割隶莘州。贞观元年,州废,还隶前魏州。十七年,省入临黄、莘二县。永昌元年(689),析临黄、莘二县置武圣县,取武氏吉意为名,治故武阳城(今莘县朝城镇孟庄)②。开元七年,改为朝城县,以县东古朝城为名。天宝元年,隶魏郡。十五载,复隶魏州。乾元二年,隶魏郡。宝应元年,仍隶魏州。

5. **临黄县**(618—907)

本隋武阳郡旧县,隋末,隶前魏州。武德元年,隶武阳郡。二年,复隶前魏州。四年,割隶莘州。贞观元年,州废,还隶前魏州。十七年,省武阳县来属。龙朔二年,隶后冀州。咸亨三年,复隶魏州。永昌元年,析置武圣县。天宝元年,隶魏郡。十五载,复隶魏州。乾元二年,隶魏郡。宝应元年,仍隶魏州。

6. **顿丘县**(618—907)

本隋武阳郡旧县,隋末,隶前魏州。武德元年,隶武阳郡。二年,割隶黎州。四年,还隶前魏州。是年,移治新顿丘城(今濮阳市华龙区)③,割隶澶州,为州治。贞观元年,州废,还隶前魏州。龙朔二年,隶后冀州。咸亨三年,复隶魏州。天宝元年,隶魏郡。十五载,复隶魏州。乾元二年,隶魏郡。宝应元年,仍隶魏州。大历七年,移治故卫国城(今清丰县固城乡旧城村)④,复割隶澶州,仍为州治,并析置清丰县。

附新县:清丰县(772—907)

大历七年,析顿丘、昌乐二县置清丰县,以孝子张清丰为名⑤,治清丰店

---

① 《太平寰宇记》魏州莘县:"莘亭,在县北。"今莘亭街道,旧单庙乡。
② 据《中国文物地图集·山东分册》下册第844页,今朝城镇孟庄孟洼有唐代遗址,面积约18 500平方米,盖即其他。
③ 《史记正义·外戚世家》引《括地志》:"阴安故城在魏州顿丘县北六十里。"阴安城在今清丰县古城乡,以是推知唐初顿丘县治今濮阳市区。
④ 《太平寰宇记》澶州顿丘县:"大历七年正月敕,魏州之顿丘县又置澶州,即今郡理。"
⑤ 此据两《唐志》。《元和志》、《太平寰宇记》云,以清丰店为名。

(今河南清丰县古城乡)①,隶澶州。

7. 昌乐县(622—907)

武德五年,析繁水县置昌乐县,以隋旧县为名,治故昌乐城(今河南南乐县梁庄乡吴村),隶前魏州。六年,移治新昌乐城(今南乐县元村镇谷村)②。贞观十七年,省观城县来属。十八年,省繁水县来属。龙朔二年,隶后冀州。咸亨三年,复隶魏州。天宝元年,隶魏郡。十五载,复隶魏州。乾元二年,隶魏郡。宝应元年,仍隶魏州。大历七年,复析置观城县,割隶澶州。

附旧县:繁水县(618—644)

本隋武阳郡旧县,隋末,隶前魏州。武德元年,隶武阳郡。二年,复隶前魏州。五年,析置昌乐县。贞观十八年,省入昌乐县。

附旧新县:观城县(618—643,772—907)

本隋魏郡旧县,隋末,隶前魏州。武德元年,隶武阳郡。二年,割隶黎州。四年,还隶前魏州。是年,割隶澶州。贞观元年,州废,还隶前魏州。十七年,省入昌乐、临黄二县。大历七年,析昌乐、临黄二县③复置观城县,治故观城店(今清丰县纸房乡)④,割隶澶州。

8. 魏县(618—907)

本隋武阳郡旧县,隋末,隶前魏州。武德元年,隶武阳郡。二年,复隶前魏州。四年,析置漳阴县。贞观元年,省漳阴县来属。龙朔二年,隶后冀州。咸亨三年,复隶魏州。天宝元年,隶魏郡。三载,移治新魏城(今大名县西未庄乡)⑤。十五载,复隶魏州。乾元二年,隶魏郡。宝应元年,仍隶魏州。

附旧县:漳阴县(621—627)

武德四年,析魏县置漳阴县,县在漳水之南,故名,治漳阴城(今河北魏县车往镇)⑥,隶前魏州。贞观元年,省入魏县。

9. 馆陶县(618—907)

本隋武阳郡旧县,隋末,隶前魏州。武德元年,隶武阳郡。二年,复隶前

---

① 《元和志》澶州清丰县:"东至州二十五里。黄河,在县南十五里。"此黄河当为故黄河。《纪要》清丰县:"清丰故城,县西北十八里,唐大历中县盖治此。"遗址尚存,见《中国文物地图集·河南分册》,第310页。
② 两昌乐今地参详王培勒:《濮阳春秋》,中国国际广播出版社,2001年,第7页。梁庄乡旧名梁村乡。
③ 昌乐、临黄二县,《唐会要》作"顿丘县",今依两《唐志》。
④ 《元和志》澶州观城县:"西至州二十四里。"按澶州治顿丘县,在清丰县东二十五里,黄河北(三)〔二〕十五里,即今清丰县固城乡,则观城县址可定在纸房乡一带。《地图集》定顿丘于清丰县韩村乡,观城县于城关镇旧城村,恐误。
⑤ 西未庄乡,旧名西魏庄乡。
⑥ 《纪要》大名府魏县:"漳阴城,在县西南。"

魏州①。四年,割隶毛州,为州治。贞观元年,州废,还隶前魏州。龙朔二年,隶后冀州。咸亨三年,复隶魏州。天宝元年,隶魏郡。十五载,复隶魏州。乾元二年,隶魏郡。宝应元年,仍隶魏州。

10. **冠氏县**(618—907)

本隋武阳郡旧县,隋末,隶前魏州。武德元年,隶武阳郡。二年,复隶前魏州。四年,割隶毛州。贞观元年,州废,还隶前魏州。龙朔二年,隶后冀州。咸亨三年,复隶魏州。天宝元年,隶魏郡。十五载,复隶魏州。乾元二年,隶魏郡。宝应元年,仍隶魏州。

附旧新州:澶州(619,621—627,772—907)

武德二年,割卫州澶水县并取宇文许武阳郡顿丘、观城二县,置澶州,以古澶渊为名,治顿丘县,隶黎州总管府。是年,州废,三县并隶黎。四年,割黎州澶水、顿丘、观城三县复置澶州,治澶水县,隶魏州总管府。五年,直属刘汉。六年,归唐,仍隶前魏州总管府。七年,隶前魏州都督府。贞观元年,州废,顿丘、观城二县还隶前魏州,澶水县还隶黎州。

大历七年,魏博节度使田承嗣上表割魏州顿丘、临黄、清丰、观城四县复置澶州,隶魏博节度使,仍治顿丘县。元和十五年,澶州领顿丘、清丰、观城、临黄四县,治顿丘县。

大和三年,割隶相卫澶节度使。是年,罢镇,还属魏博节度使。咸通十四年,澶州领县不变。

天祐元年,隶天雄军节度使。

附旧州一:毛州(621—627)

武德四年②,割前魏州馆陶、冠氏二县,贝州临清、清水二县置毛州,以隋屯州为名,而误为毛州③,治馆陶县,隶前魏州总管府,并置沙丘县。五年,直属刘汉,割博州堂邑县来属。六年,归唐,仍隶前魏州总管府。七年,隶前魏州都督府。贞观元年,州废,省沙丘、清水二县,堂邑县隶博州,临清县还隶贝州,馆陶、冠氏二县还隶前魏州。

---

① 《旧唐志》馆陶县,《新唐志》作"五年",今依《旧唐志》魏州序。
② 两《唐志》魏州馆陶县作"五年",今依《旧唐志》魏州序、冠氏县、贝州临清县,《太平寰宇记》魏州序。
③ 《大元混一方舆胜览》卷上大名路:"屯氏河,隋误以为毛氏河,置毛州,失之甚矣。"按《元和志》魏州馆陶县:"周大象二年置屯州,以近屯河为名。隋大业二年废屯州,以县属魏州。"则隋时仍作屯州,未误为毛州。《隋志》为唐初人所撰,则误"屯"为"毛",实始自唐初。然中华书局点校本《元和志》仍作"屯州"。

附旧州二：莘州(621—627)

武德四年，割前魏州莘、临黄、武阳三县置莘州，以隋旧州为名，治莘县，隶前魏州总管府，并置莘亭县，割隶博州。五年，直属刘汉，割博州武水县来属。六年，归唐，仍隶前魏州总管府。七年，隶魏州都督府。贞观元年，州废，莘、临黄、武阳三县还隶前魏州，武水县还隶博州。

（二）汲郡（卫州）

卫州（618—742）—汲郡（742—756）—卫州（756—759）—汲郡（759—761）—卫州（761）—汲郡（761—762）—卫州（762—907）

汲郡，本隋旧郡，领卫、清淇、汲、隋兴、黎阳、临河、澶渊、内黄八县①，隋末，李魏改为卫州，治卫县，隶相州总管府，省隋兴县②。武德元年，李密奉表归唐，割汲县隶义州。二年，隶黎州总管府，割黎阳、临河、澶渊、内黄四县隶黎州。是年，直属窦夏。四年，归唐，仍隶黎州总管府。是年，直属山东道行台，以废义州之汲县及割黎州③荡源县来属。五年，直属刘汉。是年，归唐，隶洺州总管府。六年，隶磁州总管府。是年，隶相州总管府，割荡源县隶相州。七年，隶相州都督府。九年，直属中央。贞观元年，直属河北道，移州治于汲县，以废殷州之共城、新乡、博望三县来属。六年，隶洺州都督府，省博望县。十年，隶相州都督府。十三年，卫州领汲、新乡、共城、卫、清淇五县，治汲县。十七年，又直属河北道，以废黎州之黎阳县来属，省清淇县。

武周长安三年，复置清淇县。四年，卫州领汲、新乡、共城、卫、黎阳、清淇六县，治汲县。

唐神龙元年(705)，省清淇县。

天宝元年，复为汲郡。十三载，汲郡领汲、新乡、共城、卫、黎阳五县，仍治汲县。十五载，直属安氏燕国，改为卫州。

---

① 《隋志》汲郡有汤阴县，无清淇县，共八县。据两《唐志》载，汤阴县系贞观元年改汤源县而来，而汤源县武德四年析安阳县置，则知隋末汤阴县已省入安阳县，今删。又，《资治通鉴》武德元年五月："(李)密帅步骑二万壁于清淇。"胡注："隋开皇十六年分置清淇县，大业初废入卫县，李密盖壁于故县也。"《大清一统志》卷158卫辉府："大业初，废清淇入卫，寻复置。"则李密所壁之清淇为县，非"故县"，今据以补之。
② 史志不载此事。按《大清一统志》卫辉府引《府志》："隋兴城在汲县北二十里，唐武德初废入汲。"按李密反隋在大业末，"隋兴"其名为义军所恶，当废，不当存至武德初。
③ 两《唐志》作"相州"。按两《唐志》黎阳县皆云，武德四年，割相州汤源县隶黎州，则汤源县是年先隶黎州，后隶卫州，今改。

乾元元年,归唐,直属河北道。二年,归史氏燕国,改为汲郡,隶邺郡节度使。后上元二年(761),归唐,仍为卫州,隶滑卫节度使。是年,复归史氏燕国,仍为汲郡,隶邺郡节度使。宝应元年,归唐,复为卫州,隶滑卫节度使。广德元年,割隶河北道魏博等州防御使。是年,隶魏博节度使。二年,隶天雄军节度使。是年,复隶魏博节度使。建中二年,割隶都畿河阳三城节度使。贞元元年,还隶魏博节度使。元和十五年,卫州领县一如天宝十三载。

大和三年,割隶相卫澶节度使。是年,罢镇,还属魏博节度使。咸通十四年,卫州领县不变。

天祐元年,隶天雄军节度使。

1. **汲县**(618—907)

本隋汲郡旧县,隋末,隶卫州。武德元年,割隶义州,为州治。四年,州废,隶卫州。贞观元年,自卫县移州治于此。天宝元年,隶汲郡,为郡治。十五载,复隶卫州,仍为州治。乾元二年,隶汲郡。宝应元年,仍隶卫州。

2. **新乡县**(618—907)

本隋汲郡旧县,隋末,隶卫州。武德元年,割隶义州。四年,州废,隶殷州。贞观元年,州废,隶卫州。天宝元年,隶汲郡。十五载,复隶卫州。乾元二年,隶汲郡。宝应元年,仍隶卫州。

3. **共城县**(618—907)

本隋汲郡旧县,隋末,隶卫州。武德元年,割隶共州,为州治,并析置凡城县。四年,州废,省凡城县来属,共城县改隶殷州。贞观元年,州废,共城县隶卫州。六年①,省博望县来属。天宝元年,隶汲郡。十五载,复隶卫州。乾元二年,隶汲郡。宝应元年,仍隶卫州。

附旧县1:**凡城县**(618—621)

武德元年,析共城县置凡城县,治故凡城(今河南辉县市北云门镇前凡城村)②,故以为名,隶共州。四年,州废,省入共城县。

附旧县2:**博望县**(621—632)

武德四年,析殷州获嘉县置博望县,治博望城(今辉县市薄壁镇)③,故以为名,隶殷州。贞观元年,隶卫州。六年,省入共城县。

---

① 《新唐志》卫州共城县系于武德六年,误,今依《旧唐志》卫州序系于贞观六年。
② 《太平寰宇记》卫州共城县:"故凡城,在今县西南二十二里。"
③ 依地理形势推定。

4. **卫县**(618—907)

本隋汲郡旧县,隋末,隶卫州,为州治①。贞观元年,移州治于汲县。十七年,省清淇县来属。天宝元年,隶汲郡。十五载,复隶卫州。乾元二年,隶汲郡。宝应元年,仍隶卫州。

附旧县:清淇县(618—643,703—705)

本隋汲郡旧县,隋末,隶卫州。贞观十七年,省入卫县。长安三年②,析卫县复置清淇县③,仍治淇门(今河南浚县新镇镇淇门村),隶卫州。神龙元年,省入卫县。

5. **黎阳县**(618—907)

本隋汲郡旧县,隋末,隶卫州。武德二年,割隶黎州,为州治。十七年,州废,还隶卫州。天宝元年,隶汲郡。十五载,复隶卫州。乾元二年,隶汲郡。宝应元年,仍隶卫州。

附旧州一:义州(618—621)

武德元年,割卫州汲县、怀州新乡县置义州,治汲县,隶相州总管府。二年,直属王郑。四年,州废,汲县隶卫州,新乡县隶殷州。

附旧州二:共州(618—621)

武德元年,割卫州共城县置共州,并置凡城县,隶相州总管府。二年,直属窦夏。三年,归唐④,隶行怀州总管府。四年,州废,省凡城县,共城县隶殷州。

附旧州三:黎州(619—643)

武德二年,割卫州黎阳、临河、澶渊、内黄四县置黎州,治黎阳县,并置黎州总管府。是年,直属窦夏,罢总管府,以废澶州之顿丘、观城、澶水三县来属。四年,归唐,仍置总管府,置繁阳县,割相州荡源县来属,观城、顿丘二县还隶前魏州。是年,罢总管府,黎州隶前魏州总管府,割澶水县隶澶州,荡源县隶卫州⑤。五年,直属刘汉。是年,归唐,直属洺州大总管府。六年,隶磁州

---

① 《旧唐志》卫县:"初属义州,州废,属卫州。"按义州不领卫县,此句当衍。
② 《唐会要》作"四年",今依两《唐志》。
③ 《唐会要》作"淇门县",今依两《唐志》。
④ 《资治通鉴》武德三年八月己亥:窦建德共州(共城)县令唐纲杀刺史以州来降。
⑤ 两《唐志》卫州黎阳县作"相州"。按《唐志》相州汤阴县皆云武德四年割荡源县隶卫州,六年始还相州,又据下文邺郡相州汤阴县注考证,武德四年相州荡源县先割隶黎州,是年又隶卫州,因改。

总管府。是年,隶相州总管府。七年,隶相州都督府。九年,直属中央。贞观元年,直属河北道。以废澶州之澶水县来属,省繁阳县。六年,隶洺州都督府。十年,隶相州都督府。十三年,黎州领黎阳、临河、澶水、内黄四县,治黎阳县。十七年,州废,省澶水县,黎阳县隶卫州,内黄、临河二县隶相州。

(三) 邺郡(相州)

相州(618—742)—邺郡(742—756)—相州(756—757)—成安府(757—759)—邺郡(759—762)—相州(762—907)

邺郡,本隋魏郡,领安阳、灵泉、林虑、临水、滏阳、邺、临漳、成安、洹水、尧城十县①,隋末,李魏改为相州,以隋旧州为名,治安阳县,置相州总管府,改灵泉县为零泉县。武德元年,李密奉表归唐,置相州,割临水、滏阳、成安三县隶磁州。二年,直属窦夏,罢总管府,割林虑县隶岩州,洹水县隶洹州。四年,归唐,直属山东道行台,以废洹州之洹水县来属,置荡源县,割隶黎州,省零泉县。五年,直属刘汉。是年,归唐,隶洺州总管府,以废岩州之林虑县来属,省相县。六年,割卫州荡源县来属,复置相州总管府。七年,改总管府为都督府。九年,罢都督府,相州直属中央。贞观元年,直属河北道,改荡源县为汤阴县,以废磁州之滏阳、成安二县来属。六年,隶洺州都督府。十年,自洺州移都督府治于此,复隶相州都督府。十三年,相州领安阳、汤阴、林虑、滏阳、邺、临漳、成安、洹水、尧城九县,治安阳县。十七年,又废都督府,相州直属河北道,以废黎州之内黄、临河二县来属。

龙朔二年,隶后冀州都督府。咸亨三年,复直属河北道。

武周长安四年,相州领安阳、汤阴、林虑、滏阳、邺、临漳、成安、洹水、尧城、内黄、临河十一县,治安阳县。

唐天宝元年,改为邺郡,以故邺都为名。十三载,邺郡领安阳、汤阴、林虑、滏阳、邺、临漳、成安、洹水、尧城、内黄、临河十一县,治安阳县。十五载,直属安氏燕国,改为相州。至德二载,安庆绪升为成安府,盖以成安县喻成就安氏为名,自东京河南府移都于此。

乾元二年,归史氏燕国,改为邺郡,置邺郡节度使。宝应元年,归唐,罢镇,复为相州,隶河南道滑卫节度使。广德元年,隶河北道相卫节度使,为使治。未几,隶洺相节度使。是年,隶相卫六州节度使。永泰元年(765),割滏

---

① 《隋志》魏郡有临淇县,共十一县。按临淇县不见于唐初记载,当废于隋末,今删。

阳县隶磁州。大历元年，隶昭义军节度使，仍为使治。十一年，罢镇，相州隶魏博节度使。元和十五年，相州领安阳、汤阴、林虑、邺、临漳、成安、洹水、尧城、内黄、临河十县，治安阳县。

大和三年，割置相卫澶节度使，为使治。是年，罢镇，相州还隶魏博节度使。咸通十四年，相州领县不变。

天祐二年，改成安县为斥丘县。三年，改尧城县为永定县，割洹水、内黄、临河、斥丘四县隶魏州①。

1. 安阳县(618—907)

本隋魏郡旧县，隋末，隶相州。武德元年，析置相县。四年，省零泉县来属，析置荡源县。五年，省相县来属。天宝元年，隶邺郡，为郡治。十五载，隶相州。至德二载，隶成安府，为府治。乾元二年，隶邺郡。宝应元年，隶相州，为州治。

附旧县1：零泉县(618—621)

本隋魏郡灵泉县，李魏改为零泉县，隶相州。武德四年，省入安阳县。

附旧县2：相县(618—622)

武德元年，析安阳县置相县，以隋旧县为名，治故相城（今河南安阳市殷都区西郊乡东梁村）②，隶相州。五年，省入安阳县。

2. 荡源县(621—627)—汤阴县(627—907)

武德四年，析安阳县置荡源县③，以处荡水之源为名，治故荡阴城（今河南汤阴县城城关镇），割隶黎州④。是年，隶卫州。六年，还隶相州。贞观元年，改为汤阴县，复隋故名。天宝元年，隶邺郡。十五载，隶相州。至德二载，隶成安府。乾元二年，隶邺郡。宝应元年，隶相州。

3. 林虑县(618—907)

本隋魏郡旧县，隋末，隶相州。二年，割隶岩州，为州治。五年，州废，还隶相州。天宝元年，隶邺郡。十五载，隶相州。至德二载，隶成安府。乾元二年，隶邺郡。宝应元年，隶相州。

---

① 《唐会要》作"郓州"，今依《太平寰宇记》、《新唐志》魏州。
② 《大清一统志》卷156彰德府："相县故城，在安阳县西。《府志》：相县故城在府西十五里。"
③ 《唐会要》相州、《旧唐志》卫州、《太平寰宇记》卫州作"汤阴"，《元和志》、《旧唐志》相州作"汤源"，今依《太平寰宇记》相州、《新唐志》相州、卫州。按《元和志》汤阴县："荡水，西去县三十五里。"可证。
④ 两《唐志》相州汤阴县作"卫州"。按两《唐志》卫州黎阳县皆云，武德四年，割相州汤源县隶黎州，则汤源县是年先隶黎州，后隶卫州，今改。

4. 滏阳县(618—907)

本隋魏郡旧县,隋末,隶相州。武德元年,割隶磁州,为州治。六年,省临水县来属。贞观元年,州废,还隶相州。天宝元年,隶邺郡。十五载,隶相州。至德二载,隶成安府。乾元二年,隶邺郡。宝应元年,隶相州。永泰元年,割隶磁州,为州治,并析置昭义县。天祐三年,隶惠州。

附旧新县:临水县(618—623)—昭义县(765—907)

临水县,本隋魏郡旧县。隋末,隶相州。武德元年,割隶磁州。六年,省入滏阳县。永泰元年,析滏阳县置昭义县,以昭义军为名,治故临水城(今河北邯郸市峰峰矿区临水镇),隶磁州。天祐三年,隶惠州。

5. 邺县(618—907)

本隋魏郡旧县,隋末,隶相州。天宝元年,隶邺郡。十五载,隶相州。至德二载,隶成安府。乾元二年,隶邺郡。宝应元年,隶相州。

6. 临漳县(618—907)

本隋魏郡旧县,隋末,隶相州。天宝元年,隶邺郡。十五载,隶相州。至德二载,隶成安府。乾元二年,隶邺郡。宝应元年,隶相州。

7. 成安县(618—906)—斥丘县(906—907)

成安县,本隋魏郡旧县,隋末,隶相州。武德元年,割隶磁州。贞观元年,州废,还隶相州。天宝元年,隶邺郡。十五载,隶相州。至德二载,隶成安府。乾元二年,隶邺郡。宝应元年,隶相州。天祐三年,避朱全忠父嫌名,改为斥丘县,以北朝旧县为名。三年,割隶魏州。

8. 洹水县(618—907)

本隋魏郡旧县,隋末,隶相州。武德二年,割置洹州。四年,州废,还隶相州。天宝元年,隶邺郡。十五载,隶相州。至德二载,隶成安府。乾元二年,隶邺郡。宝应元年,隶相州。天祐三年,割隶魏州。

9. 尧城县(618—906)—永定县(906—907)

尧城县,本隋魏郡旧县,隋末,隶相州。天宝元年,隶邺郡。十五载,隶相州。至德二载,隶成安府。乾元二年,隶邺郡。宝应元年,隶相州。天祐三年,避朱全忠父嫌名,改为永定县。

10. 内黄县(618—907)

本隋汲郡旧县,隋末,隶卫州。武德二年,割隶黎州。四年,析置繁阳县。贞观元年,省繁阳县来属。十七年,州废,改隶相州。天宝元年,隶邺郡。十五载,隶相州。至德二载,隶成安府。乾元二年,隶邺郡。宝应元年,隶相州。天祐三年,割隶魏州。

附旧县：繁阳县(621—627)

武德四年，析内黄县置繁阳县，因在繁水之阳，故名，治故繁城(今河南内黄县城城关镇)①，隶黎州。贞观元年，省入内黄县。

11. 临河县(618—907)

本隋汲郡旧县，隋末，隶卫州。武德二年，割隶黎州。贞观十七年，州废，省澶水县来属，临河县改隶相州。天宝元年，隶邺郡。十五载，隶相州。至德二载，隶成安府。乾元二年，隶邺郡。宝应元年，隶相州。天祐三年，割隶魏州。

附旧县：澶渊县(618—621)—澶水县(621—643)

澶渊县，本隋汲郡旧县，隋末，隶卫州。武德二年，割隶黎州。四年，避高祖讳，改为澶水县②，割隶澶州。贞观元年，州废，还隶黎州。十七年，州废，省入临河县及前魏州顿丘县。

附旧州一：洹州(619—621)

武德二年，割相州洹水县置洹州，以洹水为名，隶黎州总管府③。是年，直属窦夏。四年，州废，洹水县还隶相州。

附旧州二：岩州(619—622)

武德二年④，割相州林虑县置岩州，以隋旧州为名，领一县，隶相州总管府。是年，直属窦夏。四年，归唐，直属山东道行台。五年，直属刘汉。是年，归唐，州废，林虑县还隶相州。

附旧新州：磁州(618—627，765—906)—惠州(906—907)

武德元年，李密割相州滏阳、临水、成安三县置磁州，州有磁山，出磁石，故以为名，隶相州总管府，治滏阳县。是年，李密奉表归唐。二年，直属窦夏。四年，归唐，直属山东道行台，以废紫州之临洺、武安、邯郸、肥乡四县来属。五年，隶洺州总管府。六年，置磁州总管府，省临水县。是年，罢总管府，磁州隶相州总管府，割临洺、武安、肥乡三县隶洺州。七年，隶相州都督府。九年，

---

① 《太平寰宇记》内黄县："繁阳故城，在今县东二十六里，城因在繁水之阳，以为名。"旧内黄县城在今内黄县东庄镇旧县村，则繁阳城在今内黄县城关镇。《地图集》置繁阳城于今内黄县石盘屯乡宰庄村，不详何据，不取。
② 《旧唐志》澶州序云："武德四年，特置澶水县。"今依《太平寰宇记》澶州临河县。
③ 《旧唐志》卫州黎阳县。
④ 《旧唐志》林虑县作"三年"，今依《元和志》、《旧唐志》相州序、《新唐志》、《太平寰宇记》。

直属中央。贞观元年,州废,滏阳、成安二县隶相州,邯郸县隶洺州。

永泰元年,相卫六州①节度使薛嵩上表割相州滏阳县,洺州邯郸、武安二县复置磁州,隶本镇,仍治滏阳县,并置昭义县。大历元年,隶昭义军节度使。十一年,罢镇,隶河东道泽潞节度使。建中元年,隶昭义军节度使。元和十五年,磁州领滏阳、昭义、邯郸、武安四县,治滏阳县。

咸通十四年,磁州领县不变。

中和三年(883),隶东昭义军节度使。大顺元年(890),隶河北道邢洺磁都团练使。天复元年(901),罢镇,还隶河东道昭义军节度使。天祐三年,以与慈州音同,改为惠州。

(四)广平郡(洺州)

洺州(618—742)—广平郡(742—756)—洺州(756—759)—广平郡(759—762)—洺州(762—907)

广平郡,本隋武安郡,领永年、洺水、平恩、清漳、肥乡、邯郸、武安、临洺八县,李魏改为洺州,以隋旧州为名,治永年县,隶相州总管府。武德元年,李密奉表归唐,置普乐县。二年,直属窦夏,置曲周县,并普乐县割隶黄州。四年,归唐,直属山东道行台,为行台治,以废黄州之普乐、曲周二县来属,改普乐县为鸡泽县,割临洺、武安、邯郸、肥乡四县隶磁州。五年,直属刘汉,罢行台。是年,归唐,置洺州总管府。六年,罢总管府,洺州隶磁州总管府,割磁州武安、临洺、肥乡三县来属。是年,隶相州总管府。七年,隶邢州都督府。九年,直属中央。贞观元年,直属河北道,以废磁州之邯郸县来属。六年,割置洺州都督府。十年,移都督府治于相州,隶相州都督府。十三年,洺州领永年、洺水、平恩、清漳、肥乡、邯郸、武安、临洺、鸡泽、曲周十县②。十七年,复直属河北道。

武周长安四年,洺州领县不变。

唐天宝元年,改为广平郡,以隋旧郡为名。十三载,广平郡领永年、洺水、平恩、清漳、肥乡、邯郸、武安、临洺、鸡泽、曲周十县,治永年县。十五载,直属安氏燕国,改为洺州。

乾元二年,归史氏燕国,改为广平郡,隶邺郡节度使。宝应元年,归唐,复

---

① 《旧唐志》作"昭义"。按相卫六州节度使大历元年始赐号昭义军,永泰元年时仍当作"相卫六州",今改。

② 《旧唐志》洺州:"旧领县七。""七"为"十"字之误。

为洺州,隶河东道泽潞节度使。广德元年,隶洺相节度使。是年,隶相卫六州节度使。永泰元年,割邯郸、武安二县隶磁州。大历元年,隶昭义军节度使。十一年,隶魏博节度使。建中三年,割隶河东道昭义军节度使。元和十五年,洺州领永年、洺水、平恩、清漳、肥乡、临洺、鸡泽、曲周八县,治永年县。

会昌三年(843),省清漳、洺水二县。咸通十四年,洺州领永年、平恩、肥乡、临洺、鸡泽、曲周六县,治永年县。

中和三年,隶东昭义军节度使。大顺元年,隶河北道邢洺磁都团练使。是年,隶邢洺磁节度使。天复元年,复隶河东道昭义军节度使。

1. **永年县**(618—907)

本隋武安郡旧县,隋末,隶洺州,为州治。武德元年,析置普乐县。天宝元年,隶广平郡,为郡治。十五载,隶洺州。乾元二年,隶广平郡。宝应元年,复隶洺州,为州治。

2. **洺水县**(618—843)

本隋武安郡旧县,隋末,隶洺州。武德二年,析置曲周县。天宝元年,隶广平郡。十五载,隶洺州。乾元二年,隶广平郡。宝应元年,复隶洺州。会昌三年[1],省入曲周、平恩二县。

3. **平恩县**(618—907)

本隋武安郡旧县,隋末,隶洺州。天宝元年,隶广平郡。十五载,隶洺州。乾元二年,隶广平郡。宝应元年,复隶洺州。

4. **清漳县**(618—843)

本隋武安郡旧县,隋末,隶洺州。天宝元年,隶广平郡。十五载,隶洺州。乾元二年,隶广平郡。宝应元年,复隶洺州。会昌三年[2],省入肥乡、平恩二县。

5. **肥乡县**(618—907)

本隋武安郡旧县,隋末,隶洺州。武德元年,割隶紫州。四年,州废,隶磁州。六年,割隶洺州。天宝元年,隶广平郡。十五载,隶洺州。乾元二年,隶广平郡。宝应元年,复隶洺州。会昌三年,省清漳县来属。

6. **邯郸县**(618—907)

本隋武安郡旧县,隋末,隶洺州。武德元年,割隶紫州。四年,州废,隶磁

---

[1] 《旧唐志》洺州序作"元年",今依《旧唐志》曲周县、《太平寰宇记》、《新唐志》。
[2] 《唐会要》、《旧唐志》洺州序作"元年",今依《旧唐志》肥乡县、《太平寰宇记》、《新唐志》。

州。贞观元年,州废,还隶洺州。天宝元年,隶广平郡。十五载,隶洺州。乾元二年,隶广平郡。宝应元年,复隶洺州。永泰元年,割隶磁州。天祐三年,隶惠州。

7. 武安县(618—907)

本隋武安郡旧县,隋末,隶洺州。武德元年,割隶紫州。四年,州废,隶磁州。六年,割隶洺州。天宝元年,隶广平郡。十五载,隶洺州。乾元二年,隶广平郡。宝应元年,复隶洺州。永泰元年,割隶磁州。天祐三年,隶惠州。

8. 临洺县(618—907)

本隋武安郡旧县,隋末,隶洺州。武德元年,割隶紫州,为州治。四年,州废,隶磁州。六年①,割隶洺州。天宝元年,隶广平郡。十五载,隶洺州。乾元二年,隶广平郡。宝应元年,复隶洺州。

9. 普乐县(618—621)—鸡泽县(621—907)

武德元年,析永年县置普乐县,治普乐城(今河北鸡泽县小寨镇前罗营)②,隶洺州。二年,窦夏割隶黄州,为州治。四年,州废,移治冯郑堡(今鸡泽县风正乡)③,改为鸡泽县④,以隋旧县为名,还隶洺州。天宝元年,隶广平郡。十五载,隶洺州。乾元二年,隶广平郡。宝应元年,复隶洺州。

10. 曲周县(619—907)

武德二年,窦夏析洺水县置曲周县,以隋旧县为名,治故曲周城(今河北邱县古城营乡南营东遗址)⑤,隶黄州。四年,州废,隶洺州。天宝元年,隶广平郡。十五载,隶洺州。乾元二年,隶广平郡。宝应元年,隶洺州。会昌三年,省洺水⑥县来属。

附旧州一:紫州(618—621)

武德元年,割洺州临洺、武安、肥乡、邯郸四县置紫州,以紫山为名,治临洺县,隶相州总管府。二年,直属窦夏。四年,州废,四县改隶磁州。

---

① 《旧唐志》临洺县作"五年",今依《旧唐志》洺州序、《新唐志》、《太平寰宇记》。
② 《纪要》广平府鸡泽县:"普乐城,在县东南十里。"当在今前罗营,《河北政区沿革志》第94页以为在贯庄。
③ 《元和志》洺州鸡泽县:"西南至州五十里。"《纪要》鸡泽县:"鸡泽旧城,在县南。隋开皇中,于广平故城置鸡泽县,寻废,唐复置,南去故城十余里。"
④ 《新唐志》洺州鸡泽县:"有普乐县,武德初置,后陷窦建德,遂废。"按《资治通鉴》武德四年三月,洺州"窦建德所署普乐令平恩程名振来降",则窦夏时普乐县仍存。是洺州北有黄州,不详领县,疑以普乐等县置,而两《唐志》所谓武德四年所置之鸡泽、曲周二县,疑本窦夏时置,鸡泽即普乐县更名。
⑤ 《元和志》洺州曲周县:"西南至州八十里。"据《中国文物地图集·河北分册》下册第818页,其地有邱县古城营乡(旧属旦寨乡)南营东唐宋遗址,面积约8万平方米,当即唐曲周县治。
⑥ 《新唐志》肥乡县作"池水",今依《旧唐志》、《太平寰宇记》。

附旧州二：黄州(619—621)

武德二年，窦夏割洺州普乐、曲周二县置黄州①，为直属州，治普乐县。四年，州废，普乐、曲周二县隶洺州。

（五）巨鹿郡（邢州）

邢州（618—742）—巨鹿郡（742—756）—邢州（756—759）—巨鹿郡（759—762）—邢州（762—907）

巨鹿郡，本隋襄国郡，领龙冈、南和、沙河、内丘、柏仁、巨鹿、平乡七县。隋末，李密改为邢州，以隋旧州为名，治龙冈县，隶相州总管府。武德元年，归唐②，割置邢州总管府，置青山县，割南和县置和州，沙河县置温州，柏仁县置东龙州，巨鹿县置起州，平乡县置封州。二年，直属窦夏，罢总管府。四年，归唐，直属山东道行台，置任县，以废和州之南和县、废温州之沙河县、废封州之平乡县来属，割内丘县隶赵州。五年，直属刘汉。是年，归唐，隶洺州总管府，割栾州内丘、柏仁二县来属。六年，隶磁州总管府。是年，隶相州总管府。七年，隶邢州都督府。九年，直属中央。贞观元年，直属河北道，割赵州巨鹿县来属。十年，隶相州都督府。十三年，邢州领龙冈、南河、沙河、青山、内丘、柏仁、任、巨鹿、平乡九县，治龙冈县。十七年，直属河北道。

武周长安四年，邢州领县不变。

唐天宝元年，改为巨鹿郡，改柏仁县为尧山县。十三载，巨鹿郡领龙冈③、南和、沙河、青山、内丘、尧山、任、巨鹿、平乡九县，治龙冈县。十五载，直属安氏燕国，改为邢州。

乾元二年，归史氏燕国，改为广平郡，隶邺郡节度使。宝应元年，归唐，复为邢州，隶河东道泽潞节度使。广德元年，隶河北道洺相节度使。是年，隶相卫六州节度使。大历元年，隶昭义军节度使。十一年，复隶河东道泽潞节度使。建中元年，隶昭义军节度使。元和十五年，邢州领县一如大宝十三载。

开成四年(839)，省青山县。咸通十四年，邢州领龙冈、南河、沙河、内丘、柏仁、任、巨鹿、平乡八县，治龙冈县。

---

① 《资治通鉴》武德三年十二月：诏并州总管刘世让为行军总管，使将兵，出土门（即井陉口，今获鹿）趣洺州；武德四年三月："世让攻拔建德黄州，拔之，洺州严备，世让不得进。"则黄州在洺州北，窦夏所置，两《唐志》不载，今补。
② 《资治通鉴》武德元年九月："隋襄国通守陈君宾来降，拜邢州刺史。"
③ 《州郡典》作"龙岗"，今依《元和志》、两《唐志》、《太平寰宇记》。

中和三年，隶东昭义军节度使，为使治①。大顺元年，隶河北道邢洺磁都团练使，仍为使治。是年，隶邢洺磁节度使。天复元年，罢镇，复隶河东道昭义军节度使。

1. **龙冈县**(618—907)

本隋襄国郡旧县，隋末，隶邢州，为州治。武德元年，析置青山县。四年，析置任县。天宝元年，隶巨鹿郡，为郡治。十五载，复隶邢州。乾元二年，隶巨鹿郡。宝应元年，仍隶邢州，为州治。

2. **南和县**(618—907)

本隋襄国郡旧县，隋末，隶邢州。武德元年，割置和州。四年，州废，还隶邢州。天宝元年，隶巨鹿郡。十五载，复隶邢州。乾元二年，隶巨鹿郡。宝应元年，仍隶邢州。

3. **沙河县**(618—907)

本隋襄国郡旧县，隋末，隶邢州。武德元年，割置温州。四年，州废，还隶邢州。天宝元年，隶巨鹿郡。十五载，复隶邢州。乾元二年，隶巨鹿郡。宝应元年，仍隶邢州。

4. **青山县**(618—839)

武德元年，析龙冈、内丘二县置青山县，以隋旧县为名，治故青山城(今河北邢台县皇寺镇张安北村)②，隶邢州。贞观八年，移治新青山城(今皇寺镇青山村)。天宝元年，隶巨鹿郡。十五载，复隶邢州。乾元二年，隶巨鹿郡。宝应元年，仍隶邢州。开成四年，泽潞节度使刘从谏奏省入内丘县③。

5. **内丘县**(618—907)

本隋襄国郡旧县，隋末，隶邢州。武德四年，割隶赵州。五年④，还隶邢州。天宝元年，隶巨鹿郡。十五载，复隶邢州。乾元二年，隶巨鹿郡。宝应元年，仍隶邢州。开成四年，省青山县来属。

---

① 《方镇研究》，第101页。"东"字系笔者所加。
② 《元和志》邢州青山县："东南至州五十里。"《太平寰宇记》邢州内丘县："废青山县，在州北五十里。隋开皇十八年于此置青山县，大业二年省县为龙腾府。唐武德元年，析龙冈、内丘两县重置，属邢州，贞观八年徙于今所。"按《纪要》，青山城在青山口，今邢台县皇寺镇东北有青山村，即其地，然唐初有移徙。《太平寰宇记》载，旧城属龙腾府，龙冈县(今邢台市)西六十三里有龙腾山，七十三里有龙腾水，则龙腾府在今邢台县西黄村镇一带，旧城可定在今皇寺镇西北张安北村，新城可定在青山村。
③ 《太平寰宇记》邢州内丘县。
④ 《旧唐志》、《太平寰宇记》内丘县作"贞观初"，今依《旧唐志》、《太平寰宇记》邢州序、《新唐志》。

6. 柏仁县(618—742)—尧山县(742—907)

尧山县，本隋襄国郡柏仁县，隋末，隶邢州。武德元年，割置东龙州。四年，州废，改隶赵州。五年①，还隶邢州。天宝元年，隶巨鹿郡，移治尧山城(今河北隆尧县隆尧镇尧城村)②，改为尧山县，相传县境宣务山昔为唐尧所登，以观洪水，故名③。十五载，复隶邢州。乾元二年，隶巨鹿郡。宝应元年，仍隶邢州。

7. 任县(621—907)

武德四年，析龙冈县置任县，以隋旧县为名，治故苑乡城(今河北任县永福庄乡岭南村)④，隶邢州。是年，移治新任城(今任县城任城镇)⑤。天宝元年，隶巨鹿郡。十五载，复隶邢州。乾元二年，隶巨鹿郡。宝应元年，仍隶邢州。

8. 巨鹿县(618—907)

本隋襄国郡旧县，隋末，隶邢州。武德元年，割隶起州，为州治，并析置白起县。四年，州废，省白起县来属，巨鹿县改隶赵州。五年，隶栾州。贞观元年，还隶邢州。嗣圣元年(684)，移治新巨鹿城(今河北巨鹿县城巨鹿镇)。天宝元年，隶巨鹿郡。十五载，复隶邢州。乾元二年，隶巨鹿郡。宝应元年，仍隶邢州。

附旧县：白起县(618—621)

武德元年，析巨鹿县置白起县，治白起城(今河北平乡县节固乡)⑥，故以为名，隶起州。四年，州废，省入巨鹿县。

9. 平乡县(618—907)

本隋襄国郡旧县，隶邢州。武德元年，割置封州。四年，州废，还隶邢州。天宝元年，隶巨鹿郡。十五载，复隶邢州。乾元二年，隶巨鹿郡。宝应元年，仍隶邢州。

附旧州一：和州(618—621)

武德元年，割邢州南和县置和州，取南和县末字为名，隶邢州总管府。二年，直属窦夏。四年，州废，南和县还隶邢州。

---

① 《旧唐志》、《太平寰宇记》尧山县作"贞观初"，今依《旧唐志》、《太平寰宇记》邢州序、《新唐志》。
② 唐宋史志不载柏仁县移治事，今据《河北省文物保护单位通览》第221、222页，《中国文物地图集·河北分册》下册第718页。
③ 《太平寰宇记》邢州尧山县引《城冢记》。
④ 《纪要》顺德府任县："唐武德四年复置于故苑乡城，寻移今治。苑乡城，县东北十八里。"
⑤ 《地名大辞典》第329页任城镇以为："自唐代末期，历为任县治所。"今从《纪要》。《太平寰宇记》邢州任县："(州)东北三十八里。"
⑥ 《纪要》顺德府巨鹿县："白起城，在县西南。"《大清一统志》卷20顺德府："白起废县，在巨鹿县西南。"

附旧州二：温州（618—621）

武德元年，割邢州沙河县置温州，以县有温泉为名①，隶邢州总管府。二年，直属窦夏。四年，州废，沙河县还隶邢州。

附旧州三：东龙州（618—621）

武德元年，割邢州柏仁县置东龙州，隶邢州总管府。二年，直属窦夏。四年，州废，柏仁县隶赵州。

附旧州四：起州（618—621）

武德元年，割邢州巨鹿县置起州，并置白起县，州以白起县末字为名，治巨鹿县，隶邢州总管府。二年，直属窦夏。四年，州废，省白起县，巨鹿县隶赵州。

附旧州五：封州（618—621）

武德元年，割邢州平乡县置封州，相传项羽救赵败秦师，于此封爵，有封爵观，故名，隶邢州总管府。二年，直属窦夏。四年，州废，平乡县还隶邢州。

（六）赵郡（赵州）

赵州（618—742）—赵郡（742—756）—赵州（756—757）—赵郡（757—758）—赵州（758—759）—赵郡（759—762）—赵州（762—907）

赵郡，本隋旧郡，领平棘、廮陶、大陆、柏乡、高邑、房子、赞皇、元氏、栾城、鼓城十县②。武德元年，张志昂以郡归唐，改为赵州，治柏乡县，置总管府，割鼓城县隶深州。二年，归窦夏③，直属恒州道行台，罢总管府。四年，归唐，直属山东道行台，移治平棘县，改大陆县为象城县，以废起州之巨鹿县、废东龙州之柏仁县来属，又割邢州内丘县来属。五年，归刘汉，隶恒州道行台，割内丘、柏仁二县隶邢州，割栾城、元氏、赞皇三县隶栾州。是年，归唐，隶洺州总管府。六年，直属定州大总管府。七年，隶定州都督府。贞观元年，以废栾州之栾城、元氏、赞皇三县来属，割巨鹿县隶邢州。五年，直属河北道。十三年，赵州领平棘、廮陶、象城、柏乡、高邑、房子、赞皇、元氏、栾城九县，治平棘县。

---

① 《太平寰宇记》载，沙河县有汤山，汤水出焉，能愈疾。则州以汤泉（温泉）为名。然县有湡水，亦不排除两《唐志》之"温水"系"湡水"之误。
② 《隋志》赵郡有藁城县，共十一县。按《新唐志》镇州藁城县："义宁元年，置巨鹿郡。"故删。
③ 《新唐书》卷1《高祖纪》："武德二年九月，窦建德陷赵州，执总管张志昂。"

武周万岁通天二年,陷于契丹国①。是年,收复。长安四年,赵州领县不变。

唐天宝元年,复为赵郡,改廮陶县为宁晋县,象城县为昭庆县,房子县为临城县。十三载,赵郡领平棘、宁晋、昭庆、柏乡、高邑、临城、赞皇、元氏、栾城九县,治平棘县。十五载,归安氏燕国,改为赵州,隶恒阳节度使。至德二载,隶范阳节度使。是年,归唐,复为赵郡。

乾元元年,复为赵州。二年,归史氏燕国,又改赵郡,隶恒阳节度使。宝应元年,复归唐,仍为赵州,隶成德军节度使。大历三年,割栾城县隶恒州。建中三年,隶深赵都团练观察使。兴元元年,复隶成德军节度使。元和十五年,赵州领平棘、宁晋、昭庆、柏乡、高邑、临城、赞皇、元氏八县,治平棘县。

咸通十四年,赵州领县不变。

天祐二年,复改临城县为房子县。

1. **平棘县**(618—907)

本隋赵郡旧县,武德元年,隶赵州。四年,自柏乡县移州治于此。天宝元年,隶赵郡,为郡治。乾元元年,复隶赵州,为州治。二年,隶赵郡。宝应元年,仍隶赵州。

2. **廮陶县**(618—742)—**宁晋县**(742—907)

宁晋县,本隋赵郡廮陶②县,武德元年,隶赵州。天宝元年,改为宁晋县,盖取安宁福晋为名,隶赵郡。乾元元年,复隶赵州。二年,隶赵郡。宝应元年,仍隶赵州。

3. **大陆县**(618—621)—**象城县**(621—742)—**昭庆县**(742—907)

昭庆县,本隋赵郡大陆县,武德元年,隶赵州。四年,改为象城县,以县西北古象城为名。天宝元年,隶赵郡,以与河南道淮阳郡项城县音同,改为昭庆县,因宣帝、光帝二陵在此,有昭穆之庆,故名。乾元元年,复隶赵州。二年,隶赵郡。宝应元年,仍隶赵州。

4. **柏乡县**(618—907)

本隋赵郡旧县,武德元年,隶赵州,为州治。四年,移州治于平棘县。天宝元年,隶赵郡。乾元元年,复隶赵州。二年,隶赵郡。宝应元年,仍隶赵州。

5. **高邑县**(618—907)

本隋赵郡旧县,武德元年,隶赵州。五年,隶栾州。贞观元年,复隶赵州。天宝元年,隶赵郡。乾元元年,复隶赵州。二年,隶赵郡。宝应元年,仍隶赵州。

---

① 《新唐书》卷4《则天皇后纪》。
② 岱南阁本《元和志》、《新唐志》作"瘿陶",今依《隋志》、殿本《元和志》、《旧唐志》、《太平寰宇记》改。

6. 房子县(618—742)—临城县(742—905)—房子县(905—907)

临城县,本隋赵郡房子县,武德元年,隶赵州。天宝元年,改为临城县,以县西南古临城为名,隶赵郡。乾元元年,复隶赵州。二年,隶赵郡。宝应元年,仍隶赵州。天祐二年,避朱全忠父嫌名,复改为房子县。

7. 赞皇县(618—907)

本隋赵郡旧县,武德元年,隶赵州。五年,割隶栾州。贞观元年,州废,复隶赵州。天宝元年,隶赵郡。乾元元年,复隶赵州。二年,隶赵郡。宝应元年,仍隶赵州。

8. 元氏县(618—907)

本隋赵郡旧县,武德元年,隶赵州。五年,割隶栾州。贞观元年,州废,复隶赵州。天宝元年,隶赵郡。乾元元年,复隶赵州。二年,隶赵郡。宝应元年,仍隶赵州。

9. 栾城县(618—905)—栾氏县(905—907)

栾城县,本隋赵郡旧县,武德元年,隶赵州。五年,割隶栾州,为州治。贞观元年,州废,复隶赵州。天宝元年,隶赵郡。乾元元年,复隶赵州。二年,隶赵郡。宝应元年,仍隶赵州。大历三年①割隶恒州。元和十五年,隶镇州。天祐二年,避朱全忠父嫌名,改为栾氏县。

附旧州:栾州(622—627)

武德五年,刘黑闼取赵州栾城、元氏、赞皇三县置栾州②,以隋旧州为名,治栾城县,直属恒州道行台。六年,归唐,直属定州大总管府。七年,隶定州都督府。贞观元年,州废,栾城、元氏、赞皇三县还隶赵州。

(七) 常山郡(恒州)

恒州(618—742)—常山郡(742—756)—平山郡(756)—恒州(756—757)—常山郡(757—758)—恒州(758—759)—常山郡(759—762)—恒州(762—820)—镇州(820—907)

常山郡,本隋恒山郡,领石邑、真定、灵寿、行唐、滋阳五县③,唐武德元年,

---

① 《新唐志》作"二年",今依《旧唐志》、《太平寰宇记》。《元和志》仍列栾城县为赵州属县,误。
② 《新唐志》赵州:"武德五年,更名栾州,贞观初复故名。"按《旧唐志》定州序,武德六年栾、赵二州并存,《资治通鉴》亦云:"武德五年二月丙子,李艺取刘黑闼定、栾、廉、赵四州。"可知栾州非赵州更名,当是刘黑闼所置,而为唐志脱漏,今补。
③ 《隋志》恒山郡有九门、井陉、房山三县,共八县。按两《志》载,义宁元年,以房山县置房山郡,井陉县置井陉郡,九门县置九门郡,故此三县今并删。

改为恒州,以隋旧州为名,治石邑县,隶赵州总管府,割灵寿县置燕州。是年①,陷于窦夏,直属恒州道行台,为行台治,割井州鹿泉县来属。四年,归唐,罢行台,恒州隶定州总管府,移治真定县,置王城县,以废燕州之灵寿县、废观州之九门县来属,割鹿泉县隶井州。五年,归刘汉,复置恒州道行台,割灵寿县隶井州,省滋阳、王城二县。六年,归唐,罢行台,直属定州大总管府。七年,隶定州都督府。贞观元年,以废廉州之藁城县来属。五年,直属河北道。七年,割井州灵寿县来属。十三年,恒州领真定、九门、藁城、石邑、灵寿、行唐六县,治真定县。十七年,以废井州之井陉、房山、鹿泉三县来属。

武周长寿二年(693),改行唐县为章武县。长安四年,恒州领真定、九门、藁城、石邑、鹿泉、井陉、房山、灵寿、章武九县,治真定县。

唐神龙元年,复章武县为行唐县。

天宝元年,改为常山郡,以北朝旧郡为名。十三载,常山郡领真定、九门、藁城、石邑、鹿泉、井陉、房山、灵寿、行唐九县,仍治真定县。十五载(至德元载),以疾安禄山,改为平山郡,改鹿泉县为获鹿县。是年,安氏燕国取隶恒阳节度使,改为恒州。至德二载,唐复为常山郡,隶范阳节度使。

乾元元年,复为恒州。二年,归史氏燕国,复为常山郡,隶恒阳节度使,为使治。宝应元年,复归唐,仍为恒州,隶成德军节度使,为使治。大历三年,割赵州栾城县、定州鼓城县来属,割行唐、灵寿二县隶泒州。九年,以废泒州之行唐、灵寿二县来属。建中三年,隶恒冀都团练观察使。兴元元年,复隶成德军节度使。元和十五年,避穆宗讳,改为镇州,以州境有镇岳为名,镇州领真定、九门、藁城、鼓城、栾城、石邑、鹿泉、井陉、房山、灵寿、行唐十一县②,治真定县。

咸通十四年,镇州领县不变。

天祐二年,隶武顺军节度使,改藁城县为藁平县。

1. **真定县**(618—689)—**中山县**(689—705)—**真定县**(705—907)

真定县,本隋恒山郡旧县,武德元年,隶恒州。四年,自石邑县移州治于此。六年,移治新真定城(今河北正定县城正定镇)③,并析置恒山县。贞观元年,省恒山县来属。载初元年(689),改为中山县,以古中山国为名。神龙元年,复为真定县。天宝元年,隶常山郡,为郡治。十五载,隶平山郡。乾元元年,复隶恒州,为州

---

① 《元和志》作"三年",今依《旧唐志》、《太平寰宇记》。
② 《元和志》为十县,脱栾城县。
③ 唐宋史志不载真定县移治事,按《纪要》真定府真定县:"东垣城,府南八里,后汉以后县皆治此,唐初移县于今治。"推测武德六年析置恒山县时移治。

治。二年,隶常山郡。宝应元年,仍隶恒州。元和十五年,隶镇州,仍为州治。

附旧县:恒山县(623—627)

武德六年,析真定县置恒山县,以隋旧郡为名,治故真定城(今河北石家庄市长安区高营镇东古城),隶恒州。贞观元年,省入真定县。

2. 九门县(618—907)

本隋九门郡旧县,武德元年,隶观州,为州治。四年,州废,省信义、新市二县来属,九门县隶恒州。天宝元年,隶常山郡。十五载,隶平山郡。乾元元年,复隶恒州。二年,隶常山郡。宝应元年,仍隶恒州。元和十五年,隶镇州。

附旧县1:信义县(618—622)

本隋九门郡旧县,武德元年,隶观州。五年,州废,省入九门县。

附旧县2:新市县(618—622)

本隋九门郡旧县,武德元年,隶观州。五年,州废,省入九门县。

3. 藁城县(618—905)—藁平县(905—907)

藁城县,本隋巨鹿郡旧县,武德元年,隶廉州,为州治。四年,省柏肆①、新丰、宜安三县来属。贞观元年②,州废,改隶恒州。天宝元年,隶常山郡。十五载,隶平山郡。乾元元年,复隶恒州。二年,隶常山郡。宝应元年,仍隶恒州。元和十五年,隶镇州。天祐二年,避朱全忠父嫌名,改为藁平县。

附旧县1:柏肆县(618—621)

本隋巨鹿郡旧县,武德元年,隶廉州。四年,省入藁城县。

附旧县2:新丰县(618—621)

本隋巨鹿郡旧县,武德元年,隶廉州。四年,省入藁城县。

附旧县3:宜安县(618—621)

本隋巨鹿郡旧县,武德元年,隶廉州。四年,省入藁城县。

4. 石邑县(618—907)

本隋恒山郡旧县,武德元年,隶恒州,为州治。四年,移州治于真定县。天宝元年,隶常山郡。十五载,隶平山郡。乾元元年,复隶恒州。二年,隶常山郡。宝应元年,仍隶恒州。元和十五年,隶镇州。

---

① 《旧唐志》作"桓肆",今依《新唐志》。按《魏书》卷2《太祖纪》:"二月丁丑,军于巨鹿之柏肆坞,临滹沱水。"《资治通鉴》卷109隆安元年二月己巳:"(燕主慕容宝)悉发其众步卒十二万骑三万七千,屯于曲阳之柏肆。"胡三省注:"此赵国之下曲阳县也,有柏肆坞,隋开皇十六年置柏肆县,后废入常山藁城县。"可证。

② 《元和志》作"二年",今依两《唐志》。

5. **鹿泉县**(618—627,628—756)—获鹿县(756)—鹿泉县(756—757)—获鹿县(757—907)

鹿泉县,本隋井陉郡旧县,武德元年,隶井州。是年,割隶恒州。四年,还隶井州。贞观元年,省入井陉县。二年,复析井陉县置鹿泉县①,仍隶井州。十七年,州废,又隶恒州。天宝元年,隶常山郡。十五载②,隶平山郡,以鹿与禄谐音,厌安禄山之乱,改为获鹿县③。是年,归安氏燕国,复名鹿泉县。至德二载,又复归唐,仍名获鹿。乾元元年,复隶恒州。二年,隶常山郡。宝应元年,仍隶恒州。元和十五年,隶镇州。

6. **井陉县**(618—907)

本隋井陉郡旧县,武德元年,隶井州,为州治。贞观元年,省蒲吾、苇泽二县来属。十七年,州废,改隶恒州。天宝元年,隶常山郡。十五载,隶平山郡。乾元元年,复隶恒州。二年,隶常山郡。宝应元年,仍隶恒州。元和十五年,隶镇州。

附旧县1：蒲吾县(618—627)

本隋房山郡旧县,武德元年,隶岳州。四年,州废,改隶井州。贞观元年,省入井陉县。

附旧县2：苇泽县(618—627)

本隋井陉郡旧县,武德元年,隶井州。贞观元年,省入井陉县。

7. **房山县**(618—756)—平山县(756—907)

房山县,本隋房山郡旧县,武德元年,隶岳州,为州治。四年,州废,改隶井州。贞观十七年,州废,改隶恒州。天宝元年,隶常山郡。十五载,隶平山郡。至德元载,改为平山县。乾元元年,复隶恒州。二年,隶常山郡。宝应元年,仍隶恒州。元和十五年,隶镇州。

8. **灵寿县**(618—907)

本隋恒山郡旧县,武德元年④,割置燕州。四年,州废,隶恒州⑤。五年,割隶井州。贞观七年,割隶恒州。天宝元年,隶常山郡。十五载,隶平山郡。

---

① 史志不载此事。按《唐会要》恒州:"井陉县,贞观十七年六月十七日,废井州,与鹿泉、房山属此。"是知贞观十七年以前已复置鹿泉县。又据《元和志》:"大业二年,省(鹿泉),贞观二年,改名获鹿。"考鹿泉县改名获鹿县实在天宝十五载(至德元载),《元和志》此载当指复置鹿泉县一事,而误记为改县名。今据以补正。
② 《元和志》作"贞观二年",误,今依两《唐志》。
③ 胡三省《资治通鉴注》至德元载十月壬寅:"明皇以安禄山反,改常山之鹿泉曰获鹿,饶阳之鹿城曰束鹿,以厌之。"
④ 两《唐志》作"义宁元年",按义宁中但行郡制,唐武德元年始行州制,因改。
⑤ 两《唐志》灵寿县作"(并)〔井〕州",按《旧唐书》井陉县:"五年,又以恒州之灵寿来属(井州)。"是知燕州废后,灵寿县先属恒州,后属井州,因改。

乾元元年,复隶恒州。二年,隶常山郡。宝应元年,仍隶恒州。大历三年,割隶泒州,为州治。九年,州废,还隶恒州。元和十五年,隶镇州。

9. 行唐县(618—693)—章武县(693—705)—行唐县(705—907)

行唐县,本隋恒山郡旧县,武德元年,隶恒州。四年,析置王城县。五年,省王城县来属。长寿二年,改为章武县,取武氏吉意。神龙元年,复为行唐县。天宝元年,隶常山郡。十五载,隶平山郡。乾元元年,复隶恒州。二年,隶常山郡。宝应元年,仍隶恒州。大历三年,割隶泒州,为州治。九年,州废,还隶恒州。元和十五年,隶镇州。

附旧县1:王城县(621—622)

武德四年,析行唐县置王城①县,治故王亭城(今河北行唐县玉亭乡)②,故名,隶恒州。五年,省入行唐县③。

附旧县2:滋阳县(618—622)

本隋恒山郡旧县,武德元年,隶恒州。五年,省入行唐县。

附旧州一:岳州(618—621)

本隋房山郡,领房山、蒲吾二县④,唐武德元年,改为岳州,以恒岳为名,治房山县,隶赵州总管府。是年,归窦夏,直属恒州道行台。四年,州废,房山、蒲吾二县隶井州。

附旧州二:燕州(618—621)

武德元年,割恒州灵寿县置燕州,隶赵州总管府。是年,归窦夏,直属恒州道行台。四年,州废,灵寿县隶恒州。

附旧州三:观州(618—621)

本隋九门郡,领九门、信义、新市三县⑤,唐武德元年,改为观州,治九门

---

① 《新唐志》作"玉城",今依《旧唐志》。按《太平寰宇记》,行唐县相传昔有王山将军,后为城神,则《隋志》王亭县、《旧唐志》王城县皆本于此。
② 《纪要》行唐县:"滋阳城,在县西(南)〔北〕,隋开皇十六年,析置王亭县。《新唐书》武德四年置王城县,盖即隋王亭县故址。"
③ 史志不载此事,今按贞观十三年恒州领县无王城县,是知此前已废,今推测与滋阳县于武德五年同时省入行唐县,故补。
④ 《隋志》不载房山郡及其领县,按《新唐志》平山县:"本房山,义宁元年,置房山郡,又置蒲吾县。"据补。
⑤ 《隋志》不载九门郡及其领县,按《新唐志》九门县:"义宁元年,置九门郡,并析置新市、信义二县。"据补。

县,隶赵州总管府。是年,归窦夏,直属恒州道行台。四年①,州废,省信义、新市二县,九门县隶恒州。

附旧州四: 廉州(618—627)

本隋巨鹿郡,领藁城、柏肆、新丰、宜安四县②,唐武德元年,改为廉州,以隋旧州为名,治藁城县,隶赵州总管府。是年,归窦夏,直属恒州道行台。四年,归唐,隶定州总管府,割深州鼓城县、冀州鹿城县、定州毋极县来属,省柏肆、新丰、宜安三县。五年,归刘汉,隶恒州道行台。是年,归唐,仍隶定州总管府。六年,直属定州大总管府。七年,隶定州都督府。贞观元年,州废,藁城县隶恒州,鼓城、毋极二县隶定州,鹿城县隶深州。

附旧州五: 井州(618—643)

本隋井陉郡,领井陉、鹿泉、苇泽三县③,唐武德元年,改为井州,治井陉县,隶赵州总管府。是年,归窦夏,直属恒州道行台,割鹿泉县隶恒州。四年,归唐,隶定州总管府,以废岳州之房山、蒲吾二县来属,又割恒州鹿泉县来属。五年,归刘汉,隶恒州道行台,割恒州灵寿县来属。六年,归唐,直属定州大总管府。七年,隶定州都督府。贞观元年,省蒲吾、苇泽二县。五年,直属河北道。七年,割灵寿县隶恒州。十三年,井州领井陉、房山、鹿泉三县,治井陉县。十七年,州废,井陉、房山、鹿泉三县隶恒州。

附新州: 泒州(768—774)

大历三年,割恒州行唐、灵寿二县及定州恒阳县置泒州,以泒水为名,治行唐县,隶成德军节度使。九年,州废,行唐、灵寿二县还隶恒州,恒阳县还隶定州。

---

① 两《唐志》并作"五年"。按武德四年唐割德、冀二州境置(东)观州,则该年河北有两观州,此不合唐制;又按《旧唐志》定州序,武德四年定州总管府领定、恒、井、蒲、廉五州,按之地理,(西)观州为此五州所围,而不隶定府,则可见该年(西)观州已废;(西)观州原领信义、新市二县,俱自九门县析出,则其境土实仅九门一县,按武德初临时所置较小州郡,至武德四年大多已行省并,(西)观州若未省并,则是平原腹地境土最小之州,亦不合唐初形势。综此三点,疑两《唐志》"五年"本当作"四年",今改。
② 《隋志》不载巨鹿郡及其领县,按《新唐志》藁城县:"义宁元年,置巨鹿郡,并析置柏肆、新丰、宜安三县。"据补。
③ 《隋志》不载井陉郡及其领县,按《新唐志》井陉县:"义宁元年,置井陉郡,又析置苇泽县。"《元和志》获鹿县:"义宁初,重置(鹿泉),还属井州。"《旧唐志》获鹿县:"隋置鹿泉县,属井州。"则义宁初所置鹿泉县亦属井陉郡,据补。

(八) 博陵郡(定州)

定州(618—742)—博陵郡(742—756)—定州(756—757)—博陵郡(757—758)—定州(758—759)—博陵郡(759—762)—定州(762—907)

博陵郡,本隋高阳郡①,领鲜虞、义丰、安平、深泽、毋极、隋昌、新乐、恒阳、唐、北平十县。隋末,魏刀儿改为定州,以隋旧州为名,治鲜虞县,以为都城。武德元年,直属窦夏②,割安平、深泽二县隶深州。二年,隶恒州道行台。四年,归唐,置定州总管府,又置望都县,改鲜虞县为安喜县,隋昌县为唐昌县,割深州深泽县来属,割毋极县隶廉州。五年,归刘汉,罢总管府,定州隶恒州道行台,割义丰县隶蠡州。是年,归唐,复置定州总管府。六年,升置大总管府。七年,降大总管府为都督府。八年,以废蠡州之义丰县来属。贞观元年,以废廉州之毋极、鼓城二县来属。五年,罢都督府,定州直属河北道。十三年,定州领安喜、义丰、深泽、鼓城、毋极、唐昌、新乐、恒阳、唐、北平、望都十一县,治安喜县。十七年,以废深州之安平县来属。

武周万岁通天元年(696),改毋极县为无极县。二年,改北平县为徇忠县,义丰县为立节县。长安四年,定州领安喜、立节、安平、深泽、鼓城、无极、唐昌、新乐、恒阳、唐、徇忠、望都十二县,治安喜县。

唐神龙元年,复徇忠县为北平县,立节县为义丰县。先天二年,安平县还隶深州。

天宝元年,改为博陵郡,以隋旧郡为名,改唐昌县为陉邑县。十三载,博陵郡领安喜、义丰、深泽、鼓城、无极、陉邑、新乐、恒阳③、唐④、北平、望都十一县,治安喜县。十五载,归安氏燕国,改为定州,隶恒阳节度使。至德二载,隶范阳节度使。是年,归唐,复为博陵郡。

乾元元年,复为定州。二年,归史氏燕国,改为博陵郡,隶恒阳节度使。宝应元年,归唐,仍为定州,隶成德军节度使。大历三年,割鼓城县隶恒州,恒阳县隶泒州。九年,以废泒州之恒阳县来属。建中三年,隶易定沧三州节度使,为使治。是年,隶义武军节度使,仍为使治。元和十五年,改恒阳县为曲

---

① 《隋志》作"博陵郡"。按《元和志》云:"(大业)九年,又改为高阳郡。"据改。
② 《资治通鉴》武德元年十一月:"初,王须拔掠幽州,中流矢死,其将魏刀儿代领其众,据深泽,掠冀、定之间,众至十万,自称魏帝。……建德斩之,尽并其众,易、定等州皆降。"
③ 《州郡典》作"常阳",今依《元和志》、两《隋志》。《州郡典》之"常阳",盖元和后人避穆宗讳改,今不取。
④ 《州郡典》作"唐昌",按唐昌县已于天宝元年改为陉邑县,此不当重列,应是唐县误衍一"昌"字,今删。

阳县,是年定州领安喜、义丰、深泽、无极、陉邑、新乐、曲阳、唐、北平、望都十县,治安喜县。

咸通十四年,定州领县不变。

景福二年(893),割无极、深泽二县隶祁州。

1. **鲜虞县**(618—621)—**安喜县**(621—907)

安喜县,本隋高阳郡鲜虞县,武德元年,隶定州,为州治。四年,改为安喜县,以隋旧县为名。天宝元年,隶博陵郡,为郡治。乾元元年,复隶定州,为州治。二年,隶博陵郡。宝应元年,仍隶定州。

2. **义丰县**(618—697)—**立节县**(697—705)—**义丰县**(705—907)

义丰县,本隋高阳郡旧县,武德元年,隶定州。五年,割隶蠡州。八年,州废,还隶定州。万岁通天二年,契丹攻之不下,遂改为立节县以旌之。神龙元年,复为义丰县。天宝元年,隶博陵郡。乾元元年,复隶定州。二年,隶博陵郡。宝应元年,仍隶定州。

3. **深泽县**(618—907)

本隋高阳郡旧县,武德元年,隶定州①。是年,割隶深州②。四年,还隶定州。天宝元年,隶博陵郡。乾元元年,复隶定州。二年,隶博陵郡。宝应元年,仍隶定州。景福二年,割隶祁州。

4. **鼓城县**(618—907)

本隋赵郡旧县,武德元年,隶深州。四年,割隶廉州。贞观元年,州废,改隶定州。天宝元年,隶博陵郡。乾元元年,复隶定州。二年,隶博陵郡。宝应元年,仍隶定州。大历三年,割隶恒州。

5. **毋极县**(618—696)—**无极县**(696—907)

无极县,本隋高阳郡毋极县,武德元年,隶定州。四年,割隶廉州。贞观元年,州废,还隶定州。万岁通天元年③,改为无极县。天宝元年,隶博陵郡。乾元元年,复隶定州。二年,隶博陵郡。宝应元年,仍隶定州。景福二年,割隶祁州,为州治。

---

① 《旧唐志》祁州深泽县:"武德四年,复立。"按《旧唐书》卷54《窦建德传》:"(武德元年)先是,有上谷贼帅王须拔自号漫天王,拥众数万入掠幽州,中流矢而死,其亚将魏刀儿代领其众,自号历山飞,入据深泽,有徒十万。建德袭破之,又尽并其地。"可见深泽县先后归魏刀儿、窦建德,未曾罢废。今改。

② 史志不载此事。按深泽县介于安平、鼓城二县之间,武德元年,既安平、鼓城二县皆隶深州,则深泽县亦当属之,疑两《唐志》失载,今补。

③ 《旧唐志》祁州、《新唐志》定州作"二年",今依《唐会要》、《元和志》无极县、《太平寰宇记》祁州。

6. **隋昌县**(618—621)—**唐昌县**(621—742)—**陉邑县**(742—907)

陉邑县,本隋高阳郡隋昌县,武德元年,隶定州。四年,改为唐昌县,取唐朝吉意。天宝元年,以与剑南道道濛阳郡县名重,改为陉邑县,其地战国时为中山国苦陉邑,故名,隶博陵郡。乾元元年,复隶定州。二年,隶博陵郡。宝应元年,仍隶定州。

7. **新乐县**(618—907)

本隋高阳郡旧县,武德元年,隶定州。天宝元年,隶博陵郡。乾元元年,复隶定州。二年,隶博陵郡。宝应元年,仍隶定州。

8. **恒阳县**(618—820)—**曲阳县**(820—907)

恒阳县,本隋高阳郡旧县,武德元年,隶定州。天宝元年,隶博陵郡。乾元元年,复隶定州。二年,隶博陵郡。宝应元年,仍隶定州。大历三年,割隶泒州①。九年,州废,还隶定州。元和十五年,避穆宗讳,改为曲阳县,以北朝旧县为名。

9. **唐县**(618—907)

本隋高阳郡旧县,武德元年,隶定州。圣历元年,移治新唐城(今河北唐县雹水乡西城子)②。天宝元年,隶博陵郡。乾元元年,复隶定州。二年,隶博陵郡。宝应元年,仍隶定州。

10. **北平县**(618—697)—**徇忠县**(697—705)—**北平县**(705—907)

北平县,本隋高阳郡旧县,武德元年,隶定州。万岁通天二年,契丹攻之不下,遂改为徇忠县以旌之。神龙元年,复为北平县③。天宝元年,隶博陵郡。乾元元年,复隶定州。二年,隶博陵郡。宝应元年,仍隶定州。

11. **望都县**(621—907)

武德四年,析安喜、北平二县置望都县,以隋旧县为名,治故安险城(今河北定州市号头庄乡唐家庄)④,隶定州。贞观八年,移治新望都城(今河北望都县城望都镇)。天宝元年,隶博陵郡。乾元元年,复隶定州。二年,隶博陵郡。宝应元年,仍隶定州。

---

① 《旧唐志》作"洹州",今依《太平寰宇记》、《新唐志》镇州行唐县。
② 《元和志》定州唐县:"东南至州五十里。"《河北政区沿革志》第195页以为在西城子,从之。
③ 吴松弟《两唐书地理志汇释·旧唐书地理志》第189页云:"本治今河北顺平县东南,神龙后移治今顺平县。"其说不见史载,未详所据,又考《纪要》保定府完县,五代时北平县始移至今治(即顺平县治),《地名大辞典》第357页则云隋代已徙至今治,可见神龙时未必有移县之事。
④ 《太平寰宇记》定州安喜县:"安喜故城,在县东三十里,本汉安险县。"

附新州：祁州（893—907）

景福二年，义武军节度使王处存奏割定州无极、深泽二县置祁州，治无极县，隶义武军节度使。

（九）文安郡（莫州）

鄚州（711—725）—莫州（725—742）—文安郡（742—756）—莫州（756—757）—文安郡（757—758）—莫州（758—759）—文安郡（759—763）—莫州（763—907）

景云二年（711），割瀛州鄚、文安、任丘、唐兴①、清苑五县及幽州归义县置鄚州，治鄚县，故名，直属河北道。是年，割归义县还隶幽州。开元十年，置长丰县。十三年，以"鄚"字类"郑"字，改为莫州，鄚县改为莫县。

天宝元年，改为文安郡，以文安县为名。十三载，文安郡领莫、文安、长丰、任丘、唐兴、清苑六县，治莫县。十五载，归安氏燕国，为莫州，隶恒阳节度使。至德二载，归唐，复为文安郡，隶范阳节度使。

乾元元年，复为莫州。二年，归史氏燕国，改为文安郡，仍隶范阳节度使。宝应元年，隶范阳卢龙节度使。二年，归唐，复为莫州，隶幽州卢龙节度使。元和十五年，莫州领县一如天宝十三载。

长庆元年（821），割隶瀛莫都团练观察使。是年，复隶幽州卢龙节度使。咸通十四年，莫州领县不变。

1. 鄚县（618—725）—莫县（725—907）

莫县，本隋河间郡鄚县，武德元年，隶瀛州。四年，割隶蒲州。贞观元年，州废，还隶瀛州。景云二年，割隶鄚州，为州治。开元十三年，以"鄚"字类"郑"字，改为莫县，仍隶莫州。天宝元年，隶文安郡，为郡治。乾元元年，复隶莫州，为州治。二年，隶文安郡。宝应二年，仍隶莫州。

2. 文安县（618—907）

本隋河间郡旧县，武德元年，隶瀛州。四年，析置丰利县。贞观元年，省丰利县来属，移治故丰利城②。景云二年，割隶鄚州。开元十三年，隶莫州。天

---

① 《旧唐志》、《太平寰宇记》莫州序脱，今依《旧唐志》唐兴县及《新唐志》补。
② 《太平寰宇记》霸州文安县："贞观元年，以丰利、文安二县相逼，遂废文安城，仍移文安名就丰利城置文安县。"

宝元年,隶文安郡。乾元元年,复隶莫州。二年,隶文安郡。宝应二年,仍隶莫州。

3. 丰利县(621—627)—**长丰县**(722—907)

武德四年,析文安县置丰利①县,以隋旧县为名,治故丰利城(今河北文安县城文安镇),隶瀛州。贞观元年,省入文安县。开元十年②,析文安、任丘二县置长丰县,以县北长丰渠为名,治长丰城(今河北任丘市长丰镇)。开元十三年,隶莫州。天宝元年,隶文安郡。乾元元年,复隶莫州。二年,隶文安郡。宝应二年,仍隶莫州。

4. 任丘县(622—907)

武德五年,析蒲州鄚县置任丘县,以隋旧县为名,治故任丘城(今任丘市新华路街道),割隶瀛州。景云二年,割隶鄚州。开元十三年,隶莫州。天宝元年,隶文安郡。乾元元年,复隶莫州。二年,隶文安郡。宝应二年,仍隶莫州。

5. 武昌县(692—705)—**唐兴县**(705—907)

如意元年(692),析瀛州河间县置武昌③县,取武氏吉意,治葛乡城(今河北安新县端村镇关城村)④,隶瀛州。长安四年,割隶易州。是年,还隶瀛州。神龙元年,改为唐兴县,取唐朝吉意。景云二年,割隶鄚州。开元十三年,隶莫州。天宝元年,隶文安郡。乾元元年,复隶莫州。二年,隶文安郡。宝应二年,仍隶莫州。

6. 清苑县(618—907)

本隋河间郡旧县,武德元年,隶瀛州。四年,割隶蒲州。五年,割隶蠡州。八年,州废,还隶蒲州。九年,复割隶蠡州。贞观元年,州废,还隶瀛州。长安四年,割隶易州⑤。是年,还隶瀛州。景云二年,割隶鄚州。开元十三年,隶莫州。天宝元年,隶文安郡。乾元元年,复隶莫州。二年,隶文安郡。宝应二年,仍隶莫州。

(一〇)河间郡(瀛州)

瀛州(618—696,697—742)—河间郡(742—756)—瀛州(756—757)—河间郡(757—758)—瀛州(758—759)—河间郡(759—763)—瀛州(763—907)

河间郡,本隋旧郡,领河间、乐寿、饶阳、博野、清苑、高阳、鄚、文安、平

---

① 《太平寰宇记》、《新唐志》长丰县作"利丰",今依《旧唐志》瀛州序、《新唐志》文安县。
② 《旧唐志》作"十九年",今依《唐会要》、《太平寰宇记》、《新唐志》。
③ 《新唐志》作"武兴",今依《唐会要》、《旧唐志》、《太平寰宇记》。
④ 《太平寰宇记》莫州鄚县:"废武兴县,在县西北五十里。"《纪要》安州:"唐兴城,州东南二十里。"即今安新县端村镇关城村。吴松弟《两唐书地理志汇释·旧唐书地理志》第194页云在今安新县城安州镇,误。
⑤ 史志不载此事。按长安四年割武昌县隶易州,清苑县在武昌县西,与瀛州隔断,不合情理,疑清苑县于是年与武昌县同时割隶易州,而两《唐志》失载,因补。

舒、束城、景城、长芦、鲁城十三县,武德元年,窦夏改为瀛州,以隋旧州为名,治河间县,直属中央,又割饶阳县隶深州。二年,直属恒州道行台。四年,归唐,隶沧州总管府,置丰利县,割高阳、鄚、博野、清苑四县隶蒲州,割鲁城、平舒、长芦三县隶前景州。五年,归刘黑闼,隶恒州道行台,置武垣县,割蒲州任丘县来属。六年,归唐,隶前景州总管府。七年,隶前景州都督府。九年,隶幽州都督府。贞观元年,直属河北道,以废蒲州之高阳、鄚二县,废景州平舒县,废蠡州博野、清苑二县来属,割景城县隶沧州,省丰利、武垣二县。十三年,瀛州领河间、博野、清苑、高阳、任丘、鄚、文安、平舒、束城、乐寿十县,治河间县。十七年,以废深州之饶阳县来属。

武周如意元年,置武昌县。万岁通天元年,陷于契丹国。二年,收复。长安四年,瀛州领河间、博野、清苑、武昌、高阳、任丘、鄚、文安、平舒、束城、乐寿、饶阳十二县,治河间县。

唐神龙元年,改武昌县为唐兴县。景云二年,割鄚、任丘、文安、清苑、唐兴五县隶鄚州。先天二年,饶阳县还隶深州。

天宝元年,复为河间郡。十三载,河间郡领河间、博野、高阳、束城、平舒、乐寿六县,仍治河间县。十五载,直属安氏燕国,改为瀛州。至德二载,归唐,仍为河间郡,隶范阳节度使。

乾元元年,复为瀛州。二年,隶史氏燕国,改为河间郡,隶范阳节度使。宝应元年,隶范阳卢龙节度使。宝应二年(广德元年),归唐,仍为瀛州,割隶淄青平卢节度使。是年,改属魏博节度使。二年,隶天雄军节度使。是年,复隶魏博节度使。永泰元年[①](765),割博野、乐寿二县隶深州。大历七年,割沧州景城县来属。其后,复割景城县隶沧州。十年,瀛州复属幽州卢龙节度使。元和十年,复割深州博野、乐寿二县来属。十五年,瀛州领河间、博野、高阳、束城、平舒、乐寿六县,治河间县。

长庆元年,割隶瀛莫都团练观察使,为使治。是年,罢镇,瀛州还隶幽州卢龙节度使。大中后,又割沧州景城县来属。咸通十四年,瀛州领河间、博野、高阳、束城、平舒、景城、乐寿七县,治河间县。

景福二年,割博野、乐寿二县隶深州。

1. 河间县(618—907)

本隋河间郡旧县,武德元年,隶瀛州,五年,析置武垣县。贞观元年,省武

---

① 《新唐志》深州乐寿县作"大历中",今依《旧唐志》深州乐寿县。

垣县来属。如意元年,析置武昌县。天宝元年,隶河间郡,为郡治。乾元元年,复隶瀛州,为州治。二年,隶河间郡。宝应二年,仍隶瀛州。

附旧县:武垣县(622—627)

武德五年,析河间县置武垣县,以隋旧县为名,治武垣城(今河北肃宁县万里镇官亭村)①,隶瀛州。贞观元年,省入河间县。

2. 博野县(618—907)

本隋河间郡旧县,武德元年,隶瀛州。四年,割隶蒲州。五年,割隶蠡州,为州治。八年,州废,还隶蒲州。九年,复割隶蠡州,仍为州治。贞观元年,州废,还隶瀛州。天宝元年,隶河间郡。乾元元年,复隶瀛州。二年,隶河间郡。宝应二年,仍隶瀛州。永泰元年,割隶深州。元和十年,复还隶瀛州。景福二年,再割隶深州。

3. 高阳县(618—907)

本隋河间郡旧县,武德元年,隶瀛州。四年,割隶蒲州,为州治。贞观元年,州废,还隶瀛州。天宝元年,隶河间郡。乾元元年,复隶瀛州。二年,隶河间郡。宝应二年,仍隶瀛州。

4. 束城县(618—907)

本隋河间郡旧县,武德元年,隶瀛州。天宝元年,隶河间郡。乾元元年,复隶瀛州。二年,隶河间郡。宝应二年,仍隶瀛州。

5. 平舒县(618—907)

本隋河间郡旧县,武德元年,隶瀛州。四年,割隶前景州。贞观元年,州废,还隶瀛州。天宝元年,隶河间郡。乾元元年,复隶瀛州。二年,隶河间郡。宝应二年,仍隶瀛州。

6. 乐寿县(618—907)

本隋河间郡旧县,武德元年,隶瀛州。天宝元年,隶河间郡。乾元元年,复隶瀛州。二年,隶河间郡。宝应二年,仍隶瀛州。永泰元年,割隶深州。元和十年,复还隶瀛州。景福二年,再割隶深州。

附旧州一:蒲州(621—627)

武德四年,割瀛州高阳、鄚、博野、清苑四县置蒲州②,以隋旧州为名,治高

---

① 《纪要》河间府河间县:"武垣城,府西南三十八里。……唐武德五年复置武垣县,属瀛州。"
② 《新唐志》瀛州高阳县作"满州"。今依《旧唐志》、《太平寰宇记》瀛州序、高阳县、莫州清苑县。又,《旧唐志》高阳:"武德四年,于县置蒲州,领高阳、博野、清苑三县。"脱鄚县,今依《旧唐志》莫县、《新唐志》高阳县补。

阳县,隶定州总管府。五年,归刘汉,隶恒州道行台,割博野、清苑二县隶蠡州。六年,归唐,直属定州大总管府。七年,隶定州都督府。八年,以废蠡州之博野、清苑二县来属。九年,割隶幽州都督府,复割博野、清苑二县隶蠡州。贞观元年,州废,高阳、鄚二县还隶瀛州。

附旧州二:蠡州(622—625,626—627)

武德五年①,刘汉割蒲州博野、清苑二县,定州义丰县置蠡州,以汉蠡吾亭为名②,治博野县,直属恒州道行台。六年,归唐,直属定州大总管府。七年,隶定州都督府。八年,州废,博野、清苑二县还隶蒲州,义丰县还隶定州。九年,复割蒲州博野、清苑二县置蠡州,仍治博野县,改隶幽州都督府。贞观元年,州废,二县改隶瀛州。

(一)饶阳郡(深州)

深州(618—643,713—742)—饶阳郡(742—756)—深州(756—757)—饶阳郡(757—758)—深州(758—759)—饶阳郡(759—762)—深州(762—907)

武德元年,窦建德取魏刀儿定州安平、深泽二县,并隋河间郡饶阳县、赵郡鼓城县割置深州③,以隋旧州为名,治安平县,直属内史令。二年,隶恒州道行台。四年,归唐,隶前冀州总管府,移治饶阳县,置芜蒌县,割鼓城县隶廉州,深泽县还隶定州。五年,归刘汉,改为饶州④,取饶阳县首字为名,直属恒州道行台。六年,归唐,复为深州,隶前冀州总管府。七年,隶前冀州都督府。贞观元年,直属河北道,以废廉州之鹿城县来属,又割冀州武强、下博二县来属,省芜蒌县。十三年,深州领饶阳、武强、下博、鹿城、安平五县,治饶阳县。十七年,州废,饶阳县隶瀛州,安平县隶定州,鹿城、下博、武强三县隶冀州。

---

① 《唐会要》作"二年",今依两《唐志》、《太平寰宇记》。
② 《资治通鉴》武德五年九月胡注。
③ 两《唐志》皆云武德四年平窦建德后置深州,而《元和志》云:"武德元年,讨平窦建德。四年,复置(深州)。"考《旧唐志》安平县:"武德初,置深州,以县属。"《资治通鉴》武德四年八月亦载:"初,窦建德以鄱阳崔元逊为深州刺史,及刘黑闼反,元逊与其党数十人谋于野。"胡三省注:"《新志》:武德四年以定州之安平、瀛州之饶阳置深州。盖窦建德置而唐因之耳。"其说甚是,可以解释《元和志》之意,即深州武德元年因窦建德而置,及平建德,乃重置。两《唐志》言唐初州县沿革多不言群雄建置,盖讳其"僭伪"之举也。今乃据以补正。
④ 《旧唐书》卷55《刘黑闼传》:"武德六年二月,比至饶阳,从者才百余人,众皆馁,入城求食,黑闼所署饶州刺史葛德威出门迎拜。"

先天二年①(开元元年),复割瀛州饶阳县,定州安平县,冀州鹿城、下博、武强三县置深州,并置陆泽县,为州治②。开元二年,割下博、武强二县还隶冀州。

天宝元年,改为饶阳郡,以饶阳县为名。十三载,饶阳郡领陆泽、鹿城、安平、饶阳四县,仍治陆泽县③。十五载,直属安氏燕国,为深州。至德二载,归唐,仍为饶阳郡,隶范阳节度使。

乾元元年,复为深州。二年,归史氏燕国,改为饶阳郡,隶恒阳节度使。宝应元年,归唐,复为深州,隶成德军节度使。永泰元年,割冀州武强、下博二县,瀛州博野、乐寿二县来属。建中三年,割隶深赵都团练观察使。兴元元年,罢镇,复隶成德军节度使。贞元中,移治饶阳县。元和十年,复割博野、乐寿二县还隶瀛州。十五年,深州领饶阳、武强、下博、陆泽、鹿城、安平六县④,治饶阳县。

长庆元年,割隶深冀节度使,为使治,移州治于陆泽县⑤。是年,罢镇,还隶成德军节度使。咸通十四年,深州领陆泽、鹿城、安平、饶阳、武强、下博六县,治陆泽县。

景福二年,又割博野、乐寿二县来属⑥。天祐二年,隶武顺军节度使。唐末,割武强、下博二县还隶冀州。

1. 陆泽县(713—907)

先天二年,析瀛州饶阳县、前冀州鹿城县置陆泽县⑦,以大陆泽为名,治古鄡城(今河北深州市深州镇),隶深州,为州治。天宝元年,隶饶阳郡,为郡治。

---

① 《元和志》、《唐会要》、《太平寰宇记》安平县作"元年"。今依《旧唐书》卷7《睿宗纪》、两《唐志》、《太平寰宇记》深州序。
② 《纪要》河间府深州:"先天二年复置,移治陆泽县。"
③ 《州郡典》饶阳郡列目以饶阳县为首。按《旧唐书》卷143《朱滔传》:"建中二年,滔命偏师守束鹿,进围深州。"是知此前深州治仍为陆泽县,《州郡典》恐误,盖杜佑以贞元中情形加诸天宝也,今不取。
④ 《元和志》深州领四县,无武强、下博,当是用永泰以前资料未改。
⑤ 《太平寰宇记》深州陆泽县:"至长庆以后,移深州理于是邑。"按之地理形势,陆泽较饶阳靠南,近于冀州,其移治当与深、冀二州合置深冀节度使有关,故知移治与置镇同在长庆元年。
⑥ 《新唐志》深州博野、乐寿县俱云:"元和十年,复隶瀛州,后又来属。"按《旧唐书》卷180《李匡威传》云:"(景福二年)匡威军至博野,匡筹乃据(幽州)城,自为节度。匡威部下闻之,亡归者半,匡威退无归路,留于深州。是岁,匡筹出师攻镇之乐寿、武强,以报耻。""镇"指镇冀节度使,时领镇、冀、赵、深四州,则推知博野、乐寿二县于是年复隶深州。
⑦ 《太平寰宇记》深州陆泽县:"唐开元中,自象城析置,以大陆泽为名。"今依两《唐志》。按开元中赵州象城县在今河北隆尧县境,与陆泽县中隔廮陶、冀州堂阳等县,不得析置陆泽县,《太平寰宇记》所记有误,不取。

乾元元年,复隶深州,为州治。二年,隶饶阳郡。宝应元年,仍隶深州。贞元中,移州治于饶阳县。长庆元年,复自饶阳县还州治于此。

2. 鹿城县(618—756)—束鹿县(756—907)

鹿城县,本隋信都郡旧县,武德元年,隶前冀州。四年,割隶廉州。贞观元年,州废,改隶深州。十七年,州废,还隶前冀州。先天二年,复割隶深州。天宝元年,隶饶阳郡。十五载(至德元载),改为束鹿县,以鹿与禄谐音,厌安禄山之乱①。乾元元年,复隶深州。二年,隶饶阳郡。宝应元年,仍隶深州。

3. 安平县(618—907)

本隋博陵郡旧县,武德元年,隶定州。是年,隶深州,为州治。四年,移州治于饶阳县。十七年,州废,隶定州。先天二年②,复割隶深州。天宝元年,隶饶阳郡。乾元元年,复隶深州。二年,隶饶阳郡。宝应元年,仍隶深州。

4. 饶阳县(618—907)

本隋河间郡旧县,武德元年,隶深州。四年,自安平县移州治于此,并析置芜蒌县。贞观元年,省芜蒌县来属。十七年,州废,隶瀛州。先天二年,复割隶深州,并析置陆泽县。天宝元年,隶饶阳郡。乾元元年,复隶深州。二年,隶饶阳郡。宝应元年,仍隶深州。贞元中,自陆泽县移州治于此。长庆元年,复移州治于陆泽县。

附旧县:芜蒌县(621—627)

武德四年,析饶阳县置芜蒌县,以隋旧县为名,治故芜蒌城(今河北肃宁县万里镇魏蒌村)③,隶深州。贞观元年,省入饶阳县。

(一二)信都郡(冀州)

前冀州(618—662)—后魏州(662—672)—冀州(672—696,697—742)—信都郡(742 756)—冀州(756—757)—信都郡(757—758)—冀州(758—759)—信都郡(759—763)—冀州(763—907)

信都郡,本隋旧郡,领信都、枣强、斌强、南宫、堂阳、衡水、鹿城、下博、武

---

① 胡三省《资治通鉴注》至德元载十月壬寅:"明皇以安禄山反,改常山之鹿泉曰获鹿,饶阳之鹿城曰束鹿,以厌之。"
② 《太平寰宇记》作"元年",今依《旧唐志》。
③ 《元和志》深州饶阳县:"芜蒌故城,在县东北三十五里,隋县也,盖因东北芜蒌亭为名。"

强、武邑、阜城、蓨十二县①，唐武德元年，改为前冀州②，以隋旧州为名，治信都县，隶赵州总管府。是年，归窦夏③，直属恒州道行台。四年，归唐，置前冀州总管府，并置昌亭、观津二县，割南宫、斌强二县隶宗州，鹿城县隶廉州，阜城、蓨、观津三县隶观州。五年，归刘汉，直属恒州道行台，罢总管府。六年，归唐，复置前冀州总管府，移治下博县。七年，改总管府为都督府。九年，以废宗州之南宫县来属。贞观元年，还治信都县，罢都督府，前冀州直属河北道，割下博、武强二县隶深州，省昌亭县。十三年，前冀州领信都、堂阳、枣强、武邑、衡水、南宫六县，治信都县。十七年，以废深州之下博、武强、鹿城三县，废观州之阜城县来属。

龙朔二年，改为后魏州，隶后冀州都督府。咸亨三年，复为冀州，仍直属河北道。

武周万岁通天元年，陷于契丹国。二年，收复。长安四年，冀州领信都、枣强、南宫、堂阳、鹿城、衡水、下博、武强、武邑、阜城十县，治信都县。

唐先天二年，割鹿城、下博、武强三县隶深州。开元二年，复割深州下博、武强二县来属。

天宝元年，复为信都郡。十三载，信都郡领信都、枣强、南宫、堂阳、衡水、下博、武强、武邑、阜城九县，仍治信都县。十五载，直属安氏燕国，为冀州。至德二载，归唐，复为信都郡，隶范阳节度使。

乾元元年，复为冀州。二年，归史氏燕国，改为信都郡，仍隶范阳节度使。宝应元年，隶范阳卢龙节度使。二年（广德元年），归唐，仍为冀州，割隶成德军节度使。永泰元年，割德州蓨县来属，割下博、武强二县隶深州。建中三年，隶恒冀都团练观察使。兴元元年，隶成德军节度使。元和十五年，冀州领信都、枣强、南宫、堂阳、衡水、武邑、阜城、蓨八县④，治信都县。

长庆元年，割隶深冀节度使。是年，罢镇，还隶成德军节度使。咸通十四年，冀州领县不变。

天祐二年，隶武顺军节度使，改信都县为尧都县，改阜城县为汉阜县。唐末，复割深州武强县来属。

---

① 《隋志》有长乐县，无信都县。按《太平寰宇记》云："（大业）十二年，又改长乐为信都县。"据改。
② 《资治通鉴》武德元年六月："隋信都丞东莱麹棱来降，拜冀州刺史。"
③ 《资治通鉴》武德元年十一月。
④ 《元和志》冀州领九县，有武强、下博，无蓨县，当是用永泰以前资料未改。今依《太平寰宇记》、《新唐志》。

1. **信都县**(618—905)—**尧都县**(905—907)

信都县,本隋信都郡旧县,武德元年,隶前冀州。贞观元年,自下博县移州治于此。龙朔二年,隶后魏州。咸亨三年,隶冀州。天宝元年,隶信都郡,为郡治。乾元元年,复隶冀州,为州治。二年,隶信都郡。宝应二年,仍隶冀州。天祐二年,避朱全忠祖讳,改为尧都县,相传冀州古为尧都,故名。

2. **枣强县**(618—907)

本隋信都郡旧县,武德元年,隶前冀州。龙朔二年,隶后魏州。咸亨三年,隶冀州。天宝元年,隶信都郡。乾元元年,复隶冀州。二年,隶信都郡。宝应二年,仍隶冀州。

3. **南宫县**(618—907)

本隋信都郡旧县,武德元年,隶前冀州。四年,割隶宗州。九年①,州废,还隶前冀州。龙朔二年,隶后魏州。咸亨三年,隶冀州。天宝元年,隶信都郡。乾元元年,复隶冀州。二年,隶信都郡。宝应二年,仍隶冀州。

4. **堂阳县**(618—907)

本隋信都郡旧县,武德元年,隶前冀州。龙朔二年,隶后魏州。咸亨三年,隶冀州。天宝元年,隶信都郡。乾元元年,复隶冀州。二年,隶信都郡。宝应二年,仍隶冀州。

5. **衡水县**(618—907)

本隋信都郡旧县,武德元年,隶前冀州。龙朔二年,隶后魏州。咸亨三年,隶冀州。天宝元年,隶信都郡。乾元元年,复隶冀州。二年,隶信都郡。宝应二年,仍隶冀州。

6. **下博县**(618—907)

本隋信都郡旧县,武德元年,魏刀儿以隶前冀州。六年,自信都县移州治于此。贞观元年,移州治于信都县,下博县割隶深州。十七年,州废,还隶前冀州。龙朔二年,隶后魏州。咸亨三年,隶冀州。天宝元年,隶信都郡。乾元元年,复隶冀州。二年,隶信都郡。宝应二年,仍隶冀州。永泰元年,又割隶深州。唐末,仍还隶冀州②。

---

① 《旧唐志》南宫县作"贞观元年",今依《旧唐志》贝州宗城县、《新唐志》魏州宗城县。
② 史志不载此事。按《旧五代史》卷28《唐庄宗纪》:"天祐九年五月,乃以八百骑趋冀州,扼下博桥。"卷8《梁末帝纪》:"乾化三年五月,刘守奇以一军自贝州掠冀州衡水、阜城,陷下博。"《太平寰宇记》深州序:"下博,冀州割到。"是知五代时下博县隶冀州。追溯其源,盖与武强县同时于唐末自深州还隶冀州,而《新唐志》失载,今补。

7. 武强县(618—907)

本隋信都郡旧县,武德元年,隶前冀州。贞观元年,割隶深州。十七年,州废,还隶前冀州。龙朔二年,隶后魏州。咸亨三年,复隶冀州。先天二年,复割隶深州。开元二年,隶冀州。天宝元年,隶信都郡。乾元元年,复隶冀州。二年,隶信都郡。宝应二年,仍隶冀州。永泰元年,又割隶深州。唐末,仍还隶冀州。

8. 武邑县(618—907)

本隋信都郡旧县,武德元年,隶前冀州。四年,析置昌亭、观津二县。贞观元年,省昌亭、观津二县来属。龙朔二年,隶后魏州。咸亨三年,复隶冀州。天宝元年,隶信都郡。乾元元年,复隶冀州。二年,隶信都郡。宝应二年,仍隶冀州。

附旧县1:昌亭县(621—627)

武德四年,析武邑县置昌亭县,以隋旧县为名,治故东昌城(今河北武邑县龙店乡)①,隶前冀州。贞观元年,省入前冀州武邑县。

附旧县2:观津县(621—627)

武德四年,析武邑县置观津县,以晋旧县为名,治故观津城(今河北景县后留名府乡)②,割隶观州。贞观元年,省入前冀州武邑县。

9. 阜城县(618—905)—汉阜县(905—907)

阜城县,本隋信都郡旧县,武德元年,隶前冀州。四年,割隶观州。十七年,州废,还隶前冀州。龙朔二年,隶后魏州。咸亨三年,复隶冀州。天宝元年,隶信都郡。乾元元年,复隶冀州。二年,隶信都郡。宝应二年,仍隶冀州。天祐二年,避朱全忠父嫌名,改为汉阜县,以汉时始为阜城县,故名。

(一三)景城郡(沧州)

前沧州(618—619)—沧州(619—742)—景城郡(742—756)—沧州(756—757)—景城郡(757—758)—沧州(758—759)—景城郡(759—760)—沧州(760—907)

武德元年,窦建德取隋渤海郡清池、盐山、无棣、乐陵、饶安、南皮六县置前沧州,以隋旧州为名,治清池县,直属中央。是年,移治饶安县。二年,取唐后沧

---

① 《太平寰宇记》冀州武邑县:"东昌故城,在县东北二十八里。"
② 《元和志》冀州武邑县:"观津城,在县东南二十五里。"

州阳信、厌次、滴河三县来属,改为沧州。四年,归唐,置沧州总管府,并置鬲津县,割阳信、滴河、乐陵、厌次四县隶棣州,清池、南皮二县隶前景州。五年,直属刘汉,罢总管府。是年,归唐,隶前景州总管府,割清池县隶东盐州。六年,以废棣州之滴河①、厌次、阳信、乐陵四县来属,又割观州胡苏县来属,移治胡苏县。七年,隶前景州都督府。九年,隶幽州都督府。贞观元年,直属河北道,以废前景州之长芦、南皮、鲁城三县,废东盐州盐山、清池二县并割瀛州景城县来属,割滴河、厌次二县隶德州,胡苏县隶观州,仍移治清池县,省鬲津、无棣二县。八年,复置无棣县。十三年,沧州领清池、盐山、无棣、阳信、乐陵、饶安、南皮、景城、长芦、鲁城十县,治清池县。十七年,以废观州之弓高、东光、胡苏三县来属,割阳信、乐陵二县隶棣州。是年,复割棣州乐陵县来属。

龙朔二年,隶后冀州都督府。咸亨三年,复直属河北道。

武周长安四年,沧州领清池、盐山、无棣、乐陵、饶安、胡苏、东光、弓高、南皮、景城、长芦、鲁城十二县,治清池县。

天宝元年,改为景城郡,以景城县为名,改胡苏县为临津县。十三载,景城郡领清池、盐山、无棣、乐陵、饶安、临津、东光、弓高、南皮、景城、长芦、鲁城十二县,仍治清池县。十五载,直属安氏燕国,改为沧州。至德二载,归唐,复为景城郡,隶范阳节度使。

乾元元年,复为沧州。二年,归史氏燕国,改为景城郡,隶平原节度使。后上元元年(760),唐取隶河南道淄沂节度使,仍为沧州。宝应元年,隶淄青平卢节度使。广德元年,隶魏博等州都防御使。是年,还隶淄青平卢节度使。未几,复割隶魏博节度使。二年,隶天雄军节度使。是年,复隶魏博节度使。大历七年,割景城县隶瀛州。其后,复割瀛州景城县来属。十年,隶成德军节度使。建中三年,隶易定沧三州节度使。是年,隶义武军节度使。兴元元年,割隶横海军节度使,为使治。贞元五年,割弓高、东光、临津、南皮、景城五县隶后景州。元和十三年,移使治于德州。是年,自德州还使治于此。十五年,沧州领清池、盐山、无棣、乐陵、饶安、长芦、鲁城七县,治清池县。

长庆元年(821),以废后景州之弓高、东光、临津、南皮、景城五县来属。二年,又割弓高、东光、临津、南皮、景城五县隶景州。大和二年,割乐陵、无棣二县隶棣州。其后,复割棣州无棣县来属。三年,罢镇,隶齐德节度使。未几,复置横海军节度使,为使治。是年,又隶齐沧德节度使,仍为使治。四年,以废景州之弓高、东光、临津、南皮、景城五县来属。五年,隶义昌军节度使,

---

① 《旧唐志》沧州作"滴河"。今依《元和志》、两《唐志》棣州及《太平寰宇记》沧州改正。

为使治如故。大中后,割景城县隶瀛州。咸通十四年,沧州领清池、盐山、无棣、饶安、临津、东光、弓高、南皮、长芦、鲁城十县,治清池县。

乾符元年,改鲁城县为乾符县。景福元年,又割弓高、东光二县隶景州。

1. 清池县(618—907)

本隋渤海郡旧县,武德元年,隶前沧州,为州治。是年,移州治于饶安县。四年,割隶景州。五年,割隶东盐州。贞观元年,州废,还隶沧州,自胡苏县移州治于此。天宝元年,隶景城郡,为郡治。乾元元年,复隶沧州,为州治。二年,隶景城郡。后上元元年,仍隶沧州。大和五年,移治南罗城(今沧县旧州镇)①。

2. 盐山县(618—907)

本隋渤海郡旧县,武德元年,隶前沧州。四年,割隶东盐州,为州治。五年,析置浮水县。贞观元年,州废,盐山县还隶沧州。天宝元年,隶景城郡。乾元元年,复隶沧州。二年,隶景城郡。后上元元年,仍隶沧州。

3. 无棣县(618—627,634—907)

本隋渤海郡旧县,武德元年,隶沧州。贞观元年,省入信阳县。八年,析信阳县复置无棣县,仍治无棣城(今山东庆云县常家镇于家店村)②。天宝元年,隶景城郡。乾元元年,复隶沧州。二年,隶景城郡。后上元元年,仍隶沧州。大和二年,割隶棣州。其后,复还隶沧州。

4. 乐陵县(618—907)

本隋渤海郡旧县,武德元年,隶前沧州。四年,割隶棣州。六年③,州废,还隶沧州。贞观元年,省鬲津县来属,移治故鬲津城。十七年,割隶棣州。是年,还隶沧州。天宝元年,隶景城郡。乾元元年,复隶沧州。二年,隶景城郡。后上元元年,仍隶沧州。大和二年,割隶棣州。

附旧县:鬲津县(621—627)

武德四年,析饶安县置鬲津县,以隋旧县为名,治故鬲津城(今山东乐陵市丁坞镇褚家)④,隶沧州。贞观元年,省入乐陵县。

---

① 《旧唐书》卷 17《文宗纪》。
② 据《中国文物地图集·山东分册》下册第 818 页,遗址尚存。《地图集》定于今河北盐山县庆云镇,不详何据。
③ 《新唐志》作"八年",今依《旧唐志》。
④ 《纪要》武定州乐陵县:"鬲津城,在县西南。"《大清一统志》卷 139 武定府:"鬲津故城,在乐陵县西北。"按明、清乐陵县治今乐陵市城关镇,唐初乐陵县治今乐陵市东,饶安县治今盐山县千童镇,鬲津县既析自饶安而入乐陵县,则鬲津城当在唐初乐陵、饶安二县间,明清乐陵县城西,据《中国文物地图集·山东分册》下册第 814 页,今丁坞镇褚家有唐代遗址,盖即其地。

5. 饶安县(618—907)

本隋渤海郡旧县,武德元年,隶前沧州,移治故千童城(今河北盐山县千童镇)①,自清池县移州治于此。四年,析置鬲津县。六年,移州治于胡苏县。贞观十二年,移县治于故浮水城。天宝元年,隶景城郡。乾元元年,复隶沧州。二年,隶景城郡。后上元元年,仍隶沧州。

附旧县:浮水县(622—627)

武德五年,析盐山县置浮水县,以隋旧县为名,治故浮水城(今河北孟村县新县镇)②,隶东盐州。贞观元年,州废,省入饶安、盐山县。

6. 胡苏县(618—742)—临津县(742—907)

临津县,本隋平原郡胡苏县,武德元年,隶德州。四年,割隶观州。六年,改隶沧州,自饶安县移州治于此。贞观元年,移州治于清池县,胡苏县复割隶观州。十七年,州废,还隶沧州。天宝元年,隶景城郡,改为临津县,以临鬲津为名。贞元五年,割隶后景州。乾元元年,复隶沧州。二年,隶景城郡。后上元元年,仍隶沧州。长庆元年(821),州废,还隶沧州。二年,又割隶景州。大和四年,州废,又还隶沧州。

7. 东光县(618—907)

本隋平原郡旧县,武德元年,隶德州。四年,割隶观州。十七年,州废,隶沧州。天宝元年,隶景城郡。乾元元年,复隶沧州。二年,隶景城郡。后上元元年,仍隶沧州。贞元五年,割隶后景州。长庆元年,州废,还隶沧州。二年,复割隶景州。大和四年,州废,又还隶沧州。景福元年,再割隶景州。

8. 弓高县(618—907)

本隋平原郡旧县,武德元年,隶德州。四年,割隶观州,为州治。十七年,州废,改隶沧州。天宝元年,隶景城郡。乾元元年,复隶沧州。二年,隶景城郡。后上元元年,仍隶沧州。贞元五年,割隶后景州,为州治。长庆元年,州废,还隶沧州。二年,又割隶后景州,仍为州治。大和四年,州废,又还隶沧州。景福元年,再割隶后景州,仍为州治。

9. 南皮县(618—907)

本隋渤海郡旧县,武德元年,隶沧州。四年,割隶前景州。贞观元年,州

---

① 《元和志》饶安县:"北至州九十里。"
② 《纪要》沧州:"浮水城,在州东五十里。……浮河,州东南五十四里。"按沧州(今河北沧州市旧州镇)东六十里有盐山县,附近十里似不得再置浮水县;而浮水城既以浮水为名,当在沧州东南,即今孟村县新县镇。《大清一统志》卷17天津府:"浮水故城,在沧州东(南),隋开皇十六年分高城县置,大业初仍省入沧。武德五年又置,属东盐州,贞观元年省。十二年,移饶安县治此。"据《中国文物地图集·河北分册》下册第631页,新县镇有唐代古城。

废,还隶沧州。天宝元年,隶景城郡。乾元元年,复隶沧州。二年,隶景城郡。后上元元年,仍隶沧州。贞元五年,割隶后景州。长庆元年,州废,还隶沧州。二年,复割隶景州。大和四年,还隶沧州。

10. 景城县(618—907)

本隋渤海郡旧县,武德元年,隶瀛州。贞观元年,割隶沧州。天宝元年,隶景城郡。乾元元年,复隶沧州。二年,隶景城郡。后上元元年,仍隶沧州。贞元五年,割隶后景州。长庆元年,州废,还隶沧州。二年,复割隶景州。大和四年,还隶沧州。大中后,割隶瀛州。

11. 长芦县(618—907)

本隋渤海郡旧县,武德元年,隶前沧州。四年,割隶前景州,为州治。是年,归刘黑闼。五年,平刘黑闼,置前景州总管府。贞观元年,州废,还隶沧州。开元十六年,移治新长芦城(今河北沧州市运河区南陈屯乡)①。天宝元年,隶景城郡。乾元元年,复隶沧州。二年,隶景城郡。后上元元年,仍隶沧州。

12. 鲁城县(618—874)—**乾符县**(874—907)

鲁城县,本隋渤海郡旧县,武德元年,隶前沧州。四年,割隶前景州。贞观元年,州废,还隶沧州。天宝元年,隶景城郡。乾元元年,复隶沧州。二年,隶景城郡。后上元元年,仍隶沧州。乾符元年,改为乾符县,以年号为名。

附旧州一:渤海郡(618—619)—**后沧州**(619)

渤海郡,本隋旧郡,领阳信、厌次、滳河、乐陵、饶安、南皮、清池、盐山、无棣九县②,武德元年,归宇文许,而窦建德取清池、盐山、无棣、乐陵、饶安、南皮六县隶前沧州。二年,郡丞王孝师以渤海郡阳信、厌次、滳河三县归唐③,改为后沧州,治阳信县,置后沧州总管府④。是年,陷于窦夏⑤,总管府及州并废,阳信、厌次、滳河三县隶前沧州。

---

① 《元和志》沧州长芦县:"东南至州三百四十里。"《太平寰宇记》沧州清池县:"废长芦县,州西北四十四里。"按沧州西北三百四十里已在瀛州西北,《元和志》误。
② 《隋志》渤海郡有蒲台县。按《元和志》、《太平寰宇记》蒲台县:"隋末废,武德四年重置。"今删。又,清池,《隋志》原作"清地",今依两《唐志》。按《元和志》清池县:"隋开皇十八年,改为清池县,以县东有仵清池,因以为名。"可证。
③ 《册府元龟》卷126:"武德二年,三月丁亥,隋渤海郡丞王孝师以众来降。"按是时"海曲"(即渤海湾)地区皆宇文化及之许国(详"宇文许国"),至是降唐,故所谓"隋郡丞",当指宇文氏许国。
④ 《资治通鉴》武德二年四月:"诏以王孝师为沧州总管。"则两《唐志》所载武德元年改渤海郡为沧州,当指窦夏取其境置沧州事。
⑤ 《资治通鉴》武德二年六月:"窦建德陷沧州。"

附旧州二：前景州（621—627）

武德四年，割瀛州长芦、鲁城、平舒三县，沧州清池、南皮二县置前景州，以隋旧州为名，治长芦县，隶沧州总管府。五年，直属刘汉。是年，归唐，置前景州总管府，割清池县隶东盐州。七年，改总管府为都督府。九年，罢都督府，前景州隶幽州都督府。贞观元年，州废，长芦、鲁城、南皮三县隶沧州，平舒县隶瀛州。

附旧州三：东盐州（621—627）

武德四年，割沧州盐山县置东盐州，取盐山县首字为名，隶沧州总管府。五年，直属刘汉。是年，归唐，隶前景州总管府，割景州清池县来属，置浮水县。七年，隶前景州都督府。九年，隶幽州都督府。贞观元年，州废，省浮水县，盐山、清池二县隶沧州。

附旧新州：观州（621—643）—**后景州**（789—821）—**景州**（822—830，892—907）

武德四年，割德州弓高、东光、胡苏三县，冀州蓨、阜城、观津三县置观州，以隋旧州为名，治弓高县，隶德州总管府，并置安陵县。五年，直属刘汉。六年，归唐，仍隶德州总管府，割胡苏县隶沧州。七年，隶德州都督府。贞观元年，直属河北道，复割沧州胡苏县来属，省观津县。十三年，观州领弓高、蓨、阜城、东光、安陵、胡苏六县，治弓高县。十七年，州废，弓高、东光、胡苏三县还隶沧州，蓨、安陵二县隶德州，阜城县隶冀州。

贞元五年①，割沧州弓高、南皮、东光、临津、景城五县置后景州②，治弓高县，隶横海军节度使。元和十五年，后景州领县不变。

长庆元年，州废，弓高、南皮、东光、临津、景城五县复还沧州。二年，割沧州弓高、南皮、东光、临津、景城五县置景州，隶横海军节度使。大和三年，隶齐德节度使，未几，复隶横海军节度使。是年，隶齐沧德节度使。四年，州废，弓高、南皮、东光、临津、景城五县还隶沧州。

景福元年，又割沧州弓高、东光及德州安陵三县置景州，隶义昌军节度使。是年，割安陵县隶德州。

---

① 《元和志》、《旧唐志》、《太平寰宇记》作"二年"，《新唐志》作"三年"，今依《资治通鉴》。
② 两《唐志》云贞元中，景州领弓高、东光、临津三县，脱南皮、景城二县，今据《元和志》补。又，临津，《旧唐志》作"胡苏"，按胡苏县天宝元年已改为临津县，今依《新唐志》。

(一四) 乐安郡(棣州)

棣州(621—623,643—742)—乐安郡(742—756)—棣州(756—757)—乐安郡(757—758)—棣州(758—759)—乐安郡(759—760)—棣州(760—907)

武德四年,割沧州阳信、厌次、滴河、乐陵四县置棣州,以隋旧州为名,治阳信县,隶德州总管府。五年,直属刘汉。六年①,州废,阳信、厌次、滴河、乐陵四县还隶沧州。贞观十七年,复割沧州乐陵、阳信二县,德州厌次、滴河二县及淄州蒲台县置棣州,治乐陵县,直属河北道。是年,移治厌次县,割乐陵县还隶沧州。

龙朔二年,隶后冀州都督府。咸亨三年,复直属河北道。垂拱四年(688),置渤海县。

武周长安四年,棣州领厌次、滴河、阳信、渤海、蒲台五县,治厌次县。

唐天宝元年,改为乐安郡,借晋乐安郡为名。十三载,乐安郡领厌次、滴河②、阳信、渤海、蒲台五县,治厌次县。十五载,直属安氏燕国,为棣州。至德二载,归唐,复为乐安郡,隶范阳节度使。

乾元③元年,复为棣州。二年,归史氏燕国,改为乐安郡,隶平原节度使。后上元元年,唐取隶河南道淄沂节度使,仍为棣州。宝应元年,隶淄青平卢节度使。建中三年,隶河北道幽州卢龙节度使。贞元元年,割隶成德军节度使。元和四年,割隶保信军节度使。五年,罢镇,还隶成德军节度使。十三年,割隶横海军节度使。十五年,棣州领县一如天宝十三载。

长庆二年,割隶德棣节度使。大和二年,割隶淄青平卢节度使。咸通五年,割隶天平军节度使。十三年,还隶淄青平卢节度使。十四年,棣州领县不变。

1. 厌次县(618—907)

本隋渤海郡旧县(今山东惠民县辛店镇先棣洲村)④,武德元年,隶沧州。

---

① 《新唐志》作"八年",今依《元和志》、《旧唐志》。
② 《州郡典》作"商河",今依《元和志》、两《唐志》、《太平寰宇记》。
③ 《旧唐志》作"上元",今依《元和志》、《太平寰宇记》。
④ 《元和志》棣州:"滴河县(治今商河县城),东北至州八十里。阳信县(治今山东阳信县城西程子坞),南至州六十里。蒲台县(治今山东滨州市滨城区),西北至州七十里。"则棣州治厌次县在今惠民县辛店乡先棣洲村,遗址尚存,见《中国文物地图集·山东分册》下册,第863页。王颋《黄河故道考辨》(华东理工大学出版社,1995年)第70页云:"厌次县初在今山东惠民县东桑落墅,朱氏开平年间移于今县东南辛店北先棣州。"与《元和志》里距不合,不取。

四年,割隶棣州。六年,州废,还隶沧州。贞观元年,割隶德州。十七年,复割隶棣州。是年,自乐陵县移州治于此。天宝元年,隶乐安郡,为郡治。乾元元年,复隶棣州,为州治。

2. 滴河县(618—907)

本隋渤海郡旧县,武德元年,隶沧州。四年,割隶棣州。六年,州废,还隶沧州。贞观元年,割隶德州。十七年,复割隶棣州。天宝元年,隶乐安郡。乾元元年,复隶棣州。

3. 阳信县(618—907)

本隋渤海郡旧县(今山东无棣县城海丰街道),武德元年,隶沧州。四年,割隶棣州,为州治。六年,州废,还隶沧州。贞观元年,省无棣县来属。八年,复析置无棣县①。十七年,复割阳信县隶棣州。天宝元年,隶乐安郡。乾元元年,复隶棣州。会昌元年(841),移治八角寺南二里(今山东阳信县城信城街道程子坞村)②。

4. 渤海县(688—907)

垂拱四年,析蒲台、厌次二县置渤海县,以县在渤海之滨为名,治渤海城(今山东利津县凤凰街道丁家坊)③,隶棣州。天宝元年,隶乐安郡。五载,移治李丘村(今山东滨州市滨城区彭李街道)④。乾元元年,复隶棣州。

5. 蒲台县(618—632,633—907)

武德元年⑤,析淄州邹平县置蒲台县,以隋渤海郡旧县为名,治故蒲台城(今滨州市滨城区市中街道老蒲城)⑥,隶邹州。八年,州废,改隶淄州。贞观

---

① 《新唐志》阳信县:"贞观元年省,八年,复置。"按《元和志》、《旧唐志》《太平寰宇记》皆未言阳信县贞观间有废置,且同期有无棣县省入、复置事。故知《新唐志》此语乃言无棣县沿革,而误脱"无棣"二字。
② 《唐会要》卷71:"会昌元年十一月,淄青观察使韦平奏:'棣州申请移阳信并镇于县南二十里八角寺南二里置城。'从之。"《纪要》武定州阳信县:"阳信城,《志》云.故城在县西南七里。"
③ 据《太平寰宇记》,武后时所置渤海县在天宝渤海县东四十里,则当今山东利津县城西丁家坊,《地图集》唐代幅置渤海县于今滨州市秦皇台乡(旧单寺乡),王颋《黄河故道考辨》第71页亦以为在滨州市东北郭集东北,略有出入。
④ 《太平寰宇记》棣州渤海县:"天宝五载,以地咸卤,自旧县西移四十里,就李丘村置,即今理。"《元和志》棣州渤海县:"西至州七十里。"《纪要》滨州:"渤海废县,今州治。唐析置渤海县,属棣州。"明滨州治在今滨州市滨城区西北镇。王颋《黄河故道考辨》第71页以为郭氏显德间始移渤海县于今滨城,误。
⑤ 《元和志》蒲台县:"隋末废,武德三年重置。"《太平寰宇记》蒲台县:"隋末废,唐武德四年重置。"按《旧唐志》齐州临济县:"武德元年,于县置邹州,领临济、蒲台、高苑、长山、邹平五县。"则知蒲台县实复置于武德元年,今改。
⑥ 《元和志》棣州蒲台县:"西北至州七十五里。"即今滨州市滨城区东南老蒲城,旧属蒲城街道。

六年,省入高苑县。七年,析高苑县复置蒲台县,仍隶淄州。十七年①,割隶棣州。天宝元年,隶乐安郡。乾元元年,复隶棣州。

(一五)平原郡(德州)

德州(618—742)—平原郡(742—756)—德州(756—757)—平原郡(757—758)—德州(758—759)—平原郡(759—760)—德州(760—907)

平原郡,本隋旧郡,领安德②、平原、长河、将陵、般、平昌、胡苏、东光、弓高九县,隋末,李魏改为德州③,以隋旧州为名,治安德县,隶前魏州总管府。武德元年,直属窦夏。四年,归唐,置德州总管府,割弓高、东光、胡苏三县隶观州。五年,直属刘汉,罢总管府。六年,归唐,仍置总管府。七年,改总管府为都督府。贞观元年,罢总管府,割沧州滳河、厌次二县来属。十三年,德州领安德、平原、长河、将陵、般、平昌、滳河、厌次八县,治安德县。十七年,以废观州之蓨、安陵二县来属,割滳河、厌次二县隶棣州,省般县。

龙朔二年,隶后冀州都督府。咸亨三年,复直属河北道。

武周长安四年,德州领安德、平原、长河、蓨、安陵、将陵、平昌七县,治安德县。

唐天宝元年,复为平原郡。十三载,平原郡领安德、平原、长河、蓨、安陵、将陵、平昌七县,仍治安德县。十五载,河北道采访处置使自魏郡移治于此。是年,直属安氏燕国,为德州。至德二载,归唐④,复为平原郡,隶范阳节度使。

乾元元年,复归安氏燕国⑤,仍为德州。二年,归史氏燕国,改为平原郡,置平原节度使。后上元元年,归唐,罢镇,仍为德州,隶河南道淄沂节度使。宝应元年,隶淄青平卢节度使。广德元年,割隶滑卫节度使。未几,割隶魏博

---

① 《旧唐志》、《太平寰宇记》淄州序系于景龙元年,《新唐志》、《舆地广记》棣州蒲台县亦作"景龙元年",今依《元和志》、《旧唐志》、《太平寰宇记》棣州。按《旧唐志》、《太平寰宇记》淄州序原文时序有错乱,即于天宝、乾元改郡名后复叙景龙元年分高苑县置济阳县事,其下所接之"又割蒲台隶之,后割属棣州"一句,当接于武德八年下,而错简于此。《新唐志》、《舆地广记》盖沿袭其误,今不取。
② 四库本《隋志》作"安乐",今依中华书局点校本。《元和志》、《旧唐志》、《太平寰宇记》叙其唐以前沿革并作"安德",可证。
③ 《旧唐书》卷53《李密传》:"大业十三年春……作书以移郡县曰:'封民赡取平原之境,郝孝德据黎阳之仓。'清河贼帅赵君德、平原贼帅郝孝德,并归于密,共袭破黎阳仓。"则平原郡改德州当于是年。
④ 《资治通鉴》至德二载十二月:"乌承恩所至,宣布诏旨,沧、瀛、安、深、德、棣等州皆降。"
⑤ 《资治通鉴》乾元元年三月癸巳:"安庆绪之北走也,其平原太守王暕、清河太守宇文宽皆杀其使者来降;庆绪使其将蔡希德、安太清攻拔之,生擒以归,剐于邺市。"

等州防御使。是年,隶魏博节度使。永泰元年,割蓚县隶冀州。大历十年,割隶淄青平卢节度使。元和四年,割隶保信军节度使,为使治。五年,罢镇,德州还隶成德军节度使。十三年,隶横海军节度使,自沧州移使治于此。是年,还使治于沧州,置归化县。十五年,德州领安德、平原、长河、安陵、将陵、平昌、归化①七县,治安德县。

长庆二年,割隶德棣节度使,为使治。是年,罢镇,德州还隶横海军节度使。大和二年,割平原、平昌、归化三县隶齐州。三年,隶齐德节度使,为使治,复割齐州平原、平昌二县来属。未几,罢镇,德州仍隶横海军节度使。是年,又隶齐沧德节度使。五年,隶义昌军节度使。咸通十四年,德州领安德、平原、长河、安陵、将陵、平昌六县,治安德县。

景福元年,割安陵县隶景州,是年复割景州安陵县来属。

1. **安德县**(618—907)

本隋平原郡旧县,武德元年,隶德州,为州治。天宝元年,隶平原郡,为郡治。乾元元年,复隶德州,为州治。二年,隶平原郡。后上元元年,隶德州。元和十三年,析置归化县。

2. **平原县**(618—907)

本隋平原郡旧县,武德元年,隶德州。天宝元年,隶平原郡。乾元元年,复隶德州。二年,隶平原郡。后上元元年,隶德州。大和二年,割隶齐州。三年,还隶德州。

3. **长河县**(618—907)

本隋平原郡旧县,武德元年,隶德州。天宝元年,隶平原郡。乾元元年,复隶德州。二年,隶平原郡。后上元元年,隶德州。元和四年,故城为水所坏,移治县西十三里永济河西岸白桥(今山东德州市德城区运河街道)②。十年,又移治河东小胡城(今德州市德城区新湖街道)。

4. **蓚县**(618—907)

本隋信都郡旧县,武德元年,隶冀州。四年,割隶观州,并析置安陵县。贞观十七年,州废,改隶德州。天宝元年,隶平原郡。乾元元年,复隶德州。

---

① "归化",《元和志》作"蓚",当是用永泰元年以前旧资料,误。
② 按《元和志》《太平寰宇记》,长河旧县在德州(今陵县城)西北五十里,即今德州市德城区宋官屯街道,则白桥新城在今德州市德城区运河街道顺河西路以东地区,时永济河流经今东风西路北侧、迎宾中路西侧一带,新城正在永济河西。唐执玉等《畿辅通志》卷42云:"白桥,在故城县南,跨永济渠,唐元和中长河县治此。"则是误将故城县之白桥与长河县之白桥混为一谈。

二年,隶平原郡。宝应元年,隶德州。永泰元年,割隶冀州。

5. 安陵县(621—907)

武德四年,析蓚县置安陵县,以隋旧县为名,治故安陵城(即新郭城,今河北吴桥县于集镇)①,隶观州。贞观十七年,州废,改隶德州。永徽二年,移治白社桥(今河北景县安陵镇)。天宝元年,隶平原郡。乾元元年,复隶德州。二年,隶平原郡。后上元元年,隶德州。景福元年,割隶景州。是年,还隶德州。

6. 将陵县(618—907)

本隋平原郡旧县,武德元年,隶德州。天宝元年,隶平原郡。乾元元年,复隶德州。二年,隶平原郡。后上元元年,隶德州。

7. 平昌县(618—907)

本隋平原郡旧县,武德元年,隶德州。贞观十七年,省般县来属。天宝元年,隶平原郡。乾元元年,复隶德州。二年,隶平原郡。后上元元年,隶德州。大和二年,移治新平昌城(今山东临邑县德平镇)②,割隶齐州。三年,还隶德州。

附旧县:般县(618—643)

本隋平原郡旧县,武德元年,隶德州。贞观十七年,省入平昌县。

(一六) 清河郡(贝州)

清河郡(618—619)—贝州(619—742)—清河郡(742—756)—贝州(756—757)—清河郡(757—758)—贝州(758—759)—清河郡(759—762)—贝州(762—907)

清河郡,本隋旧郡,领清河、武城、漳南、历亭、鄃、高唐、博平、清阳、清渊③、临

---

① 《太平寰宇记》德州安陵县:"隋开皇六年,又分东光县于今县东二十二里新郭城再置(安陵县),今安陵故县是也。大业二年废,唐武德四年复立。……永隆二年,移于柏杜桥,即今理。"《纪要》景州:"安陵城,州东(七)[四]十里。……刘昫曰:'旧县在蓚县东四十里,永徽二年移治白社桥。'即此地也。今州东十里有安陵巡司,盖因旧县而名。"按今本《旧唐志》无"旧县在蓚县东四十里"句,然顾氏所引当有所据,今亦依之,即永徽二年前,旧县在蓚县(今景县)东四十里,永徽二年后,移治蓚县东十八里,东去旧县二十二里。《太平寰宇记》"永徽"作"永隆","白社"作"柏杜",今依《旧唐志》。

② 《旧唐志》德州平昌县:"汉县,故城在今县东三十里,大和二年,割属齐州。"未明言何年移治。《纪要》德州德平县:"平昌城,县东北一里。唐大和中,移于今治。"据补。

③ 《隋志》作"清泉"。按《魏书》卷106《地形志》,其地本汉清渊县地,至北朝,犹名清渊,可知《隋志》之"清泉",当系唐初人避高祖讳改,今回改。《地图集》隋代幅仍作"清泉",恐误。

清、宗城、经城十二县①。隋末,李魏改为贝州②,以隋旧州为名,治清河县,隶前魏州总管府。武德元年,直属宇文许,复为清河郡。二年,直属窦夏,仍为贝州。四年,归唐,隶前冀州总管府,置前夏津县,改清渊县为清水县,割临清、清水二县隶毛州,割高唐、博平二县隶博州,割宗城、经城二县隶宗州。五年,直属刘汉。六年,归唐,仍隶前冀州总管府,移州治于历亭县。七年,隶前冀州都督府。八年,还治清河县。九年,以废宗州之宗城、经城二县来属,省前夏津县。贞观元年③,直属河北道,以废毛州之临清县来属。六年,隶洺州都督府。十年,隶相州都督府。十三年,贝州领清河、武城、漳南、历亭、鄃、清阳、临清、宗城、经城九县,治清河县。十七年,仍直属河北道。

龙朔二年,隶后冀州都督府。咸亨三年,复直属河北道。

武周长安四年,贝州领县不变。

唐天宝元年,复为清河郡,改鄃县为后夏津县。十三载,清河郡领清河、清阳、武城、漳南、历亭、后夏津、临清、宗城④、经城九县,仍治清河县。十五载,直属安氏燕国,为贝州。至德二载,归唐,复为清河郡,隶范阳节度使。

乾元元年,复归安氏燕国⑤,仍为贝州。二年,归史氏燕国,改为清河郡,隶邺郡节度使。宝应元年,归唐,复为贝州,隶河南道滑卫节度使。广德元年,割河北道隶魏博等州防御使。是年,隶洺相节度使。未几,隶相卫六州节度使。大历元年,隶昭义军节度使。七年,置永济县。十一年,隶魏博节度使。元和十五年,贝州领清河、清阳、武城、漳南、历亭、后夏津、永济、临清、宗城、经城十县。

咸通十四年,贝州领县不变。

天祐元年,隶天雄军节度使。三年,割宗城、永济二县隶魏州⑥。

1. 清河县(618—907)

本隋清河郡旧县,隋末,隶贝州,为州治。武德元年,隶清河郡,为郡治。

---

① 《隋志》有清平、茌平二县,共十四县。按《太平寰宇记》云:"隋乱,废,武德四年重置。"又据两《唐志》,茌平县武德四年析聊城县复置,则知隋末清平、茌平二县已废,今删。
② 《旧唐书》卷53《李密传》:"大业十三年春……清河贼帅赵君德、平原贼帅郝孝德,并归于密,共袭破黎阳仓。"则清河郡改贝州当于是年。
③ 《旧唐志》系于武德九年,今依两《唐志》魏州馆陶县。
④ 《州郡典》作"宋城",今依《元和志》、两《唐志》、《太平寰宇记》。
⑤ 《资治通鉴》乾元元年三月:"(初)安庆绪之北走也,其平原太守王暕、清河太守宇文宽皆杀其使者来降,(至是)庆绪使其将蔡希德、安太清攻拔之,生擒以归,剐于邺市。"
⑥ 《唐会要》卷71宗州条。

二年,复隶贝州,为州治。六年,移州治于历亭县。八年,自历亭县还州治于此。九年,以废宗州之斌强县省入。天宝元年,隶清河郡,为郡治。十五载,隶贝州。乾元二年,隶清河郡。宝应元年,隶贝州,为州治。咸通元年,移州治于清阳县。

附旧县:斌强县(618—626)

本隋信都郡旧县,武德元年,隶前冀州。四年,割隶宗州。九年,州废,省入清河县。

2. 清阳县(618—907)

本隋清河郡旧县,隋末,隶贝州。武德元年,隶清河郡。二年,复隶贝州。四年,析置前夏津县。九年,省前夏津县来属。永昌元年(689),缘旧治甘陵城久积碱卤,遂移治永济渠东孔桥(今河北清河县谢炉镇陈二庄)①。开元二十三年②,移就州治(今清河县城葛仙庄镇城关村)。天宝元年,隶清河郡。十五载,隶贝州。乾元二年,隶清河郡。宝应元年,隶贝州。咸通元年,长史郑仁凯以旧居湫隘,移治新清阳城(今葛仙庄镇),自清河县移州治于此③。

附旧县:前夏津县(621—626)

武德四年,析清阳县置前夏津县,以故夏津为名,治故夏津城(今山东夏津县郑保屯镇)④,隶贝州。九年,省入清阳县。

3. 武城县(618—907)

本隋清河郡旧县,隋末,隶贝州。武德元年,隶清河郡。二年,复隶贝州。调露元年(679),移治永济渠北义王桥西二里(今河北故城县建国镇宋唐庄)⑤。天宝元年,隶清河郡。十五载,隶贝州。乾元二年,隶清河郡。宝应元年,隶贝州。

4. 漳南县(618—907)

本隋清河郡旧县,隋末,隶贝州。武德元年,隶清河郡。二年,复隶贝州。七年,移治新漳南城(今山东武城县鲁权屯镇漳南村)⑥。天宝元年,隶清河郡。十五载,隶贝州。乾元二年,隶清河郡。宝应元年,隶贝州。

---

① 《太平寰宇记》贝州清阳县:"永昌元年,缘清阳地久积碱卤,遂西移于永济渠之东孔桥置。"唐执玉等《畿辅通志》卷42:"孔桥,在清河县东南,今废。"《大清一统志》卷21广平府:"孔桥,在清河县永济渠东南,久废。"按《元和志》,永济渠在清河县东南十里,则孔桥在今清河县城关村东南十余里处,约当今谢炉镇陈二庄一带。
② 《太平寰宇记》作"二十二年",今依《旧唐志》。
③ 《太平寰宇记》贝州。
④ 《太平寰宇记》贝州清阳县:"故夏津县城,在县东南四十里。"
⑤ 《元和志》贝州武城县:"西南至州四十二里。"
⑥ 《太平寰宇记》贝州漳南县:"(州)东北一百一十里。"遗址尚存,见《中国文物地图集·山东分册》下册,第822页。

5. 历亭县(618—907)

本隋清河郡旧县,隋末,隶贝州。武德元年,隶清河郡。二年,复隶贝州。六年,自清河县移州治于此。八年,还州治于清河县。万岁登封元年(695),移治盘河(今武城县城老城镇)①。万岁通天元年(696),还治故历亭城(今武城县城武城镇东关村)②。天宝元年,隶清河郡。十五载,隶贝州。乾元二年,隶清河郡。宝应元年,隶贝州。

6. 鄃县(618—742)—后夏津县(742—907)

后夏津县,本隋清河郡鄃县,隋末,隶贝州。武德元年,隶清河郡。二年,复隶贝州。天宝元年,县罹水患,移治孙生镇(今夏津县新盛店镇)③,改为后夏津县,隶清河郡。其后,还治故鄃城(今夏津县城银城街道)④。十五载,隶贝州。乾元二年,隶清河郡。宝应元年,隶贝州。

7. 临清县(618—907)

本隋清河郡旧县,隋末,隶贝州。武德元年,隶清河郡。二年,复隶贝州。四年,割隶毛州。贞观元年,州废,省清水县来属,临清县还隶贝州。天宝元年,隶清河郡。十五载,隶贝州。乾元二年,隶清河郡。宝应元年,隶贝州。大历七年,析置永济县。

附旧新县:清水县(618—627)—永济县(772—907)

清水县,本隋清河郡清渊县,隋末,隶贝州,武德元年,隶清河郡。二年,复隶贝州。四年,割隶毛州,避高祖讳,改为清水县。贞观元年,州废,省入临清县。大历七年,田承嗣奏析临清县置永济县,县西临永济渠,故以为名,治张桥店(今山东冠县北馆陶镇)⑤,隶贝州。天祐三年,割隶魏州。

8. 宗城⑥县(618—907)

本隋清河郡旧县,隋末,隶贝州。武德元年,隶清河郡。二年,复隶贝州。四年,割隶宗州,为州治。九年,州废,还隶贝州⑦。天宝元年,隶清河郡。十五载,隶贝州。乾元二年,隶清河郡。宝应元年,隶贝州。天祐三年,割隶魏州。

---

① 吴松弟:《两唐书地理志汇释·旧唐书地理志》,第171页。盘河在古历城(今山东平原县恩城镇)西七十里,即今武城县老城镇,遗址尚存,见《中国文物地图集·山东分册》下册,第822页。
② 《纪要》高唐州恩县:"历亭城,万岁登封初移县治盘河,去信都废历亭城七十里,寻复旧。"《元和志》贝州历亭县:"西南至州一百里。"可见元和初历亭县仍治今武城县城武城镇东关村,遗址尚存,见《中国文物地图集·山东分册》下册,第822页。
③ 《纪要》高唐州夏津县。
④ 《纪要》高唐州夏津县。按《元和志》贝州夏津县:"西北至州九十里。"是元和以前已还治故鄃城。
⑤ 《元和志》贝州永济县:"东北至州一百一十里。"
⑥ 《州郡典》作"宋城",今依《元和志》、两《唐志》、《太平寰宇记》。
⑦ 《唐会要》卷71云:"宗城县,武德四年,废宗州来属。""四年"后当有脱文。

9. 经城县(618—907)

本隋清河郡旧县,隋末,隶贝州。武德元年,隶清河郡。二年,复隶贝州。四年,割隶宗州,并析置府城县。九年,州废,省府城县来属,经城县还隶贝州。天宝元年,隶清河郡。十五载,隶贝州。乾元二年,隶清河郡。宝应元年,隶贝州。

附旧县: 府城县(621—626)

武德四年,析经城县置府城县,以隋旧为名,治故府城(今河北广宗县葫芦乡赵伏城)①,隶宗州。九年,州废,省入经城县。

附旧州: 宗州(621—626)

武德四年,割贝州宗城、经城二县及冀州南宫、斌强二县置宗州,取宗城县首字为名,治宗城县②,隶前冀州总管府,并置府城县。五年,直属刘汉。六年,归唐,仍隶前冀州总管府。七年,隶邢州都督府。九年,州废,省府城、斌强二县,经城、宗城二县还隶贝州,南宫县还隶前冀州。

(一七) 博平郡(博州)

博州(621—742)—博平郡(742—756)—博州(756—759)—博平郡(759—762)—博州(762—907)

武德四年,割魏州聊城、武水、堂邑三县,莘州莘亭县及贝州高唐、博平二县置博州,以隋旧州为名,治聊城县,并置茌平、灵泉、清平三县,博州隶德州总管府。五年,直属刘汉,省莘亭、灵泉二县,割武水县隶莘州,堂邑县隶毛州。六年,归唐,仍隶德州总管府。七年,隶德州都督府。贞观元年,直属河北道,以废莘州之武水县、废毛州之堂邑县来属,省茌平县。十三年,博州领聊城、武水、堂邑、清平、博平、高唐六县,治聊城县。十七年,省博平县。

龙朔二年,隶后冀州都督府。咸亨三年,复直属河北道。

武周天授二年(691),复置博平县。长寿二年(693),改高唐县为崇武县。长安四年,博州领聊城、武水、堂邑、清平、博平、崇武六县,治聊城县。

唐神龙元年,复改崇武为高唐县。

天宝元年,改为博平郡,以博平县为名。十三载,博平郡领聊城、武水、堂

---

① 《纪要》顺德府广宗县:"府城废县,在县东南。"
② 《唐会要》作"径城县",今依《旧唐志》、《太平寰宇记》。

邑、清平、博平、高唐六县,仍治聊城县。十五载,直属安氏燕国,改为博州。

乾元二年,归史氏燕国,改为博平郡,隶邺郡节度使。宝应元年,归唐,隶河南道滑卫节度使,复为博州。广德元年,割隶河北道魏博等州防御使。是年,隶魏博节度使。二年,隶天雄军节度使。是年,复隶魏博节度使。元和十五年,博州领县一如天宝十三载。

咸通十四年,博州领县不变。

天祐元年,隶天雄军节度使。三年,改聊城县为聊邑县①。

1. 聊城县(618—906)—**聊邑县**(906—907)

聊城县,本隋武阳郡旧县,隋末,隶魏州。武德四年,割隶博州,为州治,并析置茌平县。贞观元年,省茌平县来属。十七年,省博平县来属。天授二年,复析置博平县。天宝元年,隶博平郡,为郡治。十五载,隶博州。乾元二年,隶博平郡。宝应元年,隶博州,为州治。天祐三年,避朱全忠父嫌名,改为聊邑县。

附旧县:茌平县(621—627)

武德四年,析聊城县置茌平县,以隋清河郡旧县为名,治故茌平城(今山东茌平县杜郎口镇辛戴张庄)②,隶博州。贞观元年,省入聊城县。

2. 武水县(618—907)

本隋武阳郡旧县,隋末,隶魏州。武德四年,割隶博州。五年③,割隶莘州。贞观元年,州废,还隶博州。天宝元年,隶博平郡。十五载,隶博州。乾元二年,隶博平郡。宝应元年,隶博州。

3. 堂邑县(618—907)

本隋武阳郡旧县,隋末,隶魏州。武德四年,割隶博州。五年,割隶毛州。贞观元年,州废,还隶博州。天宝元年,隶博平郡。十五载,隶博州。乾元二年,隶博平郡。宝应元年,隶博州。

4. 清平县(621—907)

武德四年,析博平县置清平县,以隋旧县为名,治故清平城(今山东临清市戴湾镇水城屯)④,隶博州。天宝元年,隶博平郡。十五载,隶博州。乾元二

---

① 《唐会要》卷71博州云:"聊城县、武阳县、武水县、高唐县,天祐三年四月,并割隶郓州。"按聊城县为博州治,博州向未并归郓州,此有误。按《新唐志》:"天祐三年,以聊邑、博平、高唐、武水之河外地入郓州。"所记为是。"河外地",即黄河东岸地,则该四县主体部分仍隶博州不改。
② 《元和志》博州聊城县:"茌平故城,在县东五十三里。"
③ 《旧唐志》博州武水县作"四年",今依两《唐志》魏州莘县。
④ 《元和志》博州清平县:"东南至州八十里。"《太平寰宇记》魏州清平县:"(州)东北一百八十里。"《纪要》东昌府清平县:"清平故城,县西四十里。……今故县亦曰清平镇,一名水城屯。"

年,隶博平郡。宝应元年,隶博州。

5. **博平县**(618—643,691—907)

本隋清河郡旧县①,隋末,隶贝州。武德四年,割隶博州,并析置灵泉、清平二县。五年,省灵泉县来属。贞观十七年,省入聊城县。天授二年,析聊城县复置博平县,仍隶博州。天宝元年,隶博平郡。十五载,隶博州。乾元二年,隶博平郡。宝应元年,隶博州。

附旧县:灵泉县(621—622)

武德四年②,析博平县置灵泉县③,以隋旧县为名,治故灵泉城(今山东高唐县三十里铺镇东五里)④。五年⑤,省入博平县。

6. **高唐县**(618—693)—**崇武县**(693—705)—**高唐县**(705—907)

高唐县,本隋清河郡旧县,隋末,隶贝州。武德四年,割隶博州。长寿二年,改为崇武县,取武氏吉意。神龙元年,复为高唐县。天宝元年,隶博平郡。十五载,隶博州。乾元二年,隶博平郡。宝应元年,隶博州。

附旧府 黎州总管府(619,621)

武德二年,取窦夏地置黎州总管府及黎、澶二州,并割相州总管府洹、卫二州,取隋殷州来属⑥,隶陕东道行台。是年,黎、洹、卫三州直属窦夏,殷州直属王郑,罢总管府及澶州。四年,平窦夏,以黎、洹、卫三州复置黎州总管府⑦,隶山东道行台,并复置澶州。是年,罢总管府及洹州,黎、澶二州隶前魏州总管府,卫州直属山东道行台。

附旧府新镇一 相州总管府(618—619)—山东道行台直辖地区(621—622)—洺州大总管府直辖地区(622—623)—磁州总管府(623)—相州

---

① 《旧唐志》博州序以为博平县系武德四年置。今依《旧唐志》博平县、《新唐志》、《太平寰宇记》,定为隋旧县。
② 《新唐志》作"三年",今依《旧唐志》。
③ 《旧唐志》博平县作"灵县",今依《旧唐志》、《太平寰宇记》博州序、《新唐志》。
④ 《太平寰宇记》博州高唐县:"故灵[泉]城,汉为县,在今县西二十里。"
⑤ 《新唐志》作"四年",今依《旧唐志》。
⑥ 此据《旧唐志》。《唐上柱国邢国公李君(密)之墓铭》云徐世绩武德二年为"使持节黎州总管殷卫澶四州诸军事、黎州刺史",疑脱"洹"字。
⑦ 《册府元龟》卷164:"武德三年正月,黎州总管李世勣自窦建德中自拔来归,帝大喜,遣使迎劳之,诏授黎州总管。"袁枢《通鉴纪事本末》卷27:"武德四年十二月,黑闼将兵数万进逼宗城,黎州总管李世勣先屯宗城,弃城走保洺州。"按武德三年时黎州犹未收复,李世勣所授黎州总管实为虚衔,至四年四月平窦建德,始复旧地。今即以四年起算。

总管府(623—624)—相州都督府(624—626)—洺州都督府(632—636)—相州都督府(636—643)—邺郡节度使(759—762)—相卫节度使(763)—洺相节度使(763)—相卫六州节度使(763—766)—昭义军节度使(766—776)—相卫澶节度使(829)

隋末,李魏以相、卫、洺、邢四州置相州总管府。武德元年,归唐,隶陕东道行台,置义、共、磁、紫四州,割邢州隶邢州总管府。二年,置岩、洹二州,割卫、义、洹三州隶黎州总管府。是年,相、共、紫、岩、磁、洺六州直属窦夏,罢总管府。四年,平窦夏,以相、岩、磁、洺四州及废黎州总管府之卫州、废邢州总管府之邢州、废赵州总管府之赵州为山东道行台直辖地区。五年,归刘汉,罢行台。是年,唐取洺、相、黎、卫、岩、磁、邢、赵八州①置洺州大总管府,寻废岩州。六年,平刘汉,罢大总管府,以磁、洺、相、黎、卫、邢六州置磁州总管府,隶定州大总管府,割赵州直属定州大总管府。是年,移总管府于相州,改为相州总管府。七年,改为相州都督府,隶幽州大都督府,割邢、洺二州隶邢州都督府。九年,罢都督府,相、黎、卫、洺、磁五州直属中央。贞观六年,以河北道直属地区相、卫、黎、前魏、洺、邢、贝七州复置洺州都督府②。十年,移都督府于相州,改为相州都督府。十三年,相州都督府督相、卫、黎、前魏、洺、邢、贝七州。十七年③,罢都督府,废黎州,余六州仍直属河北道。

乾元二年,史氏燕国取安氏燕国成安府及洺、邢、贝、博四州,唐魏、卫二州,改为邺、广平、巨鹿、清河、博平、魏、汲七郡,置邺郡节度使,治邺郡。宝应元年,归唐,罢镇,邺、清河、博平、汲、魏五郡隶河南道滑卫节度使,广平、巨鹿二郡隶河东道泽潞节度使。广德元年,割滑卫节度使相、卫二州及东畿观察使怀州置相卫节度使,治相州。未几,割魏博节度使贝州及泽潞节度使邢、洺二州来属,改为洺相节度使,卫、怀二州割隶泽潞节度使。是年,复割泽潞节度使卫、怀二州来属,改为相卫六州节度使。永泰元年,复置磁州。大历元年,改为昭义军节度使。四年,割怀州隶泽潞节度使。十一年,罢镇,相、卫、洺、贝四州隶魏博节度使,磁、邢二州隶泽潞节度使。

大和三年,割魏博节度使相、卫、澶三州置相卫澶节度使,治相州。是年,罢镇,相、卫、澶三州还隶魏博节度使。

---

① 《旧唐志》洺州序实列七州,当脱黎州,今补。
② 罗凯:《隋唐政治地理格局研究》,第301页。
③ 《旧唐志》原作"十六年",今据罗凯《隋唐政治地理格局研究》第300—301页考证改。

附旧府新镇二　邢州总管府(618—621)—邢州都督府(624—626)—东昭义军节度使(883—890)—邢洺磁都团练使(890)—邢洺磁节度使(890—901)

武德元年,取李魏相州总管府邢州置邢州总管府,隶陕东道行台,并置和、温、东龙、起①、封五州。二年,归窦夏②,隶恒州道行台。四年,平窦夏,罢总管府,废和、温、东龙、起、封五州,邢州直属山东道行台。七年,割相州都督府邢、洺二州及前冀州都督府宗州置邢州都督府③。九年,罢都督府,邢、洺二州直属中央,废宗州。

中和三年,割河东道昭义军节度使邢、洺、磁三州置东昭义军节度使,治邢州④。大顺元年(890),改东昭义军节度使为邢洺磁都团练使,属河北道。是年,升为邢洺磁节度使。天复元年,罢镇,邢、洺、磁三州复隶河东道昭义军节度使。

附旧府新镇三　赵州总管府(618—619)—深赵都团练使(782—784)

武德元年,以赵、井、岳、燕、恒、观、廉、前冀八州置赵州总管府,隶陕东道行台。是年,井、岳、燕、恒、观、廉、前冀七州没于窦夏,隶恒州道行台。二年,总管府废于窦夏⑤,赵州隶恒州道行台。

建中三年,以废成德军节度使之深、赵二州置深赵都团练观察使,治赵州。兴元元年,罢镇,深、赵二州复隶成德军节度使。

附旧府新镇四　后沧州总管府(619)—沧州总管府(621—622)—前景州总管府(622—624)—前景州都督府(624—626)—横海军节度使(784—829)—齐德节度使(829)—横海军节度使(829)—齐沧德节度使(829—831)—义昌军节度使(831—907)

武德二年,宇文许渤海郡丞王孝师来降,置后沧州总管府⑥,隶陕东道行台,管后沧一州。是年,陷于窦夏,罢总管府及后沧州。四年,平窦夏,以沧、

---

① 《旧唐志》、《太平寰宇记》原作"蓬",按诸史志,武德初邢州一带无蓬州,有起州,则"蓬"字当为"起"字之误,今改。
② 《资治通鉴》武德二年闰二月:"窦建德陷邢州,执总管陈君宾。"
③ 《旧唐书》卷59《任瑰传》:"及辅公祏平,拜邢州都督。隐太子之诛也,瑰弟璨时为典膳监,瑰坐左迁通州都督。"可知武德七年至九年间,曾置邢州都督府。
④ 《方镇研究》,第101页。"东"字系笔者所加。
⑤ 《新唐书》卷1《高祖纪》:"武德二年九月,窦建德陷赵州,执总管张志昂。"
⑥ 《资治通鉴》武德二年四月:"诏以王孝师为沧州总管。"

瀛二州置沧州总管府①,隶山东道行台,并置前景、东盐、棣三州。五年,沧、瀛、前景、东盐、棣五州直属刘汉,罢总管府。是年,唐取刘汉前景、瀛、东盐、沧四州,置前景州总管府,隶洺州大总管府。六年,隶定州大总管府。七年,改为前景州都督府,隶幽州大都督府。九年,罢都督府,前景、东盐、沧、瀛四州隶幽州都督府。

兴元元年,割义武军节度使沧州置横海军节度使。贞元五年,置后景州,自后亦号沧景节度使。元和十三年,割成德军节度使德、棣二州来属,移使治于德州。是年,还治沧州。十五年,横海军节度使领沧、棣、德、后景四州,治沧州。

长庆元年,废后景州。二年,置景州,割德、棣二州隶德棣节度使。是年,以废德棣节度使之德、棣二州来属。大和元年,割淄青平卢节度使齐州来属。二年,割棣州隶淄青平卢节度使。三年,移使治于德州,改为齐德节度使,未几,复还治沧州,仍为横海军节度使。是年,又改为齐沧德节度使,仍治沧州。四年,废景州。五年,更号义昌军节度使。咸通五年,割齐州隶天平军节度使。十四年,义昌军节度使领沧、德二州,治沧州。

景福元年,复置景州。

附旧府新镇五 定州总管府(621—622,622—623)—定州大总管府直辖地区(623—624)—定州都督府(624—631)—易定沧三州节度使(782)—义武军节度使(782—907)

武德四年,以废窦夏恒州道行台之定、恒、井、廉四直辖州置定州总管府,隶山东道行台,并置蒲②州。五年,归刘黑闼,罢总管府。是年,取刘汉定、廉二州复置定州总管府,隶洺州大总管府。六年,平刘汉,以废恒州道行台之恒、井、蒲、蠡、栾五州来属,并定、廉二州为定州大总管府直属地区。是年,以废洺州大总管府之直辖赵州来属。七年,复为定州都督府,隶幽州大都督府。八年,废蠡州。九年,直属中央,复置蠡州,并蒲州割隶幽州都督府。贞观元年,割隶河北道,废廉、栾二州。五年,罢都督府,定、恒、井、赵四州直属河北道。

建中三年,以废成德军节度使之易、定、沧三州置易定沧三州节度使,治定州。是年,改为义武军节度使,亦称易定节度使、定州节度使。兴元元年,

---

① 《资治通鉴》武德四年七月:"朝廷闻黑闼作乱,乃置山东道行台于洺州,魏、冀、定、沧并置总管府。"
② 《旧唐志》、《太平寰宇记》定州序原作"满",今依上文河间郡瀛州附蒲州注改。

割沧州隶横海军节度使。元和十五年,义武军节度使领定、易二州,治定州。

咸通十四年,义武军节度使领州不变。

景福二年,置祁州。

附旧府新镇六 德州总管府(621—622,623—624)—德州都督府(624—627)—平原节度使(759—760)—保信军节度使(809—810)—德棣节度使(822)

武德四年,平窦夏,置德州总管府,管德、棣、博、观四州,隶山东道行台。五年,陷于刘汉,罢总管府。六年,平刘汉,以德、博、观三州复置德州总管府,隶定州大总管府。七年,改为德州都督府,隶幽州大都督府。九年,直属中央。贞观元年,罢都督府,德、博、观三州直属河北道。

乾元二年,史思明以平原、景城、乐安、济南四郡置平原节度使①,治平原郡。后上元元年,归唐,罢镇,复平原郡为德州,景城郡为沧州,乐安郡为棣州,隶河南道淄沂节度使②,复济南郡为齐州,隶兖郓节度使。

元和四年,割成德军节度使德、棣二州置保信军节度使,治德州。五年,罢镇,德、棣二州还隶成德军节度使。

长庆二年(822),割横海军节度使德、棣二州置德棣节度使,治德州。是年,罢镇,德、棣二州还隶横海军节度使。

附旧府新镇七 前冀州总管府(621—624)—前冀州都督府(624—627)—深冀节度使(821)

武德四年③,平窦夏,以其废恒州道行台之前冀、深二州及贝、宗二直辖州置前冀州总管府,隶山东道行台。五年,陷于刘汉,罢总管府。六年,平刘汉,以前冀、深、贝、宗四州复置前冀州总管府,隶定州大总管府。七年,改为前冀州都督府,隶幽州大都督府,割宗州隶邢州都督府。九年,直属中央。贞观元年,罢都督府,前冀、贝、深三州直属河北道④。

---

① 据《元和姓纂》卷5,"诸郡刘氏"有平原节度刘瑨。按唐行郡制时无平原节度使之建置,故推知此平原节度使当系史氏燕国所为。其子昌裔贞元中任陈许节度使,亦可证刘瑨为安史之乱时期人。
② 《方镇研究》,第113页。
③ 《旧唐志》原系于六年。按《资治通鉴》武德四年七月:朝廷闻黑闼作乱,乃置山东道行台于洺州,魏、冀、定、沧并置总管府。是则始置于四年,收复于六年。
④ 艾冲《唐代都督府研究》第75页云,据《旧唐志》,贞观初年复置(前)冀州都督府,然查该志,不见该载,且查郁贤皓《唐刺史考全编》,自贞观初至龙朔初,前冀州刺史不兼都督,故不取其说。

长庆元年，割成德军节度使深、冀二州置深冀节度使，治深州。是年，罢镇，深、冀二州还隶成德军节度使。

附旧区新镇 恒州道行台直辖地区(618—621)—恒阳节度使(756—757，759—762)—成德军节度使(762—782)—恒冀都团练观察使(782—784)—成德军节度使(784—905)—武顺军节度使(905—907)

武德元年，窦建德取唐赵州总管府井、岳、燕、恒、观、廉、前冀七州，直属恒州道行台。二年，窦夏以其直辖易、深、瀛三州及取唐赵州来属。四年，恒州道行台归唐，罢之，赵州直属山东道行台，易州隶幽州总管府，井、恒、廉三州隶定州总管府，前冀、深二州隶前冀州总管府，瀛州隶沧州总管府，废岳、燕、观三州。

天宝十五载，安禄山建燕国，改河北道直属常山郡为恒州，博陵郡为定州，文安郡为莫州，赵郡为赵州，置恒阳节度使，治恒州，割范阳郡都督府上谷郡来属，改为易州。至德二载，罢恒阳节度使，恒、定、易、莫、赵五州隶范阳节度使。

乾元二年，范阳节度使史思明建燕国，复州为郡，割常山、博陵、上谷、饶阳、赵五郡复置恒阳节度使，治常山郡。宝应元年，史氏燕国恒阳节度使张忠志降唐，改为成德军节度使，复常山郡为恒州，博陵郡为定州，上谷郡为易州，饶阳郡为深州，赵郡为赵州。广德元年，割幽州卢龙节度使冀州来属。大历三年，置洺州。九年，废洺州。十年，割魏博节度使沧州来属。建中三年，降为恒冀都团练观察使，割深、赵二州隶深赵都团练观察使，定、易、沧三州隶易定沧三州节度使。兴元元年，复升为成德军节度使，以废深赵都团练观察使之深、赵二州来属。贞元元年，割幽州卢龙节度使德、棣二州来属。元和四年，割德、棣二州隶保信军节度使。五年，以废保信军节度使之德、棣二州来属。十三年，割德、棣二州隶横海军节度使。十五年，改恒州为镇州，成德军节度使领镇、冀、赵、深四州，仍治镇州，亦号镇冀节度使。

长庆元年，割深、冀二州隶深冀节度使。是年，以废深冀节度使之深、冀二州来属。咸通十四年，成德军节度使领镇、冀、赵、深四州，治镇州。

天祐二年，以避朱全忠祖讳，改为武顺军节度使。

附新镇 瀛莫都团练观察使(821)

长庆元年，割幽州卢龙节度使瀛、莫二州置瀛莫都团练观察使，治瀛州。是年，罢镇，瀛、莫二州还隶幽州卢龙节度使。

第三节　柳城郡(营州)都督府

前营州总管府(618—624)—前营州都督府(624—626,627—696,717—720)—营州都督府(723—742)—**柳城郡都督府**(742—756)—平卢军节度使暨安东都护府(756—762)

武德元年(618),以幽州总管府前营、平二州置前营州总管府①,隶陕东道行台,平州寻为高开道所据。三年,隶河东道行台。四年,隶山东道行台。五年,隶洺州大总管府,置崇、鲜二州②。六年,隶定州大总管府。七年,改为前营州都督府,隶幽州大都督府,以废行辽州总管府之行辽州来属。九年,罢都督府,前营、行辽、崇、鲜四州隶幽州都督府。贞观元年(627),复割幽州都督府前营、行辽、崇、鲜四州置前营州都督府③,隶河北道。二年,置昌、慎二州。三年,置师州,改崇州为北黎州。四年,降师、昌、北黎、鲜、慎、行辽六州为羁縻州④。十三年,前营州都督府督前营州及羁縻州若干。十九年,置后辽、岩、盖三州⑤。是年,废后辽、岩、盖三州⑥。二十三年,东夷都护府寄治于此。

显庆四年(659),罢东夷都护府。

武周万岁通天元年(696),前营州陷于契丹国,都督府寄治幽州,为行都督府。

唐开元五年⑦(717),以契丹降,复置前营州于故地,并复置前营州都督府。八年,再废都督府及前营州。十一年,仍置营州及营州都督府,割安东都

---

① 《资治通鉴》武德元年十二月:"隋襄平太守邓暠以柳城、北平二郡来降,以暠为营州总管。"
② 《旧唐志》崇州:"武德五年,分饶乐郡都督府置崇州、鲜州。"两《唐志》并有鲜州条,皆云武德五年置,《括地志·序略》脱鲜州。
③ 史志不载此事。按《旧唐志》幽州序,武德九年幽州都督府督营、辽等州,可知当年营州都督府已罢。而据《旧唐志》营州序,贞观二年,营州都督府又督昌州,可知此前已复置营州都督府,今定于贞观元年。
④ 史志不载此六州降为羁縻州时间。按《旧唐书》卷69《薛万彻传》,万彻长兄万淑贞观初至贞观四年间任营州都督、检校东夷校尉,东夷校尉乃为统领羁縻州专职,而唐羁縻州制始于贞观四年,可知该年营州都督府各州亦降为羁縻。
⑤ 《旧唐书》卷199《高丽传》。是年行辽等三州归属不详,姑系于营州都督府。
⑥ 《新唐书》卷220《高丽传》。
⑦ 两《唐志》蓟州、《旧唐志》、《太平寰宇记》营州作"四年",今依《旧唐书》卷8《玄宗纪》、两《唐书·宋庆礼传》、《唐会要》卷73、《册府元龟》卷689、《新唐志》营州。尹钧科《北京历代建置沿革》第104页、孙进己《东北历史地理》第二卷(黑龙江人民出版社,1989年)第263页、尤炜祥《两唐书疑义考释·旧唐书卷》第153页,亦主"五年"之说。

护府平州来属,置保定军,割隶安东都护府。

天宝元年(742),改营州为柳城郡,平州为北平郡,改营州都督府为柳城郡都督府。十三载,柳城郡都督府督柳城、北平二郡。十五载,北平郡归安氏燕国。是年(至德元载),以柳城郡都督府改置平卢军节度使,仍领柳城郡,兼安东都护,并割安东都护府保定、怀远二军来属,都护府只领直辖城及羁縻府州,亦称安东府。

乾元元年(758),复柳城郡为营州。宝应元年(762),营州及保定、怀远二军归史氏燕国范阳卢龙节度使,罢镇,安东都护府改为羁縻安东都护府①,隶河南道。

(一) 柳城郡(营州)

前营州(618—696,717—720)—营州(723—742)—**柳城郡**(742—758)—营州(758—762)—柳城郡(762—763)—营州(763—907)

柳城郡②,本隋旧郡,领柳城一县,武德元年,改为前营州,以隋旧州为名,隶幽州总管府,寻割置前营州总管府。五年,置昌黎县,割隶崇州;置宾徒县,割隶鲜州。七年,改总管府为都督府。贞观二年,置逢龙县,割隶慎州。三年,置阳师县,割隶师州。十三年,前营州领柳城一县。

武周万岁通天元年③,为契丹国所陷,州、县皆废。

唐开元五年④,以契丹降,复置前营州及柳城县于故地,并置前营州都督府。八年,府、州、县复废。十一年,仍以前营州故地置营州、柳城县及营州都督府。

天宝元年,复为柳城郡,隶柳城郡都督府。十三载,柳城郡领柳城一县。十五载,隶平卢军节度使。

乾元元年,复为营州。宝应元年,归史氏燕国,改为柳城郡,隶范阳卢龙节度使。二年,归唐,仍为营州,隶幽州卢龙节度使。元和十五年,营州领县

---

① 考详下编第四章《河南道羁縻地区》附"羁縻安东都护府曾领"序注。
② 《隋志》作"辽西郡",今依《旧唐志》、《太平寰宇记》。
③ 《旧唐志》、《太平寰宇记》营州作"二年",《唐会要》卷73作"五年",今依《旧唐书》卷6《则天皇后纪》,《唐会要》卷86、卷96,《册府元龟》卷986,《新唐书》卷4《则天皇后纪》,《新唐志》营州,《资治通鉴》。参详尤炜祥《两唐书疑义考释·旧唐书卷》,第153页。
④ 《旧唐志》作"四年"。《资治通鉴》云:开元四年八月辛未,契丹李失活、奚李大酺帅所部来降,"奚、契丹既内附,贝州刺史宋庆礼建议请复营州"。五年三月庚戌,制复置前营州都督于柳城,兼平卢军使,管内州县、镇戍皆如其旧制。盖宋庆礼建议于四年,复置州于五年,今依《新唐志》、《资治通鉴》。

一如天宝十三载。

咸通十四年,营州领县不变。

柳城县(618—696,717—720,723—907)

本隋柳城郡旧县,武德元年,隶前营州,为州治。五年,析置昌黎、宾徒二县。六年,以废燕州辽西、怀远二县省入,行辽州行威化县寄治于此。贞观二年,析置逢龙县。三年,析置阳师县。万岁通天元年,县废。开元五年,复置柳城县于故地,隶前营州。八年,复废。十一年,复置,隶营州。天宝元年,隶柳城郡,为郡治。乾元元年,复隶营州,为州治。宝应元年,隶柳城郡。二年,隶营州。

附旧县1:行威化县(623—630)

武德六年,置行威化县于前营州城(今辽宁朝阳市双塔区凌河街道狼山)①,隶行辽州,为州治。贞观四年,降为羁縻威化县。

附旧县2:逢龙县(628—630)

贞观二年,析柳城县置逢龙县,治魏昌黎城(今辽宁朝阳县台子镇)②,割隶慎州,为州治。贞观四年,降为羁縻逢龙县。

附旧县3:昌黎县(622—628)—行昌黎县(628—629)—昌黎县(629—630)

武德五年③,析柳城县置昌黎县,以晋昌黎郡昌黎县为名,治新昌黎城(今辽宁北票市大板镇)④,割隶崇州,为州治。贞观二年,寄治前营州柳城县故阳

---

① 《中国文物地图集·辽宁分册》下册第352页云,今朝阳市双塔区狼山南坡西部有唐、辽遗址,盖即其地。
② 《辽史》卷39《地理志》榆州高平军:"唐载初二年,析慎州置黎州,处靺鞨部落,后为奚人所据。"辽榆州在今辽宁凌源市,刘统《唐代羁縻府州研究》第158页据此推测:"慎州初置于今辽宁省凌源、喀喇沁左翼蒙古族自治县一带。"按凌源既为黎州之地,慎州当在其东、营州之西,疑因北朝昌黎城而置。《水经注》卷10:"白狼水又东北经昌黎县故城西,高平川水注之。"《东北历史地理》第二卷(黑龙江人民出版社,1989年)第169页据此定魏昌黎城于今朝阳县木头城子镇附近,然以"高平川水〔今老虎山河〕注之"判断,当修正为台子镇。张博泉等《东北历代疆域史》(吉林人民出版社,1981年)据《辽史·太祖纪》,云在今吉林农安县东,更失之太远,不取。
③ 《旧唐志》作贞观八年。按唐武德中所置州皆有县,崇州亦不例外,《辽史》卷39《地理志》建州:"唐武德中,置昌乐县。……永康县,本唐昌黎县地。""昌乐"当是"昌黎"之误,可证昌黎县确置于武德五年,《旧唐志》误。
④ 按崇州曾改为北黎州,显示其地在晋昌黎郡境,所置昌黎县当取晋旧县为名,去旧县不远。《辽史》卷39《地理志》建州:"唐武德中,置昌(乐)〔黎〕县,太祖完葺故垒,置州。……州在灵河之南,屡遭水害。"晋昌黎县治今义县,故今定唐昌黎县于北票市大板镇,在辽为黔州地,灵河,即今大凌河。《辽志》当系于黔州,而误系于建州。王绵厚《隋唐辽宁建置地理考》(载《东北地方史研究》1986年第1期)以为在朝阳市西南木头城子,《辽宁省志·地理志建置志》第211页以为在绥中县前卫屯,恐误。

师镇(今北票市凉水河乡下府村)①,为行县,隶北黎州。三年,移治故燕郡城(今辽宁义县城义州街道),去"行"字②。四年,降为羁縻昌黎县。

附旧县 4：阳师县(629—630)

贞观三年,析柳城县置阳师县,治故阳师镇(今辽宁北票市凉水河乡下府村)③,故名,割隶师州,为州治。四年,降为羁縻阳师县。

附旧县 5：宾徒县(622—630)

武德五年,析柳城县置宾徒县,治晋宾徒城(今辽宁凌海市温滴楼镇英城子)④,割隶鲜州,为州治。贞观四年,降为羁縻宾徒县。

附旧县 6：威化县(618—623)—龙山县(628—630)

威化县,本隋襄平郡旧县,治燕支城(今辽宁阜新市细河区华东街道高林台城址)⑤,武德元年,隶前辽州,为州治。六年⑥,州县为契丹所破,别置行州县于营州。寻以旧地置静蕃戍,隶鲜州。贞观二年,以鲜州静蕃戍置龙山县⑦,隶昌州,为州治。四年,降为羁縻县。

---

① 《北齐书》卷 4《文宣帝纪》："辛丑,至白狼城,壬寅,经昌黎城……癸卯,至阳师水,倍道兼行,掩袭契丹。甲辰,帝亲逾山岭,为士卒先,指麾奋击,大破之。……丁未,〔还〕至营州。"以每日军行里程度之,白狼城在今辽宁喀左县平房子乡,昌黎城在今朝阳县台子乡,阳师水即今北票市牤牛河下游,皆一日急行军程(一百五十里)。所逾山岭,即今北票市北努鲁儿虎山—青龙山。《东北历史地理》第二卷第 183 页以为阳师水即今老哈河上游之教来河,与北齐文宣帝先至阳师河后逾岭入契丹境之记载不合。翟文选等《奉天通志》卷 53 云："阳师水,疑即今养息牧河。阳师与养息音近故也。唐之师州,当于是地求之,则应在今彰武县境。"按养息牧河又在牤牛河东二日急行军程,绝非阳师水。《辽史》卷 39《地理志》建州云："圣宗迁于河北唐崇州故城。"《大清一统志》卷 28 承德府："阳师镇,在朝阳县东北。"王绵厚《隋唐辽宁建置地理述考》以为在牤牛河与大凌河汇合处之之北岸,今定于北票市凉水河乡下府村。

② 贞观三年,以故阳师镇置师州及阳师县,则行昌黎县当移还原境。

③ 《太平寰宇记》师州阳师县："贞观初,置州于营州东北废阳师镇。"阳师镇地望考详上文附昌黎县注。《辽宁省志·地理志建置志》第 233 页《唐代辽宁省行政建置示意图》标于今朝阳市双塔区桃花吐镇,当是受《大清一统志》影响,误以今顾洞河为阳师水之故。

④ 宾徒县：两《唐志》作"宾從(从)县"。按《大唐鲜州宾徒县令郭叅摩墓志》(载《文物》1993 年第 6 期)："永隆元年,诏授宾徒令。"地在晋宾徒县(今义县西),故名,两《唐志》误,今改。治地今依王绵厚《隋唐辽宁建置地理述考》定于锦县温滴楼镇营城子(今属凌海市,名英城子)。

⑤ 唐武德初东北各州皆隋旧郡改置,如前营州以柳城郡改,前燕州以辽西郡改,则前辽州应以襄平郡改,而襄平郡地望如后文附前辽州注所考,在今阜新市一带,处柳城、辽东二郡之正中,故前辽州治燕支城当在其地。《辽宁省志·地理志建置志》第 211、233 页以为辽州燕支城在新民县辽滨塔,恐非。

⑥ 原无,今按武德六年燕州徙幽州,推知辽州亦于是年移治前营州城内。

⑦ 《太平寰宇记》云静蕃戍在营州东北。营州东北之"蕃",指契丹,则静蕃戍当在营州东北靠近契丹处,不出今北票、阜新一带。既北票已有崇、师二州,则昌州宜置于今阜新市。张博泉等《东北历代疆域史》云在今奈曼旗境内,按其地已入契丹境,不取。

附旧州一：前辽州(618—623)—昌州(628—630)

本隋襄平郡,领威化一县。武德元年①,改为前辽州,隶燕州总管府,处契丹内稽孙敖曹部落,以汉晋辽西郡为名②,治威化县。二年,割置辽州总管府。六年,废,别置行辽州于营州。贞观二年,析鲜州置昌州及龙山县,处内附契丹松漠部落,隶前营州都督府。四年,降为羁縻昌州,龙山县降为羁縻县。

附旧州二：崇州(622—629)—北黎州(629—630)

武德五年,割营州昌黎县置崇州,处奚可汗部落,隶前营州总管府。七年,隶前营州都督府。贞观三年③,改为北黎州。四年,降为羁縻北黎州,昌黎县降为羁縻县。

附旧州三：鲜州(622—630)

武德五年,割前营州宾徒县置鲜州,处奚可汗部落,隶前营州总管府。七年,隶前营州都督府。贞观二年,置龙山县,割隶昌州。四年,降为羁縻鲜州,宾徒县降为羁縻县。

附旧州四：行辽州(623—630)

武德六年,置行辽州及行威化县于前营州城,仍处契丹孙敖曹部落,并置行辽州总管府。七年,罢总管府,行辽州隶前营州都督府。贞观四年,降为羁縻辽州④,行威化县降为羁縻县。

---

① 《新唐志》作"二年",按《旧唐志》幽州、营州序武德元年皆有辽州,《钦定日下旧闻考》卷一四二引《唐书》、《太平寰宇记》皆作"元年",今改。
② 孙进己等《东北历史地理》第二卷第205页考证,隋襄平郡约置于大业八年,应在今朝阳之东北,青山附近。此青山当即小青山(今医巫闾山),与大青山(今努鲁儿虎山)有别,据柳城、辽西、燕、辽东诸郡布局判断,襄平郡当在今阜新市一带,值汉晋辽西郡东境。岑仲勉《隋书求是》第329页以为襄平"实即辽东郡之后身",恐非。唐初辽州之前身,当不出隋襄平、辽东二郡,然辽州治燕支城,辽东郡治通定镇(武厉逻),两者有别,且辽东较远,恐已复没于高丽,似不得更为辽州。又据《旧唐书》卷一九九《契丹传》:"契丹有别部酋帅孙敖曹,初仕隋,为金紫光禄大夫。武德四年,与靺鞨酋长突地稽俱遣使内附,诏令于营州城傍安置,授云麾将军、行辽州总管。"故知前辽州乃以契丹孙敖曹部置。
③ 《旧唐志》、《太平寰宇记》崇州昌黎县作"二年",今依《旧唐志》营州都督府序、《新唐志》。
④ 《旧唐志》河北道威州载:"贞观元年,改(辽州)为威州,隶幽州大都督。"《新唐志》河北道契丹羁縻州载:"威州,本辽州,贞观元年更名,后侨治良乡之石窟堡。"按贞观十年又以突厥降众置威州,与辽州同隶前营州都督府,则辽州不应于贞观元年更名威州,否则同一都督府内有两威州重名,且据《括地志·序略》引《贞观十三年大簿》,前营州都督府下辽、威二州并存,证明贞观十三年仍有辽州。又考辽州改隶属幽州都督府是在万岁通天二年(神功元年),因疑该年辽州乃改威州,两《唐志》误书"神功元年"为"贞观元年"。

附旧州五：慎州(628—630)

贞观二年①，割前营州逢龙县置慎州，处粟末靺鞨乌素固部落，隶前营州都督府。四年，降为羁縻慎州，逢龙县降为羁縻县。

附旧州六：师州(629—630)

贞观三年，割前营州阳师县置师州，取阳师县末字为名，处契丹室韦部落，隶前营州都督府。四年，降为羁縻师州，阳师县降为羁縻县。

（二）北平郡（平州）

北平郡(618)—平州(619—696，697—742)—北平郡(742—758)—平州(756—757)—北平郡(757—758)—平州(758—759)—北平郡(759—763)—平州(763—907)

北平郡，本隋旧郡，领肥如、临渝二县②，武德元年，隶幽州总管府，寻割隶营州总管府。是年，为高开道所据，徙治临渝县。二年③，收复，改为平州，以隋旧州为名，治肥如县，隶幽州总管府，改肥如县为卢龙县，更置抚宁县。七年，直属幽州大都督府，省临渝、抚宁二县。九年，隶幽州都督府。贞观十三年，平州领卢龙一县。十五年，复置临渝县。

武周万岁通天元年，陷于契丹国。二年，收复，置石城县，省临渝县。长安四年，平州领卢龙、石城二县，治卢龙县。

唐神龙元年，割隶后营州都督府④。开元二年，割隶安东都护府。十一年，割隶营州都督府⑤。二十八年，置马城县。

天宝元年，改为北平郡，隶柳城郡都督府。十三载，北平郡领卢龙、马城、石城三县，仍治卢龙县。十五载，安氏燕国取为平州，隶范阳节度使。至德二载，归唐，复为北平郡，隶范阳节度使。

---

① 《旧唐志》作"武德初"。按该志营州都督府序，武德间前营州都督府领州无慎州，而《旧唐书》卷2载：贞观二年"二月丙戌，靺鞨内属"，则慎州当以此置，"武德初"似为"贞观初"之误。
② 《隋志》北平郡有卢龙县，无肥如、临渝二县。按《太平寰宇记》云："仍改肥如县为卢龙县，复开皇之旧名。"是知肥如县本隋卢龙县，隋末改为肥如。又，隋北平郡有临渝宫，则临渝县亦当置于隋末，今为改、补。
③ 《新唐志》作"元年"，《太平寰宇记》平州卢龙县："武德三年，省临渝，移平州置此。"今依《旧唐志》、《寰宇记》平州序。
④ 史志不载此事。按神龙元年割幽州渔阳、玉田二县置后营州，并置后营州都督府，平州被隔在后营州之东，不与幽州都督府相接，推知平州于该年割隶后营州都督府。
⑤ 《唐会要》卷73："开元十一年三月六日，安东都护府却归燕郡，平州依旧置。"即平州依旧隶后营州都督府(后移还故地，仍为营州都督府)。据《旧唐志》幽州序，天宝元年，范阳郡都督府不领北平郡(平州)，亦可证北平郡已改属营州(柳城郡)都督府。

乾元元年,复为平州。二年,归史氏燕国,改为北平郡,隶范阳节度使。宝应元年,隶范阳卢龙节度使。二年,归唐,仍为平州,隶幽州卢龙节度使。元和十五年,平州领县一如天宝十三载。

咸通十四年,平州领县不变。

1. 肥如县(618—619)—卢龙县(619—907)

卢龙县,本隋北平郡肥如县,为郡治。武德元年,高开道移郡治于临渝县。二年,唐取隶平州,为州治,改为卢龙县,以隋旧县为名,并析置抚宁县。七年,省抚宁、临渝二县来属。贞观十五年,复析置临渝县。万岁通天二年,析置石城县,省临渝县来属。天宝元年,隶北平郡,为郡治。乾元元年,复隶平州,为州治。二年,隶北平郡。宝应二年,隶平州。

附旧县1:抚宁县(619—624)

武德二年,析卢龙县置抚宁县,取怀柔之意,治抚宁城(今河北抚宁县骊城街道),隶平州。七年,省入卢龙县。

附旧县2:临渝县(618—624,641—697)

本隋北平郡旧县,武德元年,高开道移郡治于此。二年,隶平州,移州治于肥如县。七年,省入卢龙县。贞观十五年,析卢龙县复置临渝县,仍治故临渝城(今抚宁县榆关镇),隶平州。万岁通天二年,省入卢龙县。

2. 马城县(740—907)

开元二十八年,析卢龙县置马城县,治马城(今河北乐亭县古河乡)①,隶平州。天宝元年,隶北平郡。乾元元年,复隶平州。二年,隶北平郡。宝应二年,隶平州。元和后,移治新马城(今河北滦南县马城镇)②。

3. 石城县(697—907)

万岁通天二年③,析卢龙县置石城县,以汉旧县为名,治石城(今河北唐山市丰润区王官营镇)④,隶平州。天宝元年,隶北平郡。乾元元年,复隶平州。

---

① 《州郡典》北平郡:"南到马城县一百八十里。"《太平寰宇记》平州马城县:"(州)南一百七十二里。"《辽史》卷40《地理志》滦州:"马城县:本卢龙县地,唐开元二十八置县,以通水运。"则马城县初置时在滦水下游,临海,在平州南一百七十余里,今定于乐亭县古河乡,其地盖古为滦河下游。唐后期(当是元和后),始北移至今滦南县马城镇。
② 《纪要》滦州:"马城废县:州(西)〔东〕南四十里。"
③ 《辽史》卷40《地理志》平州石城县作"元年",今依两《唐志》、《太平寰宇记》。
④ 《州郡典》北平郡:"西北到石城县一百四十里。"《太平寰宇记》平州石城县:"(州)西一百四十一里。"今定于丰润县王官营镇。《地图集》定于今滦县榛子镇,里距稍短。《辽史》卷40《地理志》平州石城县:"在滦州南三十里,唐仪凤石刻在焉。"按仪凤时犹未置石城县,疑是仪凤时为汉石城县而刻,非唐石城也。

二年,隶北平郡。宝应二年,隶平州。

附旧府一　燕州总管府(618—623)

武德元年,割前营州总管府之前燕、前辽二州置燕州总管府,隶陕东道行台。二年,割前辽州隶辽州总管府。三年,隶河东道行台。四年,隶山东道行台。五年,隶洺州大总管府。六年,罢总管府,置行燕州总管府于幽州(以后沿革见本章第一节附行燕州总管府)。

附旧府二　辽州总管府(619—623)—**行辽州总管府**(623—624)

武德二年,割燕州总管府之前辽州置辽州总管府,隶陕东道行台。三年,隶河东道行台。四年,隶山东道行台。五年,隶洺州大总管府。六年,隶定州大总管府,与前辽州并寄治前营州城内,改为行辽州总管府,改前辽州为行辽州。七年,罢总管府,行辽州隶前营州都督府。

附旧府三　东夷都护府(649—659)

贞观二十三年,升前营州都督府东夷校尉置东夷都护府,统羁縻松漠、饶乐二州都督府之地,寄治前营州①,以前营州都督兼东夷都护,属河北道。显庆四年,罢都护府,羁縻松漠、饶乐州都督府改隶前营州都督府②。

第四节　安东都护府

安东都护府(668—762)

总章元年(668),平藩属高丽国,以其地置安东都护府,领羁縻卫乐等州都督府③,治羁縻卫乐州(今朝鲜平壤市大城区古城),属河北道。前上

---

① 《唐会要》卷73、《新唐书》卷219《奚传》。刘统《唐代羁縻府州研究》第103页认为东夷都护府以统领营州附近九羁縻州为本职,兼领松漠、饶乐二羁縻都督府地。如此,则营州都督府无事可做,故笔者以为当从《唐会要》、《新唐书》所记,东夷都护府仅以统松漠、饶乐而置。

② 刘统《唐代羁縻府州研究》第104页以为麟德年间东夷都护府已废。按郁贤皓《唐刺史考全编》,自程名振以后,历任营州都督不兼东夷都护,而程名振显庆四年调任晋州刺史。又《新唐书·契丹、奚传》云,显庆间,契丹与奚联合叛唐。则东夷都护府当因程名振离任及二蕃之叛而罢,事在显庆四年。

③ 《旧唐书》卷5《高宗纪》:"总章三年正月辛卯,列辽东地为州县。"〔日〕津田左右吉《安东都护府考》(载《满鲜地理历史研究报告》第一册,1915年)怀疑"或是元年的州县制从此时开始实施",可从。

元三年①(676),都护府移治羁縻辽城州(今辽宁辽阳市文圣区武圣街道),置都护府直辖地区。仪凤二年(677),都护府移治羁縻新城州(今辽宁抚顺市顺城区抚顺城街道)。

武周长安四年(704),安东都护府寄治幽州②,仍有一直辖地区,并领羁縻府州若干。

唐开元二年(714),割后营州都督府平州来属,移治平州。十一年,割营州都督府保定军来属,都护府移治保定军,割平州隶营州都督府。

天宝二年(743),置怀远军。十三载,安东都护府有一直辖地区,并领保定、怀远二军及羁縻府州若干,治保定军。十五载(至德元载),割保定、怀远二军隶平卢军节度使,都护以平卢军节度使兼。

宝应元年(762),降为羁縻都护府,改属河南道。

(一) 保定军

前燕州(618—623)—保定军(723—762)

保定军,本隋辽西郡,领辽西、泸河、怀远三县,武德元年,改为前燕州,以隋燕郡为名,隶幽州总管府,仍寄治前营州。是年,割置燕州总管府,省泸河县。六年,总管突地稽率所部州县入幽州③,置行燕州(以后沿革见本章第一节"范阳郡都督府"归德郡燕州)。

开元十一年,割营州都督府地置保定军,治故燕郡城(今辽宁义县城义州街道)④,割隶安东都护府,为府治。

---

① 《通典》作"二年",今依《旧唐书》卷5《高宗纪》、两《唐志》、《资治通鉴》。
② 据郁贤皓《唐刺史考全编》,长安四年至开元二年间,唐休璟、薛讷两任幽州都督皆兼安东都护,似可说明此段时期安东都护府寄治幽州。
③ 《旧唐书》卷199《靺鞨传》:"武德初,(突地稽)遣间使朝贡,以其部落置燕州,仍以突地稽为总管。刘黑闼之叛也,突地稽率所部赴定州,遣使诣太宗请受节度,以战功封著国公,又徙其部落于幽州之昌平城。会高开道引突厥来攻幽州,突地稽率兵邀击,大破之。"
④ 《新唐志》:"营州东百八十里至燕郡城,又经汝罗守捉,渡辽水。"《地图集》置燕郡城于今义县城义州街道(旧城关镇),即municip宜城故址,今依之。王绵厚《唐"营州至安东"陆路交通地理考实》(载《辽海文物学刊》1986年创刊号)以为在义县南七里河镇开州屯(《东北历史地理》第二卷第204页从之),里距稍远,且据《中国文物地图集·辽宁分册》下册第224页,开州屯实为辽开义县故址,故不取。据《隋书》卷61《史雄传》、卷63《史祥传》、卷65《薛世雄传》、《旧唐书》卷55《高开道传》,大业九年析辽西郡置燕郡,领怀远县(治怀远镇,今辽中县满都户镇)。十年,因炀帝班师,与怀远县移于辽西郡境(今义县城)。十一年,为高开道所掠,郡废,怀远县复隶辽西郡。

天宝二年,移军治于故辽西城(今辽宁北镇市闾阳镇)①,并析置怀远军。十三载,保定军治地不变。至德元载(756),改隶平卢军节度使。

宝应元年,归史氏燕国,废入柳城郡。

附旧县1:辽西县(618—623)

本隋辽西郡旧县,治汝罗城(今北镇市闾阳镇),隋末寄治柳城郡柳城县(今辽宁朝阳市双塔区凌凤街道)②,武德元年,隶前燕州,为州治。六年,随州移幽州境,为行辽西县。

附旧县2:泸河县(618)

本隋辽西郡旧县,武德元年,隶前燕州。是年,省入怀远县。

附旧县3:怀远县(618—623)

本隋辽西郡旧县,武德元年,隶前燕州,省泸河县来属。六年,随州移幽州境,为行怀远县。

(二) 怀远军

怀远军(743—762)

天宝二年,析保定军置怀远军,治故辽东城(今辽宁新民市高台子镇吉祥堡)③,隶安东都护府。十三载,怀远军治地不变。至德元载,改隶平卢军节度使。

---

① 《东北历史地理》第二卷第271页云:"《资治通鉴》卷250注:'宋白曰:营州东南二百七十里,有保定军,旧安东都护府。'此安东都护府即唐代最后治于辽西故郡城者,可证当时安东都护府即治于保定军。"《辽史·地理志》咸州:"咸平县,唐安东都护,天宝中治营、平二州间,即此。"咸平县在今辽宁开原市境,而《地图集》标辽西故郡城于今辽宁凌海市高峰镇。李渊等《唐安东都护府的几个问题》(载《黑龙江民族丛刊》2002年3期)认为位于今锦州附近。王蕊《唐代安东都护府治所移徙及其职能演变》(载《陕西历史博物馆馆刊》第17辑)以为在今义县。今按地理形势,北宁市闾阳镇背靠医巫闾山,面临渤海湾沮洳地带,扼营州通辽东半岛要道,地势高于凌海市高峰镇,且距辽东较近,辽西故郡城当以定在闾阳镇为是。

② 《旧唐志》燕州:"隋辽西郡,寄治于营州。"《太平寰宇记》燕州辽西县:"隋大业十一年,改理柳城。"王绵厚《隋唐辽宁建置地理述考》、《辽宁省志·地理志建置志》第211页云隋唐之际燕州治义县东南王氏屯(按地名实为王民屯,今属张家堡镇,第233页附图标于今白庙子乡他山屯),误。

③ 《东北历史地理》第二卷第276页云:"《唐会要》卷78:'怀远军,在故辽城,天宝二年,安禄山奏置焉。'按此所谓故辽城,当即故辽州,初治于燕支城者。"《隋书》卷81《高丽传》:"大业八年,于辽水西拔贼武厉逻,置辽东郡及通定镇而还。"《纪要》卷37广宁右卫云:"通定镇,在卫东百八十里,近辽水。"可知故辽城即隋辽东郡城通定镇,据王绵厚《唐"营州至安东"陆路交通地理考实》,在今新民市高台子镇吉祥堡,非故辽州燕支城,燕支城在今阜新市,考详本章第三节"柳城郡都督府"柳城郡营州附前辽州注。辽东郡盖废于大业十一年辽西郡、燕郡西迁之时。

宝应元年,归史氏燕国,废入柳城郡。

(三) 安东都护府直辖地区
安东都护府直辖地区(676—762)

前上元三年,以泊汋、平壤、□□、□□四城为安东都护府直辖地区。
武周长安四年,安东都护府直辖泊汋、平壤、□□、□□四城。
唐开元二十三年,割浿江(今沸流—大同江)以南□□、□□二城隶藩属新罗国①。天宝十三载,安东都护府直辖泊汋、平壤二城。至德元年后,亦称安东府。
宝应元年,改为羁縻安东都护府直辖地区。

1. 泊汋城(676—819)

前上元三年,废羁縻舍利州为泊汋城(即故安平城,今辽宁丹东市振安区九连城镇叆河尖古城)②,直属安东都护府。宝应元年,直属羁縻安东都护府。元和十四年,并入藩属渤海国。

2. 平壤城(676—819)

前上元三年,废羁縻卫乐州为平壤城(今朝鲜平壤市大城区古城)③,直属安东都护府。至德元载,隶安东都护府。宝应元年,直属羁縻安东都护府。元和十四年,并入藩属渤海国。

附旧城1:□□城(676—735)

前上元三年,废羁縻去旦州为□□城(今朝鲜黄海南道新院郡长寿山城)④,直属安东都护府。开元二十三年,割属藩属新罗国。

附旧城2:□□城(676—735)

前上元三年,废羁縻居素州为□□城(今朝鲜开城市平和里)⑤,直属安东都护府。开元二十三年,割属藩属新罗国。

---

① [朝]金富轼:《三国史记》卷8新罗孝昭王三十四年(735):"(金)义忠回,敕赐浿江以南地。"三十五年(736):"夏六月,遣使入唐贺正,仍附表陈谢曰:'伏奉恩敕,赐浿江以南地境。'"则自开元二十三年以后,沸流—大同江以南黄海南北道地区始割属新罗(或正式承认新罗的占领)。《新唐志》:"过乌牧岛、浿江口、椒岛,得新罗西北之长口镇。"长口,即长渊川口,今黄海南道长渊西之南大川入海口,南大川,古时盖称长渊川。可见迄止贞元年间,浿江一直是唐罗边界。
② 考详本卷下编第三章《河北道羁縻地区》第三节"安东都护府所领"附羁縻舍利州都督府。
③ 考详本卷下编第三章《河北道羁縻地区》第三节"安东都护府所领"附羁縻卫乐州都督府。
④ 考详本卷下编第三章《河北道羁縻地区》第三节"安东都护府所领"附羁縻去旦州都督府。
⑤ 考详本卷下编第三章《河北道羁縻地区》第三节"安东都护府所领"附羁縻居素州都督府。

附旧州一：后辽州(645)

贞观十九年,取高句丽地置后辽州,治辽东城(今辽宁辽阳市白塔武圣街道),取其首字为名,隶营州都督府。是年,未及置县,拔其民内徙,州废①。

附旧州二：盖州(645)

贞观十九年,取高句丽国地置盖州,治盖牟城(今辽宁抚顺市新抚区东公园街道劳动公园古城),取其首字为名,隶营州都督府。是年,未及置县,拔其民内徙,州废②。

附旧州三：岩州(645)

贞观十九年,取高句丽国地置岩州,治白岩城(今辽宁灯塔市铧子镇城门口村)③,取其末字为名,隶营州都督府。是年,未及置县,拔其民内徙,州废④。

附旧府 扶余都护府(660—674)

显庆五年(660),平藩属百济国,以其地置扶余都护府及羁縻府州若干⑤,治羁縻熊津州(今韩国忠清南道扶余),属河北道。咸亨五年(前上元元年,674),都护府及羁縻府州没于藩属新罗国⑥。

附旧国一 魏刀儿大魏国(618)—窦建德大夏国(618—621)—刘黑闼汉东国(622—623)

武德元年(618),魏刀儿据隋博陵郡深泽县称帝,建大魏国,寻改博陵郡为

---

① 据两《唐书·高丽传》及《资治通鉴》,贞观十九年五月,唐军拔辽东城,置辽州,六月,拔白岩城,置岩州,以孙代音为刺史,又以盖牟城置盖州。十月,唐军返,徙三州户口入内,高丽复取辽东、白岩、盖牟等十城。三州为时甚短,未及置县,故知三州乃在筹建中。
② 《新唐书》卷220《高丽传》。
③ 谭其骧《〈中国历史地图集〉释文汇编》东北卷以为在今辽阳市弓长岭区安平乡,今依孙进已等《东北历史地理》第二卷第328页。
④ 《新唐书》卷220《高丽传》。
⑤ 《唐平百济碑》(载《海东金石苑》卷1)及《三国史记》录新罗文武王《报薛仁贵书》皆云,刘仁愿在平百济后任都护兼知留镇。《旧唐书》卷84《刘仁轨传》云:"苏定方既平百济,留郎将刘仁愿于百济府城镇守。"崔致远《上太师侍中状》(载《孤云集》卷1)亦云:"显庆五年,苏定方统十道强兵,楼船万只,大破百济,乃于其地置扶余都督府。"熊义民《论高丽对百济和高句丽故地的统治体制》(载《中外关系史百年学术回顾与展望国际学术研讨会论文集》,2004年)据此认为唐灭百济后,曾于百济故地置扶余都护府,但崔致远误都护府为都督府。今从之。
⑥ 熊义民《论高丽对百济和高句丽故地的统治体制》云:"《新唐书·新罗传》说唐咸亨五年新罗略百济地守之,唐高宗怒削金法敏官爵,这表明至迟在674年新罗就已基本夺取了百济故地。……因此扶余都护府充其量存在了十四年。"今从之。

定州而都之,并取唐易州。是年,窦建德取隋河间、渤海二郡置瀛、前沧二州,建大夏国,改元五凤,都乐寿,号金城宫。寻灭魏刀儿魏国,增置深州,李魏德州来归,遂置内史令以统六州①;又取唐赵州总管府井、岳、燕、恒、观、廉、前冀七州,置恒州道行台以统之。二年,灭宇文氏许国,得武阳、清河二郡,改为前魏、贝二州,又取唐相(相、洺、共、磁、紫、岩六州)、黎(黎、澶、洹、卫四州)、邢(邢、和、温、东龙、起、封六州)、后沧(后沧)、赵(赵)五州总管府,罢总管府及后沧州,以前魏、贝、相、洺、共、磁、紫、岩、黎、洹、澶、卫、邢、和、温、东龙、起、封十八州为中央直辖州,迁都洺州,号万春宫,置黄州,以赵州及中央直辖定、深、瀛三州隶恒州道行台。是年,唐济、齐、兖三州总管府来归,皆罢之,以济、郓、范、齐、邹、淄、兖、沂八州置河南道行台②。三年,河南道行台八州归王郑,行台寄治洺州。四年,恒州道行台胡大恩以其地归唐。是年,攻王郑部将孟海公,得滑州行台直辖地区及曹州总管府,又取唐管州总管府及濮州,罢其行台、总管府,以滑、燕、胙、濮、曹、戴、管、郑、荥、牟、溱、密、兴、东梁十三州隶河南道行台。是年,建德败,夏国亡,其直辖十九州及河南道行台十三州尽归于唐③。

五年正月,刘黑闼据窦建德故地,称汉东王,建元天造,都于洺州,其设法行政,皆师建德,唐兖州总管徐圆朗等附之,遂有洺、毛、博、莘、前魏、黎、澶、卫、相、磁、邢、宗、贝、德、观、前景、东盐、沧、棣等四十九州④,置兖州道

---

① 《资治通鉴》武德元年十一月,建德见(唐冀州刺史麹)棱,曰:"卿忠臣也。"厚礼之,以为内史令。
② 《资治通鉴》武德二年十二月:"(窦建德)欲自将徇河南,先遣其行台曹旦等将兵五万济河,(徐)世勣引兵三千会之。"三年正月:"曹旦遂取济州,复迁洺州。"则曹旦所取河南地未定,所任行台当以河南道行台为名。
③ 《旧唐书》卷54《窦建德传》:"武德四年,左仆射齐善行将数百骑遁于洺州……乃与建德右仆射裴矩、行台曹旦及建德妻率伪官属举山东之地奉传国等八玺来降。"《资治通鉴》武德四年五月:"窦建德博州刺史冯士羡复推淮安王神通为慰抚山东使,徇下三十余州,建德之地悉平。"
④ 《资治通鉴》载,武德四年八月,刘黑闼陷鄃县,魏、贝二州刺史与战,皆败死,黑闼悉取其余众。兖州总管徐圆朗举兵附黑闼,兖、郓、陈、杞、伊、(洺)〔沂〕、曹、戴等八州豪右皆应之。九月,淮安王神通将关内兵至冀州,与李艺兵合,又发邢、洺、相、魏、恒、赵等州,与黑闼战于饶阳城南,败绩。十月,黑闼陷瀛州,观州人执刺史雷德备以城降之。毛州民作乱,杀元恺以应黑闼。王薄因说青、莱、密诸州,皆下之。圆朗昌州治中刘善行以须昌来降。十一月,黑闼陷定州,执总管李玄通。杞州人杀刺史,以城应徐圆朗。十二月,黑闼陷冀州,杀刺史麹棱。黑闼移书赵、魏,故窦建德将卒争杀唐官吏以应黑闼。黎州总管李世勣弃城走保洺州,黑闼追击世勣等,破之,世勣仅以身免。洺州土豪翻城应黑闼,黑闼于城东南告天及祭窦建德而后入。后旬日,引兵攻拔相州,执刺史房晃。黑闼南取黎、卫二州,陷邢州、赵州、魏州,杀总管潘道毅;又陷莘州。半岁之间,尽复建德旧境。五年正月,济州别驾刘伯通执刺史窦务本以州附圆朗;东盐州治中王才艺杀刺史田华以城应黑闼。四月,圆朗使刘世彻徇谯、杞二州,所向皆下。六月,刘黑闼至定州,其故将曹湛、董康买亡命在鲜虞,复聚兵迎之。九月,黑闼陷瀛州,杀刺史;盐州人以城叛应黑闼。十月,观州刺史刘会以城叛附黑闼。淮阳王道玄之败也,山东震骇,洺州总管庐江王瑗弃城西走,州县皆叛附黑闼,旬日间,黑闼尽复故地。十一月,沧州刺史程大买为黑闼所迫,弃城走。黑闼拥兵而南,自相州以北州县皆附之,唯魏州总管田留安勒兵拒守,黑闼攻之不下。十二月,刘黑闼陷恒州,杀刺史王公政。

行台(统兖、沂、郓、范、寿、济、麟、金、杞、陈、曹、戴、濮、徐、泗、仁、邳、鄑、北谯十九州)①、恒州道行台(统恒、定、蠡、蒲、瀛、前冀、饶、廉、赵、栾、井十一州)②。是年,唐取其洺、相、前魏、黎、澶、卫、磁、赵、邢、莘、定、廉、沧、瀛、东盐、前景、杞、陈、北谯、徐、泗、仁、邳、鄑、曹、戴、濮、郓、济、沂三十州③,废寿、范、麟、金四州。六年,唐平刘黑闼、徐圆朗,收复河北恒、井、栾、观、蒲、前冀、宗、饶、蠡、德、棣、贝、博、毛十四州及河南兖州④,罢恒州道、兖州道二行台。

附旧国二 宇文化及大许国(618—619)

武德元年(618),宇文化及据隋渤海、彭城、下邳三郡并取李魏魏、贝、济、齐、邹、淄、曹七州称帝⑤,建大许国,复改魏州为武阳郡,贝州为清河郡,济州为济北郡,齐州为齐郡,曹州为济阴郡,废邹、淄二州,以武阳郡为都城,年号天寿。是年,取綦公顺青、莱、密三州来属,改为北海、东莱、琅邪三郡,徐圆朗以兖、沂、郓三州来属⑥,改为鲁、琅邪、东平三郡。二年,窦夏灭许国,取武阳郡、济北、齐、北海、东莱、高密、渤海、鲁、琅邪、东平九郡归唐⑦,济阴、彭城、下邳三郡归王郑。

---

① 《资治通鉴》武德四年八月:"圆朗执彦师举兵反,黑闼以圆朗为大行台元帅。"
② 《资治通鉴》武德五年正月:"黑闼遁还,遣其弟十善与行台张君立将兵一万,击(李)艺于鼓城。"
③ 《资治通鉴》武德五年二月,汴州总管王要汉攻徐圆朗杞州,拔之。四月,行台民部尚书史万宝攻徐圆朗陈州,拔之。七月,世民击徐圆朗,下十余城,声振淮、泗。十一月,齐王元吉遣兵击刘十善于魏州,破之。十二月,幽州大总管李艺复廉、定二州,田留安击刘黑闼,破之,获其莘州刺史孟柱。《旧唐书》卷55《刘黑闼传》:"武德五年十一月,高祖遣齐王元吉击之,迟留不进,又令隐太子建成督兵进讨,频战大捷。(按:当取相、洺、邢等州)"《旧唐志》沧州长芦县:"五年,(刘黑闼)贼平,置景州总管府,管沧、瀛、东盐、景四州。"
④ 《资治通鉴》武德六年正月,刘黑闼所署饶州刺史诸葛德威执黑闼,举城降。二月,徐圆朗穷蹙,与数骑弃城走,为野人所杀,其地悉平。
⑤ 《资治通鉴》武德二年闰二月:"〔初〕宇文化及以珍货诱海曲诸贼,贼帅王薄帅众从之。……既而宇文士及自济北馈之,化及军稍振,遂复拒战。"渤海湾(海曲)济北、齐、北海、渤海诸郡之归宇文氏,盖在其建国之初,《资治通鉴》系于武德二年闰二月宇文氏败亡之时,盖追述也,当冠以"初"字。
⑥ 史志不载此事。按武德元年九月李密败后,徐圆朗至二年七月始降唐,其间依地理形势分析,当归宇文氏许国。今补。
⑦ 《资治通鉴》武德二年三月:"四月,诏以王薄为齐州总管,伏德为济州总管,郑虔符为青州总管,綦公顺为(淮)〔濰〕州总管,王孝师为沧州总管。"《资治通鉴》武德二年七月:"海岱贼帅徐圆朗以数州之地请降,拜兖州总管,封鲁国公。"

附旧新国 高昙晟大乘国(618—620)—高开道燕国(620,622—624)—李尽忠契丹国(696—697)—史氏大燕国(759—763)

武德元年(618),高昙晟隋涿郡以幽州怀戎县建大乘国,建元法轮①,置后燕州,以为都城。三年,为高开道所灭,改为燕国,建元始兴②。是年,高开道以后燕州降唐。五年,高开道以北燕州重建燕国,改元天成③,改北燕州为燕州。七年,为唐所灭。

武周万岁通天元年,营州都督府所领羁縻松漠州都督李尽忠以所部及营州附近羁縻州叛,攻陷营州,称可汗,建契丹国,奚饶乐都督及后突厥霫部并应之。是年,尽忠卒,孙万荣继领其众,攻陷平、瀛、冀等州。二年,陷赵州。是年,国亡,万荣余众及奚、霫诸部皆降于后突厥国④。

乾元二年(759),范阳节度使史思明灭安氏燕国,得成安府及洺、邢、贝、博四州,并所部幽、蓟、平、檀、燕、顺、归顺、妫、易、定、赵、恒、深、冀、瀛、莫、沧、德、棣、魏二十州建大燕国,年号应天,仍置范阳节度使,升幽州为燕京范阳府,降成安府为邺郡,各州改为郡。未几,又取唐河北道卫州、河南道河南府及怀、汝、郑⑤、许、汴、宋、曹、滑、濮、齐十州,改为郡,改元顺天。是年,史氏燕国有三十七府郡,置范阳(范阳、北平、妫川、密云、渔阳、顺义、归德、归化、文安、信都、河间十一府郡)⑥、恒阳(常山、博陵、上谷、饶阳、赵五郡)⑦、平原(平原、景城、乐安、济南四郡)⑧、邺郡(邺、广平、巨鹿、清河、博平、魏、汲七郡)、河南(河南、河内、临汝三府郡)⑨、滑郑汴(灵昌、荥阳、陈留、颍川四郡)⑩、睢阳(睢阳、济阴、

---

① 《旧唐书》卷55《高开道传》。
② 《资治通鉴考异》武德元年十二月云:"宋庠《纪年通谱》:武德元年,开道年号始兴,云出《历代纪要录》。"按武德二年开道据渔阳,称燕王,然未建元,据《旧唐书》本传,武德三年开道灭大乘国,始建元。
③ 《资治通鉴考异》武德元年十二月云:"柳綮注《正闰位历》云年号天成。李昉《历代年号》亦如之。"天成当为重建燕国所改纪元。
④ 《旧唐书》卷199《契丹传》。
⑤ 《资治通鉴》误作"邓"。
⑥ 《资治通鉴》宝应二年正月:"朝义范阳节度使李怀仙因中使骆奉仙请降。"
⑦ 《资治通鉴》宝应元年十一月。
⑧ 《元和姓纂》卷5:"诸郡刘氏:有平原节度刘瑶。"
⑨ 《资治通鉴》乾元二年十月:"其河南节度使安太清走保怀州。"
⑩ 《资治通鉴》后上元二年五月:"初,史思明以其博州刺史令狐彰为滑郑汴节度使,将数千兵戍滑台。……因随中使杨万定入朝。甲午,以彰为滑郑等六州节度使。(胡三省注:滑、卫、相、贝、魏、博六州)"

濮阳三郡)七节度使①。后上元元年(760),平原节度使归唐。二年,史朝义杀史思明,继立,改元显圣,改滑郑汴节度使为陈留节度使②。宝应元年(762),改范阳节度使为范阳卢龙节度使。是年,河南、陈留、邺郡、恒阳、睢阳节度使归唐。二年,范阳卢龙节度使李怀仙迫史朝义自杀,降唐③,史氏燕国亡。

---

① 《资治通鉴》乾元二年五月:"以滑濮节度使许叔冀为汴州刺史,充滑、汴等七州节度使。九月,思明至汴州,叔冀与战,不胜,遂与濮州刺史董秦等降之。"七州,《方镇研究》第65页考证为"五州"之误,即滑、濮、汴、曹、宋。《资治通鉴》宝应元年十一月:"朝义睢阳节度使田承嗣等将兵四万余人与朝义合。"可知宋州别置睢阳节度使,领郡当有睢阳(宋)、济阴(曹)、濮阳(濮)三郡。至后上元二年,又领彭城(徐)郡。
② 《资治通鉴》宝应元年十月:"朝义至汴州,其陈留节度使张献诚闭门拒之。朝义奔濮州,献诚开门出降。"滑郑汴节度使改陈留节度使当与令狐彰以滑州降唐有关,故推定在后上元二年。
③ 《旧唐书》卷11《代宗纪》:"宝应元年十月丁酉,贼范阳尹李怀仙斩史朝义首来献,请降。"然《旧唐书》卷200《史朝义传》及《新唐书》卷6《代宗纪》、《资治通鉴》皆系此事于宝应二年正月,今即依之。盖李怀仙于宝应元年末已通过中使骆奉仙请降而未发,故史朝义犹欲投之,至二年正月,乃有迫朝义自杀而降唐之事。

第五章 都 畿

陕东道行台(618—626)—都畿中央直属地区(725—733)—都畿(733—757)—东畿(757—907)

武德元年(618),置陕东道行台,以秦王世民为行台尚书令,寄驻关中同州朝邑县长春宫①,统陕、伊、绛、并、邢、赵六州总管府②。是年,魏王李密奉表来归③,得管、滑、相、齐、海、宋、豫七州总管府④;隋将罗艺来归⑤,置幽州总管府;邓暠来归,置营、燕二州总管府。二年,置蒲、岚、隰、潞、行怀、杞、梁、黎、沧、济、兖、谭、青、潍、辽十五州总管府。是年,豫、伊、管、杞、梁、宋、谭、青、潍、海十州总管府归王郑;滑、黎、相、前魏、邢、赵、沧、济、兖、齐十州总管府归窦夏;并、岚二州总管府归刘武周。三年,取王郑显、豫、伊、管、杞五州总管府来属⑥,改杞

---

① 《旧唐书》卷1《太宗纪》。《元和志》同州系此事于武德二年,盖元年始置官署,二年太宗乃亲出镇于长春宫也。
② 《资治通鉴》武德元年十二月:"诏以秦王世民为太尉、使持节陕东道大行台,其蒲州、河北诸府兵马并受节度。"
③ 《资治通鉴》云:义宁元年(617)十一月,河南诸郡尽附李密。武德元年十一月,徐世勣据李密旧境,未有所属。魏徵随密至长安,乃自请安集山东。上以为秘书丞,乘传至黎阳,遗徐世勣书,劝之早降。世勣遂决计西向,谓长史阳翟郭孝恪曰:"此民众土地皆魏公有也……今宜籍郡县户口、士马之数以启魏公,使自献之。"乃遣孝恪诣长安。……赐姓李,以孝恪为宋州刺史,使与世勣经略虎牢以东所得州县,委之选补。又,《旧唐书》卷187《夏侯端传》云:"属李密为王世充所破,以众来降。关东之地,未有所属。端固请往招谕之,乃加大将军持节,为河南道招慰使。至黎阳,李勣发兵送之,自澶水济河,传檄郡县。东至于海,南至于淮,二十余州并遣使送款。"可见李密旧地二十余州在名义上已于武德元年十一月归唐。《旧唐书》卷1《高祖纪》云,武德二年闰二月,徐世勣以黎阳及河南十郡来降。则是李密被杀后,徐世勣复以亲领十州来降,以表忠心,非谓李密旧地迟至武德二年始降。
④ 《资治通鉴》卷187:"武德二年闰二月,宇文化及以珍货诱降曲诸贼,贼帅王薄从之。三月,隋北海通守郑虔符、文登令方惠整,及东海、齐郡、东平、任城、平陆、寿张、须昌贼帅王薄等,并以其地来降。四月,诏以王薄为齐州总管,伏德为济州总管,郑虔符为青州总管,綦公顺为(淮)〔潍〕州总管,王孝师为沧州总管。"
⑤ 《资治通鉴》武德元年二月:"会张道源慰抚山东,艺遂奉表与渔阳、上谷等诸郡皆来降。癸未,诏以艺为幽州总管。"《资治通鉴考异》曰:"《创业注》:艺以武德元年二月降。旧云三年,《新书》云二年,皆误也,今从《实录》。"
⑥ 《资治通鉴》武德三年九月:"王世充显州总管田瓒以所部二十五州来降,自是襄阳声问与世充绝。"此二十五州非显州一总管府所辖,当是显(二州)、豫(四州)、伊(五州)、杞(七州)、管(三州)五州总管府所辖州及濮、兴、汴、亳四州,"田瓒"后应加"等"字。

州总管府为汴州总管府；割隰、绛、潞、幽、营、燕、辽七州总管府隶河东道行台。四年，管州总管府归窦夏。是年，平王郑，得其中央直辖地区及徐州行台之宋、兖、谭、济、齐、青、潍①、海、射九州总管府，罢其行台；平窦夏，罢其河南行台，置曹、管、滑三州总管府；改伊、行怀二州总管府为洛、怀二州总管府，置徐州总管府，罢梁、管、滑、谭、潍、射六州总管府。寻移行台治于洛州②，罢洛、蒲二州总管府，割显州总管府隶山南道行台。五年，济、兖、徐、曹四州总管府没于刘汉，改宋州总管府为亳州总管府。是年，取刘汉地置郓、徐二州总管府。七年，改总管府为都督府。九年，置洛、蒲二州都督府。是年，罢行台及蒲州总管府③，以行台直辖蒲、泰、虞、邵四州及洛、陕、怀、汴、豫、亳、徐、海、青、齐、郓十一州都督府直属中央。

开元四年（716），初置都畿按察使④。十三年，玄宗在东都，遣使往各道疏决囚徒、宣慰百姓，都城（都畿）委中书门下处分，与各道并列。如此，即形成都畿中央直属地区⑤，属地如京畿中央直属地区例，仅及河南一府。二十一年，以都畿中央直属地区置都畿（监理区）。二十二年，置都畿采访处置使⑥。

天宝元年（742），改东都为东京。十三载，都畿有一直属地区，治东京（见图8）。至德元载（756），都畿为安氏燕国所占。二载，收复，改为东畿，以直属地区置东畿观察使。

乾元二年（759），置郑陈节度使。是年，东畿观察使、郑陈节度使归史氏燕国，唐别置陕虢华节度使。后上元元年（760），唐改陕虢华节度使为陕西节度使。宝应元年（762），史氏燕国河南节度使归唐，复置东畿观察使。广德二年（764），罢东畿观察使。大历五年（770），降陕西节度使为陕虢都防御观察使。十四年，复置东畿观察使，罢陕虢都防御观察使。建中二年（781），置河

---

① 《旧唐志》云："武德四年，讨平綦顺。"綦顺本受唐封为潍州总管，武德二年为王郑属部。
② 《大唐六典》卷7误系此事于武德五年。另，罗凯《隋唐政治地理格局研究》第37—41页指出，洛州是陕东道大行台主要治所，陕东道大行台可以统领山东行台。
③ 陕东道行台之罢，《旧唐书》卷59《屈突通传》云在贞观元年，今依《旧唐书》卷2《太宗纪》、《唐会要》卷68《河南尹》。
④ 《颜鲁公集》卷14："开元初，（崔沔）摄御史中丞，或讼吏曹之不平，与崔泰之衔命详理，多所收拔。俄而即真兼都畿按察使。"罗凯《盛唐京都两畿考论》云："以前后文及《旧唐书·崔沔传》校之，此事当在开元二年至四年置诸道按察使之时。"今拟在开元四年，与京畿州县直属中央同时。
⑤ 《册府元龟》卷162《命使》："开元十三年正月，遣使疏决囚徒、宣慰百姓。……都城内，委中书门下当日疏决处分。"严耕望《景云十三道与开元十六道》云："据此，不但山南、江南各分东西，河西亦已析出，而且京城、都城分别处理。然则十三道外，又有京城、都城两单位，十五道之分割至迟已萌于此时矣。"今从之。
⑥ 此据《通典》卷32《职官典》、《旧唐书》卷9《玄宗纪》、《唐会要》卷78。《册府元龟》卷162系此事于二十三年，误。

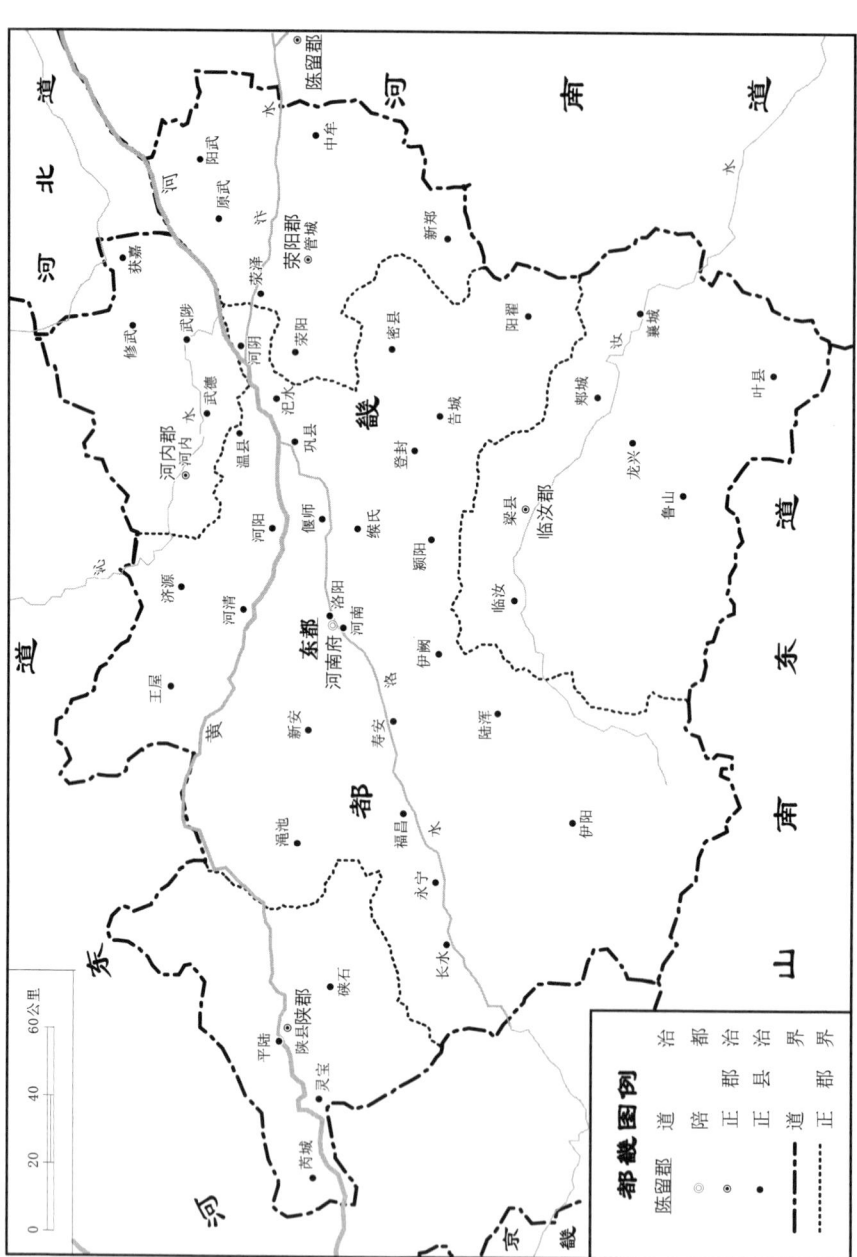

图 8 天宝十三载(754)唐朝都畿行政区划

阳三城节度使。是年，置陕虢都防御观察使。四年，升东畿观察使为东畿汝州节度使，陕虢都防御观察使为陕虢节度使，改河阳三城节度使为河阳节度使。贞元元年(785)，改东畿汝州节度使为东畿汝唐邓都防御使，复降陕虢节度使为陕虢都防御观察使，河阳节度使为河阳怀都团练使。二年，升东畿汝唐邓都防御使为东畿汝唐邓都防御观察使。三年，改东畿汝唐邓都防御观察使为东畿汝都防御观察使。五年，复降东畿汝都防御观察使为东畿汝州都防御使。十二年，复升河阳怀都团练使为河阳节度使。元和三年(808)，罢东畿汝州都防御使。十三年，复置东畿汝州都防御使。十五年，东畿有东畿汝州都防御使、陕虢都防御观察使①、河阳节度使三镇。

长庆元年(821)，复罢东畿汝州都防御使。二年，又置东畿汝州都防御使。大和五年(831)，罢陕虢都防御观察使。开成元年(836)，复置陕虢都防御观察使。咸通十四年(873)，东畿有东畿汝州都防御使、陕虢都防御观察使、河阳节度使三镇。

中和三年(883)，升陕虢都防御观察使为陕虢节度使。光启元年(885)，升东畿汝州都防御使为东畿汝州观察防遏使。三年，升东畿汝州观察防遏使为佑国军节度使。龙纪元年(889)，改陕虢节度使为保义军节度使。光化三年(900)，复降佑国军节度使为东畿观察防遏使。天祐元年(904)，昭宗迁都洛阳，复罢东畿观察防遏使。四年，唐亡，罢东畿，东畿直属地区及保义军节度使、河阳节度使二镇归后梁。

都畿直属地区

王郑中央直辖地区(619—621)—洛州总管府(621)—陕东道行台直辖地区(621—626)—洛州都督府(626—643)—**都畿直属地区(733—757)**—东畿观察使(757—759)—河南节度使(759—762)—东畿观察使(762—764)—东畿直属地区(764—779)—东畿观察使(779—783)—东畿汝州节度使(783—785)—东畿汝唐邓都防御使(785—787)—东畿汝州都防御观察使(787—789)—东畿汝州都防御使(789—808)—东畿直属地区(808—818)—东畿汝州都防御使(818—821)—东畿直属地区(821—822)—东畿汝州都防御使(822—885)—东畿汝州观察防遏使(885—887)—佑国军节度使(887—900)—东畿观察防遏使(900—904)—东畿直属地区(904—907)

---

① 《元和志》作"陕虢观察使"，今依《方镇研究》。

武德二年（619），王郑取隋、唐之司、义、殷、怀、熊五州为中央直辖地区，置嵩州。是年，义州归窦夏。三年，置辕州，熊、嵩二州归唐。四年，平王郑，改司州为洛州，并废伊州总管府之伊、前汝、前鲁三州置洛州总管府，隶陕东道行台，割陕州总管府熊、谷、嵩三州并取窦夏河南道行台之管、郑二州来属，割怀、殷二州隶怀州总管府，废辕州。是年，自同州移行台于此，罢洛州总管府，以洛、郑、管、伊、前汝、前鲁、嵩七州及废蒲州总管府之邵、芮、虞、蒲、泰五州为陕东道行台直辖地区，熊、谷二州还隶陕州总管府。九年，罢行台，以洛、郑、管、嵩、伊、前汝、前鲁七州置洛州都督府①，直属中央，割蒲、泰、虞、芮、邵五州隶蒲州都督府。贞观元年（627），洛州都督府隶河南道，以废怀州都督府之怀州来属，废管、前汝、前鲁三州。三年，废嵩州。八年，改伊州为后汝州。十三年，洛州都督府领洛、怀、郑、后汝四州。十七年②，罢都督府，洛、郑、后汝三州直属河南道，怀州直属河北道。

开元二十一年（733），以都畿中央直属地区之河南府为都畿（监理区）直属地区，割河南道郑、后汝、陕三州来属③。

天宝元年（742），改郑州为荥阳郡，后汝州为临汝郡，陕州为陕郡，割河北道河内郡来属④。十三载，都畿直属地区有河南府及荥阳、临汝、陕、河内四郡。至德元载（756），为燕国所占。二载，收复，以河南府及临汝、陕、河内三郡置东畿观察使⑤，治河南府，割荥阳郡隶前淮西节度使。

乾元元年（758），复临汝郡为汝州，河内郡为怀州，陕郡为陕州，割汝州隶豫许汝节度使。二年，归史氏燕国，改置河南节度使；唐以陕州隶陕虢华节度使。宝应元年（762），复归唐，仍为东畿观察使。广德元年（763），割怀州隶相卫节度使。二年，罢东畿观察使，河南府直属东畿。大历十四年（779），以河南府及废陕虢都防御使陕、虢二州复置东畿观察使，割后淮西节度使汝州来

---

① 《旧唐志》云：武德九年，"置洛州都督府，领洛、怀、郑、（前）汝等四州"。按怀州是时属怀州都督府，此误列；又，管、嵩、伊、前鲁四州曾隶洛州总管府，且位处前汝州与洛州之间，当隶洛州都督府，今补。
② 《元和志》、《旧唐志》、《太平寰宇记》皆作"十八年"，据罗凯《隋唐政治地理格局研究》第182页考证，贞观十七年已改洛州都督为刺史，今从之。
③ 宓三能《唐代都畿道的属郡》（载《中国历史地理论丛》1991年4期）据《大唐六典》怀疑不包括怀州。按《通典》卷177："大唐分置十五部，此为都畿：河南府、陕郡、临汝、荥阳等郡。"似可证其说，今从之。
④ 《通典》卷172及卷178，皆言都畿领河内郡，按《通典》州郡列目多取天宝元年之制，今姑定天宝元年为河内郡割隶都畿之年。
⑤ 王袆《大事记续编》卷60引《方镇表》云："至德元载，置东畿观察使，领怀、郑、汝、陕。"查今本《新唐表》无此语，而至德元载都畿尚为燕国所占，唐置观察使当属遥领，今以至德二载收复起算。

属。建中二年(781),割汝、陕二州隶河阳三城节度使。是年,割虢州隶陕虢都防御使,割河阳三城节度使汝州来属。四年,升东畿观察使为东畿汝州节度使。贞元元年(785),改东畿汝州节度使为东畿汝唐邓都防御观察使,割后淮西节度使唐州、山南东道节度使邓州来属。三年,改为东畿汝都防御观察使,割唐、邓二州隶山南东道节度使。五年,改为东畿汝州都防御使。元和三年(808),罢东畿汝州都防御使,河南府直属东畿,汝州隶陕虢观察使。十三年,以河南府复置东畿汝州都防御使,割河阳节度使汝州来属。十五年,东畿汝州都防御使领河南府及汝州。

长庆元年(821),罢东畿汝州都防御使,河南府及汝州直属东畿。二年,复以河南府及汝州置东畿汝州都防御使。咸通十四年(873),东畿汝州都防御使领府州一如元和十五年。

广明元年(880),河南府归黄巢大齐国,移镇汝州。中和元年(881),收复河南府,还镇。光启元年(885),改为东畿汝州观察防遏使。三年,升为佑国军节度使。乾宁元年(894),割汝州隶忠武军节度使。光化三年(900),降佑国军节度使为东畿观察防遏使①,割忠武军节度使汝州来属。天祐元年(904),罢东畿观察防遏使,河南府及汝州直属东畿。

(一)东京河南府(洛州)

河南郡(618—619)—司州(619—621)—洛州(621—713)—河南府(713—907)

河南府,本隋河南郡,领河南、洛阳、缑氏、偃师、巩、密、嵩阳、阳城、伊阙、陆浑、寿安十一县②。武德元年,唐置行寿安县,割隶熊州。二年,王世充建郑国,以郡为都城,改为司州,治河南县。三年,置罗川县,并缑氏县割置辕州,密县置密州,唐取阳城、嵩阳二县隶嵩州,取陆浑县置南韩州。四年,平王郑,

---

① 《新唐表》作"东畿观察使兼防遏使",按《大事记续编》卷60云:"天祐罢东畿观察防遏使。"今依此删"兼"字。
② 《隋志》河南郡有陕、桃林、宜阳、渑池、新安、阌乡、熊耳、兴泰八县,无密县,共十八县,按《旧唐志》陕州云:"义宁元年,置弘农郡,领陕、崤、桃林、长水四县。"河南府福昌县云:"义宁二年,置宜阳郡,领宜阳、渑池、永宁三县;又于新安县置新安郡。"《新唐志》虢州弘农郡云:"本隋弘农郡,义宁元年曰凤林,领弘农、阌乡、湖城。"《元和志》永宁县云:"熊耳县,隋义宁二年(改)置永宁县,属宜阳郡。"可知陕、桃林、宜阳、渑池、新安、阌乡、熊耳七县已分属弘农、宜阳、新安三郡,兴泰县则不见于唐初记载,当废于隋末,今并删。《元和志》密县云:"隋大业二年废,十二年又置。"据补。

改为洛州，置洛州总管府，以废辕州之缑氏县、废南韩州之陆浑县来属，割寿安县隶熊州。是年，洛州直属陕东道行台。九年，置洛州都督府。贞观元年，割谷州新安县来属。三年，以废嵩州之阳城、嵩阳二县来属。七年，割谷州寿安县来属。十三年，洛州领河南、洛阳、缑氏、偃师、巩、嵩阳、阳城、伊阙、陆浑、寿安、新安十一县，治河南县。十七年，罢都督府，洛州直属河南道，别称洛阳州①，省嵩阳县。十八年，省缑氏县。

显庆二年(657)，以废谷州之福昌、渑池、永宁、长水②四县来属，又割郑州汜水县及怀州温、河阳、济源、邵伯四县来属，改邵伯县为王屋县，以洛州为东都③。龙朔二年(662)，割许州阳翟县、郑州密县、绛州垣县来属。乾封元年(666)，割垣县隶绛州。咸亨四年(673)，置柏崖、大基、武林三县。是年，省柏崖县。前上元元年(674)，复置缑氏县。永淳元年(682)，复置嵩城县。二年，省嵩城县。

武周光宅元年(684)，改东都为神都，复置嵩阳县。垂拱四年(688)，置前永昌县，改汜水县为广武县。永昌元年(载初元年，689)，改河南县为合宫县，武林县为武临县。天授元年(690)，割郑州武泰县来属。三年，割绛州垣县来属，置来庭县。万岁登封元年(696)，改阳城县为告成县，嵩阳县为登封县。万岁通天元年(696)，置荥阳县。二年，省荥阳县。长安二年(702)，复割垣县隶绛州。四年，置兴泰县。是年，洛州领合宫、洛阳、前永昌、来庭、缑氏、偃师、巩、广武、武泰、密、阳翟、告成、登封、武临、伊阙、陆浑、长水、永宁、福昌、兴泰、寿安、新安、渑池、王屋、济源、大基、河阳、温二十八县，治合宫县。

唐神龙元年(705)，复改神都为东都，改合宫县为河南县，告成县为阳城县，登封县为嵩阳县，广武县为汜水县，武泰县为荥阳县，省前永昌、来庭、兴泰三县。二年，改洛阳县为后永昌县，阳城县为告成县，嵩阳县为登封县，割荥阳县隶郑州。又改河南县为合宫县。唐隆元年(710，景云元年)，复改合宫县为河南县，后永昌县为洛阳县。先天元年(712)，置伊阳④县，改大基县为河清县。开元元年，升洛州为河南府，以隋河南郡为名。四年，割属都畿中央直属地区。十五年，改武临县为颍阳县。二十一年，直属都畿。二十二年，割郑州河阴县来属。

天宝元年，改东都为东京。十三载，河南府领河南、洛阳、缑氏、偃师、巩、

---

① 《唐会要》卷19《孝敬皇帝庙》、卷68《河南尹》。
② 《旧唐志》、《唐会要》新安县作"新安"，今依《旧唐志》河南府序、长水县、《唐会要》长水县、《新唐志》福昌县、长水县改正。
③ 《大唐六典》卷7云："明(显)庆元年，复置为东都。"今依《旧唐书》卷4《高宗纪》、《旧唐志》河南府序。
④ 《旧唐志》河南府序作"伊阙"，今依《旧唐志》伊阳县。

汜水、河阴、密、阳翟、告成、登封、颍阳、伊阙、陆浑、伊阳、长水、永宁、福昌、寿安、新安、渑池、王屋、济源、河清、河阳、温二十六县,仍治河南县。十五载,安禄山据为燕国都城。至德二载,收复,置东畿观察使。

乾元二年,归史氏燕国,置河南节度使。后上元二年(761),归唐,仍置东畿节度使,罢东京。三年(宝应元年),复置东都①。广德二年,罢镇,直属东畿。大历十四年,复隶东畿观察使。建中二年,割河阳、温、汜水、河清、济源五县直属河阳三城节度使。四年,河南府隶东畿汝州节度使。贞元元年,隶东畿汝唐邓都防御观察使。三年,隶东畿汝都防御观察使。五年,隶东畿汝州都防御使。元和三年,罢镇,直属东畿。十三年,复隶东畿汝州都防御使。十五年,河南府领河南、洛阳、缑氏、偃师、巩、河阴、密、阳翟、告成、登封、颍阳、伊阙、陆浑、伊阳、长水、永宁、福昌、寿安、新安、渑池、王屋二十一县,治河南县。

长庆元年,罢镇,河南府直属东畿。二年,复隶东畿汝州都防御使。会昌三年(843),割孟州河清县来属,割河阴县隶孟州,阳翟县隶许州。其后,省河清县。咸通中,复置河清县。十四年,河南府领河南、洛阳、缑氏、偃师、巩、密、告成、登封、颍阳、伊阙、陆浑、伊阳、长水、永宁、福昌、寿安、新安、渑池、王屋、河清二十县,治河南县。

广明元年,直属黄齐。中和元年,复归唐,仍隶东畿汝州都防御使。光启元年,隶东畿汝州观察防遏使。三年,隶佑国军节度使。光化三年②,隶东畿观察防遏使,割巩、河清、王屋三县隶孟州。天祐元年,罢镇,直属东畿。二年,改告成县为阳邑县。

1. 河南县(618—689)—合宫县(689—705)—河南县(705—706)—合宫县(706—710)—河南县(710—907)

河南县,本隋河南郡旧县,武德二年,隶司州,为州治。四年,隶洛州,权治司隶台(今河南洛阳市西工区王城街道)。贞观元年,移治大理寺(今洛阳市老城区东南隅街道)。二年,移治金墉城(今河南孟津县平乐镇翟泉村)。六年,移治宽政坊③(今洛阳市洛龙区古城街道董庄)。永昌元年,以亲享明堂,改为合

---

① 《资治通鉴》宝应元年建卯月。
② 《唐会要》卷70原作"光宅三年",按光宅无三年,此必有误。《旧唐书》卷20《昭宗纪》云:"光化三年八月丙戌,朱全忠奏请割河南府王屋、(清河)〔河清〕、巩三县隶河阳。"可证"光宅"为"光化"之误,因改。
③ 宽政坊:《旧唐志》原作"毓德坊",按《元和志》河南县云:"隋仁寿四年,移县于东都城内宽政坊,即今县是也。"则知贞观六年河南县乃自金墉城移还宽政坊,况毓德坊已为洛阳县治,不得同时又为河南县治,因改。

宫县,明堂古称合宫,故名。神龙元年,复为河南县。二年①,又改为合宫县。唐隆元年(景云元年)②,复为河南县。开元元年,隶河南府,仍为府治。

2. 洛阳县(618—706)—后永昌县(706—710)—洛阳县(710—907)

洛阳县,本隋河南郡旧县,武德二年,隶司州。四年,隶洛州,权治大理寺。贞观元年,移治金墉城。六年,移治毓德坊(今洛阳市瀍河区五股路街道)。垂拱四年,析置前永昌县。天授三年,析置来庭县。神龙元年,省前永昌、来庭二县来属。二年,改为后永昌县。唐隆元年,复为洛阳县。开元元年,隶河南府。

附旧县1:前永昌县(688—705)

垂拱四年,析洛阳、河南二县置前永昌县,以获宝石于洛水,有文"圣母临人,永昌帝业",故名,治道德坊(今洛阳市洛龙区安乐镇安乐窝),隶洛州。神龙元年③,省入洛阳、河南二县。

附旧县2:来庭县(692—705)

天授三年,析洛阳、前永昌二县地置来庭④县,时五天竺国并遣使朝贡,故取《诗·江汉》"四方既平,徐方来庭"为名,治从善坊(今洛阳市洛龙区李楼镇西白碛)。神龙元年⑤,省入洛阳、河南二县。

3. 缑氏县(618—644,675—907)

本隋河南郡旧县,武德二年,隶司州。三年,隶轘州,并析置轘辕县。四年,州废,隶洛州,省轘辕县来属。贞观十八年,省入偃师县。前上元二年,析偃师县复置缑氏县,管孝敬陵,治通谷北⑥(今河南偃师市缑氏镇)。开元元年,隶河南府。

附旧县:轘辕县(620—621)

武德三年,析缑氏县置轘辕县,治柏谷墅(今偃师市缑氏镇柏谷坞),隶轘州,为州治⑦。四年,州废,省入缑氏县。

4. 偃师县(618—907)

本隋河南郡旧县,武德二年,隶司州。四年,隶洛州。开元元年,隶河南府。

---

① 《旧唐志》作"三年",今依《旧唐书》卷7《中宗纪》、《元和志》、《唐会要》、《新唐志》。
② 《旧唐志》作"景龙元年",今依《元和志》、《唐会要》、《新唐志》。
③ 《唐会要》、《太平寰宇记》、《新唐志》作"长安二年",今依《旧唐志》。
④ 《旧唐志》作"来廷",今依《唐会要》、《新唐志》。
⑤ 《旧唐志》洛阳县作"龙朔元年",《唐会要》、《新唐志》作"长安二年",今依《旧唐志》河南府序、河南县。
⑥ 《太平寰宇记》缑氏县作"孝敬陵西"。今依《旧唐志》。
⑦ 《新唐书》卷92《王君廓传》:"别下轘辕、罗川二县,破世充将魏隐。"另详下文附辕州条。

5. 巩县(618—907)

本隋河南郡旧县,武德二年,隶司州。三年,析置罗川县。四年,隶洛州,省罗川县来属。开元元年,隶河南府。光化三年①,割隶孟州。

附旧县:罗川县(620—621)

武德三年,析巩县置罗川县,治罗口(今河南巩义市芝田镇),隶辕州②。四年,州废,省入巩县。

6. 汜水③县(618—688)—广武县(688—705)—汜水县(705—907)

汜水县,本隋荥阳郡旧县④,武德元年,隶郑州,为州治。四年,析置成皋县。贞观元年,省成皋县来属,移治故成皋城(今河南荥阳市汜水镇)⑤。七年,移州治于管城县。显庆二年,割隶洛州,还治武牢城(今荥阳市汜水镇虎牢关)。垂拱四年,移治广武城(今荥阳市广武镇)⑥,改为广武县,以北朝广武郡为名⑦。天授元年,析置武泰县。神龙元年,还治武牢城,复为汜水县。开元元年,隶河南府。二十九年,又移治故成皋⑧城。建中二年,直属河阳三城节度使。会昌三年,隶孟州。

7. 河阴县(734—907)

开元二十二年⑨,转运都使裴耀卿奏析郑州荥泽县、河南府汜水县及怀州武陟县地置河阴县,管河阴仓,故名,治输场东汴渠口(今荥阳市高村乡官峪),隶河南府。会昌三年,割隶孟州。

8. 密县(618—907)

本隋河南郡旧县,武德二年,割隶密州,为州治,并析置零水、洧源、溱水三县。四年,州废,省零水、洧源二县及溱州溱水县来属,密县隶郑州。龙朔

---

① 《唐会要》卷70作"光宅三年",按光宅无三年,据下文附孟州注改。
② 《新唐书》卷92《王君廓传》:"别下轘辕、罗川二县,破世充将魏隐。"按今巩义市坞罗河古名长罗川,芝田镇唐县为罗口,当为罗川县治。
③ 《旧唐志》、《太平寰宇记》作"氾水",今依《隋书》、《元和志》、《新唐志》。
④ 《唐会要》作武德四年置县,而《元和志》、两《唐志》皆以汜水县为隋旧县,后陷王郑,武德四年于县置郑州,可见《唐会要》之误。
⑤ 史志不载此事。按《元和志》、《旧唐志》载,武德四年移郑州治于汜水县时,县治武牢城,显庆二年又移治武牢城,则其间脱载汜水县曾移治成皋城一节,今补。
⑥ 史志不载此事。按《中国文物地图集·河南分册》第10页云,广武镇有始建于唐之广武城遗址,稽诸史志,唯垂拱改汜水县为广武县时可能建此城,因补。
⑦ 《旧唐书》卷24《礼仪志》:"于汜水得瑞石,因改汜水县为广武县。"实因旧有广武之名而与武氏吉瑞相合也。
⑧ 《旧唐志》作"武牢",中华书局本校勘记云:"按上文已言显庆二年移治武牢城,此处当有讹误。《合钞》卷58作'开元二十九年,移治成皋故城,在县北'。"今从之。《元和志》云:"开元二十九年,自武牢移于今理。"可证。
⑨ 《旧唐志》作"二十年",今依《元和志》、《新唐志》、两《唐书·食货志》、《太平寰宇记》。

二年,还隶洛州。开元元年,隶河南府。

附旧县1:零水县(619—621)

武德二年,析密县置零水县,以零水为名,治零水城(今河南新密市大隗镇),隶密州。四年,州废,省入密县。

附旧县2:洧源县(619—621)

武德二年,析密县置洧源县,以洧水为名,治洧源城(今河南登封市大冶镇太岗村)①,隶密州。四年,州废,省入密县。

附旧县3:溱水县(619—621)

武德二年,析密县置溱水县,以溱水为名,治溱水城(今新密市曲梁镇),隶溱州,为州治。四年,州废,省入密县。

9. 阳翟县(618—907)

本隋襄城郡旧县,武德二年,隶伊州。三年,割隶嵩州。贞观元年②,割隶许州。龙朔③二年,还隶洛州。开元元年,隶河南府④。会昌三年,复隶许州。

10. 阳城县(618—696)—告成县(696—705)—阳城县(705—706)—告成县(706—905)—阳邑县(905—907)

告成县,本隋河南郡阳城县,武德二年,隶司州。三年,割隶嵩州,为州治。四年,析置康城县。贞观三年,州废,省康城县来属,阳城县还隶洛州。十七年,省嵩阳县来属。永淳元年,复析置嵩城县。二年,又省嵩城县来属。光宅元年,析置嵩阳县。万岁登封元年,以封嵩山为中岳,改为告成县,取《书·禹贡》"禹锡玄圭,告厥成功"之意。神龙元年,复为阳城县。二年,又改为告成县。开元元年,隶河南府。天祐二年,避魏王朱全忠父嫌名,改为阳邑县。

附旧县:康城县(621—629)

武德四年,析阳城、阳翟、嵩阳三县地置康城县,治康城(今河南禹州市顺店镇康城村)⑤,故以为名,隶嵩州。贞观三年,州废,省入阳城、阳翟二县。

---

① 《太平寰宇记》河南府密县:"马岭山,在县南十五里,洧水源出于此山。"《大清一统志》卷150开封府:"洧源废县,在密县西。"而据《登封名胜古迹志》(河南省登封县地方志编委会,1986年)第87页:"唐洧源县城遗址,在今登封县东南部的大冶镇西,即太古城村。"今即依之。
② 《唐会要》作"二年",《太平寰宇记》许州作"三年",今依《元和志》阳翟县,《旧唐志》告城县、许州序,《新唐志》许州阳翟县。
③ 《旧唐志》许州作"显庆",今依《唐会要》、《新唐志》、《太平寰宇记》许州阳翟县。
④ 《旧唐志》许州序:"开元二十六年,仙州废,以叶、襄城、阳翟来属。"按阳翟未曾隶仙州,此"阳翟"当为"舞阳"之误,不取。
⑤ 《大清一统志》卷150开封府:"康城故城,在禹州西北。《旧志》:在今县西北三十里。"

11. 嵩阳县(618—643)—嵩城县(682—683)—嵩阳县(684—696)—登封县(696—705)—嵩阳县(705—706)—**登封县**(706—907)

登封县,本隋河南郡嵩阳县,武德二年,隶司州。三年,割隶嵩州。贞观三年,州废,还隶洛州。十七年①,省入阳城县。永淳元年,将有事于嵩山,析阳城县置嵩城县,治嵩阳城(今登封市嵩阳街道)②,故名,隶洛州。二年③,省入阳城县。光宅元年④,析阳城县复置嵩阳县,仍治嵩阳城,隶洛州。万岁登封元年,改为登封县,以年号为名。神龙元年,复为嵩阳县。二年,又改为登封县。开元元年,隶河南府。

12. 武林县(673—689)—武临县(689—727)—**颍阳县**(727—907)

咸亨四年,析河南、洛阳、伊阙、阳城四县地置武林县⑤,以隋旧县为名,治故武林城(今登封市颍阳镇),隶洛州。载初元年,改为武临县⑥,取武氏吉意。开元元年,隶河南府。十五年,改为颍阳县,以北朝旧县为名。

13. **伊阙县**(618—907)

本隋河南郡旧县,武德二年,隶司州。三年,隶南韩州。四年,州废,还隶洛州。开元元年,隶河南府。

14. **陆浑县**(618—907)

本隋河南郡旧县,武德二年,隶司州。三年,唐取隶南韩州。四年,州废,还隶洛州。开元元年,隶河南府。

15. **伊阳县**(712—907)

先天元年,洛州长史李杰奏析陆浑县置伊阳县,以北朝伊阳郡为名⑦,治伊阳城(今河南嵩县旧县镇)⑧,隶洛州。开元元年,隶河南府。

16. **长水县**(618—907)

本隋弘农郡旧县,武德元年,隶虢州。贞观八年⑨,割隶谷州。显庆二年,

---

① 《唐会要》作七年,《旧唐志》河南府序系于十八年,今依两《唐志》登封县。
② 《登封名胜文物志》(1985年)第86页:"唐嵩阳城,现在城北 里许。"
③ 《唐会要》作"文明元年",今依两《唐志》。《方镇研究》第31页云:"及(永淳)二年,高宗不豫,停封中岳,县恐亦省。"当是。
④ 《州郡典》作"永徽中",今依《唐会要》、两《唐志》。
⑤ 《唐会要》卷70:"咸亨四年闰五月一日,分河南、洛阳、伊阙、嵩阳等县,置武林县。"《太平寰宇记》同。然当时嵩阳县已省入阳城县,今改"嵩阳"为"阳城"。
⑥ 《元和志》河南府颍阳县:"载初元年,又改为武林。"两《唐志》云:"载初元年,析河南、伊阙、嵩阳三县置武临(林)县。"按《唐会要》、《太平寰宇记》皆云武林县咸亨四年置,今依《元和志》作载初元年更改县名。然载初后之县名,当依《旧唐志》河南府序、颍阳县及《旧唐书》卷8《玄宗纪》作"武临"。
⑦ 《太平寰宇记》河南府伊阳县:"在伊水之阳,去伊水一里。"
⑧ 吴松弟《两唐书地理志汇释·旧唐书地理志》,第80页。
⑨ 《旧唐志》作"元年",今依《元和志》、《唐会要》、《新唐志》。

州废,隶洛州。开元元年,隶河南府。

17. 永宁县(618—907)

本隋宜阳郡旧县,武德元年,隶熊州。三年①,移治同轨城(今河南洛宁县东宋镇北旧县村)②,割置函州。八年,州废,还隶熊州。贞观元年,州废,改隶谷州③。十四年,移治莎栅(今洛宁县马店镇小街村)④。十七年,移治鹿桥(今洛宁县城城关镇)。显庆二年⑤,州废,改隶洛州。开元元年,隶河南府。

18. 福昌县(618—907)

本隋宜阳郡宜阳县,武德元年,改为福昌县,以隋福昌宫为名⑥,割置熊州。贞观元年,州废,隶谷州。六年,自渑池县移州治于此。显庆二年,州废,改隶洛州。开元元年,隶河南府。

19. 寿安县(618—907)

本隋河南郡旧县,武德元年,唐取其西境置行寿安县,隶熊州。二年,王郑以寿安县隶洛州。四年⑦,平王郑,取寿安县隶熊州,省行寿安县来属。贞观元年,州废,隶谷州。七年⑧,移治新寿安城(今河南宜阳县城城关镇),隶洛州。长安四年,析置兴泰县。神龙元年,省兴泰县来属。开元元年,隶河南府。

附旧县1:行寿安县(618—621)

武德元年,取隋河南郡寿安县西境置行寿安县,治九曲城(今宜阳县城城关镇段村)⑨,隶熊州⑩。四年,省入寿安县。

附旧县2:兴泰县(704—705)

长安四年,析寿安县置兴泰县,以隋旧县为名,治兴泰宫(今宜阳县赵

---

① 《唐会要》作"二年",今依两《唐志》。
② 《大清一统志》卷163河南府:"同轨城,在永宁县东。""东"当是"北"之误,其地即今北旧县村,旧属中河乡。
③ 《元和志》作"河南府",今依两《唐志》、《唐会要》。
④ 《资治通鉴》乾元二年十二月胡注。
⑤ 《旧唐志》永宁县作"元年",今依《旧唐志》河南府序、新安、福昌、渑池县、《新唐志》。
⑥ 《新唐志》系改县名事于武德二年,今依《元和志》、《唐会要》、《旧唐志》、《太平寰宇记》。
⑦ 《唐会要》福昌县系于元年,今依《新唐志》福昌县。
⑧ 《旧唐志》福昌县条作"元年",尤炜祥《两唐书疑义考释·旧唐书卷》第150页已辨其非。今依《元和志》,《旧唐志》河南府序、寿安县,《新唐志》寿安县条。
⑨ 陈兰森《太平寰宇记补阙》寿安县引《括地志》:"九曲城,在寿安县西北五里。"查其文意又见于陈大章《诗传名物集览》卷11。
⑩ 《旧唐志》寿安县云:"义宁元年,移治九曲城,属熊州。"即指取寿安县西境置行寿安县事,寿安县城及县东境则仍在隋越王侗控制之下。然熊州乃系武德元年改宜阳郡而来,宜阳郡始置于义宁二年,其时领县并无寿安县,《唐会要》福昌云:"武德元年,(熊州)领福昌、寿安、永宁三县。"可知《旧唐志》所记置行寿安县年代有误,今改为武德元年。

保镇)①,隶洛州。神龙元年,省入寿安县。

20. 新安县(618—907)

本隋新安郡旧县,武德元年,隶谷州,为州治,并析置东垣县。二年,析置长泉县。四年,省东垣、长泉二县来属。贞观元年,移州治于渑池县,新安县移治东垣城(今河南新安县城城关镇)②,改隶洛州③。开元元年,隶河南府。

附旧县1:东垣县(618—621)

武德元年,析新安县置东垣县,以隋旧县为名,治东垣城,隶谷州。四年,省入新安县。

附旧县2:长泉县(619—621)

武德二年,析王屋县置长泉县,治长泉城(今河南新安县仓头镇西村)④,隶邵州。是年,割隶行怀州。四年,州废,省入王屋县。

21. 渑池县(618—907)

本隋宜阳郡旧县,武德元年,隶熊州。是年,割隶谷州。贞观元年,自新安县移州治于此。三年,移治双桥(今河南渑池县城城关镇)。六年,移州治于福昌县。显庆二年,州废,改隶洛州。开元元年,隶河南府。

22. 邵伯县(618—657)—王屋县(657—907)

王屋县,本隋邵原郡邵伯县,武德元年,隶邵州。贞观元年,州废,改隶怀州。显庆二年,割隶洛州,复为王屋县。开元元年,隶河南府。会昌后,省河清县来属⑤。咸通中,复析置河清县。光化三年,王屋县割隶孟州⑥。

---

① 《大清一统志》卷163河南府:"兴泰故城,在宜阳县西南。《旧志》:在县西南四十五里万安山下,旧址尚存。"
② 《大清一统志》卷163河南府:"东垣故城,在新安县东。《太平寰宇记》:'宋东垣县在河清县西南二十五里,'盖即唐县也。"按河清西南二十五里即今河南孟津县横水镇,则宋东垣县非唐东垣县,清人说误,不取。
③ 《旧唐志》河南府新安县:"贞观元年,新安移入废州城,改隶洛州。"按此废州城乃是北朝中州城,亦即故东垣县城、大业间之新安县城。又云:"显庆二年十二月,废谷州,以福昌、新安、渑池、永宁隶洛州。"(《唐会要》新安县同)前后矛盾。按《元和》、《新唐志》新安县皆云贞观元年改隶洛州(河南府),今从之。又据《旧唐志》河南府序、长水县,《唐会要》长水县,《新唐志》福昌县、长水县,显庆二年废谷州时,谷州领县有长水无新安,可知《旧唐志》、《唐会要》新安县所载显庆二年以废谷州新安县隶洛州,乃是以废谷州长水县隶洛州之误。
④ 《大清一统志》卷160怀庆府:"长泉废县:在济源县西南。《县志》:今县西南有长泉里,以故县得名。"《中国文物地图集·河南分册》第111页云长泉县故城在今新安县仓头镇西村北。
⑤ 《旧唐志》河南府云会昌三年"王屋还怀州",按是年济源县既隶孟州,则王屋县不与怀州相接,且《旧唐书》卷20《昭宗纪》云,是年朱全忠割河南府王屋县隶河阳节度使,则会昌后王屋县似仍隶河南府,且省河清县来属,疑《旧唐志》句有误。
⑥ 《唐会要》卷70、《旧唐书》卷20《昭宗纪》。

23. 济源县(618—907)

本隋河南郡旧县,武德二年,丁伯德以县来归,置西济州,并析置溴阳、蒸川、邵原三县。三年,析置轵县。四年,州废,省溴阳、蒸川、邵原三县来属,济源县隶怀州。贞观元年,省怀州轵县来属。显庆二年,州废,改隶洛州。开元元年,隶河南府。建中二年,直属河阳三城节度使。会昌三年,隶孟州①。

附旧县1:蒸川县(619—621)

武德二年,析济源县置蒸川县,治蒸川城(今济源市五龙口镇裴村)②,隶西济州。四年,州废,省入济源县。

附旧县2:邵原县(619—621)

武德二年,析济源县置邵原县,以古邵伯所居之地为名,治邵原城(今济源市承留镇)③,隶西济州。四年,州废,省入济源县。

附旧县3:溴阳县(619—621)

武德二年,析济源县置溴阳县,以溴水为名④,治溴阳城(今济源市克井镇),隶西济州。四年,州废,省入济源县。

附旧县4:轵县(620—627)

武德三年,析济源县置轵县⑤,以北朝旧县为名,治皮城(今河南孟州市赵和镇)⑥,割隶行怀州。四年,隶怀州。贞观元年,省入济源县。

24. 大基县(619—625,673—712)—河清县(712—会昌后,咸通中—907)

武德二年,行怀州刺史黄君汉析河阳县置大基县,取开创大唐基业之意,治柏崖城东大基城(今济源市坡头镇),隶行怀州,为州治。四年,隶盟州,移

---

① 《旧唐志》河南府作"怀州",按两《唐志》孟州五县皆含济源县,则会昌三年济源当隶孟州,作"怀州"误。
② 《大清一统志》卷160怀庆府:"蒸川废县:在济源县北十三里。"
③ 《太平寰宇记》河南府王屋县:"邵原在县西四十里,即康公之采地也。"然两《唐志》皆云唐初邵原县系析济源县置,则其地非王屋县之邵原,今依地理形势定于济源县承留镇。《大清一统志》卷160怀庆府云:"邵原废县在济源县西一百二十里,古曰郫,亦曰郫邵。《博物记》:河东垣县东九十里有郫邵之陉。《府志》:今为邵原镇。"按济源西一百二十里即邵原镇,而郫邵之陉在今王屋镇,清人之说自相矛盾,今不取。
④ 《水经注》卷7济水:"溴水出原城西北原山勋掌谷,俗谓之为白涧水。"即今济源市克井镇蟒河源,"溴",或讹为"湨",隋唐因袭其误。
⑤ 史志不载此事。按轵县本隋县,大业中省入济源县,唐武德四年时,怀州又有轵县,则当于此前复置。《旧唐志》云:武德三年,"怀州又置太行、忠义、紫陵、谷只、温五县"。据《新唐志》,温县本隋县,武德四年,隋令周仲隐以县去王世充降唐,是知隋末温县未废,"温"字当误,估计应是"轵"字,因补。
⑥ 《太平寰宇记》孟州济源县:"轵县故城:在今县东南三十里。……按《郡国县道》云,后魏自此城移县于今县东南三十八里皮城置,大业二年省之。"王郑轵县当以隋县复置。

州治于河阳县。八年,州废,省入河阳、洛阳、济源三县。咸亨四年①,析河阳、洛阳、济源三县复置大基县,治故大基城,隶洛州。是年,省柏崖县来属。先天元年,避玄宗讳,改为河清县,以贞观以来黄河水清为名。开元元年,隶河南府。建中二年,直属河阳三城节度使。会昌三年,隶孟州。是年,还隶河南府。其后,省入王屋县。咸通中,析王屋县复置河清县,仍隶河南府。大顺元年,以兵乱,权移治于柏崖隙地(疑即故柏崖城)。光化三年②,割隶孟州。

附旧县：柏崖县(673)

咸亨四年,析新安、王屋、济源、河南四县地置柏崖县,治故柏崖城(今济源市坡头镇连地村)③,因以为名,隶洛州。是年,省入大基县。

25. 河阳县(618—907)

本隋河内郡旧县,武德二年,唐取隶行怀州,并析置大基、集城二县。三年,王郑取隶怀州,唐析置谷旦县。四年,平王郑,河阳县隶盟州④,为州治,以废行怀州谷旦县省入。八年,州废,省大基、集城二县来属,河阳县隶怀州。显庆二年,割隶洛州。开元元年,隶河南府。建中二年,直属河阳三城节度使。会昌三年,隶孟州,为州治。

附旧县1：集城县(619—625)

武德二年,析河阳县置集城县,治集城(今河南洛阳市吉利区吉利街道)⑤,故以为名,隶行怀州。四年,州废,隶盟州。八年,州废,省入河阳县。

附旧县2：谷旦县(620—621)

武德三年,析河阳县置谷旦⑥县,治谷旦城(今河南孟州市谷旦镇),隶行怀州。四年,州废,省入盟州河阳县。

26. 温县(618—907)

本隋河内郡旧县,武德三年,王郑以隶平州⑦。四年,归唐,移治李城(今河南温县城温泉镇)。是年,州废,隶盟州。八年,州废,隶怀州。显庆二年,割隶洛

---

① 《太平寰宇记》河南府河清县：“咸通中,考功郎中王本立奏再置,复隶河南府。”《新唐志》河南府河清县：“寻还属(河南府),后废,咸通中复置。”《方镇研究》第31页考证云：“岑仲勉《唐史余渖》卷1‘咸通’条,证唐肃宗讳亨,唐人借作‘通’。……这足以证明晚唐以前本有借‘亨’作‘通’之例,如此,则‘咸通’必为‘咸亨’之讹,而王本立奏再置县,也就是咸亨四年所置之县。”今依之。
② 《唐会要》卷70作“光宅三年”,按光宅无三年,据下文附孟州注改。
③ 《太平寰宇记》河南府河清县：“柏崖城,在县西三里,临黄河。”
④ 《元和志》、《太平寰宇记》作“河南府”,今依两《唐志》。
⑤ 《大清一统志》卷160怀庆府：“集城废县,在孟县东南。《县志》：今名城子村。”
⑥ 《旧唐志》作“谷只”,今依《新唐志》、《太平寰宇记》。
⑦ 《旧唐志》怀州云：武德三年,“怀州又置太行、忠义、紫陵、谷只、温五县”。王世充割置平州,盖在是年。

州。开元元年,隶河南府。建中二年,直属河阳三城节度使。会昌三年,隶孟州。

附旧州一:熊州(618—627)

本隋宜阳郡,领宜阳、渑池、永宁三县,武德元年,改为熊州,以隋旧州为名,隶陕州总管府,改宜阳县为福昌县,为州治,置行寿安县,割渑池县隶谷州。二年,归王郑①。三年,复归唐,割永宁县隶函州。四年,熊州隶洛州总管府,割洛州寿安县来属,省行寿安县。是年,隶陕州总管府。七年,隶陕州都督府。八年,以废函州之永宁县来属。贞观元年,州废,福昌、永宁、寿安三县隶谷州。

附旧州二:谷州(618—657)

本隋新安郡,领新安一县。武德元年,改为谷州,以隋旧州为名,隶陕州总管府,置东垣县,割熊州渑池县来属。四年,隶洛州总管府。是年,隶陕州总管府,省东垣县。七年,隶陕州都督府。贞观元年,直属河南道,移治渑池县②,以废熊州之福昌、永宁、寿安三县来属,割新安县隶洛州。六年,移治福昌县。七年,割寿安县隶洛州。八年,割虢州长水县来属。十三年,谷州领福昌、长水、永宁、渑池四县③,治福昌县。显庆二年④,州废,四县改隶洛州。

附旧州三:西济州(619—621)

武德二年,取隋河内郡济源县置西济州,以济水为名,并置溴阳、蒸川、邵原三县,西济州隶行怀州总管府。三年,置轵县,割隶行怀州。四年,州废,省溴阳、蒸川、邵原三县,济源县隶怀州。

附旧州四:溱州(619—621)

武德二年,王郑割密州溱水县、管州新郑县置溱州⑤,隶管州总管府。四年,隶窦夏河南道行台。是年,平窦夏,州废,省溱水县,新郑县还隶管州。

---

① 史志不载此事。按《大唐故辅国大将军荆州都督虢国公张公(士贵)墓志铭并序》《全唐文补遗》第一辑)云:武德间,士贵"进下同轨,以置函州。又进击伪熊州刺史郑仲达,大败之,所在城聚相继投款",可知武德二年熊州曾隶王郑,至三年置函州后,乃收复。
② 《元和志》河南府新安县:"贞观元年省谷州。"误。详《唐会要》卷70河南府新安、福昌、永宁三县。
③ 赖青寿:《唐贞观元年以后谷州领县考》,《历史地理》第十四辑,上海人民出版社,1998年。
④ 《旧唐志》河南府永宁县作"元年",今依河南府序、新安、福昌、渑池县。
⑤ 《资治通鉴》武德三年三月:"世充又以台省官为司、郑、管、原、伊、殷、梁、湊、嵩、谷、怀、德等十二州营田使。"胡注:"《九域志》郑州古迹有湊水,当溱州于此。"按中华书局点校本《新定九域志》,郑州古迹有"溱水",在今新密市东,可知《资治通鉴》及胡注皆误以"溱"为"湊",今为更正。其领县疑有溱水、新郑二县。

附旧州五：密州（619—621）

武德二年，王郑割司州密县置密州，以密县为名，隶管州总管府，并置溱水、零水、洧源三县，割溱水县隶溱州。四年，隶窦夏河南道行台。是年，平窦夏，州废，省零水、洧源二县，密县隶郑州。

附旧州六：嵩州（619—629）

武德二年，王郑割司州阳城、嵩阳二县及伊州阳翟县置嵩州，以隋旧州为名，治阳城县，直属中央，并置康城县。三年①，归唐，隶陕州总管府。四年，隶洛州总管府。是年，直属陕东道行台。九年，隶洛州都督府。贞观元年，割阳翟县隶许州。三年，州废，省康城县，阳城、嵩阳二县还隶洛州。

附旧州七：平州（620—621）

武德三年，王郑割怀州温县置平州②，直属中央。四年，平王郑，州废，温县隶盟州。

附旧州八：辕州（620—621）

武德三年，王郑割司州缑氏、罗川二县置辕州，并置轘辕县，以为州治，州以县名③，直属中央。四年，平王郑，州废，省轘辕、罗川二县，缑氏县隶洛州。

附旧州九：南韩州（620—621）

武德三年，取王郑州伊阙、陆浑二县置南韩州④，以古为韩国之地，故名，寄治陕州陕县⑤，隶陕州总管府。四年，州废，伊阙、陆浑二县还隶洛州。

---

① 两《唐志》河南府、《唐会要》作"四年"，今依《旧唐志》陕州序。《资治通鉴》武德三年十月云："阳城令王雄帅诸堡来降，秦王世民使李世勣引兵应之，以雄为嵩州刺史。"可证。

② 《新唐志》孟州温县："武德四年，隋令周仲隐以县去王世充来降，置平州，名县城曰李城。是年，州废，隶怀州。"《资治通鉴》武德四年四月："王世充平州刺史周仲以城来降。"胡注："洛州河阴县，古平阴也，王世充当于此置平州。"今参两说，以平州置于武德三年之温县为定。

③ 史志不载此事。按裴漼《唐嵩岳少林寺碑》（载《金薤琳琅》卷12）曰："寺西北五十里有柏谷墅。……王（世）充潜号，署曰辕州。"柏谷墅在今偃师市缑氏镇柏谷坞，隋属缑氏县，地近轘辕关，以州名带"辕"字推知，当置轘辕县以为州治，因补。

④ 史志不载南韩州领县。按武德三年九月，秦王世民率军攻洛阳，遣将出轘辕道，取嵩州，对洛阳形成包围之势，以形势观之，则陆浑县亦当为唐所占，宜为南韩州之地，因补。《太平寰宇记》若不缺佚伊阙县文字，当有南韩州建之蛛丝马迹可循。

⑤ 《新唐志》陕州："武德三年，兼置南韩州。"

附旧州十：函州（620—625）

武德三年①，割熊州永宁县、陕州崤县置函州，以函谷关为名，治永宁县，隶陕州总管府。七年，隶陕州都督府。八年，州废，永宁县还隶熊州，崤县还隶陕州。

附旧新州：行怀州（619—621）—盟州（621—625）—孟州（843—907）

武德二年，取隋河内郡河阳县隶行怀州，置行怀州总管府，并置大基、集城二县，治大基县，割邵州长泉县来属。是年，王郑取河阳县隶怀州②。三年，唐取王郑怀州境置太行、忠义、紫陵、谷旦四县，又割西济州轵县来属。四年，平王郑，改为盟州，以盟津为名，隶怀州总管府，割怀州河阳县来属，移州治于河阳县，又以废平州之温县来属，割轵县隶怀州，省长泉、谷旦、忠义、紫陵、太行五县。八年，州废，省大基、集城二县，河阳、温二县隶怀州。

会昌三年，以河阳节度使直辖河阳、温、汜水、河清、济源五县置孟州，以孟津为名，治河阳县，隶河阳节度使。是年，割河南府河阴县来属，割河清县隶河南府。咸通十四年，孟州领河阳、济源、温、河阴、汜水五县，治河阳县。

光化三年，割河南府巩、河清、王屋三县来属③。

（二）河内郡（怀州）

怀州（618—742）—河内郡（742—756）—怀州（756—757）—河内郡（757—758）—怀州（758—759）—河内郡（759—762）—怀州（762—907）

河内郡，本隋旧郡，领河内、前修武、获嘉、共城、新乡、安昌、温、河阳、济源九县④，武德元年，归李魏⑤，改为怀州，治河内县。是年，奉表归唐，直属陕东道行台，割共城县置共州，新乡县隶义州，隋取前修武、获嘉二县隶殷州。二年，归王郑，直属中央。是年，唐取安昌县置北义州，取河阳县置行怀州，取

---

① 《旧唐志》陕州序系于元年，今依《旧唐志》河南府福昌县、《新唐志》河南府永宁县。
② 《资治通鉴》武德四年二月："王泰弃河阳走，其将赵夐等以城来降。"是知此前河阳为王郑所据。
③ 《旧唐书》卷20《昭宗纪》："光化三年八月，朱全忠奏：'请权割河南府王屋、（清河）〔河清〕、巩三县隶河阳。'从之。"按是时河阳节度使领孟、怀二州，依地理形势分析，此三县当割隶孟州。
④ 《隋志》河内郡有王屋县，共十县。按两《唐志》绛州垣县云："义宁元年，以垣、王屋置邵原郡。"则隋末王屋县不隶河内郡，今删。
⑤ 《资治通鉴》武德元年正月："偃师柏谷及河阳都尉独孤武都、检校河内郡丞柳燮、职方郎柳续等，各举所部降于密。"

济源县置西济州。三年,割温县隶平州。四年,怀州归唐①,置怀州总管府,以废德州之武德、怀二县,废西济州之济源县,废行怀州之轵县来属。八年,以废盟州之河阳、温二县来属。贞观元年,罢怀州都督府,怀州隶洛州都督府,以废殷州之获嘉、武陟、修武三县,废邵州之邵伯县来属,省轵、怀二县。十三年,怀州领河内、武德、修武、获嘉、武陟、温、河阳、济源、邵伯九县,治河内县。十七年,直属河北道。

显庆二年,割温、河阳、济源、邵伯四县隶洛州。

武周长安四年,怀州领河内、武德、修武、获嘉、武陟五县,仍治河内县。

唐天宝元年,复为河内郡,直属都畿。十三载,河内郡领河内、武德、修武、获嘉、武陟五县,仍治河内县。十五载,直属安氏燕国,改为怀州。至德二载,收复,复为河内郡,隶东畿观察使。

乾元元年,复为怀州。二年,归史氏燕国,复为河内郡,隶河南节度使。宝应元年,归唐,仍为怀州,隶东畿观察使。广德元年,割隶河北道相卫节度使。是年,隶泽潞节度使。大历元年,隶昭义军节度使。四年,隶泽潞节度使。建中元年,隶昭义军节度使。二年,隶河阳三城节度使。四年,隶河阳节度使。贞元元年,隶河阳怀都团练使。五年,自河南府河阳县移使治于此。十二年,隶河阳节度使。元和九年,移使治于汝州。十三年,河阳节度使自汝州还治怀州。十五年,怀州领县一如天宝十三载。

长庆元年,复移使治于河南府河阳县。咸通十四年,怀州领县不变。

1. 河内县(618—907)

本隋河内郡旧县,武德二年,隶怀州,为州治。三年,唐取县境置太行、忠义、紫陵三县,割隶行怀州。四年,省行怀州太行、忠义、紫陵三县来属。天宝元年,隶河内郡,为郡治。乾元元年,复隶怀州。

附旧县1:太行县(620—621)

武德三年,唐取河内县境置太行县,以太行山为名,治太行城(今河南博爱县城清化镇街道)②,隶行怀州。四年,州废,省入河内县。

附旧县2:忠义县(620—621)

武德三年,唐取河内县境置忠义县,治忠义城(今河南沁阳市崇义镇)③,

---

① 《资治通鉴》武德四年二月:"王世充怀州刺史陆善宗以城降。"
② 《大清一统志》卷160怀庆府:"太行废县:在河内县东北四十里。《府志》:今清化镇即旧太行县。"
③ 《大清一统志》卷160怀庆府:"忠义废县:在河内县西南三十里。《府志》:今崇义镇即旧忠义县。"

隶行怀州。四年,州废,省入河内县。

附旧县3:紫陵县(620—621)

武德三年,唐取河内县境置紫陵县,以紫陵涧为名,治紫陵城(今沁阳市紫陵镇东紫陵村)①,隶行怀州。四年,省入河内县。

2. 安昌县(618—619)—**武德县**(619—907)

武德县,本隋河内郡安昌县,武德二年②,唐取置北义州,改为武德县,以北朝旧郡为名。四年,州废,隶怀州。天宝元年,隶河内郡。乾元元年,复隶怀州。

3. 行修武县(619—621)—**修武县**(621—907)

武德二年,殷州前修武县民李原德以浊鹿城(今河南修武县五里源乡)归唐③,置陟州,并置行修武县。四年,州废,隶殷州,改为修武县④。六年,移治西修武城(今修武县城城关镇)。贞观元年,州废,隶怀州。天宝元年,隶河内郡。乾元元年,复隶怀州。

4. **获嘉县**(618—907)

本隋河内郡旧县,武德元年,割隶殷州,为州治。四年,析置博望县。贞观元年,州废,隶怀州。天宝元年,隶河内郡。乾元元年,复隶怀州。

5. 前修武县(618—621)—**武陟县**(621—907)

武陟县,本隋河内郡前修武县,武德元年,割隶殷州。二年,唐取其北境置行修武县,隶陟州,取其西境置怀县,隶北义州。四年,改前修武县为武陟县。贞观元年,州废,省怀县来属,武陟县隶怀州。天宝元年,隶河内郡。乾元元年,复隶怀州。

附旧县:怀县(619—627)

武德二年,取王郑怀州前修武县境置怀县,以隋旧县为名,治故怀城(今河南武陟县大虹桥乡南张村)⑤,隶北义州。四年,州废,隶怀州。贞观元年,省入武陟县。

---

① 遗址尚存,见《中国文物地图集·河南分册》,第203页。
② 《旧唐志》怀州武德县作"三年",今依《旧唐志》怀州序、《元和志》、《新唐志》、《太平寰宇记》。
③ 李原德:《新唐志》作李厚德,《资治通鉴》武德元年十月则云:"李密总管李育德以武陟来降,拜陟州刺史。"今依《旧唐志》。
④ 《旧唐志》怀州武陟县:"四年,贼平,改为武陟,以修武属殷州,仍移县治于隋故修武城。"按此处文字将唐所置修武县与王郑旧修武县(隋旧县)沿革相混,今参《新唐志》文字删正。
⑤ 《元和志》怀州武陟县:"故怀城,在县西十一里。"即今南张村,旧属阳城乡。

附旧州一：殷州(618—627)

武德元年，隋皇泰主取李魏怀州获嘉、前修武二县置殷州①，以隋旧州为名，治获嘉县，直属中央。二年，归唐，隶黎州总管府。是年，直属王郑。四年，归唐，隶怀州总管府，置博望县，以废义州之新乡县、废陟州之行修武县、废共州之共城县来属②，改前修武县为武陟县，行修武县为修武县。七年，隶怀州都督府。贞观元年，州废，获嘉、武陟、修武三县隶怀州，新乡、博望、共城三县隶河北道卫州。

附旧州二：陟州(619—621)

武德二年，取王郑怀州前修武县境置行修武县，并置陟州，取隋武陟县末字为名，隶行怀州总管府。四年，州废，行修武县隶殷州。

附旧州三：北义州(619—620)—**德州**(620—621)

武德二年，取王郑怀州安昌县置北义州③，以北朝旧州为名，改安昌县为武德县，并置怀县，隶行怀州总管府。三年，王郑取置德州④。四年，平王郑，州废，武德、怀二县隶怀州。

(三) 荥阳郡(郑州)

郑州(618—742)—荥阳郡(742—756)—郑州(756—757)—荥阳郡(757—758)—郑州(758—759)—荥阳郡(759—762)—郑州(762—907)

武德元年，割管州荥阳、汜水、荥泽三县置郑州，以荥水为名，治荥阳县，隶管州总管府。是年，归隋，移治汜水县。二年，归王郑，割荥阳县隶荥州。三年，归唐⑤。四年，隶窦夏河南道行台。寻复归唐，隶洛州总管府。是年，直属陕东道行台，置成皋县，以废荥州之荥阳县、废密州之密县来属。九年，隶

---

① 《隋故银青光禄殷州刺史志铭》(载周绍良主编：《唐代墓志汇编》，上海古籍出版社，1992年)："及皇泰嗣兴⋯⋯乃以君为殷州刺史诸军事，殷州刺史。"
② 《旧唐志》怀州获嘉县："武德四年，于县置殷州，领获嘉、武德、武陟、修武、新乡、共城五县。"按《旧唐志》怀州序，是年武德县隶怀州，则句中"武德(县)"二字当衍。
③ 《大唐故北谊州司兵参军事孟君(蒲)墓志铭》(载《洛阳流散唐代墓志汇编续集》)有"北谊州"，盖此州之误写。
④ 《资治通鉴》武德三年三月："世充又以台省官为司、郑、管、原、伊、殷、梁、凑、嵩、谷、怀、德等十二州营田使。"胡三省注："武德曰德州。"
⑤ 《旧唐书》卷2《太宗纪》：武德三年九月，"遣李世勣率师出轘辕道安抚其众，荥、汴、洧、豫九州相继来降"。

洛州都督府。贞观元年,以废管州之管城、新郑、原武、阳武四县来属。七年,移州治于管城县,省成皋县。十三年,郑州领管城、新郑、密、荥阳、汜水、荥泽、原武、阳武八县,治管城县。十七年,直属河南道。

显庆二年,割汜水县隶洛州。龙朔二年,割汴州中牟县来属,割密县隶洛州。

武周天授元年,置武泰县,割隶洛州。二年,省荥阳县。长安四年,郑州领管城、中牟、新郑、荥泽、原武、阳武六县,治管城县。

唐神龙二年,割洛州荥阳县来属。开元二十一年,直属都畿。二十二年,置河阴县,割隶河南府。

天宝元年,复为荥阳郡。十三载,荥阳郡领管城、中牟、新郑、荥阳、荥泽、原武、阳武七县,治管城县。十五载,直属安氏燕国,改为郑州。至德二载,收复,仍为荥阳郡,隶河南道前淮西节度使。

乾元元年,复为郑州,自许州移镇于此。二年,归史氏燕国,复为荥阳郡,隶滑郑汴节度使。后上元二年,隶陈留节度使。宝应元年,归唐,仍为郑州,隶河东道泽潞节度使。大历五年,遥隶关内道泾原节度使。建中二年,隶河南道永平军节度使,未几,隶东畿河阳三城节度使。是年,复隶河南道永平军节度使。兴元元年,归李楚。贞元元年,复归唐,隶义成军节度使。元和十五年,郑州领县一如天宝十三载。

咸通十四年,郑州领县不变。

大顺元年,隶宣义军节度使。

1. 管城县(618—907)

本隋荥阳郡旧县,隋末,隶管州,为州治。武德四年,移州治于汜水县,并析置清池、须水二县。贞观元年,州废,省清池、须水二县来属,管城县隶郑州。七年,自汜水县移州治于此。天宝元年,隶荥阳郡,为郡治。乾元元年,复隶郑州。

附旧县1:清池县(621—627)

武德四年,析管城县置清池县,以清池水为名,治故清阳亭(今河南中牟县白沙镇)①,隶管州。贞观元年,州废,省入管城县。

附旧县2:须水县(621—627)

武德四年,析管城县置须水县,以须水为名,治须水城(今河南郑州市中

---

① 《大清一统志》卷150开封府:"清池废县,在中牟县西,本古清阳亭。《水经注》:'清池水径清阳亭南。'即故清人城也。"

原区须水街道)①,隶管州。贞观元年,州废,省入管城县。

2. 圃田县(618—620)—中牟县(620—907)

中牟县,本隋荥阳郡圃田县,隋末,隶管州。武德三年②,改为中牟县,以北朝旧县为名,割隶牟州,为州治。四年,州废,复隶管州。贞观元年,州废,隶汴州。龙朔二年,隶郑州。天宝元年,隶荥阳郡。乾元元年,复隶郑州。

3. 新郑县(618—907)

本隋荥阳郡旧县,隋末,隶管州。武德二年,割隶溱州。四年,州废,还隶管州。贞观元年,州废,隶郑州。天宝元年,隶荥阳郡。乾元元年,复隶郑州。

4. 荥阳县(618—691,696—697,705—907)

本隋荥阳郡旧县,隋末,隶管州。武德元年,割隶郑州,为州治。是年,移州治于汜水县。二年,割隶荥州,为州治③。四年,州废,还隶郑州。天授二年,省入洛州武泰县。万岁通天元年,析武泰县复置荥阳县,隶洛州。二年,复省入武泰县。神龙元年,改武泰县为荥阳县。二年,还隶郑州。天宝元年,隶荥阳郡。乾元元年,复隶郑州。

附旧县:成皋县(621—627)—武泰县(690—705)

武德四年,析汜水、荥阳二县置成皋县,以隋旧县为名,治新成皋城(今河南荥阳市刘河镇王河村)④,隶郑州。贞观元年,省入汜水、荥阳二县。天授元年,析汜水、荥阳二县置武泰县,取武氏吉意,治武泰城(今荥阳市刘河镇王城)⑤,隶洛州。二年,省郑州荥阳县来属,移治荥阳城(今荥阳市京城路街道)。万岁通天元年,还治武泰城,析置荥阳县。二年,省荥阳县来属,复移治荥阳城。神龙元年,改为荥阳县。

5. 荥泽县(618—907)

本隋荥阳郡旧县,隋末,隶管州。武德元年,割隶郑州。开元二十二年,析置河阴县。天宝元年,隶荥阳郡。乾元元年,复隶郑州。

---

① 《资治通鉴》卷276天成四年二月丁卯胡注:"唐初置须水县,贞观中并入郑州管城县。《九域志》:郑州荥阳县有须水镇。"
② 《旧唐志》、《唐会要》作"元年",今依《元和志》、《新唐志》。
③ 《资治通鉴》武德三年十月:"时世充太子玄应镇虎牢,军于荥、汴之间。李世勣使郭孝恪为书,说荥阳刺史魏陆。丙辰,陆擒(张)志等四将,举州来降。"胡注:荥当作荥,言军于荥泽、汴水之间,王世充盖以荥阳县置荥州。
④ 故成皋城距武牢城仅五里,不合并置二县,而据《中国文物地图集·河南分册》第10页,今刘河镇王河村有唐代城址,周长约2000米,疑即新成皋县城。
⑤ 《太平寰宇记》郑州荥阳县:"唐初,废郑州之荥阳,于荥西立武泰县。"今拟其地为唐初成皋县治。

6. 原武县(618—619)—原陵县(619—621)—**原武县**(621—907)

原武县,本隋荥阳郡旧县,隋末,隶管州。武德二年,改为原陵县①。四年,复改原陵县为原武县。贞观元年,州废,隶郑州。天宝元年,隶荥阳郡。乾元元年,复隶郑州。

7. 阳武县(618—907)

本隋荥阳郡旧县,隋末,隶管州。武德四年,移治原武城(今河南原阳县城城关镇)②。贞观元年,州废,隶郑州。天宝元年,隶荥阳郡。乾元元年,复隶郑州。

附旧州一:管州(618—627)

本隋荥阳郡,领管城、圃田、新郑、荥阳、汜水、荥泽、原武、阳武、酸枣九县③,隋末,李魏改为管州④,治管城县,置管州总管府。武德元年,奉表归唐,隶陕东道行台,割荥阳、汜水、荥泽三县隶郑州。二年,归王郑,改原武县为原陵县,割新郑县隶溱州。三年,归唐,割酸枣县置东梁州,改圃田县为中牟县,割置牟州。四年,隶窦夏河南道行台,罢总管府。是年,复归唐,隶洛州总管府,复原陵县为原武县,以废牟州之中牟县来属,并置清池、须水二县。是年,直属陕东道行台。九年,隶洛州都督府。贞观元年,州废,省清池、须水二县,管城、新郑、原武、阳武四县隶郑州,中牟县隶汴州。

附旧州二:荥州(619—621)

武德二年,王郑割郑州荥阳县置荥州,以为名,领荥阳一县,隶管州总管府。三年,归唐⑤。四年,归窦夏。是年,平窦夏,州废,荥阳县隶郑州。

附旧州三:牟州(620—621)

武德三年,李世勣招抚东土,取王郑管州圃田县,改圃田县为中牟县,置牟州⑥,以中牟县首字为州名,隶管州总管府。四年,隶窦夏河南道行台。是

---

① 《太平寰宇记》郑州原武县:"隋开皇十六年,自今县西故原武城移于阳池故城,置原陵县,属郑州,则今理也。唐初改'陵'为'武',以复汉名。"《新唐志》原武县:"本原陵,唐初更名,复汉旧。"然据《隋志》,大业初已是原武县,因疑王郑时复名原陵,唐平王郑,复名原武。
② 《元和志》郑州阳武县:"西南至州一百里。"
③ 《隋志》荥阳郡有浚仪、开封二县,共十一县。按两《唐志》载,浚仪、开封二县隋末为李密所陷,义宁元年置为汴州。故删。
④ 两《唐志》谓管州置于武德四年。按《资治通鉴》卷186、卷188载,隋末杨庆为荥阳太守,后降李密,密败,降王世充,以为管州刺史、总管。则改荥阳郡为管州及置总管府当在李魏之时。
⑤ 《资治通鉴》武德三年十月。
⑥ 《元和志》郑州中牟县:"武德三年,李勣招抚东夏,于此置牟州。"此东夏,乃东土之意,非指窦夏。

年,平窦夏,州废,中牟县隶管州。

(四)临汝郡(汝州)

伊州(618—634)—后汝州(634—742)—临汝郡(742—756)—汝州(756—757)—临汝郡(757—758)—汝州(758—759)—临汝郡(759—762)—汝州(762—907)

临汝郡,本隋襄城郡,领承休、阳翟、郏城、䂨城、鲁山、梁六县[1],武德元年,李魏改为伊州,以隋旧州为名[2],治承休县,隶管州总管府。是年,归隋。二年,归唐,置伊州总管府。是年,又归王郑,唐取鲁山、䂨城二县隶前鲁州。三年,唐取阳翟县隶嵩州。四年,平王郑,罢总管府,伊州隶洛州总管府,以废前鲁州之鲁山、䂨城二县来属,改䂨城县为滍阳县。是年,直属陕东道行台,复割滍阳、鲁山二县隶前鲁州。九年,隶洛州都督府。贞观元年,以废前鲁州之鲁山县来属,省承休县,移州治于梁县。八年,以西域有伊州,改为后汝州,以隋旧州为名。十三年,后汝州领梁、郏城、鲁山三县,治梁县。十七年,直属河南道。

武周证圣元年(695),置武兴县。长安四年,后汝州领梁、郏城、武兴、鲁山四县,治梁县。

唐神龙元年,改武兴县为中兴县。是年,改中兴县为龙兴县。先天元年,置临汝县。开元二十一年,直属都畿。二十六年,割许州叶、襄城二县来属。二十八年,割襄城县隶许州。

天宝元年,改为临汝郡,以临汝县为名。七载,割许州襄城县来属。十三载,临汝郡领梁、郏城、襄城、叶、龙兴、鲁山、临汝七县,治梁县。十五载,直属安氏燕国,改为汝州。至德二载,收复,仍为临汝郡,隶东畿观察使。

乾元元年,复为汝州,割隶河南道豫许汝节度使。二年,归史氏燕国,为临汝郡,隶河南节度使。宝应元年,归唐,仍为汝州,隶蔡汝节度使。大历三年,割叶、襄城二县隶仙州。五年,以废仙州之叶、襄城二县来属。八年,隶后淮西节度使。十四年,复隶东畿观察使。建中四年,隶东畿汝州节度使。贞

---

[1] 《隋志》襄城郡有汝南、汝源二县,共八县,按此二县不见唐初记载,当已废于隋末,今删。鲁山,《隋志》襄城郡作"鲁",按《旧唐志》鲁山县云:"隋旧县。"《元和志》《太平寰宇记》言隋唐之际鲁山县沿革甚详,均未言及曾有"鲁县"之名,因疑《隋志》脱"山"字,今补。
[2] 《唐会要》卷70:"汝州,武德初,从隋旧制,为伊州。"《新唐书》卷191《张善相传》:"善相,襄城人,大业末为里长,乃据许州奉李密。密败,挈州以来,诏即授伊州总管。"

元元年,隶东畿汝唐邓都防御观察使。三年,隶东畿汝都防御观察使。五年,隶东畿汝州都防御使。元和三年,隶陕虢观察使。九年,隶河阳节度使,为使治。十三年,移使治于怀州,汝州复隶东畿汝州都防御使。十五年,汝州领县一如天宝十三载。

长庆元年,直属东畿。二年,仍隶东畿汝州都防御使。咸通十四年,汝州领县不变。

乾宁元年,隶忠武军节度使。光化三年,隶东畿观察防遏使。天祐元年,直属东畿。四年,归后梁。

1. 梁县(618—907)

本隋襄城郡旧县,武德元年,隶伊州。贞观元年,自承休县移州治于此,省承休县来属,移治故承休城(今河南汝州市钟楼街道)。八年,隶后汝州,仍为州治。先天元年,析置临汝县。天宝元年,隶临汝郡,为郡治。乾元元年,隶汝州,为州治。

附旧县:承休县(618—627)

本隋襄城县旧县,武德元年,隶伊州,为州治。贞观元年,省入梁县。

2. 郏城县(618—907)

本隋襄城郡旧县,武德元年,隶伊州。贞观八年,隶后汝州。证圣元年,析置武兴县。天宝元年,隶临汝郡。乾元元年,隶汝州。

3. 襄城县(618—907)

本隋颍川郡旧县,武德元年,隶许州。二年,割隶前汝州,并析置期城县。贞观元年,州废,省期城、汝坟二县来属,襄城县隶许州。开元三年,割隶仙州。二十六年,还隶许州。是年,改隶后汝州。二十八年,还隶许州。天宝元年,隶颍川郡。七载①,隶临汝郡②。乾元元年,隶汝州。大历四年,复割隶仙州。五年,州废,还隶许州。

附旧县1:期城县(619—627)

武德二年,析襄城县置期城县,以北朝期城郡为名,治期城(今河南襄城县颍阳镇古城)③,隶前汝州。贞观元年,州废,省入襄城县。

---

① 《旧唐志》作"元年",今依《元和志》、《唐会要》、《新唐志》。
② 《旧唐书》卷20《昭宗纪》云:天祐二年十一月,改襄城县为苞孚县。按《唐会要》、《新唐志》,改苞孚县者为蔡州褒信县,非襄城县,《旧唐纪》误,不取。
③ 《大清一统志》卷166南阳府:"期城故城,在泌阳县西北。"按泌阳县与襄城县中隔方城、舞阳二县,期城必不在泌阳,今依地理形势定故期城郡城于襄城县颍阳镇古城。

附旧县 2：汝坟县(618—627)

本隋颍川郡旧县，武德元年，隶许州。二年，割隶前汝州。贞观元年，州废，省入襄城、鲁山、叶三县。

4. 叶县(618—907)

本隋颍川郡旧县，武德元年，隶许州。二年，割隶叶州，为州治。五年，州废，隶北澧州①。贞观八年，隶后鲁州，九年，州废，复隶许州。开元三年，割隶仙州，为州治。十一年，移州治于舞阳县。二十六年，州废，还隶许州。是年，改隶后汝州。天宝元年，隶临汝郡。乾元元年，隶汝州。大历四年，复割隶仙州，仍为州治，并析置仙凫县。五年，州废，省仙凫县来属，叶县还隶汝州。

附旧县：仙凫县(769—770)

大历四年，析叶县置仙凫县，相传汉时叶县令王乔驾仙凫入朝，故名，治仙凫城(今河南叶县保安镇古城村)②，隶仙州。五年，州废，省入叶县。

5. 武兴县(695—705)—中兴县(705)—龙兴县(705—907)

证圣元年，析郏城、鲁山二县置武兴县，取武氏吉意，治通鸦城(今河南宝丰县城城关镇)，隶后汝州。神龙元年，改为中兴县，取唐朝吉意。寻又更名龙兴县，取意一同。天宝元年，隶临汝郡。乾元元年，隶汝州。

6. 鲁山县(618—907)

本隋襄城郡旧县，武德元年，隶伊州。二年，隶前鲁州，为州治。四年，州废，隶伊州。是年，复割隶前鲁州，仍为州治。贞观元年，州废，省滍阳县来属，鲁山县还隶伊州。八年，隶后汝州。天宝元年，隶临汝郡。乾元元年，隶汝州。

附旧县：犨城县(618—621)—滍阳县(621—627)

犨城县，本隋襄城郡旧县，武德元年，隶许州。二年，隶前鲁州。四年，州废，隶伊州，改为滍阳县③，以县在滍水之阳为名。是年，复割隶前鲁州。贞观元年，州废，省入鲁山县。

7. 临汝县(712—907)

先天元年，析梁县置临汝县，以临汝水为名，治紫逻川(今河南汝阳县小店镇紫罗村)④，隶后汝州。天宝元年，隶临汝郡。乾元元年，隶汝州。贞元八

---

① 《旧唐志》作"许州"，按此处有脱文，今依《新唐志》补正。
② 《太平寰宇记》汝州叶县："大历三年，又敕析叶县南界新置仙凫县。"
③ 史志不载此事，按两《唐志》皆云武德四年以鲁山、滍阳二县复置前鲁州，则王郑时已有滍阳县，而滍阳县治与隋犨城县治同在一地(今河南平顶山市薛庄镇南)，故知滍阳县系犨城县更名而来。
④ 《太平寰宇记》汝州龙兴县："废临汝县，在州西六十里，唐先天元年十二月，割置于今县西南二十里紫逻川置。"遗址尚存，见《中国文物地图集·河南分册》，第154页。

年,移治石壕驿(今河南汝州市临汝镇)①。

附旧州一:前汝州(619—627)

武德二年,割许州襄城、汝坟二县置前汝州,以隋旧州为名,治襄城县,隶伊州总管府,并置期城县。是年,归王郑。四年,归唐,隶洛州总管府。是年,直属陕东道行台。九年,隶洛州都督府。贞观元年,州废,省汝坟、期城二县,襄城县隶许州。

附旧州二:前鲁州(619—621,621—627)

武德二年,割伊州鲁山、犨城二县置前鲁州,以隋旧州为名,隶伊州总管府,治鲁山县。三年,归唐,隶显州总管府。四年,州废,鲁山、犨城二县隶伊州。未几,复割伊州鲁山、滍阳二县置前鲁州,仍治鲁山县,隶洛州总管府。是年,直属陕东道行台。九年,隶洛州都督府。贞观元年②,州废,省滍阳县,鲁山县还隶伊州。

附旧新州:叶州(619—622)—仙州(715—738,769—770)

武德二年,王郑割许州叶县置叶州③,以叶县为名,隶伊州总管府。三年,唐取隶显州总管府。五年,州废,叶县隶北澧州④。

开元三年⑤,割许州叶、襄城,唐州方城三县置仙州,直属河南道,相传汉时王乔于此成仙,故名,治叶县。四年,置舞阳县,割豫州西平县来属。十一年,移治舞阳县⑥。二十六年,州废,舞阳县还隶许州,舞阳、叶、襄城三县还隶

---

① 《太平寰宇记》汝州龙兴县:"废临汝县……贞元八年,刺史陆长源以旧县荒残,因移于东北李城驿侧近,当大路。"
② 《新唐志》作"九年",吴松弟《两唐书地理志汇释》第90页从之,今依《旧唐志》,考详尤炜祥:《两唐书疑义考释·新唐卷》,第51页。
③ 《太平寰宇记》汝州叶县引《唐国史》。
④ 《旧唐志》、《太平寰宇记》汝州叶县引《唐国史》作"许州",今依《新唐志》。
⑤ 《唐会要》仙州作"二年",《太平寰宇记》汝州叶县兼有三年、四年两说,《元和志》汝州襄城县及《旧唐志》叶县作"四年"。今依《元和志》、《新唐志》叶县、《新唐表》。罗凯云:"舞阳、西平二县均为开元四年复置,是开元三年初置仙州时仅有原许州叶、襄城、唐州方城三县,《旧唐纪》云'(开元三年二月)析许州、唐州置仙州',至确。至于《会要》之'二年'与《旧志·唐州》之'五年',当为形误。诸处之'四年',当由舞阳、西平二县之复置牵扯而来。"
⑥ 《唐会要》卷70仙州:"至(开元)十一年十二月,中书侍郎崔沔议曰:'州东新置舞阳县……其仙州望且未废。至今年十月,移向舞阳置,仍为紧州。'"十一年,《太平寰宇记》汝州叶县引作"二十一年",按舞阳县置于开元四年,去二十一年较远,不取。又,"仍为紧州",《太平寰宇记》引作"改为樊州",按樊州未见其他记载,亦恐有误。

许州,西平县还隶豫州,方城县还隶唐州。

大历四年①,复割汝州叶、襄城,许州舞阳,蔡州西平,唐州方城五县置仙州,并置仙凫县,仍治叶县,仙州隶蔡汝节度使。五年,州废,省仙凫县,叶、襄城二县还隶汝州,舞阳县还隶许州,西平县还隶蔡州,方城县还隶唐州。

(五) 陕郡(陕州)

陕州(618—742)—陕郡(742—758)—陕州(756—757)—陕郡(757—758)—陕州(758—904)—兴唐府(904—907)

陕郡,本隋弘农郡,领陕、长水、桃林三县②,武德元年,改为陕州,以隋旧州为名,治陕县,并置陕州总管府,又置崤县,割长水县隶虢州。二年,割崤县隶函州。七年,隶陕州都督府。八年,以废函州之崤县来属。贞观元年,罢都督府,陕州直属河南道,以废芮州之芮城、河北二县来属。十三年,陕州领陕、崤、桃林、芮城、河北五县,治陕县。十四年,改崤县为硖石县。

武周大足元年(701),割绛州夏县来属。是年,夏县还隶绛州。长安四年,陕州领陕、硖石、桃林、芮城、河北五县,仍治陕县。

唐开元二十一年,直属都畿。

天宝元年,改为陕郡,以陕县为名,改桃林县为灵宝县,河北县为平陆县。十三载,陕郡领陕、硖石、灵宝、芮城、平陆五县,治陕县。十五载,直属安氏燕国所占,改为陕州。至德二载,收复,仍为陕郡,隶东畿观察使。

乾元元年,复为陕州。二年,置陕虢华节度使。三年(后上元元年),隶陕西节度使,割河中府虞邑县、绛州夏县来属③。

大历四年,改虞邑县为安邑县。五年,陕州隶陕虢都防御观察使。十四年,废镇,隶东畿观察使。建中二年,割隶河阳三城节度使。是年,割隶陕虢都防御观察使,为使治。四年,隶陕虢节度使。贞元元年,复隶陕虢都防御观察使。三年,割绛州垣县来属。元和三年,安邑县还隶河中府,垣县还隶绛

---

① 《新唐表》、《唐会要》卷70、《太平寰宇记》汝州叶县引《唐国史》作"三年"。今依《旧唐书》卷11《代宗纪》、《新唐志》、《舆地广记》。罗凯云:"《旧唐书·本纪》作大历四年三月丙申复置仙州。查大历四年三月丙申正是二十八日,可证《旧纪》之确。"

② 《隋志》弘农郡领弘农、卢氏、长泉、朱阳四县。按《旧唐志》虢州:"隋末复置(弘农)郡,义宁元年,改为凤林郡,仍于卢氏置虢郡。"陕州云:"义宁元年,置弘农郡,领陕、崤、桃林、长水四县。二年,省崤县。"则隋末弘农郡已与《隋志》弘农郡不同,今改。

③ 《旧唐志》陕州序:"乾元元年,复为陕州,因割蒲州之解、安邑来属。"而蒲州序云:"乾元元年,复为蒲州,割安邑属陕州。"今依蒲州序删解县。又,三年,两《唐志》作"元年",今依《元和志》、《唐会要》。

州。十五年,陕州领陕、硖石、灵宝、芮城、平陆、夏六县,仍治陕县。

大和五年(831),罢镇,陕州直属东畿。开成元年(836),复隶陕虢都防御观察使,为使治。咸通十四年,陕州领县不变。

广明元年,直属黄齐。中和元年,复归唐,仍隶陕虢都防御观察使。三年,隶陕虢节度使。龙纪元年,隶保义军节度使。天祐元年,昭宗驻跸,升为兴唐①府,盖以中兴唐祚为名。

1. **陕县**(618—907)

本隋弘农郡旧县,武德元年,隶陕州,为州治,并析置崤县。天宝元年,隶陕郡。乾元元年,复隶陕州。

2. **崤县**(618—640)—**硖石县**②(640—907)

武德元年,析陕县置崤县,以隋旧县为名,治硖石坞(今陕县菜园乡石门村)③,隶陕州。二年,割隶函州。三年,移治鸭桥镇(今陕县硖石乡硖石村西)④。贞观八年,州废,还隶陕州,移治安阳城(今菜园乡)⑤。十四年,移治硖石坞西(今菜园乡南县村),因改为硖石县⑥。天宝元年,隶陕郡。乾元元年,复隶陕州。天祐元年,移治石壕村西(今硖石乡硖石村)⑦。

3. **桃林县**(618—742)—**灵宝县**(742—907)

灵宝县,本隋虢郡桃林县,武德元年,隶陕州。天宝元年⑧,以县南古函谷关掘得天宝灵符,改为灵宝县,隶陕郡。乾元元年,复隶陕州。

4. **芮城县**(618—907)

本隋河东郡旧县,武德元年,隶蒲州。二年,割隶芮州,为州治,并析置永乐县。贞观元年,州废,隶陕州。天宝元年,隶陕郡。乾元元年,复隶陕州。

---

① 《旧唐志》、《太平寰宇记》原作"兴德"。按兴德府乃华州所升,今依《旧唐书》卷20《昭宗纪》、《新唐志》改正,参详尤炜祥:《两唐书疑义考释·旧唐书卷》,第151页。又,《旧唐志》云:"哀帝即位,省。"《新唐志》云:"哀帝初,复故。"其意不明,后人或以为兴唐府于天祐元年复为陕州。《方镇研究》据《旧唐纪》所载天祐三年"贬兴唐府少尹孙秘长流爱州"事,认为兴唐府之额一直保到唐末,当是。
② 硖,两《唐志》作"峡",今依《元和志》、《唐会要》。
③ 王文楚:《古代交通地理丛考》,中华书局,1996年,第67页。
④ 辛德勇:《古代交通与地理文献研究》,中华书局,1996年,第18、33页。
⑤ 《太平寰宇记》陕郡硖石县:"安阳城在县西四十里,唐贞观八年,移崤县在此城内置。"《中国文物地图集·河南分册》第347页及王文楚《古代交通地理丛考》第67页以为在菜园乡南县村,如此则与贞观十四年移治事不合,不取。
⑥ 辛德勇:《古代交通与地理文献研究》,第31页。
⑦ 陈宣等:《河南郡志》卷1。《宋会要辑稿》方域5之39云乾德五年移治石壕镇,似误与置镇一事相混。
⑧ 《州郡典》、《太平寰宇记》作开元末,今依《元和志》、两《唐志》、《旧唐书·玄宗纪》、《唐会要》。

5. 河北县(618—742)—平陆县(742—907)

平陆县,本隋安邑郡河北县,武德元年,隶虞州。二年,割隶芮州①。贞观元年,州废,隶陕州②。天宝元年③,陕郡太守李齐物开三门山路,于此得古铧④,有"平陆"篆字,乃改为平陆县,隶陕郡。乾元元年,复隶陕州。

附旧州: 芮州(619—627)

武德二年,割蒲州芮城、虞州河北二县置芮州,以芮城县首字为名,治芮城县,隶蒲州总管府,并置永乐县。四年,直属河东道行台。七年,复隶蒲州都督府。九年,隶陕州都督府。贞观元年⑤,州废,芮城、河北二县隶陕州,永乐县隶鼎州。

附旧府 伊州总管府(619—621)

武德二年,割管州总管府伊州置伊州总管府⑥,隶陕东道行台,置前汝州,朱楚以淯阳郡来属,改为北澧州。是年,伊州总管府直属王郑⑦,置前鲁、叶二州。三年,归唐,割北澧、叶二州隶显州总管府。四年,罢总管府,伊、前汝、前鲁三州隶洛州总管府。

附旧府新镇一 管州总管府(618—621)—前淮西节度使(758—759)—郑陈节度使(759—761)

隋末,李魏置管州总管府⑧,辖管、许二州。武德元年(618),取隋襄城郡来属,改为伊州。是年,奉表归唐,隶陕东道行台,置郑州。二年,割伊州隶伊州总管府。是年,归王郑,隶滑州行台,置荥、溱、密三州,割许州隶杞州总管府。三年,总管郭庆归唐⑨,仍隶陕东道行台,又置牟、东梁二州,取王郑滑州

---

① 《新唐志》作"蒲州",今依《旧唐志》陕州序、《新唐志》陕州芮城县条。
② 《新唐志》陕州平陆县:"本隶蒲州,贞观元年来属。"按《旧唐志》、《太平寰宇记》陕州序,"蒲州"应为"芮州",据改。
③ 《旧唐志》作"三载",今依《元和志》、《唐会要》、《新唐志》、《太平寰宇记》。
④ 《旧唐志》作"戟",《太平寰宇记》作"铧锄",《新唐志》作"刃",今依《唐会要》。
⑤ 《旧唐志》河中府永乐县作"(武德)九年",今依《元和志》陕州芮城县条、《旧唐志》陕州序及其芮城县条、《新唐志》陕州芮城县条。
⑥ 《旧唐书》卷187《张善相传》:"密败,以城归国,高祖授伊州总管。"按《新唐书》卷1,武德二年正月张善相降唐。
⑦ 《资治通鉴》武德二年四月:"王世充数攻伊州,总管张善相拒之,粮尽,援兵不至,癸亥,城陷。"
⑧ 史志不载此事,考详上文荥阳郡郑州附管州条注。
⑨ 《资治通鉴》武德三年十月:"及王世充称帝,(杨)庆复姓郭氏,世充以为管州总管,妻以兄女。秦王世民逼洛阳,庆潜遣人请降,世民遣总管李世勣将兵往据其城。"《旧唐书》卷2《太宗纪》:"武德三年九月,世充仅以身免,其所署(筦)〔管〕州总管杨庆遣使请降。"

行台兴州来属。四年,总管府废于窦夏,管、郑、荥、牟、溱、密、兴、东梁八州隶窦夏河南道行台。

乾元元年(758),前淮西节度使自许州移治郑州,割汴州都防御使陈、颍、亳三州来属,割许、豫二州隶豫许汝节度使,前淮西节度使领郑、陈、亳、颍、光、申六州。二年,改为郑陈节度使,割淮南节度使寿州来属。是年,割寿、光、申三州隶淮南西道节度使,亳、颍二州隶河南节度使。未几,郑州陷于史氏燕国,移使治于陈州,复割河南节度使亳、颍二州来属。后上元二年(761),陈州属史燕陈留节度使,罢镇,亳、颍二州隶唐淮南西道节度使。

附旧府新镇二　陕州总管府(618—624)—陕州都督府(624—627)—陕虢华节度使(759—760)—陕西节度使(760—770)—陕虢都防御观察使(770—779,781—783)—陕虢节度使(783—785)—陕虢都防御观察使(785—831,836—883)—陕虢节度使(883—889)—保义军节度使(889—907)

武德元年,以陕、谷、熊、鼎四州置陕州总管府,隶陕东道行台。二年,熊州归王郑。三年,收复熊州,割中央直属虢州来属,置函、南韩、嵩三州。四年,平王郑,省南韩州,割谷、熊、嵩三州隶洛州总管府。是年,复以洛州总管府谷、熊二州来属①。七年,改总管府为都督府。八年,废函州。九年,直属中央,以废蒲州都督府之芮州来属②。贞观元年(627),罢陕州都督府,省熊、芮二州,陕、谷、虢、鼎四州直属河南道。

乾元二年,割东畿观察使陕州及河东道河中节度使虢州、京畿华州置陕虢华节度使,治陕州。后上元元年,改陕虢华节度使为陕西节度使。二年,改华州为太州,割隶镇国军节度使。大历五年(770),降陕西节度使为陕虢都防御观察使。十四年,罢镇,陕、虢二州隶东畿观察使。建中二年(781),割河阳节度使陕州及东畿观察使虢州复置陕虢都防御观察使。四年,升虢都防御观察使为陕虢节度使。贞元元年(785),复降为陕虢都防御观察使。元和三年(808),以废东畿汝州都防御使之汝州来属。九年,割汝州隶河阳节度使。十五年,陕虢都防御观察使领陕、虢二州,治陕州。

大和五年(831),罢陕虢都防御观察使,陕、虢二州直属东畿。开成元年

---

① 《旧唐志》陕州云"复以熊、谷、嵩三州来属"。按嵩州远在洛州东南,为行台直辖区所隔,似不得还隶陕府,今删。
② 史志不载此事。按《旧唐志》云:"贞观元年,罢都督府。"则此前已于罢废陕东道行台之时置陕州都督府,今补。

(836),复以东畿直属陕、虢二州置陕虢都防御观察使,治陕州。咸通十四年(873),陕虢都防御观察使领州不变。

广明元年(880),直属黄齐。中和元年(881),复归唐,仍隶陕虢都防御观察使,为使治。三年,升陕虢都防御观察使为陕虢节度使。龙纪元年(889),改陕虢节度使为保义军节度使。天祐元年(904),升陕州为兴唐府。

附旧府新镇三　行怀州总管府(619—621)—怀州总管府(621—624)—怀州都督府(624—627)—河阳三城节度使(781—783)—河阳节度使(783—785)—河阳怀都团练使(785—796)—河阳节度使(796—907)

武德二年,置行怀州总管府,隶陕东道行台,管行怀、西济、北义、陟四州①。三年,取窦夏共州来属,北义州归王郑,改为德州,直辖。四年,平王郑,以怀、殷二州置怀州总管府,罢行怀州总管府,改行怀州为盟州来属,废西济、德、陟、共四州。七年,改为怀州都督府。八年,废盟州。九年,直属中央。贞观元年,罢都督府及殷州,怀州隶洛州都督府。

建中二年,以河北道昭义军节度使怀州,河南道永平军节度使郑州,东畿观察使汝、陕二州及河南府河阳、温、汜水、河清、济源五县置河阳三城节度使②,省称河阳节度使,属东畿,治河阳县。是年,割魏博节度使卫州来属,郑州还隶永平军节度使,汝州还隶东畿观察使,陕州别置陕虢都防御观察使,故亦称怀卫节度使。四年,改河阳三城节度使为河阳节度使。贞元元年,降河阳节度使为河阳怀都团练使,割卫州隶魏博节度使。五年,徙治怀州。十二年,复升河阳怀都团练使为河阳节度使。元和九年,割陕虢观察使汝州来属,移治汝州。十三年,割汝州隶东畿汝州都防御使,河阳节度使复治怀州。十五年,河阳节度使领怀州并直辖河阳、温、汜水、河清、济源五县。

长庆元年(821),还治河阳县。会昌三年(843),割河阳、温、汜水、河清、济源五县隶孟州。四年,割河东道昭义军节度使泽州来属。咸通十四年,河阳节度使领孟、怀、泽三州。

广明元年,归黄齐。中和元年,复归唐。天复元年(901)③,泽州还隶河东

---

① 《黄君汉碑》(载《文馆词林》卷459)云,唐初黄君汉曾拜"使持节总管怀陟恭西济四州诸军事、怀州刺史",疑"恭"乃"羲(义)"之形误,即北义州。
② 两《唐志》云:建中二年,以河南府河阳、河清、济源、温、汜水五县租赋入河阳三城节度使,河南尹仍总领其县额。然《旧唐志》又云:"河阳五县,自艰难以来,割属河阳三城使。"今按节度使既以河阳为名,且治河阳县,则五县作隶河阳节度使处理。
③ 《新唐表》系于光化三年,今依《方镇研究》第102页。

道昭义军节度使。

附旧国　王世充大郑国(619—621)

武德二年，王世充称帝，以隋河南郡并取唐国义、殷、怀、熊四州，宇文许济阴、彭城、下邳三郡建大郑国，建元开明，改河南郡为司州，以为都城，改济阴郡为曹州，彭城郡为徐州，下邳郡为泗州，置嵩州。是年，臧君相以海州总管府、韦彻以射州总管府来附，又取唐国管、滑、杞、梁、宋、豫、伊七州总管府，罢滑州总管府，置曹州总管府，并置徐州行台(统宋、海、射三州总管府)、滑州行台(统管、杞、梁、曹四州总管府)，义州归窦夏。三年，取唐行怀州总管府北义州，改为德州，并置平、辕二州，直属中央；取唐显州道行台，移行台于襄州，改为襄州行台(统邓、豫、随、黄四州总管府)，置显、安二州总管府；又取窦夏济、齐、兖三州总管府及唐国谭、青、潍三州总管府，分隶滑、徐二州行台。是年，伊、管、杞、豫、显五州总管府及熊、嵩二州归唐。四年，窦夏取滑州行台直属地区及梁、曹二州总管府①，罢滑州行台，济、齐、兖、谭四州总管府归徐州行台。是年，王郑亡，以直属司、怀、平、德、殷、辕六州及襄州行台十八州②、徐州行台三十八州归唐③。

附新国　安氏大燕国(756—759)

天宝十五载(至德元载)，安禄山取唐都畿河南府及荥阳、陕二郡，以河南府为东京，改郡为郑、陕二州④，取河南道陈留、灵昌、濮阳、谯四郡，改为汴、

---

① 《旧唐书》卷54《窦建德传》："武德四年二月，建德克周桥，房海公，留其将范愿守曹州，悉发海公及徐圆朗之众来救世充。军至滑州，世充行台仆射韩洪开城纳之。"
② 襄州行台十八州，即直辖襄、沮、华三州，邓州总管府邓、浙、郦、弘、新、宛、淯七州，随州总管府随、昌二州，黄州总管府黄、蕲、南司、亭四州，安州总管府安、沔二州。
③ 《资治通鉴》武德四年五月："王世充徐州行台杞王世辩以徐、宋等三十八州诣河南道安抚大使任瓌请降。"徐州行台三十八州，盖即直辖徐、泗、邳、仁、后涡、化七州，宋州总管府宋、南谷、成、文、北谯、东虞六州，兖州总管府兖、沂、麟、金、昌五州，齐州总管府齐、邹、淄三州，青州总管府青、乘二州，潍州总管府潍、莱、密、纪、牟五州，海州总管府海、楚、沭、涟、环五州，射州总管府射州、济州总管府济、寿、范三州，谭州总管府谭州。
④ 史志不载安氏燕国改郡为州事。按唐宋史籍所载安氏燕国州郡长官或曰刺史，或曰太守，如《旧唐书》卷150《安禄山传》："乾元元年，伪德州刺史王暕、贝州刺史宇文宽等皆归顺。"《资治通鉴》乾元元年三月癸巳："安庆绪之北走也，其平原太守王暕、清河太守宇文宽皆杀其使者来降。"是德州亦曰平原郡，贝州亦曰清河郡，然《资治通鉴》天宝十五载十二月又载："(燕军)令狐潮、李庭望攻雍丘(张巡)数月不下，乃置杞州，筑城于雍丘之北。"杞州新置，无郡名，乃知"州刺史"为安氏燕国政区，长官正式名称，"郡太守"为沿自唐朝之习称。

滑、濮、亳四州，取河东道弘农、云中、安边三郡，改为虢、云、蔚三州，取河北道范阳、妫川、渔阳、密云、归德、顺义、归化、北平、汲九郡，改为范阳府及妫、蓟、檀、燕、顺、归顺、平、卫八州，建燕国，年号圣武。是年，又取唐都畿河内郡，改为怀州，取河南道济南、颍川、济阴、东平、鲁、淄川、北海七郡，改为齐、许、曹、郓、兖、淄、青七州，取河北道魏、邺、广平、巨鹿、赵、常山、博陵、上谷、文安、河间、饶阳、信都、景城、乐安、平原、清河、博平十七郡，改为魏、相、邢、洺、赵、恒、定、易、莫、瀛、深、冀、沧、棣、德、贝、博十七州，取京畿京兆府及冯翊、华阴、上洛三郡①，以京兆府为西京，改郡为同、华、商三州，取河东道河东郡，改为蒲州。是年，置杞州，亳州复归唐，安氏燕国合三府四十六州置一中央直属地区（河南、京兆二府及郑、陕、怀、汴、杞、滑、濮、郓、兖、虢、同、华、商、蒲、许、曹、相、卫、魏、邢、洺、沧、棣、德、贝、博二十六州）及北海（青、淄、齐三州）、恒阳（恒、赵、定、易、莫、瀛、深、冀八州）、范阳（范阳府及妫、蓟、檀、燕、顺、归顺、平七州）、河东（云、蔚二州）四节度使，以京兆府为西京。至德二载，安庆绪继安禄山位，改元载初。寻迁都相州，改为成安府，改元天成，中央直属地区京兆、河南二府及同、华、商、蒲、虢、陕、怀、郑、许、汴、滑、杞、濮、曹、兖、郓、德、棣、沧、瀛、冀、深二十二州并归唐，罢恒阳节度使。是年，范阳节度使以范阳府及妫、蓟、檀、燕、顺、归顺、平、恒、定、易、莫、赵十二州，河东节度使以云、蔚二州降唐。

乾元元年，中央直属魏、卫二州及北海节度使青、齐、淄三州归唐。二年，安氏燕国亡，成安府及洺、邢、贝、博四州并入史氏燕国。

---

① 《资治通鉴》至德元载八月："其始，自京畿鄜、坊至于岐、陇皆附之，至是，西门之外率为敌垒，贼兵力所及者，南不出武关，北不过云阳，西不过武功。"燕军七月入关，则鄜、坊、岐、陇四州（郡）附安燕恐未及一月，故今不录。

第六章 河南道

河南道(627—907)

贞观元年(627),以中央直辖洛、汴、豫、陕、怀、亳、徐、郓、齐、青、海十一州都督府置河南道(监理区),无治所。是年,罢汴、豫、陕、怀、亳、郓、齐、青、海九州都督府。七年,复置齐州都督府。十三年,置许州都督府,河南道有一直属地区及洛、许、徐、齐四州都督府。十四年,置兖州都督府。十六年,罢许州都督府。十七年,罢洛、齐、徐三州都督府。

武周长安四年(704),河南道有一直属地区及兖州都督府。

唐开元四年(717),以汴州刺史兼充河南道按察使。五年以后,玄宗常往东都,河南道监察事务多委京官主持。十三年,以河南道直属河南府为都畿中央直属地区。二十二年①,以汴州刺史兼河南道采访处置使②。

天宝元年(742),改兖州都督府为鲁郡都督府③。十三载,河南道有一直属地区及鲁郡都督府,治陈留郡(见图9)。十五载(至德元载,756),以河南道直属地区及鲁郡都督府诸州置河南节度使、齐兖郓都防御使、青密节度使、前淮西节度使四镇。

乾元元年(758),置豫许汝节度使,降河南节度使为汴州都防御使。二年,置滑汴节度使、兖郓节度使、河南节度使,罢汴州都防御使、齐兖郓都防御使、前淮西节度使。是年,置汴滑节度使,罢滑汴节度使。后上元元年(760),

---

① 《册府元龟》卷162原作"二十三年",据严耕望《景云十三道与开元十六道》考改。《大唐六典》河南道以河南府为首,当是依开元二十一年以前之制。

② 《州郡典》云:河南道理陈留郡。据郁贤皓《唐刺史考全编》,自开元二十二年至天宝末,历任汴州刺史、陈留郡太守皆兼河南道采访使,而河南尹(太守)则仅兼都畿采访使,不兼河南道采访使,可证。严耕望《景云十三道与开元十六道》据《授崔翘尚书右丞制》(载《全唐文》卷308),以为天宝间河南太守崔翘、李憕曾兼河南道采访使,今查《全唐文》原文,时崔翘为"本道采访使"(《文苑英华》卷385载此作"本道采访处置使"),当是指都畿采访使,非河南道采访使也。又查有关史籍,亦无李憕以河南太守兼河南道采访使之文,唯《旧唐书》卷187《李憕传》载:"(天宝)十一载,累转河南太守、本道采访。"则其情与崔翘相类,严说误。

③ 《州郡典》河南道有陈留、睢阳、灵昌、颍川、谯、濮阳、济阳、北海、淮阳、汝南、东平、淄川、济南、鲁、彭城、临淮、汝阴、济阴、琅琊、高密、东海、东莱、东牟二十三郡,当为天宝元年之数。

上编·第六章 河南道 343

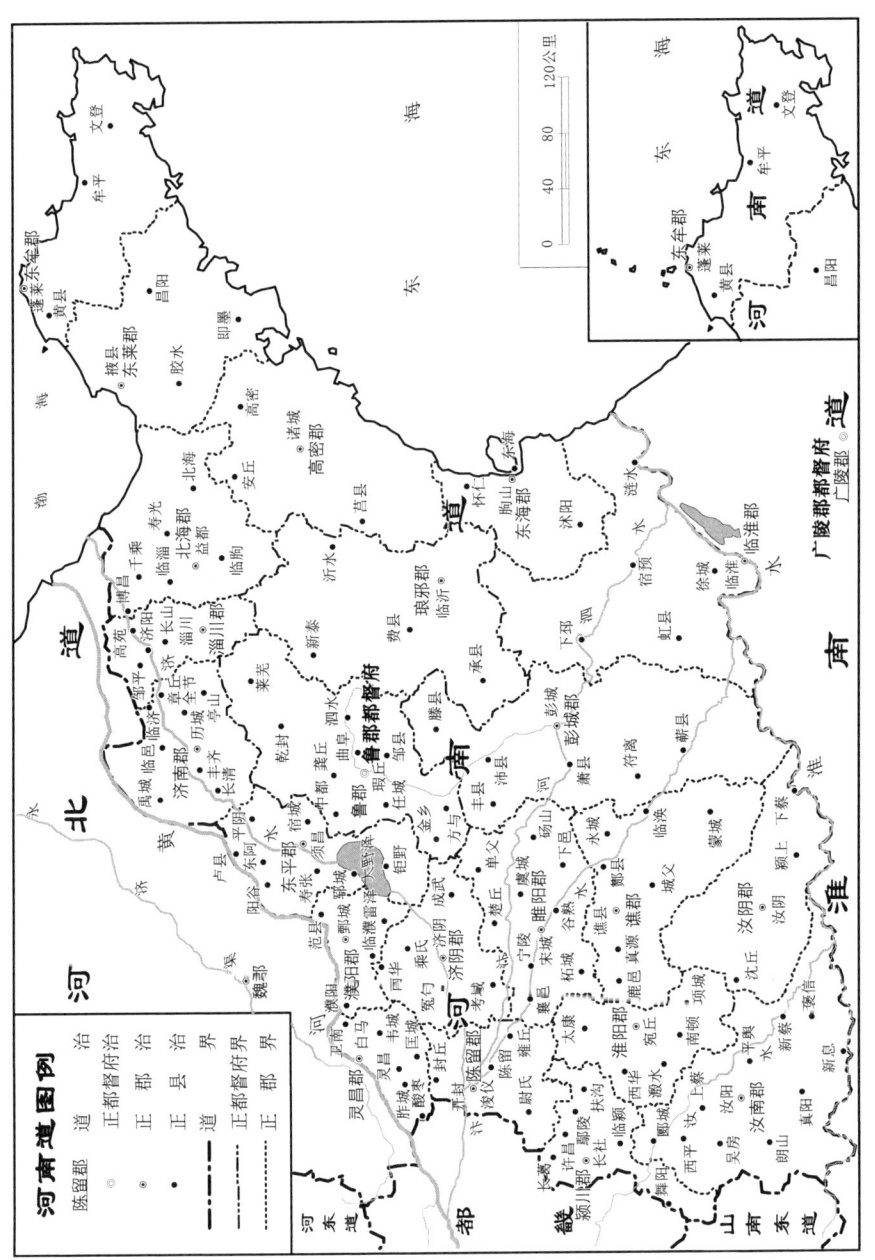

图 9 天宝十三载(754)唐朝河南道行政区划

置淄沂节度使。二年,置滑卫节度使,罢汴滑节度使、河南节度使。宝应元年(762),置河南节度使,改青密节度使为淄青平卢节度使,豫许汝节度使为蔡汝节度使,罢兖郓节度使、淄沂节度使。广德元年(763),改滑卫节度使为滑亳节度使。大历七年(772),改滑亳节度使为永平军节度使。八年,改蔡汝节度使为后淮西节度使。十一年,罢河南节度使。十四年,置淮宁军节度使,罢后淮西节度使。建中二年(781),置宋亳颍节度使。是年,改淮宁军节度使为后淮西节度使,宋亳颍节度使为宣武军节度使。三年,置淄青都团练观察使、曹濮都团练观察使,罢淄青平卢节度使。是年,又置徐海沂密都团练观察使。兴元元年(784),升淄青都团练观察使为淄青平卢节度使,罢曹濮都团练观察使、徐海沂密都团练观察使。贞元元年(785),置义成军节度使,罢永平军节度使。三年,置陈许节度使。四年,置徐泗濠节度使。十四年,改后淮西节度使为彰义军节度使。十六年,改徐泗濠节度使为徐州节度使,置泗濠观察使,割隶淮南道。永贞元年(805),改陈许节度使为忠武军节度使,徐州节度使为武宁军节度使。元和十二年(817),复改彰义军节度使为后淮西节度使。十三年,罢后淮西节度使。十四年,置郓曹濮节度使、沂海都团练观察使。十五年,改郓曹濮节度使为天平军节度使,沂海都团练观察使为兖海都团练观察使。是年,河南道有宣武军节度使、义成军节度使、天平军节度使、兖海都团练观察使、淄青平卢节度使、武宁军节度使、忠武军节度使七镇。

长庆二年(822),升兖海都团练观察使为兖海节度使。大和八年(834),降兖海节度使为兖海观察使。大中五年(851),升兖海观察使为兖海节度使。咸通三年(862),置宿泗都团练观察使,罢武宁军节度使。四年,置徐州观察使,罢宿泗都团练观察使。十年,改徐州观察使为徐州都团练防御使。十一年,复徐州都团练防御使为徐州观察使。是年,升徐州观察使为感化军节度使。十四年,河南道有宣武军节度使、义成军节度使、天平军节度使、兖海节度使、淄青平卢节度使、感化军节度使、忠武军节度使七镇。

乾符三年(876),改兖海节度使为泰宁军节度使。中和元年(881),改感化军节度使为武宁军节度使,置奉国军防御使。二年,升奉国军防御使为奉国军节度使。大顺元年(890),改义成军节度使为宣义军节度使,避节度使朱全忠父嫌名。景福二年(893),改武宁军节度使为感化军节度使。乾宁元年(894),复改感化军节度使为武宁军节度使。二年,置武肃军防御使。光化三年(900),又改武宁军节度使为感化军节度使。天复元年(901),罢武肃军防御使。二年,又改感化军节度使为武宁军节度使。天祐四年(907),唐亡,河南道宣武军节度使、宣义军节度使、天平军节度使、泰宁军节度使、淄青平卢节度使、武宁军节度使、奉国军节度使、忠武军节度使八镇尽归后梁。

第一节　河南道直属地区

杞州总管府（619—620）—汴州总管府（620—624）—汴州都督府（624—627）—河南道直属地区（627—756）—河南节度使（756—758）—汴州都防御使（758—759）—滑汴节度使、汴滑节度使（759）—滑汴郑节度使（759—761）—陈留节度使（761—762）—河南节度使（762—776）—后淮西节度使（776—779）—永平军节度使（779—785）—宣武军节度使（785—907）

武德二年（619），割宋州总管府杞、陈、信三州置杞州总管府①，隶陕东道行台。是年，归王郑，隶滑州行台，割管州总管府许州来属，置夏、随、尉三州②。三年，归唐，改杞州为南汴州，又取王郑滑州总管府汴、濮二州，宋州总管府亳州来属，总管府移治汴州，改为汴州总管府，仍隶陕东道行台。四年，平窦夏，以其废河南道行台之滑、东梁二州来属。是年，复南汴州为杞州，改尉州为洧州，随州为北陈州，割亳、信二州隶宋州总管府，濮州隶曹州总管府，废北陈州。五年，杞、陈二州叛附刘汉③。是年，收复杞、陈二州。七年，改总管府为都督府。贞观元年（627），罢汴州都督府及杞、洧二州，以汴、陈、许、滑四州及废郓州都督府之郓、兖、曹、戴、濮五州，废齐州都督府之齐、淄、济三州，废青州都督府之青、莱、密、莒四州，废海州都督府之海州，废亳州都督府之亳、宋、颍三州，废豫州都督府之豫州，废陕州都督府之陕、谷、虢、鼎四州为河南道直属地区。二年，以废安州大都督府直辖之显、北澧二州来属。七年，以齐、青、淄、莱、密五州隶齐州都督府。八年，割徐州都督府沂州来属，改北澧州为后鲁州，废莒、鼎二州。九年，直属中央，改显州为后唐州，废后鲁州。十三年，河南道直属地区有汴、滑、曹、戴、濮、郓、兖、济、沂、海、宋、亳、颍、陈、许、豫、后唐、虢、陕、谷二十州。是年，以许、陈、颍、豫、后唐五州隶许州都督府。十四年，割兖、戴、沂三州隶兖州都督府。十六年，以废许州都督府之许、陈、颍、豫、后唐

---

① 史志不载此事。按《资治通鉴》武德二年载："二月己巳，李公逸以雍丘来降，拜杞州总管，以其族弟善行为杞州刺史。"据补。
② 《旧唐书》卷187《李公逸传》："以其族弟善行为杞州刺史。世充遣其从弟辨率众攻之⋯⋯善行竟没于贼。"又，《资治通鉴》武德三年九月："世充尉州刺史时德叡帅所部杞、夏、陈、随、许、颍、尉七州来降。"则知王郑时杞州总管府已增夏、随、尉、许四州。颍州时名信州，《资治通鉴》误记。
③ 《新唐书》卷86《徐圆朗传》："会黑闼兵起，圆朗执彦师应之，自号鲁王。黑闼以为大行台元帅，兖、郓、陈、杞、伊（疑沂）、洛（疑泗）、曹、戴等州豪杰皆杀吏应贼。"

五州来属。十七年，以废徐州都督府之徐、泗二州，废齐州都督府之齐、青、淄、莱、密五州来属。十八年，以废洛州都督府之洛、郑、后汝三州来属。

显庆二年(657)，废谷州。

武周如意元年(692)，置登州。长安四年(704)，河南道直属地区有洛、郑、汴、滑、曹、濮、郓、济、齐、淄、青、莱、登、密、海、泗、徐、宋、亳、颍、陈、许、豫、后唐、后汝、虢、陕二十七州。

唐开元元年(713)，升洛州为河南府，割虢州隶河东道。三年，置仙州。十三年，割河南府隶都畿中央直属地区。二十一年，割郑、后汝、陕三州隶都畿，后唐州隶山南东道①。二十六年，废仙州。

天宝元年(742)，改汴州为陈留郡，滑州为灵昌郡，曹州为济阴郡，濮州为濮阳郡，郓州为东平郡，济州为济阳郡，齐州为济南郡，青州为北海郡，淄州为淄川郡，莱州为东莱郡，登州为东牟郡，密州为高密郡，海州为东海郡，泗州为临淮郡，徐州为彭城郡，宋州为睢阳郡，亳州为谯郡，颍州为汝阴郡，陈州为淮阳郡，许州为颍川郡，豫州为汝南郡。十三载，废济阳郡，河南道直属地区有陈留、灵昌、济阴、濮阳、东平、济南、淄川、北海、东莱、东牟、高密、琅邪、东海、临淮、彭城、睢阳、谯、汝阴、淮阳、汝南、颍川二十一郡。十五载(至德元载，756)，陈留郡直属安氏燕国，唐以睢阳、灵昌、淮阳、汝阴、谯、济阴、濮阳、淄川、彭城、临淮、东海十一郡隶河南节度使(见本节附旧府新镇八"河南节度使")；以东平、济南二郡隶郓齐兖都防御使；以北海、高密、东莱、东牟四郡隶青密节度使；以颍川、汝南二郡隶前淮西节度使。二载，唐取安氏燕国直属汴、宋、滑、濮、曹五州，仍为陈留、睢阳、灵昌、濮阳、济阴五郡，河南节度使自彭城郡移治陈留郡，领陈留、睢阳、灵昌、淮阳、汝阴、谯、济阴、濮阳、琅邪、彭城、临淮、东海十二郡。

乾元元年(758)，复陈留郡为汴州，睢阳郡为宋州，灵昌郡为滑州，淮阳郡为陈州，汝阴郡为颍州，谯郡为亳州，济阴郡为曹州，濮阳郡为濮州，琅邪郡为沂州，彭城郡为徐州，临淮郡为泗州，东海郡为海州。是年，降河南节度使为汴州都防御使，割徐州隶青密节度使，寻复来属，以滑、濮二州隶青密节度使，陈、颍、亳三州隶前淮西节度使。二年，割青密节度使滑州、齐兖郓都防御使濮州来属，改汴州都防御使为滑汴节度使，移使治于滑州，割淄、沂、海三州隶青密节度使，徐、泗二州隶河南节度使。是年，移使治于汴州，改为汴滑节度

---

① 《旧唐志》唐州："旧属河南道，至德后，割属山南东道。"与《大唐六典》、《州郡典》所载有异。按至德元年置南阳节度使，《旧唐志》可能误以为此时唐州乃属山南东道。今从《大唐六典》、《州郡典》，定唐州割隶山南东道在开元二十一年分山南为东、西两道之时。

使。未几,归史燕,复移使治于滑州(灵昌郡),改为滑汴郑节度使,取唐豫许汝节度使许州来属,唐则取濮州隶兖郓节度使。后上元二年(761),唐取滑州(灵昌郡)隶滑卫节度使,史朝义则取唐郑陈节度使陈州来属,改为淮阳郡,遂移滑汴郑节度使治于陈留郡,改为陈留节度使①。未几,又取唐滑州来属,仍为灵昌郡。宝应元年(762),归唐,改为河南节度使,陈留、淮阳、灵昌三郡复为汴、曹、陈三州,仍治汴州,以废兖郓节度使之兖、郓、濮三州并割淮南西道节度使颍州来属,割陈州隶河东道泽潞节度使。大历四年(769),割淄青平卢节度使泗州来属,割颍州隶泽潞节度使。十一年,罢镇,宋、泗二州隶永平军节度使,曹、兖、郓、濮、徐五州隶淄青平卢节度使,汴州隶后淮西节度使。后淮西节度使则自蔡州移治汴州,仍领汴、陈、蔡、汝、申、安、光、许、随、唐十州。十四年,罢镇,汝州隶都畿东畿观察使,蔡、申、安、光、许、随、唐七州隶淮宁军节度使,汴、陈二州隶永平军节度使,永平军节度使自滑州移治汴州,领汴、滑、亳、陈、宋、泗、颍七州。建中二年(781),割关内道泾原节度使郑州来属,割宋、亳、颍三州隶宋亳颍节度使,割泗州隶淮南道淮南节度使。是年,割郑州隶河阳节度使,未几,郑州复来属。兴元元年(784),归李楚,改为郑滑节度使,移治郑州,改汴州为大梁府,以为都城。贞元元年(785),唐取汴、郑、滑等州,汴州隶宣武军节度使,滑、陈、郑三州隶义成军节度使。是年,宣武军节度使自宋州移治汴州,领汴、宋、亳、颍四州。元和十五年(820),宣武军节度使领州未变。

长庆二年(822),割颍州隶义成军节度使。咸通十四年(873),宣武军节度使领汴、宋、亳三州,治汴州。

光化二年(899),置辉州。

(一) 陈留郡(汴州)

汴州(618—742)—陈留郡(742—756)—汴州(756—757)—陈留郡(757—758)—汴州(758—759)—陈留郡(759—762)—汴州(762—907)

隋末,李魏以荥阳郡浚仪、开封二县置汴州,治浚仪县,隶滑州总管府②。

---

① 《资治通鉴》宝应元年十月:"朝义至汴州,其陈留节度使张献诚闭门拒之。朝义奔濮州,献诚开门出降。"滑汴郑节度使改陈留节度使当与令狐彰降唐有关,故推定在后上元二年。
② 《旧唐志》汴州浚仪县:"义宁元年,于县置汴州。"《资治通鉴》武德二年十月:"王世充自将兵徇地至滑台,临黎阳,尉氏城主时德叡、汴州刺史王要汉、亳州刺史丁叔则遣使降之。"可知李魏时汴州隶滑州总管府。

武德元年，奉表归唐。二年，归王郑。三年，唐取置汴州总管府①。四年，置小黄、新里二县，割滑州封丘县来属。七年，改总管府为都督府。贞观元年，罢都督府②，汴州直属河南道，以废杞州之雍丘、陈留二县，废管州之中牟县，废洧州之尉氏县来属，省开封、小黄、新里三县。十三年，汴州领浚仪、封丘、陈留、雍丘、尉氏、中牟六县③，治浚仪县。

龙朔二年(662)，割中牟县隶郑州。

武周长安四年，汴州领浚仪、封丘、陈留、雍丘、尉氏五县，治浚仪县。

唐延和元年(712)，复置开封县，为州治。开元二十二年，以汴州为河南道治。

天宝元年，改为陈留郡，以北朝旧郡为名。十三载，陈留郡领开封、浚仪、封丘、陈留、雍丘、尉氏六县，治开封县。十五载，直属安氏燕国，改为汴州。至德二载，收复，仍为陈留郡，隶河南节度使，自彭城郡移使治于此。

乾元元年，复为汴州，隶汴州都防御使。二年，隶滑汴节度使，寻隶汴滑节度使，为使治。是年，归史氏燕国，改为陈留郡，隶滑郑汴节度使。后上元二年，隶陈留节度使，为使治。宝应元年，归唐，改为汴州，隶河南节度使，为使治。大历十一年，罢镇，隶后淮西节度使，自蔡州移使治于此。十四年，罢镇，隶永平军节度使，自滑州移使治于此。贞元元年，罢镇，汴州隶宣武军节度使。是年，自宋州移使治于此。元和十五年，汴州领县一如天宝十三载。

咸通十四年，汴州领县不变。

1. **开封县**(618—627，712—907)

本隋荥阳郡旧县，隋末，隶汴州④。贞观元年，省入浚仪、尉氏二县。延和元年，析浚仪县东境及尉氏县北境复置开封县，与浚仪县分治州郭。天宝元

---

① 《旧唐书》卷2《太宗纪》："武德三年九月，遣李世勣率师出轘辕道安抚其众，荥、汴、洧、豫(杞、夏、陈、随、许、颍、尉)九州相继来降。"《资治通鉴》武德三年十月："(王)要汉斩(张)慈宝以降。诏以要汉为汴州总管，赐爵邘国公。"

② 史志不载此事。按郁贤皓《唐刺史考全编》，汴州仅有武德年间王要汉、长孙敞两任总管，贞观以后历任刺史皆不带都督。又，《旧唐志》云，武德七年，改为汴州都督府。今姑定汴州都督府罢于贞观元年，与青、谭、海、行怀州诸州都督府同时罢。

③ 《旧唐志》汴州："旧领县五：浚仪、雍丘、陈留、中牟、尉氏五县。"脱封丘县。

④ 《唐会要》卷70汴州、《太平寰宇记》开封府开封县云：武德四年，割郑州开封县隶汴州。按王郑以隋郑州置管州，不置郑州，唐武德四年，始改荥州为郑州，治汜水县，然开封县与郑州之间犹隔管州，不得往来。故《唐会要》等所谓郑州，当指隋郑州而言，如《新唐志》汴州云："武德四年，以郑州之浚仪、开封，滑州之封丘置。"即是之谓。换言之，武德四年以前，开封县既不隶郑州，则当隶汴州，今改。

年,隶陈留郡,为郡治。乾元元年,复隶汴州,为州治。

2. 浚仪县(618—907)

本隋荥阳郡旧县,隋末,隶汴州,为州治。武德四年,析置小黄、新里二县。贞观元年,移治于州城西一里,省开封、小黄、新里三县来属。延和元年,复析置开封县。天宝元年,隶陈留郡。乾元元年,复隶汴州。

附旧县1:小黄县(621—627)

武德四年,析浚仪县置小黄县,以北朝旧县为名,治小黄城(今河南开封市祥符区杜良乡小黄铺)①,隶汴州。贞观元年,省入浚仪县。

附旧县2:新里县(621—627)

武德四年,析浚仪县置新里县,以隋旧县为名,治故新里城(今河南开封市鼓楼区仙人庄街道新城集)②,隶汴州。贞观元年,省入浚仪县。

3. 陈留县(618—907)

本隋梁郡旧县,隋末,隶宋州。武德二年,割隶杞州③。三年,隶南汴州。四年,隶杞州。贞观元年,州废,隶汴州。天宝元年,隶陈留郡。乾元元年,复隶汴州。

4. 雍丘县(618—907)

本隋梁郡旧县,隋末,隶宋州。武德二年,割隶杞州,为州治。是年,移治祺城(今河南杞县葛岗镇)④。三年,隶南汴州,为州治。四年,还治雍丘城(今杞县城城关镇),隶杞州,仍为州治。贞观元年,州废,省圉城、外黄二县来属,雍丘县隶汴州。天宝元年,隶陈留郡。至德元载,割隶杞州,为州治。二载,州废,还隶陈留郡。乾元元年,复隶汴州。

附旧县1:圉城县(618—627)

本隋梁郡旧县,隋末,隶宋州。武德四年,割隶杞州。贞观元年,州废,省入雍丘县。

附旧县2:外黄县(618—627)

本隋济阴郡旧县,隋末,隶曹州。武德四年,割隶杞州。贞观元年,州废,

---

① 《史记正义·高祖本纪》引《括地志》:"小黄故城在汴州陈留县东北三十三里。"
② 《太平寰宇记》开封府开封县:"新里县故城,在县东三十里。"《大清一统志》开封府:"新里故城,在祥符县东三十里。"吴松弟《两唐书地理志汇释·新唐书地理志》第65页亦云:"新里治今开封市东北。"然据上文浚仪县附小黄县注所引《括地志》文,今开封市东三十里恰是小黄城,非新里城,故知自《太平寰宇记》已误。按《大明一统志》开封府云:"新里城在府城西南,隋置此县,后省入陈留。"今依之,定于今仙人庄乡新城集。
③ 陈留县与宋州中隔雍丘县,雍丘县既置为杞州,则陈留当隶之,《旧唐志》陈留县云:"武德元年,属杞州。"中华书局点校本改"元年"为"四年",恐不如"二年"为是。
④ 《纪要》开封府杞县成安城:"祺城:县西北十八里,亦曰箕城,隋末王世充尝置县于此。"

省入雍丘县。

5. 封丘县(618—907)

本隋东郡旧县,隋末,隶滑州。武德四年,割隶汴州。天宝元年,隶陈留郡。乾元元年,复隶汴州。

6. 尉氏县(618—907)

本隋颍川郡旧县,隋末,隶许州。武德二年,割隶尉州,为州治。四年,隶洧州,仍为州治,并析置康阴、新汲、宛陵、归化四县。贞观元年,州废,省康阴、宛陵、新汲、归化四县来属,尉氏县隶汴州。天宝元年,隶陈留郡。乾元元年,复隶汴州。

附旧县1:康阴县(621—627)

武德四年,绥抚使任瓌析尉氏县置康阴县,县在康沟南,故名,治古亭城(今河南尉氏县永兴镇)①,隶洧州。贞观元年,州废,省入尉氏县。

附旧县2:宛陵县(621—627)

武德四年,绥抚使任瓌析尉氏县置宛陵县,借古郑国宛陵城为名,治古山氏城(今河南长葛市南席镇)②,隶洧州。贞观元年,州废,省入尉氏县。

附旧县3:新汲县(621—627)

武德四年,析尉氏县置新汲县,治新汲城(今河南扶沟县曹里乡)③,隶洧州。贞观元年,州废,省入尉氏县。

附旧县4:归化县(621—627)

武德四年,析尉氏县置归化县,治归化城(今尉氏县大马乡)④,隶洧州。贞观元年,州废,省入尉氏县。

附旧州:尉州(619—621)—洧州(621—627)

武德二年,王郑割许州尉氏县置尉州,取尉氏县首字为名,治尉氏县,隶杞州总管府。三年,归唐⑤,隶汴州总管府。四年,改为洧州,并置康阴、新汲、宛陵、归化四县。是年,以废北陈州之扶沟、鄢陵二县来属。贞观元年⑥,州废,省康阴、新汲、宛陵、归化四县,尉氏县隶汴州,扶沟、鄢陵二县隶许州。

---

① 《太平寰宇记》开封府尉氏县:"废康阴县,在县东南四十里。"
② 《太平寰宇记》开封府尉氏县:"废苑陵城,在县南四十八里。"吴松弟《两唐书地理志汇释·旧唐书地理志》第95页云治今尉氏县南,按其地已有归化县,今不取。
③ 《太平寰宇记》开封府扶沟县:"新汲故城,汉县名,今在西。"
④ 依地理形势推定。
⑤ 《资治通鉴》武德三年九月:"世充尉州刺史时德叡帅所部杞、夏、陈、随、许、颍、尉七州来降。"
⑥ 《元和志》、《旧唐志》许州扶沟县作"武德九年",今依《旧唐志》许州序、两《唐志》汴州尉氏县。

附旧新州：杞州(619—620)—南汴州(620—621)—杞州(621—627,756—757)

武德二年，割宋州雍丘、襄邑、陈留三县置杞州①，治雍丘县，置杞州总管府。是年，归王郑②。三年，归唐，改为南汴州③，罢总管府，南汴州隶汴州总管府。四年，复为杞州，割曹州外黄、济阳二县，宋州圉城县来属。五年，隶刘汉兖州道行台。是年，仍归唐，隶汴州总管府。贞观元年，州废，省外黄、济阳(入曹州)、圉城三县，雍丘、陈留二县隶汴州，襄邑县隶宋州。

至德元载，安燕取唐陈留郡雍丘县、睢阳郡襄邑县置杞州④，治雍丘县，直属中央。二载，归唐，州废，二县各还旧属。

(二) 灵昌郡(滑州)

滑州(618—742)—灵昌郡(742—756)—滑州(756—757)—灵昌郡(757—758)—滑州(758—759)—灵昌郡(759—761)—滑州(761)—灵昌郡(761—762)—滑州(762—907)

灵昌郡，本隋东郡，领白马、灵昌、卫南、濮阳、封丘、匡城、胙城、韦城、离狐九县。武德元年，归李魏，改为滑州，以隋旧州为名，治白马县，割离狐县隶曹州，置滑州总管府⑤。是年，奉表归唐。二年，归王郑，罢总管府，置行台，并置长垣县，割濮阳县隶濮州，胙城县隶胙州，韦城县隶燕州，灵昌县隶兴州。四年，归窦夏，罢行台，滑州直属河南道行台。是年，复归唐，隶汴州总管府，以废兴州之灵昌县、废胙州之胙城县、废燕州之韦城县来属，割封丘县隶汴州。七年，隶汴州都督府。贞观元年，直属河南道。八年，以废东梁州之酸枣县来属，省长垣县。十三年，滑州领白马、卫南、韦城、匡城、灵昌、胙城、酸枣七县，治白马县。

武周长安四年，滑州领县不变。

唐天宝元年，改为灵昌郡，以灵昌县为名。十三载，灵昌郡领白马、卫南、韦城、匡城、灵昌、胙城、酸枣七县，治白马县。十五载，隶河南节度使。未几，

---

① 《资治通鉴》武德二年二月："李公逸以雍丘来降，拜杞州总管，以其族弟善行为杞州刺史。"
② 《旧唐书》卷187《李公逸传》："以其族弟善行为杞州刺史。世充遣其从弟辨率众攻之……善行竟没于贼。"
③ 《资治通鉴》武德三年九月："世充尉州刺史时德叡帅所部杞、夏、陈、随、许、颍、尉七州来降……改尉州为南汴州。"
④ 《资治通鉴》至德元载十二月："令狐潮、李庭望攻雍丘(张巡)数月不下，乃置杞州，筑城于雍丘之北。"
⑤ 《资治通鉴》武德元年七月："(东郡)王轨等不堪其弊，遣通事舍人许敬诣(李)密请降，以轨为滑州总管。"

自睢阳郡移使治于此。是年,直属安燕,改为滑州。至德二载,归唐,仍为灵昌郡,隶河南节度使。

乾元元年,复为滑州,隶汴州都防御使。是年,隶青密节度使。二年,隶滑汴节度使,为使治,寻隶汴滑节度使。是年,归史氏燕国,为灵昌郡,置滑郑汴节度使,为使治。后上元二年,归唐,为滑州,隶滑卫节度使,为使治。是年,复归史氏燕国,为郡,隶陈留节度使。宝应元年,复归唐,为滑州,隶滑卫节度使。广德元年,隶滑亳节度使。大历七年,隶永平军节度使,仍为使治。十四年,移使治于汴州。兴元元年,归李楚。贞元元年,复归唐,隶义成军节度使,仍为使治。元和十三年,置行齐州及行历城县于此。十五年,废行齐州及行历城县,滑州领县一如天宝十三载。

咸通十四年,滑州领县不变。

大顺元年(890),隶宣义军节度使,为使治。

1. **白马县**(618—907)

本隋东郡旧县,隋末,隶滑州,为州治。天宝元年,隶灵昌郡,为郡治。乾元元年,复隶滑州,为州治。元和十三年,置行历城县,隶行齐州。

附新县:行历城县(818—820)

元和十三年,讨李师道,置行历城县于滑州①,隶行齐州。十五年,州废,罢行历城县。

2. **酸枣县**(618—907)

本隋荥阳郡旧县,隋末,隶管州。武德二年,割隶胙州。三年,割置东梁州,并析置守节县。四年,省守节县来属。贞观八年,州废,还隶滑州。天宝元年,隶灵昌郡。乾元元年,复隶滑州。

附旧县:守节县(620—621)

武德三年,唐取酸枣、胙城二县地置守节县,嘉县民守节之义,治守节城(今河南延津县城城关镇)②,隶东梁州。四年,省入酸枣、胙城二县。

3. **胙城县**(618—907)

本隋东郡旧县,隋末,隶滑州。武德二年,割置胙州,并析置南燕县。四年,州废,省南燕县来属,胙城县还隶滑州。天宝元年,隶灵昌郡。乾元元年,

---

① 《唐会要》卷70:"行齐州:元和十三年冬十月,齐州刺史高士荣奏:'蒙恩受任,其州犹在贼中,须置行州及倚郭历城县行印。'从之。"史志不载行历城县治所,按是时唐廷以滑州义成军节度讨李师道,犹未入淄青平卢境,则滑州当为行历城县治,今补。

② 依地理形势推定。

复隶滑州。

附旧县：南燕县(619—621)

武德二年，析胙城县置南燕①县，以汉旧县为名，治故南燕城(今延津县王楼镇张杏庄城址)②，隶胙州。四年，州废，省入胙城县。

4. 灵昌县(618—907)

本隋东郡旧县，隋末，隶滑州。二年，隶兴州，为州治。四年，州废，还隶滑州。天宝元年，隶灵昌郡。乾元元年，复隶滑州。

5. 韦城县(618—907)

本隋东郡旧县，隋末，隶滑州。武德二年，隶燕州，为州治。四年，州废，还隶滑州。天宝元年，隶灵昌郡。乾元元年，复隶滑州。

6. 卫南县(618—907)

本隋东郡旧县，隋末，隶滑州。仪凤元年(676)，移治新城(今河南内黄县梁庄镇大城村)③。永昌元年(689)，又移治故楚丘城东南四里(今河南滑县四间房乡朱店)④。天宝元年，隶灵昌郡。乾元元年，复隶滑州。

7. 匡城县(618—907)

本隋东郡旧县，隋末，隶滑州。武德二年，析置长垣县。四年，隶滑州。贞观八年，省长垣县来属。天宝元年，隶灵昌郡。乾元元年，复隶滑州。

附旧县：长垣县(619—634)

武德二年，析匡城县置长垣县，以隋旧县为名，治故长垣城(今河南长垣县满村镇)⑤，隶滑州。贞观八年，省入匡城县。

附旧州一：燕州(619—621)

武德二年，王郑割滑州韦城县置燕州，以故南燕国为名，隶滑州总管府。四年，隶窦夏河南道行台。是年，平窦夏，州废，韦城县还隶滑州。

附旧州二：胙州(619—621)

武德二年，王郑割滑州胙城、管州酸枣二县置胙州，以胙城县首字为名，

---

① 《元和志》滑州胙城县作"东燕"，今依《太平寰宇记》、《新唐志》。
② 《大清一统志》卷158卫辉府："南燕故城，在延津县北、故胙城东。《县志》：故址在(延津)县东三十五里，俗呼为城上。"遗址尚存，见《中国文物地图集·河南分册》，第261页。
③ 《大清一统志》卷158卫辉府："卫南废县，仪凤元年，移治西北滨河之新城。"
④ 《元和志》滑州卫南县："西南至州五十五里。"
⑤ 《太平寰宇记》开封府长垣县："长垣城，在县东北二十五里。"

隶滑州总管府,并置南燕县。三年,唐取酸枣县隶东梁州。四年,隶窦夏河南道行台。是年,平窦夏,州废,省南燕县,胙城县还隶滑州。

附旧州三: 兴州(619—621)

武德二年,王郑割滑州灵昌县置兴州,隶滑州总管府。三年,归唐,隶管州总管府。四年,隶窦夏河南道行台①。是年,平窦夏,州废,灵昌县还隶滑州。

附旧州四: 东梁州(620—634)

武德三年,唐李世勣经营东土,取王郑胙州酸枣县置东梁州,以故梁(魏)国为名,隶管州总管府,并置守节县。四年,隶窦夏河南道行台。是年,平窦夏,隶汴州总管府,省守节县。贞观八年,州废,酸枣县隶滑州。

附新州: 行齐州(818—820)

元和十三年,讨李师道,置行齐州及行历城县于滑州,隶义成军节度使②。十五年,罢行齐州及行历城县。

(三) 济阴郡(曹州)

济阴郡(618—619)—曹州(619—742)—济阴郡(742—756)—曹州(756—757)—济阴郡(757—758)—曹州(758—759)—济阴郡(759—761)—曹州(761—907)

济阴郡,本隋旧郡,领济阴、成武、金乡、单父、外黄、冤句、定陶、乘氏八县③,隋末,李魏改为曹州④,以隋旧州为名,治济阴县,隶滑州总管府。武德

---

① 《旧唐书》卷54《窦建德传》:"武德四年二月,建德克周桥,房海公,留其将范愿守曹州,悉发海公及徐圆朗之众来救世充。军至滑州,世充行台仆射韩洪开城纳之,遂进逼元州、梁州、管州,皆陷之,屯于荥阳。"史志不载元州,按元州既在滑州与(东)梁州之间,则应是兴州,以原稿行草似"元州"而误。
② 《唐会要》卷70:"行齐州:元和十三年冬十月,齐州刺史高士荣奏:'蒙恩受任,其州犹在贼中,须置行州及倚郭历城县行印。'从之。"史志不载行齐州治所,按是时唐廷以滑州义成军节度讨李师道,犹未入淄青平卢境,则滑州当为行齐州治,今补。
③ 《隋志》济阴郡有济阳县,共九县。按《旧唐志》冤句县云:"武德四年,分县西界置济阳县,属杞州。"则隋末已废,今删。
④ 《旧唐书》卷53《李密传》:"(大业十三年二月)仍作书以移郡县曰:'孟海公又破济(阳)〔阴〕。'"按济北时为张青特所据,故知此济阳当为济阴之误。《资治通鉴》武德二年十二月胡注:"济阴郡,大业乱,复为州。"即指此。

元年,割滑州离狐县来属,割单父县隶宋州。是年,归隋①。未几,归宇文许,复为济阴郡。二年,归王郑②,仍为曹州,置总管府,割成武县隶戴州。四年,隶窦夏河南道行台。是年,复归唐,置蒙泽、阳晋、乘丘、济阳四县③,割外黄、济阳二县隶杞州,割金乡县隶金州,割乘丘县隶麟州,省阳晋县。五年,直属刘汉兖州道行台,罢总管府。是年,复归唐,隶郓州总管府,以废东梁州之考城县来属。七年,隶郓州都督府。贞观元年,直属河南道,省定陶、蒙泽二县。十三年,曹州领济阴、考城、冤句、乘氏、离狐五县,治济阴县。十七年,以废戴州之成武县来属。

武周长安四年,曹州领济阴、成武、考城、冤句、乘氏、离狐六县,治济阴县。

唐天宝元年,复为济阴郡,改离狐县为南华县。十三载,济阴郡领济阴、考城、冤句、南华、乘氏、成武六县,治济阴县。十五载,隶河南节度使。是年,直属安燕④,改为曹州。至德二载,归唐,仍为济阴郡,隶河南节度使。

乾元元年,复归唐,为曹州,隶汴州都防御使。二年,隶滑汴节度使。未几,隶汴滑节度使。是年,归史氏燕国⑤,改为济阴郡,隶睢阳节度使。后上元二年,收复,仍为曹州⑥,隶淮南西道节度使。宝应元年,复隶河南节度使。大历十一年,隶淄青平卢节度使。建中三年,置曹濮都团练观察使,为使治。兴元元年,罢镇,曹州隶淄青平卢节度使。元和十四年,隶郓曹濮节度使,考城县权隶宋州。十五年,隶天平军节度使,考城县复自宋州来属,曹州领县一如天宝十三载。

咸通十四年,曹州领县不变。

1. 济阴县(618—907)

本隋济阴郡旧县,隋末,隶曹州,为州治。武德元年,隶济阴郡,为郡治。二年,复隶曹州,为州治。四年,析置蒙泽县。贞观元年,省蒙泽、定陶二县来属。天宝元年,隶济阴郡,为郡治。乾元元年,复隶曹州,为州治。

---

① 《资治通鉴》武德元年四月:"孟海公畏(宇文)化及之强,帅众具牛、酒迎之。"
② 《资治通鉴》武德二年十二月:"李世勣遣人说窦建德曰:'曹、戴二州户口完实,孟海公窃有其地,与郑人外合内离。'"则许国亡后孟海公已以曹、戴二州归郑。
③ 《旧唐志》曹州:"武德四年,置蒙泽、普阳等七县。"盖含以成武县析置之高乡、凿城二县(后入单父县)等。今附见于宋州单父县,不录。
④ 《资治通鉴》至德元载十二月:"是月,鲁、东平、济阴陷于贼。"
⑤ 史志不载此事。按《资治通鉴》乾元二年五月:"以滑濮节度使许叔冀为汴州刺史,充滑、汴等七州节度使。九月,思明至汴州,叔冀与战,不胜,遂与濮州刺史董秦等降之。"七州,《方镇研究》第65页考证为"五州"之误,即滑、濮、汴、曹、宋。可知史氏燕国睢阳节度使当领济阴(曹)郡。
⑥ 《新唐书》卷6《肃宗纪》:"元年建子月癸巳,曹州刺史常休明与史朝义将薛嵩战,败之。"

附旧县1：定陶县(618—627)

本隋济阴郡旧县，隋末，隶曹州。武德元年，隶济阴郡。二年，复隶曹州。贞观元年，省入济阴县。

附旧县2：蒙泽县(621—627)

武德四年，析济阴县置蒙泽县，以隋旧县为名，治故蒙泽城(今山东曹县阎店楼镇)①，隶曹州。贞观元年，省入济阴县。

2. 考城县(618—907)

本隋济阴郡旧县，隋末，隶曹州。武德元年，隶济阴郡。二年，割置梁州。四年，隶东梁州，仍为州治。五年，州废，隶曹州。天宝元年，隶济阴郡。乾元元年，复隶曹州。元和十四年，权隶宋州。十五年，还隶曹州。

3. 冤句②县(618—907)

本隋济阴郡旧县，隋末，隶曹州。武德元年，隶济阴郡。二年，复隶曹州。四年，析置济阳县。贞观元年，以废杞州济阳县省入。天宝元年，隶济阴郡。乾元元年，复隶曹州。

附旧县：济阳县(621—627)

武德四年，析冤句县置济阳县，以隋旧县为名，治故济阳城(今河南兰考县堌阳镇)③，割隶杞州。贞观元年，州废，省入曹州冤句县。

4. 离狐县(618—742)—南华县(742—907)

南华县，本隋东郡离狐县，隋末，隶曹州。武德元年，隶济阴郡。二年，复隶曹州。天宝元年，封庄子为南华真人，尊《庄子》为《南华真经》，乃改为南华县，隶济阴郡。乾元元年，复隶曹州。

5. 乘氏县(618—907)

本隋济阴郡旧县，隋末，隶曹州。武德元年，隶济阴郡。二年，复隶曹州。四年，析置阳晋、乘丘二县。是年，省阳晋县来属。天宝元年，隶济阴郡。乾元元年，复隶曹州。

附旧县：阳晋县(621)

武德四年，析乘氏县置阳晋④县，借古阳晋为名，治阳晋城(今山东东明县

---

① 《大清一统志》卷144曹州府："蒙泽故城，在曹县南十里即古贯地。《括地志》：贯城今名蒙泽城，在济阴县南五十六里。"
② 《新唐志》作"宛句"，今依《州郡典》、《元和志》、《旧唐志》、《太平寰宇记》。
③ 《史记正义·苏秦列传》引《括地志》："济阳故城，在曹州冤句县西南三十五里。"《元和志》冤句县："济阳故城，在县西南五十里。"
④ 《旧唐志》作"晋阳"，《太平寰宇记》作"晋阳"，今依《括地志》、《新唐志》。

陆圈镇)①,隶曹州。是年,省入乘氏县。

6. **成武县**(618—907)

本隋济阴郡旧县,隋末,隶曹州。武德元年,隶济阴郡。二年,割置戴州,并析置高乡、凿城二县。五年,移州治于金乡县。十七年,州废,还隶曹州。天宝元年,隶济阴郡。乾元元年,复隶曹州。

附旧州:梁州(619—621)—东梁州(621—622)

武德二年,割宋州考城县置梁州,并置梁州总管府。是年,归王郑。四年,归唐,改为东梁州,隶宋州总管府。五年,州废,考城县隶曹州。

(四)濮阳郡(濮州)

濮州(619—742)—濮阳郡(742—756)—濮州(756—757)—濮阳郡(757—758)—濮州(758—759)—濮阳郡(759—762)—濮州(762—907)

武德二年,王郑割郓州鄄城、雷泽二县及滑州濮阳县置濮州,以隋旧州为名,治鄄城县,隶滑州总管府②。三年,归唐,隶汴州总管府。四年,隶窦夏河南道行台③。是年,复归唐,隶曹州总管府,置廪城、临濮、昆吾、永定、安丘、长城六县。五年,直属刘汉兖州道行台。是年,唐取隶郓州总管府,省安丘、长城二县。八年,省昆吾、永定、廪城三县。贞观元年,直属河南道。八年,割济州范县来属。十三年,濮州领鄄城、范、雷泽、临濮、濮阳五县,治鄄城县。

武周长安四年,濮州领县不变。

唐天宝元年,改为濮阳郡,以北朝旧郡为名。十三载,濮阳郡领鄄城、范、雷泽、临濮、濮阳五县,仍治鄄城县。十五载,隶河南节度使。未几,直属安燕,改为濮州。至德二载,归唐,仍为濮阳郡,隶河南节度使。

乾元元年,复为濮州,隶汴州都防御使。是年,隶青密节度使。二年,隶齐兖郓都防御使,未几,隶滑汴节度使,又隶汴滑节度使。是年,归史氏燕国④,为濮阳郡,隶睢阳节度使。宝应元年,归唐,仍为濮州,隶河南节度使。

---

① 《史记正义·赵世家》引《括地志》:"阳晋故城,在曹州乘氏县西北三十七里。"
② 两《唐志》皆言武德四年置濮州,然据《册府元龟》卷126:"武德三年九月壬午,王世充濮州刺史杜才干斩其滑州行台仆射(景)〔郑〕元贞,以濮阳来降。"是知濮州为王郑所置,今定于武德二年。
③ 史志不载此事。按是年二月窦建德自黎阳渡河攻曹州孟海公,必经濮州,以是推知。
④ 《新唐表》:"是年,又以濮州隶兖郓节度使。"然据《资治通鉴》乾元二年九月:"思明至汴州,叔冀与战,不胜,遂与濮州刺史董秦等降之。"则濮州实降于史氏,唐朝至多遥领而已。

大历十一年,隶淄青平卢节度使。建中三年,隶曹濮都团练观察使。兴元元年,隶淄青平卢节度使。元和十四年,隶郓曹濮节度使。十五年,隶天平军节度使,领县一如天宝十三载。

咸通十四年,濮州领县不变。

1. **鄄城县**(618—907)

本隋东平郡旧县(今山东鄄城县旧城镇),隋末,隶郓州。武德二年,割隶濮州,为州治。四年,析置永定县。八年,省永定县、廪城县来属。天宝元年,隶濮阳郡,为郡治。乾元元年,复隶濮州,为州治。

附旧县:永定县(621—625)

武德四年,析鄄城县置永定县,治永定城(今鄄城县城古泉街道)①,隶濮州。八年,省入鄄城县。

2. **范县**(618—907)

本隋济北郡旧县,隋末,隶济州。武德二年,置范州。五年,州废,还隶济州。贞观八年,割隶濮州。天宝元年,隶濮阳郡。乾元元年,复隶濮州。

3. **雷泽县**(618—907)

本隋东平郡旧县,隋末,隶郓州。武德二年,割隶濮州。四年,析置临濮、廪城、长城、安丘四县。八年,省廪丘县来属。天宝元年,隶濮阳郡。乾元元年,复隶濮州。

附旧县:廪城县(621—625)

武德四年,析雷泽县置廪城县,以隋旧县为名,治故廪丘城(今山东郓城县水堡乡)②,隶濮州。八年,省入鄄城县。

4. **临濮县**(621—907)

武德四年,析雷泽县置临濮县,以隋旧县为名,治故临濮城(今鄄城县临濮镇),隶濮州。五年,省长城、安丘二县来属。天宝元年,隶濮阳郡。乾元元年,复隶濮州。

附旧县1:长城县(621—622)

武德四年,析雷泽县置长城县,治长城(今鄄城县什集镇)③,隶濮州。五年,省入临濮县。

---

①③ 依地理形势推定。
② 《大清一统志》卷144曹州府:"廪丘故城,在(范)县东南。《太平寰宇记》:廪丘故城,在雷泽县北。《县志》:城在(范)县东南七十里义东保。"今依《历史地名》第2923页定于郓城县水堡乡。吴松弟《两唐书地理志汇释·旧唐书地理志》第107页云在今山东菏泽市东北,不详其说。

附旧县 2：安丘县(621—622)

武德四年，析雷泽县置安丘县，治故清丘城(今河南濮阳县习城乡)①，隶濮州。五年，省入临濮县。

5. 濮阳县(618—907)

本隋东郡旧县，隋末，隶滑州。武德二年，割隶濮州。四年，析置昆吾县。八年，省昆吾县来属。

附旧县：昆吾县(621—625)

武德四年，析濮阳县置昆吾县，以隋旧县为名，治故昆吾城(今濮阳县鲁河镇)②，隶濮州。八年，省入濮阳县。

附旧州：范州(619—622)

武德二年，割济州范县置范州，以县为名，隶济州总管府。是年，隶窦夏河南道行台。三年，归王郑，隶济州总管府。四年，归唐。五年，直属刘汉兖州道行台。是年，复归唐，州废，范县还隶济州。

(五) 东平郡(郓州)

东平郡(618—619)—郓州(619—742)—东平郡(742—756)—郓州(756—757)—东平郡(757—758)—郓州(758—907)

东平郡，本隋旧郡，领郓城、巨野、雷泽、鄄城、须昌、宿城六县，隋末，李魏改为郓州，以隋旧州为名，治郓城县，隶济州总管府③。武德元年，归宇文许，改为东平郡。二年，归王郑，复为郓州，隶曹州总管府。四年，隶窦夏河南道行台，未几，归唐，隶济州总管府，割鄄城、雷泽二县隶濮州，巨野县隶麟州，须昌、宿城二县隶昌州。是年，以废昌州之须昌、宿城二县来属。五年，直属刘汉兖州道行台。是年，归唐，置郓州总管府，以废麟州之巨野、乘丘二县，废寿州之寿张县来属。七年，改总管府为都督府。贞观元年，罢都督府，郓州直属河南道，割巨野、乘丘二县隶戴州。八年，移州治于须昌县，省宿城县。十三年，郓州领须昌、郓城、寿张三县，治须昌县。十七年，以废戴州之巨野县来属。

---

① 《元和志》濮州临濮县："清丘，在县西三十五里。"
② 《史记正义·楚世家》引《括地志》："昆吾故城，在濮阳县西三十里。"按濮阳县西三十里为滑州卫南县所在，不合为昆吾县址，《纪要》开州云："昆吾城，州东二十五里。"《括地志》"县西"当为"县东"之误，今定昆吾城于濮阳县鲁河镇。
③ 《资治通鉴》大业十三年正月："鲁郡贼徐圆朗攻陷东平，分兵略地，自琅邪以西北至东平，尽有之。"

武周长安四年(704),郓州领须昌、巨野、郓城、寿张四县,治须昌县。

唐景龙三年(709),复置宿城县。

天宝元年,复为东平郡。十三载,以废济阳郡之卢、长清、平阴、东阿、阳谷五县来属,寻割长清县隶济南郡,东平郡领须昌、宿城、巨野、郓城、寿张、阳谷、东阿、卢、平阴九县,治须昌县。至德元载,隶郓齐兖都防御使,为使治。是年,直属安氏燕国①,改为郓州。二载,归唐,仍为东平郡,隶郓齐兖都防御使,为使治。

乾元元年,罢镇,复为郓州,隶齐兖郓都防御使。二年,隶兖郓节度使。宝应元年,隶河南节度使。大历十一年,隶淄青平卢节度。十二年,自青州移使治于此。建中三年,罢镇,隶淄青都团练观察使。贞元四年,复隶淄青平卢节度使,仍为使治,改宿城县为东平县。十四年,割兖州中都县来属。元和十四年,中都县还隶兖州。是年,置郓曹濮节度使,复割兖州中都县来属。十五年,隶天平军节度使,仍为使治,郓州领须昌、东平、中都、巨野、郓城、寿张、阳谷、东阿、卢、平阴十县,仍治须昌县。

大和四年(830),改东平县为天平县。六年,省天平县、平阴县。开成二年(837),复置平阴县。咸通十四年,郓州领县不变。

天祐二年,改郓城县为万安县。

1. 须昌县(618—907)

本隋东平郡旧县,隋末,隶郓州。武德元年,隶东平郡。二年,复隶郓州。四年,割隶昌州,为州治。是年,州废,还隶郓州。贞观八年,自郓城县移州治于此,省宿城县来属。景龙三年,复析置宿城县。天宝元年,隶东平郡,为郡治。乾元元年,复隶郓州,为州治。大和六年,省天平县来属。

2. 宿城县(618—634,709—788)—东平县(788—830)—天平县(830—832)

宿城县,本隋东平郡旧县,隋末,隶郓州。武德元年,隶东平郡。二年,复隶郓州。四年,割隶昌州。是年,州废,还隶郓州。贞观八年②,省入须昌县。景龙三年③,以境邑颇大、人物繁极,复析须昌县置宿城县,仍治宿城(今山东东平县东平街道),隶郓州。天宝元年,隶东平郡。乾元元年,复隶郓州。贞元四年④,

---

① 《资治通鉴》至德元载十二月:"是月,鲁、东平、济阴陷于贼。"
② 《旧唐志》、《太平寰宇记》郓州序作"元年",今依《新唐志》、《旧唐志》须昌县、《太平寰宇记》须城县。
③ 《旧唐志》、《太平寰宇记》郓州序作"景龙元年",《唐会要》、《旧唐志》须昌县作"景云三年",《太平寰宇记》郓州须城县作"景云二年",今依《新唐志》。参详尤炜祥:《两唐书疑义考释·旧唐书卷》,第152页。
④ 《元和志》作"贞元三年",《唐会要》作"乾元元年",今依两《唐志》、《太平寰宇记》。

改为东平县,以旧郡为名,移治州郭。大和四年,改为天平县,以天平军为名。六年,省入须昌县。

3. **巨野县**(618—907)

本隋东平郡旧县,隋末,隶郓州。武德元年,隶东平郡。二年,复隶郓州。四年,割置麟州。五年,州废,隶郓州。贞观元年,割隶戴州。八年,省乘丘县来属。十七年,州废,还隶郓州。天宝元年,隶东平郡。乾元元年,复隶郓州。

附旧县:乘丘县(621—634)

武德四年,析曹州乘氏县置乘丘县,以隋旧县为名,治故乘丘城(今山东巨野县龙堌镇大李集)①,隶麟州。五年,州废,隶郓州。贞观元年,割隶戴州。八年,省入巨野县。

4. **郓城县**(618—905)—**万安县**(905—907)

郓城县,本隋东平郡旧县,隋末,隶郓州,为州治。武德元年,隶东平郡,为郡治。二年,复隶郓州,为州治。贞观八年,移州治于须昌县。天宝元年,隶东平郡。乾元元年,复隶郓州。天祐二年,避朱全忠父嫌名,改为万安县,以隋旧县为名。

5. **寿张县**(618—907)

本隋东平郡旧县,隋末,隶郓州,移治新寿张城(今山东梁山县城梁山街道)②。武德元年,隶东平郡。二年,复隶郓州。四年,割隶寿州,并析置寿良县。五年,州废,省寿良县来属,寿张县隶郓州,还治故寿张城(今梁山县寿张集镇)。天宝元年,隶东平郡。乾元元年,复隶郓州。

附旧县:寿良县(621—622)

武德四年,析寿张县置寿良县,以汉旧县为名,治故寿良城(今山东东平县东平湖中)③,隶寿州。五年,州废,省入寿张县。

6. **阳谷县**(618—907)

本隋济北郡旧县,隋末,隶济州,为州治。武德元年,隶东平郡。二年,复隶郓州,为州治。四年,析置美政县。六年,省美政县来属。天宝元年,隶济阳郡。十三载,郡废,改隶东平郡。乾元元年,隶郓州。

附旧县:美政县(621—623)

武德四年,析阳谷县置美政县,取唐朝吉意,治美政城(今山东阳谷县

---

① 依地理形势推定。大李集,旧为乡。
② 《元和志》郓州寿张县:"寿张故城,在县东南十五里,隋末,百姓筑以为堡。武德四年,于此置寿州。"按此"寿张故城"实即唐初新寿张城。
③ 岳浚等《山东通志》卷9《古迹志》寿张县:"寿良,在县东南境。"按故寿良城实在唐寿张县东北。

寿张镇）①，隶济州。六年，省入阳谷县。

7. 东阿县（618—907）

本隋济北郡旧县，隋末，隶济州，为州治。武德元年，隶济北郡。二年，复隶济州。四年，析置谷城县。六年，省谷城县来属。天宝元年，隶济阳郡。十三载，郡废，改隶东平郡。乾元元年，隶郓州。

附旧县：谷城县（621—623）

武德四年，析东阿县置谷城县，以北朝旧县为名，治故谷城（今山东平阴县东阿镇）②。六年，省入东阿县。

8. 卢县（618—907）

本隋济北郡旧县，隋末，隶济州，为州治。武德元年，隶济北郡。二年，复隶济州。四年，析置冀丘县。六年，省冀丘县来属。天宝元年，隶济阳郡，为郡治。十三载，郡废，改隶东平郡。乾元元年，隶郓州。

附旧县：冀丘县（621—623）

武德四年，析卢县置冀丘县，以冀丘为名，治冀丘城（今山东东阿县姚寨镇岭子村）③，隶济州。六年，省入卢县。

9. 平阴县（618—832，837—907）

本隋济北郡旧县，隋末，隶济州，为州治。武德元年，隶济北郡。二年，复隶济州。四年，析置孝感县。六年，省孝感县来属。天宝元年，隶济阳郡。十三载，郡废，改隶东平郡。乾元元年，隶郓州。大和六年，省入卢、东阿二县。开成二年，节度使王源中奏析卢、东阿二县复置平阴县，仍隶郓州。

附旧县：孝感县（621—623）

武德四年，析平阴县置孝感县，俗传为孝子郭巨葬母之所，故名，治孝感城（今平阴县孝直镇）④，隶济州。六年，省入平阴县。

附旧州一：昌州（621）

武德四年，王郑所部徐圆朗割郓州须昌、宿城二县置昌州⑤，以须昌县末字为名，隶兖州总管府。是年，平王郑，州废，须昌、宿城二县还隶郓州。

---

①③ 依地理形势推定。
② 《太平寰宇记》郓州东阿县："故谷城，在今县东。"
④ 《太平寰宇记》郓州平阴县："巫山，一名孝堂山，山上有石室，俗传云郭巨葬母之所。""孝感"一名盖缘于此。
⑤ 《资治通鉴》武德四年十月："徐圆朗昌州治中刘善行以须昌来降。"胡三省注："圆朗盖以郓州之须昌置昌州。"当是。依地理形势分析，宿城县亦应隶昌州。

附旧州二：麟州(621—622)

武德四年,割郓州巨野县、曹州乘丘县置麟州,相传鲁哀公获麟于此,故名,治巨野县,隶兖州总管府。五年,直属刘汉兖州道行台。是年,归唐,州废,巨野、乘丘二县隶郓州。

附旧州三：寿州(621—622)

武德四年,割济州寿张县置寿州,以寿张县首字为名,并置寿良县,隶济州总管府。五年,直属刘汉兖州道行台。是年,归唐,州废,省寿良县,寿张县改隶郓州。

附旧州郡：济北郡(618—619)—济州(619—742)—济阳郡(742—754)

济阳郡,本隋济北郡,领卢、长清、平阴、寿张、范、东阿、阳谷七县①,隋末,李魏改为济州②,以隋旧州为名,置济州总管府。武德元年,归宇文化,罢总管府,复为济北郡。二年,归唐,仍为济州,置总管府③。是年,隶窦夏河南道行台④,罢总管府。三年,归王郑,复置总管府,割范县隶范州。四年,复归唐,置冀丘、昌城、济北、孝感、谷城、美政六县,割寿张县置寿州。五年,罢总管府,直属刘汉兖州道行台,以废范州之范县来属。是年,复归唐,隶齐州总管府。六年,省冀丘、昌城、孝感、谷城、美政五县。七年,隶齐州都督府。八年,割范县隶濮州。贞观元年,直属河南道,省济北县。十三年,济州领卢、平阴、长清、东阿、阳谷五县,治卢县。

武周长安四年,济州领县不变。

唐天宝元年,改为济阳郡,借北朝旧郡为名。十三载,济阳郡领卢、长清、平阴、东阿、阳谷五县,治卢县。是年,郡城为河水所陷,遂废郡,五县改隶东平郡⑤。

---

① 《隋志》济北郡有济北、肥城二县,共九县。按《旧唐志》,武德四年济州无济北、肥城二县,是年复置济北县,五年复置肥城县,隶东泰州,则济北、肥城二县隋末已废,今并删。
② 据《资治通鉴》,隋大业十三年二月,张青特以济北郡归李密。
③ 《资治通鉴》武德二年四月:"诏以伏征为济州总管。"
④ 《旧唐书》卷54《窦建德传》:"武德二年九月,陷黎阳……齐、济二州及兖州贼帅徐圆朗皆闻风而下。"
⑤ 《太平寰宇记》济州:"至大历中,复立济州。唐末,又废入郓州。"按郁贤皓《唐刺史考全编》及赖青寿《方镇研究》,唐后期并无济州刺史,各方镇所领州亦无济州,故疑《太平寰宇记》所记不确,不取。

(六) 济南郡(齐州)

齐郡(618—619)—齐州(619—742)—临淄郡(742—746)—济南郡(746—756)—齐州(756—759)—济南郡(759—760)—齐州(760—907)

济南郡，本隋齐郡，领历城、章丘、长山、淄川、亭山、祝阿、临邑、临济、邹平、高苑十县。隋末，李魏改为齐州，以隋旧州为名，治历城县，置总管府。武德元年，奉表归唐，置山茌、源阳二县，割临济、高苑、邹平、长山四县隶邹州，割淄川县隶淄州。是年，归宇文许，罢总管府，复为齐郡。二年，归唐，复为齐州，置平陵、营城二县，并置总管府。是年，又罢总管府，齐州隶窦夏河南道行台，唐取平陵、营城、章丘、亭山、临邑五县隶谭州。三年，齐州归王郑，仍置总管府。四年，复归唐。七年，改总管府为都督府。贞观元年，罢都督府，齐州直属河南道，以废谭州之平陵、临邑、临济、亭山、章丘五县来属，省源阳县。七年，复置都督府。十三年，齐州领历城、平陵、章丘、亭山、山茌、祝阿、临邑、临济八县，治历城县。十七年，复罢都督府，齐州直属河南道，改平陵县为全节县。

武周长安四年，齐州领历城、全节、章丘、亭山、山茌、祝阿、临邑、临济八县，仍治历城县。

唐天宝元年，改为临淄郡，借故临淄城为名，改山茌县为丰齐县，祝阿县为禹城县。五载，改为济南郡，以北朝旧郡为名。十三载，割东平郡长清县来属①，济南郡领历城、全节、章丘、亭山、丰齐、长清、禹城、临邑、临济九县，仍治历城县。十五载，隶郓齐兖都防御使。是年，归安氏燕国，改为齐州，隶北海节度使。

乾元元年，复归唐，隶河南道齐兖郓都防御使，为使治。二年，罢镇，齐州归史氏燕国，隶平原节度使，改为济南郡。后上元元年，唐取隶兖郓节度使，仍为齐州。二年，隶青密节度使。宝应元年，隶淄青平卢节度使。建中三年，隶淄青都团练观察使。兴元元年，隶淄青平卢节度使。元和十五年，省全节、亭山、丰齐三县②，齐州领历城、章丘、长清、禹城、临邑、临济六县，仍治历城县。

---

① 《元和志》齐州长清县："贞观十七年，废济州，属齐州。"《旧唐志》、《太平寰宇记》、《新唐志》长清县亦云："隋置，属济州。贞观十七年，属齐州。"按《唐会要》、《旧唐纪》皆云："天宝十三载，济州废，所领五县(即卢、平阴、东阿、阳谷、长清)改属郓。"《新唐志》郓州卢县云："天宝十三年(济阳)郡废，以长清隶齐州。"《方镇研究》第49页："恐系天宝十三载废济(北)〔阳〕郡，当县隶郓州，寻隶齐州。"今从之。
② 《唐会要》卷70："行齐州：元和十三年冬十月，齐州刺史高士荣奏：'蒙恩受任，其州犹在贼中，须置行州及倚郭历城县行印。'从之。"

大和元年，割隶河北道横海军节度使。二年，割德州平原、平昌、归化三县来属。三年，隶齐德节度使，是年，仍隶横海军节度使，割平原、平昌二县还隶德州。未几，又隶齐沧德节度使。四年，省归化县。五年，隶义昌军节度使。咸通五年，割隶河南道天平军节度使。十三年，隶淄青平卢节度使。十四年，齐州领县一如元和十五年。

乾宁二年，割置武肃军防御使。天复元年(901)，罢镇，齐州还隶天平军节度使。

1. **历城县**(618—907)

本隋齐郡旧县，李魏隶齐州，为州治。武德元年，隶齐郡，为郡治，析置山茌县。二年，复隶齐州，为州治，析置营城县。天宝元年，隶临淄郡。五载，隶济南郡，为郡治。乾元元年，复隶齐州，为州治。元和十五年，省全节县来属。

2. **平陵县**(619—643)—**全节县**(643—820)

武德二年，窦夏取齐州，而章丘县民李义满以李家堡(今山东济南市历城区孙村街道全节河)归唐，遂置平陵县，以北朝旧县为名，并置谭州。八年，省营城县来属。贞观元年，谭州废，平陵县隶齐州。十七年，以县人不从齐王祐之反，更名全节县，以旌其义。天宝元年，隶临淄郡。五载，隶济南郡。乾元元年，复隶齐州。元和十五年①，以户口凋残，省入历城县。

附旧县：**营城县**(619—625)

武德二年，析历城县置营城县，以隋旧县为名，治故营城(今济南市历城区西营镇)②，割隶谭州。八年，省入平陵县。

3. **章丘县**(618—907)

本隋齐郡旧县，隋末，隶齐州。武德元年，隶齐郡。二年，割隶谭州，并析置平陵县。贞观元年，州废，还隶齐州③。天宝元年，隶临淄郡。五载，隶济南郡。乾元元年，复隶齐州。元和十五年，省亭山县来属。

4. **亭山县**(618—820)

本隋齐郡旧县，隋末，隶齐州。武德元年，隶齐郡。二年，复隶齐州。二年，割隶谭州。贞观元年，州废，还隶齐州。天宝元年，隶临淄郡。五载，隶济

---

① 《旧唐志》作"十年"，今依《唐会要》、《新唐志》、《太平寰宇记》。
② 《太平寰宇记》齐州历城县："《三齐记》云，历城县东四十里有营城。唐武德二年置营城县，属谭州。"
③ 《唐会要》卷70行齐州："章丘县，武德二年置，贞观元年废。"按两《唐志》、《元和志》、《太平寰宇记》皆不言此事，《唐会要》当是误以源阳县之置废为章丘县事，不取。

南郡。乾元元年,复隶齐州。元和十五年,以户口凋残,省入章丘县。

5. 山茌县(618—742)—丰齐县(742—820)

武德元年,析历城县置山茌县,以隋旧县为名,治故山茌城(今济南市槐荫区段店北路街道古城村)①,隶齐郡。二年,隶齐州。天宝元年,改为丰齐县,因丰齐驿为名,隶临淄郡。五载,隶济南郡。乾元元年,复隶齐州。元和十五年②,以户口凋残,省入长清县。

6. 长清县(618—907)

本隋济北郡旧县,隋末,隶济州,为州治。武德元年,隶齐郡。二年,复隶齐州。四年,析置昌城、济北二县。六年,省昌城县来属。贞观元年,省济北县来属。天宝十三载,郡废,改隶东平郡。是年,割隶济南郡。乾元元年,隶齐州。元和十五年,省丰齐县来属。

附旧县1:昌城县(621—623)

武德四年,析长清县置昌城县,治昌城(今山东济南市长清区崮云湖街道小崮山)③,以为县名,隶济州。六年,省入长清县。

附旧县2:济北县(621—627)

武德四年,析长清县置济北县,以隋旧县为名,治故济北城(今山东齐河县马集镇)④,隶济州。贞观元年,省入长清县。

7. 祝阿县(618—742)—禹城县(742—907)

禹城县,本隋齐郡祝阿县,隋末,隶齐州。武德元年,隶齐郡。二年,复隶齐州。贞观元年,省源阳县来属。天宝元年,改为禹城县,以禹息故城为名,隶临淄郡。五载,隶济南郡。乾元元年,隶齐州。二年,移治迁善村(今山东禹城市市中街道)⑤。

附旧县:源阳县(618—627)

武德元年,析祝阿县置源阳县,以源阳河为名,治源阳城(今齐河县潘店

---

① 胡三省《资治通鉴注》元和十四年二月:"据梁敬翔《编遗录》,丰齐驿当在齐州东南三十里。宋白曰:齐州禹城县有汉祝阿故城,在丰齐驿东北二里。"按汉祝阿故城即山茌城,在齐州西南三十里,今名古城村(《地名大辞典》第2454页误以为禹城县城),则《编遗录》之"东南"当为"西南"之误。
② 《新唐志》作"十年",今依《唐会要》、《旧唐志》、《旧唐书·宪宗纪》、《太平寰宇记》。
③ 《中国文物地图集·山东分册》下册第27页载有小崮山(旧属崮山镇)隋唐遗址,面积约5万平方米,疑为昌城县之所在。
④ 《太平寰宇记》齐州长清县:"故济北县城,在县西三十里。"
⑤ 《太平寰宇记》齐州禹城县:"乾元二年,逆党史思明侵河南,守将李铣于长清县界边家口决大河东至县,因而沦溺。今理迁善村。"

镇车屯村)①,隶齐郡。二年,隶齐州。贞观元年②,省入祝阿县。

8. 临邑县(618—907)

本隋齐郡旧县,隋末,隶齐州。武德元年,隶齐郡。二年,割隶谭州。贞观元年,州废,还隶齐州。天宝元年,隶临淄郡。五载,隶济南郡。乾元元年,复隶齐州。大和四年,省归化县来属。

附旧县:归化县(818—830)

元和③十三年,析德州安德、平原、平昌三县置归化县,以其民易动难安,取怀柔之意为名,治福城(今山东临邑县临盘街道盘河村)④,隶德州。大和二年,割隶齐州。四年,省入临邑县⑤。

9. 临济县(618—907)

本隋齐郡旧县,隋末,隶邹州,为州治。武德元年,州废,隶齐郡。二年,复隶邹州。八年,州废,改隶谭州。贞观元年,州废,改隶齐州。天宝元年,隶临淄郡。五载,隶济南郡。乾元元年,复隶齐州。

附旧州一:邹州(618,619—625)

武德元年,李魏割齐州临济、高苑、长山、邹平四县置邹州,取邹平县首字为名,并置蒲台县,治临济县,隶齐州总管府。是年,归宇文许,州废,五县隶齐郡。二年,唐割齐州临济、高苑、长山、邹平、蒲台五县复置邹州,治临济县,隶齐州总管府。是年,隶窦夏河南道行台。三年,归王郑,仍隶齐州总管府。四年,复归唐。七年,隶齐州都督府。八年,州废,临济、邹平二县隶谭州,高苑、长山、蒲台三县隶淄州。

附旧州二:谭州(619—627)

武德二年,窦夏取齐州,而章丘县民李义满以县境归唐,遂置谭州及平陵县,又割章丘、临邑、亭山、营城四县隶之,治平陵县,并置谭州总管府。三年,

---

① 《太平寰宇记》齐州禹城县:"源阳城在县南一百里,隋末丧乱,县令桓孝才立堡于家侧,率宗亲共守,不属诸贼。唐武德初,大使崔同就筑城,奏授孝才为县令。城在源阳河侧,因以为名。"《中国文物地图集·山东分册》下册第820页云潘店镇东屯村有唐宋遗址,面积约15 000平方米,当即其地。
② 《太平寰宇记》齐州禹城县作"武德六年",今依两《唐志》及《太平寰宇记》齐州序。
③ 《唐会要》卷71德州作"开元",今依《唐会要》卷71行齐州、《新唐志》。
④ 《太平寰宇记》德州安陵县:"唐元和二年,横海军节度使郑权奏:'德州安德县渡黄河,南邻齐州临邑县,有灌家口草市,顷者,成德军于市北十里筑城,名福城,城缘隔黄河与齐州临邑县对岸,又居安德、平原、平昌三县界,疆境远阔,易动难安,请于此置县,以归化为名。'诏从之。"《唐会要》卷71德州条误系此事于开元十三年。
⑤ 《唐会要》卷70行齐州条。

归王郑。四年,复归唐,罢总管府,谭州隶齐州总管府。七年,隶齐州都督府。八年,以废邹州之邹平、临济二县来属,省营城县。贞观元年,州废,平陵①、章丘、临邑、亭山、临济五县隶齐州,邹平县隶淄州。

(七) 淄川郡(淄州)

淄州(619—742)—淄川郡(742—756)—淄州(756—907)

武德二年,取宇文许齐郡淄川、长白、前莱芜三县置淄州,隶齐州总管府。是年,隶窦窦河南道行台。三年,归王郑,仍隶齐州总管府。四年,归唐。六年,省长白、前莱芜二县②。七年,隶齐州都督府。八年,以废邹州之长山、蒲台、高苑三县来属。贞观元年,直属河南道,以废谭州之邹平县来属。六年,省蒲台县。七年,复隶齐州都督府,置蒲台县。十三年,淄州领淄川、长山、邹平、蒲台、高苑五县,治淄川县。十七年,直属河南道,割蒲台县隶棣州。

武周长安四年,淄州领淄川、长山、邹平、高苑四县,治淄川县。

唐景龙元年,置济阳县③。

天宝元年,改为淄川郡,以淄川县为名。十三载,淄川郡领淄川、长山、济阳、邹平、高苑五县,仍治淄川县。十五载,隶河南节度使。是年,归安氏燕国,改为淄州,隶北海节度使。

乾元元年,复归唐,隶汴州都防御使。是年,隶青密节度使。未几,复隶汴州都防御使。二年,再隶青密节度使。后上元元年,隶淄沂节度使,为使治,割兖州莱芜县来属。宝应元年,罢镇,淄州隶淄青平卢节度使。建中三年,隶淄青都团练观察使。兴元元年,复隶淄青平卢节度使。贞元四年,莱芜县还隶兖州。元和十五年,省济阳县,淄州领淄川、长山、邹平、高苑四县,治淄川县。

咸通十四年,淄州领县不变。

1. 淄川县(618—907)

本隋齐郡旧县,隋末,隶淄州,为州治,并析置长白、前莱芜二县。武德元

---

① 《新唐志》作"平城",今依上下文及《旧唐志》、《太平寰宇记》改。
② 《唐会要》卷70:"淄州,武德元年置,六年废。天宝元年,复置。"按《元和志》、两《唐志》、《太平寰宇记》皆不言武德六年废淄州、天宝元年复置淄州一事,《唐会要》当是误载,不取。
③ 按《旧唐志》、《太平寰宇记》淄州序原文时序有错乱,即于天宝、乾元改州郡名后复叙景龙元年分高苑县置济阳县事,其下所接之"又割蒲台隶之,后割属棣州"一句,当接于武德八年下,而错简于此。《新唐志》、《舆地广记》盖沿袭其误,今不取。

年,州废,隶齐郡。二年,复隶淄州。六年,省长白、前莱芜二县来属。天宝元年,隶淄川郡,为郡治。乾元元年,复隶淄州,为州治。

附旧县 1:长白县(618—623)

武德元年,析淄川县置长白县,以长白山为名,治长白城(今山东邹平县临池镇)①,隶淄州。是年,州废,隶齐郡。二年,复隶淄州。六年,省入淄川县。

附旧县 2:前莱芜县(618—623)

武德元年,析淄川县置前莱芜县,治故莱芜城(今山东淄博市博山区源泉镇)②,因以为名,隶淄州。是年,州废,隶齐郡。二年,复隶淄州。六年,省入淄川县。

2. **长山县**(618—907)

本隋齐郡旧县,隋末,隶邹州。武德元年,州废,隶齐郡。二年,复隶淄州。八年,州废,改隶淄州。天宝元年,隶淄川郡。乾元元年,复隶淄州。

3. **济阳县**(707—820)

景龙元年,析高苑县置济阳县,以在济水之北故名,治梁邹城(今邹平县焦桥镇大城村)③,隶淄州。天宝元年,隶淄川郡。乾元元年,复隶淄州。元和十五年,省入高苑县。

4. **邹平县**(618—907)

本隋齐郡旧县,隋末,隶邹州。武德元年,州废,隶齐郡。二年,复隶邹州,移治赵台城(今邹平县九户镇成家村)④。八年,州废,改隶谭州,还治邹平城(今邹平县孙镇)。贞观元年,州废,改隶淄州。天宝元年,隶淄川郡。乾元元年,复隶淄州。

5. **高苑县**(618—907)

本隋齐郡旧县,隋末,隶邹州。武德元年,州废,隶齐郡。二年,复隶邹州。八年,州废,改隶淄州。景龙元年,析置济阳县。天宝元年,隶淄川郡。乾元元年,复隶淄州。元和十五年,省济阳县来属。

(八) **北海郡**(青州)

北海郡(618—619)—青州(619—742)—**北海郡**(742—756)—青州(756—907)

北海郡,本隋旧郡,领益都、平寿、都昌、北海、下密、临朐、临淄、博昌、千

---

① 《元和志》淄州长山县:"长白山,在县西南四十里。"长白县当在附近。
② 《元和志》兖州莱芜县:"故城在今淄州东南六十里。"
③ 《太平寰宇记》淄州高苑县:"废济阳县,唐景龙元年析高苑置,以在济水之北,故名。在州北九十四里也。"
④ 《太平寰宇记》淄州邹平县:"邹平故城,俗名赵台城,在县西南十五里,唐武德二年筑,置邹平县。八年,移于今理。"

乘、寿光十县①,隋末,李魏改为青州,以隋旧州为名,治益都县,置总管府。武德元年,宇文许取以为北海郡,罢总管府。二年,归唐,复为青州,置总管府,并置时水、东阳、汶阳、营丘四县,割博昌、千乘、寿光三县隶乘州,割北海、下密、都昌、平寿、东阳、汶阳六县隶潍州,割营丘县隶纪州。三年,归王郑。四年,复归唐,割乘州乐安县来属。五年,置般阳县。七年,改总管府为都督府。八年,以废潍州之北海县,废乘州之千乘、寿光、博昌三县来属,省般阳、时水、安平、乐安四县。贞观元年,罢都督府,青州直属河南道。十三年,青州领益都、北海、临朐、临淄、博昌、千乘、寿光七县,治益都县。

武周长安四年,青州领县不变。

唐天宝元年,复为北海郡。十三载,北海郡领益都、北海、临朐、临淄、博昌、千乘、寿光七县,仍治益都县。十五载,隶青密节度使,为使治。是年,归安氏燕国,改为青州,隶北海节度使,为使治。

乾元元年,复归唐,罢镇,青州还隶青密节度使。是年,节度使治自徐州还治于此。宝应元年,隶淄青平卢节度使,仍为使治。大历十二年,移使治于郓州。建中三年,隶淄青都团练观察使,为使治。兴元元年,复隶淄青平卢节度使,为使治。贞元四年,移使治于郓州。元和十四年,自郓州还使治于此。十五年,青州领州一如天宝十三载。

咸通十四年,青州领县不变。

1. 益都县(618—907)

本隋北海郡旧县,隋末,隶青州,为州治。武德元年,隶北海郡,为郡治。二年,复隶青州,为州治。析置东阳县。四年,省潍州东阳县来属。五年,析置般阳县。天宝元年,隶北海郡,为郡治。乾元元年,复隶青州,为州治。

附旧县:东阳县(619—623)

武德二年,析益都县置东阳县,治故东阳城(今山东青州市谭坊镇行山庄)②,故以为名,割隶潍州。六年,省入益都县。

---

① 《隋志》北海郡有营丘县,无平寿县,共十县。按《太平寰宇记》潍州昌乐县云:"隋开皇六年,于营丘故城置营丘县,属潍州,大业八年,因贼陷,俱废。"北海县云:"废平寿县,隋义宁二年复置。"据删、补。

② 《太平寰宇记》青州:"东阳城,今州东城也。"临朐县云:"东阳城,一名凡城,齐境上邑也。"按唐初青州城已有益都为附郭县,则此东阳似不在附郭东城,当在益都、临朐两县之间偏东处,《中国文物地图集·山东分册》下册第301页云谭坊镇有行山庄、下坡唐代遗址,面积约为4 000平方米以上,今姑定在行山庄。

2. 北海县(618—907)

本隋北海郡旧县,隋末,隶青州。武德元年,隶北海郡。二年,割隶潍州,为州治,析置寒水、訾亭、连水三县。六年,省寒水、訾亭、连水、都昌四县来属。八年,省营丘、下密二县来属。天宝元年,隶北海郡。乾元元年,复隶青州。

附旧县1:平寿县(618—621)

本隋北海郡旧县,隋末,隶青州。武德元年,隶北海郡。二年,割隶潍州。四年,省入营丘县①。

附旧县2:都昌县(618—623)

本隋北海郡旧县,隋末,隶青州。武德元年,隶北海郡。二年,割隶潍州,并析置营丘县。六年,都昌县省入北海县。

附旧县3:下密县(618—625)

本隋北海郡旧县,隋末,隶青州。武德元年,隶北海郡。二年,割隶潍州,并析置潍水、胶东二县。六年,省潍水县来属。八年②,省入北海县。

附旧县4:寒水县(619—623)

武德二年,析北海县置寒水县,治故寒亭(今山东潍坊市寒亭区寒亭街道)③,以寒水为名,隶潍州。六年,省入北海县。

附旧县5:连水县(619—623)

武德二年,析北海县置连水④县,以连水为名,治连水城(今潍坊市寒亭区高里街道)⑤,隶潍州。六年,省入北海县。

附旧县6:訾亭县(619—623)

武德二年,析北海县置訾亭县,治故訾城(今山东昌邑市龙池镇瓦城村)⑥,故以为名,隶潍州。六年,省入北海县。

附旧县7:潍水县(619—623)

武德二年,析下密县置潍水县,以隋旧县为名,治故下密城(今昌邑市围

---

① 《太平寰宇记》潍州北海县。
② 《太平寰宇记》潍州北海县"废东下密县"条作"九年",今依两《唐志》。
③ 《纪要》平度州潍县:"寒亭在县东北三十里。唐初有寒水县,属潍州,武德六年废,即故寒亭矣。"
④ 《新唐志》作"连永",《太平寰宇记》作"涟水",今依《旧唐志》。
⑤ 依地理形势推定。
⑥ 《太平寰宇记》潍州昌邑县:"訾城,在县西北十三里。"《纪要》平度州昌邑县:"訾城,县西北三十里,唐武德二年置訾亭县,俗呼为瓦城。"《大清一统志》卷138莱州府:"訾亭故城,在昌邑县西,是唐之訾亭县也,今称訾亭社。"疑《太平寰宇记》"十三里"为"三十里"之误倒,今定訾亭县治于龙池镇瓦城村。

子街道密城村),隶潍州。六年,省入下密县。

　　附旧县 8:城平县(619—623)

　　武德二年,析平寿县置城平县①,治城平城(今昌乐县鄌郚镇)②,隶潍州。六年,省入营丘县。

　　附旧县 9:营丘县(619—625)

　　武德二年,都昌县民汲嗣据县境权置营丘县(今昌乐县城宝都街道黄埠村)③,借隋旧县为名,隶纪州。四年,州废,隶潍州,省平寿县来属。六年,省城平县来属。八年④,州废,省入北海县。

3. 临朐县(618—907)

　　本隋北海郡旧县,隋末,隶青州。武德元年,隶北海郡。二年,复隶青州,析置汶阳。六年,省汶阳县来属。八年,省般阳县来属。天宝元年,隶北海郡。乾元元年,复隶青州。

　　附旧县 1:汶阳县(619—623)

　　武德二年,析临朐县置汶阳县,以县在汶水之阳为名,治汶阳城(今山东临朐县蒋峪镇)⑤,隶潍州。六年,省入临朐县。

　　附旧县 2:般阳县(622—625)

　　武德五年,析益都、临淄二县及淄州淄川县地置般阳县⑥,以隋旧县为名,治般阳城(今山东青州市庙子镇)⑦,隶青州。八年,省入临朐县。

4. 临淄县(618—907)

　　本隋北海郡旧县,隋末,隶青州。武德元年,隶北海郡。二年,复隶青州,析置时水县。八年,省时水县来属。天宝元年,隶北海郡。乾元元年,复隶青州。

　　附旧县:时水县(619—625)

　　武德二年,析临淄县置时水县,以隋旧县为名,治故时水城(今淄博市临

---

① 《汉书》卷 28《地理志》北海郡有平城县,此县盖取古县为名,疑误倒为"城平"。
②⑤⑦ 依地理形势推定。
③ 《太平寰宇记》潍州:"昌乐县,(州)西五十五里。……唐武德二年,又于北海县置潍州,复立营丘县。……至九年,州县又废。皇朝析寿光县长寿乡营丘故县置安仁县,寻改为昌乐县。"按宋昌乐县治在今昌乐县城黄埠村,其为"营丘故县",可知唐初营丘县置于此。然《太平寰宇记》等又以汲嗣所置营丘县为古齐太公所封之营丘城,即昌乐市东南之故营陵城,与营丘县在寿光县之记载相矛盾,不取。
④ 《太平寰宇记》潍州昌乐县作"九年",今依两《唐志》。
⑥ 《新唐志》青州临朐县:"武德五年置。"赖青寿《方镇研究》疑其文错简,当为"武德五年置般阳县",今从之。

淄区凤凰镇赵家庄)①,隶青州。八年,省入临淄县。

5. 博昌县(618—907)

本隋北海郡旧县,隋末,隶青州。武德元年,隶北海郡。二年,割隶乘州,并析置乐安、安平二县。八年,州废,还隶青州,省乐安、安平二县来属。总章二年(669),移治新博昌城(今山东博兴县城博昌街道)。天宝元年,隶北海郡。乾元元年,复隶青州。

附旧县1：安平县(619—625)

武德二年,析博昌县置安平县,以北朝旧县为名,治西安城(今淄博市临淄区朱台镇高阳村)②,割隶青州。八年,省入博昌县。

附旧县2：乐安县(619—625)

武德二年,析博昌县置乐安县,以隋旧县为名,治新乐安城(今山东广饶县李鹊镇小张村)③,隶乘州④。四年,割隶青州。八年,省入博昌县。

6. 千乘县(618—907)

本隋北海郡旧县,隋末,隶青州。武德元年,隶北海郡。二年,割隶乘州,为州治,并析置新河县。六年,省新河县来属。八年,州废,还隶青州。天宝元年,隶北海郡。乾元元年,复隶青州。

附旧县：新河县(619—623)

武德二年,析千乘县置新河县,以隋旧县为名,治故新河城(今广饶县大码头镇高港村)⑤,隶乘州。六年,省入千乘县。

7. 寿光县(618—907)

本隋北海郡旧县,隋末,隶青州。武德元年,隶北海郡。二年,割隶乘州,并析置华池、华苑二县。六年,省潍州华池、华苑二县来属。八年,州废,还隶青州。天宝元年,隶北海郡。乾元元年,复隶青州。

---

① 《太平寰宇记》密州高密县:"废高阳县,在县西北四十三里,隋开皇十六年于东界为时水县。"疑此条当为潍州临淄县文,误屠于此。据《中国文物地图集·山东分册》下册第140页,临淄西北约20公里之赵家庄(旧属召口乡)南有唐代遗址,当即此县治。
② 于钦《齐乘》卷4:"西安城:临淄西三十里。"
③ 《太平寰宇记》青州博兴县:"乐安故城,汉乐安国故城,今县东南。"今姑定于广饶县小张村(旧小张乡)一带。
④ 《旧唐志》青州千乘县:"武德二年,于县置乘州,领千乘、博昌、寿光、新河五县。"脱一县名,今按千乘县曾置乐安郡,博昌县曾置乐安县,故知所脱一县为乐安县,今补。
⑤ 《大清一统志》卷135青州府:"新河废县:在博兴县东北。……按乐安县有新河海口,县当相近。"按新河县既省入千乘县,且近海口,则当以今广饶县境为是,据《中国文物地图集·山东分册》下册第214页,今大码头镇高港村东有唐宋遗址,面积约6万平方米,当为此县治。

附旧县 1：华苑县（619—623）

武德二年，析寿光县置华苑①县，以华池之苑为名，治南皮台（今山东寿光市上口镇后牟邵村）②，割隶潍州。六年，省入寿光县。

附旧县 2：华池县（619—623）

武德二年，析寿光县置华池县，以华池为名，治故寿光城（今寿光市古城街道）③，割隶潍州。六年，省入寿光县。

附旧州一：纪州（619—621）

武德二年，都昌县民汲嗣权置营丘县并纪州④，以古纪国为名，治营丘县，隶潍州总管府。三年，归王郑。四年⑤，平王郑，州废，营丘县隶潍州。

附旧州二：潍州（619—625）

武德二年，取宇文许北海郡北海、下密、都昌、平寿、东阳、汶阳六县置潍州，以潍水为名，治北海县，置总管府⑥，又置连水、寒水、訾亭、潍水、胶东、城平六县，割乘州华池、华苑二县，密州郚城、昌安二县来属。三年，归王郑。四年，复归唐，罢总管府，潍州隶青州总管府，以废纪州之营丘县来属，省平寿县，割胶东县隶莱州，割郚城、昌安二县隶密州。六年，省都昌、连水、华池、东阳、寒水、訾亭、潍水、汶阳、华苑、城平十县。七年，隶青州都督府。八年，州废，省营丘、下密二县，以北海县隶青州。

附旧州三：乘州（619—625）

武德二年，取宇文许北海郡千乘、博昌、寿光三县置乘州，治千乘县，故以为名，隶青州总管府，并置新河、乐安、安平、华池、华苑五县，割安平县隶青州，割华池、华苑二县隶潍州。三年，归王郑。四年，复归唐，割乐安县隶青

---

① 两《唐志》作"华宛"，今依《太平寰宇记》。又，邻州邹州有高苑县，可见"苑"是当地常用地名。
② 于钦《齐乘》卷5："凤凰台：寿光西北三十里，宋天圣间凤凰下此，因筑台，有宋碑，北有南皮台。"然《大清一统志》卷135青州府："南皮台：在寿光县东北四十里。"依地理形势分析，华苑县当在寿光东北，故取后者。
③ 依地理形势推定。
④ 《新唐志》作"杞州"，今依《太平寰宇记》潍州昌乐县。《太平寰宇记》寿光县："纪城，古之纪侯之国，姜姓也，今废城在县南。"纪州当得名于此。
⑤ 《新唐志》作"二年"，《旧唐志》亦以为武德二年营丘县隶潍州，今依《太平寰宇记》潍州昌乐县。
⑥ 史志不载此事。按《资治通鉴》武德二年四月："诏以綦公顺为淮州总管。"按是时唐无淮州，则此"淮州"当为"潍州"之误，因补。

州。六年,省新河县。七年,隶青州都督府。八年,州废,千乘、博昌、寿光三县还隶青州。

(九)东莱郡(莱州)

东莱郡(618—619)—莱州(619—742)—东莱郡(742—758)—莱州(758—907)

东莱郡,本隋旧郡,领掖、黄、牟平、文登、观阳、昌阳、即墨、胶水、卢乡九县,隋末,李魏改为莱州①,以隋旧州为名,治掖县,隶青州总管府。武德元年,直属宇文许,复为东莱郡。二年,归唐,复为莱州,隶潍州总管府。三年,归王郑。四年,复归唐,隶青州总管府,置曲城、曲台、当利三县,割潍州胶东县来属,割黄、牟平二县隶牟州,割文登、观阳二县隶前登州。六年②,省曲城、曲台、当利、胶东四县。七年,隶青州都督府。贞观元年,直属河南道,以废前登州之文登县、废牟州之黄县来属,省卢乡县。十三年,莱州领掖、黄、文登、昌阳、即墨、胶水六县,治掖县。

麟德二年(665),复置牟平县。如意元年,割黄、文登、牟平三县隶后登州。

武周长安四年,莱州领掖、昌阳、即墨、胶水四县,仍治掖县。

唐天宝元年,复为东莱郡。十三载,东莱郡领掖、昌阳、即墨、胶水四县,治掖县。十五载,隶青密节度使。

乾元元年,复为莱州。宝应元年,隶兖郓节度使。是年,隶淄青平卢节度使。建中三年,隶淄青都团练观察使。兴元元年,复隶淄青平卢节度使。元和十五年,莱州领县一如天宝十三载。

咸通十四年,莱州领县不变。

1. 掖县(618—907)

本隋东莱郡旧县,隋末,隶莱州,为州治。武德元年,隶东莱郡,为郡治。二年,复隶莱州,为州治。四年,析置曲城、当利、曲台三县。六年,省曲城、当利、曲台三县来属。天宝元年,隶东莱郡,为郡治。乾元元年,复隶莱州,为州治。

---

① 《太平寰宇记》莱州:"唐武德初,改为莱州。"《新唐书》卷1《高祖纪》:隋大业十三年,"綦公顺据青、莱。"按綦公顺是年附李密,故定为李魏所改。
② 《新唐志》作"贞观元年",按《太平寰宇记》掖县:"曲成故城……武德四年复,六年又废。"赖青寿疑《新唐志》非,可从。

附旧县 1：曲城县(621—623)

武德四年，析掖县置曲城县，以隋旧县为名，治故曲城(今山东招远市蚕庄镇西曲城村)①，隶莱州。六年，省入掖县。

附旧县 2：曲台县(621—623)

武德四年，析掖县置曲台县，治曲台城(今山东莱州市程郭镇曲家村)②，隶莱州。六年，省入掖县。

附旧县 3：当利县(621—623)

武德四年，析掖县置当利县，以隋旧县为名，治故当利城(今莱州市沙河镇路旺村)③，隶莱州。六年，省入掖县。

2. 昌阳县(618—907)

本隋东莱郡旧县，隋末，隶莱州。武德元年，隶东莱郡。二年，复隶莱州。贞观元年，以废牟州观阳县省入。永徽元年(650)，被水淹破，移治新昌阳城(今山东莱阳市城厢街道)。天宝元年，隶东莱郡。乾元元年，复隶莱州。

附旧县：观阳县(618—627)

本隋东莱郡旧县，隋末，隶莱州。武德元年，隶东莱郡。二年，复隶莱州。四年，割隶前登州。六年，割隶牟州④。贞观元年，州废，省入莱州昌阳县⑤。

3. 即墨县(618—907)

本隋东莱郡旧县，隋末，隶莱州。武德元年，隶东莱郡。二年，复隶莱州。天宝元年，隶东莱郡。乾元元年，复隶莱州。

4. 胶水县(618—907)

本隋东莱郡旧县，隋末，隶莱州。武德元年，隶东莱郡。二年，复隶莱州。六年，省胶东县来属。贞观元年，省卢乡县来属。

附旧县 1：卢乡县(618—627)

本隋东莱郡旧县，隋末，隶莱州。武德元年，隶东莱郡。二年，复隶莱州。贞观元年，省入胶水县⑥。

---

① 《太平寰宇记》莱州掖县："曲成故城，废城在今县东北六十里，武德四年复，六年，又废。"
② 岳濬等《山东通志》莱州府："曲台城，在郡城北，唐初置县，寻省入掖县。"即今曲家村，旧为镇。
③ 《太平寰宇记》莱州掖县："当利故城，在今莱州西南三十六里。"即今路旺村，旧为镇。
④ 《新唐志》登州牟平县作"莱州"，今依《旧唐志》、《太平寰宇记》。
⑤ 《大清一统志》卷 137 登府："观阳故城，在莱阳县东七十里，观山之阳。汉置县。隋开皇十六年复置，并置牟州治焉。大业初废，县属东莱郡，唐贞观中省入昌阳。"
⑥ 《新唐志》莱州昌阳县："贞观元年，省卢乡县入焉。"按卢乡县治距昌阳县治在二百里外，中隔掖、胶水二县并存大泽山脉，与昌阳县历史上也并无关系，因疑《新唐志》所载有误，今依《太平寰宇记》改系于胶水县。

附旧县2：胶东县(619—623)

武德二年,析潍州下密县置胶东县,以北朝旧县为名,治故胶东城(今山东昌邑市饮马镇)①,隶潍州。四年,割隶莱州。六年②,省入胶水县。

(一〇) 东牟郡(登州)

牟州(621—627)—后登州(692—742)—东牟郡(742—758)—登州(758—907)

武德四年,割莱州牟平、黄二县置牟州,以隋旧州为名,治牟平县,隶青州总管府。六年,割前登州观阳县来属。七年,隶青州都督府。贞观元年,州废③,省牟平、观阳二县,黄县还隶莱州。

武周天授三年(如意元年,692)④,割莱州后牟平、文登、黄三县置后登州,治后牟平县,后登州直属河南道。长安四年,后登州领后牟平、文登、黄三县,仍治后牟平县。

唐神龙三年,置蓬莱县,省黄县,移州治于蓬莱县。先天元年(713),复置黄县。

天宝元年,改为东牟郡,以晋旧郡为名。十三载,东牟郡领蓬莱、后牟平、文登、黄四县,治蓬莱县。十五载,隶青密节度使。

乾元元年,改为登州。宝应元年,隶兖郓节度使。是年,隶淄青平卢节度使。建中三年,隶淄青都团练观察使。兴元元年,复隶淄青平卢节度使。元和十五年,登州领县一如天宝十三载。

咸通十四年,登州领县不变。

1. 蓬莱县(707—907)

神龙三年⑤,析后登州黄县置蓬莱县,治蓬莱镇(今山东蓬莱市登州街道),故以为名,仍隶后登州,又省黄县来属,自后牟平县移州治于此。先天元年,析置黄县。天宝元年,蓬莱县隶东牟郡,为郡治。乾元元年,隶登州,为州治。

---

① 《太平寰宇记》潍州北海县:"废胶东县,在州东南八十里。"
② 《新唐志》作"贞观元年",今依《旧唐志》青州北海县。
③ 《地图集》唐全国总图(一)以总章元年为断,仍画有登州,误,考详一令:《唐总章二年不当有登州考》,《历史地理》第十四辑,上海人民出版社,1998年。
④ 《唐会要》作"天授二年",今依两《唐志》、《太平寰宇记》。
⑤ 《唐会要》作"元年",今依《元和志》、两《唐志》、《太平寰宇记》。

2. 廓定县(623—627)—后牟平县(665—907)

武德六年,析文登县置廓定县,以廓定天下为名,治东牟城(今山东烟台市牟平区宁海街道),隶前登州。贞观元年,州废,省入文登县。麟德二年①,析文登县置后牟平县,仍治东牟城,隶莱州②。如意元年,割隶后登州,为州治。神龙三年,移州治于蓬莱县。天宝元年,隶东牟郡。乾元元年,隶登州。

3. 文登县(618—907)

本隋东莱郡旧县,隋末,隶莱州。武德元年,隶东莱郡。二年,复隶莱州。四年,割隶前登州,为州治。六年,析置清阳、廓定二县。贞观元年,州废,省清阳、廓定二县来属,文登县还隶莱州。如意元年,割隶后登州。天宝元年,隶东牟郡。乾元元年,隶登州。

附旧县:清阳县(623—627)

武德六年,析文登县置清阳县,以清阳水为名,治故腄城(今山东烟台市福山区清洋街道)③,隶前登州。贞观元年,州废,省入文登县。

4. 黄县(618—707,712—907)

本隋东莱郡旧县(今山东龙口市石良镇黄城堡)④,隋末,隶莱州。武德元年,隶东莱郡。二年,复隶莱州。四年,割隶牟州。贞观元年,州废,省前牟平县来属,黄县还隶莱州。如意元年,割隶后登州。神龙三年,析置蓬莱县。是年,省入蓬莱县。先天元年⑤,析蓬莱县复置黄县,治新黄城(今龙口市东莱街道),仍隶后登州。天宝元年,隶东牟郡。乾元元年,隶登州。

附旧县:前牟平县(618—627)

本隋东莱郡旧县,隋末,隶莱州。武德元年,隶东莱郡。二年,复隶莱州。四年,割隶牟州,为州治。贞观元年,州废,省入黄县。

附旧州:前登州(621—627)

武德四年,割莱州文登、观阳二县置前登州,以文登县人不从綦公顺附

---

① 《旧唐志》莱州序、《新唐志》作"元年",今依《元和志》、《旧唐志》、《唐会要》、《太平寰宇记》登州牟平县。
② 《元和志》作"登州",今依《旧唐志》。考详一令:《唐总章二年不当有登州考》。
③ 《太平寰宇记》登州文登县:"育犁城,汉立县,后汉省,并入牟平。按《汉志注》云,'东莱腄县有之罘山祠,并丹水所出,东北入海'是也。盖在今县西七十里清阳水侧近,与海畔之罘山相对。""今县"即宋牟平县,清阳水即今清洋水,则清阳县治当在故腄城,即今烟台市福山区治。
④ 《元和志》登州黄县:"故黄城,在县东南二十五里。"《地图集》隋代图置黄县于今龙口市城关镇,误。
⑤ 《唐会要》作"二年",今依两《唐志》。

郑故也,取文登县末字为名,治文登县,隶青州总管府。六年,置清阳、廓定二县,割观阳县隶牟州。贞观元年,州废,省清阳、廓定二县,文登县还隶莱州。

(一) 高密郡(密州)

高密郡(618—619)—密州(619—742)—高密郡(742—758)—密州(758—907)

高密郡,本隋旧郡,领诸城、高密、安丘三县①,隋末,李魏改为密州,隶青州总管府。武德元年,直属宇文许,复为高密郡。二年,归唐,复为密州,隶潍州总管府。三年,归王郑。四年,复归唐,隶青州总管府。七年,隶青州都督府。贞观元年,直属河南道。八年,以废莒州之莒县来属。十三年,密州领诸城、高密、莒、安丘四县,治诸城县。

武周长安四年,密州领县不变。

天宝元年,复为高密郡。十三载,高密郡领诸城、高密、莒、安丘四县,治诸城县。十五载,隶青密节度使。

乾元元年,复为密州。二年,改安丘县为辅唐县。宝应元年,隶兖郓节度使。是年,隶淄青平卢节度使。大历四年,隶海沂密都防御使。是年,复隶淄青平卢节度使。建中三年,隶徐海沂密都团练观察使。兴元元年,复隶淄青平卢节度使。元和十四年,隶沂海都团练观察使。十五年,隶兖海都团练观察使,密州领诸城、高密、莒、辅唐四县,仍治诸城县。

长庆二年,隶兖海节度使。大和八年,隶兖海观察使。大中五年,复隶兖海节度使。咸通十四年,密州领县不变。

乾符三年(876),隶泰宁军节度使。

1. 诸城县(618—907)

本隋高密郡旧县,隋末,隶密州,为州治。武德元年,隶高密郡,为郡治。二年,复隶密州,为州治。三年,析置高密、胶西二县。天宝元年,隶高密郡,为郡治。乾元元年,复隶密州,为州治。

---

① 《隋志》高密郡有东莞、郚城、琅邪、胶西四县,共七县,按《太平寰宇记》密州安丘县:"郚城,今在县西南六十里,大业二年,改郚城县,末年废。"高密县:"废胶西县,隋末皇十六年置,大业九年,因贼废。"东莞、琅邪二县亦不见于唐初记载,当废于隋末,今并删。

2. 高密县(618—907)

武德三年,析诸城县置高密县,以隋旧县为名,治义城堡(今山东高密市醴泉街道永丰庄)①,隶密州。六年,省胶西县来属,移治夷安城(今醴泉街道)②。天宝元年,隶高密郡。乾元元年,复隶密州。

附旧县:胶西县(620—623)

武德三年,析诸城县置胶西县,以隋旧县为名,治故胶西城(今高密市柏城镇城子前村古城)③,隶密州。六年,省入高密县。

3. 莒县(618—907)

本隋琅邪郡旧县,隋末,隶沂州。武德元年,隶琅琊郡。二年,复隶沂州。五年,割隶莒州。贞观八年,州废,改隶密州。天宝元年,隶高密郡。乾元元年,复隶密州。

4. 安丘县(618—759)

本隋高密郡旧县,隋末,隶密州。武德元年,隶琅琊郡。二年,复隶沂州,析置昌安、郚城二县。六年,省潍州昌安、郚城二县来属。天宝元年,隶高密郡。乾元元年,复隶密州。二年,析置辅唐县。是年,省入辅唐县。

附旧县:郚城县(619—623)

武德二年,析安丘县置郚城④县,治故郚城(今山东安丘市大盛镇娄家庄)⑤,故以为名,割隶潍州。四年,割隶密州。六年,省入安丘县。

附旧新县:昌安县(619—621)—辅唐县(759—907)

武德二年,析安丘县置昌安县,以隋旧县为名,治故昌安城(今安丘市兴安街道)⑥,割隶潍州。四年,割隶密州。六年,省入安丘县。乾元二年,析安丘县置辅唐县,取唐朝吉意,治故昌安城⑦,隶密州。是年,省安丘县来属。

---

① 《史记·三王世家》正义引《括地志》:"高密故城,在密州高密县西南四十里。"《大清一统志》卷138莱州府:"唐武德三年,于义城堡置高密县,六年,并高密、胶西两县,移就故夷安城,而此城废。《括地志》:在县西北二十里。"按《齐乘》卷5,高密县西南四十里为龙且城,则义城堡当在高密县西北二十里永丰庄,旧属康庄镇。
② 《太平寰宇记》密州高密县:"县理外城即夷安城也。"
③ 《中国文物地图集·山东分册》下册,第343页。城子前村旧属李家营镇。
④ 两《唐志》、《太平寰宇记》原作"城都",武德六年省。按唐初青州县名多依古地名,而"城都"一名古无记载,又考《新唐志》密州辅唐县载,武德六年省郚城县入安丘县,不言郚城县初属何州,省县时间却与"城都"一致,因疑两《唐志》等所载"城都"乃"郚城"之倒误,故为乙正。
⑤ 《太平寰宇记》密州安丘县:"郚城,今在县西南六十里。"
⑥ 《太平寰宇记》密州安丘县:"(安昌)〔昌安〕城,今县外城是也。"
⑦ 《旧唐志》、《唐会要》:"乾元二年,刺史殷仲卿奏请(移安丘县)治于故昌安城,因改为辅唐县。"

（一二）东海郡(海州)

海州(618—742)—东海郡(742—758)—海州(758—907)

东海郡，本隋旧郡，领朐山、东海、涟水、沭阳、怀仁五县，隋末，李魏改为海州①，以隋旧州为名，治朐山县，置海州总管府，并置赣榆县②，割沭阳县置沭州③。武德元年，奉表归唐。二年，归王郑。四年，复归唐，置龙沮、曲阳、厚丘、新乐、利城五县，以废沭州之沭阳县来属④，割东海、赣榆二县隶环州，涟水县隶涟州。六年，改新乐县为祝其县。七年，改总管府为都督府。八年，以废环州之东海县来属，省龙沮、曲阳、厚丘、祝其、利城五县。贞观元年，罢都督府，海州直属河南道。十三年，海州领朐山、东海、沭阳、怀仁四县，治朐山县。

总章元年(668)，割沭阳县隶泗州。咸亨五年(674)，割泗州沭阳县来属。

武周长安四年，海州领县不变。

唐天宝元年，复为东海郡。十三载，东海郡领朐山、东海、沭阳、怀仁四县，治朐山县。十五载，隶河南节度使。

乾元元年，复为海州，隶汴州都防御使。二年，隶青密节度使。是年，还隶河南节度使。后上元元年，复隶青密节度使。宝应元年，隶兖郓节度使。是年，隶淄青平卢节度使。大历四年，隶海沂密都防御使，为使治。是年，罢镇，海州还隶淄青平卢节度使。建中三年，隶曹濮都团练使。是年，隶徐海沂密都团练观察使。兴元元年，隶淄青平卢节度使。元和十四年，隶沂海都团练观察使。十五年，隶兖海都团练观察使，海州领县一如天宝十三载。

长庆二年，隶兖海节度使。大和八年，隶兖海观察。大中五年，复隶兖海节度使。咸通十四年，海州领县不变。

乾符三年，隶泰宁军节度使。

1. 朐山县(618—907)

本隋东海郡旧县，隋末，隶海州，为州治。武德四年，析置龙沮、曲阳二县。八年，省龙沮、曲阳二县来属。天宝元年，隶东海郡，为郡治。乾元元年，复隶海州，为州治。

---

① 《太平寰宇记》海州东海县："隋大业末，臧君相窃据海州。"按臧君相后降李密。
② 《太平寰宇记》海州东海县："赣榆故城，在县东北三十里。隋大业末，臧君相窃据海州，以先有赣榆县，遂筑此城，因取旧名，更置赣榆县。"
③ 《太平寰宇记》海州沭阳县："大业十三年，土人臧君相反，于沭阳县置沭州。"
④ 《太平寰宇记》海州沭阳县。

附旧县1：龙沮县(621—625)

武德四年,析朐山县置龙沮县,以北朝旧县为名,治故龙沮城(今江苏灌云县龙苴镇)①,隶海州。八年,省入朐山县。

附旧县2：曲阳县(621—625)

武德四年,析朐山县置曲阳县,以汉旧县为名,治故曲阳城(今江苏东海县曲阳镇曲阳古城)②,隶海州。八年,省入朐山县。

2. 东海县(618—907)

本隋东海郡旧县,隋末,隶海州。武德四年,割隶环州,为州治,并析置石城县。八年,州废,省赣榆、石城、青山三县来属,东海县还隶海州。天宝元年,隶东海郡。乾元元年,复隶海州。

附旧县1：赣榆县(618—625)

隋末,析东海县置赣榆县,以北朝旧县为名,治赣榆城(今江苏连云港市赣榆区宋庄镇大沙村)③,隶海州。武德四年,割隶环州,并析置青山县。八年,州废,省入东海县。

附旧县2：石城县(621—625)

武德四年,析东海县置石城县,治石城(今江苏连云港市连云区猴嘴街道)④,故名,隶环州。八年,州废,省入东海县。

附旧县3：青山县(621—625)

武德四年,析赣榆县置青山县,以青山为名,治青山城(今连云港市赣榆区青口镇)⑤,隶环州。八年,州废,省入东海县。

3. 沭阳县(618—907)

本隋东海郡旧县,隋末,隶沭州,为州治。武德四年,州废,还隶海州,析置厚丘县。八年,省厚丘县来属。总章元年,割隶泗州。咸亨五年,复割隶海州。天宝元年,隶东海郡。乾元元年,复隶海州。

附旧县：厚丘县(621—625)

武德四年,析沭阳县置厚丘县,以南朝旧县为名,治故厚丘城(今江苏沭阳县茆圩乡厚镇故墟),隶海州。八年,省入沭阳县。

---

① 《元和志》海州朐山县："龙且故城,在县南六十里。"
② 《太平寰宇记》海州朐山县："曲阳故城,汉县,故城在今郡西南一百一十里。"
③ 《元和志》海州东海县："赣榆故城,在县北四十九里。隋末土人臧君相筑。"据《中国文物地图集·江苏分册》下册第683页,今罗阳镇大沙村(今属宋庄镇)有唐代遗址,面积约25 000平方米,盖即其地。
④ 依地理形势推定。猴嘴街道旧属新浦区。
⑤ 《纪要》海州："青山城,州东北六十里,青山之麓。"即今赣榆区青口镇。

4. 怀仁县(618—907)

本隋东海郡旧县,隋末,隶海州。武德四年,析置利城、新乐二县。八年,省利城、祝其二县来属。天宝元年,隶东海郡。乾元元年,复隶海州。

附旧县1:新乐县(621—623)—祝其县(623—625)

武德四年,析怀仁县置新乐县,治故祝其城(今赣榆区沙河镇八里塲)①,隶海州。六年,改为祝其县,以南朝旧县为名。八年,省入怀仁县。

附旧县2:利城县(621—625)

武德四年,析怀仁县置利城县,以南朝利成县为名,治故利城(今赣榆区班庄镇古城村)②,隶海州。八年,省入怀仁县。

附旧州一:沭州(618—621)

隋末,李魏属部臧君相割海州沭阳县置沭州,隶海州总管府。武德元年,奉表归唐。二年,归王郑。四年,平王郑,州废,沭阳县还隶海州。

附旧州二:环州(621—625)

武德四年,王郑属部臧君相割海州东海、赣榆二县置环州,并析置石城、青山二县,隶海州总管府。是年,归唐。八年,州废,省赣榆、石城、青山三县,东海县还隶海州。

(一三) 临淮郡(泗州)

下邳郡(618—619)—泗州(619—742)—**临淮郡**(742—758)—泗州(758—907)

临淮郡,本隋下邳郡,领宿豫、淮阳、徐城、夏丘、下邳、良城、郯七县,武德元年,归宇文许。二年,归王郑,改为泗州③,以隋旧州为名,治宿豫县,直属徐州行台,改宿豫县为宿预县。四年,割夏丘县隶仁州,割下邳、良城、郯三县隶邳州。是年,归唐,隶徐州总管府。五年,直属刘汉兖州道行台④。是年,复归

---

① 《太平寰宇记》海州怀仁县:"故祝其城,在县南四十二里平地。"
② 《太平寰宇记》海州怀仁县:"故利城,汉县,在今县西六十里。"《中国文物地图集·江苏分册》下册第 683 页。以为汉祝其城。
③ 《资治通鉴》武德元年四月:宇文化及自江都"至彭城,水路不通"。可知彭城、下邳二郡,时犹属隋,未属李密,至武德二年,始归王郑。
④ 《新唐书》卷 55《徐圆朗传》:"黑闼以为大行台元帅,兖、郓、陈、杞、伊(疑沂)、洛(疑泗)、曹、戴等州豪杰皆杀吏应贼。"《资治通鉴》武德五年七月:"世民击徐圆朗,下十余城,声振淮、泗。"则泗州曾隶徐圆朗。

唐，隶徐州总管府。七年，隶徐州都督府。贞观元年，以废涟州之涟水县、废邳州之下邳县来属，省淮阳县。八年，以废仁州之虹县来属。十三年，泗州领宿预、涟水、徐城、虹、下邳五县，治宿预县。十七年，直属河南道。

总章元年，割海州沭阳县来属，割涟水县隶楚州。咸亨五年，割楚州涟水县来属，割沭阳县隶海州。

武周长安四年，置临淮县，泗州领宿预、涟水、临淮、徐城、虹、下邳六县，仍治宿预县。

唐开元二十三年①，移治临淮县。

天宝元年，改为临淮郡，以临淮县为名。十三载，临淮郡领临淮、徐城、虹、下邳、宿预、涟水六县，治临淮县。十五载，隶河南节度使。

乾元元年，复为泗州，隶汴州都防御使。二年，隶河南节度使。后上元二年，隶淮南西道节度使。宝应元年，隶兖郓节度使，改宿预县为宿迁县。是年，泗州隶淄青平卢节度使。大历四年，隶河南节度使。十一年，隶永平军节度使。建中二年，隶淮南道淮南节度使，割楚州盱眙县来属。贞元四年，隶河南道徐泗濠节度使。十六年，割隶淮南道泗濠观察使，为使治。元和元年，罢镇，泗州隶河南道武宁军节度使，割盱眙县隶楚州。四年，割虹县隶宿州，宿迁、下邳二县隶徐州。十五年，泗州领临淮、徐城、涟水三县，仍治临淮县。

长庆元年，以废宿州之虹县来属。大和七年，复割虹县隶宿州。咸通三年(862)，泗州隶宿泗都团练观察使。四年，隶徐州观察使。十年，隶徐州都团练防御使。十一年，隶淮南道淮南节度使。是年，割隶河南道感化军节度使。十四年，泗州领临淮、徐城、涟水三县，治临淮县。

中和元年，隶武宁军节度使。景福二年，隶感化军节度使。乾宁元年，复隶武宁节度使。光化三年，又隶感化军节度使。天复二年，依旧隶武宁军节度使。

1. 临淮县(704—907)

长安四年，析徐城县置临淮县，以临淮水为名，治沙塾村②(今江苏盱眙县淮河镇城根村)，隶泗州。开元二十三年，自宿预县移州治于此③。天宝元年，

---

① 《旧唐志》泗州徐城县、《唐会要》卷70泗州作"二十五年"，《太平寰宇记》作"二十二年"，今依《元和志》、《旧唐志》泗州序、《新唐志》。《旧唐书》卷8《玄宗纪》："开元二十三年九月戊申，移泗州就临淮县置。"可证。
② 《旧唐志》作"沙熟淮口"，今依《元和志》。
③ 吴松弟《两唐书地理志汇释·旧唐书地理志》第111页："本治今江苏宿迁市境，开元二十三年，移治今盱眙县西北淮水西岸。"是误以移州治为移县治，不取。

隶临淮郡,为郡治。乾元元年,复隶泗州,为州治。

2. 徐城县(618—907)

本隋下邳郡旧县,武德二年,隶泗州。长安四年,析置临淮县。天宝元年,隶临淮郡。乾元元年,复隶泗州。

3. **虹县**(621—907)

武德四年,析夏丘县置虹县,以晋旧县为名,治故虹城(今安徽五河县双忠庙镇董嘴村)①,隶仁州。六年,自夏丘县移州治于此,省夏丘县来属。贞观八年,州废,隶泗州。十三年②,移治故夏丘城(今安徽泗县城泗城镇)。天宝元年,隶临淮郡。乾元元年,复隶泗州。元和四年,割隶宿州。长庆元年,州废,还隶泗州。大和七年,复割隶宿州。

附旧县:夏丘县(618—623)

本隋下邳郡旧县,武德二年,隶泗州。四年,割隶仁州,为州治,并析置虹县。六年,移州治于虹县,夏丘县省入虹县。

4. 下邳县(618—907)

本隋下邳郡旧县,武德二年,隶泗州。四年,割隶邳州,为州治。贞观元年,州废,省良城、郯二县来属,下邳县还隶泗州。是年,省淮阳县来属。天宝元年,隶临淮郡。乾元元年,复隶泗州。元和四年,割隶徐州。

附旧县1:淮阳县(618—627)

本隋下邳郡旧县,武德二年,隶泗州。贞观元年,省入下邳县。

附旧县2:良城县(621—627)

本隋下邳郡旧县,武德二年,隶泗州。四年,割隶邳州。贞观元年,州废,省入下邳县。

附旧县3:郯县(621—627)

本隋下邳郡旧县,武德二年,隶泗州。四年,割隶邳州。贞观元年,州废,省入下邳县。

5. **宿豫县**(618—619)—**宿预县**(619—762)—**宿迁县**(762—907)

宿预县,本隋下邳郡宿豫县,武德二年,改为宿预县,隶泗州,为州治。开

---

① 《太平寰宇记》宿州虹县:"故虹城,在县南一百里。"《安徽省志·建置沿革志》第270页以为在五河县双忠庙镇(旧双庙乡)董嘴村,从之。李天敏《安徽历代政区治地通释》(安徽省文化厅文物志编辑室,1986年)第33、79页疑两晋虹县城在五河县东刘集镇,第118页云唐武德虹县城在固镇县仁和集(旧属磨盘张乡,今属新马桥镇),然仁和集距贞观十三年后之虹县城(夏丘城)一百四十里,与《太平寰宇记》不合,不取。

② 《旧唐志》系于八年,今依《元和志》。

元二十三年,移州治于临淮县。天宝元年,隶临淮郡。乾元元年,复隶泗州。宝应元年,割隶徐州,避代宗讳,改为宿迁县,以春秋时宋人迁宿之地为名。元和四年①,割隶徐州。

6. 涟水县(618—907)

本隋东海郡旧县,武德二年,隶海州。四年,割隶涟州,为州治,并析置金城县。贞观元年,州废,省金城县来属,涟水县改隶泗州。总章元年,割隶淮南道楚州。咸亨五年,复隶泗州。天宝元年,隶临淮郡。乾元元年,复隶泗州。

附旧县:金城县(621—627)

武德四年,析涟水县置金城县,治金城(今江苏淮安市淮阴区徐溜镇金城村)②,隶涟州。贞观元年,州废,省入涟水县。

附旧州一:涟州(621—627)

武德四年,王郑属部臧君相割海州涟水县置涟州,取涟水县首字为名,隶海州总管府,置金城县。是年,归唐。七年,隶海州都督府。贞观元年,州废,省金城县,涟水县改隶泗州。

附旧州二:仁州(621—634)

武德四年,王郑割泗州夏丘县,徐州谷阳、龙亢二县置仁州,以隋旧州为名,治夏丘县,直属徐州行台,置虹县。是年,归唐,隶徐州总管府。五年,直属刘汉兖州道行台。是年,复归唐,隶徐州总管府。六年,移治虹县,省夏丘县。七年,隶徐州都督府。贞观八年,州废,省龙亢县入徐州,虹县隶泗州,谷阳县隶北谯州。

附旧州三:邳州(621—627)

武德四年,王郑割泗州下邳、郯、良城三县置邳州,以隋旧州为名,治下邳

---

① 《旧唐志》徐州宿迁县:"宝应元年,以犯代宗讳,改'预'为'迁',仍隶徐州。"按其时宿迁县与徐州中隔泗州之下邳县,似不得相属,至元和四年,与下邳县同割隶徐州,方得无碍。《旧唐志》此语盖以元和割隶事与宝应改名事连并叙之,如其泗州条叙元和四年政区变动时云:"其虹县割隶宿州,宿预(当作宿迁)、下邳隶徐州。"即明载宿迁割隶徐州乃与下邳同时,并不分先后。且《元和志》泗州领县犹有宿迁,徐州则无,足证元和四年以前宿迁县未曾割隶徐州。《新唐志》徐州宿迁县条云:"宝应元年更名,来属。"当沿自《旧唐志》,亦易使人误会。
② 《中国文物地图集·江苏分册》下册第591页云,今徐溜镇金城村有唐代城址,面积约10万平方米,咸丰《清河县志》以为唐金城县治,今从之。同书第609页又据光绪《安东县志》以涟水县红窑镇浅集金城村唐代遗址为金城县治,《大清一统志》卷64淮安府亦云:"金城废县,在安东县北三十里。"按浅集距涟水县太近,似非置县之所,今不取。

县,直属徐州行台。是年,归唐,隶徐州总管府。五年,直属刘汉兖州道行台。是年,复归唐,隶徐州总管府。七年,隶徐州都督府。贞观元年,州废,省郯、良城二县,下邳县还隶泗州。

(一四)彭城郡(徐州)
彭城郡(618—619)—徐州(619—742)—彭城郡(742—758)—徐州(758—761)—彭城郡(761—762)—徐州(762—907)

彭城郡,本隋旧郡,领彭城、符离、谷阳、蕲、萧、丰、方与、滕、兰陵九县①,武德元年,归宇文许。二年,归王郑,改为徐州②,以隋旧州为名,治彭城县,又置诸阳县,并置徐州行台③。四年,平王郑,罢行台,置总管府,并置龙亢、沛二县,割蕲县隶北谯州,割谷阳、龙亢二县隶仁州,割方与县隶金州,割兰陵县隶鄫州。五年,直属刘汉兖州道行台,罢总管府。是年,复归唐,置总管府。七年,改总管府为都督府。贞观元年,省诸阳县。十三年,徐州领彭城、符离、萧、丰、沛、滕六县,治彭城县。十七年,罢都督府,徐州直属河南道,以废北谯州之蕲、谷阳二县来属。

显庆元年,省谷阳县。

武周长安四年,徐州领彭城、符离、蕲、萧、丰、沛、滕七县,仍治彭城县。

唐天宝元年,复为彭城郡。十三载,彭城郡领彭城、符离、蕲、萧、丰、沛、滕七县,治彭城县。十五载,隶河南节度使,自谯郡移使治于此。是年,青密节度使寄治于此。至德二载,移河南节度使治于陈留郡。

乾元元年,复为徐州,割隶青密节度使,为使治。是年,移使治于青州,徐州隶汴州都防御使。二年,隶河南节度使,为使治。后上元二年,归史氏燕国,改为彭城郡,隶睢阳节度使。宝应元年,归唐,复为徐州,隶河南节度使。大历十一年,隶淄青平卢节度使。建中三年,隶曹濮都团练观察使。是年,隶徐海沂密都团练观察使,为使治。兴元元年,罢镇,隶淄青平卢节度使。贞元四年,隶徐泗濠节度使,为使治。十六年,隶徐州节度使。永贞元年(805),隶

---

① 《隋志》彭城郡有沛、留二县,共十一县。按《旧唐志》沛县云:"隋废,武德复置。"《唐会要》、《新唐志》、《太平寰宇记》皆云武德复置沛县,故知沛县隋末已废。又,留县不见于唐初记载,亦当废于隋末,今并删。
② 《资治通鉴》武德元年四月:宇文化及自江都"至彭城,水路不通。"可知彭城、下邳二郡,时犹属隋,未属李密,至武德二年,始属王郑。
③ 《资治通鉴》武德四年五月:"王世充徐州行台、杞王世辩以徐、宋等三十八州诣河南道安抚大使任瓌请降。"

武宁军节度使,仍为使治。元和四年,割泗州宿迁、下邳二县来属,割符离、蕲二县隶宿州。十四年,割兖州鱼台县来属。十五年,复割鱼台县隶兖州,徐州领彭城、下邳、宿迁、萧、丰、沛、滕七县,仍治彭城县。

长庆元年,以废宿州之符离、蕲二县来属。大和七年,复割符离、蕲二县隶宿州。咸通三年,罢镇,徐州隶兖海节度使。四年,隶徐州观察使,为使治。十年,隶徐州都团练防御使。十一年,复隶徐州观察使。是年,隶感化军节度使,仍为使治。十四年,徐州领彭城、下邳、宿迁、萧、丰、沛、滕七县,治彭城县。

中和元年,复隶武宁军节度使。景福二年,隶感化军节度使。乾宁元年,复隶武宁节度使。光化三年,又隶感化军节度使。天复二年,依旧隶武宁军节度使。

1. **彭城县**(618—907)

本隋彭城郡旧县,武德二年,隶徐州,为州治。天宝元年,隶彭城郡,为郡治。乾元元年,复隶徐州,为州治。

2. **符离①县**(618—907)

本隋彭城郡旧县,武德二年,隶徐州,并析置诸阳县。贞观元年,省诸阳县来属,移治诸邑城(今江苏宿州市埇桥区符离镇)②。天宝元年,隶彭城郡。乾元元年,复隶徐州。元和四年,割隶宿州,为州治。长庆元年,州废,还隶徐州。七年,又割隶宿州,仍为州治,并移治埇桥(今埇桥区埇桥街道)。

附旧县:诸阳县(619—627)

武德二年,析符离县置诸阳县,以隋旧县为名,治诸邑城(今江苏淮北市烈山区古饶镇山西村)③,隶徐州。贞观元年,省入符离县。

3. **蕲县**(618—907)

本隋彭城郡旧县,武德二年,隶徐州。四年,割隶北谯州,并析置龙亢县。

---

① 《元和志》、《新唐志》作"苻离",今依《隋志》、《州郡典》、《旧唐志》、《唐会要》、《太平寰宇记》。《资治通鉴》遇此县皆作"符离",如咸通九年十月云:"仍命宿州出兵符离,泗州出兵于虹以邀之。"可证。又,《元和志》云:"《尔雅》曰:'莞,苻蓠也。'以地多此草,故名。"符音扶,苻音蒲,《魏书》卷106《地形志》睢南郡:"斛城:武定中改萧衍淮阳置,有五丈陂、扶离城。"扶离与符离音同,此地名既古,亦可证《元和志》解释之误。

② 《元和志》宿州:"苻离县,北至州一百五十里。"张驹贤《考证》:"此沿旧属徐州方里未改正耳。"即在徐州南一百五十里,今定于符离镇。据《中国文物地图集·安徽分册》下册第76页,符离城遗址尚存。

③ 《太平寰宇记》宿州虹县:"诸阳故城,隋置诸阳县,后废。"然《新唐志》云,诸阳县省入符离县。《大清一统志》卷87凤阳府亦云:"诸阳山,在宿州西北三十里。《魏书·地形志》:'睢(州)定陶,有睢阳山。'《州志》:'以山在睢水之阳,故名睢阳,或曰诸阳。'"虹县在符离县东南,诸阳山在符离县西北,则诸阳县不得省入虹县,《太平寰宇记》所载疑误,不取。《安徽省志·建置沿革志》第270页、《中国文物地图集·安徽分册》下册第46页据《江南通志》以为诸邑城在濉溪县赵集乡山西村(今属淮北市烈山区古饶镇),遗址尚存,从之。

贞观元年,寄治谷阳县①。八年,以废仁州龙亢县省入。十七年,州废,还隶徐州。显庆元年,省谷阳县来属,自谷阳城还治故蕲城(今宿州市埇桥区蕲县镇)②。天宝元年,隶彭城郡。乾元元年,复隶徐州。元和四年,割隶宿州。长庆元年,以废宿州之蕲县来属。七年,又割蕲县隶宿州。

附旧县1:谷阳县③(618—656)

本隋彭城郡旧县,武德二年,隶徐州。四年,割隶仁州。贞观八年,州废,改隶北谯州。十七年,州废,还隶徐州。显庆元年,省入蕲县。

附旧县2:龙亢县(621—634)

武德四年,析蕲县④置龙亢县,以北朝旧县为名,治故龙亢城(今安徽怀远县龙亢镇)⑤,割隶仁州。贞观八年,州废,省入徐州蕲县。

4. 萧县(618—907)

本隋彭城郡旧县,武德二年,隶徐州。天宝元年,隶彭城郡。乾元元年,复隶徐州。

5. 丰县(618—907)

本隋彭城郡旧县,武德二年,隶徐州。四年,析置沛县。天宝元年,隶彭城郡。乾元元年,复隶徐州。

6. 沛县(621—907)

武德四年⑥,析丰县置沛县,以隋旧县为名,治沛邑(今江苏沛县城沛城街道),仍隶徐州。天宝元年,隶彭城郡。乾元元年,复隶徐州。

7. 滕县(618—907)

本隋彭城郡旧县,武德二年,隶徐州。天宝元年,隶彭城郡。乾元元年,复隶徐州。

附新州:宿州(809—821,833—907)

元和四年,割徐州符离、蕲二县及泗州虹县置宿州,取古宿国为名,治符

---

① 《太平寰宇记》宿州蕲县:"唐贞观元年,移州并县,就谷阳县城置(四库本无置字),(旧城)遂废。"
② 《旧唐志》宿州蕲县云:"旧治谷(阳)城,显庆元年,移于今所。"《太平寰宇记》宿州蕲县:"谷阳城在县东七十里……唐显庆元年,移此城于今县置。"末句四库本作"移此城于今城置",皆甚费解。参之《旧唐志》前句,似当作"自此城移于今县置"。
③ 此谷阳县,繁体字作"穀陽縣",与谯郡谷阳不同。
④ 《新唐志》作"夏丘县"。按《太平寰宇记》宿州蕲县:"《汉书·地理志》云龙亢县属沛郡。隋开皇六年,废隶蕲县。"则唐初复置龙亢县当析自蕲县,《新唐志》误。
⑤ 《太平寰宇记》宿州蕲县:"龙亢故城,在县南八十里。"
⑥ 《唐会要》、《新唐志》作"五年",今依《旧唐志》徐州序、《太平寰宇记》。

离县①,隶武宁军节度使。九年②,割亳州临涣县来属。十五年,宿州领符离、虹、蕲、临涣四县,治符离县。

长庆元年③,节度使④崔群奏请废宿州,符离、蕲二县还隶徐州,虹县还隶泗州,临涣县还隶亳州。大和七年,复割徐州符离、蕲二县,泗州虹县,亳州临涣县置宿州,仍治符离县⑤,隶武宁军节度使。咸通三年,隶宿泗都团练观察使,为使治。四年,罢镇,宿州隶徐州观察使。十年,隶徐州都团练防御使。十一年,复隶徐州观察使。是年,隶感化军节度使。十四年,宿州领符离、虹、蕲、临涣四县,治符离县。

中和元年,隶武宁军节度使。景福二年,复隶感化军节度使。乾宁元年,复隶武宁节度使。光化三年,又隶感化军节度使。天复二年,依旧隶武宁军节度使。

(一五) 睢阳郡(宋州)

宋州(618—742)—**睢 阳 郡**(742—756)—宋州(756—757)—睢阳郡(757—758)—宋州(758—759)—睢阳郡(759—762)—宋州(762—907)

睢阳郡,本隋梁郡,领宋城、虞城、砀山、下邑、谷熟、柘城、圉城、陈留、雍丘、考城、襄邑、宁陵、楚丘十三县,隋末,李魏改为宋州,置总管府,割曹州单父县来属。武德元年,奉表归唐。二年,割考城县隶梁州。是年,归王郑,割谷熟县隶南谷州,割雍丘、襄邑、陈留三县隶杞州。四年,割虞城县隶东虞州。是年,宋州复归唐,以废南谷州之谷熟县来属,割圉城县隶杞州。五年,罢总

---

① 《太平寰宇记》宿州虹县:"元和初,立宿州于此,后理符离。"按《旧唐志》、《唐会要》皆云:"元和四年正月敕,以徐州之符离置宿州。"并无初治虹县之事,《太平寰宇记》恐系误载,不取。
② 《旧唐志》、《太平寰宇记》宿州临涣县作"大和元年",《新唐志》宿州临涣县作"元和后",今依《旧唐志》亳州临涣县、《太平寰宇记》宿州序。《唐会要》卷70:"元和九年五月敕:亳州临涣县宜割属宿州。"可证。
③ 《旧唐志》作"元和三年",中华书局本据《太平寰宇记》、《新唐志》改为"大和三年",而《唐会要》卷70:"长庆元年三月,徐州观察使崔群奏:'其宿州伏请却废,三县(《旧唐志》作四县)各还本州。'"《方镇研究》第75页亦据《旧唐纪》所载崔群徐州任期、明远大师结衔及地理格局考证宿州初罢于长庆元年,今从之。
④ 《旧唐志》作"徐泗观察使",《唐会要》作"徐州观察使"。按徐州是时置武宁军节度使,咸通四年乃改为徐州观察使,未曾置徐泗观察使,今依《方镇研究》第75页。
⑤ 《太平寰宇记》宿州:"至太和七年,复置,仍移于埇桥置,即虹县之地,后复移理符离,即今郡理是也。"《新唐志》宿州遂转述为:"七年复置。初治虹,后徙治符离。"然《元和志》、《太平寰宇记》宿州又谓:"元和四年,以徐州符离县地南临汴河,有埇桥,为舳舻之会。"则埇桥又为符离之地。按埇桥在符离城南二十五里,而去虹县城一百五十六里,当以符离之地为是。《太平寰宇记》既误为虹县之地,则"后复移理符离"之说不确,《新唐志》盖沿其误,今并不取。

管府,宋州隶亳州总管府,以废东虞州之虞城县来属,割单父、楚丘二县隶戴州。贞观元年,直属河南道,以废杞州之襄邑县来属,省柘城县。十三年,宋州领宋城、虞城、砀山、下邑、谷熟、襄邑、宁陵七县,治宋城县。十七年,以废戴州之楚丘、单父二县来属。

永淳元年(682),复置柘城县。

武周长安四年,宋州领宋城、虞城、砀山、下邑、谷熟、柘城、襄邑、宁陵、楚丘、单父十县,仍治宋城县。

唐天宝元年,改为睢阳郡,以隋睢阳县为名。十三载,睢阳郡领宋城、虞城、砀山、下邑、谷熟、柘城、襄邑、宁陵、楚丘、单父十县,治宋城县。十五载,隶河南节度使,为使治。是年(至德元载),直属安燕,改为宋州,唐移使治于灵昌郡。至德二载,归唐,仍为灵昌郡,隶河南节度使。

乾元元年,复为宋州,隶汴州都防御使。二年,隶滑汴节度使,寻隶汴滑节度使。是年,归史氏燕国,改为睢阳郡,置睢阳节度使。宝应元年,归唐,仍为宋州,隶河南节度使。大历十一年,隶永平军节度使。建中二年,隶宋亳颍节度使,治宋州。贞元元年,隶宣武军节度使。是年,移使治于汴州。元和十四年,割曹州考城县来属。十五年,考城县还隶曹州,宋州领县一如天宝十三载。

咸通十四年,宋州领县不变。

光化二年,割砀山、虞城、单父三县隶辉州。

1. **宋城县**(618—907)

本隋梁郡旧县,隋末,隶宋州,为州治。天宝元年,隶睢阳郡,为郡治。至德元载,复隶宋州。二载,又隶睢阳郡。乾元元年,复隶宋州,仍为州治。

2. **虞城县**(618—907)

本隋梁郡旧县,隋末,隶宋州。武德四年,割隶东虞州,为州治。五年,州废,还隶宋州。天宝元年,隶睢阳郡。至德元载,复隶宋州。二载,又隶睢阳郡。乾元元年,复隶宋州。光化二年,割隶辉州。

3. **砀山县**(618—907)

本隋梁郡旧县,隋末,隶宋州。天宝元年,隶睢阳郡。至德元载,复隶宋州。二载,又隶睢阳郡。乾元元年,复隶宋州。光化二年,割隶辉州,为州治。三年,移州治于单父县。

4. **下邑县**(618—907)

本隋梁郡旧县,隋末,隶宋州。天宝元年,隶睢阳郡。至德元载,复隶宋州。二载,又隶睢阳郡。乾元元年,复隶宋州。

5. 谷熟县(618—907)

本隋梁郡旧县,隋末,隶宋州。武德二年,割隶南谷州,为州治。四年,州废,还隶宋州。天宝元年,隶睢阳郡。至德元载,复隶宋州。二载,又隶睢阳郡。乾元元年,复隶宋州。

6. 柘城县(618—627,682—907)

本隋梁郡旧县,隋末,隶宋州。贞观元年,省入宁陵、谷熟二县。永淳元年,以县人积年陈诉徭输路远,乃析宁陵、谷熟二县复置柘城县,仍治故株邑城(今河南柘城县城城关镇北门村)。天宝元年,隶睢阳郡。至德元载,复隶宋州。二载,又隶睢阳郡。乾元元年,复隶宋州。

7. 襄邑县(618—907)

本隋梁郡旧县,隋末,隶宋州。武德二年,割隶杞州。贞观元年,州废,还隶宋州。天宝元年,隶睢阳郡。至德元载,隶杞州。二载,州废,隶睢阳郡。乾元元年,复隶宋州。

8. 宁陵县(618—907)

本隋梁郡旧县,隋末,隶宋州。贞观元年,省柘城县来属。永淳元年,析宁陵县复置柘城县。天宝元年,隶睢阳郡。至德元载,复隶宋州。二载,又隶睢阳郡。乾元元年,复隶宋州。

9. 楚丘县(618—907)

本隋梁郡旧县,隋末,隶宋州。武德五年①,割隶戴州。贞观十七年,州废,还隶宋州。天宝元年,隶睢阳郡。至德元载,复隶宋州。二载,又隶睢阳郡。乾元元年,复隶宋州。

10. 单父县(618—907)

本隋济阴郡旧县,隋末,隶宋州②。武德五年③,割隶戴州,省高乡、菑城二县来属。贞观十七年,州废,还隶宋州。天宝元年,隶睢阳郡。至德元载,复隶宋州。二载,又隶睢阳郡。乾元元年,复隶宋州。光化二年,割隶辉州。三年,自砀山县移州治于此。

附旧县1：菑城县(621—622)

武德二年,王郑析戴州成武县置菑城县,治菑城(今山东单县郭村镇大李

---

① 《新唐志》曹州成武县作"四年",今依《元和志》。
② 《新唐志》曹州成武县:"武德四年,以成武及宋州之单父、楚丘置戴州。"可知单父县此前已改隶宋州,推知其事在李魏时。
③ 《新唐志》曹州成武县作"四年",今依《唐会要》、《旧唐志》、《太平寰宇记》单父县。

海)①,仍隶戴州。四年,归唐。五年,省入单父县。

附旧县 2:高乡县(621—622)

武德二年,王郑析戴州成武县置高乡县,治高乡(今单县李新庄镇高乡店),仍隶戴州。四年,归唐。五年,省入单父县。

附旧州一:南谷州(619—621)

武德二年,王郑割宋州谷熟县置南谷州,取谷熟县首字为名,隶宋州总管府。四年,平王郑,州废,谷熟县还隶宋州。

附旧州二:东虞州(621—622)

武德四年,王郑割宋州虞城县置东虞州,取虞城县首字为名,隶宋州总管府。是年,归唐。五年,州废,虞城县还隶宋州。

附新州:辉州(899—907)

光化二年②,宣武军节度使朱全忠表奏割故里宋州砀山县及虞城、单父二县、曹州成武县置辉州,盖取闾里生辉之意,治砀山县,隶宣武军节度使。三年,移治单父县。

(一六) 谯郡(亳州)

亳州(618—742)—谯郡(742—758)—亳州(756)—谯郡(756—758)—亳州(758—907)

谯郡,本隋旧郡,领谯、酂、永城、临涣、山桑、城父、谷阳七县③,隋末,李魏改为亳州④,以隋旧州为名,治谯县,隶宋州总管府。武德元年,奉表归唐。二年,归王郑,割城父县置成州。三年,复归唐,隶汴州总管府。四年,王郑取临涣、永城、山桑三县隶北谯州。是年,亳州还隶宋州总管府,割陈州鹿邑县来属,以废成州之城父县、废文州之药城县来属,改药城县为文城县。五年,置

---

① 依地理形势推定。大李海,旧为乡。
② 《太平寰宇记》虞城县作"景福二年",今依《唐会要》、《新唐志》砀山县。《旧唐书》卷20《昭宗纪》:"光化三年春正月癸卯,朱全忠奏:'本贯宋州砀山县蒙恩升为辉州,其地卑湿,难葺庐舍,请移辉州治所于单父县。'从之。"以语气观之,是时方葺廨,当以光化二年置州为是。
③ 《隋志》谯郡无永城县,共六县。按《元和志》亳州永城县:"隋大业六年,于马甫城东北三里割彭城睢阳县,遂名永城,属谯郡。"据补。
④ 《旧唐书》卷53《李密传》:"(大业末)仍作书以移郡县曰:'崔白驹在颍川起,方(房)献伯以谯郡来。'"

亳州总管府。七年,改总管府为都督府,省文城县。贞观元年,罢都督府,亳州直属河南道。十三年,亳州领谯、酂、城父、谷阳、鹿邑五县①,治谯县。十七年,以废谯州之临涣、山桑、永城三县来属。

麟德三年(乾封元年),改谷阳县为真源县。载初元年(689),改真源县为仙源县。

武周长安四年,亳州领谯、酂、永城、临涣、山桑、城父、仙源、鹿邑八县,仍治谯县。

唐神龙元年,复改仙源县为真源县。

天宝元年,复为谯郡,改山桑县为蒙城县。十三载,谯郡领谯、酂、永城、临涣、蒙城、城父、真源、鹿邑八县,治谯县。十五载,隶河南节度使,寻自灵昌郡移使治于此。是年,归安氏燕国②,为亳州,唐河南节度使移治彭城郡。未几,复归唐,仍为谯郡,隶河南节度使。

乾元元年,复为亳州,隶汴州都防御使。是年,割隶前淮西节度使。二年,复隶河南节度使。是年,隶郑陈节度使。后上元二年,复隶淮南西道节度使。广德元年,隶滑亳节度使。大历七年,隶永平军节度使。建中二年,隶宋亳颍节度使。是年,隶宣武军节度使。元和九年,割临涣县隶宿州。十五年,亳州领谯、酂、永城、蒙城、城父、真源、鹿邑七县,仍治谯县。

长庆元年,以废宿州之临涣县来属。大和七年,复割临涣县隶宿州。咸通十四年,亳州领谯、酂、永城、蒙城、城父、真源、鹿邑七县,治谯县。

天祐二年,改城父县为焦夷县。

1. 谯县(618—907)

本隋谯郡旧县,隋末,隶亳州,为州治。天宝元年,隶谯郡,为郡治。乾元元年,复隶亳州,为州治。

2. 酂县(618—907)

本隋谯郡旧县,隋末,隶亳州。开元二十六年,寄治汴州城南垣阳驿(今河南开封市禹王台区繁塔街道)③。是年,还于旧治(今河南永城市酂

---

① 《旧唐志》:"旧领县八。"当含早年已割隶北谯州之临涣、永城、山桑三县在内,否则"八"字误。又,《新唐志》云亳州本谯州,贞观八年更名。按《旧唐志》、《太平寰宇记》,武德五年亳州总管府已有(北)谯、亳等州,则亳州之名早已存在,非贞观八年更名而来,疑《新唐志》误以贞观八年改北谯州为谯州之事系此。

② 《资治通鉴》天宝十五载正月:"谯郡太守杨万石以郡降燕。"

③ 《旧唐志》亳州酂县:"开元二十六年,移于汴城垣阳驿置。"《唐会要》卷70亳州:"酂县,开元二十六年三月二十四日,复汴州南垣阳驿置。"按垣阳驿不在亳州境,所谓"移治"者,盖因故临时寄治也。

城镇)①。天宝元年,隶谯郡。乾元元年,复隶亳州。

3. **永城县**(618—907)

本隋郡旧县,隋末,隶亳州。武德四年,割隶北谯州。五年,移治马甫城②(今永城市崇法寺街道)。贞观十七年,州废,还隶亳州。天宝元年,隶谯郡。乾元元年,复隶亳州。

4. **临涣县**(618—907)

本隋谯郡旧县,隋末,隶亳州。武德四年,割隶北谯州,为州治。贞观十一年,以水患,移治铚城(今安徽濉溪县杨柳乡小张家村)③。十七年,州废,还隶亳州,移治新临涣城(今濉溪县临涣镇临涣村)④。天宝元年,隶谯郡。乾元元年,复隶亳州。元和九年⑤,割隶宿州。长庆元年,州废,还隶亳州。大和七年⑥,复割隶宿州。

5. **山桑县**(618—742)—**蒙城县**(742—907)

蒙城县,本隋谯郡山桑县,隋末,隶亳州。武德四年,割隶北谯州。贞观十七年,州废,还隶亳州。天宝元年⑦,改为蒙城县,以南、北蒙城为名⑧,隶谯郡。乾元元年,复隶亳州。

6. **城父县**(618—905)—**焦夷县**(905—907)

城父县,本隋谯郡旧县,隋末,隶亳州。武德二年,割置成州。四年,州废,还隶亳州。七年,省文城县来属。天宝元年,隶谯郡。乾元元年,复隶亳州。天祐二年,避朱全忠父嫌名,改为焦夷县,以古为焦夷之地得名。

附旧县:**药城县**(620—621)—**文城县**(621—623)

武德三年,取成州城父县西境置药城县,以南朝旧县为名,治鲁丘堡(今安徽利辛县张村镇西高处)⑨,置文州。四年,州废,改药城县为文城县,以旧

---

① 史志不载此事。按《纪要》归德府永城县鄫县城:"开元二十六年,移治于汴城之垣阳驿,寻废。"考鄫县迄唐未废,则所谓"寻废"者,当指省废寄治于垣阳驿之侨鄫县,换言之,即鄫县是时还于旧治。
② 《旧唐志》作"马浦城",今依《元和志》、《太平寰宇记》。
③ 《太平寰宇记》宿州临涣县:"故临涣城,在县西北三十五里,隋大业十年,移县于此。唐贞观十一年遭水,移入铚城内。"
④ 据《中国文物地图集·安徽分册》下册第48页,临涣村有汉临涣城遗址,元代乃废。
⑤ 《旧唐志》、《太平寰宇记》宿州临涣县作"大和元年",据上文彭城郡徐州附宿州注改。
⑥ 《舆地广记》宿州临涣县作"天祐四年"。按《旧唐志》、《唐会要》宿州云,大和七年敕:"其旧割四县,仍旧来属。"可知临涣县已于大和七年复割隶宿州。
⑦ 《元和志》作"二年",今依《唐会要》、两《唐志》、《太平寰宇记》。
⑧ 《太平寰宇记》亳州蒙城县:"南蒙城、北蒙城,并在县北八十里。"
⑨ 《太平寰宇记》亳州城父县:"药城在县南七十二里,梁、陈之际以为县,唐高祖武德三年,药城县隶文州。四年,废为文城县,属亳州。"《安徽省志·建置沿革志》第269页以为在今利辛县张村镇西高处,从之。

文州为名,隶亳州。七年,省入城父县。

7. **谷阳县**(618—666)—**真源县**(666—689)—**仙源县**(689—705)—**真源县**(705—907)

真源县,本隋谯郡谷阳县,隋末,隶亳州。麟德三年(乾封元年),以玄元皇帝(老子)生于此县,遂改为真源县。载初元年,改为仙源县,以隋旧县为名①。神龙元年,复为真源县。天宝元年,隶谯郡。乾元元年,复隶亳州。

8. **鹿邑县**(618—907)

本隋淮阳郡旧县,隋末,县民田黑社据之,立前涡州。武德三年,州废,还隶陈州。四年,割隶亳州。天宝元年,隶谯郡。乾元元年,复隶亳州。

附旧州一:前涡州(618—620)

隋末,淮阳郡鹿邑县民田黑社以县立前涡州,以涡水为名,附李魏,隶宋州总管府。武德元年,奉表归唐。二年,归王郑。三年,州废,鹿邑县改隶陈州。

附旧州二:成州(619—621)

武德二年,王郑割亳州城父县置成州②,隶宋州总管府。四年,平王郑,州废,城父县还隶亳州。

附旧州三:文州(620—621)

武德三年,王郑取成州城父县地置药城县,并置文州,隶宋州总管府。四年,平王郑,州废,药城县隶亳州。

附旧州四:北谯州(621—634)—**谯州**(634—643)

武德四年,王郑取唐亳州临涣、永城、山桑三县及徐州蕲县置北谯州③,以隋旧州为名,治临涣县,隶宋州总管府。是年,归唐。五年,直属刘汉兖州道行台。是年,归唐,隶亳州总管府。七年,隶亳州都督府。贞观元年,改隶徐

---

① 《太平寰宇记》亳州真源县:"隋初,改为仙源,以老子所生之地为名。"《隋志》失载此事。
② 疑当为"城州",以城父县为名。
③ 《旧唐志》、《唐会要》、《太平寰宇记》作"谯州",今依《旧唐志》宿州蕲县、《新唐志》宿州临涣县、虹县。

州都督府。八年,改为谯州①,以废仁州之谷阳县来属。十三年,谯州领临涣、蕲、谷阳、山桑、永城五县,治临涣县。十七年,州废,临涣、永城、山桑三县还隶亳州,蕲、谷阳二县隶徐州。

(一七) 汝阴郡(颍州)
颍州(618—619)—信州(619—623)—颍州(623—742)—汝阴郡(742—758)—颍州(758—907)

汝阴郡,本隋旧郡,领汝阴、清丘、下蔡、颍上、颍阳五县,隋末,李魏改为颍州,以隋旧州为名,隶宋州总管府。武德元年,奉表归唐。二年,王郑改置信州,以地近汝南褒信县为名②,治汝阴县,隶杞州总管府,并置高唐、永安、永乐三县。三年,刺史姜子建以州归唐③,隶汴州总管府。四年,隶宋州总管府,割下蔡县隶后涡州;置舒城县,割隶舒州;置沈丘县,割隶沈州。五年,隶亳州总管府。六年,复为颍州,省高唐、永乐、永安三县。贞观元年,直属河南道,以废沈州之沈丘县来属,省清丘、颍阳二县。八年,以废后涡州之下蔡县来属。十年,省沈丘县。十三年,颍州隶许州都督府,领汝阴、下蔡、颍上三县,治汝阴县。十六年,复直属河南道。

武周长安四年,颍州领县不变。

唐神龙二年,复置沈丘县。

天宝元年,复为汝阴郡。十三载,汝阴郡领汝阴、下蔡、颍上、沈丘四县,治汝阴县。十五载,隶河南节度使。

乾元元年,复为颍州,隶汴州都防御使。是年,割隶前淮西节度使。二

---

① 史志不载此事。按唐初带方位之州名皆于贞观八年以前去方位词或更名,且《旧唐志》云贞观八年废仁州入谯川,可知北谯州实于贞观八年去"北"字,今补。
② 《元和志》颍州汝阴县:"武德初,置信州。"《太平寰宇记》颍州汝阴县:"隋大业十四年,郡城为贼房献伯所陷,其年,郡民姜子建率众于险处作栅。唐武德二年,授子建信州刺史,以栅近汝南褒信县,故名。四年,复为颍州。贞观二年,移入汝阴旧城。"然《元和志》、两《唐志》、《太平寰宇记》颍州序皆以为武德四年置信州,六年改为颍州,并还治故汝阴城。顾祖禹《纪要》折中二说,以为:"唐武德四年,改置信州,六年,仍曰颍州。……唐武德四年,平王世充,子建举州来属,诏授子建为刺史,即其栅处筑城,谓之信州城。六年,复为颍州,移入旧城。"按武德二年至四年,颍州地为王世充所据,则信州之始置,当系王郑所为,两《唐志》云信州置于武德四年,盖以唐人角度言之,不为误,而《太平寰宇记》云武德四年复为颍州,则非。又,颍州及汝阴县还治旧城,当依《太平寰宇记》在贞观二年,诸志作武德六年者,盖与武德六年改信州为颍州一事连叙致误,今为辨明。
③ 《资治通鉴》武德三年九月:"世充尉州刺史时德叡帅所部杞、夏、陈、随、许、颍、尉七州来降。"颍州,即信州。

年,隶郑陈节度使。是年,隶河南节度使。未几,复割隶郑陈节度使。后上元二年,隶淮南西道节度使。宝应元年,还隶河南节度使。大历四年,遥隶河东道泽潞节度使。五年,遥隶关内道泾原节度使。十四年,隶永平军节度使。建中二年,隶宋亳颍节度使。是年,隶宣武军节度使。元和十五年,颍州领县一如天宝十三载。

长庆二年,割隶义成军节度使。咸通十四年,颍州领县不变。

1. 汝阴县(618—907)

本隋汝阴郡旧县,武德二年,移治县西北十里新栅(今安徽阜阳市颍州区颍西街道七渔河村),隶信州,为州治。六年,隶颍州,仍为州治,省高唐、永安、永乐三县来属。贞观元年,省清丘、颍阳二县来属。二年,还治汝阴城(今颍州区鼓楼街道)。十年,省沈丘县来属。神龙二年,复析置沈丘县。天宝元年,隶汝阴郡,为郡治。乾元元年,复隶颍州,为州治。

附旧县1:清丘县(618—627)

本隋汝阴郡旧县,武德二年,隶信州。贞观元年,省入汝阴县。

附旧县2:颍阳县(618—627)

本隋汝阴郡旧县,武德二年,隶信州。贞观元年,省入汝阴县。

附旧县3:高唐县(619—623)

武德二年,析汝阴县置高唐县,治故细阳城(今阜阳市颍泉区伍明镇苏集村)[1],隶信州。六年,省入汝阴县。

附旧县4:永安县(619—623)

武德二年,析汝阴县置永安县,取吉意为名,治永安城(今安徽阜南县地城镇古城村)[2],隶信州。六年,省入汝阴县。

附旧县5:永乐县(619—623)

武德二年,析汝阴县置永乐县,取吉意为名,治故昌乐城(今阜阳市颍州

---

[1] 《太平寰宇记》颍州汝阴县:"细阳城,汉为县,属汝南郡,故城在今县西北四十里。"即今阜阳市伍明镇苏集村(旧苏集乡),今依地理形势,姑定为高唐县治。

[2] 《纪要》颍州财州城:"州西南百里。……又西三十里,有永安城。《永安志》云:'武德四年,于汝水北岸置永安县,属信州,寻废,其市井犹存。'"王敛福《颍州府志》卷2则谓:"永安废城在郡城南一百四十里汝水北岸,陪置唐废。今市井具存。"《中国文物地图集·安徽分册》下册第130页以为财州城在阜南县方集镇财神岗(旧属胡楼乡),永安城在地城镇古城村(旧属关堂乡),从之,则《纪要》"西三十里"当为"东三十里"之误。《安徽省志·建置沿革志》第268页以为在阜阳市永集附近汝水北岸,方位道里皆误,且其地不临汝水,不取。

区西湖镇渔业村)①,隶信州。六年,省入汝阴县。

2. **下蔡县**(618—907)

本隋汝阴郡旧县,武德二年,隶信州。四年,割置后涡州。八年,州废,隶颍州。天宝元年,隶汝阴郡。乾元元年,复隶颍州。

3. **颍上县**(618—907)

本隋汝阴郡旧县,武德二年,隶信州。四年②,移治新颍上城(今安徽颍上县城慎城镇十二里店孜)③。六年,隶颍州。天宝元年,隶汝阴郡。乾元元年,复隶颍州。

4. **沈丘县**(621—636,706—907)

武德四年,析汝阴县置沈丘县,其地古为寝丘,或作沈丘,故以为名,治沈丘城(今安徽临泉县城关镇古城子)④,割隶沈州。贞观元年,州废,还隶颍州,省舒州舒城县来属。十年⑤,省入汝阴县。神龙二年,十道使唐俭奏析汝阴县复置沈丘县,隶颍州。天宝元年,隶汝阴郡。乾元元年,复隶颍州。

附旧县:**舒城县**(621—627)

武德四年,析舒州新蔡县置舒城县,治舒城(今河南新蔡县棠村镇)⑥,隶舒州。贞观元年,州废,省入颍州沈丘县。

附旧州: 后涡州(621—622)—北荆州(622—625)

武德四年,王郑取信州下蔡县置后涡州,以北朝旧州为名,直属徐州行台⑦。

---

① 《纪要》颍州细阳城:"又有昌乐城,在州西。南北朝时,尝置昌乐县于此。"疑唐初永乐县即以故昌乐城置,在今阜阳市西湖镇一带。据《中国文物地图集·安徽分册》下册第112页,西湖镇渔业村铺顶有唐代遗址,面积约15万平方米,当即其地。
② 《太平寰宇记》颍州颍上县作"元年",今依《元和志》、《旧唐志》。
③ 《元和志》颍州颍上县:"西北至州一百一十七里。"《纪要》颍州颍上县:"《志》云旧城在县北十二里,临沙河,基址犹存。"王敛福《颍州府志》卷2《建置志》古迹:"颍上县旧城在县北十二里,唐所迁县也。"
④ 《元和志》颍州沈丘县:"东南至州一百二十六里。"今依《安徽省志·建置沿革志》第268页定于临泉县城关镇西古城子。
⑤ 《新唐志》但言贞观元年沈州废后沈丘县隶颍州,其后又省入汝阴县,不言具体年份,《太平寰宇记》云唐初以沈丘地并入汝(阳)〔阴〕,可知废沈丘县是在贞观元年后不久,不晚于贞观十三年,因为《旧唐志》言颍州"旧领县三",即不含沈丘县。又从贞观八年以废后涡州之下蔡县来属颍州观之,在此以前沈丘县可能未废,否则颍州仅领二县,这在中原地区似不大可能,故今姑定于贞观十年废沈丘县。
⑥ 《大清一统志》卷168汝宁府:"舒城废县,在新蔡县北。"
⑦ 《新唐志》颍州下蔡县云武德四年置涡州,然两《唐志》不载其归属。按之地理,该州可能隶属王郑徐州行台或唐亳州总管府,今以武德四年王郑徐州行台有州三十八度之,当是王郑所置,直属徐州行台。

是年,归唐,隶徐州总管府。五年,改为北荆州①,隶亳州总管府。七年,隶亳州都督府。八年,州废,下蔡县隶颍州。

(一八) 淮阳郡(陈州)

陈州(618—742)—淮阳郡(742—758)—陈州(758—761)—淮阳郡(761—762)—陈州(762—907)

淮阳郡,本隋旧郡,领宛丘、项城、鮦阳、南顿、溵水、西华、扶乐、太康八县②。隋末,李魏改为陈州,治宛丘县,隶宋州总管府。武德元年,奉表归唐,改西华县为箕城县,置新平县。二年,归王郑,隶杞州总管府,割太康县隶夏州。三年,复归唐③,以废前涡州之鹿邑县来属,隶汴州总管府。四年,以废夏州之太康县来属,割鹿邑县隶亳州,取项城、鮦阳、南顿、溵水四县隶沈州。五年,直属刘汉兖州道行台。是年,复归唐,隶汴州总管府。七年,隶汴州都督府。八年,省新平县。贞观元年,直属河南道,以废沈州之项城、溵水二县来属,省箕城、扶乐二县。十三年,隶许州都督府,领宛丘、项城、溵水、太康四县,治宛丘县。十六年,复直属河南道。

武周长寿元年(692),置武城县。证圣元年(695),置光武县。长安四年,陈州领宛丘、项城、光武、溵水、武城、太康六县,仍治宛丘县。

唐神龙元年,改武城县为箕城县。景云元年(710),改光武县为南顿县,箕城县为西华县。

天宝元年,复为淮阳郡。十三载,淮阳郡领宛丘、项城、南顿、溵水、西华、太康六县,治宛丘县。十五载,隶河南节度使。

乾元元年,复为陈州,隶汴州都防御使。是年,割隶前淮西节度使。二年,隶郑陈节度使。是年,自郑州移使治于此。后上元二年,归史氏燕国,改为淮阳郡,隶陈留节度使。宝应元年,归唐,仍为陈州,隶河东道泽潞节度使。大历四年,割隶河南道滑亳节度使。七年,隶永平军节度使。十一年,割隶后淮西节度使。十四年,还隶永平军节度使。建中二年,割溵水县隶溵州。兴

---

① 《旧唐志》载武德五年亳州总管府有北荆州,不明地望,今推测北荆州系后涡州更名而来,为两《唐志》失载,故补。
② 《隋志》淮阳郡有鹿邑、郸二县,共十县。按《新唐书》亳州鹿邑县云:"大业十三年,县民田黑社盗据,号涡州。"《大清一统志》卷154归德府:"郸县故城,在鹿邑县西南七十里,汉置县。隋开皇六年复置,属淮阳郡,在鹿邑界,唐初省县。"可知郸县唐初属涡州(前涡州),后省入鹿邑县,今并删,另见上文谯郡亳州条。
③ 《资治通鉴》武德三年九月:"世充尉州刺史时德叡帅所部杞、夏、陈、随、许、颍、尉七州来降。"

元元年,归李楚。二年(贞元元年),复归唐,隶义成军节度使,以废溵州之溵水县来属。贞元三年,隶陈许节度使,为使治。二十年,隶忠武军节度使。元和十五年,陈州领县一如天宝十三载。

咸通十四年,陈州领县不变。

龙纪元年(889),自许州移使治于此。天祐元年,复移使治于许州。

1. **宛丘县**(618—907)

本隋淮阳郡旧县,隋末,隶陈州,为州治。武德元年,析置新平县。八年,省新平县来属。贞观元年,省箕城县来属。长寿元年,析置武城县。天宝元年,隶淮阳郡,为郡治。乾元元年,复隶陈州,为州治。

附旧县:新平县(618—625)

武德元年,析宛丘县置新平县,以汉旧县为名,治故临蔡城(今河南淮阳县临蔡镇)①,隶陈州。八年②,省入宛丘县。

2. **项城县**(618—907)

本隋淮阳郡旧县,隋末,隶陈州。武德四年,割隶沈州,为州治,并析置颍东县。六年,省南顿县来属。贞观元年,州废,省颍东县来属,项城县还隶陈州。证圣元年,析置光武县。天宝元年,隶淮阳郡。乾元元年,复隶陈州。

附旧县:颍东县(621—627)

武德四年,析项城县置颍东县,县在颍水之东,故名,治颍东城(今河南沈丘县纸店镇)③,隶沈州。贞观元年,州废,省入项城县。

3. **南顿县**(618—623)—**光武县**(695—710)—**南顿县**(710—907)

南顿县,本隋淮阳郡旧县,隋末,隶陈州。武德四年,割隶池州。六年,省入项城县。证圣元年,析项城县置光武县,以县有光武乡,名符武氏,故名,治故南顿城(今河南项城市南顿镇),隶陈州。景云元年,复为南顿县。天宝元年,隶淮阳郡。乾元元年,复隶陈州。

4. **溵水县**(618—907)

本隋淮阳郡旧县,隋末,隶陈州。四年,割隶沈州。五年,省舆州扶苏县来属。贞观元年,州废,还隶陈州。天宝元年,隶淮阳郡。乾元元年,复隶陈

---

① 《太平寰宇记》陈州宛丘县:"新平城,在县东北二十五里。"
② 《旧唐志》、《太平寰宇记》陈州序系于贞观元年,今依《新唐志》、《太平寰宇记》陈州宛丘县。
③ 《大清一统志》卷170陈州府:"颍东废县,在项城县东。"

州。建中二年,割隶溵州。兴元二年(贞元元年)①,州废,还隶陈州。

附旧县:扶苏县(618—622)

武德元年,析汝南郡上蔡县置扶苏县,相传陈涉自称公子扶苏,于此筑城(今河南上蔡县朱里镇扶台村),故名②,隶汝南郡。二年,割隶舆州。五年,省入沈州溵水县。

5. 箕城县(618—627)—武城县(692—705)—箕城县(705—710)—西华县(710—907)

西华县,本隋淮阳郡箕城县。隋末,隶陈州。武德元年,改为箕城③县,相传为箕子所居,故名④。贞观元年,省入宛丘县。长寿元年,析宛丘县置武城⑤县,取武氏吉意,治故箕城(今河南西华县城娲城街道),仍隶陈州。神龙元年,改为箕城⑥县。景云元年,避太子嫌名,复改为西华县。天宝元年,隶淮阳郡。乾元元年,复隶陈州。

6. 太康县(618—907)

本隋淮阳郡旧县,隋末,隶陈州。武德二年,割置夏州,为州治。四年,州废,还隶陈州。贞观元年,省扶乐县来属。天宝元年,隶淮阳郡。乾元元年,复隶陈州。

附旧县:扶乐县(618—627)

本隋淮阳郡旧县,隋末,隶陈州。武德二年,割隶夏州。四年,州废,还隶陈州。贞观元年,省入太康县。

附旧州一:夏州(619—621)

武德二年,王郑割陈州太康、扶乐二县置夏州⑦,以夏后氏故地为名,隶杞州总管府。三年,归唐。四年,州废,太康、扶乐二县还隶陈州。

---

① 《旧唐志》陈州溵水县作"兴元元年",今依《元和志》溵水县、《新唐志》溵水县。
② 两《唐志》不载扶苏县。《太平寰宇记》陈州商水县:"扶苏城,在县西南三十五里。《史记》云:'陈涉起兵,自称公子扶苏,从人望也。'盖涉筑此城。隋越王侗皇泰元年,又于此城置扶苏县。唐武德五年废。"据补。
③ 《太平寰宇记》陈州西华县作"基城",今依两《唐志》、《唐会要》及《太平寰宇记》陈州序。
④ 《大清一统志》卷170陈州府:"箕子台:在西华县儒学内,相传西华本箕子所居,唐改名箕城县,以此。"
⑤ 《唐会要》作"武成",今依两《唐志》、《太平寰宇记》。
⑥ 《元和志》、《太平寰宇记》陈州西华作"基城",今依《唐会要》、两《唐志》。
⑦ 史志不载此事。按《资治通鉴》武德三年九月:"世充尉州刺史时德叡帅所部杞、夏、陈、随、许、颍、尉七州来降。"则夏州为王郑所置,且在杞、陈二州之间,今补。胡注:"王世充盖置杞州于雍丘,夏州于阳夏。"北朝颍川郡阳夏县即隋太康县。

附旧州二：沈州(621—627)

武德四年，割陈州项城、鲖阳、南顿、溵水四县及信州沈丘县置沈州①，取沈丘县首字为名，治项城县，隶宋州总管府，又置颍东县。五年，隶亳州总管府。六年，省南顿县。七年，隶亳州都督府。贞观元年，州废，鲖阳县隶豫州，项城、溵水二县隶陈州，沈丘县隶颍州，省颍东县。

(一九) 汝南郡(豫州)

豫州(618—742)—汝南郡(742—758)—豫州(758—762)—蔡州(762—907)

汝南郡，本隋旧郡，领汝阳、平舆、新蔡、褒信、新息、真阳、朗山、吴房、西平、上蔡十县②，隋末，李魏改为豫州，以隋旧州为名，治汝阳县，置豫州总管府③。武德元年，奉表归唐，割新息县隶息州，置扶苏县，并平舆县割隶舆州。二年，归王郑。四年，复归唐，割新蔡、褒信二县隶舒州，朗山县隶北朗州，西平县隶道州。七年，改总管府为都督府，以废舆州之平舆县来属。贞观元年，以废沈州之鲖阳县，废舒州之新蔡、褒信二县，废息州之新息县，废北朗州之朗山县，废道州之郾城县来属，省平舆、吴房二县，罢都督府，豫州直属河南道。八年，复置吴房县。十三年，豫州领汝阳、鲖阳、新蔡、褒信、新息、真阳、朗山、吴房、郾城、上蔡十县，治汝阳县。是年，隶许州都督府。十六年，直属河南道，省鲖阳县。

载初元年，改真阳县为淮阳县。

武周天授二年④，复置平舆、西平二县。三年，省西平县。长安四年，豫州领汝阳、平舆、新蔡、褒信、新息、淮阳、朗山、吴房、郾城、上蔡十县，仍治汝阳县。

唐神龙元年，复改淮阳县为真阳县。开元四年，复置西平县，割隶仙州。二十六年，以废仙州之西平县来属。

天宝元年，复为汝南郡。十三载，汝南郡领汝阳、平舆、新蔡、褒信、新息、

---

① 《新唐志》颍州沈丘县作"邲州"，今依《旧唐志》、《太平寰宇记》及《新唐志》陈州项城县。又，《新唐志》邲州有宛丘县，按宛丘县是时为陈州附郭县，不得隶沈州，《新唐志》当为误载，不取。
② 《隋志》汝南郡有城阳县，共十一县。按城阳县唐初不见于记载，当废于隋末，今删。
③ 参详本节附旧府新镇九豫州总管府。
④ 《元和志》西平县、《旧唐志》蔡州序作"三年"，今依《元和志》平舆县、《旧唐志》平舆、西平县、《唐会要》、《新唐志》、《太平寰宇记》。

真阳、朗山、吴房、西平、郾城、上蔡十一县,仍治汝阳县。十五载,隶前淮西节度使。

乾元元年,复为豫州,隶豫许汝节度使,为使治。宝应元年,避代宗讳,改为蔡州,以隋旧州为名,隶蔡汝节度使,为使治。大历四年,割西平县隶仙州。五年,以废仙州之西平县来属。八年,隶后淮西节度使,为使治。十一年,移使治于汴州。十四年,隶淮宁军节度使,为使治。建中二年,隶后淮西节度使,仍为使治,割郾城县隶溵州。兴元元年,归李楚。二年(贞元元年),以废溵州之郾城县来属。贞元二年,复归唐。七年,置汝南县。十四年,蔡州隶彰义军节度使,为使治。元和十一年,为吴元济割据,移使治于唐州。十二年①,以西平、上蔡二县隶行蔡州。十三年,吴元济平,蔡州隶忠武军节度使,省汝南县。十五年,蔡州领汝阳、平舆、新蔡、褒信、新息、真阳、朗山七县,治汝阳县。

长庆元年,以废溵州之西平、上蔡二县来属,又割唐州遂平县来属。咸通十四年,蔡州领汝阳、平舆、新蔡、褒信、新息、真阳、朗山、遂平、西平、上蔡十县,治汝阳县。

中和元年,割置奉国军防御使。二年,隶奉国军节度使,为使治。天祐二年,改褒信县为苞孚县。

1. **汝阳县**(618—907)

本隋汝南郡旧县,隋末,隶豫州,为州治。贞观元年,省吴房县来属。八年,复析置关房县。天宝元年,隶汝南郡,为郡治。乾元元年,复隶豫州,为州治。宝应元年,隶蔡州,仍为州治。贞元七年,析置汝南县。元和十三年,省汝南县来属。

附新县:**汝南县**(791—818)

贞元七年,析汝阳、朗山、上蔡、吴房四县地置汝南县,县在汝水之南,故名,治汝南城(今河南驻马店市驿城区水屯镇赵桥村)②,隶蔡州。元和十三年,省入汝阳、朗山、上蔡、遂平四县。

2. **平舆县**(618—624,691—907)

本隋汝南郡旧县,隋末,隶豫州。武德元年,割隶舆州,为州治。七年,州

---

① 《置行蔡州敕》(载《唐大诏令集》卷 99)言行蔡州元和十年置。胡阿祥等《唐代行州行县补考续论》(载《历史地理研究》2022 年第 1 期)考证在元和十二年,从之。
② 《大明一统志》汝宁府:"汝南废县,在汝水之南。"田文镜等《河南通志》卷 52 河南府:"汝南废县,在府城西北水南。"即今水屯镇东北,旧属汝南县。

废,还隶豫州。贞观元年,省入新蔡县。天授二年,析新蔡县复置平舆县,治新平舆城(今河南平舆县城古槐街道),仍隶豫州。天宝元年,隶汝南郡。乾元元年,复隶豫州。宝应元年,隶蔡州。

3. 新蔡县(618—907)

本隋汝南郡旧县,隋末,隶豫州。武德四年,割隶舒州,为州治。贞观元年,州废,还隶豫州,省平舆县来属。十六年,省铜阳县来属。天授二年,复析置平舆县。天宝元年,隶汝南郡。乾元元年,复隶豫州。宝应元年,新蔡县隶蔡州。

附旧县:铜阳县(618—642)

本隋淮阳郡旧县,隋末,隶陈州。武德四年,割隶沈州。贞观元年,州废,还隶豫州。十六年,省入新蔡县①。

4. 褒信县(618—905)—苞孚县(905—907)

褒信县,本隋汝南郡旧县,隋末,隶豫州。武德四年,割隶舒州。贞观元年,州废,还隶豫州,以废息州长陵县省入。天宝元年,隶汝南郡。乾元元年,复隶豫州。宝应元年,隶蔡州。天祐二年②,避朱全忠祖讳,改为苞孚县③。

附旧县:长陵县(621—627)

武德四年,析新息县置长陵县,以北朝旧县为名,治故长陵城(今河南息县长陵乡),隶息州。贞观元年,州废,省入豫州褒信县。

5. 新息县(618—907)

本隋汝南郡旧县,隋末,隶豫州。武德四年,割隶息州,为州治,并析置淮川、长陵二县。贞观元年,州废,还隶豫州。天宝元年,隶汝南郡。乾元元年,复隶豫州。宝应元年,隶蔡州。

6. 真阳县(618—689)—淮阳县(689—705)—真阳县(705—907)

真阳县,本隋汝南郡旧县,隋末,隶豫州。贞观元年,以废息州淮川县省入。载初元年,改为淮阳县,以在淮水之阳为名。神龙元年,复为真阳县。天宝元年,隶汝南郡。乾元元年,复隶豫州。宝应元年,隶蔡州。

附旧县:淮川县(621—627)

武德四年,析新息县置淮川县,以淮水为名,治故安阳城(今河南正阳县

---

① 两《唐志》不载铜阳县省罢时间及去向。按《大清一统志》卷168汝宁府:"铜阳故城:在新蔡县东北七十里,贞观初废。章怀太子曰:铜阳城,在新蔡县北。"《太平寰宇记》蔡州亦云,铜阳故城在豫州新蔡县。则知贞观元年沈州罢废后,铜阳县改隶豫州。而《旧唐志》蔡州载,贞观旧领县十,除已知汝阳、真阳、吴房、上蔡、郾城、新息、朗山、褒信、新蔡九县外,尚缺一县,因知铜阳县至贞观十三年亦未省罢。其省罢,疑在十六年豫州重新直属河南道之时,今补。
② 《唐会要》卷70作"三年",今依《旧唐书》卷20《昭宗纪》。然《昭宗纪》谓"改襄城为苞孚",亦误。
③ 《新唐志》作"包孚",今依《旧唐书》卷20《昭宗纪》、《唐会要》。

陡沟镇祝湾村)①,隶息州。贞观元年,州废,省入豫州真阳县。

7. 朗山县(618—907)

本隋汝南郡旧县,隋末,隶豫州。武德四年,割隶北朗州。贞观元年,州废,还隶豫州。天宝元年,隶汝南郡。乾元元年,复隶豫州。宝应元年,隶蔡州。

8. 吴房县(618—627,634—817)—遂平县(817—907)

吴房县,本隋汝南郡旧县,隋末,隶豫州。贞观元年,省入汝阳县。八年,析汝阳县复置吴房县。天宝元年,隶汝南郡。乾元元年,复隶豫州。宝应元年,隶蔡州。元和十二年,析置行吴房县。是年,改为遂平县,以讨平吴元济为名,省行吴房县来属,遂平县权割隶唐州。长庆元年,复隶蔡州。

附新县:行吴房县(817)

元和十二年,取吴房县境置行吴房县,治文城栅(今河南遂平县文城乡),权隶行蔡州,为州治。寻隶溵州。是年,平吴元济,省入吴房县。

9. 西平县(618—627,691—692,716—907)

本隋汝南郡旧县,隋末,隶豫州。武德四年,割隶道州。贞观元年,州废,省入郾城县。天授二年,析郾城县复置西平县,仍治故西平城(今河南西平县师灵镇),隶豫州。三年②,复省入郾城县。开元四年,又析郾城县置西平县,治新西平城(今西平县城柏城街道),割隶仙州。二十六年,州废,还隶豫州。天宝元年,隶汝南郡。乾元元年,复隶豫州。宝应元年,隶蔡州。大历四年,割隶仙州。五年,州废,还隶蔡州。元和十二年,权隶行蔡州。寻隶溵州。长庆元年,还隶蔡州。

10. 郾城县(618—907)

本隋颍川郡旧县,隋末,隶许州。武德四年,割隶道州,为州治,并析置邵陵县。贞观元年,州废,省北舞、邵陵、西平三县来属,郾城县改隶豫州。天授二年,复析置西平县。三年,又省西平县来属。开元四年,复析置西平县。十一年,因大水,移治溵水北(今河南漯河市郾城区城关镇)。天宝元年,隶汝南郡。乾元元年,复隶豫州。宝应元年,隶蔡州。建中二年,割隶溵州,为州治。兴元二年(贞元元年)③,州废,还隶蔡州。元和十二年,析置行郾城县。是年,平吴元济,割郾城县隶溵州,为州治,省行郾城县来属。长庆元年,州废,还隶

---

① 《史记正义·五帝本纪》引《括地志》:"安阳故城,在豫州新息县西南八十里。"
② 《新唐志》蔡州西平县:"天授二年,分郾城复置,寻又废。"按《唐会要》卷70豫州,西平县复置于天授二年十一月,则其复废,当在三年。《元和志》蔡州西平县作"天授三年复置",当是"天授二年复置,三年复罢"之脱误。
③ 《新唐志》许州郾城县作"贞元二年",今依《元和志》陈州溵水县、《旧唐志》许州临颍县、《新唐志》陈州溵水县。

蔡州。是年,割隶许州。

附旧县1:北舞县(618—627)

本隋颍川郡旧县,隋末,隶许州。武德四年,割隶道州。贞观元年,州废,省入郾城县。

附旧县2:邵陵县(621—627)

武德四年,析郾城县置邵陵县,治召陵城(今漯河市召陵区召陵镇召陵村)①,隶道州。贞观元年,州废,省入郾城县。

附新县:行郾城县(817)

元和十二年,取郾城县境置行郾城县,治许汝行营侧近(今郾城县裴城镇)②,权隶行蔡州。寻隶溵州,为州治。是年,平吴元济,省入郾城县。

11. 上蔡县(618—907)

本隋汝南郡旧县,隋末,隶豫州。武德元年,析置扶苏县。天宝元年,隶汝南郡。乾元元年,复隶豫州。宝应元年,隶蔡州。元和十二年,权隶行蔡州。寻隶溵州。长庆元年,州废,还隶蔡州。

附旧州一:舆州(619—624)

武德二年,王郑割豫州平舆、扶苏二县置舆州,取平舆县末字为名,治平舆县,隶豫州总管府。三年,归唐。五年,省扶苏县入沈州。七年,州废,平舆县还隶豫州。

附旧州二:息州(619—627)

武德二年③,王郑割豫州新息县置息州,以隋旧州为名,并析置淮川、长陵二县,隶豫州总管府。三年,归唐。七年,隶豫州都督府。贞观元年,州废,省淮川、长陵二县,新息县还隶豫州。

附旧州三:舒州(621—627)

武德四年,割豫州新蔡、褒信二县置舒州,治新蔡县,并置舒城县,以隋旧州为名,隶豫州总管府。七年,隶豫州都督府。贞观元年,州废,新蔡、褒信二县还隶豫州,省舒城县入颍州。

---

① 《太平寰宇记》许州郾城县:"召陵故城,在县东四十五里。"
② 依地理形势推定。
③ 两《唐志》作"四年"。按《册府元龟》卷164:"武德三年九月,王世充豫州豪右杨仲达以三州之地来降,拜仲达为上柱国,其子行模为息州刺史。"可知息州至迟置于王郑时,今定于武德二年。

附旧州四：北朗州(621—627)

武德四年，割豫州朗山县置北朗州，取朗山县首字为名，隶豫州总管府。贞观元年，州废，朗山县还隶豫州。

附旧新州：道州(621—627)—溵州(781—785)—行蔡州(817)—溵州(817—821)

武德四年，割许州郾城、北舞①二县，豫州西平县置道州，以隋旧州为名，治郾城县，隶豫州总管府，置邵陵县。七年，隶豫州都督府。贞观元年，州废，省邵陵、西平、北舞三县，郾城县隶豫州。

建中二年，割蔡州郾城县、许州临颍县、陈州溵水县置溵州，以溵水为名，治郾城县，隶后淮西节度使。兴元元年，归李楚。二年(贞元元年)②，复归唐，州废，三县各还旧属。元和十二年，以蔡州西平、上蔡二县置行蔡州，隶后淮西节度使，并置行吴房、行郾城二县，州治行吴房县③。是年，改行蔡州为溵州，移治行郾城县，仍隶后淮西节度使。是年，平吴元济，割隶忠武军节度使，割蔡州郾城县来属，为州治，省行郾城县，割行吴房县隶唐州。十五年，溵州领郾城、上蔡、西平三县，治郾城县。

长庆元年，州废，郾城县隶许州，上蔡、西平二县隶蔡州。

(二〇) 颍川郡(许州)

许州(618—742)—**颍川郡**(742—756)—许州(756—757)—颍川郡(757—758)—许州(758—759)—颍川郡(759—762)—许州(762—907)

颍川郡，本隋旧郡，领颍川、长葛、许昌、尉氏、鄢陵、扶沟、氵隐强、郾城、临颍、繁昌、北舞、叶、汝坟、襄城十四县，隋末，李魏改为许州④，以隋旧州为名，治颍川县，隶管州总管府。武德元年，归隋。二年，刺史张善相以州归唐，割

---

① 《旧唐志》蔡州郾城县作"北武"，今依《新唐志》许州郾城县。
② 《旧唐志》陈州溵水县作"兴元元年"，《元和志》许州临颍县、《新唐志》许州郾城县、《太平寰宇记》许州临颍县作"贞元二年"，今依《元和志》陈州溵水县、《旧唐志》许州临颍县、《新唐志》陈州溵水县。
③ 《册府元龟》："元和十二年……朝廷比令元卿与李愬会议于唐州东境，选要便处，权置行蔡州。"《唐大诏令集》卷99《置行蔡州敕》系于元和十年。胡阿祥等《唐代行州行县补考续论》(载《历史地理研究》2022年第1期)考证在元和十二年，从之。
④ 《旧唐书》卷53《李密传》："(大业末)仍作书以移郡县曰：'崔白驹在颍川起，方(房)献伯以谯郡来。'"

汝坟、襄城二县隶前汝州。是年,归王郑,隶杞州总管府,割尉氏县隶尉州,鄢陵、扶沟二县隶随州,叶县隶叶州。三年,复归唐①,隶汴州总管府。四年,改颍川县为长社县,置黄台县,割郾城、北舞二县隶道州。贞观元年,直属河南道,以废洧州之扶沟、鄢陵二县,废道州北舞县,废前汝州襄城县来属,省澺强、繁昌、黄台三县。是年,又割嵩州阳翟县来属,省北舞县。九年,以废后鲁州之叶县来属。十三年,许州领长社、长葛、许昌、鄢陵、扶沟、临颍、叶、襄城、阳翟九县,治长社县,置许州都督府。十六年,罢都督府,许州直属河南道。

龙朔②二年,割阳翟县隶洛州。

武周长安四年,许州领长社、长葛、许昌、鄢陵、扶沟、临颍、叶、襄城八县,仍治长社县。

唐开元三年,割叶、襄城二县隶仙州。二十六年,以废仙州之叶、舞阳、襄城三县来属。是年,割叶、襄城二县隶后汝州。二十八年,复割后汝州襄城县来属。

天宝元年,复为颍川郡。七载,割襄城县隶汝州。十三载,颍川郡领长社、长葛、许昌、鄢陵、扶沟、临颍、舞阳七县③,治长社县。十五载,隶前淮西节度使,为使治。是年,直属安氏燕国④,改为许州。至德二载,归唐,仍为颍川郡,隶前淮西节度使,为使治。

乾元元年,复为许州,移使治于郑州,许州割隶豫许汝节度使。二年,归史氏燕国,仍为颍川郡,隶滑郑汴节度使。后上元二年,隶陈留节度使。宝应元年,归唐,复为许州,隶淮南西道节度使。大历四年,割舞阳县隶仙州。五年,以废仙州之舞阳县来属。八年,隶后淮西节度使。建中二年,割临颍县隶溵州。兴元元年,归李楚。贞元元年,复归唐,隶义成军节度使,以废溵州之临颍县来属。三年,隶陈许节度使,为使治。二十年,隶忠武军节度使,仍为使治。元和十五年,许州领县一如天宝十三载。

长庆元年⑤,以废溵州之郾城县来属。会昌三年,割河南府阳翟县来属。咸通十四年,许州领长社、阳翟、长葛、许昌、鄢陵、扶沟、临颍、郾城、舞阳九县,治长社县。

龙纪元年(889),移使治于陈州。天祐元年,复自陈州移使治于此。

---

① 《资治通鉴》武德三年九月:"世充尉州刺史时德叡帅所部杞、夏、陈、随、许、颍、尉七州来降。"
② 《旧唐志》许州序作"显庆",今依《旧唐志》洛州序及《唐会要》、《新唐志》、《太平寰宇记》阳翟县。
③ 《州郡典》脱舞阳县,为六县,今依《元和志》、《旧唐志》补。
④ 《新唐书》卷6《肃宗纪》:至德元载十二月,安禄山陷颍川,执太守薛愿及长史庞坚。
⑤ 《旧唐志》许州序作"三年",今依《唐会要》、两《唐志》、《太平寰宇记》许州郾城县。

1. 颍川县(618—621)—长社县(621—907)

长社县,本隋颍川郡颍川县,隋末,隶许州,为州治。武德四年,改为长社县,以北朝旧县为名,并析置黄台县。贞观元年,省黄台、氵殷强二县来属。天宝元年,隶颍川郡,为郡治。乾元元年,复隶许州,为州治。

附旧县1:氵殷强县(618—627)

本隋颍川郡旧县,隋末,隶许州。贞观元年,省入长社县。

附旧县2:黄台县(621—627)

武德四年,析长社县置黄台县,以北朝旧县为名,治黄台城(今河南禹州市郭连镇黄台寨)①,隶许州。贞观元年,省入长社县。

2. 长葛县(618—907)

本隋颍川郡旧县,隋末,隶许州。天宝元年,隶颍川郡。乾元元年,复隶许州。

3. 许昌县(618—907)

本隋颍川郡旧县,隋末,隶许州。天宝元年,隶颍川郡。乾元元年,复隶许州。

4. 鄢陵县(618—907)

本隋颍川郡旧县,隋末,隶许州。武德二年,割隶随州。四年,隶北陈州。是年,州废,改隶洧州。贞观元年,州废,还隶许州。天宝元年,隶颍川郡。乾元元年,复隶许州。

5. 扶沟县(618—907)

本隋颍川郡旧县,隋末,隶许州。武德二年,割隶随州,为州治。四年,隶北陈州,仍为州治。是年,州废,改隶洧州。贞观元年,州废,改隶许州。天宝元年,隶颍川郡。乾元元年,复隶许州。

6. 临颍县(618—907)

本隋颍川郡旧县,隋末,隶许州。贞观元年,省繁昌县来属。天宝元年,隶颍川郡。乾元元年,复隶许州。建中二年,割隶溵州。贞元元年②,州废,还隶许州。

附旧县:繁昌县(618—627)

本隋颍川郡旧县,隋末,隶许州。贞观元年,省入临颍县。

---

① 《魏书》卷106《地形志》:"黄台:兴和元年,分阳翟置,有葛沟水、黄台冈。"则知黄台县在长社、阳翟二县间,即今禹州市郭连镇黄台寨。
② 《太平寰宇记》、《新唐志》作"二年",今依《旧唐志》。

7. 舞阳县(716—907)

开元四年,析叶县置舞阳县,以北朝旧县为名,治故西舞阳城(今河南舞阳县保和乡魏庄)①,隶仙州。十一年,自叶县移州治于此。二十六年,州废,隶许州。天宝元年,隶颍川郡。乾元元年,复隶许州。大历四年,复割隶仙州。五年,州废,还隶许州。元和十三年,以旧城为吴元济所毁,移治吴城镇(今舞阳县吴城镇)。

附旧州: 随州(619—621)—北陈州(621)

武德二年,王郑割许州扶沟、鄢陵二县置随州②,治扶沟县,隶杞州总管府。三年,归唐,隶汴州总管府。四年,平王郑,以襄州行台有随州,乃改为北陈州③,借北朝陈郡为名。是年,州废,扶沟、鄢陵二县隶洧州。

附旧府一 梁州总管府(619—621)

武德二年,置梁州总管府,管梁州一州,隶陕东道行台。是年,归王郑④,隶滑州行台。四年,隶窦夏河南行台。是年,平王郑,罢总管府⑤,梁州隶宋州总管府。

附旧府二 济州总管府(618,619)—河南道行台(619—620)—济州总管府(620—622)

隋末,李魏置济州总管府,管济、郓二州。武德元年(618),宇文许罢总管府。二年,归唐,复置总管府⑥,隶陕东道行台,置范州。是年,窦夏改置河南道行台⑦。三年,河南道行台寄治洺州⑧,王郑取济、范、郓三州复置济州总管府,隶徐州行台。四年,济州总管府归唐,仍隶陕东道行台,置寿州。五年,刘

---

① 《元和志》许州舞阳县:"东北至州一百六十里。"按《元和志》资料截止于元和初。
② 史志不载此事。按《资治通鉴》武德三年九月:"世充尉氏刺史时德叡帅所部杞、夏、陈、随、许、颍、尉七州来降。"则随州乃王郑所置,在陈、许二州间,今补。又,武德三年以后,王郑襄州总管府亦有随州,然彼随州距尉州太远,且领有时间与此随州不同,两随州当各为一州。
③ 史志不载此事。按两《唐志》,武德四年析陈州置北陈州,旋废。以情势度之,武德四年初平王郑,旧州多省废,甚少新置州,则推知北陈州本王郑旧州,武德四年乃改名,非新置。所改州原名,当即随州。
④ 《资治通鉴》武德二年五月:"梁州总管、山东道安抚副使陈政为麾下所杀,携其首奔王世充。"
⑤ 《资治通鉴》武德四年正月:"王世充梁州总管程嘉会以所部来降。"
⑥ 《资治通鉴》武德二年四月:"诏以伏威为济州总管。"
⑦ 《旧唐书》卷54《窦建德传》:"武德二年九月,陷黎阳……齐、济二州及兖州贼帅徐圆朗皆闻风而下。"《资治通鉴》武德二年十二月:"建德欲自将徇河南,先遣其行台曹旦等将兵五万济河。"三年正月:"曹旦遂取济州。"
⑧ 《资治通鉴》武德三年正月:"曹旦遂取济州,复还洺州。"

汉又罢总管府①,济、范、郓、寿四州直属兖州道行台。

附旧府三　谭州总管府(619—621)

武德二年,谭州民李义满自置总管府,管谭州一州。三年,附王郑徐州行台。四年,复归唐,罢总管府②,谭州隶齐州总管府。

附旧府四　潍州总管府(619—621)

武德二年,割青州总管府潍、纪二州置潍州总管府③,隶陕东道行台,改隋东莱郡为莱州、高密郡为密州来属。三年,归王郑,隶徐州行台。四年,平王郑,罢总管府及纪州,潍、莱、密三州还隶青州总管府。

附旧府新镇一　滑州总管府(618—619)—滑州行台直辖地区(619—621)—河南节度使(756)—滑汴节度使(759)—滑汴郑节度使(759—761)—滑卫节度使(761,762—763)—滑亳节度使(763—772)—永平军节度使(772—779)—义成军节度使(785—890)—宣义军节度使(890—907)

隋末,李魏置滑州总管府④,管滑、汴、曹三州。武德元年,奉表归唐⑤,隶陕东道行台,曹州归宇文许。二年,王郑取其地置滑州行台⑥,并置濮、燕、胙、兴四直辖州。三年,唐取汴、濮二州隶汴州总管府,取兴州隶管州总管府。四年,归窦夏,罢行台,滑、燕、胙三州直属河南道行台。

至德元载(756),河南节度使自睢阳郡移治灵昌郡,仍领灵昌、济阴、濮阳、淄川、琅邪、东海、临淮、彭城、谯、汝阴、淮阳十一郡。是年,濮阳、灵昌二郡陷于燕国,河南节度使移治谯郡(以后沿革见本节附旧府新镇八"河南节度使")。

乾元二年(759),以废汴州都防御使之滑、曹、宋、汴四州及废齐兖郓都防御使之濮州置滑汴节度使,治滑州。未几,罢镇,滑、濮、曹、宋、汴五州隶汴滑

---

① 《资治通鉴》武德五年正月:"济州别驾刘伯通执刺史窦务本,以州附徐圆朗。"
② 史志不载此事。按《新唐纪》武德五年三月,谭州刺史李义满杀齐州都督王薄。可见谭州总管府此前已罢。
③ 《资治通鉴》武德二年四月:"诏以綦公顺为淮州总管。"胡注:"'淮',当作'潍'。"据改。
④ 《资治通鉴》武德元年七月:"(东郡)王轨等不堪其弊,遣通事舍人许敬宗诣(李)密请降,以轨为滑州总管。"
⑤ 《资治通鉴》武德元年十一月:"王轨以滑州来降。"
⑥ 《资治通鉴》武德二年十月:"王世充自将兵徇地至滑台,临黎阳。"武德四年二月:"建德……军至滑州,世充行台仆射韩洪开城纳之。"可知武德二年滑州已为世充所有,并置行台。

节度使。是年,史氏燕国取唐汴滑节度使滑、汴二州,郑陈节度使郑州,豫许汝节度使许州,改为灵昌、陈留、荥阳、颍川四郡,置滑郑汴节度使,治灵昌郡。后上元二年(761),唐取灵昌郡及邺郡节度使汲郡,改为滑、卫二州,置滑卫节度使①,史氏燕国滑郑汴节度使移治陈留郡,改为陈留节度使。未几,唐滑卫节度使复归史氏,罢镇,灵昌郡隶陈留节度使,汲郡还隶邺郡节度使。宝应元年(762),唐取史氏燕国陈留节度使灵昌郡,邺郡节度使邺、汲、魏、清河、博平五郡,复为滑、相、卫、魏、贝、博六州,置滑卫节度使,治滑州。广德元年(763),割淮南西道节度使亳州、淄青平卢节度使德州来属。是年,割相、卫二州隶相卫节度使,割魏、博、贝、德四州隶魏博等州防御使,改为滑亳节度使。大历四年(769),割泽潞节度使陈州来属。七年,改为永平军节度使。十一年,以废河南节度使之宋、泗二州来属。十四年,割后淮西节度使汴州、泾原节度使之颍州来属,移镇于汴州(以后沿革见本节"河南道直属地区"序)。贞元元年(785),以废永平军节度使之滑、陈、郑三州置义成军节度使,治滑州,割后淮西节度使许州来属。三年,割陈、许二州隶陈许节度使。元和十三年(818),置行齐州。十五年,废行齐州,义成军节度使领滑、郑二州,治滑州。

长庆二年(822),割宣武军节度使颍州来属。咸通十四年,义成军节度使领滑、郑、颍三州,仍治滑州。

大顺元年(890),改为宣义军节度使。

附旧府新镇二 曹州总管府(619—621,621—622)—曹濮都团练观察使(782—784)

武德二年,王郑割滑州总管府曹、濮二州置曹州总管府②,隶滑州行台,并置戴州。三年,濮州归唐。四年,窦夏罢总管府,曹、戴二州直属河南道行台。是年,平窦夏,以曹、戴二州复置曹州总管府,隶陕东道行台,割汴州总管府濮州来属。五年,罢总管府,曹、戴、濮二州直属刘汉兖州道行台。

建中三年(782),割淄青平卢节度使曹、濮、徐、海、沂、密六州置曹濮都团练观察使,治曹州。是年,割徐、海、沂、密四州隶徐海沂密都团练观察使。兴元元年(784),罢镇,曹、濮二州复隶淄青平卢节度使。

---

① 据《方镇研究》第67页考证,后上元二年滑卫节度使尚领相、贝、魏、博四州,按是时此四州尚为史氏所有,唐朝当是遥领,今不录。
② 史志不载此事。按《资治通鉴》武德二年十二月:"李世勣复遣人说窦建德曰:曹、戴二州户口完实,孟海公窃有其地,与郑人外合内离。"武德四年六月戊戌:"孟海公余党蒋善合以郓州,孟啖鬼以曹州来降。"孟氏既管曹、戴、郓三州,当置有总管府,今补。

附旧府新镇三 郓州总管府(622—624)—郓州都督府(624—627)—郓齐兖都防御使(756,757—759)—淄青平卢节度使(777—782,788—819)—郓曹濮节度使(819—820)—天平军节度使(820—907)

武德五年①,取刘汉兖州道行台郓、曹、戴、濮四州置郓州总管府,隶陕东道行台,置行兖州。六年,平徐圆朗,以兖州来属,废行兖州。七年,改为郓州都督府。九年,直属中央。贞观元年,罢都督府,郓、兖、曹、戴、濮五州直属河南道。

至德元载,以河南道直属地区济南、东平二郡及鲁郡都督府鲁郡置郓齐兖都防御使②,治东平郡。是年,安氏燕国取济南郡为齐州,隶北海节度使,取东平郡为郓州,鲁郡为兖州,直属中央。二载,唐收复郓、兖二州,仍为东平、鲁二郡,复置郓齐兖节度使,治东平郡。

乾元元年,改东平郡为郓州,鲁郡为兖州。二年,罢镇,郓、兖二州隶兖郓节度使。大历十二年,淄青平卢节度使自青州移治于郓州,仍领青、密、登、莱、海、齐、淄、沂、棣、德、曹、兖、郓、濮、徐十五州及安东都护府。建中三年,罢镇,以曹、濮、徐、海、沂、密六州置曹濮都团练使,德、棣二州隶幽州卢龙节度使,青、淄、登、莱、齐、兖、郓七州隶淄青都团练观察使。贞元四年,淄青平卢节度使复自青州移治于郓州,仍领青、淄、登、莱、齐、兖、郓、海、沂、密、曹、濮十二州。元和十四年,平李师道,淄青平卢节度使自郓州还治青州(以后沿革见本节附旧府新镇五"淄青平卢节度使"),割郓、曹、濮三州置郓曹濮节度使,仍治郓州,罢安东都护府。十五年,改为天平军节度使,仍领郓、曹、濮三州,治郓州。

咸通五年(864),割义昌军节度使齐州、淄青平卢节度使棣州来属。十三年,割齐、棣二州隶淄青平卢节度使。十四年,天平军节度使领州一如元和十五年。

天复元年(901),以废武肃军节度使之齐州来属。

附旧府新镇四 齐州总管府(618—619,620—624)—齐州都督府(624—627,633—643)—齐兖郓都防御使(758—759)—淄沂节度使(760—762)—武肃军防御使(895—901)

隋末,李魏置齐州总管府,管齐、邹、淄三州③。武德元年,奉表归唐。二

---

① 《旧唐志》郓州:"武德四年,平徐圆朗。以废寿州之寿张县来属。其年,置总管府。"按徐圆朗平于武德五、六年间,且寿州之废在武德五年,故知此语"武德四年"当为"武德五年"之误。

② 《新唐表》作"郓齐兖都防御使",按《旧唐书》卷10《肃宗纪》:"乾元元年九月,以能元皓为齐州刺史,齐兖郓等州防御使。"《方镇研究》第86页亦以为该镇治齐州,据改。

③ 《资治通鉴》武德二年四月:"诏以王薄为齐州总管。"《旧唐志》齐州:"武德二年,置总管府,管齐、邹、东泰、谭、淄、济六州。"按是时谭州自置总管府,东泰州置于武德五年,可知此六州乃次第增管之数,非武德二年之数。

年,窦夏罢总管府①,三州直属河南道行台。三年,王郑以齐、邹、淄三州复置齐州总管府,隶徐州行台。四年,归唐,隶陕东道行台,以废谭州总管府之谭州来属。五年,置东泰州,取刘汉兖州道行台济州来属。七年,改为齐州都督府。八年,废邹州。九年,直属中央。贞观元年,罢都督府及谭、东泰二州,齐、淄、济三州直属河南道。七年,以河南道直属齐、青、淄、莱、密五州复置齐州都督府,隶河南道。十三年,齐州都督府督齐、淄、青、莱、密五州。十七年,罢都督府②,齐、淄、青、莱、密五州直属河南道。

乾元元年,移郓齐兖都防御使治于齐州,改为齐兖郓都防御使,领齐、郓、兖三州。二年,割青密节度使濮州来属。是年,齐州归史氏燕国,罢镇,兖、郓二州隶兖郓节度使,濮州隶滑汴节度使③。后上元元年,取史氏燕国平原节度使德、沧、棣三州并割青密节度使淄、沂二州置淄沂节度使,治淄州。宝应元年,罢镇,淄、德、棣、沧四州隶淄青平卢节度使,沂州隶兖郓节度使。

乾宁二年(895),割淄青平卢节度使齐州置武肃军防御使,仍属河南道。天复元年,罢镇,齐州隶天平军节度使。

附旧府新镇五 青州总管府(618,619—624)—青州都督府(624—627)—青密节度使(756—762)—淄青平卢节度使(762—777)—淄青都团练观察使(782—784)—淄青平卢节度使(784—788,819—907)

隋末,李魏以青、莱、密三州置青州总管府。武德元年,宇文许罢总管府,三州复为郡。二年,唐以青州置青州总管府④,隶陕东道行台,并置乘、纪二州,割纪州隶潍州总管府。是年,归王郑,隶徐州行台。四年,归唐,仍隶陕东道行台,以废潍州总管府之潍、莱、密三州来属,置牟、前登二州。五年,置莒州。七年,改为青州都督府。八年,废乘、潍、前登、牟四州。九年,直属中央。贞观元年,罢都督府,青、莱、密、莒四州直属河南道。

---

① 《旧唐书》卷54《窦建德传》载,武德二年九月,窦建德陷黎阳,房李世勣,"齐、济二州及兖州贼帅徐圆朗皆闻风而下"。
② 史志不载此事。据郁贤皓《唐刺史考全编》,自贞观十七年齐州都督王祐以涉嫌谋反被捕后,历任齐州刺史皆不带都督,故推知齐州都督府罢于是年。艾冲《唐代都督府研究》第83页认为齐州都督府一直存在到唐代后期,其根据是《旧唐志》和《荆王元景等子孙代袭刺史诏》,但查此二文,并无有关记载。
③ 《方镇研究》第86页作"河南节度使"。按河南节度使乾元元年已降为汴州都防御使,二年改为滑汴节度使,今为改正。
④ 《资治通鉴》武德二年三月:"隋北海通守郑虔符……以其地来降。四月,诏以郑虔符为青州总管,綦公顺为(淮)〔潍〕州总管。"按《资治通鉴》,大业末,綦公顺已据北海归李密,密败,归唐。今复有"隋北海通守",盖该郡曾降秦王浩及宇文化及,化及败,乃归唐,言隋官者,盖与綦公顺等"贼"相区别也。

至德元载,以河南道直属地区北海、东莱、东牟、高密四郡置青密节度使,治北海郡。是年,安氏燕国取北海郡为青州,别置北海节度使,唐青密节度使寄治彭城郡。

乾元元年,割河南节度使徐州来属。未几,安氏燕国北海节度使能元皓归唐,罢镇,青州还隶青密节度使,改高密郡为密州,东牟郡为牟州,东莱郡为莱州。是年,割汴州都防御使滑、濮二州来属,徐、淄二州还隶汴州都防御使,青密节度使还治青州。二年,以废汴州都防御使之淄、沂、海三州来属,是年,割滑州隶汴滑节度使,濮州隶齐兖郓都防御使,海州隶河南节度使。后上元元年,割河南节度使海州来属,割淄、沂二州隶淄沂节度使。二年,割兖郓节度使齐州来属。宝应元年,以废淄沂节度使之淄、德、棣、沧四州来属①,改为淄青平卢节度使,割莱、登、密、海四州隶兖郓节度使。是年,以废兖郓节度使之泗、登、莱、密、沂、海六州来属。广德元年,割德州隶滑卫节度使,沧州隶魏博等州都防御使。是年,割魏博节度使沧州、幽州节度使瀛州来属。未几,复割沧、瀛二州隶魏博节度使。大历四年,割海、沂、密三州隶海沂密都防御使。是年,以废海沂密都防御使之海、沂、密三州来属,割泗州隶河南节度使。十年,割魏博节度使德州来属。十一年,以废河南节度使之兖、徐、郓、曹、濮五州来属。十二年,移使治于郓州(以后沿革见本节附旧府新镇三"淄青平卢节度使")。建中三年,以废淄青平卢节度使之青、莱、登、兖、郓、齐、淄七州置淄青都团练观察使,治青州。兴元元年,复升为淄青平卢节度使,以废曹濮都团练观察使之曹、濮二州,废徐海沂密都团练观察使之徐、海、沂、密四州来属。贞元四年,移镇于郓州,割徐州隶徐泗节度使(以后沿革见本节附旧府新镇七"徐泗濠节度使")。元和十四年,淄青平卢节度使自郓州还治青州,割郓、曹、濮三州隶郓曹濮节度使,沂、海、兖、密四州隶沂海都团练观察使,淄青平卢节度使领青、莱、登、淄、齐五州。十五年,淄青平卢节度使领州未变。

大和元年(827),割齐州隶河北道横海军节度使。二年,割横海军节度使棣州来属②。咸通五年,割棣州隶天平军节度使。十三年,割天平军节度使齐、棣二州来属。十四年,淄青平卢节度使领青、莱、登、淄、齐、棣六州,治青州。

乾宁二年,割齐州隶武肃军防御使。

---

① 史志不载淄青平卢节度使领安东都护府及怀远军。按安东都护府、怀远军旧隶平卢节度使,淄青平卢节度使既系合并淄青、平卢节度使而置,且安东都护府、怀远军是时犹存(详参本编第四章《河北道》第四节"安东都护府"),则必隶淄青平卢节度使,今补。
② [日]圆仁《入唐求法巡礼行记》卷2(东寺观智院藏本):开成四年"青州都督府(按即淄青平卢节度使)管内有四个ѕ:莱州、登州、淄、涤州"。"涤州"当系"棣州"之形误,《大日本佛教全书》本校改为"青",误。

附旧府新镇六　海州总管府(618—624)—海州都督府(624—627)—海沂密都防御使(769)

隋末,李魏以臧君相为海州总管①,管海、楚、沭三州。武德元年,奉表归唐。二年,归王郑,隶徐州行台。四年,置涟、环二州②。是年,总管臧君相复归唐,隶陕东道行台,割楚州隶山南道行台西楚州总管府,废沭州。七年,改为海州都督府,割徐州都督府沂州来属。八年,废环州。九年,直属中央,废涟州。贞观元年,罢都督府,海州直属河南道,沂州隶徐州都督府。

大历四年,割淄青平卢节度使海、沂、密三州置海沂密都防御使,治海州。是年,罢镇,三州还隶淄青平卢节度使。

附旧府新镇七　徐州行台直辖地区(619—621)—徐州总管府(621—624)—徐州都督府(624—643)—河南节度使(759—761)—徐海沂密都团练观察使(782—784)—徐泗濠节度使(788—800)—徐州节度使(800—805)—武宁军节度使(805—862)—徐州观察使(863—869)—徐州都团练防御使(869—870)—徐州观察使(870)—感化军节度使(870—881)—武宁军节度使(881—893)—感化军节度使(893—894)—武宁军节度使(894—900)—感化军节度使(900—902)—武宁军节度使(902—907)

武德二年,王郑置徐州行台,直辖徐、泗、化三州。四年,置邳、鄫、仁、后涡四州。是年,平王郑,罢行台,置徐州总管府,隶陕东道行台,割兖州总管府沂州来属,割化州直属东南道行台。五年,徐州总管叛附刘汉③。是年,收复,仍隶陕东道行台,割后涡州隶亳州总管府。七年,改为徐州都督府,割沂州隶海州都督府。九年,直属中央。贞观元年,隶河南道,废鄫、邳二州,以废亳州都督府之北谯州、废海州都督府之沂州来属④。八年,改北谯州为谯州,沂州直属河南道,废仁州。十三年,徐州都督府督徐、谯、泗三州。十七年,罢徐州

---

① 史志不载此事。按《新唐志》、《太平寰宇记》载,隋大业末,海州帅臧君相据海、楚等州,并自置沭州,附李密,依当时情势推之,李密当以臧君相为总管,武德四年臧君相归唐时亦授总管,可证。据补。
② 《资治通鉴》武德四年六月:"海州贼帅臧君相以五州来降,拜海州总管。"除海、楚、沭三州外,当含涟、环二州,可知二州为王郑所置。
③ 《旧唐书》卷2《太宗纪》:"武德五年正月,时徐圆朗阻兵徐、兖,太宗回师讨平之。"《新唐书》卷55《徐圆朗传》:"会黑闼兵起,圆朗执彦师应之,自号鲁王。黑闼以为大行台元帅,兖、郓、陈、杞、伊(疑沂)、洛(疑泗)、曹、戴等州豪杰皆杀吏应贼。"
④ 李百药《唐故都督徐州五州诸军事徐州刺史临淄定公房公碑铭并序》(载《全唐文补编》卷4)云贞观三年赠官有"使持节都督徐泗仁谯沂五州诸军事"。

都督府,徐、泗二州直属河南道,废谯州。

至德元载,河南节度使自谯郡移治于彭城郡,仍领彭城、济阴、淄川、琅邪、东海、临淮、谯、汝阴、淮阳九郡。是年,济阴、淄川、谯三郡归安燕。未几,谯郡复来归。二载,收复陈留、睢阳、济阴、灵昌、濮阳五郡来属,移使治于陈留郡(以后沿革见本节"河南道直属地区"序)。

乾元二年,以废汴州都防御使之徐、泗二州置河南节度使,治徐州,割青密节度使海州,郑陈节度使颍、亳二州来属。是年,颍、亳二州还隶郑陈节度使。后上元元年,割海州隶青密节度使。二年,徐州归史氏燕国睢阳节度使,罢镇,泗州隶淮南西道节度使。建中三年,割曹濮都团练观察使徐、海、沂、密四州置徐海沂密都团练观察使,治徐州。兴元元年,罢镇,徐、海、沂、密四州隶淄青平卢节度使。贞元四年,割淄青平卢节度使徐州、淮南道淮南节度使泗州、废濠寿庐都团练观察使濠州置徐泗濠节度使,治徐州。十六年,割泗、濠二州隶泗濠观察使,改徐泗濠节度使为徐州节度使。永贞元年(805),改徐州节度使为武宁军节度使。元和元年,以废泗濠观察使之泗、濠二州来属。二年,改濠州为豪州。三年,复豪州为濠州。四年,置宿州。十五年,武宁军节度使领徐、泗、濠、宿四州,治徐州。

长庆元年(821),废宿州。大和七年,复置宿州。咸通三年,罢镇,徐州隶兖海节度使,濠州隶淮南节度使、宿、泗二州隶宿泗都团练观察使。四年,割兖海节度使徐州、淮南道淮南节度使濠州,及废宿泗观察使宿、泗二州置徐州观察使,治徐州。十年,降为徐州都团练防御使。十一年,复为徐州观察使,割泗州隶淮南道淮南节度使。是年,复割淮南节度使泗州来属,升徐州观察使为感化军节度使。十四年,感化军节度使领徐、泗、濠、宿四州,治徐州。

中和元年(881),复为武宁军节度使。景福二年(893),改为感化军节度使。乾宁元年,复改为武宁节度使。光化三年,又改为感化军节度使。天复二年,依旧改为武宁军节度使,移感化军额于京畿华州。

附旧府新镇八 宋州总管府(618—622)—亳州总管府(622—624)—亳州都督府(624—627)—河南节度使(756)—睢阳节度使(759—762)—宋亳颍节度使(781)—宣武军节度使(781—785)

武德元年,李魏置宋州总管府①,管宋、亳、陈、前涡、颍五州。是年,奉

---

① 《资治通鉴》武德元年二月:"李密遣房彦藻、郑颋等,东出黎阳,分道招慰州县,以梁郡太守杨汪为上柱国、宋州总管。"

表归唐①,隶陕东道行台。二年,置南谷、成二州,改颍州为信州。是年,归王郑②,隶徐州行台,割陈、信二州隶杞州总管府。三年,置文州,废前涡州,唐取亳州隶汴州总管府。四年,置东虞、北谯二州。是年,平王郑③,仍隶陕东道行台,割汴州总管府信州及以废梁州总管府之梁州来属,改梁州为东梁州,置沈州,废南谷、成、文三州。五年,移总管府治于亳州,改为亳州总管府④,改后涡州为北荆州,废东虞、东梁二州。六年,改信州为颍州。七年,改为亳州都督府。八年,废北荆州。九年,直属中央。贞观元年,罢都督府,废沈州,北谯州隶徐州都督府,亳、宋、颍三州直属河南道。

至德元载,以河南道直属地区之睢阳、灵昌、济阴、濮阳、淄川、东海、临淮、彭城、谯、汝阴、淮阳十一郡及鲁郡都督府琅邪郡置河南节度使,治睢阳郡。未几,睢阳郡陷于安氏燕国,移使治于灵昌郡(其后沿革见本节附旧府新镇一"河南节度使")。是年,河南节度使自灵昌郡移治谯郡,仍领谯、济阴、淄川、琅邪、东海、临淮、彭城、汝阴、淮阳九郡。未几,谯郡归安燕,河南节度使移治彭城郡(以后沿革见本节附旧府新镇七"河南节度使")。

乾元二年,史氏燕国取唐滑汴节度使宋、曹、濮三州,改为睢阳、济阴、濮阳三郡,置睢阳节度使,治睢阳郡。后上元二年,取唐河南节度使徐州来属,改为彭城郡,而济阴郡归唐淮南西道节度使。宝应元年,归唐,罢镇,复睢阳郡为宋州,彭城郡为徐州,濮阳郡为濮州,隶河南节度使。建中二年,割永平军节度使宋、亳、颍三州置宋亳颍节度使,治宋州。是年,改为宣武军节度使。贞元元年,割永平军节度使汴州来属,移镇于汴州(以后沿革见本节"河南道直属地区"序)。

附旧府新镇九　豫州总管府(618—624)—豫州都督府(624—627)—豫许汝节度使(758—762)—蔡汝节度使(762—773)—后淮西节度使(773—776)—淮宁军节度使(779—781)—后淮西节度使(781—798)—彰义军

---

① 其时陈州未降,唐讨平之,故《旧唐志》陈州云:"武德元年,讨平房宪伯。"房宪伯,祖君彦《为李密檄洛州文》(载《文苑英华》卷646)、《太平寰宇记》颍州汝阴县及《资治通鉴》作"房献伯"。
② 《旧唐书》卷187《夏侯端传》:"属李密为王世充所破,以众来降。关东之地,未有所属。端固请往招谕之,乃加大将军持节,为河南道招慰使。至黎阳,李勣发兵送之,自澶水济河,传檄郡县。东至于海,南至于淮,二十余州并遣使送款。行次谯郡,会亳州刺史丁叔则及汴州刺史王要汉并以所部降于世充,路遂隔绝。"可知宋、亳一带先送款于唐,后降于郑。
③ 《资治通鉴》武德四年六月:"以右骁卫将军盛彦师为宋州总管,安抚河南。"
④ 《资治通鉴》武德五年三月:"宋州总管盛彦师帅齐州总管王薄攻须昌……戊戌夜,〔李〕义满兄子武意执薄杀之,彦师亦坐死。"

节度使(798—816,816—817)—后淮西节度使(817—818)—奉国军防御使(881—882)—奉国军节度使(882—907)

隋末,李魏以豫、光、申三州置豫州总管府①,武德元年,奉表归唐,隶陕东道行台,光州属隋,申州直属朱楚。二年,豫州总管府直属王郑,置舆、息二州。三年,隶襄州行台。是年,复归唐②,仍隶陕东道行台。四年,置舒、北朗、道三州。七年,改为豫州都督府,废舆州③。九年,直属中央。贞观元年,罢都督府及舒、息、北朗、道四州,豫州直属河南道。

乾元元年,割前淮西节度使豫、许二州及都畿东畿观察使汝州置豫许汝节度使,治豫州。二年,许州归史燕滑郑汴节度使。宝应元年,改豫州为蔡州,改豫许汝节度使为蔡汝节度使,割淮南西道节度使申州来属,割许州隶淮南西道节度使。大历三年,置仙州。五年,废仙州。八年,改为后淮西节度使,仍治蔡州,以废淮南西道节度使之安、光、许、随、唐五州来属④。十一年,以废河南节度使之汴州并割永平军节度使陈州来属,移镇于汴州(以下沿革见本节"河南道直属地区")。十四年,以废后淮西节度使之蔡、申、安、光、许、随、唐七州置淮宁军节度使,治蔡州,以江南西道废鄂岳都团练观察使沔、蕲、黄三州来属。建中二年,复改为后淮西节度使,置溵州,废沔州。四年,复置沔州。兴元元年,归李楚,割沔、蕲、黄三州隶江南西道鄂岳都团练观察使。贞元元年,割唐州隶都畿东畿汝唐邓都防御观察使,许州隶义成军节度使⑤。二年,复归唐,废溵州。三年,割安、随二州隶山南东道节度使。十四年,改为彰义军节度使。元和十一年,以山南东道废唐随邓节度使之唐、随、邓三州来属,移镇于唐州(以后沿革见本编第十二章《山南东道》第一节附旧府新镇三"彰义军节度使")。是年,还镇于蔡州,割邓、唐、随三州隶山南东道唐随邓节度使。十二年,又改为后淮西节度使,治行蔡州。是年,改行蔡州为溵州,割

---

① 《册府元龟》卷164:"武德三年九月,王世充豫州豪右杨仲达以三州之地来降,拜仲达为上柱国,赐食邑三千户,其子规为豫州总管,行模为息州刺史。"可知豫州总管府至迟置于王郑时。又据《旧唐书》卷53《李密传》:"仍作书以移郡县曰:'清河公房彦藻近秉戎律,略地东南,师之所临,风行电击,安陆、汝南,随机荡定。'"则大业末隋汝南郡已为房彦藻略定,总管府当置于是时。
② 《旧唐书》卷2《太宗纪》:武德三年九月,"遣李世勣率师出辕辕道安抚其众,荥、汴、洧、豫(舆、息)九州相继来降。"
③ 《旧唐志》蔡州:"七年,改为(豫州)都督府,废舆、道、舒、息四州。"按是年仅废舆州,道、舒、息三州皆废于贞观元年,此误,李峤《攀龙台碑》(载《文苑英华》卷875)云,武德九年,武士彠任使持节豫息舒道等四州诸军事豫州都督,可证。
④ 武强《唐淮西节度使相关问题考论》(载《史学月刊》2006年第4期)以为大历八年淮西节度使有陈、寿二州,恐非。
⑤ 武强《唐淮西节度使相关问题考论》以为兴元元年至贞元元年淮西节度使有陈州无溵州,恐非。

隶忠武军节度使。十三年,罢镇,蔡州隶忠武军节度使,光州隶淮南道淮南节度使,申州隶江南西道鄂岳都团练观察使。

中和元年,割忠武军节度使蔡州置奉国军防御使。二年,升为奉国军节度使。乾宁四年,割淮南节度使光州①、江南西道武昌军节度使申州来属。

附旧府新镇十 许州都督府(639—642)—前淮西节度使(756—758)—陈许节度使(787—804)—忠武军节度使(804—907)

贞观十三年,割河南道直属许、陈、颍、豫、后唐五州置许州都督府②。十六年,罢许州都督府,许、陈、颍、豫四州直属河南道,后唐州直属山南道。

天宝十五载(至德元载),以河南道直属颍川、汝南二郡置前淮西节度使③,治颍川郡。是年,安氏燕国取颍川郡,节度使治移治汝南郡,割淮南道淮南节度使弋阳、义阳二郡来属。至德二载,收复颍川、荥阳二郡来属,还使治于颍川郡。乾元元年,复颍川郡为许州,荥阳郡为郑州,汝南郡为豫州,弋阳郡为光州,义阳郡为申州,移使治于郑州(以后沿革见本编第五章《都畿》附旧府新镇一"前淮西节度使")。

贞元三年,割义成军节度使陈、许二州置陈许节度使,治许州。二十年,改为忠武军节度使。元和十二年,割后淮西节度使溵州来属。十三年,以废后淮西节度使之蔡州来属。十五年,忠武军节度使领许、陈、溵、蔡四州,治许州。

长庆元年,废溵州。咸通十四年,忠武军节度使领许、陈、蔡三州,治许州。

中和元年,割蔡州隶奉国军防御使。龙纪元年(889),移治陈州。乾宁元年,割佑国军节度使汝州来属。光化三年,汝州还隶东畿观察防遏使。天祐元年,复移治许州。

附新镇 泗濠观察使(800—806)—宿泗都团练观察使(862—863)

贞元十六年④,割徐泗濠节度使泗、濠二州置泗濠观察使,治泗州,隶淮南道。元和元年,罢镇,泗、濠二州隶河南道武宁军节度使。

咸通三年,以废武宁军节度使之宿、泗二州置宿泗都团练观察使,治宿

---

① 《新唐表》作"和州",今依《方镇研究》第74页考证改正。
② 《旧唐志》许州:"贞观十三年,改置都督府,管许、唐、陈、颍四州。"按是时豫州亦属河南道,若不在许府管内,即为飞地,于唐初政区情势不合,疑《旧唐志》此语脱豫州,今补。
③ 《方镇研究》第79页据《新唐表》以为有荥阳郡,按荥阳郡是时尚为燕国所据,当是虚领,今以至德二载收复起算。另,是年虽诏置淮西节度使,然首任节度使来瑱到镇实在翌年。
④ 《方镇研究》第197页云:元和元年,泗濠观察使置而旋罢。按同书第74页则论证泗濠观察使始置于贞元十六年,中无罢废,故知其第197页为误。

州。四年,罢镇,宿、泗二州隶徐州观察使。

第二节 鲁郡(兖州)都督府

兖州总管府(618,619,620—622)—兖州道行台(622—623)—兖州都督府(640—742)—**鲁郡都督府**(742—756)—兖郓节度使(759—762)—沂海都团练观察使(819—820)—兖海都团练观察使(820—822)—兖海节度使(822—834)—兖海观察使(834—851)—兖海节度使(851—876)—泰宁军节度使(876—907)

隋末,李魏置兖州总管府,管兖、沂二州。武德元年(618),罢于宇文许,二州复为郡。二年,徐圆朗以兖、沂二州归唐①,复置兖州总管府。是年,罢于窦夏②。三年,王郑复置兖州总管府③,隶徐州行台。四年,总管徐圆朗来归,置麟、金、昌三州。是年,割沂州隶徐州总管府,废昌州。五年,附刘氏汉东国,罢总管府,置兖州道行台,辖兖、沂、郓、范、寿、济、麟、金、杞、陈、曹、戴、濮、徐、鄑、泗、仁、邳、北谯十九州④。是年,唐取济州隶齐州总管府,陈、杞二州隶汴州总管府,徐、沂、泗、仁、邳、鄑六州隶徐州总管府,郓、曹、戴、濮四州隶郓州总管府,北谯州隶亳州总管府,废范、寿、麟、金四州。六年,平徐圆朗,罢行台,兖州隶郓州总管府。贞观十四年(640),以河南道直属兖、戴⑤、沂三州置兖州都督府。十七年,废戴州。

武周长安四年(704),兖州都督府督兖、沂二州。

唐天宝元年(742),复兖州为鲁郡,沂州为琅邪郡,改兖州都督府为鲁郡都督府。十三载,鲁郡都督府督鲁、琅邪二郡。至德元载(756),以鲁郡隶郓齐兖都防御使,琅邪郡隶河南节度使,都督成虚职。

乾元二年(759),以废齐兖郓都防御使之兖、郓二州置兖郓节度使,治兖

---

① 《资治通鉴》武德二年七月:"海岱贼帅徐圆朗以数州之地请降。"
② 《旧唐书》卷54《窦建德传》:"武德二年九月,陷黎阳……齐、济二州及兖州贼帅徐圆朗皆闻风而下。"
③ 《旧唐书》卷55《徐圆朗传》:"初附于李密,密败,归王世充。"则知圆朗先附窦夏,后附王郑。《资治通鉴》武德四年七月:"海岱贼帅徐圆朗以数州之地请降,拜兖州总管,封鲁国公。"圆朗降唐之前已领数州,则至迟在王郑时已置总管府。
④ 《资治通鉴》武德四年八月载,(兖州总管徐)圆朗执(盛)彦师举兵反,(刘)黑闼以圆朗为大行台元帅,兖、郓、陈、杞、伊、(洛)〔沂〕、曹、戴等八州豪右皆应之。按刘黑闼建汉东国在武德五年正月,今以五年起算。
⑤ 《旧唐志》、《太平寰宇记》原作"泰"。按东泰州贞观元年已废,不隶兖州都督府,而是时戴州未废,当属兖州都督府,今改。

州。后上元元年(760),收复史氏燕国济南郡来属,复为齐州。二年,割齐州隶青密节度使①。宝应元年(762),收复史氏燕国睢阳节度使彭城郡来属,复为徐州,又以废青密节度使之莱、登、密、海四州,废淄沂节度使之沂州,并割淮南西道节度使泗州来属。是年,罢镇,兖、徐、郓三州隶河南节度使,莱、登、密、沂、海、泗六州隶淄青平卢节度使。元和十四年(819),割淄青平卢节度使兖、海、沂、密四州置沂海都团练观察使,治沂州。十五年,移治兖州,改为兖海都团练观察使,仍领兖、沂、密、海四州。

长庆二年(822),升为兖海节度使。大和八年(834),降为兖海观察使。大中五年(851),复升为兖海节度使。咸通三年(862),以废武宁军节度使之徐州来属。四年,割徐州隶徐州观察使。十四年,兖海节度使领兖、沂、密、海四州,治兖州。

乾符三年(876),改为泰宁军节度使。

(一)鲁郡(兖州)

鲁郡(618—619)—兖州(619—742)—鲁郡(742—756)—兖州(756)—鲁郡(756—758)—兖州(758—907)

鲁郡,本隋旧郡,领瑕丘、曲阜、泗水、邹、任城、平陆、龚丘、梁父、博城、嬴十县。隋末,李魏改为兖州,以隋旧州为名,置总管府。武德元年,直属宇文许,罢总管府,为鲁郡。二年,归唐,仍为兖州,置总管府。是年,罢总管府,兖州隶窦夏河南道行台。三年,归王郑,复置总管府。四年,复归唐。五年,附刘汉,罢总管府,置兖州道行台。是年,唐置行兖州于郓州②,隶郓州总管府,割梁父、博城、嬴三县隶东泰州。六年,平徐圆朗,罢行台及行兖州,兖州隶郓州总管府。七年,隶郓州都督府。贞观元年,直属河南道,以废东泰州之博城县来属,省曲阜县。八年,复置曲阜县。十三年,兖州领瑕丘、曲阜、泗水、邹、任城、平陆、龚丘、博城八县,治瑕丘县。十四年,割置兖州都督府。十七年,以废戴州之金乡、方与二县来属。

乾封元年(666),改博城县为乾封县。总章元年(668),复改乾封县为博

---

① 赖青寿《方镇研究》第82页云:后上元二年"以徐州隶兖郓节度使"。按是年徐州犹属史燕睢阳节度使,翌年始归唐,疑赖说误。
② 史志不载此事。按两《唐志》皆云,武德五年平徐圆朗。而核诸唐史,徐圆朗实于武德六年二月始灭,盖武德五年徐圆朗所据兖州已成孤城,外围各县已为唐收复,故有武德五年平徐圆朗之谓。依唐代惯例,州城未收复时,当别置行州以领诸县,故补。

城县。

武周长安四年,置莱芜县,兖州领瑕丘、曲阜、泗水、邹、方与、金乡、任城、平陆、龚丘、博城、莱芜十一县,仍治瑕丘县。

唐神龙元年(705),又改博城县为乾封县。

天宝元年,复为鲁郡,隶鲁郡都督府,改平陆县为中都县。十三载,鲁郡领瑕丘、曲阜、泗水、邹、方与、金乡、任城、中都、龚丘、乾封、莱芜十一县,治瑕丘县。十五载(至德元载),归安氏燕国[①],改为兖州,隶北海节度使。是年,归唐,复为鲁郡,隶齐郓兖都防御使。

乾元元年,复为兖州。二年,置兖郓节度使,为使治。后上元元年,割莱芜县隶淄州。宝应元年,罢镇,兖州隶河南节度使,改方与县为鱼台县。大历十一年(776),隶淄青平卢节度使。建中三年(782),隶淄青都团练观察使。贞元四年(788),复隶淄青平卢节度使,割淄州莱芜县来属。十四年,割中都县隶郓州。元和十四年,隶沂海都团练观察使,割郓州中都县来属,权割鱼台县隶徐州。是年,割中都县隶郓州。十五年,自沂州移使治于此,复割徐州鱼台县来属,省莱芜县。是年,兖州领瑕丘、曲阜、泗水、邹、鱼台、金乡、任城、龚丘、乾封九县,仍治瑕丘县。

长庆二年,隶兖海节度使,为使治。大和元年,复置莱芜县。八年,隶兖海观察使,为使治。咸通十四年,兖州领瑕丘、曲阜、泗水、邹、鱼台、金乡、任城、龚丘、乾封、莱芜十县,治瑕丘县。

乾符三年,隶泰宁军节度使,仍为使治。

1. 瑕丘县(618—907)

本隋鲁郡旧县,隋末,隶兖州,为州治。武德元年,隶鲁郡,为郡治。二年,复隶兖州,为州治。天宝元年,复隶鲁郡,为郡治。乾元元年,复隶兖州,为州治。

2. 曲阜县(618—627,634—907)

本隋鲁郡旧县,隋末,隶兖州。武德元年,隶鲁郡。二年,复隶兖州。贞观元年,省入瑕丘县。八年,析瑕丘县复置曲阜县,仍隶兖州。天宝元年,隶鲁郡。乾元元年,复隶兖州。

3. 泗水县(618—907)

本隋鲁郡旧县,隋末,隶兖州。武德元年,隶鲁郡。二年,复隶兖州。天宝元年,隶鲁郡。乾元元年,复隶兖州。

[①] 《资治通鉴》至德元载十二月:"是月,鲁、东平、济阴陷于贼。"

4. 邹县(618—907)

本隋鲁郡旧县,隋末,隶兖州。武德元年,隶鲁郡。二年,复隶兖州。天宝元年,隶鲁郡。乾元元年,复隶兖州。

5. 方与县(618—762)—鱼台县(762—907)

方与县,本隋彭城郡旧县,隋末,隶徐州。武德四年,割隶金州。五年,州废,改隶戴州。十七年,州废,改隶兖州。天宝元年,隶鲁郡。乾元元年,复隶兖州。宝应元年,避代宗嫌名,改为鱼台县,以城北有鲁公观鱼台为名。元和四年,移治黄台市(今山东鱼台县鱼城镇)①。十四年,权割隶徐州。十五年,还隶兖州。

6. 金乡县(618—907)

本隋济阴郡旧县,隋末,隶曹州。武德四年,割隶金州,为州治。五年,州废,改隶戴州,自成武县移州治于此,并析置昌邑县。八年,省昌邑县来属。贞观十七年,州废,还隶兖州。天宝元年,隶鲁郡。乾元元年,复隶兖州。

附旧县:昌邑县(622—625)

武德五年,析金乡县置昌邑县,以隋旧县为名,治故金乡城(今山东金乡县胡集镇鱼山集)②,隶戴州。八年,省入金乡县。

7. 任城县(618—907)

本隋鲁郡旧县,隋末,隶兖州。天宝元年,隶鲁郡。乾元元年,复隶兖州。

8. 平陆县(618—742)—中都县(742—907)

中都县,本隋鲁郡平陆县,隋末,隶兖州。天宝元年,移治中都城(今山东汶上县城汶上街道)③,以与都畿陕郡县名重,改为中都县,取古中都国城为名,隶鲁郡④。乾元元年,复隶兖州。贞元十四年,割隶郓州。元和十四年,复隶兖州。是年,又隶郓州⑤。

9. 龚丘县(618—907)

本隋鲁郡旧县,隋末,隶兖州。天宝元年,隶鲁郡。乾元元年,复隶兖州。

---

① 《太平寰宇记》单州鱼台县:"(州)东北九十里。"《方舆胜览》鱼台县:"(鱼台)故城在今县东。"《地图集》宋、元、明图幅仍标鱼台县于故方与城(今鱼台县王庙镇旧城村),恐误。
② 《太平寰宇记》济州金乡县:"昌邑故城,在今县北四十二里。"
③ 《元和志》郓州中都县:"西北至州一百里。"
④ 《元和志》郓州中都县:"天宝元年改为中都,割属郓州。"《旧唐志》亦于兖州天宝领县后云:"中都割属郓州。"然《太平寰宇记》郓州中都县明言:"天宝元年三月改为中都县,所隶不改。"又考《旧唐志》,兖州天宝领县十一,仍含中都县;郓州天宝领县五,不含中都县。是知《元和志》乃误以天宝元年中都县移治、改名之事为改隶,《旧唐志》含糊其辞。今依《通典》、《新唐志》,天宝间中都县仍属鲁郡(兖州)。
⑤ 《太平寰宇记》郓州中都县:"后自郓复隶兖州,寻又复归郓焉。"今按兖州于元和十四年有方与县割出割入,推测中都县亦于是时出入兖、郓之间。

10. 博城县(618—666)—乾封县(666—668)—博城县(668—705)—乾封县(705—907)

乾封县,本隋鲁郡博城县,隋末,隶兖州。武德五年,割隶东泰州,为州治。贞观元年,州废,省梁父、嬴、肥城、岱四县来属,博城县还隶兖州。乾封元年,高宗封泰山,改为乾封县,以年号为名。总章元年,复为博城县。长安四年,析置莱芜县。神龙元年①,又改为乾封县。天宝元年,隶鲁郡。乾元元年,复隶兖州。元和十五年,省莱芜县来属。大和元年,复析置莱芜县。

附旧县1：梁父县(618—627)

本隋鲁郡旧县,隋末,隶兖州。武德五年,割隶东泰州。贞观元年,州废,省入博城县。

附旧县2：岱县(622—627)

武德五年,析博城县置岱县,以岱岳为名,治故岱山城(今山东泰安市岱岳区良庄镇)②,割隶东泰州。贞观元年,州废,省入博城县及济州平阴县。

附旧县3：肥城县(622—627)

武德五年,析博城县置肥城县,以隋济北郡旧县为名,治故肥城(今山东肥城市老城街道),割隶东泰州。贞观元年,州废,省入博城县及济州平阴县。

11. 嬴县(618—627)—莱芜县(704—820,827—907)

莱芜县,本隋鲁郡嬴县,隋末,隶兖州。武德五年,割隶东泰州。贞观元年③,省入博城县。长安四年,析博城县置莱芜县,以汉旧县为名,治故嬴城(今山东莱芜市莱城区羊里镇朱家庄)④,隶兖州。天宝元年,隶鲁郡。乾元元年,复隶兖州。后上元元年,割隶淄州⑤。贞元四年,还隶兖州⑥。元和十五年⑦,省入乾封县。大和元年,析乾封县复置莱芜县,仍隶兖州。

---

① 《元和志》兖州乾封县作"长安元年",《唐会要》卷70兖州博城县作"神龙二年",今依两《唐志》。
② 《太平寰宇记》兖州乾封县："废岱山县,在县东南四十里,依徂莱山。大业二年,废入博城县。"
③ 《新唐志》作"武德六年",《唐会要》卷70兖州条曹华奏引《图经》作"贞观三年",今依《元和志》、《唐会要》卷70兖州莱芜县、《旧唐志》、《太平寰宇记》。
④ 《史记正义·田儋列传》引《括地志》："故嬴城,在兖州博城县东北百里。"《元和志》兖州莱芜县："西南至州二百六十里。"乾封县："西南至州一百六十里。"《大清一统志》卷142泰安府："嬴故城,在莱芜县西北。《县志》：'古城,在县西四十里北汶水之北,俗名城子,县即故嬴城也。'"揆其道里,当在今莱芜市西北羊里镇朱家庄。《地图集》置于今莱芜市东北五十余里之苗山镇常庄村,距博城县(即乾封县,今泰安市泰山区邱家店镇旧县村)远达一百六十里,且不临北汶水,未知所据,不取。
⑤ 史志不载此事。按莱芜县天宝中犹属兖州,《唐会要》载贞元四年复割隶兖州,则天宝后曾割隶淄州,今姑定于后上元元年以淄州置淄沂节度使之时。
⑥ 《唐会要》卷70。
⑦ 《旧唐志》、《唐会要》作"十七年",按元和无十七年,《太平寰宇记》作"十四年",今依《旧唐书·穆宗纪》、《新唐志》。

附旧州一：戴州(619—643)

武德二年①，王郑割曹州成武县置戴州，以隋旧州为名，治成武县，隶曹州总管府，并置高乡、凿城二县。四年，隶窦夏河南道行台。是年，归唐。五年，直属刘汉兖州道行台。是年，复归唐，隶郓州总管府，割宋州单父、楚丘二县并以废金州之方与、金乡二县来属②，移州治于金乡县，省高乡、凿城二县。贞观元年，直属河南道，割郓州乘丘、巨野二县来属。八年，省乘丘县。十三年，戴州领金乡、方与、单父、楚丘、成武、巨野六县，治金乡县。十四年，隶兖州都督府。十七年③，州废，金乡、方与二县隶兖州，单父、楚丘二县隶宋州，成武县隶曹州，巨野县隶郓州。

附旧州二：金州(621—622)

武德四年，王郑割曹州金乡县、徐州方与县置金州，以金乡县首字为名，治金乡县，隶兖州总管府④。是年，归唐。五年，直属刘汉河南道行台。是年，归唐，州废，金乡、方与二县隶戴州。

附旧州三：东泰州(622—627)

武德五年，割兖州博城、嬴、梁父三县置东泰州，以州境泰山为名，治博城县，并析置岱、肥城二县，隶兖州总管府。贞观元年，州废，省嬴、岱、梁父、肥城四县，博城县还隶兖州。

(二) 琅邪郡(沂州)

琅邪郡(618—619)—沂州(619—742)—**琅邪郡**(742—758)—沂州(758—907)

琅邪郡，本隋旧郡，领临沂、颛臾、新泰、沂水、莒五县⑤，隋末，李魏改为沂州，治临沂县，隶兖州总管府。武德元年，归宇文许，为琅邪郡。二年，归唐，仍为

---

① 两《唐志》作"四年"，按《资治通鉴》武德二年十二月："李世勣复遣人说窦建德曰：曹、戴二州户口完实，孟海公窃有其地，与郑人外合内离。"则戴州实始置于王郑部将孟海公。据改。
② 《新唐志》曹州成武县："武德四年，以成武及宋州之单父、楚丘置戴州。"按《元和志》、《唐会要》、《旧唐志》均以单父、楚丘二县武德五年隶戴州。盖武德四年已有此议，因徐圆朗之叛，延至五年始实施。
③ 《唐会要》作"七年"，《资治通鉴》系于十三年，今依两《唐志》。
④ 史志不载金州归属。按《册府元龟》卷126及《资治通鉴》武德五年二月："金乡人杨孝诚叛徐圆朗，以城来降。"是知此前金州隶兖州总管府。
⑤ 《隋志》琅邪郡有费、东安二县，共七县。按《元和志》沂州费县："大业末，为贼潘当所破，武德四年重置。"东安县亦不见于唐初记载，当废于隋末，今并删。

沂州，隶兖州总管府。是年，直属窦夏河南道行台。三年，归王郑。四年，复归唐，隶徐州总管府，置临沭、兰山、费、昌乐四县。五年，直属刘汉兖州道行台。是年，归唐，仍隶徐州总管府，割莒、新泰、沂水三县隶莒州。六年，省临沭、兰山、昌乐三县。七年，隶海州都督府。贞观元年，隶徐州都督府，以废鄫州之承县来属，省颛臾县。八年，直属河南道，以废莒州之新泰、沂水二县来属。十三年，沂州领临沂、承、费、新泰、沂水五县，治临沂县。十四年，割隶兖州都督府。

武周长安四年，沂州领县不变。

唐天宝元年，复为琅邪郡，隶鲁郡都督府。十三载，琅邪郡领临沂、承、费、新泰①、沂水五县，治临沂县。至德元载，隶河南节度使。

乾元元年，复为沂州，隶汴州都防御使。二年，隶青密节度使。后上元元年，隶淄沂节度使。宝应元年，隶兖郓节度使。是年，复隶淄青平卢节度使。元和十四年，割隶沂海都团练观察使，为使治。十五年，罢镇，隶兖海都团练观察使，沂州领县一如天宝十三载。

长庆二年，隶兖海节度使。大和八年，隶兖海观察使。大中五年，复隶兖海节度使。咸通十四年，沂州领县不变。

乾符三年，隶泰宁军节度使。

1. 临沂县（618—907）

本隋琅邪郡旧县，隋末，隶沂州，为州治。武德元年，隶琅琊郡，为郡治。二年，复隶沂州，为州治。四年，析置费、临沭、兰山、昌乐四县。六年，省临沭、兰山、昌乐三县来属。天宝元年，隶琅邪郡，为郡治。乾元元年，复隶沂州，为州治。

附旧县1：临沭县（621—623）

武德四年，析临沂县置临沭县，以县临沭水为名，治临沭城（今山东临沭县城临沭街道），隶沂州。六年，省入临沂县。

附旧县2：兰山县（621—623）

武德四年，析临沂县置兰山县，以兰山为名，治兰山城（今山东临沂市罗庄区册山街道）②，隶沂州。六年，省入临沂县。

附旧县3：昌乐县（621—623）

武德四年，析临沂县置昌乐县，治昌乐城（今山东沂南县城界湖街道）③，

---

① 《州郡典》作"新太"，今依《元和志》、两《唐志》、《太平寰宇记》。
② 《大清一统志》卷140沂州府："兰山，在兰山县南八十里，县以此山得名。兰山故城，《旧志》：'兰山社，在州南九十里，即故兰山县。'"
③ 依地理形势推定。

隶沂州。六年,省入临沂县。

2. 承县(621—907)

武德四年,析兰陵县置承县,以隋旧县为名,治檀丘城(今山东枣庄市峄城区坛山街道)①,隶鄫州,为州治。贞观元年,州废,省兰陵、鄫城二县来属,承县改隶沂州。天宝元年,隶琅邪郡。乾元元年,复隶沂州。

附旧县1:兰陵县(618—627)

本隋彭城郡旧县,隋末,隶徐州。武德四年,移治新兰陵城(今山东兰陵县兰陵镇田家庄)②,割隶鄫州,并析置承、鄫城二县。贞观元年,州废,省入承县。

附旧县2:鄫城县(621—627)

武德四年,析兰陵县置鄫城县,以隋旧县为名③,治故鄫城(今兰陵县尚岩镇万村)④。贞观元年,州废,省入承县。

3. 费县(621—907)

武德四年,析临沂县置费县,治故费城(今费县城费城街道),以隋旧县为名,隶沂州。贞观元年,省颛臾县来属。天宝元年,隶琅邪郡。乾元元年,复隶沂州。

附旧县:颛臾县(618—627)

本隋琅邪郡旧县,隋末,隶沂州。贞观元年,省入费县。

4. 新泰县(618—907)

本隋琅邪郡旧县,隋末,隶沂州。武德元年,隶琅琊郡。二年,复隶沂州。五年,割隶莒州。贞观八年,州废,还隶沂州。天宝元年,隶琅邪郡。乾元元年,复隶沂州。

5. 沂水县(618—907)

本隋琅邪郡旧县,隋末,隶沂州。武德元年,隶琅琊郡。二年,复隶沂州。五年,割隶莒州,为州治。贞观八年,州废,还隶沂州。天宝元年,隶琅邪郡。乾元元年,复隶沂州。

---

① 《唐会要》卷70沂州:"承县:武德四年,于檀丘置县。"《元和志》沂州承县:"东北至州一百八十五里。武德四年又于此置鄫州,又改兰陵县为承县。"《太平寰宇记》沂州承县:"县理城即隋鄫州城也。"则檀丘城即故鄫城城,隋末兰陵县治此。
② 《太平寰宇记》沂州承县:"兰陵县城,在县东六十里。"遗址尚存,在今兰陵镇南,旧属苍山县,见《中国文物地图集·山东分册》下册,第744页。
③ 《太平寰宇记》沂州承县:"隋开皇十六年,分承立鄫城县,属鄫州。大业省入兰陵县。"
④ 《太平寰宇记》沂州承县:"故鄫城,在县东八十里。"遗址尚存,在今尚岩镇,旧属苍山县,见《中国文物地图集·山东分册》下册,第744页。

附旧州一：鄫州(621—627)

武德四年，王郑割徐州兰陵县隶鄫州，以隋旧州为名，并析置承、鄫城二县，治承县，直属徐州行台。是年，归唐，隶徐州总管府。五年，直属刘汉兖州道行台。是年，归唐，仍隶徐州总管府。贞观元年①，州废，省兰陵、鄫城二县，承县隶沂州。

附旧州二：莒州(622—634)

武德五年，平徐圆朗，割沂州沂水、新泰、莒三县置莒州，以古莒国为名，治沂水县，隶青州总管府。贞观元年，直属河南道。八年，州废，沂水、新泰二县还隶沂州，莒县还隶密州。

附新国　李希烈大楚国(784—786)

兴元元年，李希烈据汴、滑、郑、汝、许、溵、蔡、申、安、随、唐、邓、襄等州称帝，国号大楚，建元武成，改汴州为大梁府，以为都城，寻取陈州；披其地建郑滑、陈许、淮西、山南东四节度。是年，兵败，大梁、郑、滑、汝等府州归唐，希烈移居蔡州。贞元元年，许、溵、陈、申、安、随、襄、唐、邓等州归唐，寻复取唐、邓二州。二年，希烈卒，国亡②，蔡、唐、邓三州复归唐。

---

① 《元和志》作"八年"，《太平寰宇记》作"六年"，今依两《唐志》、《唐会要》。
② 《旧唐书》卷145《李希烈传》；《新唐书》卷225《李希烈传》；《资治通鉴》兴元元年至贞元二年。

第七章 淮 南 道

东南道行台(619—620)—扬州大都督府(626—636)—淮南道(636—907)

武德二年(619),隋东道大总管杜伏威归唐,以为和州总管、东南道行台尚书令①,行台治和州,亦称淮南道行台②;隋江都郡太守陈稜归唐,以为前扬州总管,隶东南道行台。是年,罢前扬州总管府。三年,罢和州总管府为行台直辖地区,行台移治后扬州(以后沿革见本编第八章《江南东道》序)③。九年,以废后扬州大都督府直辖地区及苏、越、括、泉、循、舒、寿、歙、宣九州都督府置扬州大都督府④。贞观元年(627),罢寿、舒、苏、括、泉、宣、歙七州都督府,割循州都督府隶广州大都督府。四年,置润州都督府。十年,降扬州大都督府为扬州都督府,并割山南道安州都督府合为淮南道(监理区),无治所;罢润州都督府,越州都督府属江南道。十三年,淮南道有一直属地区及扬、安二州都督府。

武周长安四年(704),淮南道统府一如贞观十三年。

唐开元四年(716),始以扬州都督府长史兼淮南道按察使⑤。二十二

---

① 《旧唐书》卷1《高祖纪》:"武德二年九月丁丑,和州贼帅杜伏威来降,授和州总管、东南道行台尚书令,封楚王。"
② 《资治通鉴》武德六年八月:"淮南道行台仆射辅公祏反。"
③ 《旧唐书》卷1《高祖纪》:"武德三年六月壬辰,诏以和州总管、东南道行台尚书令、楚王杜伏威为使持节总管江淮以南诸军事、扬州刺史、东南道行台尚书令、淮南道安抚使,进封吴王,赐姓李氏。"《旧唐志》扬州大都督府序:"武德三年,杜伏威归国,于润州江宁县置扬州,以江都郡为兖州,置东南道行台。"然据《旧唐志》润州上元县:"武德三年,于县置扬州(按即后扬州),仍置东南道行台。"今定于后扬州。
④ 《大唐司空开府仪同三司扬州荆州二大都督并州大总管上柱国襄邑恭王之碑铭》(载《唐文续拾》卷14)云:"王韦神符……(武德)九年,除使持节大都督扬润常和楚方滁七州、寿苏越括歙宣舒循巢九州都督诸军事、扬州刺史。"即扬州大都督府除直辖七州外,尚统九州都督府,其巢州都督府不见史载(巢州废于武德七年)。罗凯《隋唐政治地理格局研究》第229页以为是"泉州都督府"之误。今从之,参详第八章《江南东道》第三节《长乐郡(福州)都督府》序注。
⑤ 参见严耕望:《景云十三道与开元十六道》;郁贤皓:《唐刺史考全编》。

年①,以扬州都督府长史兼淮南道采访处置使。

天宝元年(742),改扬州都督府为广陵郡都督府,安州都督府为安陆郡都督府②。十三载,淮南道有一直属地区及广陵、安陆二郡都督府,治广陵郡(见图10)。十五载,以广陵郡都督府置淮南节度使,罢安陆郡都督府。

乾元二年(759),置淮南西道节度使。后上元二年(761),置舒庐寿都团练使。是年,罢舒庐寿都团练使。大历八年(773),罢淮南西道节度使。兴元元年(784),置濠寿庐都团练观察使。贞元四年(788),罢濠寿庐都团练观察使。十六年,割河南道泗濠观察使来属,置舒庐滁和都团练使。元和元年(806),罢泗濠观察使。二年,罢舒庐滁和都团练使。十五年,淮南道有淮南节度使一镇。

咸通十四年(873),淮南道仍有淮南节度使一镇。

天祐四年(907),淮南节度使归唐吴王杨渥。

第一节 广陵郡(扬州)都督府

前扬州总管府(619)—扬州大都督府直辖地区(626—636)—扬州都督府(636—742)—广陵郡都督府(742—756)—淮南节度使(756—907)

武德二年(619),隋江都太守陈稜以郡归唐,改为前扬州,置前扬州总管府,隶东南道行台。是年,归李吴,罢总管府。九年,以后扬州大都督府直辖之扬、常、润、南和、滁、方、楚七州为扬州大都督府直辖地区③。贞观元年(627),以废寿州都督府之寿、濠二州,废舒州都督府之舒、庐二州,废歙州都督府之歙、东睦二州,废宣州都督府之宣州,废苏州都督府之苏、湖、杭三州来属④,废方州。四年,割润、常、苏、湖、杭、东睦、歙、宣八州隶润州都督府。八年,改南和州为和州。十年,复为扬州都督府,属淮南道,以废润州都督府之润、常、歙、宣四州来属。是年,割楚、舒、庐、濠、寿五州直属淮南道。十三年,

---

① 《册府元龟》卷162原作"二十三年",据严耕望《景云十三道与开元十六道》考改。
② 《州郡典》淮南道有广陵、安陆、弋阳、义阳、庐江、蕲春、同安、永阳、钟离、寿春、齐安、淮阴、汉阳、历阳十四郡,当为天宝元年之数。是年又割山南东道富水、汉东二郡来属,而《州郡典》未予增入。
③ 《旧唐志》扬州大都督府:"武德九年,置大都督,督扬、和、滁、楚、舒、庐、寿七州。"按是年舒、庐二州犹属舒州都督府,寿州犹属寿州都督府,则七州名称有误,今依《大唐司空开府仪同三司扬州荆州二大都督并州大总管上柱国襄邑恭王(李神符)之碑铭》改。
④ 据《唐会要》卷78,贞观二年,濮王泰除使持节大都督扬、州、常、海、润、楚、舒、庐、濠、寿、歙、苏、杭、宣、东睦、南和等十六州诸军事扬州刺史。"州"当为"滁"字之误,"海"当为"湖"字之误,由《大唐赠太尉雍州牧故濮恭王(李泰)墓志铭》(载2001年《郏县志》)可证。

上编·第七章 淮南道

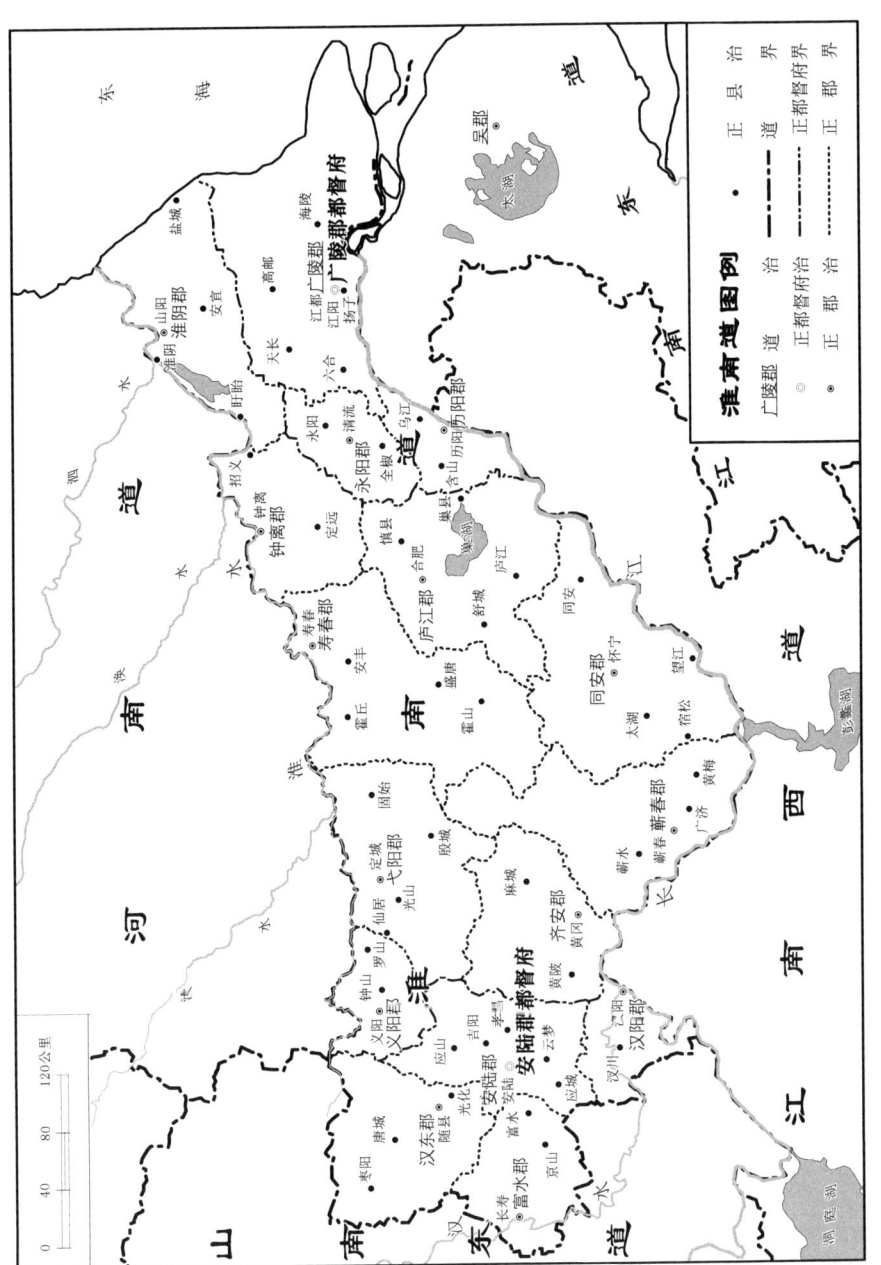

图 10 天宝十三载(754)唐朝淮南道行政区划

扬州都督府督扬、常、润、歙、宣、和、滁七州。

显庆元年(656),割歙州直属江南道。龙朔元年,歙州复自江南道来属①。

武周长安四年(704),扬州都督府督州一如贞观十三年。

唐景云二年(711),割润、常、歙三州直属江南东道②,宣州直属江南西道。

天宝元年(742),改扬州为广陵郡,和州为历阳郡,滁州为永阳郡,扬州都督府为广陵郡都督府。十三载,广陵郡都督府督广陵、历阳、永阳三郡。十五载(至德元载),以广陵、历阳、永阳三郡,淮南道直属寿春、钟离、淮阴、庐江、同安、蕲春、齐安七郡,废安陆郡都督府之汉阳郡置淮南节度使,治广陵郡③,广陵郡都督成虚职。是年,割弋阳、义阳二郡隶前淮西节度使。至德二载(757),改同安郡为盛唐郡。

乾元元年(758),复广陵郡为扬州,永阳郡为滁州,历阳郡为和州,庐江郡为庐州,盛唐郡为舒州,蕲春郡为蕲州,齐安郡为黄州,汉阳郡为沔州,寿春郡为寿州,钟离郡为濠州,淮阴郡为楚州。二年,割蕲、黄二州隶淮南西道节度使,寿州隶河南道郑陈节度使,沔州隶江南西道鄂岳沔都团练使。后上元二年(761),割淮南西道节度使寿州来属。未几,割寿、舒、庐三州隶舒庐寿都团练使。是年,以废舒庐寿都团练使之舒、庐、寿三州来属。建中二年(781),割河南道永平军节度使泗州来属。兴元元年(784),割寿、濠、庐三州隶濠寿庐都团练观察使。贞元四年(788),以废濠寿庐都团练观察使之寿、庐二州来属,割泗州隶河南道徐泗濠节度使。十六年,割舒、庐、滁、和四州隶舒庐滁和都团练使。元和元年(806),割寿、楚二州隶河南道泗濠观察使。是年,以废泗濠观察使之寿、楚二州来属。二年,以废舒庐滁和都团练使之舒、庐、滁、和四州来属。十三年,以河南道废后淮西节度使之光州来属。十五年,淮南节度使领扬、滁、和、庐、舒、光、寿、楚八州,治扬州④。

大中十二年(858),割江南西道鄂岳都团练观察使申州来属。是年,申州还隶鄂岳都团练观察使。咸通三年(862),以河南道废武宁军节度使濠州来

---

① 《房仁裕母李氏碑》(载《八琼室金石补正》卷36)云显庆元年仁裕官"行扬、润、宣、常、滁、和六州诸军事、扬州都督府府长史"。罗凯《隋唐政治地理格局研究》第229页,吴洲《唐代东南的历史地理》(中国社会科学出版社,2011年)第109页遂以为显庆元年至龙朔元年间歙州不属扬州都督府,从之。
② 史志不载宣、歙二州割隶江南道时间。按《扬州大都督上柱国英国公(李)勣墓志铭并序》(载《昭陵碑石》)云,勣卒于前上元元年,赠使持节大都督扬滁和润常宣歙等七州诸军事,则高宗时代宣、歙二州仍隶扬府,其割隶江南道时间,疑在景云二年。
③ 是年虽诏置淮南节度使,而首任节度使高适到镇实在翌年。
④ 〔日〕圆仁《入唐求法巡礼行记》卷1:承和五年(唐开成三年)"扬州(淮南)节度使领七州",实列六州,脱舒、光二州。其后文开成四年条又言"(扬州)相公所管八州",可证。

属。四年,割濠州隶河南道徐州观察使。十一年,割徐州观察使泗州来属。是年,复割泗州还隶徐州观察使。十四年,淮南节度使领州一如元和十五年。

乾宁元年(894),又割河南道武宁军节度使泗州来属。四年,割光州隶河南道奉国军节度使。天复二年(902),割江南东道镇海军节度使升州来属。

(一) 广陵郡(扬州)
江都郡(618—619)—前扬州(619—620)—兖州(620—624)—邗州(624—626)—扬州(626—742)—广陵郡(742—758)—扬州(758—907)

广陵郡,本隋江都郡,领江都、海陵、曲阿、前延陵、六合、全椒、清流、盱眙、高邮、安宜、山阳、盐城十二县①。隋末,李魏属部臧君相取山阳、安宜二县隶楚州;韦彻据盐城县,改为射阳县,置射州。武德二年,陈稜以郡归唐,改为前扬州,以隋旧州为名,治江都县,置总管府②。是年,归李吴,为都城③;沈梁取前延陵、曲阿二县,隶云州。三年,杜伏威取前扬州归唐,改为兖州,直属东南道行台;割清流、全椒二县隶滁州;改海陵县为吴陵县,割隶吴州。四年,割盱眙县隶西楚州。六年,直属辅宋。七年,收复,改为邗州,直属东南道行台,置石梁县,并六合县割隶方州;以废吴州之吴陵县来属,复为海陵县。八年,直属后扬州大都督府。九年,复改为扬州,直属扬州大都督府。贞观十年,隶扬州都督府,以废方州之六合县来属。十三年,扬州领江都、六合、高邮、海陵四县,治江都县。十八年,置江阳县。

永淳元年(682),置扬子县。

武周长安四年,扬州领江都、江阳、扬子、六合、高邮、海陵六县,治江都县。

唐景龙二年(708),置海安。开元十年,省海安县。二十二年,为淮南道治。

天宝元年,改为广陵郡,以北朝旧郡为名,隶广陵郡都督府,置千秋县。七载,改千秋县为天长县。十三载,广陵郡领江都、江阳、扬子、六合、天长、高邮、海陵七县,治江都县。十五载,隶淮南节度使,为使治。

乾元元年,复为扬州。元和十五年,扬州领县一如天宝十三载。

咸通十四年,扬州领县不变。

---

① 《隋志》江都郡尚有江阳、句容、宁海、永福四县,共十六县。按此四县不见于唐初记载,当是隋末已废,今不录。
② 《资治通鉴》武德二年四月:"隋御卫将军陈稜以江都来降,以稜为扬州总管。"
③ 《资治通鉴》武德二年九月:"子通得尽锐攻江都,克之,(陈)稜奔伏威,子通入江都。……子通即皇帝位,国号吴,改元明政。"

1. 江都县(618—907)

本隋江都郡旧县,武德二年,隶前扬州,为州治。三年,隶兖州。七年,隶邗州。九年,隶扬州,俱为州治。贞观十八年,析置江阳县。永淳元年,析置扬子县。天宝元年,隶广陵郡,为郡治,析置千秋县。乾元元年,复隶扬州,为州治。

2. 江阳县(644—907)

贞观十八年,析江都县置江阳县,以隋旧县为名,仍与江都县分治州郭下,隶扬州。天宝元年,隶广陵郡。乾元元年,复隶扬州。

3. 扬子县(682—907)

永淳①元年,析江都县置扬子县,治扬子镇(今江苏扬州市邗江区八里镇扬子桥)②,故名,隶扬州。天宝元年,隶广陵郡。乾元元年,复隶扬州。

4. 六合县(618—907)

本隋江都郡旧县,武德二年,隶前扬州。三年,隶兖州。七年,割隶方州,并析置石梁县。贞观元年,州废,省石梁县来属,六合县还隶扬州。天宝元年,隶广陵郡。乾元元年,复隶扬州。

5. 石梁县(624—627)—千秋县(742—748)—天长县(748—907)

武德七年,析六合县置石梁县,以石梁溪为名,治石梁城(今安徽天长市石梁镇),割隶方州,为州治。贞观元年,州废,省入六合县。天宝元年③,析江都、六合、高邮三县地置千秋县,以玄宗诞辰千秋节为名,治下阿村(今天长市天长街道)④,隶扬州。七载,改为天长县,仍以帝寿为名。乾元元年,复隶扬州。

6. 高邮县(618—907)

本隋江都郡旧县,武德二年,隶前扬州。三年⑤,隶兖州。七年,隶邗州。九年,隶扬州。永徽二年,移治高邮城(今江苏高邮市菜邮街道)⑥。天宝元年,隶广陵郡。乾元元年,复隶扬州。

7. 海陵县(618—620)—吴陵县(620—624)—海陵县(624—907)

海陵县,本隋江都郡旧县,武德二年,隶前扬州。三年,改为吴陵县,割隶

---

① 《唐会要》作"开耀",今依两《唐志》。
② 《太平寰宇记》建安军永贞县:"(军)西北五十五里,旧扬子镇城。"按建安军即今江苏仪征市,"西北",当为"东北"之误。《大清一统志》卷67扬州府则云:"扬子废县,在仪征县东南。"
③ 《太平寰宇记》天长军天长县作"开元二十九年",今依两《唐志》。
④ 《太平寰宇记》天长军:"东至扬州江都县一百里,西至泗州盱眙县一百四十里,南至扬州六合县八十里,北至楚州宝应县三百五十里,东南至建安军九十八里,西南至扬州六合县一百里,东北至高邮县一百一十里,西南至泗州盱眙县一百二十里。"
⑤ 《旧唐志》作"二年",今依《新唐志》。
⑥ 范惟恭等:《高邮州志》卷1《古迹》。

吴州。七年,州废,隶邗州,复为海陵县①。九年,隶扬州。景龙二年,析置海安县。开元十年,省海安县来属。天宝元年,隶广陵郡。乾元元年,复隶扬州。

附旧县：海安县(708—722)

景龙二年,析海陵县置海安县,取隋海宁县为名,治故海宁城(今江苏海安县城海安镇)②,隶扬州。开元十年,省入海陵县。

附旧州一：吴州(620—624)

武德三年,割兖州吴陵县置吴州,领吴陵一县,以吴陵县首字为州名,直属东南道行台。六年,直属辅宋。七年,州废,吴陵县隶邗州。

附旧州二：方州(624—627)

武德七年,割邗州六合县置方州,以北朝旧州为名,并析置石梁县为州治,直属东南道行台。八年,直属后扬州大都督府。九年,直属扬州大都督府。贞观元年,州废,省石梁县,以六合县隶扬州。

(二) 历阳郡(和州)

历阳郡(618—619)—南和州(619—634)—和州(634—742)—历阳郡(742—758)—和州(758—907)

历阳郡,本隋旧郡,领历阳、乌江二县。武德二年,杜伏威以郡归唐,改为南和州,以隋旧州为名,治历阳县,置和州总管府③。三年,罢总管府,南和州直属东南道行台。六年,置含山县。八年,直属后扬州大都督府,省含山县。九年,直属扬州大都督府。贞观八年,改为和州。十年,隶扬州都督府。十三年,和州领历阳、乌江二县,治历阳县。

武周长安四年,置武寿县,和州领历阳、武寿、乌江三县,治历阳县。

唐神龙元年,改武寿县为含山县。

---

① 《唐会要》卷71扬州海陵县有"先天二年三月复置"句,其意未详,不取。
② 《大清一统志》卷67扬州府："海安故城,在泰州东南一百里。……景龙二年,置海安县,开元十年省。王存《九域志》：县有海安镇。"
③ 二年,两《唐志》作"三年"。按《隋书》卷4《炀帝纪》："大业十三年春正月壬子,齐郡贼杜伏威率众度淮,攻陷历阳郡。"《旧唐书》卷1《高祖纪》及《资治通鉴》武德二年九月："和州贼帅杜伏威遣使来降,授和州总管、东南道行台尚书令,封楚王。"据改。另据《唐会要》卷78,贞观二年濮王泰除扬州大都督时领南和州,是知武德二年和州初带"南"字(时河北邢州总管府已置和州),贞观八年始与东睦州同去方位词。

天宝元年,复为历阳郡,隶广陵郡都督府。十三载,历阳郡领历阳、含山、乌江三县,仍治历阳县。十五载,隶淮南节度使。

乾元元年,复为和州。贞元十六年,割隶舒庐滁和都团练使。元和二年,还隶淮南节度使。十五年,和州领县一如天宝十三载。

咸通十四年,和州领县不变。

1. **历阳县**(618—907)

本隋历阳郡旧县,武德二年,隶和州,为州治。六年,析置含山县。八年,省含山县来属。长安四年,析置武寿县。天宝元年,隶历阳郡,为郡治。乾元元年,复隶和州,为州治。

2. **含山县**(623—625)—**武寿县**(704—705)—**含山县**(705—907)

武德六年,析历阳县置含山县,以县境为众山所含,故名①,治含山城(今安徽含山县城环峰镇)②,隶和州。八年,省入历阳县。长安四年,析置武寿县,取武氏吉意,治故含山城。神龙元年,复名含山县。天宝元年,隶历阳郡。乾元元年,复隶和州。

3. **乌江县**(618—907)

本隋历阳郡旧县,武德二年,隶和州。天宝元年,隶历阳郡。乾元元年,复隶和州。

(三)永阳郡(滁州)

滁州(620—742)—永阳郡(742—758)—滁州(758—907)

武德三年,割前扬州清流、全椒二县置滁州,以隋旧州为名,治清流县,直属东南道行台。六年,直属辅宋。七年,收复,直属东南道行台。八年,直属后扬州大都督府。九年,直属扬州大都督府。贞观十年,隶扬州都督府。十三年,滁州领清流、全椒二县,治清流县。

武周长安四年,滁州领县不变。

唐景龙三年,置永阳县。

天宝元年,改为永阳郡,以永阳县为名,隶广陵郡都督府。十三载,永阳郡领清流、全椒、永阳三县,仍治清流县。十五载,隶淮南节度使。

---

① 《太平寰宇记》和州含山县。
② 《太平寰宇记》和州含山县:"(州)西南五十五里。"

乾元元年,复为滁州。贞元十六年,割隶舒庐滁和都团练使。元和二年,还隶淮南节度使。十五年,滁州领县一如天宝十三载。

咸通十四年,滁州领县不变。

1. **清流县**(618—907)

本隋江都郡旧县,武德二年,隶扬州。三年,割隶滁州,为州治。景龙三年,析置永阳县。天宝元年,隶永阳郡,为郡治。乾元元年,复隶滁州,为州治。

2. **全椒县**(618—907)

本隋江都郡旧县,武德二年,隶扬州。三年,割隶滁州。天宝元年,隶永阳郡。乾元元年,复隶滁州。

3. **永阳县**(709—907)

景龙三年①,析清流县置永阳县,以县北永阳山为名,治永阳城(今安徽来安县城新华镇瓦岗村)②,隶滁州。天宝元年,隶永阳郡。乾元元年,复隶滁州。

附旧府　和州总管府(619—620)

武德二年,隋东道大总管杜伏威以历阳、庐江、淮南、钟离四郡归唐,改为南和、庐、寿、濠四州,置和州总管府,并置东南道行台③。三年,移行台于后扬州,罢和州总管府,南和州直属东南道行台,寿、濠二州隶寿州总管府,庐州置庐州总管府。

第二节　淮南道直属地区

寿州总管府(620—624)—寿州都督府(624—627)—淮南道直属地区(636—756)—淮南西道节度使(759—761)—舒庐寿都团练使(761)—濠寿庐都团练观察使(784—788)

武德三年(620),以东南道行台直辖寿、濠二州置寿州总管府④,隶东南道

---

① 《旧唐志》作"二年",今依《唐会要》、《新唐志》、《太平寰宇记》。
② 《太平寰宇记》和州永阳县:"(州)东北三十五里。"今依《安徽省志·建置沿革志》第272页、《中国文物地图集·安徽分册》下册第161页定于新华镇瓦岗村(旧属双塘乡,今属新安镇)。
③ 《资治通鉴》武德二年三月:"淮南五州皆遣使来降。"武德二年九月:"杜伏威请降。丁丑,以伏威为淮南安抚大使、和州总管。"按是年降唐五州另一州为江都郡(前扬州)。
④ 《旧唐志》寿州序:"七年,置都督府,督寿、蓼二州。"按蓼州置于武德四年,废于武德七年,则寿州都督(总管)府当置于武德四年前。因疑此句应作:"置总管府。七年,改都督府,督寿、濠二州。"

行台。四年,割隶山南道行台,置蓼州。七年,改总管府为都督府,寿州都督府还隶东南道行台,废蓼州。八年,隶后扬州大都督府。九年,隶扬州大都督府。贞观元年(627),罢都督府,寿、濠二州直属扬州大都督府。十年,以废扬州大都督府之直辖寿、濠、楚、庐、舒五州并割山南道直属蕲、黄、申、光四州为淮南道直属地区①。十三年,淮南道直属地区有寿、濠、楚、庐、舒、蕲、黄、申、光九州。

武周长安四年(704),淮南道直属地区一如贞观十三年。

唐天宝元年(742),改寿州为寿春郡,濠州为钟离郡,楚州为淮阴郡,庐州为庐江郡,舒州为同安郡,蕲州为蕲春郡,黄州为齐安郡,申州为义阳郡,光州为弋阳郡。十三载,淮南道直属地区有寿春、钟离、淮阴、庐江、同安、蕲春、齐安、义阳、弋阳九郡。十五载,以寿春、钟离、淮阴、庐江、同安、蕲春、齐安七郡隶淮南节度使,义阳、弋阳二郡隶河南道前淮西节度使。

乾元二年(759),割郑陈节度使寿、光、申三州,山南东道节度使安州,鄂岳沔都团练使沔州置淮南西道节度使,治寿州。是年,割淮南节度使蕲、黄二州来属。后上元二年(761),移治安州(以后沿革见本章第三节"安陆郡都督府"),割寿州及淮南节度使舒、庐二州置舒庐寿都团练使,治寿州。是年,罢镇,寿、舒、庐三州隶淮南节度使。兴元元年(784),割淮南节度使寿、濠、庐三州置濠寿庐都团练观察使,治寿州。贞元四年(788),罢镇,寿、庐二州还隶淮南节度使,濠州隶河南道徐泗濠节度使。

(一)寿春郡(寿州)

淮南郡(618—619)—寿州(619—742)—寿春郡(742—758)—寿州(758—907)

寿春郡,本隋淮南郡,领寿春、安丰、霍丘、小黄四县②,武德二年③,杜伏威以郡来降,改为寿州,以隋旧州为名,治寿春县,隶和州总管府。三年,置寿州总管府。四年,置松滋、肥陵二县,割松滋、霍丘二县隶蓼州。七年,以废蓼州之霍丘县来属,省小黄、肥陵二县。贞观元年,罢都督府,寿州直属扬州大

---

① 史志不载此事。按《旧唐志》,贞观十年,降扬州大都督府为都督府,不督寿、濠、楚、庐、舒五州,亦无另置都督府或割隶其他都督府之记载,因推知此五州系直属淮南道。
② 《隋志》淮南郡有长平县,无小黄县,共四县,然长平县不见唐初记载,当是隋末已废,今删。小黄县,据《太平寰宇记》寿州安丰县:"(陈留)一郡三县,晋义熙十二年刘义庆奏置,其浚仪、雍丘两县,隋开皇三年废,小黄县,唐武德七年废。"则隋时未废,或大业间复置,今补。
③ 《旧唐志》作"三年",今依《太平寰宇记》,并参见下文钟离郡濠州注考证。

都督府,以废霍州之前霍山县来属。十年,直属淮南道。十三年,寿州领寿春、安丰、前霍山、霍丘四县,治寿春县。

神功元年(697),改前霍山县为武昌县。

武周长安四年,寿州领寿春、安丰、武昌、霍丘四县,治寿春县。

唐神龙元年(705),改武昌县为霍山县。开元二十七年,改霍山县为盛唐县。

天宝元年,改为寿春郡,以寿春县为名,置后霍山县。十三载,寿春郡领寿春、安丰、盛唐、后霍山、霍丘五县,治寿春县。十五载,隶淮南节度使。

乾元元年,复为寿州。二年,割隶郑陈节度使。是年,割隶淮南西道节度使,为使治。后上元二年,还隶淮南节度使。未几,割隶舒庐寿都团练使,为使治。是年,罢镇,还隶淮南节度使。兴元元年,割隶濠寿庐都团练观察使,为使治。贞元四年,罢镇,还隶淮南节度使。元和十五年,寿州领县一如天宝十三载。

咸通十四年(873),寿州领县不变。

1. 寿春县(618—907)

本隋淮南郡旧县,武德二年,隶寿州,为州治。天宝元年,隶寿春郡,为郡治。乾元元年,复隶寿州,为州治。

2. 安丰县(618—907)

本隋淮南郡旧县,武德二年,隶寿州。四年,析置肥陵县。七年,省小黄、肥陵二县来属。天宝元年,隶寿春郡。乾元元年,复隶寿州。

附旧县1:小黄县(618—624)

本隋淮南郡旧县(今安徽寿县正阳关镇)①,武德二年,隶寿州。七年,省入安丰县。

附旧县2:肥陵县(621—624)

武德四年②,析安丰县置肥陵县,以古肥陵邑为名,治故肥陵城(今安徽淮南市谢家集区孙庙乡)③,隶寿州。七年,省入安丰县。

3. 前霍山县(618—697)—武昌县(697—705)—霍山县(705—739)—盛唐县(739—907)

盛唐县,本隋庐江郡前霍山县④,武德二年,隶庐州,省渒水县来属。四

---

① 《太平寰宇记》寿州安丰县:"废小黄县,在县西北三十里。"
② 史志不载析置肥陵县时间,今按相邻霍、蓼等州新置县皆在武德四年,以此推补。
③ 《太平寰宇记》寿州安丰县:"废(小)肥陵县,在县东六十里,唐武德七年废。"即今孙庙乡,旧属长丰县。
④ 《太平寰宇记》寿州六安县:"(州)南一百一十里。……隋改为霍山县。唐开元二十七年,改为盛唐,从旧名也。"其地即今六安市金安区城北乡西古城。《地图集》置隋霍山县于今霍山县城,未详所据,不取。

年,割置霍州,并析置应城、潜城、开化三县。贞观元年,州废,省应城、潜城、开化、潜四县来属,前霍山县改隶寿州。神功元年,改为武昌县,取武氏吉意。神龙①元年,改为霍山县,移治驺虞城(今安徽六安市裕安区鼓楼街道)。开元二十七年,改为盛唐县,以县西南盛唐山(今霍山)为名②。天宝元年,隶寿春郡,析置后霍山县。乾元元年,复隶寿州。

附旧县1:应城县(621—627)

武德四年,析霍山县置应城县,治应城(今六安市裕安区固镇镇)③,隶霍州。贞观元年,州废,省入前霍山县。

附旧县2:潜城县(621—627)

武德四年,析前霍山县置潜城县,治新潜城(今安徽霍邱县姚李镇)④,隶霍州。贞观元年,州废,省入前霍山县。

附旧县3:开化县(621—627)

武德四年,安抚使王弘让析前霍山县置开化县,以隋旧县为名,治故开化城(今六安市裕安区青山乡)⑤,隶霍州。五年,析置潜县。贞观元年,州废,省入前霍山县。

4. 淠水县(618—619)—潜县(622—627)—后霍山县(742—907)

后霍山县,本隋庐江郡淠水县,武德二年,省入前霍山县⑥。五年,析开化县置潜县,以南朝旧县为名,治故潜城(今霍山县下符桥镇)⑦,隶霍州。贞观元年,州废,省入前霍山县。天宝元年,析盛唐县置后霍山县,仍治故潜城,隶寿春郡。乾元元年,复隶寿州。

5. 霍丘县(618—907)

本隋淮南郡旧县,武德二年,隶寿州。四年,析置松滋县,并霍丘县割隶

---

① 《唐会要》作"景云",今依两《唐志》。
② 《太平寰宇记》寿州六安县云,盛唐县本汉庐江郡县名,唐开元二十七年改霍山县为盛唐县,"从旧名也",今查《汉志》,庐江郡并无盛唐县,未知《太平寰宇记》所据,不取。
③ 依地理形势推定。固镇镇旧名固县镇,即故县镇谐音,知其地曾置县。
④ 《太平寰宇记》寿州六安县:"潜城县,在县西六十五里,武德五年废,取古潜城为名。"今定于霍邱县姚李镇。《安徽省志·建置沿革志》第274页以为在霍山县城关镇(今衡山镇),道里、方位均不合,且武德五年又置潜县于霍山县城附近之下符桥,潜城、潜县共处一地,恐不妥。
⑤ 《太平寰宇记》寿州六安县:"废开化县,在新县西四十里。……武德四年安抚使王洪让置,贞观中废。"按新县即新六安县(今六安市裕安区城中)。《地图集》隋代幅及《安徽省志·建置沿革志》第274页置隋开化县于今六安市青山乡,从之。
⑥ 《大清一统志》卷936安州:"淠水废县,在霍山县东。……唐初废。"即今霍山县城衡山镇古城坂城址。
⑦ 《太平寰宇记》寿州六安县:"废霍山县,去县五十里,汉灊县也。……梁天监四年,于灊县改置霍州,兼别置[潜]城,隋初废,即为[潜]县城也。隋末废之,并入盛唐。天宝中,又自盛唐割地以置焉。"《地名大辞典》第2001页谓霍山县下符桥镇为汉潜县故址,从之。

蓼州。七年,州废,省松滋县来属,霍丘县还隶寿州。天宝元年,隶寿春郡。乾元元年,复隶寿州。

附旧县:松滋县(621—624)

武德四年,析霍丘县置松滋县,以南朝旧县为名,治故松滋城(今霍邱县新店镇李庙村)①,隶蓼州,为州治。七年,州废,省入霍丘县。

附旧州一:蓼州(621—624)

武德四年②,割寿州松滋、霍丘二县置蓼州,以古蓼国为名,治松滋县,隶寿州总管府。七年,州废,省松滋县,以霍丘县隶寿州。

附旧州二:霍州(621—627)

武德四年,割庐州前霍山县置霍州,以北朝旧州为名,并置应城、潜城、开化三县,隶庐州总管府③。五年,置潜县。七年,隶舒州都督府。贞观元年,州废,省应城、潜城、开化、潜四县,以前霍山县隶寿州。

(二) 钟离郡(濠州)

钟离郡(618—619)—濠州(619—742)—钟离郡(742—758)—濠州(758—807)—豪州(807—808)—濠州(808—907)

钟离郡,本隋旧郡,领钟离、化明、临濠④、涂山四县。大业末,马簿割据化明县,置为化州。武德二年⑤,杜伏威以钟离郡归唐,改为濠州,以隋旧州为名,俗亦作豪州,治钟离县,隶和州总管府。是年,置济阴、睢陵二县,改临濠县为定远县。三年,隶寿州总管府。四年,省睢陵县。七年,以废化州之招义县来属,省涂山县⑥。八年,直属后扬州大都督府。九年,直属扬州大

---

① 《太平寰宇记》寿州霍丘县:"在汉为松滋县,故城在县东十五里。"今定于新店镇学庙村(旧名高镇)。
② 《太平寰宇记》霍丘县作"元年",今依两《唐志》。
③ 罗凯《隋唐政治地理格局研究》第 309 页以为隶寿州总管府。
④ 《隋志》作"定远"。按《元和志》定远县:"梁武帝天监初置,属定远郡。高齐改为大安郡。隋仁寿元年,废郡,改定远县为临濠县,属濠州,国朝复为定远县。"与两《唐志》、《太平寰宇记》所记武德初改临濠县为定远县事悉合,今依之。
⑤ 《旧唐志》、《太平寰宇记》作"三年",《州郡典》作"八年"。按《旧唐书》卷 56《杜伏威传》,隋大业十三年(义宁元年)正月,杜伏威大败陈稜,"乘胜破高邮县,引兵据历阳,自称总管,分遣诸将略属县,所至辄下,江淮间小盗争来附之"。又,《旧唐书》卷1《高祖纪》及《资治通鉴》武德二年九月皆云:"和州贼帅杜伏威遣使来降,授和州总管、东南道行台尚书令,封楚王。"则杜伏威降唐实在武德二年九月,其时已占有淮南诸郡,今改。
⑥ 《旧唐志》濠州序记省涂山县在武德四年,今依《旧唐志》钟离县、《新唐志》。

都督府①。贞观十年，直属淮南道。十三年，濠州领钟离、招义、定远三县，治钟离县。

武周长安四年，濠州领县不变。

唐天宝元年，复为钟离郡。十三载，钟离郡领钟离、招义、定远三县，仍治钟离县。十五载，隶淮南节度使。

乾元元年，复为濠州。兴元元年，割隶濠寿庐都团练观察使。贞元四年②，隶河南道徐泗濠节度使。十六年，隶淮南道泗濠观察使。元和二年（807），以失州印，误从俗改为豪州③。三年，复为濠州。十五年，濠州领县一如天宝十三载。

咸通三年，隶淮南节度使。四年，隶河南道徐州观察使。十四年，濠州领县不变。

1. 钟离县（618—907）

本隋钟离郡旧县，武德二年，隶濠州，为州治。七年，省涂山县来属。天宝元年，隶钟离郡，为郡治。乾元元年，复隶濠州，为州治④。元和二年，隶豪州。三年，复隶濠州。

附旧县：涂山县（618—624）

本隋钟离郡旧县，武德二年，隶濠州。七年，省入钟离县。

2. 化明县（618—624）—招义县（624—907）

招义县，本隋钟离郡化明县，武德元年（大业十四年），县人马簿割据，置

---

① 《旧唐志》武德九年扬州都督府所领七州无濠州，有寿州。按是年寿州犹隶寿州都督府，不得隶扬府，"寿"字当是"濠"字之误，今改。
② 《太平寰宇记》濠州："贞观元年，窦参为相，于是越淮割地，隶属徐州。"今依《新唐表》改正。
③ 《元和志》濠州："濠字中间误去水，元和三年又加水焉。"《唐会要》卷70："豪州，元和三年六月，改豪州字为濠，失印故也。"按州印之始铸，必在唐初，则自唐初起，官方州名本作"濠"，又州印之失而复铸，亦不须太久，否则州官何以行政？所谓"中间误去水"，即言官方误作"豪"只是短暂情况，以理度之，为时当不超过一年。《新唐表》叙兴元、贞元至元和二年间濠寿庐都团练观察使、泗濠观察使沿革，亦称濠州，可见官方改名豪州只能在元和二、三年间。王雪玲《清代学者利用金石资料研究唐代地理的成就及意义》（载《中国历史地理论丛》2007年第1期）认为，清人钱大昕将石刻资料与文献相结合，解决了宋代学者有关唐代豪州的争议问题，即州名本作"豪"，元和三年后乃作"濠"。然按之郁贤皓《唐刺史考全编》，自唐初至唐末，豪州刺史与濠州刺史交相迭见，大凡金石及民间文字多作"豪"，官方文牍多作"濠"，长期混用，并未以元和三年为断，如元和三年前官方之《括地志·序略》、《大唐六典》、《州郡典》等，皆作濠州，未必皆误。可见钱大昕之说并未解决问题，即作为一家之言，亦不免偏颇。
④ 《纪要》凤阳府临淮县："唐置濠州，钟离县治于城外。"谭图即绘钟离县于州城外东。按《州郡典》及《太平寰宇记》钟离县云"今县东四里有古钟离城"，均未言有唐县治，且《太平寰宇记》言"今废城存"，即乐史时代仍是废城，顾说不详所据，不取。

为化州。二年,析置济阴、睢陵二县。四年,省睢陵县来属。七年,州废,省济阴县来属,化明县隶濠州,改为招义县,以南朝旧县为名①。天宝元年,隶钟离郡。乾元元年,复隶濠州。元和二年,隶豪州。三年,复隶濠州。

附旧县1:济阴县(619—624)

武德二年,析化明县置济阴县,以北朝旧郡为名,同治故济阴郡城(今安徽明光市女山湖镇)②,隶化州。七年,州废,省入化明县。

附旧县2:睢陵县(619—621)

武德二年,析化明县置睢陵县,以南朝旧县为名,治古奔精城(今明光市自来桥镇上湖村)③,隶化州。四年,省入化明县。

3. 临濠县(618—619)—定远县(619—907)

定远县,本隋钟离郡临濠县,武德二年④,移治故广安郡城(今安徽定远县蒋集镇)⑤,改为定远县,以南朝旧县为名,隶濠州。天宝元年,隶钟离郡。四载,移治新定远城(今定远县城定城镇)。乾元元年,复隶濠州。元和二年,隶豪州。三年,复隶濠州。

附旧州:化州(618—624)

武德元年(大业十四年),马簿割据隋钟离郡化明县,置为化州,以县为名。二年,杨益德杀马簿,自号刺史,又置济阴、睢陵二县。是年,归王郑⑥,直属徐州行台。四年,归唐⑦,直属东南道行台,省睢陵县。六年,直属辅宋。七年⑧,州废,省济阴县,以化明县隶濠州。

---

① 《太平寰宇记》泗州:"古屯城,在徐城县西南八十五里。陈太建五年,大将吴明彻于此置堰,断淮水以灌濠州,缘此筑城,置兵防守。其城内南北作隔,分为两城,淮南招义县界又有一城临水,南北相对。"
② 《太平寰宇记》泗州招信县:"古济阴城,在县东二里。……唐武德二年,土人杨益〔德〕于此城内〔置〕(至)济阴县。"招信县城在今女山湖镇(即旧县集),县东二里亦在本镇内。
③ 《太平寰宇记》泗州招信县:"古奔精城,在县南六十里平地,古老相传云是蛮奔精王所筑,未详年代。唐武德二年,刺史杨益(德)置为睢陵县,至武德四年,刺史夏侯雄才废。"《大清一统志》卷94泗州:"奔精城,在盱眙县西南。"今参此二说比定。《安徽省志·建置沿革志》第271页以为与化州同治旧县集(今女山湖镇),与《太平寰宇记》不合,不取。
④ 临濠,《新唐志》作"临豪";二年,《新唐志》作"三年"。今皆依《旧唐志》、《太平寰宇记》。
⑤ 《太平寰宇记》濠州定远县:"废定远城,在县西南八十五里。"
⑥ 《太平寰宇记》泗州招信县:"唐武德二年,土人杨益(德)自据为化州刺史,未知所属。"今依地理形势分析,当如臧君相、韦彻等依附于王郑。
⑦ 《太平寰宇记》泗州招信县:"唐武德二年,土人杨益(德)自据为化州刺史……四年,归国。"
⑧ 《新唐志》作"贞观元年",今依《元和志》。

(三) 淮阴郡(楚州)

楚州（617—621）—东楚州（621—625）—楚州（625—742）—淮阴郡（742—758）—楚州（758—907）

隋大业十三年(617)[①],李魏属部臧君相割据隋江都郡山阳、安宜二县,并置淮阴县,立为楚州,以隋旧州为名,治山阳县,隶海州总管府。武德二年,附王郑。四年,归唐,改为东楚州,隶西楚州总管府,以废射州之盐城县来属,割安宜县隶仓州。七年,以废仓州之安宜县来属,省淮阴县。八年,改为楚州,直属后扬州大都督府,以废西楚州之盱眙县来属。九年,直属扬州大都督府。贞观十年,直属淮南道。十三年,楚州领山阳、盐城、安宜、盱眙四县,治山阳县。

乾封二年(667),复置淮阴县。总章元年(668),割河南道泗州涟水县来属。咸亨五年(674),割涟水县还隶泗州。光宅元年(684),改盱眙县为建中县。是年,复改建中县为盱眙县。

武周长安四年,楚州领山阳、盐城、安宜、盱眙、淮阴五县,治山阳县。

唐天宝元年,改为淮阴郡,以北朝旧郡为名。十三载,淮阴郡领山阳、盐城、安宜、盱眙、淮阴五县,仍治山阳县。十五载,隶淮南节度使。

乾元元年,复为楚州。后上元三年,改安宜县为宝应县。建中二年,割盱眙县隶泗州。元和元年,割楚州隶泗濠观察使。是年,还隶淮南节度使,盱眙县自泗州来属。十五年,楚州领山阳、盐城、宝应、盱眙、淮阴五县,治山阳县。

咸通十四年,楚州领县不变。

1. 山阳县(618—907)

本隋江都郡旧县,隋末,臧君相割置楚州,并析置淮阴县。武德四年,隶东楚州。七年,省淮阴县来属。八年,隶楚州。乾封二年,复析置淮阴县。天宝元年,隶淮阴郡,为郡治。乾元元年,复隶楚州,为州治。

2. 射阳县(618—621)—盐城县(621—907)

盐城县,本隋江都郡旧县,隋末,韦彻改为射阳县,以南朝旧郡为名,隶射州,并析置安乐、新安二县。武德四年,州废,省安乐、新安二县来属,复改射

---

① 史志不载臧君相割据时间,按《新唐志》载,武德元年五月高祖即位之前,已有"济北臧君相据海州",《太平寰宇记》海州沭阳县更云:"大业十三年,土人臧君相反,于沭阳县置沭州。"故以此为定。

阳县为盐城县,隶东楚州。八年,隶楚州。天宝元年,隶淮阴郡。乾元元年,复隶楚州。

附旧县1:安乐县(618—621)

隋末,析射阳县置安乐县,以安居乐业为名,治故左乡城(今江苏阜宁县芦蒲镇沿淮村徐庄)①。四年,州废,省入射阳县。

附旧县2:新安县(618—621)

隋末,析射阳县置新安县,以安居乐业为名,治故射阳城(今江苏宝应县射阳湖镇)②。四年,州废,省入射阳县。

3. **安宜县**(618—762)—**宝应县**(762—907)

安宜县,本隋江都郡旧县,隋末,臧君相取隶楚州。武德四年,割隶仓州。七年,州废,隶东楚州。八年,隶楚州。天宝元年,隶淮阴郡。乾元元年,复隶楚州。后上元三年,于此县获定国宝十三枚,因改元宝应,乃改安宜县为宝应县。

4. **盱眙县**(618—684)—**建中县**(684)—**盱眙县**(684—907)

盱眙县,本隋江都郡旧县,武德二年,隶前扬州。三年,隶兖州。四年,割隶西楚州。八年,州废,改隶楚州,移治盱眙城(今江苏盱眙县城盱城镇)③。光宅元年,改为建中县,盖嘉其县人不从徐敬业之乱并寓中兴之意④。是年,复为盱眙县。天宝元年,隶淮阴郡。乾元元年,复隶楚州。建中二年,割隶泗州。元和元年,复隶楚州⑤。

5. **淮阴县**(618—624,667—907)

隋末,析山阳县置淮阴县,以隋旧县为名,治故淮阴城(今江苏淮安市淮阴

---

① 《大清一统志》卷64淮安府:"山阳县有安乐乡,即韦彻所置安乐县也。"据《中国文物地图集·江苏分册》下册第641页,芦浦镇沿淮村徐庄有唐宋遗址,面积约7500平方米,盖即其地。
② 依地埋形势推定。
③ 隋时盱眙县本治今县东南五里,据《太平寰宇记》泗州盱眙县,唐时已移治今址。移治时间史未载,今依吴松弟《两唐书地理志汇释·旧唐书地理志》第254页、《历史地名》第1520页定于武德八年。
④ 《唐会要》卷70:"盱眙县,文明元年十月,改为建中县,寻复本名焉。"按文明元年九月已改名光宅,则此"文明"当为"光宅"之误。又据《资治通鉴》,光宅元年九月,楚州司马李崇福率所部三县响应徐敬业,盱眙人刘行举独据县不从,诏以行举为游击将军,则十月改县为建中,当有嘉其县人不从逆乱并寓中兴之意。十一月,敬业平,县名应即回改。
⑤ 史志不载此事。复旦大学周庆彰博士据乾符四年《唐故楚州盱眙县尉范阳卢府君郑氏(谊)墓志铭并序》载《全唐文补遗》第八辑,认为至迟乾符之前盱眙县复隶楚州,并进一步推测当在元和前,而为今本《元和志》所阙。笔者基本赞同此说,并认为可能在元和元年,因建中二年泗州自河南道改隶淮南道,与濠州合为一镇,地跨长淮,故淮南之盱眙县还隶泗州。而元和元年罢泗濠镇,泗州脱离淮南复隶河南,此为盱眙县还隶楚州一大转机。

区码头镇甘罗城)①,隶楚州。武德四年,隶东楚州。七年,省入山阳县。乾封二年②,复析山阳县置淮阴县,隶楚州。天宝元年,隶淮阴郡。乾元元年,复隶楚州。

附旧州一:射州(618—621)

隋末,韦彻改江都郡盐城县为射阳县③,割置射州,取射阳县首字为名,并析置安乐、新安二县,又置射州总管府,附李魏。武德二年,附王郑。四年,平王郑,州废,省安乐、新安二县,以射阳县隶东楚州,复为盐城县。

附旧州二:仓州(621—624)

武德四年,割楚州安宜县置仓州④,疑其地有盐粮仓,因以为名,领安宜一县,隶西楚州总管府。七年,州废,安宜县改隶东楚州。

附旧州三:西楚州(621—625)

武德四年,割兖州盱眙县置西楚州,领盱眙一县,以隋旧州为名,置西楚州总管府。八年,州废,盱眙县改隶楚州。

(四) 庐江郡(庐州)

庐江郡(618—619)—庐州(619—742)—庐江郡(742—758)—庐州(758—907)

庐江郡,本隋旧郡,领合肥、慎、襄安、庐江、前霍山、淠水六县⑤。唐武德二年⑥,杜伏威以郡来降,改为庐州,以隋旧州为名,治合肥县,隶和州总管府,省淠水县。三年,置庐州总管府,割襄安县隶巢州。四年,割前霍山隶霍州。七年,隶舒州都督府,以废巢州之襄安县来属,改为巢县。贞观元年,罢都督府,庐州直属扬州大都督府。十年,直属淮南道。十三年,庐州领合肥、慎、巢、庐江四县,治合肥县。

---

① 《太平寰宇记》楚州淮阴县:"(州)西五十里。"遗址尚存,见《中国文物地图集·江苏分册》下册,第591页。
② 《唐会要》作"三年",今依两《唐志》。
③ 《大清一统志》卷64淮安府:"县志载,射阳城在今(盐城)县西九十里,盖即韦彻所置。"与《旧唐志》盐城县所谓"隋末,韦彻于此置射州,立阳、安乐、新安三县。武德七年废射州及三县,置盐城县于废射州"不符,不取。考之史实,盐城县西九十里之射阳城乃北朝射阳郡城,非韦彻所置。
④ 《太平寰宇记》楚州宝应县作"沧州",今依两《唐志》。
⑤ 《隋志》庐江郡有开化县,共七县,按《太平寰宇记》寿州六安县:"废开化县,隋大业十三年废。"今删。
⑥ 《旧唐志》作"三年",今依上文钟离郡濠州考改。

武周长安四年,庐州领县不变。

唐开元二十三年,置舒城县。

天宝元年,复为庐江郡。十三载,庐江郡领合肥、慎、巢、庐江、舒城五县,治合肥县。十五载,隶淮南节度使。

乾元元年,复为庐州。后上元二年,割隶舒庐寿都团练使。是年,还隶淮南节度使。兴元元年,割隶濠寿庐都团练观察使。贞元四年,还隶淮南节度使。十六年,割隶舒庐滁和都团练使,为使治。元和二年,罢镇,还隶淮南节度使。十五年,庐州领县一如天宝十三载。

咸通十四年,庐州领县不变。

1. 合肥县(618—907)

本隋庐江郡旧县,武德二年,隶庐州,为州治。天宝元年,隶庐江郡,为郡治。乾元元年,复隶庐州,为州治。

2. 慎县(618—907)

本隋庐江郡旧县,武德二年,隶庐州。天宝元年,隶庐江郡。乾元元年,复隶庐州。

3. 襄安县(618—624)—巢县(624—907)

巢县,本隋庐江郡襄安县,武德二年,隶庐州。三年,割隶巢州,为州治,并析置开成、扶阳二县。七年,州废,省开成、扶阳二县来属,襄安县还隶庐州,改为巢县①,以旧州为名。天宝元年,隶庐江郡。乾元元年,复隶庐州。

附旧县1:开成县(620—624)

武德三年,析襄安县置开成②县,治故阴陵城(今安徽无为县开城镇)③,隶巢州。七年,州废,省入襄安县。

附旧县2:扶阳县(620—624)

武德三年,析襄安县置扶阳县,以南朝旧县为名。治故扶阳城(今无为县红庙镇山水涧)④,隶巢州。七年,州废,省入襄安县。

---

① 《唐会要》卷71庐州:"襄安县,武德二年改为巢县。"今依两《唐志》作武德七年改名。
② 《旧唐志》作"开城",今依《新唐志》。
③ 《大清一统志》卷85庐州府:"开成废县,在无为州西。唐武德三年置,属巢州,七年废。《州志》:今为开城镇,在州西四十里,有汉阴陵旧县故址。"
④ 《大清一统志》卷85庐州府:"扶阳废县,在无为州西北,接巢县界。晋末侨置,属南谯郡,宋、齐因之,后省。唐武德三年复置,属巢州,七年废。"今依《安徽省志·建置沿革志》第273页定于无为县徐岚乡山水涧(今属严桥镇)。《地图集》南朝幅标于今严桥镇汪家店,今从之。李天敏《安徽历代政区治地通释》(1986年)第120页疑在太平乡打鼓庙(今属石涧镇)附近,亦备一说。

4. 庐江县(618—907)

本隋庐江郡旧县,武德二年,隶庐州。景龙二年(708),移治新庐江城(今安徽庐江县城庐城镇)①。天宝元年,隶庐江郡。乾元元年,复隶庐州。

5. 舒城县(735—907)

开元二十三年,析合肥、庐江二县地置舒城县,取古龙舒县为名,治古舒城(今安徽舒城县城关镇),隶庐州。天宝元年,隶庐江郡。乾元元年,复隶庐州。

附旧州: 巢州(620—624)

武德三年,割庐州襄安县置巢州,以古居巢县为名,并置开成、扶阳二县,隶庐州总管府。七年,州废,省开成、扶阳二县,襄安县还隶庐州。

(五) 同安郡(舒州)

同安郡(618—621)—舒州(621—742)—同安郡(742—757)—盛唐郡(757—758)—舒州(758—907)

同安郡,本隋旧郡,领怀宁、望江、宿松、太湖、同安五县,治怀宁县。隋末,为殷恭邃所据②。武德元年,萧梁取望江、宿松二县隶高州。四年,殷恭邃以郡归唐③,安抚大使鲍安仁改为舒州,取古群舒之地为名④,治怀宁县,隶寿州总管府。是年,置青城、荆阳二县。五年,安抚大使王弘让置皖城、安乐、梅城、皖阳四县。六年,置舒州总管府。七年,改总管府为都督府,省青城、皖城、安乐、梅城、皖阳五县。八年,以废严州之望江、宿松二县来属,省荆阳县。贞观元年,罢都督府,舒州直属扬州大都督府。十年,直属淮南道。十三年,舒州领怀宁、望江、宿松、太湖、同安五县,治怀宁县。

武周长安四年,舒州领县不变。

唐天宝元年,复为同安郡。十三载,同安郡领怀宁、望江、宿松、太湖、同

---

① 《太平寰宇记》庐州庐江县。
② 《新唐书》卷1《高祖纪》。
③ 《新唐书》卷1《高祖纪》:"武德五年正月丙戌,殷恭邃降。"《资治通鉴》武德五年正月丙戌:"同安贼帅殷恭邃以舒州来降。"《舆地纪胜》安庆府引《元和志》佚文:"改舒州在武德五年。"然《旧唐志》舒州序、怀宁县皆云:武德四年,改同安郡为舒州。《太平寰宇记》更言详:武德四年,(安抚)大使鲍安仁析太湖县置青城、荆阳二县。故疑殷氏降唐实在武德四年末,五年正月乃入朝时间,今为更正。
④ 《舆地广记》舒州:"舒州,春秋为皖国及群舒地。"又,华林甫《中国地名学源流》第155页言:"武德时将熙州改为舒州。"未详唐初何时置熙州,恐不确。

安五县，治怀宁县。十五载，隶淮南节度使。至德二载(757)，以避安氏名姓，改为盛唐郡，取盛唐山(今霍山)兼唐朝吉意为名，改同安县为桐城县。

乾元元年，复为舒州。后上元二年，割隶舒庐寿都团练使。是年，还隶淮南节度使。贞元十六年，割隶舒庐滁和都团练使。元和二年，还隶淮南节度使。十五年，舒州领怀宁、望江、宿松、太湖、桐城五县，治怀宁县。

咸通十四年，舒州领县不变。

1. 怀宁县(618—907)

本隋同安郡旧县，为郡治。武德四年，隶舒州，为州治。五年，析置皖城、安乐、梅城、皖阳四县。七年，省皖城、安乐、梅城、皖阳四县来属。天宝元年，隶同安郡，为郡治。乾元元年，复隶舒州，为州治。

附旧县1：皖城县(622—624)

武德五年，析怀宁县置皖城县，治古逢龙城(今安徽潜山县龙潭乡)①，其城居皖水之北，故名②，隶舒州。七年，使者萧俨省入怀宁县。

附旧县2：安乐县(622—624)

武德五年③，析怀宁县置安乐县，以安居乐业为名，治古武功城(今潜山县王河镇桂店村)④，隶舒州。七年⑤，使者萧俨以所居僻隘，省入怀宁县。

附旧县3：梅城县(622—624)

武德五年，析怀宁县置梅城县，以县境有梅城为名，治古龙鸣城(今潜山县槎水镇龙关村)⑥，隶舒州。七年，使者萧俨以兵数少，省入怀宁县。

附旧县4：皖阳县(622—624)

武德五年，析怀宁县置皖阳县，治皖阳城(今潜山县余井镇)⑦，以城在皖水北，故名，隶舒州。七年，使者萧俨省入怀宁县。

---

① 《大清一统志》卷76安庆府："皖城故城，在潜山县北。"即今龙潭乡，旧杜埠乡。《地图集》三国幅扬州庐江郡皖县北有"龙逢"，当是"逢龙"之误。
② 《太平寰宇记》舒州怀宁县。
③ 《太平寰宇记》舒州怀宁县作"七年"，今依《新唐志》。
④ 《太平寰宇记》舒州怀宁县："废安乐城，在县〔南〕二十里。"《大清一统志》卷76安庆府："安乐故城，在潜山县南，唐武德五年析怀宁县置。《太平寰宇记》：'在怀宁县南二十里。'"宋怀宁县治今潜山县城。
⑤ 《新唐志》系于武德五年，今依《太平寰宇记》。
⑥ 《太平寰宇记》舒州怀宁县："废梅(县城)〔城县〕，在县北七十里。"即今龙关村，旧为乡。
⑦ 《太平寰宇记》舒州怀宁县："废皖阳城，在县北二十二里。"唐宋怀宁县治今潜山县城梅城镇，可知皖阳县治今潜山县余井镇，《安徽省志·建置沿革志》第275页，《中国文物地图集·安徽分册》下册第422页以为治怀宁县山口镇，恐误。

2. 望江县(618—907)

本隋同安郡旧县,武德元年,隶高州,为州治。五年,隶智州,为州治。七年,州废,改隶严州。八年,州废,改隶舒州。天宝元年,隶同安郡。乾元元年,复隶舒州。

3. 宿松县(618—907)

本隋同安郡旧县,武德元年,隶高州。四年,割隶严州,为州治。八年,州废,改隶舒州。天宝元年,隶同安郡。乾元元年,复隶舒州。

4. 太湖县(618—907)

本隋同安郡旧县,武德四年,隶舒州,并析置青城、荆阳二县。八年,省荆阳县来属。天宝元年,隶同安郡。乾元元年,复隶舒州。

附旧县1:青城县(621—624)

武德四年,析太湖县置青城县,治故青城(今太湖县徐桥镇桃铺村)[①],故名,隶舒州。七年,省入荆阳县。

附旧县2:荆阳县(621—625)

武德四年,析太湖县置荆阳县,治荆阳城(今潜山县黄铺镇桃花铺)[②],故名,隶舒州。七年,省青城县来属。八年,省入太湖县。

5. 同安县(618—757)—桐城县(757—907)

同安县,本隋同安郡旧县,武德四年,隶舒州。开元二十二年,徙治山焦城(今安徽枞阳县会宫镇城山村焦岭遗址)[③]。天宝元年,隶同安郡。至德二载,以避安氏名姓,改为桐城县,以桐乡为名。乾元元年,复隶舒州。

附旧州一:高州(618—622)—智州(622—624)

武德元年,萧梁取殷恭邃同安郡望江、宿松二县置高州[④],取北朝高塘郡首字为名,治望江县,隶江州总管府。四年,归唐,隶黄州总管府,割宿松县隶严州。五年,改高州为智州,隶江州总管府。六年,改隶舒州总管府。七年,

---

① 《太平寰宇记》舒州太湖县:"废青城县,在县东南四十里。"今定于桃浦村。《安徽省志·建置沿革志》第275页以为治故上格城,在中心乡(今属小池镇)后河村。
② 《太平寰宇记》舒州太湖县:"废荆阳县,在县东五十里。其城依据山险。"
③ 《太平寰宇记》舒州桐城县:"(州)东北一百四十里。县山旧城:按开元二十二年,移县出山城前置。""县山旧(舊)城",《纪要》安庆府桐城县作"山焦城",李天敏《安徽历代政区治地通释》疑在今枞阳县会宫附近,《中国文物地图集·安徽分册》下册第430页以为即城山村焦岭遗址,然又言是隋同安县城,疑误。
④ 两《唐志》云高州武德四年置。按萧梁之时,江州总管府领江、鄂、洪等五州,余二州缺载,又考唐初智州亦属江州总管府,则推知作为智州前身的高州,亦是萧梁所置,因上推至武德元年。

州废,望江县改隶严州。

附旧州二:严州(621—625)

武德四年,萧梁割高州宿松县置严州,以严恭山为名,领宿松一县,隶江州总管府。是年,归唐,隶黄州总管府。六年,隶舒州总管府。七年,隶舒州都督府,以废智州之望江县来属。八年,州废,宿松、望江二县隶舒州。

(六)蕲春郡(蕲州)

蕲春郡(618—619)—蕲州(619—742)—**蕲春郡**(742—758)—蕲州(758—907)

蕲春郡,本隋旧郡,领蕲春、黄梅、浠水、前蕲水、罗田五县。隋末,周法明据之,以附魏王李密①,改为蕲州,以隋旧州为名,治蕲春县,隶黄州总管府。武德元年,李密败,直属朱楚②,复为蕲春郡。二年,朱粲败,归唐③,复为蕲州,直属显州道行台。三年,附王郑④,隶黄州总管府。四年,复归唐⑤,置永宁县,改浠水县为兰溪县,省前蕲水、罗田二县,萧梁取黄梅县隶南晋州。七年,隶黄州都督府。八年,以废南晋州之黄梅县来属。贞观元年,蕲州直属安州大都督府。六年,直属山南道。十年,直属淮南道。十三年,蕲州领蕲春、永宁、黄梅、兰溪四县,治蕲春县。

武周长安四年,蕲州领县不变。

唐天宝元年,复为蕲春郡,改永宁县为广济县,兰溪县为后蕲水县。十三载,蕲春郡领蕲春、广济、黄梅、后蕲水四县,治蕲春县。十五载,隶淮南节度使。

乾元元年,复为蕲州。二年,割隶淮南西道节度使。永泰元年(765),割隶江南西道鄂岳都团练观察使。大历十四年(779),隶河南道后淮西节度使。兴元元年,复隶江南西道鄂岳都团练观察使。永贞元年(805),隶武昌军节度

---

① 《资治通鉴》武德四年五月:"前真定令周法明,法尚之弟也,隋末,结客袭据黄梅,遣族子孝节攻蕲春,兄子绍则攻安陆,子绍德攻沔阳,皆拔之。"《旧唐书》卷53《李密传》:"李密袭破黎阳仓,据之,永安大族周法明举江、黄之地以附密。"
② 《旧唐志》蕲州:"武德四年,平朱粲,改为蕲州。"按李密败在武德元年九月,朱粲称帝在是年十月,翌年闰二月降唐,则蕲州转附朱粲当在武德元年。
③ 史志不载此事。按黄州总管府西、南、东三面邻萧梁、殷恭邃,北邻光州卢祖尚,武德二年光州卢祖尚归唐,周法明亦当随之归唐,否则即为独立。今取归唐之说。
④ 史志不载此事。按《旧唐志》,安州(安陆)曾属王世充,可知朱粲败后,周法明又附王世充,今补。又,王世充建郑国,改郡为州,则蕲春郡改州亦应是年,《旧唐志》云武德四年平朱粲,改为蕲州,当脱似附王世充一段史实。
⑤ 《新唐书》卷1《高祖纪》:"武德四年五月戊辰,王世充降。庚午,周法明降。"

使。元和三年，隶鄂岳都团练观察使。十五年，蕲州领县一如天宝十三载。

宝历元年(825)，复隶武昌军节度使。大和五年(831)，隶鄂岳都团练观察使。大中元年(847)，复隶武昌军节度使。二年，又隶鄂岳都团练观察使。四年，隶武昌军节度使。六年，又隶鄂岳都团练观察使。咸通十四年，蕲州领县不变。

文德元年(888)，隶武昌军节度使。天祐二年(905)，仍隶鄂岳都团练观察使。

1. **蕲春县**(618—907)

本隋蕲春郡旧县，隋末，隶蕲州。武德元年，隶蕲春郡，为郡治。二年，隶蕲州，为州治。四年，析置永宁县，省前蕲水县来属。天宝元年，隶蕲春郡，为郡治。乾元元年，复隶蕲州，为州治。

附旧县：前蕲水县(618—621)

本隋蕲春郡旧县，隋末，隶蕲州。武德元年，隶蕲春郡。二年，隶蕲州。四年，省入蕲春县。

2. **永宁县**(621—742)—**广济县**(742—907)

武德四年，析蕲春县置永宁县，治永宁城(今湖北武穴市梅川镇)①，隶蕲州。天宝元年，隶蕲春郡，因与都畿河南府县名重，改为广济县，当取"皇恩广济"之意为名。乾元元年，复隶蕲州。

3. **黄梅县**(618—907)

本隋蕲春郡旧县，隋末，隶蕲州。武德元年，隶蕲春郡。二年，隶蕲州。四年，割隶南晋州，为州治，并析置义丰、长吉、塘阳、新蔡四县。八年，州废，省义丰、长吉、塘阳、新蔡四县来属，黄梅县还隶蕲州。天宝元年，隶蕲春郡。乾元元年，复隶蕲州。

附旧县1：义丰县(621—625)

武德四年，析黄梅县置义丰县，治义丰城(今湖北黄梅县小池镇)②，隶南晋州。八年，州废，省入黄梅县。

附旧县2：长吉县(621—625)

武德四年，析黄梅县置长吉县，治长吉城(今黄梅县濯港镇郭家嘴)③，隶

---

① 《元和志》蕲州广济县："西至州五十里。本汉蕲春县地，武德四年以此地冲要，置永宁县，天宝元年以名重，改为广济县。"
② 《大清一统志》卷263黄州府："义丰废县，在黄梅县南。……《县志》：义丰旧治在县西，西去大河铺一里，其城址尚存。"黄梅县南合当今小池镇。大河铺城址，当是唐黄梅县治，《县志》误指为义丰县治。
③ 《大清一统志》卷263黄州府："长吉旧治，在县南二十里濯港之郭家嘴。"

南晋州。八年,州废,省入黄梅县。

附旧县3：塘阳县(621—625)

武德四年,析黄梅县置塘阳县,治塘阳城(今黄梅县停前镇)①,隶南晋州。八年,州废,省入黄梅县。

附旧县4：新蔡县(621—625)

武德四年,析黄梅县置新蔡县,以北朝南新蔡郡为名,治故南新蔡城(今黄梅县蔡山镇)②,隶南晋州。八年,州废,省入黄梅县。

4. 浠水县(618—621)—兰溪县(621—742)—后蕲水县(742—907)

后蕲水县,本隋蕲春郡浠水县,隋末,隶蕲州。武德元年,隶蕲春郡。二年,隶蕲州。四年,改为兰溪县,以兰溪镇为名,省罗田县来属。天宝元年③,隶蕲春郡,以与江南东道东阳郡县名重,改为后蕲水县。乾元元年,复隶蕲州。

附旧县：罗田县(617—621)

本隋蕲春郡旧县,隋末,隶蕲州。武德元年,隶蕲春郡。二年,隶蕲州。四年,省入兰溪县。

附旧州：南晋州(621—625)

武德四年,萧梁取蕲州黄梅县置南晋,以南朝晋州为名④,隶江州总管府⑤,并置义丰、长吉、塘阳、新蔡四县。是年,归唐,隶黄州总管府。七年,隶黄州都督府。八年,州废,省义丰、长吉、塘阳、新蔡四县,黄梅县还隶蕲州。

(七)齐安郡(黄州)

永安郡(618—619)—黄州(619—742)—**齐安郡**(742—758)—黄州(758—907)

齐安郡,本隋永安郡,领黄冈、黄陂、木兰、麻城四县。隋末,周法明据之,以附魏王李密,改为黄州⑥,以隋旧州为名,治黄冈县,置黄州总管府。武德元

---

① 依地理形势推定。
② 《太平寰宇记》蕲州黄梅县："本汉蕲春县地,《宋书·州郡志》云：宋分江夏郡置南新蔡郡。隋开皇十八年,改为黄梅县。"据《地图集》,南朝齐南新蔡郡治在今黄梅县蔡山镇。
③ 《元和志》作"六年",今依《唐会要》、两《唐志》、《太平寰宇记》。
④ 《陈书》卷5《宣帝纪》："太建八年十一月丁酉,分江州晋熙、高唐、新蔡三郡为晋州。"
⑤ 两《唐志》不言南晋州归属。按萧梁江州总管府管州名阙,今依地理形势分析,南晋州当隶江州总管府。
⑥ 《旧唐书》卷53《李密传》："李密袭破黎阳仓,据之,永安大族周法明举江、黄之地以附密。"《旧唐志》云："武德三年,改为黄州。""三年"当为"元年"之误,今改。

年,直属朱楚①,复为永安郡,罢总管府。二年,归唐,仍为黄州,置总管府②。三年,归王郑,置堡城县,省木兰县,割黄陂县置南司州,割麻城县置亭州。四年,归唐③。七年,改总管府为都督府,以废南司州之黄陂县来属,省堡城县。八年,以废亭州之麻城县来属。贞观元年,罢都督府,黄州直属安州大都督府。六年,直属山南道。十年,直属淮南道。十三年,黄州领黄冈、黄陂、麻城三县,治黄冈县。

武周长安四年,黄州领县不变。

唐天宝元年,改为齐安郡,以北朝旧郡为名。十三载,齐安郡领黄冈、黄陂、麻城三县,仍治黄冈县。十五载,隶淮南节度使。

乾元元年,复为黄州。二年,割隶淮南西道节度使。永泰元年,割隶江南西道鄂岳都团练观察使。大历十四年,隶河南道后淮西节度使。建中二年,以废沔州之汉阳、汉川二县来属。四年,复割汉阳、汉川二县隶沔州。兴元元年,复隶江南西道鄂岳都团练观察使。贞元十五年,割隶安黄节度使。十九年,隶奉义军节度使。元和元年,隶武昌军节度使。三年,隶鄂岳都团练观察使,省麻城县。十五年,黄州领黄冈、黄陂二县。

宝历元年,复隶武昌军节度使。大和五年,隶鄂岳都团练观察使。大中元年,复隶武昌军节度使。二年,又隶鄂岳都团练观察使。三年,复置麻城县。四年,隶武昌军节度使。六年,又隶鄂岳都团练观察使。咸通十四年,黄州领县不变。

文德元年,隶武昌军节度使。乾宁四年,取鄂州武昌县来属。是年,武昌县还隶鄂州。天祐二年,黄州仍隶鄂岳都团练观察使。

1. 黄冈④县(618—907)

本隋永安郡旧县,隋末,隶黄州。武德元年,隶永安郡。二年,隶黄州。三年,析置堡城县,省木兰县来属。天宝元年,隶齐安郡,为郡治。乾元元年,复隶黄州,为州治。元和三年,省麻城县来属。其后,复析置麻城县。中和五年(885),移治故邾城(今湖北黄冈市黄州区赤壁街道)⑤。

---

① 史志不载此事。按隋末周法明据永安、蕲春、安陆、沔阳四郡,以附魏王李密,然《旧唐志》云:"武德四年,平朱粲,分沔阳郡置沔州。""武德四年,平朱粲,改蕲春郡为蕲州。"知李密败后周法明转附楚帝朱粲。李密败在武德元年九月,朱粲称帝在是年十月,翌年闰二月降唐,则永安郡转附朱粲当在武德元年。
② 史志不载此事。今依上文蕲春郡蕲州补。
③ 《新唐书》卷1《高祖纪》:"武德四年五月戊辰,王世充降。庚午,周法明降。"
④ 《本钱簿》列目作"黄岗",今依《元和志》、两《唐志》、《太平寰宇记》。
⑤ 《元和志》黄州黄冈县:"故邾城,在县东南一百二十里。"《太平寰宇记》黄州黄冈县:"东至蕲州一百五十二里,南至鄂州武昌县隔大江对岸,东南至蕲州蕲水县一百二十里,西南至鄂州一百五十里。"

附旧县 1：木兰县(618—620)

本隋永安郡旧县,隋末,隶黄州。武德元年,隶永安郡。二年,隶黄州。三年,省入黄冈县。

附旧县 2：堡城县(620—624)

武德三年,王郑析黄冈县置堡城县,治堡城(今武汉市新洲区阳逻街道①),隶黄州。七年,省入黄冈县。

2. **黄陂**②县(618—907)

本隋永安郡旧县,隋末,隶黄州。武德元年,隶永安郡。二年,隶黄州。三年,割置南司州。七年,州废,还隶黄州。天宝元年,隶齐安郡。乾元元年,复隶黄州。

3. **麻城县**(618—808,849—907)

本隋永安郡旧县,隋末,隶黄州。武德元年,隶永安郡。二年,隶黄州。三年,割隶亭州,为州治,并析置阳城县。八年,州废,省阳城县,麻城县还隶黄州。天宝元年,隶齐安郡。乾元元年,复隶黄州。元和三年,省入黄冈县。大中三年③,复析黄冈县置麻城县。

附旧县：阳城县(620—625)

武德三年,王郑析麻城县置阳城县,以南朝旧县为名,治故阳城(今湖北麻城市宋埠镇)④,隶亭州。八年,州废,省入麻城县。

附旧州一：南司州(620—625)

武德三年,王郑割黄州黄陂县置南司州,以北朝旧州为名,隶黄州总管府。七年,州废,黄陂县还隶黄州。

附旧州二：亭州(620—625)

武德三年,王郑割黄州麻城县置亭州,以北朝旧州为名⑤,隶黄州总管府,并置阳城县。七年,隶黄州都督府。八年,州废,省阳城县,麻城县还隶黄州。

---

① 阳逻街道宋称阳逻堡,盖因古堡城得名。
② 《本钱簿》列目作"黄波",今依《元和志》、两《唐志》、《太平寰宇记》。
③ 《新唐志》作"建中",按建中在元和之前,《新唐志》必误。《大清一统志》卷263黄州府"麻城故城"引《唐书》作"大中",当是。
④ 依地理形势推定。
⑤ 《太平寰宇记》黄州麻城县："岐亭河,在县西北八十里,唐武德三年于县置亭州,取此为名。"按,以河为名乃初置州时事,今不取。

（八）义阳郡（申州）

义阳郡(618—619)—申州(619—742)—义阳郡(742—758)—申州(758—907)

义阳郡，本隋旧郡，领义阳、钟山、罗山、淮源四县①，隋末，李魏改为申州②，以隋旧州为名，治义阳县，隶豫州总管府。武德元年，直属朱楚，复为义阳郡。二年，杨士林取以归唐，仍为申州，直属显州道行台③，省淮源县。三年，归王郑，隶显州总管府。四年，复归唐，割隶光州总管府，割罗山县隶南罗州。七年，申州隶光州都督府。八年，以废南罗州之罗山县来属。贞观元年，直属安州大都督府。六年，直属山南道。十年，直属淮南道。十三年，申州领义阳、钟山、罗山三县，治义阳县。

武周长安四年，申州领县不变。

唐天宝元年，复为义阳郡。十三载，义阳郡领义阳、钟山、罗山三县，治义阳县。十五载（至德元载），隶淮南节度使。是年，割隶河南道前淮西节度使。

乾元元年，复为申州。二年，隶郑陈节度使。是年，割隶淮南西道节度使。宝应元年，隶河南道蔡汝节度使。大历八年，隶后淮西节度使。十四年，隶淮宁军节度使。建中二年，隶后淮西节度使。兴元元年，归李楚。二年（贞元元年），复归唐。贞元十四年，隶彰义军节度使。元和十二年，隶后淮西节度使。十三年，隶江南西道鄂岳都团练观察使。十五年，申州领县一如天宝十三载。

宝历元年，隶武昌军节度使。大和五年，复隶鄂岳都团练观察使。大中元年，复隶武昌军节度使。二年，又隶鄂岳都团练观察使。四年，隶武昌军节度使。六年，又隶鄂岳都团练观察使。十二年，割隶淮南道淮南节度使。是年，还隶江南西道鄂岳都团练观察使。咸通十四年，申州领县不变。

文德元年，隶武昌军节度使。天祐二年，仍隶鄂岳都团练观察使。

1. 义阳县(618—907)

本隋义阳郡旧县，隋末，隶申州。武德元年，隶义阳郡。二年，复隶申州，

---

① 《隋志》义阳郡原有礼山县，共五县。按《新唐志》，武德四年析安州应山县复置礼山县，则知隋末义阳郡礼山县已省入安陆郡应山县，今删。

② 《资治通鉴》大业十三年九月："武安、永安、义阳、弋阳、齐郡相继降密。"

③ 《资治通鉴》武德二年正月："淮安土豪杨士林、田瓒起兵攻粲，诸州皆应之。粲与战于淮源，大败，帅余众数千奔菊潭。既败朱粲，己巳，帅汉东四郡（当即淮安、汉东、舂陵、义阳四郡——引者按）遣使诣信州总管庐江王瑗请降，诏以为显州道行台。"

为州治,省淮源县来属。天宝元年,隶义阳郡,为郡治。乾元元年,复隶申州,为州治。

附旧县:淮源县(618—619)

本隋义阳郡旧县,隋末,隶申州。武德元年,隶义阳郡。二年,以被兵,省入义阳县①。

2. 钟山县(618—907)

本隋义阳郡旧县,隋末,隶申州。武德元年,隶义阳郡。二年,复隶申州。天宝元年,隶义阳郡。乾元元年,复隶申州。

3. 罗山县(618—907)

本隋义阳郡旧县,隋末,隶申州。武德元年,隶义阳郡。二年,复隶申州。四年,割置南罗州。八年,州废,还隶申州。天宝元年,隶义阳郡。乾元元年,复隶申州。

附旧州:南罗州(621—625)

武德四年,割申州罗山县置南罗州,取罗山县首字为名,领罗山一县,隶光州总管府。七年,隶光州都督府。八年,州废,罗山县还隶申州。

(九)弋阳郡(光州)

光州(618)—弋阳郡(618—619)—光州(619—742)—弋阳郡(742—758)—光州(758—907)

弋阳郡,本隋旧郡,领光山、定城、固始、殷城、乐安五县②。隋末,卢祖尚以郡附李魏③,改为光州,以隋旧州为名,治光山县,隶豫州总管府。武德元年,归隋,仍为弋阳郡。二年,归唐④,为光州,直属显州道行台。三年,置光州总管府,割定城县隶弦州,割殷城县隶义州;置宋安县,割隶谷州。七年,改总

---

① 《资治通鉴》武德二年正月:"淮安土豪杨士林、田瓚起兵攻粲,诸州皆应之。粲与战于淮源,大败。"自后淮源县不见记载,当废于是年。
② 《隋志》弋阳郡有期思县,按《太平寰宇记》寿州霍丘县:"废期思县,在县一百八十里,大业十三年,狂贼汪献伯攻破县,因此遂废。"据删。
③ 按《旧唐书》卷53《李密传》:"(大业十三年)东至海岱,南至江淮,郡县莫不遣使归密。……卢祖尚、周法明等并随使通表于密,劝进。"《资治通鉴》大业十三年九月:"武安、永安、义阳、弋阳、齐郡相继降密。"
④ 《旧唐志》、《太平寰宇记》并云弋阳郡武德三年改为光州。按《旧唐书》卷69《卢祖尚传》:"卢祖尚者,光州乐安人也。及世充自立,遂举州归款,高祖嘉之,拜光州刺史,封弋阳郡公。"王世充自立在武德二年,可证光州归唐非武德三年,今改。

管府为都督府。贞观元年,罢都督府①,光州直属安州大都督府,以废弦州之定城县、废义州之殷城县来属。六年,直属山南道。十年,直属淮南道。十三年,光州领光山、定城、固始、殷城、乐安五县,治光山县。

武周长安四年,光州领县不变。

唐太极元年(712),移州治于定城县。

天宝元年,复为弋阳郡,改乐安县为仙居县。十三载,弋阳郡领定城、固始、殷城、光山、仙居五县,治定城县。十五载(至德元载),隶淮南节度使。是年,割隶河南道前淮西节度使。

乾元元年,复为光州。二年,隶郑陈节度使。是年,割隶淮南西道节度使。大历八年,隶河南道后淮西节度使。十四年,隶淮宁军节度使。建中二年,复隶后淮西节度使。贞元十四年,隶彰义军节度使。元和十二年,又隶后淮西节度使。十三年,隶淮南道淮南节度使。十五年,光州领县一如天宝十三载。

咸通十四年,光州领县不变。

乾宁四年,割隶河南道奉国军节度使。

1. **定城县**(618—907)

本隋弋阳郡旧县,隋末,隶光州。武德元年,隶弋阳郡。二年,复隶光州。三年,割置弦州。贞观元年,州废,还隶光州。太极元年,自光山县移州治于此。天宝元年,隶弋阳郡,为郡治。乾元元年,复隶光州,为州治。

2. **固始县**(618—907)

本隋弋阳郡旧县,隋末,隶光州。武德元年,隶弋阳郡。二年,复隶光州。天宝元年,隶弋阳郡。乾元元年,复隶光州。

3. **殷城县**(618—907)

本隋弋阳郡旧县,隋末,隶光州,为州治。武德元年,隶弋阳郡。二年,复隶光州。三年,割置义州。贞观元年,州废,还隶光州。天宝元年,隶弋阳郡。乾元元年,复隶光州。

4. **光山县**(618—907)

本隋弋阳郡旧县,隋末,隶光州,为州治。武德元年,隶弋阳郡,为郡治。二年,复隶光州,为州治。太极元年,移州治于定城县。天宝元年,隶弋阳郡。乾元元年,复隶光州。

---

① 《元和志》光州:"贞观元年,为光州都督府。"按唐改总管府为都督府在武德七年,此误,今依两《唐志》、《太平寰宇记》。

5. 乐安县(618—742)—仙居县(742—907)

仙居县,本隋弋阳郡乐安县,隋末,隶光州。武德元年,隶弋阳郡。二年,复隶光州。三年,析置宋安县。贞观元年,以废谷州之宋安县来属。天宝元年,隶弋阳郡,以与江南东道临海郡县名重,改为仙居县,因仙居山为名。乾元元年,复隶光州。

附旧县：宋安县(620—627)

武德三年,析乐安县置宋安县,以南朝旧郡为名,治故宋安城(今河南光山县南向店乡)①,割隶谷州,为州治。贞观元年,州废,省入乐安县。

附旧州一：弦州(620—627)

武德三年,割光州定城县置弦州,以古弦国为名②,领定城一县,隶光州总管府。七年,隶光州都督府。贞观元年,州废,定城县还隶光州。

附旧州二：义州(620—627)

武德三年③,割光州殷城县置义州,以隋旧州为名,领殷城一县,隶光州总管府。七年,隶光州都督府。贞观元年,州废,殷城县还隶光州。

附旧州三：谷州(620—627)

武德三年,割光州宋安县置谷州,以谷水为名④,领宋安一县,隶光州总管府。七年,隶光州都督府。贞观元年,州废,宋安县省入光州乐安县。

附旧府一　黄州总管府(618,619—624)—黄州都督府(624—627)

隋末,李魏以黄、安、蕲、复四州置黄州总管府。武德元年(618),归朱楚,罢总管府,黄州复为永安郡,安州为安陆郡,蕲州为蕲春郡,复州为沔阳郡。二年,朱楚部属周法明以永安、蕲春、安陆三郡归唐⑤,改永安郡为黄州,蕲春

---

① 《大清一统志》卷176光州："宋安故城,在光山县西。"《历史地名》第1352页云在光山县西南。按《中国文物地图集·河南分册》第496页,南向店乡有唐代遗址,面积约12 000平方米,当为宋安县治。
② 《太平寰宇记》光州序："光州,春秋时弦子国。"
③ 《新唐志》作"元年",今依《旧唐志》、《元和志》、《太平寰宇记》。
④ 《太平寰宇记》光州仙居县："谷河水在县西八里。"即《水经注》卷30之谷水,今竹竿河。
⑤ 史志不载此事。按隋末周法明据永安、蕲春、安陆、沔阳四郡,以附魏王李密,李密败后,周法明转附楚帝朱粲。朱粲武德二年闰二月降唐。又永安四隅西、南、东三面邻萧梁、殷恭邃,北邻光州卢祖尚,卢祖尚武德二年归唐。以朱、卢情势,周法明亦当随之归唐(沔阳郡为萧梁所夺),否则即为独立。今取归唐之说。

郡为蕲州,安陆郡为安州,仍置黄州总管府,隶显州道行台,并置沔州。三年,归王郑,隶襄州行台,置南司、亭二州,割安、沔二州隶安州总管府。四年,复归唐,隶山南道行台,割江州总管府南晋、严二州来属。六年,割严州隶舒州总管府。七年,改为黄州都督府,隶安州大都督府,废南司、亭二州。八年,废南晋州。贞观元年(627),罢都督府,黄、蕲二州直属安州大都督府。

附旧府二　光州总管府(620—624)—光州都督府(624—627)

武德三年,以废显州道行台之直属光州置光州总管府,隶东南道行台,并置弦、义、谷三州。四年,置南罗州①。是年,光州总管府改隶山南道行台,割显州总管府申州来属。七年,改为光州都督府,隶安州大都督府。八年,废南罗州。贞观元年,罢都督府,废弦、义、谷三州,光、申二州直属安州大都督府。

附旧府三　庐州总管府(620—624)

武德三年,割和州总管府庐州置庐州总管府,隶东南道行台,并置巢州②。四年,置霍州,殷恭邃以同安郡来属,改为舒州。六年,割舒州隶舒州总管府。七年,罢都督府及巢州,庐、霍二州隶舒州都督府。

附旧府四　西楚州总管府(621—624)—西楚州都督府(624—625)

武德四年,割东南道行台直辖西楚州及陕东道行台海州总管府楚州置西楚州总管府,治西楚州,隶东南道行台,改楚州为东楚州。六年,归辅宋③。七年,复归唐,改为西楚州都督府,隶东南道行台。八年,罢都督府及西楚州,改东楚州为楚州,直属后扬州大都督府。

附旧府新镇　舒州总管府(623—624)—舒州都督府(624—627)—舒庐滁和都团练使(800—807)

武德六年,割庐州总管府舒州、江州总管府智州、黄州总管府严州置舒州总管府,隶山南道行台。七年,隶东南道行台,改为舒州都督府,以废庐州总

---

① 《旧唐志》:武德三年,光州置总管府,"凡管光、弦、义、谷、庐五州"。按庐、光之间中隔寿州总管府,不得相属,而光州西近武德四年置南罗州,无所属,因疑此"庐(廬)"字乃"罗(羅)"之形误。
② 史志不载此事。艾冲《唐代都督府研究》第 86 页《赐方亮诏》(载《全唐文》卷 2)之"使持节(总管)庐申二州诸军事"考证,武德三、四年间曾置庐州总管府,今从之。然申州与庐州中隔光、寿二州,似不得相属,疑"申"为"巢"之蚀误,因改。
③ 《资治通鉴》武德六年八月:"淮南道行台仆射辅公祏反。九月戊子,辅公祏遣其将徐绍宗寇海州。"公祏攻海州必经楚州,而史籍不载攻楚州事,则知是时西楚州总管府固属东南(淮南)道行台。

管府之庐、霍二州来属,废智州。八年,隶后扬州大都督府,废严州。九年,隶扬州大都督府。贞观元年,罢都督府及霍州,舒、庐二州直属扬州大都督府。

贞元十六年(800),割淮南节度使庐、舒、滁、和四州置舒庐滁和都团练使,治庐州①。元和二年(807),罢镇,庐、舒、滁、和四州还隶淮南节度使。

第三节 安陆郡(安州)都督府

安州总管府(620—624)—安州大都督府直辖地区(624—628)—安州都督府(628—632,633—742)—**安陆郡都督府**(742—756)—淮南西道节度使(761—773)—安黄节度使(799—803)—奉义军节度使(803—806)

武德三年(620),王郑割黄州总管府安、沔二州置安州总管府,隶襄州道行台。四年,世充败,总管马贵迁转附萧梁。是年,归唐,隶山南道行台,以废王郑襄州行台之随州来属,置应、澴、温三州②。五年,割沔州隶荆州总管府。七年,升为安州大都督府,割荆州总管府沔、复二州来属,废应、澴二州。贞观元年(627),以废光州都督府之光、申二州,废黄州都督府之黄、蕲二州来属。二年,降大都督府为都督府,属山南道。六年,罢都督府,安、随、申、光、黄、蕲、沔、复、温九州直属山南道。七年,以山南道直属安、沔、复、温、随五州复置安州都督府,仍属山南道。十年,属淮南道。十三年,安州都督府督安、沔、复、温、随五州③。十七年,废温州。

显庆五年(660),割荆州都督府郢州来属。

武周长安四年(704),安州都督府督安、沔、复、郢、随五州。

唐开元中,割随州直属山南东道。

天宝元年(742),割山南东道直属随州来属,割复州隶荆州都督府,改安州为安陆郡,沔州为汉阳郡,郢州为富水郡,随州为汉东郡,安州都督府为安陆郡都督府。十三载,安陆郡都督府督安陆、汉阳、富水、汉东四郡。十四载,割汉东郡直属山南东道,富水郡隶山南东道江陵郡都督府。十五载(至德元

---

① 依地理形势推定。
② 《旧唐志》安州:"武德四年,平王世充……安州置总管,管澴、应二州。"当有脱漏。
③ 《旧唐志》安州:"贞观十二年,罢都督。天宝元年,改为安陆郡,依旧为都督府。"按《括地志·序略》载贞观十三大簿仍有安州都督府。严耕望《括地志序略都督府管州考略》(载《严耕望史学论文集》)考证,中宗时安州仍为都督府,"具见《志》文有误无疑"。又据郁贤皓《唐刺史考全编》,贞观十一年至永徽四年,吴王恪一直在安州都督任上,其后至天宝年间,安州都督相沿不替,亦证《旧唐志》文当衍。

载),罢都督府,安陆郡隶山南东道节度使,汉阳郡隶淮南节度使。

后上元二年(761),淮南西道节度使自寿州移治安州,仍领安、申、光、寿、蕲、黄、沔七州,以废郑陈节度使节度使之亳、颍二州,废河南节度使之泗州来属①,又取史氏燕国睢阳节度使济阴郡来属,复为曹州,寻割寿州隶舒庐寿都团练使。宝应元年(762),割蔡汝节度使许州,山南东道节度使随、唐二州来属,割申州隶河南道蔡汝节度使,泗州隶河南道兖郓节度使。是年,割曹、颍二州隶河南道河南节度使。广德元年(763),割亳州隶河南道滑亳节度使。永泰元年,割沔、蕲、黄三州隶江南西道鄂岳都团练观察使。大历八年(773),罢镇,安、光、许、随、唐五州隶河南道后淮西节度使。贞元十五年(799),割山南东道节度使安州、江南西道鄂岳都团练观察使黄州置安黄节度使,治安州。十九年,改为奉义军节度使。元和元年(806),罢镇,安、黄二州隶江南西道武昌军节度使。

(一) 安陆郡(安州)

安陆郡(618—619)—安州(619—742)—**安陆郡**(742—758)—安州(758—907)

安陆郡,本隋旧郡,领安陆、应山、吉阳、孝昌、云梦、应阳、富水、京山八县。隋末,周法明以附李魏②,改为安州,以隋旧州为名,治安陆县,隶黄州总管府。武德元年,直属朱楚③,复为安陆郡。二年,归唐,仍为安州,隶黄州总管府。三年④,归王郑,置安州总管府。四年,总管马贵迁以州归萧梁。是年,周法明取以归唐⑤,改应阳县为应城县,割应山县置应州,割孝昌县置澴州,割富水、京山二县隶温州。七年,升安州总管府为安州大都督府,以废应州之应山

---

① 《方镇研究》第82页:"上元二年,增领废郑陈节度使郑、陈、亳、颍四州,汴滑节度使之汴、宋、曹三州,河南节度使之徐、泗二州。"以应《新唐表》"号淮西十六州节度使"之数。按郑、陈、汴、宋、徐五州已先后陷于史氏燕国,唐朝只是虚领,今不录。
② 《资治通鉴》武德四年五月:"前真定令周法明,法尚之弟也,隋末,结客袭据黄梅,遣族子孝节攻蕲春,兄子绍则攻安陆,子绍德攻沔阳,皆拔之。"《旧唐书》卷53《李密传》:"李密袭破黎阳仓,据之,永安大族周法明举江、黄之地以附密。"
③ 史志不载此事。按隋末周法明据永安、蕲春、安陆、沔阳四郡,以附魏王李密,然《旧唐志》云:"武德四年,平朱粲,分沔阳郡置沔州。""武德四年,平朱粲,改蕲春郡为蕲州。"知李密败后周法明转附楚帝朱粲。李密败在武德元年九月,朱粲称帝在是年十月,翌年闰二月降唐,则安陆郡转附朱粲当在武德元年。今补。
④ 《旧唐志》系于四年平王世充后。按武德三年黄州已置总管府,领黄、蕲等州,不领安、沔二州,则推知是年亦置安州总管府,领安、沔等州。
⑤ 《资治通鉴》武德四年六月:"黄州总管周法明攻萧铣安州,拔之,获其总管马贵迁。"

县、废瀙州之孝昌县来属。贞观六年,罢大都督府,安州直属山南道。七年,又置安州都督府。十三年,安州领安陆、应山、吉阳、孝昌、云梦、应城六县,治安陆县。

武周长安四年,安州领县不变。

天宝元年,复为安陆郡,隶安陆郡都督府。十三载,安陆郡领安陆、应山、吉阳、孝昌、云梦、应城六县,治安陆县。十五载,隶山南东道节度使。

乾元元年(758),复为安州。二年,隶淮南西道节度使。后上元二年,自寿州移使治于此。宝应二年,割孝昌县隶沔州。其后,复割沔州孝昌县还隶安州。大历八年,罢镇,安州隶河南道后淮西节度使。兴元元年,归李楚。二年(贞元元年),复归唐。贞元三年,隶山南东道节度使。十五年,隶安黄节度使,为使治。十九年,隶奉义军节度使,为使治。元和元年,罢镇,隶武昌军节度使。三年,隶鄂岳都团练观察使,省孝昌、应城、吉阳三县。其后,复置吉阳县。十五年,安州领安陆、应山、吉阳、云梦四县,治安陆县。

宝历元年(825),隶武昌军节度使。大和二年(828),复置应城县。五年,隶鄂岳都团练观察使。大中元年(847),复隶武昌军节度使。二年,又隶鄂岳都团练观察使。四年,隶武昌军节度使。六年,又隶鄂岳都团练观察使。咸通中,复置孝昌县。十四年(873),安州领安陆、应山、吉阳、孝昌、云梦、应城六县,治安陆县。

文德元年(888),复隶武昌军节度使。天祐二年(905),复隶鄂岳都团练观察使,改应城县为应阳县。

1. 安陆县(618—907)

本隋安陆郡旧县,隋末,隶安州。武德元年,隶安陆郡。二年,复隶安州。天宝元年,隶安陆郡,为郡治。乾元元年,复隶安州,为州治。

2. 应山县(618—907)

本隋安陆郡旧县,隋末,隶安州。武德元年,隶安陆郡。二年,复隶安州。四年,割隶应州,为州治,并析置礼山县。七年,州废,省礼山县来属,应山县还隶安州。天宝元年,隶安陆郡。乾元元年,复隶安州。元和三年,省吉阳县来属。其后,复析置吉阳县。

附旧县:礼山县(621—624)

武德四年,析应山县置礼山[①]县,以隋义阳郡旧县为名,治故礼山城(今湖

---

① 《元和志》作"澧山",今依《新唐志》。《隋志》义阳郡:"礼山:旧曰东随,开皇九年改焉,有关官,有礼山。"可证。

北大悟县三里城镇廖家铺)①,隶应州。七年,州废,省入应山县。

3. **吉阳县**(618—808,元和中—907)

本隋安陆郡旧县,隋末,隶安州。武德元年,隶安陆郡。二年,复隶安州。天宝元年,隶安陆郡。乾元元年,复隶安州。元和三年,省入应山县。其后,复析应山县置吉阳县。

4. **孝昌县**(618—808,咸通中—907)

本隋安陆郡旧县,隋末,隶安州。武德元年,隶安陆郡。二年,复隶安州。四年,割隶澴州,为使治,并析置澴阳县。七年,州废,省澴阳县来属,孝昌县还隶安州。天宝元年,隶安陆郡。乾元元年,复隶安州。元和三年,省入云梦县,咸通中,析云梦县复置孝昌县,治新孝昌城(今湖北孝感市孝南区新华街道)②。

附旧县:**澴阳县**(621—625)

武德四年,析孝昌县置澴阳县,以澴水为名,治故澴水城(今大悟县阳平镇古寨湾)③,隶澴州。七年,州废,省入孝昌县。

5. **云梦县**(618—907)

本隋安陆郡旧县,隋末,隶安州。武德元年,隶安陆郡。二年,复隶安州。天宝元年,隶安陆郡。乾元元年,复隶安州。元和三年,省应城、孝昌二县来属。大和二年,复析置应城县。咸通中,复析置孝昌县。

6. **应阳县**(618—621)—**应城县**(621—808,828—905)—**应阳县**(905—907)

应城县,本隋安陆郡应阳县,隋末,隶安州。武德元年,隶安陆郡。二年,复隶安州。四年,改为应城县。天宝元年,隶安陆郡。乾元元年,复隶安州。元和三年,省入云梦县。大和二年,析云梦县复置应城县,仍治应城(今应城市城中街道),隶安州。天祐二年④,以避朱全忠父嫌名,复改为应阳县。

附旧州一:应州(621—624)

武德四年,割安州应山县置应州,以隋旧州为名,隶安州总管府,置礼山

---

① 《元和志》安州应山县:"澧山关,因古澧山县为名。武德八年,县废。即《齐志》所谓武阳关也,在州东北二百四十里,在县东北一百三十里,北至申州一百五十里。"唐应山县治今湖北广水市城区。
② 元和初孝昌县尚治今县花园镇,《太平寰宇记》安州孝昌县则云在州东南一百里,即今孝感市城区,吴松弟《两唐书地理志汇释·旧唐书地理志》第263页云唐后期迁治今孝感市,今定于咸通中复置县时。
③ 澴水,又作環水。《大清一统志》卷267德安府:"環水废县,在应山县东。南北朝宋置县,梁省。"遗址尚存,详《中国文物地图集·湖北分册》下册,第325页。《地图集》南朝齐幅置環水县于今广水市广水街道之西,不详何据,不取。
④ 《太平寰宇记》应城县作"梁开平元年",今依《旧唐书》卷20《昭宗纪》、《新唐志》。

县。七年①,州废,省礼山县,应山县还隶安州。

附旧州二:澴州(621—624)

武德四年,割安州孝昌县置澴州,以北朝旧州为名,隶安州总管府,置澴阳县。七年②,州废,省澴阳县,应山县还隶安州。

(二)汉阳郡(沔州)

沔州(619—742)—汉阳郡(742—758)—沔州(758—781,783—826)

武德二年,朱楚属部周法明以沔阳郡归唐,割汉阳县置沔州③,以隋旧州为名,隶黄州总管府,并置汉川县。三年,归王郑,割隶安州总管府。四年,归萧梁。是年,归唐。五年,割隶荆州总管府。七年,直属安州大都督府。贞观六年,直属山南道。七年,隶安州都督府。十三年,沔州领汉阳、汉川二县,治汉阳县。

武周长安四年,沔州领县不变。

天宝元年,改为汉阳郡,以汉阳县为名,隶安陆郡都督府。十三载,汉阳郡领汉阳、汉川二县,仍治汉阳县。十五载,隶淮南节度使。

乾元元年,复为沔州。二年,割隶江南西道鄂岳沔都团练使。是年,割隶淮南西道节度使。永泰元年(765),割隶鄂岳都团练观察使。大历十四年,隶河南道淮宁军节度使。建中二年(781),州废,汉阳、汉川二县隶黄州。四年,复割黄州汉阳、汉川二县置沔州④,仍治汉阳县,隶后淮西节度使。兴元元年(784),隶鄂岳都团练观察使。永贞元年(805),隶武昌军节度使。元和三年,隶鄂岳都团练观察使。十五年,沔州领县一如天宝十三载。

---

① 《新唐志》作"八年",今依《旧唐志》、《太平寰宇记》安州序。
② 两《唐志》孝昌县条、《舆地广记》作"八年",今依《旧唐志》、《太平寰宇记》安州序。
③ 史志不载此事。按《旧唐志》:"武德四年,平朱粲,分沔阳郡置沔州。"考朱粲武德二年败后归唐,改郡为州,则分沔阳郡置沔州当属唐朝所为,今参上文安陆郡安州注改之。
④ 此段沿革,各书记载不一。《旧唐志》鄂州汉阳县:"太和七年,鄂岳节度使牛僧孺奏,沔州与鄂州隔江,都管一县,请并入鄂州。从之。"《唐会要》卷71:"沔州:建中元年四月,析入黄州。四年,复置。宝历三年,武昌节度使牛僧孺奏:沔州、鄂州隔江相去才一里,其州请并省,其汉阳、汉州两县并割隶鄂州。从之。"《太平寰宇记》汉阳军:"至太和二年四月,鄂岳道节度使牛僧孺奏废沔州,以其地入鄂州。"《新唐志》鄂州汉阳县:"本沔州汉阳郡……建中二年,州废。四年,复置。宝历二年,州又废。"按《旧唐书》卷172《牛僧孺传》,僧孺镇江夏,废沔州,实在宝历年间。《旧唐志》、《太平寰宇记》所记当误,今从《旧唐书》卷17《敬宗纪》、《新唐志》、《新唐表》,并参《唐会要》及《方镇研究》第154页考证。

宝历二年①,州废,汉阳、汉川二县隶鄂州。

1. 汉阳县(618—907)

本隋沔阳郡旧县,隋末,隶复州。武德元年,隶沔阳郡。二年,割隶沔州,为州治,并析置汉川县。四年,移治凤栖山南(今湖北武汉市汉阳区翠微街道)。天宝元年,隶汉阳郡,为郡治。乾元元年,复隶沔州,为州治。建中二年,州废,改隶黄州。四年,复割隶沔州,仍为州治。宝历二年,州再废,改隶鄂州。

2. 汉川县(619—907)

武德二年,析汉阳县置汉川县,以汉川水为名,治故甑山城(今湖北汉川市马口镇)②,隶沔州。天宝元年,隶汉阳郡。乾元元年,复隶沔州。建中二年,州废,改隶黄州。四年,复割隶沔州。宝历二年,州再废,改隶鄂州。

(三) 富水郡(郢州)

竟陵郡(618—619)—郢州(619—627,643—742)—富水郡(742—758)—郢州(758—907)

富水郡,本隋竟陵郡,领长寿、章山、乐乡、蓝水四县③,治长寿县。武德元年,直属朱楚。二年,直属萧梁,改为郢州,以隋旧州为名,治长寿县。是年,割乐乡县隶郜州。四年,归唐,直属山南道行台,割章山县隶基州。七年,割隶襄州都督府,以废基州之章山县来属。贞观元年,州废,省蓝水县,长寿县改隶郜州,章山县改隶荆州。十七年,以废温州之京山、富水、长寿三县复置郢州,治京山县④,隶荆州都督府。其后,移治长寿县。

显庆五年,割隶安州都督府。

---

① 《旧唐志》作"太和七年",今依《旧唐书》卷17《敬宗纪》、《新唐志》,考详吴洲:《唐代东南的历史地理》,第142页。
② 《太平寰宇记》汉阳军汉川县:"故甑山城,在县东南四十五里。"《舆地广记》汉川县:"唐武德四年,析汉阳置汉川县,属沔州。亦周、隋甑山县也。"胡渭《禹贡锥指》卷11定隋甑山县于今汉川市东南十里之马鞍乡。按其地平旷无山,不得为甑山,今不取。
③ 《隋志》竟陵郡原有汾川、汉东、清腾、丰乡四县,共八县。按汾川等四县不见于唐初记载,当废于隋末,今删。
④ 《旧唐志》、《太平寰宇记》郢州序:"十七年,废温州,依旧置郢州,治京山。"京山县:"贞观十七年,复于县置郢州。"《新唐志》:"十七年,复置(郢州),治京山,后还治长寿。"《元和志》则云:"贞观十七年,废温州,于长寿置郢州。"当脱移治一事,今依两《唐志》、《太平寰宇记》,考详吴洲:《唐代东南的历史地理》,第119页。

武周长安四年,郢州领长寿、京山、富水三县,治长寿县。

唐天宝元年,改为富水郡,以富水县为名。十三载,富水郡领长寿、京山、富水三县,治长寿县①。至德元载(756),割隶山南东道防御使。是年,隶江陵防御使。二载,隶荆南节度使。

乾元元年,复为郢州。后上元元年,割隶山南东道节度使。元和十五年,郢州领县一如天宝十三载。

咸通十四年,郢州领县不变。

文德元年,隶忠义军节度使。天祐三年,复隶山南东道节度使。

1. **长寿县**(618—907)

本隋竟陵郡旧县,为郡治。武德二年,隶郢州,为州治。贞观元年,州废,省蓝水县来属,长寿县改隶郡州。八年,州废,改隶温州。十七年,州废,复隶郢州。其后,自京山县移州治于此。天宝元年,隶富水郡,为郡治。乾元元年,复隶郢州,为州治。

附旧县:蓝水县(618—627)

本隋竟陵郡旧县,武德二年,隶郢州。贞观元年,州废,省入长寿县。

2. **京山县**(618—907)

本隋安陆郡旧县,武德二年,隶安州。四年,割隶温州,为州治。十七年,隶郢州,仍为州治。其后,移州治于长寿县。天宝元年,隶富水郡。乾元元年,复隶郢州。

3. **富水县**(618—907)

本隋安陆郡旧县,武德二年,隶安州。四年,割隶温州。十七年,州废,改隶郢州。天宝元年,隶富水郡。乾元元年,复隶郢州。

附旧州:温州(621—643)

武德四年,割安州京山、富水二县置温州,以隋旧州为名,治京山县,隶安州总管府。七年,直属安州大都督府。贞观六年,直属山南道。七年,隶安州都督府。八年,以废郡州之长寿县来属。十三年,温州领京山、富水、长寿三县,治京山县。十七年,州废,京山、富水、长寿三县隶郢州。

---

① 《州郡典》、《元和志》、两《唐志》郢州皆治长寿县,《地图集》唐代幅断以开元末,仍以京山县为郢州治,恐误。

(四) 汉东郡(随州)

汉东郡(618—619)—随州①(619—742)—汉东郡(742—758)—随州(758—907)

汉东郡,本隋旧郡,领隋、光化、安贵、顺义、平林五县②,治隋县。武德元年,归朱楚。二年,归唐,改为随州③,以北朝旧州为名,改隋县为随县,置随州总管府。三年,归王郑。四年,复归唐,罢总管府,省安贵县,随州隶安州总管府。五年④,省顺义、平林二县。七年,直属安州大都督府。贞观六年,直属山南道。七年,隶安州都督府。十年,割后唐州枣阳县来属。十三年,随州领随、光化、枣阳三县,治随县。

武周长安四年,随州领县不变。

唐开元中,直属山南东道⑤。二十五年,置唐城县。

天宝元年,复为汉东郡,割隶淮南道安陆郡都督府。十三载,汉东郡领随、光化、唐城、枣阳四县,治随县。十四载,直属山南东道。十五载,隶山南东道节度使。

乾元元年,复为随州。宝应元年,割隶淮南西道节度使。大历八年,隶河南道后淮西节度使。兴元元年,归李楚。二年(贞元元年),复归唐。贞元三年,还隶山南东道节度使。元和十年,割隶唐随邓节度使。十二年,还隶山南东道节度使。十五年,随州领县一如天宝十三载。

咸通十四年,随州领县不变。

1. 随县(618—907)

本隋汉东郡隋县,为郡治。武德二年,改为随县,以北朝旧县为名,隶随州,为州治。四年,省安贵县来属。五年,省顺义、平林二县来属。天宝元年,

---

① 两《唐志》列目作"隋州",《地图集》亦取其说。今依《括地志·序略》、《大唐六典》、《州郡典》、《元和志》、《太平寰宇记》。按随州北朝即有之,以古随(隨)国为名,隋朝乃去"辶"作"隋",唐朝鼎革,宜复旧名,两《唐志》所载当误。
② 《隋志》汉东郡有唐城、上明、土山三县,共八县。按《元和志》载,唐城县隋大业二年已废,土山、上明二县不见于唐初记载,亦当废于隋末,今并删。
③ 《旧唐志》云:"武德三年,改为隋州。"按《资治通鉴》武德二年正月载:"淮安土豪杨士林、田瓒起兵攻綮,诸州皆应之。己巳,帅汉东四郡遣使诣信州总管庐江王瑗请降,诏以为显州道行台。"汉东四郡,当即淮安、汉东、春陵、义阳四郡,而唐革隋命,行州制,宜更"隋"名,当于是年更汉东郡为随州,因改。
④ 《旧唐志》作"八年",今依《新唐志》。
⑤ 据《大唐六典》卷3,开元中随州已改属山南道。

隶汉东郡,为郡治。乾元元年,复隶随州,为州治。

附旧县1:安贵县(618—621)

本隋汉东郡旧县,武德二年,隶随州。四年①,省入随县。

附旧县2:顺义县(618—622)

本隋汉东郡旧县,武德二年,隶随州。五年,省入随县。

附旧县3:平林县(618—622)

本隋汉东郡旧县,武德二年,隶随州。五年,省入随县。

2. 光化县(618—907)

本隋汉东郡旧县,武德二年,隶随州。天宝元年,隶汉东郡。乾元元年,复隶随州。

3. 唐城县(737—907)

开元二十五年②,析枣阳县置唐城县,以隋旧县为名,治故唐城(今湖北随县唐县镇),隶随州。天宝元年,隶汉东郡。乾元元年,复隶随州。

4. 枣阳县(618—907)

本隋春陵郡旧县,为郡治。武德二年,隶昌州,为州治。五年,隶前唐州,仍为州治,省清潭县来属。贞观元年,省春陵县来属。九年,州废,改隶后唐州。十年,割隶随州。开元二十五年,析置唐城县。天宝元年,隶汉东郡。乾元元年,复隶随州。

附旧县1:清潭县(618—622)

本隋春陵郡旧县,武德二年,隶昌州。五年,省入枣阳县。

附旧县2:春陵县(618—627)

本隋春陵郡旧县,武德二年,隶昌州。五年,隶前唐州。贞观元年,省入枣阳县。

附旧郡州:春陵郡(618—619)—昌州(619—622)—前唐州(622—635)

春陵郡,本隋旧郡,领枣阳、春陵、清潭、湖阳、上马五县③,武德元年,直属朱楚。二年,归唐,改为昌州④,治枣阳县,隶随州总管府。三年,归王郑。是

---

① 《旧唐志》作"五年",今依《新唐志》。
② 《元和志》作"二十四年",两《唐志》作"二十六年",今依《唐会要》、《太平寰宇记》。
③ 《隋志》春陵郡有蔡阳县,共六县。按唐初史志不载此县,当废于隋末,今删。《大清一统志》卷270襄阳府:"按两《唐志》俱无蔡阳,亦不言省自何时,疑唐初省也。"
④ 《旧唐志》隋州枣阳县:"武德三年,改为昌州。"按《资治通鉴》武德二年正月载:"淮安土豪杨士林、田瓒起兵攻粲,诸州皆应之。己巳,帅汉东四郡遣使诣信州总管庐江王瑗请降,诏以为显州道行台。"汉东四郡,当即淮安、汉东、春陵、义阳四郡,而唐行州制,改春陵郡为昌州当在是年,因改。

年,唐取上马县隶宛州。四年,复归唐,直属山南道行台,割湖阳县隶湖州。五年,割隶显州总管府,改为前唐州,以唐城山为名,省清潭县。七年,割隶襄州都督府。贞观元年,以废湖州之湖阳县来属,省舂陵县。六年,直属山南道。九年,州废,枣阳、湖阳二县改隶后唐州。

附旧府　随州总管府(619—621)

武德二年,朱楚属部田瓒等以汉东、舂陵、襄阳三郡归唐,改汉东郡为随州,舂陵郡为昌州,襄阳郡为襄州,置随州总管府,隶显州道行台①。三年,归王郑,隶襄州行台,并割襄州直属襄州行台。四年,平王郑,罢总管府,随州隶安州总管府,昌州直属山南道行台。

附旧国一　李子通大吴国(619—621)

武德二年九月,李子通取唐前扬州,罢其总管府,称帝,国号大吴,建元明政,以为都城。是年,取沈梁云州。三年,子通弃前扬州于唐杜伏威,南渡江,破沈法兴,灭其国,取其常、苏、越、温、建、婺、杭、长八州②,移都杭州,置茅、安二州③。是年,改安州为武州;杜伏威取茅、云、常三州直属唐东南道行台。四年十一月,败于杜伏威,国亡,苏、越、温、建、婺、杭、武、长八州归唐。

---

① 《资治通鉴》武德三年十二月:"王世充随州总管徐毅举州降。"
② 《旧唐书》卷 56《李子通传》:"(武德三年)子通又东走太湖,鸠集亡散,得二万人,袭沈法兴于吴郡,破之,率其官属都于余杭,东至会稽,南至于岭,西距宣城,北至太湖,尽有其地。"
③ 《新唐志》湖州武康县:"李子通置安州,又曰武州。武德四年平子通,因之。"《太平寰宇记》润州金坛县:"武德二年,李子通破法兴,改琅邪为茅州,县亦随隶。"故知李吴行州制。

第八章　江　南　东　道

东南道行台(620—623,624—625)—后扬州大都督府(625—626)—江南道(636—716)—江南东道(716—907)

武德三年(620),东南道行台自和州移治后扬州①,仍有一直辖地区,取汪吴地置宣州总管府,取王郑地置光州总管府,并来属。是年,置寿、庐二州总管府。四年,置西楚州总管府,割寿、光二州总管府隶山南道行台。是年,平李吴、汪吴,置越、括二州总管府;改宣州总管府为歙州总管府。六年,行台仆射辅公祏据其地建宋国,罢行台;唐取庐、歙二州总管府隶山南道行台。七年,平辅宋,以其直属州及西楚、越、括三州总管府,废山南道行台之宣、歙、舒、寿四州总管府复置东南道行台,改总管府为都督府,又置苏州都督府。八年,罢行台及西楚州都督府②,以行台直辖地区为后扬州大都督府直辖地区,并苏、越、括、舒、寿、歙、宣七州都督府置后扬州大都督府③,割广州大都督府之循州都督府来属,置丰州都督府④。九年,大都督府移治扬州,改为扬州大都督府(以后沿革见本编第七章《淮南道》序),改丰州都督府为泉州都督府。贞观十年(627),以废扬州大都督府之越州都督府,废润州都督府之苏、湖、杭、睦四州,并割山南道洪、潭、黔三州都督府为江南道(监理区),无治所。十三年,江南道有一直属地区及越、洪、潭、黔四州都督府。二十一年,置充、洋二州都督府。

---

① 《旧唐志》扬州大都督府序:"武德三年,杜伏威归国,于润州江宁县置扬州,以隋江都郡为兖州,置东南道行台。"然据《旧唐志》润州上元县:"武德二年,于县置扬州(按即后扬州),仍置东南道行台。"今定于后扬州。
② 《旧唐书》卷42《职官志》:"其陕东道大行台尚书令及天策上将,太宗在藩为之,及升储,并省之。山东道行台,武德五年省。余道,九年省。"然《旧唐志》润州上元县云:"武德八年,罢(东南道)行台。"今依后者。
③ 《旧唐志》润州上元县:"武德八年,罢行台,改蒋州置(后)扬州大都督府。"《资治通鉴》武德八年十二月:"以襄邑王神符检校(后)扬州大都督。始自丹杨徙州府及居民于江北。"为第二年改后扬州大都督府为扬州大都督府张本。
④ 《大唐司空开府仪同三司扬州荆州二大都督并州大总管上柱国襄邑恭王之碑铭》(载《唐文续拾》卷14)云:"王讳神符……(武德)九年,除使持节大都督扬润常和楚方滁七州、寿苏越括歙宣舒循巢九州都督诸军事、扬州刺史。"即扬州大都督府除直辖七州外,尚统九州都督府,其循州都督府当割自广州大都督府,巢州都督府不见史载(巢州废于武德七年),当是"丰州都督府"之误。

永徽三年(652),罢牂州都督府。龙朔三年(663),罢充州都督府。

武周圣历元年,置庄州都督府。长安四年(704),江南道有一直属地区及越、洪、潭、黔、庄五州都督府。

唐景龙四年,改庄州都督府为播州都督府。景云二年(711),改为江南东道,割淮南道扬州都督府润、常二州来属,以润州刺史兼充江南道按察使①,置闽州都督府,割洪、潭、黔、播四州都督府及宣、江、饶、鄂四州隶江南西道。开元十三年(725),改闽州都督府为福州都督府。二十二年②,以润州刺史兼江南东道采访处置使。

天宝元年(742),以吴郡太守兼充江南东道采访处置使③,改越州都督府为会稽郡都督府,福州都督府为长乐郡都督府。三载,移道治于晋陵郡④。十载,复移道治于吴郡⑤。十三载,江南东道有一直属地区及会稽、长乐二郡都督府,治吴郡(见图11)。十五载,以会稽郡都督府置江南东道节度使,节度使兼本道处置使;以长乐郡都督府置福建经略使。至德二载(757),降江南东道节度使为丹阳防御使,寻改江南防御使,未几,复改江东防御使,又升为浙江西道节度使,并置浙江东道节度使。是年,复降浙江西道节度使为江东防御使,罢浙江东道节度使。

乾元元年(758),复升江东防御使为江南东道节度使,改福建经略使为福建都防御使。是年,降江南东道节度使为浙东西道节度使,置浙江东道节度使;置宣歙饶观察使,割隶江南西道。后上元元年(760),升福建都防御使为福建节度使;置宣歙饶节度使,割隶江南西道。宝应元年(762),降浙江西道节度使为浙江西道观察使。大历元年(766),置宣歙池都团练观察使,割隶江南西道。五年,浙江东道节度使降为浙江东道观察使。六年,降福建节度使为福建都团练观察使。十四年,改浙江西道观察使为浙江东西道都团练观察

---

① 严耕望《景云十三道与开元十六道》:"《旧书·良吏传》云:'开元初……授(李)濬润州刺史、江东按察使。'又《旧李麟传》亦云,父濬,'为润州刺史、江南东道按察使。'……则江南之分东西且不能迟于先天元年。此前一年便是景云二年。疑江南之分东西,当与山南分东西同在景云二年,《会要》、《旧志》失书江南分道事耳。然则景云二年置按察使实已分十三道矣。"今从其说。
② 《册府元龟》卷162原作"二十三年",据严耕望《景云十三道与开元十六道》考改。
③ 《州郡典》序目江南东道有丹阳、晋陵、吴、余杭、会稽、余姚、临海、缙云、永嘉、东阳、新定、新安、信安、长乐、清源、建安、临汀、漳浦、潮阳十九郡,当为天宝元年之数,而脱吴兴郡,实二十郡。《唐刺史考全编》第870、1672页引金石史料云"天宝中"江南东道领二十四郡,疑是计入宣、升(至德二载至后上元二年置)、池(永泰元年置)、信(乾元元年置)四州之故。又,《州郡典》云江南东道采访使理吴郡,严耕望以为天宝之制,按《唐刺史考全编》,徐峤以润州刺史兼采访使至开元之末,故今以天宝元年为移治之年。
④ 郁贤皓:《唐刺史考全编》,第1881—1882页。
⑤ 据《唐刺史考全编》,董琬任江南东道采访处置使兼晋陵太守在前任太守杜庭诚(天宝七载到任)之后。而吴居贞任吴郡太守兼江南道采访处置使在天宝十载,故今以天宝十载为移治时间。

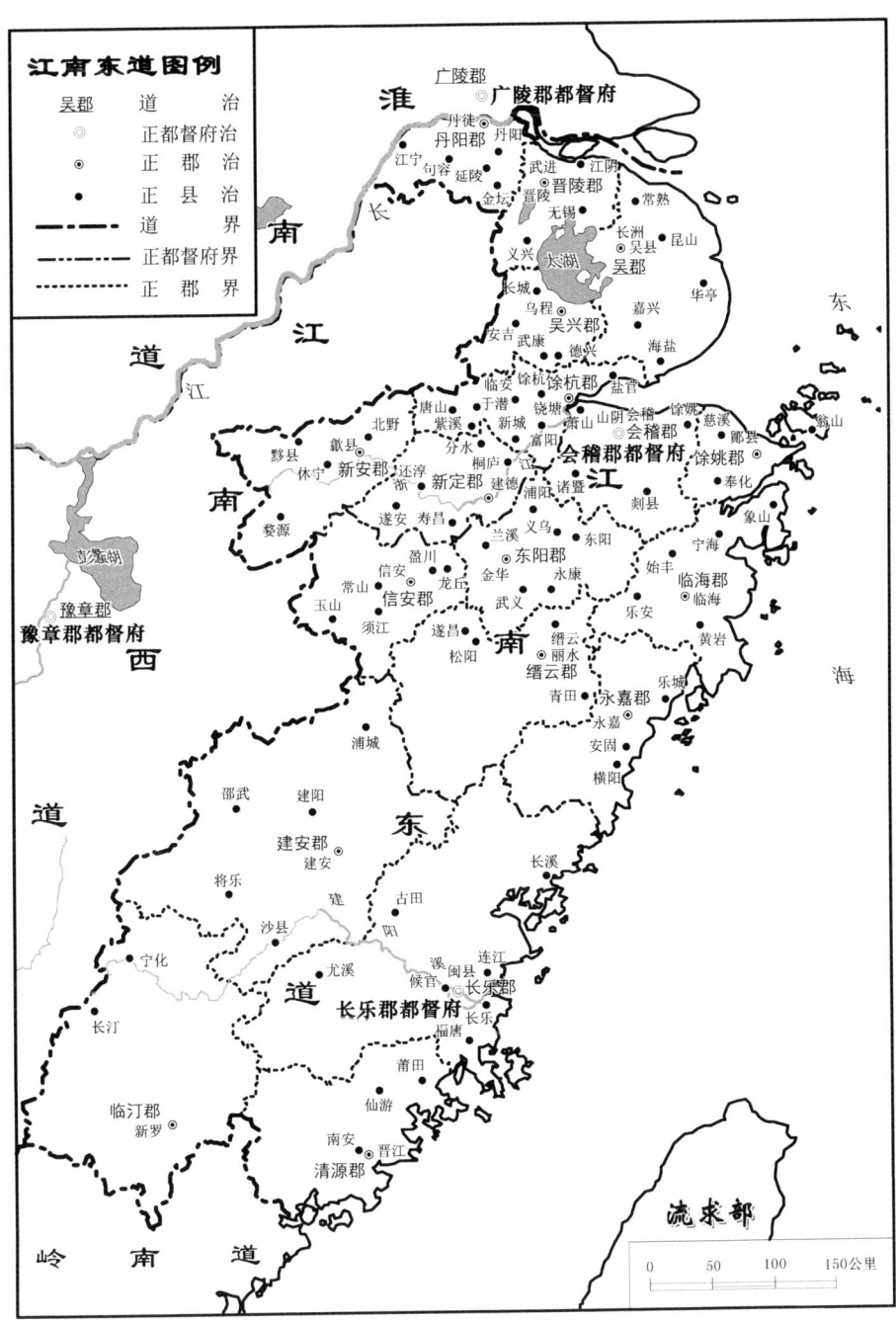

图 11 天宝十三载(754)唐朝江南东道行政区划

使,罢浙江东道观察使。建中元年(780),分浙江东西道都团练观察使为浙江东道都团练观察使、浙江西道都团练观察使。二年,改浙江西道都团练观察使为浙江东西道都团练观察使,罢浙江东道都团练观察使。是年,升浙江东西道都团练观察使为镇海军节度使。贞元三年(787),降镇海军节度使为浙江西道都团练观察使,置浙江东道都团练观察使;置宣歙池都团练观察使,割隶江南西道。永贞元年(805),升浙江西道都团练观察使为镇海军节度使。元和四年(809),降镇海军节度使为浙江西道都团练观察使。十五年,江南东道有浙江西道都团练观察使、浙江东道都团练观察使、福建都团练观察使三镇。

大和八年(834),升浙江西道都团练观察使为镇海军节度使。九年,复降为浙江西道都团练观察使。大中十二年(858),又升为镇海军节度使。十三年,降为浙江西道都团练观察使。咸通三年(862),又升镇海军节度使。八年,再降为浙江西道都团练观察使。十一年,复升为镇海军节度使。十四年,江南东道有镇海军节度使、浙江东道都团练观察使、福建都团练观察使三镇。

中和三年(883),浙江东道都团练观察使升为义胜军节度使。光启三年(887),改义胜军节度使为威胜军节度使。景福二年(893),置苏杭等州都团练观察使。是年,罢苏杭等州都团练观察使。乾宁三年(896),置忠国军节度使,改威胜军节度使为镇东军节度使,升福建都团练观察使为威武军节度使。是年,罢忠国军节度使。天祐二年(905),割江南西道歙婺衢睦都团练观察使来属。四年,威武军节度使归后梁[①],镇海军节度使、镇东军节度使二镇归后梁吴越王钱镠,歙婺衢睦都团练观察使归唐吴王杨渥。

第一节 江南东道直属地区

苏州总管府(623)—苏州都督府(624—627)—江南道直属地区(636—716)—**江南东道直属地区(716—756)**—江南东道节度使(756)—江东防御使(757)—浙江西道节度使(758—759)—浙江西道观察使(762—779)—浙江东西道都团练观察使(779—780)—浙江西道都团练观察使(780—781)—浙江东西道都团练观察使(781)—苏杭等州都团练观察使(893)—忠国军节度使(896)—镇海军节度使(900—907)

武德六年(623),割东南道行台直辖苏、湖、暨三州及歙州总管府杭州置

[①] 《资治通鉴》开平元年五月:"加威武节度使王审知兼侍中。"《王审知墓志》(载《文物》1991年第5期):"开平初,加开府仪同三司、检校太尉。"

苏州总管府①,仍隶东南道行台。是年,归辅宋,罢总管府。七年,平辅宋,以其直属苏、杭、湖、暨四州置苏州都督府,隶东南道行台;置潜州,割隶宣州都督府。八年,隶后扬州大都督府。九年,隶扬州大都督府,省暨州。贞观元年(627),罢都督府②,苏、湖、杭三州直属扬州大都督府。十年,以废润州都督府之苏、湖、杭、睦四州为江南道直属地区。十三年,江南道直属地区有苏、湖、杭、睦四州。

显庆元年(656),割扬州都督府歙州来属。四年,割洪州都督府饶、江、鄂三州来属③。龙朔元年,歙州还隶扬州都督府。

武周长安四年(704),江南道直属地区有苏、湖、杭、睦、饶、江、鄂七州。

唐景云二年(711),以苏、湖、杭、睦四州为江南东道直属地区,割淮南道扬州都督府润、常、歙三州来属④,割江、饶、鄂三州直属江南西道。

天宝元年(742),改苏州为吴郡,润州为丹阳郡,常州为晋陵郡,湖州为吴兴郡,杭州为余杭郡,睦州为新定郡,歙州为新安郡。十三载,江南东道直属地区有吴、丹阳、晋陵、吴兴、余杭、新定、新安七郡。十五载,以江南东道直属地区改置江南东道节度使,治余杭郡,以废会稽郡都督府之会稽、余姚、临海、永嘉、缙云、信安、东阳七郡来属。是年,移使治于丹阳郡(以后沿革见本节附旧府新镇一"江南东道节度使")。至德二载(757),以废江南防御使之余杭、会稽、余姚、临海、永嘉、缙云、信安、东阳、新定、新安、丹阳、晋陵、吴、吴兴十四郡置江东防御使,治余杭郡,寻罢镇,余杭、新安、丹阳、晋陵、吴、吴兴六郡隶浙江西道节度使,会稽、余姚、临海、永嘉、缙云、信安、东阳、新定八郡隶浙江东道节度使。

乾元元年(758),以废江南东道节度使之苏、杭、湖、歙、宣、升、润、常八州及割江南西道洪吉都防御团练观察处置使江、饶二州置浙江西道节度使,治苏州。是年,割宣、歙、饶三州隶宣歙饶观察使,江州还隶洪吉都防御团练观察处置使。二年,移使治于升州(以后沿革见本节附旧府新镇一"浙江西道节度使")。宝应元年(762),以废浙江西道节度使之苏、杭、湖、歙、宣、润、常七

---

① 《乾道临安志》卷2:"唐武德六年六月,复为杭州,隶苏州总管。是年,没于辅公祏。"
② 《旧唐志》云武德九年罢苏州都督府。按郁贤皓《唐刺史考全编》,李神符武德九年至贞观元年间任扬州大都督,并统寿、苏、越、括、歙、宣、舒、循、(巢)〔丰〕九州都督府,可知苏州都督府武德九年未罢,当与括、丰、歙、宣等州都督府同罢于贞观元年,《旧唐志》误。
③ 详参本编第九章《江南西道》第一节"豫章郡都督府"。
④ 史志不载润、常二州割隶江南东道时间。按景云二年全国分置二十四都督府,扬州为大都督府,所领州当不仅扬、和、滁三州,而仍有歙、宣、润、常四州,然是年复罢该制。据严耕望《景云十三道与开元十六道》考证:"疑江南之分东西,当与山南分东西同在景云二年,《会要》、《旧志》失书江南分道耳。然则景云二年置按察使实已分十三道矣。"今依其说,定景云二年分置江南东道按察使时,润、常、歙三州已归其统属,润州为江南东道治所。详参本章《江南东道》序注。

州置浙江西道观察使,治苏州。大历元年(766),割宣、歙二州隶宣歙池都团练观察使。十四年,改为浙江东西道都团练观察使,以废浙江东道都团练观察使之越、明、台、温、括、衢、睦、婺八州,废宣歙池都团练观察使宣、歙二州来属,改括州为处州。建中元年(780),改为浙江西道都团练观察使,割越、明、台、温、处、衢、睦、婺八州隶浙江东道都团练观察使。二年,又改为浙江东西道都团练观察使,以废浙江西道都团练观察使之越、明、台、温、处、衢、睦、婺八州来属。是年,罢镇,苏、湖、杭、越、明、台、温、处、衢、睦、婺、歙、宣、润、常十五州隶镇海军节度使。

景福二年(893),割镇海军节度使杭、睦、常、苏、湖五州置苏杭等州都团练观察使①,治杭州。是年,罢镇,杭、睦、升、常、苏、湖六州还隶镇海军节度使。乾宁三年(896),割镇海军节度使湖州置忠国军节度使。是年,罢镇,湖州还隶镇海军节度使。光化三年(900),镇海军节度使自润州移治杭州,仍领杭、睦、升、润、常、苏、湖七州。天复二年(902),割升州隶淮南道淮南节度使。天祐二年(905),割睦州隶歙婺衢睦都团练观察使。

(一)吴郡(苏州)

吴郡(618—619)—苏州(619—620)—吴郡(620—621)—苏州(621—742)—吴郡(742—758)—苏州(758—907)

吴郡,本隋旧郡,领吴、常熟、昆山三县②,治吴县。武德二年,沈梁改为苏州,以隋旧州为名,治吴县。三年,归李吴,为吴郡。四年,归唐,仍为苏州,直属东南道行台。六年,直属辅宋。七年,复归唐,置苏州都督府。是年,析置嘉兴县,割湖州海盐县来属③。八年,废嘉兴县。贞观元年,罢都督府,苏州直属扬州大都督府,废海盐县。四年,割隶润州都督府。八年,复置嘉兴县。十年,直属江南道。十三年,苏州领吴、常熟、昆山、嘉兴四县,治吴县。

武周万岁通天元年(696),置长洲县。长安四年,苏州领吴、长洲、常熟、昆山、嘉兴五县,治吴县。

---

① 《方镇研究》第146页云:"苏杭等州都团练观察使治杭州,当辖有除润州以外的杭、常、苏、湖、睦、升六州。"按升州隔在润州以西,当仍隶镇海节度使,今删。
② 《隋志》吴郡有长城、乌程二县,共五县。按隋末已复析置吴兴郡,此二县当割隶之,今删。
③ 史志不载此事。按金陵书局本《太平寰宇记》秀州海盐县校勘记云:"《元和志》云武德七年地入嘉兴,《旧唐志》及今《记》云武德七年废,《唐会要》及《新唐志》云贞观元年省,皆抵牾不一,疑唐初尝复而寻废。"所疑当是。又按《旧唐志》,武德四年湖州仅领一县,恐脱一县,《太平寰宇记》所谓武德七年废海盐县,当指割海盐县隶苏州事,则海盐县初属湖州,武德七年,割隶苏州。今补。

唐景云二年，直属江南东道，复置海盐县。先天元年（712），废海盐县。开元五年，复置海盐县。

天宝元年，复为吴郡，自丹阳郡移道治于此。三载，移道治于晋陵郡。十载，自晋陵郡复移道治于此，置华亭县。十三载，吴郡领吴、长洲、常熟、昆山、华亭、海盐、嘉兴七县，治吴县。十五载，隶江南东道节度使。至德二载，隶丹阳防御使，寻隶江南防御使，又隶江东防御使，再隶浙江西道节度使。是年，仍隶江东防御使。

乾元元年，复为苏州，隶江南东道节度使。是年，又隶浙江西道节度使，为使治。二年，移使治于升州。宝应元年，隶浙江西道观察使，为使治。十四年，隶浙江东西道都团练观察使，为使治。建中元年，隶浙江西道都团练观察使，为使治。二年，复隶浙江东西道都团练观察使。是年，罢镇，隶镇海军节度使。贞元三年（787），隶浙江西道都团练观察使。永贞元年（805），隶镇海军节度使。元和四年（809），隶浙江西道都团练观察使。十五年，苏州领县一如天宝十三载。

大和八年（834），隶镇海军节度使。九年，复隶浙江西道都团练观察使。大中十二年（858），又隶镇海军节度使。十三年，依旧隶浙江西道都团练观察使。咸通三年（862），隶镇海军节度使。八年，隶浙江西道都团练观察使。十一年，再隶镇海军节度使。十四年，苏州领县不变。

景福二年，割隶苏杭等州都团练观察使。是年，还隶镇海军节度使。

1. **吴县**（618—907）

本隋吴郡旧县，武德二年，隶苏州，为州治。七年，析置嘉兴县。八年，省嘉兴县来属。贞观八年，复析置嘉兴县。天宝元年，隶吴郡，为郡治。乾元元年，复隶苏州，为州治。

2. **长洲县**（696—907）

万岁通天元年，析吴县置长洲县，取县西长洲苑为名，治州郭下，隶苏州。天宝元年，隶吴郡。乾元元年，复隶苏州。

3. **常熟县**（618—907）

本隋吴郡旧县，武德二年，隶苏州。七年，移治海虞城（今江苏常熟市城区虞山镇）①。天宝元年，隶吴郡。乾元元年，复隶苏州。

4. **昆山县**（618—907）

本隋吴郡旧县，武德二年，隶苏州。天宝元年，隶吴郡。十载，移治故娄

---

① 遗址尚存，见《中国文物地图集·江苏分册》下册，第435页。

城(今江苏昆山市玉山镇黄溇斗)①。乾元元年,复隶苏州。

5. 华亭县(751—907)

天宝十载,吴郡太守吴居贞奏割嘉兴、昆山、海盐三县地置华亭县,因县境华亭谷为名,治华亭城(今上海松江区新桥镇)②,隶吴郡。乾元元年,复隶苏州。

6. 海盐县(621—627,711—712,717—907)

武德四年,析吴县置海盐县,以南朝旧县为名,治吴御城(今浙江海盐县城武原街道)③,隶湖州。七年,割隶苏州。贞观元年,省入嘉兴县。景云二年,析嘉兴县复置海盐县。先天元年,省入嘉兴县。开元五年,苏州刺史张廷珪奏析嘉兴县复置海盐县,仍隶苏州。天宝元年,隶吴郡。乾元元年,复隶苏州。

7. 嘉兴县(624—625,634—907)

武德七年,析吴县置嘉兴县,以南朝旧县为名,治故嘉兴城(今浙江嘉兴市南湖区建设街道)④,隶苏州。八年,省入吴县。贞观八年,析吴县复置嘉兴县。天宝元年,隶吴郡。乾元元年,复隶苏州。

(二) 丹阳郡(润州)

润州(620—742)—丹阳郡(742—758)—润州(758—907)

武德三年,杜伏威改云州前延陵县为丹徒县⑤,置润州,以隋旧州为名,直属东南道行台。六年,直属辅宋。七年,复归唐,直属东南道行台。八年,以废简州之曲阿县来属,直属后扬州大都督府。九年,直属扬州大都督府,以废后扬州之金陵、句容、后延陵三县来属,改金陵县为白下县。贞观四年,割置润州都督府。九年,改白下县为江宁县。十年,罢都督府,还隶淮南道扬州都督府。十三年,润州领丹徒、曲阿、后延陵、句容、江宁五

---

① 《纪要》苏州府昆山县:"娄城,在县治东。《旧志》:'唐天宝十载析置华亭县,始移县治于马鞍山之阳,即故娄县治也。范成大曰:今昆山县东北三里有村舍名娄县。古县疑置于此。'"
② 《元和志》苏州华亭县:"西至州(二)〔一〕百七十里。"依《地图集》定位于今松江区新桥镇,《元和志》"二百七十里"当为"一百七十里"之误。
③ 《元和志》苏州海盐县:"西北至州二百二十七里。"《太平寰宇记》秀州海盐县:"(州)南九十里。"
④ 《元和志》苏州嘉兴县:"北至州一百四十七里。"
⑤ 史籍不载润州何人所置。按《旧唐书》卷56《李子通传》:"武德三年,杜伏威遣辅公祏攻陷丹阳,进屯溧水,子通击之,反为公祏所败,又属粮尽,子通弃江都,保于京口……又东走太湖。"京口即前延陵县城,则润州当系李子通弃京口后杜伏威所置。

县,治丹徒县。

垂拱二年(686),复置金山县。四年,改金山县为金坛县。

武周长安四年,润州领丹徒、曲阿、金坛、后延陵、句容、江宁六县,治丹徒县。

唐景云二年,直属江南东道。开元二十二年,为江南东道治。

天宝元年,改为丹阳郡,以隋旧郡为名,移道治于吴郡,改曲阿县为后丹阳县。十三载,丹阳郡领丹徒、后丹阳、金坛、后延陵、句容、江宁六县,仍治丹徒县。十五载,隶江南东道节度使。是年,自余杭郡移使治于此。至德二载,隶丹阳防御使,寻隶江南防御使,俱为使治。未几,罢镇,隶江东防御使。是年,又隶浙江西道节度使,为使治,割江宁、句容二县隶江宁郡。未几,丹阳郡复隶江东防御使,为使治。

乾元元年,复为润州,罢镇,隶江南东道节度使。是年,隶浙江西道节度使。宝应元年,隶浙江西道观察使,以废升州之上元、句容二县来属①。大历十四年,隶浙江东西道都团练观察使。建中元年,隶浙江西道都团练观察使。二年,隶浙江东西道都团练观察使。是年,隶镇海军节度使,为使治。贞元三年,隶浙江西道都团练观察使。永贞元年,隶镇海军节度使。元和四年,复隶浙江西道都团练观察使,仍为使治。十五年,润州领丹徒、后丹阳、金坛、后延陵、句容、上元六县,治丹徒县。

大和八年,隶镇海军节度使,为使治。九年,隶浙江西道都团练观察使。大中十二年,复隶镇海军节度使。十三年,又隶浙江西道都团练观察使。咸通三年,再隶镇海军节度使。八年,再隶浙江西道都团练观察使。十一年,依旧隶镇海军节度使,均为使治不改。十四年,润州领县不变。

光启三年(887),复割上元、句容二县隶升州。光化三年,移使治于杭州。

1. 前延陵县(618—620)—丹徒县(620—907)

丹徒县,本隋江都郡前延陵县,武德二年,隶云州。三年,改为丹徒县,以南朝旧县为名,割隶润州,为州治。天宝元年,隶丹阳郡,为郡治。乾元元年,复隶润州,为州治。

2. 曲阿县(618—742)—后丹阳县(742—907)

后丹阳县,本隋江都郡曲阿县,武德二年,割隶云州,为州治,并析置

---

① 二县来属时间,《旧唐志》润州上元县及《元和志》、《新唐志》、《太平寰宇记》升州作上元二年,《方镇研究》第144页同此说。《旧唐志》润州句容县条及《唐会要》则作宝应元年。按《唐会要》记此事有月日,甚明确,上元二年乃改江宁县为上元县之年,非废州之年,今依之。

金山县。三年,析置后延陵、武进二县。五年,隶简州,仍为州治。八年,州废,改隶润州。天宝元年,改为后丹阳①县,隶丹阳郡。乾元元年,复隶润州。

3. **金山县**(619—625,686—688)—**金坛县**(688—907)

武德二年,析曲阿县置金山县,治金山城(今江苏金坛市金城镇)②,以隋金山府为名,隶云州。三年,割隶茅州。五年,割隶简州③。八年,省入扬州后延陵县。垂拱二年,析润州后延陵县复置金山县,隶润州。四年,以与本道婺州县名重,改为金坛县,取县界金坛之陵为名④。天宝元年,隶丹阳郡。乾元元年,复隶润州。

4. **后延陵县**(620—907)

武德三年,析云州曲阿县置后延陵县,以南朝旧县为名,治故延陵城(今江苏丹阳市延陵镇),割隶茅州。七年,州废,改隶蒋州。八年,隶后扬州,省简州金山县来属。九年,改隶润州。垂拱二年,析置金坛县。天宝元年,隶丹阳郡。乾元元年,复隶润州。

5. **句容县**(618—619)—**琅琊县**(619—621)—**句容县**(621—907)

句容县,本隋江都郡旧县,武德二年,改为琅琊县⑤,以县境有故琅邪城为名⑥,隶云州。三年,割隶茅州,为州治。四年,复为句容县。七年,州废,改隶蒋州。八年,隶后扬州。九年,割隶润州。天宝元年,隶丹阳郡。至德二载,割隶江宁郡。乾元元年,复隶升州。宝应元年,州废,还隶润州。光启三年,复割隶升州。

---

① 《新唐志》作丹杨,《太平寰宇记》润州丹阳县:"天宝元年复为丹杨县,以邑界杨树生丹以为名,故今字从木为称。"然《元和志》、《旧唐志》、《州郡典》、《太平寰宇记》皆以"丹阳"列目,《太平寰宇记》之释恐不确。

② 《元和志》润州金坛县:"西北至州一百四十里。"遗址尚存,见《中国文物地图集·江苏分册》下册,第268页。

③ 《新唐志》作"蒋州"。按《旧唐志》润州上元县、《新唐志》升州句容县,武德七年改后扬州为蒋州时,仅以废茅州之句容、后延陵二县来属,则金山不属蒋州。金山本曲阿地,当已先属治曲阿之简州。

④ 《太平寰宇记》润州金坛县。

⑤ 史志不载句容县更名事。按《新唐志》金坛县:"隋亡,沈法兴又置琅琊县,李子通以琅琊置茅州。"句容县:"武德三年,以句容、延陵二县置茅州。"则琅琊、句容,其实一县也。又,两《唐志》不载琅琊县下落,而《旧唐志》却云武德四年于句容县置茅州,当可解释为武德四年复改琅琊县为句容县。若谓琅琊县为另置,则应置于句容县东北六十里之故琅邪城(今江苏句容市下蜀镇桥头镇)。然揆之当时情势,有二不可:其一,何以两《唐志》不载琅琊县下落,无法解释。其二,茅州以茅山为名,琅琊城在茅州最北角,距茅山较远,且靠近润州治前延陵县,作为州治,于地理形势很不协调。

⑥ 马光祖等《景定建康志》卷20:"琅琊城在江乘县界,晋元帝以琅邪王过江国人随而居之,因城焉。在县东北六十三里,今句容市琅邪乡即其地也。"《大明一统志》卷6应天府:"琅邪城,在句容县东北六十里。"

6. 江宁县(618—620)—归化县(620—624)—金陵县(624—626)—白下县(626—635)—江宁县(635—761)—上元县(761—907)

江宁县,本隋丹阳郡旧县,武德二年,郡废,隶云州。三年,割隶后扬州,改为归化县,为州治,并析置前丹阳、安业二县。七年,隶蒋州。八年,复隶后扬州,改为金陵县,以金陵山为名①,均为州治,省安业县来属。九年,州废,改隶润州,移治故白下城(今江苏南京市鼓楼区阅江楼街道)②,改为白下县。贞观七年,还治冶城(今南京市秦淮区朝天宫街道)③。九年,复为江宁县。天宝元年,隶丹阳郡。至德二载,割隶江宁郡,为郡治。乾元元年,复隶升州,为州治。后上元二年,以童谣之言,改为上元县。宝应元年,州废,复隶润州。光启三年,复隶升州,仍为州治,徙治凤台山(今南京市秦淮区双塘街道)④。

附旧县:安业县(620—625)

武德三年,析归化、溧水二县置安业县,治故秣陵城(今江苏南京市江宁区秣陵镇)⑤,以安居乐业为名,隶后扬州。七年,隶蒋州。八年,省入金陵、溧水二县。

附旧州一: 云州(619—622)—简州(622—625)

武德二年,沈梁以隋江都郡曲阿、句容、前延陵三县及丹阳郡江宁、当涂、溧水三县置云州,以三国云阳县之地为名,治曲阿县,并改句容县为琅琊县,置金山县。是年,归李吴。三年,割琅琊、金山二县割隶茅州;杜伏威取江宁、溧水二县归唐,隶后扬州;取当涂县归唐,置南豫州。是年,杜伏威取云州归唐,直属东南道行台,改前延陵县为丹徒县,割置润州;置后延陵县,割隶茅州;置武进县,割隶常州。五年,改云州为简州,以县南有简渎为名,割茅州金

---

① 《元和志》润州上元县:"钟山……按《舆地志》,古金陵山也,邑县之名皆由此而立。"
② 《太平寰宇记》升州上元县:"故白下县城,在县西北十四里。《舆地志》云:本江乘县白石垒,齐武帝以白下地依带江山,移琅邪郡居之。陈亡,废。唐武德元年,罢金陵县,筑城于此,因其旧名。贞观十七年,又移还旧郭,其城乃废。"《资治通鉴》卷130泰始元年九月:"帝因自白下济江至瓜步。"胡三省注:"晋宋都建康,新亭、白下皆江津要地,新亭在西,白下在东,白下盖今之龙湾也。"《景定建康志》卷20考证:"《图经》云:在城西北十四里。今靖安镇北有白下故基,父老传云即此地也。属金陵乡,去府城十八里。"张铉《至大金陵新志》卷20《古迹志》:"《图经》云:在城西北十八里。"《纪要》卷20《江宁府》:"《志》云:白石垒,在上元县北十三里,当石头城之东北,台城之西,本名白石陂。"旧南京市白下区、白下路皆在城南,恐非古白下城之地。
③ 《太平寰宇记》升州上元县:"贞观十七年,又移还旧郭。"今依《旧唐志》及《太平寰宇记》升州江宁县。
④ 《太平寰宇记》升州江宁县:"光启三年,复为升,〔徙〕(徒)县于凤台山西南一里。"
⑤ 《景定建康志》卷15:"安业县:唐武德二年析江宁、溧水置。"《大清一统志》卷51江宁府:"安业废县:在江宁县南。"今姑定于故秣陵城。

山县来属。六年,直属辅宋。七年,复归唐,直属东南道行台。八年,州废,曲阿县隶润州,省金山县。

附旧州二:茅州(620—624)

武德三年①,李吴割云州琅琊、金山二县置茅州②,以茅山为名,治琅琊县。是年,归唐,直属东南道行台,割云州后延陵县来属。四年,改琅琊县为句容县。五年,割金山县隶简州。六年,直属辅宋。七年,平辅宋,州废,句容、后延陵二县隶蒋州。

附旧新州:丹阳郡(618—619)—后扬州(620—624)—蒋州(624—625)—后扬州(625—626)—江宁郡(757—758)—升州(758—762,887—907)

丹阳郡,本隋旧郡,领江宁、当涂、溧水三县,治江宁县。武德二年,废于沈梁,三县隶云州。三年,杜伏威取李吴云州江宁、溧水二县归唐,置后扬州,并析置前丹阳、溧阳、安业三县,改江宁县为归化县,后扬州治归化县,直属东南道行台。六年,直属辅宋。七年,复归唐,改为蒋州,直属东南道行台,以废茅州之句容、后延陵二县来属。八年,复为后扬州,直属后扬州大都督府,改归化县为金陵县,省安业县。九年,罢后扬州大都督府,州废,金陵、延陵、句容三县隶润州,前丹阳、溧水、溧阳三县隶宣州。

至德二载,以平永王之乱,析丹阳郡江宁、句容、当涂、溧水四县置江宁郡③,以江宁县为名,治江宁县,隶浙江西道节度使。未几,隶江东防御使。

乾元元年,改为升州,盖以旭日东升会意丹阳为名,隶江南东道节度使,为使治,割宣州溧阳县来属。是年,罢镇,升州隶浙江西道节度使④。二年,溧阳县还隶宣州。是年,自苏州移使治于此,复割宣州溧阳县来属。后上元元年,溧阳县还隶宣州。是年,又割宣州溧阳县来属。二年,改江宁县为上元县。宝应元年,州废,上元、句容二县还隶润州,当涂、溧水、溧阳三县还隶宣州。

---

① 《太平寰宇记》润州金坛县:"武德二年,李子通破法兴,改琅邪为茅州,县亦随隶。其年九月,杜伏威为吴王,县名不改。"按杜伏威受唐封为吴王在武德三年,且两《唐志》润州延陵县、《旧唐志》润州序、《新唐志》升州句容县皆以茅州置于武德三年,《太平寰宇记》当误。《旧唐志》句容县以为茅州置于武德四年,亦误。

② 此据《太平寰宇记》润州金坛县。"琅琊",《太平寰宇记》作"琅邪"。

③ 《元和志》、《新唐志》载至德二载以润州江宁县置升州,两《唐志》又载句容、溧水、当涂三县于乾元元年来属。按至德时新置正郡甚少领一县者,疑句容、溧水、当涂三县实于至德二载割隶江宁郡,乾元元年属升州。两《唐志》所载,只反映乾元元年改州时情况,并不矛盾。今补至德割隶一节。

④ 《太平寰宇记》升州:"乾元元年,于江宁置升州,为江西节度使。""江西",当为"浙江西道"之误。

光启三年,复割润州上元、句容二县,宣州溧水、溧阳四县置升州①,仍治上元县,隶镇海军节度使。天复二年,割隶淮南道淮南节度使。

(三) 晋陵郡(常州)

毗陵郡(618—619)—常州(619—742)—晋陵郡(742—758)—常州(758—907)

晋陵郡,本隋毗陵郡,领晋陵、江阴、无锡、义兴四县,治晋陵县。武德二年,沈梁改为常州。是年,归李吴。三年,杜伏威取以归唐,直属东南道行台,割云州武进县来属,割江阴县隶暨州,义兴县隶鹅州。六年,直属辅宋。七年,复归唐,直属东南道行台。八年,直属后扬州大都督府,以废南兴州之义兴县来属。九年,直属扬州大都督府,以废暨州之江阴县来属。贞观四年,割隶润州都督府。八年②,省武进县。十年,还隶淮南道扬州都督府。十三年,常州领晋陵、江阴、无锡、义兴四县,治晋陵县。

垂拱二年,复置武进县。

武周长安四年,常州领晋陵、武进、江阴、无锡、义兴五县,治晋陵县。

唐景云二年,直属江南东道。

天宝元年,改为晋陵郡,以南朝旧郡为名。三载,自吴郡移道治于此。十年,复移道治于吴郡。十三载,晋陵郡领晋陵、武进、江阴、无锡、义兴五县,治晋陵县。十五载,隶江南东道节度使。至德二载,隶丹阳防御使,寻隶江南防御使。未几,隶江东防御使,又隶浙江西道节度使。是年,复隶江东防御使。

乾元元年,复为常州,隶江南东道节度使。是年,隶浙江西道节度使。宝应元年,隶浙江西道观察使。大历十四年,隶浙江东西道都团练观察使。建中元年,隶浙江西道都团练观察使。二年,隶浙江东西道都团练观察使。是年,隶镇海军节度使。贞元二年,隶浙江西道都团练观察使。永贞元年,隶镇海军节度使。元和四年,复隶浙江西道都团练观察使。十五年,常州领县一如大宝十三载。

大和八年,隶镇海军节度使。九年,隶浙江西道都团练观察使。大中十二年,复隶镇海军节度使。十三年,又隶浙江西道都团练观察使。咸通三年,

---

① 《方镇研究》第146页认为,光启三年有置州动议,至大顺元年始由唐中央正式颁下制文,设升州,委刺史。
② 《旧唐志》、《太平寰宇记》系于武德八年,《唐会要》、《寰宇记》武进县作"贞观元年",疑《旧唐志》系年脱"贞观"二字,《唐会要》则误"八"为"元",今据《新唐志》。《舆地纪胜》引《唐志》:"武进县下注云:武德三年以兰陵县地置,正观八年省入晋陵。"可证。

再隶镇海军节度使。八年,再隶浙江西道都团练观察使。十一年,依旧隶镇海军节度使。十四年,常州领县不变。

景福二年,割隶苏杭等州都团练观察使。是年,还隶镇海军节度使。

1. 晋陵县(618—907)

本隋毗陵郡旧县,武德二年,隶常州,为州治。贞观八年,省武进县来属。垂拱二年,复析置武进县。天宝元年,隶晋陵郡,为郡治。乾元元年,复隶常州,为州治。

2. 武进县(620—634,686—907)

武德三年,析云州曲阿县、润州丹徒县置武进县,以南朝旧县为名,治故武进城(今江苏丹阳市吕城镇运河村)①,割隶常州。贞观八年,省入常州晋陵县。垂拱二年,析晋陵县西境复置武进县,治州城内,仍隶常州。天宝元年,隶晋陵郡。乾元元年,复隶常州。

3. 义兴县(618—907)

本隋毗陵郡旧县,武德元年,析置国山县。二年,隶常州。三年,割隶鹅州,为州治,并析置阳羡、临津二县。七年,隶南兴州,为州治。八年,州废,省阳羡、临津二县来属,义兴县还隶常州。天宝元年,隶晋陵郡。乾元元年,复隶常州。

附旧县1：国山县(618—620)

武德元年,析毗陵郡义兴县置国山县,以隋旧县为名,治故国山城(今江苏宜兴市张渚镇)②,割隶吴兴郡。二年,隶长州。三年,省入鹅州阳羡县。

附旧县2：阳羡县(620—625)

武德三年,析义兴县置阳羡县,以南朝旧县为名,治故阳羡城(今宜兴市新街街道铜峰村)③,隶鹅州,省长州国山县来属。七年,隶南兴州。八年,州废,省入义兴县。

附旧县3：临津④县(620—625)

武德三年,析义兴县置临津县,以南朝旧县为名,治故临津城(今宜兴市

---

① 《元和志》常州武进县:"晋武帝别置武进县于丹阳县东五十里,梁武帝改武进为兰陵,入晋陵。"《大清一统志》卷60常州府:"武进故城,在武进县西北七十里。……唐武德三年复置,属常州,八年,省入晋陵。"即今运河村,旧为镇。
② 《太平寰宇记》常州宜兴县:"国山城,在县西南五十里。"《地图集》隋代幅置国山县于今宜兴市善卷镇丫枝岭,里距太近,不取。
③ 《太平寰宇记》常州宜兴县:"阳羡古城,在今县南,一名虾虎城。"《大清一统志》卷60常州府:"阳羡故城,在宜兴县南五里。"
④ 《隋志》作"临泽"。按其地无大川,而有大泽,疑当作"临泽"是,而两《唐志》、《太平寰宇记》等皆误作"临津",今姑依之。

杨巷镇新芳村)①,隶鹅州。七年,隶南兴州。八年,州废,省入义兴县。

4. 无锡县(618—907)

本隋毗陵郡旧县,武德二年,隶常州。天宝元年,隶晋陵郡。乾元元年,复隶常州。

5. 江阴县(618—907)

本隋毗陵郡旧县,武德二年,隶常州。武德三年,割隶暨州,为州治,并析置暨阳、利城二县。九年,州废,省暨阳、利城二县来属,江阴县还隶常州。天宝元年,隶晋陵郡。乾元元年,复隶常州。

附旧县 1:暨阳县(620—626)

武德三年,析江阴县置暨阳县,以南朝旧县为名,治故暨阳城(今江苏周庄镇长寿村)②,隶暨州。九年,州废,省暨阳县入江阴县。

附旧县 2:利城县(620—626)

武德三年,析江阴县置利城县,以南朝旧县为名,治故利城(今江阴市临港街道利港村)③,隶暨州。九年,州废,省暨阳县入江阴县。

附旧州一:暨州(620—626)

武德三年,割常州江阴县置暨州,并析置暨阳、利城二县,以暨阳县首字为州名,直属东南道行台。六年,隶苏州总管府。是年,归辅宋。七年,复归唐,隶苏州都督府。九年,州废,省暨阳、利城二县,以江阴县还隶常州。

附旧州二:鹅州(620—624)—**南兴州**(624—625)

武德三年,割常州义兴县置鹅州④,以县有金鹅峰为名⑤,并析置临津、阳羡二县,直属东南道行台。六年,直属辅宋。七年,复归唐,改为南兴州,直属

---

① 《大清一统志》卷 60 常州府:"临津故城,在宜兴县西北五十里。"即今新芳村,旧为镇。
② 《太平寰宇记》江阴军江阴县:"古暨阳城,在县东四十里。"即今长寿村,旧为镇。
③ 《大清一统志》卷 60 常州府:"利城故城,在江阴县西五十里。今利城镇西南三里有子城基,城濠遗址尚存,疑古县治。"
④ 《太平寰宇记》常州宜兴县:"唐武德三年,杜伏威归化,废国山、义(兴)〔乡〕二县,于义(乡)〔兴〕置鹅州。七年,平辅公祏,改鹅州为南兴州。又置阳羡、临津两县。"两《唐志》失载此事,今补。又按《旧唐志》常州序,武德三年,常州领县有义兴县,则是年义兴县存而未改,又,南兴州既系鹅州更名,则所治义兴县又是鹅州治,是知《太平寰宇记》将义兴与义乡二县误倒,今为乙正。阳羡、临津两县,当是武德三年与鹅州同置,《太平寰宇记》附记于文末,易使人误会为置于武德七年(如《新唐志》即如此),今当辨正。
⑤ 《太平寰宇记》常州宜兴县:"《郡国志》云:义兴县计山西一峰名金鹅峰,昔有金鹅飞集此峰,因以名。"尹继善等《江南通志》卷 13 常州府:"屺山,在宜兴县东北二十五里,东北为金鹅山,唐改义兴为鹅州以此。"

江南道行台。八年,州废,省临津、阳羡二县,以义兴县还隶常州。

(四) 吴兴郡(湖州)

湖州(621—742)—吴兴郡(742—758)—湖州(758—907)

武德四年,割长州①乌程县置湖州,以隋旧州为名,直属东南道行台。六年,割隶苏州总管府。是年,直属辅宋。七年,复归唐,隶苏州都督府,以废武州之武康县、废雉州之长城县来属。贞观元年,罢都督府,湖州直属扬州大都督府。四年,割隶润州都督府。十年,直属江南道。十三年,湖州领乌程、武康、长城三县,治乌程县。

麟德元年(664),置安吉县。

武周天授二年(691),置武原县。长安四年,湖州领乌程、武原、武康、安吉、长城五县,治乌程县。

唐景云二年,直属江南东道,改武原县为临溪县。

天宝元年,改为吴兴郡,以隋旧郡为名,改临溪县为德清县。十三载,吴兴郡领乌程、德清、武康、安吉、长城五县,治乌程县。十五载,隶江南东道节度使。至德二载,隶丹阳防御使,寻隶江南防御使,又隶江东防御使,再隶浙江西道节度使。是年,仍隶江东防御使。

乾元元年,复为湖州,隶江南东道节度使。是年,隶浙江西道节度使。宝应元年,隶浙江西道观察使。十四年,隶浙江东西道都团练观察使。建中元年,隶浙江西道都团练观察使。二年,复隶浙江东西道都团练观察使。是年,隶镇海军节度使。贞元三年,隶浙江西道都团练观察使。永贞元年,隶镇海军节度使。元和四年,隶浙江西道都团练观察使。十五年,湖州领县一如天宝十三载。

大和八年,隶镇海军节度使。九年,复隶浙江西道都团练观察使。大中十二年,又隶镇海军节度使。十三年,依旧隶浙江西道都团练观察使。咸通三年,隶镇海军节度使。八年,隶浙江西道都团练观察使。十一年,再隶镇海军节度使。十四年,湖州领县不变。

景福二年,割隶苏杭等州都团练观察使。是年,还隶镇海军节度使。乾宁三年,割置忠国军节度使。是年,罢镇,湖州还隶镇海军节度使。

---

① 《新唐志》原作"吴郡"。按乌程县隋末已割隶吴兴郡,唐初隶长州,且吴郡于沈梁时已改为苏州,《新唐志》误,今改。

1. **乌程县**(618—907)

本隋吴兴郡旧县,武德二年,隶长州。四年,割隶湖州,为州治。天宝元年,隶吴兴郡,为郡治。乾元元年,复隶湖州,为州治。

2. **武原县**(691—711)—**临溪县**(711—742)—**德清县**(742—907)

天授二年,析武康县置武原①县,以县界有武承塘,邻境(海盐)南朝曾置武原郡,合武氏吉意,故名,治武原城(今浙江德清县乾元镇),隶湖州。景云二年,改为临溪县,以临余不溪为名。天宝元年,隶吴兴郡,以与剑南道临邛郡县名重,改为德清县,盖取君德清明为称。乾元元年,复隶湖州。

3. **武康县**(618—907)

本隋余杭郡旧县,武德二年,隶杭州。三年,割隶安州,为州治。是年,隶武州,仍为州治。四年,隶东武州,仍为州治。七年,州废,改隶湖州。天授二年,析置武源县。天宝元年,隶吴兴郡。乾元元年,复隶湖州。

4. **安吉县**(618—624,664—907)

武德元年,隋析宣城郡绥安县置安吉县,以南朝旧县为名②,治故安吉城(今浙江安吉县孝丰镇),割隶吴兴郡③。二年,隶长州。四年,析置原乡县,割隶绥州,安吉县割隶桃州。七年,州废,省入湖州长城县。麟德元年,析长城县故安吉、故鄣、原乡三县地复置安吉县,治钣山(今安吉县孝源街道钣山场)④,隶湖州。开元二十六年,县令孔志道移治玉磐山东南(今安吉县梅溪镇马村)⑤。天宝元年,隶吴兴郡。乾元元年,复隶湖州。其后,移治故原乡城(今安吉县递铺街道古城村)⑥。

附旧县1:**原乡县**(621—624)

武德四年,析安吉县置原乡县,治故原乡城⑦,以南朝旧县为名,隶绥州,

---

① 四库本《唐会要》、《新唐志》、《太平寰宇记》作"武源",今依《元和志》、《旧唐志》、点校本《唐会要》。
② 《陈书》卷15《陈慧纪传》:"世祖即位,出为安吉县令。"
③ 《新唐志》:"义宁二年,沈法兴置。"是时沈法兴为隋吴兴郡太守,未立梁国。又,李卫等《浙江通志》卷23、卷31引嘉靖《浙江通志》:"汉分故鄣南境置安吉县,治在天目乡,今孝丰县址是也。"
④ 《纪要》安吉州:"《城邑考》:'旧城在州西南三十里,今犹谓之旧县。唐开元二十六年迁于玉磐山东南,后又徙治今城东南四里。元毁。'"明安吉州治今安吉县安城镇,其西南三十里之"旧县"盖指今钣(方言音 i 𠆤)山场,旧为乡。一说仍在今孝丰镇,如此则《城邑考》之"三十里"当为"五十里"之误。
⑤ 《舆地纪胜》湖州安吉县云玉磐山在安吉(今递铺街道古城村)东北十五里,则开元县治在今梅溪镇河湾村一带。
⑥ 《元和志》湖州安吉县:"东北至州一百四十里。"此即上引《城邑考》"城东南四里"之唐后期县治故原乡城,今递铺镇古城村。
⑦ 《纪要》湖州府孝丰县:"原乡城,在县东。汉中平中置,以县在山中高原而名,唐因故址复置。"《大清一统志》卷222湖州府:"原乡故城在孝丰县北,汉置,以县在山中高原而名,隋废。"

寻隶雉州。七年,州废,省入长城县。麟德元年,以其地隶安吉县。

附旧县2:故鄣县(621—624)

武德四年,析长城县置故鄣县,治故鄣城(今安吉县鄣吴镇)①,以南朝旧县为名,隶绥州,寻隶雉州。七年,州废,省入长城县②。麟德元年,以其地隶安吉县。

5. **长城县**(618—907)

本隋吴兴郡旧县,为郡治。武德二年,隶长州,为州治。三年,省义乡县来属。四年,隶绥州,析置故鄣县。是年,长城县隶雉州,仍为州治。七年,州废,省原乡、故鄣二县及桃州安吉县来属③,以长城县隶湖州。麟德元年,复析置安吉县。天宝元年,隶吴兴郡。乾元元年,复隶湖州。

附旧县:义乡县(618—620)

武德元年,析毗陵郡义兴置义乡县,以隋旧县为名,治故义乡城(今浙江长兴县夹浦镇鼎甲桥村)④,割隶吴兴郡。二年,隶长州。三年,省入长城县。

附旧州一:吴兴郡(618—619)—长州(619—621)—绥州(621)—雉州(621—624)

吴兴郡,本隋旧郡,领长城、乌程、安吉、义乡、国山五县⑤,治长城县。武德二年,沈梁改为长州,以长城县为州名。三年,归李吴,省国山、义乡二县。四年,归唐,改为绥州,因古绥安县为名,直属东南道行台,置原乡、故鄣二县,割乌程县隶湖州,安吉县隶桃州。是年,改为雉州,以县东境雉山为名。六年,直属辅宋。七年,平辅宋,州废,省原乡、故鄣二县,以长城县隶湖州。

---

① 《太平寰宇记》湖州长兴县:"鄣郡故城,即秦时鄣郡城,今俗号府头是也,在县西南八十里。"
② 《太平寰宇记》湖州长兴县。
③ 《太平寰宇记》湖州长兴县:"唐武德七年,废宜州原乡、安吉、故鄣三县入长城。"按两《唐志》,宜州未曾领此三县,安吉县原隶桃州,绥州则有脱文,"宣州"当系"绥州"之误,因改、补。
④ 《大清一统志》卷60常州府:"义乡故城:在宜兴县东南八十里义山下。"卷222湖州府:"义乡故城:在长兴县西北。"……《县志》:"故城在县西北义乡山下。"《地图集》隋代幅置义乡县于今浙江宜兴市洑东镇,里距太近,不取。
⑤ 《隋志》不载吴兴郡及其领县。按《旧唐书》卷56《沈法兴传》:"隋大业末,为吴兴郡守。"则大业末已复置吴兴郡。又据《新唐志》:"长城县:大业末,沈法兴置长州。安吉县:义宁二年沈法兴置。"长城、安吉二县既置于武德二年以前,当系吴兴郡属县。又,《太平寰宇记》常州宜兴县:"唐武德三年,杜伏威归化,废国山、义〔乡〕(兴)二县。"国山、义乡二县《隋志》为毗陵郡废县,则沈法兴时又复置,依地理形势,并吴郡乌程县当割隶吴兴郡。今补。

附旧州二：安州(620)—武州(620—621)—东武州(621—624)

武德三年，李吴割杭州武康、盐官二县置安州，治武康县，取三国吴郡永安县首字为名。是年，改为武州，取武康县首字为名。四年，归唐，改为东武州，直属东南道行台。六年，直属辅宋，七年，平辅宋，州废，武康县改隶湖州，盐官县省入杭州钱塘县。

（五）余杭郡（杭州）

余杭郡（618—619）—杭州（619—742）—余杭郡（742—758）—杭州（758—907）

余杭郡，本隋旧郡，领钱唐、富阳、於潜、余杭、武康、盐官六县，治钱唐县。武德二年，沈梁改为杭州，以隋旧州为名，仍治钱唐县。三年，归李吴，割武康、盐官二县隶安州。四年，归唐，隶歙州总管府[1]，改钱唐县为钱塘县，置新城县[2]。六年，隶苏州总管府。是年，归辅宋。七年，复归唐，隶苏州都督府，割於潜县隶潜州，省新城县。八年，以废潜州之于潜县来属。贞观元年，罢都督府，杭州直属扬州大都督府。四年，割隶润州都督府，复置盐官县。十年，直属江南道。十三年，杭州领钱塘、富阳、於潜、余杭、盐官五县，治钱塘县。

永淳元年（682），置新城县。垂拱二年，置紫溪县。四年，置临安县。

武周万岁通天元年，改紫溪县为前武隆县。是年，复前武隆县为紫溪县，别置后武隆县。圣历元年（698），改后武隆县为武崇县。三年，省武崇县。长安四年，复置武崇县。是年，杭州领钱塘、富阳、新城、紫溪、武崇、於潜、临安、余杭、盐官九县，治钱塘县。

唐神龙元年，改武崇县为唐山县。景云二年，直属江南东道。

天宝元年，复为余杭郡。十三载，余杭郡领钱塘、富阳、新城、紫溪、唐山、於潜、临安、余杭、盐官九县，治钱塘县。十五载，隶江南东道节度使，为使治。是年，移使治于丹阳郡。至德二载，隶丹阳防御使，寻隶江南防御使，又隶江东防御使，为使治。未几，罢镇，隶浙江西道节度使。是年，仍隶江东防御使。

乾元元年，复为杭州，隶江南东道节度使。是年，隶浙江西道节度使。宝应元年，隶浙江西道观察使。大历二年，省紫溪、唐山二县。十四年，隶浙

---

[1] 程敏政《休宁县志》卷31载武德四年十一月十一日玺书。参见下文附"歙州总管府"条。
[2] 史志不载此县之置，按《舆地广记》新城县："隋平陈，省入钱塘，后复置，唐武德七年省入富阳。"《新唐志》亦载武德七年省新城，则知此县于隋唐之际已复置，两《唐志》缺载，今补。

江东西道都团练观察使。建中元年,隶浙江西道都团练观察使。二年,复隶浙江东西道都团练观察使。是年,隶镇海军节度使。贞元三年,隶浙江西道都团练观察使。永贞元年,隶镇海军节度使。元和四年,隶浙江西道都团练观察使。十五年,杭州领钱塘、富阳、新城、於潜、临安、余杭、盐官七县①,治钱塘县。

长庆元年(821),复置唐山县。大和八年,隶镇海军节度使。九年,复隶浙江西道都团练观察使。大中十二年,又隶镇海军节度使。十三年,依旧隶浙江西道都团练观察使。咸通三年,隶镇海军节度使。八年,隶浙江西道都团练观察使。十一年,再隶镇海军节度使。十四年,杭州领钱塘、富阳、新城、唐山、於潜、临安、余杭、盐官八县,治钱塘县。

景福二年,割隶苏杭等州都团练观察使,为使治。是年,罢镇,杭州还隶镇海军节度使。光化三年,自润州移使治于此,割睦州桐庐县来属。

1. 钱唐县(618—621)—钱塘县(621—907)

钱塘县,本隋余杭郡钱唐县,武德元年,隶杭州,为州治。四年,以唐为国号,改为钱塘县②。七年,省东武州盐官县来属。贞观四年,移治州城内(今浙江杭州市下城区长庆街道)③,并析置盐官县。六年,移治州南十一里(今杭州市上城区南星街道)。是年,又移治新城戍(今上城区紫阳街道)。开元二十一年,移治州郭下(今上城区小营街道),二十五年,复还治州城内。天宝元年,隶余杭郡,为郡治。乾元元年,复隶杭州,为州治。

2. 富阳县(618—907)

本隋余杭郡旧县,武德二年,隶杭州。四年,析置新城县。七年,省新城县来属。永淳元年,复析置新城县。天宝元年,隶余杭郡。乾元元年,复隶杭州。

3. 新城县(621—624,682—907)

武德四年,析富阳④县置新城县,以南朝旧县为名,治故新城(今浙江杭州市富阳区新登镇)⑤,隶杭州。七年,省入富阳县。永淳元年,析富阳县复置,仍隶杭州。天宝元年,隶余杭郡。乾元元年,复隶杭州。

---

① 《元和志》杭州有唐山县,共八县。今依《新唐志》删。
② 《纪要》杭州钱塘县。
③ 《元和志》杭州钱塘县:"郭。……贞观四年,定于今所。……浙江,在县南一十二里。""今所"即开元二十五年所迁之所,在州城内,南距钱塘江(浙江)十二里,当在今杭州市下城区。
④ 《元和志》作"富春",误。今依两《唐志》、《太平寰宇记》。
⑤ 《元和志》杭州新城县:"东北至州一百三十二里。"

4. **紫溪县**(686—696)—**前武隆县**(696)—**紫溪县**(696—767)

垂拱二年,析於潜县置紫溪县,以紫溪为名,治紫溪城(今浙江临安市潜川镇紫溪村)①,隶杭州。万岁通天元年②,改为前武隆县,取武氏吉名。是年,复为紫溪县,又析置后武隆县。天宝元年,隶余杭郡。乾元元年,复隶杭州。大历二年,省入於潜县。

5. **后武隆县**(696—698)—**武崇县**(698—700,704—705)—**唐山县**(705—767,821—907)

万岁通天元年,析紫溪县别置后武隆县,治武隆城(今临安市昌化镇)③,隶杭州。圣历元年,以与河北道幽州县名重,改为武崇县④,仍取武氏吉意。三年,省入紫溪县。长安四年,析紫溪县复置武崇县,仍隶杭州。神龙元年,改为唐山县,以县后唐山为名。天宝元年,隶余杭郡。乾元元年,复隶杭州。大历二年⑤,省入于潜县。长庆元年,析于潜县复置唐山县,隶杭州。

6. **於潜县**(618—907)

本隋余杭郡旧县,武德二年,隶杭州。七年,割隶潜州,为州治。八年,州废,还隶杭州。垂拱二年,析置紫溪县。天宝元年,隶余杭郡。乾元元年,复隶杭州。大历二年,省紫溪、唐山二县来属。

7. **临水县**(624—625)—**临安县**(688—907)

武德七年,析余杭县置临水县,以三国旧县为名,治故临水城(今临安市锦北街道)⑥,割隶潜州。八年,州废,省入余杭县。垂拱四年,巡抚使狄仁杰奏析余杭、於潜二县复置临安县,取隋旧县为名,治故临水城。天宝元年,隶余杭郡⑦。乾元元年,复隶杭州。

8. **余杭县**(618—907)

本隋余杭郡旧县,武德二年,隶杭州。七年,析置临水县。八年,以废潜

---

① 《太平寰宇记》杭州昌化县:"(州)西二百四十里。"
② 《唐会要》、《太平寰宇记》作"圣历元年",今依两《唐志》。《元和志》杭州唐山县:"万岁通天元年,置武隆县。神龙元年,改为唐山县。"
③ 《元和志》杭州唐山县:"东至州二百四十八里。"
④ 《唐会要》卷71:"紫溪县,圣历元年正月三十日改为〔崇德〕〔武崇〕县,神龙元年三月改为唐山县。"《太平寰宇记》杭州昌化县:"按唐初为紫溪县,至圣历元年正月三日改为武崇(乡)〔县〕,神龙元年改为唐山。"《乾道临安志》卷2:"万岁通天元年改紫溪为武隆,圣历元年又改为武崇,神龙元年改为唐山。"《元和志》、两《唐志》失载。
⑤ 《唐会要》作"三年",今依《太平寰宇记》、《新唐志》。
⑥ 《大清一统志》卷217杭州府:"临水故城:在临安县北。……《县志》:旧治在今县北四里,宋景定中移县西墅。"县北四里今属锦北街道,《地图集》唐代幅置于今临安市高虹镇,里距太远。
⑦ 四库本《太平寰宇记》临安县:"至开元年间,改为安国,今仍复旧。""开元",中华书局点校本作"梁开平",当是。范坰等《吴越备史》卷2云:"开平二年春正月,敕改临安县为安国县。"可证。

州临水县省入。垂拱四年,析置临安县。天宝元年,隶余杭郡。乾元元年,复隶杭州。

9. **盐官县**(618—624,630—907)

本隋余杭郡旧县,武德二年,隶杭州。三年,割隶安州。四年,隶东武州。七年,州废,省入杭州钱塘县。贞观四年,析钱塘县复置盐官县,隶杭州。天宝元年,隶余杭郡。乾元元年,复隶杭州。

附旧州:潜州(624—625)

武德七年,割杭州於潜、临水二县置潜州,治于潜县,隶宣州都督府。八年,以水路不通,州废①,於潜县还隶杭州,省临水县。

(六) **新定郡**(睦州)

睦州(618—624)—东睦州(624—634)—睦州(634—742)—**新定郡**(742—758)—睦州(758—907)

新定郡,本隋遂安郡,领雉山、桐庐、遂安三县。隋末,汪吴改为睦州,取俗阜人和、内外辑睦之义,治雉山县。武德四年,归唐,隶歙州总管府,割桐庐县隶严州。六年,归辅宋。七年,复归唐,改为东睦州,隶歙州都督府,以废严州之桐庐县来属。贞观元年,罢都督府,东睦州直属扬州大都督府。四年,割隶润州都督府。八年②,复为睦州。十年,直属江南道。十三年,睦州领雉山、桐庐、遂安三县,治雉山县。

永淳二年,置建德县。文明元年(684),改雉山县为新安县。永昌元年(689),置寿昌县。载初元年(689),省寿昌县。

武周如意元年(692),置武盛县。万岁通天二年③,移州治于建德县。长安四年,睦州领建德、遂安、新安、武盛、桐庐五县,治建德县。

唐神龙元年,复置寿昌县,改武盛县为分水县。景云二年,直属江南东道。开元二十年,改新安县为还淳县。

天宝元年,改为新定郡,以南朝旧郡为名。十三载,新定郡领建德、寿昌、

---

① 《唐会要》卷71。"水路",或本作"来路"。
② 两《唐志》原系于武德八年。按《唐会要》卷78,贞观二年濮王泰除扬州大都督时所领犹有东睦州,故知《旧唐志》"八年"前脱"贞观"二字。
③ 《旧唐志》、《太平寰宇记》睦州序作"万岁登封",今依《旧唐志》建德县、《元和志》、《新唐志》。《舆地纪胜》严州序引《新定志》在神功元年,按神功元年即万岁通天二年,可证。

遂安、还淳、分水、桐庐六县,治建德县。十五载,隶江南东道节度使。至德二载,隶丹阳防御使,寻隶江南防御使,又隶江东防御使。未几,隶浙江东道节度使。是年,仍隶江东防御使。

乾元元年,复为睦州,隶江南东道节度使。未几,隶浙江东道节度使。宝应二年,置昭德县。大历五年,隶浙江东道都团练观察使。六年,省昭德县。十四年,隶浙江东西道都团练观察使。建中元年,隶浙江东道都团练观察使。二年,又隶浙江东西道都团练观察使。是年,隶镇海军节度使。贞元三年,隶浙江西道都团练观察使。永贞元年,改还淳县为清溪县。元和四年,隶浙江西道都团练观察使。十五年,睦州领建德、寿昌、遂安、清溪、分水、桐庐六县,治建德县。

大和八年,仍隶镇海军节度使。九年,隶浙江西道都团练观察使。大中十二年,复隶镇海军节度使。十三年,又隶浙江西道都团练观察使。咸通三年,再隶镇海军节度使。八年,再隶浙江西道都团练观察使。十一年,依旧隶镇海军节度使。十四年,睦州领县不变。

景福二年,割隶苏杭等州都团练观察使。是年,还隶镇海军节度使。天祐二年,割隶歙婺衢睦都团练观察使。光化三年,割桐庐县隶杭州。

1. 建德县(621—624,683—907)

武德四年,析桐庐、雉山二县置建德县,以南朝旧县为名,治故建德城(今浙江建德市梅城镇)①,隶严州。七年,州废,省入桐庐、雉山二县。永淳二年,析桐庐、雉山二县复置建德县,隶睦州。万岁通天二年,自新安县移州治于此。天宝元年,隶新定郡,为郡治。乾元元年,复隶睦州,为州治。

2. 寿昌县(689,705—907)

永昌元年,析雉山县置寿昌县,以南朝旧县为名,治白艾里(今建德市寿昌镇陈家村)②,隶睦州。载初元年,省入雉山县。神龙元年,析雉山县复置寿昌县,移治郭邑里(今寿昌镇)③。天宝元年,隶新定郡。乾元元年,复隶睦州。

3. 遂安县(618—907)

本隋遂安郡旧县,隋末,隶睦州。武德四年,移治新遂安城(今浙江淳安

---

① 《元和志》睦州:"东南至婺州一百六十里。"《太平寰宇记》睦州:"南至婺州陆路一百一十五里,水路一百八十里。"
② 李卫等《浙江通志》卷24《城池》:"《严陵志》:县城本在郭邑里,屡火,徙县东仁丰乡之白艾里,东临小溪,周一里二十步,后复徙郭邑里。"
③ 《元和志》睦州寿昌县:"东北至州一百一十里。"

县界首乡五狮岛南千岛湖中)①。七年,隶东睦州。贞观八年,隶睦州。天宝元年,隶新定郡。乾元元年,复隶睦州。

4. 雉山县(618—684)—新安县(684—732)—还淳县(732—805)—清溪县(805—907)

还淳县,本隋遂安郡雉山县,隋末,隶睦州。武德七年,隶东睦州,为州治。贞观八年,隶睦州,仍为州治。文明元年,改为新安县,取南朝旧县为名。永昌元年,析置寿昌县。载初元年,省寿昌县来属。神龙元年,复析置寿昌县。万岁通天二年,移州治于建德县。开元二十年②,改为还淳县,盖取还淳返朴为名。天宝元年,隶新定郡。乾元元年,复隶睦州。永贞元年,避宪宗讳,改为清溪③县,以县城南枕清溪为名④。

5. 分水县(621—624)—武盛县(692—705)—分水县(705—907)

武德四年,析桐庐县置分水县,取桐庐江水中分为名⑤,隶严州。七年,州废,省入桐庐县。如意元年,析桐庐县置武盛县,治故分水城(今浙江桐庐县分水镇),以武盛山为名,隶睦州。神龙元年,改为分水县。天宝元年,隶新定郡。乾元元年,复隶睦州。宝应二年,析置昭德县。大历六年,省昭德县来属。

附新县:昭德县(763—771)

宝应二年,析分水县置昭德县,盖取《周易》"君子以自昭明德"为名,治昭德城(今桐庐县分水镇白山庙南)⑥,隶睦州。大历六年,省入分水县。

6. 桐庐县(618—907)

本隋遂安郡旧县,隋末,隶睦州。武德四年,割隶严州,为州治,并析置建德、分水二县。七年,州废,省分水、建德二县来属,桐庐县还隶东睦州。贞观八年,隶睦州。二十年,移治新桐庐城(今桐庐县旧县街道)⑦。永淳二年,析置建德县。如意元年,析置武盛县。开元二十六年,移治钟山(今桐庐县钟山乡)。其后,移治桐江口(今桐庐县城桐君街道)⑧。天宝元年,隶新定郡。乾

---

① 《大清一统志》卷234严州府:"唐武德四年移今治。"
② 《元和志》作"二年",今依两《唐志》。
③ 《新唐志》作"青溪",今依《元和志》、《旧唐志》、《唐会要》、《太平寰宇记》。
④ 《纪要》严州府淳安县:"《城邑记》:县旧城南枕清溪,北连冈阜。"
⑤ 《太平寰宇记》睦州分水县。
⑥ 《纪要》严州府分水县:"昭德城:在县西北嘉德里。……宋为昭德驿。"其地当官路,当在白水庙南旧印渚镇,今已没入分水江水库。
⑦ 《地名大辞典》,第1631页。
⑧ 《元和志》睦州桐庐县:"西南至州一百五里。浙江,在县南一百四十步。桐庐江……至县东一里入浙江。"《大清一统志》卷234严州府:"桐庐故城:开元中,移治钟山。后又移桐江口,即今治。"

元元年,复隶睦州。光化三年,割隶杭州①。

附旧州: 严州(621—624)

武德四年,以歙州总管府睦州桐庐县置严州,以严陵山为名,割隶越州总管府,并析置建德、分水二县,治桐庐县。六年,归辅宋。七年,州废,省建德、分水二县,以桐庐县隶东睦州。

(七) 新安郡(歙州)
歙州(618—742)—新安郡(742—758)—歙州(758—907)

新安郡,本隋旧郡,领休宁、黟、歙、梁安四县②。隋末,汪吴改为歙州,取隋旧州为名,移治歙县③,以为都城。武德四年,归唐,置歙州总管府,省梁安县。六年,归辅宋。七年,复归唐,隶歙州都督府。贞观元年,罢都督府,歙州直属扬州大都督府。四年,割隶润州都督府。十年,隶淮南道扬州都督府。十三年,歙州领歙、休宁、黟三县,治歙县。

永徽五年(654),置北野县。显庆六年,直属江南道。龙朔元年,还属扬州都督府。

武周长安四年,歙州领歙、休宁、黟、北野四县,治歙县。

唐景云二年,直属江南东道。开元二十八年,置婺源县。

天宝元年,复为新安郡。十三载,新安郡领歙、休宁、婺源、黟、北野五县,治歙县。乾元元年,复为歙州。十五载,隶江南东道节度使。至德二载,隶丹阳防御使,寻隶江南防御使,又隶江东防御使。未几,隶浙江西道节度使。是年,仍隶江东防御使。

乾元元年,复为歙州,隶江南东道节度使。未几,隶浙江西道节度使。是年,割隶宣歙饶观察使。二年,还隶浙江西道节度使。后上元元年,割隶宣歙节度使。是年,还隶浙江西道节度使。宝应元年,隶浙江西道观察使。永泰元年,方清陷歙州,置阊门县,二年,讨平方清,改阊门县为祁门县,并置归德县。大历元年,歙州割隶宣歙池都团练观察使。二年,置绩溪县。四年,省北

---

① 《舆地纪胜》严州桐庐县引《睦州图经》;淳熙《严州图经》卷1。(此系复旦大学周庆彰提示)
② 《隋志》新安郡无梁安县,按梁安县萧梁大通元年(《太平寰宇记》作大同元年)置,今据《元和志》、《太平寰宇记》补。又据《隋志》,新安郡治休宁县。然《元和志》歙县:"(开皇)十二年,置歙州及县。"《旧唐志》歙县:"隋于县置新安郡,武德改为歙州。"与《隋志》异,疑误。
③ 罗愿《新安志》卷1:"大业初,复以歙州为新安郡,治休宁。义宁中,治歙。武德元年,例改郡为州。"

野、归德二县。十四年，隶浙江东西道都团练观察使。建中元年，隶浙江西道都团练观察使。二年，复隶浙江东西道都团练观察使。是年，隶镇海军节度使。贞元三年，隶宣歙池都团练观察使。元和十五年，歙州领歙、休宁、婺源、祁门、黟、绩溪六县，治歙县。

咸通十四年，歙州领县不变。

大顺元年（890），隶宁国军节度使。天复三年（903），隶宣歙池都团练观察使。天祐二年，割隶歙婺衢睦都团练观察使，为使治。

1. 歙县（618—907）

本隋新安郡旧县，隋末，隶歙州，为州治。武德四年，省梁安县来属。永徽五年，析置北野县。天宝元年，隶新安郡，为郡治。乾元元年，复隶歙州，为州治。大历四年，省北野县来属。

2. 休宁县（618—907）

本隋新安郡旧县，隋末，隶歙州，移治万岁山（今安徽休宁县万安镇万岁山古城）①。开元二十八年，析置婺源县。天宝元年，隶新安郡。九载，移治松萝山之阳（今休宁县城海阳镇）②。乾元元年，复隶歙州。永泰二年，析置归德县。大历四年，省归德县来属。

附新县：归德县（766—769）

永泰二年，以平方清之乱，割休宁县八乡之地置归德县，盖以归服德化为名，治归德城（今安徽黄山市屯溪区老街街道）③。大历四年④，省入休宁县。

3. 婺源县（740—907）

开元二十八年⑤，以平洪贞之乱，遂析休宁县置婺源县，以婺水得名，治回玉乡（今江西婺源县清华镇）⑥，隶歙州。天宝元年，隶新安郡。乾元元年，复

---

① 《纪要》徽州府休宁县："县东十三里万安山，其城为隋末汪华所筑，华迁新安郡治万安也，今呼为古城。……万安山，在县东十里，隋大业末汪华移郡治于此，本名万岁山，宋宣和中改曰万安，今名古城岩。"则移县于万岁山当在隋末，《太平寰宇记》歙州休宁县："唐武德初，复移于万岁山旧城理。"时间恐有误。
② 《元和志》歙州休宁县："东至州六十六里。"《太平寰宇记》歙州休宁县："天宝九载，移于旧邑西十三里，即今理也。"
③ 《太平寰宇记》歙州休宁县："废归德县，在郡西南五十里。"
④ 罗愿《新安志》作"五年"，今依《唐会要》、《新唐志》。《太平寰宇记》休宁县条既云"废北野县，大历四年与隋置归德县地同废"，又云"废归德县，大历五年废"，两说并存。
⑤ 《元和志》作"二十六年"，今依两《唐志》、《唐会要》。按《太平寰宇记》："唐开元二十四年，乡人洪贞叛，聚徒于此，至二十八年，置县以镇之。"可证。
⑥ 《元和志》歙州婺源县："东北至州二百九里。"罗愿《新安志》卷5："婺源，本休宁西南之回玉乡，唐开元二十八年正月九日置以为县，治今清化镇。"

隶歙州。天祐三年,移治蚺蛇港(今婺源县城紫阳镇)①。

4. 黟县②(618—907)

本隋新安郡旧县,隋末,隶歙州。天宝元年,隶新安郡。乾元元年,复隶歙州。永泰元年,方清割据,析置阊门县。

附新县:阊门县(765—766)—祁门③县(766—907)

永泰元年,方清割黟县及饶州浮梁县地置阊④县,以为守备,县有巨石夹流水,相对似门,故名,治石埭城(今安徽祁门县城祁山镇)⑤。二年,刺史长孙全绪讨平之,以县东北有祁山,改为祁门县。

5. 北野县⑥(654—769)

永徽五年,睦州陈硕真乱,歙县人蒋宝举兵应之,事平,遂析歙县置北野县以镇之,《周礼》:"郊外曰野。"其地处歙州北,故名,治合五山(今安徽歙县桂林镇竦口村)⑦,隶歙州。天宝元年,隶新安郡。乾元元年,复隶歙州。大历二年,析置绩溪县。四年⑧,省北野入歙县。

附旧新县:梁安县(618—621)—绩溪县(767—907)

梁安县,本隋新安郡旧县⑨,武德四年,省入歙县。永泰二年,宣州人王万

---

① 罗愿《新安志》卷5:"《古县记》言:中和二年壬寅,汪武始于溃州之右漠滩蚺蛇港旁为营,至天祐三年乙丑,即营为县,号新县,而旧县改为清化镇,然则县虽以婺水为名,至新县始绕三面耳。"
② 《元和志》、《新唐志》作"黝县",今依《隋志》、《州郡典》、《旧唐志》、《太平寰宇记》。《元和志》:"按县南有墨岭,出墨石,又昔贡柿心木,县由此得名。《说文》黟字从黑,旁多。后传误,遂写黝字。"
③ 《新唐志》作"祈门",今依《元和志》、《太平寰宇记》。
④ 《元和志》作"昌门",今依《太平寰宇记》。
⑤ 罗愿《新安志》卷5:"祁门:唐永泰元年,土人方清作乱,屯石埭城,因权立阊门县以守之。"
⑥ 《旧唐志》列目作"绩溪县",《州郡典》未列目。两《唐志》云北野县"后更名绩溪县",不载更名年代。按罗愿《新安志》卷5绩溪沿革注云:"《方舆》、《寰宇志》皆言以华阳镇为(绩溪)县,而新、旧《唐书》乃云北野县改为绩溪。既无置绩溪年月,又北野旧城在今歙县北三十五里,其地与绩溪殊不相且。若据绩溪以永泰二年置,则北野县在当时尚未废也。昔先正苏公来上,自号其诗为《华阳杂咏》,则有取于《方舆》、《寰宇志》所载。"此言绩溪县非由北野县更名而来,可从。则开元、天宝间有北野县,无绩溪县,永泰二年至大历四年,北野、绩溪二县并存。两《唐志》所载不确,而《州郡典》系脱载。《地图集》开元二十九年图歙州绘出北野县,极是。
⑦ 《太平寰宇记》歙州休宁县:"昉村,在县北四十里。……村旁有山,近故北野县。……废北野县城,在县北三十五里。"然罗愿《新安志》卷5云:"北野旧城,在今歙县北三十五里。"是知《太平寰宇记》误记昉村及故北野县于休宁县,今依《新安志》。马步蟾《徽州府志》古迹云:"北野废县,在歙县竦口浴马塘。"今属桂林镇,据《中国文物地图集·安徽分册》下册第486页,故城犹在。
⑧ 罗愿《新安志》卷3作"五年"。《太平寰宇记》休宁县条既云"废北野县,大历四年与隋置归德县(地)同废",又云"废北野县城,至大历五年废",两说并存。今依《唐会要》。
⑨ 此县萧梁大通元年(《太平寰宇记》作大同元年)置,《隋志》不载,今据《元和志》、《太平寰宇记》补。尹继善等《江南通志》卷34云:"梁安县,即今绩溪,梁大同初析歙县置。今县南有良安乡,盖梁安之讹也。"

敌入寇其地。大历①二年,以平王万敌,歙州刺史长孙全绪奏分北野县②置绩溪县,北有乳溪,与徽溪相去一里,并流,离而复合,有如绩焉,因以为名③,治华阳镇(今安徽绩溪县城华阳镇后岸村),隶歙州。

附旧府新镇一 东南道行台直辖地区(620—625)—后扬州大都督府直辖地区(625—626)—润州都督府(630—636)—江南东道节度使(756—757)—丹阳防御使(757)—江南防御使(757)—浙江西道节度使(757—758)—江南东道节度使(758)—浙江西道节度使(758—761)—镇海军节度使(781—787)—浙江西道都团练观察使(787—805)—镇海军节度使(805—809)—浙江西道都团练观察使(809—834)—镇海军节度使(834—835)—浙江西道都团练观察使(835—858)—镇海军节度使(858—859)—浙江西道都团练观察使(859—862)—镇海军节度使(862—867)—浙江西道都团练观察使(867—870)—镇海军节度使(870—900)

武德三年(620),以废和州总管府之南和、兖、濠三州为东南道行台直辖地区,置后扬、南豫、滁、吴四州。是年,取李吴茅、云、常三州来属,又置润、暨、鹅三州。四年,平王郑,取其徐州行台化州来属;平李吴,取其苏、武、长三州来属,置湖州,改武州为东武州,长州为绥州。是年,改绥州为雄州。五年,改云州为简州。六年,割苏、湖、暨三州隶苏州总管府。是年,东南道直辖地区归辅宋。七年,平辅宋,置方州,改兖州为邗州,后扬州为蒋州,鹅州为南兴州,废吴、茅、东武、化四州。八年,罢行台及简、南兴、南豫三州,复蒋州为后扬州,以后扬、润、常、邗、方、南和、滁七州为后扬州大都督府直辖地区。是年,以废西楚州总管府之东楚州来属,改为楚州。九年,改邗州为扬州,废后扬州,大都督府移治扬州,改为扬州大都督府直辖地区(以后沿革见本编第七章《淮南道》第一节"广陵郡都督府")。贞观四年(630),割扬州大都督府直辖润、常、苏、湖、杭、东睦、歙、宣八州置润州都督府④,都督府仍

---

① 罗愿《新安志》卷 3 作"永泰",今依《元和志》。
② 《元和志》作"歙县"。按两《唐志》皆云绩溪县系北野县更名,则绩溪县当与北野县有关系,因定绩溪县析自北野县。
③ 《太平寰宇记》歙州绩溪县:"永泰二年,宣州旌德县贼王万敌入寇其地。贼平,置县,以界内乳溪与徽溪相去一里,回转屈曲并流,离而复合,谓之绩溪,县因名焉。"
④ 《旧唐志》不载润州都督府及其领县。按《乾道临安志》卷 2 云:"贞观四年,分钱唐复置盐官,凡领县五,隶润州都督府。"依地理形势分析,既杭州隶润州都督府,则润、杭二州间之常、苏、湖、宣、歙、睦六州亦当隶润州都督府,今补。

隶扬州大都督府。八年,改东睦州为睦州。十年,罢都督府,润、常、歙、宣四州隶淮南道扬州都督府,苏、湖、杭、睦四州直属江南道。

天宝十五载(756),江南东道节度使自余杭郡移使治丹阳郡,仍领丹阳、晋陵、吴兴、吴、余杭、新定、新安、会稽、余姚、临海、永嘉、缙云、信安、东阳十四郡。至德二载(757),降为丹阳防御使,寻改为江南防御使。未几,罢镇,十四郡隶江东防御使。是年,以废江东防御使之丹阳、晋陵、吴兴、吴、余杭、新安六郡及割江南西道节度使宣城郡置浙江西道节度使,治丹阳郡,置江宁郡。未几,改为江东防御使,以废浙江东道节度使之会稽、余姚、临海、永嘉、缙云、信安、新定、东阳八郡来属。

乾元元年(758),升为江南东道节度使,移使治于江宁郡,复丹阳郡为润州,晋陵郡为常州,吴郡为苏州,吴兴郡为湖州,余杭郡为杭州,会稽郡为越州,余姚郡为明州,临海郡为台州,永嘉郡为温州,缙云郡为括州,信安郡为衢州,东阳郡为婺州,新定郡为睦州,新安郡为歙州,宣城郡为宣州,改江宁郡为升州。是年,罢镇,升、润、常、苏、杭、湖、宣、歙八州隶浙江西道节度使,越、明、台、温、括、衢、睦、婺八州隶浙江东道节度使。二年,浙江西道节度使自苏州移使治于升州,领升、润、常、苏、杭、湖六州,以江南西道废宣歙饶观察使之宣、歙二州来属。后上元元年(760),割宣、歙二州隶宣歙节度使。是年,以江南西道废宣歙节度使之宣、歙二州来属。二年,移使治于宣州(以后沿革见本编第九章《江南西道》第一节"直属地区")。建中二年(881),以废浙江东西道都团练观察使之润、常、苏、湖、杭、越、明、台、温、括、衢、睦、婺、歙、宣十五州置镇海军节度使(亦称浙江东西道节度使),治润州。贞元三年(787),降为浙江西道都团练观察使,割越、明、台、温、括、衢、婺七州隶浙江东道都团练观察使,宣、歙二州隶宣歙池观察使。永贞元年(805),升为镇海军节度使。元和四年(809),复降为浙江西道都团练观察使。十五年,浙江西道都团练观察使领润、常、苏、杭、湖、睦六州,治润州。

大和八年(834),升为镇海军节度使。九年,降为浙江西道都团练观察使。大中十二年(858),复升为镇海军节度使。十三年,又降为浙江西道都团练观察使。咸通三年(862),再升镇海军节度使。八年,再降为浙江西道都团练观察使。十一年,依旧为镇海军节度使。十四年,镇海军节度使领润、常、苏、杭、湖、睦六州,治润州。

光启三年(887),复置升州。景福二年(893),割杭、常、苏、湖、睦、升六州隶苏杭等州都团练观察使。是年,以废苏杭等州都团练观察使之杭、常、苏、湖、睦、升六州来属。乾宁三年(896),割湖州隶忠国军节度使。是年,以废忠国军节度使之湖州来属。光化三年(900),移使治于杭州(以后沿革见本节"江南东道直属地区")。

附旧府新镇二　歙州总管府(621—624)—歙州都督府(624—627)—歙婺衢睦都团练观察使(905—907)

武德四年,平汪吴、李吴,以其歙、杭、睦、婺、饶五州,东南道行台废宣州总管府之宣州置歙州总管府①,仍隶东南道行台。是年,置严州,并婺州割隶越州总管府。五年,割饶州隶洪州总管府。六年,割杭州隶苏州总管府。是年,归辅宋。七年,复归唐,改为歙州都督府,隶东南道行台,割越州都督府衢、毅二州来属②,改睦州为东睦州。八年,都督府隶后扬州大都督府,废衢、毅二州。九年,隶扬州大都督府。贞观元年,罢都督府,歙、东睦二州直属扬州大都督府。

天祐二年,割江南西道宣歙池都团练观察使歙州,江南东道镇东军节度使婺、衢二州镇海军节度使睦州置歙婺衢睦都团练观察使,治歙州,割隶江南东道。

第二节　会稽郡(越州)都督府

越州总管府(621—624)—越州都督府(624—742)—会稽郡都督府(742—756)—浙江东道节度使(757,758—770)—浙江东道都团练观察使(770—779,780—781,787—883)—义胜军节度使(883—887)—威胜军节度使(887—896)—镇东军节度使(896—907)

武德四年(621),平李吴,以其越州置越州总管府,隶东南道行台,并置

---

① 《旧唐志》歙州序:"武德四年,平汪华,置歙州总管,管歙、睦、衢三州。"按程敏政《休宁县志》卷31载武德四年十一月玺书:"皇帝敬问新除歙宣睦婺饶六州总管府行军司马、休宁县开国侯程富卿:……彼藩襟带,统摄不轻,元僚之重,故以相授。"又《全唐文》卷1载高祖《封越国公制》曰:"可使持节总管歙宣杭睦婺饶六州诸军事、歙州刺史。"罗愿《新安志》卷1亦载:"武德四年,越国公纳款,于是因其境土,以歙州为总管府,使持节总管歙宣杭睦婺饶等六州诸军事。未几,改命王雄诞为使,总管歙、睦、衢三州。"可知《旧唐志》所记三州,应是武德四年以后变化之数。如《旧唐志》越州谓武德四年平李子通,置越州总管府,管婺、衢等州,则婺州当于武德四年底自歙州归越府,并析置衢州,衢州未曾隶歙府,因疑王雄诞所管三州之衢州乃"宣州"之误。又武德四年林士弘未平,饶州当仍在歙府管下,否则无所属。盖歙府初管六州,后割婺州隶越府,饶州隶洪州,杭州隶苏府,至武德六年辅公祐叛唐时,仅余歙、睦、宣三州,《旧唐志》歙州叙事恐不确。
② 史志不载此事。按《旧唐志》越州条载,武德七年,越州都督府已不督衢、毅二州,而此二州至武德八年乃废,故知武德七年衢、毅二州已割隶歙州总管府,今补。

嵊、姚、鄞、海①四州。是年，割歙州总管府婺、严二州来属，并置绸、丽、縠、衢四州。五年，改海州为台州，割隶括州总管府。六年，归辅宋东南道行台。七年，复归唐，改为越州都督府，仍隶东南道行台，废姚、绸、严三州，割衢、縠二州隶歙州都督府。八年，隶后扬州大都督府，废鄞、嵊、丽三州。九年，隶扬州大都督府。贞观元年(627)，以废括州都督府之括、台二州，废丰州都督府之建、前泉二州来属。十年，属江南道。十三年，越州都督府督越、台、建、前泉、括、婺六州。

前上元二年(675)，置温州②。垂拱二年(686)，置衢、漳二州。

武周圣历二年(699)，置武荣州。三年(久视元年)，废武荣州。是年，复置武荣州。长安四年(704)，越州都督府督越、台、温、前泉、武荣、漳、建、括、衢、婺十州。

唐景云二年(711)，隶江南东道，改前泉州为闽州，武荣州为后泉州，并漳、建二州割隶闽州都督府。开元二十六年(738)，置明州。

天宝元年(742)，改越州为会稽郡，明州为余姚郡，台州为临海郡，温州为永嘉郡，括州为缙云郡，衢州为信安郡，婺州为东阳郡，改越州都督府为会稽郡都督府。十三载，会稽郡都督府督会稽、余姚、临海、永嘉、缙云、信安、东阳七郡。十五载，罢都督府，会稽、余姚、临海、永嘉、缙云、信安、东阳七郡隶江南东道节度使。至德二载(757)，以废江东防御使之会稽、余姚、临海、永嘉、缙云、信安、东阳、新定八郡置浙江东道节度使，治会稽郡。是年，罢镇，八郡还隶江东防御使。

乾元元年(758)，以废江南东道节度使之越、明、台、温、括、衢、睦、婺八州置浙江东道节度使，治越州。大历五年(770)，降为浙江东道都团练观察使。十四年，罢镇，越、明、台、温、括、衢、睦、婺八州隶浙江东西道都团练观察使。建中元年(780)，以废浙江东西道都团练观察使之越、明、台、温、处、衢、睦、婺八州置浙江东道都团练观察使，仍治越州。二年，罢镇，越、明、台、温、处、衢、睦、婺八州隶浙江东西道都团练观察使。贞元三年(787)，以废镇海军节度使之越、明、台、温、处、衢、婺七州置浙江东道都团练观察使，治越州。元和十五年(820)，浙江东道都团练观察使领越、明、台、温、处、衢、婺七州，治越州。

咸通十四年(873)，浙江东道都团练观察使领州不变。

中和三年(883)，升为义胜军节度使。光启三年(887)，改为威胜军节度使。乾宁三年(896)，改为镇东军节度使。天祐二年，割婺、衢二州隶歙婺衢睦都团练观察使。

---

① 《旧唐志》原作"浙"，按唐初东南道无浙州，有海州，"浙"当系"海"之误，今改。
② 据《唐刺史考全编》，高宗初年越州都督府仍领六州。《大唐故容州都督李府君(俭)墓志》(载《洛阳新见墓志》，上海古籍出版社，2011年)云，李俭于前上元后曾授"都督越婺台括温等五州诸军事"，既含温州，则"五州"应作"七州"，"等"字含建、前泉二州。

(一) 会稽郡(越州)

会稽郡(618—619)—越州(619—742)—会稽郡(742—758)—越州(758—907)

会稽郡,本隋旧郡,领会稽、句章、剡、诸暨四县,治会稽县。武德二年,沈梁改为越州,以隋旧州为名,治会稽县。三年,归李吴。四年,归唐,置越州总管府,割句章县隶鄞州,剡县隶嵊州;置余姚县,割隶姚州。六年,归辅宋。七年,复归唐,改总管府为都督府,以废姚州之余姚县来属,置山阴县。八年,以废鄞州之鄞县、废嵊州之剡县来属,省山阴县。贞观十三年,越州领会稽、余姚、鄞、剡、诸暨五县,治会稽县。

仪凤二年(677),置永兴县。垂拱二年(686),复置山阴县。

武周长安四年,越州领会稽、山阴、余姚、鄞、剡、诸暨、永兴七县,治会稽县。

唐开元二十六年,割鄞县隶明州。

天宝元年,复为会稽郡,隶会稽郡都督府,改永兴县为萧山县。十三载,会稽郡领会稽、山阴、余姚、剡、诸暨、萧山六县,治会稽县。十五载,罢都督府,隶江南东道节度使。至德二载,隶丹阳防御使,寻隶江南防御使,又隶江东防御使。未几,隶浙江东道节度使,为使治。是年,罢镇,仍隶江东防御使。

乾元元年,复为越州,隶江南东道节度使。是年,隶浙江东道节度使,为使治。大历二年,省山阴县。五年,隶浙江东道都团练观察使,为使治。七年,复置山阴县。十四年,罢镇,隶浙江东西道都团练观察使。建中元年,隶浙江东道都团练观察使,仍为使治。二年,罢镇,又隶浙江东西道都团练观察使。是年,隶镇海军节度使。贞元元年,刺史王密奏置上虞县。三年,隶浙江东道都团练观察使,为使治。元和七年,省山阴县,十年,复置山阴县。十五年,越州领会稽、山阴、上虞、余姚、剡、诸暨、萧山七县,治会稽县。

咸通元年(860),改剡县为赡县。十四年,越州领县不变。

中和三年,隶义胜军节度使。光启三年,隶威胜军节度使。乾宁三年,隶镇东军节度使,均为使治。

1. 会稽县(618—907)[①]

本隋会稽郡旧县,武德二年,隶越州,为州治。七年,析置山阴县。八年,

---

① 《唐会要》卷71:"会稽县,武德四年置,贞观元年废。"当是误以越州总管(都督)府之沿革为会稽县沿革,不取。

省山阴县来属。仪凤二年,析置永兴县。垂拱二年,复析置山阴县。天宝元年,隶会稽郡,为郡治。乾元元年,复隶越州,为州治。大历二年,省山阴县来属。七年,复析置山阴县。贞元元年,析置上虞县。元和七年,又省山阴县来属。十年,复析置山阴县。

附新县:上虞县(785—821,822—907)

贞元元年,析会稽县置上虞县,以南朝旧县为名,治新上虞城(今浙江绍兴市上虞区丰惠镇)①,隶越州。长庆元年,省入会稽县②。二年,析会稽县复置上虞县,仍治新上虞城。

2. 山阴县(624—625,686—767,771—812,815—907)

武德七年,析会稽县西境置山阴县,以南朝旧县为名,与会稽县分治州城。八年,省入会稽县。垂拱二年,复析会稽县置山阴县③,隶越州。天宝元年,隶会稽郡。乾元元年,复隶越州。大历二年,刺史薛兼训奏省山阴县。七年,刺史陈少游④奏复析置山阴县,隶越州。元和七年,省入会稽县,十年,复析会稽县置山阴县,仍隶越州。

3. 余姚县(621—907)

武德四年,析越州句章县置余姚县,以南朝旧县为名,治故余姚城(今浙江余姚市梨洲街道),割隶姚州,为州治。七年,州废,还隶越州。天宝元年,隶会稽郡。乾元元年,复隶越州。

4. 剡县(618—860)—赡县(860—907)

本隋会稽郡旧县,武德二年,隶越州。四年,割隶嵊州,为州治,并析置剡城县。八年,州废,省剡城县来属,剡县还隶越州。天宝元年,隶会稽郡。乾元元年,复隶越州。咸通元年,改为赡县⑤。

附旧县:剡城县(621—625)

武德四年,析剡县置剡城县,以剡溪为名,治汉剡城(今浙江嵊州市甘霖

---

① 《元和志》越州上虞县:"西至州九十六里。……上虞江,在今县西二十八里。"依谭图,其地在今上虞市丰惠镇。《大清一统志》卷266绍兴府上虞故城:"(旧县)故城西枕上虞江,《府志》:旧治在今县西北四十里之百官市,唐长庆二年徙今治。"吴松弟《两唐书地理志汇释·旧唐书地理志》等以为唐县在今上虞市(今为区)百官街道,与《元和志》不合,恐误。
② 《太平寰宇记》越州上虞县。
③ 施宿等《会稽志》卷12:"唐垂拱二年,复分置山阴,并在府郭下。"
④ 《元和志》作"刘少游",今依《唐会要》。
⑤ 朱刚《赵昭文墓志铭涉及的一段历史》(载浙江省政协《联谊报》2022年11月15日)言:嵊州市文物管理处2006年征集到《唐故高府君(文漱)墓志铭》,显示至迟咸通二年正月一日剡县已改称赡县。疑在咸通元年平定裘甫之乱后,以"剡"字含"兵火"不吉,乃取含富足之意的同音"赡"字更名,史志失载。

镇蛟镇村)①,隶嵊州。八年,州废,省入剡县。

5. 诸暨县(618—886)—暨阳县(886—907)

诸暨县,本隋会稽郡旧县,武德二年,隶越州。天宝元年,隶会稽郡。乾元元年,复隶越州。光启二年(886),改为暨阳县②,以县在暨水之阳为名。

6. 永兴县(677—742)—萧山县(742—907)

仪凤二年,析会稽、诸暨二县地置永兴县,以南朝旧县为名,治故永兴城(今浙江杭州市萧山区北干街道),隶越州。天宝元年,以与江南西道江夏郡县名重,改为萧山县,因县西萧山为名,隶会稽郡。乾元元年,复隶越州。

附旧州一:姚州(621—624)

武德四年,割越州余姚县置姚州,以余姚县末字为名,隶越州总管府。六年,归辅宋。七年,平辅宋,州废,余姚县还隶越州。

附旧州二:嵊州(621—625)

武德四年,割越州剡县置嵊州,以嵊山为名,隶越州总管府,并析置剡城县。六年,归辅宋。七年,复归唐,隶越州都督府。八年③,州废,省剡城县,剡县隶越州。

(二) 余姚郡(明州)

鄞州(621—625)—明州(738—742)—**余姚郡**(742—758)—明州(758—907)

武德四年,割越州句章县置鄞州,以故鄞县为名,隶越州总管府。六年,归辅宋。七年,复归唐,隶越州都督府。八年,州废,改句章县为鄞县,隶越州。

开元二十六年④,江南东道采访使齐澣奏割越州鄞县置明州,取四明山为名,并置奉化、慈溪、翁山三县。

天宝元年,改为余姚郡,相传其地为帝舜余姚之墟,故名,隶会稽郡都督府。十三载,余姚郡领鄞、奉化、慈溪、翁山四县,治鄞县。十五载,隶江南东

---

① 施宿等《会稽志》卷1:"故剡城,在嵊县(四)〔西〕十五里,唐武德四年置嵊州及剡城县。"黄㽦等《嘉定赤城志》卷40:"故剡中,今称强口市,盖近强中也。强口者,去剡(县)一十五里。"按宋剡县治今嵊州市城区,故剡中当即故剡城之所在,故疑《会稽志》"嵊县四十五里"为"嵊县西十五里"之误。
② 《纪要》绍兴府诸暨县:"光启中,改曰暨阳。"今姑定于光启二年。
③ 《州郡典》作六年,今依《唐会要》、两《唐志》。
④ 〔日〕真人元开《唐大和上东征传》作"二十一年"(或本作二十二年、二十三年),今依2000年中华书局点校本第54页、《旧唐书》卷9《玄宗纪》、两《唐志》、《元和志》。

道节度使。至德二载，隶丹阳防御使，寻隶江南防御使，又隶江东防御使。未几，隶浙江东道节度使。是年，仍隶江东防御使。

乾元元年，复为明州，隶江南东道节度使。是年，隶浙江东道节度使。广德二年，割台州象山县来属。大历五年，隶浙江东道都团练观察使。六年，省翁山县。十四年，隶浙江东西道都团练观察使。建中元年，隶浙江东道都团练观察使。二年，又隶浙江东西道都团练观察使。是年，隶镇海军节度使。贞元三年，隶浙江东道都团练观察使。元和十五年，明州领鄮、象山、奉化、慈溪四县，治鄮县。

咸通十四年，明州领县不变。

中和三年，隶义胜军节度使。光启三年，隶威胜军节度使。乾宁三年，隶镇东军节度使。

1. 句章县(618—625)—鄮县(625—907)

鄮县，本隋会稽郡句章县，武德二年，隶越州。四年，割隶鄞州，为州治。八年，州废，还隶越州，改为鄮县①，以南朝旧县为名。开元二十六年，移治古鄮城(今浙江宁波市鄞州区五乡镇宝幢村)②，割隶明州，为州治，并析置奉化、慈溪、翁山三县。天宝元年，隶余姚郡，为郡治。乾元元年，复隶明州，为州治。大历六年，移治三江口(今宁波市海曙区鼓楼街道)③。

2. 奉化县(738—907)

开元二十六年，析鄮县置奉化县，盖以民俗奉化为名，治奉化城(今浙江奉化市城区锦屏街道)，隶明州。天宝元年，隶余姚郡。乾元元年，复隶明州。

3. 慈溪县(738—907)

开元二十六年，析鄮县置慈溪县，以县境慈溪为名，治慈溪城(今宁波市江北区慈城镇)④，隶明州。天宝元年，隶余姚郡。乾元元年，复隶明州。

---

① 两《唐志》不载句章县何时废。俞福海主编《宁波市志》(中华书局，1995年)第24页："武德四年十一月，废句章县。"《历史地名》第816页句章县："武德八年，县废。"按武德四年置鄞州时，未另置县，当领有句章一县，故句章县此时不当废。且《新唐志》又言武德八年以废鄞州"更置鄮县"，可知鄮县系以废句章县改置，故可断定句章县废于武德八年。

② 《乾道四明图经》卷1云："明皇开元二十六年，采访使齐澣始复奏请为州……旧治鄮县，今阿育王山以西，鄮山以东，城郭遗址犹存。"虽未明言鄮县移治古鄮城时间，然开元二十六年析鄮县置慈溪县，慈溪县城距鄮县旧治故句章城(今宁波市慈城镇城山渡)仅十五里，太近，故推知鄮县治必于析置慈溪县之时东移。《纪要》宁波府鄞县："鄮城，府东三十里。唐开元中为州治。"可为旁证。

③ 《乾道四明图经》卷1："代宗大历六年三月，袁晁作乱于翁山，而鄮久不能复，乃移治鄞。鄞东取鄮城财三十里。"遗址尚存，见《中国文物地图集·浙江分册》下册，第105页。

④ 《元和志》明州慈溪县："东南至州七十里。"元和时明州已移治今宁波市海曙区，此盖以未移治前之明州治而言。

4. 翁山县(738—771)

开元二十六年,析鄮县置翁山县,以境处翁洲为名,治翁山城(今浙江舟山市定海区临城街道)①,隶明州。天宝元年,隶余姚郡。乾元元年,复隶明州。大历六年,以袁晁反于此县,遂省入鄮县。

(三) 临海郡(台州)

海州(621—622)—台州(622—742)—临海郡(742—758)—台州(758—907)

武德四年,割括州临海县置海州,取临海县末字为名,并置章安、始丰、乐安、宁海四县,隶括州总管府。五年,改为台州,因天台山为名。六年,归辅宋。七年,复归唐,隶括州都督府,省宁海县。八年,省始丰、乐安、章安三县。贞观八年,复置始丰县。十三年,台州领临海、始丰二县,治临海县。

前上元二年,置后永宁、乐安二县。永昌元年(689),复置宁海县。

武周天授元年,改后永宁县为黄岩县。长安四年,台州领临海、黄岩、乐安、始丰、宁海五县,治临海县。

唐神龙元年(705),置象山县。

天宝元年,改为临海郡,以临海县为名,隶会稽郡都督府。十三载,临海郡领临海、黄岩、乐安、始丰②、宁海、象山六县,治临海县。十五载,隶江南东道节度使。至德二载,隶丹阳防御使,寻隶江南防御使,又隶江东防御使。未几,隶浙江东道节度使。是年,仍隶江东防御使。

乾元元年,复为台州,隶江南东道节度使。是年,隶浙江东道节度使。后上元二年,改始丰县为唐兴县。广德元年,袁晁乱,复唐兴县为始丰县,自临海县移州治于此③。二年,平袁晁,复始丰县为唐兴县,还州治于临海县,割象山县隶明州。大历五年,隶浙江东道都团练观察使。十四年,隶浙江东西道都团练观察使。建中元年,隶浙江东道都团练观察。二年,又隶浙江东西道都团练观察使。是年,隶镇海军节度使。贞元三年,隶浙江东道都团练观察使。元和十五年,台州领临海、黄岩、乐安、唐兴、宁海五县,治临

---

① 《大明一统志》卷46:"翁山县城,在定海县东北。"李卫等《浙江通志》卷31:"《定海县志》:唐开元析鄮县地置翁山县,后废,宋熙宁六年改翁山为昌国,治在镇鳌山下。"今舟山市临城街道西南有鳌岭,当即古镇鳌山。
② 两《唐志》作"唐兴",今依《州郡典》、《元和志》。按始丰县后上元二年始改为唐兴县,两《唐志》误以前上元二年改名,误,详参下文始丰县注。
③ 黄䇹等《嘉定赤城志》卷1:"广德元年,郡徙治始丰。"

海县。

咸通十四年,台州领县不变。

中和三年,隶义胜军节度使。光启三年,隶威胜军节度使。乾宁三年,隶镇东军节度使。

1. **临海县**(618—907)

本隋永嘉郡旧县,武德二年,隶括州。四年,割隶海州,为州治,并析置章安、始丰、乐安、宁海四县。五年,隶台州。八年,省章安、始丰、乐安三县来属。贞观八年,复析置始丰县。前上元二年,复析置乐安、后永宁二县。永昌元年,复析置宁海县。天宝元年,隶临海郡,为郡治。乾元元年,复隶台州,为州治。

附旧县:章安县(621—625)

武德四年,析临海县置章安县,以南朝旧县为名,治故章安城(今浙江台州市椒江区章安街道)①,隶海州。五年,隶台州。七年,省宁海县来属。八年,省入临海县。

2. **后永宁县**(675—690)—**黄岩县**(690—907)

前上元二年,析临海县南境置后永宁县,借南朝永嘉郡旧县为名,治新永宁城(今台州市黄岩区东城街道),隶台州。天授元年,改为黄岩县,以县西南黄岩山为名。天宝元年,隶临海郡。乾元元年,复隶台州。

3. **乐安县**(621—625,675—907)

武德四年,析临海县置乐安县,以南朝旧县为名,治故乐安城(今浙江仙居县官路镇)②,隶海州。五年,隶台州。八年,省入临海县。前上元二年③,析临海县复置乐安县,治孟溪(今仙居县城福应街道)④,仍隶台州。天宝元年,隶临海郡。乾元元年,复隶台州。

4. **始丰县**(621—625,634—761)—**唐兴县**(761—763)—**始丰县**(763—764)—**唐兴县**(764—907)

武德四年,析临海县置始丰县,以隋旧县为名,治故始丰城(今浙江天台县城赤城街道)⑤,隶海州。五年,隶台州。八年,省入临海县。贞观八年,析临海县复置始丰县,仍隶台州。天宝元年,隶临海郡。乾元元年,复隶台州。

---

① 遗址尚存,见《中国文物地图集·浙江分册》下册,第 609 页。
② 《大清一统志》卷 229 台州府:"乐安故城:在仙居县西。"
③ 《元和志》作"元年",今依两《唐志》、《太平寰宇记》。
④ 《元和志》台州乐安县:"东至州一百五里。"
⑤ 《元和志》台州唐兴县:"东南至州一百一十里。"

后上元二年①,避史氏谐音,改为唐兴县,取唐朝中兴吉意。广德元年,复唐兴县为始丰县。二年,又改为唐兴县。

5. **宁海县**(621—625,689—907)

武德四年,析临海县置宁海县,以隋旧县为名,治宁海城(今浙江三门县城海游街道)②,隶海州。五年,隶台州。七年,省入章安县。永昌元年(载初元年)③,析临海县复置宁海县,治新宁海城(今浙江宁海县城跃龙街道)④,仍隶台州。天宝元年,隶临海郡。乾元元年,复隶台州。

6. **象山县**(705—907)

神龙元年⑤,析宁海县及越州鄮县置象山县,以县境海曲中象山为名,治彭姥村(今浙江象山县城丹西街道)⑥,隶台州。天宝元年,隶临海郡。乾元元年,复隶台州。广德二年,割隶明州。

(四) 东阳郡(婺州)

东阳郡(618—619)—婺州(619—742)—东阳郡(742—758)—婺州(758—907)

东阳郡,本隋旧郡,领金华、永康、乌伤、信安四县,治金华县。武德二年,沈梁改为婺州,以隋旧州为名,仍治金华县。三年,归李吴。四年,归唐,隶歙州总管府。是年,割隶越州总管府,置长山、太末、白石三县,割乌伤县隶绸州,永康县隶丽州,信安县隶衢州,太末、白石二县隶縠州。六年,归辅宋。七年,复归唐,隶越州都督府,以废绸州之乌伤县来属,改为义乌县。八年,以废丽州之永康县、废衢州之信安县来属,省长山县。贞观八年,置龙丘县。十三

---

① 《新唐志》作"高宗上元二年",《旧唐志》虽作"上元二年",但列目作唐兴县,实际仍取高宗上元二年之说。《唐会要》、《太平寰宇记》台州天台县亦仅作"上元二年"。《元和志》则作"肃宗上元二年",《州郡典》列目仍作始丰县,当取肃宗上元二年之说。按"始"与"史"谐音,改始丰为唐兴,当与避史氏姓名,取唐朝中兴吉名有关,今从《元和志》、《州郡典》。《地图集》开元二十九年图取唐兴县,当误。
② 《纪要》台州府宁海县:"《城邑考》:'县旧治海游镇,永昌初,徙今治。'"
③ 《唐会要》作"永昌二年",今依两《唐志》、《元和志》。
④ 《元和志》台州宁海县:"永昌元年,于废县东二十里又置。载初元年,移就县东一十里。"《纪要》台州府宁海县:"《城邑考》:'县旧治海游镇,永昌初,徙今治。'"可知永昌宁海城即今宁海县城城关镇。至于载初宁海城,或本《元和志》作"县东二十里"(见中华书局本《元和郡县图志》第640页校勘记),载初元年亦即永昌元年,因疑永昌、载初宁海城实为一城,《元和志》盖误重其文。又"废县东二十里",当指隋宁海废县(今宁海县黄坛镇)东二十里,非指武德宁海城(海游镇)东二十里。
⑤ 《旧唐志》、《唐会要》作"二年",今依《元和志》、《新唐志》、《太平寰宇记》。
⑥ 《元和志》明州象山县:"西北至州水陆相兼一百六十里。……东至大海二十里,南至大海三十五里,东北至大海四十里,正北至大海一十五里,惟西南有陆路接台州宁海。"

年,婺州领金华、义乌、永康、龙丘、信安五县,治金华县。

咸亨五年(674),置兰溪、常山二县。垂拱二年,置东阳县,割信安、龙丘、常山三县隶衢州。四年,改金华县为金山县。

武周天授二年,置武义县。长安四年,婺州领金山、兰溪、义乌、东阳、永康、武义六县,治金山县。

唐神龙元年,复改金山县为金华县。

天宝元年,复为东阳郡,隶会稽郡都督府。十三载,置浦阳县,东阳郡领金华、兰溪、浦阳、义乌、东阳、永康、武义①七县,治金华县。十五载,隶江南东道节度使。至德二载,隶丹阳防御使,寻隶江南防御使,又隶江东防御使。未几,隶浙江东道节度使。是年,仍隶江东防御使。

乾元元年,复为婺州,隶江南东道节度使。是年,隶浙江东道节度使。后上元二年,改武义县为武成县。大历五年,隶浙江东道都团练观察使。十四年,隶浙江东西道都团练观察使。建中元年,隶浙江东道都团练观察使。二年,又隶浙江东西道都团练观察使。是年,隶镇海军节度使。贞元三年,隶浙江东道都团练观察使。元和十五年,婺州领金华、兰溪、浦阳、义乌、东阳、永康、武成七县,治金华县。

咸通十四年,婺州领县不变。

中和三年,隶义胜军节度使。光启三年,隶威胜军节度使。乾宁三年,隶镇东军节度使。天祐三年,复改武成县为武义县。

1. 金华县(618—688)—金山县(688—705)—金华县(705—907)

金华县,本隋东阳郡旧县,武德二年,隶婺州,为州治。四年,析置长山县。八年,省长山县来属。贞观八年,析置龙丘县。咸亨五年,析置兰溪县。垂拱四年,避武太后祖讳,改为金山县。神龙元年,复名金华县。天宝元年,隶东阳郡,为郡治。乾元元年,复隶婺州,为州治。

附旧县1:长山县(621—625)

武德四年,析金华县置长山县②,以南朝旧县为名,治新长山城(今浙江金华市金东区塘雅镇)③,隶婺州。八年,省入金华县。

---

① 《州郡典》、《元和志》以武义县列目,两《唐志》、《太平寰宇记》以武成县列目,今依前者。
② 史志不载此事,按《旧唐志》云:"武德四年,平李子通,置婺州,领华川、长山二县。"是时金华县仍存,婺州实领三县,即长山县是年已置,今补。
③ 《大清一统志》卷231金华府婺州故城:"《县志》:长山故城,在县东四十里。唐武德四年析金华复置长山县,八年仍省入金华,即此。"

附旧县 2：**白石县**(621—625)

武德四年，析信安县置白石县，以白石山为名，治白石城(今浙江龙游县溪口镇下徐村)①，割隶縠州。八年，州废，省入婺州金华县②。

2. **兰溪县**(674—907)

咸亨五年，析金华县置兰溪县，以兰溪水为名，治兰溪城(今浙江兰溪市兰江街道)，隶婺州。天宝元年，隶东阳郡。乾元元年，复隶婺州。

3. **浦阳县**(754—907)

天宝十三载，析义乌、兰溪二县及杭州富阳县置浦阳县，以浦阳山、浦阳江为名，治浦阳城(今浙江浦江县城浦阳街道)，隶东阳郡。乾元元年，复隶婺州。

4. **乌伤县**(618—623)—**乌孝县**(623—624)—**义乌县**(624—907)

义乌县，本隋东阳郡乌伤县，武德二年，隶婺州。四年，割隶绸州，为州治，并析置华川县。六年，改为乌孝县③，以新莽旧县为名。七年，州废，省华川县来属，乌孝县改为义乌县，以嘉美孝子颜乌为名，隶婺州。垂拱二年，析置东阳县。天宝元年，隶东阳郡。十三载，析置浦阳县。乾元元年，复隶婺州。

附旧县：**华川县**(621—624)

武德四年，析乌伤县置华川县，盖以地处金华川为名，治绣川城(今义乌市佛堂镇)④，隶绸州⑤。七年，州废，省入义乌县。

5. **东阳县**(686—907)

垂拱二年，析义乌县置东阳县，因东阳旧郡之号为名，治东阳城(今浙江东阳市城区吴宁街道)，隶婺州。天宝元年，隶东阳郡。乾元元年，复隶婺州。

---

① 《纪要》衢州府龙游县："白石废县，在县南。"李卫等《浙江通志》卷 48 引《龙游县志》："灵山与白石山相距里许，为邑南巨镇，或云即白石县故址。"《大清一统志》卷 233 衢州府："白石废县，在龙游县南三十五里白石山麓。"白石山南有下徐村，旧属灵山乡，当即其地。
② 两《唐志》、《太平寰宇记》云，武德八年，白石县废入信安县。按贞观八年复置龙丘县时，系割信安、金华二县地置，龙丘县治在信安县东境，白石废县更其东，当属金华县地，可知白石县武德八年乃省入金华县，非信安县。
③ 李卫等《浙江通志》卷 7 引《金华府志》："唐武德中，割乌伤一县立绸州，分置乌孝、华川二县。七年，州废，复合华川、乌孝为一县，易名义乌。"此言乌伤县武德中曾更名乌孝县，然唐宋史志不载此事，疑是辅公祏所为，今补。
④ 《纪要》金华府义乌县："华川废县，在县西南三十里。《类要》云：(义乌)县西南有绣川城，即华川矣。"
⑤ 《旧唐志》云，武德四年，婺州领华川、长山二县。按是时婺州实领金华、长山二县，华川县隶绸州，《旧唐志》"华川"当为"金华"之误。

6. 永康县(618—907)

本隋东阳郡旧县,武德二年,隶婺州。四年,割隶丽州,为州治,并析置缙云县。八年,州废,省缙云县来属①,永康县还隶婺州。天宝元年,隶东阳郡。乾元元年,复隶婺州。

7. 武义县(691—761)—武成县(761—906)—武义县(906—907)

天授二年,析永康县置武义县,以南朝旧县为名②,治故武义城(今浙江武义县城壶山街道),隶婺州。天宝元年,隶东阳郡。乾元元年,复隶婺州。后上元二年③,避史氏名姓,改为武成县,仍以南朝旧县为名。天祐三年④,避朱全忠父嫌名,复改为武义县。

附旧州一：绸州(621—624)

武德四年,割婺州乌伤县置绸州⑤,以绸岩为名,隶越州总管府,并置华川县。六年,归辅宋,改乌伤县为乌孝县。七年,平辅宋,州废,省华川县,乌孝县改为义乌县,还隶婺州。

附旧州二：丽州(621—625)

武德四年,割婺州永康县置丽州,以丽水为名,隶越州总管府,并置缙云县。六年,归辅宋。七年,复归唐,隶越州都督府。八年,州废,省缙云县,以永康县隶婺州。

---

① 关于武德年间婺州永康县与缙云县之间的关系,今依《旧唐志》所载。《新唐志》云:"永康,本缙云,武德四年置丽州,八年,州废,更名来属。"言永康县与缙云县为前后相沿更名关系,其治地在东阳江流域,即今永康市城区,与《旧唐志》异。《唐会要》、《太平寰宇记》云永康县武德八年置,亦略同于《新唐志》。按:若从《新唐志》,则丽州实领一县,于理未甚合。且丽州一名得自丽水,缙云县一名得自缙云山,丽州州境必达丽水流域缙云山一带,则缙云县与永康县分处两流域可能性较大,故当以《旧唐志》所载为是。
② 《舆地广记》婺州武义县:"吴赤乌八年置,后废。"《太平寰宇记》云隋废。
③ 史志未载更名时间,按《州郡典》、《元和志》以武义县列目,两《唐志》、《太平寰宇记》以武成县列目,不相统一。考《州郡典》资料断限多取天宝初,《元和志》断限多取元和初,《新唐志》取唐末,《太平寰宇记》多依《旧唐志》,《旧唐志》虽以天宝初为断限,亦有失误者,其以后起名"武成"列目,即为一例。《元和志》断限亦有不齐之处,难以为定。《太平寰宇记》杭州德清县:"孝鹅墓:天宝末,邑人婺州武义主簿沈朝家养母鹅一……"可证天宝末武义县仍未更名。今疑改武义为武成,与避史朝名有关,其时可能在后上元二年。
④ 诸志但云"天祐中",《纪要》作"天祐末",今姑系于三年。王楙《野客丛书》卷9:"(宋高)〔梁太〕祖父讳诚,以武成王为武明王,以武成县为武义县。"
⑤ 《旧唐志》、《太平寰宇记》作"纲州",今依《元和志》、《新唐志》。按绸州因绸岩为名,李卫等《浙江通志》卷17引《金华府志》云:"绸岩在县西北二十五里,岩峦稠叠,故名。"

(五) 信安郡(衢州)

衢州(621—625,686—742)—信安郡(742—758)—衢州(758—907)

武德四年,割婺州信安县置衢州,取州西三衢山为名,隶越州总管府,并置须江、定阳二县。六年,直属辅宋。七年,复归唐,隶歙州都督府。八年,州废①,省须江、定阳二县,以信安县隶婺州。

垂拱二年,割婺州信安、龙丘、常山三县复置衢州,隶越州都督府。永昌元年,析信安县置须江县。

武周如意元年(692),析龙丘县置盈川县。证圣元年(695),置武安县。长安四年(704),衢州领信安、盈川、龙丘、须江、武安、常山六县,治信安县。

唐神龙元年,改武安县为玉山县。

天宝元年,改为信安郡,以信安县为名,隶会稽郡都督府。十三载,信安郡领信安、盈川、龙丘、须江、玉山、常山六县,治信安县。十五载,隶江南东道节度使。至德二载,隶丹阳防御使,寻隶江南防御使,又隶江东防御使。未几,隶浙江东道节度使。是年,仍隶江东防御使。

乾元元年,复为衢州,隶江南东道节度使,割常山、玉山二县隶江南西道信州。是年,隶浙江东道节度使,复割信州常山县来属。大历五年,隶浙江东道都团练观察使。十四年,隶浙江东西道都团练观察使。建中元年,隶浙江东道都团练观察使。二年,又隶浙江东西道都团练观察使。是年,隶镇海军节度使。贞元三年,隶浙江东道都团练观察使。元和七年,省盈川县。十五年,衢州领信安、龙丘、须江、常山四县,治信安县。

咸通中十四年,衢州领县不变。

中和三年,隶义胜军节度使。光启三年,隶威胜军节度使。乾宁三年,隶镇东军节度使。天祐二年,改信安县为西安县。

1. 信安县(618—905)—西安县(905—907)

信安县,本隋东阳郡旧县,武德二年,隶婺州。四年,割隶衢州,为使治,并析置须江、定阳、太末、白石四县。八年,州废,省须江、定阳二县及废毅州

---

① 《旧唐志》衢州:"七年陷贼,乃废。"《元和志》、《新唐志》云"六年陷辅公祏,因废州",然《旧唐志》信安县条则云"八年,废衢州及须江、定阳二县",按辅宋立国之初,似不宜废州,衢州之废,盖在唐收复之后,今从后者。

太末县来属，信安县还隶婺州。咸亨五年，析置常山县。垂拱二年，复割隶衢州，为州治。永昌元年，复析置须江县。天宝元年，隶信安郡，为郡治。乾元元年，复隶衢州，为州治。元和七年，省盈川县来属。天祐二年，避朱全忠祖讳，改为西安县①。

2. 盈川县（692—812）

如意元年，析龙丘县置盈川县，以县西盈川为名，治桐山乡（今浙江衢州市衢江区高家镇盈川村）②，隶衢州。天宝元年，隶信安郡。乾元元年，复隶衢州。元和七年，省入信安、龙丘二县。

3. 太末县（621—625）—龙丘县（634—907）

武德四年，析信安县置太末县，以汉旧县为名，治故龙丘城（今浙江龙游县城龙洲街道）③，割隶縠州，为州治。八年，州废，省入信安县。贞观八年，析信安、金华二县地置龙丘县，以南朝旧县为名，仍治故龙丘城，隶衢州。如意元年，析置盈川县。天宝元年，隶信安郡。乾元元年，复隶衢州。

4. 须江县（621—625，689—907）

武德四年，析信安县置须江县，以县南须江溪为名，治须江城（今浙江江山市双塔街道），隶衢州。八年，州废，省入信安县。永昌元年，析信安县复置须江县，隶衢州。天宝元年，隶信安郡。乾元元年，仍隶衢州。

---

① 《新唐志》、《舆地广记》作咸通中更名。按《太平寰宇记》衢州信安县："唐末钱镠割据，改为西安。"则信安改西安当与避朱全忠祖讳有关，与天祐二年改昭信军节度使为戎昭军节度使、冀州信都县为尧都县、蔡州褒信县为苞孚县相类，故今从后者定于天祐二年。

② 金陵书局本《太平寰宇记》衢州："废盈川县，在州南九十五里，唐如意元年，分龙丘县西桐山、玉泉等乡置。"《大明一统志》卷43衢州府："废盈川县，在府城南九十里。"依此，盈川县治当在今衢州市湖南镇。然李卫等《浙江通志》卷48引《西安县志》云："废盈川县，去县四十里，城址尚存，其下潭水至深，丹崖翠壁，亦称胜地。"又引《龙游县志》："盈川（浑）〔潭〕，唐初建治于此，杨炯为令，至今犹祀之。"据此，《地图集》唐代幅、《地名大辞典》皆定于今衢州市高家镇盈川村。考《元和志》盈川县："縠水江，在县东南一里。"李卫等《浙江通志》卷18："縠溪：《弘治衢州府志》：'出西安，合江山、常山之水，经县之西团石潭汇于翠光岩下，东流八十里入兰溪界。'"卷37："盈川渡：《西安县志》：'在县北五十里。'"则縠水谓今衢州市以下衢江甚明，湖南镇所临之乌溪江似不得称縠水，且镇西亦无溪水可当盈川（刑溪）之名，故疑金陵书局本《太平寰宇记》所记道里有误，《大明一统志》从其误。四库本《太平寰宇记》作："废盈川县，在县南五十五里。""县南"疑是"州东"之误，如此，则与《西安县志》里距大体相合，相差五里、十五里者，盖水陆路之别也。故今从《西安县志》。又，《西安县志》所谓盈川渡，即今盈川村，亦即古盈川县治所在地，村西有芝溪，盖古之盈川（刑溪）。

③ 《元和志》衢州龙丘县："西至州七十二里。"

5. 武安县(695—705)—玉山县(705—907)

证圣元年，析常山、须江二县及饶州弋阳县地置武安县①，以地有武安山为名，治砂砾镇(今江西玉山县城冰溪街道)②，隶衢州。神龙元年③，改为玉山县，以怀玉山为称。天宝元年，隶信安郡。乾元元年，割隶信州。

6. 定阳县(621—625)—常山县(674—907)

武德四年，析信安县置定阳县，以隋旧县为名④，治故定阳城(今浙江常山县青石镇倪家村东)⑤，隶衢州。八年⑥，州废，省入信安县。咸亨五年⑦，析信安县置常山县，以常山为名，治常山城(今常山县招贤镇)⑧，隶衢州。证圣元年，又析常山县置武安县。天宝元年，隶信安郡。乾元元年，复隶衢州，寻割隶信州。是年，还隶衢州⑨。广德二年，江南东道节度使薛兼训奏移置于旧县西四十里新常山城(今常山县城天马街道)。

附旧州：縠州(621—625)

武德四年，割婺州太末、白石二县置縠州⑩，以縠水为名，治太末县，隶越州总管府。六年，归辅宋。七年，复归唐，隶歙州都督府。八年，州废，省太

---

① 《新唐志》衢州龙丘县云："证圣二年置武安县，后省武安。"《太平寰宇记》龙游县条引《信安志》则云："证圣二年，割常山、须江、饶州之弋阳三县置武安县，以地有武安山为名。"记武安县分置沿革与《旧唐志》玉山县全同。且《新唐志》不载武安县省置时间，颇存疑问。因推测玉山县系由武安县更名而来，而史志失载，并误系武安县事于龙丘县。又按龙丘县本自信安、金华二县析出，后又析置盈川县，境土自已狭窄，当不容再析置武安县，武安县由常山、须江、弋阳三县析置，当无可疑。又，证圣无二年，《元和志》信州玉山县作"证圣元年"，当是，据改。
② 《太平寰宇记》衢州龙游县："武安故城……今按此邑已废，故城至今犹存焉。"《大清一统志》卷233衢州府："武安废县，在龙游县南。"按龙游县即唐龙丘县，县南近山，已析置白石县，当不容再置一县。前注已考证武安县为玉山县前身，则知《太平寰宇记》系武安县于龙游县已误，今拟定武安故城即后之玉山县城。《大清一统志》卷233衢州府："《县志》：'玉山未为县时，号沙(礰)〔砾〕镇，唐天宝十四载草寇窃发，里人徐叔伦幸众保障于此，镇址在今县东二里。'"
③ 更名时间史未载，按唐中宗复辟后，多于神龙元年更改武氏所立县名，今亦依此为定。
④ 《隋志》不载定阳县。按《元和志》常山县："隋初置定阳县，隋末废。"据补。
⑤ 《纪要》衢州府常山县："定阳城，县东南三十里。今其地名三冈，遗址犹存。"《地图集》隋代幅置于今江山市大陈乡，按其地位处山岭，地势促狭，恐非置县之所在，今拟于县东三十里青石镇倪家村东。又，《大清一统志》卷233衢州府："信安故城：又有定阳城，在县北二十五里钦风乡，今为故城院，或以为即故縠州城也。"其地距信安县太近，恐非定阳县治。魏俊杰《汉唐时期定阳县和定阳溪考》(载《历史地理研究》2024年第4期)以为在今常山县西北何家乡钱塘村一带。
⑥ 《新唐志》作"六年"，今依《旧唐志》。
⑦ 《元和志》作"三年"，今依两《唐志》、《唐会要》、《太平寰宇记》。
⑧ 《大清一统志》卷233衢州府："常山故城，在今常山县东。……《旧志》：故县治在常山北麓。又曰：有信安故城，在县东四十里常山乡，地名招贤，盖即常山之讹也。"
⑨ 《太平寰宇记》衢州常山县。
⑩ 两《唐志》作"縠州"，今依《太平寰宇记》。按《太平寰宇记》常山县引《舆地记》云："縠州以縠水得名，而縠水以其水波濑交错，状如罗縠之文为名。"可证。

末、白石二县入婺州。

（六）缙云郡（括州）
永嘉郡（618—619）—括州（619—742）—缙云郡（742—758）—括州（758—779）—处州（779—907）

缙云郡，本隋永嘉郡，领括仓、临海、永嘉、松阳四县，治括仓县。武德二年，沈梁改为括州，以隋旧州为名，治括仓县。三年，归李吴。四年，归唐，置括州总管府，改括仓县为括苍县，置前丽水县，割临海县隶海州，松阳县隶松州。五年，割永嘉县隶东嘉州。六年，归辅宋。七年，复归唐，隶括州都督府。八年，以废松州之松阳县来属，省前丽水县。贞观元年，以废东嘉州之永嘉、安固二县来属，罢都督府，括州改隶越州都督府。十三年，括州领括苍、永嘉、安固、松阳四县，治括苍县。

前上元二年，割永嘉、安固二县隶温州。

武周万岁登封元年（696），置缙云县。长安四年，括州领括苍、松阳、缙云三县，治括苍县。

唐景云二年，置青田、遂昌二县。

天宝元年，改为缙云郡，以缙云县为名，隶会稽郡都督府。十三载，缙云郡领括苍、缙云、青田、松阳、遂昌五县，治括苍县。十五载，隶江南东道节度使。至德二载，隶丹阳防御使，寻隶江南防御使，又隶江东防御使。未几，隶浙江东道节度使。是年，仍隶江东防御使。

乾元元年，复为括州，隶江南东道节度使。是年，隶浙江东道节度使。二年，置龙泉县。大历五年，隶浙江东道都团练观察使。十四年，隶浙江东西道都团练观察使，避德宗嫌名，改为处州，取隋旧州为名，改括苍县为后丽水县。建中元年，隶浙江东道都团练观察使。二年，又隶浙江东西道都团练观察使。是年，隶镇海军节度使。贞元三年，隶浙江东道都团练观察使。元和十五年，处州领后丽水、缙云、青田、龙泉、松阳、遂昌六县，治后丽水县。

咸通十四年，处州领县不变。

中和三年，隶义胜军节度使。光启三年，隶威胜军节度使。乾宁三年，隶镇东军节度使。

1. 括仓县（618—621）—括苍县（621—779）—**后丽水县（779—907）**
后丽水县，本隋永嘉郡括仓县，武德二年，隶括州，为州治。四年，改为括苍县。天宝元年,隶缙云郡,为郡治。乾元元年,复隶括州,为州治。大历十四年,避德宗嫌名,改为后丽水县,隶处州,仍为州治。中和间,移治新处州城(今浙江丽水市莲都区万象街道)①。

附旧县:前丽水县(621—625)

武德四年,析括苍县置前丽水县,以丽水为名,治丽水城(今丽水市莲都区联城街道陈村)②,隶括州。八年,省入括苍县。

2. 缙云县(621—625,696—907)

武德四年,析婺州永康县置缙云县,以缙云山为名,治缙云城(今浙江缙云县东方镇)③,割隶丽州。八年,州废,省入永康县。万岁登封元年④,割括苍县东北境及婺州永康县南境复置缙云县,治新缙云城(今缙云县城五云镇),隶括州。天宝元年,隶缙云郡。乾元元年,复隶括州。大历十四年,隶处州。

3. 青田县(711—907)

景云二年,刺史孔琮奏析括苍县置青田县,以青田溪为名,治青田乡(今浙江青田县城鹤城街道),隶括州。天宝元年,隶缙云郡。乾元元年,复隶括州。大历十四年,隶处州。

4. 松阳县(618—907)

本隋永嘉郡旧县,武德二年,隶括州。四年,割隶松州,为州治,并析置遂昌县。八年,州废,省遂昌县来属,松阳县隶括州。景云二年,复析置遂昌县。天宝元年,隶缙云郡。乾元元年,复隶括州。大历十四年,隶处州。贞元中,移治新松阳城(今浙江松阳县城西屏街道)⑤。

5. 遂昌县(621—625,711—907)

武德四年,析松阳县置遂昌县,以隋旧县为名,治故遂昌城(今浙江遂昌县城妙高街道),隶松州。八年,州废,省入松阳县。景云二年,析松阳县复置遂昌县,隶括州。天宝元年,隶缙云郡。乾元元年,复隶括州。二年,析置龙泉县。大历十四年,隶处州。

---

① 《大清一统志》卷51处州府:"古州城:《方舆胜览》:'在今州东南七里,今呼为旧州城。'《括苍汇纪》:'唐中和间,徙于今地。'"
② 《纪要》处州府丽水县:"丽水故城:府西三十五里。……今其地有古城冈、县头上、旧城塘之名。"
③ 依地理形势推定。又,东方镇旧名靖岳镇,镇名当与缙云山有关。
④ 《新唐志》作"圣历元年",今依《元和志》、《旧唐志》、《太平寰宇记》。
⑤ 李卫等《浙江通志》卷48:"唐松阳县旧治:《括苍汇纪》:初,县治建于旌义乡之旧市,唐贞元间,刺史张增改设今地。《纪要》:旧市在松阳县西二十里,路出遂昌县治故址也。"

附新县：龙泉县(759—907)

乾元二年，越州刺史独孤峻奏割遂昌、松阳、括苍三县地置龙泉县①，以县南龙泉为名，治龙泉乡（今龙泉市龙渊街道），隶括州。大历十四年，隶处州。

附旧州：松州(621—625)

武德四年，割括州松阳县置松州，隶括州总管府，并置遂昌县。六年，归辅宋。七年，复归唐，隶括州都督府。八年，州废，省遂昌县，松阳县还隶括州。

(七) 永嘉郡(温州)

东嘉州（622—627）—温州（675—742）—永嘉郡（742—758）—温州（758—907）

武德五年，割括州永嘉县置东嘉州，以永嘉县为名，并置前永宁、安固、横阳、乐成四县，东嘉州隶括州总管府。六年，归辅宋。七年，复归唐，隶括州都督府，省乐成县。贞观元年，州废，省前永宁、横阳二县，以永嘉、安固二县隶括州。

前上元二年②(675)，割括州永嘉、安固二县置温州，以温峤岭为名③，治永嘉县，隶越州都督府。载初元年(689)，置乐城县。

武周大足元年(701)，复置横阳县。长安四年，温州领永嘉、乐城、安固、横阳四县，治永嘉县。

唐天宝元年，改为永嘉郡，取隋旧郡为名，隶会稽郡都督府。十三载，永嘉郡领永嘉、乐城、安固、横阳四县，治永嘉县。十五载，隶江南东道节度使。至德二载，隶丹阳防御使，寻隶江南防御使，又隶江东防御使。未几，隶浙江东道节度使。是年，仍隶江东防御使。

乾元元年，复为温州，隶江南东道节度使。是年，隶浙江东道节度使。大历五年，隶浙江东道都团练观察使。十四年，隶浙江东西道都团练观察使。建中元年，隶浙江东道都团练观察使。二年，又隶浙江东西道都团练观察使。

---

① "独孤峻"，《旧唐志》作"独孤屿"。又，《元和志》、《新唐志》云龙泉县系析遂昌、松阳二县置，《太平寰宇记》云析松阳、括苍二县置，今据地理形势参取诸说。《大明清类天文分野之书》卷5龙泉县："本松阳、括苍、遂昌三县地。"可证。
② 或作"元年"，今据赵庶洋《〈新唐书·地理志〉研究》(凤凰出版社，2015年)第182页考改。
③ 《太平寰宇记》温州。

是年,隶镇海军节度使。贞元三年,隶浙江东道都团练观察使。元和十五年,温州领县一如天宝十三载。

咸通十四年,温州领县不变。

中和三年,隶义胜军节度使。光启三年,隶威胜军节度使。乾宁三年,隶镇东军节度使。天复二年,改安固县为瑞安县。

1. 永嘉县(618—907)

本隋永嘉郡旧县,武德二年,隶括州。五年,割隶东嘉州,为州治,并析置前永宁、安固、横阳、乐城四县。七年,省乐成县来属。贞观元年,州废,省永宁县来属,永嘉县隶括州。前上元二年,割永嘉县隶温州,为州治。载初元年,析置乐城县。天宝元年,隶永嘉郡,为郡治。乾元元年,复隶温州,为州治。

附旧县:前永宁县(622—627)

武德五年,析永嘉县置永宁县,以南朝旧县为名,治永宁城(今浙江永嘉县江北街道)①,隶东嘉州。贞观元年,州废,省入永嘉县。

2. 乐成县(622—625)—**乐城县**(689—907)

武德五年,析永嘉县置乐成县,以南朝旧县为名,治故乐成城(今浙江乐清市乐成街道),隶东嘉州。七年,省入永嘉县。载初元年,析永嘉县置乐城②县,仍治故乐成城③,隶温州。天宝元年,隶永嘉郡。乾元元年,复隶温州。

3. 安固县(622—902)—**瑞安县**(902—907)

武德五年,析永嘉县置安固县,以南朝旧县为名,治故安固城(今浙江瑞安市安阳街道)④,隶东嘉州。贞观元年,州废,省横阳县来属,安固县改隶括州。前上元二年,割隶温州。大足元年,复析置横阳县。天宝元年,隶永嘉郡。乾元元年,复隶温州。天复二年,因有获双白乌之瑞,改为瑞安县⑤。

---

① 《纪要》温州府永嘉县引《旧志》:"晋太宁初置(永嘉)郡,议筑城于江北岸,去今城六里,今犹谓其地曰新城,寻迁江南岸。"则唐时江北之新城犹存,疑即永宁县址。
② 《元和志》、《新唐志》作"乐成",今依《州郡典》、《旧唐志》、《太平寰宇记》、《舆地广记》。辛文房《唐才子传》卷1载,开元中有乐城令张子容,可证。
③ 《元和志》温州乐成县:"北至〔去〕州一百二十四里。"《太平寰宇记》温州乐清县:"(州)东北一百二十四里。"据明清方志,乐清县即唐乐城县,未曾徙治,陆路去温州八十里,此言一百二十四里,恐是唐时乐城县有陆海路通温州故尔。
④ 《元和志》温州安固县:"北至州七十七里。"
⑤ 叶庭珪《海录碎事》卷4《州郡门》、刘馘等《瑞安县志》卷1、《纪要》温州府瑞安县。(此系复旦大学周庆彰提示)

4. 横阳县(622—627,701—907)

武德五年,析永嘉县置横阳县,以南朝旧县为名,治故横阳城(今浙江平阳县城昆阳镇)①,隶东嘉州。贞观元年,州废,省入安固县。大足元年,析安固县复置横阳县,隶温州。天宝元年,隶永嘉郡。乾元元年,复隶温州。

附旧府 括州总管府(621—624)—括州都督府(624—627)

武德四年,平李吴,以其括、建二州置括州总管府,隶东南道行台,又置松州②。五年,割越州总管府台州来属,置东嘉州。六年,置前泉、丰二州。是年,归辅宋。七年,复归唐,改为括州都督府。八年,隶后扬州大都督府,割丰、建、前泉三州隶丰州都督府,废松州。九年,隶扬州大都督府。贞观元年,罢都督府,废东嘉州,括、台二州隶越州都督府。

第三节 长乐郡(福州)都督府

丰州都督府(625—626)—泉州都督府(626—627)—闽州都督府(711—725)—福州都督府(725—742)—长乐郡都督府(742—756)—福建经略使(756—758)—福建都防御使(758—760)—福建节度使(760—771)—福建都团练观察使(771—896)—威武军节度使(896—907)

武德八年(625),割括州都督府丰、建、前泉三州置丰州都督府③,隶后扬州大都督府。九年,隶扬州大都督府,改为泉州都督府④。贞观元年(627),罢都督府及丰州,建、前泉二州隶越州都督府。

景云二年(711),割越州都督府闽、后泉、漳、建四州及岭南道广州都督府

---

① 《元和志》温州横阳县:"北至州一百五里。"
② 《旧唐志》处州:"武德四年,平李子通,置括州,置总管府,管松、嘉、台三州。"按此语不包括括州,东嘉州置于武德五年,海州改台州亦在五年,且武德四年越州都督府已领海州(《旧唐志》误为浙州),是知《旧唐志》此处所载不确。今据各州沿革及建州地理形势分析,武德四年,括州总管当领括、松、建三州,台州系武德五年来属。
③ 两《唐志》不载此事。今据《元和志》、《太平寰宇记》。
④ 《大唐司空开府仪同三司扬州荆州二大都督并州大总管上柱国襄邑恭王之碑铭》(载《唐文续拾》卷14)云:"王讳神符……(武德)九年,除使持节大都督扬润常和楚方滁七州、寿苏越括歙宣舒循巢九都督诸军事、扬州刺史。"其巢州都督府不见史载,罗凯《隋唐政治地理格局研究》第229页以为是"泉州都督府"之误。按杨炯《唐恒州刺史建昌王公(义童)神道碑》(载《杨炯集》卷7)言,武德中"诏公为泉州都督,封建昌男",则武德九年确已改丰州都督府为泉州都督府,罗说是。

潮州置闽州都督府,隶江南东道。开元十三年(725),改闽州为福州,改闽州都督府为福州都督府。二十二年,割漳、潮二州隶广州都督府。二十六年,割岭南道广州都督府汀州来属。

天宝元年(742),改福州为长乐郡,后泉州为清源郡,汀州为临汀郡,建州为建安郡,割岭南道南海郡都督府漳浦、潮阳二郡来属,改福州都督府为长乐郡都督府。十载,割漳浦、潮阳二郡还隶南海郡都督府。十三载,长乐郡都督府督长乐、清源、临汀、建安四郡。十五载,以长乐、清源、临汀、建安四郡及南海郡都督府漳浦郡置福建经略使①,治长乐郡,长乐郡都督成虚职。

乾元元年(756),改福建经略使为福建都防御使,复长乐郡为福州,清源郡为泉州,漳浦郡为漳州,临汀郡为汀州,建安郡为建州。后上元元年(760),升为福建节度使。大历六年(771),降为福建都团练观察使。元和十五年(820),福建都团练观察使领福、泉、漳、汀、建五州,治福州。

咸通十四年(873),福建都团练观察使领州不变。

乾宁三年(896),升为威武军节度使。

(一) 长乐郡(福州)

建安郡(618—619)—建州(619—621)—前泉州(623—711)—闽州(711—725)—福州(725—742)—长乐郡(742—758)—福州(758—907)

长乐郡,本隋建安郡,领闽、建安、南安、龙溪四县,治闽县。武德二年②,沈梁改为建州,治闽县。三年,归李吴。四年,置建阳、吴兴、沙三县。是年,归唐,移州治于建安县,隶括州总管府(以后沿革见下文建安郡建州)。六年③,割建州闽县置前泉州,以隋旧州为名,隶括州总管府,并置候官、新宁、前温麻、长溪四县。是年,归辅宋,改新宁县为长乐县,前温麻县为连江县,省长溪县。七年,复归唐,隶括州都督府。八年,隶丰州都督府,省候官县。九年,自丰州移都督府于此,改为泉州都督府。贞观元年,罢都督府,以废丰州之南安、龙溪、莆田三县来属,前泉州改隶越州都督府。十三年,前泉州领闽、连江、长乐、莆田、南安、龙溪六县,治闽县。

垂拱二年(686),置漳浦、怀恩二县,割隶漳州。

---

① 福建经略使始置于开元十三年,亦曰长乐经略使,今依本卷体例,方镇作为行政区一律以天宝十五载(至德元载)起算。
② 淳熙《三山志》卷1作"元年",按武德元年建安郡犹属隋,似不得改州。
③ 《旧唐志》、《太平寰宇记》作"贞观初",今依《元和志》、《新唐志》。

武周圣历二年(699),置万安县,割南安、莆田、龙溪三县隶武荣州。三年(久视元年),以废武荣州之南安、龙溪、清源、莆田四县来属。是年,复割南安、龙溪、清源、莆田四县隶武荣州。长安二年(702),置候官、后温麻二县①。四年,前泉州领闽、长乐、万安、候官、连江、后温麻六县,治闽县。

唐景云二年,改为闽州,以闽县为名,割置闽州都督府。开元十三年,改为福州,以福山为名,隶福州都督府。二十九年,置古田、尤溪二县。

天宝元年,改为长乐郡,以长乐县为名,隶长乐郡都督府,改万安县为福唐县,后温麻县为长溪县。十三载,长乐郡领闽、长乐、福唐、候官、尤溪、古田、连江、长溪八县,治闽县。十五载,隶福建经略使,为使治。

乾元元年,复为福州,隶福建都防御使。后上元元年,隶福建节度使。永泰二年(766),置永泰县。大历六年,隶福建都团练观察使,均为使治。元和三年,省候官、长乐二县。五年,复置候官、长乐二县。十五年,福州领闽、长乐、福唐、候官、永泰、尤溪、古田、连江、长溪九县,仍治闽县。

咸通二年,置梅溪县。十四年,福州领闽、长乐、福唐、候官、永泰、尤溪、梅溪、古田、连江、长溪十县,治闽县。

乾宁三年,隶威武军节度使,为使治。

1. **闽县**(618—907)

本隋建安郡旧县,武德二年,隶建州,为州治。四年,移州治于建安县。六年,割隶前泉州,为州治,并析置候官、新宁、前温麻、长溪四县。八年,省候官县来属。长安二年,复析置候官县。景云二年,隶闽州。开元十三年,隶福州。二十九年,析置古田县。天宝元年,隶长乐郡,为郡治。乾元元年,复隶福州,为州治。元和三年,省候官县来属,五年,复析置候官县。

2. **新宁县**(623)—**长乐县**(623—808,810—907)

武德六年,析闽县置新宁县,盖以新朝安宁为名,治新宁城(今福建长乐市古槐镇)②,隶前泉州。是年,改为长乐县,以长安乐为名。圣历二年,析置万安县。景云二年,隶闽州。开元十三年,隶福州。天宝元年,隶长乐郡。乾元元年,复隶福州。后上元元年,移治吴航头(今长乐市吴航街道)③。元和三

---

① 两《唐志》云长溪县长安二年复置。《唐会要》云长安四年置温麻县,天宝元年改为长溪县。《太平寰宇记》云长安二年置温麻县,天宝元年改为长溪县。今从后者。
② 《纪要》福州府长乐县:"新宁旧城:县南十余里,相传县初治此,后移今治。"
③ 《元和志》福州长乐县:"西至州一百里。"《太平寰宇记》福州长乐县:"(州)东南一百里。"《舆地纪胜》福州长乐县:"《图经》云:上元初,移治吴航头。"林汀水《福建政区沿革治所考》(载《历史地理》第二十四辑,上海人民出版社,2010年)以为此"上元"为前上元,今依《地名大辞典》、《历史地名》作后上元。

年,省入福唐县。五年,以居人不便,析福唐县复置长乐县。

3. **万安县**(699—742)—**福唐县**(742—907)

圣历二年,析长乐县置万安县,盖取万年安乐为名,治万安城(今福建福清市玉屏街道)①,隶前泉州。景云二年,隶闽州。开元十三年,隶福州。天宝元年,隶长乐郡,以与岭南道万安郡县名重,改为福唐县,取唐朝吉名。乾元元年,复隶福州。元和三年,省长乐县来属。五年,复析置长乐县。

4. **候官**②**县**(623—625,702—808,810—907)

武德六年,析闽县置候官县,以南朝旧县为名,治候官城(今福建闽侯县上街镇候官市)③,隶前泉州。八年,省入闽县。长安二年,析闽县复置候官县。景云二年,隶闽州。开元十三年,隶福州。天宝元年,隶长乐郡。乾元元年,复隶福州。永泰二年,析置永泰县。贞元五年(789),福建观察使郑叔则奏移候官县治于州郭,与闽县分治。元和三年,省入闽县。五年,以居人不便,析闽县复置候官县,治州郭南(今福建福州市仓山区下渡街道)④。咸通二年,析置梅溪县。

附新县1:**永泰县**(766—907)

永泰二年,福建观察使李承昭开候官、尤溪二县山洞置永泰县⑤,以年号为名,治永泰城(今福建永泰县城樟城镇),隶福州。

附新县2:**梅溪县**(861—907)

咸通二年,析候官县置梅溪县,以梅溪为名,治梅溪场(今福建闽清县城

---

① 《元和志》福州福唐县:"大海,在县东四十里。"《太平寰宇记》福州福清县:"(州)东南一百一十里。"据《中国文物地图集·福建分册》下册第64页,福唐县城即福清城。
② 《旧唐志》列目作"侯官",与《南齐书》卷14《州郡志》、《隋志》、《唐会要》、《太平寰宇记》、《元丰九域志》、《方舆胜览》、《宋史》卷89《地理志》及明清地志同。今依《宋书》卷36《州郡志》、《梁书》卷27《王僧孺传》、《晋书》卷15《地理志》、《州郡典》、四库本《元和志》、《新唐志》、《舆地广记》、《元史》卷62《地理志》、《大元混一方舆胜览》。按《晋书》卷15《地理志》以其地东汉为候官都尉,孙吴置县,故以为名。候官为候望之官,侯官为侯伯之官,其意不同,声调亦异。汉时其地并无侯国,但候官可以侦越人动静。《太平御览》卷170引《郡国志》云:"汉武元鼎六年,立都尉,居候官,以御两越,所谓东北一尉,西南一候也。"后世或虽误书此县名之"候"为"侯",而当地人至今犹读为去声,不读平声,可证"候"字为正字。东汉上郡、张掖属国等边境地区均有候官县,取意当与此同。
③ 四库本《元和志》福州候官县:"武德六年,于今州西北三十一里置。"遗址尚存,见《中国文物地图集·福建分册》下册,第86页。
④ 《元和志》福州候官县:"北至州郭二里。"
⑤ 《新唐志》永泰县:"咸通二年,析连江及闽县置。"按《元和志》、《旧唐志》、《太平寰宇记》皆以永泰县为永泰年置,以年号为名;又,永泰县址至今不改,与连江县界隔闽、候官二县,非析连江县地置,《新唐志》永泰县注文,当系古田县错简,今取古田县注文改正。

梅城镇)①,隶福州②。

5. **尤溪县**(741—907)

开元二十九年,以福建经略使唐修忠招喻漳州龙岩、汀州沙县及福州候官三县界山洞一千余户,遂置尤溪县③,治尤溪洞(今福建尤溪县城城关镇),以为县名,隶福州。天宝元年,隶长乐郡。乾元元年,复隶福州。

6. **古田县**(741—907)

开元二十九年,开闽、连江二县山洞置古田县④,治古田洞(今福建古田县城城东街道湖滨村)⑤,以为县名,隶福州。天宝元年,隶长乐郡。乾元元年,复隶福州。

7. **前温麻县**(623)—**连江县**(623—907)

武德六年,析闽县置前温麻县,以南朝旧县为名,治连江北(今福建连江县敖江镇白沙村)⑥,隶前泉州。是年,改为连江县,以连江为名⑦,省长溪县来属。长安二年,析置后温麻县。景云二年,连江县隶闽州。开元十三年,隶福州。天宝元年,移治新连江城(今连江县凤城镇)⑧,隶长乐郡。乾元元年,

---

① 《太平寰宇记》福州闽清县:"(州)西北一百五十里。"
② 唐宋诸志记此事有歧异,或记梅溪县为梅青县,如《旧唐志》福州:"梅青县,新置。"或记贞元元年置梅溪县,如《新唐志》福州梅溪县:"贞元元年,析候官县置。"或记唐无梅溪县,仅有梅溪场,如《太平寰宇记》福州闽清县:"唐贞元元年,割侯官县一十里为梅溪场,至乾化年中,改为闽清县。"《新五代史》卷60《职方考》及《舆地广记》福州闽清县:"朱梁乾化中,王审知于梅溪场置。"郝玉麟等《福建通志》卷2:"唐贞元中,观察使王翃析侯官县北十里置梅溪场,五代梁乾化初,伪闽升为闽清县。"按《旧唐志》梅青县系梅溪县之讹,两《唐志》既以梅溪县列县,颇疑唐时已升梅溪场为县,然《元和志》不载梅溪县,则贞元元年所置者,固如《太平寰宇记》等所记,为梅溪场,升县在元和后。又考《新唐志》古田、梅溪、永泰三县注文有错漏简,即古田县注文应系永泰县注文,永泰县注文"析连江及闽县置"六字应系古田县注文,其"咸通二年"四字当系梅溪县注文,且有脱字。据此,定咸通二年为梅溪场升县之年。
③ 《太平寰宇记》南剑州尤溪县作"二十八年",今依《元和志》、《新唐志》。盖二十八年为唐修忠上奏之年,翌年乃立县。
④ 《新唐志》古田县注:"永泰二年,析候官、尤溪置。"按古田县与尤溪县界隔候官县,且其始置年代《元和志》、《旧唐志》、《太平寰宇记》均作开元二十九年,故知《新唐志》古田县注文系永泰县注文错简,今参取永泰县注文及《元和志》等改正之。
⑤ 《太平寰宇记》福州古田县:"(州)西(北)〔百〕七十里。"《舆地纪胜》福州古田县:"在州西一百八十里。"
⑥ 《元和志》福州连江县:"本汉冶县地,晋分立温麻县。武德六年移于连江之北,改为连江县。"指武德六年复立之温麻县已从晋温麻城(今霞浦县南古县村)移于连江之北(据《中国文物地图集·福建分册》下册第137页,即今连江县敖江镇白沙,旧名伏沙),寻改为连江县,其意十分明白。但后人(如顾祖禹)往往误解为武德六年之温麻县仍在晋温麻城,是年乃移治连江北。林汀水曾著文指出,唐初霞浦县经济、文化还很落后,人口不多,同时同地分置温麻、长溪二县,于理实不可能(载《历史地理论文选》,香港人民出版社,2005年,第294页)。这是正确的。但他据此认为,当时仅设温麻一县,两《唐书·地理志》关于武德六年置长溪县的记载是错误的,则不可取。
⑦ 《元和志》福州连江县:"连江,在县南三(百)里。"《地名大辞典》则云:"以城域大江前横,盈盈连束,改为连江县。"
⑧ 《中国文物地图集·福建分册》下册,第137页。

复隶福州。

8. 长溪县(623)—后温麻县(702—742)—长溪县(742—907)

武德六年,析闽县置长溪县,以县西南长溪为名,治宁远城(今福建霞浦县城松城街道)①,隶前泉州。是年,省入连江县。长安二年,析连江县复置后温麻县,仍治宁远镇②,隶前泉州。景云二年,隶闽州。开元十三年,隶福州。天宝元年,复改为长溪县,隶长乐郡。乾元元年,复隶福州。

(二) 清源郡(泉州)

丰州(622—627)—武荣州(699—700,700—711)—后泉州(711—742)—清源郡(742—758)—泉州(758—907)

武德五年,割建州南安、龙溪二县置丰州③,以南朝旧州为名,治南安县,隶括州总管府,并置莆田县。六年,归辅宋。七年,复归唐,隶括州都督府。八年,割置丰州都督府④。九年,移都督府于前泉州。贞观元年,州废,南安、龙溪、莆田三县隶前泉州。

武周圣历二年,割前泉州南安、龙溪、莆田三县置武荣州,取武氏吉名,治南安县东,隶越州都督府,并置清源县。三年(久视元年),州废,南安、龙溪、清源、莆田四县隶前泉州。是年,割前泉州南安、龙溪、清源、莆田四县复置武荣州,仍治南安县东,隶越州都督府。长安四年,武荣州领南安、龙溪、清源、莆田四县,治南安县。

唐景云二年,改为后泉州,割隶闽州都督府。开元六年,移州治于晋江北。八年,置晋江县。十三年,隶福州都督府。二十九年,割龙溪县隶漳州。

天宝元年,改为清源郡,以清源县为名,隶长乐郡都督府。是年,改清源县为仙游县。十三载,清源郡领晋江、南安、仙游、莆田四县,治晋江县。十五载,隶福建经略使。

---

① 《元和志》福州长溪县:"长溪,在县南四十五里,流入大海。"长溪,即今福安市交溪—白马河,入海口东北距今霞浦县城松城镇九十余里,因疑《元和志》"四十五里"为"九十五里"之误。又,《纪要》福宁州载:"长溪废县:唐武德六年,析置长溪县,属泉州,旋省入连江县,而以县治为宁远镇。长安二年复置。"可知唐初长溪县治当为宁远城。
② 林汀水《闽东、闽北若干政区地名沿革考辨》(载《厦门大学学报》1998年第1期)以为治今霞浦县沙江镇古县村(大沙村)。
③ 两《唐志》皆云丰州领南安、莆田二县,不载龙溪县。按龙溪县其时存而未废,依地理形势当属丰州,今补。
④ 《唐会要》卷71福州:"武德八年,改为丰州都督府。"《太平寰宇记》同。

乾元元年,复为泉州,隶福建都防御使。后上元元年,隶福建节度使。大历六年,隶福建都团练观察使。元和十五年,泉州领县一如天宝十三载。

咸通十四年,泉州领县不变。

乾宁三年,隶威武军节度使。

1. **晋江县**(720—907)

开元八年①,缘州郭无县,应后泉州刺史冯仁知之请,析南安县东境置晋江县,附郭州治(今福建泉州市鲤城区开元街道),在晋江之北,因名。天宝元年,隶清源郡,为郡治。乾元元年,隶泉州,为州治。

2. **南安县**(618—907)

本隋建安郡旧县,武德二年,隶建州。五年,割隶丰州,为州治,并析置莆田县。贞观元年,州废,隶前泉州。圣历二年,割隶武荣州,为州治。三年,州废,还隶前泉州。是年,复割隶武荣州,为州治。景云二年,隶后泉州,移州治于县东南。开元八年,析置晋江县。天宝元年,隶清源郡。乾元元年,隶泉州。

3. **清源县**(699—742)—**仙游县**(742—907)

圣历二年,析莆田县置清源县,治清源城(今福建仙游县大济镇)②,隶武荣州。三年,隶前泉州。是年,复隶武荣州。景云二年,隶后泉州。天宝元年,移治仙游城(今仙游县城鲤城街道),以与河东道太原府县名重,改为仙游县,因仙游山为名,隶清源郡。乾元元年,隶泉州。

4. **莆田县**(622—907)

武德五年,析南安县置莆田县,以隋旧县为名,治故莆田城(今福建莆田市荔城区镇海街道),隶丰州。贞观元年,州废,隶前泉州。圣历二年,割隶武荣州,析置清源县。三年,州废,还隶前泉州。是年,复割隶武荣州。景云二年,隶后泉州。天宝元年,隶清源郡。乾元元年,隶泉州。

(三) **临汀郡**(汀州)

汀州(738—742)—临汀郡(742—758)—汀州(758—907)

开元二十六年,准福州长史唐循忠奏,割岭南道广州都督府潮州新罗县、

---

① 《元和志》作"六年",今依两《唐志》、《舆地广记》。盖六年奏请,八年实施。
② 今本《元和志》泉州仙游县:"圣历二年,析莆田西界,于县北十五里置清源县。"《大清一统志》卷327兴化府清源故城引《元和志》"县北十五里"作"县西北十五里"。《地图集》置于今仙游县书峰乡,《地名大辞典》第2073页"仙游县"条则云:"唐圣历二年析莆田县西部置清源县,治今大济镇。"今依后者。

江南西道洪州都督府虔州长汀县、江南东道福州都督府建州黄连县置汀州①,因长汀溪为名,治新罗②县,割隶福州都督府。

天宝元年,改为临汀郡,以临长汀溪为名,隶长乐郡都督府,改新罗县为龙岩县,黄连县为宁化县。十三载,临汀郡领龙岩、长汀、宁化三县,治龙岩县。十五载,隶福建经略使。

乾元元年,复为汀州,隶福建都防御使。后上元元年,隶福建节度使。大历四年,移州治于长汀县。六年,隶福建都团练观察使。十二年,割建州沙县来属,割龙岩县隶漳州。元和十五年,汀州领长汀、宁化、沙三县,治长汀县③。

咸通十四年,汀州领县不变。

乾宁三年,隶威武军节度使。

1. **新罗县**(736—742)—**龙岩县**(742—907)

开元二十四年,析潮州程乡县北界山洞置新罗县,以南朝旧县为名,治新罗口(今福建龙岩市新罗区中城街道)④,隶潮州。二十六年,割隶汀州,为州治。天宝元年,改为龙岩县,以龙岩山为名⑤,隶临汀郡,为郡治。乾元元年,复隶汀州,为州治。大历四年,移州治于长汀县。十二年,割隶漳州。

2. **长汀县**(736—907)

开元二十四年,析虔州雩都县东界山洞置长汀县,治长汀村(今福建长汀县大同镇师福田村)⑥,因以为名,隶虔州,二十六年,割隶汀州。天宝元年,隶

---

① 《元和志》汀州:"开元二十一年福州长史唐修忠于潮州北、广州东、福州西光龙洞,检实得诸州避役百姓共三千余户,奏置州。""二十一年",两《唐志》作"二十四年",当是置县之年,置州之年当依《州郡典》作"二十六年"。修忠,《太平寰宇记》卷100及《新唐书》卷74《唐休璟世系》作"循忠",从之。"广州",两《唐志》作"抚州",按之地理,广州与汀州中隔数州,抚州与汀州亦不相连,疑"广"字系"虔"字之误,抚州则应是逃户原籍州,今改。"福州",两《唐志》同,按《元和志》载:"宁化县:本沙县地,开元二十二年开山洞置县。"是时沙县隶建州,则汀州北部系析建州地置,福州亦只是逃户原籍州,今据改。由上可知,新罗、长汀、黄连三县分别析自潮、虔、建三州,《福建省历史地图集》"唐代闽泉等五州"图以三县旧地属闽州(前泉州),当误。

② 《元和志》、《太平寰宇记》龙岩县作"杂罗",《唐会要》或本作"新罗",或作"杂罗"。按《晋书》卷15《地理志》晋安郡有新罗县,至隋而废,唐开元中所置,当取南朝旧县为名,故宜以"新罗"为是,"杂(雜)"字以形近而误。今依《新唐志》、《太平寰宇记》汀州序。

③ 《地图集》元和方镇图置汀州治于漳州龙溪县,当误。

④ 《纪要》漳州府龙岩县:"本晋新罗县之苦草镇。"

⑤ 《纪要》漳州府龙岩县:"龙岩山:在县东四里。《志》云:'城东有翠屏山,其后有前后二石峰,石趾有大小二洞,虚中如室,壁有双龙纹,县以此名。'"

⑥ 《太平寰宇记》汀州长汀县:"唐开元中立郡,旧治在九龙水源长汀村。"《纪要》汀州府长汀县:"《志》云:'唐开元后,徙治长汀村,在上杭北十五里,一云去今府城二百二十里,亦误。'"按"上杭北十五里",疑是"长汀北十五里"之误,即今长汀县大同镇师福田村。

临汀郡。乾元元年,复隶汀州。大历四年,移治东坊口(今长汀县城汀州镇东关营)①。十四年,移治白石乡(今长汀县城汀州镇)②,自龙岩县移州治于此。

3. 黄连县(735—742)—宁化县(742—907)

开元二十三年③,析建州沙县西南界山洞置黄连县,治黄连洞(今福建宁化县城郊乡)④,因以为名,隶建州。二十六年,割隶汀州。天宝元年,隶临汀郡,改为宁化县。乾元元年,复隶汀州。

(四) 建安郡(建州)
建州(621—742)—建安郡(742—758)—建州(758—907)

武德四年,平李吴,建州移治建安县⑤,仍领建安、闽、南安、龙溪、沙、建阳、吴兴七县,隶括州总管府,又改吴兴县为唐兴县,置将乐、绥城二县。五年,割南安、龙溪二县隶丰州,割将乐、绥城二县隶山南道行台洪州总管府抚州。六年,割闽县隶前泉州。是年,建州归辅宋。七年,复归唐,隶括州都督府,割洪州都督府抚州邵武、绥城二县来属。八年,隶丰州都督府,省沙、建阳、唐兴三县⑥。贞观元年,改隶越州都督府。三年,省绥城县。十三年,建州领建安、邵武二县,治建安县。

永徽六年(655),复置沙县。垂拱四年,置建阳、将乐二县。载初元年(689),复置唐兴县。

武周天授二年(691),改唐兴县为武宁县。长安四年,建州领建安、沙、将

---

① 《纪要》汀州府长汀县:"《志》云:'唐开元后,徙治长汀村……既又迁县治东坊口,在今府东北五里,今名旧城城。'《郡志》谓:'大历四年,徙治东坊口,十年,徙白石乡。宋迁今治,即唐白石乡矣,去旧治一二里。'"按宋治即唐白石乡,则自大历后未曾迁治,唯改名衣锦乡而已。其"去旧治一二里",盖与"府东北五里"为相似记载,即旧治为旧州城,宋称东坊口,在今长汀县城汀州镇东关营(东街)。唐宋史志脱载此事。
② 《元和志》汀州长汀县:"白石溪水,在县南二百步,下流入潮州界。"《太平寰宇记》汀州序:"大历十四年,移理长汀白石村。"长汀县:"大历中,移在白石乡,地名金沙水,即今治也。"《新唐志》:"大历四年,徙治白石。"依上注,大历四年所徙为东坊口,非白石,《新唐志》"大历四年"当为"大历十四年"之误。白石村即白石乡,今汀州镇,白石溪水盖即今汀江上游、汀州镇东溪水,金沙水盖即汀州镇西溪水。
③ 《元和志》宁化县作"二十二年",《旧唐志》作二十四年。今依《元和志》沙县条(原文"开元二十三年"后当脱"析置黄连县大历中"等字)。
④ 《纪要》汀州府宁化县:"黄连城:县东五里,本黄连镇,唐置黄连县于此。……黄连洞:在县东,亦曰黄连镇。"
⑤ 两《唐志》皆云丰州领南安、莆田二县,不载龙溪县。按龙溪县其时存而未废,依地理形势当属丰州,今补。
⑥ 史志不载唐初唐兴、沙二县省罢年代,今据建阳省县时间推补。

乐、邵武、建阳、武宁六县,治建安县。

唐神龙元年,复改武宁县为唐兴县。景云二年,割隶闽州都督府。开元十三年,隶福州都督府。二十三年,置黄连县。二十六年,割黄连县隶汀州。

天宝元年,复为建安郡,隶长乐郡都督府,改唐兴县为浦城县。十三载,建安郡领建安、沙、将乐、邵武、建阳、浦城六县,治建安县。十五载,隶福建经略使。

乾元元年,复为建州,隶福建都防御使。后上元元年,隶福建节度使。大历六年,隶福建都团练观察使。十二年,割沙县隶汀州。元和三年,省将乐县。五年,复置将乐县。十五年,建州领建安、将乐、邵武、建阳、浦城五县,仍治建安县。

咸通十四年,建州领县不变。

乾宁三年,隶威武军节度使。

1. 建安县(618—907)

本隋建安郡旧县,武德二年,隶建州。四年,析置沙、建阳、吴兴三县。是年,自闽县移州治于此。八年,省沙、建阳、唐兴三县来属。永徽六年,复析置沙县。垂拱四年,复析置建阳县。载初元年,复析置唐兴县。天宝元年,隶建安郡,为郡治。乾元元年,复隶建州,为州治。

2. 沙县(621—625,655—907)

武德四年,析建安县置沙县,取南朝沙村县首字为名①,治沙戍(今福建沙县城凤岗街道古县村)②,隶建州。八年,省入建安县。永徽六年,析建安县复置沙县,仍隶建州。开元二十三年,析置黄连县。天宝元年,隶建安郡。乾元元年,复隶建州。大历十二年③,割沙县隶汀州。中和四年(884),移治凤林冈(今凤岗街道)④。

3. 将乐县(621—624,688—808,810—907)

武德四年,取林楚抚州邵武县境置将乐县⑤,以南朝旧县为名,治故将乐

---

① 《元和志》汀州沙县:"因沙丘以为名。"恐不确。
② 《太平寰宇记》南剑州沙县:"(州)西南一百六十里。……(晋)太元四年,废县额,改为沙戍。至唐武德四年,立为沙县。……洎乾符后,土寇乱离,汉路阻隔,自兴乡寨,本县崇安镇将邓元光移元(沙)县基于县西北乡外八里内杨簨析置,即今理也。"
③ 《元和志》作"开元二十三年",今依《新唐志》、《太平寰宇记》。按《州郡典》沙县仍隶建州,可证《元和志》所记当是指开元二十三年析置黄连县事,字有脱漏耳。
④ 《纪要》建宁府沙县:"沙县故城:县东十里,对古铜场,即沙源地,唐初置县治此。中和四年,以旧地褊窄,徙凤林冈,即今治也。"
⑤ 《元和志》以为将乐县武德八年复置,《新唐志》以为武德五年置。今依《旧唐志》、《太平寰宇记》顺昌县条。

城（今福建将乐县城古镛镇），隶建州。五年，割隶山南道行台洪州总管府抚州。七年，省入邵武县。垂拱四年①，析邵武县复置将乐县，隶建州。天宝元年，隶建安郡。乾元元年，复隶建州。元和三年，省入邵武、建安二县。五年，析邵武县复置将乐县。

附旧县：绥城县（621—629）

武德四年，取林楚抚州邵武县境置绥城县，以南朝旧县为名，治新绥城（今福建建宁县城滩城镇西南三里）②，隶建州。五年，割隶山南道行台洪州总管府抚州。七年，还隶建州③。贞观三年，省入邵武县。垂拱四年，以其旧境割隶将乐县。

4. **邵武县**（618—907）

本隋临川郡旧县，隋末，隶抚州。武德四年，唐取其东南境置绥城县，取其南境置将乐县。七年，割隶建州，省将乐县来属。贞观三年，省绥城县来属。垂拱四年，复析置将乐县。天宝元年，隶建安郡。乾元元年，复隶建州。

5. **建阳县**（621—625，688—907）

武德四年，析建安县置建阳县，以南朝旧县为名，治故建阳城（今福建南平市建阳区童游街道），隶建州。八年，省入建安县。垂拱四年，析建安县复置建阳县，移治大潭（今建阳区潭城街道）④，仍隶建州。天宝元年，隶建安郡。乾元元年，复隶建州。

6. **吴兴县**（621）—**唐兴县**（621—625，689—691）—**武宁县**（691—705）—**唐兴县**（705—742）—**浦城县**（742—907）

武德四年，析建安县置吴兴⑤县，以南朝旧县为名，治故吴兴城（今浦城县万安乡后阳村）⑥，隶建州。是年，改为唐兴县，取唐朝吉意。八年，省入建安县。载初元年，析建安县复置唐兴县，仍隶建州。天授二年，改为武宁县，取武氏吉意。神龙元年（705），复为唐兴县⑦。天宝元年，隶建安郡，以与河北道

---

① 《元和志》作"武德八年"，不详何据，今依两《唐志》。
② 《纪要》邵武府建宁县："绥成废县：县治西南三里。…唐武德四年，复置绥成县，隶建州。"
③ 史志不载武德五年至七年间绥城县割隶抚州一事。按地理形势，绥城县与建州中隔将乐县，此间将乐县既已割隶抚州，则绥城县亦应一并割与抚州，今补。
④ 武德、垂拱县治皆据林汀水《福建政区沿革治所考》（载《历史地理》第二十四辑）。
⑤ 《唐会要》卷71作"兴吴"，今依《新唐志》。
⑥ 黄恬《浦城县志》卷4。《地名大辞典》第2148页云，万安乡有吴兴城遗址，即其地。
⑦ 郝玉麟等《福建通志》卷2浦城县沿革云："唐武德四年复置，改名唐兴。嗣圣八年，改为武宁。天授中，改为武德。景龙元年，复改唐兴。"与《元和志》、《唐会要》、两《唐志》所载有异，不知所据，姑录以备考。

文安郡县名重,改为浦城县,取县城临柘浦水为名,移治浦城(今浦城县城南浦街道)①。乾元元年,复隶建州。

附旧国一　汪华吴国(617—621)

隋大业末,汪华据新安、宣城、余杭、遂安、东阳五郡②,建吴国,立年号,改新安郡为歙州,宣城郡为宣州,余杭郡为杭州,遂安郡为睦州,东阳郡为婺州,以歙州为都城。武德元年,取林楚饶州来属,而沈法兴取杭、婺二州归隋,复为余杭、东阳二郡③。三年,杜伏威取宣州归唐。四年,汪华兵败,以歙、睦、饶三州之地降唐④。

附旧国二　沈法兴梁国(620—621)—辅公祐大宋国(623—624)

武德二年九月,沈法兴据隋毗陵、吴、会稽、永嘉、建安、东阳、余杭、吴兴、丹阳九郡及江都郡南部,建梁国,建元延康⑤,改毗陵郡为常州,吴郡为苏州,会稽郡为越州,永嘉郡为温州,建安郡为建州,东阳郡为婺州,余杭郡为杭州,吴兴郡为长州⑥,罢丹阳郡,置云州,以常州为都城。是年,云州归李吴⑦。三

---

① 林汀水:《福建政区沿革治所考》,《历史地理》第二十四辑。
② 《太平寰宇记》池州:"秋浦县,属宣城郡,大业末,为贼汪华所居。"《资治通鉴》武德四年九月:"隋末,歙州贼汪华据黟歙等五州,有众一万,自称吴王。"宋濂《文宪集》卷17《故资善大夫广西等处行中书省左丞方公神道碑铭》:"隋大业末,海内纷纭,汪华聚众保民,据有歙、宣、杭、睦、婺、饶六州之境。"程敏政《篁墩文集》卷23《新安程氏统宗世谱序》:"当隋之乱,曰富者,与汪华起兵定六州。"李攀龙《沧溟集》卷20《汪从龙传》:"其先汪华者,隋末以(土)豪起据六州,称号吴王。"《大明一统志》徽州府:"汪华,绩溪人,少以勇侠闻,隋末兵乱,以土豪应郡募,保据郡境,并有宣、杭、睦、婺、饶五州,建号吴王。"按隋唐之际无黟州,"黟歙"盖歙州之俗称。综此,当以隋末据歙、宣、杭、睦、婺五州之说为是,饶州盖武德元年取自林楚。
③ 《旧唐书》卷56《沈法兴传》:"隋大业末,为吴兴郡守。……宇文化及弑炀帝于江都,法兴以诛化及为名,发自东阳行,收兵将趋江都,下余杭郡,比至乌程,精卒六万。"可知大业十三年沈法兴已取东阳、余杭二郡。
④ 《册府元龟》卷164:"武德四年九月甲子,伪吴王汪华以黟歙五之地来降。"按《旧唐志》,宣州系武德三年杜伏威归化,杭、婺二州系武德四年平李子通来属,唯歙、睦、饶三州系武德四年平汪华来属,故可定《册府元龟》"五州"为"三州"之误。
⑤ 《旧唐书》卷56《沈法兴传》:"沈法兴,湖州武康人也。隋大业末,为吴兴郡守。……宇文化及弑炀帝于江都,法兴以诛化及为名,下余杭郡……毗陵郡通守路道德率兵拒之,法兴请与连和,因会盟,袭杀道德,进据其城。时齐郡贼帅乐伯通据丹阳,为化及城守,法兴使果仁攻陷之,于是据有江表十余郡,自署江南道总管。……(武德二年)称梁王,建元曰延康,改易隋官,颇依陈氏故事。"
⑥ 沈法兴梁国行州制,如《新唐志》湖州长城县:"大业末,沈法兴置长州。"可证。
⑦ 《旧唐书》卷56《李子通传》:"(武德二年)丹阳贼帅乐伯通率众万余来降,子通拜尚书左仆射,更进击(沈)法兴于庱亭,斩其仆射蒋元超。法兴弃城宵遁,遂有晋陵之地。"

年,为李子通所攻,败亡,常、吴、越、温、建、婺、杭、长八州归李吴。

武德六年八月,东南道行台仆射辅公祏称帝,国号大宋,建元天明,以后扬州(丹阳)为都城,尽有东南道行台之地,仍行州制,以越州总管左游仙为东南道大使,张善安取唐山南道洪、南昌二州总管来属,置西南道行台。是年,唐取庐、猷二州总管府隶山南道行台,张善安复以洪、南昌二总管府降唐①。七年,唐军攻占后扬州,斩辅公祏,宋国亡。

---

① 《资治通鉴》武德六年十二月:"安抚使李大亮诱张善安,执之。"

第九章　江　南　西　道

西南道行台(623)—江南西道(711—907)

武德六年(623)，张善安取唐山南道行台洪、南昌二州总管府归辅宋，置西南道行台。是年，张善安复以洪、南昌二州总管府来归，罢其西南道行台。

景云二年(711)，割江南道洪、潭、黔、播四州都督府及直属饶、江、鄂三州置江南西道监理区，以洪州刺史兼充江南西道按察使①，置辰州都督府，并割淮南道扬州都督府宣州、山南道荆州都督府岳州来属。先天二年，罢播州都督府。开元八年(720)，以宣州刺史兼江南西道按察使②。二十二年，以宣州刺史兼江南西道采访处置使③。二十六年，割辰、黔二州都督府隶黔中道。二十九年，以洪州刺史兼江南西道采访处置使④。

天宝元年(742)，以豫章太守兼江南西道采访处置使⑤，改洪州都督府为豫章郡都督府，潭州都督府为长沙郡都督府。十三载，江南西道有豫章、长沙二州都督府及一直属地区，治豫章郡(见图12)。十五载，以豫章、长沙二州都督府及直属地区置江南西道节度使。至德二载(757)，降江南西道节度使为洪吉都防御团练观察处置使，置衡州防御使。

---

① 严耕望《景云十三道与开元十六道》："复考《张廷珪传》：'景龙末，为中书舍人，再转洪州都督，仍为江南西道按察使。开元初，入为礼部侍郎。'其为礼侍在开元元年，即先天二年正二月。则江南之分东西且不能迟于先天元年。此前一年便是景云二年。疑江南之分东西，当与山南分东西同在景云二年，《会要》、《旧志》失书江南分道事耳。然则景云二年置按察使实已分十三道矣。"今从其说。
② 《册府元龟》卷162载，开元八年遣十道按察使，有"宣州刺史霍廷玉充淮南西道按察使"。严耕望《景云十三道与开元十六道》以"淮南西道"为"江南西道"之误，今从之。
③ 《大唐六典》、《旧唐志》江南西道首列宣州，《册府元龟》卷162亦载，开元二十三年，江南道采访使以润州刺史刘日正、宣州刺史班景倩二人兼领。严耕望《景云十三道与开元十六道》以开元"二十三年"为"二十二年"之误，且班景倩所领之江南道采访使即为江南西道采访使，今从之。
④ 谈钥《嘉泰吴兴志》卷14《郡守题名》："徐恽，开元二十三年自登州刺史授，不曾之任。迁洪州刺史，充江西采访使。《统记》云：二十九年。"
⑤ 《州郡典》序目云，江南西道有宣城、[豫]章、鄱阳、长沙、桂阳、南康、零陵、临川、庐陵、浔阳、江夏、江华、衡阳、宜春、巴陵、邵阳十六郡，当为天宝元年之数，然脱当年来属之连山郡，实有十七郡。

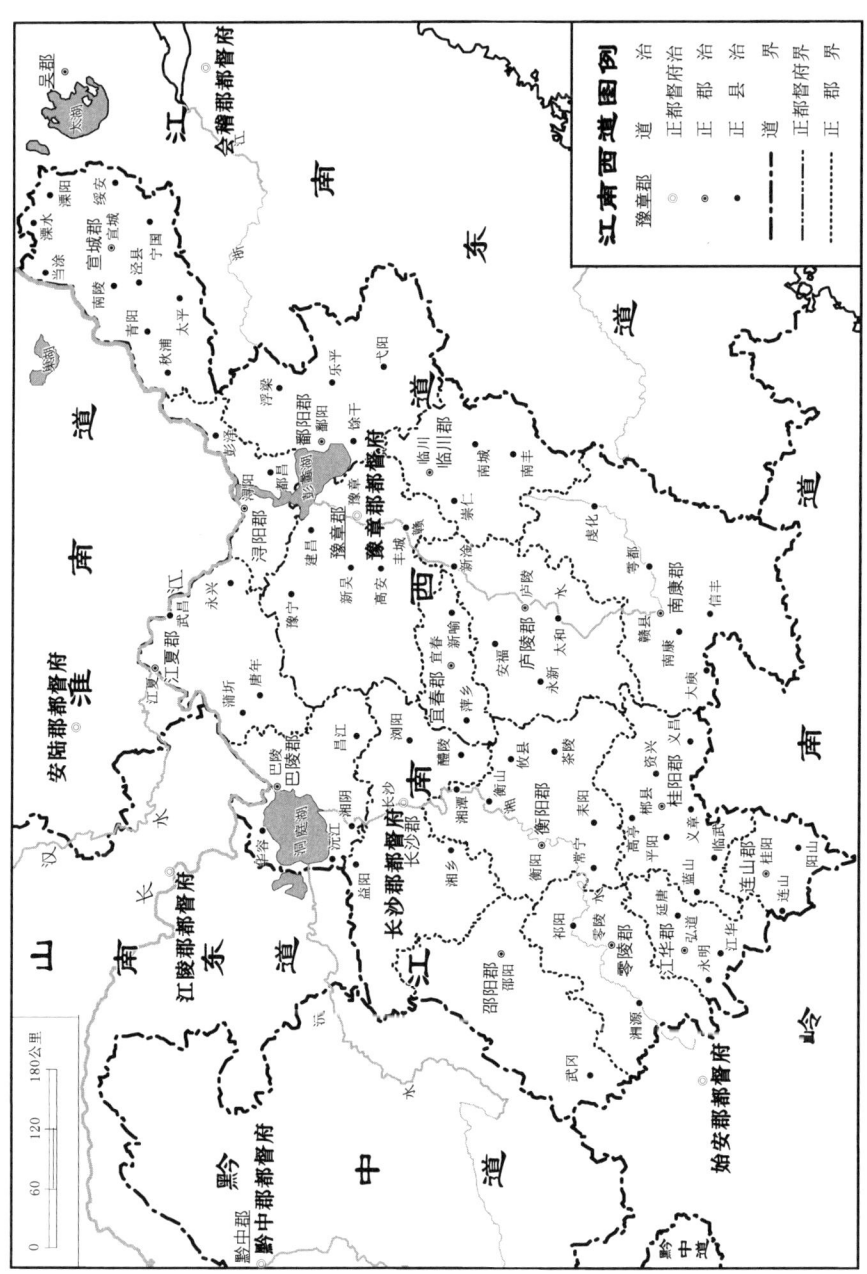

图12 天宝十三载(754)唐朝江南西道行政区划

乾元元年(758),割江南东道宣歙饶观察使来属。二年,置鄂岳沔都团练使,罢宣歙饶观察使入江南东道。后上元元年(760),割江南东道宣歙饶节度使来属。是年,罢宣歙饶节度使入江南东道,罢衡州防御使入山南东道。二年,罢鄂岳沔都团练使。广德二年(764),改洪吉都防御团练观察处置使为江南西道都防御团练观察处置使;山南东道荆南节度使卫伯玉以湖南阔远,请于衡州置都团练守捉观察处置使①,复属江南西道。永泰元年(765),置鄂岳都团练观察使。大历元年(766),割江南东道宣歙池都团练观察使来属。十二年,改鄂岳都团练观察使为鄂岳都团练观察防御使。十四年,罢鄂岳都团练观察防御使,又罢宣歙池都团练观察使入江南东道。建中三年(782),升江南西道都防御团练观察处置使为江南西道节度使。兴元元年(784),复置鄂岳都团练观察使。贞元元年(785),降江南西道节度使为江南西道都团练观察使。三年,复割江南东道宣歙池都团练观察使来属。永贞元年(805),升鄂岳都团练观察使为武昌军节度使。元和三年(808),降武昌军节度使为鄂岳都团练观察使。十五年,江南西道有江南西道都团练观察使、湖南都团练守捉观察处置使、鄂岳都团练观察使、宣歙池都团练观察使四镇。

宝历元年(825),升鄂岳都团练观察使为武昌军节度使。大和五年(831),降武昌军节度使为鄂岳都团练观察使。大中元年(847),复升鄂岳都团练观察使为武昌军节度使。二年,又降为鄂岳都团练观察使。四年,又升为武昌军节度使。六年,再降为鄂岳都团练观察使。咸通六年(865),升江南西道都团练观察使为镇南军节度使。九年,复降镇南军节度使为江南西道都团练观察使。十四年,江南西道有江南西道都团练观察使、湖南都团练守捉观察处置使、鄂岳都团练观察使、宣歙池都团练观察使四镇。

中和二年(882),升江南西道都团练观察使为镇南军节度使。是年,复降镇南军节度使为江南西道都团练观察使。三年,升湖南都团练守捉观察处置使为钦化军节度使。光启二年(886),改钦化军节度使为武安军节度使。文德元年(888),升鄂岳都团练观察使为武昌军节度使。龙纪元年(889),复升江南西道都团练观察使为镇南军节度使。大顺元年(890),升宣歙池都团练观察使为宁国军节度使。天复三年(903),降宁国军节度使为宣歙池都团练

---

① 《旧唐志》荆州序系此事于至德二年,今依《新唐表》系于广德二年。《方镇研究》第119页有考证,可参。

观察使。天祐二年(905),降武昌军节度使为鄂岳都团练观察使。四年,镇南军节度使、鄂岳都团练观察使、宣歙池都团练观察使三镇归唐吴王杨渥①,武安军节度使归后梁楚王马殷②。

第一节 豫章郡(洪州)都督府

洪州总管府(618—624)—洪州都督府(624—742)—豫章郡都督府(742—756)—江南西道节度使(756—757)—洪吉都防御团练观察处置使(757—764)—江南西道都防御团练观察处置使(764—782)—江南西道节度使(782—785)—江南西道都团练观察使(785—865)—镇南军节度使(865—868)—江南西道都团练观察使(868—882)—镇南军节度使(882)—江南西道都团练观察使(882—889)—镇南军节度使(889—907)

武德元年(618),林楚以洪、南昌、袁三州置洪州总管府。五年,归唐,隶山南道行台。是年,平林楚,以其直属抚、吉、虔三州并割歙州总管府饶州来属,置南平、孙、靖、前米、颖五州,割南昌、孙、靖、前米四州隶南昌州总管府,袁、颖二州隶袁州总管府。六年,归辅宋西南道行台。是年,复归唐,隶山南道行台。七年,改为洪州都督府,隶安州大都督府,以废南昌州总管府之南昌、孙、后米三州及废袁州总管府之袁州来属,改后米州为筠州。八年,废南昌、孙、筠、南平四州。贞观元年③(627),以废江州都督府之江、鄂二州来属。二年,属山南道。十年,属江南道。十三年,洪州都督府督洪、鄂、江、饶、抚、虔、吉、袁八州。

显庆四年(659),割鄂、江、饶三州直属江南道④。

---

① 《资治通鉴》天祐三年九月:"秦裴拔洪州,房钟匡时等五千人以归,杨渥自兼镇南节度使。"开平元年五月:"弘农王(按即杨渥)以鄂岳观察使刘存为西南面都招讨使,将水军三万以击楚。"朱玉龙《五代十国方镇年表》第406页云:"宁国军节度使,唐旧镇,昭宗龙纪初杨行密得之。唐木田頵、工茂章、李遇相继据其地盘,因停宁国军额,但为都团练观察使。"又云,天祐三年十二月乙酉,钱镠表荐行军司马王景仁,诏以景仁领宁国节度使,但为遥领。宁国,即宣歙池。
② 《旧五代史》卷3《梁太祖纪》:"开平元年四月辛未,武安军节度使马殷进封楚王。"
③ 《旧唐志》、《太平寰宇记》作"二年",按江州都督府废于贞观元年,江、鄂二州改隶洪州都督府当在是年,今改。
④ 《旧唐志》洪州:"显庆四年,督饶、鄂等州。"《太平寰宇记》作"督袁、鄂等州",按之前文,饶、袁、鄂等州皆属洪州都督府,此句意甚累赘,而按之史实,饶、鄂、江三州实于贞观后至开元前已改由江南道直属,则疑《旧唐志》"督"字前当脱一"不"字。《说郛》卷67引雷次宗《豫章古今记》云:"唐朝武德五年平定,复为洪州总管。至七年,改为都督,领洪、鄂、袁、处、吉、饶、抚等八州诸军事。至唐高(祖)〔宗〕显庆四年,除饶、鄂、江等三州。"此"除"字当非"除授"之意,而是"除去"之意。

武周长安四年(704),洪州都督府督洪、抚、虔、吉、袁五州。

唐景云二年(711),割隶江南西道。

天宝元年(742),改洪州为豫章郡,抚州为临川郡,虔州为南康郡,吉州为庐陵郡,袁州为宜春郡,改洪州都督府为豫章郡都督府。十三载,豫章郡都督府督豫章、临川、南康、庐陵、宜春五郡。十五载(至德元载),以豫章、临川、南康、庐陵、宜春五郡,江南西道直属宣城、鄱阳、浔阳、江夏、巴陵五郡,潭州都督府长沙、衡阳、桂阳、连山、江华、零陵、邵阳七郡置江南西道节度使①,治豫章郡,豫章郡都督成虚职。至德二载(757),降江南西道节度使为洪吉都防御团练观察处置使,亦称豫章防御使,割宣城郡隶浙江西道节度使,衡阳、桂阳、连山、江华、零陵、邵阳、长沙、巴陵八郡隶衡州防御使。

乾元元年(758),复豫章郡为洪州,江夏郡为鄂州,浔阳郡为江州,鄱阳郡为饶州,临川郡为抚州,南康郡为虔州,庐陵郡为吉州,宜春郡为袁州,置信州,割江、饶二州隶浙江西道节度使。是年,复割浙江西道节度使江州来属。二年,以废宣歙饶观察使之饶州来属,割鄂州隶鄂岳沔都团练守捉使。后上元元年(760),割饶州隶宣歙节度使。是年,以废宣歙节度使之饶州来属。二年,以废鄂岳都团练观察使之鄂州来属。广德二年(764),改为江南西道都防御团练观察处置使。永泰元年(765),置池州,割鄂州隶鄂岳都团练观察使。大历元年(766),割池州隶宣歙池观察使。十四年,以废鄂岳都团练观察使之鄂州来属。建中三年(782),升为江南西道节度使。兴元元年(784),割鄂州隶鄂岳都团练观察使。贞元元年(785),降为江南西道都团练观察使,割江州隶鄂岳都团练观察使。四年,割鄂岳都团练观察使江州来属。元和十五年(820),江南西道都团练观察使领洪、饶、信、抚、虔、吉、袁、江八州,治洪州。

咸通六年(865),升为镇南军节度使。九年,复降为江南西道都团练观察使。十四年,江南西道都团练观察使领州不变。

中和二年(882),升为镇南军节度使。是年,复降为江南西道都团练观察使。龙纪元年(889),复为镇南军节度使。

---

① 《新唐表》不载此事。《方镇研究》第155页以是时江西采访使皇甫侁未带方镇使职,亦认为当时江西未建方镇。按《资治通鉴》至德元载七月:"上皇制:'……以永王璘充山南东道、岭南、黔中、江南西道节度使。……分江南为东、西二道,东道领余杭,西道领豫章等诸郡。'"则是时江西全境实已建方镇,唯节度使由永王璘兼带,不由江西采访使兼带而已,据补。

（一）豫章郡（洪州）

洪州（618—742）—豫章郡（742—758）—洪州（758—907）

豫章郡，本隋旧郡，领豫章、建昌、建城三县①，隋末，萧梁改为洪州，以隋旧州为名，治豫章县；林楚取其建昌县隶南昌州。武德元年，张善安取洪州归林楚。四年，置前南昌、前钟陵二县。五年，归唐，置洪州总管府及丰城县；又置西昌、金塘、南泉三县，割隶孙州；置华阳、望蔡二县，改建城县为高安县，并割隶靖州；置宜丰、阳乐二县，割隶前米州。七年，改总管府为都督府。八年，以废南昌州之建昌、废筠州之高安县来属。贞观十三年，洪州领豫章、丰城、高安、建昌四县，治豫章县。

永淳二年（683），置新吴县。

武周长安四年，置武宁县，洪州领豫章、丰城、高安、新吴、武宁、建昌六县，治豫章县。

唐景云元年，改武宁县为豫宁县。开元二十九年，自宣州移道治于此。

天宝元年，复为豫章郡，隶豫章郡都督府。十三载，豫章郡领豫章、丰城、高安、新吴、豫宁、建昌六县，治豫章县②。十五载，隶江南节度使，为使治。至德二载，隶洪吉都防御团练观察处置使，为使治。

乾元元年，复为洪州。宝应元年（762），改豫章县为后钟陵县，豫宁县为武宁县。是年，改后钟陵县为后南昌县。广德二年，隶江南西道都防御团练观察处置使。建中三年，隶江南西道节度使。贞元元年，隶江南西道都团练观察使，皆为使治。十六年，置分宁县。元和十五年，洪州领后南昌、丰城、高安、分宁、新吴、武宁、建昌七县，治后南昌县。

咸通六年，隶镇南军节度使。九年，隶江南西道都团练观察使。十四年，洪州领县不变。

中和二年，复隶镇南军节度使。是年，再隶江南西道都团练观察使。龙纪元年，又隶镇南军节度使，皆为使治。天祐二年，改丰城县为吴皋县。

1. 豫章县（618—762）—后钟陵县（762）—后南昌县（762—907）

豫章县，本隋豫章郡旧县，隋末，隶洪州，为州治。武德四年，析置前南

---

① 《隋志》豫章郡有丰城县，共四县。按《太平寰宇记》洪州丰城县："（大业）十三年，隋季板荡，林士弘等毁城邑，遂乃废焉。"因删。
② 豫章郡，《州郡典》作"章郡"；豫章县，《州郡典》作"南昌县"；豫宁县，《州郡典》作"武宁县"，皆避代宗讳改，今依两《唐志》回改。

昌、前钟陵二县。八年,以废前钟陵县及废孙州前南昌、西昌二县省入。贞观十年,移治洪州城南东湖侧①。天宝元年,隶豫章郡,为郡治。乾元元年,复隶洪州,为州治。宝应元年,避代宗讳,改为后钟陵县。是年②,改为后南昌县。

附旧县1:前南昌县(621—625)

武德四年,析豫章县置前南昌县,以南朝旧县为名,治石头驿(今南昌市青山湖区蛟桥镇凤凰洲)③,割隶孙州。五年,析置西昌、金塘、南泉三县。七年,省金塘县来属。八年,州废,省入洪州豫章县。

附旧县2:前钟陵县(621—625)

武德四年,析豫章县置前钟陵县,以晋旧县为名④,治新钟陵城(今江西进贤县城民和镇)⑤,隶洪州。八年,省入豫章县。

附旧县3:西昌县(622—624)

武德五年,析前南昌县置西昌县,治故孙虑城(今安义县石鼻镇雷家村)⑥,因处南昌山西为名,割隶孙州,为州治。八年,州废,省入洪州豫章县。

附旧县4:金塘县(622—624)

武德五年,析前南昌县置金塘县,治金塘城(今新建县西山镇金塘村)⑦,因以为名,隶孙州。七年,省入前南昌县⑧。

2. 丰城县(622—905)—吴皋县(905—907)

武德五年,析豫章县置丰城县,以隋旧县为名,治故丰城(今江西丰城市石滩镇故县村),隶洪州。八年,以废孙州南泉县省入。永徽二年,移治章水西(今丰城市河洲街道)⑨。天宝元年,隶豫章郡。乾元元年,复隶洪州。天祐

---

① 《大明清类天文分野之书》卷5:"贞观十年,移治东湖太一观西。"《大清一统志》卷238南昌府南昌故城:"《图经》:'南昌县凡三改五移,隋开皇中,自郡西南徙之城北。唐贞观中,徙附郡城南。'"贞观前盖谓南昌县,贞观中谓豫章县。
② 《太平寰宇记》、《新唐志》作"贞元中",今依《元和志》。
③ 《纪要》南昌府新建县:"南昌废县,在府西北。"又引旧志云:"石头驿,陈永定中尝置南昌县于此。隋废,唐初复置。"则可定唐初南昌县治今南昌市青山湖区蛟桥镇凤凰洲碟子湖大道西侧。
④ 《旧唐志》洪州钟陵县:"取地名。"《太平寰宇记》洪州南昌县:"因山为名。"按《晋志》豫章郡有钟陵县,山从补。
⑤ 《舆地纪胜》隆兴府进贤县:"唐武德中,复立钟陵县。其后,又废为进贤镇。"
⑥ 唐宋史志脱载此县。按《大明清类天文分野之书》卷5:"唐武德五年,析章江之西境置西昌、南昌、金塘三县,以属孙州。"范涞等《新修南昌府志》卷2:"武德四年,以洪州置总管府,析章江之西境置南昌、西昌、金塘三县。又析南昌[州]为新吴、[南昌县为]南泉,共五县,于石鼻林之北孙虑故城建孙州以统之。"据补。
⑦ 唐宋史志脱载此县。按《大明清类天文分野之书》卷5:"唐武德五年,析章江之西境置西昌、南昌、金塘三县,以属孙州。"据补。
⑧ 《大明清类天文分野之书》卷5:"(武德)七年,省金塘入南昌。"
⑨ 《纪要》南昌府丰城县;《地名大辞典》,第2316页。

二年,避朱全忠父嫌名,改为吴皋①县,盖以县东有吴王为名②。

附旧县:南泉县(622—624)

武德五年,析前南昌县置南泉县,治南泉城(今丰城市隍城镇)③,因以为名,隶孙州。七年,省入洪州丰城县。

3. 建城县(618—622)—高安县(622—907)

高安县,本隋豫章郡建城县,隋末,隶洪州。唐武德五年,避太子名讳,改为高安县,以其地极高平,有磐石自然之固,故名④,割隶靖州,为州治,并析置望蔡、华阳、宜丰、阳乐四县。八年,以废筠州华阳、望蔡、宜丰、阳乐四县省入,复隶洪州。天宝元年,隶豫章郡。乾元元年,复隶洪州。

附旧县1:华阳县(622—625)

武德五年,析高安县置华阳县,治云棚城(今江西高安市灰埠镇)⑤,以华林山之阳为名,隶靖州。七年,隶后米州。是年,隶筠州。八年,州废,省入洪州高安县。

附旧县2:望蔡县(622—625)

武德五年,析高安县置望蔡县,以南朝旧县为名,治故望蔡城(今江西上高县城敖阳街道)⑥,隶靖州。七年,隶后米州。是年,隶筠州。八年,州废,省入洪州高安县。

附旧县3:宜丰县(622—625)

武德五年,析高安县置宜丰县,以晋旧县为名,治故宜丰城(今江西宜丰县天宝乡)⑦,隶前米州,为州治。七年,州废,隶后米州。是年,隶筠州。八年,州废,省入洪州高安县。

---

① 《旧唐书》卷20《昭宗纪》作"吴高",《唐会要》卷71云:"丰城县,天祐二年十二月,改为吴皋县。"今从之。
② 《舆地纪胜》隆兴府丰城县:"吴王墓,在丰城县东四十里。"
③ 参详上文豫章县附西昌县注。"隍城"一名显示古代曾为县治,因拟为南泉。
④ 《舆地纪胜》瑞州高安县引《旧图经》。
⑤ 《太平寰宇记》筠州高安县:"华阳县城,在州四四十里。"又据《寰宇通志》卷36瑞州府:隋末建城县人应智顼"于邑之华林山置云棚城,召义兵保靖一方。唐兴,李大亮宣慰江南,智顼归之,因表诸朝,置靖州,命为刺史"。
⑥ 《舆地纪胜》瑞州:"上高县:在州西南九十里,本古上蔡县,《舆地志》云:'……晋改曰望蔡。唐武德中,并入高安。唐僖宗时,钟傅始建高安镇。'"高安镇",当依《大明一统志》作"上高镇",在今上高县城敖阳街道西侧。
⑦ 《太平寰宇记》筠州高安县:"丰城县:在州西一百五十里天宝乡,其县吴大帝自上蔡县分置。唐武德五年,属靖州。八年,废州及县,今城基在。"按丰城县属洪州,在高安县东南一百五十里,此处"丰城"当为"宜丰"之误。《大明一统志》瑞州府:"新昌县,在府城(即宋筠州治)西一百二十里。……宜丰县城,在新昌县北三十里,孙吴建,唐省入高安。"里数正合,亦可证唐初宜丰县治故宜丰城。然《大明一统志》又云:"宋以地广势险,又于宜丰故城置新昌县。"则是误以盐步镇(今宜丰县城新昌镇)为故宜丰城,不取。

附旧县 4：阳乐县(622—625)

武德五年，析高安县置阳乐县，以三国旧县为名①，治新阳乐城(今宜丰县棠浦镇)②，隶前米州。七年，隶后米州。是年，隶筠州。八年，州废，省入洪州高安县。

4. **新吴县**(622—625，683—907)

武德五年，析南昌州龙安县置新吴县，以南朝旧县为名，治故新吴城(今江西奉新县会埠镇官村)③，割隶孙州。八年，州废，省入建昌县。永淳二年，析建昌县复置新吴县，隶洪州。神龙元年(705)，移治冯水南(今奉新县城冯川镇)④。天宝元年，隶豫章郡。乾元元年，复隶洪州。

5. **永修县**(618—625)—**武宁县**(704—710)—**豫宁县**(710—762)—**武宁县**(762—907)

隋末，析建昌县置永修县，以南朝旧县为名，治故永修城(今永修县江上乡元里村)⑤。隶南昌州。武德八年，州废，省入建昌县。长安四年，析建昌县置武宁县，取武氏吉名，治故豫宁城(今江西武宁县石渡乡新华村)⑥，隶洪州。景云元年，改为豫宁县，以南朝旧县为名。天宝元年，隶豫章郡。四载，移治玉枕山前(今武宁县城豫宁街道)。乾元元年，复隶洪州。宝应元年，以避代宗讳，复为武宁县。贞元十六年，析置分宁县。

附新县：分宁县(800—907)

贞元十六年⑦，刺史李巽奏分武宁县西界置分宁县，以分武宁置县，故名，治亥市(今江西修水县城义宁镇)⑧，隶洪州。

---

① 《宋书》卷36《州郡志》："康乐县，吴孙权黄武中立，曰阳乐，晋武帝太康元年更名。"
② 《太平寰宇记》筠州高安县："阳乐县城，在州西北八十里义均乡。"《大明一统志》瑞州府："阳乐县城：在新昌县东二十里。"按新昌县在高安县(宋筠州、明瑞州治)西一百二十里，则"新昌县东二十里"当为"新昌县东三十里"之误，今定于宜丰县棠浦镇。
③ 《大明一统志》南昌府："奉新县：唐复置新吴县，寻省。永淳初，复置。神龙初，迁治冯水南。"《纪要》南昌府奉新县："新吴城，县西三十里。……唐复置新吴县，神龙初，移县治于冯水南，即今治也。"则唐初新吴城，在今奉新县会埠镇官村。《地名大辞典》第2327页云在会埠乡故县村，然其地距奉新县城30公里，与《大明一统志》不合，不取。
④ 《元和志》洪州新吴县："东至州一百五十里。"
⑤ 《纪要》瑞州府安义县："永修县，在县西南四十里。"《大清一统志》卷243南康府："永修废县：按《旧志》谓在安义县西南四十里靖安县界。今考《水经注》，县为修水所经，当在建昌县西南。"盖是，则《纪要》误以建昌县西南为安义县西南。按明清建昌治今永修县艾城镇，则唐初永修县当在今永修县元里村，即汉晋永修县治。
⑥ 《纪要》南昌府武宁县："《志》云：县南甘罗村有豫宁城，唐豫宁县本治此，天宝四载迁于今治。"《地名大辞典》第2224页定甘罗村于今武宁县石渡乡新华村，今从之。《地图集》定于今武宁县西之甫田乡，方位不合，不取。
⑦ 《唐会要》卷70、《新唐志》作"十五年"，今依《元和志》、《旧唐志》、《太平寰宇记》。
⑧ 《太平寰宇记》洪州分宁县："修水，在县南二百二十步。"《纪要》南昌府宁州："分宁废县：今州治。……贞元十六年，析置分宁县。"明宁州治即今修水县城义宁镇。

6. 建昌县(618—907)

本隋豫章郡旧县,隋末,隶南昌州,为州治,并析置永修、龙安二县。八年,州废,省永修、龙安二县及废南昌州西昌、新吴二县来属,以建昌县隶洪州。永淳二年,复析置新吴县。长安四年,析置武宁县。天宝元年,隶豫章郡。乾元元年,复隶洪州。

附旧县：龙安县(618—625)

隋末,析建昌县置龙安县,治龙安城(今江西安义县万埠镇)①,故名,隶南昌州。武德五年,析置新吴县。八年,州废,省入建昌县。

附旧州一：南昌州(618—625)

隋末,林楚取隋豫章郡建昌县置南昌州,取建昌县末字为名,并置永修、龙安二县②。唐武德元年,隶洪州总管府。五年,平林楚,置南昌州总管府,又置新吴县,割隶孙州。七年,罢总管府,割孙州新吴县来属,南昌州隶洪州都督府。八年,州废,省永修、龙安、新吴三县,建昌县隶洪州。

附旧州二：孙州(622—625)

武德五年,割洪州西昌、前南昌、金塘、南泉四县及南昌州新吴县置孙州,以州治孙虑城为名,治西昌县③,隶南昌州总管府。七年,隶洪州都督府,省金塘、南泉二县。八年,州废,新吴县省入洪州建昌县,西昌、前南昌二县省入洪州豫章县④。

附旧州三：靖州(622—624)—后米州(624)—筠州(624—625)

武德五年,安抚大使李大亮安抚江南,割洪州高安县置靖州,盖以保靖一方为名,隶南昌州总管府,并置华阳、望蔡二县。七年,隶洪州都督府,以废前米州之宜丰、阳乐二县来属,改为后米州。是年,又改为筠州,以地产筠篁为名。八年,州废,省华阳、望蔡、宜丰、阳乐四县,高安县隶洪州。

---

① 《舆地纪胜》南康军:"龙安县城,在建昌县南六十里。"《纪要》南康府安义县:"龙安废县,县东北三十里,今为龙安镇。"
② 《说郛》卷67引雷次宗《豫章古今记》:"大业十三年,(豫章)为饶州帅操师乞、林士弘等破废,割豫章以西置三(府)县入(县)〔隶〕,州南昌。"此三县即《旧唐志》之建昌、龙安、永修,俱隋末置。
③ 参详上文豫章县附西昌县注。《新唐志》云"以南昌置孙州",当理解为以南昌县地(西昌)置孙州,非谓以南昌县城为州治也。
④ 《大明清类天文分野之书》卷5:"(武德)八年(孙)州废,以南昌、西昌并入豫章。"

附旧州四：前米州（622—624）

武德五年，析洪州高安县置前米州及宜丰、阳乐二县①，以米山为州名，治宜丰县，隶南昌州总管府。七年，州废②，宜丰、阳乐二县改隶后米州。

（二）临川郡（抚州）
抚州（618—742）—临川郡（742—758）—抚州（758—907）

临川郡，本隋旧郡，领临川、南城、崇仁、邵武四县，隋末，林楚改为抚州，以隋旧州为名，治临川县，置宜黄、兴城二县。唐武德四年，取其地置绥城、将乐二县，割隶东南道行台括州总管府之建州③。五年，平林楚，隶洪州总管府，置永城、东兴二县，割建州将乐、绥城二县来属④，割兴城县隶吉州。七年，隶洪州都督府，省东兴、永城、将乐三县，割邵武、绥城二县隶建州。八年，省宜黄县，置巴山县。贞观八年，省巴山县。十三年，抚州领临川、南城、崇仁三县，治临川县。

武周长安四年，抚州领县不变。

唐景云二年，置南丰县。先天二年（713），省南丰县。开元八年，复置南丰县。

天宝元年，复为临川郡，隶豫章郡都督府。十三载，临川郡领临川、南城、南丰、崇仁四县，治临川县。十五载，隶江南西道节度使。至德二载，隶洪吉都防御团练观察处置使。

乾元元年，复为抚州。广德二年，隶江南西道都防御团练观察处置使。建中三年，隶江南西道节度使。贞元元年，隶江南西道都团练观察使。元和十五年，抚州领县一如天宝十三载。

咸通六年，隶镇南军节度使。九年，隶江南西道都团练观察使。十四年，抚州领县不变。

中和二年，复隶镇南军节度使。是年，再隶江南西道都团练观察使。龙纪元年，又隶镇南军节度使。

---

① 按《新唐志》云武德五年析靖州高安县置望蔡、华阳、宜丰、阳乐四县，而《旧唐志》云靖州实领高安、华阳、望蔡三县，不载宜丰、阳乐二县，罗凯云此二县当隶前米州，据《太平寰宇记》，米山在高安县北四十里，而阳乐县城在县西北八十里，则米山在阳乐县之东方，或为阳乐县与高安县之界山。今从之。
② 史志不载前米州罢废时间。按武德七年改靖州为米州（后米州），可知前米州废于是年。
③ 参见本编第八章《江南东道》第三节"长乐郡都督府"建安郡建州。
④ 史志不载武德间绥城县曾割隶抚州一事，今按地理形势，既将乐县来属抚州，绥城县亦应一并来属。故补。

1. 临川县(618—907)

本隋临川郡旧县,隋末,隶抚州,为州治①。天宝元年,隶临川郡,为郡治。乾元元年,复隶抚州,为州治。广德二年,移治连樊溪(今江西抚州市临川区六水桥街道二仙桥)②。

2. 南城县(618—907)

本隋临川郡旧县,隋末,隶抚州。武德五年,析置永城、东兴二县。七年,省永城、东兴二县来属。景云二年,析置南丰县。先天二年,省南丰县来属。开元八年,复析置南丰县。天宝元年,隶临川郡。乾元元年,复隶抚州。乾符三年,移治罗城(今江西南城县天井源乡)③。

附旧县 1:永城县(622—624)

武德五年,析南城县置永城县,以南朝旧县为名,治故永城(今江西黎川县城日峰镇)④,隶抚州。七年,省入南城县。

附旧县 2:东兴县(622—624)

武德五年,析南城县置东兴县,以南朝旧县为名,治故东兴城(今江西南城县龙湖镇东门前村)⑤,隶抚州。七年,省入南城县。

3. 南丰县(711—713,720—907)

景云二年,析南城县置南丰县,以南朝旧县为名,治故南丰城(今江西南丰县城琴城镇),隶抚州。先天二年,省入南城县。开元八年,刺史卢元敏奏其田地丰饶,川谷深重,时多剽劫,乃复析南城县置南丰县⑥。天宝元年,隶临川郡。乾元元年,复隶抚州。

4. 崇仁县(618—907)

本隋临川郡旧县,隋末,隶抚州,并析置宜黄县。武德八年,省宜黄县来属,析置巴山县。贞观八年,省巴山县来属。天宝元年,隶临川郡。乾元元年,复隶抚州。

附旧县:宜黄县(618—625)—巴山县(625—634)

隋末,析崇仁县置宜黄县,以南朝旧县为名,治故宜黄城(今江西宜黄县

---

① 《元和志》抚州临川县:"后汉和帝永元八年,析南城县为临安县,开元九年改为临川县。"按《太平寰宇记》载,临川县本后汉临汝县,隋平陈,改为临川县。则《元和志》之"开元九年",当是"开皇九年"之误。
② 《纪要》抚州府临川县。移治年代依《地名大辞典》,第 2337 页。
③ 《地名大辞典》,第 2352 页。
④ 《舆地纪胜》建昌军:"废永城县城:在今新城县北三里,地名城头。"南宋新城县治今黎川县城日峰镇。
⑤ 《舆地纪胜》建昌军:"废东兴县:在今新城县北三十里东兴乡石门里,地名城口。"即今东门前村,旧属严和乡。
⑥ 《太平寰宇记》抚州南丰县。然误系置县时间为开元七年,今依《元和志》、两《唐志》、《唐会要》卷71。

城凤冈镇)①,隶抚州。武德八年,省入崇仁县。是年,析崇仁县置巴山县,以隋旧县为名,治故巴山城(今江西乐安县公溪镇)②。贞观八年,省入崇仁县。

(三) 南康郡(虔州)

虔州(618—742)—**南康郡**(742—758)—虔州(758—907)

南康郡,本隋旧郡,领赣、虔化、雩都、南康四县,隋末,林士弘楚国改为虔州,以隋旧州为名,治赣县,为都城。唐武德五年,平林楚,隶洪州总管府。七年,隶洪州都督府。贞观十三年,虔州领赣、雩都、虔化、南康四县,治赣县。

永淳元年,置南安县。

武周长安四年,虔州领赣、雩都、虔化、南安、南康五县,治赣县。

唐神龙元年,置大庾县。开元二十四年,置长汀县。二十六年,割长汀县隶江南东道汀州。

天宝元年,复为南康郡,隶豫章郡都督府,改南安县为信丰县。十三载,南康郡领赣、雩都、虔化、信丰、大庾、南康六县,治赣县。十五载,隶江南西道节度使。至德二载,隶洪吉都防御团练观察处置使。

乾元元年,复为虔州。广德二年,隶江南西道都防御团练观察处置使。建中三年,隶江南西道节度使。贞元元年,隶江南西道都团练观察使。四年,置安远县。元和十五年,虔州领赣、雩都、虔化、安远、信丰、大庾、南康七县,治赣县。

咸通六年,隶镇南军节度使。九年,隶江南西道都团练观察使。十四年,虔州领县不变。

中和二年,复隶镇南军节度使。是年,再隶江南西道都团练观察使。龙纪元年,又隶镇南军节度使。

1. 赣县(618—907)

本隋南康郡旧县,隋末,隶虔州,为州治。天宝元年,隶南康郡,为郡治。乾元元年,复隶虔州,为州治。

---

① 《大清一统志》卷246抚州府:"宜黄故城在今宜黄县东。……《县志》:'县初置于水东。……今水东百花洲有小庙名故县,盖其遗址。'"
② 唐宋史志不载其事。按《太平寰宇记》抚州崇仁县:"贞观八年,以巴山县偏僻,并入崇仁县。"《太平寰宇记》崇仁县又云:"废巴山县在县西南三十一里。"今乐安县公溪镇是其地。据两《唐志》,武德八年入宜黄县入崇仁县,则巴山盖承宜黄之废,今补。

2. 雩都县(618—907)

本隋南康郡旧县,隋末,隶虔州。武德五年,移治太昌村(今江西于都县城贡江镇东南岸)①。贞观五年,移治古南康郡城(今贡江镇)②。开元二十四年,析置长汀县。天宝元年,隶南康郡。乾元元年,复隶虔州。贞元四年,析置安远县。

附新县：安远县(788—907)

贞元四年,以刺史路应奏其地辟人稀,每有赋徭,动逾星岁,遂析雩都、信丰二县地置安远县③,以南朝旧县为名,治新安远城(今江西安远县城欣山镇),隶虔州。

3. 虔化县(618—907)

本隋南康郡旧县,隋末,隶虔州。天宝元年,隶南康郡。乾元元年,复隶虔州。

4. 南安县(682—742)—信丰县(742—907)

永淳元年,析南康县置南安县,以三国旧县为名④,治故南安城(今江西信丰县城嘉定镇),隶虔州。天宝元年,江西采访使韩朝宗以与江南东道清源郡县名重,遂奏改名信丰县,取人信物丰为名,隶南康郡。乾元元年,复隶虔州。

5. 大庾县(705—907)

神龙元年,析南康县置大庾县,以地当大庾岭为名,治大庾镇(今江西大余县城南安镇)⑤,隶虔州。天宝元年,隶南康郡。乾元元年,复隶虔州。

6. 南康县(618—907)

本隋南康郡旧县,隋末,隶虔州。永淳元年,析置南安县。神龙元年,析置大庾县。天宝元年,隶南康郡。乾元元年,复隶虔州。

(四) 庐陵郡(吉州)

吉州(618—742)—庐陵郡(742—758)—吉州(758—907)

庐陵郡,本隋旧郡,领庐陵、太和⑥、安复、新淦四县,隋末,林楚改为吉州,

---

① 《太平寰宇记》虔州雩都县。《大明一统志》赣州府："雩都故县：有二,一在县西北五里,西汉建；一在县东南大昌村,陈永定间建。"按雩都县既以雩山、雩水为名,所移县城当距旧治不远,今姑定大昌村于于都县城贡江镇东南岸。
② 《太平寰宇记》虔州雩都县："贞观中,暴雨为患,安抚大使任怀玉奏请置于南康古郡,即今县城也。"《地名大辞典》第2413页作贞观五年移治,今依之。
③ 《太平寰宇记》虔州安远县。
④ 《太平寰宇记》虔州信丰县："以其地接岭南,人安俗阜,谓之南安。"实为三国旧县名之由来。
⑤ 《大明一统志》南安府："大庾县旧治：在府城东二里。"明南安府治今大余县城南安镇。
⑥ 《隋志》作"泰和",按《元和志》吉州太和县："隋开皇九年平陈,分庐陵县置西昌县,十年,改为太和。"今从之。谢旻等《江西通志》卷2引嘉靖《通志》云："洪武中,复为县,改太为泰。"可证。

以隋旧州为名,治庐陵县。唐武德五年,平林楚,隶洪州总管府,割抚州兴城县来属,割太和县隶南平州,安复县隶颖州。是年,省兴城县。七年,隶洪州都督府,以废颖州之安复县来属,改为安福县。八年,以废南平州之太和县来属。贞观十三年,吉州领庐陵、太和、安福、新淦四县,治庐陵县。

显庆四年,置永新县。

武周长安四年,吉州领庐陵、太和、永新、安福、新淦五县,治庐陵县。

唐天宝元年,复为庐陵郡,隶豫章郡都督府。十三载,庐陵郡领庐陵、太和、永新、安福、新淦五县,治庐陵县。十五载,隶江南西道节度使。至德二载,隶洪吉都防御团练观察处置使。

乾元元年,复为吉州。广德二年,隶江南西道都防御团练观察处置使。建中三年,隶江南西道节度使。贞元元年,隶江南西道都团练观察使。元和十五年,吉州领县一如天宝十三载。

咸通六年,隶镇南军节度使。九年,隶江南西道都团练观察使。十四年,吉州领县不变。

中和二年,复隶镇南军节度使。是年,再隶江南西道都团练观察使。龙纪元年(889),又隶镇南军节度使。

1. **庐陵县**(618—907)

本隋庐陵郡旧县,隋末,隶吉州,为州治。武德元年,析置兴城县。五年,省兴城县来属。永淳元年,州人以城逼赣水,东通大山,土地湫隘,遂请移治新庐陵城(今江西吉安市吉州区北门街道)①。天宝元年,隶庐陵郡,为郡治。乾元元年,复隶吉州,为州治。

附旧县:兴城县(618—622)

武德元年,析吉州庐陵县置兴城县,治故兴平城(今江西永丰县鹿冈乡)②,以为县名,割隶抚州。五年,还属吉州,寻省入吉州庐陵县。

2. **太和县**(618—907)

本隋庐陵郡旧县,隋末,隶吉州。武德五年,割置南平州,并析置东昌、永新、

---

① 《舆地纪胜》吉州:"旧州城:唐永淳元年,移州于(今治),旧石阳县其城遂废。"《大明一统志》吉安府:"庐陵县:唐永淳初,州徙今治,县亦随徙。"
② 史志不载此事。按《太平寰宇记》抚州崇仁县:"唐武德五年,分兴城县还吉州。"兴城,万廷兰本作兴平,则兴城县当为林士弘所置,以故兴平城为名,两《唐志》不载,今补。又据《地名大辞典》第2372页,隋兴平城在今永丰县鹿冈一带。中华书局点校本《太平寰宇记》校勘记疑"兴城"为"广兴"之误,然唐初广兴县在今莲花县境,与抚州不接界,不可能由抚入吉。

广兴三县。八年,州废,省东昌、永新、广兴三县来属。贞观元年,移治故西昌城(今江西泰和县城澄江镇西门村)①。显庆四年(656),复析置永新县。天宝元年,隶庐陵郡。乾元元年,复隶吉州。贞元三年,移治白下驿西(今澄江镇东门村)②。

附旧县1：东昌县(622—625)

武德五年,析太和县置东昌县,以隋旧县为名,治故东昌城(今江西吉安县永和镇)③,隶南平州。八年,州废,省入太和县。

附旧县2：广兴县(622—625)

武德五年,析太和县置广兴县,以南朝旧县为名,治故广兴城(今江西莲花县城琴亭镇)④,隶南平州。八年,州废,省入太和县。

3. **永新县**(622—625,656—907)

武德五年,析太和县置永新县,以南朝旧县为名,治故永新城(今江西永新县沙市镇)⑤,隶南平州。八年,州废,省入太和县。显庆四年⑥,以土民诉太和县道路阻远,遂析太和县复置永新县,治禾山东南(今永新县城禾川镇)⑦,隶吉州。天宝元年,隶庐陵郡。乾元元年,复隶吉州。

4. **安复县**(618—624)—**安福县**(624—907)

安福县,本隋庐陵郡安复县,隋末,隶吉州。武德五年,割置颖州。七年,州废,还隶吉州,改为安福县⑧。天宝元年,隶庐陵郡。乾元元年,复隶吉州。

5. **新淦县**(618—907)

本隋庐陵郡旧县,隋末,隶吉州。天宝元年,隶庐陵郡。乾元元年,复隶吉州。

附旧州一：南平州(622—625)

武德五年,割吉州太和县置南平州,盖以南朝有兴平县为名,隶洪州总管

---

① 《太平寰宇记》吉州太和县："大业八年,以旧安丰非水路之要,遂移就故西昌县西三里古城。……贞观元年,县人以西昌曾被寇陷,后移归故城。"《纪要》吉安府泰和县："西昌城：县西三里。隋曰泰和县,一曰初改安丰,后改今名,并移今治。"综此,则隋末被寇之"西昌",即西昌县西三里之古城(今泰和县城澄江镇上田村),唐初人县所治"故城",即故西昌县城,在今泰和县城澄江镇西三里。
② 《大清一统志》卷249吉安府："贞元三年,又移归白下驿西,即今理是。"《明统志》：故西昌城仕泰和县西三里。今废为民居。"
③ 《太平寰宇记》吉州太和县："东昌故县,在县西六十里。"《大明一统志》吉安府："东昌城：在泰和县东北八十里,晋置县,隋省入西昌,唐复置,寻省。今永和镇即其地。"则《太平寰宇记》所记有误。
④ 《舆地纪胜》吉州："广兴县故城：在永新县西一百二十里,吴立,隋废,武德五年复置。"《大清一统志》卷249吉安府："广兴故城：在莲花厅。东晋太康初置,属安成郡,隋废。唐武德五年复置,属南平州。"
⑤ 《大明一统志》吉安府："永新故城：在今县西三十五里,吴置县于此。"
⑥ 两《唐志》作"二年",今依《元和志》、《唐会要》、《太平寰宇记》。
⑦ 《元和志》吉州永新县："东北至州二百二十一里。"《太平寰宇记》吉州永新县："显庆四年,永新县民以太和道路阻远,请别置县于禾山东南六十七里,即今理也。"
⑧ 《唐会要》卷71。"七年",原作"十年",今依《元和志》、两《唐志》。

府,并析置东昌、永新、广兴三县。八年,州废,省东昌、永新、广兴三县,太和县还隶吉州。

附旧州二: 颖州(622—624)

武德五年,割吉州安复县置颖州①,盖以县有禾山(今陈山)、禾水(今陈山河)为名,隶袁州总管府。七年,州废,安复县还隶吉州。

(五) 宜春郡(袁州)

袁州(618—742)—宜春郡(742—758)—袁州(758—907)

宜春郡,本隋旧郡,领宜春、萍乡、新渝②三县。隋末,林楚改为袁州③,以隋旧州为名,治宜春县。武德元年,隶洪州总管府。五年,归唐,割置袁州总管府,新渝县割隶西吴州。七年,罢总管府,袁州隶洪州都督府,以废西吴州之新渝县来属。十三年,袁州领宜春、新渝、萍乡三县,治宜春县。

武周长安四年,袁州领县不变。

天宝元年,复为宜春郡,隶豫章郡都督府,改新渝县为新喻县。十三载,宜春郡领宜春、新喻、萍乡三县,治宜春县。十五载,隶江南西道节度使。至德二载,隶洪吉都防御团练观察处置使。

乾元元年,复为袁州。广德二年,隶江南西道都防御团练观察处置使。建中三年,隶江南西道节度使。贞元元年,隶江南西道都团练观察使。元和十五年,袁州领县一如天宝十三载。

咸通六年,隶镇南军节度使。九年,隶江南西道都团练观察使。十四年,袁州领县不变。

中和二年,复隶镇南军节度使。是年,再隶江南西道都团练观察使。龙纪元年,又隶镇南军节度使。

---

① 《旧唐志》、《唐会要》作"颖州",今依《新唐志》、四库本《太平寰宇记》、《舆地纪胜》。
② 《隋志》作"新喻"。按《元和志》袁州新喻县:"吴孙皓分置新渝县,因渝水为名。天宝后相承作'喻',因声变也。"六朝时"渝"偶作"俞"、"谕"、"喻",施和金《中国行政区划通史·隋代卷》(复旦大学出版社,2009 年)第 458 页从今本《宋志》、《南齐志》、《隋志》作"新喻",然亦疑其为"后人追改"。考《隋志》已载宜春有渝水,则《元和志》所记及施氏所疑确然成立,连带推知,天宝以前所谓"新喻县",亦当为"新渝县"之误。
③ 《旧唐书》卷 56《林士弘传》:"大业十三年,徙据虔州,自称皇帝,国号楚,建元太平。以其党王戎为司空,攻陷临川、庐陵、南康、宜春等诸郡。"

1. 宜春县(618—907)

本隋宜春郡旧县,隋末,隶袁州,为州治。武德四年,移治故宜阳城(今江西宜春市袁州区灵泉街道)①。天宝元年,隶宜春郡,为郡治。乾元元年,复隶袁州,为州治。

2. 新渝县(618—742)—新喻县(742—907)

新渝县,本隋宜春郡旧县,隋末,隶袁州。武德五年,割隶西吴州,为州治②,并析置始平、广丰二县。七年,州废,还隶袁州,移治龙池墅(今江西新余市渝水区珠珊镇炉下村)③,省始平、广丰二县来属。天宝元年④,改为新喻县,隶宜春郡。乾元元年,复隶袁州。大历八年,移治虎瞰山(今新余市渝水区)⑤。

附旧县1：始平⑥县(622—624)

武德五年,析新渝县置始平县,治始平城(今江西樟树市昌傅镇太平街)⑦,以为县名,隶西吴州。七年,州废,省入新渝县。

附旧县2：广丰县(622—624)

武德五年,析新渝县置广丰县,治新广丰城(今樟树市淦阳街道)⑧,借隋豫章郡旧县为名,隶西吴州。七年,州废,省入新渝县。

3. 萍乡⑨县(618—907)

本隋宜春郡旧县,隋末,隶袁州。天宝元年,隶宜春郡。乾元元年,复隶袁州。

附旧州：西吴州(622—624)

武德五年,割袁州新渝县置西吴州,并置始平、广丰二县,盖取故吴平县首

---

① 《纪要》袁州府宜春县:"宜阳城,即今府城。相传城本汉时遗址。《图经》:'隋大业末,萧铣陷郡城。唐武德四年,安抚使李大亮筑郡城,周四百八十四步,东西南面开濠,北倚江为濠。'"复旦大学周庆彰认为隋开皇十一年宜春县徙治,唐武德四年复迁今治。从之。
② 《太平寰宇记》袁州新喻县、《纪要》临江府新喻县。
③ 《纪要》临江府新喻县新渝旧城。《地名大辞典》第 2255 页以为麟德元年移治龙池墅,不详所据。
④ 《元和志》作"天宝后",今依《地名大辞典》第 2255 页。
⑤ 《纪要》临江府新喻县新渝旧城。
⑥ 《纪要》新喻县作"治平",《地名大辞典》第 2255 页作"临平",今依《太平寰宇记》袁州新喻县。
⑦ 《太平寰宇记》袁州新喻县:"废始平县,在县北九十里。"《地名大辞典》第 2321 页定于今樟树市昌傅镇太平街,从之。
⑧ 《太平寰宇记》袁州新喻县:"废广丰县,在县北八十四里。"按宋初新喻县在今新余市城区,其北八十四里为新余与分宜、上高二县交界山区,不合置县,今丰城市境隋有广丰县,则唐初广丰当在新渝县东北近于丰城县处,又考新渝县东北九十里已有始平县,则广丰县更在始平县东北,即今樟树市城区一带,疑《太平寰宇记》"在县北"为"在始平县北"或"在(新喻)县北一百"之误。
⑨ 《新唐志》列目作"苹乡",今依《州郡典》、《元和志》、《旧唐志》、《太平寰宇记》。

字为州名,隶南昌州总管府。七年,州废①,省始平、广丰二县,新渝县隶袁州。

附旧府一　南昌州总管府(622—624)

　　武德五年,割洪州总管府之南昌、孙、靖、前米四州置南昌州总管府,隶山南道行台,并置西吴州。六年,归辅宋西南道行台。是年,复归唐,隶山南道行台。七年,隶安州大都督府,废前米州,改靖州为后米州。是年,罢总管府及西吴州,南昌、后米、孙三州隶洪州都督府。

附旧府二　袁州总管府(622—624)

　　武德五年,割洪州总管府袁、颖二州置袁州总管府②。七年,罢总管府及颖州,袁州隶洪州都督府。

第二节　长沙郡(潭州)都督府

　　潭州总管府(618—624)—潭州都督府(624—742)—长沙郡都督府(742—756)—衡州防御使(757—761)—湖南都团练观察使(764—883)—钦化军节度使(883—886)—武安军节度使(886—907)

　　武德元年(618),萧梁以潭、衡、郴、永四州置潭州总管府③,并置番、建二州。二年,割番州隶广州总管府。四年,归唐,隶山南道行台,改建州为南梁州,置南云、营二州,割桂州总管府连州来属。五年,隶荆州大总管府,改营州为南营州;置齐州,割隶南康州总管府。七年,改为潭州都督府,隶荆州大都督府,改南梁州为邵州,南营州为道州。贞观元年④(627),废南云州。二年,属山南道。十年,属江南道。十三年,潭州都督府督潭、衡、郴、连、道、永、邵七州。十七年,废道州。

---

① 两《唐志》载武德七年罢南昌州总管府,八年,废其旧管之南昌、孙、靖、筠州,独不载西吴州,疑西吴州先已罢废,今姑系于武德七年。
② 罗凯《隋唐政治地理格局研究》第313页云:"武德四年,唐平萧铣,置潭州总管府,管八州,然与潭州毗邻之袁州却不属其管辖。……至迟五年,袁州当置总管府,属江州(中)总管府所管四府之一,管袁、颖二州。七年,当废总管及颖州,袁州属洪州总管府。"从之。
③ 《旧唐志》云武德四年平萧铣,置潭州总管府。按隋时已置潭州总管府,《旧唐书》卷56《萧铣传》:"高祖诏夔州总管赵郡王孝恭率兵讨之,拔其通、开二州,斩伪东郡王萧阇提。……时(董)景珍出镇长沙,铣下书赦之,召还江陵。"唐取通、开二州在武德三年,可知景珍武德初以大司马、晋王身份出镇潭州,仍当置总管府,因补。
④ 《旧唐志》、《太平寰宇记》潭州序系于武德七年,今依《旧唐志》衡州序、《新唐志》衡州攸县。

前上元二年(761),复置道州。

武周长安四年(704),潭州都督府督州一如贞观十三年。

唐景云二年(711),割隶江南西道。开元二年(714),割连州隶岭南道桂州都督府。

天宝元年(742),改潭州为长沙郡,衡州为衡阳郡,郴州为桂阳郡,道州为江华郡,永州为零陵郡,邵州为邵阳郡,改潭州都督府为长沙郡都督府,割岭南道广州都督府连山郡来属。十三载,长沙郡都督府督长沙、衡阳、桂阳、连山、江华、零陵、邵阳七郡。十五载,长沙、衡阳、桂阳、连山、江华、零陵、邵阳七郡隶江南西道节度使,都督成虚职。至德二载(757),割江南西道节度使衡阳、桂阳、连山①、江华、零陵、邵阳、长沙、巴陵八郡置衡州防御使,治衡州。

乾元元年(758),复衡阳郡为衡州,桂阳郡为郴州,连山郡为连州,江华郡为道州,零陵郡为永州,邵阳郡为邵州,长沙郡为潭州,巴陵郡为岳州,割郴、连二州隶岭南道韶连郴都团练使。二年,割岳州隶鄂岳都团练观察使。后上元二年(761),罢镇,衡、道、永、邵、潭五州隶山南东道荆南节度使。广德二年(764),割荆南节度使衡、郴、连、道、永、邵、潭七州置湖南都团练守捉观察处置使②,省称湖南观察使,治衡州,仍隶江南西道。大历四年(769),移使治于潭州。元和十五年(820),湖南都团练守捉观察处置使领潭、衡、郴、连、道、永、邵七州,治潭州。

咸通十四年(873),湖南都团练守捉观察处置使领州不变。

中和三年(883),升为钦化军节度使。光启二年(886),改为武安军节度使。

(一) 长沙郡(潭州)

潭州(618—742)—长沙郡(742—758)—潭州(758—907)

长沙郡,本隋旧郡,领长沙、前衡山、邵阳、武攸③、益阳五县,武德元年,萧梁改为潭州,以隋旧州为名,治长沙县,置潭州总管府,并置新康县。四年,归唐,

---

① 即连州,《新唐表》衡州栏作"涪",即涪陵郡,《方镇研究》从之。按《旧唐志》荆州序:"后上元元年……又割黔中之涪,湖南之岳、潭、衡、郴、邵、永、道、连八州,增置万人军。"可见除涪州割自黔中道外,余八州皆来自湖南旧辖,是知《新唐表》衡州栏作"八州"是,而脱连州;涪州与衡州防御使中隔数州,不应相属(否则即为九州),故可断"涪"字为"连"字之误,今改。
② 《新唐表》荆南、衡州栏皆云是年以荆南节度使衡、潭、邵、永、道五州隶湖南都团练守捉观察使,今据《方镇研究》第119页考证,补郴、连二州。
③ 《隋志》不载此县,按《唐会要》:"武冈县:隋为武攸县,武德四年,改为武冈县。"《新唐志》武冈县:"本武攸,武德四年更名。"知武攸县为隋末所置,据补。

置醴陵、湘乡二县,割邵阳、武攸二县隶南梁州。七年,改总管府为都督府,省新康县。贞观十三年,潭州领长沙、醴陵、前衡山、湘乡、益阳五县,治长沙县。

武周长安四年,潭州领县不变。

唐神龙三年(707),割前衡山县隶衡州。景龙二年,置浏阳县。

天宝元年,复为长沙郡,隶长沙郡都督府。十三载,长沙郡领长沙、浏阳、醴陵、湘乡、益阳五县[1],治长沙县。十五载,隶江南西道节度使。至德二载,改隶衡州防御使。

乾元元年,复为潭州。后上元二年,改隶山南东道荆南节度使。广德二年,割隶江南西道湖南都团练守捉观察处置使[2]。大历四年,自衡州移使治于此。元和初,割衡州后湘潭县来属。十五年,潭州领长沙、浏阳、醴陵、后湘潭、湘乡、益阳六县,治长沙县。

咸通十四年,潭州领县不变。

中和三年,隶钦化军节度使。光启二年,隶武安军节度使,均为使治。

1. **长沙县**(618—907)

本隋长沙郡旧县,武德元年,隶潭州,为州治。四年,析置醴陵县。景龙二年(708),析置浏阳县。天宝元年,隶长沙郡,为郡治。乾元元年,复隶潭州,为州治。

2. **浏阳县**(708—907)

景龙二年,析长沙县置浏阳县,以南朝旧县为名,治故浏阳城(今湖南浏阳市淮川街道),隶潭州。天宝元年,隶长沙郡。乾元元年,复隶潭州。

3. **醴陵县**(621—907)

武德四年,析长沙县置醴陵县,以南朝旧县为名,治故醴陵城(今湖南醴陵市来龙门街道),隶潭州。天宝元年,隶长沙郡。乾元元年,复隶潭州。

4. **湘乡县**(621—907)

武德四年,析衡山县置湘乡县,以南朝旧县为名,治故湘乡城(今湖南湘乡市望春门街道),隶潭州。天宝元年,隶长沙郡。乾元元年,复隶潭州。

5. **益阳县**(618—907)

本隋长沙郡旧县,武德元年,隶潭州,析置新康县。七年,省新康县来属。

---

[1] 《州郡典》衍后衡山县,以六县列目,今参两《唐志》删定。
[2] 《新唐表》荆南、衡州栏皆云是年以荆南节度使衡、潭、邵、永、道五州隶湖南都团练守捉观察处置使,今据《方镇研究》第119页考证,补郴、连二州。

天宝元年,隶长沙郡。乾元元年,复隶潭州。

附旧县:新康县(618—624)

武德元年①,析益阳县置新康县,以南朝旧县为名,治故新康城(今湖南宁乡县白马桥街道万寿山村)②。七年,省入益阳县。

(二) 衡阳郡(衡州)

衡州(618—742)—衡阳郡(742—758)—衡州(758—907)

衡阳郡,本隋衡山郡,领衡阳、前湘潭、耒阴③、新宁四县。武德元年,萧梁改为衡州,以隋旧州为名,改衡阳县为临蒸县,为州治,隶潭州总管府,置黄杨县。四年,归唐,改耒阴县为耒阳县,黄杨县为重安县,置新城、攸二县,割攸县隶南云州。七年,隶潭州都督府,省重安、新城二县。贞观元年,以废南云州之攸县来属。十三年,衡州领临蒸、前湘潭、攸、耒阳、新宁五县,治临蒸县。

武周圣历元年(698),置茶陵县。长安四年,衡州领临蒸、前湘潭、攸、茶陵、耒阳、新宁六县,治临蒸县。

唐神龙三年,割潭州前衡山县来属。开元二十年,改临蒸县为衡阳县。

天宝元年,改为衡阳郡,以衡阳县为名,隶长沙郡都督府,改新宁县为常宁县。八载,改前湘潭县为后衡山县,前衡山县为后湘潭县。十三载,衡阳郡领衡阳、后衡山、后湘潭、攸、茶陵、耒阳、常宁七县④,治衡阳县。十五载,隶江南西道节度使。至德二载,隶衡州防御使,为使治。

乾元元年,复为衡州。后上元二年,罢镇,改隶山南东道荆南节度使。广德二年,割隶江南西道湖南都团练守捉观察处置使,为使治。大历四年,移使治于潭州。元和初,割后湘潭县隶潭州。十五年,衡州领衡阳、后衡山、攸、茶陵、耒阳、常宁六县,治衡阳县。

咸通十四年,衡州领县不变。

中和三年,隶钦化军节度使。光启二年,隶武安军节度使。

---

① 两《唐志》作"四年"。《纪要》长沙府宁乡县:"唐初,萧铣复置新康县。"今依之。
② 《纪要》长沙府宁乡县:"新康城:县西二十里。"《地名大辞典》第3233页定于县城西南十里万寿山,言有故址,今依之。
③ 《隋志》原作"涞阴",按《元和志》云:"耒阳县,本秦县,因耒水在县东为名,汉属桂阳郡,隋改为耒阴,属衡州。"《旧唐志》云:"耒阳:汉县,隋改为耒阴。武德四年,复为耒阳。"《新唐志》云:"耒阳:本耒阴,武德四年更名。"《太平寰宇记》云:"耒阳:汉置耒阳县,隋改为耒阴。"据改。
④ 《州郡典》脱后衡山县,以六县列目,今参两《唐志》补后衡山县。

1. 临蒸县(618—732)—**衡阳县**(732—907)

衡阳县,本隋衡山郡临蒸县,武德元年,改为临蒸县①,以南朝旧县为名,隶衡州,为州治,析置黄杨县。四年,析置新城县。七年,省重安、新城二县来属。开元二十年,改为衡阳,以隋旧县为名。天宝元年,隶衡阳郡,为郡治。乾元元年,复隶衡州,为州治。

附旧县1:黄杨县(618—621)—重安县(621—624)

武德元年,析临蒸县置黄杨县,治黄杨城(今湖南衡阳县金兰镇)②,故名,隶衡州。四年,移治新城(今衡阳县台源镇台源村)③,改为重安县,以南朝旧县为名。七年,省入临蒸县。

附旧县2:新城县(621—624)

武德四年,析临蒸县置新城县,以南朝旧县为名,治故新城(今湖南耒阳市新市镇)④,隶衡州。七年,省入临蒸县。

2. 前湘潭县(618—749)—**后衡山县**(749—907)

后衡山县,本隋衡山郡前湘潭县,武德元年,隶衡州。四年,析置攸县。神龙元年,移治故衡山城(今湖南株洲县王十万乡荷包洲)⑤。天宝元年,隶衡阳郡。八载,还治白茅镇(今湖南衡山县城开云镇)⑥,与前衡山县易名,改为后衡山县,复南朝旧县名。乾元元年,复隶衡州。

3. 前衡山县(618—749)—**后湘潭县**(749—907)

后湘潭县,本隋长沙郡前衡山县,武德元年,隶潭州。四年,析置湘乡县。神龙三年,割隶衡州。天宝元年,隶衡阳郡。八载,移治洛口⑦(今湖南株洲县

---

① 两《唐志》、《太平寰宇记》作武德四年改县名,按《唐会要》云:"衡阳县:武德初,萧梁改为临蒸县。"据改。临蒸,《新唐志》作"临烝",今依《唐会要》、两《唐志》、《太平寰宇记》。按县境有蒸水,可证。
② 《纪要》衡州府衡阳县:"《志》云:府西百四十里有黄杨废县,或以为萧梁时所置。"按萧梁制置多失载,此《志》殆有所据,因补。
③ 残宋本《太平寰宇记》衡州衡阳县:"钟武故城:在县西八十里。后汉永建二年改为重安,又移于钟武故城东二十里,今谓之重安故城。"《中国文物地图集·湖南分册》第117页云台源村有易家岭唐代遗址,面积约5 000平方米,疑即重安故城。
④ 《舆地纪胜》衡州:"新城县故城:在衡阳县东一百二十里。"《大清一统志》卷281衡州府:"新城废县:在耒阳县北五十里……即今新城市也。"
⑤ 《元和志》衡州衡山县:"西南至县一百二十里。"《纪要》衡州府衡山县:"衡山旧城:在县西。《(府)志》云:隋大业六年,徙县治白马峰下,唐神龙元年还旧治。"按《纪要》"旧城"即大业以前旧治,亦即神龙元年所还"旧治",裴淮昌《湖南古今地名辞典》第74页以为在今株洲县王十万乡荷包洲。《大清一统志》卷281衡州府:"衡山故城:在今衡山县东北。"可证《纪要》"在县西"当为"在县东"之误。
⑥ 《纪要》衡州府衡山县:"衡山旧城:隋大业六年,徙县治白马峰下,唐神龙元年还旧治,后又以水患徙治白茅镇。五代……断湘江为栅,即今县也。"迈柱等《湖广通志》卷11:"白马峰:在县治西。"则大业县治即白茅镇。神龙后还治白茅镇时间史无载,今推测在天宝八载与前衡山县易名之时。
⑦ 《唐会要》作"路口",今依《旧唐志》。《新唐志》载潭州有渌口戍,今株洲县城所在,当即其地。

城渌口镇),与前湘潭县易名,改为后湘潭县,以南朝湘西县取名。乾元元年,复隶衡州。元和初①,还隶潭州。

4. **攸县**(621—907)

武德四年,析前湘潭县置攸县,以南朝旧县为名,治故攸城(今湖南攸县网岭镇董家洲)②,隶南云州,并析置茶陵、安乐、阴山、新兴、建宁五县。贞观元年,州废,省茶陵、安乐、阴山、新兴、建宁五县来属,隶衡州。圣历元年,复析置茶陵县。天宝元年,隶衡阳郡。乾元元年,复隶衡州。

附旧县1:**安乐县**(621—627)

武德四年,析攸县置安乐县,盖以安居乐业为名,治安乐城(今攸县菜花坪镇)③,隶南云州。贞观元年,州废,省入攸县。

附旧县2:**阴山县**(621—627)

武德四年,析攸县置阴山县,以南朝旧县为名,治阴山港(今攸县鸭塘铺乡杨木港),隶南云州。贞观元年,州废,省入攸县。

附旧县3:**新兴县**(621—627)

武德四年,析攸县置新兴县,盖取新朝勃兴为名,治新兴城(今衡东县荣桓镇)④,隶南云州。贞观元年,州废,省入攸县。

附旧县4:**建宁县**(621—627)

武德四年,析攸县置建宁县,以南朝旧县为名,治故建宁城(今株洲县太湖乡建宁村),隶南云州。贞观元年,州废,省入攸县。

5. **茶陵县**(621—627,698—907)

武德四年,析攸县置茶陵县,以南朝旧县为名,治新茶陵城(今湖南茶陵县城云阳街道)⑤,隶南云州。贞观元年⑥,州废,省入攸县。圣历元年,析攸

---

① 《新唐志》作"元和后",按《元和志》成于元和八年,湘潭县已列于潭州,故推知为元和初。
② 《元和志》衡州攸县:"西南至州陆路三百四十五里。……以北带攸溪为名。"按今攸县城西至衡阳(即衡州)陆路约二百五十里,则唐攸县城在今攸县城东北陆路约九十里,今拟为网岭镇董家洲。
③ 《纪要》长沙府攸县:"安乐废县:在县南。"今拟为攸县菜花坪镇。
④ 《纪要》长沙府攸县:"阴山城:在县西北六十里。"此城在今衡东县荣桓镇,按唐初阴山县既置于阴山港,则此"阴山城"依地理形势分析,当即新兴县所治,《纪要》盖误以为古阴山县城也。
⑤ 《元和志》衡州茶陵县:"西南至州水路四百五十里。……武德四年置茶陵县,贞观九年废。圣历元年复旧。"《新唐志》:"茶陵:圣历元年析攸因故居置。"则武德四年后茶陵县治即今县城,未曾移治,《纪要》亦持此说。然残宋本《太平寰宇记》衡州茶陵县:"今攸县东一百四十里茶陵故城,是汉所理,俗名茶王城。……唐武德四年,又于故(攸县)城立云州,仍立茶陵县,贞观九年省州并县。圣历元年又置为县,即今理也。"今人或据此以为武德所治为故茶陵城,圣历所治为新茶陵城(即今治)。按唐初云州治攸县,则《太平寰宇记》武德四年之"故城"为攸县故城,非茶陵故城也。推此文理,固非明言圣历有移治之事,今人乃强作解释,不取。
⑥ 《元和志》、《太平寰宇记》作"九年",《唐会要》作"七年",今依两《唐志》。

县复置茶陵县,隶衡州。天宝元年,隶衡阳郡。乾元元年,复隶衡州。

6. 耒阴县(618—621)—耒阳县(621—907)

耒阳县,本隋衡山郡耒阴县,武德元年,隶衡州。四年,改为耒阳县,以南朝旧县为名,移治故耒阳城(今耒阳市蔡子池街道)①,隶衡州。天宝元年,隶衡阳郡。乾元元年,复隶衡州。

7. 新宁县(621—742)—常宁县(742—907)

常宁县,本隋衡山郡新宁县,武德元年,隶衡州。神龙二年,移治麻州(今湖南常宁县松柏镇)②。开元九年,移治宜江(今常宁县城宜阳镇)③。天宝元年,隶衡阳郡,以与剑南道通川郡县名重,改为常宁县,仍取吉意。乾元元年,复隶衡州。

附旧州: 南云州(621—627)

武德四年,割衡州攸县置南云州,以云阳山为名④,并析置茶陵、安乐、阴山、新兴、建宁五县,治攸县,隶潭州总管府。贞观元年,州废,省茶陵、安乐、阴山、新兴、建宁五县,以攸县隶衡州。

(三)桂阳郡(郴州)

郴州(618—742)—桂阳郡(742—758)—郴州(758—907)

桂阳郡,本隋旧郡,领郴、晋兴、卢阳、临武四县⑤。武德元年,萧铣改为郴州,以隋旧州为名,治郴县,隶潭州总管府,置义章、平阳二县。四年,归唐。七年,隶潭州都督府,省义章、平阳二县。八年,复置义章、平阳二县。贞观八年,省晋兴县。十三年,郴州领郴、卢阳、义章、临武、平阳五县,治郴县。

咸亨二年(671),置南平县。三年,置资兴县。

武周如意元年(长寿元年,692),置高平县,改临武县为隆武县。长安四

---

① 《大明一统志》衡州府:"耒阳县:陈移县治鳌山口,隋改曰耒阴,属衡州,唐还旧治,复改曰耒阳。"
② 残宋本《太平寰宇记》衡州常宁县:"神龙二年,又移于今县北八十里湘水东岸、麻溪之西置。"可定于今常宁县松柏镇。然《大清一统志》卷281衡州府:"新宁故城:在常宁县西北。"今人遂以为神龙县治在今常宁县大堡乡麻洲村。按麻洲村在开元县治(即今常宁县城)西北四十余里,村东无溪,以江洲中多种芝麻为名,与《太平寰宇记》不合;而松柏镇东有溪,且在开元县治东北七十余里,与《太平寰宇记》正合,宜为神龙县治。
③ 《元和志》衡州常宁县:"西北至州陆路一百八十里。"残《太平寰宇记》衡州常宁县:"开元九年,复移于今理。"
④ 《纪要》长沙府攸县:"司空山:县东四十里,南接茶陵州云阳山。"
⑤ 《隋志》不载晋兴县。按《元和志》、两《唐志》、《太平寰宇记》皆言隋开皇十一年改晋宁县为晋兴县,唐贞观八年废。则大业间晋兴县曾废而复置,《隋志》失载,今补。

年,郴州领郴、资兴、卢阳、义章、高平、隆武、南平、平阳八县,治郴县。

唐神龙元年,复改隆武县为临武县。开元十三年,置安陵县。二十三年,省高平县。

天宝元年,复为桂阳郡,隶长沙郡都督府,改卢阳县为义昌县,南平县为蓝山县,安陵县为高亭县。十三载,桂阳郡领郴、资兴、义昌、义章、临武、蓝山、平阳①、高亭八县。十五载,隶江南西道节度使。至德二载,隶衡州防御使。

乾元元年,复为郴州。后上元二年,改隶山南东道荆南节度使。广德二年,割隶江南西道湖南都团练守捉观察处置使。元和十五年,郴州领县一如天宝十三载。

咸通十四年,郴州领县不变。

中和三年,隶钦化军节度使。光启二年,隶武安军节度使。天祐元年,置桂阳监。

1. 郴县(618—907)

本隋桂阳郡旧县,武德元年,隶郴州,为州治,并析置义章、平阳二县。七年,省义章、平阳二县来属。八年,复析置义章、平阳二县。贞观八年,省晋兴县来属。咸亨三年,析置资兴县。开元十三年,析置安陵县。天宝元年,隶桂阳郡,为郡治。乾元元年,复隶郴州,为州治。

2. 晋兴县(618—634)—资兴县(672—907)

资兴县,本隋桂阳郡晋兴县,武德元年,隶郴州。贞观八年②,省入郴县。咸亨三年,析郴县置资兴县,治故晋兴城(今湖南资兴市白廊乡旧市村西)③,隶郴州。天宝元年,隶桂阳郡。乾元元年,复隶郴州。

3. 卢阳④县(618—742)—义昌县(742—907)

义昌县,本隋桂阳郡卢阳县,武德元年,隶郴州。天宝元年,移治新卢阳城(今湖南汝城县城卢阳镇城头寨)⑤,隶桂阳郡,因与黔中道卢阳郡县名重,

---

① 《州郡典》列目作"高平",王文锦点校本改为"南平",按高平县已于开元二十三年省,南平县于天宝元年改为蓝山县,《州郡典》既已列蓝山县,则此处既不得为南平,亦不得为蓝山,考郴州各县沿革,当作"平阳",今改。
② 《旧唐志》郴州序系于武德八年,误。今依《元和志》、《旧唐志》资兴县、《新唐志》、《太平寰宇记》兴宁县。
③ 《元和志》郴州资兴县:"西至州一百二十里。"《太平寰宇记》郴州资兴县:"今邑城南俯耒江,北带长岭。"故址今没入资兴市旧市村(旧为乡)东江湖中。
④ 《元和志》、《唐会要》作"扈阳",四库本《旧唐志》作"庐阳"。今依《隋志》、中华书局本两《唐志》、残宋本《太平寰宇记》。
⑤ 《地名大辞典》,第3407页。

改为义昌县,盖因故楚义帝所居为名。乾元元年,复隶郴州。

4. **义章县**(618—624,625—907)

武德元年,析郴县南境置义章县,盖取故楚义帝所居及县境章水为名,治义章城(今湖南宜章县五岭乡樟桥村)①,隶郴州。七年,省入郴县。八年,析郴县复置义章县。如意元年(长寿元年),析置高平县。开元二十三年,省高平县来属,移治高平城。天宝元年,隶桂阳郡。乾元元年,复隶郴州。

附旧县:**高平县**(692—735)

如意元年(长寿元年),析义章县南境置高平县,治高平城(今宜章县城玉溪镇)②。开元二十三年,省入义章县。

5. **临武县**(618—692)—**隆武县**(692—705)—**临武县**(705—907)

临武县,本隋桂阳郡旧县,武德元年,隶郴州。七年,自故南平城(今湖南蓝山县城塔峰镇古城村)还治故临武城(今湖南临武县城舜峰镇)③。咸亨二年,析置南平县。如意元年(长寿元年),改临武县为隆武县,取武氏吉名。神龙元年,复为临武县。天宝元年,隶桂阳郡。乾元元年,复隶郴州。

6. **南平县**(671—742)—**蓝山县**(742—907)

咸亨二年,析临武县置南平县,以南朝旧县为名,治新南平城(今蓝山县竹管寺镇)④,隶郴州。天宝元年,以与山南西道南平郡县名重,改为蓝山县,因县东北蓝岭为名,隶桂阳郡。乾元元年,复隶郴州。

7. **平阳县**(618—624,625—904)—**桂阳监**(904—907)

武德元年,析郴县置平阳县,以南朝旧县为名,治故平阳城(今湖南桂阳县城龙潭街道)⑤,隶郴州。七年,省入郴县。八年,析郴县复置平阳县。天宝元年,隶桂阳郡。乾元元年,复隶郴州。天祐元年,升矿冶桂阳监为实土县级政区,省平阳县并入⑥。

---

① 残宋本《太平寰宇记》郴州义章县:"隋末,萧铣分郴县于今县北三十五里立此县。"按宋初义章县治今宜章县城,则萧梁义章城在今宜章县五岭乡(旧太平里乡)。《地名大辞典》第3401页定于今宜章县西南黄沙乡(今为镇),误。
② 《元和志》郴州义章县:"开元二十三年,自县北移于今理。"《旧唐志》郴州义章县:"长寿元年,分义章县南界置高平县。开元二十三年,废高平,仍移义章治高平废县。"可知高平城即开元后之义章县治,旧城关镇,今玉溪镇。
③ 残宋本《太平寰宇记》郴州蓝山县:"今县东七里有南平故城存,即隋平陈废此县,移临武县焉。武德七年,临武又还本理。"《唐会要》云:"南平县:武德七年,改为临武县。"亦指此事,然语意错乱。
④ 《大明一统志》衡州府:"蓝山故城:在今蓝山县北一十五里,唐县治此。"
⑤ 《元和志》郴州平阳县:"东至州九十九里。"《纪要》桂阳州:"平阳废县:今州治。"
⑥ 《舆地纪胜》桂阳军:"唐末马氏废平阳县,以其地属监,附庸于郴。"自注:天祐元年。又云:"平阳县:天祐中,县废,以其地入桂阳监。"《太平寰宇记》桂阳监条云平阳县后晋天福四年废入监,疑是将该年废临武县入桂阳监,升桂阳监为州级政区事误记为废平阳县入监。

8. 安陵县(725—742)—高亭县(742—907)

开元十三年①,宇文融奏析郴县北境置安陵县,以县北安陵水为名,治安陵城(今湖南永兴县高亭镇),隶郴州。天宝元年,隶桂阳郡,以与河北道平原郡县名重,改为高亭县,取县东高亭山为名。乾元元年,复隶郴州。

(四) 连山郡(连州)

连州(618—742)—连山郡(742—758)—连州(758—907)

连山郡,本隋熙平郡,领桂阳、阳山、连山、浛安、桂岭、开建六县②。武德元年,萧梁改为连州③,治桂阳县,隶桂州总管府。四年,归唐,割隶潭州总管府,割桂岭县隶贺州,开建县隶封州。五年,割浛安县隶齐州。七年,隶潭州都督府。贞观十三年,连州领桂阳、阳山、连山三县,治桂阳县。

武周长安四年,连州领县不变。

唐开元二年,割隶岭南道桂州都督府④。二十一年,隶广州都督府。

天宝元年,改为连山郡,以连山县为名,隶江南西道长沙郡都督府。十三载,连山郡领桂阳、阳山、连山三县,治桂阳县。十五载,隶江南西道节度使。至德二载,隶衡州防御使。

乾元元年,复为连州,割隶岭南道韶连郴都团练使。后上元二年,改隶岭南节度使。是年,割隶山南东道荆南节度使。广德元年,复割隶韶连郴都团练使。二年,还隶荆南节度使。是年,割隶江南西道湖南都团练守捉观察处置使。元和十五年,连州领县一如天宝十三载。

咸通十四年,连州领县不变。

中和三年,隶钦化军节度使。光启二年,隶武安军节度使。

---

① 《元和志》作"开皇十三年",《唐会要》作"开元十年",今依两《唐志》、《太平寰宇记》。
② 浛安,《隋志》作"游安"。按《元和志》:"萧齐于封阳地置浛安县,隋省。"《旧唐志》:"浛水:汉封阳县,属苍梧郡,南齐改为浛安。武德四年,于县置齐州。"《太平寰宇记》广州怀集县:"废浛水县:汉封阳县,属苍梧郡,南齐改为浛安,唐武德五年,于县置齐州。"浛安县以浛水为名,《隋志》"游"字当系"浛"字之形误,今改。又,《隋志》熙平郡原有熙平、武化、宣乐县,共领九县。按《大清一统志》卷352连州:"熙平废县,在连山县西北,隋置,属熙平郡,寻省。"《新唐志》云,武德五年析浛安县置宣乐县。武化县亦不见于唐代史志,则是此三县隋末已废,故不录。
③ 郝玉麟等《广东通志》卷38载:"(林)士弘称帝,遣使至番禺,授诸帅伪官,(南海太守邓)文进独不受。梁主萧铣遣兵徇岭南,至乐昌,辄驰守阨塞,令不得进。"文进所守,盖韶关、阳山一带,则熙平郡固已属萧梁矣。
④ 据本编第十章《岭南道》第五节"始安郡都督府"序注考证,开元二年桂州管内经略使始置时,已领连州。

1. 桂阳县(618—907)

本隋熙平郡旧县,武德元年,隶连州,为州治。天宝元年,隶连山郡,为郡治。乾元元年,复隶连州,为州治。

2. 阳山县(618—907)

本隋熙平郡旧县,武德元年,隶连州。天宝元年,隶连山郡。乾元元年,复隶连州。

3. 连山县(618—907)

本隋熙平郡旧县,武德元年,隶连州。天宝元年,隶连山郡。乾元元年,复隶连州。

(五)江华郡(道州)

营州(621—622)—南营州(622—634)—道州(634—643,675—742)—江华郡(742—758)—道州(758—907)

武德四年,割永州后营道、唐兴、后永阳三县置营州,以营道首字为名,治后营道县,隶潭州总管府,置江华县。五年,改为南营州。七年,隶潭州都督府。贞观八年,改为道州,取营道县末字为名,省后永阳县。十三年,道州领后营道、唐兴、江华三县,治后营道县。十七年,州废,后营道、唐兴、江华三县隶永州。

前上元二年(675),复割永州后营道、唐兴、江华三县置道州,仍治后营道县,隶潭州都督府。文明元年(684),改江华县为云溪县。

武周天授二年(691),置永阳县。长寿二年(693),改唐兴县为武盛县。长安四年(704),道州领后营道、武盛、云溪、永阳四县,治后营道县。

唐神龙元年,复改武盛县为唐兴县,云溪县为江华县。

天宝元年,改为江华郡,以江华县为名,隶长沙郡都督府,改唐兴县为延唐县,永阳县为永明县。六载,改后营道县为弘道县。十三载,江华郡领弘道、延唐、江华、永明四县,治弘道县。十五载,隶江南西道节度使。至德二载,隶衡州防御使。

乾元元年,复为道州。后上元二年,改隶山南东道荆南节度使。广德二年,割隶江南西道湖南都团练守捉观察处置使。大历二年,置大历县。元和十五年,道州领弘道、大历、延唐、江华、永明五县,治弘道县。

咸通十四年,道州领县不变。

中和三年,隶钦化军节度使。光启二年,隶武安军节度使。

1. 前永阳县(618—621)—后营道县(621—747)—**弘道县**(747—907)

弘道县,本隋零陵郡前永阳县,武德元年,隶永州。四年,改为后营道县,割隶营州,为州治,并析置后永阳县。五年,隶南营州。贞观八年,隶道州,均为州治,省后永阳县来属。十七年,州废,还隶永州。前上元二年,复割隶道州,仍为州治。天授二年,析置永阳县。天宝元年,移治新营道城(今湖南道县城西洲街道)①,隶江华郡,为郡治。六载②,改为弘道县,以弘道山为名③。乾元元年,复隶道州,为州治。

2. 梁兴县(618—621)—唐兴县(621—693)—武盛县(693—705)—唐兴县(705—742)—**延唐县**(742—907)

武德元年,析前营道县置梁兴县,取梁国吉名,治梁兴城(今湖南宁远县城文庙街道)④,隶永州。四年,割隶营州,改为唐兴县,取唐朝吉名,省前营道县来属,遂移治泠道故城(今宁远县冷水镇东城铺古城)⑤。五年,隶南营州。贞观八年,隶道州。十七年,州废,还隶永州。前上元二年,复割隶道州。长寿二年,改为武盛县,取武氏吉名。神龙元年,复为唐兴县。天宝元年,以与河北道文安郡县名重,改为延唐县,仍取唐朝吉名,隶江华郡,并还治梁兴城。乾元元年,复隶道州。大历二年,析置大历县。

附旧县:前营道县(618—621)

本隋零陵郡旧县,武德元年,隶永州。四年,省入唐兴县。

附新县:大历县(767—907)

大历二年,湖南观察使韦之晋奏请析延唐县置大历县,以年号为名,治大历城(今宁远县清水桥镇)⑥,隶道州。

3. 江华县(621—684)—云溪县(684—705)—**江华县**(705—907)

武德四年,析永州冯乘县置江华县,盖以县境小江(今沱江)、阳华岩为名,治江华城(今湖南江华县城沱江镇老县村)⑦,割隶营州。五年,隶南营州。

---

① 《大清一统志》卷283永州府:"《旧志》:'又有营道故城,在州西四十里营山下,唐初治此,天宝初移今治。'"
② 两《唐志》中华书局本作"元年",或本作"九年"。按《州郡典》江华郡仍列营道县,似可说明天宝元年未曾改名,其作"元年"者,盖误以移治之年为更名之年。今依《元和志》、残宋本《太平寰宇记》。
③ 《纪要》道州:"营道山:州西北五十里。本名营阳山,唐初曰洪道山,又改曰弘道,宋改为营道山。"
④ 《元和志》道州延唐县:"西至州一百里。"
⑤ 冯博文:《隋代南方政区改革研究——以湘川地区为中心的考察》,第31页。
⑥ 《太平寰宇记》道州宁远县:"废大历县:唐大历二年,湖南观察使韦贯之奏延唐县于故春陵侯城北十五里置大历县。"按故春陵故城,《元和志》云在延唐县北五十里,即今宁远县柏家坪镇双井圩,则大历城在今宁远县清水桥镇。
⑦ 《元和志》道州江华县:"北至州一百一十三里。"故城尚存,见《中国文物地图集·湖南分册》,第360页。

贞观八年，隶道州。十七年，州废，隶永州。前上元二年，复割隶道州。文明元年，避武太后祖讳，改为云溪①县，盖以云溪（疑即今西河）为名。神龙元年，复为江华县。天宝元年，隶江华郡。乾元元年，复隶道州。

4. 后永阳县(621—634)—永阳县(691—742)—永明县(742—907)

武德四年，析后营道县置后永阳县，治新永阳城（今湖南江永县城潇浦镇圳景村），隶营州。五年，隶南营州。贞观八年，省入后营道县。天授二年，析后营道县置永阳县，仍治新永阳城，隶道州。天宝元年，隶江华郡，以与淮南道永阳郡县名重，改为永明县，移治永明城（今潇浦镇白塔山）②，以县界永明岭为名。乾元元年，复隶道州。大历四年，还治新永阳城③。

（六）零陵郡（永州）

永州(618—742)—零陵郡(742—758)—永州(758—907)

零陵郡，本隋旧郡，领零陵、前营道、冯乘、前永阳、湘源五县。武德元年，萧梁改为永州，以隋旧州为名，治零陵县，隶潭州总管府，并置梁兴、灌阳二县。四年，归唐，改前永阳县为后营道县，梁兴县为唐兴县，置江华、后永阳、祁阳三县，省前营道县。是年，割后营道、梁兴、江华、后永阳四县隶南营州，割冯乘县隶贺州。七年，隶潭州都督府，省灌阳县。贞观元年，省祁阳县。四年，复置祁阳县。十三年，永州领零陵、湘源、祁阳三县，治零陵县。

武周长安四年，永州领县不变。

唐天宝元年，复为零陵郡，隶长沙郡都督府。十三载，零陵郡领零陵、湘源、祁阳三县，治零陵县。十五载，隶江南西道节度使。至德二载，隶衡州防御使。

乾元元年，复为永州。后上元二年，改隶山南东道荆南节度使，复置灌阳县。广德二年，割隶江南西道湖南都团练守捉观察处置使。元和十五年，永州领零陵、灌阳、湘源、祁阳四县，治零陵县。

咸通十四年，永州领县不变。

中和三年，隶钦化军节度使。光启二年，隶武安军节度使。

---

① 《新唐志》作"云汉"，今依《唐会要》、《旧唐志》。
② 《大清一统志》卷283永州府："《县志》：永明县故址：在今县西白塔山。后又移治潇江之南。"移治白塔山时间，《地名大辞典》第3441页作天宝元年，今从之。
③ 《元和志》道州永明县："东北至一百一十里。"其地即《大清一统志》卷283永州府引《县志》所谓"后又移治潇江之南"。还治江南时间，《地名大辞典》第3441页作大历四年，今从之。

1. 零陵县(618—907)

本隋零陵郡旧县,武德元年,隶永州,为州治。四年,析置祁阳县。贞观元年,省祁阳县来属。四年,复析置祁阳县。天宝元年,隶零陵郡,为郡治。乾元元年,复隶永州,为州治。

2. 湘源县(618—907)

本隋零陵郡旧县,武德元年,隶永州,并析置灌阳县。七年,省灌阳县来属。天宝元年,隶零陵郡。乾元元年,复隶永州。后上元二年,复析置灌阳县。

附旧新县:灌阳县(618—624,761—907)

武德元年,析湘源县置灌阳县,以南朝旧县为名,治新灌阳城(今广西灌阳县城灌阳镇),隶永州。七年,省入湘源县。后上元二年,荆南节度使吕諲奏析湘源县复置灌阳县,仍隶永州。

3. 祁阳县(621—627,630—907)

武德四年,析零陵县置祁阳县,以南朝旧县为名,治故祁阳城(今广西祁阳县茅竹镇老山湾村古城)①,隶永州。贞观元年,省入零陵县。四年,复析零陵县置祁阳县。天宝元年,隶零陵郡。乾元元年,复隶永州。

(七)邵阳郡(邵州)

建州(618—621)—南梁州(621—636)—邵州(636—742)—邵阳郡(742—758)—邵州(758—907)

武德元年,萧梁割潭州邵阳、武攸二县置建州,取建兴县首字为州名,治邵阳县,隶潭州总管府,并置邵陵、建兴二县②。四年,归唐,改为南梁州③,取南朝都梁县末字为名,改武攸县为武冈县。七年,隶潭州都督府,省邵陵、建兴二县。贞观十年,改为邵州。十三年,邵州领邵阳、武冈二县,治邵阳县。

武周长安四年,邵州领县不变。

---

① 《元和志》永州祁阳县:"南至州一百八十里。湘水,经县南三十步。"按永州北一百八十里为故祁阳城,不临湘江,此处当有误。南临湘江者,即《太平寰宇记》永州祁阳县所谓"(州)北九十里"者,即新祁阳城。《大清一统志》卷283永州府:"祁阳故城:'《县志》:旧城在今县东南,俯临大江,元时屡以江涨淹圮,明景泰中,移于东北高埠,即今治。"《中国文物地图集·湖南分册》第324页云祁阳故城在浯溪镇西十五里老山湾(今属茅竹镇,旧属滴水乡),按湘江在古城北,《元和志》"县南"当是"县北"之误。

② 《唐会要》卷71:"邵阳县:武德四年置建州。"按两《唐志》皆云武德四年所置为南梁州。又按《旧唐志》邵阳县:"隋平陈,废郡,以邵阳属潭州。寻又自邵阳置建州。武德四年,改置南梁州。"则建州当置于萧梁时,《唐会要》误书武德元年为武德四年,武德四年之南梁州系由建州改置,非新置。又,邵陵、建兴二县《新唐志》作武德四年置,按建州既以建兴县取名,则当与同置,今亦为改正。

③ 《唐会要》卷71:"邵州,武德六年置梁州。"今依《元和志》、两《唐志》、《太平寰宇记》。

唐天宝元年，改为邵阳郡，以邵阳县为名，隶长沙郡都督府。十三载，邵阳郡领邵阳、武冈二县，治邵阳县。十五载，隶江南西道节度使。至德二载，隶衡州防御使。

乾元元年，复为邵州。后上元二年，改隶山南东道荆南节度使。广德二年，割隶江南西道湖南都团练守捉观察处置使。元和十五年，邵州领县一如天宝十三载。

咸通十四年，邵州领县不变。

中和三年，隶钦化军节度使。光启二年，隶武安军节度使。

1. 邵阳县(618—907)

本隋长沙郡旧县，武德元年，割隶建州，为州治，并析置邵陵、建兴二县。四年，隶南梁州。七年，省邵陵县来属。贞观十年，隶邵州，均为州治。天宝元年，隶邵阳郡，为郡治。乾元元年，复隶邵州，为州治。

附旧县1：邵陵县(618—624)

武德元年，析邵阳县置邵陵县，借南朝旧县为名，治故昭阳城(今湖南邵东县周官桥乡黄渡村)①，隶建州。四年，隶南梁州。七年，省入邵阳县。

附旧县2：建兴县(618—624)

武德元年，析邵阳县置建兴县，以南朝旧县为名，治故建兴城(今湖南洞口县黄桥镇尧王村)②，隶建州。四年，隶南梁州。七年，省入武冈县。

2. 武攸县(618—621)—武冈县(621—907)

武冈县，本隋长沙郡武攸县③，武德元年，隶建州。四年，隶南梁州，改为武冈县，以晋旧县为名④。七年，省建兴县来属。贞观十年，隶邵州。天宝元

---

① 《纪要》宝庆府邵阳县："昭阳城：在府东五十里。……唐武德四年，于此置邵陵县。"然据《中国文物地图集·湖南分册》第284页，昭阳城东4公里之周官桥乡黄渡村胡家寨乃有面积约6000平方米之唐代遗址，可知《纪要》不确。

② 《纪要》宝庆府邵阳县："建兴废县，在府西。"《大清一统志》卷278宝庆府："建兴废县：在武冈州东北。"今姑定于洞口县黄桥镇。遗址尚存，见《中国文物地图集·湖南分册》第294页，原属石背乡，今属黄桥镇。

③ 《隋志》不载，按《唐会要》卷71："武冈县：隋为武攸县，武德四年，改为武冈县。"《新唐志》武冈县："本武攸，武德四年更名。"知武攸县为隋末所置，据补。

④ 《宋书》卷37《州郡志》、《南齐书》卷15《州郡志》邵陵郡有武刚县。然则《晋书》卷65《王导传》载，导以讨华轶功封武冈侯，子协亦袭爵武冈侯。《晋书》卷66《陶侃传》载，侃曾补武冈令。《晋书》卷84《刘牢之传》载，牢之以功赐爵武冈县男。《宋书》卷47《刘敬宣传》晋安帝元兴三年，敬宣袭封武冈县男。《元和志》云："吴宝鼎元年改为武冈县，因武冈为名。一云晋武帝分都梁县置。梁天监元年，以太子讳纲，改为武强。武德四年复旧。"《旧唐志》："晋分都梁置武冈县，隋废。"《舆地广记》云："晋武帝分置武冈县。"则晋朝旧县当以"武冈"为正名。

年,隶邵阳郡。乾元元年,复隶邵州。

第三节　江南西道直属地区

宣州总管府(620—621)—歙州总管府(621—624)—宣州都督府(624—627)—江南西道直属地区(711—756)—宣歙饶观察使(758—759)—宣歙饶节度使(760)—宣歙池都团练观察使(766—779,787—890)—宁国军节度使(890—903)—宣歙池都团练观察使(903—907)

武德三年①(620),杜伏威取汪吴宣州归唐,置宣州总管府,隶东南道行台,并置桃、南徐二州。是年,改南徐州为歙州。四年,移府治于歙州,改为歙州总管府,置池州②,割宣州隶歙州总管府,桃州直属东南道行台。七年,平辅宋,以其直属宣州来属,移府治于宣州,改为宣州都督府,割隶东南道行台。是年,割苏州都督府潜州来属。八年,隶后扬州大都督府,废歙、潜二州。九年,隶扬州大都督府。贞观元年(627),罢都督府及池州,宣州直属江南道。

景云二年(711),割江南道直属饶、江、鄂三州及淮南道扬州都督府宣州、山南道荆州都督府岳州为江南西道直属地区。开元二十五年,割山南东道荆州都督府澧、朗二州来属③。

天宝元年(742),改宣州为宣城郡,饶州为鄱阳郡,江州为浔阳郡,鄂州为江夏郡,岳州为巴陵郡,澧、朗二州还隶山南东道荆州都督府。十三载,江南西道直属地区有宣城、鄱阳、浔阳、江夏、巴陵五郡。十五载(至德元载),宣城、鄱阳、浔阳、江夏、巴陵五郡隶江南西道节度使。

乾元元年(758),割浙江西道节度使宣、歙、饶三州置宣歙饶观察使,治宣州,隶江南西道④。二年,罢镇,宣、歙二州还隶浙江西道节度使,饶州隶洪吉都防御都团练观察处置使。后上元元年(760),复割浙江西道节度使宣、歙二

---

① 《元和志》作"二年",今依《旧唐志》、《太平寰宇记》。按《资治通鉴》,武德三年,杜伏威始渡江,取京口、江西之地入唐,可证《元和志》所记为非。
② 《旧唐志》不载此事。按《太平寰宇记》池州序:"唐武德四年,歙州总管左难当奏于秋浦别置池州。"据补。
③ 史志不载澧、朗二州初隶江南道时间。按《大唐六典》卷3,澧、朗二州隶江南西道,而景云二年拟议之山南东道荆州都督府仍有澧、朗二州,推知该二州可能于开元二十五年张九龄贬荆州时割隶江南西道。
④ 《元和志》列宣歙饶观察使于江西观察使、湖南观察使之间,固当属江南西道,此虽为元和年间情事,然似亦可推于乾元、后上元、大历年间之宣歙饶观察使,今补。

州,洪吉都防御都团练观察处置使饶州置宣歙饶节度使,治宣州,隶江南西道。是年,罢镇,三州各还旧属。二年,浙江西道节度使自升州移治宣州,废升州,仍领宣、润、常、苏、湖、杭、歙七州。宝应元年(762),罢镇,宣、润、常、苏、湖、杭、歙七州隶浙江西道观察使。大历元年(766),割浙江西道都团练观察使宣、歙二州,江南西道都防御观察使池州置宣歙池都团练观察使,隶江南西道。十四年,罢镇,宣、歙二州隶浙江东西道都团练观察使,池州还隶江南西道都防御团练观察处置使。贞元三年(787),复割浙江东西道都团练观察使宣、歙二州,江南西道都团练观察使池州置宣歙池都团练观察使,仍隶江南西道。元和十五年(820),宣歙池都团练观察使领宣、歙、池三州,治宣州。

咸通十四年(873),宣歙池都团练观察使领州不变。

大顺元年(890),升宣歙池都团练观察使为宁国军节度使。天复三年(903),复降宁国军节度使为宣歙池都团练观察使。天祐二年(905),割歙州隶江南东道歙婺衢睦都团练观察使。

(一) 宣城郡(宣州)

宣州(618—742)—宣城郡(742—758)—宣州(758—907)

宣城郡,本隋旧郡,领宣城、绥安、泾、南陵、秋浦五县。隋末,汪吴改为宣州,以隋旧州为名,治宣城县①。唐武德元年,置宁国县。三年,杜伏威取州来归,置宣州总管府,置怀安县,割泾县置南徐州,割绥安县置桃州。四年,罢总管府,宣州改隶歙州总管府②,割秋浦、南陵二县隶池州。六年,归辅宋。七年,复归唐,置宣州都督府,以废桃州之绥安县来属,省怀安、宁国二县。八年,以废南豫州之当涂县、废猷州之泾县来属。九年,以废后扬州都督府后扬州之前丹阳、溧水、溧阳三县来属。贞观元年,罢都督府,宣州直属扬州大都督府,以废池州之秋浦、南陵二县来属,省前丹阳县。四年,割隶润州都督府。十年,隶淮南道扬州都督府。十三年,宣州领宣城、绥安、泾、秋浦、南陵、当涂、溧水、溧阳八县,治宣城县。

武周长安四年(704),宣州领县不变。

唐景云二年,直属江南西道。开元二十二年,为江南西道治。二十九年,

---

① 尹继善等《江南通志》卷152:"唐汪华,字国辅,新安人,少以勇侠闻。隋末,以土豪应郡募,保据境土,并有宣、杭、睦、婺、饶五州之地,四方云扰而境内无事者十余年。"
② 程敏政《休宁县志》卷4载武德四年十一月十一日玺书。参见本编第八章《江南东道》第一节附旧府新镇二"歙州总管府"。

移道治于洪州。

天宝元年,复为宣城郡,置青阳县。三载,复置宁国县。十一载,置太平县。十三载,宣城郡领宣城、绥安、宁国、泾、太平、秋浦、青阳、南陵、当涂、溧水、溧阳十一县①,治宣城县。十五载,隶江南西道节度使。至德二载(757),隶浙江西道节度使,改绥安县为广德县,割溧水县隶江宁郡。是年,隶江东防御使。

乾元元年,复为宣州,隶江南东道节度使。割溧阳县隶升州。是年,割隶宣歙饶观察使,为使治。二年,割升州溧阳县来属。是年,罢镇,宣州还隶浙江西道节度使,复割溧阳县隶升州。后上元元年,复割隶宣歙饶节度使,为使治,割升州溧阳县来属。是年,罢镇,宣州还隶浙江西道节度使,复割溧阳县隶升州。二年,浙江西道节度使自升州移治于此。宝应元年,以废升州之当涂、溧水、溧阳三县来属。是年,罢镇,宣州隶浙江西道观察使。二年,置旌德县。永泰元年(765),割秋浦、青阳二县隶池州,省太平县。大历元年,割隶宣歙池都团练观察使,为使治。其后,复置太平县。十四年,罢镇,宣州隶浙江东西道都团练观察使。贞元三年,复割隶宣歙池都团练观察使,仍为使治。元和十五年,宣州领宣城、广德、宁国、旌德、太平、泾、南陵、当涂、溧水、溧阳十县,治宣州。

咸通十四年,宣州领县不变。

光启三年(887),割溧水、溧阳二县隶升州。文德元年(888),复置义安县。大顺元年,宣州隶宁国军节度使。景福元年(892),复省义安县。天复三年,隶宣歙池都团练观察使,均为使治。

1. 宣城县(618—907)

本隋宣城郡旧县,隋末,隶宣州,为州治。武德元年,析置宁国县。三年,析置怀安县。七年,省宁国、怀安二县来属。天宝元年,隶宣城郡,为郡治。三载,复析置宁国县。乾元元年,复隶宣州,为州治。

2. 绥安县(618—757)—广德县(757—907)

绥安县,本隋宣城郡旧县,隋末,隶宣州。武德三年,割隶桃州,为州治,并析置桐陈、怀德二县。七年,州废,省桐陈、怀德二县来属,绥安县隶宣州。天宝元年,隶宣城郡。至德二载,避安氏名姓,改为广德县,以南朝旧县为名。乾元元年,复隶宣州。

---

① 《州郡典》作十县,无秋浦县,《旧唐志》作九县,以秋浦、青阳二县列于池州。按池州永泰元年置,《州郡典》、《旧唐志》取天宝、乾元为断,以池州列目则误,不取。

附旧县1：桐陈县(620—624)

武德三年,析绥安县置桐陈县,盖以桐水陈阳为名,治陈阳(今安徽广德县杨滩镇)①,隶桃州。七年,州废,省入绥安县。

附旧县2：怀德县(620—624)

武德三年,析绥安县置怀德县,盖以南朝大德县为名,治故大德城(今安徽郎溪县十字镇)②,隶桃州。七年,州废,省入绥安县。

3. 宁国县(620—624,744—907)

武德元年③,析宣城县置宁国县,以南朝旧县为名,治故宁国城(今安徽宁国市南山街道万福村)④,隶宣州。七年⑤,省入宣城县。天宝三载,析宣城县复置宁国县,仍治故宁国城,隶宣城郡。乾元元年,复隶宣州。

附旧县：怀安县(620—624)

武德三年,析宣城县置怀安县,以南朝旧县为名,治新怀安城(今宁国市中溪镇石口村)⑥,隶宣州。七年,省入宣城县。天宝三载,以其旧境割隶宁国县。

4. 泾县(618—907)

本隋宣城郡旧县,隋末,隶宣州。武德三年,割置南徐州,并析置南阳、安吴二县。是年⑦,改州为猷州,州县移治大宁山南(今安徽泾县章渡镇大宁村)⑧。六年,移州治于南阳县。七年,自南阳县还州治于此。八年,州废,省南阳、安吴二县来属,泾县隶宣州,移治赏溪西(今安徽泾县城泾川镇宝塔根村)⑨。

―――――

① 《大清一统志》卷92广德州："陈阳镇：在州西南六十五里杨滩保,旧设巡司,今裁。"其地当桐水之源,"陈阳"一名疑与"桐陈"有关,故拟为县治。
② 《大清一统志》卷92广德州："(建平)县志：又有陈村巡司,在县南四十里,明初置。"其地今为郎溪县十字镇,地当广德至宣州要路,姑拟为故大德城、唐怀德县治。
③ 两《唐志》作"三年"。按《太平寰宇记》宣州宁国县："大业十四年复置,唐武德六年复废。"大业十四年即武德元年,据改。
④ 《元和志》宣州宁国县："西北至州一百十里。"《大清一统志》卷80宁国府："宁国故城：在宁国县南十三里。三国吴置,隋省,唐复置。"今依《安徽省志•建置沿革志》第277页定于南山(旧属竹峰)街道万福村。
⑤ 《唐会要》、《旧唐志》、《太平寰宇记》宁国县、《新唐志》作"六年",今依《旧唐志》、《太平寰宇记》州序。按诸志云"六年"者,盖指陷于辅宋时间,正式废州当在七年。
⑥ 《太平寰宇记》宣州宁国县："怀安故城,在县东南一百里。"《大明一统志》宁国府："怀安城：在宁国县南四十里。"《纪要》宁国府宁国县同《大明一统志》,并云："唐改今治。"则《太平寰宇记》所记为南朝故县城,今依《大明一统志》。《安徽省志•建置沿革志》第276页定于中溪镇石口村(旧石口乡),从之。
⑦ 《元和志》作"七年",今依两《唐志》。
⑧ 《安徽省志•建置沿革志》,第276页;《中国文物地图集•安徽分册》下册,第302页。
⑨ 《大清一统志》卷80宁国府："泾县故城：……《县志》：'猷州城在县西三十里大宁山前,州废后,移治赏溪之西。'"赏溪即今青弋江。

天宝元年,隶宣城郡,析置青阳县。十一载,析置太平县。乾元元年,复隶宣州。永泰元年,省太平县来属。大历中,复析置太平县。

5. 太平县(752—765,大历中—907)

天宝十一载,太守李和奏泾县之南地居避远①,游民多聚为盗,遂析置太平县,以天下晏然太平为名,治龙门乡(今安徽黄山市黄山区仙源镇)②,隶宣城郡。乾元元年,隶宣州。宝应二年,析置旌德县。永泰元年,太平县省入泾县。大历中,析泾县复置太平县③,仍隶宣州。

附旧新县:安吴县(620—625)—旌德县(763—907)

武德三年,析泾县置安吴县,以南朝旧县为名,治沙城(今安徽旌德县三溪镇南湾村)④,隶南徐州。是年,隶猷州。八年,州废,省入泾县。天宝十一载,以其旧境割隶太平县。宝应二年⑤,以太平县民聚而为盗,非城邑无以镇抚,遂析置旌德县,冀其人从此被化,故以旌德为名,治旌德城(今旌德县城旌阳镇),隶宣州。

6. 秋浦县(618—907)

本隋宣城郡旧县,隋末,隶宣州。武德四年,割隶池州,为州治。贞观元年,州废,还隶宣州。天宝元年,隶宣城郡。乾元元年,复隶宣州。永泰元年,移治新秋浦城(今安徽池州市贵池区池阳街道)⑥,割隶池州,为州治。

7. 青阳县(742—907)

天宝元年,洪州都督徐辉奏析泾、南陵、秋浦三县地置青阳县,以县在青山之阳,故名,治古临城(今安徽青阳县城蓉城镇南五里临城)⑦,隶宣城郡。

---

① 十一载,《元和志》作"四年",今依两《唐志》、《太平寰宇记》。疑是天宝四载太守李和始议置县,至十一载由安抚使复奏始得实施。泾县,《新唐志》作"当涂、泾县",今依《元和志》、《旧唐志》。
② 太平县治1961年西迁甘棠镇,此前向治仙源镇,未曾移治。
③ 《新唐志》、《太平寰宇记》俱记为大历中省太平县,永泰中复置。按永泰在前,大历在后,今为乙正。《大清一统志》卷80宁国府、梁华东《〈新唐书·地理志〉纠谬一则》(载《中国历史地理论丛》1998年3期)、方胜《〈新唐书·地理志〉记述的歙州》(载《中国历史地理论丛》2009年2期)亦持此说。
④ 《舆地纪胜》宁国府:"安吴县城:在旌德县西十五里。"《纪要》宁国府安吴城两见:一在泾县西蓝山南,三国吴建衡中置县,隋废,"唐武德三年复置,属猷州,八年废,今有安吴市及安吴渡";一在旌德县西北十五里,"或曰三国吴置安吴县在今泾县境内,此盖唐初所置县也,俗谓之沙城"。以地理形势分析,泾县安吴城地当青弋江古渡,为六朝安吴县治无疑。顾祖禹以泾县安吴城亦为唐安吴县治,而对旌德县沙城为唐安吴县治说持怀疑态度,恐非。今定唐初安吴县治沙城。
⑤ 《元和志》、《太平寰宇记》作"永泰初",今依两《唐志》、《唐会要》。
⑥ 《元和志》池州秋浦县:"隋开皇十九年,于石城故城置,属宣州。"《大清一统志》卷82池州府:"石城故城:永泰元年,李勉奏置池州,新县属焉,盖是时移于今治。《县志》:故城在县西七十里,地名铁店,亦曰苍埠潭,以东、西两石山夹河如城而名。"秋浦县旧治在今池州市殷汇镇石城村(旧属灌口乡),则新治在贵池区。
⑦ 《元和志》池州青阳县:"西南至州七十里。"《太平寰宇记》池州青阳县:"(州)东九十五里。"

乾元元年,隶宣州。永泰元年①,割隶池州。二年,析置石埭县。

附旧新县:南阳县(620—625)—石埭县(766—907)

武德三年,析泾县置南阳县,以隋旧县为名,治故广阳城(今黄山市黄山区永丰乡塔岭村)②,隶南徐州。是年,隶猷州。六年,自泾县移州治于此③。七年,还州治于泾县。八年,州废,省入泾县。天宝元年,以其旧境割隶青阳县。永泰二年,平方清,江西观察使李勉奏析青阳、秋浦、泾三县及歙州黟县地置石埭县④,以南朝旧县为名,治故广阳城南五里(今永丰乡南安村)⑤,隶池州。

8. **南陵县**(618—907)

本隋宣城郡旧县,隋末,隶宣州。武德四年⑥,割隶池州,并析置义安县。贞观元年,州废,省义安县来属,南陵县还隶宣州。长安四年,移治青阳城(今安徽南陵县城籍山镇)⑦。天宝元年,隶宣城郡。乾元元年,复隶宣州。文德元年,析置义安县。景福元年,省义安县来属。

附旧新县:义安县(621—627,888—892)

武德四年,析南陵县置义安县,以隋旧县为名,治法门场(今安徽铜陵县顺安镇)⑧,隶池州。贞观元年,州废,省入南陵县。文德元年,析南陵县复置义安县,治铜官冶(即旧法门场,今顺安镇)。景福元年,省入南陵县⑨。

9. **当涂县**(618—907)

本隋丹阳郡旧县,武德二年,隶云州。三年,割置南豫州。八年,州废,隶宣州。贞观元年,省后扬州前丹阳县来属。天宝元年,隶宣城郡。至德二载,

---

① 《元和志》作"二年",今依两《唐志》、《唐会要》、《太平寰宇记》。
② 按故南阳县本隋广阳县,避炀帝讳改为南阳县,所治广阳城今已没入黄山市黄山区广阳乡塔岭村东南太平湖中。《安徽省志·建置沿革志》第277页以为在今青阳县陵阳镇。
③ 《纪要》池州府石埭县:"石埭故城:《志》云:'县东北又有猷州,袤数百丈,相传唐初猷州总管左难当尝守其地,因名。'"
④ 《旧唐志》石埭县:"永泰二年,割秋浦、浮梁、黟三县置。"按浮梁县与石埭县中隔黟、至德二县,且开元后已改为新昌县,《旧唐志》此处当有误,今合《元和志》、《太平寰宇记》、《新唐志》所记,补益为割四县地置。
⑤ 《元和志》池州石埭县:"西北至州二百里。……于吴所置陵阳城南五里置。陵阳山,在县北三十里。"按三国陵阳县,东晋改广阳县,治今黄山市广阳乡。
⑥ 《旧唐志》宣州作"七年",今依《旧唐志》池州、《新唐志》宣、池二州。
⑦ 《元和志》宣州南陵县:"东至州一百里。"《太平寰宇记》宣州南陵县:"唐武德以来,置县在临江,有城基见存,去今县百三十里。"新治青阳城即今南陵县城,旧治赭圻山城据《中国文物地图集·安徽分册》下册第263页,在今繁昌县荻港镇赭圻山中(今赭圻村,旧属芦南乡)。
⑧ 《太平寰宇记》池州铜陵县:"隋升法门为义安县,又废入铜官冶。"《纪要》池州府铜陵县:"铜陵城:在县东三十里,唐义安县置于此,寻为铜官冶。"
⑨ 《纪要》池州府铜陵县:"唐末置义安县,寻废为铜官冶。"又云,文德初杨行密从铜官渚济江攻宣州,景福初欲退保铜官,即铜陵城是也。既文德初、景福初皆曰铜官,无义安之名,则铜官之置废义安县,皆在其间。

割隶江宁郡。乾元元年，隶升州。宝应元年，州废，还隶宣州。

附旧县：前丹阳县(620—627)

武德三年，析后扬州归化县置前丹阳县，以南朝旧县为名，治故丹阳城（今江苏马鞍山市博望区丹阳镇），隶后扬州。七年，隶蒋州。八年，复隶后扬州。九年，州废，隶宣州。贞观元年，省入当涂县。

10. 溧水县(618—907)

本隋丹阳郡旧县，武德二年，隶云州。三年，隶后扬州，析置溧阳县。七年，隶蒋州。八年，复隶后扬州。九年，州废，隶宣州。天宝元年，隶宣城郡。至德二载，割隶江宁郡。乾元元年，隶升州。宝应元年，州废，还隶宣州。光启三年，复割隶升州。

11. 溧阳县(620—907)

武德三年，析溧水县置溧阳县①，以南朝旧县为名，治故溧阳城（今江苏溧阳市南渡镇旧县村）②，隶后扬州。七年，隶蒋州。八年，复隶后扬州。九年，州废，隶宣州。天宝元年，隶宣城郡。乾元元年，割隶升州。二年，还隶宣州。是年，复割隶升州。后上元元年，还隶宣州。是年，又割隶升州。宝应元年，州废，还隶宣州。光启三年，仍割隶升州。天复元年，移治新溧阳城（今溧阳市溧城镇）③。

附旧州一：桃州(620—624)

武德三年，割宣州绥安县置桃州，以州境桃花山为名④，并置桐陈、怀德二县，隶宣州总管府。四年，直属东南道行台，割绥州安吉县来属。六年，直属辅宋。七年，平辅宋，州废，省桐陈、怀德、安吉三县，绥安县隶宣州。

附旧州二：南徐州(620)—猷州(620—625)

武德三年，割宣州泾县置南徐州，借南朝旧州为名，并置安吴、南阳二县，隶宣州总管府。是年，改为猷州。四年，置猷州总管府。六年，移治南阳县⑤。七年，还治泾县，罢总管府，猷州隶宣州都督府。八年，州废，省安吴、南阳二县，泾县隶宣州。

---

① 《舆地广记》卷 24。
② 《元和志》宣州溧阳县："西南至州二百四十里。"
③ 《舆地纪胜》建康府："溧阳县：县治元在溧水县东南九十里，（大）〔天〕复元年，移治今所。"
④ 尹继善等《江南通志》卷 18 广德州："青山在州东南六十里，孤峰峭立，圆若青螺，相近为桃花山，山多桃树，唐以此置桃州。"
⑤ 《舆地纪胜》池州："故猷州城：在石埭县。"《大明一统志》池州府："故猷州城：在石埭县，延袤数百丈，相传猷州总管左难当尝守其地。"当即武德六年辅公祏叛唐时，左难当移治以抗之事，详参《旧唐书》卷 62《李大亮传》、《资治通鉴》武德七年二月，今补。

附旧州三：南豫州（620—625）

武德三年，取李吴云州当涂县置南豫州，以南朝旧州为名，直属东南道行台。六年，直属辅宋。七年，复归唐，仍属东南道行台。八年，州废，当涂县隶宣州。

附旧新州：池州（621—627，765—907）

武德四年，猷州总管左难当奏割宣州秋浦、南陵二县置池州，以州境贵池为名，并置义安县，治秋浦县，隶猷州总管府。七年，隶宣州都督府。贞观元年，州废，省义安县，秋浦、南陵二县还隶宣州。

永泰元年①，侍御史李芃、江西观察使李勉以宣州人方清等聚兵为乱，乃请于秋浦仍旧置州，以守要地，遂割宣州秋浦、青阳二县及饶州至德县复置池州，治秋浦县，隶江南西道都防御团练观察处置使。二年，置石埭县。大历元年，池州割隶宣歙池观察使。十四年，还隶江南西道都防御团练观察处置使。贞元三年，割隶宣歙池都团练观察使。元和十五年，池州领秋浦、青阳、石埭、至德四县，治秋浦县。

咸通十四年，池州领县不变。

大顺元年，隶宁国军节度使。天复三年，复隶宣歙池都团练观察使。

（二）鄱阳郡（饶州）

饶州（618—742）—鄱阳郡（742—758）—饶州（758—907）

鄱阳郡，本隋旧郡，领鄱阳、余干、弋阳三县。隋末，林楚改为饶州②，以隋旧州为名，治鄱阳县。武德元年，归汪吴③。四年，归唐，隶歙州总管府④，置玉亭、长城、乐平、上饶四县。五年，割隶洪州总管府；置新平县，又置广晋县，割隶浩州。七年，隶洪州都督府，省玉亭、上饶二县。八年，省长城、新平二县。九年，省乐平县。贞观元年，复置乐平县。十三年，饶州领鄱阳、乐平、弋阳、余干四县，治鄱阳县。其后，又省乐平县。

---

① 《元和志》作"二年"，今依两《唐志》、《唐会要》、《太平寰宇记》。
② 郝玉麟等《广东通志》卷38："炀帝被贼，(邓)文进募兵赴难，旬日间合众数万，至庾岭，值伪帅林士弘据虔，饶，阻不克进。"
③ 尹继善等《江南通志》卷152："唐汪华，字国辅，新安人，少以勇侠闻。隋末，以土豪应郡募，保据境土，并有宣、杭、睦、婺、饶五州之地，四方云扰而境内无事者十余年。"《旧唐书》卷56《林士弘传》言武德初萧铣破豫章之时，士弘独有南昌、虔、循、潮之地，无饶州，知是时饶州已为汪华所占。
④ 程敏政《休宁县志》卷4载武德四年十一月十一日玺书。参见本编第八章《江南东道》第一节附"歙州总管府"。

显庆四年(659),直属江南道。

武周长安四年,饶州领鄱阳、弋阳、余干三县,治鄱阳县。

唐景云二年,直属江南西道。开元四年,置乐平、新昌二县。

天宝元年,复为鄱阳郡,改新昌县为浮梁县。十三载,鄱阳郡领鄱阳、浮梁、乐平、弋阳、余干五县,治鄱阳县。十五载,隶江南西道节度使。至德二载,隶洪吉都防御团练观察处置使。

乾元元年,复为饶州,割隶浙江西道节度使;割江州至德县来属,割弋阳县隶信州。是年,割隶宣歙饶观察使。二年,还隶洪吉都防御都团练观察处置使。后上元元年,割隶宣歙饶节度使。是年,还隶洪吉都防御都团练观察处置使。广德二年,隶江南西道都防御团练观察处置使。永泰元年,割至德县隶池州。建中三年(782),隶江南西道节度使。贞元元年,隶江南西道都团练观察使。元和十五年,饶州领鄱阳、浮梁、乐平、余干四县,治鄱阳县。

咸通六年,隶镇南军节度使。九年,隶江南西道都团练观察使。十四年,饶州领县不变。

中和二年(882),复隶镇南军节度使。是年,复隶江南西道都团练观察使。龙纪元年(889),又隶镇南军节度使。

1. **鄱阳县**(618—907)

本隋鄱阳郡旧县,隋末,隶饶州,为州治。武德四年,析置乐平县。五年,析置新平、广晋二县。八年,省新平县及浩州广晋县来属。九年,省乐平县来属。贞观元年,复析置乐平县。其后省乐平县来属。开元四年,析置新昌、乐平二县。天宝元年,隶鄱阳郡,为郡治。乾元元年,复隶饶州,为州治。

附旧县:广晋县(622—625)

武德五年,安抚使李大亮析鄱阳县北境置广晋县,以南朝旧县为名,治故广晋城(今江西鄱阳县石门街镇)①,割隶浩州。八年,安抚使常季武省入饶州鄱阳县。

2. **新平县**(622—625)—**新昌县**(716—742)—**浮梁县**(742—907)

武德五年②,安抚使李大亮析鄱阳县东界置新平县,治新平城(今江西浮梁县江村乡沽演村)③,隶饶州。八年,按抚使常季武省入鄱阳县。开元四年,

---

① 《太平寰宇记》饶州鄱阳县:"废广晋县:在县北一百五十里。"
② 《新唐志》作"四年",今依《元和志》、《唐会要》。
③ 《太平寰宇记》饶州浮梁县:"废新平城:在州东三百三十里。"《舆地纪胜》饶州古迹引作"三百二十里"。《大清一统志》卷240饶州府:"《县志》:'新平故城,在今(浮梁)县北百里化鹏、新定二乡之间。'"今依《地名大辞典》定于浮梁县江村乡沽演村。

刺史韦玢奏析鄱阳县置新昌县,治新昌乡(今浮梁县城浮梁镇新平村)①,以为县名。二十四年,移治新昌江口西岸(今浮梁县城浮梁镇旧城村)②。天宝元年,以与安南都护府承化郡县名重,改为浮梁县,因溪水时泛,民多伐木为梁故也③,隶鄱阳郡。乾元元年,复隶饶州。乾符五年(878),移治南城(即故新昌城,今浮梁镇新平村)④。是年,还治浮梁城高阜(今浮梁镇旧城村)。

3. 乐平县(621—626,627—贞观后,716—907)

武德四年,析鄱阳县置乐平县,以县在乐安江与平林之间而名,治乐平城(今江西乐平市名口镇戴村)⑤,隶饶州。九年,省入鄱阳县。贞观元年,析鄱阳县复置乐平县⑥,隶饶州。贞观后,又省入鄱阳县。开元四年⑦,析鄱阳县复置乐平县,治常乐水口(今江西乐平市鸬鹚乡对家村)⑧,仍隶饶州。天宝元年,隶鄱阳郡。乾元元年,复隶饶州。中和三年,以旧治为黄巢所毁,移治花靥镇(今乐平市城区)⑨。

4. 弋阳县(618—907)

本隋鄱阳郡旧县,隋末,隶饶州。武德四年,析置上饶县。七年,省上饶县来属。天宝元年,隶鄱阳郡。乾元元年,割隶信州,并析置上饶、永丰二县。永泰元年,析置贵溪县。

---

① 《大明一统志》饶州府:"新昌废县:在浮梁县新昌江口。唐开元中置县于此,后徙于溪北,此城遂废。"《纪要》饶州府浮梁县:"开元中,改置于昌江口,正东临江,因名新昌。"其地在今新平村(旧为乡)西南,旧名南城里,《纪要》"正东"当为"正西"之误。
② 《太平寰宇记》饶州浮梁县:"开元二十四年,因移于旧城正北一百步。"《纪要》饶州府浮梁县:"(开元)二十四年,移县治于城北昌水之西。"
③ 郭子章:《郡县释名》江西郡县。或云:"洪水泛梁木横断昌江口,人因以济,故曰浮梁。"
④ 《纪要》饶州府浮梁县:"《志》云:'昌江之南有废城,亦曰南城,唐末黄巢之乱,县令金日安尝从百姓居于此,寻复故。'"按《资治通鉴》卷253,黄巢于乾符五年三月间掠饶州。
⑤ 《历史地名》第811页谓在今乐平市东洺口,许怀林《江西省行政区划志》第33页谓"治乐安乡洎口(今洺口乡戴村)",从之。《太平寰宇记》饶州乐平县:"唐朝建立,亦在银城。"《地名大辞典》第2272页据此以为"仍治银城堡"。按银城堡为南朝陈银城县治,在今德兴市新岗山镇银港,地甚偏僻,《寰宇记》盖谓唐乐平县以故银城县地置,非谓治银城堡也。
⑥ 《纪要》饶州府乐平县:"(武德)九年省,寻复置。"按《旧唐志》饶州"旧领县四",当含乐平县在内,可证贞观初确已复置乐平县。
⑦ 董尊荣等《乐平县志》卷1《地理志》。
⑧ 《元和志》饶州乐平县:"西至州一百四十里。……南临乐安江。"《太平寰宇记》饶州乐平县:"后因歙寇程海亮剽掠……权以常乐水口置为乐平县。"《大清一统志》卷240饶州府引《县志》:"故城在今县东南桐山乡长乐水口。"常乐水即今乐安河,《地名大辞典》第2241页、许怀林《江西省行政区划志》第33页。以为开元四年所治常乐水口即今众埠镇铜山港口,然与《元和志》所谓"南临乐安江"不合,今定于北岸鸬鹚乡对家村。
⑨ 《纪要》饶州府乐平县:"《郡志》云:唐中和间,县始自旧城迁今治。"《大清一统志》卷240饶州府:"《县志》乃云唐乾符五年为黄巢所毁,中和移今治。"今依《地名大辞典》第2241页定于中和三年移治花靥镇。

附旧新县：上饶县(621—624,758—907)

武德四年,析弋阳县及建州唐兴县①置上饶县,以南朝旧县为名,治故上饶城(今江西上饶市信州区西市街道)②,隶饶州。七年,省入弋阳县。乾元元年,析弋阳县复置上饶县,隶信州,为州治。元和七年,省永丰县来属。

附新县1：永丰县(758—812)

乾元元年,析弋阳县及抚州临川县③置永丰县,治永丰里(今江西广丰县城永丰街道),因名,隶信州。元和七年,省入上饶县。

附新县2：贵溪县(765—907)

永泰元年,江西观察使李勉奏以弋阳、余干二县④之间相距阔远,群盗潜藏,人不自保,遂置贵溪县于贵溪口(今江西贵溪市雄石街道),因以为名⑤,隶信州。

5. 余干县(618—907)

本隋鄱阳郡旧县,隋末,隶饶州。武德四年,析置玉亭、长城二县。八年,省长城县来属。天宝元年,隶鄱阳郡。乾元元年,复隶饶州。

附旧县1：玉亭县(621—624)

武德四年,析余干县置玉亭县,治玉亭城(今江西余干县黄金埠镇)⑥,隶饶州。七年,省入长城、余干二县。

附旧县2：长城县(621—625)

武德四年,析余干县置长城县,治长城(今江西余江县锦江镇)⑦,隶饶州。七年,省玉亭县来属。八年,省入余干县。

附新州：信州(758—907)

乾元元年,江淮转运使、洪州刺史元载奏以其地去州遥远,关防襟带,宜置

---

① 《旧唐志》所谓割"建州之三乡"置信州,按之地理,当即其地,据补。
② 《元和志》信州："东至衢州二百五十里,西北至饶州五百里。"《太平寰宇记》信州："南至抚州三百二十里。……今州,古县城迹,开皇中所废上饶城也。"
③ 抚州临川县：《旧唐志》所谓割"抚州之一乡"(《太平寰宇记》作三乡)置信州,按之地理,当即其地,据补。
④ 《元和志》作乐平、余干二县,《唐会要》、两《唐志》作"弋阳县"。按乐平县与贵溪县中隔怀玉山,似不接界,《太平寰宇记》："贵溪县,今在弋阳、余干两县之间。"今从之。
⑤ 《太平寰宇记》信州贵溪县。
⑥ 《纪要》饶州府余干县："玉亭废县：在县东南。"
⑦ 《纪要》饶州府安仁县："长城废县：在县北。唐初置县于此,寻废,今为长城乡。"《大清一统志》卷240饶州府："长城废县：在安仁县南。《名胜志》：今安仁县长城乡是其废址。"明清安仁县治今余江县锦江镇,今姑定于此。

州,遂割饶州弋阳县、江南东道江东防御使衢州常山、玉山二县置信州,以信义所称为州之名,并置上饶、永丰二县,治上饶县,隶洪吉都防御团练观察处置使。是年,常山县复还衢州。广德二年,隶江南西道都防御团练观察处置使。永泰元年,置贵溪县。建中三年,隶江南西道节度使。贞元元年,隶江南西道都团练观察使。元和七年,省永丰县。十五年,信州领上饶、贵溪、弋阳、玉山四县,治上饶县。

咸通六年,隶镇南军节度使。九年,隶江南西道都团练观察使。十四年,信州领县不变。

中和二年,复隶镇南军节度使。是年,复隶江南西道都团练观察使。龙纪元年,又隶镇南军节度使。

(三) 浔阳郡(江州)

江州(618—742)—浔阳郡(742—758)—江州(758—907)

浔阳郡,本隋九江郡,领湓城、彭泽二县。隋末,林楚改为江州①,以隋旧州为名,治湓城县。寻归萧梁②,置江州总管府。武德四年,平萧铣③,置浔阳县,移州治于此。五年,置楚城县,割彭泽县隶浩州。七年,改总管府为都督府。八年,以废浩州之彭泽、都昌二县来属,省湓城县。贞观元年④,罢都督府,江州隶洪州都督府。八年,省楚城县。十三年,江州领浔阳、彭泽、都昌三县,治浔阳县。

显庆四年,直属江南道。

武周长安四年,江州领县不变。

唐景云二年,直属江南西道。

天宝元年,改为浔阳郡,以浔阳县为名。十三载,浔阳郡领浔阳、彭泽、都昌三县,治浔阳县。十五载,隶江南西道节度使。至德二载,隶洪吉都防御团练观察处置使,置至德县。

乾元元年,复为江州,割隶浙江西道节度使,割至德县隶饶州。是年,江

---

① 《旧唐书》卷56《林士弘传》:"大业十三年,徙据虔州,自称皇帝,国号楚,建元太平。北至九江,南泊番禺,悉有其地。"
② 史志不载江州归萧梁时间。《旧唐书》卷56《萧铣传》:"九江、鄱阳,初,有林士弘称号,俄自相诛灭。士弘逃于安城之山гар,其郡(当指江州九江郡)亦降于铣。"按林士弘退保安城在武德五年,其时萧梁已灭,此处记事有误。又考《旧唐书》卷56《林士弘传》:"大业十三年……其党张善安保南康郡(南康郡当为南塘之误),怀贰于士弘,以舟师循江而下,击破豫章,士弘尚有南昌、虔、循、潮数州之地。"可知大业十三年时林楚已失江州。
③ 《旧唐志》作"平林士弘"。按《旧唐书》卷56《萧铣传》:"(武德)四年,大军至,铣江州总管盖彦举以五州降。"据改。
④ 《元和志》作"二年",今依《旧唐志》、《太平寰宇记》。

州还隶洪吉都防御团练观察处置使。广德二年,隶江南西道都防御团练观察处置使。建中三年,隶江南西道节度使。贞元元年,改隶鄂岳都团练观察使。四年,隶江南西道都团练观察使。元和十五年,江州领县一如天宝十三载。

咸通六年,隶镇南军节度使。九年,隶江南西道都团练观察使。十四年,江州领县不变。

中和二年,复隶镇南军节度使。是年,复隶江南西道都团练观察使。龙纪元年,又隶镇南军节度使。

1. 浔阳县(621—907)

武德四年①,析湓城县置浔阳县,治浔阳城(今江西九江市浔阳区甘棠街道)②,隶江州,自湓城县移州治于此。八年,省湓城县来属。贞观八年,省楚城县来属。天宝元年,隶浔阳郡,为郡治。乾元元年,复隶江州,为州治。

附旧县1:湓城县(618—625)

本隋九江郡旧县,隋末,隶江州,为州治。武德四年,析置浔阳县,移州治于浔阳县。五年,析置楚城县。八年,省入浔阳县。

附旧县2:楚城县(622—634)

武德五年,析湓城县置楚城县,治楚城(今九江县马回岭镇马头村)③,盖以其地古属楚为名,隶江州。贞观八年,省入浔阳县。

2. 彭泽县(618—907)

本隋九江郡旧县,隋末,隶江州。武德五年,割隶浩州,为州治,移县治于浩山下(今江西彭泽县瀼溪镇和团村)④,并析置都昌、乐城二县。八年,州废,

---

① 《元和志》、《太平寰宇记》作"五年",今依两《唐志》。
② 《太平寰宇记》江州德化县:"大业二年,改为湓城县。唐武德(五)〔四〕年,改为浔阳,自(故)州东移于今所。"此明言故州(隋江州湓城县,治湓口城,今浔阳区滨兴街道)在西,唐浔阳县在东,则唐浔阳县非隋湓城县更名,实为别置。《大明一统志》九江府:"浔阳城:在府城西一十五里。……今名故州曰彭蠡、曰湓城,即其地。"以故州湓口城混同为浔阳城(实即柴桑城),故《大清一统志》卷244九江府浔阳故城谓"其言尤无所据"。《纪要》九江府德化县:"湓口城:府西一里。……唐武德四年,改湓城为浔阳县,又分置湓城县于此。"语意亦乱,实则分湓城县东境置浔阳县。
③ 《纪要》九江府德化县:"柴桑城:府南九十里。……唐武德五年,于旧城置楚城县。"即今马头村,旧名荆林街。然此城非柴桑城,详刘晓祥《柴桑故址考》,《九江师专学报》1996年第3期。
④ 《太平寰宇记》江州彭泽县:"武德五年,于此古城置浩州。……至八年,废浩州及县。其年,彭泽县仍移入废浩州内。伪唐升元初,又自浩州故城移向西四十里江次,即今县理。"则浩州城在今彭泽县城东,《地图集》唐代幅标于彭泽县瀼溪镇和团村,当是。《纪要》九江府彭泽县:"今县南三十里有浩州故城遗址。州治彭泽,盖移县于州郭外。"按彭泽县南故县,依《太平寰宇记》乃是乐城县,《地名大辞典》以彭泽县南黄岭乡旧县乡为浩州城,盖从《纪要》而误。《大清一统志》卷244九江府乐城废县引《县志》谓"在今县东五十里陶王山北"者,实即浩州城,非乐城。又,移县治于浩州城时间,今亦依唐初惯例及《纪要》所载,作武德五年。

省乐城县来属,彭泽县还隶江州。天宝元年,隶浔阳郡。至德二载,析置至德县。乾元元年,复隶江州。

附旧县:乐城县(622—625)

武德五年,析彭泽县置乐城县,治乐城(今彭泽县黄岭乡旧县街)①,隶浩州。八年,州废,省入彭泽县。

附新县:至德县(757—907)

至德二载,析彭泽县及鄱阳郡鄱阳县、宣城郡秋浦县置至德县②,以年号为名,治至德城(今安徽东至县城尧渡镇梅城)③,隶浔阳郡。乾元元年,割隶饶州。永泰元年④,割隶池州。

3. 都昌县(622—907)

武德五年,析彭泽县置都昌县,治都村古城(今江西都昌县蔡岭镇洞门口村)⑤,以都村配以"昌"字嘉名为称,隶浩州。八年,州废,隶江州。天宝元年,隶浔阳郡。乾元元年,复隶江州。大历间,移治彭蠡湖东(今都昌县城都昌镇)⑥。

附旧州:浩州(622—625)

武德五年,割江州彭泽县、饶州广晋县置浩州,以浩山为名,并置都昌、乐城二县,治彭泽县,隶江州总管府。八年,州废,省乐城、广晋二县,彭泽、都昌二县隶江州。

(四)江夏郡(鄂州)

鄂州(618—742)—江夏郡(742—758)—鄂州(758—907)

江夏郡,本隋旧郡,领江夏、武昌、永兴、蒲圻四县,武德元年,萧梁改为鄂州,以隋旧州为名,治江夏县,隶江州总管府。四年⑦,归唐。七年,隶江州都

---

① 《太平寰宇记》江州彭泽县:"废乐城县:在县南三十九里,县城傍山为之。"
② 《新唐志》但言至德县析鄱阳、秋浦二县置。然考《元和志》,江州东西五百九十九里,则至德当有浔阳郡(江州)彭泽县之地,今补。
③ 中华书局本《元和志》池州至德县:"东北至州二百五十里。"校勘记:殿本同,它本作"二百五里"。《太平寰宇记》池州建德县:"(州)西南二百九十里。"《舆地纪胜》池州府建德县:"在州西一百八十里。"综此,当取二百五里为是,即今东至县城尧渡镇梅城,据《中国文物地图集·安徽分册》下册第385页,故城尚存。
④ 《元和志》池州序作"二年",至德县作"三年",《太平寰宇记》至德县作"三年",今依两《唐志》、《太平寰宇记》池州序。
⑤ 《纪要》南康府都昌县:"都昌旧城:在县北九十里王家市,唐初置县于此。"
⑥ 《大明一统志》南康府:"都昌县:大历间,徙治彭蠡湖之东。"
⑦ 四库本《太平寰宇记》作"五年",今依中华书局点校本及《旧唐志》、《资治通鉴》。

督府。贞观元年，隶洪州都督府。十三年，鄂州领江夏、武昌、永兴、蒲圻四县，治江夏县。

显庆四年，直属江南道。

武周长安四年，鄂州领县不变。

唐景云二年，直属江南西道。

天宝元年，复为江夏郡。二年，置唐年县。十三载，江夏郡领江夏、武昌、永兴、唐年、蒲圻五县，仍治江夏县。十五载，隶江南西道节度使。至德二载，隶洪吉都防御团练观察处置使。

乾元元年，复为鄂州。二年，割隶鄂岳沔都团练使，为使治。后上元二年，罢镇，鄂州还隶洪吉都防御团练观察处置使。广德二年，隶江南西道都防御团练观察处置使。永泰元年，割隶鄂岳都团练观察使。大历十二年，隶鄂岳都团练观察防御使，均为使治。十四年，罢镇，鄂州还隶江南西道都防御团练观察处置使。建中二年，以淮南道废沔州之汉阳、汉川二县来属。四年，复割汉阳、汉川二县隶沔州。兴元元年（784），割隶鄂岳都团练观察使。永贞元年（805），隶武昌军节度使。元和三年，隶鄂岳都团练观察使，均为使治。十五年，鄂州领县一如天宝十三载。

宝历元年（825），隶武昌军节度使。二年，以废沔州之汉阳、汉川二县来属。大和五年，鄂州隶鄂岳都团练观察使。大中元年，复隶武昌军节度使。二年，又隶鄂岳都团练观察使。四年，又隶武昌军节度使。六年，再隶鄂岳都团练观察使。咸通十四年，鄂州领江夏、武昌、永兴、唐年、蒲圻、汉阳、汉川七县，治江夏县。

文德元年，隶武昌军节度使。乾宁四年（897），武昌县隶黄州。是年，武昌县复自黄州来属。天祐二年，鄂州复隶鄂岳都团练观察使，均为使治。

1. 江夏县（618—907）

本隋江夏郡旧县，武德元年，隶鄂州，为州治，权寄治沔州汉阳县鲁山城（今湖北武汉市汉阳区晴川街道）①。四年，还治江夏城（今武汉市武昌区中华路街道）。贞观三年，移治于城南平地（今武汉市武昌区紫阳街道）②。天

---

① 《太平寰宇记》鄂州江夏县："大业十三年，州贼董道冲陷没，其县遂废。"《资治通鉴》武德四年十月："萧铣鄂州刺史雷长颖以鲁山来降。"胡三省注："隋平陈，以江夏郡置鄂州，治江南之江夏。大业初，复为郡。萧铣盖置州于鲁山。"《纪要》汉阳府汉阳县："鲁山城，在城东北大别山上。或谓今县即鲁山城，误也。"可知萧梁时江夏县权寄治鲁山。

② 《太平寰宇记》鄂州江夏县。

宝元年,隶江夏郡,为郡治。乾元元年,复隶鄂州,为州治。

2. **永兴县**(618—907)

本隋江夏郡旧县,武德元年,隶鄂州。天宝元年,隶江夏郡。乾元元年,复隶鄂州。大历十三年,移治长庆乡深湖侧(今湖北阳新县陶港镇)。贞元八年,移治长乐乡深湖口(今阳新县城兴国镇)①。

3. **武昌县**(618—907)

本隋江夏郡旧县,武德元年,隶鄂州。天宝元年,隶江夏郡。乾元元年,复隶鄂州。乾宁四年,杨行密取隶黄州。是年,还隶鄂州②。

4. **唐年县**(743—907)

天宝二年③,以江西采访使奏蒲圻县梓洞中二千余户去县远,难以统摄,遂置唐年县,取唐朝吉名,治桃花溪口(今湖北崇阳县城天城镇小提塘)④,隶江夏郡。乾元元年,复隶鄂州。

5. **蒲圻县**(618—907)

本隋江夏郡旧县,武德元年,隶鄂州。四年,移治陆溪川(今湖北嘉鱼县陆溪镇)⑤。贞观七年,还治鲍口(今湖北赤壁市蒲圻街道)⑥。天宝元年,隶江夏郡。二年,析置唐年县。乾元元年,蒲圻县隶鄂州。

---

① 舒元舆《唐鄂州永兴县重岩寺碑铭》(载《唐文粹》卷 65):"以大历十三年迁县于长庆乡,寺亦与迁。贞元八年,县又迁之长乐深(湖)口,寺亦随animation。"《太平寰宇记》兴国军永兴县:"唐大历十三年,观察使吴仲孺以县在东北角,百姓往来隔山湖,奏移居富池深湖侧。至贞元八年,观察使何士干奏移于长安乡深湖口置县,即今县是。"大历所迁之长庆乡在"深湖侧",即今网湖北岸陶港镇;长安乡,盖旧名,安史之乱后改长乐,即今阳新县城兴国镇,在网湖西口。

② 复旦大学周庆彰示知:五代吴国张蔺如《唐金紫光禄大夫检校司空持节黄州诸军事黄州刺史上柱国乐安县开国男食邑三百户孙彦思墓志并序》(载《全唐文补遗》第四辑)时自署"前守黄州武昌县主簿"。按《资治通鉴》乾宁四年:"四月,黄州刺史瞿章闻友恭至,弃城,拥众南保武昌寨。五月,朱友恭为浮梁于樊港,进攻武昌寨,壬午,拔之,执瞿章,遂取黄州。"可知乾宁四年四五月间,武昌县一度为黄州刺史所据,则所谓"前守黄州武昌县主簿"当是此时所委。

③ 《太平寰宇记》作"三年",今依《元和志》、两《唐志》。

④ 《元和志》鄂州唐年县:"下隽故城,在县西南一百六里。"《纪要》武昌府崇阳县:"唐年城:在县东二里,唐县治此。"按下隽故城在今通城县城,则唐年城在今崇阳县城天城镇当无可疑。然《大清一统志》卷 259 武昌府:"唐年故城:在崇阳县西四十里。《县志》:唐故城在县西桃溪桥东,五代时迁今治。"《地图集》从之。按之地形,崇阳县城东二里小提塘当一大溪入陆水口,当即桃花溪口,而城西南至通山县城百余里间并无溪口地形,可知《大清一统志》之误。卞鸿翔《唐代唐年县地望考》(载《岳阳师专学报》1985 年第 1 期)以为在今湖北省通城县附近。

⑤ 《太平寰宇记》鄂州蒲圻县:"武德四年,使人王宏让、刺史周和举权在陆溪川中为县。"《舆地纪胜》武昌府蒲圻县:"蒲圻旧城:在县北。《志》云:在今嘉鱼县白面山前。唐武德中湖水溢,县圮,徙治凤山监,即今治也。"按凤山监即嘉鱼陆溪川,宋蒲圻县治即今治,《舆地纪胜》"即今治也"四字当衍。

⑥ 《元和志》鄂州蒲圻县:"东北至州四百一十里。"《太平寰宇记》鄂州蒲圻县:"贞观七年,移还鲍口。"

(五) 巴陵郡(岳州)

巴州(618—623)—岳州(623—742)—**巴陵郡**(742—758)—岳州(758—907)

巴陵郡,本隋旧郡,领巴陵、罗、湘阴、沅江、华容五县,武德元年,萧梁改为巴州,以隋旧州为名,治巴陵县,为直属州。四年,归唐,直属山南道行台;置石首县,割隶荆州。五年,割隶荆州总管府。六年,改为岳州,仍以隋旧州为名。七年,隶荆州都督府。八年,省罗县。贞观十三年,岳州领巴陵、湘阴、沅江、华容四县,治巴陵县。

垂拱二年①(686),改华容县为容城县。

武周长安四年,岳州领巴陵、湘阴、沅江、容城四县,治巴陵县。

唐神龙元年,复容城县为华容县。三年,置昌江县。景云二年,直属江南西道②。

天宝元年,复为巴陵郡。十三载,巴陵郡领巴陵、昌江、湘阴、沅江、华容五县,治巴陵县。十五载,隶江南西道节度使。至德二载,隶洪吉都防御团练观察处置使。

乾元元年,复为岳州。二年,割隶鄂岳沔都团练使。后上元二年,改隶山南东道荆南节度使。永泰元年,割隶鄂岳都团练观察使。大历十二年,隶鄂岳都团练观察防御使。十四年,还隶荆南节度使。兴元元年,复割隶鄂岳都团练观察使。永贞元年(805),隶武昌军节度使。元和三年,隶鄂岳都团练观察使。十五年,岳州领县一如天宝十三载。

宝历元年,隶武昌军节度使。大和五年,隶鄂岳都团练观察使。大中元年,复隶武昌军节度使。二年,又隶鄂岳都团练观察使。四年,又隶武昌军节度使。六年,再隶鄂岳都团练观察使。咸通十四年,岳州领县不变。

文德元年,隶武昌军节度使。乾宁中,改沅江县为桥江县。天祐二年,复隶鄂岳都团练观察使。

1. 巴陵县(618—907)

本隋巴陵郡旧县,武德元年,隶巴州,为州治。六年,隶岳州。天宝元年,隶巴陵郡,为郡治。乾元元年,复隶岳州,为州治。

---

① 《唐会要》卷71作"三年",今依两《唐志》、《元和志》。
② 史志不载岳州改隶江南西道时间。按《大唐六典》江南西道已列岳州,则知不迟于开元中改隶。又按景云二年初置江南西道时,以洪州刺史兼充江南西道按察使,岳州与洪州相邻,当于是年割隶江南西道,故补。

2. 昌江县(707—907)

神龙三年，析湘阴县置昌江县，以县境昌江为名，治故吴昌城(今湖南平江县安定镇)①，隶岳州。其后，移治昌江城(今安定镇中县坪)。天宝元年，隶巴陵郡。乾元元年，复隶岳州。元和四年，移治新昌江城(今平江县城汉昌镇)②。

3. 湘阴县(618—907)

本隋巴陵郡旧县，武德元年，隶巴州。六年，隶岳州。八年，省罗县来属。天宝元年，隶巴陵郡。乾元元年，复隶岳州。

附旧县：罗县(618—625)

本隋巴陵郡旧县，武德元年，隶巴州。六年，隶岳州。八年③，省入湘阴县。

4. 沅江县(618—乾宁中)—桥江县(乾宁中—907)

本隋巴陵郡旧县，武德元年，隶巴州。六年，隶岳州。天宝元年，隶巴陵郡。乾元元年，复隶岳州。乾宁中，以湘江北桥口分流一水为桥江，改为桥江县④。

5. 华容县(618—686)—容城县(686—705)—华容县(705—907)

华容县，本隋巴陵郡旧县，武德元年，隶巴州。四年，析置石首县，割隶荆州。六年，隶岳州。垂拱二年，避武太后祖讳，改为容城县。神龙元年，复为华容县。二年，移治潭子湾(今湖南华容县治河渡镇潘家村)⑤。天宝元年，隶巴陵郡。乾元元年，复隶岳州。

附旧府新镇 江州总管府(618—624)—江州都督府(624—627)—鄂岳沔都团练观察使(759—761)—鄂岳都团练观察使(765—777)—鄂岳都团练观察防御使(777—779)—鄂岳都团练观察使(784—805)—武昌

---

① 《元和志》岳州昌江县："西北至州六百五十里。"中华书局本校勘记云："《元丰九域志》云'平江县在州东二百五十七里'，疑此'六'为'二'之讹。"可从。《大清一统志》卷279岳州府："《府志》：旧县址在今县东故县乡，后迁县东太平乡。"故县乡即今安定镇，太平乡即今中县坪，旧属大桥乡。
② 《大清一统志》卷279岳州府："《府志》：唐元和中，迁今治。"《地名大辞典》第3338页以为元和四年移治，今从之。
③ 《旧唐志》系于"六年"，今依《新唐志》、《太平寰宇记》。
④ 《太平寰宇记》(古逸丛书补阙本)岳州桥江县。
⑤ 《元和志》岳州华容县："东至州一百六十里。"《纪要》岳州府华容县："府西一百八十里。晋初分置南安县，神龙初复曰华容，宋因之。旧治在县东南安港，寻以水患移今治。"《地名大辞典》第3333页云："神龙元年复名华容县，次年县治迁至潭子湾(在今县城东南)。北宋至和元年迁回今城关镇。"今依之。

军节度使(805—808)—鄂岳都团练观察使(808—825)—武昌军节度使(825—831)—鄂岳都团练观察使(831—847)—武昌军节度使(847—848)—鄂岳都团练观察使(848—850)—武昌军节度使(850—852)—鄂岳都团练观察使(852—888)—武昌军节度使(888—905)—鄂岳都团练观察使(905—907)

武德元年(618),萧梁以江、鄂、高、洪四州置江州总管府①。是年,林楚取洪州隶洪州总管府。四年,萧梁置严州,又取唐蕲州地置南晋州来属。是年,归唐,隶山南道行台,割南晋、严二州隶黄州总管府。五年,改高州为智州,置浩州。六年,割智州隶舒州总管府。七年,改为江州都督府,隶安州大都督府。八年,废浩州。贞观元年(627),罢都督府,江、鄂二州隶洪州都督府。

乾元二年(759),割洪吉都防御团练观察处置使鄂州、衡州防御使岳州、淮南节度使沔州置鄂岳沔都团练使,治鄂州。是年,割沔州隶淮南西道节度使。后上元二年(761),罢镇,鄂州还隶洪吉都防御团练观察处置使,岳州隶山南东道荆南节度使。永泰元年(765),割江南西道都防御团练观察处置使鄂州,山南东道荆南节度使岳州,淮南西道节度使沔、蕲、黄三州置鄂岳都团练观察使,治鄂州。大历十二年(777),改为鄂岳都团练观察防御使。十四年,罢镇,鄂州还隶江南西道都防御团练观察处置使,岳州还隶荆南节度使,沔、黄、蕲三州隶河南道淮宁军节度使。兴元元年(784),割江南西道都防御使鄂州,荆南节度使岳州,河南道后淮西节度使沔、蕲、黄三州置鄂岳都团练观察使,治鄂州。贞元元年(785),割江南西道都团练观察使江州来属。四年,江州还隶江南西道都团练观察使。十五年,割黄州隶山南东道安黄节度使。永贞元年(805),升为武昌军节度使。元和元年(806),以淮南道废奉义军节度使之安、黄二州来属。三年,降为鄂岳都团练观察使。十三年,以废后淮西节度使之申州来属。十五年,鄂岳都团练观察使领鄂、岳、沔、安、申、黄、蕲七州,治鄂州。

宝历元年(725),升鄂岳都团练观察使为武昌军节度使。二年,废沔州。大和五年(831),降为鄂岳都团练观察使。大中元年(847),复升为武昌军节度使。二年,又降为鄂岳都团练观察使。四年,又升为武昌军节度使。六年,再降为鄂岳都团练观察使。十二年,割申州隶淮南节度使。是年,复割淮南

---

① 《旧唐志》谓武德四年平林士弘,五年始置江州总管府。按《旧唐书》卷56《萧铣传》:"(武德)四年,大军将至,铣江州总管盖彦举以五州降。"则林士弘为萧铣之误,且知江州总管府实置于萧梁,萧铣武德元年称帝后,始置总管,今姑定江州总管府置于武德元年。

节度使申州来属。咸通十四年,鄂岳都团练观察使领鄂、岳、安、申、黄、蕲六州,治鄂州。

文德元年(888),升为武昌军节度使。乾宁四年(897),割申州隶河南道奉国军节度使。天祐二年(905),复降为鄂岳都团练观察使。

附旧国　林士弘大楚国(616—622)

隋大业末,林士弘据南康、庐陵、宜春、临川、鄱阳、潮阳、龙川七郡,建大楚国,称帝,年号太平,改南康郡为虔州,庐陵郡为吉州,宜春郡为袁州,临川郡为抚州,鄱阳郡为饶州,潮阳郡为潮州,龙川郡为循州,以虔州为都城,置南昌州。武德元年,张善安取萧梁洪州来属,置总管府①,割南昌、袁二州隶之;冯盎等以隋高凉、永熙、苍梧、信安、番禺、珠崖、儋耳、临振八郡来归,改为高、泷、封、端、广、崖、儋、振八州,置高州总管府②。是年,袁州归萧梁,饶州归汪吴。二年,高州总管府归萧梁。五年,洪州总管府及循、潮二州归唐,未几,林士弘亦以虔、吉、抚三州降唐,楚国亡。

---

① 《元和志》洪州:"武德元年,改为总管府。"当是林楚所为。
② 《新唐书》卷51《高祖纪》云,隋大业末,"冯盎据高、罗,皆号总管"。按隋罗州大业初已废入高州,至唐武德五年始复置,冯盎起事时,尚行郡制,《高祖纪》盖谓冯盎初据高、罗二州故地,非指实为二州也。《新唐书》卷110《冯盎传》:"遂有番禺、苍梧、朱崖地,自号总管。"可证。

第十章　岭　南　道

广州大都督府(624—627)—岭南道(628—862)—岭南东道(862—907)

武德七年(624),升荆州大总管府之广州总管府为广州大都督府,割高、南康、循三州都督府隶之。八年,割循州都督府隶后扬州大都督府。九年,罢南康州都督府。贞观元年(627),降广州大都督府为广州都督府,并高州都督府隶安州大都督府。二年,以废安州大都督府之广、高、崖三州都督府及废荆州大都督府之桂、南尹、交、德四州都督府为岭南道监理区,无治所。七年,置龚州都督府。十三年,岭南道有广、高、崖、驩、交、龚、桂七州都督府①。十五年,罢龚州都督府。二十三年,置容州都督府,罢高、崖二州都督府。

乾封二年(667),置邕州都督府,罢龚州都督府。永隆二年(681),改交州都督府为安南都护府,罢驩州都督府。

武周长安四年(704),岭南道有广、容、邕、桂四州都督府及安南都护府。

唐神龙中,改邕州都督府为贵州都督府。景云二年(711),复贵州都督府为邕州都督府。开元七年(719),以广州都督兼岭南道按察使②。十八年,以桂州都督兼岭南道按察使③。二十二年④,以广州都督兼岭南道采访处置使。

天宝元年(742),改广州都督府为南海郡都督府,容州都督府为普宁郡都督

---

① 据《括地志·序略》,贞观十三年,岭南道有广、韶、循、潮、冈、端、封、药、泷、新、春、前潘、雷、崖、琼(误儋)、振、儋、容、藤、义、窦、辩(误辨)、白、廉、绣、交、爱、演(误滨)、驩、景、智、林、峰、邕、宾、澄、严、贵、横、钦、后罗、桂、昭、贺、梧、蒙、后燕、龚、象、柳(误即)、融五十一州,脱康、富二州,另有新置灌、笼、环、古四州未及登载,实五十七州。
② 《旧唐书》卷8《玄宗纪》开元十年有广州都督、岭南按察使裴伷先。又据郁贤皓《唐刺史考全编》,裴伷先开元七年始任广州都督。
③ 张九龄:《守秘书少监制》(载《曲江集》附录)。
④ 《册府元龟》卷162原作"二十三年",据严耕望《景云十三道与开元十六道》考改。

府,邕州都督府为朗宁郡都督府,桂州都督府为始安郡都督府①。十三载,岭南道有南海、普宁、朗宁、始安四郡都督府及安南都护府,治南海郡(见图13、图14、图15)。十五载(至德元载),以南海郡都督府置岭南节度使,普宁郡都督府置容州管内经略使,朗宁郡都督府置邕州管内经略使,始安郡都督府置桂州管内经略使,安南都护府置安南管内经略使。二载,改安南管内经略使为镇南管内经略使。

乾元元年(758),升镇南管内经略使为镇南管内节度使,改邕州管内经略使为邕州管内都防御经略使。二年,改容州管内经略使为容州管内经略都防御使,升邕州管内都防御经略使为邕州管内节度使。后上元元年(760),改容州管内经略都防御使为容州管内观察经略等使,降邕州管内节度使为邕州管内都防御经略使。广德二年(764),改桂州管内经略使为桂邕都防御观察使,降镇南管内节度使为镇南管内都防御观察使,罢邕州管内都防御经略使。永泰二年(766),改镇南管内都防御观察经略使为安南管内都防御观察经略使。大历五年(770),置邕州管内经略等使,改桂邕都防御观察使为桂州管内都防御观察经略等使。贞元五年(789),置琼州管内招讨游奕使。六年,改安南管内都防御观察经略使为安南管内观察经略等使。元和十五年,罢邕州管内经略等使,岭南道有岭南节度使、琼州管内招讨游奕使、容州管内观察经略等使、安南管内观察经略等使、桂州管内都防御观察经略等使五镇及安南都护府。

长庆二年(822),复置邕州管内经略等使。咸通三年(862),改岭南节度使为岭南东道节度使,升邕州管内经略等使为岭南西道节度使,自是,分岭南为东、西两道,岭南东道有岭南东道节度使、琼州管内招讨游奕使二镇,割岭南西道节度使、容州管内观察经略等使、安南管内观察经略等使、桂州管内都防御观察经略等使及安南都护府属岭南西道。十四年,岭南东道仍有岭南东道节度使、琼州管内招讨游奕使二镇。

乾宁二年(895),改岭南东道节度使为清海军节度使。天祐四年(907),清海军节度使、琼州管内招讨游奕使归后梁②。

---

① 《州郡典》序目岭南道有南海、始兴、海(康)〔丰〕、义宁、高要、晋康、临封、开阳、铜陵、新兴、恩平、南陵、高凉、南潘、海康、珠崖、琼山、万安、延德、昌化、普宁、感义、连城、怀德、陵水、温水、南昌、合浦、安乐、定川、宁仁、平琴、郁林、常林、连山、文阳、九真、福禄、承化、武峨、汤泉、玉山、朗宁、安城、贺水、修德、怀泽、宁浦、永定、宁越、龙池、招义、临潭、扶南、横山、始安、平乐、临贺、开江、苍梧、蒙山、临江、浔江、象、龙城、忻城、龙水、正平、融水、乐(古)〔兴〕七十一郡及安南都护府直辖地区,当为天宝元年之数,然脱武曲、忠义二郡,连山郡是年属山南西道,岭南道实有七十二郡、一都护府直辖地区。

② 《新五代史》卷65《南汉世家》:"(唐末)隐镇南海,龑为副使。……隐、龑自梁初受封爵,禀正朔而已。"是时刘氏亦据琼管。

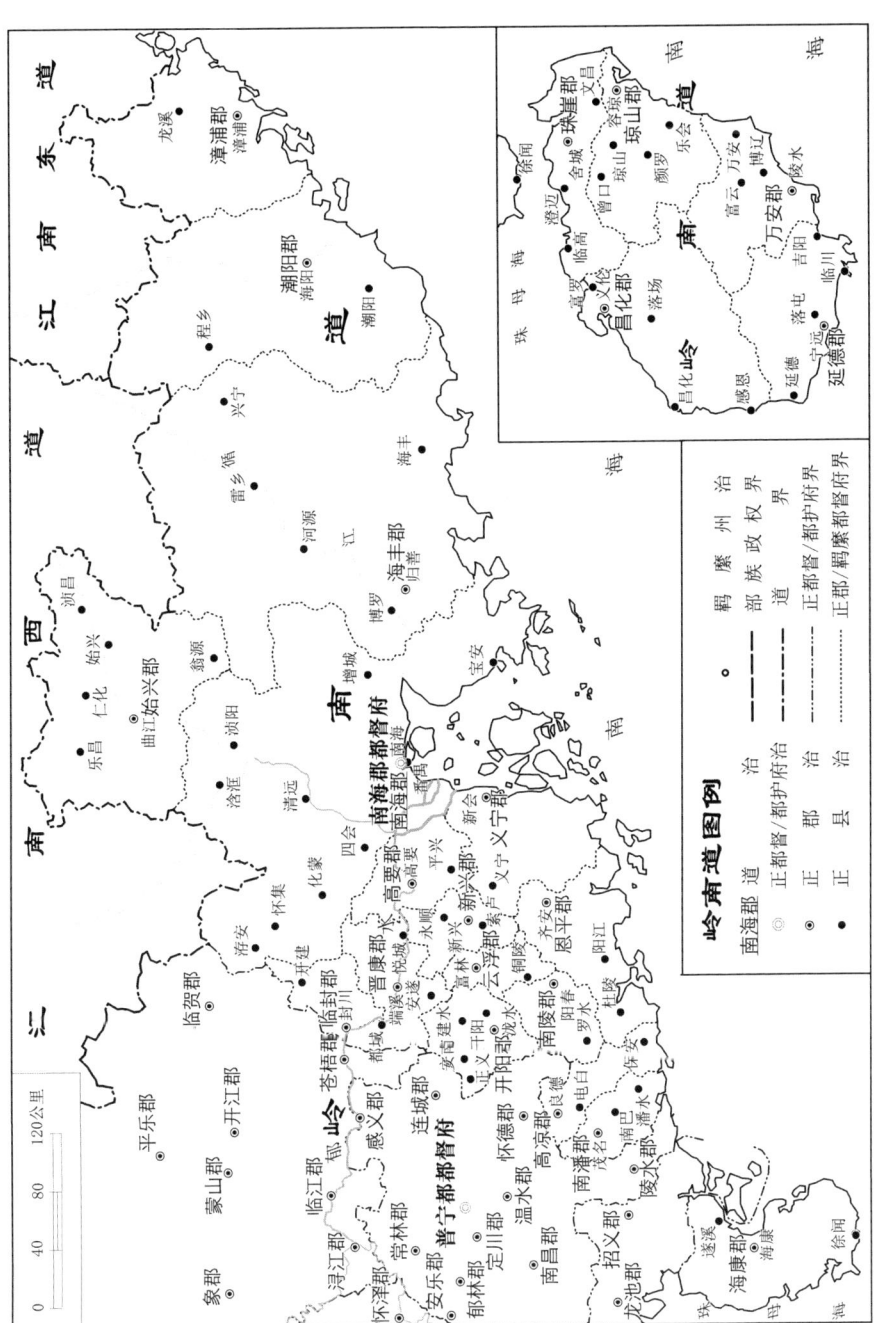

图13 天宝十三载(754)唐朝岭南道东部行政区划

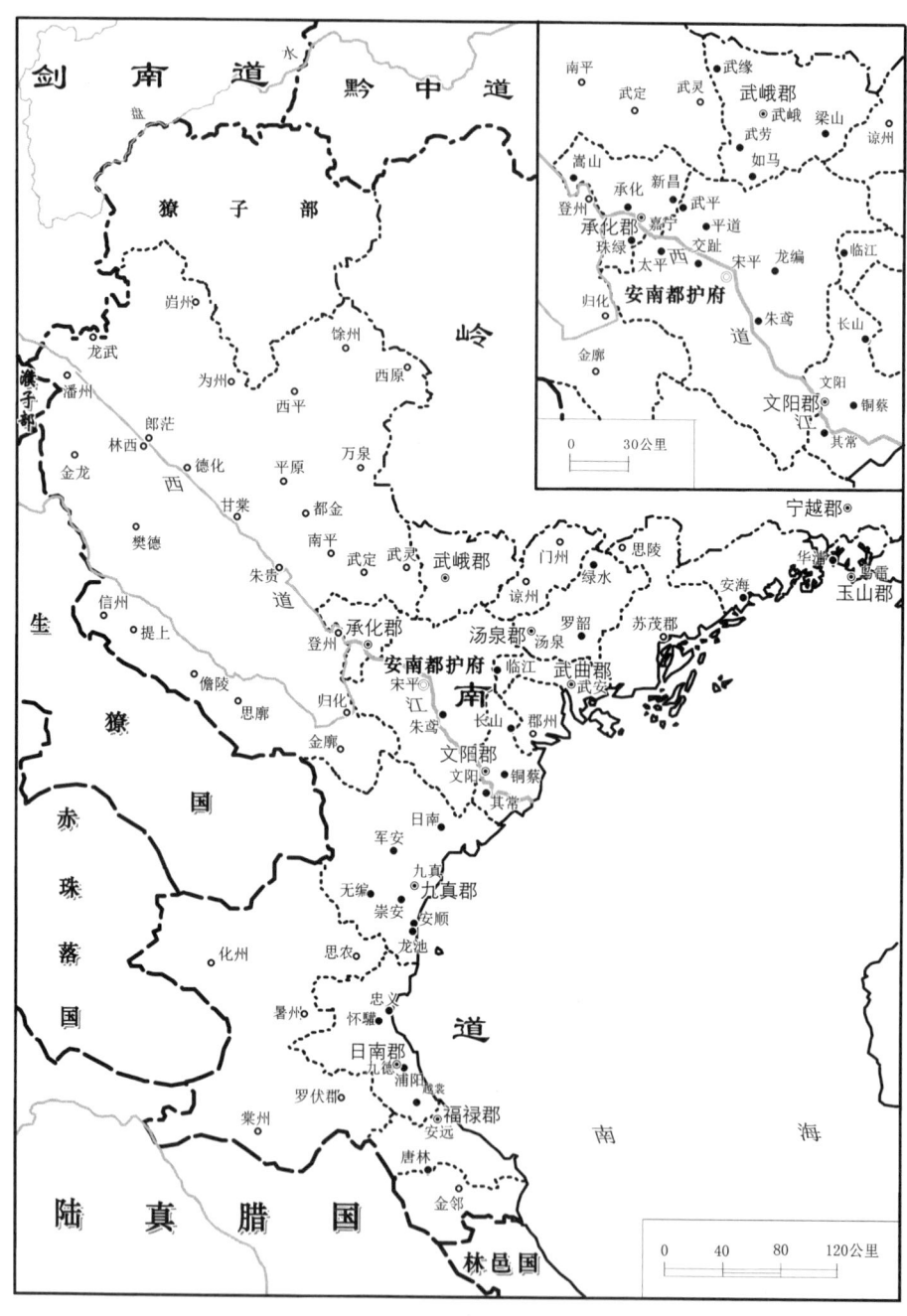

图 14 天宝十三载(754)唐朝岭南道南部行政与统治区划

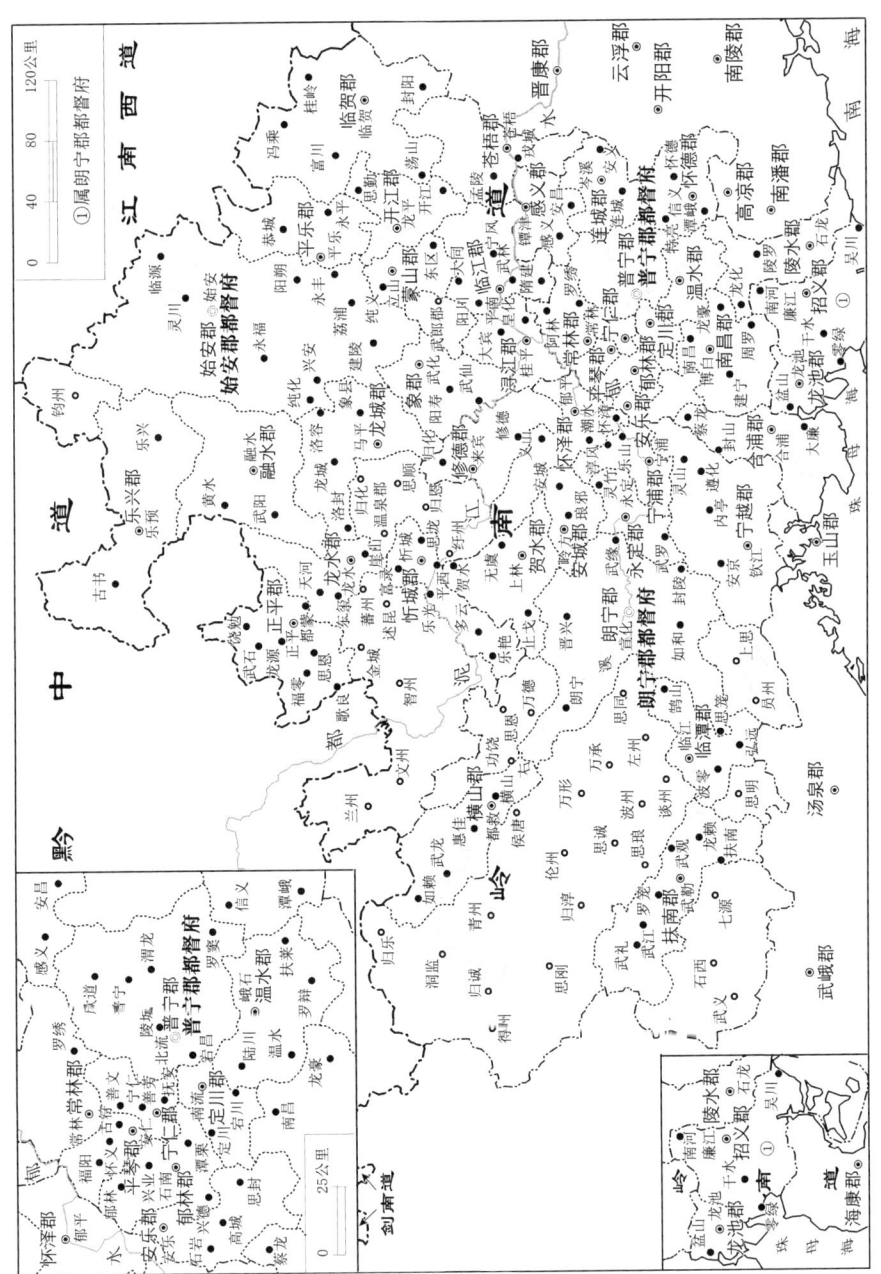

图 15 天宝十三载(754)唐朝岭南道西部行政区划

第一节　南海郡(广州)都督府

广州总管府(619—624)—广州大都督府直辖地区(624—628)—广州都督府(628—742)—**南海郡都督府**(742—756)—岭南节度使(756—862)—岭南东道节度使(862—895)—清海军节度使(895—907)

武德二年(619),萧铣梁国番州刺史邓文进取林士弘楚国广、端二州归萧梁,置广州总管府①,割潭州总管府番州来属,又置新州。四年,归唐,隶山南道行台,改番州为东衡州,置冈、南康二州,割南康、端、新三州隶南康州总管府。五年,隶荆州大总管府,置南绥、泷二州。七年,改为广州大都督府直辖地区,割高州都督府南合、崖、振、儋四州来属②。九年,以废南康州都督府之南康③、端、新④、勤、泷、南扶、南义、南建、封、齐、威十一州来属。是年,废南康、勤二州。贞观元年(627),以广州大都督府直辖地区为广州都督府,隶安州大都督府,改东衡州为韶州,南合州为东合州,复置南康州,废齐、威、泷、南义、南扶五州。是年,割崖、振、儋三州置崖州都督府。二年,广州都督府属岭南道,置义州,并复置南扶州,以废循州都督府之循、潮二州来属。三年,割崖州都督府儋州来属。是年,割儋州还隶崖州都督府。五年,废南扶、义二州。六年,复置南扶、义二州。八年,改南绥州为泷州,南建州为药州,南扶州为窦州,东合州为雷州。十一年,复废南康州。十二年,置康州。十三年,废冈、泷二州。是年,又置冈州,广州都督府督广、韶、循、潮、冈、端、新、泷、窦、义、药、康、封、雷十四州。十八年,废药州。二十三年,以废高州都督府之高、后罗、辩、春四州,废崖州都督府之崖、琼、振、儋四州来属。

永徽元年(650),置恩、后潘二州。龙朔二年(662),置万安州。乾封二年

---

① 《旧唐志》言,武德四年讨平萧铣,始置广州总管府。据岑仲勉考证,隋开皇、仁寿间有广州(番州)总管(《隋书求是》,商务印书馆,1958年,第281页)。又据郝玉麟等《广东通志》卷38:"炀帝被贼,(南海太守邓)文进募兵赴难,旬日间,合众数万。至庾岭,值伪帅林士弘虔虔饶阻,不克进,于是退保番、韶二州(即广、番二州)。"《旧唐书》卷109《冯盎传》:"武德三年,广、新二州贼帅高法澄、冼宝彻等并受林士弘节度,杀害隋官吏。"新州,当指端州;隋官吏,当指邓文进所用者。可见武德二年邓文进复取广州归萧梁之时,已领有广、端、番三州,依隋末形势,亦当复置总管府,否则该三州无所属,今补。
② 《旧唐志》恩州序言,武德七年,割崖、儋、雷、新属广州。按雷州是时为南合州,贞观八年始改雷州;又海南岛是时犹有振州,当同时割隶广州总管府,而新州当时已属广州总管府,不得重出,此"新"字当为"振"字之误,今改。
③ 《旧唐志》原作"泹",按是时泹州属广府,不属康府。康府废入广府时,有康(南康)州,盖后人误改为"泹"也。
④ 《旧唐志》原作"宋",按唐初广府一带无宋州,"宋"字当系"新"字之误,今改。

(667),割义、窦二州隶容州都督府。

武周万岁通天二年(697),复置勤州,长安元年,复废勤州①。四年,广州都督府督广、韶、循、潮、冈、端、康、封、泷、新、恩、春、高、后潘、辩、罗、雷、崖、琼、万安、振、儋二十二州。

唐景云二年(711),割潮州隶江南东道闽州都督府。开元十七年,割崖、琼、万安、振、儋五州隶安南都护府②。十八年,复置勤州。二十二年,割桂州都督府连州及江南东道福州都督府潮、漳二州来属③。二十三年,废冈州。二十五年,复置冈州。二十六年,置汀州,割隶福州都督府。

天宝元年(742),改广州为南海郡,连州为连山郡,韶州为始兴郡,循州为海丰郡,潮州为潮阳郡,漳州为漳浦郡,冈州为义宁郡,端州为高要郡,康州为晋康郡,封州为广信郡,泷州为开阳郡,勤州为铜陵郡,新州为新昌郡,恩州为恩平郡,春州为南陵郡,高州为高凉郡,后潘州为南潘郡,辩州为陵水郡,罗州为石城郡,雷州为海康郡,割安南都护府珠崖、琼山、万安、临振、昌化五郡来属④,改广州都督府为南海郡都督府;割陵水郡隶普宁郡都督府,石城郡隶朗宁郡都督府,潮阳、漳浦二郡隶江南东道长乐郡都督府,连山郡隶江南西道长沙郡都督府,改临振郡为宁远郡。是年,改广信郡为临封郡,新昌郡为新兴郡,宁远郡为延德郡。其后,改铜陵郡为云浮郡。十载,割江南东道长乐郡都督府潮阳、漳浦二郡来属⑤。十三载,广州都督府领南海、始兴、海丰、潮阳、漳浦、义宁、高要、晋康、临封、开阳、云浮、新兴、恩平、南陵、高凉、南潘、海康、珠崖、琼山、万安、临振、昌化二十二郡。十五载(至德元载),割邕管经略使招义郡来属;又割漳浦郡隶江南东道福建经略使,以南海、始兴、海丰、潮阳、义宁、高要、新兴、云浮、南陵、恩平、高凉、南潘、招义、海康、珠崖、琼山、万安、临振、昌化、开阳、晋康、临封二十二郡置岭南节度使⑥,治南海郡,都督成虚职。至德二载(757),

---

① 按《金石萃编》卷75载《乙速孤行俨碑》,圣历三年,行俨授"使持节都督广韶端康封冈等□二州诸军事、广州刺史",阙字当是"廿",即不含勤州,《全唐文》卷234所载碑文误补为"十"。然《新唐志》云勤州"长安中复废",可知圣历三年虽下诏废勤州,而实庞于明年(长安元年)。
② 张说《赠广州大都督冯府君神道碑》(载《张燕公集》卷19)云:开元十七年,赠冯君衡"使持节都督广韶循康等一十六州诸军事广州大都督",则是年崖、儋、振、琼、万安五州已脱离广府,改隶安南。参详本章第三节"安南都护府"序注。
③ 据《本钱簿》广府有连州,今拟于开元二十二年始置采访使之时来属。
④ 《本钱簿》广府有崖、振、儋州,而琼、万安二州犹书"安南管内",当是天宝元年五州行政关系已属岭南,而琼、万安二州或因偏远贫穷不置公廨本钱之故,是年仍暂由安南支给官人俸料,故尔。
⑤ 据《新唐表》。
⑥ 《新唐表》云:至德元载置岭南节度使时,领广州(南海郡)等二十二州(郡),衍藤州(感义郡)而脱冈州(义宁郡)。《方镇研究》第174页从之,亦言建中元年藤州始还容府管内。然据下文"感义郡"注文所考,藤州大历间犹隶容州管内,则藤州实未曾隶岭南节度使,《新唐表》至德元载条当是误冈州为藤州,建中元年条亦属误文。

改万安郡为万全郡。

乾元元年(758),复南海郡为广州,始兴郡为韶州,海丰郡为循州,潮阳郡为潮州,义宁郡为冈州,高要郡为端州,新兴郡为新州,南陵郡为春州,恩平郡为恩州,高凉郡为高州,南潘郡为潘州,招义郡为罗州,海康郡为雷州,珠崖郡为崖州,琼山郡为琼州,万全郡为万安州,延德郡为振州,昌化郡为儋州,开阳郡为泷州,云浮郡为勤州,晋康郡为康州,临封郡为封州,割韶州隶韶连郴都团练使。后上元二年(761),以废韶连郴都团练使之韶、连、郴三州来属。是年,又割连、郴二州隶山南东道荆南节度使,罗、潘二州隶邕管都防御经略使。广德元年(763),复割韶州隶韶连郴都团练使。是年,以废韶连郴都团练使之韶州来属。贞元五年(789),万全、琼、振、儋、崖五州割隶琼州管内招讨游奕使。二十一年,废冈州。元和元年(806),复割邕管经略使罗、潘二州,容州管内观察经略等使辩州来属。十五年,岭南节度使领广、韶、循、潮、端、新、春、勤、恩、高、潘、辩、罗、雷、泷、康、封十七州①,治广州。

咸通三年(862),改为岭南东道节度使,属岭南东道。十四年,岭南东道节度使领州不变。

乾宁二年(895),改为清海军节度使。天祐二年(905),改辩州为勋州。

(一) 南海郡(广州)

广州(618—742)—南海郡(742—758)—广州(758—907)

南海郡,本隋旧郡,领南海、增城、宝安、新会、义宁、四会、化蒙、怀集、政宾、清远、含洭、真阳、曲江、乐昌、始兴、翁源十六县②。武德元年,冯盎取附林楚,改为广州③,治南海县。二年,邓文进取附萧梁④,置广州总管府。四年,

---

① 《元和志》岭南节度使管州列目仍有崖、琼、万安、振、儋五州,当是以道级方镇岭南节度使领次道级方镇琼管招讨游奕使之故。
② 《隋志》南海郡无真阳县,共十五县。按《旧唐志》:"浈阳,汉县,属桂阳郡。隋为真阳。(武德)五年,属洭州。"《元和志》云:"隋开皇十年,改名贞阳,属循州。十九年,改属广州。武德元年。复改为浈阳。"是则隋末有真阳县,《隋志》不载,当是大业间废而复置,今补。
③ 隋末,南海太守为邓文进,萧铣、林士弘召之,皆不附。然《资治通鉴》武德元年四月云:"汉阳太守冯盎以苍梧、高凉、珠崖、番禺之地附于林士宏。"可知隋末邓文进率兵驻曲江后,南海郡为冯盎所取,以附林楚。
④ 郝玉麟等《广东通志》卷38:"炀帝被贼,(邓)文进募兵赴难,旬日间,合众数万。至庾岭,值伪帅林士弘据虔饶阻,不克进,于是退保番、韶二州。"据下文始兴郡韶州注考证,"韶"字当衍。卷6又云:"梁主萧铣略地至番禺,邓文进以州附。"又,《旧唐书》卷109《冯盎传》载:"武德三年,广、新二州贼帅高法澄、冼宝彻等并受林士弘节度,杀害隋官吏。"隋官吏,当即萧梁所用隋旧官吏。《旧唐志》广州序:"武德四年,平萧铣,置广州总管府。"可见武德元年至三年间,邓文进已取广州,归萧梁,今定于武德二年。

广州归唐①，割新会、义宁二县隶冈州。五年，割四会、化蒙二县隶南绥州，怀集县隶威州，洊江、真阳二县隶洭州。六年，省政宾县。七年，改总管府为都督府。贞观元年，以废洭州之真阳、洊江二县来属，改真阳县为浈阳县。十三年，以废冈州之新会、义宁二县，废洭州之四会、化蒙、怀集、浮安四县来属。是年，割新会、义宁二县复隶冈州，广州领南海、增城、宝安、四会、化蒙、怀集、浮安、清远、洊江、浈阳十县②，治南海县。

武周长安三年(703)，置番禺县。四年，广州领南海、增城、宝安、番禺、四会、化蒙、怀集、浮安、清远、洊江、浈阳十一县，治南海县。

唐开元二十二年，为岭南道治。二十三年，以废冈州之新会、义宁二县来属。二十五年，复割新会、义宁二县隶冈州。

天宝元年，复为南海郡，隶南海郡都督府。十三载，南海郡领南海、增城、宝安、番禺、四会、化蒙、怀集、浮安、清远、洊江、浈阳十一县③，治南海县。十五载(至德元载)，隶岭南节度使，为使治。至德二载，改宝安县为东莞县，浮安县为浮水县。

乾元元年，复为广州。贞元二十一年，以废冈州之新会、义宁二县来属。元和十五年，广州领南海、增城、东莞、新会、义宁、番禺、四会、化蒙、怀集、浮水、清远、洊江、浈阳十三县，治南海县。

咸通三年，隶岭南东道节度使。十四年，广州领县不变。

乾宁二年，隶清海军节度使，均为使治。

1. **南海县**(618—907)

本隋南海郡旧县，武德元年，隶广州，为州治。长安三年，析置番禺县。天宝元年，隶南海郡，为郡治。乾元元年，复隶广州，为州治。

2. **增城县**(618—907)

本隋南海郡旧县，武德元年，隶广州。天宝元年，隶南海郡。乾元元年，复隶广州。唐末，移治东街村(今广东增城市增江街道石宜吓)④。

---

① 《旧唐志》广州序："武德四年，平萧铣。"《资治通鉴》武德五年二月戊寅："广州贼帅邓文进来降。"盖武德四年萧铣以广州图籍归唐，五年，邓文进始正式来降。今依《旧唐志》。
② 吴洲《唐代东南的历史地理》第117页云贞观十二年广州领番禺县，误。
③ 《旧唐志》云天宝领县十三，然仅列十县，当脱洊江及新会、义宁三县，然新会、义宁二县又见于冈州，则天宝领县实仅十一；《州郡典》云领十二县，则是羼入永固县，今据实有县数统计，确定为十一县。
④ 文章等《增城县志》卷2："旧基在县北东街村，大江西抱……其地僻隘，乃迁于九冈村。"《纪要》广州府增城县："唐时，移置于县东九冈村。"顾炎武《肇城志》(上海古籍出版社，2004年)第2274页增城县："旧县，在城东北十里。"《清一统志》卷340广州府："唐移于今县东北十里九冈村，后又移今治。"按九冈村即今荔城街道，《纪要》《清一统志》误以东街村为九冈村，然所云唐末移于今县东北十里则可取。

3. 宝安县(618—757)—东莞县(757—907)

宝安县,本隋南海郡旧县,武德元年,隶广州。天宝元年,隶南海郡。至德二载,移治到涌(今广东东莞市莞城街道)①,避安氏名姓,改为东莞县,以南朝东莞郡为名。乾元元年,复隶广州。

4. 番禺县(703—907)

长安三年,析南海县置番禺县,以隋旧县为名,治江南洲卢循城(今广东广州市海珠区海幢街道)②,隶广州。天宝元年,隶南海郡。乾元元年,复隶广州。大历间,移治新番禺城(今海珠区昌岗街道)③。

5. 四会县(618—907)

本隋南海郡旧县,武德元年,隶广州。五年,割隶南绥州,为州治。贞观八年,隶浈州,仍为州治。十三年,州废,还隶广州。天宝元年,隶南海郡。乾元元年,复隶广州。

附旧县:化穆县(622—639)

武德五年,析四会县置化穆县,以南朝旧县为名,治故化穆城(今广宁县排沙镇春水村)④,割隶南绥州。贞观八年,南绥州改为浈州,十三年,化穆县省入四会县。

6. 化蒙县(618—907)

本隋南海郡旧县,武德元年,隶广州。五年,割隶南绥州,并析置新招、化注二县。贞观元年,省新招、化注二县来属,八年,隶浈州。十三年,州废,还隶广州。天宝元年,隶南海郡。乾元元年,复隶广州。

附旧县1:新招县(622—627)

武德五年,析化蒙县置新招县⑤,以南朝旧县为名,治故新招城(今广东广宁县古水镇)⑥。隶南绥州。贞观元年,省入化蒙县。

---

① 《纪要》广州府东莞县:"宝安废县:唐至德二载,移县于到浦,即今县治也。"到浦,张二果等《东莞县志》、顾炎武《肇域志》作"倒涌",今从之。
② 吴宏岐《唐番禺县治所考》(载《中国历史地理论丛》2007年第3期)以为在故卢循城,即今广州市海珠区珠江南岸海幢寺、海幢公园一带,从之。
③ 《元和志》番禺县:"北至州十五里。"复旦大学历史地理研究所《中国历史地名辞典》第867页则云:"大历间移治今广州市。"今综合诸说,疑初治海幢,大历间移治昌岗。
④ 《纪要》广州府广宁县:"化穆废县:县东南五十里。"
⑤ 史志但统言析四会、化蒙县置,按县名"新招",示该县地处僻远,推测当以较西之化蒙县置。
⑥ 《舆地纪胜》肇庆府:"滑水:《图经》:在四会县西南二百五十里,源出康州悦城界,合新招之水注于江。"新招之水,即绥江,则知新招县城在绥江之滨。《纪要》广州府广宁县:"新招废县:在县西新招村。"《大清一统志》卷346肇庆府:"新招废县:在广宁县西南。《县志》:新招废县在今县西南橄榄都新招村,故址尚存。"今定于广宁县古水镇。

附旧县 2：化注县(622—627)

武德五年，析化蒙县置化注县，以南朝旧县为名，治故化注城(今广宁县洲仔镇)①，隶南绥州。贞观元年，省入化蒙县。

7. 怀集县(618—907)

本隋南海郡旧县，武德元年，隶广州。五年，割隶威州，为州治，并析置兴平、霍清、威成三县。贞观元年，州废，省兴平、霍清、威武三县来属，怀集县改隶南绥州。八年，隶浈州。十三年，州废，还隶广州。开元二年，省封州永固县来属。天宝元年，隶南海郡。乾元元年，复隶广州。

附旧县 1：永固县(621—714)

武德四年，析封州开建县置永固县，以南朝旧县为名，治故永固城(今广东怀集县永固镇古城村)，仍隶封州。开元二年，省入怀集县。

附旧县 2：兴平县(622—627)

武德五年，析广州怀集县置兴平县，治故怀化城(今怀集县城怀城镇沙洲寨)②，隶威州。贞观元年，省入怀集县。

附旧县 3：霍清县(622—627)

武德五年，析广州怀集县置霍清县，治霍清城(今怀集县坳仔镇)③，隶威州。贞观元年，省入怀集县。

附旧县 4：威成县(622—627)

武德五年，析广州怀集县置威成县，治威成城(今怀集县梁村镇顺塘寨)④，隶威州。贞观元年，省入怀集县。

8. 洊安县(618—757)—洊水县(757—907)

洊安⑤县，本隋熙平郡旧县，武德元年，隶连州。五年⑥，割隶齐州，为州治，并析置宣乐、宋昌二县。贞观元年，州废，省宣乐、宋昌二县来属，洊安县属南绥州。八年，隶浈州。十三年，州废，改隶广州⑦。天宝元年，隶南海郡。至德二载，避安氏名姓，改为洊水县。乾元元年，复隶广州。

附旧县 1：宣乐县(622—627)

武德五年，析洊安县置宣乐县，以隋旧县为名，治故宣乐城(今怀集县沿

---

① 《纪要》广州府广宁县："化注废县：在县西南四十里。"
②③④ 依地理形势推定。
⑤ 《隋志》熙平郡作"游安"。按《元和志》云："萧齐于封阳地置洊安县，隋省。"《旧唐志》云："洊水：汉封阳县，属苍梧郡，南齐改为洊安。武德四年，于县置齐州。"《太平寰宇记》云："废洊水县：汉封阳县，属苍梧郡，南齐改为洊安，唐武德五年，于县置齐州。"洊安县以洊水为名，《隋志》"游"字当系"洊"字之形误。
⑥ 《旧唐志》作"四年"，今依《新唐志》、《太平寰宇记》。
⑦ 《旧唐志》作"宾州"，误。

水镇)①,隶齐州。贞观元年,州废,省入浈安县。

附旧县2：宋昌县(622—627)

武德五年,析浈安县置宋昌县,以南朝旧县为名,治故宋昌城(今怀集县岗坪镇)②,隶齐州。贞观元年,州废,省入浈安县。

9. **清远县**(618—907)

本隋南海郡旧县,武德元年,隶广州。六年③,省政宾县来属。天宝元年,隶南海郡。乾元元年,复隶广州。

附旧县：政宾县(618—623)

本隋南海郡旧县,武德元年,隶广州。六年,省入清远县。

10. **洽洭县**(618—907)

本隋南海郡旧县,武德元年,隶广州。五年,割隶洭州,为州治。贞观元年,州废,还隶广州。天宝元年,隶南海郡。乾元元年,复隶广州。

11. **真阳县**(618—627)—**浈阳县**(627—907)

浈阳县,本隋南海郡真阳县,武德元年,隶广州。五年,割隶洭州。贞观元年,州废,还隶广州,以与河南道豫州县名重,改为浈阳县,因浈山为名④。天宝元年,隶南海郡。乾元元年,复隶广州。

附旧州一：齐州(622—627)

武德五年⑤,割连州浈安县置齐州,以南朝齐乐郡为名,隶南康州总管府,并置宣乐、宋昌二县。七年,隶南康州都督府。九年,改隶广州都督府。贞观元年,州废,省宣乐、宋昌二县,以浈安县隶南绥州。

附旧州二：南绥州(622—634)—浈州(634—639)

武德五年,割广州四会、化蒙二县置南绥州,以绥建江为名,治四会县,隶广州总管府,并置化穆、新招、化注三县。七年,隶广州都督府。贞观元年,省

---

① 《纪要》连州阳山县："宣乐废县：县南百里。"
② 按《纪要》梧州府怀集县云,县西北六十五里西水里斤水渡头有浈水废县旧址,又连州阳县亦云,(浈)〔浈〕安废县在县西南,据此可定唐初浈安县治在今怀集县北中洲镇。依地理形势推定,既浈安县所析宣乐县在今怀集县东北洽水镇,则所析另一县宋昌县当在怀集县西北岗坪镇一带。隋时熙平郡(治今连县)领有开建县(今封开县北),则自今连县至封开县必有道路可通,中洲、岗坪二镇正好控扼此道,宜为置县之地。
③ 《太平寰宇记》广州清远县作"五年"。
④ 《太平寰宇记》浈州浈阳县。
⑤ 《旧唐志》作"四年",今依《新唐志》、《太平寰宇记》。

新招、化注二县,以废威州之怀集县、废齐州之洊安县来属。八年,改为浈州。十三年,废浈州及化穆县,四会、化蒙、怀集、洊安四县改隶广州。

附旧州三：威州(622—627)

武德五年,割广州怀集县置威州,并置兴平、霍清、威成三县,取威成县首字为州名,治怀集县,隶南康州总管府。七年,隶南康州都督府。九年,改隶广州都督府。贞观元年,州废,省兴平、霍清、威成三县,以怀集县隶南绥州。

附旧州四：涯州(622—627)

武德五年,割广州洽涯、真阳二县置涯州,以涯水为名,治洽涯县,隶广州总管府,并置翁源县。七年,隶广州都督府。贞观元年,州废,洽涯、真阳二县隶广州,翁源县隶韶州。

(二) 始兴郡(韶州)

番州(618—621)—东衡州(621—627)—韶州(627—742)—始兴郡(742—758)—韶州(758—907)

武德元年,隋南海太守邓文进附萧梁,割曲江、始兴、乐昌、翁源四县置番州[①],以隋旧州为名,治曲江县,隶潭州总管府。二年,割隶广州总管府。四年,归唐,析置临泷、良化二县。是年,改为东衡州,以南朝旧州为名。五年,割翁源县隶涯州。七年,隶广州都督府。贞观元年,改为韶州,以隋旧州为名,割涯州翁源县来属。八年,废临泷、良化二县。十三年,韶州领曲江、乐昌、始兴、翁源四县,治曲江县。

---

① 《新唐志》韶州：“本番州,武德四年,析广州之曲江、始兴、乐昌、翁源置。”置州时间及领县皆有问题。按《方舆胜览》韶州：“邓文进,始兴人,为本州刺史,移州于水西。萧铣叛,发兵攻乐昌城,文进坚守。”此“本州”即番州,当置于大业末(武德初)萧梁略地岭南之时。郝玉麟等《广东通志》卷6又云：“梁主萧铣略地至番禺,邓文进以州附。”可知邓文进初拒萧梁而后附之。《广东通志》卷38又云：“隋改广州为番州,治始兴郡,大业中,文进为刺史,移州治于武水西。炀帝被贼,文进募兵赴难,旬日间,合众数万。至庚岭,值伪帅林士弘据虔、饶,阻不克进,于是退保番、韶二州。”按隋番州治南海郡,此云治始兴郡,盖因邓文进驻始兴(即武水西之曲江)复置番州之故。“退保番、韶二州”之“韶”字当衍。又,《旧唐志》谓翁源县乃贞观元年来属韶州,则《新唐志》所谓翁源隶番州者,当是武德元年时事,今改。

武周光宅元年(684),置浈昌县。垂拱四年(688),置仁化县①。长安四年,韶州领曲江、乐昌、仁化、始兴、浈昌、翁源六县,治曲江县。

唐天宝元年,改为始兴郡,以南朝旧郡为名,隶南海郡都督府。十三载,始兴郡领曲江、乐昌、仁化、始兴、浈昌、翁源六县,治曲江县。十五载,隶岭南节度使。

乾元元年,复为韶州。元和十五年,韶州领县一如天宝十三载。

咸通三年,隶岭南东道节度使。十四年,韶州领县不变。

乾宁二年,隶清海军节度使。

1. 曲江县(618—907)

本隋南海郡旧县,武德元年,隶番州,为州治。四年,析置临泷、良化二县。是年,隶东衡州。贞观元年,隶韶州,均为州治。八年,省临泷、良化二县来属。天宝元年,隶始兴郡,为郡治。乾元元年,复隶韶州,为州治。

附旧县1:临泷县(621—634)

武德四年,析曲江县置临泷县,以临泷水为名,治临泷城(今广东曲江县白土镇)②,隶番州。是年,隶东衡州。贞观元年,隶韶州。八年,省入曲江县。

附旧县2:良化县(621—634)

武德四年,析曲江县置良化县,盖谐南朝梁化县为名,治良化城(今广东乳源县城乳城镇共和村)③,隶番州。是年,隶东衡州。贞观元年,隶韶州。八年,省入曲江县。

2. 乐昌县(618—907)

本隋南海郡旧县,武德元年,隶番州。四年,隶东衡州。贞观元年,隶韶州。天宝元年,隶始兴郡。乾元元年,复隶韶州。

3. 仁化县(688—907)

垂拱四年,析曲江县置仁化县,以南朝旧县为名,治仁化城(今广东仁化县城丹霞镇老城村)④,隶韶州。天宝元年,隶始兴郡。乾元元年,复隶韶州。

---

① 《新唐志》:"仁化,本隶广州,垂拱四年析曲江置,后来属。"祝鹏《广东省广州市佛山地区韶关地区沿革地理》(以下省称《沿革地理》,学林出版社,1984年)第89页云:"曲江县在隋时属于广州及南海郡,故知'本隶广州'是指隋时事。"当是。

② 《纪要》韶州府曲江县:"临泷废县:在府西。"《大清一统志》卷341韶州府:"临泷废县:在曲江县南。"按《元和志》乐昌县:沧湖在县东南十里,897通泷水。则武水一名泷水,临泷县当临武水,今曲江县白土镇。

③ 《纪要》韶州府曲江县:"临泷废县:在府西。又西南有良化废县。"其地即今共和村,旧侯公渡镇。

④ 《元和志》韶州仁化县:"县南至韶州陆路一百十里。"《大清一统志》卷341韶州府引《府志》:"唐时县址在今县北三里走马坪。"

4. **始兴县**(618—907)

本隋南海郡旧县,武德元年,隶番州。四年,隶东衡州,贞观元年,隶韶州。天宝元年,隶始兴郡。乾元元年,复隶韶州。

5. **浈昌县**(684—907)

光宅元年,析始兴县置浈昌县,以境处浈水之源为名,治浈昌城(今广东南雄县城雄州街道)①,隶韶州。天宝元年,隶始兴郡。乾元元年,复隶韶州。

6. **翁源县**(618—907)

本隋南海郡旧县,武德元年,隶番州。五年,割隶洭州②。贞观元年,州废,隶韶州。天宝元年,隶始兴郡。乾元元年,复隶韶州。贞元元年,移治新翁源城(今广东翁源县官渡镇六里村横江头)③。

(三) 海丰郡(循州)

循州(618—742)—海丰郡(742—758)—循州(758—907)

海丰郡,本隋龙川郡,领归善、博罗、河源、兴宁、海丰五县。武德元年,林楚改为循州④,治归善县。五年,归唐⑤,置循州总管府,并置龙川、石城、罗阳、齐昌、陆安五县。七年,改总管府为都督府。贞观元年,省龙川、石城、罗阳、齐昌、陆安五县。二年,罢都督府,循州隶广州都督府。十三年,循州领归善、博罗、河源、兴宁、海丰五县,治归善县。

武周天授二年(691),置雷乡县。长安四年,循州领归善、博罗、河源、雷乡、兴宁、海丰六县,治归善县。

唐天宝元年,改为海丰郡,以海丰县为名,隶南海郡都督府。十三载,海丰郡领归善、博罗、河源、雷乡、兴宁、海丰六县,治归善县。十五载,循州隶岭南节度使。

乾元元年,复为循州。元和十五年,循州领县一如天宝十三载。

咸通三年,隶岭南东道节度使。十四年,循州领县不变。

① 《元和志》韶州浈昌县:"西南至州陆路二百三十里。北当驿路,南临浈水。"
② 《新唐志》广州洭州县:"武德五年,析置翁源县。"然韶州却云:"本番州,武德四年,析广州之曲江、始兴、乐昌、翁源置。"可知翁源县自隋末以来未废,非武德五年新置,"洭州"条误。
③ 《元和志》韶州翁源县:"西北至州(二)〔一〕百八十里。贞元元年,刺史徐申移于今理。"《太平寰宇记》英州:"东北至韶州翁源县一百四十五里。"祝鹏《广东省广州市佛山地区韶关地区沿革地理》第93页考证,贞元元年翁源县迁治今翁源县官渡镇南门坪对岸,今从之。
④ 《旧唐书》卷56《林士弘传》:"其党张善安击破豫章,士弘尚有南昌、虔、循、潮数州之地。"
⑤ 《资治通鉴》武德五年正月:"岭南俚帅杨世略以循、潮二州来降。"

乾宁二年,隶清海军节度使。

1. 归善县(618—907)

本隋龙川郡旧县,武德元年,隶循州,为州治。五年,析置龙川县。贞观元年,省龙川县来属。天授二年,析置雷乡县。天宝元年,隶海丰郡,为郡治。乾元元年,复隶循州,为州治。

2. 博罗县(618—907)

本隋龙川郡旧县,武德元年,隶循州。五年,析置罗阳县。贞观元年,省罗阳县来属。天宝元年,隶海丰郡。乾元元年,复隶循州。

附旧县:罗阳县(622—627)

武德五年,析博罗县置罗阳县,以南朝旧县为名,治故罗阳城(今广东博罗县龙华镇)①,隶循州。贞观元年,省入博罗县。

3. 河源县(618—907)

本隋龙川郡旧县,武德元年,隶循州。五年,析置石城县。贞观元年,省石城县来属。天宝元年,隶海丰郡。乾元元年,复隶循州。

附旧县:石城县(622—627)

武德五年,析河源县置石城县,治石城(今广东东源县顺天镇牛潭村)②,隶循州。贞观元年,省入河源县。

4. 龙川县(622—627)—雷乡县(691—907)

武德五年,析归善县置龙川县,以南朝旧县为名,治新龙川城(今广东龙川县城老隆镇附城村)③,隶循州。贞观元年,省入归善县。天授二年,析归善县置雷乡县,仍治新龙川城④,隶循州。天宝元年,隶海丰郡。乾元元年,复隶循州。

5. 兴宁县(618—907)

本隋龙川郡旧县,武德元年,隶循州。五年,析置齐昌县。贞观元年,省

---

① 《纪要》卷343惠州府博罗县:"罗阳废县:在县西。……罗阳溪:县西六十里,亦曰罗水。"《大清一统志》卷343惠州府:"罗阳废县:在博罗县西南。《旧志》:在博罗县四十里罗溪之南。"
② 《纪要》卷343惠州府河源县:"石城废县:在县东北。"《肇域志》第2187页河源县:"废石城县:在旧县北一百里,旧清湖都,地名县口。"
③ 《舆地纪胜》循州:"龙川故address:今在州治西三十步,又谓之古赵佗城。"《大清一统志》卷343惠州府:"龙川故城:在今龙川县西北。"按龙川城有二:一为南朝以前龙川县治,即赵佗城,今龙川县佗城镇;一为唐初龙川县治,在今龙川县城老隆镇附城村(旧为镇)。《舆地纪胜》误合两城为一,不取。
④ 《元和志》循州雷乡县:"西南至循州六百里。南临大江。"《太平寰宇记》龙川县:"旧雷乡县。刘䶮乾亨元年,改曰龙川,仍移州就县。"《舆地纪胜》循州引《循阳志》云,绍兴十五年,韩京迁州于城东。《纪要》惠州龙川县:"雷乡驿:在县南二里。"可知五代北宋龙川县治即旧雷乡县治,南宋绍兴间始移治江东今县城。《地图集》唐代幅置雷乡县治于今龙川县义都镇,位置偏僻,且不临大江,恐误。

齐昌县来属。天宝元年,隶海丰郡。乾元元年,复隶循州。

附旧县:齐昌县(622—627)

武德五年,析兴宁县置齐昌县,以南朝旧县为名,治新齐昌城(今广东五华县安流镇)①,隶循州。贞观元年,省入兴宁县。

6. 海丰县(618—907)

本隋龙川郡旧县,武德元年,隶循州。五年,析置陆安县。贞观元年,省陆安县来属。天宝元年,隶海丰郡。乾元元年,复隶循州。

附旧县:陆安县(622—627)

武德五年,析海丰县置陆安县,以南朝旧县以为名,治故陆安城(今广东陆丰市大安镇陆军村古城)②,隶循州。贞观元年,省入海丰县。

(四)潮阳郡(潮州)

潮州(618—742)—潮阳郡(742—758)—潮州(758—907)

潮阳郡,本隋义安郡,领海阳、程乡、万川三县③。武德元年,林楚改为潮州,以隋旧州为名④,治海阳县。五年⑤,归唐,隶循州总管府,省万川县。六年,置潮阳县。七年,隶循州都督府。贞观二年,改隶广州都督府。十三年,潮州领海阳、程乡、潮阳三县,治海阳县。

永徽四年(653),省潮阳县。

武周长安四年,潮州领海阳、程乡二县,治海阳县。

唐景云二年,割隶江南东道闽州都督府⑥。先天二年(713),复置潮阳县。

---

① 《舆地纪胜》循州:"故齐昌县:《旧经》云:在兴宁县东一百五十里。南齐县,隶东莞郡,隋省。唐复立。"按兴宁县东一百五十里已入潮州程乡县界,疑此"东"字为"南"字之误,即唐初齐昌县治在今五华县安流镇。《纪要》惠州府兴宁县:"齐昌废县:在县北。《志》云:南汉置齐昌府,使其子守之,在今北五里洪塘坪。"此齐昌县治为南汉齐昌县,非唐初齐昌县。

② 《舆地纪胜》惠州:"唐安陆县城:在海丰东七十里。"安陆为陆安之误。《大清一统志》卷343惠州府:"陆安废县:在海丰县东。《县志》:今为大安屯。"即今陆丰市大安镇陆军村古城,详《中国文物地图集·广东分册》,第371页。《纪要》惠州府海丰县:"陆安县:在县西北。"误。

③ 《隋志》义安郡有潮阳、海宁二县,共五县。按《太平寰宇记》云武德六年再置潮阳县,则隋末曾废;又,海宁县唐初不见记载,亦当废于隋末,今并删。

④ 《旧唐书》卷56《林士弘传》:"其党张善安击破豫章,士弘尚有南昌、虔、循、潮数州之地。"《太平寰宇记》卷158:"隋平陈,置潮州。炀帝初,置义安郡。武德元年,复为潮州。"则见潮州为林楚所改。

⑤ 《旧唐志》缺潮州条,《新唐志》不载潮州始置年,《元和志》作四年,《太平寰宇记》作元年,《舆地广记》作五年,按林士弘武德五年始降,故当以《舆地广记》五年为是。

⑥ 《旧唐志》福州序:景云二年,闽州都督府督闽、泉、建、漳、湖五州。按"湖"字当系"潮"字之误。

开元十三年,隶福州都督府,属江南道。二十二年,复隶广州都督府。二十四年,置新罗县。二十六年,割新罗县隶汀州。

天宝元年,改为潮阳郡,隶江南东道长乐郡都督府。十载,潮州还隶岭南经略使。十三载,潮阳郡领海阳、程乡、潮阳三县,治海阳县。十五载,隶岭南节度使。

乾元元年,复为潮州。元和十五年,潮州领县一如天宝十三载。

咸通三年,隶岭南东道节度使。十四年,潮州领县不变。

乾宁二年,隶清海军节度使。

1. 海阳县(618—907)

本隋义安郡旧县,武德元年,隶潮州,为州治。五年,省万川县来属。六年,析置潮阳县。永徽四年,省潮阳县来属。先天二年,复析置潮阳。天宝元年,隶潮阳郡,为郡治。乾元元年,复隶潮州,为州治①。

附旧县:万川县(618—622)

本隋义安郡旧县,武德元年,隶潮州。五年,省入海阳县②。

2. 潮阳县(623—653,713—907)

武德六年,析海阳县置潮阳县③,以隋旧县为名,治故潮阳城(今广东汕头市潮阳区铜盂镇草尾村)④。永徽四年⑤,省入海阳县。先天二年⑥,析海阳县复置潮阳县。天宝元年,隶潮阳郡。乾元元年,复隶潮州。贞元九年,移治新潮阳城(今普宁市流沙东街道)⑦。元和十四年,移治棉阳城(今汕头市潮阳区城南街道)⑧。

---

① 吴榕青《潮州历史政区地理述略》(载《岭南文史》1998年第4期):"宋元潮州的图经、方志说古郡治在澳(指韩江)东面的一处称为'鸭湖'的地方,按《三阳志》及嘉靖《府志》所载,鸭湖当在今潮州市东郊的东津一带。至迟在唐贞元十三年,州治已迁至今市区金山麓。"姑存一说。
② 《纪要》潮州府大埔县:"义招废县:大业初,改曰万川县,仍属义安郡。唐初,废入海阳。"
③ 《太平寰宇记》潮州潮阳县。
④ 黄一龙等《潮阳县志》卷1:"《旧志》载,县治在临昆山,去今县三十里,即先天所置址也,今废为田。"《纪要》潮州府潮阳县:"潮阳故城:县西三十五里。《志》云县初治于临昆山,即此。"《大清一统志》卷344潮州府:"潮阳故城:在潮阳县西北。……《府志》:旧县在今县西三十五里临昆山之麓,里人犹称其疆圲曰官庞圲,其北有旧濠迹。"
⑤ 《太平寰宇记》、《新唐志》作永徽初,今依《唐会要》卷71。
⑥ 《太平寰宇记》、《新唐志》作先天初,今依《唐会要》卷71。
⑦ 《元和志》潮州潮阳县:"东北至州二百里。……贞元九年,移于今理。龙溪山,今名海宁岭,在县西南一百七十里。"龙溪,今惠来、普宁县之龙江—龙潭河,则龙溪山即今普宁市西之峨眉嶂,是知贞元潮阳县治今普宁城。
⑧ 黄一龙等《潮阳县志》卷1:"宪宗元和十四年,潮州刺史韩愈始迁潮阳县治于新兴乡。"《纪要》潮州府潮阳县:"潮阳故城:唐元和十四年,刺史韩愈移县于棉阳,即今治也。"

3. 程乡县(618—907)

本隋义安郡旧县,武德元年,隶潮州。开元二十四年,析置新罗县。天宝元年,隶潮阳郡。乾元元年,复隶潮州。

(五) 漳浦郡(漳州)

漳州(686—742)—漳浦郡(742—758)—漳州(758—907)

垂拱二年,割江南道越州都督府前泉州漳浦、怀恩二县置漳州,以南有漳水为名,治漳浦县,隶越州都督府。

武周长安四年,漳州领漳浦、怀恩二县,治漳浦县。

唐景云二年,隶闽州都督府。开元十三年,隶福州都督府。二十二年,割隶岭南道广州都督府。二十九年,割江南东道后泉州龙溪县来属,省怀恩县。

天宝元年,改为漳浦郡,还隶江南东道长乐郡都督府。十载,复隶岭南道南海郡都督府。十三载,漳浦郡领漳浦、龙溪二县,治漳浦县。十五载(至德元载),割隶福建经略使①。

乾元元年,复为漳州,隶福建都防御使。二年,以漳浦县有瘴,遂移州治于龙溪县。后上元元年,隶福建节度使。大历六年,隶福建都团练观察使。十二年,割汀州龙岩县来属。元和十五年,漳州领龙溪、漳浦、龙岩三县,治龙溪县②。

咸通十四年,漳州领县不变。

乾宁三年,隶威武军节度使。

1. 漳浦县(686—907)

垂拱二年,析前泉州龙溪县置漳浦县,因漳水为名,治漳浦城(今福建云霄县火田镇西林村)③,割隶漳州,为州治。开元四年,移治李澳川(今福建漳浦县城绥安镇)。天宝元年,隶漳浦郡,为郡治。乾元元年,复隶漳州,为州治。二年,移州治于龙溪县。

附旧县:怀恩县(686—741)

垂拱二年,析前泉州龙溪县置怀恩县,取柔远之意为名,治怀恩城(今福

---

① 据《方镇研究》:第150、174页。
② 《地图集》元和方镇图置漳州治于今云霄县城,不详所据。
③ 《元和志》漳州:"初置于今漳浦县西八十里。"《大明一统志》漳州府:"故漳州城:即今漳浦县云霄驿也。"《纪要》漳州府漳浦县:"县南八十里。唐初置县于此,为漳州治,在梁山之下,地名云霄。"遗址尚存,见《中国文物地图集·福建分册》下册,第301页。

建诏安县城南诏镇)①,割隶漳州。开元二十九年,省入漳浦县。

2. **龙溪县**(618—907)

本隋建安郡旧县,武德二年,隶建州。五年,割隶丰州。贞观元年,州废,隶前泉州。垂拱二年,析置漳浦、怀恩二县。圣历二年(699),割隶武荣州。三年,州废,复隶前泉州。久视元年(700),复割隶武荣州。景云二年,隶后泉州。开元二十九年,割隶漳州。天宝元年,隶漳浦郡。乾元元年,复隶漳州。二年,自漳浦县移州治于此。贞元二年,移治新龙溪城(今福建漳州市芗城区西桥街道)②。

(六) 义宁郡(冈州)

冈州(621—639,639—735,737—742)——义宁郡(742—758)——冈州(758—805)

武德四年,割广州新会、义宁二县置冈州,以隋旧州为名③,治新会县,隶广州总管府,并置封平、封乐二县④。七年,隶广州都督府。贞观十三年⑤,州废,省封平、封乐二县,新会、义宁二县还隶广州。是年,复割广州新会、义宁二县置冈州,仍治新会县,隶广州都督府,并析置封乐县。

武周长安四年,冈州领新会、义宁、封乐三县,治新会县。

唐开元二十三年,州废,省封乐县,新会、义宁二县还隶广州。二十五年,复割广州新会、义宁二县置冈州⑥。

---

① 《元和志》漳州:"废怀恩县,在州西南三百一十里。"《纪要》漳州府漳浦县:"怀恩废县:在县西南二百里。"《大清一统志》卷329漳州府:"怀恩故县:在漳浦县南。应在今诏安县界。"《历史地名》第1314页以为在今诏安县北。林汀水《福建政区沿革治所考》(载《历史地理》第二十四辑)据1982年《诏安县地名录》考证,怀恩县治当在今诏安县城内,从之。
② 《舆地纪胜》漳州引《图经》云:"兴元二年,刺史柳少安请徙治龙溪,正(贞)元二年,敕从之。"《纪要》漳州府:"《志》云:贞元二年徙。"《大清一统志》卷329漳州府:"龙溪故城:在今县南。《府志》:有古县,在今县南十里。"综此,龙溪县移治新城当在贞元二年。或以为乾元二年移治新县城,盖与移州治于龙溪事相混也。遗址尚存,见《中国文物地图集·福建分册》下册,第216页。
③ 《新唐志》广州新会县:"以地有金冈以名州。"《沿革地理》第32页云:"隋时初立冈州在义宁县,故说唐置冈州之新会县亦有金冈,为州名所由取,似为附会。"当是。
④ 《旧唐志》以为领新会、封平、义宁三县。今据《新唐志》。《沿革地理》第34页云:"《旧唐书·地理志》写贞观十三年省封平、封乐二县,可见武德四年冈州领县下,漏写一封乐县。"当是。
⑤ 《旧唐志》作"五年",误。《沿革地理》第34页云:"五为十三两字直写时形近之讹。"
⑥ 《元和志》卷35广州义宁县:"天宝初,废冈州,以县属广州。"然《州郡典》、《旧唐志》有冈州一目,云天宝元年改为义宁郡,乾元元年复为冈州,及天宝领县、户数、至京道里,其总序至德岭南东道节度使亦有冈州,则开元末又曾复置可知,今依《大唐六典》卷3拟为开元二十五年。《新唐表》至德元载岭南节度使无冈州,当脱。又考[日]真人元开《唐大和尚东征传》,天宝九载鉴真在始安郡时,"岭南选使"所都督七十四州官人、选举试学并集此州",则该年岭共有七十四郡(因旧制含连州连山郡),若无义宁郡,即不足此数。

天宝元年,改为义宁郡,以义宁县为名,隶南海郡都督府。十三载,义宁郡领新会、义宁二县,治新会县。十五载(至德元载),隶岭南节度使。

乾元元年,复为冈州。贞元二十一年,州废①,新会、义宁二县还隶广州。

1. 新会县(618—907)

本隋南海郡旧县,武德元年,隶广州。四年,割隶冈州,为州治,并析置封平、封乐二县。贞观十三年,州废,还隶广州,省封平县来属。是年,复割隶冈州,为州治,移县治于新会城(今广东江门市新会区会城街道)②。开元二十三年,州废,仍隶广州,还治盆允城(今江门市蓬江区杜阮镇)③。二十五年,复移治新会城④,割隶冈州,为州治。天宝元年,隶义宁郡,为郡治。乾元元年,隶冈州,为州治。贞元二十一年,州废,还隶广州。

附旧县:封平县(621—639)

武德四年,析新会县置封平县⑤,县临封水,故以为名⑥,治封平城(今广东开平市水口镇)⑦,隶冈州。贞观十三年,省入新会县。

2. 义宁县(618—907)

本隋南海郡旧县,武德元年,隶广州。四年,割隶冈州。贞观十三年,州废,改隶广州,省封乐县来属。是年,复割隶冈州,仍治义宁城(今开平市龙胜镇)⑧,又析置封乐县,隶冈州。开元二十三年,州废,省封乐县来属,义宁县还隶广州。二十五年,复割隶冈州。天宝元年,隶义宁郡。乾元元年,隶冈州。贞元二十一年,州废,还隶广州。

---

① 《纪要》广州新会县:"天宝初,曰义宁郡。乾元初,复曰冈州。贞元末,州废。"今从之。
② 《旧唐志》、《太平寰宇记》广州新会县:"其年,复置州于今治也。"
③ "允",《旧唐志》作"源",《太平寰宇记》广州新会县云:"开元二十三年,州废,县入广州,遂于县于废(冈)州城。"废冈州城即故盆允城。《大清一统志》卷340广州府引《新会县志》:"盆允故城:在今县北二十里。"《沿革地理》以为盆允城即开元二十三年以后的新会县城,盖不知开元二十七年又有一次移治。
④ 《元和志》广州新会县:"东北至州三百里。"《太平寰宇记》广州新会县:"(州)东北水路二百二十里。"
⑤ 史志不载封平县所由置,按唐初惯例,新置州往往以旧县析置新县,既封乐县以新会县析置,则推测封平县当以义宁县析置。
⑥ 《沿革地理》,第43页。
⑦ 《大清一统志》卷346肇庆府:"封平废县,旧在新会县西七十里,今割入县界。"《沿革地理》第43页亦以为在开平县境内封水(潭江)沿岸,综此,可定在今开平县城水口乡一带。
⑧ 《太平寰宇记》新州:"东南至广州义宁县五十四里。"今定于开平县龙胜镇。《沿革地理》第40页考证,其城在开平县三埠镇东北之古州墟,其理由是此古州必为古冈州,亦即附郭义宁县治。然古冈州治新会县,非义宁县,且"古州"又作"古洲圩",即古之沙洲,未必即为古代州城,故此说不可取。

附旧县：封乐县（621—639，639—735）

武德四年，析新会县置封乐县①，以隋旧县为名，治故封乐城（今广东鹤山市鹤城镇）②，隶冈州。贞观十三年，省入义宁县。是年，析义宁县复置封乐县，隶冈州。开元二十三年③，州废，复省入义宁县。

（七）高要郡（端州）

端州（618—742）—**高要郡**（742—758）—端州（758—907）

高要郡，本隋信安郡，领高要、平兴、博林、新兴、铜陵、端溪、乐城七县。武德元年，林楚改为端州④，以隋旧州为名，治高要县，割新兴、铜陵二县隶新州⑤。二年，归萧梁，隶广州总管府。四年，归唐，割端溪、乐城二县隶南康州，端州改隶南康州总管府。五年，置抚纳县，割隶南康州。七年，隶南康州都督府，置清泰县。九年，端州改隶广州都督府。贞观十三年，省博林、清泰二县，端州领高要、平兴二县，治高要县。

武周长安四年，端州领县不变。

唐天宝元年，改为高要郡，以高要县为名，隶南海郡都督府。十三载，高要郡领高要、平兴二县，治高要县。十五载，隶岭南节度使。

乾元元年，复为端州。元和十五年，端州领县一如天宝十三载。

咸通三年，隶岭南东道节度使。十四年，端州领县不变。

乾宁二年，隶清海军节度使。

1. 高要县（618—907）

本隋信安郡旧县，武德元年，隶端州，为州治。贞观十三年，省博林县来属。天宝元年，隶高要郡，为郡治。乾元元年，复隶端州，为州治。

---

① 考详《沿革地理》，第34页。
② 《纪要》广州府新会县："封废县：在县西北。"今姑定于鹤山市鹤城镇。《沿革地理》第34页以为在今新会市西十五里，按其地距新会县太近，恐非其实。
③ 《大清一统志》卷340广州府云"贞观后废"，《历史地名》第1749页云"开元初废"，今从《沿革地理》第34页。
④ 《旧唐书》卷59《丘和传》："会炀帝为化及所弒，冯盎以苍梧、高凉、珠崖、番禺之地附于林士弘。"郝玉麟等《广东通志》卷6："大业十三年丁丑，林士弘略地至番禺，授冼宝彻、高法澄官爵。"《旧唐志》云："武德元年，置端州。"端州介于高凉、番禺之间，当是林楚所置。《元和志》端州："武德四年平萧铣，五年重置端州。"是知端州后归萧梁，今拟与广、新二州同时。其云武德五年重置者，乃以唐朝角度言之，不误。
⑤ 《旧唐志》云："武德元年，置端州，领高要、乐城、铜陵、平兴、博林五县。"既然不含新兴县，而铜陵县更在新兴以远，当一并割隶新州，故所列端州"五县"中，"铜陵"当系"端溪"之误。

附旧县：博林县(618—639)

本隋信安郡旧县，武德元年，隶端州。五年，析置抚纳县，割隶南康州。贞观十三年，博林县省入高要县。

2. 平兴县(618—907)

本隋信安郡旧县，武德元年，隶端州。七年，析置清泰县。贞观十三年，省清泰县来属。天宝元年，隶高要郡。乾元元年，复隶端州。

附旧县：清泰县(624—639)

武德七年，析平兴县置清泰县，以隋旧县为名，治故清泰城(今广东佛山市高明区杨和镇清泰村)①，隶端州。贞观十三年，省入平兴县。

(八) 晋康郡(康州)

南康州(621—626，627—637)—康州(638—742)—晋康郡(742—758)—康州(758—907)

武德四年，平萧梁，割端州端溪、乐城二县置南康州②，以南朝曾置晋唐郡为名，治端溪县，并置南康州总管府。五年，割端州抚纳、封州都城二县来属③。七年，改总管府为都督府。九年，废都督府及南康州，端溪、乐城、抚纳三县还隶端州，都城县还隶封州。贞观元年，割端州端溪、乐城、抚纳三县及封州都城县复置南康州，治端溪县，隶广州都督府。十一年，州废，各县仍还旧属。十二年，割端州端溪、乐城、抚纳三县及封州都城县置康州，隶广州都督府。十三年，康州领端溪、乐城、抚纳、都城四县，治端溪县。十八年，以废药州之安遂县来属，省抚纳县。

武周长安四年，康州领端溪、乐城、安遂、都城四县，治端溪县。

唐天宝元年，改为晋康郡，以南朝旧郡为名，隶南海郡都督府，改乐城县为悦城县。十三载，晋康郡领端溪、悦城、安遂、都城四县，治端溪县。至德二载，改安遂县为晋康县。十五载，隶岭南节度使。

---

① 《舆地纪胜》肇庆府："废清泰县：在府东七十里。"《纪要》肇庆府高明县："清泰废县：县东二十里。《旧志》云：在府东七十里，今为清泰都。"即今清泰村，旧属人和镇。
② 四年，《新唐志》、《唐会要》卷71，《舆地广记》作"六年"，今据《旧唐志》、《元和志》、《太平寰宇记》。乐城县属康州时间，《旧志》端州系于武德元年，《新唐志》、《元和志》、《太平寰宇记》作武德五年，按康州始置于武德四年，作为总管府所在地，至少当有二县，则乐城属康州时间，当以四年为是。又，州名《旧唐志》无"南"字，今依《旧唐志》广州条及《唐会要》、《新唐志》补。其时陇右道有西康州，此康州当加"南"字以示区别。参见陈涛：《唐代南康州建置新证》，《中国边疆史地研究》2011年第2期。
③ 两《唐志》不载都城县来属时间，今据《元和志》康州都城县。

乾元元年,复为康州。元和十五年,康州领端溪、悦城、晋康、都城四县,治端溪县。

咸通三年,隶岭南东道节度使。十四年,康州领县不变。

乾宁二年,隶清海军节度使。

1. 端溪县(618—907)

本隋信安郡旧县,武德元年,隶端州①。四年,割隶南康州,为州治。九年,州废,还隶端州。贞观元年,复割隶南康州。十一年,州废,还隶端州。十二年,割隶康州,均为州治。天宝元年,隶晋康郡,为郡治。乾元元年,复隶康州,为州治。

2. 乐城县(618—742)—悦城县(742—907)

悦城县,本隋信安郡乐城县,武德元年,隶端州。四年,割隶南康州。九年,州废,还隶端州。贞观元年,复割隶南康州。十一年,州废,复还端州。十二年,割隶康州。十八年,省抚纳县来属。天宝元年,隶晋康郡,以与江南东道永嘉郡县名重,改为悦城县。乾元元年,复隶康州。

附旧县:抚纳县(622—644)

武德五年,析端州博林县置抚纳县,割隶南康州,以隋旧县为名,治抚纳城(今广东云浮市云城区云城街道)②。贞观十八年,省入乐城县③。

3. 安遂④县(618—757)—晋康县(757—907)

安遂县,本隋永熙郡旧县,武德元年,隶泷州。四年,割隶南建州。贞观八年,隶药州,均为州治。十八年,州废,改隶康州。天宝元年,隶晋康郡。至德二载,避安氏名姓,改为晋康县,以郡为名。乾元元年,复隶康州。

4. 都城县(618—907)

本隋苍梧郡旧县,武德元年,隶封州。五年,割隶南康州。九年,州废,还

---

① 《旧唐志》端州所列武德元年端州领县,脱端溪县,衍铜陵县。
② 吴松弟《两唐书地理志汇释·新唐书地理志》第256页云:"抚纳县治今高要市南。"按《新唐志》列抚纳县于康州端溪县,然抚纳县又系析博林县(唐初博林县治在今高要市白诸镇)置,可知抚纳县介于博林、端溪二县间,位处乐城(即悦城)县南,当在今云浮市西部及云安县北部一带。又据《纪要》德庆州:"悦城废县:宾江废县,在县东南,梁、陈时废。"则今云浮市西部地为乐城县地,唐初抚纳县当即故宾江县地置,后亦省入乐城县,《新唐志》列抚纳县于端溪县,不妥。
③ 史志不载省抚纳县时间。按贞观十三年《大簿》,康州领县四,当含抚纳县。则省县当在其后,今姑定于贞观十八年安遂县来属之年。
④ 两《唐志》康州、《本钱簿》、四库本《元和志》、《舆地广记》作"遂安",两《唐志》泷州条及《隋志》、岱南阁本《元和志》、《太平寰宇记》作"安遂",今按江南东道睦州已有遂安县,且《隋志》所记"安遂"为早,今从之。

隶封州。贞观元年，复割隶南康州，十一年州废，复还隶封州。十二年，割隶康州。天宝元年，隶晋康郡。乾元元年，复隶康州。

附旧州：南建州(621—634)—药州(634—644)

武德四年，割泷州安遂、永熙、永业三县置南建州，以南朝建州为名，治安遂县，隶南康州总管府①。五年，改永熙县为永宁县，割泷州安南县来属；置龙城、前安义、义城三县，割隶南义。七年，隶南康州都督府。九年，隶广州都督府。贞观元年，以废南义州之龙城、前安义、义城、连城四县来属。二年，割龙城、前安义、义城、连城四县隶义州。五年，以废义州之龙城、前安义、义城、连城四县来属。六年，复割龙城、前安义、义城、连城四县隶义州。八年，改为药州，盖以产药为名。十三年，药州领安遂、永宁、永业、安南四县，治安遂县。十八年，州废，安遂县隶康州，永宁、安南二县隶泷州，永业县隶义州。

（九）临封郡（封州）
封州(618—742)—广信郡(742)—临封郡(742—758)—封州(758—907)

临封郡，本隋苍梧郡②，领封川、都城、苍梧、封阳、临贺五县③。武德元年，林楚改为封州④，以隋旧州为名，治封川县，隶高州总管府⑤。二年，归萧梁。四年，归唐，隶南康州总管府，置封兴、永固、绥越三县，割连州开建县来属，割苍梧县隶桂州总管府静州，封阳、临贺、绥越三县隶贺州。五年，割都城县隶南康州。七年，隶南康州都督府。九年，改隶广州都督府，以废南康州之都城县来属。贞观元年，复割都城县隶南康州，十一年，复以废南康州之都城县来属。十二年，割都城县隶康州。十三年，封州领封川、开建、封兴、永固四

---

① 史志不载南建州所隶。按南建州夹于南康、泷二州之间，而泷州是时已隶南康州都督府，故推知南建州亦属南康州都督。《旧唐志》谓："武德九年，废南康都督，以端、封、宋、泷、建……十一州隶广府。"可证。又云："武德四年，置康州都督府，督端、康、封、新、宋、泷等州。"其"等"字，当含南建州。
② 《新唐志》："封州临封郡，本广信郡，天宝元年更名。"按广信郡乃南朝梁时郡名（见《方舆胜览》梧州），非隋郡名，今依《隋志》。
③ 《隋志》苍梧郡无临贺县，共四县。按《元和志》贺州临贺县："隋大业十二年重置，属苍梧郡，武德四年，改属贺州。"因补。
④ 《旧唐书》卷59《丘和传》："会炀帝为化及所弑，冯盎以苍梧、高凉、珠崖、番禺之地附于林士弘。"两《唐志》云武德四年（《元和志》作五年）平萧铣，始置封州，乃以唐人角度言之。
⑤ 《旧唐志》封州："武德四年，平萧铣，置封州。"《旧唐书》卷109《冯盎传》："武德三年，广、新二州贼帅高法澄、冼宝彻等并受林士弘节度，杀害隋官吏，盎率兵击破之。"可知至迟武德三年冯盎已脱离林士弘，归萧梁，今拟于武德二年。详参"高凉郡"条注。

县,治封川县。十八年,省封兴县。

武周长安四年,封州领封川、开建、永固三县,治封川县。

唐开元二年,省永固县。

天宝元年,改封州为广信郡,以故广信县地为名,隶南海郡都督府。是年,改为临封郡,以临封川为名。十三载,临封郡领封川、开建二县,治封川县。十五载,隶岭南节度使。

乾元元年,复为封州。元和十五年,封州领县一如天宝十三载。

咸通三年,隶岭南东道节度使。十四年,封州领县不变。

乾宁二年,隶清海军节度使。

1. 封川县(618—907)

本隋苍梧郡旧县,武德元年,隶封州,为州治。四年,析置封兴县。贞观十八年,省封兴县来属。天宝元年,隶广信郡。是年,隶临封郡,为郡治。乾元元年,复隶封州,为州治。

附旧县:封兴县(621—644)

武德四年,析封川县置封兴县,以隋旧县为名,治故封兴城(今封开县渔涝镇)①。贞观十八年②,省入封川县。

2. 开建县(618—907)

本隋熙平郡旧县,武德元年,隶连州。四年,割隶封州,并析置永固县。天宝元年,隶广信郡。是年,隶临封郡。乾元元年,复隶封州。

(一〇)开阳郡(泷州)

泷州(618—742)—开阳郡(742—758)—泷州(758—907)

开阳郡,本隋永熙郡,领泷水、良德、怀德、永熙、永业、安遂六县。武德元年,林楚改为泷州③,以隋旧州为名,治泷水县。二年,归萧梁④,隶高州总管府。四年,归唐,割隶南康州总管府,置正义、开阳二县。是年,割怀德县隶南

---

① 《纪要》德庆州封川县:"封川废县:在县东北。"
② 《新唐志》不载省罢时间,按封川《旧唐志》载贞观十三年"旧领县四",含封兴县,则封兴县省于贞观十三年后。贞观十八年曾省罢一批岭南州县,如康州抚纳县,泷州正义县,药州及永业县,泰州、后燕州及新乐、安基二县,横州岭山县等,疑封兴县亦省于是年。
③ 史志不载此事。按《旧唐书》卷59《丘和传》:"会炀帝为化及所弑,冯盎以苍梧、高凉、珠崖、番禺之地附于林士弘。"泷州介于高凉、苍梧之间,当是林楚所置。
④ 《元和志》端州:"武德四年平萧铣,置泷州。"是知泷州后归萧梁,今拟与广、新二州同时于武德二年。

扶州,良德县隶高州,安遂、永熙、永业三县隶南建州。五年,置安南县,割隶南建州;置连城县,割隶南义州。七年,隶南康州都督府。九年,隶广州都督府,以废勤州之富林县来属①。十三年,泷州领泷水、正义、开阳、富林四县,治泷水县。十八年,以废药州之永宁、安南二县来属,省正义县。

武周万岁通天二年(697),复割富林县隶勤州。长安四年,泷州领泷水、安南、永宁、开阳四县,治泷水县。

唐开元中,复置正义县。

天宝元年,改为开阳郡,以南朝旧郡为名,隶南海郡都督府,改永宁县为建水县②。十三载,开阳郡领泷水、正义、安南、建水、开阳五县③,治泷水县。十五载,隶岭南节度使。至德二载,改安南县为镇南县。

乾元元年,复为泷州。元和中,省正义县。十五年,泷州领泷水、镇南、建水、开阳四县,治泷水县。

咸通三年,隶岭南东道节度使。十四年,泷州领县不变。

乾宁二年,隶清海军节度使。

1. 泷水县(618—907)

本隋永熙郡旧县,武德元年,隶泷州,为州治。四年,析置正义、开阳二县。五年,析置安南县,割隶南建州。贞观十八年,省正义县来属。开元中,复析置正义县。天宝元年,隶开阳郡,为郡治。乾元元年,复隶泷州,为州治。元和中,复省正义县来属。

2. 正义县(621—644,开元中—元和中)

武德四年,析泷水县置正义县,以隋旧县为名,治故正义城(即故罗阳城,今广东罗定市龙湾镇)④,隶泷州。五年,析置连城县。贞观十八年,正义县省

---

① 两《唐志》载,武德九年勤州废,铜陵、富林二县属春州。按春州贞观中仅领阳春、铜陵二县,不含富林,而泷州贞观中则领四县,其时怀德县已割隶窦州,缺一县,故推知《旧唐志》勤州条所谓"其年州废,县属春州"一语有脱漏,当是"其年州废,铜陵县属春州,富林县属泷州"。《新唐志》则是因袭《旧唐志》致误,可一并改正。
② 《州郡典》开阳郡领县五,脱安南县,衍永宁县。
③ 《旧唐志》泷州云天宝领县五,列目脱正义县,而误析建水县为建水、永宁二县。
④ 《纪要》罗定州:"罗阳废县:在县西南,……开皇十八年改曰正义,大业初废,唐复置,属泷州。"《肇域志》广东罗定州(中华书局本第2304页):"废正义县:在州南百里开阳乡一都……遗址今为民居。"《大清一统志》卷351罗定州:"罗阳废县:县在西宁县(治今郁南县建城镇)西,梁陈时罗阳郡,隋废为罗阳县,寻改曰正义,后省入泷水。"《地图集》唐代幅及《历史地名》依《大清一统志》定于今郁南县南。按正义县武德五年分置义州连城县(治今广西岑溪县大隆镇),可知正义县在今罗定市西境,《大清一统志》盖以明西宁县为古罗阳县而误,《肇域志》则是误以泷水县遗址为正义县遗址,今定正义县于罗定市龙湾镇(旧扶合乡)。

入泷水县①。开元中,析泷水县复置正义县②。天宝元年,隶开阳郡。乾元元年,复隶泷州。元和中,省入泷水县③。

3. **安南县**(622—757)—**镇南县**(757—907)

武德五年,析泷州泷水县置安南县,以南朝旧县为名,治故安南城(今罗定市泗纶镇)④,割隶南建州。贞观八年,隶药州。十八年,州废,还隶泷州。天宝元年,隶开阳郡。至德二载,避安氏名姓,改为镇南县。乾元元年,复隶泷州。

4. **永熙县**(618—622)—**永宁县**(622—742)—**建水县**(742—907)

建水县,本隋永熙郡永熙县,武德元年,隶泷州。四年,割隶南建州。五年,避高祖父李熙(仪凤中追尊宣皇帝)讳,改为永宁县⑤,取永久安宁为名。贞观八年,隶药州。十八年,州废,还隶泷州。天宝元年,隶开阳郡,以与都畿河南府县名重,改为建水县⑥,因建水在西也。乾元元年,复隶泷州。

5. **开阳县**(621—907)

武德四年,析泷水县置开阳县,以南朝旧县为名,治故开阳城(今罗定市船步镇旧县村)⑦,隶泷州。天宝元年,隶开阳郡。乾元元年,复隶泷州。

(一一)云浮郡(勤州)

勤州(621—626,697—701,730—742)—铜陵郡(742—天宝中)—云浮郡(天宝中—758)—勤州(758—907)

武德四年,割新州铜陵县置勤州,隶南康州总管府,并置富林县。七年,隶南康州都督府。九年,改隶广州都督府。是年⑧,州废,铜陵县隶春州,富林

---

① 正义县初省于贞观中,今姑定省于废药州之永宁、安南二县来属之时。《肇域志》云正义县并入怀德县,按《新唐志》正义县文字不入怀德县而入泷水县,今依《新唐志》。
② 《本钱簿》泷州有正义县,姑定于开元中复置。
③ 《州郡典》开阳郡有正义县,《旧唐志》云泷州天宝领县五,而脱正义县,衍永宁县。《元和志》缺泷州,疑元和中复省。
④ 《太平寰宇记》康州泷水县:"废镇南县:在县北九十里。今为镇南镇。"泷水县治今罗定市太平镇,县北已置永宁县,则安南县治当在泷水县西北,当即今罗定市泗纶镇。
⑤ 华林甫:《中国地名学源流》,第155页。
⑥ 《旧唐志》、《州郡典》以建水为新置县,与永宁并列,而《本钱簿》、《新唐志》、《舆地广记》皆以为永宁县更名建水县,今从之。
⑦ 《太平寰宇记》康州泷水县:"废开阳县:在县东三十五里。今为开阳镇。"即今罗定市船步镇旧县村。或以为旧县村系泷水县治,按《纪要》罗定州泷水废县引《太平寰宇记》逸文:"旧治在今县南百里,唐初移置于此。"泷水县既以泷水为名,必临泷水(今泷江),而旧县村临船步河,且距罗定仅五六十里,与《太平寰宇记》逸文不合,故不取。
⑧ 《新唐志》系于武德五年,今依《旧唐志》。

县隶泷州。

武周万岁通天二年，割春州铜陵、泷州富林二县复置勤州，仍治铜陵县。长安元年①，州废，铜陵县还属春州，省富林县。

唐开元十八年，割春州铜陵、富林二县复置勤州，治富林县。

天宝元年，改为铜陵郡②，以铜陵县为名，隶南海郡都督府。其后，又改为云浮郡③，以云浮山为名④。十三载，云浮郡领富林、铜陵二县，治富林县。十五载，隶岭南节度使。

乾元元年，复为勤州，还治铜陵县。元和十五年，勤州领铜陵、富林二县，治铜陵县。

咸通三年，隶岭南东道节度使。十四年，勤州领县不变。

乾宁二年，隶清海军节度使。

1. **富林县**(621—701，730—907)

武德四年，析铜陵县置富林县，治富林洞（今广东云浮市云安区富林镇）⑤，以为县名，隶勤州。九年，州废，改隶泷州。万岁通天二年，复割隶勤州。长安元年，省入铜陵县。开元十八年，复析铜陵县置富林县⑥，割隶勤州，为州治。天宝元年，隶铜陵郡。其后，隶云浮郡，均为郡治。乾元元年，复隶勤州，移州治于铜陵县。

2. **铜陵县**(618—907)

本隋信安郡旧县，武德元年，隶端州。二年，割隶新州。四年，割隶勤州，为州治，并析置富林县。九年，州废，隶春州⑦。万岁通天二年，复割隶勤州，为州治。长安元年，州废，省富林县来属，铜陵县仍隶春州。开元十八年，复割隶勤州。天宝元年，隶铜陵郡。其后，隶云浮郡。乾元元年，复隶勤州，自富林县移州治于此。

---

① 《新唐志》作"长安中"，今拟为长安元年。详参本节"南海郡都督府"序注。
② 《州郡典》勤州以铜陵郡列目，《太平寰宇记》春州铜陵县亦作铜陵郡，当为天宝元年郡名。
③ 《新唐志》勤州以云浮郡列目，当为天宝中郡名。
④ 《舆地纪胜》南恩州："云浮山：在阳春。《旧经》云：陈霸先尝居此山。"
⑤ 《太平寰宇记》春州铜陵县："废富林县：在废（勤州）州北九十里。"按勤州治铜陵县，在今阳春市陂面镇，则富林县治当在今云安县富林镇。祝鹏《唐勤州考》（载《社会科学》1980年5期）云，富林县治今阳春市漠阳江东之云霖，里距过短，不取。
⑥ 《新唐志》勤州既云开元十八年以富林洞为县，又云富林县乾元元年复置。按取材于天宝的《州郡典》、《旧唐志》皆以富林为勤州首县，则开元十八年富林县已复置，《新唐志》云乾元元年者，盖误以徙治铜陵县为复置富林县。
⑦ 《新唐志》勤州铜陵县："武德五年，隶春州。""五"字当为"九"字之误。

(一二) 新兴郡(新州)

新州(619—742)—新昌郡(742)—新兴郡(742—758)—新州(758—907)

武德二年,邓文进取林楚端州归萧梁,割新兴、铜陵二县置新州①,治新兴县,取其首字为州名,隶广州总管府。四年,归唐,隶南康州总管府,置索卢、新昌、单牒三县,割铜陵县隶勤州。七年,隶南康州都督府。九年,改隶广州都督府。贞观十三年,新州领新兴、单牒、索卢、新昌四县,治新兴县。十八年,省单牒县。

武周长安四年,新州领新兴、索卢、新昌三县,治新兴县。

唐天宝元年,改为新昌郡,以新昌县为名,隶南海郡都督府。是年,改新昌县为永顺县,新昌郡为新兴郡②,以新兴县为名。十三载,新兴郡领新兴、索卢、永顺三县,治新兴县。十五载,隶岭南节度使。

乾元后,省索卢县。元和十五年,新州领新兴、永顺二县,治新兴县。

咸通三年,隶岭南东道节度使。十四年,新州领县不变。

乾宁二年,隶清海军节度使。

1. 新兴县(618—907)

本隋信安郡旧县,武德元年,隶端州。二年,割隶新州,为州治。四年,析置索卢、新昌、单牒三县③。贞观十八年,省单牒县来属。天宝元年,隶新昌郡。是年,隶新兴郡,均为郡治。乾元元年,复隶新州,为州治。乾元后,省索卢县来属。

附旧县: 单牒县(621—644)

武德四年,析新兴县置单牒县,以南朝旧县为名,治故单牒城(今广东新兴县东成镇丹碟村)④,隶新州。贞观十八年⑤,省入新兴县。

---

① 《旧唐书》卷109《冯盎传》:"武德三年,广、新二州贼帅高法澄、冼宝彻等并受林士弘节度,杀害隋官吏。"隋官吏,当即萧梁所用隋旧官吏。可见武德元年至三年间,邓文进已取端州归萧梁,并析置新州,今定于武德二年。两《唐志》云武德四年平萧铣,置新州,乃以唐人角度言之。
② 《旧唐志》作新昌郡,中华书局点校本据《州郡典》、《太平寰宇记》改为新兴郡,《新唐志》云:"新兴郡,本新昌郡。"盖初名新昌,以县为名,而新昌县寻改为永顺县,则郡名亦随之而改。
③ 《新唐志》尚有永顺县,按《本钱簿》:"新昌,改为永顺。"则永顺为天宝元年后县名,非置于唐初也。
④ 《纪要》肇庆府新兴县:"单牒废县。"《志》云:在县东二十五里。贞观中废。"遗址尚存,详《中国文物地图集·广东分册》,第461页。
⑤ 《新唐志》不载省罢时间,按新州《旧唐志》载贞观十三年"旧领县四",含单牒县,则单牒县省于贞观十三年后。贞观十八年曾省罢一批岭南州县,如康州抚纳县,泷州正义县,药州及永业县,泰州,后燕州及新乐、安基二县,横州岭山县等,疑单牒县亦省于是年。

2. 索卢县(621—乾元后)

武德四年,析新兴县置,以隋旧县为名,治故索卢城(今新兴县六祖镇洒落村)①,隶新州。天宝元年,隶新昌郡。是年,隶新兴郡。乾元元年,复隶新州。其后,省入新兴县。

3. 新昌县(621—742)—永顺县(742—907)

武德四年,析新兴县置,仍隶新州,治新昌城(今广东云浮市云城区腰古镇城头村)②。天宝元年,隶新昌郡。是年,以与安南都护府承化郡县名重,改为永顺县,仍取吉意,隶新兴郡。乾元元年,复隶新州。

(一三) 恩平郡(恩州)

恩州(650—742)—恩平郡(742—758)—恩州(758—907)

永徽元年③,割高州西平、杜陵、齐安三县置恩州,以恩平江为名④,治西平县,隶广州都督府。

武周长安四年,恩州领县不变。

唐开元十八年,移州治于齐安县,省西平县。二十七年,复置西平县。

天宝元年,改为恩平郡,仍以恩平江为名,隶南海郡都督府,改西平县为阳江县。十三载,恩平郡领齐安、阳江、杜陵三县,治齐安县。十五载,隶岭南节度使。至德二载,改齐安县为恩平县。

乾元元年,复为恩州。元和十五年,恩州领恩平、阳江、杜陵三县,治恩平县。

咸通三年,隶岭南东道节度使。十四年,恩州领县不变。

大顺二年,移州治于阳江县⑤。乾宁二年,隶清海军节度使。

---

① 《纪要》肇庆府新兴县:"索卢废县:在县南三十里。"遗址在洒落(旧称夏卢)村,详《中国文物地图集·广东分册》,第461页。
② 《太平寰宇记》新州:"废永顺县:在州北四十五里。"故《地图集》、《广东历史地图集》置永顺(即新昌)在云浮县腰古,按其地乃博林县治。《太平寰宇记》之"北"当为"东"之误。
③ 两《唐志》系于贞观二十三年,盖误以罢都督府之年为改置恩、后高、潘三州之年。今依《舆地纪胜》高州引《元和志》佚文。
④ 参见下文恩平县注文。
⑤ 《太平寰宇记》恩州阳江县:"隋置县,因邑界阳江为名,州旧治恩平,唐大顺二年经兵寇,移州理此。"当是。《新唐志》则云,大顺二年恩州移治恩平(旧齐安)。《舆地广记》亦云:"大顺二年,自西平徙治(恩平),后又徙阳江。"盖误以开元徙治齐安事系于大顺二年,不取。

1. 海安县(618—622)—**齐安县**(622—757)—恩平县(757—907)

齐安县,本隋高凉郡海安县,武德元年,隶高州。五年,改为齐安①县,以隋旧县为名。永徽元年,隶恩州。开元十八年,自西平县移州治于此,省西平县来属。二十七年,复析置西平县。天宝元年,隶恩平郡,为郡治。至德二载,避安氏名姓,改为恩平县,以恩平江为名②。乾元元年,复隶恩州,为州治。大顺二年,以兵乱,移州治于阳江县。

2. 高凉县(618—622)—西平县(622—730,739—742)—**阳江县**(742—907)

阳江县,本隋高凉郡高凉县,武德元年,隶高州,为州治。五年,改为西平县,以晋旧县为名。永徽元年,隶恩州,为州治。开元十八年,以陈行范之乱,遂废入齐安县③,州治亦移于齐安县。二十七年,析齐安县复置西平县④,治故西平城(今广东阳江市江城区南恩街道),隶恩州。天宝元年,隶恩平郡,以与河南道汝南郡县名重,改为阳江县,因隋旧县为名。乾元元年,复隶恩州。大顺二年,自齐安县移州治于此。

3. 杜原县(618—622)—**杜陵县**(622—907)

杜陵县,本隋高凉郡杜原县,武德元年,隶高州。五年,改为杜陵县,以南朝旧县为名。永徽元年,隶恩州。天宝元年,隶恩平郡。乾元元年,复隶恩州。

(一四) 南陵郡(春州)

春州(621—742)—南陵郡(742—758)—春州(758—907)

武德四年,割高州阳春县置春州,取阳春县末字为名,隶高州总管府,并置流南县。五年,置西城县。七年,隶高州都督府。九年,以废勤州之铜陵县来属。贞观十三年,春州领阳春、西城、流南、铜陵四县⑤,治阳春县。二十三年,隶广州都督府。

武周万岁通天二年,割铜陵县隶勤州。长安二年,复以废勤州之铜陵县

---

① 《本钱簿》误为"齐晏"。
② 郭子章《郡县释名》广东郡县:恩平县"县南一里有恩平江……县以江名也"。
③ 《新唐志》云:恩平县旧有西平县,"后省",不言省废时间。考开元十八年泷、春、恩一带有陈行范之乱,州县为扰,多有废并,盖西平县亦废于是时或稍后。《本钱簿》有西平,其底本在开元十六年至二十七年间,未及删除也。
④ 史志不言析置阳江(西平)县时间,《舆地纪胜》南恩州引《元和志》佚文:"武德五年,于此置西平县。……天宝元年,改为阳江县。"则开元末年已复置西平县,今拟于二十七年。
⑤ 《旧唐志》春州:"旧领县一。户五千七百一十四。"按贞观时岭南平均每县不及二千户,推知春州"旧领县"数恐误,一当作四。

来属。四年,春州领县一如贞观十三年。

唐开元十八年,置富林县,并铜陵县割隶勤州,省流南县①。

天宝元年,改为南陵郡②,盖以铜陵县为南方之铜陵取名(北方铜陵在江南东道宣城郡南陵县),隶南海郡都督府,改西城县为罗水县。十三载,南陵郡领阳春、罗水二县,治阳春县。十四载,复置流南县③。十五载,隶岭南节度使。

乾元元年,复为春州。元和十五年,春州领阳春、罗水、流南三县,治阳春县。

咸通三年,隶岭南东道节度使。十四年,春州领县不变。

乾宁二年,隶清海军节度使。

1. **阳春县**(618—907)

本隋高凉郡旧县,武德元年,隶高州。四年,割隶春州,为州治,并析置流南县。开元十八年,省流南县来属。天宝元年,隶南陵郡,为郡治。十四载,又析置流南县。乾元元年,复隶春州,为州治。

附旧县:**流南县**(621—730,755—907)

武德四年,析阳春县置流南县,以南朝旧县为名,治故流南城(今阳春市圭岗镇郑四莳)④,隶春州。开元十八年,以陈行范之乱,遂废入阳春县。天宝十四载,析阳春县复置流南县⑤,仍隶春州。

2. **西城县**(622—742)—**罗水县**(742—907)

武德五年,析阳春县置西城县,以隋旧县为名,治故西城(今阳春市三甲镇旧县村古城)⑥,仍隶春州。天宝元年,隶南陵郡,移治罗水城(今阳春市八

---

① 史志不载流南县省废时间,按取材于开元十六年后的《本钱簿》尚有流南县,而取材于天宝的《州郡典》则无,考开元十八年,春、泷等州陈行范为乱,州县为扰,多有省并,推知流南县废于此时或稍后。
② 《新唐志》春州南陵郡:"本阳春郡。"谓南朝陈时为阳春郡,非天宝初名。
③ 史志不载复置流南县事,按《太平寰宇记》春州:"(开宝)六年,仍并流南、罗水二县入阳春一县。"知唐后期已复置流南县。又云:天宝末置罗水县,按《本钱簿》,罗水乃天宝元年改西城县置,非新置,此盖误以复置流南为新置罗水也,故推知流南复置于天宝末。
④ 《纪要》肇庆府阳春县:"流南废县:县西北三十五里。"
⑤ 史志不载此事。按《太平寰宇记》春州序:"流南:新并入阳春。"可知流南县宋初乃废,其复置时间,疑即天宝末年,而《太平寰宇记》、《新唐志》误以"天宝末置"植于罗水县也。今姑定于天宝十四载。
⑥ 《纪要》肇庆府阳春县:"西城废县:在县西南七十里。"详《中国文物地图集·广东分册》,第411页。

甲镇乔连圩)①,以与京畿安康郡县名重,改为罗水县②,盖因罗水为名。乾元元年,复隶春州。

(一五) **高凉郡**(高州)
高州(618—742)—**高凉郡**(742—758)—高州(758—907)

高凉郡,本隋旧郡,领高凉、连江、吴川、石龙、茂名、电白、杜原、阳春、海安九县。武德元年,冯盎以郡附林楚③,改为高州,以隋旧州为名,治高凉县。二年,归萧梁,置高州总管府④。四年,归唐,割泷州良德县来属,割阳春县隶春州。五年,改高凉县为西平县,杜原县为杜陵县,海安县为齐安县,置前潘水、南巴二县,割石龙、吴川二县隶前罗州。七年,改总管府为都督府。贞观十三年,高州领西平、连江、南巴、前潘水、茂名、良德、电白、杜陵、齐安九县,治西平县。二十三年⑤,冯盎卒,罢都督府,高州隶广州都督府,置毛山县。

永徽元年⑥,移治良德县,省前潘水县,割西平、杜陵、齐安三县隶恩州,茂名、南巴、毛山三县隶后潘州。

武周长安四年,高州领良德、电白、连江三县,治良德县。

唐开元五年,改连江县为保安县。

天宝元年,复为高凉郡,隶南海郡都督府。十三载,高凉郡领良德、电白、保安三县,治良德县。十五载,隶岭南节度使。至德二载,改保安县为保宁县。

乾元元年,改为高州,移州治于保宁县⑦。大历十一年,移州治于电白县。元和十五年,高州领电白、良德、保宁三县,治电白县。

咸通三年,隶岭南东道节度使。十四年,高州领县不变。

乾宁二年,隶清海军节度使。

---

① 《太平寰宇记》春州阳春县:"废罗水县:西南九十里。"
② 《太平寰宇记》云罗水县"天宝末置",《新唐志》言西城县"后省",罗水县为"天宝后置",而《本钱簿》云"西城改为罗水",据吴震所考,该簿所记各县改名一事,皆在天宝元年,今从之。
③ 《旧唐书》卷59《丘和传》:"会炀帝为化及所弑,冯盎以苍梧、高凉、珠崖、番禺之地附于林士弘。"
④ 参详本节附旧府一"高州总管府"注文。
⑤ 《舆地纪胜》高州引《元和志》作永徽元年。
⑥ 两《唐志》系于贞观二十三年,盖误以罢都督府之年为改置恩、后高、潘三州之年。今依《舆地纪胜》高州引《元和志》佚文。
⑦ 《舆地纪胜》高州引《元和志》:"开元元年,又移置于保宁县。"按保宁县乃乾元元年后名,又诸志皆载开元、天宝间仍治良德县,故此"开元"当为"乾元"之误,今改。

1. **良德县**(618—907)

本隋永熙郡旧县,武德元年,隶泷州。四年,割隶高州①。永徽元年,自西平县移州治于此。天宝元年,隶高凉郡,为郡治。乾元元年,复隶高州,移州治于保宁县。

2. **电白县**(618—907)

本隋高凉郡旧县,武德元年,隶高州。天宝元年,隶高凉郡。乾元元年,复隶高州。大历十一年,自保宁县移州治于此。

3. **连江县**(618—717)—**保安县**(717—757)—**保宁县**(757—907)

保安县,本隋高凉郡连江县,武德元年,隶高州。开元五年,以与江南东道福州县名重,改为保安县,盖取永保安宁为名。天宝元年,隶高凉郡。至德二载,避安氏名姓,改为保宁②县。乾元元年,复隶高州,自良德县移州治于此。大历十一年,移州治于电白县。

(一六) **南潘郡**(潘州)

后潘州(650—742)—**南潘郡**(742—758)—潘州(758—907)

永徽元年,割高州茂名、南巴、毛山三县置后潘州,以潘山潘水为名③,治茂名县,隶广州都督府④。

武周长安四年,后潘州领县不变。

唐开元二年,改毛山县为后潘水县。

天宝元年,改后潘州为南潘郡,以州为名,隶南海郡都督府。十三载,南潘郡领茂名、南巴、后潘水三县,治茂名县。十五载,隶岭南节度使⑤。

乾元元年,复为潘州。后上元二年,割隶邕管经略使。元和元年,还隶岭南节度使。十五年,潘州领县一如天宝十三载。

---

① 《新唐志》高州:"良德:本隶泷州,武德中来属。"按良德原在泷州怀德县南,怀德县武德四年割隶南扶州,则良德县亦当于是年割隶高州。
② 《郡县典》、《旧唐志》、《太平寰宇记》作"保定",今依《新唐志》。《舆地纪胜》高州引《元和志》云:"〔乾〕(开)元元年,又移置于保宁县。"可证。又,至德元载,关内道安定县避安氏名姓改为保定县,此保安县若改为保定县,则与之名重。
③ 《太平寰宇记》高州茂名县引《岭表记》:"潘州因道士潘茂升仙,遂以姓名为郡县之称。"不合唐代州县命名习惯,恐非。
④ 两《唐志》于此误插入南宕州(见本章第二节"普宁郡都督府"定川郡牢州)沿革,混乱之甚,今删。后潘州建置沿革详参张伟然《唐代岭南潘州的迁徙与牢禺二州的由来》,《岭南文史》1996年第3期。
⑤ 《旧唐志》总序云,潘州隶邕管经略使。然据《新唐表》及《方镇沿革》,潘州未曾隶邕管经略使,《旧唐志》盖据《州郡典》排序致误,今不取。

咸通三年，隶岭南东道节度使。十四年，潘州领县不变。

乾宁二年，隶清海军节度使。

1. **茂名县**(618—907)

本隋高凉郡旧县，武德元年，隶高州。五年，析置前潘水、南巴二县。永徽元年，割隶后潘州，为州治。天宝元年，隶南潘郡，为郡治。乾元元年，隶潘州，为州治。

2. **南巴县**(622—907)

武德五年，析茂名县置南巴县，以隋旧县为名，治故南巴城(今广东茂名市电白区观珠镇大衙村)①，隶高州。永徽元年，割隶后潘州。天宝元年，隶南潘郡。乾元元年，隶潘州。

3. **毛山县**(649—714)—**后潘水县**(714—907)

贞观二十三年，析前潘水县置毛山县，以毛山为名，治毛山城(今广东高州市分界镇)②，隶高州。永徽元年，割隶后潘州，省前潘水县来属。开元二年，改为后潘水县。天宝元年，隶南潘郡。乾元元年，隶潘州。

附旧县：前潘水县(622—650)

武德五年，析茂名县置前潘水县，治潘水城(今广东茂名市茂南区镇盛镇)③，以潘水为名④，隶高州。贞观二十三年，析置毛山县。永徽元年⑤，省入毛山县。

(一七) 海康郡(雷州)

徐闻郡(618)—南合州(618—627)—东合州(627—634)—雷州(634—742)—海康郡(742—758)—雷州(758—907)

武德元年，萧梁割合浦郡海康、隋康、扇沙、铁杷四县置徐闻郡⑥，改隋康

---

① 《太平寰宇记》高州茂名县："废南巴县：在县东一百里。"今定于观珠镇大衙村。《肇域志》第2215页云："废南巴县，在鉴江西一里许。"按鉴江流经宋茂名县西，与《太平寰宇记》方位不合。《地图集》唐代幅定于今电白区博贺镇盐井头，方位与里距与《太平寰宇记》亦有较大差异，不取。
② 《太平寰宇记》高州茂名县："潘山，在县东三十里。毛山：在旧县东二十里。"
③ 《新唐志》潘州云，前潘水县南有博畔镇。博畔即今广东吴川市城北之博铺镇，则前潘水县当在博铺镇北，今茂名市南部，临梅河，今定于镇盛镇。《中国文物地图集·广东分册》第418页从"方志"之说，以博铺镇为前潘水县治，恐非。
④ 《旧唐志》潘州潘水县："以县水为名。"依《太平寰宇记》，"县"下当脱一"潘"字，潘水即今茂名市东江—梅河。
⑤ 《新唐志》于贞观二十三年析潘水置毛山县后云："其后，省潘水县。"《纪要》高州府茂名县改"其后"为"寻"。《历史地名》第2885页径作"贞观二十三年"。今参诸说，定于永徽元年。
⑥ 《新唐志》："雷州海康郡，本南合州徐闻郡，武德四年以合浦郡之海康、隋康、铁杷置。"按隋、唐皆无徐闻郡，当是萧铣析合浦郡置，且漏扇沙县。唐人记萧铣建置多托名于隋，且皆以武德四年归唐起算，此即一例。

县为徐闻县,以为郡名,治海康县。是年,改为南合州,以南朝旧州为名,隶钦州总管府,置椹川县。四年,归唐,割隶高州总管府,省扇沙县。七年,割隶广州都督府。贞观元年,改为东合州。八年,改为雷州,盖以其地多雷为名①。十三年,雷州领海康、徐闻、铁杷、椹川四县,治海康县。

武周长安四年,雷州领县不变。

唐天宝元年,改为海康郡,以海康县为名,隶南海郡都督府,改铁杷县为遂溪县,省椹川县。十三载,海康郡领海康、徐闻、遂溪三县,治海康县。十五载,隶岭南节度使②。

乾元元年,复为雷州。元和十五年,雷州领县一如天宝十三载。

咸通三年,隶岭南东道节度使。十四年,雷州领县不变。

乾宁二年,隶清海军节度使。

1. 海康县(618—907)

本隋合浦郡旧县,武德元年,割隶徐闻郡,为郡治。是年,隶南合州,为州治。贞观元年,隶东合州。八年,隶雷州,均为州治。天宝元年,隶海康郡,为郡治。二年,移治麻历村(今广东雷州市附城镇麻亭村)③。乾元元年,复隶雷州,为州治。贞元元年,还治特侣塘(今雷州市沈塘镇)④。

2. 徐闻县(618—907)

本隋合浦郡隋康县,武德元年⑤,改为徐闻县,以南朝旧县为名,割隶徐闻郡。是年,隶南合州。贞观元年,隶东合州。二年,移治麻鞋村(今广东徐闻县海安镇麻城村)⑥。八年,隶雷州。天宝元年,隶海康郡。乾元元年,复隶雷州。

3. 铁杷县(618—742)—遂溪县(742—907)

遂溪县,本隋合浦郡铁杷县,武德元年,割隶徐闻郡。是年,隶南合州。贞观元年,隶东合州。八年,隶雷州。天宝元年,隶海康郡,改为遂溪县⑦,以

---

① 《太平寰宇记》雷州。
② 《旧唐志》总序云,雷州隶安南都护。然据《新唐表》及《方镇沿革》,雷州未曾隶安南都护府,《旧唐志》盖据《州郡典》排序致误,今不取。
③ 《肇域志》第2226页雷州府:"唐天宝二年,迁麻历村。贞元初,复迁特侣塘旧址。"麻历,即今麻亭。
④ 郝玉麟等《广东通志》卷13:"特侣塘:在府城外东北二十里。"
⑤ 两《唐志》作"贞观二年"。按萧梁、李唐皆恶隋名,不应晚至贞观时乃改,而萧梁置徐闻郡时,依惯例以县为郡名,可知萧梁已改隋康为徐闻,两《唐志》当是误以移治为更名。
⑥ 《肇域志》第2228页徐闻县:"一云唐贞观初立,旧治在麻鞋村。"《地名大辞典》第368页作贞观二年移治,今从之。其西5公里之仕尾村有唐代遗址,与徐闻县城有何关系,俟考。
⑦ 《本钱簿》。

"溪水合流,民遂利之"为名①,省椹川县来属。乾元元年,复隶雷州。

附旧县1：扇沙县(618—621)

本隋合浦郡旧县,武德元年,割隶徐闻郡。是年,隶南合州②,析置椹川县。四年,省入椹川县。

附旧县2：椹川县(618—742)

武德元年,析扇沙县置椹川县,治椹川城(今广东遂溪县乌塘镇湛川村)③,以隋旧县为名,隶南合州。贞观元年,隶东合州。八年,隶雷州。天宝元年,省入遂溪县。

(一八) **珠崖郡**(崖州)

崖州(618—742)—**珠崖郡**(742—758)—崖州(758—907)

珠崖郡,本隋旧郡,领舍城、武德、澄迈、颜卢四县④。武德元年,冯盎以郡附林楚⑤,改为崖州,治舍城县。二年,归萧梁,隶高州总管府⑥,改武德县为平昌县。四年,归唐。五年,置临机县。贞观元年,置崖州都督府。是年,改颜卢县为颜城县,平昌县为文昌县。五年,置琼山、万安二县,并临机县割隶琼州。十三年,以废琼州之临机、琼山、万安三县来属,崖州领舍城、文昌、万安、琼山、临机、澄迈、颜城七县,治舍城县。是年,复割琼山、临机、万安三县隶琼州。二十三年,罢都督府,崖州隶广州都督府⑦。

---

① 据《地名大辞典》第3690页。
② 《隋志》合浦郡有扇沙县,两《唐志》不载,《纪要》雷州府遂溪县:"扇沙废县,隋属合州,唐初废。"扇沙县遗址在今遂溪县界炮镇西边村(据《地名大辞典》第3692页,《历史地名》第2239页),距椹川县不远,以此推知,萧梁置徐闻郡时应含扇沙县,唐初乃废。
③ 《纪要》雷州府遂溪县:"椹川废县：在县东南五十里。……大业初并入扇沙县,唐复置。"实系萧梁复置。《大清一统志》卷349雷州府又言:"椹川废县：在遂溪县西北。《旧志》:'废椹川县：在县西北五十里,有溪名椹川。'"明清遂溪县治今遂溪县城,其东南五十里唐为铁杷县地,不合再置椹川县,《纪要》所记盖与明代椹川巡司相混;其西北五十里唐为后罗州零绿县地,亦不合置椹川县,《大清一统志》所记"西北"当为"西南"之误。今依《地名大辞典》第3690页定于乌塘镇湛川村。其他有唐代遗址,详《中国文物地图集·广东分册》,第429页。
④ 《隋志》珠崖郡有义伦、感恩、颜卢、毗善、昌化、吉安、延德、宁远、澄迈、武德十县,而据《舆地纪胜》琼州及吉阳军、昌化军、万安军引《元和志》佚文及《琼管志》,大业六年又分置临振、儋耳二郡及舍城、临川、陵水三县,而珠崖郡移治舍城县,领舍城、武德、澄迈、颜卢四县,临振郡领宁远、延德、临川、陵水四县,儋耳郡领义伦、毗善、感恩、昌化、吉安五县。颜卢,《旧唐志》作"颜罗",今依《隋志》、《新唐志》。
⑤ 《旧唐书》卷59《丘和传》:"会炀帝为化及所弑,冯盎以苍梧、高凉、珠崖、番禺之地附于林士弘。"
⑥ 参详本节附旧府一"高州总管府"注。
⑦ 《旧唐志》广州条谓贞观中崖州与南康州都督府并废隶广府。按南康州都督府废于武德九年,且该条叙贞观十三年广府督州(即"今督州")未列崖、琼、儋诸州,而《括地志·序略》引贞观十三年《大簿》仍有崖州都督府,是知崖州都督府废于贞观十三年后,今拟与高州都督府同罢于贞观二十三年。

乾封元年(666),复割琼州临机县来属。

武周长安四年,崖州领舍城、文昌、临机、澄迈、颜城五县,治舍城县。

唐开元元年,改临机县为临高县。十七年,割隶安南都护府,省颜城县。

天宝元年,复为珠崖郡,隶南海郡都督府。十三载,珠崖郡领舍城、文昌、临高、澄迈四县,治舍城县。十五载,隶岭南节度使。

乾元元年,复为崖州。贞元五年,割隶琼州管内招讨游奕使。七年,割临高县隶琼州。元和十五年,崖州领舍城、文昌、澄迈三县,治舍城县。

咸通十四年,崖州领县不变。

1. 舍城县(618—907)

本隋珠崖郡旧县,武德元年,隶崖州,为州治。贞观五年,析置琼山县,割隶琼州。开元二十六年,省颜城县来属。天宝元年,隶珠崖郡,为郡治。乾元元年,复隶崖州,为州治。

附旧县:颜卢县(618—627)—颜城县(627—729)

颜城县,本隋珠崖郡颜卢县,武德元年,隶崖州。贞观元年,改为颜城县,盖以县治为名。开元十七年①,省入舍城县。

2. 武德县(618—619)—平昌县(619—627)—**文昌县**(627—907)

文昌县,本隋珠崖郡武德县,武德元年,隶崖州。二年,改为平昌县②,以隋旧县为名③。五年,析置临机县。贞观元年,改为文昌县,取偃武修文之意④。五年,析置万安县,割隶琼州。显庆五年,析置乐会县,割隶琼州。天宝元年,隶珠崖郡。乾元元年,复隶崖州。

3. 临机县(622—713)—**临高县**(713—907)

武德五年,析平昌县置临机县⑤,盖以临机水(今文澜河)为名,治大同村(今海南临高县城临城镇道尧村)⑥,隶崖州。贞观五年,割隶琼州,十三年,州

---

① 史志不载省颜城县时间,今姑定于开元十七年割崖州隶安南之时。
② 史志不载此事。按《纪要》琼州府文昌县云:"平昌废县:在县西北。《志》云:本武德县,隋置,属崖州,唐改为平昌县。"武德为唐朝年号,改名平昌当系林楚或萧梁所为,今定于武德二年。
③ 《太平寰宇记》琼州文昌县:"汉紫贝县地,隋改为平昌。"
④ 《太平寰宇记》琼州文昌县。
⑤ 《旧唐志》云,武德四年崖州已领临机县,今依《新唐志》、《舆地纪胜》作武德五年置。
⑥ 《纪要》琼州府临高县:"临机废县:县西二十里。"《肇域志》第2232页临高县:"武德间,立于东塘都,为临机县。"《大清一统志》卷350琼州府:"《府志》:有临机村,在临高县东那虞都海边。"今定于临高县城临城镇道尧村,《纪要》"县西"当为"县东"之误。又,大同之名,见于《舆地纪胜》所引《图经》,考详下文附忠州注。

废,还隶崖州。是年,复割隶琼州。乾封元年,仍隶崖州。开元元年,避玄宗嫌名,改为临高县。天宝元年,隶珠崖郡。乾元元年,复隶崖州。贞元七年,割隶琼州,移治莫村(今临高县临城镇)①。

4. 澄迈县(618—907)

本隋珠崖郡旧县,武德元年,隶崖州。天宝元年,隶珠崖郡。乾元元年,复隶崖州。

(一九) 琼山郡(琼州)

琼州(631—639,639—742)—琼山郡(742—758)—琼州(758—907)

贞观五年,割崖州琼山、万安、临机三县置琼州,取琼山县首字为名,治琼山县,隶崖州都督府。十三年,州废,琼山、万安、临机三县还隶崖州。是年,割崖州琼山、临机、万安三县复置琼州②,并置容琼、颜罗、曾口三县,治琼山县,隶崖州都督府。二十三年,改隶广州都督府。

显庆五年,置乐会县。龙朔二年,割万安县隶万安州。乾封元年,琼州城为蛮獠所据,移州治于容琼县,割临机县还隶崖州。

武周长安四年,琼州领容琼、乐会、颜罗、曾口、琼山五县,治容琼县。

唐开元十七年,割隶安南都护府。

天宝元年,改为琼山郡,以琼山县为名,隶南海郡都督府。十三载,琼山郡领容琼、乐会、颜罗、曾口、琼山五县,治容琼县。十五载,隶岭南节度使。

乾元元年,复为琼州。贞元五年③,讨平蛮獠,收复旧州城,还州治于琼山县,置琼州管内招讨游奕使。七年,割崖州临高县来属,省容琼县。元和十五年,琼州领琼山、乐会、颜罗、曾口、临高五县,治琼山县。

咸通五年,置□□县,并曾口县割隶忠州。十二年,以废忠州□□、曾口二县省入。十四年,琼州领琼山、乐会、颜罗、临高四县,治琼山县。

唐末,省颜罗县。

---

① 《舆地纪胜》琼州临高县:"县初治英丘,绍兴初迁于莫村。"《纪要》琼州府临高县:"临机废县:贞元中,移县治于今治。"《肇域志》第2232页临高县:"宋绍兴迁英丘郡,寻徙莫村,即今治。"综此,则贞元中所迁为莫村,绍兴迁英丘,寻还莫村。
② 《旧唐志》琼州:贞观十三年,废琼州,寻复置琼州。按《舆地纪胜》琼州引《广西郡县志》云,曾口、颜罗、容琼三县并置于贞观十三年,故知琼州亦复置于该年。
③ 《唐会要》卷71作"贞元十五年",四库本《太平寰宇记》作贞观五年。今依两《唐志》及《资治通鉴》。

1. 容琼县(639—791)

贞观十三年,析琼山县置容琼县,治容琼洞(今海南文昌市文城镇)①,以为县名,隶琼州。乾封元年,自琼山县移州治于此。天宝元年,隶琼山郡,为郡治。乾元元年,复隶琼州,为州治。贞元五年,还州治于琼山县。七年,省入琼山、乐会二县。

2. 乐会县(660—907)

显庆五年,析崖州文昌县置乐会县,割隶琼州,治黎黑村(今海南琼海市塔洋镇)②。天宝元年,隶琼山郡。乾元元年,复隶琼州。贞元七年,移治南管村(今琼海市长坡镇)③。唐末,省颜罗县来属。

3. 颜罗县(639—唐末)

贞观十三年,析琼山县置颜罗县,隶琼州,治颜罗城(今海南定安县龙门镇)④。天宝元年,隶琼山郡。乾元元年,复隶琼州。唐末,省入乐会县⑤。

4. 曾口县(639—871)

贞观十三年,析琼山县置曾口县,治曾口(今海南澄迈县永发镇博罗村)⑥,隶琼州。天宝元年,隶琼山郡。乾元元年,复隶琼州。咸通五年,析置□□县,割隶忠州。十二年,省入琼山县⑦。

---

① 《太平寰宇记》琼州乐会县:"其临高在郡正东八十里。……容琼洞,夷人居之。"按临高县在琼州西北约二百里,此云正东八十里者,当是容琼县。《纪要》琼州府琼山县:"容琼废县:在府东南百五十里。"可证。乾封后,琼州因山区夷人之乱,移治容琼县,则容琼县不在山区而处平川,其地当在今文昌市一带。吴松弟《两唐书地理志汇释·旧唐书地理志》第455页以为在今琼海市西,不详所据。

② 《肇域志》2234页乐会县:"县治,唐显庆中,立于泗都村。"《大清一统志》卷350琼州府:"乐会故城:在今乐会县。……《通志》:唐县治黎黑村,在今会同县东。"今从《地图集》唐代幅定于琼海市塔洋镇。《历史地名》第812页乐会县云:黎黑村即南管村,即今琼海市东北烟塘镇福石岭管区泗村。按其地位处沟谷,地势偏僻,似非置县之地,该泗村恐非古泗都村,黎黑村亦非南管村。

③ 《舆地纪胜》琼州乐会县:"在州东南一百六里。《琼管志》云:黎人屡攻破县,迁徙不一,今见治南管村。"按南宋琼州治今琼山市府城镇,东南一百六里当文昌县境,不得为乐会县治,疑"一百六"为"二百六"之误,今拟为琼海市长坡镇。又,移治南管村时间史未载,今按南管村紧靠容琼废县,而容琼县省于贞元七年,故推定乐会县亦于是年移治南管村,领有废容琼县之一部。

④ 《太平寰宇记》琼州列废颜罗县于乐会县,《纪要》琼州府琼山县:"颜罗废县:在府南。"今依地理形势,姑定于定安县龙门镇。

⑤ 《太平寰宇记》琼州乐会县。

⑥ 唐胄《琼台志》古迹云,曾口废县在澄迈县南七十里东隅都博罗村。《地名大辞典》第4030页博罗村:"唐初至五代十国时期曾口县治设此,现尚存旧治故迹。"今从之。《地图集》唐代幅定曾口县于屯昌县新兴镇北,当是误以明澄迈县治为今澄迈县城金江镇之故,不取。

⑦ 《太平寰宇记》琼州乐会县:"梁载言《十道志》有颜罗县,无曾口。"按梁载言《十道志》撰于咸通后(考详郭声波:《唐宋地理总志从地记到胜览的演变》,《四川大学学报》2000年第6期),可知曾口县省于咸通中,今拟与忠州同时废。

附新县:□□县(864—871)

咸通五年,析琼州曾口、儋州落场二县置□□县,治□□城(今澄迈县仁兴镇)①,隶忠州,为州治。十二年,州废,省入琼山县。

5. 琼山县(631—907)

贞观五年,析崖州舍城县置琼山县,治琼山城(今海南海口市琼山区旧州镇白石村)②,以隋旧县为名,割隶琼州,为州治。十三年,州废,还隶崖州。是年,复割隶琼州,为州治,并析置容琼、曾口、颜罗三县。乾封元年,为蛮獠所据,移州治于容琼县。天宝元年,隶琼山郡。乾元元年,复隶琼州。贞元五年,收复,移治新琼山城(今琼山区旧州镇)③,自容琼县移州治于此。七年,省容琼县来属。咸通十二年,以曾口县及废忠州□□县省入。

附新州:忠州(864—871)

咸通五年,析琼州曾口县及儋州境置忠州④,盖取夷人忠顺为名,治□□县,隶琼管招讨游奕使。十二年,州废⑤,省曾口、□□二县。

(二〇)万安郡(万安州)

万安州(662—742)—万安郡(742—757)—万全郡(757—758)—万安州(758—907)

龙朔二年(662),割琼州万安县、振州陵水县置万安州⑥,并置富云、博辽二县,隶广州都督府。调露元年(679),割隶安南都护府。

武周长安四年,万安州领万安、博辽、陵水、富云四县,治万安县。

---

① 《舆地纪胜》琼州引《图经》:"咸通中……置忠州。七年余,死亡无数,遂领兵还定西路,二程为一县,置琼山,二程为澄迈,二程洛阳,二程大同。大同,疑指临高县治地,意即忠州距琼山、澄迈、洛阳、临高四县均为二日行程(约一百六十里),以此度之,忠州附郭县当在今澄迈县仁兴乡一带,唯失其名耳。

② 《舆地纪胜》琼州府琼山县:"《琼管志》云:琼山为县,自唐有之,今之州治〔南〕二十里琼山村,乃旧治也。"此《琼管志》以"琼管"为名,当为唐贞元后人所著,"今之州治"即贞元五年新琼山城,在今琼山区旧州镇,李勃《唐琼州城址考》(载《中国历史地理论丛》1999年第3期)认为贞元琼州治今旧州镇白石村,乃是与贞观旧城相混。

③ 《大清一统志》卷350琼州府:"琼山故城在今琼山县南。……《旧志》:故县在今县南六十里,宋熙宁四年始移今治。"又详参上注。

④ 《纪要》琼州府定安县:"废忠州:在县西南,古獠境。唐咸通五年,遣兵擒黎峒蒋璘等,遂定其地,置忠州。"

⑤ 《舆地纪胜》琼州引《图经》:"咸通中……置忠州。七年余,死亡无数,遂领兵还定西路。"

⑥ 《舆地纪胜》万安军引《元和志》逸文:"龙朔二年,割万安及临〔振〕(世)、陵水二县于此置万安州。"

唐开元九年,移州治于陵水县。十七年,割隶安南都护府。

天宝元年,改为万安郡,隶南海郡都督府。十三载,万安郡领陵水、富云、万安、博辽四县,治陵水县。十五载,隶岭南节度使。至德二载,避安氏名姓,改为万全郡,改万安县为万全县。

乾元元年①,复为万安州,复万全县为万安县。贞元元年,移州治于万安县。五年,割隶琼管招讨游奕使。元和十五年,万安州领万安、博辽、陵水、富云四县,治万安县。

咸通十四年,万安州领县不变。

1. **陵水县**(618—907)

本隋临振郡旧县②,武德元年,隶振州。龙朔二年,割隶万安州。开元九年,自万安县移州治于此。天宝元年,隶万安郡。至德二载,隶万全郡,均为郡治。乾元元年,复隶万安州,为州治。贞元元年,还州治于万安县。

2. **富云县**(662—唐末)

龙朔二年,析万安县置富云县,治富云城(今海南万宁市三更罗镇南平村)③,隶万安州。天宝元年,隶万安郡。至德二载,隶万全郡。乾元元年,复隶万安州。唐末④,省入万安县。

3. **万安县**(631—757)—**万全县**(757—758)—**万安县**(758—907)

贞观五年,析崖州文昌县置万安县,治万安城(今万宁市大茂镇旧州村)⑤,割隶琼州。十三年,州废,隶崖州。显庆五年,复割隶琼州。龙朔二年,割隶万安州,为州治。开元九年,移州治于陵水县。天宝元年,隶万安郡。至德二载,避安氏名姓,改为万全县,隶万全郡。乾元元年,复为万安县,隶万安州。贞元元年,自陵水县移州治于此。唐末,省富云、博辽二县来属。

---

① 《新唐志》系于贞元元年后,今依《旧唐志》、《太平寰宇记》。
② 《隋志》不载临振郡及陵水县,《舆地纪胜》万安军陵水县引《元和志》逸文云:"大业六年,于此置陵水县。"据补。
③ 《纪要》琼州府万州:"富云废县:在州西南。"《大清一统志》卷350琼州府:"富云废县:在万州西。"明清万州治今万宁市万城镇,今依地理形势,从《大清一统志》拟富云县治于万宁市正西微北三更罗乡南平村。
④ 《舆地广记》万安军陵水县作"南汉",今依《太平寰宇记》。盖省于唐末刘氏割据之时,而舆地《广记》误以属南汉也。
⑤ 《大清一统志》卷350琼州府:"万安故城:在万州北。《通志》:'唐治通化都,在今州北,今名旧州,宋移今治。'"

4. 博辽县(662—唐末)

龙朔二年,析万安县置博辽县,治博辽城(今万宁市兴隆农场西南桥北村)①,隶万安州。天宝元年,隶万安郡。至德二载,隶万全郡。乾元元年,复隶万安州。唐末②,省入万安县。

(二一) 延德郡③(振州)

振州(618—742)—临振郡(742)—宁远郡(742)—延德郡(742—758)—振州(758—907)

延德郡,本隋临振郡,领宁远、延德、临川、陵水四县④。武德元年,冯盎以郡附林楚⑤,改为振州,取临振郡末字为名,治宁远县。二年,归萧梁,隶高州总管府⑥。四年,归唐。七年,割隶广州都督府。贞观元年,割隶崖州都督府。二年,置吉阳县。十三年,振州领宁远、延德、临川、吉阳、陵水五县,治宁远县。二十三年,复隶广州都督府。

永徽元年(650),置落屯县。龙朔二年,割陵水县隶万安州。调露元年,振州割隶安南都护府。

武周长安四年,振州领宁远、延德、落屯、吉阳、临川五县,治宁远县。

唐开元十七年,割隶安南都护府。

天宝元年,复为临振郡,隶南海郡都督府。寻改为宁远郡,以宁远县为名⑦。是年,改为延德郡,以延德县为名。十三载,延德郡领宁远、延德、落屯、吉阳、临川五县⑧,治宁远县。十五载,隶岭南节度使。

乾元元年,复为振州。贞元五年,割隶琼管招讨游奕使。元和十五年,振州领县一如天宝十三载。

---

① 《纪要》琼州府万州:"富云废县:在州西南。又南,有博辽废县。"今依地理形势,拟博辽县治于万宁市兴隆华侨农场西南桥北村(属牛漏镇)。
② 《舆地广记》万安军陵水县作"南汉",今依《太平寰宇记》。盖省于唐末刘氏割据之时,而《舆地广记》误以属南汉也。
③ 《旧唐志》作"临振郡",今依《州郡典》、《太平御览》卷172引《方舆志》、《新唐志》。天宝末《李林甫除削官秩诏》(载《唐大诏令集》卷126)有"延德郡前司储郎中(李)崿",可证。
④ 《隋志》不载临振郡及其领县,今依上文珠崖郡崖州注考补。
⑤ 《旧唐书》卷59《丘和传》:"会炀帝为化及所弑,冯盎以苍梧、高凉、珠崖、番禺之地附于林士弘。"其珠崖郡,当含新置临振、儋耳二郡在内。
⑥ 参详本节附旧府一"高州总管府"注。
⑦ 《新唐志》振州延德县:"本临振郡,又曰宁远郡,天宝元年更名。"王象之《舆地纪胜》按曰:"诸书第有宁远县而无宁远郡之文,今不取。"然延德亦以县兼郡名,王说非。
⑧ 《旧唐志》于乾元元年文字后云"领县四",而实列五县,今依《州郡典》。

咸通十四年,振州领县不变。

1. **宁远县**(618—907)

本隋临振郡旧县,武德元年,隶振州,为州治。永徽元年,析置落屯县。天宝元年,隶临振郡。寻隶宁远郡。是年,隶延德郡,均为郡治。乾元元年,复隶振州,为州治。

2. **延德县**(618—907)

本隋临振郡旧县,武德元年隶振州。贞观二年,析置吉阳县。天宝元年,隶临振郡。寻隶宁远郡。是年,隶延德郡。乾元元年,复隶振州。

3. **落屯县**(650—907)

永徽元年①,析宁远县置落屯县,治落屯洞(今海南三亚市立才农场卡把村)②,因以为名,隶振州。天宝元年,隶临振郡。寻隶宁远郡。是年,隶延德郡。乾元元年,复隶振州。

4. **吉阳县**(628—907)

贞观二年,析宁远③县置吉阳县,治吉阳城(今三亚市海棠区)④,隶振州。天宝元年,隶临振郡。寻隶宁远郡。是年,隶延德郡。乾元元年,复隶振州。

5. **临川县**(618—907)

本隋临振郡旧县,武德元年,隶振州。天宝元年,隶临振郡。寻隶宁远郡。是年,隶延德郡。乾元元年,复隶振州。

(二二) **昌化郡**(儋州)

儋州(618—742)—昌化郡(742—758)—儋州(758—907)

昌化郡,本隋儋耳郡,领义伦、毗善、感恩、昌化、吉安五县,武德元年,冯盎以郡附林楚⑤,改为儋州,取儋耳郡首字为名,治义伦县。二年,归萧梁,隶

---

① 《舆地纪胜》吉阳军:"落屯县,永徽元年置,在落屯洞,因以为名。"《本钱簿》无此县,《新唐志》云"天宝后置",然《州郡典》及《旧唐志》延德郡已列入落屯县,当以《舆地纪胜》所载为是。
② 《太平寰宇记》新崖州落屯县:"(州)东北二十里。"即卡把村,又名立才十四队。
③ 《旧唐志》作"延德",按延德县与吉阳县中隔宁远县,不得有析置关系,今依《舆地纪胜》。
④ 《太平寰宇记》新崖州吉阳县:"(州)东北九十里。"《元丰九域志》朱崖军:"熙宁六年,省吉阳、宁远二县为镇:临川,军东八十里、藤桥,军东一百里。"按宋新崖州熙宁中为朱崖军,治今三亚市崖州区(旧崖城镇),吉阳县废为藤桥镇,即今三亚市海棠区,旧海棠湾镇。
⑤ 《旧唐书》卷59《丘和传》:"会炀帝为化及所弑,冯盎以苍梧、高凉、珠崖、番禺之地附于林士弘。"其珠崖郡,当含新置临振、儋耳二郡在内。《旧唐志》云儋州武德五年置,盖以唐人角度言之。

高州总管府①。五年,改毗善县为富罗县,省吉安县。贞观元年,隶崖州都督府,复置吉安②县。三年,割隶广州都督府。是年,还隶崖州都督府③。十三年,儋州领义伦、富罗、吉安、昌化、感恩五县,治义伦县。二十三年,复隶广州都督府。

调露元年,割隶安南都护府。

武周长安四年,儋州领县不变。

唐开元十七年,割隶安南都护府。

天宝元年,改为昌化郡,以昌化县为名,隶南海郡都督府,改吉安县为洛场县。十三载,昌化郡领义伦、富罗、洛场、昌化、感恩五县,治义伦县。十五载,隶岭南节度使。

乾元元年,复为儋州。贞元五年,割隶琼管招讨游奕使。元和二年,割感恩、昌化二县割隶镇州。其后,以废镇州之感恩、昌化二县来属。十五年,儋州领县一如天宝十三载。

咸通十四年,儋州领县不变。

1. **义伦县**(618—907)

本隋儋耳郡旧县,武德元年,隶儋州,为州治。天宝元年,隶昌化郡,为郡治。乾元元年,复隶儋州,为州治。

2. **毗善县**(618—622)—**富罗县**(622—907)

富罗县,本隋儋耳郡毗善县,武德元年,隶儋州。五年,改为富罗县。天宝元年,隶昌化郡。乾元元年,复隶儋州。

3. **吉安县**(618—622,627—742)—**洛场县**(742—907)

洛场县,本隋儋耳郡吉安县,武德元年,隶儋州。五年,省入昌化、义伦二县④。贞观元年,析昌化、义伦二县复置吉⑤县,治吉安城(今海南昌江县海尾镇南罗村)⑥,隶儋州。天宝元年,隶昌化郡,移治洛场(今海南儋州市雅星

---

① 参详本节附旧府一"高州总管府"注。
② 《旧唐志》、《太平寰宇记》作"普安",今依《隋志》、《新唐志》。
③ 《舆地纪胜》昌化军序:"又隶崖州,在正(贞)观三年。"
④ 《纪要》琼州府儋州昌化县:"吉安废县:隋置吉安县,属(崖)〔儋〕州,唐初废。"
⑤ 《旧唐志》作"普安",如此则与剑南道始州县名重,当误,今依《新唐志》。
⑥ 《纪要》琼州府儋州昌化县:"吉安废县:在县北。"《大清一统志》卷 350 琼州府:"吉安废县:《县志》今县东北有旧县,疑是。"即今南罗村,旧为镇。

镇),改为洛场县①。乾元元年,复隶儋州。

4. 昌化县(618—907)

本隋儋耳郡旧县,武德元年,隶儋州。五年,省吉安县来属。贞观元年,析置吉安县。天宝元年,隶昌化郡。乾元元年,复隶儋州。元和二年,割隶镇州。其后,州废,还隶儋州。

5. 感恩县(618—907)

本隋儋耳郡旧县,武德元年,隶儋州。天宝元年,隶昌化郡。乾元元年,复隶儋州。元和二年,割隶镇州,并析置镇宁县。其后,州废,省镇宁县来属,感恩县还隶儋州。

附新县:镇宁县(807—元和中)

元和二年,以羁縻镇州改置镇宁县(今海南东方市东河镇广坝村)②,隶镇州,为州治。其后,州废,省入感恩、昌化、洛场三县。

附新州:镇州(807—元和中)

元和二年,升琼州都督府羁縻镇州为镇州,并置镇宁县,为州治,取镇宁县首字为州名,割儋州感恩、昌化二县来属③,隶琼管招讨游奕使。元和中,州废④,省镇宁县,感恩、昌化二县还隶儋州。

---

① 《州郡典》、四库本《太平寰宇记》作"洛阳",《舆地纪胜》昌化军作"沸阳",琼州古迹作"洛阳",今依《本钱簿》、两《唐志》及金陵书局本《太平寰宇记》。《太平寰宇记》儋州洛场县:"元县在黎洞中,因黎贼作乱,今移入州城下。"《纪要》琼州府儋州:"洛场废县:在州东南。……《志》云:州南有沸阳(按当是洛场之误)废县。"《肇域志》第2236页儋州:"废洛场县:在州南四十里。唐乾元后,省吉安县置。"《大清一统志》卷350琼州府:"洛场废县:《州志》:'黎中落窑峒古为洛场县地,在昌化县北。'"洛场既在儋州南、昌化县北黎中,又系改吉安县置,则北距儋州必不止四十里,颇疑"四十里"为"九十里"之误,今定于儋州市雅星镇。又,《新唐志》云吉安县乾元后省,洛场乾元后置,《本钱簿》及《州郡典》皆无吉安而有沸场(洛阳),《舆地纪胜》云:"沸阳县,天宝初于沸阳镇置。"则知《新唐志》、《肇域志》乾元后置之说有误,今推测天宝元年改吉安县为洛场县。"沸阳"据《肇域志》第2236页儋州条,为宋儋州西南三十里之一镇名,而《舆地纪胜》误以与洛场县相混也。

② 史志不载此事,考详下文附镇州注。镇宁县名本阙,按宋镇州倚郭县曰镇宁,则唐时亦当有此县名,镇州之名盖以此,故补。李勃《唐代赵昌进琼管〈六十二洞归降图〉考》(载《中国历史地理论丛》2004年第3期)考证,宋镇州即唐镇州,在今海南东方市广坝村。今从之。

③ 《旧唐书》卷14〈宪宗纪〉:元和二年四月,"岭南节度使赵昌进琼管儋、振,万安六州六十二洞归降图"。按两《唐志》所记仅五州,另一州不详其名,唐胄《琼台志》云:"唐都督府凡二:镇州都督府,在感恩境,今陷黎峒;琼州都督府,治城中。"则所阙州当即镇州,附郭县名阙,另据地理形势分析,感恩、昌化二县当割隶镇州。

④ 镇州《元和志》、《新唐志》皆未载,盖存在时间甚短,今拟于元和中州废。

附旧府一　高州总管府(618—624)—高州都督府(624—649)

武德元年,冯盎等以隋高凉、永熙、苍梧、信安、番禺、珠崖、儋耳、临振八郡附林楚,改为高、泷、封、端、广、崖、儋、振八州,自署高州总管①。二年,萧梁属部邓文进取广、端二州隶广州总管府,而冯盎亦以高、泷、封、崖、儋、振六州附萧梁②。四年,归唐③,隶山南道行台,割钦州总管府南合州来属,置春州,割封、泷二州隶南康州总管府。五年,隶荆州大总管府,置前罗州。六年,改前罗州为南石州,置后罗州。七年,改为高州都督府,隶广州大都督府,并割南合、崖、振、儋四州直属广州大都督府。贞观元年,隶安州大都督府。二年,属岭南道。九年,改南石州为辩州。十三年,高州都督府督高、后罗、辩、春四州。二十三年,罢都督府④,高、后罗、辩、春四州隶广州都督府。

附旧府二　南康州总管府(621—624)—南康州都督府(624—626)

武德四年,平萧梁,割广州总管府南康、新、端三州及高州总管府泷、封二州置南康州总管府,隶山南道行台,又置勤、南建、南扶三州。五年,隶荆州大总管府,置南义、威二州,割潭州总管府齐州来属。七年,改为南康州都督府,隶广州大都督府。九年,罢都督府,南康、端、新⑤、勤、泷、南建、南扶、南义、封、齐、威十一州直属广州大都督府。

附旧府三　循州总管府(622—624)—循州都督府(624—628)

武德五年⑥,平林楚,以循、潮二州置循州总管府,隶荆州大总管府。七年,改为循州都督府,隶广州大都督府。八年,割隶后扬州大都督府。九年,隶扬州大都督府。贞观元年,隶安州大都督府。二年,罢都督府,循、潮二州隶广州都督府。

---

① 《新唐书》卷1《高祖纪》云,隋大业末,"冯盎据高、罗,皆号总管"。按隋罗州大业初已废入高州,至唐武德五年始复置,冯盎起事时,尚行郡制,《新唐纪》盖谓冯盎初据高、罗等州故地,非指实为二州也。《新唐书》卷109《冯盎传》:"遂有番禺、苍梧、朱崖地,自号总管。"可证。《旧唐志》言武德四年平萧铣,始置高州都督府,乃以唐人角度言之,不为误。
② 《旧唐书》卷109《冯盎传》:"武德三年,广、新二州贼帅高法澄、冼宝彻等并受林士弘节度,杀害隋官吏,盎率兵击破之。"则武德三年以前,冯盎已脱离林楚,与广州邓文进同时附萧梁。
③ 据《旧唐志》恩州序,武德四年高州总管府无振州,有新州。按当时海南岛崖、儋二州既属高州总管府,则振州亦当在其中;又据《旧唐志》康州序,新州是时属南康州总管府,不得再属高州总管府。
④ 《旧唐志》恩州序。
⑤ 《旧唐志》广州序作"洭",吴松弟《两唐书地理志汇释·旧唐书地理志》第401页云:"其'洭'乃'新'之误。"当是,今改。
⑥ 《旧唐志》广州序作"六年",今依《旧唐志》循州序。

附旧府四　崖州都督府(627—649)—琼州管内招讨游奕使(789—907)

贞观元年,割广州都督府崖、振、儋三州置崖州都督府,隶安州大都督府①。二年,属岭南道。三年,割儋州隶广州都督府。是年,复割广州都督府儋州来属。五年,置琼州。十三年,崖州都督府督崖、琼、振、儋四州。二十三年,罢都督府,崖、琼、振、儋四州隶广州都督府②。

贞元五年,割岭南节度使琼、万安、振、儋、崖五州置琼州管内招讨游奕使③,治琼州,仍隶岭南道。元和二年置镇州。其后,废镇州。十五年,琼州管内招讨游奕使领琼、万安、振、儋、崖五州,治琼州。

咸通三年,属岭南东道。五年,置忠州,十二年,废忠州。十四年,琼州管内招讨游奕使领州一如元和十五年。

附新镇　韶连郴都团练使(758—761,763)

乾元元年,割岭南节度使韶州、桂州管内经略使连州及江南西道衡州防御使郴州置韶连郴都团练使,治韶州,仍属岭南道。后上元二年,罢镇,韶州还隶岭南节度使,连、郴二州隶山南东道荆南节度使。广德元年,割岭南节度使韶州、山南东道荆南节度使连、郴二州置韶连郴都团练使,仍治韶州,属岭南道。是年,罢镇,韶州还隶岭南节度使,连、郴二州还隶山南东道荆南节度使。

第二节　普宁郡(容州)都督府

容州都督府(667—742)—普宁郡都督府(742—756)—容州管内经略使

---

① 《旧唐志》广州谓:"贞观中……仍以南康州及崖州都督并隶广州。"按武德七年已置安州大都督府统领豫南、鄂东、江西、广东一带都督府州,此言崖州都督府隶广州〔都督府〕不确,疑为"贞观元年……仍置南康州隶广州都督府,并置崖州都督府"之误。

② 《旧唐志》广州序贞观十三年广府督州(即"今督州")未列崖、琼、儋诸州,而《括地志·序略》引贞观十三年《大簿》仍有崖州都督府,是知崖州都督府废于贞观十三年后。按《旧唐志》琼州条引贞元中李复奏:"琼州本隶广州管内,乾封年,山洞草贼反叛,遂兹沦陷,至今一百余年。……其崖州都督请停。"既然琼州在乾封之前就已隶广府,则崖州都督府亦当废于乾封之前,故此处"请停崖州都督"显属废话,今拟与高州都督府同罢于贞观二十三年。

③ 《新唐表》不载此事,今据《旧唐志》琼州序引岭南节度使李复奏补。其年代,《唐会要》卷71作贞元十五年,按郁贤皓《唐刺史考全编》,李复贞元三年至七年在岭南节度使任上,《唐会要》误。其使职等级,据《田章墓志铭》(载《全唐文补遗》第三辑),墓主大中十一年卒,曾任"使持〔节〕都督琼州诸军事兼琼州刺史,充琼管五州招讨使",表明琼州都督兼管五州招讨游奕使,相当一低级方镇。其使职简称,亦见于谢旻等《江西通志》卷87引郭子章《豫章书》:"张鹏:懿宗立,表为琼管五州招讨使。"近年西安韩森寨出土《唐故容管经略招讨处置等使检校右散骑常侍兼御史大夫上柱国陇西县开国男食邑三百户赠工部尚书李公(行素)墓志铭》载:"未几,又授琼州而招讨儋耳、朱崖五郡事。"大约在唐宣宗时。

(756—759)—容州管内经略都防御使(759—760)—容州管内观察经略等使(760—863,864—897)—宁远军节度使(897—907)

乾封二年(667),割岭南道桂州都督府容、白、廉、绣、郁林五州及广州都督府义、窦二州置容州都督府①,仍属岭南道。三年,置禺、牢二州。调露二年(680),置岩州。永淳元年(682),置党州。二年,置邻州,割桂州都督府藤州来属②。垂拱二年(686),置山州,割隶安南都护府。三年,废邻州。

武周长安四年(704),容州都督府督容、义、窦、禺、牢、白、廉、岩、党、郁林、绣、藤十二州。

唐神龙三年(707),置平琴州。

天宝元年(742),改容州为普宁郡,藤州为感义郡,义州为连城郡,窦州为怀德郡,禺州为温水郡,牢州为定川郡,白州为南昌郡,廉州为合浦郡,岩州为安乐郡,郁林州为郁林郡,平琴州为平琴郡,党州为宁仁郡,绣州为常林郡,改容州都督府为普宁郡都督府,割南海郡都督府陵水郡、安南都护府玉山郡来属。十载,玉山郡还隶安南都护府。十三载,普宁郡都督府领普宁、感义、连城、怀德、陵水、温水、南昌、合浦、安乐、定川、宁仁、平琴、郁林、常林十四郡。十五载,以普宁、感义、连城、怀德、陵水、温水、南昌、合浦、安乐、定川、宁仁、平琴、郁林、常林十四郡置容州管内经略使(简称容管经略使)③,治普宁郡,都督成虚职。

乾元元年(758),复普宁郡为容州,感义郡为藤州,连城郡为义州,怀德郡为窦州,陵水郡为辩州,温水郡为禺州,南昌郡为白州,合浦郡为廉州,安乐郡为岩州,定川郡为牢州,宁仁郡为党州,平琴郡为平琴州,郁林郡为郁林州,常林郡为

---

① 史志不载此事。按《唐刺史考全编》,高宗时至开元初,已有容州都督一职,而此间容州以贞观末年增领县数较多,故推知都督府始置于高宗时。卢藏用《景灵寺碑铭》(载《全唐文》卷238)谓:"容州都督府景星寺者,高宗天皇大帝所建也。……时都督乐处,元以式遏为心,未遑经始,后长史陈善宏以薰修为念,颇加蕝葺。"可证。《旧唐志》谓开元中升为都督府,疑是开元中暂废复置,或从《唐刺史考全编》之说,系升中都督府。罗凯《唐代容府的设置与岭南五府格局的形成》(载《中国边疆史地研究》2015年第2期)分析了当时岭南形势,认为很可能在乾封二年设置了容州、邕州两个都督府。从之。
② 《大唐故容州都督李府君(俭)墓志》(载《洛阳新见墓志》)云,永淳二年容州都督领容、牢、禺、义、窦、绣、白、藤、邻、合浦(廉)、郁林、岩、党十三州。
③ 《旧唐志》总序载,容州管内经略使管容、辩、白、牢、钦、岩、禺、汤、瀼、古等州。按钦、瀼、古三州未见于《新唐表》容州管内栏;《方镇研究》容州管内观察使沿革一节亦未提及,俟考;汤州虽见于《新唐表》容州管内栏,然汤州深处安南管内,似非容州管内所领,疑是藤州之误,详参下文感义郡藤州。又,邕管经略使始置于天宝十四载,依本卷体例,方镇作为行政区一律以天宝十五载(至德元载)起算。

绣州。二年,改为容州管内经略都防御使,因蛮獠之乱,寄治藤州①。后上元元年(760),改为容州管内观察经略等使,寄治梧州②。大历五年(770),寄治藤州③。六年,还治容州④。八年,置顺州。建中二年(781),废平琴州⑤。元和元年(806),割邕州管内经略使严州来属,割辩州隶岭南节度使。是年,割严州隶桂州管内经略使⑥。十三年,废岩州,置行岩州。十五年,以废邕州管内经略使之邕、澄、宾、贵、浔、横、峦、钦八州来属,容州管内观察经略等使领容、藤、义、窦、禺、顺、白、廉、行岩、钦、邕、澄、宾、峦、横、贵、郁林、牢、党、绣、浔二十一州。

长庆二年(822),割邕、澄、宾、贵、浔、横、峦、钦八州隶邕州管内经略使。咸通三年(862),割属岭南西道,割藤、行岩二州隶岭南西道节度使,置行交州,割隶安南管内都防御观察经略等使。四年,罢镇,容、义、窦、禺、顺、白、廉、牢、党、郁林、绣十一州隶岭南西道节度使。五年,割岭南西道节度使容、藤、义、窦、禺、顺、白、廉、行岩、牢、党、郁林、绣十三州复置容州管内观察经略等使⑦,仍治容州。七年,以废行安南都护府省入。十四年,容州管内观察经略等使领容、藤、义、窦、禺、顺、白、廉、行岩、牢、党、郁林、绣十三州,治容州。

乾宁四年(897),升为宁远军节度使。

---

① 《旧唐书》卷157《王翃传》:"容州管内经略使自安史之乱,岭南溪洞夷獠乘此相恐为乱,其首领梁崇牵自号平南十道大都统,及其党阳问等诱西原贼张侯、夏永攻陷城邑,据容州,前后经略使陈仁琇、李抗、侯令仪、耿慎惑、元结、长孙全绪等虽容州刺史,皆寄理藤州,或寄梧州。"按《唐刺史考全编》,陈仁琇任容州管内经略使在至德、乾元间,今拟乾元二年寄治藤州。张声震等《壮族通史》第498页(民族出版社,1997年)云:"大历六年,(梁崇牵)起义军回师广西,占领了容州,迫使容州刺史王翃寄治藤州。"年代与《旧唐书》等所记不合。

② 《资治通鉴》大历六年:"前容州管内经略使元结等,皆寄治苍梧。"王象之《舆地碑目记》卷3《梧州碑记》有《元结冰井铭》,注云:"唐大历〔十〕三年,容州经略使元结治郡,目曰冰井,又为铭刻石泉上。"可证元结及以前数任容州管内长官皆寄治梧州,今拟为后上元元年改经略都防御使为观察经略使之时。《方镇研究》云:"上元元年,升容州经略防御使为观察使。"按《唐刺史考全编》,上元后容管长官全称应是"容州管内观察经略招讨处置使",今补。

③ 《旧唐书》卷157《王翃传》:"大历五年,迁容州刺史。……及翃至藤州,言于众曰:'吾为容州刺史,安得寄理他邑!'"

④ 《资治通鉴》大历六年二月。

⑤ 于邵《送崔判官赴容州序》:"今年春,有诏特命元公都督十二州诸军事。"(载《文苑英华》卷724)"元公",《唐刺史考全编》考其为元琇,建中二年至三年任容管经略使。然其时容州管内实领容、白、禺、牢、绣、党、窦、廉、岩、义、郁林、辩、藤、顺十四州,"十二"疑误。

⑥ 《韩昌黎文集》卷27《唐故清河郡公房公(启)墓碣铭》:"贞元末,王叔文用事,材公之为,举以为容州经略使。拜御史中丞,服佩视三品,管有岭外十三州之地。"按房启永贞元年至元和八年帅容管,可证元和初容管领十三州。

⑦ 《方镇研究》第179页以为复置容州管内仅领十一州,无藤、行岩二州。按《新唐表》、《资治通鉴》但言咸通五年复置容州管内领州如故,不言州数,若藤、行岩二州仍隶邕管,乃为飞地,似不合情理,今仍取咸通三年以前十三州之数。

(一) 普宁郡(容州)

铜州(621—634)—容州(634—742)—普宁郡(742—758)—容州(758—907)

武德四年,平萧梁,割南州北流县及藤州普宁县置铜州①,州西带铜山,因以为名,隶南尹州总管府,并置豪石、宕昌、南流、陵城、新安、渭龙六县,治北流县。七年,隶南尹州都督府。贞观六年,改隶桂州都督府。八年②,改为容州,以州境容山为名。十一年,省新安县。十三年,容州领北流、豪石、宕昌、南流、陵城、普宁、渭龙七县,治北流县。二十三年,以废前潘州之定川、陆川、宕川三县及割藤州贺川、宁民二县,贵州潭栗县来属,改宁民县为欣道县。

显庆三年,割窦州罗窦县来属。麟德二年,割潭栗县隶郁州。乾封二年,置容州都督府。三年,割南流、定川、宕川三县隶牢州,陆川县隶东峨州。

武周长安四年,容州领北流、豪石、宕昌、陵城、欣道、贺川、普宁、渭龙、罗窦九县,治北流县。

唐开元二十四年,割禺州陆川县来属③。二十九年,省豪石、贺川二县。

天宝元年,改为普宁郡,以普宁县为名,隶普宁郡都督府,割陆川县隶温水郡。十三载,普宁郡领北流、宕昌、陵城、欣道、普宁、渭龙、罗窦七县④,治北流县。十五载,隶容州管内经略使,为使治。

乾元元年,复为容州。二年,隶容州管内经略都防御使,以獠乱,寄治藤州镡津县。后上元元年,隶容州管内经略等观察使,寄治梧州苍梧县,省罗窦县。大历六年,还治本州北流县。元和中,移治普宁县,割宕昌县隶禺州。十五年,容州领普宁、渭龙、北流、陵城、欣道五县,治普宁县。

咸通四年,罢镇,容州隶岭南西道节度使。五年,复置容州管内经略等观察使。十四年,容州领县不变。

乾宁四年,隶宁远军节度使,仍为使治。唐末,复割禺州陆川县来属。

---

① 《舆地纪胜》容州引《普宁志》:"萧铣略定岭表,于此置铜州,领北流、豪石、容川、渭龙、南流、陵城、普宁、新安八县。"王象之据《唐志》及《州郡典》驳其非,谓铜州之置,乃在平萧铣之后,非置于萧铣之日。今从其说。然"容川"当系"宕昌"之误。
② 《旧唐志》容州条作"元年",今依《旧唐志》桂州序及《新唐志》。
③ 《舆地纪胜》容州引《元和志》逸文:"陆川县,开元二十四年割属容州。"《本钱簿》容州有陆川县,可证。然则《本钱簿》禺州亦有陆川县,当是罗辩县之误,考详下文温水郡禺州。
④ 《旧唐志》原作"天宝后,领县五。"无罗窦、宕昌二县。今据《州郡典》补罗窦县,据《本钱簿》及《新唐志》禺州条补宕昌县。按容州为都督府治,领县数当较多,天宝十三载时,当领七县,而史志失载。《旧唐志》言天宝后领五县,是指省去罗窦县、割去宕昌县后情景,与此不矛盾。

1. 北流县(618—907)

本隋合浦郡旧县,武德元年,隶南州。四年,割隶铜州,为州治,并析置豪石、宕昌、南流、陵城四县。贞观八年,隶容州,为州治。开元二十九年,移治新北流城(今北流市陵城街道)①。天宝元年,隶普宁郡,为郡治。乾元元年,复隶容州,为州治。元和中,移州治于普宁县。唐末,省禺州宕昌县来属。

2. 宕昌县(621—唐末)

武德四年,析北流县置宕昌县,因县南泸宕水为名,治宕昌城(今广西玉林市茂林镇古城村)②,隶铜州。贞观八年,隶容州。天宝元年,隶普宁郡。乾元元年,复隶容州。元和中③,割隶禺州。唐末,省入容州北流县④。

3. 陵城县(621—907)

武德四年,析北流县置陵城县,治陵城(今北流市民乐镇水岸村)⑤,以为县名,隶铜州。贞观八年,隶容州。天宝元年,隶普宁郡。乾元元年,复隶容州。

4. 宁民县(618—649)—欣道县(649—907)

欣道县,本隋永平郡宁民⑥县,武德元年,隶藤州。贞观二十三年,割隶容州,以避太宗讳,改为欣道县,治欣道城(今容县自良镇)⑦。开元二十九年,省贺川县来属。天宝元年,隶普宁郡。乾元元年,复隶容州。

附旧县:贺川县(618—741)

本隋永平郡旧县,武德元年,隶藤州。贞观二十三年,割隶容州。开元二十九年⑧,省入欣道县。

---

① 《舆地纪胜》容州普宁县引《元和志》:"开元中,移郭下北流县于西南六十里。"
② 《纪要》梧州府容县:"宕昌废县:在县西,唐武德四年置,因晋、宋旧名改荡为宕也。"《地图集》唐代幅拟宕昌县于今容县东南杨梅镇一带,不详所据。按晋、宋荡昌县似在今合浦县而不在此,宕昌县系析北流县置,又割隶禺州,应在今玉林市与北流市交界处,市南之丽水当即唐泸宕水,今拟于茂林镇古城村。
③ 按《旧唐志》、《州郡典》禺州温水郡无宕昌县,《新唐志》禺州则有此县,故知割隶时间在乾元后。又,宕昌县在容州南境,元和中容州往北徙治普宁县,疑与宕昌县割隶禺州有关。
④ 《纪要》梧州府容县。
⑤ 《太平寰宇记》容州:"废陵城县:在州西三十八里。"此"州"即唐末宋初容州城,广西许晨言,今北流市民乐镇水岸村有老城、城肚、大砖塘地名,疑即唐陵城县址,可从。《地名大辞典》第3919页云,陵城县治今北流市大里乡卑窖。《地图集》置于北流市东新荣镇罗村,方位不合,恐误。
⑥ 《隋志》、《新唐志》并作"宁人"。按该县既系贞观二十三年更名,乃避太宗讳改,可知本名宁民。太宗时单讳不避,宁人为后人所改。京畿道京兆府唐初有宁民县,《新唐志》亦改为宁人县,与此例相同。
⑦ 《太平寰宇记》容州:"废欣道县,在州东六十里。"
⑧ 按《本钱簿》容州有贺川县,《新唐志》谓贺川县贞观后省,不确。然则《州郡典》、《旧唐志》不载此县,当省于开元末年。

5. 普宁县(618—907)

本隋永平郡旧县,武德元年,隶藤州。四年,割隶铜州,并析置渭龙、新安二县。贞观八年,隶容州。十一年,省新安县来属。开元二十九年,移治故州郭(今容县容州镇)①。天宝元年,隶普宁郡。乾元元年,复隶容州。元和中,自北流县移州治于此。

附旧县:新安县(621—637)

武德四年,析普宁县置新安县②,治新安城(今广西容县罗江镇)③,盖以新民安辑为名,隶铜州。贞观八年,隶容州。十一年,省入普宁县。

6. 渭龙县(621—907)

武德四年,析普宁县置渭龙县,治渭龙城(今容县石寨镇)④,隶铜州。贞观八年,隶容州。天宝元年,隶普宁郡。乾元元年,复隶容州。后上元元年,省罗窦县来属。

7. 罗窦县(658—760)

显庆三年,析窦州特亮县置罗窦县⑤,治罗窦洞(今容县黎村镇)⑥,因以为名,割隶容州。天宝元年,隶普宁郡。乾元元年,复隶容州。后上元元年,以獠乱,省入渭龙县。

(二) 感义郡(藤州)

藤州(618—742)—感义郡(742—758)—藤州(758—907)

感义郡,本隋永平郡,领永平、戎成、隋安、安基、贺川、普宁、宁民、淳民、隋建、大宾、武林十一县。武德元年,萧梁改为藤州,以隋旧州为名,隶桂州总管府,置猛陵县⑦。四年,归唐,割隶南尹州总管府,改戎成县为戎城县,

---

① 《舆地纪胜》容州普宁县引《元和志》:"开元中……又自州(北)移普宁县于郭下。"
② 《新唐志》系新安县于北流县,按新安县既在容县西北,则当析自普宁县,今改。
③ 《纪要》梧州府容县:"又西北有新安废县。"今定于容县罗江镇。
④ 中华书局本《太平寰宇记》容州:"废渭龙县:在州东七十里。"万廷兰本、《四库》本"七十"作"十",又据《徐霞客游记》,县南杨梅河旧称渭龙河,故知"州东七十里"当为"州东南十里"之蚀误,今拟于石寨镇。《历史地名》第2614页云治今容县容西乡大位坡,道里不合,不取。
⑤ 两《唐志》容州不载罗窦县。按《本钱簿》、《州郡典》,容州有罗窦县,而《旧唐志》载窦州境旧有罗窦洞,故知罗窦县本窦州地,置县及割隶容州时间,当在显庆三年罗窦生獠内附之时。参详下文怀德郡窦州特亮县条注。
⑥ 《纪要》高州府信宜县:"雷公岭,《志》云:县南一里有罗窦洞,唐以此名州。"按该洞为唐初窦州信义县地,与容州中隔扶莱、特亮等县,故疑此罗窦洞非罗窦县治,今依地理形势分析,定罗窦县于容县黎村镇。
⑦ 《新唐志》梧州:"孟陵,本猛陵,萧铣置。"

割普宁县隶铜州。五年，改隋安县为安昌县。七年，隶南尹州都督府，改淳民县为感义县。贞观三年，改永平县为镡津县，割大宾县隶前燕州。五年，置新乐、宁风、梁石、罗风四县，割新乐、宁风二县隶前燕州。六年①，改隶桂州都督府。七年，割武林县隶龚州，安基县隶泰州。八年，割猛陵县隶梧州。十二年，割隋建县隶龚州，省梁石、罗风二县②。十三年，藤州领镡津、戎城、安昌、贺川、宁民、感义六县，治镡津县。二十三年，割贺川、宁民二县隶容州③。

永徽六年，割戎城县隶梧州④。永淳二年，州隶容州都督府。

武周长安四年，藤州领镡津、安昌、感义三县，治镡津县。

唐天宝元年，改藤州为感义郡，以感义县为名，隶普宁郡都督府。十三载，感义郡领镡津、安昌、感义三县，治镡津县。十五载，隶容州管内经略使⑤。至德二载，改安昌县为义昌县。

乾元元年，复为藤州，州城为夷獠所陷，遂割龚州宁风县来属，以为州治⑥。二年，还州治于镡津县，藤州隶容州管内经略都防御使，为使治。后上元元年，隶容州管内经略等观察使。元和十五年，藤州领镡津、义昌、感义、宁风四县，治镡津县。

咸通三年，割隶岭南西道节度使⑦。五年，复隶容州管内经略等观察使。十四年，藤州领县不变。

乾宁四年，隶宁远军节度使。

---

① 《旧唐志》贵州序作"七年"，今据桂州序。
② "十二年"，《元和志》作"七年"，《新唐志》作"十三年"，今依《旧唐志》、《太平寰宇记》。又，《新唐志》藤州云，梁石、罗风二县省于贞观十八年燕州废后。按此二县隶藤州，而《旧唐志》云藤州"旧领县六"，即贞观十三年已无梁石、罗风二县，可知《新唐志》所言不确，此二县必省于贞观十三年前，当与燕州之龙阳、承恩诸县同省于贞观十二年。
③ 《记纂渊海》卷15："贞观省隋安、贺川。"按隋安实改名安昌，而《本钱簿》贺川隶容州，则二县皆未曾省废，《记纂渊海》所记不确，唯贺川不隶藤州可据此在贞观末年也。
④ 《太平寰宇记》梧州戎城县。
⑤ 《旧唐志》总序云，岭南节度使领藤州，《新唐表》亦云，大宝十五载(至德元载)，藤州隶岭南节度使，建中元年始至容州管内。按《旧唐书》卷157《王翃传》："大历五年，迁藤州刺史。……乃以手札告谕义州刺史陈仁璀、藤州刺史李晓庭等同盟，约讨贼。"王翃以容州管内经略使身份与义、藤二州刺史同盟，则藤、义二州皆为容州管内属州无疑，《旧唐志》盖据《州郡典》排序致误，《新唐表》至德元载条则是误冈州为藤州，建中元年亦属误文。
⑥ 《大明一统志》梧州府藤县。按《旧唐书》卷157《王翃传》："容州管内经略使自安史之乱，岭南溪洞夷獠乘此相恐为乱，其首领梁崇牵自号平南十道大都统，及其党覃问等诱西原贼张侯、夏永攻陷城邑，据容州，前后经略使陈仁琇、李抗、侯令仪、耿慎惑、元结、长孙全绪等虽容州刺史，皆寄理藤州，或寄梧州。"上文感义郡藤州注已考容州管内经略使乾元二年寄治藤州，可知藤州于乾元元年寄治宁风，亦与夷獠之乱陷没州城有关。其还治镡津，亦当在大历六年收复容州之时。
⑦ 《唐会要》卷71。"咸通三年"，原误作"咸亨三年"。

1. 永平县(618—629)—镡津县(629—907)

镡津县,本隋永平郡永平县,武德元年,隶藤州,为州治。贞观三年,改为镡津县①,盖以《汉志》地名为名,治镡津城(今藤县城藤州镇东南)。五年,析置罗凤县。十二年,省罗凤县来属。天宝元年,隶感义郡,为郡治。乾元元年,复隶藤州,移州治于宁风县。二年,自宁风县还州治于此。

附旧县：罗凤县(631—638)

贞观五年,析藤州镡津县置罗凤县,盖取獠语意为名,治罗凤城(今广西藤县天平镇)②,隶藤州。十二年,省入镡津县。

2. 隋安县(618—622)—安昌县(622—757)—义昌县(757—907)

安昌县,本隋永平郡隋安县,武德元年,隶藤州。五年,去"隋"字,改为安昌县,仍治故隋安城(今岑溪市三堡镇)。天宝元年,隶感义郡。至德二载③,避安氏名姓,改为义昌县。乾元元年,复隶藤州。贞元元年,移治林安乡(今广西藤县金鸡镇水岸村洲头)④。

3. 淳民县(618—624)—感义县(624—907)

感义县,本隋永平郡淳民县,武德元年,隶藤州。七年,移治感义城(今藤县象棋镇)⑤,改为感义县,盖以民人感义为名。天宝元年,隶感义郡。乾元元年,复隶藤州。

(三) 连城郡(义州)

南义州(622—627)—义州(628—631,632—742)—连城郡(742—758)—义州(758—907)

武德五年,割南康州总管府南建州龙城、前安义、义城三县及泷州连城县置南义州,取义城县首字、安义县末字为名,治龙城县,隶南康州总管府。七

---

① 《旧唐志》以镡津县为隋置,《新唐志》则以永平县贞观后隶昭州。按《隋志》无镡津县,昭州永平县则系证圣元年析平乐县置(《元和志》),且距藤州殊远,两《唐志》俱误。又,《本钱簿》永平县云:"改为镡津。"依例似于天宝元年改名,然昭、藤二州证圣初至开元初,均隶桂州都督府,不应有两永平县,故知《本钱簿》此处所记非天宝元年事。《纪要》梧州府藤县云:"贞观中,改(永平)县曰镡津。"《地名大辞典》第3897页作贞观初改名,今参两说,拟于贞观三年。
② 《纪要》梧州府藤县云罗凤县在县境,今依地理形势拟于藤县天平镇一带。
③ 《舆地纪胜》藤州引《元和志》作"天宝二年",今依两《唐志》、《太平寰宇记》。
④ 《太平寰宇记》藤州镡津县:"废义昌县:在州西北五十里。"按《纪要》梧州府藤县条,义昌县在州南。今藤县南有义河、义昌口,可证"西北"为"西南"之误。然依《舆地纪胜》藤州古迹,贞元元年义昌县有移治,当即今藤县西南五十里洲头(故淳民县城义昌口)。
⑤ 《新唐志》云武德中更名,《纪要》在武德七年,今从之。《太平寰宇记》藤州镡津县:"废感义县:在州南九十里。"边其晋等《藤县志》卷3:"感义乡在县西南。"今人或定于藤县西北,恐非。

年,隶南康州都督府。九年,改隶广州都督府。贞观元年,州废,龙城、前安义、义城、连城四县隶南建州。二年,割南建州龙城、前安义、义城、连城四县置义州,治龙城县,隶广州都督府。五年,州废,龙城、前安义、义城、连城四县隶南建州。六年,割南建州龙城、前安义、义城、连城四县复置义州,仍治龙城县,隶广州都督府。十三年,义州领龙城、前安义、义城、连城四县,治龙城县。十八年,以废药州之永业县来属。

永徽元年,省前安义、义城二县。乾封二年,割隶容州都督府。

武周长安四年,义州领龙城、永业、连城三县,治龙城县。

唐天宝元年,改为连城郡,以连城县为名,隶普宁郡都督府,改龙城县为岑溪县。其后,改永业县为后安义县。十三载,连城郡领岑溪、后安义、连城三县,治岑溪县。十五载,隶容州管内经略使①。至德二载,改后安义县为永业县。

乾元元年,复为义州。二年,隶容州管内经略都防御使。后上元元年,隶容州管内经略等观察使。元和十五年,义州领岑溪、永业、连城三县,治岑溪县。

咸通四年,改隶岭南西道节度使。五年,复隶容州管内经略等观察使。十四年,义州领县不变。

乾宁四年,隶宁远军节度使。

1. 龙城县(622—742)—岑溪县(742—907)

武德五年,析南建州永业县置龙城县,治龙城(今广西岑溪市归义镇)②,割隶南义州,为州治。贞观元年,州废,改隶南建州。二年,割隶义州。五年,复隶南建州。六年,又隶义州。永徽元年,省义城县来属。天宝元年③,隶连城郡,为郡治,以与本道龙城郡县名重,改为岑溪县,因岑溪为名。至德后,移治皇华墟(今岑溪市南渡镇)④。乾元元年,复隶义州,为州治。

---

① 《旧唐志》总序云,义州隶岭南东道节度使。然据《新唐表》及《方镇研究》,义州未曾隶岭南东道,《旧唐志》盖据《州郡典》排序致误,今不取。
② 《纪要》梧州府岑溪县:"龙城废县:《志》云:在县东二十里。唐初置县于此,后改曰岑溪,宋初改县于今治。"则唐初县治今岑溪市归义镇。
③ 两《唐志》作"至德中"。按《本钱簿》义州龙城县注云:"改为岑溪县。"依吴震考证,此类改名注文所据为天宝元年制书,今从之。《州郡典》义州连城郡亦已改龙城为岑溪,可证两《唐志》之非。
④ 《太平寰宇记》藤州岑溪县:"西至容州(普宁)六十五里,东北至藤州二百里,南至容州普宁县界二十里。"今依吴松弟《两唐书地理志汇释·旧唐书地理志》第413页、《广西通志·行政区划志》第52页定于南渡镇。金铑等《广西通志》卷44古迹岑溪县亦载南渡旧名新城:"新城在县治西四十里,垣址尚存,乡人呼为新城寨。"即"新县城"之谓,城临黄华河,宋初迁治岑城镇后又称"皇华墟"。

附旧县：义城县（622—650）

武德五年，析南建州永业县置义城县，治义城（今岑溪市梨木镇）①，割隶南义州。贞观元年，州废，改隶南建州。二年，复隶义州。五年，复隶南建州。六年，又隶义州。永徽元年②，省入龙城县。

2. 永业县（618—天宝中）—后安义县（天宝中—757）—永业县（757—907）

本隋永熙郡旧县，武德元年，隶泷州。四年，割隶南建州，五年，析置龙城、前安义、义城三县，割三县隶南义州。贞观八年，隶药州。十八年，州废，隶义州。永徽元年，省前安义县来属。天宝元年，隶连城郡。其后，改为后安义县③。至德二载，避安氏名姓，复改为永业县，仍治隋永业城（今岑溪市筋竹镇）④。乾元元年，复隶义州。

附旧县：前安义县（622—650）

武德五年，析南建州永业县置前安义县，治南朝永业城（今岑溪市大业镇）⑤，割隶南义州。贞观元年，州废，改隶南建州。二年，复隶义州。五年，复隶南建州。六年，又隶义州。永徽元年，省入永业县⑥。

3. 连城县（622—907）

武德五年⑦，析泷州正义县置连城县，治连城（今岑溪市大隆镇）⑧，隶南义州。贞观元年，州废，改隶南建州。二年，割隶义州。五年，复隶南建州。六年，又隶义州。天宝元年，隶连城郡。乾元元年，复隶义州。

---

① 《纪要》梧州府岑溪县："又有义成废县，在县东南。"金鉷等《广西通志》卷44古迹岑溪县："连城县：在县治东南五十里罗末村。"罗末，即今梨木，以方位判断，当是义城县，连城县在大隆镇，详连城县条。

② 按《本钱簿》、《州郡典》、《旧唐志》义州无义城县，《新唐志》以改名事系于至德后，恐误。疑与前安义县同时省于永徽元年。

③ 史志不载此事。按两《唐志》、《太平寰宇记》皆云至德中改安义县为永业县，而《本钱簿》、《州郡典》义州无安义县，有永业县，可知开元前安义县已改为永业县（即永徽元年省前安义县入永业县），至德中改名，当是天宝中复改永业为安义之故。据补。

④ 《太平寰宇记》南仪州岑溪县："废永业县：在州东北一百里，旧安义县，至德年中改。"宋初南仪州治岑溪县，此永业县为隋县，即今筋竹镇。

⑤ 《大清一统志》卷362梧州府："永业废县：在岑溪县东。今县东三十里有永业乡。"此永业县为南朝县，即今大业镇。

⑥ 《舆地纪胜》藤州引《元和志》逸文："永业县，永徽后割属义州。"按永业县贞观十八年药州废后已属义州，此记载当是指永徽元年安义县移治隋永业城并更名永业县一事，亦即省安义县入永业县。

⑦ 《舆地纪胜》藤州引《元和志》作"六年"。

⑧ 《太平寰宇记》南仪州岑溪县："州所理。废连城县：在州东南八十里。"今依《广西建置沿革考录》、《广西通志·行政区划志》定于岑溪市大隆镇。

(四) 怀德郡(窦州)

南扶州(621—627,628—631,632—634)—窦州(634—742)—怀德郡(742—758)—窦州(758—907)

武德四年,割泷州怀德县置南扶州,盖以州境扶莱水为名,并置信义县,隶南康州总管府。是年,又置潭峨、特亮二县。五年,置扶莱县。七年①,隶南康州都督府,以獠反,寄治泷州泷水县。九年,改隶广州都督府。贞观元年,州废,怀德、信义、潭峨、扶莱、特亮五县改隶泷州。二年,獠平,割泷州怀德、信义、潭峨、扶莱、特亮五县再置南扶州,治信义县。五年,州复废,五县仍隶泷州。六年,割泷州怀德、信义、潭峨、扶莱、特亮五县复置南扶州,仍治信义县,隶广州都督府。八年②,改为窦州,取州境罗窦洞为名。十三年,窦州领信义、潭峨、扶莱、特亮、怀德五县,治信义县。十四年,省扶莱县。

显庆三年(658),置罗窦县,割隶容州。乾封二年(667),割隶容州都督府。三年(总章元年),复置扶莱县,割隶东峨州。

武周长安四年,窦州领信义、潭峨、特亮、怀德四县,治信义县。

唐天宝元年,改为怀德郡,以怀德县为名,隶南海郡都督府。十三载,怀德郡领信义、潭峨、特亮、怀德四县,治信义县。十五载,隶容州管内经略使③。

乾元元年,复为窦州。二年,隶容州管内经略都防御使。后上元元年,隶容州管内经略等观察使。元和十五年,窦州领县一如天宝十三载。

咸通四年,改隶岭南西道节度使。五年,复隶容州管内经略等观察使。十四年,窦州领县不变。

乾宁四年,隶宁远军节度使。

1. **信义县**(621—907)

武德四年,析怀德县置信义县,治信义城(今广东信宜市东镇街道)④,隶

---

① 《资治通鉴》武德七年六月:"泷州、扶州獠作乱,遣南尹州都督李光度等击平之。"
② 《旧唐志》作"六年"。今依《新唐志》及《唐会要》。
③ 《旧唐志》总序云,窦州隶岭南东道节度使。今据《新唐表》及《方镇研究》,窦州未曾隶岭南东道,《旧唐志》盖据《州郡典》排序致误,今不取。
④ 《太平寰宇记》窦州序:"东至高州一百里,西南至旧潘州八十里。"宋初高州治电白县,旧潘州即茂名县,据此,窦州治信义县在今信宜市镇隆镇。然《太平寰宇记》信宜县又云:窦州东六十里有怀德县,西南八十里有潭峨县,西北七十里有特亮县。特亮县在今信宜市径口镇,据此,窦州又在今信宜市镇东镇。《舆地纪胜》则云,特亮县在窦州西北百一十里,(潭)〔潭〕峨县在州西南二十里,可知信义县本治镇东镇,宋初始移镇隆镇,《太平寰宇记》窦州序未及改也。《地图集》、《历史地名》等皆以为唐代信义县治今镇隆镇,恐误。

南扶州。是年,析置潭峨、特亮二县。五年,析置扶莱县。贞观元年,州废,信义县隶泷州。二年,复隶南扶州,为州治。五年,复废州,县仍隶泷州。六年,还隶南扶州,为州治。八年,改隶窦州。贞观十四年,省扶莱县来属。乾封三年,复析置扶莱县,割属东峨州。天宝元年,隶怀德郡,为郡治。乾元元年,复隶窦州,为州治。

2. 潭峨县(621—907)

武德四年①,析信义县置潭峨县,治潭峨城(今广东信宜市水口镇旧县村古城)②,隶南扶州。贞观元年,州废,隶泷州。二年,复割隶南扶州。五年,州废,仍隶泷州。六年,还隶南扶州。八年,隶窦州。天宝元年,隶怀德郡。乾元元年,复隶窦州。

3. 特亮县(621—907)

武德四年③,析信义县置特亮县,治特亮城(今信宜市金垌镇煲肚村)④,隶南扶州。贞观元年,州废,隶泷州。二年,复割隶南扶州。五年,州废,仍隶泷州。六年,还隶南扶州。八年,隶窦州。显庆三年,析置罗窦县⑤。天宝元年,隶怀德郡。乾元元年,复隶窦州。

4. 怀德县(618—907)

本隋永熙郡旧县,武德元年,隶泷州。四年,割隶南扶州,为州治,并析置信义县。贞观元年,州废,改隶泷州,二年,复隶南扶州。五年,复废州,仍隶泷州。六年,还隶南扶州。八年,隶窦州。天宝元年,隶怀德郡。乾元元年,复隶窦州。

---

① 《新唐志》作"五年",今依《旧唐志》。
② 《太平寰宇记》窦州信宜县:"废潭峨县:在州西南八十里。"此州治信宜县在今东镇镇。《舆地纪胜》高州:"潭峨县城:在信宜县西南二十里。"此州治信宜县在今镇隆镇。《大清一统志》卷347高州府引《信宜县志》:"潭峨乡在县西北二十里,有旧县村。"然《地名大辞典》第3702页、《中国文物地图集·广东分册》第446页皆以为今水口镇旧县村古城即潭峨县治,则《太平寰宇记》之"八十"为"十八"之倒,《舆地纪胜》之"西南"为"西北"之误。
③ 《新唐志》作"五年",今依《旧唐志》、《太平寰宇记》。
④ 《太平寰宇记》窦州信宜县:"废特亮县:在州西北七十里。"此州治信宜县在今东镇镇。《舆地纪胜》高州:"特亮:在信宜县西北百一十里。"《大清一统志》卷347高州府"特亮废县"条引《信宜旧志》:"有德亮乡,在县北一百二十里,盖即特亮之讹也。"此州治信宜县在今信宜市镇隆街道。则特亮县故址在今金垌镇煲肚村,旧属径口镇,详《中国文物地图集·广东分册》,第446页。
⑤ 史志不载此事。按《本钱簿》及《州郡典》,容州有罗窦县,不载沿革,考窦州境有罗窦洞、罗窦蛮,则罗窦县本窦州地。《新唐书》卷222《南蛮传》载,显庆三年罗窦(《册府元龟》卷977、《通鉴》作"播罗哀")生獠酋领多胡桑内附,故推测罗窦县始置于该年。

（五）陵水郡（辩州）

前罗州（622—623）—南石州（623—635）—辩州（635—742）—陵水郡（742—758）—辩州（758—904）—勋州（904—907）

武德五年，割高州石龙、吴川二县置前罗州，以南朝旧州为名，治石龙县，隶高州总管府，并置罗肥、石城、零绿、招义、南河、龙化、罗辩、陵罗、慈廉九县①。六年，改为南石州，以隋旧州为名，割石城、零绿、招义、吴川、南河五县隶后罗州。七年，隶高州都督府。贞观九年，改为辩州，以罗辩县末字为名，省慈廉、罗肥二县。十三年，辩州领石龙、陵罗、龙化、罗辩四县，治石龙县。二十三年，改隶广州都督府。

乾封三年（总章元年），割罗辩县隶东峨州②。

武周长安四年，辩州领石龙、陵罗、龙化三县，治石龙县。

唐天宝元年，改为陵水郡，以州境陵水为名③，割隶普宁郡都督府。十三载，陵水郡领石龙、陵罗、龙化三县，治石龙县。十五载，隶容州管内经略使。

乾元元年，复为辩州。二年，隶容州管内经略都防御使。后上元元年，隶容州管内观察经略等使。大历八年，割龙化县隶顺州。元和元年，割隶岭南节度使。十五年，辩州领石龙、陵罗二县，治石龙县。

咸通十四年，辩州领县不变。

天祐元年（904），朱全忠以"辩"、"汴"声近，上表更名勋州。

1. 石龙县（618—907）

本隋高凉郡旧县，武德元年，隶高州。五年，割隶前罗州，为州治，并析置罗肥、南河、龙化、罗辩、陵罗、慈廉六县。六年，隶南石州。贞观九年，隶辩州，均为州治。天宝元年，隶陵水郡，为郡治。乾元元年，复隶辩州。天祐元年，隶勋州，均为州治。

附旧县1：罗肥县（622—635）

武德五年，析石龙县置罗肥县，治罗肥城（今广东化州市笪桥镇）④，隶前罗州。六年，隶南石州。贞观九年⑤，省入石龙县。

---

① 《新唐志》作十县，衍石龙县。
② 《新唐志》谓乾封三年，析白、辩、窦、容四州地置东峨州。罗辩县本属辩州，割隶东峨州当在是年。
③ 《太平寰宇记》化州石龙县："陵水，从禺州扶莱县界流入，会罗水。"
④ 《纪要》高州府化州："慈廉废县：在州西。又南，有罗肥废县。"
⑤ 《新唐志》作"元年"，今依《旧唐志》、《太平寰宇记》。

附旧县 2：慈廉县(622—635)

武德五年，析石龙县置慈廉县，治慈廉城(今化州市官桥镇)①，隶前罗州。六年，隶南石州。贞观九年②，省入石龙县。

2. 陵罗县(622—907)

武德五年，析石龙县置陵罗县，治陵罗城(今化州市那务镇泉埇村古城)③，以县有陵、罗二水为名，隶前罗州。六年，隶南石州。贞观九年，隶辩州。天宝元年，隶陵水郡。乾元元年，复隶辩州。天祐元年，隶勋州。

3. 龙化县(622—907)

武德五年，析石龙县置龙化县，治龙化城(今广东陆川县滩面乡莲塘村)④，以县西龙化水为名，隶前罗州。六年，隶南石州。贞观九年，隶辩州。天宝元年，隶陵水郡。乾元元年，复隶辩州。大历八年，割隶顺州，为州治。

附新州：顺州⑤(773—907)

大历八年，容州管内观察经略等使王翃奏析辩州龙化县、白州龙豪县、禺州温水县、罗州南河县置顺州，以蛮獠归顺为名，治龙化县，隶容州管内观察经略等使⑥。元和十五年，顺州领龙化、龙豪、温水、南河四县，治龙化县。

咸通四年，改隶岭南西道节度使。五年，复隶容州管内观察经略等使。十四年，顺州领县不变。

乾宁四年，隶宁远军节度使。

(六) 温水郡(禺州)

东峨州(668—669)—禺州(669—742)—温水郡(742—758)—禺州(758—907)

乾封三年(总章元年)，将军王杲奏析白州温水县、容州陆川县、窦州扶莱

---

① 《纪要》高州府化州："慈廉废县：在州西。"
② 《新唐志》作"元年"，今依《旧唐志》、《太平寰宇记》。
③ 《中国文物地图集·广东分册》，第 450 页。然《太平寰宇记》化州石龙县载："废陵罗县：在州北一百二十里。"《纪要》高州府化州："陵罗废县：宋白曰：'县在陵、罗二水间，因名。'"陵、罗二水即今化州市陵、罗二江，故《地图集》定于今化州市平定镇东岸城，旁有地名曰良雷，盖即陵罗音讹。疑此城为五代时徙治，史失其载。
④ 《纪要》梧州府郁林州陆川县："龙化废县：县东南五十里。"《大清一统志》卷 367 郁林州："龙化废县：在陆川县南四十里。"今依《纪要》定于陆川县南五十里滩面乡莲塘村，龙化水即今九洲江。《广西建置沿革考录》、《广西通志·行政区划志》以为在今乌石镇，道里不合，不取。
⑤ 《新唐志》岭南道顺州曰"顺州顺义郡"。按顺州始置于大历八年，而唐自乾元以后，悉废郡名，此处"顺义郡"当是误以天宝间河北道顺州顺义郡名冠于此，今删。
⑥ 《新唐表》谓容州管内经略使建中元年始增领顺州，系年当有误。

县、辩州罗辩县置东峨州,以州境峨石为名,治温水县,隶容州都督府。总章二年,改为禺州,以古番禺之地为名①,置峨石县,移州治于此。

武周长安四年,禺州领峨石、扶莱、罗辩、温水、陆川五县,治峨石县。

唐开元二十四年,割陆川县隶容州。

天宝元年,改为温水郡,以温水县为名,隶普宁郡都督府,割普宁郡陆川县来属。十三载,温水郡领峨石、扶莱、罗辩、温水、陆川五县②,治峨石县。十五载,隶容州管内经略使。

乾元元年,复为禺州。二年,隶容州管内经略都防御使。后上元元年,隶容州管内观察经略等使。大历八年,割温水县隶顺州。元和中,割容州宕昌县来属③。十五年,禺州领峨石、扶莱、罗辩、陆川、宕昌五县,治峨石县。

咸通四年,改隶岭南西道节度使。五年,复隶容州管内观察经略等使。十四年,禺州领县不变。

乾宁四年,隶宁远军节度使。唐末,复割陆川县隶容州,省宕昌县。

1. 峨石县(669—907)

总章二年,析温水县置峨石县,治峨石城(今广西北流市六麻镇)④,以南有峨石为名,隶禺州,自温水县移州治于此。开元二十九年,省容州豪石县来属。天宝元年,隶温水郡,为郡治。乾元元年,复隶禺州,为州治。

附旧县:豪石县(621—741)

武德四年,析北流县置豪石县,治豪石城(今北流市隆盛镇香圩村)⑤,隶容州。开元二十九年⑥,省入禺州峨石县。

---

① 《太平寰宇记》容州陆川县。
② 《旧唐志》、《州郡典》作峨石、温水、陆川、扶桑四县,脱罗辩县,且误扶莱为扶桑。罗辩县本隶辩州,然《旧唐志》辩州云,天宝领县三。可知天宝间罗辩县已不隶辩州。《纪要》梧州府北流县云,罗辩县乾封中改属禺州(东峨州),今从之。详参下文罗辩县条。
③ 详参上文普宁郡容州宕昌县注。
④ 《太平寰宇记》窦州:"西至旧禺州二百五十里。"容州(普宁县):"西至禺州一百八十里。"《纪要》梧州府北流县:"峨石废县:县东南百十里。"今依《地图集》定于六麻镇。《广西建置沿革考录》、《广西通志·行政区划志》以为在今隆盛镇,里距偏近。
⑤ 《大清一统志》卷367梧州府:"豪石废县:在(北流)县东。"《地名大辞典》第3919页云,豪石县治今北流市隆盛镇峨母石大屋,今从之。
⑥ 《新唐志》谓贞观后省。按《本钱簿》容州有隋安县,而安县实藤州安昌县之初名,乃隋朝县名,唐朝当革,且《本钱簿》安昌县仍隶藤州,故知《本钱簿》容州隋安县必系误载,当为豪石县之误,即豪石县开元中仍存,然则《州郡典》、《旧唐志》不载此县,今拟于开元末与贺川县同时省。

2. 扶莱县(622—640,668—907)

武德五年,析南扶州信义县置扶莱县,治扶莱城(今北流市白马镇)①,以扶莱水名之,隶南扶州。贞观元年,隶泷州。二年,还隶南扶州。五年,复割隶泷州。六年,又还隶南扶州。八年,隶窦州。十四年②,平罗窦獠乱,省入信义县。乾封三年,析信义县复置扶莱县,割隶东峨州。总章二年,隶禹州。天宝元年,隶温水郡。乾元元年,复隶禹州。

3. 罗辩县(622—907)

武德五年,析罗州石龙县置罗辩县,治罗辩洞(今北流市六靖镇长江村)③,故以为名,隶前罗州。六年,隶南石州。贞观九年,隶辩州。乾封三年,割隶东峨州④。总章二年,隶禹州。天宝元年,隶温水郡。乾元元年,复隶禹州。

4. 温水县(621—907)

武德四年,析南宕州南昌县置温水县,治温水城(今广西陆川县城温泉镇)⑤,以地有温泉为名,隶南宕州。贞观八年,隶前潘州。二十三年,州废,改隶白州。乾封三年,割隶东峨州,为州治。总章二年,隶禹州,并析置峨石县,移州治之。天宝元年,隶温水郡。乾元元年,复隶禹州。大历八年,割隶顺州。

5. 陆川县(621—907)

武德四年,析南宕州定川县置陆川县,治陆川城(今陆川县马坡镇)⑥,以陆川为名,隶南宕州。贞观八年,隶前潘州。二十三年,州废,改隶容州。乾封三年,割隶东峨州。总章二年,隶禹州。开元二十四年,复隶容州⑦。天宝

---

① 《太平寰宇记》容州陆川县:"扶莱县:在旧(禺)州东南八十里。"今依《广西通志·行政区划志》第52页、《地名大辞典》第3919页定于北流市白马镇。
② 《新唐志》作"贞观中"。按《旧唐志》窦州"旧领县五",含扶莱县,知扶莱县省于贞观十三年后,《资治通鉴》贞观十四年三月:"窦州道行军总管党仁弘击罗窦反獠,破之,俘七千余口。"扶莱县当省于是年。
③ 《太平寰宇记》容州北流县:"废罗辩县:在旧州西南一百里。"《纪要》梧州府北流县:"罗辩废县:县东南百里。"今依《广西通志·行政区划志》第51页定于六靖镇。
④ 《旧唐志》禺州无罗辩县,当脱,今据《新唐志》补。《纪要》梧州府北流县云:"《志》云:唐武德四年改置罗辩县,属罗州,寻属辩州,乾封中改属禺州。"可证。《本钱簿》禺州有陆川无罗辩,按该簿容州亦有陆川,故知禺州陆川当为罗辩之误。又,罗辩县沿革备载两《唐志》辩州条,《舆地纪胜》容州载陆川县,化州载罗辩县沿革,均各置于武德年中,未提及更名一事,《太平寰宇记》容州、《新唐志》禺州条谓罗辩本陆川,贞元中更名,当误。
⑤ 《纪要》梧州府陆川县:"温水废县:今县治。"
⑥ 《太平寰宇记》容州陆川县:"(州)西南九十里。按《州郡典》作〔罗〕(乐)窦县。"即今陆川县马坡镇。然今本《州郡典》容州有罗窦县,无陆川县,则是天宝初陆川县已还隶禺州之故,非陆川更名罗窦也。《太平寰宇记》容州、《新唐志》禺州又云:"废罗辩县:唐武德四年置,名陆川,贞元中,改为罗辩县。"亦误,考详上文罗辩县注。《广西通志·行政区划志》第50页以为陆川治今北流市隆盛镇,按隆盛在容州东南,方位与《太平寰宇记》不合。
⑦ 《舆地纪胜》容州陆川县引《元和志》逸文。王象之按语以为陆川县唐末乃还隶容州,是未详陆川县曾数度往返于容、禺二州之间也。

元年,割隶温水郡①。乾元元年,复隶禺州。唐末,又隶容州。

(七) 南昌郡(白州)
南州(618—623)—白州(623—742)—南昌郡(742—758)—白州(758—907)

武德元年,萧梁割合州南昌、定川、北流三县置南州②,治南昌县,以其首字为名,隶钦州总管府,并置博白县。四年,归唐,割隶南尹州总管府,置龙豪、周罗、建宁、朗平、淳良五县,移治博白县;割南昌、定川二县隶南宕州,北流县隶铜州。六年,改为白州,取博白县末字为名。七年,隶南尹州都督府。贞观六年,改隶桂州都督府,割廉州大都县来属。十二年,省朗平、淳良二县。十三年,省大都县,白州领博白、龙豪、周罗、建宁四县,治博白县。二十三年,以废潘州之南昌、温水二县来属。

乾封二年,割隶容州都督府。三年(总章元年),割温水县隶东峨州。

武周长安四年,白州领博白、龙豪、周罗、建宁、南昌五县,治博白县。

唐天宝元年,改为南昌郡,以南昌县为名,隶普宁郡都督府。十三载,南昌郡领博白、龙豪、周罗、建宁、南昌五县,治博白县。十五载,隶容州管内经略使。

乾元元年,复为白州。二年,隶容州管内经略都防御使。后上元元年,隶容州管内观察经略等使。大历八年,割龙豪县隶顺州。元和十五年,白州领博白、周罗、建宁、南昌四县,治博白县。

咸通四年,改隶岭南西道节度使。五年,复隶容州管内观察经略等使。十四年,白州领县不变。

乾宁四年,隶宁远军节度使。

1. **博白县**(618—907)
武德元年,析合州南昌县③置博白县,治博白城(今广西博白县城博白镇),以博白山为名,割隶南州。四年,自南昌县移州治于此。六年,隶白州,

---

① 《本钱簿》、《州郡典》、《旧唐志》禺州有陆川县,知天宝元年还隶禺州。
② 两《唐志》皆云南州武德四年置,且无南昌县。按武德四年唐西南行台亦有南州,则此南州似非唐所置。武德四年唐平萧后所置州,《旧唐志》例加"平萧铣"三字,而南州未加,盖本萧梁所置,而唐人不言,仅从武德四年起算。又,南州初置若无南昌县,则州名无所从出,故今拟南州本萧梁以南昌县所置。
③ 《旧唐志》作"合浦县",以地理形势分析,当以"合浦郡"或"南昌县"为是。置县时间,《旧唐志》白州序作武德四年,博白县条则作五年,《新唐志》作四年。按《新唐志》,朗平、龙豪、周罗、建宁、淳良五县均为武德四年析博白县置,则博白县此前当系萧梁时与南州同置,唐人讳言之也。

为州治。贞观十二年,省朗平县来属。十三年,省大都县来属。调露二年,析置思封县,割隶岩州。天宝元年,隶南昌郡,为郡治。乾元元年,复隶白州,为州治。元和十三年,省岩州思封县来属。

附旧县:朗平县(621—638)

武德四年,析博白县置朗平县,治朗平城(今博白县浪平镇)①,隶南州。六年,隶白州。贞观十二年,省入博白县。

2. 龙豪县(621—907)

武德四年,析博白县②置龙豪县,治龙豪城(今广西陆川县大桥镇古城峒)③,隶南州。六年,隶白州。天宝元年,隶南昌郡。乾元元年,复隶白州。大历八年,割隶顺州。

3. 周罗县(621—907)

武德四年,析博白县置周罗县,治周罗城(今博白县宁潭镇)④,以周罗山、周罗水为名,隶南州。六年,隶白州。天宝元年,隶南昌郡。乾元元年,复隶白州。

4. 建宁县(621—907)

武德四年,析博白县置建宁县,治建宁城(今博白县顿谷镇旧门村)⑤,隶南州。六年,隶白州。贞观十二年,省淳良县来属。天宝元年,隶南昌郡。乾元元年,复隶白州。

附旧县:淳良县(621—638)

武德四年,析博白县置淳良县,治北戍滩(今博白县沙河镇)⑥,盖以民人淳良为名,隶南州。六年,隶白州。贞观十二年,省入建宁县。

---

① 《纪要》梧州府博白县:"《通志》:县北十五里有废郎平县。"
② 《旧唐志》作"合浦",以地理形势分析,当以博白为是。
③ 《太平寰宇记》容州:"废龙豪县:在废(顺)州之郭下。"按顺州为一小州,治龙化县,不得有双附郭县。《纪要》梧州府陆川县:"龙豪废县:在县西南。"《地名大辞典》第 3927 页云龙豪县治今陆川县大桥乡古城,今从之。
④ 《太平寰宇记》白州博白县:"废周罗县:在县东九十里。"《纪要》梧州府博白县:"周罗废县:在县东南百里。"即今博白县宁潭镇。《地图集》置于凤山镇,里距太近,《广西通志·行政区划志》定于今永安镇,又在县西,均不取。
⑤ 《太平寰宇记》白州博白县:"废建宁县:在县西。贞观十二年,省淳良县入。"《纪要》梧州府博白县:"建宁废县:县东五十里。"今从《太平寰宇记》,亦取五十里为远近。《广西通志·行政区划志》定于今博白县凤山镇,《地名大辞典》定于今宁潭镇柯木,盖从《纪要》之误。《广西建置沿革考录》定于永安镇,虽在县西,然距岩州思封县(今浦北平睦)太近,亦不取。
⑥ 《纪要》梧州府博白县:"《通志》:东南百里有废淳良县,今其地名安仁乡。"按淳良县既省入建宁县,而建宁县在博白县西,则淳良县当在博白县西南百里北戍滩(今沙河镇)。《地名大辞典》第 3929 页定淳良县治今英桥镇,盖以《纪要》为准,按英桥镇既为周罗县治,不得再为淳良县治,今不取。

5. 南昌县(618—907)

本隋合浦郡旧县(今广西玉林市福绵区沙田镇)①,武德元年,割隶南州,为州治。四年,割隶南宕州,为州治,并析置温水县。贞观六年,移州治于定川县。八年,隶前潘州。二十三年,州废,改隶白州。天宝元年,隶南昌郡。乾元元年,复隶白州。

(八)合浦郡(廉州)

合州(618—621)—越州(621—634)—南越州(622—634)—廉州(634—742)—合浦郡(742—758)—廉州(758—907)

合浦郡,本隋旧郡,领合浦、封山、龙苏、定川、北流、南昌、抱成、海康、隋康、扇沙、铁杷十一县,武德元年,萧梁割海康、隋康、扇沙、铁杷四县隶徐闻郡。是年,改为合州,以隋旧州为名,仍治合浦县,隶钦州总管府,割南昌、定川、北流三县隶南州。四年,归唐,割隶南尹州总管府,改为越州②。五年,改为南越州③,改抱成县为大都县,置大廉、安昌二县,割封山、龙苏二县隶姜州。七年,隶南尹州都督府。贞观六年,改隶桂州都督府,置珠池县,割大都县隶白州。八年,改为廉州,以州境大廉洞为名。十年,以废姜州之封山、东罗、蔡龙、高城四县来属。十二年,省珠池、安昌、高城三县。十三年,廉州领合浦、大廉、封山、东罗、蔡龙五县,治合浦县。十八年,省东罗县。

乾封二年,割隶容州都督府。调露二年,析置高城、石岩二县,割隶岩州。垂拱二年,置龙池、盆山二县,割隶山州。

武周长安四年,廉州领合浦、大廉、封山、蔡龙四县,治合浦县。

唐天宝元年,复为合浦郡,隶普宁郡都督府。十三载,合浦郡领合浦、大廉、封山、蔡龙四县,治合浦县。十五载,隶容州管内经略使④。

---

① 《太平寰宇记》白州博白县:"废南昌县:在县北九里。"按博白县西北十五里又有朗平县,二县相距太近,似不合理,疑在县北十九里,而脱一"十"字。《大清一统志》卷367郁林州:"《旧志》:在今县南十五里。"《地图集》依此置于三滩镇,然与《太平寰宇记》不合,不取。且如南昌县在博白县南,则武德四年与定川等县合置南宕州时,中为博白县所隔,亦非所宜。

② 《资治通鉴》武德五年二月:"隋合浦太守宁宣来降。"《新唐志》云:"武德四年,曰越州。"盖武德四年萧铣以合州图籍归唐,改为越州,五年,合州刺史宁宣始正式来降。《资治通鉴》称宁宣为隋合浦太守,盖讳萧氏建置。

③ 《新唐书》卷1《太宗纪》:"武德六年,南州刺史庞孝泰反,陷南越州。"南越州盖武德五年越州避江南同名州而更名。《旧唐志》廉州序云:"武德五年,置越州。"谓此。

④ 《旧唐志》总序云,廉州隶安南都护。然据《新唐表》及《方镇研究》,廉州未曾隶安南,《旧唐志》盖据《州郡典》排序致误,今不取。

乾元元年,复为廉州。二年,隶容州管内经略都防御使。后上元元年,隶容州管内观察经略等使。元和十三年,置行常乐县,割隶行岩州。十五年,廉州领合浦、大廉、封山、蔡龙四县,治合浦县。

咸通四年,改隶岭南西道节度使,析置行交州。五年,廉州复隶容州管内观察经略等使。十四年,廉州领县不变。

乾宁四年,隶宁远军节度使。

1. **合浦县**(618—907)

本隋合浦郡旧县,武德元年,隶合州,为州治。四年,隶越州,为州治,析置淳良县。五年,析置大廉、安昌二县。贞观六年,析置珠池县。八年,隶廉州,为州治。十二年,省安昌、珠池二县来属。天宝元年,隶合浦郡,为郡治。乾元元年,复隶廉州,为州治。元和十三年,析置行常乐县。咸通四年,置行交州于本县海门镇(今广西合浦县城廉州镇)①。七年,以废行交州省入。

附旧县1:安昌县(622—638)

武德五年,析合浦县置安昌县,以南朝安昌郡为名,治海门镇,隶越州。贞观八年,隶廉州。十二年,省入合浦县。

附旧县2:珠池县(632—638)

贞观六年,析合浦县置珠池县,治珠池城(今广西北海市铁山港区营盘镇)②,以海中有珠池为名,隶越州。八年,隶廉州。十二年,省入合浦县。

附新县:行常乐县(818—907)

元和十三年,析合浦县置行常乐县,治行常乐城(今合浦县石康镇)③,割隶行岩州,为州治。

2. **大廉县**(622—907)

武德五年,析合浦县置大廉县④,以隋旧县为名,治大廉城(今合浦县闸口镇)⑤,隶越州。贞观八年,隶廉州。垂拱二年,析置龙池、盆山二县,割隶山

---

① 《地图集》唐代幅置海门镇于今越南海防市,然据廖幼华《唐末海门镇之兴起及地理位置考》(载(台)《中正大学学报》人文分册第8卷第1期,1997年)考证,唐海门镇在今合浦县城廉州镇,唐末行交州及安南都护府曾治于此。今从廖说。
② 《纪要》廉州府合浦县:"珠池废县:亦在府南。"今依《广西通志·行政区划志》第53页定于营盘镇。
③ 详见郭声波:《试解岩州失踪之谜——唐五代岭南岩州、常乐州地理考》,《中国边疆史地研究》2000年第3期。
④ 《新唐志》言大廉县系析合浦县置,按《隋志》云:"龙苏:大业初,又并大廉县入。"则知大廉县非析自合浦,今改。
⑤ 《太平寰宇记》太平军石康县:"废大廉县:在旧州东南一百里。"今拟于闸口镇。《广西通志·行政区划志》第54页以为在合浦县曲樟乡,然其地距旧廉州仅三十里,且处偏僻山区,不合置县。

州。天宝元年,隶合浦郡。乾元元年,复隶廉州。元和十一年,行岩州寄治于县境。永贞元年(805),以废山州之盆山县省入。

3. **封山县**(618—907)

本隋合浦郡旧县,武德元年,隶合州。四年,隶越州。五年,割隶姜州,为州治,并析置东罗县。贞观十年,州废,隶廉州。十八年,省东罗县来属。天宝元年,隶合浦郡。乾元元年,复隶廉州。

附旧县:东罗县(622—644)

武德五年,析封山县置东罗县,治东罗城(今广西灵山县伯劳镇)①,隶姜州。贞观十年,州废,隶廉州。十八年②,省入封山县。

4. **龙苏县**(618—622)—**蔡龙县**(622—907)

蔡龙县,本隋合浦郡龙苏县,武德元年,隶合州。四年,隶越州。五年,改为蔡龙县③,以蔡龙洞为名,割隶姜州,并析置高城县。贞观十年,州废,改隶廉州。十二年,省高城县来属。调露二年,析置高城、石岩二县,割隶岩州。天宝元年,隶合浦郡。乾元元年,复隶廉州。

元和十三年,省岩州商城县来属。

附旧州:姜州(622—636)

武德五年,割越州封山、龙苏二县置姜州,以姜山为名,治封山县,隶南尹州总管府,改龙苏县为蔡龙县,并置东罗、高城二县。七年,隶南尹州都督府。贞观七年,改隶桂州都督府。十年,州废,封山、东罗、蔡龙、高城四县改隶廉州。

附新州一:行岩州(818—907)

元和十三年,析廉州合浦县地置行岩州及行常乐县,以安置废岩州移流民,隶容州管内观察经略等使④。十五年,行岩州领行常乐一县。

---

① 《纪要》廉州府合浦县:"东罗废县:在府南。"按东罗县既系析封山县置,则当在今浦北县武利江中游伯劳镇一带,不得在廉州府城之南。《广西通志·行政区划志》第54页定于灵山县武利镇安金村,恐是封山县治。
② 《新唐志》系于贞观十年后。按《旧唐志》廉"旧领县五",当含东罗县,则该县贞观十三年仍存,又考贞观十八年曾省罢一批岭南州县,如康州抚纳县,泷州正义县,药州及永业县,泰州,后燕州及新乐、安基二县,横州岭山县等,疑东罗县亦省于是年。
③ 两《唐志》言蔡龙县系析封山县置。按《太平寰宇记》太平军石康县:"废蔡龙县:旧州北一百五十里。"与隋龙苏县同在一地,即蔡龙洞(今广西浦北县福旺镇龙眼村),且龙苏县废于唐初,正与置蔡龙县时间相合,故知蔡龙县系龙苏县改名而来。
④ 两《唐志》不载此事。《唐会要》卷71云:"元和十三年十月,容州管内经略使奏:岩州黄洞贼所陷,请置行岩州于安乐县。从之。"按安乐县至德中已改常乐县,则所置行岩亦当以常乐为名,详郭声波:《试解岩州失踪之谜——唐五代岭南岩州、常乐州地理考》。

咸通①三年,割隶岭南西道节度使。五年,复隶容州管内观察经略等使。十四年,行岩州领县不变。

乾宁四年,隶宁远军节度使。

附新州二: 行交州(863—866)

咸通四年,置行交州于廉州合浦县海门镇②,隶安南都护府,为府治。七年,废行州,地还合浦县。

(九)安乐郡(岩州)

岩州(680—742)—安乐郡(742—757)—常乐郡(757—758)—岩州(758—818)

调露二年(永隆元年),割郁林州安乐县,牢州思封县,廉州高城、石岩二县置岩州③,以州境有岩冈为名,治安乐县,隶容州都督府。

武周长安四年,岩州领县不变。

天宝元年,改为安乐郡,以安乐县为名,隶普宁郡都督府。十三载,安乐郡领安乐、石岩、思封、高城四县,治安乐县。十五载,隶容州管内经略使。至德二载,避安氏名姓,改为常乐郡,改安乐县为常乐县。

乾元元年,复为岩州。二年,隶容州管内经略都防御使。后上元元年,隶容州管内观察经略等使。元和十一年,为黄洞蛮所陷。十三年,州废,省常乐、石岩、思封、高城四县,别置行岩州于廉州境。

1. **安乐县**(618—627,666—757)—**常乐县**(757—818)

武德元年,析南定州兴德县置安乐县,治安乐城(今广西贵港市港南区木梓镇)④,以安居乐业为名,隶南定州。四年,隶南尹州。是年,割隶郁州。贞观元年,省入南尹州怀泽、郁州兴德二县。乾封元年,析贵州怀泽、郁林州兴德二县复置安乐县,仍隶郁林州。调露二年,割隶岩州,为州治。天宝元

---

① 《唐会要》卷71作"咸亨",误,今依《旧唐书·懿宗纪》《资治通鉴》咸通三年五月。
② 廖幼华:《唐末海门之兴起及地理位置考》。
③ 《新唐志》云调露二年析横、贵二州置岩州,不确。详郭声波:《试解岩州失踪之谜——唐五代岭南岩州、常乐州地理考》。
④ 《新唐志》岩州:"常乐,本安乐,萧铣分兴德县置。"治地详见郭声波:《试解岩州失踪之谜——唐五代岭南岩州、常乐州地理考》。白耀天:《唐代在今广西设置的州县考(下)》(载《广西民族研究》1999年第2期)云在今玉林市西南,恐非。

年,隶安乐郡,为郡治。至德二载,避安氏名姓,改为常乐县,隶常乐郡,为郡治。乾元元年,复隶岩州,为州治。元和十三年,州废,省入贵州怀泽、郁林州兴德二县。

2. **石岩县**(680—818)

调露二年,析郁林州石南、钦州灵山二县置石岩县,治石岩城(今广西浦北县乐民镇)①,以县有岩冈为名,割隶岩州。天宝元年,隶安乐郡。至德二载,隶常乐郡。乾元元年,复隶岩州。元和十三年,州废,省入郁林州兴业县。

3. **思封县**(680—818)

调露二年,析牢州定川县,白州博白、南昌二县置思封②县,治伏龙洞(今广西浦北县官垌镇)③,割隶岩州。天宝元年,隶安乐郡。至德二载,隶常乐郡。乾元元年,复隶岩州。元和十三年,州废,省入白州博白县。

4. **高城县**(622—638,680—818)

武德五年,析姜州蔡龙县置高城县④,以高城水为名,治高城(今浦北县寨圩镇)⑤,隶姜州。贞观十年,州废,改隶廉州。十二年,省入蔡龙县。调露二年,析蔡龙县及横州乐山县复置高城县,割隶岩州。天宝元年,隶安乐郡。至德二载,隶常乐郡。乾元元年,复隶岩州。元和十三年,州废,省入廉州蔡龙县。

(一〇) **定川郡**(牢州)

南宕州(621—634)—前潘州(634—649)—牢州(668—742)—定川郡(742—758)—牢州(758—907)

武德四年,平萧铣,割南州南昌、定川二县置南宕州,并置陆川、温水、思城、宕川四县,取宕川县首字为名,治南昌县,隶南尹州总管府。七年,隶南尹州都督府。贞观六年⑥,改隶桂州都督府,移治定川县。八年⑦,改为前潘州,省思城县。十二年,前潘州领定川、陆川、温水、南昌、宕川五县,仍治定川县。

---

① 郭声波《试解岩州失踪之谜——唐五代岭南岩州、常乐州地理考》以为在今兴业县城隍镇,今考虑石岩县取名之"岩冈"应指罗阳山,故改定于浦北县乐民镇。
② 《新唐志》作"恩封",今依《本钱簿》、《州郡典》、《旧唐志》。
③ 《新唐志》:"本伏龙洞,当牢、白二州之境。"今定于浦北县六硖镇。
④ 史志不言此事,考详下文合浦郡廉州条。
⑤ 《纪要》廉州府合浦县:"高城废县,亦在府西。"按高城县后属岩州,则不在府西,而当在府北,系析蔡龙县置,《新唐志》系高城县沿革于合浦县,诚未的。详郭声波《试解岩州失踪之谜——唐五代岭南岩州、常乐州地理考》。
⑥ 《新唐志》潘州序作"元年",今依《旧唐志》潘州序。
⑦ 《州郡典》、《唐会要》潘州系于武德八年,今依两《唐志》潘州序、《太平寰宇记》高州茂名县。

二十三年①,州废,定川、陆川、宕川三县隶容州,温水、南昌二县隶白州。

乾封三年,将军王杲平蛮獠,割容州南流、定川、宕川三县置牢州②,以牢石为名③,治南流县,隶容州都督府。永淳元年,置怀仁县,割隶党州。

武周长安四年,牢州领南流、定川、宕川三县,治南流县。

唐天宝元年,改为定川郡,以定川县为名,隶普宁郡都督府。十三载,定川郡领南流、定川、宕川三县,仍治南流县。十五载,隶容州管内经略使。

乾元元年,复为牢州。二年,隶容州管内经略都防御使。后上元元年,隶容州管内观察经略等使。元和十五年,牢州领县一如天宝十三载。

咸通四年,改隶岭南西道节度使。五年,复隶容州管内观察经略等使。十四年,牢州领县不变。

乾宁四年,隶宁远军节度使。

1. **南流县**(621—907)

武德四年,析铜州北流县置南流县,治南流城(今广西玉林市玉州区玉城街道)④,以南流江为名,仍隶铜州。贞观八年,隶容州。乾封三年,割隶牢州,为州治。永淳元年,析置怀仁县。天宝元年,隶定川郡,为郡治。乾元元年,复隶牢州,为州治。

2. **定川县**(618—907)

本隋合浦郡旧县,武德元年,割隶南州。四年,割隶南宕州,并析置陆川、思城、宕川三县。贞观六年,自南昌县移州治于此。八年,隶前潘州,仍为州治,省思城县来属。二十三年,州废,改隶容州。乾封三年,割隶牢州。天宝元年,隶定川郡。乾元元年,复隶牢州。

附旧县:思城县(621—634)

武德四年,析定川县置思城县,治思城(今玉林市福绵区樟木镇)⑤,隶南宕州。贞观八年,省入定川县。

---

① 史志不载前潘州罢废之年,按永徽元年,别析高州茂名、南巴、毛山三县置后潘州,故知此前前潘州已罢。
② 两《唐志》皆载牢州本义州,武德二年以巴蜀徼外蛮置,五年为智州,贞观十一年(或十二年)更名牢州。按此段沿革乃黔中道夷州义泉条下故牢州之文,误羼入此,详参仲勉:《括地志序略新诠》(载《史学专刊》1935年第1期)。
③ 《太平寰宇记》郁林州南流县:"牢石,高四十丈,周回二十里,州因此为名。"
④ 《太平寰宇记》郁林州南流县:"(州)东南九十里。"
⑤ 依地理形势推定。

3. 宕川县(621—907)

武德四年，析定川县置宕川县，因泸宕水为名，治宕川城（今玉林市福绵区新桥镇大楼村）①，隶南宕州。贞观八年，隶前潘州。二十三年，州废，改隶容州。乾封三年，割隶牢州。天宝元年，隶定川郡。乾元元年，复隶牢州。

（一一）宁仁郡（党州）
党州（682—742）—宁仁郡（742—758）—党州（758—907）

永淳元年（682），割郁林州善劳、宁仁、善文三县及牢州怀仁县置党州，以古党洞为名，治善劳县②，隶容州都督府。二年，置安仁、古符二县，割隶邻州。垂拱三年，以废邻州之安仁、怀义、福阳、古符四县来属。

武周长安四年，党州领善劳、宁仁、安仁、怀义、福阳、古符、善文、怀仁八县，治善劳县。

唐神龙三年，复割安仁、怀义、福阳、古符四县隶平琴州。

天宝元年，改为宁仁郡，以宁仁县为名，隶普宁郡都督府，改怀仁县为抚安县。十三载，宁仁郡领善劳、宁仁、抚安、善文四县，治善劳县。十五载，隶容州管内经略使③。至德二载，改抚安县为抚康县④。

乾元元年，复为党州。二年，隶容州管内经略都防御使。后上元元年，隶容州管内观察经略等使。建中二年，以废平琴州之容山、怀义二县来属，移治容山县⑤，省善文、宁仁二县。元和十五年，党州领容山、善劳、抚康、怀义四县，治容山县。

咸通四年，改隶岭南西道节度使。五年，复隶容州管内观察经略等使。十四年，党州领县不变。

乾宁四年，隶宁远军节度使。

1. 善劳县(682—907)

永淳元年，析郁林州潭栗县置善劳县，治古党洞（今广西兴业县卖酒镇党

---
① 《地名大辞典》第3907页云："（岩）〔宕〕川县治今（玉林市樟木镇南）塘川。"然据《舆地纪胜》郁林州景物引《元和志》，宕川县北二里有泸宕川，东五里有潭礼水，故宜依广西许晨所考，在今新桥镇大楼村，泸宕水即今丽江，潭礼水即今大良河。
② 此据《州郡典》、《太平寰宇记》。
③ 《旧唐志》总序云，党州隶邕管经略使。然据《新唐表》及《方镇研究》，党州未曾隶邕管，《旧唐志》盖据《州郡典》排序致误，今不取。
④ 此据《太平寰宇记》、《舆地广记》。
⑤ 《太平寰宇记》郁林州废党州条。

州村)①,隶党州,为州治。二年,析置安仁县。天宝元年,隶宁仁郡,为郡治。乾元元年,复隶党州,为州治。建中二年,移州治于抚康县,省宁仁县来属。

2. **宁仁县**(682—781)

永淳元年,析郁林州潭栗县置宁仁县,治宁仁城(今兴业县小平山镇古城村)②,隶党州。天宝元年,隶宁仁郡。乾元元年,复隶党州。建中二年③,省入善劳县。

3. **怀仁县**(682—742)—**抚安县**(742—757)—**抚康县**(757—907)

永淳元年,析牢州南流县置怀仁县,治怀仁城(今兴业县卖酒镇忠良村)④,隶党州。天宝元年,隶宁仁郡,以与河南道东海郡县名重,改为抚安县⑤,盖取抚民安康为名。至德二载,避安氏名姓,改为抚康县。乾元元年,复隶党州。建中二年,移州治于此,省善文县来属。

4. **善文县**⑥(682—781)

永淳元年,析郁林州兴业县置善文县,治善文⑦城(今兴业县北市镇善民村),隶党州。二年,析置古符县,割隶平琴州。天宝元年,善文县隶宁仁郡。乾元元年,复隶党州。建中二年⑧,省入抚康县。

(一二) 平琴郡(平琴州)

邻州(683—687)—平琴州(707—742)—平琴郡(742—758)—平琴州(758—781)

永淳二年,割党州安仁、古符二县及郁林州怀义县、绣州福阳县置邻州⑨,

---

① 《旧唐志》党州:"西至平琴州二十二里,南至牢州一百里,北至绣州五十里,东南至容州一百五十里。"《太平寰宇记》郁林州南流县:"废党州,理善劳县……西至平琴治所二十里。……其(党州)善劳县,在容山县东二十里。"《纪要》郁林州:"善劳废县:州北七十里。"即今党州村。《广西建置沿革考录》定于小平山乡,误。
② 依地理形势推定。雷坚《广西建置沿革考录》以为善劳县治。
③ 据《太平寰宇记》郁林州,宋开宝间废党州时,已无宁仁、善文二县,《舆地广记》郁林州南流县亦云,唐废平琴州入党州后,又省宁仁、善文等县,今定于建中二年。
④ 《太平寰宇记》郁林州南流县:"废抚康县:在废(党)州东十五里。"今拟于卖酒镇忠良村。《广西通志·行政区划志》第53页定于今兴业县小平山乡,《地名大辞典》:"抚安县治今蒲塘镇。"皆与《太平寰宇记》不合。
⑤ 《本钱簿》。
⑥ 《本钱簿》作"善交",今从《州郡典》、《新唐志》。
⑦ 《地名大辞典》第3907页:"善文县治今善民。"按唐代"文"、"民"音同,皆读"mən",今从之。
⑧ 参详上文宁仁县注。
⑨ 邻州,《新唐志》党州容山县条作"平琴州平琴郡",按此名当晚出,今依《大唐故容州都督李府君(俭)墓志铭》(载《洛阳新见墓志》)、《大唐故道州刺史上柱国南阳张府君(曜)墓志铭》(暨南大学王庆昱提供)。

治安仁县,隶容州都督府。垂拱三年,州废,安仁、怀义、福阳、古符四县隶党州。

神龙三年①,割党州安仁、怀义、福阳、古符四县置平琴州,隶容州都督府。

天宝元年,改为平琴郡,隶普宁郡都督府。十三载,平琴郡领安仁、怀义、福阳、古符四县,治安仁县。十五载,隶容州管内经略使②。至德二载,改安仁县为容山县。

乾元元年,复为平琴州。二年,隶容州管内经略都防御使。后上元元年,隶容州管内观察经略等使。建中二年,州废,容山、怀义二县还隶党州,省福阳、古符二县。

1. 安仁县(683—757)—容山县(757—907)

永淳二年,析党州善劳县置安仁,治安仁城(今兴业县洛阳镇)③,割隶邻州,为州治。垂拱三年,州废,还隶党州。神龙三年,割隶平琴州,为州治。天宝元年,隶平琴郡,为郡治。至德二载,避安氏名姓,改为容山县,以县东容山为名。乾元元年,复隶平琴州,为州治。建中二年,州废,省古符县来属,容山县还隶党州。

2. 怀义县(683—907)

永淳二年,析郁林州兴业县置怀义县,治怀义城(今兴业县蒲塘镇炉岭村)④,割隶邻州。垂拱三年,州废,隶党州。神龙三年,割隶平琴州,天宝元年,隶平琴郡。乾元元年,复隶平琴州。建中二年,州废,省福阳县来属,怀义县还隶党州。

3. 福阳县(683—781)

永淳二年,析绣州常林县置福阳县,治福阳城(今兴业县高峰镇)⑤,割隶邻州。垂拱三年,州废,隶党州。神龙三年,割隶平琴州,天宝元年,隶平琴

---

① 《舆地广记》郁林州南流县作"元年",今依《新唐志》。
② 《旧唐志》总序云,平琴州隶桂管经略观察使。然据《新唐表》及《方镇研究》,平琴州未曾隶桂管,《旧唐志》盖据《州郡典》排序致误,今不取。
③ 《太平寰宇记》郁林州南流县:"其(党州)善劳县,在容山县东二十里。"据此可知容山(安仁)县在今兴业县洛阳镇。《地图集》唐代幅置安仁县于今兴业县龙安镇第五塘山上,于地理环境不合,不取。《广西建置沿革考录》以为在山心镇,然其地属郁林州兴业县,亦不合为平琴州治。
④ 《太平寰宇记》郁林州南流县:"废怀义县:在旧(平琴)州西北二十里。"《地图集》唐代幅置怀义县于今兴业县洛阳镇,按其地系安仁县治,其西北二十里当今蒲塘乡西北境,今拟怀义县于炉岭村。
⑤ 依地理形势推定。

郡。乾元元年,复隶平琴州。建中二年①,省入怀义县。

4. 古符县(683—781)

永淳二年,析党州善文县置古符县,治古符洞(今兴业县北市镇院桐村)②,割隶邻州。垂拱三年,州废,还隶党州。神龙三年,割隶平琴州,天宝元年,隶平琴郡。乾元元年,复隶平琴州。建中二年③,省入容山县。

(一三)郁林郡(郁林州)

郁州(621—633,665—666)—郁林州(666—742)—郁林郡(742—758)—郁林州(758—907)

武德四年④,割南尹州石南、安乐、兴德三县置郁州,以隋旧州为名,治石南县,隶南尹州总管府,置潭栗县。贞观元年,省安乐县。七年⑤,州废,石南、兴德、潭栗三县还隶南尹州。

麟德二年⑥,割贵州石南、兴德、郁林三县及容州潭栗县复置郁州,治石南县,置兴业县。三年(乾封元年),改为郁林州,以郁林县为名,割贵州安乐县来属。乾封二年,隶容州都督府⑦。调露二年,置石岩县,并安乐县割隶岩州。永淳元年,置善劳、宁仁、善文三县,割隶党州。二年,析置怀义县,割隶邻州。

武周长安四年,郁林州领石南、潭栗、兴业、兴德、郁林五县⑧,治石南县。

唐天宝元年,改为郁林郡,隶普宁郡都督府。十三载,郁林郡领石南、潭

---

① 据《太平寰宇记》郁林州,宋开宝间废党州时,已无福阳、古符二县,"平琴州元领容山、怀义二县,尚列于废党州,其福阳、古符已绝基址,旧长庆时管户七百四十。"按长庆时管户既寡,可知福阳、古符二县已省,《舆地广记》郁林州南流县亦云,唐废平琴州入党州后,又省福阳、古符等县,今定于建中二年。
② 依地理形势推定。
③ 详参上文福阳县注。
④ 《旧唐志》郁林州作"贞观中",按《舆地纪胜》郁林州引《元和志》云:"武德四年,于(石南)县置郁(林)〔州〕,正(贞)观六年废,以属贵州。"今从之。
⑤ 此据《旧唐志》桂州条。《舆地纪胜》引《元和志》原系于"六年",按该条记载废南尹州都督府、龙州、郁州及置龚州都督府诸事,皆在七年,今改。
⑥ 《太平寰宇记》郁林州云麟德三年(即乾封元年)置郁州,今依《新唐志》。
⑦ 据《大唐六典》、《本钱簿》,郁林州隶容州管内。
⑧ 《本钱簿》郁林州有信丘县,共六县。吴震序:"本簿'郁林州'下有'信丘县'。唐志并漏。《纪要》108:广西郁林州东南一里有信石山。据本簿,可知唐代曾于该州置有信石县(本簿误'石'为'丘'),宜以此补诸志之漏也。"按信石山在今玉林市东南,与郁林州中融南流县,不得置县隶郁林州,且信丘县不见于唐宋史志,疑系羼入。

栗、兴业、兴德、郁林五县,治石南县。十五载,隶容州管内经略使①。

乾元元年,复为郁林郡。二年,隶容州管内经略都防御使。后上元元年,隶容州管内观察经略等使。建中二年②,移治郁林县,省石南县。元和十五年,郁林州领郁林、兴德、兴业、潭栗四县,治郁林县。

咸通四年,改隶岭南西道节度使。五年,复隶容州管内观察经略等使。十四年,郁林州领县不变。

乾宁四年,隶宁远军节度使。

1. 石南县(618—781)

本隋郁林郡旧县(今兴业县葵阳镇旧县村)③,武德元年,隶南定州,并析置兴德县。四年,隶南尹州。是年,割隶郁州,为州治,并析置潭栗县。贞观七年,州废,还隶南尹州。八年,隶贵州。麟德二年,复割隶郁州,为州治,并析置兴业县。乾封元年,隶郁林州,为州治。调露二年,析置石岩县,割隶岩州。天宝元年,隶郁林郡,为郡治。乾元元年,复隶郁林州,为州治。建中二年,移州治于郁林县,石南县省入兴业县。

2. 潭栗县(621—907)

武德四年,析石南县置潭栗县④,以潭栗水为名⑤,治潭栗城(今兴业县大平山镇古城村)⑥,隶郁州。贞观七年,州废,隶南尹州。八年,隶贵州。二十三年,割隶容州⑦。麟德二年,还隶郁州。乾封元年,隶郁林州。永淳元年,

---

① 《旧唐志》总序云,郁林州隶桂管经略观察使。然据《新唐表》及《方镇研究》,郁林州未曾隶桂管,《旧唐志》盖据《州郡典》排序致误,今不取。
② 《新唐志》郁林州以郁(平)〔林〕县为首县,《舆地广记》郁林州兴业县:"后州徙治郁林,而省石南入兴业。"以移州治与省石南县同时,今从之。《太平寰宇记》郁林州以兴业县为首县,盖五代时又移治兴业也。
③ 《旧唐志》郁林州:"东至平琴州九十里,南至牢州一百二里,西南至(昭)〔岩〕州一百一十里,北至贵州一百(五)〔三〕十里。"州治石南县当在今兴业县葵阳镇旧县村。
④ 史志不载潭栗县沿革。按《旧唐志》云贵州旧领县八,仅列七县,尚缺一县,以地理形势推知,所缺县即潭栗县,郁州始置之初,由石南县析置,郁州废后隶贵州。
⑤ 《舆地纪胜》郁林州引《元和志》逸文:"潭礼水,在故牢州宕川县东五里。"按宕川县在今玉林市成均镇古城村,则潭礼水即潭栗水,亦即泸宕水,今车陂江是也。
⑥ 《纪要》郁林州兴业县:"州西北六十里,西北至浔州府贵县百二十五里。"明兴业县在郁林州西北九十里,则此当为潭栗县道里。《纪要》兴业县又云:"潭栗废县,在县东三十里。"故今依《历史地名》定于大平山镇古城。《地图集》定于古城东三十里,《广西建置沿革考录》、《广西通志·行政区划志》定于石南镇,皆非。
⑦ 史志不载此事。按《太平寰宇记》郁林州:"唐麟德三(按三当作二)年,分贵、容二州置郁州。"时郁州郁林、兴业、兴德诸县皆系贵州旧县,唯潭栗县最靠东,有可能曾隶容州,其割隶容州时间,当在容州置都督府之时。

析置善劳、宁仁二县。天宝元年，隶郁林郡。乾元元年，复隶郁林州。

3. 兴业县(665—907)

麟德二年，析石南县置兴业县①，治兴业城(今兴业县山心镇)②，隶郁州。乾封元年，隶郁林州。永淳元年，析置善文县。二年，析置怀义县。天宝元年，隶郁林郡。乾元元年，复隶郁林州。建中二年，省石南县来属，移治新兴业城(今兴业县城石南镇)。

4. 兴德县(618,621—907)

武德元年，析石南县置兴德县③，治兴德城(今广西兴业县城隍镇)④，隶南定州。是年，析置安乐县，而兴德县省入郁林县。四年，析郁林县复置兴德县，仍治兴德城，隶南尹州。是年，割隶郁州。贞观七年，州废，还隶南尹州。八年，隶贵州。麟德二年，复割隶郁州。乾封元年，隶郁林州。天宝元年，隶郁林郡。乾元元年，复隶郁林州。

5. 郁林⑤县(618—907)

本隋郁林郡旧县(今贵港市港南区湛江镇古城村)⑥，武德元年，隶南定州，为州治。是年，省兴德县来属。四年，隶南尹州，为州治。是年，复析置兴德县。贞观八年，隶贵州，仍为州治。麟德二年，移州治于郁平县，郁林县割隶郁州。乾封元年，隶郁林州。天宝元年，隶郁林郡。乾元元年，复隶郁林州。建中二年，自石南县移州治于此。

(一四) 常林郡(绣州)

林州(621—623)—绣州(623—742)—常林郡(742—758)—绣州(758—907)

武德四年，平萧铣，割南定州常林、阿林二县置林州，以常林、阿林二县末字为名，治常林县，隶南尹州总管府，并置皇化、卢越、罗绣、归诚四县。五年，

---

① 《太平寰宇记》郁林州兴业县云乾封元年置。
② 白耀天《唐代在今广西设置的州县考(下)》云："兴业县治今玉林市石南镇东北。"石南镇今属兴业县，其东北即山心镇。《太平寰宇记》郁林州云："北至贵州(界)九十二里，东南至旧牢州(界)五十里，西北至贵州(界)八十九里。"其地在今石南镇，当为五代宋初兴业县治，非唐前期兴业县址。《纪要》郁林州兴业县："兴德废县：县西北二十里。"则是唐前期兴业县道里。
③ 《新唐志》郁林州兴德县："萧铣析石南置，寻废。"今定于武德元年置。
④ 顾炎武《天下郡国利病书》广西："兴德乡两图近广东木头垌。"广西许晨以为在今兴业县城隍镇，从之。
⑤ 《本钱簿》、《太平寰宇记》、《新唐志》作"郁平"，《元和志》阙，今从《州郡典》、《旧唐志》。按唐代州郡名多从属县名，郁林郡以郁林县为名，则此处当以郁林县为是。
⑥ 《纪要》郁林州兴业县："郁林废县，县西北六十里。"广西许晨以为在今贵港市湛江镇古城村，从之。《广西通志·行政区划志》第50页误以为县名郁平，治今贵港市桥圩镇。

割皇化县隶前燕州。六年①,改为绣州,取罗绣县末字为名。七年,隶南尹州都督府。贞观六年,省卢越、归诚二县,复割前燕州皇化县来属。七年,改隶桂州都督府,割皇化县隶浔州。十三年,绣州领常林、阿林、罗绣三县,治常林县。

乾封二年,割隶容州都督府。永淳二年,置福阳县,割隶邻州。

武周长安四年,绣州领县不变。

唐天宝元年,改为常林郡,以常林县为名,隶普宁郡都督府。十三载,常林郡领常林、阿林、罗绣三县,治常林县。十五载,隶容州管内经略使②。

乾元元年,复为绣州。二年,隶容州管内经略都防御使。后上元元年,隶容州管内观察经略等使。元和十五年,绣州领县一如天宝十三载。

咸通四年,改隶岭南西道节度使。五年,复隶容州管内观察经略等使。十四年,绣州领县不变。

乾宁四年,隶宁远军节度使。

1. **常林县**(621—907)

武德四年,析南尹州郁平县置常林县,治常林城(今广西桂平市白沙镇马王塘)③,割隶林州,为州治。是年,又析置归诚县。六年,隶绣州。贞观六年,省归诚县来属,移治故归诚城。永淳二年,析置福阳县。天宝元年,隶常林郡,为郡治。乾元元年,复隶绣州,为州治。

附旧县:**归诚县**(621—632)

武德四年,析常林县置归诚县,治归诚城(今桂平市罗播乡万寿村旧州屯)④,隶林州。贞观六年⑤,省入常林县。

2. **阿林县**(618—907)

本隋郁林郡旧县,武德元年,隶南定州。四年,割隶林州,并析置罗绣、皇化二县。六年,隶绣州。天宝元年,隶常林郡。乾元元年,复隶绣州。

3. **罗绣县**(621—907)

武德四年,析阿林县置罗绣县,治罗绣城(今桂平市罗秀镇),隶林州。是

---

① 《唐会要》卷71作"贞观九年",今依两《唐志》。
② 《旧唐志》总序云,绣州隶桂管经略观察使。然据《新唐表》及《方镇研究》,绣州未曾隶桂管,《旧唐志》盖据《州郡典》排序致误,今不取。
③ 《地名大辞典》第3915页云:"武德四年置常林县,治今下湾镇。"按常林县析自郁平县,下湾距郁平太远,今拟于白沙镇南岸。
④ 《州郡典》常林郡:"南至宁仁郡五十里,西至怀泽郡百里,北至怀泽郡百里。"《纪要》浔州府桂平县:"常林废县:府西南百五十里。……《旧志》:常林故县在今县西南〔一〕(二)百里。"贞观六年后之常林县治即故归诚城,在今桂平市罗播乡万寿村旧州屯。《桂平县志》(广西人民出版社,1991年)以为在社坡乡,按其地为浔州皇化县治,其说非。
⑤ 《新唐志》云贞观七年省归诚县。今依《旧唐志》。

年,析置卢越县。六年,隶绣州。贞观六年,省卢越县来属。天宝元年,隶常林郡。乾元元年,复隶绣州。

附旧县：卢越县(621—632)

武德四年,析罗绣县置卢越县,以卢越水为名,治卢越城(今广西平南县六陈镇)①,隶林州。贞观六年,省入罗绣县。

附新府 行安南都护府(863—866)

咸通四年,置行安南都护府及行交州于廉州海门镇②。七年,收复安南都护府,罢行府及行交州。

第三节 安南都护府

交州总管府(618—621)—宋州总管府(621—622)—交州总管府(622—624)—交州都督府(624—681)—**安南都护府**(681—756)—安南管内经略使暨安南都护府(756—757)—镇南管内经略使暨镇南都护府(757—758)—镇南管内节度使暨镇南都护府(758—764)—镇南管内都防御观察经略使暨镇南都护府(764—766)—安南管内都防御观察经略使暨安南都护府(766—790)—安南管内观察经略等使暨安南都护府(790—863)—静海军节度使暨安南都护府(866—907)

武德元年(618),隋交趾太守丘和以交趾、九真、日南三郡及林邑、海阴、匕景三郡空名附萧梁,改为交、爱、德、林、海、匕六州,置交州总管府③。四年,归唐,改交州为宋州,改交州总管府为宋州总管府④,隶山南道行台,置慈、龙、

---

① 《太平寰宇记》容州:"废常林县:卢越水,亦名灵溪水,在邑界。"按卢越县系析罗绣县置,而罗绣县又系析阿林县置,则卢越水当在原阿林县界,即今白沙河,《太平寰宇记》误系于常林,依地理形势分析,卢越县应在今平南县六陈镇一带。《地名大辞典》第3915页桂平市云:"卢越县传治今中和乡境。"按今中和镇近山,地势狭隘,似非置县之地,不取。
② 《地图集》唐代幅置海门镇于今越南海防市,然据廖幼华《唐末海门镇之兴起及地理位置考》考证,唐海门镇在今合浦县城廉州镇,唐末行交州及安南都护府曾治于此。今从廖说。
③ 《旧唐书》卷59《丘和传》:"会炀帝为化及所弑,鸿胪卿宁长真以郁林、始安之地附于萧铣,冯盎以苍梧、高凉、珠崖、番禺之地附于林士弘,各遣人召之。和初未知隋亡,皆不就。铣遣长真率百越之众渡海侵和,和遣高士廉率交、爱首领击之。长真退走,境内获全,会旧骁果从江都还者,审知隋灭,遂以州从铣。"《资治通鉴》系此事于武德元年,今从之。《旧唐书》卷56《萧铣传》又云:"武德四年,其交州总管丘和、长史高士廉、司马杜之松等先来谒铣,闻兵败,便诣李靖来降。"交州总管府北周已置(见《周书》卷21《司马消难传》),则丘和附萧梁之时,当已复置总管府。
④ 史志不载此事。按是年既改交州为宋州,依例总管府名亦应随之改为宋州总管府。《元和志》安南府:"武德四年,又改为交州总管府。"疑此"交州"当为"宋州"之误,因改。

鸢、隆①、峰、道六州。五年，别置交州，移总管府治于此，改宋州总管府为交州总管府②，隶荆州大总管府；置顺、安、山、胥、前真、永、积七州；改德州为南德州，并林、匕、海三州割隶南德州总管府。六年，改宋州为南宋州，慈州为南慈州，隆州③为南隆州，道州为南道州。是年，复改南道州为仙州。七年，改为交州都督府，隶荆州大都督府，改永州为都州，割钦州都督府玉州来属。九年，改积州为南陵州。贞观元年（627），改南陵州为后真州，割玉州隶桂州都督府，废南宋、南慈、鸢、龙、南隆、顺、安、山、胥、前真、都十一州。二年，属岭南道。十年，废仙、后真二州。十三年，交州都督府督后交、爱、峰三州④。

前上元二年（675），割桂州都督府陆州来属，置郡、庞、汤三州，升羁縻长州为正州。永隆二年⑤（681），改交州都督府为安南都护府，罢交州为安南都护府直辖地区⑥，以废驩州都督府之驩州并割广州都督府崖、琼、万安、振、儋五州来属，都护府治宋平县。垂拱二年（686），割容州都督府山州来属。

武周大足元年（701），置南登州，升羁縻福禄州为安武州。长安四年（704），安南都护府领峰、南登、爱、驩、长、安武、郡、庞、汤、陆、山十一州及一直辖地区，治宋平县。

唐神龙元年（705），复安武州为福禄州。开元十五年（727），降南登州为羁縻州。十七年，割广州都督府崖、琼、万安、振、儋五州来属⑦，升羁縻武峨州为正州。二十九年，降郡州为羁縻州。

---

① 《旧唐志》安南府序误作"险"。
② 《通典》卷32《职官典》、《唐书》卷1《高祖纪》云，武德五年以交州为大总管府。按《旧唐志》、《太平寰宇记》安南府序："武德五年，改为交州总管府。"《资治通鉴》武德五年二月甲辰："以隋交趾太守丘和为交州总管。"未言升大总管府，疑武德五年仅有诏令而未及实施。
③ 《旧唐志》安南府序误为"澄"。陈国保《安南都护府与唐代南部边疆》（云南大学博士论文，2008年）第23页以为"澄"字衍，恐非。
④ 《旧唐志》安南府："今督文、峰、爱、驩四州。"严耕望《括地志序略都督府管州考略》因之。按：崔行功《大唐故银青光禄大夫守司刑太常伯李（爽）公墓志铭》（载《唐代墓志汇编》），显庆元年至龙朔中任交州都督，督交、爱、峰三州兼驩州都督，则驩州自为都督府。陈国保《安南都护府与唐代南部边疆》第23页亦证《旧唐志》误，因删驩州。
⑤ 两《唐志》、《唐会要》、《太平寰宇记》皆作"调露元年"，《旧唐书·高宗纪》作永隆二年八月辛卯。《元和志》："永徽二年，改为安南都督府。"罗凯《隋唐政治地理格局研究》第324页认为"永徽"系"永隆"之误，当是。故知调露元年或是上奏改府之年，永隆二年乃批准之年。
⑥ 史志不载此事。按《唐刺史考全编》，永隆二年后安南都护不兼带交州刺史，《大唐六典》、《本钱簿》、《州郡典》、两《唐志》列目皆以"安南府"代交州，故推知交州都督府为安南都护府之时，已罢交州，所领县由安南都护府直辖。
⑦ 按《本钱簿》云，琼、万安二州属"安南管内"，是知开元十七年琼、万安等五州脱离广府后，改隶安南，《大唐六典》卷3所载儋、崖、琼、振四州（脱万安州）犹属广府，乃用开元十七年前旧资料未改。参详本章第一节"广州都督府"序注。

天宝元年(742)，置演水郡，改峰州为承化郡，爱州为九真郡，驩州为日南郡，长州为文阳郡，福禄州为福禄郡，汤州为汤泉郡，庞州为武曲郡，武峨州为武峨郡，改陆州为玉山郡，割隶容州都督府，山州为龙池郡，割隶邕州都督府；改崖州为珠崖郡，琼州为琼山郡，万安州为万安郡，振州为临振郡，儋州为昌化郡，并割隶南海郡都督府①。其后，改演水郡为忠义郡。十载，割普宁郡都督府玉山郡来属②。十一载，废忠义郡。十三载，安南都护府领承化、九真、日南、文阳、福禄、汤泉、武曲、武峨、玉山九郡及一直辖地区，治宋平县。至德元载(756)，以安南都护府承化、九真、日南、文阳、福禄、汤泉、武曲、武峨、玉山九郡置安南管内经略使③，仍兼都护，都护府只领直辖县及羁縻州，亦称安南府。二载，避安氏名姓，改为镇南管内经略使，改安南都护府为镇南都护府，福禄郡为唐林郡，镇南管内经略使兼都护。

乾元元年(758)，升为镇南管内节度使，仍兼都护，复承化郡为峰州，九真郡为爱州，日南郡为驩州，文阳郡为长州，武峨郡为武峨州，汤泉郡为汤州，武曲郡为武安州，玉山郡为陆州，改唐林郡为唐林州。广德二年(764)，降为镇南管内都防御观察经略使，仍兼都护，置演州。永泰二年④(766)，改为安南管内都防御观察经略使，改镇南都护府为安南都护府，安南管内都防御观察经略使兼都护。贞元六年(790)，改安南管内都防御观察经略使为安南管内观察经略等使⑤，仍兼都护，升羁縻郡州为郡州来属。二十年，爱、演、驩三州陷于环王国。元和元年(806)，降武峨、汤二州为羁縻州，隶安南都护府。二年，收复爱、演、驩三州，升羁縻谅、武定二州为谅、武定二州来属，置贡州。十五年，安南管内观察经略等使兼安南都护府⑥领峰、武定、谅、陆、武安、郡、长、贡、爱、演、驩、唐林十二州，治安南府。

宝历元年(825)，移府治于苏历江东北岸(今越南河内市西湖郡)，是年，

---

① 详参本章第一节"南海郡都督府"序注。
② 《资治通鉴》至德二载："安南经略使为节度使，领交、陆等十一州。"按至德二载安南已改镇南，此句当依《新唐表》系于天宝十载。
③ 安南管内经略使始置于天宝十载，今依本卷体例，方镇作为二级军政区一律以至德元载起算。
④ 《元和志》、两《唐志》作"大历三年"，今依《旧唐书》卷11《代宗纪》。
⑤ 《元和志》云："贞元六年，又加招讨处置使。"然据郁贤皓《唐刺史考全编》，贞元六年后，安南方镇长官已不带"都防御"三字，故其全称应是"安南管内观察经略招讨处置使"。
⑥ 《元和志》载安南都护府"管州十三"，尚有"交州"。按是时正州皆由安南管内观察经略等使管辖，此言都护府管州不确。又据郁贤皓《唐刺史考全编》，调露后安南都护例不带交州刺史，可知已无交州建置，《元和志》此交州当系安南都护府之习称，且都护乃由经略等使行兼领之实，名义上同级，并非隶属关系。

还治宋平县城①。咸通元年(860),安南府、峰州陷于南诏,移都护府及使治于武安州②。三年,收复安南府,割属岭南西道。四年,再陷于南诏,置行都护府于容管之廉州,罢镇。七年,收复安南府及峰州③,置静海军节度使,仍兼安南都护,罢行安南都护府,升羁縻苏茂州为正州,降贡州为羁縻州。十四年,静海军节度使兼安南都护领峰、武定、谅、陆、苏茂、武安、郡、长、爱、演、骥、唐林十二州,治安南府。

(一) 安南都护府直辖地区(交州)

交州(618—621,622—681)—**安南都护府直辖地区**(681—757)—镇南都护府直辖地区(757—766)—安南都护府直辖地区(766—860,862—863,866—907)

安南都护府直辖地区,本隋交趾郡,领宋平、前交趾、隆平、嘉宁、平道、龙编、朱鸢七县④,武德元年,萧梁改为交州⑤,以隋旧州为名,治宋平县,置交州总管府。四年,归唐⑥,改为宋州,隶宋州总管府,并置前南定、弘教二县;割嘉宁县隶峰州,平道县隶道州,龙编县隶龙州,朱鸢县隶鸢州;改前交趾县为慈

---

① 《大越史略》卷上:"阮元喜:穆宗长庆二年,以元喜为安南都护,以城门有逆水,恐州人多出反叛,因卜今城。时方筑小城,相者卜曰:'君力不足修大城,五十年后必有大人于此定都建府也。'至咸通中,高骈乃增筑罗城。"按阮元喜即李元喜,宝历元年元喜徙府治于江北岸小城事,见《旧唐纪》,筑城实在长庆四年,迁府乃在宝历元年。小城在今越南河内市西湖郡西,遗址尚存。《新唐志》又云:"宝历元年徙治宋平。"则是年又移回宋平旧城(旧府城)。《纪要》卷111引《大罗城记》云:"笋竹城,在府城外旧城,唐刺史张伯仪所筑。本在江南,宝历元年,安南都护李元喜请移城于江北岸,未几复故。"据报道,安南都护府的遗址已于2004年在河内市中心预备建设越南国会议事堂的地方发现,即越南王宫遗址西侧,估计整体面积有1平方公里大(www.tanghistory.com/bbs/viewthread.php?tid=580)。〔法〕马司伯乐《唐代安南都护府疆域考》(载《西域南海史地考证译丛》第一卷,商务印书馆,1962年)、〔越〕陶维英《越南历代疆域》(商务印书馆,1973年)认为李元喜所卜筑苏历江北之小城即旧龙编县城(今越南北宁省慈山),恐失之太远。
② 《资治通鉴》咸通元年十二月:"安南土蛮引南诏兵合三万余人乘虚攻交趾,陷之,都护李鄠与监军奔武〔安〕州。"
③ 以上沿革详参《大越史略》卷上。
④ 《隋志》交趾郡有新昌、安人二县,共九县。按两《唐志》峰州,新昌、安仁二县皆武德四年复置,是知隋末此二县已废,今删。
⑤ 按《旧唐书》卷59《丘和传》:"会炀帝为化及所弑……(萧)铣遣长真率百越之众渡海侵和,和遣高士廉率交、爱首领击之,长真退走,境内获全。旧骁果从江都还者,审知隋灭,遂以州从铣。"
⑥ 《旧唐书》卷56《萧铣传》:"武德四年,其交州总管丘和、长史高士廉、司马杜之松等先来谒铣,闻兵败,便诣李靖来降。"然《资治通鉴》云:"武德五年二月甲辰,以隋交趾太守丘和为交州总管。和遣司马高士廉奉表请入朝,诏许之。"两《唐志》亦言交州等地武德五年归唐,盖以唐命丘和为交州总管起算,而所记交州管内各州县沿革却又有武德四年建置,可知交府地区武德四年实已行使唐朝政令,今概以武德四年为交府各州县归唐时间。

廉县,割隶慈州;置义廉、封溪二县,并隆平县割隶隆州。五年,割宋州后交趾、怀德二县置交州,治后交趾县,复置交州总管府。七年,改总管府为都督府。贞观元年,以废南宋州之宋平县、废南慈州之慈廉县、废南隆州之隆平县、废鸢州之朱鸢县来属,改慈廉县为交趾县,省后交趾、怀德二县,都督府移治宋平县。十年,以废仙州之平道、龙编、武平三县来属。十三年,交州领宋平、交趾、隆平、武平、平道、龙编、朱鸢、前南定八县,治宋平县。

前上元二年,置武安、临江二县,割隶庞州;置郡口、安乐二县,割隶郡州。永隆二年,废交州为安南都护府直辖地区。

武周长安四年,安南都护府直辖地区有宋平、交趾、隆平、武平、平道、龙编、朱鸢、前南定八县。

唐先天二年(开元元年),改隆平县为太平县。开元十年,省前南定县。

天宝十三载,安南都护府直辖地区有宋平、交趾、太平、武平、平道、龙编、朱鸢七县。至德元载后,亦称安南府。二载,改为镇南都护府直辖地区,亦称镇南府。

永泰二年(766),复为安南都护府直辖地区,仍称安南府,复置前南定县①。大历五年,省前南定县。贞元七年,置后南定县。元和十五年,安南都护府直辖宋平、交趾、太平、武平、平道、龙编、朱鸢、后南定八县。

咸通元年,陷于南诏。三年,收复。四年,复陷于南诏。七年,收复。十四年,安南都护府直辖县不变。

1. 宋平县(618—860,862—863,866—907)

本隋交趾郡旧县,武德元年,隶交州。四年,隶宋州,均为州治,并析置弘教、前南定二县。五年,析置后交趾、怀德二县。六年,隶南宋州。贞观元年,州废,还隶交州,自后交趾县移州治于此,省弘教、后交趾、怀德三县来属。永隆二年,直属安南都护府,为府治。至德二载,直属镇南都护府,仍为府治。开元十年,省前南定县来属。永泰二年,直属安南都护府,并析置前南定县。大历二年,移治新城(今越南河内市波亭郡)②。五年,省前南定县来属。贞元七年,析置后南定县。咸通元年,陷于南诏。三年,收复。四年,复陷于南诏。

---

① 《旧唐志》云:"(至德)后为安南府,刺史充都护。"则知永泰二年复名安南都护府时复置交州。又,南定县史志不载复置时间,然考《旧唐志》无南定县,知其复置于天宝后,今姑系于复置交州之时。

② 《安南志略》卷1大罗城路:"其城在泸江西岸,唐张伯仪始筑,张舟、高骈继修之。"〔法〕马司伯洛《唐代安南都护府疆域考》、〔越〕陶维英《越南历代疆域》皆以为张伯仪时安南府已移治新城,今从之。按张伯仪大历二年任都护。

七年,收复,仍属安南府。

附旧县1:弘教县(621—627)

武德四年,析宋平县置弘教县,盖取弘扬教化之意,治弘教城(今越南河西省富川县),隶宋州。六年,隶南宋州。贞观元年,省入宋平县。

附旧县2:怀德县(622—627)

武德五年,析宋州宋平县置怀德县,取怀柔之意,治怀德城(今越南河内市慈廉县)①,割隶交州。贞观元年,省入宋平县。

附旧新县1:前南定县(621—722,766—770)

武德四年,析宋平县置前南定县,治南定城(今越南南定省南定市)②,隶宋州。五年,割隶交州。开元十年,省入长州铜蔡县及交州宋平县③。永泰二年,析交州宋平县复置前南定县,隶安南都护府。大历五年,复省入交州宋平县。

附旧新县2:后交趾县(622—627)—后南定县(791—860,862—863,866—907)

武德五年,析宋州宋平县置后交趾县,治新交趾城(今越南河西省河东市)④,割隶交州,为州治。贞观元年,省入宋平县。贞元七年⑤,析宋平县置后南定县,治新南定城(今越南河西省应和县)⑥,隶安南都护府。咸通元年,陷于南诏。三年,收复。四年,再陷于南诏。七年,收复。

2. 前交趾县(618—621)—慈廉县(621—627)—**交趾县**(627—860,862—863,866—907)

交趾县,本隋交趾郡前交趾县,武德元年,隶交州。四年,改为慈廉县,以慈廉水为名,割隶慈州,为州治,并析置乌延、武立二县。六年,隶南慈州。贞观元年,省乌延、武立二县来属,复为交趾县,仍治故慈州城(今越南河西省怀德县)⑦,还隶交州。永隆二年,直属安南都护府。至德二载,直属镇南都护府。永泰二年,直

---

① 嗣德本《大南一统志》卷37河内省:"怀德府,在省城西七里。……(唐武德)五年,析宋州之南定县置交趾,并置怀德县。"
② 《元和志》安南府南定县:"旧南定县:在今县东南二百余里,羁縻长州侧近。"则当在今越南南定省南定市。顾祖禹、陶维英以为在安南府东北六头江地区(今越南北宁省顺城),恐误。史为乐等《历史地名》第1807页分作二县,一在今南定东南,一在今顺城,一州有两同名县,亦不妥。
③ 此据《元和志》。按《本钱簿》、《州郡典》、《旧唐志》不载南定县,可证。
④ 《纪要》安南交州府:"交趾城:在府西……唐武德四年,仍置交州于此……贞观二年,移县治于汉之故交趾城。"
⑤ 《新唐志》、《唐会要》作"八年",今依《元和志》。
⑥ 《元和志》安南府:"南定县,东北至府六十里。"《太平寰宇记》安南府:"南定县,(府)西南六十里。"其地当在今越南河西省应和县之云亭(Vân Đình)。马司伯洛以为应在海阳省之西急流河右岸与苏沥江流域。
⑦ 《州郡典》安南府:"(东)〔西〕北到交趾县十里。"《元和志》安南府:"交趾县,东南至府一十五里。武德四年于此置慈州。"

属安南都护府。咸通元年,陷于南诏。三年,收复。四年,复陷于南诏。七年,收复,仍属安南府。

附旧县1:乌延县(621—627)

武德四年,析慈廉县置乌延县,以乌延水(今红河—急流河)为名,治乌延城(今越南河西省丹凤县下姥村)①,隶慈州。六年,隶南慈州。贞观元年,州废,省入慈廉县。

附旧县2:武立县(621—627)

武德四年,析慈廉县置武立县,治武立城(今越南河西省石室)②,隶慈州。六年,隶南慈州。贞观元年,州废,省入慈廉县。

3. **隆平县**(618—713)—**太平县**(713—860,862—863,866—907)

太平县,本隋交趾郡隆平县,武德元年,隶交州。四年,割隶隆州,并析置武平、义廉、封溪三县,割武平县隶道州。六年,隶南隆州。贞观元年,州废,省义廉县来属,隆平县还隶交州。永隆二年,直属安南都护府。先天二年(开元元年)③,避玄宗讳,改为太平县。至德二载,直属镇南都护府。永泰二年,直属安南都护府。咸通元年,陷于南诏。三年,收复。四年,复陷于南诏。七年,收复,仍属安南府。

附旧县:义廉县(621—627)

武德四年,析隆平县置义廉县,取治化之意为名,治义廉城(今越南河西省山西市)④,隶隆州,为州治。六年,隶南隆州,为州治。贞观元年,州废,省入隆平县。

4. **武平县**(621—860,862—863,866—907)

武德四年,析隆平县置武平县⑤,取晋旧郡为名,治武平城(今越南永富省平川)⑥,割隶道州。六年,隶南道州。是年,隶仙州。贞观十年,州废,改隶交

---

① 〔越〕阮文超:《大越地舆全编》卷1。下姥,即今河西省丹凤县境之 Ha Mỗ。
② 依地理形势推定。
③ 《元和志》或本作"开元元年",或本作"开元二年",《新唐志》作"先天元年",今取开元元年。
④ 依地理形势推定。
⑤ 《旧唐志》云:"武德四年,改隆平为武平县。"不确。
⑥ 《州郡典》安南府:"北至武平县界江源二百五十里。"《元和志》安南府:"武平,西南至府九十里。"《太平寰宇记》安南府:"武平县,(府)东北九十里。……漏江,至武平县改为武平水,西北至隆平县流入。"《纪要》安南交州府:"武城:亦在(交趾)县西北。"马司伯洛《唐代安南都护府疆域考》以为县在府北江、太原省境,陶维英《越南历代疆域》以为在府西山西省境,《地图集》定于永富省平川。诸家所言,颇有矛盾之处。今按《太平寰宇记》所记,漏江即今红河,既从隆平入武平,则武平与隆平接壤,当在今永富省东南近红河处,在河内西北,其辖境必不至府城北二百五十里处,《州郡典》"武平县"当为"武峨县"之误,陶说亦非。又,府城至武平当先出东门渡江,再转西北,故《元和志》、《太平寰宇记》误以为武平在府城东北,今依《纪要》、《地图集》定于永富省平川。

州。永隆二年,直属安南都护府。至德二载,直属镇南都护府。永泰二年,直属安南都护府。咸通元年,陷于南诏。三年,收复。四年,复陷于南诏。七年,收复,仍属安南府。

5. **平道县**(618—860,862—863,866—907)

本隋交趾郡旧县,武德元年,隶交州。四年,割隶道州,为州治,并析置昌国县。六年,属南道州。是年,属仙州,仍为州治。贞观十年,州废,省昌国县来属,平道县还隶交州。永隆二年,直属安南都护府。至德二载,直属镇南都护府。永泰二年,直属安南都护府。咸通元年,陷于南诏。三年,收复。四年,复陷于南诏。七年,收复,仍属安南府。

附旧县:昌国县(621—636)

武德四年,析平道县置昌国县,以南朝旧县为名,治新昌国城(今越南河内市东英)①,隶道州。六年,隶南道州。是年,隶仙州。贞观十年,州废,省入平道县。

6. **龙编县**(618—860,862—863,866—907)

本隋交趾郡旧县,武德元年,隶交州。四年,割隶龙州,为州治,并析置武宁、平乐二县。贞观元年,州废,省武宁、平乐二县来属,龙编县改隶仙州。十年,州废,还隶交州。前上元二年,析置武安、临江二县,割隶庞州;析置郡口、安乐二县,割隶郡州。永隆二年,直属安南都护府。至德二载,直属镇南都护府。永泰二年,直属安南都护府。咸通元年,陷于南诏。三年,收复。四年,复陷于南诏。七年,收复,仍属安南府。

附旧县1:武宁县(621—627)

武德四年,析龙编县置武宁县,治武宁城(今越南北宁省北宁市)②,隶龙州。贞观元年,州废,省入龙编县。

附旧县2:平乐县(621—627)

武德四年,析龙编县置平乐县,治平乐城(今越南北江省北江市?)③,隶龙州。贞观元年,州废,省入龙编县。

---

① 《历史地名》第1534页云昌国县在今越南永富省富安一带。按昌国故城在今河内市,新城必不至离河内太远,且今永富省东部已有武平、平道二县,似不宜再置县,故今拟于河内市东英。
② 〔法〕马司伯洛《唐代安南都护府疆域考》云:"今桂阳东十二里有武宁山,昔之武宁县境可当今之桂阳、武江两县。"桂阳,即今越南北宁省桂武县新街(Phố Mới)。然《历史地名》第1425页以为在今北宁市。以北宁市犹有武宁乡一名观之,似当以此为是,且亦合南朝武宁曾隶武平郡之故实。
③ 《历史地名》第653页以为在今越南北宁省仙游一带。按其地为龙编县本境,平乐县当于别处求之,今依地理形势推测在越南北江省北江市一带。

7. 朱鸢县(618—860,862—863,866—907)

本隋交趾郡旧县,武德元年,隶交州。四年,割隶鸢州,为州治,并析置高陵、定安二县。贞观元年,州废,省高陵、定安二县来属,朱鸢县还隶交州。贞观末,析置文阳、铜蔡、长山、其常四羁縻县,割隶羁縻长州。永隆二年,直属安南都护府。至德二载,直属镇南都护府。永泰二年,直属安南都护府。咸通元年,陷于南诏。三年,收复。四年,复陷于南诏。七年,收复,仍属安南府。

附旧县1：高陵县(621—627)

武德四年,析朱鸢县置高陵县,治高陵城(今越南兴安省芙渠县陈高)①,隶鸢州。贞观元年,州废,省入朱鸢县。

附旧县2：定安县(621—627)

武德四年,析朱鸢县置定安县,以南朝旧县为名,治故定安城(今越南兴安省兴安市)②,隶鸢州。贞观元年,州废,省入朱鸢县。

附旧州一：宋州(621—623)—南宋州(623—627)

武德四年,改交州为宋州,以隋旧州为名,领宋平、弘教二县,治宋平县,隶宋州总管府。五年,隶交州总管府。六年,改为南宋州。七年,隶交州都督府。贞观元年,州废,省弘教县,宋平县还隶交州。

附旧州二：慈州(621—623)—南慈州(623—627)

武德四年,割交州慈廉县置慈州,取其首字为名,隶宋州总管府,并置乌延、武立二县。五年,隶交州总管府。六年,改为南慈州。七年,隶交州都督府。贞观元年,州废,省乌延、武立二县,复慈廉县为交趾县,还隶交州。

附旧州三：隆州(621—623)—南隆州(623—627)

武德四年,割交州义廉、封溪、隆平三县置隆州,取隆平县首字为名,隶宋州总管府,治义廉县。五年,隶交州总管府。六年,改为南隆州。七年,隶交州都督府。贞观元年,州废,省义廉、封溪二县,隆平县还隶交州。

---

① 嗣德本《大南一统志》兴安省仙侣县："唐为高陵县,属鸢州。"《历史地名》第2175页定于今越南兴安省快州一带。今定于芙渠县陈高(Trần Cao)。
② 《历史地名》第1687页以为在今越南红河南岸南定省境,按唐时红河为朱鸢、南定二县之界,定安县不得在南岸,今依地理形势推定在兴安省兴安市。

附旧州四：道州(621—623)—南道州(623)—仙州(623—636)

武德四年,割交州平道、武平二县置道州,治平道县,取其末字为名,隶宋州总管府,并置昌国县。五年,隶交州总管府。六年,改为南道州。是年,改为仙州。七年,隶交州都督府。贞观元年,以废龙州之龙编县来属。十年,州废,省昌国县,平道、武平、龙编三县还隶交州。

附旧州五：龙州(621—627)

武德四年,割交州龙编县置龙州,取龙编县首字为名,隶宋州总管府,并置武宁、平乐二县。五年,隶交州总管府。七年,隶交州都督府。贞观元年,州废,省武宁、平乐二县,龙编县改隶仙州。

附旧州六：鸢州(621—627)

武德四年,割交州朱鸢县置鸢州,取其末字为名,隶宋州总管府,并置高陵、定安二县。五年,隶交州总管府。七年,隶交州都督府。贞观元年,州废,省高陵、定安二县,朱鸢县还隶交州。

附旧新州：郡州(675—741,790—907)

前上元二年,割交州郡口、安乐二县置郡州①,以郡口县为名,治郡口县,隶交州都督府。永隆二年,隶安南都护府。

武周长安四年,郡州领郡口、安乐二县,治郡口县。

唐开元二十九年,降为羁縻郡州②,仍属安南都护府。

贞元六年,复升羁縻郡州为正州③,所领羁縻郡口、安乐二县升为正县,仍治郡口县(今越南海防市先朗县),隶安南管内观察经略等使。元和十五年,郡州领县不变。

咸通七年,隶静海军节度使。十四年,郡州领县不变。

---

① 《大唐六典》卷3"岭南道厥贡"注文两处提到"邵州",中华书局点校本陈仲夫"校勘记"云:"疑'邵'乃'郡'字之讹写。"则郡州之设,当在开元前。《元和姓纂》卷8载,唐初水部员外魏孝机玄孙魏懿文任郡州刺史,时间当在开元间,可证其时为正州。今拟与陆、汤、庞三州同时置于前上元二年,以屏卫交府。
② 史志不载其事。按《本钱簿》、《州郡典》安南管内皆无郡州,而经推算,两《唐志》所载开元二十八年全国正府州数中仍含此州,故推知开元二十九年已降为羁縻州。
③ 《青梅社钟铭》(载[越]《汉喃铭文汇编》第一集)云,贞元十四年有"都护使、持节郡州诸军事、守郡州刺史、充本州游[弈]使、上柱国、赏紫鱼袋杜怀夔",则郡州是时已为正州。《新唐志》载安南羁縻州有郡州,可知郡州系以羁縻州升置,其时姑定于改安南管内都防御观察经略使为安南管内观察经略招讨处置使之贞元六年。

附旧新县1：郡口县(675—741,790—907)

前上元二年，析后交州龙编县置郡口县，治江口(今越南海防市先朗县)①，以处古交趾郡出海口为名，隶郡州，为州治。开元二十九年，降为羁縻郡口县，隶羁縻郡州。贞元六年，复升为正县，仍隶郡州，为州治。

附旧新县2：安乐②县(675—741,790—907)

前上元二年，析后交州龙编县置安乐县，取吉意为名，治安乐城(今越南海防市城区)③，隶郡州。开元二十九年，降为羁縻安乐县，隶羁縻郡州。贞元六年，复升为正县，仍隶郡州。

(二) 武曲郡(庞州)

庞州(675—742)—武曲郡(742—758)—武安州(758—907)

前上元二年，割交州武安、临江二县置庞州④，相传越人为鸿庞氏泾阳王之后⑤，故以为名，治武安县，隶交州都督府。永隆二年，隶安南都护府。

武周长安四年，庞州领武安、临江二县，仍治武安县。

唐天宝元年，改为武曲郡，盖以武安海曲为名。十三载，武曲郡领武安、临江二县，仍治武安县。至德元载，隶安南管内经略使。二载，隶镇南管内经略使。

乾元元年，改为武安州，以武安县为名，隶镇南管内都防御观察经略使。永泰二年，隶安南管内都防御观察经略使。贞元六年，隶安南管内观察经略等使。元和十五年，武安州领县一如天宝十三载。

咸通元年，自安南府移使治于此。三年，还使治于安南府。七年，隶静海军节度使。十四年，武安州领县不变。

1. 武安县(675—907)

前上元二年，析交州龙编县置武安县，取怀柔之意为名，治武安城(今越

---

① 《元和志》郡州："西北至府约一百五十九里。"刘统《唐代羁縻府州研究》第230页以为在越南海阳省海阳县一带的太平河口，按海阳省并不临海，今定于海防市先朗县。
② 《新唐志》安南羁縻州作"乐安"，今依《元和志》。
③ 依地理形势推定。
④ 史志不载此事。按《大唐六典》安南府无武安州，有庞州，《新唐志》亦云"开元中安南所领有庞州"，故推知庞州乃武安州前身。又，唐代单名州出现较早，庞州之始置疑与陆、汤二州同时，即在前上元二年，以屏卫交府。
⑤ 越南古史《大越史记全书》以《鸿庞纪》开篇，且卷首载黎嵩《越鉴通考总论》云："粤自鸿庞氏泾阳王继神农之后，娶洞庭君女……貉君继鸿庞之世，娶瓯貉氏女，而生有百男之祥，百粤之祖，实始于此。"

南广宁省汪秘市)①,隶庞州,为州治。天宝元年,隶武曲郡,为郡治。乾元元年,复隶武安州,为州治。

2. 临江县(675—907)

前上元二年,析交州龙编县置临江县,治临江城(今越南海阳省至灵县普赖)②,隶庞州。天宝元年,隶武曲郡。乾元元年,复隶武安州。

(三) 文阳郡(长州)
长州(675—742)—文阳郡(742—758)—长州(758—907)

前上元二年,升交州都督府羁縻长州为正州③,所领羁縻文阳、长山、铜蔡、其常四县升为正县,仍治文阳县,隶交州都督府。永隆二年,隶安南都护府。

武周长安四年,长州领文阳、长山、铜蔡、其常四县,治文阳县。

唐天宝元年,改为文阳郡④,以文阳县为名。十三载,文阳郡领文阳、长山、铜蔡、其常四县,治文阳县。至德元载,隶安南管内经略使。二载,隶镇南管内经略使。

乾元元年,复为长州,隶镇南管内都防御观察经略使。永泰二年,隶安南管内都防御观察经略使,置前南定县,割隶安南都护府。贞元六年,隶安南管内观察经略等使。元和十五年,长州领县一如天宝十三载。

咸通七年,隶静海军节度使。十四年,长州领县不变。

1. 文阳县(675—907)

前上元二年,升羁縻长州文阳县为正县,仍治文阳城(今越南太平省武舒县鸿里)⑤,隶长州,为州治。天宝元年,隶文阳郡,为郡治。乾元元年,复隶长州,为州治。

---

① 《元和志》武安州:"西至(安南)府一百八十里。"《太平寰宇记》陆州:"西至武安界三百七十里。"又据樊绰《云南志》卷10,咸通中,武安州刺史陈行悚等曾率战船与南诏军战于郡内,故知武安州亦靠海。刘统《唐代羁縻府州研究》第231页云武安州在越南海防市。按海防距郡州太近,距陆州太远,今稍加北移,定于今广宁省汪秘。
② 普赖(Phà Lai)当求江与陆岸河之会,可当"临江"之名。
③ 史志不载升正州时间。按前上元二年,置陆、汤、庞三州于交州都督府外围,故推知长州升正州亦在此时,以应屏卫交府之需。州名《大唐六典》卷3作"苌州",今依《本钱簿》、《州郡典》、《元和志》、两《唐志》、《太平寰宇记》。
④ 《新唐志》作"文杨郡",今依《本钱簿》、《州郡典》、《旧唐志》、《太平寰宇记》。
⑤ 参读下编第五章《岭南道羁縻地区》第三节"安南都护府所领"直辖羁縻长州注。谢信业《汉唐时期交趾地区红河水道与长州政治势力兴起》(载《海洋史研究》第20辑)认为唐宋之际长州治今武舒县百顺社一带。

2. 长山县(675—907)

前上元二年，升羁縻长州长山县为正县，仍治长山城(今越南海阳省宁江县?)①，隶长州。天宝元年，隶文阳郡。乾元元年，复隶长州。

3. 铜蔡县(675—907)

前上元二年，升羁縻长州铜蔡县为正县，仍治铜蔡城(今越南太平省太平市)②，隶长州。开元十年，省交州前南定县来属。天宝元年，隶文阳郡。乾元元年，复隶长州。

4. 其常县(675—907)

前上元二年，升羁縻长州其常县为正县，仍治其常城(今越南南定省南直县?)③，隶长州。天宝元年，隶文阳郡。乾元元年，复隶长州。

(四) 九真郡(爱州)

爱州(618—742)—九真郡(742—758)—爱州(758—804,807—907)

九真郡，本隋旧郡，领九真、安顺、隆安、胥浦、军安、移风、日南七县，武德元年，萧梁改为爱州，以隋旧州为名，治九真县，隶交州总管府。四年，归唐，隶宋州总管府。五年，隶交州总管府，置松源、杨山、安预④三县，割安顺县隶顺州，隆安县隶安州，胥浦县隶胥州，军安县隶永州，移风县隶前真州，日南县隶积州；又置建初、冈山、真润、古安、西安五县，割隶山州。七年，隶交州都督府。贞观元年，以废顺州之安顺县、废安州之隆安县、废山州之建初县来属，省杨山、安预二县。八年，省建初县。九年，省松源县。十年，以废后真州之军安、日南、移风、胥浦四县来属。十三年，爱州领九真、安顺、隆安、胥浦、军安、移风、日南七县⑤，治九真县。

永隆二年，隶安南都护府。

---

① 据韦伟燕《越南海阳菊浦遗址出土万岁瓦当及相关问题》(载《文物春秋》2020年第2期)，1976年在宁江县菊浦村发现汉末三国时期墓葬群，1999年又发现很多筒瓦、板瓦、瓦当等建筑构件，推测该遗址可能为汉晋交趾郡下辖某县的治所。唐代或许也有利用。
② 黎桓于今太平市置藤州，则此前似当有一县治，疑即铜蔡县。藤州因白藤江为名，越语"白藤"音"Đàng Tràng"，近于"铜蔡"。
③ 依地理形势推定。
④ 《旧唐志》爱州序原作"安顶"，中华书局本误改为"安顺"。按安顺乃隋旧县，武德五年已置为顺州，不属爱州，今据《新唐志》九真县条改。
⑤ 翁俊雄《唐初政区与人口》(北京师范学院出版社，1990年)第267~268页、陈国保《安南都护府与唐代南部边疆》第26~27页皆认为爱州"旧领县"数应为八，即含无编县在内。按下文所考，无编县天宝元年置，不当列于贞观"旧领县"中。

武周长安四年,爱州领县不变。

唐先天元年(712),改隆安县为崇安县。开元中,置龙池县。

天宝元年,复为九真郡,置无编县,省胥浦、移风二县,割龙池县隶演水郡。十一载,以废忠义郡之龙池县来属。十三载,九真郡领九真、安顺、龙池、无编、崇安、军安、日南七县,治九真县。至德元载,隶安南管内经略使。二载,隶镇南管内经略使,改崇安县为崇平县,军安县为军宁县。

乾元元年,复为爱州,隶镇南管内都防御观察经略使。广德二年,割龙池县隶演州。永泰二年,隶安南管内都防御观察经略使。贞元六年,隶安南管内观察经略等使。二十年,陷于环王国①。元和二年,唐安南都护张舟收复,省无编县;复置武兴、古都二县,割隶贡州。十五年,爱州领九真、安顺、崇平、军宁、日南五县,治九真县。

其后,置长林县。咸通七年,隶静海军节度使。十四年,爱州领九真、安顺、崇平、长林、军宁、日南六县,治九真县。

1. **九真县**(618—804,807—907)

本隋九真郡旧县,武德元年,隶爱州。五年,析置松源、杨山、安预三县。贞观元年,省杨山、安预二县来属。九年,省松源县来属。天宝元年,隶九真郡,为郡治,省胥浦县来属。乾元元年,复隶爱州,为州治。

附旧县 1:胥浦县(618—742)

本隋九真郡旧县,武德元年,隶爱州。五年,割隶胥州,为州治,并析置攀龙、如侯、博犊、镇星四县。贞观元年,州废,省攀龙、如侯、博犊、镇星四县来属,改隶南陵州。是年,隶后真州。十年,州废,还隶爱州。天宝元年,省入九真县②。

附旧县 2:攀龙县(622—627)

武德五年,析胥浦县置攀龙县,治攀龙城(今越南清化省中西部),隶胥州。贞观元年,州废,省入胥浦县。

附旧县 3:如侯县(622—627)

武德五年,析胥浦县置如侯县,治如侯城(今越南清化省中西部),隶胥州。贞观元年,州废,省入胥浦县。

---

① 此据《新唐书》卷 222《南蛮传》。《唐会要》卷 73 云:"前经略使裴泰时,驩、爱城池被环王昆仑烧毁并尽。"是知其事在贞元二十年。
② "天宝元年",《新唐志》作"天宝中"。按《本钱簿》、《州郡典》、《旧唐志》均不载胥浦县,故其省罢当定于天宝元年。又,史志不载省入何县,今据地理形势推知。陈国保《安南都护府与唐代南部边疆》第 27 页以为省入日南县,按胥浦更在移风西南,与日南县不相接,陈说非。

附旧县 4：博犊县(622—627)

武德五年,析胥浦县置博犊县,治博犊城(今越南清化省中西部),隶胥州。贞观元年,州废,省入胥浦县。

附旧县 5：镇星县(622—627)

武德五年,析胥浦县置镇星县,治镇星城(今越南清化省中西部),隶胥州。贞观元年,州废,省入胥浦县。

附旧县 6：杨山县(622—627)

武德五年,析九真县置杨山县,治杨山城(今越南清化省弘化县)①,隶爱州。贞观元年,省入九真县。

附旧县 7：安预县(622—627)

武德五年,析九真县置安预县,治安预城(今越南清化省厚禄县)②,隶爱州。贞观元年,省入九真县。

附旧县 8：松源县(622—635)

武德五年,析九真县置松源县,以晋旧县为名,治故松源城(今越南清化省东山县)③,隶爱州。贞观九年,省入九真县。

2. 安顺县(618—804,807—907)

本隋九真郡旧县,武德元年,隶爱州。五年,割隶顺州,为州治,并析置东河、建昌、边河三县。贞观元年,州废,省东河、建昌、边河三县来属,还隶爱州④。开元中,析置龙池县。天宝元年,隶九真郡。乾元元年,复隶爱州。

附旧县 1：东河县(622—627)

武德五年,析安顺县置东河县,以东河为名,治东河城(今越南清化省静嘉县海洲)⑤,隶顺州。贞观元年,州废,省入安顺县。

附旧县 2：建昌县(622—627)

武德五年,析安顺县置建昌县,治建昌城(今越南清化省广昌县)⑥,隶顺州。贞观元年,州废,省入安顺县。

3. 边河县(622—627)—龙池县(开元中—804,807—907)

武德五年,析安顺县置边河县,治边河城(今越南清化省静嘉县春林)⑦,

---

① ② ⑥ 依地理形势推定。
③ 《水经注》卷 36 温水:"《晋书地道记》曰:九真郡有松原县。《林邑记》曰:松原以西,鸟兽驯良,不知畏弓。"可知松原位于平原与山区交界处,在九真郡西。既隆安县在郡西南,则松源县当在郡西北,今定于东山。
④ 《旧唐志》云,贞观初,又废杨山、安顺二县入九真县。陈国保《安南都护府与唐代南部边疆》第 25 页认为"安顺"系"安预"之误,极是。
⑤ 依地理形势推定。东河,盖即今莱艾(Lach Ghép)河;海洲(Hāi Châu),即旧靖嘉。
⑦ 依地理形势推定。静嘉县春林(Xuân Lâm),所临傍河(Sâng Bang),疑即边河。

隶顺州。贞观元年,州废,省入安顺县。开元中①,析安顺县置龙池县,治故边河城②,隶爱州。天宝元年,割隶演水郡。其后,隶忠义郡。十一载,郡废,还隶九真郡。乾元元年,复隶爱州。广德二年,割隶演州。贞元二十年,陷于环王国。元和二年,收复,仍隶演州。

4. 建初县(622—634)—无编县(742—804)—长林县(元和后—907)

武德五年,析隆安县置建初县,治建初城(今越南清化省如春县安吉)③,隶山州,为州治。贞观元年,州废,省冈山、真润、古安、西安四县来属,改隶爱州。八年,省入隆安县。天宝元年④,析崇安县置无编县,以汉旧县为名,治故建初城⑤,隶九真郡。乾元元年,复隶爱州。贞元二十年,陷于环王国。元和后,以无编县故地置长林县,治故无编城,隶爱州⑥。

5. 隆安县(618—712)—崇安县(712—757)—崇平县(757—804,807—907)

崇安县,本隋九真郡隆安县,武德元年,隶爱州。五年,割隶安州,为州治,并析置教山、建道、都握三县。是年,又析置建初、冈山、真润、古安、西安五县,割隶山州。贞观元年,安州废,省教山、建道、都握三县来属,隆安县复隶爱州。八年,省建初县来属。先天元年⑦,避玄宗讳,改为崇安县。天宝元年,隶九真郡,析置无编县。至德二载,避安氏名姓,改为崇平县。乾元元年,复隶爱州。

附旧县1:教山县(622—627)

武德五年,析隆安县置教山县,治教山城(今越南清化省南境),隶安州。

---

① 《元和志》演州龙池县:"垂拱二年,于此置龙池县,仍于县理置山州,广德二年废山州。"按此语乃置于今广西博白县一带之山州龙池郡内文,误羼于此。然《本钱簿》爱州已有龙池县,今姑定置于开元中。
② 《元和志》演州龙池县:"本汉无编县地。南至州二百五十里。……大海,在县东四里。"上注考无编县在安顺县境,则推知龙池亦系析安顺县地置。然演州北二百五十里即是爱州,龙池县必不在其地,故知"二百五十里"当是"一百五十里"之误。据此,可定龙池县在今越南清化省春林(Xuân Lâm)。
③ 《历史地名》第1712页建初县:"治所在今越南清化省农贡附近。"今定于农贡西侧近山之如春县安吉(Yên Cát),旧名朗孟(据 Việt Nam Administrđtive Atlas,以下越南新旧地名比定皆据此地图集)。
④ 史志不载唐无编县始置时间,按《本钱簿》不载无编县,而《州郡典》、《旧唐志》皆载有无编县,故推知始置于天宝元年。
⑤ 《地图集》置于今越南清化省竹村。《历史地名》第315页无编县、第432页长林县:"治所在今越南清化省靖嘉西龙施。"然其地属崇安县,今更移于其西北故建初城。
⑥ 《新唐志》爱州长林县:"本无编。"按《元和志》爱州无无编县,亦无长林县,则知无编县陷于环王国后未复置,至元和后,方以其旧地置长林县。
⑦ 《元和志》作"开元元年",《太平寰宇记》作"先天九年",今依两《唐志》。

贞观元年,州废,省入隆安县。

附旧县2:建道县(622—627)

武德五年,析隆安县置建道县,治建道城(今越南清化省南境),隶安州。贞观元年,州废,省入隆安县。

附旧县3:都握县(622—627)

武德五年,析隆安县置都握县,治都握城(今越南清化省南境),隶安州。贞观元年,州废,省入隆安县。

附旧县4:冈山县(622—627)

武德五年,析隆安县置冈山县,治冈山城(今越南清化省西南境),隶山州。贞观元年,州废,省入建初县。

附旧县5:真润县(622—627)

武德五年,析隆安县置真润县,治真润城(今越南清化省西南境),隶山州。贞观元年,州废,省入建初县。

附旧县6:古安县(622—627)

武德五年,析隆安县置古安县,治古安城(今越南清化省西南境),隶山州。贞观元年,州废,省入建初县。

附旧县7:西安县(622—627)

武德五年,析隆安县置西安县,治西安城(今越南清化省西南境),隶山州。贞观元年,州废,省入建初县。

6. 军安县(618—757)—军宁县(757—804,807—907)

军安县,本隋九真郡旧县,武德元年,隶爱州。五年,割隶永州,为州治,并析置武兴、古都二县。七年,隶都州,仍为州治。贞观元年,州废,省武兴、古都二县来属,改隶南陵州。是年,隶后真州。十年,州废,复隶爱州。天宝元年,隶九真郡,省移风县来属。至德二载,避安氏名姓,改为军宁县。乾元元年,复隶爱州。元和前,移治新军宁城(今越南清化省绍化县绍州)①。

附旧县1:移风县(618—742)

本隋九真郡旧县,武德元年,隶爱州。五年,割隶前真州,为州治,并析置九皋、建正、真宁三县。贞观元年,州废,省九皋、建正、真宁三县来属,改

---

① 军宁县本在今越南清化省清化市西北六十里之安定县安泰(Yên Thái),而《元和志》爱州云:"军宁县,东南至州二十里(《太平寰宇记》作'二十一里')。"是知元和前已移至绍化县绍州(Thiêu Châu)。

隶南陵州。是年,隶后真州。十年,州废,复隶爱州。天宝元年,省入军安县①。

附旧县 2:九皋县(622—627)

武德五年,析移风县置九皋县,治九皋城(今越南清化省石城县)②,隶前真州。贞观元年,州废,省入移风县。

附旧县 3:建正县(622—627)

武德五年,析移风县置建正县,治建正城(今越南清化省碧奔山市)③,隶前真州。贞观元年,州废,省入移风县。

附旧县 4:真宁县(622—627)

武德五年,析移风县置真宁县,治真宁城(今越南清化省峨山县)④,隶前真州。贞观元年,州废,省入移风县。

附旧新县 1:武兴县(622—627,807—866)

武德五年,析军安县置武兴县,治武兴城(今越南和平省乐山县)⑤,隶永州。贞观元年,州废,省入军安县。元和二年,析军安县复置武兴县,隶贡州,为州治。咸通七年,降为羁縻县。

附旧新县 2:古都县(622—627,807—866)

武德五年,析军安县置古都县,治古都城(今越南清化省巴托县良外)⑥,隶永州。贞观元年,州废,省入军安县。元和二年,析军安县复置古都县,隶贡州。咸通七年,降为羁縻县。

7. **日南县**(618—804,807—907)

本隋九真郡旧县,治日南城(今越南宁平省宁平市)⑦,武德元年,隶爱州。五年,割隶积州,为州治,并析置积善、津梧、方载三县。九年,隶南陵州,为州治。贞观元年,隶后真州,仍为州治,省积善、津梧、方载三县来属。十年,州废,复隶爱州。天宝元年,隶九真郡。乾元元年,复隶爱州。

---

① "天宝元年",《新唐志》作"天宝中",按《本钱簿》、《州郡典》、《旧唐志》无移风县,故知废于天宝元年。又按《旧唐志》,以移风县所置之前真州附见于军宁县条,故知移风县省入军安县。陈国保《安南都护府与唐代南部边疆》第 27 页以为省入日南县,恐误。
②③④ 依地理形势推定。
⑤ 据下文附永州所考,武兴、古都二县乃析军安县置,故今依地理形势拟武兴于乐山县(Lạc Sơn)、古都于巴托县。
⑥ 良外(Luong Ngoai)旧名朗棱,在巴托县东 14 公里。
⑦ 《元和志》爱州:"日南县,北至州三十里。"《太平寰宇记》爱州:"日南县,(州)东北二百二十里。"按爱州南三十里已有隆安县,则《元和志》所记当误,今依《太平寰宇记》道里,定日南县于越南宁平省宁平市。陶维英以为日南县在今越南清化省永禄、石城、河中一带,失之太近。

附旧县 1：积善县(622—627)

武德五年,析日南县置积善县,取治化之意为名,治积善城(今越南宁平省金山县)①,隶积州。九年,隶南陵州。贞观元年,省入日南县。

附旧县 2：津梧县(622—627)

武德五年,析日南县置津梧县,以南朝旧县为名,治故津梧城(今越南宁平省三叠市)②,隶积州。九年,隶南陵州。贞观元年,省入日南县。

附旧县 3：方载县(622—627)

武德五年,析日南县置方载县,治方载城(今越南宁平省儒关县)③,隶积州。九年,隶南陵州。贞观元年,省入日南县。

附旧州一：顺州(622—627)

武德五年,析爱州安顺县置顺州,取其末字为州名,隶交州总管府,并置东河、建昌、边河三县。七年,隶交州都督府。贞观元年,州废,省东河、建昌、边河三县,安顺县还隶爱州。

附旧州二：安州(622—627)

武德五年,析爱州隆安县置安州,取其末字为州名,隶交州总管府,并置教山、建道、都握三县。七年,隶交州都督府。贞观元年,州废,省教山、建道、都握三县,隆安县还隶爱州。

附旧州三：山州(622—627)

武德五年,割爱州建初、冈山、真润、古安、西安五县置山州,取冈山县末字为名,隶交州总管府,治建初县。七年,隶交州都督府。贞观元年,州废,省冈山、真润、古安、西安四县,建初县隶爱州。

附旧州四：胥州(622—627)

武德五年,析爱州胥浦县置胥州,取其首字为州名,隶交州总管府,并置攀龙、如侯、博犊、镇星四县。七年,隶交州都督府。贞观元年,州废,省攀龙、如侯、博犊、镇星四县,胥浦县隶南陵州。

---

①② 依地理形势推定。
③ 依地理形势推定。《地图集》西晋、南朝幅置津梧县于今清化省厚禄,盖缘日南县河中说致误,今不取。三迭(Tam Điệp),旧名里仁。

附旧州五：前真州(622—627)

武德五年，割爱州移风县置前真州，取其首字为州名，隶交州总管府，并置九皋、建正、真宁三县。七年，隶交州都督府。贞观元年，州废，省九皋、建正、真宁三县，移风县隶南陵州。

附旧州六：积州(622—626)—南陵州(626—627)—后真州(627—636)

武德五年，割爱州日南县置积州，取其首字为州名，隶交州总管府，并置积善、津梧、方载三县。七年，隶交州都督府。九年，改为南陵州，仍治日南县。贞观元年，以废前真州之移风县、废胥州之胥浦县、废都州之军安县来属，省积善、津梧、方载三县。是年，改为后真州，仍治日南县。十年，州废，日南、移风、胥浦、军安四县复隶爱州。

附旧新州：永州(622—624)—都州(624—627)—贡州(807—866)

武德五年，割爱州军安县置永州，并置武兴、古都二县①，治军安县，隶交州总管府。七年，改为都州，取古都县末字为名，隶交州都督府。贞观元年，州废，省武兴、古都二县，军安县隶南陵州。

元和二年，割爱州武兴、古都二县置贡州，治武兴县②，隶安南管内观察经略等使。十五年，贡州领县一如元和二年。

咸通七年，降为羁縻州，二县降为羁縻县③。

（五）日南郡（驩州）

德州（618—622）—南德州（622—625）—德州（625—627）—后驩州（627—742）—日南郡（742—758）—驩州（758—804，807—907）

日南郡，本隋旧郡，领九德、浦阳、越裳、交谷、金宁、咸驩六县，武德元

---

① 武兴、古都二县，《元和志》作贡州属县，《新唐志》作谅州属县，而《元和志》谓谅州领文谅、长上二县。依唐朝州名多取属县名习惯，谅州属县以《元和志》所载为是，疑《新唐志》之"谅"为"永"字蚀误。永州后改为都州，而"古都"县名正好有"都"字，与永州州名沿革若合符节。依爱州各县沿革之例，唐初军安县亦当析置二县以上，故补此二县为永州属县。
② 史志不载此事。按《元和志》安南有贡州，虽名为"附贡州"，然不在羁縻三十二州之列，故知其亦为正州。《州郡典》、《旧唐志》不载其名，当置于安史之乱以后。考爱、驩二州贞元末为环王国所陷，元和二年收复时，州县略有废置，贡州当置于此时。又所领二县名与唐初都州领县名全同，故知其乃析军宁县置。据补。
③ 史志不载此事。按崔致远《补安南录异图记》（载《桂苑笔耕集》卷16）记中和间安南十二州名无贡州，当在此前降为羁縻州，今定于咸通七年收复安南都护府并置静海军节度使之时。

年,萧梁改为德州,以隋旧州为名,治九德县,隶交州总管府。四年,归唐,隶宋州总管府。五年,改为南德州,置南德州总管府,并置光安、昌罗、安远三县。是年,割光安县隶源州,越裳县隶明州,咸驩县隶前驩州,交谷、金宁二县隶智州。七年,改总管府为都督府。八年,复为德州,隶德州都督府。贞观元年,改为后驩州,隶驩州都督府。十三年,以废阿州之光安、安银二县来属,后驩州领九德、浦阳、光安、安银、昌罗、安远六县,仍治九德县。十六年,以废演州之咸驩县、废智州之越裳县来属,改咸驩县为怀恩县,省安银、昌罗、安远三县。

永隆二年,罢都督府,后驩州隶安南都护府。

武周长安四年,后驩州领九德、浦阳、越裳、光安、怀恩五县,仍治九德县。

唐开元中,置无鞍县。

天宝元年,复为日南郡,改无鞍县为忠义县,割隶忠义郡,省光安县。二年,改怀恩县为怀驩县。十一载,以废演水郡之忠义县来属。十三载,日南郡领九德、浦阳、越裳、怀驩、忠义五县,治九德县。至德元载,隶安南管内经略使。二载,隶镇南管内经略使。

乾元元年,复为驩州,隶镇南管内都防御观察经略使。广德二年,割忠义、怀驩二县隶演州。永泰二年,隶安南管内都防御观察经略使。贞元六年,隶安南管内观察经略等使。二十年,陷于环王国[1]。元和二年,唐安南都护张舟收复,仍隶安南都护府,省浦阳县。十五年,驩州领九德、越裳二县,治九德县。

咸通七年,隶静海军节度使。十四年,驩州领县不变。

1. **九德县**(618—804,807—907)

本隋日南郡旧县,武德元年,隶德州。五年,隶南德州,并析置光安、昌罗、安远三县。八年,属德州。贞观元年,隶后驩州。十六年,省安远、昌罗二县来属。天宝元年,隶日南郡,为郡治,省光安县来属。乾元元年,隶驩州,为州治。

---

[1] 《新唐书》卷222《南蛮传》。《唐会要》卷73:"前经略使裴泰时,驩、爱城池被环王昆仑烧毁并尽。"知为贞元二十年之事。

附旧县 1：光安县(622—742)

武德五年，析九德县置光安县，治光安城(今越南义安省南坛县)①，隶南德州。是年，割隶源州，为州治，并析置水源、河龙、长江、安银四县。贞观八年，隶阿州，仍为州治。十三年，阿州废，省水源县来属，光安县隶后骥州。十六年，省安银县来属。天宝元年，省入九德县②。

附旧县 2：水源县(622—639)

武德五年，析光安县置水源县，治水源城(今越南义安省清章县)③，隶源州。贞观八年，隶阿州。十三年，州废，省入光安县。

附旧县 3：安银县(622—642)

武德五年，析光安县置安银县，治安银城(今越南义安省都良县)④，隶源州。贞观八年，隶阿州。十三年，州废，省河龙、长江二县来属，安银县隶后骥州。十六年，省入光安县。

附旧县 4：河龙县(622—639)

武德五年，析光安县置河龙县，治河龙城(今越南义安省英山县)⑤，隶源州。贞观八年，隶阿州。十三年，州废，省入安银县。

附旧县 5：长江县(622—639)

武德五年，析光安县置长江县，以长江水为名⑥，治长江城(今越南义安省冠桄县)⑦，隶源州。贞观八年，隶阿州。十三年，州废，省入安银县。

附旧县 6：昙罗县(622—642)

武德五年，析九德县置昙罗县，治昙罗城(今越南义安省兴元县)⑧，隶南

---

① 维新本《大南一统志》卷 15 乂安省载："梅黑帝庙，在南坛县香揽社。帝姓梅，字叔鸾……(唐开元中)据山称帝，都于万安城，唐遣内侍杨思勖讨之，帝退兵屯于雄山，以拒唐人，数年病卒，葬于此山之南，土人立祠祀之。"同卷"古迹"万安故城云："在南坛县东，枚黑帝故城也，遗迹今存。"马司伯洛《公元八至十世纪安南与柬埔寨的边界》(Lafrontière de Annam et de Comliadge du VIII au XIVe siècle，载《法国远东学院集刊》18 卷)认为乂静省南坛县雁塔古城是隋唐之际的骥州治所，黄盛璋《贾耽路程"骥州通文单国道"地埋与刘昚》(载《历史地理》第五辑，上海人民出版社，1987 年)认为此城即梅叔鸾所据之万安城，亦即唐初明州州治万安城。今按唐初明州州治乃越裳县，非万安县，万安县废于贞观年间，且其地在越裳县境，即今河静省德寿一带，《新唐书》卷 5《玄宗纪》载梅叔鸾起义及其失败在开元十年，从时间与地点看，均与唐初万安县无关。骥州治在荣市，亦不在南坛。因疑梅叔鸾万安城即光安县城，梅氏改光安为万安，以示帝王创业之固也。陶维英《越南历代疆域》第 115 页认为光安县可能在今乂安省清漳西北的襄阳(Tu'o'ng Du'o'ng)，可为一说。《地图集》隋代图定光安县于荣市西南的香山，其地较为促狭，不足以分置水源等四县，不取。
② 史志不载此事。按《本钱簿》骥州有光安县，而《州郡典》《旧唐志》不载，故推知此县废于天宝元年。
③④⑤⑧ 依地理形势推定。
⑥ 《太平寰宇记》骥州怀骥县后附有长山、长江水，当为骥州景物，长江水盖指今兰江。
⑦ 依地理形势推定。冠桄(Con Cuâng)，旧名昆岗。

德州。八年,隶德州。贞观元年,隶后骧州。十六年,省入九德县①。

附旧县 7:安远县(622—642)

武德五年,析九德县置安远县,治安远城(今越南义安省宜禄县)②,隶南德州。八年,隶德州。贞观元年,隶后骧州。十六年,省入九德县。

2. 浦阳县(618—804,元和后—907)

本隋日南郡旧县,武德元年,隶德州。五年,隶南德州。八年,隶德州。贞观元年,隶后骧州。天宝元年,隶日南郡。乾元元年,隶骧州。贞元二十年,陷于环王国③。元和后,复置浦阳县,仍隶骧州④。

3. 越裳县(618—804,807—907)

本隋日南郡越常县,武德元年,隶德州,改为越裳县。五年,割隶明州,为州治,并析置万安、明弘、明定三县。贞观十三年,州废,省万安、明弘、明定三县来属,越裳县改隶智州。十六年,州废,省交谷县来属,越裳县改隶后骧州。贞观末,以废景州北景、由文、朱吾三县及废林州林邑、金龙、海界三县省入。天宝元年,隶日南郡。乾元元年,隶骧州。

附旧县 1:万安县(622—639)

武德五年,析越裳县置万安县,治万安城(今越南河静省德寿县)⑤,隶明州。贞观十三年,州废,省入越裳县。

附旧县 2:明弘县(622—639)

武德五年,析越裳县置明弘县,治明弘城(今越南河静省鸿岭市)⑥,隶明州。贞观十三年,州废,省入越裳县。

附旧县 3:明定县(622—639)

武德五年,析越裳县置明定县,治明定城(今越南河静省干禄县同禄)⑦,隶明州。贞观十三年,州废,省入越裳县。

---

① 史志不载此四县罢废时间,既贞观十三年有此四县,而考之安南地区诸州沿革,武德、贞观间增建州县,多在贞观十六年以前罢废完毕,故推知此四县亦与演、智州同时罢废。
② 依地理形势推定。
③ 按《本钱簿》、《州郡典》、《旧唐志》骧州有浦阳县,《元和志》则无,是知元和初已省废,推测与贞元末环王国入侵有关,可能元和二年张舟收复骧州时,未恢复浦阳县建制。
④ 《太平寰宇记》、《新唐志》有浦阳县,当是元和后复置。
⑤ 依地理形势推定。
⑥ 依地理形势推定。鸿岭(Hồng Lĩnh),在今干禄县西北 10 公里。
⑦ 依地理形势推定。同禄(Dăng Lôc),在今干禄县西南 10 公里。

附旧县4：交谷县①(618—642)

本隋日南郡旧县,治交谷城(今越南河静省石河县)②,武德元年,隶德州。五年,割隶智州,为州治,并析置新镇县。贞观元年,省新镇县来属。二年,析置北景、由文、朱吾三县,割隶南景州。十六年,智州废,交谷县省入越裳县。

4. 咸𩦠县(618—642)—怀恩县(642—743)—**怀𩦠县**(743—804,807—907)

怀𩦠县,本隋日南郡咸𩦠县,武德元年,隶德州。五年,割隶前𩦠州,并析置安人、西源、相景、扶演四县。贞观元年,隶演州。十六年,州废,省安人、西源、扶演三县来属,改为怀恩县③,隶后𩦠州。天宝元年,隶日南郡。二年,改为怀𩦠县。乾元元年,隶𩦠州。广德二年,割隶演州。贞元二十年,陷于环王国。元和二年,收复,仍隶演州。

附旧县1：安人县(622—642)

武德五年,析咸𩦠县置安人县,治安人城(今越南义安省安城县)④,隶前𩦠州,为州治。贞观元年,隶演州,为州治。十三年,省相景县来属。十六年,州废,省入怀恩县⑤。

附旧县2：西源县(622—642)

武德五年,析咸𩦠县置西源县,治西源城(今越南义安省新圻县)⑥,隶前𩦠州。贞观元年,隶演州。十六年,州废,省入怀恩县。

附旧县3：相景县(622—639)

武德五年,析咸𩦠县置相景县,治相景城(今越南义安省琼琉县)⑦,隶前𩦠州。贞观元年,隶演州。十三年,省入安人县。

5. 扶演县(622—642)—无鞍县(开元中—742)—**忠义县**(742—804,807—907)

武德五年,析咸𩦠县置扶演县,治扶演城(今越南义安省演州),隶前𩦠

---

① 交谷：两《唐志》皆作"文谷",陈国保《安南都护府与唐代南部边疆》第20页证其为"交谷"之误,从之。
② 陶维英《越南历代疆域》第115页云："交谷县相当于石河地区。"按其地有二水相交,陶说当是。
③ 《元和志》演州怀𩦠县："贞观二十四年废州,改安人县为怀恩。"按贞观无二十四年,今依《新唐志》系于贞观十六年。又,怀恩系由咸𩦠县所改,非安人县所改,安人县系省入怀恩县,《元和志》叙事不确。
④ 今越南义安省靖德(怀𩦠县治)北、演州(忠义县治)西有安城(Yên Thành),旧名安明(Yên Minh),当即唐安人县治。
⑤ 《元和志》怀𩦠县条云安人县贞观二十四年改名怀恩县。按贞观无二十四年,今依两《唐志》,作贞观十六年省入怀恩县(即咸𩦠县)。
⑥ 依地理形势推定。新圻(Tân Kỳ),旧名芳坎。
⑦ 依地理形势推定。

州。贞观元年,隶演州。十六年,州废,省入怀恩县。开元中,析怀恩县置无鞍县,谐扶演之音,治故扶演城①。天宝元年,改为忠义县②,割隶演水郡。其后,隶忠义郡,均为郡治。十一载,郡废,还隶日南郡。乾元元年,隶骥州。广德二年,割隶演州,仍为州治。贞元二十年,陷于环王国。元和二年,收复,仍隶演州,为州治。

附新县1:思农县(咸通后—907)

咸通后,升羁縻思农州思农县为正县,仍治思农城(今越南义安省义坛县),隶演州。

附新县2:武郎县(咸通后—907)

咸通后,升羁縻思农州武郎县为正县,仍治武郎城(今越南义安省新圻县义同)③,隶演州。

附新县3:武容县(咸通后—907)

咸通后,升羁縻思农州武容县为正县,仍治武容城(今越南义安省葵合县三合)④,隶演州。

附新县4:武金县(咸通后—907)

咸通后,升羁縻思农州武金县为正县,仍治武金城(今越南义安省葵州县),隶演州。

附旧州一: 源州(622—634)—阿州(634—639)

武德五年,割南德州光安县置源州,取水源县末字为州名,隶南德州总管府,并置水源、安银、河龙、长江四县。七年,隶南德州都督府。贞观元年,隶骥州都督府。八年,改为阿州。十三年,州废,省水源、河龙、长江三县,光安、安银二县隶骥州。

附旧州二: 明州(622—639)

武德五年,割南德州越裳县置明州,以隋旧州为名,隶南德州总管府,并置万安、明弘、明定三县。七年,隶南德州都督府。贞观元年,隶骥州都督府。十三年,明州废,省万安、明弘、明定三县,以越裳县隶智州。

---

① 今按《本钱簿》骥州有无鞍县,推测当系贞观末以安民县更名而来。
② 史志不载此事。按《新唐志》,演水郡本忠义郡,以唐郡多取首县为名推之,忠义县当与忠义郡同时取名,故定其于天宝元年。
③ 依地理形势推定。义同(Nghĩa Đồng),旧名治黎,在今新圻县东北16公里。
④ 依地理形势推定。三合(Tam Hợp),在今葵合县东10公里。

附旧州三：智州(622—627)—南智州(627—637)—智州(637—642)

武德五年,割南德州交谷、金宁二县置智州,以隋旧州为名,治交谷县,隶南德州总管府,并置新镇、阇员二县。七年,隶南德州都督府。贞观元年,更名南智州,隶驩州都督府,省新镇、阇员二县。二年,置比景、由文、朱吾三县,割隶南景州。九年,置林邑、金龙二县,割隶林州。十一年,复名智州①。十三年,以废明州之越裳县来属,智州领交谷、金宁、越裳三县,治交谷县。十六年,州废②,省交谷、金宁二县,越裳县隶后驩州。

附旧新州：前驩州(622—627)—演州(627—642)—演水郡(742—天宝中)—忠义郡(天宝中—752)—演州(764—804,807—907)

武德五年,割南德州咸驩县置前驩州,以隋旧州为名,并置安人、西源、相景、扶演四县,治安人县,隶南德州总管府。七年,隶南德州都督府。贞观元年③,改为演州,取扶演县末字为名,仍隶驩州都督府。十三年,省相景县,演州领安人、咸驩、西源、扶演四县,治安人县。十六年④,州废,省安人、西源、扶演三县,以咸驩县隶后驩州。

天宝元年,割日南郡忠义、九真郡龙池二县置演水郡⑤,以演水为名,治忠义县,隶安南都护府。其后,改为忠义郡⑥,以县为名。十一载,郡废⑦,忠义县还隶日南郡,龙池县还隶九真郡。

广德二年,割驩州忠义、怀驩二县及爱州龙池县复置演州,治忠义县,隶安南都护府。永泰二年,隶安南管内都防御观察经略使。贞元六年,隶安南管内观察经略等使。二十年,陷于环王国。元和二年,唐安南都护张舟收复。

---

① 史志不载复名事,按黔州都督府武德五年置有智州,贞观十一年更名牢州。则岭南智州当以贞观十一年去"南"字。
② 史志不载智州罢废时间,按贞观十三年《大簿》犹有智州,而考之安南地区诸州沿革,武德、贞观间增建州县,多在贞观十六年以前罢废完毕,故推知智州亦与演州同时罢废。
③ 《旧唐志》驩州怀驩县作"九年",今依《元和志》、《旧唐志》驩州序、《太平寰宇记》、《新唐志》。
④ 《元和志》作"二十四年",按贞观无二十四年,今依两《唐志》。
⑤ 两《唐志》及《元和志》皆言广德二年复置演州。然据《新唐表》,天宝十载安南府已有演州,且《本钱簿》爱州有龙池县、驩州有无鞍县,皆为《州郡典》、《旧唐志》等失载,故推知演州演水郡初以此失载二县置,且不能早于天宝元年。
⑥ 《新唐志》演州龙池郡:"本忠义郡,又曰演水郡。"三郡皆非唐以前旧名,当是天宝曾用名。然"龙池"乃全本管山州改署所用,《新唐志》将山州沿革误羼入演州,故于演州名下误系龙池郡。《太平寰宇记》以"演州演水郡"列目,盖天宝改郡初名演水。又据《旧唐书》卷147《裴玢传》,德宗时玢封忠义郡王。是知忠义郡名晚于演水。
⑦ 史志不载此事。按《旧唐志》举天宝十一载地理,无演州忠义郡,是知废于此年。

十五年,演州领忠义、怀驩、龙池三县①,治忠义县。

咸通七年,隶静海军节度使。十四年,演州领县不变。

其后,以废羁縻思农州之羁縻思农、武郎、武容、武金四县来属,升为正县。

(六) 福禄郡(福禄州)

匕州(618—622)—南景州(622—634)—景州(634—贞观末)—安武州(701—705)—福禄州(705—742)—**福禄郡**(742—757)—唐林郡(757—758)—唐林州(758—804,807—907)

福禄郡,本隋比景郡,领比景、朱吾、寿泠、西卷四县,隋末,其地为林邑国所夺,寄治日南郡。武德元年,萧梁改为匕州,以"匕"、"比"相通故也,隶交州总管府。四年,平萧梁,隶宋州总管府。五年,改为南景州,隶南德州总管府。七年,隶南德州都督府。贞观元年,隶驩州都督府。二年,析南智州交谷县置北景、由文、朱吾三县,移南景州于此②,治北景县。八年,改为景州。九年,置海界县,割隶海州。十三年,景州领北景、由文、朱吾三县,治北景县。贞观末,州废,降由文县为羁縻柔远县,北景县为羁縻福禄县,隶羁縻福禄州,省朱吾县。

武周大足元年,升羁縻福禄州为正州,改为安武州③,所领羁縻柔远、唐林二县为正县,改柔远县为安武县,治安武县,以为州治兼州名,隶安南都护府。长安四年,安武州仍领安武、唐林二县,治安武县。

唐神龙元年,复为福禄州④,改安武县为安远县。

天宝元年,改为福禄郡。十三载,福禄郡领安远、唐林二县,治安远县。

---

① 《太平寰宇记》驩州怀驩县:"《贞元录》:此县废。"按《元和志》演州仍有怀驩县,则《贞元录》云怀驩县废者,盖指贞元末为环王国所废也,元和二年收复演州后,当即复置。

② 隋仁寿末,遣刘方破林邑国,置比景、林邑、海阴三郡,军还,林邑复其国,故隋时此三郡已寄治于日南郡。萧梁及唐初虽改郡为州,而领县仍沿旧名,不领其地。贞观初,林邑称臣,故先后重置景、林二州于智州南境以羁縻之。《旧唐志》谓"贞观二年,置南景州,寄治驩州南界",然驩州早在武德五年已析其南境置智州,则此"驩州南界"实指驩州都督府南境,亦即智州南境。

③ 《新唐志》但言大足元年改福禄州为安武州,不言自羁縻州升正州。按《新唐志》羁縻州有两武定州,其一州所领三县与福禄州全同,则知该州本福禄(安武)州,而误为武定州,可见福禄州最初曾是羁縻州。又,《旧唐志》安南府序言大足元年置武安州,按其时桂管已有武安州,一道之内不得有两重名州,故知《旧唐志》之武安州实为安武州之误倒。今为改补。

④ 唐宋史志不载复名福禄州时间,按"安武"本为武氏取名,中宗复辟,此类州名当在更张之列,今从《纪要》。

至德二载，避安氏名姓，改为唐林郡①，以唐林县为名，改安远县为柔远县。至德元载，隶安南管内经略使。二载，隶镇南管内经略使。

乾元元年，改为唐林州②，隶镇南管内都防御观察经略使。永泰二年，隶安南管内都防御观察经略使。贞元六年，隶安南管内观察经略等使。二十年，为环王国所占。元和二年，安南都护张舟收复。十五年，唐林州领柔远、唐林二县，治柔远县。

其后，复置福禄县。咸通七年，隶静海军节度使。十四年，唐林州领柔远、福禄、唐林三县，治柔远县。

1. 新镇县(622—627)—由文县(628—贞观末)—安武县(701—705)—安远县(705—757)—柔远县(757—804，807—907)

武德五年，析智州交谷县置新镇县，治新镇城（今越南河静省河静市）③，盖取安边之意为名，仍隶智州。贞观元年，省入交谷县。二年，析南智州交谷县置由文县，治故新镇城④，割隶南景州，为州治。八年，隶景州。贞观末，州废，降为羁縻柔远县，兼谐"由文"之音，隶羁縻福禄州。大足元年，升为正县，改为安武县，取武氏吉意⑤，隶安武州，为州治。神龙元年，避武氏名姓，改为安远县，以隋旧县为名，隶福禄州，仍为州治。天宝元年，隶福禄郡，为郡治。至德二载，避安氏名姓，复为柔远县，隶唐林郡。乾元元年，隶唐林州，仍为州治。

附旧县：朱吾县(628—贞观末)

贞观二年，析南智州交谷县置朱吾县，以隋旧县为名，治新朱吾城（今越南河静省奇英县）⑥，隶南景州。八年，隶景州。九年，析置海界县，割隶海州。

---

① 按唐代各地志，唐林州（郡）与福禄州（郡）皆不并列，且其领县名称相同，显见福禄与唐林为同一政区的前后名称，《新唐志》、《纪要》对其沿革有较清楚的叙述，严耕望《唐代盛时与西南邻国之疆界》（载《严耕望史学论文集》）谓："福禄州，又名唐林州，为唐疆最之正州。"极是。《地图集》以开元二十九年为准，于驩州南划出唐林州，而于峰州南另划一福禄州，人误。
② 《纪要》安南清化府福禄城："乾元初，复曰福禄州，又废。"按《元和志》仍列唐林州一目，且《新唐志》、《新唐表》皆未言唐林州废，《纪要》当误。
③ 依地理形势推定。
④ 陶维英认为福禄州应在河静之西上游地区。按贾耽《四夷道里记》云："自驩州东二日行，至唐林州安远县。"《太平寰宇记》驩州："东沿海至福禄州一百二里。"则知福禄州治在驩州东南，靠海，今定于河静市。
⑤ 按《本钱簿》福禄州领安远、唐林二县，推想武周改安武州之时，已改原羁縻福禄州之柔远县为安武县，以为州治，故州名与之相契。中宗复辟，乃改为安远县。
⑥ 按汉朱吾县在比景县南，唐虽易地而置（《旧唐志》谓"侨立名"），南北位序当不变，故推知朱吾县在北景县南，即今奇英县一带。

贞观末,州废,省入羁縻福禄州。

附旧新县:北景县(628—贞观末)—福禄县(元和后—907)

贞观二年,析南智州交谷县置北景县,因处隋比景县之北为名,治北景城(今越南河静省锦川县)①,隶南景州。八年,隶景州。贞观末,州废,降为羁縻福禄县,隶羁縻福禄州。元和后,析柔远县复置福禄县②,隶唐林州。

2. 阇员县(622—627)—林邑县(635—贞观末)—**唐林县**(701—804,807—907)

武德五年,析智州金宁县置阇员县,盖因境内阇黎江为名③,治阇员城(今越南河静省香溪县班杜)④,隶智州。贞观元年,省入金宁县。九年,析南智州金宁县置林邑县,射林邑国为名,治故阇员城⑤,割隶林州,为州治。十六年,以废智州金宁县省入。贞观末,州废,降为羁縻唐林县,隶羁縻福禄州。大足元年,升羁縻福禄州羁縻唐林县为正县,仍治唐林城(今越南河静省香溪县班杜),隶安武州。神龙元年,隶福禄州。天宝元年,隶福禄郡。至德二载,隶唐林郡。乾元元年,隶唐林州。

附旧县1:金宁县(618—642)

本隋日南郡旧县,治金宁城(今越南河静省香溪县)⑥,武德元年,隶德州。五年,割隶智州,并析置阇员县。贞观元年,隶南智州,省阇员县来属。九年,析置林邑、金龙二县,割隶林州。十一年,复隶智州。十六年,州废,省入林州林邑县。

附旧县2:金龙县(635—贞观末)

贞观九年,析南智州金宁县置金龙县,治金龙城(今越南广平省宣化县)⑦,相传隋将刘方曾获林邑国金龙,故以为名⑧,隶林州。贞观末,州废,省入羁縻福禄州。

---

① 锦川,疑因古景州为名,姑定北景县于此。
② 《太平寰宇记》、《新唐志》福禄州又有福禄县。
③ 《隋书》卷53《刘方传》:"大业元年正月,军至海口。林邑王梵志遣兵守险,方击走之,师次阇黎江,贼据南岸立栅。"海口,即今越南广平省闾河口(cửa Ròn);阇黎江,即今广平省占江(sông Giang,或译等河)。旧说疑阇黎江为今广平省日丽河(Sông Nhât Lê),恐非。
④ 依地理形势推定。班杜(Tân Âp),在今香溪县东南28公里处。
⑤ 新林邑城本为羁縻林邑国而设,当近林邑国边界。《元和志》驩州云:"南至林邑国界一百九十里。"参其里距,可定林邑县于今义静省南界之班杜,亦即故阇员城。
⑥ 陶维英《越南历代疆域》第115页云:"金宁县可能相当于香山、香溪地区。"按香山太靠北,今取香溪。
⑦ 宣化县旧名明坎,介于班杜与巴洞之间,且临林邑国界阇黎江(今广平省筝河),故定金龙县于此。
⑧ 《太平寰宇记》云驩州有金龙山,盖亦以此为名。

附旧县3：海界县(635—贞观末)

贞观九年，析景州朱吾县置海界县，治海界城(今越南广平省广泽县巴屯)①，以傍海国界为名，隶海州，为州治。十三年，州废，隶林州。贞观末，州废，省入羁縻福禄州。

附旧州一：林州(618—贞观末)

本隋林邑郡，领象浦、金山、交江、南极四县，隋末，其地为林邑国所夺，寄治日南郡。武德元年，萧梁改为林州，射林邑国为名，隶交州总管府。四年，平萧梁，隶宋州总管府。五年，隶南德州总管府。七年，隶南德州都督府。贞观元年，隶驩州都督府。九年，析南智州置林邑、金龙二县，移林州于此②，治林邑县。十三年，以废海州之海界县来属，林州领林邑、金龙、海界三县，仍治林邑县。贞观末，州废，林邑县降为羁縻唐林县，隶羁縻福禄州；金龙、海界三县省入羁縻唐林县。

附旧州二：海州(618—639)

本隋海阴郡，领新容、真龙、多农、安乐四县，隋末，其地为林邑国所夺，但存郡名。武德元年，萧梁改为海州，取海阴郡首字为名，隶交州总管府。四年，平萧梁，隶宋州总管府。五年，隶南德州总管府。七年，隶南德州都督府。贞观元年，隶驩州都督府。九年，析景州置海界县，移海州治于此③，隶驩州都督府，领一县。十三年，州废，海界县隶林州。

（七）承化郡（峰州）
峰州(621—742)—承化郡(742—758)—峰州(758—860，866—907)

武德四年，割前交州嘉宁县置峰州，以隋旧州为名，治嘉宁县，隶宋州总管府，并置安仁、石堤、竹辂、新昌四县。五年，隶交州总管府。七年，隶交州都督府。贞观元年，省石堤、竹辂二县。十三年，峰州领嘉宁、安仁、新昌三

---

① 据《隋书》卷53《刘方传》，阇黎江(今占江)为林邑国界，今广平省占江入海口之广泽县巴屯(Ba Đồn)，当即海界县故地。
② 《旧唐志》谓"贞观九年，绥怀林邑置林州，寄治于驩州南界"，然驩州早在武德五年已析其南境置智州，贞观元年改南智州，则此"驩州南界"实指驩州都督府南境，亦即南智州南境。
③ 史志不载此事。按景、林、海三州唐初皆无实土，而《新唐志》言，贞观九年景、林二州始置县，海州是否有县不详。今以理度之，海州情景既与景、林二州同，亦应有县，疑即海界县。《新唐志》云海界县隶林州，盖贞观十三年海州废后始隶林州也。

县,治嘉宁县。贞观末,省安仁县。

永隆二年,隶安南都护府。

武周长安四年,峰州领嘉宁、新昌二县。

唐开元前,置珠绿、嵩山二县。

天宝元年,置承化县,改峰州为承化①郡,以县为名。十三载,承化郡领嘉宁、承化、珠绿、嵩山、新昌五县,治嘉宁县。至德元载,隶安南管内经略使。二载,隶镇南管内经略使。

乾元元年,复为峰州,隶镇南管内都防御观察经略使。永泰二年,隶安南管内都防御观察经略使。贞元六年,隶安南管内观察经略等使。七年,置峰州都督府。贞元末,省珠绿、嵩山、新昌三县。元和十五年,峰州领嘉宁、承化二县,仍治嘉宁县。

咸通元年,陷于南诏。七年,收复,隶静海军节度使。十四年,峰州领县不变②。

1. **嘉宁县**(618—860,866—907)

本隋交趾郡旧县,治嘉宁城(今越南富寿省越池市白鹤)③,武德元年,隶交州。四年,割隶峰州,为州治,并析置安仁、竹辂、石堤、新昌四县。贞观元年,省石堤县及南隆州封溪县来属。贞观末,省安仁县来属。大足元年,析置恩楼、南田二县,割隶南登州。开元前,析置珠绿县。天宝元年,隶承化郡,为郡治,并析置承化县。乾元元年,复隶峰州,为州治。

附旧县:封溪县(621—627)

武德四年,析隆州隆平县置封溪县,以汉旧县为名,治故封溪城(今越南永福省永祥县)④,隶隆州。六年,隶南隆州。贞观元年,州废,省入峰州嘉宁县。

2. **安仁县**(621—贞观末)—**承化县**(742—860,866—907)

武德四年,析嘉宁县置安仁县,以隋安人县为名("仁"通"人"),治故安人

---

① 《本钱簿》作"承平"。今依两《唐志》、《元和志》、《州郡典》。
② 《太平寰宇记》交州序谓"西北至岑州陆路一百三十里",此"岑州"实为"峰(峯)州"之误,王义康以为是一个羁縻州(《唐代边疆民族与对外交流》,黑龙江教育出版社,2013年,第86页),更误。
③ 马司伯洛、陶维英皆认为在越池、白鹤一带,即红河北岸,而《地图集》定于越池红河南岸,今依前者定于富寿省越池市白鹤(Bach Hac),今亦名鹤池,尚有峰州地名。
④ 按封溪县由隆平县析出,当在山西、越池之间,汉封溪县在红河北岸,故今定封溪县于永福省永祥县。

城(今越南富寿省越池市)①,隶峰州。贞观末,省入嘉宁县②。天宝元年,析嘉宁县置承化县③,治故安仁城(今越南富寿省越池市),隶承化郡。乾元元年,复隶峰州。

3. 石堤县(621—627)—珠绿县(开元前—贞元末)

武德四年,析嘉宁县置石堤县,治石堤城(今越南河西省巴维县西藤),以县有石堤为名④,隶峰州。贞观元年,省入嘉宁县。开元前,析嘉宁县置珠绿⑤县,治故石堤城,隶峰州。天宝元年,隶承化郡。乾元元年,复隶峰州。贞元末,省入嘉宁县⑥。

4. 嵩山⑦县(开元前—贞元末)

开元前,析嘉宁县置嵩山县,治嵩山城(今越南富寿省富寿市)⑧,隶峰州。天宝元年,隶承化郡。乾元元年,复隶峰州。贞元末,省入承化县⑨。

5. 新昌县(621—贞元末)

武德四年,析嘉宁县置新昌县,以隋旧县为名,治故新昌城(今越南永福省永安市)⑩,仍隶峰州。贞观元年,省竹辂县来属。开元前,析置嵩山县。天宝元年,隶承化郡。乾元元年,复隶峰州。贞元末,省入嘉宁县⑪。

附旧县:竹辂县(621—627)

武德四年,析嘉宁县置竹辂⑫县,治竹辂城(今越南永福省三阳县)⑬,隶

---

① 《元和志》峰州承化县:"东南至州五里。"《太平寰宇记》峰州承化县:"(州)西北五里。"
② 《新唐志》峰州云贞观元年后"又省安仁",《地名大辞典》以为"贞观年间废",按《旧唐志》,峰州"旧领县三",则贞观十三年犹含安仁县,疑省于贞观末。
③ 《本钱簿》峰州有承化县,《元和志》云天宝元年分置,推测系分安仁县故地置。
④ 疑即巴维县所在之西藤(Tây Dàng),红河岸有石堤,故名。
⑤ 《本钱簿》作"殊绿",今依两《唐志》、《州郡典》。
⑥ 《新唐志》云珠绿"元和后置",然《本钱簿》已有此县,故疑《新唐志》文当作"元和后省"。《元和志》峰州无珠绿县,《太平寰宇记》云:"《贞元录》只有嘉宁、承化二县。"可证省于贞元末。西藤附近今有"珠山"、"明珠"等地名,似与古"珠绿"有关。
⑦ 《新唐志》作"高山",今依《本钱簿》、《州郡典》、《旧唐志》。
⑧ 富寿市有枫洲(Phong Châu)坊名,旧译峰州,盖古为峰州属县故也。
⑨ 《新唐志》云嵩(高)山"元和后置",然《太平寰宇记》峰州珠绿县所引《开元录》、《本钱簿》、《州郡典》已有此县,故疑《新唐志》文当作"元和后省"。《元和志》峰州无新昌县,《太平寰宇记》云:"《贞元录》只有嘉宁、承化二县。"可证省于贞元末。
⑩ 马司伯洛《唐代安南都护府疆域考》云:"新昌县,亦在州治上游。缘李贲败亡时,曾由嘉宁退守于此。陶维英《越南历代疆域》第128页亦言:"新昌在今永福地方,县内有典彻湖,在今立石县境内。"故定于永安县(旧名永福)。
⑪ 《元和志》峰州无新昌县,《太平寰宇记》云:"《贞元录》只有嘉宁、承化二县。"以是推知新昌县与嵩山、珠绿二县同时省于贞元末。
⑫ 《新唐志》作"竹格",今依《旧唐志》、《太平寰宇记》。
⑬ 依地理形势推定。

峰州。贞观元年,省入新昌县。

附旧州一:南登州(701—727)

武周大足元年,析峰州置南登州及恩楼、南田二县,治恩楼县①,隶安南都护府。长安四年,南登州领州不变。

唐开元十五年,降为羁縻登州②。

附旧县1:**恩楼县**(701—727)

大足元年,析峰州嘉宁县置恩楼县(今越南富寿省三农县清渊),割隶南登州,为州治。开元中,降为羁縻恩楼县。

附旧县2:**南田县**(701—727)

大足元年,析峰州嘉宁县置南田县(今越南富寿省三农县城兴化镇),割隶南登州,为州治。开元中,降为羁縻南田县。

(八) **武峨郡**(武峨州)

武峨州(738—742)—**武峨郡**(742—758)—**武峨州**(758—806)

开元二十六年,升邕州都督府羁縻武峨州为正州,割隶安南都护府③,所领羁縻武峨、梁山、武劳、武缘四县升为正县,并置武义、如马二县④,仍治武峨县。

天宝元年,改为武峨郡,以武峨县为名,改武义县为羁縻州⑤。十三载,武峨郡领武峨、梁山、如马、武劳、武缘五县,仍治武峨县。至德元载,隶安南管内经略使。二载,隶镇南管内经略使。

乾元元年,复为武峨州,隶镇南管内都防御观察经略使。永泰二年,隶安

---

① 南登州,《唐会要》卷71安南都护府条作"南城州",今依《旧唐志》安南都护府序及《新唐志》岭南道末行。原不载领县,按下编第五章《岭南道羁縻地区》第三节"安南都护府所领"直辖羁縻登州条考证,恩楼县即羁縻登州所治,则《新唐志》引贾耽《四夷道里记》所载恩楼县下游之南田,亦当为登州属县之一,今补。
② 《新唐志》岭南道末行云:"开元中,安南所领有庞州……又有南登州,后皆省废。"而《大唐六典》卷3所列安南管内诸州却无南登州,是知开元二十五年以前南登州已废,今拟于开元十五年。
③ 史志不载此事。按《大唐六典》卷3岭南道不载武峨州,《本钱簿》及《州郡典》有此州,故作此推测。然《本钱簿》列武峨州于桂管,当是因富州思勤县曾置武安州,而误以安南武峨州充数也,今人不解,或疑其在广西河池地区,不取。
④ 《太平寰宇记》武峨州领武峨、武劳、武缘、梁山四县,"并与州同置",当是初置羁縻州时情形。《本钱簿》有武夷〔义〕(夷)、如马二县,当为开元中升正州时所增。
⑤ 《州郡典》、《旧唐志》武峨郡武峨州领五县,无武义县,则推知是县天宝元年已省。

南管内都防御观察经略使。贞元六年,隶安南管内观察经略等使。元和元年,复降为羁縻州,五县降为羁縻县①。

1. **武峨县**(738—806)

开元二十六年,升羁縻武峨州武峨县为正县,仍治武峨城(今越南太原省武崖县罗轩)②,隶武峨州,为州治。天宝元年,隶武峨郡,为郡治。乾元元年,复隶武峨州,为州治。元和元年,降为羁縻武峨县。

2. **梁山县**(738—806)

开元二十六年,升羁縻武峨州梁山县为正县,仍治梁山城(今越南太原省武崖县平隆)③,隶武峨州。天宝元年,隶武峨郡。乾元元年,复隶武峨州。元和元年,降为羁縻梁山县。

3. **如马县**(738—806)

开元二十六年,析武劳县置如马县,治如马城(今越南太原省富平县郁山)④,隶武峨州。天宝元年,隶武峨郡。乾元元年,复隶武峨州。元和元年,降为羁縻如马县。

4. **武劳县**(738—806)

开元二十六年,升羁縻武峨州武劳县为正县,仍治武劳城(今越南太原省太原市)⑤,隶武峨州,并析置如马县。天宝元年,隶武峨郡。乾元元年,复隶武峨州。元和元年,降为羁縻武劳县。

5. **武缘县**(738—806)

开元二十六年,升羁縻武峨州武缘县为正县,仍治武缘城(今越南北泮省新市县新市)⑥,隶武峨州。天宝元年,隶武峨郡。乾元元年,复隶武峨州。元和元年,降为羁縻武缘县。

---

① 《元和志》安南府不载武峨州,当于元和元年与汤州同时罢。然宋代右江羁縻州有武峨州,可知元和元年武峨州实降为羁縻州。《新唐志》武峨州有如马、武义等县,则似唐后期又有复置,只是羁縻县。
② 吴松弟:《两唐书地理志汇释·旧唐书地理志》,第443页。罗轩(La Hiên),旧名武崖,在武崖县西南11公里。王仲荦《敦煌石室地志残卷考释》第52页以为武峨州在今广西宜山境内,盖因四库本《太平寰宇记》卷171武峨州条有脱文,误与下文粤州条接之故,不取。周君恺《侬智高起事前后广源州建置统属考》(载《历史地理》第三十六辑)据"武夷县印"出土地判断,武峨州在今广西隆安县附近,然武夷可能属邕州,此说存疑。
③ 依地理形势推定。平隆(Bình Long),旧名朗盖,在武崖县东南20公里。
④ 依地理形势推定。郁山(Uc Sơn),旧名富平,今富平县治。
⑤ 依地理形势推定。
⑥ 据下编第五章《岭南道羁縻地区》第二节"朗宁郡都督府所领"直辖羁縻武义州条所考,元和末省武义州入武缘县,可知武缘县在武峨州西北,今定于新市(Chợ Mới),旧名左每、则梅。

附旧县：武义县(738—742)

开元二十六年，升羁縻前石州武义县为正县(今越南北泮省北泮市)①，割隶武峨州。天宝元年，改为羁縻州。

附新州：武定州(807—860,866—907)

元和二年，升羁縻武定州为正州②，所领羁縻扶耶、潭湍二县升为正县，治扶耶县，隶安南管内观察经略等使。十五年，武定州领县不变。

咸通元年，陷于南诏。七年，收复，隶静海军节度使。十四年，武定州领县不变。

附新县1：扶耶县(807—860,866—907)

本羁縻县，治扶耶洞(今越南宣光省山阳县)③，隶羁縻武定州，为州治。元和二年，升为正县，仍隶武定州，为州治。咸通元年，陷于南诏。七年，收复。

附新县2：潭湍县(807—860,866—907)

本羁縻县，治潭湍洞(今越南太原省太原市)④，隶羁縻武定州。元和二年，升为正县，仍隶武定州。咸通元年，陷于南诏。七年，收复。

(九) 汤泉郡(汤州)

汤州(675—742)—汤泉郡(742—758)—汤州(758—806)

前上元二年，开交州蛮獠地置汤泉、绿水、罗韶三县，置汤州⑤，治汤泉县，隶交州都督府。调露元年(679)，析置羁縻思陵州。永隆二年，隶安南都护府⑥。

武周长安四年，汤州领汤泉、罗韶、绿水三县，仍治汤泉县。

唐天宝元年，改为汤泉郡⑦。十三载，汤泉郡领汤泉、罗韶、绿水三县，仍治汤泉县。至德元载，隶安南管内经略使。二载，隶镇南管内经略使。

① 《本钱簿》县名作武夷。《太平寰宇记》载羁縻石西州领七县，佚名，以石西州为武峨州北邻判断，武义当曾为其中一县，羁縻武义县即以此置县。
② 《新唐志》武定州为羁縻州，《州郡典》《旧唐志》不载，《元和志》武定州为附贡州，即为正州，今姑定升正州与羁縻谅州升正州同在元和二年。
③ 《元和志》安南府武定州："东至府三百二十里。"刘统《唐代羁縻府州研究》第232页认为在武定江(今越南宣光省普带河)上游，今定于山阳县。
④ 依地理形势推定。
⑤ 史志不载此事。按汤州两《唐志》失起置年代，而《大唐六典》安南府有汤州，故推知汤州与陆、庞二州同时置于前上元二年，此三州为安南府北部屏藩。
⑥ 《旧唐志》总序云，汤州隶容州管内经略使。然据《大唐六典》、《本钱簿》、《新唐表》及《方镇研究》，汤州向属安南，未曾隶容州管内，《旧唐志》当系误记，今不取。
⑦ 《旧唐志》、《太平寰宇记》作"温泉郡"，今依《本钱簿》、《州郡典》、《新唐志》。

乾元元年，复为汤州，隶镇南管内都防御观察经略使。永泰二年，隶安南管内都防御观察经略使。贞元六年，隶安南管内观察经略等使。元和元年，降为羁縻汤州①。

1. 汤泉县（675—806）

前上元二年，开蛮夷地置汤泉县，治汤泉城（今越南北江省陆岸县）②，隶汤州，为州治。天宝元年，隶汤泉郡，为郡治。乾元元年，复隶汤州，为州治。元和元年，降为羁縻县，隶羁縻汤州。

2. 罗韶县（675—806）

前上元二年，开蛮夷地置罗韶县，治罗韶城（今越南北江省山峒县）③，隶汤州。天宝元年，隶汤泉郡。乾元元年，复隶汤州。元和元年，降为羁縻县，隶羁縻汤州。

3. 绿水县（675—806）

前上元二年，开蛮夷地置绿水④县，治绿水城（今越南凉山省禄平县）⑤，盖因绿水（今奈穷河）为名，隶汤州。天宝元年，隶汤泉郡。乾元元年，复隶汤州。元和元年，降为羁縻县，隶羁縻汤州。

附新州：谅州（807—907）

元和二年，升羁縻谅州为正州⑥，隶安南观察经略等使，所领羁縻文谅、长上二县升为正县⑦，治文谅县。十五年，谅州领县不变。

咸通七年，隶静海军节度使。十四年，谅州领县不变。

附新县1：文谅县（807—907）

元和二年，升羁縻谅州文谅县为正县，仍治文谅城（今越南谅山省支棱县万灵）⑧，

---

① 《新唐表》容州管内栏："元和元年，省汤州。"当移于安南栏。按谅州本羁縻州，《元和志》列为附贡州，已出于三十二羁縻州之外，即为正州，盖元和元年所升。
② 《纪要》安南谅山府："汤州城，在府东，唐置州，治汤县。"故《地图集》标汤州汤泉县于今越南谅山省亭立。然亭立为羁縻新安州地，似非汤州所在。依地理形势推测，汤州治汤泉县当在今北江省陆岸（Luc Ngan）一带平原地区。〔越〕潘辉注《历朝宪草类志》卷4："宜光，唐为汤州。"恐不足取。
③ 山峒（Son Đông），盖古为蛮寨，姑定为唐罗韶县之所在。
④ 《旧唐志》作"渌水"，今依《本钱簿》、《新唐志》、《州郡典》。按唐人行楷"氵"颇似"氵"，《旧唐志》或其传抄、刻印者盖以此误。
⑤ 依地理形势分析。
⑥ 《新唐志》谅州为羁縻，《州郡典》、《旧唐志》不载，《元和志》谅州为附贡州，即为正州，今姑定升正州与置贡州同在元和二年。
⑦ 《新唐志》羁縻谅州领武兴、古都二县，乃因脱文误以贡州领县列入，今依《元和志》更正。
⑧ 《地图集》置谅州于今谅山。按今支棱县万灵（Van Linh），旧译文林，发音近于首县文谅，且地形远较谅山开阔平衍，似更宜为置州之地。阮萃珍《大越古今沿革地志考》云李朝时谅州在北宁谅江（今属北江省），或是当时谅州有移治之事，然则亦说明古谅州不在今谅山。

隶谅州，为州治。

附新县2：长上县(807—907)

元和二年，升羁縻谅州长上县为正县，仍治长上城(今越南谅山省右陇县)①，隶谅州。

(一〇)玉山郡(陆州)

玉州(621—628)—陆州(675—742)—玉山郡(742—758)—陆州(758—907)

武德四年，割钦州安海县置玉州②，以隋旧州为名，隶钦州总管府，并置海平县。五年，置玉山县。七年，改隶交州都督府。贞观元年，改隶桂州都督府。二年，州废，安海、海平、玉山三县隶钦州。

前上元二年，割桂州都督府钦州乌雷、安海、玉山三县置陆州，以州界陆水为名③，治乌雷县，隶交州都督府。永隆二年，隶安南都护府。

武周长安四年，陆州领县不变。

唐天宝元年，改为玉山郡，以玉山县为名，割隶普宁郡都督府④，又改玉山县为华清县。十载，复隶安南都护府。十三载，玉山郡领乌雷、安海、华清三县，仍治乌雷县。至德二载，隶镇南都护府，改安海县为宁海县。至德元载，隶安南管内经略使。二载，隶镇南管内经略使。

乾元元年，复为陆州，隶镇南管内都防御观察经略使。永泰二年，隶安南管内都防御观察经略使。大历三年，移治宁海县。贞元六年，隶安南管内观察经略等使。元和十五年，陆州领宁海、乌雷、华清三县，仍治宁海县。

咸通七年，隶静海军节度使。十四年，陆州领县不变。

1. 乌雷县(668—907)

总章元年，析玉山县置乌雷县，治乌雷洲(今广西钦州市钦南区犀牛脚镇乌雷村)⑤，因以为名，隶钦州。前上元二年，割隶陆州，为州治。天宝元年，隶

---

① 依地理形势分析。
② 两《唐志》等皆以武德五年析钦州置玉州，然武德四年钦州已归唐，且析安海县置海平县，安海、海平二县皆不隶钦州，是知武德四年已置玉州，诸书言武德五年置州者，盖误以置玉山县为玉州也。
③ 《太平寰宇记》陆州："以州界陆山为名。"今依《州郡典》。
④ 《大唐六典》卷3陆州隶安南都护府，而《本钱簿》、《州郡典》陆州玉山郡已隶容管，今推测改隶容府时间为天宝元年，与割山州隶邕管同时。
⑤ 《元和志》陆州乌雷县："本在州东三百里，总章元年置在海岛中，因乌雷州为名。"其地今已成陆。

玉山郡，为郡治。乾元元年，复隶陆州，为州治。大历三年，移州治于宁海县，乌雷县亦寄治宁海县城①。

2. 安海县(618—757)—宁海县(757—907)

安海②县，本隋宁越郡旧县，治安海城(今越南广宁省芒街市)③。武德元年，隶钦州。四年，割隶置玉州，为州治，并析置海平县。贞观二年，州废，改隶钦州。十二年，省海平县来属。前上元二年，改隶陆州。天宝元年，隶玉山郡。至德二载，以避安氏名姓，改为宁海县。乾元元年，复隶陆州。大历三年，自乌雷县移州治于此。

附旧县：海平县(621—638)

武德四年，析安海县置海平县，治海平城(今防城港市防城区)④，隶玉州。贞观二年，州废，改隶钦州。十二年，省入安海县。

3. 玉山县(622—742)—华清县(742—907)

武德五年，析安海县置玉山县，以隋旧县为名，治故玉山城(今钦州市钦南区大番坡镇水井坑)⑤，隶玉州。贞观二年，州废，改隶钦州。前上元二年，改隶陆州。天宝元年，隶玉山郡，以与江南东道信安郡县名重，改为华清县。乾元元年，复隶陆州。大历三年，寄治安海县城⑥。

附新州：苏茂州(866—907⑦)

咸通七年，升羁縻苏茂州为正州⑧，隶静海军节度使，仍治宾阳县，所领

---

① 《元和志》陆州乌雷县："西北至州一里。"旧治疑陷于蛮獠。
② 《隋志》作"海安"，疑误。
③ 《元和志》陆州宁海县："罗佩山，在县东九里，其山在大海中也。"华清县："大历三年与州同移于安海县，南枕大海。"《舆地纪胜》钦州古迹："玉州，今在化外。"则安海城当今越南广宁省芒街南之平玉(Binh Ngoc)，旧名玉山岛，今已成陆。
④ 《纪要》廉州府钦州："海安废县：其南又有海平县。"按海安西南已入羁縻新安州界，而海东至州治三百里，其间当有一县，"其南"当为"其东"之误。故疑海平县在今防城港市一带，其地有古运河，为廉、陆二州经安海县入安南海道所经，宜为置县之地。
⑤ 《元和志》陆州："华清县，本名玉山县，在乌雷县北四十里。"《地图集》置于今钦州市犀牛脚镇金窝(今已沦入水库)，廖幼华《唐宋时期廉钦交三州沿海交通与砦镇》(载《南方开发与中外交通》，西安地图出版社，2007年)推测在今钦州市大番坡村水井坑。按陆州本为应接安南海路而设，乌雷、安海二县皆为临海港口，华清县疑亦为介于乌雷、安海之间海港，故今取廖说。
⑥ 旧治疑陷于蛮獠。
⑦ 史志不载苏茂州下限。按《大越史略》卷中云，李仁宗英武昭圣二年(1077)，宋人征还所掠广源、苏茂等三州民兵。周去非《岭外代答》卷2《安南国》误将苏茂离为苏、茂二州。可见苏茂州唐末仍存。
⑧ 崔致远《补安南录异图记》(载《桂苑笔耕集》卷16)："安南之为府也，巡属一十二郡：峰、骥、演、爱、陆、长、郡、谅、武定、武安、苏茂、(虞)〔唐〕林。"崔氏唐末为高骈幕僚，此盖追记咸通七年高骈复置安南府时事，则推知苏茂州于是年升正州。

羁縻宾阳县升为正县。十四年,苏茂州领县不变。

附新县:宾阳县(866—907)

咸通七年,升羁縻苏茂州宾阳县为正县,仍治宾阳城(今越南广宁省锦普市共和)①,隶苏茂州。

附旧府 南德州总管府(622—624)—南德州都督府(624—625)—德州都督府(625—627)—驩州都督府(627—681)

武德五年,割交州总管府南德、林、匕、海四州置南德州总管府,隶荆州大总管府,改匕州为南景州,置源、明、智、前驩四州。七年,改为南德州都督府,隶荆州大都督府。八年,改南德州为德州,南德州都督府为德州都督府。贞观元年,改前驩州为演州,德州为后驩州,智州为南智州,改德州都督府为驩州都督府②,督后驩、南智、演、林、景、明、源、海八州。二年,属岭南道。八年,改源州为阿州。十一年,复南智州为智州。十三年③,废明、阿、海三州,驩州都督府督后驩、智、演、林、景五州。十六年,废智、演二州。贞观末,废林、景二州。永隆二年,罢驩州都督府,后驩州隶安南都护府。

第四节 朗宁郡(邕州)都督府

南尹州总管府(621—624)—南尹州都督府(624—632)—邕州都督府(667—神龙中)—贵州都督府(神龙中—711)—邕州都督府(711—742)—朗宁郡都督府(742—756)—邕州管内经略使(756—758)—邕州管内都防御经略使(758—759)—邕州管内节度使(759—760)—邕州管内都防御经略使(760—764)—邕州管内经略等使(770—820,822—862)—岭南西道节度使(862—907)

武德四年(621),平萧梁,割钦州总管府南尹、南、越三州及桂州总管府藤州置南尹州总管府,隶山南道行台。是年,置林、铜、南岩、郁、南简、南晋、南方七州。五年,隶荆州大总管府,置姜州,改越州为南越州。六年,改林州为绣州。七年,改为南尹州都督府,隶荆州大都督府。贞观二年

---

① 宾阳县治地,考详下编第五章《岭南道羁縻地区》第三节"安南都护府所领"直辖羁縻苏茂郡注。
② 《旧唐志》作贞观二年置驩州都督府。按德州本有都督府,既贞观元年改为驩州,则都督府应随之更名,非贞观二年新置。今改。
③ 《旧唐志》作"十二年",今依《太平寰宇记》、《新唐志》。

(628)，属岭南道。六年①，罢都督府，南尹、藤、南越、白、铜②、绣、郁、姜、南宕、南方、南简、南晋十二州隶桂州都督府。

乾封二年③(667)，割桂州都督府邕、贵、横、淳、钦、瀼、笼七州置邕州都督府，以废龚州都督府之宾、澄二州来属，仍隶岭南道。

武周长安四年(704)，邕州都督府督邕、宾、澄、贵、横、淳、钦、瀼、笼九州。

唐神龙中④，以夷獠之乱，移都督府于贵州，改为贵州都督府，瀼、笼二州还隶桂州都督府，废淳州。景云二年(711)，州界平定，还都督府于邕州，复为邕州都督府，割桂州都督府瀼、笼二州来属⑤。开元十五年(727)，复置淳州⑥，升羁縻田州为正州来属。十六年，割桂州都督府严州来属。

天宝元年(742)，改邕州为朗宁郡，宾州为安城郡，澄州为贺水郡，严州为修德郡，贵州为怀泽郡，横州为宁浦郡，淳州为永定郡，钦州为宁越郡，瀼州为临潭郡，笼州为扶南郡，田州为横山郡，改邕州都督府为朗宁郡都督府，割南海郡都督府石城郡、安南都护府龙池郡来属。是年，改石城郡为招义郡。十三载，朗宁郡都督府督朗宁、安城、贺水、修德、怀泽、宁浦、永定、宁越、龙池、招义、临潭、扶南、横山十三郡。十五载，以朗宁、安城、贺水、修德、怀泽、宁浦、永定、宁越、龙池、招义、临潭、扶南、横山十三郡置邕州管内经略使（简称邕管经略使）⑦，治朗宁郡，都督府只领羁縻州。是年，割招义郡隶岭南节度使。至德二载(757)，改安城郡为岭方郡。

乾元元年(758)，改为邕州管内都防御经略使，复朗宁郡为邕州，岭方郡为宾州，贺水郡为澄州，修德郡为严州，怀泽郡为贵州，宁浦郡为横州，永定郡为淳州，宁越郡为钦州，龙池郡为山州，临潭郡为瀼州，扶南郡为笼州，横山郡

---

① 《旧唐志》贵州序作"七年"，桂州序作"六年"。按南尹州都督府废后，所属南方、南尹二州初隶桂府，后隶龚府，其间当有一缓冲时间，故今从桂州序作"六年"。
② 《旧唐志》桂州序原作"相"，按唐初南尹州一带无相州，有铜州，"相"字当是"铜"字之形误，今改。
③ 《旧唐志》系于"贞观六年"。据《元和志》、《太平寰宇记》，贞观六年改南晋州为邕州，乾封二年始置都督府，《旧唐志》当有脱文。
④ 《元和志》邕州："乾封二年，置都督府。后为夷獠所陷，移府于贵州。景云二年，州界平定，复于邕州置都督府。"按夷獠起义维持时间一般不超过一两年，今姑定于神龙中罢邕州都督府。
⑤ 《太平寰宇记》邕管羁縻州载，瀼、〔龙〕〔笼〕二州"旧羁縻州，先属桂州，景云元年八月割入邕州"。按此二州永贞时乃降为羁縻州，此为以后州记前事。又，邕州都督府景云二年乃复置，此云元年割入邕府，不确，当指上奏动议之年。
⑥ 《大唐六典》卷3岭南道邕管有浔州无淳州，"浔"当系"淳"字之误。
⑦ 邕管经略使始置于天宝十四载，依本卷体例，方镇作为行政区一律以天宝十五载（至德元载）起算。《新唐志》云："邕管所领，又有显州、武州、沈州，后皆废省。"显州，疑是羁縻思明州显川县之误；武州，疑是羁縻武龙州或羁縻武义州夺字；沈州，疑是羁縻波州之误，要皆为邕管羁縻州县，非正州也，以字误，不见史志，故疑为"后皆废省"。

为田州。二年,升为邕州管内节度使(简称邕管节度使)。后上元元年(760),复降为邕州管内都防御经略使,均治邕州。二年,割岭南节度使罗、潘二州来属。广德二年(764),罢镇,邕、宾、澄、严、贵、横、淳、钦、山、罗、潘、瀼、笼、田十四州隶桂邕都防御观察使。大历五年(770),割桂邕都防御观察使邕、宾、澄、严、贵、横、淳、钦、山、罗、潘、瀼、笼、田十四州复置邕州管内经略等使①,仍治邕州。建中元年(780),升桂州管内经略使羁縻思唐州为正州来属。贞元元年(785),割桂州管内经略使浔州来属。永贞元年(805),改淳州为峦州,降瀼、笼、田三州为羁縻州,隶邕州都督府,废山州。元和元年(806),割严州隶容州管内观察经略等使,罗、潘二州隶岭南节度使。十五年,罢镇,邕、宾、澄、贵、浔、横、峦、钦八州隶容州管内观察经略等使,思唐州隶桂州管内都防御观察经略等使。

长庆二年(822),割容州管内观察经略等使邕、宾、澄、贵、浔、横、峦、钦八州及桂州管内都防御观察经略等使严州复置邕州管内经略等使,治邕州。咸通三年(862),升为岭南西道节度使,仍治邕州,属岭南西道,割桂州管内都防御观察经略等使龚、象②二州,容州管内观察经略等使藤、行岩二州来属。四年,以废容州管内观察经略等使之容、义、窦、禹、顺、白、廉、牢、党、郁林、绣十一州来属,割龚、象二州还隶桂州管内都防御经略等使。五年,复割容、藤、义、窦、禹、顺、白、廉、行岩、牢、党、郁林、绣十三州还隶容州管内观察经略等使。十四年,岭南西道节度使领邕、宾、澄、严、贵、浔、横、峦、钦九州,治邕州③。

(一)朗宁郡(邕州)

南晋州(621—634)—邕州(634—742)—**朗宁郡**(742—758)—邕州(758—907)

武德四年,平萧铣,割南定州宣化县置南晋州,取南朝晋兴郡首字为名,隶南尹州总管府,并置永定县④。五年,置朗宁、晋兴、横山、武缘四县。七年,隶南尹州都督府。贞观六年,改隶桂州都督府。八年⑤,改为邕州,因州西南

---

① 据郁贤皓《唐刺史考全编》,大历后,邕管长官全称应为"邕州管内经略招讨处置使"。
② 《新唐志》作"蒙",且脱龚、藤、岩三州,今依尤炜祥《两唐书疑义考释·新唐书卷》第90页改。
③ 《舆地纪胜》邕州引《建武志》云,乾宁四年置建武军;《新五代史》卷60《职方考》曰:"容州曰宁远,邕州曰建武,广州曰清海,皆唐故号。"然据朱玉龙《五代十国方镇年表》第647页考证,邕管建节(即置节度使)在唐代,赐额建武则是后梁时事,今从之。
④ 唐朝正州罕有领一县者。考其东境有峦州永定县,《元和志》谓峦州贞观末、永徽初置,《新唐志》谓武德四年置,《旧唐志》则谓失起置年月,盖其首县永定县初置于武德四年,而与峦州重置于贞观末也。永定县初置时,当隶于南晋州,此事为史志失载。
⑤ 《元和志》、《旧唐志》、《太平寰宇记》邕州条作"六年",《州郡典》作"五年",今依《旧唐志》桂州条及《新唐志》。

邕溪水为名。其后,省永定县。十三年,邕州领宣化、朗宁、晋兴、横山、武缘五县,治宣化县。二十三年,置永定、武罗、灵竹三县,割隶淳州。

乾封二年,置邕州都督府。

武周长安四年,邕州领宣化、朗宁、晋兴、横山、武缘四县,治宣化县。

唐神龙中,罢都督府,邕州隶贵州都督府,省横山县。景云二年(711),复置邕州都督府,割钦州如和县、瀼州思笼县来属,并置封陵县①。开元十五年,置永定、武罗、灵竹三县,割隶淳州。

天宝元年,改为朗宁郡,以朗宁县为名,隶朗宁郡都督府。十三载,朗宁郡领宣化、朗宁、晋兴、武缘、封陵、如和、思笼七县,治宣化县。十五载,隶邕州管内经略使,为使治。

乾元元年,复为邕州,隶邕州管内都防御经略使。二年,隶邕州管内节度使。后上元元年,复隶邕州管内都防御经略使,均为使治。广德二年,罢镇,邕州隶桂邕都防御观察使。大历五年,复隶邕州管内经略等使,为使治。元和十五年,罢镇,邕州隶容州管内观察经略等使,领县一如天宝十三载。

长庆二年,复隶邕州管内经略等使,置武夷县。咸通三年,隶岭南西道节度使,均为使治。十四年,省武夷县,邕州领县仍如天宝十三载。

1. **宣化县**(618—907)

本隋郁林郡旧县,武德元年,隶南定州。四年,割隶南晋州,为州治,并析置永定县。五年,析置武缘、晋兴、朗宁、横山四县。神龙中,省横山县来属。天宝元年,隶朗宁郡,为郡治。乾元元年,复隶邕州,为州治。

附旧县:**横山县**(622—神龙中)

武德五年,析宣化县置横山县,以近横山而名,治横山城(今广西南宁市兴宁区五塘镇)②,隶南晋州。贞观八年,隶邕州。神龙中③,省入宣化县。

2. **朗宁县**(622—907)

武德五年,析宣化县置朗宁县,治朗宁城(今广西隆安县城城厢镇)④,隶

---

① 此据《元和志》。《新唐志》云钦州如和县景龙二年隶邕州,无史事背景,恐误。封陵、思笼二县《元和志》作景云后置,《新唐志》作乾元后开溪洞置。按乾元后唐朝极少开溪洞,《新唐志》所记有误。今按景云二年乃复置邕州都督府之年,当增置若干县以张大其事,然《元和志》作"景云后"置,亦属用词不确。
② 《纪要》南宁府宣化县:"横山废县,在府东,以近横山而名。"《地名大辞典》第3778页云横山县治今邕宁县(今属南宁市邕宁区)五塘镇,从之。
③ 《新唐志》作"乾元后"。按《本钱簿》、《旧唐志》、《州郡典》皆不列目,显见开元前已废,《新唐志》"乾元"当是"乾封"之误。且据本节"朗宁郡都督府"序注考证,神龙中邕州都督府曾陷于夷獠,则横山县当废于此时。
④ 《元和志》邕州朗宁县:"南至州一百八十里。"今定于隆安县城。

南晋州。贞观八年,隶邕州。天宝元年,隶朗宁郡。乾元元年,复隶邕州。长庆二年,移治新朗宁城(今南宁市西乡塘区金陵镇龙达村)①,析置武夷县。

附旧县:武夷县(822—873)

长庆二年,析朗宁县置武夷县,治朗宁城,隶邕州②。咸通十四年,省入朗宁、晋兴二县③。

3. 晋兴县(622—907)

武德五年,析宣化县置晋兴县,以南朝旧县为名,治故晋兴城(今广西武鸣县城城厢镇)④,隶南晋州。贞观八年,隶邕州。天宝元年,隶朗宁郡。乾元元年,复隶邕州。

4. 武缘县(622—907)

武德五年,析宣化县置武缘县,以南朝旧县为名,治故武缘城(今南宁市青秀区伶俐镇)⑤,隶南晋州。贞观八年,隶邕州。其后,省永定县来属。二十三年,析置永定、武罗、灵竹三县。神龙中,以废淳州永定、武罗、灵竹三县省入。开元十五年,复析置永定、武罗、灵竹三县。天宝元年,隶朗宁郡。乾元元年,复隶邕州。

5. 封陵县(711—907)

景云二年⑥,开溪洞置封陵县,治封陵城(今南宁市邕宁区百济镇)⑦,隶邕州。天宝元年,隶朗宁郡。乾元元年,复隶邕州。

6. 如和县(622—907)

武德五年,开钦州安京、南宾二县溪洞置如和县,治如和城(今南宁市江

---

① 《太平寰宇记》邕州:"废朗宁县,在州西北八十里。"《广西建置沿革考录》、《广西通志·行政区划志》第39页、《地名大辞典》第3777页定于南宁市那龙乡龙达村,亦名龙江圩。
② 王克荣《广西隆安发现唐代铜印》(载《文物》1990年第10期)据"武夷县印"出土地判断在今隆安县城一带,从之。《元和志》不载此县,当置于元和后,今姑系于复置邕管之长庆二年。《本钱簿》武峨州有武夷县,盖是武义县误书,"义(義)"字草书与"夷"相似。
③ 《太平寰宇记》邕州无武夷县,唐末以前当已省入朗宁、晋兴二县,今姑系于咸通十四年。晋兴后改乐昌,宋景祐间省入邕州武缘县,范镇编《新唐志》时盖以为武夷县与武峨州武缘县有关,故误系于武峨州下。
④ 《元和志》邕州晋兴县:"南至州一百里。"《历史地名》第2073页云在今武鸣县南三十里,《广西通志·行政区划志》第39页以为在双桥镇苏宫村,与《元和志》不合,不取。
⑤ 《元和志》邕州武缘县:"西至州一百里。"
⑥ 《新唐志》作"乾元后",今依《元和志》,并据上注考证为景云二年,《本钱簿》、《州郡典》、《旧唐志》邕州已有封陵县,可证。
⑦ 《元和志》邕州封陵县:"西(南)〔北〕至州一百里。"《太平寰宇记》邕州:"废封陵县:在州东一百里。"《广西通志·行政区划志》第39页遂以为在南宁市五塘乡(今南宁市兴宁区五塘镇)七塘村。按邕州东北一百里为山区,正东一百里已置武缘县,俱不合置于,颇疑封陵县在邕州东南一百里,而《元和志》误"西北"为"西南"。今定于南宁市邕宁区百济镇。

南区延安镇那悌村),以如和山为名①,隶钦州。景云二年,割隶邕州。天宝元年,隶朗宁郡。乾元元年,复隶邕州。

7. 思笼县(711—907)

景云二年②,开瀼州鹄山县溪洞置思笼③县,治思笼城(今广西崇左市江州区板利乡)④,割隶邕州。天宝元年,隶朗宁郡。乾元元年,复隶邕州。

(二) 安城郡(宾州)

宾州(631—742)—安城郡(742—757)—岭方郡(757—758)—宾州(758—907)

贞观五年,割南方州岭方、思干、琅邪三县及南尹州安城县置宾州,以宾水得名⑤,治岭方县,隶桂州都督府。七年,隶龚州都督府。十二年,省思干县。十三年,宾州领岭方、琅邪、安城三县,治岭方县。

乾封二年,隶邕州都督府⑥。

武周长安四年,宾州领县不变。

唐神龙中,改隶贵州都督府。景云二年,还隶邕州都督府。

天宝元年,改为安城郡,以安城县为名,隶朗宁郡都督府。十三载,安城郡领岭方、琅邪、安城三县,治岭方县。十五载,隶邕州管内经略使⑦。至德二载,避安氏名姓,改安城郡为岭方郡,安城县为保城县。

乾元元年,复为宾州,隶邕州管内都防御经略使。二年,隶邕州管内节度使。后上元元年,复隶邕州管内都防御经略使。广德二年,隶桂邕都防御观察使。大历五年,复隶邕州管内经略等使。元和十五年,隶容州管内观察经

---

① 《元和志》邕州如和县:"东北至州九十里。因县西南四十里如和山为名。"《广西建置沿革考录》、《广西通志·行政区划志》第39页、《历史地名》第1154页定于邕宁县苏圩镇(今属南宁市江南区)。按如和县系析钦州安京、南宾二县地置,当距安京、南宾二县较近,苏圩镇距二县较远,不合为如县治,今定如和县于延安镇那悌村,其西南四十里之座椅山,疑即如和山,八尺汀,即如和水。
② 《新唐志》作"乾元后",今依《元和志》,并据上注考证为景云二年,《本钱簿》、《州郡典》、《旧唐志》邕州已有思笼县,可证。思笼县境依地理形势推定。
③ 《州郡典》、《旧唐志》作"思龙",今依《本钱簿》、《新唐志》、《元和志》、《太平寰宇记》。
④ 《元和志》邕州思笼县:"东至州三百里。"《太平寰宇记》邕州:"废思笼县,在州西南三百里。"《舆地纪胜》邕州宣化县引《国朝会要》:"开宝五年,废思(龙)〔笼〕县隶如和县。"则可定思笼县治今崇左市板利乡。《地图集》唐代幅、《广西建置沿革考录》等定于今隆安县,与如和县中隔朗宁、宣化二县,当误。
⑤ 《舆地纪胜》宾州:"《郡国志》:宾州以宾水为名。"
⑥ 《新唐表》云,景云元年置桂管经略使时已不领宾州,可知此前已改隶邕州都督府,其时当在初置邕州都督府之时。
⑦ 《旧唐志》总序云,宾州隶桂管经略观察使。然据《新唐表》及《方镇研究》,宾州未曾隶桂管,《旧唐志》盖据《州郡典》排序致误,今不取。

略等使,领岭方、琅邪、保城三县,治岭方县。

长庆二年,复隶邕州管内经略等使。咸通三年,隶岭南西道节度使。十四年,宾州领县不变。

1. 领方县(618—621)—岭方县(621—907)

岭方县,本隋郁林郡领方县,武德元年,隶南定州。四年,割隶南方州,改为岭方县,并析置无虞、琅邪、思干、上林、止戈五县。贞观五年,以县置宾州。十二年,省思干县来属。天宝元年,隶安城郡。至德二载,隶岭方郡,均为郡治。乾元元年,复隶宾州,为州治。

附旧县:思干县(621—638)

武德四年,析岭方县置思干县,治思干城(今宾阳县思陇镇)①,隶南方州。贞观五年,割隶宾州。十二年,省入岭方县。

2. 琅邪县(621—907)

武德四年,析岭方县置琅邪②县,治琅邪城(今宾阳县武陵镇甘寨村)③,隶南方州。贞观五年,割隶宾州。天宝元年,隶安城郡。至德二载,隶岭方郡。乾元元年,复隶宾州。

3. 安城县(618—757)—保城县(757—907)

安城县,本隋郁林郡安成县,武德元年,改为安城县,隶南定州。四年,隶南尹州。贞观五年,割隶宾州。天宝元年,隶安城郡。至德二载,隶岭方郡,避安氏名姓,改为保城县。乾元元年,复隶宾州。

(三)贺水郡(澄州)

南方州(621—634)—澄州(634—742)—贺水郡(742—758)—澄州(758—907)

武德四年,平萧铣,割南定州领方县置南方州,以领方县末字为名,改领方县为岭方县,并置琅邪、思干、上林、止戈、无虞五县,治上林县,隶南尹州总管府。七年,隶南尹州都督府。八年,割南昆州贺水县来属。贞观五年,割岭方、琅邪、思干三县隶宾州。六年,改隶桂州都督府。七年,割隶龚州都督府。八年,改为澄州,以澄江洞为名④。十三年,澄州领上林、止戈、贺水、无虞四县,治上林县。

---

① 《纪要》宾州:"思干废县:在州西。"今依雷坚定于思陇镇。
② 《元和志》宾州条作"琅琊",《本钱簿》、《州郡典》作"瑯琊"。
③ 《太平寰宇记》宾州:"废琅琊县:在州东二十里。"《地名大辞典》第3835页云,琅玡县治今武陵镇甘寨村边仁塘岭,从之。
④ 《舆地纪胜》宾州有澄江洞,在迁江县之西,即故澄州境。《纪要》宾州上林县:"澄江:县西二里,唐澄州以此名。"亦得。

乾封二年，隶邕州都督府①，置都云县。

武周万岁通天二年(697)，改都云县为羁縻廖州。长安四年，澄州领县一如贞观十三年。

唐神龙元年，改隶贵州都督府。景云二年，还隶邕州都督府。

天宝元年，改为贺水郡，以贺水县为名，隶朗宁郡都督府。十三载，贺水郡领上林、止戈、贺水、无虞四县，治上林县。十五载，隶邕州管内经略使②。

乾元元年，复为澄州，隶邕州管内都防御经略使。二年，隶邕州管内节度使。后上元元年，复隶邕州管内都防御经略使。广德二年，隶桂邕都防御观察使。大历五年，复隶邕管经略使。元和十五年，隶容州管内观察经略等使，澄州领县一如天宝十三载。

长庆二年，复隶邕州管内经略等使。咸通三年，隶岭南西道节度使。十四年，澄州领县不变。

1. **上林县**(621—907)

武德四年，析岭方县置上林县，治上林城(今广西上林县澄泰乡古城村)③，县在上林洞口，因以为名，隶南方州。贞观八年，隶澄州。天宝元年，隶贺水郡，为郡治。乾元元年，复隶澄州，为州治。

2. **止戈县**(621—907)

武德四年，析岭方县置止戈县，盖取止戈为武之意，治止戈城(今广西武鸣县陆斡镇卢村)④，隶南方州。贞观八年，隶澄州。乾封二年，析置都云县。天宝元年，隶贺水郡。乾元元年，复隶澄州。

3. **贺水县**(621—907)

武德四年，析昆州马平县置贺水县，以贺水为名，治贺水城(今广西忻城县古蓬镇周安村)⑤，隶南昆州。八年，割隶南方州。贞观八年，隶澄州。天宝

---

① 《新唐表》云，景云元年置桂管经略使时已不领澄州，可知此前已改隶邕州都督府，其时当在初置邕州都督府之时。
② 《旧唐志》总序云，澄州隶桂管经略观察使。然据《新唐表》及《方镇研究》，澄州未曾隶桂管，《旧唐志》盖据《州郡典》排序致误，今不取。
③ 《元和志》澄州："南至宾州八十八里。"《太平寰宇记》澄州："西南至邕州二百四十里，东至严州二百二十六里。"《广西建置沿革考录》、《广西通志·行政区划志》第40页、《地名大辞典》第3833页云上林县治今上林县澄泰乡古城村，从之。《地图集》唐代幅绘上林县于今上林县城南，不详所据，不取。
④ 《元和志》澄州止戈县："东至州八十里。"《广西建置沿革考录》、《地名大辞典》第3781页云止戈县治今武鸣县陆斡镇卢村，从之。《广西通志·行政区划志》第40页以为在马头乡卢陆屯，县名寓意用武边荒，按其地过于偏僻，不取。
⑤ 《元和志》澄州贺水县："西南至州一百九十里。"《太平寰宇记》澄州："废贺水县：在州东北一百一十里。"《广西建置沿革考录》、《地名大辞典》第3870页云贺水县治今忻城县周安，从之。贺水，即今湾江河。《广西通志·行政区划志》第40页则云县以红河为名，壮语"贺"、"红"同音。

元年,隶贺水郡。乾元元年,复隶澄州。

4. 无虞县(621—907)

武德四年,析岭方县置无虞县,盖取疆场无虞之意,治无虞城(今上林县三里镇云卢村)①,隶南方州。贞观八年,隶澄州。天宝元年,隶贺水郡。乾元元年,复隶澄州。

(四) 修德郡(严州)

严州(650—742)—修德郡(742—758)—严州(758—907)

永徽元年(650),割柳州修德、前洛容二县置严州,治修德县,以地在严冈之上为名②,隶桂州都督府。乾封二年③,置怀义、归化二县,移州治于怀义县。

武周天授二年,省前洛容县。长安四年,严州领怀义、修德、归化三县,治怀义县。

唐开元十六年,割隶邕州都督府④。

天宝元年,改为修德郡⑤,以修德县为名,隶朗宁郡都督府。二年,改怀义县为来宾县。十三载,修德郡领来宾、修德、归化三县,治来宾县。十五载,隶邕州管内经略使。

乾元元年,复为严州,隶邕州管内都防御经略使。二年,隶邕州管内节度使。后上元元年,复隶邕州管内都防御经略使。广德二年,隶桂邕都防御观察使。大历五年,复隶邕管经略使。元和元年,割隶容州管内观察经略等使,省归化

---

① 《元和志》澄州无虞县:"西南至州三十六里。"《地名大辞典》第3833页云无虞县治今上林县澄泰乡江那村。按澄泰乡古城村已置上林县,则无虞县当更在其东北,今定于三里镇云卢村。白耀天《唐代在今广西设置的州县考(下)》云:今上林县澄泰乡洋渡村的山洞里存有刻于永淳元年的《澄州无虞县清泰乡都万里六合坚固大宅颂》碑。今检广西分县地图,洋渡村实在三里镇南境清水江北岸,不属澄泰乡。《广西建置沿革考录》定于白圩镇,方位亦不合。
② 两《唐志》、《太平寰宇记》皆云乾封年间招生獠置严州及来宾、归化二县。今按《元和志》严州序云乾封二年于乐沙县(即来宾县)置严州,而(循)〔修〕德县却云二县永徽初已割隶严州,并以修德为州治,是知严州实始置于永徽元年,乾封二年乃新置来宾、归化二县及移州治于来宾,非始置严州,今为改正。
③ 《州郡典》作"三年",《旧唐志》作"元年",今据《元和志》、《新唐志》。
④ 史志不载此事。按《新唐表》,开元二年严州犹属桂管,而《本钱簿》严州已不隶桂府,邕府有残页,当脱严州,表明开元中严州已自桂府改隶邕府。《唐故中大夫福州刺史管(元惠)府君神道碑并序》(载《全唐文补遗》第三辑)云,开元十五年管元惠除"使持节都督邕州诸军事邕州刺史兼(浔)〔淳〕贵等卅六州",其时邕府有二十六羁縻州,则正州为十个,尚不含严州在内,故今姑定于开元十六年改隶邕府。《大唐六典》卷3邕府无严州,却有环州,环州当即严州之误;桂府无环州,有严州,其严州亦当为环州之误。
⑤ 《元和志》、《新唐志》作"循德郡",今依《旧唐志》、《州郡典》、《太平寰宇记》。张驹贤《元和郡县图志考证》云:"疑循、修形近讹。"极是。按《州郡典》郡、县名皆作修德,《元和志》后出,始讹为循德。

县。是年,割严州隶桂州管内经略使。十五年,严州领来宾、修德二县,治来宾县。

长庆二年,复隶邕州管内经略等使,置归化县。咸通三年,隶岭南西道节度使。十四年,严州领县不变。

1. **文安县**(621)—**乐沙县**(621—633)—**怀义县**(667—743)—**来宾县**(743—907)

武德四年,析柳州马平县置文安县,治文安城(今广西来宾市兴宾区城厢镇旧城厢)①,盖取文治安边之意,隶昆州。是年,改为乐沙县,隶南昆州。贞观七年,省入修德、新平二县,治故乐沙城(今来宾市城厢乡旧城厢)②。乾封二年,析修德县置怀义县,隶严州,自修德县移州治于此。天宝元年,隶修德郡,为郡治。二年,以与本道平琴郡县名重,改为来宾县,县在来宾水东,故以为名。乾元元年,复隶严州,为州治。元和元年,省归化县来属。长庆二年,复析置归化县。

2. **归德县**(621)—**修德**③**县**(621—907)

武德四年,析马平县置归德④县,治归德城(今来宾市兴宾区石牙乡)⑤,盖取归明德化为名,隶昆州。是年,改为修德县,取意略同归德,隶南昆州。贞观七年,省乐沙县来属。八年,隶柳州。永徽元年,割隶严州,为州治,并析置前洛容县。乾封二年,析置怀义县,移州治于怀义县。天宝元年,隶修德郡。乾元元年,复隶严州。

3. **归化县**(667—806,822—907)

乾封二年,析前洛容县置归化县⑥,治归化城(今来宾市兴宾区凤凰镇)⑦,隶严州。天授二年,省前洛容县来属。天宝元年,隶修德郡。乾元元年,复隶严

---

① 《纪要》柳州府马平县:"又文安废县,亦在府南。"《地名大辞典》第3789页柳江县云:"文安县治今白沙。"《广西通志·行政区划志》第46页亦云:"乐沙县治所在今柳江县白沙。"按《元和志》严州:"乾封二年,于废昆州乐沙县置严州,仍改乐沙县为怀义县。"来宾县:"本乐沙县也,乾封二年为怀义县。"则文安县改乐沙,乐沙改怀义,怀义又改来宾,均在一地,未曾移治,白沙在今柳州市东,与顾氏所载方位不合,不取。
② 《元和志》严州来宾县:"东至州二百里。"严州治修德县在今来宾县石牙乡,则此"二百"当为"一百"之误。《太平寰宇记》象州阳寿县:"来宾县,(州)西一百五十里。"可证。
③ 两《唐志》、《元和志》严州作"循德",两《唐志》柳州及《州郡典》修德郡则作"修德"。按郡名为修德,则县名亦当以修德为是。"修"字古体"脩"甚类"循",两《唐志》、《元和志》盖以此误。
④ 《元和志》严州条作"阳德",今依两《唐志》柳州条。
⑤ 《纪要》柳州府来宾县:"《志》云:县东南五十里有古郎城,疑即故〔修〕(循)德县治。"《元和志》严州修(循)德县:"古郎山,在县西四十里。"则古郎山即今弄顶,修德县治更在其东四十里,《广西建置沿革考录》、《广西通志·行政区划志》第49页以为在今石牙乡,从之。
⑥ 史志不载归化县所从出,今依地理形势推定。
⑦ 《舆地纪胜》象州古迹:"古归化城址,在来宾县北。皇朝开宝七年并归化入来宾县,此城遂废。"今定于来宾市凤凰镇。《纪要》、《大清一统志》卷357柳州府云归化县在来宾县南,《地图集》标于今来宾市东南,均与《舆地纪胜》不合,不取。

州。元和元年,省入来宾县①。长庆二年,析来宾县复置归化县②。

附旧县:前洛容县(650—691)

永徽元年③,析修德县置前洛容县,盖取獠语意为名,治洛容城(今来宾市兴宾区大湾乡)④,隶严州。乾封二年,析置归化县。天授二年,省入归化县。

(五) 怀泽郡(贵州)

南定州(618—621)—南尹州(621—634)—贵州(634—742)—怀泽郡(742—758)—贵州(758—907)

怀泽郡,本隋郁林郡,领郁林、郁平、乐山、宁浦、岭山、宣化、领方、安成、马度、桂平、阿林、石南十二县。武德元年,萧梁改为南定州,隶钦州总管府,置兴德县,治郁林县。是年,置安乐县,省兴德县。四年,归唐,改为南尹州,以隋旧州为名,仍治郁林县,置南尹州总管府;改马度县为马岭县⑤,安成县为安城县,置常林、兴德、怀泽、潮水四县。是年,割常林、阿林二县隶林州,石南、安乐、兴德三县隶郁州⑥,宁浦、乐山二县隶简州,宣化县隶南晋州,领方县隶南方州。五年,割岭山县隶简州,桂平县隶前燕州。七年,改总管府为都督府。贞观五年,割安城县隶宾州。六年,罢都督府,南尹州隶桂州都督府。七年⑦,以废郁州之石南、兴德、潭栗三县来属。八年⑧,改为贵州,以宜贵山为名⑨。十三年,贵州领郁林、兴德、石南、潭栗、怀泽、潮水、马岭、郁平八县,仍治郁林县。二十三年,割潭栗县隶容州。

---

① 《太平寰宇记》象州:"废归化县,与严州同置,亦同废。"然《元和志》严州已无归化县,则归化县之废当不迟于元和初。按元和元年严州改隶容管,行政归属移向东南,而归化县在严州西北,故推定是年罢弃该县。
② 史志不载此事。按《新唐志》严州又有归化县,《太平寰宇记》象州条亦云归化县与严州同废于宋初,则元和后又曾复置归化县,今姑定于长庆二年严州自桂管还隶邕管之时。
③ 永徽元年,《元和志》作"永徽中",《旧唐志》作"贞观后",《太平寰宇记》、《新唐志》作"贞观中"。按严州置于永徽初,今定于永徽元年。
④ 依地理形势推定。
⑤ 《新唐志》作"改马岭为马度",今据赵庶洋《〈新唐书·地理志〉研究》第193—194页乙正。
⑥ 《旧唐志》云:"贞观中,置郁林州,领石南、兴德。"按《舆地纪胜》郁州引《元和志》逸文:"(石南郡)开皇十年改为石南县。武德四年,于县置郁(林)〔州〕。正(贞)观六年废,以属贵州。"可知《旧唐志》之"贞观中"当为"武德中"之误。又按安乐县在郁州东,若不与石南、兴德同时割属郁州,则为南尹州飞地,不合情理,今添入。
⑦ 此据《旧唐志》桂州条。原系于"六年",按该条主要记载废南尹州都督府、龙州、郁州及置龚州都督府诸事,皆在七年,今改。
⑧ 《旧唐志》贵州条原作"九年",今据其桂州条及《元和志》、《新唐志》贵州条。
⑨ 《舆地纪胜》贵州:"宜贵山,即北山。"

麟德二年①(665)，移州治于郁平县②，割石南、兴德、郁林三县隶郁州。乾封元年，复置安乐县，割隶郁林州。二年，贵州割隶邕州都督府。

武周长安四年，贵州领郁平、怀泽、潮水、马岭四县，治郁平县。

唐神龙中，置贵州都督府。景云二年，罢都督府，贵州复隶邕州都督府。

天宝元年，改为怀泽郡，以怀泽县为名，隶朗宁郡都督府，改马岭县为义山县③。十三载，怀泽郡领郁平、怀泽、潮水、义山四县，治郁平县。十五载，隶邕州管内经略使。

乾元元年，复为贵州，隶邕州管内都防御经略使。二年，隶邕州管内节度使。后上元元年，复隶邕州管内都防御经略使。广德二年，隶桂邕都防御观察使。大历五年，复隶邕管经略使。元和十五年，贵州隶容州管内观察经略等使，领县一如天宝十三载。

长庆二年，复隶邕州管内经略等使。咸通三年，隶岭南西道节度使。十四年，贵州领县不变。

1. 郁平④县(618—907)

本隋郁林郡旧县(今广西贵港市港北区贵城街道)，武德元年，隶南定州。四年，隶南尹州，析置怀泽、潮水、常林三县。贞观八年，隶贵州。麟德二年，自郁林县移州治于此。天宝元年，隶怀泽郡，为郡治。乾元元年，复隶贵州，为州治。

2. 怀泽县(621—907)

武德四年，析郁平县置怀泽县，以南朝旧县为名，治故怀泽城(今贵港市港南区瓦塘镇思怀村)⑤，隶南尹州。贞观八年，隶贵州。乾封元年，析置安乐县。天宝元年，隶怀泽郡。乾元元年，复隶贵州。元和十三年，以废岩州常乐

---

① 《太平寰宇记》郁林州云麟德三年(即乾封元年)置郁州，今依《新唐志》。因贵州治郁林县割隶郁州，则是年贵州移治郁平，即为贵州始置之年。
② 史志不载此事。按是年既割郁林县隶郁州，则必有移州治之事，《州郡典》、《旧唐志》云怀泽郡贵州治郁平县，可证。《新唐志》不察此敏，仍以为贵州治郁林县不改，后人遂移郁林一名于今贵港市城区，移郁平一名于今贵港市东津镇，《地图集》唐岭南道幅即是说。《舆地纪胜》虽已力辨其非，然未以移治事论之，故不足以服人，而为白耀天《唐代在今广西设置的州县考(下)》所攻。今细研史实，乃得发明此事，当可以澄清千古聚讼于一纸也。
③ 《旧唐志》贵州义山县："义山，新置。"《新唐志》贵州义山县："(马岭县)贞观后省，天宝后更置，曰义山。"据《本钱簿》，开元间马岭县仍存，且注云："马岭，改为义山。"与《元和志》合，今即依之。
④ 《本钱簿》、《元和志》、《新唐志》作"郁林"。按郁林县唐初为贵州治，麟德二年已移州治于郁平县，今以天宝末为断，当依《州郡典》、《旧唐志》作郁平。中华书局本《元和郡县图志》贵州郁林县校勘记虽觉《元和志》、《新唐志》之误，但仅谓为后人误改，恐未也。
⑤ 《广西通志·行政区划志》第39页以为在木梓镇。按木梓乃岩州安乐县治地(参详本编第十章《岭南道》第二节"普宁郡都督府"安乐郡岩州安乐县注)，不合为怀泽县治地，今定于思怀村(旧为乡)。

县地来属。

3. 潮水县(621—907)

武德四年,析郁平①县置潮水县,以潮水为名②,治潮水城(今贵港市覃塘区三里镇西城村)③,隶南尹州。贞观八年,隶贵州。天宝元年,隶怀泽郡。乾元元年,复隶贵州。

4. 马度县(618—621)—马岭县(621—742)—义山县(742—907)

义山县,本隋郁林郡马度县,武德元年,隶南定州。四年,改为马岭县,以马岭山为名,隶南尹州。贞观八年,隶贵州。天宝元年,隶怀泽郡,以与关内道安化郡县名重,改为义山县④。乾元元年,复隶贵州。

(六)宁浦郡(横州)

简州(621—623)—南简州(623—634)—横州(634—742)—宁浦郡(742—758)—横州(758—907)

武德四年,平萧铣,割南尹州宁浦、乐山二县置简州,以隋旧州为名,并置蒙泽、淳风二县,治宁浦县,隶南尹州总管府。五年,割南尹州岭山县来属。六年,改为南简州。七年,隶南尹州都督府。贞观六年,改隶桂州都督府。八年,改为横州,以横槎为名⑤。十二年,省蒙泽县。十三年,横州领宁浦、岭山、乐山、淳风四县,治宁浦县。十八年,省岭山县。

乾封二年,割隶邕州都督府。

武周长安四年,横州领宁浦、乐山、淳风三县,治宁浦县。

唐神龙中,改隶贵州都督府。景云二年,还隶邕州都督府。

天宝元年,改为宁浦郡,以宁浦县为名,隶朗宁郡都督府。十三载,宁浦郡领宁浦、乐山、淳风三县,治宁浦县。十五载,隶邕州管内经略使。

乾元元年,复为横州,隶邕州管内都防御经略使。二年,隶邕州管内节度使。后上元元年,复隶邕州管内都防御经略使。广德二年,隶桂邕都防御观察使。大历五年,隶邕管经略使。六年,复置岭山县。永贞元年,改淳风县为从化县。元

---

① 两《唐志》作"郁林",按潮水县与郁林县中隔郁平县,当析自郁平,郁林为郁平之误,今改。
② 《舆地纪胜》贵州:"潮水,在州西六十里。"
③ 《元和志》贵州潮水县:"东至州五十里。"今依《广西建置沿革考录》、《地名大辞典》第3911页定于贵港市三里镇西城村。
④ 义山县,《旧唐志》云新置,《太平寰宇记》云唐末置,《新唐志》云天宝后更置,今依《本钱簿》、《元和志》。
⑤ 《太平寰宇记》横州。《舆地纪胜》横州:"横槎庙,在宁浦县西南六十里故横州城内。"横州又有仙槎亭,因疑横槎与传说之仙槎有关。

和十五年,横州隶容州管内观察经略等使,领宁浦、岭山、乐山、从化四县,治宁浦县。

长庆二年,复隶邕州管内经略等使。咸通三年,隶岭南西道节度使。十四年,横州领县不变。

1. 宁浦县(618—907)

本隋郁林郡旧县,武德元年,隶南定州。四年,割隶简州,为州治,并析置蒙泽、淳风二县。六年,隶南简州,贞观八年,隶横州。十二年,省蒙泽县来属。十八年,省岭山县来属。天宝元年,隶宁浦郡,为郡治。至德中,移治郡东北七里郁江北岸(今广西横县城横州镇)。乾元元年,复隶横州。大历六年,复析置岭山县。

附旧新县:岭山县(618—644,771—907)

本隋郁林郡旧县,武德元年,隶南定州。五年,隶简州。六年,隶南简州,贞观八年,隶横州。十八年,省入宁浦县①。大历六年,析宁浦县复置岭山县②,治故岭山城(今横县新福镇飞龙村)③,仍隶横州。

附旧县:蒙泽县(621—638)

武德四年,析宁浦县置蒙泽县,治蒙泽城(今横县南乡镇)④,隶简州。六年,隶南简州。贞观八年,隶横州。十二年,省入宁浦县。

2. 乐山县(618—907)

本隋郁林郡旧县,武德元年,隶南定州。四年,隶简州。六年,隶南简州。贞观八年,隶横州。天宝元年,隶宁浦郡。乾元元年,复隶横州。

3. 淳风县(621—805)—从化县(805—907)

武德四年,析宁浦县置淳风县,盖以民风淳朴为名,治淳风城(今横县云表镇)⑤,隶简州。六年,隶南简州。贞观八年,隶横州。天宝元年,隶宁浦郡。乾元元年,复隶横州。永贞元年,避宪宗讳,改为从化县,盖取民从教化之意。

---

① 《新唐志》横州:贞观十二年后省岭山县。《纪要》横州蒙泽废县条云:"岭山废县,贞观十八年省入宁浦县。"当是。《地图集》唐代幅以开元二十九年为断,犹绘有岭山县,恐误。
② 《州郡典》、《旧唐志》(以肃、代之际为断)宁浦郡横州无岭山县,而《元和志》有,《太平寰宇记》亦云《贞元(十道)录》有此县,可知岭山县复置于代、德之际。按代宗大历六年平定岭南獠乱,州县多复,因推测岭山县复置于是年。
③ 《元和志》横州:"岭山县:东至州一百里。蛮江,北去县五步。"此是水路,故定于飞龙村(旧为乡)。《地图集》定于平朗乡,里距偏远。
④ 《纪要》横州:"蒙泽废县:州西四十里。"其地当在今横县西之南乡镇,然《地名大辞典》第3838页却云在横县城附城镇(今横州镇)蒙村。按当时横州东北九十里内已有乐山、淳风二县,而州西百里处仅有岭山一县,依地理布局分析,蒙泽县宜在州西,今从《纪要》。
⑤ 《元和志》横州淳风县:"西南至州九十里。鳄江水经县西,去县一百步。"鳄江水即今镇龙江,今定于横县云表镇。《广西建置沿革考录》、《历史地名》第2447页以为在镇南古城村,《广西通志·行政区划志》第41页以为在县东北和塘村(今百合镇河塘村),恐皆是乐山县之误指。

(七) 永定郡(淳州)

淳州(649—神龙中,727—742)—永定郡(742—758)—淳州(758—805)—峦州(805—907)

贞观二十三年①,割邕州永定、武罗、灵竹三县置淳州,盖以民人淳朴为名,治永定县,隶桂州都督府。

武周长安四年,淳州领县不变。

唐神龙中,以蛮獠背叛,遂废州②,三县省入邕州武缘县。

开元十五年,李尚隐③奏析邕州重置淳州,仍领永定、武罗、灵竹三县,治永定县,隶邕州都督府。

天宝元年,改为永定郡,以永定县为名,隶朗宁郡都督府。十三载,永定郡领永定、武罗、灵竹三县,治永定县。十五载,隶邕州管内经略使。

乾元元年,复为淳州,隶邕州管内都防御经略使。二年,隶邕州管内节度使。后上元元年,复隶邕州管内都防御经略使。广德二年,隶桂邕都防御观察使。大历五年,复隶邕管经略使。永贞元年,避宪宗嫌名,改为峦州,以境内最多山峦为称④。元和十五年,峦州隶容州管内观察经略等使,领永定、武罗、灵竹三县,治永定县。

长庆二年,复隶邕州管内经略等使。咸通三年,隶岭南西道节度使。十四年,峦州领县不变。

1. 永定县(621—贞观中,649—神龙中,727—907)

武德四年,析南晋州宣化县置永定县⑤,盖取边圉永定之意为名,治永定城(今广西横县峦城镇)⑥,隶南晋州。贞观八年,隶邕州。其后,省入武缘县。二十三年,析武缘县复置永定县,割隶淳州,为州治。神龙中,省入邕州武缘

---

① 《元和志》作贞观末、永徽初,《新唐志》作武德四年,《旧唐志》失起置年月。按《括地志序略》引贞观十三年《大簿》无淳州,则当以《元和志》为是。今定为贞观二十三年高宗即位之后。
② 《元和志》峦州:"(淳州)后以蛮獠叛废。"不载具体时间。按神龙中邕州都督府曾陷于夷獠,淳州还当邕州,盖亦因之而废,据补。
③ 《元和志》原作"李商隐",复旦大学罗凯云:李商隐当作"李尚隐",开元十三年后曾任桂州都督,转广州都督兼五府经略使,可参两《唐书》本传等,《元和志》乃误书耳。从之。
④ 《太平寰宇记》横州。
⑤ 此据《新唐志》。详参上文朗宁郡邕州注。
⑥ 《元和志》峦州:"西洆流至邕州一百五十里,东沿流至横州一百三十里。"《太平寰宇记》云永定县在横州西七十里,里数当有误。明清地志或谓唐峦州城在宋永淳县(即峦城镇)北,如此则与《元和志》里距不合,今不取。

县,开元十五年,析武缘县复置永定县,仍割隶淳州,为州治。天宝元年,隶永定郡,为郡治。乾元元年,复隶淳州。永贞元年,隶峦州,均为州治。

2. **武罗县**(649—神龙中,727—907)

贞观二十三年,析武缘县置武罗县,盖取乌浒蛮语意或其地有武罗溪为名,治南里(今广西南宁市邕宁区中和乡那伍村)①,割隶淳州。神龙中,省入邕州武缘县。开元十五年,析武缘县复置武罗县,仍割隶淳州。天宝元年,隶永定郡。乾元元年,复隶淳州。永贞元年,隶峦州。

3. **灵竹县**(649—神龙中,727—907)

贞观二十三年,析武缘县置灵竹县,治灵竹乡(今横县石塘镇灵竹村)②,因以为名,割隶淳州。神龙中,省入邕州武缘县。开元十五年,析武缘县复置灵竹县,仍割隶淳州。天宝元年,隶永定郡。乾元元年,复隶淳州。永贞元年,隶峦州。

(八)宁越郡(钦州)

钦州(618—742)—宁越郡(742—758)—钦州(758—907)

宁越郡,本隋旧郡,领钦江、安海③、安京、南宾、遵化、内亭六县。武德元年,萧梁改为钦州,以隋旧州为名,治钦江县。四年,归唐,置钦州总管府,割安海县隶玉州。五年,置如和县,割内亭、遵化二县隶南亭州。七年,改总管府为都督府。贞观元年,罢都督府,钦州改隶桂州都督府。二年,以废南亭州之内亭、遵化二县,废玉州之安海、海平、玉山三县来属。十年,省海平县。十三年,钦州领钦江、安海、安京、如和、南宾、遵化、内亭、玉山八县④,治钦江县。其后,析置羁縻新安州。

乾封二年,改隶邕州都督府。总章元年(668),置乌雷县。前上元二年(675),割乌雷、安海、玉山三县置陆州,隶交州都督府。

武周长安四年,钦州领钦江、安京、如和、南宾、遵化、内亭六县,治钦江县。

---

① 《元和志》峦州:"武罗县:北至州七十里。"张驹贤《考证》:"官本'七'作'九'。"《纪要》横州永淳县武罗废县:"《邑志》:'(永淳)县南七十里有唐南里废县,唐置,旋废。'今正史不载。"按所谓南里废县,当即故武罗县,"南里"为武罗治名,非县名,《舆地纪胜》横州:"南里乡,在永定县南(二)〔七〕十里。"即今南宁市中和乡那伍村。《太平寰宇记》横州永定县:"废武罗县,在旧(峦)州西北七十里。""西北"当系"西南"之误,后人不识此,相沿误置武罗乡,武罗于峦州西北、州北或州东北(今宾阳县甘棠镇),今当正之。
② 《元和志》峦州:"灵竹县:西至州九十里。"《舆地纪胜》横州:"灵竹乡:在永定县东北七十里。"旧为镇,今为村。
③ 《隋志》原作"海安"。按唐志均作安海,且不载更名事,《元和志》陆州条云:"宁海县,本梁安海。"又隋时岭南高凉郡亦有海安县,不当同名。可知《隋志》作海安误,今予乙正。
④ 《旧唐志》云"旧领县七",当漏计如和县,今改。

唐神龙中，改隶贵州都督府。景云二年①，复隶邕州都督府，割如和县隶邕州。

天宝元年，复为宁越郡，隶朗宁郡都督府，改南宾县为灵山县。十三载，宁越郡领钦江、安京、灵山、遵化、内亭五县，治钦江县。十四载，隶邕管经略使②。十五载，隶邕州管内经略使。至德二载，改安京县为保京县。

乾元元年，复为钦州，隶邕州管内都防御经略使。二年，隶邕州管内节度使。后上元元年，复隶邕州管内都防御经略使。广德二年，隶桂邕都防御观察使。大历五年，复隶邕管经略使。元和十五年，隶容州管内观察经略等使，领钦江、保京③、灵山、遵化、内亭五县，治钦江县。

长庆二年，复隶邕州管内经略等使。咸通三年，隶岭南西道节度使。十四年，钦州领县不变。

1. 钦江县（618—907）

本隋宁越郡旧县，武德元年，隶钦州，为州治。天宝元年，隶宁越郡，为郡治。乾元元年，复隶钦州，为州治。元和四年，因黄洞蛮之乱，移治于县北（今广西钦州市钦北区青塘镇）④。

2. 安京县（618—757）—保京县（757—907）

安京县，本隋宁越郡旧县，武德元年，隶钦州。五年，析置如和县。天宝元年，隶宁越郡。至德二载，避安氏名姓，改为保京县。乾元元年，复隶钦州。

3. 南宾县（618—742）—灵山县（742—907）

灵山县，本隋宁越郡南宾县，武德元年，隶钦州。贞观十年，移治丰子岭南（今广西灵山县城灵城街道棠梨村）⑤。天宝元年⑥，隶宁越郡，以与山南东

---

① 《新唐志》邕州条作"景龙二年"，今依《元和志》邕州条。详参上文朗宁郡邕州注。
② 《旧唐志》总序云，钦州隶容州管内经略使。然据《新唐表》及《方镇研究》，钦州未曾隶容州管内，《旧唐志》盖据《州郡典》排序致误，今不取。
③ 《元和志》仍作"安京"，误。
④ 史志不载其事。按《地名大辞典》第3813页："北宋天圣元年，（钦）州治移今灵山县旧州。"第3818页则云："元和后，钦江县治徙今旧州。"《广西通志·行政区划志》第43—44页言："钦江县：元和年间，自今钦州市久隆乡迁旧治，在今灵山县西旧州镇。"久隆乡，今为镇，隋钦江故城在镇北沙田村。据《新唐书》卷222《南蛮传》、《资治通鉴》，元和四年黄洞蛮寇钦州，杀将吏，是知钦州首次移治当在该年，宋天圣间为第二次移治。《太平寰宇记》灵山县条谓唐初钦州治在旧州北（久隆）六十六里，当是元和首次移治之地，在今钦州市青塘镇。旧州镇乃是天圣初第二次移治之地。
⑤ 《元和志》钦州灵山县："南至州九十六里，水路一百二十里。……今南四十里水步，即是钦州北来人溯流舍舟登陆处。"钦江县："丰子岭，在县（东）北一百二十里。"《地图集》置南宾县及丰子岭于今灵山县城西，《地名大辞典》第3818页定于灵山县三海乡棠梨村（今属灵城街道），从之。
⑥ 《新唐志》作"贞观十年"，今依《本钱簿》、《元和志》。按《旧唐书》卷6《则天本纪》载："延载元年九月，内史李昭德左授钦州南宾县尉。"可证《新唐志》误。

道南宾郡县名重,改为灵山县,因西灵山为名①。乾元元年,复隶钦州。

4. **遵化县**(618—907)

本隋宁越郡旧县,武德元年,隶钦州。五年,割隶南亭州。贞观二年,州废,还隶钦州。天宝元年,隶宁越郡。乾元元年,复隶钦州。

5. **内亭县**(618—907)

本隋宁越郡旧县,武德元年,隶钦州。五年,割隶南亭州。贞观二年,州废,还隶钦州。天宝元年,隶宁越郡。乾元元年,复隶钦州。

附旧州: 南亭州(622—628)

武德五年,割钦州内亭、遵化二县置南亭州,取内亭县末字为名,治内亭县,隶钦州总管府。七年,隶钦州都督府。贞观元年,改隶桂州都督府。二年,州废,内亭、遵化二县还隶钦州。

(九) 龙池郡(山州)②

山州(686—742)—龙池郡(742—758)—山州(758—805)

垂拱二年③(686),割容州都督府廉州龙池、盆山二县置山州,取盆山县末字为名,治龙池县,隶安南都护府。

武周长安四年,山州领县不变。

唐天宝元年,改为龙池郡,以龙池县为名,割隶朗宁郡都督府④。十三载,龙池郡领龙池、盆山二县,治龙池县。十五载,隶邕州管内经略使。

乾元元年,复为山州,隶邕州管内都防御经略使。二年,隶邕州管内节度使。后上元元年,复隶邕州管内都防御经略使。广德二年,隶桂邕都防御观察使。大历五年,复隶邕管经略使。永贞元年,州废⑤,省龙池、盆山二县。

---

① 《舆地纪胜》钦州:"西灵山:在州西北一百余里,唐正(贞)观十年移灵山县治于此。""西北"当是"东北"之误。
② 关于龙池郡(山州)的建置沿革,罗凯《唐代山州地望与性质考——兼论岭南附贡州的建置》(载《历史地理》第二十六辑,上海人民出版社,2012年),认为此龙池郡(山州)当在今越南清化省与义安省之间,为安南附贡州。其说虽有一定道理,但仍缺乏确凿证据,且否定唐宋史料面积过大,仍不足以否定《州郡典》"古南越"条关于龙池郡在秦桂林郡境的记载,故今仍暂采旧说。
③ 《旧唐志》云"失起置年月",《新唐志》不载,《元和志》误夹在演州龙池县条,云:"垂拱二年,于此置龙池县,仍于县理立山州。"盖因演州亦有龙池县,贞观中境内曾设山州,遂误厕入。《太平寰宇记》云山州开元中置。恐是指开元中割隶邕管一事。今依《元和志》。
④ 《本钱簿》安南都护府有山州,而《旧唐志》、《新唐表》山州隶邕管。山州割隶邕管时间,姑定于天宝元年,与陆州自安南割隶容管同时。
⑤ 《元和志》演州龙池县:"广德二年废山州。"《太平寰宇记》山州:"唐贞元时已废。"《大清一统志》卷367郁林州云"(山州)建中间州县俱废"。按《新唐表》,永贞元年省山州,故知《元和志》所记,乃先已误厕入山州内容(见上注),遂误以广德二年复置演州之年为山州罢废之年。今依《新唐表》。

1. 抱成县(618—622)—大都县(622—638)—**龙池县**(686—805)

龙池县,本隋合浦郡抱成县,武德元年,隶合州。四年,隶越州。五年,避太子建成讳,改为大都县①。贞观六年,割隶白州。八年,还隶廉州。十二年,省入大廉县。垂拱二年,析大廉县置龙池县,治故大都城(今广西博白县龙潭镇)②,盖以地有龙池为名,隶山州,为州治。天宝元年,隶龙池郡,为郡治。乾元元年,复隶山州,为州治。永贞元年,州废,省入白州周罗县。

2. 盆山县(686—805)

垂拱二年,析廉州大廉县置盆山县,盖以其地山形如盆为名,治盆山城(今广西合浦县公馆镇)③,割隶山州。天宝元年,隶龙池郡。乾元元年,复隶山州。永贞元年,州废,省入廉州大廉县。

(一○) 招义郡(罗州)

后罗州(623—742)—石城郡(742)—**招义郡**(742—758)—罗州(758—907)

武德六年,以高州总管府之废前罗州石城、吴川、零绿、招义、南河五县置后罗州,治石城县,仍隶高州总管府。七年,隶高州都督府。贞观十三年,后罗州领石城、吴川、零绿、招义、南河五县,治石城县。二十三年,改隶广州都督府。

武周长安四年,后罗州领县不变。

唐天宝元年,改为石城郡,以石城县为名,割隶朗宁郡都督府④,寻改石城县为廉江县,石城郡为招义郡,以招义县为名。是年,改招义县为干水县。十三载,招义郡领廉江、吴川、零绿、干水、南河五县,治廉江县。十五载,隶邕州管内经略使。至德元载,复归岭南节度使。

乾元元年,复为罗州。后上元二年,复割隶邕州管内经略使。大历八年,

---

① 史志不载抱成县位置与下落。按武德间,避太子建成讳,州县名带"成"字者多避改,故推知抱成当于武德间改名。抱成县本抱县,盖以其地有溪环抱潭为名,《历史地名》第1461页谓在今广东雷州市境,按雷州市为海康县之所在,不得再置一县。今观《地图集》隋岭南诸郡幅,合浦郡合浦县东有一大片空白,疑抱成县在此,与后之大都县地望相当,亦与龙池(龙潭)地貌相合。《纪要》梧州府博白县:"都大废县,在县南。"都大,当为大都之误,其地当在今博白县龙潭镇。《新唐志》廉州县谓大都县武德五年置,因疑系从抱成县更名而来。
② 《州郡典》:"山州,土地与白州同。"《太平御览》卷172引《方舆志》:"山州龙池郡,土地与岩州同。"当在白、岩二州侧近。《纪要》郁林州博白县:"龙池废县:在县西南。"《广西建置沿革考录》、《地名大辞典》第3929页云:龙池县治今博白县龙潭镇。今从之。
③ 其地山形如盆,则惟今合浦县公馆镇可以当之。《历史地名》第1940页谓盆山县在今博白西南,近是。
④ 史志不载罗州改隶邕府时间。按《大唐六典》卷3、《本钱簿》罗州犹属广府,而《州郡典》已列于邕府,因推知系天宝元年改隶。或依《新唐表》,系天宝十四载改隶邕管,而《州郡典》序列有误,姑存疑。

割南河县隶顺州。元和元年,复隶岭南节度使。十五年,罗州领廉江、吴川、零绿、干水四县,治廉江县。

咸通十四年,罗州领县不变。

1. **石城县**(622—742)—**廉江县**(742—907)

武德五年,析吴川县置石城县,以石城水为名,治石城(今广东廉江市河唇镇龙湖)①,隶前罗州。六年,隶后罗州,为州治。天宝元年,隶石城郡。是年,隶招义郡,均为郡治,以与河北道北平郡县名重,改为廉江县,因廉江为名。乾元元年,隶罗州,为州治。

2. **吴川县**(618—907)

本隋高凉郡旧县,武德元年,隶高州。五年,割隶前罗州,并析置石城、招义、零绿三县。六年,隶后罗州。天宝元年,隶石城郡。是年,隶招义郡。乾元元年,隶罗州。

3. **零绿县**(622—907)

武德五年,析吴川县置零绿县②,以零绿水为名,治零绿城(今廉江市营仔镇凌禄东村)③,隶前罗州。六年,隶后罗州。天宝元年,隶石城郡。是年,隶招义郡。乾元元年,隶罗州。

4. **招义县**(622—742)—**干水县**(742—907)

武德五年,析吴川县置招义县④,以招义山为名⑤,治招义城(今廉江市雅塘镇东街山村)⑥,隶前罗州。六年,隶后罗州。天宝元年,隶石城郡。是年,隶招义郡,以与淮南道濠州县名重,改为干水县,因干水为名⑦。乾元元年,隶罗州。

5. **南河县**(622—907)

武德五年,析前罗州石龙县置南河县,治南河城(今广西陆川县古城镇古

---

① 《太平寰宇记》化州吴川县:"废罗州,在县西北一百一十里。"《地名大辞典》第3684~3685页、《中国历史地图集·广东分册》第433页云今廉江市河唇镇西2公里龙湖有唐罗州故城遗址。
② 《新唐志》谓零绿县系析石龙、吴川二县置,如此,则萧梁之南合州扇沙县无所安置,且南合州亦被中分为二,不合情理,今推测扇沙县与零绿县同在一地,本南合州地界。
③ 《太平寰宇记》化州吴川县:"废零绿县,在废罗州西南一百二十里。"城址尚在,详《中国历史地图集·广东分册》第433页。
④ 《新唐志》谓招义县本石龙县,武德五年曰招义。按《本钱簿》,石龙县开元间仍存,《新唐志》所载不确,今依《旧唐志》。又,招义县在石城县西,当析吴川县置,且宋初省入吴川,可证。
⑤ 《太平寰宇记》化州吴川县:"招义山,在废县西北二里。《图经》云:昔有谭氏招义于此山,以讨儋耳,因此为名。"
⑥ 《太平寰宇记》化州吴川县:"废干水县,在废罗州西七十里。"城址尚在,详《中国文物地图集·广东分册》,第433页。
⑦ 《太平寰宇记》化州吴川县:"废干水县:干水在废县西二百步。"

城村)①,盖以南河为名,仍隶前罗州。六年,隶后罗州。天宝元年,隶石城郡。是年,隶招义郡。乾元元年,隶罗州。大历八年,割隶顺州。

(一) 临潭郡(瀼州)

瀼州(643—742)—临潭郡(742—758)—瀼州(758—805)

贞观十七年,升桂州都督府瀼州为正州,所领羁縻临江、鹄山、弘远、波零四县升为正县,仍治临江县,直属桂州都督府。

乾封二年,改隶邕州都督府。

武周长安四年,瀼州领县不变。

唐神龙中,还隶桂州都督府。景云二年,复隶邕州都督府②,置思笼县,割隶邕州。

天宝元年,改为临潭郡,盖以州城一带江形回曲如潭为名,隶朗宁郡都督府。十三载,临潭郡领临江、鹄山、弘远、波零四县,治临江县。十五载,隶邕管经略使③。

乾元元年,复为瀼州,隶邕州管内都防御经略使。二年,隶邕州管内节度使。后上元元年,复隶邕州管内都防御经略使。广德二年,隶桂邕都防御观察使。大历五年,复隶邕管经略使。永贞元年,降为羁縻瀼州,四县降为羁縻县④。

1. 临江⑤县(643—805)

贞观十七年,升羁縻瀼州临江县为正县,仍治临江城(今崇左市江州区太平街道)⑥,隶瀼州,为州治。贞观十七年,升为正县,仍隶瀼州,为州治。天宝元年,隶临潭郡,为郡治。乾元元年,复隶瀼州,为州治。永贞元年,降为羁縻

---

① 《太平寰宇记》容州陆川县:"废南河县,在废(顺)州(南)四十里。"今依《地名大辞典》第3929页定于陆川县古城镇。顺州治在今陆川县滩面乡莲塘村,而《地图集》唐岭南道图及《广西通志·行政区划志》第53页定于今陆川县清湖镇,里距不合(仅二十余里),不取。

② 《太平寰宇记》邕管羁縻州:"瀼州……右六州旧羁縻州,先属桂府,景云元年八月割入邕州。"此略去乾封中改隶邕府,后隶桂府一节,景云元年,当是上奏议之年,翌年平定獠乱,始得还隶邕府。

③ 《旧唐志》总序云,瀼州隶容州管内经略使;《州郡典》则以临潭郡瀼州排在安南府后。然据《新唐表》及《方镇研究》,瀼州未曾隶容州管内,亦未曾安南。

④ 据《新唐表》,永贞元年省瀼州。然《新唐志》云"贞元后,州、县名存而已"。按《太平寰宇记》邕管羁縻州、《武经总要》前集卷20、《元丰九域志》卷10皆载瀼州为羁縻州,《唐刺史考全编》第2890页云,长庆初犹有瀼州知事膨晋,《宋史》卷260《田重进传》云,宋初授重进瀼州刺史,可知瀼州实未曾省罢,仅降为羁縻州、县。《文献通考》卷323《舆地考》云"宋无此州",盖以正州而言。

⑤ 《新唐志》作"瀼江",今依《州郡典》、《旧唐志》、《太平寰宇记》。

⑥ 参详下编第五章《岭南道羁縻地区》第二节"朗宁郡都督府所领"直辖羁縻瀼州注。

临江县。

2. 鹄山县(643—805)

贞观十七年,升羁縻瀼州鹄山县为正县,仍治鹄山城(今扶绥县渠黎镇)①,隶瀼州。天宝元年,隶临潭郡。乾元元年,复隶瀼州。永贞元年,降为羁縻鹄山县。

3. 弘远县(643—805)

贞观十七年,升羁縻瀼州弘远县为正县,仍治弘远城(今宁明县海渊镇)②,隶瀼州。天宝元年,隶临潭郡。乾元元年,复隶瀼州。永贞元年,降为羁縻弘远县。

4. 波零县(643—805)

贞观十七年,升羁縻瀼州波零县为正县,仍治波零城(今崇左市江州区江州镇板崇村)③,隶瀼州。天宝元年,隶临潭郡。乾元元年,复隶瀼州。永贞元年,降为羁縻波零县。

(一二)扶南郡(笼州)

笼州(643—742)—扶南郡(742—758)—笼州(758—805)

贞观十七年,升桂州都督府羁縻州为正州,所领羁縻武勒、武观、龙赖、扶南、罗笼、武江、武礼七县升为正县,仍治武勒县,直属桂州都督府。

乾封二年,改隶邕州都督府。

武周长安四年,笼州领县不变。

唐神龙中,还隶桂州都督府。景云二年,复隶邕州都督府④。

天宝元年,改为扶南郡,取扶南县为名,隶朗宁郡都督府。十三载,扶南郡领武勒、武观、龙赖、扶南、罗笼、武江、武礼七县,治武勒县。十五载,隶邕管经略使⑤。

---

① 依地理形势推定。鹄山,盖即今扶绥县东之扶南山或朱鹤岭。
② 雷坚《广西建置沿革考录》。海渊,疑即"弘远"一名之音讹。
③ 据张声震等《广西壮语地名选集》(广西民族出版社,1988年),壮语地名用字"波"(bo)意为土坡(如大化县波田),后置定语"零"(ling)意为红色(如大新县巴零、天等县邑零),"波零"(Boling)意即"红土坡",今板崇村附近皆系山地砖红壤,有地名曰板楞,与此县名相符。
④ 《太平寰宇记》邕管羁縻州:"(龙)〔笼〕州……右六州旧羁縻州,先属桂府,景云元年八月割入邕州。"此略去乾封中改隶邕府,后隶桂府一节,景云元年,当是上奏议之年,翌年平定獠乱,始得还隶邕府。
⑤ 《旧唐志》总序云,笼州隶安南都护。然据《新唐表》及《方镇研究》,笼州未曾隶安南,《旧唐志》盖据《州郡典》排序致误,今不取。

乾元元年,复为笼州,隶邕州管内都防御经略使。二年,隶邕州管内节度使。后上元元年,复隶邕州管内都防御经略使。广德二年,隶桂邕都防御观察使。大历五年,复隶邕管经略使。永贞元年,降为羁縻州,七县降为羁縻县①。

1. 武勒②县(643—805)

贞观十七年,升羁縻笼州武勒县为正县,仍治武勒城(今龙州县水口镇)③,隶笼州,为州治。天宝元年,隶扶南郡,为郡治。乾元元年,复隶笼州,为州治。永贞元年,降为羁縻武勒县。

2. 武观县(643—805)

贞观十七年,升羁縻笼州武观县为正县,仍治武观城(今龙州县武德乡武德村)④,隶笼州。天宝元年,隶扶南郡。乾元元年,复隶笼州。永贞元年,降为羁縻武观县。

3. 龙赖⑤县(643—805)

贞观十七年,升羁縻笼州龙赖县为正县,仍治龙赖城(今龙州县城龙州镇)⑥,隶笼州。天宝元年,隶扶南郡。乾元元年,复隶笼州。永贞元年,降为羁縻龙赖县。

4. 扶南县(643—805)

贞观十七年,升羁縻笼州扶南县为正县,仍治扶南城(今凭祥市凭祥镇平而关)⑦,隶笼州。天宝元年,隶扶南郡。乾元元年,复隶笼州。永贞元年,降为羁縻扶南县。

5. 罗笼⑧县(643—805)

贞观十七年,升羁縻笼州罗笼县为正县,仍治罗笼城(今越南高平省

---

① 《方镇研究》第179页云:"元和元年,其后笼州似降为羁縻州。"其理由是,《元和志》所载邕管辖州八,较其所考少一笼州。按《太平寰宇记》邕管羁縻州有(龙)〔笼〕州,《武经总要前集》卷20、《元丰九域志》卷10叙北宋左江羁縻州亦有笼州及其属县,故赖氏所言可从,唯降为羁縻州、县时间,似当与瀼、田二州同时,即贞元二十一年(永贞元年)。
② 《新唐志》作"武勤",今据《旧唐志》、《州郡典》、《太平寰宇记》。《元丰九域志》作"勤州",误。
③ 参详下编第五章《岭南道羁縻地区》第二节"朗宁郡都督府所领"直辖羁縻笼州注。
④ 《元丰九域志》不载武观县,当最早省罢,推测该县因析置谈州后境土狭小,于唐末以后省罢。
⑤ 《新唐志》、《太平寰宇记》作"龙额",今依《旧唐志》、《州郡典》。
⑥ 壮语"龙"(Rungh)指山间平地(弄场),"赖"(raiq)指沙滩,龙赖(Runghraiq),意为"沙坝",龙州镇所在即为沙坝之地。《地图集》定于今扶绥县龙头乡,恐非,考详上文武勒县注。
⑦ 按扶南国在今越南南部,唐宋时亦称环王国、占城国,时人可能以为自今桂西南出安南有陆路可通其地,故有扶南县之名。
⑧ 《新唐志》、《州郡典》、《太平寰宇记》作"罗龙",按州名笼州,当与县名有关,今依《旧唐志》、四库本《新唐志》。

弄龙)①,隶笼州。天宝元年,隶扶南郡。乾元元年,复隶笼州。永贞元年,降为羁縻罗笼县。

6. **武江县**(643—805)

贞观十七年,升羁縻笼州武江县为正县,仍治武江城(今越南高平省高平市)②,隶笼州。天宝元年,隶扶南郡。乾元元年,复隶笼州。永贞元年,降为羁縻武江县。

7. **武礼县**(643—805)

贞观十七年,升羁縻笼州武礼县为正县,仍治武礼城(今越南高平省诺海)③,隶笼州。天宝元年,隶扶南郡。乾元元年,复隶笼州。永贞元年,降为羁縻武礼县。

(一三) 横山郡(田州)

田州(727—742)—横山郡(742—758)—田州(758—805)

开元十五年,升羁縻田州为田州④,盖以土田广衍为名,以羁縻田州都救、惠佳、横山三县隶之,并以废羁縻龙州之羁縻武龙、如赖二县来属,皆升为正县,治都救县,隶邕州都督府。

天宝元年,改为横山郡,以横山县为名,隶朗宁郡都督府。十三载,横山郡领都救、横山、惠佳、武龙、如赖五县⑤,治都救县。十五载,隶邕管经略使⑥。

乾元元年,复为田州,隶邕州管内都防御经略使。二年,隶邕州管内节度

---

① 依地理形势推定。弄龙,盖即罗笼异译。《地图集》定于今扶绥县东罗镇,恐非,考详武勒县注。
② 武江,当即今中越边境之平江—水口河。另据《广西壮语地名选集》,壮语地名后置定语"江"(gyangh)意为中间,则"武江"亦可能为獠语"中部乌武"之意。今拟于越南高平省高平。
③ 《纪要》南宁府新宁州云:武礼废县在新宁州(今扶绥县)东,"宋置羁縻武黎县,武黎即武礼之误也"。雷坚则以为在今崇左市驮卢镇雷州。白耀天《唐代在今广西设置的州县考(下)》已驳其非。按《广西壮语地名选集》,礼(里),依(壮)语音"rij",指溪谷,武礼,意即溪谷中的乌武部落,当在武江上游,今越南高平省诺海。
④ 开元十五年,《旧唐志》作"疑是开元中",《新唐志》、《太平寰宇记》并作"开元中"。按《唐故中大夫福州刺史管府君神道碑》云:"开元十五年,除使持节都督邕州诸军事兼(浔)〔淳〕贵等三十六州。"据《太平寰宇记》,其时邕府有二十五羁縻州,即左江之左、思诚、谭、七源、思明、石西、上思、思琅、思同、波、员十一州,右江之思恩、鹣、归乐、思刚、伦、万德、(蕃)〔青〕、昆明、斐凤、侯唐、归恩、万承、功饶、归诚十四州,则正州当即邕、宾、澄、贵、横、淳、钦、山、瀼、笼、田十一州,故知田州升置于开元十五年。又,《新唐志》云,田州系开元中开蛮洞置。按《太平寰宇记》,先天二年以前邕管右江羁縻州已有田州之名,则田州系由羁縻田州升置,并非开生蛮新置。
⑤ 《太平寰宇记》邕管羁縻州:"田州,管县三、乡五。"所载为正州时资料,"县三"当为"县五"之误。
⑥ 《旧唐志》总序云,笼州隶安南都护。然据《新唐表》及《方镇研究》,笼州未曾隶安南,《旧唐志》盖据《州郡典》排序致误,今不取。

使。后上元元年,复隶邕州管内都防御经略使。广德二年,隶桂邕都防御观察使。大历五年,复隶邕管经略使。贞元二十一年(永贞元年),降为羁縻州,五县降为羁縻县①。

1. 都救县(727—805)

开元十五年,升羁縻田州都救县为正县,仍治都救城(今广西田东县祥周镇)②,"都救",獠语"葫芦门"之意③,盖其城门似葫芦故名,隶田州,为州治。天宝元年,隶横山郡,为郡治。乾元元年,复隶田州,为州治。贞元二十一年,降为羁縻都救县。

2. 横山县(727—805)

开元十五年,升羁縻田州横山县为正县,以横山为名④,仍治横山城(今田东县城平马镇)⑤,隶田州。天宝元年,隶横山郡。乾元元年,复隶田州。贞元二十一年,降为羁縻横山县。

3. 惠佳县(727—805)

开元十五年,升羁縻田州惠佳县为正县,仍治惠佳城(今广西田阳县城田州镇东路口)⑥,隶田州。天宝元年,隶横山郡。乾元元年,复隶田州。贞元二十一年,降为羁縻惠佳县。

4. 武龙县(727—805)

开元十五年,升羁縻武龙州武龙县为正县,仍治武龙城(今广西百色市右江区百城街道)⑦,隶田州。天宝元年,隶横山郡。乾元元年,复隶田州。贞元

---

① 《新唐志》云:"田州:开元中开蛮洞置,贞元二十一年废,后复置。"《新唐表》云,永贞元年省田州。然《太平寰宇记》邕管羁縻州、《武经总要》前集卷20、《元丰九域志》卷10皆载田州为羁縻州,《纪要》云:"田州:唐开元初置,天宝初曰横山郡,乾元初复故,后为羁縻洞地。宋亦置田州,隶邕州。"郁贤皓《唐刺史考全编》,长庆初有田州刺史冯绪,据此,知所谓贞元二十一年田州"废而复置"之说不确,田州实未曾废,仅降为羁縻州、县而已。
② 《太平寰宇记》邕州:"西水路至旧田州六百四十二里。"邕管羁縻州:"田州在(邕州)西北,水路五百五十里。"《大明一统志》田州府载:"田州旧城,在府城东四十里,遗址尚存。"即今田东县祥周镇,则其里程当取"水路五百五十里"为是。
③ 据张声震等《广西壮语地名选集》,壮语地名前置词"都"(dou)为门之意(如靖西县都乐),后置词"究"(gyoux)为葫芦之意(如都安县加究),"都救"(Dougyoux)当指葫芦形之门。
④ 《大明一统志》田州府:"横山,在府城东南一十里,山势蜿蜒横列,故名。"
⑤ 《地图集》定横山县于今田东县城平马镇,从之。《地名大辞典》第3940页云在今田东县祥周乡。按祥周乡土寨村有宋横山寨遗址,疑为宋代迁治。
⑥ 周去非《岭外代答》卷3:"自横山一程至古天县。"古天县,盖即"故田州县"之意,在唐为田州一县,今拟为惠佳县。
⑦ 《纪要》田州云武洞一名武笼州,在州东,即今田阳县东,《历史地名》第1423页则以为在今百色市东。按百色市城区位处百色平坝中心,唐代宜置一县,今拟为武龙县。

二十一年,降为羁縻武龙县。

5. **如赖县**(727—805)

开元十五年,升羁縻武龙州如赖县为正县,仍治如赖城(今百色市汪甸乡六朴村)①,隶田州。天宝元年,隶横山郡。乾元元年,复隶田州。贞元二十一年,降为羁縻如赖县。

附旧府　钦州总管府(618—624)—钦州都督府(624—627)

武德元年,萧梁以钦、南定、南、合、南合五州置钦州总管府。四年,归唐②,隶山南道行台,置玉州;改南定州为南尹州,并南、合二州割隶南尹州总管府;割南合州隶高州总管府。五年,隶荆州大总管府,置南亭州。七年,改为钦州都督府,隶荆州大都督府,割玉州隶交州都督府。贞观元年,罢都督府,钦、南亭二州隶桂州都督府。

第五节　始安郡(桂州)都督府

桂州总管府(618—624)—桂州都督府(624—742)—始安郡都督府(742—756)—桂州管内经略使(756—758)—桂州管内经略使(758—764)—桂邕都防御观察使(764—770)—桂州管内都防御观察经略等使(770—900)—静江军节度使(900—907)

武德元年(618),萧梁以桂、静、连、藤四州置桂州总管府③。四年,归唐,隶山南道行台,置乐、贺、荔、象、昆、龙、融七州,割连州隶潭州总管府,藤州隶南尹州总管府。是年,改昆州为南昆州。五年,隶荆州大总管府,置南恭、前

---

① 今百色市江甸乡南有地名"六赖",发音极近"如赖"(Ruzraiq),然地形狭隘,故今拟如赖县治于其附近之六朴村。《地图集》、《广西建置沿革考录》、《广西迪志·行政区划志》定于今田林县ড乐里镇,《地名大辞典》、《历史地名》以为在今田林县潞城乡。按唐时乐里地属羁縻归乐州(考详本卷下编第五章《岭南道羁縻地区》第二节"朗宁郡都督府所领"),不得为如赖县治,而潞城发音与如赖不同,且距田州城太远,亦非如赖县治。

② 《册府元龟》卷164:"武德五年四月,隋鸿胪卿宁长真以宁越、郁林之地来降,以长真为总管。长真世为渠帅,其父猛力陈末为太守,隋师讨之,阻瘴不能克,猛力卒,以长真为(钦州)刺史。大业十年,遣还岭表,以安抚大使,遇隋亡,以其地归于萧铣,帅五越之众攻丘和于交趾,至是来降,交趾之道自此始通也。"则宁长真世为宁越、郁林诸郡酋帅,其归萧梁之时,当已授钦州总管。武德四年冬,名义上已如丘和例随萧梁归唐,而实至五年四月唐始正式授予长真总管之职。

③ 《资治通鉴》武德元年四月:"始安郡丞李袭志,隋末散家财募士得三千人以保郡城。……城陷,为铣所房,铣以为工部尚书、检校桂州总管。"

燕、梧三州。七年，改为桂州都督府，隶荆州大都督府。九年，置晏州。贞观元年（627），以废钦州都督府之钦、南亭二州并割交州都督府玉州来属。二年，属岭南道，废南亭、玉二州。四年，置粤州。五年，置宾州。六年，以废南尹州都督府之南尹、藤、南越、白、铜、绣、郁、姜、南宕、南方、南简、南晋十二州来属。是年，废郁州。七年，改前燕州为龚州，并南恭、象、宾、南方四州割隶龚州都督府，废龙州。八年，改乐州为昭州，静州为富州，铜州为容州，南宕州为前潘州，南越州为廉州，南简州为横州，南晋州为邕州，南尹州为贵州，南昆州为柳州。十年，废姜州。十二年，废荔、晏二州。十三年，桂州都督府督桂、昭、贺、富、梧、藤、容、前潘、白、廉、钦、邕、横、绣、贵、柳、粤、融十八州。十七年，升羁縻芝、瀼、笼、环、古五州为正州来属①。二十三年，置淳州，废前潘州。

永徽元年（650），置严州。麟德二年（665），置郁州。三年，改郁州为郁林州。乾封二年（667），以废龚州都督府之龚、蒙、象三州来属，割容、白、廉、绣、郁林五州隶容州都督府，邕、贵、横、淳、钦、瀼、笼七州隶邕州都督府。永隆二年（681），置思唐州。永淳二年，割藤州隶容州都督府。

武周圣历二年（699），置武安州。长安四年（704），桂州都督府督桂、昭、贺、武安、富、梧、蒙、思唐、龚、浔、象、严、柳、芝、粤、环、融、古十八州。

唐神龙中，以废邕州都督府之瀼、笼二州来属。景云二年（711），瀼、笼二州复隶邕州都督府。开元二年（714），割江南西道潭州都督府连州来属②，废武安州。十六年，割严州隶邕州都督府。二十一年，割连州隶广州都督府③。二十四年，降思唐州为羁縻州。二十六年，改粤州为宜州。

天宝元年（742），改桂州为始安郡，昭州为平乐郡，贺州为临贺郡，富州为开江郡，梧州为苍梧郡，蒙州为蒙山郡，龚州为临江郡，浔州为浔江郡，象州为象郡，柳州为龙城郡，芝州为忻城郡，宜州为龙水郡，环州为正平郡，融州为融水郡，古州为乐兴郡，改桂州都督府为始安郡都督府。十三载，始安郡都督府领始安、平乐、临贺、苍梧、开江、蒙山、临江、浔江、象、龙城、忻城、龙水、正平、融水、乐兴十五郡。十五载（至德元载），以始安、平乐、临贺、开江、苍梧、蒙山、临江、浔江、象、龙城、忻城、龙水、正平、融水、乐兴十五郡置桂州

---

① 《唐会要》卷71。
② 《新唐表》桂州云开耀后桂管领连州，按此开耀乃"开元"之误，今定于开元二年。
③ 《方镇研究》第177页云：开元初始置桂管经略使时，领有连州。《大唐六典》连州已属广府，故推断开元中改隶，今拟于开元二十一年始置采访使之时。《大唐六典》卷3桂府管内仅列十二州，误以浔、环二州入邕管，并脱蒙、芝二州，衍严州。

管内经略使①（简称桂管经略使），治始安郡，都督府只领羁縻州。二载（757），改始安郡为建陵郡。

乾元元年（758），复建陵郡为桂州，平乐郡为昭州，临贺郡为贺州，苍梧郡为梧州，开江郡为富州，蒙山郡为蒙州，临江郡为龚州，浔江郡为浔州，象郡为象州，龙城郡为柳州，忻城郡为芝州，龙水郡为粤州，正平郡为环州，融水郡为融州，乐兴郡为古州。二年，降芝州为羁縻芝忻州。广德二年（764），以废邕管经略使之邕、澄、宾、严、贵、横、淳、钦、山、罗、潘、瀼、笼、田十四州来属，改为桂邕都防御观察使，治桂州。大历五年（770），复为桂州管内都防御观察经略等使②，割邕、澄、宾、严、贵、横、淳、钦、山、罗、潘、瀼、笼、田十四州隶邕州管内经略等使。十二年，降古、粤、宜三州为羁縻州③，隶桂州都督府。贞元元年（785），割浔州隶邕州管内经略等使。元和元年（806），割容州管内观察经略等使严州④来属。八年，复升羁縻粤州为粤州。十五年，以废邕州管内经略等使之思唐州来属，桂州管内都防御观察经略等使领桂、昭、贺、梧、富、蒙、龚、思唐、象、柳、严、粤、融十三州⑤。

长庆二年（822），割严州隶邕州管内经略等使。大中前，复置古州，升羁縻环州为正州来属。咸通三年（862），割属岭南西道，割龚、象二州隶岭南西道节度使。四年，割岭南西道节度使龚、象二州来属。十四年，桂州管内都防御观察经略等使领桂、昭、贺、梧、富、蒙、龚、思唐、象、柳、粤、环、古、融十四州，治桂州。

乾符四年（877），复改粤州为宜州。光化三年（900），升为静江军节度使，仍治桂州。

---

① 《新唐表》桂州："开耀后，置管内经略使。"然据郁贤皓《唐刺史考全编》，开耀后至开元初三十余年间，历任桂州都督均不见有带经略使职者，长安三年桂州都督裴怀古亦仅以招慰讨击副使身份镇压獠乱，可见"开耀"之说有误。桂管经略使之始见于记载，如《方镇研究》第177页考证，是在开元初，故其书第190页云开元元年置桂管经略使。今按桂管武安州废于开元二年，而《新唐表》载桂管经略使初置时无武安州，可知桂管经略使之置，不早于开元二年，今定于开元二年，"开耀"当系"开元"之误。然依本卷体例，方镇作为行政区一律以天宝十五载（至德元载）起算。又，《旧唐志》总序云至德后贺州隶岭南东道节度使，芝州隶安南都护府，《新唐志》小云天宝十载芝州隶安南管内，然依笔者考证，此二州并未改隶，详下文临贺郡贺州、忻城郡芝州注。
② 《方镇研究》第176页："大历五年，复因析桂邕都防御观察使置邕管经略使，故本镇依旧为桂管经略使。"此后桂管经略使全称，综观《唐刺史考全编》所列，应为"桂州管内都防御观察经略等使"。
③ 据下编第五章《岭南道羁縻地区》第一节"始安郡都督府所领"，大历十二年桂管有十八羁縻州，综合《太平寰宇记》、《新唐志》、《资治通鉴》所载，盖即环、古、宜、钧、格、思唐、温泉、思顺、归化、归恩、纡、芝忻、述昆、蕃、金城、智、文、兰十八州。则环、古、宜三州俱于大历十二年降为羁縻州。
④ 《新唐表》桂管原作"岩州"，按《新唐表》容管云是年割严州隶桂管，可知"岩州"当是"严州"之误，今从《方镇研究》第176页考改。
⑤ 《元和志》载桂管有十二州，如赖青寿《方镇研究》第177页所考，脱宜州；然其第178页云元和间桂管领十四州，又多环州，自注云："或者此州曾于元和间降为羁縻州，故《元和志》不载。"故今取十三州。

(一) 始安郡(桂州)

桂州(618—742)—始安郡(742—757)—建陵郡(757—758)—桂州(758—907)

始安郡,本隋旧郡,领始安、阳朔、平乐、富川、豪静、龙平、隋化、荔浦、建陵、桂林、阳寿、象、马平、龙城、义熙十五县。武德元年,萧梁割龙平、豪静二县隶龙平郡。是年,改始安郡为桂州,以隋旧州为名,置桂州总管府,并置兴安、恭城二县。四年,归唐,置福禄、归义、纯化、永福、临源、宣风、永丰七县,割平乐、恭城、永丰三县隶乐州,富川县隶贺州,马平县隶昆州,龙平、豪静二县隶静州,荔浦、建陵、隋化三县隶荔州,阳寿、桂林二县隶象州,龙城县隶龙州,义熙县隶融州。七年,改总管府为都督府。贞观元年,省归义县①。八年,省福禄县。十二年,以废荔州之荔浦、崇仁二县,废晏州建陵县来属,省宣风县。十三年,桂州领始安、临源、阳朔、荔浦、崇仁、建陵、象、兴安、纯化、永福十县,治始安县。

永徽元年,割柳州洛容县来属。龙朔二年(662),置灵川县②。三年,省象县。乾封二年,复置象县。总章元年(668),割象县隶柳州。

武周天授二年(691),割洛容县隶柳州。长安四年,桂州领始安、灵川、临源、阳朔、荔浦、崇仁、建陵、兴安、纯化、永福十县,治始安县。

唐开元中,割昭州永丰县来属,省崇仁县③。

天宝元年,复为始安郡,隶始安郡都督府。十三载,始安郡领始安、灵川、临源、阳朔、永丰、荔浦、建陵、兴安、纯化、永福十县④,治始安县。十五载,隶桂州管内经略使。至德二载,避安氏名姓,改为建陵郡,以建陵县为名,改始安县为临桂县,兴安县为理定县。

乾元元年,复为桂州。广德二年,隶桂邕都防御观察使,为使治。大历三年,改临源县为全义县。五年,隶桂州管内都防御观察经略等使,为使治。永贞元年⑤(805),改纯化县为慕化⑥县。元和十五年,桂州领临桂、灵川、全义、

---

① 《旧唐志》桂州序云贞观八年废福禄、归义二县。今据《旧唐志》阳朔县条及《新唐志》。
② 《旧唐志》作武德四年置。今依《新唐志》、《元和志》、《太平寰宇记》。
③ 《新唐书》卷111《张仁愿传》云,万岁通天二年,贬孙承景为崇仁令。又据《本钱簿》,桂州有永丰县,今姑定开元中省崇仁县,并割昭州永丰县来属。
④ 《旧唐志》失载天宝县数,今据《州郡典》。
⑤ 《旧唐志》作"元和初"。今依《新唐志》、《元和志》、《太平寰宇记》及《旧唐书》卷14《宪宗纪》。
⑥ 《元和志》、《唐会要》、《太平寰宇记》作"恭化"。《旧唐书》卷14《宪宗纪》:"永贞元年十月丁未,改桂州纯化县为慕化县。"《新唐志》桂州古县条亦作慕化,今据改。

阳朔、永丰、荔浦、建陵、理定、慕化、永福十县,治临桂县。

长庆三年,改永丰县为丰水县①,改建陵县为修仁县。咸通十四年,桂州领临桂、灵川、全义、阳朔、丰水、荔浦、修仁、理定、慕化、永福十县,治临桂县。

乾宁二年(895),置古县。光化三年,隶静江军节度使,为使治。四年,割梧州戎城、孟陵二县来属②。

1. **始安县**(618—757)—**临桂县**(757—907)

始安县,本隋始安郡旧县,武德元年,隶桂州,为州治。四年,析置福禄、临源二县。贞观八年,省福禄县来属。龙朔二年,析置灵川县。天宝元年,隶始安郡,为郡治。至德二载,避安氏名姓,改为临桂县,以临桂江为名③,隶建陵郡,为郡治。乾元元年,复隶桂州,为州治。

附旧县:福禄县(621—634)

武德四年,析始安县置福禄县,以县境福禄山为名④,治福禄城(今广西灵川县大圩镇)⑤,隶桂州。贞观八年,省入始安县。

2. **灵川县**(662—907)

龙朔二年,析始安县置灵川县,以灵岩得名⑥,治灵川城(今灵川县三街镇)⑦,隶桂州。天宝元年,隶始安郡。至德二载,隶建陵郡。乾元元年,复隶桂州。

3. **临源县**(621—768)—**全义县**(768—907)

武德四年,析始安县置临源县,盖以临湘水之源为名,治临源城(今广西兴安县城兴安镇)⑧,隶桂州。天宝元年,隶始安郡。至德二载,隶建陵郡。乾元元年,复隶桂州。大历三年,土将万重光诱临桂等九县构逆,唯临源县独守臣节,乃更名全义县⑨。

---

① 《旧唐志》云元和初改永丰为丰水。按《唐会要》卷71:长庆二年十二月,桂管观察使殷侑奏请改建陵为修仁,永丰为丰水。从之。故《新唐志》云长庆三年改,当是。
② 金鉷等《广西通志》卷44桂林府义宁县古迹云:"广明县在县治东北,唐末湖南马氏置。"然唐宋地志不载广明县,李晓杰《中国行政区划通史·五代十国卷》第617页姑断"广明县为后梁时马楚奏置",从之。
③ 《太平寰宇记》桂州临桂县:"漓江,一名桂江。"
④ 《太平寰宇记》桂州临桂县:"驳鹿山,一名福禄山,在州东北十五里。"即今桂林市东之尧山。
⑤ 《纪要》桂林府:"福禄废县,在府东。"《大清一统志》卷356桂林府:"福禄废县,在临桂县。"依地理形势推定,当在今灵川县大圩镇。据金鉷等《广西通志》卷13,清时大墟(圩)属临桂县。
⑥ 周去非《岭外代答》卷1灵岩:"神龙穿破山腹,以定窟宅,遂命曰灵岩,县曰灵川,亦以是得名。"然《太平寰宇记》兴安县载:"一溪号为灵水溪,入灵川县界。"故《纪要》云灵川县以灵渠水为名,亦得。
⑦ 《元和志》桂州灵川县:"西南至州六十里。"《广西建置沿革考录》、《广西通志·行政区划志》第46页定于三街镇,从之。
⑧ 《元和志》桂州全义县:"南至州一百五十里。"
⑨ 《太平寰宇记》桂州兴安县。

4. 阳朔县(618—907)

本隋始安郡旧县,武德元年,隶桂州。四年,析置归义、永丰二县。贞观元年,省归义县来属。天宝元年,隶始安郡。至德二载,隶建陵郡。乾元元年,复隶桂州①。

附旧县:归义县(621—627)

武德四年,析阳朔县置归义县,盖以柔远之意为名,治归义城(今阳朔县白沙镇旧县村)②,隶桂州。贞观元年,省入阳朔县。

5. 永丰县(621—823)—丰水县(823—907)

武德四年,析阳朔、平乐二县置永丰县,治永丰城(今荔浦县花篢镇老县村)③,割隶乐州。贞观八年,隶昭州。开元中,还隶桂州。天宝元年,隶始安郡。至德二载,隶建陵郡。乾元元年,复隶桂州。长庆三年,以与江南西道信州县名重,改为丰水县,取县境丰水为名④。

6. 荔浦县(618—907)

本隋始安郡旧县,武德元年,隶桂州。四年,割隶荔州。五年,自隋化县移州治于此。五年,析置崇仁、纯义二县⑤。贞观十二年,州废,还隶桂州。开元中,省崇仁县来属。天宝元年,隶始安郡。至德二载,隶建陵郡。乾元元年,复隶桂州。

附旧县:崇仁县(622—开元中)

武德五年,析荔浦县置崇仁县,以崇仁水为名,治崇仁城(今荔浦县茶城乡)⑥,隶荔州。贞观十二年,州废,隶桂州。开元中,省入荔浦县。

7. 建陵县(618—823)—修仁县(823—907)

建陵县,本隋始安郡旧县,武德元年,隶桂州。四年,割隶荔州,析置武化县。贞观元年,割隶晏州,为州治,并析置武龙县。十二年,州废,省武龙县来属,建陵县还隶桂州。天宝元年,隶始安郡。至德二载,隶建陵郡。乾元元年,复隶

---

① 吴松弟《两唐书地理志汇释·旧唐书地理志》第416页、《历史地名》第1146页俱云:"元和、宝历间迁治今县。"不详何据。
② 《纪要》桂林府阳朔县:"归义废县:县西十五里。"即今老县村,其地今已没入大江水库。
③ 《元和志》桂州永丰县:"北至州二百一十里。"《太平寰宇记》桂州丰水县:"(州)南二百一十里。"《纪要》谓在荔浦县西北五十里,今依雷坚《广西建置沿革考录》,定于花篢镇老县村。
④ 《唐会要》卷71。
⑤ 《新唐志》系于四年事下,今依《旧唐志》蒙州条。
⑥ 《太平寰宇记》桂州修仁县:"崇仁水,源出谢山,(东)〔西〕流合白石水。"则崇仁水即今鹿寨县古尝河,其源谢山即今荔浦、鹿寨、永福三县交界之驾桥山主峰古报尾,属崇仁。又荔浦县云:"荔江,源出崇仁县西北荔山。"荔山,《纪要》平乐府荔浦县引旧《志》云,在永福县南境,则荔山亦即驾荔山即今驾桥山,亦即《纪要》平乐府修仁县所谓:"崇仁山,在县北五十里,高数百丈。"又荔浦县:"崇仁废县:在县西南。"广西许晨以为在今茶城乡,从之。

桂州。长庆三年,以县名与肃宗陵号同,改为修仁县,取县境修仁乡为名①。

附旧县:**武龙县**(627—638)

贞观元年,析建陵县置武龙县,治武龙城(今广西鹿寨县寨沙镇龙江村)②,隶晏州。贞观十二年,州废,省入建陵县。

8. **兴安县**(618—757)—**理定县**(757—907)

武德元年,析始安县置兴安县,以隋旧县为名,治兴安城(今鹿寨县黄冕镇)③,隶桂州。四年,析置宣风县。贞观十二年,省宣风县来属。龙朔三年,省象县来属。乾封二年,复析置象县。天宝元年,隶始安郡。至德二载,避安氏名姓,改为理定④县,隶建陵郡。乾元元年,复隶桂州。

附旧县:**宣风县**(621—638)

武德四年,析兴安县置宣风县,盖取宣扬风化之意为名,治宣风城(今广西永福县广福乡圩上村)⑤,隶桂州。贞观十二年,省入兴安县。

9. **纯化县**(621—805)—**慕化**⑥**县**(805—907)

武德四年,析始安县置纯化县,治纯化城(今鹿寨县中渡镇常安村)⑦。天宝元年,隶始安郡。至德二载,隶建陵郡。乾元元年,复隶桂州。永贞元年,避宪宗讳,改为慕化县。乾宁二年,析置古县。

附旧县:**古县**(895—907)

乾宁二年,析慕化县置古县,治古城(今永福县百寿镇穿岩村)⑧,隶桂州。

---

① 《唐会要》卷71。
② 《纪要》平乐府修仁县:"武龙废县:在县西北。"今推定于鹿寨县龙江村(旧为乡)。《广西建置沿革考录》以为在荔浦县马浪坪西北,乃因袭唐建陵县在荔浦县修仁镇而误。
③ 《元和志》桂州理定县:"东北至州三百里。"《太平寰宇记》桂州理定县:"(州)西南三百里。"然桂州西南三百里已入马平、建陵二县界,以置兴安县恐失之过远,因疑"三百里"为"二百里"之误,今拟于鹿寨县黄冕镇(旧为乡)。《地名大辞典》第3862页以为在黄冕乡里定村,《地图集》、《广西通志·行政区划志》第45页定于永福县南广福乡土城,疑皆过近。盖里定村为南宋理定县治上清音驿,土城为元理定县治上横塘驿。
④ 王象之《舆地纪胜》静江府引《元和志》作"治定",然象之已驳其非,且宋代不讳"治",而仍作"理定",可知唐末并无改"理定"为"治定"之事,此《元和志》文当系后人窜改。江田祥《隋唐桂州理定县考》(载《广西地方志》2012年第5期)则据此《元和志》文认为至德二年已改兴安为治定,缊含定治叛乱之意,而史籍仍避高宗讳作"理定",宪宗时高宗神主已祧,故《元和志》不须避高宗讳复改曰"治定"。
⑤ 《纪要》永宁州永福县:"宣风废县:在县南。"
⑥ 两《唐志》作"恭化",今依中华书局本《新唐书·地理志》校勘记改。
⑦ 《元和志》桂州慕化县:"东北至州二百五十里。常安水,东去县七步。"《太平寰宇记》桂州慕化县:"(州)西南二百二十里。"按桂州西南二百五十里已入马平县境,以置纯化县恐失之过远,今依《太平寰宇记》及《广西通志·行政区划志》第45页、《历史地名》第1412页定于鹿寨县中渡镇常安村。白耀天《唐代在今广西设置的州县考(上)》云在临桂县西北,误。
⑧ 《太平寰宇记》桂州古县场:"(州)西南一百五十里。"《纪要》永宁古田废县引《城邑考》:"古县,置于今(州)城南三十里,四山环抱。明初,移今(县)治。"明永宁州城在今永福县百寿镇北三里,古田县在今百寿镇旧县村,则唐古县治今百寿镇穿岩村。或云唐古县治旧县村,或云治南山村,皆距永宁州城太近,不取。

10. 永福县(621—907)

武德四年,析始安县置,治永福城(今永福县城永福镇),隶桂州。天宝元年,隶始安郡。至德二载,隶建陵郡。乾元元年,复隶桂州。

附旧州一:荔州(621—638)

武德四年,割桂州隋化、建陵、荔浦三县置荔州,取荔浦县首字为名,治隋化县,隶桂州总管府,并置武化县。五年,移治荔浦县,置崇仁、纯义二县,割隋化县隶南恭州。七年,荔州隶桂州都督府。贞观元年,割建陵、武化二县隶晏州。十年,割纯义县隶蒙州。十二年①,州废,荔浦、崇仁二县隶桂州。

附旧州二:晏州(627—638)

贞观元年,割荔州建陵、武化二县及象州长风县置晏州,盖取晏然太平之意为名,并置武龙县,治建陵县,隶桂州都督府。十二年,州废,省武龙县,建陵县隶桂州,武化、长风二县隶象州。

(二)平乐郡(昭州)

乐州(621—634)—昭州(634—742)—平乐郡(742—758)—昭州(758—907)

武德四年,割桂州平乐、永丰、恭城三县置乐州,取平乐县末字为名,并置沙亭县,治平乐县,隶桂州总管府。七年,隶桂州都督府。贞观七年,省沙亭县。八年,改为昭州,以州境昭冈潭为名。十三年,昭州领平乐、永丰、恭城三县,治平乐县。

武周证圣元年,置永平县。长安四年,昭州领平乐、永丰、恭城、永平四县,治平乐县。

唐开元中,割永丰县隶桂州。

天宝元年,改为平乐郡,以平乐县为名,隶始安郡都督府。十三载,平乐郡领平乐、恭城、永平三县,治平乐县。十五载,隶桂州管内经略使。

乾元元年,复为昭州。广德二年,隶桂邕都防御观察使。大历五年,隶桂州管内都防御观察经略等使。元和十五年,昭州领县一如天宝十三载。

咸通十四年,昭州领县不变。

光化三年,隶静江军节度使。

---

① 《旧唐志》及《太平寰宇记》桂州荔浦县条作"十三年",今依《旧唐志》及《太平寰宇记》桂州序、《新唐志》。

1. **平乐县**(618—907)

本隋始安郡旧县,武德元年,隶桂州。四年,割隶乐州,并析置沙亭县。八年,移治新平乐城(今广西平乐县城平乐镇拱桥头)①。贞观七年,省沙亭县来属。八年,隶昭州,为州治。天宝元年,隶平乐郡,为郡治。乾元元年,复隶昭州,为州治。

附旧县:沙亭县(621—633,695—699)

武德四年,析平乐县置沙亭县,治沙亭城(今广西平乐县沙子镇)②,隶乐州。贞观七年,省入平乐县。证圣元年(695),复置沙亭县。圣历二年,复省入平乐县③。

2. **恭城县**(621—907)

武德四年,析平乐县置恭城县④,治恭城(今广西恭城县城恭城镇)⑤,隶桂州。是年,割隶乐州。八年,隶昭州。天宝元年,隶平乐郡。乾元元年,复隶昭州。

3. **永平县**(695—907)

证圣元年,析平乐县置永平县⑥,治永平乡(今平乐县同安镇)⑦,故以为名,隶昭州。天宝元年,隶平乐郡。乾元元年,复隶昭州。

(三) 临贺郡(贺州)

贺州(621—742)—临贺郡(742—758)—贺州(758—907)

武德四年⑧,平萧梁,割封州临贺、封阳、绥越三县,桂州富川县,永州冯乘县,连州桂岭县置贺州⑨,以隋旧州为名,治临贺县,隶桂州总管府。七年,隶桂州

---

① 《纪要》平乐府平乐县"平乐城"条。
② 《太平寰宇记》昭州平乐县:"废沙亭县:在州西三十五里。……沙亭水,在旧县西北,出海阳山。"按沙亭水既出海阳山,当即今平乐县沙子镇沙子河,在平乐县东北,《太平寰宇记》方位误,《舆地纪胜》昭州古迹:"故沙亭县:在平乐县东三十五里。"可证。
③ 武周时沙亭县置而复废,事见《太平寰宇记》昭州平乐县。
④ 《元和志》、《旧唐志》、《太平寰宇记》云武德四年置,《新唐志》云萧梁置,盖置州年即梁亡之年也。
⑤ 《元和志》昭州恭城县:"西南至州九十里。"
⑥ 两《唐志》云永平县旧属藤州,后属昭州,白耀天《唐代在今广西设置的州县考(上)》支持其说。然按之地理,昭州与藤州中隔富、蒙二州,此说有误,今据《元和志》分别为二县,详参上文感义郡藤州永平县注。
⑦ 《元和志》昭州永平县:"西南至州九十里。县南临永平水,西流入平乐县界。"《太平寰宇记》昭州平乐县:"废永平县:在州东九十里,开宝五年,并入平乐县。"则可定永平县于今平乐县同安镇,永平水即今榕津河。《地图集》唐岭南道幅定永平县于今恭城县三江乡茶坪村,《广西建置沿革考录》以为在莲花镇势江,与永平水流入平乐县及宋初永平县省入平乐县不合;《地名大辞典》第3884页以为在平乐县二塘镇历塘村,则失之过近,均不取。
⑧ 《元和志》作"五年",今依两《唐志》、《太平寰宇记》。
⑨ 史志不载此事,按两《唐志》载贞观八年以贺绥越县隶梧州,则绥越县当已先置,今推测割自梧州。参见梧州条。

都督府。贞观元年,省封阳县。八年,割绥越县隶梧州。九年,复置封阳县。十三年,贺州领临贺、封阳、富川、冯乘、桂岭五县,仍治临贺县。

武周长安四年,贺州领县不变。

唐开元二年,以废武安州之荡山县来属。

天宝元年,改为临贺郡,以临贺县为名,隶始安郡都督府,改富川县为富水县。是年,复改富水县为富川县。十三载,临贺郡领临贺、封阳、荡山、富川、冯乘、桂岭六县,治临贺县。十五载,隶桂州管内经略使①。

乾元元年,复为贺州。广德二年,隶桂邕都防御观察使。大历五年,隶桂州管内都防御观察经略等使。元和十五年,贺州领县一如天宝十三载。

咸通十四年,贺州领县不变。

光化三年,隶静江军节度使。

1. 临贺县(618—907)

本隋苍梧郡旧县,武德元年,隶封州。四年,割隶贺州,为州治。贞观元年,省封阳县来属。九年,复析置封阳县。天宝元年,隶临贺郡,为郡治。乾元元年,复隶贺州,为州治。

2. 封阳县(618—627,635—907)

本隋苍梧郡旧县,武德元年,隶封州。四年,割隶贺州。贞观元年,省入临贺县。九年,析临贺县复置封阳县,仍隶贺州。天宝元年,隶临贺郡。乾元元年,复隶贺州。

3. 荡山县(698—907)

圣历元年,析梧州开江县置荡山县②,以隋旧县为名,治故荡山城(今广西昭平县富罗镇)③,隶梧州。二年,割隶武安州④。开元二年,州废,改隶贺州。天宝元年,隶临贺郡。乾元元年,复隶贺州。

4. 富川县(618—742)—富水县(742)—富川县(742—907)

富川县,本隋始安郡旧县,武德元年,隶桂州。四年,割隶贺州。圣历元

---

① 《旧唐志》总序云,贺州隶岭南东道节度使。然据《新唐表》及《方镇研究》,贺州未曾隶岭南东道,《旧唐志》盖据《州郡典》排序致误,今不取。
② 荡山县,《元和志》云武德四年置,《新唐志》云天宝后置。按《旧唐志》贞观贺州领五县,不含荡山县,天宝临贺郡领六县,当含荡山县,故《元和志》及《新唐志》并误。考《本钱簿》已有此县,当是圣历初与相邻之富州思勤县同时置。
③ 《元和志》贺州荡山县:"东至州一百七十二里。"《太平寰宇记》贺州临贺县:"废荡山县:在州西一百七十里。"《纪要》平乐府贺州:"荡山废县:在县南。"今依《地图集》唐岭南道幅定于贺州西南。《地名大辞典》第3902页以为隋荡山县在今昭平县樟木林乡羲塘村,按其地距贺州仅一百二十里,恐非。
④ 史志不载此事。按荡山县北邻思勤县,圣历二年曾置武安州,以盛唐时正州一般不少于二县观之,武安州初置时疑领有思勤、荡山二县,故补。

年,析置荡山县。天宝元年,隶临贺郡,为郡治,改为富水县,以富水为名。是年,以与山南东道富水郡县名重,复为富川县。乾元元年,复隶贺州,为州治。

5. **冯乘县**(618—907)

本隋零陵郡旧县,武德元年,隶永州。四年,析置江华县,移治新冯乘城(今富川县古城镇秀山村)①,冯乘县割隶贺州。天宝元年,隶临贺郡。乾元元年,复隶贺州。

6. **桂岭县**(618—907)

本隋熙平郡旧县,武德元年,隶连州。四年,割隶贺州。天宝元年,隶临贺郡。乾元元年,复隶贺州。

(四) 苍梧郡(梧州)

梧州(622—742)—**苍梧郡**(742—758)—梧州(758—907)

武德五年②,割静州苍梧、豪静、开江三县置梧州,取苍梧县末字为名,治苍梧县,隶桂州总管府。七年,隶桂州都督府。贞观八年,割藤州猛陵县、贺州绥越县来属,改猛陵县为孟陵县。十三年,省豪静县。是年,梧州领苍梧、孟陵、开江、绥越四县,治苍梧县。十八年,省绥越县。

永徽六年,割藤州戎城县来属③。

武周圣历元年,置荡山县。二年,割荡山县隶武安州。长安四年,梧州领苍梧、戎城、孟陵、开江四县,治苍梧县。

唐神龙元年,割开江县隶富州。

天宝元年,改为苍梧郡,以隋旧郡为名,隶始安郡都督府。十三载,苍梧郡领苍梧、戎城、孟陵三县,治苍梧县。十五载,隶桂州管内经略使。

乾元元年,复为梧州。广德二年,隶桂邕都防御观察使。大历五年,隶桂州管内都防御观察经略等使。元和十五年,梧州领县一如天宝十三载。

咸通十四年,梧州领县不变。

光化三年,隶静江军节度使。四年,马殷表以戎城、孟陵二县隶桂州。

---

① 据广西许晨考证,《元和志》江华县条载冯乘故址在县南,则武德四年分置江华县后,冯乘县治必有迁徙,清光绪《富川县志》"古迹"冯乘县条谓:"今县东三十里勾挂岭……相传即旧治地。"故唐冯乘县应在今富川县古城镇秀山村。从之。
② 两《唐志》、《太平寰宇记》梧州作"四年",今依《元和志》及《旧唐志》桂州序。
③ 《太平寰宇记》梧州戎城县。

1. **苍梧县**(618—907)

本隋苍梧郡旧县,武德元年,隶封州。四年,割隶静州,并析置绥越县。五年,割隶梧州,为州治,并析置绥越县。贞观十八年,省绥越县来属。天宝元年,隶苍梧郡,为郡治。乾元元年,复隶梧州,为州治。

附旧县:绥越县(621—644)

武德四年①,析苍梧县置绥越县,以隋旧县为名,治故绥越城(今广西苍梧县石桥镇)②。五年,割隶贺州。贞观八年,割隶梧州。十八年③,省入苍梧县。

2. **戎成县**(618—621)—**戎城县**(621—907)

戎城县,本隋永平郡戎成县,武德元年,隶藤州,析置猛陵县。四年,避太子建成讳改为戎城县。永徽六年,割隶梧州④。天宝元年,隶苍梧郡。乾元元年,复隶梧州。光化四年,割隶桂州。

3. **猛陵县**(618—634)—**孟陵县**(634—907)

武德元年,析藤州戎成县置猛陵县,以隋旧县为名,治猛陵城(今梧州市长洲区倒水镇)⑤,隶藤州。贞观八年,改为孟陵县,割隶梧州。天宝元年,隶苍梧郡。乾元元年,复隶梧州。光化四年,割隶桂州。

(五) 开江郡(富州)

龙平郡(618)—静州(618—634)—富州(634—742)—开江郡(742—758)—富州(758—907)

武德元年,萧梁割始安郡龙平、豪静二县置龙平郡,治龙平县,故以为名⑥。是年,改为静州,以隋旧州为名,隶桂州总管府。四年,归唐,置博劳、归化、安乐、

---

① 唐宋地志不载绥越县始置年,《大清一统志》卷361平乐府:"绥越废县:在富川县南。……其重置,当与沙亭等县同在武德四年。"今从之。
② 《纪要》平乐府贺县:"封阳废县:《旧志》:荡山县南百里。"按封阳县在荡山县正东二百里,此云南百里者,疑是荡山县东南百里绥越县故城,即今苍梧县石桥镇。吴松弟《两唐书地理志汇释·新唐书地理志》第271页、《历史地名》第2266页等皆以为绥越在今富川县南,如是,则与梧州中隔贺州富川县,不得隶梧州,恐非。
③ 《新唐志》系于贞观十二年后。今按贞观十八年曾省罢一批岭南州县,如康州抚纳县、泷州正义县、药州及永业县、泰州、后燕州及新乐、安基二县、横州岭山县等,疑绥越县亦省于是年。
④ 《太平寰宇记》梧州戎城县。
⑤ 《元和志》梧州:"孟陵:南至州水路九十里。"今拟于梧州市倒水镇。《地图集》置于今苍梧县长发镇,里距过远。《地名大辞典》第3807页云:"孟陵,在苍梧县浔江北岸支流安平河口,属人和镇,汉猛陵县治,唐改孟陵至今,有石碑、界址等遗迹。"此盖汉代遗址,非唐代城址。
⑥ 《新唐志》富州:"本静州龙平郡,武德四年,以始安郡之龙平、豪静,苍梧郡之苍梧置。"按隋、唐皆无龙平郡,武德四年亦无始安、苍梧郡名,是知龙平郡、静州本萧铣析始安郡置,如本章第一节"南海郡都督府"海康郡雷州之徐闻郡例。唯苍梧县乃武德四年增入。

开江四县,割高州总管府封州苍梧县来属。五年,割苍梧、豪静、开江三县隶梧州。七年,隶桂州都督府。九年,省安乐县。贞观八年,以与剑南道州名重,改为富州①,因富川水为名。十三年,富州领龙平、博劳、归化三县,仍治龙平县。

武周圣历元年,置思勤县②。二年,割思勤县隶武安州。长安四年,富州领县一如贞观十三年。

唐神龙元年,割梧州开江县来属。开元二年,以废武安州之思勤县来属。其后,省博劳、归化二县。

天宝元年,改为开江郡,以开江县为名,隶始安郡都督府。十三载,开江郡领龙平、思勤、开江三县,治龙平县。十五载,隶桂州管内经略使。

乾元元年,复为富州。广德二年,隶桂邕都防御观察使。大历五年,隶桂州管内都防御观察经略等使。元和十五年,富州领县一如天宝十三载。

长庆三年③,改开江县为马江县。咸通十四年,富州领县不变。

光化三年,隶静江军节度使。

1. 龙平县(618—907)

本隋始安郡旧县,武德元年,割隶龙平郡,为郡治。是年,割隶静州,为州治。四年,析置博劳、归化、安乐、开江四县。九年,省安乐县来属。贞观八年,隶富州,为州治。开元中,省博劳、归化二县来属。天宝元年,隶开江郡,为郡治。乾元元年,移治故武城郡城(今广西昭平县城昭平镇)④,复隶富州,为州治。元和十年,还治旧城(今昭平镇龙坪村)⑤。

附旧县1:安乐县(621—626)

武德四年,析龙平县置安乐县,以隋旧县为名,治故安乐城(今昭平县走马乡庙桠村)⑥,隶静州。武德九年,省入龙平县。

附旧县2:博劳县(621—开元中)

武德四年,析龙平县置博劳县,以隋旧县为名,治故博劳城(今昭平县城

---

① 《唐会要》卷71曰"南富州",今依两《唐志》。
② 《新唐志》云天宝后置,今据《元和志》。按《本钱簿》有此县,可证。
③ 《旧唐志》作"二年",今依《新唐志》。按《唐会要》作二年上奏,改县当在三年,《新唐志》是。参见桂州建陵县、永丰县条。
④ 《太平寰宇记》昭州龙平县。
⑤ 《唐会要》卷71。
⑥ 《太平寰宇记》昭州龙平县:"废安乐县:在县东北五里。"今人多从《太平寰宇记》定于昭平县昭平镇江口村。按唐县绝少相距五里者,况龙平属人烟稀少之地,故疑《太平寰宇记》原文"五"字后脱一"十"字,即安乐县在龙平县东北五十里,今拟于走马乡庙桠村,旧属庇江乡。

昭平镇下富村)①,隶静州。开元中②,省入龙平县。

附旧县 3:归化县(621—开元中)

武德四年,析龙平县置归化县,以隋旧县为名,治故归化城(今昭平县文竹镇桂花村)③,隶静州。开元中④,省入龙平县。

2. 思勤县(698—907)

圣历元年⑤,析龙平县置思勤县,盖取獠语意为名,治思勤城(今广西钟山县清塘镇榕水村)⑥,隶富州。二年,割隶武安州,为州治。开元二年,州废,还隶富州。天宝元年,隶开江郡。乾元元年,复隶富州。

3. 开江县(621—823)—马江县(823—907)

武德四年⑦,析龙平县置开江县,治开江城(今昭平县马江镇),隶静州。五年,割隶梧州。贞观十三年,省豪静县来属。圣历元年,析置荡山县。神龙元年,开江县割隶富州⑧。天宝元年,隶开江郡。乾元元年,复隶富州。长庆三年,以与山南西道开州县名重,改为马江县,缘开江旧为马援所开而名⑨。

附旧县:豪静县(618—639)

本隋始安郡旧县,武德元年,割隶龙平郡。是年,隶静州。五年,割隶梧州。贞观十三年⑩,省入开江县。

---

① 《太平寰宇记》昭州龙平县:"废博劳县:在县北三十二里。"《纪要》平乐府昭平县:"博劳废县:在县西南。"按龙平县北已有归化、安乐二县,似不得再置博劳县,方位当依《纪要》,即博劳县在龙平县南三十二里。今拟于富裕乡。
② 《太平寰宇记》、《新唐志》并云武德九年省安乐、归化、博劳三县。按《旧唐志》,富州武德九年仅省安乐一县,且云"旧领县三",则归化、博劳必存于贞观十三年后,《太平寰宇记》、《新唐志》当系误记。又按富州至开元初陆续增领开江、思勤二县,归化、博劳二县始可省罢,而据《本钱簿》,富州已无归化、博劳二县,则可定归化、博劳二县省于开元中。
③ 《太平寰宇记》昭州龙平县:"废归化县:在县北三十五里。"《纪要》平乐府昭平县:"归化废县:在县西北。"《大清一统志》卷 361 平乐府:"归化江:在昭平县北八十里,源出永安州界仙回洞,流经废归化县,因名,又东南入漓江。"
④ 详参博劳县注。
⑤ 《新唐志》作"天宝后",中华书局点校本《元和郡县图志》第 941 页校勘记据张驹贤《考证》已辨其非,从之。
⑥ 《元和志》富州思勤县:"南至州一百四十里。富川水,在县东五十步,南流。"《地图集》及《地名大辞典》等定于今昭平县走马乡陶唐村,按其地至昭州仅七十里,与《元和志》不合,不取。
⑦ 《元和志》作"五年",今据两《唐志》富、梧二州条。
⑧ 《新唐志》云"又复隶柳州",按富州与柳州中隔蒙、桂二州,开江不得隶柳州,《新唐志》文有误,当是"又复隶富州"之误。复隶富州时间,据《元和志》为神龙元年。
⑨ 《唐会要》卷 71。
⑩ 《新唐志》作"十二年",今依《旧唐志》。

附旧州：武安州(699—714)

武周圣历二年，割富州思勤县、梧州荡山县置武安州①，取武氏吉意为名，治思勤县，隶桂州都督府。长安四年，武安州领县不变。

唐开元二年，州废，思勤县隶富州，荡山县隶贺州。

（六）蒙山郡（蒙州）

南恭州(622—634)—蒙州(634—742)—蒙山郡(742—758)—蒙州(758—907)

武德五年，割荔州隋化县置南恭州②，盖以民人恭顺为名，并置东区县，隶桂州总管府。是年，改隋化县为立山县③，并置钦政县。七年，隶桂州都督府。贞观六年，割东区县隶前燕州。七年，南恭州改隶龚州都督府。八年，改为蒙州，以州境蒙山、蒙水为名。十年，以废后燕州之东区县并割荔州纯义县来属。十二年，省钦政县。十三年，蒙州领立山、东区、纯义三县，治立山县。

乾封二年，改隶桂州都督府。

武周长安四年，蒙州领县不变。

天宝元年，改为蒙山郡，以蒙山为名，隶始安郡都督府。十三载，蒙山郡领立山、东区、纯义三县，治立山县。十五载，隶桂州管内经略使。

乾元元年，复为蒙州。广德二年，隶桂邕都防御观察使。大历五年，隶桂州管内都防御观察经略等使。永贞元年④(805)，改纯义县为正义县。元和十五年，蒙州领立山、东区、正义三县，治立山县。

咸通十四年，蒙州领县不变。

光化三年，隶静江军节度使。

1. **隋化县**(618—622)—**立山县**(622—907)

立山县，本隋始安郡隋化县，武德元年，隶桂州。四年，割隶荔州，为州治，移治立山城（今广西蒙山县城蒙山镇）⑤。五年，割隶南恭州，为州治，并析置东

---

① 《元和志》但云以思勤县置武安州，因是叙思勤县沿革，故不提及他县。按盛唐正州领县一般不少于二县，所缺一县，疑即诸志于始置年歧说纷见之荡山县，因补。
② 《旧唐志》蒙州条作"南蒙州"，今依《旧唐志》桂州荔浦县、《元和志》、《新唐志》蒙州条及《唐会要》卷71改。
③ 《旧唐志》以为武德四年改名，今依《新唐志》、《元和志》。
④ 《旧唐志》作"乾元初"，今据《新唐志》。
⑤ 《旧唐志》蒙州："武德四年，置南恭州。……改为立山，于县置荔州。"按隋化县治今蒙山县黄村镇大化村，唐初立山县治今蒙山县城蒙山镇（《元和志》蒙州云：东至富州九十里，西北至桂州荔浦县八十里），而史志不载何时移治。考南恭州始置于武德五年，《旧唐志》此语显有自相矛盾处，盖以武德四年移治立山城、置荔州事与武德五年改名立山县、置南恭州事相混也，今为厘正。

区县。是年,去"隋"字,改为立山县,盖以立山为名,并析置钦政县。十二年,省钦政县来属。天宝元年,隶蒙山郡,为郡治。乾元元年,复隶蒙州,为州治。

附旧县:钦政县(622—638)

武德五年,析立山、东区二县置钦政①县,盖以钦服新政为名,治故隋化城(今蒙山县黄村镇大化村)②,隶南恭州。贞观十二年,省入立山、东区二县。

2. **东区县**(622—907)

武德五年③,析隋化县置东区县④,治葛峨镇(今蒙山县陈塘镇沙灵村)⑤,隶南恭州。贞观六年,割隶前燕州。七年,改隶泰州。八年,州废,隶后燕州。十年,州废,还隶蒙州。天宝元年,隶蒙山郡。乾元元年,复隶蒙州。

3. **纯义县**(622—805)—**正义县**(805—907)

武德五年⑥,析荔州荔浦县置纯义县,盖以治化之意为名,治纯义城(今蒙山县新圩镇)⑦,隶荔州⑧。贞观十年,割隶蒙州。天宝元年,隶蒙山郡。乾元元年,复隶蒙州。永贞元年,避宪宗讳,改为正义县。

(七)临江郡(龚州)

前燕州(622—633)—龚州(633—742)—临江郡(742—758)—龚州(758—907)

武德五年,割南尹州桂平县、林州皇化县置前燕州⑨,以燕石为名⑩,治桂

---

① 《旧唐志》、《太平寰宇记》作"岭政",《新唐志》及《记纂渊海》卷15作"钦政",《大清一统志》卷361平乐府以岭政为钦政之误,从之。按"岭政"义不可解,"钦政"则可解为"钦服新政"之意,盖其地旧为"隋化"县,今反其意名之。
② 《纪要》永安州:"岭政废县,在州北。"《地名大辞典》第3901页云纯义县与钦政县同治今新圩镇荷村。按明永安州即今蒙山县,而蒙山县北境地势促狭,唐初已有纯义县,当不得再置钦政县,且两县同治,在唐亦唯京都有之,外州绝无先例,故以上两说均不可取。《旧唐志》又云,割立山、东区、纯义三县置岭政县。按东区、纯义二县分处立山县南北,不相接界,则岭政县只能割立山、东区二县地置,不得割三县地置。又以钦政县取名与隋化县反义度之,钦政县当以故隋化县城置,今即据以成说。
③ 《新唐志》桂州荔浦县作武德四年,今依《元和志》、两《唐志》蒙州东区县。
④ 《元和志》蒙州作析荔浦县置。按东区县与荔浦县中隔隋化县,不当析荔浦置,今改为析隋化(立山)县置。
⑤ 《元和志》蒙州东区县:"西北至州八十里。"今依雷坚定于沙灵村。
⑥ 两《唐志》桂州荔浦县作武德四年,《旧唐志》蒙州正义县作贞观五年,今依《元和志》蒙州正义县。
⑦ 《元和志》蒙州正义县:"东南至州三百里。"《太平寰宇记》蒙州正义县:"(州)西北二十三里。"按蒙州西北三百里已越荔州入桂州界,《元和志》当误,今依《太平寰宇记》。
⑧ 《新唐志》作"燕州",今依《旧唐志》。
⑨ 《新唐志》藤州宁风县:"武德五年,以县置燕州,以贵州之桂平兼之。"按宁风县隶前燕州在贞观五年,此语"以县"二字当衍。又,唐初岭南正州无领一县者,此处当缺一县。《方舆胜览》载:"燕石在平南县东南十二里,《图经》云春夏燕巢其上,故唐置燕州。"燕石在浔江南,本皇化县境,隋末废入桂平,两《唐志》绣州谓武德四年已复置皇化县,隶林州,则武德五年前燕州始置时,当已割皇化县来属,故补皇化县。《旧唐志》浔州谓皇化贞观六年复置,当是误以改隶绣州之年为复置之年。
⑩ 《元和志》龚州平南县:"燕石山,在平南东南十里。"《舆地纪胜》浔州:"燕石,唐置燕州,取此。"

平县,隶桂州总管府。七年,隶桂州都督府,置陵江县。贞观三年,割藤州大宾县来属,并置长恭、泰川、池阳、龙阳四县,移治长恭县。五年,割藤州新乐、宁风二县来属。六年,割南恭州东区县来属,割皇化县隶绣州。七年,改为龚州,因龚江为名,改长恭县为平南县,仍为州治,置龚州都督府,并置西平、归政、大同三县,割藤州武林县来属;割宁风、新乐、池阳、龙阳、东区五县隶泰州,桂平、陵江、大宾三县隶浔州①。十二年,以废浔州之桂平、大宾、陵江、皇化四县及割藤州隋建县来属。是年,省泰川、归政、陵江三县。十三年,龚州领平南、西平、大同、武林、隋建、皇化、桂平、大宾八县,治平南县。十八年,以废后燕州之宁风县来属。

乾封二年,罢都督府,龚州隶桂州都督府。

武周长寿元年(692),复割桂平、大宾、皇化三县隶浔州。长安四年,龚州领平南、西平、大同、宁风、武林、隋建六县,治平南县。

唐天宝元年,改为临江郡,隶始安郡都督府,改西平县为阳建县。是年,又改阳建县为阳川县。十三载,临江郡领平南、阳川、大同、宁风、武林、隋建六县②,治平南县。十五载,隶桂州管内经略使。

乾元元年,复为龚州,割宁风县隶藤州③。广德二年,隶桂邕都防御观察使。大历五年,隶桂州管内都防御观察经略等使。元和十五年,龚州领平南、阳川、大同、武林、隋建五县,治平南县。

咸通三年,割隶岭南西道节度使。四年,还隶桂州管内都防御观察经略等使。十四年,龚州领县不变。

光化三年,隶静江军节度使。

1. 长恭县(629—633)—平南县(633—907)

贞观三年,析大宾县置长恭县,治长恭城(今广西平南县城平南镇)④,隶前燕州,自桂平县移州治于此。七年,改为平南县⑤,取南方太平之意为名⑥,

---

① 《元和志》谓武德七年以大宾置浔州,武德当为贞观之误。
② 《旧唐志》脱宁风县。《新唐志》藤州:"(贞观)十八年(泰)州废,以宁风来属。""来属"二字后当脱"龚州"二字,非属藤州也。今据《本钱簿》、《州郡典》,以宁风隶龚州。
③ 按《本钱簿》、《州郡典》宁风县隶龚州临江郡,《元和志》龚州则无宁风县,知天宝后宁风县已割隶藤州。《大明一统志》梧州府藤县:"乾元初,复为藤州,治宁风。"盖乾元初藤州治镡津县为夷獠所陷,故割宁风县以为新治。
④ 《纪要》梧州府藤县:"长恭废县,在县西七十里。"然如下文所考,长恭县即后之平南县,故不取其说。
⑤ 两《唐志》谓平南县贞观七年置,《新唐志》藤州谓长恭县贞观七年省,未言两县关系。按两《唐志》、《元和志》皆言龚州治即前燕州治,而前燕州治即长恭县,则知平南县实系长恭县更名而来。
⑥ 郭子章:《郡县释名》广西郡县。

隶龚州,为州治,并析置西平、归政二县。十二年,省泰川、承恩二县来属。天宝元年,隶临江郡,为郡治。乾元元年,复隶龚州,为州治。

附旧县1:泰川县(629—638)

贞观三年,析大宾县置泰川县,盖以泰川为名,治泰川城(今广西桂平市江口镇)①,隶前燕州。七年,州废,隶龚州。十二年,省入平南县。

附旧县2:池阳县(629—633)—承恩县(633—638)

贞观三年,析大宾县置池阳县,治池阳城(今平南县丹竹镇)②,隶前燕州。七年,州废,隶泰州,改为承恩县,盖以恭承恩泽为名。八年,州废,隶后燕州。十二年,省入平南县。

2. 西平县(633—742)—阳建县(742)—阳川县(742—907)

贞观七年,析平南县置西平县,盖以在平南县西为名,治西平城(今平南县思旺镇)③,隶龚州。十二年,省归政县来属。永隆二年(681),析置平原县。天宝元年,隶临江郡,以与河南道汝南郡县名重,改为阳建县,盖因在建陵县之南得名。是年,以与隋建县字形近,又改为阳川县④,取阳川为名。乾元元年,复隶龚州。

附旧县:归政县(633—638)

贞观七年,析平南县置归政县,盖取归服政教之意为名,治归政城(今平南县官成镇古城)⑤,隶龚州。十二年,省入西平县。

附旧新县:平原县(681—736,780—823)—思和县(823—907)

永隆二年,析龚州西平县、象州阳寿县置平原县,治平原城(今平南县国安乡花料村)⑥,割隶思唐州。开元二十四年,降为羁縻县。建中元年(780),复为正县,

---

① 《纪要》浔州府平南县:"泰川镇:在县西北四十里,有泰川巡司……以旧县名。"即今桂平市江口镇。然《纪要》平南县又云:"泰川废县:在县东北。"《广西建置沿革考录》、《地名大辞典》第3922页亦云在平南县东南丹竹镇。按平南县东为武林、池阳、龙阳诸县旧地,似不得再置泰川县。
② 《历史地名》第1088页以为池阳县在今藤县西北。然据《新唐志》,池阳县系析大宾县置,后隶泰州,当不得在今藤县境,今依地理形势推定在平南县丹竹镇。
③ 《元和志》龚州阳川县:"东南至州四十里。"《纪要》浔州府平南县:"阳川废县:县西六十里,今为阳川里。"即今平南县思旺镇。《广西建置沿革考录》以为在官城镇古城,《地名大辞典》第3922页以为在安怀镇新塱,道里与《元和志》不合,不取。
④ 两《唐志》皆以阳川县本阳建县,《元和志》则云本西平县,《本钱簿》亦云西平县"为阳川"。白耀天《唐代在今广西设置的州县考(上)》云:"改西平县为阳建县,旋改为阳川县。"今从之。
⑤ 《纪要》浔州府平南县:"西平废县:又南有归政废县。"今拟于平南县官成镇古城。《广西建置沿革考录》以为在思旺镇,按其地在唐西平北,与《纪要》不合,不取。
⑥ 《元和志》思唐州平原县:"东北至州八十里。前临思洪江。"今依《广西通志·行政区划志》第49页定于平南县国安乡思和村(今属花料村),"八十里"疑为"四十里"之误。《广西建置沿革考录》、《地名大辞典》定于大鹏镇罗简圩,则无地名对勘关系。

仍隶思唐州。长庆三年，以与河北道德州县名重，改为思和县，以思和水为名①。

3. 大同县(633—907)

贞观七年，析龙阳县置大同县②，治大同城(今平南县同和镇)③，隶龚州。十二年，省后燕州龙阳县来属。永隆二年，析置武郎县。天宝元年，隶临江郡。乾元元年，复隶龚州。

附旧县：龙阳县(629—638)

贞观三年，析大宾县置龙阳县，治龙阳城(今平南县东华乡)④，隶前燕州。七年，改隶泰州，并析置大同县。八年，州废，隶后燕州。十二年，省入龚州大同县。

附旧新县：武郎县(681—736，780—907)

永隆二年，析龚州大同县、象州武化县、蒙州纯义县置武郎县，治武郎城(今平南县马练乡)⑤，取獠语意为名，割隶思唐州，为州治。开元二十四年，降为羁縻县。建中元年，复为正县，仍隶思唐州。

4. 宁风县(631—907)

贞观五年，析藤州安基县置宁风县，盖取治化之意为名，治宁风城(今广西藤县和平镇石桥村)⑥，割隶前燕州。七年，隶泰州，为州治。八年，州废，隶后燕州。十八年，州废，省安基、梁石、新乐三县来属，宁风县改隶龚州⑦。天宝元年，隶临江郡。乾元元年，割隶藤州，自镡津县移州治于此。二年，还州治于镡津县⑧。

附旧县1：安基县(618—644)

本隋永平郡旧县，武德元年，隶藤州。贞观五年，析置梁石、宁风、新乐三县。七年，割隶泰州。八年，州废，隶后燕州，为州治。十二年，省梁石县来属。十八年，州废，省入宁风县。

---

① 《唐会要》卷71。
② 《新唐志》龚州平南县："贞观七年，又置西平、归政、大同县。"依地理形势，大同县疑析自龙阳县。
③ 《元和志》龚州大同县："南至州七十五里。"《太平寰宇记》龚州大同县："废大同县：在县东七十五里。"《广西建置沿革考录》、《广西通志·行政区划志》第43页定于今平南县同和镇，从之。
④ 《历史地名》第630页以为在今藤县西北。然据《新唐志》，龙阳县系析大宾县置，后隶泰州，当不得在今藤县境，今依地理形势推定在平南县北境。
⑤ 《元和志》思唐州："西至象州一百八十里，南至龚州一百四十里，北至蒙州一百六十里。武郎县前临驼礼江。"驼礼江，即今大同江，今定于马练乡。《地图集》定于国安乡，里距偏近。
⑥ 《元和志》龚州："贞观七年，移燕州于今州东六十里(宁风县)。"《太平寰宇记》藤州："废宁风县：在州西一百里。"即今藤县和平镇石桥村。《地图集》及《广西通志·行政区划志》、《历史地名》定于今藤县太平镇，距龚州过远；《地名大辞典》以为在今藤县宁康乡，更与史载道里不合，均不取。
⑦ 贞观十八年后宁风县之归属，《旧唐志》失载，今依《本钱簿》、《州郡典》。《新唐志》、《太平寰宇记》以宁风县隶龚州，当是取乾元以后改隶之事，详参上文感义郡藤州注考证。《地图集》唐代幅断于开元末，亦以宁风县隶藤州，当误。
⑧ 《旧唐志》资料以乾元、后上元间为断，所载藤州犹治镡津，则当于乾元二年置容州管内经略都防御使之时，已自宁风还治镡津。

附旧县 2：梁石县(631—638)

贞观五年，析藤州安基县置梁石县，盖以梁石为名，治梁石城(今藤县城藤州镇白沙村)①，隶藤州。十二年，省入安基县。

附旧县 3：新乐县(631—644)

贞观五年，析藤州安基县置新乐县，治新乐城(今藤县东荣镇)②，割隶前燕州。七年，州废，改隶泰州。八年，州废，隶后燕州。十八年，州废，省入宁风县。

5. **武林县**(618—907)

本隋永平郡旧县，武德元年，隶藤州。贞观七年，割隶龚州。天宝元年，隶临江郡。乾元元年，复隶龚州。

6. **隋建县**(618—907)

本隋永平郡旧县，武德元年，隶藤州。贞观十二年，割隶龚州。天宝元年，隶临江郡。乾元元年，复隶龚州。

附旧州：泰州(633—634)—后燕州(634—644)

贞观七年，以废前燕州之宁风、池阳、龙阳、新乐、东区五县及割藤州安基县置泰州，治宁风县，隶龚州都督府，改池阳县为承恩县。八年，改为后燕州，移治安基县。十年，割东区县隶蒙州。十二年，省承恩、龙阳二县。十三年，后燕州领安基、宁风、新乐三县，治安基县。十八年，州废，省安基、新乐二县，宁风县隶龚州。

附旧新州：思唐州(681—736，780—907)

永隆二年，前桂州司马夏侯处廉奏割龚、象、蒙州地置武郎、平原二县，置思唐州，以州境唐岭为名，治武郎县，隶桂州都督府。

武周长安四年，思唐州领县不变。

唐开元二十四年，降为羁縻思唐州。

建中元年，复升羁縻思唐州为正州，隶邕州管内经略等使。元和十五年，隶桂州管内经略使，思唐州领武郎、平原二县，治武郎县。

长庆三年，改平原县为思和县。咸通十四年，思唐州领武郎、思和二县，治武郎县。

光化三年，思唐州隶静江军节度使。

---

① 《纪要》梧州府藤县云梁石县在县境，《历史地名》第 2458 页云梁石县在今藤县西北。按县有梁石，疑即今藤县濛江、津北二镇间浔江中文笔诸洲，故可定县治于今藤州镇白沙村，旧属津北镇。
② 《纪要》梧州府藤县："复又省新乐、梁石、罗风等县，皆在今县境。"《历史地名》第 2723 页云新乐县在今藤县西北，今定于东荣镇。

(八) 浔江郡(浔州)

浔州(633—638,692—742)—浔江郡(742—758)—浔州(758—907)

贞观七年,割前燕州桂平、大宾、陵江三县及绣州皇化县置浔州,取北浔江为名,治桂平县,隶龚州都督府。十二年①,州废,桂平、大宾、陵江、皇化四县隶龚州。

武周长寿元年(692),复割龚州桂平、大宾、皇化三县置浔州,仍治桂平县,隶桂州都督府②。长安四年,浔州领县不变。

唐天宝元年,改为浔江郡,以浔江为名,隶始安郡都督府。十三载,浔江郡领桂平、大宾、皇化三县③,治桂平县。十五载,隶桂州管内经略使。

乾元元年,复为浔州。广德二年,隶桂邕都防御观察使。大历五年,隶桂州管内都防御观察经略等使。贞元元年,割隶邕州管内经略等使。元和十五年,隶容州管内观察经略等使,浔州领县一如天宝十三载。

长庆二年,复隶邕州管内经略等使。咸通三年,隶岭南西道节度使。十四年,浔州领县不变。

1. 桂平县(618—907)

本隋郁林郡旧县,武德元年,隶南定州。四年,隶南尹州。五年,割隶前燕州,为州治。七年,析置陵江县。贞观三年,移州治于长恭县。七年,割隶浔州,为州治。十二年,州废,隶龚州。是年,省陵江县来属。长寿元年,复割隶浔州,为州治。天宝元年,隶浔江郡,为郡治。乾元元年,仍隶浔州,为州治。

附旧县:陵江县(624—638)

武德七年,析桂平县置陵江县,治陵江城(今广西桂平市南木镇三鼎村)④,隶前燕州。贞观七年,改隶浔州。十二年,州废,改隶龚州。是年,省入桂平县。

2. 大宾县(618—907)

本隋永平郡旧县,武德元年,隶藤州。贞观三年,割隶前燕州,并析置泰川、长恭、龙阳、池阳四县。七年,州废,改隶浔州。十二年,州废,改隶龚州。

---

① 《新唐志》作"十三年",今依《元和志》、《旧唐志》、《太平寰宇记》。
② 《大唐六典》卷3浔州隶邕管。按《本钱簿》,浔州隶桂管,则推知《大唐六典》邕管之"浔州"系"淳州"之误,而桂管脱浔州。《新唐表》桂管之"严州",据赖青寿所考,亦为"浔州"之误。
③ 《旧唐志》仅列桂平、皇化二县,王鸣盛《十七史商榷》卷80云:"浔州属县三,今唯二,脱去大宾一县。"今据《新唐志》、《州郡典》补。
④ 《纪要》浔州府桂平县:"陵江废县:在府东北,今为崇江里。"雷坚定于今南木镇。镇东三鼎村临江,清为崇姜里石咀墟渡头,疑即其址。《地名大辞典》第3915页定于今思宜乡,按其地不临浔江,当非。

长寿元年,复隶浔州。天宝元年,隶浔江郡。乾元元年,仍隶浔州。

3. 皇化县(621—907)

武德四年,析林州阿林县置皇化县,以隋旧县为名,治故皇化城(今桂平市社坡镇复化村)①,隶林州。五年,割隶前燕州。贞观六年,割隶绣州。七年,割隶浔州。十二年,州废,改隶龚州。长寿元年,复隶浔州。天宝元年,隶浔江郡。乾元元年,仍隶浔州。

(九) 象郡(象州)

象州(621—742)—象郡(742—758)—象州(758—907)

武德四年,平萧铣,割桂州桂林、阳寿二县置象州,以州境象山为名,并置武德、西宁、武仙三县,治武德县,隶桂州总管府。七年,隶桂州都督府。贞观元年,置长风县,割隶晏州。七年,隶龚州都督府。十二年,以废晏州之武化、长风二县来属,省西宁县。十三年,移治武化县,象州领武化、长风、阳寿、武仙、桂林、武德六县。

乾封元年(666),省长风、桂林二县。二年,还隶桂州都督府。

武周长安四年,象州领武化、阳寿、武仙、武德四县,治武化县。

唐天宝元年,改为象郡②,隶始安郡都督府,省武德县。十三载,象郡领武化、阳寿、武仙三县,治武化县。十五载,隶桂州管内经略使。

乾元元年,复为象州。其后,复置长风县。广德二年,隶桂邕都防御观察使。大历五年,隶桂州管内都防御观察经略等使。大历十一年,移治阳寿县,复省长风县。元和十五年,象州领阳寿、武仙、武化三县,治阳寿县。

咸通三年,割隶岭南西道节度使。四年,还隶桂州管内都防御观察经略等使。十四年,象州领县不变。

光化三年,隶静江军节度使。

1. 武化县(621—907)

武德四年③,析桂州建陵县置武化县,治武化城(今广西象州县中平镇大

---

① 《元和志》浔州皇化县:"西至州三十里。"《地图集》、《广西通志·行政区划志》第41页定在桂平市江口镇,则皇化县至绣州为桂平、陵江二县所隔,今不取。按武德五年前燕州以浔江南岸皇化县燕石取名,可知皇化县在浔江南。今依《地名大辞典》第3915页定于桂平市社坡镇复化村。

② 《旧唐志》作"象山郡",今依《本钱簿》、《新唐志》、《元和志》、《州郡典》等。

③ 《新唐志》桂州修仁县作贞观元年,今依《元和志》、两《唐志》、《太平寰宇记》象州武化县。

普化)①,以武化溪得名,割隶荔州②。贞观元年,割隶晏州。十二年,州废,改隶象州。十三年,自武德县移州治于此。乾封元年,省长风县来属,移治故长风城③。天宝元年,隶象郡,为郡治。乾元元年,复隶象州,为州治。其后,复析置长风县。大历十一年,移州治于阳寿县,省长风县来属。

附旧县:长风县(627—666,乾元后—776)

贞观元年,析阳寿县置长风县④,治长风城(今象州县罗秀镇大乌来)⑤,故以为名,割隶晏州。十二年,州废,改隶象州。乾封元年,省入武化县⑥。乾元后,析武化县复置长风县,治新长风城(今象州县中平镇)⑦。大历十一年,复省入武化县⑧。

2. 阳寿县(618—907)

本隋始安郡旧县,武德元年,隶桂州。四年,割隶象州,移治阳寿城(今象州县妙皇乡上古城),析置武德县。贞观元年,析置长风县。天宝元年,隶象郡,省武德县来属。乾元元年,复隶象州。大历十一年,移治故武德城(今象州县城象州镇)⑨,自武化县移州治于此。

附旧县1:西宁县(621—638)

武德四年,析桂林县置西宁县,以隋旧县为名,治故西宁城(今象州县石龙镇)⑩,隶象州。贞观十二年,省入武德县。

---

① 《舆地纪胜》象州景物:"武化溪:在旧(武化)县前,源出浔州北界大立山。"按宋象州治阳寿县(今象州县城),武化溪即今象县罗秀河,今依广西许晨考证定于中平镇大普化,据说有隋唐古城遗址。
② 《新唐志》作亭州。按武化县与封州中隔南尹、藤、梧等州,不得相属,当随建陵县隶荔州,因改。
③ 《舆地纪胜》象州古迹:"象(山)〔州〕旧城:在州界〔东〕(西)北六十里。《旧经》云:唐乾封元年,移于长风县,其城遂废。"《元和志》象州武化县:"西南至六十五里。"《太平寰宇记》象州武化县:"(州)东六十里。"其道里与故长风城同,可证移治长风之说。
④ 《新唐志》桂州修仁县云,贞观元年析建陵县置长风县。按长风县距阳寿县近,距建陵县远,今依《新唐志》象州武化县作析阳寿县置。
⑤ 《舆地纪胜》象州古迹:"长风城,在阳寿县东六十里。"
⑥ 两《唐志》不载此事。按《本钱簿》象州无长风县,可知开元前长风县曾废。前引《舆地纪胜》象州古迹云乾封元年武化县移长风城,当指该年废长风入武化一事。
⑦ 《州郡典》、《旧唐志》象郡象州无长风县,故知其复置于乾元后,县治依地理形势推定。
⑧ 《舆地纪胜》象州古迹云省入武仙县,《大明一统志》云省入柳州府来宾县。按长风县与武仙县、来宾县中隔阳寿县,不得省入,今依《新唐志》。
⑨ 《舆地纪胜》象州古迹:"旧阳寿县城,在阳寿县东南(三)〔二〕十九里,唐大历(二)十一年,移州治临大江,县随州移治,旧城遂废。"大江即柳江,可知"旧阳寿城"即唐初阳寿城,今象州县妙皇乡上古城(前人多以为是秦汉桂林县城),唯里数《舆地纪胜》误"二十九"为"三十九";新阳寿城则是故武熙城。后人往往忽略此条记载,不知阳寿县有两次移治之事,遂有天宝元年改武德为阳寿之说。
⑩ 《纪要》象州:"西宁废县,亦在州南。"按象州南境南朝有阳宁县,西宁县当在阳宁县西,今定于象州县西南石龙镇。

附旧县2：武德县(621—742)

武德四年，析阳寿县置武德县，治故武熙城(今象州县城象州镇)①，以年号为名，隶象州，为州治。贞观十二年，省西宁县来属。天宝元年，省入阳寿县②。

3. 武仙县(621—907)

武德四年，析桂林置武仙县③，治武仙城(今广西武宣县二塘镇)④，盖以仙岩得名⑤，隶象州。乾封元年，省桂林县来属。长安三年，移治新武仙城(今武宣县三里镇旧县村)⑥。天宝元年，隶象郡。乾元元年，复隶象州。

附旧县：桂林县(618—666)

本隋始安郡旧县(治今武宣县北境)，武德元年，隶桂州。四年，割隶象州，并析置西宁、武仙二县。乾封元年，省入武仙县。

(一〇) 龙城郡(柳州)

昆州(621)—南昆州(621—634)—柳州(634—742)—龙城郡(742—758)—柳州(758—907)

武德四年，平萧铣，割桂州马平县置昆州，并置新平、文安、归德、贺水四县，隶桂州总管府。是年，改为南昆州，改归德县为修德县⑦，文安县为乐沙县。七年，隶桂州都督府。八年，置龙水、天河二县⑧，割贺水县隶澄州。贞观四年，割龙水、天河二县隶粤州。七年，以废龙州之龙城县来属，省乐沙县。

---

① 《元和志》象州："武德四年，平萧铣，析桂林立武德县。"据上注所考，武德城即今象州县城象州镇，南朝桂林郡有武熙县，隋为阳寿县，唐初避宣帝(李渊高祖)讳，改为武德。诚如广西许晨指出的，《旧唐志》武德县之"武德四年，改为武德"当为"改阳寿为武德"，非承上句改桂林为武德。《纪要》象州云："武德废县，在州南。"误。又，金鉷等《广西通志》卷45云："武德县，在州治西北。"《大清一统志》卷357柳州府："武德废县，在象州西。"故今人多以为武德县在今象州县城西北三十里柳江西岸，此说与上引《舆地纪胜》象州古迹所载不合，盖不知阳寿本在今象州县东南而致误。
② 《本钱簿》、《太平寰宇记》作"改为阳寿"，不确。
③ 《元和志》象州武仙县："武德四年，析桂州建陵县南置。"按武仙县当时与建陵县中隔桂林、长风、武化等县，此说有误，今依《旧唐志》。
④ 《元和志》象州武仙县："西南至州一百二十里。"张驹贤《考证》："'西南'，官本作'西北'，是。"此里程当是水路。《太平寰宇记》象州武仙县又云："(州)东北九十里。"方位亦误，里程则是陆路。今依此定于武宣县二塘镇。
⑤ 《舆地纪胜》象州古迹："仙岩：在武仙县南四十里。"《地名大辞典》第3855页云以仙岩山得名，从之。
⑥ 《舆地纪胜》象州古迹："旧武仙城：在武仙县〔东〕十里。"《旧经》云："桂林裴怀古移今县治，旧城遂废。"《纪要》象州武宣县："武仙旧城：县东十里。"按裴怀古长安三年任桂州都督，当于是年移治。今依《广西通志·行政区划志》第42页定于三里镇旧县村。
⑦ 修德，两《唐志》及《元和志》严州条作"循德"。归德，《元和志》严州条作"阳德"。
⑧ 《方舆纪要》卷109庆远府宜山、天河县条载，龙水、天河二县武德中置。当置于武德五年至九年间，今姑定于与贺水县隶澄州同时。

八年,以地当柳江,更名为柳州①。九年,割粤州崖山县来属。十二年,省新平县。十三年,柳州领马平、修德、崖山、龙城四县,治马平县。

永徽元年,置前洛容县,并修德县割隶严州,又割崖山县隶粤州②。乾封二年,置洛封县。总章元年,割桂州象县来属。

武周天授二年,置后洛容县。长安四年,柳州领马平、洛封、龙城、后洛容、象五县,治马平县。

唐天宝元年,改为龙城郡,以龙城县为名,隶始安郡都督府。十三载,龙城郡领马平、洛封、龙城、后洛容、象五县,治马平县。十五载,隶桂州管内经略使。

乾元元年,复为柳州。广德二年,隶桂邕都防御观察使。大历五年,隶桂州管内都防御观察经略等使。元和十三年,改洛封县为洛曹县。十五年,柳州领马平、洛曹、龙城、后洛容、象五县,治马平县。

咸通三年,割隶岭南西道节度使。四年,还隶桂州管内都防御观察经略等使。十四年,柳州领县不变。

光化三年,隶静江军节度使。

1. **马平县**(618—907)

本隋始安郡旧县,武德元年,隶桂州。四年,割隶昆州,为州治,并析置新平、文安、贺水、归德四县。是年,隶南昆州。八年,隶柳州,均为州治。贞观十二年,省新平县来属。天宝元年,隶龙城郡,为郡治。乾元元年,复隶柳州,为州治。

附旧县:新平县(621—638)

武德四年,析马平县置新平县,治新平城(今广西柳江县城拉堡镇新兴村)③,隶昆州。是年,隶南昆州。贞观十二年,省入马平县。

2. **洛封县**(667—818)—**洛曹县**(818—907)

乾封二年,招慰龙城县乌蛮部落置洛封县,治洛封村(今广西宜州市洛东镇大曹村)④,故以为名,隶柳州。天宝元年,隶龙城郡。乾元元年,复隶柳州。元和十三年,桂州奏洛封县原置在洛曹山侧,请改为洛曹⑤县,从之。

---

① 《元和志》柳州。《太平寰宇记》云:因柳岭为名,又引《郡国志》云当以柳星为名。
② 《新唐志》谓崖山县省于割修德隶严州时,其实是割隶粤州,一进一出,误记为置废。
③ 《纪要》柳州府马平县:"新平废县,在府南。"今依《广西建置沿革考录》、《地名大辞典》第3789页定于拉堡镇新兴。
④ 《元和志》柳州洛封县:"东南至州一百(七)〔四〕十里。"《纪要》庆远府宜山县:"洛曹废县:府东(八)〔六〕十里。"今依《地图集》、《地名大辞典》第3963页定于宜州市洛东乡大曹村,《元和志》、《纪要》原载里程不确,今为修正。
⑤ 《唐会要》卷71作"洛漕"。

3. 龙城县(618—907)

本隋始安郡旧县,武德元年,隶桂州。四年,割隶龙州,为州治,并析置柳岭县。贞观七年,州废,省柳岭县来属,龙城县改隶南昆州。八年,隶柳州。九年,析置崖山县。乾封二年,析置洛封县。天宝元年,隶龙城郡。乾元元年,复隶柳州。

附旧县:柳岭县(621—633)

武德四年,析龙城县置柳岭县,以柳岭为名,治柳岭城(今广西柳城县寨隆镇)①,隶龙州。贞观七年,州废,省入龙城县。

4. 后洛容县(691—907)

天授二年,析象县置后洛容县,以处严州前洛容县民,治新洛容城(今鹿寨县平山镇大阳村),隶柳州②。天宝元年,隶龙城郡。乾元元年,复隶柳州。

5. 象县(618—663,667—907)

本隋始安郡旧县,武德元年,隶桂州。天授二年,析置后洛容县。龙朔三年(663),省象县入兴安、马平二县。乾封二年③,析兴安、马平二县复置象县,移新治(今柳州市鱼峰区雒容镇)④,隶桂州。总章元年,割隶柳州。天宝元年,隶龙城郡。乾元元年,复隶柳州。

附旧州:龙州(621—633)

武德四年,割桂州龙城县置龙州,并置柳岭县,隶桂州总管府。七年,隶桂州都督府。贞观七年,州废,省柳岭县,龙城县隶南昆州。

(一一) 忻城郡(芝州)

芝州(643—742)—忻城郡(742—758)—芝州(758—759)

贞观十七年,升桂州都督府羁縻芝州为正州,所领羁縻忻城、都云、乐艳、

---

① 《纪要》柳州府柳城县:"柳岭废县:在县东南。"《地名大辞典》第3791页云在柳城县凤山镇古城村(今属柳州市石碑坪镇),实在明柳城县治(今凤山镇)东北。广西许晨言:"古城村为龙城治。今柳城县西有六岭、落林岭等地名,或柳岭县可定于寨隆镇。"则似更胜,姑从之。
② 《元和志》柳州洛容县:"天授二年,割属柳州。"又言:"东南至州一百二十里。"《太平寰宇记》柳州洛容县:"(州)西北一百七十里。"《元丰九域志》柳州洛容县:"州东北一百二十里。"又云:"嘉祐四年,省象县入洛容。"则当以州东北为是,今定于鹿寨县平山镇大阳村。《地名大辞典》第3861—3862页以为在鹿寨县中渡镇旧县村,《地图集》、雷坚等以为唐洛容在柳城县东泉镇或西安乡,失之过近,不取。如此可知,是年洛容县徙置于柳州东北,非徒割属。
③ 《旧唐志》、《太平寰宇记》云贞观中置,今据《元和志》。
④ 《广西通志·行政区划志》第46页、《历史地名》第2387页皆云象县初治雒容镇南,乾封移治今柳州市东北,然《元和志》柳州象县云:"西南至州六十五里。"唐初在雒容镇南盘古村,乾封移于洛清江北岸雒容镇(旧属鹿寨县),未曾移入旧柳州市东北。

乐光四县升为正县,仍治忻城县,直属桂州都督府①。

武周万岁通天二年,割都云、乐艳、乐光三县隶羁縻廖州。长安四年,芝州领忻城一县。

唐天宝元年,改为忻城郡,以忻城县为名,隶始安郡都督府。其后,置思龙、平西、富录三县,又升羁縻廖州之羁縻乐光、都云、乐艳三县为正县来属,改都云县为多云县②。十三载,忻城郡领忻城、富录、思龙、平西、乐光、多云、乐艳七县,治忻城县。十五载,隶桂州管内经略使③。

乾元元年,复为芝州,改富录县为富川县。二年,降为羁縻芝忻州,七县降为羁縻县④。

1. 忻城县(643—759)

贞观十七年,升羁縻忻城县为正县,仍治芝忻城(今广西忻城县城城关镇板现屯)⑤,隶芝州,为州治。天宝元年,隶忻城郡,为郡治。其后,析置思龙、平西、富录三县。乾元元年,复隶芝州,为州治。二年,降为羁縻忻城县。

2. 富录县(天宝中—758)—富川县(758—759)

天宝中,析忻城县置富录县,以富录川为名,治富录城(今广西宜州市福龙乡)⑥,隶忻城郡。乾元元年,隶芝州,避安禄山嫌名改为富川县。二年,降为羁縻富川县。

3. 思龙县(天宝中—759)

天宝中,析忻城县置思龙县,取獠语意为名,治思龙城(今忻城县城城关

---

① 《本钱簿》芝州:"桂府管内。"
② 《本钱簿》、《州郡典》、《旧唐志》云忻城郡领一县,《新唐志》云忻城郡领七县。据《资治通鉴》所载天宝十三载全国郡县数推算,当合富录等六县,故知六县置于天宝中。
③ 《旧唐志》总序云:芝州隶安南都护,又芝州与粤州并云:土地与交州同。按《本钱簿》列芝州于桂府后,注明"桂府管内",且芝州地在今广西忻城市,距安南殊远,中隔数州,又无便道可通,不合为安南飞地,今依《本钱簿》。芝、粤二州位桂府西南沿边,出二州界即是羁縻地区,与安南北部羁縻地区相接,唐人可能于此羁縻地区地理情况不甚了了,或缘风土与安南北部羁縻地区相似,故臆想"土地与交州同",以致产生二州地属安南之误记。至于《新唐表》云,天宝十载始置安南管内经略使时,领芝州,则应是误书"汤州"为"芝州"所致。尤中等《唐朝时期安南都护府北部地界的变迁》(载《历史地理》第10辑,上海人民出版社,1992年)据以上误记认为开元以后芝州为安南飞地,恐非。
④ 《旧唐志》云,乾元元年,复以忻城郡为芝州,然《元和志》桂管无芝州。《新唐书》卷222《南蛮传》载,至德初,西原蛮攻桂管十八州,乾元初,环、古等州首领请出兵讨叛蛮。乾元初既不见芝州,则芝州已陷于叛蛮。《舆地广记》宜州忻城县:"唐立芝州治此,后为羁縻州。"《太平寰宇记》桂管羁縻州有芝忻州,推知乾元中已降芝州为羁縻芝忻州。
⑤ 《太平寰宇记》芝忻州:"理忻城县,在宜州南八十五里。……北至崖山县界五十里。"今依《广西通志·行政区划志》第54页、《地名大辞典》第3870页定于宁江乡板现屯(今属城关镇)。
⑥ 《太平寰宇记》芝忻州:"富录:(州)北三十里。"富录,四库本作"富绿"。今依《广西通志·行政区划志》定宜山市福龙乡。

镇猫洞村)①,隶忻城郡。乾元元年,隶芝州。二年,降为羁縻思龙县。

4. 平西县(天宝中—759)

天宝中,析忻城县置平西县,治平西城(今忻城县红渡镇大念村)②,隶忻城郡。乾元元年,隶芝州。二年,降为羁縻平西县。

5. 乐光县(643—697,天宝中—759)

贞观十七年,升羁縻乐光县为正县,仍治乐光城(今马山县金钗镇)③,隶芝州。万岁通天二年,降为羁縻县,割隶羁縻廖州。天宝中,升羁縻廖州乐光县为正县,隶忻城郡。乾元元年,隶芝州。二年,降为羁縻乐光县。

6. 都云县(643—697)—**多云县**(天宝中—759)

贞观十七年,升羁縻都云县为正县,仍治都云城(今马山县城白山镇),隶芝州④。万岁通天二年,降为羁縻县,割隶羁縻廖州。天宝中,升羁縻廖州都云县为多云县,隶忻城郡。乾元元年,隶芝州。二年,降为羁縻多云县。

7. 乐艳县(643—697,天宝中—759)

贞观十七年,升羁縻乐艳县为正县,仍治乐艳城(今马山县周鹿镇石塘圩)⑤,隶芝州。万岁通天二年,降为羁縻县,割隶羁縻廖州。天宝中,升羁縻廖州乐艳县为正县,隶忻城郡。乾元元年,隶芝州。二年,降为羁縻乐艳县。

(一二) 龙水郡(宜州)

粤州(630—738)—宜州(738—742)—龙水郡(742—758)—粤州(758—777,813—877)—宜州(877—907)

---

① 《太平寰宇记》芝忻州:"思龙:(州)东二十五里。"今定于猫洞村。《广西建置沿革考录》定于思练镇,里距偏远。
② 《太平寰宇记》芝忻州:"平西:(州)南二十里。"当在今忻城县红渡镇。《广西建置沿革考录》以为在宁江乡,里距太近,不取。
③ 依地理形势分析。或说乐光县治今忻城县宁江乡隆光村。按其地距忻城、平西县太近,恐非初置,而是宋时自芝忻州南部徙入而留名至今。
④ 《太平寰宇记》芝忻州:"多灵:(州)东二十三里。"多灵,当是"多云"之误,宋时治地盖自芝忻州南部迁徙而来。白耀天《唐代在今广西设置的州县考(下)》云:"今上林县澄泰乡洋渡村的山洞里存有刻于永淳元年的《澄州无虞县清泰乡都万里六合坚固大宅颂》碑。碑主韦敬办自称'岭南大首领澄州都云县令骑都尉四品子'。……并不是无虞县已改为都云县,而是韦氏'俚傈'首领的自我褒称。"按唐时酋首为刺史或县令例需朝廷封授,此都云县仅似非仅自称而已,当是永淳元年以前新置,而为史志漏载者。考其地望,当在今马山县一带,姑定于乾封二年改隶邕州都督府时析止戈县置。开元前,澄州刺史多以无虞县土著韦氏为之,韦敬办是族中人,故得置碑。
⑤ 雷坚《广西建置沿革考录》以为在今忻城县宁江乡。按宁江乡距忻城县城关甚近,而城关已置忻城、思龙二县,乐艳当更置于远处,今依地理形势推定于马山县境。

贞观四年,割南昆州龙水、天河二县置粤州,并置崖山、东玺二县①,盖以百粤之地为名,治龙水县,隶桂州都督府②。九年,割崖山县隶柳州。十三年,粤州领龙水、东玺、天河三县,治龙水县。永徽元年,复割柳州崖山县来属。

武周长安四年,粤州领龙水、崖山、东玺、天河四县,治龙水县。③

唐开元二十六年,改为宜州④,因宜山为名。

天宝元年,改为龙水郡,以龙水县为名,隶始安郡都督府。十三载,龙水郡领龙水、崖山、东玺、天河四县,治龙水县。十四载,隶桂管经略使⑤。十五载,隶桂州管内经略使。

乾元元年,复为粤州。广德二年,隶桂邕都防御观察使。大历五年,隶桂州管内经略使。十二年,降为羁縻粤州,四县降为羁縻县。元和八年,复升羁縻粤州为正州、四羁縻县为正县⑥,仍治龙水县,隶桂州管内都防御观察经略等使。十五年,粤州领县一如天宝十三载。

咸通三年,割隶岭南西道节度使。四年,还隶桂州管内都防御观察经略等使。十四年,粤州领县不变。

乾符四年,复改为宜州⑦。光化三年,隶静江军节度使。

1. 龙水县(625—777,813—907)

武德八年,开蛮夷地置龙水县,以龙水为名,治龙水城(今广西宜州市庆

---

① 《太平寰宇记》卷168宜州天河县条云:"以上四县,贞观四年置。"高正亮《唐五代岭南道粤、芝二州设置年代考》(载《中国边疆史地研究》2019年第1期)考证是年始置粤州,可从。但四县据《方舆纪要》非同年置,此云贞观四年置,盖以置州之年笼统而言。
② 《大唐六典》卷3。
③ 《新唐志》宜州:"唐开置,本为粤州,乾封中更名。"高正亮《唐五代岭南道粤、芝二州设置年代考》据此以为天授二年因避免与关内道宜州重名,复为粤州。按若乾封岭南已有宜州,则天授岂复以为关内州名? 当据后注所考,"乾封"为"乾符"之误,即无天授更名之事。
④ 按《大唐六典》卷3作"宜州",《本钱簿》作"粤州",则知开元二十六年方改为宜州,《本钱簿》虽以开元、天宝之际为断,此州则未及更新耳。
⑤ 《旧唐志》总序云,粤州隶安南都护。然《新唐表》及《方镇研究》,宜州(即粤州)未曾隶安南,《旧唐志》盖据《州郡典》排序致误,尤中等《唐时期安南都护府北部地界的变迁》(载《历史地理》第十辑)亦认为乾封以前粤州为安南飞地,恐非,今不取。
⑥ 柳宗元《桂州訾家洲亭记》(载《柳河东集》卷27):"元和十二年,御史中丞裴公来莅兹邦,都督二十七州诸军事。",赖青寿以为含羁縻州,当是正州十三州外,尚有环、温泉、思顺、归化、归恩、纡、芝、忻、述昆、蕃、金城、文、兰、智、镇宁十四羁縻州。今按《太平寰宇记》载,元和八年粤州天河县有移治之事,因推测是年复升羁縻粤州为正州。
⑦ 《记纂渊海》卷15引《沿革表》云:"唐置粤州,天宝改龙水郡,乾元曰粤州,乾符改宜州。"《舆地纪胜》卷一二二:"乾符中更曰宜州。……改粤为宜,非在乾元之前也。乾符、乾封字亦相类,遂致讹舛耳。"《资治通鉴》乾符四年云,桂管节度支使薛坚石禁遏乱兵,一方以安。疑是年复为宜州。《方舆考证》卷2谓乾封四年改宜州,按乾封无四年,此当为乾符之误。唐末孟启《本事诗》称长庆中有宜州牧,盖以新名述旧事。

远镇)①,隶南昆州。贞观四年,隶粤州,为州治,并析置崖山县。开元二十六年,隶宜州。天宝元年,隶龙水郡,为郡治。乾元元年,复隶粤州,为州治。大历十二年,降为羁縻龙水县。元和八年,复升为龙水县,仍为粤州治。乾符四年,隶宜州,为州治。

2. 崖山县(630—777,813—907)

贞观四年,析龙水县置崖山县,治崖山城(今宜州市庆远镇下维村)②,以崖山为名,隶粤州。九年,割隶柳州。永徽元年,还隶粤州③。开元二十六年,隶宜州。天宝元年,隶龙水郡。乾元元年,复隶粤州。大历十二年,降为羁縻崖山县。元和八年,复升为崖山县,仍隶粤州。乾符四年,隶宜州。

3. 东玺县(630—777,813—907)

贞观四年,析天河县置东玺县,治东玺城(今宜州市怀远镇白马村)④,隶粤州。开元二十六年,隶宜州。天宝元年,隶龙水郡。乾元元年,复隶粤州。大历十二年,降为羁縻东玺县。元和八年,复升为东玺县,仍隶粤州。乾符四年,隶宜州。

4. 天河县(625—777,813—907)

武德四年,开蛮夷地置天河县,治天河城(今宜州市安马乡)⑤,隶南昆州。贞观四年,隶粤州,并析置东玺县。开元二十六年,隶宜州。天宝元年,隶龙水郡。乾元元年,复隶粤州。大历十二年,降为羁縻天河县。元和八年,复升为天河县,移治古波里(今广西罗城县宝坛乡四堡村)⑥,仍隶粤州。乾符四年,隶宜州。

(一三) 正平郡(环州)

环州(643—742)—正平郡(742—758)—环州(758—777,大中前—907)

贞观十七年,升桂州都督府羁縻环州为正州,所领羁縻正平、都蒙、

---

① 《太平寰宇记》宜州:"东至柳州二百里。"
② 《太平寰宇记》宜州崖山县:"(州)南三十里。"一说在其东南之城多村。《广西建置沿革考录》、《地名大辞典》第3963页云在宜山市矮山乡附近,失之过近,不取。
③ 《新唐志》柳州:"(贞观十二年)其后,又省崖山。"按粤州有崖山县,当于永徽元年割自柳州(参详龙城郡柳州序),则崖山县未省,《新唐志》误记。
④ 《太平寰宇记》宜州东玺县:"(州)西六十里。"今定于宜州市怀远镇。《地图集》定于宜州市同德乡,其地在山区,不如怀远地形平衍,不取。《地名大辞典》第3961云在河池市东江乡,更失之过远。
⑤ 《太平寰宇记》宜州天河县:"元在州西八十里,元和八年移于龙水县古波里,在州北一百七十里。"《广西通志·行政区划志》第43页以为在罗城县四把镇,《广西建置沿革考录》、《地名大辞典》第3968页云初置在罗城县下里乡(曾属四把乡)旧村村,均与《元和志》不合,当是宋时天河县治。
⑥ 详参上注。

思恩、歌良、福零、龙源、武石、饶勉八县为正县,仍治正平县,直属桂州都督府①。

武周长安四年,环州领县不变。

唐天宝元年,改为正平郡②,以正平县为名,隶始安郡都督府。十三载,正平郡领正平、都蒙、思恩、歌良、福零、龙源、武石、饶勉八县,仍治正平县。十五载,隶桂州管内经略使。

乾元元年,复为环州。广德二年,隶桂邕都防御观察使。大历五年,隶桂州管内都防御观察经略等使。十二年,降为羁縻环州、八县降为羁縻县③。

大中前,复升羁縻环州为正州,仍领正平、都蒙、思恩、歌良、福零、龙源、武石、饶勉八县,治正平县,隶桂州管内都防御观察经略等使④。咸通十四年,环州领县如故。

光化三年,隶静江军节度使。

1. 正平县(643—777,大中前—907)

贞观十七年,升羁縻环州正平县为正县,仍治正平城(今环江县城思恩镇地理村)⑤,隶环州,为州治。天宝元年,隶正平郡,为郡治。乾元元年,复隶环州,为州治。大历十二年,降为羁縻正平县。大中前,复升为正县,仍隶环州,为州治。

2. 都蒙⑥县(643—777,大中前—907)

贞观十七年,升羁縻环州都蒙县为正县,仍治都蒙城(今环江县大才乡)⑦,隶环州。天宝元年,隶正平郡。乾元元年,复隶环州。大历十二年,降为羁縻都蒙县。大中前,复升为正县,仍隶环州。

---

① 《大唐六典》卷3环州作邕府管内;《旧唐志》环州列于安南都护管内,恐是误会借名环国之意。《本钱簿》作"桂府管内",今依之。《大唐六典》卷3邕管之"环州",当是"严州"之误,而桂管之"严州",则是"环州"之误。
② 《新唐志》作"整平郡",今据《本钱簿》、《州郡典》、《旧唐志》。
③ 《元和志》桂管无环州,《太平寰宇记》列环州为桂管羁縻州,《新唐志》邕管羁縻州有桹州,领县名与环州全同,可知"桹"为"環"之形误,且误系于邕管,今姑定大历十二年环州与宜州同时降为羁縻州。
④ 李商隐《为荥阳公桂州署防御等官牒•林君孺》(载《全唐文》卷778):"须差知环州事。"《唐刺史考全编》第3373页考证此牒在大中元年,则此前环州已复升为正州。
⑤ 参详下编第五章《岭南道羁縻地区》第一节"始安郡都督府所领"直辖羁縻环州注。
⑥ 《旧唐志》、《州郡典》、《太平寰宇记》环州作"蒙都",《宋史》卷495《蛮夷传》作"都毫",《太平寰宇记》卷168桂管羁縻州作"都亮"。今依《本钱簿》、《新唐志》。李商隐《为荥阳公桂州署防御等官牒•秦轲》(载《全唐文》卷778):"依前知古州事,兼专勾当都蒙营物。"可证。
⑦ 《太平寰宇记》桂管羁縻州:"环州:都亮,(州)东二十二里。"都亮,当是"都蒙"之误。今依雷坚定于大才乡。

3. 思恩县(643—777,大中前—907)

贞观十七年,升羁縻环州思恩县为正县,仍治思恩城(今河池市金城江区金城江街道)①,隶环州。天宝元年,隶正平郡。乾元元年,复隶环州。大历十二年,降为羁縻思恩县。大中前,复升为正县,仍隶环州。

4. 歌良县(643—777,大中前—907)

贞观十七年,升羁縻环州歌良县为正县,仍治古郎(今河池市金城江区九圩镇河口村)②,隶环州。天宝元年,隶正平郡。乾元元年,复隶环州。大历十二年,降为羁縻歌良县。大中前,复升为正县,仍隶环州。

5. 福零县(643—777,大中前—907)

贞观十七年,升羁縻环州福零县为正县,仍治福零城(今河池市金城江区六甲镇)③,隶环州。天宝元年,隶正平郡。乾元元年,复隶环州。大历十二年,降为羁縻福零县。大中前,复升为正县,仍隶环州。

6. 龙源县(643—777,大中前—907)

贞观十七年,升羁縻环州龙源县为正县,仍治龙源城(今环江县水源镇)④,隶环州。天宝元年,隶正平郡。乾元元年,复隶环州。大历十二年,降为羁縻龙源县。大中前,复升为正县,仍隶环州。

7. 武石县(643—777,大中前—907)

贞观十七年,升羁縻环州武石县为正县,仍治武石城(今环江县川山镇)⑤,隶环州。天宝元年,隶正平郡。乾元元年,复隶环州。大历十二年,降为羁縻武石县。大中前,复升为正县,仍隶环州。

8. 饶勉县(643—777,大中前—907)

贞观十七年,升羁縻环州饶勉县为正县,仍治饶勉城(今环江县洛阳镇雅脉村)⑥,隶羁縻环州。天宝元年,隶正平郡。乾元元年,复隶环州。大历十二

---

① 《太平寰宇记》桂管羁縻州:"环州:治思恩县,在宜州西一百里。"《舆地纪胜》宜州思恩县:"在州之西一百五十里。"按宜州西一百里为本州天河县边界,且思恩县东二十二里犹有都蒙县,故可定唐思恩县必在宜州西一百二十里以远,《太平寰宇记》"一百里"当依《舆地纪胜》订正为一百五十里。《大清一统志》卷358庆远府:"思恩故城,在今思恩县(即今环江县城)南。"当是,今定于河池市城区。《地图集》定于今环江县思恩镇东,恐是误以宋以后思恩县为唐县。
② 《太平寰宇记》桂管羁縻州:"琳州:歌良,(州)北十五里。"《地名大辞典》第3960页定于今河池市九圩镇河口村,姑从之。
③ 《太平寰宇记》桂管羁縻州:"镇宁州:福零,(州)东六十里。"则福零县后隶镇宁州,镇宁州在今南丹县车河镇八步街,因推定福零县在今河池市六甲镇。
④ 今依《地图集》唐岭南道幅及《广西建置沿革考录》、《广西通志·行政区划志》第44页。
⑤ 雷坚:《广西建置沿革考录》;《广西通志·行政区划志》,第44页。
⑥ 雷坚《广西建置沿革考录》、《广西通志·行政区划志》第44页以为在今环江县下南乡。按其地距龙源、武石二县太近,今拟于洛阳镇雅脉村。

年,降为羁縻饶勉县。大中前,复升为正县,仍隶环州。

(一四) 融水郡(融州)

融州(621—742)—融水郡(742—758)—融州(758—907)

武德四年,割桂州义熙县置融州,因州界内融山为名,并置临牂、黄水、安修三县,隶桂州总管府。六年,改义熙县为融水县。七年,隶桂州都督府。贞观十三年,省安修县,融州领融水、临牂、黄水三县,治融水县。

永徽元年,省临牂县。龙朔二年,复置临牂县。

武周长安四年,融州领融水、临牂、黄水三县,治融水县。

唐天宝元年,改为融水郡,以融水县为名,隶始安郡都督府,改临牂县为武阳县。二年,省黄水县。十三载,融水郡领融水、武阳二县,治融水县。十五载,隶桂州管内经略使。

乾元元年,复为融州。广德二年,隶桂邕都防御观察使。大历五年,隶桂州管内都防御观察经略等使。元和十五年,融州领融水、武阳二县,治融水县。

咸通三年,割隶岭南西道节度使。四年,还隶桂州管内都防御观察经略等使。十四年,融州领县不变。

光化三年,隶静江军节度使。

1. 义熙县(618—623)—融水县(623—907)

融水县,本隋始安郡义熙县,武德元年,隶桂州。四年,割隶融州,为州治,并析置临牂、黄水、安修三县。六年,避宣帝讳,改为融水县①,以融水为名。永徽元年,省临牂县来属。龙朔二年,析置临牂县。天宝元年,隶融水郡,为郡治。乾元元年,复隶融州,为州治。

附旧县:安修县(621—639)

武德四年,析义熙县置安修县,治安修城(今广西罗城县城东门镇)②,盖以安宁修治为名,隶融州。贞观十三年,省入临牂县。

---

① 华林甫:《中国地名学源流》,第155页。
② 《纪要》柳州府融县:"安修废县:亦在县西北。"《地名大辞典》第3968页云唐安修县在今罗城县西北。按安修县省入临牂县,则当在今罗城县境,今依地理形势推定于罗城县城一带。

2. 临牂县(621—650,662—742)—武阳①县(742—907)

武德四年,析义熙县置临牂县,治临牂城(今罗城县黄金镇)②,以临牂河境为名,隶融州。贞观十三年,省安修县来属。永徽元年,省入融水县。龙朔二年,析融水县复置临牂县③。天宝元年,改为武阳县,以武阳溪为名,隶融水郡。二年④,省黄水县来属。乾元元年,复隶融州。

附旧县:黄水县(621—743)

武德四年,析义熙县置黄水县,以南朝旧县为名,治故黄水城(今广西融水县怀宝镇)⑤,隶融州。天宝元年,隶融水郡。二年,省入武阳县。

(一五)乐兴郡(古州)

古州(643—742)—乐兴郡(742—758)—古州(758—777,大中前—907)

贞观十七年,升桂州都督府羁縻古州为正州,所领羁縻乐预、古书、乐兴三县升为正县,仍治乐预县,隶桂州都督府⑥。

武周长安四年,古州领县不变。

唐天宝元年,改为乐兴郡⑦,以乐兴县为名,隶始安郡都督府。十三载,乐兴郡领乐预、古书、乐兴三县,治乐预县。十五载,隶桂州管内经略使⑧。

乾元元年,复为古州。宝应元年,改乐预县为乐古县。广德二年,隶桂邕都防御观察使。大历五年,隶桂州管内都防御观察经略等使。十二年,降为

---

① 《州郡典》作"武陵",今依《元和志》、两《唐志》。
② 《元和志》融州武阳县:"东北至州八十里。武阳溪水,在县东一十里。"今依雷坚定于黄金镇。
③ 《元和志》融州武阳县:"龙朔二年重置,改为武阳县。"然《新唐志》、《记纂渊海》皆云天宝初乃并黄水、临牂二县更置武阳县。则龙朔二年重置时仍名临牂,《元和志》"改"前脱一"后"字。
④ 《新唐志》融州武阳县:"天宝初,并黄水、临牂二县更置。"又按《本钱簿》及《州郡典》,天宝初融水郡犹有黄水、武阳二县,是知临牂县改武阳县在元年,省黄水县在二年。
⑤ 《太平寰宇记》融州融水县:"潭江,出黄水县西北当厨山。"潭江,即今融江;当厨山,即今融水县西摩天岭,或泛指九万大山。融江实源于贵州省苗岭,可能唐宋人误以为源于九万大山。《地图集》及《地名大辞典》第3968页皆以为黄水县在今罗城县西北,按罗城县西北地势促狭,且距潭江源甚远,依地理形势,不如置于今融水县怀宝镇更为合理,黄水,即今贝江河。又自融水县城(唐融州)经怀宝镇有山路可通从江县城(唐古州),亦应是置县理由之一。
⑥ 《太平寰宇记》古州、胡三省《资治通鉴注》开元二十五年五月谓古州属容州都督府,当误。
⑦ 《旧唐志》、《州郡典》、《太平寰宇记》作"乐古郡",今依《本钱簿》、《太平御览》卷172引《方舆志》、《新唐志》。
⑧ 《旧唐志》总序云,古州隶容州管内经略使。然据《新唐表》及《方镇研究》,古州向隶桂管,未曾隶容州管内,《旧唐志》盖误,不取。

羁縻古州,三县降为羁縻县①。

大中前,以羁縻格州复置古州,领乐古、古书、古兴三县,仍治乐古县,隶桂州管内都防御观察经略等使②。咸通十四年,古州领县如故。

光化三年,隶静江军节度使。

1. **乐预县**(643—762)—**乐古县**(762—777,大中前—907)

贞观十七年,升羁縻古州乐预县为正县,仍治乐预城(今从江县城丙妹镇)③,隶古州,为州治。天宝元年,隶乐兴郡,为郡治。乾元元年,复隶古州,为州治。宝应元年,避代宗讳,改为乐古④县。大历十二年,降为羁縻乐古县。大中前,复升为正县,隶古州,为州治。

2. **古书县**(643—777,大中前—907)

贞观十七年,升羁縻古州古书县为正县,仍治古书城(今榕江县城古州镇)⑤,隶古州。天宝元年,隶乐兴郡。乾元元年,复隶古州。大历十二年,降为羁縻古书县。大中前,复升为正县,隶古州。

3. **乐兴县**(643—777,大中前—907)

贞观十七年,升羁縻古州乐兴县为正县,仍治乐兴城(今三江县老堡乡)⑥,隶古州。天宝元年,隶乐兴郡。乾元元年,复隶古州。大历十二年,降为羁縻乐兴县,隶羁縻格州。大中前,复升为正县,隶古州。

附旧府　龚州都督府(633—667)

贞观七年,割桂州都督府龚、南恭、象、宾、南方五州置龚州都督府,置泰、

---

① 《太平寰宇记》古州:"唐贞元中废。"按《京兆少尹李公(佐)墓志铭》(载《全唐文》卷784)云:"无何,授桂管观察经略使,部内羁縻州十八。旧例,首领署为刺史,公易以中土温良之吏。"据《唐刺史考全编》所考,李佐督桂在贞元三、四年间,则贞元三、四年间,桂管十八羁縻州内含古州,而元和十二年桂管羁縻州则无古州(详前"龙水郡"条注),推知大历十二年先降为羁縻州,至贞元中,再废羁縻州。

② 李商隐《为荥阳公桂州署防御等官牒·秦轲》(载《全唐文》卷778):"依前知古州事。"《唐刺史考全编》第3337页考证此牒在大中元年,则大中以前已复置古州。

③ 参详下编第五章《岭南道羁縻地区》第一节"始安郡都督府所领"直辖羁縻古州注。

④ 《新唐志》作"乐山",今依《州郡典》、《太平寰宇记》。

⑤ 鄂尔泰等《贵州通志》卷24:"古州地方辽阔,形势险峻,苗种繁衍,叛服靡常,自汉迄宋,羁縻而已。元至正中,设古州八万军民总管府。"今榕江县城古州镇是也。既以古州为名,则当即唐古州三县之一,今姑定为古书县。

⑥ 《宋史》卷90《地理志》平州:"崇宁三年,王江古州蛮户纳土,于王口砦建军,以怀远为名。"王口砦即今三江县老堡乡,蛮户既以"古州"为名,则旧为古州某县地,今姑定为乐兴县。

浔二州①。八年,改南方州为澄州,南恭州为蒙州,泰州为后燕州。十二年,废浔州。十三年,龚州都督府督龚、宾、澄、象、蒙、后燕六州。十八年,废后燕州。

乾封二年②,罢龚州都督府,龚、蒙、象三州隶桂州都督府,宾、澄二州隶邕州都督府。

附新道　岭南西道(862—907)

咸通三年(862),分岭南为东、西二道,以岭南西道节度使、容州管内观察经略等使、安南管内观察经略等使、桂州管内都防御观察经略等使及安南都护府为岭南西道。四年,罢容州管内观察经略等使、安南管内观察经略等使,安南都护府陷于南诏,别置行安南都护府。五年,复置容州管内观察经略等使。七年,收复安南都护府,置静海军节度使,罢行安南都护府。十四年,岭南西道有岭南西道节度使、桂州管内都防御观察经略等使、容州管内观察经略等使、静海军节度使四镇及安南都护府。

乾宁四年(897),升容州管内观察经略等使为宁远军节度使。光化三年(900),升桂州管内都防御观察经略等使为静江军节度使。天祐四年(907),宁远军节度使、静海军节度使、岭南西道节度使、静江军节度使四镇及安南都护府归后梁③。

---

① 《旧唐志》龚州:"(贞观七年)龚州都督府督龚、浔、蒙、宾、澄、燕七州。"依罗凯《隋唐政治地理格局研究》第248页,当脱象州,且蒙州是时犹为南恭州,澄州犹为南方州,后燕州犹为泰州,今为补、改。
② 罗凯《唐代容府的设置与岭南五府格局的形成》分析当时周边形势后认为:"最可能的情况就是在乾封二年邕府设立之时,龚府被废。"从之。
③ 《册府元龟》卷972:"开平四年正月,邕州节度使叶广略进如洪洞生獠蛮蛮一十人赴阙朝见。"叶广略天祐三年为邕管节度使,则开平初邕管亦已臣梁。静江军节度使李琼、宁远军节度使庞巨昭唐末梁初归湖南马氏,马氏奉梁正朔,故皆以为梁臣。又据《旧五代史》卷3《梁太祖纪》:"开平元年六月,静海军节度使曲裕卒。七月丙申,以静海行营司马权知留后曲颢起复为安南都护充节度使。"黎崱《安南志略》卷11:"颢死,(曲)承美袭父位。梁贞明元年己卯,遣贡(使)求节钺,梁因授之。"则安南亦属后梁。

国家 "十二五"规划重点图书

国家出版基金资助项目

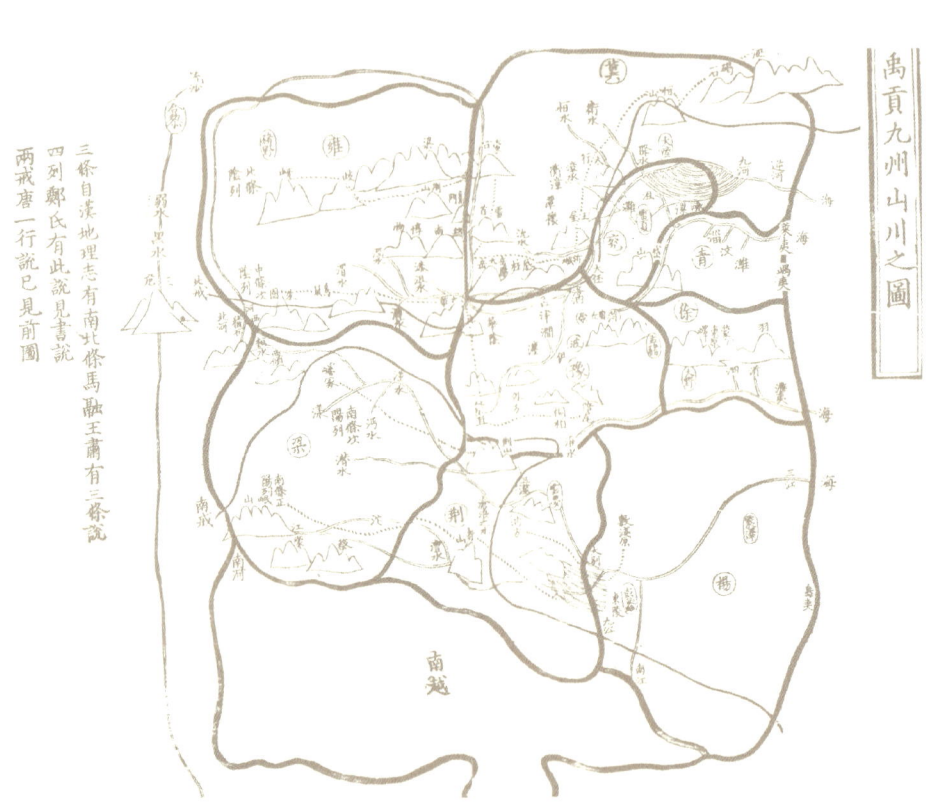

国家自然科学基金项目　上海市社会科学重大项目
教育部全国高校古籍整理工作委员会资助项目（唐代地理志研究与新编，编号04069）
国家社会科学基金一般项目（羌族历史地理研究，编号11BZS079）

中國行政區劃通史

唐代卷（下）

周振鹤 ◎ 主编

郭声波 著

復旦大學出版社

中国行政区划通史

周振鹤　主编

总论 先秦卷　　　　　周振鹤　李晓杰　著
秦汉卷　　　　　　　　周振鹤　李晓杰　张　莉　著
三国两晋南朝卷　　　　胡阿祥　孔祥军　徐　成　著
十六国北朝卷　　　　　牟发松　毋有江　魏俊杰　著
隋代卷　　　　　　　　施和金　著
唐代卷　　　　　　　　郭声波　著
五代十国卷　　　　　　李晓杰　著
宋西夏卷　　　　　　　李昌宪　著
辽金卷　　　　　　　　余　蔚　著
元代卷　　　　　　　　李治安　薛　磊　著
明代卷　　　　　　　　郭　红　靳润成　著
清代卷　　　　　　　　傅林祥　林　涓　任玉雪　王卫东　著
中华民国卷　　　　　　傅林祥　郑宝恒　著

全书简介

本书研究自先秦至民国时期的中国行政区划变迁史。这一研究不仅是传统的关于历时政区沿革的考证（纵向），而且对同一年代各政区并存的面貌作出复原（横向），在条件许可的情况下相关的复原以详细至逐年为尺度。全书在总论外，分为十三卷，依次是先秦卷、秦汉卷、三国两晋南朝卷、十六国北朝卷、隋代卷、唐代卷、五代十国卷、宋西夏卷、辽金卷、元代卷、明代卷、清代卷及中华民国卷。

在掌握传世与出土历史文献的基础上，本书充分吸收前人的研究成果，力求最大可能地反映历史真实。全书以重建政区变迁序列、复原政区变迁面貌为主要内容，而由于历史时期中国行政区划的变化很大，在正式政区以外又有准政区的形式存在，加之政区层级、幅员及边界在不同时期的变迁程度不一，因此各卷又独立成书，其考证过程和编写结构有各自的侧重点。

本书是中华人民共和国成立以来第一部学术意义上的行政区划变迁通史。各卷作者在相关领域有长期的学术积累，全书的写作也倾注了十余年之功，希望能成为中国行政区划变迁史研究的重要参考著作。

作者简介

郭声波,1959年生,四川泸州人,1989年毕业于陕西师范大学历史地理研究所,获历史学博士学位。曾任四川大学教授、博士生导师。2003年调入暨南大学,任历史系特聘教授、二级教授、博士生导师。2005年至2015年间任暨南大学历史地理研究中心主任。历任中国地理学会历史地理专业委员会委员、副主任,中国史学会历史地理研究会副会长,《历史地理研究》副主编,广东历史地理研究会会长。主要从事历史政治地理、历史民族地理、历史农业地理、历史地理文献的研究,提出历史农业地理三维结构模式和历史政治地理圈层结构理论,主张以多学科综合研究方法研究边疆民族历史地理。

先后主持"四川历史农业地理"、"唐宋羁縻府州研究"、"《大元混一方舆胜览》整理"、"青藏高原历史地理研究"、"彝族历史地理研究"、"唐代地理志研究与新编"、"吐蕃王国行政圈层结构研究"、"羌族历史地理研究"、"《大明一统志》点校"、"唐宋羁縻府州制度资料辑证注释"等国家及省部级课题,近期主持国家社科基金重大项目"环南海历史地理研究",开拓域外历史地理研究方向。出版《四川历史农业地理》、《大元混一方舆胜览》(整理)、《彝族地区历史地理研究——以唐代乌蛮等族羁縻州为中心》、《四川历史地理与宋代蜀人地图研究》、《圈层结构视阈下的中国古代羁縻政区与部族》等学术专著和古籍整理著作,获教育部全国高校人文社科优秀成果二、三等奖和广东省哲学社会科学优秀成果二等奖。主编《中国历史地理研究》、《青藏高原历史地理研究》等丛书,在《民族研究》、《中国史研究》、《文史》、《历史地理》、《中国历史地理论丛》等刊物发表学术论文二百一十多篇。

唐代卷 提要

本卷依据《通典》、《元和郡县图志》、《旧唐书》、《唐会要》、《太平寰宇记》、《新唐书》、《资治通鉴》等二百余种古代文献、地方志，并充分吸取古代沿革地理和近现代政区地理的研究成果及文物考古资料，通过大量实地考察与精心考证，展示了唐代各级行政（含监理）与统治区划变迁的全过程以及变迁的细节。

本卷分为三个部分。

上编《经制地区（本部）》以唐代正州郡县的行政区划建置为主要内容。绪言论述了唐代疆域与政区的发展变迁概貌和层级划分，阐述了作者对道、都督府性质等有争议问题的观点。正文十六章分道详述跨高层及准跨高层政区（行台、大总管府、大都督府、道）、准高层政区（总管府、都督府、都护府、方镇）、统县政区（府、州、郡、军、镇守军）、县级政区（县、城、监）等各级政区（含侨置政区）的领属关系、名称由来、数量、沿革、治所变迁等，并概述了割据政权的疆域演变及政区沿革。

下编《羁縻地区（藩部）》以唐代边疆民族地区的羁縻府州建置为主要内容。绪言阐述了唐代羁縻地区可分为羁縻属国（藩属国）、羁縻政区、羁縻部落三种类型，羁縻政区可分为羁縻都护府、羁縻都督府、羁縻州、羁縻县四个层级，它们与大小不等的藩属国、羁縻部落都属于唐帝国疆域组成部分的观点，并论述了各级羁縻政区的设置与管理机制。正文十章分道详述羁縻州及其以上各级羁縻政区的建置沿革、领属关系、数量及治所，对藩属国的历史沿革情况亦予以概述。

附录有贞观、长安、天宝、元和、咸通五个时间断面的唐代全国行政与统治区划（含羁縻地区）总图、总表，以及各道州级以上政区沿革表，从横、纵两方面将政区沿革变迁作了直观展示，还附有五百多种参考文献目录，便于读者查阅核对。

本卷以正文形式叙述各级政区的建置沿革情况，以近乎一半字数的注文注明资料出处、进行互勘，扼要阐明建置沿革与治所位置考证过程，并尽可能介绍与评价各家观点，极为翔实。

本卷以盛唐时期的天宝十三载行政与统治区划建置为基本时代断面，对其前后曾置政区、政权，均列为附目加以考述，并在各级政区概述中列有贞观、长安、元和、咸通四个时期的政区（含羁縻政区、藩属国）统计，以反映唐代各阶段的行政与统治区划面貌。

本卷将唐代新置（含名称变更）政区的治所及其迁移后的新址，尽量精确到今乡镇一级，可与《中国历史地图集》唐代部分互为表里，并可供编制中国历史地理信息系统（CHGIS）参考使用。

第十一章　黔　中　道

黔中道(738—907)

开元二十六年(738),割江南西道黔、辰州二都督府置黔中道(监理区)①,以黔州都督兼黔中道采访处置使。二十七年,罢辰州都督府为黔中道直属地区。

天宝元年(742),改黔州都督府为黔中郡都督府②。十三载,黔中道有一都督府、一直属地区,治黔中郡(见图16)。至德元载,合黔中郡都督府及黔中道直属地区置黔中节度使。

宝应元年(762),降黔中节度使为黔中经略观察使。大历四年(769),置辰溪等州都团练观察使。十年,罢辰溪等州都团练观察使。元和十五年(820),黔中道有黔中经略观察使一镇。

咸通十四年(873),黔中道仍有黔中经略观察使一镇。

光启元年(885),复升黔中经略观察使为黔中节度使。大顺元年(890),改黔中节度使为武泰军节度使。天祐四年(907),武泰军节度使归前蜀③。

第一节　黔中郡(黔州)都督府

黔州都督府(630—742)—黔中郡都督府(742—756)—黔中节度使(756—762)—黔中经略观察使(762—885)—黔中节度使(885—890)—武泰军节度使(890—907)

---

① 《旧唐志》:"开元二十一年,分天下为十五道,黔中理黔州。"按此十五道乃贞观十道加河西、山南西、京畿、都畿、江南西五道,不含黔中,《旧唐志》此处有误。今依《元和志》黔州序定开元二十六年置黔中道,详参严耕望《景云十三道与开元十六道》(载《严耕望史学论文等》)。
② 《州郡典》序目黔中道有黔中、卢溪、卢阳、清江、(江)〔涪〕陵、潭阳、龙(标)〔溪〕、南川、义泉、灵溪、宁夷、涪川、溱溪、播川、夜郎十五郡,当为天宝元年之数。
③ 《太平寰宇记》黔州序:"天复三年之后,伪蜀割据,移黔南就涪州为行府,以道路僻远,就近便也。皇朝因之不改。至太平兴国三年,因延火烧爇公署,五年,却归黔州理所,仍辖黔内思、南、费、溱、夷、播六州。"

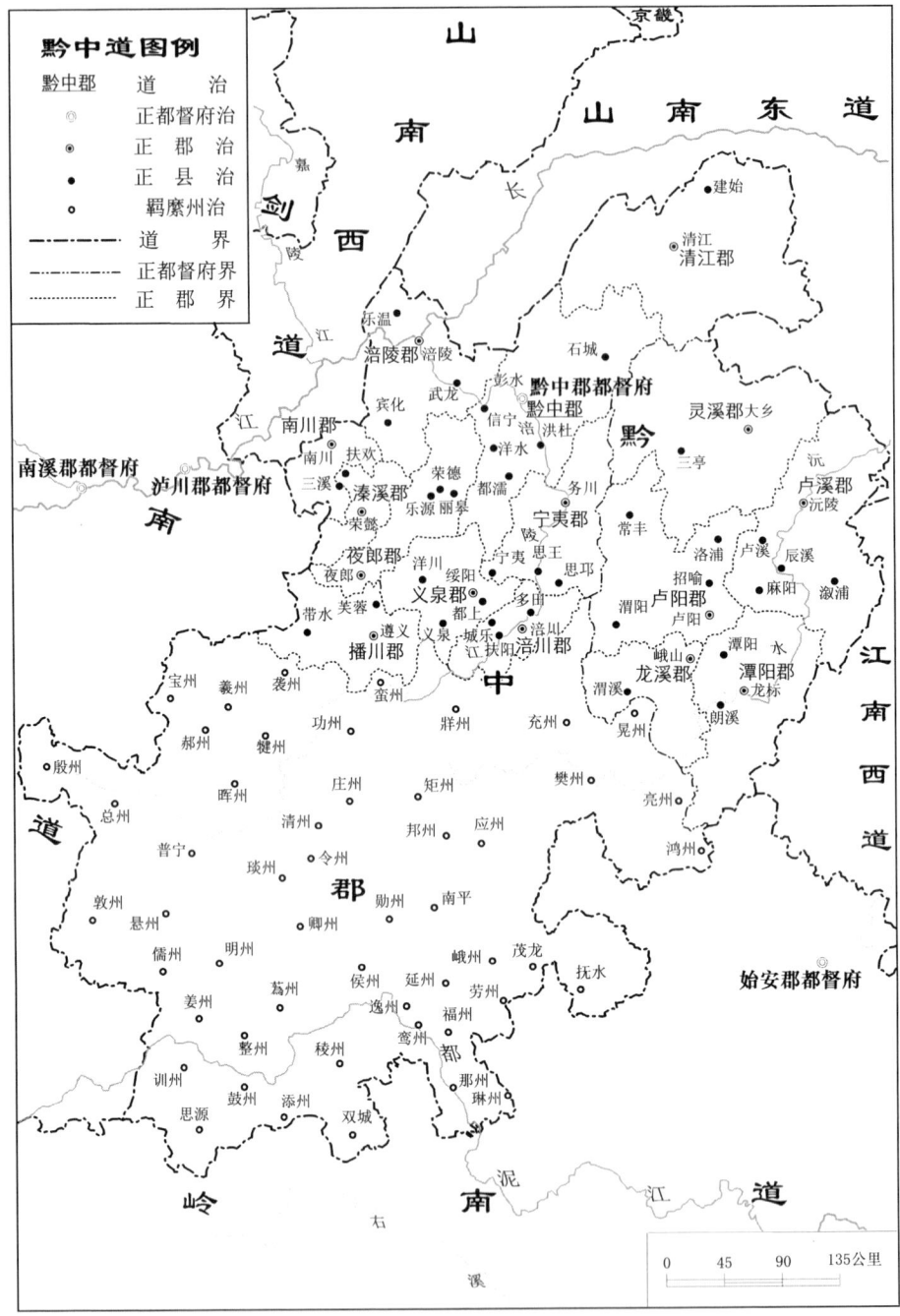

图 16　天宝十三载(754)唐朝黔中道行政区划

贞观四年①(630)，割山南道夔州都督府黔、施、前业、务、充、应、南寿、矩、柯、邦、麟、智十二州置黔州都督府②，属山南道③，改务州为后思州，南寿州为庄州，柯州为牂州，置费、夷、琰三州。五年，废邦州。八年，废前业州。九年，改麟州为郎州。十年，属江南道，割山南道荆州都督府辰、巫二州来属。十一年，改智州为牢州，废郎州。十三年，置播州，黔州都督府督黔、施、辰、巫、后思、费、充、应、琰、庄、矩、牂、播、牢、夷十五州④。十七年，置珍州，割隶剑南道泸州都督府，废牢州。二十年，割牂、庄、琰、充、应、矩六州隶牂州都督府。

永徽三年(652)，以废牂州都督府之牂、蛮、庄、琰四州及其羁縻州来属。显庆五年，割荆州都督府澧州来属。龙朔三年(663)，以废充州都督府之充、应、矩三州及其羁縻州来属⑤。咸亨元年(670)，割泸州都督府溱、珍二州来属⑥。前上元二年(675)，澧州还属荆州都督府。垂拱三年(687)，置锦州。

武周天授二年(691)，改巫州为沅州，置溪州。圣历元年，割庄、矩、蛮、牂、充、应、琰七州及羁縻州隶庄州都督府。长安四年(704)，置舞州，黔州都督府督黔、施、溪、辰、沅、舞、锦、后思、费、夷、播、珍、溱十三州。

唐景龙四年(710)，割播州置播州都督府。景云二年(711)，隶江南西道，割辰、溪、沅、舞、锦五州隶辰州都督府。先天二年(713)，以废播州都督府之播、牂、充、应、琰、庄、矩、蛮八州来属。开元十五年(727)，降牂、充、应、琰、庄、矩、蛮七州为羁縻州⑦。二十一年，以山南东道废夔州都督府之南州来属。二十六年，割山南西道直属涪州来属。

天宝元年(742)，改黔州为黔中郡，后思州为宁夷郡，费州为涪川郡，夷州为义泉郡，播州为播川郡，珍州为夜郎郡，溱州为溱溪郡，南州为南川郡，涪州为涪陵郡，施州清江郡，改黔州都督府为黔中郡都督府。十三载，黔中郡都督府领黔中、宁夷、涪川、义泉、播川、夜郎、溱溪、南川、涪陵、清江十郡。至德元

---

① 《旧唐志》黔州序系于"武德四年"，《太平寰宇记》系于"武德二年"，今据《元和志》《旧唐志》彭水县条。
② 《元和志》黔州："贞观四年，于州置都督府，总务、施、业、辰、智、牂、充、应、庄九州。"《旧唐志》"九"字作"等"，今据各州沿革补黔、矩、邦、麟四州，删辰州。
③ 其时澧、朗、辰、巫州犹属山南道荆州都督府，则黔州都督府亦当属山南道。
④ 《旧唐志》黔州都督府序于"今督"后言"其年，罢都督府"，不确，当衍。
⑤ 史志不载充州都督府罢废时间。按《大周故陈府君(崇本)墓志铭》(载《千唐斋藏志》)，天授二年时陈瓘任"使持节都督黔辰等州七州诸军事"，此四十七州当含充州都督府所领诸州及羁縻州在内，故知充州都督府废于此前。依下编第六章《黔中道羁縻地区》第一节"黔中郡都督府所领"推测，似在龙朔三年。
⑥ 史志不载其事。按咸亨元年溱州省乐来县，县在溱、泸二州之间，省县疑与溱州东属有关。溱州既东属，珍州亦当一并归黔。
⑦ 《新唐志》牂州："开元中，降牂、琰、庄为羁縻。"按唐羁縻州变动多成批进行，推测牂、充、应、琰、庄、矩六州乃同时降为羁縻，并与割戎州都督府羁縻殷、总、敦三州来属皆在开元十五年。

载(756),以黔中郡都督府十郡及黔中道直属地区五郡合置黔中节度使,治黔中郡,都督府只领羁縻州。

乾元元年(758),复黔中郡为黔州,清江郡为施州,灵溪郡为溪州,卢溪郡为辰州,潭阳郡为巫州,龙溪郡为业州,卢阳郡为锦州,宁夷郡为思州,涪川郡为费州,义泉郡为夷州,播川郡为播州,夜郎郡为珍州,溱溪郡为溱州,南川郡为南州,涪陵郡为涪州。二年,割溪州隶山南东道澧朗溪都团练使。后上元元年(760),以废澧朗溪都团练使之溪州来属。二年,割涪州隶山南东道荆南节度使①。宝应元年(762),降为黔中经略观察使,仍治黔州。大历四年(769),割辰、巫、业、锦、溪五州隶辰溪等州都团练观察使。十年,以废辰溪等州都团练观察使之辰、叙、奖、锦、溪五州来属。元和二年(807),罢黔州都督府。三年,复割荆南节度使涪州来属,废珍州。十五年,黔中经略观察使领黔、施、溪、辰、叙、奖、锦、思、费、夷、播、溱、南、涪十四州,治黔州。

大中二年(848),割涪州隶山南东道荆南节度使。是年,复割荆南节度使涪州来属。咸通十四年(873),黔中经略观察使领州不变。

光启元年(885),复升为黔中节度使。大顺元年(890),改为武泰军节度使。光化元年(898),割溪州隶山南东道武贞军节度使。天复三年(903),移使治于涪州②。

(一) 黔中郡(黔州)

黔州(618—742)—黔中郡(742—758)—黔州(758—907)

黔中郡,本隋黔安郡,领彭水、涪川、都上、信安四县③。唐武德元年,改为黔州,以隋旧州为名,隶信州总管府,置石城、务川、扶阳三县,割务川、涪川、扶阳三县隶务州。二年,隶夔州总管府,置盈隆、洪杜、相永、万资四县,割信安县隶义州。四年,置宁夷县,割隶前思州。七年,隶夔州都督府。贞观四年,置黔州都督府,割都

---

① 《新唐表》衡州栏乾元二年:"涪州隶荆南节度使",《方镇研究》第157页已证其误。然赖氏以为是年涪州自衡阳防御使割隶黔中节度使,亦误。按《旧唐志》荆南序云:后上元年间,又割黔中之涪隶荆南节度使,可知《新唐表》衡州栏之误,在于误系后上元事于乾元,误系黔州事于衡州,今依《新唐表》荆南栏后上元二年改正。

② 《太平寰宇记》黔州:"天复三年之后,伪蜀割据,移黔南就涪州为行府。"《资治通鉴》天复三年十月:"武泰军旧治黔州,(王)宗本以其地多瘴疠,请徙治涪州,(王)建许之。"

③ 《隋志》黔安郡无都上、信安二县,共二县。按《元和志》夷州都上县:"隋大业十二年,招慰所置,其处是西豪首领都集之所,因以为名。"黔州信宁县:"隋大业十年,于县西南置信安县,武德二年,改为信宁县,属义州。"《太平寰宇记》黔州:"信宁县,隋大业十二年,于县西南七里置,以地踞信安山为名。武德二年,改为信宁,属义州。"据补。《新唐志》云都上县武德元年置,不取。

上县隶夷州,相永、万资二县隶费州。十年,割后思州高富县来属。十一年,以牢州之信宁县来属,割高富县隶夷州。十三年,黔州领彭水、石城、洪杜、盈隆、信宁五县,治彭水县。十七年,置荣德、丽皋二县,割隶珍州。二十年,置都濡县。

武周长安四年,黔州领彭水、石城、洪杜、都濡、盈隆、信宁六县,治彭水县。

唐先天元年,改盈隆县为盈川县。开元二十六年,为黔中道治。

天宝元年,改为黔中郡,以汉旧郡为名,隶黔中郡都督府,改盈川县为洋水县,石城县为黔江县。十三载,黔中郡领彭水、黔江、洪杜、都濡、洋水、信宁六县,治彭水县。至德元载,隶黔中节度使,为使治。

乾元元年,复为黔州。宝应元年,隶黔中经略观察使,为使治。元和十五年,黔州领县一如天宝十三载。

咸通十四年,黔州领县不变。

光启元年,复隶黔中节度使。大顺元年,隶武泰军节度使,均为使治。天复三年,移使治于涪州①。

1. 彭水县(618—907)

本隋黔安郡旧县,武德元年,隶黔州,为州治,并析置石城县。二年,析置盈隆、洪杜、相永、万资四县。贞观四年,移治新彭水城(今重庆市彭水县城汉葭街道)②。天宝元年,隶黔中郡,为郡治。乾元元年,复隶黔州,为州治。

2. 石城县(618—742)—黔江县(742—907)

武德元年,析彭水县置石城县,治无慈城(今重庆市黔江区舟白街道茶树坝村老鹰关)③,以隋旧县为名,隶黔州。贞观四年,移治石城(今黔江区舟白街道湾塘村)④。天宝元年,隶黔中郡,以与河北道北平郡县名重,改为黔江县,取黔江为名。乾元元年,复隶黔州。

---

① 李中锋《宋初黔州的隶属》(载《中国历史地理论丛》2003年4期):"王建时,曾移黔州就涪州为行府。"周庆彰《五代时期南方诸政权政区地理》(复旦大学2010年博士论文)第184页考证,移治涪州者乃黔南观察使(即武泰军节度使旧称),非黔州。当是。
② 《元和志》黔州:"西北至涪州三百三十里,北渡江山路至忠州四百里。……贞观四年,于州置都督府。……其年,自今州东九十里故州城移于涪陵江东、彭水之南。"即今彭水县城,旧彭水城当在今彭水县郁山镇。
③ 《太平寰宇记》黔州黔江县。张九章等《黔江县志》卷1:"《西志》:冉崇文考无慈城与老鹰皆为一地,即今县坝东之老鹰关是也。"详《中国文物地图集·重庆分册》下册,第130页。
④ 《元和志》黔州黔江县:"西至州二百里。"《太平寰宇记》黔州黔江县:"(州)东三百里。阿蓬水,一名太平水,东北自施州清江县界东西南流,经县北一里。"阿蓬水即今唐岩河,则新石城在今重庆市黔江区舟白镇湾塘村,旧名县坝,详《中国文物地图集·重庆分册》下册,第130页。《地图集》置于舟白镇,《地名大辞典》第4399页认为在今区治联合镇,皆非。

3. 洪杜县(619—907)

武德二年,析彭水县置洪杜县,以县东洪杜山为名,治洪杜城(今贵州沿河县塘坝乡构皮村)①,隶黔州。贞观三年,移治洪杜溪(今沿河县洪渡镇)②。麟德二年(665),移治龚湍(今重庆市酉阳县龚滩镇老街)。天宝元年,隶黔中郡。乾元元年,复隶黔州。

4. 都濡县(646—907)

贞观二十年,析盈隆县置都濡县,因县西北都濡水为名,治都濡城(今贵州务川县蕉坝乡乐居村)③,隶黔州。永徽后,省夷州高富县来属。天宝元年,隶黔中郡。乾元元年,复隶黔州。

附旧县1:高富县(621—永徽后)

武德四年,析宁夷县置高富县,以隋明阳郡旧县为名④,治高富城(今务川县黄都镇)⑤,隶夷州。贞观元年,州废,改隶务州,省明阳县来属。是年,省夜郎县来属。四年,隶后思州。十年,割隶黔州。十一年,还隶夷州,移治故夜郎城(今务川县涪洋镇),省伏远县来属。永徽后,省入黔州都濡县。

附旧县2:夜郎县(621—627)

武德四年,析宁夷县置夜郎县,以古夜郎之地为名,治夜郎城(今务川县涪洋镇)⑥,隶夷州。贞观元年,州废,省入高富县。

附旧县3:伏远县(621—637)

武德四年,析宁夷县置伏远县,盖取柔远之意为名,治伏远城(今务川县城都濡镇枫香坪)⑦,隶夷州。贞观元年,改隶务州,省丰乐县来属。是年,省思义县来属。四年,隶后思州。十一年,省入高富县。

---

① 《元和志》黔州洪杜县:"武德二年,析彭水县于今县北十八里置,因县东一里洪杜山为名。"洪杜山在今洪杜镇西北,可定故洪杜城在今沿河县塘坝乡构皮村。
② 《太平寰宇记》黔州洪杜县:"贞观三年,又北移于洪杜溪。""北移",当是"东移"之误。
③ 《元和志》黔州都濡县:"北至州二百里。县西北六十里有都濡水。"都濡水,即今务川、彭水县间长溪河,可定都濡县治今务川县蕉坝乡乐居村。《大清一统志》卷396思南府古迹以为在今务川县南,《地名大辞典》第4730页以为在今务川县城都濡镇,里距均过远,《四川州县建置沿革图说》第115页以为在今武隆县浩口乡,里距过近,不取。
④ 《隋志》不载高富县。按《太平寰宇记》云:"废高富县,在今州东北一百一十里。隋大业七年,于废县南三十里置,属明阳郡。末年,陷夷獠。武德四年,安抚再置。"
⑤ 《太平寰宇记》夷州:"废高富县:在今州东北一百一十里。隋大业七年,于废县南三十里置。有小水,在故县南三十里,东入宁夷县界。"小水,即今洪杜—丰乐河上游土溪。
⑥ 《太平寰宇记》夷州:"废高富县:贞观十一年,自县南三十里故城移于废县。"此废县盖即废夜郎县。《纪要》石阡府引《通志》云夜郎废县在明葛彰葛商长官司西六十里(今贵州余庆县西北),按夜郎县系析宁夷县置,今余庆县地与唐宁夷县中隔绥阳、都上、扶阳三县,显不得为夜郎县地,故不取。
⑦ 依地理形势推定。

附旧县 4：思义县(621—627)

武德四年,析宁夷县置思义县,盖以思慕德义为名,治思义城(今务川县大坪镇)①,隶夷州。贞观元年,州废,改隶务州。是年,省入伏远县。

附旧县 5：丰乐县(621—627)

武德四年,析宁夷县置丰乐县,盖以丰居乐业为名,治丰乐城(今务川县丰乐镇),隶夷州。贞观元年,州废,省入伏远县。

5. **盈隆县**(619—712)—**盈川县**(712—742)—**洋水县**(742—907)

武德二年,析彭水县置盈隆县,取县南盈川山为名,治巴江西(今重庆市彭水县鹿角镇西岸鹿角村)②。贞观十年,移治新盈隆城(今务川县浞水镇复兴村古城)③。二十年,析置都濡县。先天元年,避玄宗讳,改为盈川县,以盈川为名。天宝元年④,隶黔中郡,以与江南东道信安郡县名重,改为洋水县,因县西洋水为名。乾元元年,复隶黔州。

6. **信安县**(618—619)—**信宁县**(619—907)

信宁县,本隋黔安郡信安县,武德元年,隶黔州。二年⑤,割隶义州,改为信宁县,为州治,并析置都牢县。五年,隶智州,为州治。贞观四年,移治新信宁城(今重庆市武隆县江口镇蔡家村)⑥,省都牢县来属。十一年,移州治于义泉县,信宁县还隶黔州。十七年,析置荣德、丽皋二县。天宝元年,隶黔中郡。乾元元年,复隶黔州。

(二) 宁夷郡(思州)

务州(618—630)—后思州(630—742)—宁夷郡(742—758)—思州(758—907)

武德元年⑦,招慰使冉安昌以地当牂牁要路,奏割黔州务川、涪川、扶阳三

---

① 依地理形势推定。大坪有汉代墓群,当是古人乐居之处。
② 《太平寰宇记》黔州洋水县:"武德二年,于今县东一百六十里置盈隆县。"巴江,即今乌江。
③ 《元和志》黔州洋水县:"东北至州一百六十里。以县西三十里洋水为名。"洋水,即今芙蓉江,今定于务川县浞水镇复兴村,其他有早不过唐代、晚不过明代的古城(程学志:《务川古城调查点滴》,《贵州文物》1986 年第 1 期)。《地图集》、蒲孝荣《四川政区沿革与治地今释》(四川人民出版社,1980 年)、《地名大辞典》等定于今彭水县润溪乡凉水桥(洋水桥),距黔州失之太近,不取。《中国文物地图集·重庆分册》下册第 473 页以为彭水县城北一百余里之三义乡龙洋村唐代遗址为洋水县治,亦与上述道里不符,疑其应为《元和志》所载伐牛山盐泉官遗址。
④ 《元和志》作"二年",今依两《唐志》、《太平寰宇记》。
⑤ 《旧唐志》作"五年",今依《元和志》、《新唐志》、《太平寰宇记》。
⑥ 《元和志》黔州信宁县:"东南至州一百三十里。贞观四年,移于今理。"《太平寰宇记》黔州信宁县:"涪陵江,在县东二里,北流入涪州武(阳)〔龙〕界。"涪陵江,即今乌江,今依《地图集》、《地名大辞典》第 4397 页、《中国文物地图集·重庆分册》下册第 365 页定于武隆县江口镇蔡家村遗址,旧名信宁坝。
⑦ 《元和志》、两《唐志》作"四年",今依《州郡典》、《太平寰宇记》。按《旧唐志》夔州序载武德二年夔州总管府已领有务州,《太平寰宇记》费州多田县载武德三年有务州刺史,可证。

县置务州,取务川县首字为州名,治务川县,隶信州总管府。二年,隶夔州总管府。三年,置思王、多田二县,割隶前思州。四年,置丹阳、感化二县,割隶前思州。七年,隶夔州都督府。贞观元年,以废夷州之宁夷、明阳、高富、思义、伏远、丹川六县,废前思州之思王、丹阳、多田、感化、城乐五县来属。是年,省明阳、思义、丹川三县。二年,省丹阳县。四年①,隶黔州都督府,改为后思州,割涪川、扶阳二县隶费州。八年,省感化县,割多田、城乐二县隶费州。十年,割高富县隶黔州。十一年,省伏远县。十三年,后思州领务川、思王、宁夷三县,治务川县。

永徽后,省宁夷县。垂拱三年(687),置万安县,割隶锦州。

武周长安四年,后思州领务川、思王二县。

唐开元四年,置思邛县。二十五年,复置宁夷县。

天宝元年,改为宁夷郡,以宁夷县为名,隶黔中郡都督府。十三载,宁夷郡领务川、思邛、思王、宁夷四县②,治务川县。至德元载,隶黔中节度使。

乾元元年,复为思州,割宁夷县隶夷州。宝应元年,隶黔中经略观察使。元和十五年,思州领县一如天宝十三载。

咸通十四年,思州领县不变。

光启元年,复隶黔中节度使。大顺元年,隶武泰军节度使。

1. 务川县(618—907)

武德元年,析黔州彭水县置务川县,以隋旧县为名,治新务川城(今贵州沿河县城和平镇城子头)③,隶务州,为州治。武德三年,析置思王县。四年,析置宣慈、慈岳二县。贞观四年,隶后思州,为州治。垂拱三年,析置万安县,割隶锦州。开元四年,析置思邛县。天宝元年,隶宁夷郡,为郡治。乾元元年,复隶思州,为州治。

---

① 《州郡典》、《旧唐志》宁夷郡思州务川县作"八年",今依《旧唐志》思州序、《元和志》、《新唐志》、《太平寰宇记》。
② 《元和志》、《新唐志》、《太平寰宇记》宁夷郡思州无宁夷县,为三县。今据《州郡典》、《旧唐志》。
③ 《蜀中广记》卷38:"(务川县)隋以县属巴东郡,唐武德初,徙县治务川。"其地即《元和志》思州:"西南至夷州四百里。西北水路至黔州二百八十里。南至费州水路四百里。内江水,一名涪陵水,在县西四十步。"《太平寰宇记》思州:"北至黔州二百八十七里,水路三百五十里。西北水路至黔州三百一十里。西南至夷州都上县(五)〔三〕百四十里。东北至黔州黔江县(一)〔二〕百九十里。"可定于今沿河县城和平镇一带,《务川仡佬族》(贵州民族出版社,2006年)第6页云在县城城东城子头,今从之。又,《新唐志》云:"务州,武德四年以隋巴东郡之务川、扶阳置。"而《元和志》云隋巴东郡务川县大业二年已与庸州同废(庸州石城县入巴东郡,务川县当入黔安郡),故《新唐志》所言年代及务川析出地均误。

2. 相永县(619—637)—思邛县(716—907)

武德二年,析务州涪川县置相永县,治相永城(今印江县城峨岭镇)①,隶黔州。贞观四年,割隶费州。十一年,省入思王县②。开元四年,招慰思王县夷獠置思邛县,以思邛水为名,治故相永城③,隶后思州。天宝元年,隶宁夷郡。乾元元年,复隶思州。

附旧县:万资县(619—637)

武德二年,析务州涪川县置万资县,治万资城(今印江县天堂镇)④,隶黔州。贞观四年,割隶费州。十一年,省入思王县⑤。

3. 思王县(620—907)

武德三年,招慰务川县蛮獠置思王县,以思王山为名,治思王城(今贵州德江县潮砥镇)⑥,隶务州。四年,割隶前思州,为州治,并析置丹阳县。贞观元年,州废,改隶务州。二年,省丹阳县来属。四年,隶后思州。十一年,省费州相永、万资二县来属。永徽后,省宁夷县来属。开元四年,析置思邛县。二十五年,复析置宁夷县。天宝元年,隶宁夷郡。乾元元年,复隶思州。

附旧县1:丹阳县(621—628)

武德四年,析思王县置丹阳县,盖以县在丹山之阳为名,治丹阳城(今德江县共和镇银丝村)⑦,割隶前思州。贞观元年,州废,隶务州,以废夷州宣慈、慈岳二县省入⑧。二年,省入思王县。

附旧县2:宣慈县(621—627)

武德四年,招慰黔州宁夷县蛮夷置宣慈县,治宣慈城(今贵州省沿河县思渠镇),割隶夷州。贞观元年,州废,省入务州丹阳县。

附旧县3:慈岳县(621—627)

武德四年,招慰黔州宁夷县蛮夷置慈岳县,治慈岳城(今沿河县官舟镇),

---

① ④ 依地理形势推定。
② 《新唐志》系相永、万资二县沿革于费州涪川县,按此二县与涪川县相距甚远,似不得省入涪川县,今依地理形势判断,当省入后思州思王县。
③ 《元和志》思州思邛县:"北至州水路(二)〔三〕百九十里。"《太平寰宇记》思州思邛县:"(州)东南三百九十里。思邛水,本出锦州洛浦县,经本县四十步,至思王县流入内江水。"
⑤ 参详上文相永县注。
⑥ 《元和志》思州思王县:"北至州(务川县)水路三百里。"《太平寰宇记》思州思邛县:"思邛水,至思王县流入内江水。"按思邛水即今印江河,则思王县治今德江县潮砥镇,《太平寰宇记》费州所谓"南至思州思王县二十七里",当是"北至思州思王县一百二十七里"之误。
⑦ 依地理形势推定。《纪要》思州府引《通志》云丹阳废县即明黄道溪长官司治(今万山特区黄道乡),然其地与前思州、务州中隔充州,不得为丹阳县地,故不取。
⑧ 《新唐志》云:贞观元年夷州废,"宣慈、慈岳隶涪州"。《旧唐志》、《太平寰宇记》涪州作溪州。按:是时夷州与涪州中隔智州,与溪州中隔务州,不得并入。疑"涪州"、"溪州"皆为"务州"(实为务州丹阳县)之误,因改。

割隶夷州。贞观元年，州废，省入务州丹阳县。

4. **宁夷县**①(620—永徽后，737—907)

武德三年，析黔州都上县置宁夷县，以隋旧县为名②，治故宁夷城(今德江县复兴镇)③，割隶前思州。四年，割隶夷州，为州治，并析置夜郎、神泉、丰乐、绥养、鸡翁、伏远、明阳、高富、思义、丹川、宣慈、慈岳十二县。六年，省鸡翁县来属。贞观元年，州废，省神泉县来属，宁夷县复隶务州。是年，又省丹川县来属。四年，隶后思州。六年，析置鸡翁县，割隶夷州。永徽后，省宁夷县入思王县。开元二十五年，析思王县复置宁夷县④，隶后思州。天宝元年，隶宁夷郡。乾元元年，割隶夷州。

附旧县 1：**神泉县**(621—627)

武德四年，析宁夷县置神泉县，以神泉为名，治神泉城(今德江县龙泉乡龙泉坪)⑤，隶夷州。贞观元年，省入宁夷县。

附旧县 2：**丹川县**(621—627)

武德四年，析宁夷县置丹川县，以丹水为名，治丹川城(今德江县荆角乡)⑥，隶夷州。贞观元年，改隶务州。是年，省入宁夷县。

附旧州：前思州(620—627)

武德三年，割务州思王、多田二县及黔州宁夷县置前思州⑦，治思王县，取其首字为名，隶夔州总管府。四年，置丹阳、城乐、感化三县，割宁夷县隶夷州。

---

① 《州郡典》列目作"宜林县"，今依《元和志》、两《唐志》、《太平寰宇记》。
② 史志不载此事。按《元和志》宁夷县："隋大业八年置，属明阳郡。武德四年，属夷州。"隋末阳明郡废，宁夷县亦当随之省入邻近之都上县，至武德三年，始复置，《旧唐书》黔州序于武德二年后有脱文，盖即此事，今补。
③ 《元和志》夷州宁夷县："西北至州(绥阳县)一百九里。"《太平寰宇记》夷州："废高富县：有小水在故县南三十里，东入宁夷县界。"废高富县在今务川县南，小水即今洪杜—丰乐河上游土溪，则宁夷县当在今德江县西南境，今定县治于复兴镇。
④ 两《唐志》言开元二十五年以后思州宁夷县隶夷州。按天宝元年改后思州为宁夷郡，郡以县名，且《州郡典》、《旧唐书》宁夷郡思州均载宁夷县，作为断限于天宝年间或稍后的两份直接资料，比之《元和志》及《新唐志》在记述天宝制度时，二者无疑更可信。故知天宝间宁夷县仍属宁夷郡(思州)，两《唐志》乃误以开元二十五年两州分置宁夷、义泉二县与天宝后割宁夷县属夷州之事相混，今改。此点承罗凯提示。
⑤ 依地理形势推定。神泉，盖即今龙泉。
⑥ 依地理形势推定。丹水，盖即今青龙溪。《纪要》思州府引《通志》云丹川废县即明施溪长官司治(今万山特区下溪乡)，然其地与夷州、务州中隔充、费等州，不得为丹川县地，故不取。
⑦ 唐代史志不载前思州始置年代，按《元和志》费州多田县："武德三年置，初属思州。"《太平寰宇记》思州思王县："唐武德三年置，属思州。"又据两《唐志》，宁夷县武德四年以前已属思州，推知思州初置于武德三年。《大清一统志》卷 396 思南府："冉安昌，武德时为宣慰使。四年，以务川当牂牁要冲，请置郡守之，乃立为州。"年代与此异，不取。

七年,隶夔州都督府。贞观元年,州废,思王、丹阳、多田、城乐、感化五县隶务州。

(三) 涪川郡(费州)
费州(630—742)—涪川郡(742—758)—费州(758—907)

贞观四年,割后思州涪川、扶阳二县及黔州相永、万资二县置费州,因州界费水为名,治涪川县,隶黔州都督府。八年,割后思州多田、城乐二县来属。十一年,省相永、万资二县。十三年,费州领涪川、扶阳、城乐、多田四县,治涪川县。

武周长安四年,费州领县不变。

唐天宝元年,改为涪川郡,以涪川县为名,隶黔中郡都督府。十三载,涪川郡领涪川、扶阳、城乐、多田四县,治涪川县。至德元载,隶黔中节度使。

乾元元年,复为费州。宝应元年,隶黔中经略观察使。元和十五年,费州领县一如天宝十三载。

咸通十四年,费州领县不变。

光启元年,复隶黔中节度使。大顺元年,隶武泰军节度使。

1. 涪川县(618—907)

本隋黔安郡旧县,武德元年,割隶务州①。二年,析置相永、万资二县。三年,析置多田县。贞观四年,隶后思州。是年,割隶费州,为州治。十一年,移治新涪川城(今思南县三道水乡)②。天宝元年,隶涪川郡,为郡治。乾元元年,复隶费州,为州治。

2. 扶阳县(618—907)

武德元年,析涪川县置扶阳县,以隋旧县为名③,治故扶阳城(今凤冈县王

---

① 《新唐志》费州涪川县:"武德四年,析务川置。"按前汪已证务州始置于武德元年,则涪川县当于是年割隶务州,非新置,且涪川县与务州务川县相距四百里,中隔思王县,当非析自务川县,《新唐志》盖以县隶务州,遂误以为析自务川县。
② 《元和志》费州:"北至思州水路四百里,正南微西至牂柯充州一百九十里,西南至播州四百里,东至奖州水陆相兼(四)〔六〕百里。"思州:"南至费州水路四百里。"涪川县:"内江水,经县北一百五十步。"《太平寰宇记》费州:"东至奖州水陆相兼六百里,北至思州水路(五)〔四〕百里,西至播州四百里,正北微西至(珍)〔夷〕州一百九十里。涪川县,隋开皇五年于今县北十二里涪陵江岸置县……(贞观)十一年与州同移理。"广西许晨以为新涪川县治在今思南县三道水乡,从之。
③ 《隋志》不载扶阳县。按《太平寰宇记》费州扶阳县:"隋仁寿四年,庸州刺史奏置于扶水之北,因以为名。"然大业中与庸州同废。

寨镇土璜村一桶水)①,隶务州②。四年,析置城乐、感化二县。贞观四年,隶后思州。是年,割隶费州。天宝元年,隶涪川郡。乾元元年,复隶费州。

3. 城乐县(621—907)

武德四年,山南道大使李孝恭招慰扶阳县生獠,始筑城(今贵州凤冈县蜂岩镇)③,人歌舞之,故曰城乐,割隶前思州。贞观元年,州废,改隶务州。四年,隶后思州。八年,割隶费州,省感化县来属。天宝元年,隶涪川郡。乾元元年,复隶费州。

附旧县:感化县(621—634)

武德四年,招抚扶阳县蛮獠置感化县,盖以感服王化为名,治感化城(今贵州思南县许家坝镇)④,割隶前思州。贞观元年,州废,改隶务州。四年,隶后思州。八年,省入城乐县。

4. 多田县(620—907)

武德三年⑤,务州刺史奏析涪川县置多田县,以土地稍平,垦田盈畛,故以为名,治多田城(今思南县思林乡已子岩门)⑥,割隶前思州。贞观元年,州废,复隶务州。四年,隶后思州。八年,割隶费州。天宝元年,隶涪川郡。乾元元年,复隶费州。

附旧州一:充州(619—727)

武德二年⑦,招慰牂柯蛮置梓姜、东停、东陵、平蛮、韶明、牂柯、思渝、辰水

---

① 《元和志》费州扶阳县:"东南至州八十五里。"《太平寰宇记》费州扶阳县:"涪水源出县西大山中,东流,经县理(西)〔南〕四里,又东,入涪川县界。"思州思王县:"思王山,在州西南(三)〔二〕百七十里,与费州扶阳县分界。"思王山,当即今思南县张家寨西之大岩门山,可定扶阳县治在今凤冈县王寨镇南,唐初县界东北抵思王山。
② 《太平寰宇记》扶阳县云"武德四年隶思州",两《唐志》思州序云武德四年置务州时,已领扶阳县。然据《旧唐志》涪川县及《太平寰宇记》思州序,务州及扶阳县实置于武德元年,今改。
③ 《元和志》费州城乐县:"东至州一百五十里。"《太平寰宇记》费州:"西至城乐县(二)〔一〕百四十里。"城乐县:"(州)西北一百五十里。涪陵水,在县南一百五十里。"夷州:"废鸡翁县:洑野水,一名涪水,经县南三里,又南,入费州城乐县界。"涪陵水指乌江,洑野水即今六池河,则可定城乐城于今凤冈县蜂岩镇。
④ 依地理形势推定。
⑤ 两《唐志》作"四年",按今依《元和志》、《太平寰宇记》。
⑥ 《元和志》费州多田县:"西南至州四十里。涪陵江水,经县南五十步。"《太平寰宇记》费州多田县:"(州)西北四十里。畲冻山,在县西北一里。涪陵水自西南来,经县南五十步,又北,流入思王县界。"思州思王县:"守慈山:在县南三百五十里,接费州多田县界。"畲冻山,即今思南县许家坝东南长岭,为小岩门山余脉;守慈山,即今思南县城南天云山。
⑦ 《新唐志》作"三年",按《太平寰宇记》牂州:"唐武德二年,立充州,因是置播、牂等郡焉。"又据《旧唐志》夔州序,武德二年夔州总管府领州有"克州","克"即"充"之误,亦证武德二年已置充州。

八县①,以置充州,借隋旧州为名,治梓姜县②,隶蘷州总管府。是年,割牂柯县隶牂州。四年,割平蛮、韶明、东陵、东停四县隶矩州③。七年,隶蘷州都督府。贞观四年,隶黔州都督府。十三年,充州领梓姜、思渝、辰水三县,治梓姜县。二十一年,割置充州都督府。

垂拱三年,置渭阳县,割隶锦州。龙朔三年,都督府罢,充州隶黔州都督府。

武周圣历元年,充州割隶庄州都督府。长安四年,充州领县一如贞观十三年。

唐景龙四年,隶播州都督府。先天二年,复隶黔州都督府。开元十五年,州、县废为羁縻④。

附旧新县：梓姜县(619—727,783—907)

武德二年,招慰牂柯蛮置梓姜县,治梓姜城(今贵州镇远县城㵲阳镇)⑤,隶充州,为州治。开元十五年,废为羁縻梓姜县,隶羁縻充州。建中四年(783),升为正县,割隶奖州⑥。

附旧县1：思渝县(619—727)

武德二年,招慰牂柯蛮置思渝县,盖以獠语意为名,治思渝城(今施秉县马溪乡)⑦,隶充州。开元十五年,废为羁縻县。

---

① 《旧唐志》载,充州领八县,即此。《新唐志》云充州领县七：平蛮、东停、韶明、牂柯、东陵、辰水、思王,脱梓姜而误思渝为思王,故后人往往误以为充州治平蛮县。又,《资治通鉴》永徽元年十二月："梓州都督谢万岁、充州都督谢法兴,与黔州都督李孟尝讨琰州叛獠。"胡注云充州当作充州,则充州蛮亦为谢氏。
② 《太平寰宇记》充州梓姜县："旧于县置充州。"西高州夜郎县："唐武德二年,以梓(潼)〔姜〕县为充州。"
③ 《太平寰宇记》充州载,"元领县四：梓橦、底水、思王、思渝。"即指贞观十三年旧领县数,平蛮、韶明、东陵、东停四县当于贞观以前割出,隶矩州。又其"梓橦"乃"梓姜"之误,"底水"乃"辰水"之误,思王为思州属县,此当衍。
④ 《旧唐志》业州梓姜县云,天宝三载以前充州已经荒废。按《大唐六典》卷3、《州郡典》不载充州,今拟于开元十五年废为羁縻州。《新唐志》云天宝三载降充州为羁縻州,当是指唐朝正式予以承认。
⑤ 《元和志》奖州梓姜县："东北至充州水路四百里。"周春元等《贵州古代史》第110页《唐代在今贵州州县定点图》定梓姜县于今镇远县城,从之。《旧唐书》卷197《南蛮传》云："牂柯蛮首领亦姓谢氏,其地(牂州)北去充州一百五十里。"《资治通鉴》贞观四年释此充州为允州,《新唐书》卷222《南蛮传》言充州蛮在牂州北一百五十里,当作"牂州东去充州二百五十里"。
⑥ 《旧唐志》业州梓姜县："天宝三年,以充州荒废,以梓姜县属业州,其充州为羁縻州。"《新唐志》奖州同。按充州本治梓姜县,如以梓姜县隶业州,则充州当废。然《元和志》奖州梓姜县载："建中四年自牂柯洞外割属奖州。"可知建中四年以前充州一直作为羁縻州存在,两《唐志》显然是将开元十五年废充州为羁縻州,天宝三年得到唐朝承认与建中四年割梓姜县隶业州三事合为一事叙之,不取。
⑦ 《元和志》费州："正南微西至牂柯充州一百九十里。"奖州："西南沂流至牂柯充州七百里。"此盖指建中充州移治思渝县后情形。

附旧县 2：辰水县（619—727）

武德二年，招慰牂柯蛮置辰水县，以辰水为名，治辰水城（今江口县闵孝镇罗江村）①，隶充州。垂拱三年，析置渭阳县。开元十五年，废为羁縻县。

附旧州二：矩州（621—727）

武德四年，割充州平蛮、东停、韶明、东陵四县置矩州②，以州南方有水方如矩为名③，隶夔州总管府。七年，隶夔州都督府。贞观四年，隶黔州都督府。十三年④，矩州领平蛮、东停、韶明、东陵四县，治平蛮县。二十一年，割隶充州都督府。

龙朔三年，还隶黔州都督府。

武周圣历元年，割隶庄州都督府。长安四年，矩州领县一如贞观十三年。

唐景龙四年，隶播州都督府。先天二年，复隶黔州都督府。开元十五年，州、县废为羁縻⑤。

附旧县 1：平蛮县（619—727）

武德二年，招慰牂牁蛮置平蛮县，借南朝旧郡为名，治平蛮城（今贵州贵定县城宝山街道）⑥，隶充州。四年，割隶矩州，为州治。开元十五年，废为羁縻县。

附旧县 2：韶明县（619—727）

武德二年，招慰牂牁蛮置韶明县，盖取春韶明媚之意为名，治韶明城（今贵州福泉市牛场镇）⑦，隶充州。四年，割隶矩州。开元十五年，废为羁縻县。

---

① 《贵州古代史》第 110 页《唐代在今贵州州县定点图》定辰水县于今江口县城，《地图集》拟在江口县太平乡。按江口县城实为锦州渭阳县治，辰水县当更在其西，今定于江口县闵孝镇罗江村。
② 史志不载矩州领县名及领县数。按唐武德间所置州无一不领县，矩州不当例外，前注已考充州平蛮、东停、韶明、东陵四县贞观以前割出，推测即是割入矩州，因补。又按《新唐书》卷 3《高宗纪》、《资治通鉴》显庆元年四月，"矩州人谢无零反，伏诛"，《新唐书》卷 222《南蛮传》载，龙朔三年，矩州刺史谢法成招慰比楼等七千户内附，可知矩州亦与充州同属牂牁蛮谢氏。
③ 《贵州通史》第一卷，第 298 页。
④ 《括地志·序略》引贞观十三年大簿无矩州，然据《旧唐志》黔州序，黔州都督府"今（即贞观十三年）督十五州"中有矩州，可证贞观十三年矩州存而未废，《括地志序略》脱载。
⑤ 《大唐六典》卷 3、《州郡典》不载矩州，今拟于开元十五年与充州同时废为羁縻州。《新唐志》云天宝三载降矩州为羁縻州，当是指唐朝正式予以承认。
⑥ 民国《麻江县志》卷 13："充州治平蛮县，在今石阡县左近。"《贵州古代史》第 110 页《唐代在今贵州州县定点图》定平蛮县于石阡县南，《地图集》拟于石阡县西南。按前注已考平蛮等县既隶矩州，则当在充州西南，今依地理形势推定于贵定县城一带。周作楫等《贵阳府志》卷 4 等云宋元贵筑（贵州）系"矩州"一音之转，故定矩州于今贵阳市，然《纪要》云贵州一名得自贵山（贵人峰），则矩州即贵阳之说未必可信。
⑦ 《贵州古代史》第 110 页《唐代在今贵州州县定点图》定韶明县于今施秉县东南，《地图集》拟于今余庆县西北。按前注已考韶明等县既隶矩州，则当在充州西南，今姑定于福泉市牛场镇一带。

附旧县 3：东陵县(619—727)

武德二年，招慰牂柯蛮置东陵县，治东陵城(今福泉市金山街道)①，隶充州。四年，割隶矩州。开元十五年，废为羁縻县。

附旧县 4：东停县(619—727)

武德二年，招慰牂柯蛮置东停县，治东停城(今贵州黄平县城新州镇)②，隶充州。四年，割隶矩州。开元十五年，废为羁縻县。

附旧州三：应州(629—727)

贞观三年，招慰牂柯蛮部落置都尚、婆览、应江、陀隆、罗恭五县，以置应州，以应江为名，治都尚县，隶夔州都督府。四年，隶黔州都督府，割应江县隶琰州。十三年，复割琰州应江县来属，应州领都尚、婆览、应江、陀隆、罗恭五县，治都尚县。二十一年，割隶充州都督府。

永徽六年(655)，省应江县。龙朔三年(663)，还隶黔州都督府。

武周圣历元年，割隶庄州都督府。长安四年，应州领都尚、婆览、陀隆、罗恭四县，治都尚县。

唐景龙四年，隶播州都督府。先天二年，复隶黔州都督府。开元十五年，州、县降为羁縻③。

附旧县 1：都尚县(629—727)

贞观三年，招慰牂柯蛮置都尚县，盖以蛮语为名，治都尚城(今贵州都匀市匀东镇坝固村)④，隶应州，为州治。开元十五年，降为羁縻县。

附旧县 2：罗恭县(629—727)

贞观三年，招慰牂柯蛮置罗恭县，盖以县东罗恭山为名，治罗恭城(今贵州凯里市西门街道)⑤，隶应州。开元十五年，降为羁縻县。

---

① 《贵州古代史》第 110 页《唐代在今贵州州县定点图》、《地图集》拟东陵县于今施秉县东北。前注已考东陵等县既隶矩州，则当在充州西南，今姑定于福泉市一带。
② 《地图集》拟于今镇远县北。前注已考东停县既隶矩州，则当在充州西南，今姑定于黄平县城一带。
③ 《大唐六典》卷 3、《州郡典》不载应州，今拟于开元十五年与充州同时降为羁縻州。《新唐志》云天宝三载降应州为羁縻州，当是指唐朝正式予以承认。
④ 《贵州省志·地理志》上册(贵州省地方志编纂委员会，1985 年)第 14 页："《黔诗纪略》、《黔南识略》认为，应州在都匀一带。"史继忠《试论"东谢"、"牂柯蛮"及"西南蕃"等的地理位置和民族成分》(载《贵州民族学院学报》1981 年第 1 期)亦同此说，今依此定于都匀市坝固村(旧为镇)一带，其地平衍沃饶，宜为置州之地。《元和志》奖州："南至牂柯羁縻应州三百里。""三百"疑是"五百"之误。《贵州古代史》、《贵州通史》第一卷、《地名大辞典》等以为在今三都县都江镇(上江村)，《地图集》标于今都江镇打鱼村(旧为乡)，其地较偏僻促狭，恐非州城所在，不取。
⑤ 《贵州古代史》第 110 页《唐代在今贵州州县定点图》定罗恭县于今雷山县城丹江镇。按其地深处雷公山区，唐初恐未开发，今姑定于凯里市一带。罗恭山，盖即今雷公山。

附旧县 3：陀隆县(629—727)

贞观三年，招慰牂柯蛮置陀隆县，以蛮语之意为名，治陀隆城(今贵州台江县城台拱镇)①，隶应州。开元十五年，降为羁縻县。

附旧县 4：婆览县(629—727)

贞观三年，招慰牂柯蛮置婆览县，盖取蛮语"黄牛缰绳"之意为名，治婆览城(今贵州三都县大河镇)②，隶应州。开元十五年，降为羁縻县。

附旧县 5：应江县(629—655)

贞观三年，招慰牂柯蛮置应江县，盖以应江为名，治应江城(今贵州平塘县掌布镇)③，隶应州。四年，割隶琰州④。十三年，复还应州。永徽六年，改置羁縻勋州⑤。

(四) 义泉郡(夷州)

夷州(621—627，630—742)—义泉郡(742—758)—夷州(758—907)

武德四年，割前思州宁夷县置夷州⑥，取宁夷县末字为州名，并置神泉、丹川、宣慈、慈岳、鸡翁、绥养、明阳、高富、夜郎、思义、伏远、丰乐十二县，隶夔州总管府。六年，省鸡翁县。七年，隶夔州都督府。贞观元年，州废，宁夷、明阳、高富、思义、伏远、丹川六县隶务州，绥养县隶智州，省夜郎、丰乐、神泉、宣慈、慈岳五县。四年，割黔州都上县复置夷州，隶黔州都督府。六年，复置鸡翁县。十一年，割智州绥阳县、黔州高富县来属，移治绥阳县。十三年，夷州领绥阳、高富、都上、鸡翁四县，治绥阳县。十七年，以废牢州之洋川、义泉二县来属，置乐源县，割隶珍州。

永徽后，省鸡翁、高富二县。

---

① 《贵州古代史》第 110 页《唐代在今贵州州县定点图》、《贵州通史》第一卷第 298 页、《地名大辞典》第 1401 页定陀隆县于今台江县城台拱镇，今姑从之。
② 《贵州古代史》第 110 页《唐代在今贵州州县定点图》定婆览县于今三都县西南大河镇，今从之。《地图集》拟于三都县南，《地名大辞典》第 4820 页以为在三都县东南，其地皆较偏僻，不取。
③ 应江县先后隶属应、琰二州，当介于二州之间，今姑定于平塘县掌布镇一带。应江，盖即今曹渡河。《贵州通史》第一卷第 298 页以为在今榕江县，恐误。
④ 《新唐志》应江县两见于应、琰二州，按二州相去不远，不得有同名县，当是先后隶属二州，而史志失载其变化，今补。
⑤ 《太平寰宇记》琰州云，所领县"永徽以后并省"，其实琰州至开元十五年方降为羁縻州，县亦如之，所谓"永徽后并省"之县，唯最边远之应江(先属琰州，后属庄州)乃有可能，详参下编第六章《黔中道羁縻地区》"黔中郡都督府所领"直辖羁縻勋州。
⑥ 《旧唐志》夷州："武德四年，置夷州于思州宁夷县。"按武德四年之思州为前思州，仅领丹阳、城乐、感化、思王、多田五县，无宁夷县，《旧唐志》误。详参上文宁夷郡思州宁夷县注考证。

武周长安四年,夷州领绥阳、都上、义泉、洋川四县,治绥阳县。

唐开元二十五年,置宜林县。

天宝元年,改为义泉郡,以义泉县为名,隶黔中郡都督府。其后,省宜林县。十三载,义泉郡领绥阳、都上、义泉、洋川四县,治绥阳县。至德元载,隶黔中节度使。

乾元元年,复为夷州,割思州宁夷县来属。宝应元年,隶黔中经略观察使。元和十五年,夷州领县一如天宝十三载。

咸通十四年,夷州领县不变。

光启元年,复隶黔中节度使。大顺元年,隶武泰军节度使。

1. 绥阳县(619—907)

武德二年,析黔州都上县置绥阳县,以隋明阳郡旧县为名①,治故绥阳城(今贵州凤冈县城龙泉镇三坝村)②,隶义州。五年,隶智州。贞观元年,省务州明阳县来属。十一年,割隶夷州,自都上县移州治于此。十二年,移治新绥阳城(今凤冈县城龙泉镇)③。十七年,以废牢州绥养县省入。天宝元年,隶义泉郡,为郡治。乾元元年,复隶夷州,为州治。

附旧县1:绥养县(621—643)

武德四年,析宁夷县置绥养县,治绥养城(今凤冈县永安镇)④,隶夷州。贞观元年,州废,改隶智州。十一年,隶牢州。十七年,州废,省入夷州绥阳县。

附旧县2:明阳县(621—627)

武德四年,析宁夷县置明阳县,以隋旧县为名,治故明阳城(今凤冈县土溪镇)⑤,隶夷州。贞观元年,州废,改隶务州。是年,省入智州绥阳县。

---

① 《隋志》不载绥阳县。按《元和志》夷州序:"隋大业七年,置绥阳县,属明阳郡。"绥阳县:"隋大业十二年(《太平寰宇记》作四年),巴郡丞梁粲招慰所置。"《旧唐志》:"夷州:隋明阳郡之绥阳县。"《太平寰宇记》夷州序:"隋大业七年,始招慰置绥阳县,属明阳郡。"
② 《太平寰宇记》夷州绥阳县:"绥阳故城:在今县西三里。"
③ 《元和志》夷州:"东北至涪州四里,东至费州三百里。"绥阳县:"绥阳山,在县北二十九里。"绥阳山即今凤冈县盖凤山。《太平寰宇记》夷州绥阳县:"涪江水,在县东十八里。"此涪江水即濮野水,实即今乌江支流六池河(若河),非涪水正流。
④ 《太平寰宇记》夷州义泉县:"离支水,东北自废绥养县流入,西经县西,又东南流,入废乐安县界。"《大清一统志》卷403遵府:"绥养废县:在绥阳县北。"离支水即今湄潭县湄河,可定绥养县于今凤冈县永安镇。
⑤ 《太平寰宇记》夷州序:"今宁夷县西北八十里,旧明阳县是也。"洋川县:"小水,西南自废高富县流入,东北经县七十里,又北,入务川县界。"此语与洋川县地理不合,当为明阳县内容,而阑入洋川县。务川县,即隋务川县。

2. 都上县(618—907)

本隋黔安郡旧县(今凤冈县永和镇)①,武德元年,隶黔州。二年,析置绥阳县。四年,析置宁夷县②。贞观四年,割隶夷州,为州治。永徽后,省鸡翁县来属。天宝元年,隶义泉郡。乾元元年,复隶夷州。

附旧县:鸡翁县(621—623,632—永徽后)

武德四年,析宁夷县置鸡翁县,以鸡翁山为名,治鸡翁城(今贵州思南县亭子坝镇大河边村)③,隶夷州。六年,省入宁夷县。贞观六年,析宁夷县复置鸡翁县,仍隶夷州。永徽后,省入都上县。

3. 义泉县(619—907)

武德二年,招抚蛮獠置义泉县,以隋旧县为名④,治故义泉城(今贵州湄潭县城湄江街道)⑤,隶义州。五年,隶智州。贞观元年,析置乐安、宜林、琊川、芙蓉四县,割隶邢州。十一年,隶牢州,自信宁县移州治于此。十七年,州废,省宜林县来属,义泉县改隶夷州。开元二十五年,复析置宜林县。天宝元年,隶义泉郡。其后,复省宜林县来属。乾元元年,复隶夷州。

附旧县:宜林县(627—643,737—天宝中)

贞观元年,析义泉县置宜林县,治宜林城(今绥阳县城洋川镇)⑥,隶邢州。五年,州废,改隶智州。十一年,隶牢州。十七年,州废,省入义泉县。开元二十五年,析义泉县复置宜林县,隶夷州⑦。天宝元年,隶义泉郡。其后,复省入

---

① 《元和志》夷州都上县:"西北至州(绥阳县)五十里。隋大业十二年,招慰所置,其处是酋豪首领都集之所,因以为名。"《太平寰宇记》夷州都上县:"(州)东南五十二里。"思州:"西南至夷州都上县五百四十里。"今定于凤冈县永和镇。《大明一统志》播州宣慰使司云都上废县在旧承州(今凤冈县城)西南二十五里,与《元和志》、《太平寰宇记》不合,不取。

② 是时,割宁夷县隶前思州,都上县与黔州隔绝,成为飞地,然据《元和志》,都上县是"酋豪首领都集之所",县当因此得名,又据《太平寰宇记》戎州羁縻州载,"春秋有军设,则追集赴州"。则隋唐之际,"都集"是对边远羁縻地区的一种行政管理方式,黔中地区南部距黔州路途遥远,蛮夷首领就近会集于都上县,临时由都上县令或黔州长官派遣的官员代表黔州长官行使行政权力,故都上县仍须由黔州遥领,此种飞地形式当为唐初特例。

③ 《太平寰宇记》夷州宁夷县:"废鸡翁县城,在县西南七十里,有濮野之水,一名涪水,(东)〔西〕自都上县界流入,经县南三里,又南,入费州城乐县界。"宁夷、都上、城乐三县在今德江、凤冈、思南县境,濮野水当即今六池河(若河),实为涪水支流。《大清一统志》卷397石阡府:"鸡翁山,在龙泉县(今凤冈县)东南三十里,唐鸡翁县在其山下。"因定鸡翁县治今思南县亭子坝乡大河边村。

④ 《隋志》明阳郡不载义泉县。按《元和志》义泉县:"隋大业十一年招慰所置,以带山泉为名。"《太平寰宇记》义泉县:"隋大业十一年置,初属明阳郡,唐武德二年,改属义州。"

⑤ 《元和志》夷州义泉县:"东北至州(绥阳县)一百里。"《太平寰宇记》夷州义泉县:"(州)西南一百里。离支水,东北自废绥养县流入,西流,经县理西,又东南流入废乐安县界。"

⑥ 依地理形势推定。

⑦ 《通典》义泉郡(夷州)有宜林县,而两《唐志》不载,却言开元二十五年以思州宁夷县来属。按下文"宁夷县"条所考,天宝间宁夷县仍属义泉郡(思州),故知两《唐志》乃误以两州分置宜林、宁夷二县与天宝后割宁夷县来属之事相混,今改。此点承罗凯提示。

义泉县①。

4. 洋川县(619—907)

武德二年,招慰故隋明阳郡界蛮夷置洋川县,以洋水为名,治洋川城(今贵州正安县流渡镇红花滩)②,隶义州。五年,隶智州。贞观十一年,隶牢州。十四年,移治县西南(今贵州绥阳县大路槽乡石羊村)③。十七年,州废,改隶夷州④,并析置乐源县。天宝元年,隶义泉郡。乾元元年,复隶夷州。

附旧州: 义州(619—622)—智州(622—637)—牢州(637—643)

武德二年⑤,割黔州信安县置义州,改信安县为信宁县,并招抚蛮獠置都牢、洋川、绥阳、义泉四县,取义泉县首字为州名⑥,隶夔州总管府。五年,改为智州,仍治信宁县。七年,隶夔州都督府。贞观元年,以废夷州之绥养县来属。四年,省都牢县,隶黔州都督府。五年,以废邢州之乐安、宜林、芙蓉、珝川四县来属。十一年⑦,改为牢州,以牢石为名,移治义泉县,割绥阳县隶夷州,信宁县隶黔州。十三年,牢州领义泉、洋川、绥养、乐安、宜林、芙蓉、珝川七县,治义泉县。十七年⑧,州废,义泉、洋川二县隶夷州,芙蓉、珝川二县隶播州,乐安县隶庄州,省绥养、宜林二县。

(五)播川郡(播州)

麟州(627—635)—郎州(635—637)—播州(639—742)—播川郡(742—758)—播州(758—907)

贞观元年,招慰隋牂柯郡故地蛮夷置麟州及恭水、高山、贡山、柯盈、邪

---

① 《元和志》、两《唐志》皆不载开元复置之宜林县,知其存续不久,推测天宝中即废。
② 《元和志》夷州洋川县:"武德二年,于今县东北置。"《太平寰宇记》夷州洋川县:"唐武德二年,于县东北七十里置洋川县。"
③ 《元和志》夷州洋川县:"东至州一百里。"《太平寰宇记》夷州洋川县:"(州)西北一百里。"今定于绥阳县大路槽乡石羊村。鄂尔泰等《贵州通志》卷3云,"废洋川县在今府属苗民司南,今之石阡。"或以为在今凤冈县北,方位俱与《元和志》、《太平寰宇记》不合,不取。
④ 《太平寰宇记》叙洋川沿革为:"贞观元年,改属思州,开元二十五年,复隶夷州。"今依《旧唐志》洋川县条、《新唐志》夷州序。
⑤ 《太平寰宇记》夷州绥阳县作"三年",今依《元和志》洋川县、《新唐志》、《旧唐志》岭南道牢州条。
⑥ 《元和志》黔州信宁县:"义州,今夷州义泉县理是。"
⑦ 《旧唐志》岭南道牢州条、《太平寰宇记》绥阳县作"十二年",今依《新唐志》、《旧唐志》夷州、《太平寰宇记》夷州序。
⑧ 《新唐志》作"十六年",《太平寰宇记》夷州序作"七年",今依《旧唐志》夷州洋川县、《太平寰宇记》义泉县。

施、释燕六县①,治恭水县,隶夔州都督府。四年,隶黔州都督府。九年,改为郎州,以故夜郎之地为名。十一年,州废,恭水等六县皆省。十三年,析牢州地复置恭水、高山、贡山、柯盈、邪施、释燕六县,置为播州,以州境播川为名,仍隶黔州都督府,治恭水县。十四年,改恭水县为罗蒙县,柯盈县为带水县,高山县为舍月县,贡山县为胡江县,邪施县为罗为县,释燕县为胡刀县。十六年,改罗蒙县为遵义县。十七年,以废牢州之芙蓉、瑯川二县来属,置夜郎县,割隶珍州。

显庆五年(660),省舍月、胡江、罗为三县。

武周长安四年,播州领遵义、带水、胡刀、芙蓉、瑯川五县,治遵义县。

唐景龙四年,置播州都督府。先天二年,罢都督府,播州复隶黔州都督府。开元二十六年,省胡刀、瑯川二县。

天宝元年,改为播川郡,仍以播川为名,隶黔中郡都督府。十三载,播川郡领遵义、带水、芙蓉三县②,治遵义县。至德元载,隶黔中节度使。

乾元元年,复为播州。宝应元年,隶黔中经略观察使。元和十五年,播州领县一如天宝十三载。

咸通十四年,播州领县不变。

光启元年,复隶黔中节度使。大顺元年,隶武泰军节度使。

1. 恭水县(627—637,639—640)—罗蒙县(640—642)—遵义县(642—907)

贞观元年,招慰隋牂柯郡旧地置恭水县,以恭水为名,治故牂柯城(今贵州遵义市红花岗区老城街道),隶麟州。九年,隶郎州,均为州治。十一年,州废,省入芙蓉县。十三年,析芙蓉县复置恭水县,隶播州,为州治。十四年,改为罗蒙县,盖取蛮夷语意为名。十六年,改为遵义县,取《尚书》"无偏无陂,遵王之义"为名。二十年,置巴江县,割隶蛮州。显庆五年,省胡江、舍月二县来属。开元二十六年,省胡刀县来属。天宝元年,隶播川郡,为郡治。乾元元年,复隶播州,为州治。

附旧县1:贡山县(627—637,639—640)—胡江县(640—660)

贞观元年,招慰隋牂柯郡旧地置贡山县,以贡山为名,治贡山城(今遵义县龙坪镇九里坝)③,隶麟州。九年,隶郎州。十一年,州废,省入瑯川县。十

---

① 两《唐志》不载麟州,今据《元和志》播州序补。又,《元和志》、《旧唐志》、《太平寰宇记》皆云恭水等六县置于贞观九年,如此则麟州初不领县,不合情理,疑各志皆误以贞观九年改名郎州为置县之年,今依《新唐志》播州遵义县条在贞观元年置六县。
② 《州郡典》作播川、遵义、芙蓉、瑯川四县。当衍播川县,误带水为瑯川。
③ 《太平寰宇记》播州:"废胡江县,在州东南四十里。以界内江名邑,又有巴水,在县南三十四里。"胡江水(涪江水),即今乌江,巴水,即今遵义县清水河。

三年,析珜川县复置贡山县,隶播州。十四年,改为胡江①县,以胡江为名。显庆五年,省入遵义县。

附旧县 2:高山县(627—637,639—640)—舍月县(640—660)

贞观元年,招慰隋牂柯郡旧地置高山县,以高山为名,治高山城(今遵义县铁厂镇张王村)②,隶麟州。九年,隶郎州。十一年,州废,省入珜川县。十三年,析珜川县复置高山县,隶播州。十四年,改为舍月县,以舍月山为名。二十年,析置巴江县。显庆五年,省入遵义县。

附旧县 3:释燕县(627—637,639—640)—胡刀县(640—738)

贞观元年,招慰隋牂柯郡旧地置释燕县,治释燕城(今遵义县城南白镇)③,隶麟州。九年,隶郎州。十一年,州废,省入珜川县。十三年,析珜川县复置释燕县,隶播州。十四年,改为胡刀县,以胡刀水为名。开元二十六年,省入遵义县④。

2. 柯盈县(627—637,639—640)—**带水县**(640—907)

贞观元年,招慰隋牂柯郡旧地置柯盈县,盖取蛮夷语意为名,治柯盈城(今贵州仁怀市坛厂镇)⑤,隶麟州。九年,隶郎州。十一年,州废,省入芙蓉县。十三年,析芙蓉县复置柯盈县,隶播州。十四年,改为带水县,以县南带水为名。显庆五年,省罗为县来属。天宝元年,隶播川郡,移治带水城(今遵义县乐山镇)⑥。乾元元年,复隶播州。

附旧县:邪施县(627—637,639—640)—罗为县(640—660)

贞观元年,招慰隋牂柯郡旧地置邪施县,盖取蛮夷语意为名,治邪施城(今贵州金沙县城鼓场街道)⑦,隶麟州。九年,隶郎州。十一年,州废,省入芙

---

① 《新唐志》作"湖江",《元和志》、《旧唐志》作"胡江",《太平寰宇记》或本作"湖江",或本作"胡江",今依《元和志》、《旧唐志》。
② 《太平寰宇记》播州:"废舍月县,在州东南九十里,以界内舍月山为名。又有涪陵江,在县东九十里。"舍月山,盖即今遵义县铁厂镇西而尚顶。
③ 《太平寰宇记》播州芙蓉县:"废胡刀县,在县西南五十里。胡刀水,在县南一里,东流,合胡江水。"此语似言胡刀县在芙蓉县西南(今遵义市西北),然《太平寰宇记》又载带水至胡刀县界注胡江水(即涪江),而带水即今遵义县下溪河,显见胡刀县并非在芙蓉县西南,而是播川城西南,《太平寰宇记》"在县西南"当是"在州西南"之误,其上文废舍月县、废胡刀县皆言"在州东南",可证。
④ 《新唐志》云胡刀县省入芙蓉县。按胡刀与芙蓉中隔遵义,当省入遵义县,疑《新唐志》有误,因改。
⑤ 《太平寰宇记》播州带水县:"唐贞观九年,于县西北八十里置。"
⑥ 《元和志》播州带水县:"东至州七十里。"《太平寰宇记》播州带水县:"天宝中,移于今理。带水,源出故县西大山,东流经县城北,又东流,至废胡刀县界注胡江水。"胡江水,即今乌江,带水,即今下溪河。
⑦ 《太平寰宇记》播州芙蓉县:"废罗为县,在县西南二百里。罗为水源自县西一百里罗为山,出流经县南一里,又东流至胡江县入涪陵水。"此"在县西南"当为"在州西南"之误,详参上注及下文芙蓉县注。罗为水即今偏岩河,罗为山即今大方县九龙山。

蓉县。十三年,析芙蓉县复置邪施县,隶播州。十四年,改为罗为县,以界内罗水为名。显庆五年,省入带水县①。

3. 芙蓉县(627—907)

贞观元年,招慰隋牂柯郡旧地置芙蓉县,以县在芙蓉山上为名,治芙蓉城(今贵州遵义市汇川区泗渡镇松坝站)②,隶邾州③。五年,州废,改隶智州。八年,省南州岚山县来属。十一年,隶牢州,省恭水、柯盈、邪施三县来属。十三年,复析置恭水、柯盈、邪施三县。十七年,州废,改隶播州,并析置夜郎县。其后,移治新芙蓉城(今遵义县泗渡镇布政村东)④。开元二十六年,省珝川县来属。天宝元年,隶播川郡。乾元元年,复隶播州。

附旧县:珝川县(627—738)

贞观元年,招慰隋牂柯郡旧地置珝川县,以珝川为名,治珝川城(今遵义县虾子镇)⑤,隶邾州。五年,州废,改隶智州。十一年,隶牢州,省高山、释燕、贡山三县来属。十三年,复析置高山、释燕、贡山三县。十七年,州废,改隶播州。开元二十六年,省入芙蓉县。

附旧州一:邾州(627—631)

贞观元年,割庄州乐安县置邾州,以邾水为名,并置宜林、芙蓉、珝川三县,治乐安县,隶夔州都督府。四年,隶黔州都督府。五年,州废,乐安、宜林、芙蓉、珝川四县改隶智州。

附旧州二:牂州(619—621)—柯州(621—630)—牂州(630—727)

武德二年⑥,割充州牂柯县置牂州,以隋旧州为名,改牂柯县为建安县,并析置宾化、新兴二县,治建安县,隶夔州总管府。四年,改为柯州,以牂柯故地

---

① 《太平寰宇记》系罗为废县于芙蓉县条。按罗为县在播州西南二百里,与芙蓉县中隔带水县,按之方位,当是带水县之废县。《太平寰宇记》盖因《元和志》于芙蓉县后附载播州舍月、胡刀、胡江、罗为四废县,遂误以此四废县皆为芙蓉县废县。今改。
② 《元和志》播州芙蓉县:"西南至州六十里。"《太平寰宇记》播州芙蓉县:"仁水,在县西南一里。"仁水即今仁江河。
③ 《太平寰宇记》播州芙蓉县。
④ 《太平寰宇记》播州芙蓉县:"(贞观五年后)移于县东南三里。"
⑤ 《纪要》遵义府仁怀县:"珝川废县,在县东南。"《历史地名》第2037页认为在今遵义县北,或以为在今凤冈县珝川镇。按珝川县曾隶邾州,珝川当以邾川(即邾水,今遵义县湘江)得名,依其地理形势推定,宜在今遵义县东境之虾子镇。
⑥ 《新唐志》作"三年",然自注云,州治建安县本牂柯县,武德二年更名。则是武德二年已有建安县,牂州亦当置于是年。《玉海》卷153云:"武德二年,谢龙羽遣使者朝,拜牂州刺史。"据改。

为名。七年，隶夔州都督府。贞观四年，隶黔州都督府，复名牂州。其后，割宾化县隶庄州。十三年，牂州领建安、新兴二县①，治建安县。二十一年，割置牂州都督府。

永徽三年，罢都督府，牂州隶黔州都督府。

武周圣历元年，割隶庄州都督府。长安四年，牂州领县一如贞观十三年。

唐景龙四年，隶播州都督府。先天二年，复隶黔州都督府。开元十五年，降为羁縻牂州，二县降为羁縻县。

附旧县1：牂柯县（619）—建安县（619—727）

武德二年，招慰牂柯蛮置牂柯县，以隋牂柯郡旧县为名，治故牂柯城（今贵州瓮安县猴场镇）②，隶充州。是年，割置牂州，改为建安县，并析置宾化、新兴二县。开元十五年，降为羁縻建安县，隶羁縻牂州。

附旧县2：新兴县（619—727）

武德二年，析建安县置新兴县，取唐朝吉意为名，治新兴城（今贵州余庆县城白泥镇）③，隶牂州。开元十五年，降为羁縻新兴县，隶羁縻牂州。

附旧州三：南寿州（629—630）—庄州（630—727）

贞观三年，招慰牂牁蛮部落置石牛、轻水、新安、多乐、石城、南阳六县，以置南寿州，治石牛县，隶夔州都督府。四年，隶黔州都督府，改为庄州，以庄蹻故地为名④，置清兰县。其后，割牂州宾化县来属⑤。十三年，庄州领石牛、南阳、宾化、轻水、新安、多乐、石城七县，治石牛县。十七年，以废牢州之乐安县来属。二十年，割隶牂州都督府，割宾化、乐安二县隶蛮州。

永徽三年，复隶黔州都督府。六年，省清兰县。

---

① 《太平寰宇记》、《新唐志》作"三县"，当是武德初置州时县数，《旧唐志》作"领县二"，当是贞观十三年领县数。又，《资治通鉴》永徽元年十二月庚午："梓州都督谢万岁、充州都督谢法兴，与黔州都督李孟尝讨琰州叛獠，万岁、法兴入洞招慰，为獠所杀。"胡三省注："梓州，当作牂州。"按："牂州都督"当系"牂州刺史"之误。

② 《元和志》播州："东南至牂柯州二白二十里。"《太平寰宇记》播州："东南至牂柯（琰）州三百二十里。"今取二百二十里为定。平翰等《遵义府志》卷2谓："牂州治，当在今瓮安、余庆境内。"《地图集》定于瓮安县草塘镇，从之。

③ 《贵州古代史》第110页《唐代在今贵州州县定点图》定新兴县于今黄平县城。按其地当属矩州境，不得属牂州，今定于余庆县城。

④ 《唐会要》卷79《东谢蛮》："又有南谢首领谢强，与西谢蛮邻接，与元深俱来朝，拜为南寿州刺史，后改为庄州。"曹学佺《蜀中广记》卷37："或云楚威王时有庄蹻将甲士二万人入牂柯，故取为州名。"又《旧唐书·东谢蛮传》云：牂柯蛮首领亦姓谢氏，武德三年授牂州刺史，"风俗物产略与东谢同"，则牂州部落为北谢，庄州在牂州南，故称南谢。

⑤ 宾化县旧属牂州，《旧唐志》云牂州旧领二县，则贞观十三年前已割隶庄州。

武周圣历元年,割置庄州都督府。长安四年,庄州领石牛、南阳、轻水、新安、多乐、石城六县①,治石牛县。

唐景龙四年,罢都督府,庄州隶播州都督府。先天二年,复隶黔州都督府。开元十五年②,降为羁縻庄州,六县降为羁縻县。

附旧县 1:石牛县(629—727)

贞观三年,招慰牂柯蛮置石牛县,盖以石牛山为名,治石牛城(今贵州贵阳市云岩区中山东路街道)③,隶南寿州,为州治。四年,隶庄州。开元十五年,降为羁縻石牛县,隶羁縻庄州。

附旧县 2:轻水县(629—727)

贞观三年,招慰牂柯蛮置轻水县,以县境轻水为名,治轻水城(今贵阳市乌当区下坝镇)④,隶南寿州。四年,隶庄州。开元十五年,降为羁縻轻水县,隶羁縻庄州。

附旧县 3:新安县(629—727)

贞观三年,招慰牂柯蛮置新安县,盖取唐朝吉意为名,治新安城(今贵州龙里县城冠三街道三元镇新安村)⑤,隶南寿州。四年,隶庄州。开元十五年,降为羁縻新安县,隶羁縻庄州。

附旧县 4:多乐县(629—727)

贞观三年,招慰牂柯蛮置多乐县,治多乐城(今贵定县昌明镇都六村)⑥,隶南寿州。四年,隶庄州。开元十五年,降为羁縻多乐县,隶羁縻庄州。

---

① 《太平寰宇记》庄州领八县,当是贞观二十年前的情况。《新唐志》云庄州领石牛、南阳、轻水、多乐、乐安、石城、新安七县,衍乐安县。
② 《新唐志》牂州条作"天宝三载"。按《旧唐志》黔州序,天宝元年黔州都督府所领正州无庄州,庄州为羁縻州,且天宝元年改州为郡,庄州未有郡名,《大唐六典》、《州郡典》亦不载庄州,可知庄州降为羁縻州当在开元中(今姑定于开元十五年),天宝三载恐是废羁縻矩州之年。
③ 史继忠《试论"东谢"、"牂柯蛮"及"西南蕃"等的地理位置和民族成分》以《新唐志》谓庄州"南百里有桂岭关",而桂岭关即长顺县谷隆关(今长寨镇威远村),故以为庄州在今惠水县城。《贵州古代史》第 110 页《唐代在今贵州州县定点图》定石牛县于今独山县城,《地图集》依周作楫等《贵阳府志》、民国《都匀县志稿》卷 14 定于今贵阳花溪区青岩镇。按庄州曾置都督府,当位处地势平衍、交通四达之地,以地理形势度之,今贵阳市云岩区一带宜为其地。今惠水县城在贵阳南百里,为涟江上游河谷最窄处,有地名岭关,唐时当庄州通西赵室要冲,似为桂岭关之所在,而谷隆关在惠水西南四十里,唐时不当要道,不合置关。
④ 《地图集》定于今福泉市龙昌镇。按其地距矩州东陵县太近,今定于贵阳市乌当区下坝镇。轻水,盖即今南明河一清水江。
⑤ 《贵州通史》第一卷第 298 页以为在今龙里县东,《地图集》定于龙里县三元镇新安街(今县城冠山街道新安村),从之。《贵州古代史》第 110 页《唐代在今贵州州县定点图》定新安县于今贵定县城宝山街道把关村,旧属都六乡。
⑥ 《地名大辞典》第 4804 页都六乡:"唐贞观年间曾于此置多乐县,后演变为都庐坪、都六坪。"从之。今为村,属宝山街道。

附旧县 5：石城县(629—727)

贞观三年,招慰牂柯蛮置石城县,治石城(今贵阳市花溪区青岩镇)①,故以为名,隶南寿州。四年,隶庄州,析置清兰县。开元十五年,降为羁縻石城县,隶羁縻庄州。

附旧县 6：清兰县(630—655)

贞观四年,析石城县置清兰县,治清兰城(今安顺市平坝区马场镇)②,隶庄州。永徽六年,改置羁縻清州③。

附旧县 7：南阳县(629—727)

贞观三年,招慰牂柯蛮置南阳县,治南阳城(今贵州修文县城龙场镇)④,隶南寿州。四年,隶庄州。开元十五年,降为羁縻南阳县,隶羁縻庄州。

附旧州四：琰州(630—727)

贞观四年,招慰西赵蛮置武侯、来南、望江、始安四县,以置琰州,以琰川水为名,治武侯县,隶黔州都督府,割应州应江县来属。十三年,应江县复还应州,琰州领武侯、望江、始安、来南四县⑤,治武侯县。十五年⑥,置琰川、隆昆二县。二十年,琰州隶牂州都督府。

永徽三年,隶黔州都督府。

武周圣历元年,隶庄州都督府。长安四年,琰州领武侯、望江、来南、隆昆四县,治武侯县。

唐景龙四年,隶播州都督府。先天二年,复隶黔州都督府,改隆昆县为降昆县。开元十五年,降为羁縻琰州,四县降为羁縻县。

附旧县 1：武侯县(630—727)

贞观四年,招慰西赵蛮部落置武侯县,盖以诸葛武侯遗迹为名,治武侯城

---

① 周作楫等《贵阳府志》卷 38《唐矩蛮勋庄明琰乡清今十州暨罗甸国图》标注于麻哈(今福泉市),《贵州古代史》第 110 页《唐代在今贵州州县定点图》定石城县于今凌云县北,两地距庄州太远,今拟于花溪区青岩镇,其地至今多叠石为居所,似为"石城"得名之缘由。
② 《贵州古代史》第 110 页《唐代在今贵州州县定点图》定清兰县于今惠水县摆金镇,按情兰县废后置有羁縻清州,疑其前后相承,故今定于平坝区马场镇(详参下编第六章《黔中道羁縻地区》第一节"黔中郡都督府所领"直辖羁縻清州)。且马场有六朝古墓群,当有古城,亦宜为唐初清兰县城。
③ 《太平寰宇记》庄州云,所领县"永徽后省省",其实庄州至开元十五年方降为羁縻州,县亦如之,所谓"永徽后省"之县,当指《新唐志》羁縻庄州中"后省"之清兰县,今拟于永徽六年改置羁縻清州。
④ 依地理形势推定。周作楫等《贵阳府志》卷 38《唐矩蛮勋庄明琰乡清今十州暨罗甸国图》标注于今黄平县,恐误。
⑤ 《旧唐志》琰州领四县,当是贞观十三年"旧领县"。
⑥ 《新唐志》作"贞观中",今拟与琰州相邻之羁縻卿州同时置。

(今贵州安顺市西秀区杨武乡阿扎古城)①,隶琰州,为州治。十五年,析置隆昆县。开元十五年,降为羁縻武侯县,隶羁縻琰州。

附旧县2:来南县(630—727)

贞观四年,招慰西赵蛮部落置来南②县,盖以招徕南夷为名,治来南城(今贵州关岭县城关索街道)③,隶琰州。开元十五年,降为羁縻来南县,隶羁縻琰州。

附旧县3:隆昆县(641—713)—降昆县(713—727)

贞观十五年,析武侯县置隆昆④县,盖以嘉隆昆明为名,治隆昆城(今贵州镇宁县城城关镇)⑤,隶琰州。先天二年,避玄宗讳,改为降昆县,盖以降服昆明为名。开元十五年,降为羁縻降昆县,隶羁縻琰州。

附旧县4:望江县(630—727)

贞观四年,招慰西赵蛮部落置望江县,盖以望涪陵江为名,治望江城(今贵州普定县城城关镇)⑥,隶琰州。开元十五年,降为羁縻望江县,隶羁縻琰州。

附旧县5:始安县(630—727)

贞观四年,招慰西赵蛮部落置始安县,盖取唐朝吉意为名,治始安城(今贵州长顺县广顺镇)⑦,隶琰州。十五年,析置琰川县。开元十五年,改置羁縻令州。

附旧县6:琰川县(641—727)

贞观十五年,析始安县置琰川县,以琰川水为名,治琰川城(今贵州惠水

---

① 据王正贤《彝族呗勒大宗初探》(载《贵州民族研究》1992年第1—3期)考证,安顺市扬武乡阿扎古城为呗勒城。呗勒又作播勒,载于彝族古史,宜为琰州所治。《太平寰宇记》播州:"东南至牂牁琰州三百二十里。""琰"字依《元和志》当衍。民国《麻江县志》卷13以为在关岭县北诸葛营,《地图集》拟于关岭县南,《贵州古代史》第110页《唐代在今贵州州县定点图》定武侯县于今安顺市西秀区旧州镇,恐非。
② 四库本《太平寰宇记》、《新唐志》作"东南",金陵书局本《太平寰宇记》作"东安",浙本《元丰九域志》、《贵州古代史》、《地图集》作"来南"。按"东南"不宜作县名,"东安"则恐有字误,"来南"通"徕南",当是。
③ 《贵州古代史》第110页《唐代在今贵州州县定点图》定来南县于今关岭县岗乌镇,《地图集》定于今晴隆县县城,皆距琰州治较远,今拟于关岭县城。
④ 《地图集》作"降昆",不详所据,今依《新唐志》。
⑤ 《贵州古代史》第110页《唐代在今贵州州县定点图》定隆昆县于今紫云县东,《地图集》定于今紫云县西南,按县名指示地近昆明蛮,今定于镇宁县城。
⑥ 《贵州古代史》第110页《唐代在今贵州州县定点图》定望江县于今普定县马场镇。望江,盖即今三岔河(夜郎湖水库),今定于坪坝中心普定县城。《地图集》定于今镇宁县城附近,其地无江,恐非。
⑦ 《地图集》定始安县于今六枝县城,《贵州古代史》第110页《唐代在今贵州州县定点图》定始安县于今普定县城,今依地理形势姑定于长顺县广顺镇。

县涟江街道杨番村雅阳寨)①,隶琰州。开元十五年,省入羁縻令州。

附旧州五：蛮州(646—727)

贞观二十年,割播州巴江县及庄州乐安、宾化二县置蛮州②,治巴江县,隶牂州都督府。

永徽三年,隶黔州都督府。

武周圣历元年,隶庄州都督府。长安四年,蛮州领巴江、乐安、宾化三县,治巴江县。

唐景龙四年,隶播州都督府。先天二年,复隶黔州都督府。开元十五年,降为羁縻蛮州,省乐安、宾化二县,巴江县降为羁縻县。

附旧县1：巴江县(646—727)

贞观二十年,析播州舍月县置巴江县,治巴江镇(今贵州遵义县尚嵇镇)③,以为县名,隶蛮州,为州治。开元十五年,降为羁縻巴江县,隶羁縻蛮州。

附旧县2：乐安县(627—727)

贞观元年,析智州义泉县置乐安县,盖以乐业安居为名,治乐安城(今贵州湄潭县新南镇)④,割隶邢州,为州治。五年,州废,改隶智州。十一年,州废,改隶牢州。十七年,州废,改隶庄州。二十年,割隶蛮州⑤。开元十五年,省入羁縻巴江县。

附旧县3：宾化县(619—727)

武德二年,析牂州建安县置宾化县,取怀柔之意为名,治宾化城(今贵州

---

① 《贵州古代史》第110页《唐代在今贵州州县定点图》定琰川县于今黔西县东南,《地图集》拟于今贞丰县沙坪镇,今拟于惠水县涟江街道雅阳寨,旧属和平镇。琰川水,盖今涟江。雅阳,盖"琰阳"(琰川之阳)音讹。
② 唐宋史志不载蛮州始置年代,仅列为黔属羁縻州。按《大唐故右威卫大将军上柱国汉东郡开国公李公(孟常)碑铭》(载《全唐文补遗》第一辑),贞观二十年时,黔州都督府领有黔、思、施、费、巫、庄、应、充、辰、〔播〕、矩、夷、琰、蛮、〔柯〕〔牂〕十五州,是知蛮州至迟贞观二十年已置,且为正州。《新唐志》载蛮州领巴江一县,当是开元中降为羁縻州后的情形,唐初正州一般不少于二县,疑以附近之庄州乐安、宾化二县割益蛮州。
③ 《新唐志》："蛮州,县一：巴江。"《太平寰宇记》播州："东南至牂州北界巴江镇七十里。"即今遵义县尚嵇镇,巴江,即今乌江,巴江镇即蛮州治巴江县。周作楫等《贵阳府志》卷38《唐矩蛮勋功庄明琰乡清今十州暨罗甸国图》标注于今福泉市道坪镇,民国《麻江县志》卷13："蛮州治在今开阳县。"《地图集》标注于今贵定县新巴镇,均与《太平寰宇记》道里不合,不取。
④ 乐安县介于邢、智、庄三州之间,可定于今湄潭县新南镇。周作楫等《贵阳府志》卷38《唐矩蛮勋功庄明琰乡清今十州暨罗甸国图》标注于今凯里市东北,《贵州通史》第一卷298页以为在今罗甸县,当误。
⑤ 《旧唐书》卷197《南蛮传》载：贞元十三年,西南蕃左右大首领继袭摄蛮州巴江令,赐紫金鱼袋宋万传等,奏请准许三年一朝。《太平寰宇记》播州："东南至牂牁北界巴江镇七十里"。其地即乐安县,可知巴江县系改乐安县而置。

开阳县城城关镇)①,仍隶牂州。贞观中,割隶庄州②。二十年,割隶蛮州。开元十五年,省入羁縻巴江县。

(六) 夜郎郡(珍州)
珍州(643—742)—**夜郎郡**(742—758)—珍州(758—808)

贞观十七年③,割黔州荣德、丽皋二县及夷州乐源县、播州夜郎县置珍州,以隆珍山为州名,治荣德县,隶剑南道泸州都督府。

咸亨元年,割隶江南道黔州都督府。

武周长安四年,珍州领县不变。

唐开元十五年,移治夜郎县。

天宝元年,改为夜郎郡,以夜郎县为名,隶黔中郡都督府。十三载,夜郎郡领夜郎、乐源、荣德、丽皋四县④,治夜郎县。至德元载,隶黔中节度使。

乾元元年,复为珍州。宝应元年,隶黔中经略观察使。元和三年(808),州废,夜郎、乐源、丽皋三县改隶溱州,省荣德县。

1. 岚山县(633—634)—**夜郎县**(643—907)

贞观七年,析南州三溪县置岚山县,以岚山为名,治播川镇(今贵州桐梓县城娄山关镇)⑤,隶南州。八年,省入邠州芙蓉县。十七年,析播州芙蓉县置夜郎县,以南朝旧县为名,仍治播川镇⑥,割隶珍州。开元十五年,自荣德县移

---

① 鄂尔泰等《贵州通志》卷7思南府:"废宾化县,即今安化县治。"按清安化县即今思南县,唐初属前思州,不得为宾化县地。宾化县介于牂、庄二州之间,当在今开阳县一带。《贵州古代史》第110页《唐代在今贵州州县定点图》定宾化县于今福泉市黎山乡红岩村,《地图集》定于今龙里县麻芝乡岩脚寨,按其地皆属矩州,故不取。
② 《蜀中广记》卷37云庄州领县有宾化,《旧唐志》载牂州旧领二,则宾化县自牂州割隶庄州时间当在贞观十三年以前。
③ 《元和志》、《旧唐志》珍州、《新唐志》溱州、《太平寰宇记》西高州(珍州)并作"十六年",今依《旧唐志》泸州序。按两《唐志》,溱、珍二州系同时置,前已考溱州奏置于贞观十六年,实置于贞观十七年,则珍州事状亦当相同。
④ 《旧唐志》云天宝领县三,脱荣德县,今依《州郡典》、《太平寰宇记》。
⑤ 依地理形势推定。岚山,盖即今娄山。
⑥ 《旧唐志》作"旧播州城",《太平寰宇记》西高州作"播州镇",按播州治先后有恭水、罗蒙、遵义之名,未尝移治,夜郎县不得以旧播州城置,今依《太平御览》卷171珍州作"播川镇"。播川,盖今桐梓河。《元和志》珍州:"东南至播州二百里,北至溱州二百四十里。"《太平寰宇记》西高州(珍州):"东南至播州三百里,正东微北至夷州二百里。"《纪要》遵义府桐梓县:"唐贞观十六年,开山洞置夜郎县。"据此,可定夜郎县于今桐梓县城娄山关镇。《地图集》定夜郎县于今正安县西北,与《元和志》、《太平寰宇记》所载方位不合,恐误。

州治于此①。天宝元年,隶夜郎郡,为郡治。乾元元年,复隶珍州,为州治。元和三年,州废,改隶溱州。

2. 乐源县(643—唐末)

贞观十七年,招慰夷州洋川县界蛮夷置乐源县,治乐源城(今贵州正安县安场镇)②,隶珍州。是年,以废牢州绥养县来属。天宝元年,隶夜郎郡。乾元元年,复隶珍州。元和三年,州废,省荣德县来属,乐源县隶溱州。唐末,没于夷獠③。

3. 荣德县(643—808)

贞观十七年,招慰黔州信宁县界蛮夷置荣德④县,盖取治化之意为名,治荣德城(今贵州道真县三江镇)⑤,隶珍州,为州治⑥。开元十五年,移州治于夜郎县。天宝元年,隶夜郎郡。乾元元年,复隶珍州。元和三年,州废,省入乐源县。

4. 都牢县(619—630)—丽皋县(643—907)

武德二年,招慰义州信宁县界蛮夷置都牢县,以牢石为名,治都牢城(今道真县旧城镇)⑦,隶义州。五年,隶智州。贞观四年,省入信宁县。十七年,析黔州信宁县、夷州洋川县置丽皋县,治丽皋城(今道真县棕坪乡白蜡槽)⑧,割隶珍州。天宝元年,隶夜郎郡。乾元元年,复隶珍州。元和三年,州废,改隶溱州。

---

① 《元和志》珍州夜郎县:"郭下。"《太平寰宇记》西高州(珍州)夜郎县云,开元十五年,改为夜郎县,盖谓珍州治改为夜郎县也。
② 《大明一统志》播州宣慰使司:"乐源废县,在真州长官司西七十里。"《纪要》真安州:"乐源废县:州西七十里。"时真安州仍治今道真县旧城镇,则可定乐源县治今正安县安场镇。
③ 《宋史》卷89《地理志》珍州:"唐末,没于夷。"按珍州元和间已废,此盖指珍州旧县之下落,按《太平寰宇记》,珍州旧县唯乐源县不载乡数,当省于唐末。
④ 《州郡典》作"营德",《太平寰宇记》作"荣德",按邻州溱州有荣懿县,取名当与荣德相类,故今依《太平寰宇记》。《大唐薛王友行珍州荣德县丞杜君故妻博陵崔氏墓志铭并序》(载《唐代墓志汇编》)可证。
⑤ 《元和志》珍州云:夜郎、丽皋、乐源三县"并在州侧近,或十里,或二十里,随所畲种田处移转,不常厥所",《太平寰宇记》西高州(珍州)引此文则作丽皋、荣德、乐源三县。按《州郡典》、《太平寰宇记》,唐后期珍州实领四县,《元和志》漏载荣德县,且荣德县曾为州治,据此可知荣德县介于丽皋、乐源二县之间,鄂尔泰等《贵州通志》卷7:"废珍州,在正安(旧)州西南四十里,唐贞观中置,后废,遗址尚存。"今定于道真县三江镇。
⑥ 《州郡典》夜郎郡治(营)〔荣〕德县。据《太平寰宇记》,开元十五年改珍州治为夜郎县,则此前州城当在荣德。《太平寰宇记》又云丽皋、荣德、乐源三县旧在州城侧近,此州城即荣德城也。
⑦ 史志不载都牢县治地,按唐初义州领信宁、都牢、绥阳、义泉、洋川五县,信宁距绥阳、义泉、洋川三县均较远,今道真县旧城镇为明真安州旧治,正当其适中之地,疑即因唐都牢城旧地而置,故补。
⑧ 《元和志》珍州云丽皋县在州郭下。按《元和志》志脱载荣德县,依《太平寰宇记》排序,"郭下"二字当属荣德。《纪要》真安州:"丽皋废县:在州西三十里。"时真安州今道真县旧城镇,则丽皋县当在今道真县棕坪乡白蜡槽。《地图集》定于今正安县西北,不取。

（七）溱溪郡（溱州）

溱州(643—742)—溱溪郡(742—758)—溱州(758—907)

贞观十七年①,割夔州都督府南州荣懿、扶欢、乐来三县置溱州,以溱溪水为名,治荣懿县,隶剑南道泸州都督府。

咸亨元年(670),割隶江南道黔州都督府,省乐来县。

武周长安四年,溱州领荣懿、扶欢二县,治荣懿县。

唐天宝元年,改为溱溪郡,以溱溪为名,隶黔中郡都督府。十三载,溱溪郡领荣懿、扶欢二县,治荣懿县。至德元载,隶黔中节度使。

乾元元年,复为溱州。宝应元年,隶黔中经略观察使。元和三年,以废珍州之夜郎、丽皋、乐源三县来属。十五年,溱州领荣懿、扶欢、乐源、丽皋、夜郎五县,治荣懿县。

咸通十四年,溱州领县不变。

光启元年,复隶黔中节度使。大顺元年,隶武泰军节度使。

1. 当山县(633—634)—荣懿县(643—907)

贞观七年,析南州三溪县置当山县,以当山为名,治当山城(今贵州桐梓县松坎镇)②,仍隶南州。八年,省入三溪县。十七年,析南州三溪县置荣懿县,治故当山城,置溱州。咸亨元年,省乐来县来属。天宝元年,隶溱溪郡,为郡治。乾元元年,复隶溱州,为州治。元和三年,省珍州夜郎、丽皋、乐源三县来属。

附旧县：归德县(633—634)—乐来县(643—670)

贞观七年,析南州三溪县置归德县,盖以归服德化为名,治归德城(今桐

---

① 《旧唐志》、《新唐志》、《舆地广记》溱州作"十六年"。今依《旧唐志》泸州序。按《元和志》云："贞观十六年,有渝州万寿县人牟智才上封事,请于西南夷窦渝之界招慰不庭,建立州县。至十七年置,以南有溱溪水为名。"《太平寰宇记》亦云："贞观八年,开拓南蛮,至十七年,置溱州及荣懿、扶欢、乐来三县。"可证十六年乃上奏时间,十七年乃置州县时间。

② 《元和志》溱州："正南微东(按当是正东微南)至珍州二百里,东北至南州二百七十里。"《太平寰宇记》溱州："北至南州二百七十里,东至涪州宾化县接界。"卷136引《十道记》："江津县在今郡北一百二十里,县南陆路三百六十里至溱州。"《武经总要》前集卷19："南州南川郡:南至溱州三百五十里。"《大清一统志》卷403遵义府："废溱州:在桐梓县北,接重庆府南川县界。"今定于桐梓县松坎镇。《地图集》、《四川政区沿革与治地今释》第252页、《历史地名》第1773页定于今重庆市万盛区(旧南桐矿区)青年镇(旧名青羊市),《四川州县建置沿革图说》第127页置于綦江县。距南州均失之太近,《大明一统志》、《地名大辞典》第4708页以为在桐梓县南境元田坝(楚米镇),则与溱州至珍州方位不合,均不取。

梓县夜郎镇)①,隶南州。八年,省入三溪县。十七年,析南州三溪县置乐来县,取怀柔吉意,治故归德城,隶溱州。咸亨元年,省入荣懿县。

2. 扶化县(619—637)—**扶欢县**(643—907)

武德二年,开渝州南蛮地置扶化县,取怀柔吉意,治扶化城(今重庆市綦江区扶欢镇崇恩村司土坎遗址)②,隶南州。三年,隶㵎州。四年,复隶南州。十一年,省入隆阳县。十七年,析南州隆阳、三溪二县置扶欢县,以县东扶欢山为名,治故扶化城,隶溱州。天宝元年,隶溱溪郡。乾元元年,复隶溱州。

附旧县：汶溪县(633—634)

贞观七年,析三溪县置汶溪县,以汶溪为名,治汶溪城(今桐梓县羊蹬镇)③,隶南州。八年,省入三溪县。十七年,以其故地归扶欢县。

(八) 南川郡(南州)

南州(619—620)—㵎州(620—621)—南州(621—742)—**南川郡**(742—758)—南州(758—907)

武德二年,开渝州江津县南蛮地置南州及隆阳、扶化、隆巫、丹溪、灵水五县④,盖以南蛮之地为名,治隆阳县,隶夔州总管府。三年,改为㵎州,以㵎溪为名,仍治隆阳县。四年,复为南州。七年,隶夔州都督府。贞观五年,置三溪县。七年,置当山、岚山、归德、汶溪四县。八年,省当山、汶溪、归德、岚山四县。十一年,省扶化、隆巫、灵水三县。十三年,南州领隆阳、丹溪、三溪三县,治隆阳县。十七年,置荣懿、扶欢、乐来三县,割隶溱州,省丹溪县。

武周长安四年,南州领隆阳、三溪二县,治隆阳县。

唐先天元年,改隆阳县为南川县。开元二十一年,改隶江南西道黔州都督府⑤。

天宝元年,改为南川郡,以南川县为名,隶黔中郡都督府。十三载,南川

---

① 《太平寰宇记》南州："东南至溱州界三百五十里。"则溱州南界可达今桐梓县南界,依地理形势推定,当属溱州乐来县(即故归德县)境,今定县治于夜郎镇一带坝区。其地宋置为溱州夜郎县,故或讹传为唐珍州夜郎县治。
② 《元和志》溱州扶欢县："东北至州五十里。""东北",疑是"东南"之误。详《中国文物地图集·重庆分册》下册,第224页。
③ 依地理形势推定。汶溪,盖即东溪,今羊蹬河。
④ 《旧唐志》、《太平寰宇记》有南川县,为六县,《元和志》亦云领六县,按南川县实为先天元年改隆阳县而来,非武德初置,今依《新唐志》。
⑤ 史志不载南州改隶黔州都督府时间,按《大唐六典》卷3江南西道已有南州,则开元二十一年罢夔州都督府之时,南州已改隶黔州都督府。

郡领南川、三溪二县,治南川县。至德元载,隶黔中节度使。

乾元元年,复为南州。宝应元年,隶黔中经略观察使。元和十五年,南州领县一如天宝十三载。

咸通十四年,南州领县不变。

光启元年,复隶黔中节度使。大顺元年,隶武泰军节度使。

1. 隆阳县(619—712)—**南川县**(712—907)

武德二年,开渝州南蛮地置隆阳县,以县在永隆山之阳为名,治隆阳城(今重庆市綦江区古南街道)①,置南州,并析置扶化、隆巫、丹溪、灵水四县。三年,隶霸州。四年,复隶南州。贞观十一年,省隆巫、扶化、灵水三县来属。十七年,析置扶欢县,省丹溪县来属。先天元年,避玄宗讳,改为南川县②。天宝元年,隶南川郡,为郡治。乾元元年,复隶南州,为州治。

附旧县1:隆巫县(619—637)

武德二年,开渝州南蛮地置隆巫县,以县北永隆山为名,治隆巫城(今綦江区石角镇蒲河场)③,隶南州。三年,隶霸州。四年,复隶南州。贞观十一年,省入隆阳县。

附旧县2:灵水县(619—637)

武德二年,开渝州南蛮地置灵水县,以灵水为名,治灵水城(今綦江区东溪镇)④,隶南州。三年,隶霸州。四年,复隶南州。贞观五年,析置三溪县。十一年,省入隆阳县。

附旧县3:丹溪县(619—643)

武德二年,开渝州南蛮地置丹溪县,治丹溪水曲(今綦江区三江街道),故以为名⑤,隶南州。三年,隶霸州。四年,复隶南州。贞观十七年⑥,省入隆阳县。

---

① 据《元和志》,南州(治南川县)在三溪县与渝州江津县之间,当依《地图集》、《四川政区沿革与治地今释》第252页定于綦江县城古南镇。《四川州县建置沿革图说》第117页以为在今南川区(旧南川县城),误。
② 《太平寰宇记》南州序以为南川县与隆阳县并置于武德二年,今依《元和志》、两《唐志》、《太平寰宇记》南川县。
③ 依地理形势推定。永隆山即今綦江县马老山。
④ 依地理形势推定。灵水,盖即今綦江上游。
⑤ 《太平寰宇记》南州南川县:"废丹溪县,在县东南三十里。武德二年,于丹溪水曲置,因以为名。又有盈山,在废县东七十六里。"丹溪,即今綦江县蒲河。盈山,盖即今万盛区笔架山。何智亚《重庆古镇》(重庆出版社,2002年)第42页:"唐高祖武德二年,曾在东溪设丹溪县,由于过去在丁山河谷两岸开采铁矿,东溪河水呈红色,故名丹溪。"按东溪为灵水县治,不得复为丹溪县治,不取。
⑥ 《大清一统志》卷295重庆府、常明等《四川通志》卷26:"丹溪废县:贞观十七年废。"

2. 三溪县(631—907)

贞观五年,析灵水县置三溪县,以县内有僰溪、东溪、葛溪三溪合流,故为名,治石城(今綦江县赶水镇)①,隶南州。七年,析置当山、汶溪、归德、岚山四县。八年,省当山、归德、汶溪三县来属。贞观十六年,析置荣懿、乐来二县。天宝元年,隶南川郡。乾元元年,复隶南州。

(九) 涪陵郡(涪州)

涪州(642—742)—涪陵郡(742—758)—涪州(758—907)

武德元年,割渝州涪陵县置涪州,以州在涪江之西为名,隶信州总管府,并置武龙县。二年②,隶夔州总管府,置永安、乐温二县。七年,隶夔州都督府。九年,以废南潾州之乐温、温山二县来属。贞观十一年,置隆化县。十三年,涪州领涪陵、武龙、隆化、永安、乐温、温山六县,治涪陵县。

武周长安四年,涪州领县不变。

唐先天元年,改隆化县为宾化县。开元二年,省永安、温山二县。二十一年,直属山南西道③。二十六年,割隶黔中道黔州都督府。

天宝元年,改为涪陵郡,以南朝旧郡为名,隶黔中郡都督府。十三载,涪陵郡领涪陵、武龙、宾化、乐温四县,治涪陵县。至德元载,隶黔中节度使。

乾元元年,复为涪州。后上元二年④,割隶山南东道荆南节度使。广德二年,隶夔忠等州都防御使。贞元十九年,罢镇,复隶荆南节度使。元和三年,还隶黔中道黔中经略观察使⑤。其后,复置温山县。十五年,涪州领涪陵、武龙、宾化、乐温、温山五县,治涪陵县。

大中二年(848),复割隶山南东道荆南节度使。是年,还隶黔中经略观察使⑥。咸通十四年,涪州领县不变。

---

① 《元和志》南州三溪县:"西北至州二百四十里。"《太平寰宇记》南州三溪县:"(州)东二百一里。"按今綦江县东南二百余里处唯赶水镇系三溪合流,故以《太平寰宇记》里程为是。《地图集》等置于今綦江县三江镇(旧名三溪场),或以为在东溪镇,均误。
② 《太平寰宇记》作"三年",今依《元和志》、《新唐志》。
③ 《大唐六典》卷3涪州已隶山南西道。时夔州都督府罢,故有改隶之事,详参本编第十二章《山南东道》第一节"直属地区"附旧府新镇一"夔州都督府"注考证。
④ 《旧唐志》、《太平寰宇记》荆州序系于"元年"。按《元和志》云:"上元二年,因黄萐硤有獠贼结聚,江陵节度吕諲请隶于江陵,置兵镇守。"《新唐表》荆南栏亦作"二年",今依之。
⑤ 《唐会要》卷71:"元和三年七月,复以涪州隶黔中。涪州按疆理,以黔管近便,顷年割附荆州,至是复旧。"
⑥ 《新唐表》荆南、黔州栏。按其时黔州与荆南节度使之间犹隔夔忠等州都防御使,疑《新唐志》误"夔忠防御"为"荆南节度"。

光启元年,隶黔中节度使。大顺元年,隶武泰军节度使。天复三年,自黔州移使治于此。

1. 涪陵县(618—907)

本隋巴郡旧县,武德元年①,隶渝州。是年,割置涪州,并析置武龙县。二年,析置永安县。天宝元年,隶涪陵郡,为郡治。乾元元年,复隶涪州,为州治。

2. 武龙县(618—907)

武德元年②,析涪陵县置武龙县③,以县界武龙山为名,治武龙城(今重庆市武隆县土坎镇五龙村)④,隶涪州。天宝元年,隶涪陵郡。乾元元年,复隶涪州。

3. 隆化县(637—712)—宾化县(712—907)

贞观十一年,析渝州巴县置隆化县,以县西永隆山为名,治隆化城(今重庆市南川区东城街道)⑤,割隶涪州。先天元年,避玄宗讳,改为宾化县。天宝元年,隶涪陵郡。乾元元年,复隶涪州。

4. 乐温县(619—907)

武德二年,析渝州巴县置乐温县,以乐温山为名,治乐温城(今重庆市长寿区长寿湖镇安顺村)⑥,割隶南潾州,为州治,并析置温山县。九年,州废,改隶涪州。开元二年,省永安、温山二县来属,移治温山城(今长寿区龙河镇仁和村)⑦。天宝元年,隶涪陵郡。乾元元年,复隶涪州。元和三年后,复析置温山县。

---

① 《新唐志》、《舆地广记》以涪陵县武德二年置,按《元和志》涪陵县:"隋开皇废郡,县属渝州。武德元年,置涪州,县改属焉。"《太平寰宇记》武龙县亦云:"唐武德元年,分涪陵县立。"今即依之。

② 《元和志》作"九年",《新唐志》、《舆地广记》作"二年",今依《太平寰宇记》、《舆地纪胜》。

③ 《四川州县建置沿革图说》第115页谓:"619年置武隆县,712年改隆为龙。"不详何据,且如开元以前涪州已有此县名,则武后时幽、杭、蜀等州皆置武隆县,便无法解释,故不取。

④ 《元和志》涪州武龙县:"西北至州二百五十里。"《太平寰宇记》同。按涪州治今涪陵市,东南二百五十里已入黔州彭水县境,"二百五十"当为"一百五十"之误,《元丰九域志》云武龙县在涪州南一百八十里,可证。遗址尚存,详《中国文物地图集·重庆分册》下册,第365页。

⑤ 《元和志》涪州宾化县:"东北至州三百里。"今依《地图集》、《四川政区沿革与治地今释》第249页定于重庆市南川区东城街道(旧隆化镇),"三百里"当为"二百里"之误。《四川州县建置沿革图说》第115页以为在今涪陵区同乐乡,里距太近,不取。

⑥ 《舆地纪胜》涪州乐温县:"在州西八十里。"据1997年《长寿县志·文物古迹》,安顺村泥城坝曾发现城门、插旗孔、水井、砖瓦、柱础、木柱等遗迹,故老相传是座古城,早于龙河镇仁和村灌滩寺乐温城。现已没入狮子滩水库,位置在今涪陵区西北约40公里,与《纪胜》相合,而《纪胜》往往采《括地志》记唐初情况。

⑦ 《元和志》涪州乐温县:"东南至州一百一十里。因乐温山为名,在县南三十里。"《太平寰宇记》涪州乐温县:"(州)西北一百一十里。乐温山,在县南四十八里。"乐温山,即今黄草山。今依余楚修等《重庆建置沿革》第176页定于长寿区仁和村(旧为乡)灌滩寺,现已没入狮子滩水库。马剑《唐宋时期乐温县治考》(载《历史地理研究》2024年第1期)考证:"乐温(长寿)设县之初,治于龙溪河下游山间的今重庆长寿区邻封镇。玄宗开元二十二年合并永安县后,治所迁至废永安县治附近,于长江北岸、桃花溪西岸的河街一带设治。"然所用材料皆是讲宋代乐温县的,未必是唐代乐温县情况,不取。

附旧县：永安县(619—714)

武德二年①，析涪陵县及渝州巴县地置永安县，以县北永安山为名，治永安城(今长寿区江南街道扇沱村)②，隶涪州。开元二年③，民以为非便，遂省入乐温县及渝州巴、南平二县。

附旧新县：温山县(619—714，元和后—907)

武德二年，析乐温县置温山县，以县南乐温山为名，治温山城(今长寿区龙河镇仁和村)④，隶南潾州。九年，州废，改隶涪州。开元二年，省入乐温县⑤。元和三年后，析乐温县复置温山县，治新温山城(今重庆市垫江县鹤游镇)⑥，仍隶涪州。

附旧州：南潾州(619—626)

武德二年，割渝州乐温县置南潾州，以在潾州之南为名，直属中央，并析置温山县。三年，割隶通州总管府。七年，隶通州都督府。九年，州废，乐温、温山二县改隶涪州。

(一〇) 清江郡(施州)

施州(618—742)—清江郡(742—758)—施州(758—907)

清江郡，本隋旧郡，武德元年，改为施州，以北朝旧州为名，治清江县，隶信州总管府，割建始县隶前业州。二年，隶夔州总管府。三年，直属萧梁⑦。四年，复归唐，隶夔州总管府。七年，隶夔州都督府。贞观四年，隶黔州都督府。八年，以

---

① 《太平寰宇记》涪州乐温县作"元年"，今依《新唐志》。
② 《太平寰宇记》涪州乐温县："溶溪水，源出县理北，南流经县东，又南至废永安县东北二〔十〕里注大江。永安故城：今州西南一百五十里置，以县北永安山为名。"《大清一统志》卷296重庆府："永安废县：在长寿县西南。"唐时涪州至渝州水路三百四十里，故知永安县在两州间中点偏东二十里，即今长寿区扇沱村(旧为乡)。溶溪水即今龙溪河，永安山即今明月山。《四川政区沿革与治地今释》等定于长寿区邻封镇，蓝勇等《长江三峡历史地理》第136页定于长寿县凤城镇(今长寿区凤城街道)永丰村，皆距涪州里距过近，不取。
③ 《新唐志》作"二十二年"，《舆地广记》作"二十一年"，今依《太平寰宇记》、《舆地纪胜》。
④ 《纪要》重庆府长寿县："温山废县：在县西。"按长寿县西唐初已置永安县，似不得再置县。薛禄天等《长寿县志》卷1："温山废县，在今治东北十里。"今依《四川政区沿革与治地今释》定于长寿区仁和村，旧乐温乡。
⑤ 史志不载省温山县沿革。《旧唐志》脱涪州，《州郡典》、《元和志》、《太平寰宇记》涪州列目皆无此县，则温山县当已于开元二年与永安县同时省罢。至于《新唐志》涪州有温山县，《舆地广记》云熙宁三年省温山县，当是元和后曾复置温山县。
⑥ 一说宋初移治。
⑦ 史志不载此事。按武德三年时，萧梁已取通、开二州，时夔州属唐，则通、开二州与萧梁的联系当通过施州。且《资治通鉴》载："武德四年正月丙戌，黔州刺史田世康攻萧铣五州四镇，皆克之。"此五州当即后峡、澧、朗、辰、施，因补。

废前业州①之建始县来属。十三年,施州领清江、开夷、建始三县,治清江县。

麟德元年(664),省开夷县。

武周长安四年,施州领清江、建始二县,治清江。

唐天宝元年,改为清江郡②,以清江县为名,隶黔中郡都督府。十三载,清江郡领清江、建始二县,治清江县。至德元载,隶黔中节度使。

乾元元年,复为施州。宝应元年,隶黔中经略观察使。元和十五年,施州领县一如天宝十三载。

咸通十四年,涪州领县不变。

光启元年,复隶黔中节度使。大顺元年,隶武泰军节度使。

1. 清江县(618—907)

本隋清江郡旧县,武德元年,隶施州,为州治。麟德元年,省开夷县来属。天宝元年,隶清江郡,为郡治。乾元元年,复隶施州,为州治。

附旧县：开夷县(618—664)

本隋清江郡旧县,武德元年,隶施州。麟德元年,省入清江县。

2. 建始县(618—907)

本隋清江郡旧县,武德元年,割隶前业州,为州治。贞观八年,州废,还隶施州。天宝元年,隶清江郡。乾元元年,复隶施州。

附旧州：前业州(618—634)

武德元年,割施州建始县置前业州,以隋旧州为名,领建始一县,隶信州总管府。二年,隶夔州总管府。七年,隶夔州都督府。贞观四年,隶黔州都督府。八年,州废,建始县隶施州。

附旧府一 牂州都督府(646—651)—庄州都督府(698—710)—播州都督府(710—713)

贞观二十年,割黔州都督府牂、庄、琰、应、矩、充六州及羁縻州置牂州都督府,并置蛮州③,仍属江南道。二十一年,割充、应、矩三州及羁縻州若干隶

---

① 《新唐志》作"叶州",误,今据《元和志》、《旧唐志》。
② 两《唐志》作"清化郡",今依《州郡典》、《元和志》。
③ 《资治通鉴》永徽元年十二月:"梓州都督谢万岁、兖州都督谢法兴,与黔州都督李孟尝讨琰州叛獠。"胡注云梓州当作牂州,甚是。据《大唐故右威卫大将军上柱国汉东郡开国公李公(孟尝)碑铭》,贞观二十年,李孟常除授黔州都督兼牂州都督,而黔州都督府所领十五州仍含牂、蛮等州("牂"误为"柯"),是知是年始从黔府分出,并置蛮州为正州。

充州都督府。

永徽三年①，罢都督府，牂、庄、琰、蛮四州及直辖羁縻州复隶黔州都督府。

武周圣历元年②（698），割黔州都督府庄、矩、蛮、牂、充、应、琰七州及羁縻州置庄州都督府③。长安四年（704），庄州都督府督州不变。

景龙四年（710），割黔州都督府播州来属，都督府移治播州，改为播州都督府。先天二年（713），罢都督府，播、蛮、牂、充、应、琰、庄、矩八州还隶黔州都督府。

附旧府二　充州都督府（647—663）

贞观二十一年，割牂州都督府充、应、矩三州及羁縻州若干置充州都督府④，仍属江南道。

龙朔三年，罢都督府，充、应、矩三州及羁縻州复隶黔州都督府。

第二节　黔中道直属地区

辰州都督府（711—739）—黔中道直属地区（739—756）—辰溪等州都团练观察使（769—775）

景云二年（711），割黔州都督府辰、沅、舞、锦、溪五州置辰州都督府，隶江南西道。开元十三年（725），改沅州为巫州，舞州为鹤州。二十年，改鹤州为后业州。二十六年，割隶黔中道。二十七年，罢都督府，辰、沅、后业、锦、溪五

---

① 史志不载牂州都督府罢废之年。按《大唐故使持节都督黔思费等十六州诸军事黔州刺史常君（何）之碑》（载《全唐文补遗》第七辑），墓主永徽三年"迁使持节都督黔思费等十六州诸军事、黔州刺史"，其十六州当含牂府诸州，可知是年牂府已废入黔府。
② 《元和志》作"圣历九年"，《旧唐志》系于"贞观十一年"，罗凯《隋唐政治地理格局研究》第 315 页以为不晚于万岁通天元年，今依《太平寰宇记》。
③ 《元和志》黔州序："圣历（九）〔元〕年，罢都督府。"《旧唐志》黔州序："（贞观十一年）其年，罢都督府。"按郁贤皓《唐刺史考全编》，自贞观中至永徽、显庆、永淳、天授、神龙年间，均有黔州都督在任，则黔州都督府未曾罢废，《元和志》、《旧唐志》之文，盖是"圣历元年置庄州都督府"之误。马驰《试论唐代蕃州的管理体制》（载《第三届中国唐代文化学术研讨会论文集》，台北，1997 年）以庄州都督府为羁縻都督府，恐非。
④ 《资治通鉴》永徽元年十二月："梓州都督谢万岁、充州都督谢法兴，与黔州都督李孟尝讨琰州叛獠。"胡注云充州当作充州，甚是。又据《通典》卷 187《西赵》：贞观二十一年，西赵蛮万余户内附，置羁縻明、侯等十九州（详下编第六章《黔中道羁縻地区》第一节"黔中郡都督府所领"序注），是知因羁縻州大批增加之故，又析置充州都督府以分领之。

州直属黔中道。

天宝元年(742),改辰州为卢溪郡,巫州为潭阳郡,后业州为龙溪郡,锦州为卢阳郡,溪州为灵溪郡。十三载,黔中道直属地区有卢溪、潭阳、龙溪、卢阳、灵溪五郡。至德元载(756),卢溪、潭阳、龙溪、卢阳、灵溪五郡隶黔中节度使。

大历四年(769),割辰、巫、业、锦、溪五州置辰溪等州都团练观察使,治辰州。五年,改巫州为叙州,业州为奖州。十年,罢镇,辰、叙、奖、锦、溪五州隶黔中经略观察使。

(一) 卢溪郡(辰州)
辰州(618—742)—卢溪郡(742—758)—辰州(758—907)

卢溪郡,本隋沅陵郡,领沅陵、大乡、辰溪三县①。武德元年,萧梁改为辰州,以隋旧州为名,治沅陵县,隶潭州总管府。三年,置卢溪、麻阳二县。四年,归唐,直属山南道行台。五年,割隶荆州总管府,置溆浦县。七年,直属荆州大都督府,置龙标县。贞观二年,隶荆州都督府。八年,割龙标县隶巫州。九年,置三亭县。十年②,割隶黔州都督府。十三年,辰州领沅陵、溆浦、辰溪、麻阳、卢溪、三亭、大乡七县,治沅陵县。

垂拱三年(687),置招喻县,割隶锦州。四年,置龙门县。永昌元年(689),省龙门县。

武周天授二年(691),割大乡、三亭二县隶溪州。长安四年(704),辰州领沅陵、溆浦、辰溪、麻阳、卢溪五县,治沅陵县。

唐景云二年(711),置辰州都督府。开元二十七年,罢都督府,辰州直属黔中道。

天宝元年,改为卢溪郡,以卢溪县为名。十三载,卢溪郡领沅陵、溆浦、辰溪、麻阳、卢溪五县,治沅陵县。至德元载,隶黔中节度使。

乾元元年(758),复为辰州。宝应元年(762),隶黔中经略观察使。大历四年,隶辰溪等州都团练观察使,为使治。十年,罢镇,辰州还隶黔中经略观察使。元和十五年(820),辰州领县一如天宝十三载。

---

① 《隋志》原有盐泉(疑在今湖南龙山、永顺、保靖一带,即汉之酉阳或迁陵)、龙标二县,共五县。然唐代史志无盐泉县,而两《唐志》则言龙标县系武德七年置,则此二县当废于隋末,今不录。
② 《旧唐志》黔州序系于贞观(原误作武德)四年。今依《旧唐志》荆州序。

咸通十四年(873),辰州领县不变。

光启元年(885),复隶黔中节度使。大顺元年(890),隶武泰军节度使。

1. **沅陵县**(618—907)

本隋沅陵郡旧县,武德元年,隶辰州,为州治。三年,析置卢溪县。天宝元年,隶卢溪郡,为郡治。乾元元年,复隶辰州,为州治。

2. **溆浦**①**县**(622—907)

武德五年,析辰溪县置溆浦县,以溆溪为名,治故车陵城北(今湖南溆浦县城卢峰镇),隶辰州。天宝元年,隶卢溪郡。乾元元年,复隶辰州。

3. **辰溪县**(618—907)

本隋沅陵郡旧县,武德元年,隶辰州。三年,析置麻阳县。五年,析置溆浦县。七年,析置龙标县。天宝元年,隶卢溪郡。乾元元年,复隶辰州。

4. **麻阳县**(620—907)

武德三年,析辰溪县置麻阳县,以麻口戍为名,治桑林约(今湖南麻阳县黄桑乡旧县村)②,隶辰州。垂拱三年,析置招喻县。四年,析置龙门县。永昌元年,省龙门县来属,麻阳县移治麻口戍。天宝元年,隶卢溪郡。乾元元年,复隶辰州。

附旧县:**龙门县**(688—689)

垂拱四年,析麻阳县置龙门县,盖以龙门山为名,治麻口戍(今麻阳县兰里镇毛坪村)③。永昌元年,省入麻阳县。

5. **卢溪县**(620—907)

武德三年,析沅陵县置卢溪县,以卢水(南溪)为名,治故卢州城(今湖南泸溪县城武溪镇)④,隶辰州。垂拱三年,析置招喻县。天宝元年,隶卢溪郡。其后,移治洗溪口(今泸溪县洗溪镇)⑤。乾元元年,复隶辰州。

---

① 《元和志》辰州、《太平寰宇记》涪州作"叙浦",今依《州郡典》、两《唐志》。
② 《元和志》辰州麻阳县:"东北至州四百里。"
③ 《元和志》辰州麻阳县:"陈天嘉三年,于麻阳麻〔溪〕口置戍。"麻溪即今麻伊河,麻口戍当在今兰里镇毛坪村。《地名大辞典》第3469页以为龙门县治今麻阳县长潭乡轻土村,按其地属锦州卢阳县,不得置龙门县,今不取。
④ 《历史地名》第732页:"卢溪县,隋末萧铣置,治所即今湖南泸溪县。天宝间,徙治今县西南二十里洗溪镇。"今从之。
⑤ 《元和志》辰州卢溪县:"东北至州一百六十里。"《大清一统志》卷284辰州府:"泸溪故城:《府志》:旧县址在县西南二十里洗溪口,今名院阳坪。"

(二) 潭阳郡(巫州)

巫州(634—691)—沅州(691—725)—巫州(725—742)—潭阳郡(742—758)—巫州(758—770)—叙州(770—907)

贞观八年,割辰州龙标县置巫州,以在巫水之阳为名①,隶荆州都督府②,并置夜郎、朗溪、思徵三县。九年,省思徵县。十年③,割隶黔州都督府。十三年,巫州领龙标、朗溪、夜郎三县,治龙标县。

垂拱三年,置卢阳县,割隶锦州。

武周天授二年,以巫山不在州界,乃改为沅州,以沅溪水(今清水江)为名,置渭溪县。长安四年④,割夜郎、渭溪二县隶舞州,沅州领龙标、朗溪二县,治龙标县。

唐景云二年,割隶辰州都督府。先天二年,置潭阳县。开元十三年,以"沅"、"原"声相近,复改为巫州。二十七年,直属黔中道。

天宝元年,改为潭阳郡,以潭阳县为名。十三载,潭阳郡领龙标、朗溪、潭阳三县,治龙标县。至德元载,隶黔中节度使。

乾元元年,复为巫州。宝应元年,隶黔中经略观察使。大历四年,隶辰溪等州都团练观察使,为使治。五年,以境接溆浦,改为叙州。十年,罢镇,还隶黔中经略观察使。元和十五年,叙州领县一如天宝十三载。

咸通十四年,叙州领县不变。

光启元年,复隶黔中节度使。大顺元年,隶武泰军节度使。

1. 龙标县(624—907)

武德七年,析辰溪县置龙标县,以隋旧县为名,治故龙标城(今湖南洪江市黔城镇)⑤,隶辰州。贞观八年,割置巫州,并析置夜郎、朗溪、思徵三县。九年,省思徵县来属。天授二年,隶沅州。先天二年,析置潭阳县。开元十三

---

① 《通典》卷183《州郡典》。
② 《旧唐志》夔州序云武德二年夔州总管府有巫州。按巫州贞观八年析辰州置,当属荆州都督府,而《旧唐志》荆州序失载,夔州序之巫州,当是"州"之误。
③ 史志不载巫州隶黔州都督府时间。按《旧唐志》夔、黔二州序,巫州初属夔州府,贞观十四年前已改隶黔州府,今参考辰州改隶黔州府时间,推定巫州改隶黔州府亦在贞观十年。
④ 《旧唐志》作"三年",《太平寰宇记》作"二年",今依《元和志》、《旧唐志》业州条、《新唐志》、《太平寰宇记》业州条。
⑤ 《元和志》叙州:"西沂流至奖州八百里,北沿流至辰州五百三十八里。"《地图集》定于今洪江市黔阳镇,今从之,《元和志》之"至奖州八百里",当为"至奖州四百里"之误。《纪要》沅州:"龙标城,在州西南五十里。"误。

年,复隶巫州。天宝元年,隶潭阳郡,为郡治。乾元元年,复隶巫州,为州治。大历五年,隶叙州。

附旧县:思徵县(634—635)

贞观八年,析龙标县置思徵①县,盖取蛮獠语意为名,治思徵城(今湖南怀化市鹤城区盈口乡狮子岩)②,隶巫州。九年,省入龙标县。

2. **朗溪县**(634—907)

贞观八年,析龙标县置朗溪县,治朗溪之侧(今洪江市托口镇)③,故名,隶巫州。天授二年,隶沅州。开元十三年,复隶巫州。天宝元年,隶潭阳郡。乾元元年,复隶巫州。大历五年,隶叙州。

3. **潭阳县**(713—907)

先天二年,析龙标县置潭阳县,盖以地在古镡城之阳为名,治舞水东侧(今湖南芷江县城芷江镇)④,隶沅州。开元十三年,隶巫州。天宝元年,隶潭阳郡。乾元元年,复隶巫州。大历五年,隶叙州。

(三) **龙溪**⑤**郡**(业州)

舞州(704—725)—鹤州(725—732)—后业州(732—742)—**龙溪郡**(742—758)—业州(758—770)—奖州(770—907)

武周长安四年⑥,割沅州夜郎、渭溪二县置舞州,以舞水为名,治夜郎县,隶黔州都督府。

唐景云二年,割隶辰州都督府。开元十三年,以舞、武声近,改为鹤州,时议封禅,盖取舞鹤嘉义为名。二十年,改为后业州。二十七年,直属黔

---

① 《新唐志》作"思微",今依《旧唐志》。按《中国文物地图集·湖南分册》第412页,今盈口乡狮子岩有唐代城址,当即其地。
② 依地理形势推定。
③ 《元和志》叙州朗溪县:"北至州一百二十里。"今定于洪江市托口镇。《大清一统志》卷285沅州府云:"朗溪故城,在黔阳县西南四十里卧龙岩。"光绪《湖南通志·沿革考》称在贵州黎平朗溪侧,皆不合里距,不取。
④ 《元和志》叙州潭阳县:"东至州三百二十里。"《纪要》沅州:"潭阳废县:州西七十里。"明沅州治今芷江县,如此潭阳当在芷江县新店坪镇里街村。然新店坪实为舞州夜郎县治,故今依《地图集》定于今芷江县城芷江镇。《元和志》之"三百二十里"当为"二百二十里"之误,《纪要》所谓"潭阳",当是"夜郎(峨山)"之误。
⑤ 《州郡典》、《旧唐志》作"龙标",按龙标为邻郡潭阳郡(巫州)县名,似不得为本郡名,今依《元和志》、《太平寰宇记》、《太平御览》卷171、《新唐志》。
⑥ 《旧唐志》巫州条作"三年",《太平寰宇记》沅州条作"二年",今依《元和志》、《旧唐志》业州条、《新唐志》、《太平寰宇记》业州条。

中道。

天宝元年,改为龙溪郡,以龙溪为名,改夜郎县为峨山县。十三载,龙溪郡领峨山、渭溪二县,治峨山县。至德元载,隶黔中节度使。

乾元元年,复为业州。宝应元年,隶黔中经略观察使。大历四年,隶辰溪等州都团练观察使。五年,改为奖州,盖取奖励教化之意为名。十年,罢镇,还隶黔中经略观察使。建中四年①(783),割羁縻充州梓姜县来属,升为正县。元和十五年,奖州领峨山、渭溪、梓姜三县,治峨山县。

咸通十四年,奖州领县不变。

光启元年,复隶黔中节度使。大顺元年,隶武泰军节度使。

1. 夜郎县(634—742)—峨山县(742—907)

贞观八年,析巫州龙标县置夜郎②县,借汉夜郎县为名,治潕溪南(今湖南新晃县城新晃镇)③,隶巫州。天授二年,隶沅州。长寿元年(692),移治溪北(今芷江县新店坪镇便水)④。长安四年,割隶舞州,为州治。开元十三年,隶鹤州。二十年,隶后业州。天宝元年⑤,隶龙溪郡,为郡治,以与本道夜郎郡县名重,改为峨山县,取峨山为名。乾元元年,复隶业州。大历五年,隶奖州,均为州治。

2. 渭溪县(691—907)

天授二年⑥,析夜郎县置渭溪县,治于渭溪之南(今湖南玉屏县城平溪镇)⑦,故名,隶巫州。天授二年,隶沅州。长安四年,割隶舞州。开元十三年,

---

① 两《唐志》作"天宝三载",按《太平寰宇记》,天宝三载为降充州为羁縻州之年,且《州郡典》龙标郡不列此县,今依《元和志》奖州。
② 《元和志》作"夜朗",今依两《唐志》、《太平寰宇记》。
③ 《元和志》奖州:"南至羁縻应州三百里。其县本在渭溪之南。"《贵州古代史》第110页《唐代在今贵州州县定点图》定夜郎县于今岑巩县天马镇,《地图集》定于今芷江县新店坪镇苏家溪。按天马镇不通水路,苏家溪属巫州潭阳县境,均不得为夜郎县治。夜郎县在潭阳县西,今定于新晃县城。又,渭溪即今车坝河,可能唐人亦以夜郎县段潕水为渭溪,或此"渭溪"为"潕溪"之讹。
④ 《元和志》奖州峨山县:"本夜郎县,长寿初移于溪北。"《纪要》沅州:"峨山废县,州西百里。"明沅州治今芷江县城,其西百里即今芷江、新晃交界处,今依《历史地名》第2894页定于便水。
⑤ 《旧唐志》、《太平寰宇记》作"开元二十年",今依《元和志》、《新唐志》。
⑥ 《元和志》作"圣历元年",今依两《唐志》、《太平寰宇记》。
⑦ 《元和志》奖州渭溪县:"西至州水路一百六十里。圣历元年,析峨山县于渭溪东置。渭溪水,北自锦州渭阳县流入。"渭溪水即今车坝河,既北自渭阳县流入,则渭溪县当在渭溪之南,今玉屏县城平溪镇,至波洲镇水路约一百六十唐里,《元和志》"西至州"当作"东至州","渭溪东"当作"渭溪南"。《纪要》沅州:"渭溪废县,在州西南百八十里。"可证是误以今芷江县为唐业(奖)州治,《贵州古代史》第110页《唐代在今贵州州县定点图》定渭溪县于今新晃县城西,《地图集》定于新晃县城东,皆距州治太近,不取。

隶鹤州。二十年,隶后业州。天宝元年,隶龙溪郡。乾元元年,复隶业州。大历五年,隶奖州。

(四)卢阳郡(锦州)
锦州(687—742)—卢阳郡(742—758)—锦州(758—907)

垂拱三年①,以地界阔远,割巫州卢阳县、充州渭阳县、思州万安县及辰州招喻县置锦州,以州治前溪水多纹石,望之似锦,故名,治卢阳县,隶黔州都督府。

武周长安四年,割溪州洛浦县来属,锦州领卢阳、渭阳、万安、洛浦、招喻五县,治卢阳县。

唐景云二年,割隶辰州都督府。开元二十七年,直属黔中道。

天宝元年,改为卢阳郡,以卢阳县为名,改万安县为常丰县。十三载,卢阳郡领卢阳、渭阳、常丰、洛浦、招喻五县,治卢阳县。至德元载,隶黔中节度使。

乾元元年,复为锦州。宝应元年,隶黔中经略观察使。大历四年,隶辰溪等州都团练观察使。十年,罢镇,还隶黔中经略观察使。元和十五年,锦州领县一如天宝十三载。

咸通十四年,锦州领县不变。

光启元年,复隶黔中节度使。大顺元年,隶武泰军节度使。

1. 卢阳县(687—907)

垂拱三年②,析巫州夜郎县、辰州麻阳县置卢阳县,治卢水口(今贵州铜仁市碧江区漾头镇)③,故以为名,割置锦州。长安四年,移治伏溪水湾(今麻阳县锦和镇官村)④。天宝元年,隶卢阳郡,为郡治。乾元元年,复隶锦州,为州治。

---

① 《旧唐志》锦州序,《新唐志》作"二年",今依《元和志》、《旧唐志》卢阳县条、《太平寰宇记》。
② 《元和志》卢阳县、《新唐志》作"二年",今依《元和志》锦州序、《旧唐志》卢阳县、《太平寰宇记》。
③ 《地名大辞典》第3468页:"垂拱三年置卢阳县,治今郭公坪乡杜壤。"按杜壤不当水口,今定于铜仁市漾头镇。卢水,盖即今小江。
④ 《元和志》锦州:"东北至辰州水路七百里,南至奖州陆路(五)〔一〕百四十里。"《纪要》沅州麻阳县:"卢阳城,县西三十里。"《历史地名》第731页以为在麻阳郭公坪乡杜壤,今依《地图集》定于麻阳县锦和镇官村,《中国文物地图集·湖南分册》第428页云其地有唐代城址,可证。然是书谓其为垂拱锦州城则误。伏溪水,盖即今尧市河。

2. 渭阳县(687—907)

垂拱三年,开充州辰水县山洞置渭阳县,以县在渭溪之阳为名,治坡山西趾(今贵州江口县城双江街道)①,割隶锦州。天宝元年,隶卢阳郡。乾元元年,复隶锦州。

3. 万安县(687—742)—常丰县(742—907)

垂拱三年,开后思州务川县山洞置万安县,取吉意为名,治万安城(今重庆市秀山县城中和街道)②,割隶锦州。天宝元年③,隶卢阳郡,以与岭南道万安郡县名重,改为常丰县,仍取吉意。乾元元年,复隶锦州。

4. 洛浦县(691—907)

天授二年④,析溪州大乡县置洛浦县,以县西洛浦山为名,治洛浦城(今湖南吉首市乾州街道漩潭村)⑤,隶溪州。长安四年,割隶锦州。天宝元年,隶卢阳郡。乾元元年,复隶锦州。

5. 招喻县(687—907)

垂拱三年,析辰州麻阳县置招喻县,盖以招喻洞民置县,故名,治招喻城(今湖南凤凰县城沱江镇)⑥,割隶锦州。天宝元年,隶卢阳郡。乾元元年,复隶锦州。

(五)灵溪郡(溪州)

溪州(691—742)—灵溪郡(742—758)—溪州(758—907)

武周天授二年,割辰州大乡、三亭二县置溪州,盖以地处溪洞为名,治大

---

① 《元和志》锦州渭阳县:"东至州三百里。在坡山西趾,山甚高险。"奖州渭溪县:"渭溪水,北自锦州渭阳县流入。"今定于江口县城,渭溪水,即今车坝河。《纪要》云渭阳县在麻阳县(治今锦和镇)西五十里,《贵州古代史》第110页《唐代在今贵州州县定点图》定渭阳县于铜仁县城,《地图集》、《中国文物地图集·湖南分册》、《地名大辞典》等定于今凤凰县阿拉营镇黄丝桥古城,然其地并未发现唐代文物,其东皆无"甚高险"之山,且里距与《元和志》相差太远,亦无溪水流入奖州渭溪县,故不取。
② 《元和志》思州:"东南至锦州常丰县五百里。"按思州八到既以邻州之县为度,则该县必不至远在五百里外,疑"五百"为"二百"之误,其地当在今秀山县城一带,锦州常丰县云:"东南至州四百里。"可证。《纪要》云常丰县在麻阳县西南,《贵州古代史》第110页《唐代在今贵州州县定点图》定于今松桃县城,《地图集》定于今铜仁市南,皆与《元和志》里距相差太远,不取。
③ 《元和志》、《太平寰宇记》作"二年",今依两《唐志》。
④ 《元和志》、《太平寰宇记》作"先天二年",按先天在长安后,时序不合,今依两《唐志》。
⑤ 《元和志》锦州洛浦县:"南至州一百八十里。"《中国文物地图集·湖南分册》第383页云,今吉首市万溶江乡(今乾州街道)旋潭村尖角园有唐代遗址,盖即其地。《地图集》拟于今保靖县西北,《地名大辞典》第3485页以为在保靖县大妥乡甘溪村,里距皆与《元和志》不合,不取。
⑥ 《元和志》锦州招喻县:"西南至州八十里。"

乡县,隶黔州都督府,置洛浦县。长安四年,割洛浦县隶锦州。

唐景云二年,割隶辰州都督府。开元二十七年,直属黔中道。

天宝元年,改为灵溪郡,以灵溪为名。十三载,灵溪郡领大乡、三亭二县,治大乡县。至德元载,隶黔中节度使。

乾元元年,复为溪州。二年,割隶山南东道澧朗溪都团练使。后上元元年(760),还隶黔中节度使。宝应元年,隶黔中经略观察使。大历四年,隶辰溪等州都团练观察使。十年,罢镇,还隶黔中经略观察使。元和十五年,溪州领县一如天宝十三载。

咸通十四年,溪州领县不变。

光启元年,复隶黔中节度使。大顺元年,隶武泰军节度使。光化元年(898),割隶山南东道武贞军节度使①。

1. **大乡县**(618—907)

本隋沅陵郡旧县,武德元年,隶辰州。贞观九年,析置三亭县。天授二年,割隶溪州,为州治,并析置洛浦县。天宝元年,隶灵溪郡,为郡治。乾元元年,复隶溪州,为州治。

2. **三亭县**(635—907)

贞观九年②,析大乡县置三亭县,因县西有三亭古城为名,治新三亭城(今湖南龙山县隆头镇)③,隶辰州。天授二年,割隶溪州。天宝元年,隶灵溪郡。乾元元年,复隶溪州。

---

① 《方镇研究》,第121页。
② 《元和志》、《太平寰宇记》作"元年",今依《旧唐志》、《新唐志》。
③ 《元和志》溪州:"自三亭县西水陆路相兼五百里至黔江县。其三亭县与施州接界。"三亭县:"东至州水路三百七十里。石门洞,在县东一百五十里,其险峡才通一舟。"今定三亭县治于龙山县隆头镇。石门洞,盖今保靖县城迁陵镇卯洞峡(旧属龙溪乡),为三亭县与大乡县分界处。《地图集》、《地名大辞典》等皆定三亭县于今迁陵镇,距溪州城太近,且距黔江县及施州界太远,故不取。

第十二章　山　南　东　道

荆州大总管府(622—624)—荆州大都督府(624—628)—
山南道(628—711)—山南东道(711—907)

武德五年(622)，以山南道行台直辖地区置荆州大总管府，并割潭、桂、南尹、钦、宋、高、南康、广①、循九州总管府隶之，改宋州总管府为交州总管府，置南德州总管府。七年，改总管府为都督府，荆州大总管府为荆州大都督府，升广州总管府为广州大都督府，并割循、南康、高三州都督府隶之。八年，改南德州都督府为德州都督府。贞观元年(627)，改德州都督府为骥州都督府，罢钦州都督府。二年，降荆州大都督府为都督府，并潭州都督府及废安州大都督府之安、襄、洪三州都督府，及割关内道夔、通、利、梁四州都督府及金、商、上、前房、迁五州置山南道(监理区)，无治所，桂、南尹、交、骥四州都督府属岭南道。四年，置黔州都督府。五年，罢通州都督府。六年，罢利、梁、襄、安四州都督府。七年，复置安州都督府。八年，复置梁州都督府。十年，割黔、潭、洪三州都督府属江南道，安州都督府属淮南道。十三年，山南道有一直属地区及荆、夔、梁三州都督府。十七年，罢梁州都督府。二十三年，复置梁州都督府。

武周长安四年(704)，山南道统府一如贞观十三年。

唐景云二年(711)，改为山南东道②，割梁州都督府及直属开、通等十二州属山南西道。开元四年(716)，以荆州都督府长史兼山南东道按察使。二十一年，罢夔州都督府。二十二年③，以荆州都督府长史兼山南东道采访处置使。二十五年，移道治于襄州④。

---

① 《旧唐志》荆州序原作"夔"，今依地理形势改。
② 《唐会要》卷70："景云二年五月，出使者以山南控带江山，疆界阔远，于是分为山南东、西两道。"严耕望《景云十三道与开元十六道》(载《严耕望史学论文集》)亦持此说，今从之。
③ 《册府元龟》卷162原作"二十三年"，据严耕望《景云十三道与开元十六道》考改。
④ 《州郡典》序目云，山南东道采访使理襄阳郡，严耕望《景云十三道与开元十六道》以此为天宝之制。罗凯认为，开元二十五年张九龄被李林甫等排挤出朝廷，贬为荆州长史，襄州遂取代了荆州之地位，所以山南东道移治襄州当定于开元二十五年。按《唐诗纪事》卷22载："(宋)鼎明皇时刺襄州，云张丞相九龄与余有孝廉校理之旧，又代余为荆州，余改汉阳，仍兼按使。"可证罗说之是，今从之。

天宝元年（742），改荆州都督府为江陵郡都督府①。十三载，山南东道有一直属地区及江陵郡都督府，治襄阳郡（见图17）。十四载，移道治于江陵郡②。至德元载（756），置山南东道防御使，寻罢为襄阳、江陵、南阳三防御使。是年，置夔州防御守捉使，升南阳防御使为山南东道节度使，罢襄阳防御使。二载，升江陵防御使为荆南节度使，夔州防御守捉使为夔峡节度使。

乾元元年（758），罢夔峡节度使。二年，置澧朗溪都团练使、夔忠等州都防御使。后上元元年（760），罢京畿兴平节度使来属，又罢澧朗溪都团练使、夔忠等州都防御使。二年，罢江南西道衡州防御使来属，置武关内外四州防御观察使。宝应元年（762），罢武关内外四州防御观察使。广德③二年（764），复置夔忠等州都防御使，又置衡州都团练守捉观察处置使，还属江南西道。大历十四年（779），置澧朗峡都团练使。是年，罢澧朗峡都团练使。兴元元年（784），置金商都防御使。贞元十九年（803），罢夔忠等州都防御使。元和三年（808），复置夔忠等州都防御使。十年，置唐随邓节度使。十一年，罢唐随邓节度使。是年，复置唐随邓节度使。十二年，复罢唐随邓节度使。十五年，山南东道有山南东道节度使、荆南节度使、夔忠等州都防御使、金商都防御使四镇。

咸通十四年（873），山南东道仍有山南东道节度使、荆南节度使、夔忠等州都防御使、金商都防御使四镇。

光启二年（886），升金商都防御使为金商节度使。文德元年（888），改山南东道节度使为忠义军节度使。大顺二年（891），降金商节度使为昭信军防御使。光化元年（898），置武贞军节度使，升昭信军防御使为昭信军节度使。天祐二年（905），改昭信军节度使为戎昭军节度使。三年，复改忠义军节度使为山南东道节度使，升夔忠等州都防御使为镇江军节度使，罢戎昭军节度使。四年，山南东道节度使、荆南节度使、武贞军节度使三镇归后梁④，镇江军节度使一镇归前蜀⑤。

---

① 《州郡典》序目山南东道有江陵、襄阳、南阳、淮安、武当、房陵、汉东、竟陵、富水、巴东、夷陵、云安、南宾、武陵、澧阳、南浦十六郡，当为天宝元年之数。是年，又割汉东、富水二郡隶淮南道，而《州郡典》未予删除。
② 《方镇研究》，第116页。
③ 《旧唐志》荆州序作"至德"，今依《新唐表》。
④ 《旧五代史》卷22《杨师厚传》："南讨荆州，留后赵匡明亦弃军上峡，不浃旬，并下两镇，乃正授襄州节度使。……开平元年，加检校太保、同平章事。"《新五代史》卷69《南平世家》："当唐之末，襄州赵匡凝袭破雷彦恭于荆南，以其弟匡明为留后。梁兵攻破襄州，匡凝奔于吴，匡明奔于蜀，乃以季兴为荆南节度观察留后。开平元年，拜季兴节度使。"《资治通鉴》开平元年六月："武贞节度使雷彦恭会楚兵攻江陵。九月丙申，诏削彦恭官爵，命季昌与楚王殷讨之。"
⑤ 《新五代史》卷63《前蜀世家》："（天复初）建乘其间，攻下夔、施、忠、万四州。六年，又取归州，于是并有三峡。"

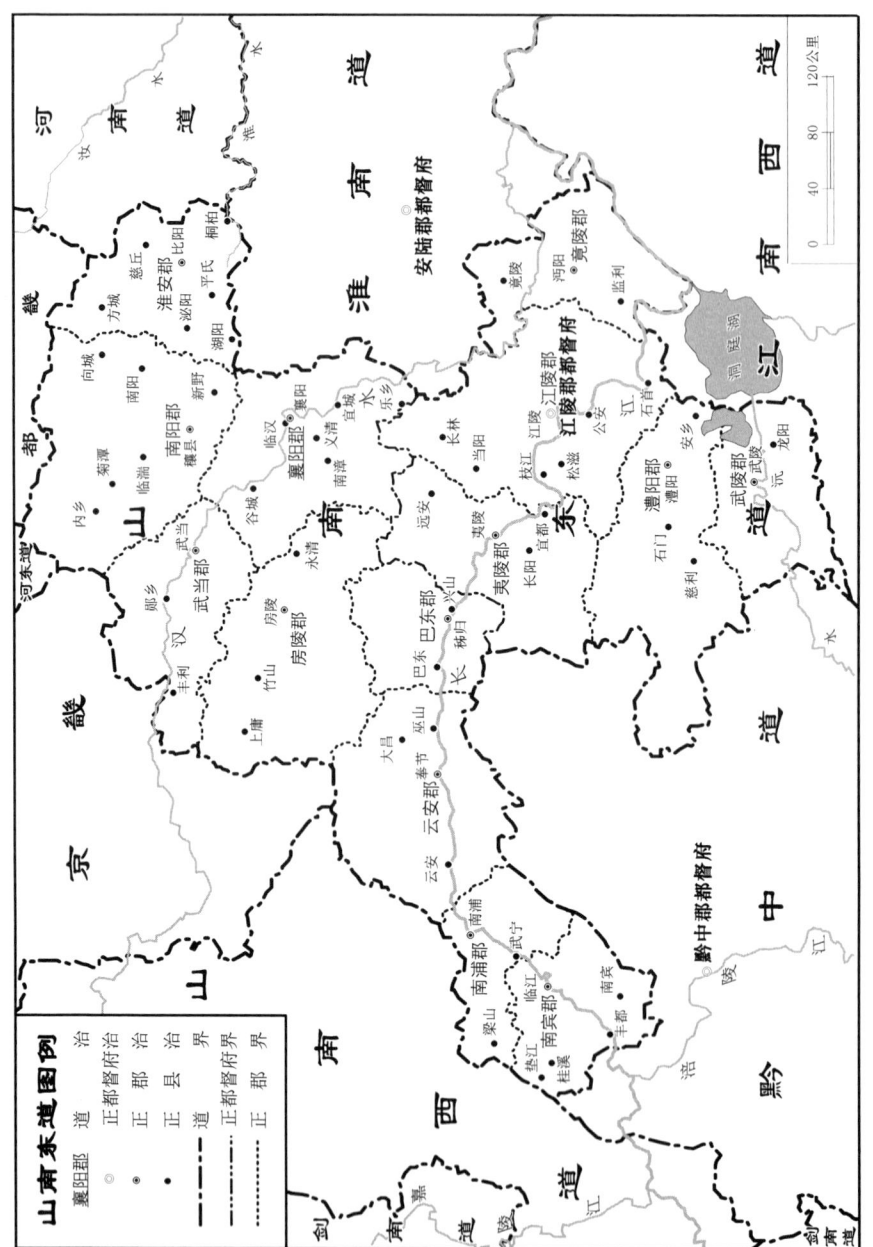

图 17 天宝十三载(754)唐朝山南东道行政区划

第一节　山南东道直属地区

襄州行台直辖地区(620—621)—山南道行台直辖地区(621—624)—山南道直属地区(628—711)—**山南东道直属地区(711—756)**—山南东道节度使(756—758,759—762,762—888)—忠义军节度使(888—906)—山南东道节度使(906—907)

武德三年(620),王郑取唐随州总管府襄州为襄州行台直辖地区,并置沮、华二州。四年,平王郑,改为山南道行台直辖地区,取萧梁直属鄀、郢、荆、复、巴、澧、崇、朗、辰、后峡十州并以废邓州总管府之邓、鄌、宛、淯四州,废随州总管府之昌州及割金州总管府重、均、浙三州来属,改后峡州为江州,置湖、酆、基、平、睦五州,废沮、华二州。五年,割荆、复、巴、朗、澧、辰、睦、江、平、崇、基十一州直属荆州大总管府,昌州隶显州总管府,废酆州。七年,罢行台,以襄、郢、鄀、重、均、浙、鄌、邓、湖、宛、淯十一州隶襄州都督府。贞观二年(628),割关内道直属金、商、上、前房、迁五州为山南道直属地区。五年,以废通州都督府之通、开、潾、渠、蓬、巴六州来属。六年,以废安州都督府之安、沔、复、温、随、申、光、黄、蕲九州,废襄州都督府之襄、鄀、浙、邓、前唐五州,废梁州都督府之梁、洋、壁、集、兴五州,废利州都督府之利、静二州及割关内道直属凤州来属。七年,复割安、沔、复、温、随五州隶安州都督府。八年,置均州,割梁、洋、壁、集四州隶梁州都督府,废鄀、上、浙、潾四州。九年,废前唐州。十年,废前房州,改迁州为后房州。十三年,山南道直属地区有襄、后房、均、邓、商、金、开、通、渠、蓬、巴、静、利、兴、凤十五州。十七年,以废梁州都督府之梁、洋、壁、集四州及剑南道废遂州都督府之合州来属,废静州。

显庆元年(656),复割梁、洋、壁、集四州隶梁州都督府。

武周长安四年(704),山南道直属地区有襄、后房、均、邓、商、金、开、通、渠、合、蓬、巴、利、兴、凤十五州。

唐景云二年(711),改山南道直属地区为山南东道直属地区,割河南道直属后唐州来属①,割开、通、渠、合、蓬、巴、利、兴、凤九州直属山南西道。开元

---

① 《旧唐志》唐州:"旧属河南道,至德后,割属山南东道。"与《大唐六典》卷3、《州郡典》所载有异。按至德元年置南阳节度使,《旧唐志》可能误以为此时唐州乃属山南东道。今从《大唐六典》《州郡典》,定唐州割隶山南东道在景云二年分山南为东、西两道之时。

中,割淮南道安州都督府随州来属。二十一年,以废夔州都督府之归、夔、后万、忠四州来属。

天宝元年(742),改襄州为襄阳郡,后房州为房陵郡,金州为安康郡,商州为上洛郡,均州为武当郡,邓州为南阳郡、后唐州为淮安郡,随州为汉东郡,归州为巴东郡,夔州为云安郡,后万州为南浦郡,忠州为南宾郡,割安康、上洛二郡直属京畿,汉东郡隶淮南道安陆郡都督府。十三载,山南东道直属地区有襄阳、房陵、武当、南阳、淮安、巴东、云安、南浦、南宾九郡。十四载,割淮南道安陆郡都督府汉东郡来属。十五载(至德元载),割南阳、淮安、汉东三郡隶南阳防御使,巴东、云安、南浦、南宾四郡隶山南东道防御使①。是年,又以襄阳、武当、房陵三郡隶山南东道节度使,自南阳郡移山南东道节度使于襄阳郡(自后亦称襄阳节度使、襄州节度使),山南东道节度使领襄阳、武当、房陵、南阳、淮安、汉东六郡,以淮南道废安陆郡都督府之安陆郡来属,割武当、房陵二郡隶京畿兴平节度使。

乾元元年(758),复襄阳郡为襄州,南阳郡为邓州,淮安郡为唐州,汉东郡为随州,安陆郡为安州,移使治于邓州(以后沿革见本节"附旧府新镇二")。二年,山南东道节度使自邓州移还襄州,割安州隶淮南西道节度使,仍领襄、邓、唐、随四州。后上元元年(760),割荆南节度使郢、复二州并以京畿废兴平节度使商、金、均、房四州来属。二年,割商、金、均、房四州隶武关内外四州防御观察使。宝应元年(762),以废武关内外四州防御观察使之商、金、均、房四州来属,寻移使治于邓州,割商、金二州隶京畿节度使(以后沿革见本节"附旧府新镇二")。是年,又自邓州移使治于此,领襄、房、均、邓、郢、复六州,以废京畿节度使之商、金二州来属。建中四年(783),割商、金二州隶京畿渭北节度使。是年,割京畿渭南节度使金州来属。兴元元年(784),归李楚,割金州隶京畿金商都防御使。贞元元年(785),复归唐,割邓州隶都畿东畿汝唐邓都防御观察使。三年,割都畿东畿汝唐邓都防御观察使唐、邓二州,河南道后淮西节度使随、安二州来属。十五年,割安州隶淮南道安黄节度使②。元和十年(815),割唐、随、邓三州隶唐随邓节度使。十二年,以废唐随邓节度使之邓、唐、随三州来属。十五年,山南东道节度使领襄、房、均、邓、唐、随、郢、复八州,治襄州。

---

① 此前于天宝十四载,以襄阳、房陵、武当、南阳、淮安五郡及京畿道直辖上洛、安康二郡,淮南道安陆郡都督府汉东郡置襄阳防御使,治襄阳郡,然依本卷体例,方镇作为军政区一律以天宝十五载起算,故不录。
② 《方镇研究》第126页作"奉义军节度使",按安黄节度使贞元十九年始改为奉义军节度使,今依其第156页改正。

咸通十四年(873)，山南东道节度使领州不变。

文德元年(888)，改为忠义军节度使。天祐二年(905)，割均、房二州隶戎昭军节度使。三年(906)，复为山南东道节度使，改唐州为泌州，以废戎昭军节度使之均、房二州来属。

（一）襄阳郡（襄州）

襄阳郡（618—619）—襄州（619—742）—襄阳郡（742—758）—襄州（758—907）

襄阳郡，本隋旧郡，领襄阳、率道、上洪、汉南、南漳、义清、常平、谷城、阴城、安养十县[①]，武德元年，直属朱楚。二年，归唐，改为襄州，以隋旧州为名，治襄阳县，隶随州总管府；又置荆山县，割隶重州。三年[②]，归王郑，直属襄州行台，割南漳县隶沮州，汉南县隶华州。四年，复归唐，直属山南道行台，以废沮州之南漳县、废华州之汉南县来属，割谷城、阴城二县隶鄀州，率道、上洪二县隶郜州。五年，以废鄀州之阴城、谷城二县来属。七年，罢行台，置襄州都督府。贞观元年，以废重州之荆山县来属。六年，罢都督府，襄州直属山南道。八年，以废郜州之率道、乐乡二县来属，省常平、阴城、南漳[③]、汉南四县。十三年，襄州领襄阳、率道、乐乡、荆山、义清、谷城、安养七县，治襄阳县。

武周长安四年，襄州领县不变。

唐景云二年，直属山南东道。开元十八年，复置南漳县，省荆山县。二十五年，自荆州移道治于此。

天宝元年，复为襄阳郡，自江陵郡移山南东道采访处置使于此，改安养县为临汉县。七载，改率道县为宜城县。十三载，襄阳郡领襄阳、宜城、乐乡、南漳、义清、谷城、临汉七县，治襄阳县。十四载，移道治于江陵郡。至德元载，隶山南东道节度使，自邓州移使治于此。

乾元元年，复为襄州，移使治于邓州。二年，复自邓州移使治于此。宝应元年，又移使治于邓州。是年，复自邓州移使治于此。兴元元年，归李楚。二年（贞元元年），复归唐。贞元二十一年，改临汉县为邓城县。元和十五年，襄州领襄阳、宜城、乐乡、南漳、义清、谷城、邓城七县，治襄阳县。

---

① 《隋志》襄阳郡有都县，共十一县。今按都县唐初已不见于记载，当废于隋末，今删。
② 史志不载襄州归属王郑年代。按王世充于武德三年四月攻陷邓州，则其入据襄州当在是时，此前襄州当属唐，因补。
③ 《旧唐志》作"南津"，今依《新唐志》。

咸通十四年，襄州领县不变。

文德元年，隶忠义军节度使。天祐三年，复隶山南东道节度使，均为使治。

1. **襄阳县**(618—907)

本隋襄阳郡旧县，武德二年，隶襄州，为州治。贞观八年，省常平县来属。天宝元年，隶襄阳郡，为郡治。乾元元年，复隶襄州，为州治。

附旧县：常平县(618—634)

本隋襄阳郡旧县，武德二年，隶襄州。贞观八年，省入襄阳县。

2. **率道县**(618—748)—**宜城县**(748—907)

宜城县，本隋襄阳郡率道县，武德二年，隶襄州。四年，割隶鄀州。贞观八年①，州废，省汉南县来属，率道县改隶襄州，移治故汉南城（今宜城市鄢城街道）②。天宝元年，隶襄阳郡。七载③，改为宜城县，以北朝宜城郡为名。乾元元年，复隶襄州。

附旧县1：汉南县(618—634)

本隋襄阳郡旧县，武德二年，隶襄州。三年，隶华州，为州治④。四年，州废，还隶襄州。贞观八年，省入率道县。

附旧县2：上洪县(618—627)

本隋襄阳郡旧县，武德二年，隶襄州。四年，割隶鄀州。贞观元年，省入率道县。

3. **乐乡县**(618—907)

本隋竟陵郡旧县，武德二年，割隶鄀州，为州治。贞观八年，州废，改隶襄州。天宝元年，隶襄阳郡。乾元元年，复隶襄州。

4. **南漳县**(618—634，730—907)

本隋襄阳郡旧县，武德二年，隶襄州，并析置荆山县。三年，割隶沮州，为州治⑤。四年，州废，还隶襄州。贞观八年，省入义清县。开元十八年，析义清

---

① 《大清一统志》卷270襄阳府作"贞元中"，今依《历史地名》第2397页。
② 故汉南城，即《太平寰宇记》之大堤村，今宜城市城区，《地图集》定开元率道县治于今宜城市西北30里处，盖从《纪要》之误，不取。
③ 《元和志》、《太平寰宇记》作"元年"，今依《唐会要》、两《唐志》、《舆地广记》。
④ 《资治通鉴》武德三年十一月："安抚大使李大亮取王世充沮、华二州。"胡三省注：襄州汉南县，宋置华山郡，西魏废郡，王世充盖取宋郡名而置华州也。《纪要》襄阳府宜城县："汉南城：唐初王世充侨置华州于此。"
⑤ 《资治通鉴》武德三年十一月："安抚大使李大亮取王世充沮、华二州。"胡三省注："襄州南漳县，后周置沮州，隋废沮州，盖王世充复置。"

县复置南漳县,仍治南漳城(今湖北南漳县城城关镇),隶襄州,省荆山县来属。天宝元年,隶襄阳郡。乾元元年,复隶襄州。

附旧县1:荆山县(619—730)

武德二年,析南漳县置荆山①县,以荆山为名,治荆山城(今南漳县肖堰镇甘溪村)②,割隶重州,并析置平阳、重阳、渠阳、土门、归义五县。七年,省渠阳县来属。贞观元年,州废,改隶襄州。八年,省迁州重阳县来属。开元十八年,省入南漳县。

附旧县2:渠阳县(619—624)

武德二年,析荆山县置渠阳县,盖以县在渠水之阳为名,治渠阳城(今南漳县肖堰镇曲阳坪)③,隶重州。七年,省入荆山县。

附旧县3:重阳县(619—634)

武德二年,析荆山县置重阳县,以北朝旧县为名,治重阳城(今湖北保康县马良镇重阳村)④,割隶重州,为州治。七年,省平阳县来属。贞观元年,州废,移县治于重州城(今保康县马良镇),改隶迁州。八年,省入襄州荆山县。

附旧县4:平阳县(619—624)

武德二年,析荆山县置平阳县,盖以其地有南朝始平郡平阳县移民为名,治平阳城(今南漳县巡检镇峡口村)⑤,隶重州。七年,省入重阳县。

5. **义清县**(618—907)

本隋襄阳郡旧县,武德二年,隶襄州。贞观二年,移治清良城(今南漳县九集镇旧县铺)⑥。八年,省南漳县来属。开元十八年,复析置南漳县。天宝元年,隶襄阳郡。乾元元年,复隶襄州。

6. **谷城县**(618—907)

本隋襄阳郡旧县,武德二年,隶襄州。四年,割置酂州。五年,州废,还隶

---

① 《唐会要》卷71作"临沮",今依两《唐志》。
② 《纪要》襄阳府南漳县:"荆山城,在县西。"今拟于肖堰镇甘溪村,亦名槽坊。
③ 《地名大辞典》第3053页:"曲阳坪,在南漳县南漳南29公里,麻线河上游,属肖堰镇,唐代为渠阳县治。"
④ 鲁西奇《城墙内外:古代汉水流域城市的形态与空间结构》第236页以为重州治荆山县,在今南漳县长坪镇,是以隋南漳县城(旧县铺)起算重州治,恐误。
⑤ 《历史地名》第657页:"平阳县,武德二年置,在今南漳县西。"今依地理形势推定于南漳县巡检镇峡口村。
⑥ 贞观二年,《旧唐志》作"永徽元年",鲁西奇《城墙内外:古代汉水流域城市的形态与空间结构》第236页仍其说。按《史记正义·淮阴侯列传》引贞观《括地志》:"中庐在义清县北二十里。"《元和志》义清县亦云:"中庐故县在今县北二十里。"则贞观中之义清县治即元和初之县治清良城,可知义清县移治清良城不得迟于贞观中,今依《太平寰宇记》襄州中庐县作贞观二年移治。又,《元和志》襄州义清县:"东北至州五十八里。"今定清良城于南漳县九集镇旧县铺。

襄州。贞观八年,省阴城县来属。天宝元年,隶襄阳郡。乾元元年,复隶襄州。

附旧县:阴城县(618—634)

本隋襄阳郡旧县,武德二年,隶襄州。四年,割隶鄀州。五年,州废,还隶襄州。贞观八年,省入谷城县。

7. 安养县(618—742)—临汉县(742—805)—邓城县(805—907)

临汉县,本隋襄阳郡安养县,武德二年,隶襄州。天宝元年,以与河北道邺郡安阳县音近,改为临汉县,因临汉江为名①,隶襄阳郡。乾元元年,复隶襄州。贞元二十一年,改为邓城县,移治古邓城(今湖北襄阳市樊城区团山镇邓城村),以为县名。

附旧州一:重州(619—627)

武德二年,割襄州荆山县置重州,直属中央,并析置重阳、平阳、渠阳、土门、归义五县,治重阳县故潼阳县城(今保康县马良镇)②,以为州名。三年,隶金州总管府。四年,直属山南道行台。七年,割隶襄州都督府,省渠阳、平阳、土门、归义四县。贞观元年,州废,重阳县改隶迁州,荆山县改隶襄州。

附旧州二:鄀州(619—634)

武德二年,萧梁割郢州乐乡县置鄀州,以北朝旧州为名,为直属州。四年,归唐,直属山南道行台,割襄州率道、上洪二县来属。七年,隶襄州都督府。贞观元年,以废郧州之长寿县来属,省上洪县。八年,州废,乐乡、率道二县隶襄州,长寿县隶温州。

附旧州三:沮州(620—621)

武德三年,王郑割襄州南漳县置沮州,以北朝旧州为名,领南漳一县,直属襄州行台。四年,州废,南漳县还隶襄州。

附旧州四:华州(620—621)

武德三年,王郑割襄州汉南县置华州,盖取南朝华山郡首字为名,领汉南一县,直属襄州行台。四年,州废,汉南县还隶襄州。

---

① 《太平寰宇记》襄州邓城县。
② 《旧唐志》襄州南漳县:"武德二年,分南漳县置荆山县,又于(荆山)县治西一百五里置重州。"按荆山县治一百五即今保康县马良镇,有东晋潼阳县遗址。鲁西奇《城墙内外:古代汉水流域城市的形态与空间结构》第236页以为在今南漳县九集镇旧县铺,按旧县铺唐初属义清县,鲁说误。

附旧州五：鄀州(621—622)

武德四年,割襄州谷城、阴城二县置鄀州,以北朝鄀城郡为名,治谷城县,直属山南道行台。五年,州废,谷城、阴城二县还隶襄州。

(二) 淮安郡(唐州)

淮安郡(618—619)—显州(619—635)—后唐州(635—742)—淮安郡(742—758)—唐州(758—906)—泌州(906—907)

淮安郡,本隋旧郡,领比阳、桐柏、平氏、真昌、显冈、慈丘六县①。武德元年,归朱粲。二年,田瓒取郡归唐,改为显州,以隋旧州为名,治比阳县,置显州道行台②,割真昌县隶北澧州。三年,归王郑③,罢行台,置显州总管府。是年,复归唐。四年,割桐柏县隶纯州。七年,改总管府为都督府。贞观元年,以废纯州之桐柏县来属,罢都督府,显州直属安州大都督府。二年,直属河南道。三年,省显冈县。九年④,改为后唐州,以废前唐州之枣阳、湖阳二县,废后鲁州之方城县来属。十年,割枣阳县隶隋州。十三年,后唐州隶许州都督府,领比阳、桐柏、平氏、湖阳、方城、慈丘六县,治比阳县。十六年,直属河南道。

武周长安四年,后唐州领县不变。

唐开元三年,割方城县隶仙州。十三年,置上马县。二十一年,直属山南东道。二十六年,以废仙州之方城县来属。

天宝元年,复为淮安郡,改上马县为泌阳县。十三载,淮安郡领比阳、桐柏、平氏、湖阳、泌阳、方城、慈丘七县,治比阳县。至德元载,割隶南阳防御使。是年,隶山南东道节度使。

乾元元年,复为唐州。宝应元年,割隶淮南西道节度使。大历四年,割方城县隶仙州。五年,以废仙州之方城县来属。八年,隶河南道后淮西节度使。十四年,隶淮宁军节度使。建中二年,复隶后淮西节度使。兴元元年,归李楚。二年(贞元元年),复归唐,隶东畿汝唐邓都防御观察使。寻复为李楚所取。二年,复来归。三年,还隶山南东道节度使。元和十年,割隶唐随邓节度

---

① 《隋志》淮安郡有临舞县,共七县。按唐初史志不载此县,当废于隋末,今删。
② 《资治通鉴》武德二年正月:"淮安土豪杨士林、田瓒起兵攻粲,诸州皆应之。既逐朱粲,己巳,帅汉东四郡(当即淮安、义阳、汉东、春陵)遣使诣信州总管庐江王瑗请降,诏以为显州道行台。"
③ 《资治通鉴》武德三年六月:"显州行台尚书令楚公杨士林虽受唐官爵,而北结王世充,南通萧铣,诏庐江王瑗与安抚使李弘敏讨之。兵未行,长史田瓒为士林所忌。甲寅,瓒杀士林降于世充,世充以瓒为显州总管。"
④ 《旧唐志》比阳县条作"元年",今依《唐会要》、《元和志》、《旧唐志》唐州序。

使,为使治。十一年,罢镇,改隶河南道彰义军节度使,自蔡州移使治于此。是年,复移使治于蔡州,唐州仍隶唐随邓节度使。十二年,还隶山南东道节度使,权割河南道后淮西节度使蔡州遂平县来属。十五年,唐州领比阳、桐柏、平氏、湖阳、泌阳、方城、慈丘、遂平八县,治比阳县。

长庆元年(821),复割遂平县隶河南道忠武军节度使蔡州。咸通十四年,唐州领县不变。

文德元年,隶忠义军节度使。天祐三年,复隶山南东道节度使。是年①,将移唐祚,改为泌州,取泌阳县首字为名,移治泌阳县②。

1. 比阳县(618—907)

本隋淮安郡旧县,武德二年,隶显州,为州治。贞观三年,省显冈县来属。九年,隶后唐州。天宝元年,隶淮安郡,为郡治。乾元元年,隶唐州,为州治。天祐三年,隶泌州。

附旧县:显冈县(618—629)

本隋淮安郡旧县,武德二年,隶显州。贞观三年③,省入比阳县。

2. 桐柏县(618—907)

本隋淮安郡旧县,武德二年,隶显州。四年,割置纯州。贞观元年,州废,改隶显州。九年,隶后唐州。天宝元年,隶淮安郡。乾元元年,隶唐州。天祐三年,隶泌州。

3. 平氏县(618—907)

本隋淮安郡旧县,武德二年,隶显州。贞观九年,隶后唐州④。天宝元年,隶淮安郡。乾元元年,隶唐州。天祐三年,隶泌州。

4. 湖阳县(618—907)

本隋舂陵郡旧县,武德二年,隶昌州。四年,割置湖州。贞观元年,州废,省上马县来属,湖阳县改隶前唐州。九年,州废,改隶后唐州。开元十三年,复析置上马县。天宝元年,隶淮安郡。乾元元年,隶唐州。天祐三年,隶泌州。

5. 上马县(618—627,725—742)—泌阳县(742—907)

泌阳县,本隋舂陵郡上马县,武德二年,隶昌州。三年,隶宛州。四年,隶

---

① 《舆地广记》作"二年",今依《唐会要》、《新唐志》。
② 《旧唐书》卷20《哀帝纪》。
③ 《太平寰宇记》作"二年",《新唐志》系于武德二年,今依《旧唐志》。
④ 《唐会要》卷71:"平氏县,武德三年置,五年,州废,县割入湖州,贞元元年,废湖州,来属。"所载武德五年所废州名不详,且与两《唐志》不合,言多抵牾,今不取。

湖州。贞观元年,州废,省入湖阳县。开元十三年,刺史白知节奏复置上马县,隶后唐州。天宝元年,改为泌阳县,隶淮安郡。乾元元年,隶唐州。天祐三年,隶泌州,为州治。

6. 方城县(618—907)

本隋淯阳郡旧县,武德二年,隶北澧州,为州治。贞观元年,省真昌县来属。八年,隶后鲁州。九年,州废,改隶后唐州。开元三年,割隶仙州。二十六年,还隶后唐州。大历四年,割隶仙州。五年,州废,还隶唐州。天宝元年,隶淮安郡。乾元元年,隶唐州。天祐三年,隶泌州。

附旧县:真昌县(618—627)

本隋淮安郡旧县,武德二年,隶北澧州。贞观元年,省入方城县。

7. 慈丘县(618—907)

本隋淮安郡旧县,武德二年,隶显州。贞观九年,隶后唐州。天宝元年,隶淮安郡。乾元元年,隶唐州。天祐三年,隶泌州。

附旧州一:淯阳郡(618—619)—**北澧州**(619—634)—**后鲁州**(634—635)

淯阳郡,本隋旧郡,领方城、向城二县①。武德元年,归朱楚。二年,归唐,改为北澧州,以澧水为名,治方城县,隶伊州总管府,割显州真昌县来属。是年,归王郑。三年,复归唐,隶显州总管府,割向城县隶淯州。五年,以废叶州之叶县来属。七年,隶显州都督府。八年,以废淯州之向城县来属。贞观元年,直属安州大都督府。二年,直属河南道,省真昌县。八年,改为后鲁州。九年,州废,方城县改隶后唐州,向城县改隶邓州,叶县还隶许州。

附旧州二:湖州(621—627)

武德四年,割昌州湖阳县、宛州上马县置湖州,以隋旧州为名,治湖阳县,直属山南道行台。贞观元年,州废,省上马县,湖阳县改隶前唐州。

附旧州三:纯州(621—627)

武德四年,割显州桐柏县置纯州,以北朝旧州为名,隶显州总管府。七年,隶显州都督府。贞观元年,州废,桐柏县还隶显州。

---

① 《隋志》淯阳郡有武川县,为郡治,共三县。按《新唐志》方城县:"本淯阳郡治。"则知隋末武川县已废,且移郡治于方城县。

(三) 南阳郡(邓州)

南阳郡(618—619)—邓州(619—742)—南阳郡(742—758)—邓州(758—881,881—907)

南阳郡,本隋旧郡,领穰、冠军、新城、菊潭、南阳、淯阳①、新野七县②。武德元年,直属朱粲,以为都城③。二年,归唐,改为邓州,以隋旧州为名,治穰县,置邓州总管府,割新城县隶郦州,菊潭县隶弘州。三年,归王郑④。是年,复归唐⑤,置顺阳县,割南阳县隶宛州,新野县隶新州⑥。四年,罢总管府,邓州直属山南道行台,置平晋县。是年,以废新州之新野县来属。六年,省顺阳、平晋二县。七年,隶襄州都督府。八年,以废宛州之南阳县、废郦州之新城县来属。贞观元年,省冠军、淯阳二县。六年,直属山南道。八年,以废淅州之内乡县来属。九年,以废鲁州之向城县来属⑦。十三年,邓州领穰、新城、内乡、向城、南阳、新野六县,治穰县。

武周万岁通天元年(696),置淅阳县。圣历元年(698),改向城县为武清县,南阳县为武台县,省淅阳县。长安四年,邓州领穰、新城、内乡、武清、武台、新野六县,治穰县。

唐神龙元年(705),复改武台县为南阳县,武清县为向城县。景云二年,直属山南东道。开元二十四年,复置菊潭县。

天宝元年,复为南阳郡,改新城县为临湍县。十三载,南阳郡领穰、临湍、内乡、菊潭、向城、南阳、新野七县,治穰县。至德元载,割隶南阳防御使,寻隶山南东道节度使,均为使治。是年,移使治于襄州。

乾元元年,复为邓州,自襄州移使治于此,省新野县。二年,又移使治于

---

① 《隋志》、《舆地广记》作"课阳",《旧唐志》、《太平寰宇记》作"深阳",今依《新唐志》、《韩智门志》(载《芒洛冢墓遗文》第四编)。
② 《隋志》南阳郡有顺阳县,共八县。按《旧唐志》,武德二年改郡为州时,已无顺阳县,武德三年,乃复置此县,故知此县隋末已省,今删。
③ 《旧唐书》卷56《朱粲传》:"义宁中(按即武德元年五月),招慰使马元规击破之,俄而收辑余众,兵又大盛,僭称楚帝于冠军,建元为昌达,(十月)攻陷邓州。"《新唐书》卷1《高祖纪》:"武德元年十月壬午,朱粲陷邓州,刺史吕子臧死之。"
④ 《资治通鉴》武德三年四月:"王世充陷邓州。"胡注:是年五月,王世充陷邓州。
⑤ 《资治通鉴》武德三年八月:"邓州土豪执王世充所署刺史来降。"
⑥ 《旧唐志》穰县、《新唐志》新野县皆载新州置于武德四年,然据《旧唐志》邓州序,武德三年邓州总管府已领有新州,且武德四年以前,邓州领县并无新野县,新野县至迟当在武德三年已割置新州。今改。
⑦ 《新唐志》向城县:"武德三年,以县置淯州,八年州废,隶北澧州,州废,来属。"《旧唐志》唐州方城县:"贞观八年,改北澧州为鲁州。九年,省鲁州。"《元和志》向城县则云:"贞观九年,改属邓州。"今参诸说补正。《唐会要》以北澧州贞观六年废,与诸说异,不取。

襄州。宝应元年,复自襄州移使治于此。是年,使治移还襄州。兴元元年,归李楚。二年(贞元元年),复归唐,隶都畿东畿汝唐邓都防御观察使,寻复为李楚所取。二年,复来归。三年,还隶山南东道节度使。元和十年,割隶唐随邓节度使。十一年,改隶河南道彰义军节度使。是年,割隶唐随邓节度使,为使治。十二年,罢镇,还隶山南东道节度使。十五年,邓州领穰、临湍、内乡、菊潭、向城、南阳六县①,治穰县。

咸通十四年,邓州领县不变。

中和元年(881),直属黄齐。是年,复归唐。文德元年,隶忠义军节度使。天祐三年,复隶山南东道节度使。

1. 穰县(618—907)

本隋南阳郡旧县,武德二年,隶邓州,为州治。四年,析置平晋县。六年,省平晋县来属。贞观元年,省溧阳县来属。天宝元年,隶南阳郡,为郡治。乾元元年,复隶邓州,为州治,省新野县来属。

附旧县1:溧阳县(618—627)

本隋南阳郡旧县,武德二年,隶邓州。贞观元年,省入穰县。

附旧县2:平晋县(621—623)

武德四年,析穰县置平晋县,盖以北朝晋城为名,治故晋城(今河南邓州市构林镇古村)②,隶邓州。六年,省入穰县。

2. 新城县(618—742)—临湍县(742—907)

临湍县,本隋南阳郡新城县,武德二年,割隶郦州,为州治,移治虎遥城(今邓州市罗庄镇)③。八年,州废,改隶邓州。贞观元年,省冠军县来属。三年,移治故临湍聚(今河南内乡县大桥子乡滚子岗古城)④。天宝元年,隶南阳

---

① 《元和志》邓州有新野县,共七县。按《新唐志》、《舆地广记》并云乾元元年省新野县,《太平寰宇记》以新野为废县,《大明清类天文分野之书》、《大明一统志》亦云唐新野县乾元元年省入穰县,五代、宋、金为新野镇,则《元和志》当系误记。

② 《梁书》卷3《武帝纪》:"普通六年春正月丙午,安北将军晋安王纲遣长史柳津破魏南乡郡,司马董当门破魏晋城。"《纪要》邓州:"晋城,在州东南,刘昫云唐武德四年置平晋县,盖置于晋城云。"今姑定于邓州市构林镇古村。《地名大辞典》第2903页云古村为南朝山都县治,而《历史地名》则以为山都县治于谷城县东南。《中国文物地图集·河南分册》第559页据嘉靖《邓州志》以为平晋城在今元庄乡梁庄(今属穰东镇)遗址,恐是误以溧阳县城易之。

③ 《纪要》邓州:"新城县城:临湍聚,南去虎遥城十里。"则虎遥城在今邓州市罗庄镇,遗址尚存,见《中国文物地图集·河南分册》第559页。《大清一统志》卷166南阳府:"按临湍今名南古城,其南有张村城,去临湍十里,当即唐之虎遥城也。"按张村城即今张村镇,在罗庄镇南古城南二十里,且张村镇南十里即是故冠军县城,相去太近,则张村当非虎遥城。

④ 《元和志》邓州临湍县:"东南至州八十五里。"上引《大清一统志》以为在今邓州市罗庄镇南古村,今依《中国文物地图集·河南分册》,第549页。

郡,以与江南东道余杭郡县名重,改为临湍县,取北朝旧县为名。乾元元年,复隶邓州。

附旧县1:冠军县(618—627)

本隋南阳郡旧县,武德二年,隶邓州。三年,析置顺阳县。六年,省顺阳县来属。贞观元年,省入新城县。

附旧县2:顺阳县(620—623)

武德三年,析冠军县置顺阳县,以隋旧县为名,治隋顺阳城(今邓州市高集镇)①,隶邓州。六年,省入冠军县。

3. 内乡县(618—907)

本隋淅阳郡旧县,武德元年②,隶淅州,为州治。是年,州废,隶南阳郡,省南乡县来属。二年,复割置淅州,并析置默水、淅川二县。三年,析置丹水县。四年,以废弘州菊潭县省入。七年,省淅川、丹水二县来属。贞观八年,州废,隶邓州,省默水县来属。万岁通天元年,析置淅阳县。圣历元年,省淅阳县来属。开元二十四年,复析置菊潭县。天宝元年,隶南阳郡。乾元元年,复隶邓州。

附旧县1:南乡县(618)

本隋淅川郡旧县,唐武德元年,隶淅州。是年,省入内乡县。

附旧县2:默水县(619—634)

武德二年③,析内乡县置默水县,以默水为名,治默水城(今河南内乡县王店镇岗樊村)④,隶淅州。贞观八年,州废,省入内乡县。

附旧县3:淅川县(619—624)—淅阳县(696—698)

武德二年,析内乡县置淅川县,以北朝旧县为名,治故淅川城(今河南淅川县盛湾镇鱼关)⑤,隶淅州。七年,省入内乡县。万岁通天元年,析内乡县置淅阳县,以县在淅水之阳为名⑥,治淅阳城(即南朝顺阳城,今淅川县马蹬

---

① "三年",《新唐志》作"二年",今依《旧唐志》。又《史记正义·张释之列传》引《括地志》:"顺阳故城,在邓州穰县西三十里。"即今邓州市高集镇。《太平寰宇记》邓州南阳县:"(州)西一百二十里。"此是指南朝顺阳城,即今淅川县马蹬镇。
② 《新唐志》作"二年",今依《旧唐志》。
③ 《旧唐志》系于武德元年,今依《新唐志》。
④ 《大清一统志》卷166:"默水废县,在内乡县北。《县志》:今有北古旧县,在内乡县东北马山之阳,盖即古默水县也。"遗址尚存,见《中国文物地图集·河南分册》第549页。
⑤ 《太平寰宇记》邓州淅川县:"(州)西二百里。丹水,在县北一十五里。唐武德二年析内乡县三乡置。"《大清一统志》卷366南阳府:"(浙)[淅]川故城,在今(浙)[淅]川县东三十里。"
⑥ 《唐会要》卷71:"淅阳县:万岁通天元年七月一日置。"《太平寰宇记》内乡县云:"析阳故城,天后通天元年以淅水之阳立县,今废。"

镇)①,隶邓州。圣历元年②,省入内乡县。

附旧县 4：丹水县(620—624)

武德三年,析内乡县置丹水县,以隋旧县为名,治故丹水城(今淅川县寺湾镇)③,隶淅州。七年,省入内乡县。

4. **菊潭县**(618—621,736—907)

本隋南阳郡旧县,武德二年,割隶弘州,为州治。四年,州废,省入淅州内乡县。开元二十四年,析内乡④县复置菊潭县,仍治菊潭城(今河南西峡县丹水镇石盆岗古城)⑤,隶邓州。天宝元年,隶南阳郡。乾元元年,复隶邓州。

5. **向城县**(618—698)—**武清县**(698—705)—**向城县**(705—907)

向城县,本隋淯阳郡旧县,武德二年,隶北澧州。三年,割置淯州,为州治。八年,州废,还隶北澧州。贞观八年,隶后鲁州。九年,州废,改隶邓州。圣历元年,改为武清县,取武氏吉名。神龙元年,复为向城县。天宝元年,隶南阳郡。乾元元年,复隶邓州。

6. **南阳县**(618—698)—**武台县**(698—705)—**南阳县**(705—907)

南阳县,本隋南阳郡旧县,武德二年,隶邓州。三年,割隶宛州,为州治,并析置云阳、上宛、安固三县。八年,州废,省云阳、上宛、安固三县来属,南阳县还隶邓州。圣历元年,改为武台县,取武氏吉名。神龙元年,复为南阳县。天宝元年,隶南阳郡。乾元元年,复隶邓州。

附旧县 1：云阳县(620—625)

武德三年,析南阳县置云阳县,以北朝旧县为名,治故云阳城(今河南南阳市卧龙区英庄镇橡子树村)⑥,隶宛州。八年,州废,省入南阳县。

附旧县 2：上宛县(620—625)

武德三年,析南阳县置上宛县,以北朝旧县为名,治故西鄂城(今南阳市卧龙区蒲山镇),隶宛州。八年,州废,省入南阳县。

---

① 《大清一统志》卷 366 南阳府:"(浙)〔淅〕川故城:《县志》:'淅川故城,今名马蹬城。'"按前注已考淅川故城在今淅川县盛湾镇鱼夫,则《县志》所谓"淅川故城"当指淅阳故城,在今淅川县马蹬镇。
② 史志不载淅阳县省罢时间。按两《唐志》不载淅阳县,则此县存在时间不长,今姑定为圣历元年省罢。
③ 《史记·五帝本纪》正义引《括地志》:"丹水故城,在邓州内乡县西南一百三十里,丹水故县也。"《太平寰宇记》邓州内乡县:"(丹水县)其城南临丹水。"
④ 《新唐志》原作"新城"。按开元菊潭县近内乡而远新城,且内乡县属之故默水城更在菊潭东南,若菊潭析自新城,则故默水城为内乡飞地,恐非情实。今依《太平寰宇记》废菊潭县条改作"内乡"。
⑤ 《元和志》邓州:"菊潭县,东南至州一百五十里。"遗址尚存,见《中国文物地图集·河南分册》第 546 页。
⑥ 《纪要》南阳府南阳县:"育阳城,在府东淯水之阳。……东晋孝武改曰云阳县。"《大清一统志》卷 166 南阳府:"育阳故城,在南阳县南六十里,一作淯阳。"《元统志》:今南阳县西南有故城,俗呼为绿杨村,古淯阳城也。"《地图集》定于今南阳市卧龙区英庄镇橡子树村,从之。

附旧县3：安固县(620—625)

武德三年，析南阳县置安固县，以南朝旧郡为名，寄治故安国城（今河南镇平县城涅阳街道安国城遗址），隶宛州。八年，州废，省入南阳县。

7. 新野县(618—758)

本隋南阳郡旧县，武德二年，隶邓州。三年，割隶新州，为州治。四年，州废，还隶邓州。天宝元年，隶南阳郡。乾元元年，省入穰县。

附旧州一：淅州(618,619—623)

本隋淅阳郡，领南乡、安福、郦乡、内乡四县①。唐武德元年，改为淅州，以北朝旧州为名，治内乡县，直属中央，割郦乡、安福二县隶南丰州。是年，归朱楚，州废②，省南乡县，内乡县改隶南阳郡。二年，唐割南阳郡内乡县复置淅州，隶邓州总管府，并置淅川、默水二县③。是年，归王郑。三年，复归唐，割隶金州总管府，置丹水县。四年，直属山南道行台。七年，隶襄州都督府，省丹水、淅川二县④。贞观元年，以废均州之武当、郦乡二县来属。六年，直属山南道。八年，州废，以武当、郦乡二县复置均州，省默水县，内乡县改隶邓州。

附旧州二：郦州(619—625)

武德二年，朱粲以南阳郡来降，割新城县置郦州，以北朝郦县为名，领新城一县，隶邓州总管府。三年，归唐。四年，直属山南道行台。七年，隶襄州都督府。八年，州废，新城县改隶邓州。

附旧州三：弘州(619—621)

武德二年，朱粲以南阳郡来降，割菊潭县置弘州，取北朝东弘农郡首字为名，领菊潭一县⑤，隶邓州总管府。是年，归王郑。三年，归唐，隶邓州总管府。四年，州废，菊潭县省入郦州新城县。

---

① 《隋志》淅阳郡有丹水、武当、均阳三县，共七县。《太平寰宇记》云，丹水县大业十三年废。又据两《唐志》，义宁中，武当、均阳二县已割置武当郡，今并删。
② 《资治通鉴》武德元年十月："朱粲寇淅州，遣太常卿郑元璹步骑一万击之。"十二月："太常卿郑元璹击朱粲于商州，破之。"商州更在淅州以西，可知武德元年朱粲曾占领淅州。
③ 两《唐志》不载析置淅川事，今依《太平寰宇记》淅川县条补。
④ 《太平寰宇记》邓州内乡县："汉因水置丹水县……大业十三年省，武德三年再立，七年又废。"淅川县亦以此推测废于武德七年。
⑤ 史志不载此事。按《旧唐志》菊潭县："隋改沮水县，后废。"词意含糊。今按唐武德二年菊潭县犹为朱粲所据，然不隶邓、淅、郦诸州，而是时邓州一带有弘州，又据《隋志》，菊潭县境在北魏曾置东弘农郡，弘州一名当取自该郡，故推知武德二年当以菊潭县置弘州。因为时甚短，两《唐志》失载。今补。

附旧州四：新州（620—621）

武德三年①，割邓州新野县置新州，取新野县首字为名，领新野一县，隶邓州总管府。四年，州废，新野县还隶邓州。

附旧州五：宛州（620—625）

武德三年，割邓州南阳县置宛州，以南朝旧县为名，治南阳县，隶邓州总管府，并置云阳、上宛、安固三县②，取王郑昌州上马县来属。四年，直属山南道行台，割上马县隶湖州。七年，隶襄州都督府。八年，州废，省云阳、上宛、安固三县，南阳县还隶邓州。

附旧州六：淯州（620—625）

武德三年，割北澧州向城县置淯州，以隋旧州为名，隶邓州总管府。四年，直属山南道行台。七年，隶襄州都督府。八年，州废，向城县还隶北澧州。

（四）武当郡（均州）

均州（618—627，634—742）——武当郡（742—758）——均州（758—907）

武当郡，本隋旧郡，领武当、均阳、平陵三县③。唐武德元年，改为均州，取隋旧州为名，治武当县，直属中央。三年，隶金州总管府。四年，直属山南道行台。七年，隶襄州都督府，省平陵县。八年，以废南丰州之郧乡、安福、堵阳三县来属，省均阳县。贞观元年，州废，省安福、堵阳二县，武当、郧乡二县隶淅州。八年，以废淅州之武当、郧乡二县及废上州之丰利县复置均州，直属山南道，治武当县。十三年，均州领武当、郧乡、丰利三县，治武当县。

武周长安四年，均州领县不变。

唐景云二年，直属山南东道。

天宝元年，复为武当郡。十三载，武当郡领武当、郧乡、丰利三县，治武当县。至德元载，隶山南东道节度使。是年，割隶京畿兴平节度使。

乾元元年，复为均州。后上元元年，还隶山南东道节度使。二年，改隶武关内外四州防御观察使。宝应元年，还隶山南东道节度使。元和十五年，均

---

① 两《唐志》并作"四年"，按《旧唐志》邓州序，武德三年邓州总管府有新州，因改。
② 《旧唐志》邓州南阳县条云宛州领四县，脱云阳县，今依《新唐志》。
③ 《隋志》不载武当郡及其领县，按《旧唐志》均州："义宁二年，割浙阳〔郡〕之武当、均阳二县置武当郡，又置平陵县。"据补。

州领县一如天宝十三载。

咸通十四年,均州领县不变。

文德元年,隶忠义军节度使。天祐二年,割隶戎昭军节度使。三年,还隶山南东道节度使。天祐二年,金州寄治于此。

1. 武当县(618—907)

本隋武当郡旧县,武德元年,割隶均州,为州治。贞观元年,州废,改隶淅州。七年,省平陵县来属。八年,州废,复隶均州,为州治,省均阳县来属。显庆四年(659),移治武当城(今湖北丹江口市均县镇东)①。天宝元年,隶武当郡,为郡治。乾元元年,复隶均州,为州治。

附旧县:平陵县(618—624)

本隋武当郡旧县,武德元年,隶均州。七年,省入武当县。

2. 郧乡县(618—907)

本隋淅阳郡旧县,武德元年,割隶南丰州,为州治,并析置堵阳、黄沙、固城、白沙四县。八年,州废,省黄沙、固城、白沙三县来属,郧乡县改隶均州。贞观元年,州废,省安福、堵阳二县来属,郧乡县改隶淅州。八年,州废,复隶均州。天宝元年,隶武当郡。乾元元年,复隶均州。

附旧县1:安福县(618—627)

本隋淅阳郡旧县,武德元年,隶南丰州。八年,州废,改隶均州。贞观元年,省入郧乡县。

附旧县2:堵阳县(618—627)

武德元年,析郧乡县置堵阳县,以南朝旧县为名,治故堵阳城(今湖北十堰市郧阳区柳陂镇西流河村)②,隶南丰州。八年,州废,改隶均州。贞观元年,省入郧乡县。

附旧县3:黄沙县(618—625)

武德元年,析郧乡县置黄沙县,盖以黄沙水为名,治黄沙城(今湖北郧西县河夹镇)③,隶南丰州。八年,省入郧乡县。

---

① 《元和志》均州:"东至邓州二百四十里,东南水路至襄州三百六十里,南至房州二百六十八里,西至金州三百六十里,北至邓州内乡县二百三十里。"武当县:"武当山,在县南八十里。汉水,去县西北四十(步)(里)。"《太平寰宇记》均州:"西至金州七百里,北至邓州二百六十八里,东南至襄州三百七十里。"其地在今丹江口市均县镇东丹江口水库。

② 《水经注》卷28沔水:"又东迳堵阳县,又东迳郧乡城南。"《纪要》郧阳府郧县:"堵阳城,在府西四十里。"

③ 《大清一统志》卷272郧阳府:"黄沙故城,在郧西县东。"今拟于河夹镇一带。

附旧县 4：固城县(618—625)

武德元年，析郧乡县置固城县，治固城(今郧西县城城关镇)①，故以为名，隶南丰州。八年，省入郧乡县。

附旧县 5：白沙县(618—625)

武德元年，析郧乡县置白沙县，治白沙关(今十堰市郧阳区白桑关镇)②，县以关名，隶南丰州。八年，省入郧乡县。

3. 丰利县(618—907)

本隋上津郡旧县，武德元年，隶上州。贞观八年，州废，改隶均州。天宝元年，隶武当郡。乾元元年，复隶均州。

附旧州：南丰州(618—625)

武德元年，取隋淅阳郡郧乡、安福二县置南丰州，以北朝丰州为名，治郧乡县，直属中央，并置堵阳、黄沙、固城、白沙四县。三年，隶金州总管府。七年，直属中央。八年，州废，省黄沙、固城、白沙三县，郧乡、安福、堵阳三县隶均州③。

（五）房陵郡（房州）

迁州（618—636）—后房州（636—742）—**房陵郡**（742—758）—房州（758—907）

房陵郡，本隋旧郡，领光迁、永清、竹山、上庸四县。唐武德元年，改为迁州，以北朝旧州为名，治光迁县，直属中央，并置受阳、淅川、前房陵三县，割竹山、上庸二县隶前房州。三年，迁州隶金州总管府。五年，省淅川县。七年，直属中央，省前房陵、受阳二县。贞观元年，直属关内道，以废重州之重阳县来属。二年，直属山南道。八年，省重阳县。十年，以废前房州之竹山、上庸、武陵三县来属，改为后房州。是年，改光迁县为后房陵县，省武陵县。十三年，后房州领后房陵、永清、竹山、上庸四县，治房陵县。

武周长安四年，后房州领县一如贞观十三年。

唐景云二年，直属山南东道。

---

① 依地理形势推定。
② 依地理形势推定。白桑，盖即"白沙"音讹。
③ 《新唐志》均州条作"淅州"。吴松弟《两唐书地理志汇释·新唐书地理志》第 144 页云："疑此志'淅州'为'均州'之误。"极是。今据《旧唐志》、《太平寰宇记》改。

天宝元年，复为房陵郡。十三载，房陵郡领后房陵、永清、竹山、上庸四县，治后房陵县。至德元载，隶山南东道节度使。是年，割隶京畿兴平节度使①。

乾元元年，复为房州。后上元元年，还隶山南东道节度使。二年，割隶武关内外四州防御观察使，宝应元年，还隶山南东道节度使②。元和十五年，房州领县一如天宝十三载。

咸通十四年，房州领县不变。

文德元年，隶忠义军节度使。天祐二年，割隶戎昭军节度使，三年，复隶山南东道节度使③。

1. **光迁县**(618—636)—**后房陵县**(636—907)

房陵县，本隋房陵郡光迁县，武德元年，隶迁州，为州治，并析置受阳、淅川、前房陵三县。五年，省淅川县来属。七年，省前房陵、受阳二县来属。贞观十年，改为房陵县，隶后房州，为州治。天宝元年，隶房陵郡，为郡治。乾元元年，隶房州，为州治。

附旧县 1：受阳县(618—624)

武德元年，析光迁县置受阳县，以受阳水为名，治受阳城(今湖北保康县马桥镇)④，隶迁州。七年，省入光迁县。

附旧县 2：淅川县(618—622)

武德元年，析光迁县置淅川县，盖以其地有北朝淅川郡移民为名，治淅川城(今湖北房县土城镇)⑤，隶迁州。五年，省入光迁县。

附旧县 3：前房陵县(618—624)

武德元年，析光迁县置前房陵县，以北朝旧县为名，治新房陵城(今房县化龙堰镇)⑥，隶迁州。七年，省入光迁县。

---

① 《方镇研究》，第 125 页。
② 同上书，第 128 页。
③ 同上书，第 129 页。
④ 《舆地纪胜》房州："南山，在房陵县南三里。受阳水，在南山之南，即唐所析受阳县是也。"受阳水，即今南河。《纪要》郧阳府房县："又有(寿)〔受〕阳坪，在县西南百八十里。"《大清一统志》卷 272 郧阳府："受阳废县，在保康县西南一百五十里，接房县界，今名受阳坪。"
⑤ 《大清一统志》卷 272 郧阳府："淅川废县，在房陵县境。"今依地理形势推定于房县土城镇。吴松弟《两唐书地理志汇释·新唐书地理志》第 145 页以此淅川县治今河南淅川县东。按河南淅川县隶淅州，武德二年置，与迁州中隔均州，不得来属迁州，吴说误。
⑥ 《元和志》房州(后)房陵县："房山，在县西南四十三里。"则前房陵县当在后房陵县西，今拟于房县化龙堰镇。

2. 永清县(618—907)

本隋房陵郡旧县,武德元年,隶迁州。七年,省重州土门、归义二县来属。天宝元年,隶房陵郡。乾元元年,隶房州。

附旧县1:土门县(619—624)

武德二年,析重州荆山县置土门县,以土门水为名,治土门城(今保康县城关镇土门村)①,隶重州。七年,省入前房州永清县。

附旧县2:归义县(619—624)

武德二年,析重州荆山县置归义县,取治化之意为名,治归义城(今保康县歇马镇)②,隶重州。七年,省入前房州永清县。

3. 竹山县(618—907)

本隋房陵郡旧县,武德元年,割隶前房州,为州治,并析置武陵县。贞观十年,州废,省武陵县来属,竹山县隶后房州。天宝元年,隶房陵郡。乾元元年,隶房州。

附旧县:武陵县(618—636)

武德元年,析竹山县置武陵县,治武陵城(今湖北竹山县宝丰镇)③,隶前房州。贞观十年,省入竹山县。

4. 上庸县(618—907)

本隋房陵郡旧县,武德元年,隶前房州。贞观十年,州废,改隶后房州。天宝元年,隶房陵郡。乾元元年,隶房州。

附旧州:前房州(618—636)

武德元年,割迁州竹山、上庸二县置前房州,置武陵县,治竹山县,直属中央。三年,隶金州总管府。七年,直属中央。贞观元年,直属关内道。二年,直属山南道。十年,州废,省武陵县,竹山、上庸二县隶后房州。

(六)巴东郡(归州)

归州(619—742)—巴东郡(742—758)—归州(758—907)

武德二年,割夔州秭归、巴东二县置归州,取秭归县末字为名,治秭归县,

---

① 《地名大辞典》第3056页:"土门,在保康县保康南5公里,属城关镇,以土门河得名,有唐武德二年置土门县城遗址。"
② 依地理形势推定。其地有东晋沮阳郡城址,宜为唐初归义县所治。
③ 《太平寰宇记》房州竹山县:"古上庸城,在(废上庸)县东四十里武陵故城是也。"《地图集》置于今竹山县宝丰镇(旧保丰镇),从之。

隶夔州总管府。三年,置兴山县。七年,隶夔州都督府。贞观十三年,归州领秭归、巴东、兴山三县,治秭归县。

武周长安四年,归州领县不变。

唐开元二十一年,直属山南东道。

天宝元年,改为巴东郡,以巴东县为名。十三载,巴东郡领秭归、巴东、兴山三县,治秭归县。至德元载,割隶山南东道防御使。是年,割隶夔州防御守捉使。二载,隶夔峡节度使。

乾元元年,复为归州,改隶荆南节度使。二年,割隶夔忠等州都防御使。后上元元年,还隶荆南节度使。大历二年,隶夔忠等州都防御使。贞元十九年,罢镇,还隶荆南节度使。元和十五年,归州领县一如天宝十三载。

咸通十四年,归州领县不变。

天祐四年,归州归后梁①。

1. **秭归县**(618—907)

本隋巴东郡旧县,武德元年,隶信州。二年,隶夔州。是年,割隶归州,为州治。三年,析置兴山县。天宝元年,隶巴东郡,为郡治。乾元元年,复隶归州,为州治。

2. **兴山县**(620—907)

武德三年,析秭归县置兴山县,借南朝旧县为名,治高阳城(今湖北兴山县昭君镇昭君台)②。贞观十七年,移治太清镇(今湖北秭归县茅坪镇)③。天授二年,移治古夔子城(今秭归县屈原镇香溪口)④。天宝元年,隶巴东郡。乾元元年,复隶归州。

3. **巴东县**(618—907)

本隋巴东郡旧县,武德元年,隶信州。二年,隶夔州。是年,割隶归州。天宝元年,隶巴东郡。乾元元年,复隶归州。

---

① 《新五代史》卷60《职方考》以归州归前蜀,今依《资治通鉴》卷264、265、274胡三省注,考详杨光华《前蜀与荆南疆界辩误》(载《西南师范大学学报》1993年第4期)。
② "高阳城",《旧唐志》、《太平寰宇记》归州序作"白帝城",今依《旧唐志》兴山县条。《舆地纪胜》归州古迹:"高阳城,《元和志》云在(今)兴山县西三里,城在山上。"按《舆地纪胜》之兴山非元和时之兴山(夔子城),而是北宋端拱时之兴山(高阳城),则唐初高阳城当在今兴山县昭君镇(旧高阳镇)昭君台。黄世崇等《兴山县志》卷15:"今县西北四十八里丰邑坪,形胜为一邑之最,即高阳城也,唐贞观以前,兴山县治此。"清兴山县治在今高阳镇,若高阳城更在其西北四十八里,则太过偏僻,且与《舆地纪胜》之"西三里"不合,今不取。
③ 《太平寰宇记》归州秭归县:"太清镇,在县东南八十五里。"《地图集》定于今秭归县茅坪镇兰陵溪口,今依蓝勇等《长江三峡历史地理》第137页。
④ 《太平寰宇记》归州秭归县:"夔子城,在县东二十里。"即今秭归县屈原镇香溪口,旧香溪镇,今已没入三峡水库。

（七）云安郡（夔州）

信州（618—619）—夔州（619—742）—**云安郡**（742—758）—夔州（758—907）

云安郡，本隋巴东郡，领人复、云安、南浦、武宁、临江、丰都、梁山、大昌、巫山、巴东、秭归十一县①。武德元年，改为信州，以隋旧州为名，置信州总管府，割临江、丰都二县隶临州。二年，避皇外祖独孤信讳，改为夔州，以古夔国之地为名，隶夔州总管府，割南浦、梁山、武宁三县隶南浦州，秭归、巴东二县隶归州。八年，以废南浦州之南浦、梁山二县来属。九年，复割南浦、梁山二县隶浦州。十三年，夔州领人复、云安、大昌、巫山四县，治人复县。二十三年，改人复县为奉节县。

武周长安四年，夔州领奉节、云安、大昌、巫山四县，治奉节县。

唐开元十五年，罢都督府，夔州直属山南东道。

天宝元年，改为云安郡，以云安县为名。十三载，云安郡领奉节、云安、大昌、巫山四县，治奉节县。至德元载，割隶山南东道防御使。是年，割隶夔州防御守捉使。二载，隶夔峡节度使，均为使治。

乾元元年，复为夔州，罢镇，改隶荆南节度使。二年，割隶夔忠等州都防御使，为使治。后上元元年，罢镇，还隶荆南节度使。广德二年（764），复割隶夔忠等州都防御使，为使治。贞元十九年，罢镇，夔州隶荆南节度使。元和三年，复割隶夔忠等州都防御使，为使治。十五年，夔州领县一如天宝十三载。

咸通十四年，夔州领县不变。

天祐三年，隶镇江军节度使，为使治。

1. **人复县**（618—649）—**奉节县**（649—907）

奉节县，本隋巴东郡人复县，武德元年，隶信州。二年，隶夔州，均为州治。贞观二十三年，改为奉节县，以蜀汉旧县为名。天宝元年，隶云安郡，为郡治。乾元元年，复隶夔州，为州治。

2. **云安县**（618—907）

本隋巴东郡旧县，武德元年，隶信州。二年，隶夔州。天宝元年，隶云安郡。乾元元年，复隶夔州。

---

① 《隋志》巴东郡有石城、务川、盛山、新浦四县，无丰都县，共十四县。按《元和志》黔州黔江县："隋开皇二年置石城县，大业二年废。"思州序："隋开皇十九年置务川县，大业二年废。"《新唐志》开州："本万世郡，义宁二年，析巴东郡之盛山、新浦，通川郡之万世、西流置。"则隋末盛山、新浦二县已割出，今并删。又两《唐志》忠州皆云丰都县隋义宁二年置，今补。

3. 大昌县(618—907)

本隋巴东郡旧县,武德元年,隶信州。二年,隶夔州。天宝元年,隶云安郡。乾元元年,复隶夔州。

4. 巫山县(618—907)

本隋巴东郡旧县,武德元年,隶信州。二年,隶夔州。天宝元年,隶云安郡。乾元元年,复隶夔州。

(八) 南浦郡(万州)

南浦州(619—625)—浦州(626—634)—后万州(634—742)—南浦郡(742—758)—万州(758—907)

武德二年①,割信州南浦、武宁、梁山三县置南浦州,取南浦县末字为名,隶夔州总管府,治南浦县;又置南宾县,割隶临州。七年,南浦州隶夔州都督府。八年,州废,南浦、梁山二县隶夔州,武宁县隶临州。九年②,割夔州南浦、梁山二县及临州武宁县置浦州,仍治南浦县。贞观八年,改为后万州,以北朝万川郡为名。十三年,后万州领南浦、武宁、梁山三县,治南浦县。

武周长安四年,后万州领县不变。

唐开元二十一年,直属山南东道。

天宝元年,改为南浦郡,以南浦县为名。十三载,南浦郡领南浦、武宁、梁山三县,治南浦县。至德元载,割隶山南东道防御使。是年,割隶夔州防御守捉使。二载,隶夔峡节度使。

乾元元年,复为万州,改隶荆南节度使。二年,割隶夔忠等州都防御使。后上元元年,还隶荆南节度使。广德二年,复割隶夔忠等州都防御使。贞元十九年,隶荆南节度使。元和三年,复隶夔忠等州都防御使。十五年,万州领县一如天宝十三载。

咸通十四年,万州领县不变。

天祐三年,隶镇江军节度使。

1. 南浦县(618—907)

本隋云安郡旧县,武德元年,隶信州。二年,割隶南浦州,为州治。八年,州废,隶夔州。九年,割隶浦州。贞观八年,隶后万州,均为州治。天宝元年,

---

① 《太平寰宇记》万州作"三年",今依两《唐志》、《唐会要》。
② 《旧唐志》、《太平寰宇记》万州序系于武德八年,今依《旧唐志》夔州序、《新唐志》。

隶南浦郡，为郡治。乾元元年，隶万州，为州治。

2. **武宁县**(618—907)

本隋云安郡旧县，武德元年，隶信州。二年，割隶南浦州，并析置南宾县。八年，州废，改隶临州。九年，割隶浦州。贞观八年，隶后万州。天宝元年，隶南浦郡。乾元元年，隶万州。

3. **梁山县**(618—907)

本隋云安郡旧县，武德元年，隶信州。二年，割隶南浦州。八年，州废，隶夔州。九年，割隶浦州。贞观八年，隶后万州。天宝元年，隶南浦郡。乾元元年，隶万州。

(九) 南宾郡(忠州)

临州(618—634)—忠州(634—742)—**南宾郡**(742—758)—忠州(758—907)

武德元年，割隋巴东郡临江、丰都二县置临州，以隋旧州为名，隶信州总管府。二年，隶夔州总管府，置清水县，割南浦州南宾县来属。七年，隶夔州都督府。八年，以废南浦州之武宁县来属。八年，以废潾州之垫江县来属。九年，复割武宁县隶浦州。贞观八年，改为忠州，以民怀忠信为名①。十三年，忠州领临江、南宾、丰都、垫江、清水五县，治临江县。

武周长安四年，忠州领县不变。

唐开元二十一年，直属山南东道。

天宝元年，改为南宾郡，以南宾县为名，改清水县为桂溪县。十三载，南宾郡领临江、南宾、丰都、垫江、桂溪五县，治临江县。至德元载，割隶山南东道防御使。是年，割隶夔州防御守捉使。二载，隶夔峡节度使。

乾元元年，复为忠州，改隶荆南节度使。二年，割隶夔忠等州都防御使。后上元元年，还隶荆南节度使。广德二年，复割隶夔忠等州都防御使。贞元十九年，隶荆南节度使。元和三年，复隶夔忠等州都防御使。十五年，忠州领县一如天宝十三载。

咸通十四年，忠州领县不变。

天祐三年，隶镇江军节度使。

1. **临江县**(618—907)

本隋云安郡旧县，武德元年，割隶临州。贞观八年，隶忠州，均为州治。

---

① 《太平寰宇记》忠州。

天宝元年,隶南宾郡,为郡治。乾元元年,复隶忠州,为州治。

2. **南宾县**(619—907)

武德二年,析南浦州武宁县置南宾县,以北朝南宾郡为名,治新南宾城(今重庆市丰都县龙河镇)①,割隶临州。贞观八年,隶忠州。天宝元年,隶南宾郡。乾元元年,复隶忠州。

3. **丰都县**(618—907)

本隋云安郡旧县,武德元年,割隶临州。贞观八年,隶忠州。天宝元年,隶南宾郡。乾元元年,复隶忠州。

4. **垫江县**(618—907)

本隋宕渠郡旧县,武德元年,隶潾州。八年②,州废,改隶临州。贞观八年,隶忠州。天宝元年,隶南宾郡。乾元元年,复隶忠州。

5. **清水县**(619—742)—**桂溪县**(742—907)

武德二年,析临江县置清水县,以清水为名,治清水城(今重庆市垫江县高安镇东桥村)③,隶临州。贞观八年,隶忠州。天宝元年,隶南宾郡,以与陇右道天水郡县名重,改为桂溪县,取县界桂溪为名④。乾元元年,复隶忠州。

附旧府新镇一 信州总管府(618—619)—夔州总管府(619—624)—夔州都督府(624—733)—夔州防御守捉使(756—757)—夔峡节度使(757—758)—夔忠等州都防御使(759—803,808—906)—镇江军节度使(906—907)

武德元年(618),以信、黔、临、施、前业、务、涪、渝、合九州置信州总管府⑤,直属中央。二年,改信州为夔州,改信州总管府为夔州总管府,置归、南

---

① 《太平寰宇记》忠州南宾县:"(州)西南一百里。望涂溪在县北二百步,西流至丰都县南注(潾)〔蜀〕江。"望涂溪即今丰都县龙河,今依《地图集》、《四川政区沿革与治地今释》第248页定为龙河镇。《四川州县建置沿革图说》第14、15图标于今石柱县城,第119页却言在石柱县旧城坝(今悦崃镇古城坝),自相矛盾,不取。
② 《旧唐志》作"九年",今依《新唐志》渠州条。
③ 《太平寰宇记》忠州桂溪县:"(州)西一百三十九里。容溪水,在县南三里,西流入垫江界。"《纪要》忠州垫江县:"桂溪废县:县东六十里。"《大清一统志》卷316忠州:"《旧志》:在今县东北三十余里。"依《中国文物地图集·重庆分册》下册第355页,遗址实在今垫江县城东南三十余里之高安镇东桥村。《四川政区沿革与治地今释》等以为在今忠县双桂镇,蓝勇等《长江三峡历史地理》第136、410页以为在今垫江县周嘉镇南,误。
④ 《太平寰宇记》忠州桂溪县。
⑤ 《旧唐书》60《李瑗传》:"武德元年,历信州总管。"卷60《李孝恭传》:"武德二年,授信州总管。"

浦、充、牂、义、南六州①。三年，置前思州，以废峡州总管府之峡州来属，而施州直属萧梁。四年，总管府隶山南道行台，改牂州为柯州，置夷、矩二州，取萧梁直属施州来属。五年，改义州为智州，割峡州隶荆州总管府。七年，改为夔州都督府，隶荆州大都督府。八年，废南浦州。九年，置浦州。贞观元年（627），属关内道，置麟、邛二州，废前思、夷二州。二年，属山南道。三年，置南寿、应二州。四年，置南平州，割黔、务、施、前业、智、柯、充、南寿、应、矩、麟、邛十二州隶黔州都督府。八年，改临州为忠州，浦州为后万州，南平州为霸州。十年，割合州属剑南道遂州都督府。十三年，废霸州，夔州都督府督夔、归、后万、忠、涪、渝、南七州②。十七年，置溱州，割隶剑南道泸州都督府。

武周长安四年（704），夔州都督府督州一如贞观十三年。

唐景云二年（711），隶山南东道。开元二十一年③（733），罢都督府，夔、归、后万、忠四州直属山南东道，涪、渝二州直属山南西道，南州隶江南西道黔州都督府。

至德元载（756），割山南东道防御使云安、巴东、夷陵、南浦、南宾五郡置夔州防御守捉使。二载，升为夔峡节度使，均治云安郡。

乾元元年（758），复云安郡为夔州，巴东郡为归州，夷陵郡为峡州，南浦郡为万州，南宾郡为忠州。是年，罢镇，夔、归、峡、万、忠五州隶荆南节度使。二年，割荆南节度使夔、归、峡、万、忠五州置夔忠等州都防御使，治夔州。后上元元年（760），罢镇，夔、归、峡、万、忠五州还隶荆南节度使。广德二年（764），割荆南节度使夔、万、忠、涪四州复置夔忠等州④都防御使，仍治夔州。大历二年（767），割荆南节度使归州来属⑤。贞元十九年（803），罢镇，夔、归、万、忠、涪五州隶荆南节度使⑥。元和三年（808），割荆南节度使

---

① 《旧唐志》夔州序载，武德二年，夔州总管府"管夔、峡、施、业、浦、涪、渝、谷、南、智、务、黔、克、思、巫、平十九州"，实列十六州。按"十九州"当是武德四年之数，此脱归、临、夷三州，而误合州为谷州，充州为克州，矩州为巫州，牂州为平州。艾冲《唐代山南地域都督府建制的演替》以为脱归、临、溱三州，按溱州贞观十七年置，艾说不确。

② 《括地志·序略》列涪、南二州于江南道，疑误。

③ 据《唐刺史考全编》，万岁登封元年至开元六年，有夔州都督，开元二十一年后夔州刺史已不带都督，而《大唐六典》卷3载下都督府中仍有夔州都督府，今推测于开元二十一年罢府。

④ 《新唐表》荆南栏作"夔忠涪"，今依《方镇研究》。

⑤ 常衮《授柏贞节夔忠等州防御使制》（载《文苑英华》卷409）有"充夔忠万归涪等州防御使"句，据郁贤皓《唐刺史考全编》，柏贞节大历二年镇夔，故知归州是年来属。

⑥ 史志不载此事。按韩愈《荆潭裴均杨凭唱和诗序》（载《韩昌黎文集》卷20）："今公开镇蛮荆，统郡唯九。"据《唐刺史考全编》第2679页，裴均贞元十九年至元和三年节度荆南，可知其间夔忠镇一度罢废，四州还隶荆南，方足九郡之数。因补。

夔、忠、万三州复置夔忠等州都防御使。十五年,夔忠等州都防御使领夔、万、忠三州,治夔州。

咸通十四年(873),夔忠等州都防御使领州不变。

天祐三年(906),升为镇江军节度使,仍治夔州。

附旧府新镇二　邓州总管府(619—621)—南阳防御使(756)—山南东道节度使(756,758—759,762)—唐随邓节度使(816—817)

武德二年①,朱粲降唐,改南阳郡为邓州,置邓州总管府,隶显州道行台,并置淅、郦、弘三州。三年,归王郑,隶襄州行台,并置新、宛、淯三州。是年,复归唐,隶山南道行台,割淅州隶金州总管府。四年,罢总管府,废新、弘二州,邓、郦、宛、淯四州直属山南道行台。

至德元载,割山南东道直属南阳、淮安、汉东三郡置南阳防御使,治南阳郡,属山南东道。是年,升为山南东道节度使,以淮南道废安陆郡都督府之安陆郡来属,寻又以废襄阳防御使之襄阳、房陵、武当三郡来属,移使治于襄阳郡(以后沿革见本节"山南东道直属地区"序)。

乾元元年,山南东道节度使移使自襄州还治邓州,仍领邓、唐、随、安、襄五州。二年,割安州隶淮南西道节度使,复移使治于襄州(以后沿革见本节"山南东道直属地区")。宝应元年,山南东道节度使又自襄州移治邓州,仍领襄、房、均、邓、唐、随、郢、复八州。是年,割唐、随二州隶淮南西道节度使,复移使治于襄州(以后沿革见本节"山南东道直属地区"序)。元和十一年,割河南道彰义军节度使邓、唐、随三州置唐随邓节度使,治邓州,属山南东道。十二年,罢镇,邓、唐、随三州隶山南东道节度使。

附旧府新镇三　显州道行台直辖地区(619—620)—显州总管府(620—624)—显州都督府(624—627)—唐随邓节度使(815—816)—彰义军节度使(816)

武德二年,田瓒、杨士林以朱楚淮安、义阳二郡,卢祖尚以隋弋阳郡归唐,改淮安郡为显州,义阳郡为申州,弋阳郡为光州,以为显州道行台直辖地区②。三年,归王郑,罢行台,以显、申二州置显州总管府,隶襄州行台,唐以光州隶

---

① 《旧唐志》系于"三年",当是指是年总管府自郑归唐时事。按武德二年既改南阳郡为邓州,且置郦、弘、淯等州,当已置总管府,今改。
② 《资治通鉴》武德二年正月:"淮安土豪杨士林、田瓒起兵攻粲,诸州皆应之。己巳,帅汉东四郡(即淮安、汉东、春陵、义阳四郡)遣使诣信州总管庐江王瑗请降,诏以为显州道行台。"

光州总管府。是年,显州总管府归唐,隶陕东道行台,又取王郑伊州总管府叶、北澧二州来属①。四年,改隶山南道行台,置纯州,割申州隶光州总管府。五年,割山南道行台直辖昌州来属,改为前唐州,废叶州。七年,改为显州都督府,隶安州大都督府,割前唐州隶襄州都督府。贞观元年,罢都督府,废纯州,显、北澧二州直属安州大都督府。

元和十年,割山南东道节度使唐、随、邓三州置唐随邓节度使,治唐州。十一年,罢镇,唐、随、邓三州改隶河南道彰义军节度使,彰义军节度使自蔡州移使治于唐州,领唐、蔡、光、申、随、邓六州,仍属河南道。是年,复移使治于蔡州(以后沿革见本编第六章《河南道》第一节附旧府新镇九"彰义军节度使"),邓、随、唐三州还隶唐随邓节度使。

附旧府新镇四 襄州都督府(624—632)—戎昭军节度使(905—906)

武德七年,以废山南道行台之襄、郢、鄀、重、均、浙、郦、邓、湖、宛、淯十一直辖州及割显州总管府前唐州置襄州都督府②,隶安州大都督府。八年,废郦、宛、淯三州。贞观元年,废鄀州。二年,属山南道,废湖、重、均三州。六年,罢都督府,襄、鄀、浙、邓、前唐五州为山南道直属州。

天祐二年,割忠义军节度使均、房二州并以京畿废昭信军节度使之金、商二州置戎昭军节度使,治均州,隶山南东道。三年,罢镇,均、房二州隶山南东道节度使,商、金二州隶京畿镇国军节度使。

第二节 江陵郡都督府

峡州总管府(619—620)—荆州总管府(622—624)—荆州大都督府直辖地区(624—628)—荆州都督府(628—742)—江陵郡都督府(742—756)—山南东道防御使(756)—江陵防御使(756—757)—荆南节度使(757—907)

武德二年(619),许绍以隋夷陵、澧阳、武陵三郡归唐,改夷陵郡为前峡州,澧阳郡为澧州,武陵郡为朗州,并取萧梁荆州地置江州,置峡州总管

---

① 《资治通鉴》武德三年九月:"王世充显州总管田瓒以所部二十五州来降,自是襄阳声问与世充绝。"《旧唐志》云:武德四年,显州总管"领显、北澧、纯三州"。按是时叶州无所属,翌年省入北澧州,故推测武德三年时已属显州总管府,今补。

② 《旧唐志》襄州序:"七年,罢行台为都督府,督襄、邓、唐、均、浙、重七州。"实列六州,"七州"前当有脱讹字,今据各州沿革补鄀、郦、湖、宛、淯五州,共十二州。"七"字当是"十二"之误。艾冲《唐代山南地域都督府建制的演替》改"七"为"十一",有弘州,无唐、湖二州,亦备一说。

府①，直属中央。三年，萧梁取江、澧、朗三州为直属州，遂罢总管府，前峡州改隶夔州总管府。五年，以山南道行台直辖荆、复、巴、朗、辰、澧、睦、江、平、崇、基十一州置荆州总管府，隶山南道行台，割安州总管府沔州、夔州总管府前峡州来属②。六年，改江州为东松州，平州为玉州，巴州为岳州。七年，改为荆州大都督府直辖地区，沔、复二州隶淮南道安州都督府，废崇、基二州③。八年，废睦、玉二州。贞观二年（628），复为荆州都督府，属山南道。八年，置巫州，废东松州。十年，割辰、巫二州隶黔州都督府。十三年，荆州都督府督荆、岳、朗、澧、前峡五州④。十七年，复置郢州。

显庆五年（660），割郢州隶淮南道安州都督府，澧州隶江南道黔州都督府⑤。前上元二年（675），复割黔州都督府澧州来属。

武周长安四年（704），荆州都督府督荆、岳、朗、澧、前峡五州。

唐景云二年（711），隶山南东道，割岳州直属江南西道。开元二十五年，割澧、朗二州直属江南西道⑥。

天宝元年（742），割淮南道安州都督府复州及江南西道直属朗、澧二州来属，改荆州为江陵郡，复州为竟陵郡，朗州为武陵郡，澧州为澧阳郡，前峡州为夷陵郡。十三载，江陵郡都督府督江陵、竟陵、武陵、澧阳、夷陵五郡。十四载，割安陆郡都督府富水郡来属。至德元载（756），以江陵、竟陵、武陵、澧阳、夷陵、富水

---

① 史志不载置峡州总管府事。按《旧唐书》卷59《许绍传》云："大业末，为夷陵郡通守。王世充篡位，乃率黔安（当为夷陵）、武陵、澧阳等诸郡遣使归国，授（陕）〔峡〕州刺史。"《旧唐书》卷67《李靖传》云："萧铣据荆州，遣靖安辑之，既至峡州，阻萧铣，久不得进。高祖怒其迟留，阴敕峡州都督许绍斩之。"可见许武德二年率武陵、澧阳等郡归唐后，曾任峡州总管，《李靖传》误书"总管"为"都督"。
② 《旧唐志》荆州序云是年荆州总管府管荆、辰、朗、澧、东松、沈、基、复、巴、睦、崇、峡、平十三州。按东松州即江州，沈州未见史载，当为"沔"之讹误。艾冲《唐代山南地域都督府建制的演替》以为"沈"字为"江"之误，按《旧唐志》硖州宜都县条，江州系武德六年东松州更名而来，不当于武德五年与东松州并列，艾说误。
③ 《旧唐志》荆州序："武德七年，其沈、复、睦、崇四州并不统。""沈、复、睦、崇"当为"沔、复、基、崇"之讹误。
④ 《括地志·序略》朗、岳二州仍列于江南道，而脱澧州，疑有误。
⑤ 显庆五年《册纪王慎为荆州都督文》（载《文苑英华》卷444）云："命尔为使持节都督荆（岐）〔峡〕岳朗等四州诸军事、荆州刺史。"《唐任雅相墓志》亦载：龙朔元年追赠雅相为"使持节都督荆硖岳朗四州诸军事"，知郢、澧二州已改他属，据地理形势当分别归于山南直属和江南黔州都督府。《旧唐志》荆州序又云："龙朔二年，升为大都督府，督硖、岳、复、郢四州。"《太平寰宇记》补荆州，云"督荆、硖、岳、复、郢五州"。然据艾冲《唐代山南地域都督府建制的演替——兼论唐后期山南地域的节度使建制》（载《荆楚历史地理与长江中游开发》）、罗凯《隋唐政治地理格局研究》第228—229页考证，龙朔二年至前上元年间（罗凯更认为至天宝末），荆州都督府只领荆、峡、岳、朗四州，故疑《旧唐志》《寰宇记》"复郢"二字为"荆朗"二字之误。
⑥ 考详本编第九章《江南西道》第三节"直属地区"序注。

六郡及山南东道巴东、云安、南浦、南宾四郡置山南东道防御使①,治江陵郡,江陵郡都督成虚职。是年,改山南东道防御使为江陵防御使,割云安、巴东、夷陵、南浦、南宾五郡隶夔州防御守捉使。二载,升为荆南节度使,均治江陵郡。

乾元元年(758),复江陵郡为荆州,富水郡为郢州,竟陵郡为复州,武陵郡为朗州,澧阳郡为澧州,以废夔峡节度使之夔、归、峡、万、忠五州来属。二年,割澧、朗二州隶澧朗溪都团练使,夔、归、峡、万、忠五州隶夔忠等州都防御使。后上元元年(760),以废澧朗溪都团练使之澧、朗二州,废夔忠等州都防御使之夔、归、峡、万、忠五州来属,升荆州为江陵府,割郢、复二州隶山南东道节度使。二年②,以江南西道废衡州防御使之衡、道、永、邵、潭五州,废鄂岳沔都团练使之岳州,岭南道废韶连郴都团练使之连、郴二州并割黔中道黔中节度使涪州来属。广德二年(764),割夔、万、忠、涪四州隶夔忠等州都防御使,衡、郴、连、道、永、邵、潭七州隶江南西道湖南都团练守捉观察处置使。永泰元年(765),割岳州隶江南西道鄂岳都团练观察使。大历二年(767),割归州隶夔忠等州都防御使。十四年,割澧、朗、峡三州隶澧朗峡都团练使。是年,以废澧朗峡都团练使之澧、朗、峡三州③,江南西道废鄂岳都团练观察防御使之岳州来属。贞元十九年(803),以废夔忠等州都防御使之夔、归、万、忠、涪五州来属。兴元元年(784),复割岳州隶鄂岳都团练观察使。元和三年(808),割夔、万、忠三州隶夔忠等州都防御使,涪州隶黔中道黔中经略观察使。十五年,荆南节度使领江陵府及朗、澧、峡、归四州,治江陵府。

大中二年(848),割黔中道黔中经略观察使涪州来属。是年,复割涪州隶黔中经略观察使。咸通十四年(873),荆南节度使领府州不变。

光化元年(898),割澧、朗二州隶武贞军节度使。

(一) 江陵郡(荆州)

荆州(618—742)—江陵郡(742—758)—荆州(758—760)—江陵府(760—907)

---

① 此前于天宝十四载,以江陵郡都督府五郡及山南道直辖巴东、云安、南浦、南宾四郡置山南东道防御使,治江陵郡,割淮南道安陆郡都督府富水郡来属。是年,升为江南东道节度使。然据本卷体例,方镇作为军政区一律从天宝十五载起算,故不录。
② 《新唐表》作"乾元二年",《旧唐志》、《太平寰宇记》荆州序系于"上元元年"。按《元和志》云:"上元二年,因黄荸峡有獠贼结聚,江陵节度吕諲请隶于江陵,置兵镇守。"今依之。
③ 《新唐表》云大历元年荆南节度复领澧、朗、涪三州。按其时涪州与荆州之间已隔夔忠镇,似不得相属,且《方镇研究》第120页已证大历元年之前澧、朗二州属荆南,未尝割出,此有衍误。今疑《新唐表》该条当置于大历十四年,原文为"荆南节度罢领澧朗峡三州,寻复"。

江陵郡，本隋南郡，领江陵、安兴、紫陵、公安、松滋、长阳①、宜昌、枝江、当阳、长林十县。武德元年，萧梁据为都城，改为荆州，以隋旧州为名，治江陵县。二年，唐取宜昌、长阳二县隶江州。四年，归唐，直属山南道行台，置石首县，割长林县隶基州，当阳县隶平州，省紫陵县。五年，置荆州总管府。七年，直属荆州大都督府，以废基州之长林县来属。八年，以废玉州之当阳县来属。贞观元年，隶荆州都督府，以废郢州之章山县来属。八年，省章山县。十三年，荆州领江陵、安兴、石首、公安、松滋、枝江、当阳、长林八县，治江陵县。十七年，省安兴县。

武周长安四年，荆州领江陵、石首、公安、松滋、枝江、当阳、长林七县，治江陵县。

唐开元四年，为山南东道按察使治。二十一年，为采访使治。二十二年，为采访处置使治。二十五年，移道治于襄州。

天宝元年，改为江陵郡，以江陵县为名，隶江陵郡都督府，移山南东道采访处置使于襄阳郡。十三载，江陵郡领江陵、石首、公安、松滋、枝江、当阳、长林七县，治江陵县。十四载，自襄阳郡移道治于此。至德元载，隶山南东道防御使。是年，隶江陵防御使。二载，隶荆南节度使，均为使治。

乾元元年，复为荆州。后上元元年，升为江陵府，以旧江陵郡为名，置南都②，并置长宁县。二年，罢南都③，省枝江县。宝应元年，复置南都④。是年，又罢南都⑤。大历六年，复置枝江县，省长宁县。贞元二十一年，置荆门县。元和十五年，江陵府领江陵、石首、公安、松滋、枝江、当阳、长林、荆门八县，治江陵县。

咸通十四年，江陵府领县不变。

1. 江陵县（618—907）

本隋南郡旧县，武德元年，隶荆州，为州治。四年，省紫陵县来属。贞观十七年，省安兴县来属。天宝元年，隶江陵郡，为郡治。乾元元年，复隶荆州，为州治。后上元元年，隶江陵府，为府治，析置长宁县。大历六年，省长宁县来属。

附旧县1：紫陵县（618—621）

本隋南郡旧县，武德元年，隶荆州。四年，省入江陵县⑥。

---

① 《隋志》作"长杨"，按《太平寰宇记》峡州长阳县："隋开皇八年，李伯禽据县背陈入隋，即改伥山县为长阳县，南崖有长阳溪，因以为名。"据改。
② 《唐会要》卷68。
③ 《资治通鉴》宝应元年建卯月胡三省注。
④ 《资治通鉴》宝应元年建卯月。
⑤ 《玉海》卷16。
⑥ 《大清一统志》卷268荆州府："紫陵废县，在江陵县东，隋置县，唐初废。"

附旧县 2：安兴县(618—643)

本隋南郡旧县，武德元年，隶荆州。贞观十七年，省入江陵县。

附新县：长宁县(760—771)

后上元元年①，析江陵县置长宁县，借南朝荆州永宁郡旧县为名，与江陵县分治州郭，隶江陵府。二年，省枝江县来属。大历六年，复析置枝江县，省长宁县入江陵县。

2. 石首县(621—907)

武德四年，析巴州华容县置石首县，以晋旧县为名②，治石首山(今湖北石首市大垸镇滩夹村)③，割隶荆州。显庆元年(656)，移治阳岐山下(今石首市笔架山街道)④。天宝元年，隶江陵郡。乾元元年，复隶荆州。后上元元年，隶江陵府。

3. 公安县(618—907)

本隋南郡旧县，武德元年，隶荆州。天宝元年，隶江陵郡。乾元元年，复隶荆州。后上元元年，隶江陵府。

4. 松滋县(618—907)

本隋南郡旧县，武德元年，隶荆州。天宝元年，隶江陵郡。乾元元年，复隶荆州。后上元元年，隶江陵府。

5. 枝江县(618—761，771—907)

本隋南郡旧县，武德元年，隶荆州。天宝元年，隶江陵郡。乾元元年，复隶荆州。后上元元年，隶江陵府。二年，省入长宁县。大历六年，复析长宁县置枝江县，仍隶江陵府。

6. 当阳县(618—907)

本隋南郡旧县，武德元年，隶荆州。四年，割隶平州，为州治，并析置临沮县。六年，隶玉州。八年，州废，省临沮县来属，当阳县还隶荆州。天宝元年，隶江陵郡。乾元元年，复隶荆州。后上元元年，隶江陵府。

附旧县：临沮县(621—625)

武德四年，析当阳县置临沮县，以南朝旧县为名，治故临沮城(今湖北当阳市玉泉街道杨家河村)⑤，隶平州。六年，隶玉州。八年，州废，省入当阳县。

---

① 《旧唐志》、《太平寰宇记》作"二年"，今依《唐会要》、《新唐志》。
② 《州郡典》、《旧唐志》江陵郡荆州石首县云取县北石首山为名，亦可。
③ 《舆地纪胜》江陵府石首山引《元和志》佚文云："在石首县北江中。"《纪要》荆州府石首县："石首山，县北三里。"山在今石首市北江中，则唐初石首县当在今石首市大垸镇滩夹村。
④ 《太平寰宇记》荆州石首县："(州)东南水路二百里。"阳岐山，《旧唐志》原作"阳支山"，按《太平寰宇记》石首县："阳岐山，在县西一里。"据改。
⑤ 《大清一统志》卷 265 安陆府："临沮故城，在当阳县西北。"今依《地图集》定于当阳市杨家河村，旧属干溪镇。

7. 长林县(618—907)

本隋南郡旧县,武德元年,隶荆州。四年,割隶基州。七年,州废,还隶荆州。贞观八年,省章山县来属。天宝元年,隶江陵郡。乾元元年,复隶荆州。后上元元年,隶江陵府。贞元二十一年,析置荆门县。

附旧县:章山县(618—634)

本隋竟陵郡旧县,武德二年,隶郢州①。四年,割隶基州,为州治。七年,州废,还隶郢州。贞观元年,州废,改隶荆州。八年②,省入长林县。

附新县:荆门县(805—907)

贞元二十一年,析长林县置荆门县,其地为荆襄之要津,故名,治故长林城(今湖北荆门市东宝区龙泉街道),隶江陵府。

附旧州一:平州(621—623)—玉州(623—625)

武德四年,割荆州当阳县置平州,以南朝旧州为名,直属山南道行台,并置临沮县。五年,割隶荆州总管府。六年,改为玉州,以隋旧州为名。七年,直属荆州大都督府。八年,州废,省临沮县,当阳县还隶荆州。

附旧州二:基州(621—624)

武德四年,割郢州章山县、荆州长林县置基州,以隋旧州为名,治章山县,直属山南道行台。五年,割隶荆州总管府。七年,州废,章山县还隶郢州,长林县还隶荆州。

(二)夷陵郡(峡州)

夷陵郡(618—619)—前峡州(619—742)—夷陵郡(742—758)—峡州(758—907)

夷陵郡,本隋旧郡,领夷陵、夷道、远安三县。武德二年,许绍以郡来降,改为前峡州③,以隋旧州为名,治夷陵县,置峡州总管府,割夷道县隶江州。三

---

① 四库本《太平寰宇记》郢州:"唐武德四年立温州,于长寿县置郢州,章山、蓝水二县属焉。"章山,中华书局点校本作"京山"。按武德四年章山隶基州,京山隶温州,蓝水隶郢州,乐氏此处语意不明,然章山此前已隶郢州当无可疑。
② 两《唐志》、《太平寰宇记》长林县条系于"武德八年",今依《旧唐志》荆州序。
③ 《旧唐志》云:"武德四年,平萧铣,置峡州。"然据《旧唐书》卷59《许绍传》:"大业末,为夷陵郡通守。及江都弑逆,绍以郡遥属越王侗。王世充篡位,乃率黔安、武陵、澧阳等郡遣使归国,授〔陕〕〔峡〕州刺史。"则峡州非取自萧铣,今改。

年,罢峡州总管府,前峡州改隶夔州总管府。四年,归唐。五年,割隶荆州总管府。七年,直属荆州大都督府。贞观元年,隶荆州都督府。八年,以废东松州之宜都、长阳、巴山三县来属。十三年,前峡州领夷陵、远安、宜都、长阳、巴山五县,治夷陵县。

武周长安四年,前峡州领县不变。

唐天宝元年,复为夷陵郡,隶江陵郡都督府。八载,省巴山县。十三载,夷陵郡领夷陵、远安、宜都、长阳四县,治夷陵县。至德元载,隶山南东道防御使。是年,割隶夔州防御守捉使。二载,隶夔峡节度使。

乾元元年,改为峡州,改隶荆南节度使。二年,割隶夔忠等州都防御使,治夔州。后上元元年,还隶荆南节度使。大历十四年,割隶澧朗峡都团练使。是年,还隶荆南节度使。元和十五年,峡州领县一如天宝十三载。

咸通十四年,峡州领县不变。

天祐四年,峡州归后梁①。

1. 夷陵县(618—907)

本隋夷陵郡旧县,武德二年,隶前峡州,为州治。三年,析置后夷陵县。四年,省后夷陵县来属,移治下牢戍②(今湖北宜昌市西陵区夜明珠街道下捞溪村)。贞观九年,移治步阐垒③(今宜昌市西陵区学院街道)。天宝元年,隶夷陵郡,为郡治。乾元元年,隶峡州,为州治。

附旧县:后夷陵县(620—621)

武德三年,析夷陵县置后夷陵县,治安蜀城(今宜昌市点军区点军街道杨柳池村东北江岸)④,隶后峡州,为州治⑤。四年,州废,省入夷陵县。

---

① 《新五代史》卷60《职方考》以峡州归前蜀,今依《资治通鉴》卷264、265、274胡三省注,考详杨光华《前蜀与荆南疆界辩误》(载《西南师范大学学报》1993年第4期)。
② 《旧唐志》峡州夷陵县作"夷陵府",《旧唐志》、《太平寰宇记》峡州序作"下牢镇"。按《舆地纪胜》峡州下牢镇引《元和志》佚文:"在夷陵县〔西〕二十八里,隋于此置峡州,贞观九年移于步阐垒,其旧城因置镇。"今依《新唐志》作"下牢戍"。
③ 《旧唐志》、《太平寰宇记》作"故陆抗垒",按《纪要》夷陵州下牢城引工氏语曰,"今治即步阐垒,其陆抗城则在州东五里。"今依《舆地纪胜》峡州下牢镇引《元和志》佚文及《新唐志》。
④ 《陈书》卷11《章昭达传》:太建二年,"周兵又于(西陵)峡下南岸筑垒,名曰安蜀城。"《大明一统志》荆州府:"安蜀城:后周军于峡口筑垒以备陈,名安蜀城。"
⑤ 史志不载此事。按《旧唐书》卷59《许绍传》:"及萧铣将董景珍以长沙来降,命绍率兵应之。时萧铣遣其将杨道生围峡州,绍纵兵击破之。江南岸有安蜀城,与峡州相对,次东有荆门城,皆险峻,铣并以兵镇守。"董景珍降唐在武德三年十一月,是时萧铣占有安蜀城,围峡州,当已占领夷陵县、宜都县。《资治通鉴》武德四年十月:"铣将文士弘将精兵数万屯清江。""清江"即清江口,夷道县城所在,可证是时夷道县确属萧梁。又《新唐志》载:武德四年重置江州时,以峡州夷道县隶之,则知萧梁时夷道县仍隶峡州,此峡州当即萧梁所置,与许绍之峡州别为一州。因补。

2. 远安县(618—907)

本隋夷陵郡旧县,武德二年,隶前峡州。天宝元年,隶夷陵郡。乾元元年,隶峡州。

3. 宜昌县(618—619)—宜都县(619—907)

宜都县,本隋南郡宜昌县,武德元年,隶荆州。二年,割隶江州①,为州治,改为宜都县。三年,隶后峡州②。四年,复隶江州,仍为州治。六年,隶东松州,为州治。贞观八年,州废,省夷道县来属,宜都县改隶前峡州。天宝元年,隶夷陵郡。乾元元年,隶峡州。

附旧县:夷道县(618—634)

本隋夷陵郡旧县,武德二年,割隶江州。三年,隶后峡州。四年,复隶江州。六年,隶东松州。贞观八年,州废,省入宜都县。

4. 长阳县(618—907)

本隋南郡旧县,武德元年,隶荆州。二年,隶江州。三年,隶后峡州③。四年,割隶睦州,为州治,并析置巴山、盐水二县。八年,州废,改隶东松州。贞观八年,东松州废,长阳县改隶前峡州。天宝元年,隶夷陵郡。八载,省巴山县来属。乾元元年,隶峡州。

附旧县1:巴山县(621—749)

武德四年,析长阳县置巴山县,以隋清江郡旧县为名,治故巴山城(今湖北长阳县鸭子口乡巴山村)④,隶睦州。八年,州废,省盐水县来属,巴山县改隶东松州。贞观八年,州废,改隶前峡州。天宝元年,隶夷陵郡。八载,省入长阳县。

附旧县2:盐水县(621—634)

武德四年,析长阳县置盐水县,以隋清江郡旧县为名,治故盐水城(今湖

---

① 《旧唐志》但言武德二年置江州,不言所置为谁。按是时萧铣已改隋九江郡为江州,则此江州当为唐置。
② 《旧唐书》卷59《许绍传》:"及萧铣将董景珍以长沙来降,命绍率兵应之。时萧铣遣其将杨道生围峡州,绍纵兵击破之。江南岸有安蜀城,与峡州相对,次东有荆门城,皆险峻,铣并以兵镇守。"按董景珍降唐在武德三年十一月,是时萧铣占有安蜀城,围峡州,则江州宜都县固当重属萧梁。《资治通鉴》武德四年十月:"孝恭等拔其荆门、宜都二镇。"胡三省注:"萧铣置宜都镇于峡州夷道县。"可证。宜都镇即宜都县。
③ 史志不载长阳县隶江州、后峡州事,今依地理形势补。
④ 《太平寰宇记》峡州长阳县:"废巴山县,在县南七十里。即古捍关。"《大清一统志》卷273宜昌府:"巴山故城,在长阳县西。"则实在长阳县西南清江岸。

北巴东县水布垭镇泗淌坪)①,割隶睦州。八年,州废,省入巴山县②。

附旧州一:江州(619—620)—后峡州(620—621)—江州(621—623)—东松州(623—634)

武德二年,取萧梁荆州宜昌、长阳二县置江州,以隋旧州为名,治宜昌县,隶峡州总管府,并以隋夷陵郡夷道县来属。是年,改宜昌县为宜都县。三年,直属萧梁,改为后峡州,置后夷陵县,以为州治。四年,复归唐,仍为江州,还治宜都县,直属山南道行台,割长阳县隶睦州,省后夷陵县。五年,隶荆州总管府。六年,改为东松州,以隋旧州为名。七年,直属荆州大都督府。八年,以废睦州之长阳、巴山二县来属。贞观元年,隶荆州都督府。八年,州废,省夷道县,宜都、长阳、巴山三县改隶峡州。

附旧州二:睦州(621—625)

武德四年,平萧梁,以废后峡州之长阳县置睦州,以隋旧州为名,并置巴山、盐水二县③,直属山南道行台。五年,割隶荆州总管府。七年,直属荆州大都督府。八年,州废,省盐水县,长阳、巴山二县改隶东松州。

(三)澧阳郡(澧州)

澧阳郡(618—619)—澧州(619—742)—澧阳郡(742—758)—澧州(758—907)

澧阳郡,本隋旧郡,领澧阳、屖陵、安乡、石门、慈利、崇义六县。武德二年,归唐④,改为澧州,隶峡州总管府。三年,直属萧梁⑤,割崇义县隶崇州。

---

① 《大明一统志》卷66施州卫军民指挥使司:"废亭州,在卫城东一百七十里,后周置,以都亭山为名,隋并为庸州,徙置盐水县。"盖在今泗淌坪,没入水布垭水库中。
② 《旧唐志》峡州巴山县:"(武德)四年,废江州及盐水县,以巴山县属睦州。"按盐水县治今巴东县与江州中隔长阳、巴山二县,不得相隶,且据《新唐志》,盐水县初属睦州,与睦州同废于武德八年,显然《旧唐志》所载有误,今不取。又,《新唐志》以废盐水县系于长阳县条,则盐水县当省入巴山县,其后,再省巴山县入长阳县。《地图集》唐山南东道图以废盐水县地属巴东县,不详所据,亦不取。
③ 《旧唐志》峡州巴山县:"武德四年,置江州,领巴山、盐水二县。"按江州与巴山、盐水二县中隔长阳县,江州不得领此二县,"江州"当系"睦州"之误,中华书局点校本改"四年"为"二年",而不改"江州"为"睦州",显失当。今依《新唐志》。
④ 《旧唐书》卷59《许绍传》:"大业末,为夷陵郡通守。及江都弑逆,绍以郡遥属越王侗。王世充篡位,乃率黔安、武陵、澧阳等诸郡遣使归国。"
⑤ 《资治通鉴》武德四年正月:"黔州刺史田世康攻萧铣五州四镇,皆克之。"此五州当即后峡、澧、朗、辰、施,可知此前澧州已为萧梁所据。

四年,复归唐,直属山南道行台。五年,割隶荆州总管府。七年,直属荆州大都督府,以废崇州之崇义县来属。贞观元年,隶荆州都督府,省孱陵县。十三年,澧州领澧阳、安乡、石门、慈利、崇义五县,治澧阳县。

显庆五年,隶黔州都督府。麟德元年(664),省崇义县。前上元二年,还隶荆州都督府。

武周长安四年,澧州领澧阳、安乡、石门、慈利四县,治澧阳县。

唐开元二十五年,直属江南西道。

天宝元年,复为澧阳郡,还隶山南东道江陵郡都督府。十三载,澧阳郡领澧阳、安乡、石门、慈利四县,治澧阳县。至德元载,隶山南东道防御使。是年,隶江陵防御使。二载,隶荆南节度使。

乾元元年,复为澧州。二年,割隶澧朗溪都团练使,为使治。后上元元年,罢镇,还隶荆南节度使。大历十四年,割隶澧朗峡都团练使,为使治。是年,罢镇,还隶荆南节度使。元和十五年,澧州领县一如天宝十三载。

咸通十四年,澧州领县不变。

光化元年,割隶武贞军节度使。

1. **澧阳县**(618—907)

本隋澧阳郡旧县,武德二年,隶澧州,为州治。天宝元年,隶澧陵郡,为郡治。乾元元年,复隶澧州,为州治。

2. **安乡县**(618—907)

本隋澧阳郡旧县,武德二年,隶澧州。贞观元年,省孱陵县来属。天宝元年,隶澧陵郡。乾元元年,复隶澧州。

附旧县:孱陵县(618—627)

本隋澧阳郡旧县,武德二年,隶澧州。贞观元年,省入安乡县。

3. **石门县**(618—907)

本隋澧阳郡旧县,武德二年,隶澧州。天宝元年,隶澧陵郡。乾元元年,复隶澧州。

4. **慈利县**(618—907)

本隋澧阳郡旧县,武德二年,隶澧州。麟德元年,省崇义县来属。天宝元年,隶澧陵郡。乾元元年,复隶澧州。

附旧县:崇义县(618—664)

本隋澧阳郡旧县,武德二年,隶澧州。三年,割隶崇州,为州治。七年,州废,还隶澧州。麟德元年,省入慈利县。

附旧州：崇州(620—624)

武德三年，萧梁割澧州崇义县置崇州，为直属州，以隋旧州为名。四年，直属唐山南道行台。五年，割隶荆州总管府。七年，州废，崇义县还隶澧州。

(四) 武陵郡(朗州)

武陵郡(618—619)—朗州(619—742)—武陵郡(742—758)—朗州(758—907)

武陵郡，本隋旧郡，领武陵、龙阳二县。武德二年，归唐①，改为朗州，隶峡州总管府。三年，直属萧梁②。四年，复归唐，直属山南道行台。五年，割隶荆州总管府。七年，直属荆州大都督府。贞观元年，隶荆州都督府。十三年，朗州领武陵、龙阳二县，治武陵县。

武周长安四年，朗州领县不变。

唐开元二十五年，直属江南西道。

天宝元年，复为武陵郡，还隶山南东道江陵郡都督府。十三载，武陵郡领武陵、龙阳二县，治武陵县。至德元载，隶山南东道防御使。是年，隶江陵防御使。二载，隶荆南节度使。

乾元元年，复为朗州。二年，割隶澧朗溪都团练使。后上元元年，还隶荆南节度使。大历十四年，割隶澧朗峡都团练使。是年，还隶荆南节度使。元和十五年，朗州领县一如天宝十三载。

咸通十四年，朗州领县不变。

光化元年，割隶武贞军节度使，为使治。

1. 武陵县(618—907)

本隋武陵郡旧县，武德二年，隶朗州，为州治。天宝元年，隶武陵郡，为郡治。乾元元年，复隶朗州，为州治。

2. 龙阳县(618—907)

本隋武陵郡旧县，武德二年，隶朗州。天宝元年，隶武陵郡。乾元元年，复隶朗州。

---

① 《旧唐书》卷59《许绍传》："大业末，为夷陵郡通守。及江都弑逆，绍以郡遥属越王侗。王世充篡位，乃率黔安、武陵、澧阳等郡遣使归国。"
② 《资治通鉴》武德四年正月："黔州刺史田世康攻萧铣五州四镇，皆克之。"此五州当即江、澧、朗、辰、施，可知此前朗州已为萧梁所据。

（五）竟陵郡（复州）

沔阳郡(618—619)—复州(619—742)—竟陵郡(742—758)—复州(758—907)

竟陵郡，本隋沔阳郡，领沔阳、监利、竟陵、汉阳四县①。隋末，周法明以附李魏②，隶黄州总管府。武德元年，直属朱楚③。二年，直属萧梁，改为复州④，而唐取汉阳县隶沔州。四年，复归唐，直属山南道行台。五年，割隶荆州总管府，移治竟陵县。七年，还隶安州都督府。贞观六年，直属淮南道。七年，还治沔阳县，复隶安州都督府。十三年，复州领沔阳、监利、竟陵三县，治沔阳县。

武周长安四年，复州领县不变。

唐天宝元年，改为竟陵郡，以竟陵县为名，割隶山南东道江陵郡都督府。十三载，竟陵郡领沔阳、监利、竟陵三县，治沔阳县。至德元载，隶山南东道防御使。是年，隶江陵防御使。至德二载，隶荆南节度使。

乾元元年，复为复州。后上元元年，割隶山南东道节度使。宝应二年(763)，移治竟陵县。元和十五年，郢州领竟陵、沔阳、监利三县，治竟陵县。

咸通十四年，复州领县不变。

文德元年，隶忠义军节度使。天祐三年，复隶山南东道节度使。

1. 沔阳县(618—907)

本隋沔阳郡旧县，武德二年，隶复州，为州治。五年，移州治于竟陵县。贞观七年，复自竟陵县移州治于此。天宝元年，隶竟陵郡，为郡治。乾元元年，复隶复州，为州治。宝应二年，再移州治于竟陵县。

2. 监利县(618—907)

本隋沔阳郡旧县，武德二年，隶复州。天宝元年，隶竟陵郡。乾元元年，

---

① 《隋志》沔阳郡有甑山县，共五县。按唐初史志不载甑山县，武德二年时，其地已属汉阳县，并新置汉川县（详参本编第七章《淮南道》第三节"安陆郡都督府"汉阳郡沔州），则甑山县隋末已废入汉阳县，今删。

② 《资治通鉴》武德四年五月："前真定令周法明，法尚之弟也，隋末，结客袭据黄梅，遣族子孝节攻蕲春，兄子绍则攻安陆，子绍明攻沔阳，皆拔之。"《旧唐书》卷53《李密传》："李密袭破黎阳仓，据之，永安大族周法明举江、黄之地以附密。"

③ 史志不载此事。按隋末周法明据永安、蕲春、安陆、沔阳四郡，以附魏王李密，然《旧唐书》卷59《朱粲传》云："大业末……引军渡淮，屠竟陵、沔阳。"《旧唐书》云："武德四年，平朱粲，分沔阳郡置沔州。"知李密败后周法明转附楚帝朱粲。李密败在武德元年九月，朱粲称帝在是年十月，翌年闰二月降唐，则沔阳郡转附朱粲当在武德元年，今补。

④ 《元和志》、《旧唐志》并云武德五年改沔阳郡为复州。按唐初唯朱楚行郡制，李唐、王郑、萧梁皆行州制，则最初改郡为州，当是武德二年萧梁所为。《元和志》复州竟陵县："武德初，又属复州。"《旧唐志》复州沔阳县："隋置沔阳郡，武德初，改为复州，皆治此县。"可证，今改。

复隶复州。

3. 竟陵县(618—907)

本隋沔阳郡旧县,武德二年,隶复州。五年,自沔阳县移州治于此。贞观七年,复移州治于沔阳县。天宝元年,隶竟陵郡。乾元元年,复隶复州。宝应二年,再自沔阳县移州治于此。

附旧府　澧朗溪都团练使(759—760)—澧朗峡都团练使(779)—武贞军节度使(898—907)

乾元二年(759),割荆南节度使澧、朗二州及黔中道黔中节度使溪州置澧朗溪都团练使,治澧州,仍属山南东道。后上元元年(760),罢镇,澧、朗二州还隶荆南节度使,溪州还隶黔中节度使。大历十四年(779),割荆南节度使澧、朗、峡三州置澧朗峡都团练使,治澧州,仍属山南东道。是年,罢镇,澧、朗、峡三州还隶荆南节度使。

光化元年(898),割荆南节度使朗、澧二州及黔中道武泰军节度使溪州置武贞军节度使,治朗州,仍属山南东道。

附旧国一　萧铣大梁国(617—621)

隋末,萧铣取隋巴陵、九江、江夏、豫章四郡建梁国,称梁王,建元鸣凤,以巴陵郡为都城。武德元年(618),称帝,署置百官,一准南朝梁故事,取隋南、沅陵、长沙、衡山、桂阳、零陵、熙平七郡,又取林楚宜春郡,李袭志以始安、永平二郡,宁长真以宁越、郁林、合浦、徐闻四郡,丘和以交趾、九真、日南、林邑、海阴、匕景六郡来属①,置龙平、徐闻二郡。寻迁都南郡,改南郡为荆州,巴陵郡为巴州,为直属州,并置郢、鄀二州;改九江郡为江州,江夏郡为鄂州,豫章郡为洪州,以置江州总管府,并置高州;改长沙郡为潭州,宜春郡为袁州,衡山郡为衡州,桂阳郡为郴州,零陵郡为永州,沅陵郡为辰州,以置潭州总管府,并置番、建二州;改始安郡为桂州,龙平郡为静州,熙平郡为连州,永平郡为藤州,以置桂州总管府;改宁越郡为钦州,郁林郡为南定州,合浦郡为合州,徐闻郡为南合州,以置钦州总管府,并置南州;改交趾郡为交州,九真郡

---

① 《旧唐书》卷56《萧铣传》:"义宁二年,僭称皇帝。……隋将张镇州、王仁寿击之不能克,及闻隋灭,镇州因与宁长真等率岭表诸州尽降于铣。……遣其将杨道生攻陷南郡,张绣略定岭表,〔东〕(西)至三硖,南尽交趾,北拒汉川,皆附之,胜兵四十余万。"《旧唐书》卷59《丘和传》:"铣遣长真率百越之众渡海侵和,和遣高士廉率交、爱首领击之。……会旧骁果从江都还者,审知隋灭,遂以州从铣。"

为爱州,日南郡为驩州①,林邑郡为林州,海阴郡为海州,匕景郡为匕州,以置交州总管府。是年,取林楚袁州,以隶潭州总管府,而洪州归林楚。二年,取朱楚沔阳郡,改为复州,为直属州;邓文进取林楚广、端二州来属,以置广州总管府,并置新州;林楚属部冯盎以高、泷、封、崖、儋、振六州来属,仍置高州总管府。三年,取唐峡州总管府江、澧、朗三州及信州总管府施州②,并置崇州,皆为直属州,改江州为后峡州;又取唐通、开二州,以置通州总管府③。是年,唐取通州总管府④。四年,置严、南晋二州,隶江州总管府;王郑安州总管府来归;唐取后峡、澧、朗、辰、施五州。是年,萧梁亡,直属荆、郢、鄀、复、巴五州及安、江、潭、广、高、桂、钦、交八州总管府归唐。

附旧国二　朱粲楚国(618—619)

武德元年十月,朱粲取隋南阳、淯阳、淮安、汉东、舂陵、竟陵、襄阳七郡以为楚国,称帝,建元昌达,以南阳郡为都城。是年,取李魏豫州总管府申州,改为义阳郡;取唐直属淅州,废之;李魏属部周法明以黄州总管府黄、蕲、复、安四州来属,改为永安、蕲春、沔阳、安陆四郡,罢总管府。二年,田瓒、杨士林取其淮安、义阳、汉东、舂陵四郡归唐。是年,朱粲、周法明亦以南阳、淯阳、襄阳、永安、蕲春、安陆六郡归唐,而沔阳、竟陵二郡为萧梁所取,楚国亡。

附旧行台府　显州道行台(619—620)—襄州行台(620—621)—山南道行台(621—624)—安州大都督府(624—628)

武德二年,朱粲及属部田瓒、周法明、卢祖尚等归唐,以其地置显州道行

---

① 《旧唐书》卷56《萧铣传》云:隋将张镇州等闻隋灭,"率岭表诸州尽降于铣","高祖诏夔州总管赵郡王孝恭率兵讨之,拔其通、开二州,斩伪东平郡王萧阇提。……及大军将至,铣江州总管盖彦举以五州降。……其交州总管丘和、长史高士廉、司马杜之松等先来谒铣,闻兵败,便诣李靖来降。"可知萧铣移都江陵后不久已改郡为州。
② 史志不载萧梁取辰州事。按《元和志》辰州卢溪县:"隋末,萧铣于此置卢溪县,以南溪为名,武德后,因而不改。"溪州大乡县:"大乡县:萧梁置。"据补。
③ 《资治通鉴》武德三年二月壬子:"开州蛮冉肇则陷通州。三月乙酉,蛮酋冉肇则寇信州,赵郡公孝恭与战不利,李靖将兵八百袭击,斩之,俘五千余人。己丑,复开、通二州。孝恭又击萧铣东平王萧阇提,斩之。"《资治通鉴考异》卷9:"盖肇则先据开州,又陷通州,以地附铣,铣使阇提助之耳。"按通、开二州深入巴地,萧铣以东平王镇之,当置总管府,因补。
④ 《旧唐书》卷56《萧铣传》系于武德元年,误。详前注所引《资治通鉴》。

台,并置邓、随、黄三州总管府,行台治显州。三年,王郑取唐显州道行台,移行台于襄州,改为襄州行台,置显、安二州总管府;唐取其地置光州总管府,隶东南道行台。是年,显州总管府归唐。四年,平王郑,得其襄州行台及所统邓、随、黄、安四州总管府,改襄州行台为山南道行台(亦称襄州道行台);割中央直属金、夔、通三州总管府及西南道行台利州总管府、陕东道行台显州总管府,东南道行台光、寿二州总管府来属,罢邓、随二州总管府,安州总管府归萧梁。是年,平萧梁,得其直属地区及安、江、潭、广、高、桂、钦、交八州总管府,改交州总管府为宋州总管府,置南康、南尹二州总管府;平汪吴,置歙州总管府①,俱来属。五年,平林楚,取洪州总管府来属,置南昌、循二州总管府;升荆州总管府为荆州大总管府,并割潭、桂、南尹、钦、宋、高、南康、广、循九州总管府隶之。六年,取辅宋庐、猷二州总管府来属,改庐州总管府为舒州总管府;张善安取洪、南昌二州总管府归辅宋西南道行台。是年,辅宋西南道行台张善安复以洪、南昌二州总管府来归。七年,改总管府为都督府,升安州总管府为安州大都督府,置襄州都督府,并显、光、黄、江、洪五州都督府割隶安州大都督府;罢山南道行台及金、南昌二州总管府;夔、通、利三州都督府直属中央;猷、歙、舒、寿四州都督府隶东南道行台。贞观元年,以废广州大都督府之广、高二州都督府及割扬州大都督府之循州都督府属安州大都督府,罢显、光、黄、江四州都督府,安州大都督府直辖安、沔、复、温、随②、显、北澧、申、光、黄、蕲十一州③。是年,置崖州都督府。二年,降安州大都督府为安州都督府④,显、北澧二州直属河南道,襄、洪二州都督府属山南道,广、高、崖三州都督府属岭南道,废循州都督府。

---

① 《旧唐志》襄州序:"武德四年,置山南道行台,统交(即宋)、广、安、黄、寿等二百五十七州。"按武德四年底,山南道行台直辖二十四州,并统安(六州)、光(五州)、寿(三州)、黄(六州)、江(三州)、潭(九州)、广(三州)、南康(八州)、高(六州)、宋(十二州)、南尹(十一州)、钦(二州)、桂(九州)、夔(十九州)、通(九州)、利(九州)、金(九州)、显(四州)十八州总管府,共 百五十七州,《旧唐志》州数当有误。
② 《旧唐志》安州序误作"阳"。
③ 许敬宗《大唐故开府仪同三司尚书右仆射上柱国赠司〔徒〕□□□□文献公(高士廉)之〔茔〕兆记》(载《全唐文补编》卷13):"命公为安抚广高循五督府四十八州诸军事、安州大都督。"查《唐刺史考全编》,士廉贞观元年为安州大都督,是时安州大都督府直辖十一州,并统襄府九州、洪府八州、循府二州、广府十四州、高府四州,共五都督府,四十八州,与此正合。
④ 《旧唐志》安州:"(贞观)六年,罢都督府。"不载降安州大都督府为都督府时间。按此"六年"上接武德七年,脱"贞观"年号,因知其间有脱文,考并、益、荆、广四州大都督府皆于贞观二年降为都督府,则安州大都督府亦当降于是年,今补。

第十三章　山　南　西　道

山南西道(711—907)

景云二年①(711),割山南道直属通、开、渠、合、蓬、巴、利、兴、凤九州及梁州都督府置山南西道(监理区)。开元二十二年(734),以梁州都督兼山南西道采访处置使②。

天宝元年(742),改梁州都督府为汉中郡都督府③。十三载,山南西道有汉中郡都督府及一直属地区④,治汉中郡(见图18)。至德元载(756),以汉中郡都督府及山南西道直属地区合置山南西道防御使。

乾元二年(759),置兴凤都团练守捉使。后上元元年(760),罢兴凤都团练守捉使。宝应元年(762),升山南西道防御使为山南西道节度使。大历四年(769),复置兴凤都团练守捉使。元和十五年(820),山南西道有山南西道节度使、兴凤都团练守捉使二镇。

咸通十四年(873),山南西道仍有山南西道节度使、兴凤都团练守捉使二镇。

光启元年(885),置武定军节度使,升兴凤都团练守捉使为兴凤都防御使。二年,升兴凤都防御使为感义军节度使。是年,罢感义军节度使。文德元年(888),复置感义军节度使。乾宁四年(897),以感义军节度使改置昭武军节度使。天复二年(902),罢昭武军节度使。三年,置利州节度使。天祐二年(905),置巴渠开都团练使。三年,改利州节度使为利阆节度使,置兴文节度使。四年,山南西道节度使、武定军节度使、巴渠开都团练使、利阆节度使、兴文节度使五镇并归前蜀⑤。

---

① 《唐会要》卷70:"景云二年五月,出使者以山南控带江山,疆界阔远,于是分为山南东、西两道。"严耕望《景云十三道与开元十六道》亦持此说,今从之。
② 《册府元龟》卷162原作"二十三年",据严耕望《景云十三道与开元十六道》考改。
③ 《州郡典》序目山南西道有汉中、通川、巴川、清化、洋川、顺政、河池、益昌、咸安、盛山、始宁、南平、符阳、潾山十四郡,当为天宝元年之数,而脱阆中、南充二郡,实应为十六郡。
④ 据《唐刺史考全编》,景云中,有通州都督李朝隐。
⑤ 《新五代史》卷63《前蜀世家》载,唐天复中,王建遣王宗涤攻兴元,执山南西道节度使李继业,而武定军节度使拓拔思敬遂以其地降王建,"于是并有山南西道"。

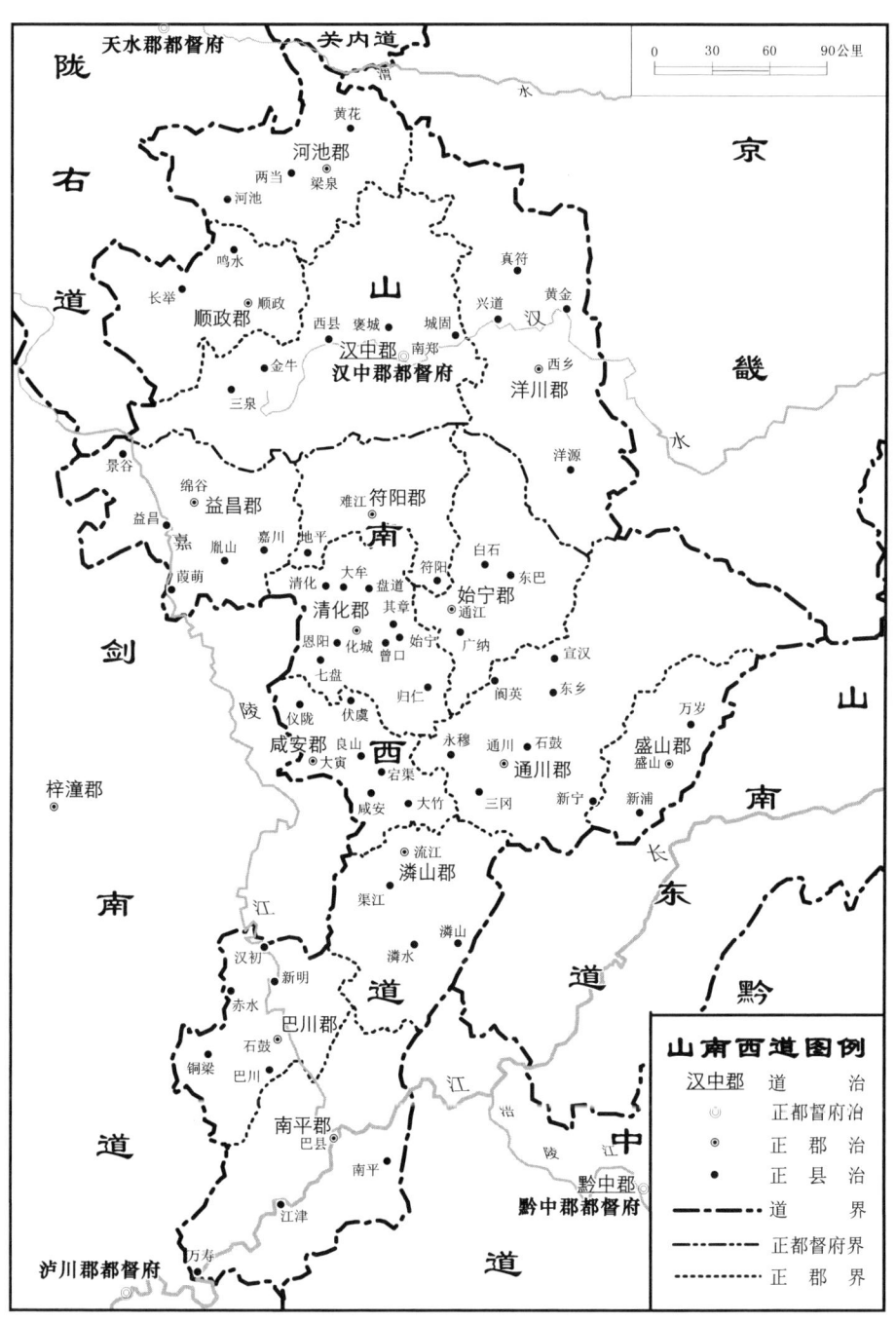

图 18　天宝十三载(754)唐朝山南西道行政区划

第一节　汉中郡(梁州)都督府

梁州总管府(618—624)—梁州都督府(624—632,634—643,649—742)—汉中郡都督府(742—756)—山南西道防御使(756—762)—山南西道节度使(762—907)

武德元年(618),唐革隋命,以梁、洋、集、巴、兴五州置梁州总管府①,直属中央。二年,置前襃州。四年,割洋州隶金州总管府。五年,割巴州隶通州总管府。七年,改为梁州都督府,以废金州总管府之洋州来属。八年,置壁州,废襃州。贞观元年(627),属关内道。二年,割属山南道。六年,罢都督府,梁、集、壁、兴、洋五州直属山南道。八年,以山南道直属梁、洋、壁、集四州复置梁州都督府,仍属山南道。十三年,梁州都督府督梁、洋、壁、集四州。十七年,复罢都督府,梁、洋、壁、集四州直属山南道。二十三年②,又割山南道直属梁、洋、壁、集四州置梁州都督府。

武周长安四年(704),梁州都督府督梁、洋、壁、集四州。

唐景云二年(711),隶山南西道,以兴、凤二州来属,壁、集二州直属山南西道③。开元十三年,改梁州为襃州,梁州都督府为襃州都督府。二十年,襃州复为梁州,襃州都督府复名梁州都督府。

天宝元年(742),改梁州为汉中郡,洋州为洋川郡,兴州为顺政郡,凤州为河池郡,改梁州都督府为汉中郡都督府。十三载,汉中郡都督府督汉中、洋川、顺政、河池四郡。至德元载(756),以汉中郡都督府四郡及山南西道直属通川、盛山、南平、巴川、潾山、咸安、清化、益昌、符阳、始宁十郡置山南

---

① 《旧唐志》梁州序:"武德元年,置梁州总管府,管洪、梁、洋、集、兴五州。"按唐初梁州一带无洪州,而巴州无所属,疑"洪"为"巴"之误,"四"为"五"之误。据《册府元龟》卷365及郁贤皓《唐刺史考全编》,武德二年庞玉为梁州总管时,巴州山獠王多馨叛,庞玉枭其首,亦证唐初巴州曾属梁州总管府。

② 《旧唐志》原作"显庆元年",其说当出《唐大诏令集》卷31载显庆元年正月《降太子忠为梁王诏》:"梁州仍置都督府。"然据《旧唐书》吴王恪、蒋王恽本传,贞观二十三年至永徽年间,二人先后授梁州都督,故知梁州都督府实复置于贞观末,《唐大诏令集》之"仍"字当作"继续"理解,非指复置。

③ 《大唐故太中大夫使持节都督梁凤兴洋等四州诸军事守梁州刺史上柱国南阳樊公(侃)墓志铭》(载《洛阳流散唐代墓志汇编续集》,国家图书馆出版社,2018年)云:开元间,樊侃督梁、凤、兴、洋四州,推知景云间分置山南西道时,已对梁州都督府辖境进行了调整,将兴、凤二州划入,壁、集二州划出,减少飞地,便于管理。

西道防御使,治汉中郡,并以陇右道废临洮郡都督府之武都郡来属①,汉中郡都督成虚职。是年,割剑南道直属南充郡及交川郡都督府阴平郡来属②。二载,改咸安郡为蓬山郡。

乾元元年(758),复汉中郡为梁州,洋川郡为洋州,始宁郡为壁州,通川郡为通州,盛山郡为开州,南平郡为渝州,巴川郡为合州,潾山郡为渠州,南充郡为果州,蓬山郡为蓬州,清化郡为巴州,符阳郡为集州,益昌郡为利州,阴平郡为文州,武都郡为武州,顺政郡为兴州,河池郡为凤州,割果州隶剑南道节度使。二年,割兴、凤二州隶兴凤都团练守捉使,割渝、合二州隶剑南道节度使。宝应元年(762),割巴、通、渠、蓬四州隶剑南道东川节度使。是年,复割剑南道东川节度使巴、通、渠、蓬四州来属,升为山南西道节度使,治梁州。大历元年(766),割剑南道东西川节度使果、阆、扶三州来属。二年,武州陷于吐蕃,置行武州,割隶陇右道陇右节度使。五年,扶州没于吐蕃。六年,改果州为充州。十年,复改充州为果州。兴元元年(784),升梁州为兴元府,仍为使治。贞元五年(789),割陇右节度使成州来属。元和十五年(820),山南西道节度使领兴元府及洋、壁、通、开、渠、蓬、果、阆、巴、集、利、文、成十三州,治兴元府。

大中三年(849),扶州自吐蕃来属,以京畿废陇右经略使之行武州来属,割成州隶陇右道秦成两州经略使。咸通五年(864),改行武州为武州,割隶陇右道天雄军节度使。十四年,山南西道节度使领兴元府及洋、壁、通、开、渠、蓬、果、阆、巴、集、利、文、扶十三州,治兴元府。

光启元年(885),割洋州隶武定军节度使。二年,以废感义军节度使之兴、凤二州来属。文德元年(888),割凤、兴、利三州隶感义军节度使,文州隶剑南道威戎军节度使。大顺二年(891),割扶州隶武定军节度使。景福元年(892),以剑南道废威戎军节度使之文州来属。二年,割阆、果二州隶武定军节度使。光化元年(898),割壁、蓬二州隶武定军节度使。天复二年(902),以废昭武军节度使之利、兴、凤三州来属。三年,割利州隶利州节度使。天祐二

---

① 《新唐书》卷158《严震传》云:"梁、汉间刀耕火耨,民采稆为食,吊领十五郡,而赋入才比东方数大县。自安、史乱后,户口流散。"其十五郡之数,即至德元载之数,当含武都郡。元和后刘禹锡《山南西道节度使厅壁记》(载《全唐文》卷606)所谓:"按梁州为都督治所,领十有五州。"盖沿用至德之数。艾冲《唐代山南地域都督府建制的演替》误以此十五州指永徽以后梁州都督府的行政格局,实不解贞观后山南道向有直属州之故。

② 《方镇研究》第131页考出至德元载割阴平郡隶山南西道防御使,大历元年割扶州隶山南西道节度使。然以地理形势观之,至德二载剑南道节度使割江油等郡隶东川节度使后,同昌郡(扶州)即与剑南道隔绝,推知同昌郡当与阴平郡于至德元载同时割隶山南西道。《唐故襄城县尉范阳卢公撝夫人河东裴氏墓志铭》(载《全唐文补遗》第四辑)云,墓主祖裴政曾"总山南西道十七州",即指至德元载后情形。

年(905),割巴、渠、开三州隶巴渠开都团练使。三年,割兴、集、文三州隶兴文节度使,通州隶利阆节度使。

(一) 汉中郡(梁州)

梁州(618—725)—后褒州(725—732)—梁州(732—742)—汉中郡(742—758)—梁州(758—784)—兴元府(784—907)

汉中郡,本隋汉川郡,领南郑、城固、兴势、黄金、西乡、难江、西、褒城八县。唐武德元年,改为梁州①,以隋旧州为名,治南郑县,置梁州总管府,改褒城县为褒中县,割兴势、黄金、西乡三县隶洋州,难江县隶集州。二年,改城固县为唐固县,割西县隶前褒州。三年,置白云县。七年,改总管府为都督府。八年,以废前褒州之西、金牛二县来属。九年,省白云县。贞观二年②,复改唐固县为城固县。三年③,复改褒中县为褒城县。六年,罢都督府,梁州直属山南道。八年,复置梁州都督府。十三年,梁州领南郑、金牛、西、褒城、城固五县,治南郑县。十七年,又罢都督府,梁州仍直属山南道。二十三年,再置梁州都督府。

武周长安四年,梁州领县一如贞观十三年。

唐开元十三年,以与凉州音近,改为后褒州,为褒州都督府治。二十年,复为梁州,为梁州都督府治。二十二年,为山南西道治。

天宝元年,改为汉中郡,以北朝旧郡为名,隶汉中郡都督府,割益昌郡三泉县来属。十三载,汉中郡领南郑、三泉、金牛、西、褒城、城固六县,治南郑县。至德元载,隶山南西道防御使,为使治。

乾元元年,复为梁州。宝应元年,隶山南西道节度使,为使治。兴元元年,因德宗迁幸于此,升为兴元府,以年号为名,仍为使治。元和十五年,兴元府领县一如天宝十三载。

宝历元年(825),省金牛县。咸通十四年,兴元府领南郑、三泉、西、褒城、城固五县,治南郑县。

1. 南郑县(618—907)

本隋汉川郡旧县,武德元年,隶梁州。开元十三年,隶后褒州。二十年,复隶梁州,均为州治。天宝元年,隶汉中郡,为郡治。乾元元年,仍隶梁州,为

---
① 《元和志》作"褒州",今依两《唐志》、《太平寰宇记》。
② 《旧唐志》梁州序作"三年",今依《元和志》、《旧唐志》、《新唐志》城固县。
③ 《旧唐志》梁州序作"五年",今依《旧唐志》、《新唐志》褒城县。

州治。兴元元年,隶兴元府,为府治。

2. 三泉县(621—907)

武德四年,析利州绵谷县置三泉县,以北朝旧县为名①,治故三泉城(今四川广元市朝天区转斗乡)②,割隶南安州,为州治。八年,州废,省嘉牟县来属,三泉县还隶利州。天宝元年,割隶汉中郡,移治关城仓陌(今宁强县阳平关镇擂鼓台)③。乾元元年,复隶梁州。兴元元年,隶兴元府。

附旧县:嘉牟④县(621—625)

武德四年,析利州绵谷县置嘉牟县,以嘉牟水为名,治嘉牟城(今宁强县高寨子镇赵家田坝)⑤,割隶南安州。八年,州废,省入三泉县。

3. 金牛县(619—825)

武德二年,析利州绵谷县置金牛县,相传秦有石牛出金,故以为名,治通谷镇(今宁强县代家坝镇大桥村)⑥,割隶前褒州。八年,州废,改隶梁州。开元十三年,隶后褒州。十八年,按察使韩朝宗移治白土店(今宁强县大安镇大安驿)⑦。二十年,复隶梁州。天宝元年,隶汉中郡。乾元元年,仍隶梁州。兴元元年,隶兴元府。宝历元年,省入西县⑧。

4. 西县(618—907)

本隋汉川郡旧县,武德元年,隶梁州。二年,割隶前褒州,为州治。八年,州废,还隶梁州,移治新城(今陕西勉县武侯镇)⑨。开元十三年,隶后褒州。

---

① 《太平寰宇记》兴元府三泉县:"后魏正始中,分置三泉县,以界内三泉山为名。"
② 《太平寰宇记》兴元府三泉县:"唐天宝元年,自今县西南一百二十里故县移理于嘉陵江东一里关城仓陌沙水西置,即今县理也。……三泉故城,在利州东北一百五十里。"今定于广元市朝天区转斗乡。《地图集》定于今广元市朝天区文安乡西南,按其地促狭,恐非置县之所,不取。
③ "关城仓陌",《旧唐志》作"沙溪之东",《太平寰宇记》兴元府三泉县作"关城仓陌沙水西"。《元和志》兴元府三泉县:"东北至府二百五十里。"《陕西省志》第二卷第657页、《中国文物地图集·陕西分册》下册第1031页定于今宁强县阳平关擂鼓台遗址,从之。
④ 今本《旧唐志》作"嘉平",按《新唐志》、《舆地广记》及《舆地纪胜》大安军引《旧唐志》皆作"嘉牟",今本《旧唐志》当误。
⑤ 《宁强县志》(陕西师范大学出版社,1995年)云嘉牟县在今宁强县罗village坝乡(即赵家田坝),今从之。
⑥ 《太平寰宇记》兴元府褒城县:"唐武德二年,分绵谷县于通谷镇置金牛县。……唐开元十八年,按察使韩朝宗自县西四十里故县移在白土店置,即今县是。"则武德故县在开元新县西四十里,即今宁强县代家坝镇大桥村。《陕西省志》第二卷第657页以为通谷镇在今宁强县黄坝驿牛圈关,《地名大辞典》第5332页以为自武德二年至宝历元年,金牛县治今宁强县大安镇金牛驿,均与《太平寰宇记》不合,不取。
⑦ 《元和志》兴元府金牛县:"东至府一百八十里。"《太平寰宇记》兴元府褒城县:"唐开元十八年,按察使韩朝宗自县西四十里故县移在白土店置,即今县是。南临东汉水,西临褒平水。"《陕西省志》第二卷第657页以为白土店在今宁强县大安镇金牛驿,今依《历史地名》第1597页定于宁强县大安驿。陈平水,盖即今庙坝河。
⑧ 《太平寰宇记》作"褒城县",今依《新唐志》。
⑨ 《太平寰宇记》兴元府西县:"武德八年省(褒)州,自今县东南五里移西县于此。"

二十年,复隶梁州。天宝元年,隶汉中郡。乾元元年,仍隶梁州。兴元元年,隶兴元府。宝历元年,省金牛县来属。

5. **褒中县**(618—629)—**褒城县**(629—907)

褒城县,本隋汉川郡旧县,武德元年,避太子嫌名,改为褒中县①,以北朝旧县为名,隶梁州。贞观三年,复为褒城县。开元十三年,隶后褒州。二十年,复隶梁州。天宝元年,隶汉中郡。乾元元年,仍隶梁州。兴元元年,隶兴元府。

6. **城固县**(618—619)—**唐固县**(619—628)—**城固县**(628—907)

城固县,本隋汉川郡旧县,武德元年,隶梁州。二年,避太子嫌名,改为唐固县,取唐朝吉名。三年,析置白云县。九年,省白云县来属。贞观二年,复为城固县。开元十三年,隶后褒州。二十年,复隶梁州。天宝元年,隶汉中郡。乾元元年,仍隶梁州。兴元元年,隶兴元府。

附旧县:白云县(620—626)

武德三年,析唐固县置白云县,以北朝旧县为名②,治故白云城(今陕西城固县文川镇)③,隶梁州。九年,省入唐固县。

附旧州一:前褒州(619—625)

武德二年④,割梁州西县、利州金牛县置前褒州,以古为褒中之地为名,治西县,隶梁州总管府。七年,隶梁州都督府。八年,州废,西、金牛二县改隶梁州。

附旧州二:南安州(621—625)

武德四年⑤,割利州三泉、嘉牟二县置南安州,取隋利州兴安县首字为名,治三泉县,隶利州总管府。七年,隶利州都督府。八年,州废,省嘉牟县,三泉县还隶利州。

---

① 《旧唐志》梁州褒城县:"义宁二年,改为褒中。"按隋避太祖杨忠嫌名,州县名之"中"皆改他字,义宁乃隋帝年号,义不用"中","褒中"当是武德元年五月后所改。
② 《太平寰宇记》兴元府南郑县:"后周武帝太和中,于此立白云县。"
③ 《太平寰宇记》兴元府南郑县:"白云废城,在今县东。"《纪要》汉中府南郑县:"白云城,在府东北。"王仲荦《北周地理志》(中华书局,1980 年)第 323 页以为白云废县在今勉县褒城镇西十七里,《陕西省志》第二卷第 657 页以为在今城固县东北 15 公里,《地名大辞典》第 5310 页定于今汉中市武乡镇。今按白云县置罢皆由城固县,则当在今城固县境,北周天和元年改武乡县为白云县时,乃移治武乡城,而唐初复置白云县,乃即故白云城置,两城非一处,然城固县东北 15 公里已入洋县境,不得为白云县故址,今定于城固县西北 15 公里之文川镇。
④ 《新唐志》作"三年",今依《旧唐志》。
⑤ 《旧唐志》利州序作"三年",今依《元和志》、《旧唐志》、《新唐志》梁州三泉县。

(二) 洋川郡(洋州)

洋州(618—742)—洋川郡(742—758)—洋州(758—907)

武德元年,割梁州西乡、兴势、黄金三县置洋州,以隋旧州为名,治西乡县,隶梁州总管府。三年,割隶金州总管府。四年,置洋源县。七年,隶梁州都督府。贞观六年,直属山南道。八年,又隶梁州都督府。十三年,洋州领西乡、兴势、黄金、洋源四县,治西乡县。十七年,仍直属山南道。二十三年,改兴势县为兴道县。

显庆元年(656),又割隶梁州都督府。

武周长安四年,洋州领西乡、兴道、黄金、洋源四县,治西乡县。

唐开元十三年,隶褒州都督府。十八年,置华阳县。二十年,隶梁州都督府。天宝元年,改为洋川郡,以隋旧郡为名,隶汉中郡都督府。三载,省华阳县。七载,复置华阳县。八载,改华阳县为真符县,割隶京畿京兆府。十一载,割京兆府真符县来属。十三载,洋川郡领西乡、兴道、真符、黄金、洋源五县,治西乡县。十五载(至德元载),移治兴道县①,隶山南西道防御使。

乾元元年,复为洋州。宝应元年,隶山南西道节度使。元和十五年,洋州领兴道、真符、黄金、洋源、西乡五县,治兴道县。

咸通十四年,梁州领县不变。

光启元年,割隶武定军节度使,为使治。

1. 西乡县(618—907)

本隋汉川郡旧县,武德元年,隶洋州,为州治。四年,析置洋源县。天宝元年,隶洋川郡,为郡治。十五载,移郡治于兴道县。乾元元年,复隶洋州。宝历元年,省洋源县来属。

2. 兴势县(618—649)—兴道县(649—907)

兴道县,本隋汉川郡兴势县,武德元年,隶洋州。贞观二十三年②,避太宗嫌名,改为兴道县③,以晋旧县为名。开元十八年,析置华阳县。天宝元年,隶洋川郡。三载,省华阳县来属。七载,复析置华阳县。十五载,自西乡县移郡治于此。乾元元年,复隶洋州,为州治。

---

① 《太平寰宇记》洋州西乡县云"贞观二十三年移郡理兴道",疑与贞观二十三年改兴势县为兴道县一事相混,《州郡典》洋川郡仍治西乡县,可证其误,《太平寰宇记》洋州兴道县又云"贞元初移郡于此",自相矛盾,疑亦有误,今依《新唐志》、《舆地广记》、《舆地纪胜》。
② 《州郡典》洋川郡兴道县作"贞观初",今依《元和志》、两《唐志》、《太平寰宇记》。
③ 华林甫:《中国地名学源流》,第155页。

3. 华阳县(730—744,748—749)—真符①县(749—907)

开元十八年,梁州长史韦敬祖奏析兴道县置华阳县,取古华阳之地为名,治黎园(今陕西洋县华阳镇)②,隶洋州。天宝元年,隶洋川郡。三载,省入兴道县。七载,户部侍郎兼御史中丞王铁奏开清水谷路,乃复析兴道县置华阳县,仍治黎园。八载,因凿山路,得玉册,以为圣主福寿之符,遂改为真符县,割隶京畿京兆府③。十一载,还隶洋川郡,以去州偏远,移治桑平店(今洋县茅坪镇)④。乾元元年,复隶洋州。

4. 黄金县(618—907)

本隋汉川郡旧县,武德元年,隶洋州。贞观三年⑤,移治黄金谷(今洋县金水镇西沟村)⑥。天宝元年,隶洋川郡。乾元元年,复隶洋州。广德后,因羌乱,寄治西乡县蜂淄(今陕西西乡县子午镇马家庄)⑦。元和后,还治本县新黄金城(今洋县黄家营镇真符村)⑧。

5. 洋源县(621—825)

武德四年⑨,析西乡县置洋源县,以洋水为名,治洋源城(今陕西镇巴县城泾洋街道泾洋村)⑩,隶洋州。天宝元年,隶洋川郡。乾元元年,复隶洋州。大

---

① 《元和志》作"贞符",今依两《唐志》。
② 《地图集》标于今洋县八里关乡北湾村,《陕西省志》第二卷第655、658页,《地名大辞典》第5320页定于今洋县华阳镇,今从后者。
③ 《旧唐志》洋州真符县:"天宝七年,(华阳县)改属京兆,仍改为真符。"京兆府序:"天宝七载,置贞符县。"《太平寰宇记》则云:"八年,王铁开清水谷路,复于黎园置华阳县。其年,因凿山得玉册,遂改为真符县,仍隶京兆府。"今参《元和志》、《唐会要》诸说,皆以天宝八载改华阳县为真符县,割隶京兆,则所谓"七载置县"者,当是复置华阳县之年,《旧唐志》误以两事为一事。今改。
④ 《元和志》洋州贞符县:"南至州六十里。"即今茅坪镇。吴松弟《两唐书地理志汇释·旧唐书地理志》第218页云移治今洋县华阳镇,按《太平寰宇记》洋州真符云,天宝十一载以县去州偏远而移治,华阳镇路远于茅坪镇,不合为新治,吴说非。
⑤ 《太平寰宇记》作"二年",今依《旧唐志》。
⑥ 《元和志》洋州黄金县:"西南至州一百三十里。黄金水,南流经县西,去县九里。"此所记为广德以前县治,黄金水即今金水河,一百三十里盖以水路言之,据此可定贞观黄金县于今洋县西沟村,又名西庄,旧属良心乡。《地图集》定于今洋县黄家营镇真符村,与《元和志》所记不合,不取。
⑦ 《太平寰宇记》洋州真符县:"广德后,因羌贼叛乱,权移于蜂淄置行县,在汉江北,南至西乡县六十里。"既为行县,则所治必在西乡县境,今定于西乡县马家庄,旧三花石乡。
⑧ 《太平寰宇记》洋州黄金县:"元和以后,方移就今理。皇朝乾德四年,并入真符县,仍移县就废黄金县,即今理也。汉水,在旧(黄金)县北二百步。"
⑨ 《元和志》、《旧唐志》洋源县、《太平寰宇记》西乡县作"七年",今依《旧唐志》、《太平寰宇记》洋州序、《新唐志》。
⑩ 《太平寰宇记》洋州:"废洋源县,在州东南一百二十里。……唐武德(七)〔四〕年,析西乡县东南一百八十里地以置,因县北洋水为名。"《地名大辞典》第5336页定于今镇巴县城城关镇(今泾洋街道北门社区),《地图集》及《陕西省志》第二卷第659页定于小洋乡(今为镇),然依洋水(今泾洋河)流向,当取泾洋街道泾洋村为是。

历元年,被"狂贼"烧劫,寄治西乡县白湍村(今西乡县堰口镇板桥村)①。宝历元年,省入西乡县。

(三) 顺政郡(兴州)
兴州(618—742)—顺政郡(742—758)—兴州(758—907)

顺政郡,本隋旧郡,领顺政、鸣水、长举三县②。唐武德元年,改为兴州,以隋旧州为名,治顺政县,隶梁州总管府。七年,隶梁州都督府。贞观六年,直属山南道。十三年,兴州领顺政、鸣水、长举三县,治顺政县。

武周长安四年,兴州领县不变。

唐景云二年,隶梁州都督府。开元十三年,隶襄州都督府。二十年,隶梁州都督府。

天宝元年,复为顺政郡,隶汉中郡都督府。十三载,顺政郡领顺政、鸣水、长举三县,治顺政县。至德元载,隶山南西道防御使。

乾元元年,复为兴州。二年,割隶兴凤都团练守捉使。后上元元年,改隶京畿凤翔节度使。大历二年(767),置后将利县,割隶行武州。四年,兴州复隶山南西道兴凤都团练守捉使。元和十五年,兴州领县一如天宝十三载。

长庆元年(821),省鸣水县。咸通十四年,兴州领顺政、长举二县,治顺政县。

光启元年(885),隶兴凤都防御使。二年,隶感义军节度使。是年,改隶山南西道节度使。文德元年,复割隶感义军节度使。乾宁四年,隶昭武军节度使。天复二年,还隶山南西道节度使。天祐三年,割隶兴文节度使,为使治。

1. 顺政县(618—907)
本隋顺政郡旧县,武德元年,隶兴州,为州治。天宝元年,隶顺政郡,为郡治。乾元元年,复隶兴州,为州治。

2. 鸣水县(618—821)
本隋顺政郡旧县,武德元年,隶兴州。永隆元年,移治落蕃水北(今康县

---

① 《元和志》洋州洋源县:"西北至州一百二十里。洋水,在县南三百步。"《太平寰宇记》洋州西乡县:"废洋源县:大历元年北移于西乡县南二十里白湍村,权置行县。"今依《地名大辞典》第5323页定于西乡县古城镇,今堰口镇板桥村,一说即故平西城。
② 《隋志》顺政郡有修城县,共四县。按修城县不见于唐初记载,当废于隋末,今删。

大南峪镇郑湾村)①。天宝元年,隶顺政郡。乾元元年,复隶兴州。长庆元年,省入长举县。

3. **长举县**(618—907)

本隋顺政郡旧县,武德元年,隶兴州。贞观三年,移治新长举城(今略阳县白水江镇长峰村)②。天宝元年,隶顺政郡。乾元元年,复隶兴州。长庆元年,省鸣水县来属。

(四) 河池郡(凤州)

凤州(618—742)—河池郡(742—758)—凤州(758—907)

河池郡,本隋旧郡,领梁泉、两当、河池、同谷四县。唐武德元年,改为凤州,以隋旧州为名,治梁泉县,直属中央,置黄花县,割同谷县隶西康州。贞观六年,直属山南道③。十三年,凤州领梁泉、河池、两当、黄花四县,治梁泉县。

武周长安四年,凤州领县一如贞观十三年。

唐景云二年,隶梁州都督府。开元十三年,隶褒州都督府。二十年,隶梁州都督府。

天宝元年,复为河池郡,隶汉中郡都督府。十三载,河池郡领梁泉、河池、两当、黄花四县,治梁泉县。至德元载,隶山南西道防御使。

乾元元年,复为凤州。二年,割隶兴凤都团练守捉使,为使治。后上元元年,改隶京畿凤翔节度使。大历四年,复割隶山南西道兴凤都团练守捉使,仍为使治。元和十五年,凤州领县一如天宝十三载。

宝历元年,省黄花县。咸通十四年,凤州领领梁泉、河池、两当三县,治梁泉县。

光启元年,隶兴凤都防御使。二年,隶感义军节度使,均为使治。是年,罢镇,凤州改隶山南西道节度使。文德元年,复割隶感义军节度使,为使治。

---

① 《元和志》兴州鸣水县:"东至州一百一十里。"1992年《陕西省志》第二卷《行政建置志》第656页以为在今略阳县郭镇一带。然以鸣水县后省入长举县观之,其地当更在郭镇之北,今拟于康县大南峪镇郑湾村,落蕃水盖即窑坪河。《地图集》定于今略阳县马蹄湾镇禅觉寺,《地名大辞典》第5336页定于今略阳县徐家坪镇明水坝,方位、里距皆与史志不合,不取。
② 《元和志》兴州长举县:"南至一百里。"1992年《陕西省志》第二卷《行政建置志》第656页考证定于今略阳县白水江镇长峰村,从之。《地图集》标今徽县虞关乡许坝,里距稍远,不取。
③ 史志不载凤州直属山南道时间。按武德初至贞观六年间,梁、利、秦三州总管府均不领凤州,可知此时凤州直属关内道。而《括地志·序略》则载贞观十三年凤州属山南道,今姑定贞观六年罢梁州都督府为山南道直属地区之时,凤州亦自关内道割属山南道。

乾宁四年,罢镇,凤州改隶昭武军节度使。天复二年,还隶山南西道节度使。

1. **梁泉县**(618—907)
本隋河池郡旧县,武德元年,隶凤州,为州治,并析置黄花县。天宝元年,隶河池郡,为郡治。乾元元年,复隶凤州,为州治。宝历元年,省黄花县来属。

2. **河池县**(618—907)
本隋河池郡旧县,武德元年,隶凤州。天宝元年,隶河池郡。乾元元年,复隶凤州。

3. **两当县**(618—907)
本隋河池郡旧县,武德元年,隶凤州。天宝元年,隶河池郡。乾元元年,复隶凤州。

4. **黄花县**(618—825)
武德元年①,析梁泉县置黄花县,以黄花川为名,治黄花城(今凤县红花铺镇)②,隶凤州。天宝元年,隶河池郡。乾元元年,复隶凤州。宝历元年③,省入梁泉县。

附新镇一:兴凤都团练使守捉使(759—760,769—885)—兴凤都防御使(885—886)—感义军节度使(886,888—897)—兴文节度使(905—907)

乾元二年,割山南西道防御使兴、凤二州置兴凤都团练守捉使,治凤州,仍属山南西道。后上元元年,罢镇,兴、凤二州改隶京畿凤翔节度使。大历四年,割凤翔节度使兴、凤二州复置兴凤都团练守捉使,仍治凤州,属山南西道。元和十五年,兴凤都团练守捉使领兴、凤二州,治凤州。

咸通十四年,兴凤都团练守捉使领州不变。

光启元年,升为兴凤都防御使。二年,升为感义军节度使,仍治凤州。是年,罢镇,凤、兴二州还隶山南西道节度使。文德元年,割山南西道节度使凤、兴、利三州复置感义军节度使,仍治凤州。乾宁四年,罢镇,凤、兴、利三州隶昭武军节度使。大祐二年,割山南西道节度使兴、集、文三州及武定军节度使壁州置兴文节度使,治兴州,仍属山南西道。

---

① 元年:《旧唐志》作"四年",今依《元和志》、《新唐志》、《太平寰宇记》凤州梁泉县。
② 《太平寰宇记》凤州梁泉县:"废黄花县,在州北六十里。大散水,经县西,去城十步。"大散水,即今嘉陵江,可定黄花县治于今凤县红花铺镇。
③ 宝历:《元和志》凤州梁泉县:"武德元年析置黄花县,宝应元年省。"按"宝应"《太平寰宇记》、《新唐志》皆作"宝历",《唐会要》卷七一亦云:"宝历元年九月,山南西道节度使裴度奏:凤州废黄花县为乡二。"可证当以"宝历"为是。《元和志》文四库本作小字注,当是后人误补入。

附新镇二 武定军节度使(885—907)

光启元年(885),割山南西道节度使洋州置武定军节度使,仍属山南西道。大顺二年(891),割山南西道节度使扶州、剑南道威戎军节度使武州来属。景福元年(892),改武州为阶州。二年,割山南西道节度使阆、果二州来属。是年,割阆州隶剑南道龙剑节度使。光化元年(898),割山南西道节度使壁、蓬二州来属。天祐三年(906),割壁州隶兴文节度使,蓬、果二州隶利阆节度使。

第二节 山南西道直属地区

利州总管府(619—624)—利州都督府(624—632)—**山南西道直属地区**(711—756)—昭武军节度使(897—902)—利州节度使(903—906)—利阆节度使(906—907)

武德二年(619),割中央直属利、静、蓬、隆、始、西龙六州置利州总管府,仍直属中央。三年,割隶西南道行台。四年,割隶山南道行台,置沙、南安、果三州。七年,改为利州都督府,直属中央,置西平州,割蓬州隶通州都督府,果州隶遂州都督府。八年,废南安州。贞观元年(627),属关内道,改西龙州为龙州,废沙州。二年,割属山南道,废西平州。六年,罢都督府,利、静二州直属山南道,隆、始二州直属剑南道,龙州改隶陇右道松州都督府。

景云二年(711),割山南道直属通、开、渠、合、蓬、巴、利七州及梁州都督府集、壁二州为山南西道直属地区。开元七年(719),割合州隶剑南道,割剑南道直属果、阆二州来属①。二十一年,割剑南道直属合州并以山南东道废夔州都督府之涪、渝二州来属。二十六年,割涪州隶黔中道黔州都督府。

天宝元年(742),改通州为通川郡,开州为盛山郡,渝州为南平郡,合州为巴川郡,渠州为潾山郡,蓬州为咸安郡,巴州为清化郡,利州为益昌郡,集州为符阳郡,壁州为始宁郡,割果、阆二州直属剑南道。十三载,山南西道直属地区有通川、盛山、南平、巴川、潾山、咸安、清化、益昌、符阳、始宁十郡。至德元载(856),十郡隶山南西道防御使。

乾宁四年(897),以废感义军节度使之利、兴、凤三州置昭武军节度使,治

---

① 《太平寰宇记》阆州引《贞元十道录》云:"果、阆二州,贞观中属剑南道,开元中又属山南道。"《大唐六典》卷3载果、阆二州隶山南西道。考《新唐表》,开元七年置剑南节度使时,所领二十五州含合州,不含果、阆二州,是知合州割属剑南,果、阆二州割属山南。

利州,属山南西道。天复二年(902),罢镇、利、兴、凤三州隶山南西道节度使。三年,割山南西道节度使利州置利州节度使。天祐三年(906),割山南西道节度使通州,武定军节度使蓬、果二州,剑南道龙剑节度使阆州,东川节度使陵、荣二州来属,改为利阆节度使,仍治利州,属山南西道。

(一) **通川郡**(通州)
通州(618—742)—**通川郡**(742—758)—通州(758—907)

通川郡,本隋旧郡,领通川、三冈、石鼓、东乡、宣汉五县①。唐武德元年,改为通州,以隋旧州为名,治通川县,直属中央。是年,割宣汉县隶南并州。二年,置新宁、思来二县。三年,置通州总管府,割东乡县隶南石州。七年,改总管府为都督府。八年,以废南石州之东乡县来属。贞观元年,以废前万州之永穆县、废南并州之宣汉县来属,省思来县。五年,罢都督府,通州直属山南道。十三年,通州领通川、三冈、永穆、宣汉、东乡、石鼓、新宁七县,治通川县。

武周长安四年,通州领县一如贞观十三年。

唐景云二年,直属山南西道。

天宝元年,复为通川郡。九载,置阆英县。十三载,通川郡领通川、三冈、永穆、宣汉、东乡、阆英、石鼓、新宁八县,治通川县。至德元载,隶山南西道防御使。

乾元元年,复为通州。宝应元年,割隶剑南道东川节度使。是年,割隶山南西道节度使。永泰元年,置巴渠县。元和十五年,通州领通川、三冈、永穆、宣汉、东乡、巴渠、阆英、石鼓、新宁九县,治通川县。

宝历元年,省三冈、石鼓二县。大和三年(829),割巴渠、新宁二县隶开州。四年,复割开州新宁、巴渠二县来属。大中元年,复置石鼓县。五年,复置三冈县。咸通十四年,通州领县一如元和十五年。

天祐三年,割隶利阆节度使。

1. **通川县**(618—907)

本隋通川郡旧县,武德元年,隶通州,为州治。二年,析置新宁、思来二县。贞观元年,省思来县来属。天宝元年,隶通川郡,为郡治。乾元元年,复隶通州,为州治。宝历元年,省三冈、石鼓二县来属。大中元年,复析置石鼓

---

① 《隋志》通川郡有西流、万世二县,共七县。按《新唐志》开州:"本万世郡,义宁二年,析巴东郡之盛山、新浦,通川郡之万世、西流置。"则隋末西流、万世二县已割出,今删。

县。五年,复析置三冈县。

附旧县:思来县(619—627)

武德二年,析通川县置思来县,盖以思来水为名,治思来城(今四川达州市通川区蒲家镇)①,隶通州。贞观元年,省入通川县。

2. 三冈县(618—825,851—907)

本隋通川郡旧县,武德元年,隶通州。天宝元年,隶通川郡。乾元元年,复隶通州。宝历元年,省入通川县。大中五年,析通川县复置三冈县,移治新三冈城(今四川达州市达川区河市镇金湾村)②,隶通州。

3. 永穆县(618—907)

本隋清化郡旧县,武德元年,隶巴州。二年,割隶前万州,为州治,并析置太平、恒丰二县。贞观元年,州废,省太平、恒丰二县来属,永穆县改隶通州。天宝元年,隶通川郡。乾元元年,复隶通州。

附旧县1:太平县(619—627)

武德二年,析永穆县置太平县,取吉意为名,治太平城(今四川渠县文崇镇)③,隶前万州。贞观元年,州废,省入永穆县。

附旧县2:恒丰县(619—627)

武德二年,析永穆县置恒丰县,取吉意为名,治恒丰城(今达州市通川区江陵镇)④,隶前万州。贞观元年,州废,省入永穆县。

4. 宣汉县(618—907)

本隋通川郡旧县,武德元年,割置南并州,并析置东关县。贞观元年,州废,移治故新安城(今四川万源市罗文镇)⑤,改隶通州,省东关县来属。天宝

---

① 《纪要》达州:"思来废县,在州北。"《历史地名》第1888页定于今达州市通川区蒲家镇,姑从之。
② 《太平寰宇记》通州三冈县:"(州)西南四十里。东关水,经县一百步,又西流,合北水。"三冈水,南自流江县来,北流经县东十里合东关水。"三冈水即今铜宝河,《四川州县建置沿革图说》第95、234页定于达县大溪口(今达川区金湾村,旧属新兴乡),从之。《地图集》定于今县侧近之金滩村(旧属新兴乡),微误。《历史地名》第54页以为在今河市镇,失之过近。
③ 《纪要》达州:"永穆废县:太平废县在县西南。"今定于渠县文崇乡。《四川政区沿革与治地今释》第244页以为在今大竹县石桥铺镇,按其地属渠州,与永穆县中隔流江、三冈二县,不得为太平县治。《四川州县建置沿革图说》等定于今达县石桥镇,与《纪要》方位不合,亦不取。
④ 《四川政区沿革与治地今释》第245页,《四川州县建置沿革图说》第93页定于今达县江陵乡,今从之。
⑤ 《太平寰宇记》达州:"废宣汉县,在州北一百七十里。"《大明一统志》夔州府:"废宣汉县,在废东乡县东。"《纪要》达州东乡县:"宣汉废县,县东北八十里。"按明人所谓"废东乡县"即唐宋东乡县,在今宣汉县普光镇,明东乡县则在今宣汉县城东乡镇,综合以上三条,推知唐宣汉县(即废宣汉县)在今万源市罗文镇。《方舆胜览》达州:"巴岭,在故宣汉县东十里。"今达州后河以东属大巴山系,以西属米仓山系,此巴岭,即谓大巴山系南支之大壮—荆竹山脉,正在罗文镇东。《地图集》定于今宣汉县马渡乡,《四川政区沿革与治地今释》第245页以为在今宣汉县城东乡镇,均不符唐宣汉县在东乡县东或东北之记载,不取。

元年,隶通川郡。乾元元年,复隶通州。

附旧新县:东关县(618—627)—巴渠县(765—907)

武德元年,析宣汉县置东关县,以东关水为名,治故巴渠城(今四川宣汉县五宝镇)①,隶南并州。贞观元年,州废,省入宣汉县。永泰元年,析石鼓县置巴渠县,以北朝旧县为名,治故巴渠城②。大和三年,割隶开州。四年,复割隶通州。

5. 东乡县(618—907)

本隋通川郡旧县,武德元年,隶通州。三年,割置南石州,并析置下蒲、昌乐二县。八年,州废,省下蒲县来属,东乡县移治安养故城(今宣汉县普光镇)③,还隶通州。天宝元年,隶通川郡。九载,析置阆英县。乾元元年,复隶通州。

6. 下蒲县(620—625)—阆英县(750—907)

武德三年,析东乡县置下蒲县,以北朝旧县为名,治故下蒲城(今宣汉县马渡乡)④,隶南石州。八年,州废,省入东乡县。天宝九载,通川太守韦虚受奏析东乡县置阆英县,治于应水南一里(今宣汉县马渡乡)⑤,以阆英山为名,隶通川郡。乾元元年,复隶通州。

7. 石鼓县(618—825,847—907)

本隋通川郡旧县,武德元年,隶通州。八年,以废南石州之昌乐县省入。天宝元年,隶通川郡。乾元元年,复隶通州。永泰元年,析置巴渠县。宝历元年,省石鼓县入通川县。大中元年,析通川县复置石鼓县,仍治石鼓城(今宣

---

① 《太平寰宇记》通州新宁县:"东关故郡城,在今县西北五十里。"《大明一统志》夔州府:"东关城,在新宁县西北一十里。"此皆为故东关郡城,非武德东关县城。《纪要》达州东乡县:"东关废县,县东百里。"其地在今宣汉县五宝乡,依《地图集》即南朝巴渠县城。《四川政区沿革与治地今释》第245页定于今万源市固军乡,《四川州县建置沿革图说》第99页定于万源市长坝乡,均不在东关河流域,恐非。
② 《太平寰宇记》通州巴渠县:"州南二百三十里。……在东关水北五十步。文字山,在县西三十里,又有文字溪。万户溪,在县东八十里,自开州万寿县界北流来,合县溯江水。"按东关水即今宣汉县前江,则"州南"当为"州东"之误,《元丰九域志》达州巴渠县:"州东二百三十八里。"可证。文字溪,当即今沙滩河,万户溪,即今土黄东南溪,《地图集》南朝齐及北宋幅皆绘巴渠县于今宣汉县五宝镇,可从。《四川政区沿革与治地今释》等以为在今宣汉县下八乡(今为镇),失之太近。
③ 《太平寰宇记》达州东乡县。《大清一统志》卷315达州:"(贞观八年)仍移东乡县治于今县东一里安养故城。"今依《四川政区沿革与治地今释》第245页、《四川州县建置沿革图说》第95页定于普光镇。
④ 《纪要》达州东乡县:"下蒲废县,在县西。"《四川政区沿革与治地今释》第245页、《四川州县建置沿革图说》第97页、《历史地名》第95页以为在今宣汉县马渡乡,从之。1994年《宣汉县志》第94页则据清人石刻"下蒲旧治"认定在大成乡(今为镇)大成寨。然大成寨距思来县仅十二里,太近,恐非其地。
⑤ 《太平寰宇记》达州石鼓县:"废阆英县,在州北一百二十里,韦虚受奏于应水南一里置。"《大明一统志》夔州府:"废阆英县,在达州旧石鼓县西二百里。"今定于宣汉县马渡乡,应水,即今长滩河。《四川政区沿革与治地今释》等定于宣汉县大成乡(旧名双庙场,今为镇),其地距通州太近,恐非。

汉县君塘镇兴浪坡)①,隶通州。

附旧县：昌乐县(620—625)

武德三年,析东乡县置昌乐县,盖取昌盛安乐为名,治昌乐城(今宣汉县黄石乡)②,隶南石州。八年,州废,省入石鼓县。

8. 新宁县(619—907)

武德二年,析通川县置新宁县,以北朝旧县为名,治故新宁城(今四川开江县沙坝场乡周河坝)③,隶通州。贞观八年,移治賨城(今开江县宝石乡)④。天宝元年,隶通川郡。乾元元年,复隶通州。大和三年,割隶开州。四年,复来属。

附旧州一：南并州(618—627)

武德元年,割通州宣汉县置南并州⑤,以北朝旧州为名,直属中央,并置东关县。三年,割隶通州总管府,移治宣汉县故新安城(今四川万源市罗文镇)。七年,隶通州都督府。贞观元年,州废,省东关县,宣汉县还隶通州。

附旧州二：前万州(619—627)

武德二年,割巴州永穆、归仁、诺水三县置前万州,以北朝旧州为名,治永穆县,直属中央,并置广纳、恒丰、太平三县。三年,割隶通州总管府。七年,隶通州都督府,省诺水县。贞观元年,州废,省恒丰、太平二县,永穆县改隶通州,广纳县改隶壁州,归仁县还隶巴州。

附旧州三：南石州(620—625)

武德三年,割通州东乡县置南石州,以北朝旧州为名,隶通州总管府,并置下蒲、昌乐二县。七年,隶通州都督府。八年,州废,省下蒲、昌乐二县,东乡县还隶通州。

---

① 《太平寰宇记》达州石鼓县："(州)东六十里。"今定于宣汉县君塘镇兴浪坡,旧属洋烈乡。《地图集》标于兴浪坡东北,近是。《四川政区沿革与治地今释》等定于宣汉县东林乡,按两地皆处山峡之中,不如兴浪坡地势平衍。《纪要》达州："石鼓废县,州东北百五十里。""百"字当衍。
② 《纪要》达州东乡县："昌乐废县,盖在下蒲西北。"按昌乐县析自东乡县,省入石鼓县,北宋又为巴渠县属镇(《元丰九域志》),则当在三县间,今定于宣汉县黄石乡。《纪要》误。《四川州县建置沿革图说》第97页以为在宣汉县芭蕉镇,则距石鼓、巴渠皆较远,恐非。
③ 《太平寰宇记》达州新宁县："唐贞观八年,自今县西北十里移魏所置新宁县于废开州城,其城俗谓之賨城,即今县理是也。……故新宁城,在县西北十里。"则贞观以前之新宁城在今开江县沙坝场乡周河坝一带。
④ 《太平寰宇记》达州新宁县："州东一百七十五里。"蒲孝荣《四川政区沿革与治地今释》第246页定于今开江县先锋公社(亦称旧县坝,今名宝石乡),从之。
⑤ 《新唐志》宣汉县作"南井州",按《隋志》载,宣汉县西魏曾置并州,唐初沿旧名,"井"当为"并"之形误,今依《旧唐志》通州、《太平寰宇记》达州。

(二) 盛山郡（开州）
开州(618—742)—盛山郡(742—758)—开州(758—907)

盛山郡，本隋旧郡，领盛山、新浦、西流、万世四县①。唐武德元年，改为开州，以隋旧州为名，治盛山县，直属中央。三年，割隶通州总管府。七年，隶通州都督府。贞观元年，省西流县。五年，直属山南道。十三年，开州领盛山、新浦、万世三县，治盛山县。二十三年，改万世县为万岁县。

武周长安四年，开州领盛山、新浦、万岁三县，治盛山县。

唐景云二年，直属山南西道。

天宝元年，复为盛山郡。十三载，盛山郡领盛山、新浦、万岁三县，治盛山县。至德元载，隶山南西道防御使。

乾元元年，复为开州。宝应元年，隶山南西道节度使。广德元年(763)，改盛山县为开江县。元和十五年，开州领开江、新浦、万岁三县，治开江县。

宝历元年，省万岁县。二年，复置万岁县。大和三年，割通州新宁、巴渠二县来属。四年，复割新宁、巴渠二县隶通州。咸通十四年，开州领县一如元和十五年。

天祐二年，割隶巴渠开都团练使。

1. 盛山县(618—763)—开江县(763—907)

盛山县，本隋盛山郡旧县，武德元年，移治新盛山城（今重庆市开县城汉丰街道）②，隶开州，为州治。贞观元年，省西流县来属。天宝元年，隶盛山郡，为郡治。乾元元年，复隶开州，为州治。广德元年，改为开江县，以北朝开江郡为名。宝历元年，省万岁县来属。二年，复析置万岁县。

附旧县：西流县(618—627)

本隋盛山郡旧县，武德元年，隶开州。贞观元年，省入盛山县。

2. 新浦县(618—907)

本隋盛山郡旧县，武德元年，隶开州。天宝元年，隶盛山郡。乾元元年，复隶开州。

3. 万世县(618—649)—万岁县(649—825，826—907)

万岁县，本隋盛山郡万世县，武德元年，隶开州。二年，移治新万世

---

① 《隋志》不载盛山郡及其领县。按《新唐志》开州："本万世郡，义宁二年，析巴东郡之盛山、新浦，通川郡之万世、西流置。"据补。
② 《太平寰宇记》开州："东至夔州云安县龙目驿一百九十里，南至万州小路一百六十里，大路二百里，西至达州三百里，西北至达州石鼓县〔界〕一百二十八里。"

城(今开县温泉镇)①。贞观二十三年,避太宗讳,改为万岁县,取县北万岁谷为名②。天宝元年,隶盛山郡。乾元元年,复隶开州。宝历元年,省入开江县。二年③,析开江县复置万岁县,仍治万岁城,隶开州。

(三) 南平郡(渝州)
渝州(618—742)—南平郡(742—758)—渝州(758—907)

南平郡,本隋巴郡,领巴、涪陵、江津三县。唐武德元年,改为渝州,以隋旧州为名,治巴县,隶信州总管府。是年,割涪陵县隶涪州。二年,隶夔州总管府;置隆阳、扶化、隆巫、丹溪、灵水五县,割隶南州。三年,置乐温、万春二县,割乐温县隶南潾州。五年,改万春县为万寿县。七年,隶夔州都督府。贞观四年,置南平县,割隶南平州。十三年,以废霸州之南平县来属,渝州领巴、南平、江津、万寿四县,治巴县。

武周长安四年,渝州领县不变。

唐开元二十一年,直属山南西道。

天宝元年,改为南平郡,以南平县为名。十三载,南平郡领巴、南平、江津、万寿四县,治巴县。至德元载,割隶山南西道防御使。二载,置壁山县。

乾元元年,复为渝州。二年,隶剑南道东川节度使。广德二年,改隶东西川节度使。大历元年,复隶东川节度使。元和十五年,渝州领巴、南平、江津、万寿、壁山五县,治巴县。

咸通十四年,渝州领县不变。

光化二年,割隶武信军节度使。

1. 巴县(618—907)
本隋巴郡旧县,武德元年,隶渝州,为州治。三年,析置乐温县。贞观四

---

① 《太平寰宇记》开州万岁县:"(州)东北四十里。武德二年,自今县北三十里故城移于今所。盐泉,在县东二十里平地。"《地图集》及《四川政区沿革与治地今释》等定新万世城于开县长店房公社(今郭家镇)。然长店房北去故万世城(今开县谭家乡)五十里,东二十里亦无平地盐泉,与《太平寰宇记》不合。《舆地广记》开州:"清水县,本万世,唐正观二十三年,更名万岁,皇朝改曰清水。"《大明一统志》夔州府:"废清水县,在开州东六十五里。"《大清一统志》卷303夔州府:"清水废县,在开县东北六十里。"可知宋清水县即唐万岁县,在今开县温泉镇,疑《太平寰宇记》"四十里"为"六十里"之误。蓝勇等《长江三峡历史地理》第136页云在开县温泉镇北县坝(今谭家镇),其地距开县城太远,不取。
② 《太平寰宇记》开州万岁县。
③ 《太平寰宇记》开州万岁县云"寻又置",今拟于宝历二年复置。

年,析置南平县。天宝元年,隶南平郡,为郡治。乾元元年,复隶渝州,为州治。至德二载,析置壁山县。

附新县:壁山县(757—907)

至德二载,析巴、江津、万寿三县置壁山县,因县境壁山为名,治壁山城(今重庆市壁山区城壁城街道),隶南平郡。乾元元年,复隶渝州。

2. 南平县(630—907)

贞观四年,析巴县置南平县,治南平城(今重庆市巴南区惠民街道忠心场)①,割隶南平州,为州治,以州名为县名②,并析置清谷、白溪、昆川、周泉、和山、瀛山六县。八年,隶霸州,为州治。十三年,州废,省清谷、白溪、昆川、周泉、和山、瀛山六县来属,南平县还隶渝州,移治故白溪城(今重庆市南岸区长生桥镇)③。永淳二年(683),移治故周泉城(即平乡顿坝,今重庆市巴南区东温泉镇)④。天宝元年,隶南平郡。乾元元年,复隶渝州。

附旧县1:清谷县(630—639)

贞观四年,析南平县置清谷县,盖以山谷为名,治清谷城(今重庆市巴南区一品街道)⑤,隶南平州。八年,隶霸州。十三年,州废,省入南平县。

附旧县2:白溪县(630—639)

贞观四年,析南平县置白溪县,以白溪水为名,治白溪城(今重庆市南岸区长生桥镇)⑥,隶南平州。八年,隶霸州。十三年,州废,省入南平县。

---

① 《太平寰宇记》渝州南平县:"贞观四年立南平县,在今县南三十五里。……十三年,南平县自霸州城移于今所,即永淳以前旧理所也。"则"今县"、"今所"皆指贞观十三年县治,在贞观四年县治北三十五里,即故白溪县城,今依此推定贞观四年县治在重庆市巴南区惠民镇忠心场。《四川政区沿革与治地今释》等定贞观四年县治于今巴县樵坪公社(今属巴南区惠民镇),其地在山上,似非置州之地,蓝勇等《长江三峡历史地理》第135、412页以为在綦江县(今为区)隆盛镇境,则是与宋南平军相混,均不取。
② 《太平寰宇记》渝州南平县有南平溪,东南流入涪州宾化县界。按此溪即今重庆市巴南区石滩镇孝子河,在唐为南平州东南边境小溪,而南平县境初与此溪无涉,可知南平溪之名,乃贞观十三年省清谷等六县入南平县后所取,非南平州、县得名所由。
③ 《太平寰宇记》渝州南平县:"贞观四年立南平县,在今县南三十五里。……十三年,南平县自霸州城移于今所,即永淳以前旧理所也。永淳二年,又东南移六十里丁平乡顿坝权置县。""今县"、"今所",当系照录《元和志》文,而《元和志》亦照录《括地志》文,指贞观十三年南平县治,在贞观四年县治北,今定于重庆市南岸区长生桥镇。《四川政区沿革与治地今释》等定县治于今巴南区跳石镇,系南辕北辙,不取。
④ 《元和志》渝州南平县:"西至州一百三十里。"《太平寰宇记》渝州南平县:"永淳二年,又东南移六十里于平乡顿坝权置县。"《地图集》定于今重庆市巴南区东温泉镇天赐店,按其地在山中,似非置县之所,今定于东泉镇,盖即故周泉城。《四川政区沿革与治地今释》等定于巴县双新公社双河场(今属巴南区接龙镇),方位与《太平寰宇记》不合,不取。
⑤ 依地理形势推定。
⑥ 依地理形势推定。白溪,盖即今苦溪河。

附旧县3：昆川县(630—639)

贞观四年,析南平县置昆川县,昆川,即大川,盖以县临大江为名,治昆川城(今重庆市巴南区木洞镇),隶南平州。八年,隶霸州。十三年,州废,省入南平县。

附旧县4：周泉县(630—639)

贞观四年,析南平县置周泉县,盖以地有周泉为名,治平乡顿坝(今重庆市巴南区东温泉镇)①,隶南平州。八年,隶霸州。十三年,州废,省入南平县。

附旧县5：和山县(630—639)

贞观四年,析南平县置和山县,以和山为名,治和山城(今重庆市巴南区接龙镇)②,隶南平州。八年,隶霸州。十三年,州废,省入南平县。

附旧县6：瀛山县(630—639)

贞观四年,析南平县置瀛山县,以瀛山为名,治瀛山城(今重庆市綦江区隆盛镇)③,隶南平州。八年,隶霸州。十三年,州废,省入南平县。

3. **江津县**(618—907)

本隋巴郡旧县,武德元年,隶渝州。二年,析置隆阳、扶化、隆巫、丹溪、灵水五县,割隶南州。三年,析置万春县。天宝元年,隶南平郡。乾元元年,复隶渝州。

4. **万春县**(620—622)—**万寿县**(622—907)

武德三年,析江津县置万春县,取吉意为名,治万春城(今重庆市永川区朱沱镇汉东村古城)④,隶渝州。五年,改为万寿县,仍取吉意为名。天宝元年,隶南平郡。乾元元年,复隶渝州。

附旧州：南平州(630—634)—**霸州**(634—639)

贞观四年,割渝州南平县置南平州,盖以地多坪坝,取坪字去土为名,隶夔州都督府,并置清谷、白溪、昆川、周泉、和山、瀛山六县。八年,改为霸州,

---

① 详参上文南平县注。今之东泉,盖即古之周泉。
② 依地理形势推定。
③ 《元和志》渝州南平县："瀛山,在县西南三百七十里。"按其地已入万寿县界,此里距必有误。《舆地纪胜》南平军："瀛山,在军西北七十里,周回九十里。……故瀛山县,因山以为名。"宋南平军治今綦江县赶水镇,其北七十里马老山,今有地名瀛山村,当即古瀛山,在唐南平县西南一百七十里,则《元和志》"三百"当为"一百"之误。今定瀛山县于綦江县隆盛镇。《大清一统志》卷296重庆府："瀛山废县,在綦江县西北。《旧志》：在县西北瀛山下。"方位有误。
④ 《元和志》渝州万寿县："东北至州三百八十里。大江水,经县南,去县二里。""三百八十",《大清一统志》卷296重庆府引作"二百八十",《地图集》、《四川政区沿革与治地今释》第227页定于永川县(今为区)朱沱镇,《四川州县建置沿革图说》第123页定于江津县(今为区)白沙镇,今从《中国文物地图集·重庆分册》下册,第187页。《太平寰宇记》渝州壁山县："废万寿县,在州西南三十里。"《纪要》重庆府巴县："万寿废县,府西南九十里。"里距皆有误。

盖取壩(坝)字去土为名,仍治南平县。十三年①,州废,省清谷、白溪、昆川、周泉、和山、瀛山六县,以南平县隶渝州。

(四) 巴川郡(合州)
合州(618—742)—巴川郡(742—758)—合州(758—907)

巴川郡,本隋涪陵郡,领石镜、赤水、汉初三县。唐武德元年,改为合州,以北朝旧州为名,治石镜县,隶信州总管府。二年,隶夔州总管府,置新明县。七年,隶夔州都督府。贞观十年,割隶剑南道遂州都督府。十三年,合州领石镜、赤水、汉初、新明四县,治石镜县。十七年,直属山南道。

武周长安三年,置铜梁县。四年,合州领石镜、铜梁、赤水、汉初、新明五县,治石镜县。

唐景云二年,直属山南西道。开元七年,直属剑南道②。二十一年,直属山南西道。二十三年,置巴川县。

天宝元年,改为巴川郡,以巴川县为名。十三载,巴川郡领石镜、巴川、铜梁、赤水、汉初、新明六县,治石镜县。至德元载,隶山南西道防御使。

乾元元年,复为合州。二年,割隶剑南道东川节度使,置大足县,割隶昌州。后上元二年,隶东川节度使。广德二年,隶东西川节度使。大历元年,复隶东川节度使。二年,隶东川都防御观察使。是年,复隶东川节度使。六年,以废昌州大足县省入。十年,复置大足县,仍割隶昌州。元和十五年,合州领县一如天宝十三载。

咸通十四年,合州领县不变。
光化二年,割隶武信军节度使。

1. 石镜县(618—907)

本隋涪陵郡旧县,武德元年,隶合州,为州治。二年,析置新明县。开元二十三年,析置巴川县。天宝元年,隶巴川郡,为郡治。乾元元年,复隶合州,为州治。

2. 巴川县(735—907)

开元二十三年,渝州刺史孙希庄奏析石镜县南境、铜梁县东境置巴川县,

---

① 《唐会要》卷71作"十二年",今依《元和志》、两《唐志》、《太平寰宇记》。
② 《新唐表》云,开元七年剑南节度使领合州。

以地在巴川,故名,治巴川城(今重庆市铜梁区旧县镇)①,隶合州。天宝元年,隶巴川郡。乾元元年,复隶合州。二年,析置大足县。大历六年,以废昌州大足县省入。十年,复析置大足县。

附新县:大足县(759—771,775—907)

乾元二年②,析巴川县置大足县,以大足川为名,治虎头大足坝(今重庆市大足区国梁镇曲水村)③,割隶昌州。大历六年,州废,省入合州巴川县。十年,析巴川及普州普康二县复置大足县,治河楼湍(今大足区龙岗街道)④,仍割隶昌州。光启元年,自静南县移州治于此。景福元年,移治永昌寨(今龙岗街道白塔庙)⑤。乾宁四年,还治河楼湍⑥。

3. 铜梁县(703—907)

长安三年⑦,渝州刺史陈靖意以赤水县大足川侨户凑集,奏析置铜梁县,以小铜梁山为名,治列宿坝(今潼南县田家镇)⑧,隶合州。开元三年,权移治涪江南岸武金坑(今潼南县城梓潼街道天竺寺村)⑨。十六年,移治东流溪坝

---

① 《元和志》合州巴川县:"北至州一百里。"《太平寰宇记》合州巴川县:"(州)南(二)〔一〕百里。唐开元二十三年,割石镜之南、铜梁之东地置巴川县,以地在巴川之东为名。"各家皆定于今铜梁县旧县镇。

② 《元和志》昌州大足县:"乾元元年,与州同置。"张驹贤《考证》:"《新书》作'二年',《会要》云'二年正月',王象之曰'元年奏置,二年建州',甚得事实。"今从之。

③ 《舆地纪胜》卷161昌州大足县:"以界内大足川为名。县旧治在虎头大足坝,徙今治。"曹学佺《蜀中广记》卷53大足县:"唐乾元二年与昌州同置,取丰足之义也,或云县之宝顶山有巨人迹。"释义不确,然遗址尚存,详《中国文物地图集•重庆分册》下册第130页,大足川盖今平滩河。《地名大辞典》第4150页以赖溪河为大足川,恐非。

④ 《元和志》昌州:"其城南凭赤水,北倚长岩。"大足县:"西至州六十五里。东临赤水,西枕荣山。"《太平寰宇记》昌州:"理大足县。西至资州二百三十里,东至合州一百八十里,北至普州二百六十里。今理在河楼湍,东临赤水。"赤水,即濑波溪,今赖溪河,考详本章第二节"直属地区"安岳郡普州普康县附新县静南县注。河楼湍,即今大足县城,"东临赤水"当为"南临赤水"之误。

⑤ 《舆地纪胜》昌州:"北山,在城北二里,唐昌州刺史韦君靖筑城于此。"据胡密《韦君靖碑》(载《蜀中广记》卷17),景福元年,君靖于昌州大足县西北龙岗山筑永昌寨,周围二十八里,粮储十年,兵屯数万,据险自保。《太平寰宇记》昌州谓景福元年移州治于大足县,即指州、县治皆自河楼湍移治永昌寨。

⑥ 《新唐书》卷186《杨晟传》:"乾宁四年,华洪率众五万攻彦晖,取渝、昌、普三州。"昌州新城永昌寨当毁于此时,而县治仍还河楼湍。

⑦ 《元和志》作"四年",今依两《唐志》、《唐会要》、《太平寰宇记》。

⑧ 《旧唐志》合州铜梁县:"长安三年置,初治奴仑山南。"《太平寰宇记》合州铜梁县:"长安四年,刺史陈靖意以大足川侨户辐辏,置铜梁县,以〔小〕铜梁山为名,旧理在今县北四十里奴仑山(北)〔南〕列宿坝上。"大足川,在铜梁、大足二县之间,盖今琼江(关濑河)下游平川及复兴河一带,奴仑山,今潼南县东部高地,则列宿坝当在奴仑山南,今潼南县田家镇一带。

⑨ 《旧唐志》合州铜梁县:"开元三年,移治于武金坑。"《太平寰宇记》合州铜梁县:"开元三年,移就涪江南岸权立。"

(今潼南县小渡镇)①。天宝元年,隶巴川郡。乾元元年,复隶合州。

4. **赤水县**(618—907)

本隋涪陵郡旧县,武德元年,隶合州,移治新赤水城(今重庆市合川区龙凤镇万寿场)②。长安三年,析置铜梁县。天宝元年,隶巴川郡。乾元元年,复隶合州。

5. **汉初县**(618—907)

本隋涪陵郡旧县,武德元年,隶合州。天宝元年,隶巴川郡。乾元元年,复隶合州。

6. **新明县**(619—907)

武德二年③,析石镜县东北境置新明县,以新被明化为名,治索钺洲(今四川岳池县罗渡镇)④,隶合州。圣历三年,刺史张柬之以旧县多水害,移治新明城(今四川武胜县中心镇)⑤。天宝元年,隶巴川郡。乾元元年,复隶合州。

(五) 潾山郡(渠州)

渠州(618—742)—潾山⑥郡(742—758)—渠州(758—907)

潾山郡,本隋宕渠郡,领流江、垫江、潾水⑦、前賨城、咸安、宕渠六县。唐

---

① 《元和志》合州铜梁县:"东至州一百五十里。"《太平寰宇记》合州铜梁县:"开元十六年,遂东南移于东流溪坝上,即今理也。"《四川政区沿革与治地今释》第227页定于潼南县汇集公社(今小渡镇集灵寺),今定于小渡镇。《地图集》定于今铜梁县太平镇,按其地距合州太近,且无溪,与史志不合,不取。
② 《元和志》合州赤水县:"东至州一百里。"《四川政区沿革与治地今释》第227页、《中国文物地图集·重庆分册》下册第156页定于重庆市合川区龙凤镇万寿场(旧属合川县赤水公社),从之。《地图集》定于今铜梁县少云镇孟家沟(旧属中和乡),按其地当大足川,已割属铜梁县,恐非。《四川州县建置沿革图说》第212页以为在合川县大河坝(今合川区太和镇),里距太近,亦非。
③ 《旧唐志》合州序、《新唐志》作"三年",今依《元和志》、《旧唐志》、《太平寰宇记》新明县。
④ 《太平寰宇记》广安军新明县:"唐武德二年,分石镜之东北界于渠水中索钺洲为新明县。"《四川政区沿革与治地今释》第227页定于今岳池县罗渡镇,从之。
⑤ 《元和志》合州新明县:"西南至州一百一十里。"《纪要》广安州岳池县:"新明废县,县南二十里。旧治在今县南七十里,宋开宝六年移治单溪镇,即今治也。"按宋开宝新明县在今岳池县裕民镇新民街道十一村古城,故可定圣历新明县于今武胜县中心镇。《太平寰宇记》广安军新明县:"(军)西六十里。圣历三年,移于嘉陵江西岸,北连灵岩山,即今理是也。"此将开宝县治与圣历治相混,误,然据此可知圣历治在嘉陵江西岸。《地图集》唐代幅以开元为断,仍标新明县于今岳池县罗渡镇,显误。
⑥ 《隋志》、四库本《旧唐志》蓬州大竹县、《太平寰宇记》、《舆地纪胜》渠州引《元和志》、《元丰九域志》、《方舆胜览》作"邻山",今依《州郡典》、两《唐志》、《唐会要》、《舆地广记》。
⑦ 《隋志》原作"邻水",今依《旧唐志》渠州序。

武德元年,改为渠州,以隋旧州为名,治流江县,直属中央,改前賓城县为始安县,置丰乐、义兴、后賓城三县,割潾水、垫江二县隶潾州,咸安、宕渠二县隶蓬州。三年,渠州隶通州总管府,割潾州潾水县来属。七年,隶通州都督府。八年,省丰乐、义兴、后賓城三县,以废潾州之潾山县来属。贞观五年,直属山南道。十三年,渠州领流江、潾山、潾水、始安四县,治流江县。

武周长安四年,渠州领县不变。

唐景云二年,直属山南西道。

天宝元年,改为潾山郡,以潾山县为名,改始安县为渠江县。十三载,潾山郡领流江、潾山、潾水、渠江四县,治流江县。至德元载,隶山南西道防御使。二载,割蓬山郡大竹县来属。

乾元元年,复为渠州。宝应元年,割隶剑南道东川节度使。是年,割隶山南西道节度使。元和十五年,渠州领流江、大竹、潾山、潾水、渠江五县,治流江县。

宝历元年,省大竹、潾水二县。大中元年,复置潾水县①。咸通十四年,渠州领流江、潾山、潾水、渠江四县,治流江县。

天祐二年,割隶巴渠开都团练使。

1. **流江县**(618—907)

本隋宕渠郡旧县,武德元年,隶渠州,为州治,并析置义兴、后賓城二县。八年,省义兴、后賓城二县来属。天宝元年,隶潾山郡,为郡治。乾元元年,复隶渠州,为州治。宝历元年,省大竹县来属。

附旧县1:义兴县(618—625)

武德元年,析流江县置义兴县,盖取义旗初兴之意为名,治义兴城(今四川渠县清溪场镇)②,隶渠州。八年,省入流江县。

附旧县2:后賓城县(618—625)

武德元年,析流江县置后賓城县,治故賓城(今渠县土溪镇城坝古城)③,遂以为名,隶渠州。八年,省入流江县。

2. **潾山县**(618—907)

武德元年,析潾水县置潾山县,以南朝旧县为名,治潾山城(今四川大竹

---

① 《太平寰宇记》渠州潾水县。
② 依地理形势推定。
③ 《舆地纪胜》渠州古賨国引《元和志》逸文:"故賨城,在流江县东北七十里。"《太平寰宇记》渠州流江县:"故賨国城在县北七十四里。"《四川政区沿革与治地今释》第243页定于渠县土溪公社卫星大队(今土溪乡城坝古城),从之。

县四合乡)①,隶潾州,为州治。八年,州废,省盐泉县来属,潾山县改隶渠州。天宝元年,隶潾山郡。乾元元年,复隶渠州。宝历元年,省潾水县来属。大中元年,复析置潾水县。

3. 潾水县(618—825,847—907)

本隋宕渠郡旧县,武德元年,隶潾州,并析置潾山、盐泉二县。二年,移治潾水城(今四川邻水县观音桥镇)②。三年,隶渠州。天宝元年,隶潾山郡。乾元元年,复隶渠州。宝历元年,省入潾山县。大中元年,析潾山县复置潾水县,仍治潾水城,隶渠州。

附旧县:盐泉县(618—625)

武德元年,析潾水县置盐泉县,以地有盐泉为名,治盐泉城(今邻水县兴仁镇)③,隶潾州。八年,州废,省入潾山县。

4. 始安县(618—742)—渠江县(742—907)

渠江县,本隋宕渠郡前賨城县,武德元年,改为始安县④,隶渠州,并析置丰乐县。八年,省丰乐县来属。天宝元年,隶潾山郡,以与岭南道始安郡县名重,改为渠江县⑤,因渠江为名。乾元元年,复隶渠州。

---

① 《舆地纪胜》渠州邻山县:"在州东南二百里。《元和郡县志》云:县城东阻涅水。《图经》云:本朝乾德三年,移县于故邻州城内。邻山,《元和郡县志》云在邻山县西四十里。"按邻山即今铜锣山,涅水即今东河,则可依民国《大竹县志》卷1"古迹"定唐潾山县在今大竹县四合乡。《太平寰宇记》渠州载,宋潾山县在州东南一百里,则《纪胜》所谓"在州东南二百里",当是沿用《元和志》文未改之故。《纪要》广安州邻水县:"潾山城,县东南五十里。梁潾水县地,唐武德初分置潾山县,并置潾州焉。八年,州废。五代初王建复置潾州于此,宋初州废。今为潾山镇。"不误。《地图集》定于今大竹县团坝镇,乃误与宋潾山县相混;《四川政区沿革与治地今释》第 243 页定于今大竹县牌坊乡,《四川州县建置沿革图说》第 103、229 页则以为在牌坊乡与庙坝镇间游移,亦不可取。
② 《太平寰宇记》渠州邻水县:"(州)东南一百三十里。隋开皇元年,自州城移于岳池溪,今县北九里故城是也。唐武德二年,自故城移于今理。邻水,东去县(二)〔一〕十六里。"今定于邻水县观音桥镇,县北九里故城即柑子镇,县东十六里即今龙安镇,为潾水县通州城(今大竹县四合乡)渡口。《地图集》定潾水县于今邻水县城北镇中坝子,然县北九里已是山顶,并无故城,不取。《四川政区沿革与治地今释》第 243 页定于今邻水县城鼎屏镇,按此为宋乾德四年所移新城崑楼镇,见《宋志》,蒲说误。
③ 《元丰九域志》渠州邻山县:"有卧牛一盐井。"《纪要》广安州邻水县:"盐泉废县,在县南。"县在潾水、潾山二县间,"县南"当为"县东"之误,今定于邻水县兴仁镇。《大清一统志》卷 299 顺庆府:"盐井,大竹县有。"卷 300 顺庆府:"盐泉废县,在大竹县南。《旧志》:盖因盐井为名。"兴仁近于大竹南境,故清人拟在大竹县南。
④ 吴松弟《两唐书书志汇释·旧唐书地理志》第 229 页云:"武德元年南移十二里。"按《太平寰宇记》广安军渠江县云,隋大业元年自县北十二里故城移于今理,则吴说盖误以大业为武德,不取。
⑤ 《舆地纪胜》广安军引《元和志》逸文及《太平寰宇记》广安军渠江县皆言至德二载改始安为渠江,两《唐志》、《唐会要》则作天宝元年更名。按《州郡典》列目为天宝为断,已作渠江,则当以天宝元年为是。

附旧县：丰乐县（618—625）

武德元年，析始安县置丰乐县，以丰居乐业为名，治丰乐城（今四川广安市广安区恒升镇古城寨）①，隶渠州。八年，省入始安县。

附旧州：潾州（618—625）

武德元年，割渠州潾水、垫江二县置潾州，以北朝旧州为名，并置潾山、盐泉二县，治潾山县，直属中央。三年，割隶通州总管府，割潾水县隶渠州。七年，隶通州都督府。八年，州废，省盐泉县②，潾山县还隶渠州，垫江县改隶临州。

（六）咸安郡（蓬州）

蓬州（618—742）—咸安郡（742—757）—蓬山郡（757—758）—蓬州（758—907）

武德元年，割巴州安固、伏虞二县，隆州仪陇、大寅二县，渠州宕渠、咸安二县置蓬州，以北朝旧州为名，亦作逢州，治安固县，直属中央。二年，割隶利州总管府。三年，割仪陇县隶方州。七年，割隶通州都督府。八年，以废方州之仪陇县来属。贞观五年，直属山南道。十三年，蓬州领安固、宕渠、咸安、大寅、仪陇、伏虞六县，治安固县。

武周久视元年（700），置大竹县。长安四年，蓬州领安固、宕渠、大竹、咸安、大寅、仪陇、伏虞七县，仍治安固县。

唐景云二年，直属山南西道。开元二十九年，移治大寅县。

天宝元年，改为咸安郡，以咸安县为名，改安固县为良山县。十三载，咸安郡领大寅、仪陇、伏虞、良山、宕渠、大竹、咸安七县，治大寅县。至德元载，隶山南西道防御使。二载，避安氏名姓，改为蓬山郡，以蓬山为名，改咸安县为蓬山县，割大竹县隶潾山郡。

乾元元年，复为蓬州。宝应元年，割隶剑南道东川节度使，割果州朗池县来属。是年，割隶山南西道节度使。广德元年，改大寅县为蓬池县。元和七年，省良山、宕渠二县。其后，复置良山、宕渠二县。十五年，蓬州领蓬池、仪

---

① 《纪要》广安州："丰乐废县，在州西北。"《四川政区沿革与治地今释》第243页、《历史地名》第274页定于广安县茶坪乡（吉）〔古〕城寨（今属广安市恒升镇），从之。
② 史志不载盐泉县罢废时间，按武德八年潾州罢废后，盐泉县不见于记载，依唐初新置州县省废惯例，当省于罢州之时，今补。

陇、伏虞、良山、宕渠、蓬山、朗池七县,治蓬池县。

宝历元年,省良山、宕渠、朗池三县。开成元年(836),省蓬池县,移州治于仪陇县①。二年,复置蓬池、朗池二县,移州治于蓬池县。大中五年②,复置良山、宕渠二县。咸通十四年,蓬州领县一如元和十五年。

光化元年,割隶武定军节度使。

1. **大寅县**(618—763)—**蓬池县**(763—836,837—907)

大寅县,本隋巴西郡旧县,武德元年,隶隆州。是年,割隶蓬州。武周时,移治盐坛口(今四川蓬安县茶亭乡蓬池坝古城)③。开元二十九年,自安固县移州治于此。天宝元年,隶咸安郡。至德二载,隶蓬山郡,均为郡治。乾元元年,复隶蓬州,为州治。广德元年,改为蓬池县,以蓬水为名④。元和七年,省良山县来属。其后,复析置良山县。宝历元年,省良山县来属。开成元年⑤,省入仪陇县,移州治于仪陇县。开成二年⑥,析仪陇县复置蓬池县,仍治盐坛口,隶蓬州,自仪陇县还州治于此。大中五年,复析置良山县。

2. **仪陇县**(618—907)

本隋巴西郡旧县⑦,武德元年,隶隆州。是年,割隶蓬州。二年,移治金城

---

① 史志不载此事。按是年省蓬池县入仪陇县,蓬州仅余仪陇、伏虞、蓬山三县,常情为州随县移,且仪陇县曾为方州治,故疑蓬州治暂移仪陇治,据补。
② 《新唐志》作"大中中",《寰宇记》蓬州良山县作"大中年"。按相邻之通州三冈县复置于大中五年,而《资治通鉴》载,是年蓬、果群盗寇掠三川,以果州刺史王赞弘充三川行营都知兵马使讨之。盖三冈与良山、宕渠皆同年为防盗而置。
③ 《旧唐志》蓬州大寅县:"旧治斗子山,后移治斗坛口,今为蓬州治。"依语气,移县治当在作州治之前,今依宕渠县例姑定于武后时。斗坛口,《舆地纪胜》蓬州引《旧唐志》作"盐坛口",今从之。《太平寰宇记》蓬州:"理蓬池县。南至渠州一百九十里,西至阆州二百里,北至巴州二百一十里,西南至果州二百八十里,正东微南至达州三百二十里。"即今蓬安县茶坪乡蓬池坝古城,详《中国文物地图集·四川分册》中册,第679页。
④ 《太平寰宇记》蓬州蓬池县。
⑤ 《新唐志》蓬州蓬池县:"本大寅,广德元年更名,后省,开成元年复置。"按山南西道唐后期省罢属县多在宝历间,然《新唐志》云,宝历元年良山县省入蓬池县,则是时蓬池县未废,而据《旧唐书》卷17《文宗纪》,蓬池县复置于开成二年,因疑《新唐志》误记开成元年省罢蓬池县为复置蓬池县,据改。
⑥ 《唐会要》作"三年",《新唐志》作"元年",按《旧唐书》卷17《文宗纪》云:"开成二年四月辛酉,蓬州复置蓬池二县。"今依之。
⑦ 《太平寰宇记》蓬州仪陇县:"梁天监元年,于此置隆城郡,因隆城山为名,及仪隆县。……大历初,以庙讳,改为仪陇县。"按他书不载此事,《隋志》、《隋书》卷63《元寿传》及《通典·州郡典》皆作"仪陇县",《舆地纪胜》蓬州引《元和志》亦云:"梁天监元年,于此置仪陇县,以山名仪陇故也。"且避帝讳改"隆"字州县名,乃玄宗先天时事,"仪隆"一名不当存至代宗大历初年,因疑《太平寰宇记》所载有误。

山(今四川仪陇县城金城镇)①。三年,割隶方州②,为州治。八年,州废,还隶蓬州。天宝元年,隶咸安郡。至德二载,隶蓬山郡。乾元元年,复隶蓬州。开成元年,省蓬池县来属,自蓬池县移州治于此。二年,复析置蓬池县,还州治于蓬池县。

3. **伏虞县**(618—907)

本隋清化郡旧县,武德元年,移治山顶上(今四川巴中市巴州区龙背乡)③,隶巴州。是年,割隶蓬州。开元二十八年,移治山下消水侧(今仪陇县义路镇李家坝古城)④。天宝元年,隶咸安郡。至德二载,隶蓬山郡。乾元元年,复隶蓬州。

4. **安固县**(618—742)—**良山县**(742—812,元和中—825,851—907)

良山县,本隋清化郡安固县,武德元年,隶巴州。是年,割隶蓬州,为州治。开元二十九年,移州治于大寅县。天宝元年⑤,隶咸安郡,以与江南东道永嘉郡县名重,改为良山县,以良山为名。至德二载,隶蓬山郡。乾元元年,复隶蓬州。元和七年,省入蓬池县⑥。其后,复置良山县,仍治良山城(今营山县三元乡)⑦,隶蓬州。宝历元年,又省入蓬池县。大中元年,复析蓬池县置良山县,治良山城⑧,隶蓬州。

5. **宕渠县**(618—812,元和中—825,851—907)

本隋宕渠郡旧县,武德元年,隶渠州。是年,割隶蓬州。久视元年,析置大

---

① 《旧唐志》蓬州仪陇县:"武德二年,属万州。"《四川政区沿革与治地今释》第 242 页以此为移治金城山之年,今姑从之。《四川州县建置沿革图说》第 89 页谓治官址场(今仪陇县观紫镇),与《太平寰宇记》不合,不取。开元中,自山上移治山下,因同在一地,不更录。

② 《旧唐志》蓬州仪陇县:"武德二年,属万州。"按仪陇县与前万州中隔大寅、伏虞及巴州恩阳、曾口等县,不得相属,今依《新唐志》、《太平寰宇记》、《舆地广记》。《旧唐志》"萬(万)"当为"方"之形误(古时萬亦可俗写为万)。卢华语《〈旧唐书·地理志〉西南地区正误》(载《中国历史地理论丛》2005 年 3 期)不解此,仍以"方"为"万"之误,不取。

③ 《太平寰宇记》蓬州伏虞县:"武德元年,移理于山顶上。开元末,西南移治消水侧。"则武德旧县治今巴中市龙背乡。《四川州县建置沿革图说》第 89 页以为在仪陇县大罗池(今大罗镇),微误。

④ 《太平寰宇记》蓬州伏虞县:"(州)东北六十里。"《元丰九域志》、《舆地广记》作"州东北八十五里",当是。《地名大辞典》第 4379 页义路镇:"场东李家坝有唐伏虞县治遗址。"详《中国文物地图集·四川分册》中册,第 685 页。《四川州县建置沿革图说》第 89 页作伏蛾坝。

⑤ 《太平寰宇记》系于开元二十九年,今依两《唐志》、《唐会要》。

⑥ 《旧唐书》卷 14《宪宗纪》:"元和七年四月辛丑,废蓬州宕渠县。"《太平寰宇记》良山县:"元和中,又废。"知二县当系同年省废,据补。

⑦ 《太平寰宇记》蓬州良山县:"(州)东七十二里。"《地图集》定于今营山县三元乡,从之。《四川政区沿革与治地今释》第 242 页定于今营山县安固乡,距蓬州太近,不取。又,《舆地纪胜》蓬州良山县:"在州东八十二里。……《续通典》云:正元元年,移于营山歇马馆为理,即今县是也。"按《太平寰宇记》蓬州朗池县载,营山歇马馆贞元元年以后一直为蓬州朗池县治,非良山县治,且歇马馆在州南六十里,不在州东八十二里,此《续通典》文当属朗池县,《舆地纪胜》误入良山县。

⑧ 《四川州县建置沿革图说》第 89 页以为在今仪陇县芭蕉乡附近。

竹县。长安三年,移治罗获水(今四川营山县双林乡)①。天宝元年,隶咸安郡。至德二载,隶蓬山郡。乾元元年,复隶蓬州。元和七年,省入蓬山县②。其后,析蓬山县复置宕渠县,仍治罗获水,隶蓬州。宝历元年③,又省入蓬山县。大中五年,析蓬山县依旧置宕渠县。

6. **大竹县**(700—825)

久视元年,析宕渠县及渠州流江县置大竹县,以县界多产大竹为名,治大竹城(今四川渠县岩峰镇)④,隶蓬州。天宝元年,隶咸安郡。至德二载,割隶潾山郡。乾元元年,复隶渠州。宝历元年,省入流江县⑤。

7. **咸安县**(618—757)—**蓬山县**(757—907)

咸安县,本隋宕渠郡旧县,武德元年,隶渠州。是年,割隶蓬州。天宝元年,隶咸安郡。至德二载,避安氏名姓,改为蓬山县,以蓬山为名,隶蓬山郡。乾元元年,复隶蓬州。宝历元年,省宕渠、朗池二县来属。开成二年,复析置朗池县。大中五年,复析置宕渠县。

附旧州:方州(620—625)

武德三年,割蓬州仪陇县置方州,以北朝旧州为名,隶通州总管府⑥。七年,隶通州都督府。八年,州废,仪陇县还隶蓬州。

(七)清化郡(巴州)

巴州(618—742)—清化郡(742—758)—巴州(758—907)

清化郡,本隋旧郡,领化成、曾口、其章、始宁、符阳、白石、归仁、永穆、安固、伏虞、恩阳、清化、长池、盘道十四县。唐武德元年,改为巴州,以隋旧州为名,隶

---

① 《太平寰宇记》蓬州良山县:"废宕渠县,在州东一百里。"《地图集》定于今营山县明德乡。按其地为山区,似非置县之所,今定于营山县双林乡。
② 《旧唐书》卷14《宪宗纪》云:"元和七年四月辛丑,废蓬州宕渠县。"
③ 《太平寰宇记》作"七年",按宝历无七年,今依《唐会要》、《新唐志》。
④ 《太平寰宇记》渠州大竹县:"(州)北六十里。"《地图集》定于今渠县岩峰镇月光村,然依地形、里距度之,不若定在岩峰镇。《四川政区沿革与治地今释》第243页定于今渠县临巴镇,《四川州县建置沿革图说》第101、224—225页定于渠县知县坝(今龙潭乡新生村),均距渠州太近,不取。
⑤ 《舆地纪胜》渠州大竹县:"在州西北五十里。……宝历中,与邻水县同省入邻山。"按大竹县与邻山县中隔流江县,不得相属,《元丰九域志》流江县有大竹镇,可证《舆地纪胜》之误。又,周庆彰《五代时期南方诸政权政区地理》(复旦大学2010年博士论文)第194页以为大中时大竹县与渠州潾水县同时复置,姑备一说。
⑥ 史志不载方州所属,今依地理形势推定。

梁州总管府①，改化成县为化城县，以为州治，割长池、符阳、白石三县隶集州，安固、伏虞二县隶蓬州，清化县隶静州。二年，置诺水县，并归仁、永穆二县割隶前万州。五年，割隶通州总管府。七年，隶通州都督府。贞观元年，以废前万州之归仁县来属。五年，直属山南道。十三年，巴州领化城、曾口、其章、始宁、归仁、恩阳、盘道七县，治化城县。十七年，以废静州之清化、大牟二县来属，省恩阳县。

武周万岁通天元年（696），复置恩阳县。久视元年（700），置七盘县。长安四年，巴州领化城、曾口、其章、始宁、归仁、恩阳、七盘、清化、大牟、盘道十县，治化城县。

唐景云二年，直属山南西道。

天宝元年，复为清化郡。十三载，清化郡领化城、曾口、其章、始宁、归仁、恩阳、七盘、清化、大牟、盘道十县，治化城县。至德元载，隶山南西道防御使。

乾元元年，复为巴州。宝应元年，割隶剑南道东川节度使。是年，割隶山南西道节度使。永泰元年，割大牟县隶集州。元和十五年，巴州领化城、曾口、其章、始宁、归仁、恩阳、七盘、清化、盘道九县，治化城县。

宝历元年，省其章、盘道二县。长庆中，复置盘道县。大中元年（847），复置其章、盘道二县。咸通十四年，巴州领县一如元和十五年。

天祐二年，割隶巴渠开都团练使，为使治。

1. **化城县**（618—907）

本隋清化郡化成县，武德元年，改为化城县，隶巴州，为州治。贞观十七年，省恩阳县来属。万岁通天元年，复析置恩阳县。天宝元年，隶清化郡，为郡治。乾元元年，复隶巴州，为州治。

2. **曾口县**（618—907）

本隋清化郡旧县，武德元年，隶巴州。神龙元年（705），移治曾溪（今四川巴中市巴州区曾口镇）②。天宝元年，隶清化郡。乾元元年，复隶巴州。

3. **其章县**（618—825，847—907）

本隋清化郡旧县，武德元年，隶巴州。天宝元年，隶清化郡。乾元元年，复隶巴州。宝历元年③，省入始宁县④。大中元年，析始宁县复置其章县，仍治其章城

---

① 史志不载武德元年巴州归属，今据本章第一节"汉中郡都督府"注考证，是时巴州属梁州总管府。
② 《太平寰宇记》巴州曾口县："(州)东南四十里。"
③ 《太平寰宇记》作"七年"，按宝历无七年，今依《唐会要》、《新唐志》。
④ 史志不载其章县省入何县，按《太平寰宇记》，宋初始宁县省入其章县，可见二县关系密切，推测唐代其章县当亦曾省入始宁县，据补。

(今巴中市巴州区奇章街道),隶巴州。

4. 始宁县(618—907)

本隋清化郡旧县,武德元年,隶巴州。二年,析置诺水县。七年,省前万州诺水县来属。八年,复析置诺水县。贞观八年,移治新始宁城(今巴中市巴州区水宁寺镇水宁寺)①。天宝元年,隶清化郡。乾元元年,复隶巴州。宝历元年,省其章县来属。大中元年,复析置其章县。

5. 归仁县(618—907)

本隋清化郡旧县,武德元年,隶巴州。二年,割隶前万州。贞观元年,州废,还隶巴州。天宝元年,隶清化郡。乾元元年,复隶巴州。

6. 恩阳县(618—643,696—907)

本隋清化郡旧县,武德元年,隶巴州。贞观十七年,省入化城县。万岁通天元年,析化城县复置恩阳县,仍隶巴州。天宝元年,隶清化郡。乾元元年,复隶巴州。宝历元年,省盘道县来属。大中元年,复析置盘道县。

7. 七盘县(700—907)

久视元年,析清化县置七盘县,治七盘山侧(今巴中市恩阳区花丛镇七盘山)②,因以为名,隶巴州。天宝元年,隶清化郡。乾元元年,复隶巴州。

8. 清化县(618—907)

本隋清化郡旧县,武德元年,割隶静州,为州治,并析置大牟、狄平二县。二年,改狄平县为地平县。六年,移州治于地平县。贞观元年,移县治于清化城(今四川南江县和平乡)③。十七年,州废,清化县改隶巴州。天宝元年,隶清化郡。乾元元年,复隶巴州。

---

① 《太平寰宇记》巴州其章县:"废始宁县,在县东南十五里。淡溪水西北自其章县界来,南流经故县东南,又东南流经县北三里。"淡溪水即今巴中市清江河,故县,即南朝始宁县,今清江镇,则贞观始宁县更在其东南,今定于奇章乡(即唐其章县)东南二十五里水宁寺镇水宁寺,"水宁",当依《四川州县建置沿革图说》第107页作"始宁"。《太平寰宇记》"十五"前应脱"二"字。《四川政区沿革与治地今释》第239页以为在今巴中市清江镇,乃与南朝始宁县相混;《地名大辞典》第4485页清江镇条云水宁寺为南朝梁始宁县遗址,亦是误移水宁寺于清江镇。
② 《太平寰宇记》巴州七盘县:"(州)西北一百二十里。"《地图集》据此定于今苍溪县黄猫乡。然《元丰九域志》巴州:"熙宁二年,省七盘县为镇入恩阳。"《纪要》巴州亦云:"七盘废县,在州西南五十里。"《四川政区沿革与治地今释》第239页及《地名大辞典》第4485页以为在今巴中市花丛镇七盘山。按地名"七盘",当为大路所经,黄猫乡不当大路,花丛镇一带则当巴州、蓬州间通道,且七盘县既省入恩阳,则亦宜在巴州西南。今取花丛镇七盘山之说。
③ 《太平寰宇记》巴州清化县:"(州)东北六十里。梁普通六年,于县北二十里置木门郡。贞观元年,清化县自木门城移于今理。"木门城即今旺苍县木门镇,其南二十里,即今南江县和平乡,一说今南江县正直镇。

9. 大牟县(618—907)

武德元年,析静州清化县置大牟县,以县东大牟山为名,治大牟城(今南江县黑潭乡)①,隶静州。十七年,州废,改隶巴州。天宝元年,隶清化郡。乾元元年,复隶巴州。永泰元年,割隶集州。宝历元年,省通平县来属。其后,复析置通平县。

10. 盘道县(618—825,847—907)

本隋清化郡旧县,武德元年,隶巴州。贞观十一年,移治新盘道城(今南江县下两镇凉水村)②。天宝元年,隶清化郡。乾元元年,复隶巴州。宝历元年③,省入恩阳县。大中元年④,析恩阳县复置盘道县,仍隶巴州。

(八)益昌郡(利州)

利州(618—742)—益昌郡(742—758)—利州(758—907)

益昌郡,本隋义城郡,领绵谷、嘉川、义城、岐坪、葭萌、益昌、景谷七县。唐武德元年,改为利州,以隋旧州为名,治绵谷县,直属中央,改义城县为义清县。二年,置利州总管府。四年,割景谷县隶沙州;置三泉、嘉平二县,割隶南安州。七年,改总管府为都督府,割岐坪、义清二县隶西平州。八年,以废南安州之三泉县来属。贞观元年,以废沙州之景谷县来属。二年,以废西平州之岐坪、义清二县来属⑤,割嘉川县隶静州。六年,罢都督府,利州直属山南道。十三年,利州领绵谷、义清、岐坪、葭萌、益昌、景谷、三泉七县,治绵谷县。十七年,以废静州之嘉川县来属。

---

① 《太平寰宇记》集州难江县:"废大牟县,在州西南一百一十里。……县在巴州北六十里。"《舆地纪胜》巴州碑记:"恩阳县西北百里,有断碑刻云:'南隆州(大)牟县界十里,北集州难江县界五里。'"县治即今南江县黑潭乡。《地图集》定于花桥乡东,《四川政区沿革与治地今释》等定于正直镇(旧名镇子场),皆距集州稍远,距巴州稍近,严耕望《唐代交通图考》第四册以为在两河口(今下两镇),则近于集州而远于巴州,又与《太平寰宇记》不合,不取。或以为在今苍溪县龙山镇,可备一说。

② 《太平寰宇记》巴州清化县:"废盘道县,在县东四十里。难江水,北自难江县来,至县北方合北水。"《地图集》定于今南江县下两镇凉水村(旧凉水乡),从之。《四川政区沿革与治地今释》第239页定于今南江县八庙乡,《四川州县建置沿革图说》第105页定于今南江县赤溪乡,均距恩阳县太远,不取。

③ 《太平寰宇记》作"四年",按宝历无四年,今依《唐会要》、《新唐志》。

④ 《新唐志》、《太平寰宇记》作"长庆中"。按长庆在宝历前,此必误。考宝历元年本道所废十七县中,通州石鼓、巴州奇章、壁州广纳、渠州潾水等县俱复置于大中元年,故知盘道县亦复如是。

⑤ 《新唐志》利州胤山县:贞观二年,西平州废,岐坪县隶阆州(即隆州)。按两《唐志》、《太平寰宇记》阆州条,岐坪县开元二十三年乃割隶隆州,则《新唐志》有误,不取。

武周长安四年(704)，利州领绵谷、嘉川、义清、岐坪、葭萌、益昌、景谷、三泉八县，治绵谷县。

唐景云二年，直属山南西道。开元二十三年，割岐坪县隶阆州。

天宝元年，改为益昌郡，以益昌县为名，改义清县为胤山县，割三泉县隶汉中郡。十三载，益昌郡领绵谷、嘉川、胤山、葭萌、益昌、景谷六县，治绵谷县。至德元载，隶山南西道防御使。

乾元元年(758)，复为利州。宝应元年(762)，隶山南西道节度使。永泰元年(765)，割嘉川县隶集州。元和十五年，利州领绵谷、胤山、葭萌、益昌、景谷五县，治绵谷县。

宝历元年(825)，省景谷县。二年，复置景谷县。咸通十四年(873)，利州领县一如元和十五年。

光启中，省景谷县。文德元年(888)，割隶感义军节度使。乾宁四年，隶昭武军节度使，为使治。天复二年，罢镇，利州还隶山南西道节度使。三年，割隶利州节度使。天祐三年，隶利阆节度使，均为使治。

1. **绵谷县**(618—907)

本隋义城郡旧县，武德元年，隶利州，为州治。四年，析置三泉、嘉平二县。天宝元年，隶益昌郡，为郡治。乾元元年，复隶利州，为州治。

2. **嘉川县**(618—907)

本隋义城郡旧县，武德元年，隶利州。贞观二年，割隶静州。十七年，州废，还隶利州。天宝元年，隶益昌郡。乾元元年，复隶利州。永泰元年，割隶集州。

3. **义清县**(618—742)—**胤山县**①(742—907)

胤山县，本隋义城郡义城县，武德元年，隶利州，以避太子嫌名，改为义清县②。四年，移治玄白崖山(今四川广元市昭化区磨滩镇长青坝)③。七年，割隶西平州。贞观二年，州废，还隶利州。天宝元年，以与山南东道襄阳郡县名

---

① 《州郡典》作"允山县"，今依《元和志》、两《唐志》、《唐会要》、《太平寰宇记》。
② 《元和志》、两《唐志》、《太平寰宇记》以义宁二年改义城县为义清县，按唐初州县名涉"城"字者，多避唐太子建成嫌名改，义宁为隋年号，其年五月唐改元武德，故当作武德元年改名。
③ 《元和志》利州胤山县："西北至州二百一十五里。……以县北三十里可胤山为名。""后魏于今县西南十五里置义城县。""二百"，《大清一统志》卷298保宁府"平滩故城"引作"一百"，当是。魏义城县在今广元市昭化区王家镇，可胤山即今鄢家山，故可定武德义清县于今昭化区磨滩镇长青坝。《地图集》定于磨滩镇，近是，《四川政区沿革与治地今释》第236页定于今旺苍县冯家坝，恐非。

重,改为胤山县,取可胤山为名,隶益昌郡。乾元元年,复隶利州。

4. **葭萌县**(618—907)

本隋义城郡旧县,武德元年,隶利州。天宝元年,隶益昌郡。乾元元年,复隶利州。

5. **益昌县**(618—907)

本隋义城郡旧县,武德元年,隶利州。天宝元年,隶益昌郡。乾元元年,复隶利州。宝历元年,省景谷县来属。二年,复析置景谷县。光启中,又省景谷县来属。

6. **景谷县**(618—825,826—光启中)

本隋义城郡旧县,武德元年,隶利州。四年,割隶沙州,为州治。贞观元年,州废,省方维县来属,景谷县还隶利州。天宝元年,隶益昌郡。乾元元年,复隶利州。宝历元年,省入益昌①县。二年②,复析益昌县置景谷,仍治景谷城(今青川县沙州镇)③。光启中,省入益昌县④。

附旧县:方维县(618—627)

本隋龙门郡旧县,武德元年,隶龙州。四年,割隶沙州。贞观元年,州废,省入景谷县。

附旧州: 沙州(621—627)

武德四年,割利州景谷县、龙州方维县置沙州,以隋旧州为名,治景谷县,隶利州总管府。七年,隶利州都督府。贞观元年,州废,省方维县,景谷县还隶利州。

(九) **符阳郡**(集州)

集州(618—742)—**符阳郡**(742—758)—集州(758—907)

武德元年,割梁州难江县及巴州白石、符阳、长池三县置集州,以隋旧州为名,治难江县,隶梁州总管府,置平桑县。七年,隶梁州都督府。八年,割符

---

① 《元和志》作"胤山",按景谷县与胤山县中隔益昌县,必不得省入胤山县,今据地理形势改。
② 《新唐志》云"宝历元年省,寻复置",今拟于宝历二年复置。
③ 《元和志》利州景谷县:"西南至州六十六里。"《四川政区沿革与治地今释》第236页定于青川县沙州公社西隍坝(今沙州镇),从之。则《元和志》之"西南"当作"东南"。《地图集》等定于白水街(今营盘乡),微误。
④ 《纪要》卷68保宁府昭化县景谷废县。

阳、白石二县隶壁州①。贞观元年,省平桑县。二年,复置平桑县。六年,直属山南道,省平桑、长池二县。八年,复隶梁州都督府,割壁州符阳县来属。十三年,集州领难江、符阳二县②,治难江县。十七年,仍直属山南道,以废静州之地平县来属。

显庆元年,又割隶梁州都督府。

武周长安三年,割符阳县隶壁州。四年,集州领难江、地平二县,治难江县。

唐景云二年,直属山南西道,割壁州符阳县来属。

天宝元年,改为符阳郡,以符阳县为名。十三载,符阳郡领难江、符阳、地平三县,治难江县。至德元载,隶山南西道防御使。

乾元元年,复为集州。宝应元年,隶山南西道节度使。永泰元年,改地平县为通平县,割巴州大牟县、利州嘉川县来属,割符阳县隶壁州。元和十五年,集州领难江、大牟、通平、嘉川四县,治难江县。

宝历元年,省通平县。大中元年,复置通平县。咸通十四年,集州领县一如元和十五年。

天祐三年,割隶兴文节度使。

1. 难江县(618—907)

本隋汉川郡旧县,武德元年,隶集州,为州治,并析置平桑县。贞观元年,省平桑县来属。二年,复析置平桑县。六年,省平桑、长池二县来属。天宝元年,隶符阳郡,为郡治。乾元元年,复隶集州,为州治。

附旧县1:长池县(618—632)

本隋清化郡旧县,武德元年,隶集州。贞观六年,省入难江县。

附旧县2:平桑县(618—627,628—632)

武德元年,析难江县置平桑县,以北朝旧郡为名,治平桑城(今南江县团结乡)③,隶集州。贞观元年,省入难江县。二年,复析难江县置平桑县。六年,省入难江县。

---

① 《旧唐志》壁州符阳县:"(武德)三年,改属壁州。"按《旧志》集州序、《新唐志》壁州符阳县、《太平寰宇记》皆谓符阳县武德八年乃改隶壁州,则《旧唐志》符阳县之"三年"当为"八年"之误,今改。
② 《旧唐志》集州序:"旧领县一",卢华语《〈旧唐书·地理志〉西南地区正误》(载《中国历史地理论丛》2005年3期)以为当作"旧领县二",极是。
③ 《太平寰宇记》集州难江县:"平桑水,源出县西三十五里。"《四川政区沿革与治地今释》第237页定于南江县团结公社(今团结乡),从之。《四川州县建置沿革图说》第105页言在南坝(今关坝乡),方位有误,不取。

2. 符阳县(618—907)

本隋清化郡旧县,武德元年,隶集州。八年,改隶壁州。贞观八年,还隶集州。长安三年,又割隶壁州。景云二年,还隶集州。天宝元年,隶符阳郡。乾元元年,复隶集州。永泰元年,仍割隶壁州。

3. 狄平县(618—619)—地平县(619—765)—通平县(765—825,847—907)

武德元年,析巴州清化县置狄平县,盖以夷狄平定为名,治狄平城(今旺苍县普济镇大营坝)①,割隶静州。二年,改为地平县,取"天成地平"之义为名。六年,自清化县移州治于此。十七年,州废,改隶集州。天宝元年,隶符阳郡。乾元元年,复隶集州。永泰元年,改为通平县,盖取南朝通池县为名②。宝历元年,省入大牟县。大中元年,析大牟县复置通平县③,仍隶集州。

附旧州: 静州(618—643)

武德元年,割巴州清化县置静州,盖取蛮獠安静之意为名,直属中央,并置大牟、狄平二县。二年,割隶利州总管府,改狄平县为地平县。六年④,移州治于地平县。七年,隶利州都督府。贞观二年,割利州嘉川县来属。六年,直属山南道。十三年,静州领地平、清化、大牟、嘉川四县,治地平县。十七年,州废,地平县隶集州,清化、大牟二县隶巴州,嘉川县还隶利州。

(一〇) 始宁郡(壁州)

壁州(625—742)—始宁郡(742—758)—壁州(758—907)

武德八年,割巴州诺水县及集州符阳、白石二县置壁州,以州境壁山为名,治诺水县,隶梁州都督府。贞观元年,以废前万州之广纳县来属。六年,直属山南道。八年,复隶梁州都督府,割符阳县隶集州。十三年,壁州领诺水、白石、广纳三县,治诺水县。十七年,仍直属山南道。

显庆元年,又割隶梁州都督府。

---

① 《太平寰宇记》集州嘉川县:"废通平县,在州西一百一十五里。"《四川政区沿革与治地今释》第237页及《历史地名》第893、1300、2251页定于今旺苍县普济镇大营坝,从之。
② 《舆地纪胜》巴州云:"故通平县,《元和志》云:梁于此置通池县。"
③ 《大清一统志》卷二九八保宁府通平废县云:"按《唐书·地理志》,通平,宝历元年省,与《寰宇记》不合,盖其后复置,宋始废也。"考宝历元年本道所废十七县中,通州石鼓、巴州奇章、壁州广纳、渠州潾水等县俱复置于大中元年,故知通平县亦复如是。
④ 六年:《太平寰宇记》集州嘉川县作"七年",《新唐志》集州大牟县作"二年",今依《旧唐志》巴州清化县。

武周长安三年,复割集州符阳县来属。四年,壁州领诺水、符阳、白石、广纳四县,治诺水县。

唐景云二年,直属山南西道,割符阳县隶集州。开元二十三年,置太平县。

天宝元年,改为始宁郡,以北朝旧郡为名,改诺水县为通江县,太平县为东巴县。十三载,始宁郡领通江、白石、东巴、广纳四县,治通江县。至德元载,隶山南西道防御使。

乾元元年,复为壁州。宝应元年,隶山南西道节度使。永泰元年,割集州符阳县来属。元和十五年,壁州领通江、符阳、白石、东巴、广纳五县,治通江县。

宝历元年,省广纳县。大中元年,复置广纳县。咸通十四年,壁州领县一如元和十五年。

光化元年,割隶武定军节度使。天祐三年,割隶兴文节度使。

1. **诺水县**(619—624,625—742)—**通江县**(742—907)

武德二年,析巴州始宁县置诺水县,以北朝旧县为名,治故诺水城(今通江县城诺江镇),割隶前万州。七年,州废,省入巴州始宁县。八年,析始宁县复置诺水县,仍治诺水城,割隶壁州,为州治。开元二十三年,析置太平县。天宝元年,改为通江县,以邑枕巴江,故名,隶始宁郡,为郡治。乾元元年,复隶壁州,为州治。

2. **白石县**(618—907)

本隋清化郡旧县,武德元年,隶集州。七年,移治新白石城(今通江县沙溪镇)①。八年,割隶壁州。证圣元年,移治于大溪北(今沙溪镇彭家岩)②。天宝元年,隶始宁郡。乾元元年,复隶壁州。

---

① 《太平寰宇记》壁州白石县:"(州)东北一百里。唐武德七年,自魏所置县移于今县东南一里。"《四川政区沿革与治地今释》第238页以为武德白石县存今(南)〔通〕江县永安镇碧溪场,《四川州县建置沿革图说》第99页则以为在通江县烟溪乡,两地均在大通江畔。然据《大清一统志》卷二九七保宁府:"按《旧志》,宕水别源源出西乡县,自竹浴关入县境,西南流二百七十里至水口,与大巴山水合,俗名洪口河,即白石水也。"白石水(大溪)乃今通江县肖口一月滩河,非大通江,故二说非是。今定于通江县沙溪镇。
② 《太平寰宇记》壁州白石县:"证圣元年,又移于今理。县城南枕大溪,北临小涧。"《四川政区沿革与治地今释》第238页以为证圣白石县在永安镇得汉城,《四川州县建置沿革图说》第99页则以为在永安镇碧溪场,按两地均在大通江畔,如上所考,二说非是。今定于沙溪镇北彭家岩。《地图集》定于今万源市竹峪镇蕨村坝,其地距壁州治一百八十里,亦与《太平寰宇记》里距不合。

3. 太平县(735—742)—东巴县①(742—907)

开元二十三年,析诺水、白石、广纳三县地置太平县,以太平川为名,治太平村(今万源市玉带乡太平坎村)②,隶壁州。天宝元年,隶始宁郡,以与河东道绛郡县名重,改为东巴县,因处巴江之东为名。十载,移治曲水村(今通江县洪口镇)③。乾元元年,复隶壁州。

4. 广纳县(619—825,847—907)

武德二年④,析巴州始宁、归仁二县置广纳县,以广纳溪为名,治广纳城(今通江县东山乡广纳场古城)⑤,割隶前万州。贞观元年,州废,改隶壁州。天宝元年,隶始宁郡。乾元元年,复隶壁州。宝历元年,省入白石、诺水二县。大中元年,析白石、诺水二县复置广纳县,治新广纳城(今通江县广纳镇)⑥。

---

① 东巴县:《唐会要》、《旧唐志》作"巴东县",今依《州郡典》、《太平寰宇记》、《新唐志》及《舆地纪胜》巴州引《元和志》。
② 《太平寰宇记》壁州:"唐开元二十三年,壁州三县耆老状论太平、曲水、王福村界东南连通州,即为浮游所集,州县不便理,请置邑就以抚之,由是敕许置太平县。"则太平县析诺水、白石、广纳三县地置,今万源市玉带乡有太平坎村,疑即其初治。太平川在巴江(今通江)之东,当今喜神河。《地图集》拟太平县于万源市黄钟镇一带,本卷初版原取其说,今按其说与"东南连通州"方位不合,当修正。
③ 《太平寰宇记》壁州:"东至所管东巴县(二)〔一〕百三十里。"通江县:"废(巴东)〔东巴〕县,在州东一百四十里。……天宝十年,改(太平县)为东巴县。"《四川政区沿革与治地今释》第238页、《四川州县建置沿革图说》第99页、《历史地名》第358页以为在今通江县洪口镇,从之。则天宝十载实为移治之年,非改名之年。洪口镇盖即古白石县之曲水村。
④ 二年:两《唐志》广纳县作"三年",今依两《唐志》通州永穆县、《太平寰宇记》壁州通江县。
⑤ 《中国文物地图集·四川分册》下册第941页。《四川州县建置沿革图说》第101页以为武德广纳县治今平昌县云台镇,误。
⑥ 广纳县宝历、大中间沿革依《太平寰宇记》补。移治之事据《四川州县建置沿革图说》第101页。

第十四章 剑 南 道

西南道行台(620—626)—益州大都督府(626—628)—剑南道(628—906)—剑南道行台(906—907)

武德三年(620),割中央直属益、遂、利三州总管府置西南道行台,并置泸、巂、会三州总管府①,罢益州总管府为行台直辖地区。四年,置南宁州总管府。五年,罢南宁州总管府。六年,复置南宁州总管府。七年,改总管府为都督府,改会州总管府为南会州都督府。九年,罢行台,置益州大都督府,仍统遂、泸、南宁、巂、南会五州都督府。贞观元年(627),罢遂州都督府。二年,降益州大都督府为益州都督府,并泸、南宁、巂、南会四州都督府置剑南道(监理区),无治所。六年,置戎州都督府,罢南宁州都督府。八年,改南会州都督府为茂州都督府②。十年,复置遂州都督府。十三年,剑南道有一直属地区及益、遂、泸、戎、巂、茂六州都督府。十七年,罢遂州都督府。二十三年,置郎州都督府。

永徽三年(652),罢郎州都督府。四年,割陇右道松州都督府来属。麟德元年(664),置姚州都督府。二年,置雅州都督府。永淳二年(682),罢雅州都督府。垂拱四年(688),复置雅州都督府。

武周长安四年(704),剑南道有益、泸、戎、姚、巂、雅、茂、松八州都督府及一直属地区。

唐开元四年(716),置雅、黎二州都督府。二十二年③,以益州都督府长史兼剑南道采访处置使。

天宝元年(742),改益州都督府为蜀郡都督府,泸州都督府为泸川郡都

---

① 《资治通鉴》武德三年四月:"置益州道行台,以益、利、会、郦、泾、遂六总管隶焉。"疑"郦泾"二字系"巂泸"二字之形误。胡注及罗凯《隋唐政治地理格局研究》第49页以为西南道行台曾地跨陇蜀或遥领陕北之地,恐未必。
② 《旧唐志》成都府序:"贞观八年,兼领南金州都督府。"此"南金州"当是"南会州"之误,且误以改名为兼领。
③ 《册府元龟》卷162原作"二十三年",据严耕望《景云十三道与开元十六道》考改。

督府,戎州都督府为南溪郡都督府,姚州都督府为云南郡都督府,嶲州都督府为越嶲郡都督府,黎州都督府为汉源郡都督府,雅州都督府为卢山郡都督府,茂州都督府为通化郡都督府,松州都督府为交川郡都督府①。八载,置保宁都护府。十三载,罢云南郡都督府,剑南道有蜀、泸川、南溪、越嶲、汉源、卢山、通化、交川八郡都督府与保宁都护府及一直属地区,治蜀郡(见图19、图20、图21)。至德元载(756),以蜀、泸川、南溪、越嶲、汉源、卢山、通化、交川八郡都督府及剑南道直属地区置剑南道节度使②,保宁都护府没于吐蕃。

后上元二年(761),改剑南道节度使为西川节度使,置东川节度使③。广德二年(764),改西川节度使为东西川节度使,罢东川节度使。大历元年(766),改东西川节度使为西川节度使,置东川节度使、邛南防御使、剑南西川防御使。是年,罢邛南防御使、剑南西川防御使。二年,降东川节度使为东川都防御观察使。是年,复升东川都防御观察使为东川节度使。元和十五年(820),剑南道有西川节度使、东川节度使二镇。

咸通九年(868),置定边军节度使。十一年,罢定边军节度使。十四年,剑南道仍有西川节度使、东川节度使二镇。

光启二年(886),置龙剑节度使。文德元年(888),置永平军节度使、威戎军节度使,罢龙剑节度使。大顺二年(891),罢永平军节度使。景福元年(892),复置龙剑节度使,罢威戎军节度使。光化二年(899),置武信军节度使。天祐三年(906),以西川节度使、武信军节度使、东川节度使、龙剑节度使置剑南道行台④,治成都府。四年,剑南道行台西川节度使、武信军节度使、东川节度使、龙剑节度使四镇归前蜀。

---

① 《州郡典》序目剑南道有蜀、唐安、濛阳、德阳、通义、梓潼、巴西、普安、阆中、资阳、临邛、通化、交川、越嶲、南溪、遂宁、仁寿、犍为、卢山、泸川、阳安、安岳、(洪)〔汉〕源、阴平、同昌、江油、临翼、归诚、江源、静川、恭化、维川、和义、云山、蓬山、云南三十六郡,当为天宝元年之数,而衍阆中郡,实应为三十五郡。是年,又置静戎郡,而《州郡典》未予增补。
② 据《方镇研究》第 162 页考证,剑南道节度使始置于开元五年,今依本卷体例,方镇作为行政区一律以至德元载起算。
③ 《旧唐志》成都府序于至德二载后云:"又分为剑南东川、西川,各置节度。"卢求《成都记序》(载《成都文类》卷 23):"上元二年,始分为东、西川。"《唐会要》卷 78 同此说。故张熊《有关唐代两川第一次分治的两个问题》(载《中国历史地理论丛》2013 年第 4 期)力证上元二年说,今从之。疑《旧唐志》句前脱"上元二年"四字,《新唐表》不解此,误以为至德二载剑南始分治,《通鉴》又沿其误。
④ 《资治通鉴》天祐三年十月:"王建始立行台于蜀。"

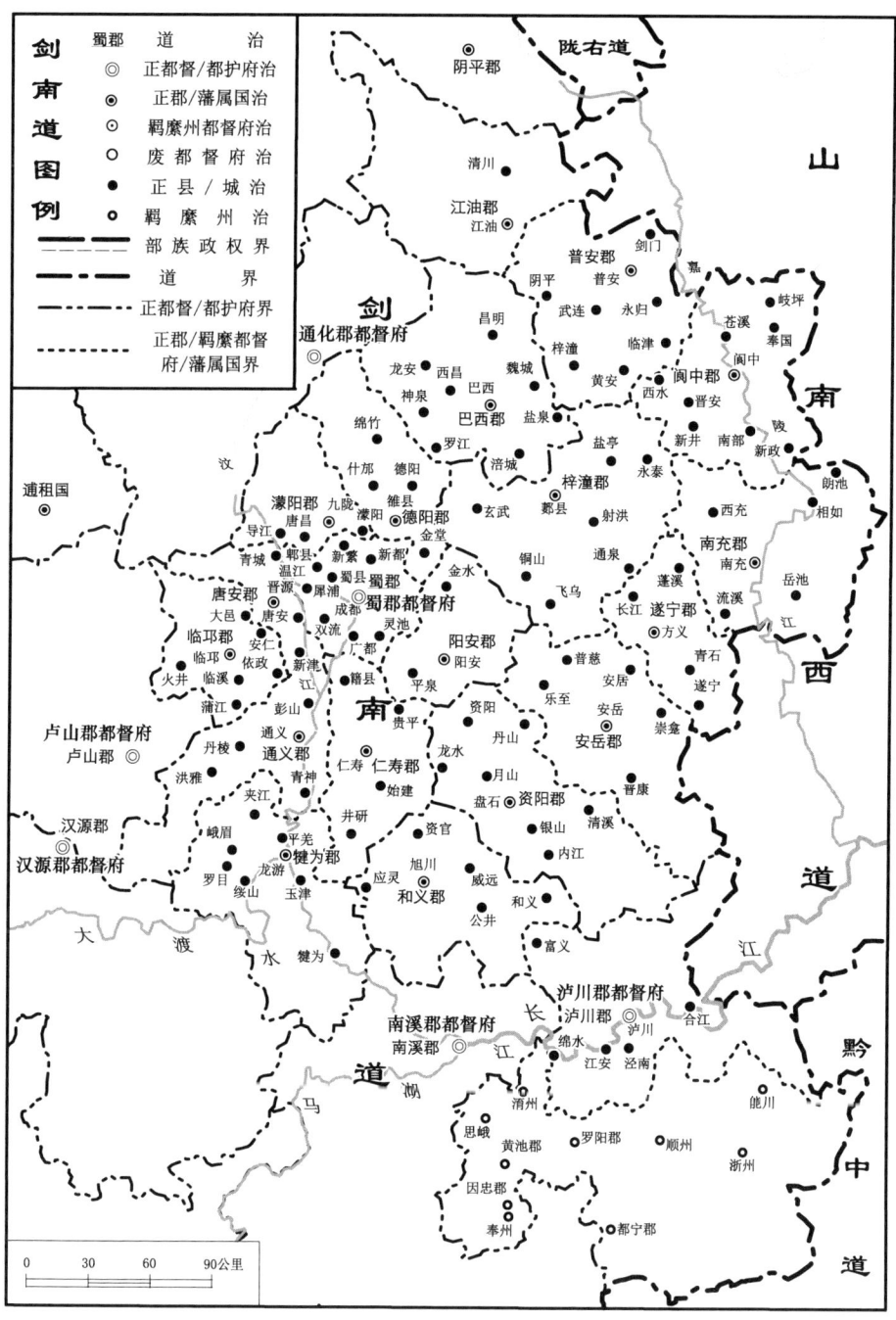

图 19　天宝十三载(754)唐朝剑南道东部行政区划

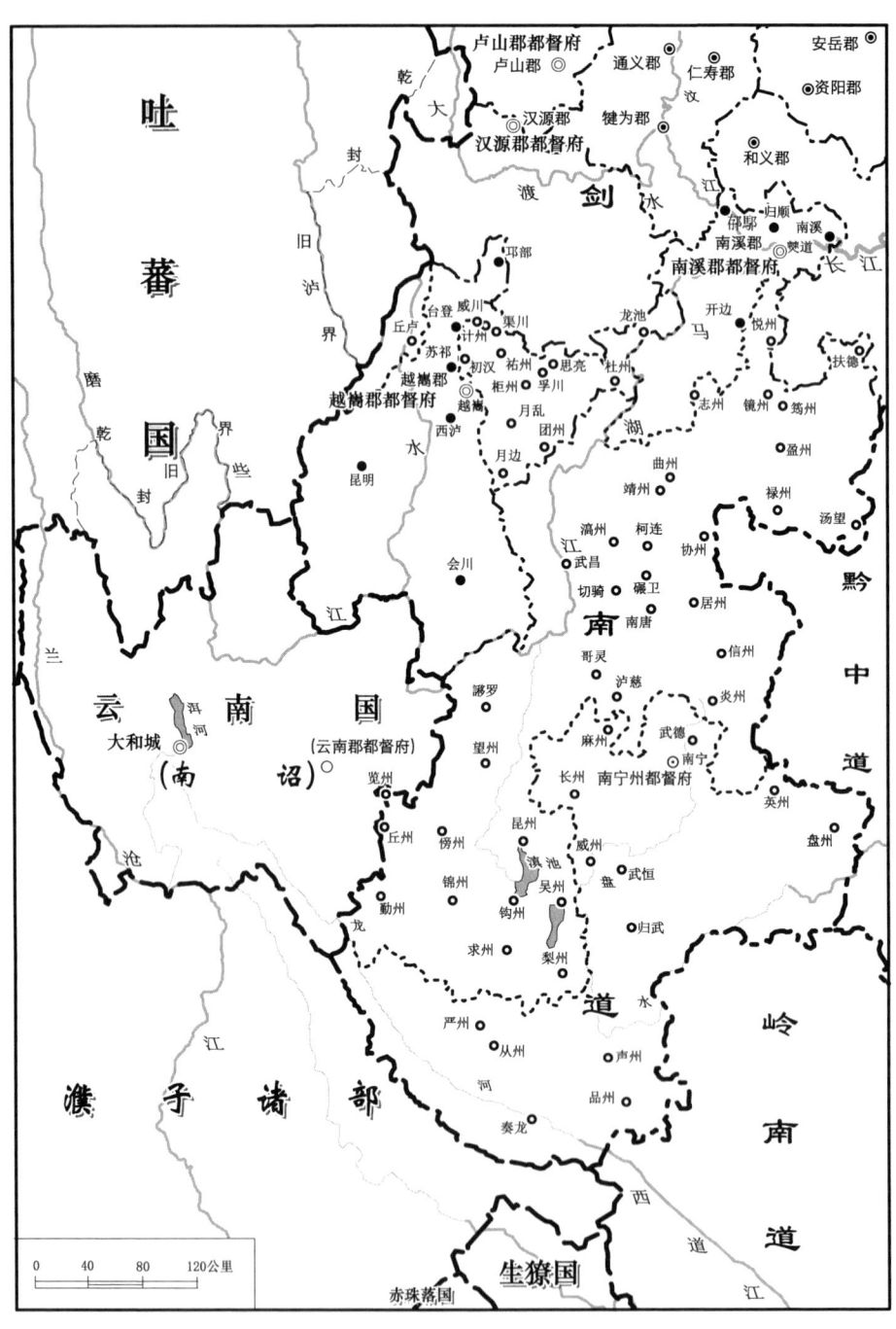

图 20 天宝十三载(754)唐朝剑南道南部行政区划

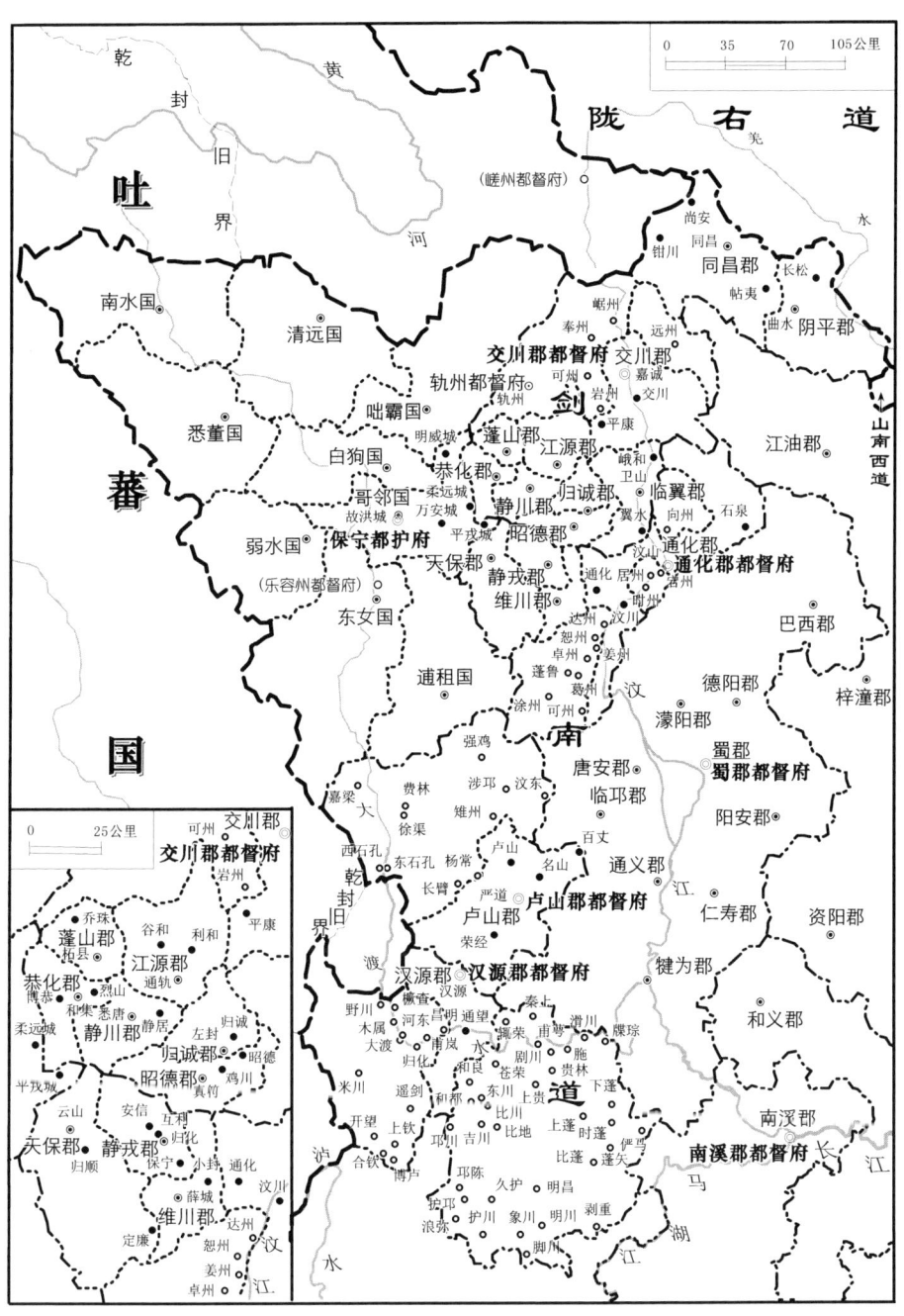

图 21　天宝十三载(754)唐朝剑南道西部行政与统治区划

第一节 蜀郡(益州)都督府

益州总管府(618—620)—西南道行台直辖地区(620—626)—益州大都督府直辖地区(626—628)—益州都督府(628—742)—**蜀郡都督府**(742—756)—剑南道节度使(756)—西川节度使(756—758)—剑南道节度使(761—764)—东西川节度使(764—768)—西川节度使(768—907)

武德元年(618),唐革隋命,以益、陵、资、遂、泸、戎、嘉、嶲、雅、会、绵十一州置益州总管府,直属中央,并置协、恭①、南宁、昆、翼、松六州。是年,又置邛、荣、登、涂四州。二年,置眉、普二州,割遂、普、资三州隶遂州总管府。三年,罢总管府为西南道行台直辖地区,置简、濛二州,割泸、戎、荣三州隶泸州总管府,嶲、登、恭、协、南宁、昆六州隶嶲州总管府②,涂、会、翼、松四州隶会州总管府。九年,罢行台,以益、简、陵、嘉、眉、雅、邛、濛、绵九州为益州大都督府直辖地区,并置犍州③。贞观元年(627),以废遂州都督府之梓、果、遂、普、资五州来属,废犍州。二年,降益州大都督府为益州都督府,属剑南道,仍督益、简、陵、嘉、眉、雅、邛、绵八州,废濛州,梓、果、遂、普、资五州直属剑南道。十三年,益州都督府督益、简、陵、嘉、眉、雅、邛、绵八州。

麟德二年(665),置沐州④。是年,割雅州隶雅州都督府。前上元三年(676),废沐州。永淳二年(683),以废雅州都督府之雅州来属。垂拱二年(686),置蜀、彭、汉三州。四年,复割雅州隶雅州都督府。

武周长安四年(704),益州都督府督益、简、陵、嘉、眉、邛、蜀、彭、汉、绵十州。

唐开元七年(719),置义州。八年,废义州。

天宝元年(742),改益州为蜀郡,简州为阳安郡,陵州为仁寿郡,嘉州为犍为郡,眉州为通义郡,邛州为临邛郡,蜀州为唐安郡,彭州为濛阳郡,汉州为德阳郡,绵州为巴西郡,改益州都督府为蜀郡都督府。十三载,蜀郡都督府督

---

① 任乃强等《四川州县建置沿革图说》第24页谓:"恭州乃开元二十四年置,此不当有。"按开元所置恭州别是一州,隶松州都督府,任说误。
② 郭声波:《唐代嶲属羁縻州及其部族研究》,《历史地理》第20辑,上海人民出版社,2004年。
③ 《旧唐志》益州序云有十州,脱雅、濛二州,今据《太平寰宇记》益州序补。
④ 许敬宗《唐卢国公程知节碑》(载《宝刻丛编》卷9)云,麟德二年,赠知节〔都督〕益邛雅眉简嘉陵罗嶲九州诸军事",按时无罗州,嶲州亦于武德中割置嶲州总管府,"罗嶲"二字当为"绵沐"二字之误。

蜀、阳安、仁寿、犍为、通义、临邛、唐安、濛阳、德阳、巴西十郡。至德元载（756），以蜀郡都督府十郡及剑南道直属梓潼、江油、普安、阆中、南充、遂宁、安岳、资阳八郡，泸川郡都督府泸川、和义二郡，南溪郡都督府南溪郡，越巂郡都督府越巂郡，汉源郡都督府汉源郡，卢山郡都督府卢山郡，通化郡都督府通化、维川、天保、静戎四郡，交川郡都督府交川、临翼、江源、归诚、蓬山、静川、恭化、昭德八郡隶剑南道节度使，以蜀郡为使治，蜀郡都督成虚职。是年，天保郡陷于吐蕃。二载，升蜀郡为成都府，改唐安郡为唐兴郡，江油郡为应灵郡。是年，越巂郡陷于吐蕃、云南（南诏）。

　　乾元元年（至德三年，758），改通义郡为眉州，犍为郡为嘉州，南溪郡为戎州，汉源郡为黎州，卢山郡为雅州，临邛郡为邛州，唐兴郡为蜀州，濛阳郡为彭州，德阳郡为汉州，梓潼郡为梓州，巴西郡为绵州，应灵郡为龙州，普安郡为剑州，阆中郡为阆州，遂宁郡为遂州，安岳郡为普州，资阳郡为资州，泸川郡为泸州，和义郡为荣州，仁寿郡为陵州，阳安郡为简州，通化郡为茂州，维川郡为维州，静戎郡为霸州，交川郡为松州，同昌郡为扶州，临翼郡为翼州，江源郡为当州，归诚郡为悉州，蓬山郡为柘州，静川郡为静州，恭化郡为恭州，昭德郡为真州，割山南西道防御使果州来属，天保郡亦复自吐蕃来属，改为保州。二年，置昌州，割山南西道防御使合、渝二州来属。后上元二年（761），改为西川节度使，割绵、龙、剑、阆、果、合、遂、梓八州隶东川节使度。是年，复割泸、荣、陵、简、普、资、昌、渝八州隶东川节度使。广德元年（763），维、保、霸、松、当、悉、柘、静、恭、真十州陷于吐蕃，置行维、行真二州。二年，以废东川节度使之梓、绵、龙、剑、阆、果、遂、合、渝、昌、普、资、泸、荣、陵、简十六州来属，改为东西川节度使，仍治成都府。大历元年（766），复为西川节度使，割梓、绵、剑、龙、遂、渝、合、普八州隶东川节度使，邛、眉、嘉、雅、黎五州隶邛南防御使，茂、翼、汉、彭、行维、行真六州隶剑南西山防御使，果、阆、扶三州隶山南西道节度使。是年，以废邛南节度使之邛、眉、嘉、雅、黎五州，废剑南西山防御使之茂、翼、汉、彭、行维、行真六州来属①。三年，置乾州。四年，置行巂州。五年，置行霸、行保、行悉、行恭、行静、行柘、行当七州。六年，废昌州。十年，复置昌州。贞元五年（789），废行巂州，复置巂州。十年，置行松州。永贞元年（805），改行保州为古州，废行霸州。元和元年（806），割简、资、昌、泸、荣、陵六州隶东川节度使。四年，割东川节度使

---

① 《方镇研究》第164页云大历元年剑南道西川节度使领十八府州，脱翼、行维、行真三州，衍巂州，实领成都、眉、嘉、戎、黎、雅、邛、蜀、彭、汉、资、昌、泸、荣、陵、简、茂、翼、行维、行真二十府州。又《新唐表》云兴元五年果州隶山南西道，今依赖青寿系于大历元年。

简、资二州来属。其后,降古州为羁縻保州。十五年,西川节度使领成都府及眉、嘉、戎、巂、黎、雅、邛、蜀、彭、乾、行维、行悉、行恭、行静、翼、行柘、行当、行松、行真、茂、汉、简、资二十三州,治成都府①。

长庆二年(822),降行悉、行恭、行静、行柘、行当、行松、行真七州为羁縻州②。大中三年,吐蕃首领以维州归唐,废行维州。咸通六年(865),巂州复陷于云南(南诏),置行巂州。九年,割行巂、邛、眉、嘉、黎、雅、蜀七州隶定边军节度使。十一年,以废定边军节度使之行巂、邛、眉、嘉、黎、雅、蜀七州来属。十四年,西川节度使领成都府及眉、嘉、戎、黎、雅、行巂、邛、蜀、彭、乾、维、翼、茂、汉、简、资十六州,治成都府。

文德元年(888),割邛、黎、雅、蜀四州隶永平军节度使,彭、茂二州隶威戎军节度使,废行巂州。大顺二年(891),以废永平军节度使之邛、黎、雅、蜀四州来属。天祐三年(906),隶剑南道行台。

(一) 蜀郡(益州)
益州(618—742)—蜀郡(742—757)—成都府(757—907)

蜀郡,本隋旧郡,领成都、双流、新津、晋原、清城、郫、九陇、绵竹、雒、玄武、金渊③、阳安、平泉十三县。唐武德元年,改为益州,以隋旧州为名,治成都县,置益州总管府,改金渊县为金水县,并置唐隆、盘龙二县。是年,改盘龙县为灌宁县。二年,置新都、什邡二县,改灌宁县为导江县。三年,罢总管府,益州直属西南道行台,为行台治,置德阳、新繁、万春三县;割九陇、导江、绵竹三县隶濛州,玄武县隶梓州,阳安、平泉、金水三县隶简州。九年,罢行台,置益州大都督府。贞观二年,复降为益州都督府,以废濛州之九陇、导江、绵竹三县来属,改万春县为温江县。十三年,益州领成都、双流、新津、唐隆、晋原、清城、温江、郫、新繁、导江、九陇、什邡、绵竹、德阳、雒、新都十六县,治成都县。十七年,置蜀县。

---

① 《元和志》剑南道西川节度使有曲、协二州,脱乾州,共二十六府州。按曲、协二州系羁縻行州,依本卷体例,此处不予列入。
② 建中四年唐、蕃虽曾会盟定界,然吐蕃未予确认,故后来发生平凉劫盟事件。薛宗正《吐蕃王国的兴衰》(民族出版社,1997年)第180页云:"(长庆二年)盟约的签订,意味着正式承认吐蕃占领唐朝西部领土的合法化,其中包括陇右、河西二道以及安西、北庭二节度。……自代宗以来,唐、蕃两国虽多次谈判,而始终未签订界约,至穆宗之世,终于决心割让。"至此疆界乃正式确定,则内徙之行州多无返还故地之可能,故其罢废或转为羁縻州当以是年为断。
③ 《隋志》原作"金泉",按《元和志》云:"武德元年,以避神尧讳,改为金水县。"《旧唐志》云:"隋改为金润,属蜀郡。武德初,为金水。"《新唐志》金水县:"本金渊,武德元年更名。"则隋县本为金渊,所谓金泉、金润,皆为唐人避高祖讳追改。

龙朔三年（663），置广都县。咸亨二年（671），置金堂县。仪凤二年（677），置濛阳、唐昌二县。垂拱二年（686），割新津、唐隆、晋原、清城四县隶蜀州，导江、唐昌、九陇、濛阳四县隶彭州，雒、什邡、绵竹、德阳、金堂五县隶汉州。是年，置犀浦县。

武周圣历三年（久视元年，700），置东阳县。长安四年，益州领成都、蜀、东阳、广都、双流、温江、郫、犀浦、新繁、新都十县，治成都县。

唐开元二十二年，为剑南道治。

天宝元年，改为蜀郡，隶蜀郡都督府，改东阳县为灵池县。十三载，蜀郡领成都、蜀、灵池、广都、双流、温江、郫、犀浦、新繁、新都十县，治成都县。至德元载，隶剑南道节度使，为使治。二载，升为成都府，以成都县为名，置南京。

乾元元年，改蜀县为华阳县。后上元元年（760），罢南京。二年，隶西川节度使。广德二年，隶东西川节度使。大历元年，复隶西川节度使，均为使治。元和十五年，成都府领成都、华阳、灵池、广都、双流、温江、郫、犀浦、新繁、新都十县，治成都县。

咸通十四年，成都府领县不变。

1. 成都县（618—907）

本隋蜀郡旧县，武德元年，隶益州，为州治。二年，析置新都县。贞观十七年，析置蜀县。垂拱二年，析置犀浦县。天宝元年，隶蜀郡，为郡治。至德二载，隶成都府，为府治。

2. 蜀县（643—758）—华阳县（758—907）

贞观十七年①，析成都县置蜀县，隶益州，以古蜀国为名，与成都县分治州郭（今四川成都市青羊区草市街街道）②。圣历三年，析置东阳县。天宝元年，隶蜀郡。至德二载，隶成都府。乾元元年，改为华阳县，华阳本古蜀国之号，因以为名。

3. 东阳县（700—742）—灵池县（742—907）

圣历三年（久视元年），益州长史李通广奏析蜀、广都二县境置东阳县，治东阳城（今成都市龙泉驿区柏合镇）③，隶益州。天宝元年，以与江南东道东阳

---

① 《州郡典》作"贞元中"，《太平寰宇记》作"贞观十年"，今依《元和志》、两《唐志》、《唐会要》。
② 《元和志》成都府华阳县："管县东界，郭下。笮江水，在县南六里。"笮江水，即今南河。
③ 《元和志》成都府灵池县："西至府六十里。"贺次君校勘记、《地图集》、蒲孝荣《四川政区沿革与治地今释》第186页皆定于今成都市龙泉驿区。薛登《灵泉故址在何在》（载《成都文物》1986年第4期）更具体地指出唐宋灵池—灵泉县在柏合镇，从之。

郡县名重,改为灵池县,因县南灵池为名。天宝元年,隶蜀郡。至德二载,隶成都府。

4. 广都县(663—907)

龙朔三年①,益州长史乔师望奏析双流县置广都县,以隋旧县为名,治广都城(今四川双流县华阳镇)②,隶益州。天宝元年,隶蜀郡。至德二载,隶成都府。

5. 双流县(618—907)

本隋蜀郡旧县,武德元年,隶益州。龙朔三年,析置广都县。天宝元年,隶蜀郡。至德二载,隶成都府。

6. 万春县(620—627)—温江县(627—907)

武德三年,析郫县置万春县,以隋旧县为名,治故万春城(今成都市温江区柳城街道)③,隶益州。贞观元年④,改为温江县,以大江在县西,俗谓之温江为名。天宝元年,隶蜀郡。至德二载,隶成都府。

7. 郫县(618—907)

本隋蜀郡旧县,武德元年,隶益州。是年,析置盘龙县。三年,析置万春县。仪凤二年,析置唐昌县。天宝元年,隶蜀郡。至德二载,隶成都府。

8. 犀浦县(686—907)

垂拱二年⑤,析成都县置犀浦县,以李冰所造石犀沉水处为名,治犀浦城(今成都市郫县犀浦镇),隶益州。天宝元年,隶蜀郡。至德二载,隶成都府。

9. 新繁县(620—907)

武德三年,析新都县⑥置新繁县,以北朝旧县为名,治故新繁城(今成都市新都区新繁镇),隶益州。天宝元年,隶蜀郡。至德二载,隶成都府。

10. 新都县(619—907)

武德二年,析成都县置新都县,以隋旧县为名,治故新都城(今成都市新都区新都街道),隶益州。三年,析置新繁县。天宝元年,隶蜀郡。至德二载,隶成都府。

---

① 《旧唐志》成都府序、《新唐志》、《太平寰宇记》作"二年",今依《元和志》、《唐会要》、《旧唐志》广都县。
② 《元和志》成都府广都县:"北至府四十二里。牛饮水,在县西三里。"蒲孝荣《四川政区沿革与治地今释》第185页定于今双流县华阳镇,从之。牛饮水,即今江安河。《地图集》定于今双流县城东升街道太禅寺,按其西三里无河,且距双流县太近,不取。
③ 《元和志》成都府温江县:"东至府七十五里。"
④ 《太平寰宇记》作"五年",今依《元和志》、两《唐志》、《唐会要》。
⑤ 《旧唐志》成都府序作"三年",今依《元和志》、《唐会要》、《旧唐志》犀浦县、《新唐志》。
⑥ 《元和志》原作"广都县",按广都县乃龙朔三年置,且不与新繁县接界,今依地理形势判断,当系析新都县置,"广"字为"新"字之误,因改。

(二) 阳安郡（简州）
简州（620—742）—阳安郡（742—758）—简州（758—907）

武德三年①，割益州阳安、平泉、金水三县置简州，以隋旧州为名，治阳安县，直属西南道行台。九年，直属益州大都督府。贞观二年，隶益州都督府。十三年，简州领阳安、平泉、金水三县，治阳安县。

武周长安四年，简州领县不变。

唐天宝元年，改为阳安郡，以阳安县为名，隶蜀郡都督府。十三载，阳安郡领阳安、平泉、金水三县，治阳安县。至德元载，隶剑南道节度使。

乾元元年，复为简州。后上元二年，隶东川节度使。广德二年，隶东西川节度使。大历元年，隶西川节度使。元和元年，割隶东川节度使。四年，还隶西川节度使。十五年，简州领县一如天宝十三载。

咸通十四年，简州领县不变。

1. 阳安县（618—907）
本隋蜀郡旧县，武德元年，隶益州。三年，割隶简州，为州治。天宝元年，隶阳安郡，为郡治。乾元元年，复隶简州，为州治。

2. 平泉县（618—907）
本隋蜀郡旧县，武德元年，隶益州。三年，割隶简州。天宝元年，隶阳安郡。乾元元年，复隶简州。

3. 金水县（618—907）
本隋蜀郡金渊县，武德元年，避高祖讳，改为金水县，隶益州。三年，割隶简州。天宝元年，隶阳安郡。乾元元年，复隶简州。

(三) 仁寿郡（陵州）
陵州（618—742）—仁寿郡（742—758）—陵州（758—907）

仁寿郡，本隋隆山郡，领仁寿、隆山、贵平、始建、井研五县。唐武德元年，改为陵州，以隋旧州为名，治仁寿县，隶益州总管府。三年，直属西南道行台。九年，直属益州大都督府。贞观元年，省隆山县②。二年，隶益州都督府。十

---
① 《唐会要》卷71作"二年"，今依《元和志》、两《唐志》。
② 《元和志》、《旧唐志》云：贞观元年，割隆山县属眉州。按《新唐志》，是年隆山县实省入眉州通义县，非割隶。参见下文通义郡眉州隆山县条。

三年,陵州领仁寿、贵平、始建、井研四县,治仁寿县。

永徽四年,置籍县。

武周长安四年,陵州领仁寿、籍、贵平、始建、井研五县,治仁寿县。

唐天宝元年,改为仁寿郡,以仁寿县为名,隶蜀郡都督府,置唐福县。二年,省唐福县。十三载,仁寿郡领仁寿、籍、贵平、始建、井研五县,治仁寿县。至德元载,隶剑南道节度使。

乾元元年,复为陵州。后上元二年,隶东川节度使。广德二年,隶东西川节度使。大历元年,隶西川节度使。元和元年,复割隶东川节度使。十五年,陵州领县一如天宝十三载。

咸通十四年,陵州领县不变。

天祐三年,割隶山南西道利阆节度使。

1. 仁寿县(618—907)

本隋隆山郡旧县,武德元年,隶陵州,为州治。贞观九年,移治新仁寿城(今四川仁寿县城文林镇)①。天宝元年,隶仁寿郡,为郡治。乾元元年,复隶陵州,为州治。

2. 籍县(653—907)

永徽四年,析贵平县置籍县,以隋旧县为名,治故籍城(今四川双流县籍田镇)②,隶陵州。天宝元年,隶仁寿郡。乾元元年,复隶陵州。

3. 贵平县(618—907)

本隋隆山郡旧县,武德元年,隶陵州。永徽四年,析置籍县。开元十四年,移治禄川(今仁寿县中岗乡)③。天宝元年,隶仁寿郡,析置唐福县。二年,省唐福县来属。乾元元年,复隶陵州。

附旧县:唐福县(742—743)

天宝元年,析贵平、籍二县置唐福县④,取唐朝吉意,治唐福城(今仁寿县文宫镇)⑤,隶仁寿郡。二年⑥,省入贵平、籍二县。

---

① 《太平寰宇记》陵州仁寿县:"仁寿故城,在县东二里,唐贞观九年,移入于城西。"
② 《元和志》陵州籍县:"东南至州一百里。"
③ 《元和志》陵州贵平县:"西南至州六十七里。禄水,在县南五十步。"《纪要》成都府双流县:"贵平废县,开元十四年徙县治禄川,东北去旧城十七里。"按旧县城即仁和城,在今简阳市镇金镇(旧名贵平寺),可定新城在今仁寿县中岗乡(旧千福公社)。《四川政区沿革与治地今释》等以为在仁寿县文官乡(旧文公场),距旧城太远,不取。
④ 《元和志》、两《唐志》、《太平寰宇记》不载此事,按《州郡典》仁寿郡有唐福县,今姑定天宝元年置。
⑤ 《纪要》成都府仁寿县:"唐福废县,《志》云在县北四十五里,建置未详。"治地当在今仁寿县文宫镇。
⑥ 史志不载唐福县省罢时间。按两《唐志》不载此县,盖其为时甚短,今姑定省于天宝二年。

4. 始建县(618—907)

本隋隆山郡旧县,武德元年,隶陵州。圣历二年,移治荣祉山(今仁寿县始建镇)①。天宝元年,隶仁寿郡。乾元元年,复隶陵州。

5. 井研县(618—907)

本隋隆山郡旧县,武德元年,隶陵州。四年,移治新井研城(今四川井研县城研城镇)②。天宝元年,隶仁寿郡。乾元元年,复隶陵州。

(四) 犍为郡(嘉州)

嘉州(618—742)—犍为郡(742—758)—嘉州(758—907)

犍为郡,本隋眉山郡,领龙游、玉津、绥山、峨眉、夹江、南安、洪雅、丹棱、通义、青神、平羌十一县③。唐武德元年,改为嘉州,以隋旧州为名,治龙游县,隶益州总管府。是年,割戎州资官县来属。二年,割南安、洪雅、丹棱、通义、青神五县隶眉州。三年,直属西南道行台。九年,直属益州大都督府。贞观二年,隶益州都督府。六年④,割资官县隶荣州。十三年,嘉州领龙游、玉津、绥山、峨眉、夹江、平羌六县,治龙游县。

麟德二年,置罗目县,并绥山县割隶沐州。前上元元年,割戎州犍为县来属。三年,以废沐州之绥山县来属,省罗目县。仪凤三年,复置罗目县。

武周久视元年(700),置乐都县。是年,省乐都县。长安四年,嘉州领龙游、玉津、犍为、绥山、罗目、峨眉、夹江、平羌八县,治龙游县。

唐天宝元年,改为犍为郡,借南朝旧郡为名,隶蜀郡都督府。十三载,犍为郡领龙游、玉津、犍为、绥山、罗目、峨眉、夹江、平羌八县,治龙游县。至德元载,隶剑南道节度使。

---

① 《元和志》陵州始建县:"北至州五十五里。铁山,在县东南七十里。"《纪要》成都府井研县引《郡志》,"始津废县,在仁寿县东南三十里。""三十"疑是"五十"之误。《四川政区沿革与治地今释》第230页、《四川州县建置沿革图说》第147页定于今仁寿县始建镇(旧名镇子场),从之。《地名大辞典》第4292页以今始建镇为隋旧县治,恐误。
② 《元和志》陵州井研县:"北去州一百一十五里。"《地图集》、《四川政区沿革与治地今释》第230页、《历史地名》第286页皆定于今井研县城研城镇,从之。《四川州县建置沿革图说》第151页定于井研县盐井湾(今研经镇),恐误。
③ 《隋志》眉山郡无绥山、玉津、南安三县,共八县。按《元和志》嘉州绥山县:"隋大业十一年,招慰生獠,立以为县,因山为名,属眉山郡。"玉津县:"隋大业十一年,于此置玉津县,以江有璧玉津,故以为名。"《太平寰宇记》嘉州亦云:"唐武德元年,复立嘉州,因魏之名,领龙游、平羌、夹江、峨眉、玉津、绥山、通义、洪雅、丹棱、青神、南安十一县。"可见南安县亦当置于隋末,据补。
④ 《新唐志》作"武德六年",今依《元和志》、《旧唐志》。

乾元元年,复为嘉州。后上元二年,隶西川节度使。广德二年,隶东西川节度使。大历元年,割隶邛南防御使。是年,还隶西川节度使。元和十五年,嘉州领县一如天宝十三载。

咸通九年,割隶定边军节度使。十一年,还隶西川节度使。十四年,嘉州领县不变。

1. **龙游县**(618—907)

本隋眉山郡旧县,武德元年,隶嘉州,为州治。天宝元年,隶犍为郡,为郡治。乾元元年,复隶嘉州,为州治。

2. **玉津县**(618—907)

本隋眉山郡旧县,武德元年,隶嘉州。天宝元年,隶犍为郡。乾元元年,复隶嘉州。

3. **犍为县**(618—907)

本隋犍为郡旧县,武德元年,隶戎州。前上元元年,割隶嘉州。天宝元年,隶犍为郡。乾元元年,复隶嘉州。天复①元年,以獠叛,移治江西岸(今犍为县城玉津镇河口村)。

4. **绥山县**(618—907)

本隋眉山郡旧县,武德元年,隶嘉州。麟德二年,割隶沐州②。前上元三年,州废,还隶嘉州。久视元年,析置乐都县。是年,省乐都县来属。天宝元年,隶犍为郡。乾元元年,复隶嘉州。

附旧县:乐都县(700)

久视元年,析绥山县置乐都县,盖取夷獠同乐之意为名,治乐都城(今四川沐川县黄丹镇)③,隶嘉州。是年,省入绥山县。

5. **罗目县**(665—676,678—907)

麟德二年,开峨眉县生獠置罗目县,以罗目山为名,治沲和城(今四川峨

---

① 《太平寰宇记》犍为县条原作"天福",今依中华书局本校勘记改。
② 史志不载此事。按沐川以沐川(今四川马边县马边河)为名,州境当达于彼,绥山县治今乐山市西南,自当割入沐州,疑史志失载,今补。
③ 《地名大辞典》第4287页峨眉山市乐都镇:"以唐代曾设乐都县为名。"《历史地名》第814页亦如是说。按该镇本名观音寺,1985年建镇时误以唐乐都县治此而取名。唐绥山县治今乐山市嘉农镇丰都庙(今人多误以为治峨眉山市九里镇,按其地距罗目、峨眉二县太近,而距绥山——今乐山市三峨山至峨边县白腊丞诸山——太远,不取),县境在今乐山市西南部,迤及沐川县马边河一带,依地理形势,乐都县当析其南境置,故拟设治于今沐川县黄丹镇。

边县城沙坪镇)①,割隶沭州,为州治。前上元三年(仪凤元年),州废,省入峨眉县。仪凤三年,析峨眉县复置罗目县,仍治泺和城,隶嘉州。如意元年②(692),移治罗目城(今四川峨眉山市罗目镇)。天宝元年,隶犍为郡。乾元元年,复隶嘉州。

6. 峨眉县(618—907)

本隋眉山郡旧县,武德元年,隶嘉州。麟德二年,析置罗目县。前上元三年,沭州之罗目县省入。仪凤三年,复析置罗目县。天宝元年,隶犍为郡。乾元元年,复隶嘉州。三年(后上元元年),以獠叛,移治峨眉观东(今峨眉山市绥山镇)③。

7. 夹江县(618—907)

本隋眉山郡旧县,武德元年,移治新夹江城(今四川夹江县城漹城镇)④,隶嘉州。天宝元年,隶犍为郡。乾元元年,复隶嘉州。

8. 平羌县(618—907)

本隋眉山郡旧县,武德元年,隶嘉州。天宝元年,隶犍为郡。乾元元年,复隶嘉州。宝历二年(826),移治开峡驿(今四川乐山市市中区牟子镇板桥溪村)⑤。

附旧州: 沭州(665—676)

麟德二年,割嘉州罗目、绥山二县置沭州,盖以州界沭川为名,治罗目县,隶益州都督府。前上元三年(仪凤元年),州废,省罗目县入嘉州峨眉县,绥山县还隶嘉州。

(五)通义郡(眉州)

眉州(619—742)—**通义郡**(742—758)—眉州(758—907)

武德二年,割嘉州通义、青神、丹棱、南安、洪雅五县置眉州,以隋旧州为名,治通义县,隶益州总管府。三年,直属西南道行台。五年,省南安县。九

---

① 《元和志》嘉州罗目县:"麟德二年,于今县西南一百八十三里置沭州及罗目县。"《四川政区沿革与治地今释》第188页定于今峨边县城沙坪镇,从之。《四川州县建置沿革图说》第155页以为在今金口河区,按其地已入黎州都督府羁縻地区界,恐非罗目县地,《元和志》里数疑当作"一百二十三里"。
② 《太平寰宇记》嘉州罗目县作"伪蜀明德三年",今依《旧唐志》。
③ 《元和志》嘉州峨眉县:"东至州七十五里。"《太平寰宇记》嘉州峨眉县:"唐乾元三年獠叛,移就峨眉观东,今县理是也。"
④ 《元和志》嘉州夹江县:"东至州长七十五里。"
⑤ 《太平寰宇记》嘉州平羌县:"(州)北三十里。……宝历二年,又移于开峡驿,去旧县一十五里。"《四川政区沿革与治地今释》第188页、《四川州县建置沿革图说》第149页定于今乐山市板桥溪,从之。

年,直属益州大都督府,割洪雅、丹棱二县隶犍州。贞观元年,以废犍州之洪雅、丹棱二县来属。二年,隶益州都督府,置隆山县。十三年,眉州领通义、隆山、青神、丹棱、洪雅五县,治通义县。

武周长安四年,眉州领县一如贞观十三年。

唐先天元年(712),改隆山县为彭山县。开元七年,割洪雅县隶义州。八年,以废义州之洪雅县来属。

天宝元年,改为通义郡,以通义县为名,隶蜀郡都督府。十三载,通义郡领通义、彭山、青神、丹棱、洪雅五县,治通义县。至德元载,隶剑南道节度使。

乾元元年,复为眉州。后上元二年,隶西川节度使。广德二年,隶东西川节度使。大历元年,割隶邛南防御使。是年,还隶西川节度使。元和十五年,眉州领县一如天宝十三载。

咸通九年,割隶定边军节度使。十一年,还隶西川节度使。十四年,眉州领县不变。

1. **通义县**(618—907)

本隋眉山郡旧县,武德元年,隶嘉州。二年,割隶眉州,为州治。天宝元年,隶通义郡,为郡治。乾元元年,复隶眉州,为州治。

2. **隆山县**(618—627,628—712)——**彭山县**(712—907)

彭山县,本隋隆山郡隆山县,武德元年,隶陵州。贞观元年,省入眉州通义县。二年,析通义县复置隆山县,隶眉州。先天元年①,避玄宗讳,改为彭山县,以彭女山为名。天宝元年,隶通义郡。乾元元年,复隶眉州。

3. **青神县**(618—907)

本隋眉山郡旧县,武德元年,隶嘉州。二年,割隶眉州。八年,移治新青神城(今四川青神县城青城镇)。天宝元年,隶通义郡。乾元元年,复隶眉州。

4. **丹棱县**(618—907)

本隋眉山郡旧县,武德元年,隶嘉州。二年,割隶眉州。九年,割隶犍州。贞观元年,州废,还隶眉州。天宝元年,隶通义郡。乾元元年,复隶眉州。

5. **洪雅县**(618—907)

本隋眉山郡旧县,武德元年,隶嘉州。二年,割隶眉州。五年,省南安县来属。九年,割隶犍州,为州治。贞观元年,州废,还隶眉州。开元七年,割隶

---

① 《太平寰宇记》作"贞观二十年",今依《元和志》、两《唐志》。《唐会要》云:"崇山县,先天元年改为彭山县。"崇山,即隆山,为唐人追改。

义州,为州治,并析置南安、平乡二县。八年,州废,省南安、平乡二县来属,洪雅县还隶眉州。天宝元年,隶通义郡。乾元元年,复隶眉州。

附旧县1：南安县(618—622,719—720)

本隋眉山郡旧县,武德元年,隶嘉州。二年,割隶眉州。五年,省入嘉州洪雅县。开元七年,析洪雅县獠户复置南安县,治故南安城(今四川夹江县木城镇)①,隶义州。八年,州废,省入洪雅县。

附旧县2：平乡县(719—720)

开元七年,析洪雅县獠户置平乡县,治故平乡(今四川洪雅县槽渔滩镇)②,故以为名,隶义州。八年,州废,省入洪雅县。

附旧州：犍州(626—627)—义州(719—720)

武德九年③,割眉州洪雅、丹棱二县置犍州④,以古犍为之地为名,治洪雅县,直属益州大都督府。贞观元年,州废,洪雅、丹棱二县还隶眉州。开元七年,割眉州洪雅县置义州,盖取义服夷獠之意为名,隶益州都督府,并置南安、平乡二县。八年,州废,省南安、平乡二县,洪雅县还隶眉州。

(六) 临邛郡(邛州)

邛州(618—742)—**临邛郡**(742—758)—邛州(758—907)

武德元年⑤,割雅州依政、蒲江、临溪、火井、临邛五县置邛州,以隋旧州为名,治依政县,隶益州总管府。三年,直属西南道行台,置安仁县。九年,直属益州大都督府。贞观二年,隶益州都督府。十三年,邛州领依政、蒲江、临溪、火井、临邛、安仁六县,治依政县。十七年,省安仁县。

显庆二年(657),移州治于临邛县。咸亨元年(670),复置安仁县。二年,置大邑县。

---

① 《纪要》嘉定府夹江县:"南安废县,县西北二十五里。"《四川政区沿革与治地今释》第189页、《四川州县建置沿革图说》第153页定于今夹江县木城镇(旧南安镇),从之。
② 《水经注》卷36青衣水:"青衣水径平乡,谓之平乡江。"则故平乡在今洪雅县西,《四川政区沿革与治地今释》第189页拟于今洪雅县罗坝镇,今槽渔滩镇,从之。
③ 《新唐志》、《舆地广记》作"元年",吴松弟《两唐书地理志汇释·旧唐书地理志》从之。按《旧唐志》、《太平寰宇记》眉州洪雅县皆作"九年",且《旧唐志》眉州序言武德二年犹割嘉州洪雅、丹棱等县隶眉州,可证武德元年未置犍州。
④ 史志不载犍州领县,今依地理形势推测。
⑤ 《旧唐志》成都府序作"二年",今依《旧唐志》邛州、《新唐志》邛州。

武周长安四年，邛州领临邛、依政、蒲江、临溪、火井、大邑、安仁七县，治临邛县。

唐天宝元年，改为临邛郡，以北朝旧郡为名，隶蜀郡都督府。十三载，临邛郡领临邛、依政、蒲江、临溪、火井、大邑、安仁七县，治临邛县。至德元载，隶剑南道节度使。

乾元元年，复为邛州。后上元二年，隶西川节度使。广德二年，隶东西川节度使。大历元年，割隶邛南防御使，为使治。是年，罢镇，邛州还隶西川节度使。四年，割蒲江、临溪二县隶行巂州。贞元五年，以废行巂州之蒲江、临溪二县来属。元和十五年，邛州领县一如天宝十三载。

咸通六年，行巂州寄治于此。九年，邛州割隶定边军节度使。十一年，还隶西川节度使。十四年，邛州领县不变。

文德元年，废行巂州，邛州割隶永平军节度使，为使治。大顺二年，罢镇，邛州还隶西川节度使。

1. 临邛县(618—907)

本隋临邛郡旧县，武德元年，隶邛州。三年，析置安仁县。贞观十七年，省安仁县来属。咸亨元年，复析置安仁县。显庆二年，自依政县移州治于此。天宝元年，隶临邛郡，为郡治。乾元元年，复隶邛州，为州治。咸通六年，行巂州寄治于此。文德元年，废行巂州。

附新县：行越巂县(865—888)

咸通六年，置行越巂县于邛州临邛县①，为行巂州治。文德元年，州废，省入临邛县。

2. 依政县(618—907)

本隋临邛郡旧县，武德元年，隶邛州，为州治。显庆二年，移州治于临邛县。天宝元年，隶临邛郡。乾元元年，复隶邛州。

3. 蒲江县(618—907)

本隋临邛郡旧县，武德元年，隶邛州。天宝元年，隶临邛郡。乾元元年，复隶邛州。大历②四年，割隶行巂州。贞元五年，州废，还隶邛州。

---

① 史志不载此事。按《新唐表》，咸通八年，置定边军节度观察处置使于邛州，领巂、眉、蜀、邛、雅、嘉、黎七州。是知咸通六年巂州失陷后，又置行州于邛州，故定边军节度使领州以巂州称首。今补。

② 《新唐志》原作"大和"，按巂州至德二载没于吐蕃、云南(南诏)，贞元十三年收复全境，咸通间复陷于云南(南诏)，则大和中仍属唐朝，不得置行州。《唐会要》卷71云："巂州，先废，大历四年正月，割邛州蒲江、临溪两县复置之。"据改正。

4. 临溪县(618—907)

本隋临邛郡旧县,武德元年,隶邛州。天宝元年,隶临邛郡。乾元元年,复隶邛州。大历四年,割隶行嶲州,为州治。贞元五年,州废,还隶邛州。

5. 火井县(618—907)

本隋临邛郡旧县①,武德元年,隶邛州。天宝元年,隶临邛郡。乾元元年,复隶邛州。

6. 大邑县(671—907)

咸亨二年②,析益州晋原县置大邑县,其邑广大,因以为名,治鹤鸣山东(今四川大邑县城晋原街道),割隶邛州。天宝元年,隶临邛郡。乾元元年,复隶邛州。

7. 安仁县(620—643,670—907)

武德三年③,析临邛、依政二县及益州唐隆④县地置安仁县,取"仁者安仁"之义为名,治安仁城(今大邑县安仁镇),隶邛州。贞观十七年,省入临邛、依政二县。咸亨元年,析临邛、依政二县复置安仁县,仍治安仁城,隶邛州。天宝元年,隶临邛郡。乾元元年,复隶邛州。

附新州: 行嶲州(769—789,865—888)

大历四年,割邛州临溪、蒲江二县置行嶲州,以安置越嶲郡余民,治临溪县⑤,隶西川节度使。贞元五年,州废,临溪、蒲江二县还隶邛州。

咸通六年,复置行嶲州及行越嶲县于邛州临邛县⑥,行嶲州隶西川节度使。九年,割隶定边军节度使,为使治。十一年,罢镇,行嶲州还隶西川节度使。十四年,行嶲州领县不变。

---

① 《隋志》无火井县,共九县,按《太平寰宇记》火井县:"隋大业十二年,置县,仍带镇,属临邛郡。"据补。
② 《唐会要》卷71作"四年",今依《元和志》、两《唐志》、《太平寰宇记》。
③ 《元和志》作"二年",今依两《唐志》、《太平寰宇记》。
④ 《元和志》原作"唐兴",按唐兴乃唐后期蜀州属县名,唐初,该县名唐隆,属益州,今改。参下文唐安郡蜀州。
⑤ 《唐会要》卷71:"嶲州,先废,大历四年正月,割邛州蒲江、临溪两县复置之。"《永乐大典》卷11017引《元一统志》:"行嶲州临溪镇,在唐为县,天宝末,嶲州陷于云南,鲜于仲通以嶲州之余民置行州于此。"按鲜于仲通天宝十载兵败云南后,即调离剑南,又据《元和志》、《新唐志》,嶲州陷于至德二载,则置行嶲州于邛州临溪县不早于至德二载,且非仲通所为,《元一统志》所载不确,今依《唐会要》。
⑥ 史志不载此事。按《新唐表》,咸通八年,置定边军节度观察处置使于邛州,领嶲、眉、蜀、邛、雅、嘉、黎七州。是知咸通六年嶲州失陷后,又置行州于邛州,故定边军节度使领州以嶲州称首。今补。

文德元年,州废①,省行越巂县。

(七) 唐安郡(蜀州)

蜀州(686—742)—唐安郡(742—757)—唐兴郡(757—758)—蜀州(758—907)

垂拱二年,割益州晋原、清城、唐隆、新津四县置蜀州,以故蜀郡之地为名,治晋原县,隶益州都督府。

武周长寿二年(693),改唐隆县为武隆县。长安四年,蜀州领晋原、清城、武隆、新津四县,治晋原县。

唐神龙元年,复改武隆县为唐隆县。先天元年,改唐隆县为唐安县。开元十八年,改清城县为青城县。

天宝元年,改为唐安郡,以唐安县为名,隶蜀郡都督府。十三载,唐安郡领晋原、青城、唐安、新津四县,治晋原县。至德元载,隶剑南道节度使。二载,避安氏名姓,改为唐兴郡②,改唐安县为唐兴县。

乾元元年,复为蜀州。后上元二年,隶西川节度使。广德二年,隶东西川节度使。大历元年,隶西川节度使。元和十五年,蜀州领晋原、青城、唐兴、新津四县,治晋原县。

咸通九年,割隶定边军节度使。十一年,还隶西川节度使。十四年,蜀州领县不变。

文德元年,割隶永平军节度使。大顺二年,还隶西川节度使。

1. 晋原县(618—907)

本隋蜀郡旧县,武德元年,隶益州。咸亨二年,析置大邑县。垂拱二年,割隶蜀州,为州治。天宝元年,隶唐安郡。至德二载,隶唐兴郡,均为郡治。乾元元年,复隶蜀州,为州治。

2. 清城县(618—730)—青城县(730—907)

青城县,本隋蜀郡清城县,武德元年,隶益州。垂拱二年,割隶蜀州。开元十八年,改为青城县,仍以青城山为名。天宝元年,隶唐安郡。至德二载,隶唐兴郡。乾元元年,复隶蜀州。

---

① 史志不载此事。据《新唐表》,文德元年,置永平军节度使于邛州,领邛、蜀、雅、黎四州,无行巂州,则知行巂州已省罢。
② 按其所属唐安县既改为唐兴县,固无改县不改郡之理,史志当脱载此事,今补。

3. **唐隆县**(618—693)—**武隆县**(693—705)—**唐隆县**(705—712)—**唐安县**(712—757)—**唐兴县**(757—907)

武德元年①,析新津县置唐隆县,取唐朝吉意,治故僰道城(今四川崇州市江源镇东岸)②,隶益州。垂拱二年,割隶蜀州。长寿二年,改为武隆县,取武氏吉意。神龙元年,复为唐隆县。先天元年,避玄宗讳,改为唐安县。天宝元年,隶唐安郡。至德二载,避安氏名姓,改为唐兴县③,仍取唐朝吉意,隶唐兴郡。乾元元年,复隶蜀州。

4. **新津县**(618—907)

本隋蜀郡旧县,武德元年,隶益州,析置唐隆县。垂拱二年,割隶蜀州。天宝元年,隶唐安郡。至德二载,隶唐兴郡。乾元元年,复隶蜀州。

(八) **濛阳郡(彭州)**

濛州(620—628)—彭州(686—742)—濛阳郡(742—758)—彭州(758—907)

武德三年,割益州九陇、导江、绵竹三县置濛州,以隋旧州为名,治九陇县,直属西南道行台。九年,直属益州大都督府。贞观二年,州废,九陇、导江、绵竹三县还隶益州。

垂拱二年,割益州九陇、濛阳、唐昌、导江四县置彭州,以州西峡谷天彭门为名,治九陇县,隶益州都督府。

武周长寿二年,改唐昌县为周昌县。长安四年,彭州领九陇、濛阳、周昌、导江四县,治九陇县。

唐神龙元年,复改周昌县为唐昌县。

天宝元年,改为濛阳郡,以濛阳县为名,隶蜀郡都督府。十三载,濛阳郡领九陇、濛阳、唐昌、导江四县,治九陇县。至德元载,隶剑南道节度使。

乾元元年,复为彭州。后上元二年,隶西川节度使。广德二年,隶东西川节度使。大历元年,割隶剑南西山防御使。是年,还隶西川节度使。元和十

---

① 《唐会要》卷71作"义宁二年",按义宁为隋年号,置县不得取唐朝吉名,今依《元和志》、两《唐志》、《太平寰宇记》。
② 《元和志》蜀州唐兴县:"西北至州四十里。"《四川政区沿革与治地今释》第187页定于今崇州市江源镇(羊马河)东岸,从之。
③ 两《唐志》不载此事,《太平寰宇记》江源县:"先天元年,改为唐安,皇朝开宝四年,改为江源。"今依《元和志》。《舆地广记》云:"先天元年,更名唐安,后又曰唐兴。国朝开宝四年,改唐兴曰江原。"可证。

五年,彭州领县一如天宝十三载。

咸通十四年,彭州领县不变。

景福元年(892),割隶龙剑节度使。

1. 九陇县(618—907)

本隋蜀郡旧县,武德元年,隶益州。三年,割隶濛州,为州治。贞观二年,州废,还隶益州。仪凤二年,析置濛阳县。垂拱二年,割隶彭州,为州治,移治新九陇城(今四川彭州市天彭镇)①。天宝元年,隶濛阳郡,为郡治。乾元元年,复隶彭州,为州治。

2. 濛阳县(677—907)

仪凤二年,析九陇、雒、什邡、新都、新繁五县地置濛阳县,以县在濛水之北为名,治濛阳城(今彭州市濛阳镇),隶益州。垂拱二年②,割隶彭州。天宝元年,隶濛阳郡。乾元元年,复隶彭州。

3. 唐昌县(677—693)—周昌县(693—705)—唐昌县(705—907)

仪凤二年③,析郫、导江、九陇三县地置唐昌县,取唐朝吉名,治唐昌城(今四川郫县唐昌镇),隶益州。垂拱二年,割隶彭州。长寿二年,改为周昌县,取武周吉意。神龙元年,复为唐昌县。天宝元年,隶濛阳郡。乾元元年,复隶彭州。

4. 盘龙县(618)—灌宁县(618—619)—导江县(619—907)

武德元年,析郫县置盘龙县④,以盘龙山为名,治灌口城(故汶山县城,今四川都江堰市灌口街道),隶益州。是年,改为灌宁县⑤,以县处灌口为名。二

---

① 吴松弟《两唐书地理志汇释·旧唐书地理志》第348~349页、《地名大辞典》第4074页皆云九陇县本治今县西北三十里之九陇镇,唐末或垂拱二年移今址。按《旧唐志》九陇县:"宋置晋寿郡,古城在县西北三里。"则上说"三十里"当为"三里"之误,古城当即故晋寿城。又四库本《元和志》九陇县既云县在州"郭下",又云"西至州二里",似有矛盾。考故晋寿城在今彭州市城区天彭镇新官山村,即故濛州城,则知"西至州二里"之"州"为故濛州,非彭州。《纪要》成都府彭县九陇故城亦云:"县北三(十)里。《志》云:'隋县治此,唐移今治,并置彭州治焉,后皆因之。'……"又晋寿城,在县西北三里,刘宋时置县于此。"则九陇故城即故晋寿城,南朝、隋至唐初为晋寿、九陇县治,垂拱时与州同治新九陇城(今天彭镇),中华书局点校本《元和志》九陇县删"郭下"二字,致使《地图集》将开元彭州治与九陇县治一分为二,不妥。

② 《新唐志》作"三年",据卢华语《〈旧唐书·地理志〉江南、剑南二道勘误若干则》(载《西北师范大学学报》2007年第4期)考改。

③ 《唐会要》作"元年"今依《元和志》、两《唐志》、《太平寰宇记》。

④ 史志不载盘龙所从出。按盘龙县即后之导江县,县境有天彭门,而《隋志》,隋时天彭门在郫县,故知唐初盘龙县乃析郫县置,今补。

⑤ 《新唐志》彭州导江县:"贞观中曰灌宁,开元中复为导江。"按其下文则云,仪凤三年析导江等县置唐昌县,则自相抵牾,不取。今依《元和志》、《唐会要》改正。

年,移治故汶山郡城(今都江堰市聚源镇导江铺)①,改为导江县,取《禹贡》"岷山导江"之义为名。三年,割隶濛州。贞观二年,州废,还隶益州。垂拱二年,割隶彭州。天宝元年,隶濛阳郡。乾元元年,复隶彭州。

(九) 德阳郡(汉州)
汉州(686—742)—德阳郡(742—758)—汉州(758—907)

垂拱二年②,割益州雒、什邡、绵竹、德阳、金堂五县置汉州,取北朝广汉郡末字为名,治雒县,隶益州都督府。

武周长安四年,汉州领县不变。

唐天宝元年,改为德阳县,以德阳县为名,隶蜀郡都督府。十三载,德阳郡领雒、什邡、绵竹、德阳、金堂五县,治雒县。至德元载,隶剑南道节度使。

乾元元年,复为汉州。后上元二年,隶西川节度使。广德二年,隶东西川节度使。大历元年,割隶剑南西山防御使。是年,还隶西川节度使。元和十五年,汉州领县一如天宝十三载。

咸通十四年,汉州领县不变。

1. 雒县(618—907)
本隋蜀郡旧县,武德元年,隶益州。二年,析置什邡县。三年,析置德阳县。咸亨二年,析置金堂县。垂拱二年,割隶汉州,为州治。天宝元年,隶德阳郡,为郡治。乾元元年,复隶汉州,为州治。

2. 什邡县(619—907)
武德二年③,析雒县置什邡县,以北朝旧县为名,治故什邡城(今四川什邡市方亭街道)④,隶益州。垂拱二年,割隶汉州。天宝元年,隶德阳郡。乾元元年,复隶汉州。

---

① 《旧唐志》彭州导江县:"旧治灌口城,武德元年,移治导江郡。"导江郡,本作"今所"。《太平寰宇记》永康军:"周武帝天和三年,废汶山郡,以县并入益州之郫县,别于灌口置汶山县。唐武德元年,改为盘龙县,寻改为导江,乃自灌口移于旧邑。"旧邑,即故汶山郡城,今都江堰市聚源镇导江铺,《旧唐志》误为导江郡城,今参两说补正,并以移治时间为改名导江县之武德二年。《蜀中名胜记》灌州引《旧志》亦云,导江废县在州东二十里导江铺,《地图集》置导江县于今都江堰市胥家乡,误。
② 《旧唐志》成都府序、《太平寰宇记》汉州序作"三年",今依《元和志》、《旧唐志》、《新唐志》汉州、《唐会要》、《太平寰宇记》雒县。
③ 《元和志》、《旧唐志》什邡县作"三年",今依《旧唐志》成都府序、《新唐志》、《太平寰宇记》。
④ 《元和志》汉州什邡县:"南至州四十里。"

3. 绵竹县(618—907)

本隋蜀郡旧县，武德元年，隶益州。三年，割隶濛州。贞观二年，州废，还隶益州。垂拱二年，割隶汉州。天宝元年，隶德阳郡。乾元元年，复隶汉州。

4. 德阳县(620—907)

武德三年，析雒县置德阳县，以北朝旧县为名，治故德阳城(今四川德阳市旌阳区旌阳街道)①，隶益州。垂拱二年，割隶汉州。天宝元年，隶德阳郡。乾元元年，复隶汉州。

5. 金堂县(671—907)

咸亨二年，益州长史李崇义奏析雒、新都二县及简州金水县地置金堂县，以金堂山为名，治金堂城(今四川金堂县城赵镇街道)②，隶益州。垂拱二年，割隶汉州。天宝元年，隶德阳郡。乾元元年，复隶汉州。

(一〇) 巴西郡(绵州)

绵州(618—742)—巴西郡(742—758)—绵州(758—907)

巴西郡，本隋金山郡，领巴西、魏城、涪城、万安、神泉、金山、昌隆七县③。唐武德元年，改为绵州，以隋旧州为名，治巴西县，隶益州总管府。三年，直属西南道行台，置盐泉、龙安、显武、文义四县。七年，省金山县。九年，直属益州大都督府。贞观元年，省文义县。二年，隶益州都督府。十三年，绵州领巴西、魏城、盐泉、涪城、万安、神泉、龙安、昌隆、显武九县，治巴西县。

永淳元年(682)，置西昌县。

武周长安四年，绵州领巴西、魏城、盐泉、涪城、万安、神泉、西昌、龙安、昌隆、显武十县，治巴西县。

唐神龙元年，改显武县为前兴圣县。先天元年，改昌隆县为昌明县。开元二年，省前兴圣县。是年，置后兴圣县。二十七年，省后兴圣县。

天宝元年，改为巴西郡，以北朝旧郡为名，隶蜀郡都督府，改万安县为罗江县。十三载，巴西郡领巴西、魏城、盐泉、涪城、罗江、神泉、西昌、龙安、昌明

---

① 《元和志》汉州德阳县：“西南至州四十五里。”
② 《元和志》汉州金堂县：“北至州五十三里。中江水，在县东北一里。毗江水，在县西二里。”《太平寰宇记》怀安军金堂县：“(军)西北五十里。”《四川政区沿革与治地今释》第187页定于今金堂县城赵镇(今为街道)，从之。
③ 《隋志》有金山县，据《元和志》，该县大业三年已废。《旧唐书》云，武德元年，绵州领金山县，则隋末又置金山县，然此金山县当已移治故益昌城。

九县，治巴西县。至德元载，隶剑南道节度使。二载，隶东川节度使。

乾元元年，复为绵州。后上元二年，隶东川节度使，为使治。是年，移使治于梓州。广德二年，隶东西川节度使。大历元年，还隶东川节度使。二年，隶东川都防御观察使。是年，复隶东川节度使。十三年，割涪城县隶梓州。元和十五年，绵州领巴西、罗江、神泉、西昌、龙安、昌明、魏城、盐泉八县，治巴西县。

咸通十四年，绵州领县不变。

1. 巴西县(618—907)

本隋金山郡旧县，武德元年，隶绵州，为州治。开元二年，析置后兴圣县。二十七年，省后兴圣县来属。天宝元年，隶巴西郡，为郡治。乾元元年，复隶绵州，为州治。

附旧县：后兴圣县(714—739)

开元①二年，析巴西、涪城、万安三县地置后兴圣县，治新兴圣城(今四川绵阳市涪城区玉皇镇)②，隶绵州。二十七年，省入巴西、涪城、万安三县。

2. 魏城县(618—907)

本隋金山郡旧县，武德元年，隶绵州。三年，析置盐泉县。天宝元年，隶巴西郡。乾元元年，复隶绵州。

3. 盐泉县(620—907)

武德三年③，析魏城县置盐泉县，《蜀都赋》云"家有盐泉之井"，故以为名，治盐泉城(今绵阳市游仙区玉河镇)④，隶绵州。

4. 涪城县(618—907)

本隋金山郡旧县，武德元年，隶绵州。天宝元年，隶巴西郡。乾元元年，复隶绵州。大历十三年，割隶梓州。

5. 万安县(618—742)—罗江县(742—907)

罗江县，本隋金山郡万安县，武德元年，隶绵州。天宝元年，隶巴西郡，以与岭南道万安郡县名重，改为罗江县，因罗江水为名。乾元元年，复隶绵州。

6. 神泉县(618—907)

本隋金山郡旧县，武德元年，隶绵州。天宝元年，隶巴西郡。乾元元年，

---

① 《唐会要》卷71作"开耀"，按前兴圣县开元二年乃废，之前不得再置兴圣县，今依两《唐志》。
② 依地理形势推定。
③ 《太平寰宇记》作"二年"，今依《元和志》、两《唐志》。
④ 《元和志》绵州盐泉县："西至州五十六里。梓潼水，经县北，去县十八里。"《四川政区沿革与治地今释》第224页定今绵阳市玉河镇，从之。任乃强等《四川州县建置沿革图说》第67页以为在刘家河(今绵阳市游仙区刘家镇)。

复隶绵州。

7. **金山县**(618—624)—**西昌县**(682—907)

西昌县,本隋金山郡金山县①,武德元年,隶绵州。七年,省入龙安县。永淳元年,析龙安县置西昌县,治故益昌城(今四川安县县城花荄镇)②,在绵州西,故取西昌为名,隶绵州。天宝元年,隶巴西郡。乾元元年,复隶绵州。

8. **龙安县**(620—907)

武德三年③,析金山县置龙安县④,以龙安山为名,治故金山城(今北川县安昌镇)⑤,隶绵州。七年,省金山县来属。永淳元年,析置西昌县。天宝元年,隶巴西郡。乾元元年,复隶绵州。

9. **昌隆县**(618—712)—**昌明县**(712—907)

昌明县,本隋金山郡昌隆县,武德元年,隶绵州。三年,析置显武、文义二县。贞观元年,省文义县来属。先天元年,避玄宗讳,改为昌明县。开元二年,省前兴圣县来属。天宝元年,隶巴西郡。乾元元年,复隶绵州。建中元年(780),移治让水旧城(今四川江油市彰明镇)。

附旧县1:**显武县**(620—705)—**前兴圣县**(705—714)

武德三年,析昌隆县置显武县,盖取彰显武德之意为名,治显武城(今江油市九岭镇)⑥,隶绵州。神龙元年,避中宗讳,改为前兴圣县,取唐朝吉意为名。开元二年,省入昌明县。

附旧县2:**文义县**(620—627)

武德三年,析昌隆县置文义县,治文义城(今江油市小溪坝镇)⑦,隶绵州。

---

① 《隋志》有金山县,据《元和志》,该县大业三年已废。《旧唐志》云:武德元年,绵州领金山县。又云:"西昌,隋金山县。永淳元年,复置,改为西昌也。"则隋末又置金山县,然此金山县已移治故益昌城,《元和志》云西昌县治故益昌城,可证。卢华语《〈旧唐书·地理志〉西南地区正误》(载《中国历史地理论丛》2005年第3期)不解隋末金山县有移治之事,反以为《旧唐志》文字有误,今不取。

② 《元和志》绵州西昌县:"东至州五十一里。"

③ 《太平寰宇记》作"元年",今依《元和志》、两《唐志》。

④ 两《旧唐志》绵州龙安县皆云改金山县为龙安县,《元和志》绵州龙安县则云"于废金山县城置龙安县",《旧唐志》绵州序亦云"分置"龙安县,至武德七年,乃省金山县,则武德三年之时,金山县已移治他处,龙安县乃以故金山县城置,确是分置,不是改名。卢华语《〈旧唐书·地理志〉西南地区正误》仍持改名之说,今不取。

⑤ 《元和志》绵州龙安县:"东北至州七十八里。金山,在县东五十步。龙安山,在县北十里。"《太平寰宇记》绵州龙安县:"(州)西北九十四里。猿门,自县北特起,去县二十里。"今定于北川县安昌镇,《元和志》"七十八"疑是"九十八"之误。《大清一统志》卷313绵州:"龙安故城,在安县东北。"《四川政区沿革与治地今释》第224页定于今安县永安镇(今属北川县),《四川州县建置沿革图说》第67页更具体到永安镇辖门坝,按其地里距、地形与《元和志》、《太平寰宇记》均不合,不取。

⑥ 《纪要》绵州彰明县:"兴圣废县,在县西南。"今拟于江油市九岭镇。《四川政区沿革与治地今释》第224页定于今江油市中坝镇,按其地时为昌隆县治,不得为兴圣县治。

⑦ 依地理形势推定。

贞观元年,省入昌隆县。

附新镇一 邛南防御使(766)—定边军节度使(868—870)—永平军节度使(888—890)

大历元年(766),割西川节度使邛、眉、嘉、雅、黎五州置邛南防御使,治邛州。是年,罢镇,邛、眉、嘉、雅、黎五州还隶西川节度使。咸通九年(868),割西川节度使行嶲、邛、眉、嘉、黎、雅、蜀七州置定边军节度使,治行嶲州①。十一年,罢镇,行嶲、邛、眉、嘉、黎、雅、蜀七州还隶西川节度使。

文德元年(888),割西川节度使邛、蜀、雅、黎四州置永平军节度使,治邛州。大顺二年(891),罢镇,邛、蜀、雅、黎四州还隶西川节度使。

附新镇二 威戎军节度使(888—892)

文德元年,割西川节度使彭、茂二州及山南西道节度使文州、陇右道天雄军节度使武②州置威戎军节度使,治彭州,以废龙剑节度使之龙州来属③。大顺二年,割武州隶山南西道武定军节度使。景福元年(892),罢镇,彭、茂、龙三州隶龙剑节度使,文州隶山南西道节度使。

第二节 剑南道直属地区

剑南道直属地区(628—756)—东川节度使(761—764,766—767)—东川都防御观察使(767)—东川节度使(767—907)

贞观二年(628),以益州大都督府直辖地区之梓、果、遂、普、资五州为剑南道直属地区。六年,以山南道废利州都督府之隆、始二州来属④。十年,割遂、普、果三州隶遂州都督府,资州隶泸州都督府。十三年,剑南道直属地区有梓、始、

---

① 《新唐表》定边军节度使置于咸通八年,治邛州。按《资治通鉴》卷251咸通九年六月载:"朝廷以为信然,以(李)师望为嶲州刺史,充定边军节度。"今据此改。是时嶲州已陷于南诏,所治嶲州,必是寄治于邛州界内之行嶲州,故《新唐表》误以为治邛州。
② 《新唐表》剑南栏文德元年及《资治通鉴》文德元年十二月作"成",依《方镇研究》第167页考证,是时威戎军节度使领有武州,而成州隔在武州之北,因疑"成"字系"武"字之误,据改。
③ 《新唐表》、《资治通鉴》文德元年十二月皆言威戎军节度使领有龙州,然《方镇研究》第167页以为是时龙州尚属龙剑节度使,遂改龙州为成州。按之地理形势,龙州介于茂、武二州之间,宜为威戎军所属,因疑是时龙剑节度已罢,龙州得以来属,史文失载耳。今不取赖说。
④ 贞观中果、隆二州归属,依据《太平寰宇记》阆州引《贞元十道录》:"果、阆(隆)二州,贞观中属剑南道。"

隆三州。十七年,割泸州都督府资州并以废遂州都督府之遂、普、果三州来属。

垂拱三年(687),割松州都督府龙州来属。

武周长安四年(704),剑南道直属地区有梓、龙、始、隆、果、遂、普、资八州。

唐先天元年(712),改隆州为阆州。二年,改始州为剑州。开元七年(719),割山南西道直属合州来属,割果、阆二州直属山南西道①。

天宝元年(742),复割山南西道直属果、阆二州来属②,改梓州为梓潼郡,龙州为江油郡,剑州为普安郡,阆州为阆中郡,果州为南充郡,遂州为遂宁郡,普州为安岳郡,资州为资阳郡。十三载,剑南道直属地区有梓潼、江油、普安、阆中、南充、遂宁、安岳、资阳八郡。至德元载(756),梓潼、江油、普安、阆中、南充、遂宁、安岳、资阳八郡隶剑南道节度使。

后上元二年(761),割剑南道节度使绵、龙、剑、阆、果、合、遂、梓八州置东川节度使,治绵州③。是年,割西川节度使泸、荣、陵、简、普、资、昌、渝八州来属④,移使治于梓州。宝应元年(762),割山南西道节度使通、巴、蓬、渠四州来属。是年,通、巴、蓬、渠四州还隶山南西道节度使。广德二年(764),罢镇,梓、绵、龙、剑、阆、果、遂、合、渝、昌、普、资、泸、荣、陵、简十六州隶东西川节度使。大历元年(766),割西川节度使梓、绵、剑、龙、遂、渝、合、普八州⑤复置东川节度使,治梓州。二年,降为东川都防御观察使,移治遂州⑥。是年,复升为东川节度使。三年,还治梓州⑦。元和元年(806),割西川节度使简、资、昌、泸、荣、陵六州来属。四年,割简、资二州隶西川节度使。十五年,东川节度使领梓、绵、龙、剑、遂、合、渝、昌、普、泸、荣、陵十二州,治梓州。

咸通十四年(873),东川节度使领州不变。

光启二年(886),割龙、剑二州隶龙剑节度使。文德元年(888),以废龙剑节度使之剑州来属。景福元年(892),复割剑州隶龙剑节度使。光化二年(899),割遂、合、渝、泸、昌五州隶武信军节度使。天祐三年(906),隶剑南道行台,割陵、荣二州隶利阆节度使。

---

① 详参本编第十三章《山南西道》第二节"直属地区"序注。
② 《太平寰宇记》阆州引《贞元十道录》:"果、阆二州……天宝中属剑南道。"《州郡典》剑南道有南充(果)、阆中(阆)二郡,今拟二郡(州)于天宝元年来属。
③ 《旧唐书》卷101《高适传》:"剑南自玄宗还京后,于绵、益二州各置一节度。……今梓、遂、果、阆等八州分为东川节度。"是知东川初治绵州,且仅领剑南东部八州。
④ 《新唐表》载至德二载东川领十二州,实为后上元二年领州数,且脱果、合、渝、昌四州,今补。
⑤ 《新唐表》作"十五州",今依《方镇研究》第168页考证。
⑥ 《资治通鉴》卷224大历二年正月:"分剑南置东川观察使,镇遂州。"
⑦ 《旧唐书》卷11《代宗纪》:"大历三年五月庚午,以(邛)〔遂〕州刺史鲜于叔明为梓州刺史,充剑南东川节度使。"

(一) 梓潼郡(梓州)

梓州(618—742)—梓潼郡(742—758)—梓州(758—907)

梓潼郡,本隋新城郡,领郪、盐亭、射洪、通泉、飞乌五县。唐武德元年,改为梓州,以隋旧州为名,直属中央,治郪县。二年,割隶遂州总管府。三年,割益州玄武县来属。四年,置永泰县。七年,隶遂州都督府。贞观元年,直属益州大都督府。二年,直属剑南道。十三年,梓州领郪、盐亭、永泰、射洪、通泉、飞乌、玄武七县,治郪县。

调露元年(679),置铜山县。

武周长安四年,梓州领郪、盐亭、永泰、射洪、通泉、飞乌、铜山、玄武八县,治郪县。

唐天宝元年,改为梓潼郡,借南朝旧郡为名。十三载,梓潼郡领郪、盐亭、永泰、射洪、通泉、飞乌、铜山、玄武八县,治郪县。至德元载,隶剑南道节度使。

乾元元年(758),复为梓州。后上元二年,隶东川节度使。是年,自绵州移使治于此。广德二年,罢镇,梓州隶东西川节度使。大历元年,复隶东川节度使。二年,隶东川都防御观察使,均为使治。是年,复隶东川节度使,移使治于遂州。三年,自遂州还使治于此。十三年,割绵州涪城县来属。元和十五年,梓州领郪、盐亭、永泰、射洪、通泉、飞乌、铜山、玄武、涪城九县,治郪县。

咸通十四年,梓州领县不变。

1. 郪县(618—907)

本隋新城郡旧县,武德元年,隶梓州,为州治。调露二年,析置铜山县。天宝元年,隶梓潼郡,为郡治。乾元元年,复隶梓州,为州治。

2. 盐亭县(618—907)

本隋新城郡旧县,武德元年,隶梓州。四年,析置永泰县。天宝元年,隶梓潼郡。乾元元年,复隶梓州。

3. 永泰县(621—907)

武德四年,巡检皇甫无逸以四境遥远,人多草寇,遂奏析盐亭县及剑州黄安①县、隆州西水县地置永泰县,地名永泰,因以为名,治永泰城(今四川盐

---

① 《旧唐志》原作"武安",《太平寰宇记》原作"普安"。按是时梓、剑、隆等州皆无武安县,剑州普安县亦隔在黄安等县之北,"武"、"普"皆当是"黄"字之误,今据《新唐志》改。

亭县永泰乡旧县坝)①,隶梓州。天宝元年,隶梓潼郡。乾元元年,复隶梓州。

4. 射洪县(618—907)

本隋新城郡旧县,武德元年,隶梓州。天宝元年,隶梓潼郡。乾元元年,复隶梓州。

5. 通泉县(618—907)

本隋新城郡旧县,武德元年,隶梓州。天宝元年,隶梓潼郡。乾元元年,复隶梓州②。

6. 飞乌县(618—907)

本隋新城郡旧县,武德元年,隶梓州。贞观二十二年,移治新飞乌城(今四川中江县仓山镇飞蛾铺)③。天宝元年,隶梓潼郡。乾元元年,复隶梓州。

7. 铜山县(679—907)

调露元年,析郪、飞乌二县置铜山县,以铜山为名,治故铜山监(今中江县广福镇)④,隶梓州⑤。

8. 玄武县(618—907)

本隋蜀郡旧县,武德元年,隶益州。三年,割隶梓州。天宝元年,隶梓潼郡。乾元元年,复隶梓州。

(二) 江油郡(龙州)

西龙州(618—627)—龙州(627—677,687—742)—江油郡(742—757)—应灵郡(757—758)—龙州(758—907)

江油郡,本隋龙门郡⑥,领江油、马盘、平武、方维四县。唐武德元年,改为

---

① 《四川州县建置沿革图说》第 73 页以为在盐亭县富村驿(今富驿镇),今依《地图集》、《四川政区沿革与治地今释》。
② 《旧唐志》武德元年领四县,脱通泉县。
③ 《元和志》梓州飞乌县:"东北至州一百四十五里。郪江水,经县北,去县四十里。"《四川政区沿革与治地今释》第 223 页定于今中江县仓山镇,《四川州县建置沿革图说》第 65 更具体到仓山镇(胖子店)东八里飞蛾铺,从地名勘同角度胜于《地图集》所定之仓山镇华实村,从之。
④ 《元和志》梓州铜山县:"东北至州一百二十里。"《四川政区沿革与治地今释》第 224 页定于今中江县广福镇(旧名铜山寺),从之。
⑤ 马剑《唐宋时期四川地区城市地理的初步考察》(武汉大学博士论文,2009 年)第 104 页认为,宋代铜山县治在唐代铜山县治北二十五里,移治时间当在景龙二年徙铜官于铜官山南二里(今中江县通山乡)之时或其后,然唐宋地志未载,今录此说备考。
⑥ 《隋志》不载龙门郡及其领县,按《新唐志》、《舆地广记》龙州:"本平武郡西龙州,义宁二年曰龙门郡,又曰西龙州郡。"据补。义宁二年,《元和志》、《旧唐志》、《太平寰宇记》皆作"武德元年",按武德元年五月唐立国改元之时,已改郡为州,今当以《新唐志》、《舆地广记》所载为是。然所谓"西龙门郡"者,或作"龙门州",皆误,应为"西龙州"(亦称龙州),以与陕东道行台邢州总管府东龙州相别。

西龙州,直属中央,治江油县。二年,割隶利州总管府。四年,割方维县隶沙州。七年,隶利州都督府。贞观元年,改为龙州。六年,改隶陇右道松州都督府①。八年,省平武县。十三年,龙州领江油、马盘二县,治江油县。

仪凤二年②(677),降为羁縻州,直属茂州都督府,二县降为羁縻县。垂拱三年③,复升为正州,直属剑南道,二县升为正县。

武周长安四年,龙州领江油、马盘二县,治江油县。

唐天宝元年,改为江油郡④,以北朝旧郡为名,改马盘县为清川县。十三载,江油郡领江油、清川二县,治江油县。至德元载,隶剑南道节度使。二载,改为应灵郡,以境带灵山,屡昭感应为名⑤。

乾元元年,复为龙州。后上元二年,隶东川节度使。广德二年,隶东西川节度使。大历元年,隶东川节度使。二年,隶东川都防御观察使。是年,复隶东川节度使。元和十五年,龙州领县一如天宝十三载。

咸通十四年,龙州领县不变。

光启二年,割隶龙剑节度使,为使治。文德元年,罢镇,龙州隶威戎军节度使。景福元年,复隶龙剑节度使,为使治。

1. 江油县⑥(618—677,687—907)

本隋龙门郡旧县,武德元年,隶西龙州。贞观元年,隶龙州,均为州治。八年,省平武县来属。仪凤二年,降为羁縻县,隶羁縻龙州。垂拱三年,复为正县,仍隶龙州,为州治。天宝元年,隶江油郡。至德二载,隶应灵郡,均为郡治。乾元元年,复隶龙州,为州治。

附旧县:平武县(618—634)

本隋龙门郡旧县,武德元年,隶西龙州。贞观元年,隶龙州。八年,省入江油县。

---

① 史志不载此事。按《括地志·序略》载,贞观十三年,陇右道有龙州,则知贞观六年利州都督府罢废后,龙州即改隶松州都督府,因补。
② 《新唐志》龙州:"初为羁縻,属茂州,垂拱中为正州。"不载年代。按武德、贞观间,龙州为止州,先后聚属利州都督府、松州都督府。显庆、乾封间,龙州刺史仍为汉官(详参《唐刺史考全编》)。然《旧唐志》松州:"仪凤二年,复加整比,督文、扶、当、柘、静、翼六州。"已无龙州,则推知是年龙州方有可能降为羁縻州,改隶茂州都督府,因补。
③ 茂州都督府羁縻维州于垂拱三年升为正州,故推知羁縻龙州亦于同年升正州。
④ 《州郡典》、《旧唐志》作"油江郡",今依《元和志》、《新唐志》、《太平寰宇记》、《舆地广记》。
⑤ 《云笈七签》卷122录至德二年十月二十八日诏:"江油旧壤,境带灵山。自狩巴梁,屡昭感应。眷兹郡邑,合有增崇。"
⑥ 《州郡典》、《旧唐志》作"油江县",今依《元和志》、《新唐志》、《太平寰宇记》、《舆地广记》。

2. 马盘县(618—677,687—742)—清川县(742—907)

清川县,本隋龙门郡马盘县,武德元年,隶西龙州。贞观元年,隶龙州。仪凤二年,降为羁縻县,隶羁縻龙州。垂拱三年,复为正县,仍隶龙州。天宝元年,改为清川县,以清水川为名,隶江油郡。至德二载,隶应灵郡。乾元元年,复隶龙州。大历十四年,文州寄治于此。建中元年,文州还治旧境。

(三) 普安郡(剑州)

始州(618—713)—剑州(713—742)—普安郡(742—758)—剑州(758—907)

普安郡,本隋旧郡,领普安、永归、临津、黄安、梓潼、武连、阴平七县。唐武德元年,改为始州①,以隋旧州为名,直属中央,治普安县。二年,割隶利州总管府。七年,隶利州都督府。贞观六年,直属剑南道。十三年,始州领普安、永归、临津、黄安、梓潼、武连、阴平七县,治普安县。

武周圣历二年(699),置剑门县。长安四年,始州领普安、永归、临津、黄安、梓潼、武连、阴平、剑门八县,仍治普安县。

唐先天二年,改为剑州,取剑阁为名②。

天宝元年,复为普安郡。十三载,普安郡领普安、永归、临津、黄安、梓潼、武连、阴平、剑门八县,治普安县。至德元载,隶剑南道节度使。

乾元元年,复为剑州。后上元二年,隶东川节度使。广德二年,隶东西川节度使。大历元年,隶东川节度使。二年,隶东川都防御观察使。是年,复隶东川节度使。元和十五年,剑州领县一如天宝十三载。

咸通十四年,剑州领县不变。

广明二年(881),改黄安县为普成县。光启二年,割隶龙剑节度使。文德元年,还隶东川节度使。景福元年,复割隶龙剑节度使。

1. 普安县(618—907)

本隋普安郡旧县,武德元年,隶始州,为州治。圣历二年,析置剑门县。先天二年,隶剑州,为州治。天宝元年,隶普安郡,为郡治。乾元元年,复隶剑州,为州治。

---

① 《唐会要》卷71:"永徽五年正月十五日,置为始州。"今依《元和志》、《旧唐志》、《太平寰宇记》、《舆地广记》。
② 《太平寰宇记》剑州:"取剑门山为名。"

2. 永归县(618—907)

本隋普安郡旧县,武德元年,隶始州。先天二年,隶剑州。天宝元年,隶普安郡。乾元元年,复隶剑州。

3. 临津县(618—907)

本隋普安郡旧县,武德元年,隶始州。先天二年,隶剑州。天宝元年,隶普安郡。乾元元年,复隶剑州。

4. 黄安县(618—881)—普成县(881—907)

黄安县,本隋普安郡旧县,武德元年,隶始州。先天二年,隶剑州。天宝元年,隶普安郡。乾元元年,复隶剑州。广明二年,避黄氏名姓,改为普成①县,以普成观为名②。

5. 梓潼县(618—907)

本隋普安郡旧县,武德元年,隶始州。先天二年,隶剑州。天宝元年,隶普安郡。乾元元年,复隶剑州。

6. 武连县(618—907)

本隋普安郡旧县,武德元年,隶始州。先天二年,隶剑州。天宝元年,隶普安郡。乾元元年,复隶剑州。

7. 阴平县(618—907)

本隋普安郡旧县,武德元年,隶始州。先天二年,隶剑州。天宝元年,隶普安郡。乾元元年,复隶剑州。

8. 剑门县(699—907)

圣历二年,析普安、永归、阴平三县地置剑门县,以剑门山为名,治方期驿(今四川剑阁县剑门关镇)③,隶始州。先天二年,隶剑州。天宝元年,隶普安郡。乾元元年,复隶剑州。

(四) 阆中郡(阆州)

隆州(618—712)—阆州(712—742)—阆中郡(742—758)—阆州(758—907)

阆中郡,本隋巴西郡,领阆内、南部、相如、南充、晋城、西水、苍溪、奉国、仪陇、大寅十县。唐武德元年,改为隆州,以隋旧州为名,直属中央,改阆内县

---

① 《新唐志》、《舆地广记》作"普城",今依《太平寰宇记》、《元丰九域志》。又史志不载改名时间,但云"唐末改",按更改"黄安"一名当与广明元年底黄巢建齐国有关,今定于广明二年改名。
② 曹学佺《蜀中广记》卷26:"普成县南一里紫霄观,旧名普成。晋、宋间有李隐君名普成者炼形其间,与其弟普露、普济白日升去。是普成县以仙名也。"据补。
③ 《元和志》剑州剑门县:"西南至州六十里。"

为阆中县,以为州治,改晋城县为晋安县①,置思恭、新井二县,割仪陇、大寅二县隶蓬州②。二年,割隶利州总管府。四年,置新城县,后改为新政县,割相如、南充二县隶果州。七年,隶利州都督府,割奉国县隶西平州,省思恭县。贞观二年,以废西平州之奉国县来属。六年,直属剑南道。十三年,隆州领阆中、南部、新政、新井、晋安、西水、苍溪、奉国八县,治阆中县。

武周长安四年,隆州领县不变。

唐先天元年③,避玄宗讳,改为阆州,取阆水为名。开元七年,直属山南西道。二十三年,割利州岐坪县来属。

天宝元年,直属剑南道,改为阆中郡,以阆中县为名。十三载,阆中郡领阆中、南部、新政、新井、晋安、西水、苍溪、岐坪、奉国九县,治阆中县。至德元载,隶剑南道节度使。

乾元元年,复为阆州。后上元二年,隶东川节度使。广德二年,隶东西川节度使。大历元年,割隶山南西道节度使。元和十五年,阆州领县一如天宝十三载。

宝历元年(825),省岐坪县。咸通十四年,阆州领阆中、南部、新政、新井、晋安、西水、苍溪、奉国八县,治阆中县。

景福二年,割隶武定军节度使。是年,割隶剑南道龙剑节度使。天复中,复置岐坪县。天祐三年,割隶山南西道利阆节度使。

1. 阆中县(618—907)

本隋巴西郡阆内县,武德元年,改为阆中县,以北朝旧县为名,隶隆州,为州治。是年,析置思恭县。七年,省思恭县来属。贞观十二年,移治古鱼城(今四川阆中市文成镇白沙村)④。咸亨二年(671),移治古隆城(今阆中市保宁街道蟠龙路)⑤。载初元年(689),还治故张仪城(今保宁街道)⑥。先天元

---

① 据《旧唐志》阆州序,武德元年领县有三城县,无晋安县,卢华语《〈旧唐书·地理志〉西南地区正误》(载《中国历史地理论丛》2005年第3期)考"三城"为"晋安"之误,极是。
② 《旧唐志》以割仪陇、大寅二县隶蓬州在武德四年,而两《唐志》蓬州序系此事于武德元年,今即依之。考详余蔚《〈旧唐书·地理志〉正误数则》(载《中国历史地理论丛》1999年第1期)。
③ 《唐会要》卷71、《旧唐书》卷8《玄宗纪》、《新唐志》作"二年",今依《舆地纪胜》阆州引《元和志》、《旧唐志》。
④ 《舆地纪胜》阆州引《图经》:"正观十二年,徙于州东。"疑即州东二十里白沙坝之鱼城。
⑤ 《舆地纪胜》阆州引《图经》:"咸亨二年,徙于蟠龙山之侧。"黎学锦等《保宁府志》卷6:"盘龙山,在县东[北]三里,今名锯山。……咸亨中,尝徙县治于此。"卷15:"古隆城,在县东。"此盘龙山今名小盘龙山,下有蟠龙路社区,疑即古隆城。也有人认为唐代阆州因江水啮城,几次迁徙均是水退即还,未另建新城。
⑥ 黄裳《新定九域志》阆州古迹:"阆中古城,本张仪城也。"《舆地纪胜》阆州引《图经》:"载初元年,徙于张仪故城,今县是也。"然《大明一统志》保宁府古迹却谓:"张仪城,在府城东二十里。……唐载初元年,尝徙阆中县于此。"乃是误指古鱼城为张仪城,不取。

年,隶阆州。天宝元年,隶阆中郡,为郡治。乾元元年,复隶阆州,为州治。

附旧县:思恭县(618—624)

武德元年,析阆中县置思恭县,以思恭山为名,治思恭城(今阆中市二龙镇古城)①,隶隆州。七年,省入阆中县。

2. **南部县**(618—907)

本隋巴西郡旧县,武德元年,隶隆州,并析置新井县。四年,析置新城县。先天元年,隶阆州。天宝元年,隶阆中郡。乾元元年,复隶阆州。

3. **新城县**(621)—**新政县**(621—907)

武德四年,析南部、相如二县置新城县,治新城(今四川南部县度门镇和平村)②,故以为名,隶隆州。是年,以避太子嫌名,改为新政县,盖取唐朝吉意为名。先天元年,隶阆州。天宝元年,隶阆中郡。乾元元年,复隶阆州。

4. **新井县**(618—907)

武德元年,析南部、晋安二县置新井县,以县界颇有盐井为名,治新井城(今南部县大桥镇)③,隶隆州。先天元年,隶阆州。天宝元年,隶阆中郡。乾元元年,复隶阆州。

5. **晋安县**(618—907)

本隋巴西郡晋城县,武德元年,避太子嫌名,改为晋安县,以北朝旧县为名,隶隆州。先天元年,隶阆州。天宝元年,隶阆中郡。乾元元年,复隶阆州。

6. **西水县**(618—907)

本隋巴西郡旧县,武德元年,隶隆州。先天元年,隶阆州。天宝元年,隶阆中郡。乾元元年,复隶阆州。

7. **苍溪县**(618—907)

本隋巴西郡旧县,武德元年,隶隆州。先天元年,隶阆州。天宝元年,隶阆中郡。乾元元年,复隶阆州。

8. **岐坪县**(618—825,天复中—907)

本隋义城郡旧县,武德元年,隶利州。七年,割隶西平州,为州治。贞观

---

① 《纪要》保宁府阆中县:"府东南三十里曰思恭山,思恭县盖置于山下。"《大清一统志》卷298保宁府:"思恭废县,在阆中县东南。《旧志》:在今县东南思恭山侧。"《历史地名》第1888页、《中国文物地图集·四川分册》中册第649页则定于今阆中市东北二龙镇古城,今从之。

② 《太平寰宇记》阆州新政县:"(州)东一百四十里。嘉陵江,在县东十里。西水,在县(东)〔西〕三十五里。"其地当在今仪陇县度门镇(旧属南部县)和平村。今人多定于仪陇县新政镇(旧属南部县),按其地在嘉陵江东,与《太平寰宇记》所载不合,不取。

③ 《太平寰宇记》阆州新井县:"(州)西南九十里。"《四川政区沿革与治地今释》第240页、《四川州县建置沿革图说》第91页定于今南部县大桥镇,从之。

二年,州废,还隶利州。开元二十三年①,割隶阆州。天宝元年,隶阆中郡。乾元元年,复隶阆州。宝历元年,省入奉国、苍溪二县。天复中,剑南节度使王建上表复析奉国、苍溪二县置岐坪县,仍治岐坪城(今四川苍溪县岐坪镇),隶阆州。

9. 奉国县(618—907)

本隋巴西郡旧县,武德元年,隶隆州。七年,割隶西平州。贞观二年,州废,还隶隆州。先天元年,隶阆州。天宝元年,隶阆中郡。乾元元年,复隶阆州。

附旧州: 西平州(624—628)

武德七年,割利州岐坪、义清二县及隆州奉国县置西平州②,盖取岐坪县末字为名,治岐坪县③,隶利州都督府。贞观二年,州废,岐坪、义清二县还隶利州,奉国县还隶隆州。

(五) 南充郡(果州)

果州(621—742)—南充郡(742—758)—果州(758—771)—充州(771—775)—果州(775—907)

武德四年,割隆州南充、相如二县置果州,因果山为名,治南充县,隶利州总管府,并析置西充、朗池二县。七年,割隶遂州都督府。贞观元年,直属益州大都督府。二年,直属剑南道。十年,割隶遂州都督府。十三年,果州领南充、西充、相如、朗池四县,治南充县。十七年,复直属剑南道。

开耀元年(681),置流溪县。

武周万岁通天二年(697),置岳池县。长安四年,果州领南充、岳池、流溪、西充、相如、朗池六县,治南充县。

唐开元七年,直属山南西道。

天宝元年,直属剑南道,改为南充郡,以南充县为名。十三载,南充郡领南充、岳池、流溪、西充、相如、朗池六县,治南充县。至德元载,割隶山南西道防御使。二载,割隶东川节度使。

---

① 《新唐志》利州胤山县系于"贞观二年",今依两《唐志》阆州岐坪县。
② 《旧唐志》利州序作"南平州",今依《旧唐志》阆州序,《新唐志》利州、阆州。
③ 《新唐志》利州以义清县为西平州首县,今依《旧唐志》利州序。

乾元元年,复为果州,隶剑南道节度使。后上元二年,隶东川节度使。宝应元年,割朗池县隶蓬州。广德二年,隶东西川节度使。大历元年,割隶山南西道节度使。六年①,改为充州,取南充县末字为名。十年,复为果州。元和十五年,果州领南充、岳池、流溪、西充、相如五县,治南充县。

咸通十四年,果州领县不变。

景福二年,割隶武定军节度使。天祐三年,割隶利阆节度使。

1. **南充县**(618—907)

本隋巴西郡旧县,武德元年,隶隆州。四年,割隶果州,为州治。天宝元年,隶南充郡,为郡治。乾元元年,复隶果州。大历六年,隶充州。十年,再隶果州,均为州治。

2. **岳池县**(697—907)

万岁通天二年,析南充、相如二县置岳池县,治思岳池(今四川岳池县顾县镇)②,故以为名,隶果州。开元二十年,移治伏江里(今岳池县兴隆镇观音寺村)③。天宝元年,隶南充郡。乾元元年,复隶果州。大历六年,隶充州。十年,再隶果州。

3. **流溪县**(681—907)

开耀元年,析南充县置流溪县,治流溪水侧(今四川南充市嘉陵区金凤镇)④,故以为名⑤,隶果州。天宝元年,隶南充郡。乾元元年,复隶果州。大历六年,隶充州。十年,再隶果州。

4. **西充县**(621—907)

武德四年,析南充县置西充县,以南朝西充国为名⑥,治西充城(今四川西

---

① 《太平寰宇记》果州作"四年",今依《旧唐纪》、《新唐志》。
② 《太平寰宇记》广安军岳池县:"岳安山,在县东三十五里。蒙溪水,在县〔西〕〔东〕北五十里,源山丘安山,东流至故县镇西,本是思岳池,因以名县焉。"蒙溪水即今西溪河。故县镇即岳池县旧治思岳池,今为顾县镇。《四川州县建置沿革图说》第85页谓岳池初治金城山,732年(开元二十年)始移治故县镇,误。
③ 《太平寰宇记》广安军岳池县:"(军)西北一百二十里。"《四川政区沿革与治地今释》第241页定于岳池县兴隆公社旧县铺(曾属铺芽乡,今兴隆镇观音寺村),从之。据《中国文物地图集·四川分册》下册第821页,其地有唐至元岳池故城遗址。
④ 《太平寰宇记》果州流溪县:"(州)西南八十五里。流溪水,在县东北四十步,源出遂州方义县界下,至当(州)〔县〕北,流向东,迤逦入嘉陵江。"《地图集》、《地名大辞典》第4358页定于今南充市金凤镇,从之。《四川政区沿革与治地今释》第241页定于南充县红日公社(今南充市李渡镇新场),与《太平寰宇记》不合,不取。
⑤ 《舆地纪胜》顺庆府引《元和志》。
⑥ 《太平寰宇记》果州西充县:"取后汉西充县为名。"

充县城晋城镇),隶果州。天宝元年,隶南充郡。乾元元年,复隶果州。大历六年,隶充州。十年,再隶果州。

5. **相如县**(618—907)

本隋巴西郡旧县,武德元年,隶隆州。四年,割隶果州。万岁通天二年,移治新相如城(今蓬安县锦屏镇)①。天宝元年,隶南充郡。乾元元年,复隶果州。大历六年,隶充州。十年,再隶果州。

6. **朗池县**②(621—825,837—907)

武德四年,剑南道大使窦轨析相如县置朗池县,以临古朗池为名,治朗池城(今四川营山县回龙镇)③,隶果州。天宝元年,隶南充郡。乾元元年,复隶果州。宝应元年,租庸使徐演奏割隶蓬州。大历五年,遭焚烧,寄治咸安县④。贞元元年,还治本县营山歇马馆(今营山县城朗池镇)⑤。宝历元年,省入咸安县。开成二年(837),析咸安县复置朗池县,仍治歇马馆,隶蓬州。

(六) 遂宁郡(遂州)

遂州(618—742)—**遂宁郡**(742—758)—遂州(758—907)

遂宁郡,本隋旧郡,领方义、长江、青石三县。唐武德元年,改为遂州,以隋旧州为名,治方义县,隶益州总管府。二年,置遂州总管府。七年,改总管府为都督府。贞观元年,罢都督府,遂州直属益州大都督府。二年,直属剑南道。十年,复置遂州都督府。十三年,遂州领方义、长江、青石三县,治方义县。十七年,再罢都督府,遂州直属剑南道。

永淳元年(682),置唐兴县。

武周长寿二年(693),改唐兴县为武丰县。长安四年,遂州领方义、长江、武丰、青石四县,仍治方义县。

唐神龙元年,复改武丰县为唐兴县。景龙元年(707),置遂宁县。二年,

---

① 《中国文物地图集·四川分册》中册,第680页。《四川州县建置沿革图说》第85页以为在蓬安县利溪镇,误。
② 《旧唐志》作"郎池县",今依《州郡典》、《太平寰宇记》、《新唐志》蓬州条。
③ 《太平寰宇记》蓬州朗池县:"(州)南三十五里。"按《元丰九域志》、《舆地纪胜》皆云营山县在蓬州南六十里,则《太平寰宇记》所载里距当系照录《元和志》,《元和志》又照录《括地志》,为唐初朗池县治。
④ 《太平寰宇记》蓬州朗池县:"大历五年,遭狂贼焚烧,自后权置行县,未立城壁。"依唐例,行县一般置在境外,朗池县与咸安县最近,关系密切,今姑定寄治于彼。
⑤ 《太平寰宇记》蓬州朗池县:"贞元元年,移于营山歇马馆为理,即今县是也。"《元丰九域志》、《舆地纪胜》蓬州营山县:"在州南六十里。"

置唐安县。先天二年,省唐安县。

天宝元年,改为遂宁郡,改唐兴县为蓬溪县。十三载,遂宁郡领方义、长江、蓬溪、青石、遂宁五县,治方义县。至德元载,隶剑南道节度使。

乾元元年,复为遂州。后上元二年,隶东川节度使。广德二年,隶东西川节度使。大历元年,隶东川节度使。二年,隶东川都防御观察使。是年,复隶东川节度使,为使治,割普州安居县来属。三年,还使治于梓州,复割安居县还隶普州。元和十五年,遂州领县一如天宝十三载。

咸通十四年,遂州领县不变。

光化二年,割隶武信军节度使,为使治。

1. **方义县**(618—907)

本隋遂宁郡旧县,武德元年,隶遂州,为州治。永淳元年,析置唐兴县。天宝元年,隶遂宁郡,为郡治。乾元元年,复隶遂州,为州治。

2. **长江县**(618—907)

本隋遂宁郡旧县,武德元年,隶遂州。前上元二年,移治白桃川(今四川大英县回马镇长江坝)①。天宝元年,隶遂宁郡。乾元元年,复隶遂州。

3. **唐兴县**(682—693)—**武丰县**(693—705)—**唐兴县**(705—742)—**蓬溪县**(742—907)

永淳元年②,析方义县置唐兴县,取唐朝吉名,治蓬川(今四川蓬溪县明月镇)③,隶遂州。长寿二年,改为武丰县,取武氏吉名。神龙元年,复为唐兴县。景龙二年,析置唐安县。先天二年,省唐安县来属,移治故唐安城(今蓬溪县城赤城镇)④。天宝元年,隶遂宁郡,以与河北道文安郡县名重,改为蓬溪县,因蓬溪为名⑤。乾元元年,复隶遂州。

附旧县:**唐安县**(708—713)

景龙二年,析唐兴县置唐安县,取唐朝吉名,治唐安城(今蓬溪县城赤城

---

① 白桃川,《太平寰宇记》作"凤凰川",今依《旧唐志》。《元和志》遂州长江县:"南至州五十里。涪江,经县南,去县二百五步。"《地图集》、《四川政区沿革与治地今释》第226页定于蓬溪县郪口乡长江坝(今属大英县回马镇),从之。
② 《唐会要》卷71作"开耀元年",《太平寰宇记》作"开元二年",今依《元和志》、两《唐志》、《舆地广记》。
③ 《元和志》遂州蓬溪县:"永淳元年,于今县南二十里蓬川置唐兴县。"《地图集》标"蓬川"于今蓬溪县宝梵镇东,按其地不在蓬川(今蓬溪河)中,不取,今依《四川政区沿革与治地今释》第226页、《四川州县建置沿革图说》第81页定于蓬溪县明月镇。
④ 《元和志》遂州蓬溪县:"西南至州一百二十里。"《地图集》定于今蓬溪县城赤城镇,从之。
⑤ 《太平寰宇记》遂州蓬溪县。

镇)①,隶遂州。先天二年(开元元年),省入唐兴县。

4. **青石县**(618—907)

本隋遂宁郡旧县,武德元年,隶遂州。景龙元年,析置遂宁县。天宝元年,隶遂宁郡。乾元元年,复隶遂州。

5. **遂宁县**(707—907)

景龙元年②,析青石县置遂宁县,以隋遂宁郡为名,治遂宁城(今重庆市潼南县城梓潼街道石碾村)③,隶遂州。天宝元年,隶遂宁郡。乾元元年,复隶遂州。

(七) 安岳郡(普州)
普州(619—742)—安岳郡(742—758)—普州(758—907)

武德二年,割资州安岳、普慈、安居、隆兔、隆康五县置普州,以隋旧州为名,治安岳县,隶遂州总管府。三年,置乐至县。七年,隶遂州都督府。贞观元年,直属益州大都督府。二年,直属剑南道。十年,复割隶遂州都督府。十三年,普州领安岳、隆康、乐至、普慈、安居、隆兔六县,治安岳县。十七年,复直属剑南道。

武周长安四年,普州领县不变。

唐先天元年,改隆康县为普康县,隆兔县为崇兔县。

天宝元年,改为安岳郡,以安岳县为名。十三载,安岳郡领安岳、普康、乐至、普慈、安居、崇兔六县④,治安岳县。至德元载,隶剑南道节度使。

乾元元年,复为普州。二年,置静南县,割隶昌州⑤。后上元二年,隶东川节度使。广德二年,隶东西川节度使。大历元年,隶东川节度使。二年,隶东川都防御观察使。是年,复隶东川节度使,割安居县隶遂州。三年,割遂州安

---

① 详参上文蓬溪县注。
② 《元和志》、《太平寰宇记》作"二年",今依《唐会要》、两《唐志》、《舆地广记》。
③ 《元和志》遂州遂宁县:"东南至州一百二十里。景龙二年割青石县置。"《太平寰宇记》遂州遂宁县:"(州)西北一百二十里。"按青石县在遂州东南七十里,遂宁县既割青石县置,则必不在州西北,且州西北一百二十里已入梓州飞乌县界,疑《元和志》、《太平寰宇记》方位俱误。《元丰九域志》云遂宁县在遂州南八十五里,方位近是,今依《地图集》、《四川政区沿革与治地今释》第 226 页及《中国文物地图集·重庆分册》下册第 243 页定于潼南县城石碾村遂宁城址(旧名大佛坝)。《四川州县建置沿革图说》第 127 页以为在潼南县双江镇,误。
④ 《旧唐志》普州:"天宝领县四。"脱乐至、普慈二县。
⑤ 《舆地纪胜》普州引《图经》云:"乾元元年,割普康隶昌州。"《舆地广记》昌州则云:"以普州普康县地置静南县,属昌州。"今依《舆地广记》。

居县来属。十年,复置静南县,割隶昌州。元和十五年,普州领县一如天宝十三载。

咸通十四年,普州领县不变。

1. **安岳县**(618—907)

本隋资阳郡旧县,武德元年,隶资州。二年,割隶普州,为州治。天宝元年,隶安岳郡,为郡治。乾元元年,复隶普州,为州治。

2. **隆康县**(618—712)—**普康县**(712—907)

普康县,本隋资阳郡隆康县,武德元年,隶资州。二年,割隶普州。先天元年,避玄宗讳,改为普康县,盖取普天康乐之意为名。天宝元年,隶安岳郡。乾元元年,复隶普州。二年,析置静南县。大历六年,以废昌州静南县省入。十年,复析置静南县。

附新县:**静南县**(759—771,775—907)

乾元二年,析普州普康县置静南县①,治静南坝(今重庆市大足区高升镇太和村)②,因以为名,隶昌州。六年,州废,省入普州普康县。十年,复析普康县静南县,治静南镇(今重庆市大足区珠溪镇三溪村)③,隶昌州,为州治。景福元年,移州治于大足县。

3. **乐至县**(620—907)

武德三年,析普慈、安岳二县置乐至县④,以乐至池为名,治车免戍(今四川乐至县城天池镇),隶普州。天宝元年,隶安岳郡。乾元元年,复隶普州。

4. **普慈县**(618—907)

本隋资阳郡旧县,武德元年,隶资州。二年,割隶普州。三年,析置乐至县。天宝元年,隶安岳郡。乾元元年,复隶普州。

5. **安居县**(618—907)

本隋资阳郡旧县,武德元年,隶资州。二年,割隶普州。天授二年⑤,移治

---

① 二年,《元和志》作"元年",今依下文资阳郡资州附昌州注改。《舆地广记》昌州大足县:"以普州普康县地置静南县。"
② 《舆地纪胜》昌州废静南县:"在州西五十里,与州同置,西接〔始〕龙溪,地名静南坝,因为县名。"
③ 《元和志》昌州静南县:"赤水溪,在县南,去县九十步。始龙溪,在县东,南流屈曲五十里合赤水溪也。"赤水溪即今赖溪河,始龙溪即今库录河,《元和志》昌州又云:"大足县,西南至州(静南县)六十五里。"《太平寰宇记》昌州废静南县:"始龙溪,在县东〔北〕(七)十五里。"可定静南县治今大足区(旧为县)珠溪镇三溪村。1996年《大足县志》第 65—66 页亦持此说。《四川政区沿革与治地今释》第 228 页以为在大足县东南龙水镇,按龙水镇在赖溪河南、库录河东,地理与《元和志》不合,不取。
④ 史志不载此事,今依地理形势补。
⑤ 《元和志》作"三年",今依《旧唐志》、《太平寰宇记》。

张栅(今四川遂宁市安居区安居镇)①。天宝元年,隶安岳郡。乾元元年,复隶普州。大历二年,割隶遂州。三年,还隶普州。

6. 隆龛县(618—712)—崇龛县(712—907)

崇龛县,本隋资阳郡隆龛县,武德元年,隶资州。二年,割隶普州②。久视元年(700),移治波罗川(今重庆市潼南县崇龛镇)③。先天元年,避玄宗讳,改为崇龛县,仍以崇龛山为名。天宝元年,隶安岳郡。乾元元年,复隶普州。

(八)资阳郡(资州)

资州(618—742)—**资阳郡**(742—758)—资州(758—907)

资阳郡,本隋旧郡,领盘石、月山、龙水、资阳、普慈、安居、隆龛、安岳、隆康、牛鞞、银山、内江、威远、大牢十四县④。唐武德元年,改为资州,以隋旧州为名,治盘石县,隶益州总管府。是年,割威远、大牢二县隶荣州。二年,割隶遂州总管府,割普慈、安居、隆龛、安岳、隆康五县隶普州。七年,隶遂州都督府。贞观元年,直属益州大都督府。二年,直属剑南道。四年,置丹山县。六年,省丹山县。七年,复置丹山县。十年,隶泸州都督府。十三年,资州领盘石、月山、龙水、资阳、丹山、牛鞞、银山、内江八县,治盘石县。十七年,仍直属剑南道。

武周长安四年,资州领县不变。

唐天宝元年,复为资阳郡,改牛鞞县为清溪县。十三载,资阳郡领盘石、月山、龙水、资阳、丹山、清溪、银山、内江八县,治盘石县。至德元载,隶剑南道节度使。

乾元元年,复为资州。二年,置昌元县,割隶昌州。后上元二年,隶东川

---

① 《元和志》普州安居县:"南至州八十里。安居水,在县北八十步。"
② 《旧唐志》普州序、《新唐志》普州崇龛县皆云,武德三年置隆龛县。卢华语《〈旧唐书·地理志〉西南地区正误》认为"置隆龛"当改作"以隆龛来属",极是。然隆龛在普州东境,武德二年割资州普慈、安居、安岳、隆康四县置普州之时,隆龛县与资州隔绝,当同时割隶普州,两《唐志》所记恐误,今改。
③ 《元和志》普州崇龛县:"西至州一百一十里。"《太平寰宇记》普州安居县:"废崇龛县,在州东南一百里。旧治整瀬川,唐久视元年,移居波罗川。"
④ 《隋志》资阳郡无月山、龙水、隆龛、牛鞞、银山五县,共九县。按《元和志》、两《唐志》皆载,隋义宁二年置月山、龙水、银山三县,《元和志》普州崇龛县又云:"大业十二年,于(隆龛)镇置县。"资州清溪县:"隋大业十二年,于此置牛鞞县。"据补。又参卢华语《〈旧唐书·地理志〉勘误一例》(载《江海学刊》2004年第4期)。

节度使。广德二年,隶东西川节度使。大历元年,隶西川节度使。十年,复置昌元县,割隶昌州。元和元年,割隶东川节度使。四年,还隶西川节度使。十五年,资州领县一如天宝十三载。

咸通六年,移治内江县。七年,复治盘石县。十四年,资州领县不变。

1. **盘石县**(618—907)

本隋资阳郡旧县,武德元年,隶资州,为州治。四年,析置丹山县。六年,省丹山县来属。七年,复析置丹山县。天宝元年,隶资阳郡,为郡治。乾元元年,复隶资州,为州治。咸通六年,移州治于内江县。七年,复自内江县移州治于此。

2. **月山县**(618—907)

本隋资阳郡旧县,武德元年,隶资州。天宝元年,隶资阳郡。乾元元年,复隶资州。

3. **龙水县**(618—907)

本隋资阳郡旧县,武德元年,隶资州。天宝元年,隶资阳郡。乾元元年,复隶资州。

4. **资阳县**(618—907)

本隋资阳郡旧县,武德元年,隶资州。天宝元年,隶资阳郡。乾元元年,复隶资州。

5. **丹山县**(630—632,633—907)

贞观四年,析盘石县置丹山县①,以崇丹山为名,治丹山城(今四川省资阳市雁江区丹山镇)②,隶资州。六年,省入盘石县。七年,析盘石县复置丹山县。天宝元年,隶资阳郡。乾元元年,复隶资州。

6. **牛鞞县**(618—742)—**清溪县**(742—907)

清溪县,本隋资阳郡牛鞞县,武德元年,隶资州。天宝元年,隶资阳郡,改为清溪县,以清溪为名。乾元元年,复隶资州。

7. **银山县**(618—907)

本隋资阳郡旧县,武德元年,隶资州。天宝元年,隶资阳郡。乾元元年,

---

① 唐宋史志不载丹山县所从出,按《太平寰宇记》载,宋初省丹山县入盘石县,则唐初丹山县当从盘石县析出。两《唐志》云,贞观六年省丹山县入内江县。而据《元和志》,丹山县在州治之北(二)〔一〕百三十里,内江县在州治东南九十八里,中隔盘石、银山等县,丹山县不得与内江县有关,两《唐志》之说恐误,今不取。

② 《元和志》资州丹山县:"南至州(二)〔一〕百三十里。"今依《地图集》、《四川政区沿革与治地今释》第 190 页定于资阳市丹山镇。《四川州县建置沿革图说》第 139 页以为在资阳市雁江区伍隍镇铜钟河村,恐非。

复隶资州。

8. 内江县(618—907)

本隋资阳郡旧县,武德元年,隶资州。天宝元年,隶资阳郡。乾元元年,复隶资州。二年,析置昌元县,割隶昌州。大历六年,以废昌州昌元县省入。十年,复析置昌元县,仍割隶昌州。咸通六年,自盘石县移州治于此。七年,复移州治于盘石县。

附新县:昌元县(759—771,775—907)

乾元二年,析资州内江县、泸州泸川县地置昌元县①,盖取乾元昌盛之意为名,治昌元城(今重庆市荣昌县安富街道古桥场南)②,割隶昌州,为州治。大历四年,因张朝等作乱焚城,移治赖婆山(今四川泸县县城玉蟾街道华安村)③。六年,州废,省入资州内江、泸州泸川二县。十年,析内江、泸川二县复置昌元县,治新昌元城(今荣昌县城盘龙镇昌州村)④,仍隶昌州。

附新州:昌州⑤(759—771,775—907)

乾元二年⑥,左拾遗李鼎祚奏以资、普、合、泸诸州之间山川阔远,请置州,遂割资州昌元县、普州静南县⑦、合州大足县置昌州,取昌元县首字为名,治昌元县⑧,隶东川节度使。后上元二年,隶东川节度使。广德二年,隶东西川节度使。

---

① 《舆地广记》昌州昌元县:"本资州内江县地,唐置,为昌州治。"按《元和志》昌州:乾元元年,左拾遗李鼎祚奏请割泸、普、渝、合、资、荣等六州界置昌州。乾元年间之昌州属县唯昌元县近于泸、荣二州,当兼有泸川、和义县地,故补。置县时间详昌州序注。
② 《元和志》昌州昌元县:"东至州(静南县)一百二十里。……东接濑波溪,西临耶水。濑波溪,在县南五十步。"《太平寰宇记》昌元县:"赖婆溪在县南五十步,因赖婆村为名,旧为州所理。"经与《太平寰宇记》所载大历后新昌元城位置比较,此城当系大历以前昌州附郭昌元县旧治,《元和志》盖照录旧史而失于裁剪也。今拟于荣昌县安富街道古桥场一带。
③ 《太平寰宇记》昌州:"旧理赖婆溪南,以昌元县为倚郭。"昌元县:"赖婆山,在县南九十里,四面悬绝,大历四年,在山上置行州。"依地理形势之,姑拟于今泸县城玉蟾街道东北一带。蓝勇《史学田野考察方法》第29页(科学出版社,2021年)则倾向于在今荣昌县河包镇。
④ 《太平寰宇记》昌州昌元县:"(州)西一百里。东接赖婆溪。"其时昌州治大足县。《蜀中广记》卷53:"府志:荣昌治西昌元里即唐昌元县址,亦尝充静南军使。"《纪要》重庆府荣昌县:"昌元城,在县西南,县旧治此。"遗址尚存,详《中国文物地图集·重庆分册》下册第316页。《地图集》误定于今荣昌县城昌元街道武城村。
⑤ 《元和志》昌州题下注"昌化",《舆地广记》云:"后曰昌元郡。"则《元和志》"昌化"当是"昌元"之误。按唐朝乾元元年已改郡为州,此郡名盖是乾元元年奏置时预设之名,并未行用。
⑥ 《元和志》、《太平寰宇记》作"元年",今依《唐会要》、《新唐志》、《舆地广记》。张驹贤《元和郡县图考证》云:"王象之曰:'元年奏置,二年建州。'甚得事实。"
⑦ 《舆地纪胜》普州引《图经》云:"乾元元年,割普康置昌州。"按普州普康县未曾隶昌州,此当系误指静南县为普康县。
⑧ 《历史地名》第1532页云乾元昌州治静南县,不详所据,今依《新唐志》。

大历元年,隶西川节度使。四年,城废,州随昌元县寄治泸州泸川县赖婆山①。六年,州废,省昌元、静南、大足三县。十年,西川节度使崔宁奏割普州静南县、资州昌元县、合州大足县复置昌州,治静南县②,仍隶西川节度使。十一年,割泸州永川县来属。元和元年,割隶东川节度使。十五年,昌州领静南、昌元、大足、永川四县,治静南县。

咸通十四年,昌州领县不变。

光启③元年(885),移治大足县。光化二年,割隶武信军节度使。

附旧府新镇 遂州总管府(619—624)—遂州都督府(624—627,636—643)—武信军节度使(899—907)

武德二年(619),割益州总管府遂、资二州及中央直属梓州置遂州总管府,仍直属中央,并置普州。三年,割隶西南道行台。七年,改为遂州都督府,割利州都督府果州来属。九年,隶益州大都督府。贞观元年④(627),罢都督府,遂、普、资、梓、果五州直属益州大都督府。十年,割剑南道直属遂、普、果三州及山南道夔州都督府合州复置遂州都督府。十三年,遂州都督府督遂、普、果、合四州⑤。十七年,罢都督府,遂、普、果三州直属剑南道,合州直属山南道⑥。

光化二年(899),割东川节度使遂、合、渝、泸、昌五州置武信军节度使,治遂州。天祐三年(906),隶剑南道行台。

---

① 《太平寰宇记》昌州:"至(乾元)二年,张朝、杨琳作乱,为兵火所废。"《舆地纪胜》昌州:"既新置于二年,不应于当年遂废。"当是。《太平寰宇记》昌州昌元县云大历四年于赖婆山上置行州,则疑旧城废于大历四年。
② 王梦庚等《重庆府志》卷1:"大历六年,(昌)州废,十年,移州治静南县。"《蜀中广记》卷17荣昌县:"大抵昌州今之旧州坝是。"卷53:"府志:旧州坝有昌州巡检司。"《四川政区沿革与治地今释》第228页遂定昌州治于荣昌县九龙公社昌州村(今属盘龙镇)。按其地与《元和志》、《太平寰宇记》所载不合,其有昌州之名,盖与宋代曾置昌州巡检司有关,非为昌州旧治也。
③ 《太平寰宇记》昌州作"景福",今依《新唐志》、《舆地广记》。详见上文巴川州合州大足县注。
④ 《旧唐志》无"元年"二字,《太平寰宇记》作"贞观初",今依《太平寰宇记》。当时领州数见唐瑾《特进户部尚书赠开府上柱国莒公碑》(载《昭陵碑录》卷下)。
⑤ 《括地志·序略》仍列合州于山南道,误。
⑥ 艾冲《唐代都督府研究》第110页"梓州都督府"条云:"梓府置于武德二年,初曰遂州总管府,贞观十七年,撤销遂府,别置梓州都督府。"根据是《旧唐书·高宗纪》永徽元年十二月所载。经查,该纪并无相关记载,倒是《新唐书·高宗纪》永徽元年十二月有云:"琰州獠寇边,梓州都督谢万岁死之。"类似记载还见于《册府元龟》卷425、《新唐书·南蛮传》、《资治通鉴》永徽元年等,然该"梓州都督"实为"牂州都督"之误,为江南道属府,在今贵州境,考详本编第十一章《黔中道》第一节"黔中郡都督府"附旧府一"牂州都督府"注。艾说非。

附新镇 龙剑节度使(886—888,892—907)

光启二年(886),割东川节度使龙、剑二州置龙剑节度使,治龙州。文德元年(888),罢镇,龙州隶威戎军节度使,剑州隶东川节度使。景福元年(892),以废威戎军节度使之龙、茂、彭三州①及割东川节度使剑州复置龙剑节度使,仍治龙州。二年,割山南西道武定军节度使阆州来属。天祐三年(906),隶剑南道行台,割阆州隶山南西道利阆节度使。

第三节 泸川郡(泸州)都督府

泸州总管府(620—624)—泸州都督府(624—742)—泸川郡都督府(742—756)

武德三年(620),以废益州总管府之泸、戎、荣三州置泸州总管府②,隶西南道行台。七年,改为泸州都督府。九年,隶益州大都督府。贞观二年(628),属剑南道。四年置南通州。六年,割戎、南通二州置戎州都督府。十年,以剑南道直属资州来属③。十三年,泸州都督府督泸、荣、资三州。十七年,割山南道夔州都督府溱州、江南道黔州都督府珍州来属,资州仍直属剑南道。二十三年,以废戎州都督府之戎州来属。

永徽三年(652),割戎州隶戎州都督府。龙朔三年(663),割黔州都督府珍州来属④。咸亨元年,割溱、珍二州隶黔州都督府。仪凤二年(677),置纳、晏、薛、巩四州。

武周长安四年(704),泸州都督府督泸、荣、纳、晏、薛、巩六州及羁縻州若干。

唐神龙中,置云州。景龙二年(708),废云州。先天二年(713),降纳、晏、薛、巩四州为羁縻州。

天宝元年,改泸州为泸川郡,荣州为和义郡,改泸州都督府为泸川郡都督府。十三载,泸川郡都督府督泸川、和义二郡及羁縻州若干。至德元载,泸川、和义二郡隶剑南道节度使,都督府只领羁縻州。

---

① 茂、彭,《新唐表》作"利、阆"二州,今依《方镇研究》第171页考改。
② 《旧唐志》泸州序:"武德三年,置总管府,一州。"按武德三年废益州总管府,戎、荣二州无所属,依地理形势分析,当隶泸州总管府。《程知节墓志铭》(载《全唐文补遗》第二辑)亦云:"贞观初,授使持节都督泸戎荣三州诸军事、泸州刺史。"故《旧唐志》之"一州"句当有脱误。
③ 史志不载此事。按贞观十年以剑南道直属遂、普二州隶遂州都督府,而资州无所属,又与剑南道直属梓、始二州相隔绝,推知是年改隶泸州都督府。
④ 据杨炯《泸州都督王湛神道碑》(载《杨炯集》卷8),龙朔三年至乾封二年间,泸州都督府领泸、荣、溱、珍四州。而据《大唐故右威卫大将军上柱国汉东郡开国公李公(孟常)碑铭》(载《全唐文补遗》第一辑),贞观二十年时,黔州都督府已不领珍州,推知珍州始置时即已割属泸州都督府。

（一）泸川郡（泸州）

泸州（618—742）—泸川郡（742—758）—泸州（758—907）

泸川郡，本隋旧郡，领泸川、合江、江安、绵水、来凤、富世、和义七县[①]。唐武德元年，改为泸州，以隋旧州为名，治泸川县，隶益州总管府。三年，割置泸州总管府。九年，省来凤县。七年，改总管府为都督府。贞观元年，置思隶、思逢、施阳三县。二年，置隆越县，割隶荣州。八年，置泾南县，割和义县隶荣州，省施阳县。十三年，省思隶、思逢二县，泸州领泸川、合江、泾南、江安、绵水、富世六县，治泸川县。二十三年，改富世县为富义县。

仪凤二年，置施阳、都宁、都掌、胡茂、罗蓝、播罗、罗当、罗围八县，割隶纳州；置思峨、柯阴、扶来、多冈、罗阳、新宾、思晏七县，割隶晏州；置枝江、黄池、播陵三县，割隶薛州；置多楼、波员、比求、播郎四县，割隶巩州。

武周长安四年，泸州领泸川、合江、泾南、江安、绵水、富义六县，治泸川县。

唐天宝元年，复为泸川郡，隶泸川郡都督府。十三载，泸川郡领泸川、合江、泾南、江安、绵水、富义六县，治泸川县。至德元载，隶剑南道节度使。

乾元元年，复为泸州。后上元二年，隶东川节度使。广德二年，隶东西川节度使。大历元年，隶西川节度使。其后，省泾南县。十一年，置永川县，割隶昌州。元和元年，割隶东川节度使。十五年，泸州领泸川、合江、江安、绵水、富义五县，治泸川县。

咸通十四年，泸州领县不变。

光化二年，割隶武信军节度使。

1. 泸川县（618—907）

本隋泸川郡旧县，武德元年，隶泸州，为州治。贞观八年，析置泾南县。天宝元年，隶泸川郡，为郡治。乾元元年，复隶泸州，为州治。大历十一年，析置永川县。

附新县：永川县（776—907）

大历十一年，析泸州泸川县、渝州壁山县置永川县[②]，以山川阔远，故以为名，治永川城（今重庆市永川区胜利路街道），割隶昌州。

[①] 《隋志》泸川郡不载来凤、和义二县，按《元和志》荣州和义县："隋大业十二年，分置和义县。"来凤县疑亦隋末置，据补。
[②] 《太平寰宇记》、《新唐志》昌州永川县："本渝州壁山县地，与州同置。"《元和志》昌州永川县："大历十一年置。"《舆地广记》昌州永川县："本泸州泸川县地，唐置，属昌州，亦得渝州壁山县地。"今依《元和志》、《舆地广记》。

2. 合江县(618—907)

本隋泸川郡旧县,武德元年,隶泸州,移治新合江城(今四川合江县白沙镇)①。仪凤二年,析置浙源、洛川、越宾、麟山四羁縻县,割隶羁縻浙州。天宝元年,隶泸川郡。乾元元年,复隶泸州。元和十三年,还治安乐城(今合江县城合江镇)②。

3. 泾南县(634—大历中)

贞观八年,析泸川县置泾南县,县在泾水之南,故以为名,治泾南城(今四川泸州市纳溪区新乐镇梓童村)③,隶泸州。天宝元年,隶泸川郡。乾元元年,复隶泸州。大历中,省入江安县④。

4. 江安县(618—907)

本隋泸川郡旧县,武德元年,隶泸州。贞观元年,析置思隶、思逢、施阳三县。八年,省施阳县来属。十三年,省思隶、思逢二县来属。仪凤二年,析置施阳、都宁、都掌、胡茂、罗蓝、播罗、罗当、罗围八县,割隶纳州。天宝元年,江安县隶泸川郡。乾元元年,复隶泸州。大历中,省泾南县来属。

附旧县1:思隶县(627—639)

贞观元年,析江安县夷獠户置思隶县,取獠语意为名,治思隶城(今泸州市纳溪区护国镇大洲驿)⑤,隶泸州。十三年,省入江安县。

附旧县2:思逢县(627—639)

贞观元年,析江安县夷獠户置思逢⑥县,取獠语意为名,治思逢城(今四川叙永县江门镇)⑦,隶泸州。十三年,省入江安县。

5. 绵水县(618—907)

本隋泸川郡旧县,武德元年,隶泸州。仪凤二年,析置思峨、柯阴、扶来、多冈、罗阳、新宾、思晏七县,割隶晏州;析置枝江、黄池、播陵三县,割隶薛州;

---

① 按隋开皇间合江县犹治安乐城,而《唐会要》卷71却云元和间还治旧县址,可知唐初已迁他处。《大清一统志》卷311泸州引《旧志》云:"唐置合江县于白沙镇。"《四川政区沿革与治地今释》第231页云:"唐初,治今合江县白沙镇。"今姑定于武德元年移治。
② 《唐会要》卷71:"泸州合江县,元和十三年五月,东川节度使李逢吉请移于旧县界址,以便水陆贸迁。从之。"《太平寰宇记》作"元和十二年",恐误。
③ 《纪要》泸州:"泾南废县,州西南四十五里,在泾水之南。"泾水,盖即今泸州市纳溪区高洞河,则泾南城当在今纳溪区新乐镇梓童村,即蒲孝荣所谓"纳溪县高洞公社西"。
④ 《新唐志》泸州泸川县:"贞观八年析置泾南县,后省。"按《旧唐志》泸州有泾南县,而《元和志》无,可知泾南县省于代、德之际,今姑定于大历中。又据《元丰志》,北宋时泸州城南之南田、纳溪诸寨属江安县,其地为泾南县旧境,因知省泾南入江安。
⑤ 依地理形势推定。大洲驿,旧花果乡。
⑥ 《太平寰宇记》作"思蓬",今依两《唐志》。
⑦ 依地理形势推定。

析置多楼、波婆、比求、播郎四县,割隶巩州;析置柯里、罗蓬二羁縻县,割隶羁縻奉州。天宝元年,绵水县隶泸川郡。乾元元年,复隶泸州。

6. 富世县(618—649)—**富义县**(649—907)

富义县,本隋泸川郡富世县,武德元年,隶泸州。九年,省来凤县来属。贞观二十三年,避太宗讳,改为富义县。天宝元年,隶泸川郡。乾元元年,复隶泸州。

附旧县:来凤县(618—626)

本隋泸川郡旧县,武德元年,隶泸州。九年,省入富世县。

附旧州一:纳州(677—713)

仪凤二年,割泸州罗围、施阳、都宁、都掌、胡茂、罗蓝、播罗、罗当八县置纳州,以纳溪为名,治罗围县,隶泸州都督府。

武周长安四年,纳州领县不变。

唐先天二年,降为羁縻纳州,八县降为羁縻县。

附旧县1:罗围县(677—713)

仪凤二年,开江安县山洞夷獠置罗围县,盖取獠语音为名,治罗围城(今叙永县黄坭乡车田村)①,割隶纳州,为州治。先天二年,降为羁縻罗围县。

附旧县2:施阳县(627—634,677—713)

贞观元年,析江安县夷獠户置施阳县,县在施池水北,故以为名,治施阳城(今叙永县兴隆乡)②,隶泸州。八年③,省入江安县。仪凤二年,析江安县复置施阳县,仍治施阳城,割隶纳州。先天二年,降为羁縻施阳县。

附旧县3:都宁县(677—713)

仪凤二年,开江安县山洞夷獠置都宁县,盖取"都掌安宁"为名,治都宁城(今叙永县城叙永镇)④,割隶纳州。先天二年,降为羁縻都宁县。

附旧县4:都掌⑤县(677—713)

仪凤二年,开江安县山洞夷獠置都掌县,以都掌蛮为名,治都掌城(今叙永县落卜镇杉包树村)⑥,割隶纳州。先天二年,降为羁縻都掌县。

---

① 郭声波:《唐宋泸属东部羁縻州研究》,《贵州民族研究》2001年第3期。车田村,旧名跃进村。
② 《武经总要》前集卷19:"纳州,北自纳溪口至泸州三百五十里,以施池水为界。"故知施阳县以施池水为名,即今叙永县兴隆乡,详参郭声波《唐宋泸属东部羁縻州研究》。《纪要》泸州江安县:"施阳废县,在县西。"恐非。
③ 《旧唐志》系于"贞观元年",今依《新唐志》、《太平寰宇记》。
④ 郭声波:《唐宋泸属东部羁縻州研究》,《贵州民族研究》2001年第3期。
⑤ 《旧唐志》"掌"字作"阙",《新唐志》无"掌"字,《太平寰宇记》作"罗掌"。按《新唐书·南蛮传》云:"上元末,纳州獠叛,寇故茂、都掌二县。"今即据以补正。
⑥ 郭声波:《唐宋泸属东部羁縻州研究》,《贵州民族研究》2001年第3期。

附旧县 5：胡茂县(677—713)

仪凤二年，开江安县山洞夷獠置胡茂县，盖取獠语音为名，治胡茂城(今四川古蔺县城古蔺镇)①，割隶纳州。先天二年，降为羁縻胡茂县。

附旧县 6：罗蓝县(677—713)

仪凤二年，开江安县山洞夷獠置罗蓝县，盖取獠语音为名，治罗蓝城(今古蔺县太平镇)②，割隶纳州。先天二年，降为羁縻罗蓝县。

附旧县 7：播罗县(677—713)

仪凤二年，开江安县山洞夷獠置播罗县，治㭁村(今古蔺县双沙镇)，夷语谓㭁村为"播罗"③，故名，割隶纳州。先天二年，降为羁縻播罗县。

附旧县 8：罗当县(677—713)

仪凤二年，开江安县山洞夷獠置罗当县，盖取獠语音为名，治罗当城(今叙永县分水镇)④，割隶纳州。先天二年，降为羁縻罗当县。

附旧州二：晏州(677—713)

仪凤二年，割泸州思峨、柯阴、扶来、多冈、罗阳、新宾、思晏七县置晏州，取思晏县末字为名，治思峨县，隶泸州都督府。

武周长安四年，晏州领县不变。

唐先天二年，降为羁縻晏州，七县降为羁縻县。

附旧县 1：思峨县(677—713)

仪凤二年，开绵水县山洞夷獠置思峨县，治思峨洞(今四川兴文县城古宋镇胜利村)⑤，故以为名，割隶晏州，为州治。先天二年，降为羁縻思峨县。

附旧县 2：柯阴县(677—713)

仪凤二年，开绵水县山洞夷獠置柯阴县，盖取獠语音为名，治柯阴城(今兴文县石海镇)⑥，割隶晏州。先天二年，降为羁縻柯阴县。

附旧县 3：扶来县(677—713)

仪凤二年，开绵水县山洞夷獠置扶来县，盖取獠语音为名，治五斗坝(今

---

① ② ③ ④ 郭声波：《唐宋泸属东部羁縻州研究》，《贵州民族研究》2001 年第 3 期。
⑤ 杨迦怿等《兴文县志》卷 5《古迹》云："思峨废县在县东二十五里思峨洞下，亦唐晏州所领七县之一，县以洞名。"按清兴文县治东二十五里适当今兴文县城古宋镇胜利村(旧属久庆镇)，故补。又，韩休《赠邠州刺史韦公神道碑》(载《文苑英华》卷 922)云："公讳钧，字季和，(景云年间)以亲累，出为晏州嵯峨县丞。"故刘统《唐代羁縻府州研究》第 215 页怀疑"思峨或为嵯峨之讹"。《地图集》、《四川政区沿革与治地今释》第 232 页定于兴文县城兴文镇(今兴文县㭁王山镇，旧晏阳镇)，恐非。
⑥ 贞元间，柯阴县割隶扶德州，则当在晏州南部，即今兴文县石海镇(旧石林镇)一带。宋时晏州废入江安县，故《纪要》以为柯阴废县在江安县西南，《地图集》标柯阴县于今兴文县东北，盖系误会顾氏所言，不取。

兴文县仙峰乡)①,割隶晏州。先天二年,降为羁縻扶来县。

附旧县 4：多冈县(677—713)

仪凤二年,开绵水县山洞夷獠置多冈②县,盖取獠语音为名,治多冈城(今四川长宁县梅硐镇马厂田村)③,割隶晏州。先天二年,降为羁縻多冈县。

附旧县 5：罗阳县(677—713)

仪凤二年,开绵水县山洞夷獠置罗阳县,治落样村,语讹为罗阳(今长宁县梅硐镇开口楼村)④,割隶晏州。先天二年,降为羁縻罗阳县。

附旧县 6：新宾县(677—713)

仪凤二年,开绵水县山洞夷獠置新宾县,盖取怀柔之意为名,治新宾城(今四川江安县红桥镇)⑤,割隶晏州。先天二年,降为羁縻新宾县。

附旧县 7：思晏县(677—713)

仪凤二年,开绵水县山洞夷獠置思晏县,以晏峰为名,治晏峰北(今四川兴文县僰王山镇胜联村)⑥,割隶晏州。先天二年,降为羁縻思晏县。

附旧州三：薛州⑦(677—713)

仪凤二年,割泸州枝江、黄池、播陵三县置薛州,治枝江县,隶泸州都督府。

武周长安四年,薛州领县不变。

唐先天二年,降为羁縻薛州,三县降为羁縻县。

附旧县 1：枝江县(677—713)

仪凤二年,招慰绵水县夷獠置枝江县,以枝江为名,治枝江城(今四川珙

---

① 据杨仲良《续资治通鉴长编纪事本末》卷 141,宋政和五年赵遹进驻乐共城时,"节次招到晏州柯阴县、罗碾、五斗扶莱等县夷贼一千余人"。五斗扶莱指五斗夷之扶莱县,今兴文县仙峰古名五斗坝,明代属建武千户所,《蜀中广记》卷 36 曰："建武千户所,唐仪凤间开拓夷徼,于本部置晏州罗阳郡,领七县。"可见仙峰古时确应为晏州属地,可定为扶莱县治。
② 《新唐志》作"哆囶",《太平寰宇记》作"哆冈",今依《旧唐志》。
③ 杨迦怿等《兴文县志》卷首《舆图》置多刚县于梅硐河源,即今长宁县梅硐镇马厂田村,可从。
④ 杨仲良《续资治通鉴长编纪事本末》卷 141 载,宋政和五年赵遹进驻乐共城,攻上下落样村,"节次招到晏州柯阴县、罗碾、五斗扶莱等县夷贼一千余人"。长宁县梅硐镇北旧有罗阳乡(今为开口楼村),盖即宋时之罗碾,既列为县,其为罗阳、落样之异译无疑。
⑤ 杨迦怿等《兴文县志》卷 5《古迹》谓,兴文县城北十五里水泸坝有古晏州废县城址,未知其名。按此地在今共乐城西,今江安县红桥镇,很可能就是唐新宾县、宋乐城遗址。今补。
⑥ 《蜀中广记》卷 36："按兴文县有晏峰,即思晏县也。"《纪要》卷 70："晏峰在兴文县西南五里。"思晏县宋时为晏阳治。杨迦怿等《兴文县志》卷 5《古迹》云："古晏州在县西……晏阳土城在其西北。"即今兴文县僰王山镇(旧晏阳镇)胜联村。
⑦ 《太平寰宇记》、《新唐志》作"萨州",今依《旧唐志》、《武经总要》前集卷 19、《元丰九域志》。

县底洞镇)①,割隶薛州,为州治。先天二年,降为羁縻枝江县。

附旧县 2：黄池县(677—713)

仪凤二年,招慰绵水县夷獠置黄池县,盖以黄池为名,治黄池城(今珙县下罗镇)②,割隶薛州。先天二年,降为羁縻黄池县。

附旧县 3：播陵县(677—713)

仪凤二年,招慰绵水县夷獠置播陵县,盖取獠语音为名,治播陵城(今珙县孝儿镇)③,割隶薛州。先天二年,降为羁縻播陵县。

附旧州四：巩州(677—713)

仪凤二年,割泸州多楼、波婆、比求、播郎四县置巩州,治多楼县,隶泸州都督府。

武周长安四年,巩州领县不变。

唐先天二年,降为羁縻巩州,四县降为羁縻县。

附旧县 1：多楼④县(677—713)

仪凤二年,开绵水县山洞夷獠置多楼县,盖取獠语音为名,治多楼城(今珙县罗渡乡)⑤,割隶巩州,为州治。先天二年,降为羁縻多楼县。

---

① 据《新唐志》,唐后期枝江县割隶羁縻定州。《元史》卷 60《地理志》、《大明一统志》、《蜀中广记》云定州在今筠连县石门江一带。程熙春等《筠连县志》卷 1《县境全图》亦云:"废定州,唐武后设,元改定川县,今海银场后,城垣基地犹存。"按唐定州扶德县曾属扶德州,在今兴文县九丝城镇(旧德胜乡),海银场即今筠连县城筠连镇银江村,中隔巩州,可知定州必不在海银。又据《纪要》叙州府庆符县:"废支江县,在县东南,唐羁縻定州属县也,宋亦为羁縻定州地,元为犵峨彝地。"按犵峨夷地唐宋置有思峨州,不得为定州地,顾说亦误。定州所领二县中,枝江县原为薛州治,扶德县原属扶德州,则定州必在薛州与扶德州之间。薛州州境在今珙县西部,扶德州西境在今兴文县西部,则定州当在今珙县中部底洞镇一带,州治枝江县以临枝江得名,枝江,当即今珙溪,"洞"即"溪洞",意即村寨,"底"字与"定"字音近。
② 据《新唐志》,黄池县唐后期为薛州治。《蜀中广记》卷 15 珙县:"(萨)〔薛〕州,今下罗计。"《地图集》将薛州标注于今珙县孝儿乡,但孝儿乡原名"孝儿嘴",意指处在下罗坝嘴上,距下罗坝的中心下罗镇还有 10 多公里,而仡佬语"下罗计"与平坝有关,若将孝儿定为薛州治,从地形看不如定在下罗镇合理。《蜀中广记》又以下罗计在珙县罗星渡(罗渡),刘统《唐代羁縻府州研究》第 214 页以为在今四川高县罗场镇,则是忽视了相对"下罗"而言的"上罗"即今珙县正南南广河畔上罗镇的事实。罗渡在上罗上游,罗场在筠连河畔,均不得称"下罗"。
③ 姚廷章等《珙县志》卷 1《舆地》云,孝儿嘴场有古巩州城遗迹。按巩州实在罗渡,此云"巩州",盖误传。不过所谓"遗迹尚存",则说明旧时确有古城寨,姑以之为唐薛州播陵县。
④ 《太平寰宇记》泸州作"多楼",《新唐志》作"哆搂",今依《旧唐志》。
⑤ 《蜀中广记》卷 36:"巩州者,今之罗星渡。"罗星渡,即今珙县罗渡乡,东临南广溪,溪东岸有古城址,姚廷章等《珙县志》卷首《地舆图》标注为"旧巩州因忠郡",可从。《地图集》标巩州于溪西岸罗渡乡治,略有小误。《珙县志》卷 1《舆地》又云:"废巩州……今孝儿嘴场遗迹尚存,故有巩州窝之名。"盖不晓其遗迹本为薛州属县而误传。刘统《唐代羁縻府州研究》谓巩州在珙县洛表镇,亦无证据,不取。

附旧县 2：波婆①县(677—713)

仪凤二年，开绵水县山洞夷獠置波婆县，盖取獠语音为名，治波婆城（今四川筠连县乐义乡）②，割隶巩州。先天二年，降为羁縻波婆县。

附旧县 3：比求县(677—713)

仪凤二年，开绵水县山洞夷獠置比求县，盖取獠语音为名，治比求城（今筠连县沐爱镇）③，割隶巩州。先天二年，降为羁縻比求县。

附旧县 4：播郎县(677—713)

仪凤二年，开绵水县山洞夷獠置播郎县，盖取獠语音为名，治播陵城（今筠连县巡司镇）④，割隶巩州。先天二年，降为羁縻播郎县。

（二）和义郡（荣州）

荣州(618—742)—和义郡(742—758)—荣州(758—907)

武德元年⑤，割资州大牢、威远二县置荣州，以荣德山为名，并析置公井县，以为州治，荣州隶益州总管府。三年，隶泸州总管府。七年，隶泸州都督府。贞观元年，置旭川、婆日、至如三县。二年，割泸州隆越县来属。六年，移州治于大牢县，割嘉州资官县来属。八年，割泸州和义县来属，省婆日、至如、隆越三县。十三年，荣州领大牢、公井、威远、旭川、资官、和义六县，治大牢县⑥。

永徽二年，移州治于旭川县。

武周长安四年，荣州领旭川、大牢、资官、威远、和义、公井六县，治旭川县。

---

① 《旧唐志》原作"波员"。按《太平寰宇记》、《新唐志》，波员县为长宁州属县，而巩州有波婆县，无波员县，今从《太平寰宇记》、《新唐志》。
② 以诸县地理布局分析，姑定在今筠连县乐义乡。《蜀中广记》卷 36 云："婆婆，今江安县界之婆婆村。"按巩州地不及明江安县境，所记当有误。
③ 《蜀中广记》卷 36："比丘，今之九塞。"九塞，在今珙县、筠连县间，然不能详指，姑定在今筠连县沐爱镇。
④ 播郎县唐后期割置播朗州。《太平寰宇记》云："播朗州在(戎)州南二百八十九里"，合今 116 公里；姚廷章等《珙县志》卷 1《舆地》："废播郎州，在县西北。"循石门旁道南行 116 公里，适至筠连县巡司镇，宜以为播朗州治地。《蜀中广记》卷 36 却云："播郎，今贵州界之安静长官司。"安静即今威信县旧城镇旧洞村，唐前期为扶德州境；《四川政区沿革与治地今释》第 207 页以为播朗州在珙县上罗镇，而上罗镇为薛州治，均不得为播郎县治。
⑤ 《旧唐志》成都府序作"二年"，今依《旧唐志》荣州、《新唐志》荣州。
⑥ 《册府元龟》卷 431 载张俭于贞观间任荣州都督，然据郁贤皓《唐刺史考全编》，是时张俭乃是营州都督，《册府元龟》误。

唐神龙中，置罗水、云川、胡连三县，割隶云州①。

天宝元年，改为和义郡，以和义县为名，改大牢县为应灵县。十三载，和义郡领旭川、应灵、资官、威远、和义、公井六县，治旭川县。至德元载，隶剑南道节度使。

乾元元年，复为荣州。后上元二年，隶东川节度使。广德二年，隶东西川节度使。大历元年，隶西川节度使。元和元年，复割隶东川节度使。十五年，荣州领县一如天宝十三载。

咸通十四年，荣州领县不变。

天祐三年，割隶山南西道利阆节度使。

1. 旭川县(627—907)

贞观元年，析大牢县置旭川县，以旭川为名，治旭川城（今四川荣县城旭阳镇），隶荣州。永徽二年，自大牢县移州治于此。天宝元年，隶和义郡，为郡治。乾元元年，复隶荣州，为州治。

2. 大牢县(618—742)—应灵县(742—907)

应灵县，本隋资阳郡大牢县，武德元年，隶荣州。贞观六年，自公井县移州治于此。永徽二年，又移州治于旭川县。神龙中，析置罗水、云川、胡连三县，割隶云州。景龙二年，以废云州罗水、云川、胡连三县省入。天宝元年，隶和义郡，以县名不吉，改为应灵县，因应灵水为名②。乾元元年，复隶荣州。

附旧县1：罗水县(神龙中—708)

神龙中，析大牢县置罗水县，以罗水为名，治罗水城（今四川犍为县罗城镇），隶云州，为州治。景龙二年，州废，省入荣州大牢县。

附旧县2：云川县(神龙中—708)

神龙中，析大牢县置云川县，以云川为名，治云川城（今荣县新桥镇）③，隶云州。景龙二年，州废，省入荣州大牢县。

附旧县3：胡连县(神龙中—708)

神龙中，析大牢县置胡连县，以蛮獠部落为名，治胡连城（今四川宜宾县

---

① 苏颋《授樊侃益州司马制》(载《文苑英华》卷414)云，樊侃曾任"荣州都督"。按唐宋史志不载荣州置都督府一事，据《大唐故太中大夫使持节都督梁凤兴洋等四州诸军事守梁州刺史上柱国南阳樊公(侃)墓志铭》，此"荣州"乃是"营州"之讹。
② 《舆地广记》荣州应(宁)〔灵〕县："天宝元年更名，有应灵山、应灵水。"《舆地纪胜》荣州："应灵水，在县北三里。"据补。
③ 《纪要》嘉定州荣县："罗水废县，在县南。"疑此指云川县而言，云川，即今越溪河上游拥思茫水。

柳嘉镇)①,隶云州。景龙二年,州废,省入荣州大牢县。

3. 资官县(618—907)

本隋犍为郡咨官县②,武德元年,改为资官县,隶嘉州。贞观③六年,割隶荣州。天宝元年,隶和义郡。乾元元年,复隶荣州。长庆三年,移治新资官城(今荣县正紫镇窝棚湾村)④。

4. 威远县(618—907)

本隋资阳郡旧县,唐武德元年,隶荣州⑤。贞观元年,析置婆日、至如二县。八年,省婆日、至如、隆越三县来属。天宝元年,隶和义郡。乾元元年,复隶荣州。

附旧县1：婆日县(627—634)

贞观元年,析威远县置婆日县,治婆日市(今四川威远县新场镇)⑥,故以为名,隶荣州。八年,省入威远县。

附旧县2：至如县(627—634)

贞观元年,析威远县置至如县,治至如城(今内江市市中区凌家镇)⑦,隶荣州。八年,省入威远县。

附旧县3：隆越县(628—634)

贞观二年,析泸州和义县置隆越县⑧,治隆越城(今四川自贡市自流井区五星街街道)⑨,割隶荣州。八年,省入威远县。元和十三年,复割其地还属和义县。

---

① 勾延庆《锦里耆旧传》卷2:"(前蜀)天汉元年,戎州界獠胡连等反。"胡连,当是獠人部落名,与唐之胡连县有关,唐时居戎州与荣州交界处。今依地理形势推定胡连县于宜宾县柳嘉镇。
② 《隋志》犍为郡不载咨官县。按《舆地纪胜》荣州引《元和志》云:"大业十一年,置咨官县,属犍为郡。"中华书局点校本依金陵书局本和武英殿本改此句为"晋义熙十年置冶官县",不妥,因句后《元和志》又云:"隋后误以'冶'为'咨'也。"可见《元和志》原本两句并存,即晋为冶官县,隋误为咨官县。据补。
③ 《新唐志》作"武德",今依《元和志》、《旧唐志》。
④ 任乃强等.《四川州县建置沿革图说》,第145页以为是年徙新治。《元丰九域志》荣州:"资官:州西南七十五里。"疑因獠乱而徙,在今正紫镇窝棚湾。任氏据《元和志》以为是年乃改咨官为资官,然《州郡典》、《旧唐志》皆作资官,且《寰宇记》已特别指出《元和志》之误:"旧名'咨'字误。"任氏又以为县末再徙今荣县新桥镇资国寺,然其地距荣州城一百二十里,恐是南宋时事。
⑤ 《唐会要》卷71:"威远县,贞观六年置。"今依《元和志》、《旧唐志》。
⑥ 《舆地纪胜》荣州:"婆日市:古城在(威远)县西北五十五里。""婆日市故城:在县西北五十里。"
⑦ 《纪要》嘉定州威远县:"至如废县,亦在县东南。"今依地理形势推定于内江市凌家镇(旧属威远县)一带。
⑧ 《太平寰宇记》泸州:"贞观二年,置隆越县,入荣州。"然不载隆越县所从出,今据地理形势补。
⑨ 详下文"和义县"注。《四川政区沿革与治地今释》第229页定于今隆昌县城金鹅镇,按其地与威远县中隔和义、内江二县,不得相属,不取。

5. 和义县(618—907)

本隋泸川郡旧县①,武德元年,治和义城(今四川自贡市大安区牛佛镇)②,隶泸州。贞观二年,析置隆越县。八年,和义县割隶荣州。天宝元年,隶和义郡。乾元元年,复隶荣州。元和十三年,从东川节度使李逢吉之请,移治故隆越城③。

6. 公井县(618—907)

武德元年,析威远县置公井县④,治公井镇(今自贡市贡井区贡井街道),故以为名,隶荣州,为州治。贞观六年,移州治于大牢县。天宝元年,隶和义郡。乾元元年,复隶荣州。

附旧州: 云州(神龙中—708)

神龙中⑤,割荣州罗水、云川、胡连县置云州,取云川县首字为名,治罗水县,隶泸州都督府。景龙二年,州废,罗水、云川、胡连三县省入荣州大牢县。

第四节 南溪郡(戎州)都督府

戎州都督府(632—649,652—742)—南溪郡都督府(742—756)

贞观六年(632)⑥,割泸州都督府戎、南通二州并以废南宁州都督府之南宁、西宁、南龙、曾、西宗、匡、西濮、西利、褒、姚、尹、糜、昆、曲、协、靖、西平十七州置戎州都督府,属剑南道。八年,改南通州为贤州,南宁州为郎州,西宁州为梨州,西平州为盘州。是年,废贤州。十一年,改南龙州为钩州,西宗州为宗州,西濮州为犛州,西利州为微州。十三年,戎州都督府督戎、曲、协、靖、

---

① 《隋志》泸川郡不载和义县,按《元和志》和义县:"隋大业十二年分置和义县。"据补。
② 《元和志》荣州和义县:"西南至州一百七十里。"今定于自贡市牛佛镇(旧属富顺县)。《四川政区沿革与治地今释》等定于富顺县仙滩场(今自贡市沿滩区仙市镇),《历史地名》第 1574 页以为在今威远县东北,皆距荣州太近,不取。
③ 《唐会要》卷 71:"荣州和义县,元和十三年五月,东川节度使李逢吉请移于旧县界址,以便水陆贸迁。从之。"《舆地纪胜》荣州引《图经》:"在州东一百里。"按此前和义县未曾移治,所谓"旧县"盖指旧隆越县,即自贡市自流井城区。《四川政区沿革与治地今释》等定于今内江市龙门场(今市中区沱江乡),《历史地名》第 1574 页拟于今自贡市东河家场(今大安区何市镇),皆距荣州太远,不取。
④ 史志不载公井县所从出,今据地理形势补。
⑤ 史志不载此云州始置年代,可知其存在时间甚短。河东道有云州,永淳元年始废,则此云州之置,不得早于永淳元年。今姑推定此云州始置于神龙年间。
⑥ 《旧唐志》戎州作"四年",今依《旧唐志》成都府序。

盘、郎、梨、钩、昆、曾、宗、匡、髳、微、褒、姚、尹、靡十八州①。二十二年,置弄州。二十三年,罢府②,戎州还隶泸州都督府,曲、协、靖、盘、郎、梨、钩、昆、曾、宗、匡、髳、微、褒、姚、尹、靡、弄十八州隶郎州都督府③。

永徽三年(652),复割泸州都督府戎州置戎州都督府④,以废郎州都督府之郎、协、姚等十八羁縻州来属。麟德元年(664),升羁縻姚州为正州,割隶姚州都督府。

武周长安四年(704),戎州都督府督戎州及羁縻州若干。

唐天宝元年(742),改戎州为南溪郡,改戎州都督府为南溪郡都督府。十三载,南溪郡都督府督南溪一郡,并统羁縻南宁等州。至德元载(756),南溪郡隶剑南道节度使,都督府只领羁縻府州。

南溪郡(戎州)
戎州(618—742)—南溪郡(742—758)—戎州(758—907)

南溪郡,本隋犍为郡,领僰道、开边、邠䣕、犍为、南溪五县⑤。唐武德元年,改为戎州,以隋旧州为名,移治南溪县,隶益州总管府。二年,省邠䣕县。三年,改隶泸州总管府⑥,复置邠䣕县。七年,隶泸州都督府。贞观四年,还治僰道县⑦,割开边县隶南通州。六年,置戎州都督府。八年,以废贤州之开边、石门二县来属,改石门县为抚来县。十三年,戎州领僰道、开边、抚来、邠䣕、犍为、南溪六县,治僰道县。二十三年,罢府,戎州还隶泸州都督府。

永徽三年,复置戎州都督府。前上元元年(674),割犍为县隶嘉州。

武周圣历二年(699),置归顺县。长安四年,戎州领僰道、开边、抚来、邠䣕、归顺、南溪六县,治僰道县。

---

① 《旧唐志》作十七州,脱靖州,今补。任乃强等《四川州县建置沿革图说》第24页误梨为紫,宗为宋,髳为公。
② 《舆地纪胜》引《图经》:"高宗罢戎州都督府。"盖指此。
③ 郎州都督府仍为正都督府,据《册府元龟》卷986载:"永徽二年八月,朗(郎)州白水蛮反叛,寇麻州之界江镇,遣左领军赵孝祖为朗(郎)州道总管,与朗(郎)州都督任怀玉率兵讨之。"任怀玉,当是汉官。
④ 史志不载此事。按永徽三年罢郎州都督府,原领羁縻州无所属,推知是年复置戎州都督府,领旧郎州之羁縻州。
⑤ 《隋志》犍为郡无邠䣕县,按《舆地广记》云:"宜宾镇,本邠䣕县,隋末置。"据补。
⑥ 史志不载此事。按是时戎州无所属,今依地理形势推定。
⑦ 还移僰道县时间,《舆地纪胜》叙州引《图经》作贞观初,《新唐志》、《舆地广记》作贞观中,今姑定于贞观四年。

唐开元中,移治南溪县①。十七年,改郁鄢县为义宾县。

天宝元年,复治僰道县②,改为南溪郡,以南溪县为名,隶南溪郡都督府,都督府只领羁縻府州,省抚来县。十三载,南溪郡领僰道、开边、义宾、归顺、南溪五县,治僰道县。至德元载,罢府,南溪郡隶剑南道节度使。

乾元元年,复为戎州。后上元元年(760),省开边县。二年,隶西川节度使。广德二年(764),隶东西川节度使。永泰二年(大历元年,766),隶西川节度使,复置开边县。元和十五年(820),戎州领县一如天宝十三载③。

长庆中,移治南溪县。会昌二年(842),复还治僰道县。咸通十四年(873),戎州领县不变。

1. 僰道县(618—907)

本隋犍为郡旧县,武德元年,隶戎州。贞观四年,移治三江口(今四川宜宾市翠屏区东城街道)④,自南溪县移州治于此。开元中,还州治于南溪县。天宝元年,隶南溪郡,为郡治。乾元元年,复隶戎州,为州治。后上元元年,省开边县来属。永泰二年,复析置开边县。长庆中,移州治于南溪县。会昌二年,仍自南溪县移州治于此。三年,遭马湖江水漂荡,移治蜀江北岸(今宜宾市翠屏区安阜街道旧州村)⑤。

2. 开边县(618—760,766—907)

本隋犍为郡旧县,武德元年,隶戎州。贞观四年,割隶南通州,并析置石门县。五年,析置盐泉县。八年,隶贤州。是年,州废,省盐泉县来属,开边县还隶戎州。天宝元年,隶南溪郡,省抚来县来属。乾元元年,复隶戎州。后上

---

① 《太平寰宇记》戎州僰道县:"隋移郡于南溪,唐开元、长庆犹理于彼。"
② 《州郡典》断自天宝元年,其戎州注云理僰道县,然各县列名犹以南溪县为首,推知天宝元年复自南溪县还治僰道县,州注虽改而各县列名犹未及回改也。
③ 《太平寰宇记》戎州:"贞元中,曾理于僰道县。"僰道县:"贞元中,复理于此。"按《旧唐志》戎州仍治僰道县,则贞元中固无"复理于此"之举。《纪要》叙州府宜宾县引《城邑考》:"郡城唐贞元中韦皋所建。"乐史盖误以韦皋建僰道城为移州治也。
④ 《元和志》戎州:"汶江,流经县东北,去县十步。"《舆地纪胜》叙州:"太宗时,徙僰道,在蜀江之西三江口。"《纪要》叙州府宜宾县:"僰道城"《图经》:唐太宗时徙于蜀江之右三江口,即今治也。"三江,即汶江(蜀江)、大江、马湖江也,其城在今宜宾市翠屏区东城街道,《四川政区沿革与治地今释》等定于今翠屏区南广镇,恐非。
⑤ 《太平寰宇记》戎州僰道县:"会昌二年遭马湖江水漂荡,随州移在(此)〔北〕岸,今理所。贞妇石,在县南七里旧州岸。"《舆地纪胜》叙州引《图经》云在会昌三年。盖移州治于僰道县在会昌二年,移州县治于北岸在会昌三年,如此方与"随州移在北岸"合。《纪要》云:"武宗会昌中大水,徙城于蜀江北岸,今谓之旧城。"会昌僰道县在旧县北七里,即今宜宾市翠屏区安阜街道旧州村,遗址尚存,见《中国文物地图集·四川分册》下册,第709页。

元元年,因獠乱,省入僰道县。永泰二年,析僰道县复置开边县,治新开边城(今宜宾县安边镇)①。

附旧县1：石门县(630—634)—抚来县(634—742)

贞观四年,析开边县置石门县,治石门镇(今云南盐津县豆沙镇)②,故以为名,隶南通州。八年,隶贤州,均为州治。是年,州废,隶戎州,改为抚来③县,取怀柔之意为名,移治抚来城(今云南大关县寿山乡岔河)④。天宝元年,省入开边县⑤。

附旧县2：盐泉县(631—634)

贞观五年,析开边县置盐泉县,治盐泉镇(今盐津县城盐井镇)⑥,故以为名,隶南通州。八年,隶贤州。是年,州废,省入开边县。

3. 郁鄢县(618—619,620—729)—义宾县(729—907)

义宾县,本隋犍为郡郁鄢县,武德元年,隶戎州。二年,省入僰道县。三年,析僰道县复置郁鄢县,仍治郁鄢县城(今宜宾县蕨溪镇宣化坝古城)⑦。圣历二年,析置归顺县。开元十七年⑧,改为义宾县,取慕义来宾之意为名⑨。天宝元年,隶南溪郡,移治狼川(今宜宾县泥溪镇铁炉咀)⑩。乾元元年,复隶戎州。

4. 归顺县(699—907)

圣历二年⑪,析郁鄢县置归顺县,以群獠归服为名,治归顺镇(今宜宾县双

---

① 《太平寰宇记》戎州载永泰开边县在戎州西南六十五里(或取十位整数作六十里),"在马湖、朱提两江口置",《元和志》戎州开边县亦谓"南广水在县西北一里"。马湖江今名金沙江,南广水即朱提江,今名横江,在安边镇西一里入金沙江,则开边县治在今宜宾县安边镇无疑,向达、严耕望、蒲孝荣、任乃强等即持此说。蓝勇《隋唐开边县治辨误》(载《中国史研究》1985年第4期)定新开边县治于金沙江南岸、横江西岸的云南水富县城,与文献记载不尽相合,并且从军事防御及地名学观点看,也不及安边镇合理,故不取。
② 《元和志》戎州："西南至石门镇三百里。"此为水路。
③ 《新唐志》作"抚夷",今依《旧唐志》。
④ 《新唐志》戎州开边县："贞观八年,(贤)州废,以石门、朱提、盐泉置抚(夷)〔来〕县及开边,隶戎州。"按朱提县还隶曲州,未废,依地理形势,抚来县当以废石门县境及朱提县北境置(盐泉县省入开边县),县治南移,今姑定于大关县寿山乡岔河。
⑤ 《新唐志》以抚(夷)〔来〕县省入义宾县。按抚来县与义宾县中隔开边县,不得省入义宾县,今依地理形势改。
⑥ 《元和志》戎州开边县："盐泉镇,在县西南八十里。"此开边县当指后上元元年以前之旧县。
⑦ 《中国文物地图集·四川分册》下册,第719页。
⑧ 《元和志》、两《唐志》皆云天宝元年改为义宾县,《太平寰宇记》戎州宜宾县则云："唐开元十七年,为义宾县。"按天宝元年乃是移治时间,《元和志》、两《唐志》恐误,今依《太平寰宇记》。
⑨ 《蜀中广记》卷53。
⑩ 《元和志》戎州义宾县："东南至州一百六十里。大秋溪,在县东北一十三里。"大秋溪,盖即今宜宾县文星河,可定义宾县于今宜宾县泥溪镇铁炉咀,《四川政区沿革与治地今释》第198页定于今泥溪镇,近是。《历史地名》第238页定于今蕨溪镇宣化坝,乃误以旧城为新城,不取。
⑪ 《州郡典》作"贞观中",《太平寰宇记》作"圣历三年",今依两《唐志》。

谊镇)①,隶戎州。天宝元年,隶南溪郡。乾元元年,复隶戎州。

5. **南溪县**(618—907)

本隋犍为郡旧县,武德元年,隶戎州,为州治。贞观中,移州治于僰道县。天宝元年,隶南溪郡。乾元元年,复隶戎州。长庆中,复自僰道县移州治于此。会昌二年,又移州治于僰道县。

附旧州一:恭州(618—625)—**曲州**(625—630,634—652)

武德元年,以隋南宁州总管府地置恭州,以隋旧州为名,并置安上、唐兴二县,治安上县,隶益州总管府。三年,隶巂州总管府。四年,割隶南宁州总管府。七年,隶南宁州都督府。八年,改为曲州,改安上县为朱提县。贞观四年,州废②,省唐兴县,朱提县隶南通州。八年,以废贤州之朱提县复置曲州及唐兴县。十三年,曲州领朱提、唐兴二县,治朱提县。二十二年,置界江县,割隶弄州。二十三年,曲州隶郎州都督府。

永徽三年,降为羁縻州,隶戎州都督府,所领二县降为羁縻县。

附旧县1:**安上县**(618—624)—**朱提县**(624—652)

武德元年,开南中置安上县,借汉越巂郡旧县为名,治安上城(今云南昭通市昭阳区太平街道)③,隶恭州。七年,改为朱提县,以南朝旧县为名。八年,隶曲州。贞观四年,州废,省唐兴县来属,朱提县隶南通州。八年,隶贤州。是年,州废,复隶曲州,为州治,并析置唐兴县。二十二年,析置界江县。永徽三年,降为羁縻朱提县。

附旧县2:**唐兴县**(618—630,634—652)

武德元年,开南中置唐兴县,取唐朝吉意,治唐兴城(今昭通市昭阳区太平街道双包营)④,隶恭州。八年,隶曲州。贞观四年,州废,省入朱提县。八年,析朱提县复置唐兴县,仍治唐兴城,隶曲州。永徽三年,降为羁縻唐兴县。

---

① 《太平寰宇记》戎州:"废归顺县,在州西北三十里。唐贞观中,群獠归服,因于此立镇以抚之,以归顺为名。"其时戎州治今宜宾市旧州村,可定归顺县于今宜宾县双谊乡。《四川政区沿革与治地今释》等定于今宜宾县隆兴乡,失之过远;《历史地名》第739页定于今宜宾县思坡乡,失之过近,皆不取。
② 史志不载此事。按《新唐志》云贞观四年南通州领朱提县,南通州与曲州相邻,不得另立同名县,以此判断曲州于是年曾省废,以朱提县隶南通州,至贞观八年贤州废,乃得以朱提县复置曲州。
③ 天顺本《大明一统志》乌蒙军民府:"土城,在府东二十里,元初驻兵于此所筑,遗址尚存。"天顺时乌蒙府治在今昭通市西北十五里旧圃镇,旧圃东二十里适值今昭通市东北五里太平乡。此土城当是元初军兵因故曲州城址所建。
④ 《元和志》曲州唐兴县:"西至州五里。"

附旧州二：协州(618—652)

武德元年，以隋南宁州总管府地置协州，以隋旧州为名，并置东安、西安、湖津、分协四县，治东安县，隶益州总管府。三年，隶巂州总管府。四年，割隶南宁州总管府。七年，隶南宁州都督府。八年，置靖川县，并分协县割隶靖州。贞观六年，隶戎州都督府。十三年，协州领东安、西安、湖津三县，治东安县。二十三年，隶郎州都督府。

永徽三年，降为羁縻协州，隶戎州都督府，所领三县降为羁縻县。

附旧县1：东安县(618—652)

武德元年，开南中置东安县，盖与西安县相对为名，治东安城（今贵州威宁县观风海镇）①，隶协州。八年，析置靖川、分协二县。永徽三年，降为羁縻东安县。

附旧县2：西安县(618—652)

武德元年，开南中置西安县，盖与东安县相对为名，治西安城（今威宁县迤那镇梨树林）②，隶协州。永徽三年，降为羁縻西安县。

附旧县3：湖津③**县**(618—652)

武德元年，开南中置湖津县，盖以地有湖泊为名，治湖津城（今威宁县龙街镇李家院子）④，隶协州。永徽三年，降为羁縻湖津县。

附旧州三：南宁州(618—634)—**郎州**(634—652)

武德元年，以隋南宁州总管府地置南宁州，以隋旧州为名，并置味、同乐、泉麻、陇堤、梁水、绛、新丰、同起、升麻九县，治味县，隶益州总管府。三年，隶巂州总管府。四年，置南宁州总管府。七年，改总管府为都督府，割梁水、绛⑤二

---

① 据《旧唐志》所载里距推算，协州在戎州西南八百九十四里，合今358公里，《太平寰宇记》云，协州"在（戎）州西南八百里"，当是取百位整数略去余数。按唐武德初南中地区所置南宁州深入爨地，孤悬于戎州一千五百多里以外，中间更无州县，故推测协、曲二州之置，即应分布于石门旧道沿线，以便于应接南宁州。今以358公里里程循石门旧道度之，适可至今贵州威宁县观风海镇一带，此地有汉代古墓及元、明以来古驿道，表明古代聚落的历史非常悠久，宜定为唐初协州治地。《地图集》将天宝以前之协州定于今彝良、大关一带，过于偏北，当是忽略唐宋地志特别是《旧唐志》所载新、旧协州里距差异所致，不取。
② 《元和志》协州西安县："东南至州二十七里。"《贞元十道录》残本作"州西四十七里"，当是。四十七里合今19公里，今威宁县迤那镇梨树林当即西安县治地。
③ 《元和志》、《新唐志》作"胡津"，今依《贞元十道录》残卷、《旧唐志》、《太平寰宇记》。
④ 《贞元十道录》残本（载《敦煌石室地志残卷考释》）及《元和志》协州湖津县载："南至州六十里。"合今24公里，当在今威宁县龙街镇西南。
⑤ "梁水、绛"，《旧唐志》原作"降"，据卢华语《〈旧唐书·地理志〉江南、剑南二道勘误若干则》（载《西北师大学报》2007年4期）考证补、改。

县隶西宁州。贞观六年,罢都督府,南宁州隶戎州都督府。八年,改为郎州,盖以其地古属夜郎为名。十三年,郎州领味、同乐、泉麻、陇堤、新丰、同起、升麻七县,治味县。二十二年,割升麻县隶麻州。二十三年,割置郎州都督府。

永徽三年,罢都督府,降为羁縻郎州,隶戎州都督府,所领六县降为羁縻县。

附旧县1：味县(618—652)

本隋同乐县,武德元年,改为味县,隶南宁州,为州治。贞观四年①,自共范川(今云南曲靖市麒麟区西城街道)移治石城川(今云南沾益县城西平街道太平村)②。八年,隶郎州。永徽三年,降为羁縻味县。

附旧县2：同乐县(618—652)

武德元年,开南中置同乐县,以晋朝旧县为名,治爨鹿弄川(今云南陆良县板桥镇旧州村)③,隶南宁州。贞观八年,隶郎州。永徽三年,降为羁縻同乐县。

附旧县3：泉麻县(618—652)

武德元年,开南中置泉麻县,盖取夷语音为名,治泉麻城(今云南弥勒县城弥阳镇)④,隶南宁州。贞观八年,隶郎州。永徽三年,降为羁縻泉麻县。

附旧县4：陇堤县(618—652)

武德元年,开南中置陇堤县,盖以陇甸(路甸)为名,音讹为陇堤,治陇堤城(今云南石林县城鹿阜街道)⑤,隶南宁州。贞观八年,隶郎州。永徽三年,降为羁縻陇堤县。

---

① 陈循《寰宇通志》卷112:"唐武德间开南中,复置南宁州,治味县。贞观中,置戎州都督,治石城。"知移治石城是在贞观四年置戎州都督府之时。
② 陈循《寰宇通志》卷112:"石城在南宁县北二十余里。"即今沾益县城西平街道太平村。《纪要》曲靖军民府:"南宁城,在府西平川中,地名三岔,旧名共范川。"则共范川即三岔,在今曲靖市西城街道,旧西山乡。
③ 樊绰《云南志》卷6:"又有爨鹿弄川,汉同劳县故地也。"四库馆臣校云:"同劳疑即同乐之讹。"赵吕甫《云南志校释》第218页云:"鹿弄、陆郎、同乐,又皆古今音之变也。"阮元等《云南通志》曰:"(陆凉)州北与南宁接壤处,为唐同乐县。"清陆凉州即今陆良县城,州北与南宁接壤处即今旧州乡,《地图集》第五册亦采是说,今从之。《历史地名》第988页定于今陆良县城中枢镇旧城村,亦备一说。
④ 阮元等《云南通志》以唐泉麻县在路南县。方国瑜《中国西南历史地理考释》(以下省称《考释》,中华书局,1987年)第284页云:"泉麻或即同并县,今之弥勒。"今从方说。
⑤ 阮元等《云南通志》卷26以陇堤在路南,《元史》卷60《地理志》云:"路南州,夷名路甸。"《考释》第284页曰:"《元史·地理志》曰:'师宗据匿弄甸。'弄甸与陇堤音近,则陇堤或即今师宗。"按唐时师宗较荒凉僻远,而路南较平衍且当道,并且"匿弄甸"之音不如"路甸"近于"陇堤",故疑陇堤在今路南县(即石林县)的可能较大。

附旧县 5：新丰县(618—652)

武德元年,开南中置新丰县,治新丰川(今云南宜良县城匡远街道)①,以为县名,隶南宁州。贞观八年,隶郎州。永徽三年,降为羁縻新丰县。

附旧县 6：同起县(618—652)

武德元年,开南中置同起县,盖因故同濑县地起县为名,治马龙城(今云南马龙县城通泉街道)②,隶南宁州。贞观八年,隶郎州。永徽三年,降为羁縻同起县。

附旧州四：昆州(618—652)

武德元年,以隋南宁州总管府地置昆州,以隋旧州为名③,并置益宁、晋宁、安宁、秦臧四县,治益宁县,隶益州总管府。三年,隶嶲州总管府。四年,隶南宁州总管府。七年,隶南宁州都督府。贞观六年,隶戎州都督府。十三年,昆州领益宁、晋宁、安宁、秦臧四县,治益宁县。二十三年,隶郎州都督府。永徽三年,降为羁縻州,隶戎州都督府,所领四县降为羁縻县。

附旧县 1：益宁县(618—652)

武德元年,开南中置益宁县,以古益、宁二州之地为名,治益宁城(今云南昆明市西山区马街街道)④,隶昆州。永徽三年,降为羁縻县,隶羁縻昆州。

附旧县 2：晋宁县(618—652)

武德元年,开南中置晋宁县,以南朝晋宁郡为名,治故晋宁城(今云南晋宁县晋城镇阳城堡故城)⑤,隶昆州。永徽三年,降为羁縻县,隶羁縻昆州。

---

① 樊绰《云南志》卷2："新丰川,亦有大池甚广。"卷6："石城南面有新丰川,汉宁州新丰县故地也,废城墙堑犹在。"阮元等《云南通志》卷26："新丰川有大池甚广,即今中埏泽,其为陆凉州无疑。"按中埏泽即陆良海,在今陆良县东南华侨农场一带,方圆数十里,近代渐涸,清陆良州在今陆良县城。然则陆良县已置有同乐县,不得再置新丰县,疑新丰川乃指陆良、宜良间之南盘江河川。陈可畏谓新丰川大池即阳宗海,定新丰县在今宜良县城,可从。向达《蛮书校注》(中华书局,1962年)卷2谓新丰川大池即曲靖市南五里之东海子,失之太近;方国瑜《考释》疑即滇池,则失之太远。今依《地图集》第五册。
② 龙云等《新纂云南通志》卷33："同起或即汉同濑之对音而稍误也。"方国瑜《考释》谓："马龙为汉同濑县故地。"则疑同起县在今马龙县。《历史地名》第990页以为在今嵩明县杨林镇,按其地当时属昆州地界,恐非同起县之所在,不取。
③ 《隋书》卷53《史万岁传》："先是,南宁夷爨翫来降,拜昆州刺史,既而复叛。"
④ 樊绰《云南志》卷6："柘东城北有水,阔二丈余,清深迅急,至碧鸡山下,为昆州,因水为名也。"此水当名昆水,即今昆明城西梁家河,碧鸡山,即今昆明西南之西山,可知唐初昆州之准确位置当如《地图集》所定,在今昆明城西3公里之西山区马街镇。阮元等《云南通志》卷26亦云："废昆州,在(昆明)城西关内,即旧益宁县,隋置,寻废,唐武德元年复置,后废。"
⑤ 《大明一统志》卷86云南府："古土城,在晋宁州西北,隋刺史梁毗所筑,有九门十二衢,今惟存阳城堡耳。"参见《中国文物地图集·云南分册》第27页。

附旧县 3：安宁县(618—652)

武德元年，开南中置安宁县，以南朝安宁郡为名，治故安宁城(今云南安宁市连然街道)①，隶昆州。永徽三年，降为羁縻县，隶羁縻昆州。

附旧县 4：秦臧县(618—652)

武德元年，开南中置秦臧县，以南朝旧县为名，治故秦臧城(今云南禄丰县勤丰镇古城村)②，隶昆州。永徽三年，降为羁縻县，隶羁縻昆州。

附旧州五：姚州(621—652,664—742)—云南郡(742—754)

武德四年，巂州治中吉弘伟③招慰南中置姚州，并置姚城、长明二县，治姚城县，取其首字为州名，隶南宁州总管府。七年，隶南宁州都督府，置阳褒、强乐二县，割隶褒州。贞观六年，隶戎州都督府。十三年，姚州领姚城、长明二县，治姚城县。二十三年，隶郎州都督府。

永徽三年，降为羁縻姚州，隶戎州都督府，所领二县降为羁縻县。麟德元年(664)，复为正州，割置姚州都督府，仍升姚城、长明二羁縻县为正县。调露二年(680)，罢都督府，姚州改隶巂州都督府④。垂拱四年(688)，复割置姚州都督府，并置长城县。

武周长安四年，姚州领姚城、长城、长明三县，治姚城县。

唐天宝元年，改为云南郡，借南朝旧郡为名，隶云南郡都督府，改长城县为泸南县。十三载，陷于云南(南诏)。

附旧县 1：姚城县⑤(621—652,664—754)

武德四年，招慰弄栋蛮置姚城县，以县人多姓姚，故名，治弄栋城(今云南姚安县光禄镇旧城村)⑥，隶姚州，为州治。七年，析置阳褒、强乐二县，割隶褒州。永徽三年，降为羁縻姚城县。麟德元年，复为正县，移治新弄栋城(今姚

---

① 《元史》卷 61《地理志》："安宁州，唐初置安宁县，隶昆州。"
② 《旧唐志》昆州秦臧县："汉县。"《水经注》卷 33 云："即水出秦臧县牛兰山，南流至双柏县东，注仆水。又东，至来唯县入劳水。"即水，即今绿汁江上游星宿江，源出今禄丰县东境，旧名秦臧川，方国瑜谓"此秦臧川即秦臧县"(《考释》，第 294 页)，则秦臧县当即勤丰镇北之古城村。阮元等《云南通志》卷 26："秦臧废县，在(昆明)城西五里。"昆明城西五里与秦臧川相距太远，所记当有误，不取。
③ 《旧唐志》原作"安抚大使李英"，误，考详郭声波《唐代姚州都督府建置沿革再研究》。
④ 考详郭声波《唐代姚州都督府建置沿革再研究》。
⑤ 《旧唐志》无此县，《州郡典》、《元和志》、《贞元十道录》残卷、《太平寰宇记》、《新唐志》并有，诸家皆谓《旧唐志》漏载。姚城县当于武德四年与州同置，附郭。今补。
⑥ 《旧唐志》载："姚州，武德四年置，在姚府旧城北百余步。麟德元年，移州治于弄栋川。"《太平寰宇记》同，并有"黄津江在郡南侧"句。"姚府旧城"乃汉晋弄栋县旧城，是则汉晋弄栋县与武德姚州城均在今姚安县光禄镇旧城村，汉晋城在南，武德城在北，两城大致相连，东南临青蛉水，南距姚安县城约 10 公里，黄津江当即青蛉水也。

安县城栋川镇清河村)①,仍隶姚州,为州治。垂拱四年,析置长城县。天宝元年,隶云南郡,为郡治。十三载,陷于云南(南诏)。

附旧县 2：长城县(688—742)—泸南县(742—754)

垂拱四年,析姚城县置长城县,治长城(今云南大姚县金碧镇马屯村长冲䂿)②,隶姚州。天宝元年,隶云南郡,以与江南东道吴兴郡县名重,改为泸南县③,因在泸水之南为名。十三载,陷于云南(南诏)。

附旧县 3：长明县(621—652,664—754)

武德四年,招慰弄栋蛮置长明县,治长明城(今姚安县城栋川镇大龙口村)④,隶姚州。永徽三年,降为羁縻长明县。麟德元年,复为正县。天宝元年,隶云南郡。十三载,陷于云南(南诏)。

附旧州六：西濮州(621—637)—髳⑤州(637—652)

武德四年,巂州治中吉弘伟招慰南中置西濮州,并置濮水、青蛉、岐星、铜山四县,治濮水县,取其首字以为州名,隶南宁州总管府。七年,隶南宁州都督府,置深利、十部二县,割隶西利州。贞观六年,隶戎州都督府。十一年,改为髳州,盖借古髳国之名名州。十三年,髳州领濮水、青蛉、岐星、铜山四县,治濮水县。二十三年,隶郎州都督府。

永徽三年,降为羁縻髳州,仍隶戎州都督府,所领四县降为羁縻县。

附旧县 1：濮水县(621—652)

武德四年,招慰青蛉蛮置濮水县,借濮水为名⑥,治濮水城(今大姚县石羊镇)⑦,隶西濮州,为州治⑧。贞观十一年,隶髳州。永徽三年,降为羁縻濮水县。

---

① 遗址尚存,见《中国文物地图集·云南分册》,第 103 页。清河村,旧属仁和镇。
② 《元和志》姚州:"长城县,南至州五里。"《贞元十道录》残卷:"长城,州五十。"即距州五十里,今从之,定县治于大姚县马屯村长冲䂿,旧属七街乡。
③ 《唐会要》卷 71《州县改置》。《贞元十道录》残卷长城、泸南并列为二县,误。
④ 《元和志》姚州:"长明县,西南至州十五里。"《贞元十道录》残卷:"长明,州东十五〔里〕。"今定于姚安县大龙口村,旧为镇。
⑤ 四库本《旧唐志》、《太平寰宇记》及《元和志》姚州作"髳",今依中华书局本《旧唐志》、《新唐志》。
⑥ 濮水县名盖由《汉书》卷 28《地理志》青蛉县有濮水得名。按《水经注》所记南中之濮水有二,方国瑜考为今礼社江和漾濞江,皆不经青蛉,唐人泥执《汉志》,仍以濮水名县,实则髳州非有濮水也。
⑦ 《旧唐志》髳州:"在京师西南四千八百五十里。南接姚州。"今从《云南各族古代史略》(云南人民出版社,1977 年)、《地图集》等定于大姚县石羊镇(旧名盐丰)。或谓髳州在今牟定县,与《旧唐志》道里不符。方国瑜《考释》又以濮水县在祥云县北之十二关,以应其县当濮水源头之说,然与两《唐志》"髳州治濮水县,州在姚州北"之说不合,亦不取。
⑧ 濮水县,两《唐志》及《太平寰宇记》均列为髳州首县,当附郭。方国瑜《考释》第 309 页据《元史·地理志》改以青蛉县附郭,有违地志列县惯例,不取。

附旧县 2：青蛉县(621—652)

武德四年,招青蛉蛮置青蛉县,以南朝旧县为名,治故青蛉城(今大姚县城金碧镇)①,隶西濮州。贞观十一年,隶髳州。永徽三年,降为羁縻青蛉县。

附旧县 3：岐星②县(621—652)

武德四年,招慰青蛉蛮置岐星县,盖以娄宿岐星为名,治岐星城(今大姚县新街镇古衙村)③,隶西濮州。贞观十一年,隶髳州。永徽三年,降为羁縻岐星县。

附旧县 4：铜山县(621—652)

武德四年,招慰青蛉蛮置铜山县,以铜山为名,治铜山城(今大姚县六苴镇)④,隶西濮州。七年,析置深利、十部二县,割隶西利州。贞观十一年,铜山县隶髳州。永徽三年,降为羁縻铜山县。

附旧州七：尹州(621—652)

武德四年,巂州治中吉弘伟招慰南中置尹州,以首领尹氏为名⑤,并置马邑、盐泉、天池、甘泉、涌泉五县,治马邑县,隶南宁州总管府。七年,隶南宁州都督府。贞观六年,隶戎州都督府。十三年,尹州领马邑、盐泉、天池、甘泉、涌泉五县,治马邑。二十三年,隶郎州都督府。

永徽三年,降为羁縻尹州,仍隶戎州都督府,所领五县降为羁縻县。

附旧县 1：马邑县(621—652)

武德四年,招慰青蛉蛮置马邑县,传为龙马产地,遂以为名,治马邑城(今

---

① 《元史》卷 60《地理志》姚州大姚县:"唐置西濮州,统县一,曰青蛉,即此地,夷名大姚堡。"大姚堡即今大姚县城金碧镇,在青蛉河川中,《地图集》置青蛉县于此,当是。方国瑜《考释》第 309 页谓青蛉县与髳州治同在盐丰镇(今石羊镇),有失"青蛉"之实,不取。

② 《旧唐志》作"歧星",今依《新唐志》、《太平寰宇记》。按庾季才《灵台秘苑》卷 13 云:"左、右岐星为旗。"岐星为娄宿诸星之一,县当以岐星为名。

③ 李朝真等《彝州考古》(云南人民出版社,2000 年)第 164 页谓大姚县城西 35 公里之古衙(又作苦桠、苦丫)村在大理时代为高氏别墅,即唐尹州城。按尹州在今牟定县,不在大姚县境(详尹州条),若此城确为州城,则很有可能是岐星县城。方国瑜《考释》假定在祥云与盐丰交界之楚场,按其地狭处穷山,实非置州之所宜也,不取。

④ 铜山县以有铜山为名。今大姚县六苴镇富蕴铜矿,至今开采不绝,为云南省级矿冶企业所在地,宜为唐代铜山县治所在地。方国瑜《考释》假定铜山在祥云县九鼎山与大波那之间之乔甸街(今属宾川县),《地图集》从之。按其地介于匡州、越析州之间,距髳州悬远,山川阻绝,不得为铜山县治。

⑤ 樊绰《云南志·名类》云:"青蛉蛮,亦白蛮苗裔也。本青蛉县部落。天宝中,巂州初陷,有首领尹氏父兄子弟相率南奔河赕。"

云南牟定县新桥镇)①,隶尹州,为州治。永徽三年,降为羁縻马邑县。

附旧县 2:盐泉县(621—652)

武德四年,招慰青蛉蛮置盐泉县,以有盐泉为名,治盐泉城(今云南禄丰县黑井镇)②,隶尹州。永徽三年,降为羁縻盐泉县。

附旧县 3:天池县(621—652)

武德四年,招慰青蛉蛮置天池县,治天池畔(今牟定县城共和镇)③,遂以为名,隶尹州。永徽三年,降为羁縻天池县。

附旧县 4:甘泉县(621—652)

武德四年,招慰青蛉蛮置甘泉县,以地有甘泉为名,治甘泉城(今云南元谋县羊街镇甘泉村)④,隶尹州。永徽三年,降为羁縻甘泉县。

附旧县 5:涌泉县(621—652)

武德四年,招慰青蛉蛮置涌泉县,治涌泉城(今牟定县江坡镇)⑤,隶尹州。永徽三年,降为羁縻涌泉县。

附旧州八:曾州(621—652)

武德四年,巂州治中吉弘伟招慰南中置曾州,并置曾、长和、神泉、龙亭、三部五县,治曾县,以为州名,隶南宁州总管府。七年,隶南宁州都督府。贞观六年,隶戎州都督府。十三年,曾州领曾、长和、神泉、龙亭、三部五县,治曾县。二十三年,隶郎州都督府。

永徽三年,降为羁縻曾州,仍隶戎州都督府,所领五县降为羁縻县。

附旧县 1:曾县(621—652)

武德四年,招慰朴落蛮置曾县,治曾城(今云南楚雄市紫溪镇前进村达连

---

① 《新唐志》谓尹州"北接巂州",则尹州当在今大姚县(巂州)以南、姚安县以东之牟定县一带。《历史地名》第 256 页定马邑县于今牟定县新桥镇(马厂村),姑从之。《地图集》定于大姚县龙街镇溪木古城,恐非。李朝真等《彝州考古》第 164 页以为大姚县城西 35 公里之新乡古甸(苦桠,今属新街镇)为尹州城,则是误以巂州为尹州。方国瑜《考释》疑在云龙县,更欠干远。
② 县产盐,《历史地名》第 2048 页定于今禄丰县黑井镇,甚是。禄丰《彝族开路咒词》(载《彝族文化》1985 年年刊)云:"过了琅井到黑井,黑井自古产白盐。"可证。
③ 《大明一统志》卷 86:"龙马池,在定远县西南五里,方广四里,相传有龙马现于此。"盖即唐之天池,今牟定县城共和镇西南 2 公里有龙池村,可证。《历史地名》第 302 页定于牟定县军屯乡天台街(今共和镇天台村),亦备一说。
④ 《云南各族古代史略》、《地图集》、《历史地名》第 548 页定于元谋县羊街乡(今为镇)甘泉村,今从之。
⑤ 依地理形势推定。《地图集》、《历史地名》第 2230 页定涌泉县于今禄丰县舍资镇中心井(或作元永井,今属一平浪镇),按其地唐初属昆州,不得隶尹州。

坝)①,隶曾州,为州治。永徽三年,降为羁縻曾县。

附旧县 2：长和县(621—652)

武德四年,招慰朴落蛮置长和县,治长和城(今楚雄市鹿城镇)②,隶曾州。永徽三年,降为羁縻长和县。

附旧县 3：神泉县(621—652)

武德四年,招慰朴落蛮置神泉县,盖以神泉为名,治神泉城(今楚雄市东华镇)③,隶曾州。永徽三年,降为羁縻神泉县。

附旧县 4：龙亭县(621—652)

武德四年,招慰朴落蛮置龙亭县,治龙亭城(今楚雄市子午镇)④,隶曾州。永徽三年,降为羁縻龙亭县。

附旧县 5：三部县(621—652)

武德四年,招慰朴落蛮置三部县,盖以三部落为名,治三部城(今楚雄市大地基乡)⑤,隶曾州。永徽三年,降为羁縻三部县。

附旧州九：西宗州(621—637)—宗州(637—652)

武德四年,巂州治中吉弘伟招慰南中置西宗州,并置宗居、河西、石塔三县,治宗居县,以为州名,隶南宁州总管府。七年,隶南宁州都督府。贞观六年,隶戎州都督府。十一年,改为宗州。十三年,宗州领宗居、河西、石塔三县,治宗居县。二十三年,隶郎州都督府。

永徽三年,降为羁縻宗州,仍隶戎州都督府,所领三县降为羁縻县。

附旧县 1：宗居县(621—652)

武德四年,招慰朴落蛮置宗居县,盖以宗长所居名,治和子城(今云南南

---

① 《旧唐志》曾州："在京师西南五千一百四十五里,西接匡州。"故知曾州在今楚雄市紫溪镇前进村(旧为乡)。方国瑜《考释》、《地图集》等拟于今大理市大理古城,方位及里程均与《旧唐志》不符,不取。
② 《元史》卷 60《地理志》镇南州："段氏封高明量为楚公,欠舍、沙却皆隶之。"欠舍、沙却盖高氏旧土。楚雄—南华坝子西有沙却,中有和子、鸡和二城,证明"和"系此区特有地名,亦即"长和"之所由来,则长和县亦应在此间。高氏之先,盖出于此。《彝州考古》第 163 页云大理时高量成所筑德江城在今楚雄城北 1 公里,可证。楚雄城传为东晋爨氏所筑,当为唐长和县所利用。今定长和县治于楚雄市鹿城镇。
③ 依地理形势推定。《地图集》、《历史地名》等拟于今大理市喜洲镇,按其地为羁縻史州地,不隶曾州,不取。
④ 依地理形势推定。《地图集》、《历史地名》等拟于今大理市喜洲镇上关村,按其地为羁縻史州地,不隶曾州,不取。
⑤ 三部县,当系部落区,疑在靠近当时边境之楚雄市、双柏县马龙河以西、礼社江以东地区。今姑定县治在今楚雄市大地基乡。

华县城龙川镇）①，隶西宗州，为州治。贞观十一年，隶宗州。永徽三年，降为羁縻宗居县。

附旧县 2：河西县（621—652）

武德四年，招慰朴落蛮置河西县，以在周近水之西为名，治河西城（今南华县城龙川镇徐营村）②，隶西宗州。贞观十一年，隶宗州。永徽三年，降为羁縻河西县。

附旧县 3：石塔县（621—652）

武德四年，招慰朴落蛮置石塔县，县有石塔，故以为名，治沙却馆（今南华县沙桥镇）③，隶西宗州。贞观十一年，隶宗州。永徽三年，降为羁縻石塔县。

附旧州一〇：南云州（624—634）—匡州（634—652）

武德七年，嶲州都督府长史韦仁寿承制开洱河蛮地置南云州，取南朝云南郡首字为名，并置勃弄、匡川二县，治勃弄县，隶南宁州都督府。贞观六年，隶戎州都督府。八年④，改为匡州，以匡川县首字为名。十三年，匡州领勃弄、匡川二县，治勃弄县。二十三年，隶郎州都督府。

永徽三年，降为羁縻匡州，仍隶戎州都督府，所领二县降为羁縻县。

附旧县 1：勃弄县（624—652）

武德七年，招慰洱河蛮置勃弄县，治小勃弄城（今云南祥云县刘厂镇

---

① 《元史》卷 61《地理志》威楚开南等路："为杂蛮耕牧之地，夷名俄碌，历代无郡邑，后㸑酋威楚筑城俄碌赕居之。唐时蒙舍诏阁罗凤合六诏为一，侵俄碌，取和子城，今镇南州是也。"《大明一统志》卷 86《楚雄府》："和子城，在镇南州东二里。"可知南华坝子在南诏兴起以前名曰俄碌赕（甸），为㸑蛮所居，酋长居和子城。《彝州考古》第 163 页："和子城，在今南华城东 1 公里，遗址犹存。"按羁縻州以酋长所居设治的原则，和子城应即宗州城。《元史》卷 61《地理志》临安路："河西，县在杞䴢湖之南。唐初于姚州之南置西宗州，领三县，河西其一也。"此以偁河西县与明河西县（今通海县）混为一谈，误。方国瑜《考释》改宗州为宋州，并认为"宋州在姚州南一百十里，疑在今之（祥云县）云南驿。"（第 311 页）按今各本《旧唐志》皆作宗州，不作宋州，云南驿取最近之旧驿道（经弥兴）至姚安古城村（姚州），基本呈东西方向，里程约 92 公里，约合二百三十唐里，也远远超过一百一十里之数，无论从方位、里距来看，方说皆不足取。
② 河西，即周近水（今龙川江上游白龙河）之西，今南华县徐营村（旧为镇）疑即其地。《历史地名》第 1654 页定于今祥云县普溯乡，按其地属匡州，似非河西县治。
③ 《大明一统志》卷 86《楚雄府》："白塔桥，在镇南州西三十五里，跨平夷川。"按之里距，白塔桥即今南华县毛板桥，平夷川即唐周近水之上游，今白龙河。其地古时当有白塔，其西有沙桥镇，唐为洱海道重要驿站沙却馆，当即宗州石塔县所在。
④ 《旧唐志》、《太平寰宇记》作"三年"，今依《新唐志》。

大波那村)①,故以为名,隶南云州。贞观八年,隶匡州。永徽三年,降为羁縻勃弄县。

附旧县2：匡川县(624—652)

武德七年,招慰洱河蛮置匡川县,以匡川为名,治匡川城(今祥云县云南驿镇旧站村)②,隶南云州。贞观八年,隶匡州。永徽三年,降为羁縻匡川县。

附旧州一一：襃州③(624—652)

武德七年④,嶲州都督府长史韦仁寿招慰姚州蛮置襃州,并置阳襃、强乐二县,治阳襃县,以为州名,隶南宁州都督府。贞观六年,隶戎州都督府。十三年,襃州领阳襃、强乐二县,治阳襃县。二十三年,隶郎州都督府。

永徽三年,降为羁縻襃州,隶戎州都督府,所领二县降为羁縻县。

附旧县1：阳襃⑤县(624—652)

武德七年,招慰姚州姚城县弄栋蛮置阳襃县,盖以阳襃水为名,治阳襃馆(今云南大姚县城金碧镇王德桥村)⑥,隶襃州,为州治。永徽三年,降为羁縻阳襃县。

---

① 《旧唐志》匡州:"在京师西南五千一百六十五里。"今祥云县刘厂乡大波那(勃弄)村当即匡州勃弄县治地。附近之大波那村发现有汉代墓葬群,故阮元等《云南通志》卷35引《大理府志》又有"匡州故城,今大波那等村是其遗址"之说。《大明清类天文分野之书》云:"云南县,唐武德七年置云南州,贞观八年更名匡州。"《云南各族古代史略》即置匡州于祥云县云南驿,《中国文物地图集·云南分册》第217页更以为在云南驿镇(旧前所乡)旧站村。此说盖误以南云州为云南州之故,不足训。方国瑜《考释》第312页、《地图集》以匡州在今弥渡县城,当是未注意匡州里数,而误以匡州之勃弄为大勃弄。《元史》卷60《地理志》又以匡州在今宜良县,更误。
② 《旧唐志》匡州匡川县:"县界有永昌故城也。"按汉永昌郡故城在今祥云西南200多公里,恐非唐初匡川县境所及,但汉永昌郡所属云南县故城乃在祥云县云南驿,所谓"永昌故城"当指此,即该语当作"永昌郡属下之一故城"理解。则知匡川县乃在云南驿附近。匡川,当指中河。
③ 两《唐志》、《太平寰宇记》作"哀州",而《括地志·序略》作"襃州","襃"即"襃",樊绰《云南志》记其县有"阳襃",故今依之。
④ 《旧唐志》、《太平寰宇记》作"四年",今依《新唐志》。
⑤ 《后汉书·西南夷列传》李贤注作"杨波",他本作"扬波",《旧唐志》作"扬彼",《太平寰宇记》作"阳陂",《新唐志》作"杨彼",《金石萃编》卷160《嵇肃灵峰明帝记》作"阳派"。按《云南志》记蜻蛉道途程云:"藏傍馆至阳襃馆六十里,从阳襃至弄栋城七十里。"阳襃与襃州之名相符,故今依《云南志》定名。阳襃水,即今蜻蛉河,盖以纪念汉王阳、王襃经历此道为名。
⑥ 《旧唐志》哀(襃)州:"在京师西南四千九百七十里,南接姚州。"樊绰《云南志》卷1:从嶲州南行,"阳襃至弄栋城七十里"。阳襃即襃州治,襃州当在今云南大姚县城一带。然大姚县城已置嶲州青蛉县,不得再置襃州,则襃州当在大姚县城东南4公里之王德桥村。王德桥村在蜻蛉河东岸,地势平坦,亦为姚嶲古道所经,至姚州、嶲州里数均与大姚县城古道全同。《地图集》置襃州于今大姚县城东南约20公里处之龙街镇卡利簸村,既不在平川,又不当交通,不知何据,不取。《彝州考古》第164页谓:"杨波(彼)县城,在今(大姚)县城东50公里徽末村(或作溪木村),应是唐时所筑的土城。"按该土城不当大道,非阳襃县城。

附旧县 2：强乐①县(624—652)

武德七年，招慰姚州姚城县弄栋蛮置强乐县，盖以强盛丰乐为名，治藏傍馆(今大姚县龙街镇溪木村)②，隶褒州。永徽三年，降为羁縻强乐县。

附旧州一二：西利州(624—637)—微州(637—652)

武德七年③，巂州都督府长史韦仁寿开西濮州青蛉蛮地置西利州，并置深利、十部二县，治深利县，以深利县末字为名，隶南宁州都督府。贞观六年，隶戎州都督府。十一年，改为微州，盖借古微国之名名州。十三年，微州领深利、十部二县，治深利县。二十三年，隶郎州都督府。

永徽三年，降为羁縻微州，仍隶戎州都督府，所领二县降为羁縻县。

附旧县 1：深利县(624—652)

武德七年，招慰西濮州铜山县青蛉蛮置深利县，治清渠铺(今云南永仁县城永定镇小汉坝)④，故以为名，割隶西利州。贞观十一年，隶微州，均为州治。永徽三年，降为羁縻深利县。

附旧县 2：十部县(624—652)

武德七年，招慰西濮州铜山县青蛉蛮置十部县，以十部落为名，治伽毗馆(今四川攀枝花市仁和区平地镇)⑤，割隶西利州。贞观十一年，隶微州。永徽三年，降为羁縻十部县。

附旧州一三：西豫州(624—629)—靡州(629—652)

武德七年，巂州都督府长史韦仁寿承制开蛮夷地置西豫州，并置磨豫、七部二县，治磨豫县，取其末字为州名，隶南宁州都督府。贞观三年，改为靡州，以故靡莫之地为名。六年，隶戎州都督府。十三年，靡州领磨豫、七部二县，治磨豫县。二十三年，隶郎州都督府。

永徽三年，降为羁縻靡州，仍隶戎州都督府，所领二县降为羁縻县。

---

① 《新唐志》作"乐强"，今依《旧唐志》、《太平寰宇记》。
② 《彝州考古》第 164 页、《地名大辞典》第 4913 页谓大姚县龙街乡(今为镇)鼠街坝子溪木小村(徽末村)有唐代土城，认为应是褒州杨彼县城。按杨彼县在今大姚县城东 4 公里之王德桥村(详褒州条)，此说非是。疑该土城为褒州强乐县遗址。方国瑜以为县治即藏傍馆(《考释》，第 308~309 页)，今从其说。然方氏定在大姚县赵家店乡(今为镇)麻街村，其地在山上，不当蜻蛉道，不取。
③ 《旧唐志》、《太平寰宇记》作"四年"，今依《新唐志》。
④ 《旧唐志》徽州："在京师西南四千九百七十里，东接靡州。"微州当在今永仁县城永定镇小汉坝。此地地形开阔，为巂州入姚州必经之地清渠铺，宜为置州所在。
⑤ 该县为部落区，近边，当在今四川攀枝花市南部地区。樊绰《云南志》之伽毗馆疑即其地，即今攀枝花市平地镇。

附旧县1：磨豫县(624—652)

武德七年，招慰蛮夷置磨豫县①，取夷语音为名，治磨豫城(今云南元谋县黄瓜园镇)②，隶西豫州。贞观三年，隶靡州。永徽三年，降为羁縻磨豫县。

附旧县2：七部县(624—652)

武德七年，招慰蛮夷置七部县，以七部落为名，治七部城(今元谋县江边乡)③，隶西豫州。贞观三年，隶靡州。永徽三年，降为羁縻七部县。

附旧州一四：西平州(624—634)—盘州(634—652)

武德七年，检校南宁州都督韦仁寿承制开南中蛮夷地置西平州，并置附唐、盘水、平夷三县，治附唐县，取平夷县首字为州名，隶南宁州都督府。贞观六年，隶戎州都督府。八年，改为盘州，取盘水县首字为名。十三年，盘州领附唐、平夷、盘水三县，治附唐县。二十三年，隶郎州都督府。

永徽三年，降为羁縻盘州，隶戎州都督府，所领三县降为羁縻县。

附旧县1：附唐县(618—652)

武德七年，开南中置附唐县，取怀柔吉意，治附唐城(今贵州兴义市黄草街道)④，隶西平州，为州治。贞观八年，隶盘州。永徽三年，降为羁縻附唐县。

---

① 《史记·西南夷传》正义："靡(非)〔州〕在姚州北，即靡莫之夷。"
② 《旧唐志》云："靡州，在京师西南四千九百四十五里，南接姚州。微州……东接靡州。"按蜻蛉道之东有道路经元谋、武定、富民通昆明，从武定一带唐代已置有州治(望州)来看，该路当时亦应开通。故拟以今永仁为分界点，东南循今永仁—元谋公路探求靡州地望。以前之里数推测，靡州应在武定县城一带。但该地已置羁縻望州，不得为靡州地。置州之地固宜如方国瑜、《地图集》所定，当在元谋坝子一带。故疑靡州至京师里程应为"四千七百四十五里"，"九百"为"六百"之误，如此，则靡州至巂州实有396公里，其靡豫县治在今元谋县黄瓜园镇。
③ 该县为部落区，当在今元谋县北部及武定县西北山区，《地图集》、《历史地名》第21页拟于今元谋县江边乡(龙街)，从之。
④ 诸家释盘州地望者，一说在今贵州普安、盘县间，一说在今云南宣威县，一说在今云南陆良县，一说在今贵州兴义县城，一说在今云南泸西、弥勒、丘北县一带，一说在今云南富源县。比较以上诸说，当以《地图集》第五册所主之兴义县城说较胜。按《旧唐志》盘州："在京师西南五千三十里。即旧兴古郡也，北接郎州，南接交州。"距戎州一千九百二十六里(5 030－3 104＝1 926)，合今770公里。而《太平寰宇记》却云，盘州"在(戎)州西二十七里"，合今803公里，其"西"字当为"南"字之误。盘州未闻有过迁移，《太平寰宇记》里程比《旧唐志》里程多出八十一里(合32公里)，盖因石门旧道有多处岔路通往盘州，或是距南溪旧城里差所致。今兴义县城经富源至宣威小鸡街合石门旧道至戎州 748公里，与《旧唐志》里距接近；经武德州(今沾益县天生桥)合石门旧道至戎州 804公里，与《太平寰宇记》里程正合；而且南宁州(郎州)在兴义西北，交州獠子部(今文山州)在兴义南，基本符合"北接郎州，南接交州"之地望。又，沈庠等《贵州图经新志》卷10《普安府古迹》云："废附唐县，在州南一百里黄草坝。"明普安州在今盘州，黄草坝即今兴义县城，两地相去124公里，约合明制二百余里，《贵州图经新志》"一百"当为"二百"之误。如此，亦证唐盘州治附唐县在今兴义县城。

附旧县 2：盘水县（618—652）

武德七年，开南中置盘水县，以盘水为名，治盘水城（今兴义市三江口镇）①，隶西平州。贞观八年，隶盘州。永徽三年，降为羁縻盘水县。

附旧县 3：平夷县（618—652）

武德七年，开南中置平夷县，取怀柔吉意，治平夷城（今兴义市万屯镇）②，隶西平州。贞观八年，隶盘州。永徽三年，降为羁縻平夷县，隶羁縻盘州。

附旧州一五：西宁州（624—634）—梨州（634—652）

武德七年，检校南宁州都督韦仁寿承制割南宁州梁水、绛二县置西宁州，以在南宁州西南，故名，治梁水县，隶南宁州都督府。贞观六年，隶戎州都督府。八年，改为梨州③，以梨水为名。十三年，梨州领梁水、绛二县，治梁水县。二十三年，隶郎州都督府。

永徽三年，降为羁縻州，隶戎州都督府，所领二县降为羁縻县。

附旧县 1：梁水县（618—652）

武德元年，开南中置梁水县，以南朝梁水郡旧县为名，治故梁水城（今华宁县城宁州街道）④，隶南宁州。七年，割隶西平州，为州治。贞观八年，隶梨州。永徽三年，降为羁縻梁水县。

附旧县 2：绛县（618—652）

武德元年，开南中置绛县，盖以绛川为名，治碌云异城（今江川县江城镇龙街村）⑤，隶南宁州。七年，割隶西平州。贞观八年，隶梨州。永徽三年，降

---

① 县以盘水为名，当在兴义县西南三江口镇一带。周春元等《贵州古代史》第118页以盘水县在盘县东北盘江南岸，距兴义太远；方国瑜先生以为在南盘江流域之罗平县，则与英州境地相叠，均不取。
② 一说在今陆良县境，一说即明代平夷千户、平夷卫，清之平彝县，在今曲靖市境或富源县城（见《中国古今地名大辞典》第217页、《贵州古代史》第118页、《考释》第291页、《地图集》）。按陆良、曲靖、富源县城均距兴义市城区太远，而盘州仅领三县，州境不可能太广，又川滇黔一带古地名曰"平夷"者不少，未必都与盘州平夷县有关，故二说俱未敢遽从。今兴义市南部，为盘水县境，市西之富源、罗平一带，后置英州，则估计平夷县当置于兴义市东北，即今万屯镇一带。
③ 《旧唐志》、《太平寰宇记》作"黎州"，今依《新唐志》。张九龄《曲江集》卷12《敕书》有梨州刺史爨曾，可证。附郭县名梁水，得名于州境量水川，亦名利水。梁水、量水、利水、梨水，皆一音之转，则州名亦当得自梁水。
④ 《旧唐志》〔黎〕〔梨〕州："至京师无里数。北接昆州。"《元史》卷60《地理志》云："宁州，唐置黎州，天宝末没于蛮。"元代宁州即今华宁县，《地图集》定〔黎〕〔梨〕州在今云南华宁县城，当是，今从之。一说梨州在富民县，如《大明清类天文分野之书》云南府："富民县，唐诸爨州九十二，梨州其一也，地接昆州。"方国瑜已指出其误。
⑤ 阮元等《云南通志》卷35引《旧志》："绛县故城，在江川县南四里，又名碌云异城。……明崇祯七年，迁县治于江川驿，旧城址存。"陈庆江《明代云南政区治所》第84页谓江川驿在今江川县江城镇（民族出版社，2002年），故当从《云南各族古代史略》（云南人民出版社，1977年）定绛县于今江川县龙街乡（今江城镇龙街村），绛川，盖即今西河。《地图集》定于今江川县城大街镇，恐非。

为羁縻绛县。

附旧州一六：南龙州（624—637）—钩州（637—652）

武德七年，检校南宁州都督韦仁寿承制开南中蛮夷地置南龙州，并置望水、唐封二县，治望水县，隶南宁州都督府。贞观六年，隶戎州都督府。十一年，改为钩州，盖借汉句町县、句町国为名（"钩"通"句"）①。十三年，钩州领望水、唐封二县，治望水县。二十三年，隶郎州都督府。

永徽三年，降为羁縻州，隶戎州都督府，所领二县降为羁縻县。

附旧县1：望水县（624—652）

武德七年，开南中置望水县，以望水为名，治望水城（今广东晋宁县城昆阳街道下方古城）②，隶南龙州，为州治。贞观十一年，隶钩州。永徽三年，降为羁縻望水县。

附旧县2：唐封县（624—652）

武德七年，开南中置唐封县，"封"者，边疆也，唐封，指唐之边疆，治唐封城（今云南玉溪市红塔区北城街道后所村）③，隶南龙州。贞观十一年，隶钩州。永徽三年，降为羁縻唐封县。

附旧州一七：靖州（625—652）

武德八年，割协州靖川、分协二县置靖州④，取靖川县首字为名，治靖川县，隶南宁州都督府。贞观六年，隶戎州都督府。十三年，靖州领靖川、分协二县，治靖川县。二十三年，隶郎州都督府。

---

① 邹应龙等《云南通志》卷1："临安府，三代时为句町国，汉置句町县。"句町，常璩《华阳国志》卷4《南中志》作"钩町"。
② 阮元等《云南通志》卷26："钩州东北接昆州，今昆州西南止安宁、晋宁，则昆阳、易门自属钩州无疑。"方国瑜《考释》第295页云："道光《志》以昆阳州为唐之望水县，以望水之名称观之，近是，盖昆阳适在滇池西岸也。"望水，盖即今螳螂江——普渡河，其下游有俭望部落、望州，今晋宁县昆阳街道下方古城（旧属古城镇）地当滇池西岸螳螂江口，当即望水县之所在。《地名大辞典》第4855页定望水县于今晋宁县宝峰乡大古城（今昆阳街道上方古城），亦备一说。
③ 樊绰《云南志》卷6《云南城镇》："通海镇，去安宁西第三程至龙封驿，驿前临瘴川。"赵吕甫《云南志校释》改"柘东"为"龙尾"，谓龙封驿乃安宁城之馆驿名，自龙封至龙尾为八日程。按安宁至龙尾实为十一日程，赵氏误。向达《蛮书校注》第144页谓龙封驿在在通海至柘东路程之中，方国瑜《考释》第457谓在玉溪县境（《考释》，第457页），当是，则龙封驿即唐初钩州唐封县，开元新开安宁通海路，于唐封县置唐封驿，南诏叛唐，改为龙封。今通海县至玉溪市北城街道后所村93公里，正三日程，故可定后所乡为唐初唐封县治，如此，亦较方国瑜《地图集》定唐封县在今双柏县为胜。瘴川，即今峨山大河上游。
④ 《新唐志》作戎州都督府羁縻州，领靖川、分协二县，而《旧唐志》失载，当是在曲州唐兴县后缺佚靖州内容。《大明一统志》卷87："及改恭州为曲州，分协州置靖州。"言靖州置于武德八年，今依之。

永徽三年，降为羁縻靖州，隶戎州都督府，所领二县降为羁縻县，以白水蛮之乱，州县并寄治曲州①。

附旧县 1：靖川县（625—652）

武德八年，析协州分协县置靖川县，以靖川为名，治靖川城（今云南宣威市龙潭镇）②，割隶靖州，为州治。永徽三年，降为羁縻靖川县，移治曲州西南境。

附旧县 2：分协县（618—652）

武德元年，析开南中置分协县，以分自隋协州为名，治分协城（今宣威市宛水街道）③，隶协州。八年，割隶靖州，并析置靖川县。永徽三年，降为羁縻分协县，移治曲州西南境。

附旧州一八：南通州（630—634）—贤州（634）

贞观四年，割戎州开边县并以废曲州之朱提县置南通州，盖以地通南中为名，隶泸州都督府，置石门县，以为州治。五年，置盐泉县。六年，割隶戎州都督府。八年，改为贤州，仍治石门县。是年，州废，省盐泉县，改石门县为抚来县，并开边县还隶戎州，朱提县复隶曲州。

附旧州一九：弄州（648—652）

贞观二十二年，割郎州升麻县及曲州界江县置弄州，并置汤罗、汤麻二县④，以汤罗县为州治，取升麻县末字为州名，隶戎州都督府。二十三年，隶郎州都督府。

---

① 《太平寰宇记》戎州："古靖州在（戎）州西南七百二十里"，合今 288 公里，地在今昭通市永丰镇，此靖州当即永徽平定麻州白水蛮后北迁曲州境内之新靖州。
② 《旧唐志》曲州唐兴县有脱文，"在京师西南四千三百里，北接协州"句，当为靖州内容，则唐初靖州在戎州西南一千二百二十六里，合今 490 公里。循石门旧道依此里距南行，适至今云南宣威县龙潭乡新农村一带，其地北接协州，与《旧唐志》合，靖川，即今龙潭河。《元史》卷 60《地理志》云："霑益州，唐初置州，天宝末，没于蛮。"元霑益州治今宣威县，所谓"唐初置州"，当指唐初靖州。
③ 依地理形势推定。其地后为羁縻信州所治，疑即因故分协城而置。宛水街道旧属榕城镇。
④ 史志不载此事。按《大唐故上柱国左威卫郑鄘府司马杜君（才）墓志》（载《唐代墓志汇编》第 682 页）："释褐任弄州汤罗县尉，俄转庄州南阳县尉。……滇池化洽，牂郡怀来。"牂郡指牂柯之地，庄州之谓也，则弄州当在滇池地区，为正州。墓主杜才卒在开耀，则释褐时约在永徽初年，其时滇池地区各正州县名称两《唐志》记载俱甚清楚，并无弄州及汤罗县，唯贞观二十二年析郎州所置麻州县名阙载（《太平寰宇记》麻州："管县三。"），因疑麻州初名弄州，永徽三年降为羁縻州后始更名麻州，汤罗即其属县之一，余二县即见于《云南志》之汤麻、升麻。且在永徽三年以前，可能还有析自曲州之界江县。李筌《太白阴经》卷 3《关塞四夷篇》载："南出邛僰，开通越巂，渡卢河、云南关西徼，行杂蛮，置冉、蒙、弄、览六十州。"此四州皆为羁縻州，蒙州盖羁縻蒙舍州省称，弄州盖羁縻勃弄州省称（见下编第七章《剑南道羁縻地区》第二节"戎州都督府所领"附一"云南郡都督府曾领"羁縻勃弄州），与此弄州无关。

永徽三年,降为羁縻麻州,隶戎州都督府,所领四县降为羁縻县。

附旧县1:汤罗县(648—652)

贞观二十二年,析升麻县置汤罗县,治汤罗城(今云南寻甸县功山镇大菜地)①,隶弄州,为州治。永徽三年,降为羁縻汤罗县,隶羁縻麻州。

附旧县2:升麻县(618—652)

武德元年,开南中置升麻县,治升麻川(今寻甸县城仁德街道)②,以为县名,隶南宁州。贞观八年,隶郎州。二十二年,割隶弄州,并析置汤罗、汤麻二县。永徽三年,降为羁縻升麻县,隶羁縻麻州。

附旧县3:汤麻县(648—652)

贞观二十二年,析升麻县置汤麻县,治汤麻顿(今寻甸县羊街镇清水沟村)③,割隶弄州。永徽三年,降为羁縻汤麻县,隶羁縻麻州。

附旧县4:界江县(648—652)

贞观二十二年,析曲州朱提县置界江县,治界江镇(今云南会泽县者海镇者海村),以界江山为名,割隶弄州。永徽三年,降为羁縻界江县,隶羁縻麻州。

附旧府一 南宁州总管府(621—624)—南宁州都督府(624—632)—郎州都督府(649—652)

武德四年(621),割巂州总管府南宁、昆、曾、西宗、西濮、姚、尹、恭、协九州置南宁州总管府④,隶西南道行台。五年,总管府寄治巂州⑤。七年,改为南宁州都督府,置西宁、南龙、南云、西利、褒、西豫、西平七州。八年,都督府自巂州复还治南宁州,置靖州,改恭州为曲州。九年,隶益州大都督府。贞观

---

① 《太平寰宇记》麻州:"在(戎)州西南一千四百八十里",合今592公里。按《册府元龟》卷986:"永徽二年八月,(朗)〔郎〕州白水蛮反叛,寇麻州之界江镇。"界江镇以界江山得名,界江山在阿夔部落(昭通)南三百三十里(《新唐志》),合今140多公里,当即斜贯于今会泽县乐业、城关、五星区之间的东北—西南向山脉。如此,麻州应在石门新道沿线。自戎州循石门新道南行592公里,正至今寻甸县功山镇大菜地,其地为一山间平坝,又当石门新道与巂州至南宁州小道会合处,宜为麻州治地。又据《新唐志》戎州条,界江山西南三百二十里、柘东城(今昆明西)东北二百五十里有汤麻顿,其地适在麻州,方国瑜《考释》谓汤麻顿即樊绰《云南志》之制长馆,严耕望则谓"制长馆与汤麻顿盖即一地或极相近"(见方国瑜《考释》,第543页;严耕望《唐代交通图考》第四册,第1232页)。如是,则疑汤麻本麻州倚郭县名,天宝后州县废为驿顿,而仍以故县为名也。
② 按《华阳国志》,建宁郡牧麻(即牧靡)县或作"升麻县",唐升麻县当即古牧靡县。刘琳《华阳国志校注》第404页云,牧靡故城在今寻甸县城,可从。
③ 《新唐志》戎州云汤麻顿在柘东城(今昆明市五华区)东北二百五十里。
④ 郭声波:《唐代巂属羁縻州及其部族研究》,《历史地理》第二十辑,上海人民出版社,2004年。
⑤ 《旧唐志》原作"益州",据卢华语《〈旧唐书·地理志〉江南、剑南二道勘误若干则》(载《西北师大学报》2007年第4期)考改。

二年(628),属剑南道。三年,改南云州为匡州,西豫州为麋州。六年①,罢都督府,南宁、西宁、南龙、曾、西宗、匡、西濮、西利、褒、姚、尹、麋、昆、曲、协、靖、西平十七州隶戎州都督府。二十三年②,以废戎州都督府之郎、梨、钩、昆、曾、宗、匡、髳、微、褒、姚、尹、麋、麻、曲、协、靖、盘十八州置郎州都督府。

永徽三年(652),罢都督府③,所领十八州降为羁縻州,以麋州置羁縻麋州都督府,郎、梨、钩、昆、曾、宗、匡、髳、微、褒、姚、尹、麻、曲、协、靖、盘等州隶戎州都督府。

附旧府二 姚州都督府(664—680,688—742)—云南郡都督府(742—754)

麟德元年(664),割戎州都督府姚州及羁縻匡、髳等州置姚州都督府,属剑南道。调露二年(680),羁縻浪穹等州叛附吐蕃,遂罢姚州都督府,姚州及匡、髳等羁縻州改隶巂州都督府。垂拱四年(688),复割巂州都督府姚州及羁縻匡、髳等州置姚州都督府④。

武周长安四年(704),姚州都督府督姚州及羁縻州若干。

唐天宝元年(742),改姚州为云南郡,改姚州都督府为云南郡都督府。十三载,云南都督府督姚州及羁縻尹、曾、宗、匡、髳、褒、微、靡等州。是年,为云南(南诏)所陷,罢府⑤。

第五节 越巂郡(巂州)都督府

巂州总管府(620—624)—巂州都督府(624—742)—越巂郡都督府(742—756)

武德三年(620),以废益州总管府之巂、登、恭、协、南宁、昆六州置巂州总管府,隶西南道行台。四年,改登州为南登州,置曾、西宗、西濮、姚、尹五州,并南宁、恭、协、昆四州割隶南宁州总管府。七年,改为巂州都督府。九年,隶益州大都督府,废南登州。贞观二年(628),属剑南道。十三年,巂州都督府

---

① 《新唐志》作"元年",今依《旧唐志》。
② 史志不载郎州都督府始置时间。按戎州都督府罢于贞观二十三年,推知是年以郎州别置都督府。
③ 史志不载此事。按永徽三年白水蛮叛,郎州都督任怀玉领兵讨之至麋州,割置羁縻麋州都督府,推知是年罢郎州都督府。
④ 以上沿革详参郭声波:《唐代姚州都督府建置沿革再研究》。
⑤ 《元和志》姚州:"天宝十三年没蕃。"

督巂州一州及羁縻部落。二十二年,置牢州及羁縻思亮、杜等州。

永徽三年(652),废牢州。调露二年(680),以废姚州都督府之姚州及羁縻髳、尹等州来属。垂拱四年(688),复割姚州及羁縻髳、尹等州隶姚州都督府①。

武周长安四年(704),巂州都督府督巂州及羁縻州若干。

唐天宝元年(742),复巂州为越巂郡,改巂州都督府为越巂郡都督府。十三载,越巂都督府督巂州及羁縻思亮、杜等州。至德元载(756),越巂郡隶剑南道节度使,都督府只领羁縻州。

越巂郡(巂州)

巂州(618—742)—越巂郡(742—757)—巂州(789—865)

越巂郡,本隋旧郡,领越巂、可泉、邛都、苏祇、台登、邛部六县。唐武德元年,改为巂州,治越巂县,隶益州总管府,改苏祇县为苏祁县;割台登县隶登州。二年,置昆明县。三年,置巂州总管府。七年,改总管府为都督府。九年,以废南登州之台登县来属。贞观二年,割雅州汉源、阳山二县来属。八年,置和集县。十三年,巂州领越巂、可泉、邛都、昆明、苏祁、台登、邛部、和集、阳山、汉源十县,治越巂县。

永徽三年,以废牢州之昌明县来属。五年②,割汉源县隶雅州。前上元二年(675),改邛都县为会川县。

武周大足元年(701),省和集县,割阳山县隶黎州。长安四年,巂州领越巂、可泉、会川、昌明、昆明、苏祁、台登、邛部八县,治越巂县。

唐神龙二年(706),割黎州阳山县来属。开元四年(716),复割阳山县隶黎州。

天宝元年,改为越巂郡,隶越巂郡都督府,改可泉县为西泸县③,省昌明县。十三载,越巂郡领越巂、西泸、会川、昆明、苏祁、台登、邛部七县,治越巂县。至德元载,隶剑南道节度使。二载,陷于吐蕃、云南(南诏)。

贞元五年,韦皋收复台登、邛部二县,复置巂州,治台登县④,隶西川节度

---

① 详参郭声波:《唐代姚州都督府建置沿革再研究》,《西南边疆民族研究》第二辑,云南大学出版社,2003年。
② 《新唐志》黎州汉源县作"三年",今依《旧唐志》雅州序。
③ 《旧唐志》巂州西泸县:"天宝末年,改为西泸也。"今依《元和志》、《唐会要》、《新唐志》系于天宝元年。
④ 《新唐书》卷7《德宗纪》:"贞元五年九月丙午,剑南西川节度使韦皋败吐蕃于台登北谷,克巂州。"《唐会要》卷97:"贞元十三年七月,韦皋奏:'去年二月十七日,吐蕃于剑山马岭三路分军下营,仅驻一月,进军逼台城。巂州刺史曹高仕率诸军将士并东蛮子弟,合势接战。'"可知贞元五年韦皋收复之巂州,只有台登及其以北诸县,并未收复巂州城及以南诸县,故暂治于台登县。

使。十三年,收复越巂、西泸、苏祁、会川四县,还治越巂县①。元和十五年(820),巂州领越巂、西泸、苏祁、台登、邛部五县,治越巂县。

大和六年(832),复移治台登县。咸通六年,复陷于云南(南诏)。

1. 越巂县(618—757,797—865)

本隋越巂郡旧县,武德元年,隶巂州,为州治。天宝元年,隶越巂郡,为郡治。至德二载,陷于吐蕃、云南(南诏)。贞元十三年,收复,隶巂州,自台登县移巂州治于此。大和六年,复移治台登县。咸通六年,再陷于云南(南诏)。

2. 可泉县(618—742)—西泸县(742—757,797—865)

西泸县,本隋越巂郡可泉县,武德元年,隶巂州。二年,析置昆明县。七年,移治新可泉城(今四川西昌市佑君镇老街村)②。前上元二年,析置会川县。天宝元年,改为西泸县,隶越巂郡。至德二载,陷于云南(南诏)。贞元十三年,收复,隶巂州。咸通六年,再陷于云南(南诏)。

3. 邛都县(618—675)—会川县(675—757,797—865)

会川县,本隋越巂郡邛都县,武德元年,隶巂州。前上元二年,移治会川镇(今四川会理县城城北街道老街村)③,改为会川县。天宝元年,隶越巂郡。至德二载,陷于云南(南诏)。贞元十三年,收复,移治会同军城(今会理县城城北街道),仍隶巂州。咸通六年,再陷于云南(南诏)。

4. 昆明县(619—757)

武德二年,析可泉县置昆明县,以南接昆明之地为名,治定筰镇(今四川

---

① "十三年",《太平寰宇记》作"十二年",今依《新唐志》。又,《旧唐书》卷13《德宗纪》:"贞元十三年五月丙戌朔,韦皋收复巂州,画图来上。"此仅指收复巂州城一带。会川县据《太平御览》卷919、974引《云南记》,长庆三年仍为南诏会川都督之所在;昆明县据《新唐书》卷222《南蛮传》,贞元后仍为吐蕃所占。

② 中华书局本《元和志》巂州西泸县:"东北至州二十七里。温汤水,在县西山下一十二里。"《地图集》定于今西昌市马道镇活龙村,然《新唐书·韦皋传》载,贞元年间唐蕃相攻,韦皋命部将"陈孝阳率蛮苴那时等道西泸攻昆明",《新唐书》卷222《蛮夷传》又载,韦皋劝南诏国主异牟寻"扼西泸吐蕃路,昆明、弄栋可以无虞",由此可知西泸县治乃巂州至昆明交通要塞,而活龙村无险可守,且无温泉,恐非可泉(西泸)县治。四库本《元和志》巂州西泸县云"东北至州二百七里",《四川政区沿革与治地今释》第191页据此定西泸县治于今德昌县城德州镇,更是远离巂—昆要道,不取。今西昌市西南26公里有佑君镇(旧河西镇),镇西北3公里有温泉,则西泸县治当在佑君镇南2公里之老街村路口(唐十二里合今5公里),亦可知《元和志》"东北至州二十(或二百)七里"为"东北至州六十七里"(即28公里)之误。朱圣钟《唐巂州西泸县治考察》(载《人文田野》第一辑,西南师范大学出版社,2007年)以为在佑君镇西北沙坪古城。然刘弘《崇山峻岭中的"绿洲"——安宁河谷文化遗存调查研究》第179页及《中国文物地图集·四川分册》下册第1118页皆以为宋代(大理国)城址,则朱说亦非。

③ 四库本《元和志》巂州会川县:"北至州三百七十里。"《元史》卷60《地理志》会川路永昌州:"州在路北,治故归依城,即古会川也。"《纪要》会川卫军民指挥使司:"永昌废州,卫西五里。"卫西,疑当作"卫北",其地即今会理县老街村,旧为乡。然依唐制,老街村至巂州实为四百七十里,《元和志》"三百七十里"当为"四百七十里"之误。

盐源县城盐井镇)①,隶巂州。天宝元年,省昌明县来属。天宝元年,隶越巂郡。至德二载,陷于吐蕃。

附旧县1:松外县(648—652)—昌明县(652—742)

贞观二十二年,开松外蛮地置松外县,治松外城(今四川盐边县益民乡)②,隶牢州,为州治。永徽三年,州废,省寻声、林开二县来属,改为昌明县,隶巂州。天宝元年,省入昆明县③。

附旧县2:寻声县(648—652)

贞观二十二年,开松外蛮地置寻声县,以寻传部落置,音讹为寻声,治寻声城(今四川攀枝花市东区银江镇倮果村)④,隶牢州。永徽三年,州废,省入松外县。

附旧县3:林开县(648—652)

贞观二十二年,开松外蛮地置林开县,盖取蛮语音为名,治林开城(今云南华坪县荣将镇)⑤,隶牢州。永徽三年,州废,省入松外县。

5. 苏祁县(618—757,797—865)

本隋越巂郡旧县,武德元年,隶巂州。天宝元年,隶越巂郡。至德二载,陷于吐蕃、云南(南诏)。贞元十三年,收复。咸通六年,复陷于云南(南诏)。

6. 台登县(618—757,789—865)

本隋越巂郡旧县,武德元年,割隶登州,并析置阳山县。七年,隶南登州。九年,州废,隶巂州⑥。天宝元年,隶越巂郡。至德二载,陷于云南(南诏)。贞元五年,收复,隶巂州,为州治。十三年,还州治于越巂县。大和六年,复自越巂县移州治于此。咸通六年,再陷于云南(南诏)。

7. 邛部县(618—757,789—865)

本隋越巂郡旧县,武德元年,隶巂州。天宝元年,隶越巂郡。至德二载,

---

① 《元和志》巂州昆明县:"东北至州三百里。盐井,在县城中。"
② 樊绰《云南志》卷6:"昆明城,正南至松外城。"度其方位,当在今盐边县益民乡。
③ 史志不载此事。按《旧唐志》、《州郡典》均不载此县,《纪要》云"天宝中没于蛮",今取天宝元年为断。
④ 樊绰《云南志》卷2云:"东泸水,古诺水也,至寻传部落,与磨些江合。磨些江,至寻传,与东泸水合。"方国瑜《释释》第280页云:"此磨些江即金沙江,而东泸水即雅砻江,可知寻传在二水合流之西部,疑寻传即寻声,亦与双舍之音相近。"晏振宗《渡口市历代建置沿革考释》(载《渡口文物考古、历史、民族研究》第一辑,渡口市文物管理处,1985年)以为寻声县在渡口市仁和区银江、务本两乡一带,蒲孝荣《四川政区沿革与治地今释》第192页以为在渡口市东北金江公社。今参诸说,拟于攀枝花市银江乡倮果村。
⑤ 史籍不载其地。方国瑜以为在寻声之西,当是。今云南华坪县荣将镇地当松外道,盖即其地。
⑥ 《太平寰宇记》、《新唐志》巂州台登县:"贞观二年来属(巂州)。"按《旧唐志》雅州、巂州序云,武德九年登州废,以汉源、阳山二县隶雅州,均不言台登县去向,则台登县当于武德九年废登州之时,已就近改隶巂州。

陷于吐蕃、云南(南诏)。贞元五年,收复。咸通六年,再陷于云南(南诏)。

附旧州：牢州(648—652)

贞观二十二年,右武侯将军梁建方开松外蛮地置牢州,并置松外、寻声、林开三县,治松外县,隶巂州都督府。永徽三年,州废,省寻声、林开二县,改松外县为昌明县,隶巂州。

第六节　汉源郡(黎州)都督府

黎州都督府(716—742)—汉源郡都督府(742—756)

开元四年(716),割雅州都督府黎州置黎州都督府①,督黎州及羁縻秦上、辄荣等州,属剑南道。

天宝元年(742),改黎州为汉源郡,改黎州都督府为汉源郡都督府。十三载,汉源郡都督府督汉源郡及羁縻州若干。十五载(至德元载),汉源郡隶剑南道节度使,都督府只领羁縻州。

汉源②郡(黎州)

登州(618—621)—南登州(621—626)—黎州(701—707,716—742)—汉源郡(742—758)—黎州(758—907)

武德元年③,割雅州汉源县、巂州台登县置登州,取台登县末字为名,治汉

---

① 《旧唐志》云："开元三年,又割二县置黎州,又置都督府。"而《唐会要》、《新唐志》言,黎州复置于开元四年,则开元三年当是复置黎州时间,而都督府则置于四年。《旧唐书》卷8《玄宗纪》云开元四年"分巂、雅二州置黎州",实指置黎州都督府。
② 郡名《元和志》、两《唐志》、《太平御览》皆作"洪源",北宋本《通典》、《元丰志》、《宋史·地理志》作"汉源"。《太平寰宇记》两名并见。《舆地广记》："天宝元年曰洪源郡,后曰汉源郡。"《寰宇通志》卷七〇："改为洪源郡,复改为汉源郡。"《大明一统志》："天宝初,改为洪源郡,寻改曰汉源。"据郁贤皓《唐刺史考全编》,大中时有黎州刺史张经,其子张审文墓志铭称张经"历典马邑、咸宁、汉源三郡",可证黎州于天宝间确曾有汉源郡之名,并为唐后期所沿用。然唐代史志皆不载改洪源郡为汉源郡之事,且天宝改郡无非以旧郡名、属县名及境内山川得名,而"洪源"一名于此三类皆无关系,因疑"洪"字为"漢(汉)"字之误。"漢"字俗写右部往往减笔作"𣲗",十通本《通典》更减作"洪",均易与"洪"字相混,如浙江书局本《通典》即作"洪";又《武经总要》前集卷一九云："黎州：长安中,割洪源、(越)巂州之阳山置州。"长安中并无洪源之名,此洪源必为汉源之误,亦为一例。宋、明时人知黎有汉源郡之名,然未敢更正《元和志》、两《唐志》之非,乃折中其说,云天宝间改洪源为汉源,今为改正。
③ 《旧唐志》成都府序作"二年",今依《旧唐志》雅州、《元和志》及《新唐志》黎州。

源县,隶益州总管府,并析置阳山县。三年,割隶巂州总管府。四年,以与河南道州名重,改为南登州①。七年,隶巂州都督府。九年,州废,汉源、阳山二县隶雅州,台登县隶巂州。

武周大足元年(长安元年,701)②,剑南道巡察使殷祚奏割雅州汉源、飞越二县及巂州阳山县置黎州,以古沈黎之地为名,治汉源县③,隶雅州都督府。长安四年,黎州领汉源、阳山、飞越三县,治汉源县。

唐神龙二年(706),割阳山县还隶巂州。三年,巡察使宋乾徽、巂州都督元膺奏废黎州,汉源、飞越二县还隶雅州。开元四年④,应按察使陆象先之请,割雅州汉源、飞越二县及巂州阳山县复置黎州,仍治汉源县,割置黎州都督府。

天宝元年,改为汉源郡,以成汉旧郡为名,隶汉源郡都督府。是年,省飞越县,改阳山县为通望县。十三载,汉源郡领汉源⑤、通望二县,治汉源县。至德元载,隶剑南道节度使。

乾元元年(758),复为黎州。后上元二年,隶西川节度使。广德二年(764),隶东西川节度使。大历元年(766),隶邛南防御使。是年,还隶西川节度使。建中元年(780),复置飞越县。元和十五年(820),黎州领汉源、通望、飞越三县,治汉源县。

咸通九年(868),割隶定边军节度使。十一年,还隶西川节度使。十四年,黎州领县不变。

文德元年(888),割隶永平军节度使。大顺二年(891),复还隶西川节度使。

1. 汉源县(618—907)

本隋临邛郡旧县,武德元年,割隶南登州,为州治。九年,州废,改隶雅州。贞观二年⑥,割隶巂州。永徽五年⑦(654),还隶雅州。仪凤二年(677),

---

① 史志不载此事。按武德元年唐朝仅有此一登州,故两《唐志》并作"登州",《元和志》黎州:"武德元年,罢(沈黎)镇为南登州。"当是指武德四年河南道置登州之后,此登州曾加"南"字以示区别,故补。
② 《唐会要》卷71作"长安二年",《旧唐志》汉源县作"长安四年",今依《元和志》、《旧唐志》黎州序、《新唐志》、《太平寰宇记》。
③ 按其时汉源县治今汉源县九襄镇,《地图集》唐代幅以开元末为断,别置黎州城于今汉源县清溪镇,不详何据。
④ 《元和志》、《旧唐志》汉源县、《太平寰宇记》作"三年",盖上奏之年,今依《旧唐书》卷8《玄宗纪》、《唐会要》、《新唐志》。
⑤ 《州郡典》作"洪源",《元和志》无此县,两《唐志》作"汉源",据改。
⑥ 《元和志》作"三年",今依《旧唐志》雅州序、巂州序及《新唐志》。
⑦ 《新唐志》作"三年",今依《旧唐志》雅州序。

析置飞越县。大足元年，割隶黎州，为州治。神龙三年，州废，还隶雅州。开元四年，隶黎州，仍为州治。天宝元年，隶汉源郡，为郡治，移治黎武城（今四川汉源县清溪镇新黎村古城）①。

附旧新县：飞越县（677—742，780—907）

仪凤二年②，析汉源县置飞越县，治飞越水（今汉源县三交乡胜利村）③，故以为名，隶雅州。大足元年，割隶黎州。神龙三年，州废，还隶雅州。开元四年，复割隶黎州。天宝元年，因吐蕃入侵而废④。建中元年，右神策都将李晟击吐蕃，复置飞越县⑤，仍隶黎州。

2. 阳山县（618—742）—通望县（742—907）

武德元年，析台登县置阳山县，治阳山镇（今汉源县大树镇）⑥，故以为名，隶南登州。九年，州废，隶雅州。贞观二年，隶巂州。大足元年，割隶黎州，省嶲州和集县来属。神龙二年，还隶巂州。开元四年，复割隶黎州。天宝元年，隶汉源郡，以与江南西道连山郡县名重，改为通望县，因通望山为名。乾元元年，复隶黎州。咸通十年，移治木筤驿（今汉源县城富林镇）⑦。

附旧县：和集县（634—701）

贞观八年，析巂州阳山县置和集县，以和集蛮獠为名，治和集城（今甘洛县海棠镇）⑧，隶巂州。大足元年，省入阳山县⑨。

---

① 《州郡典》洪源郡："东去一里，即至高山万重，更无郡县。西至郡界廓清镇百六十里，北至卢山郡二百四十里，西南去郡一里高山万重，西北去郡五里高山万重，东北去郡二里高山万重。"《州郡典》政区资料以天宝为断，可知天宝元年黎州及汉源县已移治今汉源县清溪镇，城址考详《中国文物地图集·四川分册》下册，第1018页。
② 《旧唐志》、《唐会要》、《太平寰宇记》作"四年"，今依《州郡典》、《元和志》、《新唐志》。
③ 《元和志》汉源县："飞越山，在县西北一百里，仪凤二年置飞越县。"《地图集》定在今汉源县三交乡胜利村，当是。《四川政区沿革与治地今释》等以为，在今汉源县宜东镇旧名泥头驿，按宜东距黎州依古道仅约八十里，不合里距，不取。
④ 《元和志》黎州汉源县："仪凤二年置飞越县，天宝初废。"《州郡典》、《旧唐志》仍以飞越县列目，不妥。
⑤ 《新唐志》黎州有飞越县，《舆地广记》云："故飞越县，五代之际，省入汉源。"故知飞越县于天宝初罢而复置。复置时间，据《旧唐书·李晟传》："德宗即位，吐蕃寇剑南，晟乃踰漏天，拔飞越、廓清、肃宁三城。"当在建中元年，据补。
⑥ 《元和志》黎州通望县："北至州九十里。大渡水，经县北二百步。"
⑦ 《太平寰宇记》黎州通望县："（州）东南九十里。大渡河，在县南一十五里。"其地即木筤驿——今汉源县城富林镇（郭声波：《唐代黎属羁縻州研究》，《历史地理》第十八辑，上海人民出版社，2002年）。然史志不载移治时间。按《旧唐书》卷19《懿宗纪》载，咸通十年，南诏陷清溪关，唐军退守大渡河北岸，疑通望县于是时移治。
⑧ 郭声波：《唐代黎属羁縻州研究》，《历史地理》第十八辑，上海人民出版社，2002年。《地图集》误置于今会理县南。
⑨ 史志不载此事。按和集县省入阳山县，而阳山县大足元年割隶黎州，则知和集县省于是年。

第七节　卢山郡(雅州)都督府

雅州都督府(665—682,683—742)—卢山郡都督府(742—756)

麟德二年(665),割益州都督府雅州置雅州都督府,督雅州及羁縻蓬鲁、姜等州①,属剑南道。永淳二年(683),罢都督府②,雅州还隶益州都督府。

垂拱四年(688),割益州都督府雅州复置雅州都督府③,督雅州及羁縻嘉梁等州,仍属剑南道。

武周大足元年(701),置黎州。长安四年(704),雅州都督府督雅、黎二州及羁縻州若干。

唐神龙三年(707),废黎州。开元四年(716),复置黎州,割黎州隶黎州都督府。

天宝元年(742),改雅州为卢山郡,改雅州都督府为卢山郡都督府。十三载,卢山郡都督府领卢山一郡及羁縻州若干。十五载(至德元载),卢山郡隶剑南道节度使,都督府只领羁縻州。

卢山郡(雅州)

雅州(618—742)—卢山郡(742—758)—雅州(758—907)

卢山郡,本隋临邛郡,领严道、汉源、卢山、火井、临邛、依政、蒲江、临溪④、

---

① 《新唐志》载,雅州都督府始置于开元三年,但《武经总要》前集卷19云:"唐初,立雅州都〔督〕(护)府。"郁贤皓《唐刺史考全编》贞观中亦有雅州都督萧某及韩晙。考之赵璘《因话录》卷3:"唐太子太保萧造,造生威武大将军夙,夙生雅州都督善义。"则萧某即萧善义。萧造,隋唐间人,其孙善义任雅州都督亦有可能在高宗之时,不必非贞观不可。据《唐卢国公程知节碑》(载《宝刻丛编》卷9),麟德二年所赠知节益州都督名下犹带雅州,则析置雅州都督府当不早于麟德二年,萧善义或韩晙之任雅州都督,很可能就在该年。
② 永淳二年,分布在今小金县境的炎、彻诸州陷于吐蕃,雅属蓬鲁等三十二州中的时、宕、达、可、居五州,也迁移到茂州境内离州城很近的地方,其内迁时间,推测即在茂州都督元师奖调离茂州的永淳二年,故元师奖职衔中没有这五州(《大唐故通议大夫使持节都督鄯河兰廓缘淳丽津超竽永定等十二州诸军事守鄯州刺史上柱国新蔡县开国男河源道经略副使元府君(师奖)之墓志铭》,载《全唐文补遗》第三辑)。雅州都督府之首次罢废,当在此年。
③ 史志不载此事,考详下编第七章《剑南道羁縻地区》第五节"卢山郡都督府所领"序。
④ 《隋志》原作"蒲溪",按《元和志》邛州临溪县:"后魏恭帝于此置临溪县,属源郡,隋开皇三年罢郡,县属邛州,后因之。"杨守敬《隋书地理志考证》云:"据诸书,蒲溪应作临溪。"据改。

名山九县①。唐武德元年,改为雅州,以隋旧州为名,并置大利、阳启、嘉良、灵关、长松、蒙阳六县,治严道县,隶益州总管府。是年,割汉源县隶登州,依政、蒲江、临溪、火井、临邛五县隶邛州。三年,直属西南道行台,置荥经县。六年,省大利、阳启、嘉良、灵关、长松、蒙阳六县。九年,隶益州都督府,以废登州之汉源、阳山二县来属。贞观二年,割汉源、阳山二县隶巂州。八年,置百丈县。十三年,雅州领严道、荥经、卢山、名山、百丈五县,治严道县。

永徽五年(654),割巂州汉源县来属。仪凤二年(677),置飞越县。四年,置大渡县。麟德二年,割置雅州都督府。永淳二年,罢都督府,雅州还隶益州都督府。垂拱四年(688),复割置雅州都督府。

武周大足元年,割汉源、飞越二县隶黎州。长安二年,省大渡县。四年,雅州领县一如贞观十三年。

唐神龙三年,以废黎州之汉源、飞越二县来属。开元四年,复割汉源、飞越二县隶黎州。

天宝元年,改为卢山郡,以卢山县为名,隶卢山郡都督府。十三载,卢山郡领严道、荥经、卢山、名山②、百丈五县,治严道县。至德元载,隶剑南道节度使。

乾元元年(758),复为雅州。后上元二年(761),隶西川节度使。广德二年(764),隶东西川节度使。大历元年(766),隶邛南防御使。是年,还隶西川节度使。元和十五年(820),雅州领县一如天宝十三载。

咸通九年(868),割隶定边军节度使。十一年,还隶西川节度使。十四年,雅州领县不变。

文德元年(888),割隶永平军节度使。大顺二年(891),还隶西川节度使。

1. **严道县**(618—907)

本隋临邛郡旧县,武德元年,隶雅州,为州治,并析置嘉良、阳启、大利、长松四县。

六年,省嘉良、阳启、大利三县来属。天宝元年,隶卢山郡,为郡治。乾元元年,复隶雅州,为州治。

---

① 《隋志》有沈黎县,无火井县,共九县。按沈黎县不见于唐初记载,当废于隋末,今删。又按《太平寰宇记》火井县:"隋大业十二年,置县,仍带镇,属临邛郡。"据补。
② 《州郡典》作"汉源",误,今依《旧唐志》改正。

附旧县1：长松县(618—623)

武德元年,析严道县置长松①县,以地有长松为名,治长松城(今四川雅安市雨城区孔坪乡)②,隶雅州。六年,省入严道县。

附旧县2：阳启县(618—623)

武德元年,析严道县置阳启③县,治始阳镇(今四川天全县始阳镇),取其意为县名,隶雅州。六年,省入严道县。

附旧县3：嘉良县(618—623)

武德元年,析严道县置嘉良县,盖以地通嘉良夷为名,治和川镇(今天全县城城厢镇)④,隶雅州。六年,省入严道县。

2. 荣经县(620—907)

武德三年⑤,析长松县置荣经县,治荣经水口戍(今四川荥经县城严道镇),故以为名⑥,隶雅州。六年,省长松县来属。天宝元年,隶卢山郡。乾元元年,复隶雅州。

3. 卢山县(618—907)

本隋临邛郡旧县,武德元年,隶雅州,并析置灵关县。六年,省灵关县来属。仪凤四年,析置大渡县。长安二年,省大渡县来属。天宝元年,隶卢山郡。乾元元年,复隶雅州。

附旧县1：灵关县(618—623)

武德元年,析卢山县置灵关县,治灵关镇(今四川宝兴县灵关镇),故以为名,隶雅州。六年,省入卢山县。

附旧县2：大利县(618—623)—大渡县(679—702)

武德元年,析卢山县置大利⑦县,取吉意为名,治大利城(今芦山县清仁乡)⑧,隶雅州。三年,析置荣经县。六年,省入荣经县。仪凤四年⑨,析卢山县

---

① 《新唐志》作"火利",今依《旧唐志》、《太平寰宇记》。
② 《舆地纪胜》雅州景物："长松,瓦屋山亦有之。"瓦屋山,在今雅安河上游,今孔坪乡乃控制雅安河上游之最大坝子,宜为置县之地。《历史地名》第432页定长松县于今邛崃市高何镇一根虫村,其地属邛州火井县,恐非。
③ 《旧唐志》作"杨启",今依《新唐志》、《太平寰宇记》,盖取"始阳"之意以为名。
④ 嘉良夷在今康定县北境,而《元和志》云和顺镇(即和川镇)当西山(今夹金山)谷口,故拟为嘉良县治。
⑤ 《旧唐志》雅州序作"二年",今依《元和志》、《旧唐志》荣经县、《新唐志》。
⑥ 《太平寰宇记》雅州荣经县。
⑦ 《新唐志》作"火利",今依《旧唐志》、《太平寰宇记》。
⑧ 《清一统志》卷306雅州府："利慈废县,在芦山县西北……唐初雅州领大利县,疑即利慈故地。"按古无利慈县,利慈渚在今峨眉山市龙池,大利与利慈无关。然《历史地名》第118页亦以为大利县在今芦山县西北,今姑依之。
⑨ 《新唐志》作"二年",今依《旧唐志》、《太平寰宇记》。

置大渡县,以大渡水为名,治故大渡口(今芦山县宝盛乡玉溪村)①,隶雅州。长安二年,省入卢山县。

4. **名山县**(618—907)

本隋临邛郡旧县,武德元年,隶雅州,并析置蒙阳县。六年,省蒙阳县来属。贞观八年,析置百丈县。垂拱中,移治名山戍(今四川雅安市名山区蒙阳镇)②。天宝元年,隶卢山郡。乾元元年,复隶雅州。

5. **蒙阳县**(618—623)—**百丈县**(634—907)

武德元年,析名山县置蒙阳③县,以县在蒙山之阳为名,治蒙阳城(今雅安市名山区百丈镇),隶雅州。六年,省入名山县。贞观八年,析名山县置百丈县,治百丈镇(今名山区茅河乡古城)④,以为县名,隶雅州。天宝元年,隶卢山郡。乾元元年,复隶雅州。

第八节　通化郡(茂州)都督府

会州总管府(620—621)—南会州总管府(621—624)—南会州都督府(624—634)—茂州都督府(634—742)—**通化郡都督府**(742—756)—剑南西山防御使(766)

武德三年(620),以废益州总管府之会、翼、松、涂三州置会州总管府⑤,隶西南道行台。四年,改会州为南会州,会州总管府改为南会州总管府。七年,改为南会州都督府,置维州。九年,隶益州大都督府。贞观元年,废维、涂二州。二年,属剑南道,复置维州。四年,降翼、维二州为羁縻州。八年,改南会州为茂州,南会州都督府改为茂州都督府,升羁縻西恭、西博、西封三州为笮、

---

① 《舆地纪胜》雅州古迹:"大渡县,在卢山县东北,迫近灵关。"《大明一统志》雅州:"大渡水,在芦山县北四十里,邛县、芦山往来必蹚此水,故名大渡,东南流入南安县(今乐山市)。"可证其地在今芦山县宝盛乡玉溪村,考详郭声波《贵琼人的来源与迁徙初探》(载《西南民族学院学报》2001年第3期)。民国《芦山县志》古遗址条谓大渡废县在清源乡向阳坝,然其地不临大渡水,距县城亦仅数里,不合置县。或以为大渡县因大渡河为名,在今泸定或汉源县境(任乃强:《泸定考察记·唐大渡县考》,载《任乃强民族研究文集》),乃是误以唐卢山县大渡水(今芦山河)为大渡河也,不取。
② 《太平寰宇记》雅州名山县:"名山戍,唐垂拱中废戍为县。"
③ 《新唐志》作"濛阳",今依《旧唐志》、《太平寰宇记》。
④ 《元和志》雅州百丈县:"西南至州八十里。"《四川政区沿革与治地今释》第193页、《中国文物地图集·四川分册》下册第997页定于名山县(今为区)茅河乡古城,从之。
⑤ 《旧唐志》载是年割会、翼二州隶会州总管府,州数太少,而松州与益州被隔断,无所属,因疑《旧唐志》脱载松、涂二州,今补。

穹、炎三州并升羁縻翼、向、维、涂、彻五州为正州来属①。九年,升羁縻冉州为正州来属。十三年,茂州都督府督茂、翼、向、维、笮、涂、穹、炎、彻、冉十州。

永徽元年,降向、维、笮、涂、穹、炎、彻、冉八州为羁縻州②。麟德二年(665),升羁縻维州为正州。咸亨元年(670),割翼州置翼州都督府。仪凤二年(677),降维州为羁縻州。垂拱三年(687),又升羁縻维州为正州。

武周长安四年(704),茂州都督府督茂、维二州及羁縻州若干。

唐开元二十八年(740),置奉州。

天宝元年(742),改茂州为通化郡,维州为维川郡,奉州为云山郡,改茂州都督府为通化郡都督府,置静戎郡。八载,改云山郡为天保郡。十三载,通化郡都督府督通化、维川、天保、静戎四郡。至德元载(756),通化、维川、天保、静戎四郡隶剑南道节度使,都督府只领羁縻州。

大历元年(766),割西川节度使茂、翼、汉、彭、行维、行真六州隶剑南西山防御使,治茂州。是年,罢镇,茂、翼、汉、彭、行维、行真六州还隶西川节度使。

(一) 通化郡(茂州)

会州(618—621)—南会州(621—634)—茂州(634—742)—通化郡(742—758)—茂州(758—907)

通化郡,本隋汶山郡,领汶山、汶川、通化、左封、交川、翼针、翼水、北川八县③。唐武德元年,改为会州,以隋旧州为名,治汶山县。是年,割左封、翼针、翼水三县隶翼州,交川县隶松州。三年,置会州总管府。四年,改为南会州,隶南会州总管府。七年,隶南会州都督府。贞观八年,改为茂州,以

---

① 《旧唐志》:"茂州都督府,羁縻州十,维、翼两州后进为正州,相次为正者七,今附于都督之下。"按唐前期茂州都督府前后所领羁縻州唯翼、向、维、笮、涂、穹、炎、彻、冉九州,"十"当为"九"字之误。除维、翼二州外,"相次为正(即陆续升为正州)者"乃向、笮、涂、穹、炎、彻、冉七州。考贞观八年改南会州都督府为茂州都督府,并改西恭、西博、西封州为笮、穹、炎州,则升维州及向、笮、涂、穹、炎、彻六州为正州当在该年,唯《新唐志》载冉州"贞观八年更名,九年,第为冉州",可知贞观九年并非冉州更名之年,而是升为正州之年,如此,乃合"相次为正"之意。

② 史志不载此事。按永徽二年,雅州都督府以内附特浪、辟惠等羌置三十二羁縻州;三年,罢郎州都督府,所领十余正州降为羁縻州,隶戎州都督府;四年,辖有大量羁縻州之松州都督府自陇右道割隶剑南道;六年,巂州都督府平定剑山羌乱,增置十余羁縻州。上述都督府皆属剑南道,于永徽年间大量增置或降正州为羁縻州,显示此间唐朝在剑南道有扩大羁縻地区之举措,因此推知茂州都督府之正州,亦当于此间降为羁縻州。今拟与永徽元年省维州盐溪县同时。

③ 《隋志》汶山郡有平康、通轨、江源三县,共十一县。按此三县皆于唐贞观后复置,分属松、翼、岷三州,则知隋末已废,今删。"北川",《旧唐志》误作"北山"。

滋茂山①为名,隶茂州都督府,置石泉县。十三年,茂州领汶山、北川、汶川、通化、石泉五县,治汶山县。

永徽二年(651),省北川县。

武周长安四年,茂州领汶山、汶川、通化、石泉四县,治汶山县。

天宝元年,改为通化郡,以通化县为名,隶通化郡都督府。十三载,通化郡领汶山、汶川、通化、石泉四县,治汶山县。至德元载,隶剑南道节度使。

乾元元年,复为茂州。后上元二年,隶西川节度使。广德元年(763),置行维、行真二州。二年,隶东西川节度使。大历元年,隶剑南西山防御使,为使治。是年,罢镇,还隶西川节度使。五年,置行霸州。贞元十年(794),置行松州。永贞元年,割通化县隶古州。元和中,以废古州之通化县来属。十五年(820),茂州领县一如天宝十三载。

大中三年(849),割通化县隶维州。咸通十四年(873),茂州领汶山、石泉、汶川三县,治汶山县。

文德元年(888),割隶威戎军节度使。景福元年(892),隶龙剑节度使。

1. 汶山县(618—907)

本隋汶山郡旧县,武德元年,隶会州。四年,隶南会州。贞观八年,隶茂州,均为州治。天宝元年,隶通化郡,为郡治。乾元元年,复隶茂州,为州治。广德元年,置行真州及行真符县于此。贞元十年,置行松州及行嘉诚县于此。

附新县1:行真符县(763—822)

广德元年,置行真符县于茂州汶山县境(今四川茂县渭门乡椒园村)②,为行真州治。长庆二年,省入羁縻真州。

附新县2:行嘉诚县(763—822)

贞元十年,置行嘉诚县于茂州汶山县境(今茂县黑虎乡)③,为行松州治。

---

① 《元和志》作"茂滋山",《旧唐志》作"茂湿山",按《舆地纪胜》永康军引李膺《益州记》云:"玉女房西五里有白沙溪,源出灌口,俗号滋茂池。"茂滋、滋茂,必有一误。考滋茂池唐宋时人别作"楚母池"(《蜀中广记·名胜记》茂州),则作"滋茂"是。详参郭声波:《论岷山得名与羌、夷的关系》,《民族研究》1996 年第 3 期。

② 《新唐志》云曾为行州,按真州治今茂县赤不苏区,为"直州"音讹。唐中叶未曾移治,且其境为行悉州治(今维城乡),可知仍为唐有,则疑《新唐志》误以唐末降为羁縻州为置行也。《武经总要》前集卷 19 云,羁縻直州(按即真州,避仁宗嫌名改)去茂州三十里,合今 13 公路公里,则推知其地望当在今茂县渭门乡一带。

③ 《旧唐书》卷 197《南蛮传》:"其年(贞元九年),西山、松州生羌等二万余户相继内附。"《新唐志》松州云广德后松州曾为行州,当指此事。《武经总要》记羁縻松州地望云:"去茂州七十里。"合今 30 公里。今茂县西北黑虎乡有松溪,疑即羁縻松州治所。

长庆二年,省入羁縻松州。

2. **汶川县**(618—907)

本隋汶山郡旧县,武德元年,隶会州。四年,隶南会州。贞观二年,以废涂州临涂、端源、婆览三县省入。五年,析置羁縻端源、临涂、悉邻三县,割隶羁縻涂州。八年,隶茂州。天宝元年,隶通化郡。乾元元年,复隶茂州。广德元年,通化县寄治于此。大中三年,通化县还旧治。

3. **通化县**(618—907)

本隋汶山郡旧县,武德元年,隶会州。四年,隶南会州。贞观八年,隶茂州。天宝元年,隶通化郡。乾元元年,复隶茂州。广德元年,置行维州及行薛城县于此,通化县寄治汶川县(今汶川县城威州镇桑坪)①。大历五年,置行霸州于此。永贞元年,割隶古州,省行霸州行归化县来属。元和中,古州废,还属茂州,仍析置羁縻霸州。大中三年,割隶维州,省行维州行薛城县来属,还县治于通化城(今理县通化镇)②。

附新县1:行薛城县(763—849)

广德元年,置行薛城县于茂州通化县境(今汶川县龙溪乡东门口)③,为行维州治。大中三年,省入维州通化县。

附新县2:行归化县(770—805)—归化县(805—元和中)

大历五年,置行归化县于茂州通化县境(今四川理县桃坪乡古城村)④,为行霸州治。永贞元年(805),州废,省入古州通化县。

4. **石泉县**(634—907)

贞观八年,析北川县置石泉县,以石泉坝为名,治石泉城(今四川北川县禹里镇)⑤,隶茂州。永徽二年,省北川县来属。天宝元年,隶通化郡。乾元元年,复隶茂州。

附旧县:北川县(618—651)

本隋汶山郡旧县,武德元年,隶会州。四年,隶南会州。贞观八年,析置石泉县,隶茂州。永徽二年,省入石泉县。

附旧州:向州(634—650)

贞观八年,升羁縻向州为向州,羁縻贝左、向贰二县为贝左、向贰二县,治

---

① 《太平寰宇记》卷78维州通化县:"今置在威戎军,西去州一百三十里。"
② 《舆地纪胜》卷148《威州》通化县。
③ 郭声波:《"岷江西山九州"考》,《中国历史地理论丛》1998年2期。
④ 史为乐等:《中国历史地名大辞典》,第2972页。
⑤ 《元和志》茂州石泉县:"西至州一百二十里。"《舆地纪胜》石泉军:"石泉坝,在军北九十余里。"今北川县禹里镇旧名石泉铺、治城。

贝左县,隶茂州都督府。十三年,向州领县如故。

永徽元年,复降向州为羁縻向州,二县为羁縻县。

附旧县1:贝左县(634—650)

贞观八年,升羁縻向州贝左县为正县,仍治贝左城(今茂县永和乡俄诺村)①,隶向州。永徽元年,复降为羁縻县。

附旧县2:向贰县(634—650)

贞观八年,升羁縻向州向贰县为正县,仍治向贰城(今北川县白什乡)②,隶向州。永徽元年,复降为羁縻县。

附旧新州:涂州(618—627,634—650)—乾州(768—907)

武德元年,临涂羌归附,置涂州,并置临涂、端源、婆览三县,治临涂县,取其末字名州,隶益州总管府。三年,隶会州总管府。四年,隶南会州总管府。七年,隶南会州都督府。贞观元年③,州废,临涂、端源、婆览三县省入茂州汶川县。八年,复升羁縻涂州为涂州,升羁縻端源、临涂二县为端源、临涂二县,治端源县,隶茂州都督府。十三年,涂州领县如故。

永徽元年,复降涂州为羁縻涂州,二县为羁縻县。

大历三年正月,收复西山故地,置乾州,并置招武、宁远二县,治招武县,隶西川节度使。元和十五年,乾州领县一如大历三年。

咸通十四年,乾州领县不变。

附旧县:临涂县(618—627,634—650)

武德元年,以西山羌部落置临涂县,治临涂城(今汶川县绵虒镇戴家湾)④,隶涂州,为州治。贞观元年,省入茂州汶川县。八年,升羁縻涂州临涂县为正县,仍隶涂州。永徽元年,复降为羁縻县。

附旧新县1:婆览县(618—627)—悉怜县(634—650)—招武县(768—907)

武德元年,以西山羌部落置婆览县,盖取羌语音为名,治婆览城(今汶川县耿达镇)⑤,隶涂州。贞观元年,省入茂州汶川县。八年,升羁縻涂州悉怜县为正县,治故婆览城,仍隶涂州。永徽元年,省入羁縻临涂县。大历三年,以

---

① 郭声波:《"岷江西山九州"考》,《中国历史地理论丛》1998年第2期。
②⑤ 据地理形势推定。
③ 元年,《旧唐志》、《寰宇记》作"二年",今依《新唐志》。
④ 郭声波《"岷江西山九州"考》原定于汶川县草坡乡老房子(今属绵虒镇),今修订于近旁地势较缓、人烟较多之戴家湾。

临涂羌故地置招武县,取安边之意为名,治故悉怜城①,隶乾州,为州治。

附旧新县 2:端源县(618—627,634—650)—宁远县(768—907)

武德元年,以西山羌部落置端源县,治端源戍(今汶川县卧龙镇卧龙关)②,故以为名,隶涂州。贞观元年,省入茂州汶川县。八年,升羁縻涂州端源县为正县,仍隶涂州,为州治。永徽元年,复降为羁縻县。大历三年,以临涂羌故地置宁远县,取安边之意为名,仍治端源戍,隶乾州。

附新州一:行真州(763—822)

广德元年,置行真州及行真符县于茂州汶山县境,隶西川节度使。二年,隶东西川节度使。大历元年,隶剑南西川防御使。是年,还隶西川节度使。元和十五年,行真州领行真符一县。

长庆二年,降为羁縻真州,省行真符县。

附新州二:行松州(763—822)

贞元十年,吐蕃松州羌黏信、龙诺部落内附,置行松州及行嘉诚县于茂州汶山县境,隶西川节度使。元和十五年,行松州领县一如贞元十年。

长庆二年,降为羁縻松州,省行嘉诚县。

附新州三:行维州(763—849)

广德元年,置行维州及行薛城县于茂州通化县境,隶西川节度使。二年,隶东西川节度使。大历元年,隶剑南西山防御使。是年,还隶西川节度使。元和十五年,行维州领行薛城一县。

大中三年③,州废,省行薛城县。

附新州四:行霸州(770—805)

大历五年,置行霸州及行归化县于茂州通化县境,隶西川节度使。永贞

---

① 《武经总要》前集卷19载:乾州"去(茂)州三百里"。按宋时茂州北三百里之松州路、西北三百里之恭州路、西南三百里之保州路俱沦为吐蕃境,而南路三百里(合今128公路公里)处(今汶川县白石乡),又为羁縻翼州新址,故推测乾州在今汶川县耿达镇一带,即故涂州悉怜县地。涂州广德年间因吐蕃入侵已内徙茂州境,大历年间之所以开西山置乾州,大概是企图以此团结残留之临涂羌,防止吐蕃重新入寇。

② 郭声波:《岷江西山九州》考,《中国历史地理论丛》1998年第2期。

③ 史志不载行维州罢废时间。按《唐刺史考全编》,大和年间犹有行维州刺史虞藏俭,则行维州之废,当在大中三年维州回归之时,因补。

元年,州废,行归化县隶古州,改为归化县。

(二) 维川郡(维州)

维州(624—627,628—630,634—650,665—677,687—742)—维川郡(742—758)—维州(758—763,849—907)

武德七年①,白苟羌降附,置维州,以姜维山为名,并置金川、定廉二县,治金川县,隶南会州都督府。贞观元年,羌叛,州县俱废。二年②,小左封羌来附请吏,置维州及薛城、定廉二县,治薛城县。三年,置盐溪县。四年,降为羁縻州,三县降为羁縻县。八年,复为正州,羁縻三县复为正县,州隶茂州都督府。贞观十三年,维州领薛城、盐溪、定廉三县,治薛城县。

永徽元年,仍降维州为羁縻维州,薛城、定廉二县为羁縻县,省盐溪县。

麟德二年,复升羁縻维州为正州,所领薛城、定廉二羁縻县并升为正县,仍治薛城县。咸亨二年,置小封县。仪凤二年,复降为羁縻维州,所领三县降为羁縻县。垂拱三年,又升为正州、正县。

武周长安四年,维州领薛城、小封、定廉三县,治薛城县。

唐开元二十八年,割定廉县隶奉州。

天宝元年,改为维川郡,以姜维川为名,隶通化郡都督府,置归化、安信、互利、保宁四县,割隶静戎郡。十三载,维川郡领薛城、小封二县,治薛城县。至德元载,隶剑南道节度使。

乾元元年,复为维州。后上元二年,隶西川节度使。广德元年,没于吐蕃。大历五年,置行保州于维州故境。

大中三年,吐蕃维州首领以州内附③,仍隶西川节度使,复置薛城、归化二县,并割茂州通化县来属。咸通十四年,维州领薛城、通化、归化三县。

1. 薛城县(628—630,634—650,665—677,687—763,831,849—907)

贞观二年,以金川县旧地置薛城县,治薛城戍(今理县甘堡乡垮达寨)④,

---

① 《元和志》维州序作"四年",《州郡典》、《旧唐志》维州序作"元年",今依《元和志》、《旧唐志》薛城县、定廉县,《唐会要》卷71,《太平寰宇记》维州、保州,《新唐志》、《资治通鉴》武德七年。考详郭声波:《"岷江西山九州"考》,《中国历史地理论丛》1998年第2期。
② 二年,《旧唐志》薛城县、《太平寰宇记》保宁县作"三年",今依《旧唐志》、《太平寰宇记》维州序及《新唐志》。
③ 《新唐志》:"大中三年,(吐蕃维州)首领以州内附。"此前之大和五年,吐蕃维州首领亦曾归唐,然寻即还蕃,不录。
④ 郭声波:《"岷江西山九州"考》,《中国历史地理论丛》1998年第2期。

因名,隶维州,为州治。三年,析置盐溪县。四年,降为羁縻县。八年,复为正县,仍隶维州,为州治。永徽元年,复降为羁縻县。麟德二年,又升为正县,隶维州,为州治。仪凤二年,再降为羁縻县。垂拱三年,复为正县,仍为维州治。天宝元年,隶维川郡,为郡治。乾元元年,复隶维州,为州治。广德元年,归吐蕃。大中三年,复内附,仍置薛城县,为维州治。

2. 小封县(671—677,687—763)—行云山县(770—805)—后云山县(805—元和中)

咸亨二年,维州刺史董弄招慰小左封羌置小封县,治小封城(今理县下孟乡四马村)①,隶维州。仪凤二年,降小封县为羁縻县。垂拱三年,复为正县,治新小封城(今理县薛城镇),仍隶维州。天宝元年,隶维川郡,析置归化、安信、互利、保宁四县。乾元元年,复隶维州。广德元年,没于吐蕃。大历五年,置行保州行云山县于新小封城。永贞元年,改为后云山县,隶古州,为州治。元和中,省入羁縻保州。

附旧州一:笮州(634—650)

贞观八年,升羁縻西恭州为笮州,羁縻遂都、亭劝、北思三县为遂都、亭劝、北思三县,治遂都县,隶茂州都督府。十三年,笮州领县如故。

永徽元年,复降笮州为羁縻笮州,三县为羁縻县。

附旧州二:穹州(634—650)

贞观八年,升羁縻西博州为穹州,羁縻小川、彻当、璧川、当博、恭耳五县为小川、彻当、璧川、当博、恭耳五县,治小川县,隶茂州都督府。十三年,穹州领县如故。

永徽元年,复降穹州为羁縻穹州,五县为羁縻县。

附旧县1:小川县(634—650)

贞观八年,升羁縻西博州小川县为正县,仍治小川城(今小金县四姑娘山镇)②,隶穹州。永徽元年,复降为羁縻县。

附旧县2:当博县(634—650)

贞观八年,升羁縻西博州当博县为正县,仍治当博城(今小金县四姑娘山

---

① 《新唐志》通化县:"本小封,咸亨二年以生羌户于故金川县地置,后更名。"按通化县大中三年前一直属茂州,未曾更名。金川县析置薛城县,与通化县无涉。时薛城县北孟董流域境土犹广,当置一县,《舆地纪胜》云废小封县城在威州南六十里,实为北六十里之误,故今拟小封县于四马村。

② 郭声波:"岷江西山九州"考,《中国历史地理论丛》1998年第2期。四姑娘山镇旧名日隆镇。

镇双桥村)①,隶穹州。永徽元年,复降为羁縻县。

附旧县 3:彻当县(634—650)

贞观八年,升羁縻西博州彻当县为正县,仍治彻当城(今小金县达维乡滴水村)②,隶穹州。永徽元年,复降为羁縻县。

附旧县 4:璧川县(634—650)

贞观八年,升羁縻西博州璧川县为正县,仍治璧川城(今小金县达维乡)③,隶穹州。永徽元年,复降为羁縻县。

附旧县 5:恭耳县(634—650)

贞观八年,升羁縻西博州恭耳县为正县,仍治恭耳城(今小金县日尔乡)④,隶穹州。永徽元年,复降为羁縻县。

附旧州三:炎州(634—650)

贞观八年,升羁縻西封州为炎州,羁縻大封、义川、慕川三县为大封、义川、慕川三县,治大封县,隶茂州都督府。十三年,炎州领县如故。

永徽元年,复降炎州为羁縻炎州,三县为羁縻县。

附旧县 1:大封县(634—650)

贞观八年,升羁縻西封州大封县为正县,仍治大封城(今小金县沃日乡)⑤,隶炎州。永徽元年,复降为羁縻县。

附旧县 2:义川县(634—650)

贞观八年,升羁縻西封州义川县为正县,仍治义川城(今小金县双柏乡)⑥,隶炎州。永徽元年,复降为羁縻县。

附旧县 3:慕川县(634—650)

贞观八年,升羁縻西封州慕川县为正县,仍治慕川城(今小金县木坡乡)⑦,隶炎州。永徽元年,复降为羁縻县。

附旧州四:彻州(634—650)

贞观八年,升羁縻彻州为彻州,羁縻文彻、俄耳、文进三县为文彻、俄耳、文进三县,治文彻县,隶茂州都督府。十三年,彻州领县如故。

永徽元年,复降彻州为羁縻彻州,三县为羁縻县。

---

① "当博",地当莫博大岭(今邛崃山脉)要道之谓也,故今定于小金县四姑娘山镇双桥村。
②③④⑦ 依地理形势推定。
⑤ 郭声波:《"岷江西山九州"考》,《中国历史地理论丛》1998 年第 2 期。

附旧县 1：文彻县(634—650)

贞观八年,升羁縻彻州文彻县为正县,仍治文彻城(今小金县城美兴镇石灰村)①,隶彻州。永徽元年,复降为羁縻县。

附旧县 2：俄耳县(634—650)

贞观八年,升羁縻彻州俄耳县为正县,仍治俄耳城(今小金县城美兴镇营盘村)②,隶彻州。永徽元年,复降为羁縻县。

附旧县 3：文进县(634—650)

贞观八年,升羁縻彻州文进县为正县,仍治文进城(今小金县宅垄乡)③,隶彻州。永徽元年,复降为羁縻县。

附旧州五：冉州(635—650)

贞观九年,升羁縻冉州为冉州,羁縻冉山、磨山、玉溪、金水四县为冉山、磨山、玉溪、金水四县,治冉山县,隶茂州都督府。十三年,冉州领县如故。

永徽元年,复降冉州为羁縻冉州,四县为羁縻县。

附旧县 1：冉山县(635—650)

贞观八年,升羁縻冉州冉山县为正县,仍治冉山城(今小金县木城村)④,隶冉州。永徽元年,复降为羁縻县。

附旧县 2：磨山县(635—650)

贞观八年,升羁縻冉州磨山县为正县,仍治磨山城(今小金县两河口镇)⑤,隶冉州。永徽元年,复降为羁縻县。

附旧县 3：玉溪县(635—650)

贞观八年,升羁縻冉州玉溪县为正县,仍治玉溪城(今小金县两河口镇邓家油房)⑥,隶冉州。永徽元年,复降为羁縻县。

附旧县 4：金水县(635—650)

贞观八年,升羁縻冉州金水县为正县,仍治金水城(今小金县抚边乡)⑦,隶冉州。永徽元年,复降为羁縻县。

附新州一：行保州(770—805)—**古州**(805—元和中)

大历五年,置行保州及行云山县于故维州薛城县境,隶西川节度使。永

---

① 郭声波：《"岷江西山九州"考》,《中国历史地理论丛》1998 年第 2 期。
② 依地理形势推定。营盘村旧为沃日地,与"俄耳"音近。
③⑥⑦ 依地理形势推定。
④ 郭声波：《"岷江西山九州"考》,《中国历史地理论丛》1998 年第 2 期。
⑤ 依地理形势推定。两河口镇旧名两河乡。

贞元年,改为古州①,盖以古维州为名,隶西川节度使,改行云山县为后云山县,并以茂州通化县合并行霸州行归化县来属②。元和中③,降为羁縻保、霸二州,省后云山县,通化县还属茂州。

(三) 天保郡(保州)
奉州(740—742)—云山郡(742—749)—天保郡(749—756)—保州(758—763)

开元二十八年,割维州定廉县及羁縻笮州地置奉州,并收复平戎城来属,以奉顺王命为州名④,隶茂州都督府。

天宝元年,改为云山郡,以云山为名,隶通化郡都督府。八载,改为天保郡,以天保军为名,置前云山、归顺二县,移治前云山县,割平戎城直属保宁都护府。十三载,天保郡领前云山、定廉、归顺三县,治前云山县。至德元载⑤,陷于吐蕃。

乾元元年,首领董嘉俊以郡来归,改为保州,隶剑南道节度使,置安居县。后上元二年,隶西川节度使。广德元年,没于吐蕃。

1. 北思县(634—650)—前云山县(749—756,758—763)

贞观八年,升羁縻西恭州北思县为正县⑥,仍治北思城(今理县米亚罗镇)⑦,隶笮州。永徽元年,复降为羁縻县。天宝八载,析定廉县置前云山县,治云山城(今米亚罗镇大郎坝村)⑧,故以为名,隶天保郡,于云山城置天保军,自定廉县移郡治于此。至德元载,陷于吐蕃。乾元元年,复归唐,隶保州,为州治。广德元年,又没于吐蕃。

---

① 《新唐志》保州:"(乾元)后又更名古州,其后复为保州。"《新唐表》:"(永贞元年)西川节度增领古州。"则行保州升改古州当在永贞元年。
② 史志不载其事。按古州系合并行保、行霸二州及通化县而置,理应以二州分别置县,据补。
③ 史籍不载古州罢废时间。按《元和志》不载古州,推知其罢废不晚于元和中。
④ 《太平御览》卷166引《图经》:"武德中,羌夷内附,立奉州,取其奉顺王命为名。"今依两《唐志》定于开元二十八年置。
⑤ 《新唐志》云:"广德元年没吐蕃,乾元元年,嗣归诚王董嘉俊以郡来归。"按广德在乾元后,此"广德"当是"至德"之误,因改。
⑥ 《新唐志》作"比思",今依《旧唐志》。
⑦ 依地理形势推定。
⑧ 《太平寰宇记》保州:"(定廉县)西至天保军一百三十五里。"合今58公里,正当米亚罗镇大郎坝村。

2. 定廉县(624—627,628—630,634—650,665—677,687—756,758—763)

武德七年,白苟羌归附,置定廉县,以定廉水为名,治定廉戍(今理县朴头乡)①,隶维州。贞观元年,羌叛,县废。二年,复置,仍治定廉戍,隶维州。四年,又降为羁縻县。八年,复升为正县,隶维州。永徽元年,降为羁縻县。麟德二年,升羁縻定廉县为正县,隶维州。仪凤二年,降为羁縻县。垂拱三年,复为正县,仍隶维州。开元二十八年,割置奉州,并省羁縻笮州亭劝、北思二县来属。天宝元年,隶云山郡,为郡治。八载,隶天保郡,析置前云山、归顺二县,移郡治于前云山县。至德元载,陷于吐蕃。乾元元年,复归唐,隶保州。广德元年,又没于吐蕃。

附旧县:金川县(624—627)—盐溪县(629—630,634—650)

武德七年,白苟羌归附,置金川县,以隋旧县为名,治姜维城(今理县城杂谷脑镇兴隆村)②,隶维州,为州治。贞观元年,羌叛,州县俱废。三年,析薛城、定廉二县置盐溪县,治盐溪村北(今杂谷脑镇官田村),因以为名③,隶维州。四年,降为羁縻县。八年,复为正县,仍隶维州。永徽元年,省入羁縻定廉县。

3. 遂都县(634—650)—归顺县(749—757,758—763)

贞观八年,升羁縻西恭州遂都县为正县,仍治遂都城(今理县夹壁乡二古溪村)④,隶笮州,为州治。永徽元年,复降为羁縻县。天宝八载,析定廉县置归顺县,取怀柔之意,治归顺城(今夹壁乡)⑤,隶天保郡。至德元载,陷于吐蕃。乾元元年,复归唐,隶保州,析置安居县。广德元年,又没于吐蕃。

附旧新县:亭劝县(634—650)—安居县(758—763)

贞观八年,升羁縻西恭州亭劝县为正县,仍治亭劝城(今理县古尔沟镇沙坝村)⑥,隶笮州。永徽元年,复降为羁縻县。乾元元年,析归顺县置安居县⑦,取怀柔之意,治安居城(今古尔沟镇沙坝村)⑧,隶保州。广德元年,陷于吐蕃。

---

① 郭声波:《"岷江西山九州"考》,《中国历史地理论丛》1988年第2期。1997年《理县志》第10、67页谓治上孟乡塔斯村,误。
② 郭声波《"岷江西山九州"考》。今杂谷脑镇兴隆村有唐前期城址,俗称"姜堆",《中国文物地图集·四川分册》下册第1059页以为是吐蕃之"无忧城",恐非。
③ 《元和志》盐溪县:"定廉水,在县东一十里。"定廉水即今杂谷脑河,盐溪即今打色尔沟,盐溪村在今杂谷脑镇喇嘛寺。或以为在今理县蒲溪乡河坝村,如此则与"定廉山阳有盐溪"之记载不符。
④ 郭声波《"岷江西山九州"考》原依《旧唐志》道里拟于今理县朴头乡毕棚沟上游岔路口,然经考察,其地不如等长道里之夹壁乡二古溪村更宜为州治,故今为修正。
⑤⑥ 依地理形势推定。
⑦ 《新唐志》保州天保郡有安居县,不载何时置。按《旧唐志》、《州郡典》皆不载此县,《舆地广记》祺州亦云:"(保州)没番后,县皆废。"《贞元十道录》残卷保州天保郡有废安居县。可知安居县置于天宝末年以后,当即乾元元年天保郡复归唐朝之时,故补。
⑧ 《贞元十道录》残卷载,保州天保郡安居县旧领三乡,为该州领乡最多的一县,故推知置在今理县西部河谷较宽之古尔沟镇沙坝村(旧为乡)。1997年《理县志》第10、67页谓治沙坝乡古尔沟村。

(四) 静戎郡(霸州)

静戎郡(742—758)—**霸州**(758—763)

天宝元年,析维州置静戎郡,以处内附诸羌部落,取怀柔之意为名,并置归化、安信、互利、保宁四县,治归化县①,隶通化郡都督府。十三载,静戎郡领归化、安信、互利、保宁四县,治归化县。至德元载,隶剑南道节度使。

乾元元年,改为霸州,以故羁縻霸州为名,后上元二年,隶西川节度使。广德元年,陷于吐蕃。

1. 归化②县(742—763,849—907)

天宝元年,析维州小封县置归化县③,取怀柔之意为名,治移村(今理县上孟乡塔斯村)④,割隶静戎郡,为郡治。乾元元年,隶霸州,为州治。广德元年,陷于吐蕃。大中三年,废羁縻归化、武德、丹、保宁四州复置归化县,治故归化城(今理县上孟乡塔斯村),隶维州。

2. 安信县(742—763)

天宝元年,析维州小封县置安信县,取怀柔之意为名,治钵南村(今理县上孟乡木尼村)⑤,隶静戎郡。乾元元年,隶霸州。广德元年,陷于吐蕃。

3. 互利⑥县(742—763)

天宝元年,析维州小封县置互利县,取怀柔之意为名,治小聋山上村(今

---

① 《新唐志》、《太平寰宇记》皆以安信县为静戎郡首县,然据《太平寰宇记》,安信县"去州二十里",互利县"去州五里",保宁县"去州三十里",显然三县皆非郡所治。唯归化县"去州西北四百里",虽最不可信,却值得推敲。考《太平寰宇记》霸州:"北至绳桥,有路通骆驼山,连桃溪谷,至蕃州,去州一百里。""质家漱在州北八十里,其水流下桃溪谷,至西川。"桃溪谷即今理县孟董沟,"蕃州"当指广德元年以后陷于吐蕃之维州(今理县甘堡乡),唐一百里合今43公里,则可推定霸州治在今理县上孟乡塔斯村。《阿坝州藏族羌族自治州志》第166页亦谓:"今理县孟董水置霸州。"其地在维州之北,与归化县方位大致吻合,因疑归化县"去州西北四百里",实为"去州四百步"或"去蕃州北一百里"之误脱。据此,当以归化县为静戎郡治。
② 《贞元十道录》残卷作"皈化",今依《新唐志》、《太平寰宇记》。
③ 《新唐志》维州维川郡有归化县,不载何时置。按《旧唐志》、《州郡典》、《元和志》皆不载此县,而天宝元年后,归化县隶霸州,则推知归化县置于天宝元年以前,疑与割定廉县置奉州同时,故补。
④ 考详上文霸州序注。《纪要》卷73以霸州归化县为羁縻县,在松潘南百里归化关,误。
⑤ 《太平寰宇记》霸州安信县:"去州二十里,在钵南村置。"今定于理县上孟乡木尼村。《四川政区沿革与治地今释》第222页定于今理县甘堡乡,《历史地名》第1123页云:"治所在今四川理县东北一百四十里桃坪乡古城,一说在今汶川县西北二十里。"1997年《理县志》第67页谓治今杂谷脑镇,去霸州治皆较远,不取。
⑥ 《贞元十道录》残卷作"互信",《新唐志》作"牙利",今依《太平寰宇记》。

理县上孟乡日七寨)①,隶静戎郡。乾元元年,隶霸州。广德元年,陷于吐蕃。

4. 保宁县(742—763)

天宝元年,析维州小封县置保宁县,取怀柔之意为名,治质台村(今理县下孟乡仔迭村)②,隶静戎郡。乾元元年,隶霸州。广德元年,陷于吐蕃。

第九节 交川郡(松州)都督府

松州都督府(628—742)—交川郡都督府(742—756)

贞观二年(628),割剑南道南会州都督府松州及岷州都督府叠、芳、扶、文、武五州置松州都督府,仍属陇右道。三年,置轨、西仁、崌、丛四州。四年,降轨、西仁、崌、丛四州为羁縻州。六年,以剑南道废利州都督府之龙州来属。十二年,割叠、芳二州隶叠州都督府。十三年,松州都督府督松、扶、武、文、龙五州及羁縻州若干。十四年,割武州隶秦州都督府。二十一年,置当州。

永徽四年(653),割属剑南道,置静州。显庆二年(657),废静州。四年,置悉州。咸亨元年(670),割悉、当二州隶翼州都督府。仪凤二年(677),以废翼州都督府之翼、悉、柘、当四州来属,置南和州,降龙州为羁縻州③。垂拱三年(687),又升羁縻龙州为正州,直属剑南道。

武周天授二年(691),改南和州为静州。长安四年(704),松州都督府督松、扶、文、翼、悉、静、柘、当八州。

唐开元二十四年(736),置恭州。

天宝元年(742),改松州为交川郡,扶州为同昌郡,文州为阴平郡,翼州为临翼郡,悉州为归诚郡,静州为静川郡,柘州为蓬山郡,恭州为恭化郡,当州为江源郡,改松州都督府为交川郡都督府。五载,置昭德郡。十三载,松州都督府督交川、同昌、阴平、临翼、江源、归诚、蓬山、静川、恭化、昭德十郡。至德元载(756),交川、同昌、临翼、江源、归诚、蓬山、静川、恭化、昭德九郡隶剑南道节度使④,阴平郡隶山南西道防御使,都督府只领羁縻州。

---

① 《太平寰宇记》霸州互利县:"去州五里,在小聋山上村置。"
② 《太平寰宇记》霸州保宁县:"去州三十里,在质台村置。"质台,与今仔迭(旧名子达)音近。
③ 《旧唐志》松州都督府云仪凤二年督文、扶、当、柘、静(南和)、翼六州,脱松、悉二州。
④ 史志不载此事。按《新唐表》,松、当等州早在开元二年已置防御处置兵马使,开元二十二年文、扶二州隶剑南道节度使,今依本卷体例,一律以至德元载起算。

(一) 交川郡(松州)

松州(618—742)—交川郡(742—758)—松州(758—763)

武德元年(618),割扶州嘉诚县、会州交川县置松州,以甘松岭为名,治嘉诚县,隶益州总管府。三年,割隶会州总管府。四年,隶南会州总管府。七年,隶南会州都督府。贞观二年,割置松州都督府。三年,置通轨县。十三年,松州领嘉诚、交川、通轨三县,治嘉诚县。二十一年,割通轨县隶当州。

显庆元年,置平康县,割隶翼州。垂拱元年,复置平康县,割隶当州。

武周长安四年,松州领嘉诚、交川二县,治嘉诚县。

唐天宝元年,改为交川郡,以交川县为名,隶交川郡都督府,割当州平康县来属。十三载,交川郡领嘉诚、交川、平康三县,治嘉诚县。至德元载,隶剑南道节度使。

乾元元年,复为松州。后上元二年,隶西川节度使,置盐泉县。广德元年,没于吐蕃。

1. 嘉诚县(618—763)

本隋同昌郡旧县,武德元年,隶松州,为州治。天宝元年,隶交川郡,为郡治。乾元元年,复隶松州,为州治。后上元二年,析置盐泉县。广德元年,没于吐蕃。

附旧县:盐泉县(761—763)

后上元二年,析嘉诚县置盐泉县①,以有盐泉为名,治盐泉城(今四川松潘县川主寺镇)②,隶松州。广德元年,没于吐蕃。

2. 交川县(618—763)

本隋汶山郡旧县,武德元年,隶松州。贞观三年,析置通轨县。显庆元年,析置平康县。是年,省平康县来属。垂拱元年,复析置平康县。天宝元年,隶交川郡。乾元元年,复隶松州。广德元年,没于吐蕃。

3. 平康县(656,685—763)

显庆元年③,析交川县置平康县,以隋旧县为名,治故平康城(今松潘县红

---

① 《新唐志》松州有盐泉县,不载置于何时,以《州郡典》、《旧唐志》皆不载此县观之,当置于乾元后。
② 据地理形势分析,此地当松州通吐蕃要路,宜为置县之所。
③ 《元和志》作"显庆中",今依《旧唐志》通轨县。

土乡)①,割隶翼州。是年,省入交川县、翼州翼针县。垂拱元年②,析交川县、翼州翼针县地复置平康县,割隶当州。天宝元年,割隶交川郡。乾元元年,复隶松州。广德元年,没于吐蕃。

附旧州一:轨州(629—630)

贞观三年③,招慰党项羌部落置轨州,以轨川为名,并置通川、玉城、俄彻、金原四县,治通川县,隶松州都督府。四年,降为羁縻轨州,四县为羁縻县。

附旧县1:通川县(629—630)

贞观三年,招慰党项羌置通川县,以通川为名,治通川城(今松潘县上八寨乡阿基村)④,隶轨州,为州治。四年,降为羁縻县。

附旧县2:玉城县(629—630)

贞观三年,招慰党项羌置玉城县,治玉城(今松潘县下八寨乡),隶轨州。四年,降为羁縻县。

附旧县3:俄彻县(629—630)

贞观三年,招慰党项羌置俄彻县,以羌语之意为名,治俄彻城(今松潘县上八寨乡)⑤,隶轨州。四年,降为羁縻县。

附旧县4:金原县(629—630)

贞观三年,招慰党项羌置金原县,以金色草原为名,治金原城(今松潘县草原乡),隶轨州。四年,降为羁縻县。

附旧州二:西仁州(629—630)

贞观三年,招慰党项羌部落置西仁州,盖以化行仁义为名,并置奉德、思安、永慈、金池四县,治奉德县,隶松州都督府。四年,降为羁縻奉州,四县为羁縻县。

---

① 《元和志》当州平康县:"西南至州六十里。"此当州治即仅凤二年后之逢臼桥(今黑水县知木林乡),其东北六十里(合今26公里),当今黑水县卡龙镇东北一带,然其地为小黑水河上游高山深林,不合为故平康城之所在,且区区一小黑水河谷,已置有通轨、利和二县,不容再有一县。考平康县曾隶翼、松二州,应距该二州较近,依地理形势分析,当置在今松潘县红土乡,其地为大姓沟中游较宽之河谷,人户稍多,且为松、翼二州通当州交叉路口,宜为平康县(故平康城)之所在,大姓沟当即平康水,其至当州里距约一百二十里,《元和志》所载里距有误。《四川政区沿革与治地今释》第114页以为在松潘县燕云乡(卡龙),按其地已入松州都督府羁縻地区境,不妥。
② 《新唐志》当州谷和县:"文明元年,开生羌置,并置平康县。"按"平康县"当即"平康县",《元和志》、两《唐志》、《太平寰宇记》松州平康县条皆云垂拱元年复置平康县,可证《新唐志》谷和县之误,今改。
③ 三年,两《唐志》、《太平寰宇记》作二年,今依《通典》、《唐会要》、两《唐书》之《党项传》及《资治通鉴》贞观三年闰十二月。
④ 郭声波:《"河曲十六州"交通与地望考》,《中国历史地理论丛》1994年第2期。
⑤ 据地理形势分析。

附旧县1：奉德县(629—630)

贞观三年，招慰党项羌置奉德县，取嘉名，治奉德城(今松潘县燕云乡根多村)①，隶奉州，为州治。四年，降为羁縻县。

附旧县2：思安县(629—630)

贞观三年，招慰党项羌置思安县，取嘉名，治思安城(今松潘县燕云乡)，隶奉州。四年，降为羁縻县。

附旧县3：永慈县(629—630)

贞观三年，招慰党项羌置永慈县，取嘉名，治永慈城(今松潘县燕云乡卡亚村)②，隶奉州。四年，降为羁縻县。

附旧县4：金池县(629—630)

贞观三年，招慰党项羌置金池县，以金坑为名，治金池城(今松潘县红扎乡沙代村)，隶奉州。四年，降为羁縻县，置羁縻岩州。

附旧州三：崌州(629—630)

贞观三年③，招慰党项羌部落置崌州，以所处岷山古名崌山为名，并置江源、洛稽二县，治江源，隶松州都督府。四年，降为羁縻崌州，二县为羁縻县。

附旧县1：江源县(629—630)

贞观三年，招慰党项羌置江源县，以岷江源为名，治江源城(今松潘县川主寺镇牧场村)④，隶崌州，为州治。四年，降为羁縻县。

附旧县2：洛稽县(629—630)

贞观三年，招慰党项羌置思安县，以洛稽山名，治洛稽城(今松潘县川主寺镇黄胜关村)，隶崌州。四年，降为羁縻县。

(二) 临翼郡(翼州)

翼州(618—630,634—742)—临翼郡(742—758)—翼州(758—907)

武德元年，割茂州左封、翼针、翼水三县置翼州，以隋旧州为名，治左封县，

---

① 郭声波：《"河曲十六州"交通与地望考》，《中国历史地理论丛》1994年第2期。原以为在燕云乡北与若尔盖县、红原县交叉口年氽坝，今订正。
② 据地理形势分析。
③ 三年，两《唐志》及《太平寰宇记》作"元年"，今依《通典》《唐会要》《旧唐书·党项传》。
④ 郭声波：《"河曲十六州"交通与地望考》，《中国历史地理论丛》1994年第2期。原以为在乡北与若尔盖县、红原县交叉口年氽坝，今订正。

隶益州总管府。二年,省左封县,移州治于翼针县。三年,割隶会州总管府。四年,隶南会州总管府,复置左封县。七年,隶南会州都督府。贞观四年,置左封县,寻降为羁縻翼州。八年,复升为正州①,隶茂州都督府。十三年,翼州领翼针、左封、翼水三县,治翼针县。二十一年,割左封县隶当州。

显庆元年,割松州平康县来属,是年,省平康县。咸亨元年,置翼州都督府,州、府皆寄治悉州悉唐县。仪凤二年,罢都督府,翼州还治翼针县,改隶松州都督府。

武周长安四年,翼州领翼针、翼水二县,治翼针县。

唐天宝元年,改为临翼郡,以临翼水为名,隶交川郡都督府,改翼针县为卫山县,割悉州识臼、鸡川二县来属,改识臼县为昭德县。五载,割昭德、鸡川二县隶昭德郡。十一载,置峨和县。十三载,临翼郡领卫山、翼水、峨和三县,治卫山县。至德元载,隶剑南道节度使。

乾元元年,复为翼州。后上元二年,隶西川节度使,置昭远县,割隶真州。广德元年,移治翼水县,弃峨和县于吐蕃。二年,隶东西川节度使。大历元年(766),隶剑南西山防御使。是年,还隶西川节度使。五年,行柘、行当、行静三州寄治于州境。贞元十年(794),收复峨和县。元和十五年(820),翼州领翼水、卫山、峨和三县,治翼水县。

咸通十四年(873),翼州领县不变②。

1. 翼针县(618—630,634—742)—卫山县(742—907)

翼针县,本隋汶山郡旧县,武德元年,隶翼州。二年,自左封县移州治于此。贞观四年,降为羁縻县。八年,复升为正县,隶翼州,为州治。十七年,移县治于七里溪(今茂县叠溪镇东南)③。咸亨元年,移州治于悉州悉唐县。仪凤二年,自悉唐县还州治于此。天宝元年,改为卫山县,以昔卫山为名④,隶临翼郡,为郡治。乾元元年,复隶翼州,为州治。广德元年,为吐蕃所破,寄治翼水县。贞元十年,还治故卫山城。

---

① 详参下编第七章《剑南道羁縻地区》第六节"通化郡都督府所领"直辖羁縻地区附羁縻翼州。
② 《新唐志》犹载翼州及其三县,而《大明一统志》叠溪守御军民千户所则云,翼州及其领县"五代至宋元皆为羌人所据,不置州县",按《武经总要》前集卷19,宋初翼州已移至茂州三百里外,故推知翼州于五代已降为羁縻州,省并三县,并移往他处。详参郭声波《"岷江西山九州"考》。
③ 《元和志》翼州:"南至茂州一百二十里,北至松州一百八十里。卫山县,郭下。"即今叠溪镇,旧较场乡。
④ 郭声波:《川西北羌族探源——唐宋岷江西山羁縻州部族研究》,《中南民族大学学报》2002年第4期。

2. 翼水县(618—630,634—907)

本隋汶山郡旧县,治合江镇(今茂县飞虹乡两河口)①,武德元年,隶翼州。贞观四年,降为羁縻县。八年,复升为正县,隶翼州。天宝元年,隶临翼郡。乾元元年,复隶翼州。后上元二年,析置昭远县。广德元年,自翼针县移州治于此②。大历五年,行柘、行当、行静三州寄治于县境。

附新县1：昭远县(761—763)—行和集县(770—822)

后上元二年,析翼水县置昭远县,取怀柔之意为名,治昭远城(今茂县洼底乡)③,割隶真州。广德元年,为吐蕃所破,遂省。大历五年,置行和集县于故昭远城,为行恭州治。长庆二年(822),省入羁縻恭州。

附新县2：行柘县(770—822)

大历五年,置行柘县于翼州翼水县境(今茂县飞虹乡深沟村沙坝)④,为行柘州治。长庆二年,省入羁縻柘州。

附新县3：行通轨县(770—822)

大历五年,置行通轨县于翼州翼水县境(今茂县飞虹乡水草坪村萝兜寨)⑤,为行当州治。长庆二年,省入羁縻当州。

附新县4：行悉唐县(770—822)

大历五年,置行悉唐县于翼州翼水县境(今茂县回龙乡)⑥,为行静州治。长庆二年,省入羁縻静州。

3. 峨和县(752—763,794—907)

天宝十一载,析翼针县置峨和县,以峨和山为名,治峨和城(今四川松潘县镇坪乡甲竹寺)⑦,隶临翼郡。乾元元年,复隶翼州。广德元年,没于吐蕃。

---

① 《元和志》翼州翼水县:"北至州六十里。大江水,经县西二百步。"此州仍指广德以前之翼州城(翼针县)。蒲孝荣《四川政区沿革与治地今释》第213页以为在今茂县石大关乡,里距太近,不取。
② 史志不载此事,按《新唐志》松州云,广德元年后,翼州为行州,"以部落首领世为刺史"。又据《元丰九域志》,茂州北七十五里有羁縻翼州,按之地理,即唐翼水县治,则知所谓置行翼州,实即移治翼水县。
③ 《新唐志》真州有昭远县,不载置于何时,以《州郡典》、《旧唐志》皆不载此县观之,当置于乾元后,今姑定于后上元二年。《历史地名》第1880页:"昭远县治今茂县西北。"今依地理形势推定于茂县洼底乡。
④ 《武经总要》前集卷19云,羁縻柘州去茂州七十里,当在今茂县北之深沟村沙坝。
⑤ 《武经总要》前集卷19云,羁縻当州去茂州六十五里,合今28公里,当在今茂县北之水草坪村萝兜寨。
⑥ 《武经总要》前集卷19云,羁縻静州去茂州七十五里,合今32公里,即今茂县回龙乡。
⑦ 《太平寰宇记》翼州峨和县:"(州)北六十里。"《大明一统志》叠溪千户所:"废峨和县,在所城北六十里永镇桥。"即今甲竹寺。《阿坝藏族羌族自治州志》第166页谓在今茂县太平乡,里数不合。

贞元十年,收复,仍隶翼州①。

附新州一: 行柘州(770—822)

大历五年,置行柘州及行柘县于翼州翼水县,隶西川节度使。元和十五年,行柘州领行柘县一县。

长庆二年,降为羁縻柘州,省行柘县。

附新州二: 行当州(770—822)

大历五年,置行当州及行通轨县于翼州翼水县境,隶西川节度使。元和十五年,行当州领行通轨县一县。

长庆二年,降为羁縻当州,省行通轨县。

附新州三: 行静州(770—822)

大历五年,置行静州及行悉唐县于翼州翼水县境,隶西川节度使。元和十五年,行柘州领行悉唐县一县。

长庆二年,降为羁縻静州,省行悉唐县。

附新州四: 行恭州(763—822)

大历五年,置行恭州及行和集县于故真州昭远县境,隶西川节度使。元和十五年,行恭州领行和集县一县。

长庆二年,降为羁縻恭州,省行和集县。

(三) 阴平郡(文州)

文州(618—742)—阴平郡(742—758)—文州(758—907)

阴平郡,本隋旧郡,领曲水、正西、长松三县②,唐武德元年,改为文州,隶秦州总管府。七年,隶秦州都督府。九年,割隶岷州都督府。贞观元年,省正西县。二年,割隶松州都督府。十三年,文州领曲水、长松二县,治曲水县。

武周长安四年,文州领县不变。

天宝元年,复为阴平郡,隶交川郡都督府。十三载,阴平郡领曲水、长松

---

① 《贞元十道录》剑南道残卷翼州有峨和县,《太平寰宇记》翼州峨和县亦云:"此邑见《贞元十道录》。"《新唐书》卷7《德宗纪》:"贞元十年六月,韦皋败吐蕃,克峨和城。"可证。
② 《隋志》不载阴平郡,按《旧唐志》云:"义宁二年,置阴平郡,领曲水、长松、正西三县。"据补。

二县,治曲水县。至德元载,割隶山南西道防御使。

乾元元年,复为文州。宝应元年(762),隶山南西道节度使。大历十四年,为吐蕃所破,文州寄治龙州马盘县①。建中元年(780),收复②,还州治于曲水县。贞元六年,省长松县。元和十五年,文州领曲水一县。

咸通十四年,文州领县不变。

文德元年(888),割隶剑南道威戎军节度使。景福元年(892),还隶山南西道节度使。天祐三年(906),割隶兴文节度使。

1. 曲水县(618—907)

本隋阴平郡旧县,武德元年,隶文州,为州治。贞观元年,省正西县来属。天宝元年,隶阴平郡,为郡治。乾元元年,复隶文州,为州治。大历十四年,为吐蕃所破,随州寄治龙州马盘县。建中元年,收复,三年,移治麻关谷口姜维城(今甘肃文县城城关镇)③。贞元六年,省长松县来属。

附旧县:正西县(618—627)

本隋阴平郡旧县,武德元年,隶文州。贞观元年,省入曲水县。

2. 长松县(618—790)

本隋阴平郡旧县,武德元年,隶文州。天宝元年,隶阴平郡。乾元元年,复隶文州。贞元六年,省入曲水县。

(四)同昌郡(扶州)

扶州(618—742)—同昌郡(742—758)—扶州(758—770,849—907)

同昌郡,本隋旧郡,领尚安、同昌、帖夷④、嘉诚、钳川五县⑤。唐武德元年,改为扶州,以隋旧州为名,治同昌县,隶秦州总管府,割嘉诚县隶松州。七

---

① 《元和志》文州:"大历十四年,西戎犯边,刺史拔城南走。"据补。
② 《旧唐书》卷117《崔宁传》:"(律中元年)出军自江油趣白坝,与山南兵合击,蛮兵败走,范阳军又击破于七盘,遂拔新城,戎蛮大败。"按七盘、新城皆城属义州,知是年已复文州故地。
③ 《元和志》文州:"建中三年,以旧城在平地,窄小难守,遂移于故城东四里高原上。"《太平寰宇记》文州:"建中三年,以其州先退居内地,置于阴平下濑,蕃寇屡入,不堪固守,遂移就州东麻关谷口,于邓艾、姜维故城置。"《历史地名》第979页定建中曲水县于今文县治,从之。据《中国文物地图集·甘肃分册》下册第721页,故城犹存。
④ 《隋志》原作"怗夷",按《太平寰宇记》文州云:"(西魏)时又置帖夷县,以隶帖夷郡。开皇初,以夷人宁帖为义也。"据改。
⑤ 《隋志》同昌郡有封德、常芬、金崖三县,共八县。按本编第十五章《陇右道》第三节"临洮郡都督府"合川郡叠州附芳州已考证隋义宁二年置甘松郡,常芳县(即常芬县)隶之;又,封德、金崖二县不见于唐初记载,当是隋末已废,今并删。

年,隶秦州都督府。九年,割隶岷州都督府。贞观二年,割隶松州都督府。十三年,扶州领同昌、帖夷、钳川、尚安四县,治同昌县。

武周万岁通天二年(697),改帖夷县为武进县。长安四年,扶州领同昌、武进、钳川、尚安四县,治同昌县。

唐神龙元年(705),复改武进县为帖夷县。

天宝元年,复为同昌郡,隶交川郡都督府。十三载,同昌郡领同昌、帖夷、钳川、尚安四县,治同昌县。至德元载,隶剑南道节度使。二载,改尚安县为万全县。

乾元元年,复为扶州。后上元二年,隶西川节度使。广德二年,隶东西川节度使。大历元年,隶山南西道节度使①。五年,陷于吐蕃。

大中三年②(849),山南西道节度使郑涯收复扶州,仍隶山南西道节度使。咸通十四年,扶州领同昌、帖夷、钳川、尚安四县,治同昌县。

大顺二年(891),割隶武定军节度使。

1. **同昌县**(618—770,849—907)

本隋同昌郡旧县,武德元年,隶扶州,为州治。天宝元年,隶同昌郡,为郡治。乾元元年,复隶扶州,为州治。大历五年,陷于吐蕃。大中三年,收复,仍隶扶州,为州治。

2. **帖夷县**(618—697)—**武进县**(697—705)—**帖夷县**(705—770,849—907)

帖夷县,本隋同昌郡旧县,武德元年,隶扶州。万岁通天二年,改为武进县,取武氏吉意。神龙元年,复为帖夷县。天宝元年,隶同昌郡。乾元元年,复隶扶州。大历五年,陷于吐蕃。大中三年,收复,仍隶扶州。

3. **钳川县**(618—770,849—907)

本隋同昌郡旧县,武德元年,隶扶州。天宝元年,隶同昌郡。乾元元年,复隶扶州。大历五年,陷于吐蕃。大中三年,收复,仍隶扶州。

4. **尚安县**(618—757)—**万全县**(757—770,849—907)

尚安县,本隋同昌郡旧县,武德元年,隶扶州。长安二年,移治黑水堡(今四川九寨沟县黑河乡)③。天宝元年,隶同昌郡。至德二载,避安氏名姓,改为万全县。乾元元年,复隶扶州。大历五年,陷于吐蕃。大中三年,收复,仍隶扶州。

---

① 《新唐志》原作"二年"。按《新唐书》卷8《宣宗纪》:"大中三年十二月,吐蕃以扶州归于有司。"《资治通鉴》大中三年闰十一月:"山南西道节度使郑涯奏取扶州。"据改。
② 扶州自剑南道改隶山南西道的时间,赖青寿《方镇研究》第169—170页有详考,今从之。
③ 《四川政区沿革与治地今释》第223页拟于南坪县黑河公社(今九寨沟县黑河乡),从之。

附旧州：丛州(629—630)

贞观三年①,招慰党项羌部落置丛州,并置宁远、临泉、临河三县,治宁远县,以古蚕丛氏之地为名,隶松州都督府。四年,降为羁縻丛州,三县为羁縻县。

附旧县1：宁远县(629—630)

贞观三年,招慰党项羌置宁远县,取嘉名,治宁远城(今九寨沟县大录乡香扎村东北)②,隶丛州,为州治。四年,降为羁縻县。

附旧县2：临泉县(629—630)

贞观三年,招慰党项羌置临泉县,以临泉水为名,治临泉城(今九寨沟县大录乡),隶丛州。四年,降为羁縻县。

附旧县3：临河县(629—630)

贞观三年,招慰党项羌置临河县,以临黑水为名,治临河城(今九寨沟县玉瓦乡),隶丛州。四年,降为羁縻县。

(五) 江源郡(当州)

当州(647—742)—江源郡(742—758)—当州(758—763)

贞观二十一年,羌首领董和那蓬固守松州有功,遂割松州通轨县、翼州左封县置当州,以其为刺史,州以地产当归为名,治通轨县,隶松州都督府。永徽四年,置静居、清边二县,割隶静州。六年,置悉唐县。显庆元年,割左封、悉唐二县隶悉州。二年,置利和县。咸亨元年,割隶翼州都督府。仪凤二年,复隶松州都督府。文明元年(684),置谷和县。垂拱元年,割松州平康县来属。

武周长安四年,当州领通轨、谷和、利和、平康四县,治通轨县。

天宝元年,改为江源郡,以地近岷江之源为名,隶交川郡都督府,割平康县隶松州。十三载,江源郡领通轨、谷和、利和三县,治通轨县。至德元载,隶剑南道节度使。

乾元元年,复为当州。后上元二年,隶西川节度使。广德元年,没于吐蕃。

1. 通轨县(629—763)

贞观三年,割松州交川县置通轨县,以隋旧县为名,治故通轨城(今四川

---

① 三年,《旧唐志》作"五年",今依《太平寰宇记》、《新唐志》。
② 《阿坝州志》第166页："今南坪玉瓦区内置〔丛〕(从)州。"今已没入水库中。

黑水县知木林乡毛儿盖一小黑水河口,已没入水库)①,隶松州。二十一年,割隶当州,为州治。显庆二年,析置利和县。仪凤二年,移治逢曰桥(今黑水县知木林乡底俄勒村)②。文明元年,析置谷和县。天宝元年,隶江源郡,为郡治。乾元元年,复隶当州,为州治。广德元年,没于吐蕃。

2. 谷和③县(684—763)

文明元年,生羌归附,析通轨县地置谷和县处之,治谷和城(今黑水县晴朗乡俄多村)④,隶当州。天宝元年,隶江源郡。乾元元年,复隶当州。广德元年,没于吐蕃。

3. 利和县(657—763)

显庆二年,析通轨置利和⑤县,治故广平城(今黑水县知木林乡连寨村)⑥,盖取利川和平为名,隶当州。天宝元年,隶江源郡。乾元元年,复隶当州。广德元年,没于吐蕃。

(六)归诚郡(悉州)

悉州(656—742)—归诚郡(742—758)—悉州(758—763)

显庆元年⑦,割当州左封、悉唐二县置悉州,以悉唐川为名,并置识臼县,以处内附生羌,治悉唐县,隶松州都督府。二年,以废静州之静居、清边二县来属。咸亨元年,割隶翼州都督府,移州治于左封县。仪凤二年,以羌叛,悉

---

① 《元和志》、《太平寰宇记》静州东北至当州、东至悉州皆为六十里。按静州在今黑水县城米尔垮村,至当、悉二州,须东行四十八里(合今 21 公里)至今黑水县麻窝乡鱼巴渡分路,然后东至悉州十二里(今双溜索乡),北至当州亦得为十二里(合今 5 公里),适至今知木林乡毛儿盖一小黑水河口。
② 《元和志》当州:"东南至悉州三十里。"《旧唐志》当州:"东南至悉州界四十里。"此悉州治左封县在今黑水县双溜索乡,至当州旧治通轨城仅十五里,故知《元和志》、《旧唐志》所载当州治,为当州新治逢曰桥(《太平寰宇记》作"逢日桥",今依《旧唐志》)。《太平寰宇记》当州又云:"西南至通轨县故城二百里以西,即生羌界。"则知当州新治在旧治东北。今依悉州西北四十里推算,当州新治在今黑水县知木林乡底俄勒村。
③ 《旧唐志》、《太平寰宇记》、《舆地广记》作"谷利",今依《州郡典》、《元和志》、《新唐志》。
④ 《元和志》当州谷和县:"东南至州六十里。"此州治为新治逢曰桥,以是推知。《太平寰宇记》当州谷(和)〔利〕县云:"(州)西南六十里。"按当州西南六十里已入静川郡界,不得置谷和县。
⑤ 《州郡典》、《旧唐志》、《太平寰宇记》作"和利",今依《元和志》、《新唐志》、《舆地广记》。按当州有利川,利和县当因利川为名,盖取利川和平之意,较之"和利"为顺。
⑥ 《元和志》当州利和县:"西南至州三十里。"此州治为新治逢曰桥,依此推算,利和县治在今黑水县知木林乡连寨村。
⑦ 《元和志》静州、《旧唐志》当州作"二年"(《太平寰宇记》悉州序、《太平御览》卷 166 引《图经》误作"三年"),其实是静居、清边二县来属之年;《唐会要》卷 71 作"永徽六年",其实是始置悉唐县之年,今依《元和志》悉州、《新唐志》、《太平寰宇记》左封县、《旧唐志》悉州、静州,作显庆元年置州。

州寄治当州城,还隶松州都督府。是年,还治左封县,割悉唐、静居、清边三县隶南和州。垂拱三年,置归诚县。延载后,移治识臼县①。

武周长安四年,悉州领识臼、左封、归诚三县,治识臼县。

唐先天二年(713),置鸡川县。

天宝元年,改为归诚郡,以归诚县为名,移郡治于左封县,隶交川郡都督府,割识臼、鸡川二县隶临翼郡。十三载,归诚郡领左封、归诚二县,治左封县。至德元载,隶剑南道节度使。

乾元元年,复为悉州。后上元二年,隶西川节度使。广德元年,没于吐蕃。

1. **左封县**(618—619,630,634—763)

本隋汶山郡旧县,武德元年,隶翼州,为州治。二年,移州治于翼针县,左封县省入翼水县。贞观四年,析翼水县复置左封县,仍治左封城(今四川黑水县双溜索乡)②,隶翼州。是年,降为羁縻县。八年,复升为正县,隶翼州。二十一年,割隶当州。永徽六年,析置悉唐县。显庆元年,割隶悉州,并析置识臼县。咸亨元年,自悉唐县移州治于此。垂拱三年,析置归诚县。载初元年(689),移治匪平川(今黑水县瓦钵梁子乡子母河村)③。延载后,移州治于识臼县。天宝元年,隶归诚郡,为郡治。乾元元年,复隶悉州,为州治。广德元年,没于吐蕃。

2. **归诚县**(687—763)

垂拱三年④,析左封县置归诚县,取怀柔之意为名,治归诚城(今黑水县石碉楼乡)⑤,隶悉州。天宝元年,隶归诚郡。乾元元年,复隶悉州。广德元年,

---

① 《元和志》载,悉州治识臼县,然诸志皆不载悉州移治识臼县时间。今按《元和志》悉州左封县距州治识臼县二十里,则知左封县已移治匪平川,即是延载元年以后建置。又,《元和志》悉州无鸡川县,则知是先天二年以前事。即悉州移治识臼县在延载、先天之间。
② 《旧唐志》云:载初元年,悉州治左封县移于东南五十里匪平川。《元和志》云:左封县新治东南至悉州治识臼县二十里。按识臼县在今黑水县色尔古乡,依是推之,左封县旧治在今黑水县双溜索乡,新治在今黑水县瓦钵梁子乡子母河村。
③ 详参本县注。《羌族词典》第460页(巴蜀书社,2004年)以为左封县治在今茂县维城乡前村,恐误。
④ 两《唐志》、《太平寰宇记》作"二年"。按《元和志》云:"本生羌,垂拱二年从化,三年,置县以处之。"今依之。
⑤ 《元和志》悉州归诚县:"西北至州八十里。"《太平寰宇记》悉州归诚县:"(州)东南八十里。"按《元和志》悉州治识臼县,《太平寰宇记》悉州治左封县,所记州治不同,而归诚县至州道里却全同,必有一误。考识臼县在今黑水县色尔古乡,天宝元年已割隶翼州,则归诚县必不在识臼县之东南,《元和志》非是。而左封县初时在今黑水县双溜索乡,载初元年移治今黑水县瓦钵梁子乡子母河村,两处治地之东南八十里(合今34公里),均在色尔古乡之东,亦不能为归诚县之所在。因疑"八十里"为"六十里"之误,即归诚县垂拱三年初置时,在州治左封县(双溜索乡)东南六十里(合今26公里),即今黑水县石碉楼乡。

没于吐蕃。

(七) 蓬山郡(柘州)

柘州(675—742)—蓬山郡(742—758)—柘州(758—763)

前上元二年(675),升羁縻乐容州都督府羁縻柘州为正州,改为柘州①,并置柘、乔珠二县,治柘县,隶翼州都督府。仪凤二年,改隶松州都督府。

武周长安四年,柘州领县一如前上元二年。

唐天宝元年,改为蓬山郡,以蓬婆岭为名,隶交川郡都督府。十三载,蓬山郡领柘、乔珠二县,治柘县。至德元载,隶剑南道节度使。

乾元元年,复为柘州。后上元二年,隶西川节度使。广德元年,没于吐蕃。

1. 柘县(675—763)

前上元二年,以羁縻柘州浪我羌部落置柘县,为正县,治柘钟城(今黑水县城芦花镇下打古村)②,隶柘州,为州治。天宝元年,隶蓬山郡,为郡治。乾元元年,复隶柘州,为州治。广德元年,没于吐蕃。

2. 乔珠县(675—763)

前上元二年,以羁縻柘州浪我羌部落置乔珠县,为正县,盖以羌语音为名,治乔珠城(今黑水县城芦花镇三打古牧场)③,隶柘州。天宝元年,隶蓬山郡。乾元元年,复隶柘州。广德元年,没于吐蕃。

---

① 《元和志》柘州:"仪凤二年置。"《旧唐志》柘州:"永徽后置。"《太平寰宇记》误作"永徽年置"。《太平御览》卷166引《图经》:"显庆三年置。"《资治通鉴》显庆元年冬十一月:"生羌酋长浪我利波等帅众内附,以其地置柘、栱二州。"《太平御览》卷166、《新唐志》作"显庆三年置"。今按显庆所置为羁縻州,前上元二年乃升为正州并置县,仪凤二年是改隶松府。又,州名《太平寰宇记》、《图经》皆云"以开拓为名"、"取其拓封疆为郡之名"。按《贞元十道录》残卷、《州郡典》《元和志》、两《唐志》、《资治通鉴》,州名皆作"柘州","以山多柘木为名",且属县有柘县,故《太平寰宇记》、《图经》所载为非。陈仲夫点校《唐六典》(中华书局,1992年)第93页亦于此有考证,可参。
② 《州郡典》蓬山郡:"东至静川郡三十里。"静川郡:"西北到蓬山郡界三十五里。"恭化郡:"东至蓬山郡界三十五里。"《元和志》柘州:"东南至静州三十里,西至恭州一百里。"静州:"西北至柘州三十里,北至(茹)〔柘〕州六十里。"《旧唐志》恭州:"东至柘州一百里。"《太平寰宇记》(拓)〔柘〕州:"东至静州三十里,北至恭州柏岭八十里。"恭州:"东至柘州界三十里,西北至柏岭镇四十里。"静州:"西北至柘州界三十五里。"综合以上所记,可知蓬山郡治在静川郡治北六十里,恭化郡治东一百里,而恭化、静川二郡治去蓬山郡界俱为三十五里。以此推算,蓬山郡治柘县在今黑水县城芦花镇下打古村。冯汉镛《古代四川在科学上的贡献》(载《巴蜀科技史研究》,四川大学出版社,1995年)云柘州在理县米亚罗,不取。
③ 《元和志》柘州乔珠县:"东至州五十里。"《太平寰宇记》(拓)〔柘〕州乔珠县:"(州)西五十里。"以是推知。

(八) 静川郡(静州)

静州(653—657)—南和州(677—691)—静州(691—742)—静川郡(742—758)—静州(758—763)

永徽四年①,析左封县地置静州及静居、清边二县,治静居县,取静居县首字为州名,隶松州都督府。显庆二年,州废,静居、清边二县隶悉州②。仪凤二年③,割悉州悉唐、静居、清边三县置南和州,以赤和戍为名,治悉唐县,隶松州都督府。

武周天授二年(691),复改为静州。长安四年,静州领悉唐、静居、清边三县,治悉唐县。

唐开元初,移治清边县。开元中,改清边县为广平县,还州治于悉唐县④。二十四年,割广平县隶恭州。

天宝元年,改为静川郡,以静川为名,隶交川郡都督府。十三载,静川郡领悉唐、静居二县。至德元载,隶剑南道节度使。

乾元元年,复为静州。后上元二年,隶西川节度使。广德元年,没于吐蕃。

1. 悉唐县(655—763)

永徽六年⑤,析左封县置悉唐县,以悉唐川为名,治悉唐城(今黑水县城芦花镇米尔垮村)⑥,仍隶当州。显庆元年,割隶悉州,为州治。咸亨元年,翼州寄治于此,移悉州治于左封县。仪凤二年,翼州还治翼针县,悉唐县割隶南和州,为州治。天授二年,隶静州,仍为州治。开元初,移州治于清边县。其后,自广平县还州治于此。天宝元年,隶静川郡,为郡治。乾元元年,复隶静州,为州治。广德元年,没于吐蕃。

2. 静居⑦县(653—763)

永徽四年⑧,析左封县置静居县,县居静川(今黑水县红岩乡)⑨,故以为

---

① 《唐会要》卷71《州县改置》。
② 参详上文"归诚郡(悉州)"序注。
③ 《新唐志》作"元年",今依《旧唐志》。
④ 《太平寰宇记》静州:"开元时,理在清边县,在今郡(南)〔西〕六十里清边故城是也。后为边夷难制,又以去郡稍远,数叛乱,移故州额于悉唐县,即今郡也。"据补。
⑤ 参详上文"归诚郡(悉州)"序注。
⑥ 《元和志》静州:"东北至悉州六十里,东北至当州六十里。"《旧唐志》静州:"东北至当州六十里,东至悉州〔六〕〔八〕十里。"《太平寰宇记》静州:"东北至当州六十里,东至悉州六十里。"以是推知。
⑦ 《州郡典》作"静川",今依《贞元十道录》残卷、《元和志》、两《唐志》、《太平寰宇记》。
⑧ 《元和志》静州静居县:"显庆二年,与悉州同置。"当依《唐会要》与静州同置,显庆二年乃改隶悉州之年。
⑨ 《太平寰宇记》静州静居县:"(州)东二十里。"以是推知。又,《元和志》静州悉唐县下有"西至州二十四里"句,当是静居县文,错简于此。

名,隶静州,为州治。显庆二年,州废,改隶悉州。仪凤二年,割隶南和州。天授二年,仍隶静州。天宝元年,隶静川郡。乾元元年,复隶静州。广德元年,没于吐蕃。

(九) 恭化郡(恭州)

恭州(736—742)—恭化郡(742—758)—恭州(758—763)

开元二十四年,割静州广平县置恭州,取其恭慕王化为名①,隶松州都督府,并析置博恭、烈山二县。

天宝元年,改为恭化郡,隶交川郡都督府,改广平县为和集县。十三载,恭化郡领和集、博恭、烈山三县,治和集县。至德元载,隶剑南道节度使。

乾元元年,复为恭州。后上元二年,隶西川节度使。广德元年,没于吐蕃。

1. 清边②县(653—开元中)—广平县(开元中—742)—和集县(742—763)

永徽四年③,析左封县置清边县,盖以边疆清宁为名,治清边城(今黑水县沙石多乡)④,隶静州。显庆二年,州废,改隶悉州。仪凤二年,割隶南和州。天授二年,仍隶静州。开元初,自悉唐县移州治于此。开元中,改清边县为广平县⑤,借南朝广平县为名,移治广平城(今黑水县沙石多乡奶子—五支沟口)⑥,还州治于悉唐县。二十四年,割置恭州,并析置博恭、烈山二县。天宝

---

① 《太平御览》卷166引《图经》曰:"恭州恭化郡,北接土蕃,地与当州同,唐显庆中置恭州,取恭慕王化为名。"今依两《唐志》、《元和志》定于开元二十四年置。
② 《元和志》静州作"清道",今依《太平寰宇记》静州序。
③ 《元和志》静州清(道)〔边〕县:"显庆二年,与悉州同置。"当依《唐会要》与静州同置,显庆二年乃改隶悉州之年。
④ 开元二十四年分置恭州之前,清边县虽已改为广平县,治地已经移徙,故《太平寰宇记》静州称清边城为开元故城。今姑定清边县故城在今黑水县沙石多乡。
⑤ 史志不载此事。按《太平寰宇记》静州:"开元时,理在清边县,在今郡(南)〔西〕六十里清边故城是也。后为边夷难制,又以去郡稍远,数叛乱,移故州额于悉唐县,即今郡也。"今姑定开元初静州移治清边县,开元中还治悉唐县,其后,静州清边县不见于记载,而代之以广平县。至开元二十四年,始割广平县置恭州,是知广平县乃由清边县改置。
⑥ 《郡县典》恭化郡:"东至蓬山郡界三十五里,北至吐蕃白崖城七十里,北到柏岭镇四十里,去西京三千一百二十里。"静川郡:"西南到恭化郡界六十里,去西京三千二十里。"《元和志》、《旧唐志》恭州:"东至柘州一百里。"柘州:"西至恭州一百里。"《太平寰宇记》恭州:"东至柘州界三十五里,北至吐蕃白山镇七十五里,西北至柏岭镇四十里。"〔拓〕〔柘〕州:"北至恭州柏岭八十里。"静州:"西南至恭州界六十里。"是知恭州治在柘、静二州治西一百里、柘州界三十五里,恭州东南界去静州治六十里。又按柏岭即今达格娘,旧名雅克夏山,山外即白崖城(白山镇),在今红原县壤口乡中壤口,以是推知,恭州治在今黑水县沙石多乡奶子—五支沟口,即森工局九○一场四工段。《四川政区沿革与治地今释》等以为在今红原县刷经寺镇,里距不合,不取。

元年,改为和集县,取怀柔之意,隶恭化郡,为郡治。乾元元年,复隶恭州,为州治。广德元年,没于吐蕃。

2. 博恭县(736—763)

开元二十四年,析广平县置博恭县,盖取莫博岭(今邛崃山脉)诸羌恭顺为名,治博恭城(今黑水县沙石多乡干市坝村)①,隶恭州。天宝元年,隶恭化郡。乾元元年,复隶恭州。广德元年,没于吐蕃。

3. 烈山县(736—763)

开元二十四年,析广平县置烈山县,以烈山为名,治烈山城(今黑水县沙石多乡羊茸村)②,隶恭州。天宝元年,隶恭化郡。乾元元年,复隶恭州。广德元年,没于吐蕃。

(一〇)昭德郡(真州)

昭德郡(746—758)—真州(758—763)—行悉州(770—822)

天宝五载,割临翼郡鸡川、昭德二县置昭德郡,以昭德县为名,并置真符县,以为郡治,隶交川郡都督府。十三载,昭德郡领真符、鸡川、昭德三县,治真符县。至德元载,隶剑南道节度使。

乾元元年,改为真州,以真符县为名。后上元二年,隶西川节度使,割翼州昭远县来属。广德元年,为吐蕃所破,内徙为行州(参见第九节"通化郡都督府"通化郡附新州二)。大历五年,置行悉州及行左封县于故真州③。元和十五年,行悉州领行左封二县。

长庆二年,降为羁縻悉州,省行左封县。

1. 真符县(746—763)—行左封县(770—822)

天宝五载,析鸡川、昭德二县置真符县,治真符营(今茂县雅都镇前村)④,

---

① 《元和志》恭州博恭县:"西至州二十五里。"《太平寰宇记》恭州博恭县:"(州)东三十五里。"今依《元和志》,以是推知。
② 《元和志》恭州烈山县:"西至州五十里。"《太平寰宇记》恭州烈山县:"(州)东五十里。"以是推知。
③ 《武经总要》前集卷19云:羁縻悉州"去(茂)州二百里。"《元丰志》卷7云:"威州(即行维州)西至羁縻悉州二百三十里。"以此推知行悉州在今茂县雅都乡中村,旧维城乡。常明等《四川通志》卷5引《元一统志》云:"沱水自废悉州流经威州界,至汶川入大江。"沱水即今杂谷脑河,然据上述道里推测,行悉州必不在杂谷脑河流域,《元一统志》所载当有误。
④ 《元和志》云:"真州,在合江镇西一百二十四里。"合今53公里,以是推知在今茂县雅都乡前村,旧属维城乡。村东有唐故城遗址,即此。当地政府定为唐悉州左封县故城(见《羌族词典》,第460页;《中国文物地图集·四川分册》下册,第1063页),如此,则与真州真符县治冲突,恐误。

以为县名,隶昭德郡,为郡治。乾元元年,隶真州,为州治。广德元年,没于吐蕃。大历五年,置行悉州及行左封县于故真符县境(今茂县雅都镇九龙村)①。长庆元年,省入羁縻悉州。

2. 鸡川县(713—763)

先天二年②,析翼州翼水县置鸡川县,以处生僚,治栖鸡川(今茂县雅都镇赤不苏村)③,以为县名,割隶悉州。天宝元年,割隶临翼郡。五载,割隶昭德郡,并析置真符县。乾元元年,隶真州。广德元年,没于吐蕃。

3. 识臼县(656—742)—昭德县(742—763)

显庆元年,析左封县置识臼县,治识臼城(今四川黑水县色尔古镇)④,以为县名,隶悉州。延载后,自左封县移州治于此。天宝元年,改为昭德县,取柔远之意为名,割隶临翼郡。五年,割隶昭德郡。乾元元年,隶真州。广德元年,没于吐蕃。

第十节 保宁都护府

翼州都督府(670—677)—保宁都护府(749—756)

咸亨元年(670),割茂州都督府翼州,松州都督府悉、当二州及羁縻剑、洪等州置翼州都督府,属剑南道,翼州都督府随翼州寄治悉州悉唐县。前上元二年(675),升羁縻柘钟州为柘州。仪凤二年(677),罢府,翼、悉、柘、当四州及其余羁縻州改隶松州都督府⑤。

天宝八载(749),吐蕃弱水西山哥邻、逋租、白狗等九属国归唐,仍以为藩属国⑥,置保宁都护府统之,属剑南道,取安边保宁之意,并置故洪、万安、平

---

① 《羌族词典》第460页:"唐悉州故城址,位于茂县维城乡九龙村东北1.5公里处,与维城乡中村隔河相对。"《中国文物地图集·四川分册》下册第1064页亦证实其地为唐代城址。九龙村今属雅都镇。
② 《新唐志》、《舆地广记》作"元年",今依《旧唐志》、《太平寰宇记》。
③ 鸡川县本翼州翼水县地,又据两《唐志》,真符县系析鸡川、昭德二县置,真符县治在今茂县赤不苏沟(即栖鸡川)中游,则鸡川县当在赤不苏沟下游,今姑定在赤不苏村。
④ 《元和志》悉州识臼县:"地名识臼,因之为名。"识臼,羌语为"色尔古(srgiu)",今为黑水县色尔古镇治。
⑤ 翼州都督府建置沿革考详郭声波《唐弱水西山羁縻州及保宁都护府考》。
⑥ 考详郭声波:《唐代弱水西山羁縻州部族探考》,《中国藏学》2002年第3期。

戎、柔远、明威五城为都护府直辖地区①,治故洪城。至德元载②(756),没于吐蕃。

保宁都护府直辖地区
保宁都护府直辖地区(749—756)

1. **故洪城**(749—756)

天宝八载,以哥邻国地置故洪城,治索磨川(今四川马尔康县城马尔康镇俄尔雅村),即故羁縻洪州城,为保宁都护府治。至德元载,陷于吐蕃。

2. **万安城**(749—756)

天宝八载,以哥邻国地置万安城,取安边之意,治索磨川(今马尔康县梭磨乡),直隶保宁都护府。至德元载,陷于吐蕃。

3. **平戎城**(740—756)

开元二十八年,取吐蕃安戎城隶奉州,改为平戎城。天宝元年,隶云山郡,八载,直隶保宁都护府,仍治莫博大岭(今四川理县米亚罗镇牧场场部)③。至德元载,陷于吐蕃。

4. **柔远城**(749—756)

天宝八载,以哥邻国地置柔远城,取怀柔之意,治索磨川(今红原县刷经寺镇刷马路口),直隶保宁都护府。至德元载,陷于吐蕃。

5. **明威城**(749—756)

天宝八载,以哥邻国地置明威城,取怀柔之意,治索磨川(今四川红原县壤口乡中壤口),直隶保宁都护府。至德元载,陷于吐蕃。

---

① 五城建置沿革与治地详参郭声波:《唐弱水西山羁縻州及保宁都护府考》。
② 《新唐志》保州:"广德元年没吐蕃,乾元元年,嗣归诚王董嘉俊以郡来归。"按广德在乾元后,此"广德"当是"至德"之误,可见天宝郡初陷在至德元载。保宁都护府在天保郡之西,其陷于吐蕃,亦当在是年。郭声波《唐弱水西山羁縻州及保宁都护府考》曾考定在乾元元年,误,今为修正。
③ 在米亚罗镇北32公里,旧刷经寺二道班东侧。

第十五章 陇 右 道

陇右道(627—794,849—907)

贞观元年(627),割中央直属秦、岷、兰、凉、肃五州都督府置陇右道(监理区),无治所,改肃州都督府为瓜州都督府。二年,置松州都督府。四年,罢瓜州都督府。十二年,改岷州都督府为叠州都督府。十三年,陇右道有秦、松、叠、兰、凉五州都督府。十四年,置前安西都护府。

永徽元年(650),改叠州都督府为洮州都督府。二年,置沙州都督府。四年,割松州都督府隶剑南道。显庆元年(656),改兰州都督府为鄯州都督府。二年,置羁縻昆陵、濛池二都护府。三年,改前安西都护府为安西都护府,置西州都督府,罢沙州都督府。龙朔二年(662),废羁縻昆陵都护府。三年,置金山都护府。乾封二年(667),羁縻濛池都护府附吐蕃。调露元年(679),复置沙州都督府,改安西都护府为后安西都护府,羁縻濛池都护府自吐蕃来属。垂拱二年(686),复置羁縻昆陵都护府。

武周长寿二年(693),行安北都护府自关内道来属,去"行"字,改后安西都护府为安西都护府。长安二年(702),改金山都护府为北庭都护府,改沙州都督府为瓜州都督府。四年,陇右道有秦、洮、鄯、凉、瓜、西六州都督府,安西、北庭、安北三都护府及羁縻昆陵、濛池二都护府。

唐景龙二年(708),安北都护府还隶关内道。三年,废羁縻濛池都护府。景云二年(711),割凉、瓜、西三州都督府,安西、北庭二都护府及羁縻昆陵都护府隶河西道。开元八年(720),置陇右道按察使,治秦州①。十七年,罢洮州都督府。二十二年②,以秦州刺史兼陇右道采访处置使。二十七年,复置洮州都督府。

天宝元年(742),改鄯州都督府为西平郡都督府,秦州都督府为天水郡都

---

① 《册府元龟》卷162:"开元八年五月,置十道按察使。八月,以……秦州都督张守洁充陇右道按察使。"
② 《册府元龟》卷162原作"二十三年",据严耕望《景云十三道与开元十六道》考改。

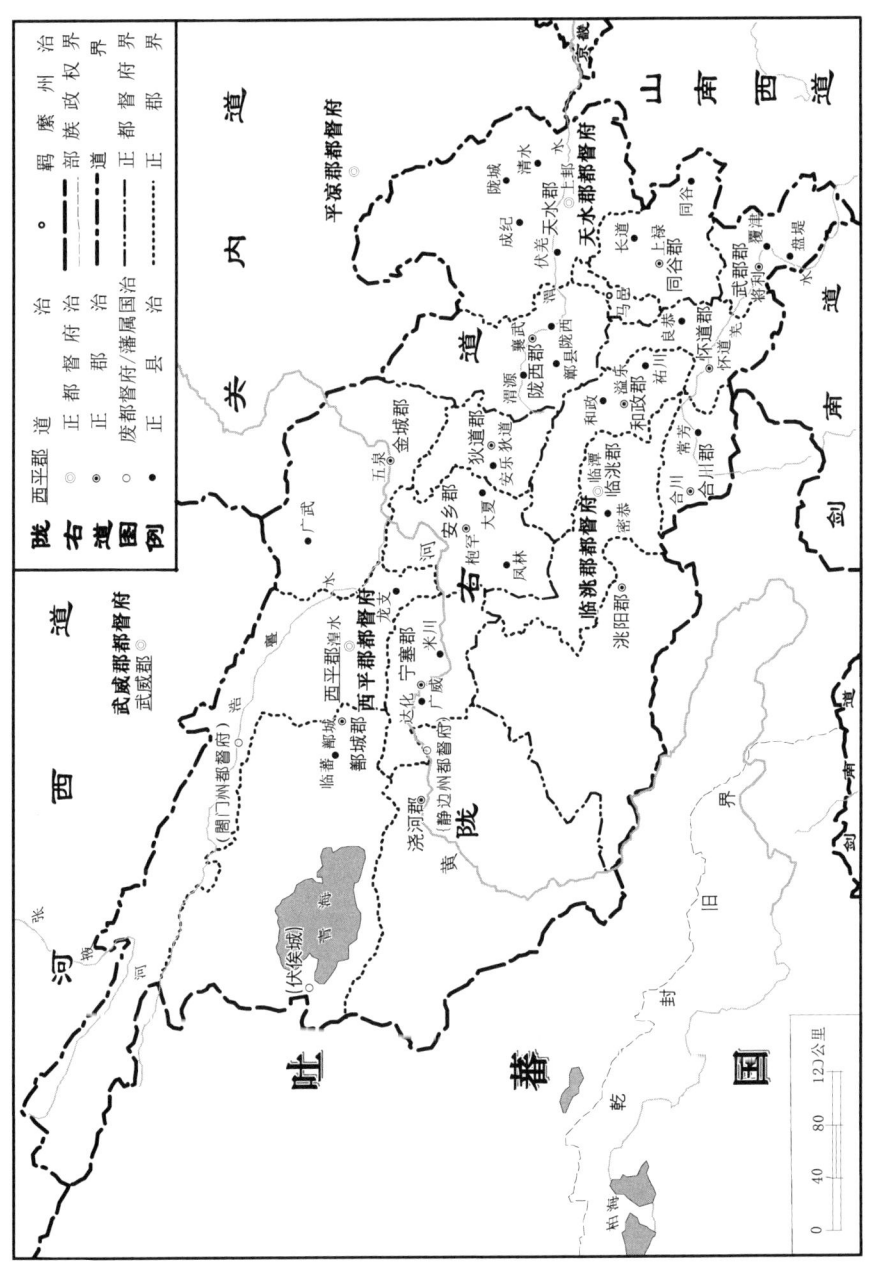

图 22 天宝十三载(754)唐朝陇右道行政区划

督府,洮州都督府为临洮郡都督府①,移道治于西平郡②。十三载,陇右道有西平、天水、临洮三郡都督府,治西平郡(见图22)。至德元载(756),以天水、临洮、西平三郡都督府置陇右节度使,治天水郡③。

贞元十年(794),罢陇右节度使,陇右道之地尽归吐蕃。

大中三年(849),始复陇右之地,置秦成两州经略使,仍属陇右道。五年,张议潮收复河西旧地来归,置归义军节度使④。咸通四年(863),置凉州节度使,改秦成两州经略使为天雄军节度使。十四年,陇右道有天雄军节度使、归义军节度使、凉州节度使三镇。

天祐四年(907),天雄军节度使归唐岐王李茂贞,凉州节度使归后梁⑤,而归义军节度使犹奉唐正朔⑥。

第一节 西平郡(鄯州)都督府

兰州都督府(625—656)—鄯州都督府(656—742)—西平郡都督府(742—756)—陇右节度使(756—794)

武德八年(625),割凉州都督府兰、河、廓、鄯四州置兰州都督府,直属中央。贞观元年(627),割隶陇右道。五年,置米州。六年,割岷州都督府西盐州来属。七年,置乌州。八年,改西盐州为儒州。十年,废米州。十一年,废乌州。十二年,置淳州。十三年,兰州都督府督兰、河、儒、淳、廓、鄯六州⑦。

---

① 《州郡典》序目陇右道有武威、天水、交河、晋昌、西平、陇西、敦煌、酒泉、金城、安乡、同谷、和政、武都、临洮、怀道、宁塞、合川、张掖、伊吾十九郡及安西、北庭二府,当为天宝元年之数,然武威、交河、晋昌、敦煌、酒泉、张掖、伊吾七郡及安西、北庭二府开元间已改属河西道,陇右道实有十郡。
② 《旧唐书》卷88《韦恒传》:"开元二十九年,为陇右道河西黜陟使。恒至河西,时节度使盖嘉运恃托中贵,公为非法,兼伪叙功劳,恒抗表请劾之。"时盖嘉运兼领河西、陇右节度使而驻河西(凉州),则其时陇右道尚未移治鄯州。《州郡典》陇右采访使治鄯州,严耕望云为天宝之制,可知移治时间在天宝元年。
③ 《新唐书》卷133《郭英乂传》:"禄山乱,拜秦州都督、陇右采访使。"
④ 大中后,河西地区已无"河西道"一名,《旧五代史》郡县志、《太平寰宇记》皆以"陇右道"言称唐末河西地区,可知收复河西地区仍属陇右道。
⑤ 《新五代史》卷74《四夷附录》:"自梁太祖时,尝以灵武节度使兼领河西节度,而观察甘、肃、威等州。然虽有其名,而凉州自立守将。"此河西节度当指凉州节度使。归义军节度使虽亦自称河西节度使,然未曾为唐朝承认,参见荣新江:《归义军节度使》,第179页。
⑥ 王重民《金山国坠事零拾》(载《国立北平图馆馆刊》第9卷第6号,1935年)曾提出归义军节度使于天祐二年建金山国,荣新江《归义军史研究》第六章"金山国的建立与灭亡"则考证金山国建于后梁开平四年,此前一直行用唐昭宗天复年号,今从后者。
⑦ 《旧唐志》原脱河、廓二州,今据严耕望《括地志序略都督府管州考略》补。

显庆元年(656),移府治于鄯州,改为鄯州都督府①。仪凤元年(676),废儒州。

武周长安四年(704),鄯州都督府督鄯、兰、河、淳、廓五州及羁縻州。

唐开元二年(714),废淳州。

天宝元年(742),改鄯州为西平郡,兰州为金城郡,河州为安乡郡,廓州为宁塞郡,改鄯州都督府为西平郡都督府。二载,置狄道郡。十三载,置鄯城、浇河二郡,西平郡都督府督西平、金城、狄道、安乡、宁塞、鄯城、浇河七郡。至德元载(756),以西平、金城、狄道、安乡、宁塞、浇河六郡及天水郡都督府天水、陇西、同谷三郡,临洮郡都督府临洮、和政、怀道、合川、洮阳五郡置陇右节度使,治天水郡②,西平郡都督府只领羁縻州。是年,罢鄯城郡,浇河、洮阳二郡没于吐蕃。二载,移使治于西平郡③。是年,寄治河西道武威郡④。

乾元元年(758),复天水郡为秦州,同谷郡为成州,怀道郡为宕州,合川郡为叠州,临洮郡为洮州,安乡郡为河州,宁塞郡为廓州,西平郡为鄯州,金城郡为兰州,和政郡为岷州,陇西郡为渭州,改狄道郡为后临州。二年,割秦州隶京畿凤翔秦陇防御使。后上元元年(760),割成州隶京畿凤翔节度使,廓州陷于吐蕃。二年,鄯州废,节度使寄治京畿凤翔府⑤。宝应元年(762),兰、后临、洮、河四州陷于吐蕃。二年(广德元年),渭、岷二州陷于吐蕃。大历二年(767),置行武州,宕、叠二州陷于吐蕃。十二年,节度使寄治关内道泾州良原县⑥。贞元五年(789),复置成州,割隶山南西道节度使。十年,罢镇,行武州隶京畿陇右经略使(见本编第一章《京畿》附新镇五"陇右经略使")。

---

① 《旧唐志》、《太平寰宇记》鄯州序作贞观中置,《元和志》作仪凤二年置。按显庆元年十二月《册张允恭鄯州都督文》(载《唐大诏令集》卷62)云:"惟尔兰州都督、安陆县开国公张允恭……是用命尔为使持节都督鄯兰河儒廓深濠七州诸军事、鄯州刺史。""濠"当是"淳"之形误,深州不见于两《唐志》,当是羁縻州。知鄯州都督府实置于显庆元年,以代兰州都督府,《旧唐志》、《元和志》、《太平寰宇记》皆误,今据《旧唐书·高宗纪》改。
② 据《方镇研究》第181页考证,陇右节度使始置于开元元年,今依本卷体例,方镇作为行政区一律以至德元载起算。
③ 元载《故定襄王郭英乂神道碑》(载《文苑英华》卷891):"禄山之乱,授公秦州都督兼陇右采访使。至德二载,诏公为凤翔太守,转西平太守,加陇右节度。"
④ 《新唐表》:"至德元载:河西节度大使兼陇右、河西北路,未几而罢。"依上引郭英乂神道碑,当改系于至德二载。
⑤ 《方镇研究》第39页:"上元二年陇右陷后,凤翔节度使兼领河陇地区事务,遂有凤翔陇右节度使之称。"第41页:"孙志直,广德元年至二年在凤翔任上。《唐凤翔节度使孙志直碑》(载《宝刻丛编》卷7)云'为凤翔尹、陇右节度'。"
⑥ 《方镇研究》,第181页。

(一) 西平郡(鄯州)

鄯州(618—742)—西平郡(742—758)—鄯州(758—761,861—907)

西平郡,本隋旧郡,领湟水、化隆二县。隋末,薛秦改为鄯州,以隋旧州为名,治湟水县,割河州龙支县来属,割化隆县隶廓州①。武德元年,归李凉②。二年,归唐,隶凉州总管府。七年,隶凉州都督府。八年,割隶兰州都督府。贞观十三年,鄯州领湟水、龙支二县,治湟水县。

显庆元年,置鄯州都督府。仪凤二年③,置鄯城县。

武周长安四年,鄯州领湟水、龙支、鄯城三县,治湟水县

唐天宝元年,复为西平郡,隶西平郡都督府,自天水郡移道治于此。十三载,割鄯城县隶鄯城郡,西平郡领湟水、龙支二县,治湟水县。至德元载,隶陇右节度使,还道治于天水郡,以废鄯城郡之鄯城县来属。二载,复自天水郡移节度使治于此。是年,陇右节度以河西节度使兼。

乾元元年,复为鄯州。后上元二年④,为吐蕃所破,州废,湟水、龙支、鄯城三县改隶河州⑤。

咸通二年(861),升归义军押蕃落使所领羁縻鄯州为鄯州,隶归义军节度使,复置湟水、龙支、鄯城三县⑥,治湟水县。四年,隶凉州节度使。十四年,鄯州领县不变。

1. 湟水县(618—762,861—907)

本隋西平郡旧县,隋末,隶鄯州,为州治。仪凤二年,析置鄯城县。天宝元年,隶西平郡,为郡治。乾元元年,复隶鄯州,为州治。后上元二年,州废,改隶河州。宝应元年,陷于吐蕃。咸通二年,复置湟水县,隶鄯州,为州治。

---

① 史志不载此事,详参下文宁塞郡廓州注。
② 《旧唐志》鄯州:"武德二年,平薛举,置鄯州。"按《旧唐书》卷55《李轨传》:"武德元年冬,轨僭称尊号。……未几,攻陷张掖、敦煌、西平、枹罕,尽有河西五郡之地。"《旧唐书》卷1《高祖纪》:"武德二年四月辛亥,李轨为其伪尚书安兴贵所执以降,河右平。"而薛秦亡于武德元年十一月,是年鄯州当归李凉,《旧唐志》所记有误。
③ 两《唐志》以鄯城县置于仪凤三年,今依《元和志》、《唐会要》、《太平寰宇记》。
④ 《元和志》作"宝应元年",今依《旧唐志》、《新唐志》、《太平寰宇记》。
⑤ 《旧唐志》鄯州:"上元二年九月,州为吐蕃所陷,遂废,所管鄯城三县,今河州收管。"《新唐志》则云:"肃宗上元二年,州没吐蕃,以龙支、鄯城隶河州。"今依《旧唐志》。邢云《安史之乱后陇右道诸州郡陷没土蕃过程考》(载《历史地理》第三十二辑)谓上元二年湟水县当随鄯州一同陷没,与《旧唐志》不合。
⑥ 郑炳林《晚唐五代归义军疆域演变研究》(载《历史地理》第十五辑,上海人民出版社,1999年)。按敦煌卷子有咸通八年鄯州龙支县圣明福德寺释惠菀所造《敦煌唱导法将兼毗尼藏主广平宋律伯彩真赞》(荣新江:《归义军使研究》,上海古籍出版社,1996年,第162页),推知鄯州旧县皆已复置。

2. 龙支县(618—762,861—907)

本隋枹罕郡旧县,隋末,隶鄯州。天宝元年,隶西平郡。乾元元年,复隶鄯州。后上元二年,州废,改隶河州。宝应元年,陷于吐蕃。咸通二年,复置龙支县,隶鄯州。

(二) 金城郡(兰州)
兰州(618—742)—金城郡(742—758)—兰州(758—762)

金城郡,本隋旧郡,领金城、狄道二县。隋末,薛秦改为兰州,以隋旧州为名,治金城县,以为都城。武德元年,薛秦迁都秦州,兰州为李凉所夺①。二年,归唐,隶凉州总管府,改金城县为五泉县。三年,置广武县。七年,隶凉州都督府。八年,置兰州都督府。贞观十三年,兰州领五泉、狄道、广武三县,治五泉县。

显庆元年,罢都督府,兰州隶鄯州都督府。咸亨二年(671),改五泉县为前金城县。

武周长安四年,兰州领前金城、狄道、广武三县,治五泉县。

唐天宝元年,复为金城郡,隶西平郡都督府,复改前金城县为五泉县。二年②,割狄道县隶狄道郡。十三载,金城郡领五泉、广武二县,治五泉县。至德元载,隶陇右节度使。

乾元元年,复为兰州。二年,改广武县为后金城县。宝应元年③,陷于吐蕃。

1. 金城县(618—619)—五泉县(619—671)—前金城县(671—742)—五泉县(742—762)

五泉县,本隋金城郡金城县,隋末,隶兰州,为州治。武德二年,避太子嫌名,改为五泉县④,盖以五眼泉为名⑤,省会州前会宁县来属。咸亨二年,改为前金城县。天宝元年,以与京畿京兆府县名重,复改为五泉县,隶金城郡,为

---

① 《元和志》兰州:"武德二年讨平薛举,复置兰州。"按薛举卒于武德元年八月,其子仁杲亡于是年十一月,李唐于武德二年四月李凉亡后乃取兰州,则其间数月兰州非薛秦所有,当为李凉所夺。杨长玉《唐代西部疆域地理研究》第132页(复旦大学博士论文,2017年)则以为很可能在义宁元年七月昌松之战后不久。
② 《元和志》作"天宝初",两《唐志》临州作"天宝三载",今依《旧唐志》、《太平寰宇记》兰州。
③ 《新唐志》陇右道序系于"广德元年",今依《元和志》。
④ 《旧唐志》、《太平寰宇记》以为隋置五泉县,然《隋志》金城郡有金城县,无五泉县。《舆地广记》以为大业后改金城为五泉县。按唐初带"城"字县名多避太子建成嫌名更改,推测金城县亦因是更名,据补。
⑤ 《大明一统志》兰州:"五眼泉,在皋兰山下,泉有五眼,相传汉霍去病击匈奴至此,以鞭卓地而泉出。"

郡治。乾元元年，复隶兰州，为州治。宝应元年，陷于吐蕃。

2. **前会宁县**(618—619)—**广武县**(620—759)—**后金城县**(759—762)

广武县，本隋会宁郡前会宁县，隋末，隶会州。武德二年，省入兰州五泉县。三年，析五泉县置广武县，以隋旧县为名，治故会宁城（今甘肃永登县城城关镇满城村）①，隶兰州。天宝元年，隶金城郡。乾元元年，复隶兰州。二年，改为后金城县。宝应元年②，陷于吐蕃。

（三）**狄道郡**（临州）

狄道郡(743—758)—**后临州**(758—762)

天宝二年③，割金城郡狄道县置狄道郡，以晋旧郡为名，隶西平郡都督府，并置安乐县。十三载，狄道郡领狄道、安乐二县，治狄道县。至德元载，隶陇右节度使。

乾元元年，改为后临州，改安乐县为长乐县。宝应元年，陷于吐蕃④。

1. **狄道县**(618—762)

本隋金城郡旧县，隋末，隶兰州。天宝元年，隶金城郡。二年，割隶狄道郡，为郡治，并析置安乐县。乾元元年，复隶后临州，为州治。宝应元年，陷于吐蕃。

2. **安乐县**(743—758)—**长乐县**(758—762)

天宝二年，析狄道县置安乐县，以安居乐业为名，治安乐城（今甘肃康乐县城附城镇）⑤，隶狄道郡。乾元元年，避安氏名姓，改为长乐县，隶后临州。宝应元年，陷于吐蕃。

（四）**安乡郡**（河州）

河州(618—742)—**安乡郡**(742—758)—河州(758—762)

安乡郡，本隋枹罕郡，领枹罕、大夏、龙支三县⑥。隋末，薛秦改为河州，以

---

① 《元和志》兰州广武县："南至州二百二十五里。"《大清一统志》卷206凉州府："广武故城，在平番县东南。"今依《地图集》定于永登县满城村。
② 《舆地广记》作"广德元年"，今依《元和志》。
③ 《元和志》作"天宝初"，两《唐志》临州作"天宝三载"，今依《旧唐志》、《太平寰宇记》兰州。据吴震《敦煌石室所出唐天宝初年〈郡县公廨本钱簿〉》（载《中国文物》1980年第1期）考证，《本钱簿》残本抄写时代不迟于天宝二年，其中兰州无狄道县，当已割隶临州，足可否定"三载置临州"之说。
④ 咸通四年，复归唐，为羁縻州，隶凉州节度使。广明元年，复归吐蕃。
⑤ 《纪要》临洮府狄道县："安乐城，在（州）〔府〕西三十六里。"
⑥ 《隋志》枹罕郡有水池县，共四县。按水池县不见唐初记载，当废于隋末，今删。

隋旧州为名,治枹罕县,割龙支县隶鄯州。武德元年,归李轨。二年,归唐,隶凉州总管府。七年,隶凉州都督府。八年,割隶兰州都督府。贞观元年,省大夏县。五年,复置大夏县。十年,以废米州之米川县来属。十三年,河州领枹罕、大夏、米川三县,治枹罕县。

永徽六年(655),割米川县隶廓州。显庆元年,隶鄯州都督府。

武周长安四年,河州领枹罕、大夏二县,治枹罕县。

唐开元二年,以废淳州之后安乡县来属①。

天宝元年,改为安乡②郡,以后安乡县为名,隶西平郡都督府。是年,改后安乡③县为凤林县。十三载,安乡郡领枹罕、大夏、凤林三县,治枹罕县。至德元载,隶陇右节度使。

乾元元年,复为河州。后上元二年,以废鄯州之湟水、龙支、鄯城三县来属。宝应元年④,陷于吐蕃⑤。

1. **枹罕县**(618—762)

本隋枹罕郡旧县,隋末,隶河州,为州治。贞观元年,省大夏县来属。五年,复析置大夏县。七年,析置乌城县,割隶乌州。十一年,以废乌州之乌城县来属。十二年,复析置索恭、乌城二县,割隶淳州。天宝元年,隶安乡郡,为郡治。乾元元年,复隶河州,为州治。宝应元年,陷于吐蕃。

附旧县:索恭县(633—714)

贞观十二年,析河州枹罕县置索恭县,治索恭川(今甘肃临夏县麻尼寺沟乡韩家门村城庄城址)⑥,以为县名,隶淳州,为州治。开元二年,州废,省入后安乡县⑦。

2. **大夏县**(618—627,631—762)

本隋枹罕郡旧县,隋末,隶河州。贞观元年,省入枹罕县。五年,析枹罕县复置大夏县,仍治大夏城(今广河县阿力麻土乡古城),隶河州。天宝元年,

---

① 史志不载此事,今据郭声波《唐贞观十三年政区考辨——儒、淳二州考》(载《中国历史地理论丛》1989年第4期)考补。
② 《元和志》作"安乐",《新唐志》作"安昌",今依《本钱簿》、《州郡典》、《旧唐志》、《太平寰宇记》。
③ 《唐会要》、《新唐志》作"安昌",今依《本钱簿》、《元和志》、《旧唐志》、《太平寰宇记》。
④ 《新唐志》陇右道序系于"广德元年",今依《元和志》。
⑤ 大中五年,张议潮以河州图籍归唐,为羁縻州,隶归义军节度使。十一年,割隶河渭等州都游奕使。咸通四年,隶天雄军节度使。广明元年,复归吐蕃。
⑥ 考详郭声波:《唐贞观十三年政区考辨——儒、淳二州考》。据《中国文物地图集·甘肃分册》下册第747页,麻尼寺沟乡韩家门村(旧乌龙沟村)之城庄有唐代城址,当即其地。
⑦ 史志不载此事,今据郭声波《唐贞观十三年政区考辨——儒、淳二州考》考补。

隶安乡郡。乾元元年,复隶河州。宝应元年,陷于吐蕃。

3. 乌城县(633—637,638—714)—后安乡县(714—742)—凤林县(742—762)

贞观七年,析河州枹罕县置乌城县,盖以故榆城讹音为名,治故榆城(今甘肃夏河县曲奥乡)①,割隶乌州,为州治。十一年,州废,省入枹罕县。十二年,复析枹罕县置乌城县,仍治故榆城,隶淳州。仪凤元年,置行儒州行安乡县于此。开元二年,合乌城、索恭、行安乡三县为后安乡县,隶河州②。天宝元年,以与山南东道澧阳郡县名重,改为凤林县,因县北凤林山为名,隶安乡郡。乾元元年,复隶河州。宝应元年,没于吐蕃。

附旧县1:归政县(631—676)

贞观五年,升羁縻西盐州归政县为正县,仍治归政城(今合作市伊合昂街道)③,隶儒州,为州治。仪凤元年,没于吐蕃。

附旧县2:前安乡县(631—676)—行安乡县(767—714)

贞观五年,升羁縻西盐州安乡县为前安乡县,仍治故列浑城(今夏河县桑科乡古城)④,隶西盐州。八年,隶儒州。仪凤元年,为吐蕃所破,寄治淳州乌城县为行县,隶行儒州。开元二年,州废,省入河州后安乡县。

附旧州:乌州(633—637)—淳州(638—714)

贞观七年,析河州置乌城县,割置乌州,以乌城县首字为名,隶兰州都督府。十一年,州废,省乌城县。十二年,析河州枹罕县置淳州及索恭、乌城二县,以处降党项部落,盖取化淳儒信之义为州名,治索恭县,隶兰州都督府。十三年,淳州领索恭、乌城二县,治索恭县。

---

① 《元和志》云:"凤林县,东南至州八十里。……仪凤元年,于河州西移安乡县理此。"陈良伟《丝绸之路河南道》(中国社会科学出版社,2002年)第170页报道,夏河县与临夏县交界处发现有始筑年代不详的土门关古城,周长1600米以上,当即乌城县治。陈守忠《河陇史地考述》(兰州大学出版社,1993年)第210—212页以为在夏河县麻当乡玛日村古城。亦有以为在今永靖县盐锅峡镇(旧名崦歌集)或积石山县者。
② 史志不载此事,今据郭声波《唐贞观十三年政区考辨——儒、淳二州考》考补。
③ 史志不载此事。按儒州前身西盐州系以北朝蓝川县西境置,当在今合作市一带,隋于其地曾置归政县,因补。《地名大辞典》第5610页云合作市那吾乡有加可日古城堡遗址,亦不排除其地。
④ 郭声波《唐贞观十三年政区考辨——儒、淳二州考》原考在今夏河县拉卜楞镇,今按陈良伟《丝绸之路河南道》第144页报道在夏河县桑科乡发现有始筑于晋代的古城,周长2200米,《中国文物地图集·甘肃分册》下册第782页定性为十六国列浑城,沿用至唐,地当麻当通往隆务河流域的要冲,则当以该城为安乡县城为是。

显庆元年,隶鄯州都督府①。

武周长安四年,淳州领县一如贞观十三年。

唐开元二年②,州废,省索恭、乌城二县,别置羁縻淳州于关内道绥州境。

(五) 宁塞郡(廓州)

廓州(618—742)—宁塞郡(742—758)—廓州(758—760,866—880)

宁塞郡,本隋浇河郡,领河津、达化二县。隋末,薛秦改为廓州,以隋旧州为名,割鄯州化隆县来属,移州治于化隆县③,省河津县。武德元年,归李凉④。二年,归唐,隶凉州总管府。七年,隶凉州都督府。八年,割隶兰州都督府。贞观五年,置米川县,割置米州。十三年,廓州领化隆、达化二县,治化隆县。

永徽六年,割河州米川县来属。显庆元年,隶鄯州都督府。

武周长安四年,廓州领化隆、米川、达化三县,治化隆县。

唐先天元年(712),改化隆县为化成县。

天宝元年,改为宁塞郡,取安边宁塞之意,隶西平郡都督府,改化成县为广威县。十三载,宁塞郡领广威、达化、米川三县,治广威县。至德元载,隶陇右节度使。

乾元元年,复为廓州。后上元元年⑤,为吐蕃所陷⑥。

咸通七年,取吐蕃廓州隶河西道凉州节度使⑦。十四年,廓州领广威、达化、米川三县,治广威县。

---

① 史志不载此事,按显庆元年十二月辛卯《册张允恭鄯州都督文》(载《唐大诏令集》卷62)云:"命尔为使持节都督鄯兰河儒廓深濛等州诸军事、鄯州刺史。"据补。
② 《新唐志》作"开元中",郭声波《唐贞观十三年政区考辨——儒、淳二州考》依初置陇右节度使之年作"开元五年",《方镇研究》第181页考证为开元元年,今依《通鉴》系于开元二年,是时领州已不含淳川,故知已内徙为羁縻州。
③ 史志不载此事。按《旧唐书》卷198《吐谷浑传》:"大业末,伏允悉收故地,复为边患。"《旧唐志》达化县云:"吐浑浇河城,在县西一百二十里。"可知浇河郡(廓州)城大业末已为吐谷浑所占,则廓州之东移当在薛秦之时,今补。
④ 史志不载此事。按《旧唐书》卷55《李轨传》云:"武德元年冬,轨僭称尊号。……未几,攻陷张掖、敦煌、西平、枹罕,尽有河西五郡之地。"浇河郡在西平、枹罕之西,亦当属李凉,因补。
⑤ 《元和志》作"乾元元年"。按《资治通鉴》后上元元年云:"是岁,吐蕃陷廓州。"今依之。岑仲勉《隋唐史》第287页以为陷于广德元年。
⑥ 大中五年,张议潮以廓州图籍归唐,为羁縻州,隶归义军节度使。广明元年,复归吐蕃。
⑦ 《资治通鉴》咸通七年十月:"拓跋怀光以五百骑入廓州,生擒论恐热……其部众奔秦州。吐蕃自是衰绝。"按拓跋怀光为张议潮所署鄯州城使张季颙部将,鄯州是时为凉州节度使属州。

广明元年，复没于吐蕃①。

1. 化隆县（618—712）—化成县（712—742）—广威县（742—760，866—880）

广威县，本隋西平郡化隆县，隋末，隶廓州，为州治。先天元年，避玄宗讳，改为化成②县，取《周易》"化成天下"之意为名。天宝元年，以与山南西道清化郡县名音同，改为广威县，盖取广施威德之意为名，隶宁塞郡，为郡治。乾元元年，复隶廓州，为州治。后上元元年，陷于吐蕃。咸通七年，复置广威县，仍治广威城（今青海化隆县群科镇上古城），隶廓州，为州治。

2. 达化县（618—760，866—880）

本隋浇河郡旧县，隋末，隶廓州。天宝元年，隶宁塞郡。乾元元年，复隶廓州。后上元元年，陷于吐蕃。咸通七年，复置达化县，仍治达化城（今青海尖扎县康扬镇簸箕湾村）③，隶廓州。

3. 米川县（631—760，866—880）

贞观五年④，析化隆县置米川县，以米川水为名，治米川城（今甘肃积石山县大河家镇）⑤，割置米州。十年，州废，改隶河州⑥。永徽六年，移治邯川戍（今青海化隆县甘都镇公伯峡古城）⑦，改隶廓州。天宝元年，隶宁塞郡。乾元元年，复隶廓州。后上元元年，陷于吐蕃。咸通七年，复置米川县，仍隶廓州。

---

① 《文献通考》卷322《舆地考》廓州："唐末，陷吐蕃。"按广明元年行渭州归吐蕃，而廓州在西，推测是年亦归吐蕃。
② 《元和志》作"化城"，《唐会要》作"广威"，今依两《唐志》、《太平寰宇记》。
③ 遗址尚存，见《中国文物地图集·青海分册》，第141页。
④ 《元和志》作"十年"。按贞观十年乃是米川县割隶河州之年，《元和志》误，今依两《唐志》、《太平寰宇记》。
⑤ 《元和志》米川县："贞观十年，于本县东一百二十里黄河南岸置米川县，属河州。"本县，即永徽六年之米川县治邯川戍，在今化隆县甘都镇西，则贞观米川县治在今积石山县大河家镇。李智信《青海古城考辨》第165—166页、《中国文物地图集·青海分册》第120页以为在循化县白庄乡科哇古城（亦称张尕塌城），然此城不在黄河南岸，当是天宝所置振威军。
⑥ 《旧唐志》作"廓州"，今依《旧唐志》河州序及《元和志》、《新唐志》、《太平寰宇记》。
⑦ 《元和志》米川县："永徽六年，移于河北，属廓州。""西至州一百里。"《地图集》定于今化隆县德恒隆乡哇加滩。崔永红等《青海通史》（青海人民出版社，1999年）第173则云："永徽六年，米川县治所迁至今化隆县甘都堂，并改隶廓州。"《地名大辞典》第5653页云邯川戍即今甘都镇，陈良伟《丝绸之路河南道》第168页亦以为洮河支道经甘都镇，第173页更考证循化县古什群古城为河南、河北二城，北城在甘都镇境内（依《中国文物地图集·青海分册》第106页，即为公伯峡古城），曾为米川县治，今从之。

附旧州：米州(631—636)

贞观五年,割廓州米川县置米州,以米川县首字为名,隶兰州都督府。十年,州废,米川县改隶河州。

(六) 鄯城郡
鄯城郡(754—756)

天宝十三载,陇右节度使哥舒翰割西平郡鄯城县置鄯城郡,并置临蕃县①。至德元载,临蕃县没于吐蕃,郡废,鄯城县还隶西平郡。

1. 鄯城县(677—762,861—880)

仪凤二年②,析湟水县置鄯城县,并以废羁縻蒙州地来属,治鄯城(今青海西宁市城中区礼让街街道)③,仍隶鄯州,以州为名④。天宝元年,隶西平郡。十三载,割隶鄯城郡,为郡治,并析置临蕃县。至德元载,罢郡,鄯城县还隶西平郡。乾元元年,复隶鄯州。后上元二年,州废,改隶河州。宝应元年,陷于吐蕃。咸通二年,复置鄯城县,隶鄯州。广明元年(880),归吐蕃。

2. 临蕃县(754—756)

天宝十三载,析鄯城县置临蕃县,治临蕃城(今青海湟中县多巴镇)⑤,故以为名,隶鄯城郡。至德元载,没于吐蕃⑥。

(七) 浇河郡
浇河郡(754—756)

天宝十三载,陇右节度使哥舒翰请以去年所收黄河九曲之地分置郡县,

---

① 于邵《田司马传》(载《文苑英华》卷793):"哥舒公得黙武于河陇之间,横行青海河,收九曲,西拓蕃境数千里,置亭候、郡邑,创鄯城郡于河源军,又隶临蕃县。"其时当在天宝十三载,与浇河、洮阳二郡同时置。
② 两《唐志》以鄯城县置于仪凤三年,今依《元和志》、《唐会要》、《太平寰宇记》。
③ 《元和志》鄯州鄯城县:"东至州一百二十里。"
④ 《太平寰宇记》鄯州鄯城县:"仪凤二年,奄有河湟之地,因立鄯城县,取郡以名邑。"
⑤ 《青海省志·建置沿革志》,青海人民出版社,2001年,第203页。
⑥ 史志不载其事。按《资治通鉴》,至德元载吐蕃陷宣威军,临蕃县在宣威军西,亦当于是年被陷。

于是置浇河郡及宛秀军①,以隋旧郡为名,治宛秀城②(今青海贵德县拉西瓦镇曲乃海村),隶西平郡都督府。至德元载,没于吐蕃③。

第二节 天水郡(秦州)都督府

秦州总管府(618—624)—秦州都督府(624—742)—天水郡都督府(742—756)—秦成两州经略使(849—863)—天雄军节度使(863—907)

武德元年(618),平薛秦,以秦、成、西康、武、文、扶、宕、芳④、前洮、岷、渭十一州置秦州总管府,直属中央。二年,置交、叠二州。三年,置伏州。四年,置邽州,割岷、宕、叠、前洮四州隶岷州总管府。六年,废邽州。七年,改为秦州都督府,割芳州隶岷州都督府。八年,废交、伏二州。九年,割武、文、扶三州隶岷州都督府。贞观元年(627),割属陇右道,废西康州。十三年,秦州都督府督秦、成、渭三州。十四年,割松州都督府武州来属。

武周长安四年(704),秦州都督府督秦、渭、成、武四州。

唐开元十七年(729),以废洮州都督府之岷、宕、叠三州来属。二十年,置前临州。二十七年,改前临州为洮州,并岷、武、宕、叠四州割隶洮州都督府。

天宝元年(742),改秦州为天水郡,成州为同谷郡,渭州为陇西郡,改秦州都督府为天水郡都督府。十三载,天水郡都督府督天水、同谷、陇西三郡。至德元载(756),天水、同谷、陇西三郡隶陇右节度使,都督府只领羁縻州。

大中三年(849),收复秦州,并割山南西道节度使成州置秦成两州经略使,治秦州。咸通四年(863),改为天雄军节度使⑤。五年,割山南西道节度使

---

① 《册府元龟》卷992:"(天宝)十三载七月,陇右哥舒翰以前年之役收黄河九曲之地,请分置郡县及军。于是新置洮阳郡及神策军于临洮郡之西二百里,(洮)〔浇〕河郡于(碛)〔积〕石军之西百里及宛秀军,以实河曲之地。……前(碛)〔积〕石军使臧奉忠为(洮)〔浇〕河郡太守,充本郡镇守使。"据补。《资治通鉴》系此事于至德元载七月,恐误。
② 《元和志》作"宛肃城",今依《新唐志》。《元和志》云宛(肃)〔秀〕城在积石军西八十里,《册府元龟》云浇河郡在(碛)〔积〕石军西百里,《太平寰宇记》云积石军在廓州西一百八十里、西南一百六十里,今从《册府元龟》定于贵德县拉西瓦镇曲乃海村。《地图集》定于今贵南县沙沟乡多拉河口,恐非。
③ 史志不载浇河郡罢废之年,按《资治通鉴》至德元载,是年,吐蕃陷陇右沿边之威戎、神威、定戎、宣威、金天、天成等军及石堡、百谷、雕窠诸城,可知浇河郡亦陷于是年。
④ 《旧唐志》原作"兰",按兰州是时属李凉,而芳州未有所属,疑"兰"字为"芳"字之误,因改。
⑤ 《资治通鉴》咸通四年二月:"置天雄军于秦州,以成、河、渭三州隶焉。"按《新唐表》:"咸通四年,置凉州节度,领凉、洮、西、鄯、河、临六州。"河州既属凉州节度使,则天雄军节度使之"河州"当是"岷州"之误,岷、渭二州皆为羁縻州。

武州来属。十四年,天雄军节度使领秦、成、武三州,治秦州。

文德元年(888),割武州隶剑南道威戎军节度使。

(一) 天水郡(秦州)

秦州(618—742)—天水郡(742—758)—秦州(758—763,849—907)

天水郡,本隋旧郡,领上邽、冀城、成纪、陇城、清水、秦岭六县。隋末,薛秦改为秦州,以隋旧州为名,治上邽县,以为都城①。武德元年②,归唐,置秦州总管府③。二年,割陇城县隶交州。三年,改冀城县为伏羌县,割隶伏州。四年,割清水县隶邽州。六年,以废邽州之清水县来属。七年,改总管府为都督府。八年,以废伏州之伏羌县、废交州之陇城县来属。九年,置盐泉县。贞观元年,改盐泉县为夷宾县。三年,置长川县,省夷宾县。六年④,省长川县。十三年,秦州领上邽、伏羌、成纪、陇城、清水、秦岭六县,治上邽县。十七年,省秦岭县。

武周长安四年,秦州领上邽、伏羌、成纪、陇城、清水五县,治上邽县。

唐开元二十二年,为陇右道治,以地震,移治成纪县。

天宝元年,复为天水郡,还治上邽县,隶天水郡都督府,移道治于西平郡。十三载,天水郡领上邽、伏羌、成纪、陇城、清水五县,治上邽县。至德元载,隶陇右节度使,为使治。二载,移使治于西平郡。

乾元元年,复为秦州。二年,割隶京畿凤翔秦陇防御使。宝应二年(广德元年)⑤,陷于吐蕃。

大中二年,收复清水县,权割隶凤翔府。三年,收复成纪、陇城二县,复置秦州,治成纪县,隶秦成经略使,为使治,清水县自凤翔府来属。咸通十三年,割成州长道县来属。十四年,秦州领成纪、陇城、清水、长道四县,治成纪县。

广明元年,省陇城县。

---

① 《旧唐书》卷55《薛举传》:"大业十三年秋七月,举僭号于兰州,仁杲进兵围秦州。……及仁杲克秦州,举自兰州迁都之。"
② 《元和志》、《旧唐志》、《太平寰宇记》作"二年",按《旧唐书》卷55《薛举传》,薛举卒于武德元年八月,其子仁杲继位,十一月降唐。则"二年"应为"元年",今改。
③ 《旧唐志》云武德二年置秦州总管府。按《唐刺史考全编》,武德元年已拜窦轨为秦州总管,则秦州总管府实置于武德元年,今改。
④ 《太平寰宇记》秦州作"三年",今依两《唐志》。
⑤ 《新唐志》系于"宝应元年",今依《元和志》、《太平寰宇记》渭州序。

1. 上邽县(618—763)

本隋天水郡旧县,隋末,隶秦州,为州治。开元二十二年,移州治于成纪县。天宝元年,隶天水郡,自成纪县移郡治于此。乾元元年,复隶秦州,为州治。宝应二年,陷于吐蕃。

2. 冀城县(618—620)—伏羌县(620—763)

伏羌县,本隋天水郡冀城县,隋末,隶秦州。武德三年①,改为伏羌县,以伏羌城为名②,割隶伏州,为州治。八年,州废,还隶秦州。九年,析置盐泉县。贞观三年,省夷宾县来属。天宝元年,隶天水郡。乾元元年,复隶秦州。宝应二年③,陷于吐蕃。

附旧县:盐泉县(626—627)—夷宾县(627—629)

武德九年,析伏羌县置盐泉县,盖以地有盐泉为名,治故平襄城(今甘肃甘谷县城大像山镇二十里铺)④,隶秦州。贞观元年,改为夷宾县,取柔远之意为名。三年,省入伏羌县。

3. 成纪县(618—763,849—907)

本隋天水郡旧县,隋末,隶秦州。开元二十二年,移治敬亲川(今甘肃秦安县叶堡乡金城村)⑤,自上邽县移州治于此。天宝元年,隶天水郡,移郡治于上邽县。乾元元年,复隶秦州。宝应二年,陷于吐蕃。大中三年,收复,仍隶秦州,为州治。广明元年,省陇城县来属。

4. 陇城县(618—763,849—880)

本隋天水郡旧县,隋末,隶秦州。武德二年,割隶交州,为州治。八年,州废,还隶秦州。贞观三年,析置长川县。六年,省长川县来属。天宝元年,隶天水郡。乾元元年,复隶秦州。宝应二年,陷于吐蕃。大中三年,收复,仍隶

---

① 《新唐志》作"二年",今依《元和志》、《旧唐志》。
② 《太平寰宇记》秦州大潭县云唐初以伏羌城置伏羌县。郭子章《郡县释名》陕西郡县云:"伏羌县,制伏氏羌之义也。"
③ 《太平寰宇记》秦州大潭县作"天宝元年",按天宝元年陇右道尚为唐有,无一县为吐蕃所占,《太平寰宇记》此处有误,不取。
④ 《旧唐志》秦州序:"武德九年,于伏羌废城置盐泉县。"《纪要》巩昌府伏羌县:"《志》云:'伏羌西南有废城,或以为故平襄城也。唐武德九年,于废城置盐泉县,属秦州。'"《历史地名》第2048页以为在今甘谷县西二十里,从之。
⑤ 《元和志》秦州成纪县:"东南至州一百里。"《太平寰宇记》秦州成纪县:"显亲故城,汉为县,废城在县东南。"《纪要》秦州:"显亲城:在州东南十里。刘昫曰:'成纪县旧治小坑川,开元中移治敬亲川。'即显亲川也。王氏(应麟)曰:'成纪城在今县北三十里。今县即显亲故城云。'"盖本名显亲,避中宗讳,改为敬亲。显亲川即今秦安县郭嘉河下游,《太平寰宇记》盖谓显亲城在旧成纪县(今静宁县西南)之东南,则顾、王二氏皆误。据《甘肃古迹名胜辞典》(甘肃教育出版社,1992年)第150页考证,秦安县城西北9公里叶堡乡郭嘉河下游北岸金城村为唐成纪县治,今从之。

秦州。广明元年,省入成纪、清水二县①。

附旧县:长川县(629—632)

贞观三年,析陇城县置长川县②,以隋陇西郡旧县为名,治故长川城(今秦安县安伏乡)③,隶秦州。六年,省入陇城、成纪二县。

5. **清水县**(618—763,848—907)

本隋天水郡旧县,隋末,隶秦州。武德四年,割隶邽州,为州治。六年,州废,还隶秦州。十七年,省秦岭县来属。天宝元年,隶天水郡。乾元元年,复隶秦州。宝应二年,陷于吐蕃。大中二年,收复,权隶凤翔府。三年,还隶秦州④。

附旧县:秦岭县(618—643)

本隋天水郡旧县,隋末,隶秦州。贞观十七年,省入清水县。

附旧州一:交州(619—625)

武德二年,割秦州陇城县置交州⑤,以隋旧州为名,隶秦州总管府。七年,隶秦州都督府。八年,州废,陇城县还隶秦州。

附旧州二:伏州(620—625)

武德三年,割秦州伏羌县、渭州陇西县置伏州,以伏羌县首字为名,治伏羌县,隶秦州总管府。七年,隶秦州都督府。八年,州废,伏羌县还隶秦州,陇西县还隶渭州。

附旧州三:邽州(621—623)

武德四年,割秦州清水县置邽州,盖以古邽戎之地为名,隶秦州总管府。六年,州废,清水县还隶秦州。

---

① 《太平寰宇记》秦州陇城县:"唐末,废。"按广明元年吐蕃陷行渭、原州,当经县境,疑省于是年。
② 《旧唐志》、《太平寰宇记》秦州陇城县皆云贞观三年省长川县。《新唐志》秦州陇城县则云:"贞观三年,置长川县。六年,省入焉。"今从后者。
③ 《纪要》秦州秦安县:"长川城,在县西北。"《历史地名》第420页以为在今秦安县女伏乡,今从之。
④ 《唐会要》卷71作"武州",今依《新唐志》及《方镇研究》第184页考证。
⑤ 两《唐志》作"文州"。按是时秦州总管府另有一文州(治曲水县),一总管府内不得有两文州,此文州必误。《隋志》陇西郡长川县:"后魏置安阳郡,领安阳、乌水二县。西魏改曰北秦州,后又改曰交州。开皇三年,郡废,十八年,改州曰纪州,安阳曰长川。大业初,州废。"当是纪州(即旧交州)与长川县俱废入陇城、成纪二县。《纪要》秦州秦安县亦云:"陇城废县,唐武德二年改属交州。"则唐初以陇城县所置之州当为交州,以隋旧州为名,两《唐志》皆以字形相似而误,今改。又按《资治通鉴》武德五年九月癸巳云:"交州刺史杜士通、弘州总管宇文歆、灵州总管杨师道,击突厥于三观山,破之。"此交州即陇城县之交州。然胡三省注云:"西魏置北秦州于上郡,废帝三年改曰交州。大业初州废,盖唐复置也。"按《隋志》,上郡魏为东秦州,唐初为鄜州,各志皆不言唐初鄜州曾名交州,胡注误。

(二) 同谷郡(成州)

成州(618—742)—同谷郡(742—758)—成州(758—763,789—907)

同谷郡,本隋汉阳郡,领上禄、潭水、长道三县。唐武德元年,改为成州,以隋旧州为名,治上禄县,隶秦州总管府。七年,隶秦州都督府。贞观元年,割潭水县隶宕州,以废西康州之同谷县来属。十三年,成州领上禄、长道、同谷三县,治上禄县。

武周长安四年,成州领县不变。

天宝元年,改为同谷郡,以同谷县为名,隶天水郡都督府。十三载,同谷郡领上禄、长道、同谷三县,治上禄县。其后,置汉源县。至德元载,隶陇右节度使。

乾元元年,复为成州。后上元元年,割隶京畿凤翔节度使。宝应二年(广德元年)①,陷于吐蕃。贞元五年(789),复置成州及同谷县②,割隶山南西道节度使。元和十五年,成州领同谷一县。

大和初,复置上禄县,移州治于此。大中三年,隶秦成两州经略使。咸通四年,隶天雄军节度使。七年,复移治同谷县,省上禄县。十三年③,复置长道县,割隶秦州。十四年,成州领同谷一县,治同谷县。

1. 上禄县(618—763,827—866)

本隋汉阳郡旧县,武德元年,隶成州,为州治。天宝元年,隶同谷郡,为郡治。乾元元年,复隶成州,为州治。宝应二年,陷于吐蕃。大和初,收复成州故土,复置上禄县,移治骆谷城(今甘肃西和县洛峪镇楼房里村)④,自同谷县移州治于此。咸通七年,复移州治于同谷县,上禄县亦省入同谷县。

2. 长道县(618—763,872—907)

本隋汉阳郡旧县,武德元年,隶成州。天宝元年,隶同谷郡。其后,析置汉源县。乾元元年,复隶成州。宝应二年,陷于吐蕃⑤。咸通十三年,析同谷

---

① 《新唐志》作"宝应元年",按宝应元年成州周围之秦、渭、宕、武等州尚为唐有,成州似不得为吐蕃所陷,因改。《资治通鉴》广德元年七月载:"吐蕃入大震关,陷兰、廓、河、鄯、洮、岷、秦、成、渭等州,尽取河西陇右之地。"可证。
② 《元和志》作"行成州",按惯例,州治寄驻境外方称行州,同谷县在成州境,则不合称行州,今去"行"字。
③ 《新唐志》作"七年",今依《太平寰宇记》。
④ 《纪要》巩昌府成县:"上禄废县:大历后,没于吐蕃。太和中,寄治骆谷城,咸通末,州改治同谷,县废。骆谷城:县西八十里。唐大和初,以上禄没于吐蕃,诏修筑骆谷城为县治。咸通中废。"据《中国文物地图集·甘肃分册》下册第717页,故城犹存,又名武都城、羊马城。
⑤ 《新唐志》秦州长道县:"天宝末废。"《太平寰宇记》秦州长道县:"按成州《图经》,旧有长道、汉阳、上禄等四县,以吐蕃侵扰,百姓流移,并废为镇。"则长道县当与成州同陷于宝应二年,《新唐志》所记有误,不取。

县复置长道县①,仍治长道城(今西和县长道镇西团村)②,割隶秦州。

附旧县:汉源县(天宝后—763)

天宝后,析长道县置汉源县③,以县在西汉水之源为名,治汉源城(今西和县城汉源镇)④,隶成州。宝应二年,陷于吐蕃。

3. **同谷县**(618—763,789—907)

本隋河池郡旧县,武德元年,割隶西康州,为州治。贞观元年,州废,改隶成州。天宝元年,隶同谷郡。乾元元年,复隶成州。宝应二年⑤,陷于吐蕃。贞元五年,复置同谷县于泥公山(今甘肃成县抛沙镇上婆罗村)⑥,为成州治。大和初,移州治于上禄县。长庆三年,移治宝井堡(今成县城城关镇杜甫草堂)⑦。咸通七年,复自上禄县移州治于此⑧,省上禄县来属。十三年,还治建安城(今成县城城关镇)⑨。

附旧州:西康州(618—627)

武德元年,割凤州同谷县置西康州,以隋旧州为名,隶秦州总管府。七年,隶秦州都督府。贞观元年,州废,同谷县改隶秦州。

(三) **陇西郡**(渭州)

渭州(618—742)—**陇西郡**(742—758)—渭州(758—763)

陇西郡,本隋旧郡,领襄武、陇西、鄣、渭源四县⑩。隋末,薛秦改为渭州,以隋旧州为名,治襄武县。武德元年,归唐,隶秦州总管府。七年,隶秦州都

---

① 《太平寰宇记》秦州长道县。
② 据《中国文物地图集·甘肃分册》下册第717页,故城犹存。
③ 《太平寰宇记》秦州长道县引成州《图经》云旧有汉阳县。《新唐志》成州有县曰"汉源",可知"汉阳"乃"汉源"之误。汉源县《州郡典》、《旧唐志》不载,当系天宝末至宝应年间新置,今补。
④ 当即《中国文物地图集·甘肃分册》下册第717页,之"白石镇故城"。
⑤ 《舆地广记》作"元年",误,考如上注。
⑥ 《元和志》成州序:"贞元五年,于同谷县西界泥公山上权置行成州。"《大明一统志》巩昌府泥功山."在成县西二十里。"
⑦ 《旧唐书》卷16《穆宗纪》:"长庆三年五月,山南西道奏移成州于宝井堡。"《舆地纪胜》同庆府:"宝井山,石洞直《记》:长庆中始迁于宝井,其旁曰紫山,即今郡治所据。"《纪要》巩昌府成县:"宝井山,县东南十里。"按《新唐志》,成州咸通七年始移治宝井堡,则长庆三年之宝井堡,当为同谷县治,今改。
⑧ 《新唐志》成州:"咸通七年复置,徙治宝井堡。"按成州大和中已复置,此处"复置"二字当衍。
⑨ 《元和志》成州同谷县:"西北至州一百八十里。"《太平寰宇记》成州:"理同谷县。南至武州三百三十里,北至秦州四百三十二里,东南至兴州三百四十七里。"
⑩ 《隋志》陇西郡有长川县,共五县。按新《唐志》,贞观三年析秦州陇城县置长川县,可知隋末长川县已省入天水郡,今删。

督府。贞观十三年,渭州领襄武、陇西、鄣、渭源四县,治襄武县。

前上元二年(675),置首阳县。仪凤三年,省首阳县。

武周天授二年(691),改鄣县为武阳县。长安四年,渭州领襄武、陇西、武阳、渭源四县,治襄武县。

唐神龙元年,复武阳县为鄣县。

天宝元年,复为陇西郡,隶天水郡都督府。十三载,陇西郡领襄武、陇西、鄣、渭源四县,治襄武县。至德元载,隶陇右节度使。

乾元元年,复为渭州。宝应二年(广德元年)①,陷于吐蕃②。

1. 襄武县(618—763)

本隋陇西郡旧县,隋末,隶渭州,为州治。天宝元年,隶陇西郡,为郡治。乾元元年,复隶渭州,为州治。宝应二年,陷于吐蕃。

2. 陇西县(618—763)

本隋陇西郡旧县,隋末,隶渭州。天宝元年,隶陇西郡。乾元元年,复隶渭州。宝应二年,陷于吐蕃。

3. 鄣县(618—691)—武阳县(691—705)—鄣县(705—763)

鄣县,本隋陇西郡旧县,隋末,隶渭州。天授二年,改为武阳县,取武氏吉意。神龙元年,复为鄣县。天宝元年,隶陇西郡。乾元元年,复隶渭州。宝应二年,陷于吐蕃。

4. 渭源县(618—763)

本隋陇西郡旧县,隋末,隶渭州。前上元二年,移治故渭源城(今甘肃渭源县路园镇三河口)③,并析置首阳县。仪凤三年,省首阳县来属。天宝元年,隶陇西郡。乾元元年,复隶渭州。宝应二年,陷于吐蕃。

附旧县:首阳县(675—678)

前上元二年,析渭源县置首阳县,以北朝旧县为名,治首阳城(今渭源县城清源镇霸陵桥畔)④,隶渭州。仪凤三年,省入渭源县。

---

① 《新唐志》陇右道序系于宝应元年,今依《元和志》、《太平寰宇记》。
② 大中十一年,吐蕃酋首尚延心以渭州蕃族来降,为羁縻州,隶河渭等州都游奕使。咸通四年,隶天雄军节度使。广明元年,复归吐蕃。
③ 《水经注》卷17渭水:"渭水出首阳县首阳山渭首亭南谷,此县有高城岭,岭上有城,号渭源城。"《元和志》渭州渭源县:"正东微南至州九十里。"可定故渭源城在今渭源县路园镇三河口。
④ 《大清一统志》卷199兰州府:"《临洮府志》:'渭源故城,在(渭源)县东北,与今城相连。'"此指西魏至唐初渭源县城,即首阳城,在今渭源县城霸陵桥畔。

第三节　临洮郡(洮州)都督府

岷州总管府(621—624)—岷州都督府(624—638)—叠州都督府(638—650)—洮州都督府(650—729,739—742)—**临洮郡都督府**(742—756)

武德四年(621),割秦州总管府岷、宕、叠、前洮四州置岷州总管府,直属中央,并置旭州。七年,改为岷州都督府,割秦州总管府芳州来属。九年,割秦州都督府武、文、扶三州来属。贞观元年(627),割属陇右道。二年,割叠、芳、扶、文、武五州隶松州都督府。五年,升羁縻西盐州为正州来属。六年,割西盐州隶兰州都督府。八年,废前洮州,改旭州为后洮州。十二年,罢都督府,以岷、宕、后洮三州及割松州都督府叠、芳二州置叠州都督府①。十三年,叠州都督府督叠、芳、后洮、岷、宕五州及羁縻州若干。

永徽元年(650),移都督府治于后洮州,改为洮州都督府。仪凤元年,置行儒州。

武周长安四年(704),洮州都督府督后洮、岷、宕、叠、芳、行儒六州。

唐神龙元年(705),废芳州。开元二年(714),废行儒州。十七年,废都督府及后洮州,岷、宕、叠三州隶秦州都督府②。二十七年,割秦州都督府洮、岷、宕、武、叠五州复置洮州都督府③。

天宝元年(742),改洮州为临洮郡,岷州为和政郡,武州为武都郡,宕州为怀道郡,叠州为合川郡,改洮州都督府为临洮郡都督府。十三载,置洮阳郡,临洮郡都督府督临洮、和政、武都、怀道、合川、洮阳六郡。至德元载(756),罢都督府,临洮、和政、怀道、合川、洮阳五郡隶陇右节度使,武都郡隶山南西道防御使。

---

① 《旧唐志》以叠州都督府置于贞观十三年。按叠州都督府乃接岷州都督府之后而置,而岷州都督府废于贞观十二年,是年以吐蕃寇吐谷浑及松州,唐出兵四道以伐吐蕃,置雪山党项十一羁縻州,都督府自岷州西移叠州,当是配合此一事件之举,《旧唐志》所言贞观十三年,乃是扩领数十羁縻州之记录。

② 史志不载是时岷、叠、宕三州归属,按三州系边州,依例各道不合直属陇右道,今依既往史及地理形势分析,当属秦州都督府。

③ 史志不载此事。按孙逖《授彭元昭右羽林军将军制》(载《文苑英华》卷402)云:"中大夫使持节都督洮州诸军事守洮州刺史同陇右节度副使彭元昭,久统边事,咸推武才。"郁贤皓《唐刺史考全编》以其事在开元二十七年,按是年复改前临州为洮州,则洮州都督府亦于是年复置,今补。武州,旧隶秦州都督府,然据《旧唐志》,天宝元年已不隶秦府,推知此前已割隶洮府。

(一) 临洮郡(洮州)

旭州(621—634)—后洮州(634—729)—前临州(732—739)—洮州(739—742)—临洮郡(742—758)—洮州(758—762)

武德四年①,割前洮州洮阳、临潭二县置旭州,以隋旧州为名,治洮阳县②,隶岷州总管府。七年,隶岷州都督府。贞观五年,移治临潭县,省洮阳县。八年,改为后洮州,以废前洮州之美相、博陵二县来属。十三年,改隶叠州都督府,省博陵县,后洮州领临潭、美相二县,治临潭县。

永徽元年,置洮州都督府。

武周长安四年,后洮州领县不变。

唐开元十七年,罢都督府,州废,临潭、美相二县改隶岷州③。二十年,割岷州临潭、美相二县置前临州,以临潭县首字为名,治临潭县,隶秦州都督府④。二十七年,改为洮州,复置洮州都督府。

天宝元年,改为临洮郡,以隋旧郡为名,隶临洮郡都督府,割叠州行密恭县来属,改为后密恭县,省美相县。十三载,临洮郡领临潭、后密恭二县⑤,治临潭县。至德元载,罢都督府,临洮郡隶陇右节度使。

乾元元年,复为洮州。宝应元年⑥,陷于吐蕃⑦。

---

① 《元和志》系于"贞观五年",两《唐志》临潭县、《太平寰宇记》系于"贞观四年"。按《旧唐志》岷州序云:"武德四年,为总管府,管岷、宕、洮、叠、旭五州。"《新唐书》卷1《高祖纪》、《资治通鉴》武德五年六月:"吐谷浑寇洮、旭、叠三州。"可知武德四年已置旭州,今改。又,《元和志》云:"五年,废镇,置御讳州。"御讳,殿本校补为"淳"字,以为原本避唐宪宗讳,《元和郡县图志考证》亦疑《旧唐志》作"旭"字误。今按唐初淳州乃析河州置,与洮州无关,析洮州置者,乃旭州,唐睿宗曾名"旭轮",《元和志》所谓"御讳",当指睿宗讳,殿本《元和志》误。
② 李新贵《唐前期陇右节度使属州整合过程研究》(载《历史地理》第二十七辑)云:"将唐武德四年旭州治所定在洮阳县,误,因为《元和郡县图志》、两唐书《地理志》等志书,均记载唐代无洮阳县。'洮阳县'应改为'美相县'。"但接着又说:"旭州从武德四年设置至贞观五年治临潭县城之前这段时间的治所,待考。"又否定了美相县,固属自相矛盾。按武德四年洮州亦治美相县,美相县安得同时为洮、旭二州治?故笔者认为唐代诸志遗漏了唐初的洮阳县(其实旭州也基本遗漏了),今补以为旭州治。
③ 《旧唐书》卷9《玄宗纪》云:开元二十七年"废洮州隶兰州",当是将开元十七年废洮州入岷州之事误系于此,且误"岷州"为"兰州"。
④ 《旧唐志》不载所隶,今依地理形势及历史隶属关系判断。
⑤ 两《唐志》、《州郡典》皆载洮州领临潭一县,《元和志》载洮州领临潭、美相二县。按两《唐志》皆云天宝中省美相县,而洮州增领密恭县,《元和志》则失载此变化,今为改补。
⑥ 《元和志》、《太平寰宇记》渭州序系于宝应二年(广德元年),今依《新唐志》陇右道序、《吐蕃传》。
⑦ 咸通四年,复归唐,为羁縻州,隶凉州节度使。广明元年,复归吐蕃。

1. 临潭县(618—762)

本隋临洮郡旧县(治故洮阳戍,今甘肃临潭县古战乡牛头城)①,武德元年,隶岷州。二年,割隶前洮州。四年,割隶旭州。贞观五年,移治临洮镇(今甘肃卓尼县喀尔钦乡羊巴村)②,自洮阳县移州治于此,省洮阳县来属。八年,州废,改隶后洮州,自美相县移州治于此。十二年,省博陵县来属。仪凤元年,析置行密恭县,隶叠州,析置行归政县,隶行儒州。开元二年,省行归政县来属。十七年,州废,改隶岷州。二十年,割隶前临州。二十七年,隶洮州,均为州治。天宝元年,隶临洮郡,为郡治,省美相县来属。乾元元年,隶洮州,为州治。宝应元年,陷于吐蕃。

附旧县1:洮阳县(618—631)

本隋临洮郡旧县(治广恩城,今甘肃碌曲县双岔乡),武德元年,隶岷州。二年,割隶前洮州。四年,割隶旭州,为州治。贞观五年,移州治于临潭县,洮阳县省入临潭县。

附旧县2:美相县(618—742)

本隋临洮郡旧县(治故洮阳防,今卓尼县喀尔钦乡羊巴村),武德元年,隶岷州。二年,割隶前洮州,为州治。四年,析置博陵县。贞观四年,移治洪和城(今临潭县新城镇红崖村鸣鹤城)③。八年,州废,隶后洮州。开元十七年,后洮州废,美相县改隶岷州。二十年,割隶前临州。二十七年,隶洮州。天宝元年④,省入临潭县。

附旧县3:博陵县(621—638)

武德四年,析美相县置博陵县⑤,以隋旧县为名,治故泥和城(今甘肃卓尼

---

① 据李振翼《牛头城调查与考释》(载《西北民族学院学报》1986年第2期)、《中国文物地图集·甘肃分册》下册第789页,牛头城本吐谷浑洮阳城,唐代沿用,由南北相连之内外城组成,东西250米,南北754米,有宫殿、护城壕、烽燧遗址,当为北周洮潭、隋临潭县治。
② 《元和志》洮州临潭县云:"其城东、西、北三面并枕洮水。"今依刘满《唐洮州治所位置考》(载《敦煌学刊》2011年第1期)定于卓尼县喀尔钦乡(旧作卡车乡)羊巴村。《地名大辞典》第5617页卡车乡云:"'卡车',藏语意为有大城的沟或大城,因附近有高大城墙,故名。"李振翼《甘南藏区考古集萃》第152页云,卡车乡安布族村曾发现"唐李将军碑",碑文有"夏六月□□临洮于第"字句,第152、263页又云,丰(附)巴村有唐代古城废墟,面积为280×250米,可证临洮镇在此。《中国文物地图集·甘肃分册》下册第797页记录为喀尔钦乡回坝村唐代城址。此城即《水经注》之"洮阳曾城"——由洮阳城增筑于洮南之城,吐谷浑置戍,北周置防,并置洮州洮阳郡,唐人亦称之为洮阳城,是洮水南北各有一洮阳城,后人多误以为唐洮阳城必在洮北,如《地图集》第五册即置隋唐临洮郡洮州城于今临潭县城。
③ 《元和志》洮州美相县:"西至州七十五里。"《纪要》洮州卫:"美相城,在卫南,即侯和城也。"《地名大辞典》第5619页扁都乡(今属新城镇):"有三国时期侯和古城,现称鸣鹤城。"据《中国文物地图集·甘肃分册》下册第789页,遗址尚存。
④ 两《唐志》作"天宝中",按《州郡典》临洮郡仅领临潭一县,则美相县之废不晚于天宝元年。
⑤ 史志不载此事。按武德四年割洮州西境置旭州,又割芳州丹岭县来属,是年洮州领美相、丹岭二县。按之地理,丹岭县距美相县较远,其间当置一县以应之,故推测博陵县置是年。

县城柳林镇)①,隶前洮州。八年,州废,隶后洮州。十二年,省入临潭县。

附旧县4:行归政县(676—714)

仪凤元年,析洮州临潭县置行归政县,治故洮阳城(今临潭县古战乡牛头城)②,以处故儒州归政县部众,为行儒州治。开元二年,州废,省入临潭县。

2. 行密恭县(676—742)—后密恭县(742—762)

仪凤元年,析洮州临潭县别置行密恭县(今甘肃卓尼县扎古录镇迭当什村)③,以处叠州前密恭县民,仍隶叠州。天宝元年,去"行"字,割隶临洮郡④。乾元元年,隶洮州。宝应元年,陷于吐蕃⑤。

附旧州一:前洮州(619—634)—行儒州(676—714)

武德二年,割岷州美相、临潭、洮阳三县置前洮州,以隋旧州为名,治美相县,隶秦州总管府。四年,割隶岷州总管府,置博陵县,割芳州丹岭县来属,割洮阳、临潭二县隶旭州。七年,隶岷州都督府。贞观二年,丹岭县还隶芳州。八年,州废,美相、博陵二县隶后洮州。

前上元三年,置行儒州及行归政县于洮州境,行安乡县于淳州境,治行归政县,隶洮州都督府。

武周长安四年,行儒州领县不变。

唐开元二年⑥,州废,省行归政、行安乡二县,别置羁縻儒州于关内道庆州境。

附旧州二:西盐州(631—634)—儒州(634—676)

贞观五年,升岷州都督府羁縻西盐州为正州,升其羁縻归政、安乡二县为

---

① 据《元和志》,贞观十三年以博陵县故城置安西府,在临潭县东四十里,今既考贞观临潭县在今卓尼县喀尔钦乡羊巴村,则可定博陵县在卓尼县城柳林镇。《地图集》第五册置博陵县于今临潭县流顺乡,距岷州当夷县太近,且不能应接武德美相、丹岭二县交通,不取。
② 牛头城规制较大,当为一处州治。
③ 《大清一统志》卷412青海:"密恭废县,在洮州西南。"郭声波《唐贞观十三年政区考辨——儒、淳二州考》拟于今临潭县冶力关乡,按岷州境南北三百六十余里,当含冶力关,则行密恭县不在此,今为修正。《中国文物地图集·甘肃分册》下册第798页载,扎古录镇迭当什村有唐代城址,周长1 100多米,当即此地,天宝十三载后为神策军驻地。
④ 《旧唐志》:"天宝元年,改为临洮郡,管密恭县。党项部落也,寄治州界。"据《州郡典》、《本钱簿》,天宝元年叠州已不领密恭县,是知《旧唐志》所谓"寄治州界",乃述天宝元年以前之事。
⑤ 《历史地名》第2465页谓密恭县北宋废,不详何据,不取。
⑥ 《新唐志》原作"开元中废(行儒州),后为羁縻",按开元二年《新唐表》作开元五年,今依《方镇研究》)复置陇右节度使时已无行儒州,故今拟废于开元二年。

归政、前安乡二县,仍治归政县。六年,割隶兰州都督府①。八年,改为儒州,盖取化淳儒信为名。十三年,儒州领归政、前安乡二县,治归政县。

显庆元年,隶鄯州都督府。前上元三年(仪凤元年),没于吐蕃。

(二) 和政郡(岷州)

岷州(618—742)—和政郡(742—758)—岷州(758—763)

和政郡,本隋临洮郡,领美相、洮阳、和政、溢乐、基城、乐川、叠川、合川、临潭九县②。唐武德元年,改为岷州,以隋旧州为名,移治溢乐县,隶秦州总管府。二年,割美相、临潭、洮阳三县隶前洮州,割合川、叠川、乐川三县隶叠州。四年,置岷州总管府。七年,改总管府为都督府。贞观二年,置当夷县。十二年,罢都督府,岷州隶叠州都督府。十三年,岷州领溢乐、当夷、和政、基城四县,治溢乐县。

永徽元年,隶洮州都督府。

武周长安四年,岷州领县不变。

唐神龙元年(705),省当夷县。先天元年,改基城县为祐川县。开元十七年,隶秦州都督府,以废洮州之临潭、行密恭、美相三县来属。二十年,复割临潭、行密恭、美相三县隶前洮州。二十七年,复隶洮州都督府。

天宝元年,改为和政郡,以和政县为名,隶临洮郡都督府。十三载,和政郡领溢乐、祐川、和政三县,仍治溢乐县。至德二载,隶陇右节度使。

乾元元年,复为岷州。宝应二年(广德元年)③,陷于吐蕃。

---

① 西盐州《旧唐志》作贞观六年置,按《新唐志》党项羁縻州条载,西盐州本为正州,始置于贞观五年,则疑《旧唐志》之"六年"当为割隶兰州都督府之年。
② "基城",《隋志》作"归政",按《元和志》、《新唐志》云:"基城县,隋义宁二年置。"当系以归政县民移置;"溢乐",《隋志》作"临洮",按《旧唐志》云:"后魏置岷州,改临洮为溢乐。隋复改临洮,义宁二年,改名溢乐。"今并改。又,《隋志》临洮郡有当夷、洮源二县,共十一县。按唐初当夷县系贞观二年析溢乐县置,可知隋末当夷县已省入溢乐县;洮源县亦不见于唐初记载,当废于隋末。《元和志》云:"隋季乱离,所在陷没,(临洮)郡守孙长询率所部婴城固守。"可知临洮郡属县确有陷于党项羌者,今并删之。
③ 《元和志》作"上元二年"。按《元和志》关于安史之乱后岷、洮、叠、芳、宕、武等州的陷蕃年代多有阙误,不敢遽从,今依《新唐志》。邢云《安史之乱后陇右道诸州郡陷没土蕃过程考》云:"按《太平寰宇记》所引《贞元十道图》的记载,叠、宕、武、成四州是年(指后上元二年)没入吐蕃后,置于羌水(即白江)之侧。则岷州应是在这四州陷没后,吐蕃军队沿宕州的羌水支流(即今流经宕昌县的岷江)河谷北上进攻后陷没的。"查《太平寰宇记》引此《贞元十道图》文字,原本多阙误,中华书局点校本依宋版及《元和志》叠州常芳县序补改,而《元和志》叠州序和常芳(芬)县条皆谓此陷蕃年代为"高宗上元二年"、"前上元二年",因疑《元和志》岷州条的"上元二年"也应指前上元二年,而误于乾元后,邢氏以之作为岷、叠、宕、武、成等陷于后上元二年的证据,显然有误。

1. 溢乐县(618—763)

本隋临洮郡旧县,武德元年,隶岷州,为州治。贞观二年,析置当夷县。神龙元年,省当夷县来属。天宝元年,隶和政郡,为郡治。乾元元年,复隶岷州,为州治。宝应二年,陷于吐蕃。

附旧县:当夷县(628—705)

贞观二年,析溢乐县置当夷县,以隋旧县为名,治金通成(今甘肃岷县西寨镇)①,隶岷州。神龙元年,省入溢乐县。

2. 基城县(618—712)—祐川县(712—763)

祐川县,本隋临洮郡基城县,武德元年,隶岷州。先天元年,避玄宗讳,改为祐川县,以祐川为名。天宝元年,隶和政郡。乾元元年,复隶岷州。宝应二年,陷于吐蕃。

3. 和政县(618—763)

本隋临洮郡旧县,武德元年,隶岷州。天宝元年,隶和政郡。乾元元年,复隶岷州。宝应二年,陷于吐蕃。

(三)武都郡(武州)

武州(618—742)—**武都郡**(742—758)—武州(758—767)—行武州(767—864)—武州(864—892)—阶州(892—907)

武都郡,本隋旧郡,领前将利、建威、前覆津、盘堤、曲水、正西、长松七县。唐武德元年,改为武州,以隋旧州为名,治前将利县,隶秦州总管府;割曲水、正西、长松三县隶文州。七年,隶秦州都督府。九年,割隶岷州都督府。贞观元年,省建威县。二年,割隶松州都督府。十三年,武州领前将利、前覆津、盘堤三县,治前将利县。十四年,还隶秦州都督府。

武周长安四年,武州领县不变。

唐开元二十七年,割隶洮州都督府。

天宝元年,复为武都郡,隶临洮郡都督府。十三载,武都郡领前将利、覆津、盘堤三县,治前将利县。至德元载,隶山南西道防御使。

乾元元年,复为武州。宝应元年,隶山南西道节度使。大历二年,没于吐蕃②,

---

① 《太平寰宇记》岷州和政县:"周武成元年更修置金通成,贞观二年,置当夷县于此。"《纪要》岷州卫:"当夷城,在卫西。"今姑定于岷县西寨镇。
② 《唐会要》卷71;《太平寰宇记》阶州。

别置行武州及后将利县①,隶陇右道陇右节度使。贞元十年,隶京畿陇右经略使。元和元年,隶保义军节度使。二年,复隶陇右经略使。十五年,行武州领后将利一县②。

大中三年,改隶山南西道节度使。咸通五年③(864),收复旧境,改为武州,还隶陇右道天雄军节度使,并置后覆津县。十四年,武州领后将利、后覆津二县,仍治后将利县。

文德元年(888),割隶剑南道威戎军节度使。大顺二年(891),割隶山南西道武定军节度使。景福元年(892),以与关内道彰义军节度使州名重,改为阶州,取北朝武阶郡末字为名,改后覆津县为福津县。

1. **前将利县**(618—767)—**后覆津县**(864—892)—**福津县**(892—907)

前将利县,本隋武都郡旧县,武德元年,隶武州,为州治。贞观元年,省建威县来属。天宝元年,隶武都郡,为郡治。乾元元年,复隶武州,为州治。大历二年,没于吐蕃。咸通五年,收复旧境,置后覆津县,治故将利城(今甘肃武都市武都区东江镇)④,隶武州。景福元年,隶阶州,盖以旧名不吉,改为福津县⑤。

附旧县:建威县(618—627)

本隋武都郡旧县,武德元年,隶武州。贞观元年,省入前将利县。

2. **前覆津县**(618—767)—**后将利县**(767—907)

本隋武都郡旧县,武德元年,隶武州。天宝元年,隶武都郡。乾元元年,复隶武州。大历二年,为吐蕃所破,遂废,以东境置后将利县,治兰皋镇(今甘肃康县大南峪镇)⑥,隶陇右道陇右节度使行武州,为州治。咸通五年,隶武

---

① 《新唐志》阶州:"本武州,因没吐蕃,废。大历二年复置,为行州。"《唐会要》卷71:"武州,大历二年五月十一日置。"
② 《元和志》武州领将利、福津、盘堤三县,当是用旧资料未改,而后人又改覆津为福津。今不取。
③ 《新唐志》作"咸通中",《方镇研究》第184页据《新唐表》考证武州"咸通五年复得故地",今从之。
④ 《太平寰宇记》阶州:"今理福津县。东至成州三百里,南至文州二百四十里。"《地名大辞典》第5517页武都县云:"唐广德中为吐蕃占领,后收复,置福津县,治将利古城,为阶州治。"按景福元年始改覆津县为福津县,又据《太平寰宇记》,后唐长兴中始移阶州治于福津县,《地名人辞典》表述有误,然所云覆津县治将利古城(即前将利县城),则可取。《地图集》标将利县于今武都市东江镇,今从之。
⑤ 《寰宇通志》卷42建昌府:"福山,在新城县东南四十里,延袤三十里,旧名覆船山,唐懿宗更名福船。"可为旁证。
⑥ 《太平寰宇记》阶州将利县:"(州)东二百里。"《元和志》阶州将利县:"州东二百一十五里。"《大明一统志》巩昌府:"将利废县,在阶州北三百一十里,唐武州治此,元废。"此"三百"当为"二百"之误。兰皋,《新唐志》作"皋兰",按南北朝其地有兰皋戍,《元丰九域志》阶州将利县有兰皋镇,则当作兰皋。《地名大辞典》第5534页"康县大南峪乡"云:"北魏置兰皋戍,唐景福元年至后唐长兴三年为阶州治。清康熙六年设大兰驿。"按大南峪乡在今甘肃武都县东江镇(即唐武州、明阶州治)东北二百余里,当即唐兰皋镇所在。

州,为州治。景福元年,隶阶州,仍为州治。

3. 盘堤县(618—767)

本隋武都郡旧县,武德元年,隶武州。天宝元年,隶武都郡。乾元元年,复隶武州。大历二年,没于吐蕃。

(四) 怀道郡(宕州)

宕州(618—742)—怀道郡(742—758)—宕州(758—767)

怀道郡,本隋宕昌郡,领良恭、怀道、和戎三县。唐武德元年,改为宕州,以隋旧州为名,治怀道县,隶秦州总管府。四年,割隶岷州总管府。七年,隶岷州都督府。贞观三年,省和戎县。十二年,改隶叠州都督府。十三年,宕州领怀道、良恭二县,治怀道县。

永徽元年,改隶洮州都督府。

武周长安四年,宕州领县不变。

唐开元十七年,改隶秦州都督府。二十七年,还隶洮州都督府。

天宝元年,改为怀道郡,以怀道县为名,隶临洮郡都督府。十三载,怀道郡领怀道、良恭二县,仍治怀道县。至德元载,隶陇右节度使。

乾元元年,复为宕州。大历二年①(767),没于吐蕃。

1. 怀道县(618—767)

本隋宕昌郡旧县,武德元年,隶宕州,为州治。贞观元年,移治新怀道城(今甘肃舟曲县峰迭镇)②。三年,省和戎县来属。天宝元年,隶怀道郡,为郡治。乾元元年,复隶宕州,为州治。大历二年,没于吐蕃。

附旧县:和戎县(618—629)

本隋宕昌郡旧县,武德元年,隶宕州。贞观三年,省入怀道县。

2. 良恭县(618—767)

本隋宕昌郡旧县,武德元年,隶宕州。天宝元年,隶怀道郡。乾元元年,

---

① 史志不载此事。据《方镇研究》第169页考证,大历元年尚除象武感兼充叠宕两州招讨使,而大历二年陇右道最东一州——武州亦被吐蕃攻陷,可知宕州亦于是年陷没。
② 《元和志》宕州:"(理)怀道。东南至武州二百五十里,西北至叠州二百五十里。宕昌故城,今为交和戍,在县东五十二里。"《太平寰宇记》宕州怀道县:"贞观元年移于此,因立郡。"据李振翼《甘南藏区考古集萃》第134页:"宕州城(瓜咱古城)……瓜咱古城藏语称'朗尕',位于舟曲县峰迭乡政府所在地的瓜咱村。"峰迭乡,今为镇。

复隶宕州。大历二年,没于吐蕃。

(五)合川郡(叠州)
叠州(619—622,624—742)—**合川郡**(742—758)—叠州(758—767)

武德二年,割岷州合川、叠川、乐川三县置叠州,取叠川县首字为名①,治合川县,隶秦州总管府。四年,割隶岷州总管府。五年,置安化、和同二县。是年,陷于吐谷浑,州、县皆废。七年,复置叠州及合川、叠川、乐川三县,隶岷州都督府。贞观二年,割隶松州都督府,省叠川、乐川二县。十二年,置叠州都督府。十三年,叠州领合川一县。其后,置前密恭县。

永徽元年,罢都督府,叠州改隶洮州都督府。仪凤元年,改前密恭县为行密恭县。

武周长安四年,叠州领合川、行密恭二县。

唐神龙元年,以废芳州之常芳县来属。开元十七年,改隶秦州都督府。二十年,还隶洮州都督府。

天宝元年,改为合川郡,以合川县为名,隶临洮郡都督府,割行密恭县隶临洮郡。十三载,合川郡领合川、常芳二县,治合川县。至德元载,隶陇右节度使。

乾元元年,复为叠州。大历二年②,陷于吐蕃。

1. **合川县**(618—622,624—767)
本隋临洮郡旧县,武德元年,隶岷州。二年,割隶叠州,为州治。三年,移治交戍城(今甘肃迭部县益哇乡卜岗古城)③。五年,析置安化、和同二县。是年,陷于吐谷浑。七年,复置合川县,治新合川城(今迭部县城电尕镇然闹古城)④,仍为叠州治。贞观二年,省乐川、叠川二县来属。其后,析置前密恭县。天宝元年,隶合川郡,为郡治。乾元元年,复隶叠州,为州治。大历二年,陷于吐蕃。

---

① 《元和志》叠州:"盖取山川重叠为义。"《太平寰宇记》叠州:"取郡山重叠之意。"
② 史志不载此事。据《方镇研究》第169考证,大历元年尚除象武感为叠州刺史,而大历二年陇右道最东一州——武州亦被吐蕃攻陷,可知叠州亦于是年陷没。
③ 《历史地名》,第1036页。
④ 《元和志》叠州:"今州城在独山上,西临绝涧,南枕羌水。……东南沿流至宕州二百五十里,东南至故芳州一百四十里,东北至洮州一百八十里。"陈良伟《丝绸之路河南道》第113—117页疑即今迭部县城东1.5公里然闹村古城,《中国文物地图集·甘肃分册》下册第808页记录此城,并定性为唐叠州故城。

附旧县1：叠川县(618—628)

本隋临洮郡旧县，武德元年，隶岷州。二年，割隶叠州。贞观二年，省入合川县。

附旧县2：乐川县(618—628)

本隋临洮郡旧县，武德元年，隶岷州。二年，割隶叠州。贞观二年，省入合川县。

附旧县3：安化县(622)

武德五年，析合川县置安化县，处党项户，盖取安居化成之义为名，治故合川城(今四川若尔盖县崇尔乡)①，隶叠州。是年，陷于吐谷浑。

附旧县4：和同县(622)—前密恭县(贞观中—676)

武德五年，析合川县置和同县，处党项户，盖取天人和同之义为名，治和同城(今若尔盖县降扎乡)②，隶叠州。是年，陷于吐谷浑。贞观中，以合川县党项部落置前密恭县③，《诗》云："密人不恭。"盖反其意以名县，示怀柔之意，治密恭城(今若尔盖县红星乡)④。前上元三年(仪凤元年)，为吐蕃所破，移其民于洮州境，别置行县。

2. 常芳县⑤(618—767)

本隋甘松郡旧县，武德元年，割隶芳州，为州治。贞观二年，析置恒香县。前上元二年⑥，为吐蕃所破，寄治丹岭县天法山东苏董谷西(今迭部县旺藏乡花园村)⑦。神龙元年，州废，省丹岭、恒香二县来属，常芳县改隶叠州。天宝元年，隶合川郡。乾元元年，复隶叠州。大历二年，复陷于吐蕃。

附旧县1：丹岭县(618—705)

本隋甘松郡旧县(今迭部县旺藏乡亚日村)⑧，武德元年，割隶芳州。四

---

① ② 依地理形势推定。
③ 《唐故叠州密恭县丞杨公(师善)及夫人丁氏墓志文》(载《全唐文补遗》第三辑)云，杨师善于高宗显庆年间"左授叠州密恭县丞"，密恭县当置于贞观十三年后，永徽元年叠州改隶洮州都督府之前。
④ 密恭县先为吐蕃所破，当处叠州西境，今若尔盖县北、碌曲县南一带。
⑤ 《隋志》、《州郡典》、两《唐志》、《太平寰宇记》作"常芬县"，今依《元和志》、《唐会要》、四库本《旧唐志》、四库本《太平寰宇记》及宋本《广韵》"芳"字。按唐代多取属县名以为州名，作为芳州属县，当以"常芳"为是。唐代行书"芳"字与"芬"颇相似，易于混淆，如《本钱簿》"常芬"之"芬"字，下部作"勹"，不作"刀"，即介于行书"芬"与"芳"之间。
⑥ 《元和志》以移治天法山东为神龙元年事，《唐会要》则系于贞观三年。按郁贤皓《唐刺史考全编》所引资料，载初元年芳州犹存，既然前上元二年芳州故地已陷于吐蕃，则载初芳州当已移治天法山东，自不待神龙间，今改。
⑦ 《元和志》芳州："东南至扶州三百里，西至叠州一百四十里。"《地图集》定于今迭部县旺藏乡阿夏林场，今修订于花园村(旧花园乡)。
⑧ 《元和志》芳州丹岭县："东南至州二十里。"

年,割隶洮州。贞观二年,还隶芳州。神龙元年,州废,省入常芳县。

附旧县2:恒香县(628—705)

贞观二年,析常芳县置恒香县,治恒香戍(今迭部县旺藏乡班藏村)①,以为县名,隶芳州。神龙元年,州废,省入常芳县。

附旧州:芳州(618—705)

本隋甘松郡②,领常芳、丹岭二县。唐武德元年③,改为芳州,以隋旧州为名,治常芳县,隶秦州总管府。四年,割丹岭县隶洮州。七年,割隶岷州都督府。贞观二年,割隶松州都督府,置恒香县,割洮州丹岭县来属。十二年,割隶叠州都督府。十三年,芳州领常芳、丹岭、恒香三县,治常芳县。

永徽元年,改隶洮州都督府。

武周长安四年,芳州领县不变。

唐神龙元年④,州废,省丹岭、恒香二县,常芳县改隶叠州。

(六)洮阳郡

洮阳郡(754—756)

天宝十三载,陇右节度使哥舒翰请以去年所收黄河九曲之地分置郡县,于是置洮阳郡及神策军⑤,以北朝旧郡为名,治新洮阳城(今碌曲县西仓乡)⑥,隶临洮郡都督府。至德元载,没于吐蕃⑦。

---

① 《元和志》芳州恒香县:"东北至州二十五里。""二"字中华书局点校本作"一",按芳州地处山区,诸县距离似不得太近,今依四库本作"二","东北"当作"西北"。
② 《隋志》不载甘松郡。按《元和志》芳州丹岭县云:"义宁(三)〔二〕年,属甘松郡。武德元年罢郡,县属芳州。"可知甘松郡系隋末置,今补。
③ 《太平寰宇记》常芳县作"二年",今依《元和志》芳州及两《唐志》常芳县。
④ 《元和志》作"高宗上元二年"。按《通典》卷169,武后时有芳州司仓薛璟,《册府元龟》卷941,天授二年犹有芳州刺史李思征,可知《元和志》有误。
⑤ 《册府元龟》卷992云:"十三载七月,陇右哥舒翰以前年之役收黄河九曲之地,请分置郡县及军,于是新置洮阳郡及神策军于临洮郡之西二百里,以实河曲之地。"《资治通鉴》系此事于至德元载七月,恐误。
⑥ 据上注,洮阳郡治在"临洮郡之西二百里",即今碌曲县西仓乡。刘满《九曲及其相关军城镇戍考》(载《敦煌学辑刊》2010年第2期)以为在今碌曲县城玛艾镇附近。
⑦ 史志不载洮阳郡罢废之年,按《资治通鉴》至德元载,是年,吐蕃陷陇右沿边之威戎、神威、定戎、宣威、金天、天成等军及石堡、百谷、雕窠诸城,可知洮阳郡亦陷是年。

第十六章 河 西 道

河西道(711—792)

景云二年(711),割陇右道凉、瓜、西三州都督府,安西、北庭二都护府及羁縻昆陵都护府置河西道(监理区)。开元十二年(724),割西州都督府及北庭、安西二都护府属碛西中央直属地区。二十二年①,以凉州都督兼河西道采访处置使。

武周如意元年(692),废羁縻昆陵都护府。

唐开元二十八年(740),置羁縻濛池都护府。

天宝元年(742),改凉州都督府为武威郡都督府,瓜州都督府为晋昌郡都督府,西州都督府为交河郡都督府,废羁縻濛池都护府。十三载,河西道有武威、晋昌、交河三郡都督府及北庭、安西二都护府,治武威郡(见图23、图24、图25)。至德元载(756),以武威、晋昌二郡都督府置河西节度使,北庭都护府及交河郡都督府置伊西北庭节度使,安西都护府置安西四镇节度使。

贞元三年(787),河西节度使陷于吐蕃。八年,伊西北庭节度使陷于吐蕃,自后但以关内道泾原节度使兼领安西四镇、伊西北庭行军节度使(省称四镇北庭行军)。

第一节 武威郡(凉州)都督府

凉州总管府(619—624)—凉州都督府(624—742)—武威郡都督府(742—756)—河西节度使(756—766)—凉州节度使(863—907)

武德二年(619),平李凉,以凉、会、兰、河、廓、鄯、甘、肃、瓜九州置凉州总管府②,

---

① 《册府元龟》卷162原作"二十三年",据严耕望《景云十三道与开元十六道》考改。
② 《旧唐志》云:"武德二年,平李轨,置凉州总管府,管凉、甘、肃、瓜四州。"然据《唐刺史考全编》,武德二年安修仁为"凉州都督、河兰鄯廓瓜沙甘肃九州大总管",则《旧唐志》当脱会、兰、河、廓、鄯五州,今补。又,《旧唐志》秦州总管府武德二年亦有兰州,此"兰"字当系"芳"字之误,详参本编第十五章《陇右道》第二节"天水郡都督府"。

上编·第十六章　河西道　1041

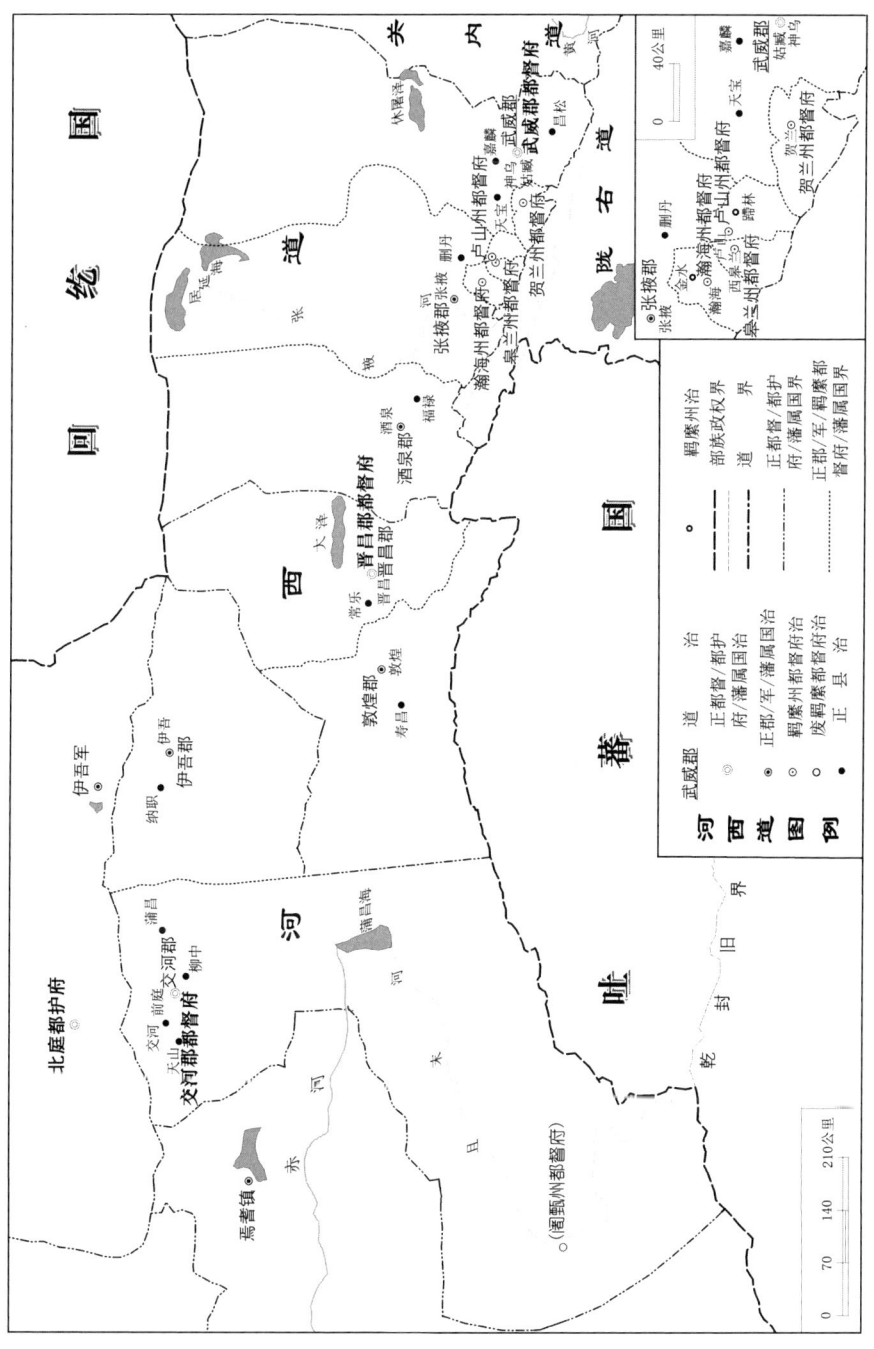

图 23　天宝十三载(754)唐朝河西道东部行政区划

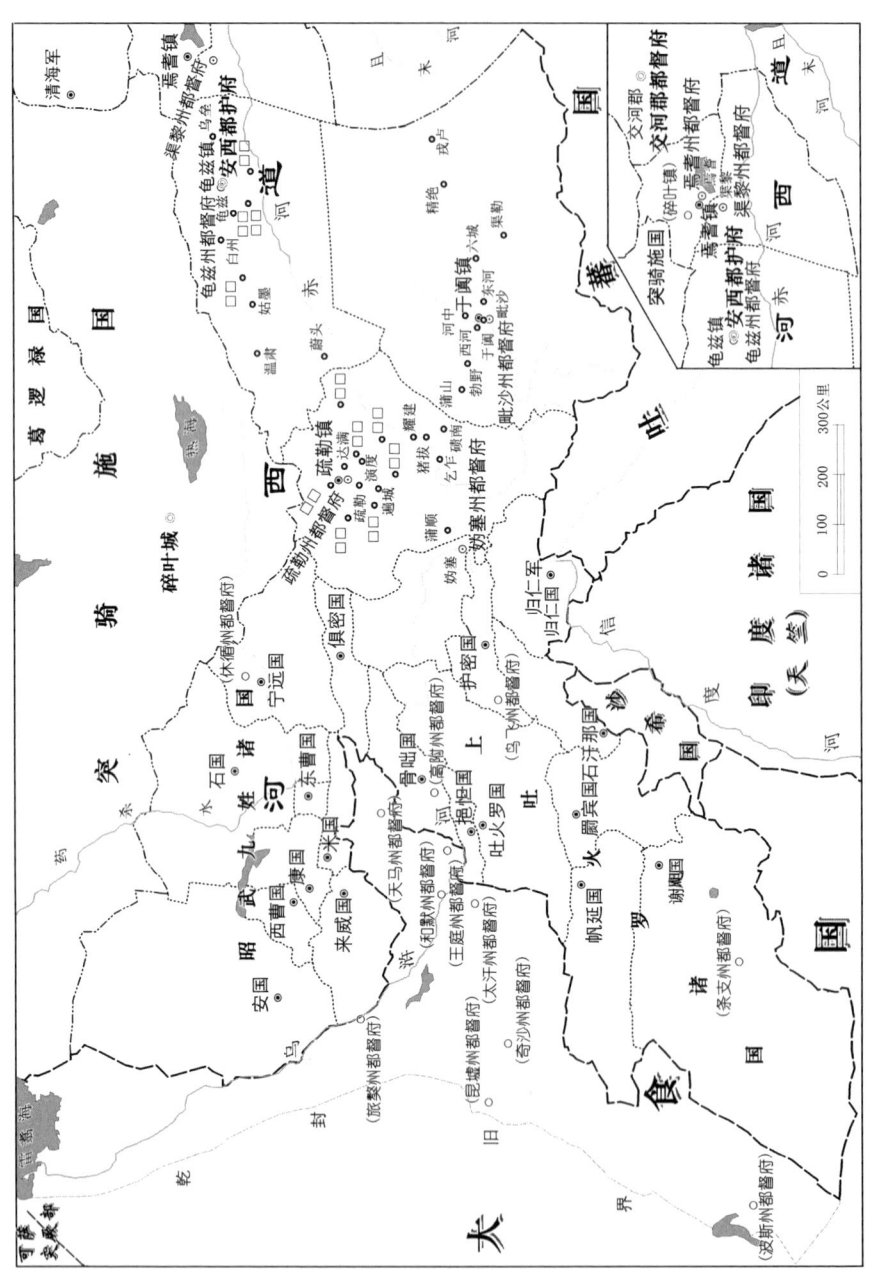

图 24 天宝十三载(754)唐朝河西道西部行政与统治区划

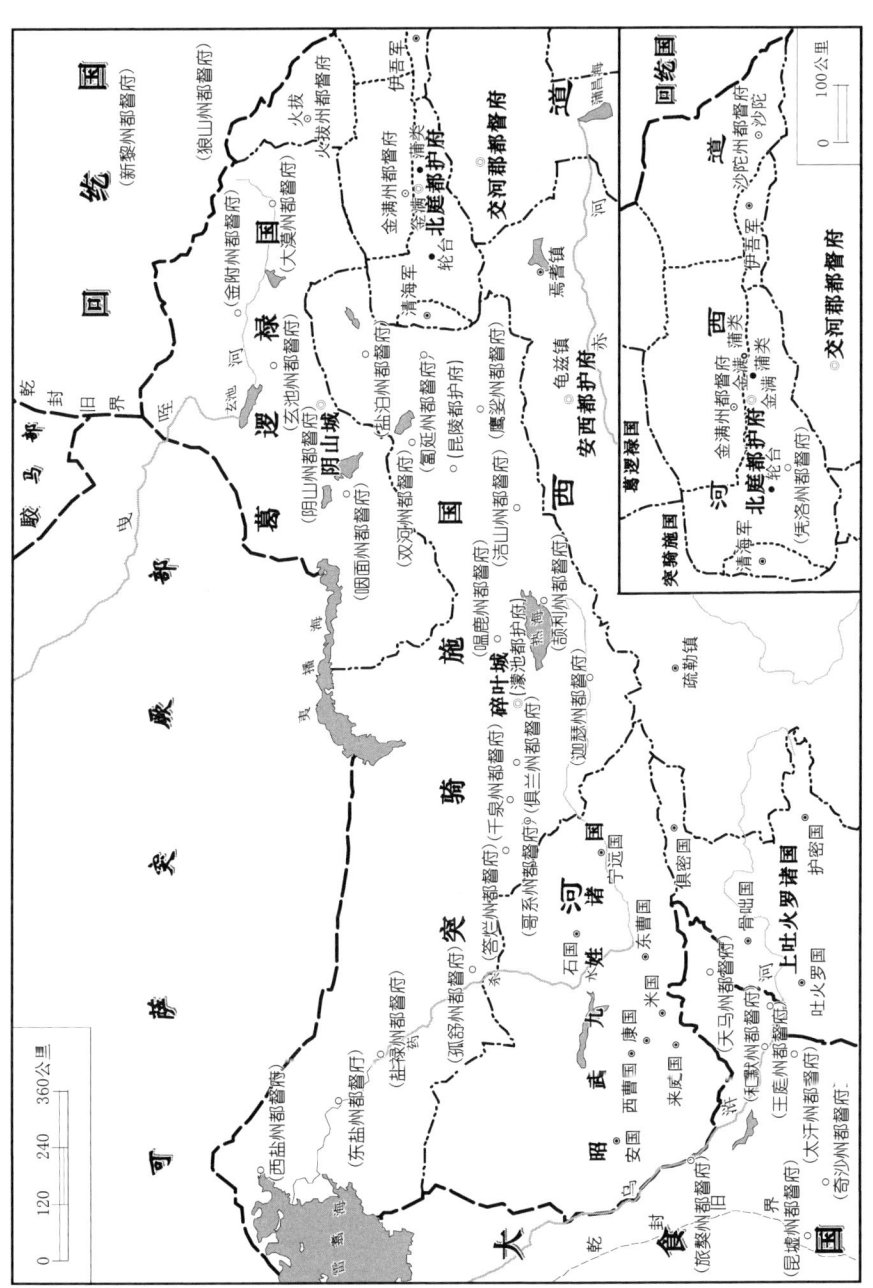

图 25 天宝十三载(754)唐朝河西道北部行政与统治区划

直属中央,改会州为西会州。五年,割肃、瓜二州隶瓜州总管府。七年,改为凉州都督府①。八年,割兰、河、鄯、廓四州隶兰州都督府。贞观元年(627),凉州都督府割隶陇右道。四年,以废瓜州都督府之肃、瓜、西沙三州来属,置西伊州。五年,割西会州隶关内道原州都督府。六年,改西伊州为伊州。七年,改西沙州为沙州。十三年,凉州都督府督凉、甘、肃、瓜、沙、伊六州。十四年,置西昌州。是年,改西昌州为西州,并伊州割隶安西都护府。

永徽二年(651),割沙、瓜二州隶沙州都督府。显庆三年(658),以废沙州都督府之沙、瓜二州及割安西都护府伊州来属②。咸亨元年(670),置雄州。前上元二年(675),割伊州隶西州都督府,沙、瓜二州隶沙州都督府③。调露元年(679),废雄州。

武周长安四年(704),凉州都督府督凉、甘、肃三州。

唐景云二年(711),割属河西道。

天宝元年(742),复凉州为武威郡,甘州为张掖郡,肃州为酒泉郡,改凉州都督府为武威郡都督府。十三载,武威郡都督府武威、张掖、酒泉三郡。至德元载(756),以武威、张掖、酒泉三郡及晋昌郡都督府晋昌、敦煌二郡置河西节度使④,治武威郡,武威郡都督府只领羁縻府州。

乾元元年(758),复武威郡为凉州,张掖郡为甘州,酒泉郡为肃州,晋昌郡为瓜州,敦煌郡为沙州。广德二年(764),移使治于甘州⑤,凉州陷于吐蕃。永泰二年(766),甘、肃二州陷于吐蕃,移使治于沙州(以后沿革见本章第二节"晋昌郡都督府")。

---

① 《旧唐志》云:武德七年,凉州总管府改为都督府,督凉、肃、甘、沙、瓜、伊、芳、文八州。按伊州始置于贞观四年,故艾冲《唐代都督府研究》(西安地图出版社,2005年)第65页以为"伊、芳、文"三字在此为衍文。笔者以为在"改为都督府"句后当脱"贞观四年"四字,而衍"芳、文"二字。
② 史志不载此事。按唐高宗《册乔师望凉州刺史文》(载《唐大诏令集》卷62):"惟显庆三年岁次戊午十月……维尔正议大夫守凉州都督、驸马都尉乔师望……命尔为使持节八州诸军事、凉州刺史。"是知沙、瓜、伊三州皆于是年还隶凉州都督府,然"八州"当为"六州"之误。
③ 史志不载此事。按《旧唐志》,咸亨中,凉州大都督府犹督伊州,而前上元二年降凉州为中都督府,意其领州数有减少,因疑是年割出瓜、沙、伊等州。
④ 河西节度使始置于景云二年,今依本卷体例,方镇作为行政区一律以至德元载起算。
⑤ 《资治通鉴》广德二年十月:"吐蕃围凉州,士卒不为用,志烈奔甘州。〔后〕为沙陀所杀。"《新唐书》卷6《代宗纪》:"广德二年十一月,河西节度使杨志烈及仆固怀恩战于灵州,败绩。"可知河西节度使杨志烈于广德二年十月移驻甘州,后被沙陀所杀。

咸通四年(863),割归义军节度使凉、鄯二州置凉州节度使①,治凉州,属陇右道。七年,取吐蕃廓州来属。十四年,凉州节度使领凉、鄯、廓三州。

光启三年(887),置行威州。广明元年,廓州没于吐蕃。

(一) 武威郡(凉州)

凉州(618—742)—武威郡(742—756)—凉州(756—764,861—907)

武威郡,本隋旧郡,领姑臧、昌松、番禾三县②。隋末,为李轨所据,改为凉州③,仍治姑臧县,以为都城。唐武德二年,平李轨,置凉州总管府。三年,置神乌县。贞观元年,省神乌县。十三年,凉州领姑臧、番禾、昌松三县,治姑臧县。

总章元年(668),置神乌、前武威二县。咸亨元年,割番禾县隶雄州。调露元年,以废雄州之番禾县来属。

武周证圣元年(695),省前武威县,改神乌县为后武威县。长安四年,凉州领姑臧、后武威、番禾、昌松四县,治姑臧县。

唐神龙元年(705),复改后武威县为神乌县。二年,置嘉麟县。开元二十二年,为河西道治。

天宝元年,复为武威郡,隶武威郡都督府。三载,改番禾县为天宝县。十三载,武威郡领姑臧、神乌、天宝、嘉麟、昌松五县,治姑臧县。至德元载,隶河西节度使,为使治。

乾元元年,复为凉州。广德二年,陷于吐蕃④,移使治于甘州。

---

① 《旧唐志》序:"凉州节度使:治凉州,管西、洮、鄯、临、河等州。"《新唐表》:"咸通四年,置凉州节度,领凉、洮、西、鄯、河、临六州。"然《资治通鉴》咸通四年二月却云:"置天雄军于秦州,以成、河、渭三州隶焉。"则河州不隶凉州节度,"河"字疑为"岷"字之误。又西州与凉州中隔归义军节度使领地,且据《资治通鉴》咸通七年二月,张议潮始奏北庭回鹘仆固俊收复西州,则咸通四年之时,西州亦不得隶凉州节度,"西"疑为"兰"字之误,今改。
② "番禾",《隋志》原作"番和",按《晋书》卷14《地理志》,武威郡有番禾县,《南史》卷65《桂阳王伯谋传》:"子酆,大业中,为番禾令。"《元和志》凉州嘉麟县:"汉番禾县,北凉沮渠蒙逊立为番禾郡,隋开皇三年改为县。"因改。又,《隋志》武威郡有允吾县,共四县。据本编第二章《关内道》第四节"平凉郡都督府"会宁郡会州注考证,允吾县大业六年已改为会宁县,割隶会宁郡,隋末废郡,会宁县省入兰州金城县,武德三年,重置为广武县,隶兰州,今删。
③ 按李轨建凉国,"署置官属,并拟开皇故事",又曾许奚道宜刺史,唐亦以凉州总管授李轨,可知李凉废大业郡制而行开皇州制,据补。
④ 《旧唐书》卷196《吐蕃传》:"广德二年,河西节度杨志烈被围,守数年,以孤城无援,乃跳身西投甘州,凉州又陷于寇。""守数年",当依李并成《唐代甘州"中府"钩沉》(载《中国历史地理论丛》2009年第4期)作甘州"守数年"。《新唐书》卷216《吐蕃传》:"(广德二年)虏围凉州,河西节度使杨志烈不能守,跳保甘州,而凉州亡。"是知广德二年河西节度使杨志烈奔甘州,而凉州陷没,《元和志》所载不误。《方镇研究》第184页:"大历元年凉州沦陷,节度使移理沙州。"以节度使移治沙州之年为凉州沦陷之年,盖脱移治甘州一事,不取。

咸通二年,张议潮收复凉州及姑臧、神乌、番禾、嘉麟、昌松五县,隶归义军节度使①。四年,割隶凉州节度使,为使治。十四年,凉州领姑臧、神乌、番禾、嘉麟、昌松五县,治姑臧县。

光启三年(887),析置行威州。

1. 姑臧县(618—764,861—907)

本隋武威郡旧县,隋末,隶凉州,为州治。武德三年,析置神乌县。贞观元年,省神乌县来属。总章元年,复析置神乌、前武威二县。天宝元年,隶武威郡,为郡治。乾元元年,复隶凉州,为州治。广德二年,陷于吐蕃。咸通二年,收复,仍隶凉州,为州治。光启三年,行威州寄治于此。

2. 神乌县(620—627,668—695)—后武威县(695—705)—**神乌县**②(705—764,861—907)

武德三年,析姑臧县置神乌县,以北朝旧县为名,隶凉州,治州城西郭。贞观元年,省入姑臧县。总章元年,复析姑臧县置神乌县,仍治州郭。证圣元年,省前武威县来属,改神乌县为后武威县。神龙元年,复为神乌县。二年,析置嘉麟县。景龙元年,省嘉麟县来属。先天二年,复析置嘉麟县。天宝元年,隶武威郡。乾元元年,复隶凉州。广德二年,陷于吐蕃。咸通二年,收复,仍隶凉州。

附旧县:前武威县(668—695)

总章元年,析姑臧县置前武威县,以汉旧县为名,治故武威城(今甘肃民勤县泉山镇西北连城故城)③,隶凉州。证圣元年,省入神乌县。

3. 番禾县(618—744)—**天宝县**(744—764)—**番禾县**(861—907)

天宝县,本隋武威郡番禾县④,隋末,隶凉州。咸亨元年,割隶雄州,为州治。调露元年,州废,还隶凉州。天宝元年,隶武威郡。三载,改为天宝县,以界

---

① 《新唐书》卷216《吐蕃传》:"咸通二年,义潮奉凉州来归。"《新唐书》卷9《懿宗纪》云:"咸通三年三月戊寅,归义军节度使张义潮克凉州。"《资治通鉴》咸通四年三月:"归义节度使张议潮奏自将蕃、汉兵七千克复凉州。"荣新江《归义军史研究》第5页定于咸通二年,今依之。又据郑炳林《晚唐五代敦煌归义军行政区划制度研究》(载《敦煌研究》2002年第2、3期)考证,归义军时期凉州已复置姑臧、神乌、嘉麟、番禾等县。
② 夏鼐《武威唐代吐谷浑慕容氏墓志》(载《考古学论文集》,科学出版社,1961年)所收慕容宣昌、慕容宣彻、慕容曦光墓志皆作"神鸟县",李并成《唐代凉州(武威郡)诸县城址的调查与考证》(载《敦煌研究》1990年第1期)即认为当作"神鸟县"。
③ 李并成:《唐代凉州(武威郡)诸县城址的调查与考证》;《中国文物地图集·甘肃分册》下册,第209页。
④ 《地图集》定于今永昌县城城关镇,李并成《唐代凉州(武威郡)诸县城址的调查与考证》考证在今永昌县焦家庄乡水磨关西寨故城,今从后者。

内天宝山为名①。乾元元年,复隶凉州。广德二年,陷于吐蕃。咸通二年②,收复,仍名番禾县,隶凉州。

4. **嘉麟县**(706—707,713—764,861—907)

神龙二年③,析神乌县置嘉麟县,以后凉旧县为名④,治嘉麟城(今甘肃永昌县水源镇北城村沙城子)⑤,隶凉州。景龙元年(707),省入神乌县。先天二年(713),复析神乌县置嘉麟县,仍治嘉麟城,隶凉州。天宝元年,隶武威郡。乾元元年,复隶凉州。广德二年,陷于吐蕃。咸通二年,收复,仍隶凉州。

5. **昌松县**(618—764,861—907)

本隋武威郡旧县(今甘肃古浪县城古浪镇)⑥,隋末,隶凉州。天宝元年,隶武威郡。乾元元年,复隶凉州。广德二年,陷于吐蕃。咸通二年,收复,仍隶凉州。

附旧州:雄州(670—679)

咸亨元年,割凉州番禾县置雄州,盖取安边之意为名,隶凉州都督府。调露元年,州废,番禾县还隶凉州。

附新州:行威州(887—907)

光启三年,析凉州姑臧县置行威州,寄治姑臧县,隶凉州节度使。

(二) 张掖郡(甘州)

甘州(618—742)—张掖郡(742—758)—甘州(758—766,851—884)

张掖郡,本隋旧郡,领张掖、删丹、福禄三县。隋末,李凉改为甘州,以隋

---

① 《太平寰宇记》凉州番和县。
② 《太平寰宇记》凉州番和县:"咸通四年收复,旋又荒弃。至长庆中,仍旧为番和县。"按咸通二年凉州已收复,番和县迟至,不当独为化外,疑此乃误以置凉州节度使之年为收复之年;又,长庆在咸通前,顺序颠倒,《纪要》凉州卫云:"后唐长兴四年,复米属。"则此"长庆"当为"长兴"之误。
③ 《元和志》作"万岁通天元年",今依《唐会要》、两《唐志》、《太平寰宇记》。
④ 《元和志》凉州嘉麟县:"前凉张轨于此置武兴郡,后凉吕光改置嘉麟县,后废。"
⑤ 《元和志》凉州嘉麟县:"东南至州七十里。"两《唐志》皆以为治汉鸾鸟县故城。马鸿良等《中国甘肃河西走廊古聚落、文化名城与重镇》(四川科学技术出版社,1992年)第53、85页定古鸾鸟城于武威市洪祥乡(今凉州区洪祥镇)西南,第55页则定于武威市新华乡(今属凉州区)缠山村。李并成《唐代凉州(武威郡)诸县城址的调查与考证》认为在永昌县水源乡(今为镇)北城村沙城子。今从后者。但李并成《汉代河西走廊东段交通路线考》(载《敦煌学辑刊》2011年第1期)据汉简重新考订鸾鸟城在今古浪县城古浪镇小桥村一堵城,则唐嘉麟非汉鸾鸟,然沙城子仍为嘉麟城不误。
⑥ 《地图集》定于今武威市庙山乡南,李并成《唐代凉州(武威郡)诸县城址的调查与考证》考证在今古浪县城古浪镇,今从后者。

旧州为名,治张掖县,置酒泉县①。武德元年,割酒泉、福禄二县隶肃州。二年,归唐,隶凉州总管府。七年,隶凉州都督府。贞观十三年,甘州领张掖、删丹二县,治张掖县。

垂拱四年(688),关内道安北都护府寄治州境。

武周圣历元年(698),安北都护府移治关内道单于镇守军。长安四年,甘州领县不变。

唐天宝元年,复为张掖郡,隶武威郡都督府。十三载,张掖郡领张掖、删丹二县,治张掖县。至德元载,隶河西节度使。

乾元元年,复为甘州。广德二年,自凉州移治于此。永泰二年,陷于吐蕃。

大中五年(851),张议潮以甘州图籍归唐,仍领张掖、删丹二县,治张掖县,隶归义军节度使②。咸通十四年,甘州领县不变。

中和四年(884),降为羁縻甘州③。

1. 张掖县 (618—766,851—884)

本隋张掖郡旧县,隋末,隶甘州,为州治。垂拱四年,关内道安北都护府寄治于县北同城镇(今内蒙古额济纳旗达来呼布镇吉日嘎朗图嘎查哈日浩特遗址)④。长寿二年(693),安北都护府移治于删丹县境。天宝元年,张掖县隶张掖郡,为郡治。乾元元年,复隶甘州,为州治。永泰二年,陷于吐蕃。大中五年,复归唐,仍隶甘州,为州治。中和四年,降为羁縻县。

2. 删丹县 (618—766,851—884)

本隋张掖郡旧县,隋末,隶甘州。长寿二年,安北都护府自张掖县境移治于删丹县南西安城(今甘肃民乐县六坝镇)。圣历元年,安北都护府移治于关内道单于镇守军。天宝元年,删丹县隶张掖郡。乾元元年,复隶甘州。

---

① 《元和志》、《旧唐志》肃州酒泉县:"义宁元年,分(福禄县)置酒泉县。"是年李轨自称河西大凉王,建元安乐,署置官属,并拟开皇故事。据补。两《唐志》福禄县以为武德二年别置县,乃以唐人角度而言。
② 《旧唐书》卷18《宣宗纪》、《唐会要》卷71。据郑炳林《晚唐五代敦煌归义军行政区划制度研究》(载《敦煌研究》2002年第2期)考证,大中三年张议潮已复置甘州,然其时张氏尚未归唐,故不录。
③ 考详下编第十章《河西道羁縻地区》第一节"武威郡都督府所领"附直辖羁縻甘州注。
④ 谭其骧《唐北陲二都护府建置沿革与治所迁移》(载《长水集》)认为同城镇在居延海西南六百里额济纳河东古二河分汉处之绿园附近(即今额济纳旗东风镇巴润索木古城)。《地图集》第五册则定于今额济纳旗吉日嘎朗图苏木哈日浩特遗址,即《中国文物地图集·内蒙古自治区分册》下册第635页之"马圈城址",今从之。《内蒙古自治志·行政区域建制志》第697页以为在吉日嘎朗图苏木乌兰格日嘎查(今属达来呼布镇)。

永泰二年,陷于吐蕃。大中五年,复归唐,仍隶甘州。中和四年,降为羁縻县。

(三) 酒泉郡(肃州)
肃州(618—742)—酒泉郡(742—758)—肃州(758—766,851—899)

武德元年[1],李凉割甘州酒泉、福禄二县及瓜州玉门县置肃州,以隋旧州为名,治酒泉县。二年,归唐,隶凉州总管府。七年,隶凉州都督府。八年,割置肃州都督府。贞观元年,罢都督府,肃州复隶凉州都督府,省玉门县。其后,复置玉门县。十三年,肃州领酒泉、福禄、玉门三县,治酒泉县。

武周长安四年,肃州领县不变。

唐开元六年,省玉门县。

天宝元年,改为酒泉郡,以酒泉县为名,隶武威郡都督府。十三载,酒泉郡领酒泉、福禄二县,仍治酒泉县。十四载,复置玉门县。至德元载,隶河西节度使。

乾元元年,复为肃州。永泰二年(大历元年),陷于吐蕃。

大中五年,张议潮以肃州图籍归唐,仍领酒泉、福禄、玉门三县,置振武县,治酒泉县,隶归义军节度使[2]。咸通十四年,肃州领酒泉、福禄、玉门、振武四县,治酒泉县。

光化二年(899),降为羁縻肃州[3]。

1. 酒泉县(618—766,851—899)

隋末,析张掖郡福禄县置酒泉县,以隋旧县为名,治福禄城(今甘肃酒泉市肃州区西北街道),隶甘州。武德元年,割隶肃州,为州治。贞观元年,省玉门县来属。其后,复析置玉门县。天宝元年,隶酒泉郡,为郡治。乾元元年,复隶肃州,为州治。永泰二年,陷于吐蕃。大中五年,复归唐,仍隶肃州,为州治,并析置振武县。光化二年,降为羁縻县。

附旧新县:玉门县(618—627,贞观中—718,755—766,851—899)

本隋敦煌郡旧县,隋末,隶瓜州。武德元年,割隶肃州。贞观元年,省入

---

[1] 两《唐志》作"二年",盖以入唐之年起算,今依《元和志》。
[2] 《唐会要》卷71。据郑炳林《晚唐五代敦煌归义军行政区划制度研究》考证,大中三年张议潮已复置肃州及酒泉、玉门二县,然此时张氏尚未归唐,故不录。
[3] 考详下编第十章《河西道羁縻地区》第一节"武威郡都督府所领"附直辖羁縻肃州注。

酒泉县。其后,复析酒泉县置玉门县,仍治玉门城(今甘肃玉门市赤金镇)①。开元六年②,为吐蕃所破,改为玉门军。天宝十四载,复置玉门县。永泰二年,陷于吐蕃。大中五年,复归唐,仍隶肃州。光化二年,降为羁縻县。

附新县:振武县(851—899)

大中五年,析酒泉县置振武县,治振武城(今甘肃金塔县城金塔镇)③,隶肃州。光化二年,降为羁縻县。

2. 福禄县(618—766,851—899)

福禄县,本隋张掖郡旧县,隋末,移治故乐涫城(今甘肃酒泉市肃州区下河清乡皇城)④,隶甘州,并析置酒泉县。武德元年,割隶肃州。天宝元年,隶酒泉郡。乾元元年,复隶肃州。永泰二年,陷于吐蕃。大中五年,复归唐,仍隶肃州。光化二年,降为羁縻县。

附旧府 行安北都护府(688—693)—安北都护府(693—708)

垂拱四年(688),关内道安北都护府寄治于陇右道甘州同城镇⑤,为行都护府。

武周长寿二年(693),析陇右道甘、凉二州境重置安北都护府,治西安城(今甘肃民乐县三堡镇古城寺)⑥,属陇右道,仍领残余铁勒诸部羁縻

---

① 《元和志》肃州玉门县:"东至州二百二十里。"
② 《元和志》《新唐志》作"开元中"。按《唐会要》卷78云:"玉门军,本废玉门县,开元六年置军焉。"据补。
③ 史志不载此事。郑炳林《晚唐五代归义军行政区划研究(二)》(载《敦煌研究》2002年第3期)引敦煌文书 P. 2672《胡桐树诗十二首》云:"金河,亦名呼蚕水。县名标振武,波浪出西凉。直入居延海,分流洗战场。塞城滋黍稷,地利赖金汤。"由此可证"振武县是归义军政权时期新设的县,或是归义军时期将(肃州)原有县改名振武县"。按金河即今酒泉北大河,当时下游与黑河相通,始得入居延,振武县城所在地有分流,地多黍稷,当系一绿洲,疑在今金塔县城金塔镇一带。
④ 《元和志》肃州福禄县:"西至州一百里。"《太平寰宇记》肃州福禄县:"(州)东一百里。崆峒山,在县东南六十里。"马鸿良等《中国甘肃河西走廊古聚落文化名城与重镇》第85页:乐涫古县址在今酒泉下河清附近。《地名大辞典》第5585页下河清乡皇城云:"据考系汉代乐涫县城,唐武德二年置福禄县,又称福禄左城。"据《中国文物地图集·甘肃分册》下册第234页,遗址今存。
⑤ 《地图集》第五册陇右道幅标明安北都护府移治同城年代为"686",即垂拱二年,谭其骧据《陈伯玉集》卷8《上西蕃边州安危事》疑在三年或四年,李大龙《都护制度研究》(黑龙江教育出版社,2003年)第223页认为在元年,今依艾冲《唐代安北都护府迁徙考论》(载《陕西师范大学学报》2001年第4期)定于垂拱四年。
⑥ 艾冲:《唐代安北都护府迁徙考论》,《陕西师范大学学报》2001年第4期。《元和志》天德军:"其都护权移理删丹县西南九十九里西安城。"《地图集》定于今民乐县六坝镇,距删丹县仅八十里,不合。

府州。

唐景龙二年（708），安北都护府还隶关内道，移治丰州都督府西受降城①。

第二节　晋昌郡(瓜州)都督府

瓜州总管府(622—624)—瓜州都督府(624—625)—肃州都督府(625—627)—瓜州都督府(627—630)—沙州都督府(651—658，675—701)—瓜州都督府(701—742)—晋昌郡都督府(742—756)—河西节度使(766—787)—归义军节度使(851—907)

武德五年（622），割凉州总管府瓜、肃二州置瓜州总管府，直属中央，并置西沙州。七年，改为瓜州都督府。八年，移都督府治于肃州，改为肃州都督府。贞观元年（627），移都督府于瓜州，复为瓜州都督府，割隶陇右道。四年，罢都督府，瓜、西沙、肃三州改隶凉州都督府。七年，改西沙州为沙州。

永徽二年（651），割凉州都督府沙、瓜二州置沙州都督府②。显庆三年（658），罢都督府，沙、瓜二州还隶凉州都督府③。前上元二年（675），复割凉州都督府沙、瓜二州置沙州都督府④。

---

① 《元和志》卷4、《唐会要》卷73载："单于大都护府，圣历元年改置安北都护府。"故谭其骧《唐北陲二都护府建置沿革与治所迁移》(载《长水集》)以为安北都护府曾于是年移治单于城，艾冲《唐代安北都护府迁徙考论》则力辩其非，以为圣历元年改置者为安化都护府，安北都护未曾移治。按高宗时殿干轮旭曾任单于大都护，自乐久不除此职，圣历元年，唐廷与后突厥修好，翌年发表相王旦为安北大都护，可知《元和志》、《唐会要》所载，实指唐廷欲以安北大都护一职取代单于大都护，以招徕处置内附铁勒诸部，而单于府原是为统治突厥诸部而置，名不符实。故有人指出："去'单于'名，以免突厥默啜以此为口实索要单于都护府地。"(王世丽：《安北与单于都护府》，云南人民出版社，2006年，第83页)"安化都护"不见他书，可知《元和志》"安化都护"乃"安北都护"之误。然相王旦未曾离京出镇，故安北府移治单于城之说亦未必成立。
② 《唐会要》卷70州县分望道："陇右道新升都督府：沙州，永徽二年五月升。"
③ 史志不载此事，考详本章第一节"武威郡都督府"。
④ 史志不载此事。按《旧唐志》，咸亨中凉州都督府犹督瓜、沙二州，而武后时已编有《沙州都督府图经》，则割凉州沙、瓜二州复置沙州都督府当在高宗时，今姑系于前上元二年凉州大都督府降为中都督府之时。

武周长安元年(701),移都督府于瓜州,改为瓜州都督府①。四年,瓜州都督府督瓜、沙二州。

唐景云二年(711),割属河西道。

天宝元年,改为晋昌郡都督府。十三载,晋昌郡都督府督晋昌、敦煌二郡。至德元载,罢都督府,晋昌、敦煌二郡隶河西节度使。

乾元元年,复晋昌郡为瓜州,敦煌郡为沙州。永泰二年(766),河西节度使自甘州移于沙州②,仍领沙、瓜二州,并置行甘州。大历十一年(776),瓜州陷于吐蕃。贞元三年(787),沙、行甘二州陷于吐蕃,罢镇。

大中五年(851),张议潮取吐蕃沙、瓜、肃、甘四州归唐,又取河、兰、岷、廓、鄯、伊、西七州为羁縻州,置归义军节度使③,治沙州,属陇右道。十年,升羁縻伊州为伊州(正州)。咸通二年(861),收复凉州并升羁縻鄯州为鄯州来属。四年,割凉、鄯二州隶凉州节度使。十四年,归义军节度使领沙、瓜、伊、肃、甘五州,治沙州。

乾符三年,伊州归回鹘。中和四年,降甘州为羁縻州。光化二年,降肃州为羁縻州。

---

① 敦煌文书《沙州都督府图经》内有"大周神圣皇帝"、"大周天授"字样,可知沙州都督府武周时犹存。艾冲《唐代河西地区都督府建制的兴废》(载《敦煌研究》2003年第3期)据《资治通鉴》开元十五年十月所载"以瓜州为都督府,以守珪为都督",遂定改沙州都督府为瓜州都督府在开元十五年。然据《唐刺史考全编》,景龙四年有瓜州都督李思明,则至迟景龙间沙州都督府已改瓜州都督府。《旧唐书》卷103《张守珪传》:"(开元十五年)仍以瓜州为都督府,以守珪为都督。"较《资治通鉴》多一"仍"字,意即"继续以瓜州为都督府",可证艾说之非。王素《吐鲁番所出武周时期吐谷浑归朝文书史实考证》(载《文史》第二十九辑,中华书局,1988年)云,阿斯塔那225号墓出土文书载有"瓜州陈都督",其时约在武周长历至长安三年之间,而吐鲁番阿斯塔那225号墓出土的武周圣历二年瓜沙地区吐谷浑归朝案卷残片"大谷3370号",左下方钤有"沙州都督府印"(小笠原宣秀等:《唐代役制关系文书考》,1960年;小田义久:《大谷文书集成》第2卷,1990年;《敦煌学大辞典》"沙州都督府印"),则沙州都督府改瓜州都督府当在长安初。刘安志《关于唐代沙州升为都督府的时间问题》(载《敦煌学辑刊》2004年第2期)以武周至景云间几位沙州刺史官衔"使持节"后不带"都督"二字,遂否定此期沙州为都督府。按神龙至开元初瓜州都督阴嗣璋,《敦煌名族志》阴氏条记其衔为"使持节瓜州诸军事检校瓜州刺史",天宝中晋昌郡都督乐庭瓌,敦煌写本P. 3720《莫高窟记》第一身画像题记其衔为"使持节晋昌郡诸军事守晋昌郡太守",皆不带"都督",此类似例尚多,可见"使持节"后的"都督"二字并非不可省略。

② 《资治通鉴》永泰二年五月:"河西节度使杨休明徙镇沙州。"

③ 《旧唐书》卷18《宣宗纪》。《新唐志》陇右道序:大中"五年,张议潮以瓜、沙、伊、肃、鄯、甘、河、西、兰、岷、廓十一州来归,而宣、懿德微,不暇疆理,惟名存有司而已。"然《资治通鉴》咸通七年二月又云:"归义节度使张义潮奏北庭回鹘仆固俊克西州。"则此前西州实际上仍未为唐有,今拟为羁縻州。荣新江《归义军史研究》第157页又云:"张议潮虽然遣使归降,但归义军与唐朝之间的凉、鄯、兰、廓等州还在吐蕃边将的控制之下。"按议潮既以诸州图籍来归,则陇右诸州亦应有一定程度的归附,并非仅为空名,今亦拟兰、河、岷、廓、鄯五州为羁縻州。又,归义军节度使亦自称河西节度使,然未曾为唐朝承认,参见荣新江:《归义军史研究》,第179页。

（一）晋昌郡（瓜州）

瓜州（618—742）—晋昌郡（742—758）—瓜州（758—776，851—907）

晋昌郡，本隋敦煌郡，领敦煌、前常乐、玉门三县。隋末，李凉改为瓜州①，以隋旧州为名，治敦煌县。武德元年，割玉门县隶肃州。二年，归唐，隶凉州总管府，置寿昌县。四年，改前常乐县为晋昌县。五年，移州治于晋昌县，置瓜州总管府，并置后常乐县，割敦煌、寿昌二县隶西沙州。七年，改总管府为都督府。八年，罢都督府，瓜州改隶肃州都督府。贞观元年，复置瓜州都督府。四年，罢都督府，瓜州隶凉州都督府。十三年，瓜州领晋昌、后常乐二县，治晋昌县。

永徽二年，隶沙州都督府。显庆三年，复隶凉州都督府。前上元二年，再隶沙州都督府。

武周长安中，置瓜州都督府。四年，瓜州领县一如贞观十三年。

唐天宝元年，改为晋昌郡，以晋昌县为名，隶晋昌郡都督府。十三载，晋昌郡领晋昌、后常乐二县，治晋昌县。至德元载，隶河西节度使。

乾元元年，复为瓜州。大历十一年，陷于吐蕃。

大中五年，张议潮以瓜州图籍归唐，仍领晋昌、后常乐二县，治晋昌县，隶归义军节度使②。咸通十四年，瓜州领县不变。

1. 前常乐县（618—621）—晋昌县（621—776，851—907）

晋昌县，本隋敦煌郡前常乐县，李轨以隶瓜州。武德四年③，改为晋昌县。五年，移瓜州治于此，析置后常乐县。天宝元年，隶晋昌郡，为郡治。乾元元年，复隶瓜州，为州治。大历十一年，陷于吐蕃。大中五年，复归唐，仍隶瓜州，为州治。

2. 后常乐县（622—776，851—907）

武德五年，析晋昌县置后常乐县，治常乐镇（今甘肃瓜州县南岔镇六工破

---

① 《元和志》、《旧唐志》沙州云武德二年置瓜州，《太平寰宇记》沙州云武德三年置瓜州，《元和志》、《旧唐志》、《太平寰宇记》瓜州及《新唐志》云武德五年改置瓜州，《唐会要》则云："武德五年，改隋瓜州为西沙州。"今参诸说，盖李凉之时，已改隋敦煌郡为瓜州，唐武德二年乃因其旧，五年，乃改为西沙州。

② 《旧唐书》卷18《宣宗纪》、《新唐表》。据郑炳林《晚唐五代敦煌归义军行政区划制度研究》考证，大中二年张议潮已复置瓜州及晋昌、常乐二县，然其时张氏尚未归唐，故不录。

③ 《元和志》、《旧唐志》作"七年"，今依《州郡典》、《新唐志》、《太平寰宇记》。

城)①,隶瓜州。天宝元年,隶晋昌郡。乾元元年,复隶瓜州。大历十一年,陷于吐蕃。大中五年,复归唐,仍隶瓜州。

(二) 敦煌郡(沙州)

西沙州(622—633)—沙州(633—742)—敦煌郡(742—758)—沙州(758—787,851—907)

武德五年,割瓜州敦煌、寿昌二县置西沙州,以前凉旧州为名,治敦煌县,隶瓜州总管府。七年,隶瓜州都督府。八年,隶肃州都督府。贞观四年,隶凉州都督府。七年,改为沙州。十三年,沙州领敦煌、寿昌二县,治敦煌县。

永徽二年,置沙州都督府。六年,省寿昌县。显庆三年,罢都督府,沙州隶凉州都督府。乾封二年(667),复置寿昌县。前上元二年,复置沙州都督府。

武周长安元年,罢都督府,沙州隶瓜州都督府。四年,沙州领县一如贞观十三年。

唐开元二十六年,再省寿昌县。二十七年,复置寿昌县。

天宝元年,改为敦煌郡,以隋旧郡为名,隶晋昌郡都督府。十三载,敦煌郡领敦煌、寿昌二县,治敦煌县。至德元载,隶河西节度使。

乾元元年,复为沙州。永泰二年,自甘州移使治于此,并置行甘州及行张掖县。建中二年(781),寿昌县陷于吐蕃。贞元三年②,州城陷于吐蕃。

大中五年,张议潮以沙州图籍归唐,仍领敦煌、寿昌二县,治敦煌县,隶归义军节度使③。咸通十四年,沙州领县不变。

---

① 《元和志》瓜州常乐县:"东至州一百一十五里。"马鸿良等《中国甘肃河西走廊古聚落文化名城与重镇》第91页云,今安西县踏实乡(今瓜州县锁阳城镇)破城子城即唐常乐县址。李并成《唐代瓜州晋昌郡治所及其有关城址的调查与考证》(载《敦煌研究》1990年第3期)则认为在今安西县(2006年改名为"瓜州县")南岔乡(今瓜州县南岔镇)六工破城。两城遗址见《中国文物地图集·甘肃分册》下册,第300页。按锁阳破城属前常乐县,南岔破城属后常乐县。
② 《元和志》作"建中二年",《太平寰宇记》作"天宝末"。另有大历十二年,贞元元年、二年、三年、四年等说。按《新唐书》卷216《吐蕃传》有"自攻城至是凡十一年"之语,而大历十二年吐蕃始攻沙州城,故当作贞元三年城陷。《敦煌劫余录续编》载北新0822号《毗尼心一卷》末题:"唐贞元三年十月廿日造。报恩寺僧离□。"据李正宇《沙州贞元四年陷蕃考》(载《敦煌研究》2007年第4期)考证,此卷出自沙州报恩寺,则可证贞元三年末城陷之说。
③ 《唐会要》卷71。据郑炳林《晚唐五代敦煌归义军行政区划制度研究》考证,大中二年张议潮已复置沙州及敦煌、寿昌二县,然其时张氏尚未归唐,故不录。

1. **敦煌**①县(618—787,851—907)

本隋敦煌郡旧县,隋末,隶瓜州。武德二年,析置寿昌县。五年,割隶西沙州,为州治。贞观七年,隶沙州,为州治。永徽六年,省寿昌县来属。乾封二年,复析置寿昌县。开元二十六年,又省寿昌县来属。二十七年,复析置寿昌县。天宝元年,隶敦煌郡,为郡治。乾元元年,复隶沙州,为州治。永泰二年,置行张掖县,割隶行甘州。贞元三年,陷于吐蕃。大中五年,复归唐,仍隶沙州,为州治。

附新县:行张掖县(766—787)

永泰二年,置行张掖县,寄治敦煌县城(今甘肃敦煌市沙州镇),割隶行甘州,为州治。贞元三年,陷于吐蕃。

2. **寿昌县**(619—655,667—738,739—781,851—907)

武德二年,析敦煌县置寿昌县,因县南寿昌泽为名,治故龙勒城(今敦煌市阳关镇北工村)②,隶瓜州。五年,割隶西沙州。贞观七年,隶沙州。永徽六年③,省入敦煌县。乾封二年,复析敦煌县置寿昌县,仍治龙勒城,隶沙州。开元二十六年,又省入敦煌县。二十七年④,又析敦煌县置寿昌县,仍隶沙州。天宝元年,隶敦煌郡。乾元元年,复隶沙州。建中二年,陷于吐蕃。大中五年,复归唐,仍隶沙州。

附新州: 行甘州(766—787)

永泰二年,置行甘州及行张掖县于沙州⑤,隶河西节度使。贞元三年,陷于吐蕃。

---

① 《本钱簿》、《州郡典》、《元和志》、两《唐志》、《太平寰宇记》皆作"燉煌",然唐人亦有作"敦煌"者,如邠王守礼之子承寀封敦煌王,《资治通鉴》后梁开平元年云:"(张)策,敦煌人。"并敦煌文书提及沙州郡、县皆作"敦煌"。又考之唐以前文献,上自《史记》、《汉书》,下及《晋书》、《隋书》,作"敦煌"者率多于"燉煌",是知二字原可通用,本书用简化字,故改"燉"为"敦"。
② 《元和志》沙州寿昌县:"东至州一百五里。"据《中国文物地图集·甘肃分册》下册第260页,遗址在阳关镇北工村东1.5公里,旧属南湖乡。
③ 《新唐志》、敦煌文书《寿昌县地镜》(载《敦煌石室地志残卷考释》)作"元年",按沙州永徽二年升置都督府,此前领县当不少于二县,今依斯坦因敦煌文书第2593号《沙州图经》(王仲荦《敦煌石室地志残卷考释》作《沙州志》)作六年省废。
④ 《新唐志》原作"后复置",无具体年代。按《州郡典》敦煌郡复有寿昌县,则知必复置于开元末。又据两《唐志》所载开元二十八年全国总县数推算,已含寿昌县在内,故拟于开元二十七年复置。
⑤ 史志不载此事。据荣新江《唐刺史考补遗》考证:"吴绪芝是在永泰二年甘州失守后随军退到沙州,其任建康军使兼甘州刺史二十余年。"据补。

第三节　交河郡(西州)都督府

前安西都护府(640—658)—西州都督府(658—742)—交河郡都督府(742—756)

贞观十四年(640),割凉州都督府西、伊二州置前安西都护府,治西州①,故俗称西州都护府②,属陇右道。二十二年,升羁縻庭州为庭州来属,龟兹等国内附,又置羁縻龟兹等州都督府③。

永徽二年(651),庭州及羁縻龟兹等州都督府陷于西突厥。显庆三年(658),收复庭州及羁縻龟兹等州都督府,移都督府治于龟兹镇(以后沿革见本章第四节"安西都护府"),割伊州隶凉州都督府,割西、庭二州置西州都督府,仍属陇右道。龙朔三年(663),割庭州隶金山都护府④。前上元二年(675),割凉州都督府伊州来属。

武周长安四年(704),西州都督府督西、伊二州。

唐景云二年(711),割属河西道。

天宝元年(742),改西州为交河郡,伊州为伊吾郡,改西州都督府为交河

---

① 《唐会要》卷73《安西都护府》、《资治通鉴》贞观十四年九月作"交河城"。按西州向治高昌县,不治交河县,此盖缘西州尝称交河郡而致误。
② 《括地志·序略》、《旧唐志》安西都护府。《旧唐志》西州:"贞观十三年,平高昌,置西州都督府。"时间、名称俱误。
③ 《旧唐书》卷198《龟兹传》:"太宗既破龟兹,移置安西都护府于其国城,以郭孝恪为都护,兼统于阗、疏勒、碎叶,谓之四镇。高宗嗣位,不欲广地劳人,复命有司弃龟兹等四镇,移安西依旧于西州。"按贞观二十二年十二月,安西都护郭孝恪虽自西州移驻龟兹,然仍带西州刺史衔,翌年春即被杀,故郭孝恪当系临时抽调驻守龟兹,并不表明安西都护府正式移治龟兹,详参郁贤皓《唐刺史考全编》、柳洪亮《安西都护府治西州境内时期的都护及其年代考》(载《新疆社会科学》1986年第2期)。又,岑仲勉、王治来、吴宗国、王小甫、薛宗正等皆认为四镇始置于贞观二十二年之说有误,主要理由一是《旧唐书·龟兹传》系摘录神功元年崔融《拔四镇议》加工而成,不可凭信,二是贞观末唐军仅推进至焉耆、龟兹一带,不可能在疏勒、于阗等地置军镇守。刘统《唐代羁縻府州研究》第115页则认为贞观末四镇从始置到罢弃不过数月,为时甚短,故不为唐代地理书所载。要之,贞观末四镇之置至多只是动议,并未实施,实施者乃羁縻龟兹等州都督府。
④ 自此,西州都督府唯督西州一州。郭平梁《被埋没了的金山都护府》(载《新疆历史论文集》,新疆人民出版社,1978年)对此有异议,认为:"在唐朝还没有见过把一个州改为一个都督府的,也没有见过一个都督府只管一个州的。"按武德九年至贞观二十二年间之褊州都督府,贞观八年至二十年间之胜州都督府,皆督一州,郭说无据。

郡都督府。十三载,交河郡都督府督交河、伊吾二郡①。十五载(至德元载),罢都督府,交河、伊吾二郡隶伊西北庭节度使。

(一) 交河郡(西州)

西昌州(640)—西州(640—742)—**交河郡**(742—758)—西州(758—792)

贞观十四年(640),平高昌国,以其地置西昌州及高昌、天山、交河、柳中、蒲昌五县,治高昌县②,取高昌国末字为名,隶凉州都督府。是年,改为西州,割置前安西都护府③。

显庆三年,移都护府治于龟兹城,西州别置西州都督府。

武周长安四年,西州领县一如贞观十四年。

天宝元年,改为交河郡④,以交河县为名,隶交河郡都督府。十三载,交河郡领高昌、天山、交河、柳中、蒲昌五县,治前庭县。至德元载,隶伊西北庭节度使。

乾元元年(758),复为西州。宝应元年(762),改高昌县为前庭县。贞元六年(790),自北庭府移使治于此。七年,柳中、天山、交河、蒲昌四县陷于吐蕃。八年⑤,州城陷于吐蕃。

1. 高昌县(640—762)—前庭县(762—792)

贞观十四年,以高昌故地置高昌县,治高昌城(今新疆吐鲁番市三堡乡高

---

① 两《唐志》载,开元中,改西州都督府为金山都督府,《州郡典》、《太平寰宇记》则云改为金山都护府。按开元、天宝中,有"伊西北庭节度使"之建置,显见伊、西二州未隶金山府,又据《新唐书》卷111《王方翼传》,高宗时已有金山都护,则孟凡人《北庭史地研究》(新疆人民出版社,1985 年)第 74 页所谓金山都护府"既不能建于开元中,亦不治西州"之说可取,今即依之不录,金山都护府沿革详见本章第五节"北庭都护府"。
② 《唐会要》卷 95:"(贞观)十四年八月十日,交河道行运大总管侯君集、副总管牛进达平高昌国……(太宗)以其地为西昌川。"《新唐书》卷 221《高昌传》:"(贞观十四年)赦高昌所部,披其地,皆州县之,号西昌州。"又见《旧唐书》卷 83《郭孝恪传》。
③ 《唐会要》卷 95:"(太宗)以其地为西昌州,又改为西州……并为都护府,留军以镇之。"《新唐书》卷 221《高昌传》:"(贞观十四年)改西昌州曰西州,更置安西都护府。"
④ 《元和志》云:"天宝元年,复为西州。"句中当有脱字,今依两《唐志》、《太平寰宇记》。
⑤ 《元和志》作"七年"。王小甫《唐·吐蕃·大食政治关系史》(北京大学出版社,1992 年)第 202、208 页两处引用敦煌文书 P.3918 证明西州陷于贞元八年,今从之。疑贞元七年西州属县皆陷,州城被围,唐人误以为全州陷没。又据张广达等《8 世纪下半叶至 9 世纪的于阗》(载《于阗史丛考》,中国人民大学出版社,2008 年)所考,贞元十一年至十九年间,唐朝在西州一度恢复过统治,然后转归回鹘汗国。《资治通鉴》咸通七年二月又云:"归义节度使张义潮奏北庭回鹘仆固俊克西州。"按其时仆固俊已自立国,称天王(可汗),则西州仍未为唐有,今不录。

昌故城),故名,隶西州。天宝元年,隶交河郡,为郡治。乾元元年,复隶西州,为州治。宝应①元年,改高昌县为前庭县,以其地为汉车师前王庭,故名。贞元八年,陷于吐蕃。

2. 天山县(640—791)

贞观十四年,以高昌故地置天山县,以天山为名②,治汉始昌城(今新疆托克逊县夏乡天山故城)③,隶西州。天宝元年,隶交河郡。乾元元年,复隶西州。贞元七年,陷于吐蕃。

3. 交河县(640—791)

贞观十四年,以高昌故地置交河县,以交河为名,治交河城(今吐鲁番市亚尔镇交河故城),故名,隶西州。天宝元年,隶交河郡。乾元元年,复隶西州。贞元七年,陷于吐蕃。

4. 柳中县(640—791)

贞观十四年,以高昌故地置柳中县,以汉柳中城为名④,治田北城(今新疆鄯善县鲁克沁镇)⑤,隶西州。天宝元年,隶交河郡。乾元元年,复隶西州。贞元七年,陷于吐蕃。

5. 蒲昌县(640—791)

贞观十四年,以高昌故地置蒲昌县,以县南蒲昌海⑥为名,治东镇城(今鄯善县七克台镇古城)⑦,隶西州⑧。天宝元年,隶交河郡。乾元元年,复隶西

---

① 《元和志》作"天宝",今依《新唐志》。按《州郡典》、《旧唐志》皆有高昌县,无前庭县,可知天宝间高昌犹未改名前庭。且庭州之金满县亦于宝应元年改为后庭县,以与前庭相对,当可为证。
② 《州郡典》交河郡交河县:"天山,一名祁连山。"《旧唐志》西州天山县:"取祁连山为名。"
③ 《通典》卷191《边防典》车师传:"始昌城为天山县。"《元和志》西州天山县:"东至州一百五十里。"
④ 《太平寰宇记》西州柳中县:"汉旧县。"《后汉书》卷118《西域传》:"自敦煌西出玉门、阳关,涉鄯善……其北又有柳中。"卷49《耿恭传》:"谒者关宠为戊巳校尉,屯前王柳中城。"李贤注:"柳中,今西州县。"
⑤ 《通典》卷191《边防典》车师附高昌传:"田北城为柳中县。""田北",《唐会要》卷95《高昌传》作"田山"。《元和志》西州柳中县:"西至州三十里。"《太平寰宇记》西州柳中县:"(州)东四十四里。"
⑥ 《州郡典》、《旧唐志》、《太平寰宇记》原作"蒲类海",按蒲类海在庭州蒲类县东,与蒲昌之名无关。又考《新唐志》蒲昌县:"西有七屯城。"入四夷之路云:"自蒲昌海南岸西经七屯城,汉伊〔循〕(修)城也。"则蒲昌县有蒲昌海,薛宗正《安西与北庭——唐代西陲边政研究》(黑龙江教育出版社,1998年)第339页亦以为此蒲类海为蒲昌海(今罗布泊)之误,今改。
⑦ "东镇城",《元和志》作"金蒲城",《旧唐志》、《太平寰宇记》作"始昌故城",《通典》卷191《边防典》车师传则云:"太宗以其地为西州……始昌城为天山县,东镇城为蒲昌县。"按《元和志》庭州后庭县本金满,则"金蒲城"为庭州"金满城"之误,且错简系于蒲昌县;始昌城既为天山县治,则蒲昌县治当在东镇城。黄文弼《高昌疆域郡城考》(载《西北史地论丛》,上海人民出版社,1981年)以《旧唐志》为误,当是,今从《州郡典》。又,《元和志》西州蒲昌县:"西南至州一百八十里。"则东镇城当在今鄯善县七克台镇唐代古城,《地图集》定于今鄯善县城鄯善镇,里距太近,不取。
⑧ 《新唐志》西州蒲昌县:"本隶庭州,后来属。"按本隶庭州者为蒲类县,蒲昌、蒲类分隶西、庭二州,未曾互割,《新唐志》乃误以二县相混,不取。参见本章第五节"北庭都护府"注考证。

州。贞元七年,陷于吐蕃。

(二)伊吾郡(伊州)

西伊州(630—632)—伊州(632—742)—伊吾郡(742—758)—伊州(758—790,856—876)

伊吾郡①,本隋旧郡,隋末,为杂胡所据。贞观四年,内附,以其地置西伊州,取隋旧郡首字为名,仍立伊吾、柔远、纳职三县,治伊吾县,隶凉州都督府。六年,改为伊州。十三年,伊州领伊吾、柔远、纳职三县,治伊吾县。十四年,割隶前安西都护府②。

显庆三年,割隶凉州都督府。前上元二年,割隶西州都督府③。

武周神功元年(697),省柔远县。长安四年,伊州领伊吾、纳职二县,治伊吾县。

唐开元六年,省纳职县。十五年,复置纳职县。

天宝元年,复为伊吾郡,隶交河郡都督府。十三载,伊吾郡领伊吾、纳职二县,治伊吾县。至德元载,隶伊西北庭节度使。

乾元元年,复为伊州。宝应元年,陷于吐蕃④。是年,收复⑤,仍隶伊西北庭节度使。贞元六年,复陷于吐蕃。

大中十年(856),张议潮收复羁縻伊州为正州,仍隶归义军节度使,领伊吾、纳职二县⑥,置柔远县,治伊吾县。咸通十四年,伊州领伊吾、柔远、纳职三县,仍治伊吾县。

乾符三年(876),陷于回鹘⑦。

---

① 《隋志》不载此郡,按《元和志》伊州:"隋大业六年得其地,以为伊吾郡。"据补。
② 《册府元龟》卷986载,永徽六年有伊州都督苏海政。按《唐刺史考全编》,永徽二年至显庆三年间,安西都护兼西州刺史,又据本编第十六章《河西道》第二节"晋昌郡都督府",永徽二年后,沙、瓜二州隶沙州都督府,则伊州都督别无属州可领,因疑苏海政所任为伊州刺史,非都督。
③ 史志不载此事,考详本编第十六章《河西道》第一节"武威郡都督府"。
④ 《沙州伊州地志》(载王仲荦《敦煌石室地志残卷考释》)云:"我唐置伊州。宝应中,陷吐蕃。"
⑤ 王小甫:《唐·吐蕃·大食政治关系史》,第202页。
⑥ 据荣新江《归义军史研究》第4页,张议潮实际收复当在大中十年率军征讨伊州回鹘与吐谷浑之后。郁贤皓《唐刺史考全编》引《张议潮变文》云,大中十一年有张氏属部伊州刺史王和清,可证。又据郑炳林《晚唐五代敦煌归义军行政区划制度研究》考证,归义军时期伊州已复置伊吾、柔远二县。
⑦ 法国国立图书馆藏敦煌文书 P.5007(转引自《归义军使研究》,第358页):"仆固天王乾符三年四月廿四日打破伊州。"

1. 伊吾县(630—790,856—876)

贞观四年,以杂胡地置伊吾县,治故伊吾郡城(今新疆哈密市西河区街道),遂以为名,隶西伊州,为州治。六年,隶伊州,为州治。神功元年,省柔远县来属。开元六年,省纳职县来属。十五年,复析置纳职县。天宝元年,隶伊吾郡,为郡治。乾元元年,复隶伊州,为州治。贞元六年,陷于吐蕃。大中十年,收复,仍隶伊州,为州治,并析置柔远县。乾符三年,陷于回鹘。

附旧新县1：柔远县(630—697,856—876)

贞观四年,以杂胡地置柔远县,治故柔远城(今哈密市沁城乡)①,因以为名,隶西伊州。六年,隶伊州。神功元年,省入伊吾县。大中十年,析伊吾县复置柔远县,仍隶伊州。乾符三年,陷于回鹘。

2. 纳职县(630—718,727—790,856—876)

贞观四年,置纳职县,治鄯善人所筑新城(今哈密市五堡镇四堡村拉甫乔克古城)②,胡语谓"新"为"纳职(noc)",故以名县③,隶西伊州。六年,隶伊州。开元六年,省入伊吾县。十五年,复析伊吾县置纳职县,仍治新城,隶伊州。天宝元年,隶伊吾郡。乾元元年,复隶伊州。贞元六年,陷于吐蕃。大中十年,收复,仍隶伊州。乾符三年,陷于回鹘。

第四节　安西都护府

安西都护府(658—679)—后安西都护府(679—693)—安西都护府(693—756)—安西四镇节度使暨安西都护府(756—757)—安西四镇节度使暨镇西都护府(757—767)—安西四镇节度使暨安西都护府(767—801)

显庆三年(658),收复庭州及羁縻龟兹、焉耆等州都督府,置龟兹、焉耆、

---

① 《元和志》伊州柔远县："西北至州二百四十里。"《地名大辞典》第5796页沁城乡云："隋唐在此设置柔远镇、县。"从之。
② 《元和志》伊州纳职县："东北至州一百二十里。"薛宗正《安西与北庭——唐代西陲边政研究》第335页云："(哈密市)五堡乡四堡村拉甫乔克古城,今存南北长500米,东西宽约300米,应即纳职县城故址。"从之。五堡乡今为镇。
③ 《元和志》云："胡谓鄯善为纳职,因名县焉。"而据北京大学荣新江告知,伊州杂胡多为操古代东伊朗语支语言的民族(如粟特等),东伊朗语支语言谓"新"为"noc","纳职"指鄯善人所筑新城。今从之。

于阗、疏勒四镇守军(省称四镇)①及安西都护府,都护府治龟兹镇。龙朔二年(662),废龟兹、疏勒二镇,安西都护府寄治西州②。三年,还治龟兹镇。咸亨元年(670),龟兹、焉耆、于阗三镇陷于吐蕃③。前上元二年④(675),收复龟兹、焉耆、于阗、疏勒四镇,都护府还治龟兹镇。仪凤三年(678),龟兹、焉耆、于阗、疏勒四镇复陷于吐蕃,都护府寄治西州⑤。调露元年(679),收复龟兹、焉耆、于阗、疏勒四镇⑥。是年,罢焉耆镇,别置碎叶镇,都护府移治于此,为后安西都护府治。垂拱二年(686),罢碎叶镇,别置保大军,弃龟兹、于阗、疏勒三镇⑦,都护府寄治西州。

---

① 薛宗正《安西与北庭——唐代西陲边政研究》(黑龙江教育出版社,1998年)第88页:"参阅《通典》卷174州郡典安西条,焉耆镇的全称焉耆镇守军,其长官不称镇将而称镇守使。复据《高仙芝传》所记小勃律之役,疏勒镇长官也称镇守使,统辖兵力各达3 000之多,于阗、龟兹二镇大约也是这样。可见安西四镇实为军级单位,其全称应作安西四镇守军,所谓安西四镇不过是约定俗成的简称而已。"《中国历史大辞典·历史地理》第363页云:"贞观二十二年十二月,安西都护府自西州移治龟兹,始置龟兹、于阗、疏勒、碎叶四镇。"第364页云:"贞观二十二年取龟兹,移治龟兹国城,统辖安西四镇。"周伟洲《唐"安西四镇"最早设置时间辨》(载《中国边疆史地研究》2021年第4期)认为,贞观二十二年设置"四镇"的措施可能并未施行,是有其名而无其实。
② 薛宗正《中亚内陆——大唐帝国》(新疆人民出版社,2005年)第392页云:"龙朔二年,吐蕃唆使龟兹、疏勒、弓月三国发动叛乱,唐将苏海政主持的'咄海道行军'师出不利,且由于误诛西突厥左厢可汗阿史那弥射,引起阿史那都支叛党唐附秦,四镇已失其二,安西被迫还治西州。"
③ 《唐会要》卷73:"咸亨元年四月二十二日,吐蕃陷我安西,罢四镇:龟兹、于阗、焉耆、疏勒。"按疏勒镇先已罢于龙朔二年。苏北海《西域历史地理》(新疆大学出版社,1988年)第101~102页认为自咸亨元年起至长寿元年,安西都护府是在碎叶:"670年(咸亨元年),龟兹被吐蕃贵族攻陷,这时安西都护府未见有撤往西州或撤销的任何记载。"然王小甫《唐吐蕃大食政治关系史》第72页认为:"仔细研究《吐鲁番出土文书》第六册刊布的《唐西州高昌县上安西都护府牒稿为录上讯问曹禄山诉李谨绍两造辩辞事》等史料,可以肯定地说,咸亨元年四月以后至咸亨二年,唐朝的安西都护府肯定是撤回到了西州。"今从王说。
④ 王永兴等《吐鲁番出土氾德达告身校释》(载《敦煌吐鲁番文献研究论集》第二辑,北京大学出版社,1983年)云四镇复置于前上元年间。王小甫《唐吐蕃大食政治关系史》第74页认为咸亨四年弓月、疏勒等来降,而安西四镇复置于前上元二年(675)。当是。刘统《唐代羁縻府州研究》第116页认为咸亨二年收复四镇,安西府治碎叶,乃是误用调露元年史料,今不取。
⑤ 《新唐书》卷221《高昌传》:"仪凤时,吐蕃攻焉耆以西,四镇皆没。"王小甫《唐吐蕃大食政治关系史》第102页注云:"我们认为,安西尽陷是仪凤三年九月李敬玄兵败前后的事,安西都护府一度撤回了西州,故后来是由(西川都督?)崔知辩率兵收复的。"今从之。
⑥ 《册府元龟》卷967《外臣部》:"调露元年,以碎叶、龟兹、焉耆、疏勒为四镇。"
⑦ 《氾德达告身》(载王永兴等《吐鲁番出土氾德达告身校释》)云:"准垂拱二年十一月三日敕,金牙军拔于阗、〔龟兹、疏〕勒、碎叶四镇,每镇酬勋一转。"吴震《从吐鲁番出土氾德达告身谈碎叶城》(载《文物》1975年第8期)及王永兴、黄惠贤、王小甫、刘统等论者皆释"拔"即"拔弃",撤兵之意,唯薛宗正《中亚内陆——大唐帝国》第395页释为"攻取",并说:"诸城攻取之后,被困汉军随即撤回伊、西、庭三州,并未恢复原来的四镇建置,而是将其防务全面移交给阿史那解瑟罗及当地四镇府兵。"按《新唐志》安西大都护府云:"有保大军,屯碎叶城。"今参取薛说,推测是年罢碎叶镇后,改在焉耆附近的保大军(新碎叶城)驻屯。薛宗正《安西与北庭——唐代西陲边政研究》第350页曾推测保大军初创于调露元年平李遮匐之时,碎叶镇守军即保大军更名。按上引《册府元龟》云碎叶镇守军亦置于调露元年,则该年似不得置保大军。

武周长寿二年(693),收复龟兹、于阗、疏勒三镇,都护府还治龟兹镇①,仍为安西都护府,改保大军为碎叶镇守军。长安二年(702),割碎叶镇隶北庭都护府。四年,安西都护府领龟兹、于阗、疏勒三镇守军。

唐景云二年(711),安西都护府割属河西道。开元七年(719),复置焉耆镇②。

天宝六载(747),置归仁军。十三载,安西都护府领龟兹、焉耆、于阗、疏勒四镇守军。至德元载(756),以龟兹、焉耆、于阗、疏勒四镇及归仁军置安西四镇节度使③,兼安西都护,都护府只领羁縻府州及藩属国,亦称安西府,为安西四镇节度使治。二载④,避安氏名姓,改安西都护府为镇西都护府,仍以安西四镇节度使兼都护。

乾元二年(759),归仁军没于吐蕃。大历二年(767),复改镇西都护府为安西都护府。贞元十七年⑤(801),陷于吐蕃。

(一) 龟兹镇守军

龟兹镇守军(658—662,663—670,675—678,679—686,693—801)

显庆三年,收复藩属龟兹国,置龟兹镇守军(省称龟兹镇),治龟兹城(今新疆库车县城东城街道穷特音墩古城)⑥,隶安西都护府,自西州移府治于此。龙朔二年,罢镇。三年,复置,都护府自西州还治于此。咸亨元年,陷于吐蕃。前上元二年,收复,仍隶安西都护府,为府治。仪凤三年,复陷于吐蕃。调露元年,收复,隶后安西都护府。垂拱二年,罢镇。

武周长寿二年,复置龟兹镇,仍为安西都护府治。长安四年,龟兹镇地位不变。

---

① 《唐会要》卷73《安西都护府》。
② 《新唐书》卷221《焉耆传》。
③ 安西四镇节度使始置于开元六年,今依本卷体例,方镇作为行政区一律以至德元载起算。
④ 《新唐志》作"元载",今依《新唐表》。
⑤ 《旧唐志》、《太平寰宇记》作"三年",《资治通鉴》贞元六年秋云:"安西由是遂绝,莫知存亡。"今依徐承炎《唐后期安西陷落考论》(载《中国边疆史地研究》2022年第4期)定于贞元十七年。薛宗正《安西与北庭——唐代西陲边政研究》第315页、《中亚内陆——大唐帝国》第352页据白居易、元稹《缚戎人》诗句推测可能陷于元和三年,恐失之太晚,不取。
⑥ 《旧唐书》卷198《西戎传》:"太宗既破龟兹,移置安西都护府于其国城,以郭孝恪为都护,兼统于阗、疏勒、碎叶,谓之四镇。"即龟兹镇与安西府同城。《新疆通志·文物志》第150—151页疑在伊西哈拉乡(今为镇)胡木利克村明阿达古城,然该城东西长150米,南北宽80米,规模太小,似仅为戍堡,今疑在县城东关外的穷特音墩古城。薛宗正《中亚内陆大唐帝国》第115页云:"唐龟兹镇的地点不在龟兹国都,而在龟兹境内的拨换城。"恐非。

天宝十三载，龟兹镇地位不变。至德元载，隶安西四镇节度使。

贞元十七年，陷于吐蕃。

(二) 焉耆镇守军

焉耆镇守军(658—670，675—678)—碎叶镇守军(679—686)—保大军(686—693)—碎叶镇守军(693—719)—焉耆镇守军(719—801)

显庆三年，收复藩属焉耆国，置焉耆镇守军(省称焉耆镇)，治焉耆镇城(今新疆焉耆县四十里堡古城)①，隶安西都护府。咸亨元年，罢镇。前上元二年，收复。仪凤三年，陷于吐蕃。调露元年，裴行俭率军平定西突厥之乱，别置碎叶镇守军(省称碎叶镇)，治碎叶城(今吉尔吉斯斯坦国家直辖区托克马托市阿克贝希姆古城)②，隶后安西都护府，为都护府治。垂拱二年，罢镇，别置保大军(今新疆和静县哈尔莫墩镇哈拉莫墩古城)③，安西都护府寄治西州。

武周长寿二年，改保大军为碎叶镇守军，疑还治故碎叶城，仍隶安西都护府。长安二年，隶北庭都护府④。四年，碎叶镇地位不变⑤。

唐开元七年，弃碎叶镇于西突厥十姓可汗阿史那献部众，安西节度使汤

---

① 韩翔《焉耆国都、焉耆都督府治与焉耆镇城——博格达沁古城调查》(载《文物》1982年第4期)以博格达沁东古城为焉耆镇守军城，然亦有人以为该城也是焉耆国都新员渠城所在，故今推测四十里堡古城为唐初焉耆镇城。

② 碎叶镇治地，今人多以为即热海碎叶城(今吉尔吉斯斯坦国家直辖区托克马克之阿克贝希姆古城)，《地图集》亦如此标绘。张平《龟兹历史文化探秘》第180页云：阿克别姆城址附近发现了时任安西都护兼碎叶镇守使的杜怀宝为其亡母的造像碑及铭迹，故可确认为碎叶镇城遗址。吴震《唐碎叶镇城析疑》(载《新疆历史论文集》)则以为在苏联伏龙芝市(今吉尔吉斯坦比什凯克市)的楚伊斯阔叶(чуискои)。

③ 保大军与碎叶镇关系考详本节"安西都护府"序注。《新唐志》云焉耆都督府有碎叶城，故范文澜《中国通史》第三册(中华书局，1978年)第347页"唐朝及邻国方位图"即如此标绘。近有李志敏《唐安西都护"两四镇不同"问题述要——碎叶镇城地望考实》(载《中国历史地理论丛》2009年第3期)亦力证碎叶镇在焉耆。今参各家所言及考古发现，推测垂拱二年罢弃碎叶镇后，安西都护府移治西州，镇兵也移驻到今和静县哈尔莫墩镇哈尔莫墩(或作哈拉毛坦、哈拉木登)古城，改置保大军，即《新唐志》之焉耆碎叶城。其城两重，外城周长1 149米，附近有多座小城环卫，符合州级军镇律冒。传说古时曾种麦于此，日收十万石，聚而成墩。黄文弼以为是焉耆国都城(《塔里木盆地考古记》，第一章第7页)，不妥。另，钟兴麒《西域地名考录》以为新碎叶城在新疆哈密，与史载出入较大，不取。

④ 吴玉贵：《唐代安西都护府史略》，载《龟兹文化研究(一)》。

⑤ 王小甫《唐吐蕃大食政治关系史》、薛宗正《中亚内陆——大唐帝国》等以为，景龙三、四年间，碎叶镇割隶北庭都护府，其根据是景龙四年(唐隆元年)之《命吕休璟等北伐制》(载《文苑英华》卷459)提到休璟"兼检校北庭都护、碎叶镇守使"。然考《新唐表》，景云元年安西仍领四镇，则是时碎叶镇未尝割隶北庭，且唐时都护例兼驻在城镇长官，不兼外地城镇长官，如休璟继任者阿史那献即以北庭都护兼驻在地瀚海军使(薛氏又误作"碎叶军使")，因疑草休璟制者误以"瀚海军使"作"碎叶镇守使"，而为有司失检者也。

嘉惠上表复置焉耆镇以代碎叶镇①,治新焉耆镇城(今新疆焉耆县七个星镇七个星城址)②,仍隶安西都护府。

天宝十三载,焉耆镇地位不变。至德元载,隶安西四镇节度使。

贞元十七年,陷于吐蕃。

(三) 于阗镇守军

于阗镇守军(658—670,675—678,679—686,693—801)

显庆三年,收复藩属于阗国,置于阗镇守军(省称于阗镇),治于阗小城(今新疆和田县罕艾日克镇巴格万村巴勒玛斯遗址)③。咸亨元年,陷于吐蕃。前上元二年,收复,仍隶安西都护府。仪凤三年,再陷于吐蕃。调露元年,收复,隶后安西都护府。垂拱二年,罢镇。

武周长寿二年,复置于阗镇,隶安西都护府。长安四年,于阗镇地位不变。

唐天宝十三载,于阗镇地位不变。至德元载,隶安西四镇节度使。

贞元十七年,陷于吐蕃。

(四) 疏勒镇守军

疏勒镇守军(658—662,675—678,679—686,693—801)

显庆三年,收复藩属疏勒国,置疏勒镇守军(省称疏勒镇),治疏勒城(今新疆阿图什市松他克乡沙拉塔拉遗址)④,隶安西都护府。龙朔二年,罢镇。前上元二年,复置,仍隶安西都护府,置羁縻疏勒州都督府。仪凤三年,陷于

---

① 《新唐书》卷221《西域传》:"开元七年,安西节度使汤嘉惠表以焉耆备四镇。"薛宗正《中亚内陆大唐帝国》第398页以为景龙三年至开元四年间曾复置焉耆镇,然证据不足,不取。
② 据《中国文物地图集·新疆维吾尔自治区分册》下册第525页,焉耆县七个星城址为内外两重,周长约1380米,规模较大,当即新焉耆镇城。
③ 《历史地名》第81页以为于阗镇治所在和田县巴格其镇约特干,然其地是毗沙都督府治兼于阗国都西山城,按安西四镇建置规则,一般是府、镇分城而治(参详上下文龟兹、焉耆、疏勒镇守军条),故今拟镇城于今和田县巴勒玛斯汉唐遗址。《中国文物地图集·新疆维吾尔自治区分册》下册第592页云,遗址面积约0.6平方公里,出土有唐代钱币等物,然上册第102页误标于和田市拉斯奎镇东南。殷晴《于阗都城研究》(载《西域史论丛》第三辑)、薛宗正《安西与北庭》第126页则以为在今洛浦县阿克斯色伯勒(阿克斯比尔)古城,按其地距于阗国都(今和田县巴格其镇阿勒би巴格)较远,不足以镇于阗,恐非。
④ 《新唐志》引贾耽《四夷道里记》:"疏勒镇,南、北、西三面皆有山,城在水中。"此环境与阿图什一带合,而与喀什一带不合。据《中国文物地图集·新疆维吾尔自治区分册》下册第555页,阿图什市东南郊松他克乡有面积达45万平方米的沙拉塔拉唐宋遗址,周围有河流环绕,盖即其地。

吐蕃。调露元年，收复，隶后安西都护府。垂拱二年，罢镇。

武周长寿二年，复置疏勒镇，隶安西都护府。长安四年，疏勒镇地位不变。

天宝十三载，疏勒镇地位不变。至德元载，隶安西四镇节度使。

贞元十七年，陷于吐蕃。

（五）归仁军
归仁军(747—759)

天宝六载，于藩属归仁国置归仁军，治挚多城（今巴基斯坦北部地区吉尔吉特）①，隶安西都护府。至德元载，隶安西四镇节度使。乾元二年，没于吐蕃②。

第五节　北庭都护府

金山都护府(662—702)—北庭都护府(702—756)—伊西北庭节度使暨北庭都护府(756—790)—伊西北庭节度使(790—792)

龙朔二年(662)，割西州都督府庭州及燕然都护府西部羁縻府州置金山都护府③，仍属陇右道。咸亨元年(670)，复置羁縻匐延州都督府来属。仪凤二年(677)，羁縻匐延州都督府附吐蕃。调露元年(679)，羁縻昆陵、双河、盐泊、匐延、鹰娑、洁山、嗢鹿七州都督府复来属。垂拱二年(686)，割羁縻昆陵、双河、盐泊、匐延、鹰娑、洁山、嗢鹿七州都督府隶羁縻昆陵都护府。

---

① 《新唐书》卷221《西域传》："天宝六载，执小勃律王及妻归京师，诏改其国号归仁，置归仁军，募千人镇之。"
② 是年北邻藩属护密国归吐蕃，则归仁军亦当陷没。
③ 史志不载此事。按《州郡典》交河郡："置(西州)都督府，后改为金山都护府。"《旧唐志》西州，"寻置(西州)都督府，又改为金山都督府。"《新唐志》西州："开元中，曰金山都督府。"《太平寰宇记》西州："开元中，改为金山都护府。"今人已考"金山都督府"为"金山都护府"之误，且非置于开元，亦非置于西州，而是置于庭州，时间据伊濑仙太郎《中國西域經營史の研究》(岩南堂书店，1955年)第217~242页考证，在龙朔二年十二月。又，仪凤、调露、永隆间，金山都护杜怀宝、王方翼皆兼庭州刺史，故知庭州隶金山都护府。又据孟凡人《北庭史地研究》，凡涉及"金山"之事，都与西突厥或与西突厥邻近的一些部族有关，这些部族皆隶昆陵、濛池二羁縻都护府，故金山都护府应即为承担对该二羁縻都护府的管理而设。冯志文等《西域地名》(新疆人民出版社，2002年)第187页以此"金山州都督府"置于显庆三年，系昆陵都护府下属羁縻都督府，在准噶尔盆地北部，当系误解。

武周长安二年(702),改为北庭都护府,割安西都护府碎叶镇来属,罢庭州为直辖地区①。四年,北庭都护府领一直辖地区、一镇守军。

唐景云二年(711),北庭都护府属河西道。开元六年(718),置伊吾军。七年,弃碎叶镇。其后,置伊吾军。

天宝中,置清海军。十三载,北庭都护府领一直辖地区及伊吾、清海二军。至德元载(756),以西州都督府西、伊二州及伊吾、清海二军置伊西北庭节度使②,兼北庭都护,都护府只领直辖县及羁縻府州,亦称北庭府,为伊西北庭节度使治。

大历六年(771),置静塞军。贞元六年③(790),北庭府及伊吾、清海、静塞三军陷于吐蕃,移使治于西州④。八年,西州陷于吐蕃,罢镇。

(一)北庭都护府直辖地区(庭州)

庭州(648—651,658—702)—北庭都护府直辖地区(702—790)

贞观二十二年(648),升羁縻庭州为庭州⑤,羁縻金满、蒲类、轮台三县升为金满、蒲类、轮台三县,治金满县,隶前安西都护府。

永徽二年(651),羁縻瑶池州都督阿史那贺鲁叛,自称沙钵罗可汗,攻陷庭州⑥。显庆三年(658),复置庭州及金满、蒲类二县,隶西州都督府。龙朔二年,割置金山都护府。

武周长安二年,复置轮台县,改金山都护府为北庭都护府,废庭州为都护

---

① 史志不载罢庭州事。按《唐刺史考全编》,长安二年以后,北庭都护皆不兼庭州刺史,是知庭州已废,《州郡典》、《元和志》虽仍著庭州之名,不过是沿用旧籍而已,《本钱簿》、两《唐志》皆以北庭都护府列目,不列庭州,可证。《地图集》第五册《唐时期全图(二)》断以开元二十九年,而于北庭都护府治所仍注庭州之名,恐未当。
② 据《方镇研究》考证,先天元年,始置伊西北庭节度使,依本卷体例,方镇作为行政区一律以至德元载起算。又据《元和志》、《新唐志》,北庭府直辖地区有瀚海军,交河郡境有天山军,然依本卷体例,凡正州郡境所置军、城皆不作为政区收录。
③ 《旧唐志》、《太平寰宇记》作"上元元年"。按宝应元年尚改蒲类县名及置西海县,则"上元元年"当系"贞元六年"之蚀误。今依《唐会要》卷73、《旧唐书》卷12《德宗纪》、卷196《吐蕃传》。《舆地广记》云"贞元三年陷吐蕃",乃由误解《新唐志》"贞元三年,吐蕃攻沙陀、回纥,北庭、安西无援,遂陷"一语所致,不取。
④ 《旧唐书》卷12《德宗纪》贞元六年:"是岁,吐蕃陷我北庭都护府,节度使杨袭古奔西州。"而《新唐表》云是年以泾原节度使兼领安西镇、北庭节度,盖误以北庭尽亡之故而虚置。
⑤ 《旧唐志》、《太平寰宇记》皆以为贞观二十年置庭州,《旧唐书》卷194《突厥传》作贞观二十二年,《唐会要》卷73亦云:"贞观二十二年四月二十五日,突厥泥伏沙钵罗叶护阿史那贺鲁率众内附,置庭州。"盖二十二年为升正州之年,作"贞观二十年"者,为"贞观二十二年"之误脱。
⑥ 《资治通鉴》永徽二年七月:"西突厥沙钵罗可汗寇庭州,攻陷金岭城及蒲类县。"

府直辖地区①。四年,北庭都护府直辖地区有金满、蒲类、轮台三县,治金满县。

唐先天二年(开元元年),省蒲类县。开元十四年,复置蒲类县。

天宝十三载,北庭都护府直辖地区有金满、蒲类、轮台三县,治金满县。至德元载后,亦称北庭府。

宝应元年(762),改金满县为后庭县,置西海县。贞元六年,陷于吐蕃。

1. 金满县(648—651,658—762)—后庭县(762—790)

贞观二十二年,升羁縻金满县为金满县,以汉金满城为名②,治可汗浮图城(今新疆吉木萨尔县北庭镇破城子)③,隶庭州。永徽二年,陷于西突厥。显庆三年,复置。长安二年,直属北庭都护府。宝应元年,改为后庭县④,以其地为汉车师后王之庭,故名。贞元六年,陷于吐蕃。

2. 蒲类县(648—651,658—713,726—790)

贞观二十二年,升羁縻蒲类县为蒲类县,以县东蒲类海为名,治蒲类城(今奇台县古城乡唐朝墩古城)⑤,隶庭州。永徽二年,陷于西突厥。显庆三年,复置。长安二年,直属北庭都护府。先天二年(开元元年),为后突厥所破,遂省。开元十四年,复置。贞元六年,陷于吐蕃。

---

① 两《唐志》云:"长安二年,改(庭州)为北庭都护府。"《大唐六典》卷3以"北庭"代庭州,《本钱簿》以"北庭"领金满等县,又据《唐刺史考全编》,长安二年以后仅有北庭都护,无庭州刺史;《州郡典》、《元和志》虽以"庭州"列目,然目下注"北庭",且云:"长安二年,改置北庭都护府。"可证长安二年以后庭州确已改为北庭都护府。《元和志》撰著时代北庭已陷,以庭州列目似为采用唐初旧志所致,不得为长安后庭州仍存之据。《地图集》第五册《唐时期全图(二)》断以开元二十九年,犹著庭州之名,恐未当。
② 《后汉书》卷88《西域传》:"自高昌壁北,通后部金满城五百里。"
③ 《皇舆西域图志》卷9:"古城在奇台县治(今奇台县老奇台镇)西北九十里。……乾隆四十年,驻防大臣索诺穆策凌于其地得唐时残碑石二方,有'金满县令'等字,知古城为唐金满城也。"王树枏等《新疆图志》卷87《古迹》:"孚远县(今吉木萨尔县)。唐北庭都护府故城,在城北二十里。"
④ 《元和志》庭州后庭县:"贞观十四年,于州南置蒲昌县,长安二年改为金蒲县,宝应元年改为后庭县。"《新唐志》庭州后庭县:"本蒲类,隶西州,后来属,宝应元年更名。"《太平寰宇记》庭州后庭县:"唐贞观十四年置为金满县。贞元中改为后庭县。"今按三说互有歧异,《元和志》误以金满为金蒲,又误以金蒲系长安二年改蒲昌而来(按长安二年乃改庭州为北庭都护府之年),《新唐志》误以金满为蒲类且误以为曾隶西州,《太平寰宇记》则误以宝应为贞元(按贞元中北庭已陷于吐蕃),今参三说可取之处,知后庭县乃宝应元年以庭州金满县更名而来,据补。
⑤ 《元和志》庭州蒲类县:"南至州一十八里。"《太平寰宇记》庭州蒲类县:"(州)东八十里。"薛宗正《唐蒲类诂名稽址》(载《新疆社会科学》1984年第2期)认为在今奇台县城东北唐朝墩古城,任冠《古城悠悠倚天山,黄土漫漫历千年——2018年唐朝墩古城遗址考古发掘纪实》(载《中国文物报》2018年11月2日)亦如此推测,今从之。或以为在今奇台县老奇台镇,里距太远,不取。

3. 轮台县(648—651,702—790)

贞观二十二年,升羁縻轮台县为轮台县,借汉轮台国为名,治轮台城(今新疆昌吉市宁边路街道破城子)①,隶庭州。永徽二年,陷于西突厥。长安二年②,以废羁縻轮台、凭洛二州复置轮台县,直属北庭都护府。天宝中,析置清海军。宝应元年,析置西海县。大历六年,析置静塞军。贞元六年,陷于吐蕃。

附新县:西海县(762—790)

宝应元年,析轮台县置西海县,盖以地有海子为名,治西海城(今新疆乌鲁木齐市达坂城区乌拉泊街道乌拉泊古城)③,直属北庭都护府。贞元六年,陷于吐蕃。

(二)伊吾军

伊吾军(718—790)

开元六年,析伊州北境置伊吾军,以邻伊吾县为名,治甘露镇(今新疆巴

---

① 《州郡典》交河郡:"西北到北庭轮台县五百四十里。"《元和志》庭州轮台县:"东至州四十二里。"《太平寰宇记》庭州轮台县:"(州)西四百二十里。"《地图集》定于今米泉市古牧地镇,钱伯泉《轮台的地理位置与乌鲁木齐渊源考》(载《新疆社会科学》1982年第1期)以为在今乌鲁木齐市乌拉泊乡乌拉泊古城,薛宗正《唐轮台名实核正》(载《新疆社会科学》1983年第4期)以为在今昌吉市城区破城子,俗称唐朝城。依《新唐志》北庭大都护府所载轮台县位置(俱六城四百余里)及《太平寰宇记》里程,当以薛说为是,亦可证《元和志》之"四十二里"当为"四百二十里"之误。或以为破城子为唐张堡城,误。
② 《舆地广记》作"大历六年"。按《新唐志》轮台县:"有静塞军,大历六年置。"《舆地广记》盖误解此句意指,不取。今依《元和志》。
③ 清人李光廷考证西海为阿雅尔泊(今玛纳斯湖),岑仲勉认为西海县即《元和志》所载之清海军,在今玛纳斯河西八十里乌兰乌苏,近又有王旭送《唐代庭州西海县考》(载《昌吉学院学报》2013年第6期)大致重申其说。《历史地名》第938页认为在今沙湾县东,与岑说同,吴震认为在今乌鲁木齐市盐湖破城子(《唐庭州西海县之建置与相关问题》,载《新疆社会科学》1989年第2期),薛宗正则认为在今巴里坤县大河镇干渠村古城:"宝应元年安史之乱早已爆发,北庭唐军被迫收缩至西、庭二州之地,不可能再向西发展,阿雅尔泊说、清海军说均难得成立。而是岁伊州已被围,次岁陷蕃,西海县必为代伊州而拱卫西、庭二州的建置,其位置不应在二州之西,而应在其东。依此判断,很可能以濒临蒲类海之伊吾军改置(即今大河古城),则西海者实乃蒲类海也。从出土文书《建午月西州使衙榜》可知,西海县与西、庭二州皆相距不远,伊吾军的地望与之恰相勘合。"(《安西与北庭——唐代西陲边政研究》,第343页)按清海军、大河古城距庭、西二州皆在七八百里以远,根本不是"相距不远",陇右诸州属县尚无任何一县距州治如此之远者,故岑、薛诸说实不可取。薛氏所驳阿雅尔泊说、清海军说则甚得其理,盐湖破城子地处达坂城—柴窝堡谷地上游,地势较为狭窄,城址亦小,似亦不得置为县治,比较而言,乌鲁木齐市乌拉泊古城(旧属天山区)更宜为西海县治。该城为今乌鲁木齐、昌吉州一带第四大唐代古城遗址(仅次于北庭、轮台、蒲类古城),长宽各约300米,堪为县城(今误传为轮台县城),此其一;其地扼庭、西二州之间交通孔道,距二州亦不过四五百里,较巴里坤大河古城更符合《建午月西州使衙榜》的记载,此其二;其地位处达坂城—柴窝堡谷地下游,谷中有盐湖、柴窝堡湖、乌拉泊(今涸)等数个方圆数十里的湖泊,可当"西海"之名,此其三;其地水草丰美,置县既可以屯田畜牧,也可以确保庭、西二州的联系,这是伊州危急时可以采取的防御性战略决策,此其四。至于戴良佐《唐庭州西海县方位初考》(载《新疆文物》1995年第2期)所谓额敏河北岸的唐代古城可能是西海县治,已超出庭州范围,不取。

里坤县大河镇东干渠村古城),隶北庭都护府①。

天宝十三载,伊吾军地位不变。至德元载,隶伊西北庭节度使。

贞元六年,陷于吐蕃。

(三) 清海军
清海军(天宝中—790)

天宝中,析北庭都护府轮台县地置清海军,治清海镇(今新疆沙湾县金沟河镇)②,故以为名,隶北庭都护府。十三载,清海军地位不变。至德元载,隶伊西北庭节度使。

贞元六年,陷于吐蕃。

附新军:静塞军(771—790)

大历六年,析北庭都护府轮台县地置静塞军,治张堡城(今新疆玛纳斯县城玛纳斯镇楼南村古城)③,隶伊西北庭节度使。

贞元六年,陷于吐蕃。

附旧国 李轨大凉国(617—619)

隋大业十三年(617),李轨据武威郡,称大凉国王,建元安乐,改武威郡为凉州④,以为都城。武德元年(618),称帝,取隋西平郡为鄯州,浇河郡为廓州,

---

① 《旧唐志》言伊吾军开元中置,《元和志》、《新唐志》皆作"景龙四年置"。盖景龙四年所置伊吾军在伊州城内,例以伊州刺史兼军使,故《元和志》、《新唐志》伊州条下有伊吾军。据《沙州伊州地志》(载《敦煌社会经济文献真迹径释录》第1辑),伊吾军"开元六年移就甘露镇",自此为实土军城,隶北庭都护府,《太平寰宇记》亦载伊吾军在北庭府东南七百里,故《元和志》、《旧唐志》、《太平寰宇记》又列伊吾军于北庭都护府条下。《中国历史地图集·新疆维吾尔自治区分册》下册第454页疑巴里坤县大河古城为伊吾军所在地,当是。
② 《元和志》庭州:"清海军,在州西七百里。旧名镇城镇,天宝中,改名清海军。"《新唐志》北庭大都护府:"西七百里有清海军,本清海镇,天宝中为军。自庭州西……渡白杨河七十里有清镇军城。"度其地,清镇军亦在北庭府西约七百里,可知镇城镇、清镇军城即清海镇城之简称。《地图集》定于今沙湾县金沟河镇,从之。戴良佐《唐庭州西海县方位初考》认为,额敏河北岸的唐代古城有可能是清海军驻军之地。按里距太远,不取。薛宗正《丝绸之路北庭研究》第297页还提到,一说在今玛纳斯破城子,另说为濒临艾比湖的精河,"尚有待进一步证实"。
③ 《旧唐书》卷11《代宗纪》:大历六年九月"于轮台置静塞军"。轮台,指轮台县境,军治张堡城当在今玛纳斯县楼南古城,旧属头工乡。
④ 《旧唐书》卷55《李轨传》载,李轨建凉国,"署置官属,并拟开皇故事",又曾许奚道宜刺史,唐亦以凉州总管授李轨,可知李凉废大业郡制而行开皇州制。

张掖郡为甘州,敦煌郡为瓜州①。是年,又取薛秦兰、河、会三州,置肃州②。二年,凉国亡,凉、会、兰、河、廓、鄯、甘、肃、瓜九州归唐。

---

① 《旧唐书》卷55《李轨传》:"武德元年冬,轨僭称尊号,以其子伯玉为皇太子。薛举遣兵侵轨,轨遣其将李赟击败于昌松,斩首二千级,尽虏其众。未几,攻陷张掖、敦煌、西平、枹罕(疑为浇河),尽有河西五郡之地。"
② 《资治通鉴》武德二年五月:"以秦王世民为左武候大将军、使持节凉甘等九州诸军事、凉州总管。"胡注:"九州:凉、甘、瓜、鄯、肃、会、兰、河、廓,皆李轨所据之地也。"《元和志》亦云肃州武德元年置,则肃州为李凉所置。吴玉贵《关于河西李轨政权的若干问题》(载《敦煌学辑刊》1990年第1期)认为李凉仅辖凉、甘、瓜、肃、鄯、河六州,恐未的。

下编　羁縻地区(藩部)

绪　　言

"羁縻"一词首见于《史记》卷117《司马相如列传》："盖闻天子之于夷狄也,其义羁縻勿绝而已。"言秦时制四夷如牛马之受羁縻。中国古代羁縻政策的实际意义是：古代王朝对少数民族的统治,是通过少数民族的酋领来实现的,即朝廷封授少数民族酋领一个职官称号,不过问其内部事务,仍是由少数民族的酋领世领其地,世长其民,只要对朝廷表示臣服就行[1]。

秦汉时代的羁縻统治,在郡一级一般是通过设置异族"王国"或"属国都尉",在县一级一般是通过设置"侯国"或"道"来实现的。魏晋南北朝以至隋,中原王朝对少数民族酋首封授的官爵名称增多,除"王"、"侯"、"将军"、"郎将"、"校尉"外,又有"太守"、"都督"、"刺史"等地方官名,甚至有"御史中丞",在地方行政区划上,也有"獠州郡"、"左州郡"、"蛮夷州郡"等称呼,但名目较为混乱。这时的羁縻统治与秦汉时差不多,都非常松散,严格地说,还谈不上有什么"制度"。真正形成一定制度,开创中国古代民族自治行政区范式的,当推唐朝的"羁縻府州"。

关于唐代羁縻府州,以前研究者甚少,直到20世纪80年代,始有唐启淮、程志、林超民、谭其骧等撰专文探讨,其中以谭其骧先生的《唐代羁縻州述论》最为深入[2],在羁縻州制度、羁縻州性质、羁縻州类型、羁縻州与唐王朝的关系,以及羁縻州的演变等方面提出了不少独到、精辟的见解,可作为进一步研究羁縻州制的指导性文件。他主持编绘的《中国历史地图集》,对唐朝沿边羁縻府州的标定,比较集中地反映了中国学术界在这方面最新、最全、最精的研究成果,影响较大,不仅较为客观地反映了唐帝国的边疆粗略轮廓,而且极大地便利了各领域的学术研究和国情教育,可作为我们深入研究唐代羁縻府州的地理定位基础。

90年代以后,中国学者开始对唐代羁縻府州进行更加全面、深入的研究,如刘统所撰《唐代羁縻府州研究》,在唐代羁縻府州的建置与组织、制度与管理、迁徙与变化,以及与唐朝疆域的关系等方面有所推进,是了解唐代羁縻府

---

[1] 龚荫：《中国土司制度》,云南民族出版社,1992年,第1页。
[2] 谭其骧：《唐代羁縻州述论》,《纪念顾颉刚学术论文集》下册,巴蜀书社,1990年。

州的必读书。熊文钊主编的《大国地方：中国民族区域自治制度的新发展》，简要回顾了唐代羁縻府州的设置过程和基本制度，认为羁縻府州制度是唐朝首创的统治少数民族地区的主要方式，羁縻机构既保留少数民族传统的地方管理模式，又将各民族地区纳入国家统一管理的轨道内，出于维护国家利益和少数民族各自风俗的考虑，采取了属人主义和属地主义并重的原则。郭声波近年以唐代西南、西域等地区羁縻府州的建置沿革为例，指出中原王朝在边疆民族地区推行羁縻行政治策的实质是将原有的藩属国、藩属部落和新归附的国家、部落改建为特殊的民族自治政区，使其成为国家疆域的边缘圈层，即无论其为羁縻政区（即羁縻府州）还是羁縻属国（即藩属国），都属于"间接行政区"范畴（藩属国比较特殊，也可单列为统领区），正式提出了历史政治地理圈层结构理论①。张莉亦从历史政治地理的宏观角度探讨了不同类型、不同区域羁縻府州的圈层结构，对羁縻府州与唐版图的关系进行了深入阐释，提出唐代对羁縻府州的管治存在行政与军事双轨制，因应对吐蕃的需要，更注重西部羁縻府州的军事价值，但有些内徙羁縻州并没有为唐廷牢固控制，南方羁縻州的设置则侧重于交通线一带的开发②。

其他学者则对羁縻府州某一方面的问题有重点地进行了探讨，如孙靖国、林拱鑫、王立霞等对羁縻府州的设置环境、初置时间及其原因的讨论（林拱鑫认为武德初年已在东北、西南、岭南设置了羁縻州）③、龚荫、刘仲华、钟银梅、刘星等对羁縻府州政策、制度的讨论（龚荫认为羁縻制度是中国土司制度的起源）④、樊文礼、左之涛、王义康、王立霞等对羁縻府州类别、改转、任官与内部结构的讨论（樊文礼认为羁縻府州都要受边州都督或都护管辖，并负担一定的赋税，藩属国则无此规定）⑤、樊文礼、马驰、高明士等还讨论了羁縻府

---

① 郭声波：《彝族地区历史地理研究——以唐代乌蛮等族羁縻州为中心》，四川大学出版社，2009年；《中国历史政区的圈层结构问题》，《江汉论坛》2014年1期；《圈层结构视阈下的中国古代羁縻政区与部族》，中国社会科学出版社，2018年。
② 张莉：《政治地理视角下的唐代羁縻府州研究》，复旦大学博士论文，2017年。
③ 孙靖国：《论羁縻府州制度与唐初边疆形势的关系》，《吉林师范大学学报》2007年第3期；林拱鑫：《唐朝羁縻府州初始时间探考》，《昌吉学院学报》，2013年第1期；王立霞等：《唐设羁縻府州的民族因素》，《求索》2007年第11期。
④ 龚荫：《"羁縻政策"述论》，《贵州民族研究》1991年第3期；《中国土司制度》，云南民族出版社，1992年；刘仲华：《试论羁縻政策的思想基础》，《西北史地》1996年第1期；钟银梅：《唐代羁縻府州制度述评》，《宁夏大学学报》2006年第1期；刘星：《浅析唐朝羁縻政策》，《内蒙古农业大学学报》2008年第5期。
⑤ 樊文礼：《唐代羁縻府州的类别划分及其与藩属国的区别》，《唐史论丛》第八辑，三秦出版社，2006年；左之涛：《试论唐代羁縻州与正州的转换》，鲁东大学硕士论文，2006年；王义康：《唐代中央派员出任蕃州官员吏员考》，《史学集刊》2015年第6期；王立霞：《唐代羁縻府州内部结构及其相关问题》，《江西社会科学》2007年第12期。

州的地区特点及其与中央的关系①。

虽然新中国成立后新编各省、自治区的地理志、地方史论著,在叙述唐代建置时大都能够提到羁縻府州,较之于旧方志忽视羁縻政区的狭隘观点有明显进步,但都比较笼统。相比之下,学术界对各地区羁縻府州沿革变迁的研究倒是论著颇丰,成就卓著,但限于篇幅,这里就不一一列举了,将在正文的相关考释部分尽可能提到。

下面拟在前人研究基础之上,结合个人心得,对唐代羁縻地区的类型与层级、设置与管理等与行政区划密切相关的问题作一综合阐述。

一、唐朝羁縻地区的类型与层级

唐朝羁縻地区大致可分为羁縻属国、羁縻政区、羁縻部落三种类型,从性质上看,它们都是中国古代的民族自治地区,只不过自治程度有所不同而已。下面拟分别言之。

1. 羁縻属国(藩属国)

羁縻属国通常被称为藩属国、藩国、属国,本卷采用"藩属国"这一习惯性称呼。其主体是基本具备国家政权机构的政治实体。藩属国对中央王朝存在双方都认可的臣属关系,中央王朝对藩属国存在双方都认可的宗主关系。中央王朝对藩属国的统治通常只是象征性的,因而笔者将藩属国看成是一种高度自治的特殊政治区域,其政治特点是中央政令只对藩属国政权起作用,不直接下达到其下级政区,因而从某种意义上看,藩属国是中央王朝的间接行政区域,也可表述为"统治区域"。正如李大龙先生所说,藩属国是广义的唐王朝"天下"的组成部分②,故而也纳入本卷叙述范围。但同时因为藩属国是高度自治的政治实体,具有一定独立性(即相对独立),本卷只列目反映其建置概况,并不深入其内部(下级政区)进行分析。

藩属国在本卷中不分层级,只有大小之别,较大的藩属国附见于与相应各道正都督府、都护府平行的层级中,较小的兼名羁縻都督府或羁縻州的藩属国附见于与正州平行的层级中。

---

① 樊文礼:《唐代羁縻府州的南北差异》,《唐史论丛》第十二辑,三秦出版社,2010年;马驰等:《唐代羁縻府州与中央关系初探》,《陕西师范大学学报》1997年第1期;高明士:《隋唐天下秩序与羁縻府州制度》,《国史上中央与地方的关系》,台北:"国史馆",2000年。
② 李大龙:《汉唐藩属体制研究》,中国社会科学出版社,2006年,第281页。另,藩属罽宾国虽在乾元后归附大食,然元和间该国来华僧般若犹自称"大唐罽宾国"人(《大乘本生心地观经》),唐末藩属新罗国僧真鉴、真镜等碑铭亦自称"有唐新罗国"人(《全唐文》唐文拾遗),可证。

2. 羁縻都护府

羁縻都护府即唐朝设置于边疆地区以少数民族酋首为长官（都护）并可世袭的都护府，性质与羁縻府州一样，都属于民族自治政区。唐代羁縻都护府不多，前期有显庆年间以西突厥左厢五咄陆部设置的昆陵都护府和右厢五弩失毕部设置的濛池都护府，它们"皆隶于安西都护府"①。后期有以高丽遗民设置的安东都护府，以高丽旧酋高氏世袭都护，隶河南道淄青平卢节度使（考详本编第四章《河南道羁縻地区》附三"羁縻安东都护府曾领"）。严格地讲，羁縻都护府级别虽低于正都护府，但仍领若干羁縻都督府，因此，在层级上羁縻都护府大约相当于次二级区域的民族自治政区。谭其骧先生则明确指出："羁縻州实际共有都护府、都督府、州、县四级。"②

3. 羁縻都督府

羁縻都督府是在羁縻州之上加置的以本地部族酋首担任长官的机构，一般统领包括本府羁縻州在内的若干羁縻州，在层级上相当于正州郡级。

与正都督府一样，羁縻都督一般兼任都督所在羁縻州的刺史，如唐灭百济后所置东明州都督府，仍以祢寔进为"东明州刺史"③。以黠戛斯人建立的坚昆都督府，亦有"职使（刺史）"官号，"唐代舌人把都波人或黠戛斯人口中的chigshi 倒译过来，就把刺史变为职使了"④。张九龄的数篇《与渤海王大武艺书》，于大武艺衔上或称"忽汗州都督"，或称"忽汗州刺史"；在另外的官府文书中，对新罗王也有"鸡林州都督"与"鸡林州刺史"混用的现象，应该就是这个缘故。因此，羁縻都督府的全称应是"羁縻州都督府"，唐人对羁縻州都督府的称呼常省去"州"字，故相沿成习。如《旧唐书》卷 103《王君㚟传》有瀚海大都督回纥承宗及其党瀚海州司马护输，可知瀚海都督府全称应是"瀚海州都督府"，回纥承宗既是瀚海州都督，也是瀚海州刺史；金微州都督仆固氏，两《唐志》常作"金微都督"；《旧唐志》之呼延州都督府，《新唐志》作呼延都督府。习常所称的契丹松漠都督、饶乐都督，全名也应是"松漠州都督"、"饶乐州都督"⑤。余可类推⑥。羁縻都督府也可省称都督府，别称蕃府。而两《唐志》载贞观十三年以

---

① 《旧唐书》卷 40《地理志》。
② 谭其骧：《唐代羁縻州述论》，载《长水集续编》，人民出版社，1994 年。
③ 《大唐故云麾将军左武卫将军上柱国来远郡开国公祢府君墓志铭》，载拜根兴：《唐代高丽百济移民研究》。
④ 韩儒林：《唐代都波新探》，载《穹庐集》。
⑤ 唐玄宗：《封契丹失活奚李大酺制》，载《全唐文》卷 21；陈子昂：《燕然军人画像铭》，载《全唐文》卷 214。
⑥ 近见周伟洲《兰池都督府与兰池州》（载《中国历史地理论丛》2011 年第 1 期）以为"兰池都督府"阙遗"州"字，亦为例证之一，然此非"阙遗"，而是习惯使然。

后新置羁縻都督府所领州时,多不将都督所在的本州计入①,此点应尤其加以注意。

有的羁縻都督除兼任本府羁縻州刺史外,也可以兼任属下其他羁縻州的刺史。如《李永定墓志》载,唐初李延曾为"皇朝本蕃大都督兼赤山州刺史"②,"本蕃大都督",无疑就是契丹的松漠州都督,松漠州都督府驻本州松漠州,此兼赤山州,当是连带兼任,非移治。贞观末年(当在龙朔三年后)执失莫诃友"从破辽还,拜……使持节执失等四州诸军事、执失州刺史"③,即是以定襄州都督兼任管内执失州刺史。据《云南志》,南中的爨崇道亦以南宁州都督兼管内之威州刺史。

唐人有时习惯用部族名替代羁縻都督府专名,如沙陀族的金山都督府可称"沙陀都督府"④,契丹族的松漠都督可称"契丹都督",奚族的饶乐都督可称"奚都督",渤海族的忽汗州都督可称"渤海都督"⑤,拔曳固族的都督可称"拔曳固都督",同罗族的都督可称"同罗都督",霫族的都督可称"霫都督",仆固族的都督可称"仆固都督"等⑥。这样称呼不能算错,只是不够规范,但后人不察,往往误以为唐时有沙陀都督府、渤海都督府之类设置。

安史之乱以后,唐朝出现了边疆危机,羁縻府州大量减少,尤其是北方。沙陀、吐浑、党项等族所置羁縻府州,因部落首领随朝廷调遣或逐水草就食而迁移不定。南方的雅州都督府边外在贞元年间为安置吐蕃降众,安南都护府在贞元、元和间为安置流亡及内附的爨部、獠部,都增置了许多羁縻州,却未置一羁縻都督府,其原因不详,推测可能是受了内地都督府削弱的影响。

4. 羁縻州

唐代"羁縻州"有两种概念。多数情况下专指名称为"某州"、"某某州"的羁縻州,别称蕃州,这是狭义概念,也是本卷使用的概念;也有将羁縻都护府、羁縻都督府、羁縻州、羁縻县等羁縻政区统称为"羁縻州"的⑦,这是广义概念,这种概念容易混淆羁縻政区的层级,本卷不采用这种概念。

"羁縻州"一名出现的时间,按照《新唐志》羁縻州序的说法是:"自太宗平突厥,西北诸蕃及蛮夷稍稍内属,即其部落列置州县。"太宗平东突厥是在贞

---

① 参详郭声波等:《毗沙都督府羁縻州之我见》,《西域研究》2014年第2期。
② 周绍良等:《唐代墓志汇编续集》,天宝073。
③ 《大唐故右监门卫将军上柱国朔方郡开国公执失府君(善光)墓志》,载《全唐文补遗》第二辑。
④ 《旧五代史》卷24《唐武皇纪一》。
⑤ 张九龄:《敕契丹都督泥礼书》、《敕奚都督李归国书》、《敕渤海王大武艺书》,载《全唐文》卷285。
⑥ 见唐玄宗:《征突厥制》,载《全唐文》卷21。
⑦ 谭其骧:《唐代羁縻州述论》,载《长水集续编》。

观四年,当时唐朝官员为讨论如何安置东突厥降众,颇费脑筋,最后采用温彦博的意见,分其部落为州县,置顺、祐、化、长四州①,一般认为,此四州即首批羁縻州,管理四州(寻加至六州)的定襄、云中都督府即首批羁縻都督府。此后,不仅新附蕃夷皆照此办理,就连以前以少数民族设置的正州,大多也被陆续改转为羁縻州了,羁縻州的设置及其管理方逐步形成制度。张莉更明确提出,"贞观二十年,唐廷确定了一整套的羁縻府州体系。"②其实,贞观四年以后建立的羁縻州,一般不再记载户口;记载道里的,也仅见于贞元年间以来降吐蕃部众设置的雅属羁縻州。

刘统先生认为唐朝武德年间就开始设置羁縻州,其理由是武德元年所置燕州"以处粟末靺鞨降人",六年迁于幽州城中后,仍"以首领世袭刺史"③。但考诸唐代边远地区的正州,以当地首领世袭为刺史者不乏其例,如唐前期岷江上游松州都督府管下的当、悉、柘、静、恭、真州(俱董氏),叠州都督府管下的芳州(房当氏)等,都不是羁縻州,如上编《绪言》所言,它们应当属于"羁縻式正州"。可见是否以当地首领世袭刺史,并不能作为判断其是否羁縻州的唯一标准。笔者认为,判断其是否为羁縻州,主要标准还是看这些羁縻州是否被列入《新唐志》所附的"羁縻州"名单;另外就是,设置于边疆民族地区的都督府、州,如果名称为两字,一般也是羁縻府州;如果名称为单字,而又未被两《唐志》列为正州,一般也是羁縻州。

至于为什么《括地志·序略》所列贞观十三年全国各都督府、各州名单几乎将当时所有的羁縻府州都包括在内,笔者以为主要原因是:其一,当时羁縻州数量不多,合起来也不过七十来个(其中还有十多个建于贞观十三年,尚未编入《大簿》);其二,这批羁縻州全是贞观六年以前设置的,大部分都有户口、道里数据,从正州向羁縻州转变的痕迹尚未完全消除;其三,当时羁縻制度草创,由边州都督府、都护府直接管理羁縻州的制度尚不健全,不少羁縻州还可以直接向中央朝贡,与唐朝的关系比较密切。由于第二、第三两点的原因,在当时唐人心目中,羁縻州与正州差别还不算太大。

贞观末年以后,随着羁縻府州数量的急剧增加,羁縻制度逐渐完善,羁縻府州一般由边州都督府、都护府直接管理,不直接与中央联系,户部不再统计其户口、道里数据,因此在统计全国府州数量、名称时,不再列入羁縻府

---

① 吴兢:《贞观政要》卷9。
② 张莉:《政治地理视角下的唐代羁縻府州研究》,复旦大学博士论文,2017年,第43页。不过,她认为羁縻府州的产生当在贞观二十一年,恐又失之过晚。
③ 刘统:《唐代羁縻府州研究》,第3页。

州。如取材于开元中期的《大唐六典》卷3户部,就只列入了各道正州名称。《新唐志》所谓羁縻州"贡赋版籍,多不上户部",指的主要是贞观末年以后的情况。

赖青寿《唐后期方镇建置沿革研究》第180页以严耕望所谓安南几个附贡州"亦即羁縻州之属",实为误解。附贡州不等于羁縻州①。然其中的长州,《元和志》确谓是羁縻州。

5. 羁縻县

羁縻县是羁縻州下分置的基层羁縻政区,但并非常制。从时间上看,贞观四年以前设置的正州改转的羁縻州都有羁縻县;贞观四年至贞观末年间新置的羁縻州,仅部分都有羁縻县。高宗时代设置的羁縻州,除以农耕经济为主的西南地区的羁縻州和以百济、高句丽、吐火罗故地设置的羁縻州外,大多数羁縻州未置羁縻县。高宗以后所置羁縻州,除贞元年间戎州都督府、安南都护府新置羁縻州外,基本上未置羁縻县。

由此可知,在贞观四年以前,由于羁縻州制尚未建立,各州无论其是否以当地酋首世袭,均按照正州的统一模式建置,即由总管府(都督府)统州,州下分县,并有户口、道里统计数据。贞观四年以后,在边疆民族地区新置的州基本按照羁縻州模式,无户口、道里数据统计,但部分以农耕经济为主的羁縻州(含由正州降为羁縻州者)仍置羁縻县,如前举西南地区和百济、高句丽、吐火罗故地之羁縻州。也有人认为北方多置规格较高的羁縻都督府,南方多置规格较低的羁縻县,主要是由各族居住地理环境的不同、与中原王朝关系的不同造成的②。

羁縻县的设置标准《新唐志》没有具体记载,仅是笼统地说"即其部落列置州县"。笔者曾在分析处于半定牧经济阶段的党项羁縻州时指出:"若干同一胞族的聚落共同占有一个牧区,牧区也许就是羁縻县的设置基础,也就是说,一个小部落(州)可以分为若干牧区(县),每一个牧区基本上就是一个胞族的势力范围。"③当然,这也仅限于贞观末年以前的情况。在以农耕经济为主的地区,羁縻县的设置标准不太明确,推测可能是以拥有一定农业居民的城镇或较大村寨为单位。

羁縻县的层级较低,由于篇幅与资料的限制,本卷不列目反映羁縻县的

---

① 罗凯:《隋唐政治地理格局研究》,第275页。
② 樊文礼:《唐代羁縻府州的南北差异》,《唐史论丛》第十二辑。
③ 郭声波:《党项发祥地——唐初"河曲十六州"研究》,《历史地理》第十一辑,上海人民出版社,1993年。

分布和演变情况。

6. 羁縻部落

在唐帝国的某一地区或某一时段,还存在着少量既未建立类似藩属国那样的自治国家政权,也未建立类似羁縻府州那样的自治地方政区的羁縻部落。如《新唐书·南蛮传》提到:"诏封苴那时为顺政郡王,苴梦冲为怀化郡王,丰琶部落大鬼主骠傍为和义郡王,给印章、袍带。三王皆入朝,宴麟德殿,赏赉加等,岁给其部禄盐衣彩,黎、巂二州主吏就赐之。……又有奉国、苴伽十一部落,春秋受赏于巂州。"这些部落都是贞元年间脱离吐蕃、南诏羁縻统治后回归唐朝,仍受唐朝羁縻统治但未复置羁縻州的。尽管唐朝曾努力在原巂州都督府境内恢复羁縻州制度,比如试图授予狼蛮首领浪沙以"刺史",而最终未得到这些部落的支持,只好改用羁縻部落形式进行更松散的统治。斯坦因第1344号《开元户部格》残卷:"敕诸蕃部落见在诸州者,宜取州司进止。首领等如有灼然要事须奏者,委州司录状奏闻。"说明入附诸蕃部落由所在州司管领。

本卷对羁縻部落,仅在相关都督府、都护府、押蕃使序文及地图中反映,不单独列目。

现将天宝十三载羁縻州以上民族自治地方及藩属国等唐朝统治区域列表统计如下。

表4 唐天宝十三载(754)各级统治区划数目统计

跨高层区划	高层统治区划			中层统治区划			羁縻郡州	
监理道	押蕃使	羁縻都护府	大藩属国	羁縻都督府	羁縻部	中小属国	羁縻郡	羁縻州
关内道	0	0	0	10		0	0	72
河北道	1	0	0	12		2	0	70
岭南道	0	0	0	0	1	0	4	69
黔中道	0	0	0	0		0	0	51
剑南道	0	0	0	2		9	4	143
陇右道	0	0	0	0		0	0	2
河西道	0	0	2	13		23	0	50
合　计	1	0	2	37	1	34	8	457

二、唐朝羁縻政区的设置与管理

关于唐代羁縻府州的管理制度及其与唐朝各级地方政府的关系，鉴于谭其骧、刘统先生等已有专文、专书进行论述，本卷在此只结合笔者看法就其大概略言之，仅备读者了解唐代羁縻制度概况而已。

羁縻州与羁縻都督府、羁縻都护府，在民族自治政区性质上都是相似的，只是层级不同。羁縻都督府、羁縻州的主体居民都是少数民族，因此可以说这些羁縻府州是专为当时的少数民族设置的特殊行政区——羁縻政区，也就是民族自治政区，它们与本部政区一样，都是唐帝国的组成部分。不过与唐朝本部政区不同，凡是羁縻政区，其长官皆可世袭，也可以保留国王、可汗名号，其内部管理基本上都是自主的，都没有向下传达中央诏令的义务。

羁縻府州的设置，诚如刘统先生所总结，主要是通过由朝廷直接下令、派使节招慰、军事将领征讨及由边州都督府开置等方式。至于"少数民族酋帅自行开置"所举例子，仅有王仁求开置姚府以西二十余州之事，而据笔者看来，王仁求是以唐朝河东州刺史的身份招慰设置二十余州的，应属于沿边地方官员开置性质。羁縻府州是唐朝行政区，应是自上而下开置，而不是由下而上自置。正是由于这种原因，唐代羁縻政区大多是成批设置，每批少则几个，多则几十个、上百个。如贞观四年(630)平东突厥，置云中、定襄二都督府及顺、化、祐、长四州。此后，平吐谷浑、西突厥、龟兹、薛延陀、松外洱河蛮、百济、高丽，遣使李世南出河曲，侯弘仁出西赵，董寄生出河中，王名远出吐火罗，都设置了大批羁縻府州。也有不少边外藩国、部族内附后设置大批羁縻府州的情况，如疏勒、于阗内附所置二十余州，特浪、辟惠羌内附所置三十二州，弱水西山诸羌内附所置六十八州，但这些府州的命名及都督、刺史的任命，都是由唐朝有关部门完成的，并非由内附者"自行开置"。

根据本卷所考，各个时代的羁縻政区具体数目得以大致理清，现选取六个标准时代制表统计如下。

从表中可以看出，以数量而论，唐代羁縻政区的极盛时代是在咸亨元年(670)，而非如《中国历史地图集》选择的总章二年(669)。因为在总章二年之前的龙朔年间，羁縻昆陵都护府(包括羁縻都督府七、羁縻州十)就已叛附吐蕃，非唐所有。直到咸亨元年，占据昆陵都护府旧地的西突厥首领阿史那都支才又复归唐，重置羁縻政区。当年，全国有羁縻都督府七十五，羁縻州六百三十三，合计七百零八，显然《新唐志》所谓"大凡州府八百五十六，号为羁縻云"，指的是唐代先后所置羁縻府州总数(实际上也不止八百多个，而如刘统

表5 唐代羁縻统治地区各级政区数目统计①

监理道	藩属国数						羁縻都护府数						羁縻州都督府数						羁縻州数					
	贞观	咸亨	长安	天宝	元和	咸通	贞观	咸亨	长安	天宝	元和	咸通	贞观	咸亨	长安	天宝	元和	咸通	贞观	咸亨	长安	天宝	元和	咸通
关内	2	0	0	0	0	0	0	0	0	0	0	0	0	14	11	10	1	2	2	55	86	72	3	5
河东	0	0	0	0	0	0	0	0	0	0	0	0	0	0	0	0	2	3	0	0	0	0	4	5
河北	3	1	1	2	1	1	0	0	0	0	0	0	0	19	10	12	2	1	8	121	36	70	17	7
河南	0	0	0	0	2	2	0	0	0	0	0	0	0	0	0	3	2	0	0	11	0	7	2	
岭南	0	0	0	0	2	0	0	0	0	0	0	0	0	0	0	0	0	0	9	48	57	69	99	99
黔中	0	0	0	0	0	0	0	0	0	0	0	0	0	0	0	0	0	0	14	39	37	51	48	49
剑南	0	0	0	9	2	0	0	0	0	0	0	0	0	3	1	2	1	1	0	206	173	143	104	107
山南	0	0	0	0	0	0	0	0	0	0	0	0	0	0	0	0	0	0	0	0	0	0	0	0
陇右	1	23	23	0	0	0	0	0	1	0	0	0	2	39	53	0	0	0	37	164	189	1	0	2
河西	—	—	—	25	0	0	0	0	0	0	0	0	0	0	0	13	0	0	0	0	0	50	0	4
合计	6	24	24	36	7	3	0	0	1	0	0	0	2	75	75	37	9	9	70	633	589	456	284	280

先生所估计的,已达千数),而非极盛年代之数。

羁縻府州的性质以及与唐朝的关系,学术界也存在一些分歧,笔者将在下面"羁縻州"部分一并讨论。

1. 藩属国的设置与管理

唐代藩属国是由边疆少数民族自行建立,或由原先的独立国臣附而由唐朝予以承认或册封的。在受中原文化影响较深的藩属国中,基本上都是奉唐朝正朔的,如高丽、百济、新罗,只有渤海国是个例外,它曾经自立年号,自为正朔,但也只在渤海国,唐朝才派驻有羁縻都督府"长史"官员,以行监督之职,这足以抵消其自为正朔表现出来的"敌国"假象。

藩属国可以兼有羁縻政区双重身份。这主要表现在藩属国国王可以兼任羁縻都督府的都督、羁縻州的刺史。如藩属新罗国王兼任的羁縻鸡林州都督、藩属渤海国王兼任的羁縻忽汗州都督,以及西域昭武九姓、吐火罗诸藩属国王兼任的羁縻康居州都督、羁縻月氏州都督等。

---

① 兹取与正文相应之贞观十三年(639)、长安四年(704)、天宝十三载(754)、元和十五年(820)、咸通十四年(873)五个年份及羁縻政区极盛之咸亨元年(670)进行统计。其中河西道在景云二年(711)前属陇右道,黔中道在开元二十六年以前属江南道。山南西道曾在宝应、广德年间短暂地设置过羁縻州,本表未能反映出来。

藩属国如果不履行朝贡义务,宗主国有权征讨,如唐初的高丽、百济。藩属国王族有罪,可以贬斥、流放,如唐平高丽后,"诏以高藏政不由已,授司平太常伯,男产先降授司宰少卿,男建配流黔州"①。

方国瑜先生曾撰文指出:贞元年间南诏复归唐朝以后,唐朝为加强统治此地区,设为云南安抚司,命韦皋兼任云南安抚使职。此后,凡任剑南西川节度使者,兼云南安抚司职,定为式令,"自贞元年间,唐朝颁册南诏印,是其职,而政区之名则为云南安抚司也"②。不过笔者并未在文献中见到"云南安抚司"一词,颇怀疑其仅为使职,未设司(机构),而且也未见到南诏当局接受"云南安抚使"管理的记载,该使应是唐朝为联络或安抚藩属南诏国而设,并无管理或统辖职能,称其为政区名恐怕言过其实,而且在咸通元年世隆(酋龙)称帝改建大礼国后,已名存实亡。

黄松筠《中国古代藩属制度研究》(吉林人民出版社,2008年)一书,分为上、下两篇。上篇为中国古代藩属制度的五个发展阶段研究;探讨古代藩属制度的形成、确立、创新、强化和完备等五个不同的历史阶段,揭示同姓藩国、境内属国、羁縻府州、都司卫所和藩部曾分别是五个阶段中的藩属主体,阐述藩属制度在五个不同阶段的诸多特点。下篇为中国古代藩属制度的几个理论问题研究。中国古代藩属制度是中国古代国家政体的重要内容之一,它具有一朝(国)两制、地方自治与民族自治、藩卫内向等诸多特征与属性,其预期目的是为了捍卫中央王朝的安全,实施的结果,又促进了中华民族的形成与发展。

2. 羁縻都护府的设置与管理

如前所述,唐代设置的羁縻都护府仅有唐前期的羁縻昆陵、濛池都护府和唐后期的羁縻安东都护府。昆陵、濛池分别以西突厥五咄陆部、五弩失毕部设置,而五咄陆、五弩失毕相当于较大的藩属国,已各自立有可汗(兴昔亡、继往绝),并分置若干羁縻都督府,所以昆陵、濛池已具备设置如同安西、安北、单于都护府那样的条件,但兴昔亡、继往绝可汗皆以突厥旧贵族为之,并可世袭,唐朝亦不派驻官员及军队,这就决定了这样的都护府不具备正都护府的性质,只能是羁縻都护府,所以《旧唐志》不为列目,《新唐志》则明确将其列入"羁縻州"条,而且指出"右隶北庭都护府"。可见羁縻都护府的地位处于

---

① 《旧唐书》卷199《东夷传》。
② 方国瑜:《中国西南历史地理考释》,第412页;《唐代后期云南安抚司(南诏)地理考说》,《历史研究》1982年第3期。

正都护府之下、羁縻都督府之上。但考虑到昆陵、濛池都护管理地域广大、部落众多,且经常直接与中央保持联系,故而本卷也将其作为与正都护府并列的二级标题列目,不再在正都护府与羁縻都督府之间增加一个层次。

唐后期的安东都护府,以前一直对其是否存在争论不休,主要原因是一方面文献中仍然有高氏所任"安东都护"一名,另一方面在唐后期的藩镇中,并无兼带安东都护的记载,而安西、安北、单于、安南都护皆有藩镇长官兼带。因此笔者认为,当宝应元年(762)平卢节度使南迁河南道后,安东都护改由高丽旧贵族担任并世袭,实际上演变成为羁縻都护府,而隶属于河南道淄青平卢节度使,与唐前期羁縻昆陵、濛池都护府隶属于金山—北庭都护府情形相似。

同时要说明的是,本卷之所以将唐前期的羁縻昆陵、濛池都护府归入陇右—河西道,唐后期的羁縻安东都护府归入河南道,并非这些都护府与道之间有隶属关系,不过是表示其所在政治地理区域范围而已。藩属国的划道处理也与此类似。

3. 羁縻都督府的设置与管理

《新唐志》说:羁縻政区"其大者为都督府,以其首领为都督、刺史,皆得世袭。虽贡赋版籍,多不上户部,然声教所暨,皆边州都督、都护所领,著于令式",这是羁縻都督府、羁縻州之间的划分标准及边州都督府对羁縻府州的一般管理模式。

唐代羁縻府州的首长——都督、刺史等,例由当地"少数民族"酋长担任,分世袭和公推两种,但均须中央政府批准。当其发生严重内乱,或因故无法确立新首长时,中央亦得派员前往处置,例如《旧唐书·崔敦礼传》载:"(贞观)二十年,征为兵部尚书。……又有瀚海都督回纥吐迷度为其下所杀,诏敦礼往就部落绥辑之,因立其嗣子而还。"又如开元二十五年(737)浪穹州刺史傍时去世,唐朝遣宿卫首领王白于姚州都督计会,就彼吊慰,便授其孙铎罗望袭刺史[①]。在定居民族有固定治所的羁縻府州,也可派汉官(华官)参治,这种羁縻统治方式作为一项定制,在高丽、六胡州等许多地区实行过。有人考证,部分羁縻州都督、刺史乃至县令也可由中朝官员担任。关内、河北、陇右、剑南、江南、岭南诸道中,均有中朝官员担任羁縻州佐官的现象,表明中央派遣的官员不仅是对羁縻州进行监督,而且在部分地区直接参与羁縻州的实际管理。正是参照经制州行政体系在羁縻州不同程度的配置中朝官员与吏员,唐王朝赋予了羁縻州以郡县的实质[②]。也有人考证,营州内城诸羁縻州中除有汉人任职外,也

---

① 张九龄:《敕蛮首领铎罗望书》,载《全唐文》卷287。
② 王义康:《唐代中央派员出任蕃州官员吏员考》,《史学集刊》2015年第6期。

有很多外族人担任某些官职,如粟特人安禄山出任奚顺化州刺史,鲜卑人独孤开远出任契丹正州刺史,高丽人高路出任室韦州刺史①。在迁徙无常、无固定治所的游牧地方,往往还采取派遣使者不定期前往处理内政的方式②。有事例表明,羁縻州都督、刺史如果不能履行职责和对唐朝的义务,唐朝也可下令废除其继承权。同时,凡被任命为羁縻府州都督、刺史的蕃部酋长,依唐朝官制发给印契、告身和笏版,"在关内、山南、黔中、岭南诸道,都有授予羁縻州部落酋长印符的记录"③。

还有一种情况值得注意,即羁縻府州首领也可以兼任正州刺史(郡太守)。如在贞观末年,以来降之突厥苏农部置羁縻苏农州,酋长子弟苏农泥孰则授左屯卫将军、谷州(今河南新安县)刺史④。天宝年间,羁縻青山州刺史李永定(契丹人)就曾兼任妫川郡、渔阳郡太守,并卒于范阳郡私第,所以墓地不在青山州,而在范阳郡境内⑤。汉夷官员首长的互兼,似乎与羁縻州和正州的相互改转制度是一致的,这充分说明了羁縻府州与经制府州之间密不可分的关系。

中央政府有权对羁縻府州的犯罪官员进行调查和处以刑罚。例如《旧唐书》卷107《王君㚟传》载:"君㚟遽发驿奏'回纥部落难制,潜有叛谋'。上使中使往按问之,回纥等竟不得理。由是瀚海大都督回纥承宗长流瀼州,浑大德长流吉州,贺兰都督契苾承明长流藤州,卢山都督思结归国长流琼州。"流放地方,都是正州。而内地汉官,也可流放到羁縻州县。如《旧唐书》卷76《蜀王愔传》:"封子璠为嗣蜀王。永昌年,配流(岭南)归诚州而死。"《旧唐书》卷7《中宗纪》:"神龙元年,(刘)景阳现在,贬禄州乐单尉。"蕃官可流放正州,汉官可流放蕃州,说明羁縻州与正州都是唐朝的有效管理行政区。

征收赋税,役以兵徒,原则上也是中央政府对羁縻府州的权利。刘统《唐代羁縻府州研究》辟有专节论证军事征发、贡赋与徭役为羁縻府州对唐朝应尽的义务,他指出:"因为唐朝政府没有具体的数额规定,边州都督府的官吏往往任意加税,或过度驱使羁縻部落民众承担重役,这是引起羁縻府州动乱的一个主要原因。"樊文礼先生也认为,《唐六典》中所提到的"轻税诸州(包括羁縻府州在内)、高丽、百济应差征镇者,并令免课役";《唐会要》卷73安西都

---

① 宋卿:《唐代东北羁縻州职官考》,《北方文物》2009年第1期。
② 刘统:《唐代羁縻府州研究》,第39—40页。
③ 同上书,第35—37页。剑南道也有此种记录,如《舆地纪胜》卷149茂州载:"唐都督府督十州,今羁縻州控制吐蕃,捍蔽内郡,羁縻州将各佩唐印。"
④ 郑樵:《通志》卷29《氏族略》。
⑤ 鲁晓帆:《唐李永定墓志考释》,《首都博物馆丛刊》第九辑,地质出版社,1994年。

护府载:"显庆四年正月,西蕃部落所置府州,各给印契,以为征发符信。"这些都从制度上说明了羁縻府州接受唐朝的征发,是其应尽的义务①。

唐朝对羁縻府州负有军事保护责任,羁縻府州同时也有要求军事保护的权利。如《通鉴》载:"开元三年十一月,拔汗那者,古乌孙也,内附岁久。吐蕃与大食共立阿了达为王,发兵攻之,拔汗那王(按即休循州都督)兵败,奔安西求救。孝嵩谓都护吕休璟曰:'不救则无以号令西域。'遂帅旁侧戎落兵万余人,出龟兹西数千里,下数百城,长驱而进。是月,攻阿了达于连城。"又如《旧唐书》卷17《文宗纪》载:"大和七年三月己酉安南奏:'蛮寇寇当管金龙州,当管生獠国、赤珠落国(与本府)同出兵击蛮,败之。'"

唐朝羁縻府州"虽贡赋版籍多不上户部"(贡赋指赋税额,版籍指户口),但其府州名、族属、隶属关系等基本情况仍然收入中央政府编纂的"大簿"或"图簿"中。如《括地志·序略》载贞观十三年《大簿》,即收录了当时全部的羁縻府州名称。《旧唐志》亦载:"据天宝十二载簿,松州都督府,一百四州,其二十五州有额户口(按此户口实为贞观四年以前数字),但多羁縻逃散,余七十九州皆生羌部落,或臣或否,无州县户口,但羁縻统之。"中央政府定期编纂的图簿对羁縻府州加以记载,表明对羁縻府州拥有主权。

以上是羁縻府州应作为一种民族自治政区的理由。笔者注意到,谭其骧先生也使用了"民族自治区"一词②。当然,作为羁縻政区,与唐朝的关系肯定不如正都督府、正州县那么密切。

谭先生对"本土羁縻府州"(即以边外各国、各族原住地设置的非侨居羁縻府州)与唐朝的关系作过深入分析,认为大致可区别为以下三种情况。

第一种情况是,有些羁縻州可以改转为正州,说明唐朝能任意改革这一带州的建制,自应视为在唐朝版图之内。

第二种情况是,有些羁縻州自始至终只是一个虚名,当然应视作唐朝境外的邻邦邻族。

第三种情况是,有些地区的羁縻州与唐的关系前后有变化,应按实际情况分清楚何时应为唐土,何时便不是唐土。

谭先生的原意是要坚持实事求是的态度,分清哪些羁縻州属唐朝领土,哪些不是,同时也便于画图。这是非常正确的。笔者完全赞同他对第一种、

---

① 樊文礼:《唐代羁縻府州的类别划分及其与藩属国的区别》,载《唐史论丛》第八辑,三秦出版社,2006年。
② 谭其骧《唐代羁縻州述论》:"在这个时期,漠南突厥诸府州应可视为在云中、单于都护府监领下的民族自治区。"

第三种情况的判断,而对第二种情况的判断却有些异议。

首先,怎样算作"虚名",怎样算作"实名",其标准很难确定。因为"羁縻"一词,本来就是比较虚的,本来就是指一种松散关系,有"实"无"实"是相对而言,只是一种度的差异,不能以度的差异来改变质的界定。《史记》言秦时制四夷如牛马之受羁縻。周振鹤先生认为,羁縻府州有控制稍紧的,有控制很松的,更有的只是挂名而已,但唐朝看重的是名义上的统治,当时唐朝国力强盛,这种名义上的统治仍有一定的约束力,因此,羁縻府州在理论上应属于唐王朝的版图[①]。只要有"名"——羁縻州首领在名义上承认归属朝廷(即朝廷有宗主权),就算羁縻州,甚至是典型的羁縻州。至于有的羁縻州与中央关系特别密切,相互间有多种义务,那属于正在向正州转化阶段的羁縻州,属于更高级形式的羁縻关系,不属于典型的羁縻州。典型羁縻州的性质,只是在名义上(即法的意义上)隶属于唐朝的民族地方行政单位。

其次,羁縻府州作为民族自治政区的诸多要件,并不是每一个羁縻府州都同时具备的,有的有这种,有的有那种,有的此时有,有的彼时有,情况是变化无常、复杂多样的,正因为比较松散,它们才叫做羁縻州。加以这方面史料缺佚十分严重,无法知道它们是真的没有某些要件,还是本来有而史料遗失了。羁縻府州至少八百多个,想要一一弄清它们与唐朝的关系哪些是虚的,哪些是实的,不仅不可能,也没有必要。

第三,无论是封建时代的阿拉伯帝国、奥斯曼帝国的领土扩张,还是殖民主义时代西方列强对新旧大陆的侵略,采取的无非就是三种形式:一是通过战争直接占领;一是通过各种手段(多半是强制性或欺骗性的)与当地土著首领达成某种协议,使之成为其属地(领土);一是单方面宣布某地为"新发现"的属地。在最讲"法理"的西方看来,这样野蛮的占领仍然具有法的效力,以致竞相仿效,相承不替。将它与唐朝通过羁縻关系扩大领地相比,自不待言,唐朝的做法肯定要文明得多、合法得多。不管羁縻关系强弱程度如何,至少羁縻关系的建立,是得到双方同意,在领属关系上是明确的,并且双方之间还多少有一些互利关系。从感情上,我们不赞成帝国主义、殖民主义、大国沙文主义,但作为历史研究,我们不能不承认古代领土扩张有多种形式这一事实。如果我们以某些羁縻政区只具"虚名"为由,不承认这种具有东方封建时代特征的领土扩张,那么与西方对帝国主义、殖民主义的态度相比,实在是太客气、太温良恭俭让了。

现在我们再来分析谭先生所举"自始至终只是虚名","不能认为在唐朝

[①] 周振鹤:《中华文化通志·地方行政制度志》,上海人民出版社,1998年,第375—378页。

版图以内"的忽汗、黑水、室韦、鸡林四个羁縻都督府的具体例子。

忽汗州都督即渤海国王,一般认为他与唐朝只有朝贡、册封和纳质的关系,因此谭先生认为:"忽汗州都督大约始终只是唐朝加在一个朝贡国之王头上的空名,不存在任何其它作用。渤海实质上是一个独立国。"刘统先生也认为唐与渤海"完全是大国与小国之间的关系"[①]。其实忽汗州都督不只是一个空名,唐朝曾利用这个名衔派遣过都督府长史[②],加以《新唐志》有"渤海都督府"的正式列目,不少东北学者都主张忽汗州都督府是唐朝的羁縻政区,至少是羁縻属国(地方民族政权),《中国历史地图集》开元幅也是作羁縻都督府处理的。两种意见分歧较大。但他们都忽视了一个重要问题,即渤海国是唐代唯一的一个自立年号的羁縻政区。在中华文化圈里,自立年号即自为正朔,是政治自主权的重要标志。一般说来,自为正朔的君主不再接受别国的官号,渤海的情况是极其特殊的例子。因此笔者的意见是折中处理,即不仅是羁縻都督府,也是羁縻属国,两者兼名列目。

黑水都督府据说是先置勃利州刺史,后置都督府,根据《新唐志》的记载,其全称应是"黑水州都督府",即至少已有二州。谭先生一方面承认朝廷曾经为置长史监领之,开元后一段时间内唐对黑水府反而有一定控制力,不像对忽汗州那样"徒有虚名";另一方面却因为"史乘里除记载几次朝贡外连领州若干都说不上",也主张不在唐朝版图以内。笔者按:既然不是徒有虚名,为何还要编入另册?这标准恐怕也太严格了。史乘不载领州数的地方很多,如关内道有十来个党项羁縻都督府都是如此,难道它们也不在唐朝版图内吗?笔者还没有发现明确说某某羁縻都督府不领州的记载,因此从逻辑上讲,不载领州数的羁縻都督府,文献缺佚的可能性极大,当时朝廷对其基本情况应是了解的,但凡朝贡者,皆有官员接待、询问,否则怎么可能向那里派遣长史呢?

室韦都督府的情况也是如此,谭先生认为"史文只称此辈为都督,别无爵位、将军等称号,可见唐朝仅以不重要的远夷相待,未尝列入藩属,当然更谈不上列入版图"。其实羁縻都督不带爵位、将军称号的很普遍,何必非要以此条要求室韦呢?谭先生还说:室韦都督"不可能是统辖室韦全境的首领,只能是若干部落中的一部之长而已"。笔者大体同意前半句话,但不同意后半句话。因为室韦部落较多,境土较大,一个都督未必能全部管到(当然也不完全排除这种可能);另一方面,文献中还没有明确提到一个羁縻都督只管一个州

---

① 刘统:《唐代羁縻府州研究》,第135页。
② 魏国忠:《渤海都督府长史小考》,《北方论丛》1982年第2期。

即一个部落的例子,除非是唐后期回鹘国自行任命的都督,那是他们借用唐朝官名,不能说明唐朝羁縻都督府的情况。

关于鸡林州都督,因为它是加在新罗国王头上的,为两《唐志》所不载,所以谭先生认为"究其实质,不过是一个有朝贡关系的邻国的别称"。《中国历史地图集》也是置在唐朝版图之外,但刘统先生却将其列为河北道羁縻府州进行研究。今按新罗国的情况与渤海国又有不同。第一,新罗国用唐朝年号①,即奉唐朝正朔,这是与渤海国最大的区别;第二,国王兼任的唐朝官职比一般的羁縻属国都多,如开府仪同三司、使持节大都督鸡林州诸军事、兼持节宁海军使等;第三,名义上受卢龙节度使所兼之押蕃使统辖;第四,士人参加唐朝科举入仕(如崔致远)。唐代周邻各族、各国士人投牒申请,经朝廷批准,可参加科举考试,这种身份称"宾贡",波斯裔的李珣也有类似情况②,不过实际情况一般存在于藩属国和羁縻地区各族人士之中。还有一点更为重要:《全唐文》收有多条新罗人为本国人撰写的碑铭,铭题皆称"有唐新罗国"③,既然新罗人(包括国王)自己都认为是唐朝属民,我们为什么一定要说他们是域外人呢?所以笔者大致赞成刘统先生的观点,将鸡林州都督府列为唐朝羁縻都督府,但同时考虑到新罗国的国家政权比较完善,故又列为羁縻属国,与渤海国一样,羁縻都督府与藩属国兼名列目,以示与一般羁縻都督府有别。

4. 羁縻州的设置与管理

羁縻州一般以部落为单位设置。若干有血缘或地缘关系的羁縻州,往往形成部落联盟,唐朝为置羁縻都督府(属三级区域)进行管理,也有的羁縻州直接隶属于边州都督府或押蕃使。因此,羁縻州在层级上应属于四级区域。

关于羁縻州的管理,谭其骧的《唐代羁縻州述论》和刘统的《唐代羁縻府州研究》已有较全面、深入的论述,但限于篇幅,有些问题尚未展开或展开不够,除上面"羁縻都督府"部分所论而外,笔者再作一些补充。

诚如谭先生指出,有些以少数民族为主要居民的地区也可建立正州,那么有没有以汉人建立羁縻府州的呢?笔者目前尚未见到。剑南道南境曾有一个叫长州的羁縻州,《元史·地理志》载:"嵩明州……昔汉人居之,后乌、白蛮强盛,汉人徙去。……汉人尝立长州,筑金城、阿葛二城。蒙氏兴,改长州

---

① 如崔仁渷:《新罗国故两朝国师教谥朗空大师白月栖云之塔碑铭》,载《全唐文》卷1000;新罗王金颖:《新罗国武州迦智山宝林寺谥普照禅师灵塔碑铭》,载《全唐文》唐文拾遗卷68。
② 黄休复:《茅亭客话》卷2。
③ 如崔致远:《有唐新罗国故知异山双溪寺教益真鉴禅师碑铭》,载《全唐文》唐文拾遗卷44;新罗王朴升英:《有唐新罗国故国师谥真镜大师宝月凌空之塔碑铭》,载《全唐文》唐文拾遗卷68。

为嵩盟部,段氏因之。"看起来好像是汉人也可建立羁縻州,但实际上这些"汉人"并非纯粹的汉人,而是汉化的夷人或夷化的汉人。

中央政府原则上有权决定羁縻州与正州互相转改(即升降),此点谭、刘二先生举例甚多,近年又有左之涛的《试论唐代羁縻州与正州的转换》进行了较详论述,这充分证明羁縻州是唐朝版图内的特别行政区。

谭其骧先生还说:"唐朝在羁縻州与一般藩属之间,并无明显的制度上的区别。"但樊文礼先生不同意此点,他认为:

> 《唐律》将各蕃夷划分为"化外人"和"化内人"两种,化外人,"谓声教之外四夷之人",或"蕃夷之国别立君长者,各有风俗,制法不同"。显然他们不属于唐朝"国人",是外国人;化内人,《唐律》没有解释,顾名思义,即"归化"或"归附"唐朝的周边各族,则应当属于唐国内的少数民族,他们当中除少数编入正州户籍外,绝大部分被编制在羁縻府州中。对于化内人,唐朝廷又根据他们居住地的不同而将其分为"在蕃者"(即本土羁縻府州)和"入附者"(即侨置羁縻府州),但无论是本土还是侨置,他们都属于唐王朝的地方行政机构,"在蕃者则汉官押领,入附者或边陲安置",这也正是它与一般藩属国的区别之处。①

在这里,樊氏将"化外人"统称"外国人",笔者不完全赞同,因为"外国"也有藩属国和独立国之别。另外,"化内人"只提到羁縻府州,不包括藩属国,也不是那么妥当。不过,笔者赞同樊氏的观点,在管理程度上,羁縻府州明显要比藩属国严格一些。

樊氏也同意谭其骧、章群将唐代羁縻府州分为本土羁縻(在蕃、边外)、侨蕃州(入附、边内)两种。尽管"侨蕃州"有侨居性质,但也应有一部分实土,方能安置其部落,进行相应的经济活动,以满足部民生存的基本需要。故而本卷在论列侨置羁縻府州时,保留了羁縻都督府本州或羁縻州本县的建置。

唐调露二年七月《东都尚书吏部符为申州县阙员事》文书云:"其羁縻及蕃州等,并请所管勘□置汉官。"日本学者西田祐子认为"羁縻州"是统治概念,"蕃州"是族属概念,两词含义有所不同②。

与上编经制地区的情况一样,本编羁縻地区部分也引入了"直辖地区"这

---

① 樊文礼:《唐代羁縻府州的类别划分及其与藩属国的区别》,《唐史论丛》第八辑。
② [日]西田祐子:《唐帝国の统治体制と"羁縻"》,山川出版社,2022年,第221—222页。

一概念,即将各级正都督府下实际存在而未有专门名称的"直辖羁縻地区"作为虚拟的一个层级。

最后要说的一点是,唐朝对羁縻府州的管理方式,也有一个发展演变过程。一般说来,唐前期的羁縻府州大多隶属于边州都督府或都护府,唐后期隶属于由沿边节度使兼任的押蕃使[①]。这是因为,在安史之乱后,一些沿边军事重镇的节度使陆续设置了"统押某国(或某府)诸蕃部落使"的兼职,常省称"押蕃落使"、"押蕃使",逐步取代沿边都护府、都督府行使对羁縻属国、羁縻府州、羁縻部落的管辖权,并且这种制度一直沿用到五代。

在关内道,驻灵州的押蕃使由朔方节度使兼任,驻银州的押蕃使由银州监牧使兼任,驻丰州的押蕃使由天德军等处都防御使兼任,驻泾州的押蕃使由泾原节度使兼任,驻凤翔府的押蕃使由彰义节度使兼任,驻单于府的押蕃使由振武节度使(即单于安北都护)兼任。

在河东道,驻朔州的押蕃使曰"兴唐军沙陀三部落防遏都知兵马使",由天宁军使兼任。

在陇右道,驻秦州的押蕃使由天雄军节度使兼任。

在河西道,驻沙州的押蕃使由归义军节度使兼任。

在河北道,驻幽州的押蕃使初曰"押两蕃渤海黑水等四府经略使",两蕃,即奚、契丹,四府,即羁縻忽汗(渤海)、黑水、安靖、室韦四州都督府。安史之乱以后一分为二,一曰"押奚契丹两蕃等使",由范阳卢龙节度使兼任;一曰"押新罗渤海两蕃等使",由移驻河南道青州的淄青平卢节度使兼任。这时的两蕃,分别指奚、契丹和新罗、渤海。

在剑南道,驻成都的押蕃使曰"统押近界诸羌蛮使"、"统押西山八国使",前者管理雅、黎、嘉州边外羁縻州,后者管理岷江上游的几个小藩属国(兼置羁縻府州),由西川节度使兼任,两使常常合并称呼"统押近界诸羌蛮、西山八国使"。

在黔中道,驻黔州的"押蕃使"曰"押领牂牁昆明等使",由黔中观察使兼任。

岭南道未设押藩使,是因为统领羁縻州的桂管和邕管的方镇叫"经略使",本身就带有经略边疆民族地区的任务,与一般节度使不同。

《唐会要》卷24所载《诸蕃使次第入朝敕》,将"诸蕃使"和"都府"都列为羁縻州的管理单位,故押蕃使并非在所有地区和所有职能上都取代了都护府、都督府[②]。不仅西南的茂州、戎州等边州都督府,西北的西州地区也一直没有

[①] 黎虎:《唐代的押蕃使》,《文史》第五十九辑,中华书局,2002年。
[②] 苏航:《唐代北方内附蕃部研究》,第87—89页。

押蕃使的设置,其地蕃部仍然由西州都督府管理①。

关于押蕃使的设置与作用,关注者不多,往往为研究唐史者所忽视,所以在此不得不补充一下。

为便于读者对唐代前后期羁縻政区类型与管理层级的全面理解,笔者制作了示意图,如下两图所示(点划线表示准政区,虚线表示地理区):

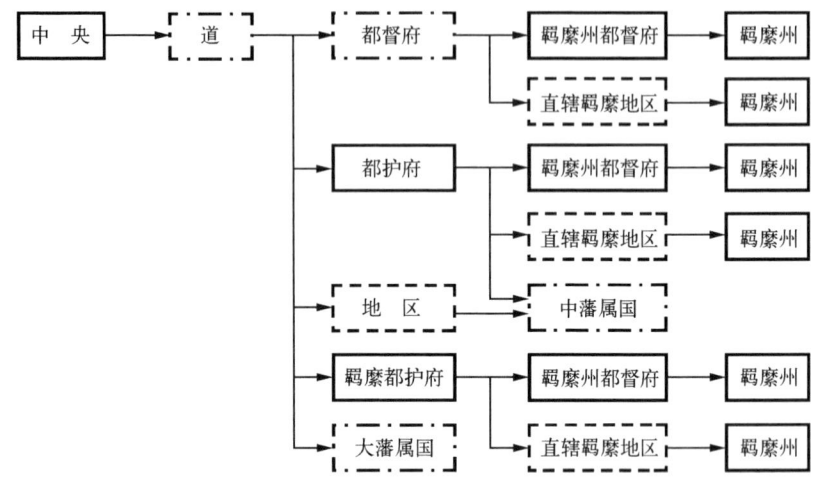

唐前期羁縻政区的类型与管理层级示意图

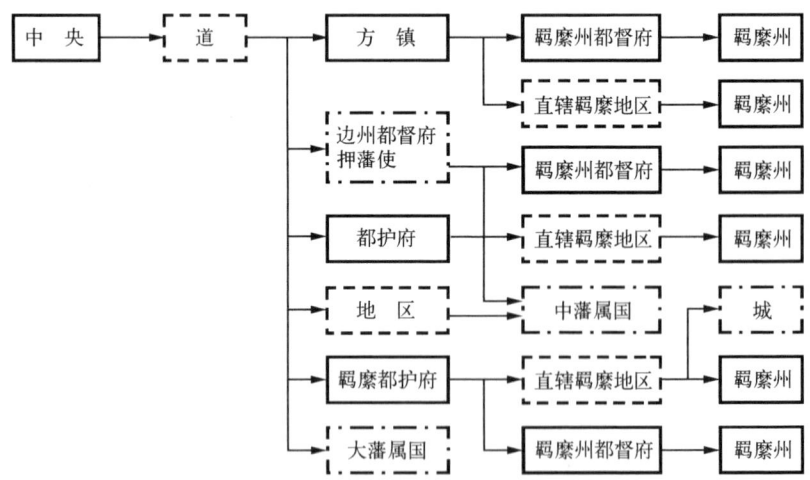

唐后期羁縻政区的类型与管理层级示意图

---

① 参详[日]村井恭子:《押蕃使の设置について》,《东洋学报》第84卷第4号,第32—34页表。

第一章　关内道羁縻地区

关内道(629—810,836—883)

贞观三年(629),薛延陀国来附,为藩属国。四年,置灵、夏、胜三州都督府羁縻地区。六年,置原州都督府羁縻地区。十三年,罢夏州都督府羁縻地区,关内道有原、灵、胜三州都督府羁縻地区及藩属薛延陀国。十九年,罢胜州都督府羁縻地区。二十年,复置胜州都督府羁縻地区。二十一年,以藩属薛延陀国置燕然都护府羁縻地区。二十三年,置丰州都督府羁縻地区,罢原州都督府羁縻地区。

永徽元年(650),置前瀚海都护府羁縻地区,罢丰、胜二州都督府羁縻地区。龙朔三年(663),改燕然都护府为后瀚海都护府,前瀚海都护府为云中都护府。麟德元年(664),改云中都护府为单于都护府。二年,复置丰州都督府羁縻地区。总章二年(669),改后瀚海都护府为安北都护府。咸亨三年(672),置庆州都督府羁縻地区。仪凤中,复置夏州都督府羁縻地区。垂拱二年(686),罢单于都护府。四年,改安北都护府为行安北都护府。

武周长寿二年(693),罢行安北都护府羁縻地区。长安四年(704),关内道有庆、灵、夏、丰四州都督府羁縻地区。

唐景龙二年(708),安北都护府羁縻地区自陇右道来属。开元二年(714),置延州都督府羁縻地区。十年,复罢丰州都督府羁縻地区。二十二年,复置原州都督府羁縻地区。

天宝元年(742),改延州都督府为延安郡都督府,庆州都督府为安化郡都督府,原州都督府为平凉郡都督府,灵州都督府为灵武郡都督府,夏州都督府为朔方郡都督府。六载,罢安北都护府羁縻地区。十三载,关内道有延安、安化、平凉、灵武、朔方五郡都督府羁縻地区(参见前文图2、图3)。至德元载(756),改安化郡都督府为顺化郡都督府,罢平凉郡都督府直辖羁縻地区。二载,置怀德郡都督府羁縻地区。

乾元元年(758),复延安郡都督府为延州都督府,顺化郡都督府为庆州都督府,灵武郡都督府为灵州都督府,朔方郡都督府为夏州都督府,罢怀德郡都督府羁縻地区。二年,庆州都督府羁縻地区归邠宁管内统押诸蕃部落使。广德二年(764),罢邠宁管内统押诸蕃部落使羁縻地区。永泰元年(765),灵州都督府羁縻地区归朔方管内统押诸蕃部落使,置盐州都督府羁縻地区。贞元二年(786),罢盐州都督府羁縻地区。三年,夏州都督府羁縻地区归夏绥银管内统押诸蕃部落使。十四年,罢延州都督府羁縻地区。元和五年(810),罢朔方管内统押诸蕃部落使。十五年,关内道有夏绥银管内统押诸蕃部落使羁縻地区。

开成元年(836),置天德军等处管内统押诸蕃部落使羁縻地区。会昌三年(843),天德军等处管内统押诸蕃部落使羁縻地区归振武麟胜等军州管内统押诸蕃部落使。咸通十年(869),振武麟胜等军州管内统押诸蕃部落使羁縻地区归渭北鄜坊节度使。十四年,关内道有渭北鄜坊节度使、夏绥银管内统押诸藩部落使二羁縻地区。

乾符元年(874),渭北鄜坊节度使羁縻地区归振武麟胜等军州管内统押诸蕃部落使。中和三年(883),振武麟胜等军州管内统押诸蕃部落使羁縻地区归河东道大同军都防御使。

第一节 延安郡(延州)都督府所领

延州都督府(714—742)—延安郡都督府(742—758)—延州都督府(758—798)—渭北鄜坊节度使(869—877)

开元二年(714),延州都督府置直辖羁縻地区。

天宝元年(742),改延州为延安郡都督府。十三载,延安郡都督府有一直辖羁縻地区。

乾元元年(758),复延安郡都督府为延州都督府。

贞元十四年(798),罢直辖羁縻地区。

咸通十年(869),河东道河东节度使羁縻阴山州都督府徙居关内道鄜州[①],隶渭北鄜坊节度使。十四年,渭北鄜坊节度使领羁縻阴山州都督府。

乾符元年(874),羁縻阴山州都督府徙居振武军,隶振武麟胜等军州统押诸蕃部落使。

---

① 《新唐书》卷218《沙陀传》:"(庞)勋平,进大同军节度使,赐姓李,名国昌。……回鹘叩榆林,扰灵、盐,诏国昌为鄜延节度使。"

直辖羁縻地区

直辖羁縻地区(714—798)—**羁縻阴山州都督府**(869—874)

开元二年,割夏州都督府羁縻浑、宽二州为延州都督府直辖羁縻地区。

天宝元年,改为延安郡直辖羁縻地区。十三载,延安郡都督府直辖羁縻浑、宽二州。

乾元元年,复为延州都督府直辖羁縻地区。贞元十四年,罢羁縻浑、宽二州①。

咸通十年,羁縻阴山州都督府及羁縻阴山州自河东道河东节度使徙居于此,隶渭北鄜坊节度使。十四年,羁縻阴山州都督府领羁縻阴山、□□二州。

乾符元年,徙居振武军,隶振武麟胜等军州管内统押诸蕃部落使。

1. **羁縻浑州**(678—798)

仪凤三年(678),置羁縻浑州于延州都督府延州金明县西境,治阁门府(今陕西安塞县招安镇)②,处内附吐谷浑部落,直属夏州都督府③。圣历二年(699),割隶羁縻归德州都督府。开元二年,直属夏州都督府。是年,直属延州都督府。贞元十四年,州废。

2. **羁縻宽州**(678—798)

仪凤三年,置羁縻宽州于延州都督府绥州绥德县南境,处内附诸羌部落,治石城(今陕西清涧县城宽洲镇)④,直属夏州都督府。圣历二年,割隶羁縻归

---

① 史志不载羁縻浑、宽二州下限。按安史乱后延州都督府存而未废,当因有羁縻浑、宽二州之故。《唐故相州临河县尉张府君(游艺)墓志铭并序》(载《全唐文补遗》第六辑)云,贞元十八年有"前延州都督"张延诚,知延州都督府罢于此前。而贞元十四年,唐廷命慕容复为羁縻长乐州都督,推测是年徙羁縻浑、宽二州部民以实羁縻长乐州。
② 《太平寰宇记》延州金明县:"浑州川水,在县西二十里。"
③ 《旧唐志》作"延州节度使",《新唐志》系于延州都督府。按延州仅于武德、贞观之际及开元四年置都督府,于中和三年后始置节度使,则仪凤三年浑州初置时不得隶延州都督府或延州节度使,今以其地理位置观之,当属夏州都督府。又,唐末节度使亦不领羁縻州,而由其所兼之押蕃使统领,延州节度使不兼押蕃使,故《旧唐志》所谓"延州节度使",当系"延州都督府"之误。
④ 吕建福《土族史》第131页云:"诺曷钵四十三年(唐仪凤三年),唐军进击西吐浑,为钦陵所败,遂有不少吐浑部落自凉州东徙延、绥之地,唐为之设两个羁縻州,即浑州和宽州。宽州,在宽川流域,今吐延水。"第166页云:"绥州西南境置有宽州,治石城,在绥德县(今秀河北)东30里,其部落则主要分布于吐延水流域,因名吐延水为宽州川。"行文似有据,然未注出处。按明唐顺之《武编》后集卷2:"种世衡为鄜州从事,夏戎犯延安,世衡建言:'延安东北二百里有故宽州,请因其废垒而兴之。'……既而朝廷署故宽州为青涧城。"或即吕氏所据欤! 青涧县城旧名秀延镇,今名宽洲镇。遗址又详《中国文物地图集·陕西分册》下册第694页。

德州都督府。开元二年,直属夏州都督府。是年,直属延州都督府。贞元十四年,州废。

附新州1:羁縻阴山州(869—874)

咸通十年,羁縻阴山州自河东道徙居于鄜州,仍隶羁縻阴山州都督府,为府治。乾符元年,徙居振武军。

附新州2:羁縻□□州(869—874)

咸通十年,羁縻□□州自河东道徙居于鄜州,仍隶羁縻阴山州都督府。乾符元年,徙居振武军。

第二节 安化郡(庆州)都督府所领

庆州都督府(716—742)—安化郡都督府(742—756)—顺化郡都督府(756—758)—邠宁管内统押诸蕃部落使(759—764)

开元四年(716),割原州都督府羁縻前芳池、安定、前安化三州都督府为庆州都督府羁縻地区。

天宝元年(742),改庆州都督府为安化郡都督府。十三载,安化郡都督府领羁縻前芳池、安定、前安化三州都督府。至德元载(756),改安化郡都督府为顺化郡都督府,羁縻安定州都督府为羁縻前宜定州都督府。

乾元元年(758),复顺化郡都督府为庆州都督府。二年,置邠宁管内统押诸蕃部落使以代庆州都督府之职①。广德二年(764)诸羌叛附吐蕃,罢羁縻芳池、宜定、安化三州都督府及邠宁管内统押诸蕃部落使②。

(一)羁縻前芳池州都督府
羁縻前芳池州都督府(677—758)

仪凤二年,析庆州地置羁縻前芳池、宁静、林、㹎、玉、濮、位、尹、宝、长十

---

① 《唐故邠宁庆……都督庆州诸军事行庆州刺史兼押蕃落使……吴府君(令俊)墓志铭》(载《全唐文补遗》第七辑)云墓主于朔方节度使李公(光弼)时在任押蕃落使,以此推之,当是乾元二年置邠宁节度使时并置押蕃落使。
② 宝应二年(广德元年)吐蕃进陷陇右,及于泾原,"邠州以北,皆为左衽矣"(《资治通鉴》),则延庆、同川、马岭、方渠、怀安五县之废,当与庆州北部前芳、前宜定、前安化三府党项羌叛附吐蕃有关。

州并置羁縻芳池州都督府,处陇右、剑南道内徙诸羌,隶原州都督府①。

武周长安四年,羁縻芳池州都督府领羁縻前芳池、宁静、林、玁、玉、濮、位、尹、宝、长十州。

唐开元四年,割隶庆州都督府。

天宝元年,隶安化郡都督府。十三载,羁縻芳池州都督府领羁縻前芳池、宁静、林、玁、玉、濮、位、尹、宝、长十州。至德元载,隶顺化郡都督府。

乾元元年,复隶庆州都督府,羁縻林、玁、濮、玉、宁静五州叛废②。广德二年,余州叛附吐蕃。

1. **羁縻前芳池州**(677—764)

仪凤二年,析庆州白马县地置羁縻前芳池州③,以处内徙党项羌野利部落,治芳池城(今甘肃华池县城柔远镇),并置羁縻前芳池州都督府。

2. **羁縻林州**(677—758)

仪凤二年,析庆州白马县地置羁縻林州(今华池县城壕乡定汉村)④,以处内徙党项羌野利部落,隶羁縻前芳池州都督府。

3. **羁縻宁静州**(677—758)

仪凤二年,析庆州白马县地置羁縻宁静州⑤(今华池县山庄乡),以处内附党项羌野利部落,隶羁縻前芳池州都督府。

4. **羁縻玁州**⑥(677—758)

仪凤二年,析庆州白马县地置羁縻种州(今华池县悦乐镇温台村?),以处内徙党项羌野利部落,隶羁縻前芳池州都督府。

5. **羁縻玉州**⑦(677—758)

本陇右道鄯州都督府羁縻州,仪凤二年,内徙庆州白马县境(今华池县上里塬乡),仍处党项羌野利部落,隶羁縻前芳池州都督府。

---

① 两《唐志》载芳池州羁縻都督府隶庆州都督府。按庆州都督府乃开元四年分原州都督府置,此前芳池州羁縻都督府当隶原州都督府。
② 《册府元龟》卷987《外臣部》:"乾元元年九月,招讨党项使王仲升斩党项首领柘拔戎德等十人,传首阙下。"十人盖党项羁縻州首领。
③ 《旧唐书》言池府诸州"寄在庆州怀安县界",按怀安县开元年间析白马县置,《旧唐志》乃以新地述旧事。
④ 此羁縻林州盖取故林州为名,定汉村旧为乡,距故林州最近,故定于此。
⑤ 《旧唐志》分作宁、静二州,今依《新唐志》。
⑥ 《新唐志》作"种州",今依《旧唐志》庆州。
⑦ 《旧唐志》庆州作"王州",今依《新唐志》。

6. 羁縻濮州(677—758)

仪凤二年,析庆州白马县地置羁縻濮州(今华池县五蛟乡李良子村?),以处内徙党项羌野利部落,隶羁縻前芳池州都督府。广德二年,归吐蕃。

7. 羁縻位州(677—758)

本陇右道鄯州都督府羁縻州,仪凤二年,内徙庆州白马县境(今环县樊家川乡),仍处党项羌野利部落,隶羁縻前芳池州都督府。

8. 羁縻尹州(677—758)

仪凤二年,析庆州白马县地置羁縻尹州(今华池县白马乡?),以处内徙党项羌野利部落,隶羁縻前芳池州都督府。

9. 羁縻宝州(677—758)

本剑南道翼州都督府羁縻州,仪凤二年,内徙庆州马岭县境(今甘肃环县八珠乡?),仍处诸羌部落,隶羁縻前芳池州都督府。

10. 羁縻长州(677—758)

仪凤二年,析庆州马岭县地置羁縻长州(今华池县乔川乡?),以处内徙党项羌野利部落,隶羁縻前芳池州都督府。

(二)羁縻安定州都督府

羁縻安定州都督府(677—756)—羁縻宜定州都督府(756—758)

仪凤二年,析庆州地置羁縻安定、党、桥、乌、西戎、野利、米、还八州并置羁縻安定州都督府,处陇右道内徙诸羌,隶原州都督府①。

武周长安四年,羁縻安定州都督府领羁縻安定、党、桥、乌、西戎、野利、米、还八州。

唐开元四年,割隶庆州都督府。

天宝元年,隶安化郡都督府。十三载,羁縻安定州都督府领羁縻安定、党、桥、乌、西戎、野利、米、还八州。至德元载,改羁縻安定州为羁縻前宜定州,羁縻安定州都督府为羁縻前宜定州都督府,隶顺化郡都督府。

乾元元年,羁縻府州并罢。

1. 羁縻安定州(677—758)—羁縻前宜定州(756—764)

仪凤二年,析庆州马岭县地置羁縻安定州,以处内徙党项羌折磨布落②,

---

① 两《唐志》载安定州羁縻都督府隶庆州都督府。按庆州都督府乃开元四年分原州都督府置,此前安定州羁縻都督府当隶原州都督府。
② 《新唐书》卷211《党项传》有宜定州刺史折磨布落。

治安定城(今环县洪德镇)①,并置羁縻安定州都督府。至德元载,改为羁縻前宜定州,隶羁縻前宜定州都督府。

2. **羁縻党州**(677—758)

仪凤二年,析庆州马岭县地置羁縻党州(今定边县张崾崄镇左崾崄村),以处内徙党项羌拓拔部落②,隶羁縻安定州都督府。至德二载,隶羁縻前宜定州都督府。

3. **羁縻桥州**(677—758)

本陇右道鄯州都督府羁縻州,仪凤二年,内徙庆州马岭县境(今环县南湫乡?),仍处内徙党项羌野利部落,隶羁縻安定州都督府。至德二载,隶羁縻前宜定州都督府。

4. **羁縻乌州**(677—758)

仪凤二年,析庆州马岭县地置羁縻乌州(今定边县樊学乡?),以处内徙党项羌拓拔部落,隶羁縻安定州都督府。至德元载,隶羁縻前宜定州都督府。

5. **羁縻西戎州**(677—758)

仪凤二年,析庆州马岭县地置羁縻西戎州(今定边县姬塬镇刘峁塬村?),以处内徙党项羌拓拔部落,隶羁縻安定州都督府。至德元载,隶羁縻前宜定州都督府。

6. **羁縻野利州**(677—758)

仪凤二年,析庆州马岭县地置羁縻野利州(今环县小南沟乡?),以处内徙党项羌野利部落,隶羁縻安定州都督府。至德元载,隶羁縻前宜定州都督府。广德二年,归吐蕃。

7. **羁縻米州**(677—758)

仪凤二年,析庆州洛源县地置羁縻米州(今环县耿湾乡),以处内徙党项羌米禽部落,隶羁縻安定州都督府。至德元载,隶羁縻前宜定州都督府。

---

① 史志不载安定州羁縻都督府具体地望。《地图集》标于庆州城一带,按其地为近畿汉人农耕区,似不得为安置党项之地。《旧唐书》卷198《党项传》云:庆州党项"自至德已后,常为吐蕃所诱,密以官告授之,使为侦道,故时或侵叛"。《资治通鉴》乾元元年九月胡注:"至德以来,中国乱,党项因寇邠、宁二州。"而永泰东迁党项即有庆州芳池、宜定(即安定)二部,芳池旧在白马北境,则安定旧在方渠北境,故得与吐蕃相结。
② 《新唐书》卷211《党项传》:"先是,庆州有破丑氏族三、野利氏族五、把利氏族一,与吐蕃姻援,赞普悉王之。"按庆州境旧置党项羁縻安化、芳池、宜定三州都督府,其中野利氏主要在芳池,今拟把利氏主要在宜定府,有党、还二州。

8. 羁縻还州(677—758)

仪凤二年,析庆州洛源县地置羁縻还州(今环县罗山川乡),以处内徙党项羌把利部落,隶羁縻安定州都督府。至德元载,隶羁縻前宜定州都督府。

(三) 羁縻前安化州都督府
羁縻前安化州都督府(677—758)

仪凤二年,析庆州地置羁縻前安化、永和、威、旭、莫、西沧、琮七州,并置羁縻前安化州都督府,处陇右道内徙诸羌,隶原州都督府①。

武周长安四年,羁縻前安化州都督府领羁縻前安化、永和、威、旭、莫、西沧、琮七州。

唐开元二年,置羁縻儒州。四年,割隶庆州都督府。

天宝元年,隶安化郡都督府。十三载,羁縻前安化州都督府领羁縻前安化、永和、威、旭、莫、西沧、琮、儒八州。至德元载,隶顺化郡都督府。

乾元元年,复隶庆州都督府,威、西沧、琮、儒等州叛废②。广德二年,余州叛附吐蕃。

1. 羁縻前安化州(677—758)

仪凤二年,析庆州马岭县地置羁縻前安化州,以处内徙党项羌破丑部落③,治安化城(今环县毛井乡?),并置羁縻安化州都督府。

2. 羁縻永和州(677—758)

仪凤二年,析庆州马岭县地置羁縻永和州④(今环县虎洞乡),以处内徙党项羌破丑部落,隶羁縻安化州都督府。

3. 羁縻威州(677—758)

仪凤二年,析庆州马岭县地置羁縻威州(今甘肃镇原县殷家城乡),以处内徙党项羌破丑部落,隶羁縻安化州都督府。

---

① 两《唐志》载安化州羁縻都督府隶庆州都督府。按庆州都督府乃开元四年分原州都督府置,此前安化州羁縻都督府当隶原州都督府。
② 参详"羁縻前芳池州都督府"条注。拓拔戎德疑是羁縻儒州首领。
③ 《新唐书》卷211《党项传》:"先是,庆州有破丑族三、野利氏族五、把利氏族一,与吐蕃姻援,赞普悉王之。"按庆州境旧置党项羁縻安化、芳池、宜定三州都督府,其中野利氏主要在芳池,今拟破丑氏主要在安化,有安化、永和、威、琮四州。
④ 《旧唐志》、《太平寰宇记》作"永利州",今依《新唐志》。

4. **羁縻旭州**(677—758)

仪凤二年,析庆州马岭县地置羁縻旭州(今环县车道乡?),以处内徙党项羌拓拔部落,隶羁縻安化州都督府。

5. **羁縻莫州**(677—758)

仪凤二年,析庆州马岭县地置羁縻莫州(今环县合道乡何坪村?),以处内徙党项羌拓拔部落,隶羁縻安化州都督府。

6. **羁縻西沧州**(677—758)

仪凤二年,析庆州马岭县地置羁縻西沧州(今环县演武乡?),以处内徙党项羌拓拔部落,隶羁縻安化州都督府。

7. **羁縻琮州**(677—758)

仪凤二年,析庆州马岭县地置羁縻琮州(今环县芦家湾乡?),以处内徙党项羌破丑部落,隶羁縻安化州都督府。

8. **羁縻儒州**(714—758)

开元二年[①],析庆州马岭县地置羁縻儒州(今环县天池乡吴城子),以处内徙党项羌拓拔部落,隶羁縻安化州都督府。

第三节 平凉郡(原州)都督府所领

原州都督府(632—649,672—742)—平凉郡都督府(742—756)

贞观六年(632),原州都督府置直辖羁縻地区。二十三年,罢直辖羁縻地区。

咸亨三年(672),复置直辖羁縻地区。仪凤二年(677),置羁縻前芳池、安定、前安化三州都督府[②]。永隆元年,罢直辖羁縻地区。

武周长安四年(704),原州都督府领羁縻前芳池、安定、前安化三州都督府。

---

① 详参上编第十五章《陇右道》第一节"西平郡都督府"安乡郡河州附儒州。
② 李筌《太白阴经》卷3于关内道列有"党项十四州",汤开建《唐李筌〈太白阴经·关塞四夷篇〉西北诸道部族考证》(载《唐宋元间西北史地丛稿》)以为即灵州都督府下的清塞、归德、兰池、芳池、相兴、永平、旭定、清宁、忠顺、宁保、静塞、万吉、乐容、静边十四党项羁縻州。然据本章第四节"灵武郡(灵州都督府)所领"序注考证,此十四州除兰池州(实为粟特羁縻州)外,均系永泰元年郭子仪表置,而李筌所记为安史之乱以前情形,汤说非是。疑此"十四州"为"二十四州"之脱误,指仪凤元年于原州都督府境内以内附党项所置羁縻芳池州都督府九州、羁縻安定州都督府八州、羁縻安化州都督府七州(参见本章第二节"安化郡都督府所领")。

唐开元二年(714),复置直辖羁縻地区。四年,割羁縻前芳池、安定、前安化三州都督府隶庆州都督府。

天宝元年(742),改为平凉郡都督府直辖羁縻地区。十三载,平凉郡都督府有一直辖羁縻地区。

至德元载(756),罢都督府及直辖羁縻地区。

直辖羁縻地区

直辖羁縻地区(632—649,672—680,714—756)—羁縻长乐州都督府(765—799)

贞观六年,原州都督府置羁縻缘州,为直辖羁縻地区。十三年,原州都督府仍直辖羁縻缘州。二十三年,废羁縻缘州,罢直辖羁縻地区。

咸亨三年,原州都督府置羁縻静边州,为直辖羁縻地区。仪凤二年,羁縻静边州徙隶夏州都督府;置羁縻归德州。永隆元年,割羁縻归德州隶羁縻前乐容州都督府,罢直辖羁縻地区。

开元二十二年,割灵州都督府直辖羁縻安乐州来属[1]。

天宝元年,改为平凉郡都督府直辖羁縻地区。十三载,平凉郡都督府直辖羁縻安乐、相兴二州。至德元载,羁縻安乐、相兴二州直属灵武郡都督府[2],罢直辖羁縻地区。

永泰元年,置羁縻长乐州都督府及羁縻长乐、宁朔二州[3],隶朔方管内统押诸蕃部落使。大历二年,长乐州城为吐蕃所破,羁縻都督府及羁縻长乐州移治灵州城,羁縻宁朔州改隶羁縻前宁朔州都督府。贞元十五年,罢羁縻长乐州都督府及羁縻长乐州[4]。

---

[1] 《新唐表》:"(开元二十二年)安乐二州隶原州。"《资治通鉴》乾元二年六月胡注:"(开元二十二年)以安乐、长乐二州隶原州。"鲁人勇《宁夏历史地理考》第98页证明未陷吐蕃前安乐、长乐二州同在一地,"以此看来似为一州两名"。此说甚是。其为两名,当是至德二载避安氏名姓改安乐为长乐。其后文献称此前之安乐州者,亦杂用长乐之名,而称此后之长乐州者,又杂用安乐之名,故后世往往误析为二州。

[2] 据《命郭子仪充诸道兵马都统诏》(载《全唐文》卷34),至德二载五月,肃宗至灵武称帝,安乐州刺史慕容兆率部拱卫,兼御史中丞,则安乐州当初隶灵武都督府。

[3] 《旧唐书》卷198《吐谷浑传》:"贞元十四年十二月,以朔方节度副使、左金吾大将军同正慕容复为袭长乐州都督、青海国王、乌地也拔勒豆可汗。"按此云"袭长乐州都督",则至少其前任已带都督,然永泰元年以前,文献及文物均表明青海国王仅带安乐(长乐)州刺史,无"都督"二字,故可知置长乐州都督府大约与永泰元年移乐容州羁縻都督府于银、夏之境有关。

[4] 《旧唐书》卷198《吐谷浑传》:"贞元十四年十二月,以慕容复为袭长乐州都督、青海国王、乌地也拔勒豆可汗。未几卒,其封袭遂绝。"今定其卒年为贞元十五年。

羁縻安乐州(672—757)—羁縻长乐州(757—764,765—799)

咸亨三年(672),析灵州鸣沙县地置羁縻安乐州,以处内徙吐谷浑慕容诺曷钵(原藩属青海国王)部落,治安乐城(今宁夏同心县韦州镇红城水古城)①,直属灵州都督府。开元二十二年,直属原州都督府②。天宝元年,直属平凉郡都督府。至德元载,直属灵武郡都督府。二载,改为羁縻长乐州③。广德二年(764),没于吐蕃④。永泰元年(765),取吐蕃地复置羁縻长乐州,仍治长乐城(今同心县韦州镇红城水古城),置羁縻长乐州都督府。大历二年⑤(767),为吐蕃所破,寄治灵州城。贞元十五年(799),罢羁縻都督府,羁縻长乐州亦废。

附旧州:**羁縻缘州(632—649)**

贞观六年,析原州平高县地置羁縻缘州⑥,治他楼城(今海原县高崖乡红古村古城)⑦,以处徙自会州的内附突厥达度阙设部落,直属原州都督府。二十三年,改为他楼县,隶原州。

第四节 灵武郡(灵州)都督府所领

灵州都督府(630—742)—灵武郡都督府(742—758)—灵州都督府(758—765)—朔方管内统押诸蕃部落使(765—810)

贞观四年(630),灵州都督府置羁縻丰州都督府及直辖羁縻地区。十一

---

① 鲁人勇等:《宁夏历史地理考》,第94页。周伟洲《吐谷浑资料辑录》第107页以为在宁夏中卫县鸣沙乡(按今中卫市无鸣沙乡,唯中宁县有鸣沙镇),与长乐州为两地,不取。
② 《新唐表》。
③ 至德二载,以避安氏名姓,全国"安"字州县皆改名,安乐州亦不例外。同心县韦州镇发现的唐慕容威墓志虽称墓主在至德以前已任"长乐州游奕副使",但墓志撰于乾元中,当系以新州名称旧职,不能证明至德以前就有长乐州之名。
④ 《新唐志》:"威州,本安乐州,至德后没吐蕃。"《唐会要》卷70:"安乐州,至德中没吐蕃。"周伟洲《吐谷浑史》(广西师范大学出版社,2006年)第242页作至德三年后,吕建福《土族史》(中国社会科学出版社,2002年)第135页作大历二年。按同心县韦州镇发现有乾元元年十月慕容威墓志,称墓主乾元元年正月终于长乐州私第,则长乐州乾元元年仍为唐有,疑《唐会要》、《新唐志》之"至德"为"广德"之误,广德二年,唐朔方节度使仆固怀恩叛,自灵州引回纥、吐蕃入寇邠州,长乐州当陷于此时。
⑤ 关于安乐州故地陷于吐蕃的时间,《新唐志》但云"至德后没吐蕃",《资治通鉴》后晋天福五年胡注引宋白语云:"圣历后,吐蕃陷安乐州。"按同心县韦州镇发现有乾元间长乐州游奕副使慕容威墓,则长乐州没蕃时间尚在乾元后,宋白所谓"圣历",当系"大历"之误。大历二年,吐蕃数万众围灵州,游骑至于泾、邠,自是连年围攻灵州之兵不解,故长乐州之没,当以是年最有可能。
⑥ 徐坚《初学记》卷8所载《括地志·序略》误作"家州",考详郭声波《唐贞观十三年政区考辨——兼与贺次君先生商榷》,《中国历史地理论丛》1988年第2期。又,《州郡典》云他楼县贞观六年置,实缘州始置之年,详参上编第二章《关内道》第四节"平凉郡都督府"平凉郡原州萧关县注。
⑦ 参详上编第二章《关内道》第四节"平凉郡都督府"平凉郡原州萧关县注。

年,罢羁縻丰州都督府。十三年,灵州都督府领一直辖羁縻地区。

永隆元年(680),置羁縻乐容州都督府。

武周长安四年(704),灵州都督府领一直辖羁縻地区及羁縻乐容州都督府。

唐神龙三年(707),置羁縻兰池州都督府。开元十年(722),罢羁縻兰池州都督府。

天宝元年(742),改灵州都督府为灵武郡都督府。十三载,灵武郡都督府领羁縻乐容州都督府及一直辖羁縻地区。

乾元元年(758),复灵武郡都督府为灵州都督府。广德二年(764),羁縻乐容州都督府没于吐蕃。永泰元年(765),置朔方管内统押诸蕃部落使以代灵州都督府之职①,置羁縻长乐州都督府。大历二年(767),罢直辖羁縻地区。贞元十二年(796),夏绥银管内统押诸蕃部落使羁縻永平、旭定、清宁、忠顺、宁保、静塞、万吉七州都督府移居盐州境,来属②。十五年,罢羁縻长乐州都督府。十七年,夏绥银管内统押诸蕃部落使静边、后乐容、后安化、相兴、后宜定、后芳池六州都督府移居盐州境,来属③。元和三年(808),置羁縻阴山州都督府。四年,割羁縻阴山州都督府隶河东道河东节度使。五年,罢羁縻静边、后乐容、后安化、相兴、后宜定、后芳池、永平、旭定、清宁、宁保、忠顺、静塞、万吉十三州都督府,地属盐州④。

(一) 直辖羁縻地区

直辖羁縻地区(630—767)

贞观四年,置羁縻维州,以为灵州都督府直辖羁縻地区。十三年,灵州都

---

① 《旧唐书》卷11《代宗纪》、卷122《路嗣恭传》。
② 《册府元龟》卷977:"元和五年五月,盐州奏:渭北党项拓拔公政等一十三府连状称:'管渭北押下帐幕牧放,今十五年余,在盐州界。'"则自贞元十二年起,党项羁縻府州已陆续移居盐州境,隶朔方管内统押诸蕃部落使。
③ 《旧唐书》卷196《吐蕃传》:"贞元十七年,吐蕃攻盐州,陷麟州,掠居民,驱党项部落而去。"同书《李勔传》:"贞元十七年,吐蕃陷麟州,驱掠民畜而去,至盐州西横槽烽,蕃将号徐舍人者,环集汉俘于呼延州……数千人,解缚而遣之。"可知自麟州西迁之六府党项,至盐州而止。
④ 《册府元龟》卷977:"元和五年五月,盐州奏:渭北党项拓拔公政等一十三府连状称:'……今准敕割属夏州,情愿依前在盐州为百姓。'"此十三府即朔方管内统押诸蕃部落使所领十三党项羁縻州都督府,此后十三府不见于史籍,当以是年"情愿为百姓"为标志,废十三府及其本州为部落。

督府直辖羁縻维州。二十二年①,置羁縻皋兰、祁连二州。二十三年,置羁縻高阙州。

永徽元年(650),废羁縻皋兰、高阙、祁连三州。三年,复置羁縻东皋兰、高阙二州。麟德二年(665),割羁縻高阙州隶丰州都督府。咸亨三年(672),置羁縻安乐、宁朔二州,仪凤二年(677),置羁縻归德州。调露元年②(679),置羁縻鲁、丽、含、塞、契、依六州③。

武周天授三年(692),置羁縻前朝、前吴、前浮、前西归四州④。长安四年,升羁縻维州为长州,羁縻契州为匡州,废羁縻鲁、含、依、丽、塞五州,灵州都督府直辖羁縻东皋兰、前朝、前吴、前浮、前西归、宁朔七州。

唐开元元年⑤,置羁縻烛龙、燕山、鸡田、鸡鹿、燕然五州。十年,以废羁縻兰池州都督府之羁縻鲁、丽、契三州来属。十一年⑥,废羁縻鲁、丽、契三州。二十二年,割羁縻安乐州隶原州都督府。

天宝元年,改为灵武郡直辖羁縻地区。其后,割羁縻前朝、前吴、前浮、前西归四州隶夏州都督府羁縻静边州都督府。十三载,灵武郡都督府直辖羁縻烛龙、燕山、东皋兰、鸡田、鸡鹿、燕然、宁朔七州。至德元载,以废平凉郡都督府之羁縻安乐州来属。二载,改羁縻安乐州为羁縻长乐州。

---

① 二十二年,《旧唐志》、四库本《唐会要》卷 73 灵州都督府作二十年,四库本《唐会要》安北都护府、上海古籍出版社点校本《唐会要》灵州都督府作"二十三年",今依上海本《唐会要》安北都护、《新唐志》、《资治通鉴》。按皋兰、祁连二州是以来降突厥沙钵罗叶护诸部落设置,据《旧唐书·太宗纪》、《册府元龟》卷 170、卷 977,沙钵罗叶护贞观二十二年二月归附,可证。《资治通鉴》贞观二十二年二月:"以阿史德时健俟斤部落置祈连州,隶营州都督。""营州都督"当系"灵州都督"之误。
② 《太平寰宇记》作"永徽中",今依《元和志》、《唐会要》、两《唐书》。有人据洛阳南郊出土之《唐故陆胡州大首领安君墓志铭》认为,墓主安菩卒于麟德元年,表明此前已置六胡州。按该墓系神龙初安菩夫妇合葬,墓志铭所谓"六胡州",不排除其为撰志者以调露后之粟特部族称呼追系于安菩,即安菩生前所领粟特部落未必有"六胡州"之名。刘统《唐代羁縻府州研究》第 65 页以为永徽中已有六胡州,调露元年以唐人为刺史,转为正州,即"把六个小羁縻州合为一个正州,以唐人刺史总领,下边仍由部落首领担任六个羁縻州刺史",正州的名字即"六胡州",后置兰池都督府,表明又复降为羁縻州,与党项部落合并。按唐代无以正州领羁縻州者,故笔者亦不取此说。
③ 此六州俗称"六胡州",当为羁縻州,然亦有参用唐人为刺史者,非常制。荣新江《中古中国与外来文明》(三联书店,2001 年)第 93 页云:"位于灵州南境的六胡州,则是有明确记载的唐朝专门安置粟特胡人的六个羁縻州。"今从之。
④ 两《唐书·党项传》、《唐会要》卷 98:"天授三年内附,凡二十万口,分其地置朝、吴、浮、归等十州,仍散居灵、夏等界内。"二十万口,平均每州多达二万人,按当时六徙党项羁縻州人口少者一二千,多不过万,故当依《资治通鉴》作"万余人";十州,《太平寰宇记》作一十一州,恐非。另六州即隶夏州都督府之羁縻铁、布、北夏、东夏、悦、达州。
⑤ 《旧唐志》作开元初,今依《新唐志》燕山州条及《唐会要》卷 73。王永兴《唐代经营西北研究》第 240 页则以为安置于灵州都督府境的铁勒九姓诸部与安置于河东道代州都督府境的九姓阿布思诸部皆在开元三年内附。
⑥ 《旧唐书》卷 8《玄宗纪》、《唐会要》、《新唐志》作"十年",今依《元和志》、《旧唐志》。

乾元元年,复为灵州都督府直辖羁縻地区。广德二年,羁縻长乐、宁朔二州没于吐蕃。永泰元年,改为朔方管内统押诸蕃部落使直辖羁縻地区,割羁縻宁朔州隶羁縻长乐州都督府。大历二年,废羁縻烛龙、燕山、东皋兰、鸡田、鸡鹿、燕然六州①。

1. 羁縻宁朔州(672—764)—羁縻前宁朔州(765—767)

咸亨三年,析灵州回乐县地置羁縻宁朔州(今盐池县惠安堡镇隰宁堡)②,以处内徙突厥别部③,直属灵州都督府。广德二年,没于吐蕃。永泰元年,置羁縻前宁朔州,治故宁朔城,改处吐谷浑部落,隶羁縻长乐州都督府④。大历二年,移治夏州境,隶羁縻前宁朔州都督府。

2. 羁縻前西归州(692—796)

天授三年,析灵州温池县地置羁縻西归州(今盐池县麻黄山乡)⑤,以处内附党项羌部落,直属灵州都督府。天宝中,隶羁縻静边州都督府。永泰元年,移治夏州朔方县境,割隶羁縻清宁州都督府。

3. 羁縻前浮州(692—796)

天授三年,析灵州温池县地置羁縻浮州(今盐池县大水坑镇?),以处内附党项羌部落,直属灵州都督府。天宝中,隶羁縻静边州都督府。永泰元年,移治夏州德静县境,割隶羁縻忠顺州都督府。

4. 羁縻前吴州(692—796)

天授三年,析灵州温池县地置羁縻吴州(今盐池县冯记沟乡?),以处内附党项羌部落,直属灵州都督府。天宝中,隶羁縻静边州都督府。永泰元年,移治夏州德静县境,割隶羁縻宁保州都督府。

---

① 史志不载其事。考《旧唐书》卷12《德宗纪》,大历间朔方节度使郭子仪始兼押诸蕃部落使,所押诸蕃部落当即原灵州都督府所领之羁縻州部落,且自大历二年起,吐蕃连发大军围攻灵州城,可知灵州外围藩篱已失,羁縻州当已罢废为羁縻部落。
② 依地理形势推定。
③ 据《新唐书》卷136《白元光传》及《左武卫将军白公(道生)神道碑》(载《文苑英华》卷908),突厥化鲜卑人白道生在开元以前任宁朔州刺史,可知庆府境之宁朔州本突厥羁縻州,治地依地理形势推测。
④ 《新唐志》云,吐谷浑宁朔州代宗时"来属"夏州都督府,可知系东迁而来,则先前已处吐谷浑部落,当是永泰元年与长乐州同时以东吐谷浑属国部众复置。《新唐志》夏州都督府吐谷浑羁縻州又言"宁朔州初隶乐容都督府,代宗时来属",按乐容都督府以诸卫置,不当领吐谷浑部落,此"乐容"当系"长乐"之误。
⑤ 介于灵、夏之间,依地理形势推定。

5. 羁縻前朝州(692—796)

天授三年,析灵州回乐县地置羁縻朝州(今灵武市马家滩镇)①,以处内附党项羌部落,直属灵州都督府。天宝中,隶羁縻静边州都督府。永泰元年,移治夏州朔方县境,割隶羁縻永平州都督府。

6. 羁縻烛龙州(713—767)

开元元年,析灵州温池县地羁縻烛龙州(今吴忠市红寺堡区新庄集乡新庄集?),以处内附铁勒掘罗勿部落②,直属灵州都督府。永泰元年,直属朔方管内统押诸蕃部落使。大历二年,州废。

7. 羁縻燕山州(713—767)

开元元年,析灵州温池县地置羁縻燕山州(今同心县河西镇纪家村?),以处内附铁勒回纥部落,直属灵州都督府。永泰元年,直属朔方管内统押诸蕃部落使。大历二年,州废。

8. 羁縻皋兰州(648—650)—羁縻东皋兰州(652—767)

贞观二十二年,析灵州鸣沙县地置羁縻皋兰州(今宁夏中卫市沙坡头区常乐镇红泉村)③,以处内附突厥阿史那部落,直属灵州都督府④。永徽元年,州废。三年,析灵州鸣沙县地置羁縻东皋兰州(今常乐镇红泉村),处铁勒浑部落⑤,直属灵州都督府。麟德二年,移治河北(今阿拉善左旗巴润别立镇麻黄湾)⑥。永泰元年,直属朔方管内统押诸蕃部落使。大历二年,州废。

---

① 介于灵、夏之间,依地理形势推定。
② 王永兴《新唐书地理志所载敕勒等羁縻州府与民族迁徙》(载《陈寅恪先生史学述论稿》)以为当作"敕勒",下同。
③ 黄恩锡《中卫县志》卷8《古迹考》云"东皋兰州在县东",今姑定于县南红泉乡。
④ 族属《旧唐志》作铁勒,盖与贞观二十一年以铁勒浑部所置之漠北皋兰州(后改西皋兰州)相混,今依《唐会要》卷73、《新唐志》。段连勤《丁零、高车与铁勒》第419页以为贞观二十年灵州羁縻部落即故皋兰等三州部民,其原居地在今中卫市黄河南,今姑定于新庄集村,旧皆为乡。
⑤ 《唐会要》卷73、《旧唐志》六(东)皋兰州开元元年置,按《旧唐书》卷185《崔知温传》云:麟德中,灵州界有浑、斛薛部落万余帐,知温奏徙之于"河北"。可知贞观末灵州所置皋兰州永徽初虽废,而该浑部落仍留居灵州河南地,职此之故,始有麟德中徙居河北之举。永徽三年,漠北浑州虽建皋兰州,而众亦有南徙者,乃分置东、西皋兰二州以处之,罢漠北之羁縻皋兰州都督府。《新唐志》言"后罢都督,又分东、西州,永徽三年皆废,后复置东皋兰州,侨治鸣沙",语意较含混,永徽三年所废者,实只皋兰州都督府,州则未废。
⑥ 出土于青铜峡市西北莲湖农场九队的《大唐左屯卫将军皋兰州都督浑公夫人契苾氏墓志铭》(载《全唐文补遗》第七辑)云,契苾氏神龙二年终于其夫(西)皋兰州官舍,景云二年迁祔于浑氏贺兰山南原之先茔,即麟德东皋兰州。其地"长河界其南,崇峰(贺兰山)峙其北",故定州治于莲湖农场西北相邻之巴润别立镇麻黄湾(旧属厢根达来苏木)。丁元林等《唐皋兰州都督浑公夫人墓志考略》(载《文物世界》2011年第1期)以为墓地是贺兰州契苾氏先茔,误。

附旧州 1：羁縻高阙州(649—650,652—665)

贞观二十三年,析灵州鸣沙县地置羁縻高阙州①(今中卫市沙坡头区香山乡),以处内附铁勒斛薛部落,直属灵州都督府。永徽元年,州废。三年,复置,仍处铁勒斛薛部落②,直属灵州都督府。麟德二年,移治丰州境(今磴口县境),改隶丰州都督府。

附旧州 2：羁縻祁连州(648—650)

贞观二十二年,析灵州鸣沙县地置羁縻祁连州(今中卫市沙坡头区香山乡染水园村?),以处突厥阿史德③部落,直属灵州都督府。永徽元年,州废。

9. **羁縻鸡田州**(713—767)

开元元年,析灵州回乐县地置羁縻鸡田州,以处内附铁勒阿跌部落(今内蒙古阿拉善左旗腾格里额里斯镇?)④,直属灵州都督府。永泰元年,直属朔方管内统押诸蕃部落使。大历二年,州废⑤。

10. **羁縻鸡鹿州**(713—767)

开元元年,析灵州回乐县地置羁縻鸡鹿州,以处内附铁勒奚结部落(今阿拉善左旗嘉尔嘎勒赛汉镇?)⑥,直属灵州都督府。永泰元年,直属朔方管内统押诸蕃部落使。大历二年,州废。

11. **羁縻燕然州**(713—767)

开元元年,析灵州回乐县地置羁縻燕然州,以处内附铁勒多滥葛部落(今阿拉善左旗嘉尔嘎勒赛汉镇巴兴图?)⑦,直属灵州都督府。永泰元年,直属朔方管内统押诸蕃部落使。大历二年,州废。

附旧府一：羁縻丰州都督府(630—637)

贞观四年,置羁縻丰州都督府及羁縻丰州,隶灵州都督府。十一年,罢羁縻都督府及羁縻丰州。

---

① 《旧唐志》灵州序原作"高丽州",岑仲勉《突厥集史》(中华书局,2004 年)第 254 页、段连勤《丁零、高车与铁勒》第 419 页并以为是"高阙州"之误,今从之。香山乡,旧为三眼井乡。
② 史志不载此事。按《旧唐书》卷 185《崔知温传》云：麟德中,灵州界有浑、斛薛部落万余帐,知温奏徙之于"河北"。可知贞观末灵州所置高阙州永徽初虽废,而该斛薛部落仍留居灵州河南地,职此之故,始有麟德中徙居河北之举。永徽三年,漠北斛薛故地更以阿跌部落置稽落州,则留居灵州之斛薛当复置高阙州以处之。此段沿革史失载,详参本章附一"丰州都督府曾领"注。
③ 族属《旧唐志》作铁勒,今依《唐会要》卷 73、《新唐书》卷 217《回鹘传》。
④⑥ 《丝绸之路大辞典》第 91 页以为在今固原。
⑤ 苏航《唐后期河东北部的铁勒势力——从鸡田州的变迁说起》(载《唐研究》第十六卷,北京大学出版社,2010 年)认为,广德二年鸡田州部落迁入河东道云州,后又迁代州、太原府,称鸡田府,直至唐末。
⑦ 《丝绸之路大辞典》第 91 页以为在今固原。

附旧州：羁縻丰州（630—637）

贞观四年，析灵州怀远县置羁縻丰州，治故九原城（今内蒙古乌拉特前旗西小召乡古城村），以处突厥史大奈部落，并置羁縻丰州都督府。十一年，州废。

附旧府二：羁縻兰池州都督府（707—722）

神龙三年，降灵州都督府长州为羁縻兰池州①，匡州为羁縻依州，割置羁縻兰池州都督府，并复置羁縻含、鲁、塞、契、丽五州②，以处粟特部落③。开元十年，平康待宾之乱，罢羁縻兰池州都督府及羁縻兰池、依、含三州，羁縻鲁、丽、契三州直属灵州都督府④，羁縻塞州直属夏州都督府。

附旧州 1：羁縻维州（630—704）—羁縻兰池州（707—722）

贞观四年，析盐州兴宁县地置羁縻维州（今内蒙古鄂托克前旗敖勒召其镇巴郎庙村），以处内附粟特部落⑤，直属灵州都督府。长安四年，升为长州⑥。神龙三年，降长州为羁縻兰池州（今鄂托克前旗敖勒召其镇敖勒召其古城）⑦，置羁縻兰池州都督府。开元十年，罢羁縻都督府，羁縻兰池州废入羁縻丽州。

附旧州 2：羁縻鲁州（679—704，707—723）

调露元年，析盐州兴宁县地置羁縻鲁州，以处粟特部落，治羁縻如鲁县

---

① 《元和志》新宥州："神龙三年，复置兰池都督府，在盐州白池县北八十里。"显见兰池州非匡州改置，然兰池州亦预"六胡州"之列，只能是改旧州而置，非新置，其初置时除匡州外唯有长州，可知兰池州系以长州改置。
② 《元和志》新宥州："神龙三年，复置兰池都督府，仍分六州，各为一县以隶之。"《旧唐志》改末句为"仍置六县以隶之"，《唐会要》、《新唐志》则改为"分六州为县"，语意皆不如《元和志》明确，今依《元和志》。《旧唐书》卷 8《玄宗纪》："开元九年夏四月庚寅，兰池州叛胡显首伪称叶护康待宾……据长泉县，攻陷六胡州。"可见六州至开元尚存，神龙时未曾废州为县。
③ 《新唐志》云六胡州以"降突厥"置，按六胡州首领、部民为安、康、曹等氏，显示其实来自突厥故国之粟特（昭武九姓）部落。
④ 《新唐表》："开元十年，朔方节度使增领鲁、丽、契三州。"
⑤ 李至远《唐维州刺史安侯神道碑》（载《文苑英华》卷 920）云：粟特胡人安乌唤，原在突厥汗国任颉利发，其子安胐汗，"贞观初率所部五千余人入朝，诏置维州，即以胐汗为刺史，授左武卫将军"。该碑又云，维州刺史安附国次子思恭为鲁州刺史，可知维州与鲁州相距不远。据《中国文物地图集·内蒙古自治区分册》下册第 588 页，鄂前旗三段地乡巴郎庙（今属敖勒召其镇）有唐代古城，今拟为维州城。郁贤皓《唐刺史考全编》以此维州与西川维州混淆，大误。
⑥ 长州即后之兰池州，部民虽属六胡州而州名不在六州之列，则当以维州升置。
⑦ 长州所治长泉县后为羁縻兰池州属县，王北辰《唐代河曲的"六胡州"》（载《王北辰西北历史地理论文集》，学苑出版社，2003 年）及艾冲《唐代河曲粟特人"六胡州"治城的探索》（载《民族研究》2005 年第 6 期）以为，今鄂前旗敖勒召其镇北之敖勒召其古城是唐兰池都督府城，则长州治亦在其地。张郁《鄂托克旗大池唐代遗存》（载《鄂尔多斯文物考古文集》，1981 年）认为在巴郎庙古城，王乃昂等《六胡州古城址的发现及其环境意义》（载《中国历史地理论丛》2006 年第 3 期）认为在查干巴拉嘎苏古城，恐非。

(今宁夏盐池县花马池镇苏步井村兴武营)①,直属灵州都督府。长安四年,州废,羁縻如鲁县升为如鲁县,改隶长州。神龙三年,降长州如鲁县为羁縻如鲁县,复置羁縻鲁州,隶羁縻兰池州都督府。开元十年,直属灵州都督府,以废羁縻含州来属。十一年,废入盐州白池县②。

附旧州 3:羁縻含州(679—704,707—722)

调露元年,析盐州兴宁县地置羁縻含州,以处粟特部落,治羁縻河曲县(今鄂托克前旗上海庙镇芒哈图嘎查)③,直属灵州都督府。长安四年,州废,羁縻河曲县升为河曲县,改隶长州。神龙三年,降长州河曲县为羁縻河曲县,复置羁縻含州,隶羁縻兰池州都督府。开元十年,废入羁縻鲁州。

附旧州 4:羁縻依州(679—704,707—723)

调露元年,析盐州兴宁县及夏州长泽县地置羁縻依州,以处粟特部落,治羁縻延恩县(今鄂托克前旗昂素镇苏勒德遗址)④,直属灵州都督府。长安四年,升为匡州,羁縻延恩县升为延恩县,隶匡州。神龙三年,匡州复降为羁縻依州,割隶羁縻兰池州都督府。开元十年,直属灵州都督府。十一年,废入盐州白池县及夏州长泽县。

附旧州 5:羁縻塞州(679—704,707—723)

调露元年,析夏州长泽县地置羁縻塞州,以处粟特部落,治羁縻塞门县

---

① 宁夏回族自治区博物馆《宁夏盐池唐墓发掘简报》(载《文物》1988 年第 9 期)云,盐池县西北苏步井乡窨子梁(今苏步井村兴武营)发现的唐墓中,有墓志云,墓主人"终于鲁州"。王乃昂等《六胡州古城址的发现及其环境意义》调查,窨子梁西之兴武营古城有唐代中晚期遗存,因定为鲁州城,今从之。艾冲《西北城市发展与环境演变关系研究》第 57 页认为鲁州系维州的更名,按维州刺史安附国卒于调露二年,而鲁州先置于调露元年,可见两州当时并存,非更名关系。又其《唐代河曲粟特人"六胡州"治城的探索》一文以为鲁州治鄂前旗吉干陶勒盖苏木(今昂素镇)之查干巴拉嘎苏村东北,按其地距窨子梁太远,恐非。
② 《资治通鉴》会昌三年三月载李德裕追论剑南道维州事云:"……且维州未降前一年,吐蕃犹围鲁州。"胡注云此鲁州为六胡州之一,在宥州西界。按维州大和五年降唐,而鲁州已废于开元间,则此鲁州当系以故鲁州城所置之军镇,以其地当盐池路,故驻兵戍之。
③ 《唐故试光禄卿曹(闰国)府君墓志并序》(载《唐代墓志汇编》):"公字闰国,含州河曲人也。"河曲,当为含州县名,近于黄河,宜在今鄂托克前旗芒哈图嘎查。艾冲《唐代河曲粟特人"六胡州"治城的探索》以为含州治今鄂托克旗查布苏木(今阿尔巴斯苏木)哈达图村之水利古城,王乃昂等《六胡州古城址的发现及其环境意义》推测在今鄂托克前旗吉拉苏木乌兰道崩古城(今属敖勒召其镇),均距黄河太远,不取。
④ 王乃昂等《六胡州古城址的发现及其环境意义》推测依州在今鄂托克前旗玛拉迪苏木苏力迪村(今属昂素镇),然据《中国文物地图集·内蒙古自治区分册》下册第 587、589 页,苏力迪乃明清寨址,而苏勒德有唐至西夏遗址,今取后者。艾冲《唐代河曲粟特人"六胡州"治城的探索》以为依州治今鄂托克旗包乐浩晓苏木之敖伦淖尔古城(今属乌兰镇)。

(今鄂托克前旗昂素镇巴彦呼日呼古城)①，直属灵州都督府。长安四年，州废，羁縻塞门县升为塞门县，改隶匡州。神龙三年，降匡州塞门县为羁縻塞门县，复置羁縻塞州，隶羁縻兰池州都督府。开元十年，直属夏州都督府。十一年，废入夏州长泽县。

附旧州 6：羁縻契州(679—704，707—722)

调露元年，析盐州兴宁县地置羁縻契州，以处粟特部落，治羁縻□□县(今鄂托克前旗敖勒召其镇查干巴拉嘎苏古城)②，直属灵州都督府。长安四年，州废，羁縻□□县升为□□县，改隶长州。神龙三年，降长州□□县为羁縻□□县，复置羁縻契州，隶羁縻兰池州都督府。开元十年，废入羁縻丽州。

附旧州 7：羁縻丽州(679—704，707—723)

调露元年，析盐州兴宁县地置羁縻丽州，以处粟特部落，治羁縻□□县(今鄂托克前旗敖勒召其镇乌兰道崩古城)③，直属灵州都督府。长安四年，州废，羁縻□□县升为□□县，改隶长州。神龙三年，降长州□□县为羁縻□□县，复置羁縻丽州，隶羁縻兰池州都督府。开元十年，直属灵州都督府，废羁縻兰池、契二州来属。十一年，废入盐州白池县。

附新府一：羁縻永平州都督府(765—810)

永泰元年，置羁縻永平州都督府及羁縻永平州，隶夏州都督府，并割羁縻静边州都督府羁縻朝州来属。贞元十二年，移治盐州境，隶朔方管内统押诸蕃部落使，废羁縻朝州。元和五年，羁縻永平都督府及羁縻永平州并废。

附新州：羁縻永平州(765—810)

永泰元年，析夏州朔方县地置羁縻永平州(今内蒙古乌审旗乌审召镇乌审召

---

① 《新唐表》云，开元十年复置鲁、丽、契、塞四州，鲁、丽、契三州隶朔方节度使，靠西，则塞州当隶夏州都督府，靠东，因拟在鄂前旗昂素镇(旧查干陶勒盖苏木)巴彦呼日呼古城。艾冲《唐代河曲粟特人"六胡州"治城的探索》以为塞州治鄂前旗毛盖图苏木之呼和淖尔古城(今属昂素镇)，或玛拉迪苏木苏勒德(即苏力迪，今属昂素镇)村。

② 王北辰《唐代长安—夏州—天德军道路考》(载《王北辰西北历史地理理论文集》)云，今鄂前旗敖勒召其镇东约四五十里有查汗巴拉嘎素古城，镇南约四十里有乌兰道崩古城，"显然就是六胡州的某几州的遗址"。按两城均有唐代遗存，故今拟前者为契州城，后者为丽州城。艾冲《唐代河曲粟特人"六胡州"治城的探索》以为契州治今乌审旗嘎图鲁苏木之呼和淖尔古城(今属嘎图鲁镇)。然据《中国文物地图集·内蒙古自治区分册》，其城乃西夏所筑。王乃昂等《六胡州古城址的发现及其环境意义》推断契州在鄂托克前旗昂素镇(旧查干陶勒盖苏木)巴彦呼日呼古城，按其城虽有唐代遗存，然在六胡州之东，当更合塞州地望，不合为契州，详下注。

③ 详参上文羁縻契州注。艾冲《唐代河曲粟特人"六胡州"治城的探索》、王乃昂等《六胡州古城址的发现及其环境意义》均以为丽州治今鄂前旗三段地乡巴郎庙村古城(今属敖勒召其镇)。按巴郎庙古城城址较大，且近于鲁州，更合鲁州宗主维州地望，故不取其丽州之说。

嘎查),仍处党项羌部落,并置羁縻永平州都督府。贞元十二年,移治盐州白池县北境(今鄂托克前旗境)。

附新府二:羁縻旭定州都督府(765—810)

永泰元年,置羁縻旭定州都督府及羁縻旭定、永定二州,隶夏州都督府,并割羁縻静边都督府羁縻吴州来属。贞元三年,隶夏绥银管内统押诸蕃部落使。十二年,徙居盐州境,隶朔方管内统押诸蕃部落使,废羁縻永定、吴二州。元和五年,羁縻旭定州都督府及羁縻旭定州并废。

附新州 1:羁縻旭定州(765—810)

永泰元年,析夏州朔方县地置羁縻旭定州(今乌审旗嘎鲁图镇呼和淖尔嘎查?),仍处党项羌部落,并置羁縻旭定州都督府。贞元十二年,移治盐州白池县北境(今鄂托克前旗境)。

附新州 2:羁縻永定州(765—796)

永泰元年,析夏州朔方县地置羁縻永定州(今乌审旗嘎鲁图镇呼和淖尔嘎查?)①,仍处党项羌破丑部落,隶羁縻旭定州都督府。贞元十二年,州废。

附新府三:羁縻清宁州都督府(765—810)

永泰元年,置羁縻清宁州都督府及羁縻清宁州,隶夏州都督府,并割静边州羁縻都督府羁縻西归州来属。贞元三年,隶夏绥银管内统押诸蕃部落使。十二年,徙居盐州境,隶朔方管内统押诸蕃部落使,废羁縻西归州。元和五年,罢羁縻都督府及羁縻清宁州。

附新州:羁縻清宁州(765—810)

永泰元年,析夏州朔方县地置羁縻清宁州(今乌审旗嘎鲁图镇沙如勒努图格嘎查?),以处内附党项羌部落,并置羁縻清宁州都督府。贞元十二年,移治盐州白池县北境(今鄂托克前旗境)。

附新府四:羁縻忠顺州都督府(765—810)

永泰元年,置羁縻忠顺州都督府及羁縻忠顺州,隶夏州都督府,并割羁縻静边都督府羁縻浮州来属。贞元三年,隶夏绥银管内统押诸蕃部落使。十二

---

① 《旧唐书》卷 11《代宗纪》永泰元年二月:"河西党项永定等十二州部落请降,请置宜(定)、芳(池)等十五州,许之。"《新唐志》误系此条于陇右道党项羁縻州。可知当时夏州都督府新置党项羁縻州都督府中含永定州,今归于旭定州都督府。又据《故永定破丑夫人墓志》(载《榆林碑石》),知永定州以党项破丑氏置。

年,徙居盐州境,隶朔方管内统押诸蕃部落使,废羁縻浮州。元和五年,羁縻忠顺州都督府及羁縻忠顺州并废。

附新州：羁縻忠顺州(765—810)

永泰元年,析夏州德静县地置羁縻忠顺州(今乌审旗嘎鲁图镇?),仍处党项羌部落,并置羁縻忠顺州都督府。贞元十二年,移治盐州白池县北境(今鄂托克前旗境)。

附新府五：羁縻宁保州都督府(765—810)

永泰元年,置羁縻宁保州都督府及羁縻宁保州,隶夏州都督府,并割羁縻静边州都督府羁縻吴州来属。贞元三年,隶夏绥银管内统押诸蕃部落使。十二年,徙居盐州境,隶朔方管内统押诸蕃部落使,废羁縻吴州。元和五年,罢羁縻都督府及羁縻宁保州。

附新州：羁縻宁保州(765—810)

永泰元年,析银州真乡县地置羁縻宁保州(今陕西乌审旗乌兰陶勒盖镇?),以处内附党项羌部落,并置羁縻宁保州都督府。贞元十二年,移治盐州白池县北境(今鄂托克前旗境)。

附新府六：羁縻静塞州都督府(765—810)

永泰元年,置羁縻静塞州都督府及羁縻静塞州,隶夏州都督府,并割羁縻静边州都督府羁縻锽州来属。贞元三年,隶夏绥银管内统押诸蕃部落使。十二年,徙居盐州境,隶朔方管内统押诸蕃部落使,废羁縻锽州。元和五年,罢羁縻都督府及羁縻静塞州。

附新州：羁縻静塞州(765—810)

永泰元年,析银州真乡县地置羁縻静塞州(今乌审旗乌兰陶勒盖镇黄陶勒盖前村?),以处内附党项羌部落,并置羁縻静塞州都督府。贞元十二年,移治盐州白池县北境(今鄂托克前旗境)。

附新府七：羁縻万吉州都督府(765—810)

永泰元年,置羁縻万吉州都督府及羁縻万吉州,隶夏州都督府,并割羁縻静边州都督府羁縻悦州来属。贞元三年,隶夏绥银管内统押诸蕃部落使。十二年,徙居盐州境,隶朔方管内统押诸蕃部落使,废羁縻悦州。元和五年,罢羁縻都督府及羁縻万吉州。

附新州：羁縻万吉州(765—810)

永泰元年,析羁縻静边州都督府羁縻恤州地置羁縻万吉州(今榆林市榆阳区小壕兔乡耳林村?),以处内附党项羌部落,并置羁縻万吉州都督府。贞元十二年,移治盐州白池县北境(今鄂托克前旗境)。

附新府八：羁縻后乐容州都督府(765—810)

永泰元年,析夏州地置羁縻后乐容州都督府及羁縻后乐容州,隶夏州都督府,并割羁縻静边州都督府羁縻北夏州、夏州都督府直辖羁縻东夏州来属。大历二年,徙居河东道石州境,废羁縻北夏、东夏二州。贞元三年,隶夏绥银管内统押诸蕃部落使。十五年,徙居关内道麟州境。十七年,徙居盐州境,隶朔方管内统押诸蕃部落使。元和五年,羁縻乐容州都督府及羁縻乐容州并废。

附新州：羁縻后乐容州(765—810)

永泰元年,析夏州德静县地置羁縻后乐容州(今榆林市榆阳区补浪河乡)①,以处党项羌拓跋部落,并置羁縻后乐容州都督府。大历二年,移治河东道石州境(今山西临县境)。贞元十五年,移治关内道麟州境(今陕西神木县境)②。十七年,移治盐州白池县北境(今鄂托克前旗境)。

附新府九：羁縻相兴州都督府(765—810)

永泰元年,置羁縻相兴州都督府及羁縻后相兴州,隶夏州都督府,并割羁縻静边州都督府羁縻布州来属。大历二年,徙居河东道石州境,废羁縻布州。贞元三年,隶夏绥银管内统押诸蕃部落使。十五年,徙居关内道麟州境。十七年,徙居盐州境,隶朔方管内统押诸蕃部落使。元和五年,羁縻相兴州都督府及羁縻后相兴州并废。

附新州：羁縻后相兴州(765—810)

永泰元年,析夏州宁朔县地置羁縻后相兴州(今陕西榆林市榆阳区岔河则乡)③,以处党项羌拓跋部落,并置羁縻相兴州都督府。大历二年,移治河东道石州境(今临县境)。贞元十五年,移治关内道麟州境(今神木县境)。十七

---

①③ 依地理形势推定。
② 刘于义等《陕西通志》卷73引《葭州志》:"幽陵都督府,在神木县城西九十里,唐开元中置。"按开元幽陵州都督府置于河东道朔州马邑县北,属代州都督府(考详本编第二章《河东道羁縻地区》附一"代州都督府曾领"注),此"幽陵都督府"遗迹,疑即贞元中乐容、安化、宜定、芳池、相兴都督府遗迹。

年,移治盐州白池县北境(今鄂托克旗境)。

附新府一〇：羁縻后安化州都督府(765—810)

永泰元年,析夏州地置羁縻后安化州都督府及羁縻后安化州,隶夏州都督府,并割羁縻静边都督府羁縻达州来属。大历二年,徙居河东道石州境,废羁縻达州。贞元三年,隶夏绥银管内统押诸蕃部落使。十五年,徙居关内道麟州境。十七年,徙居盐州境,隶朔方管内统押诸蕃部落使。元和五年,羁縻安化州都督府及羁縻安化州并废。

附新州：羁縻后安化州(765—810)

永泰元年,析夏州朔方县地置羁縻后安化州(今榆林市榆阳区巴拉素镇白城台村)①,以处党项羌野利部落②,并置羁縻后安化州都督府。大历二年,移治河东道石州境(今临县境)。贞元十五年,移治关内道麟州境(今神木县境)。十七年,移治盐州白池县北境(今鄂托克前旗境)。

附新府一一：羁縻后宜定州都督府(765—810)

永泰元年,析绥州地置羁縻后宜定州都督府及羁縻后宜定、□□、□□三州③,隶夏州都督府。大历二年,徙居河东道石州境,废羁縻□□、□□二州。贞元三年,隶夏绥银管内统押诸蕃部落使。十五年,徙居关内道麟州境。十七年,徙居盐州境,隶朔方管内统押诸蕃部落使。元和五年,羁縻后宜定州都督府及羁縻后宜定州并废。

附新州1：羁縻后宜定州(765—810)

永泰元年,析绥州城平县地置羁縻后宜定州,治故安泉城(今陕西子长县李家岔镇)④,以处党项羌折磨部落,并置羁縻后宜定州都督府。大历二年,移治河东道石州境(今临县境)。贞元十五年,移治关内道麟州境(今神木县境)。十七年,移治盐州白池县北境(今鄂托克前旗境)。

附新州2：羁縻□□州(765—767)

永泰元年,析绥州城平县地置羁縻□□州(今子长县安定镇),以处党项部落⑤,隶羁縻后宜定州都督府。大历二年,州废。

---

① 依地理形势推定。
② 《新唐志》列安化州羁縻都督府于回纥羁縻都督府,盖以该府与仆固州羁縻都督府同列而误。
③ 《新唐书》卷221《党项传》："(代宗时)宜定州刺史折磨布落、芳池州野利部落并徙绥、延州。"
④ 依地理形势推定。故安泉城为绥州极西、最近静边府党项部落境处,宜为党项羁縻地。
⑤ 疑来自山南西道羁縻顺化、和宁二州。

附新州 3：羁縻□□州（765—767）

永泰元年，析绥州城平县地置羁縻□□州（今子长县栾家坪镇），以处党项部落①，隶羁縻后宜定州都督府。大历二年，州废。

附新府一二：羁縻后芳池州都督府（765—810）

永泰元年，析延州地置羁縻后芳池州都督府及羁縻后芳池、□□、□□三州②，隶夏州都督府。大历二年，徙居河东道石州境，废羁縻□□、□□二州。贞元三年，隶夏绥银管内统押诸蕃部落使。十五年，徙居关内道麟州境。十七年，徙居盐州境，隶朔方管内统押诸蕃部落使。元和五年，羁縻后芳池州都督府及羁縻后芳池州并废。

附新州：羁縻后芳池州（765—810）

永泰元年，析延州敷政县地置羁縻后芳池州，治故新昌城（今陕西志丹县城保安镇）③，仍处党项羌野利部落，并置羁縻后芳池州都督府。大历二年，移治河东道石州境（今临县境）。贞元十五年，移治关内道麟州境（今神木县境）。十七年，移治盐州白池县北境（今鄂托克前旗境）。

附新州 2：羁縻□□州（765—767）

永泰元年，析延州敷政县地置羁縻□□州（今志丹县旦八镇），以处党项部落④，隶羁縻后芳池州都督府。大历二年，州废。

附新州 3：羁縻□□州（765—767）

永泰元年，析延州敷政县地置羁縻□□州（今志丹县金鼎镇），以处党项部落⑤，隶羁縻后芳池州都督府。大历二年，州废。

（二）羁縻前乐容州都督府

羁縻前乐容州都督府（680—764）—**羁縻长乐州都督府**（765—799）

羁縻前乐容州都督府，本属剑南道翼州都督府，永隆元年，内徙关内道庆州都督府境，隶灵州都督府，仍置羁縻前乐容州，割原州都督府直辖羁縻归德州来属，置羁縻永宁州。

---

① 疑来自山南西道羁縻和义、保善二州。
② 《新唐书》卷221《党项传》："（代宗时）宜定州刺史折磨布落、芳池州野利部落并徙绥、延州。"
③ 依地理形势推定。故新昌城为延州极西、最近静边府党项部落境处，宜为党项羁縻地。
④ 疑来自山南西道羁縻乾封、归义二州。
⑤ 疑来自山南西道羁縻宁定、罗云二州。

武周长安四年,羁縻前乐容州都督府领羁縻前乐容、永宁、归德三州。

唐开元二年,置羁縻相兴州。天宝十三载,羁縻前乐容州都督府仍领羁縻前乐容、相兴、永宁、归德四州。广德二年,没于吐蕃。

永泰元年,置羁縻长乐州都督府及羁縻长乐、前宁朔二州①,隶朔方管内统押诸蕃部落使。大历二年,长乐州城为吐蕃所破,羁縻都督府及羁縻长乐州移治灵州城,羁縻前宁朔州改隶羁縻宁朔州都督府。贞元十五年,罢羁縻长乐州都督府及羁縻长乐州②。

1. 羁縻前静边州(672—677)—羁縻前乐容州(680—764)

羁縻前静边州,本陇右道洮州都督府羁縻州,咸亨三年,内徙庆州马岭县境(今甘肃环县山城乡)③,仍处党项拓跋部落,直属原州都督府。仪凤二年,更徙银州儒林县境。羁縻前乐容州,本剑南道松州都督府羁縻州,永隆元年④,内徙庆州马岭县境,治故静边城⑤,仍处诸羌部落,并置羁縻前乐容州都督府。广德二年,没于吐蕃。

2. 羁縻归德州(677—764)

本剑南道翼州都督府羁縻州,仪凤二年,内徙庆州马岭县境(今环县秦团庄乡贡塬)⑥,仍处诸羌部落,直属原州都督府。永隆元年,割隶羁縻前乐容州都督府。广德二年,没于吐蕃。

3. 羁縻永宁州(680—764)

永隆元年,析庆州马岭县地置羁縻永宁州(今环县甜水镇),以处内徙党项部落,隶羁縻前乐容州都督府。广德二年,没于吐蕃。

---

① 《旧唐书》卷198《吐谷浑传》:"贞元十四年十二月,以朔方节度副使、左金吾大将军同正慕容复为袭长乐州都督、青海国王、乌地也拔勒豆可汗。"按此云"袭长乐州都督",则至少其前任已带都督,然永泰元年以前,文献及文物均表明青海国王仅带安乐(长乐)州刺史,无"都督"二字,故可知置长乐州都督府大约与永泰元年复置长乐州有关。
② 《旧唐书》卷198《吐谷浑传》:"贞元十四年十二月,以慕容复为袭长乐州都督、青海国王,乌地也拔勒豆可汗。未几卒,其封袭遂绝。"今定其卒年为贞元十五年。
③ 《册府元龟》卷170载:咸亨三年九月,"置静(边)州,以处内附党项部落",此盖参与唐军大非川作战而随军后撤者,与《唐会要》卷98《党项羌》所言"吐蕃强盛,拓拔氏渐为所逼,遂请内徙,始移之于庆州,因置静边等州以处之"相合,治地依地理形势推定。
④ 郭声波:《唐弱水西山羁縻州及保宁都护府考》,《中国史研究》1999年第4期。
⑤ 依地理形势推定。
⑥ 《太平寰宇记》通远军通远县:"咸河,从土桥、归德州、同家谷三处发源来,咸苦不堪。"咸河,即今环县东川,归德州当是唐时羁縻州旧名,宋曰归德堡,地在今环县秦团庄乡南。归德州与乐容州旧属松州都督府,内徙后不久当同属羁縻前乐容州都督府。

4. 羁縻相兴州(714—764)

开元二年,析原州他楼县地置羁縻相兴州(今宁夏同心县豫旺乡)①,以处内徙党项拓跋部落,隶羁縻乐容州都督府。广德二年,没于吐蕃。

第五节 朔方郡(夏州)都督府所领

夏州都督府(630—639,仪凤中—742)—朔方郡都督府(742—758)—夏州都督府(758—787)—夏绥银管内统押诸蕃部落使(787—907)

贞观四年(630),夏州都督府拟置羁縻云中都督府,既而改置羁縻北宁州、北开州二都督府②。八年,改羁縻北宁州都督府为羁縻长州都督府,羁縻北开州都督府为羁縻化州都督府③。十三年,罢羁縻长、化二州都督府。

仪凤二年(677),置直辖羁縻地区。永隆二年(681),平单于都护府突厥之乱,羁縻云中、定襄、桑干、呼延、达浑五州都督府寄治于此④。垂拱二年(686),以废单于都护府之云中、定襄、桑干、呼延、达浑五羁縻州都督府来属。

---

① 李筌《太白阴经》卷3记天宝前关内道有"党项(府州)十四",当即羁縻芳池、安定、安化、静边四州都督府,及灵、夏、原州直辖朝、吴、浮、西归、北夏、䥽、悦、布、东夏、相兴十州。开元二年河陇地区有儒州徙往关内,推知相兴党项亦同时徙自洮州美相,取"美相复兴"为州名,治地依地理形势推定。

② 《唐会要》卷73:"贞观四年三月三日,分颉利之地为六州,左置定襄都督,右置云中都督,以统降虏。"此六州即北抚、祐、北宁、长、北开、化。然《册府元龟》卷407又言:"颉利之败也……于是言事者甚众,竟分其部置三都督府。"此即《大唐赠太尉雍州牧故濮恭王(李泰)墓志铭》(载2001年《郧县志》)之北抚、北宁、北开三都督,据《资治通鉴》,事在该年六月,可知定襄都督未及除授即改置北抚州都督府,云中都督未及除授即改置北宁、北开二州都督,另置之顺、北安二都督乃以突利、隋王等部置,不在颉利六州三都督内。吴玉贵《突厥汗国与隋唐关系史研究》第252页以为六州有北安州无祐州,艾冲《公元7—9世纪鄂尔多斯高原人类经济活动与自然环境演变研究》第126页、张莉《唐贞观时置突厥府州新考》(载《中国历史地理论丛》2018年第3期)将"云中都督府"与贞观二十三年所置"云中州都督府"相混,皆不取。

③ 《通典》卷197《突厥》:"太宗竟用其计,于朔方之地,幽州至灵州置顺、祐、化、长四州都督府。又分颉利之地六州,左置定襄都督府,右置云中都督府,以统其众。"按顺、祐、化、长四都乃贞观八年建置,此插于贞观四年置六州二都督之前,与上注《唐会要》等矛盾,不取。

④ 《资治通鉴》永隆二年(开耀元年)七月:"薛延陀达浑等五州四万余帐来降。"以每帐三口计,约有十二至十五万口,平均每"州"约三万口,则此"州",实为羁縻都督府,即除薛延陀之达浑州都督府外,尚有突厥之云中、定襄、桑干、呼延四州都督府之众来归,接受唐朝安置,如《旧唐书》卷5《高宗纪》载:永隆二年闰七月,"裴行俭大破突厥史伏念之众。伏念为程务挺急追,遂执温傅来降。行俭于是尽平突厥余党"。两《唐志》所载夏州都督府之云中、定襄、桑干、呼延、达浑五羁縻州都督府,盖即是年内徙者。其后,犹续有来降者,如张说《唐故夏州都督太原王公神道碑》(载《张燕公集》卷19):"(永淳二年)元珍寇边,受命讨击。……胡马奔骇,获其二嗫,桑干、舍利两部来降。"《资治通鉴》胡注及段连勤《丁零、高车与铁勒》第387页谓此五州为达浑州都督府下属姑衍、步讫若、溪弹、鹘、低粟五州,恐误。

武周天授三年(692)，置羁縻静边州都督府。圣历二年(699)，置羁縻归德州都督府。长安四年(704)，夏州都督府领一直辖羁縻地区及羁縻云中、定襄、桑干、呼延、达浑、静边、归德七州都督府。

唐开元十六年(728)，罢羁縻达浑州都督府。

天宝元年(742)，改夏州都督府为朔方郡都督府。十三载，朔方郡都督府领羁縻云中、定襄、桑干、呼延、静边、归德六州都督府。至德二载(757)，割羁縻云中、定襄、桑干、呼延四州都督府隶怀德郡都督府。

乾元元年(758)，复朔方郡都督府为夏州都督府，以废怀德郡都督府之羁縻云中、定襄、桑干、呼延四州都督府来属。永泰元年(765)，羁縻静边、云中、定襄、桑干、归德五州都督府来属，并置羁縻永平、旭定、清宁、忠顺、宁保、静塞、万吉、后乐容、后安化、相兴、后宜定、后芳池、仆固十三州都督府①，割羁縻云中、定襄、桑干、呼延四州都督府隶盐州都督府。大历二年(767)，置羁縻宁朔州都督府，羁縻静边、后乐容、后安化、相兴、后宜定、后芳池六州都督府徙居河东道石州境②。贞元三年(787)，置夏绥银管内统押诸蕃部落使③，以代夏州都督府之职。十二年，割羁縻永平、旭定、清宁、忠顺、宁保、静塞、万吉七州都督府隶朔方管内统押诸蕃部落使。十五年，羁縻静边、后乐容、后安化、相兴、后宜定、后芳池六州都督府复自河东道石州境徙居关内道麟州境④。十七年，羁縻静边、后乐容、后安化、相兴、后宜定、后芳池、六州都督府徙居盐州境，改隶朔方管内统押诸蕃部落使⑤。元和五年(810)，罢羁縻仆固、宁朔二州

---

① 《新唐书》卷211《党项传》："(郭)子仪以党项、吐谷浑部落散处盐、庆等州，其地与吐蕃滨近，易相胁，即表徙静边州都督〔庆〕(夏)州乐容等六府党项于银州之北，夏州之东。……又表置静边、芳池、相兴〔、乐容、宜定、安化六〕(王)都督长史，永平、旭定、清宁、宁保、忠顺、静塞、万吉等七州都督府。"《旧唐书·代宗纪》永泰元年二月："河西党项永定等十二州部落请降，请置宜(定)、芳(池)等十五州，许之。"《新唐志》陇右道党项羁縻州注："永泰元年，以永定等十二州部落内附，析置州十五。"按十二州部落，即郭子仪建议徙置之芳池、相兴、乐容、宜定、安化、永平、永定(旭定)、清宁、宁保、忠顺、静塞、万吉十二州党项部落，十五州当即此十二府本州加上分置旭定、宜定、芳池三府之永定等三州均在关内道，不在陇右道。《新唐志》误合宜定、芳池二州为"宜芳州"，又将十二党项羁縻州及羁縻静边州都督府系于灵州都督府，当是以贞元十七年后隶属关系追记永泰建置。
② 《旧唐书》卷198《党项传》：党项有六府部落，曰野利越诗(芳池)、野利龙儿(乐容)、野利厥律(安化)、儿黄(宜定)、野海(静边)、野窣(相兴)等，居庆州者号为东山部落，居夏州者号为平夏部落，永泰、大历已后，居石州，依水草。
③ 《新唐表》。
④ 《太平寰宇记》卷184《党项传》："贞元十五年，六州党项自石州奔过河西。……永泰、大历后，(六州党项)居石州，依于水草。至永安城，镇将阿史那思暕扰其部落，求取驼、马无厌，中使又赞成其事，党项不堪其扰，遂率部落奔去过河。"《旧唐书》卷196《吐蕃传》、卷13《德宗纪》：贞元十七年，吐蕃攻盐州，陷麟州、掠居民，驱党项部落而去。可证此前党项已居麟、盐之间，盖即此六府。
⑤ 参详本章第四节"灵州都督府所领"序注。

都督府。

大中年间,改羁縻归德州都督府为羁縻兴宁州都督府。咸通十四年(873),夏绥银管内统押诸蕃部落使领羁縻兴宁州都督府。

(一) 直辖羁縻地区
直辖羁縻地区(677—765)

仪凤二年①,夏州都督府置羁縻静边、思义、思乐、昌塞、祐、嶂、开元、懿、归、乌笼、恤、嵯、盖、回乐、乌掌、诺十六州,为直辖羁縻地区②。三年,置羁縻浑、宽二州。永隆元年,置羁縻万卑州③。

武周天授三年,以内附党项羌部落置羁縻餗、布、北夏、东夏、悦五州④,割羁縻静边、思义、思乐、昌塞、祐、嶂、开元、懿、归、乌笼、恤、嵯、盖、回乐、乌掌、诺、万卑十七州隶羁縻静边州都督府。圣历二年,割羁縻宽、浑二州隶羁縻归德州都督府。长安四年,夏州都督府直辖羁縻餗、布、北夏、东夏、悦五州。

唐开元二年,割羁縻归德州都督府之羁縻宽、浑二州来属。是年,割羁縻浑、宽二州隶延州都督府。十年,以废羁縻兰池州都督府之羁縻塞州来属。十一年,废羁縻塞州。

天宝元年,改为朔方郡都督府直辖羁縻地区。其后,割羁縻餗、布、北夏、悦四州隶羁縻静边州都督府。十三载,朔方郡都督府直辖羁縻东夏一州。

乾元元年,复为夏州都督府直辖羁縻地区。永泰元年,割羁縻东夏州隶羁縻乐容州都督府。

---

① 《新唐志》静边州都督府:"贞观中置,初在陇右,后侨治庆州之境。……右隶灵州都督府。"《新唐书》卷221《党项传》:"后吐蕃寖盛,拓拔畏逼,请内徙,始诏庆州置静边等处之,地乃入吐蕃。"此当系仪凤间事,今系于仪凤二年。
② 《新唐书》卷221《党项传》:"子仪以党项、吐谷浑部落散处盐、庆等州,其地与吐蕃滨近,易相胁,即表徙静边督、夏州、乐容等六府党项于银州之北、夏州之东。"则党项在安史乱前居于盐、庆等州境。庆州党项已见于前,盐州等州当指盐、夏诸州。《拓拔守寂墓志》(载《榆林碑石》)云:守寂高祖立伽于仪凤间己徙居囿阴(指银州)境,至永隆时仅为"押十八州部落使",未授都督,开元时始有静边州都督拓拔守寂麓于银州之第,可知静边州都督府所领羁縻州仍系仪凤、永隆间析盐、夏、银诸州地而置,当时直属夏州都督府。
③ 史志不载万卑州内徙时间。按《旧唐志》松州序,仪凤二年万卑州犹在松州境,而依下文,天授三年已隶静边州羁縻都督府,是知永隆元年万卑州所隶之羁縻乐容州都督府失陷后,方得内徙。
④ 《新唐志》静、乐容州羁縻都督府有餗、布、北夏、东夏、悦等二十八州,其中十九州系仪凤间所置,余九州当天授中所置,初直属灵、夏二州都督府,即朝、吴、浮、(西)归等十党项州(达州天宝中废)。因为依朝、吴、浮、(西)归州名观之,所置十州均为单名(含方位)州,今从永泰初静边、乐容府二十七州中取单名者剔除祐、嶂、淳、恤、嵯、盖、诺等剑南、陇右旧党项州,所余朝、吴、浮、西归(以上初属灵府)、餗、布、北夏、东夏、悦(以上初属夏府)、达(初属静边府)十州即是天授三年所置。

羁縻东夏州(692—767)

天授三年,析夏州德静县地置羁縻东夏州(今陕西榆林市榆阳区红石桥乡)①,以处内附党项羌部落,直属夏州都督府。永泰元年,割隶羁縻后乐容州都督府。大历二年,州废。

附旧府一:羁縻北宁州都督府(630—633)—**羁縻宁州都督府**(633—634)—**羁縻长州都督府**(634—639)

贞观四年,以羁縻云中都督府(拟建)之羁縻北宁、长二州置羁縻北宁州都督府②,处来降突厥颉利部落,隶夏州都督府。七年,改羁縻北宁州为羁縻宁州,都督府为羁縻宁州都督府③。八年,改为羁縻长州都督府④,省夏州长泽县来属。十三年,羁縻府州并罢。

附旧州1:羁縻北宁州(630—633)—羁縻宁州(633—639)

贞观四年,以夏州朔方县地置羁縻北宁州,治宁朔城(今靖边县杨桥畔镇)⑤,置羁縻北宁州都督府。七年,移治长泽县⑥,改为羁縻宁州,隶羁縻宁州都督府。八年,隶羁縻长州都督府。十三年,州废。

附旧州2:羁縻长州(630—639)

贞观四年,以夏州长泽县地置羁縻长州,治长泽城(今鄂托克前旗城川镇古城),隶羁縻北宁州。七年,隶羁縻宁州。八年,置羁縻长州都督府。十三年,州废。

附旧府二:羁縻北开州都督府(630—633)—**羁縻开州都督府**(633—634)—**羁縻化州都督府**(634—639)

贞观四年,以拟置羁縻定襄都督府之羁縻北开州、拟置羁縻云中都督府

---

① 依地理形势推定。
② 《资治通鉴》贞观四年六月:"以阿史那苏尼失为北宁州都督。"
③ 《阿史那忠墓志》(载《唐代墓志汇编》)作"宁州都督",可知贞观中州名依全国之例去"北"字,今始定于贞观七年。王玉清等《唐阿史那忠墓发掘报告》(载《考古》1977年第2期)误以为此羁縻宁州为今甘肃庆阳之宁州。
④ 《旧唐书》卷109《阿史那社尔传附苏尼失》:"(贞观初)苏尼失遂举其众归国,因令子忠擒颉利以献。太宗赏赐优厚,拜北宁州都督、右卫大将军,封怀德郡王,贞观八年卒。忠以擒颉利功拜左屯卫将军,妻以宗女定襄县主,赐名为忠,单称史氏。"又据《阿史那忠墓志》,忠未继任宁州都督,而任检校长州都督,则知宁州都督府贞观八年苏尼失卒后改为长州都督府。
⑤ 时颉利部众在夏、绥、银三州境,长、北宁、北抚、北开四州名与泽、故宁朔、抚宁、开光四县有关,以此推知四县乃当时部分部众安置地。宁朔县贞观二年省入朔方县,故地在今靖边县东境。
⑥ 艾冲:《公元7—9世纪鄂尔多斯高原人类经济活动与自然环境演变研究》,第69页。

之羁縻化州置羁縻北开州都督府①,处来降突厥颉利部落,隶夏州都督府。七年,改羁縻北开州为羁縻开州,都督府为羁縻开州都督府②。八年,改为羁縻化州都督府,省夏州德静县来属。十三年,羁縻府州并罢。

附旧州1：羁縻北开州(630—633)—羁縻开州(633—639)

贞观四年,以绥州开光县地置羁縻北开州,治开光城(今榆林市榆阳区大河塔镇芦家铺),置羁縻北开州都督府。七年,移治夏州德静县③,改为羁縻开州,隶羁縻开州都督府。八年,隶羁縻化州都督府。十三年,州废。

附旧州2：羁縻化州(630—639)

贞观四年,以夏州德静县地置羁縻化州,治德静城(今榆林市榆阳区红石桥乡古城界),隶羁縻北开州都督府。七年,隶羁縻开州都督府。八年,改置羁縻化州都督府。十三年,州废。

附旧府三：羁縻达浑州都督府(681—728)

本安北都护府羁縻都督府,永隆二年,并羁縻达浑、姑衍、步讫若、鹘、低粟五州徙治夏州境,并割安北都护府直辖羁縻溪弹州来属④,旧地属羁縻居延州都督府。垂拱四年,羁縻达浑州都督府改隶夏州都督府。

武周长安四年,羁縻达浑州都督府领羁縻达浑、姑衍、步讫若、鹘、低粟、溪弹六州。

唐开元四年,部民多北走,废羁縻姑衍、步讫若、鹘、低粟、溪弹五州⑤。十六年,罢羁縻都督府及羁縻达浑州⑥。

附旧州1：羁縻达浑州(681—728)

永隆二年,羁縻达浑州寄治夏州宁塞县境(今陕西靖边县镇靖乡)⑦,仍处

---

① 《册府元龟》卷964："贞观四年三月,以突厥夹毕特勒和顺郡公阿史那思摩为右武侯大将军、化州都督。"《资治通鉴》贞观四年五月："寻以(思摩)为北开州都督,使统颉利旧众。"然贞观十三年时,思摩犹为化州都督,故知北开、化二州皆为思摩所领,先为北开州都督,后改化州都督,《元龟》盖以后名记前事。
② 依羁縻北宁州都督改宁州都督例推测。
③ 艾冲：《公元7—9世纪鄂尔多斯高原人类经济活动与自然环境演变研究》,第69页。
④ 《资治通鉴》开耀元年(永隆二年)胡注达浑都督领溪弹州,段连勤《丁零、高车与铁勒》(广西师范大学出版社,2006年)第387页以为永隆二年七月薛延陀降唐、唐置其于宁朔县之时仅达浑本州及姑衍、步讫若、鹘、低粟四州。又,《旧唐志》夏州："达浑都督府,寄在宁朔县界。"此为开元初情形,应以胡注为是。依上编第二章《关内道》第六节"朔方郡都督府"朔方郡夏州宁朔县沿革,永隆时达浑府各州当在宁塞县界。
⑤ 《旧唐志》羁縻达浑都督府四百九十五口,可知开元中仅存一州,姑衍等五州已废。
⑥ 《新唐表》。
⑦ 依地理形势推定。

铁勒薛延陀部落。开元十六年,废入夏州宁塞县。

附旧州 2：羁縻姑衍州(681—716)

永隆二年,羁縻姑衍州寄治夏州宁塞县境(今靖边县中部),仍处内附铁勒薛延陀部落,仍隶羁縻达浑州都督府。开元四年,废入夏州宁塞县。

附旧州 3：羁縻步讫若州(681—716)

永隆二年,羁縻步讫若州寄治夏州宁塞县境(今靖边县中部),仍处内附铁勒薛延陀部落,仍隶羁縻达浑州都督府。开元四年,废入夏州宁塞县。

附旧州 4：羁縻鹘州(681—716)

永隆二年,羁縻鹘州寄治夏州宁塞县境(今靖边县中部),仍处内附铁勒薛延陀部落,仍隶羁縻达浑州都督府。开元四年,废入夏州宁塞县。

附旧州 5：羁縻低粟州(681—716)

永隆二年,羁縻低粟州寄治夏州宁塞县境(今靖边县中部),仍处内附铁勒薛延陀部落,仍隶羁縻达浑州都督府。开元四年,废入夏州宁塞县。

附旧州 6：羁縻溪弹州(681—716)

永隆二年,安北都护府直辖羁縻溪弹州寄治夏州宁塞县境(今靖边县中部),以处内附铁勒薛延陀部落,隶羁縻达浑州都督府。开元四年,废入夏州宁塞县。

(二)羁縻静边州都督府

羁縻静边州都督府(692—810)

武周天授三年,割夏州都督府直辖羁縻静边、恤、懿、开元、乌笼、归、昌塞、回乐、万卑、懿、祐、诺、嵯、乌掌、嶂、盖、思义、思乐十七州置羁縻静边州都督府①,仍属夏州都督府②,并置羁縻达州。长安四年,羁縻静边州都督府领羁縻静边、恤、达、开元、乌笼、归、昌塞、回乐、万卑、懿、祐、诺、嵯、乌掌、嶂、盖、思义、思乐十八州。

---

① 《拓拔守寂墓志》云,守寂高祖立伽、曾祖罗胄仅为"押十八州部落使",未授都督,至其祖后那,方"建牧以崇其府,拜静边州都督",推测其时在党项二十万口内附之天授三年。
② 《新唐志》列羁縻静边州都督府于灵州都督府条,按新发现的开元年间静州都督拓拔守寂墓志,出土于夏州东(今陕西横山县韩岔镇),系夏州都督郑宏之所撰,守寂丧葬由"所在官供",并由郑宏之"充使监护",说明开元、天宝间羁縻静边州都督府实由夏州都督统领,守寂虽获赠灵州都督、灵州刺史,但其祖后那却赠银州刺史,可见赠官不能证明其归属。《新唐志》静边府之归属,盖反映永泰初情况。

唐开元二年,置羁縻淳州①。十一年,废羁縻达州。

天宝元年,隶朔方郡都督府。其后,割朔方郡都督府直辖羁縻北夏、餂、悦、布四州及灵武郡都督府直辖羁縻前朝、前吴、前浮、前西归四州来属。十三载,羁縻静边州都督府督羁縻静边、恤、布、悦、餂、北夏、淳、开元、乌笼、归、昌塞、回乐、万卑、懿、祐、诺、嵯、乌掌、嶂、盖、思义、思乐、前西归、前浮、前吴、前朝二十六州②。

乾元元年,隶夏州都督府。永泰元年,改羁縻懿州为羁縻归顺州,复置羁縻达州,割隶羁縻安化州都督府,又割羁縻布州隶羁縻相兴州都督府,羁縻悦州隶羁縻万吉州都督府,羁縻餂州隶羁縻静塞州都督府,羁縻北夏州隶羁縻乐容州都督府,废羁縻前西归、前浮、前吴、前朝四州。大历二年,徙居河东道石州境,废羁縻恤、淳、开元、乌笼、归、昌塞、回乐、万卑、归顺、祐、诺、嵯、乌掌、嶂、盖、思义、思乐十七州。贞元三年,隶夏绥银管内统押诸蕃部落使。十五年,徙居关内道麟州境。十七年,徙居夏州境,复隶朔方管内统押诸蕃部落使。元和五年,罢羁縻都督府及羁縻静边州。

1. 羁縻静边州(677—810)

本原州都督府羁縻州,仪凤二年,内徙银州儒林县境,仍处党项羌拓拔部落,治静边城(今陕西横山县韩岔镇)③,直属夏州都督府。天授三年,置羁縻静边州都督府。大历二年,移治河东道石州境(今山西临县境)。贞元十五年,移治关内道麟州境(今陕西神木县境)。十七年,移治盐州白池县北境(今内蒙古鄂托克前旗境)。

2. 羁縻恤州(677—767)

本剑南道翼州都督府羁縻州,仪凤二年,内徙银州儒林县境(今横山县波罗镇)④,仍处诸羌部落,直属夏州都督府。天授三年,隶羁縻静边州都督府。开元十一年,废羁縻达州来属。永泰元年,复析置羁縻达州。大历二

---

① 《册府元龟》卷974:开元九年六月,制曰:"党项大首长、故监门卫右将军、使持节达、恤等一十二州诸军事、兼静边州都督、仍充防御部落使拓拔思泰……仍以其子守寂袭其官爵。"周伟洲《早期党项史研究》第246页云达州不在静边州都督府内,"达、沺一十二州"应如拓拔守寂墓志所记为"淳、恤等一十八州"。按静边州都督府所领十八州之数,未含静边在内,加静边州应为十九。如《新唐志》所载永泰元年静边州都督府"领州二十五"之数,亦未含静边州在内。达、淳二州皆在开元九年"十八州"之内,不必改"达"为"淳",然则"一十二州"确为"一十八州"之误。
② 《新唐志》关内道党项羁縻州条载,羁縻静边州都督府领本州及二十五州,其"右隶灵州都督府"当系"右隶灵、夏州都督府"之脱误,诸州实际上先后隶灵、夏二府。
③ 周伟洲《早期党项史研究》第244页据新出土拓拔守寂墓志得出。
④ 依地理形势推定。

年,州废。

附旧新州:羁縻达州(692—723,765—767)

天授三年,析夏州德静县地置羁縻达州,治代来故城(今陕西榆林市榆阳区巴拉素镇白城台村)①,以处内徙党项羌部落,隶羁縻静边州都督府。开元十一年,废入羁縻恤州②。永泰元年,复置,割隶羁縻安化州都督府。大历二年,州废。

3. **羁縻布州**(692—767)

天授三年,析银州真乡县地置羁縻布州(今榆林市榆阳区岔河则乡?),以处内附党项羌部落,直属夏州都督府。天宝中,隶羁縻静边州都督府。永泰元年,割隶羁縻相兴州都督府。大历二年,州废。

4. **羁縻悦州**(692—796)

天授三年,析银州真乡县地置羁縻悦州(今榆林市榆阳区小壕兔乡耳林村?),以处内附党项羌部落,直属夏州都督府。天宝中,隶羁縻静边州都督府。永泰元年,割隶羁縻万吉州都督府。贞元十二年,州废。

5. **羁縻𨱑州**(692—796)

天授三年,析夏州德静县地置羁縻𨱑州(今内蒙古乌审旗乌兰陶勒盖镇黄陶勒盖前村?),以处内附党项羌部落,直属夏州都督府。天宝中,隶羁縻静边州都督府。永泰元年,割隶羁縻静塞州都督府。贞元十二年,州废。

6. **羁縻北夏州**(692—767)

天授三年,析夏州德静县地置羁縻北夏州(今乌审旗嘎鲁图镇)③,以处内附党项羌部落,直属夏州都督府。天宝中,隶羁縻静边州都督府。永泰元年,割隶羁縻乐容州都督府。大历二年,州废。

7. **羁縻淳州**(714—767)

本陇右道鄯州都督府正州,开元二年,内徙绥州大斌县境(今横山县高镇)④,

---

① 史志不载羁縻达州。搜《册府元龟》卷974,(开元)九年六月丁酉,制曰:"党项大首长、故监门卫右将军、使持节达、恤等十二州诸军事、兼静边州都督、仍充防御部落使拓拔思泰……仍以其子守寂袭其官爵。"则达州亦为静边州都督府属州之一,今补。羁縻达州初直属夏州都督府,后属羁縻静边州都督府,则其地在今榆林市巴拉素镇一带,白城台村有前秦代来故城,何彤慧等《对毛乌素沙地历史时期沙漠化的认识》(载《历史环境与文明演进——2004年历史地理国际学术研讨会论文集》)认为系唐代城址,盖即其地。
② 李筌《太白阴经》所载六胡州开元十一年尽废,所记党项单州有九,亦应反映当年情形。《新唐志》静边州都督府不载党项达州,则知该州开元十一年已废。
③ 依地理形势推定。
④ 淳州罢徙过程考详上编第十五章《陇右道》第一节"西平郡都督府"安乡郡河州附淳州注。徙入地依地理形势推定。

降为羁縻州,仍处党项羌拓拔部落,隶羁縻静边州都督府。大历二年,州废。

8. 羁縻开元州(677—767)

仪凤二年,析绥州大斌县地置羁縻开元州(今横山县魏家楼镇)①,以处内徙党项羌拓拔部落,直属灵州都督府。天授三年,隶羁縻静边州都督府。大历二年,州废。

9. 羁縻乌笼州(677—767)

仪凤二年,析绥州大斌县地置羁縻乌笼州(今横山县魏家楼镇双城村)②,以处内徙党项羌拓拔部落,直属夏州都督府。天授三年,隶羁縻静边州都督府。大历二年,州废。

10. 羁縻归州(677—767)

仪凤二年,析夏州宁朔县地置羁縻归州(今陕西靖边县青阳岔镇)③,以处内徙党项羌拓拔部落,直属夏州都督府。天授三年,隶羁縻静边州都督府。大历二年,州废。

11. 羁縻昌塞州(677—767)

仪凤二年,析夏州宁朔县地置羁縻昌塞州(今靖边县天赐湾镇)④,以处内徙党项羌拓拔部落,直属夏州都督府。天授三年,隶羁縻静边州都督府。大历二年,州废。

12. 羁縻回乐州(677—767)

仪凤二年,析夏州宁塞县地置羁縻回乐州(今靖边县王渠则镇新城村)⑤,以处内徙党项羌拓拔部落,直属夏州都督府。天授三年,隶静边州都督府。大历二年,州废。

13. 羁縻万卑州⑥(680—767)

本剑南道松州都督府羁縻州,永隆元年,内徙延州罢交县境(今陕西志丹

---

① 据《拓拔守寂墓志》志盖底部文字"弟开元州刺史守义从京师送至银州赴葬",开元州当在静边府附近,今拟于横山县魏家楼乡。参见《榆林碑石》第224页、王富春《唐党项族首领拓跋守寂墓志考释》(载《考古与文物》2004年第3期)。
② 《地名大辞典》第5423页双城乡柴家河:"村北有乌龙洞。"乌笼州盖以此为名。双城乡今为村,属魏家楼镇。
③ 依地理形势推定。
④ 夏州故宁塞县、塞门镇皆在今靖边县中部,"昌塞"州名当与塞门有关,亦应在今靖边县南,今拟于天赐湾镇。
⑤ 《地名大辞典》第5426页新城乡:"古夏州兀喇城。"兀喇,与回乐音近。新城乡,今为村。
⑥ 《新唐志》静边州都督府条原作"卑州"。按《新唐志》松州都督府党项羁縻州有万卑州,而此万卑州《旧唐志》、《太平寰宇记》皆作"卑州",可知"卑州"为"万卑州"省称,静边府之卑州当即松州府之万卑州迁徙而来,全称亦应为"万卑州",今改。

县杏河镇张渠村),仍处诸羌部落,直属夏州都督府。天授三年,隶羁縻静边州都督府。大历二年,州废。

14. **羁縻懿州**(677—765)—**羁縻归顺州**(765—767)

仪凤二年,析延州罢交县地置羁縻懿州(今志丹县顺宁镇)①,以处内徙党项羌拓拔部落,直属夏州都督府。天授三年,隶羁縻静边州都督府。永泰元年,改为羁縻归顺州②。大历二年,州废。

15. **羁縻祐州**(677—767)

本陇右道鄯州都督府羁縻州,仪凤二年,内徙夏州宁塞县境(今靖边县周河镇?),仍处党项羌费听部落,直属夏州都督府。天授三年,隶羁縻静边州都督府。大历二年,州废。

16. **羁縻诺州**(677—767)

本剑南道松州都督府羁縻州,仪凤二年,内徙夏州宁塞县境(今吴起县五谷城乡?),仍处党项羌把利部落,直属夏州都督府。天授三年,隶羁縻静边州都督府。大历二年,州废。

17. **羁縻嵯州**(677—767)

本剑南道松州都督府羁縻州,仪凤二年,内徙夏州宁塞县境(今陕西吴起县周湾镇?),仍处党项羌拓拔部落,直属夏州都督府。天授三年,隶羁縻静边州都督府。大历二年,州废。

18. **羁縻乌掌州**(677—767)

仪凤二年,析庆州洛源县地置羁縻乌掌州(今吴起县吴仓堡乡),以处内徙党项羌拓拔部落,直属夏州都督府。天授三年,隶羁縻静边州都督府。大历二年,州废。

19. **羁縻嶂州**(677—767)

本陇右道鄯州都督府羁縻州,仪凤二年,内徙盐州五原县境(今陕西定边县新安边镇?),仍处内徙党项羌野利部落,直属夏州都督府。天授三年,隶羁縻静边州都督府。大历二年,州废。

20. **羁縻盖州**(677—767)

本陇右道鄯州都督府羁縻州,仪凤二年,内徙盐州五原县境(今定边县杨

---

① 据拓拔守寂墓志,天授三年前,其高祖立伽已兼"十八州部落使",而《新唐志》所列羁縻静边州都督府二十六州减去天授三年所置九州,仅十七州,尚缺一州,考《新唐志》松州都督府言肃宗时(实为高宗上元末)懿州内徙,然检其所列陇右、关内道羁縻州并无懿州,因疑所缺一州即懿州,今补。其地望依地理形势推定。

② 《新唐志》所列永泰元年羁縻静边州都督府已无懿州,又言所列归顺州乃自山南西道迁徙而来,则推知是年改懿州为归顺州。

井镇?),仍处党项羌野利部落,直属夏州都督府。天授三年,隶羁縻静边州都督府。大历二年,州废。

21. **羁縻思义州**(677—767)

仪凤二年,析盐州五原县地置羁縻思义州(今定边县白湾子镇?),以处内徙党项羌拓拔部落,直属夏州都督府。天授三年,隶羁縻静边州都督府。永泰元年,东徙夏州宁朔县境(今横山县赵石畔镇艾好峁村)。大历二年,州废。

22. **羁縻思乐州**(677—767)

仪凤二年,析盐州五原县地置羁縻思乐州(今定边县冯地坑乡)①,以处内徙党项羌拓跋部落,直属夏州都督府。天授三年,隶羁縻静边州都督府。永泰元年,东徙夏州宁朔县境(今靖边县杨桥畔镇麻城界)。大历二年,州废。

23. **羁縻后西归州**(692—796)

永泰元年,以废羁縻前西归州部落置羁縻后西归州于夏州朔方县境(今乌审旗嘎鲁图镇沙如勒努图格嘎查),割隶羁縻清宁州都督府。贞元十二年,州废。

24. **羁縻后浮州**(692—796)

永泰元年,以废羁縻前浮州部落置羁縻后浮州于夏州朔方县境(今乌审旗嘎鲁图镇),割隶羁縻安化州都督府。贞元十二年,州废。

25. **羁縻后吴州**(692—796)

永泰元年,以废羁縻前吴州部落置羁縻后吴州于夏州朔方县境(今乌审旗乌兰陶勒盖镇),割隶羁縻宁保州都督府。贞元十二年,州废。

26. **羁縻后朝州**(692—796)

永泰元年,以废羁縻前朝州部落置羁縻后朝州于夏州朔方县境(今乌审旗乌审召镇乌审召嘎查),割隶羁縻永平州都督府。贞元十二年,州废。

(三) 羁縻云中州都督府

羁縻云中州都督府(681—786)

本单于都护府羁縻都督府,永隆二年,并羁縻云中、舍利、思璧、那、绰、白登六州寄治夏州境。垂拱二年,改隶夏州都督府。

武周长安四年,羁縻云中州都督府领羁縻云中、舍利、思璧、那、绰、白登

---

① 《新唐书》卷221《党项传》:永泰元年,以吐蕃入寇,"破丑、野利、把利三部及思乐州刺史拓拔乞梅等皆入朝,宜定州刺史折磨布落、芳池州野利部落并徙绥、延州",可知思乐州原在静边州都督府西境,今拟于冯地坑乡。

六州。

唐开元十六年,废羁縻舍利、思璧、那、绰、白登五州①。

天宝元年,隶朔方郡都督府。十三载,羁縻云中州都督府领羁縻云中一州。至德二载,隶怀德郡都督府。

乾元元年,隶夏州都督府。永泰元年,徙居盐州境,隶盐州都督府。贞元二年,羁縻云中州都督府及羁縻云中州并废。

羁縻云中州(681—786)

永隆二年,析夏州朔方县地置羁縻云中州,治云中城(今内蒙古乌审旗嘎鲁图镇沙如勒努图格嘎查),仍处突厥阿史那部落②,置羁縻云中州都督府。永泰元年,移治盐州白池县北境(疑即故归仁城,今鄂托克前旗敖勒召其镇敖勒召其古城)③。

附旧州1:羁縻舍利州(681—728)

永隆二年,析夏州朔方县境置羁縻舍利州(今乌审旗中部),仍处突厥舍利部落,隶羁縻云中州都督府。开元十六年,州废。

附旧州2:羁縻思璧州(681—728)

永隆二年,析夏州朔方县境置羁縻思璧州(今乌审旗中部),仍处突厥思璧部落,隶羁縻云中州都督府。开元十六年,州废。

附旧州3:羁縻那州(681—728)

永隆二年,析夏州朔方县境置羁縻那州(今乌审旗中部),仍处突厥阿史那部落,隶羁縻云中州都督府。开元十六年,州废。

附旧州4:羁縻绰州④(681—728)

永隆二年,析夏州朔方县境置羁縻绰州(今乌审旗中部),仍处突厥绰部落,隶羁縻云中州都督府。开元十六年,州废。

附旧州5:羁縻白登州(681—728)

永隆二年,析夏州朔方县境置羁縻白登州(今乌审旗中部),仍处突厥奴

---

① 《册府元龟》卷170、974载,开元三年十月,投降北蕃奴赖大首领前白登州刺史奴赖孝为左领军将军,依旧兼刺史,则开元初白登等数州仍存。《旧唐志》载开元中云中府尚存五千六百多口,当为数州之数,故推测此数州至开元十六年与达浑府同时废。
② 《旧唐志》作"党项部落",误。考详汤开建《隋唐时期党项部落迁徙考》(载《暨南学报》1994年第1期)。
③ 史志不载其事。按宝应元年宥州废入盐、夏二州,永泰元年置盐州都督府,则原居夏州东境之羁縻云中、定襄、桑干、呼延四州都督府突厥部落已西迁至盐州境隶之。
④ 《旧唐志》、《太平寰宇记》作"绰部州",今依《新唐志》。

赖部落,隶羁縻云中州都督府。开元十六年,州废。

(四) 羁縻定襄州都督府
羁縻定襄州都督府(681—786)

本单于都护府羁縻都督府,永隆二年,并羁縻定襄、阿德、执失、苏农、拔延五州寄治夏州境。垂拱二年,改隶夏州都督府。

武周长安四年,羁縻定襄州都督府领羁縻定襄、阿德、执失、苏农、拔延五州。

唐开元十六年,废羁縻阿德、执失、苏农、拔延四州①。

天宝元年,隶朔方郡都督府。十三载,羁縻定襄州都督府领羁縻定襄一州。

乾元元年,隶夏州都督府。永泰元年,割隶盐州都督府。贞元二年,羁縻都督府及羁縻定襄州并废。

羁縻定襄州(681—796)

永隆二年,析夏州宁朔县东境置羁縻定襄州(今陕西横山县城横山镇)②,仍处突厥阿史德部落,置羁縻定襄州都督府。永泰元年,移治夏州长泽县西境(疑即故怀德城,今鄂托克前旗昂素镇巴彦呼日呼古城)③。

附旧州1:**羁縻阿德州**(681—728)

永隆二年,析夏州宁朔县东境置羁縻阿德州(今横山县西境),仍处突厥阿史德部落,隶羁縻定襄州都督府。开元十六年,州废。

附旧州2:**羁縻执失州**(681—728)

永隆二年,析夏州宁朔县东境置羁縻执失州(今横山县西境),仍处突厥执失部落,隶羁縻定襄州都督府。开元十六年,州废。

附旧州3:**羁縻苏农州**(681—728)

永隆二年,析夏州宁朔县东境置羁縻苏农州(今横山县西境),仍处突厥苏农部落,隶羁縻定襄州都督府。开元十六年,州废。

附旧州4:**羁縻拔延州**(681—728)

永隆二年,析夏州宁朔县东境置羁縻拔延州(今靖边县东境),仍处突厥拔延部落,隶羁縻定襄州都督府。开元十六年,州废。

---

① 《旧唐志》载开元中定襄府尚存一千四百多口,当为数州之数,故推测此数州至开元十六年与达浑府同时废。
② 依地理形势推定。
③ 参详上文羁縻云中州都督云中州注。

（五）羁縻桑干州都督府
羁縻桑干州都督府(681—786)

本单于都护府羁縻都督府，永隆二年，并羁縻桑干、郁射、艺失、卑失、叱略五州寄治夏州境。垂拱二年，改隶夏州都督府。

武周长安四年，羁縻桑干州都督府领桑干、郁射、艺失、卑失、叱略五州。

唐开元十六年，废羁縻郁射、艺失、卑失、叱略四州①。

天宝元年，隶朔方郡都督府。十三载，羁縻桑干州都督府领羁縻桑干一州。至德二载，隶怀德郡都督府。

乾元元年，隶夏州都督府。永泰元年，割隶盐州都督府。贞元二年，羁縻桑干州都督府及羁縻桑干州并废。

羁縻桑干州(681—786)

永隆二年，析夏州朔方县地置羁縻桑干州（今内蒙古乌审旗乌审召镇乌审召嘎查）②，并置羁縻桑干州都督府。永泰元年，移治朔方县西北境（疑即故延恩城，今鄂托克旗乌兰镇呼和陶勒盖）③。

附旧州1：**羁縻郁射州**(681—728)

永隆二年，析夏州朔方县地置羁縻郁射州（今乌审旗北境），仍处突厥郁射施部落，隶羁縻桑干州都督府。开元十六年，州废。

附旧州2：**羁縻艺失州**(681—728)

永隆二年，析夏州朔方县地置羁縻艺失州（今乌审旗北境），仍处突厥多地艺失部落，隶羁縻桑干州都督府。开元十六年，州废。

附旧州3：**羁縻卑失州**(681—728)

永隆二年，析夏州朔方县地置羁縻卑失州（今乌审旗北境），仍处突厥卑失部落，隶羁縻桑干州都督府。开元十六年，州废。

附旧州4：**羁縻叱略州**(681—728)

永隆二年，析夏州朔方县地置羁縻叱略州（今乌审旗北境），仍处突厥叱

---

① 《册府元龟》卷964载，开元三年八月，以降附诸蕃郁射施大首领鹊屈利斤、大首领刺史苾悉颉力各兼羁縻州刺史。鹊屈颉斤所兼当为郁射州刺史，苾悉颉力所兼当为毕失州刺史，则开元中此数州仍存。《旧唐志》载开元中桑干府尚存一千三百多口，当非一州之数，故推测此数州至开元十六年与达浑府同时废。
② 依地理形势推定。
③ 参详上文羁縻云中州都督云中州注。

略部落,隶羁縻桑干州都督府。开元十六年,州废。

(六) 羁縻呼延州都督府

羁縻呼延州都督府(681—786)

本单于都护府所领羁縻呼延州都督府,永隆二年,并羁縻呼延、贺鲁、那吉三州寄治夏州境。垂拱二年,改隶夏州都督府。

武周长安四年,羁縻呼延州都督府领呼延、贺鲁、那吉三州。

唐开元四年,以废羁縻跌跌州都督府之羁縻跌跌州来属,废羁縻贺鲁、那吉二州①。九年,废羁縻跌跌州。

天宝元年,隶朔方郡都督府。十三载,羁縻呼延州都督府领羁縻呼延一州。至德二载,隶怀德郡都督府。

乾元元年,隶夏州都督府。永泰元年,徙居盐州境,隶盐州都督府。贞元二年,羁縻呼延州都督府及羁縻呼延州并废②。

羁縻呼延州(681—786)

永隆二年,析夏州朔方县地置羁縻呼延州,治呼延城(今内蒙古乌审旗苏力德苏木),仍处突厥呼延部落③,置羁縻呼延州都督府。永泰元年,移治盐州白池县横槽烽(今宁夏盐池县花马池镇苏步井村兴武营)④。

附旧州1:**羁縻贺鲁州**(681—716)

永隆二年,析夏州朔方县地置羁縻贺鲁州(今乌审旗苏力德苏木通史村),仍处突厥贺鲁部落,隶羁縻呼延州都督府。开元四年,州废。

附旧州2:**羁縻那吉州**(681—716)

永隆二年,析夏州朔方县地置羁縻那吉州(今乌审旗苏力德苏木陶利村),仍处突厥葛逻禄部落,隶羁縻呼延州都督府。开元四年,州废。

---

① 《旧唐书》卷103《郭知运传》:"开元四年冬,突厥降户阿悉烂、跌跌思太等率众反叛。"同书《突厥传》:"俄而降户阿悉烂、跌跌思泰等复自河曲叛归。"段连勤《丁零、高车与铁勒》第424页云:"经过此次斗争,灵、夏二州的数十万铁勒人,绝大多数都逃回漠北去了。"按自灵、夏二州逃回漠北者,亦有突厥部民,且数十万人未免夸大,然呼延州多数部民北归,当是事实,推测贺鲁、那吉二州部众亦于是年北归。
② 贞元二年盐州陷于吐蕃,盐州都督府及其所领羁縻府州当并废。
③ 《旧唐志》作"党项部落",误。
④ 《旧唐书》卷67《李勣传》:"贞元十七年,吐蕃陷麟州,驱掠民畜而去,至盐州西横槽烽,蕃将号徐舍人者,环集汉俘于呼延州。"呼延州废于贞元二年,此谓其故址。

附旧州 3：羁縻跌跌州（715—721）

开元三年，析夏州朔方县地置羁縻跌跌州（今乌审旗苏力德苏木阿拉格陶勒盖）①，仍处突厥跌跌部落，兼置羁縻跌跌州都督府。四年，改隶羁縻呼延州都督府。九年，部众相率叛走，州废②。

附旧府：羁縻跌跌州都督府（715—716）

开元三年，以内附后突厥跌跌思泰部落置羁縻授跌跌州都督府及羁縻跌跌州③，居中受降城南（今内蒙古达拉特旗境），隶安北都护府。寻移居夏州境，隶夏州都督府。四年，复叛归漠北④，罢羁縻都督府，余众一部以羁縻跌跌州隶羁縻呼延州都督府，一部仍散居中受降城南。

（七）羁縻归德州都督府

羁縻归德州都督府（699—大中间）—羁縻兴宁州都督府（大中间—907）

武周圣历二年，析银州境置羁縻归德州都督府及羁縻归德州，隶夏州都督府，割夏州都督府直辖羁縻宽、浑二州来属。长安四年，羁縻归德州都督府领羁縻归德、宽、浑三州。

唐开元二年，羁縻宽、浑二州直属夏州都督府。三年，置羁縻清塞州。

天宝元年，隶朔方郡都督府。十三载，羁縻归德州都督府领羁縻归德、清塞二州。

乾元元年，隶夏州都督府。永泰元年，置羁縻兴宁州。贞元三年，隶夏绥银管内统押诸蕃部落使。元和十五年，羁縻归德州都督府领羁縻归德、兴宁、清塞三州。

---

① 《旧唐书》卷 194《突厥传》："（开元三年）跌跌都督跌跌思泰等各率其众相继来降，前后总万余帐，制令居河南之旧地。"河南旧地盖指贞观年间突厥曾居之夏州地。羁縻跌跌后改隶羁縻呼延州都督府，当与呼延州为邻，今拟于乌审旗苏力德苏木（旧名沙尔利格苏木）北境。
② 《旧唐书》卷 93《王晙传》："（开元）九年，兰池州胡苦于赋役，诱降房余烬攻夏州反叛。……晙所招抚降者，（郭）知运纵兵击之，贼以为晙所卖，皆相率叛走。"此"降房余烬"盖即原羁縻呼延州都督府跌跌州部民。《旧唐志》羁縻呼延州都督府仅有一百多户、六百余口，可知开元末仅存呼延一州，跌跌等州已废。
③ 《册府元龟》卷 964："开元三年八月，制曰：跌跌思太兼跌跌都督。"《新唐志》呼延州都督府："跌跌州，初为都督府，隶北庭，后为州，来属。"当指开元三、四年间跌跌都督置废改隶一事。都督跌跌思太先居中受降城（时为安北都护府治）南，寻移居夏州，不得隶北庭，"北庭"二字当为"安北"之误。
④ 《旧唐书》卷 103《郭知运传》。考详段连勤：《丁零、高车与铁勒》，第 424 页。然段氏以为该部属夏州铁勒，恐非。

大中年间,都督府移治羁縻兴宁州,改为羁縻兴宁州都督府①。咸通十四年,羁縻兴宁州都督府领羁縻兴宁、归德、清塞三州。

1. 羁縻归德州(699—907)

圣历二年,析银州儒林县地置羁縻归德州,治归德城(今陕西榆林市榆阳区榆阳镇归德堡),以处内附吐谷浑论氏部落②,并置羁縻归德州都督府。永泰元年,析置羁縻兴宁州。大中年间,隶羁縻兴宁州都督府。

附新州:羁縻兴宁州(765—907)

永泰元年,析羁縻归德州置羁縻兴宁州(今榆林市榆阳区新明楼街道),以处内附吐谷浑白氏部落③,隶羁縻归德州都督府。大中年间,自羁縻归德州移都督府治于此,改隶羁縻兴宁州都督府。

2. 羁縻清塞州(715—907)

开元三年,析羁縻归德州置羁縻清塞州(今榆林市榆阳区牛家梁镇)④,以处内附吐谷浑慕容部落⑤,隶羁縻归德州都督府。大中年间,隶羁縻兴宁州都督府。

附新府一:羁縻仆固州都督府(765—810)

永泰元年,置羁縻仆固州都督府及羁縻仆固州,隶夏州都督府。贞元三年,隶夏绥银管内统押诸蕃部落使。元和五年,羁縻都督府及羁縻仆固州并废。

附新州:羁縻仆固州(765—810)

永泰元年,析夏州朔方县地置羁縻仆固州(今内蒙古乌审旗苏力德苏木

---

① 史志不载此事。据《故延州安塞军防御使检校左仆射南阳白公(敬立)府君墓志》(载《全唐文补遗》第八辑):夏州人白敬立曾祖令光为夏州武官,年一百廿四岁充兴宁府都督,祖奉林、父文亮、兄元楚继任都督,而敬立卒于景福二年,年四十二岁。以此推算,白令光生于开元中,任兴宁都督当在大中年间,未言族属,推测可能是永泰间徙自山南之吐谷浑部落。
② 吕建福《土族史》第132页考证归德州都督论弓仁、论惟清属部为吐浑人。同页言圣历二年论弓仁归唐内迁,开元五年时"兼归德州都督府皆如故",则归德州吐浑羁縻都督府两《唐志》失载。《旧唐志》银州附归德州云"处降党项羌",《新唐志》于灵州都督府党项羁縻州序后附有侨治银州境之清塞、归德二州,疑本是吐浑羁縻州,两《唐志》与侨治庆州境之党项归德州相混。
③ 疑来自山南西道之羁縻朝凤州。
④ 以"清塞"一名观之,当位处长城沿边,今拟于牛家梁镇。
⑤ 《册府元龟》卷974:"开元三年八月丙辰,高丽、吐浑等诸蕃降附。制曰:'吐浑大首领刺史慕容道奴……可左威卫将军员外置,兼刺史,封云中郡开国公。'"《新唐书》突厥传:"吐谷浑大酋慕容道奴……相踵款边,诏内之河南。"《新唐志》灵州都督府党项羁縻州有清塞、归德二州,按归德州依吕建福《土族史》第132页所考,系吐浑羁縻州,则清塞州亦是,今推测即是开元三年以慕容道奴部所置。吕氏以为道奴部所置羁縻州属突厥云中州都督府,恐非。

陶利村)①,以处内附回纥仆固部落②,并置羁縻仆固州都督府。

附新府二：羁縻前宁朔州都督府(767—810)

大历二年,以羁縻前宁朔州置羁縻前宁朔州都督府③,隶夏州都督府。贞元三年,隶夏绥银管内统押诸蕃部落使。元和五年,羁縻府州并废。

附新州：羁縻后宁朔州(767—810)

本朔方管内统押诸蕃部落使羁縻长乐州都督府羁縻州,大历二年,移治夏州朔方县境(今乌审旗苏力德苏木),仍处吐谷浑部落④,并置羁縻前宁朔州都督府。元和五年,部民徙居阴山⑤,州废。

附一　丰州都督府曾领

丰州都督府(649—652,665—722)

贞观二十三年(649),割胜州都督府羁縻呼延州都督府来属丰州都督府。
永徽元年(650),置直辖羁縻地区,割羁縻呼延州都督府隶前瀚海都护府。
武周长安四年(704),丰州都督府有一直辖羁縻地区。
唐开元十年(722),罢直辖羁縻地区。

附旧区：直辖羁縻地区(650—652,665—722)
永徽元年,以羁縻戍州为直辖羁縻地区。三年,罢。麟德二年,割灵州都

---

① 依地理形势推定。
② 史志不载羁縻仆固州都督府始置年代。按两《唐志》羁縻仆固州都督府与永泰元年后置于夏州境之羁縻后安化、前宁朔二州都督府并列,而《资治通鉴》载永泰元年十月有仆固怀恩侄仆固名臣自回纥营率千余骑来降,则仆固州羁縻都督府当系安置该部而置。另据《资治通鉴》,开元年间有仆固都督曳勒歌、勺磨等人,然该都督与拔曳固都督、同罗都督、霫都督、回纥都督并列,乃后突厥国及回纥汗国为回纥外九姓部落酋长所封旨号,非唐朝所授。驻地依地理形势推定
③ 两《唐志》列羁縻宁朔州都督府于夏州都督府朔方县界,可知其为大历后新置羁縻都督府。
④ 《新唐书》卷221《党项传》："宁朔州吐谷浑住夏西,以离沮之。"《新唐志》亦以代宗时所置夏府宁朔州为吐谷浑州。周伟洲《吐谷浑史》第162页推测夏府宁朔州以开元三年来降慕容道奴部置,据本章第四节"灵武郡都督府"羁縻前乐容州都督府羁縻宁朔州条所考,开元时宁朔州乃突厥羁縻州,且不在"河南",吐谷浑宁朔州永泰元年初置于灵府境,大历二年乃徙居夏府境,故不得为道奴部可知。道奴部所置,疑是清塞州,参详上文羁縻归诚州都督府羁縻清塞州条。
⑤ 《册府元龟》卷956："退浑者,本吐谷浑之族,音讹曰退浑。唐至德后,吐蕃强盛,乃徙居阴山。"据吕建福《土族史》第138页考证,吐谷浑部(郭声波按：疑即宁朔州部民)徙居阴山在元和间,今姑定于元和五年,与罢党项十三府同时。

督府羁縻高阙州来属,为直辖羁縻地区。

武周长安四年,丰州都督府直辖羁縻高阙一州。

唐开元十年,羁縻高阙州废。

附旧州1:羁縻戍州(650—652)

永徽元年,以内附延陀部落置羁縻戍州(今内蒙古杭锦后旗三道桥镇?),直属丰州都督府。三年,徙其部落于漠北,另建羁縻祁连州①。

附旧州2:羁縻高阙州(665—722)

本灵州都督府直辖羁縻州,麟德二年,徙居丰州永丰县西境(今内蒙古磴口县沙金套海苏木)②,仍处铁勒斛薛部落,直属丰州都督府。开元十年,州废③。

附二 胜州都督府曾领

胜州都督府(630—650)

贞观四年,胜州都督府拟置羁縻定襄都督府,既而改置羁縻北抚州都督府。八年,改羁縻北抚州都督府为羁縻祐州都督府。十三年,罢羁縻祐州都督府,置藩属突厥国(见本章附五"单于都护府曾领"附藩属突厥国)。十九年,罢藩属突厥国。二十年,置羁縻呼延州都督府。二十三年,置羁縻云中州都督府,割羁縻呼延州都督府隶丰州都督府。

永徽元年,割羁縻云中州都督府隶前瀚海都督府。

附旧府:羁縻北抚州都督府(630—633)—羁縻抚州都督府(633—634)—羁縻祐州都督府(634—639)

---

① 《册府元龟》卷91:"永徽三年六月戊申,诏兵部尚书崔敦礼并州都督府长史张绪发并、汾步骑万人,往戍州,发遣延陀余众渡河,置祁连州以处之。"戍州,《资治通鉴》作茂州,王永兴《唐代经营西北研究》第27页以为置在薛延陀旧地,段连勤《隋唐时期的薛延陀》第124页以为即胜州都督府故威州之误,按威州贞观八年已废。今依地理形势,拟于河套西北隅之杭锦后旗。

② 《旧唐书》卷185《崔知温传》:"麟德中,累转灵州都督府司马。州界有浑、斛薛部落万余帐,知温表请徙于河北。前后十五上,诏竟从之。"河北,刘统《唐代羁縻府州研究》第153页以为高阙州在今杭锦后旗黄河西北,段连勤《丁零、高国与铁勒》第419页以为斛薛移在今阿拉善左旗一带,汤开建《唐李筌〈太白阴经·关塞四夷篇〉西北诸道部族考证》以为在杭锦后旗与乌拉特中后联合旗中间,笔者以为在今磴口县境故鸡鹿塞一带,地属丰州。《唐会要》卷72:"斛薛马与碛南突厥同类,今在故金门城北阴山安置,今皋兰门。"皋兰门,疑即故鸡鹿塞,有路通漠北皋州,故名。

③ 据《册府元龟》卷170、卷974载,开元三年十月,斛薛大首领移利殊功来降,仍授刺史,放还。所授刺史,当即高阙州刺史,可见高阙州是时犹存。开元十年,罢丰州都督府,是时铁勒北返,高阙州亦当废。

贞观四年，以拟置羁縻定襄都督府之羁縻北抚、祐二州置羁縻北抚州都督府，处来降突厥颉利部落①，隶胜州都督府。七年，改羁縻北抚州为羁縻抚州，都督府为羁縻抚州都督府。八年，改为羁縻祐州都督府，省绥州开光县来属。十三年，羁縻府州并罢。

附旧州1：羁縻北抚州(630—633)—羁縻抚州(633—639)

贞观四年，以绥州抚宁县地置羁縻北抚州，治抚宁城(今陕西米脂县龙镇)，置羁縻北抚州都督府。七年，移治开光县②，改为羁縻抚州，隶羁縻抚州都督府③。八年，隶羁縻祐州都督府。十三年，州废。

附旧州2：羁縻祐州(630—639)

贞观四年，以胜州银城县地置羁縻祐州，治银城(今陕西神木县神木镇黄石头地村)④，隶羁縻北抚州都督府。七年，移治绥州开光城(今榆林市榆阳区大河塔镇芦家铺)，隶羁縻抚州都督府。八年，改置羁縻祐州都督府。十三年，州废。

附三　怀德郡都督府曾领

怀德郡都督府(757—758)—盐州都督府(765—786)

至德二载(757)，以朔方节度使怀德郡置怀德郡都督府，割朔方郡都督府羁縻云中、桑干、呼延三州都督府来属。乾元元年(758)，罢都督府，羁縻云中、定襄、桑干、呼延三州都督府隶夏州都督府。

永泰元年(765)，置盐州都督府，割夏州都督府羁縻云中、定襄、桑干、呼延四州都督府来属。贞元二年(786)，陷于吐蕃，羁縻府州并废。

---

① 《资治通鉴》贞观四年六月："以中郎将史善应为北抚州都督。"史善应生于隋朝，并任职禁军，是汉化突厥人，唐以其统治来降突厥部落。
② 艾冲：《公元7—9世纪鄂尔多斯高原人类经济活动与自然环境演变研究》，第69页。
③ 依羁縻北宁州都督改宁州都督例推测。
④ 《通典》卷197《突厥》："太宗竟用其计，于朔方之地，(自)幽州至灵州，置顺、祐、化、长四州都督府以处之。"顺州在今大同市，化州在今榆林市，长州在今鄂托克前旗，以地理形势观之，祐州当在榆林、大同之间。按《旧唐志》，绥州开光县曾割隶(实为省人)羁縻祐(原误作柘)州，则开光县如艾冲《唐前期东突厥羁縻都督府的置废与因革》(载《中国历史地理论丛》2003年第2期)所言，确曾为羁縻祐州所治。然贞观七年前，开光县为羁縻北开州治，此前祐州当在别处，亦不会太远，应在今神木县境。依贞观四年颉利六州皆寄治夏、绥、银州各县城推知，羁縻祐州初治银城县城。

附四 安北都护府曾领

藩属薛延陀国(629—647)—燕然都护府(647—663)—后瀚海都护府(663—669)—安北都护府(669—688)—行安北都护府(688—693)—安北都护府(708—747)—天德军等处管内统押诸蕃部落使(836—843)

贞观三年(629),铁勒薛延陀部酋长夷男自称可汗于漠北①,建牙郁督军山下俱伦水南(今蒙古国后杭爱省赫吞特县境)②,遣使朝唐,受唐册封,为藩属国③,寻与唐共灭东突厥。二十一年,唐灭薛延陀国,置燕然都护府,并置羁縻瀚海、卢山、燕然、金微、龟林、幽陵六州都督府及一直辖羁縻地区,寄治灵州单于台④,属关内道。二十二年,置羁縻达浑、坚昆二州都督府⑤。二十三年,置羁縻新黎州都督府。

永徽元年(650),置羁縻皋兰州都督府。三年,罢羁縻皋兰州都督府⑥。四年,置羁縻贺兰州都督府⑦。显庆三年(658),置羁縻大漠、玄池、阴山三州都督府,割前瀚海都护府羁縻狼山州都督府来属。五年,置羁縻居延州都督府。龙朔三年(663),移治娑陵水,改燕然都护府为后瀚海都护府,罢羁縻跌跌州都督府。乾封二年(667),罢羁縻大漠、阴山二州都督府⑧。总章二年(669),改后瀚海都护府为安北都护府,罢羁縻狼山、新黎州都督府。调露元年(679),复置羁縻大漠、阴山二州都督府,割隶陇右道金山都护府⑨。垂拱四年(688),羁縻瀚海、燕然、贺兰、卢山、达浑五都督府地为后突厥所占,羁縻金

---

① 《通典》卷197《突厥》、《旧唐书》卷194《突厥传》。
② 段连勤《隋唐时期的薛延陀》(三秦出版社,1988年)第60—65页考证薛延陀汗国牙帐在今蒙古国鄂尔浑河上游之地,从之。
③ 关于薛延陀对唐朝的藩属关系,段连勤《隋唐时期的薛延陀》第94—108页有详细论证,可参。
④ 参详上编第一章《关内道》第八节"安北都护府"序。
⑤ 《旧唐书》卷3《太宗纪》、《唐会要》卷73。
⑥ 浙江大学图书馆"中国历代墓志数据库"所收《唐元礼臣墓志》载:永徽三年,礼臣迁"使持节都护燕然、金微、幽陵、龟林、卢山、〔坚昆〕(昆坚)、瀚海、狼山八都督府",多狼山,少达浑、新黎。
⑦ 《文献通考》卷344。
⑧ 《资治通鉴》龙朔二年十二月:"继往绝寻卒,十姓无主,有阿史那都支及李遮匐收其余众,附于吐蕃。"继往绝即阿史那步真,《新唐书》卷215《突厥传》云步真卒于乾封时,则《资治通鉴》系年有误。薛宗正《中亚内陆——大唐帝国》第142页云:"乾封二年阿史那步真死,李遮匐叛唐附蕃,阴山、大漠、玄池三羁縻都督府一度废置。"今从之。
⑨ 《新唐志》咽面州都督府:"初,玄池、咽面为州,隶燕然,长安二年为都督府,隶北庭。"

微、龟林、幽陵、居延四州都督府亦附后突厥①，割羁縻达浑州都督府隶夏州都督府，安北都护府寄治于陇右道甘州境，为行都护府，复置羁縻皋兰州都督府。

武周长寿二年(693)，罢行安北都护府，所领羁縻瀚海、卢山、皋兰、贺兰、坚昆五州都督府隶陇右道安北都护府。

唐景龙二年(708)，安北都护府自陇右道来属，仍领羁縻坚昆州都督府。天宝六载(747)，罢羁縻坚昆州都督府。

开成元年(836)，置羁縻宁朔州都督府及羁縻后宁朔州，隶天德军等处管内统押诸蕃部落使。会昌三年(843)，割隶振武麟胜等军州管内统押诸蕃部落使②。

附旧区：直辖羁縻地区(647—693)

贞观二十一年，平薛延陀，置羁縻皋兰、鸡鹿、鸡田、榆溪、蹛林、寘颜、居延七州③，为燕然都护府直辖羁縻地区。二十二年，置羁縻浚稽、仙萼、玄阙、烛龙四州。二十三年，置羁縻思壁、白登二州。

永徽元年，置羁縻溪弹、稽落、贺兰三州，割羁縻皋兰、浚稽二州隶羁縻皋兰州都督府。二年，废羁縻稽落州。三年，置羁縻祁连州并复置羁縻稽落州，以废羁縻皋兰州都督府之羁縻皋兰、浚稽二州来属，改羁縻皋兰州为羁縻西皋兰州④。四年，割羁縻贺兰、榆溪二州隶羁縻贺兰州都督府。显庆五年，割羁縻居延、寘颜二州隶羁縻居延州都督府。龙朔三年，改为后瀚海都护府直辖羁縻地区，改羁縻玄阙州为羁縻余吾州，割羁縻瀚海都督府羁縻燕山州来属，割羁縻思壁、白登二州隶单于都护府羁縻云中州都督府。总章二年，改为安北都护府直

---

① 《旧唐书》卷199《铁勒传》："至则天时，突厥强盛，铁勒诸部在漠北者渐为所并，回纥、契苾、思结、浑部徙于甘、凉二州之地。"段连勤《丁零、高车与铁勒》第400页云："根据突厥碑文所载，结合唐史有关记述，可以肯定后突厥汗国的创始人骨咄禄对漠北铁勒诸部进行了征服，其时间应在公元八六七年(垂拱三年)。"今定于垂拱四年，是时安北都护府西迁甘州而未南迁河套，表明当时安北都护府西部和北部仍在唐朝掌控之下，骨咄所占为中部之部分直辖羁縻地区及瀚海(回纥)、燕然(多滥葛)、贺兰(契苾)、卢山(思结)、达浑(薛延陀)诸府地，东部之龟林(同罗)、金微(仆固)、幽陵(拔野古)、居延(白霫)诸府亦叛附后突厥。
② 据《旧唐书》卷19《僖宗纪》，乾符二年十月，以李琢充天德军丰州西城中城都防御使、本管押蕃落等使，表明天德军等处管内押诸蕃部落使会昌后仍然存在，然未见所领羁縻府州，疑仅为羁縻部落，故不录。
③ 《通鉴纪事本末》卷28："贞观二十一年夏四月丙寅，置燕然都护府，统瀚海等六都督、皋兰等七州。"与此合。《太平寰宇记》卷38振武军条下载："领羁縻州八：金微州、幽陵州、龟林州、鸡田州、鸡鹿州、赤野州、居延州、燕然州，皆武德已后降蕃部落所居。"盖举燕然都护府曾辖诸州而言。
④ 上引《唐元礼臣墓志》载，永徽三年，礼臣迁燕然都护，领蹛林、榆溪、鸡田、鸡鹿、烛龙、新黎、浑河、皋兰、〔玄〕(皋)阙、浚稽、祁连十一州，少寘颜、居延、仙萼、烛龙、溪弹、思壁、白登、多新黎。

辖羁縻地区，以废羁縻新黎州都督府之羁縻新黎州，废羁縻狼山州都督府之羁縻狼山、浑河二州来属。永隆二年，羁縻溪弹州改隶羁縻达浑州都督府。垂拱四年，割羁縻蹛林州隶羁縻卢山州都督府，羁縻西皋兰州隶羁縻皋兰州都督府。

武周长寿二年，羁縻祁连、燕山、浑河、狼山、新黎、仙萼、鸡田、稽落、鸡鹿、余吾、烛龙十一州归后突厥①。

附旧州 1：羁縻蹛林州（647—693）

贞观二十一年，以薛延陀国故地置羁縻蹛林州（今蒙古国前杭爱省北境），以处铁勒思结别部阿布思部落②，直属燕然都护府。龙朔三年，直属后瀚海都护府。总章二年，直属安北都护府。垂拱四年，寄治陇右道甘州同城镇（今内蒙古额济纳旗达来呼布镇吉日嘎朗图嘎查哈日浩特遗址），割隶羁縻卢山州都督府。长寿二年，徙治甘州删丹县境（以后沿革见本编第十章《河西道羁縻地区》第一节"武威郡都督府所领"羁縻卢山州都督府）。

附旧州 2：羁縻皋兰州（647—652）—羁縻西皋兰州（652—693）

贞观二十一年，以薛延陀国故地置羁縻皋兰州（今蒙古国巴彦洪戈尔省北境），以处铁勒浑部落③，直属燕然都护府。二十二年，析置羁縻浚稽州。永徽元年，割置羁縻皋兰州都督府。三年，罢羁縻都督府，羁縻皋兰州直属燕然都护府，改为羁縻西皋兰州，并析置羁縻祁连州。龙朔三年，直属后瀚海都护府。总章二年，直属安北都护府。垂拱四年，寄治陇右道甘州同城镇，复置羁縻皋兰州都督府。长寿二年，徙治甘州删丹县境（以后沿革见本编第十章《河西道羁縻地区》第一节"武威郡都督府所领"羁縻皋兰州都督府）。

附旧州 3：羁縻浚稽州（648—688）

贞观二十二年④，析羁縻皋兰州地置羁縻浚稽州（今蒙古国前杭爱省博

---

① 《新唐书》卷 217《回鹘传》："武后时，突厥默啜方强，取铁勒故地，故回纥与契苾、思结、浑三部渡碛，居甘、凉间。"默啜天授二年即位后，数年未侵唐，当着力于继续完成骨咄禄未竟的统一漠北地区西、北部的事业，至长寿三年始攻唐，表明长寿二年默啜已完成了漠北的统一，是年安西都护府东迁河套，亦证明安北都护府西、北部直辖羁縻地区除坚昆州都督府外，已尽数归于默啜。

② 《旧唐书》卷 195《回纥传》云以阿布思为（归）〔蹛〕林州，《唐会要》卷 73、《资治通鉴》贞观二十一年皆云以思结别部为蹛林州，则阿布思即思结别部。《新唐书》卷 217《回鹘传》："思结在延陀故牙。"即在瀚海城附近，今拟于前杭爱省北境。《唐会要》卷 72："匐利羽马，碛南突厥马也，刚摩利施山北，今蹛林州。"刚摩利施山，又见于卢山州，在今蒙古国前杭爱省阿尔拜赫雷东南。

③ 《唐会要》卷 73 安北都护府："贞观二十一年正月九日，以浑部置皋兰州。"浑部，汤开建《唐李筌〈太白阴经·关塞四夷篇〉西北诸道部族考证》以为当依《太白阴经》作"浑邪"。

④ 《旧唐书》卷 194《突厥传》："车鼻既破之后，突厥尽为封疆之臣，于是分置单于、瀚海二都护府……瀚海都护府领瀚海、金微、新黎等七都督，仙萼、贺兰等八州。"按车鼻可汗亡于永徽元年，瀚海都护府系龙朔三年改燕然都护府置，则仙萼州未必始置于永徽元年。今按《新唐志》浚稽、仙萼二州单列，且此二州非突厥部落，乃析瀚海都督府南北二境而置，有拱卫之意，当与祁连、居延二州并置于贞观二十二年。

格多县科布多),以处铁勒浑别部甸焦部落①,直属燕然都护府。永徽元年,割隶羁縻皋兰州都督府②,并析置羁縻溪弹州。三年,仍直属燕然都护府。龙朔三年,直属后瀚海都护府。总章二年,直属安北都护府。垂拱四年,州废。

附旧州 4：羁縻溪弹州(650—681)

永徽元年,析羁縻浚稽州地置羁縻溪弹州(今蒙古国南戈壁省境),以处北归铁勒延陀部落③,隶羁縻皋兰州都督府。三年,直属燕然都护府。龙朔三年,直属后瀚海都护府。总章二年,直属安北都护府。永隆二年,内徙夏州境,隶羁縻达浑州都督府。

附旧州 5：羁縻祁连州(652—693)

永徽三年,析羁縻皋兰州地置羁縻祁连州(今蒙古国巴彦洪戈尔省南境),以处铁勒延陀部落④,直属燕然都护府。长寿二年,归后突厥。

附旧州 6：羁縻鸡洛州(658—693)

显庆三年,析羁縻狼山州地置羁縻鸡洛州(今蒙古国戈壁阿尔泰省境),以处突厥葛逻禄部落⑤,隶羁縻狼山州都督府。总章二年,隶北庭都护府羁縻沙陀州都督府。长寿二年,归后突厥。

附旧州 7：羁縻浑河州(650—693)

永徽元年,析羁縻金水州地置羁縻浑河州(今蒙古国扎布汗省境),以处内附西突厥葛逻禄右厢部落⑥,隶羁縻狼山州都督府。总章二年,直属安北都

---

① 《唐会要》卷 72:"浑马与斜薛马同类,今皋兰都督,又分部落在皋兰山买浚鸡山。""山买(買)"二字当为"州西南"之形误。李筌《太白阴经》卷 3:"浑甸焦部为浚稽州。"今蒙古国古尔班博克多山古名浚稽山,浚稽州既属皋兰州都督府,当在近于皋兰州之古尔班博克多山东端,今前杭爱省科布多一带。胡林翼《读史兵略》卷 4《通鉴》:"东浚稽山,东字误倒,当云东至浚稽山,在今三音诺颜右末旗之西。"汤开建《唐李筌〈太白阴经·关塞四夷篇〉西地诸道部族考证》(载《唐宋元间西北史地丛考》,商务印书馆,2013 年)以为在漠南,按唐初漠南基本属单于都护府突厥羁縻州之地,此说恐非。
② 《唐会要》卷 73:"永徽元年三月三日,以皋兰州为都督府,建置稽落州隶焉。"按皋兰州以浑部置,在铁勒之最南,稽落州(即高阙州,《旧唐志》误为高丽州)以斜薛部置,在多滥葛(燕然州)北境,中隔回纥、多滥葛诸部,不得同属于皋兰都督府,而浚稽州以浑别部置,宜其相属,因疑此"稽落州"当系"浚稽州"之误,今改。
③ 《旧唐书》卷 199《铁勒传》:"永徽元年,延陀首领先逃逸者请归国,高宗更置溪弹州以安恤之。"段连勤《隋唐时期的薛延陀》第 126 页考证,溪弹州系永徽元年以留居于金山东今蒙古草原西南隅某地之薛延陀余部置。今从之。
④ 《册府元龟》卷 91;《新唐志》东皋兰州;《资治通鉴》永徽三年六月。
⑤ 《新唐志》北庭都护府有突厥鸡洛州,旧不详所在,依语境,当置废于开元之前。按《后汉书》卷 53《窦融传附窦宪》,汉时阿尔泰山东部余脉博格多山称稽落山。鸡洛,当为稽落异译,在今蒙古国戈壁阿尔泰省境,西与北庭羁縻沙陀州都督府相接,为葛逻禄左厢地,后突厥有跌跌部落,疑即原鸡洛州部民。
⑥ "右厢",《新唐志》作"左厢",今依《唐会要》卷 73。《地图集》置浑河州于今蒙古国扎布汗省境,从之。

护府。长寿二年,归后突厥。

附旧州 8:羁縻新黎州(649—693)

贞观二十三年,析羁縻金水州地置羁縻新黎州(今蒙古国乌布苏省境),以处内附西突厥拔悉密部落①,并置羁縻新黎州都督府。总章二年,罢羁縻都督府,直属安北都护府。长寿二年,归后突厥②。

附旧州 9:羁縻仙萼州(648—693)

贞观二十二年,析羁縻金水州地置羁縻仙萼州(今蒙古国库苏古尔省阿拉格额尔德尼县哈德哈勒),以处铁勒都波(都播)部落③,直属燕然都护府。龙朔三年,直属后瀚海都护府。总章二年,直属安北都护府。长寿二年,归后突厥。

附旧州 10:羁縻玄阙州(648—663)—羁縻余吾州(663—693)

贞观二十二年,招怀远人,置羁縻玄阙州(今俄罗斯伊尔库茨克州境)④,以处铁勒骨利干部落,直属燕然都护府。龙朔三年,改为羁縻余吾州,直属后瀚海都护府。总章二年,直属安北都护府。长寿二年,归后突厥。

附旧州 11:羁縻鸡鹿州(647—693)

贞观二十一年,以薛延陀国故地置羁縻鸡鹿州(今俄罗斯布里亚特自治共和国乌兰乌德市),以处铁勒奚结部落⑤,直属燕然都护府。龙朔三年,直属

---

① 《资治通鉴考异》卷 10 引《高宗实录》:"(车鼻可汗)子羯漫陀先统拔悉密部,泣谏其父,请归国,车鼻不听,羯漫陀遂背父来降,以其地为新黎州。"
② 汤开建《唐李筌〈太白阴经关塞四夷篇〉西北诸道部族地理考证》以为,此后大概改属坚昆都督府。
③ 史志不载仙萼州始置年代与族属。按《新唐书》卷 217《回鹘传》云唐初铁勒有十五种落,今考其十四种已置羁縻府州,独都播(《通典》作都波)不详所置,故今以仙萼州为都波羁縻州。《通典》卷 199《突厥》:"都波者,铁勒别种,南去回纥十三日行,分为三部,自相统摄。大唐贞观二十一年遣使朝贡。"则仙萼州当置于贞观二十二年。按日行百里计,都波当在回纥(瀚海都督府)北一千三百里,当今蒙古国库苏古尔省境,色楞格河上游。又《新唐书》卷 217《回鹘传》云:"都播,亦曰都波,其地北濒小海,西坚昆,南回纥。"小海,据韩儒林《唐代都波》(载《元史及北方民族史研究集刊》1977 年第 1 期)考证,即今库苏古尔湖。包文胜《唐代漠北铁勒诸部居地考》(载《内蒙古社会科学》2013 年第 1 期)曰:"唐代的都播居地与元代的秃巴思和今天的图瓦族居地基本相当。"则仙萼州境土当含今俄罗斯图瓦自治共和国。
④ 《唐会要》卷 100:"骨利干国,处北方瀚海之北,二俟斤同居,胜兵四千五百人,口万余人。其国北接冰海,昼长夕短。"《旧唐书》卷 35《天文志》:"骨利干居回纥北方瀚海之北。北又距大海,昼长而夕短。"《新唐书》卷 217《回鹘传》:"骨利干处瀚海北,胜兵五千,其地北距(大)海,去京师最远。又北度(瀚)海,则昼夜短。既入朝,以其地为玄阙州。"此瀚海指今贝加尔湖,大海即冰海,当指北冰洋,则玄阙州治当在今俄罗斯伊尔库茨克州境。包文胜《唐代漠北铁勒诸部居地考》亦以为骨利干居于贝加尔湖西北、安加拉河流域。
⑤ 《新唐书》卷 217《回鹘传》:"奚结处同罗之,思结在延陀故牙,二部合兵凡二万,既来朝,列其地州县之。"《唐会要》卷 72:"奚结马与碛南突厥马相类,在鸡服山南,赫连枝川北住,今鸡禄州。"鸡服山,盖即今俄罗斯布里亚特自治共和国乌布尔加瑟山,赫连枝川,盖即今色楞格河下游支流乌达河,今定鸡鹿州于乌兰乌德市。

后瀚海都护府。总章二年,直属安北都护府。长寿二年,归后突厥。

附旧州 12：羁縻烛龙州(648—693)

贞观二十二年,招怀远人,置羁縻烛龙州(今俄罗斯赤塔州境),以处铁勒俱罗勃(掘罗勿)部落①,直属燕然都护府。龙朔三年,直属后瀚海都护府。总章二年,直属安北都护府。长寿二年,归后突厥。②

附旧州 13：羁縻稽落州(650—651,652—693)

永徽元年,析羁縻燕然州地置羁縻稽落州(今蒙古国色楞格省境),以处铁勒斛薛部落③,直属燕然都护府。二年,废入羁縻燕然州。三年,复析置羁縻稽落州,以处铁勒阿跌别部④,仍直属燕然都护府。龙朔三年,直属后瀚海都护府。总章二年,直属安北都护府。长寿二年,归后突厥。

附旧州 14：羁縻鸡田州(647—693)

贞观二十一年,以薛延陀国故地置羁縻鸡田州(今蒙古国布尔干省境),以处铁勒阿跌⑤部落,直属燕然都护府。龙朔三年,直属后瀚海都护府。总章二年,直属安北都护府。长寿二年,归后突厥。

附旧州 15：羁縻燕山州(663—693)

龙朔三年,析羁縻金水州地置羁縻燕山州(今蒙古国后杭爱省温都尔乌兰县),以处铁勒回纥部落,直属后瀚海都护府⑥。总章二年,直属安北都护府。长寿二年,归后突厥。

---

① 《通典》卷 199《突厥》:"鞠国在拔野古东北五百里,六日行至其国。"《旧唐书》卷 195《回纥传》:"以回纥西北结骨为坚昆府,其北骨利干为玄阙州,东北俱罗勃为烛龙州。"俱罗勃又译掘罗勿,鞠国盖亦为其简称,地在今俄罗斯赤塔州境。《唐会要》卷 72:"俱罗(勒)〔勃〕马与回纥相类,在特勒山北。"特勒山,疑即今博尔朔夫山。
② 汤开建《唐李筌〈太白阴经关塞四夷篇〉西北诸道部族地理考证》以为,此后改属坚昆都督府。
③ 《通典》卷 199《突厥》:"斛薛亦铁勒之别部,在多滥葛北境,两姓合居。"包文胜《唐代漠北铁勒诸部居地考》亦以为居于色楞格河中游及以北地区。
④ 《新唐志》云永徽三年以阿特部落复置。按阿特即阿跌异译,该部当系阿跌别部。
⑤ 阿跌,李筌《太白阴经》卷 3 作"匍利羽"。《通典》卷 199《突厥》:"阿跋(跌)亦铁勒之别部也,在多滥葛西北。"《唐会要》卷 72:"阿跌马与仆骨马相类,在莫贺库寒山东南安置,今鸡田州也。"多滥葛即燕然州,莫贺寒山盖即今吉达山,今定鸡田州于今蒙古国布尔干省境。包文胜《唐代漠北铁勒诸部居地考》也认可在色楞格河流域。《新唐书》卷 217《回鹘传》:"阿跌,亦曰诃咥,或为跌跌。"按跌跌为突厥葛逻禄别部,此误。
⑥ 史志不载此事。按《旧唐志》灵州都督府序云燕山州系开元元年复置于灵州境,其族属,两《唐志》但言系铁勒九姓,则燕山州本在漠北杭爱山(郁督军山,亦名燕然山)一带,属回纥,析自羁縻瀚海州都督府,始置于龙朔三年徙都护府于瀚海府之时,目的在于削弱瀚海府,加强都护府直辖地区。今补。

附旧府一：羁縻瀚海州都督府（647—693）

贞观二十一年，置羁縻瀚海州都督府及羁縻瀚海、金水二州，隶燕然都护府。

龙朔三年，隶后瀚海都护府。总章二年，隶安北都护府。垂拱四年，寄治陇右道甘州境，隶行安北都护府。

武周长寿二年，隶安北都护府（以后沿革见本编第十章《河西道羁縻地区》第一节"武威郡都督府所领"羁縻瀚海州都督府）。

附旧州1：**羁縻瀚海州**（647—693）

贞观二十一年，以薛延陀国故地置羁縻瀚海州，治瀚海府城（今蒙古国后杭爱省赫吞特县东北）①，以处铁勒回纥部落，并置羁縻瀚海州都督府。垂拱四年，寄治陇右道甘州同城镇。长寿二年，徙治甘州删丹县境。

附旧州2：**羁縻金水州**（647—693）

贞观二十一年，以薛延陀国故地置羁縻金水州（今蒙古国后杭爱省巴特臣盖拉县），以处铁勒回纥部落，隶羁縻瀚海州都督府②。二十三年，析置羁縻新黎州。永徽元年，析置羁縻狼山、浑河二州。垂拱四年，寄治陇右道甘州同城镇。长寿二年，徙治甘州删丹县境。

附旧府二：羁縻燕然州都督府（647—693）

贞观二十一年，置羁縻燕然州都督府及羁縻燕然州，隶燕然都护府。

龙朔三年，隶后瀚海都护府。总章二年，隶安北都护府。

武周长寿二年，归后突厥。

---

① 《旧唐书》卷195《回纥传》："龙朔中，高宗命郑仁泰讨平仆固等，（瀚海州都督）比粟毒败走，因以铁勒本部（按即瀚海都督府地）为天山县。"瀚海府城今地依《地图集》所标，即在蒙古国后杭爱省赫吞特东北。2005年中蒙联合考古队在赫吞特县（浩腾特苏木）乌兰朝鲁乡发现方遗址26处，推测可能是回鹘时期遗存，与唐前期回纥都督府可能存在一定继承关系。严耕望《唐代交通图考》第一卷第327页谓："回纥旧部在今库伦之西北约五六百里，正当在今外蒙古北境色棱格河流域也。"陈恩《漠北瀚海都督府时期的回纥牙帐》（载《中国边疆史地研究》2016年第1期）据里程数据和仆固乙突墓位置考证，土拉河与鄂尔浑河交汇处东岸可能就是回纥牙帐所在地，也是唐朝在漠北所设瀚海一安北都护府的驻地。两说皆较赫吞特偏北五六百里，如是回纥部落所居，则本应居住在鄂尔浑河与色楞格河之间的阿跌、斛薛部落得北移，而《通典》载两部皆在多滥葛北，中间不应插入回纥部落，故两说仍有窒碍之处，今仍暂用《地图集》。

② 两《唐志》陇右道凉州都督府回纥羁縻州有金水州，不载沿革。段连勤《丁零、高车与铁勒》第416页云："金水州应为回纥瀚海都督府属下之州，原在漠北，回纥部南迁后，寄治于凉州。"今从之。金水，辽金称金河，元耶律铸《双溪醉饮集》卷5："和林城西百余里有金莲花甸，金河界其中。"即今鄂尔浑河上游支流吉尔马泰河（或谓即塔米尔河）。

附旧州：羁縻燕然州(647—693)

贞观二十一年，以薛延陀国故地置燕然羁縻州(今蒙古国中央省西境)，以处铁勒多滥葛(多览葛)部落①，并置羁縻燕然州都督府。垂拱四年，徙居故天山县(今蒙古国后杭爱省赫吞特县东北)，寻又徙居仙萼河上游(今蒙古国库苏古尔省南境)②。长寿二年，归后突厥。

附旧府三：羁縻金微州都督府(647—688)

贞观二十一年，置羁縻金微州都督府及羁縻金微州，隶燕然都护府。

龙朔三年，隶后瀚海都护府。总章二年，隶安北都护府。垂拱四年，归后突厥。

附旧州：羁縻金微州(647—688)

贞观二十一年，以薛延陀国故地置羁縻金微州(今蒙古国中央省东境)，以处铁勒仆骨(仆固)部落③，并置羁縻金微州都督府。龙朔三年，移治多滥葛之地(今蒙古国中央省扎马尔县和日木登吉古城)④

---

① 《通典》卷199《突厥》："多滥葛在薛延陀东界，居近同罗水。"同罗水亦曰独乐河，即今图勒(土拉)河，今定燕然州于蒙古国中央省西境。

② 《新唐书》卷111《薛仁贵传》："铁勒有思结、多览葛等部，先保天山，及(郑)仁泰至，惧而降。仁泰不纳，虏其家以赏军，贼相率遁去。有候骑言虏辎重畜牧被野，可往取。仁泰选骑万四千，卷甲驰绝大漠，至仙萼河，不见虏。"按垂拱四年同罗、仆骨等部叛附后突厥国，多览葛等部则走保故瀚海都督府地天山县，迎唐军，而唐军误以为多览葛已叛，故击之。多览葛等部又走仙萼河(今色楞格河)上游，即仙萼州南境，以避追击。

③ 《通典》卷199《突厥》："拔野古者，亦铁勒之别部，在仆骨东境。"《唐会要》卷72："仆骨马小于拔曳固，与同罗相似，住在幽陵山南。"今定金微州于蒙古国中央省东境，即土拉河源地区，东北与拔野古相接。

④ 2009年在蒙古国中央省西北土拉河下游出土了《大唐故右骁卫大将军金微州都督上柱国林中县开国公仆固(乙突)府君墓志铭》，杨富学《蒙古国新出〈仆固氏墓志铭〉研究》(载《文物研究》2014年第5期)认为："仆固墓志发现于乌兰巴托西北280公里处的扎穆日苏木，在土拉河由南向东转弯处，即土拉河以东和以北之河套地带。毋庸置疑，这一带应是仆固部活动的中心区域。《北史》与《隋书》之《铁勒传》均谓'独乐河北有仆骨'，与墓志出土地止相契合。"按乙突从永徽中即率部众随唐军"东征靺鞨，西讨吐蕃"，数十年间一直在外，仪凤三年卒于部落，归葬漠北时，该部落住牧地可能已发生变化，原因是龙朔年间发生了以多滥葛和思结部为主的铁勒叛乱，事件平息后，唐朝对统治体制进行了调整，包括移燕然都护府于回纥部落等，"这次调整主要是削弱多滥葛和思结部势力"(包文胜：《铁勒历史研究——以唐代漠北十五部为主》，第142—144页)，移部分仆骨部众填充多滥葛的土拉河下游地区是完全可能的。陈恳《漠北瀚海都督府时期的回纥牙帐》(载《中国边疆史地研究》2016年第1期)以为仆骨部在中央省西境，同罗部在中央省东境，当反映龙朔末年铁勒叛乱事件平息后情形。冯恩学《蒙古国出土金微州都督仆固墓志考研》(载《文物》2014年第5期)提出乙突墓附近的和日木登吉古城即此后的金微都督府治，可从。

附旧府四：羁縻龟林州都督府（647—688）

贞观二十一年，置羁縻龟林州都督府及羁縻龟林州，隶燕然都护府。

龙朔三年，隶后瀚海都护府。总章二年，隶安北都护府。垂拱四年，归后突厥。

附旧州：羁縻龟林州（647—688）

贞观二十一年，以薛延陀国故地置羁縻龟林州（今蒙古国肯特省境），以处铁勒同罗部落①，并置羁縻龟林州都督府。

附旧府五：羁縻幽陵州都督府（647—688）

贞观二十一年，置羁縻幽陵州都督府及羁縻幽陵州，隶燕然都护府。

龙朔三年，隶后瀚海都护府。总章二年，隶安北都护府。垂拱四年，归后突厥。

附旧州：羁縻幽陵州（647—688）

贞观二十一年，以薛延陀国故地置羁縻幽陵州（今蒙古国东方省巴彦乌拉县），以处铁勒拔野古（拔曳固）部落②，并置羁縻幽陵州都督府。

附旧府六：羁縻居延州都督府（660—688）

显庆五年，割燕然都护府直辖羁縻居延、寘颜二州置羁縻居延州都督府③，仍隶燕然都护府。龙朔三年，隶后瀚海都护府。总章二年，隶安北都护府。永隆二年，置羁縻莫遂州。垂拱四年，归后突厥。

附旧州1：羁縻居延州（647—688）

贞观二十一年，以薛延陀国故地置羁縻居延州（今内蒙古锡林郭勒盟东

---

① 《通典》卷199《突厥》："同罗者，铁勒之别部也，在薛延陀之北。"《唐会要》卷72："同罗马与拔曳固马相类，在洪诺河东南、曲越山北、幽陵山东。"洪诺河即今克鲁伦河上游，幽陵山即今肯特山，故可定龟林州治于蒙古国肯特省，州境西北与仆骨相接。然同罗之名得自同罗水，即今土拉［图勒（通勒）］河，亦有言同罗部居土拉水北、多滥葛东者，可知唐初同罗居地偏西，后为薛延陀所逼而东迁，部落犹带同罗之名，而旧地为仆骨部所据。

② 《通典》卷199《突厥》："拔野古者，亦铁勒之别部，在仆骨东境，东北千有余里曰康干水。"则幽陵州在石勒喀河西南，今蒙古国东方省境。《新唐书》卷217《回鹘传》："拔野古一曰拔野固，或为拔曳固，漫散碛北，地千里，直仆骨东，邻于靺鞨。"《唐会要》卷72："拔曳固马与骨利干相类，在瀚海南幽陵山东拔曳固川。"瀚海，即今贝加尔湖，幽陵山，即今肯特山，拔曳固川，即今乌勒扎河，则州治盖在今东方省巴彦乌拉。

③ 《唐会要》卷98霫国："显庆五年，以其首领李含珠为居延都督。含珠死，以其弟厥都为居延都督，自后无闻焉。"《新唐书》卷217《回鹘传》："白霫居鲜卑故地，直京师东北五千里，与同罗、仆骨接。"后割西境隶羁縻达浑州都督府，始不与同罗、仆骨接。

乌珠穆沁旗),以处铁勒白霫居延部落①,直属燕然都护府。显庆五年,割置羁縻居延州都督府。

附旧州 2:羁縻寘颜州(647—688)

贞观二十一年,以薛延陀国故地置羁縻寘颜州(今内蒙古锡林浩特市)②,以处铁勒白霫别部潢水(黑霫)部落,直属燕然都护府③。显庆五年,割隶羁縻居延州都督府。

附旧州 3:羁縻莫遂州(681—688)

永隆二年,以羁縻达浑州都督府故地置羁縻莫遂州(今蒙古国东戈壁省、苏赫巴托尔省境)④,以处铁勒白霫无若没部落,隶羁縻居延州都督府。

附旧府七:羁縻达浑州都督府(648—681)

贞观二十二年,析羁縻卢山州都督府置羁縻达浑州都督府及羁縻达浑、姑衍、步讫若、鹘、低粟五州⑤,隶燕然都护府。龙朔三年,隶后瀚海都护府。总章二年,隶安北都护府。永隆二年,内徙夏州境。

---

① 《通典》卷 199《突厥》:"白霫在拔野古东。"《新唐书》卷 217《回鹘传》:"白霫居鲜卑故地,直京师东北五千里,与同罗、仆骨接,避薛延陀,保奥支水冷陉山,南契丹,北乌罗浑,东靺鞨,西拔野古,地圆袤二千里,山缭其外,胜兵万人,业射猎。其部有三:曰居延,曰无若没,曰潢水。其君长臣突厥颉利可汗为俟斤。贞观中再来朝,列其地为寘颜州,以别部为居延州,即用俟斤为刺史。""白霫",《唐会要》卷 98 作"霫殊"。汤开建《唐李筌〈太白阴经・关塞四夷篇〉西北诸道部族考证》以为在克什腾旗,按其地已入契丹,恐非居延州之所在。
② 《太平寰宇记》卷 38 振武军条下载,唐初燕然都护府曾以降蕃置羁縻赤野州,与居延州并列。赤野州未见其它记载,当为"寘颜州"之音讹。辖境当今锡林浩特市及克什克腾旗西部。
③ 李筌《太白阴经》卷 3。
④ 徐弛《蒙古国新见唐代鱼符考》(载《丝绸之路考古》第六辑,科学出版社,2022 年)言:"2011年,蒙古国东戈壁省赛音山达市东南 30~40 千米处发现了一枚青铜鱼符。……其下阴刻'中郎曹莫遂州长中合蜡'……其设置年代,可能在 660 年居延州升格为居延州都督府之后。"按显庆五年(660 年)居延州升格为居延州都督府时,周边均已置满羁縻州,无增置羁縻州之地。只能是等永隆二年(681)羁縻达浑州都督府诸州内徙关内道夏州境之后,其旧地方可能为白霫所占据,置羁縻莫遂州。《新唐书》卷 217《回鹘传》:"白霫居鲜卑故地,直京师东北五千里,与同罗、仆骨接……其部有三:曰居延,曰无若没,曰潢水。"徐弛云:"从汉文的角度,'莫遂'与'无若没'的意义有一定相似性,因此,将无若没州称为莫遂州,似乎并无不可。"从之。
⑤ 岑仲勉《突厥集史》第 1014 页:"《新书》四三下云达浑都督府领州五,内溪弹州置于永徽,意其中四州先置也。"《册府元龟》卷 985:"贞观二十二年六月,薛延陀余众二万人渡鲜崿河,侵瀚海、金微、幽陵,三郡都督各发兵逆击,大破之,斩获八千级。"又据下注考证,开耀以前,薛延陀部落已为达浑州羁縻都督府,因推知该羁縻都督府实于此役之后以薛延陀余部置。

附旧州 1：羁縻达浑州（648—681）

贞观二十二年，析羁縻寘颜州地置羁縻达浑州（今蒙古国东戈壁省东境）①，以处铁勒薛延陀部落，并置达浑州都督府。永隆二年，内徙夏州宁塞县境。

附旧州 2：羁縻姑衍州（648—681）

贞观二十二年，析羁縻寘颜州地置羁縻姑衍州（今蒙古国苏赫巴托尔省额尔德尼查干县）②，以处铁勒薛延陀部落，隶达浑州都督府。永隆二年，内徙夏州宁塞县境。

附旧州 3：羁縻步讫若③州（648—681）

贞观二十二年，析羁縻寘颜州地置羁縻步讫若州（今蒙古国苏赫巴托尔省北境），以处铁勒薛延陀部落，隶达浑州都督府。永隆二年，内徙夏州宁塞县境。

附旧州 4：羁縻鹘州（648—681）

贞观二十二年，析羁縻寘颜州地置羁縻鹘州（今蒙古国苏赫巴托尔省西境），以处铁勒薛延陀部落，隶达浑州都督府。永隆二年，内徙夏州宁塞县境。

附旧州 5：羁縻低粟州（648—681）

贞观二十二年，析羁縻寘颜州地置羁縻低粟州（今蒙古国东戈壁省南境），以处铁勒薛延陀部落，隶达浑州都督府。永隆二年，内徙夏州宁塞县境。

附旧府八：羁縻贺兰州都督府（653—693）

永徽四年，割燕然都护府直辖羁縻贺兰、榆溪二州置羁縻贺兰州都督府，仍隶燕然都护府。龙朔三年，隶后瀚海都护府。总章二年，隶安北都护府。垂拱四年，内徙陇右道甘州境，隶行安北都护府④。

---

① 《资治通鉴》开耀元年三月："曹怀舜与裨将窦昭义将前军击突厥，留老弱于瓠芦泊，帅轻锐倍道进至黑沙，无所见，人马疲顿，乃引兵还。会薛延陀部落欲西诣伏念，遇怀舜军，因请降。"七月云："薛延陀达浑等五州四万余帐来降。"据段连勤《隋唐时期的薛延陀》第 129 页考证，此二事实为一事，则达浑州羁縻都督府原在黑沙之东北。黑沙为后突厥可汗南庭，在今武川县北达茂旗一带，因定达浑州羁縻都督府原居蒙古国东戈壁省东境。《唐会要》卷 72："延陀马与同罗相似，今在幽州北。"可证。

② 《太平御览》卷 189："《郡国志》曰：'（连）〔达〕浑府姑衍州遥火山西有火井，深不可见底，炎气上升，常若微电，以草爇之，则烟（胜）〔盛〕火发，其山似火从他发，故名。'"今额尔德尼查干有褐煤矿山，有自燃现象，疑即此。

③ 按唐代正式州名逾千，罕有三字者，见于唐史之阿史那、阿史德、郅支满三州，皆为俗称（详各州注），因疑此"步讫若"亦为俗称或异译，其正式名称当为二字。猜想其部因杂有突厥帐落，州名可能取自隋代突厥步迦可汗（即达头可汗）之"步迦"，异译为步讫若。或为突厥语神祇名"拂云"之异译，岑仲勉《突厥集史》第 1133 页将拂云拟音为"Burqan"，与"步讫若"音甚近。拂云见于《元和志》卷 5："河北岸有拂云堆神祠，突厥将入寇，必先诣祠祭酹求福。"然究为何二字，俟考。

④ 据《凉国公契苾府君（明）碑铭》（载《全唐文》卷 187），天授、万岁通天间，契苾明、契苾嵩仍兼贺兰州都督，可见垂拱四年后贺兰府存而未废。

武周长寿二年,隶安北都护府(以后沿革见本编第十章《河西道羁縻地区》第一节"武威郡都督府所领"羁縻贺兰州都督府)。

附旧州 1：羁縻贺兰州(650—693)

永徽元年,析羁縻榆溪州置羁縻贺兰州(今蒙古国东戈壁省北境),以处铁勒契苾部落①,直属燕然都护府。四年,割置羁縻贺兰州都督府。垂拱四年,寄治陇右道甘州同城镇。长寿二年,徙治凉州番禾县境。

附旧州 2：羁縻榆溪州(647—688)

贞观二十一年,以薛延陀国故地置羁縻榆溪州(今蒙古国中戈壁省北境),以处铁勒契苾部落②,直属燕然都护府。永徽元年,析置羁縻贺兰州。四年,割隶羁縻贺兰州都督府。垂拱四年,州废。

附旧府九：羁縻卢山州都督府(647—693)

贞观二十一年,置卢山州都督府及羁縻卢山州,隶燕然都护府。龙朔三年,隶后瀚海都护府。总章二年,隶安北都护府。垂拱四年,寄治陇右道甘州境,隶行安北都护府。

武周长寿二年,隶安北都护府(以后沿革见本编第十章《河西道羁縻地区》第一节"武威郡都督府所领"羁縻卢山州都督府)。

附旧州：羁縻卢山州(647—693)

贞观二十一年,以薛延陀国故地置羁縻卢山州(今蒙古国中戈壁省南境),以处铁勒思结部落③,并置羁縻卢山州都督府。垂拱四年,寄治陇右道甘州同城镇。长寿二年,徙治甘州删丹县境。

---

① 《通典》卷199《突厥》:"契苾羽在多滥葛南,两姓合居。"《唐会要》卷73:"永徽元年九月八日,右骁卫中郎将高侃执车鼻可汗,献于武德殿,处其余众于郁督军山,分其地置单于、(后)瀚海二都护府。……(后)瀚海领金微、新黎七都督府,仙萼、贺兰等八州。"按永徽元年二都护府为燕然、前瀚海,龙朔、麟德间始改后瀚海、单于,《唐会要》称名有误,然其言永徽元年已分置贺兰州,以处自凉州北徙之契苾部落。则可信。《资治通鉴》贞观十六年十月胡注:"铁勒诸部初降,以契苾部置榆溪州,后又分置贺兰州。"可与此相证。《新唐书》卷217《回鹘传》:"契苾亦曰契苾羽,在焉耆西北鹰娑川、多滥葛之南。"契必居鹰娑川在唐贞观初,后内徙凉川,贞观末始北徙多滥葛南,此误合为一。

② 《唐会要》卷72:"契苾马与阿跌马相似,在阎洪达井以北、独乐河以南,今榆溪州。"刘统《唐代羁縻府州研究》第152页:"独乐河即图勒河,榆溪州应位于今蒙古图勒河、乌兰巴托以南。"阎洪达井,又见于卢山州,在今蒙古国中戈壁省南,今拟榆溪州于中戈壁省北境。包文胜《唐代漠北铁勒诸部居地考》以为契苾居于鄂尔浑河中游、色楞格河支流哈努伊河一带,过于偏北。《历史地名》第2672页以为榆溪州在今榆林州西,大误。

③ 《唐会要》卷72:"思结马,碛南突厥马也,煨漫山,西南,阎洪达井,东南,于贵摩施山,今卢山都督。"煨漫山,今古尔班博格多山,阎洪达井,又见于榆溪州,在今中戈壁省南敖勒道浩黑德,贵摩施山,即蹛林州刚摩利施山,在今前杭爱省阿尔拜赫雷东南,今定卢山州于中戈壁省南境。

附旧府一〇：羁縻皋兰州都督府(650—652,688—693)

永徽元年,割燕然都护府直辖羁縻皋兰州置羁縻皋兰州都督府,仍隶燕然都护府,并置羁縻浚稽州①。三年,羁縻都督府罢,改羁縻皋兰州为羁縻西皋兰州,并羁縻浚稽州直属燕然都护府。垂拱四年,以羁縻西皋兰州复置羁縻皋兰州都督府,徙治陇右道甘州境,隶行安北都护府。

武周长寿二年,隶安北都护府(以后沿革见本编第十章《河西道羁縻地区》第一节"武威郡都督府所领"羁縻皋兰州都督府)。

附旧府一一：羁縻狼山州都督府(650—669)

永徽元年,析羁縻瀚海州都督府置羁縻狼山州都督府及羁縻狼山、浑河二州,隶前瀚海都护府。显庆三年,割隶燕然都护府②,并析置羁縻鸡洛州。总章二年,罢羁縻都督府,羁縻狼山、浑河二州直属安北都护府,羁縻鸡洛州隶金山都护府羁縻沙陀州都督府。

附旧府一二：羁縻新黎州都督府(649—669)

贞观二十三年,析羁縻瀚海州都督府置羁縻新黎州都督府及羁縻新黎州,隶燕然都护府。总章二年③,罢羁縻都督府,羁縻新黎州直属燕然都护府。

附旧府一三：羁縻坚昆州都督府(648—747)

贞观二十二年,置羁縻坚昆州都督府及羁縻坚昆州,隶关内道燕然都护府。

龙朔三年,隶后瀚海都护府。总章二年,隶安北都护府。垂拱四年,隶行安北都护府。

武周长寿二年,隶陇右道安北都护府。长安四年,羁縻坚昆州都督府领

---

① 《唐会要》卷73安北都护府:"贞观二十一年正月九日,以浑部置皋兰州。……永徽元年三月三日,以皋兰州为都督府,建置(稽落)〔浚稽〕州隶焉。"然《旧唐志》灵州又言:"贞观二十年,于州界置皋兰、高丽、祁连三州,并属灵州都督。永徽元年,废皋兰等三州。"《唐会要》卷73灵州都督府亦云:"贞观二十三年二月四日,西蕃沙钵罗叶护率众归附,以阿史德时建俟斤部落置皋兰、祁连二州,隶灵州都督。永徽元年废。"按祁连州后改东皋兰州,开元初乃内徙灵州境,此谓皋兰州"隶灵州都督",当系连叙开元间事,永徽间皋兰、祁连二州未废,且不隶灵州。

② 《新唐志》安北都护府狼山州:"显庆三年为州,来属。"按《通典》、两《唐书》、《太平寰宇记》突厥传皆载,麟德元年高宗东封泰山时,狼山都督葛逻禄吐利从至岳下,则废府为州必在麟德后,今拟于总章二年改后瀚海都护府为安北都护府之时。显庆三年狼山只是改隶燕然都护府,《新唐志》误合两事为一。

③ 《新唐志》新黎州:"初为都督府,后为州。"羁縻新黎州都督府与安北都护府直辖羁縻地区间中隔羁縻狼山州都督府,故今拟与羁縻狼山州都督府同废于总章二年。

州如故。

唐景龙二年,安北都护府还隶关内道。天宝六载,罢羁縻坚昆州都督府及羁縻坚昆州①。

附旧州:羁縻坚昆州(648—747)

贞观二十二年,以薛延陀国故地置羁縻坚昆州(今俄罗斯哈卡斯自治州阿巴坎),以处突厥黠戛斯(结骨)部落②,并置羁縻坚昆州都督府。天宝六载,州废。

附五　单于都护府曾领

前瀚海都护府(650—663)—云中都护府(663—664)—单于都护府(664—686)—振武麟胜等军州管内统押诸蕃部落使(843—869,874—883)

永徽元年(650),割胜州都督府之羁縻云中州都督府、代州都督府之羁縻定襄州都督府、丰州都督府之羁縻呼延州都督府置前瀚海都护府③,并置羁縻

---

① 开元初之《暾欲谷碑》(载《古突厥碑铭研究》)记后突厥征服黠戛斯,杀其君,然《册府元龟》卷986载,开元六年有"坚昆都督、右武卫大将军骨笃禄毗伽可汗",则是时骨笃禄以回纥可汗兼领坚昆都督,都督之号存而未废,故程溯洛《回纥游牧封建汗国的兴衰》(载《唐宋回鹘史论集》)认为:回纥汗国初建时"仍然是唐朝的羁縻府州"。天宝六载骨笃禄毗伽可汗卒,其子葛勒可汗继立,所受唐朝封号中已无坚昆都督,故今以天宝六载为坚昆都督府罢废之年。至于李德裕《会昌一品集》卷2引贾耽《古今四夷述》:"黠戛斯者,本坚昆国也,贞观二十一年,其酋长入朝,授以将军印,拜坚昆都督。逮于天宝季年,朝贡不绝。暨中国多难,为回鹘隔碍。"《新唐书》卷217《回鹘传》:"坚昆,乾元中为回纥所破,自是不能通中国。"恐都是指天宝六载至乾元间坚昆仅以黠戛斯国名义与唐交往。《唐会要》卷66:"天宝八载三月二十七日敕:九姓、坚昆诸蕃客等因使入朝身死者,自今后使给一百贯充葬,副使及妻,数内减三十贯。"事务既归鸿胪寺,礼遇视诸国。
② 《新唐书》卷217《回鹘传》:"黠戛斯,古坚昆国也,或日居勿,曰结骨……直回纥西北三千里,南依贪漫山。地夏泪洳,冬积雪。……其君曰阿热,驻牙青山。……阿热牙至回鹘牙所,橐它四十日行。青山之东,有水曰剑河,水悉东北流,经其国,合而北入于海。"揆其地,盖在今俄罗斯叶尼塞河(剑河)与阿巴坎河合流处之阿巴坎。芮传明《古突厥碑铭研究》(上海古籍出版社,1998年)第92页认为,后突厥汗国征讨黠戛斯的行军路线是:"顺着阿尼河河岸奔向下游,直捣阿巴根河流域与明奴辛斯克附近其他诸水流域黠戛斯人据地。"阿尼河,即阿巴坎河上游,其结论与笔者推测相合。族属,李筌《太白阴经》卷3作"突(厥)结骨"。
③ 《通典》卷198《突厥传》:"车鼻既败之后,突厥尽为封疆之臣,于是分置单于、瀚海二都护府。单于领狼(山)、云中、桑干三都督,苏农等十四州。"并明言:"处其余众于郁督军山,置狼山都督以统之。"按车鼻败于贞观末,此言分置二都护府当指永徽元年九月分置前瀚海(后改云中、单于)、燕然(后改后瀚海、安北)二都护府事。其时前瀚海都护府除领羁縻云中州都督府外,犹领羁縻定襄、呼延二州都督府,而羁縻桑干州都督府则晚置于龙朔三年,永徽元年时,羁縻云中州都督府领云中、舍利、那、绰、贺鲁、葛逻六州,羁縻定襄州都督府领定襄、阿德、执失、苏农、郁射、艺失、叱略七州,羁縻呼延州都督府领呼延,正好十四州,《通典》"三都督"名应为"云中、定襄、呼延"之误。羁縻狼山州都督府置于是年十月,又隔在漠北,故不预其数。谭其骧《唐北陲二都护府建置沿革与治所迁移》(载《长水集》)忽略羁縻州名有指射之例,以为狼山向指今阴山山脉西段,"车鼻可汗部所置之狼山都督府,当在漠南,不在漠北",则违《通典》及两《唐书·突厥传》之记载,不取。

狼山州都督府,都护治云中府城,属关内道。显庆三年(658),割羁縻狼山州都督府隶燕然都护府。龙朔三年(663),改为云中都护府,置羁縻桑干州都督府。麟德元年(664),改云中都护府为单于都护府。调露元年(679),阿史德温傅率单于都护府管内二十羁縻州叛唐①,永隆二年(681),平定温傅之乱,羁縻云中、定襄、桑干、呼延四州都督府徙居夏州境②。垂拱二年(686),罢单于都护府,羁縻云中、定襄、桑干、呼延四州都督府改隶夏州都督府。

会昌三年(843),天德军等处管内统押诸蕃部落使羁縻宁朔州都督府徙居振武军,隶振武麟胜等军州管内统押诸蕃部落使③。咸通十四年(873),振武麟胜等军州管内统押诸蕃部落使领羁縻宁朔州都督府。

乾符元年(874),渭北鄜坊节度使羁縻阴山州都督府徙居振武军,隶振武麟胜等军州管内统押诸蕃部落使④。广明元年,羁縻宁朔州都督府徙居河东道云州,隶大同军都防御使(参详本编第二章《河东道羁縻地区》附一"代州都督府曾领"羁縻宁朔州都督府条)。中和三年(883),羁縻阴山州都督府徙居河东道代州⑤,隶代北节度使。

附旧国旧府一:羁縻北安州都督府(630—633)—藩属突厥国(639—645)—羁縻云中州都督府(649—681)

贞观四年(630),以云州地置羁縻北安州及羁縻北安州都督府,处来降突厥及隋王部众⑥,隶代州都督府。七年,羁縻府州并废⑦。十三年,以羁縻化州都督李思摩为突厥可汗,率突厥旧部徙居河北碛南之地(即羁縻丰州都督府旧境),筑坛于河上(疑即拂云堆神祠,今包头市九原区共青农场敖陶窑古

---

① 《通典》、《唐会要》、两《唐书》之《突厥传》皆载:"调露元年,单于管内突厥首领阿史德温(傅)、奉职二部落相率反叛,立泥熟匐为可汗,二十四州并叛应之。"按是时单于府管内仅二十羁縻州,除起事首领温傅、奉职所在之定襄、阿德二州外,叛应者单于府内有十八州,另六州当是安北府管内薛延陀羁縻州,即直辖溪弹州及羁縻达浑都督府五州。事平,此二十六州尽徙夏州境。
② 考详本章第五节"朔方郡都督府所领"序注。
③ 据《新唐表》,乾元元年已置振武节度押蕃落使,然不知所领羁縻府州名,故不录。
④ 《旧唐书》卷19《僖宗纪》:"时李昌国父子据大同、振武。"
⑤ 《旧唐书》卷19《僖宗纪》中和三年八月:"制以前振武节度、检校司空、兼单于都护、御史大夫李国昌为检校司徒、代州刺史、雁门已北行营节度、蔚朔等州观察等使。"
⑥ 《旧唐书》卷194《突厥传》:"(贞观)四年正月,李靖进屯恶阳岭,夜袭定襄,颉利败走,因徙牙于碛口,胡酋康苏密等遂以隋萧后及杨政道来降。"《资治通鉴》贞观四年六月:"以右骁卫将军康苏〔密〕为北安州都督。"可知北安州乃以隋王杨政道部众杂以部分突厥乃至粟特人所置。贞观元年杨政道部将苑君璋曾以恒安镇降唐,拜(北)安州都督,寻为突厥所逐。此以康苏密为北安州都督,似欲承君璋前职。
⑦ 贞观八年时突厥有羁縻顺、祐、化、长四州都督,而无(北)安州都督,是知此前已废入云州,盖因其民杂以华人之故。

城)受册,建藩属突厥国,隶胜州都督府。十四年,以云州旧地来属。十五年,建牙定襄城(今和林格尔县盛乐镇土城子)。十九年,李思摩卒,部众南归,国废,地入于胜、云二州及藩属薛延陀国。二十三年,析关内道胜州地置羁縻云中州都督府及羁縻云中、舍利、那、绰、贺鲁、那吉六州,隶胜州都督府。

永徽元年,割隶前瀚海都护府。龙朔三年,隶云中都护府,割燕然都护府直辖羁縻思璧、白登二州来属,割羁縻贺鲁、那吉二州隶羁縻呼延州都督府,析置都护府直辖地区。麟德元年(664),隶单于都护府。永隆二年,内徙夏州境(以后沿革见本章第五节"朔方郡都督府所领"羁縻云中州都督府)。

附旧州1:羁縻北安州(630—633)—羁縻云中州(649—681)

贞观四年,以云州定襄县地置羁縻北安州,治定襄城(今和林格尔县盛乐镇土城子)①,置羁縻北安州都督府。七年,废入云州定襄县。二十三年,析胜州河滨县地置羁縻云中州,以处突厥舍利部落②,治故定襄城(今内蒙古和林格尔县盛乐镇土城子)③,并置羁縻云中州都督府。龙朔三年,析置云中城。永隆二年,徙居夏州朔方县境。

附旧州2:羁縻舍利州(649—681)

贞观二十三年,析胜州榆林县地置羁縻舍利州(今内蒙古呼和浩特市)④,以处突厥舍利吐利部落,隶羁縻云中州都督府。永隆二年,徙居夏州朔方县境。

附旧州3:羁縻那州⑤(649—681)

贞观二十三年,析胜州河滨县地置羁縻那州(今内蒙古清水河县)⑥,以处突厥阿史那部落,亦称阿史那州,隶羁縻云中州都督府。永隆二年,徙居夏州朔方县境。

附旧州4:羁縻绰州⑦(649—681)

贞观二十三年,析胜州河滨县地置羁縻绰州(今内蒙古卓资县)⑧,以处突

---

① 如上注,康苏密以定襄城隋王杨政道部众来降,授北安州都督,当就地安置,寄治云州定襄县。
② 《旧唐书》卷194《突厥传》:"骨咄禄者,颉利之疏属,亦姓阿史那氏,其祖父本是单于右云中都督舍利元英下首领也。"舍利元英为云中州都督,则舍利氏掌云中、舍利两州。
③ 《元和志》单于大都护府:"本汉定襄郡之盛乐也,后魏都盛乐,亦谓此城。武德四年平突厥,于此置云州。贞观二十年,改为云州都督府。"《纪要》卷44大同府"盛乐城"条则云:"唐初平突厥,置云中都督府于盛乐,寻罢。"盛乐,即故定襄城(旧属土城子乡,今属盛乐镇),依此,《元和志》之"武德四年"、"贞观二十年"、"云州都督府"当分别为"贞观四年"、"贞观二十三年"、"云中州都督府"之误。
④⑥⑧ 依地理形势推定。
⑤ 李筌《太白阴经》卷3、两《唐志》原作"阿史那州"。《大唐故右屯卫郎将阿史那婆罗门墓志铭并序》(载《西安碑林博物馆新藏墓志汇编》)云:"永徽二年五月十七日遘疾卒官,赠使持节那州诸军事、那州刺史。"则那州当为正式州名,阿史那州为阿史那氏之俗称,今改。
⑦ 《旧唐志》、《太平寰宇记》作"绰部州",今依《新唐志》。盖绰州为正名,绰部州为俗称。

厥绰部落，亦称绰部州，隶羁縻云中州都督府。永隆二年，徙居夏州朔方县境。

附旧州5：羁縻思璧州①(649—681)

贞观二十三年，析胜州地置羁縻思璧州，治武川新城(今内蒙古武川县二份子乡)②，以处突厥思璧部落，直属燕然都护府。龙朔三年，割隶羁縻云中州都督府。永隆二年，徙居夏州朔方县境。

附旧州6：羁縻白登州(649—681)

贞观二十三年，析胜州地置羁縻白登州，治故抚冥城(今内蒙古四子王旗乌兰花镇土城子)③，以处突厥奴赖部落④，直属燕然都护府。龙朔三年，割隶羁縻云中州都督府。永隆二年，徙居夏州朔方县境。

附旧府一：羁縻定襄州都督府(649—681)

贞观二十三年，以内附突厥部落置羁縻定襄州都督府及羁縻定襄、叱略、郁射、艺失、阿德、执失、苏农七州，隶代州都督府。

永徽元年，割隶关内道前瀚海都护府。三年，置羁縻卑失州。龙朔三年，隶云中都护府，置羁縻拔延州，割羁縻叱略、郁射、艺失、毕失四州隶羁縻桑干州都督府。麟德元年，隶单于都护府。永隆二年，内徙夏州宁朔县界⑤(以后沿革见本章第五节"朔方郡都督府所领"羁縻定襄州都督府)。

附旧州1：羁縻定襄州(649—681)

贞观二十三年，析河东道云州地置羁縻定襄州(今河北化德县七号镇高家营子村收图城址)⑥，以处突厥执失部落⑦，并置羁縻定襄州都督府。永隆二年，内徙夏州宁朔县界。

---

① 《新唐志》作"思壁州"，今依《旧唐志》、《太平寰宇记》。
② 思壁州初隶燕然都护府，后隶云中都护府，则其地介于漠北、漠南之间，今拟于武川新城。依《水经注》，武川城本在今武川县西南，然乌兰察布博物馆《武川县二份子北魏古城调查记》(载《内蒙古文物考古文集》第一集)据考古调查和《元和志》道里考证，武川城在今武川县二份子乡，当为新城。
③ 白登州初隶燕然都护府，后隶云中都护府，则其地介于漠北、漠南之间，其州又地近汉白登道(今大同、集宁间)，故以为名，则《地名大辞典》第803页所云："白登州，当在今内蒙古乌兰察布盟西部。"可从，今定于四子王旗乌兰花镇，古城即北朝抚冥城。
④ 《册府元龟》卷170："开元三年十月，授北蕃投降……奴赖大首领前白登州刺史奴赖孝为左领军将军，依旧兼刺史，放还。"
⑤ 《资治通鉴》永隆二年十月："壬戌，裴行俭等献定襄之俘。丙寅，斩阿史那伏念、阿史德温傅等五十四人于都市。"
⑥ 据《中国文物地图集·内蒙古自治区分册》下册第568页，收图城北魏遗址平面呈方形，边长约200米，唐初突厥当加利用。
⑦ 《执失善光墓志》(载《昭陵碑石》)："父莫河友，从破辽还，拜……使持节(都督定襄)执失等四州诸军事、执失州刺史。"是执失氏掌定襄、执失两州。

附旧州 2：羁縻阿德州①(649—681)

贞观二十三年，析云州地置羁縻阿德州(今内蒙古镶黄旗)，以处突厥阿史德部落②，亦称阿史德州，隶羁縻定襄州都督府。龙朔三年，析置羁縻拔延州。永隆二年，内徙夏州宁朔县界。

附旧州 3：羁縻拔延州(663—681)

龙朔三年，析羁縻阿德州地置羁縻拔延州(今苏尼特右旗)③，以处突厥拔延部落④，隶羁縻定襄州都督府。永隆二年，内徙夏州宁朔县界。

附旧州 4：羁縻苏农州(649—681)

贞观二十三年，析河北道妫州地置羁縻苏农州(今内蒙古苏尼特左旗)，以处突厥苏农部落⑤，隶羁縻定襄州都督府。永隆二年，内徙夏州宁朔县界。

附旧州 5：羁縻执失州(649—681)

贞观二十三年，析妫州地置羁縻执失州(今内蒙古阿巴嘎旗)，以处突厥执失部落⑥，隶羁縻定襄州都督府。永隆二年，内徙夏州宁朔县界。

附旧府二：羁縻桑干州都督府(663—681)

龙朔三年，析云州地及割羁縻定襄州都督府羁縻卑失、艺失、郁射、叱略四州置羁縻桑干州都督府并置羁縻桑干州⑦，隶云中都护府。永隆二年，内徙夏州境(以后沿革见本章第五节"朔方郡都督府所领"羁縻桑干州都督府)。

附旧州 1：羁縻桑干州(663—681)

龙朔三年，析云州云中县地置羁縻桑干州，治桑干屯(今河北天镇县城玉泉镇)⑧，以处突厥部落，并置羁縻桑干州都督府。永隆二年，内徙夏州朔方县界。

---

① 《唐会要》卷 73 作"阿史德州"，今依两《唐志》、《太平寰宇记》。
② 《唐会要》卷 72："阿史德马与苏农、执失同类，在阴山北库延谷北，西政连州。"库延谷，盖指今商都县北之大库伦山谷，今定阿德州于镶黄旗。"政连"，疑为"拔延"之形误。或以为库延谷即呼延谷，在中受降城东北，如此当理解为阿德、拔延诸州在呼延谷东北，而非正北。如在正北，则定襄府诸州与云中府、呼延府诸州分布地重叠拥挤，地狭不敷，而桑干州与居延谷之间广阔草地却空旷无人，与"左定襄、右云中"之格局不合。
③ 详参上文附羁縻阿德州注。
④ 依地理形势推定。参见上文附羁縻阿德州条注。
⑤ 据《中国文物地图集·内蒙古自治区分册》下册第 499 页，旗境有多处唐代突厥墓群。
⑥ 据《中国文物地图集·内蒙古自治区分册》下册第 497—498 页，旗境有大量唐代突厥墓群。
⑦ 《新唐志》桑干都督府："贞观二十三年分诸部置州三。"当即郁射、艺失、叱略三州，是时犹未置羁縻桑干州都督府，三州隶羁縻定襄州都督府。
⑧ 《州郡典》云中郡："东至桑干〔郡〕〔都〕督一百五十里。"《太平寰宇记》云州："东至桑干都督帐一百五十里。"刘统以为在今察哈尔右翼前旗境内，《内蒙古自治区志·行政区域建置志》第 110 页、艾冲《公元 7～9 世纪鄂尔多斯高原人类经济活动与自然环境演变研究》第 127 页以为在今凉城县，皆以为云中郡在故定襄城而致误，今定于天镇县城，以地近桑干河为名。

附旧州 2：羁縻卑失州(652—681)

永徽三年,析云州云中县地置羁縻卑失州,治故柔玄城(今内蒙古察哈尔右翼前旗平地泉镇土城村东遗址),以处突厥卑失部落①,割隶羁縻定襄州都督府。龙朔三年,隶羁縻桑干州都督府。永隆二年,内徙夏州朔方县界。

附旧州 3：羁縻艺失州(649—681)

贞观二十三年,析云州云中县地置羁縻艺失州,治故长川城(今内蒙古察哈尔右翼后旗白音察干镇克鲁孟村古城)②,以处突厥多地艺失部落,隶羁縻定襄州都督府。龙朔三年,割隶羁縻桑干州都督府。永隆二年,内徙夏州朔方县界。

附旧州 4：羁縻郁射州(649—681)

贞观二十三年,析云州云中县地置羁縻郁射州,治故沮洳城(今内蒙古兴和县店子镇古城村)③,以处突厥郁射施部落,隶羁縻定襄州都督府。龙朔三年,割隶羁縻桑干州都督府,并析置羁縻叱略州。永隆二年,内徙夏州朔方县界。

附旧州 5：羁縻叱略州(649—681)

贞观二十三年,析云州云中县地置羁縻叱略州,治故怀荒城(今河北张北县城张北镇)④,以处突厥叱略部落,隶羁縻定襄州都督府。龙朔三年,割隶羁縻桑干州都督府。永隆二年,内徙夏州朔方县界。

附旧府三：羁縻呼延州都督府(646—686)

贞观二十年,以内附突厥部落置羁縻呼延州都督府及羁縻呼延州,隶胜州都督府。二十三年,割隶丰州都督府。

---

① "卑失",《旧唐志》《太平寰宇记》作"毕失",《唐会要》卷 73、《新唐志》作"卑失"。按《新唐书》卷110《契苾何力传》载,永徽二年,西突厥阿史那贺鲁以处月、处蜜、姑苏、歌逻禄、卑失五姓叛,何力率军平叛,翌年虏帅六十,斩俘万余以归。可知该州乃永徽三年以所俘卑失部落置,州名从"卑",或作"俾",如《册府元龟》卷 974 云："开元四年四月辛亥,突厥俾失州大首领伊罗友阙颉斤十襄来降。"该州后置,当在定襄府之极南,今定于察哈尔右翼前旗土城东北朝遗址(旧属三号地乡),该遗址面积约 3 万平方米,疑即故柔玄城。
② 艺失州初隶定襄府,后隶桑干府,其地当在今化德、天镇之间,据《中国文物地图集·内蒙古自治区分册》下册第 528 页,今察哈尔右翼后旗韩勿拉、察汗淖一带有多处北朝城址,不排除其为唐初突厥安置地之可能。今拟于克鲁孟古城,旧属韩勿拉乡。
③ 郁射州初隶定襄府,后隶桑干府,其地当在今化德、天镇之间,今拟于兴和县店子镇古城村,旧属南湾乡《中国文物地图集·内蒙古自治区分册》下册第 558 页推测为汉且如县(即北朝沮洳城)故址。
④ 叱略州初隶定襄府,后隶桑干府,其地当在今化德、天镇之间,今拟于张北县。其地有北朝怀荒镇故城,当加利用。

永徽元年,割隶前瀚海都护府。龙朔三年,隶云中都护府,割羁縻云中州都督府羁縻贺鲁、那吉二州来属。麟德元年,隶单于都护府。永隆二年,内徙夏州境。垂拱二年,改隶夏州都督府。

附旧州1:羁縻呼延州(646—681)

贞观二十年,以突厥故地置羁縻呼延州,治故怀朔城(今内蒙古因阳县怀朔镇城圐圙村)①,以处突厥呼延部落,并置羁縻呼延州都督府。永隆二年,内徙夏州朔方县界。

附旧州2:羁縻贺鲁州(649—681)

贞观二十三年,析胜州榆林县地置羁縻贺鲁州,治沃野新城(今内蒙古乌拉特前旗苏独仑镇根子场古城)②,以处突厥贺鲁部落,隶云中州都督府。龙朔三年,割隶羁縻呼延州都督府。永隆二年,内徙夏州朔方县界。

附旧州3:羁縻那吉州③(649—681)

贞观二十三年,析胜州榆林县地置羁縻那吉州,治李思摩故牙(今内蒙古包头市九原区共青农场敖陶窑古城)④,以处突厥葛逻禄、挹怛部落,亦称葛逻州,隶羁縻云中州都督府。龙朔三年,割隶羁縻呼延州都督府。永隆二年,内徙夏州朔方县界。

附新府:羁縻阴山州都督府(874—878)

乾符元年,羁縻阴山州都督府自廊坊节度使来属振武麟胜等军州管内统押诸蕃部落使。五年,徙居朔州。

附新州:羁縻阴山州(874—878)

乾符元年,羁縻阴山州自廊州徙居于振武军。五年,徙居河东道朔州。

---

① 《新唐志》引贾耽《四夷道里记》:"中受降城正北如东八十里有呼延谷,南口有呼延栅,谷北口有归唐栅,车道也,入回鹘使所经。"呼延府当置于呼延谷南,今拟于故怀朔城。
② 贺鲁州初隶云中府,后隶呼延府,其地当在黄河沿岸,今拟于乌拉特前旗。其地有北朝沃野镇新城,当加利用。
③ 岑仲勉《突厥集史》第1071页:"《旧志》有那吉(或讹'言')州,无葛逻,《会要》、《新志》有葛逻,无那吉,意'那吉'即'葛逻'之改名。"按羁縻州名俗常以子部落为称,如忽汗州又称渤海州,那州又称阿史那州,阿德州又称阿史德州,艺失州又称多地艺失州,碛南州又称郅支满州之类,非为改名。
④ 那吉州初隶云中府,后隶呼延府,其地当在黄河沿岸,今拟于包头市。李思摩曾建牙于拂云堆,当加利用。李树辉《葛逻禄东迁西徙历史发微》(载《中国藏学》2015年S1期)以为在天山地区,统炽俟部。

第二章 河东道羁縻地区

河东道(630—639,649—650,716—721,809—907)

贞观四年(630),置代州都督府羁縻地区。十三年,罢代州都督府羁縻地区。二十三年,复置代州都督府羁縻地区。

永徽元年(650),复罢代州都督府羁縻地区。

开元四年(716),复置代州都督府羁縻地区。九年,复罢代州都督府羁縻地区。

元和四年(809),置河东节度使羁縻地区。十五年,河东道有河东节度使羁縻地区。

咸通十年(869),以关内道振武麟胜等军州管内统押诸蕃部落使羁縻地区来属大同军都防御使。十四年,河东道有河东节度使、大同军都防御使羁縻地区。

中和二年(882),大同军都防御使羁縻地区归雁门节度使。三年,改雁门节度使为代北节度使,罢河东节度使羁縻地区。是年,代北节度使羁縻地区归云蔚防御使。四年,云蔚防御使羁縻地区归河东节度使。光启三年(887),罢代北节度使羁縻地区。

附一 代州都督府曾领

代州都督府(630—639,649—650,716—721)—大同军都防御使(869—882)—雁门节度使(882—883)—代北节度使(883—887)

贞观四年(630),代州都督府置羁縻顺州都督府。十三年,罢羁縻顺州都督府。二十三年,代州都督府置羁縻定襄州都督府。

永徽元年(650),割羁縻定襄州都督府隶关内道前瀚海都护府。

开元四年(716),后突厥铁勒回纥、同罗、霫、勃曳固、仆固五部落内附,置羁縻瀚海、龟林、居延、幽陵、金微五州都督府①,隶代州都督府②。九年,五部落北返,罢羁縻瀚海、龟林、居延、幽陵、金微五州都督府③。

广明元年(880),割振武麟胜等军州管内统押诸蕃部落使羁縻后宁朔州都督府隶大同军都防御使。

中和二年(882),割羁縻后宁朔州都督府隶雁门节度使。三年,改雁门节度使为代北节度使,割河东节度使羁縻萨葛、安庆二州都督府及关内道振武麟胜管内统押诸蕃部落使羁縻阴山州都督府来属,割羁縻后宁朔州都督府隶云蔚防御使。光启三年(887),羁縻阴山、萨葛、安庆三州都督府隶河东节度使。

附旧府一:羁縻顺州都督府(630—639)

贞观四年,以内附突厥部众置羁縻顺州及羁縻顺州羁縻都督府,隶代州都督府④。十三年,羁縻顺州都督府及羁縻顺州并废⑤。

附旧州:羁縻顺州(630—639)

本隋国恒州,贞观四年平隋王杨政道,改置羁縻顺州,治恒安镇(今大同

---

① 《旧唐书》卷8《玄宗纪》开元四年六月:"突厥可汗默啜为九姓拔曳固所杀,其回纥、同罗、霫、勃曳固、仆固五部落来附,于大安军北安置。"《资治通鉴》开元六年二月:"以拔曳固都督颉质略、同罗都督毗伽末啜、霫都督比言、回纥都督夷健颉利发、仆固都督曳勒歌等各出骑兵,为前后左右军讨击大使,皆受天兵军节度。有所讨捕,量宜追集,无事各归部落营生,仍常加存抚。"回纥、同罗、霫、拔(勃)曳固、仆固五部落,高宗、武后时曾置为羁縻瀚海、龟林、居延、幽陵、金微五州都督府,后附后突厥,今来归,所置羁縻都督府当沿用旧名。李筌《太白阴经》卷3记载范阳道"回纥(等)五部落分为五州",即指其事。汤开建《唐李筌〈太白阴经·关塞四夷篇〉西北诸道部族考证》谓此"回纥五部落分为五州"指贞观二十二年以内属契苾何力别帅五部所置弱水等五州,当误。

② 以诸部居地分析,当隶代州都督府。汤开建《唐李筌〈太白阴经·关塞四夷篇〉西北诸道部族考证》以为隶振武军。按安史之乱前,羁縻州皆隶羁縻都督府或直属边州都督府、都护府,尚无隶军镇、节度者。

③ 《旧唐书》卷8《玄宗纪》开元九年四月:"兰池州叛胡显首伪称叶护康待宾……攻陷六胡州。兵部尚书王晙发陇右诸军及河东九姓掩讨之。"据段连勤《丁零、高车与铁勒》第426页考证,此河东九姓即开元四年安置于河东并州以北之铁勒五部落,开元九年受命后即渡河进入灵、夏州,袭叛军北翼,"自公元七二〇年讨康待宾之后不久,并州铁勒就从并州地面迁走了,这部分铁勒无疑也返回了漠北"。

④ 《通典》卷155《兵八》:"颉利乘千里马将走投吐谷浑,西道行军总管张宝相擒之以献,遂灭其国,复定襄、恒安之城,斥土界自阴山北至于大漠。"时在贞观四年,此年所置领二州的"定襄都督府"存在不及一年即改为顺州都督府,与贞观二十三年所置领七州的"定襄州都督府"不同。艾冲《公元7~9世纪鄂尔多斯高原人类经济活动与自然环境演变研究》第123页却误以为顺州都督府乃同年所置北安州都督府的更名与延续,第125页又将"定襄都督府"与"定襄州都督府"混同,皆不可取。

⑤ 史志不载羁縻顺州都督府罢废之年。按贞观五年顺州都督突利卒,其子贺逻鹘嗣,十三年,贺逻鹘参与阿史那结社率叛乱,免死流于岭外,《贞观政要》卷9云:"太宗自是不直突厥,悔然其众于中国,还其旧部于河北,建牙于定襄城。"因推知羁縻顺州罢于贞观十三年。

市城区南郊区水泊寺乡古城村)①,以处内附突厥突利部落,并置羁縻顺州都督府②。十三年,州废。

附旧府二：羁縻瀚海州都督府(716—721)

开元四年,析云州地置羁縻瀚海州都督府及羁縻瀚海州,隶代州都督府。九年,罢羁縻瀚海州都督府及羁縻瀚海州。

附旧州：羁縻瀚海州(716—721)

开元四年,析云州云中县地置羁縻瀚海州(今内蒙古察哈尔右翼前旗)③,以处内附铁勒回纥部落,并置羁縻瀚海州都督府。九年,州废。

附旧府三：羁縻龟林州都督府(716—721)

开元四年,析云州地置羁縻龟林州都督府及羁縻龟林州,隶代州都督府。九年,罢羁縻龟林州都督府及羁縻龟林州。

附旧州：羁縻龟林州(716—721)

开元四年,析云州云中县地置羁縻龟林州(今乌兰察布市集宁区),以处内附铁勒同罗部落,并置羁縻龟林州都督府。九年,州废。

附旧府四：羁縻金微州都督府(716—721)

开元四年,析云州地置羁縻金微州都督府及羁縻金微州,隶代州都督府。九年,罢羁縻金微州都督府及羁縻金微州。

---

① 《贞观政要》卷9:"(太宗)卒用(温)彦博策,自幽州至灵州,置顺、化、佑、长四州都督府以处之。"顺州最东,在故恒州(今大同),直幽州西北,长州最西,在夏州西(今鄂托克前旗),直灵州东北,故云"自幽州至灵州"。贞观五年,顺州都督突利入朝,行至并州而卒,可见顺州在并州北。故恒州本隋王杨政道领地,然自贞观四年平隋王废恒州至贞观十四年徙云州来治,故恒州之地一直未置正州县,因推测为羁縻顺州治地。《新唐志》河北道突厥羁縻将此顺州与先隶营州都督府后隶幽州都督府之思顺州混同记载,误。艾冲《公元7～9世纪鄂尔多斯高原人类经济活动与自然环境演变研究》第123页以为此突厥顺州原在内蒙古达赉诺尔一带,贞观五年南迁至营州五柳成城,则是与贞观六年以内徙契丹部落所置羁縻顺州相混,参详本编第三章《河北道羁縻地区》第二节"柳城郡都督府所领"直辖羁縻顺州。
② 《旧唐志》夏州云定襄都督府寄治夏州宁朔县界。按此定襄都督府乃贞观末置于单于都护府东之定襄州都督府,永隆二年内徙夏州境者,非贞观四年所置之定襄都督。汤开建《唐李筌〈太白阴经·关塞四夷篇〉西北诸道部族考证》以为定襄都督府在今呼和浩特市东南45公里的美岱古城,则离幽州太远,不取。
③ 《旧唐书》卷8《玄宗纪》:"开元四年六月,突厥可汗默啜为九姓拔曳固所杀,其回纥、同罗、霫、勃曳固、仆固五部落来附,于大武军北安置。"《旧唐书》卷97《张说传》:"开元八年秋,朔方大使王晙诛河曲降虏阿布思等千余人,时并州大同、横野等军有九姓同罗、拔曳固等部落,皆怀震惧。"大武城在云州(今大同市)西,则五部落安置之地当在今乌兰察布市东南部一带。

附旧州：羁縻金微州（716—721）

开元四年，析云州云中县地置羁縻金微州（今察哈尔右翼后旗），以处内附铁勒仆固部落，并置羁縻金微州都督府。九年，州废。

附旧府五：羁縻幽陵州都督府（716—721）

开元四年，析云州地置羁縻幽陵州都督府及羁縻幽陵州，隶代州都督府。九年，罢羁縻幽陵州都督府及羁縻幽陵州。

附旧州：羁縻幽陵州（716—721）

开元四年，析云州云中县地置羁縻幽陵州（今商都县）①，以处内附铁勒拔曳固部落，并置羁縻幽陵州都督府。九年，州废。

附旧府六：羁縻居延州都督府（716—721）

开元四年，析云州地置羁縻居延州都督府及羁縻居延州，隶代州都督府。九年，罢羁縻居延州都督府及羁縻居延州。

附旧州：羁縻居延州（716—721）

开元四年，析云州云中县地置羁縻居延州（今兴和县），以处内附铁勒白霫部落，并置羁縻居延州都督府。九年，州废。

附新府一：羁縻阴山州都督府（808—907）

元和三年，置羁縻阴山州都督府及羁縻阴山、□□二州②，隶朔方管内统押诸蕃部落使。四年，改隶河东节度使。其后，分置羁縻萨葛、安庆二州都督府及四羁縻州③。十五年，羁縻阴山州都督府领羁縻阴山、□□二州。

---

① 刘于义等《陕西通志》卷73引《葭州志》云，开元中所置幽陵都督府在神木县西九十里。按其地在大安军西南遥远之地，恐非。
② 《旧唐书》卷14《宪宗纪》："元和三年六月，沙陀突厥七百人携其亲属归振武节度使范希朝，乃授其大首领曷勒阿波阴山府都督。"《新唐书》卷218《沙陀传》亦云葛勒阿波叩振武降。据郁贤皓《唐刺史考全编》，元和三年时范希朝已为灵盐节度，则《旧纪》、《新传》并是误以"灵武"为"振武"。《册府元龟》卷1、《旧五代史》卷25云，德宗命朱邪执宜为阴山府都督，亦误。
③ 《新唐书》卷218《沙陀传》："王锷节度太原，建言：'朱邪族孳炽，散居北川，恐启野心，愿析其族隶诸州，势分，易驭也。'遂建（十）〔九〕府，以处沙陀。"据郁贤皓《唐刺史考全编》，王锷节度太原在元和五年至十年间；北川，即定襄川；析其族隶诸州，盖析沙陀等部为朱邪、米氏、史氏三部落，分居朔、代、忻三州；建十府，盖谓分沙陀等三部落九姓置阴山、萨葛、安庆三都督府，俗称"九姓府"、"九府"，此误写为"十府"。张广达《唐代六胡州等地的昭武九姓》（载《北京大学学报》1986年第2期）谓萨葛、安庆为昭武九姓部落，当是。王义康《唐代羁縻府州辑补》（载《西北民族论丛》第九辑）谓此九姓府为铁勒部落，恐误。《资治通鉴》大和四年三月："陉北沙陀素骁勇，为九姓六州胡所畏伏，公绰奏以其酋长朱邪执宜为阴山都督、代北行营招抚使，使居云、朔塞下，捍御北边。""六州"，盖谓大和之前已分沙陀等九姓三都督府置六羁縻州，每府二州。

咸通十年,隶渭北鄜坊节度使。十四年,羁縻阴山州都督府领州不变。

中和三年(883),还隶河东道代北节度使。光启三年(887),隶河东节度使。

附新州 1:羁縻阴山州(808—907)

元和三年,以内附突厥沙陀部落置羁縻阴山州,居关内道盐州境(今宁夏盐池县境)①,并置羁縻阴山州都督府。四年,徙居河东道蔚州②。六年,徙居朔州马邑县黄花堆(今山西应县臧寨乡大营村黄花岭)③。大中三年,徙居蔚州④。咸通十年,徙居云州。是年,徙居关内道鄜州⑤。乾符五年(878),自振武军徙居河东道朔州善阳县新城(今山西朔州市朔城区窖子头乡梵王寺村)⑥。中和三年,徙居河东道代州⑦。光启三年,徙居太原府⑧。

附新州 2:羁縻□□州(808—907)

元和三年,以内附突厥沙陀部落置羁縻□□州,居关内道盐州境(今盐池县境),隶羁縻阴山州都督府。四年,徙居河东道忻州定襄川(今定襄县境)⑨。其后,徙居朔州善阳县新城⑩。

附新府二:羁縻萨葛州都督府(元和中—907)

元和中,置羁縻萨葛州都督府及羁縻萨葛、□□二州,隶河东节度使。十五年,羁縻萨葛州都督府领羁縻萨葛、□□二州。

---

① 《资治通鉴》元和三年六月:"灵盐节度使范希朝闻之,自帅众迎之于塞上,置之盐州,为市牛羊,广其畜牧,善抚之。诏置阴山府,以执宜为兵马使。"
② 《旧五代史》卷 25《唐武皇纪》:"元和初,(执宜)迁蔚州刺史。"
③ 《新唐书》卷 218《沙陀传》:"执宜乃保神武川之黄花堆,更号阴山北沙陀。"黄花堆在朔州马邑县,又名黄花岭、黄花梁,旧属大营乡。可知沙陀朱邪一部(阴山北沙陀)徙居朔州在元和五年。
④ 据郁贤皓《唐刺史考全编》,朱邪赤心大中三年迁蔚州刺史。刘统《唐代羁縻府州研究》第 3 页:"至宣宗大中年间,以赤心为蔚州刺史,方罢阴山府名号。"然据《旧唐书》卷 158《郑余庆传附郑从谠》:"乾符中,盗起河南,天下骚动。阴山府沙陀都督李国昌部族方强,虎视北边。"可见大中后至乾符间李国昌仍兼阴山都督,刘说非。
⑤ 《新唐书》卷 218《沙陀传》:"(庞)勋平,进大同军节度使,赐姓李,名国昌。……回鹘叩榆林,扰灵、盐,诏国昌为鄜延节度使。"
⑥ 《旧五代史》卷 25《唐武皇纪》:"(国昌)出为振武节度使,寻为吐浑所袭,退保于神武川。"神武川,即朔州新城,据郁贤皓《唐刺史考全编》第 395 页考证,事在乾符五年。
⑦ 《旧唐书》卷 19《僖宗纪》中和三年八月:"制以前振武节度、检校司空、兼单于都护、御史大夫李国昌为检校司徒、代州刺史、雁门已北行营节度、蔚朔等州观察等使。"
⑧ 光启三年,阴山都督李国昌卒,子克用嗣。时克用为河东节度使,镇太原。《旧五代史》卷 60《李袭吉传》:天复中,克用贻梁祖书曰:"阴山部落,是仆懿亲。"《旧五代史》卷 70《康思立传》:"康思立,晋阳人也,事武皇为爪牙……本出阴山部落。"可知唐末阴山部落居太原。
⑨ 《新唐书》卷 218《沙陀传》:"希朝镇太原,因诏沙陀举军从之。希朝乃料其劲骑千二百,号沙陀军,置军使,而处余众于定襄川。"按希朝镇太原在元和四年六月,定襄川在忻州定襄县界。
⑩ 《旧五代史》卷 25《唐武皇纪》:大中十年,(克用)生于神武川之新城。时克用父国昌在蔚州任上,则克用当生于母家,即朱邪氏别部所在。

咸通十四年,羁縻萨葛州都督府领羁縻萨葛、□□二州。

中和三年,隶代北节度使。光启三年,隶河东节度使。

附新州1：羁縻萨葛州（元和中—907）

元和中,析忻州地置羁縻萨葛州（今山西忻州市忻府区境）,并置羁縻萨葛州都督府,以处粟特部落①。广明元年（880）,徙居朔州②。

附新州2：羁縻□□州（元和中—907）

元和中,析忻州地置羁縻□□州（今忻州市忻府区境）,以处粟特部落,隶羁縻萨葛州都督府。广明元年,徙居朔州。

附新府三：羁縻安庆州都督府（元和中—907）

元和中,置羁縻安庆州都督府及羁縻安庆、□□二州,隶河东节度使。十五年,羁縻安庆州都督府领羁縻安庆、□□二州。

咸通十四年,羁縻安庆州都督府领羁縻安庆、□□二州。

中和三年,隶代北节度使。光启三年,隶河东节度使。

附新州1：羁縻安庆州（元和中—907）

元和中,析代州地置羁縻安庆州（今山西原平市境）,并置羁縻安庆州都督府,以处粟特部落③。

附新州2：羁縻□□州（元和中—907）

元和中,析代州地置羁縻□□州（今原平市境）,以处粟特部落,隶羁縻安庆州都督府。

附旧府四：羁縻后宁朔州都督府（836—907）

开成元年（836）,置羁縻后宁朔州都督府及羁縻后宁朔州,隶天德军等处管内统押诸蕃部落使。会昌三年（843）,隶振武麟胜等军州管内统押诸蕃部落使。咸通十四年,羁縻后宁朔州都督府领羁縻后宁朔一州。

---

① 乾符中有萨葛都督米海万。邓名世《古今姓氏书辨证》卷24谓："五代有沙陀部人米至诚（或作米志诚）,吴节度使。"按米氏为粟特姓,久被沙陀统领,故有此说。
② 《旧唐书》卷19《僖宗纪》广明元年七月,以萨葛都督米海万为朔州刺史。
③ 陶谷《义成军节度使赠太保史匡翰碑铭并序》（载《全唐文》卷863）："大王父讳怀清,皇任安庆九府都督。王父讳敬思,皇任安庆九府都督。显考讳璟,□□□□兼九府都督,赠太保。公即太保长子也。……以劳加银青光禄大夫、检校太子宾客、兼监察御史,改辽州副使,兼领九府都督。同光初……以九府都督充岚、宪、朔等州都游奕使。"史怀清,疑是元和中首任安庆都督,乾符中之安庆都督史敬存,当是史敬思之兄。《册府元龟》卷347："史建瑭,雁门人,武皇节制雁门,建瑭为九府都督。"可证居地在代州。

广明元年(880),隶大同军都防御使。中和二年,隶雁门节度使。三年,隶代北节度使。是年,隶云蔚防御使。四年,隶河东节度使。

附新州：羁縻后宁朔州(836—907)

开成元年,析丰州地置羁縻后宁朔州(今内蒙古杭锦旗北境),并置羁縻后宁朔州都督府,以处内附吐浑部落①。会昌三年,寄居振武军(今托克托县双河镇蒲滩拐)②。广明元年,寄居云州(今大同市城区北关街道)③。乾宁元年,寄居蔚州(今蔚县城蔚州镇)④。

附二 河东节度使曾领

河东节度使(809—883)—云蔚防御使(883—884)—河东节度使(884—907)

元和四年(809),割朔方管内统押诸蕃部落使羁縻阴山州都督府来属。其后,置羁縻萨葛、安庆二州都督府。十五年,河东节度使领羁縻阴山、萨葛、安庆三州都督府。

咸通十年(869),割羁縻阴山州都督府隶关内道渭北鄜坊节度使。十四年,河东节度使领羁縻萨葛、安庆二州都督府。

中和三年(883),割萨葛、安庆二州都督府隶代北节度使,以代北节度使羁縻宁朔州都督府来属云蔚防御使。四年,以废云蔚防御使之羁縻宁朔州都督府来属河东节度使。光启三年,以废代北节度使之羁縻阴山、萨葛、安庆三州都督府来属河东节度使。

---

① 《旧唐书》卷17《文宗纪》开成元年二月：“天德奏,生退浑部落三千帐来投丰州。”《新唐书》卷212《藩镇传附李全忠》：“赫连铎,本吐浑部酋也,开成中,其父率种人三千帐自归。(后)守云州十五年。”退浑、吐浑,即吐谷浑。府名史志失载,按代宗后关内道有吐谷浑羁縻宁朔州都督府,元和间废,后唐同光初,吐浑都督府复分置为宁朔、奉化二府,则“宁朔”一名盖为吐浑所习用,推测唐末吐浑都督府亦以“宁朔”为名。《册府元龟》卷956：“赫连铎,则退浑之酋帅,咸通中,以从康承训破庞勋有功,补阴山都督。”《新五代史》卷74《吐浑传》：“懿宗时,首领赫连铎为阴山府都督,与讨庞勋,以功拜大同军节度使。”按懿宗时赫连铎实为吐浑都督,阴山都督为沙陀李国昌,《旧唐志》但称赫连铎为吐浑都督,未言阴山都督,《册府元龟》、《新五代史》盖误以吐浑都督为阴山都督。吕建福《土族史》第140页云：“阴山都督府,亦作阴山吐浑都督府,简作吐浑都督府。”非是。
② 《旧唐书》卷18《武宗纪》会昌三年正月：“敕新授银州刺史、本州押蕃落银川监牧使何清朝,令分领沙陀、吐浑、党项之众赴振武,取刘沔处分。”时振武节度使治单于府城乃汉人所守,似非吐浑所居,疑其居振武军城。
③ 《通鉴》卷253：广明元年七月,诏以赫连铎为云州刺史、大同军防御使。
④ 《旧唐书》卷20《昭宗纪》乾宁元年六月：“李克用攻陷云州,执大同防御使赫连铎,以其牙将薛志勤守云中。”《新五代史》卷74《吐浑传》：“懿宗时,首领赫连铎为阴山府都督,与讨庞勋,以功拜大同军节度使。(僖宗时)为晋王所破,其部族益微,散处蔚州界中。”

第三章　河北道羁縻地区
河北道(624—907)

　　武德七年(624),高句丽(高丽)、百济、新罗三国来附,以为藩属国。贞观元年(627),属河北道。四年,置营州都督府羁縻地区。十三年,河北道有营州都督府羁縻地区及藩属高丽、百济、新罗三国。二十三年,置东夷都护府羁縻地区。

　　显庆四年(659),东夷都护府羁縻地区归营州都督府。五年,以藩属百济国为扶余都护府羁縻地区。龙朔元年(661),藩属新罗国并入扶余都护府羁縻地区。总章元年(668),以藩属高丽国为安东都护府羁縻地区。咸亨五年(674),扶余都护府羁縻地区归安东都护府。

　　武周万岁通天元年(696),改营州都督府为行营州都督府。二年,行营州都督府羁縻地区归幽州都督府。神龙元年(705),置后营州都督府羁縻地区。二年,后营州都督府羁縻地区归幽州都督府。长安四年(704),河北道有幽州都督府、安东都护府羁縻地区。

　　唐开元五年(717),复置营州都督府羁縻地区。八年,改营州都督府为后营州都督府。十一年,复改后营州都督府为营州都督府。二十八年,置押奚契丹两蕃渤海黑水等四府经略处置使羁縻地区。

　　天宝元年(742),改幽州都督府为范阳郡都督府,营州都督府为柳城郡都督府。十三载,河北道有范阳、柳城二郡都督府,安东都护府及押奚契丹两蕃渤海黑水等四府经略处置使羁縻地区(参见前文图5、图6、图7)。十五载,罢范阳、柳城二郡都督府羁縻地区。

　　宝应元年(762),改押奚契丹两蕃渤海黑水等四府经略处置使为押奚契丹两蕃等使,安东都护府羁縻地区归河南道。广德元年(763),置幽州都督府羁縻地区。元和十五年(820),河北道有幽州都督府、押奚契丹两蕃等使二羁縻地区。

　　咸通十四年(873),河北道羁縻地区不变。

　　光启中,罢押奚契丹两蕃等使羁縻地区。

第一节　范阳郡(幽州)都督府所领

幽州都督府(696—742)—范阳郡都督府(742—756)—幽州都督府(763—907)

武周万岁通天元年(696)，置直辖羁縻地区。长安四年(704)，幽州都督府领一直辖羁縻地区。

唐开元二十年(732)，置羁縻归义州都督府。二十七年，罢羁縻归义州都督府。

天宝元年(742)，改幽州都督府为范阳郡都督府。十三载，范阳郡都督府有一直辖羁縻地区。十五载，罢直辖羁縻地区。

广德元年(763)，置幽州都督府直辖羁縻地区。元和十五年(820)，幽州都督府有一直辖羁縻地区。

咸通十四年(873)，幽州都督府有一直辖羁縻地区。

直辖羁縻地区
直辖羁縻地区(697—756，763—907)

武周万岁通天二年(神功元年)，以废行营州都督府之羁縻辽、顺二州来属幽州都督府，改羁縻辽州为羁縻威州，羁縻顺州为羁縻思顺州，以为直辖羁縻地区。长安四年，幽州都督府直辖羁縻威、思顺二州。

唐景云元年(707)，置羁縻青山州。开元二年，置羁縻沃州。四年，置羁縻归顺州。五年，以废后营州都督府之羁縻黎、师、鲜、带、瑞、玄、夷宾、慎、崇、昌、信十一州来属，羁縻师州割隶营州都督府。十八年，升羁縻思顺州为顺州，羁縻归顺州为归顺州。二十年，割羁縻崇、鲜二州隶羁縻归义州都督府。二十七年，以废羁縻归义州都督府之羁縻崇、鲜二州来属。

天宝元年，改为范阳郡直辖羁縻地区，置羁縻凛州。十三载，幽州都督府直辖羁縻威、崇、鲜、昌、信、玄、瑞、夷宾、黎、慎、带、青山、沃、凛十四州。十五载，羁縻威、崇、鲜、昌、信、玄、瑞、夷宾、黎、慎、带、青山、沃、凛十四州并废[①]。

---

① 《旧唐志》河北道末段："自燕以下十七州(即燕、威、慎、玄、崇、夷宾、师、鲜、带、黎、沃、昌、归义、瑞、信、青山、凛)，皆东北蕃，降胡，散诸处幽州、营州界内，以州名羁縻之，无所役属。安禄山之乱，一切驱之为寇，遂扰中原。至德之后，入据河朔，其部落之名无存者。"按师州开元中已徙营州旧地，归义州开元末已废，燕州至德后仍存，则此三州当在外。

广德元年,降幽州卢龙节度使顺、归顺二州为羁縻顺、归顺二州,为幽州都督府直辖羁縻地区。元和十五年,幽州都督府直辖羁縻顺、归顺二州。

会昌中,废羁縻顺州。咸通十四年,幽州都督府直辖羁縻归顺一州。

1. **羁縻威州**(696—756)

万岁通天元年,废营州都督府之羁縻威州并羁縻威化县寄治幽州良乡县石窟堡(今北京市房山区霞云岭乡下石堡村)①,仍处内徙契丹内稽部落,直属幽州都督府。天宝元年,直属范阳郡都督府。十五载,州县皆废。

2. **羁縻崇州**(696—697,705—756)

万岁通天元年,以废营州都督府之羁縻崇州及羁縻昌黎县寄治幽州潞县古潞城(今河北省三河市燕郊镇)②,仍处内徙奚可汗部落,直属后营州都督府。二年,徙治河南道淄、青州境,直属兖州都督府。神龙元年,还治古潞城,直属后营州都督府。开元五年,直属幽州都督府。开元二十年,割隶羁縻归义州都督府。二十七年,还隶幽州都督府。天宝元年,直属范阳郡都督府。十五载,州县皆废。

3. **羁縻鲜州**(705—756)

本河南道兖州都督府羁縻州,神龙元年,并羁縻宾徒县寄治幽州潞县古潞城(今三河市燕郊镇),仍处内徙奚可汗部落,直属后营州都督府。开元五年,直属幽州都督府。开元二十年,割隶羁縻归义州都督府。二十七年,还隶幽州都督府。天宝元年,直属范阳郡都督府。十五载,州县皆废。

4. **羁縻昌州**(696—697,705—756)

万岁通天元年,以废营州都督府之羁縻昌州及羁縻龙山县寄治幽州安次县故常道城(即河北安次县城,今廊坊市旧州乡南常道村)③,仍处内徙契丹松漠部落,直属后营州都督府。二年,徙治河南道青州境,直属兖州都督府。神

---

① 《地名大辞典》第 82 页下石堡:"唐代已成村,因附近有石窟,得名石窟堡。"
② 《水经注》卷 14 湿余水:"《(后)魏土地记》曰:(潞县)城西三十里有潞河是也。""鲍丘水,又南,过潞县西。……(高梁水)又东,至潞县,注于〔潞〕(鲍丘)水。又南,径县故城西,王莽之通潞亭也。屈而东南流,径(故)潞城南。"则潞县故城在北魏潞县城西、潞水东,即隋唐潞县城,正如《大清一统志》顺天府所谓:"潞县故城在通州东,今州东八里甘棠乡有古城,盖隋唐时潞县治。"如此,北魏潞县即唐之"古潞城",正如《地图集》北魏幅所定,在今河北三河市燕郊镇(其唐代幅定于今大厂县夏垫镇,恐误),潞县移治通州城在后唐,而非唐代。尹钧科《北京历代建置沿革》(北京出版社,1994 年)第 113 页及《地名大辞典》第 96 页以为北京通州区潞城镇古城村(甘棠乡古城)为唐之"古潞城",误。
③ 《太平寰宇记》幽州安次县:"贞观八年,又自石梁城移理于今县西五里魏常道城置。"《大清一统志》顺天府:"常道城,在东安县西北。《县志》:城在县西北五十里。"

龙元年,还治故常道城,直属后营州都督府。开元五年,直属幽州都督府。天宝元年,直属范阳郡都督府。十五载,州县皆废。

5. 羁縻信州(696—697,705—756)

万岁通天元年,以废营州都督府之羁縻信州及羁縻黄龙县寄治幽州范阳县境(今河北涿州市松林店镇岐沟村古城)①,仍处内徙契丹乙失活部落,直属后营州都督府。二年,徙治河南道青州境,直属兖州都督府。神龙元年,还治幽州范阳县境,直属后营州都督府。开元五年,直属幽州都督府。天宝元年,直属范阳郡都督府。十五载,州县皆废。

6. 羁縻玄州(696—697,705—756)

万岁通天元年,以废营州都督府之羁縻玄州及羁縻静蕃县寄治幽州范阳县鲁泊村(今涿州市百尺竿镇鲁坡村)②,仍处内徙契丹曲据部落,直属后营州都督府。二年,徙治河南道徐、宋州境,直属兖州都督府。神龙元年,还治鲁泊村,直属后营州都督府。开元五年,直属幽州都督府。天宝元年,直属范阳郡都督府。十五载,州县皆废。

7. 羁縻瑞州(696—697,705—756)

万岁通天元年,以废营州都督府之羁縻瑞州及羁縻来远县寄治幽州良乡县故广阳城(今北京市房山区长阳镇)③,仍处内徙突厥乌突汗达干部落,直属后营州都督府。二年,徙治河南道宋州境,直属兖州都督府。神龙元年,还治故广阳城,直属后营州都督府。开元五年,直属幽州都督府。天宝元年,直属范阳郡都督府。十五载,州县皆废。

8. 羁縻夷宾州(696—697,705—756)

万岁通天元年,以废营州都督府之羁縻夷宾州及羁縻来苏县寄治幽州良乡县故广阳城(今北京市房山区长阳镇),仍处内徙靺鞨愁思岭部落,直属后营州都督府。二年,徙治河南道徐州境,直属兖州都督府。神龙元年,还治故广阳城,直属后营州都督府。开元五年,直属幽州都督府。天宝元年,直属范

---

① 《辽史·地理志》高州:"唐信州之地。"辽高州在今赤峰市东北,或言在喀喇沁旗,其地在唐为松漠、饶乐都督府之地,不得营州都督府或幽州都督府直辖羁縻州。《辽史·地理志》所言唐州地望多有不确,今不取。据《中国文物地图集·河北分册》下册第593页,涿州市有唐宋岐沟关城址,旧属南马村乡,疑即羁縻信州治。北京市西城区陶然亭街道姚家井(旧属宣武区)曾出土过唐信州刺史"薛府君"墓,但此信州未详是河北羁縻州还是江南经制州,即便是羁縻信州,也不排除其刺史在幽州城有私宅而葬于幽州城外之可能。

② 尹钧科:《北京历代建置沿革》,第115页。

③ 《太平寰宇记》幽州良乡县:"广阳故城,在今县东北三十七里。"《大清一统志》顺天府:"广阳故城,在良乡县东北十里。"

阳郡都督府。十五载,州废。

9. **羁縻黎州**(705—756)

本河南道兖州都督府羁縻州,神龙元年,并羁縻新黎县寄治幽州良乡县故都乡城(今北京市房山区长沟镇)①,仍处内徙靺鞨乌素固部落,直属后营州都督府。开元五年,直属幽州都督府。天宝元年,直属范阳郡都督府。十五载,州县皆废。

10. **羁縻慎州**(696—697,705—756)

万岁通天元年,以废营州都督府之羁縻慎州及羁縻逢龙县寄治幽州良乡县故都乡城(今北京市房山区长沟镇),仍处内徙靺鞨乌素固部落,直属后营州都督府。二年,徙治河南道淄、青州境,直属兖州都督府。神龙元年,还治故都乡城,直属后营州都督府。开元五年,直属幽州都督府。天宝元年,直属范阳郡都督府。十五载,州县皆废。

11. **羁縻带州**(705—756)

本河南道兖州都督府羁縻州,神龙元年,并羁縻孤竹县寄治幽州昌平县清水店(今北京市海淀区温泉镇太州坞)②,仍处内徙契丹乙失革部落,直属后营州都督府。开元五年,直属幽州都督府。天宝元年,直属范阳郡都督府。十五载,州县皆废。

12. **羁縻青山州**(710—756)

景云元年,析羁縻玄州契丹曲据部落置羁縻青山州及羁縻青山县,寄治幽州范阳县水门村(今涿州市孙家庄乡税门村)③,直属幽州都督府。天宝元年,直属范阳郡都督府。十五载,州县皆废。

13. **羁縻沃州**(714—756)

开元二年,析羁縻昌州契丹松漠部落置羁縻沃州及羁縻滨海县,寄治幽州蓟县回城(今北京市大兴区青云店镇回城村古城)④,直属幽州都督府。天宝元年,直属范阳郡都督府。十五载,州县皆废。

---

① 尹钧科:《北京历代建置沿革》,第11页。
② 麻兆庆《昌平外志》卷1:"《旧志》:(昌平)州西南有村名太州务。疑为带州孤竹县侨治处。"《地名大辞典》第72页太州坞:"原名清水店,唐侨治带州于此,后音转为太州务、太子府、太子坞、太舟坞等名。"
③ 《辽史·地理志》川州:"本唐青山州地。"陈汉章云在辽宁义县东,张修桂等云在朝阳市西北(张修桂等:《辽史地理志汇释》,安徽教育出版社,2001年,第154页)。按青山州置于景云元年,其时营州都督府尚治旧蓟州,都督府旧地仍为契丹所据,必不得置青山州,《辽史·地理志》诸说错误。尹钧科《北京历代建置沿革》第115页云,范阳县水门村"今名税门村",当是,今从之。
④ 《旧唐志》沃州滨海县:州陷契丹,迁于蓟县东南回城。《大清一统志》顺天府:"回城,在大兴县东南五十里。"遗址尚存,详《中国文物地图集·北京分册》下册,第360页。

14. 羁縻凛州(742—756)

天宝元年,以内徙奚怒皆部落置羁縻凛州及羁縻□□县①,寄治范阳郡范阳县境(今涿州市境),直属范阳郡都督府。十五载,州县皆废。

附旧州：羁縻师州(705—717)

本河南道兗州都督府羁縻州,神龙元年,并羁縻阳师县移治幽州良乡县故东间城(今北京市大兴区黄村镇芦城遗址)②,仍处内徙契丹室韦部落,直属后营州都督府。二年,直属幽州都督府。开元五年,移还营州旧地,直属营州都督府。

附旧新州1：羁縻思顺州(696—730)—羁縻顺州(763—会昌中)

万岁通天元年,营州都督府羁縻顺州并羁縻宾义县移治幽州城内(今北京市西城区广安门外街道),仍处内徙契丹部落,改为羁縻思顺州③,直属幽州都督府。开元十八年,升为顺州④,隶幽州都督府。广德元年,仍降为羁縻顺州,直属幽州都督府。建中二年(781),移治故燕州城(今北京市昌平区兴寿镇西新城村古城)⑤。会昌中,省入羁縻归顺州⑥。

附旧新州2：羁縻归顺州(716—730,763—907)

开元四年,以内徙契丹纥便部落置羁縻归顺州及羁縻怀柔县(今北京市顺义区赵全营镇北郎中村),直属幽州都督府。十八年,升为归顺州,隶幽州都督府。广德元年,复降为羁縻归顺州,直属幽州都督府。会昌中,省羁縻顺州来属。乾符中,析置顺州及宾义县。

---

① 奚怒皆部落,两《唐志》皆作"降胡"。按《旧唐志》卷103《王忠嗣传》："天宝元年,兼灵州都督。是岁北伐,与奚怒皆战于桑干河,三败之,大虏其众,耀武漠北,高会而旋。"所谓"降胡",盖指此部,因补。又《旧唐书》卷142《王武俊传》："契丹怒皆部落也。祖可讷干,父路俱。开元中,饶乐府都督李诗率其部落五千帐,与路俱南河袭冠带,有诏褒美,从居蓟。"据孟广耀《唐以后奚族诸部的对应关系及奚王府所属诸部剖析》(载《北方文物》1987年第1期)所考,怒皆为奚度稽部在唐后期的称呼,则《唐书》作契丹部落,疑误。

② 史志未见故东间城,考《水经注》卷12："圣水又东,左会白祀沟,沟水出广阳县之娄城〔西〕(东),东南流,左合娄城水。"疑此广阳县之娄城,即东间城,"娄"、"间",一音之转也。今大兴区黄村镇有芦城遗址,即其地,详《中国文物地图集·北京分册》下册,第360页。如此,则开元以前,桑干河尚未从卢沟桥南流,芦城尚属良乡县(广阳县北齐废入良乡县),今卢沟桥以南永定河河道乃圣水(今房山区大石河)支流白祀沟所经,娄城水盖即今大兴之天堂河。

③ 《太平寰宇记》卷71有思顺州,内容与营州都督府之羁縻顺州一致,可知乃羁縻顺州更名,更名时间史未载,今姑定于万岁通天元年改隶幽州都督府之时。

④ 《唐会要》卷24："开元十八年十一月敕：……燕、顺、忻、平、灵、临、蓟等五十九州为边州。"则开元十八年思顺州已改为顺州,当与升为正州有关。

⑤ 《大清一统志》卷6顺天府："顺州故城：《旧志》以为唐建中二年燕州废后,始自幽州移顺来治,似为得之。盖顺州本治幽州城内,因燕州置之,幽都县亦入幽州城,遂移顺州于故燕州耳。"

⑥ 《辽史·地理志》顺州："会昌中,改归顺州。唐末,仍为顺州。"会昌中顺州"改归顺州",当指寄治于幽州城中的羁縻顺州移治于羁縻归顺州境,与归顺州合并。

附新州：羁縻顺化州(763—781)

宝应二年(广德元年,763),以内徙奚部落置羁縻顺化州及羁縻怀远县(今北京市西城区广安门外街道)①。建中二年,州县并废②。

附旧府：羁縻归义州都督府(732—739)

开元二十年,以羁縻饶乐州都督府部落置羁縻归义州都督府及归义州,隶幽州都督府③,并割幽州都督府直辖羁縻崇、鲜二州来属④。二十七年,都督李延宠改授饶乐羁縻州都督,罢归义州都督府及羁縻归义州,崇、鲜二羁縻州还隶幽州都督府。

附旧州：羁縻归义州(732—739)

开元二十年,以内徙奚李诗部落置羁縻归义州于幽州良乡县故广阳城(今北京市房山区长阳镇)⑤,并置羁縻归义州都督府。二十七年,移还奚地,并入羁縻饶乐州⑥。

附　后营州都督府曾领

行营州都督府(696—697)—后营州都督府(705—717,720—723)

武周万岁通天元年(696),行营州都督府置直辖羁縻地区。二年,罢行营州都督府,直辖羁縻州分隶幽州都督府、河南道兖州都督府。

唐神龙元年(705),置后营州都督府直辖羁縻地区。二年,直辖羁縻州割

---

① 史志不载此事。按此顺化州与燕州同废于建中二年四月己亥,当为幽州节度使朱滔为消除隐患而采取的行动,于此可知两州并在幽州城内。而幽州羁縻州天宝末已全废,则此州乃系安史之乱平定后所置,今姑定于宝应二年。
② 《旧唐书》卷12《德宗纪》:"建中二年四月己亥,省燕州、顺化州。"
③ 《资治通鉴》开元二十年十二月:"奚酋李诗、琐高帅五千余帐来降,充归义州都督,徙其部落置幽州境内。"
④ 曾成《归义都督府的兴废与唐代奚人的分化》(载《中国边疆史地研究》2017年第1期)考证,归义都督府辖有若干属州,而出自羁縻鲜州或崇州的奚人李宝臣家族,与归义都督府的民众享有共同的生活经历。
⑤ 民国《房山县志》卷2载,良乡县(今房山区东)有地名曰"饶乐府",当是古饶乐都督府寄居后之孑遗。
⑥ 开元二十七年以归义州都督李延宠为饶乐州都督,则归义州当并入饶乐州。《旧唐志》无归义州天宝户数,可证归义州罢于天宝之前。然曾成以为,李延宠实为留居塞外的奚人首领饶乐都督李归国继承人,非归义都督,归义都督的继承人是李献诚,下限到安史之乱结束,另,《新唐志》归义州有郡名"归德郡",按"归德"乃燕州郡名,范阳郡(幽州)都督府不得有两归德郡,《新唐志》误。

隶幽州都督府。开元四年(716),置羁縻饶乐、松漠二州都督府。五年,罢后营州都督府,羁縻饶乐、松漠二州都督府隶营州都督府。八年,复置后营州都督府,以废营州都督府之藩属靺鞨国及羁縻饶乐、松漠、忽汗、乌蒙、可水五州都督府来属,并置直辖羁縻地区。九年,罢羁縻乌蒙、可水二州都督府。十年,置羁縻安静州都督府。十一年,又罢后营州都督府,藩属靺鞨国及羁縻饶乐、松漠、忽汗、安静四州都督府及直辖羁縻州复隶营州都督府。

附旧区: 直辖羁縻地区(696—697,705—717,720—723)

武周万岁通天元年,以废营州都督府之羁縻瑞、玄、夷宾、慎、昌五州来属行营州都督府[①],以为直辖羁縻地区,并置羁縻信州。二年,羁縻瑞、玄、夷宾、慎、昌、信六州直属河南道兖州都督府。

唐神龙元年,割河南道兖州都督府之羁縻黎、师、鲜、带、瑞、玄、夷宾、慎、崇、昌、信十一州来属后营州都督府[②],以为直辖羁縻地区。开元五年,都督府罢,羁縻黎、师、鲜、带、瑞、玄、夷宾、慎、崇、昌、信十一州直属幽州都督府。八年,以废营州都督府之羁縻师、顺化、宁夷三州来属后营州都督府,以为直辖羁縻地区。十一年,羁縻师、顺化、宁夷三州复隶营州都督府。

第二节　柳城郡(营州)都督府所领

营州都督府(630—696,717—720,723—742)—柳城郡都督府(742—756)

贞观四年(630),营州都督府置直属羁縻地区。十三年,营州都督府有一直辖羁縻地区。二十二年,置羁縻饶乐、松漠二州都督府。二十三年,割羁縻饶乐、松漠二州都督府隶东夷都护府。

显庆四年(659),以废东夷都护府之羁縻饶乐、松漠二州都督府来属。

武周万岁通天元年(696),罢羁縻饶乐、松漠二州都督府及直辖羁縻地区。

唐开元五年(717),割安东都护府藩属靺鞨国及羁縻忽汗、乌蒙、可水三

---

① 《大周故银青光禄大夫行笼州刺史上柱国燕郡开国公屈突府君(铨)墓志铭》(载《洛阳新获墓志续编》,第351页):"又除营州都督。城连渤海,地实渔阳。……为五郡之仪表,受三公之冕服。"可证。
② 《旧唐志》营州都督府载,慎、夷宾、师、鲜、带、黎、昌、瑞、信等州神龙初复还(幽州)旧治,隶幽州都督府,独玄州"神龙初复旧,今隶幽州"。据《大唐故太中大夫使持节都督梁凤兴洋等四州诸军事守梁州刺史上柱国南阳樊公(侃)墓志铭》(载《洛阳流散唐代墓志汇编续集》),开元二年樊侃犹除"使持节都督营〔慎〕(顺)等十二〔州〕诸军事、营州刺史、兼渔阳军使",是知此十一州神龙初实隶后营州都督府,至开元五年都督府移还柳城,乃改隶幽州都督府。玄州条较近其实。

州都督府并以废后营州都督府之羁縻饶乐、松漠二州都督府来属营州都督府，并置直辖羁縻地区。八年，罢都督府，藩属靺鞨国及羁縻饶乐、松漠、忽汗、乌蒙、可水五州都督府及直辖羁縻州隶后营州都督府。十一年，复置营州都督府，仍以废后营州都督府之藩属靺鞨国及羁縻饶乐、松漠、忽汗、安静四州都督府及直辖羁縻州来属。十四年，置羁縻黑水州都督府。二十二年，置羁縻室韦州都督府。二十八年，割藩属靺鞨国及羁縻饶乐、松漠、忽汗、安静、黑水、室韦六州都督府隶押奚契丹两蕃渤海黑水等四府经略使。

天宝十三载（754），柳城郡都督府领羁縻儒州都督府及一直辖羁縻地区。十五载，都督府及羁縻儒州都督府、直辖羁縻州并废①。

（一）直辖羁縻地区

直辖羁縻地区（630—696，717—720，723—756）

贞观四年，降师、昌、北黎、鲜、慎、行辽六州为羁縻师、昌、北黎、鲜、慎、辽六州，以为营州都督府直辖羁縻地区。六年，置羁縻顺州。八年，改羁縻北黎州为羁縻崇州。十年，置羁縻威州②。十三年，营州都督府直辖羁縻辽、师、昌、崇、鲜、慎、威、顺八州③。十九年，置羁縻带州。二十二年，置羁縻玄、归诚二州。

乾封中，置羁縻夷宾州。总章二年（669），置羁縻归义州。咸亨中，改羁縻威州为羁縻瑞州。其后，改羁縻辽州为羁縻威州。载初二年（690），置羁縻黎、沃二州。

武周万岁通天元年，羁縻归诚、归义、沃三州并废，羁縻威、顺二州直属幽州都督府，瑞、玄、夷宾、慎、昌五州直属行营州都督府，羁縻师、带、鲜、黎、崇五州直属河南道兖州都督府。

唐开元五年，割幽州都督府羁縻师州来属营州都督府，以为直辖羁縻地区，并置羁縻顺化、宁夷二州。八年，罢都督府，羁縻师、顺化、宁夷三州直属后营州都督府。十一年，复置营州都督府，仍以废后营州都督府之羁縻师、顺化、宁夷三州来属，以为直辖羁縻地区。二十二年，割羁縻师州隶羁縻儒州都督府。

天宝元年，改为柳城郡都督府直辖羁縻地区。十三载，柳城郡都督府直

---

① 详参本章第一节"范阳郡都督府所领"直辖羁縻地区序注。
② 《旧唐志》营州都督府云贞观十年"又督慎州"。按该志慎州条云"武德初置，隶营州"，则贞观十年之慎州必误，当为"威州"，威州咸亨中始改为瑞州，详见该志瑞州条。
③ 《旧唐志》营州都督府云"今(贞观十三年)督七州"，脱羁縻顺、鲜二州，"七"疑为"九"之误。

辖羁縻顺化、宁夷二州。十五载,废羁縻顺化、宁夷二州①。

1. 羁縻顺州(632—696)—羁縻顺化州(717—756)

贞观六年,以内徙契丹部落置羁縻顺州,治羁縻宾义县(即五柳城,今朝阳县柳城街道十二台村)②,直属营州都督府。万岁通天元年,并羁縻宾义县徙治幽州境,直属行营州都督府。开元五年,以内徙突厥部落置羁縻顺化州,治羁縻怀远县(营州城傍,今辽宁朝阳市龙城区西大营子镇)③,直属营州都督府。八年,寄治后营州渔阳县(今天津市蓟县城文昌街道),隶后营州都督府。十一年,还治营州城傍,仍隶营州都督府。天宝元年,直属柳城郡都督府。十五载,州废。

附旧州1:羁縻辽州(630—咸亨后)—羁縻威州(咸亨后—696)

贞观四年,降行辽州为羁縻辽州,仍处内徙契丹部落,治羁縻威化县(在营州城内,今朝阳市双塔区凌河街道狼山),直属营州都督府。咸亨后,改为羁縻威州④。万岁通天元年,并羁縻威化县徙治幽州境,直属行营州都督府。

附旧州2:羁縻威州(636—咸亨中)—羁縻瑞州(咸亨中—696)

贞观十年,以内徙突厥乌突汗达干部落置羁縻威州,治羁縻来远县(今辽宁绥中县前卫镇)⑤,直属营州都督府。咸亨中,改为羁縻瑞州。万岁通天元年,并羁縻来远县徙治幽州境,直属行营州都督府。

附旧州3:羁縻带州(645—696)

贞观十九年,以内徙契丹乙失革部落置羁縻带州,治羁縻孤竹县(今辽宁

---

① 详参本章第一节"范阳郡都督府所领"直辖羁縻地区序注。
② 《旧唐志》河北道顺州:"贞观六年置,寄治营州南五柳城。"五柳城即北朝之柳城,在今朝阳县柳城镇十二台村。《辽宁省志·地理志建置志》第233页附图定于今朝阳县南双庙乡(今为镇)马德沟,按其地位处峡谷,不合置城。
③ 《旧唐书》卷200《安禄山传》:"安禄山,营州柳城杂种胡人也。……少孤,随母在突厥中。"《旧唐书》卷200《史思明传》:"与安禄山同乡里,及长,相善。"《新唐书》卷225《安禄山传》:"(开元末)授营州都督、平卢军使、顺化州刺史。"则安禄山所在之顺化州与史思明所在之宁夷州相距甚近,均营州城傍突厥羁縻州,盖开元五年与复置营州都督府同时置。今拟顺化州于朝阳市西大营子镇。王绵厚《隋唐辽宁建置地理述考》(载《东北地方史研究》1986年第1期)以为在北镇市大亮甲古城,与本传不合,不取。
④ 《旧唐志》河北道威州:"贞观元年,改(辽州)为威州,隶幽州大都督。"《新唐志》河北道契丹羁縻州载:"威州,本辽州,贞观元年更名,后侨治良乡之石窟堡。"按贞观十年又以突厥降众置威州,与辽州同隶营州都督府,则辽州不应于贞观元年更名威州,否则同一都督府内有两威州重名,且《括地志序略》《括地志辑校》本)引《贞观十三年大簿》,营州都督府下辽(契丹)、威(突厥)二州并存,证明贞观十三年仍有辽州。咸亨中,突厥威州改为瑞州,则契丹辽州改威州必在咸亨后,周颖《唐威州治所考》(载《北方文物》2009年第2期)据《大唐故杨君(律)墓志之铭》考证,垂拱元年时,契丹威州犹治营州城内(今朝阳市区),可见辽州更名威州又在垂拱之前,两《唐志》系年有误。
⑤ 《纪要》卷37广宁前屯卫:"来远废县,今卫治。"

葫芦岛市连山区钢屯镇)①,直属营州都督府。万岁通天元年,并羁縻孤竹县寄治河南道青州境,直属兖州都督府。

附旧州 4：羁縻夷宾州(乾封中—696)

乾封②中,以内徙靺鞨愁思岭部落置羁縻夷宾州,治羁縻来苏县(今辽宁兴城市古城街道)③,直属营州都督府。万岁通天元年,并羁縻来苏县徙治蓟州境,直属行营州都督府。

附旧州 5：羁縻沃州(690—696)

载初二年,析羁縻昌州契丹松漠部落置羁縻沃州,治羁縻滨海县(即营州城内,今朝阳市双塔区凌河街道狼山)④,直属营州都督府。万岁通天元年,州县并废。

2. **羁縻慎州**(630—696)—**羁縻宁夷州**(717—756)

贞观四年,降慎州为羁縻慎州,仍处内徙靺鞨乌素固部落,治羁縻逢龙县(今辽宁朝阳县台子镇),直属营州都督府。载初二年,析置羁縻黎州。万岁通天元年,徙治幽州境,直属行营州都督府。开元五年,以内徙突厥部落置羁縻宁夷州,治羁縻青山县(营州城傍,今朝阳市龙城区边杖子乡)⑤,直属营州都督府。八年,寄治后营州渔阳县,隶后营州都督府。十一年,还治营州城傍,仍隶营州都督府。天宝元年,直属柳城郡都督府。十五载,州废。

附旧州 1：羁縻归义州(669—696)

总章二年⑥,以内徙新罗部落置羁縻归义州,治归义县(今辽宁建平县建平镇八家村)⑦,直属营州都督府。万岁通天元年,州县并废。

---

① 王绵厚《隋唐辽宁建置地理述考》以为孤竹县在锦西县孤竹营子(今属葫芦岛市连山区孤竹营子乡),按其地位处偏僻山区,不如定在附近之钢屯镇为宜,然孤竹营子地名亦因地曾属孤竹县而得名。
② 《新唐志》作"乾符",误。今依《旧唐志》。
③ 依地理形势推定。
④ 《旧唐志》沃州滨海县:"沃州本寄治营州城内。"《辽史·地理志》武安州:"唐沃州地。"按《辽史·地理志》所言唐地多有不确,此又与《旧唐志》相悖,不取。
⑤ 《旧唐书》卷 200《史思明传》:"史思明本名窣干,营州宁夷州突厥杂种胡人也。"营州复置于开元十一年,宁夷州当置于其时。刘统《唐代羁縻府州研究》第 166 页考证宁夷州侨置于营州城旁,按《辽史·地理志》大定府金源县:"本唐青山县境。"此青山县在今朝阳县西北,疑属宁夷州,因拟宁夷州治朝阳市边杖子乡。
⑥ 《新唐志》作"总章中",刘统《唐代羁縻府州研究》第 162 页云总章二年以新罗俘户置归义州,今从之。
⑦ 《辽史》卷 39《地理志》:"惠州惠和军,本唐归义州地。"李慎儒《辽史地理志考》(载《二十五史补编》):"辽惠州故城在今直隶承德府建昌县北三百四十里,接内蒙古敖汉部境,地名科罗博,旧城周四里。或唐时归义州未侨治良乡之前,本在科罗博,则未可料,而《唐志》无明文也。"陈汉章《辽史索隐》(载《缀学堂丛稿初集》):"案《唐志》,(归义州)为奚九州之一,又曰归德郡,侨治良乡之广阳郡。其未侨之前,为辽惠州。"所言当是。科罗博,今建平县建平镇八家村。

附旧州2：羁縻黎州(690—696)

载初二年，析羁縻慎州靺鞨乌素固部落置羁縻黎州，治羁縻新黎县(今辽宁凌源市北关街道)①，直属营州都督府。万岁通天元年，寄治河南道宋州境，直属兖州都督府。

(二) 羁縻儒州都督府
羁縻儒州都督府(734—756)

开元二十二年，析营州地置羁縻儒州都督府及羁縻儒、□二州，割营州直辖羁縻师州来属，羁縻儒州都督府隶营州都督府②。

天宝十三载，羁縻儒州都督府领羁縻儒、师、□三州。十五载，府、州并废。

1. **羁縻昌州**(630—696)—**羁縻儒州**(734—756)

贞观四年，降昌州为羁縻昌州，仍处内徙契丹松漠部落，治羁縻龙山县(即静蕃戍，今辽宁阜新市细河区华东街道高林台城址)，直属营州都督府。七年，移治三合镇(今阜新市清河门区清河街道)③。载初二年，析置羁縻沃州。万岁通天元年，徙治蓟州境，直属行营州都督府。开元二十二年，析羁縻师州地置羁縻儒州(今辽宁阜新市清河门区清河街道)④，以处内附室韦部落，并置羁縻儒州都督府。

附旧州1：羁縻北黎州(630—634)—羁縻崇州(634—696)

贞观四年，降北黎州为羁縻北黎州，仍处内徙奚可汗部落，治羁縻昌黎县(今义县城义州街道)，直属营州都督府。八年，改为羁縻崇州。万岁通天元年，徙治河南道淄、青二州境，直属兖州都督府。

---

① 《辽史》卷39《地理志》："榆州和众县，本新黎县地。"辽和众县在今凌源市境。据《中国文物地图集·辽宁分册》下册第401页，城关镇安杖子村有汉代古城(今属北关街道)，似当为唐初所用。
② 史志不载此事。按樊衡《为幽州长史薛楚玉破契丹露布》(载《文苑英华》卷647)，开元末有"儒州都督乌承恩"，王义康《唐代羁縻府州辑补》考证儒州是贞观后期以室韦乌罗护部落所置羁縻州，原在今乌兰浩特市，"后来乌氏酋长携部族人居幽、营一带，初置应隶营州都督府"。按《万姓统谱》卷13："乌承恩，张掖人。"其非室韦可知。其父乌知义开元二十二年至二十六年间为营州都督，时承恩与族弟承玼皆为平卢军先锋，据韩愈《乌氏庙碑铭》(载《韩昌黎文集》卷6)："开元中，尚书(乌知义)管平卢，先锋军屡破奚、契丹。……黑水、室韦以骑五千来属麾下。"是役在开元二十二年，可知羁縻儒州都督府应即以此内附室韦、黑水两部所置，承恩、承玼分别以汉官任两州刺史以统之，承恩更兼都督，故有"蕃酋"之称。
③ 依地理形势推定。
④ 依地理形势分析。今义县境时属保定军，不属儒州。

附旧州 2：羁縻鲜州(630—696)

贞观四年,降鲜州为羁縻鲜州,仍处内徙奚可汗部落,治羁縻宾徒县(今凌海市温滴楼镇英城子)①,直属营州都督府。万岁通天元年,徙治河南道青州境,直属兖州都督府。

2. 羁縻师州(630—696,717—756)

贞观四年,降师州为羁縻师州,仍处内徙契丹室韦部落,治羁縻阳师县(今辽宁北票市凉水河乡下府村),直属营州都督府。武周万岁通天元年,寄治河南道青州境,直属兖州都督府。开元五年,羁縻师州又自幽州都督府移还旧地②,仍处契丹室韦部落,直属营州都督府。八年,寄治后营州渔阳县,隶后营州都督府。十一年,还治故阳师城,仍隶营州都督府。二十二年,析置羁縻儒、□二州,并割隶羁縻儒州都督府。

3. 羁縻玄州(648—696)——羁縻□州(734—756)

贞观二十二年③,以内徙契丹曲据部落置羁縻玄州,治羁縻静蕃县(即废静蕃戍)④,直属营州都督府。万岁通天元年,徙治蓟州境,直属行营州都督府。开元二十二年,析羁縻师州地置羁縻□州(今辽宁阜新市细河区华东街道高林台城址)⑤,以处内附靺鞨黑水部落,隶羁縻儒州都督府。

附旧州：羁縻归诚州(648—696)

贞观二十二年,析辽州契丹内稽部落置羁縻归诚州(今辽宁彰武县城彰武镇)⑥,直属营州都督府⑦。万岁通天元年,州废。

---

① 宾从,疑在晋宾徒县地,故名,然误"徙"为"從(从)"。晋宾徒县在今义县西,与北票市上园镇相接。
② 刘统：《唐代羁縻府州研究》,第163页。
③ 《旧唐志》、《太平寰宇记》玄州："隋开皇初置,处契丹李去间部落。"《新唐志》作"贞观二十年,以(辱)纥主曲据部落置。"则隋玄州先废,至贞观复置。《资治通鉴》系此事于贞观二十二年四月丁巳,今从之。
④ 废静蕃戍地望考详上编第四章《河北道》第四节"安东都护府"保定军附龙山县。《纪要》万全都指挥使司附大宁卫条云,玄州城在大宁卫(今宁城县西)东南,与《太平寰宇记》静蕃戍在营州东北之记载不合,不取。
⑤ 依地理形势推定。
⑥ 《旧唐书》卷199《契丹传》："契丹有别部酋帅孙敖曹,武德四年与靺鞨酋长突地稽俱遣使内附,诏令于营州城傍安置,授云麾将军、行辽州总管。至曾孙万荣,垂拱初授归诚州刺史。"依地理形势分析,今彰武县无羁縻州分布,疑即归诚州之所在。刘统《唐代羁縻府州研究》第165页以为在营州附近,亦备一说。孙进己等《东北历史地理》(黑龙江人民出版社,1989年)第二卷第281页谓归诚州乃威州更名而来,按两《唐志》,威州万岁通天后移治幽州境,未曾更名归诚,孙说误。《辽史·地理志》云："怀州奉陵军,本唐归诚州。"其地在今巴林右旗,系松漠都督府领地,不得置为营州都督府直辖羁縻州。
⑦ 《资治通鉴》垂拱三年五月胡注："贞观二十一年以契丹别部置归诚州,属松漠都督府。"然贞观二十一年松漠都督府犹未建置,且上文已考松漠都督府不含归诚州,故今以为直属营州都督府。

第三节 安东都护府所领

藩属高丽国(624—668)—安东都护府(668—762)

武德七年(624),高句丽国内附,以为藩属高丽国①,仍都平壤城(今朝鲜平壤市城区)。贞观十三年(639),藩属高丽国建置不变。

总章元年(668),平藩属高丽国,以其地及内附靺鞨置羁縻卫乐、居素、去旦、舍利、建安、辽城、新城、越喜、哥勿、东栅、乌蒙十一州都督府②,并置安东都护府以领之,都护府治卫乐府城。咸亨五年(674),以废扶余都护府之羁縻鸡林、源头二州都督府来属。前上元三年③(676),罢羁縻卫乐、居素、去旦、舍利四州都督府,都护府移治辽城府城。仪凤二年(677),改羁縻辽城州都督府为羁縻辽东州都督府。其后,置羁縻可水州都督府。

武周圣历元年(698),改羁縻辽东州都督府为羁縻安东州都督府。其后,改羁縻安东州都督府为羁縻磨米州都督府。长安四年(704),安东都护府领藩属新罗国及羁縻磨米、建安、新城、越喜、哥勿、东栅、乌蒙、可水、源头、鸡林十州都督府。

唐神龙元年(705),复改羁縻磨米州都督府为羁縻辽城州都督府。先天二年(713),震国内附,为藩属国,兼置羁縻忽汗州都督府,罢羁縻源头、东栅二州都督府。开元五年(717),割藩属靺鞨国及羁縻忽汗、乌蒙、可水三州都督府隶营州都督府。二十二年,罢羁縻越喜州都督府。

天宝十三载(754),安东都护府领藩属新罗国及羁縻建安、辽城、新城、哥勿、鸡林五州都督府。

乾元元年(758),罢羁縻新城、哥勿二州都督府。宝应元年(762),改安东都

---

① 《通典》卷186《高句丽》:"(武德)七年二月,遣使内附,受正朔,请颁历,许之。"《旧唐书》卷199《高丽传》:"(武德)七年,遣刑部尚书沈叔安往册建武为上柱国、辽东郡王、高丽王。"《资治通鉴》武德七年二月:"高丽王建武遣使来请班历,遣使册建武为辽东郡王、高丽王。"

② 《唐会要》卷73安东都护府:"总章元年九月十三日,辽东道行军总管司空李勣平辽东。至十二月七日,分高丽地为九都督府、四十二州、一百县,置安东都护府于平襄城以统之,擢其渠豪为都督及刺史、县令,与齐人参理,以右武卫将军薛仁贵检校安东都护。"《郡县典》及两《唐志》并同此,然《旧唐书》卷5《高宗纪》总章三年春正月云:"列辽东地为州县。"当误。又,孙玉良《唐朝在东北地区设置的府州》(载《社会科学战线》1986年第3期)认为唐朝在高句丽灭亡后设置的九都督府、四十二州即《新唐志》所载九州十四州和金富轼《三国史记》所载李勣奏报的三十九城,再去掉同城异名的重复。按李勣奏报中含以百济故地所置熊津等八府州,而不含鸭绿水以南高句丽故地府州,故孙说显然不妥。

③ 《州郡典》作"二年",今依《旧唐书》卷5《高宗纪》、两《唐志》、《资治通鉴》。

护府为羁縻都护府,隶河南道,割藩属新罗国兼羁縻鸡林州都督府与押奚契丹两蕃渤海黑水等四府经略使之藩属渤海国兼羁縻忽汗州都督府及羁縻黑水、安静二州都督府合置押新罗渤海两蕃等使,以河南道淄青平卢节度使兼。

(一) 羁縻建安州都督府
羁縻建安州都督府(668—819)

总章元年,以藩属高丽国故地置羁縻建安州及建安州都督府,隶安东都护府,并置羁縻似城、卑沙、积利三州。

武周长安四年,羁縻建安州都督府领羁縻建安、似城、卑沙、积利四州。

唐天宝十三载,羁縻建安州仍领羁縻建安、似城、卑沙、积利四州。

宝应元年,隶河南道羁縻安东都护府。元和十四年,并入藩属渤海国①。

1. 羁縻建安州(668—819)

本高丽乃勿忽郡,总章元年,改为羁縻建安州②,治铅城(今辽宁盖州市青石岭镇高丽城山城)③,并置羁縻建安州都督府。仪凤元年,置羁縻行熊津州都督府及羁縻行熊津州于此。永淳元年(682),罢羁縻行熊津州都督府及羁縻行熊津州。

2. 羁縻似城州(668—819)

本高丽史忽郡,总章元年,改为羁縻似城州④,治石城(今辽宁庄河市城山镇沙河村城山古城)⑤,隶羁縻建安州都督府。

---

① 《辽史·地理志》东京辽阳府:"兴辽县:本汉平郭县地,渤海改为长宁县。唐元和中,渤海王大仁秀南定新罗,北略诸部,开置郡邑,遂定今名。""今名",指长宁县名,汉平郭县地,即今辽东半岛,大仁秀即位于元和十三年末,"南定新罗",当指元和十四年占领辽东半岛,与新罗定界于浿水。孙进己等《东北历史地理》第二卷第356页云,渤海国之占有辽东,在咸和五年至十二年之间(即唐开成年间),恐非。
② 金富轼《三国史记》卷37录咸亨初年李勣奉报云:"铅城,本乃勿忽。"按建安州在鸭绿水北为大州,而李勣奏报无建安之名,因疑乃勿忽汉名"铅城"即建安城之约音。
③ 孙进己等:《东北历史地理》第二卷,第310页。张博泉等《东北历代疆域史》、陈大为《辽宁高句丽山城再探》(载《北方文物》1995年第3期)、《中国文物地图集·辽宁分册》下册第236页等亦同此说。今从之。
④ 金富轼《三国史记》卷37录咸亨初年李勣奏报云:"似城,本史忽。"《新唐书》卷220《高丽传》:"贞观二十一年七月,(牛)进达等取石城,进收积利城。"刘统《唐代羁縻府州研究》云:"似城与石城音相近,疑即一地。"今从之。史籍不载石城为州,按孙进己《东北历史地理》第二卷第335页云石城遗址(今庄河市城山城)周长约六里,俨若大城,《中国文物地图集·辽宁分册》下册第73页定性为高句丽—唐初古城,采集有"卑沙"铭文,今比定为羁縻州州城。
⑤ 谭其骧主编:《中国历史地图集释文汇编(东北卷)》;孙进己等:《东北历史地理》第二卷,第319页。

3. 羁縻卑沙州(668—819)

本高丽卑沙郡,总章元年,改为羁縻卑沙州(今辽宁大连市金州区马桥子街道大黑山城)①,隶羁縻建安州都督府。

4. 羁縻积利州(668—819)

本高丽赤里忽郡②,总章元年,改为羁縻积利州(今辽宁瓦房店市得利寺镇崔家屯村)③,隶羁縻建安州都督府。

附旧府:羁縻行熊津州都督府(668—682)

仪凤元年,以内徙百济部落置羁縻行熊津州都督府及羁縻行熊津州于安东都护府羁縻建安州④。永淳元年,都督扶余隆卒⑤,都督府罢。

附旧州:羁縻行熊津州(668—682)

仪凤元年,置羁縻行熊津州于羁縻建安州境(今辽宁盖州市境)。永淳元年,州废。

(二) 羁縻辽城州都督府

羁縻辽城州都督府(668—677)—羁縻辽东州都督府(677—698)—羁縻安东州都督府(698—长安初)—羁縻磨米州都督府(长安初?—705)—**羁縻辽城州都督府(705—819)**

总章元年,以藩属高丽国故地置羁縻辽城州及辽城州都督府,隶安东都护府,并置羁縻磨米、黎山、安市三州。仪凤二年,改羁縻辽城州为羁縻辽东

---

① 孙进己等:《东北历史地理》第二卷,第318页。又,史籍不载卑沙为州,按孙进己等《东北历史地理》第二卷第335页云卑沙遗址(今金州区大黑山城)周长十里,俨若大城,《中国文物地图集·辽宁分册》下册第73页定性为高句丽—唐初古城,采集有"卑沙"铭文,今比定为羁縻州城。厉鹗《辽史拾遗》卷13"卑沙城"条引《全辽志》曰:"海州卫在辽阳城南一百二十里,唐置澄州,辽为海州南海军。"按澄州不见于唐代记载,乔凤岐《隋唐皇朝东征高丽研究》第63页以为该条"有以辽金以后的地名附会汉唐时期高丽地名的可能性",当是。
② 金富轼《三国史记》卷37:"积利城,本赤里忽。"
③ 谭其骧主编《中国历史地图集释文汇编(东北卷)》及《地图集》定积利州于今瓦房店市得利寺镇山城,《中国文物地图集·辽宁分册》下册第9页命名为马圈山城,定性为汉—唐城址,今从之。孙进己等《东北历史地理》第二卷第314页、王绵厚《鸭绿江右岸高句丽山城研究》(载《辽海文物学刊》1994年第2期)认为积利州在今岫岩县杨家堡镇娘娘城村,按该地当是后黄城。《辽宁省志·地理志建置志》第212页以为在复县(今瓦房店市)龙潭山古城,亦备一说。
④ 《册府元龟》卷991:"上元三年(仪凤元年)二月,其百济百姓先从在涂河及徐、兖等州者,权移熊津都督府于建安故城以处之。"
⑤ 《扶余隆墓志》,载《全唐文补遗》第三辑。

州,羁縻辽城州都督府为羁縻辽东州都督府①。

武周圣历元年,改羁縻辽东州为羁縻安东州,羁縻辽东州都督府为羁縻安东州都督府②。其后,移治羁縻磨米州,改为羁縻磨米州都督府③。长安四年,羁縻磨米州都督府领羁縻磨米、安东、黎山、安市四州。

唐神龙元年,还治羁縻安东州,复改羁縻安东州为羁縻辽城州,羁縻磨米州都督府为羁縻辽城州都督府④。天宝十三载,羁縻辽城州都督府领羁縻辽城、磨米、黎山、安市四州。至德元载(756),隶平卢军节度使。

宝应元年,隶河南道羁縻安东都护府。元和十四年,并入藩属渤海国⑤。

1. **羁縻辽城州**(668—677)—**羁縻辽东州**(677—698)—**羁縻安东州**(698—705)—**羁縻辽城州**(705—819)

本高丽乌列忽郡⑥,总章元年,改为羁縻辽城州,治辽东城(今辽宁辽阳市白塔区武圣街道)⑦,并置羁縻辽城州都督府。仪凤二年,改为羁縻辽东州,隶羁縻辽东州都督府。圣历元年,改为羁縻安东州,隶羁縻安东州都督府。其后,隶羁縻磨米州都督府。神龙元年,复为羁縻辽城州,隶羁縻辽城州都督府。

2. **羁縻磨米州**(668—819)

本高丽磨米郡,总章元年,改为羁縻磨米州,治磨米城(今辽宁本溪市溪湖区石桥子街道边牛山城)⑧,隶羁縻辽城州都督府。仪凤二年,隶羁縻辽东

---

① 两《唐书·高丽传》、《资治通鉴》、金富轼《三国史记》载,仪凤二年,授高臧(一作高宝藏)为辽东州都督,还居安东(一作辽东),镇本蕃为主,徙安东都护府于新城。可知辽东州都督府乃改辽城州都督府而置。
② 两《唐志》、《唐会要》卷 73 皆云圣历元年改安东都护府为安东都督府,神龙元年复为安东都护府。然李渊等《唐安东都护府的几个问题》(载《黑龙江民族丛刊》2002 年第 3 期)云:"从史书的记载看,(圣历二年)高德武所出任的安东都督一职不像是安东都护府所改之都督府之都督,因此,安东都护府的性质发生了变化的结论就是不正确的,因为这和安东都护府没有关系。"即安东都护府未曾改为安东都督府,圣历、神龙间安东都护仍有除授,今以安东都督高德武实驻辽东城观之,安东都督府当系辽东州都督府改名而来,与安东都护府有别。
③ 拜根兴等《新见高句丽百济移民墓志的新探索》(载《陕西历史博物馆馆刊》第 22 辑)据高丽移民《南单德墓志》考证,神功元年(697)发生磨米城之战,"南狄担当磨米州都督的时间可能在此之后"。而前引资料证明,圣历元年(698)仍由高氏任安东州都督,故推知都督府移治磨米州(磨米州位处安东、新城两府之间,距离很近,无支州可辖,故移治比分府可能性更大)当在两三年后的长安初年。
④ 《州郡典》安东府:"圣历元年,更名安东都(护)〔督〕府。神龙元年,复故名。"故名即辽城州。
⑤ 考详上文羁縻建安州都督府及本编第四章《河南道羁縻地区》附三"羁縻安东都护府曾领"序注。
⑥ 金富轼《三国史记》卷 37:"辽东城州,本乌列忽。"
⑦ 孙进己等:《东北历史地理》第二卷,第 309 页;《中国文物地图集·辽宁分册》下册,第 301 页。
⑧ 孙进己等:《东北历史地理》第二卷,第 313 页;王绵厚:《鸭绿江右岸高句丽山城研究》。《中国文物地图集·辽宁分册》下册第 140 页将边牛山城定性为汉—唐遗址,周长 1235 米,可证其说。然王绵厚《高句丽古城研究》214 页又以为在本溪县城北下堡山城,《辽宁省志·地理志建置志》第 212 页附图标于今沈阳市东陵区李相街道,不详其说。

州都督府。圣历元年,隶羁縻安东州都督府。其后,为羁縻磨米州都督府治。神龙元年,罢羁縻磨米州都督府,复隶羁縻辽城州都督府。

3. **羁縻黎山州**(668—819)

本高丽加尸达忽郡①,总章元年,改为羁縻黎山州,治黎山城(今本溪县草河口镇茳草村李家堡子山城)②,隶羁縻辽城州都督府。仪凤二年,隶羁縻辽东州都督府。圣历元年,隶羁縻安东州都督府。其后,隶羁縻磨米州都督府。神龙元年,复隶羁縻辽城州都督府。

4. **羁縻安市州**(668—819)

本高丽安十忽郡③,总章元年,改为羁縻安市州,治安市城(今辽宁海城市八里镇英城子山城)④,隶羁縻辽城州都督府。仪凤二年,隶羁縻辽东州都督府。圣历元年,隶羁縻安东州都督府。其后,隶羁縻磨米州都督府。神龙元年,复隶羁縻辽城州都督府。

(三) 羁縻新城州都督府

羁縻新城州都督府(668—758)

总章元年,以藩属高丽国故地置羁縻新城州及新城州都督府,隶安东都护府,并置羁縻南苏、延津、木底、盖牟四州。

武周长安四年,羁縻新城州都督府领羁縻新城、南苏、延津、木底、盖牟五州。

唐天宝十三载,羁縻新城州都督府仍领羁縻新城、南苏、延津、木底、盖牟五州。

乾元元年,并入藩属靺鞨国⑤。

---

① 金富轼《三国史记》卷37:"黎山城,本加尸达忽。"黎山,一作"犁山",加尸达忽,《旧唐书》卷199《高丽传》作"加尸城"。
② 金毓黻《东北通史》、孙进己等《东北历史地理》第二卷认为黎山州在辽东、白岩、盖牟城东南,按《中国文物地图集·辽宁分册》下册第147页,今本溪县草河口镇茳草村李家堡子有汉一唐遗址,周长约5000米,当即其地。张博泉等《东北历代疆域史》疑在今本溪县连山关镇,王绵厚《鸭绿江右岸高句丽山城研究》拟在本溪县城北下堡山城,而《高句丽古城研究》又疑在本溪市北边牛山城,恐非。
③ 金富轼《三国史记》卷37:"安市城,旧安十忽。""十",一本作"寸"。
④ 王绵厚《隋唐辽宁建置地理述考》;孙进己等《东北历史地理》第二卷,第316页;《辽宁省志·地理志建置志》,第212页。《中国文物地图集·辽宁分册》下册第103页定性为汉—唐遗址,周长约4000米,可证其说。王绵厚《高句丽古城研究》(文物出版社,2002年)第200页又以为在今大石桥市周家镇海龙川山城,《辽宁省志·地理志建置志》第233页附图则标于今海城市析木镇,皆与氏著自相矛盾。
⑤ 津田左右吉《渤海考》(载《满鲜地理历史研究报告》第1册):"据《续日本纪》,天平宝字二年(唐乾元元年),渤海的使节有木底州刺史杨承庆,翌年,玄菟州刺史高南申来朝。正如《续纪》所表明的,这些地方均划归渤海。"依孙进己等《东北历史地理》第二卷考证,唐玄菟城在今抚顺市劳动公园,即盖牟州治,可知渤海之玄菟州系以唐盖牟州改置。木底、盖牟二州并系新城都督府属州,推知乾元元年,新城都督府各州皆已为渤海所并。

1. 羁縻新城州(668—758)

本高丽仇次忽郡,总章元年,改为羁縻新城州①,治新城(今辽宁抚顺市顺城区抚顺城街道高尔山城)②,并置羁縻新城州都督府。

2. 羁縻南苏州(668—758)

本高丽南苏郡,总章元年,改为羁縻南苏州,治南苏城(今辽宁铁岭县李千户镇西催村摧阵堡山城)③,隶羁縻新城州都督府。

3. 羁縻延津州(668—758)

本高丽□□郡,总章元年,改为羁縻延津州,治延津城(今辽宁西丰县凉泉镇城子山山城)④,隶羁縻新城州都督府。

4. 羁縻木底州(668—758)

本高丽木底郡,总章元年,改为羁縻木底州,治木底城(今辽宁新宾县木奇镇柜子石山城)⑤,隶羁縻新城州都督府。

5. 羁縻盖牟州(668—758)

本高丽盖牟郡,总章元年,改为羁縻盖牟州,治盖牟城(今抚顺市新抚区东公园街道劳动公园古城)⑥,隶羁縻新城州都督府。

---

① 金富轼《三国史记》卷37:"新城州,本仇次忽。"
② 孙进己等:《东北历史地理》第二卷,第309、337页。《中国文物地图集·辽宁分册》下册,第126—127页。
③ 《翰苑》高丽条雍公叡注引《高丽记》:南苏城"在新城北七十里山上",今依王绵厚《汉晋隋唐之南苏水与南苏城考》(载《历史地理》第四辑)定于摧阵堡山城。然据《中国文物地图集·辽宁分册》下册第322页,今李千户镇张楼村亦有较大规模之汉—唐古城遗址,故亦不排除其为南苏州迁治之可能。《地图集》定南苏州于今开原市李家台乡北,不详所据。[日]井上秀雄《三国史记译注》第260页、孙进己等《东北历史地理》第二卷第311、338页以为在今抚顺县章党镇高丽营子铁背山城(今属哈达镇),佟达《关于高句丽南北交通道》(载《博物馆研究》1993年第3期)以为在今新宾县上夹河乡(今为镇)五龙山城,道里不合。
④ 周向永等《西丰城子山山城》(载《辽海文物学刊》1993年第3期)实测城子山高句丽城址周长4393米,规模较大,宜为延津州治。谭其骧《中国历史地图集释文汇编(东北卷)》第67—68页及王绵厚《鸭绿江右岸高句丽山城研究》定于今开原市马家寨乡(今为镇)柴河堡山城,然该城为明代遗址。周向永《唐安东都护府延津州治所考》(载《江海文物学刊》1997年第1期)以为在铁岭县李千户乡(今为镇)张楼子村青龙山山城,理由是该城为高句丽山城,且《辽史·地理志》谓银州境有延津故城。按辽银州治今铁岭市,州境可及开原、西丰一带,自可包括城子山山城,未必仅及青龙山山城,且后者城址较小,距南苏州所在之摧阵堡山城仅数公里,太近,不合再置延津州。
⑤ 《中国文物地图集·辽宁分册》下册第133页云,新宾县上夹河镇五龙村下崴屯有周长约2公里之高句丽山城遗址,王绵厚《鸭绿江右岸高句丽山城研究》以为即其地,从之。谭其骧《中国历史地图集释文汇编(东北卷)》第69页,孙进己等《东北历史地理》第二卷第316、339页定于今新宾县木奇镇柜子石山城,恐非。
⑥ 孙进己等:《东北历史地理》第二卷,第315页。《地图集》定于今铁岭市,张博泉《东北地方史稿》、王绵厚《鸭绿江右岸高句丽山城研究》认为在今沈阳市苏家屯区陈相屯(今为街道)塔山城,皆与《新唐书》卷98《韦挺传》所谓"(盖牟)城与新城接,日夜转斗无休时"不合,不取。

(四) 羁縻哥勿州都督府

羁縻哥勿州都督府(668—758)

总章元年,以藩属高丽国故地置羁縻哥勿州及哥勿州都督府,隶安东都护府,并置羁縻多伐、代那、国内、诸北、苍岩五州。

武周长安四年,羁縻哥勿州都督府领羁縻哥勿、多伐、代那、国内、诸北、苍岩六州。

唐天宝十三载,羁縻哥勿州都督府仍领羁縻哥勿、多伐、代那、国内、诸北、苍岩六州。

乾元元年,并入藩属靺鞨国①。

1. 羁縻哥勿州(668—758)

本高丽甘勿伊忽郡,总章元年,改为羁縻哥勿州,治甘勿主城(今辽宁柳河县罗通山镇罗通山城)②,并置羁縻哥勿州都督府。

2. 羁縻多伐州(668—758)

本高丽多伐岳郡,总章元年,改为羁縻多伐州③,治多勿城(今吉林通化市东昌区江东乡自安山城)④,隶羁縻哥勿州都督府。

---

① 《续日本纪》卷10载,渤海文王大钦茂大兴二年(唐开元二十七年)差若忽州都督胥要德充使日本。疑即依附于渤海之唐哥勿州都督。然《旧唐志》犹录哥勿州都督府之名,则哥勿州都督府之正式为渤海吞并,应在安史之乱后,今拟与羁縻新城州同时。

② 谭其骧《中国历史地图集释文汇编(东北卷)》第69页依《浑江中游考古调查》(载《考古通讯》1956年第6期)之说,推测哥勿州在今通化县城快大茂子镇三合堡山城。但后来发现的柳河县罗通山城周长7.5公里,王绵厚《高句丽古城研究》第112页认为:"罗通山城应是松花江上游通向高句丽集安和北上'夫余'腹地的重要大型中、晚期山城,并可能为后代沿用过。"因此他初定为高句丽继承扶余后期王城之"扶余城"。按本书已定高句丽后期扶余王城于今吉林市龙潭山城(详扶余州条),故今定罗通山为哥勿州暨都督府之所在。张博泉《东北地方史稿》以"哥勿"与"国内"音相近,以为同在集安之地,按金富轼《三国史记》有甘勿主城与国内州并列,哥勿当系甘勿对音,与国内非一城,张说非。孙进己《东北历史地理》第二卷309页、王绵厚《鸭绿江右岸高句丽山城研究》以为哥勿在今新宾县旺清门乡(今为镇)南之转水湖山城,王绵厚《隋唐辽宁建置地理考》以为在集安市财源霸王朝山城,氏著《高句丽古城研究》第207页却认为当首推新宾县红庙子乡黑沟山城,梁志龙《哥勿考辨》(载《辽海文物学刊》1994年第2期)认为在恒仁县五女山城,诸说皆以哥勿对应故松让王都多勿而成说,据下文羁縻代那州所考,多勿乃多伐之对音,非哥勿对音,故诸说皆不足取。

③ 金富轼《三国史记》卷37录咸亨初年李勣奏报,鸭绿水北未降城有多伐岳州,按安东都护府所领羁縻州未见专名有三字者,盖"多伐岳"本高句丽郡名,岳本指山,唐置州当去"岳"字,奏报盖误以高句丽郡名为唐州名。

④ 据金富轼《三国史记》卷13,故松让王都多勿城在卒本川(今桓仁县城一带)之北沸流水(今浑江)上游,多伐当系"多勿"之对音,今通化市江东乡自安山城周长2700米,城较大,且"地理位置正处在高句丽由集安北经通化去往松花江上游的交通孔道"(王绵厚:《高句丽古城研究》,第112页),当为多伐州之所在。

3. **羁縻代那州**(668—758)

本高丽□□郡,总章元年,改为羁縻代那州,治尉那岩城(今吉林集安市财源镇霸王朝山城)①,隶羁縻哥勿州都督府。

4. **羁縻国内州**(668—758)

本高丽国内州,总章元年,改为羁縻国内州,治国内城(今集安市团结街道)②,隶羁縻哥勿州都督府。

5. **羁縻诸北州**(668—758)

本高丽卒本郡,总章元年,改为羁縻诸北州,治卒本城(今辽宁桓仁县桓仁镇下古城子)③,隶羁縻哥勿州都督府。后移治新城(宽甸县牛毛坞镇小城子山城)。

6. **羁縻苍岩**④**州**(668—758)

本高丽□□郡,总章元年,改为羁縻苍岩州,治苍岩城(今辽宁新宾县红庙子乡四道沟村黑沟山城)⑤,隶羁縻哥勿州都督府。

(五) 藩属新罗国兼羁縻鸡林州都督府

藩属新罗国兼羁縻鸡林州都督府(661—907)

龙朔元年(661),以藩属新罗国兼置羁縻鸡林州及鸡林州都督府,仍隶扶余都护府。咸亨五年(674),隶安东都护府。以废扶余都护府之羁縻熊津、东明、马韩、金连、德安五州都督府及直辖羁縻地区来属。

武周长安四年,藩属新罗国兼羁縻鸡林州都督府建置不变。

---

① 《辽史》卷38《地理志》正州:"本沸流(松让)王故地,统县一:东那,在州西七十里。"辽正州城即故多勿州城,东那即代那之对音,今通化市西南八十里之集安市财源镇霸王朝山城周长1260米,疑即代那州之所在。张博泉等《东北历代疆域史》定于今清原县清河上游,孙进己等《东北历史地理》第二卷第312页疑在今新宾县永陵镇附近,里距皆不合。

② 金富轼《三国史记》卷37录咸亨初年李勣奏报鸭绿水以北已降城有国内州。孙进己等《东北历史地理》第二卷以为即今集安市北山城村山城,今依王绵厚《高句丽古城研究》第49~52页。

③ 史志不载诸北州之所在。按"诸北"当为"卒本"之对音,据孙进己等《东北历史地理》及王绵厚《高句丽古城研究》,卒本城为高句丽早期都城,在今桓仁县城北之下古城子,沿用至辽、金。《中国文物地图集·辽宁分册》下册第157页亦定此城为汉—唐遗址,然周长939米,不及宽甸县牛毛坞镇小城子山城(汉—唐,周长1515米,第183页),故亦不排除小城子山城为诸北州迁治之可能。

④ 两《唐志》作"仓岩",今依《新唐书》薛仁贵传、泉男生传。

⑤ 《旧唐书》卷83《薛仁贵传》:"仁贵横击之,贼众大溃,斩首五万余级,遂拔其南苏、木底、苍岩等三城,始与(泉)男生相会。"则苍岩位处木底与国内城之间,《中国文物地图集·辽宁分册》下册第133页云,红庙子乡四道沟村有面积约5万平方米之汉—唐山城遗址,盖即其地。谭其骧《中国历史地图集释文汇编(东北卷)》及《地图集》、张博泉等《东北历代疆域史》定于今集安市财源镇霸王朝山城,孙进己《东北历史地理》第二卷第313页以为在今清原县南山城子,王绵厚《高句丽古城研究》第213页以为在今新宾县苇子峪乡(今为镇)杉松山城或永陵镇头道碇子山城,恐非。

唐开元二十三年,割安东都护府直辖浿江(今沸流-大同江)以南地来属①。天宝十三载,藩属新罗国兼羁縻鸡林州都督府仍领羁縻鸡林一州(自置州郡未计)。

宝应元年,隶河南道押新罗渤海两蕃等使。元和十五年,藩属新罗国兼羁縻鸡林州都督府仍领羁縻鸡林一州(自置州郡未计)。

咸通十四年,藩属新罗国兼羁縻鸡林州都督府建置不变。

羁縻鸡林州(661—907)

龙朔元年,以新罗国置羁縻鸡林州,并置鸡林州都督府,治金城(今韩国庆尚北道庆州市城区)。

附旧府一: 羁縻卫乐州都督府(668—676)

总章元年,以藩属高丽国故都置羁縻卫乐州及卫乐州都督府,隶安东都护府,并置羁縻□□、军岳(?)、□□、□□、□□、本烈、□□、青城(?)八州。前上元三年(676),罢羁縻州都督府,羁縻卫乐等十三州废为安东都护府直辖地。

附旧州1:羁縻卫乐州(668—676)

本高丽国都平壤城,总章元年,置羁縻卫乐州,治□□县(今朝鲜平壤市大城区古城)②,并置卫乐州都督府。前上元三年,废为平壤城,直属安东都护府。

附旧州2:羁縻□□州(668—676)

本高丽□□郡,总章元年,改为羁縻□□州(今朝鲜黄海北道黄州郡得月山城)③,隶羁縻卫乐州都督府。

附旧州3:羁縻军岳(?)州(668—676)

本高丽□□郡,总章元年,改为羁縻军岳(?)州(今朝鲜平安南道龙冈郡

---

① 参详上编第四章《河北道》第四节"安东都护府"直辖地区注。
② 史志不载卫乐州治地。津田左右吉《安东都护府考》(载《满鲜地理历史研究报告》第1册,1915年)按拂涅、越喜等例类推,认为卫乐、居素、去旦等都督府"应均属靺鞨",实未作论证,不可信。张博泉等《东北历代疆域史》据吴承志《贾耽道里记考实》所言"卫乐为辉发河旧名",遂定卫乐州治今吉林辉南县辉发故址。按吴氏所言未详所据,且辉南县在唐地属越喜州羁縻都督府,恐非卫乐之地。卫乐之名当取卫满、乐浪首字合成,意指古朝鲜国都及汉乐浪郡治地,即平壤城也,当为唐末新罗浿西十三镇之一。据《高句丽·渤海古城址研究汇编》第284页、魏存成《朝鲜境内发现的高句丽山城》(载《边疆考古研究》第九辑),平壤城大城区有高句丽山城(周长7 218米)及宫殿遗址,可定此为高丽(高句丽)故都平壤城,亦为卫乐州所在地。
③ 《高丽史·地理志》黄州:"本高句丽冬忽。"据魏存成《朝鲜境内发现的高句丽山城》,黄州郡黄州邑有高句丽城址,亦称得月山城,周长4 047米,当为唐初羁縻州。

黄龙山城)①,隶羁縻卫乐州都督府。

附旧州 4：羁縻□□州(668—676)

本高丽□□郡,总章元年,改为羁縻□□州(今朝鲜平安南道肃川郡)②,隶羁縻卫乐州都督府。

附旧州 5：羁縻□□州(668—676)

本高丽□□郡,总章元年,改为羁縻□□州(今朝鲜平安南道殷山郡慈母山城)③,隶羁縻卫乐州都督府。

附旧州 6：羁縻□□州(668—676)

本高丽□□郡,总章元年,改为羁縻□□州(今朝鲜平安南道安州市古城)④,隶羁縻卫乐州都督府。

附旧州 7：羁縻本烈州(668—676)

本高丽□□郡,总章元年,改为羁縻本烈州(今朝鲜平安北道博川)⑤,隶羁縻卫乐州都督府。

附旧州 8：羁縻□□州(668—676)

本高丽□□郡,总章元年,改为羁縻□□州(今朝鲜平安北道宁边郡铁瓮山城)⑥,隶羁縻卫乐州都督府。

附旧州 9：羁縻青城(?)州(668—676)

本高丽□□郡,总章元年,改为羁縻青城(?)州(今朝鲜平安北道泰川郡古城)⑦,

---

① 《高丽史·地理志》龙冈县："本高丽黄龙城,一名军岳。"军岳一名不知所自,疑即唐时州名。据魏存成《朝鲜境内发现的高句丽山城》,龙冈郡有黄龙山高句丽城址,周长 6 620 米,当为唐初羁縻州、唐末新罗浿西十三镇之一。
② 《高丽史·地理志》肃州："本高丽平原郡。"当为唐初羁縻州、唐末新罗浿西十三镇之一。
③ 《高丽史·地理志》殷州："本高丽兴德郡。"殷州含今平城市,据魏存成《朝鲜境内发现的高句丽山城》,平城市慈母里、御重里有大型高句丽山城,又名青龙山城,内城周长 6 000 米,外城周长 6 300 米,有马面,当为唐初羁縻州、唐末新罗浿西十三镇之一。
④ 李荇等《新增东国舆地胜览》卷 52 安州："古石城,在州东六里,周六千五百尺。"据魏存成《朝鲜境内发现的高句丽山城》,安州市有高句丽时期山城,周长 2 280 米,当即其地。唐初曾置羁縻州,唐末为新罗浿四十三镇之一。
⑤ 金富轼《三国史记》卷 7 载,文武王十二年(唐咸亨三年),新罗遣使送还唐俘中有本烈州长史王益。《高丽史·地理志》博州："本高丽博陵郡。"李荇等《新增东国舆地胜览》卷 54 博川郡："古博陵城,在郡南十里。"即今博川郡南高句丽城址,当为唐末新罗浿十三镇之一。"博陵",疑即"本烈"雅化而来。
⑥ 宁边古为延州,《高丽史·地理志》延州："本高丽密云郡。"据魏存成《朝鲜境内发现的高句丽山城》,宁边郡宁边邑有铁瓮山高句丽城址,周长 14 000 米,分本城、北城、南城和药山城四部分,有将台,当为唐初羁縻州、唐末新罗浿西十三镇之一。
⑦ 泰川古为抚州,《高丽史·地理志》抚州："本高丽云南郡,一名青城。"李荇等《新增东国舆地胜览》卷五四泰川县："古城,在县东十五里,周六千六百六十七十四尺。""青城"或即唐时州名,亦为唐末新罗浿西十三镇之一。《新增东国舆地胜览》又载,泰川西二十里又有笼吾里山城,石筑,周四千三百六十九尺,亦不排除其为唐时州城。

隶羁縻卫乐州都督府。

附旧府二：羁縻居素州都督府(668—676)

总章元年，以藩属高丽国故地置羁縻居素州及居素州都督府①，隶安东都护府，并置四羁縻州(佚名)。前上元三年，罢羁縻都督府，羁縻居素等五州废为安东都护府直辖地。

附旧州1：羁縻居素州(668—676)

本高丽贞州，总章元年，改为羁縻居素州，治居素城(今朝鲜开城市平和里)②，并置羁縻居素州都督府。前上元三年，废为□□城，直属安东都护府。

附旧州2：羁縻□□州(668—676)

本高丽冬彡忽郡，总章元年，改为羁縻□□州，治□□县(今朝鲜黄海南道延安郡凤势山城)③，隶羁縻去旦州都督府。

附旧州3：羁縻□□州(668—676)

本高丽牛岑郡，总章元年，改置羁縻□□州(今朝鲜黄海北道白川郡雉岳山城)④，隶羁縻居素州都督府。

附旧州4：羁縻□□州(668—676)

本高丽大谷郡，总章元年，改为羁縻□□州(今朝鲜黄海北道平山郡太白山城)⑤，隶羁縻居素州都督府。

附旧州5：羁縻□□州(668—676)

本高丽五谷郡，总章元年，改为羁縻□□州(今朝鲜黄海北道瑞兴郡大

---

① 《三国志》卷30《东夷传》云马韩有狗素国，疑即其地。居素即狗素之近音雅化。
② 《高丽史·地理志》贞州："本高句丽贞州。"李荇等《新增东国舆地胜览》卷13丰德郡："东至长湍府界三十九里，南至通津县界三十四里，西至开城府界十七里。本高句丽贞州。"贞州为高句丽大城之一，当置为羁縻都督府。
③ 金富轼《三国史记》卷35："海皋郡，本高句丽冬彡忽郡，景德王改名，今盐州。"《高丽史·地理志》盐州："本高句丽冬彡忽……忠宣王二年，汰诸牧，降为延安府。"延安府即今延安郡，据魏存成《朝鲜境内发现的高句丽山城》，延安郡延安邑凤势山(亦名飞凤山)有高句丽城址，周长2 260米，有马面、将台，唐初当置羁縻州。
④ 金富轼《三国史记》卷35："牛峰郡，本高句丽牛岑郡。"李荇等《新增东国舆地胜览》卷42牛峰县："东至兔山县界三十三里，南至京畿长湍府界八十四里，西至平山府界二十九里，北至新溪县界三十一里。本高句丽牛岑郡。"即今金川郡地。然据魏存成《朝鲜境内发现的高句丽山城》，邻近金川郡之白川郡东北有雉岳山高句丽城址，周长3 600米，有马面、将台、瓮城，疑高句丽牛岑郡本在此，唐置羁縻州，后移至金川境。
⑤ 《高丽史·地理志》平州："本高句丽大谷郡。"平州即今平山郡。据魏存成《朝鲜境内发现的高句丽山城》，平山郡山城里太白山有高句丽城址，又名城隍山城，周长2 425米，有将台，唐初当置羁縻州。

岘山城)①,隶羁縻居素州都督府。

附旧州 6：羁縻□□州(668—676)

本高丽鹘岩郡,总章元年,改为羁縻□□州(今朝鲜黄海北道凤山郡鹘鹞山城)②,隶羁縻居素州都督府。

附旧府三：羁縻去旦州都督府(668—676)

总章元年,以藩属高丽国故地置羁縻去旦州及去旦州都督府③,隶安东都护府,并置四羁縻州(佚名)。前上元三年,罢羁縻州都督府,羁縻居素等五州废为安东都护府直辖地。

附旧州 1：羁縻去旦州(668—676)

本高丽息城郡,总章元年,置羁縻去旦州(今朝鲜黄海南道新院郡长寿山城)④,并置羁縻去旦州都督府。前上元三年,废为□□城,直属安东都护府。

附旧州 2：羁縻□□州(668—676)

本高丽内米忽郡,总章元年,改为羁縻□□州(今朝鲜黄海南道海州市首阳山城)⑤,隶羁縻去旦州都督府。

附旧州 3：羁縻□□州(668—676)

本高丽瓮迁,总章元年,置羁縻□□州(今朝鲜黄海南道瓮津郡瓮津山城)⑥,隶羁縻去旦州都督府。

附旧州 4：羁縻□□州(668—676)

本高丽长渊,总章元年,置羁縻□□州(今朝鲜黄海南道苔滩郡城南里姊

---

① 《高丽史·地理志》洞州："本高句丽五谷郡。"李荇等《新增东国舆地胜览》卷41瑞兴都护府："本高句丽五谷郡。"据魏存成《朝鲜境内发现的高句丽山城》,瑞兴郡古城里大岘(大鲜)山有高句丽城址,周长7 000米,有将台,唐初当置羁縻州。
② 金富轼《三国史记》卷35："栖岩郡,本高句丽鹘岩郡,景德王改名,今凤州。"
③ 《三国志》卷30《东夷传》云马韩有古诞者国,当即其地。"去"字为"古"字之形误或音讹。
④ 金富轼《三国史记》卷35："重盘郡,本高句丽息城郡,景德王改名,今安州。"《高丽史·地理志》："安州,本高句丽息城郡,新罗景德王改为重盘郡,高丽初更今名。高宗四年,以御丹兵有功,升为载宁县。"李荇等《新增东国舆地胜览》卷42载宁县、卷52安州两见息城郡,后者乃是误以李氏朝鲜之安州与王氏丽之安州相混,不取。载宁县含今新院郡。据魏存成《朝鲜境内发现的高句丽山城》,新院郡峨洋里长寿山有高句丽山城,周长10 500米,分内外城,有瓮城、将台、大型建筑遗址等,城南还有以土筑平原城为中心的大面积都市遗迹,及数千座高句丽墓葬,可知其地为高句丽重要城市,唐初当置羁縻都督府。
⑤ 金富轼《三国史记》卷55："瀑池郡,本高句丽内米忽郡,景德王改名,今海州。"据魏存成《朝鲜境内发现的高句丽山城》,海州市首阳山有高句丽城址,又名池城山城,周长5 258米,有雉、将台、瓮城、水门,是高句丽出海南下的出发地,唐初当置羁縻州。
⑥ 《高丽史·地理志》："瓮津县,本高句丽瓮迁。"据魏存成《朝鲜境内发现的高句丽山城》,瓮津郡本营里瓮津山有高句丽城址,周长4 305米,唐初当为羁縻州。

妹山城)①,隶羁縻去旦州都督府。

附旧州5:羁縻□□州(668—676)

本高丽升山郡地,总章元年,置羁縻□□州(今朝鲜黄海南道瓜饴郡丰川城)②,隶羁縻去旦州都督府。

附旧州6:羁縻□□州(668—676)

本高丽杨岳郡,总章元年,置羁縻□□州(今朝鲜黄海南道安岳郡九月山城)③,隶羁縻去旦州都督府。

附旧府四:羁縻舍利州都督府(668—676)

总章元年,以藩属高丽国故地置羁縻舍利州及舍利州都督府④,隶安东都护府,并置羁縻□□、□□、□□、屋城、鹫岳(?)五州。前上元三年,罢羁縻都督府,羁縻舍利、□□、□□、□□、屋城、鹫岳(?)六州废为安东都护府直辖地。

附旧州1:羁縻舍利州(668—676)

本高丽□□郡,总章元年,改为羁縻舍利州,治故安平城(今辽宁丹东市振安区九连城镇叆河尖古城)⑤,并置羁縻舍利州都督府。前上元三年,废为泊汋城,直属安东都护府。

附旧州2:羁縻□□州(668—676)

本高丽□□郡,总章元年,改为羁縻□□州(今朝鲜平安北道枇岘郡堂后里乞网山城)⑥,隶羁縻舍利州都督府。

---

① 李荇等《新增东国舆地胜览》卷42长渊县:"本高句丽长渊。"长渊县含今苔城郡。据魏存成《朝鲜境内发现的高句丽山城》,苔城郡城南(当为南沧)里姊妹山有高句丽城址,周长3 500米,有将台,唐初当置羁縻州。
② 李荇等《新增东国舆地胜览》卷42信川郡:"本高句丽升山郡。"按信川距载宁仅三十里,太近,而信川以西土广阔,唐所置州疑移治今长渊、瓜饴一带,据[日]东潮等《高句麗の歴史と遺跡》第400页,瓜饴郡丰川里有高句丽古城,周长4 000米,分内外城,盖即其地。
③ 《高丽史·地理志》丰州:"安岳郡,本高句丽杨岳郡。"
④ 王溥《五代会要》卷30:"至万岁通天中,契丹……反,攻营府,有高丽别种大舍利乞乞仲象与靺鞨反人乞四比羽,走保辽东。"舍利乞乞仲象为渤海大氏之祖,可知舍利部原居高丽境,后徙营州境。《新唐书》卷219《渤海传》既云大氏于高丽灭后即率众保挹娄之东牟山,又云万岁通天中乞乞仲象始率众自营州东走,自相矛盾。魏国忠等《渤海国史》第18页论证大氏东走东牟山在万岁通天中,极是,但同时又说乞乞仲象内迁营州在总章年间,则又失之过早。
⑤ 咸亨中,舍利部未被新罗所并而投营州,可知其地近北,当在鸭绿江一带,今拟于故安平城。《中国文物地图集·辽宁分册》下册第165—166页云,叆河尖古城为高句丽、辽所沿用,出土有"安平城"字样陶器。
⑥ 据王绵厚《高句丽古城研究》第135页,徐日范《鸭绿江以南的高句丽山城分布及其防御体系》(载《中国东北边疆研究》),枇岘郡乞网(契乞)山有高句丽城址,周长2 840米,当为唐初羁縻州、唐末新罗浿西十三镇之一。

附旧州 3：羁縻□□州（668—676）

本高丽安化郡，总章元年，改为羁縻□□州（今朝鲜平安北道东林郡东林山城）①，隶羁縻舍利州都督府。

附旧州 4：羁縻□□州（668—676）

本高丽□□郡，总章元年，改为羁縻□□州，治辱夷城（今朝鲜平安北道郭山郡凌寒山城）②，隶羁縻舍利州都督府。

附旧州 5：羁縻屋城州（668—676）

本高丽乌骨郡，总章元年，改为羁縻屋城州，治乌骨城（今吉林凤城市凤凰山古城）③，隶羁縻舍利州都督府。

附旧州 6：羁縻鹫岳(?)州（668—676）

本高丽甘弥忽郡，总章元年，改为羁縻鹫岳(?)州，治后黄城（今辽宁岫岩市杨家堡镇杨家堡村娘娘城址）④，隶羁縻舍利州都督府。

附一　扶余都护府曾领

藩属百济国（624—660）—扶余都护府（660—674）

武德七年（624），百济国内附，以为藩属国⑤，仍都泗沘城（今韩国忠清南

---

① 《高丽史·地理志》宣州："本安化郡，高丽初改为通州。"通州今为东林郡，据魏存成《朝鲜境内发现的高句丽山城》，东林郡古军营里东林山有高句丽城址，亦名通州城，周长 4 100 米，有瓮城，当为唐初羁縻州、唐末新罗浿西十三镇之一。
② 《资治通鉴》总章元年："（李）勣既克大行城，诸军出他道者皆与勣会，进至鸭绿栅，高丽发兵拒战。勣等奋击，大破之，追奔二百余里，拔辱夷城。"据魏存成《朝鲜境内发现的高句丽山城》，郭山郡郭山邑石洞里凌寒山有高句丽山城，周长 2 800 米，有将台、瓮城，适在鸭绿江东南二百里，当为唐初辱夷城，曾置羁縻州，唐末为浿西十三镇之一。王绵厚《高句丽古城研究》第 222 页以为辱夷城在今朝鲜平安北道宁边，按其地不当辽东至平壤要道，恐非。
③ 乌骨，金富轼《三国史记》卷 6 新罗文武王十年三月作"屋骨"。《翰苑》雍公叡注引《高丽记》云："骨山在国西北，夷言屋山，在平壤西北七百里，东西二岭，壁立千仞。……高丽于南北峡口断筑为城，此即夷枢要之所也。"孙进己等《东北历史地理》第二卷第 323 页认为此焉骨山即乌骨山，在今凤城市凤凰山（观《中国文物地图集·辽宁分册》下册，第 175 页），极是。则乌骨山亦称屋山，乌骨城亦称屋城。《三国史记》卷 37 载鸭绿水以北未降城有屋城州，当即以乌骨城置。朱降城，据姜维公《"李勣奏报"的史料价值》（载《长春师范学院学报》2002 年第 2 期）考证，系咸亨初年唐军镇压高句丽故地叛乱时李勣奏报中的称呼。
④ 金富轼《三国史记》卷 37 载，鸭渌水北七座逃城中，铅城、积利城、犁山城后来皆置为羁縻州，余四座中有鹫岳城，本高丽甘弥忽。按逃城指贞观以来高丽弃城，贞观十九年唐军攻克安市城后，高丽放弃数百里内之后黄、银城不守，银城在安市东，则后黄在安市南，盖即高丽甘弥忽郡城。《中国文物地图集·辽宁分册》下册第 109 页载：岫岩市杨家堡镇杨家堡村有高句丽山城，外城周长 2 385 米，内城周长 2 835 米，有敌楼、马面、板瓦、筒瓦等。其周围均有多处围绕娘娘山城的军事戍守小城，王绵厚《高句丽山城研究》第 86 页认为该城"系辽东一重要高句丽山城"，故今拟为一羁縻州治，州名依铅（建安）、积利、犁（黎）山之例，疑即"鹫岳"。
⑤ 《旧唐书》卷 199《百济传》："（武德）七年，遣大臣奉表朝贡，高祖嘉其诚款，遣使就册为带方郡王、百济王。自是岁遣使朝贡。"

道扶余)。贞观十三年(639),藩属百济国建置不变。

显庆五年(660),平藩属百济国,以其地置扶余都护府及羁縻熊津、东明、马韩、金连、德安五州都督府,治熊津府城,并置直辖羁縻地区①。龙朔元年(661),以藩属新罗国兼羁縻鸡林州都督府来属。二年,置羁縻源头州都督府。咸亨五年(674),罢都护府,羁縻熊津、东明、马韩、金连、德安五州都督府及直辖羁縻地区并废②,藩属新罗国兼羁縻鸡林州都督府及羁縻源头州都督府隶安东都护府。

附旧区: 直辖羁縻地区(660—674)

显庆五年,以羁縻带方州为扶余都护府直辖州。咸亨五年,都护府及直辖羁縻州废入藩属新罗国③。

附旧州: 羁縻带方州(660—674)

显庆五年,析百济发罗、勿阿兮、月奈三郡地置羁縻带方州,借晋旧郡为名,治竹军县(即故豆肹县,今韩国全罗南道罗州市多侍面会津里)④,直属扶余都护府⑤。其后,移治至留县(即知留城,今韩国罗州市洞江面

---

① 《唐平百济碑》(载《海东金石苑》卷1):"凡置五都督府,卅七州,二百五十县。"《新唐志》:"显庆五年平百济,以其地置熊津、马韩、东明、金连、德安五都督府,并置带方州。"赵智滨《唐朝在百济故地初设行政建置考略》(载《中国历史地理论丛》2012年第1期)以为带方州既不与五都督府平级,当系显庆五年以后增置之正州。按都护府可以直辖羁縻州,故《新唐志》单列此州,与《旧唐书·苏定方传》"分其地为六(府)州"契合,不必待显庆五年以后置;又,唐初所置正州均为单字州,赵氏援《唐会要》"洛阳州"之例证带方州为正州,按之唐宋地志,贞观至显庆间洛阳仍置"洛州","洛阳州"应是别称。

② 《新唐志》云,百济五都督府及带方州麟德后废。熊义民《论高丽对百济和高句丽故地的统治体制》(载《中外关系史百年学术回顾与展望国际学术研讨会论文集》)云:"《新唐书·新罗传》说唐咸亨五年新罗略百济之守,唐高宗怒削金法敏官爵,这表明至迟在674年新罗就已基本夺取了百济故地。……因此扶余都护府充其量存在了十四年。"今从之。赵智滨《唐朝在百济故地初设行政建置考略》则以为五都督府麟德年间已废,所领三十七州合并为李勣奏报提到的八个州。按戎马倥偬之际,废州或许有,改名则恐无。

③ 《黑齿常之墓志》载:"咸亨三年,以功加忠武将军、行带方州长史,寻迁使持节沙泮州诸军事、沙泮州刺史。转左领军将军兼熊津州都督府司马。"可知带方州当与扶余都护府同没于咸亨五年。

④ 金富轼《三国史记》卷37:"带方州,本竹军城。竹军县,本豆肹。"《高丽史·地理志》罗州会津县:"本百济豆肹县。"据李荇等《新增东国舆地胜览》卷35罗州条,会津废县在州西十五里(赵智滨《唐代熊津都督府的几个问题》云会津古邑在州西二十五里,《唐朝在百济故地初设行政建置考略》又以为初置竹军州)。然《高丽史·地理志》长兴府豆原县亦载:"本百济豆肹县。"故[韩]权相老《韓國地名沿革事典》第492页以为竹军县在今长兴郡地面。[日]末松保和《百濟の故地に置かれた唐の州縣について》(载《青丘学丛》第19号,1935年)云:"《文献备考》有云:'按今长兴所属豆原废县,百济时号豆肹。增补谓:'臣谨按:本考五编及《舆览》豆原废县皆云属兴阳,而此作属长兴,恐欠考。'今从补说改属兴阳,兴阳即今高兴,豆原即豆原面之地。"按长兴郡及高兴半岛皆距带方州治太远,且中隔月奈、陵城诸郡,不得与之相属,不过同名异地而已。

⑤ 《旧唐书》卷83《苏定方传》:"百济悉平,分其地为六州。"六州即《新唐志》所谓:"显庆五年平百济,以其地置熊津、马韩、东明、金连、德安五(州)都督府,并置带方州。"即见带方州为五州羁縻都督府外之直辖羁縻州。其首任刺史虽以汉人刘仁轨为之,乃是"参用汉官"之制,非正州可比也。

玉亭里)①。

附旧府一：羁縻熊津州都督府(660—674)

显庆五年，以藩属百济国故都置羁縻熊津州及熊津州都督府，并置羁縻加林、□□、□□、□□、□□、风达(?)、支浔七州②，隶扶余都护府，为都护府治。咸亨五年，并入藩属新罗国。

附旧州1：羁縻熊津州(660—674)

本百济所夫里郡，显庆五年，改为羁縻熊津州，治嵎夷县（即泗沘城，今韩国忠清南道扶余郡扶余邑）③，并置羁縻熊津州都督府。

附旧州2：羁縻加林州(660—674)

本百济加林郡，显庆五年，改为羁縻加林州（今韩国忠清南道林川）④，隶羁縻熊津州都督府。

附旧州3：羁縻□□州(660—674)

本百济舌林郡，显庆五年，改为羁縻□□州（今韩国忠清南道舒川郡舒川邑），隶羁縻熊津州都督府。

附旧州4：羁縻□□州(660—674)

本百济结己郡，显庆五年，改为羁縻□□州（今韩国忠清南道洪城郡结城面），隶羁縻熊津州都督府。

附旧州5：羁縻□□州(660—674)

本百济基谷郡⑤，显庆五年，改为羁縻□□州（今韩国忠清南道瑞山市城

---

① 金富轼《三国史记》卷37载，带方州首县为至留县。末松保和《百濟の故地に置かれた唐の州縣について》对东明、支浔、鲁山、古泗、沙泮等州州治情况研究后认为："在行政组织变革之际，正如我所提出的那样，州治大体上可以说与记载的首县是相一致的。"故可认为带方州州治曾从竹军县移治至留县。然首任带方州刺史刘仁轨常住都护府城，则带方州实际上曾经治熊津州城，以至于有人误以为带方州治泗沘（如熊义民《公元四至七世纪东北亚政治关系史研究》，暨南大学博士论文，2005年，第105页）。权相老《韩國地名沿革事典》第177页、魏嵩山《三千里江山回顾——朝鲜王朝政区建置沿革》（上海人民出版社，1997年。以下简称《朝鲜政区沿革》）第80页以为带方州即百济古龙郡，在今全罗北道南原，恐非。
② 史志不载熊津羁縻都督府领州数。按百济旧有一都五部、三十七郡，盖以泗沘、熊川、完山、武珍、得安、发岁六大城为中心，唐平百济，以六大城分别置五羁縻州都督府。王昶跋《唐平百济碑》（载《海东金石苑》第一辑）云："碑云置五都督府，当即其国所统之五部，卅七州，即其国五部所辖之三十七郡。"五都督府本州加三十七州，共四十二州。今依地理形势，比定各羁縻州都督府所领州数。
③ 金富轼《三国史记》卷37。按熊津州既置羁縻都督府，当以百济大城为之，是时百济大城有五，如下文所考，熊川城置东明府，完山城置马韩府，武珍城置德安府，至留城置带方州，唯百济国都泗沘城（即所夫里郡城）未有所置，可定为熊津州之所在。熊津州所领十三县多在今忠清南道西境，可证，故末松保和亦如是说。赵智滨《关于熊津都督府的几个问题》（载《东北史地》2010年第6期）定于忠清南道扶余郡，从之。权相老《韩國地名沿革事典》第270页、魏嵩山《朝鲜政区沿革》第40页、刘统《唐代羁縻府州研究》第171页以为在公州，恐非。
④ 赵智滨《唐朝在百济故地初设行政建置考略》以为州名加林，姑从之。
⑤ 《世宗地理志》、李荇等《新增东国舆地胜览》作"基郡"，今依金正浩《大东地志》。

区),隶羁縻熊津州都督府。

附旧州 6:羁縻□□州(660—674)

本百济槥山郡①,显庆五年,改为羁縻□□州(今韩国忠清南道唐津郡沔川),隶羁縻熊津州都督府。

附旧州 7:羁縻支浔州(660—674)

本百济马尸山郡,显庆五年,改为羁縻支浔州,治己汶县(即故今勿县,今韩国忠清南道礼山郡德山面)②,隶羁縻熊津州都督府。

附旧州 8:羁縻风达(?)州(660—674)

本百济风达郡,显庆五年,改为羁縻风达(?)州③,治支浔县(即任存城,今韩国忠清南道礼山郡大兴面)④,隶羁縻熊津州都督府。

附旧府二:羁縻东明州都督府(660—674)

显庆五年,以藩属百济国故地置羁縻东明州及东明州都督府,并置羁縻雨述、进礼、□□、汤井、□□、含资六州,隶扶余都护府。咸亨二年,汤井州归新罗。五年,并入藩属新罗国。

附旧州 1:羁縻东明州(660—674)

本百济熊川州,显庆五年,改为羁縻东明州,治熊津县(即熊津城,今韩国忠清南道公州市城区)⑤,并置羁縻东明州都督府。

---

① 《世宗地理志》、李荇等《新增东国舆地胜览》作"槥郡",今依金正浩《大东地志》。
② 金富轼《三国史记》卷37:"支浔州九县:己汶县,本今勿。"李荇等《新增东国舆地胜览》卷19 洪州德山县:"德丰县,本百济今勿县。新罗改今武,高丽改德丰。本朝太宗五年,改今名。"故知支浔州首县己汶县在今德山。而魏嵩山《朝鲜政区沿革》第43页云支浔州即百济周留城,在今忠清南道洪州城(洪城),第44页又云支浔州即百济只夫村,在今大兴,互相矛盾。赵智滨《唐朝在百济故地初设行政建置考略》以为支浔州本任存州,治今大兴,麟德年改。按金富轼《三国史记》卷37,百济周留(知留)城所置县曰"平夷",只夫村所置县曰支浔,皆为支浔州属县,非首县,则支浔州必不在洪城、大兴。
③ 赵智滨《唐朝在百济故地初设行政建置考略》以为州名风达。
④ 《旧唐书》卷109《黑齿常之传》:"黑齿常之,百济西部人。初在本蕃,仕为达率兼郡将,犹中国之刺史也。显庆五年,苏定方讨平百济,常之率所部随例送降款。时定方絷左王及太子隆等,仍纵兵劫掠,丁壮者多被戮。常之恐惧,遂与左右十余人遁归本部,鸠集亡逸,共保任存山。""郡将",《新唐书》本传作"风达郡将",则任存城为风达郡治可知。其他今礼山郡大兴面,赵智滨《唐朝在百济故地初设行政建置考略》以为在今唐津。
⑤ 金富轼《三国史记》卷37。《高丽史·地理志》卷56 公州:"本百济熊川。"[日]池内宏《百济灭亡后之动乱及唐罗日三国关系》(载《满鲜地理历史研究报告》第14册):"熊津县(熊津村)似在公州西北锦江左岸今日之熊津渡。"末松保和云:"余以为东明州治在今公州,熊津县未必可以比定在江北。也就是说与州治同在公州城内。"所考东明州领县多在今忠清南道东境,权相老《韓國地名沿革事典》第421页亦采其说。魏嵩山《朝鲜政区沿革》第41页以为在泗沘城,刘统《唐代羁縻府州研究》第171页以为在今忠清北道清州市,恐非。属下有尹城县,赵智滨《唐朝在百济故地初设行政建置考略》以为唐置尹城州,在今忠清南道定山,又有鸡龙山,在今鸡龙市,赵氏以为唐置支罗州,然两地皆非百济旧郡,其说未必。

附旧州 2：羁縻雨述州（660—674）

本百济雨述郡，显庆五年，改为羁縻雨述州（今韩国大田市大德区怀德）①，隶羁縻东明州都督府。

附旧州 3：羁縻进礼州（660—674）

本百济进乃乙郡，显庆五年，改为羁縻进礼州（今韩国忠清南道锦山郡锦山邑）②，隶羁縻东明州都督府。

附旧州 4：羁縻□□州（660—674）

本百济黄等也山郡，显庆五年，改为羁縻□□州（今韩国忠清南道论山市连山面），隶羁縻东明州都督府。

附旧州 5：羁縻汤井州（660—671）

本百济汤井郡，显庆五年，改为羁縻汤井州，治牙述城（今韩国忠清南道牙山市城区旧温阳），隶羁縻东明州都督府。咸亨二年，归新罗③。

附旧州 6：羁縻□□州（660—674）

本百济大木岳郡，显庆五年，改为羁縻□□州（今韩国忠清南道天安市木川），隶羁縻东明州都督府。

附旧州 7：羁縻含资州（660—674）

本百济一牟山郡，显庆五年，改为羁縻含资州（今韩国忠清北道清原郡文义面）④，隶羁縻东明州都督府。

附旧府三：羁縻马韩州都督府（660—674）

显庆五年，以藩属百济国故地置羁縻马韩州及马韩州都督府，并置羁縻完山、□□、沙泮、古四、辟城（?）、□□、鲁山、□□八州，隶扶余都护府。咸亨

---

① 赵智滨《唐朝在百济故地初设行政建置考略》以为州名雨述，治今大田市怀德，然又以为大田市尚有真岘、奈西二州，似过密，不取。
② 《大唐故邵武县令靳君墓志铭》（载《千唐志斋藏志》）："君讳勗，字大廉，麟德元年释褐带方州录事，俄转进礼州司马。途分韩俗，境接燕垂，盛简贤才，寄深戎旅。"刘统《唐代羁縻府州研究》第166页以其名为"礼州"，地在辽东。[日] 山名宗纲《最后的百济——百济灭亡前后一些问题的提出和讨论》(www.sanada.net.cn)驳其说云："此处的进礼州应当是在百济进乃郡或曰进仍乙郡的基础上建立的大唐建制，后来新罗景德王将其改名为进礼郡。"当是，金富轼《三国史记》卷41《金庾信传》有"屠进礼等九城"句，可证。
③ 金富轼《三国史记》卷36："汤井州，本百济郡，文武王十一年、唐咸亨二年为州，置总管。咸亨十二年，废州为郡。"按汤井郡显庆中已属唐，改为州，此所谓"咸亨二年为州"，疑是"新罗仍为州"之笔法。咸亨仅五年，"十二年"指新罗神文王元年（681），是年乃废州为郡，则此前当沿用汤井之州名。
④ 据韩国庆尚北道金泉市发现的《精舍草堂之铭》，唐驻守于百济之加林道行军总管柴哲威在"长愁养病"之后，于龙朔元年改任含资道行军总管时，各道之名多用为州名，故推知含资亦为百济境内靠近新罗之一州，扼新罗通高丽平壤要道，当为故一牟山郡。含资本汉真番郡属县，此乃借古县为名。金泉时属新罗，不过是柴哲威养病或奉佛之所。

五年,并入藩属新罗国。

　　附旧州1:羁縻马韩州(660—674)

　　本百济金马渚郡①,显庆五年,改为羁縻马韩州(即金马,今韩国全罗北道益山市金马面)②,析置羁縻鲁山州,并置羁縻马韩州都督府。

　　附旧州2:羁縻唐山州(660—674)

　　本百济完山州③,显庆五年,改为羁縻唐山州(今韩国全罗北道全州市完山区)④,隶羁縻马韩州都督府。

　　附旧州3:羁縻□□州(660—674)

　　本百济大尸山郡,显庆五年,改为羁縻□□州(今韩国全罗北道井邑市泰仁面),隶羁縻马韩州都督府。

　　附旧州4:羁縻沙泮州(660—674)

　　本百济武尸伊郡,显庆五年,改为羁縻沙泮州,治牟支县(即武尸伊⑤村,今韩国全罗南道灵光郡灵光邑),隶羁縻马韩州都督府。

　　附旧州5:羁縻古四州(660—674)

　　本百济古沙夫里郡,显庆五年,改为羁縻古四州,治平倭县(即古沙夫村,今韩国全罗北道扶安郡茁浦面)⑥,隶羁縻马韩州都督府。

　　附旧州6:羁縻辟城(?)州(660—674)

　　本百济碧骨郡,显庆五年,改为羁縻辟城(?)州⑦,治辟城县(今韩国全罗

---

① 《高丽史·地理志》全州金马郡云:"本马韩国,百济始祖温祚王并之,自后号金马渚,新罗景德王改今名。"魏嵩山《朝鲜政区沿革》第75页云马韩州都督府在今全罗北道旧益山(金马面),从之。
② 金马面有7世纪前半叶所建规模宏大的弥勒寺遗址(《韩国道路地图》,第58页),可证其地当有大城,即马韩州都督府所在。赵智滨《关于唐代熊津都督府的几个问题》定马韩府于今全罗北道古阜,《唐朝在百济故地初设行政建置考略》以益山为岑城州治。按下文羁縻古四州条注所考,古阜是古四州治古沙夫村之所在,非马韩州治,马韩州当治益山,岑城州一名不可靠。
③ 《高丽史·地理志》卷57全州:"本百济完山。"山名宗纲《最后的百济——百济灭亡前后一些问题的提出和讨论》认为完山本百济郡名,然《三国遗事》卷3《宝藏奉老》曾引《高丽本纪》云,普藏王时(唐永徽元年)普德和尚"南移于完山州",则完山应是百济州名。
④ 唐州名史未载。赵智滨《唐朝在百济故地初设行政建置考略》考证唐以唐山县置唐山州,在今全罗北道金沟。按赵氏所证,大率以百济旧郡为唐州,则唐山州在百济不应仅为县,以地望度之,当以完山郡置州,唐山乃其属县,非附郭县。
⑤ 金富轼《三国史记》卷37原作"号尸伊",权相老《韩国地名沿革事典》第301页以为在全罗南道之长城。末松保和云:"号尸伊,当是武尸伊之误,甚而易见,可认为牟支系武尸伊之对译。比定为与沙泮治相同之灵光一带。"李荇等《新增东国舆地胜览》卷36灵光郡:"本百济武尸伊郡。"魏嵩山《朝鲜政区沿革》第79页亦以为在今全罗南道灵光,然第78页又以为在长城,与权相老一样,是将长城之古尸伊县与灵光之武(号)尸伊郡相混,不取。马驰《黑齿常之事迹考辨》(载《武则天与偃师》,天津历史教学社,1997年)认为在罗州。
⑥ 金富轼《三国史记》卷37。《高丽史·地理志》卷57古阜郡:"本百济古沙夫里郡。"李荇等《新增东国舆地胜览》卷33:"古阜,东至泰仁县界三十七里,南至兴德县界十八里,西至海岸三十九里,北至扶安县界十七里。"即今茁浦西。
⑦ 赵智滨《唐朝在百济故地初设行政建置考略》以为州名辟城。

北道金堤市城区），隶羁縻马韩州都督府。

附旧州 7：羁縻□□州（660—674）

本百济屎山郡，显庆五年，改为羁縻□□州（今韩国全罗北道群山市临陂面）①，隶羁縻马韩州都督府。

附旧州 8：羁縻鲁山州（660—674）

本百济金马渚、屎山二郡地，显庆五年，析置羁縻鲁山州，治鲁山县（即故甘勿阿县，今韩国全罗北道益山市咸悦面）②，隶羁縻马韩州都督府。

附旧州 9：羁縻□□州（660—674）

本百济德近郡，显庆五年，置羁縻□□州（今韩国忠清南道论山市练武邑）③，隶羁縻马韩州都督府。

附旧府四：羁縻德安州都督府（660—674）

显庆五年，以藩属百济国故地置羁縻德安州及德安州都督府，并置羁縻□□、□□、□□、□□、沙平（?）、分嵯、□□七羁縻州，隶扶余都护府。咸亨五年，并入藩属新罗国。

附旧州 1：羁縻德安州（660—674）

本百济古龙郡，显庆五年，改为羁縻德安州，治德安城（今韩国全罗北道南原市城区）④，并置德安州都督府。

附旧州 2：羁縻□□州（660—674）

本百济伯伊郡，显庆五年，改为羁縻□□州（今韩国全罗北道长水郡长溪

---

① 《高丽史·地理志》卷 57 古阜郡："临陂县，本百济屎山郡。"
② 金富轼《三国史记》卷 37："鲁山县，本甘勿阿。"卷 7 有唐"曾山司马法聪"，"曾山"，当是"鲁山"之误，即为鲁山州之佐证。《高丽史·地理志》卷 57 完山州咸悦县："本百济甘勿阿县。"魏嵩山《朝鲜政区沿革》第 42 页以为州在今忠清南道鲁城，恐非。
③ 李荇等《新增东国舆地胜览》卷 18 恩津县："德恩郡，本百济德近郡。……古德恩，在今治东南十二里。"度其地，当在今练武邑。
④ 德安州既置羁縻都督府，当以百济大城为之，新罗灭百济后，以故古龙郡（今全罗北道南原）置南原小京，古龙盖亦较大之城，故今拟南原为羁縻德安州都督府之所在。金富轼《三国史记》卷 6："（新罗）文武王三年（663）二月，攻（百济）居勿城、沙平城，降之。又攻德安城，斩首一千七十级。"据李荇等《新增东国舆地胜览》卷 39 南原都护府，居勿城即居斯勿城，在今南原东北五十里，沙平城即歃平城，在今全罗南道顺天，二城分处古龙郡北、南两翼，同卷又载南原城东七里古迹有德城乡，则德安定于今南原市亦可以此为证。《翰苑》百济条雍公叡注引《括地志》云："国东南百里有得安城，城方一里，此其东方也。"百里，当为"三百里"之脱误，后人不察，致如今西龙《百济史研究》第 291 页，池内宏《百济滅亡後の動乱及び唐羅日三國の關係》（载《满鲜地理历史研究报告》第 14 册）、轻部慈恩《百济遗迹の研究》第 155 页、井上秀雄《三国史记译注》（1）第 177 页、权相老《韓國地名沿革事典》第 192 与 270 页、魏嵩山《朝鲜政区沿革》第 42 页、赵智滨《关于唐代熊津都督府的几个问题》等，皆以为在百济德近郡（今忠清南道恩津，王氏高丽改名德恩），其实德近距泗沘不过 30 公里，亦非"百里"。赵智滨《唐朝在百济故地初设行政建置考略》又以居勿城为居勿州，按其地非百济旧郡，其说未必正确。

面),隶羁縻德安州都督府。

附旧州 3:羁縻□□州(660—674)

本百济任实郡,显庆五年,改为羁縻□□州(今韩国全罗北道任实郡任实邑),隶羁縻德安州都督府。

附旧州 4:羁縻□□州(660—674)

本百济道实郡,显庆五年,改为羁縻□□州(今韩国全罗北道淳昌郡淳昌邑),隶羁縻德安州都督府。

附旧州 5:羁縻□□州(660—674)

本百济欲乃郡,显庆五年,改为羁縻□□州(今韩国全罗南道谷城郡谷城邑),隶羁縻德安州都督府。

附旧州 6:羁縻沙平(?)州(660—674)

本百济欿平郡,显庆五年,改为羁縻沙平(?)州①,治沙平城(今韩国全罗南道顺天市城区),隶羁縻德安州都督府。

附旧州 7:羁縻分嵯州(660—674)

本百济分沙郡,显庆五年,改为羁縻分嵯州,治分嵯县(即波知城,今韩国全罗南道顺天市乐安面)②,隶羁縻德安州都督府。

附旧州 8:羁縻□□州(660—674)

本百济波夫里郡,显庆五年,改为羁縻□□州(今韩国全罗南道宝城郡福内面),隶羁縻德安州都督府。

附旧府五:羁縻金连州都督府(660—674)

显庆五年,以藩属百济国故地置羁縻金连州及金连州都督府,并置羁縻□□、□□、□□、□□、□□、□□、□□、发罗、□□九州,隶扶余都护府。咸亨五年,并入藩属新罗国。

附旧州 1:羁縻金连州(660—674)

本百济武珍州,显庆五年,改为羁縻金连州(即奴只城,今韩国全罗南道

---

① 赵智滨《唐朝在百济故地初设行政建置考略》以为州名沙平。
② 金富轼《三国史记》卷 37:"分嵯州本波知城。"然所列四县皆不治波知城,可知波知城别置有附郭县,县名疑是"分嵯"。《高丽史·地理志》罗州乐安郡:"一云阳岳,本百济分嵯郡(一云分沙)。"末松保和《百济の故地に置かれた唐の州縣について》:"《文献备考》云:'按今乐安郡,百济时号分嵯郡,唐升郡为州。分嵯一作分沙,今乐安北五里有分沙岘,即其地也。'今从之,即今顺天市乐安面之地。"权相老《韓國地名沿革事典》第 295 页同其说。

光州市东区)①,并置羁縻金连州都督府。

附旧州2:羁縻□□州(660—674)

本百济尔陵夫里郡,显庆五年,改为羁縻□□州(今韩国全罗南道和顺郡绫州面),隶羁縻金连州都督府。

附旧州3:羁縻□□州(660—674)

本百济伏忽郡,显庆五年,改为羁縻□□州(今韩国全罗南道宝城郡宝城邑),隶羁縻金连州都督府。

附旧州4:羁縻□□州(660—674)

本百济道武郡,显庆五年,改为羁縻□□州(今韩国全罗南道康津郡康津邑),隶羁縻金连州都督府。

附旧州5:羁縻□□州(660—674)

本百济月奈郡,显庆五年,改为羁縻□□州(今韩国全罗南道灵岩郡灵岩邑),隶羁縻金连州都督府。

附旧州6:羁縻□□州(660—674)

本百济因珍岛郡,显庆五年,改为羁縻□□州(今韩国全罗南道珍岛郡珍岛邑),隶羁縻金连州都督府。

附旧州7:羁縻□□州(660—674)

本百济阿次山郡,显庆五年,改为羁縻□□州(今韩国全罗南道新安郡押海面),隶羁縻金连州都督府。

附旧州8:羁縻□□州(660—674)

本百济勿阿兮郡,显庆五年,改为羁縻□□州(今韩国全罗南道务安郡务安邑),隶羁縻金连州都督府。

附旧州9:羁縻发罗州(660—674)

本百济发罗郡,显庆五年,改为羁縻发罗州,治□□县(今韩国全罗南道罗州市城区)②,隶羁縻金连州都督府。

---

① 史志失载金连州治地。按金连州既置羁縻都督府,当以百济大城为之,是时百济人城有五:泗沘、熊川、完山、武珍、至留,今姑定武珍为金连州所在。《高丽史·地理志》:"海阳县,本百济武珍州,新罗取百济,仍置都督。"李荇等《新增东国舆地胜览》卷35光山:"武珍都督古城,在县北五里。"似可为旁证。金连,一作金涟。权相老《韩國地名沿革事典》第270页以为在全罗北道金沟,按其地属唐山州唐山县,非金连州地。赵智滨《关于唐代熊津都督府的几个问题》以为金连都督府治周留城,在今忠清南道瑞山北30里,按金富轼《三国史记》卷37,百济周留(知留)城所置县曰"平夷",为熊津都督府支浔州属县,则周留城不属金连都督府,赵说非。
② 金富轼《三国史记》卷8:"神文王八年(686),以发罗州为郡。"李荇等《新增东国舆地胜览》卷35罗州:"本百济发罗郡,新罗改锦山郡。"可知发罗州既非百济州名,亦非新罗州名,当为唐州名,今补。

附旧州 10：羁縻□□州（660—674）

本百济秋子兮郡，显庆五年，改为羁縻□□州，治□□县（即久知下城，今韩国全罗南道潭阳郡潭阳邑）①，隶羁縻金连州都督府。

附二　藩属新罗国

藩属新罗国（624—661）

武德七年，新罗国内附，以为藩属国②，仍都金城。贞观十三年，藩属新罗国建置不变。

龙朔元年，兼置羁縻鸡林州都督府，国王兼都督，隶扶余都护府（以后沿革见本章第三节"安东都护府所领"藩属新罗国兼羁縻鸡林州都督府）。

第四节　押奚契丹两蕃渤海黑水等四府经略处置使所领

东夷都护府（649—659）—押奚契丹两蕃渤海黑水等四府经略处置使（740—762）—押奚契丹两蕃等使（762—907）

贞观二十三年（649），开契丹、奚地置东夷都护府，统羁縻松漠、饶乐二州都督府之地，寄治营州③，以营州都督兼东夷都护。显庆四年（659），都护府废，羁縻松漠、饶乐二州都督府隶营州都督府。

开元二十八年（740），置押奚契丹两蕃渤海黑水等四府经略处置使④，以平卢军节度使兼，治营州，割营州都督府藩属靺鞨国及羁縻饶乐、松漠、忽汗、黑水、安静、室韦六州都督府来属。

天宝十三载（754），押奚契丹两蕃渤海黑水等四府经略处置使领藩属靺鞨国及羁縻饶乐、松漠、忽汗、黑水、安静、室韦六州都督府。

---

① 《翰苑》百济条雍公叡注云："国南三百六十里有〔卞〕〔久知下〕城。"
② 《旧唐书》卷199《新罗传》："（武德）七年，遣使册拜金真平为柱国，封乐浪郡王，新罗王。"
③ 《唐会要》卷96；《新唐书》卷219《奚传》。
④ 《唐会要》卷78平卢军节度使："开元二十八年二月，除王斛斯，又加押两蕃及渤海黑水等四府经略处置使，遂为定额。"《旧唐书》卷199《奚传》又云："故事，常以范阳节度使为押奚契丹两蕃使，自至德之后，藩臣多擅封壤，朝廷优容之，彼务自完，不生边事，故二蕃亦少为寇。"则"押两蕃及渤海黑水等四府经略处置使"之全称应在"两蕃"前加"奚契丹"三字。

宝应元年（762），改为押奚契丹两蕃等使，以范阳卢龙节度使兼①，松漠州都督府改为藩属契丹国来属，割藩属靺鞨国及羁縻羁縻忽汗、安静、黑水三州都督府隶河南道押新罗渤海两蕃等使。广德元年（763），以幽州卢龙节度使兼押蕃使。元和十五年（820），押奚契丹两蕃等使领藩属契丹国及羁縻饶乐、室韦二州都督府。

会昌三年（843）后，罢羁縻室韦州都督府。咸通十四年，押奚契丹两蕃等使领藩属契丹国及羁縻饶乐州都督府。

光启中，罢羁縻饶乐州都督府。

（一）羁縻饶乐州都督府

羁縻饶乐州都督府（648—696，716—734）—羁縻奉诚州都督府（734—739）—羁縻饶乐州都督府（739—光启中）

贞观二十二年，以内附奚部落置羁縻饶乐州都督府②，隶营州都督府，并置羁縻饶乐、弱水、祁黎、洛瑰、太鲁、渴野六州。二十三年，隶东夷都护府。

武周万岁通天元年（696），叛附契丹国，羁縻都督府州并废。

唐开元四年③，后突厥奚部来降，复置羁縻饶乐州都督府及羁縻弱水、祁黎、洛瑰、太鲁、渴野五州，隶后营州都督府。五年，隶营州都督府。八年，再隶后营州都督府。十一年，复隶营州都督府。十四年，属部叛唐，羁縻都督府寄治幽州界④。二十年，析置羁縻归义州都督府及羁縻归义州。二十二年⑤，改为羁縻奉诚州都督府。二十七年，复为羁縻饶乐州都督府⑥，还治旧地。二十八年，隶押奚契丹两蕃渤海黑水等四府经略处置使。

天宝十三载，羁縻饶乐州都督府领羁縻饶乐、弱水、祁黎、洛瑰、太鲁、渴

---

① 《旧唐书》卷199《奚传》："故事，常以范阳节度使为押奚契丹两蕃使"。
② 《旧唐书》卷3《太宗纪》："贞观二十二年十一月，以奚部置饶乐都督。"《新唐志》："本饶乐都督府，唐初置，后废。贞观二十二年以内属奚可度者部落更置。"孙玉良《唐朝在东北民族地区设置的府州》（载《社会科学战线》1986年第3期）据此以为武德五年初置饶乐都督府。刘统《唐代羁縻府州研究》第101～102页已证其非，当是。
③ 《旧唐书》卷199《奚传》作"三年"，《新唐书》卷219《奚传》作"二年"，今依《资治通鉴》。《唐会要》卷73云开元五年奚、契丹款附，按《通典》、《太平寰宇记》，开元五年实为奚、契丹首领来朝时间，非复置都督府时间。
④ 《新唐书》卷219《奚传》："久之，契丹可突于反，胁奚众并附突厥，（饶乐都督）鲁苏不能制，奔榆关。"
⑤ 《新唐志》作"二十三年"，今依《旧唐书》卷8《玄宗纪》。
⑥ 《旧唐书》卷199《奚传》："李诗死，子延宠嗣，与契丹又叛，为幽州张守珪所困。延宠降，复拜饶乐都督、怀信王。"按《资治通鉴》，张守珪讨叛奚在开元二十七年。

野六州。

宝应元年,隶押奚契丹两蕃等使。元和十五年,羁縻饶乐州都督府领州不变。

咸通十四年(873),羁縻饶乐州都督府领仍羁縻饶乐、弱水、祁黎、洛瑰、太鲁、渴野六州。

光启中,奚酋役属藩属契丹国①,不复唐官爵。

1. **羁縻饶乐州**(648—696,716—734)—**羁縻奉诚州**(734—739)—**羁縻饶乐州**(739—光启中)

贞观二十二年,以奚可度者部置羁縻饶乐州,治阴凉川(今内蒙古宁城县大明镇)②,并置羁縻饶乐州都督府。万岁通天元年,州废。开元四年,复置,仍隶羁縻饶乐州都督府。二十年,析置羁縻归义州。二十二年,改为羁縻奉诚州,并置羁縻奉诚州都督府。二十七年,废羁縻归义州来属,复为羁縻饶乐州,仍置羁縻饶乐州都督府。天宝后,可度者部称黑讫支部③。

2. **羁縻弱水州**(648—696,716—光启中)

贞观二十二年,以奚阿会部置羁縻弱水州(今河北承德市)④,隶羁縻饶乐州都督府。万岁通天元年,州废。开元四年,复置,仍隶羁縻饶乐州都督府。二十二年,隶羁縻奉诚州都督府。二十七年,仍隶羁縻饶乐州都督府。

---

① 《旧五代史》卷137《契丹传》。
② 《新唐书》卷219《奚传》:"拜可度者使持节六州诸军事、饶乐都督。"则饶乐固为一州。其地望,曾公亮等《武经总要前集》卷16云:"都部居阴凉川,东至营州(五)〔三〕百里,西南至幽州九百里。"《辽史·地理志》中京大定府云:"唐太宗伐高丽,奚长可度〔者〕率众内附,为置饶乐都督府。"辽大定府在今宁城县大明镇,旧铁匠营子乡,当即唐饶乐州治阴凉川。《宋会要辑稿》蕃夷二之九引薛映等上书及《辽史·地理志》上京临潢府又云:"三十里渡潢水石桥,旁有饶州,盖唐于契丹置饶乐州也。""饶州:本唐饶乐州地,贞观中,置松漠府。"按辽饶州系唐后期契丹遥辇氏衙帐,误传为饶乐府或松漠府治,今不取。
③ 孟广耀《唐以后奚族诸部的对应关系及奚王府所属诸部剖析》(载《北方文物》1987年第1期)以黑讫支对应元俟析。以对音关系言,不若可度者更近,缘唐宋时"黑"、"可"二字音近故也,如黑汗又译克韩、喀喇汗之类。新出土之《幽州卢龙节度使刘济墓志》(载《中国文物报》2014年2月14日)云:"明年(786)鲜卑墨乙之犯古渔阳。……十九年(803),林胡率诸部杂种侵淫于檀蓟之北,公亲率革车,会九国室韦之师以讨焉。饮马栾河之上,扬旌冷陉之北,戎王弃其国遁去。公署南部落刺史为王而还。"鲜卑,指奚;墨乙之,即黑讫支;林胡戎王,指契丹主;署南部落刺史为王,盖谓署奚(时从属于契丹)饶乐州刺史为奚王以分化契丹。
④ "弱水",张博泉《东北地方史稿》、孙进己《东北历史地理》等皆以为即饶乐水,今西拉木伦河。按西拉木伦河在唐称潢水(两《唐书·契丹传》),为松漠都督府之地,不得置奚州。《太平寰宇记》平州卢龙县云:"卢水,一名大沮水,今名小濡水,北自营州柳城县界流入。"则滦河在隋唐之际犹名大濡水,"濡"、"弱"音近,弱水当指濡水(滦河)。《隋书》卷84《奚传》云阿会氏在奚五部为盛,人口众多,当置于平川沃野,故今拟弱水州于承德一带。《辽史·地理志》北安州云:"唐为奚王府西省地。"北安州在今承德市西,可证承德确曾是奚王府西部重镇。

3. 羁縻祁黎州(648—696,716—光启中)

贞观二十二年,以奚处和部置羁縻祁黎州(今内蒙古喀喇沁旗)①,隶羁縻饶乐州都督府。万岁通天元年,州废。开元四年,复置,仍隶羁縻饶乐州都督府。二十二年,隶羁縻奉诚州都督府。二十七年,仍隶羁縻饶乐州都督府。天宝后,处和部称啜米部②。

4. 羁縻洛瑰州(648—696,716—光启中)

贞观二十二年,以奚奥失部置羁縻洛瑰州(今河北沽源县)③,隶羁縻饶乐州都督府。万岁通天元年,州废。开元四年,复置,仍隶羁縻饶乐州都督府。二十二年,隶羁縻奉诚州都督府。二十七年,仍隶羁縻饶乐州都督府。天宝后,奥失部称奥质部④。

5. 羁縻太鲁州(648—696,716—光启中)

贞观二十二年,以奚度稽部置羁縻太鲁州(今内蒙古多伦县蔡木山乡上都河村)⑤,隶羁縻饶乐州都督府。万岁通天元年,州废。开元四年,复置,仍隶羁縻饶乐州都督府。二十二年,隶羁縻奉诚州都督府。二十七年,仍隶羁縻饶乐州都督府。天宝后,度稽部称奴皆部⑥。

6. 羁縻渴野州(648—696,716—847)

贞观二十二年,以奚元俟析⑦部置羁縻渴野州(今河北平泉县),隶羁縻饶乐州都督府。万岁通天元年,州废。开元四年,复置,仍隶羁縻饶乐州都督

---

① 《魏书》卷100《勿吉传》:"自和龙北二百余里有善玉山,山北行十三日至祁黎山,又北行七日至如洛瑰水,水广里余,又北行(三日至大洛泊,又东北行)十五日至太沵水,又东北行十八日到其国。国有大水,阔三里余,名速末水,其地下湿,筑城穴居。……乙力支等:初发其国,乘船泝难河(今松花江)西上,至太沵河(按即太鲁水),沉船于水,南出陆行,渡洛孤水,从契丹西界达和龙。"和龙即唐营州,西北行二百里至今鲁努儿虎山,即善玉山。又西北行三日至今喀喇沁旗棒锤山,即祁黎山,《魏书》"山北行十三日至祁黎山"当系"西北行三日至祁黎山"之误。又西北行七日至今正蓝旗闪电河,曰如洛瑰水(即洛孤水)。又北行三日至今克什克腾旗达赉诺尔,曰大洛泊,《魏书》"十五日至太鲁水"前当脱"三日至大洛泊又东北行"十字。又东北行十五日至今洮儿河上游归流河,即太沵水。又东北行十八日,至今双城市临江乡,即勿吉国都。正如勿吉使者乙力支所说,这条路线确是绕经契丹西界。如此,可定祁黎州于今喀喇沁旗。
② 孟广耀:《唐以后奚族诸部的对应关系及奚王府所属诸部剖析》,《北方文物》1987年第1期。
③ 《魏书》卷100《勿吉传》有如洛瑰水,即今滦河上游闪电河(考详上文羁縻弱水州注)。洛瑰州以如洛瑰水为名,当在今闪电河上游之沽源县。《巴林左旗志》(1985年)第13页云:"今本旗当时属奚之奥史部洛环州。"误。
④ 孟广耀《唐以后奚族诸部的对应关系及奚王府所属诸部剖析》。"奥质",《新五代史》卷74《奚传》原作"粤质",疑误。
⑤ 太鲁,当以地当如洛瑰水与太鲁水道路为名。或以《新唐书》卷219《奚传》之大洛泊为名,大洛泊即今克什克腾旗达赉诺尔,其东为松漠都督府境,太鲁州当在其南,治今多伦县上都河村一带,详参羁縻弱水州注。
⑥ 孟广耀:《唐以后奚族诸部的对应关系及奚王府所属诸部剖析》。
⑦ 《新唐书》卷219《奚传》作"元俟折",今依《唐会要》。州址依地理形势推测。

府。二十二年,隶羁縻奉诚州都督府。二十七年,仍隶羁縻饶乐州都督府。大中元年(847),为唐所灭①,州废。

(二) 羁縻松漠州都督府
羁縻松漠州都督府(648—696,716—762)—藩属契丹国(762—907)

贞观二十二年,以契丹部落置羁縻松漠州都督府,隶营州都督府,并置羁縻松漠、万丹、日连、羽陵、赤山、玄黎、无逢、峭落、弹汗、徒河十州②。二十三年,隶东夷都护府。显庆四年,隶营州都督府。

武周万岁通天元年,叛唐,自立为契丹国,羁縻府及州并废。

唐开元四年③,后突厥契丹部来降,复置羁縻松漠州都督府及羁縻松漠、万丹、日连、羽陵、赤山、玄黎、无逢、峭落、徒河九州,隶后营州都督府。五年,隶营州都督府。八年,再隶后营州都督府。十一年,复隶营州都督府。二十三年,废羁縻峭落、徒河二州。二十八年,隶押奚契丹两蕃渤海黑水等四府经略处置使。

天宝十三载,羁縻松漠州都督府领羁縻松漠、万丹、日连、羽陵、赤山、玄黎、无逢七州。宝应元年,首领称可汗,为藩属国,治遥辇(日连)城(今内蒙古林西县新城子镇英桃沟村古城),隶押奚契丹两蕃等使,羁縻府州并罢④。

---

① 按奚本六部,唐末只余五部,见于《新五代史》卷74《奚传》。唐初奚六部中,唯元俟析部与唐末奚五部无对音关系,疑已于大中元年之役中被灭。
② 《新唐志》原作"八州",无纥便部弹汗州。按《通典》卷200《契丹》、《唐会要》卷73、《太平寰宇记》卷199《契丹》、《新唐书》卷219《契丹传》皆云,其时松漠都督窟哥为"使持节十州诸军事",即八州加松漠、弹汗二州方得十州,今补。《辽史》卷32《营卫志》松漠府十州有玄州无松漠州,按玄州直属营州都督府,不属松漠府。〔日〕爱宕松男《契丹古代史的研究》第216—221页则考证松漠都督李窟哥与带州皆居营州城旁,当兼带州刺史,则其本州是带州而非松漠。按窟哥居营州是贞观十九年应太宗之召入觐,非常住,且依唐代都督府建置惯例(见本编《绪言》),本州应是都督府同名州,故不取其说。
③ 《新唐志》原作"二年",《旧唐书》卷199下《契丹传》作"三年",《新唐书》卷219《契丹传》作开元二年之后二年,今依《资治通鉴》。《唐会要》卷73云开元五年奚、契丹款附,按《通典》、《太平寰宇记》,开元五年实为奚、契丹首领来朝时间,非复置都督府时间。
④ 史志不载松漠都督府下限。按《新唐书》卷219《契丹传》:"至德、宝应时再朝献,大历中十三,贞元间三,元和中七,大和、开成间凡四,然天子恶其外附回鹘,不复官爵渠长。"契丹"闻河北藩镇受唐官名,于是太师、太保、司徒、司空施于部族"(《辽史》卷47《百官志》)。"部之长号大人,而常推一人为王,建旗鼓,以统八部"(《新五代史》卷72《契丹传》),即至德后松漠都督李怀秀已自称王(史称阻午可汗),其余酋长称太师、太保及大人等名,不复都督、刺史之号。蔡美彪等《中国通史》第6册第17页言,751年(天宝十载)后的契丹,即处在回纥汗国的统治之下,约近一百年。《中国历史大辞典》之隋唐五代史、历史地理分册及《历史地名》则言松漠都督府后上元后废。今定于宝应元年改押奚契丹两蕃渤海黑水等四府经略处置使为押奚契丹两蕃等使之时。蔡美彪等《中国通史》第六册第17页言,751年(天宝十载)后的契丹,即处在回纥汗国的统治之下,约近一百年。此言不确,然契丹作为藩属国阳附唐朝而阴附回纥,或摇摆于唐、回之间,乃为其实。至阿保机,始独立建国。

1. **羁縻松漠州**(648—696,716—762)

贞观二十二年,以契丹大贺氏窟哥部落置羁縻松漠州(今内蒙古翁牛特旗新苏莫苏木)①,并置羁縻松漠州都督府。万岁通天元年,府州并废。开元四年,复置,仍隶羁縻松漠州都督府。二十三年,以芬问部酋统其州②。天宝四载,以突便部酋统其州③。

附旧州1:**羁縻峭落州**(648—696,716—735)

贞观二十二年,以契丹达稽部置羁縻峭落州(今内蒙古奈曼旗八仙筒镇)④,隶羁縻松漠州都督府。万岁通天元年,州废。开元四年,复置,仍隶羁縻松漠州都督府。二十三年,州废⑤。

附旧州2:**羁縻弹汗州**(648—696)

贞观二十二年,以契丹大贺氏纥便部置羁縻弹汗州(今内蒙古敖汉旗木头营子乡新民村)⑥,隶羁縻松漠州都督府。万岁通天元年,州废。

附旧州3:**羁縻徒河**⑦**州**(648—696,716—735)

贞观二十二年,以契丹大贺氏芮奚部置羁縻徒河州(今内蒙古赤峰市元宝山区风水沟镇哈拉木头村古城)⑧,隶羁縻松漠州都督府。万岁通天元年,

---

① 林西县文化局《饶州故城调查记》(载《考古》1980年第6期)、《地图集》唐代幅、《历史地名》第1497页等皆以辽饶州(今林西县双井店乡黄土坑古城)为唐松漠州都督府所在地,冯永谦《唐代契丹都督府考》(载《辽金史论集》第四辑)以为松漠府在今阿鲁科尔沁旗巴彦花镇乌兰苏木,孙进己等《东北历史地理》第二卷第287页以为在今老哈河与西拉木伦河会合处之西南,即营州北四百里、奚王帐(今宁城县铁匠营子乡)东北傍河五百里之潢水南,今从后者。
② 《资治通鉴》开元二十三年:"以涅礼为松漠都督。"按涅礼即涅里、雅里,本羽陵州酋长。
③ 《辽史》卷63《世表》:"李怀秀,唐赐姓名,契丹名迪辇俎里,本八部大帅,天宝四年降唐,拜松漠都督。"按李怀秀本日连州(遥辇氏)酋长。
④ 达稽部居古八部之首,疑为契丹始祖奇首可汗大贺之裔。"峭落"或为"奇首部落"之约音。《辽史·地理志》龙化州:"契丹始祖奇首可汗居此,称龙庭。太祖于此建东楼。"辽龙化州在今奈曼旗八仙筒镇,疑即唐峭落州之所在。或云奈曼旗平安乡西孟家村古城为龙化州遗址,亦得。又据《中国文物地图集·内蒙古自治区分册》下册,第460页,两地间之图勒恩塔拉苏木有乌兰额日格唐代遗址。
⑤ 开元二十三年,涅里杀松漠都督李过折,"人贺氏中衰,仅存五部"(《订史》卷34《兵卫志》),李过折原统大贺氏八部,所灭三部当系东南方左大部之松漠本部及达稽、芮奚二部。
⑥ 《新唐书》卷219《契丹传》。弹汗州刺史为松漠都督窟可直系后裔,纥便部当分自松漠部大贺氏。《辽史·地理志》言降圣州"本大部落东楼之地",此"大部落"盖指松漠部大贺氏,所谓左大部是也,则辽降圣州宜为唐弹汗州之所在。《地图集》定辽降圣州于今敖汉旗木头营子乡新民村,今从之。或谓降圣州在今敖汉旗玛尼罕乡五十家子村古城,亦备一说。
⑦ 《旧唐志》作"徒何",今依《唐会要》卷73、《新唐书》卷219《契丹传》、《辽史·地理志》。
⑧ 徒河,盖指土河,土护真水简称,今老哈河。如《辽史》卷32《营卫志》云:"契丹之先,曰奇首可汗。潢河之西、土河之北,奇首可汗故壤也。"《辽史·地理志》高州亦云:"唐信州之地。"辽高州在今赤峰市东北(或言在喀喇沁旗),临土河,其地在唐为松漠、饶乐都督府之地,疑高州因唐徒河州故地而置,"信州"乃"徒河州"之误。或释徒河为汉徒河县之借名,或释徒河为"大贺"之对音,亦备一说。

州废。开元四年,复置,仍隶羁縻松漠州都督府。二十三年,州废①。

2. 羁縻万丹州(648—696,716—762)

贞观二十二年,以契丹坠斤部置羁縻万丹州(今内蒙古翁牛特旗乌丹镇)②,隶羁縻松漠州都督府。万岁通天元年,州废。开元四年,复置,仍隶羁縻松漠州都督府。

3. 羁縻日连③州(648—696,716—762)

贞观二十二年,以契丹突便部置羁縻日连州(今内蒙古林西县新城子镇英桃沟古城)④,隶羁縻松漠州都督府。万岁通天元年,州废。开元四年,复置,仍隶羁縻松漠州都督府。

4. 羁縻羽陵州(648—696,716—762)

贞观二十二年,以契丹芬问部置羁縻羽陵州(今内蒙古巴林左旗林东镇索布嘎村石房子)⑤,隶羁縻松漠州都督府。万岁通天元年,州废。开元四年,复置,仍隶羁縻松漠州都督府。

5. 羁縻赤山州(648—696,716—762)

贞观二十二年,以契丹出伏部置羁縻赤山州(今内蒙古阿鲁科尔沁旗巴彦花镇乌兰苏木村)⑥,隶羁縻松漠州都督府。万岁通天元年,州废。开元四年,复置,仍隶羁縻松漠州都督府。

6. 羁縻匹黎州(648—696,716—762)

贞观二十二年,以契丹出伏部置羁縻匹黎州(今内蒙古扎鲁特旗鲁北

---

① 详参上文羁縻峭落州注。
② 依地理形势推测,疑在辽丰州之地,唐后期并入遥辇氏。《辽史·地理志》丰州:"本辽泽大部落,遥辇氏僧隐牧地。"
③ 《新唐志》原作"白连",《唐会要》卷73作"日莲",《新唐书》卷219《契丹传》作"日连"。按《通典》卷200《契丹》、《太平寰宇记》卷199《契丹》,契丹早期有日连部,疑州以古部落为名,当以日连为是,今改。
④ 日连,当系"遥辇"之对音,突便部后因居地改称遥辇氏。辽置饶州,故城在今林西县英桃沟村,双井店乡黄土坑。"饶"盖即"日连"、"遥辇"之约音。《辽史·地理志》饶州:"本唐饶乐府地,贞观中置松漠府。"按饶乐属奚,松漠属契丹,本非一地,此言饶乐,盖以日连、遥辇与饶乐音近而讹。其曰松漠,则因安史之乱后遥辇氏代大贺氏为契丹主,而后人误以松漠都督移于遥辇之故也(考之史实,安史之乱后契丹主已不称松漠都督)。《地图集》唐代幅置松漠都督府于辽饶州之地,即是受《辽史·地理志》误导所致。孙进己等《东北历史地理》第二卷第286页对此已有所辨析,可参。
⑤ 羽陵,当系雅里、涅里、耶律之对音,芬问部后因居地改称耶律氏。辽以耶律氏发祥地置祖州,在今巴林左旗索布嘎村,旧哈达英格乡。《辽史·地理志》怀州又云:"本唐归诚州。"辽怀州在祖州西北六十里,唐为羽陵州地,《辽志》误以为归诚州地,其张冠李戴之记述多类此,详参本章第二节"柳城郡都督府所领"羁縻儒州都督府附归诚州。
⑥ 《辽史》卷37《地理志》庆州有赤山,《地图集》辽代幅定于今阿鲁科尔沁旗与巴林左旗北部交界处海拔1500米之乌兰达坝山,今从之。冯永谦《唐代契丹都督府考》云:阿鲁科尔沁旗白音花乡乌兰苏木村发现有《大唐营州都督许公德政之碑》及碑台遗址,疑为松漠都督府遗物。按其地距赤山较近,疑为赤山州之所在。

镇)①,隶羁縻松漠州都督府。万岁通天元年,州废。开元四年,复置,仍隶羁縻松漠州都督府。

7. 羁縻无逢州(648—696,716—762)

贞观二十二年,以契丹独活部置羁縻无逢州(今内蒙古通辽市)②,隶羁縻松漠州都督府。万岁通天元年,州废。开元四年,复置,仍隶羁縻松漠州都督府。

(三) 藩属靺鞨国兼羁縻忽汗州都督府

震国(698—707)—藩属靺鞨国(707—713)—藩属靺鞨国兼羁縻忽汗州都督府(713—762)—藩属渤海国兼羁縻忽汗州都督府(762—907)

武周圣历元年,靺鞨大氏部落据羁縻东栅州都督府羁縻挹娄州建震国③。长安四年,仍为震国。

唐景龙元年(707),震国内附,改为藩属靺鞨国④。先天二年(713),兼置羁縻忽汗州及忽汗州都督府,隶安东都护府⑤,以羁縻东栅、源头二州都督府并入⑥。开元五年,隶营州都督府。八年,隶后营州都督府。九年,以羁縻乌蒙州都督府并入。十一年,复隶营州都督府。二十二年,以安东都护府羁縻越喜州都督府并入。二十八年,隶押奚契丹两蕃渤海黑水等四府经略使。

天宝十三载,藩属靺鞨国兼羁縻忽汗州都督府领羁縻忽汗一州(自置府州未计)。

---

① "匹黎",《旧唐书》卷199《契丹传》作"疋黎",今依《通典》卷200《契丹》、《唐会要》卷73、《新唐书》卷219《契丹传》、《辽史》卷32《营卫志》。"出伏",《新唐志》原无"出"字,今据《唐会要》卷73补。《隋书》卷84《契丹传》有出伏部,可证。赤山州同此。其地望,因同属出伏部,当与赤山州相邻,今拟于扎鲁特旗。
② 依地理形势推定。
③ 《旧唐书》卷199《渤海传》:"(大)祚荣遂率其众东保桂娄之故地,据东牟山筑城以居之。……圣历中,自立为振国。"桂娄,《新唐书》作"挹娄";振国,《新唐书》作"震国",今从之。魏国忠等《渤海国史》第58页考证圣历元年建国。
④ 《旧唐书》卷199《渤海传》:"中宗即位,遣侍御史张行岌往招慰之,祚荣遣子入侍。"魏国忠等《渤海国史》第76页以为:"当707年夏秋之际张行岌一行人到来后,大祚荣等人欣然接受了唐家的招慰……双方正式地实现了和解并开始确立了贡属的关系。"第50—58页又考证此后国号当作"靺鞨",但大氏仍自称震国。
⑤ 《旧唐书》卷199《渤海传》;王宏北等:《"勿汗州兼三王大都督"官印初探》,《北方文物》1996年第2期;魏国忠等:《渤海国史》,第79页。又《渤海国史》第268页曰当隶幽州都督府,按当时靺鞨国与幽州间中隔契丹,道路不通,其说恐非。
⑥ 先天二年,唐册震国王大祚荣为渤海郡王、忽汗州都督,既以渤海为封号,表明其时靺鞨国境土已临日本海,开元十五年渤海遣使东聘日本,可证。今拟先天二年东栅、源头二州都督府并入靺鞨国。

宝应元年,改藩属靺鞨国为藩属渤海国①,并羁縻忽汗州都督府改隶河南道押新罗渤海两蕃等使。元和十四年,取羁縻安东都护府地来属。十五年,以羁縻安静州都督府并入,藩属渤海国兼羁縻忽汗州都督府领州不变。

开成中,以羁縻安东都护府并入。咸通十四年,藩属渤海国兼羁縻忽汗州都督府仍领羁縻忽汗一州(自置府州未计)。

羁縻挹娄州(668—698)—羁縻忽汗州(713—907)

总章元年,以内附靺鞨挹娄部落置羁縻挹娄州,治东牟山(今吉林敦化市贤儒镇城子山城)②,隶羁縻东栅州都督府。圣历元年,为震国所废③。先天二年,以藩属靺鞨国都城置羁縻忽汗州(今敦化市江南镇双胜村永胜遗址)④,并置羁縻忽汗州都督府⑤。天宝初,移治显州城(今辽宁和龙市西城镇西古城)⑥。十五载,移治龙州城(今黑龙江宁安市渤海镇大古城)⑦。宝应元年,为渤海国都城。贞元元年(785),移治东京城(今吉林珲春市三家子乡八连城)⑧。十年,移还上京城(即龙州城)⑨。

---

① 《新唐书》卷219《渤海传》:"宝应元年,诏以渤海为国,钦茂王之。"据魏国忠等《渤海国史》第182页考证,唐文宗渤海仍有都督府长史,又据《张建章墓志铭》(载《全唐文补遗》第三辑),墓主大中时曾出使渤海,"达忽汗州",《旧五代史》卷9《梁末帝纪》亦云,贞明四年,朱珪"充平卢军节度、淄青登莱等州观察处置、押新罗渤海两蕃等使"。可见忽汗州都督府唐末仍存。
② 《五代会要》卷30:"大祚荣继立,并有比羽之众,胜兵四千余,保据挹娄故地。"《新唐书》卷219《渤海传》:"渤海本粟末靺鞨,附高丽者姓大氏,高丽灭,率众保挹娄之东牟山。"挹娄,《旧唐书》、《册府元龟》误作"桂娄"。按靺鞨挹娄部本在今俄罗斯滨海边疆区,而东牟山城即今敦化市儒贤镇城子山高句丽城址,周长2000米,有瓮城、马面,盖高句丽取挹娄一部徙居敦化,唐初置为羁縻州,仍以挹娄为名,如越喜、拂涅诸州然。
③ 魏国忠等:《渤海国史》,第44—48页。
④ 旧说在敦化市郊敖东城遗址,然其城系回字形,年代较晚。孙进己等《东北历史地理》第二卷第259—360页、魏国忠等《渤海国史》第48页以为在东牟山城,按东牟山乃早期据点,受唐封后当移治平地,即规模较大之永胜遗址,旧属江东乡。据《中国文物地图集·吉林分册》第194页,永胜遗址面积约0.7平方公里,有5处高台建筑。
⑤ 魏国忠等《渤海国史》第268页云:"渤海府建置之初不可能隶于营州都督府,而应为幽州都督府所领。"其理由是当时幽州都督兼营州都督。按营州都督虽为兼职,但既然存而不废,则仍有其管理职能,渤海(忽汗)都督府自应如《新唐志》所载,属营州名下,不得属幽州。
⑥ 孙进己等《东北历史地理》第二卷第369—371页认为在今敦化市大蒲柴河镇浪柴河古城,即《中国文物地图集·吉林分册》第195页之马圈子古城。然魏国忠等《渤海国史》第109—110页及王培新《渤海早期王城研究中的几个问题》(载《中国边疆史地研究》2013年第2期)已驳其非。今依郑永振《渤海的疆域与五京之地理》(载《渤海史研究》九,延边大学出版社,2002年)。贾耽《四夷道里记》云神州陆行四百里至显州,里程过短,显有文字脱漏,疑原文"陆行四百里"后脱"至丰州,又四百里,至铜州,又东六百里"等字。
⑦ 《新唐书》卷219《渤海传》。
⑧ 移治时间依魏国忠等《渤海国史》第111页。地望依谭其骧《中国历史地图集释文汇编·东北卷》第102页。
⑨ 移治时间依魏国忠等《渤海国史》第112页。

附旧府一：羁縻越喜州都督府(668—734)

总章元年，平藩属高丽国，以其靺鞨部落置羁縻越喜州及羁縻越喜州都督府，隶安东都护府，并置羁縻扶余、识利、拜汉、拂涅四州。

武周长安四年，羁縻越喜州都督府领羁縻越喜、扶余、识利、拜汉、拂涅五州。

唐开元二十二年，并入藩属靺鞨国①。

附旧州1：羁縻越喜州(668—734)

本高丽□□郡，总章元年，改为羁縻越喜州，治越喜城(今吉林盘石市宝山乡锅盔山城)②，并置羁縻越喜州都督府。

附旧州2：羁縻扶余州(668—734)

本高丽助利非西郡，总章元年，改为羁縻扶余州，治北扶余城(今吉林市龙潭区龙潭街道龙潭山城)③，隶羁縻越喜州都督府。

附旧州3：羁縻识利州(668—734)

本高丽□□郡，总章元年，改为羁縻识利州，治扶余城(今吉林四平市铁西区)④，隶羁縻越喜州都督府。

---

① 《新唐书》卷136《乌承玼传》："(开元二十二年)渤海武艺遣客刺门艺于东都，引兵至马都山，屠城邑。(平卢军将)承玼窒要路，堑以大石，亘四百里，虏不得入。"然唐军没有收复被其所占领的城邑(《渤海国史》第95页)。马都山当在营州都督府东北，渤海所占城邑，当即越喜州都督府各城。

② 《新唐书》卷219《渤海传》："越喜故地为怀远府。"《辽史·地理志》："信州，本越喜故城，渤海置怀远府。"此怀远府在松花江下游，当为越喜原居地，高丽掳其部分部民南徙，刘统《唐代羁縻府州研究》第168页考证在今铁岭市嵩山堡，按其地属新城府延州，不属越喜府，而据《盘石县文物志》，今盘石市锅盔山高句丽城周长近十里，规模较大，可定为唐初越喜府城。如此乃与《册府元龟》卷959所载"振国，本高丽……西接越喜靺鞨"相合。《辽志》又载："韩州，本渤海粤喜县地。"韩州在今昌图县，都兴智《唐代靺鞨越喜、铁利、拂涅三部地理位置考探》(载《社会科学辑刊》2003年第4期)以为韩州系渤海灭亡后，越喜遗民侨迁于此而建，非越喜旧地，其说可从。

③ 金富轼《三国史记》卷37录咸亨初年李勣奏报云："鸭绿水北未降城：北扶余城州，本助利非西。"按唐羁縻州名无四字者，因疑"北扶余"本高句丽部名，唐置羁縻时去"北"字。北扶余城位置向有争议，今依李健才《唐代高丽长城和扶余城》(载《民族研究》1991年4期)，定于吉林市龙潭区龙潭乡龙潭山城。

④ 《资治通鉴》总章元年二月："李勣等拔高丽扶余城……扶余川中四十余城皆望风请服。"扶余川即今辉发河—松花江，扶余城是高丽长城东北起点，《辽史·地理志》以通州(今四平市)为扶余国王城，而高句丽时之扶余王城在今吉林市(详上文羁縻扶余州注)，则《辽志》之"扶余国王城"当为"扶余城"之误，故《地图集》定在今四平市，从之，今拟为拜汉州，盖李勣拔此城以扬汉威于扶余。井上秀雄《三国史记译注》(2)第199页以为扶余城在今农安县，第257页又以为在今扶余县，皆非。孟祥信等《西丰城子山山城考》(载《沈阳文物》1993年第2期)、周向永《西丰城子山山城》(载《辽海文物学刊》1993年第3期)、王绵厚《鸭绿江右岸高句丽山城研究》采李文信说，定扶余城在西丰县凉泉镇城子山，然该城实为延津州治。张博泉《东北地方史稿》第170页怀疑拜汉即汉之番汗，拟于今新宾县境。按汉番汗县在今朝鲜平安北道博川一带，张说显误。

附旧州 4：羁縻拜汉州(668—734)

本高丽□□郡，总章元年，改为羁縻拜汉州(今吉林辽源市龙山区工农乡工农山城)①，隶羁縻越喜州都督府。

附旧州 5：羁縻拂涅州(668—734)

本高丽□□郡，总章元年，改为羁縻拂涅州，治拂涅城(今吉林蛟河市漂河镇横道河子南山山城)②，隶羁縻越喜州都督府。

附旧府二：羁縻源头州都督府(662—713)

本藩属高丽国濊貊部落，龙朔二年，内附，置羁縻源头、□□二州及羁縻源头州都督府③，隶扶余都护府。咸亨五年，隶安东都护府。

武周圣历元年，羁縻挹娄州没于震国。长安四年，羁縻源头州都督府领羁縻源头、□□二州如故。

唐先天二年，并入藩属靺鞨国。

附旧州 1：羁縻源头州(662—713)

龙朔二年，以内附濊貊(南沃沮)部落置羁縻源头州(今朝鲜咸镜南道咸兴市)，并置羁縻源头州都督府。

附旧州 2：羁縻□□州(662—713)

龙朔二年，以内附濊貊(东沃沮)部落置羁縻□□州(今朝鲜咸镜南道北青郡青海古城)④，隶羁縻源头州都督府。

---

① 据《辽源市文物志》，辽源市龙山区工农乡工农山有高句丽古城，周长1431米，疑为一羁縻州治，姑定为识利州。或以为"识利"为"铁利"之误，在今黑龙江省境，然其地已超出高丽统治范围，今不取。
② 《新唐书》卷219《渤海传》："拂涅故地为东平府。"《辽史·地理志》："辽州，本拂涅国城，渤海为东平府。"孙进己等《东北历史地理》第二卷第317页谓拂涅州在今黑龙江五常市拉林河流域。按拂涅、越喜皆系高句丽以俘虏或征发之靺鞨部落南徙而置，唐既以南徙越喜部落置羁縻都督府，所督各州当系以附近靺鞨部落为之，拂涅州距越喜州相距当不致太远，据《中国文物地图集·吉林分册》第64页，今蛟河市漂河镇南山有高句丽山城，城周约1000米，可拟为拂涅州治。刘统《唐代羁縻府州研究》第170页谓拂涅州在今新民市公主屯镇辽滨塔村。按其地西距辽西威化县(今新民市高台子乡吉祥堡)仅二十余里，太近，而距越喜州(今盘石市境)太远，恐非。
③ 史志不载此事。按李峤武周初年为凤阁舍人，所拟《授乌薄利左金吾卫大将军制》(载《文苑英华》卷401)云，乌薄利为"检校源头州〔都〕督"，《封乌薄利归义县开国子制》(载《文苑英华》卷416)又云："检校源〔头〕州都督乌薄利，家近圆城，任隆方岳。惠洽藩部，功宣朝廷。扶津构虐，隧穴生氛。能拒袄凶，固守臣节。踰马韩而献册，泛鲸海而申虔。"圆城，当指高句丽丸都城，马韩，在朝鲜半岛南部，鲸海，指日本海，则源头州在高句丽东南濒近日本海处(今拟为咸兴)，故得泛鲸踰马韩而至唐，属濊貊羁縻州。"扶津构虐"，指熊津扶氏之乱，源头州都督府始置年代盖在龙朔二年平定扶余氏之后。郁贤皓《唐刺史考全编》疑其为关内道原州都督府，大误。王义康《唐代羁縻府州辑补》以为源头州是唐初在乌罗护本部设置的府州，隶营州都督府，不确。
④ 据《高句丽·渤海古城址研究汇编》第276页，北青郡东南14公里大川河左岸有青海古城，周长2132米，有角楼、马面、大道、官厅、民宅等遗迹，井然有序，乃高句丽东部重要城市之一，唐初当置为羁縻州。

附旧府三：羁縻东栅州都督府(668—713)

总章元年，平藩属高丽国，以其靺鞨部落置羁縻东栅、□□、□□三州及羁縻东栅州都督府①，隶安东都护府。

武周圣历元年，靺鞨挹娄州没于震国。长安四年，羁縻东栅州都督府领羁縻东栅、□□、□□三州②。

唐先天二年，并入藩属靺鞨国。

附旧州1：羁縻东栅州(668—713)

总章元年，以靺鞨沃沮部落置羁縻东栅州，并置羁縻东栅州都督府，治东栅城(今吉林珲春市三家子乡温特赫部城址)③。

附旧州2：羁縻□□州(668—713)

总章元年，以靺鞨白山部落置羁縻□□州(今朝鲜咸镜北道会宁市云头山城)④，隶羁縻东栅州都督府。

附旧州3：羁縻□□州(668—713)

总章元年，以靺鞨号室部落置羁縻□□州(今吉林图们市长安镇磨盘村城子山城)⑤，隶羁縻东栅州都督府。

附旧府四：羁縻乌蒙州都督府(668—721)

总章元年，以内附靺鞨部落置羁縻乌蒙、□□、可水三州及羁縻乌蒙州都

---

① 据吕九卿《试探武周阳玄基墓志中的若干问题》(载《武则天与神都洛阳》)，阳玄基总章元年曾任东栅州都督府长史，又据孙铁山《唐李他仁墓志铭考释》(载《远望集》)，李他仁曾任高丽"栅州都督兼总兵马，管一十二州高丽，统三十七部靺鞨"，则东栅州都督府系由高句丽栅州都督府改置。《大周故壮武将军行左豹韬卫郎将赠左玉钤卫将军高公(慈)墓志铭》(载《唐代墓志汇编》上册)云高慈"本藩任三品栅城都督"，《大周故镇军大将军行左金吾卫大将军赠幽州都督上柱国柳城郡开国公高公(质)墓志铭》云："父量，三品栅城都督。"即此。
② 据魏存成《朝鲜境内发现的高句丽山城》，会宁郡云头山有高句丽城址，周长约6 000米，有瓮城、将台，唐初当置羁縻州。
③ 李健才《东北史地考略》第73页、王绵厚《高句丽古城研究》第123页以为在杨泡乡萨其山城，氏著《鸭绿江右岸高句丽山城研究》又以为在春代乡墙砬子山城。《延边文物简编》58页"温特赫部城"："高句丽统治时期的古城比现在的温特赫部城的规模要大……我们认为把温特赫部城推定为高句丽统治时期的'栅城'址，比推定萨其城为'栅城'更符合《辽史·地理志》的记载和现有考古资料的实际。"其实这才是东栅城。朴真奭《高句丽栅城遗址考》(载《朝鲜中世纪史研究》)以为延吉附近的土城村的城山子土城为高句丽栅城遗址，渤海时期栅城才迁到珲春八连城(在温特赫部城北)。按唐羁縻府州已有"东栅"之名，即相对旧栅城而言，可知栅城之迁温特部城，应早在渤海立国之前，八连城乃渤海国东京城遗址。
④ 《隋书》卷81《靺鞨传》载，粟末东南有白山部，后入高句丽。据魏存成《朝鲜境内发现的高句丽山城》，会宁郡云头山有高句丽城址，周长约6 000米，有瓮城、将台，唐初当置羁縻州。
⑤ 《隋书》卷81《靺鞨传》载，拂涅东有号室部，后入高句丽。据《延边文物简编》第59—60页，龙井市长安镇(今属图们市)磨盘村城子山有高句丽城址，周长4 454米，有瓮城、板瓦等，辽金沿用，该城"在高句丽时期同萨其一样，是一座军事重镇"，唐初当置羁縻州。

督府①,隶安东都护府。其后,割羁縻可水州隶羁縻可水州都督府。

武周长安四年,羁縻乌蒙州都督府领羁縻乌蒙、□□二州。

唐开元五年,改隶营州都督府。八年,隶后营州都督府。九年,并入藩属靺鞨国②。

附旧州1:羁縻乌蒙州(668—721)

总章元年,以靺鞨拂涅部落置羁縻乌蒙州(今黑龙江鸡西市鸡冠区)③,并置羁縻乌蒙州都督府。

附旧州2:羁縻□□州(668—721)

总章元年,以靺鞨越喜部落置羁縻□□州(今宝清县夹信子镇四新村遗址)④,隶羁縻乌蒙州都督府。

附旧府五: 羁縻可水州都督府(高宗末—721)

高宗末年,割羁縻乌蒙州都督府羁縻可水、□□二州置羁縻可水州都督府⑤,隶安东都护府。

武周长安四年,羁縻可水州都督府领羁縻可水、□□二州。

唐开元五年,改隶营州都督府。八年,隶后营州都督府。九年,并入藩属

---

① 《辽阳郡王李多祚墓志铭》(载《全唐文补遗》第六辑):"王讳多祚,盖川人也。曾祖讷,乌蒙州都督;祖利,乌蒙州都督;父辩,乌蒙州都督。"多祚是中宗时靺鞨酋长,曾祖讷当是太宗时人,然据下文所考,乌蒙州在高句丽东北,其始置年代当不早于唐灭高句丽之总章元年。讷之"乌蒙州都督"或系追授。

② 《辽史·地理志》东京辽阳府:"紫蒙县,本汉镂方县地,后佛宁(拂涅)国置东平府,领紫蒙县。后徙辽城,并入黄岭县,渤海复为紫蒙县。""后徙辽城,并入黄岭县"当为辽灭渤海后所为。渤海吞并拂涅时间,据魏国忠等《渤海国史》第177页考证,约在开元九年(721)。今从之。

③ 《新唐书》卷219《渤海传》云渤海国东平府以拂涅部置,有蒙州紫蒙县,当即乌蒙州故地,乌蒙、紫蒙,其意一同。紫蒙旧不详所在,按东平府治伊州在今密山县东南,则可拟紫蒙于穆棱河中游之鸡西市。穆棱,《大清一统舆图》云:"满洲语本作摩琳,马也。"约音与"蒙"相近。穆棱河疑即《李多祚墓志铭》之"盖川"。《册府元龟》卷974:"(开元六年)二月,靺鞨铁利、拂涅蕃守并遣使来朝,各授守中郎将还蕃。"此拂涅"蕃守"可证拂涅部曾置乌蒙州。都兴智《唐代靺鞨越喜、铁利、佛涅三部地理位置考探》以为指涅旧地"在今依兰县以东、兴凯湖以西之地",大体上是近乎客观事实的。又据《中国文物地图集·黑龙江分册》,鸡西市区发现有30多处汉至南北朝及唐(渤海)时期的考古文化遗址,其中面积最大者达10万平方米(麻山区麻山街道龙山村),恒山区柳毛乡更发现有周长660米之小四平山城址,可为辅证。

④ 据《中国文物地图集·黑龙江分册》第468、474页,宝清县夹信子镇四新村有多处汉至南北朝遗址,最大者面积约10万平方米,附近还有大面积的隋唐时期墓群,推知此处当系靺鞨越喜部落中心区,宜置羁縻州。

⑤ 《大唐故宣威将军守可水州都督行左屯卫翊府左郎将君墓志铭》(载《洛阳流散唐代墓志汇编续集》):"曾祖利,乌蒙州都督。祖辩,乌蒙州都督、赠右武卫将军。父壹夏,可水州都督、行左领军卫翊府中郎将。公以神龙三年七月五日终。"知羁縻可水州都督府系高宗末年或武后初年从羁縻乌蒙州都督府分出。

靺鞨国。

附旧州1：羁縻可水州（668—721）

总章元年，以靺鞨挹娄部落置羁縻可水州（今俄罗斯滨海边疆区乌苏里斯克市）①，隶羁縻乌蒙州都督府。武周时，割置羁縻可水州都督府，并析置羁縻□□州。

附旧州2：羁縻□□州（高宗末—721）

高宗末年，析羁縻可水州置羁縻□□州（今俄罗斯滨海边疆区南境），隶羁縻可水州都督府。

（四）羁縻黑水州都督府
羁縻黑水州都督府（726—820）

开元十四年，以内附靺鞨部落置羁縻黑水州及黑水州都督府，隶营州都督府②，并置四羁縻州（佚名）③。二十八年，隶押奚契丹两蕃渤海黑水等四府经略处置使。

天宝十三载，羁縻黑水州都督府领羁縻黑水、□□、□□、□□、□□五州。

宝应元年，隶河南道押新罗渤海两蕃等使。元和十五年，羁縻黑水州都督府领州不变。其后，为藩属渤海国所阻，与唐绝，失羁縻府州之号④。

1. 羁縻黑水州（726—820）

开元⑤十四年，以靺鞨黑水部落置羁縻黑水州（今黑龙江同江市勤得利农

---

① 《后汉书》卷115《东夷传》："挹娄古肃慎之国，在夫余东北千余里，东滨大海，南与北沃沮接，不知其北所极。"是知挹娄（或作虞娄）部本在今俄罗斯滨海边疆区。该区乌苏里斯克市斯塔罗列切斯科耶（Старореченское городище）有渤海国率宾府城址，疑即故挹娄部酋首驻地，唐初曾置羁縻州，盖可水州。
② 《新唐书》卷219《黑水靺鞨传》原作"幽州都督"，按幽州都督与黑水州羁縻都督府间中隔营州都督府，似不得遥领，疑为营州都督之误，因改。
③ 《唐会要》卷73："以最大部落为黑水府，仍以其首领为都督，诸部刺史隶属焉。中国置长史，就其部落监领之。"两《唐书·靺鞨传》亦有此语。则黑水都督府内犹以《唐会要》、《新唐书》所载四部置羁縻州，酋长为刺史，唯失其州名耳。谭其骧《中国历史地图集释文汇编·东北卷》第77页云："思慕、郡利、窟说、莫曳皆等部因与唐隔阻，唐代政府没有在这些地区设行政机构。"恐非其实。
④ 黑水都督元和后不再来朝，当与渤海大仁秀元和末之"北略诸部"，阻断朝路有关。
⑤ 《唐会要》卷96作"贞观"，今依《新唐志》、《资治通鉴》开元十四年。

场一分场大亮子城址)①,并置羁縻黑水州都督府。

2. 羁縻□□州(726—820)

开元十四年,以靺鞨思慕部落置羁縻□□州(今俄罗斯犹太自治州比詹市)②,隶羁縻黑水州都督府。

3. 羁縻□□州(726—820)

开元十四年,以靺鞨郡利部落置羁縻□□州(今俄罗斯哈巴罗夫斯克边疆区阿穆尔斯克市)③,隶羁縻黑水州都督府。

4. 羁縻□□州(726—820)

开元十四年,以靺鞨窟说部落置羁縻□□州(今俄罗斯萨哈林州奥哈市波吉比镇)④,隶羁縻黑水州都督府。

5. 羁縻□□州(726—820)

开元十四年,以靺鞨莫曳皆部落置羁縻□□州(今俄罗斯哈巴罗夫斯克边疆区苏维埃港市)⑤,隶羁縻黑水州都督府。

---

① 谭其骧《中国历史地图集释文汇编·东北卷》第76页云:"黑水州的位置距今松花江口当不致过远。"然而又断定在距松花江口350公里以远的俄罗斯哈巴罗夫斯克边疆区中部阿纽依河附近,自相矛盾。孙进己《东北历史地理》第二卷第247页认为在今俄罗斯伯力、中国同江一带。据《中国文物地图集·黑龙江分册》第561页,今同江市勤得利农场一分场有辽金城址,面积约3万平方米,周长1928米,城墙夯筑,采集有唐"开元通宝"铜钱,疑即黑水府城址。
② 《唐会要》卷96:"旧说黑水西北有思慕靺鞨。"谭其骧《中国历史地图集释文汇编·东北卷》以为"西北"当作"东北",故定思慕部于今俄罗斯哈巴罗夫斯克边疆区中部波林—阿吉尔湖至共青城一带。孙进己《女真史》(长春出版社,1987年)及《东北历史地理》第二卷定于今俄罗斯布列亚河至结雅河一带,以其发现有靺鞨文化和室韦文化共存现象之故。两者相差太大。今仍依《唐会要》所载,定思慕部于同江西北之俄罗斯犹太自治州比罗1詹。此部及以下三部地望考详张亚红等《唐代黑水靺鞨地区思慕诸部地望新考》(载《中国历史地理论丛》2010年第1期)。
③ 《唐会要》卷96:"旧说黑水西北有思慕靺鞨,正北微东十日程有郡利靺鞨。"《新唐书》卷219《黑水靺鞨传》:"黑水西北又有思慕部,益北行十日得郡利部。"郡利在黑水府北还是在思慕部北,各家有分歧,孙进己《东北历史地理》第二卷第248页依《唐会要》拟于俄罗斯哈巴罗夫斯克边疆区中部共青城附近,当是。今定于阿穆尔斯克。
④ 《唐会要》卷96:"旧说黑水西北有思慕靺鞨,正北微东十日程有郡利靺鞨,东北十日程有窟说靺鞨。"各家皆定窟说部于今库页岛,以其距郡利(阿穆尔斯克)东北十日程(400公里)度之,部酋所居当在今萨哈林州波吉比。
⑤ 《唐会要》卷96:"旧说黑水西北有思慕靺鞨,正北微东十日程有郡利靺鞨,东北十日程有窟说靺鞨,东南十日程有莫曳皆靺鞨。"或言莫曳皆在黑水东南十日程,即今锡霍特山一带。或言在窟说东南十日程,即今俄罗斯哈巴罗夫斯克边疆区东部图姆宁河一带,"东南"为"西南"之误。按锡霍特山唐时不适人居,当非莫曳皆所在,疑莫曳皆与窟说皆接郡利后,即在郡利东南十日程,今苏维埃港,不必更改原文。《新唐书》卷220《流鬼传》又载:"流鬼去京师万五千里,直黑水靺鞨东北、少海之北,三面皆阻海,其北莫知所穷。人依屿散居,多沮泽。……南与莫曳靺鞨邻,东南航海十五日行乃至。"流鬼在今俄罗斯哈巴罗夫斯克边疆区中部阿姆贡河至乌第河一带,直鞑靼海峡(少海)之北,环鄂霍次克海西部而居,东南傍海行十五日适至今苏维埃港。流鬼、莫曳皆虽中隔郡利,然皆傍海,可通航,故亦言相邻。孙进己等《东北历史地理》第二卷第249页不解此,定流鬼于库页岛,则其北为窟说,不仅与"其北莫知所穷"不合,亦难于解释莫曳皆在流鬼东南。

（五）羁縻安静州都督府
羁縻安静州都督府(718—820)

开元六年,以内附靺鞨部落置羁縻安静州及安静州都督府①,隶营州都督府,并置羁縻铁利州。十年,置羁縻勃利州。二十八年,隶押奚契丹两蕃渤海黑水等四府经略处置使。

天宝十三载,羁縻安静州都督府领羁縻安静、铁利、勃利三州。

宝应元年,隶河南道押新罗渤海两蕃等使。

元和十五年,并入藩属渤海国②。

1. 羁縻安静州(718—820)

开元六年,以靺鞨安居骨部落置羁縻安静州(今黑龙江哈尔滨市道外区)③,并置羁縻安静州都督府。

2. 羁縻铁利州(718—820)

开元六年,以靺鞨铁利部落置羁縻铁利州(今黑龙江依兰县城依兰镇桥南遗址)④,隶羁縻安静州都督府。

3. 羁縻勃利州(722—820)

开元十年,以靺鞨勃利部落置羁縻勃利州(今黑龙江汤原县胜利乡复安

---

① 《新唐志》于靺鞨羁縻州中列有安静都督府,旧不详所在。今按唐开元间,黑龙江地区东有忽汗、黑水羁縻都督府,西有室韦羁縻都督府,独中部广阔地区未见都督府,因疑其为安静都督府之所在。隋唐之时,有靺鞨安居骨(或作安车骨)部落居于速末水中游,故勿吉国都之地。即《魏书》卷100《勿吉传》所谓:"太鲁水(今洮儿河),又东北行十八日到其国。国有大水,阔三里余,名速末水,其地下湿,筑城穴居。"安静当即勿吉、安居骨之雅译,勿吉即靺鞨,或言靺鞨(音袜羯)亦勿吉之异译。而"安居骨与金之按出虎、清之阿勒楚喀为一音之转"(《中国历史地图集释文汇编·东北卷》,第52页),则可定安静都督府及安静州于今哈尔滨市阿什河与松花江交汇处,此观点笔者已指导研究生张亚红等撰成论文《唐代黑水靺鞨地区思慕诸部地望新考》(载《中国历史地理论丛》2010年第1期)。其置府时间,疑与铁利州同时,在开元六年。王颋《圣王肇业》第149页以为贞元午间之"虞侯卷"("虞娄""挹娄")都督即安静州都督。按其时挹娄已并入渤海国,而安静都督府为唐都督府,则其不属挹娄可知。

② 《辽史·地理志》东京道辽阳府兴辽县:"唐元和中,渤海王大仁秀南定新罗,北略诸部,开置郡邑。"大仁秀元和十三年末即位,则南定新罗在元和十四年,北略诸部在元和十五年。如孙进己等《东北历史地理》第二卷第353页考证,元和末,渤海已并有铁利之地。

③ 据《中国文物地图集·黑龙江分册》,包括太平区(今道外区东部)在内的哈尔滨市区,有多处战国至汉、金遗址,唐代似为较大聚落之所在,宜为羁縻州州治地。

④ 《册府元龟》卷974:"开元六年二月戊午,靺鞨铁利、拂涅蕃守不遣使来朝,各授守中郎将还蕃。"据魏国忠等《渤海国史》第191页考证,今依兰县一带有铁利部落,既置"蕃守",当羁縻州,隶安静州都督府。又据《中国文物地图集·黑龙江分册》第387页,依兰镇南2.5公里有桥南汉魏、辽金遗址,面积约9万平方米,发现有唐"开元通宝",再往南不远的江湾镇苏格村还有面积约3万平方米的唐渤海遗址,故推定桥南为该州所在地。

村遗址）①，隶羁縻安静州都督府。

（六）羁縻室韦州都督府
羁縻室韦州都督府(734—843)

开元二十二年，以内附室韦部落置羁縻室韦州及室韦州都督府②，隶营州都督府，并置羁縻□□等八州③。二十八年，隶押奚契丹两蕃渤海黑水等四府经略处置使。

天宝十三载，羁縻室韦州都督府领羁縻室韦、□□、□□、□□、□□、□□、□□、□□九州。

宝应元年，隶押奚契丹两蕃等使。元和十五年，羁縻室韦州都督府领羁縻室韦等九州不变④。

会昌三年后，为藩属契丹国所阻，与唐绝，失羁縻府州之号⑤。

1. 羁縻室韦州(734—843)
开元二十二年，以室韦大如者部落置羁縻室韦州（今黑龙江嫩江县）⑥，并

---

① 《新唐书》卷219《黑水靺鞨传》："开元十年，其酋倪属利稽来朝，玄宗即授勃利州刺史。"未言隶何都督府。谭其骧《中国历史地图集释文汇编·东北卷》第78页及《地图集》唐代幅等均作黑水都督府治处理，并依曹廷杰等说定于今俄罗斯哈巴罗夫斯克市（伯力）。按黑水都督府置于开元十四年，后于勃利州，且依唐代惯例，羁縻都督府所在州必与都督府名相同，即黑水都督府本治黑水州，则勃利州不当为黑水州治。又，勃利州较黑水州先置，当更近内地，似应居于那河北之靺鞨北扶余遗裔达末娄部落，沿松花江北置，时隶安静都督府。据《中国文物地图集·黑龙江分册》，松花江下游汤原县胜利乡复安村有大规模唐、渤海时期遗址，面积约27万平方米，疑即勃利州所在。

② 韩愈《乌氏庙碑铭》（载《韩昌黎文集》卷6）云："开元中，尚书（乌承玭）管平卢，先锋军屡破奚、契丹。……黑水、室韦来属麾下。"据《新唐书》卷136《乌承玭传》，是役在开元二十二年。刘统《唐代羁縻府州研究》第137页云："《资治通鉴》天宝元年记十节度之设，'平卢节度使镇抚室韦、靺鞨'。据此，室韦都督府应置于开元年间。"今定于开元二十二年。

③ 《新唐书》卷219《室韦传》虽云室韦"分部凡二十余"，但据《通典》卷200《室韦传》："大唐所闻，有九部焉，屡有朝贡。"《旧唐书》卷199《室韦传》："室韦，我唐有九部焉。"盖谓室韦部落虽众，而以九部为代表常来朝贡，推测此九州当置为羁縻州，以统诸部。综合唐宋各书所载，即岭西、山北、黄头、大如者、小如者、婆萵、达末、讷北、落坦九部。

④ 据《幽州卢龙节度使刘济墓志》（载《中国文物报》2014年2月14日），贞元十九年（803），刘济曾以幽州卢龙节度使名义集会九国室韦之师以讨契丹。可知是时室韦犹为唐之羁縻都督府。

⑤ 据《唐会要》卷96，室韦都督大和、开成至会昌二年间屡有朝贡，而孙进己等《东北历史地理》第二卷第239页云：会昌三年，和解室韦已西迁到幽州界东北千里沙漠之中，为今锡林浩特西、阴山之东，并改称黑车子。因疑室韦都督亦于此后因契丹之阻而失去唐官爵。

⑥ 《魏书》卷100《失韦传》："失韦国在勿吉北千里。"按上文"羁縻安静州都督府"注已考证勿吉国都在今哈尔滨市，其北千里，盖在今嫩江县一带。谭其骧《中国历史地图集释文汇编·东北卷》第78页、孙进己等《东北历史地理》第二卷第160页皆如是说。又《辽史》卷46《百官志》云北面属国官有"室韦国王府"，盖即唐室韦都督府旧地，《历史地名》第2004页亦云"在今嫩江附近"。统大如者室韦、东室韦（治今克山县）、那礼室韦（治今齐齐哈尔市）部落。

置羁縻室韦州都督府。

2. 羁縻□□州(734—843)

开元二十二年,以室韦达末部落置羁縻□□州(今黑龙江安达市)①,隶羁縻室韦州都督府。

3. 羁縻□□州(734—843)

开元二十二年,以室韦黄头部落置羁縻□□州(今吉林通榆县)②,隶羁縻室韦州都督府。

4. 羁縻□□州(734—843)

开元二十二年,以室韦岭西部落置羁縻□□州(今内蒙古牙克石市)③,隶羁縻室韦州都督府。贞元中,移治和解部落(今蒙古国东方省哈马尔达板县)④。

5. 羁縻□□州(734—843)

开元二十二年,以室韦山北部落置羁縻□□州(今内蒙古莫力达瓦旗哈达阳镇)⑤,隶羁縻室韦州都督府。

---

① 达末室韦即达末娄,本靺鞨扶馀部落,为高丽所破,《新唐书》卷219《室韦传》:"达末娄,自言北扶馀之裔,高丽灭其国,遗人度那河,因居之,或曰他漏河,东北流入黑水。达姤,室韦种也,在那河阴冻末河之东,西接黄头室韦,东北距达末娄。"可知达末部落在今安达市一带,统达姤(治今肇州市)、乌罗护(治今扎赉特旗)部落。

② 《唐会要》卷96:岭西室韦"又东南至黄头室韦,此部落兵强,人户亦多,东北与达姤接",达姤在今肇州、大安一带,可定黄头部落在今通榆、乾安一带,统南室韦(白城)、塞曷支室韦(乌兰浩特)部落。

③ 岭西室韦即西室韦,《唐会要》卷96:"婆葛室韦东,又有岭西室韦。……(望建河)源出突厥东北界俱轮泊,屈曲东流,经西室韦界。"(《旧唐书》卷199《室韦传》同)婆葛室韦又作婆芮室韦、钵室韦,在俄罗斯结雅河流域,其东为落坦室韦,故知岭西室韦实在婆芮室韦西,《会要》、《唐志》误作"东"。岭西,谓大兴安岭西,即今牙克石、额尔古纳左右旗一带。统乌素固(治今新巴尔虎右旗)、移塞没(治今海拉尔市)、和解室韦部落。

④ 贞元九年至开成元年间,有室韦大都督阿朱、阿成、秩蚕等来朝,而贞元八年又有室韦都督和解热素,孙进己等《东北历史地理》第二卷第297页云:"室韦有大都督及都督之分,则大都督当为统辖诸部者,似设于今嫩江流域;而都督则为设于某部者。以上称室韦都督和解热素,则此都督似应为设于和解者,其地当在今霍林河流域。"该卷第231页又云:"据上,应定此(和解)部于今洮儿河中游。"《中国历史地图集东北地区资料汇编》定和解部于今哈拉哈河发源处,则失之偏僻。《室韦史研究》定和解部'在今老头山南、霍林河北',则失之过南。按《唐会要》卷96,燕支河(今哈拉哈河,误载为啜河别名)一带"又有和解部落",今参诸说,定和解部落于蒙古国东方省东境。如唐羁縻制度,和解部酋长本当为刺史,都督之号盖自封云。和解部落本由岭西部羁縻州统治,贞元中身自来朝,可知已取代岭西部落统治权。

⑤ 山北室韦即北室韦,《隋书》卷84《契丹传附室韦》载:"南室韦北行十一日至北室韦。"南室韦在今白城市,十一日程约一千唐里。《通典》卷200《室韦》又载:"驱度寐,隋时闻焉,在(南)室韦之北,数乘大船至北室韦抄掠。"驱度寐后为乌罗护所并。《旧唐书》卷199《室韦传》:"又有那礼部落,与乌罗护犬牙而居,又东北有山北室韦。"可知山北室韦濒临嫩江,今定酋首驻地于莫力达瓦旗哈达阳镇。统乌丸部落(治今甘南县)。

6. 羁縻□□州(734—843)

开元二十二年,以室韦讷北部落置羁縻□□州(今内蒙古呼伦贝尔市加格达奇区)①,隶羁縻室韦州都督府。

7. 羁縻□□州(734—843)

开元二十二年,以室韦小如者部落置羁縻□□州(今黑龙江黑河市)②,隶羁縻室韦州都督府。

8. 羁縻□□州(734—843)

开元二十二年,以室韦落坦部落置羁縻□□州(今俄罗斯阿穆尔州布拉戈维申斯克市)③,隶羁縻室韦州都督府。

9. 羁縻□□州(734—843)

开元二十二年,以室韦婆莴部落置羁縻□□州(今俄罗斯阿穆尔州结雅市南)④,隶羁縻室韦州都督府。

---

① 讷北室韦又作讷北支(之)室韦,《唐会要》卷96:"岭西室韦北又有讷北支室韦。"盖今加格达奇一带,统深末怛室韦部落(治今呼玛县)。

② 《旧唐书》卷199《室韦传》:"山北室韦又北,有小如者室韦。"盖今黑河市一带,统蒙兀室韦部落(治今逊克县)。

③ 落坦室韦又作落怛室韦、骆丹室韦、骆驼室韦,《唐会要》卷96:"(望建河)又东经蒙兀室韦之北、落怛室韦之南,又东流,与那河、忽汗河合。"望建河即今黑龙江,那河即今嫩江—松花江,可知落坦部落治今俄罗斯布拉戈维申斯克一带。

④ 婆莴室韦又作婆窝室韦、钵室韦,《隋书》卷84《室韦传》:"(北室韦)又北行千里,至钵室韦,依胡布山而住。"《旧唐书》卷199《室韦传》:"小如者室韦又北,有婆莴(《唐会要》卷误作婆葛)室韦。"酋首驻地在今俄罗斯结雅市南,胡布山,盖今图库林格拉—贾格德山。统大室韦部落(治今漠河)。

第四章　河南道羁縻地区

河南道(696—705,762—907)

武周万岁通天元年(696),置兖州都督府一羁縻地区。长安四年(704),河南道有兖州都督府直辖羁縻地区。

唐神龙元年(705),罢兖州都督府羁縻地区。

宝应元年(762),置羁縻安东都护府及押新罗渤海两蕃等使羁縻地区。元和十四年(819),罢羁縻安东都护府。十五年,河南道有押新罗渤海两蕃等使羁縻地区。

咸通十四年(873),河南道羁縻地区不变。

附一　兖州都督府曾领

兖州都督府(696—705)

武周万岁通天元年(696),兖州都督府置直辖羁縻地区。长安四年(704),兖州都督府有一直辖羁縻地区。

唐神龙元年(705),罢兖州都督府直辖羁縻地区。

附旧区：直辖羁縻地区(696—705)

武周万岁通天元年,以废营州都督府之羁縻黎、师、鲜、带、崇五州来属,为直辖羁縻地区。二年,以废行营州都督府之羁縻瑞、玄、夷宾、慎、昌、信六州来属。长安四年,兖州都督府直辖羁縻黎、师、鲜、带、瑞、玄、夷宾、慎、崇、昌、信十一州。

唐神龙元年,割羁縻黎、师、鲜、带、瑞、玄、夷宾、慎、崇、昌、信十一州隶后营州都督府。

附旧州1：羁縻黎州(696—705)

本营州都督府羁縻州,武周万岁通天元年,并羁縻新黎县徙治河南道宋州境(今山东单县北境),仍处靺鞨乌素固部落,直属兖州都督府。唐神龙元年,并羁縻新黎县移治河北道幽州境,直属后营州都督府。

附旧州 2:羁縻瑞州(697—705)

本行营州都督府羁縻州,武周万岁通天二年,并羁縻来远县徙治河南道宋州境(今单县东境),仍处突厥乌突汗达干部落,直属兖州都督府。唐神龙元年,并羁縻来远县移治河北道幽州境,直属后营州都督府。

附旧州 3:羁縻玄州(697—705)

本行营州都督府羁縻州,武周万岁通天二年,并羁縻静蕃县徙治河南道徐、宋二州境(今江苏丰县北境),仍处契丹曲据部落,直属兖州都督府。唐神龙元年,并羁縻静蕃县移治河北道幽州境,直属后营州都督府。

附旧州 4:羁縻夷宾州(697—705)

本行营州都督府羁縻州,武周万岁通天二年,并羁縻来苏县徙治河南道徐州境(今江苏沛县北境),仍处靺鞨愁思岭部落,直属兖州都督府。唐神龙元年,并羁縻来苏县移治河北道幽州境,直属后营州都督府。

附旧州 5:羁縻慎州(697—705)

本行营州都督府羁縻州,武周万岁通天二年,并羁縻逢龙县徙治河南道淄、青二州境(今山东淄博市淄川区),仍处靺鞨乌素固部落,直属兖州都督府。唐神龙元年,并羁縻逢龙县移治河北道幽州境,直属后营州都督府。

附旧州 6:羁縻崇州(696—705)

本行营州都督府羁縻州,武周万岁通天元年,并羁縻昌黎县徙治河南道淄、青二州境(今淄博市淄川区),仍处奚可汗部落,直属兖州都督府。唐神龙元年,并羁縻昌黎县移治幽州境,直属后营州都督府。

附旧州 7:羁縻师州(696—705)

本营州都督府羁縻州,武周万岁通天元年,并羁縻阳师县徙治河南道青州境(今山东青州市南境),仍处契丹室韦部落,直属兖州都督府。唐神龙元年,并羁縻阳师县移治河北道幽州境,直属后营州都督府。

附旧州 8:羁縻鲜州(696—705)

本营州都督府羁縻州,武周万岁通天元年,并羁縻宾徙县徙治河南道青州境(今青州市南境),仍处奚可汗部落,直属兖州都督府。唐神龙元年,并羁縻宾徙县移治河北道幽州境,直属后营州都督府。

附旧州 9:羁縻带州(696—705)

本营州都督府羁縻州,武周万岁通天元年,并羁縻孤竹县徙治河南道青州境(今山东临朐县西境),仍处契丹乙失革部落,直属兖州都督府。唐神龙元年,并羁縻孤竹县移治河北道幽州境,直属后营州都督府。

附旧州10：羁縻昌州(697—705)

本营州都督府羁縻州,武周万岁通天二年,并羁縻龙山县徙治河南道青州境(今临朐县西境),仍处契丹松漠部落,直属兖州都督府。唐神龙元年,并羁縻龙山县移治河北道幽州境,直属后营州都督府。

附旧州11：羁縻信州(697—705)

本行营州都督府羁縻州,武周万岁通天二年,并羁縻黄龙县徙治河南道青州境(今临朐县南境),仍处契丹乙失活部落,直属兖州都督府。唐神龙元年,并羁縻黄龙县移治河北道幽州境,直属后营州都督府。

附二 押新罗渤海两蕃等使曾领

押新罗渤海两蕃等使(762—907)

宝应元年(762),以淄青平卢节度使兼押新罗渤海两蕃等使,以河北道安东都护府之藩属契丹国兼羁縻鸡林州都督府,废押奚契丹两蕃渤海黑水等四府经略处置使之藩属渤海国兼羁縻忽汗州都督府及羁縻安靖、黑水二州羁縻都督府来属。

元和十五年(820),罢羁縻安静州都督府,押新罗渤海两蕃等使领藩属新罗、渤海二国及羁縻鸡林、忽汗、黑水三州都督府。

其后,罢羁縻黑水州都督府。咸通十四年(873),押新罗渤海两蕃等使仍领羁縻藩属新罗、渤海二国及鸡林、忽汗二州都督府。

附三 羁縻安东都护府曾领

羁縻安东都护府(762—819)

宝应元年(762),改河北道安东都护府为羁縻安东都护府[①],仍治羁縻辽

---

① 《新唐志》谓安东都护府至德后废。金毓黻《安东都护府考》(载《制言》第10期,1937年)云:"自开元七年起,以平卢节度使例兼安东都护,而都护府之废,即与平卢节度有关。……平卢节度治于营州,而安东都护府仍在辽西故郡城。大抵以节府副使领安东副都护,与节度使领都护,分驻两地。及肃宗上元二年侯希逸放弃营州,则都护自必随之而废。"《东北历史地理》第二卷第273页则据贾耽《四夷道里记》考证,安东都护府曾于贞元年间复置。按其说以贞元年间故襄平城(即故辽东城)实有安东都护府一名,及"此时辽东地区还为府所直接管辖,则仍当有一建置机构管辖这一地区"而立论,李渊等《唐安东都护府的几个问题》(载《黑龙江民族丛刊》2002年第3期)(转下页)

城州,领羁縻辽城、建安二州都督府及泊汋、平壤二城,改属河南道。

元和十四年(819),羁縻安东都护府并入羁縻忽汗州都督府暨渤海国①。

(接上页)从其说。则所谓至德后安东府废之说,乃谓安东府城废也(即保定军城废为燕郡守捉城),至于安东府,仍存而未废。上元后(宝应元年)徙于辽水东之羁縻辽城州治(即故襄平城),以有水陆路通青州,便于淄青平卢节度使管辖,故淄青平卢节度使保持"平卢"之号,即是尚领有故平卢节度使东部旧地——安东都护府之故。如此,亦可解释贾耽《四夷道里记》之记载。当时自登州东北海行,傍海壖可通乌骨江(今辽宁瑗河),便是青州通新安东府城之道。又按《唐开府仪同三司工部尚书特进右金吾卫大将军安东都护郊国公上柱国高公(震)墓志铭并序》(载周绍良编:《唐代墓志汇编》),高句丽王族、前羁縻辽东州都督高藏孙高震,大历八年卒于"安东都护"任上,其父连亦曾任"安东都护"。则宝应元年后,安东都护府当改为以高丽旧酋高氏世袭都护之羁縻都护府。

① 王寂《辽东行部志》(载《五代宋金元人边疆行记十三种疏证稿》)云:"至于唐季,不能勤远,辽东之地为渤海大氏所有。"以为安东都护府之废与渤海有关。金毓黻《渤海国志长编》卷19及谭其骧主编《中国历史地图集释文汇编·东北卷》俱认为,开元二年安东都护府内徙后,辽东之地即被渤海据而有之。孙进己等《东北历史地理》第二卷第356页则据贾耽《四夷道里记》考证,安东都护府贞元间尚存,渤海国之占有辽东,应在咸和五年至十二年之间,即唐开成年间。以大历间高震犹赠安东都护观之,贾耽所记当为贞元事实,然已属羁縻。又考金富轼《三国史记》卷10:"宪德王十八年(即唐宝历二年),新罗王命牛岑太守白永征汉山北诸州郡人一万,筑浿江长城三百里。"即沿今大同江一线修筑长城,防备渤海人,则《辽史·地理志》所谓"唐元和中,渤海王大仁秀南定新罗,北略诸部",即指渤海南与新罗定界于浿水(今沸流-大同江)。大仁秀即位于唐元和十三年末,于此可见,安东都护府及其直属城镇,当于元和十四年没于渤海,不必待至开成间。

第五章　岭南道羁縻地区

岭南道(638—907)

贞观十二年(638),置桂州都督府羁縻地区。贞观末,置交、驩二州都督府羁縻地区。乾封二年(667),置邕州都督府羁縻地区。永隆二年(681),改交州都督府为安南都护府,驩州都督府羁縻地区归安南都护府。神龙中,邕州都督府羁縻地区归桂州都督府。景云二年(711),复置邕州都督府羁縻地区。

武周长安四年(704),岭南道有桂、邕二州都督府、安南都护府羁縻地区①。

唐天宝元年(742),改桂州都督府为始安郡都督府,邕州都督府为朗宁郡都督府。十三载,岭南道有始安、朗宁二郡都督府及安南都护府三羁縻地区(参见前文图14、图15)。

乾元元年(758),复建宁郡都督府为桂州都督府,朗宁郡都督府为邕州都督府。大历五年(770),罢桂州都督府,直辖羁縻地区归桂州管内都防御观察经略等使,罢邕州都督府,直辖羁縻地区归邕州管内经略等使。贞元七年(791),置峰、驩二州都督府羁縻地区。二十年,罢驩州都督府羁縻地区。元和二年(807),复置驩州都督府羁縻地区。十五年,邕州管内经略等使羁縻地区归容州管内观察经略等使,岭南道有桂州管内都防御观察经略等使、容州管内观察经略等使、安南都护府及峰、驩二州都督府五羁縻地区。

长庆二年(822),容州管内观察经略等使羁縻地区复归邕州管内经略等使。咸通元年(860),峰州都督府羁縻地区没于南诏。三年,改邕州管内经略等使为岭南西道节度使。五年,安南都护府羁縻地区归容州管内观察经略等使。七年,收复置峰州都督府羁縻地区,并容州管内观察经略等使及驩州都督府羁縻地区归安南都护府。十四年,岭南道有桂州管内都防御观察经略等

---

① 《大唐六典》卷3:岭南道,"其五府又管羁縻州"。按武周至开元间广管、容管未曾领羁縻州,此"五府"盖区域名词"岭南五府"之统称,谓岭南五府地区又管羁縻州,非谓每府皆管羁縻州。

使、岭南西道节度使及安南都护府三羁縻地区。

光化三年(900),改桂州管内都防御观察经略等使为静江军节度使。

第一节 始安郡(桂州)都督府所领

桂州都督府(638—742)—始安郡都督府(742—757)—建陵郡都督府(757—758)—桂州都督府(758—770)—桂州管内都防御观察经略等使(770—900)—静江军节度使(900—907)

贞观十二年(638),桂州都督府置直辖羁縻地区。

武周长安四年(704),桂州都督府有一直辖羁縻地区。

唐天宝元年(742),改桂州都督府为始安郡都督府。十三载,始安郡都督府有一直辖羁縻地区。至德二载(757),改始安郡都督府为建陵郡都督府。

乾元元年(758),复建宁郡都督府为桂州都督府。大历五年(770),罢都督府,以桂州管内都防御观察经略等使领直辖羁縻地区。元和十五年(820),桂州管内都防御观察经略等使领一直辖羁縻地区。

咸通十四年(873),桂州管内都防御观察经略等使仍有一直辖羁縻地区。

光化三年(900),改桂州管内都防御观察经略等使为静江军节度使。

直辖羁縻地区

直辖羁縻地区(638—907)

贞观十二年,桂州都督府置羁縻纡、芝、田、蕃、环、古、钧、瀼、笼九州①,以为直辖羁縻地区。十三年,桂州都督府仍直辖羁縻纡、芝、田、蕃、环、古、钧、瀼、笼九州。十七年,升羁縻芝、环、古、瀼、笼五州为正州。

---

① 《大唐故交州都督上柱国清平李道素墓志铭》(载《芒洛冢墓遗文》第四编)云:其父桂州都督李弘节贞观十三年后于任上卒,"赠桂州都督廿七州诸军事"。据本卷上编第十章"岭南道"第五节考证,贞观十三年时桂州都督府督十八正州,则所余九州应是羁縻州。严耕望《隋代总管府管州考》(载《严耕望史学论文选集》未考虑都督府管领羁縻州情况,以为"女"乃"十"之讹,不取。)依唐初州名命名规律,贞观十三年前所置州皆为单字州,因知《新唐志》之纡、蕃二州,后割隶邕州之田州及失载之钧州。与古、环、笼、瀼四州皆初置于贞观十二年,如《册府元龟》卷985载:"(贞观)十二年十月,钧州山獠举兵反,遣桂州都督张宝德讨平之。"另据高正亮《唐五代岭南道粤、芝二州设置年代考》(载《中国边疆史地研究》2019年第1期)考证,芝州亦于置贞观十二年。因地处岭南,置州奏报覆准过程较内地为长,故此九州贞观十三年《大簿》未及载。

永徽六年(655)，置羁縻鸿、抚水、琳、智、文、兰、鳂七州①。乾封二年，割羁縻田、鳂二州隶邕州都督府。仪凤二年(677)，置羁縻归化州。三年，置羁縻归恩、思顺、温泉、述昆、金城五州。

　　武周圣历元年(698)，割羁縻琳州隶江南道庄州都督府。长安四年，桂州都督府直辖羁縻钧、鸿、抚水、纡、归恩、思顺、归化、温泉、蕃、述昆、金城、智、文、兰十四州②。

　　唐神龙中，以废邕州都督府之羁縻左、思恩、田、思诚、归乐、鳂、谈、前石西、七源、武峨十州来属(其中思恩、谈、前石西、七源、武峨五州实陷于蛮獠)。景云二年，复割羁縻左、思恩、田、思诚、归乐、鳂、谈、前石西、七源、武峨十州隶邕州都督府。开元十五年(727)，割羁縻抚水州隶黔州都督府。二十四年，降思唐州为羁縻思唐州来属。

　　天宝元年，改为始安郡都督府直辖羁縻地区，改羁縻思唐州为羁縻武郎郡，羁縻温泉州为羁縻温泉郡。其后，割羁縻鸿州隶黔州都督府。十三载，始安郡都督府直辖羁縻武郎、温泉二郡及羁縻钧、纡、归恩、思顺、归化、蕃、述昆、金城、智、文、兰十一州。至德二载，改为建陵郡都督府直辖羁縻地区。

　　乾元元年，复为桂州都督府直辖羁縻地区，复羁縻武郎郡为羁縻思唐州，羁縻温泉郡为羁縻温泉州。二年，降芝州为羁縻芝忻州来属③。大历五年，改为桂州管内都防御观察经略等使直辖羁縻地区。十二年，降古、粤、环三州为羁縻州来属，置羁縻格州④。建中元年(780)，置羁縻镇宁州，升羁縻思唐州为

---

① 抚水、鸿、琳三州后割隶黔中道，然黔中道南部羁縻州例无羁縻县，此三州置有羁縻县，当由桂州都督府析置于高宗初年，兰、鳂二州亦为有县之单字羁縻州，今皆拟置于永徽六年。鳂州后为洞监州，宋初改为鹣州，《太平寰宇记》邕管羁縻州云鹣州初属桂管，景云二年改属邕管，可证为唐置。又，各家皆以《太平寰宇记》宜州条所引《图经》之智、文、兰等羁縻州为宋置，按《舆地纪胜》宜州云："皇朝平岭南，诏岭南羁縻环州、镇宁州、金城州、智州、怀远军并依前隶宜州。"可见《太平寰宇记》宜州所列十六羁縻州皆置于宋以前，所引《图经》应是唐《图经》，今拟单字州皆置于较早之永徽年间。
② 据《大唐故幽州都督左威卫大将军左羽林军上下赠使持节兖州诸军事兖州刺史河东郡开国公裴府君(怀古)墓志铭》(载《全唐文补遗》第九辑)及《资治通鉴》，长安三年，因始安(桂州)獠叛，拥众数万，攻陷州县，遂命裴怀古为"检校桂田等三十二州诸军事、桂州都督，持节招慰讨击"。按田州是时为羁縻州，不得列名于昭州等正州之前，且地在右江，属邕管，与桂州都督府中隔羁縻思恩州，不得属桂管，故知"田"字乃"昭"之形误，"三十二州"，当即桂、昭等十八正州与此十四羁縻州之数。
③ 考详上编第十章《岭南道》第五节"始安郡都督府"忻城郡芝州注。
④ 《元和志》桂管无粤州，则元和以前粤州已降为羁縻州。按韩云卿《平蛮颂》(载《桂故》卷8)，大历十二年桂州都督李昌巎平定西原蛮之乱，"统外一十八州牧守，羁縻反复，历代不宾，皆授首请罪，愿为臣妾。嘉其自新，俾守厥旧。"综合《太平寰宇记》、《新唐志》、《资治通鉴》所载，此桂管十八羁縻州盖即钧、古、格、思唐、温泉、思顺、归化、归恩、纡、芝忻、述昆、蕃、金城、智、文、兰、环、粤州，则古、粤、环三州及格州皆为大历十二年降正州所置或增置。

正州,割隶邕州管内经略等使①。贞元中,罢羁縻古州。元和初,罢羁縻钧州。八年,复升羁縻粤州为正州②,仍隶桂州管内都防御观察经略等使。十五年,桂州管内都防御观察经略等使直辖羁縻格、温泉、归化、思顺、归恩、纡、芝忻、蕃、述昆、金城、智、文、兰、镇宁、环十五州③。

大中前,复升羁縻格州为古州,羁縻环州为环州,为正州。咸通十四年,桂州管内都防御观察经略等使直辖羁縻温泉、归化、思顺、归恩、纡、芝忻、蕃、述昆、金城、智、文、兰、镇宁十三州。

光化三年,改为静江军节度使直辖羁縻地区。

1. 羁縻思唐州(736—742)—**羁縻武郎郡**(742—758)—羁縻思唐州(758—780)

开元二十四年,降思唐州为羁縻州,治羁縻武郎县(今广西平南县马练乡),直属桂州都督府。天宝元年,改为羁縻武郎郡,直属始安郡都督府。至德二载,直属建宁郡都督府。乾元元年,复为羁縻思唐州,直属桂州都督府。大历五年,直属桂州管内都防御观察经略等使。建中元年,复升为正州,改隶邕州管内经略等使。

2. 羁縻温泉州(678—742)—**羁縻温泉郡**(742—758)—羁縻温泉州(758—907)

仪凤三年,析粤州置羁縻温泉州(今广西忻城县欧洞乡)④,以处内附蛮獠部落,直属桂州都督府。天宝元年,改为羁縻温泉郡,直属始安郡都督府。至德二载,直属建宁郡都督府。乾元元年,直属桂州都督府。大历五年,直属桂

---

① 《京兆少尹李公(佐)墓志铭》(载《全唐文》卷784)云:"无何,授桂管观察经略使,部内羁縻州十八。旧例,首领署为刺史,公易以中土温良之吏。"据《唐刺史考全编》所考,李佐督桂在贞元三、四年间,则建中元年后桂管仍有十八羁縻州,镇宁、思唐二州之降升,皆在同一年。
② 柳宗元《桂州裴中丞作訾家洲亭记》(载《柳河东集》卷27):"元和十二年,御史中丞裴公来莅兹邦,都督二十七州诸军事。"赖青寿《唐后期方镇建置沿革研究》第178页以为当是正州十三州外,尚有环、温泉、思顺、归化、归恩、纡、芝忻、述昆、蕃、金城、文、兰、智、镇宁十四羁縻州。今按《太平寰宇记》载,元和八年粤州天河县有移治之事,因推测是年复升羁縻粤州为正州。
③ 柳宗元《桂州裴中丞作訾家洲亭记》:"元和十二年,御史中丞裴公来莅兹邦,都督二十七州诸军事。"赖青寿以为含羁縻州,当是正州十三州外,尚有十四羁縻州。按元和十二年桂管实有十二正州,则羁縻州应有十五个,即羁縻格、温泉、归化、思顺、归恩、纡、芝忻、蕃、述昆、金城、智、文、兰、镇宁、环十五州。
④ 史志不载温泉州初置时间。按温泉州有温泉郡之名,当置于天宝前,疑与羁縻归顺州同置于仪凤三年。《太平寰宇记》宜州:"温泉州理温泉县,在宜州东六十里。东至柳州龙城县界二十里,西至宜州崖山县界三十里,北至柳州洛曹县界一十五里。"《地图集》、《广西通志·行政区划志》等定于今宜州市石别镇清潭街,按其地距宜州仅三十余里,与《太平寰宇记》不合。施铁靖等《唐代羁縻制度在桂西北地区实施的特点及意义》(载《广西民族师范学院学报》2014年第1期)以为在宜州市东的洛西镇及洛东、屏南两乡各一部分。按洛西距宜州仅二十多里,再往东即入柳州洛封(后改洛曹)县界,故"东六十里"当作"东南六十里"理解。今定于忻城县欧洞乡。

州管内都防御观察经略等使。光化三年,隶静江军节度使。

附新州:羁縻粤州(777—813)

大历十二年,降粤州为羁縻州,仍治羁縻龙水县(今广西宜州市庆远镇),处蛮獠部落,直属桂州管内都防御观察经略等使。元和八年,复升为正州,隶桂州管内都防御观察经略等使。

3. 羁縻钧州(638—元和初)

贞观十二年,招慰蛮獠置羁縻钧州(今湖南通道县城双江镇)①,直属桂州都督府②。永徽六年,析置羁縻鸿州。天宝元年,直属始安郡都督府。至德二载,直属建宁郡都督府。乾元元年,直属桂州都督府。大历五年,直属桂州管内都防御观察经略等使。元和初,废入黔中道叙州。

附旧新州:羁縻古州(638—643,777—贞元中)

贞观十二年,桂州都督李弘节开夷獠置羁縻古州,治羁縻乐预县(今贵州从江县城丙妹镇)③,直属桂州都督府。十七年,升为正州,仍隶桂州都督府。大历十二年,降古州为羁縻州,并析置羁縻格州,仍治羁縻乐古县(今丙妹镇),处蛮獠部落,直属桂州管内都防御观察经略等使。贞元中,废入羁縻格州④。

附新州:羁縻格州(777—大中前)

大历十二年,析羁縻古州置羁縻格州,治羁縻乐兴县(今广西三江县老堡乡)⑤,处蛮獠部落,直属桂州管内都防御观察经略等使。贞元中,以废羁縻古州来属。大中前,升为古州,为正州。

4. 羁縻纤州(638—907)

贞观十二年,招慰蛮獠置羁縻纤州(今广西忻城县新圩乡)⑥,以处来降蛮

---

① 依地理形势推定。
② 《新唐书》卷2《太宗纪》:"贞观十二年十月,钧州獠反,桂州都督张宝德败之。"又见同书《南蛮传》、《资治通鉴》贞观十二年十月。《册府元龟》卷985"钧州"作"均州",张莉《政治地理视角下的唐代羁縻府州研究》第147页则以为"钦州"之误。按是时钦州在俚帅宁师京掌控之下,不应有山獠叛乱,即有,亦当由师京平定,不劳桂督远征,其说非。
③ 《宋史》卷90《地理志》平州:"于中古州置格州及乐古县。"按榕江县城,三江县老堡乡宋元亦称"古州",并中古州为三城,即分别为唐古州三县旧地,则以唐乐古县址重置之中古州当在今从江县城一带。《州郡典》贺水郡:"西至乐古郡五百七十九里。"当是误取融水郡之文系于此,且里数疑是"二百七十九"(山路)或"三百七十九"(水路)之误。潭阳郡:"西至乐古郡二千一百一十七里。"可证古州在巫州西南。《太平寰宇记》融州:"西北至古州水路八百九十里。"则是误"三百"为"八百"。
④ 《太平寰宇记》古州。
⑤ 《历史地名》第2096页:唐格州"治所在今广西三江侗族自治县境"。今拟于三江县老堡乡。
⑥ 《太平寰宇记》宜州:"纤州理东区县,在宜州南一百三十五里。东至象州来宾县界三十里、西至芝忻州多(灵)〔云〕县界一十五里,南至象州来宾县界八十里,北至归恩县吉南县界六里。"雷坚《广西建置沿革考录》(广西人民出版社,1996年)定于今忻城县果遂乡果遂圩南,《地图集》定于今合山市,皆远于《太平寰宇记》里数,且州内吉陵县(州东一百二十里)无所措置,不取。

獠,直属桂州都督府。仪凤三年,析置羁縻归恩州。天宝元年,直属始安郡都督府。至德二载,直属建宁郡都督府。乾元元年,直属桂州都督府。大历五年,直属桂州管内都防御观察经略等使。光化三年,隶静江军节度使。

5. 羁縻归恩州(678—907)

仪凤三年,析羁縻纡州置羁縻归恩州(今忻城县安东乡拉共村)①,直属桂州都督府。天宝元年,直属始安郡都督府。至德二载,直属建宁郡都督府。乾元元年,直属桂州都督府。大历五年,直属桂州管内都防御观察经略等使。光化三年,隶静江军节度使。

6. 羁縻思顺州(678—907)

仪凤三年,析柳州置羁縻思顺州,治嵯峨镇(今广西柳江县三都镇)②,以处内附蛮獠部落,直属桂州都督府。天宝元年,直属始安郡都督府。至德二载,直属建宁郡都督府。乾元元年,直属桂州都督府。大历五年,直属桂州管内都防御观察经略等使。光化三年,隶静江军节度使。

7. 羁縻归化州(677—907)

仪凤二年,析柳州置羁縻归化州,治郎仓峒(今柳江县洛满镇古洲村)③,直属桂州都督府。天宝元年,直属始安郡都督府。至德二载,直属建宁郡都督府。乾元元年,直属桂州都督府。大历五年,直属桂州管内都防御观察经略等使。光化三年,隶静江军节度使。

8. 羁縻蕃州(638—907)

贞观十二年,招慰蛮獠置羁縻蕃州(今宜州市北牙乡老村)④,直属桂州都

---

① 史志不载归恩州始置时间,今拟与羁縻归顺州同置于仪凤三年。《太平寰宇记》宜州:"归恩州理履博县,在宜州南一百三十里。东至思顺州钦化县界一十五里,南至象州来宾县界二十五里,西至纡州宾安县界二十五里,北至思顺州岩栖县界二十五里。"《广西建置沿革考录》定于今忻城县安东乡桃源,《广西通志·行政区划志》、《历史地名》定于思练镇,今定于安东乡拉共(旧名拉丹)村。

② 《舆地纪胜》柳州。《太平寰宇记》宜州:"思顺州理安宁县,在宜州东一百四十里。东至柳州马平县界一十里,南至归化州洛回县界一十五里,西至归恩州都恩县界四十里,北至柳州马平县界三十五里。"今定于柳江县三都镇。《地图集》、《广西建置沿革考录》、《广西通志·行政区划志》定于柳江县里高乡三合村,按其地距马平县界较远,与《太平寰宇记》不合,不取。

③ 《舆地纪胜》柳州。《州郡典》修德郡(严州):"北至归化州百五十里。"《太平寰宇记》宜州:"归化州治归朝县,在宜州东一百(六)〔三〕十五里。东至柳州马平县界一十五里,南至象州来宾县界二十五里,西至思顺州钦化县界三十里,北至柳州马平县界一十里。"今依《广西通志·行政区划志》第57页定于柳江县古洲村。

④ 《太平寰宇记》宜州:"蕃州理蕃水县,在宜州南四十五里。东至龙水县界一十里,北至龙水界一十里。"《地图集》、《广西建置沿革考录》、《广西通志·行政区划志》定于今宜州市矮山乡洛岩村,按其地距宜州仅二十余里,与《太平寰宇记》不合,不取。施铁靖等《唐代羁縻制度在桂西北地区实施的特点及意义》以为在宜州市南的石别、北山、福龙一带,然此地已属崖山县地盘,故所谓"在宜州南"应作"在宜州西南"理解,今拟为北牙乡。

督府。仪凤三年,析置羁縻述昆、金城二州。天宝元年,直属始安郡都督府。至德二载,直属建宁郡都督府。乾元元年,直属桂州都督府。大历五年,直属桂州管内都防御观察经略等使。光化三年,隶静江军节度使。

9. **羁縻述昆州**(678—907)

仪凤三年,析羁縻蕃州置羁縻述昆州(今广西都安县加贵乡加参底村)①,直属桂州都督府。天宝元年,直属始安郡都督府。至德二载,直属建宁郡都督府。乾元元年,直属桂州都督府。大历五年,直属桂州管内都防御观察经略等使。光化三年,隶静江军节度使。

10. **羁縻金城州**(678—907)

仪凤三年,析羁縻蕃州置羁縻金城州(今都安县三只羊乡巴故村)②,直属桂州都督府。天宝元年,直属始安郡都督府。至德二载,直属建宁郡都督府。乾元元年,直属桂州都督府。大历五年,直属桂州管内都防御观察经略等使。光化三年,隶静江军节度使。

11. **羁縻智州**(655—907)

永徽六年,招慰蛮獠置羁縻智州(今都安县隆福乡)③,直属桂州都督府。天宝元年,隶始安郡都督府。至德二载,直属建宁郡都督府。乾元元年,直属桂州都督府。大历五年,直属桂州管内都防御观察经略等使。光化三年,隶静江军节度使。

---

① 史志不载述昆州始置时间,今拟与羁縻归顺州同置于仪凤三年。四库本《太平寰宇记》宜州:"述昆州理夷蒙县,在宜州西八十里。东〔北〕至宜州东玺县界三十八里,西南至智州界(三)〔二〕百里,西至金城州(一百一)〔五〕十里。"《广西建置沿革考录》定于今宜州市拉利乡,《历史地名》定于宜州市龙头乡,按前者距宜州太远,后者则述昆州内都陇县(州北一百里)无所措置,均不取。今排除库本字误,拟述昆州于宜州西南八十里,今都安县加贵乡。

② 史志不载金城州始置时间,今拟与羁縻归顺州同置于仪凤三年。《太平寰宇记》宜州:"金城州治金城县,在宜州西一百一十五里。东至琳州都江铺界二十里,南至述昆州五十里,西至智州界五〔十〕里。"各家皆以金城州在今池市,盖以州有河池县之故。然以其与智州、琳州间里距核之,必不在今河池,且今河池地属环州,显然今河池非古河池。金鉷等《广西通志》卷45河池州云:"金城州宋初置,今州治东北有金城堡。"置州时间及治地皆有误。

③ 《太平寰宇记》宜州:"智州治芙罗县,在宜州西一百三十五里。东至金城州界三十里,南至述昆州界三十里,西至金城州河池县界一十里,北至金城州河池县界一十里。"万历《广西通志》卷4河池州:"智州山,在州西四十里,以唐智州建于此。"《方舆纪要》卷109河池州:"智州山,州西四十里,盘纡绵亘凡百余里,智州旧置于山下。"按之地理,智州在金城州南、述昆州西北,应在今都安县境,今拟于都安县隆福乡。金鉷等《广西通志》卷45以为智州在河池州东,雷坚等以为在今河池市一带,如此则智州反在金城州北,与《太平寰宇记》、《方舆纪要》不合,且河池地属环州,亦不宜更置他州。然则《太平寰宇记》所记亦有矛盾之处,如述昆州条云西南至智州界三百里,智州条则云南至述昆州界三十里,今订正两处里数为"二百里"。又金城州条亦谓至智州界五里,比对智州条显然太近,今订正为"五十里"。如此,则智州实在宜州西南二百三十五里,非"一百三十五里"。曾公亮《武经总要》前集卷20:"智州在(宜)州西二百一十五里。"《元丰志》宜州载,智州河池县(当是宋初自金城州割隶智州)在宜州西二百一十五里,而智州距河池县不过十里之近,亦可证"二百三十五里"为是。

12. 羁縻文州(655—907)

永徽六年,招慰蛮獠置羁縻文州(今广西巴马县城巴马镇盘阳村)①,直属桂州都督府。天宝元年,直属始安郡都督府。至德二载,直属建宁郡都督府。乾元元年,直属桂州都督府。大历五年,直属桂州管内都防御观察经略等使。光化三年,隶静江军节度使。

13. 羁縻兰州(655—907)

永徽六年,招慰蛮獠置羁縻兰州(今广西凤山县三门海镇)②,直属桂州都督府。天宝元年,直属始安郡都督府。至德二载,直属建宁郡都督府。乾元元年,直属桂州都督府。大历五年,直属桂州管内都防御观察经略等使。光化三年,隶静江军节度使。

附旧新州1:羁縻芝州(638—643)—羁縻廖州(697—天宝中)—羁縻芝忻州(759—907)

贞观十二年,桂州都督李弘节开夷獠置羁縻芝州,治羁縻忻城县(今忻城县城城关镇板现屯)③,直属桂州都督府。十七年,升为正州,仍隶桂州都督府。万岁通天二年,割芝州都云等县置羁縻廖州,治羁縻都云县(今广西马山县城白山镇)④,以处内附蛮獠部落,直属邕州都督府。天宝中,废入始安郡都督府忻城郡⑤。乾元二年,降芝州为羁縻芝忻州,仍治羁縻忻城县(今忻城县城城关镇),处蛮獠部落,直属桂州都督府。大历五年,直属桂州管内都防御观察经略等使。光化三年,隶静江军节度使。

---

① 《太平寰宇记》宜州:"文州在宜州西,山路七百二十里。"即在兰州以南七十里。金鉷等《广西通志》卷45东兰州:"文州,唐贞观初置,故址在州治西南二百四十里。""忠、文故址在兰阳哨。"《广西建置沿革考录》、《历史地名》皆定于今巴马县盘阳,从之。
② 《太平寰宇记》宜州:"兰州在宜州西,山路六百五十里。"如此则兰州在镇宁州西南三百五十里,今拟于凤山县三门海镇,旧袍里乡。金鉷等《广西通志》卷45东兰州:"故兰州在州治东南。"《历史地名》云:"兰州,宋置,东兰大同乡更乐村。"里距皆失之过近,不取。
③ 《太平寰宇记》宜州:"蕃州理蕃水县,在宜州南四十五里。东至龙水县界一十里,北至龙水界一十里。"《地图集》、《广西建置沿革考录》、《广西通志·行政区划志》定于今宜州市矮山乡洛岩村,按其地距宜州仅二十余里,与《太平寰宇记》不合,不取。施铁靖等《唐代羁縻制度在桂西北地区实施的特点及意义》以为在宜州市南的石别、北山、福龙一带,然此地已属崖山县地盘,故所谓"在宜州南"应作"在宜州西南"理解,今拟于北牙乡。
④ 史志不载此事。白耀天《唐代在今广西设置的州县考(下)》云:"今白墟镇爱长村智城山又存有'无虞县令'韦敬一刻于万岁通天二年的《智城洞碑》,碑主为'廖州大首领'、'检校廖州刺史'韦敬辨。"按此碑《舆地纪胜》宾州碑记已著录,廖州当是澄州附近的羁縻州,疑即万岁通天二年或此前由芝州都云县改置。智城山系澄州无虞县土著韦氏宗山,韦敬辨乃家族中人,故有碑在此,非谓廖州故址在此也。
⑤ 史志不载此事。按天宝中,芝州增领富录、思龙、平西、乐光、多云、乐艳六县,后三县当来自废廖州,故知羁縻廖州废于天宝中。

附旧新州 2：羁縻环州(638—643、777—907)

贞观十二年，桂州都督李弘节开拓生蛮环落洞置羁縻环州，治羁縻正平县(今广西环江县城思恩镇地理村)①，直属桂州都督府。十七年，升为正州，仍隶桂州都督府。大历十二年，降环州为羁縻州，治羁縻正平县，处蛮獠部落，直属桂州管内都防御观察经略等使。建中元年，析置羁縻镇宁州。光化三年，隶静江军节度使。

附新州：羁縻镇宁州(780—907)

建中元年，析羁縻环州置羁縻镇宁州，治羁縻礼丹县(今广西南丹县车河镇八步街)②，以处内附蛮獠部落，直属桂州管内都防御观察经略等使。光化三年，隶静江军节度使。

第二节　朗宁郡(邕州)都督府所领

邕州都督府(667—神龙中，711—742)—朗宁郡都督府(742—758)—邕州都督府(758—770)—邕州管内经略等使(770—820，822—862)—岭南西道节度使(862—907)

乾封二年(667)，邕州都督府置直辖羁縻地区。

武周长安四年(704)，邕州都督府有一直辖羁縻地区。

唐神龙中，罢都督府，直辖羁縻州改隶桂州都督府。景云二年(711)，复置邕州都督府直辖羁縻地区。

天宝元年(742)，改邕州都督府为朗宁郡都督府。十三载，朗宁郡都督府有一直辖羁縻地区。

乾元元年(758)，复朗宁郡都督府为邕州都督府。大历五年(770)，罢都督府，以邕州管内经略等使领直辖羁縻地区。元和十五年(820)，罢邕州管内经略等使及直辖羁縻地区。

长庆二年(822)，复置邕州管内经略等使直辖羁縻地区。咸通三年(862)，改邕州管内经略等使为岭南西道节度使。十四年，岭南西道节度使领

---

① 《太平寰宇记》桂管羁縻州："环州：本正平郡，理正平县……州在游卢水南、整水西。"整水，即今大环江。《纪要》庆远府河池州思恩县："废环州：在县西北。"《地名大辞典》第 3966 页定于今环江县思恩镇。《历史地名》第 544 页以为在大环江西岸，今从之。

② 《太平寰宇记》宜州："镇宁州在宜州西北，山路三百里。"《武经总要》前集卷 20："带溪砦，东至(宜)州一百七十里，西北镇宁州。"今拟于南丹县车河镇。其所领福零县割自环州，而据《旧唐志》，乾元元年福零县犹属环州，可知镇宁州当是贞元初年与格州同时置。各家以为镇宁州宋置，在今环江县或河池市一带，时间、里距皆失之太近，不取。

一 直辖羁縻地区。

直辖羁縻地区
直辖羁縻地区(667—神龙中,711—820,822—907)

乾封二年,邕州都督府置羁縻思恩、归诚、思诚、谈、左、七源、前石西、武峨八州①,以为直辖羁縻地区,割桂州都督府羁縻田、鳝二州,黔州都督府羁縻归乐州来属。

武周长安四年,邕州都督府直辖羁縻左、思恩、田、归乐、鳝、归诚、思诚、谈、七源、前石西、武峨十一州。

唐神龙中,罢邕州都督府,所领十一羁縻州隶桂州都督府(其中思恩、谈、七源、前石西、武峨五州实陷于蛮獠)。景云二年,复置邕州都督府,割桂州都督府羁縻思恩、田、归乐、鳝、归诚、思诚、谈、左、七源、前石西、武峨十州来属②,仍为直属羁縻地区,并置羁縻武龙、功饶、万德、万承、万形、侯唐、伦、青、归恩、得、思刚、思琅、波、思同、上思、员、思明十七州③。先天二年(713),改羁縻归恩州为羁縻归淳州。开元十五年,升羁縻田州为正州,省羁縻武龙,割羁縻武峨州隶安南都护府④。

天宝元年,改为朗宁郡都督府直辖羁縻地区,置羁縻武义州。十三载,邕州都督府直辖羁縻万德、思恩、功饶、侯唐、万承、万形、伦、青、鳝、归乐、思刚、得、归诚、归淳、思琅、思诚、波、谈、左、思同、上思、员、思明、七源、前石西、武

---

① 《太平寰宇记》邕管羁縻州载,瀼、左、思诚、田、归乐、龙、谭、石西、七源、思恩、鹅十一州皆为景云以前所置"旧羁縻州",其中瀼、(龙)〔笼〕二州景云以前实为正州,田、(鹅)〔鳝〕二州乾封以前属桂府,归乐州属黔府,所余思恩、思诚、(谭)〔谈〕、左、七源、石西六州及失载之归诚州,当与邕府同置于乾封二年。武峨州起置年代,考详本章第三节"安南都护府所领"直辖羁縻武定州附武峨州。
② 《太平寰宇记》邕管羁縻州载,左、思诚、田、归乐等州"旧羁縻州,先属桂府,景云元年八月割入邕州";又载,谈〔谭〕、石西、七源、思恩"四州陷漏,不属都督府,检校户口既多,景龙二年十月,敕邕州都督府管上件州卓牌"。按邕州都督府神龙中已改置为贵州都督府,景云二年乃复。此系于景云元年、景龙二年,不确,或恐有误,今统依鳝州(后改洞监州,即宋之鹅州)系于景云二年。
③ 此十七羁縻州不载始置年代。按《太平寰宇记》列此十七州(其中误"青"为"蕃")于邕管左、右江两道羁縻州中,云:"右件并是羁縻卓牌州,承前先无朝贡,州县城隍不置立。"故桂州司马吕仁高先天二年乃奏请劝谕筑城。以此推知,该十七州置立未久,今姑定于景云二年复置邕州都督府之时。
④ 《唐故中大夫福州刺史管府君(元惠)神道碑并序》(黄明兰等:《洛阳出土唐管元惠神道碑》,载《文物》1983年第3期):"(开元)十五年,除使持节都督邕州诸军事邕州刺史兼浮贵等卅六州。"其时有正州淳、田、邕、宾、澄、贵、横、钦、山、瀼、笼十一州,则羁縻州有二十五州,即《新唐志》所列归淳(归顺)、思刚、侯唐、归诚、伦、石西、思恩、思同、思明、万形、万承、上思、谈、思琅、波、员、功饶、万德、左、思诚、鳝、归乐、青、得、七源州。

义二十六州。

乾元元年,复为邕州都督府直辖羁縻地区。大历五年,改为邕州管内经略等使直辖羁縻地区。永贞元年(805),降田、瀼、笼三州为羁縻州来属①。元和元年,改羁縻归淳州为羁縻归顺州。十五年,置羁縻后石西州,罢邕州管内经略等使及羁縻前石西、武义二州,羁縻思刚、万德、思恩、功饶、田、侯唐、万承、万形、伦、青、鳜、归乐、得、归诚、归顺、思琅、思诚、波、谈、左、思同、瀼、上思、员、思明、笼、后石西、七源二十八州隶容州管内观察经略等使。

长庆二年(822),复割容州管内观察经略等使羁縻思刚、万德、思恩、功饶、田、侯唐、万承、万形、伦、青、鳜、归乐、得、归诚、归顺、思琅、思诚、波、谈、左、思同、瀼、上思、员、思明、笼、后石西、七源二十八州来属邕州管内经略等使,为直辖羁縻地区。咸通三年,改为岭南西道节度使直辖羁縻地区。十四年,岭南西道节度使直辖羁縻州不变。

其后,废羁縻得州。

1. 羁縻万德州(711—907)

景云二年,析羁縻思恩州置羁縻万德州(今广西平果县坡造镇归德村)②,直属邕州都督府。天宝元年,直属朗宁郡都督府。十五载,直属邕州管内经略使。元和十五年,直属容州管内观察经略等使。长庆二年,直属邕州管内经略等使。咸通三年,直属岭南西道节度使。

2. 羁縻思恩州(667—907)

乾封二年,析邕州地置羁縻思恩州(今平果县旧城镇)③,直属邕州都督府。神龙中,直属桂州都督府,实陷于蛮獠。景云二年,直属邕州都督府,析置羁縻万德州。天宝元年,直属朗宁郡都督府。十五载,直属邕州管内经略使。元和十五年,直属容州管内观察经略等使。长庆二年,直属邕州管内经略等使。咸通三年,直属岭南西道节度使。

---

① 李翱《唐故岭南节度营田观察制置本管经略等使徐公(申)行状》(载《李文公集》卷11)言:贞元十七年,徐申为使持节都督邕州诸军事守邕州刺史、本管经略招讨使,安良除暴,大首领黄氏帅其属纳质供赋,于是"十三部二十九州"之蛮宁息,无寇害。徐申虽于翌年调离,然据《新唐表》,三年后的贞元二十一年(永贞元年),田、瀼、笼三州降为羁縻州来属,盖亦徐中德政余响,则知所谓"二十九州",即当时的二十六羁縻州加田、瀼、笼三州。
② 《地图集》、《广西建置沿革考释》、《广西通志·行政区划志》、《历史地名》等皆定于今平果县坡造乡归德村,从之。
③ 《太平寰宇记》邕管羁縻州载,思恩州为右江羁縻州,在邕府西,"陆路四百九十里,管县四"。曾公亮等《武经总要》前集卷20:"思恩州东南至州六百里。""六百"当为"四百"之误。金鉷等《广西通志》卷45:"旧城土司思恩故城,本唐思恩州地。"

3. 羁縻功饶州(711—907)

景云二年,析羁縻田州置羁縻功饶州(今广西田东县思林镇)①,直属邕州都督府。天宝元年,直属朗宁郡都督府。十五载,直属邕州管内经略使。元和十五年,直属容州管内观察经略等使。长庆二年,直属邕州管内经略等使。咸通三年,直属岭南西道节度使。

附旧新州:羁縻田州(638—727,805—907)

贞观十二年,招慰蛮獠置羁縻田州,治羁縻都救县(今田东县祥周镇),直属桂州都督府。乾封二年,直属邕州都督府,析置羁縻思诚州。神龙中,直属桂州都督府。景云二年,直属邕州都督府,析置羁縻侯唐、武龙、功饶三州。开元十五年,升为正州,以废羁縻武龙州省入,仍隶邕州都督府。永贞元年,复降田州为羁縻州,仍治羁縻都救县,直属邕州管内经略使。元和十五年,直属容州管内观察经略等使。长庆二年,直属邕州管内经略等使。咸通三年,直属岭南西道节度使。

附旧州:羁縻武龙州(711—727)

景云二年,析羁縻田州置羁縻武龙州,治羁縻武龙县(今广西百色市右江区百城街道)②,直属邕州都督府。开元十五年,省入田州③。

4. 羁縻侯唐州(711—907)

景云二年,析羁縻田州置羁縻侯唐州(今田东县作登乡)④,直属邕州都督府。天宝元年,直属朗宁郡都督府。十五载,直属邕州管内经略使。元和十五年,直属容州管内观察经略等使。长庆二年,直属邕州管内经略等使。咸通三年,直属岭南西道节度使。

5. 羁縻万承州(711—907)

景云二年,析羁縻左州置羁縻万承州(今广西大新县龙门乡)⑤,直属邕州

---

① 吴儆《竹洲集》卷10引《土俗记》:"自邕北出功饶州、(梵)〔婪〕凤州,至横山四百里。"李曾伯《可斋续稿》后卷7:"据雄飞十三日申,敌哨十二日尚在功饶州两岸,是在横山里两铺。"则功饶州在宋横山寨东南两铺之地,今依《广西建置沿革考录》、《广西通志·行政区划志》、《历史地名》等定于田东县思林镇。
② 武龙州以羁縻田州武龙县置。武龙县地望考详上编第十章《岭南道》第四节"朗宁郡都督府"横山郡田州武龙县。
③ 《新唐志》宜州:"邕管所领,又有显州、武州、沈州,后皆废省。"武州,当是羁縻武龙州夺字。今姑定废于开元十五年升田州为正州之时。
④ "侯唐",《新唐志》脱"唐"字。今依《太平寰宇记》、《元丰九域志》。各家皆定于今田东县作登乡,从之。
⑤ 曾公亮等《武经总要》前集卷20:"万承州,东南至(邕)州六日程。"各家皆定于今大新县龙门乡,从之。其地宋属养利县,而《纪要》南宁府云养利为唐置,属邕州都督府。按两《唐志》及《太平寰宇记》皆无养利州,疑顾说非是,不取。

都督府。天宝元年，直属朗宁郡都督府。十五载，直属邕州管内经略使。元和十五年，直属容州管内观察经略等使。长庆二年，直属邕州管内经略等使。咸通三年，直属岭南西道节度使。

6. 羁縻万形州（711—907）

景云二年，析羁縻思诚州置羁縻万形州（今广西天等县城天等镇）①，直属邕州都督府。天宝元年，直属朗宁郡都督府。十五载，直属邕州管内经略使。元和十五年，直属容州管内观察经略等使。长庆二年，直属邕州管内经略等使。咸通三年，直属岭南西道节度使。

7. 羁縻伦州（711—907）

景云二年，析羁縻鳡州置羁縻伦州（今广西德保县龙光乡）②，直属邕州都督府。天宝元年，直属朗宁郡都督府。十五载，直属邕州管内经略使。元和十五年，直属容州管内观察经略等使。长庆二年，直属邕州管内经略等使。咸通三年，直属岭南西道节度使。

8. 羁縻青州（711—907）

景云二年，析羁縻鳡州置羁縻青州（今德保县东凌镇）③，直属邕州都督府。天宝元年，直属朗宁郡都督府。十五载，直属邕州管内经略使。元和十五年，直属容州管内观察经略等使。长庆二年，直属邕州管内经略等使。咸通三年，直属岭南西道节度使。

9. 羁縻鳡州（655—907）

永徽六年，招慰蛮獠置羁縻鳡州，治羁縻□□县（今云南富宁县剥隘镇老街）④，直属桂州都督府。乾封二年，直属邕州都督府，析置羁縻归诚州。神龙中，直属桂州都督府。景云二年，直属邕州都督府，析置羁縻青、伦二州。天

---

① 金鉷等《广西通志》卷45万承土州："万形州在州治东北，唐邕州都督羁縻州，宋省，今为下州村。"万承州在今大新县龙门乡，其东北尽为山区，且无"下州村"名，《广西建置沿革考录》以为在大新县桃城镇北，距万承州太近，恐亦不合。疑万形州在万承州西北，在今天等县境。《太平寰宇记》邕管右江羁縻州九力彤州，有昆明川，疑万形州唐以前有名昆明。曾公亮等《武经总要》前集卷20："昆明州，东北至（邕）州七日程。"揆其道里，亦在天等。
② 《地图集》、雷坚《广西建置沿革考录》定于今德保县龙光乡一带，从之。
③ 《太平寰宇记》邕管羁縻州右江道无青州，有蕃州，蕃州当是青州更名，或是"青"、"蕃"形近而误。唐宋时桂管羁縻州亦有蕃州，依例相邻地区不当有同名州，故有此推测。
④ 《太平寰宇记》邕管羁縻州列鹣州为右江羁縻州："在（邕府）西北，陆路一千二里，管县七。右件州属桂管内，近邕州西北，远属桂州不便，司马吕仁高奏，景云二年敕属邕州。"曾公亮等《武经总要》前集卷20邕州："鹣州，南至邕州九日程，本洞监州，本朝太平兴国中改为鹣州，今废。"《新唐志》邕管羁縻州无洞监州、鹣州，有鳡州，因知三州本一州，洞监州为五代名，鹣州为宋代名。其地在今富宁县剥隘镇老街，已没入水库。宋初鹣州蕃部曾与剑南道保州蕃部同入贡，遂有人误以为鹣州亦在岷江上游，今特为辩明。

宝元年,直属朗宁郡都督府。十五载,直属邕州管内经略使。元和十五年,直属容州管内观察经略等使。长庆二年,直属邕州管内经略等使。咸通三年,直属岭南西道节度使。

10. **羁縻归乐州**(667—907)

乾封二年,析黔州都督府羁縻添、训二州置羁縻归乐州(今广西田林县城乐里镇)①,直属邕州都督府。神龙中,直属桂州都督府。景云二年,直属邕州都督府。天宝元年,直属朗宁郡都督府。十五载,直属邕州管内经略使。元和十五年,直属容州管内观察经略等使。长庆二年,直属邕州管内经略等使。咸通三年,直属岭南西道节度使。

11. **羁縻得州**(711—咸通后)

景云二年,招慰蛮獠置羁縻得州(今广西富宁县城新华镇)②,直属邕州都督府。神龙中,直属桂州都督府。景云二年,直属邕州都督府。天宝元年,直属朗宁郡都督府。十五载,直属邕州管内经略使。元和十五年,直属容州管内观察经略等使。长庆二年,直属邕州管内经略等使。咸通三年,直属岭南西道节度使。其后,归南诏。

12. **羁縻归诚州**(667—907)

乾封二年,析羁縻鳡州置羁縻归诚州(今富宁县归朝镇)③,直属邕州都督府。神龙中,直属桂州都督府。景云二年,直属邕州都督府,并析置羁縻思刚、归恩二州。天宝元年,直属朗宁郡都督府。十五载,直属邕州管内经略

---

① 《太平寰宇记》邕管羁縻州列归乐州为右江羁縻州,在邕府西北,"水路七百二十三里,管县七"。吴儆《竹洲集》卷10引《土俗记》:"自横山北出田林县古天县、归仁州、归乐州、唐兴州、(睢)〔眭〕殿州、古那县、七源州、四城州。"周去非《岭外代答》卷3:"自横山一程至古天县,一程至归乐州,一程至唐兴州,一程至眭殿州,一程至七源州,一程至泗城州,一程至古那洞。"按古天县即"故田州(惠佳)县",在今田阳县城东,归仁州在今百色市四塘镇,七源州在往自杞、罗殿二国分道处,今百色市永乐乡,唐兴州在今百色市塘兴,眭殿州在今百色市汪甸,以上五地各一日程,地点清楚,则归乐州必在五地以远,今定于田林县乐里,地名盖由"归乐里"演变而来。如此,泗(四)城州当为"潞城州"之误,在今田林县潞城乡,古那洞(县)在今田林县板桃乡央牙,吴、周两记皆有误脱颠倒之处。以此订正《太平寰宇记》路程"七百"当为"一千"之误。《大明会典》卷146载泗城州南有归乐驿,民国时百色北四十里有饭乐站,皆元以后人依《岭外代答》之误而取名,《广西备乘》等以此为归乐州,恐非。

② 《太平寰宇记》邕管羁縻州无得州,疑唐末已为蛮獠特磨道所据,当位处邕管极西,今拟于富宁县城新华镇。

③ 《太平寰宇记》列归诚州为右江羁縻州,州治史志不载,盖位置较为偏远之故,今拟于富宁县归朝镇。1997年《富宁县志》第34页云宋时已有街市,然其解释初名为"龟朝",即乌龟朝北下蛋之意,则属不经。归朝应即"归诚"之讹。《旧唐书》卷76《蜀王愔传》:"封子璠为嗣王,永昌年配流归诚州而死。"则归诚州置于永昌以前,州无县,又当置于总章之后,今拟于岭南遍置羁縻州之调露元年,并析置于原管七县之羁縻鳡州。

使。元和十五年,直属容州管内观察经略等使。长庆二年,直属邕州管内经略等使。咸通三年,直属岭南西道节度使。

13. **羁縻思刚州**(711—907)

景云二年,析羁縻归诚州置羁縻思刚州(今广西靖西县安德镇)①,直属邕州都督府。天宝元年,直属朗宁郡都督府。十五载,直属邕州管内经略使。大历九年,以西原蛮之乱,内徙澄州境(今广西来宾市兴宾区迁江镇),故地入归诚州。元和十五年,直属容州管内观察经略等使。长庆二年,直属邕州管内经略等使。咸通三年,直属岭南西道节度使。

14. **羁縻归恩州**(711—713)—**羁縻归淳州**(713—806)—**羁縻归顺州**(806—907)

景云二年,析羁縻归诚州置羁縻归恩州(今靖西县城新靖镇旧州圩)②,直属邕州都督府。先天二年,以与桂州都督府羁縻州名同,改为羁縻归淳州③。天宝元年,直属朗宁郡都督府。十五载,直属邕州管内经略使。元和元年,避宪宗嫌名,改为羁縻归顺州。十五年,直属容州管内观察经略等使。长庆二年,直属邕州管内经略等使。咸通三年,直属岭南西道节度使。

15. **羁縻思琅州**(711—907)

景云二年,析羁縻谈州置羁縻思琅州(今越南高平省下琅县)④,直属邕州都督府。天宝元年,直属朗宁郡都督府。十五载,直属邕州管内经略使。元和十五年,直属容州管内观察经略等使。长庆二年,直属邕州管内经略等使。咸通三年,直属岭南西道节度使。

附旧新州:**羁縻笼州**(638—643,805—907)

贞观十二年,桂州都督李弘节遣龚州大同县人龚固兴招慰生蛮,置羁縻

---

① 《舆地纪胜》卷115宾州,"迁江县,在州东北八十五里,本唐之思刚州,立于大历之九年。"按《太平寰宇记》云思刚州本右江羁縻州,置于先天二年以前,而宾州迁江不在右江流域,故知大历九年所立思刚州乃因西原蛮之乱内徙而置,此前旧址当在邕管西境近十四原蛮之处,今拟于靖西县安德镇。
② 《大清一统志》卷366镇安府:"归顺州在府西南七十三里。元置归顺州,明初废为归顺峒,宏(弘)治九年复置州,属镇安。本朝初属思恩府,雍正七年改设流官,仍属镇安府。"元归顺州当即宋归顺州,承唐归恩、归淳州而来。或云宋归顺州为唐归化州更名而来,按岭南归化州有二,一属桂州都督府,一属安南大护府,与邕管无涉。《广西备乘》、《历史地名》云归顺州在今靖西县南十里旧州村,从之。
③ 据《太平寰宇记》卷166,先天前邕管羁縻州有归恩州无归淳州,据《新唐志》,先天后邕管羁縻州有归淳州无归恩州,推知归淳州即先天二年以归恩州更名而来。
④ 陶维英《越南历代疆域》第156页、《地图集》、《历史地名》定于今越南高平省下琅,与思琅音近,从之。雷坚《广西建置沿革考录》以为在今大新县恩城乡,按其地后为思诚州治地,非思琅州可知。

笼州,治羁縻武勒县(今广西龙州县水口镇)①,直属桂州都督府。十七年,升为正州,仍隶桂州都督府。永贞元年,复降笼州为羁縻州,仍治羁縻武勒县(今水口镇)。元和十五年,隶容州管内观察经略等使,析置羁縻后石西州。长庆二年,复隶邕州管内经略等使。咸通三年,隶岭南西道节度使。

附新州:羁縻后石西州(820—907)

元和十五年,析羁縻笼州地置羁縻后石西州(今广西凭祥市夏石镇),直属容州管内观察经略等使。长庆二年,直属邕州管内经略等使。咸通三年,直属岭南西道节度使。

16. 羁縻思诚州(667—907)

乾封二年,析羁縻田州置羁縻思诚州(今广西大新县硕龙镇伏隆村)②,直属邕州都督府。神龙中,直属桂州都督府。景云二年,直属邕州都督府,析置羁縻万形、伦二州。天宝元年,直属朗宁郡都督府。十五载,直属邕州管内经略使。大历中,以獠乱,寄治羁縻波州境(今大新县恩城乡)。元和十五年,直属容州管内观察经略等使。长庆二年,直属邕州管内经略等使。咸通三年,直属岭南西道节度使。

17. 羁縻波州(711—907)

景云二年,析羁縻谈州置羁縻波州(今大新县雷平镇安平村)③,直属邕州

---

① 《太平寰宇记》笼州:"东至邕州八百里。"邕州:"左水,源从笼州出,六百里流入郁江。"邕管羁縻州:"〔笼〕(龙)州:在(邕)州西北,水路八百三十二里。"《武经总要》前集卷20:"笼州:贞观十二年清平公李节招慰生蛮置,州南古甑洞,东南至(邕)州十日程,北古甑洞、都控洞,西罗绯洞。"《纪要》以笼州武勒县在新宁州(今扶绥县)东,今人论者如《地图集》等多从其说,白耀天《唐代在今广西设置的州县考(下)》已驳其非,认为笼州当在今越南高平省近中越边界的地方。今以上引笼州至邕州里程观之,当以白说近是。且《梦溪笔谈》卷25有云:"广源州者,本邕州羁縻。天圣七年,首领依存福归附,补存福邕州卫职,转运使章频罢遣之,不受其地,存福乃与其子智高东掠笼州,有之。"可见笼州确在广源州(今越南高平省广渊)东南。参考以上所引资料,可定武勒县于今中越交界处之龙州县水口镇。其地沿平江—水口河—丽江—左江取水路至邕州为六百余里,与《太平寰宇记》邕州条合。因《太平寰宇记》邕管羁縻州条所载各州如石西州、七源州等里程多误,可知笼州之"八百三十二里"亦为"六百三十二里"之误,笼州条之"八百里"则为"六百里"之沿误。今水口镇西10公里越南高平省境有谷名曰"白勒(Baklwz)",侬语(壮语)意为"勒口",即指武勒谷口,可证。"武勒"之"武"字可省,见《宋史》卷90《地理志》左江羁縻州就将武勒州记为"〔勒〕(勤)州"。北宋武勒州即笼州别名,白耀天《元丰二年以前广源州为宋朝领土辨证》(载《广西民族研究》2000年第3期)云:"武勒州当在今左江上游水口河流域覆和州以西地区。"覆和以西即白勒,其地峡谷深峻,非如水口镇之宜于置州也,《广西通志·行政区划志》第56页以为龙州在龙州县逐卜乡,则又偏近,且不当水路。

② 《太平寰宇记》邕管羁縻州列思诚州为左江羁縻州,在邕州西,"陆路四百五十里,管县三"。曾公亮等《武经总要》前集卷20邕州:"思成州,南至州八日程。"依此推算,思诚州当在今大新县西部硕龙镇一带。今人多比定于大新县中部恩城乡,按其地距羁縻波州仅十里,且"恩城"与"思诚"发音非一,似非初置之地,要亦为大历獠乱以后寄治之处。

③ 曾公亮等《武经总要》前集卷20:"波州,东南至(邕)州六日程。"《明史》卷318:"太平州旧名瓠阳,为西原农峒地,唐为波州。""安平州旧名安山,亦西原农峒地,唐置波州,宋析为安平州。"《广西备乘》、《广西建置沿革考录》等定于今大新县雷平镇安平村,从之。《新唐志》云,邕管所领,又有沈州。按沈州不见他书,当是此"波州"之误。

都督府。天宝元年，直属朗宁郡都督府。十五载，直属邕州管内经略使。元和十五年，直属容州管内观察经略等使。长庆二年，直属邕州管内经略等使。咸通三年，直属岭南西道节度使。

18. **羁縻谈州**(667—907)

乾封二年，析笼州地置羁縻谈州(今广西崇左市江州区新和镇)①，直属邕州都督府。神龙中，直属桂州都督府，实陷于蛮獠。景云二年，直属邕州都督府，析置羁縻波、思琅二州。天宝元年，直属朗宁郡都督府。十五载，直属邕州管内经略使。元和十五年，直属容州管内观察经略等使。长庆二年，直属邕州管内经略等使。咸通三年，直属岭南西道节度使。

19. **羁縻左州**②(667—907)

乾封二年，析邕州地置羁縻左州(今崇左市江州区左州镇巴莫村)，以处蛮獠黄氏部落，直属邕州都督府。神龙中，直属桂州都督府。景云二年，直属邕州都督府，析置羁縻思同、万承二州。天宝元年，直属朗宁郡都督府。十五载，直属邕州管内经略使。元和十五年，直属容州管内观察经略等使。长庆二年，直属邕州管内经略等使。咸通三年，直属岭南西道节度使。

附旧新州：**羁縻瀼州**(638—643，805—907)

贞观十二年，桂州都督李弘节遣钦州首领宁师京寻隋刘方故道，行达交趾，开拓夷獠，置羁縻瀼州，治羁縻临江县(今崇左市江州区太平街道)③，直属桂州都督府。十七年，升为正州，仍隶桂州都督府。永贞元年，复降瀼州为羁縻州，治羁縻瀼江县，直属邕州管内经略使。元和十五年，直属容州管内观察经略

---

① 《太平寰宇记》邕管羁縻州载，谈(谭)州为左江羁縻州，在邕府西，"水路三百五十里，管县四"。按各家以为宋谭州在今崇左市西北、大新县东南，然唐时大新县东南已置羁縻波州，故今拟谈州于崇左市新和镇。
② 《新唐书》卷222《南蛮传》云邕管宪宗时有有州刺史黄少高，懿宗时有太州刺史黄伯蕴，"有州"、"太州"皆为"左州"之形误。
③ 《元和志》邕州："西南至瀼州二百八十里。"《太平寰宇记》邕州："南至旧瀼州二百八十里。瀼州在邕府南陆路二百八十二里。"钦州："西至瀼州五百八十里。"瀼州："隋大将军刘方始开此路，置镇守，寻废不通。唐贞观十二年，清平公李孝节遣钦州首领宁师京寻刘方故道，行达交趾，开拓夷獠，置瀼州。州在郁林之西南，交趾之东北界。有瀼水，以为名。东至钦州六百三十里，北至〔邕〕(容)州二百八十里。"《太平御览》卷172瀼州亦有此语，云出《十道志》。顾炎武《天下郡国利病书·交阯西南夷》引《武经总要》云："交趾路：自(邕)州西南陆行，取马援路至瀼州二百七十里，又二百四十里至禄州，又二百里至交州(界)。天宝以前，陆行凡二十驿。"宋初钦州治灵山县(今灵山县)，禄州治今越南谅山省禄平，据此，可定临江城在今崇左市城区左江东南岸，其地当邕州通安南陆路，与李弘节所通"刘方故道"及宋交趾路相合。《地图集》唐岭南道幅标于今上思县南屏乡一带，其地距邕州太远，距钦州太近，且不临瀼水，不当刘方故道；四库本《武经总要》前集卷20云瀼州至禄州二百四里，脱"十"字，陆韧《唐代安南与内地的交通》(载《思想战线》1992年第5期)、廖幼华《唐宋时期邕州入交三道》(载《中国历史地理论丛》2008年第1期)据此认为瀼州在今宁明县那堪乡，按其地距禄州太近，不当交趾路，亦不取。

等使。长庆二年,直属邕州管内经略等使。咸通三年,直属岭南西道节度使。

20. 羁縻思同州(711—907)

景云二年,析羁縻左州地置羁縻思同州(今广西扶绥县中东镇思同村)①,直属邕州都督府。天宝元年,直属朗宁郡都督府。十五载,直属邕州管内经略使。元和十五年,直属容州管内观察经略等使。长庆二年,直属邕州管内经略等使。咸通三年,直属岭南西道节度使。

21. 羁縻上思州(711—907)

景云二年,析瀼州地置羁縻上思州,治羁縻显川县(今广西上思县城思阳镇旧州村)②,直属邕州都督府。天宝元年,直属朗宁郡都督府。十五载,直属邕州管内经略使。元和十五年,直属容州管内观察经略等使。长庆二年,直属邕州管内经略等使。咸通三年,直属岭南西道节度使。

22. 羁縻员州(711—907)

景云二年,析瀼州地置羁縻员州(今上思县平福乡)③,以处蛮獠依氏部落,直属邕州都督府。天宝元年,直属朗宁郡都督府。十五载,直属邕州管内经略使。元和十五年,直属容州管内观察经略等使。长庆二年,直属邕州管内经略等使。咸通三年,直属岭南西道节度使。

23. 羁縻思明州(711—907)

景云二年,析瀼州地置羁縻思明州,治羁縻显川县(今广西宁明县明江镇)④,直属邕州都督府。天宝元年,直属朗宁郡都督府。十五载,直属邕州管内经略使。元和十五年,直属容州管内观察经略等使。长庆二年,直属邕州管内经略等使。咸通三年,直属岭南西道节度使。

24. 羁縻七源州(667—907)

乾封二年,招慰笼州蛮獠置羁縻七源州(今越南谅山省长定县七溪)⑤,直属邕州都督府。神龙中,直属桂州都督府,实陷于蛮獠。景云二年,直属邕州都督府。天宝元年,直属朗宁郡都督府。十五载,直属邕州管内经略使。元和十五

---

① 金鉷等《广西通志》卷45永康州:"思同州在州治西南,唐为羁縻州,今为思同村。"
② 曾公亮等《武经总要》前集卷20:"上(恩)〔思〕州,东北至(邕)州四日程。"
③ 《太平寰宇记》邕管羁縻州列员州为左江羁縻,治地各家无考,唯《广西通志·行政区划志》第56页以为在今天等县进结镇,今依地理形势拟定于上思县境。
④ 曾公亮等《武经总要》前集卷20:"思明州至州七日程。"《大清一统志》卷365太平府:"宁明州,唐、宋羁縻思明州地。"各家皆定于明江镇,从之。《新唐志》云,邕管所领又有显川。按显州不见他书,当是此"显川(县)"之误。
⑤ 《太平寰宇记》邕管羁縻州列七源州为左江羁縻州,在邕府西,"水路二千六十五里。管县五"。曾公亮等《武经总要》前集卷20:"七源州东至(邕)州十二日程。"以山水水路平均日行八九十里计,十二日不过行程千里左右,《太平寰宇记》之"二千"当为"一千"之误。陶维英《越南历代疆域》第155页、《地图集》、《历史地名》定于今越南谅山省七溪(Thất Khê),从之。

年,直属容州管内观察经略等使。长庆二年,直属邕州管内经略等使。咸通三年,直属岭南西道节度使。

25. **羁縻前石西州**(667—820)—**羁縻武陆州**(838—907)

乾封二年,招慰蛮獠置羁縻前石西州,治羁縻□□县(今越南北泍省银山县班文)①,直属邕州都督府。神龙中,直属桂州都督府,实陷于蛮獠。景云二年,直属邕州都督府。天宝元年,直属朗宁郡都督府。十五载,直属邕州管内经略使。元和十五年,内徙笼州境,直属容州管内观察经略等使,故地归安南都护府羁縻武峨州。开成三年(838),析羁縻武峨州置羁縻武陆州,治羁縻武陆县(今越南北泍省纳里县春阳)②,直属安南都护府。

26. **羁縻武义州**(742—820)

天宝元年,以武峨州武义县改置羁縻武义州(今越南北泍省北泍市)③,直属朗宁郡都督府。十五载,直属邕州管内经略使。元和十五年,州废,地归安南都护府羁縻武峨州。

第三节 安南都护府所领

交州都督府(贞观末—681)—安南都护府(681—757)—镇南都护府(757—863)—行安南都护府(863—864)—安南都护府(866—907)

贞观末,置交州都督府直辖羁縻地区,獠子部落亦来附,以为羁縻部落。

永隆二年(681),改交州都督府为安南都护府。

武周长安四年(704),安南都护府有一直辖羁縻地区及羁縻獠子部落。

唐天宝十三载(754),安南都护府统羁縻州、部不变。至德二载(757),改安南都护府为镇南都护府。

永泰二年(766),复为安南都护府。贞元中,生獠、赤珠落二国来附,以为

---

① 《太平寰宇记》列石西州为左江羁縻州,在邕府西,"水路一千二百里,管县七"。距邕州盖十五日程,且州境较大,今拟于左江平而河上游,越南北泍省班文(Bán Giang)。然曾公亮等《武经总要》前集卷20载:"右(石)西州东至州八日程。"金鉷等《广西通志》卷45下石西土州:"故州在州治东南凌鸢二村间,唐为羁縻石西州。"各家定石西州于今凭祥市夏石镇(《广西通志·行政区划志》第55页定于上石乡),则该州唐后期有内徙过程,今拟于元和十五年,与羁縻武峨州还隶安南同时(若早于此前内徙,则武峨州即成邕管飞地),各家对此有所忽视。
② 《新唐志》武陆州:"开成三年,都督马植表以武陆县置。"查安南府内羁縻县无名武陆者,依地理形势推测,当以旧邕管羁縻前石西州武陆县故地置,今北泍省纳里县春阳(Xuân Dương),旧名那里。
③ 《武经总要》前集卷20:"武义州,今邕州武缘县地,天宝年改为武义州。"按宋邕州武缘县在州北,唐为晋兴县地,不合置羁縻州,此"邕州"当为"武峨州"之误。《新唐志》峨州有武义县,即元和末省武义州以县来属者,唐以后又省入武峨州武缘县。

藩属国①。

元和元年(806),羁縻獠子部落为乌蛮酋首统治,改置直辖羁縻州。十五年,安南都护府有一直辖羁縻地区及藩属生獠、赤珠落二国。

咸通四年(863),改安南都护府为行安南都护府,藩属生獠、赤珠落二国归南诏②。五年,行安南都护府直辖羁縻地区归容州管内观察经略等使。七年,以容州管内观察经略等使直辖羁縻地区来属安南都护府。

直辖羁縻地区
直辖羁縻地区(贞观末—864,866—907)

贞观末,交州都督府置羁縻长、新安二州,以为直辖羁縻地区。总章前,置羁縻谅、武定、武灵、都金、万泉、西原、为、林西、甘棠、金廓、思廓、提上十二州并羁縻獠子部落③。前上元二年(675),升羁縻长州为正州。调露元年(679),置羁縻思陵、门、南平、余、西平、峝、潘、朱贵、归化、儋陵、樊德、金龙、信十三州④。永隆二年,改为安南都护府直辖羁縻地区,以废驩州都督府之羁縻思农、化、暑、裒、罗伏、福禄、金邻七州来属。

武周大足元年(701),升羁縻福禄州为安武州。长安四年(704),安南都护府直辖羁縻新安、思陵、谅、门、武定、武灵、南平、都金、万泉、西原、余、西平、为、峝、潘、林西、甘棠、朱贵、登、归化、金廓、思廓、儋陵、提上、樊德、金龙、信、思农、化、暑、裒、罗伏、金邻三十三州及羁縻獠子部落⑤。

唐开元十五年,降南登州为羁縻登州并割邕州都督府羁縻武峨州来属。二十六年,升羁縻武峨州为正州。二十九年,降郡州为羁縻郡州来属。

天宝元年,改羁縻新安州为羁縻苏茂郡,羁縻罗伏州为羁縻罗伏郡。十三载,安南都护府直辖羁縻苏茂、罗伏二郡,羁縻郡、思陵、谅、门、武定、武灵、

---

① 《旧唐书》卷17《文宗纪》、《册府元龟》卷995言,大和中安南所管有生獠、赤珠落二国,推知系贞元中唐与南诏和好前后来归者。
② 据下文所考,生獠国部民为白衣蛮,赤珠落国部民为崇(棠)魔蛮,又据赵吕甫《云南志校释》第176—179页考证,大中后南诏曾驱使白衣蛮进攻安南;《太平御览》卷789引《南夷志》:"棠魔蛮……大中八年,经略使苛暴……因兹隔绝不来。"所谓"隔绝不来",实为南诏所并。
③ 此十二州皆领县,似置于高宗初年,是时獠子部南北皆置羁縻州,推知亦属安南统领。
④ 此十三州不领县,盖总章后置,调露元年奏议改交州都督府为安南都护府,可能与开置这批羁縻州有关。
⑤ 《新唐书》卷207《杨思勖传》:"开元初(吴士连《大越史记全书》作开元十年),安南蛮渠梅叔鸾叛,号黑帝,举三十二州之众,外结林邑、真腊、金邻等国,据海南,众号四十万。"梅叔鸾建都于驩州万安城,所举三十二州之众,除爱、驩、福禄三正州土著外,疑皆属安南羁縻州,即除极远新安、思陵、谅、门四州之外的羁縻二十九州部民。

南平、都金、万泉、西原、余、西平、为、峜、潘、林西、甘棠、朱贵、登、归化、金廓、思廓、儋陵、提上、樊德、金龙、信、思农、化、暑、裳、金邻三十二州及羁縻獠子部落。至德二载,改为镇南都护府直辖羁縻地区。

乾元元年,复改羁縻苏茂郡为羁縻苏茂州,羁縻罗伏郡为羁縻罗伏州。永泰二年,复为安南都护府直辖羁縻地区,置羁縻龙武、郎茫、德化三州。贞元六年(790),升羁縻郡州为正州。七年,割羁縻为、峜、龙武、郎茫、潘、林西、德化、甘棠、朱贵、登十州隶峰州都督府;割羁縻思农、化、暑、裳、罗伏、金邻六州隶驩州都督府①。元和元年,降汤、武峨二州为羁縻州来属。二年,置羁縻禄州,复置新安州,升羁縻谅、武定二州为正州,又以羁縻乌蛮、獠子部落置羁縻求、□□、□□、□□、石门、特磨、佐部、阿吉、□□、□□十州②。十五年,安南都护府直辖羁縻汤、新安、苏茂、思陵、禄、门、武峨、武灵、南平、都金、万泉、西原、余、□□、阿吉、佐部、特磨、石门、□□、□□、求、□□、西平、归化、金廓、思廓、儋陵、提上、樊德、金龙、信三十二州③。

开成三年(838),置羁縻武陆州④。四年,置羁縻平原州。咸通五年,以安南府城陷于南诏,委容州管内观察经略等使经管安南行府直辖羁縻三十四州⑤。七年,收复安南府城,羁縻登、真、忠城、多利、朱贵、尚思、安德、为、峜、禄、索、汤泉、龙武、潘、林西、郎茫、德化、甘棠、哥富十八州自南诏归唐,容州管内观察经略等使管羁縻三十四州亦复来归,又以废驩州都督府之羁縻思农、化、暑、棠、罗伏、金邻六州及降贡州为羁縻州来属,升羁縻苏茂州为正州⑥。十四年,安南都护府直辖羁縻汤、新安、思陵、禄、门、武峨、武陆、武灵、南平、都金、

---

① 《唐会要》卷70:岭南道新升都督府:峰州、驩州,并贞元七年四月二十日升。
② 《安南都护御史中丞充安南本管经略讨处置等使张公(舟)墓志铭》(载《柳河东集》卷10):"文单、环王,怙力背义。公于是陆联长毂,海合艨艟,再举而克殄其徒,廓地故圻,以归于我理。乌蛮酋帅,负险蔑德。公于是外申皇威,旁达明信,一动而悉朝其长,取州二十,以被于华风,易皮弁以冠带,化奸宄为诚敬,皆用周礼,率由汉仪。""取州二十"当是"取州一十"之误,即以乌蛮、獠子部落新置十羁縻州。
③ 《元和志》安南:"管州十三,县十九,羁縻州三十二。"与此合。贺次君以峰州都督府二十八州(实为十八州)加驩州都督府六州为元和安南都护府羁縻三十四州之数,大误。
④ 《旧唐书》卷176《马植传》:"开成三年,奏当管羁縻州首领或居巢穴自固,或为南蛮所诱,不可招谕,事有可虞。臣自到镇,约之以信诚,晓之以逆顺,今诸首领总发忠言,愿纳赋税,其武陆县(县,《册府元龟》卷692作'管')请升为州,以首领为刺史。从之。"
⑤ 《资治通鉴》咸通五年正月:"以容管经略使张茵兼勾当交州事。"樊绰咸通中疏奏(载《云南志》附录):"其容州经管三十四羁縻州,伏请委安南大首领为刺史。"故知容管经略使曾于咸通五年经管安南羁縻州。
⑥ 崔致远《补安南录异图记》(载《桂苑笔耕集》卷16):"安南之为府也,巡属一十二郡(峰、驩、演、爱、陆、长、郡、谅、武定、武安、苏茂、唐林),羁縻五十八州。"按"羁縻五十八州",当含安南直辖三十四州及原峰府十八州、驩府六州,亦含苏茂、贡二州之升降在内。崔致远尝为淮南节度使高骈从事,高骈咸通五年至九年领安南都护,《安南录异图记》当是追记高骈在安南任上之事。

万泉、西原、余、□□、阿吉、佐部、特磨、石门、□□、□□、□□、求、□□、西平、平原、安德、为、峃、禄索、汤泉、龙武、潘、林西、郎茫、德化、甘棠、哥富、尚思、朱贵、多利、忠城、真、登、归化、金廓、思廓、儋陵、提上、樊德、金龙、信、贡、思农、化、暑、棠、罗伏、金邻五十八州①。

其后，废羁縻思农州。

1. 羁縻苏茂郡(742—758)—羁縻苏茂州(758—866)

天宝元年，改羁縻新安州为羁縻苏茂郡，仍治羁縻归化县（今越南广宁省先安市）②。至德二载，直属镇南都护府。乾元元年，改为羁縻苏茂州。永泰二年，直属安南都护府。元和二年，移治羁縻宾阳县（今越南广宁省锦普市共和）③，并析置新安州。咸通五年，直属容州管内观察经略等使。七年，升为正州，隶静海军节度使。

附旧新州：羁縻新安州（贞观末—742，807—907）

贞观末，招慰钦州蛮獠置羁縻新安州，治羁縻归化县（今越南广宁省先安县）④，直属交州都督府。永隆二年，直属安南都护府。天宝元年，改为羁縻苏茂郡。元和二年，析羁縻苏茂州复置羁縻新安州，仍治羁縻归化县，直属安南都护府。

---

① 《太平寰宇记》交州：「西北至岑州陆路一百三十里。」「岑」实为「峯」（峰）之蚀误，王义康《唐代羁縻府州辑补》未解此，以为唐代安南有羁縻岑州，不足信。
② 《新唐志》安南羁縻州不载苏茂，而《州郡典》玉山郡云：「西北到苏茂郡一百三十里。」则天宝元年已有羁縻苏茂郡。《州郡典》又言，玉山郡陆州东至合浦郡界三百里，西至文阳郡三百七十里，可知《州郡典》玉山郡道里是以大历后新州治宁海县为中心，故阮萃珍《大越古今沿革地志考》云在广宁先安、万宁二州地，《地图集》唐代幅定苏茂州于今广宁省先安市北，《中国历史地名大辞典》第1214页以为在先安市东北之河桎（Hải Hà，即海河县）。然先安之北乃偏僻山区，河桎距先安甚近，不合置羁縻州，疑《州郡典》「西北到苏茂郡」当为「西南到苏茂郡」之误，即天宝时苏茂郡在今先安市，由新安州更名而来。刘统《唐代羁縻府州研究》第231页谓：「《通典·州郡十四》：『峰州玉山郡，西北到苏茂郡一百三十里。』……疑《州郡典》方位记载有误，应在峰州东南。」则是误将《州郡典》峰州（承化郡）与玉山郡（陆州）连读，不足取。
③ 史志不载移治事。据《武经总要》前集卷20载：「苏〔茂〕（武）州，东北至（邕）州十三日程，南至海，北古万洞，西北禄州，西丹波，东伏侣洞。」十三日程，以山区平均每日行五十里计，约在邕州西南六百五十里，即邕州西南五百二十里之浦江栅（在浦江隘，今越南谅山省亭立县北）以南一百三十里，约今越南广宁省锦普市共和（Cộng Hoà，旧名河桱），其地在先安市南，地势平衍，可知唐后期苏茂州已移至此，旧地仍置新安州，其事盖在元和二年，与安南节度使张舟开拓羁縻州有关。马司伯洛《李陈胡三氏时安南国之政治地理》（载《西域南海史地考证译丛》第一卷）言苏茂州在今高平、谅山边境，则已在禄州西北，与《武经总要》不合。
④ 新安州临海，当交、容、广间海路，则其入唐当不晚于贞观间，推测新安州之始置，可能与贞观末置羁縻长州同时。《地图集》定新安州治于今先安（Tiên Yên），盖以新安对音之故，从之。

2. **羁縻罗伏州**(679—742)—**羁縻罗伏郡**(742—758)—**羁縻罗伏州**(758—804,807—907)

调露元年,析后骠州置羁縻罗伏州(今越南河静省香山县西山)①,直属骠州都督府。永隆二年,直属安南都护府。天宝元年,改为羁縻罗伏郡。至德二载,直属镇南都护府。乾元元年,复为羁縻罗伏州。永泰二年,直属安南都护府。贞元七年,复属骠州都督府。二十年,归环王国。元和二年,复归唐,仍属骠州都督府。咸通七年,直属安南都护府。

3. **羁縻郡州**(741—790)

开元二十九年,降郡州为羁縻郡州,仍治羁縻郡口县(今越南海防市先朗县)②,直属安南都护府。至德二载,直属镇南都护府。永泰二年,直属安南都护府。贞元六年,复升为正州,隶安南管内观察经略等使。

附旧州:**羁縻长州**(贞观末—675)

贞观末③,析交州置羁縻长州,治羁縻文阳县(今越南太平省武舒县鸿里)④,直属交州都督府。永隆二年,直属安南都护府。前上元二年,升为正州,仍隶安南都护府。

4. **羁縻思陵州**(679—907)

调露元年,招慰汤州蛮獠置羁縻思陵州,治羁縻安乐县(今广西宁明县峙

---

① 《州郡典》日南郡骠州:"南至罗伏郡界一百五十里。"《历史地名》以为在今越南义静省海云南。按海云(Hâi Van),旧作海万(Hâ Vàng),今属河静省香溪县,距班月杜甚近,在唐地属金邻州,不得置罗伏州,今定罗伏州治于骠州西南一百五十里,即河静省香山县西山(Tây Son),当骠州入文单道,雾湿岭东麓。樊绰《云南志》卷4云:咸通三年,桃花蛮兵于安南城西南下营,"蛮贼杨思缙委罗伏州扶邪令麻光高部领之"。故有人以为罗伏州即武定州,在河内之北,如《纪要》卷112即云罗伏州在安南谅江府西境,赵吕甫《云南志校释》第182页亦云在越南北太省西北隅。下文羁縻武定州注已考其误。阮萃珍《大越古今沿革地志考》据《清一统志》"扶邪城,在罗次县,南诏有扶邪都统"之句,云罗伏州在云南曲靖罗次县,更属错误。
② 羁縻郡口县治考详上编第十章《岭南道》第三节"安南都护府"武曲郡武安州附郡州。
③ 两《唐志》不载长州起置时间,《太平寰宇记》云:"唐初置长州。"然《括地志·序略》不载,故推定起置于贞观末。《元和志》安南府南定县:"旧南定县在今县东南二白余里,羁縻长州侧近,开元十年后废。"是知长州初为羁縻州。
④ 《州郡典》安南府:"西南到文阳郡水路一百五十里。"玉山郡:"西至文阳郡三百七十里。"《元和志》长州:"西北至(安南)府约一百里。"安南府南定县:"旧南定县在今县东南二百余里,羁縻长州侧近。"《旧唐志》安南府:"西南至长州文阳县界靖江镇一百五十里。"又据《安南志略》卷3引宋镐《行录》,长州在太平州西北,因定长州于今太平省鸿里(Hồng Lý)。[越]邓春榜《越史纲目节要》(社会科学出版社,2000年)卷1云:"长州,今宁平安庆、儒关二府是。"故陶维英《越南历代疆域》第128页认为在今宁平省宁平,但又引《大越史记全书》资料,说宋镐经白藤江至长州奈宁驿,自相矛盾,因白藤江即今红河下游汊流,与宁平无关,故不取。马司伯洛疑在南定省符离河(今译府里河,即Sông Đáy)一带及竹河入口之处。

浪乡思陵村）①，直属交州都督府。永隆二年，直属安南都护府。至德二载，直属镇南都护府。永泰二年，直属安南都护府。咸通五年，直属容州管内观察经略等使。七年，还属安南都护府。

5. 羁縻谅州（总章前—807）

总章前，招慰交州蛮獠置羁縻谅州，治羁縻文谅县（今越南谅山省支棱县万灵）②，直属交州都督府。调露元年，析置羁縻门州。永隆二年，直属安南都护府。至德二载，直属镇南都护府。永泰二年，直属安南都护府。元和二年，升为正州，隶安南观察经略等使。

附新州1：羁縻汤州（806—907）

元和元年，降汤州为羁縻汤州，仍治羁縻汤泉县（今越南广宁省亭立县）③，直属安南都护府。二年，析置羁縻禄州。咸通五年，直属容州管内观察经略等使。七年，还属安南都护府。

附新州2：羁縻禄州（807—907）

元和二年，析羁縻汤州置羁縻禄州（今越南谅山省禄平县）④，直属安南都护府。咸通五年，直属容州管内观察经略等使。七年，还属安南都护府。

6. 羁縻门州（679—907）

调露元年，析羁縻谅州置羁縻门州（今越南谅山省高禄县同登）⑤，直属交州都督府。永隆二年，直属安南都护府。至德二载，直属镇南都护府。永泰二年，直属安南都护府。咸通五年，直属容州管内观察经略等使。七年，还属安南都护府。

7. 羁縻武定州（总章前—807）

总章前，招慰蛮獠麻氏部落置羁縻武定州，治羁縻扶耶县（今越南宣光省

---

① 《新唐志》不载思陵州领县，《青梅社钟铭》（载《越南汉喃铭文汇编》第一集）云，贞元十四年有思陵州安乐县尉，可补。曾公亮等《武经总要》前集卷20邕州羁縻州："思陵州，东〔北〕（南）至州九日程。"《大明一统志》卷85思陵州："西至思明府界七十里，南至交趾界三百九十里，北至思明府界一百二十里。"《明史》卷319："思陵州，唐始置，宋仍之，元属思明路，洪武初省入思明府。"其地在今宁明县峙浪乡，旧名思陵。
② 羁縻文谅县治考详上编第十章《岭南道》第三节"安南都护府"汤泉郡汤州附谅州。
③ 羁縻汤泉县治考详上编第十章《岭南道》第三节"安南都护府"汤泉郡汤州。
④ 禄平（Lôc Binh），明为禄平州，《地图集》及刘统皆以为唐羁縻禄州所在地。曾公亮等《武经总要》前集卷20："禄州：东北至州十一程，东南至交趾苏（武）〔茂〕州，南丹波蛮界，西甲洞蛮界，正西微南至铜柱界。"与此合。
⑤ 黎崱《安南志略》卷1云：文周一云门州。陶维英《越南历代疆域》第155页云，文州在今谅山省文渊县（即今同登）。《地图集》、《历史地名》定门州于今越南谅山省同登（Dong Dăng），从之。下文越南县级以下中文地名及越文注音据丛国胜主编《越南行政地名译名手册》，不另注。

山阳县)①,直属交州都督府。调露元年,析置羁縻南平州。永隆二年,直属安南都护府。至德二载,直属镇南都护府。永泰二年,直属安南都护府。元和二年,升为正州,隶安南观察经略招讨处置使。

附旧新州:羁縻武峨州(667—738,806—907)

乾封二年,招慰蛮獠置羁縻武峨州,治羁縻武峨县(今越南太原省武崖县罗轩),直属邕州都督府②。神龙中,直属桂州都督府,实陷于蛮獠。景云二年,直属邕州都督府。开元十五年,直属安南都护府③。二十六年,升为正州,仍隶安南都护府。元和元年,复降为羁縻武峨州,仍治羁縻武峨县,直属安南都护府。十五年,以废邕州管内经略等使之羁縻前石西、武义二州来属。开成三年,析置羁縻武陆州。咸通五年,直属容州管内观察经略等使。七年,还属安南都护府。

8. 羁縻武灵州(总章前—907)

总章前,招慰蛮獠置羁縻武灵州,治羁縻文葛县(今越南太原省富良县)④,直属交州都督府。永隆二年,直属安南都护府。至德二载,直属镇南都护府。永泰二年,直属安南都护府。咸通五年,直属容州管内观察经略等使。七年,还属安南都护府。

9. 羁縻南平州(679—907)

调露元年,析羁縻武定州置羁縻南平州(今越南宣光省宣光市)⑤,直属交

---

① 樊绰疏奏(载《云南志》附录)云,咸通三年南诏侵安南府城,令罗伏州扶邪县令麻光高部领桃花蛮兵。《册府元龟》卷977亦载,安南羁縻州刺史麻光耀曾私投南诏,开成三年复来归。按光耀、光高当属同州,而罗伏州在骥州西南,与南诏相隔悬远,不可能投附南诏。考《元和志》,安南府城西三百二十里有武定州,首县曰扶耶,则投南诏之麻氏部落,当属武定州,樊氏误记耳。羁縻扶耶县治考详上编第十章《岭南道》第三节"安南都护府"峨郡武峨州附武定州。

② 两《唐志》失载武峨州起置年代,《大唐六典》卷3安南府不载武峨州,而《本钱簿》有。《太平寰宇记》卷166邕管右江羁縻州有武峨州,并说:"右件并是羁縻作牌州,承前先无朝贡,州县城隍不置立。司马吕仁高先天二年奏:奉敕差副使韦道贞、滕宗谅、黄居左等巡谕,劝筑城隍。"知武峨州始置于先天之前。又,武峨州位处交、武定、武灵、石西、谅五州之间,五州之置,皆不迟于乾封,故推知武峨州与邕州都督府同置于乾封二年。但依地理位置,是时武峨州当属左江道,因《太平寰宇记》卷171又将武峨州与粤州错接,故疑乐史缘此误将武峨州归入右江道,《元丰九域志》卷10从其误,《文献通考》卷323则言:"武峨州,宋为邕州所管右江道羁縻州。"更加错误。羁縻武峨县治考详上编第十章《岭南道》第三节"安南都护府"武峨郡武峨州。

③ 《唐故中大夫福州刺史管府君(元惠)神道碑并序》:"(开元)十五年,除使持节都督邕州诸军事邕州刺史兼浔贵等卅六州。"据第二节"朗宁郡(邕州)都督府所领"序注考证,此三十六州已不含武峨州,故定是年改隶安南。

④ 阮萃珍《大越古今沿革地志考》疑武灵州在宣光省收州:"收州古称牧州,有武灵山。"陶维英考证收州在今安沛省安平。然安平处于都金、南平、真、忠城、朱贵、安德等州之间,地不满1000平方公里,而《新唐志》载武灵州领三县,安平之地未免过于狭窄,故今比定于太原、宣光二省之间,以富良县(Phú Luống)为中心。

⑤ 《元和志》峰州:"北至羁縻南平州界二百里。"

州都督府。永隆二年,直属安南都护府。至德二载,直属镇南都护府。永泰二年,直属安南都护府。咸通五年,直属容州管内观察经略等使。七年,还属安南都护府。

10. **羁縻都金州**(总章前—907)

总章前,招慰蛮獠置羁縻都金州,治羁縻温泉县(今越南宣光省咸安县)①,直属交州都督府。永隆二年,直属安南都护府。至德二载,直属镇南都护府。永泰二年,直属安南都护府。开成四年,析置羁縻平原州。咸通五年,直属容州管内观察经略等使。七年,还属安南都护府。

附新州:羁縻平原州(839—907)

开成四年,析羁縻都金州置羁縻平原州,治羁縻龙石县(即平原馆,今越南河江省北光县永绥)②,直属安南都护府。咸通五年,直属容州管内观察经略等使。七年,还属安南都护府③。

11. **羁縻万泉州**(总章前—907)

总章前,招慰蛮獠置羁縻万泉州,治羁縻陆水县(今越南宣光省纳杭县)④,直属交州都督府。永隆二年,直属安南都护府。至德二载,直属镇南都护府。永泰二年,直属安南都护府。咸通五年,直属容州管内观察经略等使。七年,还属安南都护府。

12. **羁縻西原州**(总章前—907)

总章前,招慰西原蛮宁氏部落置羁縻西原州,治羁縻罗和县(今越南高平省保乐县)⑤,直属交州都督府。永隆二年,直属安南都护府。至德二载,直属镇南都护府。永泰二年,直属安南都护府。咸通五年,直属容州管内观察经

---

① 《钦定越史通鉴纲目》正编卷2注:"唐置都金州,今宣光咸安县都金总是其地也。"陶维英《越南历代疆域》第155页亦以都金州在宣光省咸安地。今从之。
② 陶维英《越南历代疆域》第155页、第241页云,平原州黎朝改为渭川州,在今河江省南部,阮朝析置永绥、北光、黄树腓县。按平原州以都金州平原馆置,今定于河江省南部近于咸安之永绥(Vinh Tuy),地当交通要道。
③ 《纪要》卷112谅山府:"广源城,或曰唐所置平原州也。"阮萃珍《大越古今沿革地志考》、《历史地名》第665页平原州云:"治所即今越南高平省广渊县。唐末改为广源州。"然《大越史略》卷中载:"通瑞三年(1036),平原州叛。"可见平原州宋初仍存,与广源州无关。
④ 依地理形势推定。
⑤ 《新唐书》卷222《南蛮传》:"西原蛮,居广、容之南(意其在安南境),邕、桂之西,有宁氏者,相承为豪。其地接南诏。"《纪要》"南宁府新宁州":"西原废州,在州西南。大历六年……因置羁縻西原州。"按开元间梅叔鸾举三十二州叛乱时,已含西原州在内,顾说恐非。陶维英《越南历代疆域》第156页云,西源(原)州在今越南太原地,然其地过于偏南,恐亦无以解释唐末西原蛮寇陷邕、桂、容、湖南之举。《地图集》、《广西通志·行政区划志》第56页《纪要》定于今大新县下雷镇,按其地为邕管羁縻思诚州境,不与南诏相接。推测其地在今越南高平省西境保乐县(Bảo Lạc)一带,咸通时与南诏所控峰州都督府羁縻州相近。

略等使。七年,还属安南都护府。

13. 羁縻余州(679—907)

调露元年,招慰西原蛮部落置羁縻余州(今越南河江省安明县茂裔)①,直属交州都督府。永隆二年,直属安南都护府。至德二载,直属镇南都护府。永泰二年,直属安南都护府。咸通五年,直属容州管内观察经略等使。七年,还属安南都护府。

14. 羁縻西平州(679—907)

调露元年,招慰西原蛮杜氏部落置羁縻西平州(今越南河江省河江市)②,直属交州都督府。永隆二年,直属安南都护府。至德二载,直属镇南都护府。永泰二年,直属安南都护府。咸通五年,直属容州管内观察经略等使。七年,还属安南都护府。

15. 羁縻为州(总章前—907)

总章前,招慰蛮獠置羁縻为州,治羁縻都龙县(今云南马关县都龙镇),直属交州都督府。永隆二年,直属安南都护府。至德二载,直属镇南都护府。永泰二年,直属安南都护府。贞元七年,直属峰州都督府。十二年,析置羁縻安德州。

附新州:羁縻安德州(796—907)

贞元十二年,析羁縻为州置羁縻安德州(今越南河江省北光县安平)③,以处内徙乌蛮爨氏部落,直属峰州都督府。

16. 羁縻肖州(679—907)

调露元年,招慰乌蛮爨氏部落置羁縻肖州(今云南文山市开化街道)④,直属交州都督府。永隆二年,直属安南都护府。贞元七年,直属峰州都督府。

---

① 依地理形势推定。茂裔(Mậu Duệ),旧译戊曳,在安明县东南15公里。
② 《青梅社钟铭》载,贞元十四年有西平州刺史杜广游。州盖在平原县平原馆西北,故名,今拟于越南河江省北部。《大越史略》卷中:"彰圣嘉庆二年(1060年),谅州牧申绍泰以兵入宋界西平州如敖县,捕本州逃亡人。"盖唐末以后西平州东迁至谅州东宋境之内,陶维英《越南历代疆域》第189页考证陈朝如敖县在今谅山省禄平县境。
③ 贞元十二年,割安南县置安德州(《唐会要》卷71)。《地图集》、《广西通志·行政区划志》、《历史地名》等定于今靖西县安德镇。按安德州贞元十二年与哥富、尚思二州同置,当同属峰州都督府,而靖西县距峰州(今越南富寿省白鹤)山川悬隔,不可能相属,今定于越南河江省安平(Yên Binh),与哥富州相接。靖西之安德,盖唐末以后东迁者。
④ 据张九龄《敕安南首领肖州刺史爨仁哲书》(载《文苑英华》卷470),开元间玄宗遣使宣慰南宁州都督府属州及安南肖、潘等州,是知肖州开元前以爨部置,地近南宁州都督府,盖今文山县一带。毛汉光《中晚唐南疆安南羁縻关系之研究》(载《严耕望先生纪念论文集》,台北:稻香出版社,1998年)标绘于今砚山县,近是。

附新州 1：羁縻求州(807—907)

元和二年,招慰乌蛮、獠子部落置羁縻求州(今云南砚山县城江那镇)①,直属安南都护府。咸通五年,直属容州管内观察经略等使。七年,还属安南都护府。

附新州 2：羁縻□□州(807—907)

元和二年,招慰乌蛮、獠子部落置羁縻□□州(今砚山县稼依镇),直属安南都护府。咸通五年,直属容州管内观察经略等使。七年,还属安南都护府。

附新州 3：羁縻□□州(807—907)

元和二年,招慰乌蛮、獠子部落置羁縻□□州(今云南丘北县城锦屏镇),直属安南都护府。咸通五年,直属容州管内观察经略等使。七年,还属安南都护府。

附新州 4：羁縻□□州(807—907)

元和二年,招慰乌蛮、獠子部落置羁縻□□州(今云南广南县珠琳镇拖白泥村),直属安南都护府。咸通五年,直属容州管内观察经略等使。七年,还属安南都护府。

附新州 5：羁縻石门州(807—907)

元和二年,招慰乌蛮、獠子部落置羁縻石门州(今广南县坝美镇八达村)②,直属安南都护府。咸通五年,直属容州管内观察经略等使。七年,还属安南都护府。

附新州 6：羁縻特磨州(807—907)

元和二年,招慰乌蛮、獠子部落置羁縻特磨州(今广南县城莲城镇)③,直属安南都护府。咸通五年,直属容州管内观察经略等使。七年,还属安南都护府。

附新州 7：羁縻佐部州(807—907)

元和二年,招慰乌蛮、獠子部落置羁縻佐部州(今广南县八宝镇乐共街)④,直属安南都护府。咸通五年,直属容州管内观察经略等使。七年,还属安南都护府。

---

① 史志不载此事。郭声波等《滇、桂、越三角地——特磨道历史地理考》(载《文史》2015 年第 1 期)云,求州及以下九州所在之云南文山州各县,据张九龄《敕安南首领耑州刺史爨仁哲书》及《地图集》,开元时犹为安南獠子部居地,然如前注所考,元和初安南都护张舟招慰乌蛮酋帅,"取州一十",其民"易皮弁以冠带,化奸宄为诚敬,皆用周礼,率由汉仪",当系新置羁縻州,而非收复旧州,依地理形势判断,此十州只合在原獠子部地区,酋帅盖永泰后由南宁州都督府境之乌蛮南迁而来,取代原獠子首领而统其他,今文山州境除壮族、苗族外,彝族为第三大少数民族,可证。
② 郭声波等：《滇、桂、越三角地——特磨道历史地理考》。八达村,旧为乡。
③ 郭声波等：《滇、桂、越三角地——特磨道历史地理考》。
④ 周去非《岭外代答》卷 3《通道外夷》载："富州(今富宁县城)一程至罗拱县,一程至历水铺,一程至特磨道矣。"则罗拱县在今广南县八宝镇坝哈村,疑承唐末羁縻州而来。考详郭声波等：《滇、桂、越三角地——特磨道历史地理考》。

附新州 8：羁縻阿吉州(807—907)

元和二年，招慰乌蛮、獠子部落置羁縻阿吉州(今云南广南县黑支果乡董布村)①，直属安南都护府。咸通五年，直属容州管内观察经略等使。七年，还属安南都护府。

附新州 9：羁縻□□州(807—907)

元和二年，招慰乌蛮、獠子部落置羁縻□□州(今麻栗坡县八布乡)，直属安南都护府。咸通五年，直属容州管内观察经略等使。七年，还属安南都护府。其后，归南诏。

附新州 10：羁縻□□州(807—907)

元和二年，招慰乌蛮、獠子部落置羁縻□□州(今麻栗坡县城麻栗镇)，直属安南都护府。咸通五年，直属容州管内观察经略等使。七年，还属安南都护府。

17. 羁縻潘州(679—854，866—907)

调露元年，招慰蛮獠潘氏部落置羁縻潘州(今云南金平县勐桥乡)②，直属交州都督府。永隆二年，直属安南都护府。至德二载，直属镇南都护府。永泰二年，直属安南都护府，析置羁縻龙武州。贞元七年，直属峰州都督府。大中八年(854)，归南诏。咸通七年，复归唐，直属安南都护府。

附新州 1：羁縻龙武州(766—854，866—907)

永泰二年，析羁縻潘州置羁縻龙武州，治羁縻龙丘县(即曲乌馆，今云南屏边县新现乡)③，以处蛮獠潘氏部落，直属安南都护府。贞元七年，直属峰州都督府，并析置羁縻禄索、汤泉二州。大中八年，归南诏。咸通七年，复归唐，直属安南都护府。

附新州 2：羁縻禄索州(791—854，866—907)

贞元七年，析羁縻龙武州置羁縻禄索州(今屏边县新现乡西沙底村马店)④，以处内徙乌蛮爨氏部落，直属峰州都督府。大中八年，归南诏。咸通七年，复归唐，直属安南都护府。

---

① 郭声波等：《滇、桂、越三角地——特磨道历史地理考》。
② 张九龄《敕安南首领峝州刺史爨仁哲书》有潘州刺史潘明德，是知潘州开元前以潘部置，地近南宁州都督府，盖今金平县东境。
③ 《太平寰宇记》龙武州："唐永泰二年，于安南西界置。"《册府元龟》卷 170 载：永泰二年五月，安南生蛮大首领……潘归国部落新置龙武州，管户一千五百。《新唐志》作大历中置，恐误。治所据笔者考证，在今屏边县新现乡，详见郭声波：《彝族地区历史地理研究》，四川大学出版社，2009 年，第 146 页。方国瑜《唐代前期南宁州都督府与安南都护府的边界》(载《云南社会科学》1982 年第 5 期)云："贾耽《路程》之汤泉州，即戎州都督所属之汤州(汤望州)。"将三州混为一州，大误。
④ 《新唐志》引贾耽《四夷道里记》云：汤泉州北五十里至禄索州，又十五里至龙武州，三州皆属"安南爨蛮境"，可知禄索州系贞元七年为安置南徙乌蛮爨部而设。

附新州 3：羁縻汤泉州（791—854,866—907）

贞元七年,析羁縻龙武州置羁縻汤泉州,治矣符馆（今屏边县城玉屏镇零开村）①,以处内徙乌蛮爨氏部落,直属峰州都督府。大中八年,归南诏。咸通七年,复归唐,直属安南都护府。

18. 羁縻林西州（总章前—854,866—907）

总章前,招慰桃花蛮李氏部落置羁縻林西州,治羁縻林西县（即七绾洞,今越南老街省老街市）②,直属交州都督府。永隆二年,直属安南都护府。至德二载,直属镇南都护府。永泰二年,直属安南都护府,析置羁縻郎茫、德化二州。贞元七年,直属峰州都督府。大中八年,归南诏。咸通七年,复归唐,直属安南都护府。

附新州 1：羁縻郎茫州（766—854,866—907）

永泰二年,析羁縻林西州置羁縻郎茫州,治羁縻郎茫县（即黎武贡栅,今云南河口县城河口镇）③,以处蛮獠林氏部落,直属安南都护府。贞元七年,直属峰州都督府。大中八年,归南诏。咸通七年,复归唐,直属安南都护府。

附新州 2：羁縻德化州（766—860,866—907）

永泰二年,析羁縻林西州置羁縻德化州,治羁縻德化县（今越南老街省保胜县富流）④,以处蛮獠林氏部落,直属安南都护府。贞元七年,直属峰州都督府。咸通元年,归南诏。七年,复归唐,直属安南都护府。

19. 羁縻甘棠州（总章前—860,866—907）

总章前,招慰蛮獠置羁縻甘棠州,治羁縻忠诚县（今越南安沛省文安县林

---

① 《新唐志》引贾耽记云：古涌步北(百)八十里至汤泉州,又五十里至禄索州,二州皆属"安南爨蛮境",可知汤泉州系贞元七年为安置南徙乌蛮爨而设。治所据笔者考证,在今屏边县城玉屏镇零开,详参郭声波：《彝族地区历史地理研究》,第146页。方国瑜《唐代前期南宁州都督府与安南都护府的边界》（载《云南社会科学》1982年第5期）云："贾耽《路程》之汤泉州,即戎州都督所属之汤州（汤望州）。"将三州混为一州,大误。

② 樊绰《云南志》卷4云：桃花蛮,本属安南林西原七绾洞主大首领李由独管辖,大中八年之后,附南诏。赵吕甫《云南志校释》第176页："蔡沈《尚书集传·禹贡九州及今州郡图》,东洱河（红河）下流经林西、德化二州南,斜流至峰州。据此,则林西原应在今越南老街省境。"《地图集》亦如此标绘,今从之。林西,盖以地处林睹符部落（郎茫、德化二州）之西而名。毛汉光《中晚唐南疆安南羁縻关系之研究》"修正"于今北泻省北部,实误。

③ 《旧唐志》郎茫州："永泰二年四月,于安南府西界置。领县二：龙然、福守。"县名与《新唐志》龙武州领县相似,考之《太平寰宇记》,乃中脱龙武州一段文字所致。州以林睹符部落置,且有古涌县（即贾勇步）,故可定于林西原东,今河口县境,州治即贾耽《四夷道里途程记》之黎武贡栅（今河口县城）。

④ 《旧唐志》德化州："永泰二年四月,于安南府西界、𬇞㸚南界置。"《册府元龟》卷170："永泰二年五月,安南生蛮大首领林睹符部落新置德化州,管户一万六百。"州在林西原东,可定于今越南老街省保胜县,治富流（Phô Lu）。《云南志》卷1谓甘棠州至下步三日,下步疑即德化州归义县。阮萃珍《大越古今沿革地志考》云德化州在云南临安府南境,与林西原东不合,不取。

江)①,直属交州都督府。永隆二年,直属安南都护府。至德二载,直属镇南都护府。永泰二年,直属安南都护府。贞元七年,直属峰州都督府。十二年,析置羁縻尚思、哥富二州。咸通元年,归南诏。七年,复归唐,直属安南都护府。

附新州 1：羁縻尚思州(796—860,866—907)

贞元十二年,析羁縻甘棠州置羁縻尚思州(今越南安沛省陆安县),以处内徙乌蛮爨氏部落②,直属峰州都督府。咸通元年,归南诏。七年,复归唐,直属安南都护府。

附新州 2：羁縻哥富州(796—860,866—907)

贞元十二年,析羁縻甘棠州置羁縻哥富③州(今越南安沛省文安县),以处内徙乌蛮爨氏部落④,直属峰州都督府。咸通元年,归南诏。七年,复归唐,直属安南都护府。

20. **羁縻朱贵州**(679—860,866—907)

调露元年,招慰蛮獠部落置羁縻朱贵州(今越南安沛省安沛市)⑤,直属交州都督府。永隆二年,直属安南都护府。至德二载,直属镇南都护府。永泰二年,直属安南都护府。贞元七年,直属峰州都督府,并析置羁縻多利、忠诚二州。咸通元年,归南诏。七年,复归唐,直属安南都护府。

附新州 1：羁縻多利州(791—860,866—907)

贞元七年,析羁縻朱贵州置羁縻多利州(今越南富寿省夏和县林利)⑥,以

---

① 樊绰《云南志》卷 1 云,从峰州上水至甘棠州十一日程。《新唐志》引贾耽记作丹棠州,在峰州西北一千里,"皆生獠也"。按樊志安南府至费勇步二十五日程,贾耽记安南府至古涌步一千五百五十里,平均日行六十二里,以上水舟行观之,稍显过快,今依贾耽记补多利州至朱贵州二日程,即朱贵州至哥富州亦二日程,如此,峰州至甘棠州十三日程,约合上水水路七百四十余里(贾耽记各段里数与日程不合,今依平均日行程略加修订),甘棠州当在越南安沛省文安县林江(Lâm Giang,旧译朗盖、朗关)一带。或以为在寨忽(Trái Hút),恐非。
② 《唐会要》卷 71："哥富州、尚思州、安德州,贞元十二年七月,析安南县置。"三州当系安置南徙乌蛮爨部而设,州境相接,今拟尚思州于哥富州北侧,越南安沛省陆安(Lục Yên)一带。阮萃珍《大越古今沿革地志考》以为尚思州即广西太平府上思州,显误。
③ 或作"奇富",今依上海古籍出版社点校本《唐会要》卷 71、《新唐志》。
④ 樊绰《云南志》卷 1 云哥富州在峰州西北九日程。依甘棠州注考证,实为十一日程,约合上水水路六百三十余里,哥富州当在今越南安沛省文安县一带。刘统《唐代羁縻府州研究》第 231 页云哥富州在安沛与寨忽之间,与此合。
⑤ 《新唐志》引贾耽记云,朱贵州在峰州西北六百七十里。依甘棠州注考证,实为九日程,约合上水水路五百二十里,朱贵州当在今越南安沛省安沛。刘统《唐代羁縻府州研究》第 232 页以为朱贵州在朗盖(林江),一说在对岸的株桂(Châu Quế),皆缘误定甘棠于老街附近之故,不取。
⑥ 《新唐志》引贾耽记云,多利州在峰州西北三百七十里。樊绰《云南志》卷 1 云,多利州在峰州西北七日程。依甘棠州注考证,约合上水水路四百里,多利州当在今越南富寿省夏和县林利(Lam Lợi,旧译临路)。刘统《唐代羁縻府州研究》第 231 页以为多利州在安沛,实缘误定甘棠于老街之故,不取。

处内徙乌蛮爨氏部落,直属峰州都督府。咸通元年,归南诏。七年,复归唐,直属安南都护府。

附新州 2:羁縻忠城州(791—860,866—907)

贞元七年,析羁縻朱贵州置羁縻忠城州(今越南富寿省青波县武偃)①,以处内徙乌蛮爨氏部落,直属峰州都督府。咸通元年,归南诏。七年,复归唐,直属安南都护府。

21. **羁縻登州**(开元中—860,866—907)

开元中,降南登州为羁縻登州,仍治羁縻恩楼县(今越南富寿省三农县清渊)②,直属安南都护府。至德二载,直属镇南都护府。永泰二年,直属安南都护府。贞元七年,直属峰州都督府,并析置羁縻真州。咸通元年,归南诏。七年,复归唐,直属安南都护府。

附新州:羁縻真州(791—860,866—907)

贞元七年,析羁縻登州置羁縻真州(今越南富寿省锦溪县)③,以处内徙乌蛮爨氏部落,直属峰州都督府。咸通元年,归南诏。七年,复归唐,直属安南都护府。

22. **羁縻归化州**(679—907)

调露元年,析羁縻金廓州置羁縻归化州(今越南和平省和平市)④,直属交

---

① 《新唐志》引贾耽记云,忠城州在峰州西北一百七十里。樊绰《云南志》卷 1 云,忠(诚)〔城〕州在峰州西北五日程。依甘棠州注考证,约合上水水路二百八十余里,忠城州当在今越南富寿省青波县武偃(Vũ Yěn)。

② 《新唐志》引贾耽记云,峰州上水水路一百三十里至恩楼县。樊绰《云南志》卷 1 云,峰州西北至登州两日程。可知恩楼县即登州所治,在今越南富寿省三农县清渊(Thanh Uyên)。阮萃珍《大越古今沿革地志考》云登州在兴化归化府(今富寿省),与此略合。

③ 樊绰《云南志》卷 4 云,大中八年,峰州知州等"请罢防冬将健六千人,不要来真、登州界上防遏"。卷 6 云:"夷人不解舟船,多取通海城路贾勇步入真、登、林西原,取峰州路行。"可知真州境接登州,地处峰州西北防遏之地,今定于越南富寿省锦溪县。毛汉光《中晚唐安南疆羁縻关系之研究》修改林西州位置后,遂标绘真、登、味三州于富寿省北境之罗江(sông Lô)沿岸,如此则三州过于拥挤,且"味州"一名来源于上引《云南志》之"不要来真、登州界上防遏",四库馆臣妄改"来"字为"味",遂贻伊误。

④ 《新唐志》安南羁縻州之归化州领县名与桂管羁縻归化州领县名同,当系误记。然安南必有归化州,州数乃符《元和志》、崔致远《补安南录异图记》之记载。黎崱《安南志略》卷 1 载,陈朝有归化江路,接云南界。归化江即今红河,当以故归化州为名。然归化州不隶峰州都督府,似不在红河流域。阮萃珍《大越古今沿革地志考》否定归化州为兴化归化府(按即今富寿省境)之说,然又云归化州在广西太平府南境,不详何据。马司伯乐《李陈胡三氏时安南国之政治地理》(载《西域南海史地考证译丛》第一卷)云:"归化江路,今黑河流域。"盖归化州本在黑水河下游之和平,故归化江初指黑河,唐末以后归化州北迁至故真州治,归化江乃指红河。红河在唐名西道江,不闻有归化之名,似可为反证。毛汉光《中晚唐安南疆羁縻关系之研究》标绘归化州于哥富州之红河南岸,似泥于唐归化江亦红河之说,即如此绘,则哥富州境土太小,恐亦未当。

州都督府。永隆二年，直属安南都护府。至德二载，直属镇南都护府。永泰二年，直属安南都护府。咸通五年，直属容州管内观察经略等使。七年，还属安南都护府。

23. **羁縻金廊州**（总章前—907）

总章前，招慰蛮獠置羁縻金廊州，治羁縻罗嘉县（今越南和平省新乐县孟肯镇）①，直属交州都督府。永隆二年，直属安南都护府。调露元年，析置羁縻归化州。至德二载，直属镇南都护府。永泰二年，直属安南都护府。咸通五年，直属容州管内观察经略等使。七年，还属安南都护府。

24. **羁縻思廊州**（总章前—907）

总章前，招慰蛮獠置羁縻思廊州，治羁縻都宁县（今越南山萝省木州县）②，直属交州都督府。永隆二年，直属安南都护府。调露元年，析置羁縻儋陵州。至德二载，直属镇南都护府。永泰二年，直属安南都护府。咸通五年，直属容州管内观察经略等使。七年，还属安南都护府。

25. **羁縻儋陵州**（679—907）

调露元年，析羁縻思廊州置羁縻儋陵州（今越南山萝省安州县）③，直属交州都督府。永隆二年，直属安南都护府。至德二载，直属镇南都护府。永泰二年，直属安南都护府。咸通五年，直属容州管内观察经略等使。七年，还属安南都护府。

26. **羁縻提上州**（总章前—907）

总章前，招慰蛮獠置羁縻提上州，治羁縻长宾县（今越南山萝省山萝市）④，直属交州都督府。永隆二年，直属安南都护府。调露元年，析置羁縻樊德、信二州。至德二载，直属镇南都护府。永泰二年，直属安南都护府。咸通五年，直属容州管内观察经略等使。七年，还属安南都护府。

27. **羁縻樊德州**（679—907）

调露元年，析羁縻提上州置羁縻樊德州（今越南老街省滩渊县）⑤，直属交州都督府。永隆二年，直属安南都护府。至德二载，直属镇南都护府。永泰二年，直属安南都护府。咸通五年，直属容州管内观察经略等使。七年，还属安南都护府。

---

① 依地理形势推定。孟肯（Mường Khến），旧名贵厚。
② 依地理形势推定。今木州城南有旧地名曰多郎（Tô Lông），与都宁音近。
③ 依地理形势推定。（清）洪颐煊《平津读碑记》卷12载圣历二年《龙龛岩道场铭》有"担陵州乌律县令罗积"，"儋"、"担（擔）"，未知孰是。
④⑤ 依地理形势推定。

28. 羁縻金龙州(679—907)

调露元年,招慰蛮獠置羁縻金龙州(今越南莱州省三塘县)①,直属交州都督府。永隆二年,直属安南都护府。至德二载,直属镇南都护府。永泰二年,直属安南都护府。咸通五年,直属容州管内观察经略等使。七年,还属安南都护府。

29. 羁縻信州(679—907)

调露元年,析羁縻提上州置羁縻信州(今越南山萝省顺州县)②,直属交州都督府。永隆二年,直属安南都护府。至德二载,直属镇南都护府。永泰二年,直属安南都护府。咸通五年,直属容州管内观察经略等使。七年,还属安南都护府。

附新州：羁縻贡州(866—907)

咸通七年,降贡州为羁縻贡州,所领武兴、古都二县降为羁縻县,治羁縻武兴县(今越南清化省锦水县)⑤,直属安南都护府。

30. 羁縻思农州(贞观末—804,807—873)

贞观末,析后骥州置羁縻思农州,治羁縻思农县(今越南义安省义坛县)⑥,直属骥州都督府。永隆二年,直属安南都护府。至德二载,直属镇南都护府。永泰二年,直属安南都护府。贞元七年,复属骥州都督府。二十年,归环王国。元和二年,复归唐,仍属骥州都督府。咸通七年,直属安南都护府。十四年后,省入演州。

31. 羁縻化州(679—804,807—907)

调露元年,招慰蛮獠置羁縻化州(今越南义安省襄阳县)⑦,直属骥州都督府。永隆二年,直属安南都护府。至德二载,直属镇南都护府。永泰二年,直属安南都护府。贞元七年,复属骥州都督府。二十年,归环王国。元和二年,

---

① 《旧唐书》卷17《文宗纪》：大和七年三月,"安南奏：蛮寇寇当管金龙州,当管生獠、赤珠落国同出兵击蛮,败之。"《册府元龟》卷995："大和七年三月己酉,安南奏：蛮去年十二月三十日于界内金龙洲下营,当管生獠国出兵杀贼千余骑,赤珠落国亦出兵助讨。"蛮寇,指南诏,生獠、赤珠落二国,在今越南西北及老挝北境,刘统以为金龙州当在安南府西北,极是,今定于莱州省东北之三塘县,旧名封土(Phong Thô)。《地图集》、《广西备乘》、《广西通志·行政区划志》等定于今广西龙州县金龙镇,当误。

② 依地理形势推定。

⑤ 羁縻武兴县治考详上编第十章《岭南道》第三节"安南都护府"九真郡爱州军安县附武兴县。

⑥ 《新唐志》演州领七县,其中思农、武郎、武容、武金四县旧属思农州,可知思农州地接演州。阮萃珍《大越古今沿革地志考》云思农州即义安省葵州至清化省农贡南境一带,可从。今定其治于义安省义坛县,旧曰府葵等。黎崱《安南志略》卷1列思农州于"接广西、云南界"诸州之列,不确。《地图集》、《广西通志·行政区划志》、《历史地名》定于今广西罗城县西北,更误。

⑦ 此州《新唐志》失载。《太平寰宇记》骥州："西北至化州五百二十里。"据补。

复归唐,仍属驩州都督府。咸通七年,直属安南都护府。

32. **羁縻暑州**(679—804,807—907)

调露元年,析后驩州置羁縻暑州,治故河龙城(今越南义安省英山县)①,直属驩州都督府。永隆二年,直属安南都护府。至德二载,直属镇南都护府。永泰二年,直属安南都护府。贞元七年,复属驩州都督府。二十年,归环王国。元和二年,复归唐,仍属驩州都督府。咸通五年,直属容州管内观察经略等使。七年,还属安南都护府。

33. **羁縻裳州**(676—804,807—907)

仪凤元年,招慰蛮獠置羁縻裳州②,治羁縻日落县(今老挝波里坎赛省甘结县)③,直属驩州都督府。永隆二年,直属安南都护府。至德二载,直属镇南都护府。永泰二年,直属安南都护府。贞元七年,复属驩州都督府。二十年,归环王国。元和二年,复归唐,仍属驩州都督府。咸通七年,直属安南都护府。

34. **羁縻金邻州**(676—804,807—907)

仪凤元年,析羁縻福禄州置羁縻金邻州,治故金龙城(今越南广平省宣化县同黎镇)④,直属驩州都督府。永隆二年,直属安南都护府。至德二载,直属镇南都护府。永泰二年,直属安南都护府。贞元七年,复属驩州都督府。二十年,归环王国。元和二年,复归唐,仍属驩州都督府。咸通七年,直属安南都护府。

附旧州:**羁縻福禄州**(贞观末—701)

贞观末,以废景、林二州地置羁縻福禄州,治羁縻柔远县(今越南河静省

---

① 《太平寰宇记》驩州:"西至羁縻暑州二百四十里。"阮萃珍《大越古今沿革地志考》云羁縻暑州在南掌国(今老挝)东界,《地图集》、《历史地名》拟于今老挝甘蒙省东北甘索班一带。按甘索班今属波里坎赛省,位处老、越边界之长山山脉之中,地极偏僻,崇山峻岭,至今交通极艰,人烟绝少,在唐必非置州之地。今定于越南义安省荣市(唐驩州)西北二百余里之英山(Anh Son),即故河龙县址。

② 《新唐志》引贾耽记作"棠州",今依《太平寰宇记》驩州条。按驩州古为越裳地,裳州盖取越裳之意。起置时间,疑与金邻州同时。

③ 《新唐志》引贾耽记云:"自驩州西南三日行,度雾温岭,又二日行,至棠州日落县。"《太平寰宇记》驩州:"西南至羁縻裳州三百里。"阮萃珍《大越古今沿革地志考》云羁縻(越)裳州在乐边府(今老挝沙湾拿吉省)南界。今依黄盛璋《贾耽路程"驩州通文单国道"地理与音译》(载《历史地理》第五辑),定裳州于老挝波里坎赛省甘结(旧属甘蒙省)。

④ 《旧唐书》卷5《高宗纪》:仪凤元年九月"于北京置金邻州","北京",当为"比景"之误,意其置在隋比景郡(即唐初景、林二州)、唐羁縻福禄州之地,严耕望《唐代盛时与西南邻国之疆界》(载《严耕望史学论文集》)标绘金邻州于罗伏州南,今拟于故林州金龙县,今越南广平省宣化县同黎镇(Đồng Lê),旧名明坎。取名金邻,盖遥射金邻国(在今泰国境)之名也。

河静市)①,直属驩州都督府。仪凤元年,析置羁縻金邻州。永隆二年,直属安南都护府。大足元年,升为正州,改为安武州,仍隶安南都护府。

附新国一: 藩属生獠国(贞元中—854)

贞元中,生獠国来附,以为藩属国,以生獠城(今老挝华潘省桑怒县)为首府②,由安南都护府统之。元和十五年,藩属生獠国建置不变。

大中八年,归藩属南诏国。

附新国二: 藩属赤珠落国(贞元中—854)

贞元中,赤珠落(切壮)国来附,以为藩属国,以道明(棠魔)城(今老挝川圹省丰沙湾县)为首府③,由安南都护府统之。元和十五年,藩属赤珠落国建置不变。

大中八年,归藩属南诏国。

附一　驩州都督府曾领

驩州都督府(贞观末—681,791—804,807—866)

贞观末,驩州都督府置直辖羁縻地区。永隆二年(681),罢直辖羁縻地区。

---

① 《旧唐志》福禄州:"龙朔三年,智州刺史谢法成招慰生獠昆明、北楼等七千余落。总章二年,置福禄州以处之。"《新唐志》福禄州:"总章二年,智州刺史谢法成招慰生獠昆明、北楼等七千余落,以故唐林州地置。"其文与《新唐书》卷222《南蛮传》"龙朔三年,矩州刺史谢法成招慰比楼等七千户内附。总章二年,置禄州、汤望州"之文相合,显然两《唐志》之文乃阑入《南蛮传》黔中生獠事,不足据。《新唐志》邕管羁縻武州之武定州,领福禄、柔远、(康)〔唐〕林三县,又是误以福禄州领县阑入武定州。《纪要》云武德中以福禄城置羁縻唐林州,更是误以元和后之唐林州所置福禄县为武德州县,皆不足据。
② 据前文"羁縻金龙州"条所引《旧唐书》卷17《文宗纪》及《册府元龟》卷995,大和中安南所管有生獠国,曾受命出兵解救金龙州,其境域当在安南西北边外,疑都于今老挝桑怒(Xam Nua)。大中后南诏驱使"白衣没命军"攻安南,赵吕甫《云南志校释》以为此即宋人所谓移居于红河流域的白衣蛮,颇疑来自生獠国。
③ 据《云南志》卷4、《太平御览》卷789引《南夷志》,林西原(即林西州)西南十二日程有崇(棠)魔蛮,常年与汉博易。棠魔当即沈佺期《从崇山向越裳序》(载《沈佺期集》卷2)、《新唐书》卷225《真腊传》之道明国,古称"堂明",黄盛璋《道明国考》(载《中外关系史论丛》第二辑)考证在今老挝川圹一带。又据《老挝史》第38、54页载,南诏王皮阁逻之子切壮亲王被派去统治川圹,建立切壮王朝。川圹归入南诏时间容可商榷,然赤珠落即"切壮"异译,其境域在今老挝北部,"道明"乃其古称或首府名,即今川圹省会丰沙湾(Phonsavan)。

贞元七年（791），复置骥州都督府及直辖羁縻地区①。二十年，为环王国所占②。元和二年（807），复来归。十五年，骥州都督府有一直辖羁縻地区。

咸通七年（866），罢骥州都督府③，直辖羁縻州归安南都护府。

附旧新区：直辖羁縻地区（贞观末—681，791—804，807—866）

贞观末，骥州都督府置羁縻思农、福禄二州，以为直辖羁縻地区。仪凤元年，置羁縻金邻州。调露元年，置羁縻化、罗伏、棠、暑四州。永隆二年，罢都督府，羁縻福禄、金邻、化、思农、棠、暑、罗伏七州直属安南都护府。

贞元七年，复割安南都护府直辖羁縻金邻、化、思农、暑、棠、罗伏六州来属骥州都督府，以为直辖羁縻地区。二十年，羁縻金邻、化、思农、暑、棠、罗伏六州归环王国。元和二年，复来归，仍直属骥州都督府。十五年，骥州都督府直辖羁縻金邻、化、思农、暑、棠、罗伏六州。

咸通七年，羁縻金邻、化、思农、暑、棠、罗伏六州直属安南都护府。

附二　峰州都督府曾领

峰州都督府（791—860）

贞元七年，置峰州都督府及直辖羁縻地区。元和十五年，峰州都督府有一直辖羁縻地区。

咸通元年，罢都督府直辖羁縻州归南诏。

附新区：直辖羁縻地区（791—860）

贞元七年，割安南都护府羁縻德化、郎茫、龙武、为、林西、潘、岢、朱贵、登、甘棠十州来属峰州都督府，以为直辖羁縻地区，并置羁縻忠城、多利、汤泉、禄索、真五州。十二年，置羁縻哥富、安德、尚思三州。元和十五年，峰州

---

① 《元和志》骥州："兼管羁縻州六。"则元和前已复置都督府，今拟与峰州都督府同时置。
② 《新唐书》卷222《南蛮传》。
③ 崔致远《补安南录异图记》（《桂苑笔耕集》卷16）："安南之为府也，巡属一十二郡，羁縻五十八州。"按"羁縻五十八州"，当含安南直辖三十四州及原峰府十八州、骥府六州。崔致远尝为淮南节度使高骈从事，高骈咸通五年至九年领安南都护，《安南录异图记》当是追记高骈在安南任上之事。安南都护府统辖五十八州，当是咸通七年收复府境之后事，故知骥、峰二州都督府之罢，亦在是年。

都督府直辖羁縻德化、郎茫、龙武、为、林西、潘、岿、登、忠城、多利、朱贵、甘棠、汤泉、禄索、真、哥富、安德、尚思十八州①。

大中八年(854),羁縻龙武、潘、禄索、汤泉、郎茫、林西六州归南诏。咸通元年,羁縻德化、为、岿、登、忠城、多利、朱贵、甘棠、真、哥富、安德、尚思十二州归南诏。

附三 容州管内观察经略等使曾领

容州管内观察经略等使(820—822,864—866)

元和十五年,容州管内观察经略等使置直辖羁縻地区。

长庆二年(822),罢直辖羁縻地区。咸通五年,以行安南都护府直辖羁縻地区来属容州管内观察经略等使。七年,复罢直辖羁縻地区。

附新区:直辖羁縻地区(820—822,864—866)

元和十五年,以废邕州都督府之羁縻思刚、万德、思恩、功饶、田、侯唐、万承、万形、伦、青、洞监、归乐、得、归诚、归顺、思琅、思诚、波、谈、左、思同、瀼、上思、员、思明、笼、后石西、七源二十八州来属容州管内观察经略等使,以为直辖羁縻地区。

长庆二年,复割思刚、万德、思恩、功饶、田、侯唐、万承、万形、伦、青、洞监、归乐、得、归诚、归顺、思琅、思诚、波、谈、左、思同、瀼、上思、员、思明、笼、石西、七源二十八州隶邕州经略等使。咸通五年,以安南都护府直辖羁縻汤、苏茂、思陵、禄、门、武峨、武灵、南平、都金、万泉、武陆、西原、余、西平、平原、归化、金廓、思廓、儋陵、提上、樊德、金龙、信、南城二十四州及佚名十州来属

---

① 《新唐书》卷222《南蛮传》安南生蛮:"贞元七年,始以骥、峰二州为都督……峰统羁縻州十八,与蜀爨蛮接。"两爨蛮:"与峰州为邻,贞元中置都督府,领羁縻州十八。"则峰州之羁縻十八州,是在安南生蛮地区,与爨蛮地相接(为邻),十八州在爨蛮边外。"峰统羁縻州十八,与蜀爨蛮接"句当剖开读,言峰州与蜀爨蛮接,与两爨蛮"与峰州为邻"句完全相应,意非羁縻州与蜀爨蛮接。即十八羁縻州虽非全以爨蛮置,但肯定含有爨蛮。《新唐志》云:"蜀爨蛮州十八,贞元七年领。右隶峰州都督府。"盖泛言之。其中仅开元前所置岿州,贞元七年所置忠城、多利、汤泉、禄索、真五州,十二年所置哥富、安德、尚思三州可能系由剑南道南徙之乌蛮爨部置。《元和志》峰州:"兼管羁縻州二十八。""二十八"当是"一十八"之误。

容州管内观察经略等使①,以为直辖羁縻地区。七年,直辖羁縻三十四州还隶安南都护府。

附四　琼州都督府曾领

琼州都督府(789—807)

贞元五年,析感恩、昌化、洛场三县置羁縻镇州(今海南东方市东河镇广坝村),以处蛮獠部落,隶琼州都督府②。元和二年,升为镇州,隶琼州管内招讨游奕使。

---

① 樊绰《云南志》附录载咸通间疏奏云:"其容州经管三十四羁縻州,伏请委安南大首领为刺史。"然考诸史志,容管无羁縻州,元和十五年至长庆二年间,容管虽曾一度并有邕管之地,然邕管仅有二十八羁縻州,不足三十四羁縻州之数,《云南志》所以如此记载,盖与咸通年间安南都护府被南诏占领后,所领羁縻州暂委容州管内观察经略等使经管有关,三十四羁縻州,当是安南都护府直辖羁縻州之数。

② 《旧唐志》云贞元五年置琼州都督府,兼置琼管游奕使,按唐后期方镇、边州都督府分工原则,琼管游奕使应管五正州,琼州都督府则应领有羁縻州,当即镇州。参详上编第十章《岭南道》第一节"南海郡都督府"昌化郡儋州附镇州。

第六章　黔中道羁縻地区

江南道(630—711)—江南西道(711—738)—黔中道(738—907)

贞观四年(630)，江南道置黔州都督府羁縻地区。二十一年，以黔州都督府羁縻地区分置牂、充二州都督府羁縻地区。

永徽三年(652)，改牂州都督府羁縻地区为黔州都督府羁縻地区。龙朔三年(663)，罢充州都督府羁縻地区。

武周圣历元年(698)，黔州都督府羁縻地区归庄州都督府。长安四年(704)，江南道有庄州都督府羁縻地区。

唐景龙四年(710)，庄州都督府羁縻地区归播州都督府。景云二年(711)，播州都督府属江南西道。先天二年(713)，播州都督府羁縻地区归黔州都督府。开元二十六年(738)，黔州都督府属黔中道。

天宝元年(742)，改黔州都督府为黔中郡都督府。十三载，黔中道有黔中郡都督府羁縻地区(参见前文图16)。

乾元元年(758)，复黔中郡都督府为黔州都督府。元和二年(807)，黔州都督府羁縻地区归黔南押领牂柯昆明等使。十五年，黔中道有黔南押领牂柯昆明等使羁縻地区。

咸通十四年(873)，黔中道羁縻地区不变。

黔中郡(黔州)都督府所领

黔州都督府(630—646)—牂州都督府(646—652)—黔州都督府(651—698)—庄州都督府(698—710)—播州都督府(710—713)—黔州都督府(713—742)—黔中郡都督府(742—758)—黔州都督府(758—807)—黔南押领牂柯昆明等使(807—907)

贞观四年(630)，黔州都督府西赵、俚獠等蛮獠部落。十三年，以侯弘仁所开西赵等部羁縻州置直辖羁縻地区。二十年，改为牂州都督府直辖羁縻地区。二十一年，分置充州都督府直辖羁縻地区。

永徽三年（652），复为黔州都督府直辖羁縻地区，以羁縻西赵西部部落置直辖羁縻州。龙朔三年（663），以羁縻夷子及昆明东部等部落置直辖羁縻州。咸亨三年（672），以羁縻昆明西部部落置羁縻州，割隶剑南道戎州都督府。

武周圣历元年（698），改为庄州都督直辖羁縻地区。长安四年（704），庄州都督府有一直辖羁縻地区。

唐景龙四年（710），改为播州都督府直辖羁縻地区。先天二年（713），复为黔州都督府直辖羁縻地区。

天宝元年（742），改黔州都督府为黔中郡都督府。十三载，黔中郡都督府有一直辖羁縻地区。

乾元元年（758），复黔中郡都督府为黔州都督府。元和二年（807），置黔南押领牂柯昆明等使以代黔州都督府之职，以黔中经略观察使兼。十五年，黔南押领牂柯昆明等使领一直辖羁縻地区。

咸通十四年（873），黔南押领牂柯昆明等使仍领一直辖羁縻地区。

直辖羁縻地区
直辖羁縻地区（639—907）

贞观十三年，侯弘仁自牂柯经西赵、俚獠部落出邕州通交桂道，招慰置羁縻侯、蒍、整、训、鼓、添、稜、逸、鸾、那、福、劳、峨、延十四州①，以为黔州都督府直辖羁縻地区。十五年，招慰蛮獠置羁縻卿州。二十年，改为牂州都督府直辖羁縻地区。二十一年，招慰蛮獠置羁縻明、悬二州②，割羁縻添、稜、逸、鸾、那、福、劳、峨、延九州直属充州都督府。

---

① 《册府元龟》卷977：“贞观十三年六月，渝州人侯弘仁自牂柯至西赵杨满洞出邕州，通交桂道，蛮、俚獠者二万八千余户。”《资治通鉴》贞观十三年六月胡注：“今广西买马路自桂林至邕州横山寨二十余程，自横山至（自）杞国二十二程，又至罗殿十桂，此即侯弘仁所通者也。”则弘仁发自牂柯之应州，经全都匀、罗甸、册亨、百色至南宁（邕州），来降二万八千余户当属西赵蛮东部部落及俚獠部落，依唐初开边例合置羁縻州。按咸亨三年戎州都督府以内附昆明蛮二万三千户置十四羁縻州（郭声波：《彝族地区历史地理研究》，第41页），以此度之，西赵蛮东部及俚獠之侯、蒍、整、训、鼓、添、稜、逸、鸾、那、福、劳、峨、延十四个单字羁縻州当置于该年（双字州出现于贞观末）。

② 《通典》卷187《西赵》：“西赵蛮在东谢之南，其界（东）〔北〕至夷子，西至昆明，南至（西洱河）〔交州〕。南北十八日行，东西二十三日行，有万余户。贞观二十一年，以其地置明州，以首领赵磨为刺史。”南北十八日行，以山区平均日行五十里计，约合九百里；东西二十三日行，约一千一百余里。以此度之，西赵蛮地约当今贵州南部及广西西北部一带广阔区域。然所谓"万余户"者，实指以明州为中心之西赵蛮西部地区，置州数当较东部充府减半，即明、悬二州及其后所置之儒、姜、思源三州。

永徽三年，以废牂州都督府之羁縻卿、明、悬、鼓、侯、莴、整、训八州来属黔州都督府①，仍为直辖羁縻地区。六年，置羁縻清州。龙朔三年(663)，以废充州都督府之羁縻勋、添、稜、逸、鸾、那、福、延、峨、劳、樊、晃、亮十三州来属②，并置羁縻普宁、郝、袭、羲、犍、晖六州③。乾封二年(667)，置羁縻归乐州，割隶邕州都督府。

武周万岁通天二年(697)，置羁縻宝州。圣历元年，割羁縻清、卿、明、悬、普宁、郝、宝、袭、羲、犍、晖、勋、侯、莴、整、训、鼓、添、稜、逸、鸾、那、福、延、峨、劳、樊、晃、亮二十九州为庄州都督府直辖羁縻地区④，又置羁縻儒、姜、思源、双城、南平、茂龙六州并割岭南道桂州都督府羁縻抚琳州隶之。长安四年，庄州都督府直辖羁縻清、明、卿、侯、勋、樊、晃、亮、琳、南平、延、峨、茂龙、劳、福、那、鸾、逸、稜、双城、添、鼓、思源、训、整、莴、姜、儒、悬、普宁、郝、宝、袭、羲、犍、晖三十六州⑤。

唐景龙四年，罢庄州都督府，所领羁縻三十六州改为播州都督府直辖羁縻地区。先天二年，罢播州都督府，所领羁縻三十六州复为黔州都督府直辖羁縻地区。开元十五年，降黔州都督府牂、充、应、琰、庄、矩、蛮七州为直辖羁縻州，置羁縻功、令、邦三州⑥，并割戎州都督府羁縻前殷、前总、前敦三州及桂州都督府羁縻抚水州来属。

天宝元年，改为黔中郡都督府直辖羁縻地区⑦。其后，割始安都督府直辖

---

① 《资治通鉴》永徽元年十二月："(梓)〔牂〕州都督谢万岁、(充)〔充〕州都督谢法兴与黔州都督李孟尝讨琰州叛獠，万岁、法兴入洞招慰，为獠所杀。"《大唐故使持节都督黔思费等十六州诸军事黔州刺史常君(何)之碑》(载《全唐文补遗》第七辑)云，墓主"永徽三年，迁使持节都督黔思费等十六州诸军事、黔州刺史"。此十六州除黔、后思、费、夷、播、施、辰、巫八州外，含牂、蛮、庄、琰四州及羁縻卿、明、训、悬四州，可知牂州都督府罢于永徽三年。
② 史志不载此事。按《大周故陈府君(崇本)墓志铭》(载《千唐志斋藏志》)，天授二年时陈瓒任"使持节都督黔辰等州七州诸军事"，其四十七州当含充州都督府旧领十三羁縻州在内，而充州都督甚少见于记载，存在时间可能不长，推测龙朔间已废。
③ 《新唐书》卷222《南蛮传》："龙朔三年，矩州刺史谢法成招慰比楼等七千户内附。"两《唐志》有更详细记载，云内附者还有生獠、昆明等部，但误系于安南福禄州下，且误矩州为智州。按比楼又作"北楼"、"比喇"，在今毕节地区东部，当为夷子部别称，置羲、犍、晖三州；昆明部属乌蛮，当置普宁、郝二州，生獠属葛獠，当置袭州。据上引《陈崇本墓志铭》，天授二年黔府除十九正州外，尚领二十八羁縻州，当含此六州及旧牂府九州、旧充府十三州。
④ 《元和志》黔州序："圣历九(元)年，罢都督府。"《旧唐志》黔州序："(贞观十一年)其年，罢都督府。"按郁贤皓《唐刺史考全编》，自贞观中至永徽、显庆、永淳、天授、神龙年间，均有黔州都在在任，则黔州都督府未曾罢废，《元和志》、《旧唐志》之文，盖是"圣历元年置庄州都督府"之脱误。
⑤ 民国《陕县志》卷21载有《周故太中大夫使持节守庄牂琰等一十二州诸军(侍)〔事〕庄(周)〔州〕都督上柱国常府君墓志铭》，然以其题名多错字判断，"一十二"疑为"四十二"之蚀误，即正州六州加三十六羁縻州。
⑥ 史志不载此事。按此四州皆析自应、琰、庄诸正州，必待诸州降为羁縻之时乃得置，否则即与正州为插花分布，不合情理，故今拟于开元十五年。
⑦ 《旧唐志》黔州："天宝元年，又领充、明……等五十州，皆羁縻，寄治山谷。"然实列四十八州，脱应、宝、鸿、莴四州，衍柯州。州数当依《新唐志》作"诸蛮州五十一"。

羁縻鸿州来属。十三载，黔中郡都督府直辖羁縻充、晃、亮、鸿、樊、应、矩、邦、勋、南平、延、峨、茂龙、抚水、劳、福、琳、那、鸾、逸、稜、双城、添、鼓、思源、训、整、蓨、侯、卿、明、姜、儒、悬、琰、令、庄、牂、蛮、功、清、晖、犍、袭、羲、宝、郝、普宁、前总、前殷、前敦五十一州。十五载，羁縻前殷、前总、前敦三州没于南诏。

乾元元年，复为黔州都督府直辖羁縻地区。元和二年，置黔南押领牂柯昆明等使①，以领黔州都督府羁縻地区。十五年，黔南押领牂柯昆明等使直辖羁縻充、晃、亮、鸿、樊、应、矩、邦、勋、南平、延、峨、茂龙、抚水、劳、福、琳、那、鸾、逸、稜、双城、添、鼓、思源、训、整、蓨、侯、卿、明、姜、儒、悬、琰、令、庄、牂、蛮、功、清、晖、犍、袭、羲、宝、郝、普宁四十八州。

咸通六年，置羁縻南宁州。十四年，黔南押领牂柯昆明等使直辖羁縻充、晃、亮、鸿、樊、应、矩、邦、勋、南平、延、峨、茂龙、抚水、劳、福、琳、那、鸾、逸、稜、双城、添、鼓、思源、训、整、蓨、侯、卿、明、姜、儒、悬、琰、令、南宁、庄、牂、蛮、功、清、晖、犍、袭、羲、宝、郝、普宁四十九州。

1. 羁縻充州（727—907）

开元十五年，降充州为羁縻充州，治羁縻梓姜县（今贵州镇远县城㵲阳镇），仍处牂柯蛮东赵部落②，直属黔州都督府。建中四年（783），移治羁縻思渝县（今贵州施秉县马溪乡）③。元和二年，直属黔南押领牂柯昆明等使。

2. 羁縻晃州（647—907）

贞观二十一年，析巫州地置羁縻晃州（今湖南新晃县凉伞镇）④，以处溪蛮部落，直属黔州都督府。二十一年，直属充州都督府。龙朔三年，直属黔州都督府。圣历元年，直属庄州都督府。景龙四年，直属播州都督府。先天二年，直属黔州都督府。元和二年，直属黔南押领牂柯昆明等使。

---

① 《新唐书》卷222《南蛮传》。
② 《新唐书》卷222《两爨蛮》载，开元二十五年赵君道来朝，其裔赵国珍，天宝中战有功。《通鉴》胡注："国珍，牂柯别部充州蛮赵君道之裔。"杜牧《黔中道朝贺牂柯大酋长等十六人授官制》（载《樊川文集》卷20）列衔有"黔中道朝贺牂柯大酋长摄充州刺史赵琼林等"，可知开元后赵氏已取代谢氏为充州酋首，堪称"东赵"。
③ 《元和志》奖州梓姜县："建中四年，自牂柯洞外割属奖州。"然据杜牧《黔中道朝贺牂柯大酋长等十六人授官制》（载《樊川文集》卷17），会昌、大中之际，摄充州刺史赵琼林仍来朝贡，则建中后充州仍为羁縻州未废，梓姜县虽割隶奖州，而州治移于思渝县。史继忠《试论"东谢"、"牂柯蛮"及"西南蕃"等的地理位置和民族成分》（载《贵州民族学院学报》1981年第1期）从《贵阳府志》以为充州治石阡县。
④ 晃州治地《地图集》、《历史地名》定于新晃县凉伞乡（今为镇），从之。刘统《唐代羁縻府州研究》援《大清一统志》以为在今麻阳县南境，按其地唐属锦州卢阳县，不合置晃州。

3. 羁縻亮州(647—907)

贞观二十一年,析巫州地置羁縻亮州(今贵州锦屏县敦寨镇)①,以处溪蛮部落,直属黔州都督府。二十一年,直属充州都督府。龙朔三年,直属黔州都督府。圣历元年,直属庄州都督府。景龙四年,直属播州都督府。先天二年,直属黔州都督府。元和二年,直属黔南押领牂柯昆明等使。

4. 羁縻鸿州(655—907)

永徽六年,析岭南道羁縻钧州置羁縻鸿州,治羁縻乐鸿县(今贵州黎平县洪州镇)②,以处溪蛮部落,直属桂州都督府。天宝中,直属黔州都督府。元和二年,直属黔南押领牂柯昆明等使。

5. 羁縻樊州(647—907)

贞观二十一年,析应州地置羁縻樊州(今贵州剑河县城柳川镇)③,以处溪蛮部落,直属黔州都督府。二十一年,直属充州都督府。龙朔三年,直属黔州都督府。圣历元年,直属庄州都督府。景龙四年,直属播州都督府。先天二年,直属黔州都督府。元和二年,直属黔南押领牂柯昆明等使。

6. 羁縻应州(727—907)

开元十五年,降应州为羁縻应州④,治羁縻都尚县(今贵州都匀市匀东镇坝固村)⑤,仍处牂柯蛮东谢部落,直属黔州都督府。元和二年,直属黔南押领牂柯昆明等使。

7. 羁縻矩州(727—907)

开元十五年,降矩州为羁縻矩州,治羁縻平蛮县(今贵州贵定县城宝山街道)⑥,

---

① 民国《麻江县志》卷13:"亮州,即今黎平县北百里亮寨司。"《地图集》、《唐代羁縻府州研究》置于今锦屏县敦寨镇亮司村,周春元等《贵州古代史》拟于黎平县高屯镇(今为街道)潭溪村,今从前者。
② 鸿州治地各家无考。按鸿州有四县,与抚水、琳州相似,当由桂州都督府初置于高宗初年,今拟于永徽六年。元代湖广省思州宣抚司南部有土司名"洪州泊李洞",在今黎平县洪州镇,与唐代岭南道桂州都督府北境相邻,则可定其为唐代鸿州所治。
③ "樊"州,《太平寰宇记》作"契"州,今依两《唐志》。治地民国《麻江县志》云在黎平县境。按其地为鸿州境,不合置樊州,今拟于剑河县。剑河县境旧土司有范黔、范美、范号、范哨等名,侗语构词法通名前置,"范"为"地方"之意,樊(范)州之名盖取意于此。
④ 《太平寰宇记》作"卢州",今依两《唐志》。
⑤ 应州治地《地图集》、刘统《唐代羁縻府州研究》置于今三都县都江镇,上编第十一章《黔中道》第一节"黔中郡都督府"涪川郡费州附应州已辨其非。
⑥ 矩州治地各家皆定于今贵阳市云岩区,理由主要是"矩"与"贵"音近。据上编第十一章《黔中道》第一节"黔中郡都督府"涪川郡费州附矩州条考证,矩州所治平蛮县割自充州,则矩州当在今贵定县。清人余家驹《通雍余氏谱序》(载《民族志资料》第八集)云:"水西当宋太祖时,普贵纳土,封以王爵,命为矩州刺史。矩州为贵州,太祖因其俗授之敕书,于是始有贵州之名。太宗至仁宗方三世,水西何遽忘其矩州、贵州之称;而宋人又何至不知有太祖时贵州之敕书,而更为姚州也?"此怀疑正说明矩州非彝族之地,亦非贵州,普贵并未封为矩州刺史。

处牂柯蛮东谢部落,直属黔州都督府。元和二年,直属黔南押领牂柯昆明等使。

8. **羁縻邦州**(727—907)

开元十五年,析应州都尚县地置羁縻邦州(今都匀市绿茵湖街道甘塘村)①,仍处牂柯蛮东谢部落,直属黔州都督府。元和二年,直属黔南押领牂柯昆明等使。

9. **羁縻勋州**(655—907)

永徽六年,以应州应江县置羁縻勋州(今贵州平塘县通州镇)②,仍处西赵部落,直属牂州都督府。龙朔三年,直属黔州都督府。圣历元年,直属庄州都督府,析置羁縻南平州。景龙四年,直属播州都督府。先天二年,直属黔州都督府。元和二年,直属黔南押领牂柯昆明等使。

10. **羁縻南平州**(698—907)

圣历元年,析羁縻勋州置羁縻南平州(今平塘县城平舟镇)③,仍处西赵部落,直属庄州都督府。景龙四年,直属播州都督府。先天二年,直属黔州都督府。元和二年,直属黔南押领牂柯昆明等使。

11. **羁縻延州**(639—907)

贞观十三年,招慰西赵蛮部落置羁縻延州(今广西南丹县六寨镇)④,直属黔州都督府。二十年,直属牂州都督府。二十一年,直属充州都督府,析置羁縻南平州。龙朔三年,直属黔州都督府。圣历元年,直属庄州都督府。景龙四年,直属播州都督府。先天二年,直属黔州都督府。元和二年,直属黔南押领牂柯昆明等使。

12. **羁縻峨州**(639—907)

贞观十三年,招慰西赵蛮部落置羁縻峨州(今贵州荔波县小七孔镇地莪

---

① 民国《麻江县志》卷13:"邦州治今都匀县西邦水司。"《地图集》、周春元等《贵州古代史》皆定于今都匀市甘塘镇,今绿茵湖街道甘塘村,从之。以地处应、庄二州之间,其置羁縻州年代当与降应川为羁縻州同时。
② 《太平寰宇记》云庄州属县永徽后有并省者,因疑勋州以省并之县置于永徽六年。周作楫等《贵阳府志》卷4:"勋州今大塘也。"《元史·地理志》管番民总管有重州长官,明初改为通州。谨按勋讹动,动又省为重,通州即勋州也。"《地图集》置于今平塘县鼠场乡,《贵州古代史》拟于平塘县西北,《历史地名》置于平塘县通州镇。今从后者。
③ 民国《麻江县志》卷13:"南平州即今平舟县。"《地图集》、《历史地名》据以置于今平塘县城,从之。
④ 延州治地《地图集》拟于南丹县西北,《地名大辞典》、《广西通志·行政区划志》、《历史地名》拟于南丹县巴平、六寨间。金鉽等《广西通志》卷45 南丹土州:"鸾州故址在州治北移周哨。延州未详。"按"移周"一名更近于延州,当为延州治,即今黔桂间要隘之六寨镇。

村)①,直属黔州都督府。二十年,直属牂州都督府。二十一年,直属充州都督府。龙朔三年,直属黔州都督府。圣历元年,直属庄州都督府。景龙四年,直属播州都督府。先天二年,直属黔州都督府。元和二年,直属黔南押领牂柯昆明等使。

13. 羁縻茂龙州(698—907)

圣历元年,析羁縻劳州置羁縻茂龙州(今荔波县茂兰镇)②,仍处俚獠部落,直属庄州都督府。景龙四年,直属播州都督府。先天二年,直属黔州都督府。元和二年,直属黔南押领牂柯昆明等使。

14. 羁縻抚水州(655—907)

永徽六年,析岭南道羁縻环州置羁縻抚水州(今广西环江县明伦镇)③,以处西赵蛮部落,直属桂州都督府。开元十五年,直属黔州都督府。元和二年,直属黔南押领牂柯昆明等使。

15. 羁縻劳州(639—907)

贞观十三年,招慰俚獠蛮部落置羁縻劳州(今荔波县瑶山乡捞村)④,直属黔州都督府。二十年,直属牂州都督府。二十一年,直属充州都督府,析置羁縻茂龙州。龙朔三年,直属黔州都督府。圣历元年,直属庄州都督府。景龙四年,直属播州都督府。先天二年,直属黔州都督府。元和二年,直属黔南押领牂柯昆明等使。

16. 羁縻福州(639—907)

贞观十三年,招慰俚獠部落置羁縻福州(今广西南丹县罗富乡)⑤,直属黔州都督府。二十年,直属牂州都督府。二十一年,直属充州都督府。龙朔三年,直属黔州都督府。圣历元年,直属庄州都督府。景龙四年,直属播州都督府。

---

① 民国《麻江县志》卷13:"峨州治在今荔波县北峨浦里。"《地图集》、周春元等《贵州古代史》皆拟于今荔波县北,刘统《唐代羁縻府州研究》拟于荔波县东北峨阳(俄羊,今属茂兰镇瑶麓村)。按峨阳距茂龙州不过二十里,太近,故今拟峨州于荔波县小七孔镇地莪村,旧属播尧乡。民国《广西通志稿》郡县沿革、《广西备乘》、《地名大辞典》云在天峨县坡结乡,然其地更宜为羁縻逸州地(考详逸州条注),故不取。

② 民国《麻江县志》卷13:"茂龙州在广西西隆县。"周春元等《贵州古代史》据此置于今隆林县沙梨乡委尧村。按其地险峻狭隘,不合为州治,今定于荔波县茂兰镇。茂兰旧称毛难,与"茂龙"音近。

③ 《太平寰宇记》卷168:"抚水州,在宜州西北一百八十里。"《地图集》、《广西通志·行政区划志》第58页置于今环江县东兴镇(旧名中堡),《地名大辞典》、《历史地名》定于环江县明伦镇,今从后者。

④ 万历《广西通志》卷4荔波县:"劳村江,在县南一百二十里。"民国《麻江县志》卷3:"劳州在今荔波县东南一百二十里之劳村。"《地图集》、《贵州古代史》、《历史地名》皆置于荔波县捞村乡,今瑶山乡捞村,从之。

⑤ 金鉷等《广西通志》卷45南丹土州:"福州故址在州治西南罗富哨。"《地图集》、《广西建置沿革考录》、《广西通志·行政区划志》、《历史地名》皆置于今南丹县罗富乡,从之。

先天二年,直属黔州都督府。元和二年,直属黔南押领牂柯昆明等使。

17. 羁縻琳州(655—907)

永徽六年,析岭南道羁縻环州置羁縻琳州①,治羁縻多梅县(今广西河池市金城江区九圩镇在良村)②,以处俚獠部落,直属桂州都督府。圣历元年,直属江南道庄州都督府。景龙四年,直属播州都督府。先天二年,直属黔州都督府。元和二年,直属黔南押领牂柯昆明等使。

18. 羁縻那州(639—907)

贞观十三年,招慰俚獠部落置羁縻那州(今广西东兰县隘洞镇)③,直属黔州都督府。二十年,直属牂州都督府。二十一年,直属充州都督府。龙朔三年,直属黔州都督府。圣历元年,直属庄州都督府。景龙四年,直属播州都督府。先天二年,直属黔州都督府。元和二年,直属黔南押领牂柯昆明等使。

19. 羁縻鸾州(639—907)

贞观十三年,招慰俚獠部落置羁縻鸾州(今广西天峨县城六排镇纳州村)④,直属黔州都督府。二十年,直属牂州都督府。二十一年,直属充州都督府。龙朔三年,直属黔州都督府。圣历元年,直属庄州都督府。景龙四年,直属播州都督府。先天二年,直属黔州都督府。元和二年,直属黔南押领牂柯昆明等使。

20. 羁縻逸州(639—907)

贞观十三年,招慰俚獠部落置羁縻逸州(今天峨县坡结乡)⑤,直属黔州都督府。二十年,直属牂州都督府。二十一年,直属充州都督府。龙朔三年,直属黔州都督府。圣历元年,直属庄州都督府。景龙四年,直属播州都督府。

---

① 史志不载琳州始置年代,考详上文羁縻鸿州注及本编第五章《岭南道羁縻地区》第一节"始安郡都督府所领"直辖羁縻地区序注。
② 《太平寰宇记》卷168:"琳州,治多梅县,在宜州西六十里。歌良,北十五里。东至龙水界三十里,南至本州武律铺三十里,西至本州江都四十里,北至环州都亮县界二十里。"《地图集》置于今宜州市怀远镇。按上编第十章《岭南道》第五节"始安郡都督府"龙水郡宜州所考,怀远镇是时为粤(宜)州东玺县地,不合置琳州。宋时割环州歌良县来属,县在今河池市金城江区九圩镇河口村,琳州在歌良县南十五里,故今定琳州于九圩镇在良村。《太平寰宇记》之"在宜州西六十里"当理解为"在宜州界西六十里",或为"在宜州西百六十里"之脱误。
③ 金鉷等《广西通志》卷45那地土州:"废那州,在州治南,今为那周里。"《地图集》置于今东兰县隘洞镇,从之。《广西备乘》云在南丹县那地(今吾隘镇老街),不详所据。
④ 金鉷等《广西通志》卷45南丹土州:"鸾州故址在州治北移周哨。延州未详。"《地图集》、《历史地名》置于今南丹县城西北,《广西建置沿革考录》、《广西通志·行政区划志》定于城北小场乡(今城关镇小场村)。按"移周"一名更近于延州,当为延州治。而清初南丹土州含今天峨县地,天峨县北有地名"纳州",发音近于鸾州,亦在南丹土州西北,故今拟鸾州于纳州村。
⑤ 逸州治地,周春元等《贵州古代史》拟于今南丹县西北。按南丹县西北境内已置有羁縻福、延二州,不合再置逸州。《地名辞典》云天峨县坡结乡为羁縻峨州治,然峨州实在今荔波县境,不在天峨。坡结乡揆其方位,亦在南丹县西北,故今拟为逸州治。

先天二年,直属黔州都督府。元和二年,直属黔南押领牂柯昆明等使。

21. 羁縻稜州(639—907)

贞观十三年,招慰俚獠部落置羁縻稜州(今广西乐业县城同乐镇?)①,直属黔州都督府。二十年,直属牂州都督府。二十一年,直属充州都督府,析置羁縻双城州。龙朔三年,直属黔州都督府。圣历元年,直属庄州都督府。景龙四年,直属播州都督府。先天二年,直属黔州都督府。元和二年,直属黔南押领牂柯昆明等使。

22. 羁縻双城州(698—907)

圣历元年,析羁縻稜州置羁縻双城州(今广西凌云县城泗城镇)②,仍处西赵部落,直属庄州都督府。景龙四年,直属播州都督府。先天二年,直属黔州都督府。元和二年,直属黔南押领牂柯昆明等使。

23. 羁縻添州(639—907)

贞观十三年,招慰俚獠部落置羁縻添州(今广西田林县潞城乡)③,直属黔州都督府。二十年,直属牂州都督府。二十一年,直属充州都督府。乾封二年,析置羁縻归乐州。龙朔三年,直属黔州都督府。圣历元年,直属庄州都督府。景龙四年,直属播州都督府。先天二年,直属黔州都督府。元和二年,直属黔南押领牂柯昆明等使。

24. 羁縻鼓州(639—907)

贞观十三年,招慰西赵蛮部落置羁縻鼓州(今田林县旧州镇)④,直属黔州都督府。二十年,直属牂州都督府。龙朔三年,直属黔州都督府。圣历元年,直属庄州都督府。景龙四年,直属播州都督府。先天二年,直属黔州都督府。元和二年,直属黔南押领牂柯昆明等使。

---

① 稜州治地各家无考,今依地理形势拟于乐业县。
② "双城",《旧唐志》无"城"字,今依《太平寰宇记》、《新唐志》。《地图集》、《广西通志·行政区划志》定于今凌云县城泗城镇,从之。
③ 添州治地《地图集》、《广西备乘》、《广西通志·行政区划志》、《历史地名》拟于今百色市。按百色为岭南道邕州都督府地,不合置添州。《地名大辞典》第3934页:"唐始置羁縻添州(今百色市),属邕州总管府。"查邕州总管(都督)府未曾领添州,其说误。今拟于田林县潞城乡,地属黔州都督府。
④ "鼓州",《新唐志》作"欨州",字书无此字,依《旧唐志》、《太平寰宇记》,当系"鼓州"之形误。民国《麻江县志》卷13:"欨州治黎平北九十里欧阳司。"《贵州古代史》拟于黎平县九层乡(今罗里乡九层村),《唐代羁縻府州研究》第223页于今锦屏县城东北欧阳村(查锦屏县唯县南与黎平县接界处之新化乡有欧阳村)。按"欨州"既属字误,则与欧阳村无关,鼓州盖因盛行铜鼓之俗为名。铜鼓原产云南,后经句町向东传播,"与北来的楚(汉)文化汇于郁江流域"(蒋廷瑜:《铜鼓》,第74页)。唐初狸獠、西赵、牂柯皆有铜鼓之俗,今郁江上游隆林、西林、田林一带应是其源头,如西林汉墓中即掘得铜鼓(广西文物工作队:《广西西林县普驮铜鼓墓葬》,《文物》1978年9期),然其地已置思源州,隆林亦置训州,故今拟鼓州于田林县西北之旧州镇。

25. 羁縻思源州(698—907)

圣历元年,析羁縻鼓州置羁縻思源州(今西林县那劳镇)①,仍处西赵蛮部落,直属庄州都督府。景龙四年,直属播州都督府。先天二年,直属黔州都督府。元和二年,直属黔南押领牂柯昆明等使。

26. 羁縻训州(647—907)

贞观二十一年,招慰西赵蛮部落置羁縻训州(今隆林县城新州镇)②,直属黔州都督府。圣历元年,直属庄州都督府,析置羁縻思源州。景龙四年,直属播州都督府。先天二年,直属黔州都督府。永泰后部落主属昆明蛮。元和二年,直属黔南押领牂柯昆明等使。

27. 羁縻整州(639—907)

贞观十三年,招慰西赵蛮部落置羁縻整州(今贵州册亨县城者楼镇)③,直属黔州都督府。二十年,直属牂州都督府。龙朔三年,直属黔州都督府。圣历元年,直属庄州都督府。景龙四年,直属播州都督府。先天二年,直属黔州都督府。元和二年,直属黔南押领牂柯昆明等使。

28. 羁縻𦰶州(639—907)

贞观十三年,招慰西赵蛮部落置羁縻𦰶州(今贵州望谟县城王母街道)④,直属黔州都督府。二十年,直属牂州都督府。永徽三年,直属黔州都督府。圣历元年,直属庄州都督府。景龙四年,直属播州都督府。先天二年,直属黔州都督府。元和二年,直属黔南押领牂柯昆明等使。

29. 羁縻侯州(639—907)

贞观十三年,招慰西赵蛮部落置羁縻侯州(今贵州罗甸县城龙坪镇)⑤,直

---

① 思源州治地各家无考。按羁縻州名冠以"思"者,多见于岭南邕管两江地区,如思恩、思同、思明、思琅、思诚之类,两江深入黔中道者,唯今西林县境,故推知其为思源州治地。"思源",盖为思江源头之意。
② 杜牧《黔中道朝贺训州昆明等十三人授官制》(载《樊川文集》卷20)有"训州昆明继袭部落主嵯阿如",常恩等《安顺府志》卷22:"训州部落,即乎东部落也。"于矢即昆明(乌蛮)之一支,可知唐后期训州为来自东爨的乌蛮昆明部落统治。周作楫等《贵阳府志》卷4:"训州,在兴义府境内。"《地图集》拟于今安龙县,周春元等《贵州古代史》释文拟于今普安县北,附图则置于今水城县花嘎乡新寨村。按《大元混一方舆胜览》湖广等处行中书省南安路下有训州,与右江上游之唐兴、眭殿(原误作"昭暇")、路城、四城诸州并列,则训州当在南盘江以南,今广西隆林县一带。
③ 整州治地,周春元等《贵州古代史》拟于今都匀市东。按其地属应州,不合置整州,今拟于册亨县城者楼镇。"册亨"、"者楼"约音皆以"整"音近。
④ 𦰶州治地各家无考。按宋代地志黔中道无𦰶州,有和武州,推知𦰶州可能并入和武州。和武州在今紫云县西南,则𦰶州当在其南之望谟县。望谟县城旧名"王母",约音与"𦰶"(wěi)相近。
⑤ "侯州",《新唐志》作"恹州",今依《旧唐志》、《太平寰宇记》。盖以侯弘仁开边所经为名。今罗甸县为弘仁出应州境后第一站,宜为侯州之地。明清罗甸土司多姓黄氏,是否源于"侯"字,俟考。民国《麻江县志》卷13云在黎平县境,《地图集》、《历史地名》拟于今贵定市东北,不详何据,不取。

属黔州都督府。十五年,析置羁縻卿州。二十年,直属牂州都督府。龙朔三年,直属黔州都督府。圣历元年,直属庄州都督府。景龙四年,直属播州都督府。先天二年,直属黔州都督府。元和二年,直属黔南押领牂柯昆明等使。

30. **羁縻卿州**(641—907)

贞观十五年,析羁縻侯州置羁縻卿州(今贵州长顺县鼓扬镇交麻村)①,仍处西赵蛮部落,直属黔州都督府。二十一年,直属牂州都督府。永徽三年,直属黔州都督府。圣历元年,直属庄州都督府。景龙四年,直属播州都督府。先天二年,直属黔州都督府。元和二年,直属黔南押领牂柯昆明等使。

31. **羁縻明州**(647—907)

贞观二十一年,招慰西赵蛮部落置羁縻明州(今贞丰县者相镇萝卜寨)②,直属牂州都督府。永徽三年,直属黔州都督府。圣历元年,直属庄州都督府,析置羁縻姜州。景龙四年,直属播州都督府。先天二年,直属黔州都督府。元和二年,直属黔南押领牂柯昆明等使。

32. **羁縻姜州**(698—907)

圣历元年,析羁縻明州置羁縻姜州(今安龙县城招提街道?)③,直属庄州都督府。景龙四年,直属播州都督府。先天二年,直属黔州都督府。元和二年,直属黔南押领牂柯昆明等使。

33. **羁縻儒州**(698—907)

圣历元年,析羁縻悬州置羁縻儒州(今兴仁县城城北街道?)④,仍处西赵蛮部落,直属庄州都督府。景龙四年,直属播州都督府。先天二年,直属黔州都督府。元和二年,直属黔南押领牂柯昆明等使。

34. **羁縻悬州**(647—907)

贞观二十一年,招慰西赵蛮部落置羁縻悬州(今晴隆县城莲城镇?)⑤,直属黔州都督府。圣历元年,直属庄州都督府,析置羁縻儒州。景龙四年,直属

---

① 民国《麻江县志》卷13:"乡(卿)州在长寨县麻响司。"《地图集》、周春元等《贵州古代史》据以置于长顺县交麻乡(今鼓扬镇交麻村),从之。

② 《旧唐书》卷197《南蛮传》。史继忠《试论"东谢"、"牂柯蛮"及"西南蕃"等的地理位置和民族成份》拟于今贞丰县,《贵州古代史》置于今贞丰县城,周作楣等《贵阳府志》卷87的记载更加具体:"明州,今贞丰罗斛即其地。"今从后者,罗斛,即今者相镇萝卜寨。《大清一统志》卷396思南府云:"废明州,在府城南。"《地图集》拟于今望谟县东,《广西备乘》云在南丹县,皆不详所据,不取。

③ 姜州治地《地图集》拟于今凯里市,《历史地名》姜州亦云:"治所在今凯里市西北,宋改为蒋州。"按宋代地志之"蒋州"实为"奖州"之误,在今新晃县,非姜州更名,且凯里在唐为应州之地,亦不合置姜州。今拟于安龙县。

④ "儒州",《新唐志》作"濡州",今依《旧唐志》、《太平寰宇记》。治地各家无考,今拟于兴仁县。

⑤ 悬州治地各家无考。今拟于晴隆县,盖以其地距黔州悬远为名。

播州都督府。先天二年,直属黔州都督府。元和二年,直属黔南押领牂柯昆明等使。

35. 羁縻琰州(727—907)

开元十五年,降琰州为羁縻琰州,治羁縻武侯县(今安顺市西秀区杨武乡阿扎古城),仍处西赵蛮部落,直属黔州都督府。元和二年,直属黔南押领牂柯昆明等使。

36. 羁縻令州(727—907)

开元十五年,割琰州始安、琰川县地置羁縻令州,治始安城(今长顺县广顺镇)①,仍处西赵蛮部落,直属黔州都督府。元和二年,直属黔南押领牂柯昆明等使。咸通六年,析置羁縻南宁州。元和二年,直属黔南押领牂柯昆明等使。

附新州:羁縻南宁州(864—907)

咸通六年,析羁縻令州置羁縻南宁州,治清溪镇(今贵州惠水县好花红镇九门村)②,以处西赵蛮部落③,直属黔南押领牂柯昆明等使。

37. 羁縻庄州(727—907)

开元十五年,降庄州为羁縻庄州,治羁縻石牛县(今贵州贵阳市云岩区中山东路街道),仍处牂柯蛮南谢部落,直属黔州都督府。元和二年,直属黔南押领牂柯昆明等使。

38. 羁縻牂州(727—907)

开元十五年,降牂州为羁縻牂州,治羁縻建安县(今贵州瓮安县猴场镇),处牂柯蛮西谢部落(酋首改为赵氏)④,直属黔州都督府。元和二年,直属黔南押领牂柯昆明等使。

39. 羁縻蛮州(727—907)

开元十五年,降蛮州为羁縻蛮州,治羁縻巴江县(今贵州遵义县尚嵇镇),

---

① 令州治地《地图集》、周春元等《贵州古代史》皆置于今长顺县广顺镇,从之。周作楫等《贵阳府志》卷4、《广顺纪事》第46页皆作"今州",以为在广顺镇坝寨。按元以后令州误作"今州",故其地亦误作"金竹"、"金筑"。

② 《唐会要》卷71:"南宁州咸通六年三月四日,黔中经略使卢潘奏于清溪镇置,从之。"《太平寰宇记》:"南宁州,本清溪镇,唐末置,在黔州西南二十九日行,从南宁州至罗殿王部落八日行,与云南接界。"《纪要》定番州:"卧龙番长官司,州南十五里,《志》云:宋南宁州治此。"即今好花红镇九门村,旧三都镇卧龙村。

③ 《资治通鉴》开成三年三月:"牂柯寇涪州清溪镇,镇兵击却之。"牂柯距涪州甚远,此"涪州"当系"黔中"之误。咸通时,唐廷乃罢清溪镇为羁縻州。

④ 《新唐书》卷222《南蛮传》。

仍处牂柯蛮西谢部落,直属黔州都督府。后为宋氏部落所并①。元和二年,直属黔南押领牂柯昆明等使。

40. 羁縻功州(727—907)

开元十五年,析庄州南阳县地置羁縻功州(今贵州息烽县城永靖镇阳朗村)②,仍处牂柯蛮西谢部落,直属黔州都督府。元和二年,直属黔南押领牂柯昆明等使。

41. 羁縻清州(655—907)

永徽六年,以庄州清兰县置羁縻清州(今贵州安顺市平坝区马场镇)③,仍处牂柯蛮南谢部落,直属黔州都督府。圣历元年,直属庄州都督府。景龙四年,直属播州都督府。先天二年,直属黔州都督府。元和二年,直属黔南押领牂柯昆明等使。

42. 羁縻晖州(663—907)

龙朔三年,招慰夷子(比楼)部落置羁縻晖州(今贵州织金县绮陌街道平桥村)④,直属黔州都督府。圣历元年,直属庄州都督府。景龙四年,直属播州都督府。先天二年,直属黔州都督府。后为乌蛮昆明部落所并(详参下文义州注)。元和二年,直属黔南押领牂柯昆明等使。

43. 羁縻犍州(663—907)

龙朔三年,招慰夷子(比楼)部落置羁縻犍州(今贵州黔西县城水西街道)⑤。直属黔州都督府。圣历元年,直属庄州都督府。景龙四年,直属播州

---

① 《旧唐书》卷197《南蛮传》云贞元中有蛮州刺史宋鼎。
② "功州",《唐会要》卷99东谢蛮条有"检校邛州刺史谢汕",按谢汕与蛮、牂二州酋首联名上奏,当同属西谢蛮,"邛州"当是功州之误。周作楫等《贵阳府志》卷4:"功州,今修文东北境也。"《地图集》取其说,周春元等《贵州古代史》附图则定于今息烽县城南之阳朗村,今从后者。
③ 周作楫等《贵阳府志》卷4:"清州,元之曾竹,曾州马场即元曾竹长官地。"其地曾发现唐墓。《地图集》、周春元《贵州古代史》第117页皆定于平坝县(今为区)马场镇,从之。《贵州古代史》附图又置清州于今清镇县城,与释文异,恐是惑于明置威清卫于清镇之故,不取。以地处庄、琰二州间,其置羁縻州年代当与降庄州为羁縻州同时。
④ 黄宅中等《大定府志》卷11:"晖州讹为武著,在今平远州北。"《地图集》、周春元等《贵州古代史》皆置于织金县北平桥乡,今绮陌街道平桥,从之。
⑤ 黄宅中等《大定府志》卷11:"犍州讹为揭著,在今大定府东北、黔西之西北。"周春元等《贵州古代史》据此拟于今大方县东北,《地名大辞典》拟为大方县西南。按曾公亮等《武经总要》前集卷19:"蒋州龙溪郡至牂柯百里,又五十里至犍州。犍州东北至播州百里,西南至庄州五十里,又百里至桂蒲关。"蒋州、犍州分别为奖州、犍州之讹,牂柯指整个牂柯蛮地区,西界为清镇鸭池河,则犍州在今黔西县,"西南至庄州"为"东南至庄州界"之误。常璩《华阳国志》卷2牂为郡:"鳖〔县〕有犍山。"鳖县治今遵义市,犍山在鳖县西南,即今大方县东北九龙山,黔西在犍山南,故州以山名。《太平寰宇记》以犍州为黔属羁縻州"每年朝贡"九州之一,可见犍州在唐后期沦为乌蛮地后,作为黔属乌蛮诸部代表一直与唐朝保持密切关系,境土与牂柯蛮相连,若置于大方县,则不与牂柯蛮相连,且与曾公亮等《武经总要》里距不合。《地图集》、刘统《唐代羁縻府州研究》、《历史地名》拟于今麻江县,更误。

都督府。先天二年,直属黔州都督府。后为乌蛮昆明部落所并(详参羲州条注)。元和二年,直属黔南押领牂柯昆明等使。

44. **羁縻袭州**(663—907)

龙朔三年,招慰播州夷子部落置羁縻袭州(今贵州金沙县城鼓场街道)①,直属黔州都督府。圣历元年,直属庄州都督府。景龙四年,直属播州都督府。先天二年,直属黔州都督府。元和二年,直属黔南押领牂柯昆明等使。

45. **羁縻羲州**(663—907)

龙朔三年,招慰夷子(比楼)部落置羁縻羲州(今贵州大方县凤山乡)②,直属黔州都督府。圣历元年,直属庄州都督府。景龙四年,直属播州都督府。先天二年,直属黔州都督府。后为乌蛮昆明部落所并③。元和二年,直属黔南押领牂柯昆明等使。

46. **羁縻宝州**(697—907)

万岁通天二年,析羁縻郝州置羁縻宝州(今贵州毕节市七星关区市西街道),仍处乌蛮昆明部落④,直属黔州都督府。圣历元年,直属庄州都督府。景龙四年,直属播州都督府。先天二年,直属黔州都督府。元和二年,直属黔南押领牂柯昆明等使。

47. **羁縻郝州**(663—907)

龙朔三年,招慰乌蛮昆明部落置羁縻郝州(今贵州大方县小屯乡)⑤,直属黔州都督府。万岁通天二年,析置羁縻宝州。圣历元年,直属庄州都督府。

---

① 袭州,黄宅中等《大定府志》卷11作"龚州":"龚州讹为觚著,即今黔西城。"周春元等《贵州古代史》亦如是说。按唐宋地志,袭州未曾作"龚州",则《大定府志》勘同有误。且黔西县为羁縻犍州地,不合置袭州,今拟于金沙县,即故播州罗为县地。
② 黄宅中等《大定府志》卷11:"义州讹为以著,在今黔西州东北。"《地图集》、《历史地名》据此拟于黔西县东北,《贵州古代史》则置于今金沙县城。按下注,水西彝族部落先祖阿佩曾为羲州刺史,今大方县凤山乡有九层衙门遗址(《贵州省志·文物志》第45页以为唐代已有之),传为水西彝族部落酋长早期居地,则羲州应在此地。羲州讹为义州,自《元丰志》始,《大定府志》沿其误,故不足信。
③ 《册府元龟》卷972:"卅成元年二月黔南观察使奉:先是,羲州昆明部落鬼主阿佩继袭羲州刺史,朝贡不绝,为明州、牂柯所阻,迨今百余年,愿归王化。"盖先天后昆明部落吞并夷子部,不为西赵、牂柯承认,故阻其来朝。
④ "宝州",《资治通鉴》神功元年作"窦州",今依《新唐志》。《元丰志》作"珤州",按"珤"即"宝"之古字,《舆地纪胜》、《宋史·地理志》作"瑶",当为形误。黄宅中等《大定府志》卷11:"宝州讹为巴的,今威宁州即其地。"故周春元等《贵州古代史》置于今威宁县城。按威宁县为殷地,不合置宝州。按毕节古名比跻,亦与"宝州"音谐,故今拟于毕节。《地图集》、《历史地名》拟于今大方县西北,近是。
⑤ "郝州",《新唐志》作"都州",今依《旧唐志》、《太平寰宇记》。黄宅中等《大定府志》卷11:"郝州讹为火著,在今大定南。"按水西彝族安氏世系,笃慕之后二十一世阿纳已居水西,即今大方、毕节县境。则郝州以龙朔三年招慰之乌蛮昆明部落所置殆无可疑。《地图集》、《贵州古代史》拟于大方县南,今定于小屯乡。

景龙四年,直属播州都督府。先天二年,直属黔州都督府。元和二年,直属黔南押领牂柯昆明等使。

48. 羁縻普宁州(663—907)

龙朔三年,招慰乌蛮昆明部落置羁縻普宁州(今贵州六枝特区平寨镇六枝村)①,直属黔州都督府。圣历元年,直属庄州都督府。景龙四年,直属播州都督府。先天二年,直属黔州都督府。元和二年,直属黔南押领牂柯昆明等使。

49. 羁縻前总州(672—756)

咸亨三年(672),招慰乌蛮昆明部落置羁縻总州,治羁縻浮萍县(今贵州六盘水市钟山区黄土坡街道)②,直属剑南道戎州都督府。先天二年,省前殷州来属。开元十五年,直属江南西道黔州都督府,复析置羁縻前殷州。天宝十五载,没于南诏。

50. 羁縻前殷州(672—咸亨后,727—756)

咸亨三年,招慰协州乌蛮昆明部落置羁縻殷州,治羁縻殷川县(今贵州威宁县城六桥街道)③,直属剑南道戎州都督府。先天二年,省入羁縻前总州。开元十五年,复置羁縻前殷州,直属江南西道黔州都督府。天宝十五载,没于南诏。

51. 羁縻前敦州(672—756)

咸亨三年,招慰乌蛮昆明部落置羁縻前敦州,治羁縻武宁县(今贵州盘县城关镇)④,直属剑南道戎州都督府。开元十五年,直属江南西道黔州都督府。天宝十五载,没于南诏。

附 充州都督府曾领

充州都督府(647—663)

贞观二十一年(647),分牂州都督府直辖羁縻地区置充州都督府直辖羁

---

① 马长寿《彝族古代史》第23页云:"彝语称普里为播勒(bele),亦称'播勒大革'。唐代曾在这里置普宁州,封普里部长为普宁郡王。普里部和罗甸部都是构成唐代所谓'卢鹿部'的主要部分。"播勒大革在今安顺市,故《地图集》依周作楫等《贵阳府志》置于安顺市西秀区旧州镇,周春元等《贵州古代史》拟于安顺市西。按《旧五代史》:"天成二年八月,昆明大鬼主、罗殿王、普露静王九部落,各差使随牂柯、清州八郡刺史宋朝化等一百五十三人来朝。普露静王又作普宁王,则普宁州当属乌蛮昆明部落。今安顺市极少彝族居住,恐非普宁州治地。据水西彝族安氏世系,笃慕之后二十一世勿阿轮已居郎岱(即今六枝),故今从《贵州古代史》,拟普宁州于六枝特区。
② 考详郭声波:《彝族地区历史地理研究》,第98页。
③ 殷川,大川也,盖指威宁草海。考详郭声波:《彝族地区历史地理研究》,第96页。
④ 考详郭声波:《彝族地区历史地理研究》,第99页。

縻地区。

龙朔三年(698),罢直辖羁縻地区。

附旧区: 直辖羁縻地区(647—663)

贞观二十一年,割牂州都督府直辖羁縻添、稜、逸、鸾、那、福、劳、峨、延九州隶充州都督府①,以为直辖羁縻地区,并置羁縻晃、亮、樊三州②。

永徽六年(655),置羁縻勋州。

龙朔三年,罢都督府,羁縻勋、添、稜、逸、鸾、那、福、延、峨、劳、晃、亮、樊十三州直属黔州都督府。

---

① 充州都督府领地偏东,疑以贞观十三年侯弘仁开西赵蛮、俚獠所置十三羁縻州隶之。
② 晃、亮、樊三州据上文所考,为距黔州最近之单字羁縻州,推知其亦为黔属早期羁縻州,疑置于贞观末年。

第七章　剑南道羁縻地区
剑南道(629—907)

贞观三年(629),置南会州都督府羁縻地区。八年,改南会州都督府为茂州都督府。九年,罢茂州都督府羁縻地区。二十二年,置巂州都督府羁縻地区。二十三年,置郎州都督府羁縻地区。

永徽元年(650),复置茂州都督府羁縻地区。二年,置雅州都督府羁縻地区。三年,郎州都督府羁縻地区归戎州都督府。四年,陇右道松州都督府羁縻地区来属剑南道。麟德元年(664),置姚州都督府羁縻地区。咸亨元年(670),置翼州都督府羁縻地区。仪凤二年(677),罢翼州都督府羁縻地区。调露二年(680),罢姚州都督府羁縻地区。永淳元年(682),罢雅州都督府羁縻地区。垂拱四年(688),复置雅、姚二州都督府羁縻地区。

武周天授二年(691),置泸州都督府羁縻地区。长安四年(704),剑南道有泸、戎、姚、巂、雅、茂、松七州都督府羁縻地区。

唐开元四年(716),置黎州都督府羁縻地区。

天宝元年(742),改泸州都督府为泸川郡都督府,戎州都督府为南溪郡都督府,姚州都督府为云南郡都督府,巂州都督府为越巂郡都督府,黎州都督府为汉源郡都督府,雅州都督府为卢山郡都督府,茂州都督府为通化郡都督府,松州都督府为交川郡都督府。八载,置保宁都护府羁縻地区。十三载,罢云南郡都督府羁縻地区,剑南道有泸川、南溪、越巂、汉源、卢山、汶山、交川七郡都督府及保宁都护府八羁縻地区(参见前文图19、图20、图21)。至德元载(756),罢保宁都护府羁縻地区。二载,罢越巂郡都督府羁縻地区。

乾元元年(758),复泸川郡都督府为泸州都督府,南溪郡都督府为戎州都督府,汉源郡都督府为黎州都督府,卢山郡都督府为雅州都督府,通化郡都督府为茂州都督府,交川郡都督府为松州都督府。广德元年(763),罢松州都督府羁縻地区。大历十四年(779),罢黎州都督府羁縻地区。贞元十年(794),置统押西山八国使羁縻地区,雅州都督府羁縻地区归统押近界诸羌蛮使;云南国来归,册为藩属南诏国。十三年,复置巂州都督府羁縻地区。元和十五年(820),剑南道有统押近界诸羌蛮使、统押西山八国使与泸、戎、巂、茂四州都督府六羁縻地区及藩属南诏国。

咸通元年(860),藩属南诏国复为敌国,改称大礼国。十年,复罢巂州都督府羁縻地区。十四年,剑南道有统押近界诸羌蛮使、统押西山八国使及泸、戎、茂三州都督府五羁縻地区。

第一节　泸川郡(泸州)都督府所领

泸州都督府(677—742)—泸川郡都督府(742—758)—泸州都督府(758—907)

仪凤二年(677),泸州都督府置直辖羁縻地区。

武周长安四年(704),泸州都督府有一直辖羁縻地区。

唐天宝元年(742),改泸州都督府为泸川郡都督府。十三载,泸川郡都督府有一直辖羁縻地区。

乾元元年(758),复泸川郡都督府为泸州都督府。元和十五年(820),泸州都督府有一直辖羁縻地区。

咸通十四年(873),泸州都督府有一直辖羁縻地区。

直辖羁縻地区
直辖羁縻地区(677—907)

仪凤二年,泸州都督府置羁縻淅、奉二州,以为直辖羁縻地区。载初元年(689),置羁縻顺州。

武周天授二年(691),置羁縻思峨州。久视元年(700),置羁縻淯州。大足元年(701),置羁縻能州。长安四年,泸州都督府直辖羁縻能、淅、顺、淯、思峨、奉六州。

唐先天二年(714),降纳、晏、巩、薛四州为羁縻州,直属泸州都督府。开元十八年(730),置羁縻扶德州,割隶戎州都督府。

天宝元年,改为泸川郡都督府直辖羁縻地区,改羁縻纳州为羁縻都宁郡,羁縻晏州为羁縻罗阳郡,羁縻巩州为羁縻因忠郡,羁縻薛州为羁縻黄池郡。十三载,泸川郡都督府直辖羁縻都宁、罗阳、因忠、黄池四郡及羁縻能、淅、顺、奉、思峨、淯六州。

乾元元年,复为泸州都督府直辖羁縻地区,复羁縻都宁郡为羁縻纳州,羁縻罗阳郡为羁縻晏州,羁縻因忠郡为羁縻巩州,羁縻黄池郡为羁縻薛州。贞元二年(786),置羁縻宋、高、定、长宁四州;割羁縻巩州隶戎州都督府。元和二年,割戎州都督府羁縻巩、扶德二州来属,置羁縻蓝州。十五年,泸州都督府直辖羁縻能、浙、顺、蓝、纳、宋、晏、扶德、奉、高、巩、定、薛、思峨、长宁、淯十六州。

咸通十四年,泸州都督府直辖羁縻州不变。唐末,废羁縻扶德州。

1. **羁縻纳州**(713—742)—**羁縻都宁郡**(742—758)—**羁縻纳州**(758—907)

先天二年,降纳州为羁縻纳州,治羁縻罗围县(今叙永县黄坭乡车田村),直属泸州都督府。开元十八年,析置羁縻扶德州。天宝元年,改为羁縻都宁郡,直属泸川郡都督府。乾元元年,复为羁縻纳州,直属泸州都督府。贞元间,析置羁縻宋州。元和二年,析置羁縻蓝州。

附新州 1:羁縻宋州(786—907)

贞元二年①,析羁縻纳州地置羁縻宋州,治羁縻柯龙县(今四川兴文县城古宋镇)②,直属泸州都督府。

附新州 2:羁縻蓝州(807—907)

元和二年,析羁縻纳州地置羁縻蓝州③,治羁縻胡茂县(今四川古蔺县城古蔺镇),直属泸州都督府。

2. **羁縻晏州**(713—742)—**羁縻罗阳郡**(742—758)—**羁縻晏州**(758—907)

先天二年,降晏州为羁縻晏州,治羁縻思峨县(今兴文县城古宋镇胜利村),直属泸州都督府。天宝元年,改为羁縻罗阳郡,直属泸川郡都督府。乾元元年,复为羁縻晏州,直属泸州都督府。贞元二年,析置羁縻长宁州。

附新州:羁縻长宁州(786—907)

贞元二年④,析羁縻晏、薛、思峨、淯四州地置羁縻长宁州,治羁縻婆员县(今四川长宁县双河镇)⑤,直属泸州都督府。

---

① ④ 史志不载始置年代,考详郭声波:《唐宋泸属东部羁縻州研究》,《贵州民族研究》2001 年第 2 期。
② 郭声波:《唐宋泸属东部羁縻州研究》。古宋镇,旧名中城镇。
③ 郭声波:《唐宋泸属东部羁縻州研究》。以字形相近,或误"蓝"为"蔺"。
⑤ 《四川政区沿革与治地今释》,第 235 页;《四川州县建置沿革图说》,第 133 页。《资治通鉴》卷 255 胡注引史炤曰:"淯井,唐置长宁州。"《宋史·地理志》:"长宁军,本羁縻州。"《大明一统志》卷 69:叙府长宁县,"唐置长宁州,宋初为羁縻州,熙宁中始置淯井监,属泸州,政和中建为长宁军"。按宋长宁军、明长宁县皆治今长宁县双河镇,《地图集》标于今长宁县城长宁镇,误。

3. **羁縻巩州**(713—742)—**羁縻因忠郡**(742—758)—**羁縻巩州**(758—907)

先天二年,降巩州为羁縻巩州,治羁縻多楼县(今珙县罗渡乡),直属泸州都督府。天宝元年,改为羁縻因忠郡,直属泸川郡都督府。乾元元年,复为羁縻巩州,直属泸州都督府①。贞元二年,直属戎州都督府,并析置羁縻播朗州。元和二年,直属泸州都督府②。

附新州:羁縻播朗州(786—907)

贞元二年,析羁縻巩州地置羁縻播朗州,治羁縻播胜县(今筠连县巡司镇)③,直属戎州都督府。

4. **羁縻薛州**(713—742)—**羁縻黄池郡**(742—758)—**羁縻薛州**(758—907)

先天二年,降薛州为羁縻薛州④,治羁縻枝江县(今珙县底洞镇),直属泸州都督府。天宝元年,改为羁縻黄池郡,直属泸川郡都督府。乾元元年,复为羁縻薛州,直属泸州都督府。贞元间,移治羁縻黄池县(今珙县下罗镇),析置羁縻定州。

附新州:羁縻定州(786—907)

贞元二年⑤,析羁縻薛州地置羁縻定州,治羁縻枝江县,直属泸州都督府。天宝元年,直属泸川郡都督府。乾元元年,直属泸州都督府。

5. **羁縻能州**(701—907)

武周大足元年,析羁縻浙州地置羁縻能州,治羁縻长宁县(今贵州赤水市官渡镇)⑥,直属泸州都督府。天宝元年,直属泸川郡都督府。乾元元年,直属泸州都督府。

---

① 《太平寰宇记》戎州条列巩州为戎州都督府羁縻州,其泸州条却云"元管溪洞羁縻州一十六",《舆地纪胜》引北宋彭迈《(泸州)镇远楼赋》亦云:"十有六州,溪洞之裔夷。"此十六州即纳、薛、晏、巩、奉、浙、顺、思峨、淯、能、高、宋、长宁、定、蓝、扶德州,可知巩州未曾割隶戎州都督府,《太平寰宇记》戎州条当系因割巩州置播朗州入戎州都督府而误列。
② 《太平寰宇记》戎属南广溪洞羁縻州名单中有巩州,按该名单巩州与扶德州同列,而扶德州元和二年割隶泸府,可知名单实截止于元和初年,非宋初资料。《新唐志》戎属羁縻州无巩州,当属脱漏。
③ 《太平寰宇记》戎州:"播朗州,在州南二百八十九里。"合今116公里,又据《新唐志》,播朗州系析巩州置,据此,循石门旁道南行116公里,适至今筠连县巡司镇。姚廷章等《珙县志》卷1:"废播郎州,在县西北。"蒲孝荣以为播朗州在珙县上罗乡(今为镇),《地名大辞典》以为在珙县巡场镇,恐误。曹学佺《蜀中广记》卷36:"播郎,今贵州界之安静长官司。"安静在今威信县旧城镇旧洞村,其地若属播朗州,则开元至贞元间之扶德州就会被拦腰割为两半,其说亦误。
④ 《太平寰宇记》、《新唐志》作"萨州",今依《旧唐志》,曾公亮等《武经总要》前集卷19、《元丰九域志》。
⑤ 史志不载始置年代,考详郭声波:《唐宋泸属东部羁縻州研究》。
⑥ 郭声波:《唐宋泸属东部羁縻州研究》。

6. 羁縻浙州(677—907)

仪凤二年,开泸州獠人安乐夷山洞置羁縻浙州,治羁縻浙源县(今贵州习水县土城镇)①,直属泸州都督府。武周大足元年,析置羁縻能州。天宝元年,直属泸川郡都督府。乾元元年,直属泸州都督府。

7. 羁縻顺州(689—907)

载初元年②,以纳州獠人都掌蛮置羁縻顺州,治羁縻曲水县(今四川叙永县大石乡花树村)③,直属泸州都督府。天宝元年,直属泸川郡都督府。乾元元年,直属泸州都督府。

8. 羁縻奉州(677—907)

仪凤二年,开泸州獠人淯水夷山洞置羁縻奉州,治羁縻柯里县(今四川珙县洛表镇)④,直属泸州都督府。天宝元年,直属泸川郡都督府。乾元元年,直属泸州都督府。贞元二年,析置羁縻高州。

附新州:羁縻高州(786—907)

贞元二年⑤,析羁縻奉州地置羁縻高州,治羁縻柯巴县(今四川筠连县镇舟镇)⑥,直属泸州都督府。

9. 羁縻思峨州(691—907)

武周天授二年⑦,以薛州獠人淯水夷置羁縻思峨州,治羁縻多溪县(今珙县巡场镇)⑧,直属泸州都督府。天宝元年,直属泸川郡都督府。乾元元年,直属泸州都督府。

---

① 郭声波:《唐宋泸属东部羁縻州研究》。
② 两《唐志》、《太平寰宇记》作"二年"。按载初元年九月改元天授,无二年,两《唐志》误,今改。
③ 郭声波:《唐宋泸属东部羁縻州研究》。
④ 曾公亮等《武经总要》前集卷19:"奉州,在泸州西南七百里,北淯井〔监〕(盐)。唐仪凤中置,管山后夷人。"自泸州循山后道西南行七百里必在巩州以远,按巩州距泸州六百六十七宋里,则奉州更在巩州西南三十三宋里左右,合今9公里,揆之今地,正在珙县洛表镇。
⑤ 史志不载始置年代,考详郭声波:《唐宋泸属东部羁縻州研究》。
⑥ 曹学佺《蜀中广记》卷15高县条引《志》云:"唐高州故址,在县南百二十里正州乡。"正州乡,清曰正洲场,或讹作郑州、镇州,今为筠连县镇舟镇(旧政治乡),《地图集》所标为是。《四川政区沿革与治地今释》第234页以为在高县陈村乡(今罗场镇陈村),《四川州县建置沿革图说》第135页以为在珙县平寨(今筠连县腾达镇),均误。
⑦ 《旧唐志》泸州序作"元年"(《太平寰宇记》渭同),思峨州条作"三年",今依《新唐志》。
⑧ 曾公亮等《武经总要》前集卷19载:"思(义)〔峨〕州,在泸州(东)〔西〕南四百五十里,东至淯井(盐)〔监〕,西南至戎州南〔广〕溪(县)界,唐天宝中置,管山前夷人。"思峨夷即元代"豕蛾夷"。《元史·地理志》:"四十六囤蛮夷千户所,领豕蛾夷地,在庆符……"。庆符县在今高县庆符镇,其东境正当淯井监西、南广溪东北,又在"山前",悉与史载相合。然以道里观之,思峨州具体地望又当以今珙县巡场镇为宜。巡场镇东北到泸州城取黑水道、山前道、淯井道转长江水路129公里,折四百五十宋里,与曾公亮等《武经总要》正合。

10. 羁縻淯州（700—907）

武周久视元年，以泸州獠人淯水夷置羁縻淯州，治羁縻新定县（今长宁县城长宁镇）①，直属泸州都督府。天宝元年，直属泸川郡都督府。乾元元年，直属泸州都督府。

第二节　南溪郡（戎州）都督府所领

郎州都督府（649—652）—戎州都督府（652—742）—南溪郡都督府（742—758）—戎州都督府（758—907）

贞观二十三年（649），郎州都督府置直辖羁縻地区。
永徽三年（652），改为戎州都督府直辖羁縻地区。
武周长安四年（704），戎州都督府有一直辖羁縻地区。
唐开元五年（717），置羁縻南宁州都督府。
天宝元年（742），改戎州都督府为南溪郡都督府。十三载，南溪郡都督府领羁縻南宁州都督府及一直辖羁縻地区。
乾元元年（758），复南溪郡都督府为戎州都督府。贞元七年（791），罢羁縻南宁州都督府。元和十五年（820），戎州都督府有一直辖羁縻地区。
咸通十四年（873），戎州都督府有一直辖羁縻地区。

（一）直辖羁縻地区
直辖羁縻地区（649—907）②

贞观二十三年，郎州都督府置羁縻望、傍、求、勤、丘、览六州，以为直辖羁縻地区。

永徽三年，改为戎州都督府直辖羁縻地区，降曲、协．靖、郎、盘、梨、钩、昆、弄、尹、曾、宗、匿、姚、髳、褒、微十七州为羁縻州来属，改羁縻弄州为羁縻麻州，割羁縻望州隶羁縻靡州都督府。显庆元年（656），置羁縻威、吴、长、武

---

① 蒲孝荣《四川政区沿革与治地今释》（四川人民出版社，1986 年）第 234 页、《四川州县建置沿革图说》第 135 页定于今长宁县城长宁镇（旧城关镇安宁桥），从之。《地图集》标于今长宁县双河镇，误。
② 本节参详郭声波《唐代马湖南广地区羁縻州研究》（载《荆楚历史地理与长江中游开发》）、《唐代金沙乌蒙地区羁縻州交通与地望研究》（载《历史地理》第二十二辑）两文及《彝族地区历史地理研究》第一章《戎州（南溪郡）都督府直辖乌蛮獠蛮羁縻州》。

德、英、声、品、奏龙、从、严十州。麟德元年(664),以废羁縻靡州都督府之羁縻諩罗、望二州来属,升羁縻姚州为正州,并羁縻尹、曾、宗、匡、髳、褒、微七州割隶姚州都督府。总章三年(670),置羁縻志、镜、筠、盈、禄、汤望六州。咸亨三年(672),置羁縻前总、前敦、前殷、居、信、炎、泸慈、南唐、碾卫、柯连、切骑、哥灵、武昌、滴十四州①。

武周久视元年(700),置羁縻悦州。长安四年,戎州都督府直辖羁縻悦、志、镜、筠、盈、汤望、禄、前协、前总、前敦、前殷、居、信、炎、武德、郎、英、盘、声、品、奏龙、从、严、勤、丘、览、傍、昆、钩、求、梨、吴、威、长、麻、望、諩罗、哥灵、泸慈、南唐、碾卫、柯连、切骑、武昌、滴、前靖、前曲四十七州。

唐先天二年,废羁縻前殷州②。开元五年,改羁縻郎州为羁縻南宁州,并羁縻武德、英、盘、声、品、奏龙、从、严、勤、丘、览、傍、昆、钩、求、梨、吴、威、长、望、諩罗、麻二十二州割隶羁縻南宁州都督府。十五年,复置羁縻前殷州,并羁縻前总、前敦二州割隶黔中道黔州都督府。十八年,割泸州都督府羁縻扶德州来属。

天宝元年,改为南溪郡都督府直辖羁縻地区。十三载,以废云南都督府之羁縻昆、吴、梨、求、钩、諩罗、望、锦、傍、览、丘、勤十二州来属。南溪郡都督府直辖羁縻悦、扶德、筠、汤望、禄、盈、镜、志、前曲、前靖、前协、居、信、炎、南唐、泸慈、切骑、碾卫、柯连、武昌、滴、哥灵、諩罗、望、昆、吴、梨、求、钩、锦、傍、览、丘、勤三十四州。十五载,羁縻汤望、禄、前曲、前靖、前协、居、信、炎、南唐、泸慈、諩罗、望、昆、吴、梨、求、钩、锦、傍、览、丘、勤二十二州归南诏。

乾元元年,复为戎州都督府直辖羁縻地区。永泰元年(765),羁縻切骑、碾卫、柯连、武昌、滴、哥灵六州归南诏。二年,置羁縻后曲、后协、后靖三州。贞元二年(786),置羁縻移、德、洛、连、为、南、播陵、钳、后殷、后总、后敦十一州③,割泸州都督府羁縻巩州来属,置羁縻播朗州④。十三年,置羁縻骋、浪川二州,割嶲州都督府羁縻驯州来属。元和二年,割羁縻巩、扶德二州隶泸州都督府。十五年,戎州都督府直辖羁縻悦、移、洛、镜、播朗、连、筠、为、后敦、南、盈、播陵、德、志、钳、后靖、后总、浪川、骋、驯、后殷、后曲、后协二十三州。

---

① 《新唐书》卷222《南蛮传》:"咸亨三年,昆明十四姓率户二万内附,析其地为殷州、总州、敦州。"郭声波《彝族地区历史地理研究》第41页考证,实置十四州,每姓一州。
② 史志不载殷州初废时间。按先天二年播州都督府改黔中都督府,似表明黔中道羁縻州有叛乱,疑殷州受波及而废。
③ 《新唐志》但云贞元二年剑南节度使韦皋表复置总、敦、殷三州,然据时事观察,戎府管内新置一批羁縻州当与韦皋志在巩固边防、经营南诏有关,故判断南广溪洞新置羁縻州也在是年成立。
④ 史志不载此事。按《太平寰宇记》、《新唐志》均将播朗州列为戎领羁縻州,且言播朗州析自泸属羁縻巩州,而《太平寰宇记》又将巩州列入戎属,故分析贞元二年两州均割属戎州都督府。

咸通十四年,戎州都督府直辖羁縻州不变。

1. **羁縻悦州**(700—907)

久视元年①,以戎州獠人湆水夷置羁縻悦州,治羁縻甘泉县(今四川筠连县城筠连镇银江村)②,直属戎州都督府。天宝元年,直属南溪郡都督府。乾元元年,直属戎州都督府。贞元二年,析置羁縻移州。

附新州1:羁縻移州(786—907)

贞元二年,析羁縻悦州地置羁縻移州,治羁縻移当县(今筠连县双腾镇)③,直属戎州都督府。

附新州2:羁縻后曲州(766—907)

永泰二年,析戎州僰道县置羁縻后曲州(今水富县两碗镇铜鼓溪)④,直属戎州都督府。贞元二年,徙治开边县南境(今水富县两碗镇新滩)⑤。

附新州3:羁縻后殷州(786—907)

贞元二年,析戎州僰道县地置羁縻后殷州(今宜宾县商州镇)⑥,处内徙乌蛮部落,直属戎州都督府。

2. **羁縻扶德州**(730—唐末)

开元十八年,析泸州都督府羁縻纳、巩、奉三州地置羁縻扶德州,治羁縻宋水县(今云南兴文县大坝乡),直属戎州都督府。贞元二年,析置羁縻为州。

---

① 史志不载悦州始置年代。按悦州距戎州开边县极近,当析自开边县,而非开生獠山洞置,且其部民与泸属羁縻湆州皆属最近内地之湆水夷,故疑悦州与湆州同置于久视元年(湆州析自泸州江安县)。
② 《太平寰宇记》戎州:"悦州,在州南二百十七里,管县五。"泸州合江县:"悦州江水,从戎州部落悦州流下县界。"曾公亮等《武经总要》前集卷19《梓夔路》:"泸州泸川郡:湆井监,西控悦江口……东戎州百里,悦江口至蛮界悦州,西乌蛮界,南晏州界。……悦州,州之东有三路:一入湆井〔监〕(盐),甚平易;一自峡口路至湆井〔监〕(盐),险隘;一悦江口水路入泸州。管山前夷人。"综言之,悦州在湆井地区之西,属山前,临悦江。悦江即南广水,以流经悦州境土,故名。据《太平寰宇记》道里,今筠连县城筠连镇银江村(旧名海沄村、海银场)适当其地。旧传其地有唐羁縻定州故址,实即悦州故址也。
③ 《太平寰宇记》戎州:"移州,在州西南五百八十七里。"然考《新唐志》,移州乃析悦州置,知其必邻于悦州,而悦州距戎州仅二百一十余里,南广溪洞各州境土又皆狭小,故可断"五百八十七里"实为"一百八十七里"之误,合今115公里。沿悦州方向推其地望,当在今筠连县双腾镇(旧双河乡)一带。
④ 《太平寰宇记》戎州:"曲州,天宝年中,因云南破,移在开边县界,去县一百二十七里。"按永泰新开边县距戎州六十五里,则新曲州距戎州一百九十二公里,合今77公里。《〈贞元十道录〉南道残卷》(王仲荦《敦煌石室地志残卷考释》)校本)载:"曲州:上三千三百。"《元和志》亦谓:"曲州……东北至上都三千三百里。"减去戎州至京里距,为一百九十六里,与此正合。自戎州沿石门道南行77公里,即至今水富县两碗镇铜鼓溪,宜为新曲州之所在。
⑤ 《新唐志》戎州开边县:"自县南七十里至曲州。"移置时间、地点,考详郭声波《彝族地区历史地理研究》第72页。
⑥ 《新唐书》卷222《南蛮传》:"殷州居戎州西北……三百里。"至宋,避讳改为商州,部民亦改为獠人。

元和二年,直属泸州都督府①。唐末,废入羁縻宋、定、晏三州②。

附新州:羁縻为州(786—907)

贞元二年,析羁縻扶德州置羁縻为州,治羁縻扶县(今云南威信县城扎西镇石龙村)③,直属戎州都督府。

3. **羁縻筠州**(670—907)

总章三年④,开戎州獠人南广蛮溪洞置羁縻筠州,治羁縻筠山县(今彝良县洛旺乡)⑤,直属戎州都督府。天宝元年,直属南溪郡都督府。乾元元年,直属戎州都督府。贞元二年,析置羁縻连州。

附新州:羁縻连州(786—907)

贞元二年,析羁縻筠州地置羁縻连州,治羁縻当为县(今云南威信县长安镇)⑥,直属戎州都督府。

4. **羁縻汤望州**(670—756)

总章三年,析前协州乌蛮昆明部落置羁縻汤望州,治羁縻□□县(今贵州纳雍县姑开乡官寨村)⑦,直属戎州都督府。天宝元年,直属南溪郡都督府。

---

① 《太平寰宇记》戎州条列扶德州为戎属羁縻州,泸州条亦云:"元管溪洞羁縻一十六州,一州割入戎州。扶德州,唐开元十八年割入(戎州)。"既割入戎州都督府,则何以又将扶德州列为泸州所领十六羁縻州之一? 从逻辑推理只有这种可能:扶德州在唐后期又重新拨回了泸州都督府。考唐后期唯贞元、元和之际羁縻州多有变动,元和二年唐朝置蓝州,盖欲加强泸府南部统治,则扶德州还隶泸府,极可能也在此年。

② 《太平寰宇记》泸州所领羁縻州虽列"扶德州"条目,但已说明是"元管十六州"之一,据《新唐志》,扶德州所领扶德、宋水、柯阴三县同时又分别见于定、宋、晏三州,说明在唐末扶德州已经废入该三州。曾公亮等《武经总要》、《元丰志》、《宋史·地理志》戎州名下"三十羁縻州"仍列有扶德州,不过是照抄唐代旧志而已,如"三十羁縻州"中的品、从等州,早在唐代宗时已没入南诏,即是证明。《大清一统志》卷302云:扶德州"宋因之,元废",误。

③ 《太平寰宇记》戎州:"为州,在州南四百九十里。"合今 196 公里,又据《新唐志》,为州系析扶德州置,则为州当在今威信县境。自戎州取黑水—八面箐道东南行,经珙县巡场、底硐、罗渡(巩州)入威信县境 196 公里处,乃是威信县城东之石龙村,宜为州治地。

④ 详下文羁縻镜州注。

⑤ 《太平寰宇记》戎州:"筠州,在州南四百一十七里。"合今 167 公里。循"石门旁道"南行,至今牛街镇东 3 公里分岔,西北行有洛州,西南行有德州,则溯白水河东南行 12 公里,约至今彝良县洛旺乡,宜为筠州治地。《新唐志》筠州首县为盐水,盐水在今镇雄县盐源镇,里距不合,故推测筠州治筠山县。

⑥ 《太平寰宇记》戎州:"连州,在州西,后筠州析出。"曾公亮等《武经总要》前集卷 19 云:"连州,在戎州西南九百二十七里,从(均)〔筠〕州析出。"可见《太平寰宇记》"西"字后夺去"南"字及里距,且"从"字讹为"后"字。但既然连州从筠州析出,则不应远在九百里外,因而颇疑"九百"为"五百"之误。则连州应在今宜宾市南 211 公里,也就是更在筠州 44 公里之远处,溯白水江—长安河东行,约当今威信县长安镇一带。

⑦ 黄宅中等《大定府志》卷 11 载:"汤望州讹为卧这,今毕节、水城即其地。""汤望州、卧这,一也。今大定西南百里嘉禾里陇卧虎场有宣慰司衙院,即旧卧这地也。"据《大定府亲辖地图》及今地图比定,卧这在今纳雍县姑开乡官寨。又,《新唐志》卷 222《南蛮传》记汤望、禄二州事于昆明蛮传中,故知其为昆明部落。

十五载,归南诏。

5. 羁縻禄州(670—756)

总章三年,析前协州乌蛮昆明部落置羁縻禄州,治羁縻单乐县(今贵州赫章县罗州乡)①,直属戎州都督府。天宝元年,直属南溪郡都督府。十五载,归南诏。

6. 羁縻盈州(670—907)

总章三年②,以戎州獠人南广蛮溪洞置羁縻盈州,治羁縻盈川县(今云南镇雄县牛场镇)③,直属戎州都督府。天宝元年,直属南溪郡都督府。乾元元年,直属戎州都督府。贞元二年,析置南、后敦、播陵三州。

附新州1:**羁縻南州**(786—907)

贞元二年,析羁縻盈州置羁縻南州,治羁縻播政县(今镇雄县五德镇)④,直属戎州都督府。

附新州2:**羁縻后敦州**(786—907)

贞元二年,析羁縻盈州置羁縻后敦州(今镇雄县芒部镇)⑤,处内徙乌蛮部落,直属戎州都督府。

附新州3:**羁縻播陵州**(786—907)

贞元二年,析羁縻盈州置羁縻播陵州,治羁縻播陵县(今彝良县荞山镇鸡街子)⑥,直属戎州都督府。

---

① 黄宅中等《大定府志》卷11载:"汤望与之(禄州)相达。"今赫章县有罗州乡,疑即禄州对音。
② 详下文羁縻镜州注。
③ 《太平寰宇记》戎州:"盈州,在州南五百六十七里。"合今227公里。循"石门旁道"南行,至今牛街镇东分路,西北白水河下游是镜、洛二州地域,东南白水河上游是笃、连二州地域,而西南是志、德二州地域,则盈州应在今彝良县牛街镇东岔口(距戎州155公里)正南72公里处,往南经水田村、大水河、镇雄杉树乡、庆坝村,正值镇雄县牛场镇,推测为盈州治地。
④ 《太平寰宇记》戎州:"南州,在州西五百三十五里,(从)盈州析出。"曾公亮等《武经总要》前集卷10:"南州在戎州西五百四十五里,从盈州析出。"按"戎州西"一般用来指马湖地区或石门道西部羁縻州的方位。南州属南广溪洞,此"西"字当为"南"字之误。其里距今仍取《太平寰宇记》数,合今214公里。又按南州、播陵州均系盈州分出,一在东,一在西,而盈州尔郡距戎州较近,与南州里距相合,西部距戎州较远,与播陵州里距相合,故探索南州地望当自牛街镇东溯白水江东南行59公里,约当今镇雄县五德镇一带。
⑤ 《新唐书》卷222《南蛮传》:"敦州居(戎州)南。"今本《太平寰宇记》戎管羁縻州:"献州,在州南六百六里。"此献州即敦州,当为宋人所改。自戎州循石门旁道及白水道南行六百六里适至今镇雄县芒部镇。
⑥ 《太平寰宇记》戎州:"播陵州,在州南五百七十七里。"合今231公里。据《新唐志》,播陵州系析盈州置,上文羁縻南州条已分析播陵州应在盈州西部,则可循"石门旁道"往南探索。从牛街镇东溯细沙河西南行76公里,经彝良县海子区,适至彝良县荞山镇鸡街子,可定为播陵州之所在,其首县当即原盈州之播陵县。

7. 羁縻镜州(670—907)

总章三年①,开戎州獠人南广蛮溪洞置羁縻镜州,治羁縻夷郎县(今彝良县牛街镇)②,直属戎州都督府。天宝元年,直属南溪郡都督府。乾元元年,直属戎州都督府。贞元二年,析置羁縻洛州。

附新州：羁縻洛州(786—907)

贞元二年,析羁縻镜州地置羁縻洛州,治羁縻临津县(今云南盐津县庙坝镇麻柳村)③,直属戎州都督府。

8. 羁縻志州(670—907)

总章三年④,开戎州獠人南广蛮溪洞置羁縻志州,治羁縻□□县(今云南大关县城翠华镇田元村苏家营)⑤,直属戎州都督府。天宝元年,直属南溪郡都督府。乾元元年,直属戎州都督府。贞元二年,析置羁縻德州。

附新州 1：羁縻德州(786—907)

贞元二年,析羁縻志州地置羁縻德州,治羁縻罗连县(今云南彝良县城角奎镇)⑥,直属戎州都督府。

附新州 2：羁縻后协州(766—907)

永泰二年,析戎州僰道县置羁縻后协州(今大关县城翠华镇金坪村草坝子)⑦,直属戎州都督府。贞元二年,徙治开边县南境(今大关县吉利镇)⑧。

---

① 史志不载镜州始置年代。按镜、筠、盈、志四州皆系獠人南广溪洞,地处汤望、禄二州北,泸属薛州南,薛州系仪凤二年招慰生獠置,则镜、筠、盈、志四州原亦系生獠之地,总章三年既招慰昆明蛮置汤望、禄二州,则镜、筠、盈、志四之置亦不得晚于是年,今补。
② 《太平寰宇记》戎州："镜州,在州南三百九十六里。"合今 158 公里,循"石门旁道"南行,适至今彝良县牛街镇。
③ 《太平寰宇记》戎州："洛州,在州南四百二十七里。"合今 171 公里。又据《新唐志》及曾公亮等《武经总要》,洛州系析镜州置,首县又名临津,必临白水河,推其里程,当在今牛街镇东南或西北。然东南一路地势较阔,宜为筠州和连州之所在,西北一路地势较窄,牛街镇西北 13 公里处之盐津县庙坝镇麻柳村宜为洛州之所在。
④ 详上文羁縻镜州注。
⑤ 《太平寰宇记》戎州："志州,在州西四百五十六里。"合今 182 公里。按《太平寰宇记》凡云"在戎州西"者,通常是指马湖地区或石门道西部羁縻州,则知志州必在南广地区西部,朱提江(今大关—洛泽河)沿岸,自戎州循石门道西南行 182 公里至大关—洛泽河沿岸,可至今大关县田元村苏家营(旧属黄葛乡),宜为志州治地。又,《新唐志》云志州领四县,治浮萍县,然自注："志,一作总。"按《太平寰宇记》戎州,志州领六县,可知《新唐志》志州确为总州之误,志州真实领县名不详。
⑥ 《太平寰宇记》戎州："德州,在州南五百六十四里。"合今 226 公里。又据《新唐志》,德州系析志州置,则当循"石门道"西南行。以里距度之,今彝良县城宜为德州治。
⑦ 《太平寰宇记》戎州："协州,天宝中,因云南离叛被破,今移置在州西南四百九十三里。"
⑧ 《通典》、《元和志》云："协州在戎州西四百一十里。"移置时间、地点,考详郭声波《彝族地区历史地理研究》第 78 页。

附新州 3：羁縻后靖州(766—907)

永泰二年，析戎州㛟道县置后靖州(今大关县城翠华镇)①，直属戎州都督府。

附新州 4：羁縻钳州(786—907)

贞元二年，析戎州开边县獠蛮地置羁縻钳州(今大关县高桥镇马鞍山)②，直属戎州都督府。

附新州 5：羁縻后总州(786—907)

贞元二年，析戎州开边县地置羁縻后总州(今云南永善县墨翰乡)③，处内徙乌蛮部落，直属戎州都督府。

9. 羁縻前曲州(652—756)

永徽三年，降曲州为羁縻前曲州，治羁縻朱提县(今昭通市昭阳区太平街道)，直属戎州都督府。咸亨三年，析置羁縻滴、武昌二州。天宝元年，直属南溪郡都督府。十五载，为南诏所破。

10. 羁縻前靖州(652—756)

永徽三年，降靖州为羁縻前靖州，治羁縻靖川县(今云南昭通市昭阳区永丰镇)④，直属戎州都督府。咸亨三年，析置羁縻居、信、炎三州。天宝元年，直属南溪郡都督府。十五载，为南诏所破。

11. 羁縻前协州(652—756)

永徽三年，降协州为羁縻前协州，治羁縻东安县(今贵州威宁县观风海镇)，直属戎州都督府。总章三年，析置羁縻汤望、禄二州。天宝元年，直属南溪郡都督府。十五载，为南诏所破。

12. 羁縻居州(672—756)

咸亨三年，析前靖州乌蛮昆明部落置羁縻居州(今威宁县哲觉镇)⑤，直属戎州都督府。天宝元年，直属南溪郡都督府。十五载，归南诏。

---

① 《太平寰宇记》戎州载，新靖州"在(戎)州西南五百一十里"，合今 204 公里，按其地适在今大关县城。
② 《太平寰宇记》戎州："钳州，在州西南四百五十七里。"合今 183 公里，又据《新唐志》，钳州系析戎州开边县置，在石门路。循石门道西南行 183 公里可至两处，一处是大关县寿山镇田湾子，一处是大关县高桥镇马鞍山。前者距新协州、新靖州都很近，各 20 余公里，疑已分属二州，故笔者以为将钳州定在高桥镇马鞍山为宜。
③ 《新唐书》卷 222《南蛮传》："总州居(戎州)西南……不过五百余里。"
④ 《新唐志》：靖州，析隋协州置。《太平寰宇记》戎州："古靖州，在州西南七百二十里。"合今 288 公里。据樊绰《云南志》，鲁望川(今昭通—鲁甸坝子)有靖州废城，度其地当在今昭通市南永丰镇一带。
⑤ 郭声波：《唐朝南宁州都督府建置沿革新考》，载《历史地理》第十九辑。

13. 羁縻信州(672—756)

咸亨三年,析前靖州乌蛮昆明部落置羁縻信州,治故分协城(今云南宣威市宛水街道)①,直属戎州都督府。天宝元年,直属南溪郡都督府。十五载,归南诏。

14. 羁縻炎州(672—756)

咸亨三年,析前靖州乌蛮昆明部落置羁縻炎州(今云南沾益县炎方乡)②,直属戎州都督府。天宝元年,直属南溪郡都督府。十五载,归南诏。

15. 羁縻南唐州(672—756)

咸亨三年,析麻州乌蛮昆明部落置羁縻南唐州(今会泽县新街乡)③,直属戎州都督府。天宝元年,直属南溪郡都督府。十五载,归南诏。

16. 羁縻泸慈州(672—756)

咸亨三年,析麻州乌蛮昆明部落置羁縻泸慈州,治羁縻□□县(今云南会泽县驾车乡)④,直属戎州都督府。天宝元年,直属南溪郡都督府。十五载,归南诏。

17. 羁縻切骑州(672—765)

咸亨三年,析麻州乌蛮昆明部落置羁縻切骑州,治羁縻柳池县(今会泽县五星乡)⑤,直属戎州都督府。天宝元年,直属南溪郡都督府。乾元元年,直属戎州都督府。永泰元年,归南诏。

18. 羁縻碾卫州(672—765)

咸亨三年,析麻州乌蛮昆明部落置羁縻碾卫州,治羁縻麻金县(今会泽县乐业镇)⑥,直属戎州都督府。天宝元年,直属南溪郡都督府。乾元元年,直属戎州都督府。永泰元年,归南诏。

---

① ② 郭声波:《唐朝南宁州都督府建置沿革新考》。
③ 《太平寰宇记》戎州:"南唐州,在州西南一千一百七十里。"合今443公里。按南唐州与泸慈州情况相同,也应循石门新道探索,度其道里,当在今会泽县五星乡或新街乡。然《太平寰宇记》列南唐州于天宝已陷之十五乌蛮州内,位置当较切骑州偏南,故今取新街乡。
④ 《太平寰宇记》戎州:"泸慈州,在州西一千三百四十六里。"合今538公里。"西"字后 当脱"南"字。自戎州南行538公里可至两处,一在石门旧道,今宣威县虹桥街道,一在石门新道,今会泽县驾车乡。按天宝末南诏攻掠协、曲、靖等州是由石门旧道,未及泸慈州,故知泸慈州应在石门新道沿线,亦即今驾车乡。
⑤ 《太平寰宇记》戎州:"切骑州,在州西南一千一百里。"合今440公里。按切骑州与泸慈州情况相同,亦属石门新道羁縻州,度其道里,可至云南会泽县五星乡或新街乡。然《太平寰宇记》列切骑州于天宝未陷见在《图经》之十二乌蛮州内,位置当较南唐州偏北,故今取五星乡。
⑥ 《太平寰宇记》戎州:"碾卫州,在州西南九百九十七里。"合今399公里。按碾卫州与泸慈州情况相同,亦属石门新道羁縻州,度其道里,可至云南会泽县迤车镇阿都村。然迤车—梨园坝子已置柯连州,则阿都村不得再置州,而阿都村东隔岭8公里即是乐业乡所在之乐业坝子,宜为碾卫州置州之地,故疑《太平寰宇记》碾卫州里距微误,实际道里应是"在戎州西南一千一十七里"。

19. **羁縻柯连州**(672—765)

咸亨三年,析麻州乌蛮昆明部落置羁縻柯连州,治羁縻柯连县(今会泽县迤东镇梨园村)①,直属戎州都督府。天宝元年,直属南溪郡都督府。乾元元年,直属戎州都督府。永泰元年,归南诏。

20. **羁縻武昌州**(672—765)

咸亨三年,析前曲州乌蛮昆明部落置羁縻武昌州②,治羁縻洪武县(今云南巧家县金塘镇)③,直属戎州都督府。天宝元年,直属南溪郡都督府。乾元元年,直属戎州都督府。永泰元年,归南诏。

附新州 1:羁縻骋州(797—907)

贞元十三年,以故羁縻武昌州地置羁縻骋州,治羁縻斛木县(今四川金阳县桃坪乡)④,处内附乌蛮部落,直属戎州都督府。

附新州 2:羁縻浪川州(797—907)

贞元十三年,以故羁縻武昌州地置羁縻浪川州,治羁縻郎浪县(今四川宁南县城披砂镇)⑤,处内附乌蛮部落,直属戎州都督府。

21. **羁縻滴州**(672—765)

咸亨三年,析前曲州乌蛮昆明部落置羁縻滴州,治羁縻拱平县(今巧家县包谷垴乡)⑥,直属戎州都督府。天宝元年,直属南溪郡都督府。乾元元年,直属戎州都督府。永泰元年,归南诏。

---

① 《太平寰宇记》戎州:"柯连州,在州南九百七里。"合今 363 公里。按柯连州与泸慈州情况相同,亦属石门新道羁縻州,度其道里,可至今会泽县梨园村(旧为乡)或巧家县包谷垴乡。然包谷垴乡已置为滴州,则柯连州宜在梨园村。
② 《太平寰宇记》戎属羁縻州条将武昌州列于南广溪洞诸獠十六州中,然戎州序又云武昌州在"羁縻马湖江蛮界"。按李心传《建炎以来朝野杂记》乙集卷 20《辛未利店之变》云:"马湖蛮者,西爨昆明之别种也。"可知武昌州实系昆明部落。
③ 《太平寰宇记》戎州:"西至峽道县开边团界连羁縻武昌州二千五百七里","南至南溪县羁縻马湖江蛮界武昌州三千三百一十七里","武昌州,在州南二千三百一十七里"。按马湖地区最远的浪川州至戎州也仅一千三百四十三里,武昌州既与故开边县(即开边团)及马湖地区相连,必在二千里以内,"三千"、"二千"必为"一千"之误。曹学佺《蜀中广记》卷 36 云:"武昌州,在戎州南一千二百一十七里。"近是,盖经石门新道转接马湖路得出;一千五百里者,盖经马湖路之浪川州得出,即昌州距浪川州约一百六十余里。一千三百一十七里合今 527 公里,以此循石门新道度之,武昌州当在今巧家县金塘镇(旧双河乡)。
④ 《太平寰宇记》戎州:"骋州,在州西一千三十二里。"合今 413 公里。经商州循马湖路西南行,经驯州,约可至今金阳县金阳河下游桃坪乡一带,当即骋州治地。
⑤ 《太平寰宇记》戎州:"浪(川)州,在州西北一千三百四十三里。"合今 537 公里。出戎州西北,经商州转西南循马湖路南行,又经驯州、骋州,可至四川宁南县城关一带,宜定为浪川州治地。
⑥ 《太平寰宇记》戎州:"滴州,在州南九百一十二里。"合今 365 公里。按滴州与泸慈州情况相同,亦属石门新道羁縻州,度其道里,可至两处,一处是今会泽县迤车镇梨园村,一处是今巧家县包谷脑乡。《纪要》卷 73《马湖府》屏山县:"废滴州,在府内,亦唐所置羁縻州也。……胡氏曰:即马湖南境也。"滴州既靠近马湖地区南境,则当在巧家县包谷垴乡。

22. 羁縻哥灵州(672—765)

咸亨三年,析麻州乌蛮昆明部落置羁縻哥灵州(今云南昆明市东川区铜都街道碧谷村)①,直属戎州都督府。天宝元年,直属南溪郡都督府。乾元元年,直属戎州都督府。永泰元年,归南诏。

23. 羁縻谢罗州(652—756)

永徽三年,析羁縻望州置羁縻谢罗州,治谢罗城(今云南禄劝县云龙乡)②,隶羁縻靡州都督府。麟德元年,直属戎州都督府。开元五年,割隶羁縻南宁州都督府。二十一年,直属姚州都督府。天宝元年,直属云南郡都督府。十三载,直属南溪郡都督府。十五载,归南诏。

24. 羁縻望州(649—756)

贞观二十三年,析昆州置羁縻望州(今云南武定县城狮山镇)③,以处俭望蛮,直属郎州都督府。永徽三年,改隶靡州羁縻都督府。麟德元年,直属戎州都督府。开元五年,割隶羁縻南宁州都督府。二十一年,直属姚州都督府。天宝元年,直属云南郡都督府。十三载,直属南溪郡都督府。十五载,归南诏。

25. 羁縻昆州(652—756)

永徽三年,降昆州为羁縻昆州,治羁縻益宁县(今云南昆明市西山区马街街道),直属戎州都督府。开元五年,割隶羁縻南宁州都督府。二十一年,直属姚州都督府。天宝元年,直属云南郡都督府。十三载,直属南溪郡都督府。十五载,归南诏。

26. 羁縻吴州(658—756)

显庆三年,析羁縻梨州置羁縻吴州,治吴城(今云南澄江县右所镇旧城村),直属戎州都督府④。开元五年,割隶羁縻南宁州都督府。二十一年,直属

---

① 《太平寰宇记》戎州:"哥灵州,在州西南一千四百里。"合今560里。按哥灵州与泸慈州情况相同,亦属石门新道羁縻州,度其道里,可至今东川区碧谷村或会泽县驾车乡钢厂村,前者为一平坝中心,宜为哥灵州治地。

② 《元史·地理志》云禄劝州领易笼县,"易笼者,城名,地名倍场。县境有二水,蛮语谓浸为水,笼为城,因此为名。昔罗婺部大酋居之,为群酋会集之所"。易笼,彝语又称移禄,地在今禄劝县云龙乡,何耀华《武定凤氏本末笺证》第1页云:"云龙即易龙之音转耳","为东爨乌蛮之后"。可证云龙即"谢罗"之异译,彝语本义是"水城"。

③ 望州以望水为名,望水即今螳螂—普渡河。普渡河西岸元代置有和曲州,《元史·地理志》载:"和曲州,州在路西南,蛮名叵簉甸,僰、獯诸种蛮所聚。地多汉冢,或谓汉人曾居。"和曲州城在今武定县城南十余里,武定县城乃一平坝所在,东距普渡河不过数十里,宜为望州所在。《元史》所谓汉人,多指唐人,其家墓当即唐望州冢墓区也。

④ 《大元混一方舆胜览》卷中澄江路:"蛮名罗阁,汉语虎迹也。汉为吴州。蒙氏为河阳郡。"此所谓"汉",实指唐代,吴州当系唐宋地志失于记载者,在今澄江县境,本梨州地,治地盖开元中所置澄川寨,今澄川县城。郭声波《唐朝南宁州都督府建置沿革新考》曾推测始置于开元二十一年,今为修正。

姚州都督府。天宝元年,直属云南郡都督府。十三载,直属南溪郡都督府。十五载,归南诏。

27. 羁縻梨州(652—756)

永徽三年,降梨州为羁縻梨州,治羁縻梁水县(今云南华宁县城宁州街道),直属戎州都督府。开元五年,割隶羁縻南宁州都督府。二十一年,直属姚州都督府。天宝元年,直属云南郡都督府。十三载,直属南溪郡都督府。十五载,归南诏。

28. 羁縻求州(649—756)

贞观二十三年,析钩州置羁縻求州(今云南玉溪市红塔区玉兴街道)①,直属郎州都督府。永徽三年,直属戎州都督府。开元五年,割隶羁縻南宁州都督府。二十一年,直属姚州都督府。天宝元年,直属云南郡都督府。十三载,直属南溪郡都督府。十五载,归南诏。

29. 羁縻钩州(652—756)

永徽三年,降钩州为羁縻钩州,治羁縻望水县(今云南晋宁县城昆阳街道下方古城),直属戎州都督府。开元五年,割隶羁縻南宁州都督府。二十一年,直属姚州都督府。天宝元年,直属云南郡都督府。十三载,直属南溪郡都督府。十五载,归南诏。

30. 羁縻锦州(748—756)

天宝七载,析羁縻昆州置羁縻锦州(今云南易门县城龙泉街道)②,以处独锦蛮,直属云南郡都督府。十三载,直属南溪郡都督府。十五载,归南诏。

31. 羁縻傍州(649—756)

贞观二十三年,析昆州置羁縻傍州,治龙封驿(今云南禄丰县城金山镇南雄村)③,以处徙莫祇蛮,直属郎州都督府。永徽三年,直属戎州都督府。开元

---

① 刘基等《大明清类天文分野之书》新兴州:"唐贞观二十三年,以其地为求州,隶郎州都督府。"《大明一统志》澄江府亦云:"新兴州,梁末土人爨瓒据之,分为西爨地,唐贞观中置求州,属戎州都督府,天宝末没于南诏。"新兴州,即今玉溪市城区。

② "锦州",樊绰《云南志》卷4:"独锦蛮者,乌蛮之苗裔也,在奉藏南,去安宁两日程。天宝中,〔命其长〕为㒽州刺史。"《新唐书》卷222《南诏传》引此语"㒽"作"蹄",《文献通考》作"蹴",张土书等《佩文韵府》作"锦"。按该州既以独锦蛮置,依唐代名命名习惯,当以"锦"为是。秦臧县属昆州,在今禄丰县勤丰镇古城村,则锦州当在今易门县城一带。易门县城距安宁县城65公里,约合一百八十里程,正为两日程。

③ 《大明一统志》卷86《云南府》载,禄丰县南诏时名禄琤甸白村,李朝真等《彝州考古》(云南人民出版社,2000年)第164页云:"禄丰县,唐时阿衰造土城于此,称'巅衰城'或'南古城',城址在今县招待所一带。""巅衰"即"甸白"之异译。"傍"与"琤"(běng)、"白"(bái)、"衰"(póu)音皆近似,故可定傍州在禄丰。彝族毕摩相传"禄丰古名治北村,就是彝家白酒铺"(《彝族开路咒词》,载《彝族文化》1985年年刊)。盖指禄丰南有旧治,元明清末曾在该处设州县,疑即唐时之龙封城,今禄丰县城南雄村是也,唐初为安宁县地。

五年,割隶羁縻南宁州都督府。二十一年,直属姚州都督府。天宝元年,直属云南郡都督府。十三载,直属南溪郡都督府。十五载,归南诏。

32. **羁縻览州**(649—756)

贞观二十三年,析昆州置羁縻览州,治小览城(今禄丰县妥安乡琅井村)①,以处徙莫祇蛮,直属郎州都督府。永徽三年,直属戎州都督府。开元五年,割隶羁縻南宁州都督府。二十一年,直属姚州都督府。天宝元年,直属云南郡都督府。十三载,直属南溪郡都督府。十五载,归南诏。

33. **羁縻丘州**(649—756)

贞观二十三年,析昆州置羁縻丘州,治曲馆(今云南楚雄市苍岭镇石涧村)②,以处徙莫祇蛮,直属郎州都督府。永徽三年,直属戎州都督府。开元五年,割隶羁縻南宁州都督府。二十一年,直属姚州都督府。天宝元年,直属云南郡都督府。十三载,直属南溪郡都督府。十五载,归南诏。

34. **羁縻勤州**(649—756)

贞观二十三年,析昆州置羁縻勤州(今云南双柏县城妥甸镇)③,以处徙莫祇蛮,直属郎州都督府。永徽三年,直属戎州都督府。开元五年,割隶羁縻南宁州都督府。二十一年,直属姚州都督府。天宝元年,直属云南郡都督府。十三载,直属南溪郡都督府。十五载,归南诏。

(二) 羁縻南宁州都督府④

羁縻南宁州都督府(717—791)

开元五年,割戎州都督府直辖羁縻南宁、武德、英、盘、声、品、奏龙、从、

---

① 樊绰《云南志》卷6:"(云南城东)第四程至曲驿,有大览赕、小览赕,汉旧览州也。"卷7:"升麻、通海以来,诸爨皆食安宁井盐,唯有览赕城内郎井盐洁白味美,惟南诏一家所取足外,辄移灶缄闭其井。"故方国瑜考证,在牟定县琅井乡,今禄丰县妥安乡琅井村。大览赕,即今广通坝子,小览赕,即今琅井坝子。李朝真等《彝州考古》第163页云:"牟定县,南诏时曾筑有耐笼城,久废。今不可考。"按"笼"为古彝语"城"之意,"耐笼"即汉语之"耐城",疑因旧览州而筑,或即"览州"之音讹。
② 唐时"丘"与"曲"音同,如褴州都督府之丘卢即以曲罗部落置,故疑丘州在曲馆(曲驿)。樊绰《云南志》卷1:"从安宁城至龙和馆一日,至沙雌馆一日,至曲馆一日,至沙却馆一日。"按沙却(舍资)至沙却(沙桥)110公里,约合三百唐里,依《云南志》所载安南通南诏各驿间里距多在一百里内估计,至少也得三日程,而《云南志》此处仅记两日程,当脱一日程,即曲馆至沙却之间还有一驿,疑即化州(今吕合镇),故今定曲馆于楚雄市东苍岭镇北之石涧村。萧林《楚雄地区古城址概说》(载《云南文物》总第38期,1991年)以为在今南华县境。
③ 依地理形势推定。
④ 本节主要参考郭声波《唐朝南宁州都督府建置沿革新考》(载《历史地理》第十九辑)、《唐代南宁州都督府属州交通与地望研究》(载《中国历史地理论丛》2006年第2期)两文及《彝族地区历史地理研究》第二章"南宁州都督府所辖乌蛮羁縻州"。

严、勤、丘、览、傍、昆、钩、求、梨、吴、威、长、望、谬罗、麻二十三州置羁縻南宁州都督府,仍隶戎州都督府,并置羁縻武恒、归武二州。二十一年,割羁縻谬罗、望、昆、吴、梨、求、钩、傍、览、丘、勤十一州隶姚州都督府。

天宝十三载,羁縻南宁州都督府领羁縻南宁、威、长、麻、武德、英、盘、武恒、归武、声、品、奏龙、从、严十四州。十五载,羁縻威、长、麻、武德、英、盘、武恒、归武、声、奏龙、严十一州归南诏,羁縻南宁州都督府并羁縻南宁州寄治南溪郡。

永泰元年,品、从二州归南诏。大历十四年(779),羁縻都督府并羁縻南宁州寄治嘉州犍为县。贞元七年,罢羁縻都督府及羁縻南宁州。

1. 羁縻郎州(652—717)—羁縻南宁州(717—791)

永徽三年,降郎州为羁縻郎州,治羁縻味县(今云南沾益县城西平街道太平村),隶戎州都督府。显庆元年,析置羁縻威、武德二州。开元五年,改为羁縻南宁州,置羁縻南宁州都督府,并析置羁縻武恒、归武二州。天宝十五载,为南诏所破,随羁縻都督府寄治南溪郡。大历十四年,随羁縻都督府寄治嘉州犍为县。贞元七年,州废。

2. 羁縻威州(656—756)

显庆元年,析羁縻郎州置羁縻威州,治羁縻新丰县(今云南宜良县城匡远街道),隶戎州都督府。开元五年,割隶羁縻南宁州都督府。天宝十五载,归南诏。

3. 羁縻长州(656—756)

显庆元年,析羁縻昆州置羁縻长州,治羁縻金城县(今云南嵩明县城嵩阳街道),隶戎州都督府。开元五年,割隶羁縻南宁州都督府。天宝十五载,归南诏。

4. 羁縻麻州(652—756)

永徽三年,降弄州为羁縻麻州,治羁縻汤罗县(今云南寻甸县功山镇大菜地),隶戎州都督府。咸亨三年,析置羁縻哥灵、切骑、柯连、碾卫、南唐、泸慈六州。开元五年,羁縻麻州割隶羁縻南宁州都督府。天宝十五载,归南诏。

5. 羁縻武德州(656—756)

显庆元年,析羁縻郎州置羁縻武德州(今沾益县白水镇天生桥),隶戎州都督府[①]。开元五年,割隶羁縻南宁州都督府。天宝十五载,归南诏。

---

① 据郭声波《唐朝南宁州都督府建置沿革新考》、《唐代南宁州都督府属州交通与地望研究》。

6. 羁縻英州(656—756)

显庆元年,析羁縻盘州置羁縻英州,治羁縻平夷县(今云南富源县富村镇迤左村),隶戎州都督府。开元五年,割隶羁縻南宁州都督府。天宝十五载,归南诏。

7. 羁縻盘州(652—756)

永徽三年,降盘州为羁縻盘州,治羁縻附唐县(今贵州兴义市黄草街道),隶戎州都督府。显庆元年,析置羁縻英州。开元五年,割隶羁縻南宁州都督府。天宝十五载,归南诏。

8. 羁縻武恒州(717—756)

开元五年,析羁縻南宁州置羁縻武恒州(今云南石林县鹿阜街道北大村),仍隶羁縻南宁州都督府。天宝十五载,归南诏。

9. 羁縻归武州(717—756)

开元五年,析羁縻南宁州置羁縻归武州(今云南弥勒市西三镇花口村),仍隶羁縻南宁州都督府。天宝十五载,归南诏。

10. 羁縻声州(656—756)

显庆元年,和蛮内附,以其地置羁縻声州(今云南开远市乐白道街道旧寨村),隶戎州都督府①。开元五年,割隶羁縻南宁州都督府。天宝十五载,归南诏。

11. 羁縻品州(656—765)

显庆元年,和蛮内附,以其地置羁縻品州,治羁縻八秤县(今云南蒙自市文澜镇土官村),隶戎州都督府。开元五年,割隶羁縻南宁州都督府。永泰元年,归南诏。

12. 羁縻奏龙州(656—756)

显庆元年,和蛮内附,以其地置羁縻奏龙州(今云南元阳县马街乡滥衙门),隶戎州都督府。开元五年,割隶羁縻南宁州都督府。天宝十五载,归南诏。

13. 羁縻从州(656—765)

显庆元年,和蛮内附,以其地置羁縻从州,治羁縻从化县(今云南石屏县城异龙镇松村),隶戎州都督府。开元五年,割隶羁縻南宁州都督府。永泰元年,归南诏。

---

① 郭声波《唐朝南宁州都督府建置沿革新考》、《唐代南宁州都督府属州交通与地望研究》两文曾推测声州系显庆元年析梨州置或开元五年析南宁州置,治今开远市乐白道乡旧寨。今考虑到声州距南宁州太远,故修正为显庆元年以内附和蛮部落置。

14. 羁縻严州(656—756)

显庆元年,和蛮内附,以其地置羁縻严州(今石屏县大桥乡三树底村),隶戎州都督府。开元五年,割隶羁縻南宁州都督府。天宝十五载,归南诏。

附 云南郡(姚州)都督府曾领

姚州都督府(664—680,688—742)—云南郡都督府(742—754)—藩属南诏国(794—860)

麟德元年(664),姚州都督府置直辖羁縻地区。调露二年(680),罢都督府及直辖羁縻地区。垂拱四年(688),复置姚州都督府及直辖羁縻地区。

武周长安四年(704),姚州都督府有一直辖羁縻地区。

唐天宝元年(742),改姚州都督府为云南郡都督府。十三载,罢云南郡都督府及直辖羁縻地区。

贞元十年,云南国归唐,为藩属南诏国①,仍得自置府、郡、赕、城,以阳苴咩城(今云南大理市大理镇)为首府。元和十五年,藩属南诏国地位不变。

大中八年,以藩属生獠、赤珠落二国并入。咸通元年②,南诏国王世隆叛唐称帝建元,改国号为大礼。

附旧府区:羁縻靡州都督府(652—664)—直辖羁縻地区(664—680,688—754)③

永徽三年(652),以废郎州都督府之羁縻靡、望二州置羁縻靡州都督府,隶戎州都督府,并置羁縻谤罗州。麟德元年,罢羁縻都督府,以羁縻靡州及割戎州都督府羁縻尹、曾、宗、匡、髳、褎、微七州,巂州都督府羁縻蒙舍、巍峰、样备、阳瓜、阳、浪穹、施浪、越析、河东、勃弄十州来属姚州都督府,并置羁縻日

---

① 樊绰《云南志》卷10:"贞元十年,南诏蒙异牟寻胥归附圣唐,愿竞内属,盟立誓言,永为西ющ藩屏。"同卷录是年正月誓文有"愿归清化,誓为汉(唐)臣"、"请全部落归附汉(唐)朝"等句可证。《旧唐书》卷197《南诏传》又载,是年十月,"以祠部郎中兼御史中丞袁滋持节册南诏,仍赐牟寻印,铸用黄金,以银为窠,文曰'贞元册南诏印'"。此后,剑南西川节度使例兼"云南安抚使",方国瑜《中国西南历史地理考释》第411页云:自此南诏"归剑南西川节度使管辖"。
② 《资治通鉴》系此事于大中十三年岁末,按世隆建元建极在咸通元年,故今自咸通起算。言大中者,盖追述其叛唐事由在上年也。
③ 本节各羁縻州沿革主要参考方国瑜《中国西南历史地理考释》(中华书局,1987年)第三篇"北周至初唐时期西南地理考释"及郭声波《彝族地区历史地理研究》第三章"姚州(云南郡)都督府所领乌蛮白蛮羁縻州"。

南、异、范邓、眉遒、于、遵备、洛诺、神、和往、野共、五陵、洪郎、舍利十三州①，以为直辖羁縻地区，羁縻谔罗、望二州隶戎州都督府。咸亨三年（672），置羁縻越、附、忠、史、矣和五州。调露二年，羁縻日南、异、范邓、眉遒、样备、阳瓜、越、阳、附、忠、于、史、遵备、浪穹、矣和、洛诺、神、和往、野共、五陵、洪郎、施浪、越析、舍利、河东二十五州归吐蕃，遂罢姚州都督府，羁縻尹、曾、宗、巍峰、蒙舍、勃弄、匡、髳、褒、微、靡十一州直属巂州都督府。垂拱四年，复置姚州都督府，割巂州都督府羁縻尹、曾、宗、巍峰、蒙舍、勃弄、匡、髳、褒、微、靡十一州来属，为直辖羁縻地区。永昌元年（689），浪穹等部自吐蕃来属，复置羁縻日南、异、范邓、眉遒、样备、阳瓜、越、阳、附、忠、于、史、遒川、浪穹、矣和、洛诺、神、和往、野共、五陵、洪郎、施浪、越析、舍利、渠浪二十五州②。

武周圣历间，羁縻神州复归吐蕃。长安四年，姚州都督府直辖羁縻尹、曾、宗、匡、勃弄、巍峰、蒙舍、日南、异、范邓、眉遒、样备、阳瓜、越、阳、附、忠、于、史、遒川、浪穹、矣和、洛诺、野共、五陵、洪郎、和往、施浪、舍利、河东、越析、髳、褒、微、靡三十五州。

唐神龙三年（707），置羁縻波州。景云元年（710），置羁縻化、隰、镜三州③。开元元年（713），置羁縻沙壹州。二十一年，割羁縻南宁州都督府之羁縻谔罗、望、昆、吴、梨、求、钩、傍、览、丘、勤十一州来属。二十六年，置羁縻江东、双祝二州，羁縻洛诺、野共二州归吐蕃。

天宝元年，改为云南郡都督府直辖羁縻地区。七载，置羁縻锦州。九载，羁縻蒙舍、巍峰、沙壹、日南、双祝、异、范邓、眉遒、样备、阳瓜、越、阳、附、忠、于、史、遵备、浪穹、矣和、和往、五陵、洪郎、施浪、越析、舍利、河东、勃弄、波、镜、匡、隰、江东三十二州归南诏。十载，收复羁縻隰、镜、匡三州。十二载，羁縻隰、镜、匡三州复归南诏。十三载，云南郡都督府领羁縻尹、靡、谔罗、望、昆、吴、梨、求、钩、锦、傍、览、丘、勤、曾、化、宗、髳、褒、微二十州。是年，羁縻尹、靡、曾、化、宗、髳、褒、微八州归南诏，遂罢都督府，羁縻昆、吴、梨、求、钩、

---

① 《新唐志》剑南道羁縻州条将麟德元年置姚州都督府并置此十三羁縻州事系于武德四年，大误，考详郭声波：《彝族地区历史地理研究》，第184页。
② 据《大唐故幽州都督左威卫大将军左羽林军上下赠使持节兖州诸军事兖州刺史河东郡开国公裴府君（怀古）墓志铭》（载《全唐文补遗》第九辑）及《资治通鉴》，武后天授中曾授裴怀古"检校姚巂等卅七州诸军事、姚州都督"。按姚州都督府未曾领巂州，巂州自有都督，疑此"巂"字有误，墓志拓片作"卅七州"亦误。然三十七州之数，盖即姚州及此时割自巂州之十一州加新置二十五州。
③ 据《旧唐书》卷102《徐坚传》、两《唐书·吐蕃传》及《资治通鉴》，景云元年，睿宗令监察御史李知古发剑南兵募往姚州击西洱河蛮，蛮既降附，知古又筑城，列置州县，欲使诸蛮输赋徭。蛮众恐惧，乃杀知古，相率反叛，役徒奔溃，姚巂路由是历年不通。推知此三州乃知古所置。

謤罗、望、锦、傍、览、丘、勤十二州直属南溪郡都督府。

附旧州1：羁縻姚州（652—664）

永徽三年，降姚州为羁縻姚州，治羁縻姚城县（今云南姚安县城栋川镇清河村），直属戎州都督府。麟德元年，复升为姚州，割置姚州都督府。

附旧州2：羁縻尹州（652—754）

永徽三年，降尹州为羁縻尹州，治羁縻马邑县（今云南牟定县新桥镇），直属戎州都督府。麟德元年，直属姚州都督府。调露二年，直属巂州都督府。垂拱四年，直属姚州都督府。天宝元年，直属云南郡都督府。十三载，归南诏。

附旧州3：羁縻靡州（652—754）

永徽三年，降靡州为羁縻靡州，治羁縻磨豫县（今云南元谋县黄瓜园镇），置羁縻靡州都督府。麟德元年，罢羁縻都督府，靡州直属姚州都督府。调露二年，直属巂州都督府。垂拱四年，直属姚州都督府。天宝元年，直属云南郡都督府。十三载，归南诏。

附旧州4：羁縻曾州（652—754）

永徽三年，降曾州为羁縻曾州，治羁縻曾县（今楚雄市紫溪镇前进村达连坝），直属戎州都督府。麟德元年，直属姚州都督府。调露二年，直属巂州都督府。垂拱四年，直属姚州都督府。景云元年，析置羁縻化州。天宝元年，直属云南郡都督府。十三载，归南诏。

附旧州5：羁縻化州（710—754）

景云元年，析羁縻曾州置羁縻化州，治石鼓驿（今楚雄市吕合镇钱粮桥）①，直属姚州都督府。天宝十三载，归南诏。

附旧州6：羁縻宗州（652—754）

永徽三年，降宗州为羁縻宗州，治羁縻宗居县（今云南南华县城龙川镇），直属戎州都督府。麟德元年，直属姚州都督府。调露二年，直属巂州都督府。垂拱四年，直属姚州都督府。天宝元年，直属云南郡都督府。十三载，归南诏。

---

① 樊绰《云南志》卷6："（云南城东）第三程至石鼓驿，旧化川也。"向达注："化川，诸本同，然疑应作化州。"方国瑜《考释》第297页："《新唐志》无此州……按此化州不识何时建立，惟在天宝以前唐朝设州，则可得而说。化州在欠舍川与曲驿之间，《元混一方舆胜览》镇南州曰：'石鼓县，汉化州也。'……则在今吕合镇，附近有石鼓村，盖化州即在吕合平川也。"可从。

附旧州 7：羁縻㟄州(710—750,751—753)

景云元年,析羁縻匡州置羁縻㟄州,治求赠馆(今云南祥云县普淜镇)①,直属姚州都督府。天宝元年,直属云南郡都督府。九载,归南诏。十载,收复,仍直属姚州都督府。十二载,复归南诏。

附旧州 8：羁縻镜州(710—750,751—753)

景云元年,析羁縻匡州置羁縻镜州,治匡川城(今祥云县前所乡云南驿镇云南驿村)②,直属姚州都督府。天宝元年,直属云南郡都督府。九载,归南诏。十载,收复,直属姚州都督府。十二载,复归南诏。

附旧州 9：羁縻波州(707—750)

神龙三年,析羁縻匡州置羁縻波州,治波大驿(今祥云县城祥城镇华严村)③,直属姚州都督府。天宝元年,直属云南郡都督府。九载,归南诏。

附旧州 10：羁縻匡州(652—750,751—753)

永徽三年,降匡州为羁縻匡州,治羁縻勃弄县(今祥云县刘厂镇大波那村),直属戎州都督府。麟德元年,直属姚州都督府。调露二年,直属襜州都督府。垂拱四年,直属姚州都督府。神龙三年,析置羁縻波州。景云元年,析置羁縻㟄、镜二州。天宝元年,直属云南郡都督府。九载,归南诏。十载,收复,仍直属姚州都督府。十二载,复归南诏。

附旧州 11：羁縻髳州(652—754)

永徽三年,降髳州为羁縻髳州,治羁縻濮水县(今云南大姚县石羊镇),直属戎州都督府。麟德元年,直属姚州都督府。调露二年,直属襜州都督府。垂拱四年,直属姚州都督府。天宝元年,直属云南郡都督府。十三载,归南诏。

附旧州 12：羁縻褒州(652—754)

永徽三年,降褒州为羁縻褒州,治羁縻阳褒县(今大姚县城金碧镇王德桥村),直属戎州都督府。麟德元年,直属姚州都督府。调露二年,直属襜州都

---

① 《册府元龟》卷434:天宝十一载,"破吐蕃云南救兵六十余万,屠拔㟄州等三所大城"。《资治通鉴》天宝十一载六月:"杨国忠奏吐蕃兵六十万救南诏,剑南兵击破之于云南,克故㟄州等三城。"则㟄州当在今祥云县东境,疑以求赠馆(南诏改称佉龙驿)置,即今普淜。㟄州,《新唐书》卷216《吐蕃传》误作"洪州"。

② 《大元混一方舆胜览》卷中大理路:"云南县,古镜州也。"《大明一统志》大理府:"镜州城,在云南县治东,唐置,领夷郎等六县,后废,今名云南土城,遗址尚存。""领夷郎等六县"六字系误与戎州都督府羁縻镜州内容相混,当衍。明云南县治今祥云县城,城东之云南土城即南诏云南驿,唐初为匡州匡川县治,后割隶镜州。

③ 樊绰《云南志》卷6:"云南城……西隔山有品睒赕,亦名清字川,尝为波州。大池绕山,长二十余里。波州废(地)〔城〕在池东南隅。"阮元等《云南通志》云波州在云南县城(今祥云县城)正南,《中国文物地图集·云南分册》第217页云,今县城南华严村有唐代镜州故城,当即波州故城之误。方国瑜《考释》第318页则认为"波大驿当即波州,以路程考之,波州即在今祥云城",《地图集》从之,近是。

督府。垂拱四年,直属姚州都督府。天宝元年,直属云南郡都督府。十三载,归南诏。

附旧州 13：**羁縻徽州**(652—754)

永徽三年,降徽州为羁縻徽州,治羁縻深利县(今云南永仁县城永定镇小汉坝),直属戎州都督府。麟德元年,直属姚州都督府。调露二年,直属巂州都督府。垂拱四年,直属姚州都督府。天宝元年,直属云南郡都督府。十三载,归南诏。

附旧州 14：**羁縻蒙舍州**(649—750)

贞观二十三年,招慰乌蛮哀牢部落置羁縻蒙舍州,治龙于图城(今云南巍山县庙街镇龙于图山)①,直属巂州都督府。永徽四年,析置羁縻巍峰州。麟德元年,蒙舍州直属姚州都督府。调露二年,直属巂州都督府。垂拱四年,直属姚州都督府。开元二十六年,移治新城(今庙街镇古城村)②。天宝元年,直属云南郡都督府。九载,归南诏。

附旧州 15：**羁縻巍峰州**(653—750)

永徽四年,析羁縻蒙舍州置羁縻巍峰州(今巍山县城南诏镇),直属巂州都督府。麟德元年,直属姚州都督府。调露二年,直属巂州都督府。垂拱四年,直属姚州都督府。开元元年,析置羁縻沙壹州。天宝元年,直属云南郡都督府。九载,归南诏。

附旧州 16：**羁縻沙壹州**(713—750)

开元元年,析羁縻巍峰州置羁縻沙壹③州,治沙壹城(今云南南涧县城南涧镇)④,直属姚州都督府。天宝元年,直属云南郡都督府。九载,归南诏。

附旧州 17：**羁縻日南州**(664—680,689—750)

麟德元年,析羁縻样备州置羁縻日南州(今云南昌宁县耈街乡)⑤,直属姚州都督府。调露二年,归吐蕃。永昌元年(689),复归唐,直属姚州都督府。天宝元年,直属云南郡都督府。九载,归南诏。

---

① 遗址尚存,见《中国文物地图集·云南分册》,第 244 页。
② 遗址尚存,见《中国文物地图集·云南分册》,第 243 页。
③ 樊绰《云南志》卷 3 原作"沙壶",故亦有因之作"沙葫"者。按沙壹州名沿自哀牢祖源传说,故今依《后汉书》卷 86《西南夷传》引应劭《风俗通》、《华阳国志》卷 4、《太平寰宇记》卷 179、《太平御览》卷 361 引《益部耆旧传》等。
④ 沙壹州得名于其先祖沙壹,沙壹居哀牢山,细奴罗之世始北迁蒙舍川,则沙壹州应位于哀牢山西北端与蒙舍川之间,即析巍峰州南部——今南涧县地而置。
⑤ 日南者,日之南至者也,当在麟德姚州都督府最南境。樊绰《云南志》卷 4、卷 6 均谓自永昌城(今保山)往茫天连(今孟连)须经唐封川。唐封者,唐朝边疆之谓也,按之地理,自今保山至孟连须经昌宁、凤庆、云县一带,唐封川当在南桥河流域,其地在麟德姚州都督府为最南边境,当为日南州地,日南州治盖在昌宁县东北之耈街。地属汉晋博南县,日南之名盖得于此。

附旧州 18：羁縻双祝州(738—750)

开元二十六年,析羁縻勃弄州置羁縻双祝州(今云南弥渡县城弥城镇)①,直属姚州都督府。天宝元年,直属云南郡都督府。九载,归南诏。

附旧州 19：羁縻异州(664—680,689—750)

麟德元年,析羁縻浪穹州置羁縻异州(今云南云龙县城诺邓镇)②,直属姚州都督府。调露二年,归吐蕃。永昌元年,复归唐,直属姚州都督府。天宝元年,直属云南郡都督府。九载,归南诏。

附旧州 20：羁縻眉邆州(664—680,689—750)

麟德元年,析羁縻浪穹州置羁縻眉邆州(今云南剑川县马登镇)③,直属姚州都督府。调露二年,归吐蕃。永昌元年,复归唐,直属姚州都督府。天宝元年,直属云南郡都督府。九载,归南诏。

附旧州 21：羁縻范邓州(664—680,689—750)

麟德元年,析羁縻浪穹州置羁縻范邓州(今云南洱源县炼铁乡)④,直属姚州都督府。调露二年,归吐蕃。永昌元年,复归唐,直属姚州都督府。天宝元年,直属云南郡都督府。九载,归南诏。

附旧州 22：羁縻样备州(649—680,689—750)

贞观二十三年,招慰洱河蛮置羁縻样备州(今云南漾濞县城苍山西镇),直属巂州都督府。麟德元年,直属姚州都督府,析置羁縻日南州。调露二年,归吐蕃。永昌元年,复归唐,直属姚州都督府。开元二十六年,析置羁縻江东州。天宝元年,直属云南郡都督府。九载,归南诏。

附旧州 23：羁縻阳瓜州(649—680,689—750)

贞观二十三年,招慰洱河蛮置羁縻阳瓜州(今云南巍山县永建镇碗城村)⑤,

---

① 樊绰《云南志》卷 3 云开元二十六年皮逻阁第四子成进封双祝州刺史。该州为南诏向北灭蒙巂诏后所置,当在今弥渡县境,原勃弄州地。今弥渡县城弥城镇西北 6 公里有南诏景庄王世隆建极十三年所铸铁柱遗址,元人称为"白崖铁柱",巍山彝语称铁柱子为"ɕyzɿdɿ",与"双祝"音近,南诏之双祝州可能以"铁柱"为名,故推知其州治在弥城镇一带。
② 依地理形势推定。云,与"异"音近,龙,彝语、支语言谓城也,"云龙"盖即"异城"之对音。赵吕甫《云南志校释》第 104 页引《云龙记往·云龙记》云:"自此号云龙甸,附邓浪诏。"邓浪诏即邓赕诏,按邓赕与云龙中隔浪穹,本不相属,异州当析自浪穹诏。
③ 朱惠荣《云南民族地名研究(上)》(载《史学论丛》第六辑)云:"眉邓即今马登,白语意为马帮住宿的村子。"从之。
④ "邓"(鄧)通"邆",以州名观之,范邓州当与邆备州相近,似在洱源县西部炼铁乡一带。
⑤ 赵堪同《关于蒙巂诏的几个问题》(载《云南彝族社会历史调查》,民族出版社,2009 年)云:"蒙巂诏的驻地相传在今永建公社北部的碗城村。……又从莲花塘的来历看,《蛮书》所说'有大池,周回数十里',当即指此。……永建公社大围埂、小围埂的围埂,据传为蒙巂诏所筑城墙的遗址。"今从之。《元史·地理志》:"蒙化州,本蒙舍城,唐置阳瓜州。天宝间,凤伽异为州刺史。"误将蒙舍、巍峰(即蒙化)、阳瓜三州合而为一,后人不省,往往指阳瓜州为蒙舍城,不取。

直属巂州都督府。麟德元年,直属姚州都督府。调露二年,归吐蕃。永昌元年,复归唐,直属姚州都督府。天宝元年,直属云南郡都督府。九载,归南诏。

附旧州 24：羁縻附州(672—680,689—750)

咸亨三年,析羁縻阳州置羁縻附州(今大理市下关镇)①,直属姚州都督府。调露二年,归吐蕃。永昌元年,复归唐,直属姚州都督府。开元二十五年,寄治勃弄州。天宝元年,直属云南郡都督府。九载,归南诏。

附旧州 25：羁縻越州(672—680,689—750)

咸亨三年,析羁縻阳州置羁縻越州,治石桥城(今云南大理市下关镇太和村)②,直属姚州都督府。或误为城州。调露二年,归吐蕃。永昌元年,复归唐,直属姚州都督府。开元二十五年,寄治勃弄州。天宝元年,直属云南郡都督府。九载,归南诏。

附旧州 26：羁縻阳州(649—680,689—750)

贞观二十三年,招慰洱河蛮置羁縻阳州(今大理市大理镇)③,直属巂州都督府。麟德元年,直属姚州都督府,析置于、邅备二羁縻州。咸亨三年,析置羁縻越、附二州。调露二年,归吐蕃。永昌元年,复归唐,直属姚州都督府。开元二十五年,寄治勃弄州。天宝元年,直属云南郡都督府。九载,归南诏。

附旧州 27：羁縻忠州(672—680,689—750)

咸亨三年,析羁縻于州置羁縻忠州(今大理市银桥镇)④,直属姚州都督府。调露二年,归吐蕃。永昌元年,复归唐,直属姚州都督府。开元二十五年,寄治勃弄州。天宝元年,直属云南郡都督府。九载,归南诏。

附旧州 28：羁縻于州(664—680,689—750)

麟德元年,析羁縻阳州置羁縻于州(今大理市湾桥镇)⑤,直属姚州都督

---

① 《新唐书》卷 222《南蛮传》:"显庆元年,西洱河蛮酋长杨栋、附显,和蛮酋长王罗祁,郎昆梨盘四州酋长士伽冲等帅部落四千人归附。"附州酋首盖姓附氏,在洱河地区。其后寄治白崖城,则故地当系开元年间为南诏夺自河蛮者,可能在今大理市卞关镇一带。
② 樊绰《云南志》卷 6"白崖城"条原误作"城州",原地在今下关镇太和村(旧属七里桥乡),乃河蛮之越赕诏,俗称石桥城、石桥诏。开元二十五年为南诏所夺,迁刺史于白崖,唐以蒙归义为越国公,盖以此也,故南诏改称蒙越诏。
③ 郭声波:《唐代姚州都督府建置沿革再研究》。《新唐书》卷 222《南蛮传》云,阳苴咩城又名阳睑,"夷语睑若州","阳睑"即阳州也,"阳苴咩"亦是"阳睑"之异译,即今大理市大理镇。
④ 樊绰《云南志》卷 6 云,忠州酋首迁于白崖城,则其故地当系开元年间为南诏夺自河蛮者,姑定在今大理市银桥镇一带。
⑤ 樊绰《云南志》卷 6 云,于州酋首迁于白崖城,则其故地当系开元年间为南诏夺自河蛮者,姑定在今大理市湾桥镇一带。《纪要》卷 116《姚安军民府》姚州澄川城:"废于、异州,在府境。"当是误以明代姚安府为唐代姚州都督府所致,不取。

府。咸亨三年,析置忠、史二羁縻州。调露二年,归吐蕃。永昌元年,复归唐,直属姚州都督府。开元二十五年,寄治勃弄州。天宝元年,直属云南郡都督府。九载,归南诏。

附旧州29:羁縻史州(672—680,689—750)

咸亨三年,析羁縻于州置羁縻史州,治大釐城(今大理市喜洲镇)①,直属姚州都督府。调露二年,归吐蕃。永昌元年,复归唐,直属姚州都督府。天宝元年,直属云南郡都督府。九载,归南诏。

附旧州30:羁縻邆备州(664—680)—羁縻邆赕州(689—750)

麟德元年,析羁縻施浪州置羁縻邆备州(今洱源县邓川镇古诏村)②,直属姚州都督府。调露二年,归吐蕃。永昌元年,复归唐,改为邆赕州,直属姚州都督府。天宝元年,直属云南郡都督府。九载,归南诏。

附旧州31:羁縻浪穹州(649—680,689—750)

贞观二十三年,招慰乌蛮昆明部落置羁縻浪穹州(今洱源县城茈碧湖镇)③,直属巂州都督府。麟德元年,直属姚州都督府,析置羁縻眉邆、异、范邓、神、洛诺五州。咸亨三年,析置羁縻矣和州。调露二年,归吐蕃。永昌元年,复归唐,直属姚州都督府。天宝元年,直属云南郡都督府。九载,归南诏。

附旧州32:羁縻矣和州(672—680,689—750)

咸亨三年,析羁縻浪穹州置羁縻矣和州,治矣苴和城(今洱源县三营镇)④,直属姚州都督府。调露二年,归吐蕃。永昌元年,复归唐,直属姚州都督府。天宝元年,直属云南郡都督府。九载,归南诏。

---

① 南诏有史睑,睑即州,盖其地先有史州也,即今大理市喜洲镇,喜洲即史州之对音。釐音 xī。向达《唐代记载南诏诸书考略》(载《唐代长安与西域文明》)亦曰:"大釐亦曰史睑,当与史万岁有关也。"朱惠荣《云南民族地名研究(下)》(载《史学论丛》第七辑)亦云:"大理市的喜洲,南诏称史城或大釐赕,一说隋开皇中史万岁征南中,渡西洱河至此,因名史城。"方国瑜《中国西南历史地理考释》(第449页)则疑史赕为"识睒"之音字,为鹿川之意。
② 樊绰《云南志》卷6:"邆川城,旧邆川也。南去龙口城十五里。"《大明一统志》大理府:"邓川州,在府城北七十里,唐为邆备州。"南诏改为邆川赕,后为德源城,在今洱源县邓川镇古诏村(旧属右所乡),遗迹尚存,《徐霞客游记》、汪宁生《西南访古卅五年》均有记闻。
③ 《元史·地理志》、《大明清类天文分野之书》邓川州、《大明一统志》大理府俱云,浪穹县城即故浪穹诏,亦即南诏浪穹州。按南诏州名睑,且无浪穹睑之名,故疑其所言乃指唐初置浪穹州时事。元、明浪穹县城即今洱源县城,当即唐代浪穹州治也。
④ 樊绰《云南志》卷3:"(施望欠)与丰哶〔子〕哶罗同伐归义,又皆溃败,退保矣苴和城。""望欠弟望千,当矣苴和城初败时,北走吐蕃,吐蕃立为诏。"此矣苴和,马长寿、方国瑜等改为"牟苴和"、"牟苴和",以与蒙次和相应(见马长寿《南诏国内的部族组成和奴隶制度》,上海人民出版社,1961年;方国瑜:《考释》,第361页)。按蒙次和乃浪穹州城(今洱源县城),元、明犹称之为弥次、弥次和,未曾作"牟苴和",而"矣苴和"两见于《云南志》,字当不误,矣苴和当即矣和之省称。今洱源县三营乡正当上关至剑川大道,宜为施浪诏主暂驻之矣苴和地,其地发现有古代城堡遗迹(云南省文物普查办公室《云南文物普查的主要收获》,载《云南文物》第十八期),疑与故矣和州有关。

附旧州 33：羁縻洛诺州(664—680,689—738)

麟德元年,析羁縻浪穹州置羁縻洛诺州,治罗鲁城(今剑川县城金华镇西中村)①,直属姚州都督府。调露二年,归吐蕃。永昌元年,复归唐,直属姚州都督府。开元二十六年,归吐蕃。

附旧州 34：羁縻神州(664—680,689—圣历间)

麟德元年,析羁縻浪穹州置羁縻神州,治神川城(今玉龙县石鼓镇)②,直属姚州都督府。调露二年,归吐蕃。永昌元年,复归唐,直属姚州都督府。圣历间,归吐蕃。

附旧州 35：羁縻和往州(664—680,689—750)

麟德元年,析羁縻施浪州置羁縻和往州,治鹤川(今云南鹤庆县城云鹤镇和邑村)③,直属姚州都督府。调露二年,归吐蕃。永昌元年,复归唐,直属姚州都督府。天宝元年,直属云南郡都督府。九载,归南诏。

附旧州 36：羁縻野共州(664—680,689—738)

麟德元年,析羁縻施浪州置羁縻野共州,治野共川(今云南丽江市古城区大研街道)④,直属姚州都督府。调露二年,归吐蕃。永昌元年,复归唐,直属姚州都督府。开元二十六年,归吐蕃。

附旧州 37：羁縻五陵州(664—680,689—750)

麟德元年,析羁縻越析州置羁縻五陵州,治五陵川(今云南永胜县光华乡五郎坪)⑤,直属姚州都督府。调露二年,归吐蕃。永昌元年,复归唐,直属姚州都督府。天宝元年,直属云南郡都督府。九载,归南诏。

---

① 《元史》卷 61《地理志》鹤庆路军民府剑川县："县治在剑川湖西,夷云罗鲁城。"《大明清类天文分野之书》卷 15 楚雄府："剑川州,唐义督罗鲁城也,又名剑浪诏。"《纪要》剑川州："罗鲁城,在州南十五里,唐所筑,今为瓦窑村地。"罗鲁城既是唐时建,则"罗鲁"当即"洛诺"之异译,明剑川州城即今剑川县城,城南十五里即今西中村,在剑湖西。
② "神州",《新唐志》原作"袖州",笔者在《唐代姚州都督府建置沿革再研究》一文中已考其为"神州"之误。神川,即桑川,赵吕甫《云南志校注》第 231 页云："按樊《志》谓桑川北即九贼,唐置巨津州,今为巨甸,则桑川即在巨甸南,鹤庆县北,不当在偏东之丽汀平源也。若然,则桑川应指石鼓镇、三街子一带之平原。"当是。今定神川为冲江河川,神州为石鼓镇。叶拉太《吐蕃地名研究》第 266 页以为神川在今维西县塔城乡。
③ 《元史》卷 61《地理志》鹤庆路军民府："府治在丽江路东南,大理路东北,夷名其地曰鹤川、样共。昔隶越析诏,汉、唐未建城邑。"疑和往与鹤川之名有关,姑定于今鹤庆县城一带。
④ 朱惠荣《云南民族地名研究(上)》说："'野共'与今'样共'为白语的同音异写,意即泥沙堆积快的河,以河为州名。"样共川,即今丽江县城所在之漾弓江,其下游为鹤庆县中江河(东山河),故《元史·地理志》亦云："鹤庆路军民府,府治在丽江路东南,大理路东北,夷名其地曰鹤川、样共。"然野共州实在其上游,即今丽江县城。
⑤ 永胜县北部有五郎河,"五郎"疑即"五陵"之对音,今永胜县光华乡五郎坪(旧属金官乡)当为五陵州治地。

附旧州 38：羁縻洪郎州(664—680,689—750)

麟德元年,析羁縻越析州置羁縻洪郎州(今永胜县涛源镇)①,直属姚州都督府。调露二年,归吐蕃。永昌元年,复归唐,直属姚州都督府。天宝元年,直属云南郡都督府。九载,归南诏。

附旧州 39：羁縻施浪州(649—680,689—750)

贞观二十三年,招慰乌蛮昆明部落置羁縻施浪州,治施浪城(今鹤庆县西邑镇北衙村)②,直属巂州都督府。麟德元年,直属姚州都督府,析置羁縻遵备、和往、野共三州。调露二年,归吐蕃。永昌元年,复归唐,直属姚州都督府。天宝元年,直属云南郡都督府。九载,归南诏。

附旧州 40：羁縻越析州(649—680,689—750)

贞观二十三年,招慰么些蛮越析部落置羁縻越析州,治越析城(今云南宾川县城金牛镇)③,直属巂州都督府。麟德元年,直属姚州都督府,析置羁縻洪郎、五陵二州。调露二年,归吐蕃。永昌元年,复归唐,直属姚州都督府。天宝元年,直属云南郡都督府。九载,归南诏。

附旧州 41：羁縻舍利州(664—680,689—750)

麟德元年,析羁縻河东州置羁縻舍利州,治舍利水城(今大理市挖色镇寺涧村)④,直属姚州都督府。调露二年,归吐蕃。永昌元年,复归唐,直属姚州都督府。天宝元年,直属云南郡都督府。九载,归南诏。

附旧州 42：羁縻河东州(649—680)—羁縻渠浪州(689—750)

贞观二十三年,招慰洱河蛮置羁縻河东州,治渠浪川(今大理市凤仪镇)⑤,直

---

① 方国瑜《考释》、赵吕甫《云南志校释》均疑"洪郎"为"郎洪"之误倒,即牟郎共城,在今兰坪县西营盘街,或巨甸西北之工龙镇。按二说恐失之太远,以麟德新置十三羁縻州地理布局观之,似在今永胜县南部,州治姑定于今涛源镇。
② 樊绰《云南志》卷 5："邆川城……东北有史郎川,又东,禄洛品川。"邆川城在今洱源县邓川镇古诏村,史郎川即今鹤庆县西邑镇北衙村之锅河川,禄洛品川即今鹤庆县黄坪镇之落漏河川。史郎即施浪之异译,施浪州盖即今北衙村。岑仲勉《六诏所在及南诏通道一段之今地》(载《中外史地考证》)以为施浪本部似应在今邓川及大理西之漾濞流域,即样备诏。
③ 樊绰《云南志》卷 1："越析州,今西〔洱〕(河)河东一日程,越析州谘长故地也。"卷 3："越析,一诏也,亦谓之磨些诏。部落在宾居,旧越析州也,去囊葱山一日程。"今宾川县犹有宾居河,即《云南志》所谓史郎川以东之品川,亦作宾川。《地图集》定越析州于今宾川县城,从之。
④ 樊绰《云南志》卷 5："大釐城……东南十余里有舍利水城,在洱河中流岛上。四面临水,夏月最清凉,南诏常于此城避暑。"舍利水城当是故舍利州之所在,大釐城即今大理市喜洲镇,东南十五里即今挖色镇寺涧村,今为洱海东岸孤山,古时洱海水位较高,孤山当与东岸隔离为岛。
⑤ 樊绰《云南志》卷5："渠敛赵,本河东州也。"卷1："渠蓝赵馆至龙尾城三十里。"卷2："囊葱山,在西洱河东隅,河流俯砥山根。土山无树石。高处不过数十丈。面对宾居、越析。山下有路,从渠敛赵出登川。"据此,河东州即渠蓝赵,亦即后之渠浪州,在今大理市凤仪镇,地在洱河之东,故名。今安宁市有《大周故河东州刺史王府君(仁求)碑》,故有人以为河东州在安宁。按《云南志》明言河东州在大理,王仁求碑之所以在安宁,乃是高宗时河东州叛乱后,仁求子善宝被迫寄居安宁时所立。

属巂州都督府。麟德元年，直属姚州都督府，析置羁縻舍利州。调露二年，归吐蕃。永昌元年，复归唐，改为羁縻渠浪州，直属姚州都督府。天宝元年，直属云南郡都督府。九载，归南诏。

附旧州43：羁縻勃弄州（649—750）

贞观二十三年，招慰洱河蛮置羁縻河东州，治大勃弄城（今云南弥渡县红岩镇北新发村）①，直属巂州都督府。麟德元年，直属姚州都督府。调露二年，直属巂州都督府。垂拱四年，直属姚州都督府。开元二十六年，析置羁縻双祝州。天宝元年，直属云南郡都督府。九载，归南诏。

附旧州44：羁縻江东州（738—750）

开元二十六年，析羁縻样备州置羁縻江东州（今云南永平县城博南镇曲硐村）②，直属姚州都督府。天宝元年，直属云南郡都督府。九载，归南诏。

第三节　越巂郡（巂州）都督府所领③

巂州总管府（621—627）—巂州都督府（627—742）—**越巂郡都督府（742—757）**—巂州都督府（797—869）

武德四年（621），巂州总管府遣吉弘伟招谕松外、昆弥、河蛮诸部落羁縻之④。贞观十三年（639），巂州都督府统部不变。二十二年，以羁縻松外部落置牢州（见上编第十四章《剑南道》第三节"越巂郡都督府"越巂郡巂州附牢州），并置直辖羁縻地区。二十三年，以羁縻昆弥、河蛮诸部落置直辖羁縻州。

武周长安四年（704），巂州都督府有一直辖羁縻地区。

唐天宝元年（742），改巂州都督府为越巂郡都督府。十三载，越巂郡都督府有一直辖羁縻地区。至德二载（757），都督府及直辖羁縻地区没于南诏、吐蕃。

---

① 《隋书》卷53《史万岁传》："自蜻蛉川经弄栋，次小勃弄、大勃弄，至于南中……庤西二河，入渠滥川。"则小勃弄在东，大勃弄在西。小勃弄即唐匡州勃弄县，在今祥云县境；大勃弄即唐勃弄州白崖城，在今弥渡县境，郭声波《唐代姚州都督府建置沿革再研究》考证梁建方时已建为勃弄州。据樊绰《云南志》卷5，白崖城新城系阁罗凤所建，在旧城东北，即今红崖镇西1公里之古城，则唐初勃弄州当即白崖旧城，更在其西南隅。
② 樊绰《云南志》卷2载：开元二十六年，以破洱河蛮之功，授皮逻阁次男崇先江东刺史。江东，盖指兰沧江之东，州治疑在永昌道必经之永平县城曲硐村（旧为镇）。
③ 本节内容主要参考郭声波《彝族地区历史地理研究》第四章"巂州（越巂郡）都督府所领乌蛮羁縻州"。
④ 考详郭声波：《彝族地区历史地理研究》，第185—188页。

贞元十三年(797),复置巂州都督府①,勿邓、奉国诸部落来归,以为羁縻部落。元和十五年(820),巂州都督府统羁縻勿邓、奉国诸部落。

咸通十年(869),复罢都督府,羁縻勿邓诸部落归南诏、奉国诸部落归吐蕃。

直辖羁縻地区
直辖羁縻地区(648—757,865—869)

贞观二十二年,巂州都督府置羁縻丘卢、米羌、初汉、威川、计、浪弥、渠川、祐、柜、月边、月乱、团、乎川、思亮、杜、龙池十六州,以为直辖羁縻地区。二十三年,置羁縻勃弄、蒙舍、阳瓜、阳、样备、浪穹、施浪、越析、河东九州②。

永徽三年(652),羁縻米羌州没于剑山羌。四年,置羁縻巍峰州。六年,置羁縻博卢、合钦、丛夏、附树、米川、大渡、木属、归化、河东、甫岚、昌明十一州。龙朔二年,置羁縻东川、和都、和良、明川、象川五州③。麟德元年(664),割羁縻勃弄、巍峰、蒙舍、阳瓜、阳、样备、浪穹、施浪、越析、河东十州隶姚州都督府。调露二年(680),以废姚州都督府之羁縻尹、曾、宗、巍峰、蒙舍、勃弄、匡、髳、褒、微、靡十一州来属。垂拱四年(688),置羁縻索古、前罗岩、柏坡、诺祚、下蓬、蓬矢六州④,复割羁縻尹、曾、宗、巍峰、蒙舍、勃弄、匡、髳、褒、微、靡十一州隶姚州都督府。

武周天授三年,置羁縻辄荣、秦上、剧川、肞胺四州⑤。长安四年,巂州都督府领羁縻博卢、合钦、丘卢、丛夏、附树、米川、木属、诺祚、柏坡、索古、罗岩、大渡、归化、河东、甫岚、昌明、辄荣、秦上、肞胺、剧川、和良、和都、东川、浪弥、渠川、计、威川、初汉、祐、柜、月边、月乱、团、乎川、思亮、杜、龙池、象川、明川、蓬矢、下蓬四十一州⑥。

唐开元四年(716),割羁縻博卢、合钦、丛夏、附树、米川、木属、索古、前罗

---

① 据郁贤皓《唐刺史考全编》,贞元、元和间有"使持节都督巂州诸军事、守巂州刺史"陈孝阳。巂州都督府之置废当与唐后期巂属羁縻州置废年代一致。
② 郭声波:《唐代姚州都督府建置沿革再研究》,《西南边疆民族研究》(二),云南大学出版社,2003年。
③ 郭声波:《彝族地区历史地理研究》,第374页。
④ 同上书,第374—375页。
⑤ 同上书,第375页。
⑥ 《陆公及夫人孙氏墓志铭》(载《隋唐五代墓志汇编·洛阳卷》第7册,天津古籍出版社,1991年)云,墓主父陆乾回曾任"大周使持节巂州都督、巂等卌二州诸军事、巂州刺史",与此四十一州数(不含巂州)正合。

岩、柏坡、诺祚、大渡、归化、河东、甫岚、昌明、辄荣、秦上、肶胲、剧川、和良、和都、东川、象川、明川、蓬矢、下蓬二十六州直属黎州都督府。十七年,割羁縻浪弥州直属黎州都督府。

天宝元年,改为越巂郡直辖羁縻地区。十三载,越巂郡都督府直辖羁縻丘卢、初汉、威川、计、渠川、祐、柜、月边、月乱、团、孚川、思亮、杜、龙池十四州。至德二载,罢都督府,十四羁縻州归南诏。

贞元十三年,复置巂州都督府①,置羁縻驯州,割隶戎州都督府。

咸通六年,置直辖羁縻遏戎州。十年,羁縻遏戎州没于南诏。

1. 羁縻丘卢州(648—757)

贞观二十二年,招慰么些蛮曲罗部落置羁縻丘卢州(今四川冕宁县里庄乡),隶巂州都督府。天宝元年,隶越巂郡都督府。至德二载,归南诏。

2. 羁縻初汉州(648—757)

贞观二十二年,招慰阿逼蛮初里、里汉部落置羁縻初汉州,治里汉(今四川喜德县红莫镇),隶巂州都督府。天宝元年,隶越巂郡都督府。至德二载,归南诏。

3. 羁縻威川州(648—757)

贞观二十二年,招慰阿逼蛮罗谷部落置羁縻威川州(今喜德县拉克乡),隶巂州都督府。天宝元年,隶越巂郡都督府。至德二载,归南诏。

4. 羁縻计州(648—757)——羁縻遏戎州(865—869)

贞观二十二年,招慰阿逼蛮计部落置羁縻计州(今喜德县城光明镇),隶巂州都督府。天宝元年,隶越巂郡都督府。至德二载,归南诏。咸通六年,招慰两林蛮卑笼部落置羁縻遏戎州,寄治巂州邛部县永安城(今四川越西县南箐乡小哨)。十年,归南诏。

5. 羁縻渠川州(648—757)

贞观二十二年,招慰阿逼蛮直赁部落置羁縻渠川州(今喜德县且拖乡),隶巂州都督府。天宝元年,隶越巂郡都督府。至德二载,归南诏。

6. 羁縻祐州(648—757)

贞观二十二年,招慰阿逼蛮石地部落置羁縻祐州(今喜德县米市镇),隶巂州都督府。天宝元年,隶越巂郡都督府。至德二载,归南诏。

---

① 据郁贤皓《唐刺史考全编》,贞元、元和间有"使持节都督巂州诸军事、守巂州刺史"陈孝阳。

7. 羁縻柜州(648—757)

贞观二十二年,招慰阿逼蛮控部落置羁縻柜州(今四川昭觉县四开乡),隶巂州都督府。天宝元年,隶越巂郡都督府。至德二载,归南诏。

8. 羁縻月边州(648—757)

贞观二十二年,招慰阿逼蛮苴质部落置羁縻月边州(今四川普格县城普基镇),隶巂州都督府。天宝元年,隶越巂郡都督府。至德二载,归南诏。

9. 羁縻月乱州(648—757)

贞观二十二年,招慰阿逼蛮戎列部落置羁縻月乱州(今普格县夹铁乡),隶巂州都督府。天宝元年,隶越巂郡都督府。至德二载,归南诏。

10. 羁縻团州(648—757)

贞观二十二年,招慰阿逼蛮离旻部落羁縻置团州(今四川布拖县拖觉镇),隶巂州都督府。天宝元年,隶越巂郡都督府。至德二载,归南诏。

11. 羁縻孚川州(648—757)

贞观二十二年,招慰阿逼蛮乌披部落置羁縻孚川州(今昭觉县城新城镇),隶巂州都督府。天宝元年,隶越巂郡都督府。至德二载,归南诏。

12. 羁縻思亮州(648—757)

贞观二十二年,招慰阿逼蛮婆狄部落置羁縻思亮州(今昭觉县竹核乡),隶巂州都督府。天宝元年,隶越巂郡都督府。至德二载,归南诏。

13. 羁縻杜州(648—757)—羁縻驯州(797—907)

贞观二十二年,招慰阿逼蛮觷箣水部落置羁縻杜州(今四川雷波县雷池乡),隶巂州都督府。天宝元年,隶越巂郡都督府。至德二载,归南诏。贞元十三年,以杜州故地置羁縻驯州,治驯禄县(今雷波县上田坝乡)[①],直属戎州都督府。

14. 羁縻龙池州(648—757)

贞观二十二年,招慰阿逼蛮龙池部落置羁縻龙池州,治小龙池(今雷波县城锦城镇),隶巂州都督府。天宝元年,隶越巂郡都督府。至德二载,归南诏。

---

① 《太平寰宇记》戎州:"驯州,在州西北七百三十三里。"合今293公里。其方位在戎州西北,盖言须经由商州,然后取马湖路西南行。《宋史》卷496《叙州三路蛮传》谓董蛮驯、骋、浪川三州在马湖江右,《纪要》卷73《马湖府》则谓"浪川、驯、骋等州,皆在马湖江岸",以293公里里程溯马湖路度之,驯州当在今雷波县上田坝乡。

第四节　汉源郡(黎州)都督府所领①

黎州都督府(716—742)—汉源郡都督府(742—758)—黎州都督府(758—779)

开元四年(716),黎州都督府置直辖羁縻地区。

天宝元年(742),改黎州都督府为汉源郡都督府。十三载,汉源郡都督府有一直辖羁縻地区。

乾元元年(758),复汉源郡都督府为黎州都督府。大历十四年(779),罢都督府及直辖羁縻地区。

直辖羁縻地区
直辖羁縻地区(716—779)

开元四年,割嶲州都督府羁縻昌明、甫岚、归化、博卢、合钦、丛夏、附树、米川、大渡、木属、河东、辄荣、秦上、胣胲、剧川、下蓬、蓬矢、明川、象川、东川、和都、和良二十二州及索古、前罗岩、柏坡、诺祚二十六州置黎州都督府。十七年,割嶲州都督府羁縻浪弥州来属,置羁縻瑶剑、开望、郎郭、野川、橛查、苍荣、甫荨、贵林、上贵、牒琮、俨马、时蓬、滑川、上蓬、比蓬、剥重、明昌、脚川、久护、护川、护邛、邛陈、邛川、比地、吉川、比川、苍荣二十七州。

天宝元年,改为汉源郡都督府直辖羁縻地区,羁縻丛夏、附树、郎郭、索古、前罗岩、柏坡、诺祚七州归吐蕃②。十三载,汉源郡都督府领羁縻昌明、甫岚、归化、瑶剑、上钦、博卢、合钦、开望、米川、大渡、木属、野川、橛查、河东、苍荣、辄荣、秦上、甫荨、上贵、贵林、剧川、胣胲、滑川、牒琮、下蓬、时蓬、俨马、蓬矢、上蓬、比蓬、象川、剥重、明昌、明川、脚川、久护、护川、浪弥、护邛、邛陈、邛川、吉川、比地、比川、东川、和都、和良四十七州。

---

① 本节内容主要参考郭声波《彝族地区历史地理研究》第五章"黎州(汉源郡)都督府所领各族羁縻州"。

② 郭声波《唐弱水西山羁縻州与保宁都护府考》(载《中国史研究》1999年第4期)考证,吐蕃有囊贡(里郭功)节度,天宝十二载参与对保宁都护府的围攻。该节度驻故郎郭州,可知此前郎郭州已归吐蕃,今拟于天宝元年与黎州飞越县同时罢废,职由吐蕃侵略之故。丛夏、附树二州近于郎郭州,罗岩、索古、柏坡、诺祚四州近于飞越县,疑亦于天宝元年同归于吐蕃。《旧唐志》仍列该七州为乾元元年黎属羁縻州,当系照录开元末年旧资料而未改。

乾元元年,复为黎州都督府直辖羁縻地区。二年,弃羁縻瑶剑、上钦、博卢、合钦、开望、米川、象川、剥重、明昌、明川、脚川、久护、护川、浪弥、护邛、邛陈、邛川、比地、吉川、比川、东川、和都、和良二十三州。大历十四年,羁縻橛查、野川、木属、大渡、归化、昌明、甫岚、河东八州陷于吐蕃,羁縻秦上、钜荣、苍荣、甫蕚、上贵、贵林、剧川、胞胲、牒琮、俨马、上蓬、下蓬、时蓬、滑川、蓬矢、比蓬十六州亦废,遂罢都督府。

1. 羁縻昌明州(655—779)

永徽六年(655),以笮都夷部落置羁縻昌明州(今四川石棉县丰乐乡?),直属巂州都督府。开元四年,直属黎州都督府。天宝元年,直属汉源郡都督府。乾元元年,直属黎州都督府。大历十四年,没于吐蕃。

2. 羁縻甫岚州(655—779)

永徽六年,以笮都夷部落置羁縻甫岚州(今石棉县迎政乡?),直属巂州都督府。开元四年,直属黎州都督府。天宝元年,直属汉源郡都督府。乾元元年,直属黎州都督府。大历十四年,没于吐蕃。

3. 羁縻归化州(655—779)

永徽六年,以剑山铄羌部落置羁縻归化州(今石棉县城棉城街道?),直属巂州都督府。开元四年,直属黎州都督府。十七年,析置羁縻遥剑州。天宝元年,直属汉源郡都督府。乾元元年,直属黎州都督府。大历十四年,没于吐蕃。

4. 羁縻瑶剑州(729—759)

开元十七年,析羁縻归化州置羁縻瑶剑州(今石棉县栗子坪乡孟获城),直属黎州都督府。天宝元年,直属汉源郡都督府。乾元元年,直属黎州都督府。二年,州废。

5. 羁縻上钦州(729—759)

开元十七年,析羁縻合钦州置羁縻上钦州(今四川冕宁县彝海镇),直属黎州都督府。天宝元年,直属汉源郡都督府。乾元元年,直属黎州都督府。二年,州废。

6. 羁縻博卢州(655—759)

永徽六年,以剑山白蛮部落置羁縻博卢州(今冕宁县曹古乡),直属巂州都督府。开元四年,直属黎州都督府。天宝元年,直属汉源郡都督府。乾元元年,直属黎州都督府。二年,州废。

7. 羁縻合钦州(655—759)

永徽六年,以剑山白蛮部落置羁縻合钦州(今冕宁县大桥镇),直属巂州都督府。开元四年,直属黎州都督府。十七年,析置羁縻上钦、开望二州。天宝元年,直属汉源郡都督府。乾元元年,直属黎州都督府。二年,州废。

8. **羁縻开望州**(729—759)

开元十七年,析羁縻合钦州置羁縻开望州(今冕宁县大桥镇宁源村),直属黎州都督府。天宝元年,直属汉源郡都督府。乾元元年,直属黎州都督府。二年,州废。

附旧州1：羁縻丛夏州(655—742)

永徽六年,以剑山羌胡丛部落置羁縻丛夏州(今四川九龙县三垭乡?),直属嶲州都督府。开元四年,直属黎州都督府。天宝元年,没于吐蕃。

附旧州2：羁縻附树州(655—742)

永徽六年,以么些蛮显养部落置羁縻附树州(今九龙县烟袋镇?),直属嶲州都督府。开元四年,直属黎州都督府。十七年,析置羁縻郎郭州。天宝元年,没于吐蕃。

附旧州3：羁縻郎郭州(729—742)

开元十七年,析羁縻附树州置羁縻郎郭州,治崀笼城(今九龙县城呷尔镇),直属黎州都督府。天宝元年,归吐蕃。

9. **羁縻米川州**(655—759)

永徽六年,以剑山米(弥)羌部落置羁縻米川州(今九龙县湾坝乡),直属嶲州都督府。开元四年,直属黎州都督府。天宝元年,直属汉源郡都督府。乾元元年,直属黎州都督府。二年,州废。

10. **羁縻米羌州**(648—652)—**羁縻大渡州**(655—779)

贞观二十二年,招慰剑山米羌部落置羁縻米羌州(今石棉县安顺乡),直属嶲州都督府。永徽三年,叛唐。六年,仍以米(弥)羌部落置羁縻大渡州(今石棉县安顺乡),直属嶲州都督府。开元四年,直属黎州都督府。天宝元年,直属汉源郡都督府。乾元元年,直属黎州都督府。大历十四年,陷于吐蕃。

11. **羁縻木属州**(655—779)

永徽六年,以姐(特浪)羌部落置羁縻木属州(今石棉县新民乡?),直属嶲州都督府。开元四年,直属黎州都督府。十七年,析置羁縻野川州。天宝元年,直属汉源郡都督府。乾元元年,直属黎州都督府。大历十四年,陷于吐蕃。

12. **羁縻野川州**(729—779)

开元十七年,析羁縻木属州置羁縻野川州(今石棉县田湾乡),直属黎州都督府。天宝元年,直属汉源郡都督府。乾元元年,直属黎州都督府。大历十四年,陷于吐蕃。

13. 羁縻橄查州(729—779,784—907)

开元十七年,析羁縻河东州置羁縻橄查州(今四川石棉县挖角乡),直属黎州都督府。天宝元年,直属汉源郡都督府。乾元元年,直属黎州都督府。二年,直属雅州都督府。大历十四年,没于吐蕃。兴元元年,收复,以处特浪羌杨氏部落,直属雅州都督府。

14. 羁縻河东州(655—779)

永徽六年,以笮都夷部落置羁縻河东州(今石棉县新棉镇安靖村),直属巂州都督府。开元四年,直属黎州都督府。天宝元年,直属汉源郡都督府。乾元元年,直属黎州都督府。大历十四年,没于吐蕃。

15. 羁縻苍荣州(729—779)

开元十七年,析羁縻辄荣州置羁縻苍荣州(今四川甘洛县阿兹觉乡)①,直属黎州都督府。天宝元年,直属汉源郡都督府。乾元元年,直属黎州都督府。大历十四年,州废。

16. 羁縻辄荣州(692—779)

天授三年(692),招慰大渡河白蛮部落置羁縻辄荣州(今四川汉源县皇木镇),直属巂州都督府。开元四年,直属黎州都督府。十七年,析置羁縻苍荣州。天宝元年,直属汉源郡都督府。乾元元年,直属黎州都督府。大历十四年,州废。

17. 羁縻秦上州(692—779)

天授三年,招慰大渡河白蛮部落置羁縻秦上州(今四川乐山市金口河区永胜乡),直属巂州都督府。开元四年,直属黎州都督府。十七年,析置羁縻甫萼州。天宝元年,直属汉源郡都督府。乾元元年,直属黎州都督府。大历十四年,州废。

18. 羁縻甫萼州(729—779)

开元十七年,析羁縻剧川州置羁縻甫萼州(今乐山市金口河区和平乡)②,直属黎州都督府。天宝元年,直属汉源郡都督府。乾元元年,直属黎州都督府。大历十四年,州废。

19. 羁縻上贵州(729—779)

开元十七年,析羁縻剧川州置羁縻上贵州(今四川峨边县黑竹沟镇),直

---

① 苍荣州名与辄荣州相近,当是从辄荣州分出之兄弟部落,今姑定在大渡河南之甘洛县阿兹觉乡。
② 按《新唐书》卷222《南蛮传》,黎州南路有婆盐鬼主十人。"婆盐"当即"甫萼"之异译,疑在今乐山市金口河区南部和平乡一带,后置为罗护镇。其鬼主十人,疑即分布于今汉源县乌斯河以东之苍荣、辄荣、秦上、甫萼、上贵、贵林、剧川、胞胧、牒琮、俨马等十个白蛮、粟蛮羁縻州酋首。

属黎州都督府。天宝元年,直属汉源郡都督府。乾元元年,直属黎州都督府。大历十四年,州废。

20. **羁縻贵林州**(729—779)

开元十七年,析羁縻剧川州置羁縻贵林州(今峨边县大堡镇),直属黎州都督府。天宝元年,直属汉源郡都督府。乾元元年,直属黎州都督府。大历十四年,州废。

21. **羁縻剧川州**(692—779)

天授三年,招慰么些蛮粟蛮部落置羁縻剧川州(今峨边县杨村乡?),直属巂州都督府。开元四年,直属黎州都督府。十七年,析置羁縻贵林、上贵、甫萼三州。天宝元年,直属汉源郡都督府。乾元元年,直属黎州都督府。大历十四年,州废。

22. **羁縻脆胲州**(692—779)

天授三年,招慰么些蛮粟蛮部落置羁縻脆胲州,治祂和城(今峨边县城沙坪镇),直属巂州都督府。开元四年,直属黎州都督府。十七年,析置羁縻滑川、牒琮二州。天宝元年,直属汉源郡都督府。乾元元年,直属黎州都督府。大历十四年,州废。

23. **羁縻滑川州**(729—779)

开元十七年,析羁縻脆胲州置羁縻滑川州(今峨边县毛坪镇?),直属黎州都督府。天宝元年,直属汉源郡都督府。乾元元年,直属黎州都督府。大历十四年,州废。

24. **羁縻牒琮州**(729—779)

开元十七年,析羁縻脆胲州置羁縻牒琮州(今峨边县五渡镇?),直属黎州都督府。天宝元年,直属汉源郡都督府。乾元元年,直属黎州都督府。大历十四年,州废。

25. **羁縻下蓬州**(688—779)

垂拱四年,招慰婆笼川生獠置羁縻下蓬州(今四川马边县下溪镇),直属巂州都督府。开元四年,直属黎州都督府。十七年,析置羁縻时蓬、俨马二州。天宝元年,直属汉源郡都督府。乾元元年,直属黎州都督府。大历十四年,州废。

26. **羁縻时蓬州**(729—779)

开元十七年,析羁縻下蓬州置羁縻时蓬州(今马边县城民建镇?),直属黎州都督府。天宝元年,直属汉源郡都督府。乾元元年,直属黎州都督府。大历十四年,州废。

27. 羁縻伊马州(729—779)

开元十七年,析羁縻下蓬州置羁縻伊马州(今马边县莜坝乡?),直属黎州都督府。天宝元年,直属汉源郡都督府。乾元元年,直属黎州都督府。大历十四年,州废。

28. 羁縻蓬矢州(688—779)

垂拱四年,招慰婆笼川生獠置羁縻蓬矢州(今马边县苏坝镇?),直属巂州都督府。开元四年,直属黎州都督府。十七年,析置羁縻上蓬、比蓬二州。天宝元年,直属汉源郡都督府。乾元元年,直属黎州都督府。大历十四,州废。

29. 羁縻上蓬州(729—779)

开元十七年,析羁縻蓬矢州置羁縻上蓬州(今马边县三河口乡?),直属黎州都督府。天宝元年,直属汉源郡都督府。乾元元年,直属黎州都督府。大历十四年,州废。

30. 羁縻比蓬州(729—779)

开元十七年,析羁縻蓬矢州置羁縻比蓬州(今马边县高卓营乡?),直属黎州都督府。天宝元年,直属汉源郡都督府。乾元元年,直属黎州都督府。大历十四年,州废。

31. 羁縻象川州(662—759)

龙朔二年(662),招慰么些蛮狼蛮部落置羁縻象川州(今四川美姑县牛牛坝乡),直属巂州都督府。开元四年,直属黎州都督府。十七年,析置羁縻脚川、护川、久护三州。天宝元年,直属汉源郡都督府。乾元元年,直属黎州都督府。二年,州废。

32. 羁縻剥重州(729—759)

开元十七年,析羁縻明川州置羁縻剥重州(今四川雷波县山棱岗乡?),直属黎州都督府。天宝元年,直属汉源郡都督府。乾元元年,直属黎州都督府。二年,州废。

33. 羁縻明昌州(729—759)

开元十七年,析羁縻明川州置羁縻明昌州(今美姑县峨曲古乡?),直属黎州都督府。天宝元年,直属汉源郡都督府。乾元元年,直属黎州都督府。二年,州废。

34. 羁縻明川州(662—759)

龙朔二年,招慰么些蛮栗(凌)蛮部落置羁縻明川州(今美姑县城巴普镇?),直属巂州都督府。开元四年,直属黎州都督府。十七年,析置羁縻剥重、明昌、脚川、久护、护川五州。天宝元年,直属汉源郡都督府。乾元元年,直属黎州都督府。二年,州废。

35. 羁縻脚川州(729—759)

开元十七年,析羁縻象川州置羁縻脚川州(今美姑县九口乡?),直属黎州都督府。天宝元年,直属汉源郡都督府。乾元元年,直属黎州都督府。二年,州废。

36. 羁縻久护州(729—759)

开元十七年,析羁縻象川州置羁縻久护州(今越西县申果乡),以处讹蛮部落,直属黎州都督府。天宝元年,直属汉源郡都督府。乾元元年,直属黎州都督府。二年,州废。

37. 羁縻护川州(729—759)

开元十七年,析羁縻象川州置羁縻护川州(今四川昭觉县比尔乡),以处讹蛮部落,直属黎州都督府。天宝元年,直属汉源郡都督府。乾元元年,直属黎州都督府。二年,州废。

38. 羁縻浪弥州(648—759)

贞观二十二年,招慰么些蛮勿邓部落置羁縻浪弥州(今四川喜德县尼波镇),直属巂州都督府,开元十七年,直属黎州都督府,并析置羁縻护邛、邛陈、邛川三州。天宝元年,直属汉源郡都督府。乾元元年,直属黎州都督府。二年,州废。

39. 羁縻护邛州(729—759)

开元十七年,析羁縻浪弥州置羁縻护邛州(今四川越西县依洛地坝乡),直属黎州都督府。天宝元年,直属汉源郡都督府。乾元元年,直属黎州都督府。二年,州废。

40. 羁縻邛陈州(729—759)

开元十七年,析羁縻浪弥州置羁縻邛陈州(今越西县普雄镇),直属黎州都督府。天宝元年,直属汉源郡都督府。乾元元年,直属黎州都督府。二年,州废。

41. 羁縻邛川州(729—759)

开元十七年,析羁縻浪弥州置羁縻邛川州(今越西县白果乡),直属黎州都督府。天宝元年,直属汉源郡都督府。乾元元年,直属黎州都督府。二年,州废。

42. 羁縻吉川州(729—759)

开元十七年,析羁縻东川州置羁縻吉川州(今甘洛县斯觉镇?),直属黎州都督府。天宝元年,直属汉源郡都督府。乾元元年,直属黎州都督府。二年,州废。

43. 羁縻比地州(729—759)

开元十七年,析羁縻东川州置羁縻比地州(今甘洛县吉米镇),直属黎州都督府。天宝元年,直属汉源郡都督府。乾元元年,直属黎州都督府。二年,州废。

44. 羁縻比川州(729—759)

开元十七年,析羁縻东川州置羁縻比川州(今甘洛县普昌镇),直属黎州都督府。天宝元年,直属汉源郡都督府。乾元元年,直属黎州都督府。二年,州废。

45. 羁縻东川州(662—759)

龙朔二年,招慰么些蛮蒙(梦)蛮部落置羁縻东川州(今甘洛县城新市坝镇?),直属巂州都督府。开元四年,直属黎州都督府。十七年,析置羁縻吉川、比地、比川三州。天宝元年,直属汉源郡都督府。乾元元年,直属黎州都督府。二年,州废。

46. 羁縻和都州(662—759)

龙朔二年,招慰巂州么些蛮夷蛮部落置羁縻和都州(今甘洛县玉田镇?),直属巂州都督府。开元四年,直属黎州都督府。天宝元年,直属汉源郡都督府。乾元元年,直属黎州都督府。二年,州废。

47. 羁縻和良州(662—759)

龙朔二年,招慰邛部川白蛮部落置羁縻和良州(今甘洛县田坝镇?),直属巂州都督府。开元四年,直属黎州都督府。天宝元年,直属汉源郡都督府。乾元元年,直属黎州都督府。二年,州废。

第五节 卢山郡(雅州)都督府所领

雅州都督府(665—683,688—742)—卢山郡都督府(742—758)—雅州都督府(758—793)—统押近界诸羌蛮使(793—907)

麟德二年(665),雅州都督府置直辖羁縻地区。永淳二年(683),罢都督府及直辖羁縻地区。垂拱四年(688),复置雅州都督府直辖羁縻地区。

武周长安四年(704),雅州都督府有一直辖羁縻地区。

天宝元年(742),改雅州都督府为卢山郡都督府。十三载,卢山郡都督府有一直辖羁縻地区。

乾元元年(758),复卢山郡都督府为雅州都督府。贞元十年(794),置统押近界诸羌蛮使以代雅州都督府之职,以西川节度使兼①,婆盐及三王蛮部落来归,以为羁縻部落。元和十五年(820),统押近界诸羌蛮使有一直辖羁縻地区及羁縻婆盐、三王部落。

咸通九年(868),以定边军节度使兼统押近界诸羌蛮使②。十一年,复以西川节度复兼统押近界诸羌蛮使③。十四年,统押近界诸羌蛮使仍有一直辖羁縻地区及羁縻婆盐、三王部落。

文德元年(888),以永平军节度使兼统押近界诸羌蛮使。大顺二年(891),又以西川节度使兼统押近界诸羌蛮使④。

直辖羁縻地区
直辖羁縻地区(665—683,688—779,780—907)

麟德二年,割茂州都督府直辖羁縻婆、箭、时、宕、可、居、质、浩、奈、归化、笮、赖、那、尔、射、铎、平祭、多、举、补、浪、敛、邠、勿、鞿、占、达、姜、蓬鲁、恕、葛、卓三十二州为雅州都督府直辖羁縻地区。永隆元年(680),羁縻蓬鲁、姜、恕、葛、卓五州直属茂州都督府。永淳二年,羁縻勿、鞿、占、浪、邠、敛、补、赖、那、举、多、尔、射、铎、平祭、箭、婆、浩、质、归化、奈、笮二十二州没于吐蕃,羁縻达、时、居、可、宕五州改隶茂州都督府。垂拱四年,重开雅州边外地,置羁縻杨常、长臂、当马、东石孔、徐渠、费林、嘉梁、西石孔、林烧、林波、钳矣、中川、金林、前会野、当仁十五州,以为雅州都督府直辖羁縻地区⑤。

武周如意元年(692),重开雅州边外地,置羁縻汶东、叶川、涉邛、强鸡、雄五州⑥。长安二年,省羁縻叶川州。四年,雅州都督府直辖羁縻汶东、涉邛、强

---

① 《资治通鉴》贞元十年正月。
② 《新唐表》、《资治通鉴》咸通九年六月。
③ 《新唐表》。
④ 《资治通鉴》大顺二年十月。
⑤ 陈子昂《感遇》(载《陈拾遗集》卷1)诗:"丁亥岁云暮,西山事甲兵。赢粮匪邛道,荷戟惊羌城。"丁亥岁暮,即垂拱三年末,邛道,即邛崃道或邛崃道,其用兵方向当在雅州边外之西山——今宝兴、天全、泸定县一带,垂拱四年雅州都督府之汶东等七州,巂州都督府之罗岩等四州,即因此而设。
⑥ 《旧唐志》但云当马等十九州"皆天宝已前岁时贡奉,属雅州都督",不载其始置年。按《旧唐书》卷196《吐蕃传》:"如意元年,吐蕃大首领曷苏率其所ει并贵川部落请降,则天令右钤卫大将军张玄遇率精卒二万充安抚使以纳之。师次大渡水,曷苏事泄,为本国所擒。又有大首领昝捶率羌蛮部落八千余人诣玄遇内附,玄遇以其部落置叶川州,以昝捶为刺史,仍于大度西山勒石纪功而还。"可见该年吐蕃大首领曷苏本部虽来降不果,然其所έι各部仍有来降者,以玄遇兵诣雅州地分受降分析,曷苏属部来降者当含故雅州都督府羁縻地区诸部,即嘉梁羌(原特浪羌)、辟惠羌(如贵川、昝捶等部)及部落蛮獠等,上述不详始置年代之雅属羁縻州,当为是年所置。

鸡、雉、杨常、长臂、当马、林烧、前罗岩、金林、前会野、当仁、中川、林波、东石孔、西石孔、徐渠、费林、嘉梁十九州。

天宝元年,改为卢山郡直辖羁縻地区,羁縻当马、林烧、林波、钳矣、中川、金林、会野、当仁八州陷于吐蕃①。十三载,卢山郡都督府直辖羁縻汶东、涉邛、强鸡、雉、杨常、长臂、东石孔、徐渠、费林、嘉梁、西石孔十一州。

乾元元年,复为雅州都督府直辖羁縻地区。大历十四年(779),羁縻汶东、涉邛、强鸡、雉、杨常、长臂、后罗岩、当马、林烧、东石孔、徐渠、费林、嘉梁、西石孔十一州没于吐蕃②。建中元年(780),收复故地,置羁縻林波、钳矣、中川、金林、当仁八州,并以黎州都督府故地复置羁縻索古、柏坡、诺祚三州来属③。兴元元年,收复故地,置凉川、盐井、夏梁、甫和、撅查五州④。贞元五年,置羁縻曩贡、腊城二部落⑤。十年,改为统押近界诸羌蛮使直辖羁縻地区。十二年,置羁縻后会野、作重、椎梅、祸林、三恭、布岚六州⑥。十六年,置羁縻束锋、名配、钳恭、画重、罗林、笼羊、三井、斜恭、龙逢、敢川、木烛、惊川、祸眉、严城、昌磊、当品、百颏、钳并、欠马、罗蓬二十州⑦。十七年,收复故地,置羁縻论川、夔龙、让川、远南、卑卢、东嘉梁、西嘉梁、金川、耀川九州及羁縻逋租部落⑧。元和十五年,统押近界诸羌蛮使直辖羁縻凉川、盐井、夏梁、甫和、罗林、三井、画重、钳恭、束锋、当马、笼羊、后罗岩、名配、斜恭、木烛、敢川、龙蓬、林烧、惊川、索古、祸眉、严城、昌磊、当品、百坡、诺祚、三恭、布

---

① 《旧唐志》雅州:"都督一十九州,并生羌、生獠羁縻州,无州县。……皆天宝已前岁时贡奉。"则天宝后未必仍有十九州。按天宝元年,黎州飞越县罢废,疑与吐蕃侵略有关,而当马等八州在飞越县西近,当亦废于是年。
② 据《旧唐书》卷117《崔宁传》、《册府元龟》卷987、《资治通鉴》大历十四年十月,吐蕃与南诏合兵十万,三道入寇剑南,其中一道出黎、雅州,过邛崃关,袭邛州火井,则雅属羁縻州当已尽没于是年。
③ 《元和志》谓雅州"管羁縻州十一",盖指此。
④ 《新唐书》记椎梅以雅属羁縻州为"(开)〔兴〕元后置",即以此五州为始。
⑤ 《旧唐书》卷13《德宗纪》、卷140《韦皋传》及《册府元龟》卷987《外臣部》载,贞元五年,韦皋遣将王有道与东蛮合力,于故巂州台登北谷大破吐蕃青海、腊城二节度,生擒笼官四十五人。推测以羁縻部落形式安置。
⑥ 《唐会要》卷99《南诏蛮》;《册府元龟》卷977、978。《太平寰宇记》雅州载,贞元十二年,韦皋招得投降吐蕃首领高万唐、杨矣逢、费东君等部落二万余口,在会野路安置。此六州当置于是年。
⑦ 《旧唐书》卷140《韦皋传》载,贞元十六年,韦皋命将出军,累破吐蕃于黎、巂二州,于是吐蕃酋帅兼监统曩贡腊城等九节度婴婴、国师马定德、笼官马德唐与其大将八十七人举部落来降。《太平寰宇记》雅州又载:贞元间吐蕃鬼笼城铄罗莽酒等部落来降,在和川路安置。推测此二十州即置于该年,以安置吐蕃降户。
⑧ 《旧唐书》卷196《吐蕃传》、《册府元龟》卷987载:贞元十七年九月,雅州经略使路惟明与三部落主赵日进等率兵三千进攻吐蕃逋租、偏松等城。《太平寰宇记》雅州:"吐蕃业城首领笼官刘矣本等部落来降,在本部安置;吐蕃逋租城首领笼官马东煎等部落,在夏阳路安置。吐蕃嘉梁州降户首领笼官刘定等部落,在夏阳路安置。"此十三州当置于是年。

岚、橛查、作重、金林、罗蓬、椎梅、祸林、后会野、欠马、当仁、百频、中川、钳并、钳矣、林波、论川、让川、夔龙、远南、卑卢、耀川、金川、西嘉梁、东嘉梁五十一州及羁縻逋租、曩贡、腊城三部落①。

咸通十四年,统押近界诸羌蛮使直辖羁縻州、部落不变。

1. **羁縻宕州**(651—683)—**羁縻汶东州**(692—779)—**羁縻盐井州**(784—907)

永徽二年,以内附辟惠羌部落置羁縻宕州(今宝兴县蜂桶寨乡)②,直属茂州都督府。麟德二年,直属雅州都督府。永淳二年,内徙茂州境,直属茂州都督府。如意元年,以来降吐蕃贵川部落置羁縻汶东州(今蜂桶寨乡)③,直属雅州都督府。大历十四年,没于吐蕃。兴元元年,复归唐,置羁縻盐井州(今蜂桶寨乡),直属统押近界诸羌蛮使。

附旧州:**羁縻时州**(651—683)

永徽二年,以内附辟惠羌部落置羁縻时州(今宝兴县蜂桶寨乡光明村)④,直属茂州都督府。麟德二年,直属雅州都督府。永淳二年,内徙茂州境,直属茂州都督府。

2. **羁縻可州**(651—683)—**羁縻强鸡州**(692—779)

永徽二年,以内附辟惠羌部落置羁縻可州(今宝兴县硗碛乡)⑤,直属茂州都督府。麟德二年,直属雅州都督府。永淳二年,内徙茂州境,直属茂州都督府。如意元年,以来降吐蕃贵川部落置羁縻强鸡州(今硗碛乡)⑥,直属雅州都督府。大历十四年,没于吐蕃。

3. **羁縻居州**(651—683)—**羁縻雉州**(692—779)—**凉川州**(784—907)

永徽二年,以内附辟惠羌部落置羁縻居州(今宝兴县陇东镇老场村),直属茂州都督府。麟德二年,直属雅州都督府。永淳二年,没于吐蕃。如意元年,以来降吐蕃贵川部落置羁縻雉州(今陇东镇老场村),直属雅州都督府。大历十四年,没于吐蕃。兴元元年,以来降吐蕃贵川部落置羁縻凉川州(今陇

---

① 《新唐志》雅州都督府列五十七州,其中东石孔、西石孔、涉邛、汶东、费林、徐渠、强鸡、长臂、杨常、雉十州是大历后已不存者,又脱百频、索古、诺祚、柏坡四州。《太平寰宇记》雅州都督府列四十六州,无夏梁、凉川、盐井、甫和、橛查五州,疑脱。
② 宕州后徙茂州境,当靠北,今拟于宝兴县东河中游蜂桶寨乡,旧名盐井乡。
③ "涉邛","济涉邛崃"之意,谓其地有路翻越邛崃山,今拟于宝兴县东河中游。
④ 时州后徙茂州境,当靠北,今拟于宝兴县东河下游。新华村旧为民治乡。
⑤ 可州后徙茂州境,当靠北,今拟于宝兴县东河上游。
⑥ 《旧唐书》卷196《吐蕃传》载,如意元年吐蕃贵川部来降,唐遣张玄遇玄军至雅州受降,当安置于今宝兴县境,考详郭声波:《贵琼人的来源与迁徙初探》。硗碛,与"强鸡"音近,可以勘同。

东镇老场村),直属统押近界诸羌蛮使。

4. **羁縻浩州**(651—683)—**羁縻涉邛州**(692—779)—羁縻夏梁州(784—907)

永徽二年,以内附辟惠羌部落置羁縻浩州(今宝兴县城穆坪镇)①,直属茂州都督府。麟德二年,直属雅州都督府。永淳二年,内徙茂州境,直属茂州都督府。如意元年,以来降吐蕃贵川部落置羁縻涉邛州(今穆坪镇),直属雅州都督府。大历十四年,没于吐蕃。兴元元年,以来降吐蕃贵川部落置羁縻夏梁州(今穆坪镇),直属统押近界诸羌蛮使。

附旧新州:羁縻质州(651—683)

永徽二年,以内附辟惠羌部落置羁縻质州(今宝兴县五龙乡?),直属茂州都督府。麟德二年,直属雅州都督府。永淳二年,没于吐蕃。

5. **羁縻归化州**(651—683)—**羁縻杨常州**(688—779)—**羁縻甫和州**(784—907)

永徽二年,以内附生獠部落置羁縻归化州(今四川天全县小河乡沙坪村)②,直属茂州都督府。麟德二年,直属雅州都督府。永淳二年,没于吐蕃。垂拱四年,复归唐,置羁縻杨常州(今天小河乡沙坪村),仍处獠蛮部落,直属雅州都督府。大历十四年,没于吐蕃。兴元元年,以归附砂坪蛮部落置羁縻甫和州(今小河乡沙坪村)③,直属统押近界诸羌蛮使。

附旧州:羁縻奈州(651—682)

永徽二年,以内附生獠部落置羁縻奈州(今天全县小河乡?),直属茂州都督府。麟德二年,直属雅州都督府。永淳二年,没于吐蕃。

6. **羁縻竺州**(651—682)—**羁縻长臂州**(688—779)

永徽二年,以内附生獠部落置羁縻竺州(今天全县紫石乡?),直属茂州都督府。麟德二年,直属雅州都督府。永淳二年,没于吐蕃。垂拱四年,复归唐,置羁縻长臂州(今天全县紫石乡),仍处獠蛮部落,直属雅州都督府。大历十四年,没于吐蕃。

7. **羁縻敛州**(651—683)—**羁縻东石孔州**(688—779)—羁縻让川州(801—907)

永徽二年,以内附特浪羌部落置羁縻敛州(今四川康定县时济乡?),直属茂州都督府。麟德二年。直属雅州都督府。永淳二年,没于吐蕃。垂拱四

---

① 居州后徙茂州境,当靠北,今拟于宝兴县西河中游。
② 沙坪村旧为青石乡,地处西山羌人雅州门户,与"归化"一名意义相合。
③ "甫和",盖为和川路起点之谓,故可定于今天全县沙坪村。

年,复归唐,改置羁縻东石孔州(今时济乡),仍处特浪羌刘氏部落,直属雅州都督府。大历十四年,没于吐蕃。贞元十七年,以吐蕃降户业城刘氏部落置羁縻让川州(今时济乡),直属统押近界诸羌蛮使。

附旧新州 1:羁縻邹州(651—682)——羁縻夔龙州(801—907)

永徽二年,以内附特浪羌部落置羁縻邹州(今康定县前溪乡?),直属茂州都督府。麟德二年,直属雅州都督府。永淳二年,没于吐蕃。贞元十七年,以吐蕃降户业城刘氏部落置羁縻夔龙州(今康定县前溪乡楼上村),直属统押近界诸羌蛮使。唐末,移治渡口(今康定县时济乡抗州村)。

附旧新州 2:羁縻勿州(651—682)——羁縻远南州(801—907)

永徽二年,以内附特浪羌部落置羁縻勿州(今康定县麦崩乡?),直属茂州都督府。麟德二年,直属雅州都督府。永淳二年,没于吐蕃。贞元十七年,以处吐蕃降户业城刘氏部落置羁縻远南州(今康定县前溪乡俄包村),直属统押近界诸羌蛮使。

8. 羁縻占州(651—682)——**羁縻徐渠州**(692—779)

永徽二年,以内附特浪羌部落置羁縻占州(今康定县金汤镇?),直属茂州都督府。麟德二年,直属雅州都督府。永淳二年,没于吐蕃。垂拱四年,复归唐,改置羁縻徐渠州(今金汤镇?),仍处特浪羌刘氏部落,直属雅州都督府。大历十四年,没于吐蕃。

附旧州:羁縻鞊州(651—683)

永徽二年,以内附特浪羌部落置羁縻鞊州(今康定县三合乡?),直属茂州都督府。麟德二年,直属雅州都督府。永淳二年,没于吐蕃。

9. 羁縻达州(651—683)——**羁縻费林州**(688—779)

永徽二年,以内附特浪羌部落置羁縻达州(今康定县捧塔乡)①,直属茂州都督府。麟德二年,直属雅州都督府。永淳二年,内徙茂州境,直属茂州都督府。垂拱四年,收复羁縻达州旧地,改置羁縻费林州(今捧塔乡),仍处特浪羌刘氏部落,直属雅州都督府。大历十四年,没于吐蕃。

10. 羁縻姜州(651—680)——**羁縻嘉梁州**(688—779)——羁縻西嘉梁州(801—907)

永徽二年,以内附特浪羌部落置羁縻姜州(今康定县孔玉乡折骆村)②,直

---

① 达州后徙茂州境,当靠北,今拟于康定县东北之捧塔乡。
② "姜"即"嘉良"约音。《隋书》卷83《附国传》:"附国有嘉良夷,即其东部。……嘉良有水,阔六七十丈,并南流,用皮为舟而济。"此水当即康定东北之大渡河。

属茂州都督府。麟德二年,直属雅州都督府。永隆元年,内徙茂州境,直属茂州都督府。垂拱四年,收复羁縻姜州故地,置羁縻嘉梁州(今孔玉乡折骆村),仍处特浪羌刘氏部落,直属雅州都督府。大历十四年,没于吐蕃。贞元十七年,以吐蕃降户嘉梁刘氏部落置羁縻西嘉梁州,仍治嘉梁城①,直属统押近界诸羌蛮使。

附旧新州:羁縻蓬鲁州(651—680)—羁縻东嘉梁州(801—907)

永徽二年,以内附特浪羌部落置羁縻蓬鲁州(今康定县孔玉乡泥洛村)②,直属茂州都督府。麟德二年,直属雅州都督府。永隆元年,徙治茂州都督府羁縻涂州境,直属茂州都督府。贞元十七年,以吐蕃降户嘉梁刘氏部落置羁縻东嘉梁州(今孔玉乡泥洛村),直属统押近界诸羌蛮使。

附新州1:羁縻金川州(801—907)

贞元十七年,以吐蕃降户嘉梁刘氏部落置羁縻金川州(今孔玉乡门坝村),直属统押近界诸羌蛮使。

附新州2:羁縻耀川州(801—907)

贞元十七年,以吐蕃降户嘉梁刘氏部落置羁縻耀川州(今孔玉乡巴躲村),直属统押近界诸羌蛮使。

11. 羁縻浪州(651—683)—**羁縻西石孔州**(688—779)—羁縻论川州(801—907)

永徽二年,以内附特浪羌部落置羁縻浪州(今康定县姑咱镇?),直属茂州都督府。麟德二年,直属雅州都督府。永淳二年,没于吐蕃。垂拱四年,复归唐,改置羁縻西石孔州(今姑咱镇),仍处特浪羌刘氏部落,直属雅州都督府。大历十四年,陷没于吐蕃。贞元十七年,以吐蕃降户业城刘氏部落置羁縻论川州,治业城(今姑咱镇),直属统押近界诸羌蛮使。

附新州:羁縻卑卢州(801—907)

贞元十七年,以吐蕃降户业城刘氏部落置羁縻卑卢州(今康定县舍联乡舍联村),直属统押近界诸羌蛮使。

附旧州1:羁縻婆州(651—683)

永徽二年,以内附辟惠羌部落置羁縻婆州(今芦山县大川镇?),直属茂州都督府。麟德二年,直属雅州都督府。永淳二年,没于吐蕃。

---

① 《地图集》以开元二十九年为断,拟东、西嘉梁州于今小金县境,按其时嘉梁州犹未分东、西,图误。任乃强等《四川州县建置沿革图说》第十五幅分标东、西嘉梁州于今丹巴县城章谷镇及丹巴县巴底乡两地,按该地是时犹为吐蕃所据,唐不得置羁縻州于此,图亦误。

② 《新唐志》蓬鲁州列名居首,当在特浪羌首府嘉梁城一带。

附旧州 2：羁縻补州(651—683)

永徽二年，以内附特浪羌部落置羁縻补州(今四川泸定县烹坝乡?)，直属茂州都督府。麟德二年，直属雅州都督府。永淳二年，没于吐蕃。

附旧新州 1：羁縻箭州(651—683)—羁縻叶川州(692—702)

永徽二年，以内附辟惠羌部落置羁縻箭州(今芦山县太平镇)，直属茂州都督府。麟德二年，直属雅州都督府。永淳二年，没于吐蕃。如意元年，以来降吐蕃汶川部落置羁縻叶川州(今太平镇)①，直属雅州都督府。长安二年，省入雅州。

附旧新州 2：羁縻赖州(651—683)—羁縻当马州(688—742,780—907)

永徽二年，以内附特浪羌部落置羁縻赖州(今泸定县岚安乡)②，直属茂州都督府。麟德二年，直属雅州都督府。永淳二年，没于吐蕃。垂拱四年，以内附特浪羌王氏部落置羁縻当马州(今岚安乡昂州村)，直属雅州都督府。天宝元年，陷于吐蕃。建中元年，收复，直属雅州都督府，并析置羁縻后罗岩州。贞元十年，直属统押近界诸羌蛮使。十六年，析置羁縻罗林、三井、画重、钳恭、束锋、斜恭六州。

附旧新州 3：羁縻林烧州(688—742,780—907)

垂拱四年，以内附特浪羌王氏部落置羁縻林烧州(今泸定县城泸桥镇咱里村)，直属雅州都督府。天宝元年，陷于吐蕃。建中元年，收复，直属雅州都督府。贞元十年，直属统押近界诸羌蛮使。

附旧新州 4：羁縻那州(651—683)—羁縻索古州(688—742,780—907)

永徽二年，以内附特浪羌部落置羁縻那州(今泸定县城泸桥镇?)，直属茂州都督府。麟德二年，直属雅州都督府。永淳二年，没于吐蕃。垂拱四年，以内附特浪羌王氏部落置羁縻索古州(今泸桥镇)，直属巂州都督府。开元四年，直属黎州都督府。天宝元年，陷于吐蕃。建中元年，收复，直属雅州都督府。贞元十年，直属统押近界诸羌蛮使。十六年，析置羁縻惊川、祸眉、龙逢、敢川、木烛五州。

附旧新州 5：羁縻尔州(651—683)—羁縻前罗岩州(688—742)—羁縻祸眉州(789—907)

永徽二年，以内附特浪羌部落置羁縻尔州(今泸定县冷碛镇?)，直属茂州都督府。麟德二年，直属雅州都督府。永淳二年，没于吐蕃。垂拱四年，以内

---

① "汶东"，在汶山之东，故名。今邛崃山古为汶山南段。
② 赖：疑是"岚安"约音。

附特浪羌王氏部落置羁縻前罗岩州（今冷碛镇），直属巂州都督府。开元四年，直属黎州都督府。天宝元年，陷于吐蕃。贞元五年，析羁縻索古州置羁縻祸眉州（今泸定县城泸桥镇大坝村），以处吐蕃曩贡节度降户，直属雅州都督府。十年，直属统押近界诸羌蛮使。

附旧新州 6：羁縻举州（651—683）—羁縻林波州（688—742，780—907）

永徽二年，以内附特浪羌部落置羁縻举州（今泸定县田坝乡？），直属茂州都督府。麟德二年，直属雅州都督府。永淳二年，没于吐蕃。垂拱四年，以内附特浪羌王氏部落置羁縻林波州（今田坝乡），并析置羁縻林烧、钳矢、中川三州，直属雅州都督府。天宝元年，陷于吐蕃。建中元年，收复，直属雅州都督府。贞元十年，直属统押近界诸羌蛮使。

附旧新州 7：羁縻钳矢①州（688—742，780—907）

垂拱四年，以内附特浪羌赵氏部落置羁縻钳矢州（今泸定县德威乡磨子沟村新磨房），直属雅州都督府。天宝元年，陷于吐蕃。建中元年，收复，直属雅州都督府。贞元十年，直属统押近界诸羌蛮使。十六年，析置羁縻钳并州。

附旧新州 8：羁縻多州（651—683）—羁縻中川州（688—742，780—907）

永徽二年，以内附特浪羌部落置羁縻多州（今泸定县德威乡）②，直属茂州都督府。麟德二年，直属雅州都督府。永淳二年，没于吐蕃。垂拱四年，以内附特浪羌赵氏部落置羁縻中川州（今德威乡奎武村），直属雅州都督府。天宝元年，陷于吐蕃。建中元年，收复，直属雅州都督府。贞元十年，直属统押近界诸羌蛮使。十六年，析置羁縻百频州。

附旧新州 9：羁縻柏坡州（688—742）—羁縻百坡州（780—907）

永徽二年，以内附特浪羌部落置羁縻射州（今泸定县加郡乡），直属茂州都督府。麟德二年，直属雅州都督府。永淳二年，没于吐蕃。垂拱四年，以内附特浪羌赵氏部落置羁縻柏坡州（今加郡乡河口村桃子坪），直属巂州都督府。开元四年，直属黎州都督府。天宝元年，陷于吐蕃。建中元年，收复，改为羁縻百坡州，直属雅州都督府。贞元五年，析置羁縻当品、昌磊、严城三州。十年，直属统押近界诸羌蛮使。

附旧新州 10：羁縻金林州（688—742，780—907）

垂拱四年，以内附特浪羌杨氏部落置羁縻金林州（今泸定县磨些镇咱地

---

① 两《唐志》作"钳矢"，今依《太平寰宇记》卷 77、《新唐书》卷 222《南蛮传》、《元丰九域志》卷 10、《舆地纪胜》雅州。
② 多：约音与"德威"音近。

村),直属雅州都督府。天宝元年,陷于吐蕃。建中元年,收复,直属雅州都督府。贞元十年,直属统押近界诸羌蛮使。十二年,析置羁縻作重、祸林、椎梅三州。

附旧新州11：羁縻平祭州(651—683)—前会野州(688—742)—羁縻罗蓬州(800—907)

永徽二年,以内附么些蛮部落置羁縻平祭州(今泸定县磨西镇),直属茂州都督府。麟德二年,直属雅州都督府。永淳二年,没于吐蕃。垂拱四年,以内附么些蛮部落置羁縻前会野州(今磨西镇共和村),直属雅州都督府。天宝元年,陷于吐蕃。贞元十六年,析置羁縻罗蓬州(今磨西镇),以处吐蕃降户会野费氏部落,直属统押近界诸羌蛮使。

附旧新州12：羁縻当仁州(688—742,780—907)

垂拱四年,以内附么些蛮部落置羁縻当仁州(今泸定县新兴乡和平村),直属雅州都督府。天宝元年,陷于吐蕃。建中元年,收复,直属雅州都督府。贞元十年,直属统押近界诸羌蛮使。十二年,析置羁縻后会野州。十六年,析置羁縻欠马州。

附旧新州13：羁縻铎州(651—683)—羁縻诺祚州(688—742,780—907)

永徽二年,以内附特浪羌部落置羁縻铎州(今泸定县得妥乡)①,直属茂州都督府。麟德二年,直属雅州都督府。永淳二年,没于吐蕃。垂拱四年,以内附特浪羌杨氏部落置羁縻诺祚州(今得妥乡),直属嶲州都督府。开元四年,直属黎州都督府。天宝元年,陷于吐蕃。建中元年,收复,直属雅州都督府。贞元十年,直属统押近界诸羌蛮使。十二年,析置羁縻三恭、布岚二州。

附新州1：羁縻后罗岩州(780—907)

建中元年,析羁縻当马州置羁縻后罗岩州(今泸定县岚安乡昂州村),以处特浪羌王氏部落,直属雅州都督府。贞元十年,直属统押近界诸羌蛮使。十六年,析置羁縻名配、笼羊二州。

附新州2：羁縻名配州(800—907)

贞元十六年,析羁縻后罗岩州置羁縻名配州(今泸定县岚安乡昂州村),以处吐蕃曩贡节度降户鬼笼部落,直属统押近界诸羌蛮使。

附新州3：羁縻笼羊州(800—907)

贞元十六年,析羁縻后罗岩州置羁縻笼羊州(今泸定县岚安乡昂州村),以

---

① 铎：约音与"得妥"音近。

处吐蕃曩贡节度降户鬼笼部落,直属统押近界诸羌蛮使。

附新州 4：羁縻束锋州(800—907)

贞元十六年,析羁縻当马州置羁縻束锋州(今泸定县岚安乡昂州村),以处吐蕃曩贡节度鬼笼降户,直属统押近界诸羌蛮使。

附新州 5：羁縻三井州(800—907)

贞元十六年,析羁縻当马州置羁縻三井州(今泸定县岚安乡三埂子村),以处吐蕃曩贡节度降户,直属统押近界诸羌蛮使。

附新州 6：羁縻斜恭州(800—907)

贞元十六年,析羁縻当马州置羁縻斜恭州(今泸定县岚安乡脚乌村),以处吐蕃曩贡节度降户,直属统押近界诸羌蛮使。

附新州 7：羁縻钳恭州(800—907)

贞元十六年,析羁縻当马州置羁縻钳恭州(今泸定县岚安乡昂州村),以处吐蕃曩贡节度降户,直属统押近界诸羌蛮使。

附新州 8：羁縻画重州(800—907)

贞元十六年,析羁縻当马州置羁縻画重州(今泸定县岚安乡昂州村),以处吐蕃曩贡节度降户,直属统押近界诸羌蛮使。

附新州 9：羁縻罗林州(800—907)

贞元十六年,析羁縻当马州置羁縻罗林州(今泸定县岚安乡三埂子村),以处吐蕃曩贡节度降户,直属统押近界诸羌蛮使。

附新州 10：羁縻龙蓬州(800—907)

贞元十六年,析羁縻索古州置羁縻龙蓬[①]州(今泸定县城泸桥镇嘉庆村河坝头),以处吐蕃曩贡节度降户,直属统押近界诸羌蛮使。

附新州 11：羁縻敢川州(800—907)

贞元十六年,析羁縻索古州置羁縻敢川州(今泸定县城泸桥镇嘉庆村河坝头),以处吐蕃曩贡节度降户,直属统押近界诸羌蛮使。

附新州 12：羁縻木烛州(800—907)

贞元十六年,析羁縻索古州置羁縻木烛州(今泸定县城泸桥镇嘉庆村河坝头),以处吐蕃曩贡节度降户,直属统押近界诸羌蛮使。

附新州 13：羁縻惊川州(800—907)

贞元十六年,析羁縻索古州置羁縻惊川州(今泸定县城泸桥镇),以处吐

---

① 《新唐志》、《新唐书》卷 222《南蛮传》作"龙逢",今依《太平寰宇记》、《武经总要》前集卷 19、《元丰九域志》。

蕃曩贡节度降户,直属统押近界诸羌蛮使。

附新州 14：羁縻祸眉州(800—907)

贞元十六年,析羁縻索古州置羁縻祸眉州(今泸定县城泸桥镇大坝村),以处吐蕃曩贡节度降户,直属统押近界诸羌蛮使。

附新州 15：羁縻严城州(800—907)

贞元十六年,析羁縻百坡州置羁縻严城州(今泸定县加郡乡安家湾村高河坝),以处吐蕃腊城节度降户,直属统押近界诸羌蛮使。

附新州 16：羁縻昌磊州(800—907)

贞元十六年,析羁縻百坡州置羁縻昌磊州(今泸定县加郡乡安家湾村高河坝),以处吐蕃腊城节度降户,直属统押近界诸羌蛮使。

附新州 17：羁縻当品州(800—907)

贞元十六年,析羁縻百坡州置羁縻当品州(今泸定县加郡乡河口村),以处吐蕃腊城节度降户,直属统押近界诸羌蛮使。

附新州 18：羁縻钳并州(800—907)

贞元十六年,析羁縻中川州置羁縻钳并州(今泸定县德威乡磨子沟村新磨房),以处吐蕃腊城节度降户,直属统押近界诸羌蛮使。

附新州 19：羁縻百频州(800—907)

贞元十六年,析羁縻中川州置羁縻百频州(今泸定县德威乡奎武村下奎武),以处吐蕃腊城节度降户,直属统押近界诸羌蛮使。

附新州 20：羁縻欠马州(800—907)

贞元十六年,析羁縻当仁州置羁縻欠马州(今泸定县新兴乡和平村),以处吐蕃降户会野马氏部落①,直属统押近界诸羌蛮使。

附新州 21：羁縻后会野州(796—907)

贞元十二年,析羁縻当仁州置羁縻后会野州(今泸定县新兴乡),以处吐蕃降户么些蛮部落,直属统押近界诸羌蛮使。

附新州 22：羁縻椎梅州(796—907)

贞元十二年,析羁縻金林州置羁縻椎梅州(今泸定县磨些镇絷阳村),以处吐蕃降户会野高氏部落,直属统押近界诸羌蛮使。

附新州 23：羁縻祸林州(796—907)

贞元十二年,析羁縻金林州置羁縻祸林州(今泸定县磨些镇蔡阳村),以

---

① 《太平寰宇记》雅州、《资治通鉴》卷 235 载：贞元十六年,吐蕃曩贡腊城等九节度婴婴、国师马定德、笼官马德唐等帅其部落来降,在会野路欠马州安置。

处吐蕃降户会野高氏部落,直属统押近界诸羌蛮使。

附新州 24：羁縻作重州(796—907)

贞元十二年,析羁縻金林州置羁縻作重州(今泸定县磨些镇咱地村),以处吐蕃降户会野杨氏部落,直属统押近界诸羌蛮使。

附新州 25：羁縻三恭州(796—907)

贞元十二年,析羁縻诺柞州置羁縻三恭州(今泸定县得妥乡联合村耳子场),以处吐蕃降户会野杨氏部落,直属统押近界诸羌蛮使。

附新州 26：羁縻布岚州(796—907)

贞元十二年,析羁縻诺柞州置羁縻布岚州(今泸定县得妥乡新华村花棚子),以处吐蕃降户会野杨氏部落,直属统押近界诸羌蛮使。

第六节　通化郡(茂州)都督府所领[①]

南会州都督府(630—634)—茂州都督府(634—635,650—742)—**通化郡都督府**(742—758)—茂州都督府(758—907)

贞观四年(630),南会州都督府置直辖羁縻地区。八年,改南会州都督府为茂州都督府。九年,罢直辖羁縻地区。

永徽元年(650),复置茂州都督府直辖羁縻地区。

武周长安四年(704),茂州都督府有一直辖羁縻地区。

唐天宝元年(742),改茂州都督府为通化郡都督府。十三载,通化郡都督府有一直辖羁縻地区。

乾元元年(758),复通化郡都督府为茂州都督府。元和十五年(820),茂州都督府有一直辖羁縻地区。

咸通十四年(873),茂州都督府有一直辖羁縻地区。

直辖羁縻地区

直辖羁縻地区(630—635,650—907)

贞观四年,南会州都督府降翼、维二州为羁縻州,以为直辖羁縻地区。五

[①] 本节内容主要参考郭声波《"岷江西山九州"考》,载《中国历史地理论丛》1998 年第 2 期;《唐宋岷江西山羁縻州部族探考》,载《长江上游早期文明的探索》,巴蜀书社,2002 年。

年,升羁縻翼州为正州。五年,置羁縻西博、西封、彻、西冉四州,并析置羁縻涂、向二州。七年,置羁縻西恭州。八年,改南会州都督府为茂州都督府,升羁縻西博州为穹州,羁縻西封州为炎州,羁縻西恭州为笮州,并升羁縻向、翼、维、涂、彻五州为正州隶之,改羁縻西冉州为羁縻冉州①。九年,升羁縻冉州为正州。

永徽元年,复降向、维、笮、涂、穹、炎、彻、冉八州为茂州都督府直辖羁縻州。二年,以内附特浪羌、辟惠羌等部落置羁縻蓬鲁、姜、恕、葛、勿、鞮、占、达、浪、邻、敛、补、赖、那、举、多、尔、射、铎、平祭、时、箭、婆、浩、质、居、可、宕、归化、奈、竺、卓三十二州②,直属茂州都督府。麟德二年(665),复升羁縻维州为正州,割羁縻蓬鲁、姜、恕、葛、勿、鞮、占、达、浪、邻、敛、补、赖、那、举、多、尔、射、铎、平祭、时、箭、婆、浩、质、居、可、宕、归化、奈、竺、卓三十二州直属雅州都督府。仪凤二年(677),复降维州为羁縻维州,并降松州都督府龙州为羁縻龙州来属。永隆元年(680),以雅州都督府之羁縻姜、恕、卓、葛、蓬鲁五州来属,羁縻彻、炎、穹三州陷于吐蕃③。永淳二年(683),以废雅州都督府之羁縻达、时、居、可、宕五州来属,羁縻冉州陷于吐蕃。垂拱三年,复升羁縻维、龙二州为正州。

武周长安四年,茂州都督府直辖羁縻向、宕、居、时、达、姜、恕、卓、葛、蓬鲁、涂、可、笮十三州。

唐开元二十八年,省羁縻笮州。

天宝元年,改为通化郡都督府直辖羁縻地区。十三载,通化郡都督府直辖羁縻向、宕、居、时、达、姜、恕、卓、葛、蓬鲁、涂、可十二州。

乾元元年,复为茂州都督府直辖羁縻地区。广德元年(763),以废松州都督府之羁縻远州来属,羁縻姜、恕、卓、葛、蓬鲁五州没于吐蕃。大历十四年(779),羁縻远州没于吐蕃。元和十五年,茂州都督府直辖羁縻涂、向、达、时、居、可、宕七州。

长庆二年(822),唐蕃定界,降西川节度使行当、行悉、行静、行柘、行恭、

---

① 史志不载其事,考详上编第十四章《剑南道》第八节"通化郡都督府"序注。
② 《新唐志》统言以特浪羌、辟惠羌等部落置州三十二,其中特浪羌盖即《隋书》卷83《附国传》之嘉良夷,分布于今康定县东北部及泸定县境,其中之"姜"州,即"嘉良"州约音;辟惠羌盖即《隋书》卷60《崔仲方传》之小铁围山羌,分布于今宝兴、芦山县境;生獠分布于今天全县境。
③ 《大唐使持节都督鄯郡河兰廓缘淳丽津超罕永定等一十二州诸军事守鄯州刺史元府君(师奖)墓志铭》(载《全唐文补遗》第三辑)云:"又降恩旨,授公使持节都督茂涂向维姜冉笮恕卓葛蓬鲁一十一州诸军事、守茂州刺史。"按墓志铭后文言墓主永隆二年授鄯州都督,推知墓主授茂州都督当在永隆元年,增领之羁縻姜、恕、卓、葛、蓬鲁五州自雅州都督府徙入。

行真、行松七州为羁縻当、悉、静、柘、恭、真、松七州来属。咸通十四年,茂州都督府直辖羁縻涂、向、达、时、居、可、宕、当、悉、静、柘、恭、真、松十四州。

1. **羁縻向州**(631—634,650—907)

贞观五年,析茂州汶山县地置羁縻向州,以处向人羌部落,直属南会州都督府,治羁縻贝左县(今四川茂县永和乡俄诺村)。八年,升为正州,隶茂州都督府。永徽元年,复降为羁縻州,直属茂州都督府。天宝元年,直属通化郡都督府。乾元元年,直属茂州都督府。

2. **羁縻宕州**(683—907)

永淳二年,原雅州都督府羁縻宕州内徙茂州境(今茂县城凤仪镇宗渠村)①,直属茂州都督府。天宝元年,直属通化郡都督府。乾元元年,直属茂州都督府。

3. **羁縻居州**(683—907)

永淳二年,原雅州都督府羁縻居州内徙茂州境(今茂县城凤仪镇吉鱼村)②,直属茂州都督府。

4. **羁縻时州**(683—907)

永淳二年,原雅州都督府羁縻时州内徙茂州境(今茂县光明乡明脚底村)③,直属茂州都督府。天宝元年,直属通化郡都督府。乾元元年,直属茂州都督府。

5. **羁縻达州**(683—907)

永淳二年,原雅州都督府羁縻达州内徙茂州境(今四川汶川县绵虒镇和坪村)④,直属茂州都督府。天宝元年,直属通化郡都督府。乾元元年,直属茂州都督府。

6. **羁縻姜州**(680—763)

永隆元年,原雅州都督府羁縻姜州内徙茂州境(今汶川县绵虒镇两河村)⑤,直属茂州都督府。天宝元年,直属通化郡都督府。乾元元年,直属茂州都督府。广德元年,没于吐蕃。

---

① 曾公亮等《武经总要》前集卷19:"(岩)〔宕〕州管部落二百七十五户,去(茂)州二十里。"石鼓村,旧为乡。
② 曾公亮等《武经总要》前集卷19:"居州管部落五十户,去(茂)州三十里。"吉鱼村,旧属石鼓乡。
③ 曾公亮等《武经总要》前集卷19:"时州管部落一百户,去(茂)州六十里。"
④ 曾公亮等《武经总要》前集卷19:"达州管部落一百户,去(茂)州百五十里。"
⑤ 依地理形势推定。两河村,旧为草坡乡。

7. 羁縻恕州(680—763)

永隆元年,原雅州都督府羁縻恕州内徙茂州境(今汶川县绵虒镇克充村)①,直属茂州都督府。天宝元年,直属通化郡都督府。乾元元年,直属茂州都督府。广德元年,没于吐蕃。

8. 羁縻卓州(680—763)

永隆元年,原雅州都督府羁縻卓州内徙茂州境(今汶川县绵虒镇金波村戴家湾)②,直属茂州都督府。天宝元年,直属通化郡都督府。乾元元年,直属茂州都督府。广德元年,没于吐蕃。

9. 羁縻葛州(680—763)

永隆元年,原雅州都督府羁縻葛州徙治羁縻涂州境(今汶川县耿达镇)③,直属茂州都督府。天宝元年,直属通化郡都督府。乾元元年,直属茂州都督府。广德元年,没于吐蕃。

10. 羁縻蓬鲁州(680—763)

永隆元年,原雅州都督府羁縻蓬鲁州徙治羁縻涂州境(今汶川县耿达镇龙潭村新房子)④,直属茂州都督府。天宝元年,直属通化郡都督府。乾元元年,直属茂州都督府。广德元年,没于吐蕃。

11. 羁縻涂州(631—634,650—907)

贞观五年⑤,割南会州汶川县地置羁縻涂州,以处林台羌部落,治羁縻端源县(今汶川县卧龙镇卧龙关),直属南会州都督府。八年,升为正州,直属茂州都督府。永徽元年,复降为羁縻州,直属茂州都督府。永隆元年,析置羁縻蓬鲁、葛二州。天宝元年,直属通化郡都督府。乾元元年,直属茂州都督府。广德元年,北徙茂州城南五里(今茂县城凤仪镇坪头村)。

12. 羁縻可州(683—907)

永淳二年,原雅州都督府羁縻可州内徙茂州境(今汶川县三江镇)⑥,直属茂州都督府。天宝元年,直属通化郡都督府。乾元元年,直属茂州都督府。

附旧州1:羁縻翼州(629—630)

贞观四年,降南会州都督府翼州为羁縻翼州,以处昔卫羌部落,仍治羁縻

---

① 依地理形势推定。克定村,旧属草坡乡。
② 依地理形势推定。戴家湾,旧属草坡乡金波村,盖即故临涂城。
③④ 依地理形势推定。
⑤ 《太平寰宇记》、《新唐志》作二年,今依《旧唐志》。
⑥ 曾公亮等《武经总要》前集卷19:"可州管部落二百户,去(茂)州五百里。"按五百里已入吐蕃界,"五"当为"三"之误。今拟为汶川县三江乡。

翼针县(今茂县叠溪镇),直属南会州都督府。八年,复升为正州①,隶茂州都督府。

附旧州 2：羁縻维州(629—634,650—665,677—687)

贞观四年,降南会州都督府维州为羁縻州,以处小左封羌部落,仍治羁縻薛城县(今理县甘堡乡垮达寨),直属南会州都督府。八年,复升为正州②,隶茂州都督府。永徽元年,复降为羁縻州,直属茂州都督府。麟德二年,复升为正州,仍隶茂州都督府。仪凤二年(677),仍降为羁縻维州,直属茂州都督府。垂拱三年,又升为正州。

附旧州 3：羁縻西恭州(633—634)—羁縻笮州(650—740)

贞观七年,以内附白狗羌部落置羁縻西恭州,直属南会州都督府,治羁縻遂都县(今四川理县夹壁乡二古溪村)。八年,升为笮州,隶茂州都督府。永徽元年,复降为羁縻州,直属茂州都督府。开元二十八年,省入奉州定廉县。

附旧州 4：羁縻龙州(677—687)

仪凤二年③,降松州都督府龙州为羁縻龙州,改隶茂州都督府,仍处白马羌部落,治羁縻江油县(今平武县南坝镇)。垂拱三年,复升为正州,直属剑南道。

附新州 1：羁縻真州(822—907)

长庆二年,降西川节度使行真州为羁縻真州(今茂县渭门乡椒园村)④,直属茂州都督府。

附新州 2：羁縻当州(822—907)

长庆二年,降西川节度使行当州为羁縻当州(今茂县飞虹乡水草坪村萝兜寨)⑤,直属茂州都督府。

---

① 曹学佺《蜀中广记》卷 7 引《唐茂州都督府厅壁记》："贞观初,置羁縻州九,曰维、翼、笮、涂、炎、彻、向、冉、穹。"今茂县北较场佛龛造像题记提到贞观四年十一月翼州刺史尚为汉人李玄嗣,故翼州降为羁縻州当在年末。

② 据《唐茂州都督府厅壁记》,维州为贞观初年所置羁縻州之首,然而贞观四年始实行羁縻州制度,故知其降、升时间与翼州相同。

③ 《新唐志》龙州："初为羁縻,属茂州,垂拱中为正州。"不载年代。按武德、贞观间,龙州为正州,先后隶属利州都督府、松州都督府。显庆、乾封间,龙州刺史仍为汉官(参详郁贤皓：《唐刺史考全编》)。然《旧唐志》松州云："仪凤二年,复加整比,督文、扶、当、柘、静、翼六州。"已无龙州,则推知是年龙州方有可能降为羁縻州,改隶茂州都督府,因补。

④ 曾公亮等《武经总要》前集卷 19："直州管部落二百二十户,去(茂)州三十里。"按直州即唐时真州,宋人改。

⑤ 曾公亮等《武经总要》前集卷 19："当州管部落五十户,去(茂)州六十五里。"

附新州 3：羁縻柘州(822—907)

长庆二年,降西川节度使行柘州为羁縻柘州(今茂县飞虹乡深沟村沙坝)①,直属茂州都督府。

附新州 4：羁縻松州(822—907)

长庆二年,降西川节度使行松州为羁縻松州(今茂县黑虎乡)②,直属茂州都督府。

附新州 5：羁縻静州(822—907)

长庆二年,降西川节度使行静州为羁縻静州(今茂县回龙乡)③,直属茂州都督府。

附新州 6：羁縻恭州(822—907)

长庆二年,降西川节度使行恭州为羁縻恭州(今茂县洼底乡),直属茂州都督府。

附新州 7：羁縻悉州(822—907)

长庆二年,降西川节度使行悉州为羁縻悉州(今茂县雅都乡九龙村)④,直属茂州都督府。

第七节　交川郡(松州)都督府所领⑤

松州都督府(630—742)—交川郡都督府(742—758)—松州都督府(758—763)

贞观四年(630),陇右道松州都督府置羁縻轨州都督府。五年,置羁縻西戎州都督府。八年,改羁縻西戎州都督府为羁縻嵯州都督府。十三年,松州都督府领羁縻轨、嵯二州都督府。

永徽五年(654),剑南道松州都督府复置直辖羁縻地区。显庆三年(658),以内附东女国为藩属国来属,兼置羁縻乐容州都督府。咸亨元年,割藩属东女国兼羁縻乐容州都督府及直辖羁縻地区隶翼州都督府。仪凤二年

---

① 曾公亮等《武经总要》前集卷 19:"柘州管部落一百户,去(茂)州七十里。"
② 曾公亮等《武经总要》前集卷 19:"松州管部落一百户,去(茂)州七十里。"
③ 曾公亮等《武经总要》前集卷 19:"静州管部落四百户,去(茂)州七十五里。"
④ 曾公亮等《武经总要》前集卷 19:羁縻悉州"去(茂)州二百里。"《元丰志》云:"威州西至羁縻悉州二百三十里。"九龙村,旧属维城乡。
⑤ 本节内容主要参考郭声波《党项发祥地——唐初"河曲十六州"研究》(载《历史地理》第十一辑)、《"河曲十六州"交通与地望考》(载《中国历史地理论丛》1994 年第 2 期)等文。

(677),以废翼州都督府之藩属东女国兼羁縻乐容州都督府来属①,复置直辖羁縻地区,罢羁縻嵯州都督府。永隆元年(680),藩属东女国兼羁縻乐容州都督府没于吐蕃。

武周长安四年(704),松州都督府有一直辖羁縻地区及羁縻轨州都督府。

天宝元年(742),改松州都督府为交川郡都督府。十三载,交川郡都督府领羁縻轨州都督府及一直辖羁縻地区②。

乾元元年(758),复交川郡都督府为松州都督府。广德元年(763),陷于吐蕃,罢羁縻轨州都督府及直辖羁縻地区。

(一) 直辖羁縻地区
直辖羁縻地区(654—658,677—763)

永徽五年,置羁縻剑州,以为直辖羁縻地区。显庆元年,置羁縻柘、洪二州。三年,割羁縻柘、剑、洪三州隶羁縻乐容州都督府,罢直辖羁縻地区。仪凤二年,置羁縻远州,为直辖羁縻地区。

武周长安四年,松州都督府直辖羁縻远州。

唐天宝元年,改为交川郡直辖羁縻地区。十三载,交川郡都督府直辖羁縻远州。

乾元元年,复为松州都督府直辖羁縻地区。广德元年,都督府为吐蕃所破,羁縻远州直属茂州都督府。

羁縻远州(677—779)

仪凤二年,析松州置羁縻远州(今松潘县黄龙乡)③,处内徙党项羌拓拔部

---

① 《旧唐志》松州序:"仪凤二年,复加整比,都督三十州:研……慈州。"按此三十州原属羁縻乐容州都督府,可知仪凤二年乃以羁縻乐容州都督府残余三十州来属。
② 《旧唐志》松州序:"据天宝十二载簿,松州都督府,一百四州,其二十五州有额、户口,但多羁縻逃散,余七十九州皆生羌部落。"按一百四州,即贞观六年羁縻轨州都督府所领四州、羁縻西戎州都督府所领三十二州、显庆三年羁縻乐容州所领六十八州之和,乃松州都督府先后所领羁縻州总数,其中唯《旧唐志》所列岷州等二十五州有额、户口数。然至贞观十二年,割羁縻嵯州都督府北部二十州隶叠州都督府,仪凤中,复因吐蕃入寇,松属羁縻州(包括有额、户口之二十五州)或陷没,或内徙,残余不到一半,唯羁縻轨州都督府尚存至天宝中。
③ 《新唐书》卷147《李叔明传》载,大历十四年,吐蕃自故松州发兵侵远、扶、文三州,陷之。是知广德元年后羁縻远州寄治于松、扶之间,在今松潘县黄龙乡一带。

落,直属松州都督府。广德元年,直属茂州都督府。大历十四年,没于吐蕃。

附旧府一:羁縻西戎州都督府(631—634)—羁縻嵯州都督府(634—677)

贞观五年,党项羌部落自吐谷浑国来降,置羁縻西戎州都督府,隶松州都督府,并置羁縻西戎、西麟、西吉、西义、阔、蛾、西雅、洪、诺、西集、肆、玉十二州,割羁縻轨州都督府之羁縻丛、西怀二州及岷州都督府羁縻祐、位、嶂、西唐四州来属①。六年,置羁縻西沧、桥二州。七年,改羁縻洪州为羁縻彭州。八年,改羁縻西戎州为羁縻嵯州,羁縻西麟州为羁縻麟州,羁縻西吉州为羁縻懿州,羁縻西义州为羁縻可州,羁縻西雅州为羁縻雅州,羁縻西集州为羁縻直州,羁縻西沧州为羁縻开州,羁縻西怀州为羁縻远州,羁縻西唐州为羁縻盖州,改羁縻西戎州都督府为羁縻嵯州都督府。是年,改羁縻开州为羁縻台州。十年,置羁縻序州。十二年,置羁縻都、流、厥、调、凑、般、匐、器、迩、率、钟十一州②。十三年,割羁縻盖、位、嶂、祐、肆、玉、台、桥、序、都、流、厥、调、凑、般、匐、器、迩、率、钟二十州直属叠州都督府,羁縻嵯州都督府领羁縻嵯、丛、远、懿、可、麟、直、诺、阔、雅、蛾、彭十二州。

仪凤二年(677),羁縻丛、麟、直、可、阔、彭、雅、蛾八州没于吐蕃,羁縻嵯、懿、诺三州改隶关内道夏州都督府,羁縻远州直属松州都督府,罢羁縻嵯州都督府。

附旧州1:羁縻西戎州(631—634)—羁縻嵯州(634—677)

贞观五年,招慰党项羌拓拔部落置羁縻西戎州(今四川若尔盖县求吉乡麻藏沟口),置羁縻西戎州都督府。八年,改为羁縻嵯州,隶羁縻嵯州都督府。仪凤二年,内徙关内道夏、庆二州境,分属夏、原二州都督府。

附旧州2:羁縻丛州(630—677)

贞观四年,降松州都督府丛州为羁縻丛州,仍治宁远城(今九寨沟县大录

---

① 《新唐书》卷221《党项传》:"(贞观五年)以其地为懿、嵯、麟、可三十二州,以松州为都督府,擢赤辞西戎州都督,赐氏李,职遂不绝。于是自河首积石山而东,皆为中国地。"按此三十二州当指除羁縻轨州都督府所领四州外之赐支河曲地区懿、嵯等十二州、河西九曲地区盖、位等九州及雪山党项都、流等十一州,然其中赐支河曲地区的可州置于贞观四年,河西九曲地区的台、桥二州置于贞观六年,序州置于贞观十年,雪山党项十一州皆置于贞观十二年,表明西戎(嵯)州都督府之三十二州乃先后所领,贞观五年时实领十八州。《通鉴》卷193所谓:"贞观五年十二月,太仆寺丞李世南开党项地十六州、四十七县。"实指松州都督府所领之羁縻轨、西怀、西仁、岷、西义、西金、西戎、西麟、西吉、阔、西雅、丛、诺、蛾、洪、西集十六州。
② 《新唐书》卷221《党项传》:"以其地为懿、嵯、麟、可三十二州。"即指嵯州都督府先后所领三十二州而言,含都、流等十一州。

乡香扎村东北)①,处党项羌拓跋部落,隶羁縻轨州都督府。五年,隶羁縻西戎州都督府。八年,隶羁縻嵯州都督府。仪凤二年,没于吐蕃。

附旧州3:羁縻西怀州(630—634)—羁縻远州(634—677)

贞观四年,招慰党项羌拓拔部落置羁縻西怀州(今若尔盖县班佑乡求吉南哇),隶羁縻轨州都督府。五年,割隶羁縻西戎州都督府。八年,改为羁縻远州,隶羁縻嵯州都督府。仪凤二年,内徙松州境,直属松州都督府。

附旧州4:羁縻西吉州(631—634)—羁縻懿州(631—677)

贞观五年,招慰党项羌拓拔部落置羁縻西吉州(今红原县色地镇),隶羁縻西戎州都督府。八年,改为羁縻懿州,隶羁縻嵯州都督府。仪凤二年,内徙关内道绥州境,直属夏州都督府。

附旧州5:羁縻西义州(631—634)—羁縻可州(634—763)

贞观五年②,招慰党项羌拓拔部落置羁縻西义州(今红原县瓦切镇),隶羁縻轨州都督府。五年,割隶羁縻西戎州都督府。八年,改为羁縻可州,隶羁縻嵯州都督府。仪凤二年,没于吐蕃。

附旧州6:羁縻西麟州(631—634)—羁縻麟州(634—677)

贞观五年,招慰党项羌拓拔部落置羁縻西麟州(今若尔盖县城达扎寺镇),隶羁縻西戎州都督府。八年,改为羁縻麟州,隶羁縻嵯州都督府。仪凤二年,没于吐蕃。

附旧州7:羁縻西集州(631—634)—羁縻直州(634—677)

贞观五年,招慰党项羌拓拔部落置羁縻西集州(今若尔盖县阿西乡阿西牧场),隶羁縻西戎州都督府。八年,改为羁縻直州,隶羁縻嵯州都督府。仪凤二年,没于吐蕃。

附旧州8:羁縻诺州(631—677)

贞观五年,招慰党项羌把利部落置羁縻诺州(今若尔盖县嫩哇乡黑河牧场),隶羁縻西戎州都督府。八年,隶羁縻嵯州都督府。仪凤二年,内徙关内道夏州境,直属夏州都督府。

附旧州9:羁縻洪州(631—633)—羁縻彭州(633—677)

贞观五年,招慰党项羌米擒部落置羁縻洪州(今玛曲县阿万仓乡)③,隶羁

---

① 《史记·周本纪》正义引《括地志》云:"陇右岷、洮、丛等州以西,羌也。"说明丛州处在河曲十六州极东。笔者曾因《旧唐志》夹叙有积石雪山十一州内容,怀疑丛州位处岷山河曲极西,至京里数"一千"是"二千"之误,故把丛州定在今玛曲县阿万仓乡一带,今当修正。
② 两《唐志》云可州贞观四年置,然据《新唐书》卷221《党项传》,贞观五年拓跋赤辞内附后,乃置懿、嵯(西戎)、麟、可等州,故今从《传》。
③ 李振翼《甘南藏区考古集萃》第49、267页(民族出版社,2001年)云,阿万仓乡政府驻地发现有古代城址,有唐代(一说吐蕃)性质,那么有可能做过羁縻州治。

縻西戎州都督府。七年，改为羁縻彭州。八年，隶羁縻嵯州都督府。仪凤二年，没于吐蕃。

附旧州 10：羁縻西雅州(631—634)—羁縻雅州(634—677)

贞观五年，招慰党项羌米擒部落置羁縻西雅州（今四川阿坝县求吉玛乡），隶羁縻西戎州都督府。八年，改为羁縻雅州，隶羁縻嵯州都督府。仪凤二年，内徙扶州境，直属松州都督府。

附旧州 11：羁縻蛾州(631—677)

贞观五年，招慰党项羌米擒部落置羁縻蛾州（今阿坝县贾洛镇），隶羁縻西戎州都督府。八年，隶羁縻嵯州都督府。仪凤二年，内徙扶州境，直属松州都督府。

附旧州 12：羁縻阔州(631—677)

贞观五年，招慰党项羌别丛部落置羁縻阔州（今红原县安曲乡牧场），隶羁縻西戎州都督府。八年，隶羁縻嵯州都督府。仪凤二年，没于吐蕃。

（二）羁縻轨州都督府

羁縻轨州都督府(630—763)

贞观四年，割松州都督府直辖羁縻轨州置羁縻轨州都督府，仍隶松州都督府，并置羁縻西怀州，降丛、西仁、岷三州为羁縻州来属。五年，置羁縻西金州，割羁縻丛、西怀二州隶羁縻西戎州都督府。八年，改羁縻西仁州为羁縻奉州，羁縻西金州为羁縻岩州。十三年，羁縻轨州都督府领羁縻轨、奉、岷、岩四州。

武周长安四年，羁縻轨州都督府领州不变。

唐天宝十三载，羁縻轨州都督府领羁縻轨、奉、岷、岩四州。

广德元年，为吐蕃所破，罢羁縻都督府。

1. **羁縻轨州**(630—763)

贞观四年，降轨州为羁縻轨州，仍治羁縻通川县（今松潘县上八寨乡阿基村），处党项羌细封部落，置羁縻轨州都督府。广德元年，没于吐蕃。

2. **羁縻西仁州**(630—634)—**羁縻奉州**(634—763)

贞观四年，降西仁州为羁縻西仁州，仍治羁縻奉德县（今松潘县燕云乡根多村），处党项羌细封部落，隶羁縻轨州都督府。五年，析置羁縻西金州。八年，改为羁縻奉州。广德元年，没于吐蕃。

3. 羁縻崌州(630—763)

贞观四年①,降崌州为羁縻崌州,仍治羁縻江源县(今松潘县川主寺镇牧场村),处党项羌细封部落,隶羁縻轨州都督府。广德元年,没于吐蕃。

4. 羁縻西金州(631—634)—羁縻岩州(634—763)

贞观五年,析羁縻西仁州置羁縻西金州(今松潘县红扎乡沙代村),以处党项羌细封部落,隶羁縻轨州都督府。八年,改为羁縻岩州。广德元年,没于吐蕃。

第八节 保宁都护府所领

翼州都督府(670—677)—保宁都护府(749—756)—统押西山八国使(793—907)

咸亨元年(670),割松州都督府藩属东女国兼羁縻乐容州都督府隶翼州都督府。仪凤二年(677),罢都督府,藩属东女国兼羁縻乐容州都督府还隶松州都督府②。

天宝八载(749),吐蕃哥邻、逋租、悉董、南水、清远、咄霸、白狗七国归唐,为藩属国③,隶保宁都护府。十二载,藩属白狗、南水二国叛附吐蕃。十三载,东女、弱水、白狗、南水四国复自吐蕃来属④,仍为藩属国,保宁都护府统藩属哥邻、逋租、东女、弱水、悉董、南水、清远、咄霸、白狗九国。至德元载(756),保宁都护府及其藩属国没于吐蕃。

贞元十年(794),以内附哥邻等国(即西山八国)为藩属国兼羁縻保宁州都督府,置统押西山八国使领之,以西川节度使兼⑤。元和十五年,统押西山八国使领藩属哥邻等国兼羁縻保宁州都督府。

大中三年(849),罢藩属哥邻等国兼羁縻保宁州都督府,置统押西山八国使直辖羁縻地区。咸通十四年,统押西山八国使有一直辖羁縻地区。

---

① 四年,两《唐志》、《太平寰宇记》作元年,考详郭声波:《党项发祥地——唐初"河曲十六州"研究》。
② 翼州都督府建置沿革考详郭声波:《唐弱水西山羁縻州及保宁都护府考》,《中国史研究》1999年第4期。
③ 考详郭声波:《唐代弱水西山羁縻州部族探考》,《中国藏学》2002年第3期。
④ 《册府元龟》卷170、卷977。
⑤ 《资治通鉴》贞元十年正月。八国,指哥邻、逋租、东女、悉董、南水、清远、咄霸、白狗,弱水为东女附庸,故未计。

（一）藩属哥邻国

藩属哥邻国（749—756）—藩属哥邻等国兼羁縻保宁州都督府（793—849）—统押西山八国使直辖羁縻地区（849—907）

哥邻国，本羁縻乐容州都督府思帝、剑、逻、邛、戍、洪、干、犀、琼、麻十州地，吐蕃建为藩属国，天宝八载来归，隶保宁都护府，为唐藩属国，仍治索磨城（即故戍州，今马尔康县卓克基镇）①，并析置故洪、明威、柔远、万安四城。至德元载，复没于吐蕃。

贞元十年，以内附哥邻等国（即西山八国）为藩属国兼羁縻保宁州都督府，隶统押西山八国使，并置羁縻保宁、武德、归化、丹、飞五州。元和中，废古州为羁縻保、霸二州来属。十五年，藩属哥邻等国兼羁縻保宁州都督府领羁縻保宁、武德、归化、保、霸、丹、飞七州。

大中三年，罢藩属哥邻等国兼羁縻保宁州都督府，改羁縻保宁、武德、归化三州为归化县，割隶维州②，省羁縻丹州，以羁縻保、霸、飞三州为统押西山八国使直辖羁縻地区。咸通十四年，统押西山八国使直辖羁縻地区有羁縻保、霸、飞三州。

附旧州1：羁縻柘州（656—675）

显庆元年，析当州置羁縻柘州（今黑水县城芦花镇下打古村），处内附浪我（那鄂）羌部落③，直属松州都督府。三年，割隶羁縻乐容州都督府。前上元二年，升为正州，隶翼州都督府。

附旧州2：羁縻思帝州（658—680）

显庆三年，析羁縻剑州置羁縻思帝州（今红原县壤口乡中壤口）④，处涉题羌部落，隶羁縻乐容州都督府。仪凤二年，直属松州都督府。永隆元年，没于吐蕃。

附旧州3：羁縻剑州（654—680）

永徽五年，以内附涉题羌部落置羁縻剑州（今红原县刷经寺镇）⑤，直属松

---

① 戍：疑即"索磨"约音。《册府元龟》卷170载："天宝元年，益州长史章仇兼琼奏吐蕃白狗国及索磨等诸州笼官三百余人出奉州。"此索磨，盖即哥邻国都，在今马尔康县城附近索磨河畔。卓克基，嘉戎藏语意即"至高圣地"，古为官寨，当即索磨城故址。
② 据《新唐志》，大中三年吐蕃维州首领以州内附，唐朝罢行维州，重建维州城，割茂州通化县来属，并置归化县，以位置来看，应合并羁縻归化、武德、保宁三州为之。
③ 《册府元龟》卷977《外臣部》。
④⑤ 郭声波：《唐弱水西山羁縻州及保宁都护府考》，《中国史研究》1999年第4期。

州都督府。显庆三年,隶羁縻乐容州都督府,并析置羁縻邛、思帝、索川三州。仪凤二年,直属松州都督府。永隆元年,没于吐蕃。

附旧州 4:羁縻索川州(658—677)—羁縻逻州(677—680)

显庆三年,析羁縻剑州置羁縻索川州(今马尔康县梭磨乡马塘村白帐房),处涉题羌部落,隶羁縻乐容州都督府。仪凤二年,直属松州都督府,改为羁縻逻州①。永隆元年,没于吐蕃。

附旧州 5:羁縻邛州(658—680)

显庆三年,析羁縻剑州置羁縻邛州(今马尔康县梭磨乡)②,处涉题羌部落,隶羁縻乐容州都督府。仪凤二年,直属松州都督府。永隆元年,没于吐蕃。

附旧州 6:羁縻戍州(658—680)

显庆三年,析羁縻洪州置羁縻戍州(今马尔康县卓克基镇)③,处钵南羌部落,隶羁縻乐容州都督府。仪凤二年,直属松州都督府。永隆元年,没于吐蕃。

附旧州 7:羁縻洪州(656—680)

显庆元年,以内附钵南(白兰)羌部落置羁縻洪④州(今马尔康县城马尔康镇俄尔雅村),直属松州都督府。三年,隶羁縻乐容州都督府,并析置羁縻戍州。仪凤二年,直属松州都督府。永隆元年,没于吐蕃。

附旧州 8:羁縻干州(658—680)

显庆三年,以内附葛延羌部落置羁縻干州(今马尔康县松岗镇),隶羁縻乐容州都督府。仪凤二年,直属松州都督府。永隆元年,没于吐蕃。

附旧州 9:羁縻犀州(658—680)

显庆三年,以内附葛延羌部落置羁縻犀州(今马尔康县党坝乡),隶羁縻乐容州都督府。仪凤二年,直属松州都督府。永隆元年,没于吐蕃。

附旧州 10:羁縻琼州(658—680)

显庆三年,以内附葛延羌部落置羁縻琼州(今马尔康县白湾乡?),隶羁縻乐容州都督府。仪凤二年,直属松州都督府。永隆元年,没于吐蕃。

附旧州 11:羁縻麻州(658—680)

显庆三年,以内附葛延羌部落置羁縻麻州(今金川县木尔宗乡),隶羁縻

---

① 据《太平寰宇记》仪凤二年松府"整比"后名单,无索川州而有"逻州",因疑州名更改。
② 邛州,当以地近邛崃山为名,在弱水西山地区东偏,今拟于马尔康县梭磨乡。
③ 卓克基向为土司官寨,疑唐已置羁縻戍。
④ "洪",《旧唐志》作"拱",《资治通鉴》作"栱",今据郭声波《唐弱水西山羁縻州及保宁都护府考》改。

乐容州都督府。仪凤二年,直属松州都督府。永隆元年,没于吐蕃。

附新州1:羁縻飞州(793—907)

贞元十年,以内附悉董等国羌部落置羁縻飞州(今理县古尔沟镇)①,隶羁縻保宁州都督府。大中三年,直属统押西山八国使,省羁縻丹州来属。

附新州2:羁縻丹州(793—849)

贞元十年,以内附逋租等国羌部落置羁縻丹州(今理县朴头乡)②,隶羁縻保宁州都督府。大中三年,省入羁縻飞州。

附新州3:羁縻保宁州(793—849)

贞元十年,以内附哥邻国羌部落置羁縻保宁州暨保宁州都督府③,治故霸州保宁县(今理县下孟乡仔迭村)。大中三年,省入羁縻归化州。

附新州4:羁縻武德州(793—849)

贞元十年,以内附哥邻国羌部落置羁縻武德州(今理县上孟乡木尼村)④,隶羁縻保宁州都督府。大中三年,省入羁縻归化州。

附新州5:羁縻归化州(793—849)

贞元十年,以内附东女等国羌部落置羁縻归化州,治故霸州归化县(今理县上孟乡塔斯村)⑤,隶羁縻保宁州都督府。大中三年,省羁縻保宁、武德二州来属,改置归化县,隶维州。

附新州6:羁縻保州(元和中—907)

元和中,废古州为羁縻保,仍处诸羌部落⑥,治故行保州城(今理县薛城镇)⑦,直属统押西山八国使。

附新州7:羁縻霸州(元和中—907)

元和中,以废古州之东境(故行霸、行维二州境)置羁縻霸州,仍处诸羌部落,治故行霸州城(今理县桃坪乡古城村),直属统押西山八国使。

---

① 据《武经总要》前集卷19,羁縻飞州距茂州二百里,郭声波《唐代弱水西山羁縻部族探考》考证其为唐贞元年间内附悉董国渠步羌所置,处维州之西。
② 《旧唐书》卷197《东女国传》:贞元十年,授逋租国王弟邓吉知丹州刺史。今理县米亚罗镇秋多红叶,故州以丹为名。
③ 《旧唐书》卷197《东女国传》:贞元十年,授哥邻国嗣王董利啰保宁都督府长史。
④ 《旧唐书》卷197《东女国传》:贞元十年,赠哥邻国王董卧庭武德州刺史。按哥邻羌系葛延羌与钵南羌融合而成,而故霸州即以钵南部落置,宜为贞元中内附哥邻羌安置地,故仍拟羁縻武德州治故霸州北境。
⑤ 《旧唐书》卷197《东女国传》:贞元十年,授东女国王汤立悉归化州刺史。
⑥ 《唐会要》卷98《白狗羌》:"贞元九年七月,其王罗陀忽……内附,授试太常卿兼保州司马。"
⑦ 《舆地广记》云:"威州通化县,在保、霸二州之间。"则羁縻保州在通化县西,今理县薛城镇所在地。

(二) 藩属逋租国
藩属逋租国(749—756)

逋租国,本茂州都督府羁縻炎、穹、冉、彻四州及雅州都督府羁縻卓、葛、恕三州地,吐蕃建为藩属国,天宝八载归唐,隶保宁都护府,仍治逋租城(故炎州城,今四川小金县沃日乡)①。至德元载,复没于吐蕃。

附旧州1:羁縻西封州(631—634)—羁縻炎州(650—680)

贞观五年,以内附千碉羌大左封部落置羁縻西封州,直属南会州都督府,治羁縻大封县(今小金县沃日乡)。八年,升为炎州,隶茂州都督府。永徽元年,复降为羁縻州,直属茂州都督府。永隆元年,陷于吐蕃。

附旧州2:羁縻西博州(631—634)—羁縻穹州(650—680)

贞观五年,以内附千碉羌大左封部落置羁縻西博州,直属南会州都督府,治羁縻小川县(今小金县四姑娘山镇)。八年,升为穹州,隶茂州都督府。永徽元年,复降为羁縻州,直属茂州都督府。永隆元年,陷于吐蕃。

附旧州3:羁縻西冉州(631—634)—羁縻冉州(634—635,650—682)

贞观五年,以内附千碉羌敛才部落置羁縻西冉州,直属南会州都督府,治羁縻冉山县(今小金县两河口镇木城村)。八年,改为羁縻冉州,直属茂州都督府。九年,升为正州②,隶茂州都督府。永徽元年,复降为羁縻州。永淳元年,陷于吐蕃。

附旧州4:羁縻彻州(631—634,650—680)

贞观五年,以内附千碉羌董涡贞部落置羁縻彻州,直属南会州都督府,治羁縻文彻县(今小金县城美兴镇石灰村)。八年,升为正州,隶茂州都督府。永徽元年,复降为羁縻州,直属茂州都督府。永隆元年,陷于吐蕃。

附旧州5:羁縻卓州(651—680)

永徽二年,以内附特浪羌部落置羁縻卓州(今小金县汗牛乡),直属雅州都督府。永隆元年,内徙茂州境,直属茂州都督府。

附旧州6:羁縻葛州(651—680)

永徽二年,以内附特浪羌部落置羁縻葛州(今小金县窝底乡),直属雅州

---

① 据《旧唐书》卷196《吐蕃传》、《新唐书》卷158《韦皋传》,贞元间韦皋遣军出雅州灵关道攻吐蕃逋租城,则逋租城当在今小金县中部,疑即故羁縻炎州城。
② 《新唐志》冉州:"本西冉州,贞观六年以徼外敛才羌地置,八年,更名,九年,第为冉州。"按贞观八年已更名为冉州,则九年不得再为更名,"第为冉州"当为升置正州之意。

都督府。永隆元年，徙治羁縻涂州境，直属茂州都督府。

附旧州 7：羁縻恕州(651—680)

永徽二年，以内附特浪羌部落置羁縻恕州（今小金县潘安乡），直属雅州都督府。永隆元年，内徙茂州境，直属茂州都督府。

（三）藩属东女国

藩属东女国兼羁縻乐容州都督府(658—680)—藩属东女国(754—756)

显庆三年，以内附东女国联盟为藩属国兼羁縻乐容州都督府，隶松州都督府，割其直辖羁縻柘、剑、洪三州来属，并置羁縻乐容、龛、毗、光、谷、忱、探那、统、至凉、研、慈、万卑、河、陪、目、兆、如、晔、瓒、拔揭、白豆、执、飞、融洮、索渠、志德、悉多、略、延避、徽、质、柘刚、求易、索京、礴、纪、齐帝、始目、柘钟、苗、和昔、酋和、归德、祝、明桑、宝、恤、托、蚕、梨、霸、答针、鼓、税河、吴洛、津、达违、麻、琼、犀、干、戍、邛、索川、思帝六十五州①。乾封二年，羁縻质、柘刚、求易、索京、纪、齐帝、始目、柘钟、苗、和昔、酋和、祝、明桑、托十四州陷于吐蕃。咸亨元年，羁縻乐容州都督府隶翼州都督府。二年，废羁縻蚕、梨②二州。前上元二年(675)，升羁縻柘州为正州，直属翼州都督府，复置羁縻蚕、梨二州③。仪凤二年，羁縻瓒、拔揭、白豆、执、飞、融洮、索渠、志德、悉多、略、延避、徽十二州没于吐蕃，罢翼州都督府，羁縻乐容州都督府还隶松州都督府，改羁縻索川州为羁縻逻州，羁縻归德、宝、恤三州内徙关内道。调露二年（永隆元年），东女国没于吐蕃，罢羁縻都督府及羁縻龛、毗、光、谷、忱、探那、统、至凉、研、慈、河、陪、目、兆、如、晔、津、达违、吴洛、税河、鼓、答针、蚕、梨、霸、礴、思帝、剑、逻、邛、戍、洪、干、犀、琼、麻三十六州，羁縻乐容、万卑二州内徙关内道。

天宝十三载，东女国自吐蕃归唐，隶保宁都护府，但为藩属国，仍治列维

---

① 唐宋史志未明言乐容州都督府领州数，然从乐容州治即东女国首府来看，乐容州都督府当以唐初东女国联盟为基础设置。据周维衍《隋唐两女国——两〈唐书·东女传〉辨证》(载《历史地理》第八辑)考证，东女国(联盟)东与茂州、党项接，东南与雅州接，西界罗女蛮及白狼夷，其地东西九日行，南北二十日行，有大小八十余城，户四万，胜兵万人。如此，东女国联盟势力范围已包括整个弱水西山地区，即《新唐志》陇右道羁縻州所列初属松州都督府之"无版州"六十，又据《旧唐志》、《太平寰宇记》松州序载仪凤二年残存"无州县户口"各州名单核补八州，共得六十八州，盖即乐容州都督府初置时规模。
② 《新唐志》原作"黎"，今据《旧唐志》松州改。
③ 史志不载此事。按《旧唐志》松州序云仪凤二年犹有蚕、梨二州，则咸亨后又当复置，今拟于前上元二年与升柘钟州为正州同时。

城(故惉州城)①。至德元载,复没于吐蕃。

附旧州 1：羁縻乐容州(658—680)

显庆三年,以内附东女羌部落置羁縻乐容州(今金川县咯尔乡)②,并置羁縻乐容州都督府。永隆元年,内徙关内道灵州都督府,仍置羁縻乐容州都督府。

附旧州 2：羁縻惉州(658—680)

显庆三年,以内附东女羌部落置羁縻惉州(今金川县勒乌乡)③,隶羁縻乐容州都督府。永隆元年,没于吐蕃。

附旧州 3：羁縻毗州(658—680)

显庆三年,以内附东女羌部落置羁縻毗州(今金川县安宁镇?),隶羁縻乐容州都督府。永隆元年,没于吐蕃。

附旧州 4：羁縻光州(658—680)

显庆三年,以内附东女羌部落置羁縻光州(今丹巴县半扇门乡关州村),隶羁縻乐容州都督府。永隆元年,没于吐蕃。

附旧州 5：羁縻谷州(658—680)

显庆三年,以内附东女羌部落置羁縻谷州(今丹巴县中路乡)④,隶羁縻乐容州都督府。永隆元年,没于吐蕃。

附旧州 6：羁縻忉州(658—680)

显庆三年,以内附东女羌部落置羁縻忉州(今丹巴县格宗乡)⑤,隶羁縻乐容州都督府。永隆元年,没于吐蕃。

附旧州 7：羁縻探那州(658—680)

显庆三年,以内附特浪羌部落置羁縻探那州(今丹巴县东谷乡)⑥,隶羁縻乐容州都督府。永隆元年,没于吐蕃。

---

①② 郭声波：《唐弱水西山羁縻州及保宁都护府考》。
③ 史载东女国都于康延川,惉,即"康延"约音,详郭声波：《唐弱水西山羁縻州及保宁都护府考》。一说东女国都在今金川县马尔邦乡,一说在今丹巴县中路、梭坡一带。
④ 中路乡西数公里即丹巴县城章谷镇,《四川省甘孜藏族自治州丹巴县地名录》云古属吐蕃东部区域,音译转写为 chaggo,意为"岩头"或"群岩之首",据《藏汉大辞典》第 591 页,"go"意为"门",则"章谷"本意应为"岩门"或"群岩之门",即在弱水西山地区南部万山峡谷之中。中路乡有古碉群,相传是古东女国"王宫",按前证东女国都在金川县勒乌乡,此古碉群疑即谷州之所在,章谷之名或出自此。
⑤ 格宗：疑即"干州"音讹。
⑥ 探那：当即"特浪"异译,今拟于靠近特浪羌地域之丹巴县南境东谷乡。特浪羌地域参详本章第五节"卢山郡都督府所领"直辖羁縻地区注。

附旧州 8：羁縻统州(658—680)

显庆三年，以内附东女羌部落置羁縻统州(今丹巴县革什扎乡大桑村?)，隶羁縻乐容州都督府。永隆元年，没于吐蕃。

附旧州 9：羁縻至凉州(658—680)

显庆三年，以内附东女羌部落置羁縻至凉州(今丹巴县边耳乡?)，隶羁縻乐容州都督府。永隆元年，没于吐蕃。

附旧州 10：羁縻研州(658—680)

显庆三年，以内附东女羌部落置羁縻研州(今丹巴县聂呷乡)，隶羁縻乐容州都督府。永隆元年，没于吐蕃。

附旧州 11：羁縻慈州(658—680)

显庆三年，以内附东女羌部落置羁縻慈州(今丹巴县巴底镇?)，隶羁縻乐容州都督府。永隆元年，没于吐蕃。

附旧州 12：羁縻万卑州(658—680)

显庆三年，以内附东女羌部落置羁縻万卑州(今金川县马尔邦乡独脚沟村)①，隶羁縻乐容州都督府。永隆元年，内徙关内道延州境，直属夏州都督府。

附旧州 13：羁縻河州(658—680)

显庆三年，以内附东女羌部落置羁縻河州(今金川县河西乡)②，隶羁縻乐容州都督府。永隆元年，没于吐蕃。

附旧州 14：羁縻陪州(658—680)

显庆三年，以内附东女羌部落置羁縻陪州(今金川县城金川镇?)，隶羁縻乐容州都督府。永隆元年，没于吐蕃。

(四) 藩属弱水国

藩属弱水国(754—756)

弱水国，本羁縻乐容州都督府目、兆、如、晔、瓒、拔揭、白豆、执八州地，吐蕃建为藩属国，仍属东女国联盟。天宝十三载归唐，隶保宁都护府，仍治弱水城(故如州城)。至德元载，复没于吐蕃。

附旧州 1：羁縻目州(658—680)

显庆三年，以内附弱水羌部落置羁縻目州(今金川县集沐乡)，隶羁縻乐

---

① 马尔邦：嘉绒语古地名，拟音为"məban"，与"万卑"古音(manbei)音近。徐灏《说文解字注笺》云："萬(万)即蠆，古重唇音，读若曼。"
② 依地理形势推测，河州仪凤二年尚存，当位处弱水西山地区南部大渡河畔，今拟于金川县河西乡。

容州都督府。永隆元年,没于吐蕃。

附旧州2:羁縻兆州(658—680)

显庆三年,以内附弱水羌部落置羁縻兆州(今金川县太阳河乡)①,隶羁縻乐容州都督府。永隆元年,没于吐蕃。

附旧州3:羁縻如州(658—680)

显庆三年,以内附弱水羌部落置羁縻如州(今金川县观音桥镇)②,隶羁縻乐容州都督府。永隆元年,没于吐蕃。

附旧州4:羁縻晔州(658—680)

显庆三年,以内附弱水羌部落置羁縻晔州(今金川县俄热乡)③,隶羁縻乐容州都督府。永隆元年,没于吐蕃。

附旧州5:羁縻瓒州(658—677)

显庆三年,以内附弱水羌部落置羁縻瓒州(今金川县二嘎里乡?),隶羁縻乐容州都督府。仪凤二年,没于吐蕃。

附旧州6:羁縻拔揭州(658—677)

显庆三年,以内附弱水羌部落置羁縻拔揭州(今壤塘县蒲西乡?)④,隶羁縻乐容州都督府。仪凤二年,没于吐蕃。

附旧州7:羁縻白豆州(658—677)

显庆三年,以内附弱水羌部落置羁縻白豆州(今壤塘县宗科乡?),隶羁縻乐容州都督府。仪凤二年,没于吐蕃。

附旧州8:羁縻执州(658—677)

显庆三年,以内附弱水羌部落置羁縻执州(今壤塘县石里乡?),隶羁縻乐容州都督府。仪凤二年,没于吐蕃。

(五) 藩属悉董国

藩属悉董国(749—756)

悉董国,本羁縻乐容州都督府飞、融洮、索渠、志德、悉多、略、延避、徽八州地,吐蕃建为藩属国,天宝八载归唐,隶保宁都护府,仍治悉董城(故悉多

---

① 依地理形势推测。
② 弱水国为东女国附庸,且临大渡河(弱水),其地当在今金川县西北境,姑拟其城于观音桥镇一带,即故如州城。如,盖即"弱"之音讹。
③ "俄热",与"晔"音近。
④ 蒲西又名薄荷,疑"拔揭"为"拔蝎"(与蒲西音近)或"拔褐"(与薄荷音近)之误。

州城)①。至德元载,没于吐蕃。

附旧州1:羁縻索渠州(658—677)

显庆三年,以内附渠步羌部落置羁縻索渠州(今壤塘县上壤塘乡?),隶羁縻乐容州都督府。仪凤二年,没于吐蕃。

附旧州2:羁縻融洮州(658—677)

显庆三年,以内附渠步羌部落置羁縻融洮州(今壤塘县中壤塘乡)②,隶羁縻乐容州都督府。仪凤二年,没于吐蕃。

附旧州3:羁縻飞州(658—677)

显庆三年,以内附渠步羌部落置羁縻飞州(今壤塘县吾伊乡)③,隶羁縻乐容州都督府。仪凤二年,没于吐蕃。

附旧州4:羁縻志德州(658—677)

显庆三年,以内附渠步羌部落置羁縻志德州(今壤塘县岗木达乡达日村则木达)④,隶羁縻乐容州都督府。仪凤二年,没于吐蕃。

附旧州5:羁縻悉多州(658—677)

显庆三年,以内附渠步羌部落置羁縻悉多州(今壤塘县尕多乡刑木达村)⑤,隶羁縻乐容州都督府。仪凤二年,没于吐蕃。

附旧州6:羁縻略州(658—677)

显庆三年,以内附渠步羌部落置羁縻略州(今壤塘县南木达镇?),隶羁縻乐容州都督府。仪凤二年,没于吐蕃。

附旧州7:羁縻延避州(658—677)

显庆三年,以内附渠步羌部落置羁縻延避州(今壤塘县茸木达乡?),隶羁縻乐容州都督府。仪凤二年,没于吐蕃。

附旧州8:羁縻徽州(658—677)

显庆三年,以内附渠步羌部落置羁縻徽州(今壤塘县上杜柯乡?),隶羁縻乐容州都督府。仪凤二年,没于吐蕃。

---

① 《旧唐志》卷197《东女国传》:"其悉董国,在弱水西,故亦谓之弱水西悉董王。"按此为贞元九年内附时情形(其时首府疑在故志德州城),天宝时犹在弱水东之故悉多州城,即今壤塘县尕多乡刑木达村。
② 壤塘:疑为"融洮"音讹。
③ 飞州属渠步羌,贞元中内徙故保州境,当在悉董国最南境,今拟于塘壤县吾伊乡。详郭声波《唐弱水西山羁縻州及保宁都护府考》、《唐代弱水西山羁縻部族探考》两文。
④ 则木达:疑为"志德"音讹。
⑤ 刑木达:疑为"悉多"音讹。

(六) 藩属南水国

藩属南水国(749—753,754—756)

南水国,本羁縻乐容州都督府质、柘刚、求易、索京、礵、纪、齐帝七州地,吐蕃建为藩属国,天宝八载归唐,隶保宁都护府,仍治南水城(故礵州城)①。十二载,叛附吐蕃。十三载,复自吐蕃来归,仍隶保宁都护府,为藩属国。至德元载,复没于吐蕃。

附旧州1:羁縻质州(658—667)

显庆三年,以内附那鄂羌部落置羁縻质州(今班玛县知钦乡),隶羁縻乐容州都督府。乾封二年,没于吐蕃。

附旧州2:羁縻柘刚州(658—667)

显庆三年,以内附那鄂羌部落置羁縻柘刚州(今班玛县吉卡乡)②,隶羁縻乐容州都督府。乾封二年,没于吐蕃。

附旧州3:羁縻求易州(658—667)

显庆三年,以内附那鄂羌部落置羁縻求易州(今班玛县达卡乡?),隶羁縻乐容州都督府。乾封二年,没于吐蕃。

附旧州4:羁縻索京州(658—667)

显庆三年,以内附那鄂羌部落置羁縻索京州(今班玛县多贡麻乡)③,隶羁縻乐容州都督府。乾封二年,没于吐蕃。

附旧州5:羁縻礵州(658—680)

显庆三年,以内附那鄂羌部落置羁縻礵州(今班玛县城赛来塘镇)④,隶羁縻乐容州都督府。乾封二年,内徙羁縻霸州境(今红原县壤口乡)⑤。永隆元年,没于吐蕃。

附旧州6:羁縻纪州(658—667)

显庆三年,以内附那鄂羌部落置羁縻纪州(今班玛县亚尔堂乡?),隶羁縻乐容州都督府。乾封二年,没于吐蕃。

---

① 据郭声波《唐代弱水西山羁縻州部族探考》,南水国以那鄂置,其地在今班玛县境,故拟其首府于今班玛县城,即故礵州城。
② "吉卡",与"柘刚"音近。
③ 多贡麻乡治地旧名索卡,疑即"索京"(拟音为shokən)音译。
④ 礵:疑为"南"或"那鄂"音讹。
⑤ 南水国旧地乾封已没于吐蕃,而据《旧唐志》,礵州仪凤二年犹存,知其有内徙之事。

附旧州 7：羁縻齐帝州(658—667)

显庆三年，以内附那鄂羌部落置羁縻齐帝州(今班玛县灯塔乡)①，隶羁縻乐容州都督府。乾封二年，没于吐蕃。

(七) 藩属清远国
藩属清远国(749—756)

清远国，本羁縻乐容州都督府始目、拓钟、苗、和昔、酋和、归德、祝、明桑、宝、恤、托十一州地，吐蕃建为清远国，天宝八载归唐，隶保宁都护府，仍治清远城(故明桑州城)。至德元载，复没于吐蕃。

附旧州 1：羁縻始目州(658—667)

显庆三年，以内附迷桑羌部落置羁縻始目州(今阿坝县柯河乡?)，隶羁縻乐容州都督府。乾封二年，没于吐蕃。

附旧州 2：羁縻柘钟州(658—667)

显庆三年，以内附迷桑羌部落置羁縻柘钟州(今阿坝县茸安乡?)，隶羁縻乐容州都督府。乾封二年，没于吐蕃。

附旧州 3：羁縻苗州(658—667)

显庆三年，以内附迷桑羌部落置羁縻苗州(今阿坝县垮沙乡?)，隶羁縻乐容州都督府。乾封二年，没于吐蕃。

附旧州 4：羁縻和昔州(658—667)

显庆三年，以内附迷桑羌部落置羁縻和昔州(今阿坝县河支乡)②，隶羁縻乐容州都督府。乾封二年，没于吐蕃。

附旧州 5：羁縻酋和州(658—667)

显庆三年，以内附迷桑羌部落置羁縻酋和州(今阿坝县德格乡?)，隶羁縻乐容州都督府。乾封二年，没于吐蕃。

附旧州 6：羁縻归德州(658—677)

显庆三年，以内附迷桑羌部落置羁縻归德州(今阿坝县甲尔多乡)③，隶羁

---

① 灯塔乡治地旧名青木达：疑即"齐帝"(拟音为 qiəde)音译。
② 河支：疑即"和昔"音讹。
③ 释迦仁钦德《雅隆尊者教法使》第 23 页："土兔年之翌年(即永隆元年)，噶尔之次子赞婆与吐谷浑大臣卓波率兵三万抵黄河上游一带之城堡与村庄，与(李)敬玄军战，汉军败绩。……吐蕃军后撤，转回古朵，前往四川，攻陷茂州安戎城。"古朵，当即归德之异译，今阿坝县西北有甲尔多乡，地当青海黄河上游入四川要路，当即其地。由上述记载可知，永隆元年之前归德州已陷于吐蕃。

縻乐容州都督府。乾封二年,内徙羁縻阔州境(今红原县东北)①。仪凤二年,再徙关内道庆州境,直属灵州都督府。

附旧州7:羁縻祝州(658—667)

显庆三年,以内附迷桑羌部落置羁縻祝州(今阿坝县各莫乡?),隶羁縻乐容州都督府。乾封二年,没于吐蕃。

附旧州8:羁縻明桑州(658—667)

显庆三年,以内附迷桑羌部落置羁縻明桑州(今阿坝县城阿坝镇)②,隶羁縻乐容州都督府。乾封二年,没于吐蕃。

附旧州9:羁縻宝州(658—677)

显庆三年,以内附迷桑羌部落置羁縻宝州(今阿坝县洛尔达乡?),隶羁縻乐容州都督府。乾封二年,内徙羁縻阔州境(今红原县东北)③。仪凤二年,再徙关内道庆州境,隶羁縻芳池州都督府。

附旧州10:羁縻恤州(658—677)

显庆三年,以内附迷桑羌部落置羁縻恤州(今阿坝县安羌乡?),隶羁縻乐容州都督府。乾封二年,内徙羁縻阔州境(今红原县东)④。仪凤二年,再徙关内道银州境,直属夏州都督府。

附旧州11:羁縻托州(658—667)

显庆三年,以内附迷桑羌部落置羁縻托州(今阿坝县查理乡)⑤,隶羁縻乐容州都督府。乾封二年,没于吐蕃。

(八) 藩属咄霸国

藩属咄霸国(749—756)

咄霸国,本羁縻乐容州都督府蚕、梨、霸三州地,吐蕃建为藩属国,天宝八载归唐,隶保宁都护府,仍治咄霸城(故霸州城)。至德元载,复没于吐蕃。

附旧州1:羁縻蚕州(658—671,675—680)

显庆三年,以内附春桑羌部落置羁縻蚕州(今红原县查尔玛乡查隆共

---

① 清远国旧地乾封已没于吐蕃,而归德州仪凤二年乃徙关内道,知其先有内徙阔州之事。
② 郭声波:《唐弱水西山羁縻州及保宁都护府考》、《唐代弱水西山羁縻部族探考》。
③ 清远国旧地乾封已没于吐蕃,而宝州仪凤二年乃徙关内道,知其先有内徙阔州之事。
④ 清远国旧地乾封已没于吐蕃,而恤州仪凤二年乃徙关内道,知其先有内徙阔州之事。
⑤ 查理乡治地旧名塔哇,约音与"托"音近。

巴)①,隶羁縻乐容州都督府。咸亨二年,为吐蕃所破,州废。前上元二年,复置羁縻蚕州。永隆元年,没于吐蕃。

附旧州 2：羁縻梨州(658—671,675—680)

显庆三年,以内附春桑羌部落置羁縻梨州(今红原县江茸乡)②,隶羁縻乐容州都督府。咸亨二年,为吐蕃所破,州废。前上元二年,复置羁縻梨州。永隆元年,没于吐蕃。

附旧州 3：羁縻霸州(658—680)

显庆三年,以内附春桑羌部落置羁縻霸州(今红原县龙日乡龙日坝)③,隶羁縻乐容州都督府。永隆元年,没于吐蕃。

（九）藩属白狗国

藩属白狗国(749—753,754—756)

白狗国,亦作白苟国,本羁縻乐容州都督府答针、鼓、税河、达违、吴洛、津六州地,吐蕃建为藩属国,天宝八载归唐,隶保宁都护府,仍治狗舟城(故鼓州城)。十二载,叛附吐蕃。十三载,复自吐蕃来归,仍隶保宁都护府。至德元载,复没于吐蕃。

附旧州 1：羁縻答针州(658—680)

显庆三年,以内附白狗羌部落置羁縻答针州(今马尔康县大藏乡)④,隶羁縻乐容州都督府。永隆元年,没于吐蕃。

附旧州 2：羁縻鼓州(658—680)

显庆三年,以内附白狗羌部落置羁縻鼓州(今马尔康县沙尔宗乡)⑤,隶羁縻乐容州都督府。永隆元年,没于吐蕃。

---

① 蚕州仪凤二年尚存,当在弱水西山地区东部,然咸亨间一度陷于吐蕃,故知其地接迷桑(今阿坝县境),今拟于红原县查尔玛乡查隆共巴,旧属四寨乡。"查隆",嘉绒藏语意为"盐沟"(《四川省阿坝藏族自治州红原县地名录》,第 71 页),约音与"蚕"音近。
② 梨州仪凤二年尚存,当在弱水西山地区东部,然咸亨间一度陷于吐蕃,故知其地接迷桑(今阿坝县境),今拟于红原县江茸乡,旧四寨乡。
③ 霸州仪凤二年尚存,当在弱水西山地区东部。税安礼《(宋本)历代地理指掌图》之《唐十道图》于安戎城西北标有土霸城,郭声波《唐代弱水西山羁縻部族探考》考证其为唐后期哒国都城,在今红原县南部,当即唐前期霸州故址,今拟于红原县龙日乡龙日坝。据《毛尔盖·桑木旦全集》第 3 卷第 326 页,其地曾有被称为"龙日坝残堡"的唐代废碉。
④ 大藏：智观巴·贡却乎丹巴饶吉《安多政教史》第 727 页称其为"答仓",皆与"答针"音近。
⑤ 郭声波：《唐弱水西山羁縻州及保宁都护府考》。

附旧州 3：羁縻税河州（658—680）

显庆三年，以内附白狗羌部落置羁縻税河州（今马尔康县脚木足乡大多村？），隶羁縻乐容州都督府。永隆元年，没于吐蕃。

附旧州 4：羁縻吴洛州（658—680）

显庆三年，以内附白狗羌部落置羁縻吴洛州（今马尔康县草登乡？），隶羁縻乐容州都督府。永隆元年，没于吐蕃。

附旧州 5：羁縻达违州（658—680）

显庆三年，以内附白狗羌部落置羁縻达违州（今马尔康县康山乡）①，隶羁縻乐容州都督府。永隆元年，没于吐蕃。

附旧州 6：羁縻津州（658—680）

显庆三年，以内附白狗羌部落置羁縻津州（今马尔康县日部乡）②，隶羁縻乐容州都督府。永隆元年，没于吐蕃。

---

① 康山乡治地旧名达维，疑为"达违"异译。
② 日部乡治地旧名金村，疑为"津村"音讹。

第八章 山南西道羁縻地区
山南西道(762—765)

宝应元年(762),置山南西道节度使直辖羁縻地区。永泰元年(765),罢直辖羁縻地区。

附 山南西道节度使曾领

山南西道节度使(762—765)

宝应元年,山南西道节度使置直辖羁縻地区,以处内附党项羌、吐谷浑部落①。永泰元年,罢直辖羁縻地区,诸部北徙关内道②。

附新区一：直辖羁縻地区(762—765)

宝应元年,山南西道节度使置羁縻归顺、乾封、归义、顺化、和宁、和义、保

---

① 《册府元龟》卷977。《资治通鉴》长寿元年二月:"吐蕃党项部落万余人内附,分置十州。"周伟洲《早期党项史研究》第46页以为此十州即宝应间内附山南之乾封等十州之前身,原在泾、陇一带。按长寿元年即天授三年,所置十州,本编第一章《关内道羁縻地区》第四、五两节已考其为羁縻朝、吴、浮、西归、归、仰、北夏、东夏、悦、达州,分属灵、夏二州都督府,并不在泾、陇地区,且朝、吴、浮、归等州名与乾封等十州不符,故周说尚有未妥之处。宝应元年内附山南者,疑即《旧唐书》卷198《党项传》所载后上元元年自"泾、陇州界"诣凤翔节度使崔光远请降之十余万党项部众之一部。又,唐后期羁縻州大多非隶押蕃使即隶都督府,山南西道节度使所在之梁州,宝应元年尚有都督李勉(《唐刺史考全编》第2794页),大历中有都督裴冕(《宝刻丛编》卷9)、都督府长史韩秀实(《平蛮颂》,载《桂故》卷8),而宝应、永泰间任山南西道节度使之臧希让既未见都督名衔,亦未见押蕃使兼职,是否史有遗阙,俟考。
② 史志不载山南西道羁縻州下落。周伟洲认为,永泰元年,唐朝为了离沮吐蕃与庆、盐等内徙党项,将乾封等十州及永定等十二州党项东迁至银州之北、夏州之西及绥、延两州(《早期党项史研究》,中国社会科学出版社,2005年,第59页)。按乾封等十州即内附山南西道者,未曾置于庆、盐州境,然周说以为永泰元年唐朝有集中安置党项羌于陕北之举,则甚有道理。山南西道诸州代宗后未见记载,故推知确属永泰元年北徙诸州之列,可能即羁縻永平、旭定、清宁、忠顺、宁保、静塞、万吉、相兴等府州部民的来源之一。

善、宁定、罗云、朝凤十州,以为直辖羁縻地区①。永泰元年,羁縻十州并罢。

附新州 1：羁縻归顺州(762—765)

宝应元年,置羁縻归顺州(今陕西留坝县武关驿镇)②,以处内附党项羌部落,直属山南西道节度使。永泰元年,州废,部民北徙关内道。

附新州 2：羁縻乾封州(762—765)

宝应元年,置羁縻乾封州(今留坝县马道镇?),以处内附党项羌部落,直属山南西道节度使。永泰元年,州废,部民北徙关内道。

附新州 3：羁縻归义州(762—765)

宝应元年,置羁縻归义州(今留坝县青桥驿镇?),以处内附党项羌部落,直属山南西道节度使。永泰元年,州废,部民北徙关内道。

附新州 4：羁縻顺化州(762—765)

宝应元年,置羁縻顺化州(今宁强县胡家坝镇?),以处内附党项羌部落,直属山南西道节度使。永泰元年,州废,部民北徙关内道。

附新州 5：羁縻和宁州(762—765)

宝应元年,置羁縻和宁州(今宁强县铁锁关镇?)③,以处内附党项羌部落,直属山南西道节度使。永泰元年,州废,部民北徙关内道。

附新州 6：羁縻和义州(762—765)

宝应元年,置羁縻和义州(今宁强县高寨子镇?),以处内附党项羌部落,直属山南西道节度使。永泰元年,州废,部民北徙关内道。

附新州 7：羁縻保善州(762—765)

宝应元年,置羁縻保善州(今宁强县城城关镇?),以处内附党项羌部落,直属山南西道节度使。永泰元年,州废,部民北徙关内道。

附新州 8：羁縻宁定州(762—765)

宝应元年,置羁縻宁定州(今留坝县江口镇?),以处内附党项羌部落,直属山南西道节度使。永泰元年,州废,部民北徙关内道。

附新州 9：羁縻罗云州(762—765)

宝应元年,置羁縻罗云州(今留坝县城武关镇?),以处内附党项羌部落,

---

① 《新唐书》卷 221《党项传》。
② 诸志皆以归顺州为是年内附诸州之首,推知为诸部盟长,当置于地形较好、交通较便之处。又考虑到诸部曾于上年寇凤州,其后乃诣梁州请降,则诸部当分处凤州至梁州之间,今定归顺州于留坝县武关驿镇。
③ 按宁强县明代初置宁羌卫,表明此前曾有羌人居住,今姑依《册府元龟》、《新唐书》顺序,以顺化、和宁、和义、保善四党项羌羁縻州置于宁强县境。

直属山南西道节度使。永泰元年,州废,部民北徙关内道。

附新州 10：羁縻朝凤州(762—765)

宝应元年,置羁縻朝凤州(今凤县留凤关镇),以处内附吐谷浑部落①,直属山南西道节度使。永泰元年,州废,部民北徙关内道。

---

① 《册府元龟》卷 977 云,是年投降梁州诸部含"羌、浑"二族。按此"浑"族当为"吐谷浑"族简称,非铁勒之"浑部",职由党项羌原为吐谷浑属部,吐谷浑亡国后二族经常一起活动之故。今以排名末尾之朝凤州为吐谷浑州。其治地,以州名观之,似距凤州较近,故今定于凤县留凤关镇。

第九章　陇右道羁縻地区
陇右道(630—763,857—907)

贞观四年(630),置松、岷二州都督府羁縻地区。五年,岷州都督府羁縻地区归松州都督府。九年,置藩属吐谷浑国。十三年,置叠州都督府羁縻地区,陇右道有藩属吐谷浑国及叠、松二州都督府二羁縻地区。十四年,置前安西都护府羁縻地区。

永徽元年(650),叠州都督府羁縻地区归洮州都督府。二年,罢前安西都护府羁縻地区。四年,松州都督府羁縻地区改属剑南道。五年,置安西都护府羁縻地区。显庆元年(656),置鄯州都督府羁縻地区。三年,置西州都督府羁縻地区及羁縻昆陵、濛池二都护府。龙朔二年(662),羁縻昆陵都护府归吐蕃。三年,西州都督府羁縻地区归金山都护府。乾封元年(666),置凉州都督府羁縻地区,改藩属吐谷浑国为藩属青海国。二年,羁縻濛池都护府归吐蕃。咸亨三年(672),罢凉州都督府羁縻地区。仪凤二年(677),洮州都督府羁縻地区没于吐蕃。调露元年(679),复置羁縻昆陵、濛池二都护府,改安西都护府为后安西都护府。

武周天授二年(691),复置凉州都督府羁縻地区。如意元年(692),复罢羁縻昆陵都护府。长寿二年(693),凉州都督府羁縻地区归安北都护府,复改后安西都护府为安西都护府。万岁通天元年(696),罢鄯州都督府羁縻地区。长安二年(702),改金山都护府为北庭都护府。四年,陇右道有安北、北庭、安西三都护府三羁縻地区及羁縻濛池都护府。

唐景龙二年(708),复置凉州都督府羁縻地区,安北都护府还属关内道。三年,羁縻濛池都护府归藩属突骑施国。景云二年(711),割凉州都督府与北庭、安西二都护府三羁縻地区及藩属突骑施国属河西道。开元十七年(729),置秦州都督府羁縻地区。

天宝元年(742),改秦州都督府为天水郡都督府。十三载,陇右道有秦州都督府一羁縻地区(参见前文图22)。

乾元元年(758),复天水郡都督府为秦州都督府,置临州都督府羁縻地区。宝应元年(762),罢临州都督府羁縻地区。广德元年(763),罢秦州都督府羁縻地区。

大中五年(851),收复陇右道①,置归义军押蕃落使羁縻地区。咸通四年(863),置凉州押蕃落使羁縻地区。七年,罢归义军押藩落使羁縻地区。十一年(857),置河渭等州都游奕使羁縻地区。咸通四年(863),河渭等州都游奕使羁縻地区归天雄军押蕃落使。十四年,陇右道有天雄军押蕃落使、凉州押蕃落使二羁縻地区。

中和四年(884),复置归义军押蕃落使羁縻地区。

天水郡(秦州)都督府所领

秦州都督府(729—742)—天水郡都督府(742—758)—秦州都督府(758—763)—河渭等州都游奕使(857—863)—天雄军押蕃落使(863—880)

开元十七年(729),秦州都督府置直辖羁縻地区。

天宝元年(742),改秦州都督府为天水郡都督府。十三载,天水郡都督府有一直辖羁縻地区。

乾元元年(758),复天水郡都督府为秦州都督府。广德元年(763),罢都督府及直辖羁縻地区。

大中十一年(857),置河渭等州都游奕使直辖羁縻地区。咸通四年(863),改为天雄军押蕃落使直辖羁縻地区②。十四年,天雄军押蕃落使有一直辖羁縻地区。

直辖羁縻地区
直辖羁縻地区(729—763,857—880)

开元十七年,秦州都督府置羁縻马邑州,以为直辖羁縻地区,以废洮州都督府之直辖羁縻保塞州来属。

---

① 大中后,河西地区已无"河西道"一名,《旧五代史》郡县志、《太平寰宇记》皆以"陇右道"言称唐末河西地区,可知收复之河西地区仍属陇右道。
② 《授王(安)〔晏〕实天雄军节度使制》(载《文苑英华》卷453):"可起复忠武将军、守金吾卫将军兼秦州刺史、御史大夫,充天雄军节度、秦〔城〕〔成〕河渭等州营田观察处置押蕃落 使。"《新唐表》及朱玉龙《五代十国方镇年表》亦云,天雄军节度使兼押蕃落使。

天宝元年，改为天水郡都督府直辖羁縻地区。十三载，天水郡都督府直辖羁縻马邑一州。

乾元元年，复为秦州都督府直辖羁縻地区，割羁縻保塞州隶临州都督府。广德元年，没于吐蕃。

大中十一年，割归义军节度使羁縻河、岷二州来属河渭等州都游奕使[1]，以为直辖羁縻地区，并置羁縻渭、洮、临三州[2]。咸通四年，废河渭等州都游奕使，羁縻河、临、渭、岷、洮五州隶天雄军押蕃落使[3]。五年，割羁縻河、洮、临三州隶河西道凉州押蕃落使。十四年，天雄军押蕃落使直辖羁縻渭、岷二州。

广明元年(880)，羁縻岷、渭二州归吐蕃[4]，罢直辖羁縻地区。

羁縻马邑州(729—763)—羁縻岷州(851—880)

开元十七年，析成州地置羁縻马邑州(今甘肃岷县马坞乡)，以处内附党项羌部落，直属秦州都督府。宝应元年，寄治成州故盐井城(今甘肃礼县盐官镇)。二年，没于吐蕃。大中五年，张议潮以岷州图籍归唐，为羁縻岷州，仍治故岷州城(今岷县城关镇)，直属河西道归义军押蕃落使。大中十一年，直属陇右道河渭等州都游奕使。咸通四年，直属天雄军押蕃落使。广明元年，复归吐蕃。

附新州：羁縻渭州(857—880)

大中十一年，吐蕃尚延心部落内附，置羁縻渭州以处之，仍治故渭州城(今甘肃陇西县文峰镇)，直属河渭等州都游奕使。咸通四年，直属天雄军押蕃落使。

广明元年，复归吐蕃。

附一　鄯州都督府曾领

兰州都督府(633—656)—鄯州都督府(656—677，681—696)

贞观七年，兰州都督府置直辖羁縻地区。十三年，直辖羁縻地区不变。

---

[1] 《资治通鉴》大中十一年十月："秦(尚)延心为河渭都游(弈)〔奕〕使，使统其众居之。"按《新唐书》卷216《吐蕃传》"河渭"二字后有"等"字，依地理形势判断，当含岷州，据补。
[2] 唐、宋地志不载复置临、洮二州之事，而咸通中凉州押蕃落使有此二州，故疑其曾作为羁縻州属河渭等州都游奕使。
[3] 《资治通鉴》咸通四年二月："置天雄军于秦州，以成、河、渭三州隶焉。"
[4] 史志不载此事。按广明元年行渭州归吐蕃，而羁縻岷、渭二州在其西，推测是年亦归吐蕃。

显庆元年,改为鄯州都督府直辖羁縻地区。咸亨三年(672),以直辖羁縻地区置羁縻阁门州都督府,割隶凉州都督府。

武周万岁通天元年(696),鄯州都督府羁縻地区没于吐蕃。

附旧区: 直辖羁縻地区(633—672)—藩属青海国兼羁縻阁门州都督府(672)—直辖羁縻地区(627—696)

贞观七年,置羁縻西平州,以为兰州都督府直辖羁縻地区。八年,改羁縻西平州为羁縻蒙州。十三年,兰州都督府直辖羁縻蒙州。

显庆元年,羁縻蒙州直属鄯州都督府。咸亨三年,置羁縻阁门州及阁门州都督府,以处内徙凉州之藩属青海国部众①,国王兼都督。是年,国王徙居关内道灵州境,羁縻都督府及羁縻阁门州并罢②,以废羁縻静边州都督府之羁縻盖、位、嶂、祐、肆、玉、台、桥、序九州来属。仪凤二年,羁縻盖、嶂、祐、台、桥、玉、位七州内徙关内道,羁縻肆、序二州没于吐蕃。永隆二年,置羁縻津、超、罕、丽、永、定六州③。

武周天授三年,省羁縻蒙州。万岁通天元年,羁縻丽、超、罕、津、永、定六州没于吐蕃④,罢鄯州都督府直属羁縻地区。

附旧州1:羁縻西平州(633—634)—羁縻濛州(634—692)

贞观七年,党项拓拔吴伽部落内附,置羁縻西平州(今湟源县城城关镇)⑤,

---

① 龙朔三年,吐蕃占领吐谷浑国境,吐谷浑王率数千帐内徙凉州境,故《旧唐志》凉州载有"吐浑部落"。至咸亨三年,始南移鄯州境,置羁縻阁门州都督府以处之。
② 《册府元龟》卷170:"咸亨三年二月,吐谷浑慕容诺曷钵部落自凉州徙于鄯州浩亹河之南,发兵以送之。既属吐蕃炽盛,诺曷钵不安其居,又鄯州地窄,寻徙于灵州之境。"
③ 《大唐使持节都督鄯河兰廓缘淳丽津超罕永定等一十二州诸军事守鄯州刺史元府君(师奖)墓志铭》云:"又纡纶汗,授公使持节都督鄯河兰廓缘淳丽津超罕永定等一十二州诸军事,守鄯州刺史,勋官如故。以垂拱二年正月九日,遘疾卒于鄯州之官舍,春秋六十有六。"内中"缘"字当是"儒"字之误,鄯、河、兰、廓、儒、淳六州皆为正州,丽、津、超、罕、永、定六州是羁縻州,疑是永隆二年河源道副使黑齿常之为备御吐蕃以吐谷浑余部所置。
④ 考吐蕃首寇凉州,是在万岁通天元年,当时凉州都督许钦明外出按行,"有吐蕃数万奄至城下。钦明拒战久之,力屈被执"(《旧唐书》卷196《吐蕃传》)。可知吐蕃数万大军刚刚进入浩亹水地区,随即突袭凉州,唐朝不知军情,致许钦明仓促应战而败。由是可知,羁縻丽、津、超、罕、永、定六州必陷于是年。
⑤ 《大唐故云麾将军守右威卫大将军赠特进拓拔府君墓志铭并序》(段志凌等《唐〈拓拔驮布墓志〉——党项拓拔氏源于鲜卑新证》,《中国国家博物馆馆刊》2018年第1期)载:贞观七年拓拔吴伽率部内附,授西平州刺史。其祖蒿头川王"是称党项,徙湟中故地,与浑部杂居,种落蕃殖,控弦十万"。按今湟中县西南承风岭武德间已属唐,与吐谷浑开互市,时吴伽部犹属吐谷浑,则知其地更在湟中西,今以湟源置之。

直属兰州都督府。八年,改为羁縻蒙州①。显庆元年,直属鄯州都督府。天授三年,省入鄯城县,部民内徙关内道②。

附旧州 2：羁縻津州(681—696)

永隆二年,析鄯州地置羁縻津州(今互助县巴扎乡甘冲口)③,以处内附吐谷浑部落,直属鄯州都督府。万岁通天元年,没于吐蕃。

附旧州 3：羁縻超州(681—696)

永隆二年,析鄯州地置羁縻超州(今青海门源县泉口镇黄树湾村红山古城)④,仍处内附吐谷浑部落,直属鄯州都督府。万岁通天元年,没于吐蕃。

附旧州 4：羁縻罕州(681—696)

永隆二年,析鄯州地置羁縻罕州(今门源县北山乡金巴台古城)⑤,仍处内附吐谷浑部落,直属鄯州都督府。万岁通天元年,没于吐蕃。

附旧州 5：羁縻阁门州(672)—羁縻丽州(681—696)

咸亨三年,析鄯州地置羁縻阁门州,治浩亹河南(今青海门源县麻莲乡)⑥,处内附吐谷浑部落,并置羁縻阁门州都督府。是年,府、州并废,部民内徙关内道灵州境,别置羁縻安乐州。永隆二年,析鄯州地置羁縻丽州(今麻莲乡)⑦,仍处内附吐谷浑部落,直属鄯州都督府。万岁通天元年,没于吐蕃。

附旧州 6：羁縻永州(681—696)

永隆二年,析鄯州地置羁縻永州(今青海门源县青石嘴镇)⑧,仍处内附吐谷浑部落,直属鄯州都督府。万岁通天元年,没于吐蕃。

---

① 《册张允恭鄯州都督文》(载《唐大诏令集》卷 62)云："惟尔兰州都督、安陆县开国公张允恭……是用命尔为使持节都督鄯兰河儒廓淳濛七州诸军事、鄯州刺史。""淳濛",一本作"深濛",《全唐文》卷 1000 作"淳等"。"深、濛"二字依明本《唐大诏令集》当作"淳、蒙",蒙州不见于两《唐志》,当是羁縻州。则知贞观八年全国州名统一去方位词时,已改西平州曰蒙州,因湟源之蒙谷为名。
② 《旧唐书》卷 198《党项羌传》："其在西北边者,天授三年内附,凡二十万口。"其中当含蒙州党项。
③ 羁縻津州之始置,考详郭声波《元师奖墓志所见唐代羁縻州探讨》。原作显庆元年置,今依上注修订。津州,当以地处鄯、凉二州间浩亹河要津为名,今拟于互助县巴扎乡甘冲口。
④ 《中国文物地图集·青海分册》第 106 页云,旱台乡黄岗村(今泉口镇黄树湾村)有唐代古城,疑即其地。
⑤ 罕:疑即"浩亹"约音,在浩门河畔。金巴台,据考证为汉代护羌校尉治所,当为吐谷浑人所利用,设为羁縻州治,吐蕃展筑为"新城"。
⑥ 《册府元龟》卷 170："咸亨三年二月,吐谷浑慕容诺曷钵部落自凉州徙于鄯州浩亹河之南,发兵以送之。既属吐蕃炽盛,诺曷钵不安其居,又鄯地狭,寻徙于灵州之境,置安乐州。"
⑦ 丽州在鄯属羁縻州中居首,当以阁门州都督府故地置。
⑧ 依地理形势推定。

附旧州 7：羁縻定州(681—696)

永隆二年，析鄯州地置羁縻定州(今祁连县峨堡镇三角城)①，仍处内附吐谷浑部落，直属鄯州都督府。万岁通天元年，没于吐蕃。

附二 洮州都督府曾领

岷州都督府(630—631)—叠州都督府(639—650)—洮州都督府(650—677)

贞观四年(630)，岷州都督府置直属羁縻地区。五年，直属羁縻地区并入松州都督府羁縻西戎州都督府。十三年，叠州都督府置直辖羁縻地区。二十三年，以直辖羁縻地区置羁縻静边州都督府。

永徽元年(650)，都督府移治后洮州，改为洮州都督府。咸亨三年(672)，罢羁縻静边州都督府为直辖羁縻地区。仪凤二年，罢直辖羁縻地区。

附旧区：直辖羁縻地区(630—631,639—649)—羁縻静边州都督府(649—672)—直辖羁縻地区(672—677,714—729,739—758)

贞观四年，岷州都督府置羁縻祐、西盐、嶂、西唐四州，以为直辖羁縻地区。五年，割羁縻祐、西盐、嶂、西唐四州隶松州都督府羁縻西戎州都督府，罢直辖羁縻地区。十三年，割松州都督府羁縻嵯州都督府之盖、位、嶂、祐、肆、玉、台、桥、序、都、流、厥、调、凑、般、匐、器、迩、率、钟二十州来属叠州都督府，以为直辖羁縻地区。二十三年，置羁縻静边州及羁縻静边州都督府，叠州都督府直辖羁縻二十州并隶之。

永徽元年，羁縻静边州都督府隶洮州都督府②。乾封二年(667)，羁縻都、流、厥、调、凑、般、匐、器、迩、率、钟十一州陷于吐蕃③。咸亨三年，羁縻静边州内徙关内道，余九羁縻州直属鄯州都督府。

---

① 据陈良伟《丝绸之路河南道》第 234、235 页，三角城年代自东晋至宋，当即吐谷浑旧城，八宝河在隋唐之际名覆袁川，吐谷浑国王慕容伏允曾保据于此。其地当祁连山冷龙岭隘口扁都口南端，为丝绸之路南支线的鄯甘通道必经之地。
② 史志不载其事。按后洮州较之于叠州更靠近西北方向的静边州，都督府从叠州移治后洮州，应当就是为了更便于管辖州数较多、范围较广、距离较远的静边州都督府。因补。
③ 《宣州刺史陶大举德政碑》(载《全唐文补遗》第七辑)云，咸亨元年，大举"授使持节都督(洮州等)十五州诸军事，守洮州刺史"。实领后洮、叠、芳、岷、宕五州及羁縻静边、盖、位、嶂、祐、肆、玉、台、桥、序十州，与此沿革正合。

开元二年,置羁縻保塞州。十七年,羁縻保塞州直属秦州都督府。二十七年,羁縻保塞州还隶洮州都督府。乾元元年,羁縻保塞州直属隶临州都督府。

附旧州1:羁縻静边州(649—672)

贞观二十三年,析廓州达化县地羁縻置羁縻静边州(今青海贵德县河阴镇)①,以处内附党项羌拓拔部落,置羁縻静边州都督府。咸亨三年,内徙关内道庆州境,直属原州都督府。

附旧州2:羁縻玉州(631—677)

贞观五年,析羁縻盖州置羁縻玉州(今青海贵南县沙沟乡查纳寺古城)②,以处党项羌野利部落,隶松州都督府羁縻西戎州都督府。八年,隶羁縻嵯州都督府。十三年,直属叠州都督府。二十三年,隶羁縻静边州都督府。咸亨三年,直属鄯州都督府。仪凤二年,内徙关内道庆州境,隶原州都督府羁縻芳池州都督府。

附旧州3:羁縻西唐州(630—634)—羁縻盖州(634—677)

贞观四年,招慰党项羌野利部落置羁縻西唐州(今贵南县森多镇青科羊村古城)③,直属岷州都督府。五年,隶松州都督府羁縻西戎州都督府,析置羁縻玉州。八年,改为羁縻盖州,隶羁縻嵯州都督府。十三年,直属叠州都督府。二十三年,隶羁縻静边州都督府。咸亨三年,直属鄯州都督府。仪凤二年,内徙关内道盐州境,直属夏州都督府。

附旧州4:羁縻嶂州(630—677)

贞观四年,招慰党项羌野利部落置羁縻嶂州(今青海兴海县唐乃亥乡夏塘村古城)④,直属岷州都督府。五年,隶松州都督府羁縻西戎州都督府。六年,析置羁縻桥州。八年,隶羁縻嵯州都督府。十三年,直属叠州都督府。二十三年,隶羁縻静边州都督府。咸亨三年,直属鄯州都督府。仪凤二年,内徙关内道盐州境,直属夏州都督府。

附旧州5:羁縻桥州(632—677)

贞观六年,析羁縻嶂州置羁縻桥州(今青海泽库县城泽曲镇知合龙村古城),以处党项羌野利部落,隶松州都督府羁縻西戎州都督府。八年,隶羁縻嵯州都督府。十三年,直属叠州都督府。二十三年,隶羁縻静边州都督府。咸亨三年,直属鄯州都督府。仪凤二年,内徙关内道庆州境,隶原州都督府羁縻安定州都督府。

①②③ 郭声波:《唐代河西九曲羁縻府州及相关问题研究》,《历史地理》第二十一辑。
④ 郭声波:《唐代河西九曲羁縻府州及相关问题研究》。夏塘村,旧属桑当乡。

附旧州 6：羁縻肆州（631—677）

贞观五年，析廓州化隆县地置羁縻肆州（今青海同仁县隆务镇向阳村古城）①，以处内附党项羌往利部落，隶松州都督府羁縻西戎州都督府。八年，隶羁縻嵯州都督府。十三年，直属叠州都督府。二十三年，隶羁縻静边州都督府。咸亨三年，直属鄯州都督府。仪凤二年，没于吐蕃。

附旧州 7：羁縻西盐州（630—631）—羁縻位州（631—677）

贞观四年，析洮州洮阳县地置羁縻西盐州，治羁縻归政县（今合作市伊合昂街道）②，以处党项羌拓拔、野利部落，直属岷州都督府。五年，升为正州，并析野利部落置羁縻位州（今河南县宁木特镇赛尔永村）③，割隶松州都督府羁縻西戎州都督府。八年，隶羁縻嵯州都督府。十三年，羁縻位州直属叠州都督府。二十三年，隶羁縻静边州都督府。咸亨三年，直属鄯州都督府。仪凤二年，内徙关内道庆州境，隶原州都督府羁縻芳池州都督府。

附旧州 8：羁縻西沧州（632—634）—羁縻开州（634）—羁縻台州（634—677）

贞观六年，析旭州置羁縻西沧州（今甘肃碌曲县西仓乡），以处党项羌拓拔部落，隶松州都督府羁縻西戎州都督府。八年，移治故开远城（今碌曲县玛艾镇红科村），改为羁縻开州。是年，改为羁縻台州，隶羁縻嵯州都督府。十三年，直属叠州都督府。二十三年，隶羁縻静边州都督府。咸亨三年，直属鄯州都督府。仪凤二年，内徙关内道庆州境，复名羁縻西沧州，隶原州都督府羁縻安化州都督府。

附旧州 9：羁縻祐州（630—677）

贞观四年，招慰党项羌费听部落置羁縻祐州（今河南县柯生乡）④，直属岷州都督府。五年，隶松州都督府羁縻西戎州都督府。八年，隶羁縻嵯州都督府。贞观十年，析置羁縻序州。十三年，直属叠州都督府。二十三年，隶羁縻静边州都督府。咸亨三年，直属鄯州都督府。仪凤二年，内徙关内道夏州境，直属夏州都督府。

附旧州 10：羁縻序州（636—677）

贞观十年，析羁縻祐州置羁縻序州（今甘肃玛沁县城大武镇东南军牧

---

① ④ 郭声波：《唐代河西九曲羁縻府州及相关问题研究》。
② 参详上编第十五章第一节安乡郡（河州）附归政县注。
③ 郭声波《唐代河西九曲羁縻府州及相关问题研究》。又，《新唐志》言贞观五年以党项拓拔部置西盐州于后魏洪和郡地，而《旧唐志》却言贞观四年以降羌和生羌置西盐州，八年改西盐州为位州。按位州属党项野利氏，当属生羌，拓拔部当属降羌，可知西盐州实置于贞观四年，贞观五年乃析野利氏置位州，而使西盐州独处拓拔部且升为正州，《旧唐志》之"八年"当为"五年"之误。

场)①,以处党项羌费听部落,隶松州都督府羁縻嵯州都督府。十三年,直属叠州都督府。二十三年,隶羁縻静边州都督府。咸亨三年,直属鄯州都督府。仪凤二年,没于吐蕃。

附旧州 11:羁縻钟州(638—667)

贞观十二年,招慰党项羌颇超部落置羁縻钟州(今青海兴海县温泉乡?)②,隶松州都督府羁縻嵯州都督府。十三年,直属叠州都督府。二十三年,隶羁縻静边州都督府。乾封二年,没于吐蕃。

附旧州 12:羁縻率州(638—667)

贞观十二年,招慰党项羌颇超部落置羁縻都率州,治乌海城(今玛多县花石峡镇)③,隶松州都督府羁縻嵯州都督府。十三年,直属叠州都督府。二十三年,隶羁縻静边州都督府。乾封二年,没于吐蕃。

附旧州 13:羁縻都州(638—667)

贞观十二年,招慰党项羌颇超部落置羁縻都州,治白兰故城(今都兰县香日德镇)④,隶松州都督府羁縻嵯州都督府。十三年,直属叠州都督府。二十三年,隶羁縻静边州都督府。乾封二年,没于吐蕃。

附旧州 14:羁縻迩州(638—667)

贞观十二年,招慰党项羌颇超部落置羁縻迩州⑤(今都兰县夏日哈镇?),隶松州都督府羁縻嵯州都督府。十三年,直属叠州都督府。二十三年,隶羁縻静边州都督府。乾封二年,没于吐蕃。

附旧州 15:羁縻器州(638—667)

贞观十二年,招慰党项羌颇超部落置羁縻器州(今都兰县城察汗乌苏镇英德尔滩南西台遗址)⑥,隶松州都督府羁縻嵯州都督府。十三年,直属叠州都督府。二十三年,隶羁縻静边州都督府。乾封二年,没于吐蕃。

附旧州 16:羁縻匎州(638—667)

贞观十二年,招慰党项羌颇超部落置羁縻匎州(今都兰县巴隆乡?),隶松州都督府羁縻嵯州都督府。十三年,直属叠州都督府。二十三年,隶羁縻静

---

① 郭声波:《唐代河西九曲羁縻府州及相关问题研究》。
② 《水经注》卷 2:"河水又东,径允川,而历大榆、小榆谷北,羌迷唐、钟存所居也。"钟州盖以旧钟存羌之地为名。
③⑤ 依地理形势分析。
④ 《中国文物报》2019 年 10 月 18 日载《第八批全国重点文物保护单位名单》中有都兰县克肖图唐代古城遗址,遗址有吐谷浑祭坛、吐蕃墓葬,疑即白兰故城附近遗存。
⑥ 据《中国文物地图集·青海分册》第 185 页,察汗乌苏镇东风村(今英德尔滩)南西台遗址有唐代文化堆积,当系羁縻州治之一。

边州都督府。乾封二年,没于吐蕃。

  附旧州 17：羁縻般州(638—667)

  贞观十二年,招慰党项羌颇超部落置羁縻般州(今都兰县宗加镇托海村?),隶松州都督府羁縻嵯州都督府。十三年,直属叠州都督府。二十三年,隶羁縻静边州都督府。乾封二年,没于吐蕃。

  附旧州 18：羁縻凑州(638—667)

  贞观十二年,招慰党项羌颇超部落置羁縻凑州(今都兰县宗加镇?),隶松州都督府羁縻嵯州都督府。十三年,直属叠州都督府。二十三年,隶羁縻静边州都督府。乾封二年,没于吐蕃。

  附旧州 19：羁縻调州(638—667)

  贞观十二年,招慰党项羌颇超部落置羁縻调州(今青海格尔木市大格勒乡?),隶松州都督府羁縻嵯州都督府。十三年,直属叠州都督府。二十三年,隶羁縻静边州都督府。乾封二年,没于吐蕃。

  附旧州 20：羁縻厥州(638—667)

  贞观十二年,招慰党项羌颇超部落置羁縻厥州(今格尔木市城区?),隶松州都督府羁縻嵯州都督府。十三年,直属叠州都督府。二十三年,隶羁縻静边州都督府。乾封二年,没于吐蕃。

  附旧州 21：羁縻流州(638—667)

  贞观十二年,招慰党项羌颇超部落置羁縻流州①(今格尔木市乌图美仁乡),隶松州都督府羁縻嵯州都督府。十三年,直属叠州都督府。二十三年,隶羁縻静边州都督府。乾封二年,没于吐蕃。

附三　临州都督府曾领

临州都督府(758—762)

乾元元年(758),临州都督府置直辖羁縻地区。宝应元年(762),没于吐蕃。

附新区：直辖羁縻地区(758—762)

乾元元年,洮州都督府直辖羁縻保塞州来属临州都督府,以为直辖羁縻

---

① 流州：盖以其地有流沙为名。

地区。宝应元年,羁縻保塞州没于吐蕃。

附新州：羁縻保塞州(714—762)

开元二年①,析兰州狄道县、岷州和政县地置羁縻保塞州(今临潭县冶力关镇)②,以处内附党项羌部落,直属洮州都督府。十七年,直属秦州都督府。二十七年,还隶洮州都督府。天宝元年,隶临洮郡都督府。乾元元年,直属临州都督府。宝应元年,没于吐蕃。部民内徙山南西道。

附四　藩属吐谷浑国

藩属吐谷浑国(635—663)—藩属青海国(666—672)

贞观九年(635),吐谷浑国归唐,为藩属国,仍都伏俟城(今甘肃共和县石乃亥乡铁卜加村古城)。龙朔三年(663),为吐蕃所破,国王慕容诺曷钵率余部寄居陇右道凉州。乾封元年,易其国名为青海,寄居凉州南山(今武威市南营乡青嘴喇嘛湾)③,遥领吐谷浑国旧境。三年,旧境陷于吐蕃。咸亨三年,割鄯州都督府地置羁縻阁门州都督府以处诺曷钵部(以后沿革见本节附一"鄯州都督府曾领"直辖羁縻地区)。

---

① 据卓尼县发现的《唐李将军碑》(现存于甘南文化馆),碑主是"天赐同姓",开元九年后不久任保塞州刺史。按开元二年鄯州都督府东南部的淳州、洮州都督府西北部的行儒州同时罢废,虽说有一部分州民(党项羌)内徙关内道,可能仍有一部分州民留在侧近,置为羁縻保塞州。
② 《历史地名》第1919页以为在今康乐县境。按康乐县本来就很小,而且已置有长乐县,不太可能再容一个羁縻州。《元和志》曰,岷州州境"东西一百六十三里,南北三百六十七里",当呈西北—东南长条形,和政县西北应包括今临潭县北部、卓尼县北部、合作市东部一带,相当空旷,且与临州相邻,保塞州部众当安置于此,即析岷州和政县地置,治在今临潭县冶力关镇。
③ 周伟洲:《吐谷浑史》,宁夏人民出版社,1985年,第104、161页。

第十章　河西道羁縻地区
河西道(711—792)

　　景云二年(711),以陇右道凉州都督府,北庭、安西二都护府羁縻地区及藩属突骑施国属河西道。开元二年(714),破藩属突骑施国。七年,复置藩属突骑施国。十一年,置瓜州都督府羁縻地区。二十六年,罢瓜州都督府羁縻地区。二十八年,复破藩属突骑施国,置羁縻濛池都护府。

　　天宝元年(742),改凉州都督府为武威郡都督府,羁縻濛池都护府归藩属突骑施国。十二载,置藩属葛逻禄国。十三载,河西道有藩属葛逻禄、突骑施二国及武威郡都督府与北庭、安西二都护府三羁縻地区(参见前文图23、图24、图25)。至德元载(756),武威郡都督府羁縻地区归河西督察九姓部落使。

　　广德二年(764),罢河西督察九姓部落使羁縻地区。大历七年(772)后,藩属突骑施国并入藩属葛逻禄国。贞元六年(790),安西都护府羁縻地区及藩属葛逻禄国归吐蕃。八年,北庭都护府羁縻地区归吐蕃。

第一节　武威郡(凉州)都督府所领

　　凉州都督府(691—693)—安北都护府(693—708)—凉州都督府(708—742)—武威郡都督府(742—756)—河西督察九姓部落使(756—764)—凉州押蕃落使(863—907)

　　武周天授二年(691),凉州都督府置羁縻兴昔州都督府。长寿二年(693),割凉州都督府境置安北都护府,领羁縻瀚海、皋兰、卢山、贺兰、坚昆五州都督府,又以羁縻兴昔州都督府隶之。圣历三年(700),罢羁縻兴昔州都督府。长安四年(704),安北都护府领羁縻瀚海、皋兰、卢山、贺兰、坚昆五州都督府。

　　唐景龙二年(708),安北都护府移还关内道(以后沿革见本编第一章《关内道羁縻地区》附四"安北都护府曾领"),割羁縻皋兰、卢山、贺兰、瀚海四州都督府隶凉州都督府①。

天宝元年(742),改凉州都督府为武威郡都督府。十三载,武威郡都督府领羁縻皋兰、卢山、贺兰、瀚海四州都督府。至德元载(756),置河西督察九姓部落使代武威郡都督府之职。

广德二年(764),羁縻瀚海、皋兰、卢山、贺兰四州都督府没于吐蕃。

咸通四年(863),置凉州押蕃落使直辖羁縻地区于陇右道。十四年,凉州押蕃落使有一直辖羁縻地区。

(一)羁縻瀚海州都督府
羁縻瀚海州都督府(693—764)

武周长寿二年,析甘州地置羁縻瀚海州都督府及羁縻瀚海、金水二州,仍处内附铁勒回纥部落,隶安北都护府。长安四年,羁縻瀚海州都督府领羁縻瀚海、金水二州。

唐景龙二年,割隶凉州都督府。

天宝元年,隶武威郡都督府。十三载,羁縻瀚海州都督府仍领羁縻瀚海、金水二州。至德元载,隶河西督察九姓部落使。

广德二年,没于吐蕃。

1. **羁縻瀚海州**(693—764)
长寿二年,析甘州删丹县西南境置羁縻瀚海州,随安北都护府治西安城(今甘肃民乐县三堡镇古城寺)②,置羁縻瀚海州都督府。广德二年,州废。

2. **羁縻金水州**(693—764)
长寿二年,析甘州删丹县西南境置羁縻金水州(今民乐县六坝镇)③,隶羁

---

① 《新唐志》云蹛林、金水、贺兰、卢山等羁縻府州"总章元年隶凉州都督府"。段连勤《丁零、高车与铁勒》第418页认为这是将契苾何力徙凉国之年误为贺兰府领属于凉州府之年,并及于凉州府的其他铁勒府州。此说可从。《新唐表》又载,景云元年,河西节度使兼"督察九姓部落使",似以此职管理境内铁勒九姓诸部羁縻府州。然唐前期都督府管理羁縻府州亦为本职,且两《唐志》皆系此羁縻府州于凉州都督府名下,故此于至德之前仍用都督府体系之。
② 《旧唐书》卷103《王君㚟传》:"(开元中)回纥承宗族子瀚海司马护输,纠合党众为承宗报仇。会吐蕃遣使间道诣突厥,王君㚟帅精骑邀之于肃州。还至甘州南巩笔驿,护输伏兵突起。"则瀚海州置在今张掖市南不远处,疑与安北都护府同治西安城。
③ 依地理形势推定。

縻瀚海州都督府。广德二年,州废。

(二)羁縻皋兰州都督府
羁縻皋兰州都督府(693—764)

武周长寿二年,析甘州地置羁縻皋兰州都督府及羁縻西皋兰州,仍处内附铁勒浑部落①,隶安北都护府。长安四年,羁縻皋兰州都督府领羁縻西皋兰一州。

唐景龙二年,割隶凉州都督府。

天宝元年,隶武威郡都督府。十三载,羁縻皋兰州都督府仍领羁縻西皋兰一州。至德元载,隶河西督察九姓部落使。

广德二年,没于吐蕃。

羁縻西皋兰州(693—764)

长寿二年,析甘州删丹县西南境置羁縻西皋兰州,治祁连城(今民乐县永固镇)②,置羁縻皋兰州都督府。广德二年,没于吐蕃。

(三)羁縻卢山州都督府
羁縻卢山州都督府(693—764)

武周长寿二年,析甘州地置羁縻卢山州都督府及羁縻卢山、蹛林二州,隶安北都护府。长安四年,羁縻卢山州都督府领羁縻卢山、蹛林二州。

唐景龙二年,割隶凉州都督府。

天宝元年,隶武威郡都督府。十三载,羁縻卢山州都督府仍领羁縻卢山、蹛林二州。至德元载,隶河西督察九姓部落使。

广德二年,没于吐蕃。

1. 羁縻卢山州(693—764)

长寿二年,析甘州删丹县南境置羁縻卢山州(今甘肃山丹县霍城镇?),仍处内附铁勒思结部落,置羁縻卢山州都督府。广德二年,州废。

---

① 《旧唐书》卷134《浑瑊传》:"浑瑊,皋兰州人也,本铁勒九姓部落之浑部也。曾祖元庆、祖大寿、父释之,皆代为皋兰都督。……广德中与吐蕃战,没于灵武。"
② 永固有汉代月氏城,前凉设汉阳县,故城可资利用。濮仲远《唐前期凉州境内羁縻府州的兴废》(《中国边疆史地研究》2021年第3期)以为在今山丹县境。

2. 羁縻蹛林州(693—764)

长寿二年,析甘州删丹县南境置羁縻蹛林州(今山丹县大马营镇?),仍处内附铁勒思结别部,隶羁縻卢山州都督府。广德二年,州废。

(四) 羁縻贺兰州都督府

羁縻贺兰州都督府(693—764)

武周长寿二年,析甘州地置羁縻贺兰州都督府及羁縻贺兰州,仍处内附铁勒契苾部落,隶安北都护府。长安四年,羁縻贺州都督府领羁縻贺兰一州。

唐景龙二年,割隶凉州都督府。

天宝元年,隶武威郡都督府。十三载,羁縻贺兰州都督府仍领羁縻贺兰一州。至德元载,隶河西督察九姓部落使。

广德二年,没于吐蕃。

羁縻贺兰州(693—764)

长寿二年,析凉州番禾县南境置羁縻贺兰州(今甘肃肃南县皇城镇)①,仍置羁縻贺兰州都督府。广德二年,州废。

附旧府: 羁縻兴昔州都督府(691—700)

武周天授二年,析凉州地置羁縻兴昔州都督府暨羁縻兴昔州②,以处内徙西突厥兴昔亡可汗部落③,隶凉州都督府。圣历三年,部民还于西域④,罢羁

---

① 《旧唐书》卷109《契苾何力传》言贞观中契苾部自西域内附,居凉州,贞观十四年时何力弟沙门为贺兰州都督。按其时羁縻州名尚无双字者,不合置贺兰州,疑乃以永徽北徙后沙门之名衔追记前事。又按《大唐左屯卫将军皋兰州都督浑公夫人契苾氏墓志铭》(载《全唐文补遗》第七辑),何力及其父祖亦曾为贺兰州都督,则沙门死后何力接任,其父都督衔可能是追赠。
② 敦煌莫高窟唐代壁画中,有"凉州盘和都督府番禾县北仰容山"、"盘和都督府御谷山番禾县北圣容瑞像"之类榜题,据孙修身《〈凉州御山石佛瑞像因缘记〉考释》(载《敦煌研究》1983年创刊号)考证,此类画像所绘系凉州番禾县北御谷山咸通寺(吐蕃占领期改为圣容寺)之"圣容石佛瑞像",咸通寺在今永昌县城关镇北金川村,唐凉州番禾县与羁縻兴昔州都督府交界处,则"盘和都督府"疑是羁縻兴昔州都督府别称,然亦不排除系吐蕃占领时期建置。
③ 《旧唐书》卷194《突厥传》、《太平寰宇记》卷197《西突厥》载:"垂拱已后,十姓部落频被突厥默啜侵掠,死散殆尽,随斛瑟罗入六七万人,徙居内地,西突厥阿史那于是遂绝。"《资治通鉴》记此事于天授元年十月,《唐会要》系于长寿二年十月,薛宗正《安西与北庭》第155页判断应在天授二年,当是,则《唐会要》之"长寿"应为"天授"之误。《新唐书》卷215《突厥传》记此事于圣历二年,岑仲勉《突厥集史》已驳其非。斛瑟罗时任继往绝可汗,领五弩失毕,所率"十姓",当含五咄陆之兴昔亡可汗旧部,兴昔州都督府即以此部置。盖斛瑟罗之继往绝部更迁内地,而留兴昔亡部(约二三万人)于凉州。
④ 《册府元龟》卷964、《资治通鉴》久视元年正月载:以阿史那斛瑟罗为平西道行军大总管,还镇碎叶。兴昔亡部落当与之同行。

縻都督府。

附旧州：羁縻兴昔州(691—700)

天授二年,析凉州番禾县北境置羁縻兴昔州(今甘肃金昌市?)①,并置羁縻兴昔州都督府。圣历三年,州废。

附新区：直辖羁縻地区(863—907)

咸通四年,割归义军押蕃落使羁縻兰州及陇右道废河渭等州都游奕使羁縻河、临、洮三州为凉州押蕃落使直辖羁縻地区②。五年,割天雄军押蕃落使羁縻河、临、洮三州来属③。十四年,凉州押蕃落使直辖羁縻兰、河、临、洮四州。

广明元年,羁縻沙、临、洮三州归吐蕃④。

附新州1：羁縻兰州(851—907)

大中五年,张议潮以兰州图籍归唐,为羁縻州,仍治故兰州城(今甘肃兰州市城关区),直属陇右道归义军押蕃落使。咸通四年,直属凉州押蕃落使。

附新州2：羁縻河州(851—880)

大中五年,张议潮以河州图籍归唐,为羁縻州,仍治故河州城(今甘肃岷县城城关镇),直属陇右道归义军押蕃落使。十一年,直属河渭等州都游奕使。咸通五年,直属凉州押蕃落使。广明元年,复归吐蕃。

---

① 兴昔州(府)位置史无载。按下注所考,该府以内徙西突厥部落所置,人口二三万,境土当较广阔,以凉州地理形势考量,唯番禾县以北可以安置,故今拟于金昌市及其迤北地区。然其地又有"盘和都督府"之名,若是兴昔都督府别称,则其治地也可能在番禾县——今永昌县境。段连勤《丁零、高车与铁勒》第415页认为"兴昔"为"舆昔"之误,指原漠北契苾部榆溪州。按《新唐志》明载"兴昔都督府"系突厥州,段说非。
② 《旧唐志》序："凉州节度使:治凉州,管西、洮、鄯、临、河等州。"《新唐表》："咸通四年,置凉州节度,领凉、洮、西、鄯、河、临六州。"按西州与凉州中隔归义军节度使领地,且据《资治通鉴》咸通七年二月,张议潮始奏北庭同鹘仆固俊收复西州,则咸通四年之时,西州亦不得隶凉州节度,"西"疑为"兰"字之误,今改。又,凉州节度使依例应兼押蕃落使,如归义军节度使、天雄军节度使然。考薛廷珪《授前河西防御押蕃落等使冯继文检校工部尚书依前充河西防御招抚等使制》(载《文苑英华》卷409)："乃眷西(梁)〔凉〕,为吾右地,襟带河曲,屏制蕃使。……防御西夏,控压三川。"薛廷珪,唐末人(中和进士),则唐末有河西押蕃落使一职,即凉州节度使所兼押蕃落使别称。西夏,盖指河西地区;三川,盖指陇右河、临、洮地区。
③ 黄楼《吐蕃尚延心以河、渭降唐事迹考略》(载《魏晋南北朝隋唐史资料》第28辑)考证,河州改隶凉州押蕃使当在咸通五年。《新唐表》是将凉州置使与增领河州二事并书,以此类推,洮、临二州亦如是。
④ 《宋史》卷87《地理志》载洮州唐末复归吐蕃。按广明元年行渭州归吐蕃,而洮、河、临三州在西,推测是年亦归吐蕃。《旧五代史》卷150《郡县志》陇右道之洮州,当是"岷州"之误。

附新州 3：羁縻临州（857—880）

大中十一年，吐蕃临州部落内附，置羁縻临州以处之，仍治故临州城（今甘肃临洮县城洮阳镇），直属陇右道河渭等州都游奕使。咸通五年，直属凉州押蕃落使。广明元年，复归吐蕃。

附新州 4：羁縻洮州（857—880）

大中十一年，吐蕃洮州部落内附，置羁縻洮州以处之，仍治故洮州城（今甘肃临潭县城城关镇），直属陇右道河渭等州都游奕使。咸通五年，直属凉州押蕃落使。广明元年，复归吐蕃。

附　瓜州都督府曾领

瓜州都督府（723—738）—归义军押蕃落使（851—866，884—907）

开元十一年（723），瓜州都督府置羁縻阇甄州都督府①。二十六年，罢羁縻阇甄州都督府。

大中五年（851），置陇右道归义军押蕃落使及直辖羁縻地区②。咸通七年（866），罢直辖羁縻地区。

中和四年（884），复置归义军押蕃落使直辖羁縻地区，仍属陇右道。

附旧府：羁縻阇甄州都督府（723—738）

开元十一年，析沙州地置羁縻阇甄州都督府及羁縻阇甄州③，隶瓜州都督府。二十六年，陷于吐蕃，羁縻府州并废④。

---

① 《大唐六典》卷 3："陇右道：其秦、凉、鄯、洮、北庭、安西、甘、岷，又管羁縻州。"按甘州未曾管羁縻州，"甘"当是"瓜"之误。
② 据荣新江《归义军使研究》、郁贤皓《唐刺史考全编》，归义军节度使张议潮、索勋、张承奉等皆兼押蕃落使之职。
③ 《资治通鉴》开元十一年："先是，吐谷浑畏吐蕃之强，附之者数年，九月，帅众诣沙州降，河西节度使张敬忠抚纳之。"唐朝"安存"他们的方式，就是在他们原居地设置羁縻都督府。按《大唐押浑副使忠武将军右监门卫中郎将员外置同正员检校阇府都督左威卫将军借紫金鱼袋（代）乐王上柱国慕容明墓志铭》（载《全唐文补遗》第五辑），墓主慕容明永隆元年生于灵州南衙，五岁为代乐王，当是内徙灵州之吐谷浑王室成员，即墓志所谓"穹庐贵种"，景云二年充押浑副使，兼检校阇甄府都督当在其后，当即开元十一年，作为沙州内附吐谷浑部落名义的长官。有人怀疑阇甄府不在西域而在灵州，可能是忽视了《资治通鉴》的这条记载。
④ 据李宗俊《敦煌寿昌县的废置与唐前期对西域石城、播仙二镇的经营》（载《中国边疆史地研究》2008 年第 2 期）推测，在开元二十至二十四年吐蕃联合突骑施进攻唐朝的战争或开元二十六年河西、陇右、剑南三道唐蕃边境战争中，吐蕃占领了鄯善—且末地区。从检校阇甄府都督慕容明开元二十六年卒于"本衙"的情况看，且末地区陷于吐蕃不应早于该年，或许慕容明之死与吐蕃的占领有一定关系。

附旧州：羁縻阇甄州(723—738)

开元十一年，以沙州内附吐谷浑部落置羁縻阇甄州(今新疆且末县城且末镇且末旧城)①，并置羁縻阇甄州都督府。二十六年，州废。

附新区：直辖羁縻地区(851—866，884—907)

大中五年，取吐蕃河、兰、岷、廓、鄯、伊、西七州为羁縻州，以为陇右道归义军押蕃落使直辖羁縻地区②。十年，升羁縻伊州为伊州，隶归义军节度使。十一年，割羁縻河、岷二州隶河渭等州都游奕使。咸通二年，升羁縻鄯州为鄯州，隶归义军节度使。四年，割羁縻兰州直属凉州押蕃落使，羁縻廓州归吐蕃。七年，羁縻西州归回鹘。

中和四年，降甘州为羁縻州来属归义军押蕃落使，以为直辖羁縻地区。光化二年(899)，降肃州为羁縻州来属。

附新州1：羁縻伊州(851—856)

大中五年，张议潮以伊州图籍归唐，为羁縻州，仍治故伊州城(今新疆哈密市西河区街道)，直属归义军押蕃落使。十年，取为伊州(正州)，隶归义军节度使。

附新州2：羁縻西州(851—866)

大中五年，张议潮以西州图籍归唐，为羁縻州，仍治故西州城(今吐鲁番市三堡乡高昌故城)，直属归义军押蕃落使。咸通七年，归回鹘。

附新州3：羁縻鄯州(851—861)

大中五年，张议潮以鄯州图籍归唐，为羁縻州，仍治故鄯州城(今青海海东市乐都区碾伯镇)，直属归义军押蕃落使。咸通二年，取为鄯州(正州)，隶归义军节度使。

---

① 钱伯泉《吐谷浑人在西域的历史》(载《新疆大学学报》1990年第2期)认为阇甄至少包括了今新疆且末和若羌两县，为吐谷浑人居住的羁縻都督府。吕建福《土族史》第133页："慕容明曾任检校阇甄府都督，为吐浑人对且末河的称呼，今译车尔臣。"阇甄当即西辽的"阇鄽"，元代的"阇里辉"，在今且末县城西南的汉唐且末旧城。

② 《旧唐书》卷18《宣宗纪》。《新唐志》陇右道序："大中五年，张义潮以瓜、沙、伊、肃、鄯、甘、河、西、兰、岷、廓十一州来归，而宣、懿德微，不暇疆理，惟系存有司而已。"然据荣新江《归义军史研究》第4页，张议潮实际收复伊州当在大中十年率军征讨伊州回鹘与吐谷浑之后。则此前伊州实际上仍未为唐有，似为羁縻州性质。荣新江《归义军使研究》第157页又云："张议潮虽然遣使归降，但归义军与唐朝之间的凉、鄯、兰、廓等州还在吐蕃边将的控制之下。"按议潮既以诸州图籍来归，则陇右诸州亦应有一定程度的归附，并非仅为空名，今亦拟兰、河、岷、廓、鄯五州为羁縻州。又，咸通七年回鹘仆固俊击败吐蕃，始得西州，则此前议潮虽得西州图籍，其地犹为吐蕃所据，今拟为羁縻州。

附新州 4：羁縻廓州(851—863)

大中五年，张议潮以廓州图籍归唐，为羁縻州，仍治故廓州城(今青海化隆县群科镇上古城)，直属归义军押蕃落使。咸通四年，复归吐蕃。

附新州 5：羁縻甘州(884—907)

中和四年，降甘州为羁縻甘州，以处回鹘部落①，隶归义军押蕃落使。

附新州 6：羁縻肃州(899—907)

光化二年，降肃州为羁縻肃州，以处回鹘部落②，隶归义军押蕃落使。

第二节　北庭都护府所领

前安西都护府(640—658)—西州都督府(658—663)—金山都护府(663—702)—北庭都护府(702—792)

贞观十四年(640)，前安西都护府置直辖羁縻地区。十八年，置藩属焉耆国。二十二年，以藩属焉耆、龟兹、于阗三国置羁縻焉耆、龟兹、于阗三州都督府来属，罢直辖羁縻地区。

永徽二年(651)，羁縻焉耆、龟兹、于阗三州都督府陷于西突厥沙钵罗可汗。五年，置羁縻轮台、凭洛、沙陀三州都督府。显庆三年(658)，改前安西都护府为安西都护府，割羁縻轮台、凭洛、沙陀三州都督府隶西州都督府。龙朔二年(662)，割西州都督府庭州及羁縻沙陀、轮台、凭洛三州都督府，燕然都护府羁縻大漠、玄池、阴山三州都督府置金山都护府③，并置羁縻金满、金附二州都督府。咸亨元年(670)，西突厥咄陆五姓等自吐蕃来归，复置羁縻匐延、鹰娑、洁山、嗢鹿、昆陵、双河、盐泊七州都督府。仪凤二年(677)，羁縻匐延、鹰娑、洁山、嗢鹿、昆陵、双河、盐泊七州都督府再附吐蕃。调露元年(679)，羁縻匐延、鹰娑、洁山、嗢鹿、昆陵、双河、盐泊七州都督府及西突厥弩失毕五姓等

---

① 据荣新江《归义军史研究》第 10 页，中和四年十二月，归义军甘州驻军退守肃州，甘州为回鹘所据。然此时甘州回鹘犹未独立建国，据程溯洛《甘州回鹘可汗谱系考证》(载《唐宋回鹘史论集》，人民出版社，1993 年)考证，甘州回鹘一世可汗毋母主(汉名仁美，后唐册封为英义可汗)在位年代为"？—924"年，故唐末以前甘州实为异族割据，得视为羁縻州。
② 据荣新江《归义军使研究》第 12 页，光化二年"肃州已非归义军所有"，实为甘州回鹘所据，依上注观点，亦得视为羁縻州。
③ 据孟凡人《北庭史地研究》(新疆人民出版社，1985 年)，凡涉及"金山"之事，皆与西突厥或与西突厥邻近部族有关，这些部族多隶昆陵、濛池二羁縻都护府，故金山都护府应即为承担二羁縻都护府的管理而设。

自吐蕃来归，置羁縻濛池、颉利、迦瑟、俱兰、千泉、哥系、答烂、孤舒、盐禄、东盐、西盐十一州都督府。垂拱二年（686），割羁縻昆陵、双河、盐泊、匐延、鹰娑、洁山、嗢鹿七州都督府隶羁縻昆陵都护府，濛池、颉利、迦瑟、俱兰、千泉、哥系、答烂、孤舒、盐禄、东盐、西盐十一州都督府隶羁縻濛池都护府，仍隶金山都护府。

武周如意元年（692），以废羁縻昆陵都护府之羁縻昆陵、双河、盐泊、匐延、鹰娑、洁山、嗢鹿七州都督府来属。长安二年（702），改金山都护府为北庭都护府①，置羁縻咽面州都督府，罢羁縻轮台、凭洛二州都督府。四年，割羁縻昆陵、双河、盐泊、匐延、鹰娑、洁山、嗢鹿七州都督府隶羁縻濛池都护府，北庭都护府统领羁縻濛池都护府及羁縻金满、沙陀、大漠、金附、玄池、阴山、咽面七州都督府②。

唐景龙三年（709），羁縻大漠、金附、玄池、阴山、咽面五州都督府归后突厥。开元二年（714），置羁縻火拔州都督府。三年，三姓葛逻禄、咽面诸部自后突厥来归，仍置羁縻大漠、玄池、阴山、咽面四州都督府。

天宝十二载（753），羁縻大漠、玄池、阴山、咽面四州都督府归藩属葛逻禄国。十三载，北庭都护府领羁縻金满、沙陀、火拔三州都督府。十五载，罢羁縻火拔州都督府。

贞元六年（790），北庭都护府及羁縻金满、沙陀二州都督府陷于吐蕃。

（一）羁縻金满州都督府
前安西都护府直辖羁縻地区（640—648）—**羁縻金满州都督府**（662—790）

贞观十四年，前安西都护府置羁縻庭州，以为直辖羁縻地区。二十二年，升羁縻庭州为庭州，仍隶前安西都护府。

龙朔二年，割羁縻轮台州都督府羁縻金满州置羁縻金满州都督府，并置羁縻蒲类州，金满州都督府隶金山都护府。

武周长安二年，隶北庭都护府。四年，羁縻金满州都督府领羁縻金满、蒲

---
① 《元和志》庭州："长安二年，改置北庭都护府，按三十六蕃。"三十六蕃，当即三十六蕃州（羁縻州）。
② 苏北海《西域历史地理》（新疆大学出版社，1988年）第131页云："从（圣历二年）第二次设立瑶池都督府起，昆陵、濛池两都护府已不存在，其军政事务全归瑶池都督府办理了。"然第136页又云："到7世纪末，昆陵、濛池两都护府已徒存其名而无实，到8世纪初，连昆陵、濛池两都护府的名称也不存在了。"按长安中，唐朝犹授阿史那献为昆陵都护，阿史那怀道为濛池都护，神龙、景龙之际，犹有濛池都护阿史那忠节，故知迄至景龙三年，昆陵、濛池二羁縻都护府名义上犹存。

类二州。

唐天宝十三载,羁縻金满州都督府仍领羁縻金满、蒲类二州。

贞元六年,陷于吐蕃①。

1. 羁縻庭州(640—648)—羁縻金满州(654—790)

贞观十四年,西突厥叶护阿史那步真部内附,以其处月部落置羁縻庭州及羁縻金满、蒲类、轮台三县②,州治可汗浮图城(今新疆吉木萨尔县北庭镇),直属前安西都护府。二十二年,升为庭州,所领羁縻县并升为正县。永徽五年③(654),以突厥处月部置羁縻金满州,治耶勒城(今新疆阜康市二二二团农场阜北城址)④,隶羁縻轮台州都督府。龙朔二年,移治庭州北十八里(今吉木萨尔县红旗农场营盘梁城址)⑤,改处处月别支沙陀部⑥,析置羁縻蒲类州并置羁縻金满州都督府。

2. 羁縻蒲类州(662—790)

龙朔二年,析羁縻金满州置羁縻蒲类州(今新疆奇台县西地镇东地城

---

① 季羡林主编:《敦煌学大辞典》,上海辞书出版社,1998年,第298页。
② 《括地志·序略》:"至(贞观)十四年,西克高昌,又置西州都护府及庭州。"《州郡典》北庭府:"及高昌平,(西突厥叶护)惧而来降,以其地为庭州。"李筌《太白阴经》卷3:"以突厥处月部落为庭州。"《新唐志》:"庭州,贞观十四年平高昌,以西突厥泥伏沙钵罗叶护阿史那贺鲁部落置。"《资治通鉴》贞观十四年:"可汗遣其叶护可可汗浮图城,为(麹)文泰声援,及(侯)君集至,可汗惧而西走千余里,叶护以城降。九月,以其地(高昌)为西州,以可汗浮图城为庭州,各置属县。"鲁才全《关于唐代庭州的几个问题》(载《西北史地》1986年第3期)云:"其年以城降唐叶护疑为阿史那步真,非阿史那贺鲁,时步真可能屯兵于可汗浮图城。阿史那贺鲁之降在二十二年,与庭州设置无关。"按贺鲁降部置羁縻瑶池州都督府,不得再置庭州,鲁说是。然则史载庭州汉官刺史不早于贞观二十二年,故考虑庭州初置时乃羁縻州。
③ 薛宗正《安西与北庭》(黑龙江教育出版社,1995年)第92页云:据考证改为"六年"。然未见其考证文字,同书第549页则系其事于永徽五年,今仍依《新唐志》、《新唐书》卷215《突厥传》及《资治通鉴》。
④ 金满州初置时隶轮台州都督府,其地当在庭州之西,今阜康市阜北唐代城址面积约8 640平方米(《中国文物地图集·新疆维吾尔自治区分册》下册,第468页),盖即其地。
⑤ 苏北海《西域历史地理》第148页:"金满州都督府的地点在当时北庭地区,即今吉木萨尔一带。那时处月部有一部分游牧于此,而唐朝又在北庭设有金满县,于是就其名而称为金满州都督府。但金满县与金满州都督府并不在同一地点,只是名称相同罢了。"按金满县治即北庭府城,焉耆、龟兹、于阗等较大军府皆与当地羁縻州都督府同地不同城,苏说当是。《元和志》庭州蒲类县:"南至州一十八里。"而《太平寰宇记》却云蒲类县在庭州东八十里,显见《元和志》误以金满都督府城为蒲类县城。今吉木萨尔县营盘梁唐代城址在北庭镇北三十里,当即其地,《元和志》之"一十八里",当是"二十八里"之误。岑仲勉《西突厥史料补阙及考证》(中华书局,1958年)第198页以为在今空格斯(巩乃斯)流域,刘统《唐代羁縻府州研究》第187页以为在乌鲁木齐南遏索山,皆非。
⑥ 荣新江等《新获吐鲁番出土文献》第312页载有一份龙朔二年发自燕然都护府的文书,录文有"金满州刺史沙陀"字样。

址),以处突厥处月部落,隶羁縻金满州都督府①。贞元六年,陷于吐蕃。

附旧府一:羁縻轮台州都督府(654—702)

永徽五年,置羁縻轮台州都督府及羁縻轮台、金满二州②,隶安西都护府。显庆三年,割隶西州都督府。龙朔二年,割隶金山都护府,割羁縻金满州隶羁縻金满州都督府。

武周长安二年,废羁縻轮台州都督府,羁縻轮台州改为轮台县,隶庭州。

附旧州:羁縻轮台州(654—702)

永徽五年,以突厥处密部落置羁縻轮台州,并置羁縻轮台州都督府,治故轮台城(今新疆昌吉市宁边路街道破城子)③。长安二年,改为轮台县,省羁縻凭洛州来属。

附旧府二:羁縻凭洛州都督府(654—702)

永徽五年,置羁縻凭洛州都督府及羁縻凭洛州,隶安西都护府。显庆三年,割隶西州都督府。龙朔二年,割隶金山都护府。

武周长安二年④,废羁縻凭洛州都督府及羁縻凭洛州。

附旧州:羁縻凭⑤洛州(654—702)

永徽五年,以内附突厥处密部落置羁縻凭洛州(今新疆乌鲁木齐市米东区古牧地镇下沙河村古城)⑥,并置羁縻凭洛州都督府。长安二年,省入庭州轮台县。

---

① 史志不载此州。1972年在吉木萨尔县后堡子古城发现了"蒲类州之印",今人多以为蒲类州为唐羁縻州,以突厥处月部置,治今木垒、奇台一带。今拟于奇台县东地城址,隶羁縻金满州都督府。详蒋其祥《蒲类州之印小考》(载《新疆社会科学》1982年第1期)、苏北海《西域历史地理》第189页、薛宗正《中亚内陆——大唐帝国》第320页等。然蒋其祥以为始置于显庆四年,按其时金满州尚未置都督府,蒲类州安有所隶?不取。
② 史志不载轮台府设置年代。按永徽五年金满州初置时隶轮台府,故知轮台府与金满州同时置。
③ 薛宗正《安西与北庭》第92页:"轮台州都督府:以处密部置,今昌吉一带。"
④ 《历史地名》第830页:冯洛州都督府"约8世纪前废"。今拟于长安二年改金山都护府为北庭都护府之时。
⑤ 凭:《旧唐志》作"冯",今依《新唐志》。"冯"在此与"凭"同音píng,二字相通。
⑥ 《新唐志》北庭元:"自庭州西延城西六十里有沙钵城守捉,又有冯洛守捉。又八十里有耶勒城守捉。"似乎冯洛守捉在沙钵城附近,故今人多定凭洛州于阜康市境,如苏北海《西域历史地理》第149页:"冯洛州都督府是因冯洛守捉之名而得,位处金满与轮台二州之间,即今阜康县南天山地区,以统治回纥人民。"薛宗正《安西与北庭》第92页云:"凭洛州都督府:以处密部置,今阜康、米泉一带。"按冯洛守捉即冯洛镇,乃开元间地名,晚于凭洛州,苏氏误倒两者关系。另如薛氏所言,凭洛州乃以突厥处密置,非回纥部落。又据《元和志》载,凭洛镇在北庭府西〔二〕(三)百七十里,则可定凭洛州在今乌鲁木齐市区的下沙河唐代遗址(昌吉距北庭亦三百多里,然已置轮台州),《新唐志》所载不确。下沙河遗址南北长460米,东西宽355米,面积约16.3万平方米(《中国文物地图集•新疆维吾尔自治区分册》下册,第380页),规模较大,宜为一州。也有学者考证在吉木萨尔县三台镇冯洛城址,然与《元和志》里距不合,且《新唐书》卷215《突厥传》载:"大军住凭洛水上,为之景助。"凭洛水,即今乌鲁木齐河,阜康、吉木萨尔境内则无可供大军凭恃的大河。

(二) 羁縻沙陀州都督府
羁縻沙陀州都督府(654—790)

永徽五年,置羁縻沙陀州及沙陀州都督府,羁縻都督府隶安西都护府。显庆三年,割隶西州都督府。龙朔二年,割隶金山都护府,割后瀚海都护府羁縻鸡洛州来属(鸡洛州沿革见本编第一章《关内道羁縻地区》附四"安北都护府曾领"直辖羁縻鸡洛州)。

武周长寿二年(693),废羁縻鸡洛州。长安二年,隶北庭都护府。四年,羁縻沙陀州都督府领羁縻沙陀一州。

唐天宝十三载,羁縻沙陀州都督府仍领羁縻沙陀一州。

贞元六年,归吐蕃①。

羁縻沙陀州(654—790)

永徽五年,以突厥处月别支沙陀(射脾)部落置羁縻沙陀州(今新疆伊吾县城伊吾镇)②,并置羁縻沙陀州都督府。贞元六年,归吐蕃。

(三) 羁縻火拔州都督府
羁縻火拔州都督府(714—756)

开元二年,置羁縻火拔州及火拔州都督府,羁縻都督府隶北庭都护府。三年,置羁縻葛禄州。

天宝四载,羁縻葛禄州归回纥。十三载,羁縻火拔州都督府领羁縻火拔一州。十五载,废羁縻火拔州都督府及羁縻火拔州③。

羁縻火拔州(714—756)

开元二年,以内附突厥葛逻禄多真部落置羁縻火拔州(今蒙古国科布多

---

① 《旧唐书》卷196《吐蕃传》:"(贞元六年)北庭之人既苦回纥,是岁,乃举城降于吐蕃,沙陀部落亦降焉。"

② 《新唐书》卷218《沙陀传》:"(永徽四年)废瑶池都督府,即处月地置金满、沙陀二州,皆领都督。"薛宗正《安西与北庭》第92页云:"沙陀州都督府:永徽六年以射脾·沙陀部置,今巴里坤、伊吾一带。"然该书第549页系此事于永徽五年,今从后者。

③ 《资治通鉴》天宝十三载三月:"敕以陇右十将特进、火拔州都督、燕山郡王火拔归仁为骠骑大将军。"胡注:"火拔,突厥别部也,开元中置火拔州。"归仁天宝十五载随哥舒翰守潼关,寻叛归安禄山。

省南境)①,并置羁縻火拔州都督府。天宝十五载,州废,地归回纥。

附旧州:羁縻狼山州(650—693)—羁縻葛禄州(715—745)

永徽元年,析羁縻金水州地置羁縻狼山州(今蒙古国科布多省境)②,以处内附西突厥葛逻禄左厢③部落,并置羁縻狼山州都督府。显庆三年,析置羁縻跌跌州。总章二年,羁縻都督府废,羁縻狼山州直属安北都护府。长寿二年,归后突厥。开元三年,后突厥葛逻禄左厢部落归唐,仍于羁縻狼山州旧地(今蒙古国科布多省北境)置羁縻葛禄州,隶北庭都护府羁縻火拔州都督府④。天宝四载,归回纥。

第三节　安西都护府所领

安西都护府(658—679)—后安西都护府(679—693)—安西都护府(693—790)

显庆三年(658),收复藩属焉耆、龟兹、于阗三国兼羁縻焉耆、龟兹、于阗三州都督府,以隶安西都护府,并以藩属疏勒国兼置疏勒州都督府,以藩属昭武九姓诸国兼置羁縻康居、大宛、休循三州都督府来属,割羁縻轮台、凭洛、沙陀三州都督府隶西州都督府。龙朔元年(661),以藩属吐火罗诸国及波斯地兼置羁縻月氏、高附、至拔、鸟飞、悦般、修鲜、条枝、写凤、太汗、王庭、天马、和默、旅獒、昆墟、奇沙、波斯十六州都督府来属。二年,藩属龟兹、疏勒二国兼

---

① 《新唐志》北庭都护府羁縻州:"开元中又有火拔州、葛禄州,后不复见。"张说《拨川郡王碑》(载《张燕公集》卷19):"九姓之乱单于也,(论弓仁)公四月度碛,过白桎林,收火拔部帐,纳多真种落,弥川满野,怀惠忘亡。"《通典》卷198《突厥》记此事于开元二年:"(默啜)遣其子移涅可汗及同俄特勒、妹壻火拔、颉利发石阿失毕率精骑围逼北庭,右骁卫将军郭虔瓘婴城固守,俄而出兵擒同俄特勒于城下斩之,虏因退缩,火拔惧不敢归,携其妻来奔,制授左卫大将军,封燕北郡王。"白桎林盖在北庭城之东,今木垒县境,火拔(多真)部落在其东北,今拟于蒙古国科布多省南境。
② 《新唐志》:"狼山州:永徽元年,以歌逻禄右厢部落置,为都督府。"
③ 《新唐志》作"右厢",今依《唐会要》卷73。岑仲勉《突厥集史》第1076页云:"按我国尚有,狼山是府,浑河是州,则似《会要》近是。"《地图集》标狼山州于今蒙古国巴彦乌列盖省,按狼山州都督府初属云中(实为前瀚海)都护府,境土当含今蒙古国戈壁阿尔泰省,都督府治狼山州当处巴彦乌列盖省与戈壁阿尔泰省之间,即科布多省。
④ 《册府元龟》卷974:"(开元)三年正月戊申,突厥葛逻禄下〔首〕领裴〔罗〕达(于)〔干〕来降,授果毅兼葛〔禄〕州长史,借紫金鱼袋,放还蕃。"《资治通鉴》开元三年二月注引《实录》:"突厥葛逻禄下首领裴罗达干来降。"《新唐志》北庭都护府突厥羁縻州:"开元中,又有火拔州、葛禄州,后不复见。"时葛逻禄属后突厥者,乃故狼山、浑河二州部落。所置葛禄州既属北庭,应属故狼山州之葛逻禄左厢部落,南与羁縻火拔州都督府相接。薛宗正《中亚内陆——大唐帝国》第138页以为安置于河东道蔚州横野军一带,恐非。

羁縻龟兹、疏勒二州都督府叛附吐蕃①。三年,藩属龟兹国兼羁縻龟兹州都督府复来归。咸亨元年(670),藩属龟兹、焉耆、于阗三国兼羁縻龟兹、焉耆、于阗三州都督府归吐蕃②。前上元二年③(675),收复藩属龟兹、焉耆、于阗、疏勒四国兼羁縻龟兹、焉耆、于阗、疏勒四州都督府,改羁縻于阗州都督府为羁縻毗沙州都督府。仪凤三年(678),藩属龟兹、焉耆、于阗、疏勒四国兼羁縻龟兹、焉耆、毗沙、疏勒四州复陷于吐蕃④。调露元年(679),收复藩属龟兹、焉耆、于阗、疏勒四国兼羁縻龟兹、焉耆、毗沙、疏勒四州都督府,隶后安西都护府。垂拱三年(687),藩属龟兹、于阗、疏勒三国兼羁縻龟兹、毗沙、疏勒三州都督府归吐蕃⑤。

武周长寿二年(693),收复藩属龟兹、于阗、疏勒三国兼羁縻龟兹、毗沙、疏勒三州都督府,隶安西都护府。长安四年(704),安西都护府领藩属龟兹、焉耆、于阗、疏勒四国,藩属昭武九姓诸国,藩属吐火罗诸国兼羁縻龟兹、焉耆、毗沙、疏勒、休循、大宛、康居、月氏、高附、至拔、鸟飞、悦般、修鲜、条枝、写凤、太汗、王庭、天马、和默、旅獒、昆墟、奇沙、波斯二十三州都督府⑥。

唐神龙元年(705),藩属下吐火罗诸国兼羁縻太汗、王庭、和默、旅獒、昆墟、奇沙六州都督府没于大食。景龙元年(707),藩属波斯国兼羁縻波斯州都

---

① 薛宗正《中亚内陆——大唐帝国》第392页:"龙朔二年,吐蕃唆使龟兹、疏勒、弓月三国发动叛乱,唐将苏海政主持的'䫻海道行军'师出不利,且由于误诛西突厥左厢可汗阿史那弥射,引起阿史那都支叛党唐附蕃,四镇已失其二。"今从之。
② 按是年龟兹、焉耆、于阗三镇陷于吐蕃,则龟兹、焉耆、于阗三州都督府亦当罢。《册府元龟》卷986载:"咸亨元年四月,吐蕃陷白州等一十八州。"《新唐书》卷216《吐蕃传》:"咸亨元年,入残羁縻十八州,率于阗取龟兹拔换城。"此羁縻十八州当即龟兹州都督府十一州、于阗州都督府六州及焉耆州都督府一州。
③ 王永兴等《吐鲁番出土氾德达告身校释》(载《敦煌吐鲁番文献研究论集》第二辑)云四镇复置于前上元年间。王小甫《唐、吐蕃、大食政治关系史》(北京大学出版社,1992年)第74页认为咸亨四年弓月、疏勒等来降,而安西四镇复置于前上元二年(675)。当是。刘统《唐代羁縻府州研究》第116页认为咸亨二年收复四镇,安西府治碎叶,乃是误用调露元年史料,不取。
④ 《新唐书》卷221《高昌传》:"仪凤时,吐蕃攻焉耆以西,四镇皆没。"王小甫《唐、吐蕃、大食政治关系史》第102页注云:"我们认为,安西尽陷是仪凤三年九月李敬玄兵败前后的事,安西都护府一度撤回了西州,故后来是由(西州都督?)崔知辩率兵收复的。"今从之。
⑤ 考详王小甫《唐、吐蕃、大食政治关系史》,第83页。
⑥ 薛宗正《安西与北庭》第118页:"至迟于大非川之役的次岁(咸亨二年,671),唐朝所建置的岭外诸府、州、都督、刺史等名号都已消失于史册。"按葱岭外羁縻府州都督、刺史皆以诸国王及其子弟兼,故史籍所载此后事迹,往往只用国号,不足以证明羁縻府州已废。又,前上元二年(675)唐朝已复置安西四镇,则葱岭外羁縻府州与唐朝的实际地理隔绝时间仅四年,不足以中断与唐朝的羁縻关系。如开元十八年阿史那特勒伊罗上表云:"仆罗兄吐火罗叶护下管诸国王、都督、刺史总二百一十二人。"王欣《吐火罗史研究》(中国社会科学出版社,2002年)第172页认为:"更像是他于公元705年入唐之前的情况。"故刘统《唐代羁縻府州研究》第128页云:"调露元年到长安三年,24年时间,九姓诸国是在唐朝控制之下。"然而《历史地名》于吐火罗诸国所置羁縻都督府相关条目下例言"8世纪中废",则失之过晚。今参诸说,以为葱岭外羁縻府州乃神龙元年(705)至开元二年(714)间因大食呼罗珊总督屈底波(或译古太白、库太巴)的历次入侵而次第废弃。

督府为大食所并。景云元年(710),置藩属识匿国,藩属上吐火罗诸国兼羁縻月氏、乌飞、悦般、修鲜、条枝、写凤、高附、至拔、天马九州都督府没于大食①。二年,藩属康国兼羁縻康居州都督府没于大食。太极元年(712),藩属石国兼羁縻大宛州都督府没于大食。开元二年(714),藩属拔汗那国兼羁縻休循州都督府没于大食,藩属识匿国没于吐蕃。三年,拔汗那国自吐蕃来归,复为藩属。四年,小勃律、护密、俱密、识匿四国自吐蕃来归,石汗那、罽宾、康、东曹、米、石六国自大食来归,复为藩属。五年,安、西曹二国自大食来归,复为藩属。六年,藩属石、康、东曹、米、西曹、安、拔汗那七国附大食。七年,置羁縻渠黎州都督府,上吐火罗之吐火罗、挹怛、骨咄、谢䫻、帆延五国②及昭武九姓之石、康、东曹、米、西曹、安六国复来归③,仍为藩属。十五年,史国自大食来归,复为藩属。二十八年,拔汗那国来归,仍为藩属。二十九年,藩属小勃律、吐火罗、挹怛、骨咄、俱密、护密、石汗那、罽宾、谢䫻、帆延十国归吐蕃。

天宝元年(742),俱密、护密二国自吐蕃来归,仍为藩属。三载,吐火罗、挹怛、骨咄、石汗那、罽宾、谢䫻、帆延七国来归,仍为藩属,改藩属史国为藩属来威国,藩属拔汗那国为藩属宁远国。六载,以藩属识匿国兼置羁縻妫塞州都督府,小勃律国自吐蕃来归,改为藩属归仁国。十三载,安西都护府领藩属龟兹、焉耆、于阗、疏勒、识匿、归仁、吐火罗、挹怛、骨咄、俱密、护密、石汗那、罽宾、谢䫻、帆延、康、东曹、米、来威、西曹、安、石、宁远二十三国及羁縻龟兹、焉耆、渠黎、毗沙、疏勒、妫塞六州都督府。至德后,藩属归仁国归吐蕃。

乾元二年(759),藩属识匿国兼羁縻妫塞州都督府及藩属护密国归吐蕃,藩属吐火罗、挹怛、骨咄、俱密、护密、石汗那、罽宾、谢䫻、帆延九国归大食④。大历七年(772)后,藩属康、东曹、米、来威、西曹、安、石七国归大食,藩属宁远国为藩属葛逻禄国所并。贞元六年(790),藩属龟兹、焉耆、于阗、疏勒四国兼

---

① 王治来《中亚通史·古代卷上》(新疆人民出版社,2004年)第269页云,710年(景云元年),屈底波率军收入吐火罗国的恶没言、巴格兰等地,接受了吐火罗宰相(实应为达干)尼扎克的投降。王欣《吐火罗史研究》第169页引吉布著述云,710—712年,为大食巩固在阿姆河流域的统治阶段,此后,便扩大到粟特和锡尔河地区。因此可以判断,吐火罗诸国应在景云元年全部归附大食。
② 《册府元龟》卷971载,开元七年,吐火罗、俱密等国皆遣使朝献,吐火罗国乃上吐火罗马首,推知是年上吐火罗诸国皆附唐。
③ 《册府元龟》卷971:开元七年三月,安国遣使来献,六月,康国遣使朝贡,则康、安二国及其附庸东曹、米、西曹诸国亦当归唐。慧超《往五天竺国传》云:"大寔以东,并是胡国,即是安国、曹国、史国、石骡国、米国、康国等,虽各有王,并属大寔所管。"应是开元七年以前情形。
④ 《新唐书》卷221《吐火罗传》云,乾元初,吐火罗犹"与西域九国发兵为天子讨贼",九国,当是此上吐火罗九藩属国。而据王小甫《唐·吐蕃·大食政治关系史》所附《帝王年表》,乾元二年后,吐火罗、护密、罽宾等上吐火罗诸国并无来朝记录,故知是年后皆复归大食。

羁縻龟兹、焉耆、渠黎、毗沙、疏勒五州都督府没于吐蕃。

(一) 藩属龟兹国兼羁縻龟兹州都督府

藩属龟兹国兼羁縻龟兹州都督府(648—651,658—662,663—670,675—678,679—687,693—790)

贞观二十二年①,龟兹国内附为藩属国兼羁縻龟兹州都督府,隶前安西都护府,并置羁縻龟兹、乌垒、□□、□□、□□、白、□□、姑墨、温肃、郁头十州。永徽二年,陷于西突厥。显庆三年,收复,隶安西都护府。龙朔二年,叛附吐蕃。三年,复归唐。咸亨元年,陷于吐蕃。前上元二年②,收复。仪凤三年,复陷于吐蕃。调露元年,收复,隶后安西都护府。垂拱三年,归吐蕃。

武周长寿二年,收复,隶安西都护府。长安四年,藩属龟兹国兼羁縻龟兹州都督府领羁縻龟兹、乌垒、□□、□□、□□、白、□□、姑墨、温肃、郁头十州。

唐开元七年,割羁縻渠黎州隶羁縻渠黎州都督府。

天宝十三载,藩属龟兹国兼羁縻龟兹州都督府领羁縻龟兹、乌垒、□□、□□、白、□□、姑墨、温肃、□□、郁头十州③。

贞元六年,没于吐蕃。

1. 羁縻龟兹州(648—651,658—662,663—670,675—678,679—687,693—790)

贞观二十二年,以龟兹(屈支)国置羁縻龟兹州,治伊逻卢城(今新疆库车县城萨克萨克街道龟兹古城)④,并置羁縻龟兹州都督府。永徽二年,陷于西突厥。显庆三年,收复。龙朔二年,叛附吐蕃。三年,复归唐。咸亨元年,陷于吐蕃。前上元二年,收复。仪凤三年,陷于吐蕃。调露元年,收复。垂拱

---

① 《唐会要》卷73、《新唐志》作"二十年",今依《旧唐志》、《太平寰宇记》。
② 王永兴等《吐鲁番出土氾德达告身校释》(载《敦煌吐鲁番文献研究论集》第二辑)云四镇复置于前上元年间。王小甫《唐、吐蕃、大食政治关系史》第74页认为咸亨四年弓月、疏勒等来降,而安西四镇复置于前上元二年(675)。当是。刘统《唐代羁縻府州研究》第116页认为咸亨二年收复四镇,安西府治碎叶,乃是误用调露元年史料,今不取。
③ 两《唐志》谓龟兹都督府"领州九",不含都督府本州龟兹州在内。
④ 《通典》卷191《龟兹》:"王理延城,今名伊罗卢城,白山之南二百里。"《旧唐志》:"龟兹都督府,本龟兹国,其王姓白,理白山之南。"《新唐书》卷221《龟兹传》:"龟兹一曰丘兹,一曰屈兹,(王姓)白氏,居伊逻卢城,北倚阿羯田山,亦曰白山。"黄文弼等《塔里木盆地考古记》(科学出版社,1958年)以为在今沙雅县英买里乡央塔克协海尔古城,苏北海《西域历史地理》则力证其为今库车县皮朗古城,《中国文物地图集·新疆维吾尔自治区分册》称之为龟兹古城,从之。

三年,罢废。长寿二年,复置,仍隶羁縻龟兹州都督府。

2. **羁縻乌垒州**(648—651,658—662,663—670,675—678,679—687,693—790)

贞观二十二年,以龟兹国地置羁縻乌垒州,治故乌垒城(今新疆轮台县城轮台镇)①,隶羁縻龟兹州都督府②。永徽二年,陷于西突厥。显庆三年,收复。龙朔二年,叛附吐蕃。三年,复归唐。咸亨元年,陷于吐蕃。前上元二年,收复。仪凤三年,陷于吐蕃。调露元年,收复。垂拱三年,罢废。长寿二年,复置,仍隶羁縻龟兹州都督府。

3. **羁縻□□州**(648—651,658—662,663—670,675—678,679—687,693—790)

贞观二十二年,以龟兹国地置羁縻□□州(今库车县哈尼喀塔木乡大故城)③,隶羁縻龟兹州都督府。永徽二年,陷于西突厥。显庆三年,收复。龙朔二年,叛附吐蕃。三年,复归唐。咸亨元年,陷于吐蕃。前上元二年,收复。仪凤三年,陷于吐蕃。调露元年,收复。垂拱三年,罢废。长寿二年,复置,仍隶羁縻龟兹州都督府。

4. **羁縻□□州**(648—651,658—662,663—670,675—678,679—687,693—790)

贞观二十二年,以龟兹国地置羁縻□□州(今新疆沙雅县英买力镇乌什喀特古城)④,隶羁縻龟兹州都督府。永徽二年,陷于西突厥。显庆三年,收复。龙朔二年,叛附吐蕃。三年,复归唐。咸亨元年,陷于吐蕃。前上元二

---

① 《地图集》标绘于汉故乌垒城(今轮台县策大雅乡)。《历史地名》第 471 页、《丝绸之路大辞典》第 97 页以为在野云沟乡附近。张平《有关唐安西乌垒州等地望考》(载《龟兹文明——龟兹史地考古研究》)认为唐乌垒州治所应是轮台县城东南 15 公里的阔那协海古城,理由之一是古城西北有乌垒关。按阔那协海城周长仅 700 米,规模不大,有马面,只是一军镇,策大雅亦无唐代遗址发现。疑乌垒州城在今轮台县城,遗址已被城市建筑破坏或覆盖,也不排除在今大道南乡轮台古城(周长 940 米)之可能。
② 《新唐志》河西内属诸胡州有乌垒州,苏北海、王小甫皆认为隶龟兹都督府。
③ 据《中国文物地图集·新疆维吾尔自治区分册》第 534 页,库牛县东南有大故城,平面略呈圆形,周长约 1 100 米,是库车、轮台一带除龟兹城以外最大的唐代遗址,应为当地首所居之羁縻州治。
④ 邢春林《唐代安西都护府渭干河西岸遗址群的调查与研究》(载《新疆师范大学学报》2010 年第 1 期)认为新和县克孜勒协海尔古城由南北两城组成,城垣周长约 1 018 米,出土文物等级较高,初步判断是一个政治军事中心。张平《新和县克孜勒协海尔古城调查研究》(载《丝路重镇话新和》,新疆人民出版社,2008 年)认为是龟兹的一个州城所在。据《中国文物地图集·新疆维吾尔自治区分册》第 540 页,沙雅县乌什喀特唐代古城也称玉奇喀特,意为三重(城),面积约 35 万平方米,南北长约 700 米,东西宽约 500 米,周长应在 2 000 米以上,规模远超相距不远之克孜勒协海尔古城(面积 2.4 万平方米)和通古斯巴什古城(面积 5.7 万平方米),是沙雅、新和一带最大唐代遗址,又当龟兹通毗沙(于阗)要道,其为羁縻州治的理由更为充分。

年,收复。仪凤三年,复陷于吐蕃。调露元年,再收复。垂拱三年,罢废。长寿二年,复置,仍隶羁縻龟兹州都督府。

5. 羁縻□□州(648—651,658—662,663—670,675—678,679—687,693—790)

贞观二十二年,以藩属龟兹国地置羁縻□□州(今新和县尤鲁巴斯镇大望库木城址)①,隶羁縻龟兹州都督府。永徽二年,陷于西突厥。显庆三年,收复。龙朔二年,叛附吐蕃。三年,复归唐。咸亨元年,陷于吐蕃。前上元二年,收复。仪凤三年,复陷于吐蕃。调露元年,再收复。垂拱三年,罢废。长寿二年,复置,仍隶羁縻龟兹州都督府。

6. 羁縻白州(648—651,658—662,663—670,675—678,679—687,693—790)

贞观二十二年,以龟兹国地置羁縻白州,治白城(今新疆拜城县城拜城镇)②,隶羁縻龟兹州都督府。永徽二年,陷于西突厥。显庆三年,收复。龙朔二年,叛附吐蕃。三年,复归唐。咸亨元年,陷于吐蕃。前上元二年,收复。仪凤三年,复陷于吐蕃。调露元年,再收复。垂拱三年,罢废。长寿二年,复置,仍隶羁縻龟兹州都督府。

7. 羁縻□□州(648—651,658—662,663—670,675—678,679—687,693—790)

贞观二十二年,以故跋禄迦国地置羁縻□□州,治阿悉言城(今温宿县佳木镇扎木台城址)③,隶羁縻龟兹州都督府。永徽二年,陷于西突厥。显庆三年,收复。龙朔二年,叛附吐蕃。三年,复归唐。咸亨元年,陷于吐蕃。前上元二年,收复。仪凤三年,复陷于吐蕃。调露元年,再收复。垂拱三年,罢废。长寿二年,复置,仍隶羁縻龟兹州都督府。

---

① 据黄文弼《塔里木盆地考古记》,今新和县尤鲁都斯巴格镇有北朝至唐代城址,东西长500米,南北宽300米,总面积达15万平方米,为龟兹绿洲较大城址,且其附近又有面积达3平方千米的汉唐遗址及托帕墩、通古斯巴西等唐代城址(《中国文物地图集·新疆维吾尔自治区分册》下册,第542—543页),宜置羁縻州。

② 《旧唐书》卷5《高宗纪》:"咸亨元年夏四月,吐蕃寇陷白州等一十八州,又于于阗合众袭龟兹拨换城,陷之。"王小甫《唐、吐蕃、大食政治关系史》第68页云:"森安孝夫认为,白州一名可能因龟兹王姓白氏而来。我以为白州或在今库车西北的拜城(Bay),而未必是安西都护府所在龟兹王城。"而其第267页却以为白州在阿悉言城。按阿悉言城在今温宿县佳木镇,与拜城相距甚远,不合为白州治,今取拜城说。

③ 《新唐志》引贾耽《四夷道里记》:"安西出柘厥关,渡白马河,百八十里西入俱毗罗碛。经苦井,百二十里至俱毗罗城。又六十里至阿悉言城。"据此,俱毗罗城在今温宿县喀拉玉尔滚,阿悉言城在佳木镇,王小甫《唐·吐蕃·大食政治关系史》第267页以为二城皆置羁縻州。张平《龟兹文明——龟兹史地考古研究》第279页以为俱毗罗城在新和县央塔克库都克烽戍,阿悉言城在温宿县喀拉玉尔滚,道里有出入。据《中国文物地图集·新疆维吾尔自治区分册》下册第528页,今佳木镇有扎木台唐代城址,面积约4.8万平方米,又有面积约2810平方米的喀拉墩唐代戍堡,较之俱毗罗城更具置州条件。

8. 羁縻姑墨州(648—651,658—662,663—670,675—678,679—687,693—790)

贞观二十二年,以故跋禄迦国置羁縻姑墨州①,治拨换城(今新疆温宿县依希来木其乡喀依古遗址)②,隶羁縻龟兹州都督府。永徽二年,陷于西突厥。显庆三年,收复。龙朔二年,叛附吐蕃。三年,复归唐。咸亨元年,陷于吐蕃。前上元二年,收复。仪凤三年,复陷于吐蕃。调露元年,再收复。垂拱三年,罢废。长寿二年,复置,仍隶羁縻龟兹州都督府。

9. 羁縻温肃州(648—651,658—662,663—670,675—678,679—687,693—790)

贞观二十二年,以故于祝国置羁縻温肃州③,治大石城(今新疆乌什县城乌什镇燕子山城址)④,隶羁縻龟兹州都督府。永徽二年,陷于西突厥。显庆三年,收复。龙朔二年,叛附吐蕃。三年,复归唐。咸亨元年,陷于吐蕃。前上元二年,收复。仪凤三年,复陷于吐蕃。调露元年,再收复。垂拱三年,罢废。长寿二年,复置,仍隶羁縻龟兹州都督府。

10. 羁縻郁头州(648—651,658—662,663—670,675—678,679—687,693—790)

贞观二十二年,以故蔚头国置郁头州⑤,治据史德城(今新疆图木舒克市五一团农场托库孜萨来古城),隶羁縻龟兹州都督府。永徽二年,陷于西突厥。显庆三年,收复。龙朔二年,叛附吐蕃。三年,复归唐。咸亨元年,陷于吐蕃。前上元二年,收复。仪凤三年,复陷于吐蕃。调露元年,再收复。垂拱三年,罢废。长寿二年,复置,仍隶羁縻龟兹州都督府。

---

① 《新唐志》河西内属诸胡州有和墨州,苏北海、王小甫等皆认为即贾耽《四夷道里记》之姑墨州,隶龟兹都督府。今从之。
② 玄奘《大唐西域记》卷1:"从此(按即龟兹)西行六百里,经小沙碛,至跋禄迦国。旧谓姑墨,又曰亟墨。"《新唐志》引贾耽记:"又六十里至拨换城,一曰威戎城,曰姑墨州,南临思浑河。"《地图集》及季羡林等皆以为即今阿克苏市,从之。张平《龟兹历史文化探秘》第156页以为在温宿县依希来木其乡喀依古遗址,但据《中国文物地图集·新疆维吾尔自治区分册》第528页,喀依古城址文化遗存仅及北朝。氏者《唐代龟兹军镇驻防史迹的调查与研究》(载《龟兹学研究》第五辑)又言在佳木镇扎木台城址,然该城不临思浑河,当是阿悉言城。《悟空入竺记》(《古西行记选注》)校本云:"次威戎城,亦名钵浣国,正曰怖汗国。"威戎疑是军名,钵浣、怖汗乃拨换别译。
③ 《新唐志》作"温府",所引贾耽记有温肃州,苏北海《西域历史地理》第106页、王小甫《唐·吐蕃·大食政治关系史》第267页皆从贾耽记作"温肃",从之。
④ 《新唐志》引贾耽《四夷道里记》:"小石城又二十里至于阗境之胡芦河(今乌什县托什罕河)。又六十里至大石城,一曰于祝,曰温肃州。"于阗,岑仲勉"于祝"(校勘记),甚是,则于祝乃国名。据张平《龟兹历史文化探秘》第287页考证,大石城在乌什县城燕子山遗址。
⑤ 《新唐志》引贾耽《四夷道里记》:"又六十里至据史德城,龟兹境也,一曰郁头州。"苏北海《西域历史地理》第107页以为郁头州隶疏勒州都督府,误。汉魏之尉头国在今阿合奇县,隋唐之蔚头国盖其南迁者。

(二) 藩属焉耆国兼羁縻焉耆州都督府

藩属焉耆国(644—648)—藩属焉耆国兼羁縻焉耆州都督府(648—651，658—670，675—678，679—790)

贞观十八年，焉耆(阿耆尼)国内附，为藩属国，仍都新员渠城(今新疆焉耆县四十里城子镇博格达沁西古城)①，隶前安西都护府。二十二年，兼置羁縻焉耆、危须、渠犁三州都督府及羁縻焉耆州，仍隶安西都护府②。

永徽二年，陷于西突厥。显庆三年，收复，隶安西都护府。咸亨元年，陷于吐蕃。前上元二年，收复。仪凤三年，复陷于吐蕃。调露元年，收复，隶后安西都护府。

武周长寿二年，隶安西都护府。长安四年，藩属焉耆国兼羁縻焉耆州都督府领羁縻焉耆、危须、渠犁三州。

唐开元七年，割羁縻渠黎州隶羁縻渠黎州都督府。天宝十三载，藩属焉耆国兼羁縻焉耆州都督府领羁縻焉耆、危须二州。

贞元六年，没于吐蕃。

1. 羁縻焉耆州(648—651，658—670，675—678，679—801)

贞观二十二年，以藩属焉耆国置羁縻焉耆州，治新员渠城，并置羁縻焉耆州都督府。永徽二年，陷于西突厥。咸亨元年，陷于吐蕃。前上元二年，收复。显庆三年，收复。仪凤三年，复陷于吐蕃。调露元年，收复。

2. 羁縻危须州(648—651，658—670，675—678，679—801)

贞观二十二年，以藩属焉耆国地置羁縻危须州(今焉耆县北大渠乡硝尔

---

① 斯坦因(A. Stein, Serindia, III, 页1182)、黄文弼(《塔里木盆地考古记》第6、136页)、韩翔《焉耆国都、焉耆都督府治与焉耆镇城——博格达沁古城调查》(载《文物》1982年第4期)等皆以为在焉耆县四十里城子东四里博格达沁西古城。黄文弼《新疆考古的发现》(载《考古》1959年第2期)："在八扎附近有三个旧城。……在(喀拉玛克沁)大城西北约一华里另有一古城，此城与喀拉玛克沁旧城相连，大小亦相若，两城必有关系，或同时所筑，或先后相承，但必同属于一个国家的政治中心区。因此我在《塔里木考古记》补注中曾推论焉耆在魏晋以后迁都于此，为焉耆新都。"此城有两重城，其说当是。孟凡人《尉犁城、焉耆都城及焉耆镇城的方位》(载《中国边疆史地研究》1991年第1期)以为在今和静县哈尔莫墩镇哈拉毛坦旧城，恐非。
② 《旧唐志》焉耆都督府："贞观十八年，郭孝恪平之，由是臣属。上元中，置都督府处其部落，无蕃州。"《新唐志》则有所不同："焉耆都督府，贞观十八年灭焉耆置。"按两《唐书·西域传》，贞观十八年郭孝恪袭破焉耆国后，房其王突骑支还京师，更立粟婆准摄国事，贞观二十二年阿史那社尔重定焉耆、破龟兹之后，乃"立突骑支弟婆伽利为王，以其地为焉耆都督府"。考虑到唐于西北绝远之地大置羁縻府州始于贞观二十一年，焉耆弹丸之地，似不可能独早于贞观十八年即置羁縻都督府，故今从苏北海说(《西域历史地理》第104页)，取贞观二十二年为准。至于前上元置府之说，乃是指复置，非始置。

墩城址)①,隶羁縻焉耆州都督府。永徽二年,陷于西突厥。显庆三年,收复。咸亨元年,陷于吐蕃。前上元二年,收复。仪凤三年,复陷于吐蕃。调露元年,收复。

(三)羁縻渠黎州都督府
羁縻渠黎州都督府(719—790)

开元七年,割羁縻焉耆州都督府渠黎州置羁縻渠黎州都督府②,隶安西都护府。

天宝十三载,羁縻渠黎州都督府领羁縻渠黎一州。

贞元六年,没于吐蕃。

羁縻渠黎州(648—790)

贞观二十二年,以故渠犁国地置羁縻渠黎州,治故渠犁城(今库尔勒市玉孜干城址)③,隶羁縻焉耆州都督府。开元七年,割置羁縻渠黎州都督府。

(四)藩属于阗国兼羁縻毗沙州都督府
藩属于阗国兼羁縻于阗州都督府(648—651,658—670)—**藩属于阗国兼羁縻毗沙州都督府**(675—678,679—687,693—790)

贞观二十二年,于阗国内附为藩属国兼羁縻于阗州都督府,隶前安西都护府,并置羁縻于阗、蒲山、六城、渠勒、精绝、戎卢六羁縻州④。

永徽二年,陷于西突厥。显庆三年,复来归,隶安西都护府。咸亨元年,陷于吐蕃⑤。前上元二年,收复,置羁縻毗沙、西河、勃野、河中、东河五州⑥,

---

① 史志不载其事。据黄文弼《塔里木盆地考古记》,焉耆县北大渠乡有硝尔墩唐代城址,分内外两重,外城平面呈椭圆形,周长约1700米,面积约25万平方米,附近又有和硕县唐代兰城遗址,宜置羁縻州。其地为故危须国地,以焉耆、渠犁等州名皆取故国为名观之,此州似亦应以危须命名。
② 郭声波等:《渠黎、阇甄、姒塞:唐中期新置西域羁縻都督府探考》,载《中国边疆史地研究》2010年第1期。
③ 郭声波等《渠黎、阇甄、姒塞:唐中期新置西域羁縻都督府探考》原考在今尉犁县城,今为修正。《通典》西域总序言:"轮台、渠犁,地名,今在交河、北庭界中。"乃谓北庭界中天山以北之羁縻轮台州、渠犁(俱六)守捉城,指射汉代天山以南的轮台、渠犁国为名。
④ 郭声波等:《毗沙都督府羁縻州之我见——兼评〈唐代于阗的羁縻州与地理区划研究〉》,载《西域研究》2014年第2期。
⑤ 参见上文藩属龟兹国兼羁縻龟兹州都督府序注。
⑥ 增置五州时间,《旧唐志》作上元元年,《太平寰宇记》作上元三年,今依《新唐志》。是时领州数增至十一,各志言"领州十",仍不含都督府本州在内。西河、河中、东河等州名,参见朱丽双:《唐代于阗的羁縻州与地理区划研究》,《中国史研究》2012年第2期。

移王都暨羁縻都督府治于羁縻毗沙州,改为羁縻毗沙州都督府。仪凤三年,复陷于吐蕃①。调露元年,收复,隶后安西都护府。垂拱三年,归吐蕃。

武周长寿二年,收复,隶安西都护府。长安四年,藩属于阗国兼羁縻毗沙州都督府领羁縻毗沙、于阗、西河、勃野、蒲山、河中、东河、六城、渠勒、精绝、戎卢十一州。

唐天宝十三载,藩属于阗国兼羁縻毗沙州都督府仍领毗沙、于阗、西河、勃野、蒲山、河中、东河、六城、渠勒、精绝、戎卢十一州。

贞元六年,没于吐蕃。

1. **羁縻毗沙州**(675—678,679—687,693—790)

前上元二年,析羁縻于阗州置羁縻毗沙州,治西山城(今新疆和田县布扎克乡玛利克瓦特古城)②,为羁縻毗沙州都督府治。仪凤三年,陷于吐蕃。调露元年,收复。垂拱三年,罢弃。长寿二年,复置。

2. **羁縻于阗州**(648—651,658—670,675—678,679—687,693—790)

贞观二十二年,以于阗(瞿沙旦那、涣那、豁丹)国置羁縻于阗州,治西山城(今和田县巴格其镇艾拉曼村约特干遗址)③,并置羁縻于阗州都督府。永徽二年,陷于西突厥。显庆三年,复置。咸亨元年,陷于吐蕃。前上元二年,收复,析置羁縻毗沙、河中、西河、东河四州,隶羁縻毗沙州都督府。仪凤三年,复陷于吐蕃。调露元年,收复。垂拱三年,罢弃。长寿二年,复置。

3. **羁縻西河州**(675—678,679—687,693—790)

前上元二年,析羁縻于阗州置羁縻西河州,治苇关城(今新疆墨玉县扎瓦

---

① 《新唐书》卷221《高昌传》:"仪凤时,吐蕃攻焉耆以西,四镇皆没。"王小甫《唐·吐蕃·大食政治关系史》第102页注:"我们认为,安西尽陷是仪凤三年九月李敬玄兵败前后的事,安西都护府一度撤回了西州,故后来是由(西州都督?)崔知辩率兵收复的。"今从之。

② 据《中国文物地图集·新疆维吾尔自治区分册》第593页,今和田县南有玛利克瓦特(旧作买里克阿瓦提、库马提、什斯比尔)唐代古城,面积达1.2平方公里,实为和田绿洲最大城址,有佛寺、陶窑残址,黄文弼《塔里木盆地考古记》第53—54页、第138—139页,李遇春《新疆和田县买力克阿瓦提遗址的调查和试掘》(载《文物》1981年第1期)以为是于阗国都西山城。今参诸说及于阗改毗沙事件,疑是前上元二年所移新都城,旧都仍在汉晋西城(约特干)。

③ 季羡林等《大唐西域记校注》第1010页:"斯坦因、沙畹、伯希和及我国冯承钧氏均主张在今和阗西南二十余里的姚头冈村,黄文弼则主张在今和阗东南约二十四里的什斯比尔古城。"殷晴《于阗都城研究》(载《西域史论丛》第三辑,新疆人民出版社,1990年)则认为在红旗公社(今属巴格其镇)阿拉勒巴格村的奈加拉·哈奈(纳格拉罕纳)遗址。按姚头冈即约特干,《中国文物地图集·新疆维吾尔自治区分册》第593页载其面积约15万平方米,周围还有多处附属遗址,时代自汉至宋,地当两河之中,符合汉唐西城描述。什斯比尔乃唐时新都西山城,位置不当交通要道,而纳格拉罕纳则是西城的附属部分,故不取诸说。

镇萨其康村玉姆拉克萨其康遗址)①,隶羁縻毗沙州都督府。仪凤三年,陷于吐蕃。调露元年,收复。垂拱三年,罢弃。长寿二年,复置。

4. **羁縻勃野州**(675—678,679—687,693—790)

前上元二年,析羁縻蒲山州置羁縻勃野州,治勃伽夷城(今新疆皮山县藏桂乡英阿瓦提村布特勒克遗址)②,隶羁縻毗沙州都督府。仪凤三年,陷于吐蕃。调露元年,收复。垂拱三年,罢弃。长寿二年,复置。

5. **羁縻蒲山州**(648—651,658—670,675—678,679—687,693—790)

贞观二十二年,以蒲山国置羁縻蒲山州,治皮山城(今皮山县木奎拉乡卡合夏勒村求克拉克遗址)③,隶羁縻于阗州都督府。永徽二年,陷于西突厥。显庆三年,复置。咸亨元年,陷于吐蕃。前上元二年,收复,隶羁縻毗沙州都督府,并析置羁縻勃野州。仪凤三年,复陷于吐蕃。调露元年,收复。垂拱三年,罢弃。长寿二年,复置。

6. **羁縻河中州**(675—678,679—687,693—790)

前上元二年,析羁縻于阗州置羁縻河中州,治疏树城(今新疆和田县色格孜库勒乡布盖乌依里克遗址)④,隶羁縻毗沙州都督府。仪凤三年,陷于吐蕃。调露元年,收复。垂拱三年,罢弃。长寿二年,复置。

7. **羁縻东河州**(675—678,679—687,693—790)

前上元二年,析羁縻于阗州置羁縻东河州(今新疆洛浦县杭桂乡阿克斯

---

① 《新唐志》:"于阗西五十里有苇关。"其地当墨玉绿洲腹心地区,合置一羁縻州。[英]奥雷尔·斯坦因疑在墨玉县扎瓦库尔干(《古代和阗——中国新疆考古发掘的详细报告》,第116页),朱丽双《唐代于阗的羁縻州与地理区划研究》亦认为在墨玉县扎瓦乡(今为镇)。据《中国文物地图集·新疆维吾尔自治区分册》第595页,扎瓦乡有玉姆拉克萨其康汉唐遗址,东西南北各长1 000米,当即其地。
② 玄奘《大唐西域记》卷12:"于阗王城西行三百余里,至勃伽夷城。"斯坦因《古代和阗——中国新疆考古发掘的详细报告》第117页认为在今和田至叶城间的帕尔漫(Pialma,即今皮山县皮亚勒玛乡)附近,黄文弼《塔里木盆地考古记》认为在今皮山县东南的装桂牙(藏桂),按《中国文物地图集·新疆维吾尔自治区分册》第599页,藏桂乡英阿瓦提村有布特勒克唐代遗址,面积约1平方公里,疑即勃伽夷城。苏北海《西域历史地理》第107页、王小甫《唐·吐蕃·大食政治关系史》第267页皆以为勃伽夷城曾置羁縻州,从之。《新唐志》引贾耽《四夷道里记》:"于阗西五十里有苇关,又西经勃野,西北渡系馆河,六百二十里至郅支满城。"则勃野似为州名。苏北海、王小甫又以为于阗西二百里之固城镇(今皮山县皮亚勒玛乡加依塔什村)亦为羁縻州,按其地距勃野州甚近,且绿洲太小,不合为一州。
③ 《新唐志》引贾耽《四夷道里记》:"于阗国西南三百八十里,有皮山城,北与姑墨接。"谓皮山之国(或州)北与姑墨州接。苏北海《西域历史地理》第107页、王小甫《唐·吐蕃·大食政治关系史》第267页亦以为皮山城曾置羁縻州。蒲山即皮山异译,据《中国文物地图集·新疆维吾尔自治区分册》下册第599页,今皮山县城附近最大汉唐遗址在求克拉克,疑即蒲山州治。
④ 朱丽双:《唐代于阗的羁縻州与地理区划研究》;郭声波等:《毗沙都督府羁縻州之我见——兼评〈唐代于阗的羁縻州与地理区划研究〉》。据《中国文物地图集·新疆维吾尔自治区分册》第594页,和田县北布盖乌依里克唐代遗址面积2万平方米,内有佛寺残址,当为疏树城兼羁縻河中州治。

色伯勒古城)①,隶羁縻毗沙州都督府。仪凤三年,陷于吐蕃。调露元年,收复。垂拱三年,罢弃。长寿二年,复置。

8. **羁縻六城州**(648—651,658—670,675—678,679—687,693—790)

贞观二十二年,以扞弥国置羁縻六城州,治质罗城(今新疆策勒县达玛沟乡乌宗塔提遗址)②,隶羁縻于阗州都督府。永徽二年,陷于西突厥。显庆三年,复置。咸亨元年,陷于吐蕃。前上元二年,收复,隶羁縻毗沙州都督府。仪凤三年,陷于吐蕃。调露元年,收复。垂拱三年,罢弃。长寿二年,复置。

9. **羁縻渠勒州**(648—651,658—670,675—678,679—687,693—790)

贞观二十二年,以渠勒国置羁縻渠勒州,治故鞬都城(今新疆于田县阿日希乡阿克特然村希日坎村古城遗址)③,隶羁縻于阗州都督府。永徽二年,陷于西突厥。显庆三年,复置。咸亨元年,陷于吐蕃。前上元二年,收复,隶羁縻毗沙州都督府。仪凤三年,复陷于吐蕃。调露元年,收复。垂拱三年,罢弃。长寿二年,复置。

10. **羁縻精绝州**(648—651,658—670,675—678,679—687,693—790)

贞观二十二年,以精绝国置羁縻精绝州,治故尼壤城(今新疆民丰县尼雅乡喀帕克阿斯干村大麻扎尼雅遗址)④,隶羁縻于阗州都督府。永徽二年,陷于西突厥。显庆三年,复置。咸亨元年,陷于吐蕃。前上元二年,收复,隶羁縻毗沙州都督府。仪凤三年,复陷于吐蕃。调露元年,收复。垂拱三年,罢弃。长寿二年,复置。

11. **羁縻戎卢州**(648—651,658—670,675—678,679—687,693—790)

贞观二十二年,以戎卢国置羁縻戎卢州,治故卑品城(今民丰县萨勒吾则

---

① 朱丽双:《唐代于阗的羁縻州与地理区划研究》;郭声波等:《毗沙都督府羁縻州之我见——兼评〈唐代于阗的羁縻州与地理区划研究〉》。
② 张广达等《〈唐大历三年三月典成铣牒〉跋》(载《新疆社会科学》1988年第1期)支持夏伦(G. Haloun)关于"六城"为毗沙都督府下的十州之一的观点,并考证"六城"质逻(Cira,即今"策勒"对音)的范围大致在今策勒县达玛沟乡,一般认为即乌宗塔提遗址。殷晴《丝路重镇唐宋之际的于阗坎城——媲摩绿洲演变并六城问题辨析》(载《新疆师范大学学报》2015年第2期)认为"六城质逻"为州治名,非州名,从唐初州名一般取旧国为名来看,此说有一定道理。其地盖五代时之湄州。王小甫《唐·吐蕃·大食政治关系史》第267页以为六城质逻在坎城,然又云坎城即渠勒,扞格不通。
③ 郭声波等:《毗沙都督府羁縻州之我见——兼评〈唐代于阗的羁縻州与地理区划研究〉》。又据《中国文物地图集·新疆维吾尔自治区分册》第606页,今于田县城南有希日坎唐宋遗址,南北长1000米,东西宽500米,疑即其地。
④ 郭声波等:《毗沙都督府羁縻州之我见——兼评〈唐代于阗的羁縻州与地理区划研究〉》。

乡通古孜兰干)①,隶羁縻于阗州都督府。永徽二年,陷于西突厥。显庆三年,复置。咸亨元年,陷于吐蕃。前上元二年,收复,移治兰城(今民丰县安迪尔乡夏羊塔克城址)②,隶羁縻毗沙州都督府。仪凤三年,复陷于吐蕃。调露元年,收复。垂拱三年,罢弃。长寿二年,复置。

(五)藩属疏勒国兼羁縻疏勒州都督府

藩属疏勒国兼羁縻疏勒州都督府(648—651,658—662,675—678,679—687,693—790)

贞观二十二年,疏勒国内附为藩属国兼羁縻疏勒州都督府③,隶前安西都护府,并置羁縻疏勒、演度、遍城、□□、□□、□□、□□、达满、□□、□□、□□、碛南、猪拔、耀建、乞乍、蒲顺十六州。

永徽二年,陷于西突厥。显庆三年,收复④,隶安西都护府。龙朔二年,叛附吐蕃。前上元二年,复来归。仪凤三年,复陷于吐蕃⑤。调露元年,收复,隶后安西都护府。垂拱三年,归吐蕃。

武周长寿二年,收复,仍隶安西都护府。长安四年,藩属疏勒国兼羁縻疏勒州都督府领羁縻疏勒、演度、遍城、□□、□□、□□、□□、达满、□□、□□、□□、碛南、猪拔、耀建、乞乍、蒲顺十六州。

唐天宝十三载,藩属疏勒国兼羁縻疏勒州都督府仍领羁縻疏勒、演度、遍城、□□、□□、□□、□□、达满、□□、□□、□□、碛南、猪拔、耀建、乞乍、蒲顺十六州⑥。

---

① 《汉书》卷96《西域传》载:"戎卢国西通扜弥四百六十里,王治卑品城……东与小宛,南与婼羌,西与渠勒接,辟南不当道。"则旧地在今民丰县东安迪尔河中游。王小甫《唐·吐蕃·大食政治关系史》第267页疑戎卢为唐一羁縻州名,今从之。然据《中国文物地图集·新疆维吾尔自治区分册》下册民丰县条,安迪尔河中游未发现唐代遗址,而其下游则有多处汉唐遗址,可知唐代戎卢北移。
② 据《中国文物地图集·新疆维吾尔自治区分册》民丰县条,唐代城址不见于卑品城一带,而安迪尔河下游安迪尔牧场则有多处,可知卢州治卑品城时间不长,前上元后当北移。
③ 《旧唐志》及《唐书·疏勒传》皆言贞观九年疏勒遣使朝贡,《唐会要》、《新唐志》则云贞观九年内附,并置都督府。按当时疏勒与唐中隔高昌、焉耆、龟兹、于阗诸国,不可能内附,更不可能置都督府,《唐会要》、《新唐志》恐是误以朝贡为内附。苏北海《西域历史地理》第106页认为疏勒"在648年(贞观二十二年)已设都督府",今从之。
④ 《资治通鉴》显庆四年九月:"诏以石、米、史、大安、小安、曹、拔汗那、悒怛、疏勒、朱驹半等国置州县府百二十七。"按石、米等国皆于显庆三年置羁縻府州,则此系于显庆四年当误,今改系于显庆三年。
⑤ 《新唐书》卷221《疏勒传》:"疏勒,一曰佉沙,环五千里。仪凤时,吐蕃破其国。"
⑥ 《新唐志》:"领州十五。"依龟兹、焉耆例,当不含都督府本州(疏勒州)在内。

贞元六年,没于吐蕃。

1. **羁縻疏勒州**(648—651,658—662,675—678,679—687,693—790)

贞观二十二年,以疏勒(佉沙)国都置羁縻疏勒州,治迦师城(今新疆喀什市伯什克然木乡罕诺依古城)①,并置羁縻疏勒州都督府。永徽二年,陷于西突厥。显庆三年,复置。龙朔二年,归吐蕃。前上元二年,复来归。仪凤三年,陷于吐蕃。调露元年,收复。垂拱三年,复归吐蕃。长寿二年,收复。

2. **羁縻演度州**(648—651,658—662,675—678,679—687,693—790)

贞观二十二年,以疏勒国地置羁縻演度州(今新疆疏勒县城疏勒镇)②,隶羁縻疏勒州都督府。永徽二年,陷于西突厥。显庆三年,复置。龙朔二年,归吐蕃。前上元二年,复来归。仪凤三年,陷于吐蕃。调露元年,收复。垂拱三年,复归吐蕃。长寿二年,收复。

3. **羁縻遍城州**(648—651,658—662,675—678,679—687,693—790)

贞观二十二年,以疏勒国地置羁縻遍城州,治半城(今新疆英吉沙县乔勒潘乡兰干遗址)③,隶羁縻疏勒州都督府。永徽二年,陷于西突厥。显庆三年,复置。龙朔二年,归吐蕃。前上元二年,复来归。仪凤三年,陷于吐蕃。调露元年,收复。垂拱三年,复归吐蕃。长寿二年,收复。

4. **羁縻□□州**(648—651,658—662,675—678,679—687,693—790)

贞观二十二年,以疏勒国地置羁縻□□州,治双渠城(即羯饭馆,今英吉沙县托甫鲁克乡谢艾勒遗址)④,隶羁縻疏勒州都督府。永徽二年,陷于西突

---

① 钟兴麒《西域地名考录》(国家图书馆出版社,2008年)第837页取黄文弼说,认为疏勒国都即今喀什东北25公里伯什克然木乡罕诺依古城,城墙长约3公里,宽约1公里,城北有佛塔。今从之。《新唐志》引贾耽记谓"赤河来自疏勒西葛罗岭,至城西分流,合于城东北,入据史德界",可知当时克孜勒苏—喀什噶尔河曾流经此城。
② 《新唐志》引贾耽《四夷道里记》:"半城,百六十里至演渡州,又北八十里至疏勒镇。"又云河西内属诸胡州有寅度州,苏北海、王小甫皆认为即贾耽记之演渡州,隶疏勒都督府,从之。钟兴麒《西域地名考录》第1072页以为在今疏勒县牙甫泉镇,当是误以为疏勒镇在今喀什市之故,不取。
③ 《新唐志》云河西内属诸胡州有遍城州,王小甫《唐、吐蕃、大食政治关系史》第267页以为隶疏勒都督府,当是。《新唐志》又引贾耽记:"双渠,又西北经半城,百六十里至演渡州。""半"、"遍"音近,半城当为遍城州治。据《中国文物地图集·新疆维吾尔自治区分册》第575页,英吉沙县有唐宋时期兰干遗址,面积约3万平方米,其地正处于双渠与演度州之间,盖即半城。王小甫以为半城别是一州,钟兴麒《西域地名考录》第110页以为半城在今岳普湖县,恐误。
④ 《新唐志》引贾耽《四夷道里记》:"磧南州又西北经苦井、黄渠,三百二十里至双渠,故羯饭馆也。"双渠盖在今英吉沙县托甫鲁克乡,据《中国文物地图集·新疆维吾尔自治区分册》第574页,其地有谢艾勒唐宋时期遗址。王小甫《唐·吐蕃·大食政治关系史》第267页以为双渠为一羁縻州治,从之。

厥。显庆三年,复置。龙朔二年,归吐蕃。前上元二年,复来归。仪凤三年,陷于吐蕃。调露元年,收复。垂拱三年,复归吐蕃。长寿二年,收复。

5. 羁縻□□州(648—651,658—662,675—678,679—687,693—790)

贞观二十二年,以疏勒国地置羁縻□□州(今新疆疏附县日木乡尤勒滚布拉村塔木然萨依遗址)①,隶羁縻疏勒州都督府。永徽二年,陷于西突厥。显庆三年,复置。龙朔二年,归吐蕃。前上元二年,复来归。仪凤三年,陷于吐蕃。调露元年,收复。垂拱三年,复归吐蕃。长寿二年,收复。

6. 羁縻□□州(648—651,658—662,675—678,679—687,693—790)

贞观二十二年,以疏勒国地置羁縻□□州,治故乌即城(今新疆疏附县木什乡明尧勤村库鲁克库日克遗址)②,隶羁縻疏勒州都督府。永徽二年,陷于西突厥。显庆三年,复置。龙朔二年,归吐蕃。前上元二年,复来归。仪凤三年,陷于吐蕃。调露元年,收复。垂拱三年,复归吐蕃。长寿二年,收复。

7. 羁縻□□州(648—651,658—662,675—678,679—687,693—790)

贞观二十二年,以疏勒国地置羁縻□□州(今新疆阿图什市阿湖乡苏温古城)③,隶羁縻疏勒州都督府。永徽二年,陷于西突厥。显庆三年,复置。龙朔二年,归吐蕃。前上元二年,复来归。仪凤三年,陷于吐蕃。调露元年,收复。垂拱三年,复归吐蕃。长寿二年,收复。

8. 羁縻达满州(648—651,658—662,675—678,679—687,693—790)

贞观二十二年,以疏勒国地置羁縻达满州,治达漫城(今阿图什市格达良乡曲许尔村墩肖遗址)④,隶羁縻疏勒州都督府。永徽二年,陷于西突厥。显庆三年,复置。龙朔二年,归吐蕃。前上元二年,复来归。仪凤三年,陷于吐蕃。调露元年,收复。垂拱三年,复归吐蕃。长寿二年,收复。

---

① 《新唐志》:"自疏勒西南入剑末谷、青山岭、青岭、不忍岭,六百里至葱岭守捉,故羯盘陀国。"剑末谷当是今疏附县西南盖孜河谷,塔木然萨依遗址扼其出山之要道,又是面积达70万平方米的大型遗址,时代自晋至唐(《中国文物地图集·新疆维吾尔自治区分册》下册,第570页),宜为一羁縻州治。
② 唐代疏勒城西境域广大,应有一羁縻州。据《中国文物地图集·新疆维吾尔自治区分册》第570页,今疏附县库鲁克库日克遗址面积约2.25万平方米,时代为晋至唐,当疏勒国至俱密国大道,疑即故乌即城址,唐置羁縻州。
③ 苏温古城1957年列为自治区重点文物保护单位,位于阿图什市阿湖乡阿湖农场,为唐代古城。当疏勒北大门,宜置一羁縻州。
④ 《新唐志》引贾耽《四夷道里记》:"葭芦馆,又经达漫城,百四十里至疏勒镇。"又云河西内属诸胡州有达满州,苏北海《西域历史地理》第106页、王小甫《唐·吐蕃·大食政治关系史》第267页皆以为达满州(达漫城)隶疏勒都督府,从之。据《中国文物地图集·新疆维吾尔自治区分册》第554页,阿图什市沙拉塔拉遗址(疏勒镇)东有墩肖唐宋遗址,面积约13万平方米,盖即其地。

9. **羁縻□□州**(648—651,658—662,675—678,679—687,693—790)

贞观二十二年,以疏勒国地置羁縻□□州(今新疆伽师县克孜勒博依乡阿帕克霍加遗址)①,隶羁縻疏勒州都督府。永徽二年,陷于西突厥。显庆三年,复置。龙朔二年,归吐蕃。前上元二年,复来归。仪凤三年,陷于吐蕃。调露元年,收复。垂拱三年,复归吐蕃。长寿二年,收复。

10. **羁縻□□州**(648—651,658—662,675—678,679—687,693—790)

贞观二十二年,以疏勒国地置羁縻□□州(今伽师县玉代克力克乡谢尔托乎拉遗址)②,隶羁縻疏勒州都督府。永徽二年,陷于西突厥。显庆三年,复置。龙朔二年,归吐蕃。前上元二年,复来归。仪凤三年,陷于吐蕃。调露元年,收复。垂拱三年,复归吐蕃。长寿二年,收复。

11. **羁縻□□州**(648—651,658—662,675—678,679—687,693—790)

贞观二十二年,以疏勒国地置羁縻□□州(今新疆岳普湖县巴依阿瓦提乡叶尔迪村达斯塔库姆遗址)③,隶羁縻疏勒州都督府。永徽二年,陷于西突厥。显庆三年,复置。龙朔二年,归吐蕃。前上元二年,复来归。仪凤三年,陷于吐蕃。调露元年,收复。垂拱三年,复归吐蕃。长寿二年,收复。

12. **羁縻碛南州**(648—651,658—662,675—678,679—687,693—790)

贞观二十二年,以朱俱波(斫句迦)国南境置羁縻碛南州,治郖及满城(今新疆叶城县城喀格勒克镇)④,隶羁縻疏勒州都督府。永徽二年,陷于西突厥。显庆三年,复置。龙朔二年,归吐蕃。前上元二年,复来归。仪凤三年,陷于吐蕃。调露元年,收复。垂拱三年,复归吐蕃。长寿二年,收复。

13. **羁縻猪拔州**(648—651,658—662,675—678,679—687,693—790)

贞观二十二年,以朱俱波国北境置羁縻猪拔州,治苦井城(今新疆泽普县

---

① 《新唐志》引贾耽《四夷道里记》:"(疏勒)城东又有汉城,亦在滩上。"张毅《往五天竺国传笺释》(中华书局,2000年)第157页:"有人认为,唐代的迦师城应在距托卜沁(伽师县城)东南约六七公里,东北距英瓦尔特约六十余里的黑太沁(汉人城)。该城遗址纵横约三十余里,周围有烽墩及古房屋废址多处,且发现有铜钱及陶片甚多,可确定为唐代古城遗址。"如前所考,唐迦师城在今疏勒县罕诺依古城,则此唐代古城(汉城)在今阿帕克霍加遗址,当为另一羁縻州治。

② 从郁头州至达满州四百余里,其间当置一羁縻州,今拟为伽师县绿洲地带之玉代克力克乡谢尔托乎拉唐宋遗址,据《中国文物地图集·新疆维吾尔自治区分册》第554页,该遗址面积达1平方公里。

③ 据《中国文物地图集·新疆维吾尔自治区分册》第583页,今岳普县有达斯塔库姆唐至元遗址,面积约1平方公里,当为一羁縻州治。

④ 《新唐志》河西内属诸胡州有郖及满州,苏北海、王小甫皆认为即贾耽记之碛南州,隶疏勒都督府,今从之。郖及满当即贾耽记之郖支满城,为碛南州所治,在双渠城东南三百二十里,于阗都督府勃野州西北六百二十里,今叶城县是也。叶城为朱俱波国都城。

城泽普镇)①,隶羁縻疏勒州都督府。永徽二年,陷于西突厥。显庆三年,复置。龙朔二年,归吐蕃。前上元二年,复来归。仪凤三年,陷于吐蕃。调露元年,收复。垂拱三年,复归吐蕃。长寿二年,收复。

14. **羁縻耀建州**(648—651,658—662,675—678,679—687,693—790)

贞观二十二年,以乌铩(渠莎)国北境置羁縻耀建州,治黄渠城(今新疆莎车县城莎车镇)②,隶羁縻疏勒州都督府。永徽二年,陷于西突厥。显庆三年,复置。龙朔二年,归吐蕃。前上元二年,复来归。仪凤三年,陷于吐蕃。调露元年,收复。垂拱三年,复归吐蕃。长寿二年,收复。

15. **羁縻乞乍州**(648—651,658—662,675—678,679—687,693—790)

贞观二十二年,以乌铩国南境置羁縻乞乍州,治胡乍城(今莎车县喀群乡提尕村卡列沙依遗址)③,隶羁縻疏勒州都督府。永徽二年,陷于西突厥。显庆三年,复置。龙朔二年,归吐蕃。前上元二年,复来归。仪凤三年,陷于吐

---

① 《新唐志》河西内属诸胡州有猪拔州,"猪拔"一音可勘同为"朱俱波",当在今叶城一带。然叶城已置碛南州,则猪拔州当在叶城近北之泽普。《新唐志》载:"碛南州又西北经苦井、黄渠,三百二十里至双渠。"知苦井在泽普,即猪拔州治。王小甫《唐·吐蕃·大食政治关系史》第267—268页以为猪拔、苦井各为一州,值得商榷。考详郭声波等:《毗沙都督府羁縻州之我见——兼评〈唐代于阗的羁縻州与地理区划研究〉》,《西域研究》2014年第2期。

② 《新唐志》河西内属诸胡有耀建州,"耀建"一音可勘同为马木合·喀什噶里《突厥语词典》之"Yarkand",元称鸭儿看、押儿牵,明称牙儿干,清称叶尔羌,即今莎车县城。玄奘《大唐西域记》卷12:"从此(朅盘陀国)东下葱岭,行八百余里,出葱岭,至乌铩国。乌铩国,周千余里,南临徙多河,役属朅盘陀国。"乌铩,回鹘文作usar,即汉魏乌秅国,本在克什米尔乌罕萨,隋以前北迁至此,《魏书》卷102《西域传》作渠莎国,玄奘《大唐西域记》卷12作乌铩国,役属朅盘陀国。其地望有塔什库尔干东北之Chihil Gumbaz、英吉沙南之Ighiz Yar、Chihil Gumbaz诸说。白鸟库吉《塞外史地论文译丛》第2辑,上海:商务印书馆,1940年,第94页)、季羡林、周连宽、钟兴麒皆主莎车县城说,与《释迦方志》"从此(佉沙国)南行山野石碛,五百余里至乌铩国。……城西二百余里至大山岭"相合,今莎车城东北尚存努肉孜墩唐宋高台遗址,张晓虹等也在莎车城南见到一古代建筑基址遗存,当地政府作为玄奘讲经台进行了保护,故也认同此说(《2013年帕米尔高原历史地理考察报告》,《历史地理》第二十九辑,上海人民出版社,2014年),今从之。《新唐志》又引贾耽记:"碛南州又西北经苦井、黄渠,三百二十里至双渠。"黄渠当即今莎车县城,为耀建州治。王小甫《唐·吐蕃·大食政治关系史》第267—268页以为耀建、黄渠各为一州,值得商榷。

③ 《新唐志》河西内属诸胡州有乞乍州,王小甫《唐·吐蕃·大食政治关系史》第267页考证,藏文《于阗国悬记》里的一个地名Ga'jag,读音与"乞乍"几乎全同,据云其地就在疏勒一带。吐鲁番出土64TAM4:46/1号文书又记录了胡乍城一名,在据史德以西,地属疏勒无疑,胡乍、乞乍恐均为Ga'jag一名之不同异译。白桂思则将Ga'jag与马木合·喀什噶里《突厥语词汇》中的Känjäk勘同。笔者进一步认为可与"渠莎"(Kusha)勘同,即唐乌铩国之地。周连宽《大唐西域记史地研究丛稿》(中华书局,1984年)第203页认为叶尔羌河上游为古渠莎国地,北魏时与莎车合并为乌铩国,当是。据《中国文物地图集·新疆维吾尔自治区分册》下册第577页,今莎车县有卡列沙依唐宋遗址,面积约6.6万平方米,1993年新疆考古队又在数公里外的恰木萨勒村挖掘一唐代古墓,有人证此为玄奘所记乌铩国都城。虽未必然(乌铩国都似在莎车),然其地必为乌铩大城之一,故今定为乞乍州治。藤田丰八《慧超往五天竺国传笺释》以为乌铩殆今之哥杀刺布(Kosarab,今名库斯拉甫),其地在古城西60公里,极为狭隘,不取。

蕃。调露元年,收复。垂拱三年,复归吐蕃。长寿二年,收复。

16. 羁縻蒲顺州(648—651,658—662,675—678,679—687,693—790)

贞观二十二年,以揭盘陀国置羁縻蒲顺州①,治大石城(今新疆塔什库尔干县城塔什库尔干镇石头城遗址)②,隶羁縻疏勒州都督府。永徽二年,陷于西突厥。显庆三年,复置。龙朔二年,归吐蕃。前上元二年,复来归。仪凤三年,陷于吐蕃。调露元年,收复。垂拱三年,复归吐蕃。长寿二年,收复。

(六) 藩属识匿国兼羁縻妩塞州都督府

藩属识匿国(710—714,716—741,742—747)—藩属识匿国兼羁縻妩塞州都督府(747—759)

景云元年,羁縻月氏州都督府之身毒、伽倍、妩水、汉楼、丁零五州废为藩属识匿国③,隶安西都护府,治羯城。开元二年,归吐蕃④。四年,复归唐⑤。二十九年,复归吐蕃⑥。

天宝元年,复归唐⑦。六载,兼置羁縻妩塞州都督府⑧,仍隶安西都护府,并置羁縻妩塞州。十三载,藩属识匿国兼羁縻妩塞州都督府领羁縻妩塞一州。

---

① 王小甫《唐·吐蕃·大食政治关系史》第268页以为蒲顺州在今塔什库尔干县,从之。按《通典》卷193《渴槃陀》:"其王本疏勒人,累代相承,以居此国,有户二千余。"则此国与于贞观二十二年与疏勒国一同内附,依例置为羁縻州。《新唐书》卷221《龟兹传》:"喝盘陀,或曰汉陀,亦谓渴罗陀,都城负徒多河,胜兵千人。"宋初王继业《行记》(载范成大《吴船录》卷上)云:"入伊吾、高昌、焉耆、于阗、疏勒、大石诸国,度雪岭,至布路州国。""大石"即指揭盘陀都城,在今塔什库尔干镇克孜尔库尔干,汉为蒲犁国地,故州名蒲顺,取"蒲犁归顺"之意。

② 道宣《释迦方志》卷1:"从(乌铩)国城西度河,登葱岭东岗,八百余里至福舍(蒲顺),其地在四山之中。"《新唐志》河西内属诸胡州有蒲顺州,苏北海、王小甫皆认为隶疏勒都督府,今从之。据《中国文物地图集·新疆维吾尔自治区分册》下册第587页,今塔什库尔干县石头城遗址始建于唐,面积10余万平方米,城垣周长1285米,当为蒲顺州治。

③ 识匿(Sikni)又译瑟匿、尸弃尼、赤匿、式匿,敦煌古藏文文献作"Shig nig",原音为Shighnan(舒格楠、锡克南),史志不载何时复国。按下注,开元初吐蕃控制识匿后与大食共立拔汗那新王,可见蕃、食关系尚好,识匿必非夺自大食附庸吐火罗,盖景云元年吐火罗国归大食后识匿已自立为国。

④ 《资治通鉴》开元三年十一月载,初,吐蕃与大食共立阿了达为拔汗那新王,发兵攻旧王,旧王兵败,奔安西求救。吐蕃入拔汗那必经识匿,则至迟开元二年,识匿已被吐蕃控制。

⑤ 《资治通鉴》开元三年十一月载,张孝嵩击败拔汗那叛王阿了达,传檄诸国,随即有八国遣使请降,识匿国当即其一。慧超《往五天竺国传》识匿国:"近有两窟王来投于汉国,使命安西,往来〔不〕绝。"可证。

⑥ 详参本章第三节"安西都护府所领"藩属小勃律国注。

⑦ 郭声波等:《渠黎、阗甄、妩塞:唐中期新置西域羁縻都督府探考》,《中国边疆史地研究》2010年第1期。

⑧ 天宝元年,识匿国南邻护密国已归唐,则识匿国归唐亦不迟于天宝元年。

乾元二年,没于吐蕃①。

羁縻妠水州(661—710)—**羁縻妠塞州**(747—759)

龙朔元年(661),以吐火罗国识匿部落置羁縻妠水州,治羯城(今塔吉克斯坦戈尔诺—巴达赫尚自治州克孜勒拉巴特)②,隶羁縻月氏州都督府。景云元年,废入藩属识匿国。天宝六载,置羁縻妠塞州,并置羁縻妠塞州都督府,仍治羯城③。

附旧州1:**羁縻汉楼州**(661—710)

龙朔元年,以吐火罗国识匿部落置羁縻汉楼州,治俱禄鞬城(今塔吉克斯坦戈尔诺—巴达赫尚自治州瑟萨库尔)④,隶羁縻月氏州都督府。景云元年,废入藩属识匿国。

附旧州2:**羁縻身毒州**(661—710)

龙朔元年,以吐火罗国识匿部落置身毒州,治乞涩职城(今塔吉克斯坦戈尔诺—巴达赫尚自治州喀拉阿尔特)⑤,隶羁縻月氏州都督府。景云元年,废入藩属识匿国。

附旧州3:**羁縻伽倍州**(661—710)

龙朔元年,以吐火罗国识匿部落置伽倍州,治摩彦城(今塔吉克斯坦戈尔诺—巴达赫尚自治州穆尔加布)⑥,隶羁縻月氏州都督府。景云元年,废入藩属识匿国。

(七) 藩属归仁国

藩属小勃律国(716—741)—**藩属归仁国**(747—759)

开元四年⑦,小勃律国(钵罗露、劫)国自吐蕃来归,为藩属国,隶安西都护

---

① 是年,南邻藩属护密国归吐蕃,因疑妠塞州都督府亦陷。
② 郭声波等:《渠黎、阁甄、妠塞:唐中期新置西域羁縻都督府探考》,《中国边疆史地研究》2010 年第 1 期。上引张晓虹等考察报告称,克孜勒拉巴特(Kizil-Rabat Pass)东南位于卡拉奇古河谷出口处的排依克沟,通行状况良好,玄奘最有可能从此山口东归。可知克孜勒拉巴特当葱岭道南线要冲,宜为立国置州之地。
③④⑤⑥ 郭声波等:《渠黎、阁甄、妠塞:唐中期新置西域羁縻都督府探考》,《中国边疆史地研究》2010 年第 1 期。
⑦ 《新唐书》卷 221《小勃律传》作"开元初",王小甫《唐·吐蕃·大食政治关系史》第 145 页考证为开元二年。今按开元三年十一月唐军始收复拔汗那国,四年护密、识匿、俱密诸国归唐,吐蕃至拔汗那护密、识匿、俱密必经之小勃律当不早于此年归唐,否则护密、识匿、俱密诸地即与吐蕃隔绝。

府,仍治孽多城(今克什米尔吉尔吉特)①。二十九年,附吐蕃②。

天宝六载,复归唐,改为藩属归仁国。十三载,藩属归仁国建置不变。乾元二年,复归吐蕃③。

(八) 藩属吐火罗国

藩属吐火罗国兼羁縻月氏州都督府(661—710)—藩属吐火罗国(719—741,744—759)

龙朔元年(661),以上吐火罗中部叶护直辖地为藩属吐火罗国,兼置羁縻月氏州及月氏州都督府④,隶安西都护府,并置羁縻桃槐、双泉、伏卢、篪颉、富楼、西戎、苑汤、忸密、大檀、身毒、伽倍、妫水、汉楼、丁零、薄知、盘越、叠仗、沙律、弗敌、钵罗、迟散、祀惟、蓝氏、粟特、大夏二十五州⑤。

武周长安四年(704),藩属吐火罗国兼羁縻月氏州都督府领羁縻月氏、桃槐、双泉、伏卢、篪颉、富楼、西戎、苑汤、忸密、大檀、身毒、伽倍、妫水、汉楼、丁零、薄知、盘越、叠仗、沙律、弗敌、钵罗、迟散、祀惟、蓝氏、粟特、大夏二十六州。

唐景云元年(710),藩属吐火罗国归大食,羁縻府州尽废。开元七年,吐火罗国自大食归唐,但为藩属国,治遏换城。十五年,西境为大食所占,乃移

---

① 慧超《往五天竺国传》云:"又迦叶弥罗国西北,隔山七日程,至小勃律国,此属汉国所管。"《新唐书》卷221《小勃律传》:"小勃律……北五百里当护密之娑勒城。王居孽多城,临娑夷水。"沙畹《西突厥史料》(中华书局,2004年)第139页:"小勃律应为Gilghit(吉尔吉特)。"斯坦因《亚洲腹地考古图记》汉译本第55页赞同此说。冯承钧《西域地名》第29页以为"孽多"对音为Gilgit(吉尔吉特)。
② 《新唐书》卷221《小勃律传》,开元末,小勃律王苏失利之为吐蕃阴诱,妻以女,故西北二十余国皆臣吐蕃。王小甫《唐、吐蕃、大食政治关系史》第298页以为在740年(开元二十八年),而第311页又云741年(开元二十九年)上半年拔汗那、吐火罗、护密等国犹朝唐,自相矛盾。故今定于开元二十九年下半年附吐蕃。二十余国,盖南拔那国、上吐火罗之吐火罗、挹怛、骨咄、俱密、识匿、护密、石汗那(含俱兰)、罽宾、谢䫻、帆延十国及印度河流域之大小勃律、犍陀罗、箇失密等国。
③ 是年,北邻藩属护密国归吐蕃,则归仁国亦当陷没。
④ 月氏:《新唐志》作"月支",《唐会要》卷73作"月氏",今依《旧唐志》及《新唐书》卷221《吐火罗传》。玄奘《大唐西域记》卷1:"出铁门至睹货逻国,旧曰吐火罗国。"卷12:"活国,睹货逻国故地也。"
⑤ 《唐会要》卷73:"龙朔元年,以吐火罗国叶护居遏换城,置月氏都督府。领二十六州。"含月氏本州。《唐会要》卷99、《新唐书》卷221《吐火罗传》作"(显庆)三年,以所理阿缓大城为月氏都督府,仍分其小城为二十四州(《旧唐志》同)。龙朔元年,授乌泾波使持节月氏等二十五州诸军事、月氏都督。"此皆未计入月氏本州,致总数遗失一州。

治拔特山城①。二十九年，附吐蕃②。

天宝三载，复附唐③。十三载，藩属吐火罗国建置不变。

乾元二年，归大食。

附旧州1：羁縻月氏州（661—710）

龙朔元年，以吐火罗（睹货逻、土豁罗、活）国置羁縻月氏州，并置羁縻月氏州都督府，治遏换④城（今阿富汗昆都士省昆都士市）。景云元年，废入大食吐火罗国。

附旧州2：羁縻桃槐州（661—710）

龙朔元年，以吐火罗国地置羁縻桃槐州，治阿腊城（今阿富汗昆都士省阿里阿巴德）⑤，隶羁縻月氏州都督府。景云元年，废入大食吐火罗国。

附旧州3：羁縻双泉州（661—710）

龙朔元年，以吐火罗国地置羁縻双泉州，治悉计蜜悉帝城（今阿富汗昆都士省伊什卡米什）⑥，隶羁縻月氏州都督府。景云元年，废入大食吐火罗国。

附旧州4：羁縻伏卢州（661—670）

龙朔元年，以吐火罗国地羁縻置伏卢州，治播萨城（今阿富汗昆都士省汗阿巴德？）⑦，隶羁縻月氏州都督府。景云元年，废入大食吐火罗国。

---

① 《册府元龟》卷999载，开元十五年，吐火罗叶护遣使上言曰："奴身罪逆不孝，慈父身被大食统押（按指景云元年前的情况）……奴身今被大食重税，欺苦实深。若不得天可汗救活，奴身自活不得，国土必遭破散。"此与慧超《往五天竺国传》所谓"其王被逼走向东一月程，在蒲（持）〔特〕山住，（故地）见属大寔所管"相合，盖谓国境西部为大食所占，而移都于拔特山城，国土犹未破散。

② 详参本章第三节"安西都护府所领"藩属小勃律国注。

③ 《册府元龟》卷971。王治来《中亚通史·古代卷上》第279页："开元二十四年，（阿拉伯人）派军攻入吐火罗，叶护被杀。"按此"吐火罗"指哈里斯起义占据之下吐火罗首府巴尔赫，非上吐火罗国都阿缓城（今昆都士）。

④ 遏换，《新唐志》作"阿缓"，今依《旧唐志》、《唐会要》卷73。季羡林等《大唐西域记校注》第963页："其地在Doshi河与Talaqan河汇合处，今昆都士（Qunduz）附近。"（米诺尔斯基《世界疆域志》译注，页209、340）裕尔、冯承钧、岑仲勉等皆如是说，已为定论。

⑤ 岑仲勉《西域十六国都督府州治地通考》（载《西突厥史料补阙及考证》）："桃槐州，治阿腊城，在君都斯南之Aliabad（阿里阿巴德）。"今人多从之，唯刘统《唐代羁縻府州研究》第194页误译为"汗纳巴德"，钟兴麒《西域地名考录》第900页以为在阿富汗萨曼甘省，今从岑说。

⑥ "悉计蜜悉帝"，《唐会要》卷73作"悉记密悉帝"。沙畹《西突厥史料》第250页："悉计蜜悉帝即大食人之Skimicht，今地图名Ischkamysch（伊什卡米什），城在Baghlan（巴格兰）之东。"

⑦ 《魏书》卷102《西域传》："伏卢尼国，在波斯国北，东有大河南流，城北有云尼山。"伏卢州名盖源于此。然伏卢尼国在叙利亚安条克，伏卢州必不在彼，《唐会要》卷73、《新唐志》皆не言伏卢州以吐火罗何国置，则当置于吐火罗直辖地区，故知其但为指射。今按昆都士东之Khanabad（汗阿巴德）为一大绿洲城镇，似应置一羁縻州，姑拟为伏卢州。

附旧州 5：羁縻篯颉州(661—710)

龙朔元年，以䁘健国置羁縻篯颉州，治骑失帝城(今阿富汗塔哈尔省塔卢坎)①，隶羁縻月氏州都督府。景云元年，废入大食吐火罗国。

附旧州 6：羁縻富楼州(661—710)

龙朔元年，以讫栗瑟摩国置羁縻富楼州，治乞施巇城(今阿富汗巴达赫尚省基什姆)②，隶羁縻月氏州都督府。景云元年，废入大食吐火罗国。

附旧州 7：羁縻西戎州(661—710)

龙朔元年，以呬摩呾罗国置羁縻西戎州，治突厥施怛馱城(今阿富汗塔哈尔省鲁斯塔克)③，隶羁縻月氏州都督府。景云元年，废入大食吐火罗国。

附旧州 8：羁縻苑汤州(661—710)

龙朔元年，以钵铎创那国置羁縻苑汤④州，治拔特山城(今阿富汗巴达赫尚省卡坎)⑤，隶羁縻月氏州都督府。景云元年，废入大食吐火罗国。

附旧州 9：羁縻怛密州(661—710)

龙朔元年，以曷逻胡国置羁縻怛密州，治乌罗浑城(今阿富汗巴达赫尚省

---

① 《大唐西域记》卷 1："活国东行百余里，至䁘健国。……睹货逻国故地也，周四百余里。北至阿利尼国。"季羡林等校注第 965 页："马迦特认为此地故址不应简单地从今日之 Mungan 或 Munjan 寻求，而应从今日之 Khanabad 或 Talaqan 一带寻求。"䁘健，当即篯颉异译。Khanabad 前已拟为伏卢州，则篯颉州当在 Talaqan(塔卢坎)，实在吐火罗国都东二百余里。钟兴麒《西域地名考录》第 637 页以为在塔哈尔省延吉堡，按其地距吐火罗都四百余里，太远，不取。

② 玄奘《大唐西域记》卷 12："从䁘健国东逾峻岭，越洞谷，历数川城，行三百余里，至讫栗瑟摩国。……睹货逻故地也，东西千余里，南北三百余里。"以此度之，诚如马迦特、裕尔所定，讫栗瑟摩国在今巴达赫尚省基什姆(Keshem)，《大唐西域记》之"行三百余里"为"行二百里余里"，"东西千余里"为"东西十余里"之误。岑仲勉《西域十六国都督府州治地通考》："余以为即 Kāyiškan 或 Kaškan。"按 Kaškan 即 Kakan(卡坎)，与乞施巇并无对音关系，且诸家多以为卡坎乃拔特山城。钟兴麒《西域地名考录》第 727 页更曲解岑意，误以为乞施巇在巴基斯坦白沙瓦尔品第、白沙瓦一带，乃不谙"富楼"一名只是指射古贵霜帝国都城富楼沙。

③ 玄奘《大唐西域记》卷 12："从讫栗瑟摩国逾山越川，行三百余里，至呬摩呾罗国。"道宣《释迦方志》卷 1："呬摩呾罗国(西)〔东〕越山谷三百余里至讫栗瑟摩国，东西十余里，南北三百里。"呬摩呾罗国当在今塔哈尔省鲁斯塔克(Rustaq)。季羡林等校注第 970 页："本书卷 3 睹货逻国呬摩呾罗王下有原注：'唐言雪山下'，当是梵文 Himatala 的音译。雪山，即今萨费德希尔斯山。

④ 苑汤：伯希和曾以为系"范阳"之误(1929 年《通报》)，岑仲勉《西域十六国都督府州治地通考》从之，意为范延(帆延、犯引)之地。按如下所考，帆延国在今阿富汗巴米扬省，唐时别置羁縻写凤州都督府，故知其说非是。

⑤ 玄奘《大唐西域记》卷 12："呬摩呾罗国东谷行二百余里，至钵铎创那国。"季羡林等校注第 971 页："钵铎创那国，即今日之巴达哈商(Badakhshan)地方，《高僧传》作波多叉拏。其范围基本上等于阿姆河上游 Panj(喷赤)河及 Kokcha(科克查)河流布地区。"拔特山，慧超《往五天竺国传》作"蒲特山"，《册府元龟》卷 999 作"勃特山"，冯承钧《西域地名》亦比定为今巴达赫尚。今拟于巴达赫尚省基什姆东北三百里之卡坎(Kakan)。刘统《唐代羁縻府州研究》第 194 页以为在法扎巴德(Faizabad)，沙畹以为更在法扎巴德东，里距均太远，不取。

哈汉)①,隶羁縻月氏州都督府。景云元年,废入大食吐火罗国。

附旧州 10:羁縻大檀州(661—710)

龙朔元年,以突厥具阙达官部落置羁縻大檀州,治颊厥伊城(今塔吉克斯坦戈尔诺—巴达赫尚自治州霍罗格?)②,隶羁縻月氏州都督府。景云元年,废入大食吐火罗国。

附旧州 11:羁縻薄知州(661—710)

龙朔元年,以淫薄健国置羁縻薄知州,治析面城(今阿富汗巴达赫尚省朱尔姆)③,隶羁縻月氏州都督府。景云元年,废入大食吐火罗国。

附旧州 12:羁縻盘越州(661—710)

龙朔元年,以俱兰(屈浪挐)国地置羁縻盘越州,治忽婆城(今阿富汗巴达赫尚省库朗万章)④,隶羁縻月氏州都督府。景云元年,废入大食吐火罗国。

附旧州 13:羁縻叠伏州(661—710)

龙朔元年,以月氏发部落置羁縻叠伏州⑤,治安呾罗缚城(今阿富汗巴格兰省安达拉卜)⑥,隶羁縻月氏州都督府。景云元年,废入大食吐火罗国。

---

① 玄奘《大唐西域记》卷 12:"阿利尼国东至曷逻胡国。……睹货逻故地也,北临缚刍河,周二百余里。"季羡林等校注第 967 页:"马迦特将曷逻胡拟音为 Rahula,根据阿利尼旁有 Rawan 的记载,将曷逻胡比定为缚刍河以北之 Rawan。"按曷逻胡"北临缚刍河",不得更在阿姆河以北,马迦特误。今拟于巴达赫尚省哈汉(Khvahan)。

② 王欣《吐火罗史研究》,第 158 页:"达官即达干(Tarqan),此地可能为西突厥某部驻地。"极是,该部落所居,当在吐火罗东北之地,近于帕米尔高原,今拟于戈尔诺—巴达赫尚自治州霍罗格(Khorog)。

③ 《大唐西域记》卷 12:"从此(钵铎创那国)东南山谷中行二百余里,至淫薄健国。……睹货逻国故地也,周千余里。山岭连属,川田隘狭。"冯承钧《西域地名》第 104 页:"玉尔考定今阿富汗科克恰河流域,自哲尔姆(Jerm)以上,古名 Yamgan,即淫薄健之原音。其国在今哲尔姆一带地方。"哲尔姆今译朱尔姆(Jurm)。"薄知"又作"波知",《册府元龟》卷 958:"波知国,在钵和西南,土狭人贫,依山托谷。赊弥国,在波知之南。"与裕尔所考相合。析面,《唐会要》卷 73 作"折面",岑仲勉《西域十六国都督府州治地通考》云:"Samand 又作 Asmand 或 Usamand,即析面之语原。"进而以其为 Samarkand,即北魏悉万斤,今乌兹别克斯坦撒马尔罕,钟兴麒《西域地名考录》第 149 页则以为薄知州在今阿富汗加兹尼区域。按两地皆非吐火罗国本部范围,不取。

④ 《大唐西域记》卷 12:"从此(淫薄健国)东南,逾岭越谷,行三百余里,至屈浪挐国。……睹货逻国故地也,周二千余里。从此东北登山入谷,途路艰险,行五百余里,至达摩悉铁帝国。"冯承钧《西域地名》第 57 页:"《西域记》屈浪挐国,《新唐书》曰俱兰,或曰俱骂罗,又曰俱烂那,《册府元龟》971 俱诃兰,在今阿富汗东北境,科克恰河上流有一地尚名 Kuran。""忽婆",《唐会要》卷 73 作"忽波",岑仲勉《西域十六国都督府州治地通考》:"忽婆,余以为相当于 Harwaz,亦作 Harawaz。"其地即今巴达赫尚省库朗万章(Kuran Waz)。

⑤ 《太平寰宇记》卷 186:"叠伏罗国,后魏时焉,国中有勿悉城,北有盐奇水,西流,有白象,土宜五谷。"不知此叠伏罗国是否与唐叠伏州有关,如有关,则两《唐志》之"叠仗"疑是"叠伏"之误。

⑥ 《大唐西域记》卷 12:"安呾罗缚国,睹火逻故国地,周三千余里,役属突厥。"季羡林等校注第 961 页:"安呾罗缚国,今 Khawak(哈瓦克)山口以西的 Doshi(杜希)河一带仍称 Andarab(安达拉卜)。"慧立《大慈恩寺三藏法师传》卷 5 作"安怛罗缚婆国",在雪山(今兴都库什山)北。钟兴麒《西域地名考录》第 240 页以为叠伏州在塔吉克斯坦东南与阿富汗的瓦罕走廊之间,无地名勘同关系,不取。

附旧州 14：羁縻沙律州（661—710）

龙朔元年，以月氏部落置羁縻沙律州，治咄城（今阿富汗巴格兰省杜希）①，隶羁縻月氏州都督府。景云元年，废入大食吐火罗国。

附旧州 15：羁縻弗敌州（661—710）

龙朔元年，以阔悉多国置羁縻弗敌州，治乌逻毡城（今阿富汗巴格兰省普勒胡姆里）②，隶羁縻月氏州都督府。景云元年，废入大食吐火罗国。

附旧州 16：羁縻钵罗州（661—710）

龙朔元年，以缚伽浪国置羁縻钵罗州，治兰城（今阿富汗巴格兰省巴格兰）③，隶羁縻月氏州都督府。景云元年，废入大食吐火罗国。

附旧州 17：羁縻迟散州（661—710）

龙朔元年，以悉泥健国置羁縻迟散州，治悉蜜言城（今阿富汗萨曼甘省艾巴克）④，隶羁縻月氏州都督府。景云元年，废入大食吐火罗国。

---

① 岑仲勉《西域十六国都督府州治地通考》云："咄城，余认为 Tūs 之对音。"Tūs, 盖今 Dowshi（杜希）异译。《唐会要》、《新唐志》不言沙律州以何国置，则非直辖地即属部落，杜希与地发部落之安达拉卜相邻，则沙律州亦当以某部落置。玄奘从揭职国至梵衍那（帆延）国，途经本州西境（普勒胡姆里河上游），所谓"群盗横行，杀害为务"，即应以部落行为解释之。钟兴麒《西域地名考录》以为或即巴尔赫西南的萨尔普勒（Sarepol），按其地已入羁縻太汗州都督府地界，不取。

② 玄奘《大唐西域记》卷 12："阔悉多国，睹货逻国故地也，周减千里。从此西北，逾山越谷，度诸城邑，行三百余里，至活国。"以此度之，阔悉多国即今阿富汗巴格兰省普勒胡姆里（Pulikhumri），"胡姆里"与"弗敌"有一定对音关系。岑仲勉《西域十六国都督府州治地通考》云："乌逻毡，余拟证为 Urgenč, 即 Gurgānj。"按 Urgenč 即乌尔根奇，在今乌兹别克斯坦，非吐火罗地，其说非。

③ 玄奘《大唐西域记》卷 1："活国西南至缚伽浪国。……东西五十余里，南北二百余里。"季羡林等校注校注第 113 页："缚伽浪国，马迦特比定之为 Baghlan。此名亦经波斯佚名作者《世界疆域志》、比鲁尼 Canon 著录。沙畹《西突厥史料》第 250 页："钵罗州以兰城置，兰城为今之 Baghlan 城，在活国（Koundouz）之南，Koundouz（昆都士）水右岸。"Baghlan 即今之巴格兰，与缚伽浪、钵罗皆存在对音关系，今从其说。岑仲勉《西域十六国都督府州治地通考》忽视此点，以为 Baghlan 只末一音组与"兰"相对，疑不可信，另拟音为 Rang，而未指明是何地望。王欣《吐火罗史研究》第 157 页更以为钵罗或作钵露、钵露罗、波仑、大勃律，即修鲜都督府波路州，Baghlan 为 Balūra 或 Balora 的对音。然亦无法解释波路州治和蓝城，弗敌州治兰城，一州（或一城）分属两府的矛盾，故亦不取。

④ 玄奘《大唐西域记》卷 1："缚伽浪国南至纥露悉泥健国。……周千余里。西北至忽懔国。"季羡林等校注第 114 页："纥露悉泥健国，马伽特认为玄奘记载之纥露悉泥健当是两地，即伪托 Moses Xorenaci 撰《波斯地志》第三章中记载之 Hrum，另加穆斯林文献中之 Simingan。……（Simingan）十九世纪的姆尔克罗弗特比定为 Khulm 河流域之 Haibak。"此即沙畹《西突厥史料》观点。巴托尔德《蒙古入侵时期的突厥斯坦》（上海古籍出版社，2007 年）第 80 页："距胡勒姆二日程有悉泥健城，大约相当于现在的海巴克。河谷到此转狭，至今尚有一堡垒雄距其地。"Hrum 即今萨曼甘省胡勒姆，Haibak 即今艾巴克，盖唐初悉泥健（Simingan, 萨曼甘）国为纥露国（Hrum, 亦即忽懔国）之附庸，故国名前冠以纥露之名。

(九) 藩属挹怛国

藩属挹怛国(719—741,744—759)

开元七年(719),挹怛国自大食归唐为藩属国,治钵勃城①。二十九年,附吐蕃②。

天宝三载,复附唐③。十三载,藩属挹怛国建置不变。

乾元二年,复归大食。

附旧州1:羁縻蓝氏州(661—710)

龙朔元年,以挹怛部落置蓝氏州,治钵勃城(今阿富汗昆都士省昆达古扎尔?)④,隶羁縻月氏州都督府。景云元年,废入大食挹怛国。

附旧州2:羁縻祀惟州(661—710)

龙朔元年,以忽懔(忽露)国置祀惟州,治昏磨城(今阿富汗萨曼甘省胡勒姆)⑤,隶羁縻月氏州都督府。景云元年,废入大食挹怛国。

附旧州3:羁縻粟特州(661—710)

龙朔元年,以阿利尼国置羁縻粟特州,治阿捺腊城(今塔吉克斯坦哈特隆州喷赤)⑥,隶羁縻月氏州都督府。景云元年,废入大食挹怛国。

---

① 玄奘《大唐西域记》卷1:"出铁门至睹货逻国,旧曰吐火罗国……依山据险,分为二十七国。"挹怛部盖其一国也,龙朔初并入吐火罗,景云中复为大食附庸国,至是来归,《新唐书》卷221《吐火罗传》之挹怛国盖指此。旧治蓝氏城,后移其名于钵勃城(即故蓝氏州)。
② 详参本章第三节"安西都护府所领"藩属小勃律国注。
③ 《册府元龟》卷971载,天宝七载六月,挹怛国遣使朝贡。然其东邻吐火罗国天宝三载已归唐,则挹怛归唐亦不迟于是年。
④ 岑仲勉《西域十六国都督府州治地通考》:"余考定钵勃城为Barābid。"王治来《中亚通史·古代卷上》第243页拟音为Bavabid。王欣《吐火罗史研究》第132页以为即拔底延城、薄提城,均系Bactra之音译,古大夏国都蓝氏城,在今巴尔赫。然据下文所考,巴尔赫唐置为太汗州都督府,可知月氏州都督府之蓝氏州一名实为指射,非原址也。钵勃城,疑在昆都士附近之昆达古扎尔(Kundaguzar)。内田吟风《吐火罗(Tukhāra)國史考》(载《东方学论集》)以为钵勃城系Balaam(巴兰)之音译,在今土库曼斯坦克巴拉斯诺沃茨克州巴尔昌(Balchan),按其地已非吐火罗范围,不取。
⑤ 玄奘《大唐西域记》卷1:"纥露悉泯健国,西北至忽懔国。忽懔国,周八百里。西至缚喝国。"季羡林等校注第114页:"忽懔国,此即Khulm。"沙畹《西突厥史料》第250页:"昏磨,即Khulm也。"今萨曼甘省胡勒姆。
⑥ 玄奘《大唐西域记》卷12:"瞢健国北至阿利尼国……睹货逻国故地也,带缚刍河两岸,周三百余里。"季羡林等校注第966页:"马迦特将阿利尼比定为Ārhan或Ārhang,并谓Ārhan,即Hazrät Imām。按Ārhan为乌浒水上著名渡口。"道宣《释迦方志》卷1:"瞢健国北渡河至阿利尼国,周三百余里,带缚刍河两岸。"则阿利尼国都阿奈腊在阿姆河北岸,即今哈特隆州喷赤(Panj)。岑仲勉《西域十六国都督府州治地通考》:"阿奈腊应即Andarāb或货币文字之Andarāba。"按Andarāb即巴格兰省安达拉卜,在瞢健国南,不临缚刍河,且前已考其为叠伏州治安呾罗缚城,岑说显误。王欣《吐火罗史研究》第157页更与姑墨州都督府之粟弋州混为一谈,谓其"与唐分治有关",谬甚。

附旧州 4：羁縻大夏州（661—710）

龙朔元年，以钵利曷国置大夏州，治缚叱城（今塔吉克斯坦哈特隆州帕尔哈尔）①，隶羁縻月氏州都督府。景云元年，废入大食挹怛国。

（一〇）藩属骨咄国

藩属骨咄施国兼羁縻高附州都督府（661—710）—藩属骨咄国（719—741，744—759）

龙朔元年，以上吐火罗北部藩属骨咄施国兼置羁縻高附州及高附州都督府，隶安西都护府，并置羁縻休蜜、五翎二州。

武周长安四年，羁縻高附州都督府领羁縻高附、休蜜、五翎三州。

唐景云元年，藩属骨咄施国归大食，羁縻府州尽废。开元七年，骨咄（珂咄罗）国自大食归唐②，但为藩属国，移治思助建城（今塔吉克斯坦哈特隆州库利亚布市）③。二十九年，附吐蕃④。

天宝三载，复附唐⑤。十三载，藩属骨咄国建置不变。

乾元二年，复归大食。

附旧州 1：羁縻高附州（661—710）

龙朔元年，以骨咄施国置羁縻高附州，并置羁縻高附州都督府，治沃沙城（今塔吉克斯坦哈特隆州沃塞）⑥。景云元年，废入大食骨咄国。

---

① 玄奘《大唐西域记》卷 12："讫栗瑟摩国北至钵利曷国。……睹货逻国故地也，东西百余里，南北三百余里。"季羡林等校注第 968—969 页："钵利曷国，Parghar 之对音。据波斯佚名作者《世界疆域志》，Parghar /Parkhar 在珂罗国境内。"Parghar 即今哈特隆州帕尔哈尔。冯承钧《西域地名》第 73 页以为在今塔哈尔省塔卢坎东南之法尔哈尔（Farkhar），方位不合，不取。藤田丰八《慧超往五天竺国传笺释》以缚叱为缚吒之讹，缚吒即缚脱拉（Bakrtia）、缚喝（Balx），今巴尔赫省巴尔赫，冯承钧、岑仲勉、苏北海、刘统、王欣、钟兴麒等皆从其说。按其地方位亦与《大唐西域记》不合，且缚喝已置太汗州都督府，更不可能置大夏州，钵利曷国决非缚喝国，缚叱亦非缚吒之讹。
② 慧超《往五天竺国传》："又跋贺那国（东）〔南〕有一国，名骨咄国。此国属大实所管。"当是开元七年以前情形。
③ 《新唐书》卷 221《骨咄传》："骨咄，或曰珂咄罗，长广皆千里，王治思助建城。"张毅《往五天竺国传笺释》第 133 页："骨咄，在镬沙河（Wakhshab）与潘吉河（Pandj）之间。其主城为箇罗勃（Kulab），在今杜尚别市东南。"从之。箇罗勃，今译库利亚布（Kulyab）。
④ 详参本章第三节"安西都护府所领"藩属小勃律国注。
⑤ 《册府元龟》卷 971 载，天宝五载十月，骨咄国王遣使朝贡。然其东邻吐火罗、识匿、俱密诸国皆于天宝三载以前归唐，则骨咄国归唐亦不应迟于天宝三载。
⑥ "沃沙"，《旧唐志》作"妖沙"，今依《唐会要》、《新唐志》。沙畹《西突厥史料》第 252 页："沃沙即《西域传》之镬沙，大食撰述之 Wakhschab（瓦赫什）或 Sourkhab 水上之 Lawakand（拉瓦坎德），（转下页）

附旧州 2：羁縻休蜜州（661—710）

龙朔元年，以镬沙国地置羁縻休蜜州，治乌斯城（今塔吉克斯坦哈特隆州科尔霍扎巴德）①，隶羁縻高附州都督府。景云元年，废入大食骨咄国。

附旧州 3：羁縻五翎州（661—710）

龙朔元年，以镬沙国置羁縻五翎州，治葛逻犍城（今塔吉克斯坦哈特隆州库尔干秋别市）②，隶羁縻高附州都督府。景云元年，废入大食骨咄国。

（一）藩属俱密国

藩属俱密国兼羁縻至拔州都督府（661—710）—藩属俱密国（716—741，742—759）

龙朔元年，以上吐火罗东北部藩属俱密国兼置羁縻至拔州及至拔州都督府③，隶安西都护府。

武周长安四年，藩属俱密国兼羁縻至拔州都督府领羁縻至拔一州。

唐景云元年，藩属俱密国归大食，羁縻府州尽废。开元四年，俱密国自吐蕃归唐④，但为藩属国，治褚瑟城。二十九年，附吐蕃⑤。

天宝元年，复归唐⑥。十三载，藩属俱密国建置不变。

（接上页）其城在今 Kourghantjube（库尔干秋别）北一日程。"别列尼茨基等《中亚中世纪城市》则云 Lawakand 在库尔干秋别以西 10 公里处，可能是 Kaun Tepe。马迦特《伊兰考》(1901)第 237、299 页亦比定此沃沙即镬沙，为穆斯林地理文献中 Wakhsh（瓦赫什）之对音。按玄奘《大唐西域记》卷 1："镬沙国，东至珂咄罗国。珂咄罗国，东西千余里，南北千余里。东接葱岭，至拘谜陀国。"则唐初镬沙与骨咄（珂咄罗）显为两国，骨咄之都沃沙必非镬沙，不在今瓦赫什，而是在今沃塞（Vose）。马迦特《伊兰考》第 232 页、斯坦因《亚洲腹地考古图记》汉译本第 1238 页也认为，"珂咄罗"就是早期阿拉伯地理学家说的"科塔勒"（Khottal），包括苏尔赫下游（即瓦克什阿伯）东边的地区，比如巴珠宛（Baljuwān）、库拉伯（Kulāb）等。

① 玄奘《大唐西域记》卷 1："镬沙国，东西三百余里，南北五百余里。"镬沙，即 Wakhsh（瓦赫什）对音，今为哈特隆州大河名。五翎州治葛逻犍城（库尔干秋别）东南 10 公里有小镇曰瓦赫什（Vakhsh），然两地太近，似非乌斯城之所在。今科尔霍扎巴德（Kolkhozobod）近于瓦赫什河，地当南部绿洲中心，疑即古乌斯城址。
② "葛逻犍"，发音与汉楼州"俱禄健"同，可拟为"Kurghan"，即今塔吉克语之库尔干（Kurgan），为"城堡"之意，库尔干秋别（Kurgan-Tyube）可当其地。钟兴麒《西域地名考录》第 310 页疑为个罗勃（Kulab，今作 Kulyab，即库尔亚布）对音，然末一音节全然不相应，不取。
③ 《新唐志》作"俱蜜"，今依《旧唐志》、《唐会要》卷 73。
④ 《资治通鉴》开元三年十一月载，张孝嵩击败拔汗那叛王阿了达，传檄诸国，翌年有八国遣使请降，疑拔汗那南邻俱密国即其一也。
⑤ 详参本章第三节"安西都护府所领"藩属小勃律国注。
⑥ 《册府元龟》卷 971 载，天宝十载二月，俱密国王伊悉阙俟斤遣使朝献。然其北邻拔汗那国、南邻识匿国皆于天宝元年以前归唐，则俱密归唐亦不迟于天宝元年。

乾元二年,复归大食。

附旧州:羁縻至拔州(661—710)

龙朔元年,以俱密(拘谜陀)国置羁縻至拔州,并置羁縻至拔州都督府,治褚瑟城(今吉尔吉斯斯坦奥什州达拉乌特库尔干)①。景云元年,废入大食俱密国。

(一二) 藩属护密国

藩属护密多国兼羁縻鸟飞州都督府(661—710)—藩属护密国(670—710,716—741,742—759)

龙朔元年,以上吐火罗东部藩属护密多国兼置羁縻鸟飞州及鸟飞州都督府②,隶安西都护府,并置羁縻钵和州。

武周长安四年,废羁縻钵和州,羁縻鸟飞州都督府领羁縻鸟飞一州。

唐景云元年,藩属护密多国归大食,羁縻府州尽废。开元四年,护密(胡蜜)国自吐蕃归唐,但为藩属国,治摸廷城③。二十九年,附吐蕃④。

---

① 玄奘《大唐西域记》卷1:"拘谜陀国,东西千余里,南北二百余里,据大葱岭中。西南邻缚刍河,南接尸弃尼国。"季羡林等校注第112页:"拘谜陀国:雅忽比作Kumedh。按Kumedh无疑是《新唐书》卷221《西域传》之俱密的对音。"按《新唐书》卷221《识匿传》云:"俱蜜者,治山中,与吐火罗东北,南临黑河。"王仲荦《敦煌石室地志残卷考释》第293页:"拘谜陀西南邻缚刍,南接尸弃尼国,即今之达罗俄斯(Darvaz),即《唐书》俱蜜是也,所殆《唐书》之护蜜,即今华干(Wakhan)地方。"从之,然俱密非护密。"褚瑟",《旧唐志》作"措瑟",今依《唐会要》、《新唐志》。黑河,当即今吉尔吉斯斯坦南境克孜勒苏河。达罗俄斯,华干,又译达尔瓦斯,今名达拉乌特库尔干(Darautkurgan),或译达罗特科尔贡(Daroot Korgon),意为闸门,扼丝绸之路要冲。沙畹《西突厥史料》第254页:"俱密即Ptolémée地志中之Koumedh,大食(Ibn Rousta)地志中之Koumedh,今之Karatégin(喀拉提锦、喀拉特金)是已。"斯坦因、藤田丰八、冯承钧《地图集》、《西域通史》等从其说,定于今塔吉克斯坦国家直辖区Obi-Khingou流域的奇尔达拉(Childara)。按其地太过狭隘崎岖,不合为国都。或谓在今乌兹别克斯坦乌尔汉河流域,不详所据,亦不取。
② 《新唐志》作"护蜜多",今依《唐会要》、《旧唐志》。
③ "护密",慧超《往五天竺国传》作"胡蜜",《新唐书》卷221《识匿传》作"护蜜",今依《赐护密国王子铁券文》(载《唐大诏令集》卷64)、《赐护密国王书》(载《曲江集》卷12)等。《资治通鉴》开元三年十一月追述,此前吐蕃与大食共立拔汗那王,可知开元二年时吐蕃已征服护密、识匿、俱密等国,始能也到达拔汗那地区。《新唐书》卷221《识匿传》:"(护密)地当四镇入吐火罗道,故役属吐蕃。"盖谓此。开元三年十一月,张孝嵩击败拔汗那叛王阿了达,传檄诸国,罽宾随即遣使请降。按罽宾与唐中隔石汉那、护密等国,并且护密之北的识匿和护密之南的小勃律均于开元四年附唐,则夹在其间的护密国归唐时间亦当在开元四年。慧超《往五天竺国传》行程止于开元十五年,传中有胡密王"见属大实所管"句,其时吐火罗等国皆已重归唐朝,朝贡不绝,而护密在吐火罗之东,不得独属大食,故疑"大实"为"大唐"之误。《新唐书》卷221《识匿传》:"护蜜者,或曰达摩悉铁帝。……开元八年,册其王骨旅伊尼陀骨咄禄多毗勒莫贺达摩萨尔为王。十六年,与米首领同献方物。"可证。达摩悉铁帝(摸廷)为护密国都,护密既可称达摩悉铁帝,可知可还都摸廷。
④ 详参本章第三节"安西都护府所领"藩属小勃律国注。

天宝元年，复归唐①。十三载，藩属护密国建置不变。

乾元二年，归吐蕃②。

附旧州1：羁縻乌飞州(661—710)

龙朔元年，以护密多国置羁縻乌飞州③，并置羁縻乌飞州都督府，治摸廷城(达摩悉铁帝，今阿富汗巴达赫尚省汉杜德)④。长安四年，移治塞迦审城(今阿富汗巴达赫尚省伊什卡希姆)⑤。景云元年，废入大食护密国。

附旧州2：羁縻钵和州(661—704)

龙朔元年，以护密多国地置羁縻钵和州，治沙勒色诃城(今阿富汗巴达赫尚省萨哈迪—瓦汗)⑥，隶羁縻乌飞州都督府。长安四年，没于吐蕃。开元三年，地入藩属护密国。

附旧州3：羁縻丁零州(661—710)

龙朔元年，以识匿国地置羁縻丁零州，治泥射城(今塔吉克斯坦戈尔诺—

---

① 《册府元龟》卷981。
② 吐蕃《大事记年》(《敦煌本吐蕃历史文书》译本)："及至猴年(至德元年)，黑邦瑕、廓(俱位)、悉尼(识匿)等堆(上方)之使者前来致礼，任命巴廓那东、介、囊赞二人为使者前往报聘。"黑邦瑕，王小甫《唐、吐蕃、大食政治关系史》第197页作 Ban'jag nag po，指护密。才让《吐蕃史稿》第157页遂以为帕米尔等地又成为吐蕃的势力范围。然至乾元元年，护密国王犹亲自朝唐，并赐姓李，故其脱离唐朝，实在乾元二年后。
③ 《唐会要》卷73作"乌飞州"，今依两《唐志》。《新唐书》卷221《识匿传》以为显庆时置，盖指显庆六年(龙朔元年)。
④ 摸廷：《唐会要》卷73作"模达"，《新唐志》作"摸迻"，今依《旧唐志》。摸廷，即达摩悉铁帝异译。玄奘《大唐西域记》卷12："从此(屈浪拏国)东北登山入谷，途路艰险，行五百余里，至达摩悉铁帝国。亦名镬侃，又谓护蜜。……临缚刍河。昏驮多城，国之都也。"季羡林等校注第977页："昏驮多城，波斯佚名作者《世界疆域志》作 Khamdādh，其地在瓦罕山谷中潘扎水(Abi Panja)南岸冲积扇上之 Khandūd(汉杜德)，这一比定已为学者们所接受(斯坦因《西域考古记》I，页64；斯坦因《亚洲腹地考古图记》II，页866)。"张晓虹等通过考察支持这一说法，今从之。沙畹《西突厥史料》第255页及冯承钧《新唐书西域羁縻府州考》、《地图集》、《历史地名》、《西域通史》定于汉杜德西南10公里之瓦罕(Wakhan)；王小甫《唐•吐蕃•大食政治关系史》第274页引米诺尔斯基的说法，认为昏驮多在塔吉克斯坦瓦罕南岸，即汉杜德东北25公里之喷赤堡(Qal'ah Panj)，此说是根据该瓦罕有吐蕃城堡遗址判断的，但两说均无地名勘同关系，不取。
⑤ 《新唐书》卷221《识匿传》："(护蜜)王居塞迦审城，北临乌浒河。"马迦特《伊兰考》第226—229页认为，塞迦审、昏驮多二城，即今之 Isehkeschm(伊什卡希姆)与 Kandout(汉杜德)，皆在 Pandj(喷赤)河左岸。塞迦审，张星烺等《中西交通史料汇编》(中华书局，2003年)第1449拟音为 Skashim，冯承钧《西域地名》第36页比定为今喷赤河西岸之伊什卡什姆(Ishkashim)，今从之。又据塔巴里《先知与帝王编年史》卷2第1135页，704年(长安四年)，吐蕃军队进入阿姆河上游，参与了突厥、挹怛(吐火罗)进攻怛没国的战斗。则吐蕃已越过勃律控制了护密国东部瓦罕走廊地区，护密国都西迁塞迦审以避其逼，当在此时。
⑥ 沙畹《西突厥史料》第255页："婆勒色诃必为《小勃律传》之'护密之沙勒城'，沙勒得为今 Pandj(喷赤)水上之 Sarhad(萨哈迪)。"《丝绸之路大辞典》第112页作"萨尔哈德"，《地图集》、《历史地名》定于今巴达赫尚省萨哈迪—瓦汗(Sarhad Wakhan)，从之。

巴达赫尚自治州尼莫斯)①,隶羁縻月氏州都督府。景云元年,废入藩属识匿国。开元三年,地入藩属护密国②。

(一三) 藩属石汗那国

藩属石汗那国兼羁縻悦般州都督府(661—710)—藩属石汗那国(716—741,744—759)

龙朔元年,以上吐火罗东南部藩属石汗那国兼置羁縻悦般州及悦般州都督府,隶安西都护府,并置羁縻双靡州。

武周长安四年,羁縻悦般州都督府领羁縻悦般、双靡二州。

唐景云元年,藩属石汗那国归大食,羁縻府州尽废。开元四年,石汗那(支汗那)国自大食归唐③,但为藩属国,治艳城。二十九年,归吐蕃④。

天宝三载,复附唐⑤。十三载,藩属石汗那国建置不变。

乾元二年,归大食、吐蕃二国⑥。

附旧州1:羁縻悦般州(661—710)

龙朔元年,以石汗那(支汗那)国置羁縻悦般州,并置羁縻悦般州都督府,治艳城(今阿富汗库纳尔哈省阿萨达巴德)⑦。景云元年,废入大食石汗那国。

---

① 郭声波等:《渠黎、阉甄、妫塞:唐中期新置西域羁縻都督府探考》,《中国边疆史地研究》2010年第1期。
② 慧超《往五天竺国传》:"有一个王属胡密王。"即五识匿部落中,有一识匿部落已并入西护密国,依地理形势推断,当系丁零州旧部。
③ 《资治通鉴》开元三年十一月载,张孝嵩击败拔汗那叛王阿了达,传檄诸国,罽宾遣使请降。按罽宾与唐中隔石汉那、护密等国,则石汉那亦当于开元四归唐。又据《册府元龟》卷771:"开元七年六月,吐火罗国支汗那王帝赊上表。"支汗那当是石汗那之异译,为吐火罗国附庸故尔。今人多从冯承钧说,以为支汗那即阿姆河北之赤鄂衍那,然是时赤鄂衍那所属之下吐火罗诸国自神龙间附大食后皆不曾来朝,其说恐非。
④ 详参本章第三节"安西都护府所领"藩属小勃律国注。
⑤ 《册府元龟》卷971:"天宝四载二月,俱诃兰国遣使贡方物。"按俱诃兰即俱兰,石汗那属部,因知石汗那国是年复附唐。
⑥ 石汗那双靡(商弥)地区原属俱兰国,《新唐书》卷221《波斯传》云:"俱位,或曰商弥。"敦煌吐蕃文献《大事年记》:"至猴年(至德元年),仆迦那波、廓、识匿等上方之使者前来致礼。"王小甫《唐、吐蕃、大食政治关系史》第270~279页考证其中之"廓"(Gog)即俱位(Kog yul),则石汗那国东部当在至德后归吐蕃,西部归大食。
⑦ 艳城:《唐会要》卷73作"艦城"。沙畹《西突厥史料》第253页擅改悦般州都督府治于俱兰城,以为在Kokcha(科克查)水上流之Kouran(库朗),而从马迦特说,别拟石汗那于乌浒河北;冯承钧《西域地名》第80页坐实沙畹误说,以为石汗那即赤鄂衍那,在乌浒河北之迭脑;岑仲勉《西域十六国都督府州治地通考》疑在谷茶(科克查)水西北之Hazrat Imam(哈兹拉特伊曼)(《西域通史》第168页从之);张星烺等《中西交通史料汇编》第1413页疑在巴尔赫东南之铎汗那(Dogana)。 (转下页)

附旧州 2：羁縻双靡州(661—710)

龙朔元年，以俱兰①(屈浪拏)国置羁縻双靡州，治阿赊𩱀师多城(今巴基斯坦西北边境省吉德拉尔)②，隶羁縻悦般州都督府。景云元年，废入大食石汗那国。

(一四) 藩属罽宾国

藩属罽宾国兼羁縻修鲜州都督府(661—710)—藩属罽宾国(716—741，744—759)

龙朔元年，以上吐火罗南部藩属罽宾国兼置羁縻修鲜州及修鲜州都督府，隶安西都护府，并置羁縻檀特、乌利、罗罗、悬度、毗舍、波路、漠、阴米、乌弋、龙池十州③。

武周长安四年，藩属罽宾国兼羁縻修鲜州都督府领羁縻修鲜、檀特、乌利、罗罗、悬度、毗舍、波路、漠、阴米、乌弋、龙池十一州。

唐景云元年，藩属罽宾国归大食，羁縻府州尽废。开元四年，罽宾国自大食归唐④，但为藩属国，治遏纥城。二十九年，附吐蕃⑤。

(接上页)以上诸说皆以为艳城在雪山(兴都库什山)以北，盖缘《新唐书》卷221《谢䫻传》有如下记载："石汗那，或曰斫汗那。自缚底野南入雪山，行四百里得帆延，东临乌浒河。"其实"自缚底野"以下句，是讲下吐火罗(缚喝)国地理，与石汗那无关，不得作为石汗那在雪山北之证据，遑论阿姆河北。悦般州都督府既有俱兰国双靡之地，依地理形势分析，府治艳城当在双靡之西南，约当今库纳尔哈省阿萨达巴德一带。王治来将《世界境域志》(上海古籍出版社，2010年)第109页所载阿姆河北之赤鄂衍那(Chaghaniyan)译为石汗那(张锡彤等所译巴托尔德《蒙古入侵时期的突厥斯坦》第86页亦如此)，盖沿马迦特、沙畹、冯承钧之误，混淆两地为一地，不足为据，然影响较大，不可不辨。

① 《新唐书》卷221《吐火罗传》："俱兰，或曰俱罗弩，曰屈浪拏，与吐火罗接，环地三千里，南大雪山，北俱鲁河。"吐蕃称为俱域(俱位、拘卫)，斯坦因考订为Khowar之对音。
② "双靡"，《旧唐书》作"双糜"，今依《新唐志》。玄奘《大唐西域记》卷12作"商弥"，在达摩悉铁帝(摸廷)之南。所治"俱兰"城，实乃国名，当依《新唐书》卷221《波斯传附》："俱位，或曰商弥，治阿赊𩱀师多城，在大雪山、勃律河北。"马迦特、藤田丰八、冯承钧均谓即今巴基斯坦之吉德拉尔(Chitral)，斯坦因考订为今巴基斯坦之马斯图季(Mastuj)，张星烺等认为在科克查河上游拉其瓦特(Lajward)。按马斯图季、拉其瓦特太过偏僻，今取吉德拉尔说。
③ 《旧唐志》作十一州，含修鲜州。《旧唐书》、《太平寰宇记》西域传及《册府元龟》卷966皆记此事于龙朔元年，《唐会要》卷99亦载："罽宾，在葱岭南，其地川淡水皆南流，注于南海。……龙朔初，授其王修鲜等十一州诸军事，兼修鲜都督。"独《新唐书》卷221《罽宾传》云："罽宾，隋漕国也。王居修鲜城。……神龙初，拜其王修鲜等十一州诸军事、修鲜都督。"此"神龙初"必为"龙朔初"之误。
④ 《资治通鉴》开元三年十一月载，张孝嵩击败拔汗那叛王阿了达，传檄诸国，罽宾遣使请降。
⑤ 详参本章第三节"安西都护府所领"藩属小勃律国注。

天宝三载,复附唐①。十三载,藩属罽宾国建置不变。

乾元二年,复归大食。

附旧州 1：羁縻修鲜州(661—710)

龙朔元年,以罽宾(迦毕试)国置羁縻修鲜州②,并置羁縻修鲜州都督府,治遏纥城(今阿富汗帕尔万省恰里卡尔市贝格兰村)③。景云元年,废入大食罽宾国。

附旧州 2：羁縻檀特州(661—710)

龙朔元年,以罽宾国地置羁縻檀特州,治半制城(今阿富汗潘季希尔省鲁哈)④,隶羁縻修鲜州都督府。景云元年,废入大食罽宾国。

附旧州 3：羁縻乌利州(661—710)

龙朔元年,以滥波国置羁縻乌利州,治勃逸城(今阿富汗拉格曼省米特拉姆市)⑤,隶羁縻修鲜州都督府。景云元年,废入大食罽宾国。

附旧州 4：羁縻罗罗州(661—710)

龙朔元年,以那揭罗曷国置羁縻罗罗州,治滥键城(今阿富汗楠格哈尔省贾拉拉巴德市柏格兰)⑥,隶羁縻修鲜州都督府。景云元年,废入大食罽宾国。

---

① 《册府元龟》卷 971 载,天宝四载二月,罽宾国遣使贡方物。然其南邻谢䫻国天宝三载已归唐,推知罽宾归唐亦在三载。又据《全唐文》卷 39《册罽宾国王勃匐准文》,天宝四载,册罽宾国王男勃匐准,袭罽宾国王及乌苌国王。

② 沙畹《西突厥史料》第 55 页:"烈维(Sylvain I. evi)考订唐时罽宾为伽毕试(Kapiça)。可参 1897 年刊《亚洲报》11～12 月刊."

③ 《大唐西域记》卷 1:"从此(梵衍那国)东行入雪山,逾越黑岭,至迦毕试国。……周四千余里,北背雪山。……异方奇货,多聚此国。"季羡林等校注第 136 页:"迦毕试国:其地在今阿富汗境内之 Begram(贝格兰、贝格拉姆)……位于喀布尔以北 62 公里,北兴都库什山(按即雪山)。……1927 年法国学者对 Begram 进行了广泛的发掘调查,在贵霜王朝的宫殿遗址发现了从公元 1 世纪到 5 世纪的大量货币和无数美术工艺品,证明玄奘所谓'异方奇货,多聚于此'决非夸张。"周连宽、刘统及《西域通史》皆同其说,从之。

④ "半制",《唐会要》卷 73 作"半挚"。季羡林等《大唐西域记校注》第 86 页以为半制城即"窣堵利瑟那国境内大城 Bunjikath,今名旁吉肯特 Panjikand,在撒马尔罕以东六十公里",大误。沙畹《西突厥史料》第 253 页:"半制必为 Panjshir(潘季希尔)之对音,今 Panjshir 河上与河同名之城是已。檀特州似以檀特山为名,此山据 A. Fouchcher 之调查,在今 Chabaz-Garhi 之北,今名 Mekha-Sandha。"冯承钧同其说。潘季希尔城今名鲁哈(Lukha)。钟兴麒《西域地名考录》第 897 页以为檀特州位于巴基斯坦白沙瓦东北 Mekhasanda 山区及塔吉克斯坦西北彭吉肯特,一州而两地,谬甚。

⑤ 玄奘《大唐西域记》卷 1:"自此(迦毕试国龙泉,《释迦方志》作龙池)东行六百余里,越黑岭,入北印度境,至滥波国。"卷 2:"滥波国,周千余里,北背雪山。"季羡林等校注第 219 页:"滥波:亦作岚婆、览波。今名 Laghaman,在喀布尔河北岸,是一狭小地带。"《悟空入竺记》作蓝婆国。Laghaman 地区即今拉格曼省,治米特拉姆。勃逸一名,当来源于滥波,《唐会要》卷 73 作"勃进",误。

⑥ 玄奘《大唐西域记》卷 2:"从此(滥波国)东南行百余里,逾大岭,济大河,至那揭罗曷国。……东西六百里,南北二百五六十里。"季羡林等校注第 220 页:"国大都城,即法显之那竭国城, （转下页）

附旧州 5：羁縻悬度州(661—710)

龙朔元年，以健驮逻国置羁縻悬度州，治布路犍城(今巴基斯坦西北边境省白沙瓦县西北)①，隶羁縻修鲜州都督府。景云元年，废入大食罽宾国。

附旧州 6：羁縻毗舍州(661—710)

龙朔元年，以健驮逻国地置羁縻毗舍州，治罗漫城(今巴基斯坦西北边境省恰尔萨达县)②，隶羁縻修鲜州都督府。景云元年，废入大食罽宾国。

附旧州 7：羁縻波路州(661—710)

龙朔元年，以健驮逻国地置羁縻波路州，治和蓝城(今巴基斯坦西北边境省马尔丹县沙赫巴兹堡)③，隶羁縻修鲜州都督府。景云元年，废入大食罽宾国。

附旧州 8：羁縻漠州(661—710)

龙朔元年，以伐剌拏国置羁縻漠州，治鹘换城(今巴基斯坦西北边境省本努县?)④，隶羁縻修鲜州都督府。景云元年，废入大食罽宾国。

(接上页)英人康宁哈姆考定为贾拉拉巴德西南约二英里处的柏格兰(Dashti-Begram)。兴普逊(Simpson)则认为那揭罗曷城应在柏格兰略西，喀布尔河与苏尔卡河汇合处那一片台地上。周连宽同此说。沙畹《西突厥史料》第 253 页云："滥犍应是今之 Lamghan(楠格哈尔)。"冯承钧《西域地名》第 68 页则认为在今贾拉勒阿巴德(Jalalabad)地方。其实一也。《丝绸之路大辞典》第 112 页以为在今喀布尔河北岸阿拉格曼，道里不合。

① 《大唐西域记》卷 2："从此(那揭罗曷国)东南山谷中行五百余里，至健驮罗国。……东西千余里，南北八百余里，东临信度河，国大都城号布路沙布逻，周四十余里。"季羡林等校注 235 页："梵语 Purusapura 音译，即《法显传》的弗楼沙国，《魏书》的弗楼沙城。又作富娄沙富罗、富留沙富罗、不流沙；意译丈夫土、丈夫城，《续高僧传》作丈夫宫。其他业经诸家考证，一致认为即今巴基斯坦喀布尔河南岸白沙瓦市(Pesshāwar)的西北地方。"今有地名曰 Burjnasirkhan。《悟空入竺记》："次拘卫国，次葛兰国，次蓝婆国，次孽和国，次乌仗那国，茫哦勃国及高头城，次摩但国，次信度城，至十二载癸巳二月二十一日，至乾陀罗国，此即罽宾东都城也。"则信度城即悬度州城。

② "罗漫"，《唐会要》卷 73 作"罗曼"。玄奘《大唐西域记》卷 2："迦腻色迦王伽蓝东北行五十余里渡大河，至布色羯逻伐底城，周十四五里。"季羡林等校注第 251 页："布色羯逻伐底城：梵文 Puṣkalāvatī 或 Puṣkarāvatī 音译，为健驮罗国故都。此地即今巴基斯坦所属之查萨达(Charsadda，今译恰尔萨达)，在白沙瓦东北 17 英里。"布色羯逻伐底城既为犍陀罗旧都，谅必置有羁縻州，"毗舍"盖其省称"布色"之异译。钟兴麒《西域地名考录》第 700 页云："毗舍与贵霜帝国之夏都 Begram(巴格兰)音近，毗舍取其前两个音节，罗漫取其后两个音节，位于阿富汗喀布尔北 62 公里。"按此对音比定甚为牵强，盖不知罽宾国治修鲜州而非毗舍州之故。

③ 波路一名盖取自跋房沙。玄奘《大唐西域记》卷 2："跋房沙城东北五十余里至崇山……东南行百五十里，至乌铎迦汉荼城，周二十余里，南临信度河。"沙畹《宋云行记笺注》(载《西域南海史地考证译丛》第 2 卷，商务印书馆，1999 年)引傅舍《健驮罗古地志疏证》云，古跋房沙城在今白沙瓦东北偏东 65 公里处之 Shahbaz Garhi(沙赫巴兹堡)，三面环山。其地即和蓝城，《悟空入竺记》作葛兰国。钟兴麒《西域地名考录》第 127 页以为在大勃律地区，恐与罽宾失之过远，且唐初大勃律并非吐火罗之地。

④ 玄奘《大唐西域记》卷 11："伐剌拏国，周四千余里，居人殷盛，役属迦毕试国。闻诸土俗曰：从此国西接稽疆那国。"季羡林等校注第 949 页："据《慈恩传》卷 5 记载，玄奘(自蓝波国)复正南行十五日至伐剌拏国。其地望儒莲比定为古玛尔(Gumal)河中游的伐奈(Vaneh)；康宁哈比定为库腊姆(Kuram)河畔的班努(Bannu，在今巴基斯坦)，即《法显传》上的跋那国。我们认为以康氏的意见为是。"冯承钧同此说。鹘换一城，姑定于此国。钟兴麒《西域地名考录》第 650 页疑漠州在巴基斯坦拉瓦尔品第东南的古杰尔汗(Gujrha)，恐失之过远。

附旧州 9：羁縻阴米州(661—710)

龙朔元年，以阿薄健国置羁縻阴米州，治贱那城(今阿富汗帕克蒂亚省加德兹市)①，隶羁縻修鲜州都督府。景云元年，废入大食罽宾国。

附旧州 10：羁縻乌弋州(661—710)

龙朔元年，以罽宾国地置羁縻乌弋州，治塞奔你逻斯城(今阿富汗喀布尔省卡拉巴格)②，隶羁縻修鲜州都督府。景云元年，废入大食罽宾国。

附旧州 11：羁縻龙池州(661—710)

龙朔元年，以罽宾国地置羁縻龙池州，治遗恨城(今阿富汗帕尔万省戈本德)③，隶羁縻修鲜州都督府。景云元年，废入大食罽宾国。

（一五）藩属谢䫻国

藩属诃罗达支国兼羁縻条枝州都督府(661—武后时)—藩属谢䫻国兼羁縻条枝州都督府(武后时—710)—**藩属谢䫻国**(719—741，744—759)

龙朔元年，以上吐火罗西南部藩属诃罗达支国兼置羁縻条枝州及条枝④州都督府，隶安西都护府，并置羁縻乾陀、遗、镇西、犁蕲、巨雀、崦嵫、细柳、西海、虞泉九州⑤。

武后时，改藩属诃罗达支国为藩属谢䫻国⑥。长安四年，藩属谢䫻国兼羁縻条枝州都督府领羁縻条枝、乾陀、遗、镇西、犁蕲、巨雀、崦嵫、细柳、西海、虞泉十州。

唐景云元年，藩属谢䫻国归大食，羁縻府州尽废。开元七年，谢䫻国自大

---

① 慧立《大慈恩寺三藏法师传》第 115 页："(伐剌拏国)又西北，往阿薄健国。又西北，往漕矩吒国。"《大唐西域记》卷 11："伐剌拏国，周四千余里，居人殷盛，役属迦毕试国。闻诸土俗曰：从此国西接稽疆那国，居大山间。"季羡林等校注第 950 页："稽疆那国，雷诺及艾利约尔认为即阿拉伯史家的 Kykānān 国，一名 Kykan，在今 Chāl 地方；斯坦因比定为班努以西的瓦齐利斯坦(Waziristan)，位于巴基斯坦与阿富汗接壤的山区中。"按班努即伐剌拏，斯坦因说近是，阿薄健与稽疆那当是一国，在今阿富汗加德兹(Gardeyz)一带。"稽疆那"即"贱那"异译，本为国都名。
② 塞奔你逻斯：《唐会要》卷 73 作"塞奔弥罗"，即玄奘《大唐西域记》卷 1 之瞢蔽多伐剌祠："迦毕试国，城南四十余里至瞢蔽多伐剌祠城。瞢蔽多伐剌祠城南三十余里，至阿路猱山。"水谷真成译注《大唐西域记》第 52 页指出该城在阿富汗 Begrām(贝格兰)东南约 12 公里处，遗址尚存。其地在今喀布尔省卡拉巴格。
③ 玄奘《大唐西域记》卷 1："迦毕试国，王城西北二百余里至大雪山，山顶有池。""山顶有池"，道宣《释迦方志》卷 1 作"山顶有龙池"。则遗恨城在今帕尔万省戈本德一带。
④ 《新唐志》作"条支"，今依《旧唐志》、《唐会要》卷 73。
⑤ 《旧唐志》："仍于其部分置八州。"脱一州。
⑥ 《新唐书》卷 221《谢䫻传》："谢䫻居吐火罗西南，本曰漕矩吒，或曰漕吒，显庆时谓诃达罗支，武后改今号。"《册府元龟》卷 964 载开元中仍有葛达罗支国朝贡，当为谢䫻别称。

食归唐,但为藩属国,治护闻城①。二十九年,归吐蕃②。

天宝三载,复附唐③。十三载,藩属谢䫻国建置不变。

乾元二年,复归大食。

附旧州1:羁縻条枝州(661—710)

龙朔元年,以诃达罗支国置羁縻条枝州,并置羁縻条枝州都督府,治伏宝瑟颠城(今阿富汗查布尔省贾尔达克)④。景云元年,废入大食谢䫻国。

附旧州2:羁縻巨雀州(661—710)

龙朔元年,以诃罗达支国地置羁縻巨雀州,治乌离难城(今阿富汗坎大哈省斯平布尔达克)⑤,隶羁縻条枝州都督府。景云元年,废入大食谢䫻国。

附旧州3:羁縻遗州(661—710)

龙朔元年,以遗兰部落置羁縻遗州,治货石城(今阿富汗赫尔曼德省海拉巴德?)⑥,隶羁縻条枝州都督府。景云元年,废入大食谢䫻国。

---

① 谢䫻本弗栗恃萨傥那国,都护闻城,《新唐书》卷221《谢䫻传》却云谢䫻本漕矩吒,王居鹤悉那城,亦治阿娑你城,表明诃达罗支之改名谢䫻,是因为武后时吞并了谢䫻旧地,故将诃罗达支两都附会于谢䫻。又据《世界境域志》第104页:"哥疾宁(Ghazni)及其相邻各地区统称为谢䫻(Zabulistan)。"哥疾宁即今加兹尼,故护闻城也,Zabulistan即今查布尔斯坦,故诃罗达支国也,可知唐后期谢䫻仍治护闻城,盖景云、开元间所移徙。

② 详参本章第三节"安西都护府所领"藩属小勃律国注。

③ 《册府元龟》卷971。

④ 《新唐书》卷221《谢䫻传》:"谢䫻居吐火罗西南,本曰漕矩吒,或曰漕吒,显庆时谓诃达罗支,武后改号。东距罽宾,东北帆延,皆四百里。南婆罗门,西波斯,北护时健。其王居鹤悉那城,地七千里,亦治阿娑你城。"谢䫻本弗栗恃萨傥那国,在诃罗达支北,咸亨后并入诃罗达支,盖武后时迁治谢䫻旧都,故改国名。沙畹《西突厥史料》第251页:"条支都督府以诃罗达支(Arokhadj)国置。此国即希腊人之Arachosie(阿拉乔西亚),大食人之Zaboulistan(查布尔斯坦),《西域记》之漕矩吒(Jaguda),都城鹤悉那(Ghazna)。"王仲荦《敦煌石室地志残卷考释》第269页:"伏宝瑟颠之'伏'字,殆'仗'之讹,则必为撒布里悉坦(查布尔斯坦)之对音,但系地方之名而非城名。"岑仲勉《西域十六国都督府州治地通考》第146页改"伏"为"什",但仍比定为Zaboulistan,即今阿富汗查布尔省。季羡林等《大唐西域记校注》第955～956页亦将漕矩吒勘同为Zabulistan或Zabul:"慧超《往五天竺国传》,'谢䫻国,彼自呼云社护罗萨他那(Jawulas-thana)。'《玄应音义》作阇鲁荼(婆)〔娑〕他那,当与此字对音。嚈哒人于五世纪末据有Zabul(查布尔)至Kandahar(坎大哈)地区,称之为Jawuda(贾尔达克)。"但又用沙畹说,将鹤悉那比定为Ghaznia或G-haznin(今译加兹尼),《地图集》亦如是标绘。按鹤悉那即伏宝瑟颠,为诃罗达支国都,在今查布尔省贾尔达克(Jaldak),加兹尼今属加兹尼省,为谢䫻国都阿娑你(鹤萨罗)城,两城不容混淆。

⑤ 《通典》卷192《条支》:"有大鸟,其卵如瓮。"《新唐书》卷221《吐火罗传》:"永徽元年献大鸟,高七尺……俗谓驼鸟。"盖"巨雀"之谓。鸵鸟生于沙漠之地,而巨雀州非以部落置,则似在诃罗达支国南境,近于雷吉斯坦沙漠,今姑定治于斯平布尔达克(Spin Buldak)一带,或即下引沙班著述之高附城。钟兴麒《西域地名录考》第486页以为在法拉省阿纳尔达拉一带,失之太远,不取。

⑥ 遗州为部落区,当在诃罗达支国西境。钟兴麒《西域地名录考》第1110页推测在赫尔曼德河流域。王小甫《唐、吐蕃、大食政治关系史》第94页引沙班著述云:651年,大食攻克波斯疾陵城后,曾向东征服漕矩吒的货石(Khwāsh)、不思忒(Bust)、呼塞(Khushshak)和罗桑(Razān)等城镇,(转下页)

附旧州 4：羁縻镇西州（661—710）

龙朔元年，以活恨部落置羁縻镇西州，治不思忒城（今赫尔曼德省布斯特堡）①，隶羁縻条枝州都督府。景云元年，废入大食谢䫻国。

附旧州 5：羁縻犁蕲州（661—710）

龙朔元年，以据瑟部落置羁縻犁蕲州，治呼塞城（今阿富汗赫尔曼省格里什克）②，隶羁縻条枝州都督府。景云元年，废入大食谢䫻国。

附旧州 6：羁縻乾陀州（661—710）

龙朔元年，以缚狼部落置羁縻乾陀州，治罗桑城（今阿富汗坎大哈省坎大哈市）③，隶羁縻条枝州都督府。景云元年，废入大食谢䫻国。

附旧州 7：羁縻崦嵫州（661—710）

龙朔元年，以遏忽部落置羁縻崦嵫州（今阿富汗乌鲁兹甘省乌鲁兹甘）④，隶羁縻条枝州都督府。景云元年，废入大食谢䫻国。

附旧州 8：羁縻细柳州（661—710）

龙朔元年，以弗栗恃萨傥那（谢䫻）国置羁縻细柳州，治护闻城（今阿富汗加兹尼省加兹尼）⑤，隶羁縻条枝州都督府。景云元年，废入大食谢䫻国。

附旧州 9：羁縻西海州（661—710）

龙朔元年，以诃达罗支国地置羁縻西海州，治郝萨大城（今阿富汗加兹尼省阿丁赫勒）⑥，隶羁縻条枝州都督府。景云元年，废入大食谢䫻国。

（接上页）并围攻高附城（Kābul）。货石城盖即诃罗达支通疾陵城要道处之海拉巴德（Khairabad），其地有古城。

① 镇西州为部落区，当在诃罗达支国西境，且当通波斯要隘，故名。前引沙班著述之不思忒城即今布斯特堡（Qalayi Bist），当为镇西州治。

② 犁蕲州为部落区，当在诃罗达支国西境。据瑟（Kushe），似为格里什克（Gereshk）对音，即前引沙班著述之呼塞城。

③ 乾陀州为部落区，当在诃罗达支国西境，即前引沙班著述之罗桑城。乾陀当即坎大哈（Kandahar）异译，如周世棠等编《二十世纪中外大地图》（新学会社，光绪三十二年版）第 36 图即将坎大哈标注为"乾陀罗"。

④ 崦嵫州为部落区，当在诃罗达支国西境。崦嵫，可拟音为 Anzi，近于乌鲁兹甘（Orūzgān）。

⑤ 慧超《往五天竺国传》："谢䫻国，彼自呼云社护罗萨他那。"玄应《音义》（载《中华大藏经》第一辑第 30 册）作阇乌荼（婆）〔娑〕他那（Jawulasthana），即弗栗恃萨傥那国。玄奘《大唐西域记》卷 12："从此（漕矩吒国）北行五百余里，至弗栗恃萨傥那。……东西二千里，南北千余里。国大都城号护苾那，周二十余里。"季羡林等校注 959 页云："护苾那，方位不明。一说在今阿富汗喀尔以北之 Hupian/Opian（康宁哈姆书，德里重印版，1979，页 29）。"沙畹《西突厥史料》第 251 页："此护闻城前人考订以为即《西域记》之护苾那，而位置之于 Houpian，然 Cunningham 与 Marquart 则以为其为今之 Kaboul（喀布尔），理由似较充足。"按护苾那（护闻）城既在漕矩吒（诃罗达支）北五百余里，则当在今加兹尼（Gazni），喀尔（刘统说）及其以北地区属修鲜州都督府（罽宾国）境，非其他也。

⑥ 玄奘《大唐西域记》卷 12："漕矩吒国，周七千余里。国大都城号鹤悉那，周三十余里；或都郝萨罗城（《新唐书》卷 221《谢䫻传》作阿婆你城），城周三十余里。……鹤萨罗城中踊泉流派，国人 （转下页）

附旧州 10：羁縻虞泉州(661—710)

龙朔元年，以诃达罗支国地置羁縻虞泉州，治赞候瑟颠城(今阿富汗查布尔省沙赫焦伊)①，隶羁縻条枝州都督府。景云元年，废入大食谢䫻国。

(一六) 藩属帆延国

藩属帆延国兼羁縻写凤州都督府(661—710)—藩属帆延国(719—741,744—759)

龙朔元年②，以上吐火罗西部藩属帆延国兼置羁縻写凤州及写凤州都督府，隶安西都护府，并置羁縻钳敦、悉万、泠沧、嶰谷四州。

武周长安四年，藩属帆延国兼羁縻写凤州都督府领羁縻写凤、钳敦、悉万、泠沧、嶰谷五州。

唐景云元年，藩属帆延国归大食，羁縻府州尽废。开元七年，帆延(犯引)国自大食归唐③，但为藩属国，治罗烂城。二十九年，归吐蕃④。

天宝三载，复归唐⑤。十三载，藩属帆延国建置不变。

乾元二年，复归大食。

附旧州 1：羁縻写凤州(661—710)

龙朔元年，以帆延(望衍、梵衍那、失范延)国置羁縻写凤州，并置羁縻写凤

(接上页)利之，以溉田也。"季羡林等校注第 956 页："鹤萨罗城，其地当在今 Helmund(赫尔曼德)河流域。或比定为今 Guzar(古扎尔)城(康宁哈姆《古代印度地理》，德里重印版，1979，页 33~34)。"按阿富汗有三湖可当"西海"之名：加兹尼西湖、阿布伊斯塔达湖、萨巴里湖，然前者四周无人居，后者属波斯都督府，则"西海"当指阿布伊斯塔达湖，在漕矩吒(诃罗达支)东境，赫萨大城当从比尔《西域记》之说，即其陪都鹤萨罗城，亦译阿婆你城，在阿布伊斯塔达湖东绿洲中心之阿丁赫勒(Adinkhel)。

① 赞候瑟颠，似为"沙赫斯坦"对音，即今沙赫焦伊(Shah Juy)。王仲荦《敦煌石室地志残卷考释》第 269 页："《新书·地理志》举此府领州云，虞泉州以赞候瑟颠置，是殆䫻悉坦(Sagestan)之异译，亦地方之名，而非城名。"谢䫻斯坦包含查布尔地区。钟兴麒《西域地名考录》第 1131 页："虞泉或即阿富汗喀布尔至坎大哈中途洛拉河中游的湖泊，虞泉州为其周围区域。"按洛拉河不在路途中，当路者应是塔纳克河，然王、钟二说大致可取。岑仲勉《西域十六国都督府州治通考》疑"赞候"为恰里卡尔(Čarikar，在喀布尔北)对音，失之太远。
② 《新唐书》卷 221《帆延传》作"显庆三年"，误。
③ 慧超《往五天竺国传》犯引(即帆延)国条云："此王是胡，不属余国。"然于谢䫻国条亦云："不属余国。"按帆延与谢䫻、罽宾同风，信奉佛教，且"兵马强多，诸国不敢来侵"，理应与上吐火罗诸国于开元七年后脱离大食臣事唐朝，慧超可能对此事不甚了了。唯帆延国开天之时不见朝贡记载，亦属可疑。
④ 详参本章第三节"安西都护府所领"藩属小勃律国注。
⑤ 帆延国天宝间不见朝贡记载，今姑定与邻国吐火罗、罽宾、谢䫻等同于天宝三载附唐。

州都督府,治罗烂城(今阿富汗巴米扬省巴米扬)①。景云元年,废入大食帆延国。

附旧州2:羁縻钳敦州(661—710)

龙朔元年,以帆延国地置羁縻钳敦州,治末腊萨旦②城(今阿富汗瓦尔达克省迈丹城),隶羁縻写凤州都督府。景云元年,废入大食帆延国。

附旧州3:羁縻悉万州(661—710)

龙朔元年,以帆延国地置羁縻悉万州,治缚时伏城(今阿富汗瓦尔达克省马尔哈纳)③,隶羁縻写凤州都督府。景云元年,废入大食帆延国。

附旧州4:羁縻泠沦州(661—710)

龙朔元年,以帆延国地置羁縻泠沦④州,治俟麟城(今阿富汗古尔省拉勒),隶羁縻写凤州都督府。景云元年,废入大食帆延国。

附旧州5:羁縻巇谷州(661—710)

龙朔元年,以帆延国地置羁縻巇谷州,治肩捺城(今阿富汗古尔省恰赫恰兰市)⑤,隶羁縻写凤州都督府。景云元年,废入大食帆延国。

---

① 《大唐西域记》卷1:"梵衍那国,东西二千余里,南北三百余里,在雪山之中也。"季羡林等校注第130页;"其国都为今阿富汗首都喀布尔西部约一百五十英里的巴米扬(Bamiyan)城。"《西域通史》第168页同其说。王先谦《五洲地理志略·亚洲一三》:阿富汗国,"其雪山中梵衍罗国,似即今巴曼。"伯希和《中国载籍中之梵衍那》(载《西域南海史地考证译丛》一编):"梵衍那国:Bamiyan系从梵语形式 Bamiyana,中世波斯语 Bamikan 变化而来。"王仲荦《敦煌石室地志残卷考释》第271页:"《唐书》称曰罗烂,当时似别有城名,莫迦特西(Mukddasi)称此城曰罗匈(Al Lahum),裕(Yuie)氏云,都城废墟,今称屈尔屈罗(Ghulghula),罗烂殆是也。"罗烂城:《旧唐志》、《唐会要》卷73作"伏戾城"。
② 《新唐志》作"末腊萨旦",今依《唐会要》卷73,可比定为今迈丹城(Maydān Shahr)。钟兴麒《西域地名考录》第732页拟音为 Khandūt,并云:"钳敦与《正法念处经》甘蒲者音近,甘蒲者(Kamboja),为阿富汗巴米扬省卡菲卡拉(Kapisa)之古称。"按 Khandūt(汉杜德)在瓦罕走廊,与钳敦了无关系,卡菲卡拉与末腊萨旦发音亦相去甚远,故不取。
③ "缚时伏",《新唐书》卷221《谢䫻传》无"伏"字。钟兴麒《西域地名考录》第1028页:"缚时,或为阿富汗巴米扬南部的瓦拉斯,即悉万州区域。"巴米扬南部有马尔哈纳(Markhana)遗址,盖其地。王仲荦《敦煌石室地志残卷考释》第271页:"缚时《地理志》作缚时伏,殆缚时鹤帆特(Basgurfand)之省。"岑仲勉《西域十六国都督府州治地通考》:"此城应即 Faizābād 或 Fayazābād,在谷茶河之左岸及君都斯之东北。(玉尔)《笺释》云殆 Basghūrfand 之省,未可信。"Basghūrfand 其地未详,Faizābād(法扎巴德)则距巴米扬太远,亦非悉万州之地。
④ 《唐会要》卷73作"泠伦"。钟兴麒《西域地名考录》第462页以为萨曼甘省南部的鲁伊与"泠沦"读音相近。按泠沦与鲁伊末一音节并不对应,而与古尔省之拉勒(lale)较近,故今拟取后者。俟麟,岑仲勉《西域十六国都督府州治通考》以为即 Jerm:"按 Jerm 旧名 Golan,在谷茶(Kokča)之上源,塞迦审之西,亦作 Jarm。"然谷茶(今译科克查)河上游合并无 Jerm 地名,当系 Munjan(门兼)误倒,故其说不足取。
⑤ 岑仲勉《西域十六国都督府州治地通考》:"肩捺应为 Xānābād,地在君斯东南君都斯河北岸。"钟兴麒《西域地名考录》第462页以为在巴米扬省北部的赛甘。按 Xānābād(汗纳德)地属月氏州都督府(吐火罗国),而帆延国南北仅三百余里,必不及于彼,岑误;而赛甘绿洲太小,亦非置州之地。肩捺(China),疑即恰赫恰兰(Chakhcharān)对音。

附旧府一：藩属缚喝国兼羁縻太汗州都督府(661—705)

龙朔元年,以下吐火罗中部藩属缚喝国兼置羁縻太汗州及太汗①州都督府,隶安西都护府,并置羁縻奄蔡、迷蜜、附墨、乌丹、波知、贺那、宿利、犁、安屋、阒陵、依耐、诺色、碣石、榆令、昐顿十五州。

武周长安四年,藩属缚喝国兼羁縻太汗州都督府领羁縻太汗、奄蔡、迷蜜、附墨、乌丹、波知、贺那、宿利、犁、安屋、阒陵、依耐、诺色、碣石、榆令、昐顿十六州。

唐神龙元年,藩属缚喝国归大食②,羁縻府州尽废。

附旧州 1：羁縻太汗州(661—705)

龙朔元年,以挹怛(嚈哒)部落置羁縻太汗州,并置羁縻太汗州都督府,治活路城(今阿富汗巴尔赫省马扎里沙里夫)③。

附旧州 2：羁縻奄蔡州(661—705)

龙朔元年,以缚喝国置羁縻奄蔡州,治胡路城(今阿富汗巴尔赫省巴尔赫)④,隶羁縻太汗州都督府。

附旧州 3：羁縻迷蜜州(661—705)

龙朔元年,以缚喝国地置羁縻迷蜜州,治顺问城(今阿富汗巴尔赫省道拉塔巴德?)⑤,隶羁縻太汗州都督府。

---

① 《唐会要》、《新唐志》作"大汗",今依《旧唐志》、《太平寰宇记》。
② 纳忠《阿拉伯通史》上卷第 268 页：古太白于 705 年率领大军,渡过巴里黑河,攻占了吐火利斯坦的首府巴里黑。又据王治来《中亚通史·古代卷上》第 258 页,705 年(神龙元年),屈底波率军从谋夫出发,经塔里寒城夺取了巴里赫(即缚喝)。王欣《吐火罗史研究》第 169 页引吉布著述云："705 年,(大食)重新征服了下吐火罗斯坦。"
③ 沙畹《西突厥史料》第 251 页："大汗州都督府,府治似在今 Balkh(巴尔赫)。"今人包括《地图集》多从其说。然 555 年前后嚈哒国已为波斯所灭,国都拔底延城(即巴尔赫)后来成为缚喝国都,谅非唐初嚈哒部落所居,故太汗州不当在巴尔赫,而应置于缚喝国东境,近于藩属挹怛国之马扎里沙里夫。苏北海《西域历史地理》第 118 页虽认为活路城"沙畹拟之于缚喝(Balkh)未必正确",然未考定新址。钟兴麒《西域地名考录》第 438 页认为"活路"应是"吐火罗"的另译,以昆都士当之为宜,则义与月氏州地望冲突。
④ "胡路",与太汗州治"活路"皆为"吐火罗"异译,当系下吐火罗统治中心,活路既在马扎里沙里夫,则胡路当在巴尔赫(缚喝)。玄奘《大唐西域记》卷 1："忔憟国西至缚喝国。缚喝国,东西八百里,南北四百余里,北临缚刍河"。季羡林等校注第 116 页："缚喝国,其故址在今阿富汗境内 Mazari-Sharif(马扎里沙里夫)以西 23 公里处,主要废墟名 Bala-Hissar(巴尔赫)。"
⑤ "迷蜜",《唐会要》卷 73 作"迷密"。岑仲勉《西域十六国都督府州治地通考》："顺问似即 Surmārā。《会要》作'顺问',疑是错字。"Surmārā(苏尔马拉),地未详。"顺问"似与"提谓"相关。玄奘《大唐西域传》卷 1："缚喝国,大城西北五十余里,至提谓城"。季羡林等校注第 123 页："提谓城,这是以人名讹为地名。提谓又称帝梨富沙(Trapusa),北印度的商人。其地,据比尔(S. Beal)云在 Rangun 地方。"Rangun 附近今有大镇曰道拉塔巴德(Daulatabad)。提谓城旁尚有波利城,两城皆处巴尔赫绿洲北部中心,合置一州。

附旧州 4：羁縻附墨州（661—705）

龙朔元年，以缚喝国地置羁縻附墨州，治弩那城（今阿富汗巴尔赫省蒂姆恰克?）①，隶羁縻太汗州都督府。

附旧州 5：羁縻乌丹州（661—705）

龙朔元年，以缚喝国地置羁縻乌丹州，治乌捺斯城（今阿富汗朱兹詹省阿克恰?）②，隶羁縻太汗州都督府。

附旧州 6：羁縻波知州（661—705）

龙朔元年，以缚喝国地置羁縻波知州，治羯劳支城（今阿富汗朱兹詹省卡尔金）③，隶羁縻太汗州都督府。

附旧州 7：羁縻宿利州（661—705）

龙朔元年，以挹怛颂施谷部落置羁縻宿利州，治扎姆城（今土库曼斯坦列巴普州克尔基?）④，隶羁縻太汗州都督府。

附旧州 8：羁縻贺那州（661—705）

龙朔元年，以挹怛汗曜部落置羁縻贺那州，治阿模里城（今土库曼斯坦列巴普州哈拉奇）⑤，隶羁縻太汗州都督府。

附旧州 9：羁縻犁州（661—705）

龙朔元年，以挹怛少俱部落置羁縻犁州（今土库曼斯坦列巴普州卡拉梅

---

① "附墨"，《唐会要》卷 73 作"附黑"。今姑定于巴尔赫与阿克恰两大绿洲中间之蒂姆恰克（Timucdk）。钟兴麒《西域地名考录》第 686 页："塔吉克斯坦哈特隆州的沃塞，与'附黑'音近。"按沃塞为高附州都督府（骨咄施国）治地，且距巴尔赫太远，读音并不相近，不得为附墨州治。

② 今依地理形势推测，拟于阿克恰。钟兴麒《西域地名考录》第 974 页："乌丹是《往五天竺国传》的'乌长国'梵文 udyāna 之另译，位于印度河上游支流斯瓦特河区域。"其地距巴尔赫太远，不取。

③ 岑仲勉《西域十六国都督府州治地通考》："波知州，治羯劳支城，除去语尾 stān，此城应即 Garjistān。"依发音，今克尔基（Kerki）、卡尔金（Karkin）皆可当之，然以缚喝国境南北四百余里度之，当以卡尔金为是。冯承钧《新唐书西域羁縻府州考》（载《史地丛考》，商务印书馆，1931 年）："此波知州即宋云等所经之波斯国，在今之 Tchitral，非后见之西方波斯国或波剌斯国也。"按 Tchitral 即今巴基斯坦西北边境省吉德拉尔，属悦般州都督府双靡州（冯氏下文亦如是言），此误。钟兴麒《西域地名考录》第 130 页："此波知州即《北史》波知国，位于阿富汗东北的泽巴克（Zebak）。"按泽巴克地属鸟飞州都督府（护密国），且距巴尔赫太远，其说亦误。

④ 宿利州属部落区，当在太汗州都督府西北境。王治来《中亚通史·古代卷上》第 277 页："(735 年，呼罗珊总督阿沙德）镇压阿模里与扎姆（Zamrm）的造反者，然后又进攻巴里黑。"则扎姆城在阿模里（今卡拉贝卡乌尔）与巴尔赫之间，即今克尔基（Kerki），似即宿利州故治。

⑤ 贺那州属部落区，当在太汗州都督府西北境。王治来《中亚通史·古代卷上》第 259 页："706 年，屈底波率军从谋夫出发，进攻河中。一路经过了梅尔维德鲁、阿模里，然后渡过（按当为'沿着'）阿姆河，直趋沛肯城。"第 277 页："（阿沙德）派阿布都拉赫曼率军前往梅尔维鲁德阻止哈里斯的主力前进，而自己则去镇压阿模里与扎姆的造反者。"则阿模里城当在在谋夫（今马雷）与巴尔赫之间，亦在沛肯城（今土库曼纳德）东南、阿姆河西岸，今拟于哈拉奇（Halach），为贺那州故治。Halach 或与"贺那"有对音关系。钟兴麒《西域地名考录》第 391 页以为贺那州"或位于阿富汗西南法拉河区域"，按其地属波斯州都督府，钟说非。

特尼亚兹)①,隶羁縻太汗州都督府。

附旧州 10：羁縻安屋州(661—705)

龙朔元年,以缚喝国地置羁縻安屋州,治遮瑟多城(今阿富汗法里亚布省安德胡伊)②,隶羁縻太汗州都督府。

附旧州 11：羁縻尉陵州(661—705)

龙朔元年,以缚喝国地置羁縻尉陵州,治数始城(今阿富汗法里亚布省道拉塔巴德)③,隶羁縻太汗州都督府。

附旧州 12：羁縻依耐州(661—705)

龙朔元年,以缚喝国地置羁縻依耐州,治婆多楞萨达健城(今阿富汗朱兹詹省希比尔甘)④,隶羁縻太汗州都督府。

附旧州 13：羁縻诺色州(661—705)

龙朔元年,以缚喝国地置羁縻诺色州,治速利城(今阿富汗萨尔普勒省萨尔普勒)⑤,隶羁縻太汗州都督府。

附旧州 14：羁縻碣石州(661—705)

龙朔元年,以揭职国置羁縻碣石州,治迦沙纷遮城(今阿富汗巴尔赫省舒勒加雷)⑥,隶羁縻太汗州都督府。

附旧州 15：羁縻盼顿州(661—705)

龙朔元年,以揭职国地置羁縻盼顿州,治乍城(今阿富汗萨尔普勒省扎里

---

① 犁州属部落区,当在太汗州都督府西北境,今拟于卡拉梅特尼亚兹。其地在古代凯利夫湖西岸,适于人居。钟兴麒《西域地名考录》第588页:"犁州与依耐州相邻,似为蒲犁州。"盖不晓此"(蒲)犁"一名为指射之故,汉之蒲犁在今新疆。
② "安屋"发音可与今安德胡伊(Andkhvoy)勘同。
③ 今法里亚布省 Shirinlagao 河中游重镇道拉塔巴德(Daulatabad)地当巴尔赫通盖萨尔(唐护时犍国)、塔赫塔巴扎尔(唐多勒健国)要道,唐时合置一州,今拟为尉陵州。Shirin,似为"尉陵"对音。
④ 婆多楞萨达健：其"萨达健"(Shardagan)似与今希比尔甘(Shibirgan)有对音关系。地当 Daryai-Safed 流域。汉依耐国在今新疆阿克陶县境,此为指射,钟兴麒《西域地名考录》第1107页误以为在阿克陶。
⑤ 岑仲勉《西域十六国都督府州治地通考》:"速利是 Suqrī 之音写,亦作 Safari(沙法里)。"其地不详。按速利(Suri)与今萨尔普勒(Sare Pol)似有对音关系。钟兴麒《西域地名考录》第687页:"速利即《大唐西域求法高僧传·玄照传》的速利,位于乌兹别克斯坦布哈拉附近。"其地属康居州都督府,不得为诺色州治。
⑥ 玄奘《大唐西域记》卷1:"从缚喝国南行百余里,至揭职国。揭职国,东西五百余里,南北三百余里。"揭职,张星烺拟音为 Gachi 或 Gaz,盖碣石异译,其地在今舒勒加雷(Shūlgareh)。周连宽《大唐西域记史地研究丛稿》第143页以为在得哈斯(Dehas)。岑仲勉《西域十六国都督府州治地通考》:"纷遮可相当于书本上之 Panjdih(喷赤)。又现时 Xulm(胡勒姆)之西北,乌浒河北岸铁门之南,有渡口名亦与迦沙相类。"其方位在阿姆河北,已越出缚喝国境,不取。

巴扎尔）①，隶羁縻太汗州都督府。

附旧州 16：羁縻榆令州（661—705）

龙朔元年，以揭职国地置羁縻榆令州，治乌漠言城（今阿富汗萨尔普勒省巴尔哈卜）②，隶羁縻太汗州都督府。

附旧府二：藩属久越得犍国兼羁縻王庭州都督府（661—705）

龙朔元年，以下吐火罗东部藩属久越得犍国兼置羁縻王庭州及王庭州都督府，隶安西都护府。

武周长安四年，藩属久越得犍国兼羁縻王庭州都督府领羁縻王庭一州。

唐神龙元年，藩属久越得犍国归大食③，羁縻府州尽废。

附旧州：羁縻王庭州（661—705）

龙朔元年，以久越得犍（鞠和衍那）国置羁縻王庭州，并置羁縻王庭州都督府，治步师城（今塔吉克斯坦哈特隆州乔尔博格）④。

附旧府三：藩属解苏国兼羁縻天马州都督府（661—710）

龙朔元年，以下吐火罗东北部藩属解苏国兼置羁縻天马州及天马州都督府，隶安西都护府，并置羁縻洛那、束离二州。

武周长安四年，藩属解苏国兼羁縻天马州都督府领羁縻天马、洛那、束离三州。

---

① 岑仲勉《西域十六国都督府州治地通考》："乍城可能相当于 Jāz（贾兹）或 Wajāz（瓦贾兹）。"其地未详。今巴尔赫河中游有城曰扎里巴扎尔（Zaribazar），当与"乍城"有对音关系。
② "漠"，中华书局点校本作"模"，今据赵庶洋《〈新唐书·地理志〉研究》第 197 页考改。又，今巴尔赫河上游曰班迪阿米尔（Bandi-Amir）河，"阿米尔"当与"乌漠言"有对音关系，有镇曰巴尔哈卜（Balkhāb），旧名塔尔库奇（Tarkuch）。钟兴麒《西域地名考录》第 1032 页："昳顿州属以嚈哒部落所置的大汗都督府，在阿富汗巴达赫尚省赛格南一带。"按赛格兰地属月支州都督府，非昳顿州之所在。
③ 纳忠《阿拉伯通史》（商务印书馆，1997 年）上卷第 268 页载：大食呼罗珊总督古太白（即屈底波）于 705 年率领大军，"渡过乌浒水，取道古巴底亚（即久越得健）和撒加尼亚（即支汗那）的南部，进攻阿浑（即忽论）河及舒曼（即输漫）河。接受投降后，古太白率军转回木鹿"。则久越得犍之归大食，当在 705 年（神龙元年）。
④ 玄奘《大唐西域记》卷 1："鞠和衍那国，东西二百里，南北三百余里。东至镬沙国。"季羡林等校注第 108～109 页依马迦特、沙畹所说云："鞠和衍那当为波斯—阿拉伯语 Quwadhiyan、Qabadhiyan 的对音，今名作 Qawadian 或 Qobadian。《新唐书·地理志》作久越得健，《酉阳杂俎》卷 10 作俱德犍。故址在呾蜜（Tirmidh）之东，Kafirnihan（卡菲尔尼汉）河下游之 Qobadian（戈巴底延）。"冯承钧作库巴的安，即今乔尔博格（Chorbog），旧名米高扬纳巴德（Mikoyanabad），有古城在焉。

唐景云元年，藩属解苏国归大食①，羁縻府州尽废。

附旧州1：羁縻天马州（661—710）

龙朔元年，以解苏（奚素）国置羁縻天马州，并置羁縻天马州都督府，治数瞒城（即输漫城，今塔吉克斯坦国家直辖区杜尚别市）②。

附旧州2：羁縻束离州（661—710）

龙朔元年，以解苏国置羁縻束离州，治达利薄纥城（今塔吉克斯坦国家直辖区苏利亚萨克）③，隶羁縻天马州都督府。

附旧州3：羁縻洛那州（661—710）

龙朔元年，以忽露摩国置羁縻洛那州，治忽论城（今塔吉克斯坦国家直辖区图尔孙扎德）④，隶羁縻天马州都督府。

附旧府四：藩属怛没国兼羁縻和默州都督府（661—705）

龙朔元年，以下吐火罗北部藩属怛没国兼置羁縻和默州及和默州都督府，隶安西都护府，并置羁縻粟弋州。

---

① 据王治来《中亚通史·古代卷上》第259页，705年（神龙元年）屈底波征服石汗那（郭声波按：应为支汗那）时，愉漫（Shuman，即输漫）、阿哈仑（Akhrun，即忽论）两国皆进行抵抗而未投降，"阿拉伯人没有得到多大的收获就返回谋夫，屈底波此行因不成功，受到上司哈查只的指摘"。而纳忠《阿拉伯通史》上卷第268页却云：古太白（即屈底波）于705年率领大军，"渡过乌浒水，取道古巴底亚（即久越得犍）和撒加尼亚（即支汗那）的南部，进攻阿浑（即忽论）河及舒曼（即输漫）河。接受投降后，古太白率军转回木鹿。事实可能是，屈底波此行只收降了久越得犍和支汗那，纳忠所述不确。王欣《吐火罗史研究》引吉布著述云：710—712年，屈底波巩固大食在阿姆河流域的统治。则输漫、忽论之归大食，当在710年（景云元年）。
② 玄奘《大唐西域记》卷1："忽露摩国，东至愉漫国。愉漫国，东西四百余里，南北百余里。其王奚素突厥也。西南临缚刍河，至鞠和衍那国。"季羡林等校注第108页："愉漫、数瞒，在穆斯林地理文献中作Shuman，屡见穆斯林著作中（米诺尔斯基《世界疆域志》译注第25条、33条、353页注释）。其地当在Kafirnihan（卡菲尔尼汉）河上游，故址在今杜尚别附近（别列尼茨基等《中亚中世纪城市》第180页）。"刘统《唐代羁縻府州研究》第195页定在杜尚别，从之。沙畹《西突厥史料》第175页："661年所置西域府州中有天马都督府，以解苏国数瞒城置。解苏即奚素，数瞒即愉漫也。"愉漫既作Shuman，则"愉"当为"输"之形误，玄奘于原文"愉"下注"朔俱反"，可证。《西域通史》第108页以为在吉尔吉斯斯坦首都附近，恐误。
③ 钟兴麒《西域地名考录》第210页：达利薄纥城或在杜尚别东南达瓦尔山一带。今从之，定于苏利亚萨克（Shulyashak），苏利亚，盖即"束离"对音。
④ 忽论城当即忽露摩。玄奘《大唐西域记》卷1："赤鄂衍那国，东至忽露摩国。忽露摩国，东西百余里，南北三百余里。东至愉漫国。"季羡林校注第106页："忽露摩，马迦特与沙畹皆比定为Kharun（马迦特《伊兰考》，页226；沙畹《西突厥史料》汉译本，页251~252；雅忽比《诸国志》作'Akharun或Kharun）。其地当在今杜尚别附近。"今定于杜尚别西之图尔孙扎德（Tursunzoda），旧名雷加尔（Regar）。沙畹云在Schouman（输漫）之南，冯承钧云在卡菲尔尼汉河上游，皆与《大唐西域记》不合。钟兴麒《西域地名考录》第608页以为在阿富汗北部胡勒姆区域，则是将忽露摩（忽论）国与忽露（忽懔）国混淆了。《丝绸之路大辞典》第111页以为在今迭瑙附近，按迭瑙属和默府粟弋州（详下），亦不取。

武周长安四年，藩属怛没国兼羁縻和默州都督府领羁縻和默、粟弋二州。

唐神龙元年，藩属怛没国归大食①，羁縻府州尽废。

附旧州1：羁縻和默州（661—705）

龙朔元年，以怛没（呾蜜）国置羁縻和默州，并置羁縻和默州都督府，治怛没城（今乌兹别克斯坦苏尔汉河州铁尔梅兹市鲁因斯古城）②。

附旧州2：羁縻粟弋州（661—705）

龙朔元年，以赤鄂衍那国置羁縻粟弋州，治弩羯城（今乌兹别克斯坦苏尔汉河州迭纳乌）③，隶羁縻和默州都督府。

附旧府五：藩属乌拉喝国兼羁縻旅獒州都督府（661—705）

龙朔元年，以下吐火罗西部藩属乌拉喝国兼置羁縻旅獒州及旅獒州都督府，隶安西都护府。

武周长安四年，藩属乌拉喝国兼羁縻旅獒州都督府领羁縻旅獒一州。

唐神龙元年，藩属乌拉喝国归大食④，羁縻府州尽废。

附旧州：羁縻旅獒州（661—705）

龙朔元年，以乌拉喝国置羁縻旅獒州，并置羁縻旅獒州都督府，治摩竭城

---

① 纳忠《阿拉伯通史》上卷第268页："古太白于705年率领大军，渡过巴里黑河，攻占了吐火利斯坦的首府巴里黑。乌浒水外的撒加尼亚（按即支汗那）的国王闻之大惊失措，急忙修书给古太白请和，并献出了撒加尼亚地区的金钥匙。"王治来《中亚通史·古代卷上》第259页："（公元705年）屈底波刚一过了阿姆河时，石汗那王就把其都城城门的金钥匙送来，邀请屈底波进入他的首都呾密。"按石汗那国在罽宾东南，此"石汗那"，依王欣《吐火罗史研究》第164页当作"支汗那"："吉布曾将之比定为穆斯林文献中的Chaghānīān。我们更倾向于认为Chaghānīān相当于玄奘《大唐西域记》中的赤鄂衍那国。"

② "和默"：《唐会要》卷73作"姑默"，《新唐志》作"姑墨"，其名与龟兹州都督府姑墨州名重，今依《旧唐志》。玄奘《大唐西域记》卷1："睹货逻国故地，顺缚刍河北，下流至呾蜜国。呾蜜国，东西六百余里，南北四百余里。"季羡林等校注第104页从沙畹、冯承钧说云："呾蜜国，即Tirmidh（铁尔梅兹）。位于Surkhan（苏尔汉）河注入阿姆河河口不远处。古怛密位于阿姆河河岸，因河中小岛及浅滩便于涉渡，成为南北往来重要渡口。"城在铁尔梅兹西北4公里之鲁因斯（Ruins），古城半已塌入河中。

③ 玄奘《大唐西域记》卷1："呾蜜国，东至赤鄂衍那国。赤鄂衍那国，东西四百余里，南北五百余里。"赤鄂衍那（Chaghānīān），马迦特《伊兰考》第226页云相当于波斯—阿拉伯语之Caγaniyan/Saγaniyan，然比定于《新唐书》的石汗那则误。巴托尔德《蒙古入侵时期的突厥斯坦》汉译本第86页："石汗那（郭声波按：应译为赤鄂衍那）的首邑与省同名……大约位于今之迭脑地方。"冯承钧《西域地名》第19页："《西域记》赤鄂衍那，比尔（S. Beal）以为在中亚乌浒河以北，今之希撒尔（Hissar）地方，此说不确，应在苏尔汉河上游，今之迭脑（Denau）地方。"迭脑今译迭纳乌，即唐粟弋州之弩羯城。

④ 乌拉喝国在缚喝国西，缚喝国神龙元年归大食，则乌拉喝归大食亦不迟于是年。王治来《中亚通史·古代卷上》第259页："706年，屈底波率军从谋夫出发，进攻河中。一路经过了梅尔维德鲁、阿模里，然后渡过（按当为"沿着"）阿姆河，直趋沛肯城。"从阿模里到沛肯城必经乌拉喝，而未见提及，可见乌拉喝已非大食敌国，益证705年乌拉喝已归大食。

(今土库曼斯坦列巴普州卡拉贝卡乌尔)①。

附旧府六：藩属多勒健国兼羁縻昆墟州都督府(661—705)

龙朔元年，以下吐火罗西部藩属多勒健国兼置羁縻昆墟州及昆墟州都督府②，隶安西都护府。

武周长安四年，藩属多勒健国兼羁縻昆墟州都督府领羁縻昆墟一州。

唐神龙元年，藩属多勒健国归大食③，羁縻府州尽废。

附旧州：羁縻昆墟州(661—705)

龙朔元年，以多勒健(呾剌健)国置羁縻昆墟州，并置羁縻昆墟州都督府，治低宝那城(今土库曼斯坦马雷州塔赫塔巴扎尔)④。

附旧府七：藩属护时犍国兼羁縻奇沙州都督府(661—705)

龙朔元年，以下吐火罗西南部藩属护时犍⑤国兼置羁縻奇沙州及奇沙州

---

① "摩竭"，《唐会要》卷73作"摩喝"；"旅蒆"，《旧唐志》作"抹挚"，今依《唐会要》、《新唐志》。《隋书》卷83《乌那曷传》："都乌浒水西。旧安息之地也，王姓昭武，亦康国种类。……东北至安国四百里，西北至穆国二百余里。"乌那曷即乌拉喝，穆国即今马雷，马雷东南二百里今为漠漠黄沙，不适人居，亦无古代遗迹，因疑乌拉喝摩竭城实在穆国东五百里之阿姆河西岸，即今卡拉贝卡乌尔(Karabekaul)，"二百里"为"五百里"之误。其地在中安国(布哈拉罗米坦)西南四百余里。张星烺《中西交通史料汇编》第1354页以为乌拉喝在今阿富汗巴尔赫，王治来《中亚通史·古代卷上》第244页、吴松弟《两唐书地理志汇释·旧唐书地理志》第343页以为在今安德胡伊，均去安国太远。岑仲勉《西域十六国都督府州治地通考》："乌拉喝确与Urnāq相当，今康国东南不远有地名，颇疑是其遗音。……国治摩喝城，《旧志》作'摩竭'，余疑与Max。"苏北海《西域历史地理》第122页："乌拉曷国在其(布哈拉)西南四百里，可以肯定是在阿姆河以南，约为今土库曼的马里至乌奇阿治(Uch-Adzhi，今译为奇阿吉)一带。"前者在安国东北，后者在穆国东北，且在古代为沙漠，不适人居，亦不合《隋书》记载，不取。钟兴麒《西域地名考录》第981页以为在查尔朱(今列巴普)州南端穆克雷，然穆克雷在阿姆河东，亦不合于史载。
② "多勒健"，《旧唐志》误作"护密多"，与羁縻乌飞州都督府重。
③ 据王治来《中亚通史·古代卷上》第258页，705年(神龙元年)，屈底波率军从谋夫出发，至塔里寒(多勒健国都)，巴里赫(缚喝)的德赫干即来迎降。
④ "低宝那"，《旧唐志》作"抵宝那"，《唐会要》作"低保那"，今依《新唐志》。玄奘《大唐西域记》卷1："胡实健国西北至呾剌健国。呾剌健国，东西五百余里，南北(五)〔百〕六十里，西接波剌斯界。"冯承钧《西域地名》第92页："Talikan亦作Talaqan，《西域记》呾剌健，《新唐书》多勒建，《亲征录》及《元史》作塔里寒，其地在阿富汗穆尔加布河(Murghab)流域。"岑仲勉《西域十六国都督府州治地通考》："呾剌健国，位置在呼罗珊边界之流域。考其国治低宝那城，今同一流域上有地名Ak Tepe，Tepe得与'低宝'相对而'那'是语尾；若然，则此国应在今土库曼共和国境内矣。"当是，然Ak Tepe一名在今地图上检未获，疑即今塔赫塔巴扎尔(Takhta Bazar)，《世界境域志》第95页谓"塔拉寒(Talaqan)，位于古兹甘(胡实健)边境"，盖即此城。沙畹《西突厥史料》第254页："昆墟州都督府，以多勒建国置，按即Koundouz(昆都士)东之Talekan(塔卢坎)，现代地图尚用此名。"《西域通史》第169页从之)塔卢坎方位与《大唐西域记》不合，不取。刘统《唐代羁縻府州研究》第200页以为在今阿富汗迈马纳，而其地属护时犍国，亦不妥。
⑤ 《旧唐志》作"护特健"，《唐会要》卷73作"护特犍"，今依《新唐志》。

都督府,隶安西都护府,并置羁縻沛隶、大秦二州。

武周长安四年,藩属护时犍国兼羁縻奇沙州都督府领奇沙、沛隶、大秦三州。

唐神龙元年,藩属护时犍国归大食①,羁縻府州尽废。

附旧州1:羁縻奇沙州(661—705)

龙朔元年,以护时犍(胡实健)国置羁縻奇沙州,并置羁縻奇沙州都督府,治遏密城(今阿富汗法里亚布省盖萨尔)②。

附旧州2:羁縻沛隶州(661—705)

龙朔元年,以护时犍国置羁縻沛隶州,治漫山城(今阿富汗赫拉特省卡鲁赫)③,隶羁縻奇沙州都督府。

附旧州3:羁縻大秦州(661—705)

龙朔元年,以税秣陀国置羁縻大秦州,治叡蜜城(今阿富汗法里亚布省库奇)④,隶羁縻奇沙州都督府。

---

① 王治来《中亚通史·古代卷上》第263页:"公元710年……(大食)屈底波在回师途中释放了曾被尼扎克禁锢的吐火罗王,并接受了胡实健(按即护时犍)王的投降。"从之。

② "遏密",《新唐志》作"遏蜜",今依《旧唐志》、《唐会要》卷73。道宣《释迦方志》卷1:"锐末陀国,西南行三百里至胡实健国。"玄奘《大唐西域记》卷1:"胡实健国,东西五百余里,南北千余里。"季羡林等校注第126页:"胡实健:阿拉伯语作Juzjan(朱兹詹)。据《世界疆域志》,胡实健为地区名,而非城市名。胡实健位于木鹿/马里与缚喝/巴里黑之间。Ābi Qaysār(盖萨尔)与Ābi Safīd(塞菲德)两河流经其地,两河均发源于Bandi Turkistān(班迪突厥斯坦山)北坡,遇沙而伏。"沙畹《西突厥史料》第254页亦云:"奇沙州都督府以护时犍国置,即大食撰述中之Djouzdjan(朱兹詹)。"按古代朱兹詹地域广大,东西五百余里,南北千余里,当含今法里亚布省,Qaysar当即"奇沙"对音,故今取法里亚布省Abi Qaysar河畔之盖萨尔(Qaisar)为遏密城之所在。岑仲勉《西域十六国都督府州治地通考》第150页疑在Anbar(安巴尔),冯承钧、苏北海、吴松弟、钟兴麒云在希比尔甘(Shibirgan),《丝绸之路大辞典》第112页作"席巴尔甘",对音关系皆不如盖萨尔贴切。

③ "沛隶",《旧唐志》作"沛薄",今依《唐会要》、《新唐志》。漫山:《唐会要》卷73作"曼山"。护时犍国南北千余里,南境当及于赫拉特省南部,漫山城似应在今赫拉特省卡鲁赫(Karrukh)。《世界境域志》第95页:"漫山(Manshan),与Dar-I Andara相接,处在提姆兰山中。"盖今帕鲁帕米苏斯山区。岑仲勉《西域十六国都督府州治地通考》云:"漫山城即大食人所谓Mazar欤?今缚喝东南有Mazari Sharif(马扎里沙里夫)。"钟兴麒《西域地名考录》第626页谓沛隶州在赫尔曼德河上中游,漫山城或即赫尔曼德省的穆萨。按马扎里沙里夫地属缚喝国,穆萨地属诃罗达支国,均非护时犍国境。

④ "叡蜜",《唐会要》卷73作"献密",今依《新唐志》,盖即税秣陀对音。道宣《释迦方志》卷1:"从大城(按即缚喝国都,今巴尔赫)西南入雪山阿三十余里,至锐末陀国。"三十,当为三百之误。玄奘《大唐西域记》卷1:"锐秣陀国,东西五六十里,南北百余里。西南至胡实健国。"以此度之,锐秣陀当在今法里亚布省库奇,山区小国而已。马迦特《伊兰考》第227页认为锐秣陀为Zumathan之对音,位于乌浒水以南、大雪山与兴都库什山山麓。沙畹《西突厥史料》第254页:"大秦州以叡蜜城置,此城即Ibn Khordadbeh撰述中之Joumathan,在Djouzdjan(朱兹詹)之东。"岑仲勉《西域十六国都督府州治地通考》云:"锐秣、叡蜜音甚相近,无疑同是Jumaan之音写。据玉尔氏说,其地在Siripul附近,按Siripul在忽懔西南。"按Zumathan/Joumathan盖即今奇姆塔勒,Siripul即今萨尔普勒,前者距巴尔赫仅三十余里,远离雪山,后者与叡蜜无对音关系,均不合为大秦州治。

附旧府八：藩属波斯国兼羁縻波斯州都督府(661—707)

龙朔元年，以波(刺)斯国东境藩属波斯国兼置羁縻波斯州及波斯州都督府，隶安西都护府，波斯国王兼都督，寄居京城或藩属吐火罗国①。

武周长安四年，藩属波斯国兼羁縻波斯州都督府领羁縻波斯一州。

唐景龙元年，地为大食所并，羁縻府州并废②。

附旧州：羁縻波斯州(661—707)

龙朔元年，以波斯国地置羁縻波斯州，并置羁縻波斯州都督府，治疾陵城(今阿富汗尼姆鲁兹省扎兰季)③。

(一七) 藩属康国

藩属康国兼羁縻康居州都督府(658—711)—藩属康国(716—718,719—772)

显庆三年④(658)，以昭武九姓西部地区藩属康国兼置羁縻康居州及康居州都督府，隶安西都护府，并置羁縻南谧、佉沙、□□、伐地、火寻、安息、木鹿、贵霜、□□、□□、贰师十一州。

武周长安四年(704)，藩属康国兼羁縻康居州都督府领羁縻康居、南谧、佉沙、□□、伐地、火寻、安息、木鹿、贵霜、□□、□□、贰师十二州。

唐神龙二年(706)，羁縻伐地州没于大食。景龙三年(709)，羁縻安息州没于大

---

① 《旧唐书》卷198《波斯传》："诏陇州南由县令王名远充使西域，分置州县，因列其地疾陵城为波斯都督府，授卑路斯为都督。咸亨中，卑路斯自来入朝。仪凤三年，令吏部侍郎裴行俭将兵册送卑路斯还波斯国。行俭以其路远，至安西碎叶而还。卑路斯独返，不得入其国，渐为大食所侵，客于吐火罗国二十余年，部落数千人，后渐离散。"《册府元龟》卷964："龙朔二年正月，立波斯都督界路斯为波斯王。"薛宗正《安西与北庭》第105页："这意味着唐朝已撤废了刚刚建置的波斯都督府，独许其恢复传统国号。"是不知国王兼都督之制也。
② 《新唐书》卷221《波斯传》："泥涅斯客吐火罗二十年〔余〕，部落益离散。景龙初，复来朝，授左威卫将军。"自永隆元年泥涅斯寄居吐火罗至景龙元年国灭，适二十七年，"余"字据《旧唐书》补。
③ 疾陵：《旧唐志》脱"疾"字，《唐会要》作"疾凌"。《世界境域志》第101页载："锡斯坦是一个省，其主要地方是疾陵(Zarang)，该城有一座城堡，周围有一条护城河。护城河之水从(城堡)中流出。"裕尔《东域纪程录丛》第81页注云疾陵城乃扎兰季(Zaranj)，王治来同其说，今姑从之。然扎兰季在阿富汗一侧，旧误以为属波斯锡斯坦，故沙畹《西突厥史料》第255页云："波斯都督府，以波斯国疾陵城置，此处似为Sedjestan(锡斯坦)之首府Zereng(泽棱)，按今之湖，昔名Hamoun湖，城名盖出于此。"按Hamoun为波斯语"盐湖"之意，今名萨巴里(Sabari)湖，湖区伊朗一侧最大城镇曰Zabol(扎博勒)，而非Zereng。《地图集》标绘疾陵城于扎博勒附近，恐非。冯承钧《新唐书西域羁縻府州考》以为在今Teheran(德黑兰)，大误。
④ 《新唐书》卷221《康国传》作"永徽时"。今依《唐会要》卷36、卷99。至于《资治通鉴》显庆四年九月所谓"诏以石、米、史、大安、小安、曹、拔汗那、恒怛、疏勒、朱驹半等国置州县府百二十七"，当是朝廷得知董、王置州报告后作的批复，并非重置。考详吴玉贵：《唐代西域羁縻府州建置年代及其与唐朝的关系》(载《新疆大学学报》1986年第1期)。

食。景云二年(711),藩属康国归大食①,羁縻府州尽废。开元四年(716),康(康居)国自大食归唐②,但为藩属国,治阿禄迪城。六年,复归大食③。七年,仍归唐。

天宝十三载,藩属康国建置不变。

大历七年后,复附大食④。

附旧州1:羁縻康居州(658—711)

显庆三年,以康(萨末鞬、飒秣建)国都置羁縻康居州,治阿迪禄城(今乌兹别克斯坦撒马尔罕州撒马尔罕市阿夫拉西亚小城)⑤,并置羁縻康居州都督府。景云二年,废入大食康国。

附旧州2:羁縻□□州(658—711)

显庆三年,以劫布呾那国东境(中曹)置羁縻□□州,治迦底真城(今乌兹别克斯坦撒马尔罕州撒马尔罕市劫布呾那村)⑥,隶羁縻康居州都督府。景云二年,废入大食康国。

(一八) 藩属东曹国

藩属东曹国(716—718,719—772)

开元四年,东曹国自大食归唐⑦,为藩属国,治石骠城⑧。六年,归大食。

---

① 纳忠《阿拉伯通史》上卷第269页:"710—712年,古太白征服粟特河中游南部的重镇撒马儿罕和西部的花剌子模(按即货利习弥)。"王治来《中亚通史·古代卷上》第264页进一步确认为711年(景云二年),今从之。
② 《资治通鉴》开元三年十一月载,是月张孝嵩击败拔汗那叛王阿了达,传檄诸国,康国随即遣使请降。
③ 《册府元龟》卷999:开元七年二月,俱密国王那罗延上表曰:"今大食来侵,吐火罗及安国、石国、拔汗那国,并属大食。"此当为上年事。安国为康国西门,既归大食,则康国亦当不守。
④ 据许序雅《唐代丝绸之路与中亚历史地理研究》(西北大学出版社,2000年)第四章统计,康国朝贡记录止于大历七年。
⑤ 《文献通考》卷338:"康国都于萨宝水上阿禄迪城。"季羡林等《大唐西域记校注》第88页:"飒秣建国,故址在今中亚撒马尔罕以北3.5公里处之一高地上。"《西域通史》第169页:"地在今乌兹别克斯坦撒马尔罕城以北Afrasiyab(郭声波按:即《列王记》中的阿夫拉西亚卜、《世界征服者史》中的阿甫剌昔牙卜)故城。亚历山大的史学家称它是马拉坎达(Maracanda),又见斯坦因:《亚洲腹地考古图记》汉译本,第1245页;刘统:《唐代羁縻府州研究》,第189页。
⑥ 《唐会要》卷98:"中曹国,在西曹之东,康国之北。其所治谓之迦布底真城,在平川。"《新唐书》卷221《康国传》:"康者,一曰萨末鞬……北中曹五十里。……中者,居西曹东,王治迦底真城。"迦底真城,当即撒马尔罕东北12公里之劫布呾那(Kabudhanjkat),沙畹《西突厥史料》第130页、章巽等《大唐西域记导读》(巴蜀书社,1990年)第29~30页皆以为是中曹。
⑦ 开元四年,康国归唐,东曹国在康国东,且为康国附庸,亦当归唐。
⑧ 慧超《往五天竺国传》载,开元间康、安、曹、史、米国一带有"石骠国",或以为是石国,"骠"字衍,笔者则以为"石骠"是东曹国国名,以都名国,源于"瑟那"、"沙那"。

七年,仍归唐。

天宝十三载,藩属东曹国建置不变。

大历七年后,归大食。

附旧州:羁縻贰师州(658—711)

显庆三年,以苏都识匿(窣堵利瑟那、率都沙那、东曹)国置羁縻贰师州,治石骡城(今塔吉克斯坦索格特州乌拉秋别市)①,隶羁縻大宛州都督府。景云二年,废入大食东曹国。

(一九) 藩属米国

藩属米国(716—718,719—772)

开元四年,米国自大食归唐②,为藩属国,治钵息德城。六年,复归大食③。七年,仍归唐。

天宝十三载,藩属米国建置不变。

大历七年后,归大食。

附旧州:羁縻南谧州(658—711)

显庆三年,以弭秣贺(米)国置羁縻南谧州,治钵息德城(今塔吉克斯坦索格特州彭吉肯特)④,隶羁縻康居州都督府。景云二年,废入大食米国。

---

① 《唐会要》卷98:"(东)曹国居埋那密水南,古康居之地。天宝四载,哥罗仆罗上表自陈:'曾祖以来,奉向天可汗,忠赤,常受征发。'"可知东曹国曾置羁縻州。《新唐书》卷221《康国传》:"东曹,或曰率都沙那、苏对沙那、劫布呾那、苏都识匿,凡四名。居波悉山之阴,汉贰师城地也。东北距俱战提二百里,北至石,西至康,东北宁远,皆四百里许,南至吐火罗五百里。"季羡林等《大唐西域记校注》第86页:"窣堵利瑟那国,梵语Sutrsna的对音。巴托尔德认为古城在Ura Tube(乌拉秋别)。"昭武九姓羁縻州好取古国为名,因疑"贰师"为此州名。一说苏都识匿在今吉尔吉斯斯坦奥什州奥什城,即贰师别译(折祎《"丝路"重镇奥什城的历史变迁》,《中国社会科学报》2023年4月17日),但不符合东北至俱战提、至宁远之记载。
② 开元四年,康国归唐,米国在康国东南,且为康国附庸,亦当归唐。
③ 《册府元龟》卷771载,开元六年四月,米国遣使入朝。然是年康国又属大食,则米国亦然。
④ 《新唐书》卷221《康国传》。玄奘《大唐西域记》卷1:"从此(飒秣建国)东南至弭秣贺国。弭秣贺国,周四五百,据川中,东西狭,南北长。"马小鹤《米国钵息德城考》(载《中亚学刊》第二辑)考证钵息德城在今彭吉肯特(喷赤干),从之。然则米国所据那密川(今泽拉夫善河)为东西向,则"东西狭,南北长"当为"东西长,南北狭"之误记。旧多定为撒马尔罕西南的Guma-abazar(朱马巴扎尔,《西域通史》、《丝绸之路大辞典》从之),周连宽《大唐西域记史地研究丛稿》(中华书局,1984年)第120页考定为撒马尔罕东南的Maghiàn(今模安,Mogulyan),其地在彭吉肯特斜对岸,地势较狭,恐非。

（二〇）藩属来威国

藩属史国（727—744）—藩属来威国（744—772）

开元十五年，史国自大食归唐①，为藩属国，治乞史城。
天宝三载，改为藩属来威国②。十三载，藩属来威国建置不变。
大历七年后，归大食。

附旧州1：羁縻佉沙州（658—711）

显庆三年，以羯霜那（史）国置羁縻佉沙州，治乞史城（今乌兹别克斯坦卡什卡达里亚州萨赫里萨布兹市）③，隶羁縻康居州都督府。景云二年，废入大食史国。

附旧州2：羁縻□□州（658—711）

显庆三年，以小史国置羁縻□□州，治那色波城（今乌兹别克斯坦卡什卡达里亚州卡尔希）④，隶羁縻康居州都督府。景云二年，废入大食史国。

（二一）藩属西曹国

藩属西曹国（717—718,719—772）

开元五年，西曹国自大食归唐⑤，为藩属国，治瑟底痕城。六年，复归大食⑥。七年，仍归唐。
天宝十三载，藩属西曹国建置不变。
大历七年后，归大食。

附旧州1：羁縻□□州（658—711）

显庆三年，以劫布呾那国西境（西曹）置羁縻□□州，治瑟底痕城（今乌兹

---

① 《册府元龟》卷971。
② 《旧唐书》卷9《玄宗纪》。
③ 《唐会要》卷99、《新唐书》卷221《西域传》。《唐会要》卷193又云："史：北去康国二百三十里，南去吐火罗五百里，西去那色波二百里，东北去米国二百里。"《大唐西域记校注》第98页："羯霜那国：阿拉伯—波斯语 Kass、Kiss 之对音。城址在飒秣建（撒马尔罕）南七十五公里处，为中世纪从飒秣建至缚喝（Balkh）大路中途之大城，始建于七世纪初。从十四世纪中叶帖木儿时代起称为 Shahrisabz，意为'绿城'。"Shahrisabz 即今萨赫里萨布兹（沙赫里夏勃兹）。
④ 《唐会要》卷99："那色波国亦谓之小史国，为史国役属。"既为一国，依西安、中安、东安例，似亦当别置一州。
⑤ 开元五年，安国归唐，西曹国在安国东，亦当于是年归唐。
⑥ 《册府元龟》卷999：开元七年二月，俱密国王那罗延上表曰："今大食来侵，吐火罗及安国、石国、拔汗那国，并属大食。"此当为上年事。安国为西曹国西门，既归大食，则西曹国亦当不守。

别克斯坦撒马尔罕州伊什特汉)①,隶羁縻康居州都督府。景云二年,废入大食西曹国。

附旧州2：羁縻贵霜州(658—711)

显庆三年,以屈霜你迦(何)国置羁縻贵霜州,治贵霜匿城(今乌兹别克斯坦撒马尔罕州阿克塔什)②,隶羁縻康居州都督府。景云二年,废入大食西曹国。

(二二) 藩属安国

藩属安国(717—718,719—772)

开元五年,安国自大食归唐③,为藩属国,治阿滥谧城。六年,复归大食④。七年,仍归唐。

天宝十三载,藩属安国建置不变。

大历七年后,归大食。

附旧州1：羁縻安息州(658—709)

显庆三年,以捕喝(中安)国置羁縻安息州,治阿滥谧城(今乌兹别克斯坦布哈拉州罗米坦区伐丹则库尔干遗址)⑤,隶羁縻康居州都督府。景龙三年,废入大食安国⑥。

---

① 《通典》卷193《漕国》:"(西)曹国:东南去康国百里,西去何国百五十里。"《唐会要》卷98:"西曹国,治那密水南瑟底痕城,东南去康国一百里,西北至何国二百里,南与史国接,北与波览国接。"季羡林等《大唐西域记校注》第92页:"按劫布呾那王治瑟底痕城,当是穆斯林地理文献中之Ithtakhanj、Ithtikhan之对音,其地在飒秣建之西偏北。又穆斯林地理文献中亦有城名劫布呾那(Kabudhanjkat),位于飒秣建之东二法尔撒赫(约合十二公里)处。"Ithtikhan即今伊什特汉,在撒马尔罕西,属西曹,而撒马尔罕东之Kabudhanjkat属中曹,两地者皆有劫布呾那之名。
② 《新唐书》卷221《康国传》。玄奘《大唐西域记》卷1:"屈霜你迦国,周千四五百里,东西狭,南北长。从此国西二百余里,至喝捍国。"《通典》卷193《何国》:"东去曹国百五十里,西去小安国三百里。"《西域通史》第169页:"或认为在撒马尔罕西北60英里的Peishambe地方。"Peishambe今属阿克塔什。
③ 《册府元龟》卷971。
④ 《册府元龟》卷999:开元七年二月,俱密国王那罗延上表曰:"今大食来侵,吐火罗及安国、石国、拔汗那国,并属大食。"此当为上年事。
⑤ 玄奘《大唐西域记校注》第95页:"《新唐书·康国传》安国条又作布豁,皆Bukhara之对音。考中古时期Bukhara王治在Riyamithan,今名Ramithan,阿滥谧当为其对音,其位置约在今苏联乌兹别克共和国布哈拉(Buchara)附近。"Ramithan即今罗米坦区,其境有公元7世纪的伐丹则库尔干(Kurgan Vardanzeh)遗址(http://cisadu2.let.uniroma1.it/uzbekistan/vardanze.htm#)。
⑥ 王治来《中亚通史·古代卷上》第262页:709年,屈底波"已完成了对布哈拉及其周围地区的征服"。

附旧州 2：羁縻木鹿州（658—711）

显庆三年，以喝汗（喝捍、东安、小安）国置羁縻木鹿州，治篯斤城（今乌兹别克斯坦纳沃伊州卡尔马纳北）①，隶羁縻康居州都督府。景云二年，废入大食安国。

附旧州 3：羁縻伐地州（658—706）

显庆三年，以伐地（戊地、毕、西安）国置羁縻伐地州，治沛肯城（今土库曼斯坦列巴普州土库曼纳巴德）②，隶羁縻康居州都督府。神龙二年，废入大食穆国③。

附旧州 4：羁縻火寻州（658—711）

显庆三年，以货利习弥（火辞弥、过利）国置羁縻火寻州，治急多飓遮城（今乌兹别克斯坦卡拉卡尔帕克自治共和国比鲁尼）④，隶羁縻康居州都督府。景云二年，废入大食花剌子模（火寻）国。

（二三）藩属石国

藩属石国兼羁縻大宛州都督府（658—712）—藩属石国（716—718，719—772）

显庆三年，以昭武九姓中部地区藩属石国兼置羁縻大宛州及大宛州都督府⑤，隶安西都护府，并置六羁縻州（佚名）。

武周长安四年，藩属石国兼羁縻大宛州都督府领羁縻大宛、□□、□□、

---

① 《新唐书》卷 221《康国传》："东安，或曰小〔安〕国，曰喝汗，在那密水之阳，东距何二百里许，西南至大安四百里。治喝汗城，亦曰篯斤。显庆时，以……篯斤为木鹿州。"季羡林等《大唐西域记校注》第 94 页："喝捍当是公元 982 年波斯佚名作者《世界疆域志》页 22 下第 25 节第 2 条所著之 Kharnghankath，此 Kharghankath 位于那密水（今泽拉夫善河）之北，河之南为 Karminiya（卡尔马纳）城，两城相距仅一法儿撒赫许（约 6 公里）。托玛舍克及巴托尔德均比定此地为喝汗。"
② 冯承钧《西域地名》第 14 页："《隋书·安国传》毕国，《西域记》为伐地，唐言西安国……今苏联中亚之布哈拉西南，阿母河西岸之毕地（Betik）。"季羡林等《大唐西域记校注》第 96 页："查 Bitik 村位于布哈拉城西南，相距约四百里，与《西域记》所说从捕喝西四百余里至伐地国记载相符。"按毕地村今已融入土库曼纳巴德（Turkmenabat，旧名查尔朱）市区。王治来《中亚通史·古代卷上》第 259 页云："706 年，屈底波率军从谋夫（今木雷）出发，一路经过了梅尔维鲁德（当是'摩竭'之误）、阿模言，然后渡过阿姆河，直趋沛肯城。""渡过"当是"沿着"之误。康马泰（Matteo Compareti）《"伐地"国地望考》（载《敦煌吐鲁番研究》第九卷）力主伐地（西安）国在布哈拉西北约 50 公里处的伐丹则库尔干（Kurgan Vardanzeh），如此则捕喝（中安）国无所措置。
③ 王治来《中亚通史·古代卷上》第 261 页："706 年，"沛肯城人同意每年向阿拉伯人缴纳贡赋。……屈底波在完成了对沛肯城的征服后就返回谋夫过冬"。
④ 《新唐书》卷 221《康国传》："火寻，或曰货利习弥，曰过利，居乌浒水之阳（即东北岸），东南六百里距戊地，西南与波斯接，西北抵突厥曷萨，乃康居小王奥鞬城故地。其君治急多飓遮城。"慧立《大慈恩寺三藏法师传》："国东临缚刍河。"意其居西南岸，故纳忠《阿拉伯通史》上卷第 269 页以为在基发（希瓦，Khiva），今依《新唐书》及《地图集》。火寻，疑与戊（伐）皆为羁縻州名。
⑤ 《唐会要》卷 99、《册府元龟》卷 966、《新唐书》卷 221《康国传》。

□□、□□、□□、□□七州。

唐太极元年(712)，藩属石国归大食①，羁縻府州尽废。开元四年，石(大宛)国自大食附唐②，但为藩属国，治瞰羯城。六年，复归大食③。七年，仍归唐。

天宝十三载，藩属石国建置不变。

大历七年后，复附大食④。

附旧州1：羁縻大宛州(658—712)

显庆三年，以石(赭时)国置羁縻大宛州，治瞰羯城(今乌兹别克斯坦塔什干市宾加斯古城)⑤，并置羁縻大宛州都督府。太极元年，废入大食石国。

附旧州2：羁縻□□州(658—712)

显庆三年，以石国地置羁縻□□州，治旧石城(今乌兹别克斯坦塔什干州阿尔马扎尔)⑥，隶羁縻大宛州都督府。太极元年，废入大食石国。

附旧州3：羁縻□□州(658—712)

显庆三年，以石国地置羁縻□□州，治□□城(今乌兹别克斯坦锡尔河州古利斯坦)⑦，隶羁縻大宛州都督府。太极元年，废入大食石国。

附旧州4：羁縻□□州(658—712)

显庆三年，以波腊(波览)国置羁縻□□州，治苏咄城(今哈萨克斯坦南哈萨克斯坦州恰尔达拉)⑧，隶羁縻大宛州都督府。太极元年，废入大食

---

① 王治来《中亚通史·古代卷上》第264页："公元712年初，屈底波率领大军从谋夫出发，渡过阿姆河，向锡尔河流域挺进，征服了塔什干(按即大宛州瞰羯城)、忽毡(按即□□州俱战提城)、卡散(按即休循州渴塞城)诸城。"羁縻大宛州都督府盖于是年归大食。《历史地名》第129页云：大宛州都督府天宝九年后废。恐不确。
② 《资治通鉴》开元三年十一月载，张孝嵩击败拔汗那叛王阿了达，传檄诸国，大宛随即遣使请降。
③ 《册府元龟》卷999：开元七年二月，俱密国王那罗延上表曰："今大食来侵，吐火罗及安国、石国、拔汗那国，并属大食。"按《册府元龟》卷971，开元七年正月，石国犹遣使来朝，故石国归属大食当发生在上年，即开元六年二月后。至是，复归唐。
④ 据许序雅《唐代丝绸之路与中亚历史地理研究》第四章统计，石国朝贡记录止于大历七年。
⑤ 沙畹《西突厥史料》第131页："石为国名，塔什罕(Tachkend)，此言石城。"别列尼茨基等《中亚中世纪城市》第195—198页考证，塔什干市东郊的宾加斯(Binkath)古城是赭时国都城。
⑥ 周连宽《大唐西域记史地研究丛稿》第97页云：不少中外学者认为唐时赭时国曾都旧石城(Old Tashkend或Shash)，在塔什干城之西(稍偏南)约50公里处。则此城唐时亦当置有羁縻州。
⑦ 玄奘《大唐西域记》卷1："赭时国，周千余里，西临叶河，东西狭，南北长，城邑数十。"则南境当包括今锡尔河州，宜置一州，今拟于古利斯坦。
⑧ 《通典》卷193《石国》："东与北至西突厥界，西至波腊国界。"《唐会要》卷98："西曹国，治那密水南瑟底痕城……北与波览国接(《新唐书·康国传》误以为波览在西曹南)。"波腊既为一国，当置羁縻州。《旧唐书》卷195《回纥传》："贺鲁西奔石国，婆闰随苏定方逐贺鲁至石国西北苏咄城，城主伊涅达干执贺鲁送洛阳。"此苏咄城方位与波腊国合，当为其都，在今恰尔达拉一带。

石国。

附旧州 5：羁縻□□州(658—712)

显庆三年,以小石(笯赤建)国置羁縻□□州,治新城(今哈萨克斯坦南哈萨克斯坦州汗阿巴德)①,隶羁縻大宛州都督府。太极元年,废入大食石国。

附旧州 6：羁縻□□州(658—712)

显庆三年,以似没国置羁縻□□州,治□□城(今乌兹别克斯坦塔什干州阿尔马雷克市)②,隶羁縻大宛州都督府。太极元年,废入大食石国。

附旧州 7：羁縻□□州(658—712)

显庆三年,以役槃国置羁縻□□州,治俱战提城(今塔吉克斯坦索格特州苦盏市)③,隶羁縻大宛州都督府。太极元年,废入大食石国。

(二四) 藩属宁远国

藩属拔汗那国兼羁縻休循州都督府(658—712)—藩属拔汗那国(712—714,715—718,740—744)—藩属宁远国(744—大历后)

显庆三年,以昭武九姓东部地区藩属拔汗那国兼置羁縻休循州及休循州都督府④,隶安西都护府,并置羁縻□□、怖捍二州。

---

① 玄奘《大唐西域记》卷 1："从此(白水城)南行四五十里,至笯赤建国。笯赤建国周千余里,地沃壤。城邑百数,各别君长。"《新唐书》卷 221《龟兹传》："(白水城)南五十里有笯赤建国,广千里,地沃宜稼,多蒲陶。又二百里即石国。"笯赤建既为大国,当置羁縻州。《新唐书》卷 221《波斯传附》："新城之国,在石国东北赢百里。有弩室羯城,亦曰新城,曰小石国城,后为葛逻禄所并。"周连宽据玄奘途程认为笯赤建国在塔什干城东 25 公里的养吉巴沙尔(Yanghi Bázár),许序雅《千泉、白水城和恭御城考辨》(载《中国历史地理论丛》2010 年第 2 期)力辨其非,并考证笯赤建在奇姆肯特南五十里汗阿巴德。从之。
② 《新唐书》卷 221《识匿传》："似没者,北接石,土俗与康同。"似没既为一国,宜置羁縻州,今拟于阿尔马雷克市。《唐会要》卷 100《瑟匿国》言："与似没、役槃国、康国同邻。"然则瑟匿(识匿)与似没中隔俱密、拔汗那诸国,不得相接,其所以如此记载,盖与贞观二十年识匿使者曾与似没、役槃二国使者相偕来朝有关。
③ 《太平寰宇记》卷 186、《新唐书》卷 221《识匿传》："役盘亦与康邻。"《唐会要》卷 100《瑟匿国》："与似没、役槃国、康国同邻。"则役槃国在康国与似没国之间,且近于识匿,当以俱战提为都,宜置羁縻州。许序雅《唐代丝绸之路与中亚历史地理》第 133 页考证,"俱战提在 7~8 世纪似也有可能成为一个政权的都城。"于此可得答案。
④ 《新唐书》卷 221《康国传》叙昭武九姓次第云："石国东南千余里,有怖捍者,山四环之。"怖捍即拔汗那,《隋书》卷 83 作"鏺汗",且云"王姓昭武"。又,《唐会要》卷 99："罽宾,在葱岭南……显庆三年,列其城为修鲜都督府。"《新唐书》卷 221《罽宾传》："罽宾,隋漕国也。王居修鲜城。显庆三年,以其地为修鲜都督府。"按修鲜都督府置于龙朔元年(详上文藩属罽宾国),此处显庆三年置"修鲜都督府"事,必为置"休循都督府"事之阑入。

武周长安四年,藩属拔汗那国兼羁縻休循州都督府领羁縻休循、□□、怖捍三州。

唐太极元年,府治为大食所破,遂移都呼闷城①,但为藩属拔汗那(跋贺那、怖捍)国。开元二年,附大食②。三年,合境复归唐③。六年,复分为二,北拔汗那附藩属突骑施国,南拔汗那仍附大食④。二十八年,收复,合境并属唐,移治西鞬城⑤。

天宝三载⑥,改为藩属宁远国。十三载,藩属宁远国建置不变。

大历七年后,为藩属葛逻禄国所并⑦。

附旧州1:羁縻休循州(658—712)

显庆三年,以拔汗那国置羁縻休循州,治渴塞城(今乌兹别克斯坦纳曼干州卡桑赛)⑧,并置羁縻休循州都督府。太极元年,没于大食。

附旧州2:羁縻□□州(658—712)

显庆三年,以拔汗那国地置羁縻□□州,治西鞬城(今乌兹别克斯坦纳曼干州纳曼干市阿克西肯特古城)⑨,隶羁縻休循州都督府。太极元年,没于大食。

---

① 王治来《中亚通史·古代卷上》第264页:"公元712年初,屈底波率领大军从谋夫出发,渡过阿姆河,向锡尔河流域挺进,征服了塔什干(大宛州瞰羯城)、忽毡(□□州俱战提城)、卡散(休循州渴塞城)诸城。"则拔汗那国北部二州当失,而移治南境呼闷城。

② 纳忠《阿拉伯通史》上卷第269页:"713—715年,远征北方,深入药杀河(锡尔河)中游及下游南部的拔汗那地区。"塔巴里《先知与帝王编年史》卷2第1275页说,公元714年(按即开元二年)屈底波最后一次远征到达了喀什噶尔,实指到达疏勒州都督府边境,即征服了整个拔汗那国。

③ 《资治通鉴》开元三年十一月载,安西将张孝嵩击败拔汗那叛王阿了达,传檄诸国。

④ 《册府元龟》卷999:开元七年二月,俱密国王那罗延上表曰:"今大食来侵,吐火罗及安国、石国、拔汗那国,并属大食。"所述当为上年事。又据慧超《往五天竺国传》:"从康国往东,有跋贺那国,有两王,缚叉大河当中,西流,河南一王属大寔,河北一王属突厥所管。"可知开元六年后南拔汗那国复附大食,北拔汗那国由唐藩属突骑施国代管。

⑤ 《册府元龟》卷999:"开元二十九年,拔汗那王阿悉烂达干上表请改国名,敕改为宁远国。"按改国名实在天宝三载,盖开元二十八年突骑施国败亡后,拔汗那国重归统一并移都,翌年乃上表请改国名。移都之事,见于《世界境域志》第111页:"西鞬(Akhsikath),是费尔干纳的首府,为异密及其代理官员的驻地。"许序雅《唐代丝绸之路与中亚历史地理研究》(西北大学出版社,2000年)第139页亦云:"宁远,即Akhsikath古城。"

⑥ 《册府元龟》卷999作开元二十九年,今依《新唐书》卷221《宁远传》。

⑦ 《历史地名》第1005页云休循州都督府贞元六年后废,不详何据。

⑧ 《新唐书》卷221《宁远传》:"显庆三年,以渴塞城为休循州都督。"

⑨ 《新唐书》卷221《宁远传》:"宁远者,本拔汗那,或曰钹汗,元魏时谓破洛那。居西鞬城,在真珠河之北。"《世界境域志》第111—112页云:"西鞬(Akhsikath),是费尔干纳的首府,它是一个大城镇,位于山脚下的喀杀河(药杀水)河畔。"则唐初当置羁縻州。钟兴麒定于今纳曼干。刘迎胜《"草原丝绸之路"考察简记》(载《中国边疆史地研究》1992年第3期)认为在纳曼干西25公里处之阿克西肯特(Akhsikath),当是。

附旧州3：羁縻怖捍州(658—712)

显庆三年,以拔汗那国地置羁縻怖捍州①,治呼闷城(今乌兹别克斯坦费尔干纳州费尔干纳市)②,隶羁縻休循州都督府。太极元年后,失州号。

第四节 藩属突骑施国

羁縻濛池都护府(658—667,679—709)—藩属突骑施国(709—714,719—740)—羁縻濛池都护府(740—742)—藩属突骑施国(744—758)

显庆三年(658),因平西突厥阿史那贺鲁之乱,置羁縻濛池都护府及羁縻濛池州都督府③,都护府属陇右道。四年,又置羁縻颉利、迦瑟、俱兰、千泉、哥系、答烂、孤舒、盐禄、东盐、西盐十州都督府④。乾封二年(667),都护阿史那步真卒,部属阿史那遮匐以其地附吐蕃⑤。调露元年(679),遮匐以其地归唐,仍属安西都护府,羁縻濛池州都督府改置羁縻叱勒州都督府。垂拱二年(686),以阿史那斛瑟罗为濛池都护,羁縻叱勒州都督府复为羁縻濛池州都督府。

武周天授元年(690),斛瑟罗寄驻京城⑥。圣历二年(699),改羁縻濛池州都督府为羁縻后瑶池州都督府。三年(久视元年),斛瑟罗还镇碎叶城(今吉尔吉斯斯坦国家直辖区托克马克市阿克贝希姆古城)⑦,仍改羁縻后瑶池州都督府为羁縻濛池州都督府。长安三年(703),斛瑟罗重返京城。四年,以阿史

---

① 《新唐书》卷221《宁远传》:"贞观中,鼠匿死,子遏波之立苾兄子阿了参为王,治呼闷城;遏波之治渴塞城。显庆三年,以渴塞城为休循州都督,授阿了参刺史。"阿了参既为刺史,则所居呼闷城当置羁縻州,依惯例似当取国名"怖捍"为名。
② 季羡林等《大唐西域记校注》第85页:"怖捍国,今中亚费尔干纳(Fanghana)地区。"前引慧超《往五天竺国传》云跋贺那国有两大王,分居药杀水南北,则呼闷城当在河南之费尔干纳市。
③ 《新唐志》:"显庆二年禽贺鲁,分其地置都护府二、都督府八。"依《新唐书》卷215《西突厥传》语意,即除双河、盐泊、匐延、鹰娑、洁山、噘鹿六州都督府外,羁縻昆陵、濛池二护府亦应分置羁縻昆陵、濛池二州都督府乃符其数。二年,依《旧唐书》卷4《高宗纪》当作三年,今改之。
④ 史志不载此九州都督府始置时间,今拟于显庆四年。合前置共十羁縻州都督府,而薛宗正《中亚内陆——大唐帝国》第81页云:"(碎叶)川西弩失毕诸部归阿史那步真统辖,拜继往绝可汗兼濛池都护,下辖十六羁縻州兼都督府。"恐是误解《旧唐志》北庭都护府领十六蕃州含义,其《安西与北庭》第92页于濛池都护府下仅列十一羁縻州都督府(含叱勒都督府),可证。
⑤ 薛宗正《中亚内陆——大唐帝国》第120页:"李遮匐统治西突厥右厢部落长达12年(667—679)……政治上附于吐蕃,建牙于碎叶城。"此即乾封二年至调露元年间濛池都护府故地情况。
⑥ 薛宗正《中亚内陆——大唐帝国》第68页云:天授元年,阿史那斛瑟罗弃碎叶奔长安,仍兼濛池都护。
⑦ 《册府元龟》卷964。

那怀道为西突厥十姓可汗、濛池都护，领羁縻濛池、颉利、迦瑟、俱兰、千泉、哥系、答烂、孤舒、盐禄、东盐、西盐十一州都督府，并以北庭都护府之羁縻昆陵、双河、盐泊、匐延、鹰娑、洁山、嗢鹿七州都督府来属。

唐神龙二年(706)，怀道还驻碎叶城，后返京城。景龙三年(709)，突骑施娑葛称西突厥十四姓可汗，建藩属突骑施国①，统有羁縻濛池都护府之地②，都碎叶城。开元二年(714)，北庭都护阿史那承献(亦称阿史那献、史献)破藩属突骑施国，进驻碎叶城③。三年，以承献为西突厥十姓可汗④。七年，突骑施可汗苏禄占领碎叶城及西突厥十姓旧地⑤，重建藩属突骑施国，承献移居安西都护府碎叶镇(在今新疆和静县)⑥。二十八年，复置羁縻濛池都护府及羁縻濛池、颉利、迦瑟、俱兰、千泉、哥系、答烂、孤舒、盐禄、东盐、西盐、昆陵、双河、盐泊、匐延、鹰娑、洁山、嗢鹿十八州都督府⑦，仍属河西道。天宝元年，再

---

① 《资治通鉴》景龙二年十一月，突骑施娑葛建号贺腊毗伽十四姓可汗，"赦娑葛罪，册为十四姓可汗"，薛宗正《中亚内陆——大唐帝国》第90页认为十四姓即突厥十姓加咽面、车鼻施、弓月、葛逻禄四姓。然至三年七月，"突骑施娑葛遣使请降，拜钦化可汗，赐名守忠"，始如薛氏所言，"唐朝正式承认了突骑施汗国，册娑葛为贺腊毗伽钦化可汗"。又据《唐书·郭元振传》、《册府元龟》卷366、《资治通鉴》，景龙三年十一月"使阿史那献为十姓可汗，置军焉耆，以讨娑葛"，但据景云二年的朝命和开元三年的诏书，当时阿史那献的正式官职为"招慰十姓兼四镇经略大使、兴昔亡可汗"，"十姓可汗"可能是开元三年以后所加，因为直到开元二年，唐朝封授的"十姓可汗"仍是驻在京城的阿史那怀道，如《册府元龟》卷974载，四月，"濛池都护、十姓可汗阿史那怀道加特进，禄料并依品给"。该条上接景龙二年十二月，下接开元二年六月，则为开元二年四月事，前脱"开元"年号。
② 史志不载复废濛池羁縻都护府时间。苏北海《西域历史地理》第131页云："从(圣历二年)第二次设立瑶池都督府起，昆陵、濛池两都护府已不存在，其军政事务全归瑶池都督府办理了。"第136页又云："到7世纪末，昆陵、濛池两都护府已徒存其名而无实，到8世纪初，连昆陵、濛池两都护府的名称也不存在了。"实则长安中，唐朝犹授阿史那承献为昆陵都护，阿史那怀道为濛池都护，神龙、景龙间，阿史那怀道犹兼濛池都护(《太平寰宇记》卷197、《册府元龟》卷974)。今拟废于景龙三年。
③ 《资治通鉴》开元二年三月，碛西节度使阿史那献克碎叶等镇，斩都担。
④ 《资治通鉴》开元五年五月："十姓可汗阿史那献欲发葛逻禄兵击之，上不许。"《册府元龟》卷157："开元五年六月，突骑施酋长苏禄潜窥亭障，安西都护郭虔瓘及十姓可汗阿史那献皆反侧不安，各以表闻。"可知此前承献已封十姓可汗，今拟于开元三年平定藩属突骑施国全境之时。
⑤ 薛宗正《中亚内陆——大唐帝国》第96页："开元七年十月，又'册金方道经略大使突骑施苏禄为忠顺可汗'，并让出了碎叶城作为苏禄的牙帐。"
⑥ 《新唐书》卷221《焉耆传》："开元七年，龙懒突死，焉吐拂延立，于是十姓可汗请居碎叶。"此"十姓可汗"，指阿史那献。或以为指突骑施苏禄，然苏禄仅封"忠顺可汗"，非"十姓可汗"，且苏禄所占碎叶为濛池碎叶城，怀道移居之碎叶为焉耆碎叶镇，二者不可相混，考详李志敏《唐安西都护"两四镇不同"问题述要——碎叶镇城地望考实》(载《中国历史地理论丛》2009年第3期)。
⑦ 《新唐书》卷215《突厥传》："(开元二十七年)突骑施吐火仙之败，始以怀道子昕为十姓可汗、开府仪同三司、濛池都护，册其妻凉国夫人李为交河公主，遣兵护送。昕至碎叶西俱兰城，为突骑施莫贺达干所杀，西突厥遂亡。"按《册交河公主文》(载《唐大诏令集》卷42)，阿史那昕实于开元二十八年授十姓可汗、濛池都护，天宝元年甫至碎叶西南俱兰城，即被杀。

废羁縻濛池都护府及羁縻濛池等十八州都督府,仍以藩属突骑施国统西突厥十姓之地①。十三载,藩属突骑施国建置不变。

乾元元年,藩属突骑施国地归藩属葛逻禄国②。

附旧府一:羁縻濛池州都督府(658—667)—羁縻叱勒州都督府(679—686)—羁縻濛池州都督府(686—699)—羁縻后瑶池州都督府(699—700)—羁縻濛池州都督府(700—709,714—719,740—742)

显庆三年,平西突厥,置羁縻濛池州都督府及羁縻濛池、碎叶、叱勒三州③,为羁縻濛池都护府治。乾封二年,阿史那遮匐以其地附于吐蕃。调露元年,复归唐,罢羁縻濛池州,移治于羁縻叱勒州,改为羁縻叱勒州都督府④,隶金山都护府。垂拱二年,复置羁縻濛池州,仍为羁縻濛池州都督府。

武周圣历二年,改羁縻濛池州为羁縻后瑶池州,羁縻濛池州都督府为羁縻后瑶池州都督府⑤,以羁縻昆陵都护府废羁縻嗢鹿州都督府之羁縻嗢鹿、特伽二州来属。三年,复改羁縻后瑶池州为羁縻濛池州,羁縻后瑶池州都督府为羁縻濛池州都督府⑥,仍割羁縻嗢鹿、特伽二州隶羁縻嗢鹿州都督府。长安四年,羁縻濛池州都督府领羁縻濛池、叱勒、碎叶三州。

景龙三年,归藩属突骑施国。开元二年,隶北庭都护府。七年,复归藩属突骑施国。二十八年,复置羁縻濛池州都督府及羁縻濛池、叱勒、碎叶三州,隶羁縻濛池都护府。

天宝元年,再废。

---

① 天宝三载,唐立吐火仙为黑姓突骑施可汗,仍治碎叶城。然据《册府元龟》卷975:"天宝八载,十姓突骑施遣使来朝。"此时突骑施国仅有十姓,不含葛逻禄诸姓。
② 《新唐书》卷217《葛逻禄传》:"至德后,葛逻禄寖盛,与回纥争强,徙十姓可汗故地,尽有碎叶、怛逻斯诸城。"李树辉《葛逻禄东迁西徙历史发微》以为在乾元元年,从之。
③ 《旧唐书》卷4《高宗纪》:"显庆三年二月甲寅,西域平,以其地置濛池、昆陵二都督府。"《册府元龟》卷449载龙朔二年有昆陵都督阿史那弥射、濛池都督阿史那步真,《新唐书》卷3《高宗纪》龙朔二年:"海政杀昆陵都督阿史那弥射。"可见"都督"原本不误,而中华书局本皆擅改为"都护"。高宗初年,安西、前瀚海(云中)、燕然(后瀚海)、安东都护府治地皆置羁縻都督府,都护不直接领羁縻州县,盖当时有此制度。薛宗正《突厥史》第598—599页、杨尘《唐昆陵、濛池都护府设置时间辨析》(载《西域研究》1998年第3期)更认为,濛池、昆陵二都督府先置于显庆二年。
④ 《新唐志》北庭都护府有叱勒州都督府,列于羁縻濛池都护府所统诸州都督府后,旧不详所在。按顿建城东西距碎叶、俱兰城各一百多里,当置一州或都督府,然与濛池州都督府皆属幅员狭小之地,因疑叱勒本是濛池州都督府之一州,调露元年至垂拱二年间,碎叶城一带地虽唐而未遑复置濛池州都督府,而以叱勒州为都督府以领之。
⑤ 《册府元龟》卷967。原作圣历中,苏北海《西域历史地理》第131页考证在圣历二年。
⑥ 苏北海《西域历史地理》第131页云,开元二十七年,苏禄子吐火仙被擒,罢瑶池都督府。不详何据,不取。

附旧州 1：羁縻濛池州（658—667，686—699）—羁縻后瑶池州（699—700）—羁縻濛池州（700—709，714—719，740—742）

显庆三年，以突厥阿史那部置羁縻濛池州，治碎叶城（今吉尔吉斯斯坦国家直辖区托克马托市阿克·贝希姆废城）①，并置羁縻濛池州都督府。乾封二年，州废。垂拱二年，复置，仍隶羁縻濛池州都督府。圣历二年，改为羁縻后瑶池州，置羁縻后瑶池州都督府。三年，复为羁縻濛池州，置羁縻濛池州都督府。景龙三年，州废。开元二年，复置。七年，州废。二十八年，复置。

附旧州 2：羁縻叱勒州（658—667，679—709，714—719，740—742）

显庆三年，以突厥阿史那部置羁縻叱勒州，治顿建城（今吉尔吉斯斯坦比什凯克市西）②，隶羁縻濛池州都督府。乾封二年，州废。调露元年，复置，并置羁縻叱勒州都督府。垂拱二年，仍隶羁縻濛池州都督府。圣历二年，隶羁縻后瑶池州都督府。三年，复隶羁縻濛池州都督府。景龙三年，州废。开元二年，复置。七年，州废。二十八年，复置。

附旧州 3：羁縻碎叶州（658—667，679—709，714—719，740—742）

显庆三年，以突厥车鼻施别部置羁縻碎叶州③，治叶支城（今吉尔吉斯斯坦伊塞克湖州雷巴奇耶市）④，羁縻濛池州都督府。乾封二年，州废。调露元年，复置，隶羁縻叱勒州都督府。垂拱二年，仍隶羁縻濛池州都督府。圣历二年，隶羁縻后瑶池州都督府。三年，复隶羁縻濛池州都督府。景龙三年，州废。开元二年，复置。七年，州废。二十八年，复置。

附旧府二：羁縻颉利州都督府（659—667，679—709，714—719，740—742）

显庆四年，以西突厥弩失毕故地置羁縻颉利州都督府⑤，隶羁縻濛池都护

---

① 《册府元龟》卷964："（圣历）三年腊月，司礼卿兼〔濛〕池州大都护、竭忠事上可汗阿史那斛瑟罗为左卫大将军，仍充平西军大总管，镇抚碎叶。"可见在濛池都护府治所确有濛池州建置，且治碎叶（素叶）城。冯志文《西域地名辞典》（新疆人民出版社，2002年）第301页亦认为濛池都护治碎叶。城址见张广达《碎叶城今地考》（载《西域史地丛稿初编》，上海古籍出版社，1995年）。
② 薛宗正《安西与北庭》第93页："叱勒州都督府：在楚河西。"今拟于吉尔吉斯斯坦比什凯克市西之Pishpek，即唐碎叶城西一百三十里之顿建城。
③ 乾陵蕃臣石人像有"碎叶州刺史安车鼻施"。陈国灿以为"车鼻施"是突厥语官号，故氏著《唐乾陵石人像及其衔名的研究》（载《文物集刊》2集，1980年第4期）以为属颉利都督府。而〔日〕内藤みどり《西突厥史の研究》第47页则认为可能有突厥与粟特的混血因素。
④ 州以碎叶为名，当在碎叶水畔，按碎叶水中上游已置有濛池、叱勒等州，故今定碎叶州于下游入伊塞克湖处之雷巴奇耶，即《新唐志》之叶支城。州境在伊塞克湖北，靠近伊犁河之车鼻施本部。
⑤ 史志不载此州都督府。按乾陵蕃臣石人像有"故左卫将军兼领颉利都督拔塞干兰羡"，故知高宗时有羁縻颉利州都督府，以突厥拔塞干部置。

府。乾封二年，附吐蕃。调露元年，复归唐，隶金山都护府。垂拱二年，复隶羁縻濛池都护府。

武周长安四年，羁縻颉利州都督府领羁縻颉利州。

唐景龙三年，归藩属突骑施国。开元二年，隶北庭都护府。七年，复归藩属突骑施国。二十八年，复置羁縻颉利州都督府及羁縻颉利州，隶羁縻濛池都护府。

天宝元年，再废。

附旧州：羁縻颉利州（659—667，679—709，714—719，740—742）

显庆四年，以突厥拔塞干部置羁縻颉利州（今吉尔吉斯斯坦伊塞克湖州波克罗夫卡）①，并置羁縻颉利州都督府。乾封二年，州废。调露元年，复置。景龙三年，州废。开元二年，复置。七年，州废。二十八年，复置。

附旧府三：羁縻迦瑟州都督府（659—667，679—709，714—719，740—742）

显庆四年，以西突厥弩失毕故地置羁縻迦瑟州都督府，隶羁縻濛池都护府。乾封二年，附吐蕃。调露元年，复归唐，隶金山都护府。垂拱二年，复隶羁縻濛池都护府。

武周长安四年，羁縻迦瑟州都督府领羁縻迦瑟州。

唐景龙三年，归藩属突骑施国。开元二年，隶北庭都护府。七年，复归藩属突骑施国。二十八年，复置羁縻迦瑟州都督府及羁縻迦瑟州，隶羁縻濛池都护府。

天宝元年，再废。

附旧州：羁縻迦瑟州（659—667，679—709，714—719，740—742）

显庆四年，以突厥拔塞干暾沙钵部落置羁縻迦瑟州（今吉尔吉斯斯坦纳伦州纳伦市）②，并置羁縻迦瑟州都督府。乾封二年，州废。调露元年，复置。景龙三年，州废。开元二年，复置。七年，州废。二十八年，复置。

---

① 《世界境域志》第9页："第十一个咸水湖是亦思宽（Isai-Kul），即伊塞克湖（按伊塞克湖实为淡水湖）……巴尔珲（巴尔思汗）城就位于此湖畔。"《地图集》第五册《唐时期全图》（三）置此城于今吉尔吉斯斯坦波克罗夫卡。按巴尔思汗即拔塞干异译，可知其为颉利州治地。内藤みどり《西突厥史の研究》第38—42页考证，拔塞干在9世纪前已分为东西两部，西部落居于呾罗斯平原，颉利都督府是以居于伊塞克湖东南岸的东部落设置。苏北海《西域历史地理》第153页以为颉利州在楚河和塔拉斯河之间，恐非。
② 薛宗正《安西与北庭》第93页："伽瑟州都督府：在楚河西。"按楚河西已置有濛池、俱兰、千泉、答烂、孤舒、盐禄等州都督府，故今拟迦瑟州都督府于吉尔吉斯斯坦纳伦州，属拔塞干别部。

附旧府四：羁縻俱兰州都督府(659—667,679—709,714—719,740—742)

显庆四年,以西突厥弩失毕故地置羁縻俱兰州都督府①,隶羁縻濛池都护府。乾封二年,附吐蕃。调露元年,复归唐,隶金山都护府。垂拱二年,复隶羁縻濛池都护府。

武周长安四年,羁縻俱兰州都督府领羁縻俱兰州。

唐景龙三年,归藩属突骑施国。开元二年,隶北庭都护府。七年,复归藩属突骑施国。二十八年,复置羁縻俱兰州都督府及羁縻俱兰州,隶羁縻濛池都护府。天宝元年,再废。

附旧州：羁縻俱兰州(659—667,679—709,714—719,740—742)

显庆四年,以突厥阿悉结阙部落置羁縻俱兰州,治俱兰城(今吉尔吉斯斯坦国家直辖区卡因达)②,并置羁縻俱兰州都督府。乾封二年,州废。调露元年,复置。景龙三年,州废。开元二年,复置。七年,州废。二十八年,复置。

附旧府五：羁縻千泉州都督府(659—667,679—709,714—719,740—742)

显庆四年,以西突厥弩失毕故地置羁縻千泉州都督府③,隶羁縻濛池都护府。乾封二年,附吐蕃。调露元年,复归唐,隶金山都护府。垂拱二年,复隶羁縻濛池都护府。

武周长安四年,羁縻千泉州都督府领羁縻千泉州。

唐景龙三年,归藩属突骑施国。开元二年,隶北庭都护府。七年,复归藩属突骑施国。二十八年,复置羁縻千泉州都督府及羁縻千泉州,隶羁縻濛池都护府。

---

① 史志不载此州都督府。按乾陵蕃臣石人像有"故左金吾卫将军兼俱兰都督阙俟斤阿悉吉那斯",故知高宗时有羁縻俱兰州都督府,以阿悉结阙部置。陈国灿《唐乾陵石人像及其衔名的研究》以为以处木昆部置。

② 《新唐志》引贾耽《四夷道里记》:"顿建城又五十里至阿史不来城,又七十里至俱兰城。"顿建城即叱勒州治,在今吉尔吉斯斯坦比什凯克西,以是推知俱兰城在今吉尔吉斯斯坦卡因达(《西域通史》第167页以为在附近的明布拉克)。然贾耽又云,俱兰城西六十里至怛罗斯城(今哈萨克斯坦江布尔),故也有人以为俱兰城在千泉之西 4farsakh 的"丰村"(Ibn Khordādhbeh, *kitab al masālik wal-mamālik*, de Goeje M. J. ed., *Bibliotheca Geogra-phorum Arabicorum* (BGA), VI, Len, 1889 *op. cit*,28),或以为在哈萨克斯坦卢戈沃耶(如余太山等:《西域通史》第167页;薛宗正:《丝绸之路北庭研究》,第314页),或以为在阿克尔托别(许序雅:《唐代丝绸之路与中亚历史地理研究》,第62页)。按《四夷道里记》所记碎叶城至怛罗斯城途程仅三百一十里,而实际上此段里程有六百余里,可知《新唐志》所引贾耽记有脱文,脱俱兰城至税建城之间约三百里内容,含千泉一带城镇,则俱兰城当在卢戈沃耶以东(且卢戈沃耶距江布尔也有二百五十里,远不止六十里)。

③ 史志不载此州都督府。按乾陵蕃臣石人像有"左领将军兼千泉都督泥熟俟斤〔阿〕悉吉度悉波",故知高宗时有羁縻千泉州都督府,以突厥阿悉结泥孰部落置。

天宝元年,再废。

附旧州:羁縻千泉州(659—667,679—709,714—719,740—742)

显庆四年,以突厥阿悉结泥孰部落置羁縻千泉州,治千泉城(今哈萨克斯坦江布尔州卢戈沃耶卡缅卡)①,并置羁縻千泉州都督府。乾封二年,州废。调露元年,复置。景龙三年,州废。开元二年,复置。七年,州废。二十八年,复置。

附旧府六:羁縻哥系州都督府(659—667,679—709,714—719,740—742)

显庆四年,以西突厥弩失毕故地置羁縻哥系州都督府,隶羁縻濛池都护府。乾封二年,附吐蕃。调露元年,复归唐,隶金山都护府。垂拱二年,复隶羁縻濛池都护府。

武周长安四年,羁縻哥系州都督府领羁縻哥系州。

唐景龙三年,归藩属突骑施国。开元二年,隶北庭都护府。七年,复归藩属突骑施国。二十八年,复置羁縻哥系州都督府及羁縻哥系州,隶羁縻濛池都护府。

天宝元年,再废。

附旧州:羁縻哥系州(659—667,679—709,714—719,740—742)

显庆四年,以突厥哥舒阙部落置羁縻哥系州,治曳建城(今哈萨克斯坦塔拉斯州塔拉斯市)②,并置羁縻哥系州都督府。乾封二年,州废。调露元年,复置。景龙三年,州废。开元二年,复置。七年,州废。二十八年,复置。

附旧府七:羁縻答烂州都督府(659—667,679—709,714—719,740—742)

显庆四年,以西突厥弩失毕故地置羁縻答烂州都督府,隶羁縻濛池都护

---

① 玄奘《大唐西域记》卷1:"素叶城西行四百余里至千泉。千泉者,地方二百余里,南面雪山,三面平陆,水土沃润,林树扶疏,暮春之月,杂花若绮,泉池千所,故以名焉。突厥可汗每来避暑。……千泉西行百四五十里,至呾罗私城。"则千泉为西突厥可汗行宫之一,至阿史那贺鲁犹建牙于此。其地处吉尔吉斯山脉北麓一较大绿洲,以里程推知,宜在今哈萨克斯坦卢戈沃耶城东与梅尔克(明布拉克)之间库腊加特河上游的卡缅卡(Каменка),故今人亦以为千泉在梅尔克附近。玄奘所谓"千泉西行百四五十里",应为"二百四五十里",脱一"二"字。许序雅《千泉、白水城和恭御城考辨》(载《中国历史地理论丛》2010年第2期)则认为是少记约85公里。周连宽《大唐西域记史地研究丛稿》第91页以为在阿该尔托布(Акыртобе)与泼得果尔诺(Подгорное)之间,失之偏西。薛宗正《安西与北庭》第92页以为千泉都督府牙于碎叶,则误。
② 苏北海《西域历史地理》第153页:"哥系州、孤舒州都督府应系哥舒阙、哥舒处半的同名异译,这两个都督府即由此二部落设置,大概在巴尔喀什湖以西地区。"薛宗正《安西与北庭》第92页:"哥系州都督府:以哥舒部置,地在楚河西。"按怛罗斯附近有曳建城,突骑施黑姓可汗以处交河公主,开元中唐与拔汗那共拔之,以其民归拔汗那,地当在怛罗斯与拔汗那之间,疑即今塔拉斯市。林梅村《怛逻斯城与唐代丝绸之路》(《浙江大学学报》2016年第5期)则以为:"税建城,《资治通鉴》作'曳建城',在哈萨克斯坦江布尔州科斯托比(Kostobe)古城。"

府。乾封二年,附吐蕃。调露元年,复归唐,隶金山都护府。垂拱二年,复隶羁縻濛池都护府。

武周长安四年,羁縻答烂州都督府领羁縻答烂州。

唐景龙三年,归藩属突骑施国。开元二年,隶北庭都护府。七年,复归藩属突骑施国。二十八年,复置羁縻答烂州都督府及羁縻答烂州,隶羁縻濛池都护府。

天宝元年,再废。

附旧州:羁縻答烂州(659—667,679—709,714—719,740—742)

显庆四年,以突厥哥舒阙部落置羁縻答烂州,治怛逻斯城(今哈萨克斯坦江布尔州江布尔市)①,并置羁縻答烂州都督府。乾封二年,州废。调露元年,复置。景龙三年,州废。开元二年,复置。七年,州废。二十八年,复置。

附旧府八: 羁縻孤舒州都督府(659—667,679—709,714—719,740—742)

显庆四年,以西突厥弩失毕故地置羁縻孤舒州都督府,隶羁縻濛池都护府。乾封二年,附吐蕃。调露元年,复归唐,隶金山都护府。垂拱二年,复隶羁縻濛池都护府。

武周长安四年,羁縻孤舒州都督府领羁縻孤舒州。

唐景龙三年,归藩属突骑施国。开元二年,隶北庭都护府。七年,复归藩属突骑施国。二十八年,复置羁縻孤舒州都督府及羁縻孤舒州,隶羁縻濛池都护府。

天宝元年,再废。

附旧州:羁縻孤舒州(659—667,679—709,714—719,740—742)

显庆四年,以突厥哥舒处半部落置羁縻孤舒州(今哈萨克斯坦奇姆肯特州突厥斯坦市)②,并置羁縻孤舒州都督府。乾封二年,州废。调露元年,复置。景龙三年,州废。开元二年,复置。七年,州废。二十八年,复置。

---

① 薛宗正《安西与北庭》第92页:"答烂州都督府:在楚河西。"按"答烂"即"怛罗斯"异译,怛罗斯为西突厥重要城镇,当置羁縻州都督府,属哥舒部。内藤みどり《西突厥史の研究》第27页则据摩尼教文书认为,被称为Buqaraq ulus的怛罗私城(Talas, Tārāz),也很可能被称为安国城。林梅村《怛逻斯城与唐代丝绸之路》云:哈萨克斯坦国家科学院历史学院祖蒙·斯马伊洛夫院士在怛逻斯发现了唐代石构宫殿遗址。
② 苏北海《西域历史地理》第153页:"哥系州、孤舒州都督府应系哥舒阙、哥舒处半的同名异译,这两个都督府即由此二部落设置,大概在巴尔喀什湖以西地区。"薛宗正《安西与北庭》第92页:"孤舒州都督府:亦以哥舒部置,地在楚河西。"今拟于哈萨克斯坦突厥斯坦市。

附旧府九：羁縻盐禄州都督府(659—667,679—709,714—719,740—742)

显庆四年,以西突厥弩失毕故地置羁縻盐禄州都督府,隶羁縻濛池都护府。乾封二年,附吐蕃。调露元年,复归唐,隶金山都护府。垂拱二年,复隶羁縻濛池都护府。

武周长安四年,羁縻盐禄州都督府领羁縻盐禄州。

唐景龙三年,归藩属突骑施国。开元二年,隶北庭都护府。七年,复归藩属突骑施国。二十八年,复置羁縻盐禄州都督府及羁縻盐禄州,隶羁縻濛池都护府。

天宝元年,再废。

附旧州：羁縻盐禄州(659—667,679—709,714—719,740—742)

显庆四年,以突厥哥舒处半部落置羁縻盐禄州(今哈萨克斯坦克孜勒奥尔达州克孜勒奥尔达市)①,并置羁縻盐禄州都督府。乾封二年,州废。调露元年,复置。景龙三年,州废。开元二年,复置。七年,州废。二十八年,复置。

附旧府一〇：羁縻东盐州都督府(658—667,679—709,714—719,740—742)

显庆四年,以西突厥弩失毕故地置羁縻东盐州都督府,隶羁縻濛池都护府。乾封二年,附吐蕃。调露元年,复归唐,隶金山都护府。垂拱二年,复隶羁縻濛池都护府。

武周长安四年,羁縻东盐州都督府领羁縻东盐州。

唐景龙三年,归藩属突骑施国。开元二年,隶北庭都护府。七年,复归藩属突骑施国。二十八年,复置羁縻东盐州都督府及羁縻东盐州,隶羁縻濛池都护府。天宝元年,再废。

附旧州：羁縻东盐州(659—667,679—709,714—719,740—742)

显庆四年,以突厥哥舒处半部落置羁縻东盐州(今哈萨克斯坦克孜勒奥尔达州朱萨雷)②,并置羁縻东盐州都督府。乾封二年,州废。调露元年,复置。景龙三年,州废。开元二年,复置。七年,州废。二十八年,复置。

---

① 苏北海《西域历史地理》第153页："盐禄州、东盐州、西盐州都督府应位在咸海的东、北、西几面。"盐禄,疑通"盐陆",指盐碱之地,今拟于咸海以东之克孜勒奥尔达地区,此区有阿克扎伊肯、阿希科尔等盐湖、阿雷斯盐沼及大片盐碱滩、盐碱地,宜当其名。敦煌吐蕃文献P1283号《北方若干国君之王统叙记》所谓"其(葛逻禄)西隅,在突厥之一侧,有一允禄(Yun-lag)部落,人口众多,土地肥美,突厥花马(驳马)即产自该地也"(王尧等译注：《敦煌吐蕃文献选》,四川民族出版社1983年,第166页),似亦指此。薛宗正《安西与北庭》第93页："盐禄州都督府,以咽面部置,在伊塞克湖一带。"按伊塞克湖乃淡水湖,且咽面不在伊塞克湖区,不属濛池都护府,其说非。

② 东盐州位置见上注苏北海言。《历史地名》第697页以为东盐州在哈萨克斯坦咸海东锡尔河一带,今拟于咸海东之朱萨雷。或以为东、西盐州在伊塞克湖区,盖误以伊塞克湖为咸水湖之故,不取。

附旧府一一：羁縻西盐州都督府（659—667，679—709，714—719，740—742）

显庆四年，以西突厥弩失毕故地置羁縻西盐州都督府，隶羁縻濛池都护府。乾封二年，附吐蕃。调露元年，复归唐，隶金山都护府。垂拱二年，复隶羁縻濛池都护府。

武周长安四年，羁縻西盐州都督府领羁縻西盐州。

唐景龙三年，归藩属突骑施国。开元二年，隶北庭都护府。七年，复归藩属突骑施国。二十八年，复置羁縻西盐州都督府及羁縻西盐州，隶羁縻濛池都护府。

天宝元年，再废。

附旧州：羁縻西盐州（659—667，679—709，714—719，740—742）

显庆四年，以突厥哥舒处半部落置羁縻西盐州（今哈萨克斯坦克孜勒奥尔达州阿拉尔斯克市）①，并置羁縻西盐州都督府。乾封二年，州废。调露元年，复置。景龙三年，州废。开元二年，复置。七年，州废。二十八年，复置。

附　羁縻昆陵都护府曾领

羁縻昆陵都护府（658—662，686—692）

显庆三年（658），因平西突厥阿史那贺鲁之乱，置羁縻昆陵都护府及羁縻昆陵、双河、盐泊、匐延、鹰娑、洁山、嗢鹿七州都督府②，属陇右道安西都护府。龙朔二年（662），都护阿史那弥射被杀，部属阿史那都支以其地附吐蕃③。咸亨元年（670），唐封都支为羁縻匐延州都督，以安辑突厥五咄陆及咽面之众④，隶金山都护府。仪凤二年（677），都支复附吐蕃。调露元年（679），擒都支⑤，羁縻昆陵、双河、盐泊、匐延、鹰娑、洁山、嗢鹿七州都督府复属金山都护府。垂拱二年（686），复置羁縻昆陵都护府，以阿史那元庆为都护，仍统羁縻昆陵、

---

① 西盐州位置见前注苏北海言。《历史地名》第936页以为西盐州在哈萨克斯坦咸海西，今拟西盐州治于咸海北之阿拉尔斯克市，州境可达咸海西。
② 《新唐志》："显庆二年禽贺鲁，分其地置都护府二、都督府八。"八都督府，据《新唐书》卷215《西突厥传》语意，除濛池都护府之濛池州都督府外，昆陵都护府当置昆陵、双河、盐泊、匐延、鹰娑、洁山、嗢鹿七州都督府，乃符八都督府之数。二年，依《旧唐书》卷4《高宗纪》当作三年，今改之。
③ 薛宗正：《中亚内陆——大唐帝国》，第59页。
④ 《册府元龟》卷964。
⑤ 《册府元龟》卷366："仪凤二年讨西突厥，擒其十姓可汗阿史那都支及别帅李遮匐以归。"按《旧唐纪》，擒都支、遮匐实在四年（调露元年）。

双河、盐泊、匐延、鹰娑、洁山、嗢鹿七州都督府,属金山都护府。是年,元庆返居京城。

武周如意元年(692),复罢羁縻昆陵都护府①,羁縻昆陵、双河、盐泊、匐延、鹰娑、洁山、嗢鹿七州都督府隶北庭都护府。

附旧府一: 羁縻前瑶池州都督府(649—653)—羁縻昆陵州都督府(658—662,670—677,679—709,714—719,740—742)

贞观二十三年②(649),以来降西突厥阿史那贺鲁为羁縻前瑶池州都督,统西突厥十姓故地,隶安西都护府③。永徽四年(653),贺鲁叛,遂罢羁縻州都督府。显庆三年,平贺鲁,置羁縻昆陵州都督府,为羁縻昆陵都护府治,并置羁縻昆陵、车簿、热海三州。龙朔二年,附吐蕃。咸亨元年,复归唐,隶金山都护府。仪凤二年,复附吐蕃。调露元年,复归隶金山都护府。垂拱元年,再置羁縻昆陵都护府。

武周如意元年,隶北庭都护府。长安四年,羁縻昆陵州都督府领羁縻昆陵、车簿、热海三州,隶羁縻濛池都护府。

唐景龙三年,归藩属突骑施国。开元二年,归北庭都护府。七年,再归藩属突骑施国。二十八年,复归羁縻濛池都护府。

天宝元年,又归藩属突骑施国。

附旧州1:羁縻前瑶池州(649—653)—羁縻昆陵州(658—662,670—677,679—709,714—719,740—742)

贞观二十三年,以突厥处密部落置羁縻前瑶池州④,并置羁縻前瑶州都督府,权寄驻庭州莫贺城(后名沙钵城,今新疆吉木萨尔县三台镇)⑤,永徽二年,还治弓月城(今新疆伊宁县吐鲁番于孜乡金城遗址)⑥。四年,州废。显庆三

---

① 冯志文等《西域地名辞典》第257页:"垂拱后都护迁居内地,仅存空名。如意元年后停袭。"
② 《唐会要》卷94作二十二年,今依《资治通鉴》贞观二十三年二月。
③ 《旧唐书》卷3《太宗纪》。
④ 李筌:《太白阴经》卷3。
⑤ 《资治通鉴》贞观二十二年四月胡注:"庭州西延城西六十里有沙钵城守捉,盖即莫贺城。"贺鲁称沙钵罗可汗,故名城。
⑥ 《资治通鉴》永徽二年正月:阿史那贺鲁"建牙于双河及千泉"。胡注:自双河西南抵贺鲁牙帐二百里。《新唐书》卷215《西突厥传》亦云:"(苏定方)至双河,与弥射、步真会。军饱气张,距贺鲁牙二百里,陈间而行,抵金牙山。"则贺鲁所治之"双河",实指双河西南二百多里之弓月城,遗址尚存。前人多以为弓月城在今霍城县阿勒马力故城,孟凡人《弓月城方位考》(载《中国史研究》1979年第4期)、王克之《弓月古城考》(载《伊犁师范学院学报》1996年第1期)已辨其非。千泉城在今哈萨克斯坦卢戈沃耶,疑为其宫,突厥可汗常避暑于此,参见本章第四节"藩属突骑施国"羁縻千泉州都督府。

年,以突厥阿史那弥射部落(后称弓月部)置羁縻昆陵州①,仍治弓月城,并置羁縻昆陵州都督府。龙朔二年,州废。咸亨元年,再置。仪凤二年,复废。调露元年,复置。景龙三年,归突骑施。开元二年,复归唐。七年,再归突骑施。二十八年,复归唐。天宝元年,州废。

附旧州 2：**羁縻车簿州**(658—662,670—677,679—709,714—719,740—742)

显庆三年,以突厥车鼻施部置羁縻车簿州,治蛰失蜜城(今新疆霍城县六二团农场萦伦古城)②,隶羁縻昆陵州都督府。龙朔二年,州废。咸亨元年,再置。仪凤二年,复废。调露元年,复置。景龙三年,归突骑施。开元二年,复归唐。七年,再归突骑施。二十八年,复归唐。天宝元年,州废。

附旧州 3：**羁縻热海州**(658—662,670—677,679—709,714—719,740—742)

显庆三年,以突厥车鼻施别部置羁縻热海州(今哈萨克斯坦阿拉木图州春贾?)③,隶羁縻昆陵州都督府。龙朔二年,州废。咸亨元年,再置。仪凤二年,复废。调露元年,复置。景龙三年,归突骑施。开元二年,复归唐。七年,再归突骑施。二十八年,复归唐。天宝元年,州废。

附旧府二：羁縻双河州都督府(658—662,670—677,679—709,714—719,740—742)

显庆三年,平阿史那贺鲁,置羁縻双河州都督府及羁縻双河州,隶羁縻昆陵都护府。龙朔二年,附吐蕃。咸亨元年,复归唐,隶金山都护府。仪凤二年,复附吐蕃。调露元年,复归隶金山都护府。垂拱元年,再隶羁縻昆陵都护府。

武周如意元年,隶北庭都护府。长安四年,羁縻双河州都督府领羁縻双

---

① 《册府元龟》卷449:"龙朔中,斩(昆陵都护)阿史那弥射,其下鼠尼施、拔塞干两部叛走,海政与(濛池都护)步真追讨平之。海政军回至疏勒南,弓月又引吐蕃之众来拒官军。海政以师老不敢战,遂以军资赂吐蕃,约和而还。其后吐蕃盛言弥射不反,为步真所诬。"按弓月部拒唐军,鼠尼施、拔塞干两部叛走入吐蕃乞援,吐蕃为申弥射之冤,显见弓月即弥射所部。
② 《旧唐书》卷185《王方翼传》:"永隆中,车簿(即车鼻施部)反叛,围弓月城。"按车鼻施不属五咄陆,原居碛北,后其一部随阿史那贺鲁西徙伊丽水(薛宗正《中亚内陆——大唐帝国》,第80页),则显庆中应置为昆陵州都督府支州。《新唐志》云:"弓月城过思浑川、蛰失蜜城,渡伊丽河,一名思帝河,至碎叶界。"杨尘《弓月城及其名考》(载《伊犁师范学院学报》1993年第3期)云思浑川即今霍尔果斯河,则执失蜜在索伦古城当置一州,疑"车簿"即其名。
③ 《旧唐书》卷185《王方翼传》:"永隆中,(方翼)至伊丽河,贼前来拒,因纵击,大破之,斩首千余级。俄而二姓咽面悉发众十万,与车簿合势以拒。方翼屯兵热海,与贼连战。……因遣神将分道讨袭咽面等。贼既无备,因是大溃,擒首领突骑施等三百人,西域遂定。"按方翼未破咽面、车簿联军之前,似不得屯兵伊塞克湖,且当时突骑施部也不在该湖区,此"热海"当非湖名,而是车鼻施羁縻州名,在伊丽河西近,疑在今哈萨克斯坦春贾。此州虽不临热海,然亦不远,取名类同蒲类州、瑶池州、濛池州情形。

河州,隶羁縻濛池都护府。

唐景龙三年,归藩属突骑施国。开元二年,归北庭都护府。七年,再归藩属突骑施国。二十八年,复归羁縻濛池都护府。

天宝元年,又归藩属突骑施国①。

附旧州:羁縻双河州(658—662,670—677,679—709,714—719,740—742)

显庆三年,以突厥以摄舍提暾部落置羁縻双河州(今新疆博乐市达勒特镇破城子村古城)②,并置羁縻双河州都督府。龙朔二年,州废。咸亨元年,再置。仪凤二年,复废。调露元年,复置。景龙三年,归突骑施。开元二年,复归唐。七年,再归突骑施。二十八年,复归唐。天宝元年,州废。

附旧府三:羁縻盐泊州都督府(658—662,670—677,679—709,714—719,740—742)

显庆三年,平阿史那贺鲁,置羁縻盐泊州都督府及羁縻盐泊州,隶羁縻昆陵都护府。龙朔二年,附吐蕃。咸亨元年,复归唐,隶金山都护府。仪凤二年,复附吐蕃。调露元年,复归隶金山都护府。垂拱元年,再隶羁縻昆陵都护府。

武周如意元年,隶北庭都护府。长安四年,羁縻盐泊州都督府领羁縻盐泊州,隶羁縻濛池都护府。

唐景龙三年,归藩属突骑施国。开元二年,归北庭都护府③。七年,再归

---

① 《历史地名》第522页云:双河都督府贞元中废。按天宝元年后其地先后属藩属突骑施国、葛逻禄国,羁縻都督府建置能否维持到贞元中,实属可疑。
② 《新唐书》卷215《西突厥传》:"(苏定方)至双河,与弥射、步真会。军饱气张,距贺鲁牙二百里,陈而行,抵金牙山。"前证贺鲁牙即弓月城,在今伊宁县吐鲁番于孜乡,其北二百里有穆孜他乌—婆罗科努山脉,穆孜他乌山在今哈萨克斯坦境,西支有阿勒坦额墨尔山,"阿勒坦"一词源自蒙古语,"金子"之意,"额墨尔"即"咽面"异译,故此地名可译为"金山咽面",可证此山脉即金牙山(或以为金牙山为阿拉套山),故前人如沙畹等皆谓双河都督府在博尔塔拉河流域,今依《博尔塔拉蒙古自治州重要古城址和古墓葬调查》(载《新疆文物考古新收获(1979~1989)》)、《中国文物地图集·新疆维吾尔自治区分册》第482页定于达勒特古城。李遇春《博罗塔拉州石人墓调查简记》(载《文物》1962年第7期)定于博乐市西5公里青得里唐城遗址,然该城实为宋辽古城。任宝磊《多逻斯川、双河及金牙山——唐将苏定方西征路线考辨》(载《中国历史地理论丛》2012年第3期)认为,此双河不在博乐,主要理由有二:一是据《旧唐书·突厥传》,阿史那弥射军先经伊丽水,后至双河,若双河在博乐,则弥射军乃掉头北上,不合情理;二是喀喇汗王国之"乙寄乌骨"城是突厥语"iki ɣgüz"(双河)的对译,在阿勒坦额墨尔山北麓之阿勒坦额墨尔(Altyn-Emel),此乃苏定方与弥射会师之双河,金牙山则在羯丹山(今阿拉木图南之匹格—阿拉套山),为贺鲁王庭所在。按《新唐书·突厥传》,弥射军是先至双河,嗣经金牙山至伊丽,后再补叙双河之战情形,并无不妥,而任氏一味诋《新传》为误,不能令人信服;又,阿勒坦额墨尔有双河(乙寄乌骨)之名,是在喀喇汗时代,唐时未必如此,且《旧传》明载双河亦为贺鲁牙,若金牙山在羯丹山,无论伊宁县还是距阿勒坦额墨尔均在六百里以远,亦与《旧传》不合,故任说不足取。
③ 《册府元龟》卷977:开元二年九月,"胡禄屋阙及首领胡禄一千三十一人来降。十月,胡禄(屈)〔屋〕二万帐诣北庭内属"。

藩属突骑施国。二十八年,复归羁縻濛池都护府。

天宝元年,又归藩属突骑施国。

附旧州:羁縻盐泊州(658—662,670—677,679—709,714—719,740—742)

显庆三年,以突厥胡禄屋阙部落置羁縻盐泊州(今新疆克拉玛依市克拉玛依区)①,并置羁縻盐泊州都督府。龙朔二年,州废。咸亨元年,再置。仪凤二年,复废。调露元年,复置。景龙三年,归突骑施。开元二年,复归唐。七年,再归突骑施。二十八年,复归唐。天宝元年,州废。

附旧府四:羁縻匐延州都督府(658—662,670—677,679—709,714—719,740—742)

显庆三年,平阿史那贺鲁,置羁縻匐延州都督府及羁縻匐延州,隶羁縻昆陵都护府。龙朔二年,附吐蕃。咸亨元年,复归唐②,隶金山都护府。仪凤二年,复附吐蕃。调露元年,复归隶金山都护府。垂拱元年,再隶羁縻昆陵都护府。

武周如意元年,隶北庭都护府。长安四年,羁縻匐延州都督府领羁縻匐延州,隶羁縻濛池都护府。

唐景龙三年,归藩属突骑施国。开元二年,归北庭都护府③。七年,再归藩属突骑施国。二十八年,复归羁縻濛池都护府。

天宝元年,又归藩属突骑施国。

附旧州:羁縻匐延州(658—662,670—677,679—709,714—719,740—742)

显庆三年,以突厥处木昆部置羁縻匐延州(今新疆乌苏县)④,并置羁縻匐

---

① 《地图集》、《历史地名》第2047页拟为克拉玛依市一带,刘统《唐代羁縻府州研究》第185页认为盐泊应即玛纳斯湖,与此说合,今从之。钱伯泉《轮台的地理位置与乌鲁木齐渊源考》(载《新疆社会科学》1982年第1期)认为在今乌鲁木齐到吐鲁番间的盐湖附近:"胡禄屋近乌鲁,阙音近齐,胡禄屋阙即乌鲁木齐的异译,这个部落一定因游牧于乌鲁木齐河畔而得名。"苏北海《西域历史地理》第152页驳其说:"《新唐书》明说在轮台地区的游牧民族已设有轮台州都督府管理,不可能再在相同地区另设一个盐泊州都督府。"他和薛宗正、任宝磊皆认为盐泊指今艾比湖。但艾比湖地区已置有双河州都督府,同样也不可能再设一个都督府。
② 《册府元龟》卷964。
③ 《册府元龟》卷977:开元二年九月,"胡禄屋阙及首领胡禄一千三十一人来降。十月,胡禄(屈)〔屋〕二万帐诣北庭内属"。
④ 《旧唐书》卷83《苏定方传》:"定方为行军大总管,又征贺鲁,以任雅相、回纥婆润为副,自金山之北指处木昆部落,大破之。"《资治通鉴》显庆二年十二月:"苏定方击西突厥沙钵罗可汗,至金山北,先击处木昆部,大破之。"按唐金山一般指今阿尔泰山,然时沙钵罗可汗阿史那贺鲁牙廷在伊犁河流域,唐军击贺鲁不必绕道经阿尔泰山北。《新唐书》卷110《契苾何力传》:永徽中,西突厥阿史那贺鲁叛,"寇庭州,陷金岭"。此金岭又名金沙山,《纪要》卷65火州谓:"庭州东南,西州西北,此西域之金山也。"即今博格达山,则苏定方所经"金山"当指此,而非阿尔泰山。处木昆在金山与伊犁河之间,正如薛宗正《安西与北庭》第91页所谓:"匐延都督府:以处木昆部置,地在今(转下页)

延州都督府。龙朔二年,州废。咸亨元年,再置。仪凤二年,复废。调露元年,复置。景龙三年,归突骑施。开元二年,复归唐。七年,再归突骑施。二十八年,复归唐。天宝元年,州废。

附旧府五:羁縻鹰娑州都督府(658—662,670—677,679—709,714—719,740—742)

显庆三年,平阿史那贺鲁,置羁縻鹰娑州都督府及羁縻鹰娑州,隶羁縻昆陵都护府。龙朔二年,附吐蕃。咸亨元年,复归唐,隶金山都护府。仪凤二年,复附吐蕃。调露元年,复归隶金山都护府。垂拱元年,再隶羁縻昆陵都护府。

武周如意元年,隶北庭都护府。长安四年,羁縻鹰娑州都督府领羁縻鹰娑州,隶羁縻濛池都护府。

唐景龙三年,归藩属突骑施国。开元二年,归北庭都护府①。七年,再归藩属突骑施国。二十八年,复归羁縻濛池都护府。

天宝元年,又归藩属突骑施国。

附旧州:羁縻鹰娑州(658—662,670—677,679—709,714—719,740—742)

显庆三年,以突厥鼠尼施处半部落置羁縻鹰娑州(今新疆新源县城新源镇阿勒吞库尔干村城址)②,并置羁縻鹰娑州都督府。龙朔二年,州废。咸亨元年,再置。仪凤二年,复废。调露元年,复置。景龙三年,归突骑施。开元二年,复归唐。七年,再归突骑施。二十八年,复归唐。天宝元年,州废。盖即鹰娑府故址。度开都河上游固当鹰娑川,属鹰娑府。

(接上页)伊犁河东。"然薛氏《丝绸之路北庭研究》第312页却拟于精河一带,按其地已属双河都督府,故今拟匋延于乌苏市境。苏北海、钟兴麒、任宝磊(《新疆地区的突厥遗存与突厥史地研究》,第135页)谓在阿尔泰山北额尔齐斯河流域,当非;《地图集》、冯志文折中取和布克赛尔、塔城一带,亦不妥。

① 《册府元龟》卷977:开元二年九月,"胡禄屋阙及首领胡禄一千三十一人来降。十月,胡禄(屈)〔屋〕二万帐诣北庭内属"。

② 《新唐书》卷215《西突厥传》:"前军苏定方击贺鲁别帐鼠尼施于鹰娑川。"《州郡典》:安西府"北至突骑施界鹰娑川一千里"。《钦定皇舆西域图志》卷23谓:"裕勒都斯郭勒在古为鹰娑川。"薛宗正《丝绸之路北庭研究》第312页亦以为在和静县开都河上游即尤鲁都斯(裕勒都斯,沙畹《西突厥史料》第65页作 Youldouz,今开都河上游)草原,然其地未发现唐代城址,而《中国文物地图集·新疆维吾尔自治区分册》下册第622页云,新源县有阿勒吞唐代至西辽方形城址,边长均在180—190米之间,然非府治。亦有人以为鹰娑在伊犁一带,然伊犁属昆陵都督府。于志勇《白山器饰宝藏》(载《吐鲁番学研究》2000年第1期)从林梅村,认为鹰娑位于特克斯河流域,有人则认为特克斯是萧乡军所在地。苏北海《西域历史地理》第151—152页云:"鼠尼施在阿尔泰山以北一带。"当是误判苏定方进军路线之故。

附旧府六：羁縻洁山州都督府（658—662，670—677，679—709，714—719，740—742）

显庆三年，平阿史那贺鲁，置羁縻洁山州都督府及羁縻洁山①州，隶羁縻昆陵都护府。龙朔二年，附吐蕃。咸亨元年，复归唐，隶金山都护府。仪凤二年，复附吐蕃。调露元年，复归隶金山都护府。垂拱元年，再隶羁縻昆陵都护府。

武周如意元年，隶北庭都护府。长安四年，羁縻洁山州都督府领羁縻洁山州，隶羁縻濛池都护府。

唐景龙三年，归藩属突骑施国。开元二年，归北庭都护府。七年，再归藩属突骑施国。二十八年，复归羁縻濛池都护府。

天宝元年，又归藩属突骑施国。

附旧州：羁縻洁山州（658—662，670—677，679—709，714—719，740—742）

显庆三年，以突厥突骑施阿利施部落置羁縻洁山州（今新疆昭苏县夏特乡古城遗址）②，并置羁縻洁山州都督府。龙朔二年，州废。咸亨元年，再置。仪凤二年，复废。调露元年，复置。景龙三年，归突骑施。开元二年，复归唐。七年，再归突骑施。二十八年，复归唐。天宝元年，州废。

附旧府七：羁縻嗢鹿州都督府（658—662，670—677，679—699，700—709，714—719，740—742）

显庆三年，平阿史那贺鲁，置羁縻嗢鹿州都督府及羁縻嗢鹿、特伽二州，隶羁縻昆陵都护府。龙朔二年，附吐蕃。咸亨元年，复归唐，隶金山都护府。仪凤二年，复附吐蕃。调露元年，复归隶金山都护府。垂拱元年，再隶羁縻昆陵都护府。

武周如意元年，隶北庭都护府。圣历二年，羁縻都督府废，羁縻嗢鹿、特伽二州隶羁縻后瑶池州都督府。三年，复以废羁縻后瑶池州都督府之羁縻嗢鹿、特伽二州置羁縻嗢鹿州都督府，仍隶羁縻濛池都护府。长安四年，羁縻嗢鹿州都督府领羁縻嗢鹿、特伽二州。

唐景龙三年，归藩属突骑施国。开元二年，归北庭都护府。七年，再归藩属突骑施国。二十八年，复归羁縻濛池都护府。

天宝元年，又归藩属突骑施国。

---

① 《新唐书》卷 215《西突厥传》作"絜山"，今依《新唐志》。
② 今人多以为在哈萨克斯坦阿拉木图市或谢米列契一带（如《西域通史》第 167 页等）。然据下文所考，阿拉木图实为嗢鹿州都督府所在地，则洁山州都督府似应在今中国伊犁南境特克斯、昭苏二县境内。据《中国文物地图集·新疆维吾尔自治区分册》下册第 624 页，今昭苏县有夏特（下台）古城，时间唐代至元，边长在 200—500 米之间，当即其地。

附旧州1：羁縻嗢鹿州(658—662,670—677,679—709,714—719,740—742)

显庆三年，以突厥突骑施索葛莫贺部落置羁縻嗢鹿州（今哈萨克斯坦阿拉木图州阿拉木图市）①，并置羁縻嗢鹿州都督府。龙朔二年，州废。咸亨元年，再置。仪凤二年，复废。调露元年，复置。圣历二年，隶羁縻瑶池州都督府。三年，复割置羁縻嗢鹿州都督府。景龙三年，归突骑施。开元二年，复归唐。七年，再归突骑施。二十八年，复归唐。天宝元年，州废。

附旧州2：羁縻特伽州(658—662,670—677,679—709,714—719,740—742)

显庆三年，以突厥突骑施索葛莫贺部落置羁縻特伽州（今哈萨克斯坦阿拉木图州乌尊阿加奇）②，并置羁縻洁山州都督府。龙朔二年，州废。咸亨元年，再置。仪凤二年，复废。调露元年，复置。圣历二年，隶羁縻瑶池州都督府。三年，复隶羁縻嗢鹿州都督府。景龙三年，归突骑施。开元二年，复归唐。七年，再归突骑施。二十八年，复归唐。天宝元年，州废。

第五节 藩属葛逻禄国

藩属葛逻禄国(753—790)

天宝十二载(753)，唐朝册立顿毗伽都督（tay bilga tutuq）为葛逻禄叶护，封金山郡王，承认其领有北庭原统之三姓葛逻禄及咽面羁縻地区，建藩属葛逻禄国③，

---

① 《地图集》、薛宗正《安西与北庭》第91页、冯志文《西域地名辞典》第485页等拟于今伊犁一带，刘统《唐代羁縻府州研究》第183页以为初在伊宁一带，后移碎叶川东。苏北海《西域历史地理》第151页："嗢鹿州都督府的位置似在托克马克以北的楚河附近。因《旧唐书·西突厥传》称：'突骑施乌质勒者，尝先聚碎叶西北界，后渐攻陷碎叶，徙其牙帐居之。'"揆之史实，苏说近是，今拟于哈萨克斯坦阿拉木图市。嗢鹿(walu)，与阿拉木图(Alma-ata)音近。

② 《新唐志》北庭都护府有羁縻特伽州。按《元和志》云，长安二年北庭都护府"按三十六蕃"，王永兴《唐代经营西北研究》第57页认为"蕃"后脱"州"字，即统三十六羁縻州，依《新唐志》名单，尚缺数州，嗢鹿州都督府地域较大，似应置有支州，今拟特伽州于哈萨克斯坦阿拉木图州乌尊阿加奇一带，其地为一大绿洲中心，宜置州。明嘉胄《香乘》卷8引《马氏日抄》云：西域钵露那（即勃律）国有特迦香；李日华《六研斋笔记》卷2云：葱岭东南有特伽国。则北庭都护府之特伽州盖遥射其国为名。

③ 《册府元龟》卷965、975，《资治通鉴》天宝十二载九月皆载，叶护禄俸于北庭给，又上表唐朝请印信并译语人官，《册府元龟》卷971亦云：十三载四月，"三〔姓〕葛逻禄遣使来朝，凡一百三十人，为四队，相继而入，各授官职，合其请求，皆令满望"。可见其藩属性质及统治范围。或说顿毗伽本回纥国葛逻禄部都督，天宝十二载西走，被三姓葛逻禄等奉为叶护。薛宗正《中亚内陆——大唐帝国》第150页云，苏联一切中亚共和国的通史，包括《苏联哈萨克斯坦共和国史》、《苏联乌兹别克斯坦共和国史》、《苏联吉尔吉斯斯坦共和国史》等书都设有"葛逻禄汗国"专节，其时间跨度为760—790年间。其实，长期以来，葛逻禄君主但称叶护，不称可汗。至吐蕃势力退出中亚内陆，葛逻禄才开始建立汗号。

都咽面城(今萨尔坎德)①。乾元元年,其西支占领藩属突骑施国。大历后,移都碎叶城②。贞元六年(790),归吐蕃。

附旧府一:羁縻大漠州都督府(657—709,715—753)

显庆二年③(657),置羁縻大漠州都督府及羁縻大漠、金附二州,羁縻都督府隶关内道燕然都护府。龙朔二年(662),改隶陇右道金山都护府④,并割羁縻金附州隶羁縻金附州都督府。

武周长安二年(702),隶北庭都护府。四年,羁縻大漠州都督府领羁縻大漠州。

唐景龙三年(709),归后突厥⑤。开元三年(715),复归唐,仍置羁縻大漠、金附二州,隶北庭都护府⑥。

天宝十二载,归藩属葛逻禄国。

附旧州1:羁縻大漠州(657—709,715—753)

显庆二年,以突厥葛逻禄炽俟部落置羁縻大漠州(今新疆福海县)⑦,并置羁縻大漠州都督府。景龙三年,州废。开元三年,仍置羁縻大漠州及羁縻都督府。天宝十二载,复废。

---

① 咽面城是蒙古窝阔台汗国后王封地海押立之所在。[法]魏义天《粟特商人史》(广西师范大学出版社2012年中译本)第219页:"海押立既是波斯作家笔下的Qayāligh,也是古老葛逻禄人的首都。"
② 《新唐书》卷215《西突厥传》:"大历后,葛逻禄盛,徙居碎叶川。"
③ 《新唐志》作"三年",今依《唐会要》卷100《葛逻禄国》、《新唐书》卷217《回鹘传附葛逻禄》、《资治通鉴》显庆二年正月。乾陵蕃臣石像铭中有"本泃(或本作泃本)都督",岑仲勉《隋唐史》第141页、陈国灿《唐乾陵石人像及其衔名的研究》以为"大漠都督"之误,当是。
④ 薛宗正《中亚内陆——大唐帝国》第142页云:"乾封二年阿史那步真死,李遮匐叛唐附蕃,阴山、大漠、玄池三羁縻都督府一度废置。"按李遮匐仅称"十姓可汗",薛氏同书第61页亦云实际上阿史那都支与李遮匐同为"十姓可汗",分领西突厥十姓左、右厢诸部,未及葛逻禄,葛逻禄诸州仍属金山都护府。
⑤ 《册府元龟》卷170、卷974:"开元三年四月乙卯,三姓葛逻禄率众归国。"卷992:"四年七月,以突厥默啜啖恩,降书于降附突厥等曰:三姓葛逻禄大(汉)〔漠〕都督特进朱斯、阴山都督谋雒匐维、玄池都督〔踏〕实力胡鼻等:卿积(伐)〔代〕已来,为国藩捍,比缘默啜侵扰,中间屡阻款诚,遂能改图,不远而复。"可知三姓葛逻禄曾归附后突厥国,开元三年复归唐,仍置羁縻都督府。
⑥ 薛宗正《中亚内陆——大唐帝国》第143页云,三姓葛逻禄开元十年开始臣属突骑施,直到二十六年。理由是《册府元龟》载开元十年有突厥骑施大首领葛逻昆池等八人来朝。按此"突厥骑施"究指突厥还是突骑施尚待考证,即使突骑施首领有姓葛逻者,也不能证明三姓葛逻禄已尽归其国,因为葛逻昆池来历不明,且开元四年以后突骑施首领均称"十姓可汗",不含葛逻禄在内,故今暂不采此说。
⑦ 薛宗正《安西与北庭》第92页:"大漠州都督府:地在阿尔泰山西南,濒戈壁一带。"《地图集》、刘统《唐代羁縻府州研究》第186页皆拟于福海县,今从之。苏北海《西域历史地理》第150页云:"大漠都督府应在塔尔巴哈台地区。"恐非。

附旧州 2：羁縻金附州(657—709,715—753)

显庆二年,以突厥葛逻禄炽俟别部置羁縻金附州(今新疆布尔津县)①,隶羁縻大漠州都督府。龙朔二年,割置羁縻金附州都督府。景龙三年,州府并废。开元三年,仍置羁縻金附州,隶羁縻大漠州都督府。天宝十二载,复废。

附旧府二：羁縻金附州都督府(662—709)

龙朔二年,割羁縻大漠州都督府羁縻金附州置羁縻金附州都督府,隶金山都护府。

武周长安二年,隶北庭都护府。四年,羁縻金附州都督府领羁縻金附州。

景龙三年,归后突厥。

附旧府三：羁縻玄池州都督府(657—709,715—753)

显庆二年②,置羁縻玄池州都督府及羁縻玄池、玛勒二州③,羁縻都督府隶关内道燕然都护府。龙朔二年,改隶陇右道金山都护府。

武周长安二年,隶北庭都护府。四年,羁縻玄池州都督府领羁縻玄池、玛勒二州。

唐景龙三年,归后突厥。开元三年,复归唐,仍隶北庭都护府。

天宝十二载,归藩属葛逻禄国。

附旧州 1：羁縻玄池州(657—709,715—753)

显庆二年,以突厥葛逻禄踏实力部落置羁縻玄池州(今哈萨克斯坦东哈萨克州斋桑)④,并置羁縻玄池州都督府。景龙三年,州废。开元三年,复置。

附旧州 2：羁縻玛勒州(657—709,715—753)

显庆二年,以突厥葛逻禄踏实力别部置羁縻玛勒州(今哈萨克斯坦东哈

---

① 苏北海《西域历史地理》第 150 页："金附与玄池州两都督府在阿尔泰山西部及额尔齐斯河地区。"《历史地名》第 1604 页以为在今和布克赛尔县境；薛宗正《安西与北庭》第 92 页以为在阿尔泰山西南濒戈壁一带；钟兴麒《西域地名考录》第 474 页以为在今青河县和富蕴县南部；冯志文等《西域地名词典》第 187 页以为在今吉木萨尔县北后堡子古城。李树辉《葛逻禄东迁西徙历史发微》以为在今乌鲁木齐市乌拉泊古城。今依苏说,拟金附州于布尔津县。

② 《新唐志》作"三年",今依《唐会要》卷 100《葛逻禄国》、《新唐书》卷 217《回鹘传附葛逻禄》。

③ 《新唐志》咽面州都督府："初,玄池、咽面为州,隶燕然。长安二年,为都督府,隶北庭。"然其阴山州都督府却云："显庆三年,分葛逻禄三部置三府。"《新唐书》卷 217《回鹘传附葛逻禄》亦云："显庆二年,以谋落部为阴山都督府,炽俟部为大漠都督府,踏实力部为玄池都督府,即用其酋长为都督。"则玄池州显庆三年已置羁縻都督府,长安二年升府者,只是咽面州。

④ 今人多以为玄池即今斋桑泊,州亦在其地。今拟于湖南斋桑镇一带。薛宗正《安西与北庭》第 92 页以为在天山北麓西段,李树辉《葛逻禄东迁西徙历史发微》以为在七河地区,不详何据,不取。

萨克州库尔丘姆)①,隶羁縻玄池州都督府。景龙三年,州废。开元三年,复置。

附旧府四:羁縻阴山州都督府(657—709,715—753)

显庆二年②,置羁縻阴山州都督府及羁縻阴山、咽面、□□、金牙四州,羁縻都督府隶关内道燕然都护府。龙朔二年,割隶陇右道金山都护府③。

武周长安二年,隶北庭都护府,割咽面、□□、金牙三州隶羁縻咽面州都督府。四年,羁縻阴山州都督府领羁縻阴山一州。

唐景龙三年,归后突厥。开元三年,复归唐,仍隶北庭都护府。

天宝十二载,归藩属葛逻禄国。

附旧州:羁縻阴山州(657—709,715—753)

显庆二年,以葛逻禄谋落部落置羁縻阴山州(今新疆额敏县城额敏镇叶密立古城)④,并置羁縻阴山州都督府。景龙三年,州废。开元三年,仍置羁縻阴山州及羁縻都督府。

附旧府五:羁縻咽面州都督府(702—709,715—753)

武周长安二年,割羁縻阴山州都督府羁縻咽面、□□、金三州置羁縻咽面州都督府⑤,隶北庭都护府。四年,羁縻咽面州都督府领州不变。

唐景龙三年,归后突厥。开元三年,复归唐,仍隶北庭都护府。

天宝十二载,归藩属葛逻禄国。

附旧州1:羁縻咽面州(657—709,715—753)

显庆二年,以突厥咽面部置羁縻咽面州,治咽面城(今哈萨克斯坦塔尔迪

---

① 四库本《太平寰宇记》北庭都护府有玛勒州。《元和志》云,长安二年北庭都护府"按三十六蕃",即统三十六羁縻州,依《新唐志》名单尚缺数州,玄池州都督府地域较大,似应如大漠、阴山都督府例亦置有支州,疑即玛勒州,今拟于斋桑泊北库尔丘姆一带。然"玛勒"疑非原名,乃清人以满语异译之音。
② 《新唐志》作"三年",今依《唐会要》卷100《葛逻禄国》、《新唐书》卷217《回鹘传附葛逻禄》、《资治通鉴》显庆二年正月。
③ 《新唐志》咽面州都督府:"初,玄池、咽面为州,隶燕然,长安二年为都督府,隶北庭。"
④ 苏北海《西域历史地理》第150页:"阴山都督府应在博罗塔拉以北阿拉套山一带,因那时的天山称为阴山。"薛宗正《安西与北庭》第91页:"阴山都督府:游牧于阿尔泰山西南。"《地图集》,刘统拟于今塔城市一带。戴良佐《唐庭州西海县方位初考》(载《新疆文物》1995年第2期)云,额敏县叶密县古城的前身是唐代城址,又据《中国文物地图集·新疆维吾尔自治区分册》下册第635—636页,附近的库热西村和喀拉库热村有唐代石人像,故可定阴山州于此城址。李树辉《葛逻禄东迁西徙历史发微》以为在伊犁河谷,不详何据,不取。
⑤ 史志不载咽面州都督府领州数。按咽面部亦称"三姓咽面",当置三州。

库尔干州萨尔坎德)①,隶羁縻阴山州都督府。长安二年,割置羁縻咽面州都督府。景龙三年,州废。开元三年,仍置羁縻咽面州及羁縻都督府。

附旧州 2：羁縻□□州(657—709,715—753)

显庆二年,以突厥咽面别部置羁縻□□州(今哈萨克斯坦塔尔迪库尔干州塔尔迪库尔干市)②,隶羁縻阴山州都督府。长安二年,割隶羁縻咽面州都督府。景龙三年,州废。开元三年,仍置羁縻□□州。

附旧州 3：羁縻金牙州(657—709,715—753)

显庆二年,以突厥咽面别部置羁縻金牙州(今哈萨克斯坦塔尔迪库尔干州阿勒坦额墨尔)③,隶羁縻阴山州都督府。长安二年,割隶羁縻咽面州都督府。景龙三年,州废。开元三年,仍置羁縻金牙州,以处突厥车鼻施别部。

---

① 《册府元龟》卷 357:"(显庆元年)副将周智度攻其突骑、处木昆等于咽城,拔之,斩首三万级,虏获甚众。"岑仲勉:"'咽城',当是'咽面城'之略。"苏北海《西域历史地理》第 150 页:"在《北史·铁勒传》中就说:'得嶷海东西,有苏路羯、三素咽面、促萨忽等诸姓。'这里的得嶷海就是巴尔喀什湖;三素咽面即唐时译称的三姓咽面,已主要活动于巴尔喀什湖的东部。《资治通鉴》卷 202 称:咸亨四年'弓月南结吐蕃,北招咽面'。当时弓月在伊犁盆地,咽面在其北,就是今阿拉湖、阿拉套山一带。"今定于塔尔迪库尔干州萨尔坎德。《地图集》、刘统拟于今博尔塔拉北至阿拉湖一带,当阿拉山口要道,近是。薛宗正《中亚内陆——大唐帝国》第 80 页以为在今新疆巴音郭楞州境,恐非。
② 依地理形势推定。
③ 《册府元龟》卷 971:"天宝十二载正月,疏勒首领摄耀建州司马裴国良、金州首领阿满儿褐车鼻施并来贺正。"刘统《唐代羁縻府州研究》第 181 页以为金州属疏勒都督府。然《新唐书》卷 221《疏勒传》记此事不及金州,则金州不属疏勒,偶与耀建州同入朝耳。车鼻施部原居伊塞克湖北,分属昆陵、濛池二都护,二都护开元后已为突骑施国所代,羁縻府尽废,则此金州当属车鼻施别部入居咽面者,是年来朝后即废,今拟于哈萨克斯坦阿勒坦额墨尔(Altyn-Emel)。州处金牙山(今穆孜他乌—婆罗科努山)之西,故名,以西域羁縻州惯取双字州名推测,州名当脱"牙"字,因补。又,"阿勒坦"一名源于蒙古语,意为"金子","额墨尔"一词可能源自古代"咽面",合言之盖即"金牙咽面"之意。

附 录

附 录 1459

一、唐代行政区划图

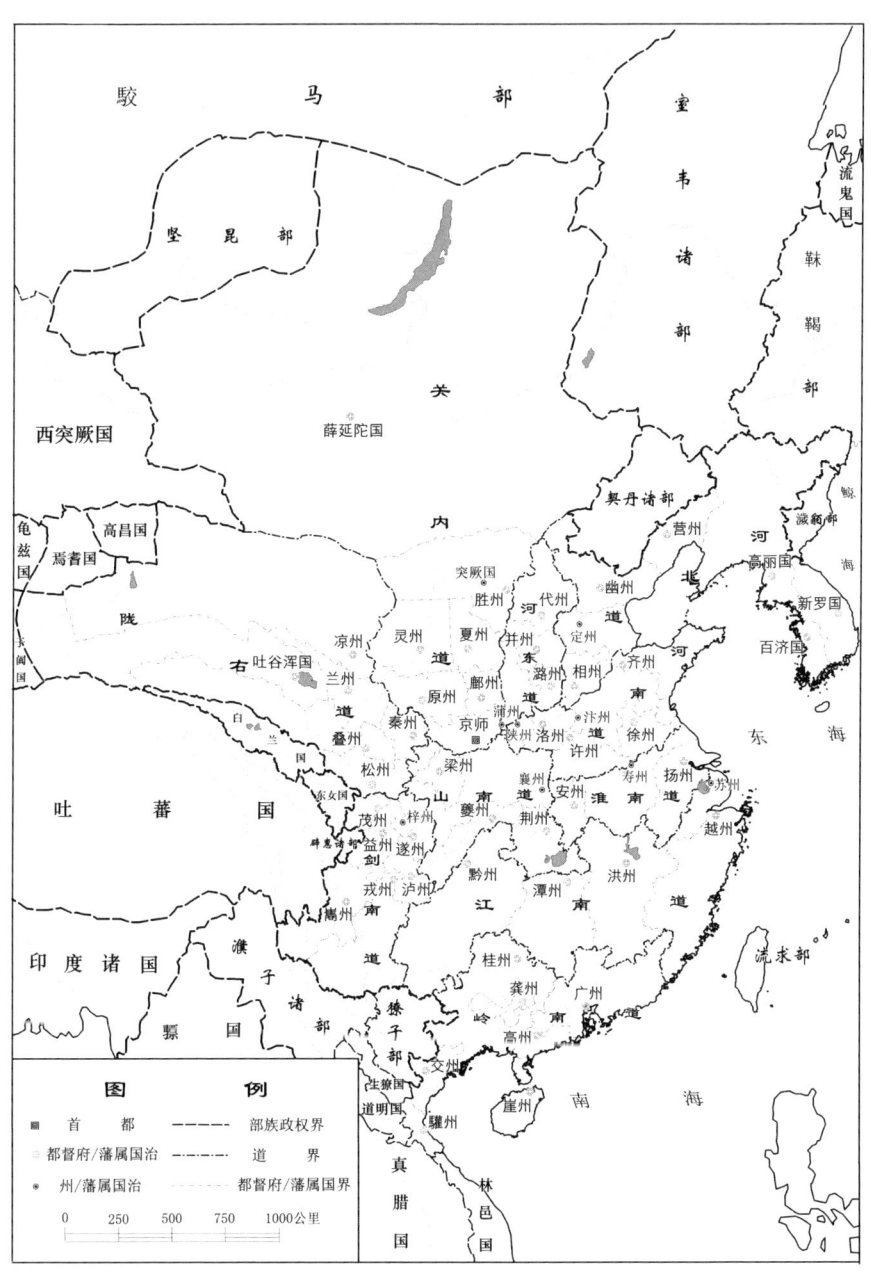

1. 贞观十三年(639)唐朝行政与统治区划图

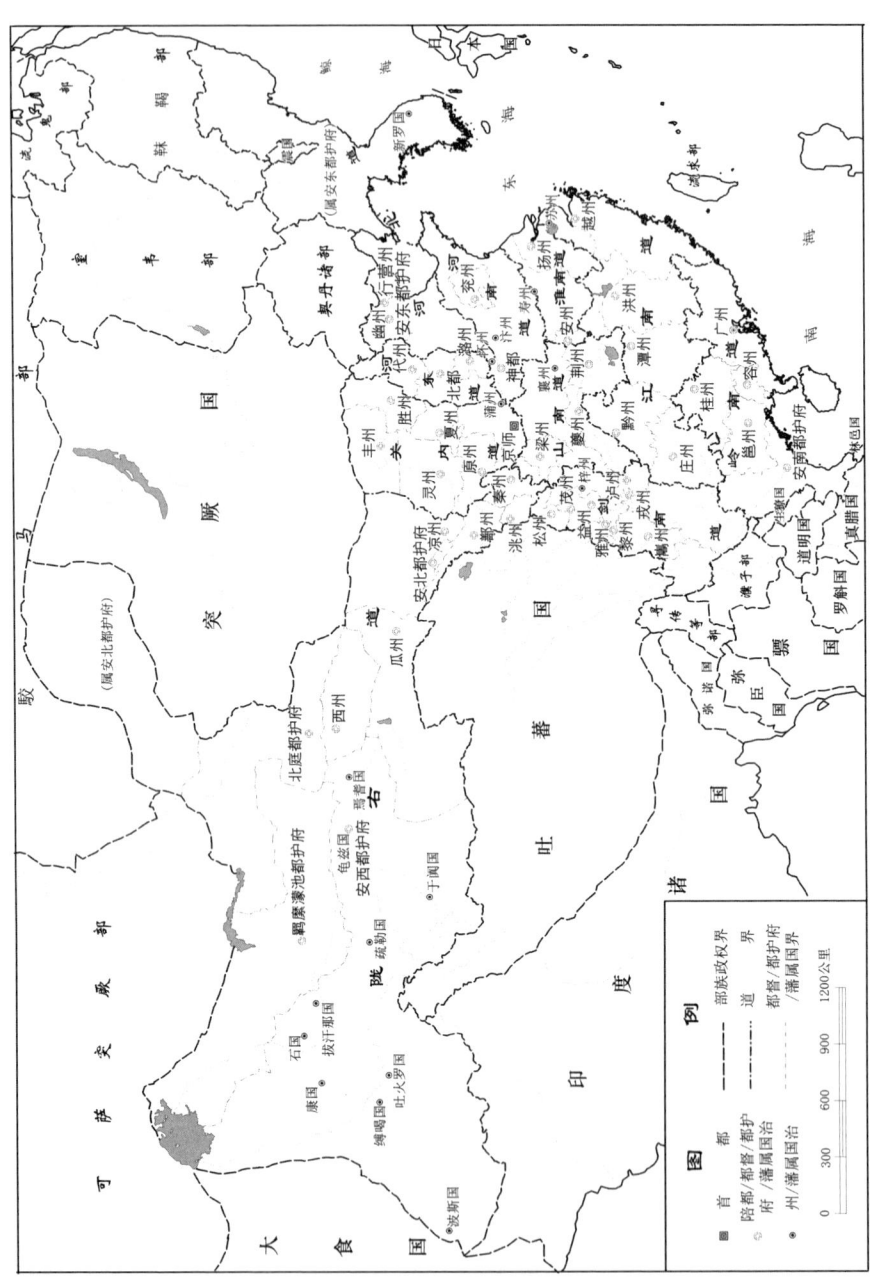

2. 长安四年(704)武周行政与统治区划图

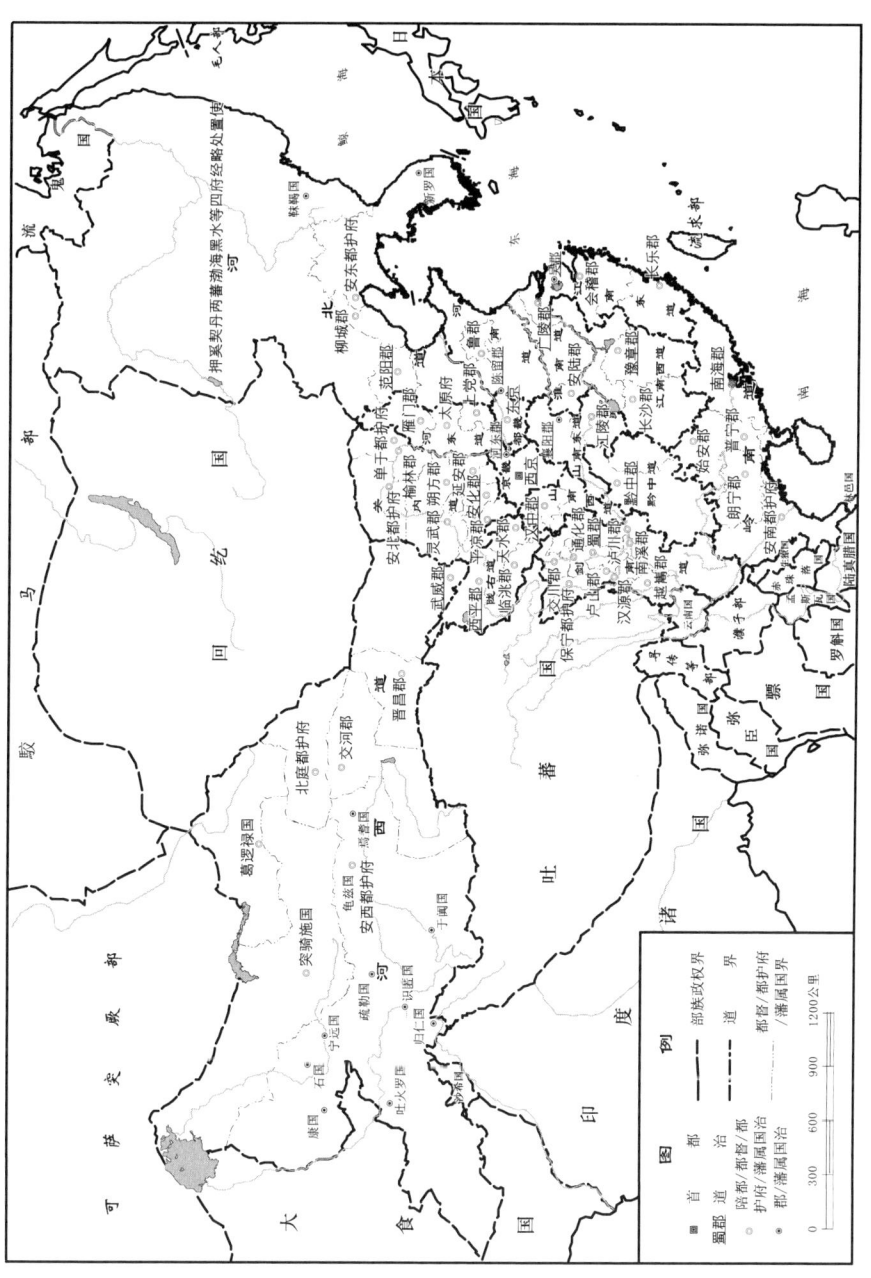

3. 天宝十三载(754)唐朝行政区划与统治区划图

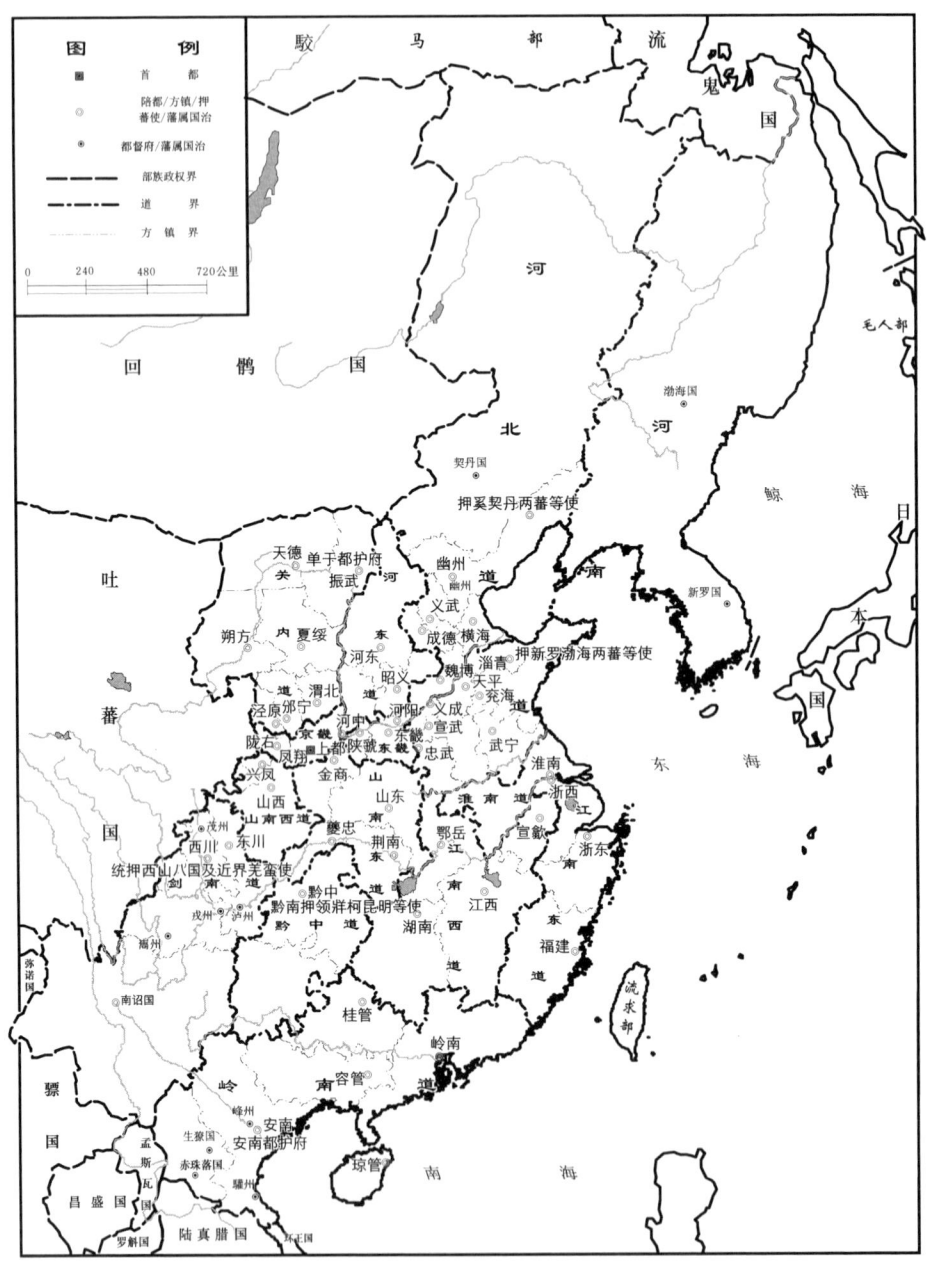

4. 元和十五年(820)唐朝行政与统治区划图

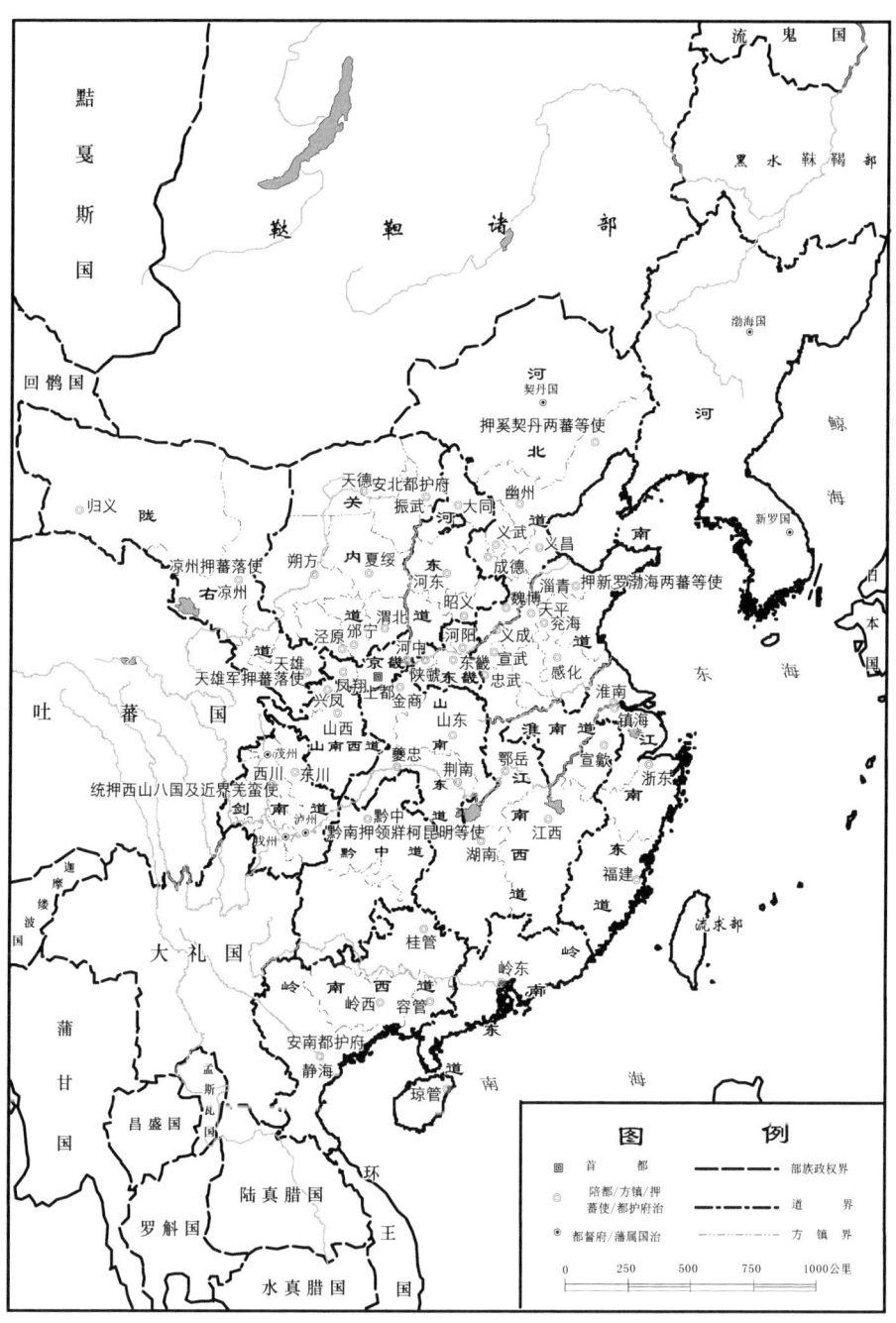

5. 咸通十四年(873)唐朝行政与统治区划图

二、唐代政区沿革表

1. 唐贞观十三年(639)行政与统治区划总表

都督府、大藩属国名	州、中藩属国、羁縻府、羁縻部名	县、羁縻州名
一、关内道(5都督府、22州、120县、2羁縻州、2藩属国)		
直属地区(7州50县)	雍州(18县)	长安、万年、新丰、渭南、蓝田、鄠县、盩厔、始平、武功、好畤、醴泉、咸阳、泾阳、云阳、三原、高陵、栎阳、富平
	同州(9县)	冯翊、朝邑、下邽、蒲城、白水、澄城、郃阳、河西、韩城
	华州(2县)	郑县、华阴
	宜州(4县)	华原、宜君、同官、土门
	岐州(8县)	雍县、岐山、岐阳、扶风、郿县、陈仓、普润、麟游
	陇州(5县)	汧源、汧阳、吴山、南由、华亭
	豳州(4县)	新平、三水、永寿、宜禄
鄜州都督府(4州21县)	鄜州(5县)	洛交、洛川、三川、直罗、伏陆
	坊州(2县)	中部、鄜城
	丹州(5县)	义川、云岩、门山、汾川、咸宁
	延州(9县)	肤施、金城、金明、罢交、丰林、延川、延安、安民、临真
原州都督府(5州25县1羁縻州)	原州(3县)	平高、百泉、平凉
	庆州(8县)	弘化、白马、华池、蟠交、乐蟠、同川、马岭、洛源
	宁州(7县)	定安、襄乐、罗川、定平、归义、丰义、彭原
	泾州(5县)	安定、鹑觚、良原、阴盘、临泾
	会州(2县)	会宁、乌兰
	直辖羁縻地区(1州)	缘州
灵州都督府(2州7县1羁縻州)	灵州(5县)	回乐、鸣沙、灵武、怀远、安静
	盐州(2县)	五原、兴宁
	直辖羁縻地区(1州)	维州
夏州都督府(3州13县)	夏州(4县)	朔方、德静、宁塞、长泽
	绥州(5县)	上县、延福、绥德、城平、大斌
	银州(4县)	儒林、真乡、开光、抚宁
胜州都督府(1州4县1藩属国)	胜州(4县)	榆林、河滨、连谷、银城
	藩属突厥国	
藩属薛延陀国		
二、河东道(3都督府、22州、103县)		
直属地区(9州48县)	蒲州(5县)	河东、桑泉、猗氏、虞乡、永乐
	泰州(4县)	龙门、万春、万泉、汾阴
	虞州(4县)	安邑、夏县、解县、桐乡
	绛州(8县)	正平、曲沃、翼城、绛县、垣县、闻喜、稷山、太平
	晋州(7县)	临汾、西河、洪洞、岳阳、冀氏、神山、襄陵
	慈州(5县)	吉昌、文城、仵城、昌宁、吕香
	隰州(6县)	隰川、蒲县、大宁、永和、石楼、温泉
	吕州(4县)	霍邑、赵城、汾西、灵石
	石州(5县)	离石、平夷、定胡、临泉、方山

续 表

都督府、大藩属国名	州、中藩属国、羁縻府、羁縻部名	县、羁縻州名
潞州都督府(4州19县)	潞州(5县)	上党、壶关、长子、屯留、潞城
	泽州(6县)	晋城、濩泽、沁水、端氏、高平、陵川
	沁州(3县)	沁源、和川、绵上
	韩州(5县)	襄垣、铜鞮、乡县、黎城、涉县
并州都督府(4州25县)	并州(14县)	太原、晋阳、榆次、寿阳、孟县、石艾、乐平、太谷、祁县、文水、交城、清源、燕然、阳曲
	岚州(3县)	宜芳、静乐、合河
	汾州(4县)	隰城、平遥、介休、孝义
	箕州(4县)	辽山、榆社、平城、和顺
代州都督府(5州11县)	代州(5县)	雁门、繁畤、五台、怀化、崞县
	忻州(2县)	秀容、定襄
	朔州(1县)	善阳
	云州(1县)	定襄
	蔚州(2县)	灵丘、飞狐
三、河北道(3都督府、24州、1行州、158县、1行县、8羁縻州、3藩属国)		
直属地区(11州80县)	定州(11县)	安喜、义丰、深泽、鼓城、毋极、唐昌、新乐、恒阳、唐县、北平、望都
	瀛州(10县)	河间、博野、清苑、高阳、任丘、郑县、文安、平舒、束城、乐寿
	沧州(10县)	清池、盐山、无棣、阳信、乐陵、饶安、南皮、景城、长芦、鲁城
	德州(8县)	安德、平原、长河、将陵、般县、平昌、滴河、厌次
	博州(6县)	聊城、武水、堂邑、清平、博平、高唐
	观州(6县)	弓高、蓚县、阜城、东光、安陵、胡苏
	冀州(6县)	信都、堂阳、枣强、武邑、衡水、南宫
	深州(5县)	饶阳、武强、下博、鹿城、安平
	赵州(9县)	平棘、廮陶、象城、柏乡、高邑、房子、赞皇、元氏、栾城
	恒州(6县)	真定、九门、稾城、石邑、灵寿、行唐
	井州(3县)	井陉、房山、鹿泉
幽州都督府(5州1行州19县1行县)	幽州(10县)	蓟县、潞县、渔阳、雍奴、安次、固安、归义、范阳、良乡、昌平
	易州(5县)	易县、涞水、遒县、遂城、永乐
	妫州(1县)	怀戎
	行燕州(1行县)	行辽西
	檀州(2县)	燕乐、密云
	平州(1县)	卢龙
营州都督府(1州1县8羁縻州)	营州(1县)	柳城
	直属羁縻地区(8州)	辽州、师州、昌州、崇州、鲜州、慎州、威州、顺州
相州都督府(7州58县)	相州(9县)	安阳、汤阴、林虑、滏阳、邺县、临漳、成安、洹水、尧城
	卫州(5县)	汲县、新乡、共城、卫县、清淇
	黎州(4县)	黎阳、临河、澶水、内黄
	魏州(12县)	贵乡、元城、繁水、莘县、临黄、观城、顿丘、昌乐、魏县、馆陶、冠氏、武阳
	洺州(10县)	永年、洺水、平恩、清漳、肥乡、邯郸、武安、临洺、鸡泽、曲周
	邢州(9县)	龙冈、南和、沙河、青山、内丘、柏仁、任县、钜鹿、平乡
	贝州(9县)	清河、武城、漳南、历亭、鄃县、临清、宗城、经城

续　表

都督府、大藩属国名	州、中藩属国、羁縻府、羁縻部名	县、羁縻州名
藩属高丽国		
藩属百济国		
藩属新罗国		
四、河南道(4 都督府、32 州、190 县)		
直属地区(15 州 81 县)	汴州(6 县)	浚仪、封丘、陈留、雍丘、尉氏、中牟
	滑州(7 县)	白马、卫南、韦城、匡城、灵昌、胙城、酸枣
	曹州(5 县)	济阴、考城、冤句、乘氏、成武
	戴州(6 县)	金乡、方与、单父、楚丘、成武、钜野
	濮州(5 县)	鄄城、范县、雷泽、临濮、濮阳
	郓州(3 县)	须昌、郓城、寿张
	兖州(8 县)	瑕丘、曲阜、泗水、邹县、任城、平陆、龚丘、博城
	济州(5 县)	卢县、长清、平阴、东阿、阳谷
	沂州(5 县)	临沂、承县、费县、新泰、沂水
	海州(4 县)	朐山、东海、沭阳、怀仁
	宋州(7 县)	宋城、虞城、砀山、下邑、谷熟、襄邑、宁陵
	亳州(5 县)	谯县、鄋县、城父、谷阳、鹿邑
	虢州(6 县)	弘农、玉城、卢氏、朱阳、阌乡、湖城
	陕州(5 县)	陕县、硖县、桃林、芮城、河北
	谷州(4 县)	福昌、长水、永宁、渑池
洛州都督府(4 州 31 县)	洛州(11 县)	河南、洛阳、缑氏、偃师、巩县、嵩阳、阳城、伊阙、陆浑、寿安、新安
	怀州(9 县)	河内、武德、修武、获嘉、武陟、温县、河阳、济源、邵伯
	郑州(8 县)	管城、新郑、密县、荥阳、汜水、荥泽、原武、阳武
	汝州(3 县)	梁县、郏城、鲁山
许州都督府(5 州 32 县)	许州(9 县)	长社、长葛、许昌、鄢陵、扶沟、临颍、叶县、襄城、阳翟
	陈州(4 县)	宛丘、项城、溵水、太康
	颍州(3 县)	汝阴、下蔡、颍上
	豫州(10 县)	汝阳、鲖阳、新蔡、褒信、新息、真阳、朗山、吴房、郾城、上蔡
	唐州(6 县)	比阳、桐柏、平氏、湖阳、方城、慈丘
徐州都督府(3 州 16 县)	徐州(6 县)	彭城、符离、萧县、丰县、沛县、滕县
	谯州(5 县)	临涣、蕲县、谷阳、山桑、永城
	泗州(5 县)	宿预、涟水、徐城、虹县、下邳
齐州都督府(5 州 30 县)	齐州(8 县)	历城、平陵、章丘、亭山、山茌、祝阿、临邑、临济
	淄州(5 县)	淄川、长山、邹平、蒲台、高苑
	青州(7 县)	益都、北海、临朐、临淄、博昌、千乘、寿光
	莱州(6 县)	掖县、黄县、文登、昌阳、即墨、胶水
	密州(4 县)	诸城、高密、莒县、安丘
五、淮南道(2 都督府、21 州、80 县)		
直属地区(9 州 35 县)	寿州(4 县)	寿春、安丰、霍山、霍丘
	濠州(3 县)	钟离、招义、定远
	楚州(4 县)	山阳、盐城、安宜、盱眙

续表

都督府、大藩属国名	州、中藩属国、羁縻府、羁縻部名	县、羁縻州名
直属地区(9州35县)	庐州(4县)	合肥、慎县、巢县、庐江
	舒州(5县)	怀宁、望江、宿松、太湖、同安
	蕲州(4县)	蕲春、永宁、黄梅、兰溪
	黄州(3县)	黄冈、黄陂、麻城
	申州(3县)	义阳、钟山、罗山
	光州(5县)	光山、定城、固始、殷城、乐安
扬州都督府(7州28县)	扬州(4县)	江都、六合、高邮、海陵
	常州(4县)	晋陵、江阴、无锡、义兴
	润州(5县)	丹徒、丹阳、延陵、句容、江宁
	歙州(3县)	歙县、休宁、黟县
	宣州(8县)	宣城、绥安、泾县、秋浦、南陵、当涂、溧水、溧阳
	和州(2县)	历阳、乌江
	滁州(2县)	清流、全椒
安州都督府(5州17县)	安州(6县)	安陆、应山、吉阳、孝昌、云梦、应城
	沔州(2县)	汉阳、汉川
	复州(3县)	沔阳、监利、竟陵
	温州(3县)	京山、富水、长寿
	随州(3县)	随县、光化、枣阳
六、江南道(4都督府、40州、161县、13羁縻州)		
直属地区(4州15县)	苏州(4县)	吴县、常熟、昆山、嘉兴
	湖州(3县)	乌程、武康、长城
	杭州(5县)	钱塘、富阳、于潜、馀杭、盐官
	睦州(3县)	雉山、桐庐、遂安
越州都督府(6州24县)	越州(5县)	会稽、馀姚、鄞县、剡县、诸暨
	台州(2县)	临海、始丰
	建州(2县)	建安、邵武
	泉州(6县)	闽县、连江、长乐、莆田、南安、龙溪
	括州(4县)	括苍、永嘉、安固、松阳
	婺州(5县)	金华、义乌、永康、龙丘、信安
洪州都督府(8州29县)	洪州(4县)	豫章、丰城、高安、建昌
	鄂州(4县)	江夏、武昌、永兴、蒲圻
	江州(3县)	浔阳、彭泽、都昌
	饶州(4县)	鄱阳、乐平、弋阳、馀干
	抚州(3县)	临川、南城、崇仁
	虔州(4县)	赣县、雩都、虔化、南康
	吉州(4县)	庐陵、太和、安福、新淦
	袁州(3县)	宜春、新渝、萍乡
潭州都督府(7州26县)	潭州(5县)	长沙、醴陵、衡山、湘乡、益阳
	衡州(5县)	临蒸、湘潭、攸县、耒阳、新宁
	郴州(5县)	郴县、卢阳、义章、临武、平阳

续 表

都督府、大藩属国名	州、中藩属国、羁縻府、羁縻部名	县、羁縻州名
潭州都督府(7州26县)	连州(3县)	桂阳、阳山、连山
	道州(3县)	营道、唐兴、江华
	永州(3县)	零陵、湘源、祁阳
	邵州(2县)	邵阳、武冈
黔州都督府(15州67县14羁縻州)	黔州(5县)	彭水、石城、洪杜、盈隆、信宁
	施州(3县)	清江、开夷、建始
	辰州(7县)	沅陵、溆浦、辰溪、麻阳、卢溪、三亭、大乡
	巫州(3县)	龙标、朗溪、夜郎
	思州(3县)	务川、思王、宁夷
	费州(4县)	涪川、扶阳、城乐、多田
	充州(3县)	梓姜、思渝、辰水
	应州(5县)	都尚、婆览、应江、陀隆、罗恭
	琰州(4县)	武侯、望江、始安、来南
	庄州(7县)	石牛、南阳、宾化、轻水、新安、多乐、石城
	矩州(4县)	平蛮、东停、韶明、东陵
	牂州(2县)	建安、新兴
	播州(6县)	恭水、高山、贡山、柯盈、邪施、释燕
	牢州(7县)	义泉、洋川、绥养、乐安、宜林、芙蓉、琊川
	夷州(4县)	绥阳、高富、都上、鸡翁
	直辖羁縻地区(14州)	侯州、蔿州、整州、训州、鼓州、添州、枳州、逸州、鸾州、那州、福州、劳州、峨州、延州
七、岭南道(7都督府、54州、256县、9羁縻州)		
广州都督府(14州60县)	广州(10县)	南海、增城、宝安、四会、化蒙、怀集、浈安、清远、洽洭、浈阳
	韶州(4县)	曲江、乐昌、始兴、翁源
	循州(5县)	归善、博罗、河源、兴宁、海丰
	潮州(3县)	海阳、程乡、潮阳
	冈州(3县)	新会、义宁、封乐
	端州(2县)	高要、平兴
	新州(4县)	新兴、单牒、索卢、新昌
	泷州(4县)	泷水、正义、开阳、富林
	窦州(5县)	信义、潭峨、扶莱、特亮、怀德
	义州(4县)	龙城、安义、义城、连城
	药州(4县)	安遂、永宁、永业、安南
	康州(4县)	端溪、乐城、抚纳、都城
	封州(4县)	封川、开建、封兴、永固
	雷州(4县)	海康、徐闻、铁杷、椹川
高州都督府(4州22县)	高州(9县)	西平、连江、南巴、潘水、茂名、良德、电白、杜陵、齐安
	罗州(5县)	石城、吴川、零绿、招义、南河
	辩州(4县)	石龙、陵罗、龙化、罗辩
	春州(4县)	阳春、西城、流南、铜陵

续表

都督府、大藩属国名	州、中藩属国、羁縻府、羁縻部名	县、羁縻州名
崖州都督府（4州20县）	崖州(4县)	舍城、文昌、澄迈、颜城
	琼州(6县)	琼山、容琼、临机、万安、颜罗、曾口
	振州(5县)	宁远、延德、临川、吉阳、陵水
	儋州(5县)	义伦、富罗、吉安、昌化、感恩
驩州都督府（5州19县）	驩州(6县)	九德、浦阳、光安、安银、昙罗、安远
	智州(3县)	交谷、金宁、越裳
	演州(4县)	安人、咸驩、西源、扶演
	林州(3县)	林邑、金龙、海界
	景州(3县)	北景、由文、朱吾
交州都督府（3州18县）	交州(8县)	宋平、交趾、隆平、武平、平道、龙编、朱鸢、南定
	爱州(7县)	九真、安顺、隆安、胥浦、军安、移风、日南
	峰州(3县)	嘉宁、安仁、新昌
龚州府都督（6州27县）	龚州(8县)	平南、西平、大同、武林、隋建、皇化、桂平、大宾
	宾州(3县)	岭方、琅邪、安城
	澄州(4县)	上林、止戈、贺水、无虞
	象州(6县)	武化、长风、阳寿、武仙、桂林、武德
	蒙州(3县)	立山、东区、纯义
	燕州(3县)	安基、宁风、新乐
桂州都督府（18州90县9羁縻州）	桂州(10县)	始安、临源、阳朔、荔浦、崇仁、建陵、象县、兴安、纯化、永福
	昭州(3县)	平乐、永丰、恭城
	贺州(5县)	临贺、封阳、富川、冯乘、桂岭
	富州(3县)	龙平、博劳、归化
	梧州(4县)	苍梧、孟陵、开江、绥越
	藤州(6县)	镡津、戎城、安昌、贺川、宁民、感义
	容州(7县)	北流、豪石、岩昌、南流、陵城、普宁、渭龙
	潘州(5县)	定川、陆川、温水、南昌、岩川
	白州(4县)	博白、龙豪、周罗、建宁
	廉州(5县)	合浦、大廉、封山、东罗、蔡龙
	钦州(8县)	钦江、安海、安京、如和、内宾、遵化、内亭、玉山
	邕州(5县)	宣化、朗宁、晋兴、横山、武缘
	横州(4县)	宁浦、岭山、乐山、淳风
	绣州(3县)	常林、阿林、罗绣
	夷川(0县)	郁林、兴德、石南、潭栗、怀泽、马岭、郁平
	柳州(4县)	马平、修德、崖山、龙城
	粤州(3县)	龙水、东玺、天河
	融州(3县)	融水、临祥、黄水
	直辖羁縻地区(9州)	纡州、芝州、田州、蕃州、环州、古州、钧州、瀼州、笼州
八、山南道(3都督府、31州、142县)		
直属地区(15州76县)	襄州(7县)	襄阳、率道、乐乡、荆山、义清、谷城、安养
	房州(4县)	房陵、永清、竹山、上庸
	均州(3县)	武当、郧乡、丰利
	邓州(6县)	穰县、新城、内乡、向城、南阳、新野

续 表

都督府、大藩属国名	州、中藩属国、羁縻府、羁縻部名	县、羁縻州名
直属地区（15 州 76 县）	商州（5 县）	上洛、洛南、商洛、上津、丰阳
	金州（6 县）	西城、洵阳、黄土、石泉、安康、平利
	开州（3 县）	盛山、新浦、万世
	通州（7 县）	通川、三冈、永穆、宣汉、东乡、石鼓、新宁
	渠州（4 县）	流江、潾山、潾水、始安
	蓬州（6 县）	安固、宕渠、咸安、大寅、仪陇、伏虞
	巴州（7 县）	化城、曾口、其章、始宁、归仁、恩阳、七盘
	静州（4 县）	地平、清化、大牟、嘉川
	利州（7 县）	绵谷、义清、岐坪、葭萌、益昌、景谷、三泉
	兴州（3 县）	顺政、鸣水、长举
	凤州（4 县）	梁泉、河池、两当、黄花
荆州都督府（5 州 24 县）	荆州（8 县）	江陵、安兴、石首、公安、松滋、枝江、当阳、长林
	岳州（4 县）	巴陵、湘阴、沅江、华容
	朗州（2 县）	武陵、龙阳
	澧州（5 县）	澧阳、安乡、石门、慈利、崇义
	峡州（5 县）	夷陵、远安、宜都、长阳、巴山
夔州都督府（7 州 28 县）	夔州（4 县）	人复、云安、大昌、巫山
	归州（3 县）	秭归、巴东、兴山
	万州（3 县）	南浦、武宁、梁山
	忠州（5 县）	临江、南宾、丰都、垫江、清水
	涪州（6 县）	涪陵、武龙、隆化、永安、乐温、温山
	渝州（4 县）	巴县、南平、江津、万寿
	南州（3 县）	隆阳、丹溪、三溪
梁州都督府（4 州 14 县）	梁州（5 县）	南郑、金牛、西县、褒城、城固
	洋州（4 县）	西乡、兴道、黄金、洋源
	璧州（3 县）	诺水、白石、广纳
	集州（2 县）	难江、符阳
九、剑南道（6 都督府、47 州、215 县、3 羁縻部）		
直属地区（3 州 22 县）	梓州（7 县）	郪县、盐亭、永泰、射洪、通泉、飞乌、玄武
	始州（7 县）	普安、永归、临津、黄安、梓潼、武连、阴平
	隆州（8 县）	阆中、南部、新政、新井、晋原、西水、苍溪、奉国
益州都督府（8 州 55 县）	益州（16 县）	成都、双流、新津、唐隆、晋原、清江、郫县、新繁、导江、九陇、什邡、绵竹、德阳、雒县、新都
	简州（3 县）	阳安、平泉、金水
	陵州（4 县）	仁寿、贵平、始建、井研
	嘉州（6 县）	龙游、玉津、绥山、峨眉、夹江、平羌
	雅州（5 县）	严道、荣经、卢山、名山、百丈
	眉州（5 县）	通义、隆山、青神、丹棱、洪雅
	邛州（6 县）	临邛、依政、蒲江、临溪、火井、安仁
	绵州（9 县）	巴西、魏城、盐泉、涪城、万安、神泉、龙安、昌隆、显武

续　表

都督府、大藩属国名	州、中藩属国、羁縻府、羁縻部名	县、羁縻州名
遂州都督府（4 州 17 县）	遂州（3 县）	方义、长江、青石
	普州（6 县）	安岳、普康、乐至、普慈、安居、隆龛
	果州（4 县）	南充、西充、相如、朗池
	合州（4 县）	石镜、赤水、汉初、新明
泸州都督府（3 州 20 县）	泸州（6 县）	泸川、合江、泾南、江安、绵水、富世
	荣州（6 县）	大牢、公井、威远、旭川、资官、和义
	资州（8 县）	盘石、月山、龙水、资阳、丹山、牛鞞、银山、内江
戎州都督府（18 州 58 县）	戎州（6 县）	僰道、开边、抚来、邠䣕、犍为、南溪
	曲州（2 县）	朱提、唐兴
	协州（3 县）	东安、西安、湖津
	靖州（2 县）	靖川、分协
	盘州（3 县）	附唐、平夷、盘水
	郎州（7 县）	味县、同乐、泉麻、陇堤、新丰、同起、升麻
	梨州（2 县）	梁水、绛县
	钩州（2 县）	望水、唐封
	昆州（4 县）	益宁、晋宁、安宁、秦臧
	曾州（5 县）	曾县、长和、神泉、龙亭、三部
	宗州（3 县）	宗居、河西、石塔
	匡州（2 县）	勃弄、匡川
	黎州（4 县）	濮水、青岭、岐星、铜山
	微州（2 县）	深利、十部
	褒州（2 县）	阳褒、强乐
	姚州（2 县）	姚城、长明
	尹州（5 县）	马邑、盐泉、天池、甘泉、涌泉
	麻州（2 县）	磨豫、七部
巂州都督府（1 州 10 县 3 羁縻部）	巂州（10 县）	越巂、可泉、会川、昆明、苏祁、台登、邛部、和集、阳山、汉源
	羁縻松外部落	
	羁縻昆弥部落	
	羁縻河蛮部落	
茂州都督府（10 州 33 县）	茂州（5 县）	汶山、北川、汶川、通化、石泉
	翼州（3 县）	翼针、左封、翼水
	向州（2 县）	贝左、向贰
	维州（3 县）	薛城、盐溪、定廉
	笮州（3 县）	遂都、亭劫、北思
	涂州（2 县）	端源、临涂
	穹州（5 县）	小川、彻当、璧川、当博、恭耳
	炎州（3 县）	大封、慕川、义川
	彻州（3 县）	文彻、俄耳、文进
	冉州（4 县）	冉山、磨山、玉溪、金水

续 表

都督府、大藩属国名	州、中藩属国、羁縻府、羁縻部名	县、羁縻州名
十、陇右道(5 都督府、25 州、68 县、2 羁縻府、37 羁縻州、1 藩属国)		
秦州都督府(3 州 13 县)	秦州(6 县)	上邽、伏羌、成纪、陇城、清水、秦岭
	成州(3 县)	上禄、长道、同谷
	渭州(4 县)	襄武、陇西、鄣县、渭源
松州都督府(5 州 14 县 2 羁縻府 16 羁縻州)	松州(3 县)	嘉诚、交川、通轨
	扶州(4 县)	同昌、帖夷、钳川、尚安
	武州(3 县)	将利、覆津、盘堤
	文州(2 县)	曲水、长松
	龙州(2 县)	江油、马盘
	羁縻轨州都督府(4 州)	轨州、奉州、岷州、岩州
	羁縻嵯州都督府(12 州)	嵯州、丛州、远州、懿州、可州、麟州、直州、诺州、阔州、雅州、峨州、彭州
叠州都督府(5 州 12 县 20 羁縻州)	叠州(1 县)	合川
	芳州(3 县)	常芳、丹岭、恒香
	洮州(2 县)	临潭、美相
	岷州(4 县)	溢乐、当夷、和政、基城
	宕州(2 县)	怀道、良恭
	直辖羁縻地区(20 州)	盖州、位州、嶂州、祐州、肆州、玉州、台州、桥州、序州、都州、流州、厥州、调州、凑州、般州、匋州、器州、泠州、率州、钟州
兰州都督府(6 州 14 县 1 羁縻州)	兰州(3 县)	五泉、狄道、广武
	河州(3 县)	枹罕、大夏、米川
	儒州(2 县)	归政、安乡
	淳州(2 县)	索恭、乌城
	廓州(2 县)	化隆、达化
	鄯州(2 县)	湟水、龙支
	直辖羁縻地区(1 州)	潦州
凉州都督府(6 州 15 县)	凉州(3 县)	姑臧、番禾、昌松
	甘州(2 县)	张掖、删丹
	肃州(3 县)	酒泉、福禄、玉门
	瓜州(2 县)	晋昌、常乐
	沙州(2 县)	敦煌、寿昌
	伊州(3 县)	伊吾、柔远、纳职
藩属吐谷浑国		

总计：10 道、42 都督府、318 州、1 行州、1 493 县①、1 行县、2 羁縻府、70 羁縻州、3 羁縻部、6 藩属国

---

① 《括地志·序略》言贞观十三年大簿凡三百五十八州、一千五百五十一县。州数与本表统计误差，上编《绪言》表 2"贞观十三年十道区划分州表"注已有详考；县数误差，盖《序略》计入贞观十二年前所置 45 羁縻州所领 73 羁縻县，并漏计贞观十三年复置之冈州 3 县、琼州新置 3 县及《序略》脱载之矩、靖 3 州所领 6 县、《旧唐志》阙载之粤州 3 县。

2. 武周长安四年(704)行政与统治区划总表

都督府、都护府、大藩属国名	州、军、中藩属国、羁縻府、羁縻部名	县、羁縻州名
一、关内道(5 都督府、24 州、133 县、11 羁縻府、86 羁縻州)		
直属地区(10 州 73 县)	雍州(22 县)	长安、万年、庆山、渭南、蓝田、鄠县、盩厔、始平、武功、好畤、奉天、醴泉、咸阳、泾阳、云阳、三原、高陵、栎阳、富平、永安、同官、美原
	同州(8 县)	冯翊、朝邑、蒲城、白水、澄城、邰阳、河西、韩城
	太州(3 县)	郑县、仙掌、下邽
	岐州(9 县)	雍县、岐山、岐阳、扶风、郿县、虢县、陈仓、普润、麟游
	陇州(5 县)	汧源、汧阳、吴山、南由、亭川
	豳州(4 县)	新平、三水、永寿、宜禄
	坊州(3 县)	中部、鄜城、宜君
	鄜州(5 县)	洛交、洛川、三川、直罗、伏陆
	延州(9 县)	肤施、金城、金明、罢交、丰林、延川、延安、弘风、临真
	丹州(5 县)	义川、云岩、门山、汾川、咸宁
灵州都督府(4 州 15 县 1 羁縻府 10 羁縻州)	灵州(6 县)	回乐、温池、鸣沙、灵武、怀远、安静
	长州(5 县)	长泉、如鲁、□□、□□、河曲
	匡州(2 县)	延恩、塞门
	盐州(2 县)	五原、兴宁
	直辖羁縻地区(7 州)	东皋兰、朝州、吴州、浮州、西归、安乐、宁朔
	羁縻乐容州都督府(3 州)	乐容、永宁、归德
原州都督府(5 州 25 县 3 羁縻府 25 羁縻州)	原州(4 县)	平高、百泉、平凉、他楼
	庆州(8 县)	弘化、白马、华池、蟠交、乐蟠、同川、马岭、洛源
	宁州(6 县)	定安、襄乐、罗川、定平、丰义、彭原
	泾州(5 县)	安定、鹑觚、良原、阴盘、临泾
	会州(2 县)	会宁、乌兰
	羁縻芳池州都督府(10 州)	芳池、宁静、林州、种州、玉州、濮州、位州、尹州、宝州、长州
	羁縻安定州都督府(8 州)	安定、党州、桥州、乌州、西戎、野利、米州、还州
	羁縻安定州都督府(7 州)	安化、永和、威州、旭州、莫州、西沧、琮州
夏州都督府(3 州 13 县 7 羁縻府 51 羁縻州)	夏州(4 县)	朔方、德静、宁朔、长泽
	绥州(5 县)	上县、延福、绥德、城平、大斌
	银州(4 县)	儒林、真乡、开光、抚宁
	直辖羁縻地区(5 州)	铙州、布州、北夏、东夏、悦州
	羁縻云中州都督府(6 州)	云中、舍利、思璧、那州、绰州、白登
	羁縻走襄州都督府(5 州)	定襄、阿德、执牛、苏农、拔延
	羁縻桑干州都督府(5 州)	桑干、郁射、艺失、卑失、叱略
	羁縻呼延州都督府(4 州)	呼延、贺鲁、那吉、跌跌
	羁縻达浑州都督府(5 州)	达浑、姑衍、步讫若、鹘州、低粟
	羁縻静边州都督府(18 州)	静边、恃州、达州、开元、乌笼、归州、昌塞、回乐、万卑、懿州、祐州、诸州、嵯州、乌掌、嶂州、盖州、思义、思乐
	羁縻归德州都督府(3 州)	归德、宽州、浑州
胜州都督府(1 州 4 县 1 军 1 城)	胜州(4 县)	榆林、河滨、连谷、银城
	单于镇守军(1 城)	单于城

续　表

都督府、都护府、大藩属国名	州、军、中藩属国、羁縻府、羁縻部名	县、羁縻州名
丰州都督府(1州3县1羁縻州)	丰州(3县)	九原、永丰、丰安
	直辖羁縻地区(1州)	高阙
二、河东道(1都督府、17州、98县)		
直属地区(13州88县)	蒲州(7县)	河东、桑泉、汾阴、猗氏、安邑、解县、虞乡
	绛州(11县)	正平、曲沃、翼城、绛县、垣县、夏县、闻喜、万泉、龙门、稷山、太平
	晋州(9县)	临汾、洪洞、赵城、汾西、霍邑、岳阳、冀氏、神山、襄陵
	慈州(5县)	吉昌、文城、仵城、昌宁、吕香
	隰州(6县)	隰川、蒲县、大宁、永和、石楼、温泉
	汾州(5县)	隰城、平遥、介休、灵石、孝义
	石州(5县)	离石、平夷、定胡、临泉、方山
	岚州(4县)	宜芳、静乐、合河、岚谷
	并州(13县)	太原、晋阳、榆次、寿阳、盂县、石艾、乐平、太谷、祁县、武兴、交城、清源、阳曲
	箕州(4县)	辽山、榆社、平城、和顺
	潞州(10县)	上党、壶关、长子、屯留、铜鞮、武乡、襄垣、潞城、黎城、涉县
	泽州(6县)	晋城、濩泽、沁水、端氏、高平、陵川
	沁州(3县)	沁源、和川、绵上
代州都督府(4州10县)	代州(5县)	雁门、繁畤、五台、武延、崞县
	忻州(2县)	秀容、定襄
	朔州(1县)	善阳
	蔚州(2县)	灵丘、飞狐
三、河北道(1都督府、1行都督府、1都护府、21州、2行州、162县、2行县、10羁縻府、36羁縻州、1藩属国)		
直属地区(16州140县)	怀州(5县)	河内、武德、修武、获嘉、武陟
	卫州(6县)	汲县、新乡、共城、卫县、黎阳、清淇
	相州(11县)	安阳、汤阴、林虑、滏阳、邺县、临漳、成安、洹水、尧城、内黄、临河
	洺州(10县)	永年、洺水、平恩、清漳、肥乡、邯郸、武安、临洺、鸡泽、曲周
	邢州(9县)	龙冈、南和、沙河、青山、内丘、尧山、任县、钜鹿、平乡
	赵州(9县)	平棘、瘿陶、象城、柏乡、高邑、房子、赞皇、元氏、栾城
	恒州(9县)	真定、九门、藁城、石邑、鹿泉、井陉、房山、灵寿、章武
	定州(12县)	安喜、立节、安平、深泽、鼓城、无极、唐昌、新乐、恒阳、唐县、恂忠、望都
	瀛州(12县)	河间、博野、清苑、武昌、高阳、任丘、鄚县、文安、平舒、束城、乐寿、饶阳
	冀州(10县)	信都、枣强、南宫、堂阳、鹿城、衡水、下博、武强、武邑、阜城
	沧州(12县)	清池、盐山、无棣、乐陵、饶安、胡苏、东光、弓高、南皮、景城、长芦、鲁城
	棣州(5县)	厌次、滳河、阳信、渤海、蒲台
	德州(7县)	安德、平原、长河、蓨县、安陵、将陵、平昌
	贝州(9县)	清河、武城、漳南、历亭、郾县、清阳、临清、宗城、经城
	博州(6县)	聊城、武水、堂邑、清平、博平、崇武
	魏州(10县)	贵乡、元城、莘县、武圣、临黄、顿丘、昌乐、魏县、馆陶、冠氏
幽州都督府(5州1行州22县1行县2羁縻州)	幽州(12县)	蓟县、潞县、渔阳、玉田、雍奴、安次、武清、固安、归义、范阳、固节、昌平
	易州(5县)	易县、涞水、全忠、遂城、永乐
	妫州(1县)	怀戎

续表

都督府、都护府、大藩属国名	州、军、中藩属国、羁縻府、羁縻部名	县、羁縻州名
幽州都督府(5州1行州22县1行县2羁縻州)	行燕州(1行县)	行辽西
	檀州(2县)	密云、燕乐
	平州(2县)	卢龙、石城
	直辖羁縻地区(2州)	威州、思顺
行营州都督府(1行州1行县)	行营州(1行县)	行柳城
安东都护府(寄治幽州,10羁縻府34羁縻州1藩属国)	羁縻磨米州都督府(4州)	磨米、安东、黎山、安市
	羁縻建安州都督府(4州)	建安、似城、卑沙、积利
	羁縻新城州都督府(5州)	新城、南苏、延津、木底、盖牟
	羁縻越喜州都督府(5州)	越喜、扶馀、识利、拜汉、拂涅
	羁縻哥勿州都督府(6州)	哥勿、多伐、代那、国内、诸北、苍岩
	羁縻东栅州都督府(3州)	东栅、□□、□□
	羁縻乌蒙州都督府(2州)	乌蒙、□□
	羁縻可水州都督府(2州)	可水、□□
	羁縻源头州都督府(2州)	源头、□□
	藩属新罗国兼羁縻鸡林州都督府(1州)	鸡林
四、河南道(1都督府、29州、196县、11羁縻州)		
直属地区(27州180县)	洛州(28县)	合宫、洛阳、永昌、来庭、猴氏、偃师、巩县、广武、武泰、密县、阳翟、告成、登封、武临、伊阙、陆浑、长水、永宁、福昌、兴泰、寿安、新安、渑池、王屋、济源、大基、河阳、温县
	郑州(6县)	管城、中牟、新郑、荥泽、原武、阳武
	汴州(5县)	浚仪、封丘、陈留、雍丘、尉氏
	滑州(7县)	白马、卫南、韦城、匡城、灵昌、胙城、酸枣
	曹州(6县)	济阴、考城、宛句、南华、乘氏、离狐
	濮州(5县)	鄄城、范县、雷泽、临濮、濮阳
	郓州(4县)	须昌、钜野、郓城、寿张
	济州(5县)	卢县、长清、平阴、东阿、阳谷
	齐州(8县)	历城、全节、章丘、亭山、山茌、祝阿、临邑、临济
	淄州(4县)	淄川、长山、邹平、高苑
	青州(7县)	益都、北海、临朐、临淄、博昌、千乘、寿光
	莱州(4县)	掖县、昌阳、即墨、胶水
	登州(3县)	牟平、文登、黄县
	密州(4县)	诸城、高密、莒县、安丘
	海州(4县)	朐山、东海、沭阳、怀仁
	泗州(6县)	宿预、涟水、临淮、徐城、虹县、下邳
	徐州(7县)	彭城、符离、蕲县、萧县、丰县、沛县、滕县
	宋州(10县)	宋城、虞城、砀山、下邑、谷熟、柘城、襄邑、宁陵、楚丘、单父
	亳州(8县)	谯县、鄣县、永城、临涣、山桑、城父、仙源、鹿邑
	颍州(3县)	汝阴、下蔡、颍上
	陈州(6县)	宛丘、项城、光武、溵水、武城、太康
	许州(8县)	长社、长葛、许昌、鄢陵、扶沟、临颍、叶县、襄城

续 表

都督府、都护府、大藩属国名	州、军、中藩属国、羁縻府、羁縻部名	县、羁縻州名
直属地区（27 州 180 县）	豫州（10 县）	汝阳、平舆、新蔡、襃信、新息、淮阳、朗山、吴房、郾城、上蔡
	唐州（6 县）	比阳、桐柏、平氏、湖阳、方城、慈丘
	汝州（4 县）	梁县、郏城、武兴、鲁山
	虢州（7 县）	弘农、玉城、卢氏、朱阳、阌乡、湖城、永乐
	陕州（5 县）	陕县、硖石、桃林、芮城、河北
兖州都督府（2 州 16 县 11 羁縻州）	兖州（11 县）	瑕丘、曲阜、泗水、邹县、方与、金乡、任城、平陆、龚丘、博城、莱芜
	沂州（5 县）	临沂、承县、费县、新泰、沂水
	直辖羁縻地区（11 州）	黎州、师州、鲜州、带州、瑞州、玄州、夷宾、慎州、崇州、昌州、信州
五、淮南道（2 都督府、21 州、87 县）		
直属地区（9 州 36 县）	寿州（4 县）	寿春、安丰、武昌、霍丘
	濠州（3 县）	钟离、招义、定远
	楚州（5 县）	山阳、盐城、安宜、盱眙、淮阴
	庐州（4 县）	合肥、慎县、巢县、庐江
	舒州（5 县）	怀宁、望江、宿松、太湖、同安
	蕲州（4 县）	蕲春、永宁、黄梅、兰溪
	黄州（3 县）	黄冈、黄陂、麻城
	申州（3 县）	义阳、钟山、罗山
	光州（5 县）	光山、定城、固始、殷城、乐安
扬州都督府（7 州 34 县）	扬州（6 县）	江都、江阳、扬子、六合、高邮、海陵
	常州（5 县）	晋陵、武进、江阴、无锡、义兴
	润州（6 县）	丹徒、丹阳、金坛、延陵、句容、江宁
	歙州（4 县）	歙县、休宁、黟县、北野
	宣州（8 县）	宣城、绥安、泾县、秋浦、南陵、当涂、溧水、溧阳
	和州（3 县）	历阳、武寿、乌江
	滁州（2 县）	清流、全椒
安州都督府（5 州 17 县）	安州（6 县）	安陆、应山、吉阳、孝昌、云梦、应城
	沔州（2 县）	汉阳、汉川
	复州（3 县）	沔阳、监利、竟陵
	郢州（3 县）	长寿、京山、富水
	随州（3 县）	随县、光化、枣阳
六、江南道（5 都督府、49 州、208 县、37 羁縻州）		
直属地区（7 州 34 县）	苏州（5 县）	吴县、长洲、常熟、昆山、嘉兴
	湖州（5 县）	乌程、武源、武康、安吉、长城
	杭州（9 县）	钱塘、富阳、新城、紫溪、武崇、于潜、临安、馀杭、盐官
	睦州（5 县）	建德、遂安、新安、武盛、桐庐
	饶州（3 县）	鄱阳、乐平、弋阳
	江州（3 县）	浔阳、彭泽、都昌
	鄂州（4 县）	江夏、武昌、永兴、蒲圻
越州都督府（10 州 49 县）	越州（7 县）	会稽、山阴、馀姚、鄮县、剡县、诸暨、永兴
	台州（5 县）	临海、黄岩、乐安、始丰、宁海

续　表

都督府、都护府、大藩属国名	州、军、中藩属国、羁縻府、羁縻部名	县、羁縻州名
越州都督府（10州49县）	温州（4县）	永嘉、乐城、安固、横阳
	泉州（6县）	闽县、长乐、万安、候官、连江、温麻
	武荣州（4县）	南安、龙溪、清源、莆田
	漳州（2县）	漳浦、怀恩
	建州（6县）	建安、沙县、将乐、邵武、建阳、武宁
	括州（3县）	括苍、松阳、缙云
	衢州（6县）	信安、盈川、龙丘、须江、武安、常山
	婺州（6县）	金山、兰溪、义乌、东阳、永康、武义
洪州都督府（5州22县）	洪州（6县）	豫章、丰城、高安、新吴、武宁、建昌
	抚州（3县）	临川、南城、崇仁
	虔州（5县）	赣县、雩都、虔化、南安、南康
	吉州（5县）	庐陵、太和、永新、安福、新淦
	袁州（3县）	宜春、新渝、萍乡
潭州都督府（7州31县）	潭州（5县）	长沙、醴陵、衡山、湘乡、益阳
	衡州（6县）	临蒸、湘潭、攸县、茶陵、耒阳、新宁
	郴州（8县）	郴县、资兴、昌义、义章、临武、蓝山、平阳、高亭
	连州（3县）	桂阳、阳山、连山
	道州（4县）	营道、武盛、云溪、永阳
	永州（3县）	零陵、湘源、祁阳
	邵州（2县）	邵阳、武冈
黔州都督府（13州45县）	黔州（6县）	彭水、石城、洪杜、都濡、盈隆、信宁
	施州（2县）	清江、建始
	溪州（2县）	大乡、三亭
	辰州（5县）	沅陵、溆浦、辰溪、麻阳、卢溪
	沅州（2县）	龙标、朗溪
	舞州（2县）	夜郎、渭溪
	锦州（5县）	卢阳、渭阳、万安、洛浦、招喻
	思州（2县）	务川、思王
	费州（4县）	涪川、扶阳、城乐、多田
	夷州（4县）	绥阳、都上、义泉、洋川
	播州（5县）	遵义、带水、胡刀、芙蓉、琊川
	珍州（4县）	荣德、丽皋、乐源、夜郎
	溱州（2县）	荣懿、扶欢
庄州都督府（7州27县37羁縻州）	庄州（6县）	石牛、南阳、轻水、新安、多乐、石城
	矩州（4县）	平蛮、东停、韶明、东陵
	蛮州（3县）	巴江、乐安、宾化
	㸚州（2县）	建安、新兴
	充州（3县）	梓姜、思渝、辰水
	应州（5县）	都尚、婆览、应江、陀隆、罗恭
	琰州（4县）	武侯、望江、来南、隆昆

续表

都督府、都护府、大藩属国名	州、军、中藩属国、羁縻府、羁縻部名	县、羁縻州名
庄州都督府(7州27县37羁縻州)	直辖羁縻地区(37州)	清州、明州、郍州、侯州、助州、樊州、晃州、亮州、抚水、琳州、南平、延州、峨州、茂龙、劳州、福州、那州、鸾州、逸州、稜州、双城、添州、鼓州、思源、训州、整州、莴州、姜州、儒州、悬州、普宁、郝州、宝州、袭州、羲州、键州、晖州
七、岭南道(4都督府、1都护府、72州、303县、57羁縻州、1羁縻部)		
广州都督府(22州93县)	广州(11县)	南海、增城、宝安、番禺、四会、化蒙、怀集、浛洭、清远、洊洭、浈阳
	韶州(6县)	曲江、乐昌、仁化、始兴、浈昌、翁源
	循州(6县)	归善、博罗、河源、雷乡、兴宁、海丰
	潮州(2县)	海阳、程乡
	冈州(3县)	新会、义宁、封乐
	端州(2县)	高要、平兴
	康州(4县)	端溪、乐城、安遂、都城
	封州(3县)	封川、开建、永固
	泷州(4县)	泷水、安南、永宁、开阳
	新州(3县)	新兴、索卢、新昌
	恩州(3县)	西平、杜陵、齐安
	春州(4县)	阳春、西城、流南、铜陵
	高州(3县)	良德、电白、连江
	潘州(3县)	茂名、南巴、毛山
	辩州(3县)	石龙、陵罗、龙化
	罗州(5县)	石城、吴川、零绿、招义、南河
	雷州(4县)	海康、徐闻、铁杷、椹川
	崖州(5县)	舍城、文昌、临机、澄迈、颜城
	琼州(5县)	容琼、乐会、颜罗、曾口、琼山
	万安州(4县)	万安、博辽、陵水、富云
	振州(5县)	宁远、延德、落屯、吉阳、临川
	儋州(5县)	义伦、富罗、吉安、昌化、感恩
容州都督府(12州56县)	容州(9县)	北流、豪石、宕昌、陵城、欣道、贺川、普宁、渭龙、罗窦
	义州(3县)	龙城、永业、连城
	窦州(4县)	信义、潭峨、特亮、怀德
	禺州(5县)	峨石、扶莱、罗辩、温水、陆川
	牢州(3县)	南流、定川、宕川
	白州(5县)	博白、龙豪、周罗、建宁、南昌
	廉州(4县)	合浦、大廉、封山、蔡龙
	岩州(4县)	安乐、石岩、思封、高城
	党州(8县)	善劳、宁仁、安仁、怀义、福阳、古符、善文、怀仁
	郁林州(5县)	石南、潭栗、兴业、兴德、郁林
	绣州(3县)	常林、阿林、罗绣
	藤州(3县)	镡津、安昌、感义
安南都护府(11州42县33羁縻州1羁縻部)	直辖地区(8县)	宋平、交趾、隆平、武平、平道、龙编、朱鸢、南定
	峰州(2县)	嘉宁、新昌
	南登州(2县)	恩楼、南田

续表

都督府、都护府、大藩属国名	州、军、中藩属国、羁縻府、羁縻部名	县、羁縻州名
安南都护府(11州42县33羁縻州1羁縻部)	爱州(7县)	九真、安顺、隆安、胥浦、军安、移风、日南
	驩州(5县)	九德、浦阳、越裳、光安、怀恩
	长州(4县)	文阳、长山、铜蔡、其常
	安武州(2县)	安武、唐林
	郡州(2县)	郡口、安乐
	庞州(2县)	武安、临江
	汤州(3县)	汤泉、罗韶、绿水
	陆州(3县)	乌雷、安海、玉山
	山州(2县)	龙池、盆山
	直辖羁縻地区(33州)	新安、思陵、谅州、门州、武定、武灵、南平、都金、万泉、西原、徐州、西平、为州、峝州、潘州、林西、甘棠、朱贵、登州、归化、金廊、思廊、儋陵、提上、樊德、金龙、信州、思农、化州、暑州、裳州、罗伏、金邻
	羁縻獠子部	
邕州都督府(9州39县11羁縻州)	邕州(5县)	宣化、朗宁、晋兴、横山、武缘
	宾州(3县)	岭方、琅邪、安城
	澄州(4县)	上林、止戈、贺水、无虞
	贵州(4县)	郁平、怀泽、潮水、马岭
	横州(3县)	宁浦、乐山、淳风
	淳州(3县)	永定、武罗、灵竹
	钦州(6县)	钦江、安京、如和、南宾、遵化、内亭
	瀼州(4县)	临江、鹄山、弘远、波零
	笼州(7县)	武勒、武观、龙赖、扶南、罗笼、武江、武礼
	直辖羁縻地区(11州)	左州、思恩、田州、归乐、鳂州、归诚、思诚、谈州、七源、石西、武峩
桂州都督府(18州73县13羁縻州)	桂州(10县)	始安、灵川、临源、阳朔、荔浦、崇仁、建陵、兴安、纯化、永福
	昭州(4县)	平乐、永丰、恭城、永平
	贺州(5县)	临贺、封阳、富川、冯乘、桂岭
	武安州(2县)	思勤、荡山
	富州(3县)	龙平、博劳、归化
	梧州(4县)	苍梧、戎城、孟陵、开江
	蒙州(3县)	立山、东区、纯义
	思唐州(2县)	武郎、平原
	龚州(6县)	平南、西平、大同、宁风、武林、隋建
	浔州(3县)	桂平、大宾、皇化
	象州(4县)	武化、阳寿、武仙、武德
	严州(3县)	怀义、修德、归化
	柳州(5县)	马平、洛封、龙城、洛容、象县
	芝州(1县)	忻城
	粤州(4县)	龙水、崖山、东玺、天河
	环州(8县)	正平、都蒙、思恩、歌良、福零、龙源、武石、饶勉
	融州(3县)	融水、临牂、黄水
	古州(3县)	乐预、古书、乐兴
	直辖羁縻地区(13州)	钧州、鸿州、纡州、归恩、思顺、归化、温泉、蕃州、述昆、金城、智州、文州、兰州

续 表

都督府、都护府、大藩属国名	州、军、中藩属国、羁縻府、羁縻部名	县、羁縻州名
八、山南道(3 都督府、31 州、147 县)		
直属地区(15 州 83 县)	襄州(7 县)	襄阳、率道、乐乡、荆山、义清、谷城、安养
	房州(4 县)	房陵、永清、竹山、上庸
	均州(3 县)	武当、郧乡、丰利
	邓州(6 县)	穰县、新城、内乡、武清、武台、新野
	商州(6 县)	上洛、洛南、商洛、上津、丰阳、安业
	金州(6 县)	西城、洵阳、黄土、武安、安康、平利
	开州(3 县)	盛山、新浦、万岁
	通州(7 县)	通川、三冈、永穆、宣汉、东乡、石鼓、新宁
	渠州(4 县)	流江、潾山、潾水、始安
	合州(5 县)	石镜、铜梁、赤水、汉初、新明
	蓬州(7 县)	安固、宕渠、大竹、咸安、大寅、仪陇、伏虞
	巴州(10 县)	化城、曾口、其章、始宁、归仁、恩阳、七盘、清化、大牟、盘道
	利州(8 县)	绵谷、嘉川、义清、岐坪、葭萌、益昌、景谷、三泉
	兴州(3 县)	顺政、鸣水、长举
	凤州(4 县)	梁泉、河池、两当、黄花
荆州都督府(5 州 21 县)	荆州(7 县)	江陵、石首、公安、松滋、枝江、当阳、长林
	岳州(4 县)	巴陵、湘阴、沅江、容城
	朗州(2 县)	武陵、龙阳
	澧州(4 县)	澧阳、安乡、石门、慈利
	峡州(4 县)	夷陵、远安、宜都、长阳
夔州都督府(7 州 27 县)	夔州(4 县)	奉节、云安、大昌、巫山
	归州(3 县)	秭归、巴东、兴山
	万州(3 县)	南浦、武宁、梁山
	忠州(5 县)	临江、南宾、丰都、垫江、清水
	涪州(6 县)	涪陵、武龙、隆化、永安、乐温、温山
	渝州(4 县)	巴县、南平、江津、万寿
	南州(2 县)	隆阳、三溪
梁州都督府(4 州 16 县)	梁州(5 县)	南郑、金牛、西县、褒城、城固
	洋州(5 县)	西乡、兴道、黄金、洋源
	璧州(4 县)	诺水、符阳、白石、广纳
	集州(2 县)	难江、地平
九、剑南道(8 都督府、39 州、197 县、1 羁縻府、173 羁縻州)		
直属地区(8 州 48 县)	梓州(8 县)	郪县、盐亭、永泰、射洪、通泉、飞乌、铜山、玄武
	龙州(2 县)	江油、马盘
	始州(8 县)	普安、永归、临津、黄安、梓潼、武连、阴平、剑门
	隆州(8 县)	阆中、南部、新政、新井、晋安、西水、苍溪、奉国
	果州(6 县)	南充、岳池、流溪、西充、相如、朗池
	遂州(4 县)	方义、长江、武丰、青石
	普州(6 县)	安岳、普康、乐至、普慈、安居、隆龛
	资州(8 县)	盘石、月山、龙水、资阳、丹山、牛鞞、银山、内江

续 表

都督府、都护府、大藩属国名	州、军、中藩属国、羁縻府、羁縻部名	县、羁縻州名
益州都督府(10 州 61 县)	益州(10 县)	成都、蜀县、东阳、广都、双流、温江、郫县、犀浦、新繁、新都
	简州(3 县)	阳安、平泉、金水
	陵州(5 县)	仁寿、籍县、贵平、始建、井研
	嘉州(8 县)	龙游、玉津、犍为、绥山、罗目、峨眉、夹江、平羌
	眉州(5 县)	通义、隆山、青神、丹棱、洪雅
	邛州(7 县)	临邛、依政、蒲江、临溪、火井、大邑、安仁
	蜀州(4 县)	晋原、清城、武隆、新津
	彭州(4 县)	九陇、濛阳、周昌、导江
	汉州(5 县)	雒县、什邡、绵竹、德阳、金堂
	绵州(10 县)	巴西、魏城、盐泉、涪城、万安、神泉、西昌、龙安、昌隆、显武
泸川郡都督府(6 州 34 县 6 羁縻州)	泸州(6 县)	泸川、合江、泾南、江安、绵水、富义
	荣州(6 县)	旭川、大牢、资官、威远、和义、公井
	纳州(8 县)	罗围、施阳、都宁、都掌、胡茂、罗蓝、播罗、罗当
	晏州(7 县)	思峨、柯阴、扶来、多冈、罗阳、新宾、思晏
	薛州(3 县)	枝江、黄池、播陵
	巩州(4 县)	多楼、波员、比求、播郎
	直辖羁縻地区(6 州)	能州、浙州、顺州、清州、思峨、奉州
戎州都督府(1 州 6 县 47 羁縻州)	戎州(6 县)	僰道、开边、抚来、郁鄢、归顺、南溪
	直辖羁縻地区(47 州)	悦州、志州、镜州、笃州、盈州、汤望、禄州、协州、总州、敦州、殷州、居州、信州、炎州、武德、郎州、英州、盘州、声州、品州、秦龙、从州、严州、勤州、丘州、览州、傍州、昆州、钧州、求州、梨州、吴州、威州、长州、麻州、望州、谔罗、哥州、泸慈、南唐、碾卫、柯连、切騎、武昌、渦州、靖州、曲州
姚州都督府(1 州 3 县 35 羁縻州)	姚州(3 县)	姚城、长城、长明
	直辖羁縻地区(35 州)	尹州、曾州、宗州、匡州、勃弄、魏峰、蒙舍、日南、异州、范邓、眉遵、样备、阳瓜、越析、阳州、顺州、忒州、于州、史州、遵川、浪穹、矣和、洛诺、野共、五陵、洪郎、和往、施浪、舍利、河东、越析、髳州、襄州、微州、廪州
巂州都督府(1 州 8 县 47 羁縻州)	巂州(8 县)	越巂、可泉、会川、昌明、昆明、苏祁、台登、邛部
	直辖羁縻地区(47 州)	博卢、合钦、丘尔、丛夏、附树、米川、木属、诺栋、柏坡、索古、罗岩、大渡、归化、河东、甫岚、昌źź、辄荣、秦上、胞胦、剧川、和良、和都、东川、浪弥、渠川、计州、威川、初汉、祐州、柜州、月边、月乱、团州、孚川、思亮、杜州、龙池、象川、明川、蓬矢、下蓬
雅州都督府(2 州 8 县 19 羁縻州)	雅州(5 县)	严道、荣经、卢山、名山、百丈
	黎州(3 县)	汉源、阳山、飞越
	直辖羁縻地区(19 州)	汶东、涉邛、强鸡、雄州、杨常、长臂、当马、林烧、罗岩、金川、会野、当仁、中川、林波、东石孔、西石孔、徐渠、费林、嘉梁
茂州都督府(2 州 7 县 13 羁縻州)	茂州(4 县)	汶山、汶川、通化、石泉
	维州(3 县)	薛城、小封、定廉
	直辖羁縻地区(13 州)	向州、宕州、居州、时州、达州、姜州、恕州、卓州、葛州、蓬鲁、涂州、可州、竿州
松州都督府(8 州 22 县 1 羁縻府 5 羁縻州)	松州(2 县)	嘉诚、交川
	扶州(4 县)	同昌、武进、钳川、尚安
	文州(2 县)	曲水、长松
	翼州(2 县)	翼针、翼水
	悉州(3 县)	识臼、左封、归诚
	静州(3 县)	悉唐、静居、清边

续 表

都督府、都护府、大藩属国名	州、军、中藩属国、羁縻府、羁縻部名	县、羁縻州名
松州都督府(8州22县1羁縻府5羁縻州)	柘州(2县)	柘县、乔珠
	当州(4县)	通轨、谷利、利和、平康
	直辖羁縻地区(1州)	远州
	羁縻轨州都督府(4州)	轨州、奉州、岷州、岩州
十、陇右道(6都督府、4都护府、22州、4镇守军、63县、2行县、53羁縻州、189羁縻州、23藩属国)		
秦州都督府(4州15县)	秦州(5县)	上邽、伏羌、成纪、陇城、清水
	渭州(4县)	襄武、陇西、武阳、渭源
	武州(3县)	将利、覆津、盘堤
	成州(3县)	上禄、长道、同谷
洮州都督府(6州1行州12县3行县)	洮州(2县)	临潭、美相
	行儒州(2行县)	归政、安乡
	岷州(4县)	溢乐、当夷、和政、基城
	宕州(2县)	怀道、良恭
	叠州(1县1行县)	合川、行密恭
	芳州(3县)	常芳、丹岭、恒香
鄯州都督府(5州13县)	鄯州(3县)	湟水、龙支、鄯城
	兰州(3县)	金城、狄道、广武
	河州(2县)	枹罕、大夏
	淳州(2县)	索恭、乌城
	廓州(3县)	化隆、达化、米川
凉州都督府(3州9县)	凉州(4县)	姑臧、武威、番禾、昌松
	甘州(2县)	张掖、删丹
	肃州(3县)	酒泉、福禄、玉门
安北都护府(5羁縻府7羁縻州)	羁縻瀚海州都督府(2州)	瀚海、金水
	羁縻皋兰州都督府(1州)	西皋兰
	羁縻卢山州都督府(2州)	卢山、蹛林
	羁縻贺兰州都督府(1州)	贺兰
	羁縻坚昆州都督府(1州)	坚昆
瓜州都督府(2州4县)	瓜州(2县)	晋昌、常乐
	沙州(2县)	敦煌、寿昌
西州都督府(2州7县)	西州(5县)	高昌、天山、交河、柳中、蒲昌
	伊州(2县)	伊吾、纳职
安西都护府(3镇守军23羁縻府148羁縻州23藩属国)	龟兹镇守军	
	于阗镇守军	
	疏勒镇守军	
	藩属龟兹国兼羁縻龟兹州都督府(11州)	龟兹、□□、乌垒、渠黎、□□、白州、□□、姑墨、温肃、□□、郁头
	藩属焉耆国兼羁縻焉耆州都督府(1州)	焉耆
	藩属于阗国兼羁縻毗沙州都督府(11州)	毗沙、于阗、西河、勃野、蒲山、河中、东河、六城、渠勒、精绝、戎卢

续表

都督府、都护府、大藩属国名	州、军、中藩属国、羁縻府、羁縻部名	县、羁縻州名
安西都护府(3镇守军 23羁縻府 148羁縻州 23藩属国)	藩属疏勒国兼羁縻疏勒州都督府(16州)	疏勒、演度、遍城、□□、□□、□□、达满、□□、□□、□□、磧南、猪拔、耀建、乞乍、蒲顺
	藩属拔汗那国兼羁縻休循州都督府(3州)	休循、□□、怖捍
	藩属石国兼羁縻大宛州都督府(7州)	大宛、□□、□□、□□、□□、□□、□□
	藩属康国兼羁縻康居州都督府(12州)	康居、南谧、佉沙、□□、伐地、火寻、安息、木鹿、贵霜、□□、□□、贰师
	藩属吐火罗国兼羁縻月氏州都督府(26州)	月氏、桃槐、双泉、伏卢、篾颉、富楼、西戎、苑汤、扭密、大檀、身毒、伽倍、妫水、汉楼、丁零、薄知、盘越、叠仗、沙律、弗敌、钵罗、迟散、祀惟、蓝氏、粟特、大夏
	藩属骨咄施国兼羁縻高附州都督府(3州)	高附、休蜜、五翎
	藩属俱密国兼羁縻至拔州都督府(1州)	至拔
	藩属护密多国兼羁縻乌飞州都督府(1州)	乌飞
	藩属石汗那国兼羁縻悦般州都督府(2州)	悦般、双靡
	藩属罽宾国兼羁縻修鲜州都督府(11州)	修鲜、檀特、乌利、罗罗、悬度、毗舍、波路、漠州、阴米、乌弋、龙池
	藩属谢䫻国兼羁縻条枝州都督府(10州)	条枝、乾陀、遗州、镇西、犁靳、巨雀、崦嵫、细柳、西海、虞泉
	藩属帆延国兼羁縻写凤州都督府(5州)	写凤、钳敦、悉万、泠沦、嶰谷
	藩属缚喝国兼羁縻太汗州都督府(16州)	太汗、奄蔡、迷蜜、附墨、乌丹、波知、贺那、宿利、犁州、安屋、罽陵、依耐、诸色、碣石、榆令、昑顿
	藩属久越得犍国兼羁縻王庭州都督府(1州)	王庭
	藩属解苏国兼羁縻天马州都督府(3州)	天马、洛那、束离
	藩属怛没国兼羁縻和默州都督府(2州)	和默、粟弋
	藩属乌拉喝国兼羁縻旅獒州都督府(1州)	旅獒
	藩属多勒健国兼羁縻昆墟州都督府(1州)	昆墟
	藩属护时犍国兼羁縻奇沙州都督府(3州)	奇沙、沛隶、大秦
	藩属波斯国兼羁縻波斯州都督府(1州)	波斯
北庭都护府(1镇守军3县7羁縻府11羁縻州)	直辖地区(3县)	金满、蒲类、轮台
	碎叶镇守军	
	羁縻金满州都督府(2州)	金满、蒲类
	羁縻沙陀州都督府(1州)	沙陀
	羁縻大漠州都督府(1州)	大漠
	羁縻金附州都督府(1州)	金附
	羁縻玄池州都督府(2州)	玄池、玛勒
	羁縻阴山州都督府(1州)	阴山
	羁縻咽面州都督府(3州)	咽面、□□、金牙

都督府、都护府、大藩属国名	州、军、中藩属国、羁縻府、羁縻部名	县、羁縻州名
羁縻濛池都护府(18羁縻府23羁縻州)	羁縻濛池州都督府(3州)	濛池、叱勒、碎叶
	羁縻昆陵州都督府(3州)	昆陵、车簿、热海
	羁縻双河州都督府(1州)	双河
	羁縻盐泊州都督府(1州)	盐泊
	羁縻匐延州都督府(1州)	匐延
	羁縻鹰娑州都督府(1州)	鹰娑
	羁縻洁山州都督府(1州)	洁山
	羁縻嗢鹿州都督府(2州)	嗢鹿、特伽
	羁縻颉利州都督府(1州)	颉利
	羁縻迦瑟州都督府(1州)	迦瑟
	羁縻俱兰州都督府(1州)	俱兰
	羁縻答烂州都督府(1州)	答烂
	羁縻千泉州都督府(1州)	千泉
	羁縻哥系州都督府(1州)	哥系
	羁縻孤舒州都督府(1州)	孤舒
	羁縻盐禄州都督府(1州)	盐禄
	羁縻东盐州都督府(1州)	东盐
	羁縻西盐州都督府(1州)	西盐

总计：10道、36都督府、1行都督府、6都护府、325州、3行州、4镇守军、1594县、5行县、75羁縻府、590羁縻州、1羁縻部、24藩属国

3. 唐天宝十三载(754)行政与统治区划总表

都督府、都护府、大藩属国名	府、郡、军、中藩属国、羁縻府、羁縻部名	县、城、羁縻郡、羁縻州名
一、京畿(治西京,1府、6郡、58县)		
直属地区(1府6郡58县)	西京京兆府(23县)	长安、咸宁、昭应、渭南、蓝田、鄠县、宜寿、金城、武功、好畤、奉天、醴泉、咸阳、泾阳、云阳、三原、高陵、栎阳、富平、华原、同官、美原、奉先
	冯翊郡(7县)	冯翊、朝邑、白水、澄城、郃阳、河西、韩城
	华阴郡(3县)	郑县、华阴、下邽
	上洛郡(6县)	上洛、洛南、商洛、上津、丰阳、安业
	安康郡(6县)	西城、洵阳、清阳、石泉、安康、平利
	扶风郡(9县)	雍县、岐山、岐阳、扶风、郿县、虢县、陈仓、普润、麟游
	新平郡(4县)	新平、三水、永寿、宜禄
二、关内道(寄治京畿西京,6都督府、2都护府、19郡、2军、89县、3城、10羁縻府、72羁縻州)		
直属地区(2郡9县)	中部郡(4县)	中部、鄜城、宜君、升平
	洛交郡(5县)	洛交、洛川、三川、直罗、甘泉
延安郡都督府(3郡19县2羁縻州)	延安郡(9县)	肤施、敷政、金明、延昌、丰林、延安、延水、临真
	上郡(5县)	龙泉、延福、绥德、城平、大斌
	咸宁郡(5县)	义川、云岩、门山、汾川、咸宁
	直辖羁縻地区(2州)	浑州、宽州

续 表

都督府、都护府、大藩属国名	府、郡、军、中藩属国、羁縻府、羁縻部名	县、城、羁縻郡、羁縻州名
安化郡都督府(2郡16县3羁縻府26羁縻州)	安化郡(10县)	安化、延庆、华池、合水、乐蟠、同川、马岭、方渠、怀安、洛源
	彭原郡(6县)	定安、襄乐、真宁、定平、丰义、彭原
	羁縻芳池州都督府(10州)	芳池、宁静、林州、种州、玉州、濮州、位州、尹州、宝州、长州
	羁縻安定州都督府(8州)	安定、党州、桥州、乌州、西戎、野利、米州、还州
	羁縻安化州都督府(8州)	安化、永和、威州、旭州、莫州、西沧、琼州、儒州
平凉郡都督府(4郡16县2羁縻州)	平凉郡(4县)	平高、百泉、平凉、萧关
	安定郡(5县)	安定、灵台、良原、潘原、临泾
	汧阳郡(5县)	汧源、汧阳、吴山、南由、华亭
	会宁郡(2县)	会宁、乌兰
	直辖羁縻地区(2州)	安乐、相兴
灵武郡都督府(2郡8县1羁縻府9羁縻州)	灵武郡(6县)	回乐、温池、鸣沙、灵武、怀远、安静
	五原郡(2县)	五原、白池
	直辖羁縻地区(7州)	烛龙、燕山、东皋兰、鸡田、鸡鹿、燕然、宁朔
	羁縻乐容州都督府(2州)	乐容、归德
朔方郡都督府(3郡11县6羁縻府33羁縻州)	朔方郡(4县)	朔方、德静、宁朔、长泽
	银川郡(4县)	儒林、真乡、开光、抚宁
	宁朔郡(3县)	延恩、怀德、归仁
	直辖羁縻地区(1州)	东夏
	羁縻静边州都督府(26州)	静边、恤州、布州、悦州、麟州、北夏、淳州、开元、乌笼、归州、昌塞、回乐、万年、懿州、祐州、诺州、嵯州、乌掌、嶂州、盖州、思义、思乐、西归、浮州、吴州、朝州
	羁縻云中州都督府(1州)	云中
	羁縻定襄州都督府(1州)	定襄
	羁縻桑干州都督府(1州)	桑干
	羁縻呼延州都督府(1州)	呼延
	羁縻归德州都督府(2州)	归德、清塞
榆林郡都督府(2郡5县)	榆林郡(2县)	榆林、河滨
	新秦郡(3县)	新秦、连谷、银城
安北都护府(1郡1军4县2城)	直辖地区(1县)	大同
	九原郡(3县)	九原、永丰、丰安
	天安军(2城)	中受降城、西受降城
单于都护府(1军1县1城)	直辖地区(1县)	金河
	振武军(1城)	东受降城

三、河东道(治河东郡,2都督府、1府、18郡、108县)

	府、郡、军、中藩属国、羁縻府、羁縻部名	县、城、羁縻郡、羁縻州名
直属地区(1府10郡76县)	北京太原府(13县)	太原、晋阳、榆次、寿阳、盂县、广阳、乐平、太谷、祁县、文水、交城、清源、阳曲
	河东郡(8县)	河东、临晋、宝鼎、猗氏、安邑、解县、虞乡、永乐
	弘农郡(6县)	弘农、玉城、卢氏、朱阳、阌乡、湖城
	绛郡(11县)	正平、曲沃、翼城、绛县、垣县、夏县、闻喜、万泉、龙门、稷山、太平
	平阳郡(9县)	临汾、洪洞、赵城、汾西、霍邑、岳阳、冀氏、神山、襄陵
	文城郡(5县)	吉昌、文城、仵城、昌宁、吕香
	大宁郡(6县)	隰川、蒲县、大宁、永和、石楼、温泉
	西河郡(5县)	隰城、平遥、介休、灵石、孝义

续 表

都督府、都护府、大藩属国名	府、郡、军、中藩属国、羁縻府、羁縻部名	县、城、羁縻郡、羁縻州名
直属地区(1府10郡76县)	昌化郡(5县)	离石、平夷、定胡、临泉、方山
	楼烦郡(4县)	宜芳、静乐、合河、岚谷
	乐平郡(4县)	辽山、榆社、平城、和顺
上党郡都督府(3郡19县)	上党郡(10县)	上党、壶关、长子、屯留、铜鞮、武乡、襄垣、潞城、黎城、涉县
	高平郡(6县)	晋城、阳城、沁水、端氏、高平、陵川
	阳城郡(3县)	沁源、和川、绵上
雁门郡都督府(5郡13县)	雁门郡(5县)	雁门、繁畤、五台、唐林、崞县
	定襄郡(2县)	秀容、定襄
	马邑郡(2县)	善阳、马邑
	云中郡(1县)	云中
	安边郡(3县)	安边、飞狐、灵丘
四、河北道(治范阳郡,2都督府,1都护府,27郡,2军,170县,2城,1押蕃使,12羁縻府,70羁縻州,2藩属国)		
范阳郡都督府(8郡28县14羁縻州)	范阳郡(10县)	蓟县、潞县、武清、安次、永清、固安、归义、范阳、良乡、昌平
	上谷郡(8县)	易县、涞水、容城、遂城、满城、五回、楼亭、板城
	妫川郡(2县)	怀戎、缙山
	归德郡(1县)	辽西
	顺义郡(1县)	宾义
	归化郡(1县)	怀柔
	密云郡(2县)	密云、燕乐
	渔阳郡(3县)	渔阳、玉田、三河
	直辖羁縻地区(14州)	威州、崇州、鲜州、昌州、信州、玄州、瑞州、夷宾、黎州、慎州、带州、青山、沃州、凛州
直属地区(17郡138县)	魏郡(10县)	贵乡、元城、莘县、朝城、临黄、顿丘、昌乐、魏县、馆陶、冠氏
	汲郡(5县)	汲县、新乡、共城、卫县、黎阳
	邺郡(11县)	安阳、汤阴、林虑、澶阳、邺县、临漳、成安、洹水、尧城、内黄、临河
	广平郡(10县)	永年、洺水、平恩、清漳、肥乡、邯郸、武安、临洺、鸡泽、曲周
	钜鹿郡(9县)	龙冈、南和、沙河、青山、内丘、尧山、任县、钜鹿、平乡
	赵郡(9县)	平棘、宁晋、昭庆、柏乡、高邑、临城、赞皇、元氏、栾城
	常山郡(9县)	真定、九门、槀城、石邑、鹿泉、井陉、房山、灵寿、行唐
	博陵郡(11县)	安喜、义丰、深泽、鼓城、无极、陉邑、新乐、恒阳、唐县、北平、望都
	文安郡(6县)	莫县、文安、长丰、任丘、唐兴、清苑
	河间郡(6县)	河间、博野、高阳、束城、平舒、乐寿
	饶阳郡(4县)	陆泽、鹿城、安平、饶阳
	信都郡(9县)	信都、枣强、南宫、堂阳、衡水、下博、武强、武邑、阜城
	景城郡(12县)	清池、盐山、无棣、乐陵、饶安、临津、东光、弓高、南皮、景城、长芦、鲁城
	乐安郡(5县)	厌次、滴河、阳信、渤海、蒲台
	平原郡(7县)	安德、平原、长河、蓚县、安陵、将陵、平昌
	清河郡(9县)	清河、清阳、武城、漳南、历亭、夏津、临清、宗城、经城
	博平郡(6县)	聊城、武水、堂邑、清平、博平、高唐
柳城郡都督府(2郡4县1羁縻府5羁縻州)	柳城郡(1县)	柳城
	北平郡(3县)	卢龙、马城、石城

续表

都督府、都护府、大藩属国名	府、郡、军、中藩属国、羁縻府、羁縻部名	县、城、羁縻郡、羁縻州名
柳城郡都督府(2郡4县1羁縻府5羁縻州)	直辖羁縻地区(2州)	顺化、宁夷
	羁縻儒州都督府(3州)	儒州、师州、□州
安东都护府(2军2城5羁縻府20羁縻州1藩属国)	保定军	
	怀远军	
	直辖地区(2城)	泊汋城、平壤城
	羁縻建安州都督府(4州)	建安、似城、卑沙、积利
	羁縻辽城州都督府(4州)	辽城、磨米、黎山、安市
	羁縻新城州都督府(5州)	新城、南苏、延津、木底、盖牟
	羁縻哥勿州都督府(6州)	哥勿、多伐、代那、国内、诸北、苍岩
	藩属新罗国兼羁縻鸡林州都督府(1州)	鸡林
押奚契丹两蕃渤海黑水等四府经略处置使(治营州,6羁縻府31羁縻州1藩属国)	羁縻饶乐州都督府(6州)	饶乐、弱水、祁黎、洛瑰、太鲁、渴野
	羁縻松漠州都督府(7州)	松漠、无逢、羽陵、日连、万丹、疋黎、赤山
	藩属靺鞨国兼羁縻忽汗州都督府(1州)	忽汗
	羁縻黑水州都督府(5州)	黑水、□□、□□、□□、□□
	羁縻安静州都督府(3州)	安静、铁利、勃利
	羁縻室韦州都督府(9州)	室韦、□□、□□、□□、□□、□□、□□、□□、□□
五、都畿(治东京,1府、4郡、50县)		
直属地区(1府4郡50县)	东京河南府(26县)	河南、洛阳、缑氏、偃师、巩县、氾水、河阴、密县、阳翟、告成、登封、颍阳、伊阙、陆浑、伊阳、长水、永宁、福昌、寿安、新安、渑池、王屋、济源、河清、河阳、温县
	河内郡(5县)	河内、武德、修武、获嘉、武陟
	荥阳郡(7县)	管城、中牟、新郑、荥阳、荥泽、原武、阳武
	临汝郡(7县)	梁县、郏城、襄城、叶县、龙兴、鲁山、临汝
	陕郡(5县)	陕县、硖石、灵宝、芮城、平陆
六、河南道(治陈留郡,1都督府、22郡、145县)		
直属地区(20郡129县)	陈留郡(6县)	开封、浚仪、封丘、陈留、雍丘、尉氏
	灵昌郡(7县)	白马、卫南、韦城、匡城、灵昌、胙城、酸枣
	济阴郡(6县)	济阴、考城、冤句、南华、乘氏、成武
	濮阳郡(5县)	鄄城、范县、雷泽、临濮、濮阳
	东平郡(9县)	须昌、宿城、钜野、郓城、寿张、阳谷、东阿、卢县、平阴
	济南郡(9县)	历城、全节、章丘、亭山、丰齐、长清、禹城、临邑、临济
	淄川郡(5县)	淄川、长山、济阳、邹平、高苑
	北海郡(7县)	益都、北海、临朐、临淄、博昌、千乘、寿光
	东莱郡(4县)	掖县、昌阳、即墨、胶水
	东牟郡(4县)	蓬莱、牟平、文登、黄县
	高密郡(4县)	诸城、高密、莒县、安丘
	东海郡(4县)	朐山、东海、沭阳、怀仁
	临淮郡(6县)	临淮、徐城、虹县、下邳、宿预、涟水
	彭城郡(7县)	彭城、符离、蕲县、萧县、丰县、沛县、滕县
	睢阳郡(10县)	宋城、虞城、砀山、下邑、谷熟、柘城、襄邑、宁陵、楚丘、单父

续表

都督府、都护府、大藩属国名	府、郡、军、中藩属国、羁縻府、羁縻部名	县、城、羁縻郡、羁縻州名
直属地区(20郡129县)	谯郡(8县)	谯县、郸县、永城、临涣、蒙城、城父、真源、鹿邑
	汝阴郡(4县)	汝阴、下蔡、颍上、沈丘
	淮阳郡(6县)	宛丘、项城、南顿、溵水、西华、太康
	汝南郡(11县)	汝阳、平舆、新蔡、褒信、新息、真阳、朗山、吴房、西平、郾城、上蔡
	颍川郡(7县)	长社、长葛、许昌、鄢陵、扶沟、临颍、舞阳
鲁郡都督府(2郡16县)	鲁郡(11县)	瑕丘、曲阜、泗水、邹县、方与、金乡、任城、中都、龚丘、乾封、莱芜
	琅邪郡(5县)	临沂、承县、费县、新泰、沂水
七、淮南道(治广陵郡,2都督府、16郡、66县)		
广陵郡都督府(3郡13县)	广陵郡(7县)	江都、江阳、扬子、六合、天长、高邮、海陵
	历阳郡(3县)	历阳、含山、乌江
	永阳郡(3县)	清流、全椒、永阳
直属地区(9郡38县)	寿春郡(5县)	寿春、安丰、盛唐、霍山、霍丘
	钟离郡(3县)	钟离、招义、定远
	淮阴郡(5县)	山阳、盐城、安宜、盱眙、淮阴
	庐江郡(5县)	合肥、慎县、巢县、庐江、舒城
	同安郡(5县)	怀宁、望江、宿松、太湖、同安
	蕲春郡(4县)	蕲春、广济、黄梅、蕲水
	齐安郡(3县)	黄冈、黄陂、麻城
	义阳郡(3县)	义阳、钟山、罗山
	弋阳郡(5县)	定城、固始、殷城、光山、仙居
安陆郡都督府(4郡15县)	安陆郡(6县)	安陆、应山、吉阳、孝昌、云梦、应城
	汉阳郡(2县)	汉阳、汉川
	富水郡(3县)	长寿、京山、富水
	汉东郡(4县)	随县、光化、唐城、枣阳
八、江南东道(治吴郡,2都督府、18郡、102县)		
直属地区(7郡43县)	吴郡(7县)	吴县、长洲、常熟、昆山、华亭、海盐、嘉兴
	丹阳郡(6县)	丹徒、丹阳、金坛、延陵、句容、江宁
	晋陵郡(5县)	晋陵、武进、江阴、无锡、义兴
	吴兴郡(5县)	乌程、德清、武康、安吉、长城
	馀杭郡(9县)	钱塘、富阳、新城、紫溪、唐山、于潜、临安、馀杭、盐官
	新定郡(6县)	建德、寿昌、遂安、还淳、分水、桐庐
	新安郡(5县)	歙县、休宁、婺源、黟县、北野
会稽郡都督府(7郡38县)	会稽郡(6县)	会稽、山阴、馀姚、剡县、诸暨、萧山
	馀姚郡(4县)	鄮县、奉化、慈溪、翁山
	临海郡(6县)	临海、黄岩、乐安、始丰、宁海、象山
	东阳郡(7县)	金华、兰溪、浦阳、义乌、东阳、永康、武义
	信安郡(6县)	信安、盈川、龙丘、须江、玉山、常山
	缙云郡(5县)	括苍、缙云、青田、松阳、遂昌
	永嘉郡(4县)	永嘉、乐城、安固、横阳

续表

都督府、都护府、大藩属国名	府、郡、军、中藩属国、羁縻府、羁縻部名	县、城、羁縻郡、羁縻州名
长乐郡都督府(4郡21县)	长乐郡(8县)	闽县、长乐、福唐、候官、尤溪、古田、连江、长溪
	清源郡(4县)	晋江、南安、仙游、莆田
	临汀郡(3县)	龙岩、长汀、宁化
	建安郡(6县)	建安、沙县、将乐、邵武、建阳、浦城
九、江南西道(治豫章郡,2都督府、17郡、85县)		
豫章郡都督府(5郡24县)	豫章郡(6县)	豫章、丰城、高安、新吴、豫宁、建昌
	临川郡(4县)	临川、南城、南丰、崇仁
	南康郡(6县)	赣县、雩都、虔化、信丰、大庾、南康
	庐陵郡(5县)	庐陵、太和、永新、安福、新淦
	宜春郡(3县)	宜春、新喻、萍乡
长沙郡都督府(7郡32县)	长沙郡(5县)	长沙、浏阳、醴陵、湘乡、益阳
	衡阳郡(7县)	衡阳、衡山、湘潭、攸县、茶陵、耒阳、常宁
	桂阳郡(8县)	郴县、资兴、义昌、义章、临武、蓝山、平阳、高亭
	连山郡(3县)	桂阳、阳山、连山
	江华郡(4县)	弘道、延唐、江华、永明
	零陵郡(3县)	零陵、湘源、祁阳
	邵阳郡(2县)	邵阳、武冈
直属地区(5郡29县)	宣城郡(11县)	宣城、绥安、宁国、泾县、太平、秋浦、青阳、南陵、当涂、溧水、溧阳
	鄱阳郡(5县)	鄱阳、浮梁、乐平、弋阳、馀干
	浔阳郡(3县)	浔阳、彭泽、都昌
	江夏郡(5县)	江夏、武昌、永兴、唐年、蒲圻
	巴陵郡(5县)	巴陵、昌江、湘阴、沅江、华容
十、岭南道(治南海郡,4都督府、1都护府、73郡、309县、1羁縻部、4羁縻郡、69羁縻州)		
南海郡都督府(22郡85县)	南海郡(11县)	南海、增城、宝安、番禺、四会、化蒙、怀集、浈安、清远、洊洭、浈阳
	始兴郡(6县)	曲江、乐昌、仁化、始兴、浈昌、翁源
	海丰郡(6县)	归善、博罗、河源、雷乡、兴宁、海丰
	潮阳郡(3县)	海阳、程乡、潮阳
	漳浦郡(2县)	漳浦、龙溪
	义宁郡(2县)	新会、义宁
	高要郡(2县)	高要、平兴
	晋康郡(4县)	端溪、悦城、安遂、都城
	临封郡(2县)	封川、开建
	开阳郡(5县)	泷水、正义、安南、建水、开阳
	云浮郡(2县)	富林、铜陵
	新兴郡(3县)	新兴、索卢、永顺
	恩平郡(3县)	齐安、阳江、杜陵
	南陵郡(2县)	阳春、罗水
	高凉郡(3县)	良德、电白、保安
	南潘郡(3县)	茂名、南巴、潘水
	海康郡(3县)	海康、徐闻、遂溪

续表

都督府、都护府、大藩属国名	府、郡、军、中藩属国、羁縻府、羁縻部名	县、城、羁縻郡、羁縻州名
南海郡都督府(22郡85县)	珠崖郡(4县)	舍城、文昌、临高、澄迈
	琼山郡(5县)	容琼、乐会、颜罗、曾口、琼山
	万安郡(4县)	陵水、富云、万安、博辽
	延德郡(5县)	宁远、延德、落屯、吉阳、临川
	昌化郡(5县)	义伦、富罗、洛场、昌化、感恩
普宁郡都督府(14郡57县)	普宁郡(7县)	北流、宕昌、陵城、欣道、普宁、罗窦
	感义郡(3县)	铜津、安昌、感义
	连城郡(3县)	岑溪、安义、连城
	怀德郡(4县)	信义、潭峨、特亮、怀德
	陵水郡(3县)	石龙、陵罗、龙化
	温水郡(5县)	峨石、扶莱、罗辩、温水、陆川
	南昌郡(5县)	博白、龙豪、周罗、建宁、南昌
	合浦郡(4县)	合浦、大廉、封山、蔡龙
	安乐郡(4县)	安乐、石岩、思封、高城
	定川郡(3县)	南流、定川、宕川
	宁仁郡(4县)	善劳、宁仁、抚安、善文
	平琴郡(4县)	安仁、怀义、福阳、古符
	郁林郡(5县)	石南、潭栗、兴业、兴德、郁林
	常林郡(3县)	常林、阿林、罗绣
安南都护府(9郡43县1羁縻部2羁縻郡32羁縻州)	直辖地区(7县)	宋平、交趾、太平、武平、平道、龙编、朱鸢
	武曲郡(2县)	武安、临江
	文阳郡(4县)	文阳、长山、铜蔡、其常
	九真郡(7县)	九真、安顺、龙池、无编、崇安、军安、日南
	日南郡(5县)	九德、浦阳、越裳、怀驩、忠义
	福禄郡(2县)	安远、唐林
	承化郡(5县)	嘉宁、承化、珠缘、嵩山、新昌
	武峨郡(5县)	武峨、梁山、如马、武劳、武缘
	汤泉郡(3县)	汤泉、罗韶、绿水
	玉山郡(3县)	乌雷、安海、华清
	直辖羁縻地区(2郡32州)	苏茂郡、罗伏郡、郡州、思陵、谅州、门州、武定、武灵、南平、都金、万泉、西原、徐州、西平、为州、尚州、潘州、林西、甘棠、朱贵、登州、归化、金廊、思廓、儋陵、提上、樊德、金龙、信州、思农、化州、暑州、裏州、金邻
	羁縻獠子部	
朗宁郡都督府(13郡55县26羁縻州)	朗宁郡(7县)	宣化、朗宁、晋兴、武缘、封陵、如和、思笼
	安城郡(3县)	岭方、琅邪、安城
	贺水郡(4县)	上林、止戈、贺水、无虞
	修德郡(3县)	来宾、修德、归化
	怀泽郡(4县)	郁平、怀泽、潮水、义山
	宁浦郡(3县)	宁浦、乐山、淳风
	永定郡(3县)	永定、武罗、灵竹
	宁越郡(5县)	钦江、安京、灵山、遵化、内亭

续 表

都督府、都护府、大藩属国名	府、郡、军、中藩属国、羁縻府、羁縻部名	县、城、羁縻郡、羁縻州名
朗宁郡都督府(13郡55县26羁縻州)	龙池郡(2县)	龙池、盆山
	招义郡(5县)	廉江、吴川、零绿、干水、南河
	临潭郡(4县)	临江、鹄山、弘远、波零
	扶南郡(7县)	武勤、武观、龙赖、扶南、罗笼、武江、武礼
	横山郡(5县)	都救、横山、惠佳、武龙、如赖
	直辖羁縻地区(26州)	万德、思恩、功饶、侯唐、万承、万形、伦州、青州、鳂州、归乐、思刚、得州、归诚、归淳、思琅、思诚、波州、谈州、左州、思同、上思、员州、思明、七源、石西、武义
始安郡都督府(15郡69县2羁縻郡11羁縻州)	始安郡(10县)	始安、灵川、临源、阳朔、永丰、荔浦、建陵、兴安、纯化、永福
	平乐郡(3县)	平乐、恭城、永平
	临贺郡(6县)	临贺、封阳、荡山、富川、冯乘、桂岭
	苍梧郡(3县)	苍梧、戎城、孟陵
	开江郡(3县)	龙平、思勤、开江
	蒙山郡(3县)	立山、东区、纯义
	临江郡(6县)	平南、阳川、大同、宁风、武林、隋建
	浔江郡(3县)	桂平、大宾、皇化
	象郡(3县)	武化、阳寿、武仙
	龙城郡(5县)	马平、洛封、龙城、洛容、象县
	忻城郡(7县)	忻城、富录、思龙、平西、乐光、多云、乐艳
	龙水郡(4县)	龙水、崖山、东玺、天河
	正平郡(8县)	正平、都蒙、思恩、歌良、福零、龙源、武石、饶勉
	融水郡(2县)	融水、武阳
	乐兴郡(3县)	乐预、古书、乐兴
	直辖羁縻地区(2郡11州)	武郎郡、温泉郡、钧州、纤州、归恩、思顺、归化、蕃州、述昆、金城、智州、文州、兰州
十一、黔中道(治黔中郡,1都督府、15郡、52县、51羁縻州)		
黔中郡都督府(10郡35县51羁縻州)	黔中郡(6县)	彭水、黔江、洪杜、都濡、洋水、信宁
	宁夷郡(4县)	务川、思邛、思王、宁夷
	涪川郡(4县)	涪川、扶阳、城乐、多田
	义泉郡(4县)	绥阳、都上、义泉、洋川
	播川郡(3县)	遵义、带水、芙蓉
	夜郎郡(4县)	夜郎、乐源、荣德、丽皋
	溱溪郡(2县)	荣懿、扶欢
	南川郡(2县)	南川、三溪
	涪陵郡(4县)	涪陵、武龙、宾化、乐温
	清江郡(2县)	清江、建始
	直辖羁縻地区(51州)	充州、晃州、亮州、鸿州、樊州、应州、矩州、邦州、勋州、南平、延州、峨州、笼龙、抚水、劳州、福州、琳州、那州、鸾州、逸州、双城、添州、鼓州、思源、训州、整州、蓦州、侯州、卿州、明州、姜州、儒州、悬州、琰州、令州、庄州、祥州、蛮州、功州、清州、晖州、犍州、袭州、義州、宝州、郝州、普宁、总州、殷州、敦州
直属地区(5郡17县)	卢溪郡(5县)	沅陵、溆浦、辰溪、麻阳、卢溪
	潭阳郡(3县)	龙标、朗溪、潭阳
	龙溪郡(2县)	峨山、渭溪
	卢阳郡(5县)	卢阳、渭阳、常丰、洛浦、招喻
	灵溪郡(2县)	大乡、三亭

续 表

都督府、都护府、大藩属国名	府、郡、军、中藩属国、羁縻府、羁縻部名	县、城、羁縻郡、羁縻州名
十二、山南东道(治襄阳郡,1都督府、14郡、63县)		
直属地区(9郡43县)	襄阳郡(7县)	襄阳、宜城、乐乡、南漳、义清、谷城、临汉
	淮安郡(7县)	比阳、桐柏、平氏、湖阳、泌阳、方城、慈丘
	南阳郡(7县)	穰县、临湍、内乡、菊潭、向城、南阳、新野
	武当郡(3县)	武当、郧乡、丰利
	房陵郡(4县)	房陵、永清、竹山、上庸
	巴东郡(3县)	秭归、巴东、兴山
	云安郡(4县)	奉节、云安、大昌、巫山
	南浦郡(3县)	南浦、武宁、梁山
	南宾郡(5县)	临江、南宾、丰都、垫江、桂溪
江陵郡都督府(5郡20县)	江陵郡(7县)	江陵、石首、公安、松滋、枝江、当阳、长林
	夷陵郡(4县)	夷陵、远安、宜都、长阳
	澧阳郡(4县)	澧阳、安乡、石门、慈利
	武陵郡(2县)	武陵、龙阳
	竟陵郡(3县)	沔阳、监利、竟陵
十三、山南西道(治汉中郡,1都督府、14郡、73县)		
汉中郡都督府(4郡18县)	汉中郡(6县)	南郑、三泉、金牛、西县、褒城、城固
	洋川郡(5县)	西乡、兴道、真符、黄金、洋源
	顺政郡(3县)	顺政、鸣水、长举
	河池郡(4县)	梁泉、河池、两当、黄花
直属地区(10郡55县)	通川郡(8县)	通川、三冈、永穆、宣汉、东乡、阆英、石鼓、新宁
	盛山郡(3县)	盛山、新浦、万岁
	南平郡(4县)	巴县、南平、江津、万寿
	巴川郡(6县)	石镜、巴川、铜梁、赤水、汉初、新明
	潾山郡(4县)	流江、潾山、潾水、渠江
	咸安郡(7县)	大寅、仪陇、伏虞、良山、宕渠、大竹、咸安
	清化郡(10县)	化城、曾口、其章、始宁、归仁、恩阳、七盘、清化、大牟、盘道
	益昌郡(6县)	绵谷、嘉川、胤山、葭萌、益昌、景谷
	符阳郡(3县)	难江、符阳、地平
	始宁郡(4县)	通江、白石、东巴、广纳
十四、剑南道(治蜀郡,8都督府、1都护府、38郡、183县、5城、2羁縻府、4羁縻郡、143羁縻州、9藩属国)		
蜀郡都督府(10郡60县)	蜀郡(10县)	成都、蜀县、灵池、广都、双流、温江、郫都、犀浦、新繁、新都
	阳安郡(3县)	阳安、平泉、金水
	仁寿郡(5县)	仁寿、籍县、贵平、始建、井研
	犍为郡(8县)	龙游、玉津、峨山、绥山、罗目、峨眉、夹江、平羌
	通义郡(5县)	通义、彭山、青神、丹棱、洪雅
	临邛郡(7县)	临邛、依政、蒲江、临溪、火井、大邑、安仁
	唐安郡(4县)	晋原、青城、唐安、新津
	濛阳郡(4县)	九陇、濛阳、唐昌、导江
	德阳郡(5县)	雒县、什邡、绵竹、德阳、金堂
	巴西郡(9县)	巴西、魏城、盐泉、涪城、罗江、神泉、西昌、龙安、昌明

续表

都督府、都护府、大藩属国名	府、郡、军、中藩属国、羁縻府、羁縻部名	县、城、羁縻郡、羁縻州名
直属地区(8郡52县)	梓潼郡(8县)	郪县、盐亭、永泰、射洪、通泉、飞乌、铜山、玄武
	江油郡(2县)	江油、清川
	普安郡(8县)	普安、永归、临津、黄安、梓潼、武连、阴平、剑门
	阆中郡(9县)	阆中、南部、新政、新井、晋安、西水、苍溪、岐坪、奉国
	南充郡(6县)	南充、岳池、流溪、西充、相如、朗池
	遂宁郡(5县)	方义、长江、蓬溪、青石、遂宁
	安岳郡(6县)	安岳、普康、乐至、普慈、安居、崇龛
	资阳郡(8县)	盘石、月山、龙水、资阳、丹山、清溪、银山、内江
泸川郡都督府(2郡12县4羁縻郡6羁縻州)	泸川郡(6县)	泸川、合江、泾南、江安、绵水、富义
	和义郡(6县)	旭川、应灵、资官、威远、和义、公井
	直辖羁縻地区(4郡6州)	都宁郡、罗阳郡、因忠郡、黄池郡、能州、淅州、顺州、奉州、思峨、清州
南溪郡都督府(1郡5县1羁縻府48羁縻州)	南溪郡(5县)	僰道、开边、义宾、归顺、南溪
	直辖羁縻地区(34州)	悦州、扶德、筠州、汤望、禄州、盈州、镜州、志州、曲州、靖州、协州、居州、信州、炎州、南唐、泸慈、切骑、碾卫、柯连、武昌、涡州、哥灵、谤罗、望州、昆州、吴州、梨州、求州、钧州、锦州、傍州、览州、丘州、勤州
	羁縻南宁州都督府(14州)	南宁、威州、长州、麻州、武德、英州、盘州、武恒、归州、声州、品州、秦龙、从州、严州
越巂郡都督府(1郡7县14羁縻州)	越巂郡(7县)	越巂、西泸、会川、昆明、苏祁、台登、邛部
	直辖羁縻地区(14州)	丘卢、初汉、威川、计州、渠川、祐州、柜州、月边、月乱、团州、孚川、思亮、杜州、龙池
汉源郡都督府(1郡2县47羁縻州)	汉源郡(2县)	汉源、通望
	直辖羁縻地区(47州)	昌明、甫岚、归化、瑶剑、上钦、博卢、合钦、开望、米川、大渡、木属、野川、榹查、河东、苍荣、辄荣、秦上、甫萼、上贵、贵林、剧川、胞胺、滑川、膝琮、下蓬、时遽、俨马、蓬矢、上蓬、象川、剥重、明昌、明川、脚川、久护、护川、浪弥、护邛、邛陈、邛川、吉川、比地、比川、东川、和都、和良
卢山郡都督府(1郡5县11羁縻州)	卢山郡(5县)	严道、荣经、卢山、名山、百丈
	直辖羁縻地区(11州)	汶东、涉邛、强鸡、雉州、杨常、长臂、东石孔、徐渠、费林、嘉梁、西石孔
通化郡都督府(4郡13县12羁縻州)	通化郡(4县)	汶山、汶川、通化、石泉
	维川郡(2县)	薛城、小封
	天保郡(3县)	云山、定廉、归顺
	静戎郡(4县)	归化、安信、互利、保宁
	直辖羁縻地区(12州)	向州、宕州、居州、时州、达州、姜州、恕州、卓州、葛州、蓬鲁、涂州、可州
交川郡都督府(10郡27县1羁縻府5羁縻州)	交川郡(3县)	嘉诚、交川、平康
	临翼郡(3县)	卫山、翼水、峨和
	阴平郡(2县)	曲水、长松
	同昌郡(1县)	同昌 帖夷、钳川、尚安
	江源郡(3县)	通轨、谷和、利和
	归诚郡(2县)	左封、归诚
	蓬山郡(2县)	柘县、乔珠
	静川郡(2县)	悉唐、静居
	恭化郡(3县)	和集、博恭、烈山
	昭德郡(3县)	真符、鸡川、昭德
	直辖羁縻地区(1州)	远州
	羁縻轨州都督府(4州)	轨州、奉州、崐州、岩州

续 表

都督府、都护府、大藩属国名	府、郡、军、中藩属国、羁縻府、羁縻部名	县、城、羁縻郡、羁縻州名
保宁都护府(5城9藩属国)	直辖地区(5城)	故洪城、万安城、平戎城、柔远城、明威城
	藩属哥邻国	
	藩属逋租国	
	藩属东女国	
	藩属弱水国	
	藩属悉董国	
	藩属南水国	
	藩属清远国	
	藩属呰霸国	
	藩属白狗国	
十五、陇右道(治西平郡,3都督府、16郡、38县、2羁縻州)		
西平郡都督府(7郡14县)	西平郡(2县)	湟水、龙支
	金城郡(2县)	五泉、广武
	狄道郡(2县)	狄道、安乐
	安乡郡(3县)	枹罕、大夏、凤林
	宁塞郡(3县)	广威、达化、米川
	鄯城郡(2县)	鄯城、临蕃
	浇河郡	
天水郡都督府(3郡12县1羁縻州)	天水郡(5县)	上邽、伏羌、成纪、陇城、清水
	同谷郡(3县)	上禄、长道、同谷
	陇西郡(4县)	襄武、陇西、鄣县、渭源
	直辖羁縻地区(1州)	马邑
临洮郡都督府(6郡12县1羁縻州)	临洮郡(2县)	临潭、密恭
	和政郡(3县)	溢乐、祐川、和政
	武都郡(3县)	将利、覆津、盘堤
	怀道郡(2县)	怀道、良恭
	合川郡(2县)	合川、常芳
	洮阳郡	
	直辖羁縻地区(1州)	保塞
十六、河西道(治武威郡,有3都督府、2都护府、7郡、4镇守军、3军、23县、13羁縻府、50羁縻州、25藩属国)		
武威郡都督府(3郡9县4羁縻府6羁縻州)	武威郡(5县)	姑臧、神乌、天宝、嘉麟、昌松
	张掖郡(2县)	张掖、删丹
	酒泉郡(2县)	酒泉、福禄
	羁縻瀚海州都督府(2州)	瀚海、金水
	羁縻皋兰州都督府(1州)	西皋兰
	羁縻卢山州都督府(2州)	卢山、蹛林
	羁縻贺兰州都督府(1州)	贺兰
晋昌郡都督府(2郡4县)	晋昌郡(2县)	晋昌、常乐
	敦煌郡(2县)	敦煌、寿昌
交河郡都督府(2郡7县)	交河郡(5县)	高昌、天山、交河、柳中、蒲昌
	伊吾郡(2县)	伊吾、纳职

续　表

都督府、都护府、大藩属国名	府、郡、军、中藩属国、羁縻府、羁縻部名	县、城、羁縻郡、羁縻州名
北庭都护府(2军3县3羁縻府4羁縻州)	直辖地区(3县)	金满、蒲类、轮台
	伊吾军	
	清海军	
	羁縻金满州都督府(2州)	金满、蒲类
	羁縻沙陀州都督府(1州)	沙陀
	羁縻火拔州都督府(1州)	火拔
安西都护府(4镇守军1军6羁縻府40羁縻州23藩属国)	龟兹镇守军	
	焉耆镇守军	
	于阗镇守军	
	疏勒镇守军	
	归仁军	
	藩属龟兹国兼羁縻龟兹州都督府(10州)	龟兹、乌垒、□□、□□、白州、□□、姑墨、温肃、郁头
	藩属焉耆国兼羁縻焉耆州都督府(2州)	焉耆、危须
	羁縻渠黎州都督府(1州)	渠黎
	藩属于阗国兼羁縻毗沙都督府(11州)	毗沙、于阗、西河、勃野、蒲山、河中、东河、六城、渠勒、精绝、戎卢
	藩属疏勒国兼羁縻疏勒都督府(16州)	疏勒、演度、遍城、□□、□□、□□、□□、达满、□□、□□、□□、□□、碛南、猪拔、耀建、乞乍、蒲顺
	藩属识匿国兼羁縻妫塞都督府(1州)	妫塞
	藩属归仁国	
	藩属吐火罗国	
	藩属挹怛国	
	藩属骨咄国	
	藩属俱密国	
	藩属护密国	
	藩属石汗那国	
	藩属罽宾国	
	藩属谢䫻国	
	藩属帆延国	
	藩属康国	
	藩属东曹国	
	藩属米国	
	藩属来威国	
	藩属西曹国	
	藩属安国	
	藩属石国	
	藩属宁远国	
藩属突骑施国		
藩属葛逻禄国		

总计：2畿、14道、38都督府、7都护府、3府、324郡、4镇守军、7军、1614县、10城、1押蕃使、37羁縻府、1羁縻部、8羁縻郡、457羁縻州、36藩属国

4. 唐元和十五年(820)行政与统治区划总表

方镇、押蕃使、都护、都督府、大藩属国名	府、州、军、中藩属国、羁縻府名	县、城、羁縻州名
一、京畿(2方镇、2府、3州、2行州、45县、1行县)		
直属地区(1府2州33县)	上都京兆府(23县)	长安、万年、昭应、渭南、蓝田、鄠县、盩厔、兴平、武功、好畤、奉天、醴泉、咸阳、泾阳、云阳、三原、高陵、栎阳、富平、华原、同官、美原、奉先
	同州(7县)	冯翊、朝邑、白水、澄城、郃阳、夏阳、韩城
	华州(3县)	郑县、华阴、下邽
凤翔陇右节度使(1府1州11县)	凤翔府(8县)	天兴、岐山、岐阳、扶风、郿县、虢县、宝鸡、麟游
	陇州(3县)	汧源、汧阳、吴山
陇右经略使(2行州1县1行县)	行秦州(1县)	普润
	行武州(1行县)	行将利
二、关内道(7方镇、1都护府、18州、2行州、2军、82县、3城、1羁縻府、3羁縻州)		
渭北鄜坊丹延节度使(4州23县)	鄜州(5县)	洛交、洛川、三川、直罗、甘泉
	延州(10县)	肤施、敷政、金明、延昌、丰林、延川、延长、延水、门山、临真
	丹州(4县)	义川、云岩、汾川、咸宁
	坊州(4县)	中部、鄜城、宜君、升平
邠宁节度使(3州20县)	邠州(4县)	新平、三水、永寿、宜禄
	宁州(6县)	定安、襄乐、真宁、定平、丰义、彭原
	庆州(10县)	顺化、延庆、华池、合水、乐蟠、同川、马岭、方渠、怀安、洛源
泾原节度使(1州2行州7县)	泾州(5县)	保定、灵台、良原、潘原、临泾
	行原州(1县)	百泉
	行渭州(1县)	平凉
朔方节度使(3州10县)	灵州(6县)	回乐、温池、鸣沙、灵武、怀远、保静
	盐州(2县)	五原、白池
	会州(2县)	会宁、乌兰
夏绥银节度使兼管内统押诸蕃部落使(4州14县1羁縻府3羁縻州)	夏州(3县)	朔方、德静、宁朔
	绥州(5县)	龙泉、延福、绥德、城平、大斌
	银州(4县)	儒林、真乡、开光、抚宁
	宥州(2县)	延恩、长泽
	羁縻归德州都督府(3州)	归德、兴宁、清塞
天德军都防御使(1军1州2县2城)	天德军(2城)	中受降城、西受降城
	丰州(2县)	九原、永丰
振武麟胜节度等使兼单于都护府(1军2州6县1城)	直辖地区(1县)	金河
	振武军(1城)	东受降城
	胜州(2县)	榆林、河滨
	麟州(3县)	新秦、连谷、银城
三、河东道(3方镇、2府、19州、123县、2羁縻府、4羁縻州)		
河中节度使(1府4州39县)	中都河中府(9县)	河东、临晋、宝鼎、猗氏、安邑、解县、虞乡、永乐、河西
	绛州(11县)	正平、曲沃、翼城、绛县、垣县、闻喜、万泉、龙门、稷山、太平、襄陵
	晋州(8县)	临汾、洪洞、赵城、汾西、霍邑、岳阳、冀氏、神山
	慈州(5县)	吉昌、文城、仵城、昌宁、吕香
	隰州(6县)	隰川、蒲县、大宁、永和、石楼、温泉

续表

方镇、押蕃使、都护、都督府、大藩属国名	府、州、军、中藩属国、羁縻府名	县、城、羁縻州名
河东节度使(1府10州47县2羁縻府4羁縻州)	北都太原府(13县)	太原、晋阳、榆次、寿阳、盂县、广阳、乐平、太谷、祁县、文水、交城、清源、阳曲
	仪州(4县)	辽山、榆社、平城、和顺
	沁州(3县)	沁源、和川、绵上
	汾州(5县)	西河、平遥、介休、灵石、孝义
	石州(5县)	离石、平夷、定胡、临泉、方山
	岚州(4县)	宜芳、静乐、合河、岚谷
	朔州(2县)	善阳、马邑
	云州(1县)	云中
	蔚州(3县)	灵丘、飞狐、兴唐
	代州(5县)	雁门、繁畤、五台、唐林、崞县
	忻州(2县)	秀容、定襄
	羁縻萨葛州都督府(2州)	萨葛、□□
	羁縻安庆州都督府(2州)	安庆、□□
昭义军节度使(5州37县)	潞州(10县)	上党、壶关、长子、屯留、铜鞮、武乡、襄垣、潞城、黎城、涉县
	邢州(9县)	龙冈、南和、沙河、青山、内丘、尧山、任县、钜鹿、平乡
	洺州(8县)	永年、洺水、平恩、清漳、肥乡、临洺、鸡泽、曲周
	磁州(4县)	滏阳、昭义、邯郸、武安
	泽州(6县)	晋城、阳城、沁水、端氏、高平、陵川
四、河北道(5方镇、1押蕃使、1都督府、25州、152县、2羁縻府、17羁縻州、1藩属国)			
魏博节度使(6州43县)	魏州(8县)	贵乡、元城、莘县、朝城、昌乐、魏县、馆陶、冠氏
	澶州(4县)	顿丘、清丰、观城、临黄
	卫州(5县)	汲县、新乡、共城、卫县、黎阳
	相州(10县)	安阳、汤阴、林虑、邺县、临漳、成安、洹水、尧城、内黄、临河
	贝州(10县)	清河、清阳、武城、漳南、历亭、夏津、永济、临清、宗城、经城
	博州(6县)	聊城、武水、堂邑、清平、博平、高唐
成德军节度使(4州33县)	镇州(11县)	真定、九门、藁城、鼓城、栾城、石邑、鹿泉、井陉、房山、灵寿、行唐
	冀州(8县)	信都、枣强、南宫、堂阳、衡水、武邑、阜城、蓨县
	赵州(8县)	平棘、宁晋、昭庆、柏乡、高邑、临城、赞皇、元氏
	深州(6县)	饶阳、武强、下博、陆泽、鹿城、安平
义武军节度使(2州16县)	定州(10县)	安喜、义丰、深泽、无极、陉邑、新乐、曲阳、唐县、北平、望都
	易州(6县)	易县、涞水、容城、遂城、满城、五回
幽州卢龙节度使(9州36县)	幽州(9县)	蓟县、幽都、潞县、武清、安次、永清、良乡、广平、昌平
	瀛州(6县)	河间、博野、高阳、束城、平舒、乐寿
	莫州(6县)	莫县、文安、长丰、任丘、唐兴、清苑
	涿州(4县)	范阳、固安、新昌、归义
	妫州(2县)	怀戎、缙山
	檀州(2县)	密云、燕乐
	蓟州(3县)	渔阳、玉田、三河
	平州(3县)	卢龙、马城、石城
	营州(1县)	柳城
幽州都督府(2羁縻州)	直辖羁縻地区(2州)	顺州、归顺

续　表

方镇、押蕃使、都护、都督府、大藩属国名	府、州、军、中藩属国、羁縻府名	县、城、羁縻州名
横海军节度使(4州24县)	沧州(7县)	清池、盐山、无棣、乐陵、饶安、长芦、鲁城
	棣州(5县)	厌次、滴河、阳信、渤海、蒲台
	德州(7县)	安德、平原、长河、安陵、将陵、平昌、归化
	景州(5县)	弓高、南皮、东光、临津、景城
押奚契丹两蕃等使(治幽州,2羁縻府15羁縻州1藩属国)	羁縻饶乐州都督府(6州)	饶乐、弱水、祁黎、洛瑰、太鲁、渴野
	羁縻室韦州都督府(9州)	室韦、□□、□□、□□、□□、□□、□□、□□
	藩属契丹国	
五、东畿(3方镇、1府、4州、50县)		
东畿汝州都防御使(1府1州28县)	东都河南府(21县)	河南、洛阳、缑氏、偃师、巩县、河阴、密县、阳翟、告成、登封、颖阳、伊阙、陆浑、伊阳、长水、永宁、福昌、寿安、新安、渑池、王屋
	汝州(7县)	梁县、郏城、襄城、叶县、龙兴、鲁山、临汝
陕虢都防御观察使(2州12县)	陕州(6县)	陕县、硖石、灵宝、芮城、平陆、夏县
	虢州(6县)	弘农、玉城、卢氏、朱阳、阌乡、湖城
河阳节度使(1州10县)	直辖地区(5县)	河阳、温县、汜水、河清、济源
	怀州(5县)	河内、武德、修武、获嘉、武陟
六、河南道(7方镇、1押蕃使、26州、149县、3羁縻府、7羁縻州、2藩属国)		
宣武军节度使(4州27县)	汴州(6县)	开封、浚仪、封丘、陈留、雍丘、尉氏
	宋州(10县)	宋城、虞城、砀山、下邑、谷熟、柘城、襄邑、宁陵、楚丘、单父
	亳州(7县)	谯县、酂县、永城、蒙城、城父、真源、鹿邑
	颍州(4县)	汝阴、下蔡、颍上、沈丘
义成军节度使(2州14县)	滑州(7县)	白马、卫南、韦城、匡城、灵昌、胙城、酸枣
	郑州(7县)	管城、中牟、新郑、荥阳、荥泽、原武、阳武
天平军节度使(3州21县)	郓州(10县)	须昌、东平、中都、钜野、郓城、寿张、阳谷、东阿、卢县、平阴
	曹州(6县)	济阴、考城、宛句、南华、乘氏、成武
	濮州(5县)	鄄城、范县、雷泽、临濮、濮阳
兖海都团练观察使(4州22县)	兖州(9县)	瑕丘、曲阜、泗水、邹县、鱼台、金乡、任城、龚丘、乾封
	沂州(5县)	临沂、承县、费县、新泰、沂水
	密州(4县)	诸城、高密、莒县、辅唐
	海州(4县)	朐山、东海、沭阳、怀仁
淄青平卢节度使(5州25县)	青州(7县)	益都、北海、临朐、临淄、博昌、千乘、寿光
	莱州(4县)	掖县、昌阳、即墨、胶水
	登州(4县)	蓬莱、牟平、文登、黄县
	淄州(4县)	淄川、长山、邹平、高苑
	齐州(6县)	历城、章丘、长清、禹城、临邑、临济
武宁军节度使(4州17县)	徐州(7县)	彭城、下邳、宿迁、萧县、丰县、沛县、滕县
	泗州(3县)	临淮、徐城、涟水
	濠州(3县)	钟离、招义、定远
	宿州(4县)	符离、虹县、蕲县、临涣
忠武军节度使(4州23县)	许州(7县)	长社、长葛、许昌、鄢陵、扶沟、临颍、舞阳
	陈州(6县)	宛丘、项城、南顿、溵水、西华、太康
	溵州(3县)	郾城、上蔡、西平
	蔡州(7县)	汝阳、平舆、新蔡、褒信、新息、真阳、朗山

续表

方镇、押蕃使、都护、都督府、大藩属国名	府、州、军、中藩属国、羁縻府名	县、城、羁縻州名
押新罗渤海两蕃等使（治青州，3羁縻府7羁縻州2藩属国）	藩属新罗国兼羁縻鸡林都督府(1州)	鸡林
	藩属渤海国兼羁縻忽汗州都督府(1州)	忽汗
	羁縻黑水州都督府(5州)	黑水、□□、□□、□□、□□
七、淮南道(1方镇、8州、38县)		
淮南节度使(8州38县)	扬州(7县)	江都、江阳、扬子、六合、天长、高邮、海陵
	滁州(3县)	清流、全椒、永阳
	和州(3县)	历阳、含山、乌江
	庐州(5县)	合肥、慎县、巢县、庐江、舒城
	舒州(5县)	怀宁、望江、宿松、太湖、桐城
	光州(5县)	定城、固始、殷城、光山、仙居
	寿州(5县)	寿春、安丰、盛唐、霍山、霍丘
	楚州(5县)	山阳、盐城、宝应、盱眙、淮阴
八、江南东道(3方镇、18州、97县)		
浙江西道都团练观察使(6州36县)	润州(6县)	丹徒、丹阳、金坛、延陵、句容、上元
	常州(5县)	晋陵、武进、江阴、无锡、义兴
	苏州(7县)	吴县、长洲、常熟、昆山、华亭、海盐、嘉兴
	杭州(7县)	钱塘、富阳、新城、于潜、临安、馀杭、盐官
	湖州(5县)	乌程、德清、武康、安吉、长城
	睦州(6县)	建德、寿昌、遂安、清溪、分水、桐庐
浙江东道都团练观察使(7州37县)	越州(7县)	会稽、山阴、上虞、馀姚、剡县、诸暨、萧山
	明州(4县)	鄞县、象山、奉化、慈溪
	台州(5县)	临海、黄岩、乐安、唐兴、宁海
	婺州(7县)	金华、兰溪、浦阳、义乌、东阳、永康、武成
	衢州(4县)	信安、龙丘、须江、常山
	处州(6县)	丽水、缙云、青田、龙泉、松阳、遂昌
	温州(4县)	永嘉、乐城、安固、横阳
福建都团练观察使(5州24县)	福州(9县)	闽县、长乐、福唐、候官、永泰、尤溪、古田、连江、长溪
	泉州(4县)	晋江、南安、仙游、莆田
	漳州(3县)	龙溪、漳浦、龙岩
	汀州(3县)	长汀、宁化、沙县
	建州(5县)	建安、将乐、邵武、阳阳、浦城
九、江南西道(4方镇、25州、116县)		
江南西道都团练观察使(8州37县)	洪州(7县)	南昌、丰城、高安、分宁、新吴、武宁、建昌
	饶州(4县)	鄱阳、浮梁、乐平、馀干
	信州(4县)	上饶、贵溪、弋阳、玉山
	抚州(4县)	临川、南城、南丰、崇仁
	虔州(7县)	赣县、雩都、虔化、安远、信丰、大庾、南康
	吉州(5县)	庐陵、太和、永新、安福、新淦
	袁州(3县)	宜春、新喻、萍乡
	江州(3县)	浔阳、彭泽、都昌

附录 1499

续　表

方镇、押蕃使、都护、都督府、大藩属国名	府、州、军、中藩属国、羁縻府名	县、城、羁縻州名
湖南都团练守捉观察处置使(7州34县)	潭州(6县)	长沙、浏阳、醴陵、湘潭、湘乡、益阳
	衡州(6县)	衡阳、衡山、攸县、茶陵、耒阳、常宁
	郴州(8县)	郴县、资兴、义昌、义章、临武、蓝山、平阳、高亭
	连州(3县)	桂阳、阳山、连山
	道州(5县)	弘道、大历、延唐、江华、永明
	永州(4县)	零陵、灌阳、湘源、祁阳
	邵州(2县)	邵阳、武冈
鄂岳都团练观察使(7州25县)	鄂州(5县)	江夏、武昌、永兴、唐年、蒲圻
	岳州(5县)	巴陵、昌江、湘阴、沅江、华容
	沔州(2县)	汉阳、汉川
	安州(4县)	安陆、应山、吉阳、云梦
	申州(3县)	义阳、钟山、罗山
	黄州(2县)	黄冈、黄陂
	蕲州(4县)	蕲春、广济、黄梅、蕲水
宣歙池都团练观察使(3州20县)	宣州(10县)	宣城、广德、宁国、旌德、太平、泾县、南陵、当涂、溧水、溧阳
	歙州(6县)	歙县、休宁、婺源、祁门、黟县、绩溪
	池州(4县)	秋浦、青阳、石埭、至德
十、岭南道(5方镇、1都护府、2都督府、67州、1行州、257县、1行县、99羁縻州、2藩属国)			
岭南节度使(17州65县)	广州(13县)	南海、增城、东莞、新会、义宁、番禺、四会、化蒙、怀集、浈水、清远、洭浈、湞阳
	韶州(6县)	曲江、乐昌、仁化、始兴、浈昌、翁源
	循州(6县)	归善、博罗、河源、雷乡、兴宁、海丰
	潮州(3县)	海阳、程乡、潮阳
	端州(2县)	高要、平兴
	新州(2县)	新兴、永顺
	春州(3县)	阳春、罗水、流南
	勤州(2县)	铜陵、富林
	恩州(3县)	恩平、阳江、杜陵
	高州(3县)	良德、电白、保宁
	潘州(3县)	茂名、南巴、潘水
	辩州(2县)	石龙、陵罗
	罗州(4县)	廉江、吴川、零绿、干水
	雷州(3县)	海康、徐闻、遂溪
	泷州(4县)	泷水、镇南、建水、开阳
	康州(4县)	端溪、悦城、晋康、都城
	封州(2县)	封川、开建
琼州管内招讨游奕使(5州22县)	琼州(5县)	琼山、乐会、颜罗、曾口、临高
	万安州(4县)	万安、博辽、陵水、富云
	振州(5县)	宁远、延德、落屯、吉阳、临川
	儋州(5县)	义伦、富罗、洛场、昌化、感恩
	崖州(3县)	舍城、文昌、澄迈

续 表

方镇、押蕃使、都护、都督府、大藩属国名	府、州、军、中藩属国、羁縻府名	县、城、羁縻州名
容州管内观察经略等使 (20州1行州80县1行县28羁縻州)	容州(5县)	普宁、渭龙、北流、陵城、欣道
	藤州(4县)	镡津、义昌、感义、宁风
	义州(3县)	岑溪、永业、连城
	窦州(4县)	信义、潭峨、特亮、怀德
	禺州(5县)	峨石、扶莱、罗辩、陆川、宕昌
	顺州(4县)	龙化、龙豪、温水、南河
	白州(4县)	博白、周罗、建宁、南昌
	廉州(4县)	合浦、大廉、封山、蔡龙
	行岩州(1行县)	行常乐
	钦州(5县)	钦江、保京、灵山、遵化、内亭
	邕州(7县)	宣化、朗宁、晋兴、武缘、封陵、如和、思笼
	澄州(4县)	上林、止戈、贺水、无虞
	宾州(3县)	岭方、琅邪、保城
	峦州(3县)	永定、武罗、灵竹
	横州(4县)	宁浦、岭山、乐山、从化
	贵州(4县)	郁平、怀泽、潮水、义山
	郁林州(4县)	郁林、兴德、兴业、潭栗
	牢州(3县)	南流、定川、宕川
	党州(4县)	容山、善劳、抚康、怀义
	绣州(3县)	常林、阿林、罗绣
	浔州(3县)	桂平、大宾、皇化
	直辖羁縻地区(28州)	思刚、万德、思恩、功饶、田州、侯唐、万承、万形、伦州、青州、洞监、归乐、得州、归诚、归顺、思ългу、思诚、波州、谈州、左州、思同、瀼州、上思、员州、思明、笼州、石西、七源
安南管内观察经略等使兼安南都护府(12州39县32羁縻州2藩属国)	直辖地区(8县)	宋平、交趾、太平、武平、平道、龙编、朱鸢、南定
	峰州(2县)	嘉宁、承化
	武定州(2县)	扶耶、潭湍
	谅州(2县)	文谅、长上
	陆州(3县)	宁海、乌雷、华清
	武安州(2县)	武安、临江
	郡州(2县)	郡口、安乐
	长州(4县)	文阳、长山、铜蔡、其常
	贡州(2县)	武兴、古都
	夏州(5县)	九真、安顺、崇平、军宁、日南
	演州(3县)	忠义、怀驩、龙池
	驩州(2县)	九德、越裳
	唐林州(2县)	柔远、唐林
	直辖羁縻地区(32州)	汤州、新安、苏茂、思陵、禄州、门州、武峨、武灵、南平、都金、万泉、俆州、□□、阿吉、佐部、特磨、石门、□□、□□、□□、求州、□□、西平、归化、金廓、思廓、儋陵、提上、樊德、金龙、信州
	藩属生獠国	
	藩属赤珠落国	

续 表

方镇、押蕃使、都护、都督府、大藩属国名	府、州、军、中藩属国、羁縻府名	县、城、羁縻州名
驩州都督府(6羁縻州)	直辖羁縻地区(6州)	金邻、化州、思农、暑州、棠州、罗伏
峰州都督府(18羁縻州)	直辖羁縻地区(18州)	德化、郎茫、龙武、为州、林西、潘州、尚州、登州、忠城、多利、朱贵、甘棠、汤泉、禄索、真州、哥富、安德、尚思
桂州管内都防御观察经略等使(13州51县15羁縻州)	桂州(10县)	临桂、灵川、全义、阳朔、永丰、荔浦、建陵、理定、慕化、永福
	昭州(3县)	平乐、恭城、永平
	贺州(6县)	临贺、封阳、荡山、富川、冯乘、桂岭
	梧州(3县)	苍梧、戎城、孟陵
	富州(3县)	龙平、思勤、开江
	蒙州(3县)	立山、东区、正义
	龚州(5县)	平南、阳川、大同、武林、隋建
	思唐州(2县)	武郎、平原
	象州(3县)	阳寿、武仙、武化
	柳州(5县)	马平、洛曹、龙城、洛容、象县
	严州(2县)	来宾、修德
	粤州(4县)	龙水、崖山、东玺、天河
	融州(2县)	融水、武阳
	直辖羁縻地区(15州)	格州、温泉、归化、思顺、归恩、纡州、芝圻、蕃州、述昆、金城、智州、文州、兰州、镇宁、环州
十一、黔中道(1方镇、1押蕃使、48州、53县、48羁縻州)		
黔中经略观察使(14州53县)	黔州(6县)	彭水、黔江、洪杜、都濡、洋水、信宁
	施州(2县)	清江、建始
	溪州(2县)	大乡、三亭
	辰州(5县)	沅陵、溆浦、辰溪、麻阳、卢溪
	叙州(3县)	龙标、朗溪、潭阳
	奖州(3县)	峨山、渭溪、梓姜
	锦州(5县)	卢阳、渭阳、常丰、洛浦、招喻
	思州(4县)	务川、思邛、思王、宁夷
	费州(4县)	涪川、扶阳、城乐、多田
	夷州(4县)	绥阳、都上、义泉、洋川
	播州(3县)	遵义、带水、芙蓉
	溱州(5县)	荣懿、扶欢、乐源、丽皋、夜郎
	南州(2县)	南川、三溪
	涪州(5县)	涪陵、武龙、宾化、乐温、温山
黔南押领牂柯昆明等使(治黔州,48羁縻州)	直辖羁縻地区(48州)	充州、晃州、亮州、鸿州、樊州、应州、矩州、邦州、劝州、南平、延州、峨州、茂龙、抚水、劳州、福州、琳州、那州、鸾州、逸州、秾州、双城、添州、鼓州、思源、训州、整州、鬌州、侯州、卿州、明州、姜州、儒州、悬州、琰州、令州、庄州、牂州、蛮州、功州、清州、晖州、犍州、袭州、羲州、宝州、郝州、普宁
十二、山南东道(4方镇、1府、17州、82县)		
山南东道节度使(8州38县)	襄州(7县)	襄阳、宜城、乐乡、南漳、义清、谷城、邓城
	房州(4县)	房陵、永清、竹山、上庸
	均州(3县)	武当、郧乡、丰利
	邓州(6县)	穰县、临湍、内乡、菊潭、向城、南阳

续 表

方镇、押蕃使、都护、都督府、大藩属国名	府、州、军、中藩属国、羁縻府名	县、城、羁縻州名
山南东道节度使(8州38县)	唐州(8县)	比阳、桐柏、平氏、湖阳、泌阳、方城、慈丘、遂平
	随州(4县)	随县、光化、唐城、枣阳
	郢州(3县)	长寿、京山、富水
	复州(3县)	沔阳、监利、竟陵
荆南节度使(1府4州21县)	江陵府(8县)	江陵、石首、公安、松滋、枝江、当阳、长林、荆门
	朗州(2县)	武陵、龙阳
	澧州(4县)	澧阳、安乡、石门、慈利
	峡州(4县)	夷陵、远安、宜都、长阳
	归州(3县)	秭归、巴东、兴山
夔忠等州都防御使(3州13县)	夔州(4县)	奉节、云安、大昌、巫山
	万州(3县)	南浦、武宁、梁山
	忠州(5县)	临江、南宾、丰都、垫江、桂溪
金商都防御使(2州10县)	商州(6县)	上洛、洛南、商洛、上津、丰阳、乾元
	金州(4县)	西城、洵阳、石泉、汉阴
十三、山南西道(2方镇、1府、15州、78县)		
山南西道节度使(1府13州74县)	兴元府(6县)	南郑、三泉、金牛、西县、褒城、城固
	洋州(5县)	西乡、兴道、真符、黄金、洋源
	壁州(5县)	通江、符阳、白石、东巴、广纳
	通州(9县)	通川、三冈、永穆、宣汉、东乡、巴渠、阆英、石鼓、新宁
	开州(3县)	开江、新浦、万岁
	渠州(5县)	流江、大竹、潾山、潾水、渠江
	蓬州(7县)	蓬池、仪陇、伏虞、良山、宕渠、蓬山、朗池
	果州(5县)	南充、岳池、流溪、西充、相如
	阆州(9县)	阆中、南部、新政、新井、晋安、西水、苍溪、岐坪、奉国
	巴州(9县)	化城、曾口、其章、始宁、归仁、恩阳、七盘、清化、盘道
	集州(4县)	难江、大牟、通平、嘉川
	利州(5县)	绵谷、胤山、葭萌、益昌、景谷
	文州(1县)	曲水
	成州(1县)	同谷
兴凤都团练守捉使(2州7县)	兴州(3县)	顺政、鸣水、长举
	凤州(4县)	梁泉、河池、两当、黄花
十四、剑南道(2方镇、2押蕃使、3都督府、1府、27州、8行州、150县、8行县、1羁縻府、104羁縻州、3羁縻部、2藩属国)		
西川节度使(1府15州8行州81县8行县)	成都府(10县)	成都、蜀县、灵池、广都、双流、温江、郫县、犀浦、新繁、新都
	眉州(5县)	通义、彭山、青神、丹棱、洪雅
	嘉州(8县)	龙游、玉津、犍为、绥山、罗目、峨眉、夹江、平羌
	戎州(5县)	僰道、开边、义宾、归顺、南溪
	巂州(5县)	越巂、西泸、苏祁、台登、邛部
	黎州(3县)	汉源、通望、飞越
	雅州(5县)	严道、荣经、卢山、名山、百丈
	邛州(7县)	临邛、依政、蒲江、临溪、火井、大邑、安仁
	蜀州(4县)	晋原、青城、唐兴、新津

续　表

方镇、押蕃使、都护、都督府、大藩属国名	府、州、军、中藩属国、羁縻府名	县、城、羁縻州名
西川节度使（1府15州8行州81县8行县）	彭州(4县)	九陇、濛阳、唐昌、导江
	乾州(2县)	招武、宁远
	行维州(1行县)	行薛城
	行悉州(1行县)	行左封
	行恭州(1行县)	行和集
	行静州(1行县)	行悉唐
	翼州(3县)	翼水、卫山、峨和
	行柘州(1行县)	行柘县
	行当州(1行县)	行通轨
	行松州(1行县)	行嘉诚
	行真州(1行县)	行真符
	茂州(4县)	汶山、汶川、通化、石泉
	汉州(5县)	雒县、什邡、绵竹、德阳、金堂
	简州(3县)	阳安、平泉、金水
	资州(8县)	盘石、月山、龙水、资阳、丹山、清溪、银山、内江
东川节度使（12州69县）	梓州(9县)	郪县、盐亭、永泰、射洪、通泉、飞乌、铜山、玄武、涪城
	绵州(8县)	巴西、罗江、神泉、西昌、龙安、昌明、魏城、盐泉
	龙州(2县)	江油、清川
	剑州(8县)	普安、永归、临津、黄安、梓潼、武连、阴平、剑门
	遂州(5县)	方义、长江、蓬溪、青石、遂宁
	合州(6县)	石镜、巴川、铜梁、赤水、汉初、新明
	渝州(5县)	巴县、南平、江津、万寿、壁山
	昌州(4县)	静南、昌元、大足、永川
	普州(6县)	安岳、普康、乐至、普慈、安居、崇龛
	泸州(5县)	泸川、合江、江安、绵水、富义
	荣州(6县)	旭川、应灵、资官、威远、和义、公井
	陵州(5县)	仁寿、籍县、贵平、始建、井研
统押西山八国使（治成都，1羁縻府7羁縻州1藩属国）	藩属哥邻等国兼羁縻保宁州都督府(7州)	保宁、武德、归化、丹州、飞州、保州、霸州
统押近界诸羌蛮使（治成都，51羁縻州3羁縻部落）	直辖羁縻地区（51州3部落）	凉川、盐井、夏梁、甫和、罗林、三井、画重、钳恭、束锋、当马、笼羊、罗岩、名配、斜恭、木烛、歌川、龙蓬、林烧、惊川、索古、祸眉、严城、昌磊、当品、百坡、诸祚、三基、布凤、橛查、作重、金林、罗蓬、椎梅、祸林、会野、欠马、当仁、百频、中川、钳井、钳矣、林波、论川、让川、夔龙、远南、卑卢、耀川、金川、西嘉梁、东嘉梁、逋租部落、囊贡部落、腊城部落
泸州都督府（16羁縻州）	直辖羁縻地区（16州）	能state、浙州、顺州、蓝州、纳州、宋州、晏州、扶德、奉州、高州、巩州、定州、薛州、思峨、长宁、清州
戎州都督府（23羁縻州）	直辖羁縻地区（23州）	悦州、移州、洛州、镜州、播朗、连州、筠州、为州、敦州、南州、盈州、播陵、德州、志州、钳州、靖州、总州、浪川、骋州、驯州、殷州、曲州、协州
茂州都督府（7羁縻州）	直辖羁縻地区（7州）	涂州、向州、达州、时州、居州、可州、宕州
藩属南诏国		

总计：2畿、12道、49方镇①、6押蕃使、2都护府、6都督府、8府、310州、12行州、2军、1 472县、9行县、3城、9羁縻府、284羁縻州、3羁縻部、7藩属国

---

① 赖青寿《方镇研究》第197—198页统计元和十五年方镇数为47，盖未计琼州管内招讨游奕使和兴凤都团练守捉使二镇。按此二方镇虽是次道级支镇，亦领数州，非单州方镇可比，故今列入统计。

5. 唐咸通十四年(873)行政与统治区划总表

方镇、押蕃使、都护、都督府名	府、州、军、中藩属国、羁縻府、属国名	县、城、羁縻州名
一、京畿(1方镇、2府、3州、45县)		
直属地区(1府2州33县)	上都京兆府(23县)	长安、万年、昭应、渭南、蓝田、鄠县、盩厔、兴平、武功、好畤、奉天、醴泉、咸阳、泾阳、云阳、三原、高陵、栎阳、富平、华原、同官、美原、奉先
	同州(7县)	冯翊、朝邑、白水、澄城、郃阳、夏阳、韩城
	华州(3县)	郑县、华阴、下邽
凤翔陇右节度使(1府1州12县)	凤翔府(9县)	天兴、岐山、岐阳、扶风、郿县、虢县、宝鸡、普润、麟游
	陇州(3县)	汧源、汧阳、吴山
二、关内道(7方镇、1押蕃使、1都护府、22州、1行州、2军、88县、3城、2羁縻府、5羁縻州)		
渭北鄜坊丹延节度使(4州23县1羁縻府2羁縻州)	鄜州(5县)	洛交、洛川、三川、直罗、甘泉
	延州(10县)	肤施、敷政、金明、延昌、丰林、延川、延长、延水、门山、临真
	丹州(4县)	义川、云岩、汾川、咸宁
	坊州(4县)	中部、鄜城、宜君、升平
	羁縻阴山州都督府(2州)	阴山、□□
邠宁节度使(3州20县)	邠州(4县)	新平、三水、永寿、宜禄
	宁州(6县)	定安、襄乐、真宁、定平、丰义、彭原
	庆州(10县)	顺化、延庆、华池、合水、乐蟠、同川、马岭、方渠、怀安、洛源
泾原节度使(3州1行州9县)	泾州(5县)	保定、灵台、良原、潘原、临泾
	原州(2县)	平高、百泉
	武州(1县)	萧关
	行渭州(1县)	平凉
朔方节度使(5州12县)	灵州(5县)	回乐、灵武、怀远、定远、保静
	盐州(2县)	五原、白池
	咸州(2县)	鸣沙、温池
	雄州(1县)	昌化
	会州(2县)	会宁、乌兰
夏绥银节度使兼管内统押诸蕃部落使(4州16县1羁縻府3羁縻州)	夏州(4县)	朔方、德静、宁朔、长泽
	绥州(5县)	龙泉、延福、绥德、城平、大斌
	银州(4县)	儒林、真乡、开光、抚宁
	宥州(3县)	延恩、怀德、归仁
	羁縻兴宁州都督府(3州)	兴宁、归德、清塞
天德军都防御使(1军1州2县2城)	天德军(2城)	中受降城、西受降城
	丰州(2县)	九原、永丰
振武麟胜节度等使兼安北都护府(1军2州6县1城1羁縻府1羁縻州)	直辖地区(1县)	金河
	振武军(1城)	东受降城
	胜州(2县)	榆林、河滨
	麟州(3县)	新秦、连谷、银城
	羁縻宁朔州都督府(1州)	宁朔
三、河东道(4方镇、2府、18州、115县、3羁縻府、5羁縻州)		
河中节度使(1府4州40县)	中都河中府(10县)	河东、临晋、宝鼎、猗氏、闻喜、安邑、解县、虞乡、永乐、河西
	绛州(10县)	正平、曲沃、翼城、绛县、垣县、万泉、龙门、稷山、太平、襄陵
	晋州(9县)	临汾、洪洞、赵城、汾西、霍邑、岳阳、冀氏、神山、襄陵
	慈州(5县)	吉昌、文城、仵城、昌宁、吕香
	隰州(6县)	隰川、蒲县、大宁、永和、石楼、温泉

续　表

方镇、押蕃使、都护、都督府名	府、州、军、中藩属国、羁縻府、属国名	县、城、羁縻州名
昭义军节度使(4州28县)	潞州(10县)	上党、壶关、长子、屯留、铜鞮、武乡、襄垣、潞城、黎城、涉县
	邢州(8县)	龙冈、南和、沙河、内丘、尧山、任县、钜鹿、平乡
	洺州(6县)	永年、平恩、肥乡、临洺、鸡泽、曲周
	磁州(4县)	滏阳、昭义、邯郸、武安
河东节度使(1府7州41县2羁縻府4羁縻州)	北都太原府(13县)	太原、晋阳、榆次、寿阳、孟县、广阳、乐平、太谷、祁县、文水、交城、清源、阳曲
	仪州(4县)	辽山、榆社、平城、和顺
	沁州(3县)	沁源、和川、绵上
	汾州(5县)	西河、平遥、介休、灵石、孝义
	石州(5县)	离石、平夷、定胡、临泉、方山
	岚州(4县)	宜芳、静乐、合河、岚谷
	代州(5县)	雁门、繁畤、五台、唐林、崞县
	忻州(2县)	秀容、定襄
	羁縻萨葛州都督府(2州)	萨葛、□□
	羁縻安庆州都督府(2州)	安庆、□□
大同军都防御使(3州6县)	云州(1县)	云中
	朔州(2县)	善阳、马邑
	蔚州(3县)	灵丘、飞狐、兴唐
四、河北道(5方镇、1押蕃使、1都督府、23州、148县、1羁縻府、7羁縻州、1藩属国)		
魏博节度使(6州43县)	魏州(8县)	贵乡、元城、莘县、朝城、昌乐、魏县、馆陶、冠氏
	澶州(4县)	顿丘、清丰、观城、临黄
	卫州(5县)	汲县、新乡、共城、卫县、黎阳
	相州(10县)	安阳、汤阴、林虑、邺县、临漳、成安、洹水、尧城、内黄、临河
	贝州(10县)	清河、清阳、武城、漳南、历亭、夏津、永济、临清、宗城、经城
	博州(6县)	聊城、武水、堂邑、清平、博平、高唐
成德军节度使(4州33县)	镇州(11县)	真定、九门、藁城、鼓城、栾城、石邑、鹿泉、井陉、房山、灵寿、行唐
	冀州(8县)	信都、枣强、南宫、堂阳、衡水、武邑、阜城、蓨县
	赵州(8县)	平棘、宁晋、昭庆、柏乡、高邑、临城、赞皇、元氏
	深州(6县)	陆泽、鹿城、安平、饶阳、武强、下博
义武军节度使(2州18县)	定州(10县)	安喜、义丰、深泽、无极、陉邑、新乐、曲阳、唐县、北平、望都
	易州(8县)	易县、涞水、容城、遂城、满城、五回、楼亭、板城
幽州卢龙节度使(9州38县)	幽州(9县)	蓟县、幽都、潞县、武清、安次、永清、良乡、广平、昌平
	瀛州(7县)	河间、博野、高阳、束城、平舒、景城、乐寿
	莫州(6县)	莫县、文安、长丰、任丘、唐兴、清苑
	涿州(5县)	范阳、固安、新昌、归义、新城
	妫州(2县)	怀戎、缙山
	檀州(2县)	密云、燕乐
	蓟州(3县)	渔阳、玉田、三河
	平州(3县)	卢龙、马城、石城
	营州(1县)	柳城
幽州都督府(1羁縻州)	直辖羁縻地区(1州)	归顺

续　表

方镇、押蕃使、都护、都督府名	府、州、军、中藩属国、羁縻府、属国名	县、城、羁縻州名
义昌军节度使(2州16县)	沧州(10县)	清池、盐山、无棣、饶安、临津、东光、弓高、南皮、长芦、鲁城
	德州(6县)	安德、平原、长河、安陵、将陵、平昌
押奚契丹两蕃等使(治幽州,1羁縻府6羁縻州1藩属国)	羁縻饶乐州都督府(6州)	饶乐、弱水、祁黎、洛瑰、太鲁、渴野
	藩属契丹国	
五、东畿(3方镇、1府、6州、54县)		
东畿汝州都防御使(1府1州27县)	东都河南府(20县)	河南、洛阳、缑氏、偃师、巩县、密县、告成、登封、颍阳、伊阙、陆浑、伊阳、长水、永宁、福昌、寿安、新安、渑池、王屋、河清
	汝州(7县)	梁县、郏城、襄城、叶县、龙兴、鲁山、临汝
陕虢都防御观察使(2州11县)	陕州(5县)	陕县、硖石、灵宝、芮城、平陆
	虢州(6县)	弘农、玉城、卢氏、朱阳、阌乡、湖城
河阳节度使(3州16县)	孟州(5县)	河阳、济源、温县、河阴、汜水
	怀州(5县)	河内、武德、修武、获嘉、武陟
	泽州(6县)	晋城、阳城、沁水、端氏、高平、陵川
六、河南道(7方镇、1押蕃使、26州、158县、2羁縻府、2羁縻州、2藩属国)		
宣武军节度使(3州23县)	汴州(6县)	开封、浚仪、封丘、陈留、雍丘、尉氏
	宋州(10县)	宋城、虞城、砀山、下邑、谷熟、柘城、襄邑、宁陵、楚丘、单父
	亳州(7县)	谯县、酂县、永城、蒙城、城父、真源、鹿邑
义成军节度使(3州18县)	滑州(7县)	白马、卫南、韦城、匡城、灵昌、胙城、酸枣
	郑州(7县)	管城、中牟、新郑、荥阳、荥泽、原武、阳武
	颍州(4县)	汝阴、下蔡、颍上、沈丘
天平军节度使(3州21县)	郓州(10县)	须昌、东平、中都、钜野、郓城、寿张、阳谷、东阿、卢县、阳平
	曹州(6县)	济阴、考城、宛句、南华、乘氏、成武
	濮州(5县)	鄄城、范县、雷泽、临濮、濮阳
兖海节度使(4州24县)	兖州(11县)	瑕丘、曲阜、泗水、邹县、方与、金乡、任城、中都、龚丘、乾封、莱芜
	沂州(5县)	临沂、承县、费县、新泰、沂水
	密州(4县)	诸城、高密、莒县、辅唐
	海州(4县)	朐山、东海、沭阳、怀仁
淄青平卢节度使(6州30县)	青州(7县)	益都、北海、临朐、临淄、博昌、千乘、寿光
	莱州(4县)	掖县、昌阳、即墨、胶水
	登州(4县)	蓬莱、牟平、文登、黄县
	淄州(4县)	淄川、长山、邹平、高苑
	齐州(6县)	历城、章丘、长清、禹城、临邑、临济
	棣州(5县)	厌次、滳河、阳信、渤海、蒲台
感化军节度使(4州17县)	徐州(7县)	彭城、下邳、宿迁、萧县、丰县、沛县、滕县
	泗州(3县)	临淮、徐城、涟水
	濠州(3县)	钟离、招义、定远
	宿州(4县)	符离、虹县、蕲县、临涣
忠武军节度使(3州25县)	许州(9县)	长社、阳翟、长葛、许昌、鄢陵、扶沟、临颍、郾城、舞阳
	陈州(6县)	宛丘、项城、南顿、溵水、西华、太康
	蔡州(10县)	汝阳、平舆、新蔡、褒信、新息、真阳、朗山、遂平、西平、上蔡

续　表

方镇、押蕃使、都护、都督府名	府、州、军、中藩属国、羁縻府、属国名	县、城、羁縻州名
押新罗渤海两蕃等使（治青州，2 羁縻府 2 羁縻州 2 藩属国）	藩属新罗国兼羁縻鸡林州都督府（1 州）	鸡林
	藩属渤海国兼羁縻忽汗州都督府（1 州）	忽汗
七、淮南道（1 方镇、8 州、38 县）		
淮南节度使（8 州 38 县）	扬州（7 县）	江都、江阳、扬子、六合、天长、高邮、海陵
	滁州（3 县）	清流、全椒、永阳
	和州（3 县）	历阳、含山、乌江
	庐州（5 县）	合肥、慎县、巢县、庐江、舒城
	舒州（5 县）	怀宁、望江、宿松、太湖、桐城
	光州（5 县）	定城、固始、殷城、光山、仙居
	寿州（5 县）	寿春、安丰、盛唐、霍山、霍丘
	楚州（5 县）	山阳、盐城、宝应、盱眙、淮阴
八、江南东道（3 方镇、18 州、99 县）		
镇海军节度使（6 州 37 县）	润州（6 县）	丹徒、丹阳、金坛、延陵、句容、上元
	常州（5 县）	晋陵、武进、江阴、无锡、义兴
	苏州（7 县）	吴县、长洲、常熟、昆山、华亭、海盐、嘉兴
	杭州（8 县）	钱塘、富阳、新城、唐山、于潜、临安、馀杭、盐官
	湖州（5 县）	乌程、德清、武康、安吉、长城
	睦州（6 县）	建德、寿昌、遂安、清溪、分水、桐庐
浙江东道都团练观察使（7 州 37 县）	越州（7 县）	会稽、山阴、上虞、馀姚、剡县、诸暨、萧山
	明州（4 县）	鄞县、象山、奉化、慈溪
	台州（5 县）	临海、黄岩、乐安、唐兴、宁海
	婺州（7 县）	金华、兰溪、浦阳、义乌、东阳、永康、武成
	衢州（4 县）	信安、龙丘、须江、常山
	处州（6 县）	丽水、缙云、青田、龙泉、松阳、遂昌
	温州（4 县）	永嘉、乐成、安固、横阳
福建都团练观察使（5 州 25 县）	福州（10 县）	闽县、长乐、福唐、候官、永泰、尤溪、梅溪、古田、连江、长溪
	泉州（4 县）	晋江、南安、仙游、莆田
	漳州（3 县）	龙溪、漳浦、龙岩
	汀州（3 县）	长汀、宁化、沙县
	建州（5 县）	建安、将乐、邵武、建阳、浦城
九、江南西道（4 方镇、24 州、118 县）		
江南西道都团练观察使（8 州 37 县）	洪州（7 县）	南昌、丰城、高安、分宁、新吴、武宁、建昌
	饶州（4 县）	鄱阳、浮梁、乐平、馀干
	信州（4 县）	上饶、贵溪、弋阳、玉山
	抚州（4 县）	临川、南城、南丰、崇仁
	虔州（7 县）	赣县、雩都、虔化、安远、信丰、大庾、南康
	吉州（5 县）	庐陵、太和、永新、安福、新淦
	袁州（3 县）	宜春、新喻、萍乡
	江州（3 县）	浔阳、彭泽、都昌

续 表

方镇、押蕃使、都护、都督府名	府、州、军、中藩属国、羁縻府、属国名	县、城、羁縻州名
湖南都团练守捉观察处置使(7州34县)	潭州(6县)	长沙、浏阳、醴陵、湘潭、湘乡、益阳
	衡州(6县)	衡阳、衡山、攸县、茶陵、耒阳、常宁
	郴州(8县)	郴县、资兴、义昌、义章、临武、蓝山、平阳、高亭
	连州(3县)	桂阳、阳山、连山
	道州(5县)	弘道、大历、延唐、江华、永明
	永州(4县)	零陵、灌阳、湘源、祁阳
	邵州(2县)	邵阳、武冈
鄂岳都团练观察使(6州27县)	鄂州(7县)	江夏、武昌、永兴、唐年、蒲圻、汉阳、汊川
	岳州(5县)	巴陵、昌江、湘阴、沅江、华容
	安州(6县)	安陆、应山、吉阳、孝昌、云梦、应城
	申州(3县)	义阳、钟山、罗山
	黄州(2县)	黄冈、黄陂
	蕲州(4县)	蕲春、广济、黄梅、蕲水
宣歙池都团练观察使(3州20县)	宣州(10县)	宣城、广德、宁国、旌德、太平、泾县、南陵、当涂、溧水、溧阳
	歙州(6县)	歙县、休宁、婺源、祁门、黟县、绩溪
	池州(4县)	秋浦、青阳、石埭、至德
十、岭南东道(2方镇、22州、86县)		
岭南东道节度使(17州65县)	广州(13县)	南海、增城、东莞、新会、义宁、番禺、四会、化蒙、怀集、浛洸、清远、洊洭、浈阳
	韶州(6县)	曲江、乐昌、仁化、始兴、浈昌、翁源
	循州(6县)	归善、博罗、河源、雷乡、兴宁、海丰
	潮州(3县)	海阳、程乡、潮阳
	端州(2县)	高要、平兴
	新州(2县)	新兴、永顺
	春州(3县)	阳春、罗水、流南
	勤州(2县)	铜陵、富林
	恩州(3县)	恩平、阳江、杜陵
	高州(3县)	良德、电白、保宁
	潘州(3县)	茂名、南巴、潘水
	辩州(2县)	石龙、陵罗
	罗州(4县)	廉江、吴川、零绿、干水
	雷州(3县)	海康、徐闻、遂溪
	泷州(4县)	泷水、镇南、建水、开阳
	康州(4县)	端溪、悦城、晋康、都城
	封州(2县)	封川、开建
琼州管内招讨游奕使(5州21县)	琼州(4县)	琼山、乐会、颜罗、临高
	万安州(4县)	万安、博辽、陵水、富云
	振州(5县)	宁远、延德、落屯、吉阳、临川
	儋州(5县)	义伦、富罗、洛场、昌化、感恩
	崖州(3县)	舍城、文昌、澄迈

续表

方镇、押蕃使、都护、都督府名	府、州、军、中藩属国、羁縻府、属国名	县、城、羁縻州名
十一、岭南西道(4方镇、1都护府、47州、1行州、181县、1行县、99羁縻州)		
岭南西道节度使(9州34县28羁縻州)	邕州(7县)	宣化、朗宁、晋兴、武缘、封陵、如和、思笼
	宾州(3县)	岭方、琅邪、保城
	澄州(4县)	上林、止戈、贺水、无虞
	严州(2县)	来宾、修德
	贵州(4县)	郁平、怀泽、潮水、义山
	浔州(3县)	桂平、大宾、皇化
	横州(3县)	宁浦、乐山、从化
	峦州(3县)	永定、武罗、灵竹
	钦州(5县)	钦江、保京、灵山、遵化、内亭
	直辖羁縻地区(28州)	思刚、万德、思恩、功饶、田州、侯唐、万承、万形、伦州、青州、鳝州、归乐、得州、归诚、归顺、思琅、思诚、波州、谈州、左州、思同、瀼州、上思、员州、思明、笼州、石西、七源
桂州管内都防御观察经略等使(14州60县13羁縻州)	桂州(10县)	临桂、灵川、全义、阳朔、丰水、荔浦、修仁、理定、慕化、永福
	昭州(3县)	平乐、恭城、永平
	贺州(6县)	临贺、封阳、荡山、富川、冯乘、桂岭
	梧州(3县)	苍梧、戎城、孟陵
	富州(3县)	龙平、思勤、开江
	蒙州(3县)	立山、东区、正义
	龚州(5县)	平南、阳川、大同、武林、隋建
	思唐州(2县)	武郎、思和
	象州(3县)	阳寿、武仙、武化
	柳州(5县)	马平、洛曹、龙城、洛容、象县
	粤州(4县)	龙水、崖山、东玺、天河
	环州(8县)	正平、都蒙、思恩、歌良、福零、龙源、武石、饶勉
	融州(2县)	融水、武阳
	古州(3县)	乐古、古书、古兴
	直辖羁縻地区(13州)	温泉、归化、思顺、归恩、纡州、芝忻、蕃州、述昆、金城、智州、文州、兰州、镇宁
容州管内观察经略等使(12州1行州47县1行县)	容州(5县)	普宁、渭龙、北流、陵城、欣道
	藤州(4县)	镡津、义昌、感义、宁风
	义州(3县)	岑溪、永业、连城
	窦州(4县)	信义、潭峨、特亮、怀德
	禹州(5县)	峨石、扶莱、罗辩、陆川、宕昌
	顺州(4县)	龙化、龙豪、温水、南河
	白州(4县)	博白、周罗、建宁、南昌
	廉州(4县)	合浦、大廉、封山、蔡龙
	行岩州(1行县)	行常乐
	牢州(3县)	南流、定川、宕川
	党州(4县)	抚康、善劳、容山、怀义
	郁林州(4县)	郁林、兴德、兴业、潭栗
	绣州(3县)	常林、阿林、罗绣

续 表

方镇、押蕃使、都护、都督府名	府、州、军、中藩属国、羁縻府、属国名	县、城、羁縻州名
静海军节度使兼安南都护府(12州40县58羁縻州)	直辖地区(8县)	宋平、交趾、太平、武平、平道、龙编、朱鸢、南定
	峰州(2县)	嘉宁、承化
	武定州(2县)	扶耶、潭渀
	谅州(2县)	文谅、长上
	陆州(3县)	宁海、乌雷、华清
	苏茂州(1县)	宾阳
	武安州(2县)	武安、临江
	郡州(2县)	郡口、安乐
	长州(4县)	文阳、长山、铜蔡、其常
	爱州(6县)	九真、安顺、崇平、长林、军宁、日南
	演州(3县)	忠义、怀驩、龙池
	驩州(2县)	九德、越裳
	唐林州(3县)	柔远、福禄、唐林
	直辖羁縻地区(58州)	汤州、新安、思陵、禄州、门州、武峨、武陆、武灵、南平、都金、万泉、西原、徐州、□□、阿吉、佐部、特磨、石门、□□、□□、□□、求州、□□、西平、原州、安德、为州、肖州、禄索、汤泉、龙武、潘州、林西、郎茫、德化、甘棠、哥富、尚思、朱贵、多利、忠城、真州、登州、归化、金廊、思廊、儴陵、提上、樊德、金龙、信州、贡州、思衣、化州、暑州、棠州、罗伏、金邻
十二、黔中道(1方镇、1押蕃使、14州、53县、49羁縻州)		
黔中经略观察使(14州53县)	黔州(6县)	彭水、黔江、洪杜、都濡、洋水、信宁
	施州(2县)	清江、建始
	溪州(2县)	大乡、三亭
	辰州(5县)	沅陵、溆浦、辰溪、麻阳、卢溪
	叙州(3县)	龙标、朗溪、潭阳
	奖州(3县)	峨山、渭溪、梓姜
	锦州(5县)	卢阳、渭阳、常丰、洛浦、招喻
	思州(4县)	务川、思邛、思王、宁夷
	费州(4县)	涪川、扶阳、城乐、多田
	夷州(4县)	绥阳、都上、义泉、洋川
	播州(3县)	遵义、带水、芙蓉
	溱州(5县)	荣懿、扶欢、乐源、丽皋、夜郎
	南州(2县)	南川、三溪
	涪州(5县)	涪陵、武龙、宾化、乐温、温山
黔南押领牂牁昆明等使(治黔州,49羁縻川)	直辖羁縻地区(49州)	充州、晃州、亮州、鸿州、樊州、应州、矩州、邦州、勋州、南平、延州、峨州、茂龙、抚水、劳州、福州、琳州、那州、鸾州、逸州、秧州、双城、添州、鼓州、思源、训州、整州、蓠州、侯州、陶州、明州、姜州、儒州、令州、琰州、南宁、庄州、祥州、蛮州、功州、清州、晖川、犍州、溥州 獐州、宝州、郝州、普宁
十三、山南东道(4方镇、1府、17州、83县)		
山南东道节度使(8州38县)	襄州(7县)	襄阳、宜城、乐乡、南漳、义清、谷城、邓城
	房州(4县)	房陵、永清、竹山、上庸
	均州(3县)	武当、郧乡、丰利
	邓州(6县)	穰县、临湍、内乡、菊潭、向城、南阳
	唐州(8县)	比阳、桐柏、平氏、湖阳、泌阳、方城、慈丘、遂平
	随州(4县)	随县、光化、唐城、枣阳
	郢州(3县)	长寿、京山、富水
	复州(3县)	沔阳、监利、竟陵

续表

方镇、押蕃使、都护、都督府名	府、州、军、中藩属国、羁縻府、属国名	县、城、羁縻州名
荆南节度使(1府4州21县)	江陵府(8县)	江陵、石首、公安、松滋、枝江、当阳、长林、荆门
	朗州(2县)	武陵、龙阳
	澧州(4县)	澧阳、安乡、石门、慈利
	峡州(4县)	夷陵、远安、宜都、长阳
	归州(3县)	秭归、巴东、兴山
夔忠等州都防御使(3州12县)	夔州(4县)	奉节、云安、大昌、巫山
	万州(3县)	南浦、武宁、梁山
	忠州(5县)	临江、南宾、丰都、垫江、桂溪
金商都防御使(2州12县)	商州(6县)	上洛、洛南、商洛、上津、丰阳、乾元
	金州(6县)	西城、洵阳、淯阳、石泉、汉阴、平利
十四、山南西道(2方镇,1府,15州,79县)		
山南西道节度使(1府13州74县)	兴元府(5县)	南郑、三泉、西县、褒城、城固
	洋州(5县)	西乡、兴道、真符、黄金、洋源
	壁州(5县)	通江、符阳、白石、东巴、广纳
	通州(9县)	通川、三冈、永穆、宣汉、东乡、巴渠、阆英、石鼓、新宁
	开州(3县)	开江、新浦、万岁
	渠州(4县)	流江、潾山、潾水、渠江
	蓬州(7县)	蓬池、仪陇、伏虞、良山、宕渠、蓬山、朗池
	果州(5县)	南充、岳池、流溪、西充、相如
	阆州(8县)	阆中、南部、新政、新井、晋安、西水、苍溪、奉国
	巴州(9县)	化城、曾口、其章、始宁、归仁、恩阳、七盘、清化、盘道
	集州(4县)	难江、大牟、通平、嘉川
	利州(5县)	绵谷、胤山、葭萌、益昌、景谷
	文州(1县)	曲水
	扶州(4县)	同昌、帖夷、钳川、尚安
兴凤都团练守捉使(2州5县)	兴州(2县)	顺政、长举
	凤州(3县)	梁泉、河池、两当
十五、剑南道(2方镇、2押蕃使、3都督府、1府、27州、1行州、146县、1行县、1羁縻府、107羁縻州、3羁縻郡)		
西川节度使(1府15州1行州77县1行县)	成都府(10县)	成都、蜀县、灵池、广都、双流、温江、郫县、犀浦、新繁、新都
	眉州(5县)	通义、彭山、青神、丹棱、洪雅
	嘉州(8县)	龙游、玉津、犍为、绥山、罗目、峨眉、夹江、平羌
	戎州(5县)	僰道、开边、义宾、归顺、南溪
	黎州(3县)	汉源、通望、飞越
	雅州(5县)	严道、荣经、卢山、名山、百丈
	行嶲州(1行县)	行越嶲
	邛州(7县)	临邛、依政、蒲江、临溪、火井、大邑、安仁
	蜀州(4县)	晋原、青城、唐兴、新津
	彭州(4县)	九陇、濛阳、唐昌、导江
	乾州(2县)	招武、宁远
	维州(2县)	薛城、通化
	翼州(3县)	翼水、卫山、峨和
	茂州(3县)	汶山、汶川、石泉
	汉州(5县)	雒县、什邡、绵竹、德阳、金堂

续 表

方镇、押蕃使、都护、都督府名	府、州、军、中藩属国、羁縻府、属国名	县、城、羁縻州名
西川节度使(1府15州1行州77县1行县)	简州(3县)	阳安、平泉、金水
	资州(8县)	盘石、月山、龙水、资阳、丹山、清溪、银山、内江
东川节度使(12州69县)	梓州(9县)	郪县、盐亭、永泰、射洪、通泉、飞乌、铜山、玄武、涪城
	绵州(8县)	巴西、罗江、神泉、西昌、龙安、昌明、魏城、盐泉
	龙州(2县)	江油、清川
	剑州(8县)	普安、永归、临津、黄安、梓潼、武连、阴平、剑门
	遂州(5县)	方义、长江、蓬溪、青石、遂宁
	合州(6县)	石镜、巴川、铜梁、赤水、汉初、新明
	渝州(5县)	巴县、南平、江津、万寿、壁山
	昌州(4县)	静南、昌元、大足、永川
	普州(6县)	安岳、普康、乐至、普慈、安居、崇龛
	泸州(5县)	泸川、合江、江安、绵水、富义
	荣州(6县)	旭川、应灵、资官、威远、和义、公井
	陵州(5县)	仁寿、籍县、贵平、始建、井研
统押西山八国使(治成都,3羁縻州)	直辖羁縻地区(3州)	保州、霸州、飞州
统押近界诸羌蛮使(治成都,51羁縻州3羁縻部落)	直辖羁縻地区(51州3部落)	凉川、盐井、夏堡、甫和、罗林、三井、画重、钳恭、柬锋、当马、笼羊、罗岩、名配、斜恭、木烛、敢川、龙蓬、作重、金林、罗蓬、椎梅、祸林、会野、欠马、当仁、百频、中川、钳并、钳矣、林波、论川、让川、夔龙、远南、卑卢、耀川、金川、西嘉梁、东嘉梁、通租部落、囊贡部落、腊城部落
泸州都督府(16羁縻州)	直辖羁縻地区(16州)	能州、渊州、顺州、蓝州、纳州、宋州、晏州、扶州、奉州、高州、巩州、定州、薛州、思峨、长宁、淯州
戎州都督府(23羁縻州)	直辖羁縻地区(23州)	悦州、移州、洛州、镜州、播朗、连州、笃州、为州、敦州、南州、盈州、播陵、德州、志州、钳州、靖州、总州、浪川、骋州、驯州、殷州、曲州、协州
茂州都督府(14羁縻州)	直辖羁縻地区(14州)	涂州、向州、达州、时州、居州、可州、宕州、当州、悉州、静州、柘州、恭州、真州、松州
十六、陇右道(3方镇,2押蕃使、11州,31县,6羁縻州)		
天雄军节度使(3州7县)	秦州(4县)	上邽、成纪、清水、长道
	成州(1县)	同谷
	武州(2县)	将利、覆津
天雄军押蕃落使(2羁縻州)	直辖羁縻地区(2州)	渭州、岷州
归义军节度使(5州13县)	沙州(2县)	敦煌、寿昌
	瓜州(2县)	晋昌、常乐
	伊州(3县)	伊吾、柔远、纳职
	肃州(4县)	酒泉、福禄、玉门、振武
	甘州(2县)	张掖、删丹
凉州节度使(3州11县)	凉州(5县)	姑臧、神乌、番禾、嘉麟、昌松
	鄯州(3县)	湟水、龙支、鄯城
	廓州(3县)	广威、达化、米川
凉州押蕃落使(4羁縻州)	直辖羁縻地区(4州)	兰州、河州、临州、洮州

总计:2畿、14道、53方镇①、8押蕃使、4都督府、8府、301州、3行州、2军、1522县、2行县、3城、8羁縻府、280羁縻州、3羁縻部、3藩属国

---

① 据赖青寿《方镇研究》第200页统计,咸通十四年方镇数为51,盖同元和十五年之例未计琼州管内招讨游奕使和兴凤都团练守捉使二镇,今列入统计。

6. 关内道、京畿府州沿革表①

年份	雍州	同州	华州	商州	金州	上州	凤州	岐州	邠州	坊州	鄜州	延州	丹州	庆州	宁州	泾州	陇州	北豐州	灵州	盐州	南豐州	绥州	银州	北仁州	胜州	行云州	东豐州	北广州	北连州	北武州	宜州	蒲州	秦州	虞州	匡州	房州
贞观元年(627)	道直属	道直属	道直属	道直属	道直属	属山南	道直属	道直属	道直属	道直属	道直属	延州府	延州府	宁州府	宁州府	宁州府	道直属	行绥府	灵州府	灵州府	行绥府	行绥府	夏州府	行绥府	胜州府	行云府	延州府	延州府	延州府	延州府	道直属	属河东	属河东	属河东	属山南	属山南
贞观二年(628)	道直属	道直属	道直属	道直属	道直属	属山南	道直属	道直属	道直属	道直属	道直属	延州府	鄜州府	宁州府	宁州府	宁州府	道直属	北豐废	灵州府	灵州府	行绥府	行绥府	夏州府	行绥府	胜州府	行云废	东豐废	北广废	北连废	北武废	道直属	属河东	属河东			属山南
贞观三年(629)	道直属	道直属	道直属	道直属			道直属	道直属	道直属	道直属	道直属	鄜州府	鄜州府	宁州府	宁州府	宁州府	道直属	夏州府	灵州府	灵州府	夏州府	夏州府	夏州府	夏州府	胜州府	云州					道直属					
贞观四年(630)	道直属	道直属	道直属	道直属			道直属	道直属	道直属	道直属	道直属	鄜州府	鄜州府	庆州府	宁州府	宁州府	道直属	夏州府	灵州府	灵州府	夏州府	夏州府	夏州府	夏州府	胜州府	威州	宁州	回州			道直属					
贞观五年(631)	道直属	道直属	道直属	道直属			道直属	道直属	道直属	道直属	道直属	鄜州府	鄜州府	庆州府	原州府	原州府	道直属	西豐州	灵州府	灵州府	夏州府	夏州府	夏州府	夏州府	胜州府	胜州府	原州府	灵州府			道直属					
贞观六年(632)	道直属	道直属	道直属	道直属			道直属	道直属	道直属	道直属	道直属	鄜州府	鄜州府	原州府	原州府	原州府	道直属	夏州府	灵州府	灵州府	夏州府	夏州府	夏州府	夏州府	胜州府	胜州府	原州府	灵州府			道直属					
贞观七年(633)	道直属	道直属	道直属	道直属			■■■	道直属	道直属	道直属	道直属	鄜州府	鄜州府	原州府	原州府	原州府	道直属	栗州	灵州府	灵州府	夏州府	夏州府	夏州府	夏州府	胜州府	威州	原州府	灵州府			道直属					
贞观八年(634)	道直属	道直属	道直属	道直属			■■■	道直属	道直属	道直属	道直属	鄜州府	鄜州府	原州府	原州府	原州府	道直属	夏州府	灵州府	灵州府	夏州府	夏州府	夏州府	北仁废	胜州府	威州废	原州府	灵州府			道直属					
贞观九年(635)	道直属	道直属	道直属	道直属			■■■	道直属	道直属	道直属	道直属	鄜州府	鄜州府	原州府	原州府	原州府	道直属	会州	灵州府	灵州府	夏州府	夏州府	夏州府		胜州府		原州府	灵州府	北永废		道直属					
贞观十年(636)	道直属	道直属	道直属	道直属			■■■	道直属	道直属	道直属	道直属	鄜州府	鄜州府	原州府	原州府	原州府	道直属		灵州府	灵州府	夏州府	夏州府	夏州府		胜州府		豐州废	灵州府			道直属					

① 本表及以下诸表皆从贞观元年设道开列。州郡以年底见在为准，未跨年之变化不录。方镇名一律取全名（全名见正文）之前二字为简称。西州、南平、魏平、北吉、罗、龙七州，贞观元年兼行绥州都督府，贞观元年废，二年废，限于表格容量，未列。州郡以年底见在为准。

续表

贞观十三(639)	贞观十六(642)	贞观十七(643)	贞观廿一(647)	贞观廿三(649)	永徽元年(650)	龙朔三年(663)	麟德元年(664)	总章二年(669)	垂拱二年(686)	天授二年(691)
										稷州④
										鸿州③
										鼎州②
道直属	道直属	宜州废	■■■	■■■	■■■	■■■	■■■	■■■	■■■	宜州①
回州废				瀚海府	云中府	单于府	单于府	单于府	单于军	胜州府
				丰州	丰州府	丰州府	丰州府	丰州府	丰州府	丰州府
				燕然府	燕然府	燕然府	瀚海府	瀚海府	安北府	安北府
胜州府	胜州府	胜州府	胜州府	胜州府	胜州府	胜州府	胜州府	胜州府	胜州府	胜州府
夏州府	夏州府	夏州府	夏州府	夏州府	夏州府	夏州府	夏州府	夏州府	夏州府	夏州府
夏州府	夏州府	夏州府	夏州府	夏州府	夏州府	夏州府	夏州府	夏州府	夏州府	夏州府
灵州府	灵州府	灵州府	灵州府	灵州府	灵州府	灵州府	灵州府	灵州府	灵州府	灵州府
原州府	原州府	原州府	原州府	原州府	原州府	原州府	原州府	原州府	原州府	原州府
道直属	道直属	道直属	道直属	道直属	道直属	道直属	道直属	道直属	道直属	道直属
原州府	原州府	原州府	原州府	原州府	原州府	原州府	原州府	原州府	原州府	原州府
原州府	原州府	原州府	原州府	原州府	原州府	原州府	原州府	原州府	原州府	原州府
原州府	原州府	原州府	原州府	原州府	原州府	原州府	原州府	原州府	原州府	原州府
鄜州府	道直属	道直属	道直属	道直属	道直属	道直属	道直属	道直属	道直属	道直属
鄜州府	道直属	道直属	道直属	道直属	道直属	道直属	道直属	道直属	道直属	道直属
鄜州府	道直属	道直属	道直属	道直属	道直属	道直属	道直属	道直属	道直属	道直属
道直属	道直属	道直属	道直属	道直属	道直属	道直属	道直属	道直属	道直属	道直属
■■■	■■■	■■■	■■■	■■■	■■■	■■■	■■■	■■■	■■■	■■■
道直属	道直属	道直属	道直属	道直属	道直属	道直属	道直属	道直属	大州	道直属
道直属	道直属	道直属	道直属	道直属	道直属	道直属	道直属	道直属	道直属	道直属
道直属	道直属	道直属	道直属	道直属	道直属	道直属	道直属	道直属	道直属	道直属

①②③④ 直属关内道。

续 表

州府＼年份	大足元年(701)	长安四年(704)	神龙三年(707)	景龙二年(708)	唐隆元年(710)	开元元年(713)	开元二年(714)	开元四年(716)	开元七年(719)	开元八年(720)	开元十年(722)
稷州	废										
鸿州	废										
鼎州	废										
宜州	废										
胜州府／振武军／单于府	胜州府	胜州府	胜州府	振武军／胜州府	胜州府	胜州府	振武军／单于府	单于府	振武废／单于废	振武军／单于府	单于府
长州②（降羁縻）	长州②	降羁縻	■■■	■■■	■■■	■■■	■■■	■■■	■■■	■■■	■■■
丰州府	丰州府	丰州府	丰州府	丰州府	丰州府	丰州府	丰州府	丰州府	丰州府	丰州府	丰州府
安北府	安北府	安北府	安北府	安北府	安北府	安北府	安北府	安北府	安北府	安北府	安北府
胜州府	胜州府	胜州府	胜州府	胜州府	胜州府	胜州府	胜州府	胜州府	胜州府	胜州府	胜州府
匡州①（降羁縻）	匡州①	降羁縻	■■■	■■■	■■■	■■■	■■■	■■■	■■■	■■■	■■■
夏州府	夏州府	夏州府	夏州府	夏州府	夏州府	夏州府	夏州府	夏州府	夏州府	夏州府	夏州府
夏州府	夏州府	夏州府	夏州府	夏州府	夏州府	夏州府	夏州府	夏州府	夏州府	夏州府	夏州府
夏州府	夏州府	夏州府	夏州府	夏州府	夏州府	夏州府	夏州府	夏州府	夏州府	夏州府	夏州府
灵州府	灵州府	灵州府	灵州府	灵州府	灵州府	灵州府	灵州府	灵州府	灵州府	灵州府	灵州府
灵州府	灵州府	灵州府	灵州府	灵州府	灵州府	灵州府	灵州府	灵州府	灵州府	灵州府	灵州府
原州府	原州府	原州府	原州府	原州府	原州府	原州府	原州府	原州府	原州府	原州府	原州府
道直属	道直属	道直属	道直属	道直属	道直属	道直属	道直属	道直属	道直属	道直属	道直属
原州府	原州府	原州府	原州府	原州府	原州府	原州府	原州府	原州府	原州府	原州府	原州府
原州府	原州府	原州府	原州府	原州府	原州府	原州府	原州府	原州府	原州府	原州府	原州府
原州府／庆州府	原州府	原州府	原州府	原州府	原州府	原州府	原州府	庆州府	庆州府	庆州府	庆州府
道直属	道直属	道直属	道直属	道直属	道直属	道直属	道直属	道直属	道直属	道直属	道直属
道直属	道直属	道直属	道直属	道直属	道直属	道直属	道直属	道直属	道直属	道直属	道直属
道直属	道直属	道直属	道直属	道直属	道直属	道直属	道直属	道直属	道直属	道直属	道直属
道直属	道直属	道直属	道直属	道直属	道直属	道直属	道直属	道直属	道直属	道直属	道直属
■■■	■■■	■■■	■■■	■■■	■■■	■■■	■■■	■■■	■■■	■■■	■■■
道直属	道直属	道直属	道直属	道直属	华州	道直属	道直属	道直属	道直属	道直属	道直属
道直属	道直属	道直属	道直属	道直属	华州	道直属	道直属	道直属	道直属	道直属	道直属
道直属／京兆府	道直属	道直属	道直属	道直属	京兆府	道直属	道直属	属中央	属中央	属中央	属中央

① 匡州。 ② 隶灵州都督府。

续表

	开元十二(724)	开元十三(725)	开元十八(730)	开元廿一(733)	开元廿六(738)	天宝元年(742)	天宝八载(749)	天宝十三(754)	至德元载(756)	至德二载(757)
									房陵郡	兴平镇
									武当郡	兴平镇
	单于府	单于府	单于府	单于府	单于府	振武军	单于府	单于府	单于府	朔方镇	朔方镇
	单于府	单于府	单于府	单于府	单于府	单于府	单于府	单于府	单于府	朔方镇	朔方镇
	■■■	■■■	长州	灵州府	长州废			横塞军	天安军	天德军	朔方镇
	安北府	安北府	安北府	安北府	安北府	九原郡	安北府	安北府	安北府	朔方镇	朔方镇
	安北府	安北府	安北府	安北府	安北府	安北府	安北府	安北府	安北府	镇北府	朔方镇
	麟州	胜州府	胜州府	胜州府	胜州府	新秦郡	榆林府	榆林府	榆林府	朔方镇	朔方镇
	胜州府	胜州府	胜州府	胜州府	胜州府	榆林郡	榆林郡	榆林郡	榆林郡	朔方镇	朔方镇
	■■■	■■■	匦州	灵州府	宥州①	宁朔郡	朔方府	朔方府	朔方府	朔方镇	朔方镇
	夏州府	夏州府	夏州府	夏州府	夏州府	上郡	朔方府	朔方府	朔方府	朔方镇	朔方镇
	夏州府	夏州府	夏州府	夏州府	夏州府	银川郡	朔方府	朔方府	朔方府	朔方镇	朔方镇
	夏州府	夏州府	夏州府	夏州府	夏州府	朔方郡	朔方府	朔方府	朔方府	朔方镇	朔方镇
	灵州府	灵州府	灵州府	灵州府	灵州府	五原郡	灵武府	灵武府	灵武府	朔方镇	朔方镇
	灵州府	灵州府	灵州府	灵州府	灵州府	灵武郡	灵武府	灵武府	灵武府	朔方镇	朔方镇
	原州府	原州府	原州府	原州府	原州府	会宁郡	平凉府	平凉府	平凉府	朔方镇	朔方镇
	原州府	原州府	原州府	原州府	原州府	汧阳郡	平凉府	平凉府	平凉府	凤翔镇	凤翔镇
	原州府	原州府	原州府	原州府	原州府	安定郡	平凉府	平凉府	平凉府	关内镇	保定郡
	原州府	原州府	原州府	原州府	原州府	平凉郡	平凉府	平凉府	平凉府	关内镇	关内镇
	庆州府	庆州府	庆州府	庆州府	庆州府	彭原郡	安化府	安化府	安化府	关内镇	顺化郡
	庆州府	庆州府	庆州府	庆州府	庆州府	安化郡	安化府	安化府	安化府	关内镇	关内镇
	道直属	道直属	道直属	道直属	道直属	咸宁郡	道直属	道直属	道直属	关内镇	关内镇
	道直属	道直属	道直属	道直属	道直属	延安郡	道直属	道直属	道直属	关内镇	关内镇
	道直属	道直属	道直属	道直属	道直属	洛交郡	道直属	道直属	道直属	关内镇	关内镇
	道直属	道直属	道直属	道直属	道直属	中部郡	道直属	道直属	道直属	关内镇	关内镇
	道直属	邠州	道直属	京畿	京畿	新平郡	京畿	京畿	京畿	关内镇	关内镇
	道直属	道直属	道直属	京畿	京畿	扶风郡	京畿	京畿	京畿	凤翔郡	凤翔府
	■■■	■■■	■■■	■■■	■■■		■■■	■■■	■■■	■■■	■■■
					安康郡	属京畿	属京畿	属京畿	兴平镇	汉阴郡
					上洛郡	属京畿	属京畿	属京畿	属安燕	上洛郡
	道直属	道直属	道直属	道直属	道直属	华阴郡	属京畿	属京畿	属京畿	属安燕	华阴郡
	道直属	道直属	道直属	道直属	道直属	冯翊郡	属京畿	属京畿	属京畿	属河东	■■■
	属中央	属中央	属中央	京畿	京畿	京兆府	属京畿	属京畿	属京畿	属安燕	京兆府

① 隶夏州都督府。

续表

年份	京兆府	同州	华州	商州	金州	—	岐州	邠州	坊州	鄜州	延州	丹州	庆州	宁州	原州	泾州	陇州	会州	灵州	盐州	夏州	银州	绥州	宥州	胜州	麟州	镇北府	丰州	天德军	单于府	振武军	均州	房州	其他
乾元元年(758)	京畿镇	■■■	京畿镇	兴平镇	兴平镇	■■■	凤翔镇	关内镇	关内镇	关内镇	关内镇	关内镇	关内镇	关内镇	关内镇	关内镇	凤翔镇	朔方镇	朔方镇	朔方镇	朔方镇	朔方镇	朔方镇	朔方镇	振武镇	振武镇	朔方镇	朔方镇	朔方镇	振武镇	振武镇	兴平镇	兴平镇	
乾元二年(759)	京畿镇	■■■	京畿镇	兴平镇	兴平镇	■■■	凤翔镇	邠宁镇	邠宁镇	邠宁镇	邠宁镇	邠宁镇	邠宁镇	邠宁镇	邠宁镇	邠宁镇	凤翔镇	朔方镇	朔方镇	朔方镇	朔方镇	朔方镇	朔方镇	朔方镇	振武镇	振武镇	朔方镇	朔方镇	朔方镇	振武镇	振武镇	兴平镇	兴平镇	
上元元年(760)	京畿镇	■■■	京畿镇	属山东	属山东	凤州	凤翔镇	邠宁镇	邠宁镇	邠宁镇	渭北镇	邠宁镇	邠宁镇	邠宁镇	邠宁镇	邠宁镇	凤翔镇	朔方镇	朔方镇	朔方镇	朔方镇	朔方镇	朔方镇	朔方镇	振武镇	振武镇	朔方镇	朔方镇	朔方镇	振武镇	振武镇	兴平镇	兴平镇	
上元二年(761)	京畿镇	太州	■■■	武关镇	武关镇	凤翔镇	凤翔镇	邠宁镇	邠宁镇	渭北镇	渭北镇	渭北镇	邠宁镇	邠宁镇	邠宁镇	邠宁镇	凤翔镇	朔方镇	朔方镇	朔方镇	朔方镇	朔方镇	朔方镇	朔方镇	振武镇	振武镇	朔方镇	朔方镇	朔方镇	振武镇	振武镇	武关镇	武关镇	凤翔镇/成州/秦州
宝应元年(762)	属京畿	同州	属京畿	属山东	属山东	凤翔镇	凤翔镇	邠宁镇	邠宁镇	渭北镇	渭北镇	渭北镇	邠宁镇	邠宁镇	邠宁镇	邠宁镇	凤翔镇	朔方镇	朔方镇	朔方镇	朔方镇	朔方镇	朔方镇	朔方镇	振武镇	振武镇	朔方镇	朔方镇	朔方镇	振武镇	振武镇	属山东	属山东	凤翔镇
广德元年(763)	京畿镇	镇国镇	华州①	镇国镇	■■■	凤翔镇	凤翔镇	邠宁镇	邠宁镇	渭北镇	渭北镇	渭北镇	邠宁镇	邠宁镇	行原州	邠宁镇	凤翔镇	陷吐蕃	朔方镇	朔方镇	朔方镇	朔方镇	朔方镇	朔方镇	振武镇	振武镇	朔方镇	朔方镇	朔方镇	振武镇	振武镇	■■■	■■■	陷吐蕃
广德二年(764)	京畿镇	镇国镇	镇国镇	■■■	■■■	凤翔镇	凤翔镇	邠宁镇	邠宁镇	渭北镇	渭北镇	丹延镇	邠宁镇	邠宁镇	邠宁镇	邠宁镇	凤翔镇		朔方镇	朔方镇	朔方镇	渭北镇	朔方镇	朔方镇	振武镇	朔方镇	朔方镇	朔方镇	朔方镇	朔方镇	朔方镇	■■■	■■■	■■■
永泰元年(765)	京畿镇	镇国镇	镇国镇	■■■	■■■	凤翔镇	凤翔镇	邠宁镇	邠宁镇	渭北镇	渭北镇	丹延镇	邠宁镇	邠宁镇	邠宁镇	邠宁镇	凤翔镇	凤翔镇	朔方镇	朔方镇	朔方镇	渭北镇	朔方镇	朔方镇	振武镇	朔方镇	朔方镇	朔方镇	朔方镇	朔方镇	朔方镇	■■■	■■■	■■■
大历二年(767)	京畿镇	镇国镇	镇国镇	■■■	■■■	凤翔镇	凤翔镇	邠宁镇	邠宁镇	渭北镇	渭北镇	丹延镇	邠宁镇	邠宁镇	邠宁镇	邠宁镇	凤翔镇	凤翔镇	朔方镇	朔方镇	朔方镇	渭北镇	朔方镇	朔方镇	振武镇	朔方镇	朔方镇	朔方镇	朔方镇	朔方镇	朔方镇	■■■	■■■	■■■
大历三年(768)	京畿镇	镇国镇	镇国镇	■■■	■■■	凤翔镇	凤翔镇	朔方镇	邠宁镇	渭北镇	渭北镇	丹延镇	朔方镇	朔方镇	泾原镇	泾原镇	凤翔镇	凤翔镇	朔方镇	朔方镇	朔方镇	渭北镇	朔方镇	朔方镇	振武镇	朔方镇	朔方镇	朔方镇	朔方镇	朔方镇	朔方镇	■■■	■■■	■■■

① 太州—华州隶镇国军节度使。

续表

										行武州
■■■	■■■	■■■	■■■	■■■	■■■	■■■	■■■	■■■		行蔡州
朔方镇	朔方镇	朔方镇	振武镇	振武镇	振武镇	振武镇	振武镇	振武镇	振武镇	振武镇
朔方镇	朔方镇	朔方镇	朔方镇	振武镇	振武镇	振武镇	振武镇	振武镇	振武镇	振武镇
朔方镇	朔方镇	朔方镇	朔方镇	朔方镇	朔方镇	朔方镇	朔方镇	朔方镇	朔方镇	朔方镇
振武镇	朔方镇	朔方镇	朔方镇	朔方镇	朔方镇	朔方镇	镇北废			
振武镇	振武镇	振武镇	振武镇	振武镇	振武镇	振武镇	振武镇	振武镇	振武镇	振武镇
振武镇	振武镇	振武镇	振武镇	振武镇	振武镇	振武镇	振武镇	振武镇	振武镇	振武镇
■■■	■■■	■■■	■■■	■■■	■■■	■■■	■■■	■■■	宥州	夏绥
渭北镇	渭北镇	渭北镇	振武镇	振武镇	振武镇	振武镇	振武镇	夏绥镇	夏绥镇	夏绥镇
朔方镇	朔方镇	朔方镇	振武镇	振武镇	振武镇	振武镇	振武镇	夏绥镇	夏绥镇	夏绥镇
朔方镇	朔方镇	朔方镇	朔方镇	朔方镇	朔方镇	朔方镇	朔方镇	夏绥镇	夏绥镇	夏绥镇
朔方镇	朔方镇	朔方镇	朔方镇	朔方镇	朔方镇	朔方镇	鹘吐蕃	■■■	盐州	朔方镇
朔方镇	朔方镇	朔方镇	朔方镇	朔方镇	朔方镇	朔方镇	朔方镇	朔方镇	朔方镇	朔方镇
凤翔镇	凤翔镇	凤翔镇	凤翔镇	凤翔镇	奉义镇	凤翔镇	凤翔镇	凤翔镇	凤翔镇	凤翔镇
泾原镇	泾原镇	泾原镇	泾原镇	泾原镇	泾原镇	泾原镇	泾原镇	泾原镇	泾原镇	泾原镇
泾原镇	泾原镇	泾原镇	泾原镇	泾原镇	泾原镇	泾原镇	泾原镇	泾原镇	泾原镇	泾原镇
朔方镇	朔方镇	朔方镇	朔方镇	邠宁镇	邠宁镇	邠宁镇	邠宁镇	邠宁镇	邠宁镇	邠宁镇
朔方镇	朔方镇	朔方镇	邠宁镇	邠宁镇	邠宁镇	邠宁镇	邠宁镇	邠宁镇	邠宁镇	邠宁镇
丹延镇	丹延镇	丹延镇	渭北镇	渭北镇	渭北镇	渭北镇	鄜坊镇	渭北镇	渭北镇	渭北镇
丹延镇	丹延镇	丹延镇	渭北镇	渭北镇	渭北镇	渭北镇	鄜坊镇	渭北镇	渭北镇	渭北镇
渭北镇	渭北镇	渭北镇	渭北镇	渭北镇	渭北镇	渭北镇	鄜坊镇	渭北镇	渭北镇	渭北镇
朔方镇	朔方镇	朔方镇	邠宁镇	邠宁镇	邠宁镇	邠宁镇	邠宁镇	邠宁镇	邠宁镇	邠宁镇
凤翔镇	凤翔镇	凤翔镇	凤翔镇	凤翔镇	属朱泚	凤翔镇	凤翔镇	凤翔镇	凤翔镇	凤翔镇
属山西	颖州	泾原镇	泾原镇	雁江南						
属山州	郑州	泾原	属河南							
■■■	■■■	■■■	■■■	金州②	金商镇	金商镇	金商镇	金商镇	金商镇	金商镇
■■■	■■■	■■■	■■■	商州①	金商镇	金商镇	金商镇	金商镇	金商镇	金商镇
京畿镇	京畿镇	京畿镇	京畿镇	京畿镇	镇国镇	镇国镇	镇国镇	属京畿	属京畿	属京畿
京畿镇	京畿镇	京畿镇	京畿镇	京畿镇	属朱泚	京畿镇	属京畿	■■■	■■■	■■■
京畿镇	京畿镇	京畿镇	京畿镇	京畿镇	属朱泚	属京畿	属京畿	属京畿	属京畿	属京畿
大历四年(769)	大历五年(770)	大历六年(771)	大历十四年(779)	建中二年(781)	建中四年(783)	兴元元年(784)	贞元二年(786)	贞元三年(787)	贞元九年(793)	贞元十年(794)

① ② 录京畿商州节度使。

续表

	贞元十二年(796)	贞元十四年(798)	贞元十九年(803)	元和元年(806)	元和二年(807)	元和三年(808)	元和四年(809)	会昌五年(845)	大中三年(850)	大中九年(855)	咸通四年(863)
									雄州威州	朔方镇	朔方镇
	陇右镇	陇右镇	陇右镇	保义镇	陇右镇	陇右镇	陇右镇	陇右镇	属山西		
	陇右镇	陇右镇	陇右镇	保义镇	陇右镇	陇右镇	陇右镇	行秦废	武州①	泾原镇	泾原镇
					行渭州	泾原镇	泾原镇	泾原镇	泾原镇	属陇右	
	振武镇	振武镇	振武镇	振武镇	振武镇	振武镇	振武镇	振武镇	振武镇	振武镇	振武镇
	振武镇	振武镇	振武镇	振武镇	振武镇	振武镇	安北府	振武镇	振武镇	振武镇	振武镇
	天德镇	天德镇	天德镇	天德镇	天德镇	天德镇	天德镇	天德镇	天德镇	天德镇	天德镇
	天德镇	天德镇	天德镇	天德镇	天德镇	天德镇	天德镇	天德镇	天德镇	天德镇	天德镇
	振武镇	振武镇	振武镇	振武镇	振武镇	振武镇	振武镇	振武镇	振武镇	振武镇	振武镇
	振武镇	振武镇	振武镇	振武镇	振武镇	振武镇	振武镇	振武镇	振武镇	振武镇	振武镇
	夏绥镇	夏绥镇	夏绥镇	夏绥镇	夏绥镇	夏绥镇	夏绥镇	夏绥镇	夏绥镇	夏绥镇	夏绥镇
	夏绥镇	夏绥镇	夏绥镇	夏绥镇	夏绥镇	夏绥镇	夏绥镇	夏绥镇	夏绥镇	夏绥镇	夏绥镇
	夏绥镇	夏绥镇	夏绥镇	夏绥镇	夏绥镇	夏绥镇	夏绥镇	夏绥镇	夏绥镇	夏绥镇	夏绥镇
	朔方镇	朔方镇	道直属	道直属	朔方镇	朔方镇	朔方镇	朔方镇	朔方镇	朔方镇	朔方镇
	朔方镇	朔方镇	朔方镇	朔方镇	朔方镇	朔方镇	朔方镇	朔方镇	朔方镇	朔方镇	朔方镇
	凤翔镇	凤翔镇	凤翔镇	凤翔镇	凤翔镇	凤翔镇	凤翔镇	凤翔镇	凤翔镇	凤翔镇	凤翔镇
	泾原镇	泾原镇	泾原镇	泾原镇	泾原镇	泾原镇	泾原镇	泾原镇	泾原镇	泾原镇	泾原镇
	泾原镇	泾原镇	原州	泾原镇	行原州	泾原镇	泾原镇	泾原镇	泾原镇	泾原镇	泾原镇
	邠宁镇	邠宁镇	邠宁镇	邠宁镇	邠宁镇	邠宁镇	邠宁镇	邠宁镇	邠宁镇	邠宁镇	邠宁镇
	渭北镇	渭北镇	渭北镇	渭北镇	渭北镇	渭北镇	渭北镇	渭北镇	渭北镇	渭北镇	渭北镇
	渭北镇	渭北镇	渭北镇	渭北镇	渭北镇	渭北镇	渭北镇	渭北镇	渭北镇	渭北镇	渭北镇
	渭北镇	渭北镇	渭北镇	渭北镇	渭北镇	渭北镇	渭北镇	渭北镇	渭北镇	渭北镇	渭北镇
	邠宁镇	邠宁镇	邠宁镇	邠宁镇	邠宁镇	邠宁镇	邠宁镇	邠宁镇	邠宁镇	邠宁镇	邠宁镇
	凤翔镇	凤翔镇	凤翔镇	凤翔镇	凤翔镇	凤翔镇	凤翔镇	凤翔镇	凤翔镇	凤翔镇	凤翔镇
	金商镇	金商镇	金商镇	金商镇	金商镇	金商镇	金商镇	金商镇	金商镇	金商镇	金商镇
	金商镇	金商镇	金商镇	金商镇	金商镇	金商镇	金商镇	金商镇	金商镇	金商镇	金商镇
	属京畿	属京畿	属京畿	属京畿	属京畿	属京畿	属京畿	属京畿	属京畿	属京畿	属京畿
	■■	同州	属京畿	属京畿	属京畿	属京畿	属京畿	属京畿	属京畿	属京畿	属京畿
	属京畿	属京畿	属京畿	属京畿	属京畿	属京畿	属京畿	属京畿	属京畿	属京畿	属京畿

① 隶邠宁节度使。

续表

	广明元年(880)	中和元年(881)	中和二年(882)	中和三年(883)	中和四年(884)	光启三年(887)	大顺元年(890)	大顺二年(891)	景福元年(892)	景福二年(893)	乾宁元年(894)
	朔方镇	朔方镇	朔方镇	朔方镇	朔方镇	朔方镇	朔方镇	朔方镇	朔方镇	朔方镇	朔方镇
	朔方镇	朔方镇	朔方镇	朔方镇	朔方镇	威州废					
	武州废	■■■	■■■	■■■	行武州	泾原镇	泾原镇	彰义镇	彰义镇	彰义镇	彰义镇
	■■	■■■	■■■	■■■	行渭州	泾原镇	泾原镇	彰义镇	彰义镇	彰义镇	彰义镇
	振武镇	振武镇	振武镇	振武镇	振武镇	振武镇	振武镇	振武镇	振武镇	振武镇	振武镇
	振武镇	振武镇	振武镇	振武镇	振武镇	振武镇	振武镇	振武镇	振武镇	振武镇	振武镇
	天德镇	天德镇	天德镇	天德镇	天德镇	天德镇	天德镇	天德镇	天德镇	天德镇	天德镇
	天德镇	天德镇	天德镇	天德镇	天德镇	天德镇	天德镇	天德镇	天德镇	天德镇	天德镇
								鹳州	朔方镇	朔方镇	朔方镇
	振武镇	振武镇	振武镇	振武镇	属河东		行州	静难镇	静难镇	静难镇	静难镇
	振武镇	振武镇	振武镇	振武镇	振武镇	振武镇	振武镇	振武镇	振武镇	振武镇	振武镇
	夏绥镇	夏绥镇	夏绥镇	定难镇	定难镇	定难镇	定难镇	定难镇	定难镇	定难镇	定难镇
	夏绥镇	夏绥镇	夏绥镇	定难镇	定难镇	定难镇	定难镇	定难镇	定难镇	定难镇	定难镇
	朔方镇	朔方镇	朔方镇	朔方镇	朔方镇	朔方镇	朔方镇	朔方镇	朔方镇	朔方镇	朔方镇
	朔方镇	朔方镇	朔方镇	朔方镇	朔方镇	朔方镇	朔方镇	朔方镇	朔方镇	朔方镇	朔方镇
			翟州	保大镇	保大镇	保大镇	保大镇	保大镇	保大镇	保大镇	保大镇
	凤翔镇	凤翔镇	凤翔镇	凤翔镇	凤翔镇	凤翔镇	凤翔镇	凤翔镇	凤翔镇	凤翔镇	凤翔镇
	行州	泾原镇	泾原镇	泾原镇	泾原镇	泾原镇	泾原镇	彰义镇	彰义镇	彰义镇	彰义镇
	行州	泾原镇	泾原镇	泾原镇	泾原镇	泾原镇	泾原镇	彰义镇	彰义镇	彰义镇	彰义镇
	邠宁镇	邠宁镇	邠宁镇	邠宁镇	邠宁镇	静难镇	静难镇	静难镇	静难镇	静难镇	静难镇
	邠宁镇	邠宁镇	邠宁镇	邠宁镇	邠宁镇	静难镇	静难镇	静难镇	静难镇	静难镇	静难镇
	渭北镇	渭北镇	渭北镇	保大镇	保大镇	保塞镇	保塞镇	保塞镇	保塞镇	保塞镇	保塞镇
	渭北镇	渭北镇	渭北镇	保大镇	保大镇	保大镇	保大镇	保大镇	保大镇	保大镇	保大镇
	邠宁镇	邠宁镇	邠宁镇	邠宁镇	静难镇	静难镇	静难镇	静难镇	静难镇	静难镇	静难镇
	凤翔镇	凤翔镇	凤翔镇	凤翔镇	凤翔镇	凤翔镇	凤翔镇	凤翔镇	凤翔镇	凤翔镇	凤翔镇
											乾州
	金商镇	金商镇	■■■	金商镇	金商镇	金商镇	昭信	昭信	昭信镇	昭信镇	昭信镇
	属黄齐	属黄齐	■■■	商州	金商镇	金商镇	金商镇	昭信	昭信镇	昭信镇	昭信镇
	属黄齐	属黄齐	■■■	华州	属京畿	属京畿	属京畿	镇国镇	镇国镇	镇国镇	镇国镇
	属京畿	属京畿	■■■	属京畿	属京畿	属京畿	属京畿	属京畿	属京畿	属京畿	同州[1]
	属黄齐	属京畿	■■■	京兆府	属京畿	属京畿	属京畿	属京畿	属京畿	属京畿	属京畿

[1] 隶匡国军节度使。

续表

	雄州	行武州	行渭州	振武军	单于府	天德军	丰州	麟州	衍州	胜州	宥州	绥州	银州	夏州	盐州	灵州	罗州	陇州	泾州	原州	宁州	庆州	丹州	延州	鄜州	坊州	邠州	岐州	鼎州⑦	燿州	乾州废	昭信镇	华州②	匡国镇	京兆府	
乾宁二年(895)	朔方镇			振武镇		天德镇	天德镇	朔方镇	静难镇	振武镇	夏绥镇	定难镇	定难镇	定难镇	朔方镇	朔方镇	保大镇	凤翔镇	彰义镇	彰义镇	静难镇	静难镇	保塞镇	保大镇	保大镇	静难镇	凤翔镇					昭信镇	镇国镇	匡国镇	属京畿	
乾宁四年(897)	朔方镇			振武镇		天德镇	天德镇	朔方镇	静难镇	振武镇	夏绥镇	定难镇	定难镇	定难镇	朔方镇	朔方镇	保大镇	凤翔镇	彰义镇	彰义镇	静难镇	静难镇	卫国镇	保大镇	保大镇	静难镇	凤翔镇				乾州废	昭信镇	镇国镇	匡国镇	属京畿	
光化元年(898)	朔方镇	彰义镇	彰义镇	振武镇		天德镇	天德镇	朔方镇	静难镇	振武镇	夏绥镇	定难镇	定难镇	定难镇	朔方镇	朔方镇	保大镇	保胜镇	彰义镇	彰义镇	静难镇	静难镇	卫国镇	保大镇	保大镇	静难镇	凤翔镇					昭信镇①	光德府	匡国镇	属京畿	
天复元年(901)	朔方镇	彰义镇	彰义镇	振武镇		天德镇	天德镇	朔方镇	静难镇	振武镇	夏绥镇	定难镇	定难镇	定难镇	朔方镇	朔方镇	保大镇	保胜镇	彰义镇	彰义镇	静难镇	静难镇	卫国镇	保大镇	保大镇	静难镇	凤翔镇					昭信镇	华州②	匡国镇	属京畿	
天复三年(903)	朔方镇	彰义镇	彰义镇	振武镇		天德镇	天德镇	朔方镇	静难镇	振武镇	夏绥镇	定难镇	定难镇	定难镇	朔方镇	朔方镇	保大镇	保胜镇	彰义镇	彰义镇	静难镇	静难镇	卫国镇	保大镇	保大镇	静难镇	凤翔镇					昭信镇	匡国镇	匡国镇	佑国镇	
天祐元年(904)	朔方镇	彰义镇	彰义镇	振武镇		天德镇	天德镇	朔方镇	静难镇	振武镇	夏绥镇	定难镇	定难镇	定难镇	朔方镇	朔方镇	保大镇	保胜镇	彰义镇	彰义镇	静难镇	静难镇	卫国镇	保大镇	保大镇	静难镇	凤翔镇				属山东	昭信镇	镇国镇	匡国镇	佑国镇	
天祐二年(905)	朔方镇	彰义镇	彰义镇	振武镇		天德镇	天德镇	朔方镇	静难镇	振武镇	夏绥镇	定难镇	定难镇	定难镇	朔方镇	朔方镇	保大镇	保胜镇	彰义镇	彰义镇	静难镇	静难镇	卫国镇	保大镇	保大镇	静难镇	凤翔镇				属山东	昭信镇	镇国镇	匡国镇	佑国镇	
天祐三年(906)	雄州	行武州	行渭州	振武军	单于府	天德军	丰州	麟州	衍州	胜州	宥州	绥州	银州	夏州	盐州	灵州	罗州	陇州	泾州	原州	宁州	庆州	丹州	鄜州	坊州	邠州	岐州	鼎州⑦	燿州⑥	金州⑤	商州④	华州③	同州	京兆府		

① 隶镇国军节度使。
② 直属京畿。
③ 隶匡国军节度使。
④⑤ 隶佑国军节度使。
⑥⑦ 隶又胜军节度使。

7. 河东道府州沿革表

	受州	绛州	晋州	南汾州	隰州	东和州	汾州	石州	岚州	井州	箕州	潞州	泽州	沁州	代州	忻州	朔州	北和州	行蔚州			韩州	吕州
贞观元年(627)	蒲州	大井府	晋州府	晋州府	隰州府	隰州府	大井府	石州府	石州府	大井府	大井府	大井府	晋州府	代州府	代州府	代州府	代州府	石州府	代州府	泰州	虞州	大井府	晋州府
贞观二年(628)	道直属	并州府	晋州府	隰州府	隰州府	东和废	大井府	石州府	石州府	大井府	大井府	大井府	晋州府	代州府	代州府	代州府	代州府	并州府	代州府	道直属	道直属	并州府	晋州府
贞观三年(629)	道直属	并州府	晋州府	晋州府	道直属		大井府	石州府	石州府	并州府	大井府	大井府	晋州府	代州府	代州府	代州府	代州府	北和废	代州府	道直属	道直属	并州府	晋州府
贞观四年(630)	道直属	并州府	晋州府	晋州府	道直属		大井府	石州府	石州府	并州府	大井府	大井府	晋州府	代州府	代州府	代州府	代州府	云州	代州府	道直属	道直属	并州府	晋州府
贞观五年(631)	道直属	并州府	晋州府	晋州府	道直属		并州府	石州府	石州府	并州府	大井府	大井府	晋州府	代州府	代州府	代州府	代州府		代州府	道直属	道直属	并州府	晋州府
贞观六年(632)	道直属	道直属	道直属	道直属	道直属		并州府	石州府	石州府	并州府	道直属	道直属	道直属	代州府	代州府	代州府	代州府		代州府	道直属	道直属	并州府	道直属
贞观八年(633)	道直属	受州废	道直属	慈州	道直属		并州府	石州府	石州府	并州府	道直属	潞州府	潞州府	道直属	代州府	代州府	代州府		代州府	道直属	道直属	潞州府	道直属
贞观十七(643)			道直属	道直属	道直属		并州府	石州府	石州府	并州府	道直属	道直属	道直属	道直属	代州府	代州府	代州府		代州府	泰州废	虞州废	韩州废	吕州废
永淳元年(682)		道直属	道直属	道直属	道直属		并州府	道直属	道直属	并州府	道直属	道直属	道直属	道直属	代州府	代州府	代州府		云州废				
天授元年(690)		道直属	道直属	道直属	道直属		并州府	道直属	道直属	并州府	道直属	道直属	道直属	道直属	代州府	代州府	代州府		代州府				
神龙元年(705)		道直属	道直属	道直属	道直属		并州府	道直属	道直属	并州府	道直属	道直属	道直属	道直属	代州府	代州府	代州府		代州府				
先天元年(712)		道直属	道直属	道直属	道直属		并州府	道直属	道直属	并州府	仪州	道直属	道直属	道直属	代州府	代州府	代州府		代州府				
开元元年(713)		虢州	道直属	道直属	道直属		并州府	道直属	道直属	并州府	并州府	道直属	道直属	道直属	代州府	代州府	代州府		代州府				
开元十一(723)		道直属	道直属	道直属	道直属		道直属	道直属	道直属	并州府	并州府	道直属	道直属	道直属	代州府	代州府	代州府		代州府				
开元十七(729)		道直属	道直属	道直属	道直属		道直属	道直属	道直属	道直属	潞州府	潞州府	潞州府	道直属	代州府	代州府	代州府		代州府				
开元十八(730)		道直属	道直属	道直属	道直属		道直属	道直属	道直属	道直属	潞州府	潞州府	潞州府	代州府	代州府	代州府	代州府		云州①	代州府			
	河东郡	弘农郡	绛郡	平阳郡	文城郡	大宁郡	西河郡	昌化郡	楼烦郡	太原郡	乐平郡	上党郡	高平郡	阳城郡	雁门郡	定襄郡	马邑郡	云中郡	安边郡				
天宝元年(742)	道直属	道直属	道直属	道直属	道直属		道直属	道直属	道直属	道直属	潞州府	上党府	上党府	雁门府	雁门府	雁门府	雁门府						

① 隶代州都督府。

续　表

年份	蒲州	虢州	绛州	晋州	慈州	隰州	汾州	石州	岚州	太原府	仪州	潞州	泽州	沁州	代州	忻州	朔州	云州	蔚州	同州			
至德元载(756)	河中镇	河中镇	河中镇	河中镇	河中镇		河东镇	河东镇	河东镇			泽潞镇	泽潞镇	泽潞镇	河东镇	河东镇	河东镇	属安燕	属安燕	冯翊郡			
至德二载(757)	河中镇	河中镇	河中镇	河中镇	河中镇		河东镇	河东镇	河东镇			泽潞镇	泽潞镇	泽潞镇	河东镇	河东镇	河东镇	云中郡	安边郡	河中镇			
乾元元年(758)	河中镇	河中镇	河中镇	河中镇	河中镇	河东镇	河东镇	河东镇	河东镇	河东镇	河东镇	泽潞镇	泽潞镇	泽潞镇	河东镇	河东镇	河东镇	河东镇	河东镇	河中镇			
乾元二年(759)	河中镇	属都畿	河中镇	河中镇	河中镇	河东镇	河东镇	河东镇	河东镇	河东镇	河东镇	泽潞镇	泽潞镇	泽潞镇	河东镇	河东镇	河东镇	河东镇	河东镇	河中镇			
上元元年(760)	河中府		河中镇	河中镇	河中镇	河东镇	河东镇	河东镇	河东镇	河东镇	河东镇	泽潞镇	泽潞镇	泽潞镇	河东镇	河东镇	河东镇	河东镇	河东镇	河中镇			
上元二年(761)	河中镇		河中镇	河中镇	河中镇	河东镇	河东镇	河东镇	河东镇	河东镇	河东镇	泽潞镇	泽潞镇	泽潞镇	河东镇	河东镇	河东镇	河东镇	河东镇	属京畿			
宝应元年(762)	河中镇	陈州	河中镇	河中镇	河中镇	河东镇	河东镇	河东镇	河东镇	河东镇	河东镇	泽潞镇	泽潞镇	泽潞镇	河东镇	河东镇	河东镇	河东镇	河东镇	■	郑州	洛州①	邢州②
广德元年(763)	河中镇	泽潞镇③	河中镇	河中镇	河中镇	河东镇	河东镇	河东镇	河东镇	河东镇	河东镇	泽潞镇	泽潞镇	泽潞镇	河东镇	河东镇	河东镇	河东镇	河东镇	■	泽潞镇	属河北	属河北
大历四年(769)	河中镇	怀州	河中镇	河中镇	河中镇	颍州④	河东镇	河东镇	河东镇	河东镇	河东镇	泽潞镇	泽潞镇	泽潞镇	河东镇	河东镇	河东镇	河东镇	河东镇	■	泽潞镇	■	■
大历五年(770)	河中镇	泽潞镇	河中镇	河中镇	河中镇	属关内	河东镇	河东镇	河东镇	河东镇	河东镇	泽潞镇	泽潞镇	泽潞镇	河东镇	河东镇	河东镇	河东镇	河东镇	■	属关内	■	■
大历十一(776)	河中镇	泽潞镇	河中镇	河中镇	河中镇	河东镇	河东镇	河东镇	河东镇	河东镇	河东镇	泽潞镇	泽潞镇	泽潞镇	河东镇	河东镇	河东镇	河东镇	河东镇	■	磁州	■	邢州
建中元年(780)	河中镇	昭义镇	河中镇	河中镇	河中镇	河东镇	河东镇	河东镇	河东镇	河东镇	河东镇	昭义镇	昭义镇	昭义镇	河东镇	河东镇	河东镇	河东镇	河东镇	■	昭义镇	■	昭义镇
建中二年(781)	河中镇	属都畿	河中镇	河中镇	河中镇	河东镇	河东镇	河东镇	河东镇	河东镇	河东镇	昭义镇	昭义镇	昭义镇	河东镇	河东镇	河东镇	河东镇	河东镇	■	昭义镇	■	昭义镇
建中三年(782)	河中镇		河中镇	河中镇	河中镇	河东镇	河东镇	河东镇	河东镇	河东镇	河东镇	昭义镇	昭义镇	昭义镇	河东镇	河东镇	河东镇	河东镇	河东镇	■	昭义镇	洺州	昭义镇
兴元元年(784)	河中镇		晋慈镇	晋慈镇	晋慈镇	保宁镇	保宁镇	保宁镇	保宁镇	昭义镇	保宁镇	昭义镇	昭义镇	昭义镇	保宁镇	保宁镇	保宁镇	保宁镇	保宁镇	同州	昭义镇		昭义镇
贞元元年(785)	河中镇		河中镇	河中镇	河中镇	保宁镇	保宁镇	保宁镇	昭义镇	昭义镇	保宁镇	昭义镇	昭义镇	昭义镇	保宁镇	保宁镇	保宁镇	保宁镇	河中镇	昭义镇		昭义镇
贞元三年(787)	河中镇		河中镇	河中镇	河中镇	河东镇	河东镇	河东镇	昭义镇	昭义镇	河东镇	昭义镇	昭义镇	昭义镇	河东镇	河东镇	河东镇	河东镇	河东镇	昭义镇		昭义镇

①②④　隶泽潞节度使。
③　陈州大历四年隶河南道滑亳节度使。

续 表

年代	蒲州	宪州	绛州	晋州	慈州	隰州	麟州	汾州	石州	岚州	太原府	辽州	潞州	泽州	沁州	代州	忻州	朔州	云州	蔚州	磁州/惠州	洺州	邢州
贞元四年(788)	河中镇		晋慈镇	晋慈镇	晋慈镇			河东镇	河东镇	河东镇	河东镇		昭义镇	昭义镇	昭义镇	河东镇	河东镇	河东镇	河东镇		河中镇	昭义镇	昭义镇
贞元十年(794)	河中镇		晋慈镇	晋慈镇	晋慈镇			河东镇	河东镇	河东镇	河东镇		昭义镇	昭义镇	昭义镇	河东镇	河东镇	河东镇	河东镇		河中镇	昭义镇	昭义镇
贞元十四年(798)	河中镇		晋慈镇	晋慈镇	晋慈镇			河东镇	河东镇	河东镇	河东镇		昭义镇	昭义镇	昭义镇	河东镇	河东镇	河东镇	河东镇		属京畿	昭义镇	昭义镇
元和二年(807)	河中镇		河中镇	河中镇	河中镇			河东镇	河东镇	河东镇	河东镇		昭义镇	昭义镇	昭义镇	河东镇	河东镇	河东镇	河东镇			昭义镇	昭义镇
长庆二年(822)	河中镇		晋慈镇	晋慈镇	河中镇			河东镇	河东镇	河东镇	河东镇		昭义镇	昭义镇	昭义镇	河东镇	河东镇	河东镇	河东镇			昭义镇	昭义镇
长庆三年(823)	河中镇		河中镇	保义镇	保义镇			河东镇	河东镇	河东镇	河东镇		昭义镇	昭义镇	昭义镇	河东镇	河东镇	河东镇	河东镇			昭义镇	昭义镇
大和元年(827)	河中镇		河中镇	河中镇	河中镇			河东镇	河东镇	河东镇	河东镇		昭义镇	昭义镇	昭义镇	河东镇	河东镇	河东镇	河东镇			昭义镇	昭义镇
会昌五年(844)	河中镇		河中镇	河中镇	河中镇			河东镇	河东镇	河东镇	河东镇		昭义镇	昭义镇	属都畿	河东镇	河东镇	大同镇	大同镇	大同镇		昭义镇	昭义镇
中和二年(882)	河中镇		河中镇	河中镇	河中镇			河东镇	河东镇	河东镇	河东镇		昭义镇	■	河东镇	雁门镇	雁门镇	雁门镇				昭义镇	昭义镇
中和三年(883)	河中镇		河中镇	河中镇	河中镇			河东镇	河东镇	辽州	昭义镇	■	河东镇	代北镇	代北镇	代北镇	代北镇				属河北	属河北	属河北
中和四年(884)	河中镇		河中镇	河中镇	河中镇		麟州	河东镇	河东镇	河东镇	昭义镇	■	河东镇	代北镇	代北镇	代北镇	河东镇					■	■
光启元年(886)	护国镇		护国镇	护国镇	护国镇			河东镇	河东镇	河东镇	河东镇		昭义镇	河东镇	代北镇	代北镇	代北镇	河东镇				■	■
龙纪元年(889)	护国镇	宪州	护国镇	护国镇	护国镇			河东镇	河东镇	河东镇	河东镇		昭义镇	河东镇	代北镇	代北镇	代北镇	河东镇					
乾宁元年(894)	护国镇	河东镇	护国镇	护国镇	河东镇	河东镇	河东镇	河东镇	河东镇	昭义镇		■	代北镇	代北镇	代北镇	河东镇	新州①	武州②	■				
乾宁二年(895)	护国镇	河东镇	护国镇	护国镇	河东镇	河东镇	河东镇	河东镇	河东镇	昭义镇		■	代北镇	代北镇	代北镇	河东镇	属河北	■	■				
天复元年(901)	护国镇	河东镇	护国镇	护国镇	河东镇	河东镇	河东镇	河东镇	河东镇	昭义镇		泽州	河东镇	代北镇	代北镇	河东镇					磁州	洺州	邢州
天祐三年(906)	护国镇	河东镇	护国镇	护国镇	河东镇	河东镇	河东镇	河东镇	河东镇	昭义镇		河东镇	河东镇	代北镇	代北镇	河东镇					惠州③	昭义镇	昭义镇

①② 隶河东节度使。

③ 磁州—惠州隶昭义军节度使。

8. 河北道府州沿革表

州	贞观元年(627)	贞观二年(628)	贞观三年(629)	贞观四年(630)	贞观五年(631)	贞观六年(632)	贞观十年(636)	贞观十七年(643)	贞观十八年(644)	贞观十九年(645)	贞观廿三年(649)	龙朔二年(662)
盖州								盖州				
岩州									岩州			
后辽州										后辽州		
鲜州		营州府	营州府	营州府	降羁縻							
师州		营州府	营州府	营州府	降羁縻							
昌州			营州府	营州府	降羁縻							
平州		幽州府	幽州府	幽州府	幽州府	幽州府	幽州府	幽州府	幽州府	幽州府	幽州府	幽州府
营州		营州府	营州府	营州府	营州府	营州府	营州府	营州府	营州府	营州府	营州府	营州府
慎州			营州府	营州府	降羁縻							
崇州		营州府	营州府	营州府	降羁縻							
檀州		幽州府	幽州府	幽州府	幽州府	幽州府	幽州府	幽州府	幽州府	幽州府	幽州府	幽州府
燕州		幽州府	幽州府	幽州府	幽州府	幽州府	幽州府	幽州府	幽州府	幽州府	幽州府	幽州府
妫州		幽州府	幽州府	幽州府	幽州府	幽州府	幽州府	幽州府	幽州府	幽州府	幽州府	幽州府
易州		幽州府	幽州府	幽州府	幽州府	幽州府	幽州府	幽州府	幽州府	幽州府	幽州府	幽州府
行辽州		营州府	营州府	营州府	营州府	营州府	营州府	营州府	降羁縻			
幽州		幽州府	幽州府	幽州府	幽州府	幽州府	幽州府	幽州府	幽州府	幽州府	幽州府	幽州府
博州		道直属	道直属	道直属	道直属	道直属	道直属	道直属	道直属	道直属	道直属	道直属
贝州		道直属	道直属	道直属	道直属	洺州府	相州府	道直属	道直属	道直属	道直属	冀州府
德州		道直属	道直属	道直属	道直属	道直属	道直属	道直属	道直属	道直属	道直属	冀州府
观州		道直属	道直属	道直属	道直属	道直属	道直属	观州废				
棣州								棣州	道直属	道直属	道直属	冀州府
沧州		道直属	道直属	道直属	道直属	道直属	道直属	道直属	道直属	道直属	道直属	冀州府
前冀州		道直属	道直属	道直属	道直属	道直属	道直属	道直属	道直属	道直属	道直属	后冀州
深州		道直属	道直属	道直属	道直属	道直属	道直属	深州废	■■■	■■■	■■■	■■■
瀛州		道直属	道直属	道直属	道直属	道直属	道直属	道直属	道直属	道直属	道直属	道直属
井州		定州府	道直属	道直属	道直属	道直属	道直属	井州废				
定州		定州府	道直属	道直属	道直属	道直属	道直属	道直属	道直属	道直属	道直属	道直属
恒州		定州府	道直属	道直属	道直属	道直属	道直属	道直属	道直属	道直属	道直属	道直属
赵州		定州府	道直属	道直属	道直属	道直属	道直属	道直属	道直属	道直属	道直属	道直属
邢州		定州府	道直属	道直属	道直属	道直属	洺州府	道直属	道直属	道直属	道直属	道直属
洺州		道直属	道直属	道直属	道直属	道直属	洺州府	相州府	道直属	道直属	道直属	道直属
相州		道直属	道直属	道直属	道直属	洺州府	相州府	道直属	道直属	道直属	道直属	冀州府
怀州								怀州	道直属	道直属	道直属	道直属
卫州		道直属	道直属	道直属	道直属	洺州府	相州府	道直属	道直属	道直属	道直属	道直属
黎州		道直属	道直属	道直属	道直属	洺州府	相州府	黎州废				
前魏州		道直属	道直属	道直属	道直属	洺州府	相州府	道直属	道直属	道直属	道直属	后魏州

续表

											保定军	安东府
	幽州府	幽州府	始契丹	幽州府	幽州府	营州府	营州府	营州府	安东府	安东府	营州府	营州府
	营州府	营州府	行营府	幽州府	行营府	营州府	营州府	营州府	营州府	营州府	营州府	营州府
	幽州府	幽州府	幽州府	幽州府	幽州府	幽州府	幽州府	幽州府	幽州府	幽州府	幽州府	幽州府
	幽州府	幽州府	幽州府	幽州府	幽州府	幽州府	幽州府	幽州府	幽州府	幽州府	幽州府	幽州府
	幽州府	幽州府	幽州府	幽州府	幽州府	幽州府	幽州府	幽州府	幽州府	幽州府	幽州府	幽州府
	幽州府	幽州府	幽州府	幽州府	幽州府	幽州府	幽州府	幽州府	幽州府	幽州府	幽州府	幽州府
	冀州府	道直属	道直属	道直属	道直属	道直属	道直属	道直属	道直属	道直属	道直属	道直属
	冀州府	道直属	道直属	道直属	道直属	道直属	道直属	道直属	道直属	道直属	道直属	道直属
	冀州府	道直属	道直属	道直属	道直属	道直属	道直属	道直属	道直属	道直属	道直属	道直属
	冀州府	道直属	道直属	道直属	道直属	道直属	道直属	道直属	道直属	道直属	道直属	道直属
	冀州府	冀州	始契丹	道直属	道直属	道直属	道直属	道直属	道直属	道直属	道直属	道直属
	■■■	■■■	■■■	■■■	■■■	■■■	深州	道直属	道直属	道直属	道直属	道直属
	道直属	道直属	始契丹	道直属	道直属	道直属	道直属	道直属	道直属	道直属	道直属	道直属
						鄭州	道直属	道直属	道直属	道直属	冀州
	道直属	道直属	道直属	道直属	道直属	道直属	道直属	道直属	道直属	道直属	道直属	道直属
	道直属	道直属	道直属	道直属	道直属	道直属	道直属	道直属	道直属	道直属	道直属	道直属
	道直属	道直属	道直属	道直属	道直属	道直属	道直属	道直属	道直属	道直属	道直属	道直属
	道直属	道直属	道直属	道直属	道直属	道直属	道直属	道直属	道直属	道直属	道直属	道直属
	道直属	道直属	道直属	道直属	道直属	道直属	道直属	道直属	道直属	道直属	道直属	道直属
	冀州府	道直属	道直属	道直属	道直属	道直属	道直属	道直属	道直属	道直属	道直属	道直属
	道直属	道直属	道直属	道直属	道直属	道直属	道直属	道直属	道直属	道直属	道直属	道直属
	冀州府	魏州	道直属	道直属	道直属	道直属	道直属	道直属	道直属	道直属	道直属	道直属
	总章元年(668)	咸亨三年(672)	通天元年(696)	通天二年(697)	长安四年(704)	神龙元年(705)	景云二年(711)	先天二年(713)	开元二年(714)	开元五年(717)	开元十三年(723)	开元十三年(725)

续表

	开元十八(730)	天宝元年(742)	天宝二年(743)	至德元载(756)	至德二载(757)		乾元元年(758)	乾元二年(759)	上元元年(760)
安东府 营州		北平郡	柳城府	柳城府 怀远①	平卢镇 安东府 北平郡	平卢镇 保定军 平州	平卢镇 安东府 范阳镇	平卢镇 属史燕	平卢镇 ■■■
安东府 营州		柳城郡	柳城府	柳城府	平卢镇 平卢镇	平卢镇 营州	平卢镇 范阳镇	平卢镇 属史燕	平卢镇 ■■■
安东府 蓟州③		渔阳郡	范阳府	范阳府	属安燕	渔阳郡	蓟州	范阳镇	属史燕 ■■■
安东府 归顺②		归化郡	范阳府	范阳府	属安燕	归化郡	归顺州	范阳镇	属史燕
安东府 幽州		密云郡	范阳府	范阳府	属安燕	密云郡	檀州	范阳镇	属史燕 ■■■
安东府 幽州		归德郡	范阳府	范阳府	属安燕	归德郡	燕州	范阳镇	属史燕 ■■■
安东府 幽州		妫川郡	范阳府	范阳府	属安燕	妫川郡	妫州	范阳镇	属史燕 ■■■
安东府 幽州		上谷郡	范阳府	范阳府	属安燕	上谷郡	易州	范阳镇	属史燕 ■■■
安东府 顺州①		顺义郡	范阳府	范阳府	属安燕	顺义郡	顺州	范阳镇	属史燕
安东府 幽州		范阳郡	范阳府	范阳府	属安燕	范阳郡	幽州	范阳镇	属史燕 ■■■
道直属		博平郡	道直属	道直属	属安燕	■■■		■■■	■■■
道直属		清河郡	道直属	道直属	属安燕	清河郡	贝州	■■■	■■■
道直属		平原郡	道直属	道直属	属安燕	平原郡	德州	属安燕	■■■
道直属		乐安郡	道直属	道直属	属安燕	乐安郡	棣州	范阳镇	属史燕
道直属		景城郡	道直属	道直属	属安燕	景城郡	沧州	范阳镇	属史燕
道直属		信都郡	道直属	道直属	属安燕	信都郡	冀州	范阳镇	属史燕
道直属		饶阳郡	道直属	道直属	属安燕	饶阳郡	深州	范阳镇	属史燕
道直属		河间郡	道直属	道直属	属安燕	河间郡	瀛州	范阳镇	属史燕
道直属		文安郡	道直属	道直属	属安燕	■■■		■■■	■■■
道直属		博陵郡	道直属	道直属	属安燕	■■■		■■■	■■■
道直属		常山郡	道直属	道直属	属安燕	■■■		■■■	■■■
道直属		赵郡	道直属	道直属	属安燕	■■■		■■■	■■■
道直属		钜鹿郡	道直属	道直属	属安燕	■■■		■■■	■■■
道直属		广平郡	道直属	道直属	属安燕	■■■		■■■	■■■
道直属		邺郡	道直属	道直属	属安燕	■■■		■■■	■■■
道直属		河内郡	属都畿	■■■	■■■	■■■		■■■	■■■
道直属		汲郡	道直属	属安燕	■■■	■■■	卫州	道直属	属史燕 ■■■
道直属		魏郡	道直属	道直属	属安燕	■■■	魏州	道直属	属史燕 ■■■

① 隶幽州都督府。
② 归顺州隶幽州都督府。
③ 隶幽州都督府。
④ 怀远军隶安东都护府。

续表

年份＼州	魏州	澶州	卫州	怀州	相州	磁州①	洺州	邢州	赵州	恒州	定州	莫州	瀛州	深州	冀州	沧州	■■■	德州	贝州	博州	幽州	涿州	易州	妫州	燕州	檀州	蓟州	营州	平州	保定废	属河南	属河南
宝应元年(762)	魏州		■■■	■■■	相州		洺州	■■■			成德镇			深州		■■■	■■■	德州	贝州	博州	■■■		易州	■■■	■■■	■■■	■■■	属史燕营州	■■■	保定废	属河南	属河南
广德元年(763)	魏博镇		相卫镇	相卫镇	相州		相卫镇	相卫镇	成德镇	成德镇	成德镇			成德镇	成德镇	魏博镇	■■■	魏博镇	相卫镇	魏博镇	幽州镇		成德镇	幽州镇	燕州	幽州镇	幽州镇	营州	平州			
永泰元年(765)	魏博镇		昭义镇	昭义镇	昭义镇	昭义镇	昭义镇	昭义镇	成德镇	成德镇	成德镇			成德镇	成德镇	魏博镇	■■■	魏博镇	昭义镇	魏博镇	幽州镇		成德镇	幽州镇	幽州镇	幽州镇	幽州镇	幽州镇	幽州镇			
大历元年(766)	魏博镇		昭义镇	昭义镇	昭义镇	昭义镇	昭义镇	昭义镇	成德镇	成德镇	成德镇			成德镇	成德镇	魏博镇	■■■	魏博镇	昭义镇	魏博镇	幽州镇		成德镇	幽州镇	幽州镇	幽州镇	幽州镇	幽州镇	幽州镇			
大历三年(768)	魏博镇	澶州	昭义镇	属河东	昭义镇	昭义镇	昭义镇	昭义镇	成德镇	成德镇	成德镇	幽州镇	成德镇	成德镇	成德镇	魏博镇	■■■	魏博镇	昭义镇	魏博镇	幽州镇	涿州	■■■	幽州镇	幽州镇	幽州镇	幽州镇	幽州镇	幽州镇			
大历四年(769)	魏博镇		昭义镇		昭义镇	昭义镇	昭义镇	昭义镇	成德镇	成德镇	成德镇	幽州镇	幽州镇	成德镇	成德镇	魏博镇	■■■	魏博镇	昭义镇	魏博镇	幽州镇	幽州镇	■■■	幽州镇	幽州镇	幽州镇	幽州镇	幽州镇	幽州镇			
大历七年(772)	魏博镇	澶州	昭义镇		昭义镇	昭义镇	昭义镇	昭义镇	成德镇	成德镇	成德镇	幽州镇	幽州镇	成德镇	成德镇	魏博镇	■■■	魏博镇	昭义镇	魏博镇	幽州镇	幽州镇	■■■	幽州镇	幽州镇	幽州镇	幽州镇	幽州镇	幽州镇			
大历九年(774)	魏博镇	魏博镇	昭义镇	昭义镇	昭义镇	昭义镇	昭义镇	昭义镇	成德镇	成德镇	成德镇	幽州镇	幽州镇	成德镇	成德镇	魏博镇	■■■	魏博镇	昭义镇	魏博镇	幽州镇	幽州镇	■■■	幽州镇	幽州镇	幽州镇	幽州镇	幽州镇	幽州镇			
大历十年(775)	魏博镇	魏博镇	昭义镇	昭义镇	昭义镇	昭义镇	魏博镇	属河东	成德镇	成德镇	成德镇	幽州镇	幽州镇	成德镇	成德镇	成德镇	■■■	属河南	昭义镇	魏博镇	幽州镇	幽州镇	■■■	幽州镇	幽州镇	幽州镇	幽州镇	幽州镇	幽州镇			
大历十一年(776)	魏博镇	魏博镇	昭义镇		昭义镇	昭义镇	魏博镇	属河东	成德镇	成德镇	成德镇	幽州镇	幽州镇	成德镇	成德镇	成德镇	■■■	■■■	魏博镇	魏博镇	幽州镇	幽州镇	■■■	幽州镇	燕废	幽州镇	幽州镇	幽州镇	幽州镇			
建中二年(781)	魏博镇	属都畿	魏博镇		魏博镇	■■■	■■■	■■■	成德镇	成德镇	成德镇	幽州镇	幽州镇	成德镇	成德镇	成德镇	■■■	■■■	魏博镇	魏博镇	幽州镇	幽州镇	■■■	幽州镇	燕废	幽州镇	幽州镇	幽州镇	幽州镇			

① 隶相卫六州节度使。

续表

	建中三年(782)	建中四年(783)	兴元元年(784)	贞元元年(785)	贞元五年(789)	元和四年(809)	元和五年(810)	元和十三(818)	元和十五(820)	长庆元年(821)	长庆二年(822)	大和元年(827)
	幽州镇	属朱泚	幽州镇	幽州镇	幽州镇	幽州镇	幽州镇	幽州镇	幽州镇	幽州镇	幽州镇	幽州镇
	幽州镇	属朱泚	幽州镇	幽州镇	幽州镇	幽州镇	幽州镇	幽州镇	幽州镇	幽州镇	幽州镇	幽州镇
	幽州镇	属朱泚	幽州镇	幽州镇	幽州镇	幽州镇	幽州镇	幽州镇	幽州镇	幽州镇	幽州镇	幽州镇
易州	义武镇	义武镇	义武镇	义武镇	义武镇	义武镇	义武镇	义武镇	义武镇	义武镇	义武镇	义武镇
	幽州镇	属朱泚	幽州镇	幽州镇	幽州镇	幽州镇	幽州镇	幽州镇	幽州镇	幽州镇	幽州镇	幽州镇
	魏博镇	魏博镇	魏博镇	魏博镇	魏博镇	魏博镇	魏博镇	魏博镇	魏博镇	魏博镇	魏博镇	魏博镇
德州	属朱泚	幽州镇	成德镇	成德镇	保信镇	成德镇	横海镇	横海镇	横海镇	横海镇	横海镇	横海镇
				景州	横海镇	横海镇	横海镇	横海镇	横海镇	景州废	景州	横海镇
	幽州镇	属朱泚	幽州镇	成德镇	成德镇	保信镇	成德镇	横海镇	横海镇	横海镇	横海镇	横海镇
	义武镇	义武镇	横海镇	横海镇	横海镇	横海镇	横海镇	横海镇	横海镇	横海镇	横海镇	横海镇
	恒冀镇	恒冀镇	成德镇	成德镇	成德镇	成德镇	成德镇	成德镇	成德镇	成德镇	成德镇	成德镇
	深赵镇	深赵镇	成德镇	成德镇	成德镇	成德镇	成德镇	成德镇	成德镇	成德镇	成德镇	成德镇
	幽州镇	属朱泚	幽州镇	幽州镇	幽州镇	幽州镇	幽州镇	幽州镇	幽州镇	幽州镇	幽州镇	幽州镇
	义武镇	义武镇	义武镇	义武镇	义武镇	义武镇	义武镇	义武镇	义武镇	义武镇	义武镇	义武镇
	恒冀镇	恒冀镇	成德镇	成德镇	成德镇	成德镇	成德镇	成德镇	镇州	成德镇	成德镇	成德镇
	深赵镇	深赵镇	成德镇	成德镇	成德镇	成德镇	成德镇	成德镇	成德镇	成德镇	成德镇	成德镇
	■■■	■■■	■■■	■■■	■■■	■■■	■■■	■■■	■■■	■■■	■■■	■■■
	属河东	■■■	■■■	■■■	■■■	■■■	■■■	■■■	■■■	■■■	■■■	■■■
												开州
	■■■	■■■	■■■	卫州	魏博镇	魏博镇	魏博镇	魏博镇	魏博镇	魏博镇	魏博镇	魏博镇
	魏博镇	魏博镇	魏博镇	魏博镇	魏博镇	魏博镇	魏博镇	魏博镇	魏博镇	魏博镇	魏博镇	魏博镇
	魏博镇	魏博镇	魏博镇	魏博镇	魏博镇	魏博镇	魏博镇	魏博镇	魏博镇	魏博镇	魏博镇	魏博镇

附　录　1531

续表

	大和二年(828)	大和三年(829)	大和四年(830)	大和五年(831)	咸通五年(864)	中和三年(883)	光启二年(886)	大顺元年(890)	景福元年(892)	景福二年(893)	乾宁元年(894)	乾宁二年(895)
							儒州 武州 新州	幽州镇 武州 幽州镇	幽州镇 幽州镇 幽州镇	幽州镇 幽州镇 幽州镇	幽州镇 属河东 属河东	幽州镇 武州 新州
	幽州镇	幽州镇	幽州镇	幽州镇	幽州镇	幽州镇	幽州镇	幽州镇	幽州镇	幽州镇	幽州镇	幽州镇
	幽州镇	幽州镇	幽州镇	幽州镇	幽州镇	幽州镇	幽州镇	幽州镇	幽州镇	幽州镇	幽州镇	幽州镇
	幽州镇	幽州镇	幽州镇	幽州镇	幽州镇	幽州镇	幽州镇	幽州镇	幽州镇	幽州镇	幽州镇	幽州镇
	幽州镇	幽州镇	幽州镇	幽州镇	幽州镇	幽州镇	幽州镇	幽州镇	幽州镇	幽州镇	幽州镇	幽州镇
	义武镇	义武镇	义武镇	义武镇	义武镇	义武镇	义武镇	义武镇	义武镇	义武镇	义武镇	义武镇
	幽州镇	幽州镇	幽州镇	幽州镇	幽州镇	幽州镇	幽州镇	幽州镇	幽州镇	幽州镇	幽州镇	幽州镇
	魏博镇	魏博镇	魏博镇	魏博镇	魏博镇	魏博镇	魏博镇	魏博镇	魏博镇	魏博镇	魏博镇	魏博镇
	横海镇	齐沧镇	齐沧镇	义昌镇	义昌镇	义昌镇	义昌镇	义昌镇	义昌镇	义昌镇	义昌镇	义昌镇
	横海	齐沧	景州废	■■■	■■■	■■■	■■■	■■■	景州	义昌镇	义昌镇	义昌镇
	属河南											
	横海镇	齐沧镇	齐沧镇	义昌镇	义昌镇	义昌镇	义昌镇	义昌镇	义昌镇	义昌镇	义昌镇	义昌镇
	成德镇	成德镇	成德镇	成德镇	成德镇	成德镇	成德镇	成德镇	成德镇	成德镇	成德镇	成德镇
	幽州镇	幽州镇	幽州镇	幽州镇	幽州镇	幽州镇	幽州镇	幽州镇	幽州镇	幽州镇	祁州	义武镇
	义武镇	义武镇	义武镇	义武镇	义武镇	义武镇	义武镇	义武镇	义武镇	义武镇	义武镇	义武镇
	成德镇	成德镇	成德镇	成德镇	成德镇	成德镇	成德镇	成德镇	成德镇	成德镇	成德镇	成德镇
	成德镇	成德镇	成德镇	成德镇	成德镇	成德镇	成德镇	成德镇	成德镇	成德镇	成德镇	成德镇
	■■■	■■■	■■■	■■■	■■■	邢州	东昭义	邢洺镇	邢洺镇	邢洺镇	邢洺镇	邢洺镇
	■■■	■■■	■■■	■■■	■■■	洺州	东昭义	邢洺镇	邢洺镇	邢洺镇	邢洺镇	邢洺镇
	■■■	■■■	■■■	■■■	磁州	东昭义	邢洺镇	邢洺镇	邢洺镇	邢洺镇	邢洺镇	邢洺镇
	魏博镇	魏博镇	魏博镇	魏博镇	魏博镇	魏博镇	魏博镇	魏博镇	魏博镇	魏博镇	魏博镇	魏博镇
	横海镇	齐沧镇	齐沧镇	义昌镇	属河南	魏博镇	魏博镇	魏博镇	魏博镇	魏博镇	魏博镇	魏博镇
	魏博镇	魏博镇	魏博镇	魏博镇	魏博镇	魏博镇	魏博镇	魏博镇	魏博镇	魏博镇	魏博镇	魏博镇
	魏博镇	魏博镇	魏博镇	魏博镇	魏博镇	魏博镇	魏博镇	魏博镇	魏博镇	魏博镇	魏博镇	魏博镇

9. 河南道、都畿府州沿革表

	洛州	怀州	郑州	伊州	陕州	鄜州	汴水	滑州	曹州	濮州	郓州	沂州	淄州	青州	莱州	营州	密州	海州	沂州	徐州	宋州	亳州	颍州	陈州	许州	豫州	显州	兖州	鄘州	宋州	泗州	戴州	嵩州	合州				
贞观元年(627)	洛州府	洛州府	洛州府	洛州府	洛州府	洛州府	道直属	道直属	道直属	道直属	道直属	道直属	道直属	道直属	道直属	道直属	道直属	道直属	道直属	徐州府	道直属	道直属	道直属	道直属	道直属	道直属	道直属	道直属	道直属	道直属	道直属	道直属	洛州府	道直属	北道			
贞观二年(628)	洛州府	洛州府	洛州府	洛州府	洛州府	鄜废	道直属	道直属	道直属	道直属	道直属	道直属	道直属	道直属	道直属	道直属	道直属	道直属	道直属	徐州府	道直属	道直属	道直属	道直属	道直属	道直属	道直属	道直属	道直属	道直属	道直属	道直属	洛州府	道直属	北疆州			
贞观三年(629)	洛州府	洛州府	洛州府	洛州府	洛州府		道直属	道直属	道直属	道直属	道直属	道直属	道直属	道直属	昌州废		道直属	道直属	道直属	徐州府	道直属	道直属	道直属	道直属	道直属	道直属	道直属	道直属	道直属	道直属	道直属	道直属						
贞观七年(633)	洛州府	洛州府	洛州府	洛州府	洛州府		道直属	道直属	道直属	道直属	道直属	道直属	道直属	道直属			道直属	道直属	道直属	徐州府	道直属	道直属	道直属	道直属	道直属	道直属	道直属	道直属	道直属	道直属	道直属	道直属						
贞观八年(634)	洛州府	洛州府	洛州府	洛州府	洛州府		道直属	道直属	道直属	道直属	道直属	道直属	道直属	道直属			道直属	道直属	道直属	徐州府	道直属	道直属	道直属	道直属	道直属	道直属	道直属	道直属	道直属	道直属	道直属	道直属	鲁①道直属					
贞观九年(635)	洛州府	洛州府	洛州府	洛州府	洛州府		赣州废	道直属	道直属	道直属	道直属	道直属	道直属	道直属			道直属	道直属	道直属	徐州府	道直属	道直属	道直属	道直属	道直属	道直属	道直属	道直属	道直属	道直属	道直属	道直属	唐②道直属	谯州废				

① ② 直属河南道监理。

续表

	洛州	卫州	相州	澶州	魏州	博州	贝州	德州	沧州	冀州	深州	瀛州	莫州	定州	恒州	赵州	魏州	景州	营州	平州	新州	儒州					
天复元年(901)	魏博镇	魏博镇		魏博镇	魏博镇	魏博镇	义昌镇	义昌镇	义昌镇	成德镇	成德镇	义武镇	义武镇	义武镇	成德镇	成德镇	属河东		幽州镇	幽州镇	幽州镇	幽州镇	幽州镇	幽州镇	幽州镇	幽州镇	幽州镇
天祐元年(904)	天雄镇	天雄镇		天雄镇	天雄镇	天雄镇	义昌镇	义昌镇	义昌镇	成德镇	成德镇	义武镇	义武镇	义武镇	成德镇	成德镇	属河东		幽州镇	幽州镇	幽州镇	幽州镇	幽州镇	幽州镇	幽州镇	幽州镇	幽州镇
天祐二年(905)	天雄镇	天雄镇		天雄镇	天雄镇	天雄镇	义昌镇	义昌镇	武顺镇	武顺镇	武顺镇	义武镇	义武镇	义武镇	武顺镇	武顺镇	属河东		幽州镇	幽州镇	幽州镇	幽州镇	幽州镇	幽州镇	幽州镇	幽州镇	幽州镇

续表

徐州府	徐州府	徐州府	遂州废							
道直属	道直属	道直属	道直属	谷州废						
道直属	兖州府	兖州府	戴州废					仙州	道直属	道直属
道直属	兖州府	兖州府	兖州府	兖州府	兖州府	兖州府	兖州府	兖州府	兖州府	兖州府
道直属	兖州府	兖州府	兖州府	兖州府	兖州府	兖州府	兖州府	兖州府	兖州府	兖州府
许州府	许州府	许州府	道直属	道直属	道直属	道直属	道直属	道直属	道直属	属山东
许州府	许州府	许州府	道直属	道直属	道直属	道直属	道直属	道直属	道直属	道直属
许州府	许州府	许州府	道直属	道直属	道直属	道直属	道直属	道直属	道直属	道直属
道直属	道直属	道直属	道直属	道直属	道直属	道直属	道直属	道直属	道直属	道直属
徐州府	徐州府	徐州府	道直属	道直属	道直属	道直属	道直属	道直属	道直属	道直属
道直属	道直属	道直属	道直属	道直属	道直属	道直属	道直属	道直属	道直属	道直属
齐州府	齐州府	齐州府	道直属	道直属	道直属	道直属	道直属	道直属	道直属	道直属
				登州	道直属	道直属	道直属	道直属	道直属	道直属
齐州府	齐州府	齐州府	道直属	道直属	道直属	道直属	道直属	道直属	道直属	道直属
齐州府	齐州府	齐州府	道直属	道直属	道直属	道直属	道直属	道直属	道直属	道直属
齐州府	齐州府	齐州府	道直属	道直属	道直属	道直属	道直属	道直属	道直属	道直属
道直属	道直属	道直属	道直属	道直属	道直属	道直属	道直属	道直属	道直属	道直属
道直属	道直属	道直属	道直属	道直属	道直属	道直属	道直属	道直属	道直属	道直属
道直属	道直属	道直属	道直属	道直属	道直属	道直属	道直属	道直属	道直属	道直属
道直属	道直属	道直属	道直属	道直属	道直属	道直属	道直属	道直属	道直属	道直属
道直属	道直属	道直属	道直属	道直属	道直属	道直属	道直属	道直属	道直属	道直属
道直属	道直属	道直属	道直属	道直属	道直属	道直属	道直属	道直属	属河东	属河东
洛州府	洛州府	洛州府	道直属	道直属	道直属	道直属	道直属	道直属	道直属	属都畿
洛州府	洛州府	洛州府	道直属	道直属	道直属	道直属	道直属	道直属	道直属	属都畿
洛州府	洛州府	洛州府	属河北	■■■	■■■	■■■	■■■	■■■	■■■	■■■
洛州府	洛州府	洛州府	道直属	道直属	道直属	道直属	河南①	属都畿	属都畿	属都畿
贞观十三(639)	贞观十四(640)	贞观十六(642)	贞观十七(643)	贞观十八(644)	显庆二年(657)	如意元年(692)	开元元年(713)	开元三年(715)	开元十三(725)	开元廿一(730)

① 河南府直属河南道监理。

续表

	开元廿六(735)	天宝元年(742)	天宝十三(754)	至德元载(756)	至德二载(757)	乾元元年(758)	乾元二年(759)	上元元年(760)	上元二年(675)
									义阳郡
									七阳郡
						申州	光州		
						淮西镇	淮西镇		
						属淮南	属淮南		
								棣州	淄沂镇
								德州	淄沂镇
仙州废	兖州府	琅邪郡	鲁郡府	鲁郡府	河南镇	河南镇	沂州	沂州	沧州
	兖州府	鲁郡	鲁郡府	鲁郡府	属安燕	鄂齐镇	兖州	齐州	淄沂镇
属山东	淮安郡						唐州	兖郓镇	兖郓镇
道直属	颍川郡	道直属	道直属	属安燕	淮西镇	许州	豫许镇	豫许镇	属史燕
道直属	汝南郡	道直属	道直属	道直属	河南镇	河南镇	陈州	淮西镇	郑陈镇
道直属	淮阳郡	道直属	道直属	属安燕	河南镇	河南镇	陈州	淮西镇	郑陈镇
道直属	汝阴郡	道直属	道直属	属安燕	河南镇	河南镇	颍州	淮西镇	郑陈镇
道直属	谯郡	道直属	道直属	属安燕	河南镇	河南镇	亳州	淮西镇	郑陈镇
道直属	睢阳郡	道直属	道直属	属安燕	河南镇	河南镇	宋州	汴镇	属史燕
道直属	彭城郡	道直属	道直属	属安燕	河南镇	河南镇	徐州	汴镇	河南镇
道直属	临淮郡	道直属	道直属	属安燕	河南镇	河南镇	泗州	汴镇	河南镇
道直属	东海郡	道直属	道直属	属安燕	河南镇	河南镇	海州	汴镇	河南镇
道直属	高密郡	道直属	道直属	青密镇	青密镇	青密镇	密州	青密镇	青密镇
道直属	东牟郡	道直属	道直属	青密镇	青密镇	青密镇	登州	青密镇	青密镇
道直属	东莱郡	道直属	道直属	青密镇	青密镇	青密镇	莱州	青密镇	青密镇
道直属	北海郡	道直属	道直属	属安燕	青密镇	青密镇	青州	汴镇	青密镇
道直属	淄川郡	道直属	道直属	属安燕	属安燕	青密镇	淄州	青密镇	淄沂镇
道直属	济南郡	道直属	道直属	属安燕	属安燕	齐州	兖郓镇	属史燕	兖郓镇
	济阳郡	道直属	道直属	济阳废					青密镇
道直属	东平郡	道直属	道直属	属安燕	鄂齐镇	鄂州	齐州	兖郓镇	兖郓镇
道直属	濮阳郡	道直属	道直属	属安燕	河南镇	濮州	青密镇	属史燕	
道直属	济阴郡	道直属	道直属	属安燕	河南镇	曹州	汴镇	属史燕	属淮南
道直属	灵昌郡	道直属	道直属	属安燕	河南镇	滑州	青密镇	属史燕	
道直属	陈留郡	道直属	道直属	属安燕	河南镇	汴州	汴镇	属史燕	
							华州①	太州③	属京畿
	弘农郡				虢州	虢州①	陕西镇	陕西镇	
属郡畿	陕郡	属郡畿	属郡畿	属安燕	东畿	陕州	东畿	陕虢镇	陕西镇
属郡畿	临汝郡	属郡畿	属郡畿	属安燕	东畿	汝州	豫许镇	属史燕	
属郡畿	荥阳郡	属郡畿	属郡畿	属安燕	淮西镇	郑州	淮西镇	属史燕	
	河内郡	属郡畿	属郡畿	属安燕	东畿	怀州	东畿	属史燕	
属郡畿	河南府	属郡畿	属郡畿	属安燕	东畿	河南府	东畿	属史燕	东畿

①② 隶陕虢华节度使。
③ 隶陕西节度使。

附录　1535

续表

	东畿镇	怀州①		陕西镇	工州②				相州③													陕西镇	蔡汝镇		河南镇		唐州⑨			淄青镇	隋州⑩	德州	光州⑪	申州⑫	淄青镇	安东府	怀远军	魏州④	贝州⑤	博州⑥
宝应元年(762)	东畿镇	■■■	蔡汝镇	陕西镇	■■■	河南镇	河南镇	滑卫镇	淄青镇	淄青镇	淄青镇	淄青镇	淄青镇	淄青镇	河南镇	■■■	河南镇	■■■	蔡州	■■■	河南镇	■■■	淄青镇	淄青镇		■■■	■■■	■■■	淄青镇		淄青镇					淄青镇	■■■	淄青镇		
广德元年(763)	东畿镇	属河北	蔡汝镇	陕西镇	属河北	河南镇	河南镇	滑卫镇	淄青镇	淄青镇	淄青镇	淄青镇	淄青镇	淄青镇	河南镇	■■■	河南镇	属河东	■■■	■■■	河南镇	■■■	淄青镇	淄青镇	属河北	■■■	■■■	■■■	淄青镇		淄青镇					淄青镇	■■■	淄青镇		
广德二年(764)	属都畿	■■■	蔡汝镇	陕西镇	■■■	河南镇	河南镇	滑卫镇	淄青镇	淄青镇	淄青镇	淄青镇	淄青镇	淄青镇	河南镇	■■■	河南镇	■■■	蔡汝镇	陈州	河南镇	■■■	淄青镇	淄青镇		■■■	■■■	■■■	淄青镇		淄青镇					淄青镇	■■■	淄青镇		
大历四年(769)	属都畿	■■■	蔡汝镇	陕西镇	■■■	河南镇	河南镇	滑毫镇	淄青镇	淄青镇	淄青镇	淄青镇	淄青镇	淄青镇	河南镇	■■■	河南镇	■■■	蔡汝镇	■■■	滑毫镇	■■■	淄青镇	淄青镇		■■■	■■■	■■■	淄青镇		淄青镇					淄青镇	■■■	淄青镇		
大历五年(770)	属都畿	■■■	蔡汝镇	陕西镇	■■■	河南镇	河南镇	永平镇	淄青镇	淄青镇	淄青镇	淄青镇	淄青镇	淄青镇	河南镇	■■■	河南镇	■■■	蔡汝镇	■■■	滑毫镇	■■■	淄青镇	淄青镇		■■■	■■■	■■■	淄青镇		淄青镇					淄青镇	■■■	淄青镇		
大历七年(772)	属都畿	■■■	淮西镇	陕郑镇	■■■	河南镇	河南镇	永平镇	淄青镇	淄青镇	淄青镇	淄青镇	淄青镇	淄青镇	河南镇	■■■	河南镇	■■■	淮西镇	永平镇	永平镇	■■■	淄青镇	淄青镇		■■■	■■■	■■■	淄青镇		淄青镇					淄青镇	■■■	淄青镇		
大历八年(773)	属都畿	■■■	淮西镇	陕郑镇	■■■	永平镇	河南镇	永平镇	淄青镇	淄青镇	淄青镇	淄青镇	淄青镇	淄青镇	河南镇	淄青镇	河南镇	■■■	淮西镇	永平镇	永平镇	淮宁镇	淄青镇	淄青镇		■■■	■■■	■■■	淄青镇		淄青镇					淄青镇	■■■	淄青镇		
大历十年(775)	属都畿	■■■	淮西镇	陕郑镇	■■■	永平镇	河南镇	永平镇	淄青镇	淄青镇	淄青镇	淄青镇	淄青镇	淄青镇	淄青镇	淄青镇	淄青镇	安⑦	淮西镇	永平镇	永平镇	淮宁镇	淄青镇	淄青镇		许州⑧	淮宁镇	淮宁镇	淄青镇	淄青镇	淄青镇					淄青镇	■■■	淄青镇		
大历十一年(776)	东畿镇	■■■	淮西镇	陕郑镇	■■■	永平镇	淄青镇	永平镇	淄青镇	淄青镇	淄青镇	淄青镇	淄青镇	淄青镇	淄青镇	淄青镇	淄青镇	淮宁镇	淮宁镇	永平镇	淄青镇	淮宁镇	淄青镇	淄青镇		淮宁镇	淮宁镇	淮宁镇	淄青镇	淄青镇	淄青镇	淮宁镇	淮宁镇			淄青镇	■■■	淄青镇		
大历十四年(779)	东畿镇	■■■	淮西镇	东畿镇	■■■	永平镇	淄青镇	永平镇	淄青镇	淄青镇	淄青镇	淄青镇	淄青镇	淄青镇	淄青镇	淄青镇	淄青镇	淮宁镇	淮宁镇	永平镇	淄青镇	淮宁镇	淄青镇	淄青镇		淮宁镇	淮宁镇	淮宁镇	淄青镇	淄青镇	淄青镇	淮宁镇	淮宁镇			淄青镇		淄青镇	蕲州⑭	黄州⑮

① 隶东畿观察使。
②③④⑤⑥ 隶滑卫节度使。
⑦⑧⑨⑩⑪⑫ 隶淮西节度使。建中二年废。
⑬ 沔州隶淮宁军节度使,建中二年废。
⑭⑮ 隶淮宁军节度使。

续表

州	建中三年(781)	建中三年(782)	建中四年(783)	兴元元年(784)	贞元元年(785)	贞元二年(786)	贞元三年(787)	贞元四年(788)	贞元十四年(798)	贞元十六年(800)
	淮西镇	淮西镇	淮西镇	属江西						
	淮西镇	淮西镇	淮西镇	属江西						
蔡 州	淮西镇	淮西镇	淮西镇	属李楚	淮西镇	蔡州废	■■■	■■■	■■■	■■■
	淄青镇	怀远废	丙州①	属江西	淮西镇	淄青镇	淄青镇	淄青镇	淄青镇	淄青镇
	淮西镇	淮西镇	淮西镇	淄青镇	淮西镇	淮西镇	淮西镇	淮西镇	彰义镇	彰义镇
	淮西镇	淮西镇	淮西镇	淮西镇	淮西镇	淮西镇	淮西镇	淮西镇	彰义镇	彰义镇
	淄青镇	属河北	■■■	■■■	■■■	■■■	■■■	■■■	■■■	■■■
	淄青镇	属河北		邓州②	属李楚	东畿镇	属山东			
	淮西镇	淮西镇	淮西镇	属李楚	淮西镇	淮西镇	属山东	濠 州	徐泗镇	泗濠镇
	淄青镇	徐海镇	徐海镇	淄青镇	淄青镇	淄青镇	淄青镇	淄青镇	淄青镇	淄青镇
	淄青镇	淄青镇	淄青镇	淄青镇	淄青镇	淄青镇	淄青镇	淄青镇	淄青镇	淄青镇
	淮西镇	淮西镇	淮西镇	属李楚	属李楚	东畿镇	属山东			
	淮西镇	淮西镇	淮西镇	属李楚	属李楚	义成镇	义成镇	陈许镇	陈许镇	陈许镇
	淮西镇	淮西镇	淮西镇	属李楚	属李楚	义成镇	淮西镇	淮西镇	彰义镇	彰义镇
	永平镇	永平镇	永平镇	属李楚	义成镇	义成镇	陈许镇	陈许镇	陈许镇	陈许镇
	宣武镇	宣武镇	宣武镇	宣武镇	宣武镇	宣武镇	宣武镇	宣武镇	宣武镇	宣武镇
	宣武镇	宣武镇	宣武镇	宣武镇	宣武镇	宣武镇	宣武镇	宣武镇	宣武镇	宣武镇
	淄青镇	徐海镇	徐海镇	淄青镇	淄青镇	淄青镇	淄青镇	徐泗镇	徐泗镇	徐泗镇
	属淮南	■■■	■■■	■■■	■■■	■■■	■■■	泗 州	徐泗镇	泗濠镇
	淄青镇	徐海镇	徐海镇	淄青镇	淄青镇	淄青镇	淄青镇	淄青镇	淄青镇	淄青镇
	淄青镇	淄青镇	淄青镇	淄青镇	淄青镇	淄青镇	淄青镇	淄青镇	淄青镇	淄青镇
	淄青镇	淄青镇	淄青镇	淄青镇	淄青镇	淄青镇	淄青镇	淄青镇	淄青镇	淄青镇
	淄青镇	淄青镇	淄青镇	淄青镇	淄青镇	淄青镇	淄青镇	淄青镇	淄青镇	淄青镇
	淮西镇	淮西镇	淮西镇	属李楚	淮西镇	淮西镇	属山东			
	淄青镇	淄青镇	淄青镇	淄青镇	淄青镇	淄青镇	淄青镇	淄青镇	淄青镇	淄青镇
	淄青镇	曹濮镇	曹濮镇	淄青镇	淄青镇	淄青镇	淄青镇	淄青镇	淄青镇	淄青镇
	永平镇	永平镇	永平镇	义成镇	义成镇	义成镇	义成镇	义成镇	义成镇	义成镇
	永平镇	永平镇	永平镇	宣武镇	宣武镇	宣武镇	宣武镇	宣武镇	宣武镇	宣武镇
卫 州	河阳镇	河阳镇	河阳镇	属河北						
	陕虢镇	陕虢镇	陕虢镇	陕虢镇	陕虢镇	陕虢镇	陕虢镇	陕虢镇	陕虢镇	陕虢镇
	陕虢镇	陕虢镇	陕虢镇	陕虢镇	陕虢镇	陕虢镇	陕虢镇	陕虢镇	陕虢镇	陕虢镇
	东畿镇	东畿镇	东畿镇	东畿镇	东畿镇	东畿镇	东畿镇	东畿镇	东畿镇	东畿镇
怀 州	永平镇	永平镇	永平镇	义成镇	义成镇	义成镇	义成镇	义成镇	义成镇	义成镇
	河阳镇	河阳镇	河阳镇	河阳镇	河阳镇	河阳镇	河阳镇	河阳镇	河阳镇	河阳镇
	东畿镇	东畿镇	东畿镇	东畿镇	东畿镇	东畿镇	东畿镇	东畿镇	东畿镇	东畿镇

① 隶淮西节度使。
② 属李希烈大楚国。

续表										濠州	忠武镇	忠武镇
	淄青镇	淄青镇	淄青镇	淄青镇	淄青镇	淄青镇	淄青镇	淄青镇	淄青镇	淄青镇	淄青镇	安黄
	彰义镇	彰义镇	彰义镇	彰义镇	彰义镇	彰义镇	彰义镇	彰义镇	彰义镇	彰义镇	彰义镇	属江西
	彰义镇	彰义镇	彰义镇	彰义镇	彰义镇	彰义镇	彰义镇	彰义镇	彰义镇	彰义镇	彰义镇	属淮南
				宿州		武宁镇	武宁镇	武宁镇	武宁镇	武宁镇	武宁镇	武宁镇
	泗濠镇	泗濠镇	武宁镇	濠州	濠州	武宁镇	武宁镇	武宁镇	武宁镇	武宁镇	武宁镇	武宁镇
	淄青镇	淄青镇	淄青镇	淄青镇	淄青镇	淄青镇	淄青镇	淄青镇	淄青镇	淄青镇	淄青镇	沂海镇
						行梁州	行梁州	行梁陵				
	忠武镇	忠武镇	忠武镇	忠武镇	忠武镇	忠武镇	忠武镇	忠武镇	忠武镇	忠武镇	忠武镇	忠武镇
	彰义镇	彰义镇	彰义镇	彰义镇	彰义镇	彰义镇	彰义镇	彰义镇	彰义镇	忠武镇	忠武镇	忠武镇
	忠武镇	忠武镇	忠武镇	忠武镇	忠武镇	忠武镇	忠武镇	忠武镇	忠武镇	忠武镇	忠武镇	忠武镇
	宣武镇	宣武镇	宣武镇	宣武镇	宣武镇	宣武镇	宣武镇	宣武镇	宣武镇	宣武镇	宣武镇	宣武镇
	宣武镇	宣武镇	宣武镇	宣武镇	宣武镇	宣武镇	宣武镇	宣武镇	宣武镇	宣武镇	宣武镇	宣武镇
	徐州	武宁镇	武宁镇	武宁镇	武宁镇	武宁镇	武宁镇	武宁镇	武宁镇	武宁镇	武宁镇	武宁镇
	泗濠镇	泗濠镇	武宁镇	武宁镇	武宁镇	武宁镇	武宁镇	武宁镇	武宁镇	武宁镇	武宁镇	武宁镇
	淄青镇	淄青镇	淄青镇	淄青镇	淄青镇	淄青镇	淄青镇	淄青镇	淄青镇	淄青镇	沂海镇	沂海镇
	淄青镇	淄青镇	淄青镇	淄青镇	淄青镇	淄青镇	淄青镇	淄青镇	淄青镇	淄青镇	淄青镇	淄青镇
	淄青镇	淄青镇	淄青镇	淄青镇	淄青镇	淄青镇	淄青镇	淄青镇	淄青镇	淄青镇	淄青镇	淄青镇
										行苏州	义成镇
	淄青镇	淄青镇	淄青镇	淄青镇	淄青镇	淄青镇	淄青镇	淄青镇	淄青镇	淄青镇	郓青镇	
	淄青镇	淄青镇	淄青镇	淄青镇	淄青镇	淄青镇	淄青镇	淄青镇	淄青镇	淄青镇	郓青镇	
	义成镇	义成镇	义成镇	义成镇	义成镇	义成镇	义成镇	义成镇	义成镇	义成镇	义成镇	
	宣武镇	宣武镇	宣武镇	宣武镇	宣武镇	宣武镇	宣武镇	宣武镇	宣武镇	宣武镇	宣武镇	
	陕虢镇	陕虢镇	陕虢镇	陕虢镇	陕虢镇	陕虢镇	陕虢镇	陕虢镇	陕虢镇	陕虢镇	陕虢镇	陕虢镇
	陕虢镇	陕虢镇	陕虢镇	陕虢镇	陕虢镇	陕虢镇	陕虢镇	陕虢镇	陕虢镇	陕虢镇	陕虢镇	陕虢镇
	东畿	东畿	东畿	东畿	陕虢镇	陕虢镇	河阳镇	河阳镇	河阳镇	河阳镇	东畿	东畿
	义成镇	义成镇	义成镇	义成镇	义成镇	义成镇	义成镇	义成镇	义成镇	义成镇	义成镇	义成镇
	河阳镇	河阳镇	河阳镇	河阳镇	河阳镇	河阳镇	河阳镇	河阳镇	河阳镇	河阳镇	河阳镇	河阳镇
	东畿	东畿	东畿	东畿	属都畿	属都畿	属都畿	属都畿	属都畿	属都畿	东畿	东畿
贞元二十年(804)	永贞元年(805)	元和元年(806)	元和二年(807)	元和三年(808)	元和四年(809)	元和九年(814)	元和十年(815)	元和十一年(816)	元和十二年(817)	元和十三年(818)	元和十四年(819)

续表

	元和十五年(820)	长庆元年(821)	长庆二年(822)	大和元年(827)	大和三年(829)	大和五年(831)	大和七年(833)	开成元年(836)	会昌三年(843)	会昌四年(844)
	忠武镇	濠州废								
						棣州	淄青镇	淄青镇	淄青镇	淄青镇
	武宁镇	宿州废						密州	武宁镇	武宁镇
	武宁镇	武宁镇	武宁镇	武宁镇	武宁镇	武宁镇	武宁镇	武宁镇	武宁镇	武宁镇
	兖海镇	兖海镇	兖海镇	兖海镇	兖海镇	兖海镇	兖海镇	兖海镇	兖海镇	兖海镇
	兖海镇	兖海镇	兖海镇	兖海镇	兖海镇	兖海镇	兖海镇	兖海镇	兖海镇	兖海镇
										泽州
	忠武镇	忠武镇	忠武镇	忠武镇	忠武镇	忠武镇	忠武镇	忠武镇	忠武镇	忠武镇
	忠武镇	忠武镇	忠武镇	忠武镇	忠武镇	忠武镇	忠武镇	忠武镇	忠武镇	忠武镇
	宣武镇	宣武镇	义成军	义成镇	义成镇	义成镇	义成镇	义成镇	义成镇	义成镇
	宣武镇	宣武镇	宣武镇	宣武镇	宣武镇	宣武镇	宣武镇	宣武镇	宣武镇	宣武镇
	武宁镇	武宁镇	武宁镇	武宁镇	武宁镇	武宁镇	武宁镇	武宁镇	武宁镇	武宁镇
	兖海镇	兖海镇	兖海镇	兖海镇	兖海镇	兖海镇	兖海镇	兖海镇	兖海镇	兖海镇
	淄青镇	淄青镇	淄青镇	淄青镇	淄青镇	淄青镇	淄青镇	淄青镇	淄青镇	淄青镇
	淄青镇	淄青镇	淄青镇	淄青镇	淄青镇	淄青镇	淄青镇	淄青镇	淄青镇	淄青镇
	淄青镇	淄青镇	淄青镇	属河北						
	行齐废									
	天平镇	天平镇	天平镇	天平镇	天平镇	天平镇	天平镇	天平镇	天平镇	天平镇
	天平镇	天平镇	天平镇	天平镇	天平镇	天平镇	天平镇	天平镇	天平镇	天平镇
	义成镇	义成镇	义成镇	义成镇	义成镇	义成镇	义成镇	义成镇	义成镇	义成镇
	宣武镇	宣武镇	宣武镇	宣武镇	宣武镇	宣武镇	宣武镇	宣武镇	宣武镇	宣武镇
								孟州	河阳镇	
	陕虢镇	陕虢镇	陕虢镇	陕虢镇	陕虢镇	属都畿	属都畿	陕虢镇	陕虢镇	陕虢镇
	陕虢镇	陕虢镇	陕虢镇	陕虢镇	陕虢镇	属都畿	属都畿	陕虢镇	陕虢镇	陕虢镇
	东畿镇	属都畿	东畿镇	东畿镇	东畿镇	东畿镇	东畿镇	东畿镇	东畿镇	东畿镇
	义成镇	义成镇	义成镇	义成镇	义成镇	义成镇	义成镇	义成镇	义成镇	义成镇
	河阳镇	河阳镇	河阳镇	河阳镇	河阳镇	河阳镇	河阳镇	河阳镇	河阳镇	河阳镇
	东畿镇	属都畿	东畿镇	东畿镇	东畿镇	东畿镇	东畿镇	东畿镇	东畿镇	东畿镇

续表

	■■■ ■■■	■■■ ■■■	■■■ ■■■	■■■ ■■■	■■■ ■■■	■■■ ■■■	■■■ ■■■	■■■ ■■■	■■■ ■■■	■■■ ■■■
	淄青镇	淄青镇	天平镇	天平镇	淄青镇	淄青镇	淄青镇	淄青镇	淄青镇	淄青镇
	宿泗属淮南	徐州镇 濠州	徐州镇 徐州镇	感化镇 感化镇	感化镇 感化镇	感化镇 感化镇	武宁镇 武宁镇	武宁镇 武宁镇	武宁镇 武宁镇	武宁镇 武宁镇
	兖海镇 兖海镇	兖海镇 兖海镇	兖海镇 兖海镇	兖海镇 兖海镇	兖海镇 兖海镇	泰宁镇 泰宁镇	泰宁镇 泰宁镇	泰宁镇 泰宁镇	泰宁镇 泰宁镇	泰宁镇 泰宁镇
	河阳镇	河阳镇	河阳镇	河阳镇	河阳镇	河阳镇	属黄齐	河阳镇	河阳镇	河阳镇
	忠武镇 忠武镇	忠武镇 忠武镇	忠武镇 忠武镇	忠武镇 忠武镇	忠武镇 忠武镇	忠武镇 忠武镇	忠武镇 忠武镇	奉国镇	奉国镇	奉国镇	奉国镇
	义成镇 宣武镇	义成镇 宣武镇	义成镇 宣武镇	义成镇 宣武镇	义成镇 宣武镇	义成镇 宣武镇	义成镇 宣武镇	义成镇 宣武镇	义成镇 宣武镇	义成镇 宣武镇	宣武镇 宣武镇
	兖海镇 宿泗	徐州镇 兖海镇	徐州镇 兖海镇	感化镇 兖海镇	感化镇 兖海镇	感化镇 兖海镇	感化镇 兖海镇	武宁镇 泰宁镇	武宁镇 泰宁镇	武宁镇 泰宁镇	武宁镇 泰宁镇
	淄青镇 淄青镇	淄青镇 淄青镇	淄青镇 淄青镇	淄青镇 淄青镇	淄青镇 淄青镇	淄青镇 淄青镇	淄青镇 淄青镇	淄青镇 淄青镇	淄青镇 淄青镇	淄青镇 淄青镇	淄青镇 淄青镇
	■■■	■■■	齐州	天平镇	淄青镇	淄青镇	淄青镇	淄青镇	淄青镇	淄青镇	淄青镇
	天平镇 天平镇	天平镇 天平镇	天平镇 天平镇	天平镇 天平镇	天平镇 天平镇	天平镇 天平镇	天平镇 天平镇	天平镇 天平镇	天平镇 天平镇	天平镇 天平镇	天平镇 天平镇
	义成镇 宣武镇	义成镇 宣武镇	义成镇 宣武镇	义成镇 宣武镇	义成镇 宣武镇	义成镇 宣武镇	义成镇 宣武镇	义成镇 宣武镇	义成镇 宣武镇	义成镇 宣武镇	宣武镇 宣武镇
	河阳镇	河阳镇	河阳镇	河阳镇	河阳镇	河阳镇	属黄齐	河阳镇	河阳镇	河阳镇	河阳镇
	陕虢镇 陕虢镇	陕虢镇 陕虢镇	陕虢镇 陕虢镇	陕虢镇 陕虢镇	陕虢镇 陕虢镇	陕虢镇 陕虢镇	属黄齐	陕虢镇 陕虢镇	保义镇 保义镇	保义镇 保义镇	保义镇 保义镇
	东畿镇	东畿镇	东畿镇	东畿镇	东畿镇	东畿镇	东畿镇	东畿镇	佑国镇	佑国镇	佑国镇
	义成镇	义成镇	义成镇	义成镇	义成镇	义成镇	义成镇	义成镇	义成镇	义成镇	宣义镇
	河阳镇	河阳镇	河阳镇	河阳镇	河阳镇	河阳镇	河阳镇	河阳镇	河阳镇	河阳镇	河阳镇
	东畿镇	东畿镇	东畿镇	东畿镇	东畿镇	东畿镇	东畿镇	属黄齐	东畿镇	佑国镇	佑国镇	佑国镇
	咸通三年(862)	咸通四年(863)	咸通五年(864)	咸通十一年(870)	咸通十三年(872)	乾符三年(876)	广明元年(880)	中和元年(881)	光启三年(887)	龙纪元年(889)	大顺元年(890)

续表

景福二年(893)	乾宁元年(894)	乾宁二年(895)	乾宁四年(897)	光化二年(899)	光化三年(900)	天复元年(901)	天复二年(902)	天祐元年(904)	
■■■	■■■	■■■	申州/光州	奉国镇	奉国镇	奉国镇	奉国镇	奉国镇	申州/光州
淄青镇	淄青镇	淄青镇	淄青镇	淄青镇	淄青镇	淄青镇	淄青镇	淄青镇	棣州
感化镇	武宁镇	武宁镇	武宁镇	武宁镇	感化镇	武宁镇	武宁镇	武宁镇	宿州
感化镇	武宁镇	武宁镇	武宁镇	武宁镇	感化镇	武宁镇	武宁镇	武宁镇	濠州
泰宁镇	泰宁镇	泰宁镇	泰宁镇	泰宁镇	泰宁镇	泰宁镇	泰宁镇	泰宁镇	沂州
泰宁镇	泰宁镇	泰宁镇	泰宁镇	泰宁镇	泰宁镇	泰宁镇	泰宁镇	泰宁镇	兖州
河阳镇	河阳镇	河阳镇	河阳镇	河阳镇	河阳镇				属河东
忠武镇	忠武镇	忠武镇	忠武镇	忠武镇	忠武镇	忠武镇	忠武镇	忠武镇	许州
奉国镇	奉国镇	奉国镇	奉国镇	奉国镇	奉国镇	奉国镇	奉国镇	奉国镇	蔡州
忠武镇	忠武镇	忠武镇	忠武镇	忠武镇	忠武镇	忠武镇	忠武镇	忠武镇	陈州
宣义镇	宣义镇	宣义镇	宣义镇	宣义镇	宣义镇	宣义镇	宣义镇	宣义镇	颍州
宣武镇	宣武镇	宣武镇	宣武镇	宣武镇	宣武镇	宣武镇	宣武镇	宣武镇	亳州
宣武镇	宣武镇	宣武镇	宣武镇	宣武镇	宣武镇	宣武镇	宣武镇	宣武镇	宋州
感化镇	武宁镇	武宁镇	武宁镇	武宁镇	感化镇	武宁镇	武宁镇	武宁镇	徐州
感化镇	武宁镇	武宁镇	武宁镇	武宁镇	感化镇	武宁镇	武宁镇	武宁镇	泗州
兖海镇	兖海镇	兖海镇	兖海镇	兖海镇	兖海镇	兖海镇	兖海镇	兖海镇	海州
泰宁镇	泰宁镇	泰宁镇	泰宁镇	泰宁镇	泰宁镇	泰宁镇	泰宁镇	泰宁镇	密州
淄青镇	淄青镇	淄青镇	淄青镇	淄青镇	淄青镇	淄青镇	淄青镇	淄青镇	登州
淄青镇	淄青镇	淄青镇	淄青镇	淄青镇	淄青镇	淄青镇	淄青镇	淄青镇	莱州
淄青镇	淄青镇	淄青镇	淄青镇	淄青镇	淄青镇	淄青镇	淄青镇	淄青镇	青州
淄青镇	淄青镇	淄青镇	淄青镇	淄青镇	淄青镇	淄青镇	淄青镇	淄青镇	齐州
		武胜镇	武胜镇	武胜镇	武胜镇	天平镇	宣武镇	宣武镇	辉州
天平镇	天平镇	天平镇	天平镇	天平镇	天平镇	天平镇	天平镇	天平镇	鄆州
天平镇	天平镇	天平镇	天平镇	天平镇	天平镇	天平镇	天平镇	天平镇	濮州
天平镇	天平镇	天平镇	天平镇	天平镇	天平镇	天平镇	天平镇	天平镇	曹州
宣义镇	宣义镇	宣义镇	宣义镇	宣义镇	宣义镇	宣义镇	宣义镇	宣义镇	滑州
宣武镇	宣武镇	宣武镇	宣武镇	宣武镇	宣武镇	宣武镇	宣武镇	宣武镇	汴州
河阳镇	河阳镇	河阳镇	河阳镇	河阳镇	河阳镇	河阳镇	河阳镇	河阳镇	孟州
保义镇	保义镇	保义镇	保义镇	保义镇	保义镇	保义镇	保义镇	保义镇	保州
保义镇	保义镇	保义镇	保义镇	保义镇	保义镇	保义镇	保义镇	兴唐[①]	陕州
佑国镇	忠武镇	忠武镇	忠武镇	忠武镇	东畿镇	东畿镇	东畿镇	属都畿	汝州
宣义镇	宣义镇	宣义镇	宣义镇	宣义镇	宣义镇	宣义镇	宣义镇	宣义镇	郑州
河阳镇	河阳镇	河阳镇	河阳镇	河阳镇	河阳镇	河阳镇	河阳镇	河阳镇	怀州
佑国镇	佑国镇	佑国镇	佑国镇	佑国镇	东畿镇	东畿镇	东畿镇	属都畿	河南府

[①] 兴唐府隶保义军节度使。

10. 淮南道府州沿革表①

	扬州	南和州	滁州	寿州	濠州	楚州	庐州	舒州	蕲州	黄州	申州	光州	安州	沔州	温州	随州	复州	常州	润州	宣州	歙州	显州	北澧州
贞观元年(627)	大扬府	大扬府	大扬府	大扬府	大扬府	大扬府	大扬府	大安府	大安府	大安府	大安府	大安府	大安府	大安府	大安府	大安府	大安府	大扬府	大扬府	大扬府	大扬府	大安府	大安府
贞观二年(628)	大扬府	大扬府	大扬府	大扬府	大扬府	大扬府	大扬府	大安府	大安府	大安府	大安府	大安府	大安府	大安府	大安府	大安府	大安府	大扬府	大扬府	大扬府	大扬府	属河南	属河南
贞观四年(630)	大扬府	大扬府	大扬府	大扬府	大扬府	大扬府	大扬府	大扬府	安州府	安州府	安州府	安州府	安州府	安州府	安州府	安州府	安州府	■	■	■	■		
贞观六年(632)	大扬府	大扬府	大扬府	大扬府	大扬府	大扬府	大扬府	属山南	属山南	属山南	属山南	属山南	属山南	属山南	属山南	属山南	属山南	■	■	■	■		
贞观七年(633)	大扬府	大扬府	大扬府	大扬府	大扬府	大扬府	大扬府	道直属	道直属	道直属	道直属	道直属	安州	沔州	温州	随州	复州	■	■	■	■		
贞观八年(634)	大扬府	和州②	大扬府	大扬府	大扬府	大扬府	大扬府	道直属	道直属	道直属	道直属	道直属	安州府	安州府	安州府	安州府	安州府	■	■	■	■		
贞观十年(636)	扬州府	扬州府	道直属	道直属	道直属	道直属	道直属	道直属	道直属	道直属	道直属	道直属	安州府	安州府	安州府	安州府	安州府	扬州府	扬州府	宣州	歙州		
贞观十二年(638)	扬州府	扬州府	道直属	道直属	道直属	道直属	道直属	道直属	道直属	道直属	道直属	道直属	安州府	安州府	安州府	安州府	安州府	扬州府	扬州府	扬州府	扬州府		
贞观十七(643)	扬州府	扬州府	道直属	道直属	道直属	道直属	道直属	道直属	道直属	道直属	道直属	道直属	安州府	安州府	温州废	安州府	安州府	扬州府	扬州府	扬州府	扬州府		
显庆元年(656)	扬州府	扬州府	道直属	道直属	道直属	道直属	道直属	道直属	道直属	道直属	道直属	道直属	安州府	安州府		安州府	安州府	扬州府	扬州府	扬州府	属江南		
显庆四年(659)	扬州府	扬州府	道直属	道直属	道直属	道直属	道直属	道直属	道直属	道直属	道直属	道直属	安州府	安州府		安州府	安州府	扬州府	扬州府	扬州府	■		
显庆五年(660)	扬州府	扬州府	道直属	道直属	道直属	道直属	道直属	道直属	道直属	道直属	道直属	道直属	鄖州	安州府		安州府	安州府	扬州府	扬州府	扬州府	■		
龙朔元年(661)	扬州府	扬州府	道直属	道直属	道直属	道直属	道直属	道直属	道直属	道直属	道直属	道直属	安州府	安州府		安州府	安州府	扬州府	扬州府	扬州府	歙州③		
景云二年(711)	扬州府	扬州府	道直属	道直属	道直属	道直属	道直属	道直属	道直属	道直属	道直属	道直属	安州府	安州府		安州府	安州府	属江东	属江东	属江西	属江东		
开元中(约727)	扬州府	扬州府	道直属	道直属	道直属	道直属	道直属	道直属	道直属	道直属	道直属	道直属	安州府	安州府		安州府	安州府	属山东	属江东	属江西	属江东		

① 贞观十年前,淮南道诸州分属扬州大都督府(大扬府)、山南道。
② 直属扬州大都督府。
③ 隶扬州都督府。

续 表

	广陵郡	历阳郡	永阳郡	寿春郡	钟离郡	淮阴郡	庐江郡	同安郡	蕲春郡	齐安郡	义阳郡	弋阳郡	安陆郡	汉阳郡	富水郡	汉东郡	竟陵郡				
天宝元年(742)	广陵府	广陵府	广陵府	道直属	道直属	道直属	道直属	道直属	道直属	道直属	道直属	道直属	安陆府	安陆府	安陆府	安陆府	属山东				
天宝十四(755)	广陵府	广陵府	广陵府	道直属	道直属	道直属	道直属	道直属	道直属	道直属	道直属	道直属	安陆府	安陆府	属山东	属山东					
至德元载(756)	淮南镇	淮南镇	淮南镇	淮南镇	淮南镇	淮南镇	淮南镇	淮南镇	淮南镇	淮南镇	属河南	属河南	属山东	淮南镇	■■						
至德二载(757)	淮南镇	淮南镇	淮南镇	淮南镇	淮南镇	淮南镇	淮南镇	盛唐郡	淮南镇	淮南镇	■■	■■	■■	淮南镇	■■						
	扬州	和州	滁州	寿州	濠州	楚州	庐州	舒州	蕲州	黄州	申州	光州	安州	沔州		随州					
乾元元年(758)	淮南镇	淮南镇	淮南镇	淮南镇	淮南镇	淮南镇	淮南镇	淮南镇	淮南镇	淮南镇	淮南镇	淮南镇	淮南镇	淮南镇	■■						
乾元二年(759)	淮南镇	淮南镇	淮南镇	淮西镇	淮西镇	淮南镇	淮南镇	淮西镇	淮西镇	淮西镇	申州	光州	安州	淮西镇	■■						
上元二年(761)	淮南镇	淮南镇	淮南镇	淮西镇	淮西镇	淮南镇	淮南镇	淮西镇	淮西镇	淮西镇	淮西镇	淮西镇	淮西镇	淮西镇		亳州	泗州①	颍州②	曹州③		
宝应元年(762)	淮南镇	淮南镇	淮南镇	淮南镇	淮西镇	淮南镇	淮南镇	淮南镇	淮西镇	属河南	淮西镇	淮西镇		随州	淮西镇	属河南	属河南		许州	唐州	
广德元年(763)	淮南镇	淮南镇	淮南镇	淮南镇	淮南镇	淮南镇	淮南镇	淮南镇	淮西镇	属河南	淮西镇	淮西镇			淮西镇	属河南		■■		淮西镇	淮西镇
永泰元年(765)	淮南镇	淮南镇	淮南镇	淮南镇	淮南镇	淮南镇	淮南镇	属江西	淮南镇	属江西	淮西镇	淮西镇	属江西					■■		淮西镇	淮西镇
大历元年(766)	淮南镇	淮南镇	淮南镇	淮南镇	淮南镇	淮南镇	淮南镇	■■			淮西镇	淮西镇			淮西镇			■■		淮西镇	淮西镇
大历八年(773)	淮南镇	淮南镇	淮南镇	淮南镇	淮南镇	淮南镇	淮南镇	■■			属河南	属河南			属河南			■■		属河南	属河南
建中元年(780)	淮南镇	淮南镇	淮南镇	淮南镇	淮南镇	淮南镇	淮南镇	■■			■■	■■						■■			
建中二年(781)	淮南镇	淮南镇	淮南镇	淮南镇	淮南镇	淮南镇	淮南镇	■■			■■	■■						泗州			
兴元元年(784)	淮南镇	淮南镇	淮南镇	濠寿镇	濠寿镇	淮南镇	淮南镇	■■			■■	■■						淮南镇			
贞元四年(788)	淮南镇	淮南镇	淮南镇	淮南镇	属河南	淮南镇	淮南镇	■■			■■	■■						属河南			

①②③ 隶淮南西道节度使。

续 表

	扬州	和州	滁州	寿州	楚州	庐州	舒州					泗州	升州				
贞元十五(799)	淮南镇	淮南镇	淮南镇	淮南镇	■	淮南镇	淮南镇	黄州	■	安州		■					
贞元十六(800)	淮南镇	舒庐镇	舒庐镇	淮南镇	■	舒庐镇	舒庐镇	安黄镇	■	安黄镇		■					
贞元十九(803)	淮南镇	舒庐镇	舒庐镇	淮南镇	■	舒庐镇	舒庐镇	奉义镇	■	奉义镇		■					
元和元年(806)	淮南镇	舒庐镇	舒庐镇	淮南镇	■	舒庐镇	舒庐镇	属江西	■	属江西		■					
元和二年(807)	淮南镇	淮南镇	淮南镇	淮南镇	■	淮南镇	淮南镇		■			■					
元和十三(818)	淮南镇	淮南镇	淮南镇	淮南镇	■	淮南镇	淮南镇	光州				■					
咸通三年(862)	淮南镇	淮南镇	淮南镇	濠州①	淮南镇	淮南镇	淮南镇		淮南镇			■					
咸通四年(867)	淮南镇	淮南镇	淮南镇	属河南	淮南镇	淮南镇	淮南镇		淮南镇			■					
乾宁元年(894)	淮南镇	淮南镇	淮南镇	淮南镇	淮南镇	淮南镇			淮南镇			泗州					
乾宁四年(897)	淮南镇	淮南镇	淮南镇	淮南镇	淮南镇	属河南			淮南镇			淮南镇					
天复二年(902)	淮南镇	淮南镇	淮南镇	淮南镇	淮南镇				淮南镇			淮南镇	升州②				
	扬州	和州	滁州	寿州	楚州	庐州	舒州					泗州	升州				

11. 江南道—江南东(江东)道府州沿革表③

	苏州		湖州	杭州	东睦州		越州	台州	婺州	括州	泉州	建州				
贞观元年(627)	大扬府		大扬府	大扬府	大扬府		越州府	越州府	越州府	越州府	越州府	越州府				
贞观四年(630)	润州府	润州府④	常州⑤	润州府	润州府		歙州	宣州	越州府	越州府	越州府	越州府	越州府			
贞观八年(634)	润州府		润州府	润州府	润州府	睦州⑥	润州府	越州府	越州府	越州府	越州府	越州府				

①② 隶淮南道节度使。
③ 江南东道简称江东道。贞观十年前,本表江南道诸州属扬州大都督府。
④⑤⑥ 隶润州都督府。

续表

年份	吴郡	丹阳郡	晋陵郡	吴兴郡	馀杭郡	新定郡	新安郡	宣城郡	会稽郡	馀姚郡	临海郡	东阳郡	信安郡	缙云郡	永嘉郡	长乐郡	清源郡	建安郡	临汀郡	漳浦郡	潮阳郡
贞观十年(636)	道直属	属淮南	属淮南	道直属	道直属	道直属	属淮南	属淮南	越州府	越州府	越州府	越州府	越州府								
显庆元年(656)	道直属	属淮南	属淮南	道直属	道直属	歙州	属淮南	属淮南	越州府	越州府	越州府	越州府	越州府	越州府							
显庆四年(659)	道直属	■■	■■	道直属	道直属	道直属	■■	■■	越州府	越州府	越州府	越州府	越州府	越州府			饶州	江州	鄂州		
龙朔元年(661)	道直属	■■	■■	道直属	道直属	道直属	属淮南	■■	越州府	越州府	越州府	越州府	越州府	越州府	越州府		道直属	道直属	道直属		
上元二年(675)	道直属	■■	■■	道直属	道直属	道直属	■■	■■	越州府	越州府	越州府	越州府	越州府	越州府	温州		道直属	道直属	道直属		
垂拱二年(686)	道直属	■■	■■	道直属	道直属	道直属	■■	■■	越州府	越州府	越州府	越州府	衢州	越州府	越州府		道直属	道直属	道直属		漳州
圣历二年(699)	道直属	■■	■■	道直属	道直属	道直属	■■	■■	越州府	越州府	越州府	越州府	越州府	越州府	越州府	武荣①	道直属	道直属	越州府		
圣历三年(700)	道直属	■■	■■	道直属	道直属	道直属	■■	■■	越州府	越州府	越州府	越州府	越州府	越州府	越州府		道直属	道直属	越州府		
景云二年(711)	道直属	润州	常州	道直属	道直属	歙州	■■	■■	越州府	越州府	越州府	越州府	越州府	越州府	越州府	闽州②	泉州③	属江西	属江西	闽州府	潮州④
开元十三年(725)	道直属	道直属	道直属	道直属	道直属	道直属	道直属	■■	越州府	越州府	越州府	越州府	越州府	越州府	福州	福州府	福州府	福州府		福州府	
开元廿二年(734)	道直属	道直属	道直属	道直属	道直属	道直属	道直属	■■	越州府	越州府	越州府	越州府	越州府	越州府	福州府	福州府	福州府	福州府		属岭南	属岭南
开元廿六年(738)	道直属	道直属	道直属	道直属	道直属	道直属	道直属	■■	明州⑤	越州府	越州府	越州府	越州府	越州府	福州府	福州府	福州府	福州府	汀州⑥	■■	■■
天宝元年(742)	道直属	道直属	道直属	道直属	道直属	道直属	道直属	■■	会稽府	会稽府	会稽府	会稽府	会稽府	会稽府	长乐府	长乐府	长乐府	长乐府		长乐府	
天宝十载(751)	道直属	道直属	道直属	道直属	道直属	道直属	道直属	■■	会稽府	会稽府	会稽府	会稽府	会稽府	会稽府	长乐府	长乐府	长乐府	长乐府		属岭南	属岭南
至德元载(756)	江东镇	江东镇	江东镇	江东镇	江东镇	江东镇	江东镇	■■	江东镇	江东镇	江东镇	江东镇	江东镇	江东镇	福建镇	福建镇	福建镇	福建镇		福建镇	
至德二载(757)	江东镇	江东镇	江东镇	江宁⑦	江东镇	江东镇	江东镇	宣城⑧	江东镇	江东镇	江东镇	江东镇	江东镇	江东镇	福建镇	福建镇	福建镇	福建镇		福建镇	

① 武荣州隶越州都督府。
②③④ 隶闽州都督府。
⑤ 隶越州都督府。
⑥ 隶福州都督府。
⑦ 江宁郡隶江东防御使。
⑧ 宣城郡隶江东防御使。

续表

	苏州	润州	常州	升州	湖州	杭州	睦州	歙州	宣州	越州	明州	台州	婺州	衢州	括州	温州	福州	泉州	建州	汀州		漳州	
乾元元年(758)	浙西镇	浙西镇	浙西镇	浙西镇	浙西镇	浙西镇	浙西镇	属江西	属江西	浙东镇	浙东镇	浙东镇	浙东镇	浙东镇	浙东镇	浙东镇	福建镇	福建镇	福建镇	福建镇		福建镇	
乾元二年(759)	浙西镇	浙西镇	浙西镇	浙西镇	浙西镇	浙西镇	浙西镇	浙东镇	浙西镇	浙东镇	浙东镇	浙东镇	浙东镇	浙东镇	浙东镇	浙东镇	福建镇	福建镇	福建镇	福建镇		福建镇	
上元二年(761)	浙西镇	浙西镇	浙西镇	升州废	浙西镇	浙西镇	浙西镇	浙东镇	浙西镇	浙东镇	浙东镇	浙东镇	浙东镇	浙东镇	浙东镇	浙东镇	福建镇	福建镇	福建镇	福建镇		福建镇	
大历元年(766)	浙西镇	浙西镇	浙西镇	■	浙西镇	浙西镇	浙西镇	属江西	属江西	浙东镇	浙东镇	浙东镇	浙东镇	浙东镇	浙东镇	浙东镇	福建镇	福建镇	福建镇	福建镇		福建镇	
大历十四(779)	浙江镇	浙江镇	浙江镇	■	浙江镇	浙江镇	浙江镇	歙州①	宣州②	浙江镇	浙江镇	浙江镇	浙江镇	浙江镇	处州③	浙江镇	福建镇	福建镇	福建镇	福建镇		福建镇	
建中元年(780)	浙西镇	浙西镇	浙西镇	■	浙西镇	浙西镇	浙西镇	浙西镇	浙西镇	浙东镇	浙东镇	浙东镇	浙东镇	浙东镇	浙东镇	浙东镇	福建镇	福建镇	福建镇	福建镇		福建镇	
建中二年(781)	镇海镇	镇海镇	镇海镇	■	镇海镇	镇海镇	镇海镇	镇海镇	镇海镇	镇海镇	镇海镇	镇海镇	镇海镇	镇海镇	镇海镇	镇海镇	福建镇	福建镇	福建镇	福建镇		福建镇	
贞元三年(787)	浙西镇	浙西镇	浙西镇	■	浙西镇	浙西镇	浙西镇	属江西	属江西	浙东镇	浙东镇	浙东镇	浙东镇	浙东镇	浙东镇	浙东镇	福建镇	福建镇	福建镇	福建镇		福建镇	
永贞元年(789)	镇海镇	镇海镇	镇海镇	■	镇海镇	镇海镇	镇海镇	■	■	镇海镇	镇海镇	镇海镇	镇海镇	镇海镇	镇海镇	镇海镇	福建镇	福建镇	福建镇	福建镇		福建镇	
元和四年(809)	浙西镇	浙西镇	浙西镇	■	浙西镇	浙西镇	浙西镇	■	■	浙东镇	浙东镇	浙东镇	浙东镇	浙东镇	浙东镇	浙东镇	福建镇	福建镇	福建镇	福建镇		福建镇	
大和八年(834)	镇海镇	镇海镇	镇海镇	■	镇海镇	镇海镇	镇海镇	■	■	浙东镇	浙东镇	浙东镇	浙东镇	浙东镇	浙东镇	浙东镇	福建镇	福建镇	福建镇	福建镇		福建镇	
大和九年(835)	浙西镇	浙西镇	浙西镇	■	浙西镇	浙西镇	浙西镇	■	■	浙东镇	浙东镇	浙东镇	浙东镇	浙东镇	浙东镇	浙东镇	福建镇	福建镇	福建镇	福建镇		福建镇	
大中十二(858)	镇海镇	镇海镇	镇海镇	■	镇海镇	镇海镇	镇海镇	■	■	浙东镇	浙东镇	浙东镇	浙东镇	浙东镇	浙东镇	浙东镇	福建镇	福建镇	福建镇	福建镇		福建镇	
大中十三(859)	浙西镇	浙西镇	浙西镇	■	浙西镇	浙西镇	浙西镇	■	■	浙东镇	浙东镇	浙东镇	浙东镇	浙东镇	浙东镇	浙东镇	福建镇	福建镇	福建镇	福建镇		福建镇	
咸通三年(862)	镇海镇	镇海镇	镇海镇	■	镇海镇	镇海镇	镇海镇	■	■	浙东镇	浙永镇	浙东镇	浙东镇	浙东镇	浙东镇	浙东镇	福建镇	福建镇	福建镇	福建镇		福建镇	
咸通八年(867)	浙西镇	浙西镇	浙西镇	■	浙西镇	浙西镇	浙西镇	■	■	浙东镇	浙东镇	浙东镇	浙东镇	浙东镇	浙东镇	浙东镇	福建镇	福建镇	福建镇	福建镇		福建镇	
咸通十一(870)	镇海镇	镇海镇	镇海镇	■	镇海镇	镇海镇	镇海镇	■	■	浙东镇	浙东镇	浙东镇	浙东镇	浙东镇	浙东镇	浙东镇	福建镇	福建镇	福建镇	福建镇		福建镇	

①②③　隶浙江东西道都团练观察使。

续 表

	苏州	润州	常州	湖州	杭州	睦州	歙州	越州	明州	台州	婺州	衢州	处州	温州	福州	泉州	建州	汀州		漳州
中和三年(883)	镇海镇	镇海镇	镇海镇	■■■	镇海镇	镇海镇	■■■	义胜镇	义胜镇	义胜镇	义胜镇	义胜镇	义胜镇	义胜镇	福建镇	福建镇	福建镇			福建镇
光启三年(887)	镇海镇	镇海镇	镇海镇	升州	镇海镇	镇海镇	■■■	威胜镇	威胜镇	威胜镇	威胜镇	威胜镇	威胜镇	威胜镇	福建镇	福建镇	福建镇	福建镇		福建镇
乾宁三年(896)	镇海镇	镇海镇	镇海镇	镇海镇	镇海镇	镇海镇	■■■	镇东镇	镇东镇	镇东镇	镇东镇	镇东镇	镇东镇	镇东镇	威武镇	威武镇	威武镇	威武镇		威武镇
天复二年(902)	镇海镇	镇海镇	镇海镇	属淮南	镇海镇	镇海镇	■■■	镇东镇	镇东镇	镇东镇	镇东镇	镇东镇	镇东镇	镇东镇	威武镇	威武镇	威武镇	威武镇		威武镇
天祐二年(905)	镇海镇	镇海镇	镇海镇	镇海镇	镇海镇	歙婺镇	歙州①	镇东镇	镇东镇	镇东镇	歙婺镇	镇东镇	威武镇	威武镇	威武镇	威武镇	威武镇	威武镇		威武镇

12. 江南道—江南西(江西)道府州沿革表②

	洪州	抚州	虔州	吉州	袁州	潭州	衡州	郴州	连州	道州	永州	邵州	饶州	江州	鄂州	澧州	朗州
贞观元年(627)	洪州府	洪州府	洪州府	洪州府	洪州府	潭州府	潭州府	潭州府	潭州府	潭州府	潭州府	潭州府	洪州府	洪州府	洪州府		
显庆四年(659)	洪州府	洪州府	洪州府	洪州府	洪州府	潭州府	潭州府	潭州府	潭州府	潭州府	潭州府	潭州府	道直属	道直属	道直属		
景云二年(711)	洪州府	洪州府	洪州府	洪州府	洪州府	潭州府	潭州府	潭州府	潭州府	潭州府	宣州	潭州府	道直属	道直属	岳州		
开元二年(714)	洪州府	洪州府	洪州府	洪州府	洪州府	潭州府	潭州府	属岭南	潭州府	潭州府	潭州府	道直属	道直属	道直属	道直属		
开元廿五年(737)	洪州府	洪州府	洪州府	洪州府	洪州府	潭州府	潭州府	■■	潭州府	潭州府	潭州府	道直属	道直属	道直属	道直属	澧州	朗州
(郡名)	豫章郡	临川郡	南康郡	庐陵郡	宜春郡	长沙郡	衡阳郡	桂阳郡	连山郡	江华郡	零陵郡	邵阳郡	鄱阳郡	浔阳郡	巴陵郡	澧阳郡	武陵郡
天宝元年(742)	豫章府	豫章府	豫章府	豫章府	豫章府	长沙府	长沙府	长沙府	长沙府	长沙府	长沙府	长沙府	道直属	道直属	道直属	属山东	属山东
至德元载(756)	江西镇	江西镇	江西镇	江西镇	江西镇	江西镇	江西镇	江西镇	江西镇	江西镇	江西镇	江西镇					
至德二载(757)	洪吉镇	洪吉镇	洪吉镇	洪吉镇	衡州镇	衡州镇	衡州镇	衡州镇	衡州镇	衡州镇	衡州镇	属江东	洪吉镇	洪吉镇	衡州镇		

① 隶歙婺衢睦都团练观察使。
② 江南西道简称江西道。贞观十年前,本表江南道诸州属山南道。

续表

	洪州	抚州	虔州	吉州	袁州	潭州	衡州	郴州	连州	道州	永州	邵州	宣州	饶州	江州	鄂州	岳州		信州				
乾元元年(758)	洪吉镇	洪吉镇	洪吉镇	洪吉镇	洪吉镇	衡州岭南	衡州镇	属岭南	属岭南	衡州镇	衡州镇	衡州镇	■■	属江东	洪吉镇	洪吉镇	衡州镇		洪吉镇				
乾元二年(759)	洪吉镇	洪吉镇	洪吉镇	洪吉镇	洪吉镇	衡州镇	衡州镇			衡州镇	衡州镇	衡州镇			洪吉镇	鄂岳镇	鄂岳镇		洪吉镇				
上元二年(761)	洪吉镇	洪吉镇	洪吉镇	洪吉镇	洪吉镇			属山东	属山东	属山东	属山东				洪吉镇	洪吉镇	属山东		洪吉镇				
广德二年(764)	江西镇	江西镇	江西镇	江西镇	江西镇	湖南镇	湖南镇	湖南镇	湖南镇	湖南镇	湖南镇	湖南镇	■■	江西镇	江西镇	■■	■■		江西镇				
永泰元年(765)	江西镇	江西镇	江西镇	江西镇	江西镇	湖南镇	湖南镇	湖南镇	湖南镇	湖南镇	湖南镇	湖南镇	■■	江西镇	江西镇	鄂岳镇	岳州	池州①	江西镇	沔州	蕲州	黄州	
大历元年(766)	江西镇	江西镇	江西镇	江西镇	江西镇	湖南镇	湖南镇	湖南镇	湖南镇	湖南镇	湖南镇	湖南镇	宣州②	江西镇	江西镇	鄂岳镇	鄂岳镇	歙州③	宣歙镇	江西镇	鄂岳镇	鄂岳镇	
大历十四(779)	江西镇	江西镇	江西镇	江西镇	江西镇	湖南镇	湖南镇	湖南镇	湖南镇	湖南镇	湖南镇	湖南镇	属江东	江西镇	江西镇	鄂岳镇	属山东		江西镇	属河南	属河南		
兴元元年(784)	江西镇	江西镇	江西镇	江西镇	江西镇	湖南镇	湖南镇	湖南镇	湖南镇	湖南镇	湖南镇	湖南镇	■■	江西镇	江西镇	鄂岳镇	■■		江西镇	沔州	蕲州	黄州	
贞元元年(785)	江西镇	江西镇	江西镇	江西镇	江西镇	湖南镇	湖南镇	湖南镇	湖南镇	湖南镇	湖南镇	湖南镇	■■	江西镇	鄂岳镇	鄂岳镇	■■		江西镇	鄂岳镇	鄂岳镇		
贞元三年(787)	江西镇	江西镇	江西镇	江西镇	江西镇	湖南镇	湖南镇	湖南镇	湖南镇	湖南镇	湖南镇	湖南镇	宣州	江西镇	鄂岳镇	鄂岳镇	鄂岳镇	歙州	宣歙镇	鄂岳镇	鄂岳镇		
贞元四年(788)	江西镇	江西镇	江西镇	江西镇	江西镇	湖南镇	湖南镇	湖南镇	湖南镇	湖南镇	湖南镇	湖南镇	宣歙镇	江西镇	江西镇	鄂岳镇	鄂岳镇	宣歙镇	江西镇	鄂岳镇	鄂岳镇		
贞元十五(799)	江西镇	江西镇	江西镇	江西镇	江西镇	湖南镇	湖南镇	湖南镇	湖南镇	湖南镇	湖南镇	湖南镇	宣歙镇	江西镇	江西镇	鄂岳镇	鄂岳镇	宣歙镇	江西镇	鄂岳镇	属山东		
永贞元年(789)	江西镇	江西镇	江西镇	江西镇	江西镇	湖南镇	湖南镇	湖南镇	湖南镇	湖南镇	湖南镇	湖南镇	宣歙镇	江西镇	江西镇	武昌镇	武昌镇	宣歙镇	江西镇	武昌镇	武昌镇	■■	
元和元年(806)	江西镇	江西镇	江西镇	江西镇	江西镇	湖南镇	湖南镇	湖南镇	湖南镇	湖南镇	湖南镇	湖南镇	宣歙镇	江西镇	江西镇	武昌镇	武昌镇	宣歙镇	江西镇	武昌镇	武昌镇	黄州④	安州⑤
元和三年(808)	江西镇	江西镇	江西镇	江西镇	江西镇	湖南镇	湖南镇	湖南镇	湖南镇	湖南镇	湖南镇	湖南镇	宣歙镇	江西镇	江西镇	鄂岳镇	鄂岳镇	宣歙镇	江西镇	鄂岳镇	鄂岳镇		
元和十三(818)	江西镇	江西镇	江西镇	江西镇	江西镇	湖南镇	湖南镇	湖南镇	湖南镇	湖南镇	湖南镇	湖南镇	宣歙镇	江西镇	江西镇	鄂岳镇	鄂岳镇	宣歙镇	江西镇	鄂岳镇	鄂岳镇		申州⑥

① 隶江南西道都防御团练观察处置使。
②③ 隶宣歙池都团练观察使。
④⑤ 隶武昌军节度使。
⑥ 隶鄂岳都团练观察使。

续　表

年份	洪州	抚州	虔州	吉州	袁州	潭州	衡州	郴州	连州	道州	永州	邵州	宣州	饶州	江州	鄂州	岳州	池州	信州	蕲州	黄州	安州
宝历元年(825)	江西镇	江西镇	江西镇	江西镇	湖南镇	湖南镇	湖南镇	湖南镇	湖南镇	宣歙镇	江西镇	江西镇	武昌镇	武昌镇	宣歙镇	宣歙镇	江西镇	武昌镇	武昌镇	武昌镇	武昌镇	武昌镇
宝历二年(826)	江西镇	江西镇	江西镇	江西镇	湖南镇	湖南镇	湖南镇	湖南镇	湖南镇	宣歙镇	江西镇	江西镇	武昌镇	武昌镇	宣歙镇	宣歙镇	江西镇	沔州废	武昌镇	武昌镇	武昌镇	武昌镇
大和五年(831)	江西镇	江西镇	江西镇	江西镇	湖南镇	湖南镇	湖南镇	湖南镇	湖南镇	宣歙镇	江西镇	江西镇	鄂岳镇	鄂岳镇	宣歙镇	宣歙镇	江西镇		鄂岳镇	鄂岳镇	鄂岳镇	鄂岳镇
大中元年(847)	江西镇	江西镇	江西镇	江西镇	湖南镇	湖南镇	湖南镇	湖南镇	湖南镇	宣歙镇	江西镇	江西镇	武昌镇	武昌镇	宣歙镇	宣歙镇	江西镇		武昌镇	武昌镇	武昌镇	武昌镇
大中二年(848)	江西镇	江西镇	江西镇	江西镇	湖南镇	湖南镇	湖南镇	湖南镇	湖南镇	宣歙镇	江西镇	江西镇	鄂岳镇	鄂岳镇	宣歙镇	宣歙镇	江西镇		鄂岳镇	鄂岳镇	鄂岳镇	鄂岳镇
大中四年(850)	江西镇	江西镇	江西镇	江西镇	湖南镇	湖南镇	湖南镇	湖南镇	湖南镇	宣歙镇	江西镇	江西镇	武昌镇	武昌镇	宣歙镇	宣歙镇	江西镇		武昌镇	武昌镇	武昌镇	武昌镇
大中六年(852)	江西镇	江西镇	江西镇	江西镇	湖南镇	湖南镇	湖南镇	湖南镇	湖南镇	宣歙镇	江西镇	江西镇	鄂岳镇	鄂岳镇	宣歙镇	宣歙镇	江西镇		鄂岳镇	鄂岳镇	鄂岳镇	鄂岳镇
咸通六年(865)	镇南镇	镇南镇	镇南镇	镇南镇	湖南镇	湖南镇	湖南镇	湖南镇	湖南镇	湖南镇	镇南镇	镇南镇	镇南镇	镇南镇	镇南镇	镇南镇		鄂岳镇	鄂岳镇	鄂岳镇	鄂岳镇	鄂岳镇
咸通九年(868)	江西镇	江西镇	江西镇	江西镇	湖南镇	湖南镇	湖南镇	湖南镇	湖南镇	宣歙镇	江西镇	江西镇	鄂岳镇	鄂岳镇	宣歙镇	宣歙镇	江西镇		鄂岳镇	鄂岳镇	鄂岳镇	鄂岳镇
中和三年(883)	江西镇	江西镇	江西镇	江西镇	钦化镇	钦化镇	钦化镇	钦化镇	钦化镇	宣歙镇	江西镇	江西镇	鄂岳镇	鄂岳镇	宣歙镇	宣歙镇	江西镇		鄂岳镇	鄂岳镇	鄂岳镇	鄂岳镇
光启二年(886)	江西镇	江西镇	江西镇	江西镇	武安镇	武安镇	武安镇	武安镇	武安镇	宣歙镇	镇南镇	镇南镇	鄂岳镇	鄂岳镇	宣歙镇	宣歙镇	江西镇		鄂岳镇	鄂岳镇	鄂岳镇	鄂岳镇
文德元年(888)	江西镇	江西镇	江西镇	江西镇	武安镇	武安镇	武安镇	武安镇	武安镇	宣歙镇	江西镇	武昌镇	武昌镇	宣歙镇	宣歙镇	江西镇		武昌镇	武昌镇	武昌镇	武昌镇
龙纪元年(889)	镇南镇	镇南镇	镇南镇	镇南镇	武安镇	武安镇	武安镇	武安镇	武安镇	宣歙镇	镇南镇	镇南镇	武昌镇	武昌镇	镇南镇	镇南镇		武昌镇	武昌镇	武昌镇	武昌镇
大顺元年(890)	镇南镇	镇南镇	镇南镇	镇南镇	武安镇	武安镇	武安镇	武安镇	武安镇	宁国镇	镇南镇	镇南镇	武昌镇	武昌镇	宁国镇	宁国镇	镇南镇		武昌镇	武昌镇	武昌镇	武昌镇
乾宁四年(897)	镇南镇	镇南镇	镇南镇	镇南镇	武安镇	武安镇	武安镇	武安镇	武安镇	宁国镇	镇南镇	镇南镇	武昌镇	武昌镇	宁国镇	宁国镇	镇南镇		武昌镇	武昌镇	属河南	
天复三年(903)	镇南镇	镇南镇	镇南镇	镇南镇	武安镇	武安镇	武安镇	武安镇	武安镇	宣歙镇	镇南镇	镇南镇	武昌镇	武昌镇	宣歙镇	宣歙镇	镇南镇		武昌镇	武昌镇		
天祐二年(905)	镇南镇	镇南镇	镇南镇	镇南镇	武安镇	武安镇	武安镇	武安镇	武安镇	宣歙镇	镇南镇	镇南镇	鄂岳镇	鄂岳镇	属江东	宣歙镇	镇南镇		鄂岳镇	鄂岳镇	鄂岳镇	

13. 岭南道东部府州沿革表

广州	韶州	循州	潮州	南绥州/冈州	封州	泷州	南建州/新州	春州	高州	东合州	崖州	琼州	振州	儋州	铜州	藤州	义州①	南扶州②	南石州	白州	越州	姜州	南岩州	郁州	绣州
广州	韶州	循州	潮州	南绥/冈州	封州	泷州	南建/新州	春州	高州	东合州	崖州		振州	儋州	铜州	藤州			南石州	白州	越州	姜州	南岩州	郁州	绣州
贞观元年(627)																									
广州府	广州府	循州	广州府	广州府	广州府	广州府	广州府	高州府	高州府	广州府	崖州府		崖州府	崖州府	南尹府	南尹府			高州府	南尹府	南尹府	南尹府	南尹府	南尹府	南尹府
贞观二年(628)																									
广州府	广州府	循州	广州府	广州府	广州府	广州府	广州府	高州府	高州府	广州府	崖州府		崖州府	崖州府	南尹府	南尹府	义州①	南扶②	高州府	南尹府	南尹府	南尹府	南尹府	南尹府	南尹府
贞观五年(631)																									
广州府	广州府	循州	广州府	广州府	广州府	广州府	广州府	高州府	高州府	广州府	崖州府		崖州府	崖州府	南尹府	南尹府	义废	南扶废	高州府	南尹府	南尹府	南尹府	南尹府	南尹府	南尹府
贞观六年(632)																									
广州府	广州府	循州	广州府	广州府	广州府	广州府	广州府	高州府	高州府	广州府	崖州府	琼州	崖州府	崖州府	南尹府	南尹府	义州	南扶	高州府	南尹府	南尹府	南尹府	南尹府	郁州	南尹府
贞观八年(634)																									
广州府	广州府	循州	广州府	广州府	广州府	广州府	广州府	高州府	辨州	广州府	崖州府	崖州府	崖州府	崖州府	容州	桂州府	义废	南扶废	桂州府	桂州府	廉州	桂州府	潘州	郁废	▇▇▇
贞观九年(635)																									
广州府	广州府	循州	广州府	广州府	广州府	广州府	广州府	高州府	窦州	广州府	崖州府	崖州府	崖州府	崖州府	桂州府	桂州府			桂州府	桂州府	桂州府	桂州府	桂州府		▇▇▇
贞观十年(636)																									
广州府	广州府	循州	广州府	广州府	广州府	广州府	药州	高州府	高州府	广州府	崖州府	崖州府	崖州府	崖州府	桂州府	桂州府			桂州府	桂州府	姜废	桂州府	桂州府		▇▇▇
贞观十一年(636)																									
广州府	广州府	循州	广州府	广州府	南廉废	广州府	广州府	高州府	高州府	广州府	崖州府	崖州府	崖州府	崖州府	桂州府	桂州府			桂州府	桂州府		桂州府	桂州府		▇▇▇
贞观十二年(637)																									
广州府	广州府	循州	广州府	广州府	康州	广州府	广州府	高州府	高州府	广州府	崖州府	崖州府	崖州府	崖州府	桂州府	桂州府			桂州府	桂州府		桂州府	桂州府		▇▇▇
贞观十三年(639)																									

① 隶广州都督府。
② 南扶州隶广州都督府。

续表

贞观十八(643)	贞观廿三(649)	永徽元年(650)	龙朔二年(662)	麟德元年(664)	麟德二年(665)	乾封元年(669)	乾封三年(670)	调露元年(679)	调露二年(680)	永淳元年(682)	
桂州府	桂州府	桂州府	桂州府	郁州①	郁林②	容州府	容州府	容州府	容州府	容州府	
■■■	■■■	■■■	■■■								
										党州	
桂州府	潭州废	■■■	■■■	■■■	■■■	牢州	容州府	容州府	容州府	容州府	
									岩州	容州府	
桂州府	桂州府	桂州府	桂州府	桂州府	桂州府	容州府	容州府	容州府	容州府	容州府	
桂州府	桂州府	桂州府	桂州府	桂州府	桂州府	禺州	容州府	容州府	容州府	容州府	
高州府	广州府	广州府	广州府	广州府	广州府	容州府	容州府	容州府	容州府	容州府	
广州府	广州府	广州府	广州府	广州府	广州府	容州府	容州府	容州府	容州府	容州府	
桂州府	桂州府	桂州府	桂州府	桂州府	桂州府	桂州府	桂州府	桂州府	桂州府	桂州府	
崖州府	广州府	广州府	广州府	广州府	广州府	广州府	广州府	广州府	广州府	广州府	
			万安州								
崖州府	广州府	广州府	广州府	广州府	广州府	广州府	广州府	广州府	广州府	广州府	
崖州府	广州府	广州府	广州府	广州府	广州府	广州府	广州府	广州府	广州府	广州府	
广州府	广州府	广州府	广州府	广州府	广州府	广州府	广州府	广州府	广州府	广州府	
		唐州	广州府	广州府	广州府	广州府	广州府	广州府	广州府	广州府	
高州府	广州府	广州府	广州府	广州府	广州府	广州府	广州府	广州府	广州府	广州府	
		恩州	广州府	广州府	广州府	广州府	广州府	广州府	广州府	广州府	
广州府	广州府	广州府	广州府	广州府	广州府	广州府	广州府	广州府	广州府	广州府	
药州废											
	广州府	广州府	广州府	广州府	广州府	广州府	广州府	广州府	广州府	广州府	
广州府	广州府	广州府	广州府	广州府	广州府	广州府	广州府	广州府	广州府	广州府	
广州府	广州府	广州府	广州府	广州府	广州府	广州府	广州府	广州府	广州府	广州府	
广州府	广州府	广州府	广州府	广州府	广州府	广州府	广州府	广州府	广州府	广州府	
广州府	广州府	广州府	广州府	广州府	广州府	广州府	广州府	广州府	广州府	广州府	
广州府	广州府	广州府	广州府	广州府	广州府	广州府	广州府	广州府	广州府	广州府	
广州府	广州府	广州府	广州府	广州府	广州府	广州府	广州府	广州府	广州府	广州府	

① 隶桂州都督府。
② 郁林州隶桂州都督府。

附 录 1551

① 隶广州都督府。

续表

	广州府	广州府	广州府	连山郡	属江西	■■■	■■■	■■■	■■■	■■■	连州	韶连镇
	容州府	容州府	容州府	常林郡	普宁府	普宁府	普宁府	容管镇	容管镇	绣州	容管镇
	容州府	容州府	容州府	郁林郡	普宁府	普宁府	普宁府	容管镇	容管镇	郁林州	容管镇
	容州府	容州府	容州府	平琴郡	普宁府	普宁府	普宁府	容管镇	容管镇	平琴州	容管镇
	容州府	容州府	容州府	宁仁郡	普宁府	普宁府	普宁府	容管镇	容管镇	党州	容管镇
	容州府	容州府	容州府	定川郡	普宁府	普宁府	普宁府	容管镇	容管镇	牢州	容管镇
	容州府	容州府	容州府	安乐郡	普宁府	普宁府	普宁府	容管镇	容管镇	常乐郡	岩州	容管镇
	容州府	容州府	容州府	合浦郡	普宁府	普宁府	普宁府	容管镇	容管镇	廉州	容管镇
	容州府	容州府	容州府	南昌郡	普宁府	普宁府	普宁府	容管镇	容管镇	白州	容管镇
	容州府	容州府	容州府	温水郡	普宁府	普宁府	普宁府	容管镇	容管镇	禺州	容管镇
	广州府	广州府	广州府	陵水郡	普宁府	普宁府	普宁府	容管镇	容管镇	拼州	容管镇
	容州府	容州府	容州府	怀德郡	普宁府	普宁府	普宁府	容管镇	容管镇	窦州	容管镇
	容州府	容州府	容州府	连城郡	普宁府	普宁府	普宁府	容管镇	容管镇	义州	容管镇
	容州府	容州府	容州府	感义郡	普宁府	普宁府	普宁府	容管镇	容管镇	藤州	容管镇
	容州府	容州府	容州府	普宁郡	普宁府	普宁府	普宁府	容管镇	容管镇	容州	容管镇
	安南府	安南府	安南府	昌化郡	南海府	南海府	南海府	岭南镇	岭南镇	儋州	岭南镇
	安南府	安南府	安南府	临振郡	延德郡	南海府	南海府	岭南镇	岭南镇	振州	岭南镇
	安南府	安南府	安南府	万安郡	南海府	南海府	南海府	岭南镇	岭南镇	万全郡	万安州	岭南镇
	安南府	安南府	安南府	琼山郡	南海府	南海府	南海府	岭南镇	岭南镇	琼州	岭南镇
	安南府	安南府	安南府	珠崖郡	南海府	南海府	南海府	岭南镇	岭南镇	崖州	岭南镇
	广州府	广州府	广州府	海康郡	南海府	南海府	南海府	岭南镇	岭南镇	雷州	岭南镇
	广州府	广州府	广州府	南潘郡	南海府	南海府	南海府	岭南镇	岭南镇	潘州	岭南镇
	广州府	广州府	广州府	高凉郡	南海府	南海府	南海府	岭南镇	岭南镇	高州	岭南镇
	广州府	广州府	广州府	南陵郡	南海府	南海府	南海府	岭南镇	岭南镇	春州	岭南镇
	广州府	广州府	广州府	恩平郡	南海府	南海府	南海府	岭南镇	岭南镇	恩州	岭南镇
	广州府	广州府	广州府	新昌郡	新兴郡	南海府	南海府	岭南镇	岭南镇	新州	岭南镇
	广州府	广州府	广州府	铜陵郡	南海府	南海府	南海府	岭南镇	岭南镇	云浮郡	勤州	岭南镇
	广州府	广州府	广州府	开阳郡	南海府	南海府	南海府	岭南镇	岭南镇	泷州	岭南镇
	广州府	广州府	广州府	广信郡	临封郡	南海府	南海府	岭南镇	岭南镇	封州	岭南镇
	广州府	广州府	广州府	晋康郡	南海府	南海府	南海府	岭南镇	岭南镇	康州	岭南镇
	广州府	广州府	广州府	高要郡	南海府	南海府	南海府	岭南镇	岭南镇	端州	岭南镇
	冈州废	■■■	冈州	义宁郡	南海府	南海府	南海府	岭南镇		冈州	岭南镇
	广州府	广州府	广州府	漳浦郡	属江东	■■■	潮①	属江东		郴州	韶连镇
	广州府	广州府	广州府	潮阳郡	属江东	■■■	■■■	潮阳郡	岭南镇	潮州	岭南镇
	广州府	广州府	广州府	海丰郡	南海府	南海府	南海府	岭南镇	岭南镇	循州	岭南镇
	广州府	广州府	广州府	敦义郡	南海府	南海府	南海府	岭南镇	岭南镇	韶州	韶连镇
	广州府	广州府	广州府	南海郡	南海府	南海府	南海府	岭南镇	岭南镇	广州	岭南镇
开元廿三(735)	开元廿四(736)	开元廿五(737)		天宝元年(742)	天宝二年(743)	天宝中(约744)	天宝十载(751)	至德元载(756)	至德二载(757)		乾元元年(758)

① 漳浦郡隶南海郡都督府。

① 隶琼州管内招讨游弈使。
② 行岩州隶容州管内观察使。

续表

年份	广州	韶州	循州	潮州	罿州	景州	峰州	智州	林州	沈州	勐州	源州	演州	海州	南晋州	南方州	晏州	南简州	明州	钦州	罗州	容州	藤州	义州	窦州	勐州①	禺州	白州	廉州	岩州	牢州	党州	郁林州	绣州	顺州
咸通三年(862)	岭东镇	岭东镇	岭东镇	岭东镇	岭东镇	岭东镇	岭东镇	岭东镇	岭东镇	岭东镇	岭东镇	岭东镇	岭东镇	岭东镇	岭东镇	岭东镇	岭东镇	岭东镇	岭东镇	岭东镇	岭东镇	容管镇	容管镇	容管镇	容管镇	容管镇	容管镇	容管镇	容管镇	容管镇	容管镇	容管镇	容管镇	容管镇	容管镇
咸通四年(863)	岭东镇	岭东镇	岭东镇	岭东镇	岭东镇	岭东镇	岭东镇	岭东镇	岭东镇	岭东镇	岭东镇	岭东镇	岭东镇	岭东镇	岭东镇	岭东镇	岭东镇	岭东镇	琼管镇	岭西镇	岭西镇	岭西镇	岭西镇	岭西镇	岭西镇	宁远镇	宁远镇	宁远镇	宁远镇	宁远镇	宁远镇	宁远镇	岭西镇	岭西镇	岭西镇
咸通五年(864)	岭东镇	岭东镇	岭东镇	岭东镇	岭东镇	岭东镇	岭东镇	岭东镇	岭东镇	岭东镇	岭东镇	岭东镇	岭东镇	岭东镇	岭东镇	岭东镇	岭东镇	岭东镇	琼管镇	容管镇	容管镇	容管镇	容管镇	容管镇	容管镇	宁远镇	宁远镇	宁远镇	宁远镇	宁远镇	宁远镇	宁远镇	容管镇	容管镇	容管镇
咸通十二年(871)	岭东镇	岭东镇	岭东镇	岭东镇	岭东镇	岭东镇	岭东镇	岭东镇	岭东镇	岭东镇	岭东镇	岭东镇	岭东镇	岭东镇	岭东镇	岭东镇	岭东镇	岭东镇	琼管镇	容管镇	容管镇	容管镇	容管镇	容管镇	容管镇	宁远镇	宁远镇	宁远镇	宁远镇	宁远镇	宁远镇	宁远镇	容管镇	容管镇	忠州①
乾宁二年(895)	清海镇	清海镇	清海镇	清海镇	清海镇	清海镇	清海镇	清海镇	清海镇	清海镇	清海镇	清海镇	清海镇	清海镇	清海镇	清海镇	清海镇	清海镇	琼管镇	容管镇	容管镇	容管镇	容管镇	容管镇	容管镇	宁远镇	宁远镇	宁远镇	宁远镇	宁远镇	宁远镇	宁远镇	容管镇	容管镇	忠州废
乾宁四年(897)	清海镇	清海镇	清海镇	清海镇	清海镇	清海镇	清海镇	清海镇	清海镇	清海镇	清海镇	清海镇	清海镇	清海镇	清海镇	清海镇	清海镇	清海镇	琼管镇	容管镇	容管镇	容管镇	容管镇	宁远镇	宁远镇	宁远镇②	宁远镇	宁远镇	宁远镇	宁远镇	宁远镇	党州	容管镇	绣州	顺州
天祐二年(905)	广州	韶州	循州	潮州	罿州	景州	峰州	智州	林州	沈州	勐州	源州	演州	海州	南晋州	南方州	晏州	南简州	琼州	钦州	罗州	容州	藤州	义州	窦州	勐州	禺州	白州	廉州	岩州	牢州	党州	郁林州	绣州	顺州

14. 岭南道西部府州沿革表

年份	交州	仙州	爱州	驩州	景州	峰州	智州	林州	沈州	勐州	源州	演州	海州	南晋州	南方州	晏州	南简州	明州	钦州	罗州	象州	龙州	蒙州	融州
贞观元年(627)	交州府	交州府	交州府	驩州府	驩州府	驩州府	驩州府	驩州府	驩州府	驩州府	驩州府	驩州府	驩州府	南尹府	南尹府	南尹府	南尹府	南尹府	桂州府	商州府	桂州府	桂州府	桂州府	桂州府

① 隶琼州管内招讨游奕使。
② 隶清海军节度使。

续表

	贞观二年(628)	贞观四年(630)	贞观五年(631)	贞观六年(632)	贞观七年(633)	贞观八年(634)	贞观十年(636)	贞观十三年(638)	贞观十四年(639)	贞观十五年(641)	贞观十六年(642)	贞观十七年(643)	贞观十八年(644)
											古州	乐州	桂州府
	桂州府	桂州府	桂州府	桂州府	桂州府	桂州府	桂州府	桂州府	荔州废	桂州府	桂州府	桂州府	桂州府
	粤州	桂州府	桂州府	桂州府	桂州府	龙州废	桂州府	桂州府	桂州府	桂州府	芝州	桂州府	桂州府
	桂州府	桂州府	桂州府	桂州府	柳州	龚州府	龚州府	龚州府	龚州府	龚州府	龚州府	桂州府	桂州府
				浔州	龚州府	龚州府	浔州废	■■■	■■■	■■■	■■■	■■■	■■■
	桂州府	桂州府	桂州府	龚州	龚州府	龚州府	龚州府	龚州府	龚州府	龚州府	桂州府	桂州府	桂州府
	桂州府	桂州府	桂州府	蒙州	龚州府	龚州府	龚州府	龚州府	龚州府	龚州府	桂州府	桂州府	桂州府
	桂州府	桂州府	桂州府	富州	桂州府	桂州府	桂州府	桂州府	桂州府	桂州府	桂州府	桂州府	桂州府
	桂州府	桂州府	桂州府	昭州	桂州府	桂州府	桂州府	桂州府	桂州府	桂州府	桂州府	桂州府	桂州府
	南亭废			蒙州	燕州	龚州府	龚州府	龚州府	桂州府	桂州府	桂州府	燕州废	
											笼州	桂州府	桂州府
											潭州	桂州府	
	高州府	高州府	高州府	高州府	高州府	高州府	高州府	高州府	高州府	高州府	高州府	高州府	高州府
	桂州府	桂州府	桂州府	桂州府	桂州府	桂州府	桂州府	桂州府	桂州府	桂州府	桂州府	桂州府	桂州府
	骧州府	骧州府	骧州府	骧州府	骧州府	骧州府	骧州府	源州废					
	南尹府	南尹府	南尹府	南尹府	桂州府	桂州府	横州	贵州	桂州府	桂州府	桂州府	桂州府	桂州府
	桂州府	桂州府	桂州府	桂州府	桂州府	桂州府	桂州府	爱州废					
	南尹府	南尹府	南尹府	南尹府	龚州府	澄州	龚州府	龚州府	桂州府	桂州府	桂州府	桂州府	桂州府
		宾州	桂州府	龚州府	龚州府	龚州府	龚州府	桂州府	桂州府	桂州府	桂州府	桂州府
	南尹府	南尹府	南尹府	南尹府	龚州府	邕州	龚州府	桂州府	桂州府	桂州府	桂州府	桂州府	桂州府
	玉州废	■■■	■■■	■■■	■■■	■■■	■■■	■■■	■■■	■■■	■■■	■■■	■■■
	骧州府	骧州府	骧州府	骧州府	骧州府	骧州府	骧州府	海州废					
	骧州府	骧州府	骧州府	骧州府	阿州	骧州府	骧州府	阿州废					
	骧州府	骧州府	骧州府	骧州府	骧州府	骧州府	骧州府	骧州府	演州废	■■■	■■■	■■■	■■■
	骧州府	骧州府	骧州府	骧州府	骧州府	骧州府	骧州府	骧州府	骧州府	智州废	骧州府	骧州府	骧州府
	文州府	文州府	文州府	文州府	文州府	文州府	文州府	文州府	文州府	智州废	文州府	文州府	文州府
	骧州府	骧州府	骧州府	骧州府	骧州府	骧州府	骧州府	骧州府	骧州府	骧州府	骧州府	骧州府	骧州府
	文州府	文州府	文州府	文州府	文州府	文州府	文州府	文州府	文州府	文州府	文州府	文州府	文州府
	交州府	交州府	交州府	交州府	交州府	交州府	真州废						
	交州府	交州府	交州府	交州府	交州府	交州府	仙州废						
	交州府	交州府	交州府	交州府	交州府	交州府	交州府	交州府	交州府	交州府	交州府	交州府	交州府

续表

	桂州府	桂州府	桂州府	桂州府	桂州府	桂州府	桂州府	桂州府	桂州府	桂州府	桂州府
	桂州府	桂州府	桂州府	桂州府	桂州府	桂州府	桂州府	桂州府	桂州府	桂州府	桂州府
	桂州府	桂州府	桂州府	桂州府	桂州府	桂州府	桂州府	桂州府	桂州府	桂州府	桂州府
	桂州府	桂州府	桂州府	桂州府	桂州府	桂州府	桂州府	桂州府	桂州府	桂州府	桂州府
	桂州府	桂州府	桂州府	桂州府	桂州府	桂州府	桂州府	桂州府	桂州府	桂州府	桂州府
	■■■	■■■	■■■	■■■	■■■	■■■	浔州				
	桂州府	桂州府	桂州府	桂州府	桂州府	桂州府	桂州府	桂州府	桂州府	桂州府	桂州府
	桂州府	桂州府	桂州府	桂州府	桂州府	桂州府	桂州府	桂州府	桂州府	桂州府	桂州府
	桂州府	桂州府	桂州府	桂州府	桂州府	桂州府	桂州府	桂州府	桂州府	桂州府	桂州府
	桂州府	桂州府	桂州府	桂州府	桂州府	桂州府	桂州府	桂州府	桂州府	桂州府	桂州府
	桂州府	桂州府	桂州府	桂州府	桂州府	桂州府	桂州府	桂州府	桂州府	桂州府	桂州府
	桂州府	桂州府	桂州府	桂州府	桂州府	桂州府	桂州府	桂州府	桂州府	桂州府	桂州府
	桂州府	邕州府	邕州府	邕州府	邕州府	邕州府	邕州府	邕州府	邕州府	贵州府	邕州府
	桂州府	邕州府	邕州府	邕州府	邕州府	邕州府	邕州府	邕州府	邕州府	贵州府	邕州府
	广州府		广州府		广州府	广州府		广州府	广州府	广州府	广州府
					山州	容州府	容州府	容州府	容州府	容州府	容州府
	淳州	桂州府	邕州府	浔州废	■■■	■■■	■■■	■■■	■■■	■■■	■■■
	桂州府	桂州府	邕州府	邕州府	邕州府	邕州府	邕州府	邕州府	邕州府	贵州府	邕州府
		严州	桂州府	邕州府	邕州府	邕州府	邕州府	邕州府	邕州府	贵州府	邕州府
		桂州府	邕州府	邕州府	邕州府	邕州府	邕州府	邕州府	邕州府	贵州府	邕州府
		桂州府	邕州府	邕州府	邕州府	邕州府	邕州府	邕州府	邕州府	贵州府	邕州府
	■■■	■■■	■■■	■■■	陆州⑤	安南府	安南府	安南府	安南府	安南府	安南府
							武安州	桂州府	桂州府	桂州府	桂州府
					思廉州						
	■■■	■■■	■■■	■■■	郡州④	安南府	安南府	安南府	安南府	安南府	安南府
	林州废				汤州③	安南府	安南府	安南府	安南府	安南府	安南府
								南登州	安南府	安南府	安南府
	交州府	交州府	交州府	交州府	交州府	安南府	安南府	安南府	安南府	安南府	安南府
	景州废	■■■	■■■	■■■	■■■	■■■	■■■	安武州	福禄州	安南府	安南府
	驩州府	驩州府	驩州府	驩州府	驩州府	安南府	安南府	安南府	安南府	安南府	安南府
	交州府	交州府	交州府	交州府	交州府	安南府	安南府	安南府	安南府	安南府	安南府
					长州②	安南府	安南府	安南府	安南府	安南府	安南府
					庞州①	安南府	安南府	安南府	安南府	安南府	安南府
	交州府	交州府	交州府	交州府	交州府	安南府	安南府	安南府	安南府	安南府	安南府
贞观廿三(649)	永徽元年(650)	乾封二年(667)	乾封后	上元三年(671)	永隆二年(681)	垂拱三年(686)	长寿元年(692)	圣历二年(699)	大足元年(701)	神龙元年(705)	景云二年(711)

①②③④⑤ 隶交州都督府。

续表

开元二年(714)	开元十五(727)	开元十六(728)	开元廿四(736)	开元廿六(738)	开元廿七(739)	开元廿九(741)	天宝元年(742)	天宝中(约744)	天宝十载(751)	天宝十二(752)	至德元载(756)
桂州府	桂州府	桂州府	桂州府	桂州府	桂州府	桂州府	融水郡	始安府	始安府	始安府	桂管镇
桂州府	桂州府	桂州府	桂州府	桂州府	桂州府	桂州府	正平郡	始安府	始安府	始安府	桂管镇
桂州府	桂州府	桂州府	桂州府	桂州府	桂州府	宜州	龙水郡	始安府	始安府	始安府	桂管镇
桂州府	桂州府	桂州府	桂州府	桂州府	桂州府	桂州府	竹城郡	始安府	始安府	始安府	桂管镇
桂州府	桂州府	桂州府	桂州府	桂州府	桂州府	桂州府	龙城郡	始安府	始安府	始安府	桂管镇
桂州府	桂州府	桂州府	桂州府	桂州府	桂州府	桂州府	象郡	始安府	始安府	始安府	桂管镇
桂州府	桂州府	桂州府	桂州府	桂州府	桂州府	桂州府	洊江郡	始安府	始安府	始安府	桂管镇
桂州府	桂州府	桂州府	桂州府	桂州府	桂州府	桂州府	临江郡	始安府	始安府	始安府	桂管镇
桂州府	桂州府	桂州府	桂州府	桂州府	桂州府	桂州府	蒙山郡	始安府	始安府	始安府	桂管镇
桂州府	桂州府	桂州府	桂州府	桂州府	桂州府	桂州府	苍梧郡	始安府	始安府	始安府	桂管镇
桂州府	桂州府	桂州府	桂州府	桂州府	桂州府	桂州府	开江郡	始安府	始安府	始安府	桂管镇
桂州府	桂州府	桂州府	桂州府	桂州府	桂州府	桂州府	临贺郡	始安府	始安府	始安府	桂管镇
桂州府	桂州府	桂州府	桂州府	桂州府	桂州府	桂州府	平乐郡	始安府	始安府	始安府	桂管镇
桂州府	桂州府	桂州府	桂州府	桂州府	桂州府	桂州府	始安郡	始安府	始安府	始安府	桂管镇
	田州	邕州府	邕州府	邕州府	邕州府	邕州府	横山郡	朗宁府	朗宁府	朗宁府	邕管镇
邕州府	邕州府	邕州府	邕州府	邕州府	邕州府	邕州府	扶南郡	朗宁府	朗宁府	朗宁府	邕管镇
邕州府	邕州府	邕州府	邕州府	邕州府	邕州府	邕州府	临潭郡	朗宁府	朗宁府	朗宁府	邕管镇
广州府	广州府	广州府	广州府	广州府	广州府	广州府	石城郡	招义郡	朗宁府	朗宁府	岭南镇
邕州府	邕州府	邕州府	邕州府	邕州府	邕州府	邕州府	左池郡	朗宁府	朗宁府	朗宁府	邕管镇
邕州府	邕州府	邕州府	邕州府	邕州府	邕州府	邕州府	龙越郡	朗宁府	朗宁府	朗宁府	邕管镇
邕州府	邕州府	邕州府	邕州府	邕州府	邕州府	邕州府	宁越郡	朗宁府	朗宁府	朗宁府	邕管镇
邕州府	■■■	浔州	邕州府	邕州府	邕州府	邕州府	永定郡	朗宁府	朗宁府	朗宁府	邕管镇
邕州府	邕州府	邕州府	邕州府	邕州府	邕州府	邕州府	宁浦郡	朗宁府	朗宁府	朗宁府	邕管镇
邕州府	邕州府	邕州府	邕州府	邕州府	邕州府	邕州府	怀泽郡	朗宁府	朗宁府	朗宁府	邕管镇
桂州府	邕州府	邕州府	邕州府	邕州府	邕州府	邕州府	修德郡	朗宁府	朗宁府	朗宁府	邕管镇
邕州府	邕州府	邕州府	邕州府	邕州府	邕州府	邕州府	贺水郡	朗宁府	朗宁府	朗宁府	邕管镇
邕州府	邕州府	邕州府	邕州府	邕州府	邕州府	邕州府	安城郡	朗宁府	朗宁府	朗宁府	邕管镇
邕州府	邕州府	邕州府	邕州府	邕州府	邕州府	邕州府	明宁郡	朗宁府	朗宁府	朗宁府	邕管镇
	安南府	安南府	安南府	安南府	安南府	安南府	玉山郡	普宁府	普宁府	安南府	安南镇
武安废											
	桂州府	桂州府	桂州府	降鹢蛮							
安南府	安南府	安南府	安南府	安南府	降鹢蛮	演水郡	安南府	忠义郡	忠义废	■■■	
安南府	安南府	安南府	安南府	安南府	安南府	安南府	汤泉郡	安南府	安南府	安南府	安南镇
安南府	筝鹢蛮			武峨州	安南府	武峨郡	安南府	安南府	安南府	安南府	安南镇
安南府	安南府	安南府	安南府	安南府	安南府	安南府	武安郡	安南府	安南府	安南府	安南镇
安南府	安南府	安南府	安南府	安南府	安南府	安南府	福禄郡	安南府	安南府	安南府	安南镇
安南府	安南府	安南府	安南府	安南府	安南府	安南府	日南郡	安南府	安南府	安南府	安南镇
安南府	安南府	安南府	安南府	安南府	安南府	安南府	九真郡	安南府	安南府	安南府	安南镇
安南府	安南府	安南府	安南府	安南府	安南府	安南府	文阳郡	安南府	安南府	安南府	安南镇
安南府	安南府	安南府	安南府	安南府	安南府	安南府	武曲郡	安南府	安南府	安南府	安南镇
安南府	安南府	安南府	安南府	安南府	安南府	安南府	安南府	安南府	安南府	安南府	安南镇

续表

管区	州	至德二载(757)	乾元元年(758)	乾元二年(759)	广德二年(764)	永泰二年(766)	大历五年(770)	大历十二年(777)	建中元年(780)	贞元元年(785)	贞元二十年(804)	永贞元年(805)	元和元年(806)
桂管镇	古州	桂管镇	桂管镇	桂管镇	桂管镇	桂管镇	降羁縻	■■■	■■■	■■■	■■■	■■■	■■■
桂管镇	融州	桂管镇	桂管镇	桂管镇	桂管镇	桂管镇	桂管镇	桂管镇	桂管镇	桂管镇	桂管镇	桂管镇	桂管镇
桂管镇	环州	桂管镇	桂管镇	桂管镇	桂管镇	桂管镇	降羁縻	■■■	■■■	■■■	■■■	■■■	■■■
桂管镇	粤州	桂管镇	桂管镇	桂管镇	桂管镇	桂管镇	降羁縻	■■■	■■■	■■■	■■■	■■■	■■■
桂管镇	芝州	桂管镇	桂管镇	降羁縻					思唐州	桂管镇	桂管镇	桂管镇	桂管镇
桂管镇	柳州	桂管镇	桂管镇	桂管镇	桂管镇	桂管镇	桂管镇	桂管镇	桂管镇	桂管镇	桂管镇	桂管镇	桂管镇
桂管镇	象州	桂管镇	桂管镇	桂管镇	桂管镇	桂管镇	桂管镇	桂管镇	桂管镇	桂管镇	桂管镇	桂管镇	桂管镇
桂管镇	浔州	桂管镇	桂管镇	桂管镇	桂管镇	桂管镇	桂管镇	桂管镇	桂管镇	桂管镇	邕管镇	邕管镇	邕管镇
桂管镇	蒙州	桂管镇	桂管镇	桂管镇	桂管镇	桂管镇	桂管镇	桂管镇	桂管镇	桂管镇	桂管镇	桂管镇	桂管镇
桂管镇	梧州	桂管镇	桂管镇	桂管镇	桂管镇	桂管镇	桂管镇	桂管镇	桂管镇	桂管镇	桂管镇	桂管镇	桂管镇
桂管镇	富州	桂管镇	桂管镇	桂管镇	桂管镇	桂管镇	桂管镇	桂管镇	桂管镇	桂管镇	桂管镇	桂管镇	桂管镇
桂管镇	贺州	桂管镇	桂管镇	桂管镇	桂管镇	桂管镇	桂管镇	桂管镇	桂管镇	桂管镇	桂管镇	桂管镇	桂管镇
桂管镇	昭州	桂管镇	桂管镇	桂管镇	桂管镇	桂管镇	桂管镇	桂管镇	桂管镇	桂管镇	桂管镇	桂管镇	桂管镇
建陵郡	桂州	桂管镇	桂管镇	桂管镇	桂管镇	桂管镇	桂管镇	桂管镇	桂管镇	桂管镇	桂管镇	桂管镇	桂管镇
邕管镇	田州	邕管镇	邕管镇	邕管镇	邕管镇	邕管镇	邕管镇	邕管镇	邕管镇	邕管镇	邕管镇	降羁縻	
邕管镇	笼州	邕管镇	邕管镇	邕管镇	邕管镇	邕管镇	邕管镇	邕管镇	邕管镇	邕管镇	邕管镇	降羁縻	
邕管镇	瀼州	邕管镇	邕管镇	邕管镇	邕管镇	邕管镇	邕管镇	邕管镇	邕管镇	邕管镇	邕管镇	邕管镇	邕管镇
岭南镇	罗州	岭南镇	邕管镇	邕管镇	邕管镇	邕管镇	邕管镇	邕管镇	邕管镇	邕管镇	邕管镇	邕管镇	岭南镇
邕管镇	山州	邕管镇	邕管镇	邕管镇	邕管镇	邕管镇	邕管镇	邕管镇	邕管镇	邕管镇	邕管镇	山州废	郡州
邕管镇	钦州	邕管镇	邕管镇	邕管镇	邕管镇	邕管镇	邕管镇	邕管镇	邕管镇	邕管镇	邕管镇	邕管镇	邕管镇
邕管镇	淳州	邕管镇	邕管镇	邕管镇	邕管镇	邕管镇	邕管镇	邕管镇	邕管镇	邕管镇	邕管镇	邕管镇	杞州
邕管镇	横州	邕管镇	邕管镇	邕管镇	邕管镇	邕管镇	邕管镇	邕管镇	邕管镇	邕管镇	邕管镇	邕管镇	邕管镇
邕管镇	贵州	邕管镇	邕管镇	邕管镇	邕管镇	邕管镇	邕管镇	邕管镇	邕管镇	邕管镇	邕管镇	邕管镇	邕管镇
邕管镇	严州	邕管镇	邕管镇	邕管镇	邕管镇	邕管镇	邕管镇	邕管镇	邕管镇	邕管镇	邕管镇	邕管镇	桂管镇
邕管镇	澄州	邕管镇	邕管镇	邕管镇	邕管镇	邕管镇	邕管镇	邕管镇	邕管镇	邕管镇	邕管镇	邕管镇	邕管镇
岭方郡	宾州	岭南镇	邕管镇	邕管镇	邕管镇	邕管镇	邕管镇	邕管镇	邕管镇	邕管镇	邕管镇	邕管镇	邕管镇
邕管镇	善州	邕管镇	邕管镇	邕管镇	邕管镇	邕管镇	邕管镇	邕管镇	邕管镇	邕管镇	邕管镇	邕管镇	邕管镇
镇南镇	陆州	镇南镇	镇南镇	镇南镇	镇南镇	安南镇	安南镇	安南镇	安南镇	安南镇	安南镇	安南镇	安南镇
												武定州	澄州
		■■■	■■■	■■■	■■■	演州	安南镇	安南镇	安南镇	安南镇	安南镇	陷环王	■■■
镇南镇	汤州	镇南镇	镇南镇	镇南镇	镇南镇	安南镇	安南镇	安南镇	安南镇	安南镇	安南镇	安南镇	汤废
镇南镇	武峨州	镇南镇	镇南镇	镇南镇	镇南镇	安南镇	安南镇	安南镇	安南镇	安南镇	安南镇	安南镇	降羁縻
镇南镇	峰州	镇南镇	镇南镇	镇南镇	镇南镇	安南镇	安南镇	安南镇	安南镇	安南镇	安南镇	安南镇	安南镇
唐林郡	唐林州	镇南镇	镇南镇	镇南镇	镇南镇	安南镇	安南镇	安南镇	安南镇	安南镇	安南镇	安南镇	安南镇
镇南镇	驩州	镇南镇	镇南镇	镇南镇	镇南镇	安南镇	安南镇	安南镇	安南镇	安南镇	安南镇	陷环王	■■■
镇南镇	爱州	镇南镇	镇南镇	镇南镇	镇南镇	安南镇	安南镇	安南镇	安南镇	安南镇	安南镇	陷环王	■■■
镇南镇	长州	镇南镇	镇南镇	镇南镇	镇南镇	安南镇	安南镇	安南镇	安南镇	安南镇	安南镇	安南镇	安南镇
镇南镇	武安州	镇南镇	镇南镇	镇南镇	镇南镇	安南镇	安南镇	安南镇	安南镇	安南镇	安南镇	安南镇	安南镇
镇南府	镇南府	镇南府	镇南府	镇南府	镇南府	安南府	安南府	安南府	安南府	安南府	安南府	安南府	安南府

附 录 1559

续表

元和二年(807)	元和八年(813)	元和十五年(820)	长庆二年(822)	大中(~前)(846)	咸通元年(860)	咸通三年(862)	咸通四年(863)	咸通七年(866)	乾符四年(877)	乾宁二年(895)	光化三年(900)	州
■■■	■■■	■■■	■■■	古州	桂管镇	桂管镇	桂管镇	桂管镇	桂管镇	静江镇	静江镇	古州
桂管镇	桂管镇	桂管镇	桂管镇	桂管镇	桂管镇	桂管镇	桂管镇	桂管镇	桂管镇	静江镇	静江镇	融州
■■■	■■■	■■■	■■■	环州	桂管镇	桂管镇	桂管镇	桂管镇	桂管镇	静江镇	静江镇	环州
■■■	粤州	桂管镇	桂管镇	桂管镇	桂管镇	桂管镇	桂管镇	桂管镇	桂管镇	静江镇	静江镇	宜州
桂管镇	桂管镇	桂管镇	桂管镇	桂管镇	桂管镇	桂管镇	桂管镇	桂管镇	桂管镇	静江镇	静江镇	思唐州
桂管镇	桂管镇	桂管镇	桂管镇	桂管镇	岭西镇	桂管镇	桂管镇	桂管镇	桂管镇	静江镇	静江镇	柳州
邕管镇	邕管镇	容管镇	邕管镇	邕管镇	岭西镇	岭西镇	岭西镇	岭西镇	岭西镇	静江镇	静江镇	象州
桂管镇	桂管镇	桂管镇	桂管镇	桂管镇	岭西镇	桂管镇	桂管镇	桂管镇	桂管镇	静江镇	静江镇	浔州
桂管镇	桂管镇	桂管镇	桂管镇	桂管镇	岭西镇	桂管镇	桂管镇	桂管镇	桂管镇	静江镇	静江镇	龚州
桂管镇	桂管镇	桂管镇	桂管镇	桂管镇	桂管镇	桂管镇	桂管镇	桂管镇	桂管镇	静江镇	静江镇	蒙州
桂管镇	桂管镇	桂管镇	桂管镇	桂管镇	桂管镇	桂管镇	桂管镇	桂管镇	桂管镇	静江镇	静江镇	梧州
桂管镇	桂管镇	桂管镇	桂管镇	桂管镇	桂管镇	桂管镇	桂管镇	桂管镇	桂管镇	静江镇	静江镇	富州
桂管镇	桂管镇	桂管镇	桂管镇	桂管镇	桂管镇	桂管镇	桂管镇	桂管镇	桂管镇	静江镇	静江镇	贺州
桂管镇	桂管镇	桂管镇	桂管镇	桂管镇	桂管镇	桂管镇	桂管镇	桂管镇	桂管镇	静江镇	静江镇	昭州
桂管镇	桂管镇	桂管镇	桂管镇	桂管镇	桂管镇	桂管镇	桂管镇	桂管镇	桂管镇	静江镇	静江镇	桂州
岭南镇	岭南镇	岭南镇	岭南镇	岭南镇	岭东镇	岭东镇	岭东镇	清海镇	清海镇	清海镇	清海镇	罗州
安南镇	安南镇	安南镇	安南镇	安南镇	安南镇	安南镇	安南镇	静海镇	静海镇	静海镇	静海镇	郁州
邕管镇	邕管镇	容管镇	邕管镇	邕管镇	岭西镇	岭西镇	岭西镇	岭西镇	岭西镇	岭西镇	岭西镇	钦州
邕管镇	邕管镇	容管镇	邕管镇	邕管镇	岭西镇	岭西镇	岭西镇	岭西镇	岭西镇	岭西镇	岭西镇	岜州
邕管镇	邕管镇	容管镇	邕管镇	邕管镇	岭西镇	岭西镇	岭西镇	岭西镇	岭西镇	岭西镇	岭西镇	横州
桂管镇	邕管镇	容管镇	邕管镇	邕管镇	岭西镇	岭西镇	岭西镇	岭西镇	岭西镇	岭西镇	岭西镇	贵州
邕管镇	邕管镇	容管镇	邕管镇	邕管镇	岭西镇	岭西镇	岭西镇	岭西镇	岭西镇	岭西镇	岭西镇	严州
邕管镇	邕管镇	容管镇	邕管镇	邕管镇	岭西镇	岭西镇	岭西镇	岭西镇	岭西镇	岭西镇	岭西镇	澄州
邕管镇	邕管镇	容管镇	邕管镇	邕管镇	岭西镇	岭西镇	岭西镇	岭西镇	岭西镇	岭西镇	岭西镇	宾州
邕管镇	邕管镇	容管镇	邕管镇	邕管镇	岭西镇	岭西镇	岭西镇	岭西镇	岭西镇	岭西镇	岭西镇	邕州
安南镇	安南镇	安南镇	安南镇	安南镇	安南镇	安南镇	安南镇	静海镇	静海镇	静海镇	静海镇	陆州
安南镇	安南镇	安南镇	安南镇	安南镇	陷南诏	■■■	■■■	武定州	静海镇	静海镇	静海镇	武定州
安南镇	安南镇	安南镇	安南镇	安南镇	安南镇	安南镇	安南镇	静海镇	静海镇	静海镇	静海镇	凉州
演州	安南镇	安南镇	安南镇	安南镇	安南镇	安南镇	安南镇	静海镇	静海镇	静海镇	静海镇	演州
							苏茂州	静海镇	静海镇	静海镇	静海镇	苏茂州
贡州	安南镇	安南镇	安南镇	安南镇	安南镇	安南镇	安南镇	静海镇	静海镇	静海镇	静海镇	贡州
安南镇	安南镇	安南镇	安南镇	安南镇	陷南诏	■■■	■■■	峰州	静海镇	静海镇	静海镇	峰州
安南镇	安南镇	安南镇	安南镇	安南镇	安南镇	安南镇	安南镇	静海镇	静海镇	静海镇	静海镇	唐林州
驩州	安南镇	安南镇	安南镇	安南镇	安南镇	安南镇	安南镇	静海镇	静海镇	静海镇	静海镇	驩州
爱州	安南镇	安南镇	安南镇	安南镇	安南镇	安南镇	安南镇	静海镇	静海镇	静海镇	静海镇	爱州
安南镇	安南镇	安南镇	安南镇	安南镇	安南镇	安南镇	安南镇	静海镇	静海镇	静海镇	静海镇	长州
安南镇	安南镇	安南镇	安南镇	安南镇	安南镇	安南镇	安南镇	静海镇	静海镇	静海镇	静海镇	武安州
安南镇	安南镇	安南镇	安南镇	安南镇	陷南诏	安南府	行安南府	安南府	静海镇	静海镇	静海镇	安南府

15. 江南道—黔中道府州沿革表①

	黔州	思州	费州	夷州	麟州		智州	施州	辰州	巫州		琰州	充州	应州	庄州	矩州	牂州		
贞观十年(636)	黔州府	黔州府	黔州府	黔州府	黔州府		黔州府	黔州府	黔州府	黔州府		黔州府	黔州府	黔州府	黔州府	黔州府	黔州府		
贞观十一(637)	黔州府	黔州府	黔州府	黔州府	郎州废		牢州	黔州府	黔州府	黔州府		黔州府	黔州府	黔州府	黔州府	黔州府	黔州府		
贞观十三(639)	黔州府	黔州府	黔州府	黔州府	播州		黔州府	黔州府	黔州府	黔州府		黔州府	黔州府	黔州府	黔州府	黔州府	黔州府		
贞观十七(643)	黔州府	黔州府	黔州府	黔州府	黔州府		牢州废	黔州府	黔州府	黔州府		黔州府	黔州府	黔州府	黔州府	黔州府	黔州府		
贞观二十(646)	黔州府	黔州府	黔州府	黔州府	黔州府			黔州府	黔州府	黔州府		牂州府	牂州府	牂州府	牂州府	牂州府	蛮州		
贞观廿一(647)	黔州府	黔州府	黔州府	黔州府	黔州府			黔州府	黔州府	黔州府		牂州府	充州府	充州府	充州府	牂州府	牂州府		
永徽三年(652)	黔州府	黔州府	黔州府	黔州府	黔州府			黔州府	黔州府	黔州府		黔州府	充州府	充州府	充州府	黔州府	黔州府		
显庆五年(660)	黔州府	黔州府	黔州府	黔州府	黔州府			黔州府	黔州府	黔州府	澧州	黔州府	充州府	充州府	充州府	黔州府	黔州府		
龙朔三年(663)	黔州府	黔州府	黔州府	黔州府	黔州府			黔州府	黔州府	黔州府		黔州府	黔州府	黔州府	黔州府	黔州府	黔州府		
咸亨元年(670)	黔州府	黔州府	黔州府	黔州府	黔州府	珍州	溱州	黔州府	黔州府	黔州府		黔州府	黔州府	黔州府	黔州府	黔州府	黔州府		
上元二年(675)	黔州府	黔州府	黔州府	黔州府	黔州府			黔州府	黔州府	黔州府		属山南	黔州府	黔州府	黔州府	黔州府	黔州府		
垂拱三年(662)	黔州府	黔州府	黔州府	黔州府	黔州府			黔州府	黔州府	锦州		黔州府	黔州府	黔州府	黔州府	黔州府	黔州府		
天授二年(691)	黔州府	黔州府	黔州府	黔州府	黔州府			黔州府	黔州府	沅州	溪州	黔州府	黔州府	黔州府	黔州府	黔州府	黔州府		
圣历元年(698)	黔州府	黔州府	黔州府	黔州府	黔州府			黔州府	黔州府	黔州府		黔州府	庄州	庄州	庄州	庄州	庄州		
长安四年(704)	黔州府	黔州府	黔州府	黔州府	黔州府			黔州府	黔州府	舞州②		黔州府	庄州	庄州	庄州	庄州	庄州		
景云二年(711)	黔州府	黔州府	黔州府	黔州府	黔州府			黔州府	辰州府	辰州府	辰州府	庄州府	庄州府	庄州府	庄州府	庄州府	庄州府		
景龙四年(710)	黔州府	黔州府	黔州府	黔州府	黔州府			黔州府	辰州府	辰州府	辰州府	播州	播州	播州	播州	播州	播州		
先天二年(713)	黔州府	黔州府	黔州府	黔州府	黔州府			黔州府	辰州府	辰州府	辰州府	黔州府	黔州府	黔州府	黔州府	黔州府	黔州府		
开元十三(725)	黔州府	黔州府	黔州府	黔州府	黔州府			黔州府	辰州府	巫州府	鹤州	辰州府	黔州府	黔州府	黔州府	黔州府	黔州府		

---

① 黔州都督府贞观元年至十年间属山南道。
② 隶黔州都督府。

附　录　1561

续　表

年代	黔中郡/黔州	宁夷郡/思州	涪川郡/费州	义泉郡/夷州	播川郡/播州	夜郎郡/珍州	溱溪郡/溱州	南川郡/南州	涪陵郡/涪州	清江郡/施州	卢溪郡/辰州	潭阳郡/巫州	龙溪郡/业州	卢阳郡/锦州	灵溪郡/溪州							
开元十五(727)	黔州府	黔州府	黔州府	黔州府	黔州府	黔州府		南州	黔州府	辰州府	辰州府	辰州府	辰州府			降羁縻	降羁縻	降羁縻	降羁縻	降羁縻	降羁縻	降羁縻
开元二十(732)	黔州府	黔州府	黔州府	黔州府	黔州府	黔州府			黔州府	辰州府	辰州府	业州	辰州府	辰州府								
开元廿六(738)	黔州府	黔州府	黔州府	黔州府	黔州府	黔州府	涪州		黔州府	辰州府	辰州府	辰州府	辰州府									
开元廿七(739)	黔州府	黔州府	黔州府	黔州府	黔州府	黔州府		黔州府		道直属	道直属	道直属	道直属									
（郡名）	黔中郡	宁夷郡	涪川郡	义泉郡	播川郡	夜郎郡	溱溪郡	南川郡	涪陵郡	清江郡	卢溪郡	潭阳郡	龙溪郡	卢阳郡	灵溪郡							
天宝元年(742)	黔中府	黔中府	黔中府	黔中府	黔中府	黔中府	黔中府	黔中府	黔中府	道直属	道直属	道直属	道直属									
至德元载(756)	黔中镇	黔中镇	黔中镇	黔中镇	黔中镇	黔中镇	黔中镇	黔中镇	黔中镇	黔中镇	黔中镇	黔中镇	黔中镇									
（州名）	黔州	思州	费州	夷州	播州	珍州	溱州	南州	涪州	施州	辰州	巫州	业州	锦州	溪州							
乾元元年(758)	黔中镇	黔中镇	黔中镇	黔中镇	黔中镇	黔中镇	黔中镇	黔中镇	黔中镇	黔中镇	黔中镇	黔中镇	黔中镇									
乾元二年(759)	黔中镇	黔中镇	黔中镇	黔中镇	黔中镇	黔中镇	黔中镇	黔中镇	黔中镇	黔中镇	黔中镇	黔中镇	属山东									
上元元年(760)	黔中镇	黔中镇	黔中镇	黔中镇	黔中镇	黔中镇	黔中镇	黔中镇	黔中镇	黔中镇	黔中镇	黔中镇	溪州									
上元二年(761)	黔中镇	黔中镇	黔中镇	黔中镇	黔中镇	黔中镇	黔中镇	属山东	黔中镇	黔中镇	黔中镇	黔中镇	黔中镇									
大历四年(769)	黔中镇	黔中镇	黔中镇	黔中镇	黔中镇	黔中镇	黔中镇	■	黔中镇	辰溪镇	辰溪镇	辰溪镇	辰溪镇									
大历五年(770)	黔中镇	黔中镇	黔中镇	黔中镇	黔中镇	黔中镇	黔中镇	■	黔中镇	叙州①	奖州②	辰溪镇	辰溪镇									
大历十年(775)	黔中镇	黔中镇	黔中镇	黔中镇	黔中镇	黔中镇	黔中镇	■	黔中镇	黔中镇	黔中镇	黔中镇	黔中镇									
元和三年(808)	黔中镇	黔中镇	黔中镇	黔中镇	珍州废	黔中镇	黔中镇	涪州③	黔中镇	黔中镇	黔中镇	黔中镇										
大顺元年(890)	武泰镇	武泰镇	武泰镇	武泰镇		武泰镇	武泰镇	武泰镇	武泰镇	武泰镇	武泰镇	武泰镇	武泰镇									
光化元年(898)	武泰镇	武泰镇	武泰镇	武泰镇		武泰镇	武泰镇	武泰镇	武泰镇	武泰镇	武泰镇	属山东										
天复三年(903)	武泰镇	武泰镇	武泰镇	武泰镇		武泰镇	武泰镇	武泰镇	武泰镇	陷南蛮	陷南蛮	陷南蛮										
（州名）	黔州	思州	费州	夷州	播州		溱州	南州	涪州	施州												

①② 隶辰溪等州都团练观察使。
③ 黔中经略观察使。

16. 山南道——山南东(山东)道府州沿革表 ①

	襄州	均州	邓州	唐州	郧州	浙州	归州	夔州	浦州	临州	荆州	峡州	澧州	明州	岳州	东松州	辰州	金州	商州	上州	房州	合州	洺州	渝州	南州	麟州	邛州				黔州	务州	施州	业州	智州	柯州	充州	矩州			
贞观元年(627)	襄州	襄州	襄州	襄州	襄州	襄州	襄州	夔州	夔州	夔州	大荆州	大荆州	大荆州	大荆州	大荆州	大荆州	大荆州					夔州府	夔州府	夔州府	南平州	夔州府			南寿②	应州③		黔州	务州	施州	业州	智州	柯州	充州	矩州			
贞观二年(628)	迁州	襄州府	襄州府	襄州府	襄州府	襄州府	襄州府	夔州府	夔州府	夔州府	荆州府	荆州府	荆州府	荆州府	荆州府	荆州府	荆州府					夔州府	夔州府	夔州府	夔州府	夔州府						夔州府	夔州府	夔州府	夔州府	夔州府	夔州府	夔州府	夔州府			
贞观三年(629)	道直属	襄州府	襄州府	襄州府	襄州府	襄州府	襄州府	夔州府	夔州府	夔州府	荆州府	荆州府	荆州府	荆州府	荆州府	荆州府	荆州府	道直属	道直属	道直属		夔州府	夔州府	夔州府	夔州府	夔州府						夔州府	夔州府	夔州府	夔州府	夔州府	夔州府	夔州府	夔州府			
贞观四年(630)	道直属	襄州府	襄州府	襄州府	襄州府	襄州府	襄州府	夔州府	夔州府	夔州府	荆州府	荆州府	荆州府	荆州府	荆州府	荆州府	荆州府	道直属	道直属	道直属		夔州府	夔州府	夔州府	夔州府	夔州府	邦州		黔州	黔州		黔州府	黔州府	黔州府	黔州府	黔州府	黔州府	黔州府	黔州府	费州	夷州	玢州
贞观五年(631)	道直属	襄州府	襄州府	襄州府	襄州府	襄州府	襄州府	夔州府	夔州府	夔州府	荆州府	荆州府	荆州府	荆州府	荆州府	荆州府	荆州府	道直属	道直属	道直属		夔州府	夔州府	夔州府	夔州府	夔州府	邦州		黔州	黔州		黔州府	黔州府	黔州府	黔州府	黔州府	黔州府	黔州府	黔州府	费州	黔州	黔州
贞观六年(632)	道直属	襄州府	襄州府	襄州府	襄州府	襄州府	襄州府	夔州府	夔州府	夔州府	荆州府	荆州府	荆州府	荆州府	荆州府	荆州府	荆州府	道直属	道直属	道直属		夔州府	夔州府	夔州府	夔州府	夔州府	邦州废		黔州	黔州		黔州府	黔州府	黔州府	黔州府	黔州府	黔州府	黔州府	黔州府	黔州	黔州	黔州
贞观八年(634)	道直属	襄州府	襄州府	唐州废	郡州废	浙州废	襄州府	忠州	万州	夔州府	荆州府	荆州府	荆州府	荆州府	荆州府	东松州废	荆州府	道直属	道直属	道直属	上州废	夔州府	夔州府	夔州府	夔州府	夔州府		亚州		黔州		黔州府	黔州府	业州废	黔州府	黔州府	黔州府	黔州府	黔州府	黔州府	黔州府	黔州府
贞观九年(635)	道直属	襄州府	襄州府	襄州府	襄州府	襄州府	襄州府	夔州府	夔州府	夔州府	荆州府	荆州府	荆州府	荆州府	荆州府		荆州府	道直属	道直属	道直属		夔州府	夔州府	夔州府	夔州府	夔州府	郎州④				羁州	黔州府	黔州府		黔州府	黔州府	黔州府	黔州府	黔州府	黔州府	黔州府	黔州府

① 山东东道简称山东道。贞观二年前,本表之山南道诸州分属关内道、安州大都督府、荆州大都督府、安沔、复、温、随五州、随五州都督府。贞观六年直属山南道,七年还属山南道安州都督府、荆州大都督府,限于表格容量,未列。
② 南寿州隶夔州都督府。
③ 隶夔州都督府。
④ 隶黔州都督府。

										属江南
										属江南
										属江南
										属江南
										属江南
										属江南
										属江南
	夔州府	夔州废								
										属江南
										属江南
										属江南
夔州府	夔州府	夔州府	夔州府	夔州府	夔州府	夔州府	属江西			
夔州府	夔州府	夔州府	夔州府	夔州府	夔州府	夔州府	属山西			
夔州府	夔州府	夔州府	夔州府	夔州府	夔州府	夔州府	属山西	■■■	■■■	■■■
属剑南										
房州废										
				鄂州	属淮南	■■■	■■■	■■■	■■■	■■■
道直属	道直属	道直属	道直属	道直属	道直属	道直属	道直属	道直属	道直属	上洛郡
道直属	道直属	道直属	道直属	道直属	道直属	道直属	道直属	道直属	道直属	安康郡
属江南										
	复州	道直属	道直属	道直属	道直属	道直属	荆州府	荆州府	荆州府	黄陵郡
荆州府	荆州府	荆州府	荆州府	荆州府	荆州府	荆州府	属江西	■■■	■■■	武陵郡
荆州府	荆州府	荆州府	属江南	澧州	荆州府	荆州府	荆州府	荆州府	属江西	澧阳郡
荆州府	荆州府	荆州府	荆州府	荆州府	荆州府	荆州府	荆州府	荆州府	荆州府	夷陵郡
荆州府	荆州府	荆州府	荆州府	荆州府	荆州府	荆州府	荆州府	荆州府	荆州府	江陵郡
夔州府	夔州府	夔州府	夔州府	夔州府	夔州府	夔州府	道直属	道直属	道直属	南宾郡
夔州府	夔州府	夔州府	夔州府	夔州府	夔州府	夔州府	道直属	道直属	道直属	南浦郡
夔州府	夔州府	夔州府	夔州府	夔州府	夔州府	夔州府	道直属	道直属	道直属	云安郡
夔州府	夔州府	夔州府	夔州府	夔州府	夔州府	夔州府	道直属	道直属	道直属	巴东郡
						鄘州	道直属	道直属	道直属	汉东郡
	温州	道直属	温州废							
							唐州①	道直属	道直属	淮安郡
道直属	道直属	道直属	道直属	道直属	道直属	道直属	道直属	道直属	道直属	南阳郡
道直属	道直属	道直属	道直属	道直属	道直属	道直属	道直属	道直属	道直属	武当郡
房州	道直属	道直属	道直属	道直属	道直属	道直属	道直属	道直属	道直属	房陵郡
道直属	道直属	道直属	道直属	道直属	道直属	道直属	道直属	道直属	道直属	襄阳郡
贞观十年(636)	贞观十二年(638)	贞观十三年(639)	贞观十七年(643)	显庆五年(660)	上元三年(675)	景云二年(711)	开元十五年(727)	开元廿一年(733)	开元廿五年(737)	

① 直属山南东道。

续表

天宝元年(742)	天宝十四载(755)	至德元载(756)	至德二载(757)		乾元元年(758)	乾元二年(759)	上元元年(760)	上元二年(761)	宝应元年(762)
道直属	道直属	山东镇	山东镇		襄州	山东镇	山东镇	山东镇	山东镇
道直属	道直属	属京畿	属京畿		■■■	■■■	房州④	属京畿	房州
道直属	道直属	山东镇	山东镇		■■■	邓州	山东镇	均州⑤	均州
道直属	道直属	山东镇	安陆郡		山东镇	陆州	山东镇	■■■	属淮南
属淮南	汉东①	山东镇	山东镇		随州	山东镇	山东镇	山东镇	属淮南
道直属	道直属	夔州镇	夔州镇		夔州镇	归州	夔州镇	荆南镇	荆南镇
道直属	道直属	夔州镇	夔州镇		夔州镇	夔州	夔州镇	荆南镇	荆南镇
道直属	道直属	夔州镇	夔州镇		夔州镇	万州	夔州镇	荆南镇	荆南镇
道直属	道直属	夔州镇	夔州镇		夔州镇	忠州	江陵府	荆南镇	荆南镇
江陵府	江陵府	江陵府	江陵府		荆州	峡州	澧朗镇	荆南镇	荆南镇
江陵府	江陵府	江陵府	江陵府		荆南镇	澧州	澧朗镇	荆南镇	荆南镇
江陵府	江陵府	江陵府	荆南镇		复州	朗州	荆南镇	岳州	荆南镇
江陵府	江陵府	江陵府	荆南镇		荆南镇	荆南镇	荆南镇	山东镇	山东镇
属京畿	■■■	■■■	■■■		■■■	■■■	金州⑥	属京畿	金州
属京畿	■■■	富水②	■■■		郢州	荆南镇	商州⑦	属京畿	商州
							溪州③	属黔中	■■■
		■■■	■■■		■■■	■■■	■■■	澧州	荆南镇
								衡州	荆南镇
								道州	荆南镇
								永州	荆南镇
								邵州	荆南镇
								溪州	荆南镇
								连州	荆南镇
								郴州	荆南镇

① 汉东郡直属山南东道。
② 富水郡隶江陵防御使。
③ 隶澧朗溪都团练使。
④⑤⑥⑦ 隶山南东道节度使。

续 表

属江西	属江西	属江西	属江西	属江西	属江西				
夔忠镇	夔忠镇	夔忠镇	夔忠镇	夔忠镇	夔忠镇	夔忠镇	夔忠镇	夔忠镇	夔忠镇
■■■	■■■	■■■	■■■	■■■	■■■	■■■	■■■	■■■	■■■
山东镇	山东镇	山东镇	山东镇	山东镇	山东镇	山东镇	山东镇	山东镇	山东镇
山东镇	山东镇	山东镇	山东镇	山东镇	属京畿				
山东镇	山东镇	山东镇	山东镇	山东镇	属京畿				
山东镇	山东镇	山东镇	山东镇	山东镇	山东镇	山东镇	山东镇	山东镇	山东镇
荆南镇	属江西	■■■	■■■	岳州	属江西				
荆南镇	荆南镇	荆南镇	荆南镇	荆南镇	荆南镇	荆南镇	荆南镇	荆南镇	荆南镇
荆南镇	荆南镇	荆南镇	荆南镇	荆南镇	荆南镇	荆南镇	荆南镇	荆南镇	荆南镇
荆南镇	荆南镇	荆南镇	荆南镇	荆南镇	荆南镇	荆南镇	荆南镇	荆南镇	荆南镇
荆南镇	荆南镇	荆南镇	荆南镇	荆南镇	荆南镇	荆南镇	荆南镇	荆南镇	荆南镇
夔忠镇	夔忠镇	夔忠镇	夔忠镇	夔忠镇	夔忠镇	夔忠镇	夔忠镇	夔忠镇	夔忠镇
夔忠镇	夔忠镇	夔忠镇	夔忠镇	夔忠镇	夔忠镇	夔忠镇	夔忠镇	夔忠镇	夔忠镇
荆南镇	荆南镇	荆南镇	夔忠镇	夔忠镇	夔忠镇	夔忠镇	夔忠镇	夔忠镇	夔忠镇
■■■	■■■	■■■	■■■	■■■	■■■	■■■	随州	山东镇	
■■■	■■■	■■■	■■■	■■■	■■■	■■■	安州①	属淮南	
■■■	■■■	■■■	■■■	■■■	■■■	■■■	唐州	山东镇	
山东镇	山东镇	山东镇	山东镇	山东镇	山东镇	属都畿	邓州	山东镇	
山东镇	山东镇	山东镇	山东镇	山东镇	山东镇	山东镇	山东镇	山东镇	山东镇
广德二年(764)	永泰元年(765)	大历元年(766)	大历二年(767)	大历十四年(779)	建中四年(783)	兴元元年(784)	贞元元年(785)	贞元三年(787)	贞元十五年(799)

① 隶山南东道节度使。

续表

州	贞元十九年(803)	元和三年(808)	元和十年(815)	元和十二年(817)	文德元年(888)	光化元年(898)	天祐二年(905)	天祐三年(906)
溪州	荆南镇	属黔中					武贞镇	武贞镇
鄂州	山东镇	山东镇	山东镇	山东镇	忠义镇	忠义镇	忠义镇	忠义镇
南州②								属京畿
金州①								属京畿
复州	山东镇	山东镇	山东镇	山东镇	忠义镇	忠义镇	忠义镇	忠义镇
明州	荆南镇	荆南镇	荆南镇	荆南镇	荆南镇	武贞镇	武贞镇	武贞镇
澧州	荆南镇	荆南镇	荆南镇	荆南镇	荆南镇	武贞镇	武贞镇	武贞镇
峡州	荆南镇	荆南镇	荆南镇	荆南镇	荆南镇	荆南镇	荆南镇	荆南镇
荆州	荆南镇	荆南镇	荆南镇	荆南镇	荆南镇	荆南镇	荆南镇	荆南镇
忠州	荆南镇	夔忠镇	夔忠镇	夔忠镇	夔忠镇	夔忠镇	镇江镇	镇江镇
万州	荆南镇	夔忠镇	夔忠镇	夔忠镇	夔忠镇	夔忠镇	镇江镇	镇江镇
夔州	荆南镇	夔忠镇	夔忠镇	夔忠镇	夔忠镇	夔忠镇	镇江镇	镇江镇
归州	荆南镇	荆南镇	荆南镇	荆南镇	荆南镇	荆南镇	荆南镇	荆南镇
随州	山东镇	山东镇	唐随镇	山东镇	忠义镇	忠义镇	忠义镇	山东镇
泌州	山东镇	山东镇	唐随镇	山东镇	忠义镇	忠义镇	忠义镇	泌州③
邓州	山东镇	山东镇	山东镇	山东镇	忠义镇	忠义镇	忠义镇	山东镇
均州	山东镇	山东镇	山东镇	山东镇	忠义镇	忠义镇	戎昭镇	山东镇
房州	山东镇	山东镇	山东镇	山东镇	忠义镇	忠义镇	戎昭镇	山东镇
襄州	山东镇	山东镇	山东镇	山东镇	忠义镇	忠义镇	忠义镇	山东镇

①② 隶戎昭军节度使。
③ 隶山南东道节度使。

17. 山南道—山南西(山西)道府州沿革表①

	梁州	洋州	壁州	集州	利州	巴州	通州	开州	潾州	渠州	蓬州	隆州	兴州	西平州	静州	始州	西龙州
贞观元年(627)	梁州府	梁州府	梁州府	梁州府	利州府	通州府	通州府	通州府	通州府	通州府	通州府	利州府	梁州府	利州府	利州府	利州府	利州府
贞观二年(628)	梁州府	梁州府	梁州府	梁州府	利州府	通州府	通州府	通州府	通州府	通州府	通州府	利州府	梁州府	西平废	利州府	利州府	利州府
贞观五年(631)	梁州府	梁州府	梁州府	梁州府	利州府	道直属	道直属	道直属	道直属	道直属	道直属	利州府	梁州府		利州府	利州府	利州府
贞观六年(632)	道直属	道直属	道直属	道直属	道直属	道直属	道直属	道直属	道直属	道直属	道直属	属剑南	凤州	道直属	属剑南	属陇右	
贞观八年(634)	梁州府	梁州府	梁州府	道直属	道直属	道直属	道直属	道直属	潾州废	道直属	道直属	■■	道直属	道直属			
贞观十年(636)	梁州府	梁州府	梁州府	梁州府	道直属	道直属	道直属	道直属		道直属	道直属	■■	道直属	道直属			
贞观十七(643)	道直属	道直属	道直属	道直属	道直属	道直属	道直属	道直属		道直属	道直属	■■	道直属	静州废	合州		
显庆元年(656)	梁州府	梁州府	梁州府	梁州府	道直属	道直属	道直属	道直属		道直属	道直属	■■	道直属		道直属		
景云二年(711)	梁州府	梁州府	道直属	道直属	道直属	道直属	道直属	道直属		道直属	道直属	■■	梁州府	梁州府	道直属		
开元五年(717)	梁州府	梁州府	道直属	道直属	道直属	道直属	道直属	道直属		道直属	道直属	阆州	梁州府	梁州府	道直属		
开元七年(719)	梁州府	梁州府	道直属	道直属	道直属	道直属	道直属	道直属		道直属	道直属	果州	梁州府	梁州府	属剑南		
开元十三(725)	褒州	梁州府	道直属	道直属	道直属	道直属	道直属	道直属		道直属	道直属	道直属	梁州府	梁州府	■■		
开元十五(727)	梁州府	梁州府	道直属	道直属	道直属	道直属	道直属	道直属		道直属	道直属	道直属	梁州府	梁州府	■■		
开元二十(732)	梁州	梁州府	道直属	道直属	道直属	道直属	道直属	道直属		道直属	道直属	道直属	梁州府	梁州府	■■		
开元廿一(733)	梁州府	梁州府	道直属	道直属	道直属	道直属	道直属	渝州		道直属	道直属	道直属	梁州府	梁州府	涪州②	合州	
开元廿六(738)	梁州府	梁州府	道直属	道直属	道直属	道直属	道直属	道直属		道直属	道直属	道直属	梁州府	梁州府	属黔中	道直属	

---

① 山南西道简称山西道。
② 直属山南西道。

续 表

	汉中郡	洋川郡	始宁郡	符阳郡	益昌郡	通化郡	清川郡	盛山郡	南平郡	潾山郡	咸安郡	南充郡	阆中郡	顺政郡	河池郡		巴川郡			
天宝元年(742)	汉中府	汉中府	汉中府	汉中府	道直属	道直属	道直属	道直属	道直属	道直属	道直属	属剑南	属剑南	道直属	道直属		道直属			
至德元载(756)	山西镇	山西镇	山西镇	山西镇	山西镇	山西镇	山西镇	山西镇	山西镇	山西镇	山西镇	南充郡	■■	山西镇	山西镇	阴平郡	武都郡			
至德二载(757)	山西镇	山西镇	山西镇	山西镇	山西镇	山西镇	山西镇	山西镇	山西镇	山西镇	山西镇	蓬山郡	■■	山西镇	山西镇	巴川郡	山西镇			
	梁州	洋州	壁州	集州	利州	巴州	通州	开州	渝州	渠州	蓬州	果州	■■ 兴州	凤州		合州	文州	武州		
乾元元年(758)	山西镇	山西镇	山西镇	山西镇	山西镇	山西镇	山西镇	山西镇	山西镇	山西镇	山西镇	属剑南	■■ 山西镇	山西镇		山西镇	山西镇	山西镇		
乾元二年(759)	山西镇	山西镇	山西镇	山西镇	山西镇	山西镇	山西镇	山西镇	山西镇	山西镇	山西镇	属剑南	■■ 兴凤镇	兴凤镇		属剑南	山西镇	山西镇		
上元元年(760)	山西镇	山西镇	山西镇	山西镇	山西镇	山西镇	山西镇	山西镇	山西镇	山西镇	山西镇	山西镇	属京畿	属京畿		山西镇	山西镇			
宝应二年(763)	山西镇	山西镇	山西镇	山西镇	山西镇	山西镇	山西镇	山西镇	山西镇	山西镇	山西镇	■■	■■	■■		山西镇	山西镇			
大历元年(766)	山西镇	山西镇	山西镇	山西镇	山西镇	山西镇	山西镇	山西镇	山西镇	山西镇	山西镇	果州	阆州 ■■	■■		山西镇	扶州	山西镇		
大历二年(767)	山西镇	山西镇	山西镇	山西镇	山西镇	山西镇	山西镇	山西镇	山西镇	山西镇	山西镇	山西镇	■■	■■		山西镇	山西镇	陷吐蕃		
大历四年(769)	山西镇	山西镇	山西镇	山西镇	山西镇	山西镇	山西镇	山西镇	山西镇	山西镇	山西镇	山西镇	兴州	凤州		山西镇	山西镇			
大历五年(770)	山西镇	山西镇	山西镇	山西镇	山西镇	山西镇	山西镇	山西镇	山西镇	山西镇	山西镇	山西镇	兴凤镇	兴凤镇		山西镇	陷吐蕃			
大历六年(771)	山西镇	山西镇	山西镇	山西镇	山西镇	山西镇	山西镇	山西镇	山西镇	山西镇	山西镇	充州	兴凤镇	兴凤镇		山西镇	■■			
大历十年(775)	山西镇	山西镇	山西镇	山西镇	山西镇	山西镇	山西镇	山西镇	山西镇	山西镇	山西镇	果州	兴凤镇	兴凤镇		山西镇	■■			
大历十四年(779)	山西镇	山西镇	山西镇	山西镇	山西镇	山西镇	山西镇	山西镇	山西镇	山西镇	山西镇	山西镇	兴凤镇	兴凤镇		山西镇	■■			
兴元元年(785)	兴元府	山西镇	山西镇	山西镇	山西镇	山西镇	山西镇	山西镇	山西镇	山西镇	山西镇	山西镇	兴凤镇	兴凤镇		山西镇	■■			

续 表

	梁州	洋州	壁州	集州	利州	巴州	通州	开州	荣州	渠州	蓬州	果州	阆州	兴州	凤州	陵州	阶州	文州	扶州
贞元五年(789)	山西镇	山西镇	山西镇	山西镇	山西镇	山西镇	山西镇		山西镇	山西镇	山西镇		兴凤镇	兴凤镇	成州①		山西镇	■■■	
大中三年(849)	山西镇	山西镇	山西镇	山西镇	山西镇	山西镇	山西镇		山西镇	山西镇	山西镇		兴凤镇	兴凤镇	属陇右		行武②	山西镇	扶州
咸通五年(864)	山西镇	山西镇	山西镇	山西镇	山西镇	山西镇	山西镇		山西镇	山西镇	山西镇		兴凤镇	兴凤镇			行武废	山西镇	山西镇
光启元年(885)	山西镇	武定镇	山西镇	山西镇	山西镇	山西镇	山西镇		山西镇	山西镇	山西镇		兴凤镇	兴凤镇			■■■	山西镇	山西镇
光启二年(886)	山西镇	武定镇	山西镇	山西镇	山西镇	山西镇	山西镇		山西镇	山西镇	山西镇		兴凤镇	兴凤镇			■■■	山西镇	山西镇
文德元年(888)	山西镇	武定镇	山西镇	感义镇	山西镇	山西镇	山西镇		山西镇	山西镇	山西镇		感义镇	感义镇			■■■	属剑南	山西镇
大顺二年(891)	山西镇	武定镇	山西镇	感义镇	山西镇	山西镇	山西镇		山西镇	山西镇	山西镇		感义镇	感义镇			武州	■■■	武定镇
景福元年(892)	山西镇	武定镇	山西镇	感义镇	山西镇	山西镇	山西镇		山西镇	山西镇	山西镇		感义镇	感义镇			阶州	文州	武定镇
景福二年(893)	山西镇	武定镇	山西镇	感义镇	山西镇	山西镇	山西镇		山西镇	山西镇	武定镇		感义镇	感义镇			武定镇	山西镇	武定镇
乾宁四年(897)	山西镇	武定镇	山西镇	昭武镇	山西镇	山西镇	山西镇		山西镇	山西镇	武定镇		■■■	昭武镇			武定镇	山西镇	武定镇
光化元年(898)	山西镇	武定镇	山西镇	昭武镇	山西镇	山西镇	山西镇		山西镇	山西镇	武定镇		山西镇	昭武镇			武定镇	山西镇	武定镇
天复二年(902)	山西镇	武定镇	山西镇	山西镇	山西镇	山西镇	山西镇		山西镇	山西镇	武定镇		■■■	山西镇			武定镇	山西镇	武定镇
天复三年(903)	山西镇	武定镇	山西镇	利州镇	山西镇	山西镇	山西镇		山西镇	山西镇	武定镇		■■■	山西镇			武定镇	山西镇	武定镇
天祐二年(905)	山西镇	武宁镇	武定镇	利州镇	山西镇	巴渠镇	巴渠镇		巴渠镇	巴渠镇	武定镇		■■■	山西镇			武定镇	山西镇	武定镇
天祐三年(906)	山西镇	武定镇	兴义镇	兴义镇	利州镇	巴渠镇	利阆镇		荣州③	巴渠镇	利阆镇		利阆镇	阆州④	兴义镇	陵州⑤	山西镇	武定镇	兴义镇

---

①② 隶山南西道节度使。
③④⑤ 隶利阆节度使。

18. 剑南道府州沿革表[1]

	益州	简州	陵州	嘉州	眉州	邛州	西宁州 南龙州	锦州	祥州	廉州	昆州	遂州	果州	普州	资州	荣州	泸州	戎州	姚州	嶲州	雅州	南会州	尹州	松州	西崇州	南云州	翼州	西濂州	奠州	西利州	西濂州	曲州	协州	靖州	西平州	西宗州	涂州
贞观元年(627)	益州府	益州府	益州府	益州府	益州府	大益州府	南宁府	大益州府	大益州府	大益州府	南宁府	大益州府	大益州府	大益州府	大益州府	泸州府	泸州府	大益州府	巂州府	大益州府	南会府	南会府	南会府	南会府	南会府	南会府	南会府	南会府	南会府	南会府	南会府	南会府	南会府	南会府	南会府	涂州
贞观二年(628)	益州府	益州府	益州府	益州府	益州府	大益州府	南宁府	大益州府	大益州府	泸州府	南宁府	大益州府	大益州府	大益州府	大益州府	泸州府	泸州府	大益州府	巂州府	大益州府	南宁府	南宁府	南宁府	南宁府	南宁府	南宁府	南会府	南宁府	南宁府	南宁府	南宁府	南宁府	南宁府	南宁府	南宁府	南会府
贞观三年(629)	益州府	益州府	益州府	益州府	益州府	南宁府	南宁府	益州府	道直属	濂废	南宁府	道直属	道直属	道直属	道直属	泸州府	泸州府	道直属	巂州府	益州府	南宁府	南宁府	南宁府	南宁府	南宁府	匡州	南会府	南宁府	廉州	南宁府	南宁府	南宁府	南宁府	南宁府	南宁府	南会府
贞观四年(630)	益州府	益州府	益州府	益州府	益州府	南宁府	南宁府	益州府	道直属		南宁府	道直属	道直属	道直属	道直属	泸州府	泸州府	道直属	巂州府	益州府	南宁府	南宁府	南宁府	降羁縻	南宁府	南宁府	降羁縻	南宁府	南宁府	南宁府	南宁府	南宁府	南宁府	南宁府	南宁府	涂州
贞观五年(631)	益州府	益州府	益州府	益州府	益州府	南宁府	南宁府	益州府	道直属		南宁府	道直属	道直属	道直属	道直属	泸州府	泸州府	道直属	巂州府	益州府	南宁府	南宁府	南宁府	降羁縻	南宁府	南宁府	降羁縻	南宁府	南宁府	南宁府	南宁府	南宁府	南宁府	南宁府	南宁府	涂州
贞观六年(632)	益州府	益州府	益州府	益州府	益州府	南宁府	南宁府	益州府	道直属	始州	南宁府	道直属	道直属	道直属	道直属	泸州府	泸州府	戎州府	巂州府	益州府	南宁府	南宁府	南宁府	隆州	南宁府	南宁府	■■■	南宁府	南宁府	南宁府	南宁府	南宁府	南宁府	南宁府	南宁府	涂州
贞观七年(633)	益州府	益州府	益州府	益州府	益州府	戎州府	戎州府	益州府	道直属		戎州府	道直属	道直属	遂州府	道直属	泸州府	泸州府	戎州府	巂州府	益州府	戎州府	戎州府	戎州府	■■■	戎州府	戎州府	■■■	戎州府	戎州府	戎州府	戎州府	戎州府	戎州府	戎州府	戎州府	戎州府
贞观八年(634)	益州府	益州府	益州府	益州府	益州府	戎州府	戎州府	益州府	道直属		戎州府	道直属	道直属	遂州府	道直属	泸州府	泸州府	戎州府	巂州府	益州府	戎州府	戎州府	戎州府	■■■	戎州府	戎州府	■■■	戎州府	戎州府	戎州府	戎州府	戎州府	戎州府	戎州府	戎州府	戎州府
贞观十年(636)	益州府	益州府	益州府	益州府	益州府	戎州府	梨郎州	益州府	道直属		戎州府	道直属	道直属	合州	泸州府	泸州府	泸州府	戎州府	巂州府	益州府	戎州府	茂州	戎州府	道直属	嶲州	戎州府	翼州	戎州府	戎州府	雟州	戎州府	盘州	戎州府	戎州府	戎州府	茂州府
贞观十一年(637)	益州府	益州府	益州府	益州府	益州府	戎州府	戎州府	益州府	道直属		戎州府	道直属	道直属	遂州府	泸州府	泸州府	泸州府	戎州府	巂州府	益州府	戎州府	茂州府	戎州府	道直属	崇州	戎州府	翼州	戎州府	戎州府	嶲州	戎州府	戎州府	戎州府	戎州府	茂州府	茂州府

[1] 松州都督府贞观二年至永徽三年间属陇右道。又有向、维、蚪、炎、彻五州，贞观八年隶茂州府，冉州，贞观九年俱降羁縻；叠、珍二州，贞观十七年隶泸州府，咸亨元年割属江南道；陈州，贞观三十二年隶戎州府，二十三年隶郎州府，永徽三年降羁縻。然限于表格容量，未列。

续表

	茂州府	茂州府	茂州府	茂州府	降羁縻						
	茂州府	茂州府	茂州府	茂州府	降羁縻						
	茂州府	茂州府	茂州府	郎州府	降羁縻	降羁縻					
	茂州府	茂州府	茂州府	郎州府	降羁縻	降羁縻					
	茂州府	茂州府	茂州府	郎州府	降羁縻	降羁縻		悉州	松州府	松州府	翼州府
	茂州府	茂州府	茂州府	郎州府	降羁縻	降羁縻	当州	扶州	松州府	松州府	翼州府
	茂州府	茂州府	茂州府	郎州府	降羁縻	降羁縻	扶州	文州	松州府	松州府	松州府
	茂州府	茂州府	茂州府	茂州府	茂州府	茂州府	茂州府	茂州府	茂州府	翼州府	
	茂州府	茂州府	茂州府	郎州府	降羁縻	芳州	松州府	松州府	松州府	松州府	
	道直属	道直属	道直属	道直属	道直属	道直属	道直属		道直属	道直属	道直属
	茂州府	茂州府	茂州府	茂州府	茂州府	茂州府	茂州府	维州	茂州府		
	益州府	益州府	益州府	益州府	益州府	益州府	益州府	益州府	益州府	雅州	雅州
	茂州府	茂州府	茂州府	郎州府	降羁縻			沐州			
	巂州府	巂州府	巂州府	巂州府	巂州府	巂州府	巂州府				
	茂州府	茂州府	茂州府	郎州府	降羁縻	■■	姚州	姚州	姚州	姚州	
	泸州府	泸州府	泸州府	泸州府	泸州府	泸州府	茂州府	泸州府	泸州府	泸州府	泸州府
	泸州府	道直属	道直属	道直属	道直属	道直属	道直属	道直属	道直属	道直属	道直属
	遂州府	道直属	道直属	道直属	道直属	道直属	道直属	道直属	道直属	道直属	道直属
	遂州府	牢州①	巂州府	巂州府	巂州府	牢州没	■■	■■	■■	■■	■■
	遂州府	道直属	道直属	道直属	道直属	道直属	道直属	道直属	道直属	道直属	道直属
	茂州府	茂州府	茂州府	郎州府	郎州府	降羁縻	龙州	松州府	松州府	松州府	松州府
	道直属	道直属	道直属	道直属	道直属	道直属	道直属	道直属	道直属	道直属	道直属
	益州府	益州府	益州府	益州府	益州府	益州府	益州府	益州府	益州府	益州府	
	茂州府	茂州府	茂州府	郎州府	郎州府	降羁縻					
	茂州府	茂州府	茂州府	郎州府	郎州府	降羁縻					
	益州府	益州府	益州府	益州府	益州府	益州府	益州府	益州府	益州府	益州府	
	益州府	益州府	益州府	益州府	益州府	益州府	益州府	益州府	益州府	益州府	
	益州府	益州府	益州府	益州府	益州府	益州府	益州府	益州府	益州府	益州府	
贞观十三(639)	贞观十七(643)	贞观廿二(648)	贞观廿三(649)	永徽元年(650)	永徽二年(651)	永徽三年(652)	永徽四年(653)	显庆四年(659)	麟德元年(664)	麟德二年(665)	咸亨元年(670)

① 合州贞观十七年属山南道。

续表

年份																					
				巩州	晋州	晏州	纳州	南和州													
									泸州府	泸州府	泸州府	泸州府	泸州府	泸州府	泸州府	泸州府	泸州府	泸州府	泸州府	泸州府
上元三年(671)	拓州	翼州	松州府	南和州						益州府											
上元三年(676)		翼州府	松州府							益州府											
仪凤二年(677)		翼州府	松州府	松州府	松州府	松州府	松州府	松州府	松州府	益州府											
永隆元年(680)																					
永淳二年(683)																					
垂拱二年(686)																					
垂拱三年(687)																					
垂拱四年(688)																					
天授二年(690)																					
大足元年(701)																					
神龙元年(705)																					
神龙三年(707)																					

① 直属剑南道监理。

附　录　1573

续表

	景龙二年(708)	先天元年(712)	先天二年(713)	开元三年(715)	开元四年(716)	开元五年(717)	开元七年(719)	开元八年(720)	开元廿一年(733)	开元廿四年(736)	开元廿八年(740)
	泸州府 降羁縻	泸州府 降羁縻	泸州府 降羁縻	泸州府 降羁縻						恭州	松州府
	松州府	松州府	松州府	松州府	松州府	松州府	松州府	松州府	松州府	松州府	松州府
	松州府	松州府	松州府	松州府	松州府	松州府	松州府	松州府	松州府	松州府	松州府
	松州府	松州府	松州府	松州府	松州府	松州府	松州府	松州府	松州府	松州府	松州府
	松州府	松州府	松州府	松州府	松州府	松州府	松州府	松州府	松州府	松州府	松州府
	松州府	松州府	松州府	松州府	松州府	松州府	松州府	松州府	松州府	松州府	松州府
	松州府	松州府	松州府	松州府	松州府	松州府	松州府	松州府	松州府	松州府	松州府
	云州废					义州① 属山西	义州废			叠州②	
	道直属	闾州	道直属	道直属	道直属		■■■	■■■	■■■	■■■	■■■
	茂州府	茂州府	茂州府	茂州府	茂州府	茂州府	茂州府	茂州府	茂州府	茂州府	茂州府
	茂州府	茂州府	茂州府	茂州府	茂州府	茂州府	茂州府	茂州府	茂州府	茂州府	茂州府
	益州府	益州府	益州府	益州府	雅州府	雅州府	雅州府	雅州府	雅州府	雅州府	雅州府
	■■■	■■■	■■■	雅州府	黎州府	黎州府	黎州府	黎州府	黎州府	黎州府	黎州府
	巂州府	巂州府	巂州府	巂州府	巂州府	巂州府	巂州府	巂州府	巂州府	巂州府	巂州府
	姚州府	姚州府	姚州府	姚州府	姚州府	姚州府	姚州府	姚州府	姚州府	姚州府	姚州府
	戎州府	戎州府	戎州府	戎州府	戎州府	戎州府	戎州府	戎州府	戎州府	戎州府	戎州府
	泸州府	泸州府	泸州府	泸州府	泸州府	泸州府	泸州府	泸州府	泸州府	泸州府	泸州府
	道直属	道直属	道直属	道直属	道直属	道直属	道直属	道直属	道直属	道直属	道直属
	■■■	■■■	■■■	■■■	■■■	合州	道直属	道直属	属山南	■■■	■■■
	道直属	道直属	道直属	道直属	道直属	道直属	道直属	属山西			
	道直属	道直属	道直属	道直属	道直属	道直属	道直属	道直属	道直属	道直属	道直属
	道直属	道直属	道直属	改剑州	道直属	道直属	道直属	道直属	道直属	道直属	道直属
	道直属	道直属	道直属	道直属	道直属	道直属	道直属	道直属	道直属	道直属	道直属
	益州府	益州府	益州府	益州府	益州府	益州府	益州府	益州府	益州府	益州府	益州府
	益州府	益州府	益州府	益州府	益州府	益州府	益州府	益州府	益州府	益州府	益州府
	益州府	益州府	益州府	益州府	益州府	益州府	益州府	益州府	益州府	益州府	益州府
	益州府	益州府	益州府	益州府	益州府	益州府	益州府	益州府	益州府	益州府	益州府
	益州府	益州府	益州府	益州府	益州府	益州府	益州府	益州府	益州府	益州府	益州府
	益州府	益州府	益州府	益州府	益州府	益州府	益州府	益州府	益州府	益州府	益州府

① 表益州都督府。
② 表茂州都督府。

续表

年份	蜀郡	阳安郡	仁寿郡	犍为郡	通义郡	临邛郡	唐安郡	德阳郡	巴西郡	梓潼郡	普安郡	江油郡	遂宁郡	南充郡	■■■	安岳郡	资阳郡	和义郡	泸川郡	南溪郡	云南郡	越巂郡	汉源郡	卢山郡	通化郡	维川郡	阆中郡	云山郡	交川郡	临翼郡	平郡	同昌郡	江源郡	归诚郡	蓬山郡	静川郡	恭化郡	静戎郡
天宝元年(742)	蜀郡	蜀郡府	蜀郡府	蜀郡府	蜀郡府	蜀郡府	蜀郡府	蜀郡府	蜀郡府	道直属	道直属	道直属	道直属	道直属	■■■	道直属	道直属	泸川府	泸川府	南溪府	云南府	越巂府	汉源府	卢山府	通化府	通化府	道直属	通化府	交川府	交川府	交川府	交川府	交川府	交川府	交川府	交川府	昭德郡	通化府
天宝五载(746)	蜀郡府	蜀郡府	蜀郡府	蜀郡府	蜀郡府	蜀郡府	蜀郡府	蜀郡府	蜀郡府	道直属	道直属	道直属	道直属	道直属	■■■	道直属	道直属	泸川府	泸川府	南溪府	云南府	越巂府	汉源府	卢山府	通化府	通化府	道直属	通化府	交川府	交川府	交川府	交川府	交川府	交川府	交川府	交川府	交川府	通化府
天宝八载(749)	蜀郡府	蜀郡府	蜀郡府	蜀郡府	蜀郡府	蜀郡府	蜀郡府	蜀郡府	蜀郡府	道直属	道直属	道直属	道直属	道直属	■■■	道直属	道直属	泸川府	泸川府	南溪府	云南府	越巂府	汉源府	卢山府	通化府	通化府	道直属	通化府	交川府	交川府	交川府	交川府	交川府	交川府	交川府	交川府	交川府	通化府
天宝十三(754)	蜀郡府	蜀郡府	蜀郡府	蜀郡府	蜀郡府	蜀郡府	蜀郡府	蜀郡府	蜀郡府	道直属	道直属	道直属	道直属	道直属	■■■	道直属	道直属	泸川府	泸川府	南溪府	云南府	越巂府	汉源府	卢山府	通化府	通化府	道直属	通化府	交川府	交川府	交川府	交川府	交川府	交川府	交川府	交川府	交川府	通化府
至德元载(756)	蜀郡府	蜀郡府	蜀郡府	蜀郡府	蜀郡府	蜀郡府	蜀郡府	蜀郡府	蜀郡府	道直属	道直属	道直属	道直属	道直属	■■■	道直属	道直属	泸川府	泸川府	南溪府	陷南诏	越巂府	汉源府	卢山府	通化府	通化府	道直属	陷吐蕃	交川府	交川府	交川府	交川府	交川府	交川府	交川府	交川府	交川府	保宁府
至德二载(757)	成都府①	剑南镇	剑南镇	剑南镇	剑南镇	剑南镇	剑南镇	剑南镇	剑南镇	剑南镇	剑南镇	剑南镇	剑南镇	剑南镇	■■■	剑南镇	剑南镇	剑南镇	剑南镇	剑南镇	陷南诏	剑南镇	剑南镇	剑南镇	剑南镇	剑南镇	剑南镇	陷吐蕃	剑南镇	剑南镇	属山西							保宁府
乾元元年(758)	成都府	简州	陵州	嘉州	眉州	邛州	唐兴②	汉州	绵州	梓州	剑州	龙州	遂州	果州	合州③	普州	资州	荣州	泸州	戎州		巂州	黎州	雅州	茂州	维州	阆州	保州	松州	翼州		扶州	当州	悉州	柘州	静州	真州	霸州
乾元三年(759)	剑南镇	剑南镇	剑南镇	剑南镇	剑南镇	剑南镇	剑南镇	剑南镇	剑南镇	剑南镇	剑南镇	剑南镇	剑南镇	剑南镇	剑南镇	剑南镇	剑南镇	剑南镇	剑南镇	剑南镇	渝州④	剑南镇	剑南镇	剑南镇	剑南镇	剑南镇	剑南镇	剑南镇	剑南镇	剑南镇	昌州⑤	剑南镇	剑南镇	剑南镇	剑南镇	剑南镇	剑南镇	剑南镇
上元二年(761)	剑南镇	东川镇	东川镇	东川镇	西川镇	西川镇	西川镇	西川镇	东川镇	东川镇	东川镇	东川镇	东川镇	东川镇	东川镇	东川镇	东川镇	东川镇	东川镇	东川镇	东川镇	■■■	西川镇	西川镇	西川镇	西川镇	东川镇	西川镇	西川镇	西川镇	东川镇	西川镇	西川镇	西川镇	西川镇	西川镇	西川镇	西川镇

① 成都府系蜀郡升置,隶剑南节度使。
② 唐兴郡系唐安郡更名,隶剑南节度使。
③④⑤ 隶剑南节度使。

附 录 1575

续表

陷吐蕃	■■■	■■■	■■■	■■■	行霸州	西川镇	西川镇	西川镇	西川镇	降翻蛮					
行矇州	东西川	西川镇	西川镇	西川镇	行恭州	西川镇	西川镇	西川镇	西川镇	西川镇	西川镇	西川镇	西川镇	西川镇	西川镇
陷吐蕃	■■■	■■■	■■■	■■■	行恭州	西川镇	西川镇	西川镇	西川镇	西川镇	西川镇	西川镇	西川镇	西川镇	西川镇
陷吐蕃	■■■	■■■	■■■	■■■	行静州	西川镇	西川镇	西川镇	西川镇	西川镇	西川镇	西川镇	西川镇	西川镇	西川镇
陷吐蕃	■■■	■■■	■■■	■■■	行柘州	西川镇	西川镇	西川镇	西川镇	西川镇	西川镇	西川镇	西川镇	西川镇	西川镇
陷吐蕃	■■■	■■■	■■■	■■■	行悉州	西川镇	西川镇	西川镇	西川镇	西川镇	西川镇	西川镇	西川镇	西川镇	西川镇
陷吐蕃	■■■	■■■	■■■	■■■	行当州	西川镇	西川镇	西川镇	西川镇	西川镇	西川镇	西川镇	西川镇	西川镇	西川镇
西川镇	东西川	属山西	乾州	西川镇	西川镇	西川镇	西川镇	西川镇	西川镇	西川镇	西川镇	西川镇	西川镇	西川镇	西川镇
东川镇	东西川	东川镇	东川镇	东川镇	东川镇	昌州废	昌州	东川镇	东川镇	东川镇	东川镇	东川镇	东川镇	东川镇	东川镇
西川镇	东西川	西川镇	西川镇	西川镇	西川镇	西川镇	西川镇	西川镇	西川镇	西川镇	西川镇	西川镇	西川镇	西川镇	西川镇
陷吐蕃	■■■	■■■	■■■	■■■	■■■	■■■	■■■	■■■	■■■	行松州	西川镇	西川镇	西川镇	西川镇	西川镇
陷吐蕃	■■■	■■■	■■■	■■■	行保州	西川镇	西川镇	西川镇	西川镇	降翻蛮	■■■	古州	西川镇	西川镇	西川镇
东川镇	东西川	属山西	■■■	■■■	■■■	■■■	■■■	■■■	■■■	■■■	■■■	■■■	■■■	■■■	■■■
行维州	东西川	西川镇	西川镇	西川镇	西川镇	西川镇	西川镇	西川镇	西川镇	西川镇	西川镇	西川镇	西川镇	西川镇	西川镇
西川镇	东西川	西川镇	西川镇	西川镇	西川镇	西川镇	西川镇	西川镇	西川镇	西川镇	西川镇	西川镇	西川镇	西川镇	西川镇
西川镇	东西川	西川镇	西川镇	西川镇	西川镇	西川镇	西川镇	西川镇	西川镇	西川镇	西川镇	西川镇	西川镇	西川镇	西川镇
■■■	■■■	■■■	■■■	■■■	行潘州	西川镇	潘州	西川镇	西川镇	西川镇	西川镇	西川镇	西川镇	西川镇	西川镇
东川镇	东西川	东川镇	东川镇	东川镇	东川镇	东川镇	东川镇	东川镇	东川镇	东川镇	东川镇	东川镇	东川镇	东川镇	东川镇
西川镇	东西川	西川镇	西川镇	西川镇	西川镇	西川镇	西川镇	西川镇	西川镇	西川镇	西川镇	西川镇	西川镇	西川镇	西川镇
东川镇	东西川	西川镇	西川镇	西川镇	西川镇	西川镇	西川镇	西川镇	西川镇	西川镇	西川镇	西川镇	西川镇	东川镇	西川镇
东川镇	东西川	东川镇	东川镇	东川镇	东川镇	东川镇	东川镇	东川镇	东川镇	东川镇	东川镇	东川镇	东川镇	东川镇	东川镇
东川镇	东西川	属山西													
东川镇	东西川	东川镇	东川镇	东川镇	东川镇	东川镇	东川镇	东川镇	东川镇	东川镇	东川镇	东川镇	东川镇	东川镇	东川镇
东川镇	东西川	东川镇	东川镇	东川镇	东川镇	东川镇	东川镇	东川镇	东川镇	东川镇	东川镇	东川镇	东川镇	东川镇	东川镇
东川镇	东西川	东川镇	东川镇	东川镇	东川镇	东川镇	东川镇	东川镇	东川镇	东川镇	东川镇	东川镇	东川镇	东川镇	东川镇
西川镇	东西川	西川镇	西川镇	西川镇	西川镇	西川镇	西川镇	西川镇	西川镇	西川镇	西川镇	西川镇	西川镇	西川镇	西川镇
西川镇	东西川	西川镇	西川镇	西川镇	西川镇	西川镇	西川镇	西川镇	西川镇	西川镇	西川镇	西川镇	西川镇	西川镇	西川镇
西川镇	东西川	西川镇	西川镇	西川镇	西川镇	西川镇	西川镇	西川镇	西川镇	西川镇	西川镇	西川镇	西川镇	西川镇	西川镇
西川镇	东西川	西川镇	西川镇	西川镇	西川镇	西川镇	西川镇	西川镇	西川镇	西川镇	西川镇	西川镇	西川镇	西川镇	西川镇
东川镇	东西川	西川镇	西川镇	西川镇	西川镇	西川镇	西川镇	西川镇	西川镇	西川镇	西川镇	西川镇	西川镇	东川镇	西川镇
西川镇	东西川	西川镇	西川镇	西川镇	西川镇	西川镇	西川镇	西川镇	西川镇	西川镇	西川镇	西川镇	西川镇	西川镇	西川镇
广德元年(763)	广德二年(764)	大历元年(766)	大历三年(768)	大历四年(769)	大历五年(770)	大历六年(771)	大历十年(775)	贞元五年(789)	贞元九年(793)	贞元十年(794)	永贞元年(805)	元和元年(806)			

续表

元和四年(809)	西川镇	西川镇	降羁縻									
元和中	西川镇	西川镇	降羁縻									
	西川镇	西川镇	降羁縻									
	西川镇	西川镇	降羁縻									
	西川镇	西川镇	降羁縻									
	西川镇	西川镇	降羁縻									
	西川镇	西川镇	西川镇	西川镇	西川镇	西川镇	西川镇	西川镇	西川镇	西川镇	西川镇	西川镇
	东川镇	东川镇	东川镇	东川镇	东川镇	东川镇	东川镇	东川镇	东川镇	东川镇	东川镇	东川镇
	西川镇	西川镇	西川镇	西川镇	西川镇	西川镇	西川镇	西川镇	西川镇	西川镇	西川镇	西川镇
	西川镇	西川镇	降羁縻			西川镇	西川镇	西川镇	西川镇	文州威戎镇	属山西	属山西	
	西川镇	降羁縻							武州①			
	■■■	■■■	■■■		■■■	■■■	■■■	■■■	■■■	■■■	■■■	闾州
长庆元年(821)	西川镇	西川镇	维州废	嶲州	西川镇	西川镇	西川镇	西川镇	西川镇	西川镇	西川镇	西川镇
大中三年(849)	西川镇	西川镇	西川镇	西川镇	西川镇	西川镇	西川镇	西川镇	威戎镇	威戎镇	龙剑镇	龙剑镇
咸通六年(865)	西川镇	西川镇	西川镇	西川镇	西川镇	定边镇	西川镇	西川镇	永平镇	西川镇	西川镇	西川镇
咸通九年(868)	西川镇	西川镇	西川镇	西川镇	西川镇	定边镇	西川镇	西川镇	永平镇	西川镇	西川镇	西川镇
咸通十一(870)	西川镇	西川镇	西川镇	西川镇	行蕃州	定边镇	西川镇	西川镇	州废			
光启二年(886)	东川镇	东川镇	东川镇	东川镇	东川镇	东川镇	东川镇	东川镇	东川镇	东川镇	东川镇	东川镇
文德元年(888)	西川镇	西川镇	西川镇	西川镇	西川镇	西川镇	西川镇	西川镇	西川镇	西川镇	西川镇	西川镇
大顺二年(891)	东川镇	东川镇	东川镇	东川镇	东川镇	东川镇	东川镇	东川镇	东川镇	东川镇	东川镇	东川镇
景福元年(892)	西川镇	西川镇	西川镇	西川镇	西川镇	西川镇	西川镇	西川镇	西川镇	西川镇	西川镇	西川镇
景福二年(893)	东川镇	东川镇	东川镇	东川镇	东川镇	东川镇	东川镇	东川镇	东川镇	东川镇	东川镇	东川镇

① 隶威戎军节度使。

续表

	成都府	简州	眉州	邛州	蜀州	汉州	彭州	绵州	梓州	剑州	龙州	遂州	合州	普州	资州	泸州	戎州	渝州	黎州	雅州	茂州	维州	翼州	昌州	扶州
光化二年(899)	成都府	东川镇	西川镇	西川镇	西川镇	西川镇	西川镇	东川镇	东川镇	东川镇	龙剑镇	武信镇	武信镇	东川镇	东川镇	武信镇	武信镇	武信镇	西川镇	西川镇	龙剑镇	龙剑镇	西川镇	武信镇	西川镇
天祐三年(906)		属山西	西川镇	西川镇	西川镇	西川镇	西川镇	东川镇	东川镇	凤山西	龙剑镇	武信镇	武信镇	东川镇	西川镇	武信镇	武信镇	武信镇	西川镇	西川镇	龙剑镇	属山西	西川镇	武信镇	西川镇

19. 陇右道—河西道府州沿革表

	鄯州	兰州	廓州	河州	秦州	成州	渭州	旭州	洮州	岷州	武州	宕州	叠州	芳州	文州	扶州	凉州	甘州	瓜州	沙州	西伊州	轨州①	西戎州②	岷州③	丛州④
贞观元年(627)	鄯州	兰州府	兰州府	河州	秦州府	秦州府	秦州府	岷州府	松州府	岷州府	岷州府	岷州府	岷州府	岷州府	岷州府	岷州府	凉州府	凉州府	瓜州	沙州					
贞观二年(628)		兰州府	兰州府	河州	秦州府	秦州府	秦州府	岷州府	松州府	岷州府	岷州府	岷州府	岷州府	岷州府	岷州府	岷州府	凉州府	凉州府	瓜州	瓜州					
贞观三年(629)		兰州府	兰州府	河州	秦州府	秦州府	秦州府	岷州府	松州府	岷州府	岷州府	岷州府	岷州府	岷州府	岷州府	岷州府	凉州府	凉州府	瓜州	瓜州					
贞观四年(630)		兰州府	兰州府	河州	秦州府	秦州府	秦州府	岷州府	松州府	岷州府	岷州府	岷州府	岷州府	岷州府	岷州府	岷州府	凉州府	凉州府	瓜州	瓜州	伊州	西伊州 降羁縻			
贞观五年(631)		兰州府	兰州府	河州	秦州府	秦州府	秦州府	岷州府	松州府	岷州府	岷州府	岷州府	岷州府	岷州府	岷州府	岷州府	凉州府	凉州府	瓜州	瓜州	伊州	降羁縻	降羁縻		
贞观六年(632)		兰州府	兰州府	松州府	秦州府	秦州府	秦州府	岷州府	松州府	岷州府	岷州府	岷州府	岷州府	岷州府	岷州府	岷州府	属关内	凉州府	凉州府	凉州府	伊州	降羁縻	降羁縻	降羁縻	
贞观七年(633)		兰州府	乌州	松州府	秦州府	秦州府	秦州府	岷州府	松州府	岷州府	岷州府	岷州府	岷州府	岷州府	岷州府	岷州府	龙州	凉州府	凉州府	沙州	伊州				降羁縻

①②③④ 隶松州都督府。

续表

							庭州	安西府	安西府	陷突厥	■■■	■■■	庭州										
													疏勒②										
													于阗军										
													焉耆军										
													龟兹①										
贞观八年(634)	凉州府						凉州府	凉州府	凉州府	凉州府	凉州府			松州府	松州府	松州府	岷州废	洮州	秦州府	秦州府	松州府	兰州府	廓州	兰州府	兰州府
贞观九年(635)	凉州府						凉州府	凉州府	凉州府	凉州府	凉州府		松州府	松州府	松州府	松州府	岷州府	岷州府	秦州府	秦州府	松州府	兰州府	乌州废	兰州府	兰州府
贞观十一年(637)	凉州府						凉州府	凉州府	凉州府	凉州府	凉州府		松州府	松州府	松州府	松州府	岷州府	岷州府	秦州府	秦州府	松州府	兰州府	潭州	兰州府	兰州府
贞观十二年(638)	凉州府						凉州府	凉州府	凉州府	凉州府	凉州府		松州府	松州府	松州府	叠州府	岷州府	岷州府	秦州府	秦州府	松州府	兰州府	兰州府	兰州府	兰州府
贞观十四年(640)	安西府	西州					凉州府	凉州府	凉州府	凉州府	凉州府		松州府	松州府	松州府	叠州府	叠州府	岷州府	秦州府	秦州府	松州府	兰州府	兰州府	兰州府	兰州府
贞观廿一年(647)	安西府						凉州府	凉州府	凉州府	凉州府	凉州府	当州	松州府	松州府	松州府	叠州府	叠州府	岷州府	秦州府	秦州府	松州府	兰州府	兰州府	兰州府	兰州府
永徽元年(650)	安西府						凉州府	凉州府	凉州府	凉州府	凉州府	松州府	松州府	松州府	松州府	叠州府	洮州府	岷州府	秦州府	秦州府	松州府	兰州府	兰州府	兰州府	兰州府
永徽二年(651)	安西府						沙州府	沙州府	凉州府	凉州府	凉州府	属剑南	属剑南	属剑南	属剑南	洮州府	洮州府	岷州府	秦州府	秦州府	属剑南	鄯州府	鄯州府	鄯州府	鄯州府
永徽四年(653)	安西府						沙州府	沙州府	凉州府	凉州府	凉州府					洮州府	洮州府	洮州府	秦州府	秦州府		鄯州府	鄯州府	鄯州府	鄯州府
显庆元年(656)	安西府	西州					凉州府	凉州府	凉州府	凉州府	凉州府						洮州府	洮州府	秦州府	秦州府		鄯州府	鄯州府	鄯州府	鄯州府
显庆三年(658)	凉州府	西州					凉州府	凉州府	凉州府	凉州府	凉州府						洮州府	洮州府	秦州府	秦州府		鄯州府	鄯州府	鄯州府	鄯州府

① 龟兹镇守军隶安西都护府。
② 疏勒镇守军隶安西都护府。

附　录　1579

续表

年份																								
龙朔二年(662)	西州府	疏勒废	安西府	安西府	龟兹废	凉州府	西州府	凉州府	凉州府	凉州府	凉州府			洮州府	洮州府	秦州府	洮州府	秦州府	秦州府	鄯州府	鄯州府	鄯州府	鄯州府	鄯州府
龙朔三年(663)		■■■	安西府	安西府	龟兹①	凉州府	西州府	凉州府	凉州府	凉州府	凉州府			洮州府	洮州府	秦州府	洮州府	秦州府	秦州府	鄯州府	鄯州府	鄯州府	鄯州府	鄯州府
咸亨元年(670)	金山府	■■■	陷吐蕃	陷吐蕃	陷吐蕃	凉州府	西州府	凉州府	凉州府	凉州府	凉州府	雄州		洮州府	洮州府	秦州府	洮州府	秦州府	秦州府	鄯州府	鄯州府	鄯州府	鄯州府	鄯州府
上元二年(675)	金山府	疏勒军	于阗军	嘉麓军	龟兹军	西州府	西州府	凉州府	凉州府	凉州府	凉州府	凉州府	芳州废	洮州府	洮州府	秦州府	洮州府	秦州府	秦州府	鄯州府	鄯州府	鄯州府	鄯州府	鄯州府
仪凤元年(676)	金山府	安西府	安西府	安西府	安西府	西州府	西州府	凉州府	凉州府	凉州府	凉州府	凉州府			洮州府	秦州府	洮州府	秦州府	秦州府	鄯州府	鄯州府	行儒州	鄯州府	鄯州府
仪凤三年(678)	金山府	陷吐蕃	陷吐蕃	陷吐蕃	陷吐蕃	西州府	西州府	凉州府	凉州府	凉州府	凉州府	凉州府			洮州府	秦州府	洮州府	秦州府	秦州府	鄯州府	鄯州府	鄯州府	鄯州府	鄯州府
调露元年(679)	金山府	碎叶⑤疏勒④	于阗③	■■■	龟兹②	西州府	西州府	沙州府	沙州府	凉州府	凉州府	雄州废			洮州府	秦州府	洮州府	秦州府	秦州府	鄯州府	鄯州府	鄯州府	鄯州府	鄯州府
垂拱二年(686)	金山府	保大⑥疏勒废	于阗废	■■■	龟兹废	西州府	西州府	沙州府	沙州府	凉州府	凉州府				洮州府	秦州府	洮州府	秦州府	秦州府	鄯州府	鄯州府	鄯州府	鄯州府	鄯州府
长寿二年(693)	金山府	碎叶⑦疏勒军	于阗军	■■■	龟兹军	西州府	西州府	沙州府	沙州府	凉州府	凉州府				洮州府	秦州府	洮州府	秦州府	秦州府	鄯州府	鄯州府	鄯州府	鄯州府	鄯州府

①② 龟兹镇守军隶安西都护府。
③ 于阗镇守军隶安西都护府。
④ 疏勒镇守军隶安西都护府。
⑤⑦ 碎叶镇守军隶安西都护府。
⑥ 保大军隶安西都护府。

续表

											伊吾军	伊吾军
北庭府	北庭府	北庭府	北庭府	北庭府	北庭府	北庭府	北庭府	北庭府	北庭府	北庭府	北庭府	北庭府
北庭府	北庭府	北庭府	北庭府	北庭府	碎叶废							
安西府	安西府	安西府	安西府	安西府	安西府	安西府	安西府	安西府	安西府	安西府	安西府	疏勒军
安西府	安西府	安西府	安西府	安西府	安西府	安西府	安西府	安西府	安西府	安西府	安西府	于阗军
■■■	■■■	■■■	■■■	■■■	焉耆军	安西府	安西府	安西府	安西府	安西府	安西府	焉耆军
安西府	安西府	安西府	安西府	安西府	安西府	安西府	安西府	安西府	安西府	安西府	安西府	龟兹军
西州府	西州府	西州府	西州府	西州府	西州府	西州府	西州府	西州府	西州府	西州府	西州府	伊吾郡
西州府	西州府	西州府	西州府	西州府	西州府	西州府	西州府	西州府	西州府	西州府	西州府	交河郡
瓜州府	瓜州府	瓜州府	瓜州府	瓜州府	瓜州府	瓜州府	瓜州府	瓜州府	瓜州府	瓜州府	瓜州府	敦煌郡
瓜州府	瓜州府	瓜州府	瓜州府	瓜州府	瓜州府	瓜州府	瓜州府	瓜州府	瓜州府	瓜州府	瓜州府	晋昌郡
凉州府	凉州府	凉州府	凉州府	凉州府	凉州府	凉州府	凉州府	凉州府	凉州府	凉州府	凉州府	酒泉郡
凉州府	凉州府	凉州府	凉州府	凉州府	凉州府	凉州府	凉州府	凉州府	凉州府	凉州府	凉州府	张掖郡
凉州府	凉州府	凉州府	凉州府	凉州府	凉州府	凉州府	凉州府	凉州府	凉州府	凉州府	凉州府	武威郡
洮州府	洮州府	洮州府	洮州府	洮州府	洮州府	秦州府	洮州府	洮州府	洮州府	洮州府	洮州府	合川郡
洮州府	洮州府	洮州府	洮州府	洮州府	洮州府	秦州府	秦州府	洮州府	洮州府	洮州府	洮州府	怀道郡
秦州府	秦州府	秦州府	秦州府	秦州府	秦州府	秦州府	秦州府	洮州府	洮州府	洮州府	洮州府	武都郡
洮州府	洮州府	洮州府	洮州府	洮州府	洮州府	秦州府	秦州府	洮州府	洮州府	洮州府	洮州府	和政郡
洮州府	洮州府	洮州府	洮州府	洮州府	洮州府	洮州府	洮废	临州①	洮州	洮州	洮州	临洮郡
秦州府	秦州府	秦州府	秦州府	秦州府	秦州府	秦州府	秦州府	秦州府	秦州府	秦州府	秦州府	陇西郡
秦州府	秦州府	秦州府	秦州府	秦州府	秦州府	秦州府	秦州府	秦州府	秦州府	秦州府	秦州府	同谷郡
秦州府	秦州府	秦州府	秦州府	秦州府	秦州府	秦州府	秦州府	秦州府	秦州府	秦州府	秦州府	天水郡
鄯州府	鄯州府	鄯州府	鄯州府	鄯州府	鄯州府	鄯州府	鄯州府	鄯州府	鄯州府	鄯州府	鄯州府	宁塞郡
鄯州府	鄯州府	鄯州府	鄯州府	鄯州府	鄯州府	鄯州府	鄯州府	鄯州府	鄯州府	鄯州府	鄯州府	安乡郡
鄯州府	鄯州府	鄯州府	鄯州府	淳州废								
鄯州府	鄯州府	鄯州府	鄯州府	行廓废								
鄯州府	鄯州府	鄯州府	鄯州府	鄯州府	鄯州府	鄯州府	鄯州府	鄯州府	鄯州府	鄯州府	鄯州府	金城郡
鄯州府	鄯州府	鄯州府	鄯州府	鄯州府	鄯州府	鄯州府	鄯州府	鄯州府	鄯州府	鄯州府	鄯州府	西平郡
长安二年(702)	长安三年(703)	景龙三年(709)	开元元年(713)	开元四年(716)	开元七年(719)	开元十七(729)	开元二十(732)	开元廿七(739)	开元末(约741)			

① 隶秦州都督府。

续表

																			归仁军	
															安西府	安西府	安西府	安西府	归仁军	安西镇 陷吐蕃
									清海军				北庭府	伊西镇	清海军	伊西镇	伊西镇	伊西镇	伊西镇	安西镇
北庭府	北庭府	北庭府	北庭府	北庭府	伊西镇	伊吾军	伊西镇	伊西镇	伊西镇											
北庭府	北庭府	北庭府	北庭府	北庭府	伊西镇	北庭府	伊西镇	伊西镇	伊西镇											
安西府	安西府	安西府	安西府	安西府	安西镇	疏勒军	安西镇	安西镇	安西镇											
安西府	安西府	安西府	安西府	安西府	安西镇	于阗军	安西镇	安西镇	安西镇											
安西府	安西府	安西府	安西府	安西府	安西镇	焉耆军	安西镇	安西镇	安西镇											
安西府	安西府	安西府	安西府	安西府	安西镇	龟兹军	安西镇	安西镇	安西镇											
交河府	交河府	交河府	交河府	交河府	伊西镇	伊州	伊西镇	伊西镇	伊西镇											
交河府	交河府	交河府	交河府	交河府	伊西镇	西州	伊西镇	伊西镇	伊西镇											
晋昌府	晋昌府	晋昌府	晋昌府	晋昌府	河西镇	沙州	河西镇	河西镇	河西镇											
晋昌府	晋昌府	晋昌府	晋昌府	晋昌府	河西镇	瓜州	河西镇	河西镇	河西镇											
武威府	武威府	武威府	武威府	武威府	河西镇	肃州	河西镇	河西镇	河西镇											
武威府	武威府	武威府	武威府	武威府	河西镇	甘州	河西镇	河西镇	河西镇											
武威府	武威府	武威府	武威府	武威府	河西镇	凉州	河西镇	河西镇	河西镇											
				洮阳③	陷吐蕃															
临洮府	临洮府	临洮府	临洮府	临洮府	陇右镇	叠州	陇右镇	陇右镇	陇右镇											
临洮府	临洮府	临洮府	临洮府	临洮府	陇右镇	宕州	陇右镇	■■■	■■■											
临洮府	临洮府	临洮府	临洮府	临洮府	陇右镇	属山西	■■■	■■■	■■■											
临洮府	临洮府	临洮府	临洮府	临洮府	陇右镇	岷州	陇右镇	陇右镇	陇右镇											
临洮府	临洮府	临洮府	临洮府	临洮府	陇右镇	洮州	陇右镇	陇右镇	陇右镇											
天水府	天水府	天水府	天水府	天水府	陇右镇	渭州	陇右镇	陇右镇	陇右镇											
天水府	天水府	天水府	天水府	天水府	陇右镇	成州	陇右镇	陇右镇	陇右镇											
天水府	天水府	天水府	天水府	天水府	陇右镇	秦州	陇右镇	属京畿	■■■											
				洮河②	陷吐蕃															
西平府	西平府	西平府	西平府	西平府	陇右镇	廓州	陇右镇	陇右镇	陷吐蕃											
西平府	西平府	西平府	西平府	西平府	陇右镇	河州	陇右镇	陇右镇	陇右镇											
				鄯城①	陷吐蕃															
西平府	狄道郡	西平府	西平府	西平府	陇右镇	临州	陇右镇	陇右镇	陇右镇											
西平府	西平府	西平府	西平府	西平府	陇右镇	兰州	陇右镇	陇右镇	陇右镇											
西平府	西平府	西平府	西平府	西平府	陇右镇	鄯州	陇右镇	陇右镇	陇右镇											
天宝元年(742)	天宝二年(743)	天宝六载(747)	天宝中	天宝十三载(754)	至德元载(756)		乾元元年(758)	乾元二年(759)	上元元年(760)											

① 鄯城郡隶西平郡都督府。
② 洮河郡隶西平郡都督府。
③ 洮阳郡隶临洮郡都督府。

续表

	上元二年(761)	宝应元年(762)	广德元年(763)	永泰元年(765)	永泰二年(766)	大历二年(767)	大历六年(771)	大历十一年(776)	贞元二年(786)	贞元六年(790)	贞元八年(792)
							静塞军	伊西镇	伊西镇	陷吐蕃	
	安西镇	安西镇	安西镇	安西镇	安西镇	安西镇	安西镇	安西镇	安西镇	安西镇	安西镇
	伊西镇	伊西镇	伊西镇	伊西镇	伊西镇	伊西镇	伊西镇	伊西镇	伊西镇	陷吐蕃	
	伊西镇	伊西镇	伊西镇	伊西镇	伊西镇	伊西镇	伊西镇	伊西镇	伊西镇	陷吐蕃	
	伊西镇	伊西镇	伊西镇	伊西镇	伊西镇	伊西镇	伊西镇	伊西镇	伊西镇	陷吐蕃	
	安西镇	安西镇	安西镇	安西镇	安西镇	安西镇	安西镇	安西镇	安西镇	安西镇	安西镇
	安西镇	安西镇	安西镇	安西镇	安西镇	安西镇	安西镇	安西镇	安西镇	安西镇	安西镇
	安西镇	安西镇	安西镇	安西镇	安西镇	安西镇	安西镇	安西镇	安西镇	安西镇	安西镇
	伊西镇	伊西镇	伊西镇	伊西镇	伊西镇	伊西镇	伊西镇	伊西镇	伊西镇	陷吐蕃	■■■
	伊西镇	伊西镇	伊西镇	伊西镇	伊西镇	伊西镇	伊西镇	伊西镇	伊西镇	陷吐蕃	■■■
	河西镇	河西镇	河西镇	河西镇	河西镇	河西镇	河西镇	河西镇	陷吐蕃	■■■	■■■
	河西镇	河西镇	河西镇	河西镇	河西镇	河西镇	河西镇	陷吐蕃	■■■	■■■	■■■
	河西镇	河西镇	河西镇	河西镇	河西镇	陷吐蕃	■■■	■■■	■■■	■■■	■■■
	河西镇	河西镇	河西镇	河西镇	河西镇	行甘州	河西镇	河西镇	陷吐蕃	■■■	■■■
	河西镇	河西镇	河西镇	河西镇	陷吐蕃						
	陇右镇	陇右镇	陇右镇	陇右镇	陇右镇	陷吐蕃					
	陇右镇	陇右镇	陇右镇	陇右镇	陇右镇	陷吐蕃					
	■■■	■■■	■■■	■■■	行武州	陇右镇	陇右镇	陇右镇	陇右镇	陇右镇	陇右镇
	陇右镇	陇右镇	陷吐蕃								
	陇右镇	陷吐蕃									
	陇右镇	陇右镇	陷吐蕃								
	■■■	■■■	■■■	■■■	■■■	■■■	■■■	■■■	■■■	■■■	■■■
	■■■	■■■	■■■	■■■	■■■	■■■	■■■	■■■	■■■	■■■	■■■
	陇右镇	陷吐蕃									
	陇右镇	陷吐蕃									
	陇右镇	陷吐蕃									
	陷吐蕃	■■■	■■■	■■■	■■■	■■■	■■■	■■■	■■■	■■■	■■■

续表

年代											
贞元十年(794)	安西镇	陷吐蕃							■■■		属京畿	■■■	■■■	■■■
贞元十七年(801)			安西镇	陷吐蕃				■■■		■■■	■■■	■■■
大中三年(849)					安西镇	陷吐蕃		■■■		■■■	成州	秦州	■■■
大中五年(851)							安西镇	陷吐蕃	■■■		■■■	秦成镇	秦成镇	■■■
大中十年(856)									伊州		■■■	秦成镇	秦成镇	■■■
咸通二年(861)									沙州	瓜州	肃州	甘州	凉州①		秦成镇	秦成镇	鄯州②
咸通四年(863)									归义镇	归义镇	归义镇	归义镇	凉州镇	武州	秦成镇	秦成镇	陷吐蕃
咸通五年(864)									归义镇	归义镇	归义镇	归义镇	凉州镇	天雄镇	秦成镇	天雄镇	
咸通七年(866)									归义镇	归义镇	归义镇	归义镇	凉州镇	天雄镇	天雄镇	天雄镇	
广明元年(880)									归义镇	归义镇	归义镇	归义镇	凉州镇	天雄镇	天雄镇	天雄镇	
光启三年(887)									归义镇	归义镇	归义镇	归义镇	凉州镇 行威州	天雄镇	天雄镇	天雄镇	
文德元年(888)									伊州	沙州	瓜州	肃州	甘州	凉州 行威州	属剑南	成州	秦州	鄯州

① 隶归义军节度使。
② 隶凉州节度使。

三、唐朝年号与公元纪年对照表

年 号	公元	年 号	公元	年 号	公元	年 号	公元	年 号	公元
唐高祖李渊		五	654	弘道元	683	二	702	十八	730
武德元	618	六	655	二	684	三	703	十九	731
二	619	显庆元	656	**唐中宗李哲**		四	704	二十	732
三	620	二	657	嗣圣元	684	**唐中宗李显**		廿一	733
四	621	三	658	**唐睿宗李旦**		神龙元	705	廿二	734
五	622	四	659	文明元	684	二	706	廿三	735
六	623	五	660	**唐高后武则天**		三	707	廿四	736
七	624	六	661	光宅元	684	景龙元	707	廿五	737
八	625	龙朔元	661	垂拱元	685	二	708	廿六	738
九	626	二	662	二	686	三	709	廿七	739
唐太宗李世民		三	663	三	687	四	710	廿八	740
贞观元	627	麟德元	664	四	688	**唐殇帝李重茂**		廿九	741
二	628	二	665	永昌元	689	唐隆元	710	天宝元	742
三	629	乾封元	666	载初元	689	**唐睿宗李旦**		二	743
四	630	二	667	二	690	景云元	710	三	744
五	631	三	668	**周皇帝武曌**		二	711	四	745
六	632	总章元	668	天授元	690	三	712	五	746
七	633	二	669	二	691	太极元	712	六	747
八	634	三	670	三	692	延和元	712	七	748
九	635	咸亨元	670	如意元	692	**唐玄宗李隆基**		八	749
十	636	二	671	长寿元	692	先天元	712	九	750
十一	637	三	672	二	693	二	713	十	751
十二	638	四	673	三	694	开元元	713	十一	752
十三	639	五	674	延载元	694	二	714	十二	753
十四	640	前上元元	674	二	695	三	715	十三	754
十五	641	二	675	证圣元	695	四	716	十四	755
十六	642	三	676	天册万岁	695	五	717	十五	756
十七	643	仪凤元	676	万岁登封	695	六	718	**唐肃宗李亨**	
十八	644	二	677	七	696	七	719	至德元	756
十九	645	三	678	万岁通天	696	八	720	二	757
二十	646	四	679	二	697	九	721	三	758
廿一	647	调露元	679	神功元	697	十	722	乾元元	758
廿二	648	二	680	圣历元	698	十一	723	二	759
廿三	649	永隆元	680	二	699	十二	724	三	760
唐高宗李治		二	681	三	700	十三	725	后上元元	760
永徽元	650	开耀元	681	久视元	700	十四	726	二	761
二	651	二	682		701	十五	727	三	762
三	652	永淳元	682	大足元	701	十六	728	**唐代宗李豫**	
四	653	二	683	长安元	701	十七	729	宝应元	762

续 表

年号	公元	年号	公元	年号	公元	年号	公元	年号	公元
二	763	十	794	四	824	七	853	二	882
广德元	763	十一	795	唐敬宗李谌		八	854	三	883
二	764	十二	796	宝历元	825	九	855	四	884
永泰元	764	十三	797	二	826	十	856	五	885
二	765	十四	798	三	827	十一	857	光启元	885
大历元	766	十五	799	唐文宗李昂		十二	858	二	886
二	767	十六	800	大和元	827	十三	859	三	887
三	768	十七	801	二	828	十四	860	四	888
四	769	十八	802	三	829	唐懿宗李漼		文德元	888
五	770	十九	803	四	830	咸通元	860	唐昭宗李晔	
六	771	二十	804	五	831	二	861	龙纪元	889
七	772	廿一	805	六	832	三	862	大顺元	890
八	773	唐顺宗李诵		七	833	四	863	二	891
九	774	永贞元	805	八	834	五	864	景福元	892
十	775	唐宪宗李纯		九	835	六	865	二	893
十一	776	元和元	806	开成元	836	七	866	乾宁元	894
十二	777	二	807	二	837	八	867	二	895
十三	778	三	808	三	838	九	868	三	896
十四	779	四	809	四	839	十	869	四	897
唐德宗李适		五	810	五	840	十一	870	五	898
建中元	780	六	811	唐武宗李炎		十二	871	光化元	898
二	781	七	812	会昌元	841	十三	872	二	899
三	782	八	813	二	842	十四	873	三	900
四	783	九	814	三	843	十五	874	四	901
兴元元	784	十	815	四	844	唐僖宗李儇		天复元	901
贞元元	785	十一	816	五	845	乾符元	874	二	902
二	786	十二	817	六	846	二	875	三	903
三	787	十三	818	唐宣宗李忱		三	876	四	904
四	788	十四	819	大中元	847	四	877	唐哀帝李柷	
五	789	十五	820	二	848	五	878	天祐元	904
六	790	唐穆宗李恒		三	849	六	879	二	905
七	791	长庆元	821	四	850	广明元	880	三	906
八	792	二	822	五	851	一	881	四	907
九	793	三	823	六	852	中和元	881		

引用书目[1]

一、古代著作文献类

《二十世纪中外大地图》,(清)周世棠等编绘,光绪三十二年新学会社刊本。

《十七史商榷》,(清)王鸣盛撰,《丛书集成》初编本。

《八琼室金石补正》,(清)陆增祥编,文物出版社影印本,1985年。

《广东通志》,(清)郝玉麟等修撰,雍正九年刻本。

《广西通志》,(明)苏濬纂修,万历二十七年刻本。

《广西通志》,(清)金鉷等修撰,雍正十一年刻本。

《三国志》,(西晋)陈寿撰,中华书局点校本,1959年。

《三朝北盟会编》,(宋)徐梦莘撰,广陵古籍刻印社影印本,1987年。

《大元混一方舆胜览》,(元)刘应李编,四川大学出版社点校本,2003年。

《大定府志》,(清)黄宅中等修纂,中华书局点校本,2000年。

《大事记续编》,(明)王祎撰,《文渊阁四库全书》本,台北,1986年。

《大明一统志》,(明)李贤等修撰,三秦出版社影印本,1990年。

《大明会典》,(明)李东阳等撰,申时行等重修,广陵书社,2007年。

《大明清类天文分野之书》,(明)刘基撰,齐鲁书社《四库全书存目丛书》本,1995年。

《大唐六典》,(唐)李隆基等修撰,三秦出版社影印本,1991年;中华书局点校本,1992年。

《大唐西域记》,(唐)玄奘撰,中华书局校注本,1985年。

《大清一统志》,(清)和珅等修撰,《文渊阁四库全书》本,台北,1986年。

《大清一统舆图》,(清)胡林翼等编绘,同治二年湖北抚署景桓楼刊本。

《大清重修一统志》,(清)穆彰阿等修撰,《四部丛刊续编》本。

---

[1] 凡正文所引用之著作文献类,悉数列入,不包括期刊杂志及未直接引用的参考书。未注编撰人名者,皆为官修或未署领衔者之集体编撰。为便于查找,各类著作文献均以首字笔画为序。

《大慈恩寺三藏法师传》,(唐) 慧立等撰,中华书局点校本,2000 年。

《山东通志》,(清) 岳浚等修撰,乾隆元年刻本。

《山西通志》,(清) 觉罗石麟等修撰,雍正十二年刻本。

《千金翼方》,(唐) 孙思邈撰,上海古籍出版社校注本,1999 年。

《六研斋笔记》,(明) 李日华撰,《文渊阁四库全书》本,台北,1986 年。

《文宪集》,(明) 宋濂撰,《文渊阁四库全书》本,台北,1986 年。

《文馆词林》,(唐) 许敬宗编纂,《丛书集成》本。

《文献通考》,(元) 马端临撰,中华书局影印本,1986 年。

《方舆考证》,(清) 许鸿磐撰,四川大学出版社,2016 年。

《王右丞集》,(唐) 王维撰,上海古籍出版社《王右丞集笺注》本,1998 年。

《天下郡国利病书》,(清) 顾炎武撰,《四部丛刊》本。

《元丰九域志　新定九域志》,(宋) 王存、黄裳等撰,中华书局点校本,1984 年。

《元史》,(明) 宋濂等撰,中华书局点校本,1976 年。

《元和姓纂》,(唐) 林宝撰,《文渊阁四库全书》本,台北,1986 年。

《元和郡县图志》(简称《元和志》),(唐) 李吉甫撰,中华书局点校本,1983 年;《文渊阁四库全书》本,台北,1986 年。

《元和郡县图志考证》(省称《考证》),(清) 张驹贤撰,中华书局《元和郡县图志》本,1983 年。

《元和郡县图志阙卷逸文》,(清) 缪荃孙辑,中华书局《元和郡县图志》本,1983 年。

《云南志》,(唐) 樊绰撰,中国社会科学出版社《云南志校释》本,1985 年。

《云南通志》,(明) 邹应龙等修撰,万历四年刻本。

《云南通志》,(清) 阮元等修撰,道光十五年刻本。

《云笈七签》,(宋) 张君房撰,《文渊阁四库全书》本,台北,1986 年。

《太平御览》,(宋) 李昉等编,中华书局影印本,1960 年。

《太平寰宇记》,(宋) 乐史撰,金陵书局本,光绪八年;《文渊阁四库全书》本,台北,1986 年;中华书局影印本(残宋本),1999 年;中华书局点校本,2007 年。

《太平寰宇记补阙》,(清) 陈兰森撰,南昌万氏《太平寰宇记》本。

《太白阴经》,(唐) 李筌撰,《文渊阁四库全书》本,台北,1986 年。

《五代会要》,(宋) 王溥撰,上海古籍出版社点校本,1978 年。

《五洲地理志略》,(清) 王先谦撰,宣统二年湖南学务公所刻本。

《历代地理志韵编今释》,(清)李兆洛撰,江苏广陵古籍刻印社影印本,1992年。

《历代舆地沿革图》,(清)杨守敬等编绘,(台)联经出版事业公司影印本,1982年。

《中卫县志》,(清)黄恩锡纂修,宁夏人民出版社标点注释本,1990年。

《水经注》,(北朝)郦道元撰,上海古籍出版社点校本,1990年。

《长安志》,(宋)宋敏求撰,《经训堂丛书》本。

《长寿县志》,(清)薛禄天等修纂,康熙五十三年刻本。

《双溪醉隐集》,(元)耶律铸撰,《文渊阁四库全书》本,台北,1986年。

《汉书》,(东汉)班固撰,中华书局点校本,1962年。

《记纂渊海》,(宋)潘自牧撰,《文渊阁四库全书》本,台北,1986年。

《永乐大典》,(明)解缙等编,中华书局影印残本,1986年。

《平津读碑记》,(清)洪颐煊撰,嘉庆二十一年刻本。

《玉海》,(宋)王应麟撰,江苏古籍出版社等,1987年。

《古今姓氏书辨证》,(宋)邓名世撰,上海商务印书馆排印本,1936年。

《可斋续稿》,(宋)李曾伯撰,《文渊阁四库全书》本,台北,1986年。

《龙门县志》,(清)章焞纂修,康熙五十一年刻本。

《东莞县志》,(明)张二果等修撰,崇祯十二年刻本。

《北齐书》,(唐)李百药撰,中华书局点校本,1972年。

《旧五代史》,(宋)薛居正撰,中华书局点校本,1991年。

《旧唐书》,(五代)刘昫撰,中华书局点校本,1975年。

《四川通志》,(清)常明等修撰,嘉庆二十一年刻本。

《史记》,(西汉)司马迁撰,中华书局点校本,1962年。

《史记正义》,(唐)张守节撰,中华书局《史记》本,1982年。

《乐平县志》,(清)董萼荣等修撰,同治九年翥山书院刻本。

《册府元龟》,(宋)王钦若等编,中华书局影印本,1960年。

《辽东行部志》,(金)王寂撰,中华书局《五代宋金元人边疆行记十三种疏证稿》本,2004年。

《辽史》,(元)脱脱等撰,中华书局点校本,1974年。

《辽史地理志考》,(清)李慎儒撰,北京出版社,2000年。

《江西通志》,(清)谢旻等修撰,雍正十年刻本。

《江南通志》,(清)尹继善等修撰,乾隆元年刻本。

《兴山县志》,(清)黄世崇修撰,光绪十一年刻本。

《兴文县志》,(清)杨迦怿等修撰,嘉庆十八年刻本。
《安南志略》,(元)黎崱撰,中华书局点校本,1995年。
《安顺府志》,(清)常恩等修撰,咸丰元年刻本。
《齐乘》,(元)于钦撰,《宋元方志丛刊》本。
《至大金陵新志》,(元)张铉撰,《宋元方志丛刊》本。
《贞观政要》,(唐)吴兢编纂,上海古籍出版社点校本,1987年。
《曲江集》,(唐)张九龄撰,《四部丛刊》本。
《因话录》,(唐)赵璘撰,上海古籍出版社点校本,1979年。
《全唐文》,(清)董诰等编,中华书局影印本,1990年。
《会昌一品集》,(唐)李德裕撰,上海古籍出版社影印本,1994年。
《会稽志》,(宋)施宿等撰,《宋元方志丛刊》本。
《竹洲集》,(宋)吴儆撰,《文渊阁四库全书》本,台北:1986年。
《延庆州志》,(清)李钟俾等修撰,乾隆七年刻本。
《成都文类》,(宋)扈仲荣等编,《文渊阁四库全书》本,台北:1986年。
《休宁县志》,(明)程敏政撰,弘治四年刻本。
《华阳国志》,(东晋)常璩撰,巴蜀书社《华阳国志校注》本,1984年。
《后汉书》,(西晋)范晔撰,中华书局点校本,1965年。
《沧溟集》,(明)李攀龙撰,《文渊阁四库全书》本,台北,1986年。
《(宋本)历代地理指掌图》,(宋)税安礼撰,上海古籍出版社影印本,1989年。
《宋史》,(元)脱脱等撰,中华书局点校本,1977年。
《宋书》,(南朝)沈约撰,中华书局点校本,1974年。
《宋会要辑稿》,(清)徐松辑,中华书局影印本,1957年。
《初学记》,(唐)徐坚等撰,中华书局点校本,1962年。
《严州图经》,(宋)陈公亮等修,《宋元方志丛刊》本。
《杨炯集》,(唐)杨炯撰,中华书局1980年点校本。
《吴越备史》,(宋)范坰等撰,《文渊阁四库全书》本,台北,1986年。
《吴船录》,(宋)范成大撰,中华书局《范成大笔记六种》点校本,2002年。
《灵台秘苑》,(北朝)庾季才撰,(宋)王安礼等重修,天津古籍出版社点校本,1999年。
《张燕公集》,(唐)张说撰,上海古籍出版社影印本,1992年。
《陈书》,(唐)姚思廉撰,中华书局点校本,1972年。
《陈拾遗集》,(唐)陈子昂撰,上海古籍出版社影印本,1992年。

《河南郡志》,(明) 陈宣等修撰,弘治十二年刻本。
《河南通志》,(清) 田文镜等修撰,雍正十三年刻本。
《宝刻丛编》,(宋) 陈思纂,《丛书集成初编》本。
《诗传名物集览》,(清) 陈大章撰,《文渊阁四库全书》本,台北,1986 年。
《武经总要》,(宋) 曾公亮等撰,《文渊阁四库全书》本,台北,1986 年。
《武编》(明) 唐顺之撰,《文渊阁四库全书》本,台北,1986 年。
《昌平外志》,(清) 麻兆庆撰,北京燕山出版社校理本,1991 年。
《金史》,(元) 脱脱等撰,中华书局点校本,1975 年。
《金华府志》,(明) 王懋德等修撰,万历六年刻本。
《金薤琳琅》,(明) 都穆撰,(台) 商务印书馆,1983 年。
《佩文韵府》,(清) 张玉书等编纂,中华书局影印本,1983 年。
《往五天竺国传》,(唐) 慧超撰,中华书局笺释本,1994 年。
《周书》,(唐) 令狐德棻撰,中华书局点校本,1971 年。
《岭外代答》,(宋) 周去非撰,中华书局《岭外代答校注》本,1999 年。
《建炎以来朝野杂记》,(宋) 李心传撰,中华书局点校本,2000 年。
《陕西通志》,(清) 贾汉复等修撰,康熙六年刻本。
《陕西通志》,(清) 刘于义等修撰,《文渊阁四库全书》本,台北,1986 年。
《洛阳流散唐代墓志汇编续集》,毛阳光主编,国家图书馆出版社,2018 年。
《突厥语词典》(Kitabu Diwani Lug-hat-it-Turki),(黑汗) 马木合·喀什噶里撰,民族出版社汉译本,2002 年。
《说郛》,(明) 陶宗仪撰,《文渊阁四库全书》本,台北,1986 年。
《括地志》,(唐) 李泰等撰,中华书局《括地志辑校》本,1980 年。
《柳河东集》,(唐) 柳宗元撰,上海人民出版社点校本,1974 年。
《南史》,(唐) 李延寿撰,中华书局点校本,1975 年。
《南齐书》,(南朝) 萧子显撰,中华书局点校本,1972 年。
《昭陵碑录》,(清末) 罗振玉校录,辽阳书社影印本,1990 年。
《贵州图经新志》,(明) 沈庠等修撰,弘治年间刻本。
《贵州通志》,(清) 鄂尔泰等修撰,乾隆六年刻本。
《贵阳府志》,(清) 周作楫等纂修,贵州人民出版社点校本,2005 年。
《钦定日下旧闻考》,(清) 英廉等撰,《文渊阁四库全书》本,台北,1986 年。
《钦定皇舆西域图志》,(清) 刘统勋等修纂,《文渊阁四库全书》本,台北,1986 年。

《重庆府志》,(清)王梦庚等修撰,道光二十三年刻本。
《香乘》,(明)周嘉胄撰,《文渊阁四库全书》本,台北,1986年。
《保宁府志》,(清)黎学锦等修撰,道光元年刻本。
《禹贡锥指》,(清)胡渭撰,上海古籍出版社点校本,1996年。
《郡县释名》,(明)郭子章撰,《四库全书存目丛书》本。
《浙江通志》,(清)李卫等修撰,乾隆元年刻本。
《浦城县志》,(清)黄恬等修撰,嘉庆十六年刻本。
《海东金石苑》,(清)刘喜海辑,(台)《石刻史料新编》第一辑,1982年。
《海录碎事》,(宋)叶庭珪撰,中华书局校点本,2002年。
《资治通鉴》,(宋)司马光撰,中华书局点校本,1963年。
《资治通鉴注》,(元)胡三省撰,中华书局《资治通鉴》本,1963年。
《资治通鉴考异》,(宋)司马光撰,《文渊阁四库全书》本,台北,1986年。
《高邮州志》,(明)范惟恭等修撰,隆庆六年刻本。
《唐才子传》,(元)辛文房撰,中华书局校笺本,1995年。
《唐大诏令集》,(宋)宋敏求编,学林出版社点校本,1992年。
《唐文续拾》,(清)陆心源编,中华书局《全唐文》本,1982年。
《唐会要》,(宋)王溥撰,上海古籍出版社点校本,1991年。
《唐诗纪事》,(宋)计有功撰,中华书局校笺本,2007年。
《读史方舆纪要》(省称《纪要》),(清)顾祖禹撰,中华书局点校本,2005年。
《读史兵略》,(清)胡林翼撰,咸丰十一年刻本。
《珙县志》,(清)姚廷章等修撰,同治八年刻本。
《桂故》,(明)张鸣凤撰,广西人民出版社校注本,1988年。
《晋书》,(唐)房玄龄等撰,中华书局点校本,1974年。
《徐霞客游记》,(明)徐宏祖撰,云南人民出版社校注本,1985年。
《通典》(《通典·州郡典》简称《州郡典》),(唐)杜佑撰,中华书局点校本,1988年。
《通鉴纪事本末》,(宋)袁枢撰,《四部丛刊》本。
《淳熙三山志》,(宋)梁克家撰,《宋元方志丛刊》本。
《梁书》,(唐)姚思廉撰,中华书局点校本,1973年。
《梦溪笔谈》,(宋)沈括撰,岳麓书社点校本,2002年。
《乾道四明图经》,(宋)张津等纂,《宋元方志丛刊》本。
《乾道临安志》,(宋)周淙撰,浙江人民出版社《南宋临安两志》本,

1983年。

《野客丛书》,(宋)王楙撰,《文渊阁四库全书》本,台北,1986年。

《铜陵县志》,(明)李士元等修撰,《天一阁藏明代地方志选刊》本。

《隋书》(《隋书·地理志》简称《隋志》),(唐)魏徵等撰,中华书局点校本,1973年。

《隆平集》,(宋)曾巩撰,《文渊阁四库全书》本,台北,1986年。

《续资治通鉴长编纪事本末》,(宋)杨仲良撰,北京图书馆出版社影印本,2003年。

《湖广通志》,(清)迈柱等修撰,雍正十一年刻本。

《湖南通志》,(清)卞宝第等修撰,光绪十一年刻本。

《琼台志》,(明)唐胄撰,正德十六年刻本。

《韩昌黎文集》,(唐)韩愈撰,上海古籍出版社《韩昌黎文集校注》本,1987年。

《雅隆尊者教法使》,(明)释迦仁钦德撰,西藏人民出版社,1989年汉译本。

《景定建康志》,(宋)马光祖等撰,《宋元方志丛刊》本。

《释迦方志》,(唐)释道宣撰,中华书局点校本,1983年。

《颍州府志》,(清)王敛福纂修,乾隆十七年刻本。

《新五代史》,(宋)欧阳修撰,中华书局点校本,1974年。

《新安志》,(宋)罗愿撰,《宋元方志丛刊》本。

《新修南昌府志》,(明)范涞等修撰,万历十六年刻本。

《新唐书》,(宋)欧阳修等撰,中华书局点校本,1975年。

《新疆图志》,(清)王树枏等撰,上海古籍出版社影印本,1992年。

《雍录》,(宋)程大昌撰,中华书局点校本,2002年。

《福建通志》,(清)郝玉麟等修撰,乾隆二年刻本。

《瑞安县志》(明)刘畿等纂修,嘉靖三十四年刻本。

《蜀中广记》,(明)曹学佺撰,《文渊阁四库全书》本,台北,1986年。

《锦里耆旧传》,(宋)勾延庆撰,《丛书集成初编》本。

《筠连县志》,(清)程熙春等修撰,同治十二年刻本。

《颜鲁公集》,(唐)颜真卿撰,《文渊阁四库全书》本,台北,1986年。

《肇域志》,(清)顾炎武撰,上海古籍出版社点校本,2004年。

《嘉定赤城志》,(宋)黄𪣻等撰,《宋元方志丛刊》本。

《嘉泰吴兴志》,(宋)谈钥撰,《宋元方志丛刊》本。

《舆地广记》,(宋)欧阳忞撰,四川大学出版社点校本,2003年。
《舆地纪胜》,(宋)王象之撰,江苏广陵古籍刻印社影印本,1991年。
《舆地碑目记》,(宋)王象之撰,《文渊阁四库全书》本,台北,1986年。
《潮阳县志》,(明)黄一龙等修撰,隆庆六年刻本。
《遵义府志》,(清)平翰等修撰,道光二十一年刻本。
《增城县志》,(明)文章等修撰,嘉靖十七年刻本。
《樊川文集》,(唐)杜牧撰,上海古籍出版社校注本,2007年。
《篁墩文集》,(明)程敏政撰,《文渊阁四库全书》本,台北,1986年。
《畿辅通志》,(清)唐执玉等修撰,雍正十三年刻本。
《寰宇通志》,(明)陈循撰,《玄览堂丛书》续集本。
《翰苑》,(唐)张楚金编撰,《辽海丛书》本,沈阳,1933—1936年。
《黔江县志》,(清)张九章等纂修,光绪二十年刻本。
《魏书》,(北朝)魏收撰,中华书局点校本,1974年。
《徽州府志》,(清)马步蟾纂修,道光七年刻本。
《藤县志》,(清)边其晋等修撰,同治六年刻本。

二、近现代著作文献类

《二十五史补编》,二十五史刊行委员会编,上海开明书店,1936—1937年。
《丁零、高车与铁勒》,段连勤著,广西师范大学出版社,2006年。
《人文田野》第一辑,蓝勇主编,西南师范大学出版社,2007年。
《入唐三韩人研究》,姜清波著,暨南大学博士论文,2005年。
《广东历史地图集》,司徒尚纪主编,广东地图出版社,1995年。
《广东省广州市佛山地区韶关地区沿革地理》(省称《沿革地理》),祝鹏著,学林出版社,1984年。
《广西壮语地名选集》,张声震主编,广西民族出版社,1988年。
《广西备乘》,王恢著,(台湾)国立编译馆,1989年。
《广西建置沿革考录》,雷坚著,广西人民出版社,1996年。
《广西通志·行政区划志》,广西壮族自治区地方志编纂委员会编撰,广西人民出版社,2001年。
《广西通志稿》,蒙起鹏等纂修,广西通志馆,1949年。
《广顺纪事》,长顺县政协文史资料委员会编,贵州民族出版社,1998年。
《三千里江山回顾——朝鲜王朝政区建置沿革》,魏嵩山著,上海人民出版社,1997年。

《土族史》,吕建福著,中国社会科学出版社,2002年。

《大竹县志》,郑国翰等修纂,铅印本,1928年。

《大足县志》,大足县志编修委员会编,方志出版社,1996年。

《大国地方:中国民族区域自治制度的新发展》,熊文钊主编,法律出版社,2008年。

《大唐西域记史地研究丛稿》,周连宽著,中华书局,1984年。

《大唐西域记导读》,章巽等著,巴蜀书社,1990年。

《大唐西域记校注》,季羡林等著,中华书局,1985年。

《山西省历史地图集》,刘和平主编,中国地图出版社,2000年。

《千唐志斋藏志》,河南省文物研究所等编,文物出版社,1984年。

《女真史》,孙进己著,吉林文史出版社,1987年。

《文史》第十三辑,中华书局,1982年。

《文史》第二十九辑,中华书局,1988年。

《文史》第五十九辑,宋一夫主编,中华书局,2002年。

《文物考古工作三十年》,文物编辑委员会编,文物出版社,1979年。

《王北辰西北历史地理论文集》,王北辰著,学苑出版社,2000年。

《王黄之乱与藩镇格局的转变(875—884)》,胡耀飞著,复旦大学博士论文,2015年。

《云南文物》第十八期,云南省博物馆编印,1988年。

《云南各族古代史略》,编写组著,云南人民出版社,1977年。

《云南志校释》,赵吕甫校释,中国社会科学出版社,1985年。

《云南彝族社会历史调查》,云南省编辑组编,云南人民出版社,1986年。

《五代十国方镇年表》,朱玉龙著,中华书局,1997年。

《五代宋金元人边疆行记十三种疏证稿》,贾敬颜著,中华书局,2004年。

《五代时期南方诸政权政区地理》,周庆彰著,复旦大学博士论文,2010年。

《历史地理》创刊号,中国地理学会历史地理专业委员会编,上海人民出版社,1981年。

《历史地理》第四辑,中国地理学会历史地理专业委员会编,上海人民出版社,1986年。

《历史地理》第五辑,中国地理学会历史地理专业委员会编,上海人民出版社,1987年。

《历史地理》第八辑,中国地理学会历史地理专业委员会编,上海人民出版社,1990年。

《历史地理》第十一辑,中国地理学会历史地理专业委员会编,上海人民出版社,1993年。

《历史地理》第十四辑,中国地理学会历史地理专业委员会编,上海人民出版社,1998年。

《历史地理》第十五辑,中国地理学会历史地理专业委员会编,上海人民出版社,1999年。

《历史地理》第十七辑,中国地理学会历史地理专业委员会编,上海人民出版社,2001年。

《历史地理》第十八辑,中国地理学会历史地理专业委员会编,上海人民出版社,2002年。

《历史地理》第十九辑,中国地理学会历史地理专业委员会编,上海人民出版社,2003年。

《历史地理》第二十辑,中国地理学会历史地理专业委员会编,上海人民出版社2004年。

《历史地理》第二十一辑,中国地理学会历史地理专业委员会编,上海人民出版社,2006年。

《历史地理》第二十二辑,中国地理学会历史地理专业委员会编,上海人民出版社2007年。

《历史地理》第二十三辑,中国地理学会历史地理专业委员会编,上海人民出版社,2008年。

《历史地理》第二十四辑,中国地理学会历史地理专业委员会编,上海人民出版社,2010年。

《历史地理》第二十六辑,中国地理学会历史地理专业委员会编,上海人民出版社,2012年。

《历史地理》第二十七辑,中国地理学会历史地理专业委员会编,上海人民出版社,2013年。

《历史地理》第二十九辑,中国地理学会历史地理专业委员会编,上海人民出版社,2014年。

《历史地理》第三十二辑,中国地理学会历史地理专业委员会编,上海人民出版社,2015年。

《历史地理》第三十六辑,中国地理学会历史地理专业委员会编,复旦大学出版社,2018年。

《历史地理论文选》,林汀水著,香港人民出版社,2005年。

《历史环境与文明演进——2004年历史地理国际学术研讨会论文集》,陕西师范大学西北环发中心编,商务印书馆,2005年。

《中古中国与外来文明》,荣新江著,生活·读书·新知三联书店,2001年。

《中外关系史论丛》第二辑,中外关系史学会编,世界知识出版社,1987年。

《中外史地考证》,岑仲勉著,中华书局,1962年。

《中外关系史研究》,卢苇著,兰州大学出版社,2000年。

《中外关系史百年学术回顾与展望国际学术研讨会论文集》,暨南大学历史系编印,2004年。

《中西交通史料汇编》,张星烺编注,中华书局,2003年。

《中亚内陆——大唐帝国》,薛宗正著,新疆人民出版社,2005年。

《中亚学刊》第二辑,中国中亚文化研究协会编,中华书局,1987年。

《中亚通史·古代卷》,王治来著,新疆人民出版社,2004年。

《中华人民共和国乡镇行政区划简册·2015》,中华人民共和国民政部编,中国统计出版社,2015年。

《中华人民共和国地名大辞典》第1~5卷,崔乃夫主编,商务印书馆,1998~2002年。

《中华大藏经》第一辑第三十册,编辑局编,中华书局影印本,2008年。

《中国人口史》第二卷,冻国栋著,复旦大学出版社,2002年。

《中国土司制度》,龚荫著,云南民族出版社,1992年。

《中国文物地图集·广东分册》,国家文物局主编,广东省地图出版社,1989年。

《中国文物地图集·山东分册》,国家文物局主编,中国地图出版社,2007年。

《中国文物地图集·山西分册》,国家文物局主编,中国地图出版社,2006年。

《中国文物地图集·天津分册》,国家文物局主编,中国大百科全书出版社,2002年。

《中国文物地图集·云南分册》,国家文物局主编,云南科技出版社,2001年。

《中国文物地图集·内蒙古自治区分册》,国家文物局主编,西安地图出版社,2003年。

《中国文物地图集·宁夏回族自治区分册》,国家文物局主编,文物出版社,2010年。

《中国文物地图集·甘肃分册》,国家文物局主编,测绘出版社,2011年。

《中国文物地图集·北京分册》,国家文物局主编,科学出版社,2008年。

《中国文物地图集·四川分册》,国家文物局主编,文物出版社,2009年。

《中国文物地图集·辽宁分册》,国家文物局主编,西安地图出版社,2009年。

《中国文物地图集·江苏分册》,国家文物局主编,中国地图出版社,2008年。

《中国文物地图集·安徽分册》,国家文物局主编,中国地图出版社,2014年。

《中国文物地图集·吉林分册》,国家文物局主编,中国地图出版社,1993年。

《中国文物地图集·河北分册》,国家文物局主编,文物出版社,2013年。

《中国文物地图集·河南分册》,国家文物局主编,中国地图出版社,1991年。

《中国文物地图集·青海分册》,国家文物局主编,中国地图出版社,1996年。

《中国文物地图集·陕西分册》,国家文物局主编,西安地图出版社,1998年。

《中国文物地图集·重庆分册》,国家文物局主编,文物出版社,2010年。

《中国文物地图集·浙江分册》,国家文物局主编,文物出版社,2009年。

《中国文物地图集·湖北分册》,国家文物局主编,西安地图出版社,2002年。

《中国文物地图集·湖南分册》,国家文物局主编,湖南地图出版社,1997年。

《中国文物地图集·黑龙江分册》,国家文物局主编,文物出版社,2015年。

《中国文物地图集·新疆维吾尔自治区分册》,国家文物局主编,文物出版社,2012年。

《中国文物地图集·福建分册》,国家文物局主编,福建省地图出版社,

2007年。

《中国历史大辞典·历史地理》,谭其骧主编,上海辞书出版社,1996年。

《中国历史大辞典·隋唐五代史》,编委会编,上海辞书出版社,1995年。

《中国历史地名大辞典》(省称《历史地名》),史为乐主编,中国社会科学出版社,2005年。

《中国历史地名辞典》,复旦大学历史地理研究所编,江西教育出版社,1986年。

《中国历史地图集》第五册·隋唐五代十国时期(省称《地图集》),谭其骧主编,地图出版社,1982年。

《中国历史地图集东北地区资料汇编》,中央民族学院编辑组编印,1979年。

《中国历史地图集释文汇编(东北卷)》,谭其骧主编,中央民族学院出版社,1988年。

《中国甘肃河西走廊古聚落文化名城与重镇》,马鸿良等著,四川科学技术出版社,1992年。

《中国古今地名大辞典》,臧励和等编,商务印书馆,1931年。

《中国古代史论丛》第六辑,福建人民出版社,1982年。

《中国古代藩属制度研究》,黄松筠著,吉林人民出版社,2008年。

《中国东北边疆研究》,马大正主编,中国社会科学出版社,2003年。

《中国地名学源流》,华林甫著,湖南人民出版社,2002年。

《中国西南历史地理考释》(省称《考释》),方国瑜著,中华书局,1987年。

《中国行政区划通史·五代十国卷》,李晓杰著,复旦大学出版社,2014年。

《中国行政区划通史·隋代卷》,施和金著,复旦大学出版社,2009年。

《中国政治制度通史》第五卷《隋唐五代卷》,俞鹿年著,人民出版社,1996年。

《中国通史》第三册,范文澜著,人民出版社,1978年。

《中国通史》第六册,蔡美彪等著,人民出版社,1979年。

《内蒙古文物考古文集》第一集,李逸友等主编,中国大百科全书出版社,1994年。

《内蒙古文物考古文集》第三辑,陈永志主编,科学出版社,2004年。

《内蒙古历史地理》,亦邻真等著,内蒙古大学出版社,1994年。

《内蒙古自治区志·行政区域建置志》,内蒙古民政厅编,内蒙古人民出版社,2009年。

《公元7—9世纪鄂尔多斯高原人类经济活动与自然环境演变研究》,艾冲著,中国社会科学出版社,2012年。

《公元四至七世纪东北亚政治关系史研究》,熊义民著,暨南大学博士论文,2002年。

《毛尔盖·桑木旦全集》第3卷,毛尔盖·桑木旦著,青海民族出版社,1981年。

《长水集》,谭其骧著,人民出版社,1987年。

《长水集》续编,谭其骧著,人民出版社,1994年。

《长江三峡历史地理》,蓝勇主编,四川人民出版社,2003年。

《长江上游早期文明的探索》,霍巍等主编,巴蜀书社,2002年。

《长寿县志》,长寿县志编纂委员会编,四川人民出版社,1997年。

《巴林左旗志》,巴林左旗志编辑委员会编印,1985年。

《巴蜀科技史研究》,冯汉镛主编,四川大学出版社,1995年。

《汉唐藩属体制研究》,李大龙著,中国社会科学出版社,2006年。

《宁波市志》,俞福海主编,中华书局,1995年。

《宁夏历史地理考》,鲁人勇等著,宁夏人民出版社,1993年。

《宁夏通志·行政建置志》,宁夏通志编纂委员会编,方志出版社,2010年。

《宁强县志》,宁强县志编纂委员会编,陕西师范大学出版社,1995年。

《甘南藏区考古集萃》,李振翼著,民族出版社,2001年。

《甘肃古迹名胜辞典》,西北师范大学古籍理研究所编,甘肃教育出版社,1992年。

《古代交通与地理文献研究》,辛德勇著,中华书局,1996年。

《古代交通地理丛考》,王文楚著,中华书局,1996年。

《古西行记选注》,杨建新主编,宁夏人民出版社,1987年。

《古突厥碑铭研究》,芮传明著,上海古籍出版社,1998年。

《东北历史地理》第二卷,孙进己等著,黑龙江人民出版社,1989年。

《东北历代疆域史》,张博泉等著,吉林人民出版社,1981年。

《东北史地考略》,李健才著,吉林文史出版社,1986年。

《东北地方史稿》,张博泉著,吉林大学出版社,1985年。

《东北通史》,金毓黻著,辽宁大学翻印本,1981年。

《北京历代建置沿革》,尹钧科著,北京出版社,1994年。

《北周六典》,王仲荦著,中华书局,1979年。
《北周地理志》,王仲荦著,中华书局,1980年。
《北庭史地研究》,孟凡人著,新疆人民出版社,1985年。
《旧唐书地理志汇释》,吴松弟编著,安徽教育出版社,2002年。
《归义军使研究》,荣新江著,上海古籍出版社,1996年。
《四川州县建置沿革图说》,任乃强等著,巴蜀书社等,2002年。
《四川省甘孜藏族自治州丹巴县地名录》,丹巴县地名领导小组编印,1986年。
《四川省阿坝藏族自治州红原县地名录》,红原县地名领导小组编印,1986年。
《四川政区沿革与治地今释》,蒲孝荣著,四川人民出版社,1986年。
《史地丛考》,冯承钧著,商务印书馆,1931年。
《史学田野考察方法》,蓝勇著,科学出版社,2021年。
《史学论丛》第六辑,云南大学历史系编,云南大学出版社,1997年。
《史学论丛》第七辑,云南大学历史系编,云南大学出版社,1999年。
《务川仡佬族》,王宗党主编,贵州民族出版社,2006年。
《包头文物资料》第1辑,包头市文物管理所编印,1984年。
《圣王肇业——韩日中交涉史考》,王颋著,学林出版社,1998年。
《辽宁省志·地理志建置志》,辽宁省地方志编纂委员会主编,辽宁民族出版社,2002年。
《辽宁碑志》,王晶辰主编,辽宁人民出版社,2002年。
《辽史地理志汇释》,张修桂等著,安徽教育出版社,2001年。
《辽金史论集》第四辑,陈述主编,书目文献出版社,1989年。
《辽源市文物志》,吉林省文物志编委会编印,1988年。
《边疆考古研究》第九辑,吉林大学边疆考古研究中心编,科学出版社,2010年。
《民族志资料》第八集,贵州省志民族志编委会编印,1989年。
《丝绸之路大辞典》,周伟洲等主编,陕西人民出版社,2006年。
《丝绸之路北庭研究》,薛宗正著,新疆人民出版社,2008年。
《丝绸之路河南道》,陈良伟著,中国社会科学出版社,2002年。
《丝路重镇话新和》,邢春林主编,新疆人民出版社,2008年。
《丝绸之路考古》第六辑,罗丰主编,科学出版社,2022年。
《江西省行政区划志》,许怀林编纂,方志出版社,2005年。

《安北与单于都护府——唐代北部边疆民族问题研究》,王世丽著,云南人民出版社,2006年。

《安西与北庭——唐代西陲边政研究》,薛宗正著,黑龙江教育出版社,1998年。

《安多政教史》,智观巴·贡却乎丹巴绕吉著,甘肃民族出版社汉译本,1989年。

《安南都护府与唐代南部边疆》,陈国保著,云南大学博士论文,2008年。

《安徽历代政区沿革治地通释》,李天敏著,安徽省文化厅文物志编辑室,1986年。

《安徽省志·建置沿革志》,安徽省地方志编纂委员会编,方志出版社,1999年。

《壮族通史》,张声震等著,民族出版社,1997年。

《庆祝欧阳泽民先生七秩华诞人文社会科学论文集》,台北,1988年。

《考古学论文集》,夏鼐著,科学出版社,1961年。

《地方行政制度志》,周振鹤著,上海人民出版社,1998年。

《芒洛冢墓遗文》第四编,罗振玉编,(台)《石刻史料丛书》本,1967年。

《西北史地论丛》,黄文弼著,上海人民出版社,1981年。

《西北民族论丛》第九辑,周伟洲主编,中国社会科学出版社,2013年。

《西北城市发展与环境演变关系研究》,艾冲著,西安地图出版社,2004年。

《西安历史地图集》,史念海主编,西安地图出版社,1996年。

《西安碑林博物馆新藏墓志汇编》,赵力光主编,线装书局,2007年。

《西安碑林博物馆新藏墓志续编》,赵力光主编,陕西师范大学出版社,2014年。

《西突厥史料补阙及考证》,岑仲勉著,中华书局,2004年。

《西南访古卅五年》,汪宁生著,山东画报出版社,1997年。

《西南边疆民族研究》第二辑,方铁主编,云南大学出版社,2003年。

《西域历史地理》,苏北海著,新疆大学出版社,1988年。

《西域史论丛》第三辑,西域史论丛编辑组编,新疆人民出版社,1990年。

《西域史地丛稿初编》,张广达著,上海古籍出版社,1995年。

《西域考古历史论集》,王炳华著,中国人民大学出版社,2008年。

《西域地名》,冯承钧著,陆峻岭增订,中华书局,1980年。

《西域地名考录》,钟兴麒著,国家图书馆出版社,2008年。

《西域地名辞典》,冯志文等编著,新疆人民出版社,2002年。
《西域南海史地考证译丛》第一、二卷,冯承钧编译,商务印书馆,1995年。
《西域通史》,余太山主编,中州古籍出版社,2003年。
《早期党项史研究》,周伟洲著,中国社会科学出版社,2004年。
《吐火罗史研究》,王欣著,中国社会科学出版社,2002年。
《吐谷浑史》,周伟洲著,宁夏人民出版社,1985年。
《吐谷浑资料辑录》,周伟洲编著,青海人民出版社,1992年。
《吐蕃王国的兴衰》,薛宗正著,民族出版社,1997年。
《吐蕃史稿》,才让著,甘肃人民出版社,2007年。
《吐蕃地名研究》,吐拉太著,人民出版社,2012年。
《全唐文补遗》第一辑,吴钢主编,三秦出版社,1994年。
《全唐文补遗》第二辑,吴钢主编,三秦出版社,1995年。
《全唐文补遗》第三辑,吴钢主编,三秦出版社,1996年。
《全唐文补遗》第五辑,吴钢主编,三秦出版社,1998年。
《全唐文补遗》第六辑,吴钢主编,三秦出版社,1999年。
《全唐文补遗》第七辑,吴钢主编,三秦出版社,2000年。
《全唐文补遗》第八辑,吴钢主编,三秦出版社,2006年。
《全唐文补遗》第九辑,吴钢主编,三秦出版社,2007年。
《全唐文补编》,陈尚君辑校,中华书局,2005年。
《延边文物简编》,延边博物馆编写组编,延边人民出版社,1988年。
《华阳国志校注》,刘琳校注,巴蜀书社,1984年。
《纪念顾颉刚学术论文集》,尹达等主编,巴蜀书社,1990年。
《羌族词典》,周锡银主编,巴蜀书社,2004年。
《远望集》,陕西省考古研究所编,陕西人民美术出版社,1998年。
《严耕望史学论文集》,严耕望著,上海古籍出版社,2009年。
《严耕望先生纪念文集》,编委会编,(台湾)稻香出版社,1998年。
《芦山县志》,宋琅等修撰,铅印本,1943年。
《两唐书疑义考释·旧唐书卷》,尤炜祥著,西泠印社出版社,2012年。
《两唐书疑义考释·新唐书卷》,尤炜祥著,西泠印社出版社,2012年。
《龟兹文化研究(一)》,张国领等主编,新疆人民出版社,2006年。
《龟兹文明——龟兹史地考古研究》,张平著,中国人民大学出版社,2010年。
《龟兹:历史文化探秘》,张平著,新疆人民出版社,2004年。

《龟兹学研究》第五辑,霍旭初主编,新疆大学出版社,2012年。

《阿坝州志》,阿坝藏族羌族自治州地方志编纂委员会编,民族出版社,1994年。

《阿拉伯通史》上卷,纳忠著,商务印书馆,1997年。

《陈寅恪先生史学述论稿》,王永兴著,北京大学出版社,1998年。

《张广达先生八十华诞祝寿论文集》,朱凤玉等编,(台湾)新文丰出版社,2010年。

《河北政区沿革志》,河北省地名办公室编,河北科学技术出版社,1985年。

《河北省文物保护单位通览》,张立柱主编,科学出版社,2003年。

《河陇史地考述》,陈守忠著,兰州大学出版社,1993年。

《穹庐集》,韩儒林著,河北教育出版社,2000年。

《房山石经题记汇编》,北京图书馆金石组等编,书目文献出版社,1987年。

《房山县志》,廖飞鹏等纂修,铅印本,1928年。

《试论唐代羁縻州与正州的转换》,左之涛著,鲁东大学硕士论文,2006年。

《奉天通志》,翟文选等纂修,铅印本,1934年。

《青海古城考辨》,李智信著,西北大学出版社,1995年。

《青海省志·建置沿革志》,王昱著,青海人民出版社,2001年。

《青海通史》,崔永红等著,青海人民出版社,1999年。

《武则天与神都洛阳》,王双怀等主编,中国文史出版社,2008年。

《武定凤氏本末笺证》,何耀华著,云南民族出版社,1986年。

《明代云南政区治所》,陈庆江著,民族出版社,2002年。

《国史上中央与地方的关系》,第五届中华民国史专题讨论会编,(台湾)国史馆出版社,2000年。

《和林格尔县志》,和林格尔县志编纂委员会编,内蒙古人民出版社,1993年。

《往五天竺国传笺释》,张毅著,中华书局,1994年。

《陕西历史博物馆馆刊》第17辑,成建正主编,三秦出版社,2010年。

《陕西历史博物馆馆刊》第22辑,成建正主编,三秦出版社,2015年。

《陕西省志》第二卷《行政建置志》,陕西省地方志编纂委员会编,三秦出版社,1992年。

《陕县志》,欧阳珍等修纂,开封铅印本,1936年。
《洛阳流散唐代墓志汇编续集》,毛阳光主编,国家图书馆出版社,2018年。
《洛阳新见墓志》,齐渊编,上海古籍出版社,2011年。
《洛阳新获墓志续编》,乔栋等编,科学出版社,2008年。
《宣汉县志》,四川省宣汉县志编纂委员会编纂,西南财经大学出版社,1994年。
《突厥史》,薛宗正著,中国社会科学出版社,1992年。
《突厥汗国与隋唐关系史研究》,吴玉贵著,中国社会科学出版社,1998年。
《突厥集史》,岑仲勉编著,中华书局,2004年。
《首都博物馆丛刊》第九辑,首都博物馆编,燕山出版社,1994年。
《说文解字注笺》,徐灏著,上海古籍出版社,1996年。
《政治地理视角下的唐代羁縻府州研究》,张莉著,复旦大学博士论文,2017年。
《城墙内外:古代汉水流域城市的形态与空间结构》,鲁西奇著,中华书局,2011年。
《括地志辑校》,贺次君辑校,中华书局,1980年。
《荆楚历史地理与长江中游开发——2008年中国历史地理国际学术研讨会论文集》,徐少华主编,湖北人民出版社,2009年。
《南方开发与中外交通——2006年中国历史地理国际学术研讨会论文集》,郭声波等主编,暨南大学出版社,2007年。
《南诏国内的部族组成和奴隶制度》,马长寿著,上海人民出版社,1961年。
《党项西夏史探微》,汤开建著,商务印书馆,2013年。
《昭陵碑石》,张沛编著,三秦出版社,1993年。
《贵州古代史》,周春元等著,贵州人民出版社,1982年。
《贵州省志·文物志》,贵州省地方志编纂委员会编,贵州人民出版社,2003年。
《贵州省志·地理志》,贵州省地方志编纂委员会编印,1985年。
《贵州通史》,贵州通史编委会编纂,当代中国出版社,2002年。
《郧县志》,湖北省郧县地方志编纂委员会编,湖北人民出版社,2001年。
《重庆古镇》,何智亚著,重庆出版社,2002年。

《重庆建置沿革》,余楚修等著,重庆出版社,1998年。
《海洋史研究》第二十辑,李庆新主编,社会科学文献出版社,2022年。
《高句丽古城研究》,王绵厚著,文物出版社,2002年。
《高句丽·渤海古城址研究汇编》,王禹浪等编著,哈尔滨出版社,1994年。
《唐方镇年表》,吴廷燮著,中华书局,1980年。
《唐史》,章群著,(港)龙门书店有限公司,1978~1979年。
《唐史论丛》第十二辑,杜文玉主编,三秦出版社,2010年。
《唐代历史地理研究》,史念海著,中国社会科学出版社,1998年。
《唐代长安与西域文明》,向达著,生活·读书·新知三联书店,1957年。
《唐代北方内附蕃部研究》,苏航著,北京大学博士论文,2006年。
《唐代边疆民族与对外交流》,王义康著,黑龙江教育出版社,2013年。
《唐代东南的历史地理》,吴洲著,中国社会科学出版社,2011年。
《唐代丝绸之路与中亚历史地理研究》,许序雅著,西北大学出版社,2002年。
《唐代交通图考》,(台)严耕望著,中央研究院历史语言研究所,1985—2003年。
《唐代州级官府与地域社会》,夏炎著,天津古籍出版社,2010年。
《唐代州郡制度研究》,陈志坚著,上海古籍出版社,2005年。
《唐代地方行政史》,黄绶著,永华印刷局,1927年。
《唐代地域结构与运作空间》,李孝聪主编,上海辞书出版社,2003年。
《唐代西部疆域地理研究》,杨长玉著,复旦大学博士论文,2017年。
《唐代的历史与社会》,朱雷主编,武汉大学出版社,1997年。
《唐代的州和道》,程志等著,三秦出版社,1987年。
《唐代经营西北研究》,王永兴著,兰州大学出版社,2010年。
《唐代都督府研究》,艾冲著,西安地图出版社,2005年。
《唐代墓志汇编》,周绍良主编,上海古籍出版社,1992年。
《唐代墓志汇编续集》,周绍良主编,上海古籍出版社,2001年。
《唐代羁縻府州研究》,刘统著,西北大学出版社,1998年。
《唐代藩镇历史地理研究》,向传君著,花木兰文化事业有限公司,2024年。
《唐·吐蕃·大食政治关系史》,王小甫著,北京大学出版社,1992年。
《唐后期方镇建置沿革研究》(简称《方镇研究》),赖青寿著,复旦大学博士论文,1999年。

《唐后期政区与人口》,翁俊雄著,首都师范大学出版社,1999年。

《唐宋元间西北地史丛稿》,汤开建著,商务印书馆,2013年。

《唐宋回鹘史论集》,程溯洛著,人民出版社,1994年。

《唐宋时期四川地区城市地理的初步考察》,马剑著,武汉大学博士论文,2009年。

《唐初政区与人口》,翁俊雄著,北京师范学院出版社,1990年。

《唐刺史考全编》,郁贤皓编著,安徽大学出版社,2000年。

《唐研究》第十六卷,荣新江主编,北京大学出版社,2010年。

《唐贾耽记边州入四夷道里考实》,吴承志著,文物出版社,1984年。

《唐朝鼎盛时期政区与人口》,翁俊雄著,首都师范大学出版社,1995年。

《都匀县志稿》,窦全曾等修纂,铅印本,1925年。

《都护制度研究》,李大龙著,黑龙江教育出版社,2003年。

《桂平县志》,桂平县志编纂委员会编,广西人民出版社,1991年。

《铁勒历史研究——以唐代漠北十五部为主》,包文胜著,内蒙古大学博士论文,2008年。

《麻江县志》,拓泽忠等修撰,1938年。

《理县志》,理县志编纂委员会编,四川民族出版社,1997年。

《越南行政地名译名手册》,丛国胜主编,军事谊文出版社,2004年。

《黄河故道考辩》,王颋著,华东理工大学出版社,1995年。

《鄂尔多斯文物考古文集》,伊克昭盟文物工作站,1981年。

《鄂托克旗文物志》,鄂托克旗志编纂委员会编印,1990年。

《崇山峻岭中的"绿洲"——安宁河谷文化遗存调查研究》,刘弘著,巴蜀书社,2009年。

《第三届中国唐代文化学术研讨会论文集》,中国唐代学会编辑委员会编,台北,1997年。

《铜鼓》,蒋廷瑜著,人民出版社,1985年。

《盘石县文物志》,吉林省文物志编委会编印,1987年。

《隋书地理志考证》,杨守敬著,《廿五史补编》本,1935年。

《隋书求是》,岑仲勉著,商务印书馆,1958年。

《隋代南方政区改革研究——以湘川地区为中心的考察》,冯博文著,暨南大学硕士论文,2020年。

《隋唐五代墓志汇编·洛阳卷》第七册,陈长安主编,天津古籍出版社,

1991年。

《隋唐史》,岑仲勉著,中华书局,1980年。

《隋唐时期的薛延陀》,段连勤著,三秦出版社,1988年。

《隋唐官制》,王颖楼著,四川大学出版社,1995年。

《隋唐政治地理格局研究——以高层政治区为中心》,罗凯著,复旦大学博士论文,2012年。

《隋唐皇朝东征高丽研究》,乔凤岐著,中国社会出版社,2010年。

《缀学堂丛稿初集》,陈汉章著,《丛书集成三编》本,1936年。

《渡口文物考古、历史、民族研究》第一辑,渡口市文物管理处编印,1985年。

《渤海史研究》第九辑,郑永振等主编,延边大学出版社2002年。

《渤海国志长编》,金毓黻著,《辽海丛书》本,1934年。

《湖南古今地名辞典》,裴淮昌著,湖南出版社,1993年。

《富宁县志》,富宁县志编纂委员会编,云南民族出版社,1997年。

《蛮书校注》,向达校注,中华书局,1962年。

《敦煌本吐蕃历史文书》,王尧等译注,民族出版社,1980年。

《敦煌石室地志残卷考释》,王仲荦著,上海古籍出版社,1993年。

《敦煌地理文书汇辑校注》,郑炳林著,甘肃教育出版社,1989年。

《敦煌吐鲁番文献研究论集》第二辑,北京大学中国中古史研究中心编,北京大学出版社,1983年。

《敦煌吐番研究》第九卷,季羡林等主编,中华书局,2006年。

《敦煌社会经济文献真迹径释录》第1辑,唐耕耦等编,书目文献出版社,1986年。

《敦煌劫余录续编》,北京图书馆善本组编,北京图书馆,1981年。

《敦煌学大辞典》,季羡林主编,上海辞书出版社,1998年。

《塔里木盆地考古记》,黄文弼著,科学出版社,1958年。

《朝鲜中世纪史研究》,朴真奭等主编,延边大学出版社,1988年。

《登封名胜古迹志》,河南省登封县地方志编委会编印,1986年。

《新唐书地理志汇释》,吴松弟编著,安徽教育出版社,2002年。

《〈新唐书·地理志〉研究》,赵庶洋著,凤凰出版社,2015年。

《新获吐鲁番出土文献》,荣新江等主编,中华书局,2008年。

《新疆文物考古新收获(1979~1989)》,新疆文物考古研究所编,新疆人民出版社,1995年。

《新疆历史论文集》,新疆人民出版社,1977年。

《新疆地区的突厥遗存与突厥史地研究》,任宝磊著,西北大学博士论文,2013年。

《新疆通志·文物志》,新疆维吾尔自治区地方志编纂委员会编,新疆人民出版社,2007年。

《新纂云南通志》,龙云等撰,云南省通志馆,1949年。

《福建省历史地图集》,卢美松主编,福建省地图出版社,2004年。

《榆林碑石》,康兰英主编,三秦出版社,2003年。

《横山墓志研究》,白赛玲著,西北大学硕士论文,2011年。

《碑志与唐代政治史论稿》,黄楼著,科学出版社,2017年。

《濮阳春秋》,王培勤著,中国国际广播出版社,2001年。

《藏汉大辞典》,张怡荪主编,民族出版社,1993年。

《魏晋南北朝隋唐史资料》第八期,武汉大学历史系编印,1990年。

《彝州考古》,李朝真等著,云南人民出版社,2000年。

《彝族文化》1985年年刊,云南省社会科学院楚雄彝族文化研究所,1985年。

《彝族古代史》,马长寿著,上海人民出版社,1987年。

《彝族地区历史地理研究——以唐代乌蛮等族羁縻州为中心》,郭声波著,四川大学出版社,2009年。

三、外国著作文献类

《入唐求法巡礼行记》,[日]圆仁撰,上海古籍出版社点校本,1986年。

《三国史记》,[朝]金富轼撰,吉林文史出版社点校本,2003年。

《三國史記》(1—4),[日]井上秀雄译注,平凡社,东京,1980—1988年。

《三国遗事》,[韩]一然撰,吉林文史出版社点校本,2003年。

《大東地志》,[韩]金正浩撰,朝鲜刻本,汉城,1866年。

《大谷文書集成》第二卷,[日]龙谷大学佛教文化研究所编,京都法藏馆,1990年。

《大南一統志》,[越]国史馆编撰(嗣德本),越南汉喃研究院藏抄本;[越]高春育等撰(维新本),[日]印度支那研究会影印本,1941年。

《大唐西域记》,[日]水谷真成译注,平凡社,东京,1983年。

《大越史略》,[越]佚名撰,《文渊阁四库全书》本,台北,1986年。

《大越史记全书》,[越]吴士连等撰,[日]东京大学东洋文化研究所编校本,1985年。

《大越地輿全編》,［越］阮文超辑,越南成泰十二年刻本。

《大越古今沿革地志考》,［越］阮萃珍撰,1907年抄本,越南汉喃研究院藏。

《歷朝憲章類志》,［越］潘辉注撰,越南影印本,河内:1960—1962年。

《中國西域經營史の研究》,［日］伊瀬仙太郎撰,岩南堂书店,东京,1955年。

《漢喃銘文彙編》第一集,［越］汉喃研究院等编印,河内,1998年。

《古代和田——中国新疆考古发掘的详细报告》,［英］斯坦因(M. A. Stein)著,山东人民出版社汉译本,2009年。

《世宗實錄地理志》,［韩］尹淮等修纂,《中国边疆史地丛书》本,台北,1969年。

《世界境域志》,［阿富汗］佚名撰,上海古籍出版社汉译本,2010年。

《東方學會創立二十五周年紀念——東方學論集》,［日］东方学会编印,东京,1972年。

《东域纪程录丛》,［英］裕尔(H. Yule)著,［法］考迪埃(H. Cordier)修订,云南人民出版社汉译本,2002年。

《亚洲腹地考古图记》,［英］奥雷尔·斯坦因(M. A. Stein)著,广西师范大学出版社汉译本,2004年。

《老挝史》,［泰］姆·耳·马尼奇·琼赛著,福建人民出版社汉译本,1974年。

《西突厥史料》,［法］沙畹(E. Chavannes)撰,中华书局汉译本,2004年。

《西突厥史の研究》,［日］内藤みどり著,早稻田大学出版社部,东京:1988年。

《西域文化研究》第三《敦煌吐蕃社会经济资料》(下),［日］京都法藏馆,1960年。

《西域考古图记》,［英］斯坦因(M. A. Stein)著,广西师范大学出版社汉译本,1998年。

《百濟史研究》,［日］今西龙著,近泽书店,京城(今首尔),1934年。

《百濟遺迹の研究》,［日］轻部慈恩著,吉川弘文馆,东京,1971年。

《契丹古代史の研究》,［日］爱宕松男著,东洋史研究会,京都,1959年。

《欽定越史通鑒綱目》,［越］潘清简主编,［台］中央图书馆等影印本,台北,1969年。

《孤雲集》,［韩］崔致远撰,《韩国文集丛刊》本。

《高句麗の歴史と遺迹》,[日]東潮等著,中央公论社,东京:1995年。

《高麗史》,[韩]郑麟趾撰,朝鲜平壤影印本,1957年。

《唐大和上东征传》,[日]真人元开撰,中华书局点校本,2000年。

《唐代的行政地理》,[日]平冈武夫等编,上海古籍出版社汉译本,1989年。

《唐帝国の統治体制と"羁縻"》,[日]西田祐子著,山川出版社,东京,2022年。

《桂苑笔耕集》,[韩]崔致远撰,《韩国文集丛刊》本。

《越史綱目節要》,[越]邓春榜撰,社会科学出版社影印本,河内,2000年。

《越南历代疆域》,[越]陶维英著,商务印书馆汉译本,1973年。

《韓國地名沿革事典》,[韩]权相老著,梨花文化出版社,서울(汉城),1994年。

《韓國道路地圖》,[韩]金明泽等编集,中央地图文化社,서울(汉城),2001年。

《朝鲜歷史地理》,[日]津田左右吉著,南满洲铁道株式会社,东京,1913年。

《粟特商人史》,[法]魏义天(E. Vaissière)著,广西师范大学出版社汉译本,2012年。

《满鲜地理历史研究报告》第1册,[日]东京帝国大学文科大学部编,东京岩波书店,1915年。

《满鲜地理历史研究报告》第14册,[日]东京帝国大学文科大学部编,东京岩波书店,1934年。

《新增東國輿地勝覽》,[韩]李荇等编,朝鲜科学院出版社,平壤,1959年。

《塞外史地论文译丛》第2辑,[日]白鸟库吉著,长沙商务印书馆汉译本,1941年。

《蒙古入侵时期的突厥斯坦》,[俄]巴托尔德(B. B. Бартольд)著,上海古籍出版社汉译本,2007年。

《慧超往五天竺传笺释》,[日]藤田丰八著,北平泉寿东文书藏汉译本,1932年。

Средиевковыйг ород Средней Азии(中亚中世纪城市),[俄]А. М. Беленичкий(别列尼茨基)等,Ленинград,1973.

Ērānšahr(伊兰考) nach der Geographie des Ps. Moses Xorenac'i,[德]

J. Marquart(马迦特),Berlin,1901.

Si-Tu-Ki(西域记) Buddhis Record of the Western World,[英] S. Beal(比尔),London,1884.

Tập Bản Đồ Hành Chính Việt Nam(越南政区地图集),[越] Nhà Xuất Bản Bản Đô, Hà Nội：2003.

Tārīkh al-Rusul wa-l-Mulūk(先知与帝王编年史),[伊拉克] Al-Tabarī(塔巴里),Leiden,1964.

The Abbasid Revolution(阿拔斯革命),[英] M. A. Shaban(沙班),Cambiridge,1979.

后　　记

　　2002年冬,我在复旦大学作访问研究时,周振鹤先生约请我参加他主持的《中国行政区划通史》项目,承担唐五代卷部分的撰写工作,我感到既兴奋又彷徨。

　　兴奋的是,我早就对研究行政区划沿革有非常浓厚的兴趣,这种兴趣产生于20世纪70年代我读泸县二中时。那是一个知识饥渴的年代,可供阅读的学术书极少,我们中学图书馆有一些中华书局点校的二十四史,本来是不借给学生的,好在管理员是一个名叫孙守清的能读懂史书的"右派分子",对图书的管理也比较"右",他说"书贵在得人",所以敢于打破制度将这些布满灰尘的"封建"史书分批借给了我。至今我仍然很感谢孙老师,90年代母校校庆时我写过一首诗回赠:"每向尘封觅古史,常将书卷问苍穹。"就是当时心境的写照。由于借期有限,我只得利用上课时间偷偷选抄一部分之后送回,抄得最多的,除了《本纪》外就是《地理志》,原因就在于我对地理也有兴趣。对地理的兴趣则是只活了三十多岁的母亲屈智琼女士意外培养的。"文革"时家乡泸州武斗很厉害,母亲带着我逃难到了富顺县邓关镇,那时读书没有希望,她看我闲得难受,怕我乱跑,便随手在桥头集市上为我买了一张印了"最高指示"——"四川很有希望"的《四川省地图》。从此不可收拾,每见到有地图卖,便央求母亲替我买,有时还借别人的、公家的拿回来摹绘。直到上大学时买到了《中国历史地图集》,并聆听了侯仁之先生的演讲,才知道自己兴趣的结合点原来有一门科学——历史地理学,于是便开始作一些编绘政区沿革地图的自我练习。虽然后来的硕士论文、博士论文没有选政区地理题目,但一直对谭其骧、周振鹤先生的历史政区研究心向往之。因此周先生的邀请,勾起了我沉埋已久的激情,我毫不犹豫地答应下来,没有任何条件。

　　彷徨的是,此前我只写过一些唐宋羁縻府州的论文,还没有编纂这么一部大部头政区通史的经验,担心自己的想法、写法是否符合周先生的要求,能否与其他各卷完美衔接。更重要的是,我同时还承担了教育部的其他几个项目,而且又在办理从四川大学到暨南大学的调动,能否抽出时间也是个问题。

好在周先生恢宏大度，不设框架，不设体例，让我放开手脚干，不必考虑与其他各卷的关系，只是在一些用语上(如跨高层政区、高层政区、统县政区之类)与各卷一致就行，这样我就得到了解放，能够随心所欲。在经费上，我得到了古委会一个项目《唐代地理志研究新编》和暨大的一个人才引进项目《唐代行政区划史研究》的资助，周振鹤先生也通过他的课题提供了一定帮助，解决了购置书籍、地图等资料问题。只是在时间上，由于几个项目同时进行，互相之间都有影响，都拖延了进程，尤其是我主持的一个教育部重大项目。我无可奈何，但也觉得付出这些代价还是值得，因为我了却了一桩心愿，做了一件即使周先生不请我做我自己也想做的事情。所以我很感谢周先生"逼"了我一下，当然更感谢他作了提纲挈领的指导，以及资料、信息方面的帮助。鉴于我实在抽不出时间搞五代部分，周先生"开恩"另请他的高足李晓杰接过了这一"烫手的山芋"。周先生还转来复旦大学罗凯博士几篇关于唐代道制的论文，以及对拙稿的一些意见(即本卷仅提其名未注出处者)，其中不乏可采之处(如京畿、都畿通名不作道，十道采访处置使初置于开元二十二年，碛西实未成道等)，都比较重要；周先生还转来周庆彰博士一些关于唐末州县沿革的修订意见，也使我受益匪浅。史立丽、王卫东编辑及罗凯博士还通校了书稿，提出了许多宝贵的修改意见，隆情厚意，不可忘怀。为本书撰写做过资料收集、核查和实地调查、文字校对、项目事务等协助工作的还有朱圣钟、王小红、张保见、王昊、朱飞、蓝武、陈勇、王开队、鲁延召、刘兴亮、吴理清、陈继华、贾永利、许之标、蔄俊伟、苗峰、姚帅、王强、魏超、郭姝伶、王宁、苏瑞、王旭、许燕、陈铁军、郭永钦等人，都值得我衷心感谢。由于这些帮助，使我克服了诸多困难，终底于成。不过，本书因为涉及范围大、年代长、头绪多，还是问题不少，很多空白、缺环主要靠推理、推测填补，到底是否可靠，还要靠史料的验证或有识之士的评判。这里权当是一块垫脚石，希望有更多的学者超越它，迈向更高的台阶。

郭声波
2012 年 3 月 21 日于暨南大学暨南花园

时隔五年，应出版社要求，又对本书进行了修订。此次修订，主要是进行了以下几方面的工作：

一、根据新发现史料和最新研究成果，补充和修订了原书中的疏漏和错误之处，特别是下篇羁縻地区部分。

二、原书中的个别文字错误。

三、原书中，少数州县排序存在正文前后不一致，正文与表格不一致的情况，此次为使体例统一，调整了州县排序。

四、近年中外地名更改频繁，特别是中国县以下乡镇，原书中注明今地所用市县及乡镇地名，此次尽可能据最新地图进行了修订。

因本书内容庞杂，本人常识有限，仍可能存在疏误或不尽如人意之处，某些观点（如对某些政治实体性质的界定）也许有失偏颇，还望有识之士不吝赐教。

郭声波
2017年4月1日于暨南大学暨南花园

一个月前，得复旦大学出版社编辑通知，《中国行政区划通史》将要重印，询问我主撰的《唐代卷》有无需要修订处，如有，须两周内改好。

这是好事，但好事多磨，尤其是对我这个既迟钝又较真的人。160多万字的《唐代卷》光看一遍都得两周，若要修订，两周怎么能够？但若放弃，又将留下太多遗憾。因为2017年出过第2版后，我一直留意最新研究动态及唐代墓志刊布情况，加以陆续有读者指出问题，发现第2版中还有很多可以修订的地方。改不胜改，这就是所谓"学无止境"。作为负责任的作者，就应该把这种无奈看成是挑战，转化为不断进步、精益求精的动力，争取把错误降到最低。

好在平时有些与修订有关的问题批注和资料积累，又经编辑"恩准"，这次闭关花了整整一个月，算是匆忙完成。

改动较多的地方有关内道的灵、夏、胜三州都督府和延、绥二州，河北道的幽州都督府，江南西道的洪州，岭南道的容、芝、宜三州，山南道的梁州都督府，黔中道的黔州都督府所领羁縻州，剑南道的雅、茂、翼、松州四都督府及统押西山八国使所领羁縻府州，陇右道的鄯州都督府所领羁縻府州，大多属边疆民族地区，史籍记载不详，且多舛误，头绪比较混乱，旧版有许多地方出自推测，此次主要根据考古文物新资料和对旧史料的新解读及学界最新研究成果，对其沿革与治地进行了进一步疏理核实，订正了不少错误和前后矛盾之处。

此间得广西柳州许晨先生多次来函商榷指正，于岭南道部分多有补益。学生李培生对关内道突厥羁縻州，冯博文对都畿、湖湘地区唐初州县，也提了很好的修订意见。复旦大学张莉博士、暨南大学王庆昱博士,还协助提供了一些资料。谨此致谢。

遗憾的是,现代政区资料仍沿用2015年的,来不及更新,地图也来不及增绘、改进。尽管如此,修订条目之多,还是给编辑增添了不少麻烦,亦深表歉意和谢意。

郭声波

2020年5月11日于暨南大学暨南花园

真没想到,时隔五年,《中国行政区划通史·唐代卷》又要重印了,编辑问我有没有要修订的,我脱口而出:"有的。"但回过头来却十分纠结:改吧,不仅是给自己找罪受,也是给编辑增加负担,特别是给读者增加了麻烦,因为每出一个修订本,读者就得去核对,还不一定拿得到新版;不改吧,又对不起写书的初衷。我的追求是尽量减少硬伤,精益求精,争取达到完美,既然是作品,它就应该是精雕细琢的工艺品。何况错误就如分子,除错工作就如分母,当分母无穷大时,分值就无穷小了,尽管它永远不等于零。学无止境,学术界不断有新材料、新发现、新观点出现,后浪推前浪,不改肯定不行,而且乐趣也就蕴含在改书之中,何乐而不为? 于是乎改。

不过请读者放心,此次修改仅约几十处,都是局部小问题,主要是酌情吸取近年考古文物界、文献学界、历史地理学界新材料、新观点,订正个别文字错误,调整个别羁縻州定点或隶属关系,修订相对应的地图、表格,涉及区域以西北、岭南等边疆民族地区为主,基本上不影响以前各个版本的使用。

郭声波

2025年3月13日于暨南大学暨南花园

图书在版编目(CIP)数据

中国行政区划通史·唐代卷/周振鹤主编；郭声波著.—2版.—上海：复旦大学出版社，2017.9（2025.5重印）
ISBN 978-7-309-12698-3

Ⅰ.中… Ⅱ.①周…②郭… Ⅲ.①政区沿革-历史-中国
②政区沿革-历史-中国-唐代 Ⅳ.K928.2

中国版本图书馆CIP数据核字（2016）第283018号

中国行政区划通史·唐代卷（第二版）
周振鹤 主编 郭声波 著
出 品 人/严　峰
责任编辑/史立丽

复旦大学出版社有限公司出版发行
上海市国权路579号　邮编：200433
网址：fupnet@fudanpress.com　http://www.fudanpress.com
门市零售：86-21-65102580　团体订购：86-21-65104505
出版部电话：86-21-65642845
浙江新华数码印务有限公司

开本 787 毫米×1092 毫米　1/16　印张 101.75　字数 1 773 千字
2017 年 9 月第 2 版
2025 年 5 月第 2 版第 3 次印刷

ISBN 978-7-309-12698-3/K·598
定价：230.00 元

如有印装质量问题，请向复旦大学出版社有限公司出版部调换。
版权所有　侵权必究